VADE MECUM
INTERNACIONAL

Grupo Editorial Nacional

O GEN | Grupo Editorial Nacional – maior plataforma editorial brasileira no segmento científico, técnico e profissional – publica conteúdos nas áreas de concursos, ciências jurídicas, humanas, exatas, da saúde e sociais aplicadas, além de prover serviços direcionados à educação continuada.

As editoras que integram o GEN, das mais respeitadas no mercado editorial, construíram catálogos inigualáveis, com obras decisivas para a formação acadêmica e o aperfeiçoamento de várias gerações de profissionais e estudantes, tendo se tornado sinônimo de qualidade e seriedade.

A missão do GEN e dos núcleos de conteúdo que o compõem é prover a melhor informação científica e distribuí-la de maneira flexível e conveniente, a preços justos, gerando benefícios e servindo a autores, docentes, livreiros, funcionários, colaboradores e acionistas.

Nosso comportamento ético incondicional e nossa responsabilidade social e ambiental são reforçados pela natureza educacional de nossa atividade e dão sustentabilidade ao crescimento contínuo e à rentabilidade do grupo.

Organização
Valerio de Oliveira Mazzuoli

VADE MECUM

19ª EDIÇÃO

INTERNACIONAL

- O Grupo Editorial Nacional | Editora Método empenhou seus melhores esforços para assegurar que as informações e os procedimentos apresentados no texto estejam em acordo com os padrões aceitos à época da publicação, *e todos os dados foram atualizados até a data de fechamento do livro.* Entretanto, tendo em conta a evolução das ciências, as atualizações legislativas, as mudanças regulamentares governamentais e o constante fluxo de novas informações sobre os temas que constam do livro, recomendamos enfaticamente que os leitores consultem sempre outras fontes fidedignas, de modo a se certificarem de que as informações contidas no texto estão corretas e de que não houve alterações nas recomendações ou na legislação regulamentadora.

- Fechamento desta edição: *08.01.2025*

- A Equipe e a editora se empenharam para citar adequadamente e dar o devido crédito a todos os detentores de direitos autorais de qualquer material utilizado neste livro, dispondo-se a possíveis acertos posteriores caso, inadvertida e involuntariamente, a identificação de algum deles tenha sido omitida.

- **Atendimento ao cliente: (11) 5080-0751 | faleconosco@grupogen.com.br**

- Direitos exclusivos para a língua portuguesa
  Copyright © 2025 *by*
  Editora Forense Ltda.
  Uma editora integrante do GEN | Grupo Editorial Nacional
  Travessa do Ouvidor, 11 – Térreo e 6º andar
  Rio de Janeiro – RJ – 20040-040
  www.grupogen.com.br

- Reservados todos os direitos. É proibida a duplicação ou reprodução deste volume, no todo ou em parte, em quaisquer formas ou por quaisquer meios (eletrônico, mecânico, gravação, fotocópia, distribuição pela Internet ou outros), sem permissão, por escrito, da Editora Forense Ltda.

- Esta obra passou a ser publicada pelo selo Método da Editora Forense a partir da 14ª edição.

- **CIP-BRASIL. CATALOGAÇÃO NA PUBLICAÇÃO
  SINDICATO NACIONAL DOS EDITORES DE LIVROS, RJ**

V145
19. ed.

Vade mecum internacional / organização Valerio de Oliveira Mazzuoli. - 19 ed. - Rio de Janeiro : Método, 2025.
    1.344 p. ; 21 cm.

    Inclui índice
    "Material suplementar"
    ISBN 978-85-3099-626-0

    1. Direito internacional público. 2. Direito internacional privado. 3. Manuais, vade-mecuns, etc. I. Mazzuoli, Valerio de Oliveira.

24-95580   CDU: 341

Meri Gleice Rodrigues de Souza - Bibliotecária - CRB-7/6439

Nota da Editora

Este *Vade Mecum Internacional* consolida décadas de experiência do Grupo Editorial Nacional – Editora Método – na publicação de livros jurídicos.

São mais de 1.300 páginas de normas criteriosamente selecionadas e organizadas para atender tanto aos candidatos a concursos públicos e Exame de Ordem quanto ao público acadêmico e aos profissionais do Direito em geral.

Este amplo conteúdo apresenta a seguinte estrutura:

- **Constituição Federal**
- **Direito Internacional Público**
    - Asilo Territorial e Diplomático
    - Comércio Internacional
    - Desarmamento e Segurança Coletiva
    - Direito dos Tratados
    - Direito Internacional do Meio Ambiente
    - Direito Internacional do Trabalho
    - Direito Internacional Econômico – Convênio Constitutivo do FMI
    - Direito Internacional Penal
    - Direito Internacional Sanitário
    - Proteção Internacional dos Direitos Humanos
    - Espaço Aéreo e Cósmico
    - Espaços Marítimos
    - Mercosul – Mercado Comum do Sul
    - Nacionalidade e Cidadania
    - Organizações Internacionais e Instituições Regionais
    - Relações Diplomáticas e Consulares
    - UNASUL – União de Nações Sul-Americanas
    - Zonas Polares
- **Direito Internacional Privado**
    - Alimentos no Estrangeiro
    - Arbitragem Comercial
    - Cartas Rogatórias
    - Código Bustamante
    - Conferência de Haia
    - Estatuto do Unidroit
    - Execução de Sentenças Arbitrais
    - Homologação de Sentença Estrangeira

Seu inovador projeto gráfico, prático e moderno, permite excelente visualização do conteúdo e, consequentemente, otimização na busca de informações.

O *Vade Mecum Internacional* conta ainda com:

- Material suplementar com legislação selecionada
- Índice Cronológico Geral com todos os diplomas legais contidos na obra
- Notas remissivas a artigos e diplomas legais nos cabeçalhos em destaque
- Fitas marcadoras de páginas
- Acompanhamento legislativo *on-line*

O Grupo Editorial Nacional – Editora Método – apresenta aos estudantes, acadêmicos e profissionais do Direito o *Vade Mecum Internacional*, certo de ter superado o desafio de oferecer o material mais consistente do mercado.

Sobre a Atualização

Este produto transcreve a publicação oficial dos textos legais. Quando expressamente disposto em norma alteradora, o texto legal foi atualizado; do contrário, foi mantida a redação oficial, indicando a alteração em notas remissivas informativas.

Poder Judiciário

• A Emenda Constitucional 24/1999 extinguiu a representação classista na Justiça do Trabalho, substituindo as Juntas de Conciliação e Julgamento pelas Varas da Justiça do Trabalho.

• A partir da promulgação da Constituição Federal de 1946, os Tribunais de Apelação passaram a ser denominados Tribunais de Justiça.

• A Constituição Federal de 1988 extinguiu o Tribunal Federal de Recursos – TFR, transferindo sua competência para o Superior Tribunal de Justiça – STJ.

• A Emenda Constitucional 45/2004:

- extinguiu os Tribunais de Alçada, passando os seus membros a compor os Tribunais de Justiça dos respectivos Estados.
- modificou a competência da Justiça do Trabalho (art. 114, CF);
- modificou a composição do Tribunal Superior do Trabalho (art. 111-A, CF);
- transferiu a jurisdição aos Juízes de Direito, com recurso para o respectivo Tribunal Regional do Trabalho, no caso das comarcas não abrangidas pelas varas da Justiça do Trabalho.

Sobre o Acompanhamento Legislativo

O Grupo GEN disponibilizará aos leitores um acompanhamento legislativo, com informações sobre as normas de maior impacto nos principais ramos do Direito brasileiro, bem como aquelas que alterem os dispositivos legais contidos nesta obra, publicadas ao longo do ano. Para acessar esse conteúdo, basta entrar no *site*: <http://genjuridico.com.br/acompanhamentolegislativo/>.

Sobre o Material Suplementar para download

Aos adquirentes desta edição do *Vade Mecum Internacional*, é oferecido conteúdo *on-line* gratuito com legislação selecionada.

Esse recurso estará disponível na plataforma GEN-io | Informação On-line. Para acessá-lo, basta seguir as instruções constantes na orelha deste *Vade Mecum Internacional*.

Nota do Organizador à 19ª Edição

É com enorme satisfação que apresento aos leitores a 19.ª edição da nossa coletânea de Direito Internacional, que integra a coleção *Vade Mecum* da Editora Método. Sem dúvida, a excepcional acolhida desta obra nos meios acadêmicos brasileiros é a prova mais fiel da falta que fazia aos estudantes de graduação e pós-graduação em Direito e em Relações Internacionais um trabalho com estas características, que se constitui numa fonte segura e prática de consulta em matéria internacional, nos seus mais variados âmbitos.

A organização desta coletânea levou em conta tanto as normas internacionais em vigor no Brasil quanto diversas normas internas relativas ao Direito Internacional Público e ao Direito Internacional Privado (como, v.g., as relativas aos limites da jurisdição nacional, aos refugiados, aos estrangeiros, à cooperação internacional e à arbitragem). Os mais importantes tratados de que o Brasil é parte compõem a presente obra, atendendo aos anseios de todos os que necessitam de informações seguras sobre cada qual dos instrumentos internacionais aqui estampados. Com isso, esta coletânea torna-se a mais completa e atualizada do gênero já publicada no País, superando as necessidades de estudantes e profissionais do Direito e das Relações Internacionais relativas ao conhecimento dos tratados internacionais vigorantes no Brasil.

Como não poderia deixar de ser, esta nova edição chega aos leitores totalmente revista, ampliada e atualizada, mantendo as virtudes e as facilidades das coletâneas da Editora Método (leveza, facilidade de manuseio, comodidade de transporte, resistência, criteriosa seleção e organização dos textos etc.). Uma revisão de todo o trabalho foi levada a cabo, e em todos os textos inseri notas sobre a sua celebração e entrada em vigor no Brasil. Ademais, esta estampa apresenta um projeto gráfico diferenciado que facilita a imediata localização das normas pelo interessado e seu respectivo estudo. Desta forma, o leitor passa a ter em mãos um material prático de consulta dos principais instrumentos internacionais de que o Brasil é parte, bem assim das normas da legislação interna correlatas a esses instrumentos ou atinentes a temas do Direito Internacional Público ou do Direito Internacional Privado importantes ao direito brasileiro.

Recorde-se aqui, mais uma vez, do preconizado pelo art. 13, § 1.º, alínea a, da Carta das Nações Unidas de 1945, que diz ser um dos propósitos da Assembleia-Geral da ONU "incentivar o desenvolvimento progressivo do direito internacional e sua codificação". Este é um dos objetivos da presente obra, que visa facilitar ao estudioso o encontro dos textos de que necessita para a sua pesquisa ou investigação, contando também com a certeza de que todas as informações aqui presentes são oficiais.

Frise-se que as normas internacionais de que o Brasil é parte – que surgem quase que diariamente no contexto das relações exteriores – são, muitas vezes, desconhecidas da população em geral, bem assim dos estudantes e pesquisadores das mais diversas áreas. Por esse exato motivo é que organizei este Vade Mecum de Direito Internacional, hoje líder na preferência dos estudantes e profissionais brasileiros, por catalogar e organizar, com metodologia e precisão técnica, as normas de Direito Internacional Público e de Direito Internacional Privado mais importantes e em vigor no Brasil.

Este volume mantém a mesma divisão didática das edições anteriores, estando segmentado em três partes: *Constituição Federal, Direito Internacional Público* e *Direito Internacional Privado*. Na primeira, inseriu-se o texto atualizado da Constituição Federal de 1988 com notas remissivas a diversos dispositivos e diplomas legais, com todas as Emendas promulgadas até o momento. Na segunda, encontram-se os atos internacionais relativos às organizações internacionais, ao desarmamento e à segurança coletiva, às relações diplomáticas e consulares, ao direito dos tratados, aos espaços marítimos, aos espaços aéreo e cósmico, às zonas polares, à proteção internacional dos direitos humanos, ao comércio internacional, ao direito internacional econômico, ao direito internacional do meio ambiente, ao direito internacional penal, à nacionalidade e à cidadania, ao Mercosul e ao direito internacional do trabalho. Por fim, na terceira parte, o leitor encontra as principais normas de Direito Internacional Privado vigentes no Brasil, como o Código Bustamante, as normas sobre prestação de alimentos no estrangeiro, sobre reconhecimento e execução de laudos arbitrais estrangeiros, cartas rogatórias, arbitragem, prova e informação do direito estrangeiro, dentre tantos outros.

Portanto, o que o estimado leitor tem em mãos é um trabalho completo e didático, atualizado e revisado minuciosamente para atender às suas necessidades acadêmicas, seja no acompanhamento das aulas em classe, para submeter-se a concursos públicos ou resolver questões técnicas em seu dia a dia profissional, podendo contar com a segurança de estar à frente de textos oficiais estampados no *Diário Oficial da União*.

Enfim, ao cabo deste labor de tantos anos, agradeço imensamente aos estudantes e profissionais do Direito e das Relações Internacionais eventuais críticas e sugestões – especialmente dos que me acompanham há tempos com total fidelidade – para o constante aprimoramento deste trabalho. Que ele possa bem servir à boa divulgação e aplicação do Direito Internacional no Brasil.

Sumário Geral

Índice Cronológico da Coletânea de Direito Internacional XV

Índice do Material Suplementar Online XX

▸ **CONSTITUIÇÃO FEDERAL**

Índice Sistemático da Constituição da República Federativa do Brasil 1
Constituição da República Federativa do Brasil 3
Ato das Disposições Constitucionais Transitórias 102

▸ **DIREITO INTERNACIONAL**

I. Direito Internacional Público 133

ORGANIZAÇÕES INTERNACIONAIS E INSTITUIÇÕES REGIONAIS

Pacto da Sociedade das Nações (1919) 135
Carta das Nações Unidas (1945) 140
Estatuto da Corte Internacional da Justiça (1945) 151
Carta da Organização dos Estados Americanos (1948) 158
Protocolo de Manágua (1993) 171
Tratado de Cooperação Amazônica (1978) 173
Princípios de Yogyakarta (2006) (parcial*) 176
Agenda 2030 (2015) (parcial*) 180

DESARMAMENTO E SEGURANÇA COLETIVA

Protocolo de Genebra (1925) 183
Tratado de Renúncia à Guerra (1928) – Pacto de Paris ou Briand-Kellog 183
Tratado Interamericano de Assistência Recíproca (1947) – Pacto do Rio 184
Tratado de Proscrição das Experiências com Armas Nucleares na Atmosfera, no Espaço Cósmico e sob a Água (1963) 187
Tratado para a Proscrição de Armas Nucleares na América Latina e no Caribe (1967) – Tratado de Tlatelolco 188
Tratado sobre a Não Proliferação de Armas Nucleares (1968) 195
Convenção para Prevenir e Punir os Atos de Terrorismo Configurados em Delitos contra as Pessoas e a Extorsão Conexa, quando Tiverem Eles Transcendência Internacional (1971) 198
Tratado de Proibição Completa dos Testes Nucleares (1996) 200
Protocolo ao Tratado de Proibição Completa dos Testes Nucleares (1996) 215
Convenção Internacional sobre a Supressão de Atentados Terroristas com Bombas (1998) 228
Convenção das Nações Unidas contra o Crime Organizado Transnacional (2000) 233
Protocolo Adicional à Convenção das Nações Unidas contra o Crime Organizado Transnacional, Relativo ao Combate ao Tráfico de Migrantes por Via Terrestre, Marítima e Aérea (2000) 249
Protocolo Adicional à Convenção das Nações Unidas contra o Crime Organizado Transnacional Relativo à Prevenção, Repressão e Punição do Tráfico de Pessoas, em Especial Mulheres e Crianças (2000) 255
Convenção sobre o Crime Cibernético (2001) 260

---
* Conteúdo parcial

Convenção Interamericana contra o Terrorismo (2002) 273
Tratado sobre o Comércio de Armas (2013) 277

Relações Diplomáticas e Consulares
Convenção de Viena sobre Relações Diplomáticas (1961) 284
Convenção de Viena sobre Relações Consulares (1963) 290

Asilo Territorial e Diplomático
Convenção sobre Asilo Territorial (1954) 304
Convenção sobre Asilo Diplomático (1954) 305

Direito dos Tratados
Convenção de Havana sobre Tratados (1928) 308
Convenção de Viena sobre o Direito dos Tratados (1969) 310
Convenção de Viena sobre Sucessão de Estados em Matéria de Tratados (1978) 323
Convenção de Viena sobre o Direito dos Tratados entre Estados e Organizações
  Internacionais ou entre Organizações Internacionais (1986) 334

Espaços Marítimos
Convenção das Nações Unidas sobre o Direito do Mar (1982) – Convenção de Montego
  Bay 352
Lei 8.617, de 4 de janeiro de 1993 – Dispõe sobre o mar territorial, a zona contígua,
  a zona econômica exclusiva e a plataforma continental brasileiros, e dá outras
  providências 443
Acordo Relativo à Implementação da Parte XI da Convenção das Nações Unidas sobre
  o Direito do Mar (1994) 445

Espaço Aéreo e Cósmico
Convenção Relativa a Infrações e a Certos Outros Atos Praticados a Bordo de Aeronave
  (1963) 455
Tratado sobre Princípios Reguladores das Atividades dos Estados na Exploração e Uso
  do Espaço Cósmico, Inclusive a Lua e Demais Corpos Celestes (1967) 458
Convenção sobre Responsabilidade Internacional por Danos Causados por Objetos
  Espaciais (1972) 461
Convenção para a Unificação de Certas Regras Relativas ao Transporte Aéreo Internacional (1999) 465

Zonas Polares
Tratado da Antártida (1959) 475
Protocolo ao Tratado da Antártida sobre Proteção ao Meio Ambiente (1991) 478
Convenção sobre a Conservação dos Recursos Vivos Marinhos Antárticos (1980) 498

Direito Internacional Econômico
Convênio Constitutivo do Fundo Monetário Internacional (1944) 506

Direito Internacional Sanitário
Constituição da Organização Mundial de Saúde (1946) 541
Regulamento Sanitário Internacional (2005) 548

Proteção Internacional dos Direitos Humanos
Declarações de Direitos Humanos Aprovadas pelo Brasil

A) Sistema global
Declaração Universal dos Direitos Humanos (1948) 570
Declaração sobre o Direito ao Desenvolvimento (1986) 572
Declaração e Programa de Ação de Viena (1993) 574
Declaração de Pequim Adotada pela Quarta Conferência Mundial sobre as Mulheres:
  Ação para Igualdade, Desenvolvimento e Paz (1995) 590

B) SISTEMA REGIONAL INTERAMERICANO

Declaração Americana dos Direitos e Deveres do Homem (1948) 592
Declaração Americana sobre os Direitos dos Povos Indígenas (2016).................. 595

TRATADOS INTERNACIONAIS DE DIREITOS HUMANOS

A) SISTEMA GLOBAL

Convenção para a Prevenção e a Repressão do Crime de Genocídio (1948) 604
Convenção Relativa ao Estatuto dos Refugiados (1951) 605
Protocolo sobre o Estatuto dos Refugiados (1966).................. 613
Lei 9.474, de 22 de julho de 1997 – Define mecanismos para a implementação do Estatuto dos Refugiados de 1951, e determina outras providências 614
Convenção Internacional sobre a Eliminação de Todas as Formas de Discriminação Racial (1965).................. 618
Pacto Internacional sobre Direitos Civis e Políticos (1966).................. 624
Protocolo Facultativo Relativo ao Pacto Internacional sobre Direitos Civis e Políticos (1966).................. 632
Segundo Protocolo Facultativo ao Pacto Internacional sobre Direitos Civis e Políticos com Vistas à Abolição da Pena de Morte (1989).................. 634
Pacto Internacional dos Direitos Econômicos, Sociais e Culturais (1966).................. 635
Convenção sobre a Eliminação de Todas as Formas de Discriminação contra a Mulher (1979).................. 640
Protocolo Facultativo à Convenção sobre a Eliminação de Todas as Formas de Discriminação contra a Mulher (1999).................. 646
Convenção contra a Tortura e Outros Tratamentos ou Penas Cruéis, Desumanos ou Degradantes (1984).................. 649
Protocolo Facultativo à Convenção Contra a Tortura e Outros Tratamentos ou Penas Cruéis, Desumanos ou Degradantes (2002) 655
Convenção sobre os Direitos da Criança (1989).................. 661
Convenção Internacional sobre a Proteção dos Direitos de Todos os Trabalhadores Migrantes e dos Membros das suas Famílias (1990).................. 670
Protocolo Facultativo à Convenção sobre os Direitos da Criança Referente à Venda de Criança, à Prostituição Infantil e à Pornografia Infantil (2000).................. 688
Protocolo Facultativo à Convenção sobre os Direitos da Criança Relativo ao Envolvimento de Crianças em Conflitos Armados (2000).................. 692
Convenção das Nações Unidas Contra a Corrupção (2003) – Convenção de Mérida ... 695
Convenção Internacional para a Proteção de Todas as Pessoas contra o Desaparecimento Forçado (2006) 718
Convenção sobre os Direitos das Pessoas com Deficiência e seu Protocolo Facultativo (2007).................. 727
Tratado de Marraqueche para Facilitar o Acesso a Obras Publicadas às Pessoas Cegas, com Deficiência Visual ou com Outras Dificuldades para Ter Acesso ao Texto Impresso (2013).................. 742

B) SISTEMA REGIONAL INTERAMERICANO

Convenção Americana sobre Direitos Humanos (1969) – Pacto de San José da Costa Rica.................. 748
Estatuto da Corte Interamericana de Direitos Humanos (1979) 759
Protocolo Adicional à Convenção Americana sobre Direitos Humanos em Matéria de Direitos Econômicos, Sociais e Culturais (1988) – Protocolo de San Salvador 763
Protocolo à Convenção Americana sobre Direitos Humanos Referente à Abolição da Pena de Morte (1990).................. 768
Convenção Interamericana para Prevenir e Punir Tortura (1985) 769
Convenção Interamericana para Prevenir, Punir e Erradicar a Violência contra a Mulher (1994) – Convenção de Belém do Pará 771
Convenção Interamericana sobre Tráfico Internacional de Menores (1994).................. 775
Convenção Interamericana contra a Corrupção (1996).................. 779
Convenção Interamericana para a Eliminação de Todas as Formas de Discriminação contra as Pessoas Portadoras de Deficiência (1999) 783

Convenção Interamericana contra o Racismo, a Discriminação Racial e Formas Correlatas de Intolerância (2013) 786
Convenção Interamericana sobre a Proteção dos Direitos Humanos dos Idosos (2015) 791

COMÉRCIO INTERNACIONAL

Acordo Constitutivo da Organização Mundial de Comércio (1994) 804
Convenção das Nações Unidas sobre Contratos de Compra e Venda Internacional de Mercadorias (2014) 851

DIREITO INTERNACIONAL DO MEIO AMBIENTE

Declaração de Estocolmo sobre o Meio Ambiente Humano (1972) 864
Declaração do Rio de Janeiro sobre Meio Ambiente e Desenvolvimento (1992) 866
Convenção sobre Diversidade Biológica (1992) 868
Convenção Quadro das Nações Unidas sobre Mudança do Clima (1992) 880
Protocolo de Quioto à Convenção Quadro das Nações Unidas sobre Mudança do Clima (1997) 890
Protocolo de Cartagena sobre Biossegurança da Convenção sobre Diversidade Biológica (2000) 901
Protocolo de Nagoia sobre Acesso a Recursos Genéticos e Repartição Justa e Equitativa dos Benefícios Derivados de sua Utilização à Convenção sobre Diversidade Biológica (2010) 913

DIREITO INTERNACIONAL PENAL

Estatuto de Roma do Tribunal Penal Internacional (1998) 925
Convenção Interamericana sobre Assistência Mútua em Matéria Penal (1992) e seu Protocolo Facultativo (1993) 962
Protocolo Facultativo Relativo à Convenção Interamericana sobre Assistência Mútua em Matéria Penal (1993) 966
Convenção Interamericana sobre o Cumprimento de Sentenças Penais no Exterior (1993) 967

NACIONALIDADE E CIDADANIA

Convenção para a Redução dos Casos de Apatridia (1961) 971
Declaração Constitutiva da Comunidade dos Países de Língua Portuguesa (1996) 974
Estatutos da Comunidade dos Países de Língua Portuguesa (com revisões de São Tomé/2001, Brasília/2002, Luanda/2005, Bissau/2006 e Lisboa/2007) 976
Tratado de Amizade, Cooperação e Consulta entre a República Federativa do Brasil e a República Portuguesa (2000) 980
Lei 11.961, de 2 de julho de 2009 – Dispõe sobre a residência provisória para o estrangeiro em situação irregular no território nacional e dá outras providências .. 988
Decreto 6.893, de 2 de julho de 2009 – Regulamenta a Lei 11.961, de 2 de julho de 2009, que dispõe sobre a residência provisória para o estrangeiro em situação irregular no território nacional, e dá outras providências 989
Lei 13.445, de 24 de maio de 2017 – Institui a Lei de Migração 990
Decreto 9.199, de 20 de novembro de 2017 – Regulamenta a Lei 13.445, de 24 de maio de 2017, que institui a Lei de Migração 1003

MERCADO COMUM DO SUL – MERCOSUL

Tratado para a Constituição de um Mercado Comum entre a República Argentina, a República Federativa do Brasil, a República do Paraguai e a República Oriental do Uruguai (1991) – Tratado de Assunção 1045
Protocolo de Cooperação e Assistência Jurisdicional em Matéria Civil, Comercial, Trabalhista e Administrativa (1992) – Protocolo de Las Leñas 1053
Protocolo Adicional ao Tratado de Assunção sobre a Estrutura Institucional do Mercosul (1994) – Protocolo de Ouro Preto 1057
Protocolo de Assunção sobre Compromisso com a Promoção e Proteção dos Direitos Humanos do Mercosul (2005) 1062
Protocolo de Buenos Aires sobre Jurisdição Internacional em Matéria Contratual (1994) 1064

Protocolo de Defesa da Concorrência no Mercosul (1996) 1066
Protocolo de Montevidéu sobre o Comércio de Serviços do Mercosul (1997) 1070
Acordo de Extradição entre os Estados-Partes do Mercosul (1998) 1079
Acordo sobre Arbitragem Comercial Internacional do Mercosul (1998) 1084
Acordo de Admissão de Títulos e Graus Universitários para o Exercício de Atividades Acadêmicas nos Estados-Partes do Mercosul (1999) 1089
Acordo Quadro sobre Meio Ambiente do Mercosul (2001) 1090
Protocolo de Olivos para a Solução de Controvérsias no Mercosul (2002) 1092
Acordo de Cooperação e Assistência Jurisdicional em Matéria Civil, Comercial, Trabalhista e Administrativa entre os Estados-Partes do Mercosul e a República da Bolívia e a República do Chile (2002) 1101
Protocolo Constitutivo do Parlamento do Mercosul (2005) 1104
Protocolo de Adesão do Estado Plurinacional da Bolívia ao Mercosul (2015) 1109

União de Nações Sul-Americanas – UNASUL

Tratado Constitutivo da União de Nações Sul-Americanas (2008) 1112

Direito Internacional do Trabalho

Constituição da Organização Internacional do Trabalho (OIT) e seu Anexo (1946) 1118
Convenção 29 da OIT (1930) – Convenção Concernente a Trabalho Forçado ou Obrigatório, Adotada pela Conferência em sua Décima Quarta Sessão 1127
Convenção 98 da OIT (1949) – Relativa à Aplicação dos Princípios do Direito de Organização e de Negociação Coletiva 1132
Convenção 103 da OIT (1952) – Convenção Relativa ao Amparo à Maternidade 1135
Convenção 105 da OIT (1957) – Convenção Concernente à Abolição do Trabalho Forçado 1138
Convenção 111 da OIT (1958) – Convenção Concernente à Discriminação em Matéria de Emprego e Profissão 1139
Convenção 132 da OIT (1970) – Convenção sobre Férias Anuais Remuneradas 1141
Convenção 135 da OIT (1971) – Convenção Relativa à Proteção dos Representantes dos Trabalhadores 1144
Convenção 138 da OIT (1973) – Convenção sobre Idade Mínima de Admissão ao Emprego 1146
Convenção 151 da OIT (1978) – Convenção sobre as Relações de Trabalho na Administração Pública 1152
Convenção 155 da OIT (1981) – Convenção sobre Segurança e Saúde dos Trabalhadores e o Meio Ambiente de Trabalho 1155
Convenção 156 da OIT (1981) – Convenção sobre a Igualdade de Oportunidades e de Tratamento para Homens e Mulheres Trabalhadores: Trabalhadores com Encargos e Família 1159
Convenção 168 da OIT (1988) – Convenção Relativa à Promoção do Emprego e à Proteção contra o Desemprego 1161
Convenção 169 da OIT (1989) – Convenção sobre Povos Indígenas e Tribais 1167
Convenção 171 da OIT (1990) – Convenção Relativa ao Trabalho Noturno 1173
Convenção 182 da OIT (1999) – Convenção sobre a Proibição das Piores Formas de Trabalho Infantil e a Ação Imediata para a sua Eliminação 1176
Recomendação 190 – Recomendação sobre a Proibição das Piores Formas de Trabalho Infantil e a Ação Imediata para a sua Eliminação 1178
Recomendação 201 – Recomendação sobre o trabalho doméstico decente para as trabalhadoras e os trabalhadores domésticos 1185

II. Direito Internacional Privado 1191

Lei de Introdução às Normas do Direito Brasileiro – LINDB

Decreto-Lei 4.657, de 4 de setembro de 1942 – Lei de Introdução às Normas do Direito Brasileiro 1193
Lei 12.376, de 30 de dezembro de 2010 – Altera a ementa do Decreto-lei 4.657, de 4 de setembro de 1942 1196

Lei 12.874, de 29 de outubro de 2013 – Altera o art. 18 do Decreto-lei 4.657, de 4 de setembro de 1942, para possibilitar às autoridades consulares brasileiras celebrarem a separação e o divórcio consensuais de brasileiros no exterior 1197

Sistema Global

Estatuto Orgânico do Instituto Internacional para a Unificação do Direito Privado (UNIDROIT) (1940) 1198
Estatuto da Conferência da Haia de Direito Internacional Privado (1951) 1201
Convenção sobre a Prestação de Alimentos no Estrangeiro (1956) 1204
Convenção sobre o Reconhecimento e a Execução de Sentenças Arbitrais Estrangeiras (1958) 1207
Convenção Relativa à Citação, Intimação e Notificação no Estrangeiro de Documentos Judiciais e Extrajudiciais em Matéria Civil e Comercial (1965) 1210
Convenção sobre a Obtenção de Provas no Estrangeiro em Matéria Civil ou Comercial (1970) 1214
Convenção sobre os Aspectos Civis do Sequestro Internacional de Crianças (1980).... 1219
Decreto 5.491, de 18 de julho de 2005 – Regulamenta a atuação de organismos estrangeiros e nacionais de adoção internacional 1224

Sistema Regional Interamericano

A) Instrumentos Gerais

Convenção de Direito Internacional Privado (1928) – Código Bustamante 1227
Lei 13.105, de 16 de março de 2015 – Código de Processo Civil (parcial*) 1255
Lei 9.307, de 23 de setembro de 1996 – Dispõe sobre a arbitragem 1262
Regimento Interno do Supremo Tribunal Federal (1980) (parcial*) 1267

B) Convenções Interamericanas de Direito Internacional Privado (CIDIPs)

Convenção Interamericana sobre Cartas Rogatórias (1975) 1269
Protocolo Adicional à Convenção Interamericana sobre Cartas Rogatórias (1979) 1271
Convenção Interamericana sobre Arbitragem Comercial Internacional (1975) 1273
Convenção Interamericana sobre Normas Gerais de Direito Internacional Privado (1979) 1274
Convenção Interamericana sobre Prova e Informação acerca do Direito Estrangeiro (1979) 1276
Convenção Interamericana sobre Obrigação Alimentar (1989) 1277

ÍNDICES

Índice Alfabético-Remissivo da Constituição Federal e do ADCT 1281
Índice de Assuntos 1327

---

* Conteúdo parcial

Índice Cronológico da Coletânea de Direito Internacional

1919	Pacto da Sociedade das Nações	135
1925	Protocolo de Genebra – Proibição do emprego na guerra de gases asfixiantes, tóxicos ou similares e de meios bacteriológicos de guerra	183
1928	Convenção de Direito Internacional Privado – Código Bustamante	1227
1928	Convenção de Havana sobre Tratados	308
1928	Tratado de Renúncia à Guerra – Pacto de Paris ou Briand-Kellog	183
1930	Convenção 29 da OIT – Convenção Concernente a Trabalho Forçado ou Obrigatório, Adotada pela Conferência em sua Décima Quarta Sessão	1127
1940	Estatuto Orgânico do Instituto Internacional para a Unificação do Direito Privado (UNIDROIT)	1198
1942	Decreto-Lei 4.657, de 4 de setembro de 1942 – Lei de Introdução às Normas do Direito Brasileiro	1193
1944	Convênio Constitutivo do Fundo Monetário Internacional	506
1945	Carta das Nações Unidas	140
1945	Estatuto da Corte Internacional da Justiça	151
1946	Constituição da Organização Internacional do Trabalho (OIT) e seu Anexo – Declaração de Filadélfia	1118
1946	Constituição da Organização Mundial de Saúde	541
1947	Tratado Interamericano de Assistência Recíproca – Pacto do Rio	184
1948	Carta da Organização dos Estados Americanos	158
1948	Convenção para a Prevenção e a Repressão do Crime de Genocídio	604
1948	Declaração Americana dos Direitos e Deveres do Homem	592
1948	Declaração Universal dos Direitos Humanos	570
1949	Convenção 98 da OIT – Relativa à Aplicação dos Princípios do Direito de Organização e de Negociação Coletiva	1132
1951	Convenção Relativa ao Estatuto dos Refugiados	605
1951	Estatuto da Conferência da Haia de Direito Internacional Privado	1201
1952	Convenção 103 da OIT – Convenção Relativa ao Amparo à Maternidade	1135
1954	Convenção sobre Asilo Diplomático	305
1954	Convenção sobre Asilo Territorial	304
1956	Convenção sobre a Prestação de Alimentos no Estrangeiro	1204
1957	Convenção 105 da OIT – Convenção Concernente à Abolição do Trabalho Forçado	1138
1958	Convenção 111 da OIT – Convenção Concernente à Discriminação em Matéria de Emprego e Profissão	1139
1958	Convenção sobre o Reconhecimento e a Execução de Sentenças Arbitrais Estrangeiras	1207
1959	Tratado da Antártida	475
1961	Convenção de Viena sobre Relações Diplomáticas	290

Ano	Título	Página
1961	Convenção para a Redução dos Casos de Apatridia	971
1963	Convenção de Viena sobre Relações Consulares	290
1963	Convenção Relativa a Infrações e a Certos Outros Atos Praticados a Bordo de Aeronave	455
1963	Tratado de Proscrição das Experiências com Armas Nucleares na Atmosfera, no Espaço Cósmico e sob a Água	187
1965	Convenção Internacional sobre a Eliminação de Todas as Formas de Discriminação Racial	618
1965	Convenção Relativa à Citação, Intimação e Notificação no Estrangeiro de Documentos Judiciais e Extrajudiciais em Matéria Civil e Comercial	1210
1966	Pacto Internacional dos Direitos Econômicos, Sociais e Culturais	635
1966	Pacto Internacional sobre Direitos Civis e Políticos	624
1966	Protocolo Facultativo Relativo ao Pacto Internacional sobre Direitos Civis e Políticos	632
1966	Protocolo sobre o Estatuto dos Refugiados	613
1967	Tratado para a Proscrição de Armas Nucleares na América Latina e no Caribe – Tratado de Tlatelolco	188
1967	Tratado sobre Princípios Reguladores das Atividades dos Estados na Exploração e Uso do Espaço Cósmico, Inclusive a Lua e demais Corpos Celestes	458
1968	Tratado sobre a Não Proliferação de Armas Nucleares	195
1969	Convenção Americana sobre Direitos Humanos – Pacto de San José da Costa Rica	748
1969	Convenção de Viena sobre o Direito dos Tratados	310
1970	Convenção sobre a Obtenção de Provas no Estrangeiro em Matéria Civil ou Comercial	1214
1970	Convenção 132 da OIT – Convenção sobre Férias Anuais Renumeradas	1141
1971	Convenção 135 da OIT – Convenção Relativa à Proteção dos Representantes dos Trabalhadores	1144
1971	Convenção para Prevenir e Punir os Atos de Terrorismo Configurados em Delitos contra as Pessoas e a Extorsão Conexa, Quando Tiverem Eles Transcedência Internacional	198
1972	Convenção sobre Responsabilidade Internacional por Danos Causados por Objetos Espaciais	461
1972	Declaração de Estocolmo sobre o Meio Ambiente Humano	864
1973	Convenção 138 da OIT – Convenção sobre Idade Mínima de Admissão ao Emprego	1146
1975	Convenção Interamericana sobre Arbitragem Comercial Internacional	1273
1975	Convenção Interamericana sobre Cartas Rogatórias	1269
1978	Convenção 151 da OIT – Convenção sobre as Relações de Trabalho na Administração Pública	1152
1978	Tratado de Cooperação Amazônica	173
1978	Convenção de Viena sobre Sucessão de Estados em Matéria de Tratados	323
1979	Convenção Interamericana sobre Normas Gerais de Direito Internacional Privado	1274
1979	Convenção Interamericana sobre Prova e Informação acerca do Direito Estrangeiro	1276
1979	Convenção sobre a Eliminação de Todas as Formas de Discriminação contra a Mulher	640
1979	Estatuto da Corte Interamericana de Direitos Humanos	759
1979	Protocolo Adicional à Convenção Interamericana sobre Cartas Rogatórias	1271

Ano	Título	Página
1980	Convenção sobre a Conservação dos Recursos Vivos Marinhos Antárticos	498
1980	Convenção sobre os Aspectos Civis do Sequestro Internacional de Crianças	1219
1980	Regimento Interno do Supremo Tribunal Federal (parcial*)	1267
1981	Convenção 155 da OIT – Convenção sobre Segurança e Saúde dos Trabalhadores e o Meio Ambiente de Trabalho	1155
1981	Convenção 156 da OIT – Convenção sobre a Igualdade de Oportunidades e de Tratamento para Homens e Mulheres Trabalhadores: Trabalhadores com Encargos e Família	1159
1982	Convenção das Nações Unidas sobre o Direito do Mar – Convenção de Montego Bay	352
1984	Convenção contra a Tortura e Outros Tratamentos ou Penas Cruéis, Desumanos ou Degradantes	649
1985	Convenção Interamericana para Prevenir e Punir Tortura	769
1986	Convenção de Viena sobre o Direito dos Tratados entre Estados e Organizações Internacionais ou entre Organizações Internacionais	334
1986	Declaração sobre o Direito ao Desenvolvimento	572
1988	Protocolo Adicional à Convenção Americana sobre Direitos Humanos em Matéria de Direitos Econômicos, Sociais e Culturais – Protocolo de San Salvador	763
1988	Convenção 168 da OIT – Convenção Relativa à Promoção do Emprego e à Proteção contra o Desemprego	1161
1989	Convenção 169 da OIT – Convenção sobre Povos Indígenas e Tribais	1167
1989	Convenção Interamericana sobre Obrigação Alimentar	1277
1989	Convenção sobre os Direitos da Criança	661
1989	Segundo Protocolo Facultativo ao Pacto Internacional sobre Direitos Civis e Políticos com Vistas à Abolição da Pena de Morte	634
1990	Convenção Internacional sobre a Proteção dos Direitos de Todos os Trabalhadores Migrantes e dos Membros das suas Famílias	670
1990	Convenção 171 da OIT – Convenção Relativa ao Trabalho Noturno	1173
1990	Protocolo à Convenção Americana sobre Direitos Humanos Referente à Abolição da Pena de Morte	768
1991	Protocolo ao Tratado da Antártida sobre Proteção ao Meio Ambiente	478
1991	Tratado para a Constituição de um Mercado Comum entre a República Argentina, a República Federativa do Brasil, a República do Paraguai e a República Oriental do Uruguai – Tratado de Assunção	1045
1992	Convenção Quadro das Nações Unidas sobre Mudança do Clima	880
1992	Convenção Interamericana sobre Assistência Mútua em Matéria Penal	962
1992	Convenção sobre Diversidade Biológica	868
1992	Declaração do Rio de Janeiro sobre Meio Ambiente e Desenvolvimento	866
1992	Protocolo de Cooperação e Assistência Jurisdicional em Matéria Civil, Comercial, Trabalhista e Administrativa – Protocolo de Las Leñas	1053
1993	Protocolo de Manágua	171
1993	Convenção Interamericana sobre o Cumprimento de Sentenças Penais no Exterior	967
1993	Declaração e Programa de Ação de Viena	574
1993	Lei 8.617, de 4 de janeiro de 1993 – Dispõe sobre o mar territorial, a zona contígua, a zona econômica exclusiva e a plataforma continental brasileiros, e dá outras providências	443
1993	Protocolo Facultativo Relativo à Convenção Interamericana sobre Assistência Mútua em Matéria Penal	966

* Conteúdo parcial

1994	–	Acordo Constitutivo da Organização Mundial de Comércio (parcial)	804
1994	–	Acordo Relativo à Implementação da Parte XI da Convenção das Nações Unidas sobre o Direito do Mar	445
1994	–	Convenção Interamericana para Prevenir, Punir e Erradicar a Violência contra a Mulher – Convenção de Belém do Pará	771
1994	–	Convenção Interamericana sobre Tráfico Internacional de Menores	775
1994	–	Protocolo Adicional ao Tratado de Assunção sobre a Estrutura Institucional do Mercosul – Protocolo de Ouro Preto	1057
1994	–	Protocolo de Buenos Aires sobre Jurisdição Internacional em Matéria Contratual	1064
1995	–	Declaração de Pequim Adotada pela Quarta Conferência Mundial sobre as Mulheres: Ação para Igualdade, Desenvolvimento e Paz	590
1996	–	Declaração Constitutiva da Comunidade dos Países de Língua Portuguesa	974
1996	–	Estatutos da Comunidade dos Países de Língua Portuguesa	976
1996	–	Lei 9.307, de 23 de setembro de 1996 – Dispõe sobre a arbitragem	1262
1996	–	Protocolo ao Tratado de Proibição Completa dos Testes Nucleares	215
1996	–	Protocolo de Defesa da Concorrência no Mercosul – Protocolo de Fortaleza	1066
1996	–	Tratado de Proibição Completa dos Testes Nucleares	200
1996	–	Convenção Interamericana contra a Corrupção	779
1997	–	Lei 9.474, de 22 de julho de 1997 – Define mecanismos para a implementação do Estatuto dos Refugiados de 1951, e determina outras providências	614
1997	–	Protocolo de Montevidéu sobre o Comércio de Serviços do Mercosul (parcial)	1070
1997	–	Protocolo de Quioto à Convenção Quadro das Nações Unidas sobre Mudança do Clima	890
1998	–	Acordo de Extradição entre os Estados-Partes do Mercosul	1079
1998	–	Acordo sobre Arbitragem Comercial Internacional do Mercosul	1084
1998	–	Convenção Internacional sobre a Supressão de Atentados Terroristas com Bombas	228
1998	–	Estatuto de Roma do Tribunal Penal Internacional	925
1999	–	Acordo de Admissão de Títulos e Graus Universitários para o Exercício de Atividades Acadêmicas nos Estados-Partes do Mercosul	1089
1999	–	Convenção 182 da OIT – Convenção sobre a Proibição das Piores Formas de Trabalho Infantil e a Ação Imediata para a sua Eliminação	1176
1999	–	Convenção Interamericana para a Eliminação de Todas as Formas de Discriminação contra as Pessoas Portadoras de Deficiência	783
1999	–	Convenção para a Unificação de Certas Regras Relativas ao Transporte Aéreo Internacional	465
1999	–	Protocolo Facultativo à Convenção sobre a Eliminação de Todas as Formas de Discriminação contra a Mulher	646
2000	–	Convenção das Nações Unidas contra o Crime Organizado Transnacional	233
2000	–	Protocolo Adicional à Convenção das Nações Unidas contra o Crime Organizado Transnacional Relativo à Prevenção, Repressão e Punição do Tráfico de Pessoas, em Especial Mulheres e Crianças	255
2000	–	Protocolo Adicional à Convenção das Nações Unidas contra o Crime Organizado Transnacional, Relativo ao Combate ao Tráfico de Migrantes por Via Terrestre, Marítima e Aérea	249
2000	–	Protocolo de Cartagena sobre Biossegurança da Convenção sobre Diversidade Biológica	901
2000	–	Protocolo Facultativo à Convenção sobre os Direitos da Criança Referente à Venda de Criança, à Prostituição Infantil e à Pornografia Infantil	688
2000	–	Protocolo Facultativo à Convenção sobre os Direitos da Criança Relativo ao Envolvimento de Crianças em Conflitos Armados	692

Ano	Descrição	Pág.
2000	Tratado de Amizade, Cooperação e Consulta entre a República Federativa do Brasil e a República Portuguesa..	980
2001	Acordo Quadro sobre Meio Ambiente do Mercosul..	1090
2001	Convenção sobre o Crime Cibernético..	260
2002	Acordo de Cooperação e Assistência Jurisdicional em Matéria Civil, Comercial, Trabalhista e Administrativa entre os Estados-Partes do Mercosul, a República da Bolívia e a República do Chile...	1101
2002	Convenção Interamericana contra o Terrorismo...	273
2002	Protocolo de Olivos para a Solução de Controvérsias no Mercosul.................................	1092
2002	Protocolo Facultativo à Convenção contra a Tortura e Outros Tratamentos ou Penas Cruéis, Desumanos ou Degradantes..	655
2003	Convenção das Nações Unidas contra a Corrupção – Convenção de Mérida..........	695
2005	Decreto 5.491, de 18 de julho de 2005 – Regulamenta a atuação de organismos estrangeiros e nacionais de adoção internacional..	1224
2005	Protocolo de Assunção sobre Compromisso com a Promoção e Proteção dos Direitos Humanos do Mercosul..	1062
2005	Protocolo Constitutivo do Parlamento do Mercosul..	1104
2005	Regulamento Sanitário Internacional..	548
2006	Convenção Internacional para a Proteção de Todas as Pessoas contra o Desaparecimento Forçado...	718
2006	Princípios de Yogyakarta...	176
2007	Convenção sobre os Direitos das Pessoas com Deficiência e seu Protocolo Facultativo...	727
2008	Tratado Constitutivo da União de Nações Sul-Americanas...	1113
2009	Lei 11.961, de 2 de julho de 2009 – Dispõe sobre a residência provisória para o estrangeiro em situação irregular no território nacional e dá outras providências.	988
2009	Decreto 6.893, de 2 de julho de 2009 – Regulamenta a Lei 11.961, de 2 de julho de 2009, que dispõe sobre a residência provisória para o estrangeiro em situação irregular no território nacional, e dá outras providências..	989
2010	Lei 12.376, de 30 de dezembro de 2010 – Altera a ementa do Decreto-lei 4.657, de 4 de setembro de 1942..	1186
2010	Protocolo de Nagoia sobre Acesso a Recursos Genéticos e Repatição Justa e Equitativa dos Benefícios Derivados de sua Utilização à Convenção sobre Diversidade Biológica..	913
2013	Lei 12.874, de 29 de outubro de 2013 – Altera o art. 18 do Decreto-lei 4.657, de 4 de setembro de 1942, para possibilitar às autoridades consulares brasileiras celebrarem a separação e o divórcio consensuais de brasileiros no exterior..........	1187
2013	Tratado de Marraqueche para Facilitar o Acesso a Obras Publicadas às Pessoas Cegas, com Deficiência Visual ou com Outras Dificuldades para Ter Acesso ao Texto Impresso..	742
2013	Tratado sobre o Comércio de Armas...	277
2013	Convenção Interamericana contra o Racismo, a Discriminação Racial e Formas Correlatas de Intolerância...	786
2014	Convenção das Nações Unidas sobre Contratos de Compra e Venda Internacional de Mercadorias...	851
2015	Lei 13.105, de 16 de março de 2015 – Código de Processo Civil (parcial)..................	1255
2015	Convenção Interamericana sobre a Proteção dos Direitos Humanos dos Idosos....	791
2015	Protocolo de Adesão do Estado Plurinacional da Bolívia ao Mercosul...........................	1109
2015	Agenda 2030...	180
2016	Declaração Americana sobre os Direitos dos Povos Indígenas...	595
2017	Lei 13.445, de 24 de maio de 2017 – Institui a Lei de Migração.......................................	990
2017	Decreto 9.199, de 20 de novembro de 2017 – Regulamenta a Lei 13.445, de 24 de maio de 2017, que institui a Lei de Migração..	1003

MATERIAL SUPLEMENTAR *ONLINE*

Resolução 267 – Modificação ao Tratado para Proscrição das Armas Nucleares da América Latina (1990)

Resolução 268 – Modificação ao Tratado para Proscrição das Armas Nucleares da América Latina e no Caribe (1991)

Resolução 290 – Emendas ao Tratado para Proscrição das Armas Nucleares da América Latina e no Caribe (1992)

Protocolo de Emenda ao Tratado de Cooperação Amazônica (1998)

Regulamento Sanitário Internacional (2005) – Anexos

Princípios de Yogyakarta (2006)

Convenção sobre Trabalho Marítimo (2006)

Lei 11.645, de 10 de março de 2008 – Altera a Lei nº 9.394, de 20 de dezembro de 1996, modificada pela Lei no 10.639, de 9 de janeiro de 2003, que estabelece as diretrizes e bases da educação nacional, para incluir no currículo oficial da rede de ensino a obrigatoriedade da temática "História e Cultura Afro-Brasileira e Indígena"

Decreto 6.040/2007 – Institui a Política Nacional de Desenvolvimento Sustentável dos Povos e Comunidades Tradicionais

Decreto 7.037/2009 – Programa Nacional de Direitos Humanos PNDH-3

Decreto 7.053/2009 – Institui a Política Nacional para a População em Situação de Rua e seu Comitê Intersetorial de Acompanhamento e Monitoramento, e dá outras providências

Resolução 01/2014, do Conselho Nacional de Política Criminal e Penitenciária em Conjunto com o Conselho Nacional de Combate à Discriminação – Estabelecer os parâmetros de acolhimento de LGBT em privação de liberdade no Brasil

Agenda 2030 (2015)

Lei 13.810, de 8 de março de 2019 – Dispõe sobre o cumprimento de sanções impostas por resoluções do Conselho de Segurança das Nações Unidas, incluída a indisponibilidade de ativos de pessoas naturais e jurídicas e de entidades, e a designação nacional de pessoas investigadas ou acusadas de terrorismo, de seu financiamento ou de atos a ele correlacionados; e revoga a Lei 13.170, de 16 de outubro de 2015

Seção II – Do Supremo Tribunal Federal (arts. 101 a 103-B) 46
Seção III – Do Superior Tribunal de Justiça (arts. 104 e 105) 49
Seção IV – Dos Tribunais Regionais Federais e dos Juízes Federais (arts. 106 a 110) 50
Seção V – Do Tribunal Superior do Trabalho, dos Tribunais Regionais do Trabalho e dos Juízes do Trabalho (arts. 111 a 117) 51
Seção VI – Dos Tribunais e Juízes Eleitorais (arts. 118 a 121) 53
Seção VII – Dos Tribunais e Juízes Militares (arts. 122 a 124) 53
Seção VIII – Dos Tribunais e Juízes dos Estados (arts. 125 e 126) 54
Capítulo IV – Das Funções Essenciais à Justiça (arts. 127 a 135) 54
Seção I – Do Ministério Público (arts. 127 a 130-A) 54
Seção II – Da Advocacia Pública (arts. 131 e 132) 56
Seção III – Da Advocacia (art. 133) 57
Seção IV – Da Defensoria Pública (arts. 134 e 135) 57

TÍTULO V – DA DEFESA DO ESTADO E DAS INSTITUIÇÕES DEMOCRÁTICAS – Arts. 136 a 144 ...... **57**
Capítulo I – Do Estado de Defesa e do Estado de Sítio (arts. 136 a 141) 57
Seção I – Do estado de defesa (art. 136) 57
Seção II – Do estado de sítio (arts. 137 a 139) 58
Seção III – Disposições gerais (arts. 140 e 141) 58
Capítulo II – Das Forças Armadas (arts. 142 e 143) 58
Capítulo III – Da Segurança Pública (art. 144) 59

TÍTULO VI – DA TRIBUTAÇÃO E DO ORÇAMENTO – Arts. 145 a 169 .... **60**
Capítulo I – Do Sistema Tributário Nacional (arts. 145 a 162) 60
Seção I – Dos princípios gerais (arts. 145 a 149-C) 60
Seção II – Das limitações do poder de tributar (arts. 150 a 152) 62
Seção III – Dos impostos da União (arts. 153 e 154) 63
Seção IV – Dos impostos dos Estados e do Distrito Federal (art. 155) 64
Seção V – Dos impostos dos Municípios (art. 156) 67
Seção V-A – Do imposto de competência compartilhada entre Estados, Distrito Federal e Municípios (arts. 156-A e 156-B) 67
Seção VI – Da repartição das receitas tributárias (arts. 157 a 162) 70
Capítulo II – Das Finanças Públicas (arts. 163 a 169) 72
Seção I – Normas gerais (arts. 163 e 164) 72
Seção II – Dos orçamentos (arts. 165 a 169) 73

TÍTULO VII – DA ORDEM ECONÔMICA E FINANCEIRA – Arts. 170 a 192 .... **79**
Capítulo I – Dos Princípios Gerais da Atividade Econômica (arts. 170 a 181) 79
Capítulo II – Da Política Urbana (arts. 182 e 183) 81
Capítulo III – Da Política Agrícola e Fundiária e da Reforma Agrária (arts. 184 a 191) 82
Capítulo IV – Do Sistema Financeiro Nacional (art. 192) 83

TÍTULO VIII – DA ORDEM SOCIAL – Arts. 193 a 232 .... **83**
Capítulo I – Disposição Geral (art. 193) 83
Capítulo II – Da Seguridade Social (arts. 194 a 204) 83
Seção I – Disposições gerais (arts. 194 e 195) 83
Seção II – Da saúde (arts. 196 a 200) 85
Seção III – Da previdência social (arts. 201 e 202) 86
Seção IV – Da assistência social (arts. 203 e 204) 88
Capítulo III – Da Educação, da Cultura e do Desporto (arts. 205 a 217) 89
Seção I – Da educação (arts. 205 a 214) 89
Seção II – Da cultura (arts. 215 a 216-A) 92
Seção III – Do desporto (art. 217) 94
Capítulo IV – Da Ciência, Tecnologia e Inovação (arts. 218 a 219-B) 94
Capítulo V – Da Comunicação Social (arts. 220 a 224) 95
Capítulo VI – Do Meio Ambiente (art. 225) 96
Capítulo VII – Da Família, da Criança, do Adolescente, do Jovem e do Idoso (arts. 226 a 230) 97
Capítulo VIII – Dos Índios (arts. 231 e 232) 99

TÍTULO IX – DAS DISPOSIÇÕES CONSTITUCIONAIS GERAIS – Arts. 233 a 250 .... **99**

ATO DAS DISPOSIÇÕES CONSTITUCIONAIS TRANSITÓRIAS – Arts. 1º a 137 .... **102**

Constituição da República Federativa do Brasil

Índice Sistemático

Preâmbulo ....

TÍTULO I – DOS PRINCÍPIOS FUNDAMENTAIS – Arts. 1º a 4º ....

TÍTULO II – DOS DIREITOS E GARANTIAS FUNDAMENTAIS – Arts. 5º a 17 ....
   Capítulo I – Dos Direitos e Deveres Individuais e Coletivos (art. 5º) ....
   Capítulo II – Dos Direitos Sociais (arts. 6º a 11) ....
   Capítulo III – Da Nacionalidade (arts. 12 e 13) ....
   Capítulo IV – Dos Direitos Políticos (arts. 14 a 16) 13
   Capítulo V – Dos Partidos Políticos (art. 17) 14

TÍTULO III – DA ORGANIZAÇÃO DO ESTADO – Arts. 18 a 43 .... **15**
   Capítulo I – Da Organização Político-Administrativa (arts. 18 e 19) 15
   Capítulo II – Da União (arts. 20 a 24) 15
   Capítulo III – Dos Estados Federados (arts. 25 a 28) 20
   Capítulo IV – Dos Municípios (arts. 29 a 31) 21
   Capítulo V – Do Distrito Federal e dos Territórios (arts. 32 a 33) 23
      Seção I – Do Distrito Federal (art. 32) 23
      Seção II – Dos Territórios (art. 33) 23
   Capítulo VI – Da Intervenção (arts. 34 a 36) 23
   Capítulo VII – Da Administração Pública (arts. 37 a 43) 24
      Seção I – Disposições gerais (arts. 37 e 38) 24
      Seção II – Dos servidores públicos (arts. 39 a 41) 27
      Seção III – Dos militares dos Estados, do Distrito Federal e dos Territórios (art. 42) 30
      Seção IV – Das regiões (art. 43) 31

TÍTULO IV – DA ORGANIZAÇÃO DOS PODERES – Arts. 44 a 135 .... **31**
   Capítulo I – Do Poder Legislativo (arts. 44 a 75) 31
      Seção I – Do Congresso Nacional (arts. 44 a 47) 31
      Seção II – Das atribuições do Congresso Nacional (arts. 48 a 50) 31
      Seção III – Da Câmara dos Deputados (art. 51) 32
      Seção IV – Do Senado Federal (art. 52) 33
      Seção V – Dos Deputados e dos Senadores (arts. 53 a 56) 33
      Seção VI – Das reuniões (art. 57) 34
      Seção VII – Das comissões (art. 58) 35
      Seção VIII – Do processo legislativo (arts. 59 a 69) 35
         Subseção I – Disposição geral (art. 59) 35
         Subseção II – Da Emenda à Constituição (art. 60) 35
         Subseção III – Das leis (arts. 61 a 69) 36
      Seção IX – Da fiscalização contábil, financeira e orçamentária (arts. 70 a 75) 37
   Capítulo II – Do Poder Executivo (arts. 76 a 91) 39
      Seção I – Do Presidente e do Vice-Presidente da República (arts. 76 a 83) 39
      Seção II – Das atribuições do Presidente da República (art. 84) 39
      Seção III – Da responsabilidade do Presidente da República (arts. 85 e 86) 40
      Seção IV – Dos Ministros de Estado (arts. 87 e 88) 41
      Seção V – Do Conselho da República e do Conselho de Defesa Nacional (arts. 89 a 91) .. 41
         Subseção I – Do Conselho da República (arts. 89 e 90) 41
         Subseção II – Do Conselho de Defesa Nacional (art. 91) 41
   Capítulo III – Do Poder Judiciário (arts. 92 a 126) 42
      Seção I – Disposições gerais (arts. 92 a 100) 42

Preâmbulo

Nós, representantes do povo brasileiro, reunidos em Assembleia Nacional Constituinte para instituir um Estado Democrático, destinado a assegurar o exercício dos direitos sociais e individuais, a liberdade, a segurança, o bem-estar, o desenvolvimento, a igualdade e a justiça como valores supremos de uma sociedade fraterna, pluralista e sem preconceitos, fundada na harmonia social e comprometida, na ordem interna e internacional, com a solução pacífica das controvérsias, promulgamos, sob a proteção de Deus, a seguinte Constituição da República Federativa do Brasil.
- DOU 191-A – 05.10.1988.

TÍTULO I
DOS PRINCÍPIOS FUNDAMENTAIS

Art. 1º A República Federativa do Brasil, formada pela união indissolúvel dos Estados e Municípios e do Distrito Federal, constitui-se em Estado Democrático de Direito e tem como fundamentos:
- Arts. 18, *caput*, e 60, § 4º, I e II, desta Constituição.

I – a soberania;
- Arts. 20, VI, 21, I e III, 84, VII, VIII, XIX e XX, desta Constituição.
- Arts. 36, 236 e 237 do CPC.
- Arts. 780 a 790 do CPP.
- Arts. 215 a 229 do RISTF.

II – a cidadania;
- Arts. 5º, XXXIV, LIV, LXXI, LXXIII e LXXVII, e 60, § 4º, desta Constituição.
- Lei 9.265/1996 (Gratuidade dos atos necessários ao exercício da cidadania).
- Lei 10.835/2004 (Renda básica de cidadania).

III – a dignidade da pessoa humana;
- Arts. 5º, XLII, XLIII, XLVIII, XLIX, L, 34, VII, *b*, 226, § 7º, 227 e 230 desta Constituição.
- Art. 8º, III, da Lei 11.340/2006 (Lei Maria da Penha).
- Dec. 8.858/2016 (Emprego de Algemas).
- Dec. 10.088/2019 (Convenção 29 da OIT – Trabalho Forçado ou Obrigatório).
- Dec. 10.088/2019 (Convenção 105 da OIT – Abolição do Trabalho Forçado).
- Súmulas Vinculantes 6, 11, 14 e 56 do STF.
- Súmula 647 do STJ.
- O STF, por unanimidade, na ADPF 779, julgou integralmente procedente o pedido para firmar o entendimento de que a tese da legítima defesa da honra é inconstitucional, por contrariar os princípios constitucionais da dignidade da pessoa humana (art. 1º, III, da CF), da proteção à vida e da igualdade de gênero (art. 5º, *caput*, da CF) (DOU 10.08.2023).

IV – os valores sociais do trabalho e da livre iniciativa;
- Arts. 6º a 11 e 170 desta Constituição.

V – o pluralismo político.
- Art. 17 desta Constituição.
- Lei 9.096/1995 (Partidos Políticos).

Parágrafo único. Todo o poder emana do povo, que o exerce por meio de representantes eleitos ou diretamente, nos termos desta Constituição.
- Arts. 14, 27, § 4º, 29, XIII, 60, § 4º, II, e 61, § 2º, desta Constituição.
- Art. 1º da Lei 9.709/1998 (Regulamenta incisos I, II e III do art. 14 desta Constituição).

Art. 2º São Poderes da União, independentes e harmônicos entre si, o Legislativo, o Executivo e o Judiciário.
- Art. 60, § 4º, III, desta Constituição.
- Súmula Vinculante 37 do STF.
- Súmula 649 do STF.

Art. 3º Constituem objetivos fundamentais da República Federativa do Brasil:

I – construir uma sociedade livre, justa e solidária;
- Art. 29, 1, *d*, do Dec. 99.710/1990 (Convenção sobre os direitos das crianças).
- Art. 10, item 1, do Dec. 591/1992 (Pacto Internacional Sobre Direitos Econômicos, Sociais e Culturais).

II – garantir o desenvolvimento nacional;
- Arts. 23, parágrafo único, e 174, § 1º, desta Constituição.

III – erradicar a pobreza e a marginalização e reduzir as desigualdades sociais e regionais;
- Arts. 23, X, e 214 desta Constituição.
- Arts. 79 a 82 do ADCT.

IV – promover o bem de todos, sem preconceitos de origem, raça, sexo, cor, idade e quaisquer outras formas de discriminação.
- Art. 4º, VIII, desta Constituição.
- Art. 1.723 do CC.
- Lei 7.716/1989 (Racismo).
- Lei 8.081/1990 (Crimes e penas aplicáveis aos atos discriminatórios ou de preconceito).
- Dec. 3.956/2001 (Convenção Interamericana para Eliminação de Todas as Formas de Discriminação contra as Pessoas Portadoras de Deficiência).
- Dec. 4.377/2002 (Convenção sobre a Eliminação de Todas as Formas de Discriminação contra a Mulher).
- Dec. 4.886/2003 (Política Nacional de Promoção de Igualdade Racial – PNPIR).
- Lei 11.340/2006 (Lei Maria da Penha).
- Lei 12.288/2010 (Estatuto da Igualdade Racial).
- Dec. 9.883/2019 (Conselho Nacional de Combate à Discriminação).
- Dec. 10.088/2019 (Convenção 111 da OIT – Discriminação em matéria de emprego e profissão).

Art. 4º A República Federativa do Brasil rege-se nas suas relações internacionais pelos seguintes princípios:
- Arts. 21, I, e 84, VII e VIII, desta Constituição.
- Art. 3º, *a*, da LC 75/1993 (Estatuto do Ministério Público da União).

I – independência nacional;
- Arts. 78, *caput*, e 91, § 1º, III e IV, desta Constituição.
- Lei 8.183/1991 (Conselho de Defesa Nacional).
- Dec. 893/1993 (Regulamento do Conselho de Defesa Nacional).

II – prevalência dos direitos humanos;
- Dec. 678/1992 (Pacto de São José da Costa Rica).

III – autodeterminação dos povos;

IV – não intervenção;
- Art. 2º do Dec. Leg. 44/1995 (Protocolo de Reforma – OEA).

V – igualdade entre os Estados;

VI – defesa da paz;

VII – solução pacífica dos conflitos;

VIII – repúdio ao terrorismo e ao racismo;
- Art. 5º, XLII e XLIII, desta Constituição.
- Lei 7.716/1989 (Racismo).
- Lei 8.072/1990 (Crimes Hediondos).
- Dec. 5.639/2005 (Convenção Interamericana contra o Terrorismo).
- Lei 12.288/2010 (Estatuto da Igualdade Racial).

IX – cooperação entre os povos para o progresso da humanidade;

X – concessão de asilo político.
- Dec. 55.929/1965 (Convenção sobre Asilo Territorial).
- Lei 9.474/1997 (Estatuto dos Refugiados).

Parágrafo único. A República Federativa do Brasil buscará a integração econômica, política, social e cultural dos povos da América Latina, visando à formação de uma comunidade latino-americana de nações.

- Dec. 350/1991 (Tratado de Assunção).
- Dec. 922/1993 (Protocolo para Solução de Controvérsias no âmbito do MERCOSUL).

TÍTULO II
DOS DIREITOS E GARANTIAS FUNDAMENTAIS

CAPÍTULO I
DOS DIREITOS E DEVERES INDIVIDUAIS E COLETIVOS

Art. 5º Todos são iguais perante a lei, sem distinção de qualquer natureza, garantindo-se aos brasileiros e aos estrangeiros residentes no País a inviolabilidade do direito à vida, à liberdade, à igualdade, à segurança e à propriedade, nos termos seguintes:

- Arts. 5º, §§ 1º e 2º, 14, caput, e 60, § 4º, IV, desta Constituição.
- Lei 1.542/1952 (Casamento dos funcionários da carreira de diplomata com pessoa de nacionalidade estrangeira).
- Lei 5.709/1971 (Aquisição de imóvel rural por estrangeiro residente no país ou pessoa jurídica estrangeira).
- Dec. 74.965/1974 (Regulamenta a Lei 5.709/1971).
- Arts. 4º a 24 do Dec. 678/1992 (Pacto de São José da Costa Rica).
- Lei 12.288/2010 (Estatuto da Igualdade Racial).
- Lei 13.445/2017 (Lei de Migração).
- Dec. 9.199/2017 (Regulamenta a Lei 13.445/2017 – Lei de Migração).
- Dec. 10.088/2019 (Convenção 97 da OIT – Trabalhadores Migrantes).
- Súmulas Vinculantes 6 e 11 do STF.
- Súmula 683 do STF.
- O STF, por unanimidade, na ADPF 779, julgou integralmente procedente o pedido para firmar o entendimento de que a tese da legítima defesa da honra é inconstitucional, por contrariar os princípios constitucionais da dignidade da pessoa humana (art. 1º, III, da CF), da proteção à vida e da igualdade de gênero (art. 5º, caput, da CF) (DOU 10.08.2023).

I – homens e mulheres são iguais em direitos e obrigações, nos termos desta Constituição;

- Arts. 143, § 2º, e 226, § 5º, desta Constituição.
- Art. 372 da CLT.
- Art. 4º da Lei 8.159/1991 (Política nacional de arquivos públicos e privados).
- Dec. 678/1992 (Pacto de São José da Costa Rica).
- Lei 9.029/1995 (Proíbe a exigência de atestado de gravidez e esterilização, e outras práticas discriminatórias, para efeitos admissionais).
- Dec. 4.377/2002 (Convenção sobre a Eliminação de todas as Formas de Discriminação contra a Mulher, de 1979).
- Lei 12.318/2010 (Alienação Parental).
- Dec. 9.199/2017 (Regulamenta a Lei 13.445/2017 – Lei de Migração).
- Dec. 10.088/2019 (Convenção 100 da OIT – Igualdade de Remuneração de Homens e Mulheres).

II – ninguém será obrigado a fazer ou deixar de fazer alguma coisa senão em virtude de lei;

- Arts. 14, § 1º, I, e 143 desta Constituição.
- Súmulas Vinculantes 37 e 44 do STF.
- Súmulas 636 e 686 do STF.

III – ninguém será submetido a tortura nem a tratamento desumano ou degradante;

- Incisos XLIII, XLVII, e, XLIX, LXII, LXIII, LXV e LXVI deste artigo.
- Art. 13 da Lei 13.869/2019 (Abuso de Autoridade).
- Art. 199 da Lei 7.210/1984 (Lei de Execução Penal).
- Arts. 2º e 8º da Lei 8.072/1990 (Crimes Hediondos).
- Dec. 40/1991 (Convenção contra a Tortura e outros Tratamentos ou Penas Cruéis, Desumanos ou Degradantes).
- Art. 5º, item 2, do Dec. 678/1992 (Pacto de São José da Costa Rica).
- Lei 9.455/1997 (Crimes de Tortura).
- Lei 12.847/2013 (Sistema de Prevenção e Combate à Tortura).
- Dec. 8.154/2013 (Regulamenta o Sistema de Prevenção e Combate à Tortura).
- Dec. 8.858/2016 (Emprego de Algemas).
- Súmula Vinculante 11 do STF.
- Súmula 647 do STJ.

IV – é livre a manifestação do pensamento, sendo vedado o anonimato;

- Art. 220, § 1º, desta Constituição.
- Art. 1º da Lei 7.524/1986 (Manifestação, por militar inativo, de pensamento e opinião políticos e filosóficos).
- Art. 2º, a, da Lei 8.389/1991 (Conselho Nacional de Comunicação Social).
- Art. 13 do Dec. 678/1992 (Pacto de São José da Costa Rica).
- Art. 6º, XIV, da LC 75/1993 (Lei Orgânica do Ministério Público da União).

V – é assegurado o direito de resposta, proporcional ao agravo, além da indenização por dano material, moral ou à imagem;

- Art. 220, § 1º, desta Constituição.
- Art. 6º da Lei 8.159/1981 (Política Nacional de Arquivos Públicos e Privados).
- Lei 7.524/1986 (Manifestação, por militar inativo, de pensamento e opinião políticos ou filosóficos).
- Art. 14 do Dec. 678/1992 (Pacto de São José da Costa Rica).
- Lei 13.188/2015 (Direito de Resposta).
- Súmulas 37, 227, 362, 387, 388 e 403 do STJ.

VI – é inviolável a liberdade de consciência e de crença, sendo assegurado o livre exercício dos cultos religiosos e garantida, na forma da lei, a proteção aos locais de culto e a suas liturgias;

- Arts. 208 a 212 do CP.
- Art. 24 da Lei 7.210/1984 (Execução Penal).
- Arts. 16, II, e 124, XIV, da Lei 8.069/1990 (Estatuto da Criança e do Adolescente – ECA).
- Art. 39 da Lei 8.313/1991 (Programa Nacional de Apoio a Cultura – PRONAC).
- Art. 12, 1, do Anexo do Dec. 678/1992 (Pacto de São José da Costa Rica).
- Arts. 23 a 26 da Lei 12.288/2010 (Estatuto da Igualdade Racial).

VII – é assegurada, nos termos da lei, a prestação de assistência religiosa nas entidades civis e militares de internação coletiva;

- Lei 6.923/1981 (Serviço de assistência religiosa nas Forças Armadas).
- Art. 24 da Lei 7.210/1984 (Execução Penal).
- Art. 124, XIV, da Lei 8.069/1990 (Estatuto da Criança e do Adolescente – ECA).
- Lei 9.982/2000 (Prestação de assistência religiosa nas entidades hospitalares públicas e privadas e estabelecimentos prisionais civis e militares).

VIII – ninguém será privado de direitos por motivo de crença religiosa ou de convicção filosófica ou política, salvo se as invocar para eximir-se de obrigação legal a todos imposta e recusar-se a cumprir prestação alternativa, fixada em lei;

- Arts. 15, IV, e 143, §§ 1º e 2º, desta Constituição.
- Dec.-lei 1.002/1969 (Código de Processo Penal Militar).
- Lei 7.210/1984 (Execução Penal).
- Lei 8.239/1991 (Prestação de serviço alternativo ao serviço militar obrigatório).
- Art. 12 do Dec. 678/1992 (Pacto de São José da Costa Rica).

IX – é livre a expressão da atividade intelectual, artística, científica e de comunicação, independentemente de censura ou licença;

- Art. 220, § 2º, desta Constituição.
- Art. 39 da Lei 8.313/1991 (Programa Nacional de Apoio à Cultura – PRONAC).
- Art. 5º, II, d, da LC 75/1993 (Lei Orgânica do Ministério Público da União).

▶ Lei 9.456/1997 (Proteção de Cultivares).
▶ Lei 9.609/1998 (Propriedade intelectual de programa de computador e sua comercialização no país).
▶ Lei 9.610/1998 (Direitos Autorais).

X – são invioláveis a intimidade, a vida privada, a honra e a imagem das pessoas, assegurado o direito à indenização pelo dano material ou moral decorrente de sua violação;

▶ Arts. 37, § 3º, II, e 114, VI, desta Constituição.
▶ Arts. 4º e 6º da Lei 8.159/1981 (Política Nacional de Arquivos Públicos e Privados).
▶ Art. 11, item 2, do Dec. 678/1992 (Pacto de São José da Costa Rica).
▶ Art. 30, V, da Lei 8.935/1994 (Serviços notariais e de registro).
▶ Art. 101, § 1º, da Lei 11.101/2005 (Recuperação de Empresas e Falências).
▶ Súmula Vinculante 11 do STF.
▶ Súmula 714 do STF.
▶ Súmulas 227, 370, 387, 388, 403 e 420 do STJ.

XI – a casa é asilo inviolável do indivíduo, ninguém nela podendo penetrar sem consentimento do morador, salvo em caso de flagrante delito ou desastre, ou para prestar socorro, ou, durante o dia, por determinação judicial;

▶ Art. 150, §§ 1º a 5º, do CP.
▶ Arts. 283 e 301 do CPP.
▶ Arts. 212 a 217 do CPC.
▶ Art. 11 do Dec. 678/1992 (Pacto de São José da Costa Rica).
▶ Art. 7º, II, da Lei 8.906/1994 (Estatuto da Advocacia e da OAB).

XII – é inviolável o sigilo da correspondência e das comunicações telegráficas, de dados e das comunicações telefônicas, salvo, no último caso, por ordem judicial, nas hipóteses e na forma que a lei estabelecer para fins de investigação criminal ou instrução processual penal;

▶ Arts. 136, § 1º, I, b e c, e 139, III, desta Constituição.
▶ Arts. 151 a 152 do CP.
▶ Arts. 55 a 57 da Lei 4.117/1962 (Código Brasileiro de Telecomunicações).
▶ Lei 6.538/1978 (Serviços postais).
▶ Art. 11 do Dec. 678/1992 (Pacto de São José da Costa Rica).
▶ 6º, XVIII, a, da LC 75/1993 (Lei Orgânica do Ministério Público da União).
▶ Art. 7º, II, da Lei 8.906/1994 (Estatuto da Advocacia da OAB).
▶ Lei 9.296/1996 (Interceptações Telefônicas).
▶ Dec. 3.505/2000 (Política de Segurança da Informação nos órgãos e entidades da Administração Pública Federal).
▶ Resolução 59/2008, do Conselho Nacional de Justiça (Aperfeiçoa o procedimento de interceptação das comunicações telefônicas e de sistemas de informática nos órgãos jurisdicionais do Poder Judiciário).

XIII – é livre o exercício de qualquer trabalho, ofício ou profissão, atendidas as qualificações profissionais que a lei estabelecer;

▶ Arts. 170 e 220, § 1º, desta Constituição.
▶ Art. 6º do Dec. 678/1992 (Pacto de São José da Costa Rica).

XIV – é assegurado a todos o acesso à informação e resguardado o sigilo da fonte, quando necessário ao exercício profissional;

▶ Art. 220, § 1º, desta Constituição.
▶ Art. 154 do CP.
▶ Art. 207 do CPP.
▶ Art. 448, II, do CPC.
▶ Art. 8º, § 2º, da LC 75/1993 (Lei Orgânica do Ministério Público da União).
▶ Art. 7º, XIX, da Lei 8.906/1994 (Estatuto da Advocacia e da OAB).

XV – é livre a locomoção no território nacional em tempo de paz, podendo qualquer pessoa, nos termos da lei, nele entrar, permanecer ou dele sair com seus bens;

▶ Arts. 109, X, e 139 desta Constituição.
▶ Art. 22 do Dec. 678/1992 (Pacto de São José da Costa Rica).

XVI – todos podem reunir-se pacificamente, sem armas, em locais abertos ao público, independentemente de autorização, desde que não frustrem outra reunião anteriormente convocada para o mesmo local, sendo apenas exigido prévio aviso à autoridade competente;

▶ Arts. 109, X, 136, § 1º, I, a, e 139, IV, desta Constituição.
▶ Art. 2º, III, da Lei 7.685/1988 (Registro provisório para o estrangeiro em situação ilegal em território nacional).
▶ Art. 21 do Dec. 592/1992 (Pacto Internacional sobre Direitos Civis e Políticos).
▶ Art. 15 do Anexo do Dec. 678/1992 (Pacto de São José da Costa Rica).

XVII – é plena a liberdade de associação para fins lícitos, vedada a de caráter paramilitar;

▶ Arts. 8º, 17, § 4º, e 37, VI, desta Constituição.
▶ Art. 199 do CP.
▶ Art. 117, VII, da Lei 8.112/1990 (Estatuto dos Servidores Públicos Civis da União, Autarquias e Fundações Públicas Federais).
▶ Art. 16 do Dec. 678/1992 (Pacto de São José da Costa Rica).

XVIII – a criação de associações e, na forma da lei, a de cooperativas independem de autorização, sendo vedada a interferência estatal em seu funcionamento;

▶ Arts. 8º, I, e 37, VI, desta Constituição.
▶ Lei 5.764/1971 (Cooperativas).
▶ Lei 9.867/1999 (Criação e o funcionamento de Cooperativas Sociais).

XIX – as associações só poderão ser compulsoriamente dissolvidas ou ter suas atividades suspensas por decisão judicial, exigindo-se, no primeiro caso, o trânsito em julgado;

XX – ninguém poderá ser compelido a associar-se ou a permanecer associado;

▶ Art. 117, VII, da Lei 8.112/1990 (Estatuto dos Servidores Públicos Civis da União, Autarquias e Fundações Públicas Federais).
▶ Art. 16 do Dec. 678/1992 (Pacto de São José da Costa Rica).

XXI – as entidades associativas, quando expressamente autorizadas, têm legitimidade para representar seus filiados judicial ou extrajudicialmente;

▶ Art. 5º da Lei 7.347/1985 (Ação Civil Pública).
▶ Arts. 3º e 5º, I e III, da Lei 7.853/1989 (Apoio às Pessoas Portadoras de Deficiência).
▶ Art. 5º, I e III, da Lei 7.802/1989 (Agrotóxicos).
▶ Art. 82, VI, da Lei 8.078/1990 (Código de Defesa do Consumidor – CDC).
▶ Art. 210, III, da Lei 8.069/1991 (Estatuto da Criança e do Adolescente – ECA).
▶ Súmula 629 do STF.

XXII – é garantido o direito de propriedade;

▶ Art. 243 desta Constituição.
▶ Arts. 1.228 a 1.368 do CC.
▶ Lei 4.504/1964 (Estatuto da Terra).
▶ Arts. 1º, 9º e 15 da Lei 8.257/1991 (Expropriação das glebas nas quais se localizem culturas ilegais de plantas psicotrópicas).

XXIII – a propriedade atenderá a sua função social;

▶ Arts.156, § 1º, 170, III, 182, § 2º, e 186 desta Constituição.
▶ Art. 5º do Dec.-lei 4.657/1942 (Lei de Introdução às normas do Direito Brasileiro – LINDB).
▶ Arts. 29, 12, 18, a, e 47, I, da Lei 4.504/1964 (Estatuto da Terra).
▶ Art. 2º, I, da Lei 8.171/1991 (Política Agrícola).
▶ Lei 10.257/2001 (Estatuto da Cidade).
▶ Arts. 27 a 37 da Lei 12.288/2010 (Estatuto da Igualdade Racial).

- Art. 1º da Lei 12.529/2011 (Sistema Brasileiro de Defesa da Concorrência).

XXIV – a lei estabelecerá o procedimento para desapropriação por necessidade ou utilidade pública, ou por interesse social, mediante justa e prévia indenização em dinheiro, ressalvados os casos previstos nesta Constituição;
- Arts. 22, II, 182, § 4º, 184, *caput*, e 185, I e II, desta Constituição.
- Arts. 1.228, § 3º e 1.275, V, do CC.
- Dec.-lei 3.365/1941 (Desapropriações).
- Lei 4.132/1962 (Desapropriação por Interesse Social).
- Arts. 17, *a*, 18, 19, §§ 1º a 4º, 31, IV, e 35, *caput*, da Lei 4.504/1964 (Estatuto da Terra).
- Dec.-lei 1.075/1970 (Imissão de Posse).
- LC 76/1993 (Desapropriação de Imóvel Rural para fins de Reforma Agrária).
- Arts. 2º, § 1º, 5º, § 2º, e 7º, IV, da Lei 8.629/1993 (Dispositivos constitucionais relativos à reforma agrária).
- Art. 10 da Lei 9.074/1995 (Normas para outorga e prorrogações das concessões e permissões de serviços públicos).
- Súmulas 23, 111, 157, 164, 218, 345, 378, 416, 475, 561, 617, 618 e 652 do STF.
- Súmulas 12, 56, 67, 69, 70, 102, 113, 114, 119, 131, 141 e 354 do STJ.

XXV – no caso de iminente perigo público, a autoridade competente poderá usar de propriedade particular, assegurada ao proprietário indenização ulterior, se houver dano;

XXVI – a pequena propriedade rural, assim definida em lei, desde que trabalhada pela família, não será objeto de penhora para pagamento de débitos decorrentes de sua atividade produtiva, dispondo a lei sobre os meios de financiar o seu desenvolvimento;
- Art. 185 desta Constituição.
- Lei 4.504/1964 (Estatuto da Terra).
- Art. 19, IX, da Lei 4.595/1964 (Sistema Financeiro Nacional).
- Art. 4º, § 2º, da Lei 8.009/1990 (Impenhorabilidade do Bem de Família).
- Art. 4º, I, da LC 76/1993 (Desapropriação de Imóvel Rural para fins de Reforma Agrária).
- Art. 4º, II, e parágrafo único, da Lei 8.629/1993 (Regula os dispositivos constitucionais relativos à reforma agrária).
- Súmula 364 do STJ.

XXVII – aos autores pertence o direito exclusivo de utilização, publicação ou reprodução de suas obras, transmissível aos herdeiros pelo tempo que a lei fixar;
- Art. 184 do CP.
- Art. 30 da Lei 8.977/1995 (Serviço de TV a cabo, regulamentado pelo Dec. 2.206/1997).
- Lei 9.456/1997 (Proteção de Cultivares).
- Dec. 2.366/1997 (Regulamenta da Lei 9.456/1997).
- Lei 9.609/1998 Propriedade intelectual de programa de computador e sua comercialização no país).
- Lei 9.610/1998 (Direitos Autorais).
- Súmula 386 do STF.
- Súmulas 63, 228 e 261 do STJ.

XXVIII – são assegurados, nos termos da lei:

a) a proteção às participações individuais em obras coletivas e à reprodução da imagem e voz humanas, inclusive nas atividades desportivas;
- Lei 6.533/1978 (Regulamentação das profissões de Artista e de Técnico em Espetáculos de Diversões).
- Lei 9.610/1998 (Direitos Autorais).
- Art. 42 da Lei 9.615/1998 (Normas gerais sobre desporto).

b) o direito de fiscalização do aproveitamento econômico das obras que criarem ou de que participarem aos criadores, aos intérpretes e às respectivas representações sindicais e associativas;

XXIX – a lei assegurará aos autores de inventos industriais privilégio temporário para sua utilização, bem como proteção às criações industriais, à propriedade das marcas, aos nomes de empresas e a outros signos distintivos, tendo em vista o interesse social e o desenvolvimento tecnológico e econômico do País;
- Art. 4º, VI, do CDC.
- Lei 9.279/1996 (Propriedade Industrial).
- Lei 9.456/1997 (Proteção de Cultivares).
- Dec. 2.553/1998 (Regulamenta os arts. 75 e 88 a 93 da Lei 9.279/1996)

XXX – é garantido o direito de herança;
- Arts. 1.784 a 2.027 do CC.
- Art. 743, § 2º do CPC.
- Lei 6.858/1980 (Pagamento aos dependentes ou sucessores, de valores não recebidos em vida pelos respectivos titulares).
- Lei 8.971/1994 (Direito dos companheiros a alimentos e sucessão).
- Lei 9.278/1996 (União Estável).

XXXI – a sucessão de bens de estrangeiros situados no País será regulada pela lei brasileira em benefício do cônjuge ou dos filhos brasileiros, sempre que não lhes seja mais favorável a lei pessoal do de cujus;
- Art. 10, §§ 1º e 2º, do Dec.-lei 4.657/1942 (Lei de Introdução às normas do Direito Brasileiro – LINDB).

XXXII – o Estado promoverá, na forma da lei, a defesa do consumidor;
- Art. 48 do ADCT.
- Lei 8.078/1990 (Código de Defesa do Consumidor).
- Art. 4º da Lei 8.137/1990 (Crimes Contra a Ordem Tributária, Econômica e Contra as Relações de Consumo).
- Lei 8.178/1991 (Preços e salários).
- Dec. 2.181/1997 (Organização do Sistema Nacional de Defesa do Consumidor – SNDC).
- Lei 12.529/2011 (Estruturação do Sistema Brasileiro de Defesa da Concorrência – SNDC).
- Dec. 8.573/2015 (Sistema Alternativo de Solução de Conflitos de Consumo).

XXXIII – todos têm direito a receber dos órgãos públicos informações de seu interesse particular, ou de interesse coletivo ou geral, que serão prestadas no prazo da lei, sob pena de responsabilidade, ressalvadas aquelas cujo sigilo seja imprescindível à segurança da sociedade e do Estado;
- Arts. 5º, LXXVII, e 37, § 3º, II, desta Constituição.
- Lei 12.527/2011 (Regula o acesso a informações previsto neste inciso).
- Dec. 7.845/2012 (Credenciamento de segurança e tratamento de informação classificada em qualquer grau de sigilo).
- Súmula Vinculante 14 do STF.
- Súmula 202 do STJ.

XXXIV – são a todos assegurados, independentemente do pagamento de taxas:
- Art. 41, XIV da Lei 7.210/1984 (Lei de Execução Penal – LEP).

a) o direito de petição aos Poderes Públicos em defesa de direitos ou contra ilegalidade ou abuso de poder;
- Súmula Vinculante 21 do STF.
- Súmula 373 do STJ.
- Súmula 424 do TST.

b) a obtenção de certidões em repartições públicas, para defesa de direitos e esclarecimento de situações de interesse pessoal;
- Art. 6º do Dec.-lei 4.657/1942 (Lei de Introdução às normas do Direito Brasileiro – LINDB).
- Lei 9.051/1995 (Expedição de certidões para defesa de direitos e esclarecimentos de situações.

▸ Lei 9.307/1996 (Arbitragem).

XXXV – a lei não excluirá da apreciação do Poder Judiciário lesão ou ameaça a direito;
▸ Lei 9.307/1996 (Arbitragem).
▸ Súmula Vinculante 28 do STF.
▸ Súmula 667 do STF.
▸ Súmula 533 do STJ.

XXXVI – a lei não prejudicará o direito adquirido, o ato jurídico perfeito e a coisa julgada;
▸ Art. 6º, *caput*, do Dec.-lei 4.657/1942 (Lei de Introdução às normas do Direito Brasileiro – LINDB).
▸ Súmulas Vinculantes 1, 9 e 35 do STF.
▸ Súmulas 654, 667, 678 e 684 do STF.
▸ Súmula 487 do STJ.
▸ Súmula 315 do TST.

XXXVII – não haverá juízo ou tribunal de exceção;

XXXVIII – é reconhecida a instituição do júri, com a organização que lhe der a lei, assegurados:
▸ Arts. 406 a 432 do CPP.
▸ Arts. 18 e 19 da Lei 11.697/2008 (Organização Judiciária do Distrito Federal e dos Territórios).

a) a plenitude de defesa;
▸ Súmulas 156 e 162 do STF.

b) o sigilo das votações;

c) a soberania dos veredictos;

d) a competência para o julgamento dos crimes dolosos contra a vida;
▸ Arts. 74, § 1º, e 406 a 497 do CPP.
▸ Súmula Vinculante 45 do STF.
▸ Súmulas 603, 713 e 721 do STF.

XXXIX – não há crime sem lei anterior que o defina, nem pena sem prévia cominação legal;
▸ Art. 1º do CP.
▸ Art. 9º do Dec. 678/1992 (Pacto de São José da Costa Rica).

XL – a lei penal não retroagirá, salvo para beneficiar o réu;
▸ Art. 2º, par. ún., do CP.
▸ Art. 66, I, da Lei 7.210/1984 (Execução Penal).
▸ Art. 9º do Dec. 678/1992 (Pacto de São José da Costa Rica).
▸ Súmulas Vinculantes 3, 5, 14, 21, 24, 26 e 28 do STF.
▸ Súmulas 611 e 711 do STF.

XLI – a lei punirá qualquer discriminação atentatória dos direitos e liberdades fundamentais;
▸ O STF, por maioria, julgou procedente a ADIN por omissão 26 para dar interpretação conforme a Constituição, em face dos mandados constitucionais de incriminação inscritos nos incisos XLI e XLII do art. 5º da CF, para enquadrar a homofobia e a transfobia, qualquer que seja a forma de sua manifestação, nos diversos tipos penais definidos na Lei 7.716/89, até que sobrevenha legislação autônoma, editada pelo Congresso Nacional.
▸ Lei 7.716/1989 (Racismo).
▸ Lei 8.081/1990 (Crimes e penas aplicáveis aos atos discriminatórios ou de preconceito de raça, cor, religião, etnia ou procedência de qualquer natureza).
▸ Lei 9.029/1995 (Proíbe a exigência de atestado de gravidez e esterilização, e outras práticas discriminatórias, para efeitos admissionais).
▸ Dec. 3.956/2001 (Convenção Interamericana para eliminação de todas as Formas de Discriminação contra as Pessoas Portadoras de Deficiência).
▸ Dec. 4.377/2002 (Convenção Sobre a Eliminação de Todas as Formas de Discriminação Contra a Mulher).
▸ Dec. 4.886/2003 (Política Nacional de Promoção da Igualdade Racial – PNPIR).
▸ Dec. 9.883/2019 (Conselho Nacional de Combate à Discriminação).

XLII – a prática do racismo constitui crime inafiançável e imprescritível, sujeito à pena de reclusão, nos termos da lei;
▸ O STF, por maioria, julgou procedente a ADIN por omissão 26 para dar interpretação conforme a Constituição, em face dos mandados constitucionais de incriminação inscritos nos incisos XLI e XLII do art. 5º da CF, para enquadrar a homofobia e a transfobia, qualquer que seja a forma de sua manifestação, nos diversos tipos penais definidos na Lei 7.716/89, até que sobrevenha legislação autônoma, editada pelo Congresso Nacional.
▸ Art. 323, I, do CPP.
▸ Lei 7.716/1989 (Racismo).
▸ Lei 10.678/2003 (Secretaria Especial de Políticas de Promoção da Igualdade Racial, da Presidência da República).
▸ Lei 12.288/2010 (Estatuto da Igualdade Racial).

XLIII – a lei considerará crimes inafiançáveis e insuscetíveis de graça ou anistia a prática da tortura, o tráfico ilícito de entorpecentes e drogas afins, o terrorismo e os definidos como crimes hediondos, por eles respondendo os mandantes, os executores e os que, podendo evitá-los, se omitirem;
▸ Lei 8.072/1990 (Crimes Hediondos).
▸ Lei 9.455/1997 (Crimes de Tortura).
▸ Dec. 5.639/2005 (Convenção Interamericana contra o Terrorismo).
▸ Lei 11.343/2006 (Drogas).
▸ Lei 13.260/2016 (Lei do Terrorismo).
▸ Súmula Vinculante 26 do STF.
▸ Súmula 631 do STJ.

XLIV – constitui crime inafiançável e imprescritível a ação de grupos armados, civis ou militares, contra a ordem constitucional e o Estado Democrático;
▸ Dec. 5.015/2004 (Convenção das Nações Unidas contra o Crime Organizado Transnacional).
▸ Lei 12.850/2013 (Organização criminosa, investigação criminal, meios de obtenção da prova, infrações penais correlatas e o procedimento criminal).

XLV – nenhuma pena passará da pessoa do condenado, podendo a obrigação de reparar o dano e a decretação do perdimento de bens ser, nos termos da lei, estendidas aos sucessores e contra eles executadas, até o limite do valor do patrimônio transferido;
▸ Arts. 932 e 935 do CC.
▸ Arts. 32 a 52 do CP.
▸ Art. 5º, nº 3, do Dec. 678/1992 (Pacto de São José da Costa Rica).

XLVI – a lei regulará a individualização da pena e adotará, entre outras, as seguintes:
▸ Arts. 32 a 52 do CP.
▸ Súmulas Vinculantes 26 e 56 do STF.

a) privação ou restrição da liberdade;
▸ Arts. 33 a 42 do CP.

b) perda de bens;
▸ Arts. 43, II, e 45, § 3º, do CP.

c) multa;
▸ Art. 49 do CP.
▸ Arts. 164 a 170 da Lei 7.210/1984 (Lei de Execução Penal).
▸ Súmula 693 do STF.

d) prestação social alternativa;
▸ Arts. 44 e 46 do CP.

e) suspensão ou interdição de direitos;
▸ Art. 47 do CP.

XLVII – não haverá penas:
▸ Art. 60, § 4º, IV, desta Constituição.
▸ Arts. 32 a 52 do CP.
▸ Súmula Vinculante 26 do STF.

a) de morte, salvo em caso de guerra declarada, nos termos do artigo 84, XIX;
▸ Arts. 55 a 57 do CPM.
▸ Art. 4º, ns. 2 a 6, do Dec. 678/1992 (Pacto de São José da Costa Rica).

b) de caráter perpétuo;

- Súmula 527 do STJ.

c) de trabalhos forçados;
d) de banimento;
e) cruéis;
- Art. 7º, item 7, do Dec. 678/1992 (Pacto de São José da Costa Rica).
- Súmulas 280, 309 e 419 do STJ.

XLVIII – a pena será cumprida em estabelecimentos distintos, de acordo com a natureza do delito, a idade e o sexo do apenado;
- Arts. 32 a 52 do CP.
- Arts. 5º a 9º e 82 a 104 da Lei 7.210/1984 (Lei de Execução Penal).
- Lei 10.792/2003 (Institui o Regime Disciplinar Diferenciado).

XLIX – é assegurado aos presos o respeito à integridade física e moral;
- Art. 5º, III, desta Constituição.
- Art. 38 do CP.
- Art. 40 da Lei 7.210/1984 (Execução Penal).
- Art. 5º, nº 1, do Dec. 678/1992 (Pacto de São José da Costa Rica).
- Lei 8.653/1993 (Transporte de presos).
- Súmula Vinculante 11 do STF.

L – às presidiárias serão asseguradas condições para que possam permanecer com seus filhos durante o período de amamentação;
- Art. 89 da Lei 7.210/1984 (Execução Penal).

LI – nenhum brasileiro será extraditado, salvo o naturalizado, em caso de crime comum, praticado antes da naturalização, ou de comprovado envolvimento em tráfico ilícito de entorpecentes e drogas afins, na forma da lei;
- Art. 12, II, desta Constituição.
- Dec. 98.961/1990 (Expulsão de estrangeiro condenado por tráfico de entorpecentes).
- Lei 11.343/2006 (Drogas).
- Arts. 81 a 99 da Lei 13.445/2017 (Lei de Migração).
- Art. 262 do Dec. 9.199/2017 (Regulamenta a Lei 13.445/2017 – Lei de Migração).
- Súmula 421 do STF.

LII – não será concedida extradição de estrangeiro por crime político ou de opinião;
- Dec. 98.961/1990 (Expulsão de estrangeiro condenado por tráfico de entorpecente e drogas afins).
- Art. 82, VII, da Lei 13.445/2017 (Lei de Migração).
- Art. 263 do Dec. 9.199/2017 (Regulamenta a Lei 13.445/2017 – Lei de Migração).

LIII – ninguém será processado nem sentenciado senão pela autoridade competente;
- Art. 8º, nº 1, do Dec. 678/1992 (Pacto de São José da Costa Rica).
- Súmula 704 do STF.

LIV – ninguém será privado da liberdade ou de seus bens sem o devido processo legal;
- Súmulas Vinculantes 3, 14 e 35 do STF.
- Súmula 704 do STF.
- Súmula 347 do STJ.

LV – aos litigantes, em processo judicial ou administrativo, e aos acusados em geral são assegurados o contraditório e ampla defesa, com os meios e recursos a ela inerentes;
- Lei 8.112/1990 (Estatuto dos Servidores Públicos Civis da União, Autarquias e Fundações Públicas Federais).
- Lei 9.784/1999 (Processo Administrativo Federal).
- Súmulas Vinculantes 3, 5, 14, 21, 24 e 28 do STF.
- Súmulas 523, 701, 704, 705, 707, 708 e 712 do STF.
- Súmulas 196, 255, 312, 347, 358 e 373 do STJ.

LVI – são inadmissíveis, no processo, as provas obtidas por meios ilícitos;
- Arts. 212 e ss. do CC.
- Arts. 369, 373 a 380 e 385 do CPC.
- Arts . 155 a 157 do CPP.
- Lei 9.296/1996 (Interceptações Telefônicas).

LVII – ninguém será considerado culpado até o trânsito em julgado de sentença penal condenatória;
- Art. 8º, item 2, do Dec. 678/1992 (Pacto de São José da Costa Rica).
- Súmula 9 do STJ.
- Súmula 643 do STJ.

LVIII – o civilmente identificado não será submetido a identificação criminal, salvo nas hipóteses previstas em lei;
- Inciso LVIII regulamentado pela Lei 12.037/2009.
- Art. 6º, VIII, do CPP.
- Lei 6.015/1973 (Registros Públicos).
- Art. 2º, caput da Lei 12.037/2009 (Identificação criminal do civilmente identificado).
- Súmula 568 do STF.

LIX – será admitida ação privada nos crimes de ação pública, se esta não for intentada no prazo legal;
- Art. 100, § 3º, do CP.
- Art. 29 do CPP.

LX – a lei só poderá restringir a publicidade dos atos processuais quando a defesa da intimidade ou o interesse social o exigirem;
- Art. 93, IX, desta Constituição.
- Arts. 11, 189 e 368 do CPC.
- Art. 20 do CPP.
- Art. 770 da CLT.
- Art. 8º, item 5, do Dec. 678/1992 (Pacto de São José da Costa Rica).

LXI – ninguém será preso senão em flagrante delito ou por ordem escrita e fundamentada de autoridade judiciária competente, salvo nos casos de transgressão militar ou crime propriamente militar, definidos em lei;
- Art. 5º, LVII, desta Constituição.
- Art. 301 e ss. do CPP.
- Dec.-lei 1.001/1969 (Código Penal Militar).
- Lei 6.880/1980 (Estatuto dos Militares).
- Art. 7º, item 2, do Dec. 678/1992 (Pacto de São José da Costa Rica).
- Súmulas 9 e 280 do STJ.

LXII – a prisão de qualquer pessoa e o local onde se encontre serão comunicados imediatamente ao juiz competente e à família do preso ou à pessoa por ele indicada;
- Art. 136, § 3º, IV, desta Constituição.
- Art. 306 do CPP.

LXIII – o preso será informado de seus direitos, entre os quais o de permanecer calado, sendo-lhe assegurada a assistência da família e de advogado;
- Art. 289-A, § 4º, do CPP.
- Art. 8º, item 2, g, do Dec. 678/1992 (Pacto de São José da Costa Rica).

LXIV – o preso tem direito à identificação dos responsáveis por sua prisão ou por seu interrogatório policial;
- Art. 306, § 2º, do CPP.

LXV – a prisão ilegal será imediatamente relaxada pela autoridade judiciária;
- Art. 310, I, do CPP.
- Art. 7º, item, do Dec. 678/1992 (Pacto de São José da Costa Rica).
- Súmula 697 do STF.

LXVI – ninguém será levado à prisão ou nela mantido, quando a lei admitir a liberdade provisória, com ou sem fiança;
- Arts. 321 a 350 do CPP.
- Arts. 270 e 271 do CPPM.

LXVII – não haverá prisão civil por dívida, salvo a do responsável pelo inadimplemento voluntário e inescusável de obrigação alimentícia e a do depositário infiel;
- Art. 652 do CC.
- Arts. 161, par. un., e 528, § 3º do CPC.
- Arts. 19 e 22 da Lei 5.478/1968 (Ação de Alimentos).
- Art. 11 do Dec. 592/1992 (Pacto Internacional de Direitos Civis e Políticos).
- Art. 7º, item 7, do Dec. 678/1992 (Pacto de São José da Costa Rica).
- Lei 9.514/1997 e Dec.-lei 911/1969 (Alienação Fiduciária).
- Súmula Vinculante 25 do STF.
- Súmulas 280, 309 e 419 do STJ.
- OJ 89 da SBDI-II do TST.

LXVIII – conceder-se-á *habeas corpus* sempre que alguém sofrer ou se achar ameaçado de sofrer violência ou coação em sua liberdade de locomoção, por ilegalidade ou abuso de poder;
- Art. 142, § 2º, desta Constituição.
- Arts. 647 a 667 do CPP.
- Art. 5º da Lei 9.289/1996 (Regimento de Custas da Justiça Federal).
- Súmulas 208, 299, 319, 344, 395, 431, 606, 690, 691, 692, 693, 694 e 695 do STF.
- OJ 156 da SBDI-II do TST.

LXIX – conceder-se-á mandado de segurança para proteger direito líquido e certo, não amparado por *habeas corpus* ou *habeas data*, quando o responsável pela ilegalidade ou abuso de poder for autoridade pública ou agente de pessoa jurídica no exercício de atribuições do Poder Público;
- Lei 9.507/1997 (*Habeas Data*).
- Lei 12.016/2009 (Mandado de Segurança Individual e Coletivo).
- Súmula 632 do STF.
- Súmulas 41, 105, 169, 177, 202, 213, 333, 376, 460 e 604 do STJ.
- Súmulas 33, 414, 415, 416, 417 e 418 do TST.

LXX – o mandado de segurança coletivo pode ser impetrado por:
- Art. 2º da Lei 8.437/1992.
- Arts. 21 e 22 da Lei 12.016/2009 (Mandado de Segurança).
- Súmulas 629 e 630 do STF.

a) partido político com representação no Congresso Nacional;

b) organização sindical, entidade de classe ou associação legalmente constituída e em funcionamento há pelo menos um ano, em defesa dos interesses de seus membros ou associados;
- Art. 5º da Lei 7.347/1985 (Ação Civil Pública).
- Súmulas 629 e 630 do STF.

LXXI – conceder-se-á mandado de injunção sempre que a falta de norma regulamentadora torne inviável o exercício dos direitos e liberdades constitucionais e das prerrogativas inerentes à nacionalidade, à soberania e à cidadania;
- Lei 9.265/1996 (Estabelece a gratuidade dos atos necessários ao exercício da cidadania).
- Lei 13.300/2016 (Mandado de Injunção Individual e Coletivo).

LXXII – conceder-se-á *habeas data*:
- Art. 5º, XXXIII e LXXVII, desta Constituição.
- Art. 5º da Lei 9.289/1996 (Regimento de Custas da Justiça Federal).
- Lei 9.507/1997 (*Habeas Data*).
- Súmula 368 do STJ.

a) para assegurar o conhecimento de informações relativas à pessoa do impetrante, constantes de registros ou bancos de dados de entidades governamentais ou de caráter público;
- Súmula 2 do STJ.

b) para a retificação de dados, quando não se prefira fazê-lo por processo sigiloso, judicial ou administrativo;
- Súmula 368 do STJ.

LXXIII – qualquer cidadão é parte legítima para propor ação popular que vise a anular ato lesivo ao patrimônio público ou de entidade de que o Estado participe, à moralidade administrativa, ao meio ambiente e ao patrimônio histórico e cultural, ficando o autor, salvo comprovada má-fé, isento de custas judiciais e do ônus da sucumbência;
- Lei 4.717/1965 (Ação Popular).
- Lei 6.938/1981 (Política Nacional do Meio Ambiente).
- Súmula 365 do STF.

LXXIV – o Estado prestará assistência jurídica integral e gratuita aos que comprovarem insuficiência de recursos;
- Art. 134 desta Constituição.
- Lei 1.060/1950 (Assistência Judiciária).
- Art. 8º, item 2, *e*, do Dec. 678/1992 (Pacto de São José da Costa Rica).
- LC 80/1994 (Defensoria Pública).

LXXV – o Estado indenizará o condenado por erro judiciário, assim como o que ficar preso além do tempo fixado na sentença;
- Art. 10 do Dec. 678/1992 (Pacto de São José da Costa Rica).
- Súmula 527 do STJ.

LXXVI – são gratuitos para os reconhecidamente pobres, na forma da lei:
- Inciso LXXVI regulamentado pela Lei 9.265/1996.
- Art. 30 da Lei 6.015/1973 (Registros Públicos).
- Art. 45 da Lei 8.935/1994 (Serviços Notariais e de Registro).
- Lei 9.265/1996 (Gratuidade dos atos necessários ao exercício da cidadania).

a) o registro civil de nascimento;
- Arts. 50 a 66 da Lei 6.015/1973 (Registros Públicos).

b) a certidão de óbito;
- Arts. 77 a 88 da Lei 6.015/1973 (Registros Públicos).

LXXVII – são gratuitas as ações de *habeas corpus*, *habeas data* e, na forma da lei, os atos necessários ao exercício da cidadania;
- Arts. 5º, XXXIII e LXXII desta Constituição.
- Lei 9.265/1996 (Gratuidade dos atos necessários ao exercício da cidadania).
- Lei 9.507/1997 (*Habeas Data*).

LXXVIII – a todos, no âmbito judicial e administrativo, são assegurados a razoável duração do processo e os meios que garantam a celeridade de sua tramitação;
- Inciso LXXVIII acrescido pela EC 45/2004.
- Art. 7º, item 5, do Dec. 678/1992 (Pacto de São José da Costa Rica).
- Art. 75, par. ún., da Lei 11.101/2005 (Recuperação de Empresas e Falências).

LXXIX – é assegurado, nos termos da lei, o direito à proteção dos dados pessoais, inclusive nos meios digitais.
- Inciso LXXIX acrescido pela EC 115/2022.
- Lei 13.709/2018 (*Lei Geral de Proteção de Dados Pessoais*).

§ 1º As normas definidoras dos direitos e garantias fundamentais têm aplicação imediata.

§ 2º Os direitos e garantias expressos nesta Constituição não excluem outros decorrentes do regime e dos princípios por ela adotados, ou dos tratados internacionais em que a República Federativa do Brasil seja parte.

§ 3º Os tratados e convenções internacionais sobre direitos humanos que forem aprovados, em cada

Casa do Congresso Nacional, em dois turnos, por três quintos dos votos dos respectivos membros, serão equivalentes às emendas constitucionais.
- § 3º acrescido pela EC 45/2004.
- Dec. 6.949/2009 (Convenção Internacional sobre os Direitos das Pessoas com Deficiência).

§ 4º O Brasil se submete à jurisdição de Tribunal Penal Internacional a cuja criação tenha manifestado adesão.
- § 4º acrescido pela EC 45/2004.
- Decreto 4.388/2002 (Estatuto de Roma do Tribunal Penal Internacional).

CAPÍTULO II
DOS DIREITOS SOCIAIS

Art. 6º São direitos sociais a educação, a saúde, a alimentação, o trabalho, a moradia, o transporte, o lazer, a segurança, a previdência social, a proteção à maternidade e à infância, a assistência aos desamparados, na forma desta Constituição.
- Artigo com redação pela EC 90/2015.
- Arts. 208, 212, § 4º, e 227 desta Constituição.
- Lei 10.216/2001 (Proteção e Direitos das Pessoas Portadoras de Transtornos Mentais).
- Lei 10.689/2003 (Programa Nacional de Acesso à Alimentação – PNAA).
- Lei 10.836/2004 (Programa "Bolsa-Família").
- Art. 6º da Lei 12.288/2010 (Estatuto da Igualdade Racial).

Parágrafo único. Todo brasileiro em situação de vulnerabilidade social terá direito a uma renda básica familiar, garantida pelo poder público em programa permanente de transferência de renda, cujas normas e requisitos de acesso serão determinados em lei, observada a legislação fiscal e orçamentária.
- Parágrafo único acrescido pela EC 114/2021.

Art. 7º São direitos dos trabalhadores urbanos e rurais, além de outros que visem à melhoria de sua condição social:
- Lei 9.799/1999 (Regras de acesso da mulher ao mercado de trabalho).
- Arts. 38 e 39 da Lei 12.288/2010 (Estatuto da Igualdade Racial).

I – relação de emprego protegida contra despedida arbitrária ou sem justa causa, nos termos de lei complementar, que preverá indenização compensatória, dentre outros direitos;
- Art. 10 do ADCT.

II – seguro-desemprego, em caso de desemprego involuntário;
- Lei 7.998/1990 (Fundo de Amparo ao Trabalhador).
- Lei 8.019/1990, Lei 8.178/1991 e 13.134/2015 (Seguro-desemprego).
- Lei 10.779/2003 (Benefício de seguro-desemprego, durante o período de defeso, ao pescador profissional que exerce a atividade pesqueira de forma artesanal).
- Lei Complementar 150/2015 (Empregado Doméstico)
- Súmula 389 do TST.

III – Fundo de Garantia do Tempo de Serviço;
- Arts. 7º, 477, 478 e 492 da CLT.
- Lei 8.036/1990 (FGTS).
- Lei Complementar 150/2015 (Empregado Doméstico)
- Súmulas 353 e 578 do STJ.
- Súmulas 63, 98, 206, 305, 362, 363 e 426 do TST.
- OJs 42, 125, 195, 232, 302, 341, 344, 362, 370 e 394 da SBDI-I do TST.

IV – salário mínimo, fixado em lei, nacionalmente unificado, capaz de atender a suas necessidades vitais básicas e às de sua família com moradia, alimentação, educação, saúde, lazer, vestuário, higiene, transporte e previdência social, com reajustes periódicos que lhe preservem o poder aquisitivo, sendo vedada sua vinculação para qualquer fim;
- Lei 6.205/1975 (Salário mínimo como fator de correção monetária).
- MP 1.172/2023 estabelece o valor do salário mínimo de R$ 1.320,00 (mil trezentos e vinte reais) a partir de 1º.05.2023 (DOU 1º.05.2023 – Extra H).
- Súmulas Vinculantes 4, 6, 15 e 16 do STF.
- Súmula 201 do STJ.
- Súmula 356 do TST.
- OJs 272, 358 e 393 da SBDI-I do TST.
- OJs 2 e 71 da SBDI-II do TST.

V – piso salarial proporcional à extensão e à complexidade do trabalho;
- LC 103/2000 (Autoriza os Estados e o Distrito Federal a instituir o piso salarial a que se refere este inciso).
- OJ 358 da SBDI-I do TST.

VI – irredutibilidade do salário, salvo o disposto em convenção ou acordo coletivo;
- Súmula 391 do TST.
- OJ 358 da SBDI-I do TST.

VII – garantia de salário, nunca inferior ao mínimo, para os que percebem remuneração variável;
- Art. 39, § 3º, desta Constituição.
- Lei 8.716/1993 (Garantia do salário mínimo).
- Lei 9.032/1995 (Valor do salário mínimo).

VIII – décimo terceiro salário com base na remuneração integral ou no valor da aposentadoria;
- Arts. 39, § 3º, e 142, § 3º, VIII, desta Constituição.
- Lei 4.090/1962 e Lei 4.749/1965 (Décimo Terceiro salário).
- OJ 358 da SBDI-I do TST.

IX – remuneração do trabalho noturno superior à do diurno;
- Art. 39, § 3º, desta Constituição.
- Art. 73, §§ 1º a 5º, da CLT.
- Súmulas 60, 140, 265 e 354 do TST.
- OJ 97 e 388 da SBDI-I do TST.

X – proteção do salário na forma da lei, constituindo crime sua retenção dolosa;

XI – participação nos lucros, ou resultados, desvinculada da remuneração, e, excepcionalmente, participação na gestão da empresa, conforme definido em lei;
- Arts. 543 e 621 da CLT.
- Lei 10.101/2000 (Participação nos Lucros e Resultados).
- Lei 13.353/2010 (Participação de empregados nos conselhos administrativos das empresas públicas e sociedades de economia mista, subsidiárias e controladas).
- Súmula 451 do TST.
- OJ 73 da SBDI-I Transitória do TST.

XII – salário-família pago em razão do dependente do trabalhador de baixa renda nos termos da lei;
- Inciso XII com redação pela EC 20/1998.
- Arts. 39, § 3º, e 142, § 3º, VIII, desta Constituição.
- Art. 12 da CLT.
- Lei 4.266/1963 e Lei 5.559/1968 (Salário-família).
- Arts. 18, 26, 28, 65 a 70 da Lei 8.213/1991 (Planos de Benefícios da Previdência Social).
- Arts. 5º, 25, 30 a 32, 42, 81 a 92, 173, 217, § 6º, 218, 225 e 255 do Dec. 3.048/1999 (Regulamento da Previdência Social).
- OJ 358 da SBDI-I do TST.

XIII – duração do trabalho normal não superior a oito horas diárias e quarenta e quatro semanais, facultada a compensação de horários e a redução da jornada, mediante acordo ou convenção coletiva de trabalho;
- Art. 39, § 3º, desta Constituição.
- Arts. 57 a 75 e 224 a 350 da CLT.
- Súmula 85 do TST.
- OJ 323 da SBDI-I do TST.

XIV – jornada de seis horas para o trabalho realizado em turnos ininterruptos de revezamento, salvo negociação coletiva;
- Art. 58 da CLT.
- Súmula 675 do STF.
- Súmulas 360 e 423 do TST.
- OJs 360 e 395 da SBDI-I do TST.

XV – repouso semanal remunerado, preferencialmente aos domingos;
- Art. 39, §§ 2º e 3º, desta Constituição.
- Art. 67 da CLT.
- Lei 605/1949 (Repouso Semanal Remunerado).
- Dec. 27.048/1949 (Regulamenta a Lei 605/1949 – Repouso Semanal Remunerado).
- Dec. 10.088/2019 (Convenção 106 da OIT – Repouso semanal no comércio e nos escritórios).
- Arts. 151 a 162 do Dec. 10.854/2021 (Regulamenta da legislação trabalhista).
- Súmula 27 do TST.
- OJs 394 e 410 da SBDI-I do TST.

XVI – remuneração do serviço extraordinário superior, no mínimo, em cinquenta por cento à do normal;
- Art. 39, §§ 2º e 3º, desta Constituição.
- Art. 59 da CLT.

XVII – gozo de férias anuais remuneradas com, pelo menos, um terço a mais do que o salário normal;
- Art. 39, §§ 2º e 3º, desta Constituição.
- Art. 10, II, *b*, do ADCT.
- Arts. 391 e 392 da CLT.
- Arts. 71 a 73 da Lei 8.213/1991 (Planos de Benefícios da Previdência Social).
- Lei 10.421/2002 (Estende à mãe adotiva o direito à licença-maternidade e ao salário-maternidade).
- Lei 11.770/2008 (Programa Empresa Cidadã).
- Súmula 386 do STJ.

XVIII – licença à gestante, sem prejuízo do emprego e do salário, com a duração de cento e vinte dias;
- O STF, no julgamento da ADIN 1.946-5 (*DJU 16.05.2003 e DOU 03.06.2003*), julgou parcialmente procedente o pedido para dar "ao art. 14 da EC 20/1998, sem redução de texto, interpretação conforme a CF, para excluir sua aplicação ao salário da licença à gestante a que se refere o art. 7º, inciso XVIII, da referida Carta".
- Art. 39, §§ 2º e 3º, desta Constituição.
- Art. 10, II, *b*, do ADCT.
- Arts. 391 e 392 da CLT.
- Arts. 71 a 73 da Lei 8.213/1991 (Planos de Benefícios da Previdência Social).
- Lei 10.421/2002 (Estende à mãe adotiva o direito à licença-maternidade e ao salário-maternidade).
- Lei 1º, I, da Lei 11.770/2008 (Programa Empresa Cidadã).
- Súmula 244 do TST.
- OJ 44 da SBDI-I do TST.

XIX – licença-paternidade, nos termos fixados em lei;
- Art. 39, §§ 2º e 3º, desta Constituição.
- Art. 10, § 1º, do ADCT.
- Art. 1º, II, da Lei 11.770/2008 (Programa Empresa Cidadã).
- O STF, na ADO 20, por maioria, julgou procedente o pedido, com o reconhecimento da existência de omissão inconstitucional na regulamentação da licença-paternidade prevista no art. 7º, XIX, da CF/1988, com fixação do prazo de dezoito meses para o Congresso Nacional legislar a respeito da matéria, e entendeu, ao final, que, não sobrevindo a lei regulamentadora no prazo acima estabelecido, caberá a este Tribunal fixar o período da licença-paternidade (DOU 11.04.2024).

XX – proteção do mercado de trabalho da mulher, mediante incentivos específicos, nos termos da lei;
- Art. 39, §§ 2º e 3º, desta Constituição.
- Arts. 372 a 401 da CLT.

XXI – aviso-prévio proporcional ao tempo de serviço, sendo no mínimo de trinta dias, nos termos da lei;
- Arts. 7º e 487 a 491 da CLT.
- Lei 12.506/2011 (Aviso-Prévio).
- Súmula 441 do TST.

XXII – redução dos riscos inerentes ao trabalho, por meio de normas de saúde, higiene e segurança;
- Art. 39, §§ 2º e 3º, desta Constituição.
- Arts. 154 a 159 e 192 da CLT.
- Súmula 736 do STF.

XXIII – adicional de remuneração para as atividades penosas, insalubres ou perigosas, na forma da lei;
- Art. 39, § 2º, desta Constituição.
- Arts. 189 a 197 da CLT.
- Súmula Vinculante 4 do STF.

XXIV – aposentadoria;
- Art. 154 da CLT.
- Arts. 42 a 58 da Lei 8.213/1991 (Planos de Benefícios da Previdência Social).
- Lei 9.477/1997 (Fundo de Aposentadoria Programa Individual – FAPI e Plano de Incentivo à Aposentadoria Programa Individual).
- Dec. 3.048/1999 (Regulamento da Previdência Social).

XXV – assistência gratuita aos filhos e dependentes desde o nascimento até 5 (cinco) anos de idade em creches e pré-escolas;
- Inciso XXV com redação pela EC 53/2006.
- Art. 208, IV, desta Constituição.

XXVI – reconhecimento das convenções e acordos coletivos de trabalho;
- Arts. 611 a 625 da CLT.
- Súmulas 277 e 374 do TST.
- OJs 61 e 73 da SBDI-I Transitória do TST.

XXVII – proteção em face da automação, na forma da lei;

XXVIII – seguro contra acidentes de trabalho, a cargo do empregador, sem excluir a indenização a que este está obrigado, quando incorrer em dolo ou culpa;
- Art. 114, VI, desta Constituição.
- Arts. 12 e 154 da CLT.
- Lei 6.338/1976 (Ações de indenização por acidentes do trabalho).
- Lei 8.212/1991 (Seguridade Social).
- Lei 8.213/1991 (Planos de Benefícios da Previdência Social).
- Dec. 3.048/1999 (Regulamento da Previdência Social).
- Arts. 40, 83, I, da Lei 11.101/2005 (Recuperação de Empresas e Falência).
- Súmula Vinculante 22 do STF.
- Súmula 378 do TST.

XXIX – ação, quanto aos créditos resultantes das relações de trabalho, com prazo prescricional de cinco anos para os trabalhadores urbanos e rurais, até o limite de dois anos após a extinção do contrato de trabalho;
- Inciso XXIX com redação pela EC 28/2000.
- Art. 10 da Lei 5.889/1973 (Trabalho Rural).
- Súmulas 206, 294, 308, 362 e 409 do TST.
- OJS 271, 359, 399 e 417 da SBDI-I do TST.

a) Revogada pela EC 28/2000.
b) Revogada pela EC 28/2000.

XXX – proibição de diferença de salários, de exercício de funções e de critério de admissão por motivo de sexo, idade, cor ou estado civil;
- Art. 39, § 3º, desta Constituição.
- Lei 9.029/1995 (Proíbe a exigência de atestados de gravidez e esterilização e outras praticas discriminatórias, para efeitos admissionais).

- Decreto 4.377/2002 (Convenção sobre a Eliminação de todas as Formas de Discriminação contra a Mulher).
- Súmula 683 do STF.
- Súmulas 6 e 443 do TST.
- OJ 383 da SBDI-I do TST.
- OJs 25 e 26 da SDC do TST.

XXXI – proibição de qualquer discriminação no tocante a salário e critérios de admissão do trabalhador portador de deficiência;
- Dec. 3.298/1999 (Política Nacional para Integração da Pessoa Portadora de Deficiência).
- Dec. 10.088/2019 (Convenção 159 da OIT – Reabilitação profissional e emprego de pessoas deficientes).

XXXII – proibição de distinção entre trabalho manual, técnico e intelectual ou entre os profissionais respectivos;
- Súmula 84 do TST.

XXXIII – proibição de trabalho noturno, perigoso ou insalubre a menores de dezoito e de qualquer trabalho a menores de dezesseis anos, salvo na condição de aprendiz, a partir de quatorze anos;
- Inciso XXXIII com redação pela EC 20/1998.
- Art. 227 desta Constituição.
- Arts. 192 e 402 a 410 da CLT.
- Arts. 60 a 69 do ECA.
- Arts. 27, V, e 78, XVIII, da Lei 8.666/1993 (Licitações e Contratos Administrativos).
- Art. 13 da Lei 11.685/2008 (Estatuto do Garimpeiro).

XXXIV – igualdade de direitos entre o trabalhador com vínculo empregatício permanente e o trabalhador avulso.

Parágrafo único. São assegurados à categoria dos trabalhadores domésticos os direitos previstos nos incisos IV, VI, VII, VIII, X, XIII, XV, XVI, XVII, XVIII, XIX, XXI, XXII, XXIV, XXVI, XXX, XXXI e XXXIII e, atendidas as condições estabelecidas em lei e observada a simplificação do cumprimento das obrigações tributárias, principais e acessórias, decorrentes da relação de trabalho e suas peculiaridades, os previstos nos incisos I, II, III, IX, XII, XXV e XXVIII, bem como a sua integração à previdência social.
- Parágrafo único com redação pela EC 72/2013.
- Art. 7º da CLT.
- Arts. 93 a 103 do Dec. 3.048/1999 (Regulamento da Previdência Social).
- LC 150/2015 (Empregado Doméstico).

Art. 8º É livre a associação profissional ou sindical, observado o seguinte:
- Arts. 511 a 515, 524, 537, 543, 553, 558 e 570 da CLT.
- Lei 10.790/2003 (Anistia a Dirigentes ou Representantes Sindicais e Trabalhadores Punidos por Participação em Movimento Reivindicatório).
- Convenção 98 da OIT (Direito de Sindicalização).

I – a lei não poderá exigir autorização do Estado para a fundação de sindicato, ressalvado o registro no órgão competente, vedadas ao Poder Público a interferência e a intervenção na organização sindical;
- Súmula 677 do STF.
- OJ 15 da SDC do TST.

II – é vedada a criação de mais de uma organização sindical, em qualquer grau, representativa de categoria profissional ou econômica, na mesma base territorial, que será definida pelos trabalhadores ou empregadores interessados, não podendo ser inferior à área de um município;
- Súmula 677 do STF.

III – ao sindicato cabe a defesa dos direitos e interesses coletivos ou individuais da categoria, inclusive em questões judiciais ou administrativas;
- OJs 359 e 365 da SBDI-I do TST.

- OJ 22 da SDC do TST.

IV – a assembleia geral fixará a contribuição que, em se tratando de categoria profissional, será descontada em folha, para custeio do sistema confederativo da representação sindical respectiva, independentemente da contribuição prevista em lei;
- Súmula Vinculante 40 do STF.
- Súmula 666 do STF.
- Súmula 396 do STJ.
- OJ 17 da SDC do TST.
- Precedente Normativo 119 da SDC do TST.

V – ninguém será obrigado a filiar-se ou a manter-se filiado a sindicato;
- Art. 199 do CP.
- OJ 20 da SDC do TST.

VI – é obrigatória a participação dos sindicatos nas negociações coletivas de trabalho;

VII – o aposentado filiado tem direito a votar e ser votado nas organizações sindicais;

VIII – é vedada a dispensa do empregado sindicalizado, a partir do registro da candidatura a cargo de direção ou representação sindical e, se eleito, ainda que suplente, até um ano após o final do mandato, salvo se cometer falta grave nos termos da lei.
- Art. 543 da CLT.
- Súmula 197 do STF.
- Súmulas 369 e 379 do TST.
- OJs 365 e 369 da SBDI-I do TST.

Parágrafo único. As disposições deste artigo aplicam-se à organização de sindicatos rurais e de colônias de pescadores, atendidas as condições que a lei estabelecer.
- Lei 11.699/2008 (Colônias, Federações e Confederação Nacional dos Pescadores).

Art. 9º É assegurado o direito de greve, competindo aos trabalhadores decidir sobre a oportunidade de exercê-lo e sobre os interesses que devam por meio dele defender.
- Arts. 37, VII, 114, II, e 142, § 3º, IV, desta Constituição.
- Lei 7.783/1989 (Greve).

§ 1º A lei definirá os serviços ou atividades essenciais e disporá sobre o atendimento das necessidades inadiáveis da comunidade.

§ 2º Os abusos cometidos sujeitam os responsáveis às penas da lei.
- Súmula 316 do STF.
- OJ 10 da SDC do TST.

Art. 10. É assegurada a participação dos trabalhadores e empregadores nos colegiados dos órgãos públicos em que seus interesses profissionais ou previdenciários sejam objeto de discussão e deliberação.

Art. 11. Nas empresas de mais de duzentos empregados, é assegurada a eleição de um representante destes com a finalidade exclusiva de promover-lhes o entendimento direto com os empregadores.
- Art. 543 da CLT.
- Precedente Normativo da SDC 86 do TST.

CAPÍTULO III
DA NACIONALIDADE

- Art. 5º, LXXI, desta Constituição.
- Decreto 4.246/2002 (Convenção sobre o Estatuto dos Apátridas).

Art. 12. São brasileiros:

I – natos:

a) os nascidos na República Federativa do Brasil, ainda que de pais estrangeiros, desde que estes não estejam a serviço de seu país;

b) os nascidos no estrangeiro, de pai brasileiro ou mãe brasileira, desde que qualquer deles esteja a serviço da República Federativa do Brasil;
c) os nascidos no estrangeiro de pai brasileiro ou de mãe brasileira, desde que sejam registrados em repartição brasileira competente ou venham a residir na República Federativa do Brasil e optem, em qualquer tempo, depois de atingida a maioridade, pela nacionalidade brasileira;
▸ Alínea c com redação pela EC 54/2007.
▸ Art. 95 do ADCT.
II – naturalizados:
▸ Arts. 63 a 76 da Lei 13.445/2017 (Lei de Migração).
▸ Arts. 218 e ss. do Dec. 9.199/2017 (Regulamenta a Lei 13.445/2017 – Lei de Migração).
a) os que, na forma da lei, adquiram a nacionalidade brasileira, exigidas aos originários de países de língua portuguesa apenas residência por um ano ininterrupto e idoneidade moral;
b) os estrangeiros de qualquer nacionalidade, residentes na República Federativa do Brasil há mais de quinze anos ininterruptos e sem condenação penal, desde que requeiram a nacionalidade brasileira.
▸ Alínea b com redação pela ECR 3/1994.
§ 1º Aos portugueses com residência permanente no País, se houver reciprocidade em favor de brasileiros, serão atribuídos os direitos inerentes ao brasileiro, salvo nos casos previstos nesta Constituição.
▸ § 1º com redação pela ECR 3/1994.
§ 2º A lei não poderá estabelecer distinção entre brasileiros natos e naturalizados, salvo nos casos previstos nesta Constituição.
§ 3º São privativos de brasileiro nato os cargos:
I – de Presidente e Vice-Presidente da República;
II – de Presidente da Câmara dos Deputados;
III – de Presidente do Senado Federal;
IV – de Ministro do Supremo Tribunal Federal;
V – da carreira diplomática;
VI – de oficial das Forças Armadas;
▸ LC 97/1999 (Normas gerais para a organização, o preparo e o emprego das Forças Armadas).
VII – de Ministro de Estado da Defesa.
▸ Inciso VII acrescido pela EC 23/1999.
▸ LC 97/1999 (Normas gerais para a organização, o preparo e o emprego das Forças Armadas).
§ 4º Será declarada a perda da nacionalidade do brasileiro que:
I – tiver cancelada sua naturalização, por sentença judicial, em virtude de fraude relacionada ao processo de naturalização ou de atentado contra a ordem constitucional e o Estado Democrático;
II – fizer pedido expresso de perda da nacionalidade brasileira perante autoridade brasileira competente, ressalvadas situações que acarretem apatridia.
▸ Incisos I e II com redação pela EC 131/2023.
a) Revogada pela EC 131/2023.
b) Revogada pela EC 131/2023.
§ 5º A renúncia da nacionalidade, nos termos do inciso II do § 4º deste artigo, não impede o interessado de readquirir sua nacionalidade brasileira originária, nos termos da lei.
▸ § 5º acrescido pela EC 131/2023.
Art. 13. A língua portuguesa é o idioma oficial da República Federativa do Brasil.
▸ Dec. 5.002/2004 (Declaração Constitutiva e os Estatutos da Comunidade dos Países de Língua Portuguesa).

▸ Dec. 6.583/2008 (Acordo ortográfico da Língua Portuguesa).
§ 1º São símbolos da República Federativa do Brasil a bandeira, o hino, as armas e o selo nacionais.
▸ Lei 5.700/1971 (Forma e apresentação dos Símbolos Nacionais).
▸ Dec. 98.068/1989 (Hasteamento da bandeira nacional nas repartições públicas federais e nos estabelecimentos de ensino).
§ 2º Os Estados, o Distrito Federal e os Municípios poderão ter símbolos próprios.

CAPÍTULO IV
DOS DIREITOS POLÍTICOS

▸ Art. 5º, LXXI, desta Constituição.
▸ EC 91/2016 (Estabelece a possibilidade, excepcional e em período determinado, de desfiliação partidária, sem prejuízo do mandato).

Art. 14. A soberania popular será exercida pelo sufrágio universal e pelo voto direto e secreto, com valor igual para todos, e, nos termos da lei, mediante:
▸ Lei 4.737/1965 (Código Eleitoral).
▸ Lei 9.709/1998 (Regulamenta a execução do disposto nos incisos I, II e III do art. 14 da CF).
I – plebiscito;
▸ Arts. 18, §§ 3º e 4º, e 49, XV, desta Constituição.
▸ Arts. 1º, I, 2º, § 2º, 3º a 10 e 12, da Lei 9.709/1998 (Regulamenta a execução do disposto nos incisos I, II e III do art. 14 da CF).
▸ Art. 2º do ADCT.
II – referendo;
▸ Arts. 1º, II, 2º, § 2º, 3º, 6º, 8º e 10 a 12, da Lei 9.709/1998 (Regulamenta a execução do disposto nos incisos I, II e III do art. 14 da CF).
III – iniciativa popular.
▸ Art. 61, § 2º, desta Constituição.
▸ Arts.1º, III, 13 e 14 da Lei 9.709/1998 (Regulamenta a execução do disposto nos incisos I, II e III do art. 14 da CF).
§ 1º O alistamento eleitoral e o voto são:
▸ Arts. 42 a 81 e 133 a 156 do CE.
I – obrigatórios para os maiores de dezoito anos;
▸ Art. 5º, II, desta Constituição.
II – facultativos para:
a) os analfabetos;
b) os maiores de setenta anos;
c) os maiores de dezesseis e menores de dezoito anos.
§ 2º Não podem alistar-se como eleitores os estrangeiros e, durante o período do serviço militar obrigatório, os conscritos.
§ 3º São condições de elegibilidade, na forma da lei:
I – a nacionalidade brasileira;
II – o pleno exercício dos direitos políticos;
▸ Art. 47, I, do CP.
III – o alistamento eleitoral;
IV – o domicílio eleitoral na circunscrição;
V – a filiação partidária;
▸ Lei 9.096/1995 (Partidos Políticos).
VI – a idade mínima de:
a) trinta e cinco anos para Presidente e Vice-Presidente da República e Senador;
b) trinta anos para Governador e Vice-Governador de Estado e do Distrito Federal;
c) vinte e um anos para Deputado Federal, Deputado Estadual ou Distrital, Prefeito, Vice-Prefeito e juiz de paz;
▸ Dec.-lei 201/1967 (Responsabilidade dos Prefeitos e Vereadores).

d) dezoito anos para Vereador.
▸ Dec-lei 201/1967 (Responsabilidade dos Prefeitos e Vereadores).

§ 4º São inelegíveis os inalistáveis e os analfabetos.

§ 5º O Presidente da República, os Governadores de Estado e do Distrito Federal, os Prefeitos e quem os houver sucedido ou substituído no curso dos mandatos poderão ser reeleitos para um único período subsequente.
▸ § 5º com redação pela EC 16/1997.

§ 6º Para concorrerem a outros cargos, o Presidente da República, os Governadores de Estado e do Distrito Federal e os Prefeitos devem renunciar aos respectivos mandatos até seis meses antes do pleito.

§ 7º São inelegíveis, no território de jurisdição do titular, o cônjuge e os parentes consanguíneos ou afins, até o segundo grau ou por adoção, do Presidente da República, de Governador de Estado ou Território, do Distrito Federal, de Prefeito ou de quem os haja substituído dentro dos seis meses anteriores ao pleito, salvo se já titular de mandato eletivo e candidato à reeleição.
▸ Súmula Vinculante 18 do STF.
▸ Súmulas 6 e 12 do TSE.

§ 8º O militar alistável é elegível, atendidas as seguintes condições:

I – se contar menos de dez anos de serviço, deverá afastar-se da atividade;

II – se contar mais de dez anos de serviço, será agregado pela autoridade superior e, se eleito, passará automaticamente, no ato da diplomação, para a inatividade.
▸ Art. 42, § 1º, desta Constituição.

§ 9º Lei complementar estabelecerá outros casos de inelegibilidade e os prazos de sua cessação, a fim de proteger a probidade administrativa, a moralidade para o exercício do mandato, considerada a vida pregressa do candidato, e a normalidade e legitimidade das eleições contra a influência do poder econômico ou o abuso do exercício de função, cargo ou emprego na administração direta ou indireta.
▸ § 9º com redação pela ECR 4/1994.
▸ Art. 37, § 4º, desta Constituição.
▸ LC 64/1990 (Casos de Inelegibilidade).
▸ LC 135/2010 (Lei da Ficha Limpa).
▸ Súmula 13 do TSE.

§ 10. O mandato eletivo poderá ser impugnado ante a Justiça Eleitoral no prazo de quinze dias contados da diplomação, instruída a ação com provas de abuso do poder econômico, corrupção ou fraude.

§ 11. A ação de impugnação de mandato tramitará em segredo de justiça, respondendo o autor, na forma da lei, se temerária ou de manifesta má-fé.

§ 12. Serão realizadas concomitantemente às eleições municipais as consultas populares sobre questões locais aprovadas pelas Câmaras Municipais e encaminhadas à Justiça Eleitoral até 90 (noventa) dias antes da data das eleições, observados os limites operacionais relativos ao número de quesitos.
▸ § 12 acrescido pela EC 111/2021.

§ 13. As manifestações favoráveis e contrárias às questões submetidas às consultas populares nos termos do § 12 ocorrerão durante as campanhas eleitorais, sem a utilização de propaganda gratuita no rádio e na televisão.
▸ § 13 acrescido pela EC 111/2021.

Art. 15. É vedada a cassação de direitos políticos, cuja perda ou suspensão só se dará nos casos de:
▸ Lei 9.096/1995 (Partidos Políticos).

I – cancelamento da naturalização por sentença transitada em julgado;

II – incapacidade civil absoluta;

III – condenação criminal transitada em julgado, enquanto durarem seus efeitos;
▸ Art. 92, I e parágrafo único, do CP.
▸ Súmula 9 do TSE.

IV – recusa de cumprir obrigação a todos imposta ou prestação alternativa, nos termos do artigo 5º, VIII;
▸ Art. 143 desta Constituição.
▸ Lei 8.239/1991 (Prestação de serviço alternativo ao Serviço Militar Obrigatório).

V – improbidade administrativa, nos termos do artigo 37, § 4º.

Art. 16. A lei que alterar o processo eleitoral entrará em vigor na data de sua publicação, não se aplicando à eleição que ocorra até um ano da data de sua vigência.
▸ Artigo com redação pela EC 4/1993.
▸ Lei 9.504/1997 (Eleições).

CAPÍTULO V
DOS PARTIDOS POLÍTICOS

Art. 17. É livre a criação, fusão, incorporação e extinção de partidos políticos, resguardados a soberania nacional, o regime democrático, o pluripartidarismo, os direitos fundamentais da pessoa humana e observados os seguintes preceitos:
▸ Lei 9.096/1995 (Partidos Políticos).
▸ Lei 9.504/1997 (Eleições).
▸ Res. do TSE 23.571/2018 (Disciplina a criação, organização, fusão, incorporação e extinção de partidos políticos).

I – caráter nacional;

II – proibição de recebimento de recursos financeiros de entidade ou governo estrangeiros ou de subordinação a estes;

III – prestação de contas à Justiça Eleitoral;
▸ Lei 9.096/1995 (Partidos Políticos).

IV – funcionamento parlamentar de acordo com a lei.

§ 1º É assegurada aos partidos políticos autonomia para definir sua estrutura interna e estabelecer regras sobre escolha, formação e duração de seus órgãos permanentes e provisórios e sobre sua organização e funcionamento e para adotar os critérios de escolha e o regime de suas coligações nas eleições majoritárias, vedada a sua celebração nas eleições proporcionais, sem obrigatoriedade de vinculação entre as candidaturas em âmbito nacional, estadual, distrital ou municipal, devendo seus estatutos estabelecer normas de disciplina e fidelidade partidária.
▸ § 1º com redação pela EC 97/2017.
▸ Art. 2º da EC 97/2017.

§ 2º Os partidos políticos, após adquirirem personalidade jurídica, na forma da lei civil, registrarão seus estatutos no Tribunal Superior Eleitoral.

§ 3º Somente terão direito a recursos do fundo partidário e acesso gratuito ao rádio e à televisão, na forma da lei, os partidos políticos que alternativamente:
▸ *Caput* do § 3º com redação pela EC 97/2017.
▸ Art. 3º da EC 97/2017.

I – obtiverem, nas eleições para a Câmara dos Deputados, no mínimo, 3% (três por cento) dos votos válidos, distribuídos em pelo menos um terço das unidades da Federação, com um mínimo de 2%

(dois por cento) dos votos válidos em cada uma delas; ou
➤ Inciso I acrescido pela EC 97/2017.

II - tiverem elegido pelo menos quinze Deputados Federais distribuídos em pelo menos um terço das unidades da Federação.
➤ Inciso II acrescido pela EC 97/2017.
➤ Art. 241 da Lei 4.737/1965 (Código Eleitoral).

§ 4º É vedada a utilização pelos partidos políticos de organização paramilitar.

§ 5º Ao eleito por partido que não preencher os requisitos previstos no § 3º deste artigo é assegurado o mandato e facultada a filiação, sem perda do mandato, a outro partido que os tenha atingido, não sendo essa filiação considerada para fins de distribuição dos recursos do fundo partidário e de acesso gratuito ao tempo de rádio e de televisão.
➤ § 5º acrescido pela EC 97/2017.

§ 6º Os Deputados Federais, os Deputados Estaduais, os Deputados Distritais e os Vereadores que se desligarem do partido pelo qual tenham sido eleitos perderão o mandato, salvo nos casos de anuência do partido ou de outras hipóteses de justa causa estabelecidas em lei, não computada, em qualquer caso, a migração de partido para fins de distribuição de recursos do fundo partidário ou de outros fundos públicos e de acesso gratuito ao rádio e à televisão.
➤ § 6º acrescido pela EC 111/2021.

§ 7º Os partidos políticos devem aplicar no mínimo 5% (cinco por cento) dos recursos do fundo partidário na criação e na manutenção de programas de promoção e difusão da participação política das mulheres, de acordo com os interesses intrapartidários.

§ 8º O montante do Fundo Especial de Financiamento de Campanha e da parcela do fundo partidário destinada a campanhas eleitorais, bem como o tempo de propaganda gratuita no rádio e na televisão a ser distribuído pelos partidos às respectivas candidatas, deverá ser de no mínimo 30% (trinta por cento), proporcional ao número de candidatas, e a distribuição deverá ser realizada conforme critérios definidos pelos respectivos órgãos de direção e pelas normas estatutárias, considerados a autonomia e o interesse partidário.
➤ §§ 7º e 8º acrescidos pela EC 117/2022.

§ 9º Dos recursos oriundos do Fundo Especial de Financiamento de Campanha e do fundo partidário destinados às campanhas eleitorais, os partidos políticos devem, obrigatoriamente, aplicar 30% (trinta por cento) em candidaturas de pessoas pretas e pardas, nas circunscrições que melhor atendam aos interesses e às estratégias partidárias.
➤ § 9º acrescido pela EC 133/2024.

TÍTULO III
DA ORGANIZAÇÃO DO ESTADO

CAPÍTULO I
DA ORGANIZAÇÃO POLÍTICO--ADMINISTRATIVA

Art. 18. A organização político-administrativa da República Federativa do Brasil compreende a União, os Estados, o Distrito Federal e os Municípios, todos autônomos, nos termos desta Constituição.

§ 1º Brasília é a Capital Federal.

§ 2º Os Territórios Federais integram a União, e sua criação, transformação em Estado ou reintegração ao Estado de origem serão reguladas em lei complementar.

§ 3º Os Estados podem incorporar-se entre si, subdividir-se ou desmembrar-se para se anexarem a outros, ou formarem novos Estados ou Territórios Federais, mediante aprovação da população diretamente interessada, através de plebiscito, e do Congresso Nacional, por lei complementar.
➤ Arts. 3º e 4º da Lei 9.709/1998 (Convocação do plebiscito e o referendo nas questões de relevância nacional, de competência do Poder Legislativo ou do Poder Executivo).

§ 4º A criação, a incorporação, a fusão e o desmembramento de Municípios, far-se-ão por lei estadual, dentro do período determinado por lei complementar federal, e dependerão de consulta prévia, mediante plebiscito, às populações dos Municípios envolvidos, após divulgação dos Estudos de Viabilidade Municipal, apresentados e publicados na forma da lei.
➤ § 4º com redação pela EC 15/1996.
➤ Art. 5º da Lei 9.709/1998 (Plebiscito destinado à criação, à incorporação, à fusão e ao desmembramento de Municípios).
➤ Lei 10.521/2002 (Instalação de Municípios criados por Lei Estadual).

Art. 19. É vedado à União, aos Estados, ao Distrito Federal e aos Municípios:

I - estabelecer cultos religiosos ou igrejas, subvencioná-los, embaraçar-lhes o funcionamento ou manter com eles ou seus representantes relações de dependência ou aliança, ressalvada, na forma da lei, a colaboração de interesse público;

II - recusar fé aos documentos públicos;

III - criar distinções entre brasileiros ou preferências entre si.

CAPÍTULO II
DA UNIÃO

Art. 20. São bens da União:
➤ Art. 176, §§ 1º a 4º, desta Constituição.
➤ Art. 99 do CC.
➤ Dec.-lei 9.760/1946 (Bens Imóveis da União).

I - os que atualmente lhe pertencem e os que lhe vierem a ser atribuídos;
➤ Súmula 650 do STF.

II - as terras devolutas indispensáveis à defesa das fronteiras, das fortificações e construções militares, das vias federais de comunicação e à preservação ambiental, definidas em lei;
➤ Lei 4.504/1964 (Estatuto da Terra).
➤ Dec.-lei 227/1967 (Código de Mineração).
➤ Dec.-lei 1.135/1970 (Organização, competência e funcionamento do Conselho de Segurança Nacional).
➤ Lei 6.383/1976 (Ações Discriminatórias).
➤ Lei 6.431/1977 (Autoriza a doação de porções de terras devolutas a Municípios incluídos na região da Amazônia Legal).
➤ Lei 6.634/1979 (Faixa de fronteira).
➤ Lei 6.938/1981 (Política Nacional do Meio Ambiente).
➤ Súmula 477 do STF.

III - os lagos, rios e quaisquer correntes de água em terrenos de seu domínio, ou que banhem mais de um Estado, sirvam de limites com outros países, ou se estendam a território estrangeiro ou dele provenham, bem como os terrenos marginais e as praias fluviais;
➤ Dec. 1.265/1994 (Política Marítima Nacional – PMN).

IV – as ilhas fluviais e lacustres nas zonas limítrofes com outros países; as praias marítimas; as ilhas oceânicas e as costeiras, excluídas, destas, as que contenham a sede de Municípios, exceto aquelas áreas afetadas ao serviço público e a unidade ambiental federal, e as referidas no art. 26, II;
- Inciso IV com redação pela EC 46/2005.
- Dec. 1.265/1994 (Política Marítima Nacional – PMN).

V – os recursos naturais da plataforma continental e da zona econômica exclusiva;
- Dec. 1.265/1994 (Política Marítima Nacional – PMN).

VI – o mar territorial;
- Lei 8.617/1993 (Mar territorial, zona contígua, zona econômica exclusiva e plataforma continental brasileiros).
- Dec. 1.265/1994 (Política Marítima Nacional – PMN).

VII – os terrenos de marinha e seus acrescidos;
- Súmula 496 do STJ.

VIII – os potenciais de energia hidráulica;

IX – os recursos minerais, inclusive os do subsolo;

X – as cavidades naturais subterrâneas e os sítios arqueológicos e pré-históricos;

XI – as terras tradicionalmente ocupadas pelos índios.
- Súmula 650 do STF.

§ 1º É assegurada, nos termos da lei, à União, aos Estados, ao Distrito Federal e aos Municípios a participação no resultado da exploração de petróleo ou gás natural, de recursos hídricos para fins de geração de energia elétrica e de outros recursos minerais no respectivo território, plataforma continental, mar territorial ou zona econômica exclusiva, ou compensação financeira por essa exploração.
- § 1º com redação pela EC 102/2019, em vigor na data de sua publicação e produzirá efeitos a partir da execução orçamentária do exercício financeiro subsequente.
- Art. 177 desta Constituição.
- Lei 7.990/1989 (Compensação financeira pelo resultado da exploração de petróleo ou gás natural, de recursos hídricos).
- Lei 8.001/1990 (Percentuais da distribuição da compensação financeira instituída pela Lei 7.990/1989).
- Lei 9.427/1996 (Agência Nacional de Energia Elétrica – ANEEL).
- Lei 9.478/1997 (Política Energética Nacional – Agência Nacional de Petróleo – ANP).
- Lei 9.984/2000 (Agência Nacional de Águas – ANA).
- Lei 12.734/2012 (Distribuição de royalties entre os entes da federação, em função da exploração de petróleo, gás natural e outros hidrocarbonetos fluídos).

§ 2º A faixa de até cento e cinquenta quilômetros de largura, ao longo das fronteiras terrestres, designada como faixa de fronteira, é considerada fundamental para defesa do território nacional, e sua ocupação e utilização serão reguladas em lei.
- Dec.-lei 1.135/1970 (Organização, competência e funcionamento do Conselho de Segurança Nacional).
- Lei 6.634/1979 (Faixa de fronteira).
- Art. 10, § 3º, da Lei 11.284/2006 (Gestão de Florestas Públicas).

Art. 21. Compete à União:

I – manter relações com Estados estrangeiros e participar de organizações internacionais;
- Art. 4º desta Constituição.

II – declarar a guerra e celebrar a paz;

III – assegurar a defesa nacional;

IV – permitir, nos casos previstos em lei complementar, que forças estrangeiras transitem pelo território nacional ou nele permaneçam temporariamente;
- LC 90/1997 (Determina os casos em que forças estrangeiras possam transitar pelo território nacional ou nele permanecer temporariamente).

V – decretar o estado de sítio, o estado de defesa e a intervenção federal;

VI – autorizar e fiscalizar a produção e o comércio de material bélico;

VII – emitir moeda;

VIII – administrar as reservas cambiais do País e fiscalizar as operações de natureza financeira, especialmente as de crédito, câmbio e capitalização, bem como as de seguros e de previdência privada;
- Lei 4.595/1964 (Sistema Financeiro Nacional).
- Lei 4.728/1965 (Mercado de Capitais).
- Dec.-lei 73/1966 (Sistema Nacional de Seguros Privados e operações de seguros e resseguros).
- LC 108/2001 (Relação entre União, os Estados o Distrito Federal e os Municípios, suas autarquias, fundações, sociedades de economia mista e outras entidades públicas e suas respectivas entidades fechadas de previdência complementar).
- LC 109/2001 (Regime de Previdência Complementar).

IX – elaborar e executar planos nacionais e regionais de ordenação do território e de desenvolvimento econômico e social;
- Lei 9.491/1997 (Programa nacional de desestatização).

X – manter o serviço postal e o correio aéreo nacional;
- Lei 6.538/1978 (Serviços postais).

XI – explorar, diretamente ou mediante autorização, concessão ou permissão, os serviços de telecomunicações, nos termos da lei, que disporá sobre a organização dos serviços, a criação de um órgão regulador e outros aspectos institucionais;
- Inciso XI com redação pela EC 8/1995.
- Art. 246 desta Constituição.
- Lei 8.987/1995 (Concessão e Permissão da Prestação de Serviços Públicos).
- Lei 9.295/1996 (Serviços de telecomunicações, organizações e órgão regulador).
- Lei 10.052/2000 (Fundo para o Desenvolvimento Tecnológico das Telecomunicações – FUNTTEL).
- Dec. 3.896/2001 (Serviços de telecomunicações).
- Súmula 606 do STJ.

XII – explorar, diretamente ou mediante autorização, concessão ou permissão:
- Lei 4.117/1962 (Código Brasileiro de Telecomunicações).
- Lei 9.612/1998 (Serviço de Radiodifusão Comunitária).

a) os serviços de radiodifusão sonora e de sons e imagens;
- Alínea a com redação pela EC 8/1995.
- Art. 246 desta Constituição.
- Lei 9.612/1998 (Serviço de Radiodifusão Comunitária – Regulamentada pelo Dec. 2.615/1998).
- Lei 10.052/2000 (Fundo para o Desenvolvimento Tecnológico das Telecomunicações – FUNTTEL).

b) os serviços e instalações de energia elétrica e o aproveitamento energético dos cursos de água, em articulação com os Estados onde se situam os potenciais hidroenergéticos;
- Lei 9.427/1996 (Agência Nacional de Energia Elétrica – ANEEL).
- Lei 9.648/1998 (Autoriza o Poder Executivo a promover a reestruturação da Centrais Elétricas Brasileiras – ELETROBRAS e de suas subsidiárias).
- Lei 12.111/2009 (Serviços de energia elétrica nos Sistemas Isolados).

c) a navegação aérea, aeroespacial e a infraestrutura aeroportuária;
- Lei 7.565/1986 (Código Brasileiro de Aeronáutica).

▶ Lei 9.994/2000 (Programa de Desenvolvimento Científico e Tecnológico do Setor Espacial).

d) os serviços de transporte ferroviário e aquaviário entre portos brasileiros e fronteiras nacionais, ou que transponham os limites de Estado ou Território;
▶ Lei 9.277/1996 (Autoriza a União a delegar aos Municípios, Estados da Federação e ao Distrito Federal a Administração e Exploração de Rodovias e Portos Federais).
▶ Lei 9.432/1997 (Dispõe sobre a Ordenação do Transporte Aquaviário).

e) os serviços de transporte rodoviário interestadual e internacional de passageiros;
▶ Lei 12.379/2011 (Sistema Nacional de Viação – SNV).

f) os portos marítimos, fluviais e lacustres;
▶ Dec. 1.265/1994 (Política Marítima Nacional – PMN).
▶ Lei 10.233/2001 (Agência Nacional de Transportes Terrestres e Agência Nacional de Transportes Aquaviários e o Departamento Nacional de Infraestrutura de Transportes – ANTT e ANTAQ).

XIII – organizar e manter o Poder Judiciário, o Ministério Público do Distrito Federal e dos Territórios e a Defensoria Pública dos Territórios;
▶ Inciso XIII com redação pela EC 69/2012.

XIV – organizar e manter a polícia civil, a polícia penal, a polícia militar e o corpo de bombeiros militar do Distrito Federal, bem como prestar assistência financeira ao Distrito Federal para a execução de serviços públicos, por meio de fundo próprio;
▶ Inciso XIV com redação pela EC 104/2019.
▶ Art. 4º da EC 104/2019.
▶ Art. 25 da EC 19/1998 (Reforma Administrativa).
▶ Lei 10.633/2002 (Fundo Constitucional do Distrito Federal – FCDF).
▶ Súmula Vinculante 39 do STF.
▶ Súmula 647 do STF.

XV – organizar e manter os serviços oficiais de estatística, geografia, geologia e cartografia de âmbito nacional;
▶ Dec. 243/1967 (Diretrizes e bases da Cartografia Brasileira).
▶ Art. 71, § 3º, da Lei 11.355/2006 (Carreiras e cargos do Instituto Brasileiro de Geografia e Estatística – IBGE).

XVI – exercer a classificação, para efeito indicativo, de diversões públicas e de programas de rádio e televisão;
▶ Art. 23 do ADCT.

XVII – conceder anistia;

XVIII – planejar e promover a defesa permanente contra as calamidades públicas, especialmente as secas e as inundações;
▶ Lei 12.787/2013 (Política Nacional de Irrigação).

XIX – instituir sistema nacional de gerenciamento de recursos hídricos e definir critérios de outorga de direitos de seu uso;
▶ Lei 9.433/1997 (Política Nacional de Recursos Hídricos).

XX – instituir diretrizes para o desenvolvimento urbano, inclusive habitação, saneamento básico e transportes urbanos;
▶ Lei 5.318/1967 (Política Nacional de Saneamento).
▶ Lei 7.196/1984 (Plano Nacional de Moradia – PLAMO).
▶ Lei 10.233/2001 (Agência Nacional de Transportes Terrestres e Agência Nacional de Transportes Aquaviários – ANTT e ANTAQ).
▶ Lei 11.445/2007 (Diretrizes nacionais para o saneamento básico, regulamentada pelo Dec. 7.217/2010).
▶ Lei 12.587/2012 (Lei da Política Nacional de Mobilidade Urbana).
▶ Lei 13.089/2015 (Estatuto da Metrópole).
▶ Lei 13.425/2017 (Diretrizes gerais sobre medidas de prevenção e combate a incêndio e a desastres em estabelecimentos, edificações e áreas de reunião de público).

XXI – estabelecer princípios e diretrizes para o sistema nacional de viação;
▶ Lei 10.233/2001 (Agência Nacional de Transportes Terrestres e Agência Nacional de Transportes Aquaviários e o Departamento Nacional de Infraestrutura de Transportes – ANTT e ANTAQ).
▶ Lei 12.379/2011 (Sistema Nacional de Viação – SNV).

XXII – executar os serviços de polícia marítima, aeroportuária e de fronteiras;
▶ Inciso XXII com redação pela EC 19/1998.
▶ Súmula Vinculante 36 do STF.

XXIII – explorar os serviços e instalações nucleares de qualquer natureza e exercer monopólio estatal sobre a pesquisa, a lavra, o enriquecimento e reprocessamento, a industrialização e o comércio de minérios nucleares e seus derivados, atendidos os seguintes princípios e condições:
▶ Dec.-lei 1.982/1982 (Atividades nucleares incluídas no monopólio da União e o controle de pesquisas no campo da energia nuclear).
▶ Dec. 911/1993 (Convenção de Viena sobre responsabilidade civil por danos nucleares).
▶ Lei 10.308/2001 (Normas para o destino final dos rejeitos radioativos produzidos em território nacional).

a) toda atividade nuclear em Território Nacional somente será admitida para fins pacíficos e mediante aprovação do Congresso Nacional;

b) sob regime de permissão, são autorizadas a comercialização e a utilização de radioisótopos para pesquisa e uso agrícolas e industriais;
▶ Alínea b com redação pela EC 118/2022.

c) sob regime de permissão, são autorizadas a produção, a comercialização e a utilização de radioisótopos para pesquisa e uso médicos;
▶ Alínea c com redação pela EC 118/2022.

d) a responsabilidade civil por danos nucleares independe da existência de culpa;
▶ Primitiva alínea d renumerada pela EC 49/2006.
▶ Lei 6.453/1977 (Responsabilidade civil por danos nucleares e responsabilidade criminal por atos relacionados a atividades nucleares).

XXIV – organizar, manter e executar a inspeção do trabalho;
▶ Art. 174 desta Constituição.

XXV – estabelecer as áreas e as condições para o exercício da atividade de garimpagem, em forma associativa;
▶ Lei 7.805/1989 (Permissão de lavra garimpeira).
▶ Lei 11.685/2008 (Estatuto do Garimpeiro).

XXVI – organizar e fiscalizar a proteção e o tratamento de dados pessoais, nos termos da lei.
▶ Inciso XXVI acrescido pela EC 115/2022.
▶ Lei 13.709/2018 (Lei Geral de Proteção de Dados Pessoais).

Art. 22. Compete privativamente à União legislar sobre:

I – direito civil, comercial, penal, processual, eleitoral, agrário, marítimo, aeronáutico, espacial e do trabalho;
▶ Lei 556/1850 (Código Comercial).
▶ Dec.-lei 2.848/1940 (Código Penal).
▶ Dec.-lei 3.689/1941 (Código de Processo Penal).
▶ Dec.-lei 5.452/1943 (Consolidação das Leis do Trabalho).
▶ Lei 4.504/1964 (Estatuto da Terra).
▶ Lei 4.737/1965 (Código Eleitoral).
▶ Lei 4.947/1966 (Normas de direito agrário e funcionamento do Instituto Brasileiro de Reforma Agrária – IBRA).
▶ Dec.-lei 1.001/1969 (Código Penal Militar).
▶ Dec.-lei 1.002/1969 (Código de Processo Penal Militar).
▶ Lei 7.565/1986 (Código Brasileiro de Aeronáutica).
▶ Dec. 1.265/1994 (Política Marítima Nacional – PMN).

- Lei 10.406/2002 (Código Civil).
- Lei 13.105/2015 (Código de Processo Civil).
- Súmula Vinculante 46 do STF.
- Súmula 722 do STF.

II – desapropriação;
- Arts. 184 e 185, I e II, desta Constituição.
- Arts. 1.228, § 3º, e 1.275, V, do CC.
- Dec.-lei 3.365/1941 (Desapropriações).
- Lei 4.132/1962 (Desapropriação por interesse social).
- Dec.-lei 1.075/1970 (Imissão de Posse).
- LC 76/1993 (Desapropriação de Imóvel Rural para fins de Reforma Agrária).

III – requisições civis e militares, em caso de iminente perigo e em tempo de guerra;

IV – águas, energia, informática, telecomunicações e radiodifusão;
- Lei 4.117/1962 (Código Brasileiro de Telecomunicações).
- Lei 9.295/1996 (Serviços de telecomunicações).
- Lei 9.472/1997 (Organização dos Serviços de Telecomunicações).
- Dec. 2.196/1997 (Regulamenta os Serviços Especiais).
- Dec. 2.197/1997 (Regulamenta os Serviços Limitados).
- Dec. 2.198/1997 (Regulamenta os Serviços Públicos Restritos).
- Lei 9.984/2000 (Agência Nacional de Águas – ANA).

V – serviço postal;
- Lei 6.538/1978 (Serviços postais).

VI – sistema monetário e de medidas, títulos e garantias dos metais;
- Lei 9.069/1995 (Plano Real).
- Lei 10.192/2001 (Medidas Complementares ao Plano Real).

VII – política de crédito, câmbio, seguros e transferência de valores;

VIII – comércio exterior e interestadual;

IX – diretrizes da política nacional de transportes;

X – regime dos portos, navegação lacustre, fluvial, marítima, aérea e aeroespacial;
- Dec. 1.265/1994 (Aprova a Política Marítima Nacional – PMN).
- Lei 9.277/1996 (Autoriza a União a delegar aos Municípios, Estados da Federação e ao Distrito Federal a Administração e Exploração de Rodovias e Portos Federais).
- Lei 9.994/2000 (Programa do Desenvolvimento Científico e Tecnológico do Setor Espacial).

XI – trânsito e transporte;
- Lei 9.503/1997 (Código de Trânsito Brasileiro).

XII – jazidas, minas, outros recursos minerais e metalurgia;
- Dec.-lei 227/1967 (Código de Mineração).

XIII – nacionalidade, cidadania e naturalização;
- Lei 13.445/2017 (Lei de Migração).
- Dec. 9.199/2017 (Regulamenta a Lei 13.445/2017 – Lei de Migração).

XIV – populações indígenas;
- Art. 231 desta Constituição.
- Lei 6.001/1973 (Estatuto do Índio).

XV – emigração e imigração, entrada, extradição e expulsão de estrangeiros;
- Lei 13.445/2017 (Lei de Migração).
- Dec. 9.873/2019 (Dispõe sobre o Conselho Nacional de Imigração)

XVI – organização do sistema nacional de emprego e condições para o exercício de profissões;

XVII – organização judiciária, do Ministério Público do Distrito Federal e dos Territórios e da Defensoria Pública dos Territórios, bem como organização administrativa destes;
- Inciso XVII com redação pela EC 69/2012.
- LC 75/1993 (Lei Orgânica do Ministério Público da União).
- LC 80/1994 (Defensoria Pública).

XVIII – sistema estatístico, sistema cartográfico e de geologia nacionais;

XIX – sistemas de poupança, captação e garantia da poupança popular;
- Lei 8.177/1991 (Regras para Desindexação da Economia).
- Dec.-lei 70/1966 (Execução de Cédula Hipotecária).

XX – sistemas de consórcios e sorteios;
- Lei 11.795/2008 (Sistema de Consórcio).
- Súmula Vinculante 2 do STF.

XXI – normas gerais de organização, efetivos, material bélico, garantias, convocação, mobilização, inatividades e pensões das polícias militares e dos corpos de bombeiros militares;
- Inciso XXI com redação pela EC 103/2019.

XXII – competência da Polícia Federal e das Polícias Rodoviária e Ferroviária Federais;
- Lei 9.654/1998 (Cria a Carreira de Policial Rodoviário Federal).

XXIII – seguridade social;
- Lei 8.212/1991 (Lei Orgânica da Seguridade Social).
- Decreto 3.048/1999 (Regulamento da Previdência Social).

XXIV – diretrizes e bases da educação nacional;
- Lei 9.394/1996 (Diretrizes e Bases da Educação).

XXV – registros públicos;
- Lei 6.015/1973 (Registros Públicos).

XXVI – atividades nucleares de qualquer natureza;
- Lei 12.731/2012 (Sistema de Proteção ao Programa Nuclear).

XXVII – normas gerais de licitação e contratação, em todas as modalidades, para as administrações públicas diretas, autárquicas e fundacionais da União, Estados, Distrito Federal e Municípios, obedecido o disposto no artigo 37, XXI, e para as empresas públicas e sociedades de economia mista, nos termos do artigo 173, § 1º, III;
- Inciso XXVII com redação pela EC 19/1998.
- Art. 37, XXI, desta Constituição.
- Lei 8.666/1993 (Licitações e Contratos Administrativos).
- Lei 14.133/2021 (nova Lei de Licitações).
- Lei 10.520/2002 (Pregão).

XXVIII – defesa territorial, defesa aeroespacial, defesa marítima, defesa civil e mobilização nacional;
- Lei 12.340/2010 (Sistema Nacional de Defesa Civil – SINDEC).
- Dec. 7.257/2010 (Regulamenta o Sistema Nacional de Defesa Civil – SINDEC).
- Dec. 7.294/2010 (Política de Mobilização Nacional).

XXIX – propaganda comercial.
- Lei 8.078/1990 (Código de Defesa do Consumidor).

XXX – proteção e tratamento de dados pessoais.
- Inciso XXX acrescido pela EC 115/2022.
- Lei 13.709/2018 (*Lei Geral de Proteção de Dados Pessoais*).

Parágrafo único. Lei complementar poderá autorizar os Estados a legislar sobre questões específicas das matérias relacionadas neste artigo.
- LC 103/2000 (Autoriza os Estados e o Distrito Federal a instituir o piso salarial a que se refere o inciso V do art. 7º da CF).

Art. 23. É competência comum da União, dos Estados, do Distrito Federal e dos Municípios:

I – zelar pela guarda da Constituição, das leis e das instituições democráticas e conservar o patrimônio público;

II – cuidar da saúde e assistência pública, da proteção e garantia das pessoas portadoras de deficiência;
- Art. 203, V, desta Constituição.

- Dec. 3.956/2001 (Convenção Interamericana para eliminação de todas as Formas de Discriminação contra as Pessoas Portadoras de Deficiência).
- Dec. 3.964/2001 (Fundo Nacional de Saúde).
- Lei 10.436/2002 (Língua Brasileira de Sinais – LIBRAS).
- Lei 12.319/2010 (Regulamenta a profissão de Tradutor e Intérprete da Língua Brasileira de Sinais – LIBRAS).

III – proteger os documentos, as obras e outros bens de valor histórico, artístico e cultural, os monumentos, as paisagens naturais notáveis e os sítios arqueológicos;
- Dec.-lei 25/1937 (Proteção do Patrimônio Histórico e Artístico Nacional).
- LC 140/2011 (Cooperação entre a União, os Estados, o Distrito Federal e os Municípios nas ações administrativas decorrentes do exercício da competência comum relativas à proteção do meio ambiente).

IV – impedir a evasão, a destruição e a descaracterização de obras de arte e de outros bens de valor histórico, artístico ou cultural;

V – proporcionar os meios de acesso à cultura, à educação, à ciência, à tecnologia, à pesquisa e à inovação;
- Inciso com redação pela EC 85/2015.

VI – proteger o meio ambiente e combater a poluição em qualquer de suas formas;
- Lei 6.938/1981 (Política Nacional do Meio Ambiente).
- Lei 9.605/1998 (Crimes Ambientais).
- Lei 11.284/2006 (Gestão de Florestas Públicas).
- Dec. 6.514/2008 (Infrações e sanções administrativas ao meio ambiente).
- Lei 12.305/2010 (Política Nacional de Resíduos Sólidos).
- LC 140/2011 (Cooperação entre a União, os Estados, o Distrito Federal e os Municípios nas ações administrativas decorrentes do exercício da competência comum relativas à proteção do meio ambiente).
- Súmula 652 do STJ.

VII – preservar as florestas, a fauna e a flora;
- Lei 5.197/1967 (Proteção à Fauna).
- Dec.-lei 221/1967 (Proteção e Estímulos à Pesca).
- Dec. 3.420/2000 (Programa Nacional de Florestas).
- Lei 11.284/2006 (Gestão de Florestas Públicas).
- Lei 11.959/2009 (Aquicultura e Pesca).
- LC 140/2011 (Cooperação entre a União, os Estados, o Distrito Federal e os Municípios nas ações administrativas decorrentes do exercício da competência comum relativas à proteção do meio ambiente).
- Lei 12.651/2012 (Código Florestal).
- Súmula 652 do STJ.

VIII – fomentar a produção agropecuária e organizar o abastecimento alimentar;
- Lei 10.836/2004 (Programa "Bolsa-Família").

IX – promover programas de construção de moradias e a melhoria das condições habitacionais e de saneamento básico;
- Lei 11.445/2007 (Diretrizes nacionais para o saneamento básico).

X – combater as causas da pobreza e os fatores de marginalização, promovendo a integração social dos setores desfavorecidos;
- Art. 3º, III, desta Constituição.
- EC 31/2000 (Cria o Fundo de Combate e Erradicação da Pobreza).
- LC 111/2001 (Fundo de Combate e Erradicação da Pobreza, conforme arts. 19, 80 e 81 do ADCT).

XI – registrar, acompanhar e fiscalizar as concessões de direitos de pesquisa e exploração de recursos hídricos e minerais em seus territórios;
- Lei 9.433/1997 (Política Nacional de Recursos Hídricos).

XII – estabelecer e implantar política de educação para a segurança do trânsito.

Parágrafo único. Leis complementares fixarão normas para a cooperação entre a União e os Estados, o Distrito Federal e os Municípios, tendo em vista o equilíbrio do desenvolvimento e do bem-estar em âmbito nacional.
- Parágrafo único com redação pela EC 53/2006.
- LC 140/2011 (Cooperação entre a União, os Estados, o Distrito Federal e os Municípios nas ações administrativas decorrentes do exercício da competência comum relativas à proteção do meio ambiente).

Art. 24. Compete à União, aos Estados e ao Distrito Federal legislar concorrentemente sobre:

I – direito tributário, financeiro, penitenciário, econômico e urbanístico;
- Lei 4.320/1964 (Normas gerais de direito).
- Lei 5.172/1966 (Código Tributário Nacional).
- Lei 6.830/1980 (Lei de Execução Fiscal).
- Lei 7.210/1984 (Execução Penal).
- Lei 12.529/2012 (Sistema Brasileiro de Defesa da Concorrência).
- Lei 13.425/2017 (Diretrizes gerais sobre medidas de prevenção e combate a incêndio e a desastres em estabelecimentos, edificações e áreas de reunião de público).

II – orçamento;

III – juntas comerciais;
- Lei 8.934/1994 (Registro Público de Empresas Mercantis).
- Dec. 1.800/1996 (Regulamenta a Lei 8.934/1994).

IV – custas dos serviços forenses;
- Lei 9.289/1996 (Regimento de Custas da Justiça Federal).
- Súmula 178 do STJ.

V – produção e consumo;

VI – florestas, caça, pesca, fauna, conservação da natureza, defesa do solo e dos recursos naturais, proteção do meio ambiente e controle da poluição;
- Lei 5.197/1967 (Proteção à Fauna).
- Dec.-lei 221/1967 (Lei de Proteção e Estímulos à Pesca).
- Lei 9.605/1998 (Crimes Ambientais).
- Lei 9.795/1999 (Educação ambiental e institui a Política Nacional de Educação Ambiental).
- Lei 9.966/2000 (Dispõe sobre a prevenção, o controle e a fiscalização da poluição causada por lançamentos de óleo e outras substâncias nocivas ou perigosas em águas sob jurisdição nacional).
- Dec. 3.420/2000 (Programa Nacional de Florestas).
- Dec. 6.514/2008 (Infrações e sanções administrativas ao meio ambiente).
- Lei 11.959/2009 (Aquicultura e Pesca).
- Lei 12.651/2012 (Código Florestal).

VII – proteção ao patrimônio histórico, cultural, artístico, turístico e paisagístico;
- Lei 5.197/1967 (Proteção à Fauna).
- Dec.-lei 221/1967 (Proteção e Estímulos à Pesca).

VIII – responsabilidade por dano ao meio ambiente, ao consumidor, a bens e direitos de valor artístico, estético, histórico, turístico e paisagístico;
- Lei 7.347/1985 (Ação Civil Pública).
- Arts. 6º, VII, b, e 37, II, da LC 75/1993 (Lei Orgânica do Ministério Público da União).
- Dec. 1.306/1994 (Regulamento do Fundo de Defesa de Direitos Difusos).
- Dec. 2.181/1997 (Organiza o Sistema Nacional de Defesa do Consumidor – SNDC).
- Lei 9.605/1998 (Crimes Ambientais).
- Dec. 6.514/2008 (Infrações e sanções administrativas ao meio ambiente).

IX – educação, cultura, ensino, desporto, ciência, tecnologia, pesquisa, desenvolvimento e inovação;
- Inciso com redação pela EC 85/2015.
- Lei 9.394/1996 (Diretrizes e Bases da Educação).
- Lei 9.615/1998 (Desporto).

X – criação, funcionamento e processo do juizado de pequenas causas;
- Art. 98, I, desta Constituição.
- Lei 9.099/1995 (Juizados Especiais).
- Lei 10.259/2001 (Juizados Especiais Federais).
- Lei 11.340/2006 (Juizados de Violência Doméstica e Familiar contra a Mulher).
- Lei 12.153/2009 (Juizados Especiais da Fazenda Pública).

XI – procedimentos em matéria processual;
- Art. 98, I, desta Constituição.
- Lei 9.099/1995 (Juizados Especiais).
- Lei 10.259/2001 (Juizados Especiais Federais).

XII – previdência social, proteção e defesa da saúde;
- Lei 8.080/1990 (Dispõe sobre as condições para a promoção, proteção e recuperação da saúde e a organização e o funcionamento dos serviços correspondentes).
- Lei 8.213/1991 (Planos de Benefícios da Previdência Social).
- Lei 9.273/1996 (Torna obrigatória a inclusão de dispositivo de segurança que impeça a reutilização das seringas descartáveis).
- Dec. 3.048/1999 (Regulamento da Previdência Social).

XIII – assistência jurídica e defensoria pública;
- Lei 1.060/1950 (Assistência Judiciária).
- LC 80/1994 (Defensoria Pública).

XIV – proteção e integração social das pessoas portadoras de deficiência;
- Art. 203, V, desta Constituição.
- Lei 7.853/1989 (Apoio às Pessoas Portadoras de Deficiência).
- Dec. 6.949/2009 (Convenção Internacional sobre os Direitos das Pessoas com Deficiência).
- Lei 13.146/2015 (Estatuto da Pessoa com Deficiência).

XV – proteção à infância e à juventude;
- Lei 8.069/1990 (Estatuto da Criança e do Adolescente – ECA).

XVI – organização, garantias, direitos e deveres das polícias civis.

§ 1º No âmbito da legislação concorrente, a competência da União limitar-se-á a estabelecer normas gerais.

§ 2º A competência da União para legislar sobre normas gerais não exclui a competência suplementar dos Estados.

§ 3º Inexistindo lei federal sobre normas gerais, os Estados exercerão a competência legislativa plena, para atender a suas peculiaridades.

§ 4º A superveniência de lei federal sobre normas gerais suspende a eficácia da lei estadual, no que lhe for contrário.

CAPÍTULO III
DOS ESTADOS FEDERADOS

Art. 25. Os Estados organizam-se e regem-se pelas Constituições e leis que adotarem, observados os princípios desta Constituição.
- Súmula Vinculante 42 do STF.
- Súmula 681 do STF.

§ 1º São reservadas aos Estados as competências que não lhes sejam vedadas por esta Constituição.
- Art. 19 desta Constituição.

§ 2º Cabe aos Estados explorar diretamente, ou mediante concessão, os serviços locais de gás canalizado, na forma da lei, vedada a edição de medida provisória para a sua regulamentação.
- § 2º com redação pela EC 5/1995.
- Art. 246 desta Constituição.
- Lei 9.478/1997 (Política Nacional do Petróleo).

§ 3º Os Estados poderão, mediante lei complementar, instituir regiões metropolitanas, aglomerações urbanas e microrregiões, constituídas por agrupamentos de municípios limítrofes, para integrar a organização, o planejamento e a execução de funções públicas de interesse comum.

Art. 26. Incluem-se entre os bens dos Estados:

I – as águas superficiais ou subterrâneas, fluentes, emergentes e em depósito, ressalvadas, neste caso, na forma da lei, as decorrentes de obras da União;
- Art. 29 do Dec. 24.643/1934 (Código de Águas).
- Lei 9.984/2000 (Agência Nacional de Águas – ANA).

II – as áreas, nas ilhas oceânicas e costeiras, que estiverem no seu domínio, excluídas aquelas sob domínio da União, Municípios ou terceiros;
- Art. 20, IV, desta Constituição.

III – as ilhas fluviais e lacustres não pertencentes à União;

IV – as terras devolutas não compreendidas entre as da União.

Art. 27. O número de Deputados à Assembleia Legislativa corresponderá ao triplo da representação do Estado na Câmara dos Deputados e, atingido o número de trinta e seis, será acrescido de tantos quantos forem os Deputados Federais acima de doze.
- Art. 32 desta Constituição.

§ 1º Será de quatro anos o mandato dos Deputados Estaduais, aplicando-se-lhes as regras desta Constituição sobre sistema eleitoral, inviolabilidade, imunidades, remuneração, perda de mandato, licença, impedimentos e incorporação às Forças Armadas.

§ 2º O subsídio dos Deputados Estaduais será fixado por lei de iniciativa da Assembleia Legislativa, na razão de, no máximo, setenta e cinco por cento daquele estabelecido, em espécie, para os Deputados Federais, observado o que dispõem os artigos 39, § 4º, 57, § 7º, 150, II, 153, III, e 153, § 2º, I.
- § 2º com redação pela EC 19/1998.

§ 3º Compete às Assembleias Legislativas dispor sobre seu regimento interno, polícia e serviços administrativos de sua Secretaria, e prover os respectivos cargos.
- Art. 6º da Lei 9.709/1998 (Convocação de plebiscitos e referendos pelos Estados, Distrito Federal e Municípios).

§ 4º A lei disporá sobre a iniciativa popular no processo legislativo estadual.
- Art. 6º da Lei 9.709/1998 (Regulamenta a execução do disposto nos incisos I, II e III do art. 14 da CF).

Art. 28. A eleição do Governador e do Vice-Governador de Estado, para mandato de 4 (quatro) anos, realizar-se-á no primeiro domingo de outubro, em primeiro turno, e no último domingo de outubro, em segundo turno, se houver, do ano anterior ao do término do mandato de seus antecessores, e a posse ocorrerá em 6 de janeiro do ano subsequente, observado, quanto ao mais, o disposto no art. 77 desta Constituição.
- *Caput* com redação pela EC 111/2021.
- Art. 5º da EC 111/2021.
- Lei 9.504/1997 (Eleições).

§ 1º Perderá o mandato o Governador que assumir outro cargo ou função na administração pública direta ou indireta, ressalvada a posse em virtude de concurso público e observado o disposto no artigo 38, I, IV e V.
- Primitivo parágrafo único renumerado pela EC 19/1998.
- Art. 29, XIV, desta Constituição.

§ 2º Os subsídios do Governador, do Vice-Governador e dos Secretários de Estado serão fixados por lei

de iniciativa da Assembleia Legislativa, observado o que dispõem os artigos 37, XI, 39, § 4º, 150, II, 153, III, e 153, § 2º, I.
▸ § 2º acrescido pela EC 19/1998.

CAPÍTULO IV
DOS MUNICÍPIOS

Art. 29. O Município reger-se-á por lei orgânica, votada em dois turnos, com o interstício mínimo de dez dias, e aprovada por dois terços dos membros da Câmara Municipal, que a promulgará, atendidos os princípios estabelecidos nesta Constituição, na Constituição do respectivo Estado e os seguintes preceitos:
▸ Art. 96 do ADCT.
▸ Súmula Vinculante 42 do STF.

I – eleição do Prefeito, do Vice-Prefeito e dos Vereadores, para mandato de quatro anos, mediante pleito direto e simultâneo realizado em todo o País;
▸ Lei 9.504/1997 (Eleições).

II – eleição do Prefeito e do Vice-Prefeito realizada no primeiro domingo de outubro do ano anterior ao término do mandato dos que devam suceder, aplicadas as regras do artigo 77 no caso de Municípios com mais de duzentos mil eleitores;
▸ Inciso II com redação pela EC 16/1997.

III – posse do Prefeito e do Vice-Prefeito no dia 1º de janeiro do ano subsequente ao da eleição;

IV – para a composição das Câmaras Municipais, será observado o limite máximo de:
▸ Inciso IV com redação pela EC 58/2009.
▸ O STF, no julgamento final da ADIN 4.307-2 (*DOU* 23.04.2013), decidiu pela procedência da ação para declarar a inconstitucionalidade do inciso I do art. 3º da EC 58/2009.

a) 9 (nove) Vereadores, nos Municípios de até 15.000 (quinze mil) habitantes;

b) 11 (onze) Vereadores, nos Municípios de mais de 15.000 (quinze mil) habitantes e de até 30.000 (trinta mil) habitantes;

c) 13 (treze) Vereadores, nos Municípios com mais de 30.000 (trinta mil) habitantes e de até 50.000 (cinquenta mil) habitantes;

d) 15 (quinze) Vereadores, nos Municípios de mais de 50.000 (cinquenta mil) habitantes e de até 80.000 (oitenta mil) habitantes;

e) 17 (dezessete) Vereadores, nos Municípios de mais de 80.000 (oitenta mil) habitantes e de até 120.000 (cento e vinte mil) habitantes;

f) 19 (dezenove) Vereadores, nos Municípios de mais de 120.000 (cento e vinte mil) habitantes e de até 160.000 (cento e sessenta mil) habitantes;

g) 21 (vinte e um) Vereadores, nos Municípios de mais de 160.000 (cento e sessenta mil) habitantes e de até 300.000 (trezentos mil) habitantes;

h) 23 (vinte e três) Vereadores, nos Municípios de mais de 300.000 (trezentos mil) habitantes e de até 450.000 (quatrocentos e cinquenta mil) habitantes;

i) 25 (vinte e cinco) Vereadores, nos Municípios de mais de 450.000 (quatrocentos e cinquenta mil) habitantes e de até 600.000 (seiscentos mil) habitantes;

j) 27 (vinte e sete) Vereadores, nos Municípios de mais de 600.000 (seiscentos mil) habitantes e de até 750.000 (setecentos e cinquenta mil) habitantes;

k) 29 (vinte e nove) Vereadores, nos Municípios de mais de 750.000 (setecentos e cinquenta mil) habitantes e de até 900.000 (novecentos mil) habitantes;

l) 31 (trinta e um) Vereadores, nos Municípios de mais de 900.000 (novecentos mil) habitantes e de até 1.050.000 (um milhão e cinquenta mil) habitantes;

m) 33 (trinta e três) Vereadores, nos Municípios de mais de 1.050.000 (um milhão e cinquenta mil) habitantes e de até 1.200.000 (um milhão e duzentos mil) habitantes;

n) 35 (trinta e cinco) Vereadores, nos Municípios de mais de 1.200.000 (um milhão e duzentos mil) habitantes e de até 1.350.000 (um milhão e trezentos e cinquenta mil) habitantes;

o) 37 (trinta e sete) Vereadores, nos Municípios de 1.350.000 (um milhão e trezentos e cinquenta mil) habitantes e de até 1.500.000 (um milhão e quinhentos mil) habitantes;

p) 39 (trinta e nove) Vereadores, nos Municípios de mais de 1.500.000 (um milhão e quinhentos mil) habitantes e de até 1.800.000 (um milhão e oitocentos mil) habitantes;

q) 41 (quarenta e um) Vereadores, nos Municípios de mais de 1.800.000 (um milhão e oitocentos mil) habitantes e de até 2.400.000 (dois milhões e quatrocentos mil) habitantes;

r) 43 (quarenta e três) Vereadores, nos Municípios de mais de 2.400.000 (dois milhões e quatrocentos mil) habitantes e de até 3.000.000 (três milhões) de habitantes;

s) 45 (quarenta e cinco) Vereadores, nos Municípios de mais de 3.000.000 (três milhões) de habitantes e de até 4.000.000 (quatro milhões) de habitantes;

t) 47 (quarenta e sete) Vereadores, nos Municípios de mais de 4.000.000 (quatro milhões) de habitantes e de até 5.000.000 (cinco milhões) de habitantes;

u) 49 (quarenta e nove) Vereadores, nos Municípios de mais de 5.000.000 (cinco milhões) de habitantes e de até 6.000.000 (seis milhões) de habitantes;

v) 51 (cinquenta e um) Vereadores, nos Municípios de mais de 6.000.000 (seis milhões) de habitantes e de até 7.000.000 (sete milhões) de habitantes;

w) 53 (cinquenta e três) Vereadores, nos Municípios de mais de 7.000.000 (sete milhões) de habitantes e de até 8.000.000 (oito milhões) de habitantes; e

x) 55 (cinquenta e cinco) Vereadores, nos Municípios de mais de 8.000.000 (oito milhões) de habitantes;

V – subsídios do Prefeito, do Vice-Prefeito e dos Secretários municipais fixados por lei de iniciativa da Câmara Municipal, observado o que dispõem os artigos 37, XI, 39, § 4º, 150, II, 153, III, e 153, § 2º, I;
▸ Inciso V com redação pela EC 19/1998.

VI – o subsídio dos Vereadores será fixado pelas respectivas Câmaras Municipais em cada legislatura para a subsequente, observado o que dispõe esta Constituição, observados os critérios estabelecidos na respectiva Lei Orgânica e os seguintes limites máximos:
▸ Inciso VI com redação pela EC 25/2000.

a) em Municípios de até dez mil habitantes, o subsídio máximo dos Vereadores corresponderá a vinte por cento do subsídio dos Deputados Estaduais;

b) em Municípios de dez mil e um a cinquenta mil habitantes, o subsídio máximo dos Vereadores corresponderá a trinta por cento do subsídio dos Deputados Estaduais;
c) em Municípios de cinquenta mil e um a cem mil habitantes, o subsídio máximo dos Vereadores corresponderá a quarenta por cento do subsídio dos Deputados Estaduais;
d) em Municípios de cem mil e um a trezentos mil habitantes, o subsídio máximo dos Vereadores corresponderá a cinquenta por cento do subsídio dos Deputados Estaduais;
e) em Municípios de trezentos mil e um a quinhentos mil habitantes, o subsídio máximo dos Vereadores corresponderá a sessenta por cento do subsídio dos Deputados Estaduais;
f) em Municípios de mais de quinhentos mil habitantes, o subsídio máximo dos Vereadores corresponderá a setenta e cinco por cento do subsídio dos Deputados Estaduais;
VII – o total da despesa com a remuneração dos Vereadores não poderá ultrapassar o montante de cinco por cento da receita do Município;
▸ Inciso VII acrescido pela EC 1/1992.
VIII – inviolabilidade dos Vereadores por suas opiniões, palavras e votos no exercício do mandato e na circunscrição do Município;
▸ Primitivo inciso VI renumerado pela EC 1/1992.
IX – proibições e incompatibilidades, no exercício da vereança, similares, no que couber, ao disposto nesta Constituição para os membros do Congresso Nacional e, na Constituição do respectivo Estado, para os membros da Assembleia Legislativa;
▸ Primitivo inciso VII renumerado pela EC 1/1992.
X – julgamento do Prefeito perante o Tribunal de Justiça;
▸ Primitivo inciso VIII renumerado pela EC 1/1992.
▸ Dec.-lei 201/1967 (Responsabilidade dos Prefeitos e Vereadores).
▸ Súmulas 702 e 703 do STF.
▸ Súmula 209 do STJ.
XI – organização das funções legislativas e fiscalizadoras da Câmara Municipal;
▸ Primitivo inciso IX renumerado pela EC 1/1992.
XII – cooperação das associações representativas no planejamento municipal;
▸ Primitivo inciso X renumerado pela EC 1/1992.
XIII – iniciativa popular de projetos de lei de interesse específico do Município, da cidade ou de bairros, através de manifestação de, pelo menos, cinco por cento do eleitorado;
▸ Primitivo inciso XI renumerado pela EC 1/1992.
XIV – perda do mandato do Prefeito, nos termos do artigo 28, parágrafo único.
▸ Primitivo inciso XII renumerado pela EC 1/1992.
▸ EC 19/1998, que modificou o parágrafo único do art. 28 para § 1º.
Art. 29-A. O total da despesa do Poder Legislativo Municipal, incluídos os subsídios dos Vereadores e os demais gastos com pessoal inativo e pensionistas, não poderá ultrapassar os seguintes percentuais, relativos ao somatório da receita tributária e das transferências previstas no § 5º do art. 153 e nos arts. 158 e 159 desta Constituição, efetivamente realizado no exercício anterior:

▸ *Caput* com redação pela EC 109/2021, em vigor a partir do início da primeira legislatura municipal após a data de sua publicação (DOU 16.03.2021)
I – 7% (sete por cento) para Municípios com população de até 100.000 (cem mil) habitantes;
▸ Inciso I com redação pela EC 58/2009.
II – 6% (seis por cento) para Municípios com população entre 100.000 (cem mil) e 300.000 (trezentos mil) habitantes;
▸ Inciso II com redação pela EC 58/2009.
III – 5% (cinco por cento) para Municípios com população entre 300.001 (trezentos mil e um) e 500.000 (quinhentos mil) habitantes;
▸ Inciso III com redação pela EC 58/2009.
IV – 4,5% (quatro inteiros e cinco décimos por cento) para Municípios com população entre 500.001 (quinhentos mil e um) e 3.000.000 (três milhões) de habitantes.
▸ Inciso IV com redação pela EC 58/2009.
V – 4% (quatro por cento) para Municípios com população entre 3.000.001 (três milhões e um) e 8.000.000 (oito milhões) de habitantes;
▸ Inciso V acrescido pela EC 58/2009.
VI – 3,5% (três inteiros e cinco décimos por cento) para Municípios com população acima de 8.000.001 (oito milhões e um) habitantes.
▸ Inciso VI acrescido pela EC 58/2009.
§ 1º A Câmara Municipal não gastará mais de setenta por cento de sua receita com folha de pagamento, incluído o gasto com o subsídio de seus Vereadores.
▸ § 1º acrescido pela EC 25/2000.
§ 2º Constitui crime de responsabilidade do Prefeito Municipal:
▸ § 2º acrescido pela EC 25/2000.
I – efetuar repasse que supere os limites definidos neste artigo;
II – não enviar o repasse até o dia vinte de cada mês; ou
III – enviá-lo a menor em relação à proporção fixada na Lei Orçamentária.
▸ Lei 10.028/2000 (Crimes contra Finanças Públicas).
▸ LC 101/2000 (Lei de Responsabilidade Fiscal).
§ 3º Constitui crime de responsabilidade do Presidente da Câmara Municipal o desrespeito ao § 1º deste artigo.
▸ § 3º acrescido pela EC 25/2000.
Art. 30. Compete aos Municípios:
I – legislar sobre assuntos de interesse local;
▸ Súmulas Vinculantes 38 e 42 do STF.
▸ Súmula 645 do STF.
II – suplementar a legislação federal e a estadual no que couber;
III – instituir e arrecadar os tributos de sua competência, bem como aplicar suas rendas, sem prejuízo da obrigatoriedade de prestar contas e publicar balancetes nos prazos fixados em lei;
▸ Art. 156 desta Constituição.
IV – criar, organizar e suprimir distritos, observada a legislação estadual;
▸ Art. 96 do ADCT.
V – organizar e prestar, diretamente ou sob regime de concessão ou permissão, os serviços públicos de interesse local, incluído o de transporte coletivo, que tem caráter essencial;
▸ Art. 175 desta Constituição.
VI – manter, com a cooperação técnica e financeira da União e do Estado, programas de educação infantil e de ensino fundamental;

▶ Inciso VI com redação pela EC 53/2006.

VII – prestar, com a cooperação técnica e financeira da União e do Estado, serviços de atendimento à saúde da população;
> ▶ Dec. 3.964/2001 (Fundo Nacional de Saúde).

VIII – promover, no que couber, adequado ordenamento territorial, mediante planejamento e controle do uso, do parcelamento e da ocupação do solo urbano;
> ▶ Art. 182 desta Constituição.

IX – promover a proteção do patrimônio histórico-cultural local, observada a legislação e a ação fiscalizadora federal e estadual.

Art. 31. A fiscalização do Município será exercida pelo Poder Legislativo Municipal, mediante controle externo, e pelos sistemas de controle interno do Poder Executivo Municipal, na forma da lei.

§ 1º O controle externo da Câmara Municipal será exercido com o auxílio dos Tribunais de Contas dos Estados ou do Município ou dos Conselhos ou Tribunais de Contas dos Municípios, onde houver.

§ 2º O parecer prévio, emitido pelo órgão competente sobre as contas que o Prefeito deve anualmente prestar, só deixará de prevalecer por decisão de dois terços dos membros da Câmara Municipal.

§ 3º As contas dos Municípios ficarão, durante sessenta dias, anualmente, à disposição de qualquer contribuinte, para exame e apreciação, o qual poderá questionar-lhes a legitimidade, nos termos da lei.

§ 4º É vedada a criação de Tribunais, Conselhos ou órgãos de Contas Municipais.

CAPÍTULO V
DO DISTRITO FEDERAL E DOS TERRITÓRIOS

Seção I
Do Distrito Federal

Art. 32. O Distrito Federal, vedada sua divisão em Municípios, reger-se-á por lei orgânica, votada em dois turnos com interstício mínimo de dez dias, e aprovada por dois terços da Câmara Legislativa, que a promulgará, atendidos os princípios estabelecidos nesta Constituição.
> ▶ Lei Orgânica do DF: publicada na edição 87 do Diário do Câmara Legislativa do DF, em 08.06.1993.

§ 1º Ao Distrito Federal são atribuídas as competências legislativas reservadas aos Estados e Municípios.
> ▶ Súmula 642 do STF.

§ 2º A eleição do Governador e do Vice-Governador, observadas as regras do artigo 77, e dos Deputados Distritais coincidirá com a dos Governadores e Deputados Estaduais, para mandato de igual duração.

§ 3º Aos Deputados Distritais e à Câmara Legislativa aplica-se o disposto no artigo 27.

§ 4º Lei federal disporá sobre a utilização, pelo Governo do Distrito Federal, da polícia civil, da polícia penal, da polícia militar e do corpo de bombeiros militar.
> ▶ § 4º com redação pela EC 104/2019.
> ▶ Dec.-lei 667/1969 (Reorganiza as Polícias Militares e os Corpos de Bombeiros Militares dos Estados, dos Territórios e do Distrito Federal).
> ▶ Lei 6.450/1977 (Organização básica da Polícia Militar do Distrito Federal).
> ▶ Lei 7.289/1984 (Estatuto dos Policiais Militares da Polícia Militar do Distrito Federal).
> ▶ Lei 7.479/1986 (Estatuto dos Bombeiros Militares do Corpo de Bombeiros do Distrito Federal).

> ▶ Lei 12.086/2009 (Militares da Polícia Militar do Distrito Federal e do Corpo de Bombeiros Militar do Distrito Federal).

Seção II
Dos Territórios

Art. 33. A lei disporá sobre a organização administrativa e judiciária dos Territórios.
> ▶ Lei 11.697/2008 (Organização Judiciária do Distrito Federal).

§ 1º Os Territórios poderão ser divididos em Municípios, aos quais se aplicará, no que couber, o disposto no Capítulo IV deste Título.

§ 2º As contas do Governo do Território serão submetidas ao Congresso Nacional, com parecer prévio do Tribunal de Contas da União.

§ 3º Nos Territórios Federais com mais de cem mil habitantes, além do Governador nomeado na forma desta Constituição, haverá órgãos judiciários de primeira e segunda instância, membros do Ministério Público e defensores públicos federais; a lei disporá sobre as eleições para a Câmara Territorial e sua competência deliberativa.

CAPÍTULO VI
DA INTERVENÇÃO

Art. 34. A União não intervirá nos Estados nem no Distrito Federal, exceto para:

I – manter a integridade nacional;
> ▶ Art. 1º desta Constituição.

II – repelir invasão estrangeira ou de uma Unidade da Federação em outra;

III – pôr termo a grave comprometimento da ordem pública;

IV – garantir o livre exercício de qualquer dos Poderes nas Unidades da Federação;
> ▶ Art. 36, I, desta Constituição.

V – reorganizar as finanças da Unidade da Federação que:

a) suspender o pagamento da dívida fundada por mais de dois anos consecutivos, salvo motivo de força maior;

b) deixar de entregar aos Municípios receitas tributárias fixadas nesta Constituição, dentro dos prazos estabelecidos em lei;
> ▶ Art. 10 da LC 63/1990 (Critérios e prazos de crédito das parcelas do produto da arrecadação de impostos de competência dos Estados e de transferências por estes recebidas, pertencentes aos Municípios).

VI – prover a execução de lei federal, ordem ou decisão judicial;
> ▶ Art. 36, § 3º, desta Constituição.
> ▶ Súmula 637 do STF.

VII – assegurar a observância dos seguintes princípios constitucionais:
> ▶ Art. 36, III, e § 3º, desta Constituição.

a) forma republicana, sistema representativo e regime democrático;

b) direitos da pessoa humana;

c) autonomia municipal;

d) prestação de contas da administração pública, direta e indireta;

e) aplicação do mínimo exigido da receita resultante de impostos estaduais, compreendida a proveniente de transferências, na manutenção e desenvolvimento do ensino e nas ações e serviços públicos de saúde.
> ▶ Alínea *e* com redação pela EC 29/2000.
> ▶ Art. 212 desta Constituição.

Art. 35. O Estado não intervirá em seus Municípios, nem a União nos Municípios localizados em Território Federal, exceto quando:
> Súmula 637 do STF.

I – deixar de ser paga, sem motivo de força maior, por dois anos consecutivos, a dívida fundada;
II – não forem prestadas contas devidas, na forma da lei;
III – não tiver sido aplicado o mínimo exigido da receita municipal na manutenção e desenvolvimento do ensino e nas ações e serviços públicos de saúde;
> Inciso III com redação pela EC 29/2000.
> Art. 212 desta Constituição.

IV – o Tribunal de Justiça der provimento a representação para assegurar a observância de princípios indicados na Constituição Estadual, ou para prover a execução de lei, de ordem ou de decisão judicial.

Art. 36. A decretação da intervenção dependerá:
I – no caso do artigo 34, IV, de solicitação do Poder Legislativo ou do Poder Executivo coacto ou impedido, ou de requisição do Supremo Tribunal Federal, se a coação for exercida contra o Poder Judiciário;
II – no caso de desobediência a ordem ou decisão judiciária, de requisição do Supremo Tribunal Federal, do Superior Tribunal de Justiça ou do Tribunal Superior Eleitoral;
> Arts. 19 a 22 da Lei 8.038/1990 (Normas procedimentais para os processos que especifica, perante o STJ e o STF).

III – de provimento, pelo Supremo Tribunal Federal, de representação do Procurador-Geral da República, na hipótese do art. 34, VII, e no caso de recusa à execução de lei federal.
> Inciso III com redação pela EC 45/2004.
> Lei 12.562/2011 (Processo e julgamento da representação interventiva perante o STF).

IV – *Revogado pela EC 45/2004.*

§ 1º O decreto de intervenção, que especificará a amplitude, o prazo e as condições de execução e que, se couber, nomeará o interventor, será submetido à apreciação do Congresso Nacional ou da Assembleia Legislativa do Estado, no prazo de vinte e quatro horas.

§ 2º Se não estiver funcionando o Congresso Nacional ou a Assembleia Legislativa, far-se-á convocação extraordinária, no mesmo prazo de vinte e quatro horas.

§ 3º Nos casos do artigo 34, VI e VII, ou do artigo 35, IV, dispensada a apreciação pelo Congresso Nacional ou pela Assembleia Legislativa, o decreto limitar-se-á a suspender a execução do ato impugnado, se essa medida bastar ao restabelecimento da normalidade.

§ 4º Cessados os motivos da intervenção, as autoridades afastadas de seus cargos a estes voltarão, salvo impedimento legal.

CAPÍTULO VII
DA ADMINISTRAÇÃO PÚBLICA

> Lei 8.112/1990 (Estatuto dos Servidores Públicos Civis da União, Autarquias e Fundações Públicas Federais).
> Lei 8.727/1993 (Reescalonamento pela União, de dívidas internas da administração direta e indireta dos Estados, do Distrito Federal e dos Municípios).
> Lei 9.784/1999 (Processo Administrativo Federal).

Seção I
Disposições gerais

Art. 37. A Administração Pública direta e indireta de qualquer dos Poderes da União, dos Estados, do Distrito Federal e dos Municípios obedecerá aos princípios de legalidade, impessoalidade, moralidade, publicidade e eficiência e, também, ao seguinte:
> *Caput* com redação pela EC 19/1998.
> Art. 19 do ADCT.
> Arts. 3º e 5º, I a VI, §§ 1º e 2º, da Lei 8.112/1990 (Estatuto dos Servidores Públicos Civis da União, Autarquias e Fundações Públicas Federais).
> Lei 8.727/1993 (Reescalonamento pela União, de dívidas internas da administração direta e indireta dos Estados, do Distrito Federal e dos Municípios).
> Lei 8.730/1993 (Declaração de bens e rendas para o exercício de cargos, empregos, e funções nos Poderes Executivo, Legislativo e Judiciário).
> Lei 9.784/1999 (Processo Administrativo no Âmbito da Administração Pública Federal).
> Instrução Normativa INSS 77/2015 (Estabelece rotinas para agilizar e uniformizar o reconhecimento de direitos dos segurados e beneficiários da Previdência Social, com observância dos princípios estabelecidos no art. 37 da Constituição Federal de 1988).
> Súmula Vinculante 13 do STF.
> Súmulas 346 e 473 do STF.

I – os cargos, empregos e funções públicas são acessíveis aos brasileiros que preencham os requisitos estabelecidos em lei, assim como aos estrangeiros, na forma da lei;
> Inciso I com redação pela EC 19/1998.
> Art. 7º da CLT.
> Arts. 3º e 5º, I a VI, §§ 1º e 2º, da Lei 8.112/1990 (Estatuto dos Servidores Públicos Civis da União, Autarquias e Fundações Públicas Federais).
> Lei 8.730/1993 (Declaração de bens e rendas para o exercício de cargos, empregos, e funções nos Poderes Executivo, Legislativo e Judiciário).
> Súmula Vinculante 44 do STF.
> Súmulas 683, 684 e 686 do STF.
> Súmula 266 do STJ.

II – a investidura em cargo ou emprego público depende de aprovação prévia em concurso público de provas ou de provas e títulos, de acordo com a natureza e a complexidade do cargo ou emprego, na forma prevista em lei, ressalvadas as nomeações para cargo em comissão declarado em lei de livre nomeação e exoneração;
> Inciso II com redação pela EC 19/1998.
> Art. 7º da CLT.
> Arts. 11 e 12 da Lei 8.112/1990 (Estatuto dos Servidores Públicos Civis da União, Autarquias e Fundações Públicas Federais).
> Lei 9.962/2000 (Regime de emprego público do pessoal da administração federal direta, autárquica e fundacional).
> Dec. 7.203/2010 (Nepotismo no âmbito da administração pública federal).
> Súmula Vinculante 43 do STF.
> Súmula 685 do STF.
> Súmulas 331 e 363 do TST.
> OJs 237, 321 e 366 da SBDI-I do TST.

III – o prazo de validade do concurso público será de até dois anos, prorrogável uma vez, por igual período;
> Art. 12 da Lei 8.112/1990 (Estatuto dos Servidores Públicos Civis da União, Autarquias e Fundações Públicas Federais).

IV – durante o prazo improrrogável previsto no edital de convocação, aquele aprovado em concurso público de provas ou de provas e títulos será convocado com prioridade sobre novos concursados para assumir cargo ou emprego, na carreira;
> Art. 7º da CLT.

V – as funções de confiança, exercidas exclusivamente por servidores ocupantes de cargo efetivo, e os cargos em comissão, a serem preenchidos

por servidores de carreira nos casos, condições e percentuais mínimos previstos em lei, destinam-se apenas às atribuições de direção, chefia e assessoramento;
- Inciso V com redação pela EC 19/1998.

VI – é garantido ao servidor público civil o direito à livre associação sindical;

VII – o direito de greve será exercido nos termos e nos limites definidos em lei específica;
- Inciso VII com redação pela EC 19/1998.
- Dec. 1.480/1995 (Procedimentos em casos de paralisações dos serviços públicos federais).

VIII – a lei reservará percentual dos cargos e empregos públicos para as pessoas portadoras de deficiência e definirá os critérios de sua admissão;
- Lei 7.853/1989 (Apoio às Pessoas Portadoras de Deficiência).
- Art. 5º, § 2º, da Lei 8.112/1990 (Estatuto dos Servidores Públicos Civis da União, Autarquias e Fundações Públicas Federais).
- Dec. 6.949/2009 (Convenção Internacional sobre os Direitos das Pessoas com Deficiência).
- Lei 13.146/2015 (Estatuto da Pessoa com Deficiência).
- Súmula 377 e 552 do STJ.

IX – a lei estabelecerá os casos de contratação por tempo determinado para atender a necessidade temporária de excepcional interesse público;
- Lei 8.745/1993 (Contratação de servidor público por tempo determinado, para atender a necessidade temporária de excepcional interesse público).

X – a remuneração dos servidores públicos e o subsídio de que trata o § 4º do artigo 39 somente poderão ser fixados ou alterados por lei específica, observada a iniciativa privativa em cada caso, assegurada revisão geral anual, sempre na mesma data e sem distinção de índices;
- Inciso X com redação pela EC 19/1998.
- Arts. 39, § 4º, 95, III, e 128, § 5º, I, c, desta Constituição.
- Lei 7.706/1988 (Revisão dos vencimentos, salários, soldos e proventos dos servidores, civis e militares).
- Súmula Vinculante 37 e 51 do STF.
- Súmulas 672 e 679 do STF.

XI – a remuneração e o subsídio dos ocupantes de cargos, funções e empregos públicos da administração direta, autárquica e fundacional, dos membros de qualquer dos Poderes da União, dos Estados, do Distrito Federal e dos Municípios, dos detentores de mandato eletivo e dos demais agentes políticos e os proventos, pensões ou outra espécie remuneratória, percebidos cumulativamente ou não, incluídas as vantagens pessoais ou de qualquer outra natureza, não poderão exceder o subsídio mensal, em espécie, dos Ministros do Supremo Tribunal Federal, aplicando-se como limite, nos Municípios, o subsídio do Prefeito, e nos Estados e no Distrito Federal, o subsídio mensal do Governador no âmbito do Poder Executivo, o subsídio dos Deputados Estaduais e Distritais no âmbito do Poder Legislativo e o subsídio dos Desembargadores do Tribunal de Justiça, limitado a noventa inteiros e vinte e cinco centésimos por cento do subsídio mensal, em espécie, dos Ministros do Supremo Tribunal Federal, no âmbito do Poder Judiciário, aplicável este limite aos membros do Ministério Público, aos Procuradores e aos Defensores Públicos;
- Inciso XI com redação pela EC 41/2003.
- O STF, por maioria, julgou procedente a ADIN 3.854, confirmando a medida cautelar anteriormente deferida, "dar interpretação conforme a Constituição ao artigo 37, inciso XI (com redação dada pela EC 41/2003) e § 12 (com redação dada pela EC 47/2005), da Constituição Federal, para afastar a submissão dos membros da magistratura estadual da regra do subteto remuneratório (...)" (DOU 22.02.2021).
- Arts. 27, § 2º, 28, § 2º, 29, V e VI, 39, §§ 4º e 5º, 49, VII, e VIII, 93, V, 95, III, 128, § 5º, I, c, e 142, § 3º, VIII, desta Constituição.
- Lei 8.112/1990 (Estatuto dos Servidores Públicos Civis da União, Autarquias e Fundações Públicas Federais).
- Art. 3º, § 3º, da EC 20/1998 (Reforma Previdenciária).
- Arts. 7º e 8º da EC 41/2003 (Fixação do subsídio de que trata este dispositivo).
- Art. 4º da EC 47/2005 (Previdência Social).
- Lei 12.770/2012 (Subsídio do Procurador-Geral da República).
- OJ 339 da SBDI-I do TST.

XII – os vencimentos dos cargos do Poder Legislativo e do Poder Judiciário não poderão ser superiores aos pagos pelo Poder Executivo;
- Art. 135 desta Constituição.
- Art. 42 da Lei 8.112/1990 (Estatuto dos Servidores Públicos Civis da União, Autarquias e Fundações Públicas Federais).

XIII – é vedada a vinculação ou equiparação de quaisquer espécies remuneratórias para o efeito de remuneração de pessoal do serviço público;
- Inciso XIII com redação pela EC 19/1998.
- Art. 142, § 3º, VIII, desta Constituição.
- Súmula Vinculante 42 do STF.
- Súmula 455 do TST.
- OJ 297 da SBDI-I do TST.

XIV – os acréscimos pecuniários percebidos por servidor público não serão computados nem acumulados para fins de concessão de acréscimos ulteriores;
- Inciso XIV com redação pela EC 19/1998.
- Art. 142, § 3º, VIII, desta Constituição.

XV – o subsídio e os vencimentos dos ocupantes de cargos e empregos públicos são irredutíveis, ressalvado o disposto nos incisos XI e XIV deste artigo e nos artigos 39, § 4º, 150, II, 153, III, e 153, § 2º, I;
- Inciso XV com redação pela EC 19/1998.
- Art. 142, § 3º, VIII, desta Constituição.

XVI – é vedada a acumulação remunerada de cargos públicos, exceto, quando houver compatibilidade de horários, observado em qualquer caso o disposto no inciso XI:
- Caput do inciso XVI com redação pela EC 19/1998.

a) a de dois cargos de professor;
- Alínea a com redação pela EC 19/1998.

b) a de um cargo de professor com outro, técnico ou científico;
- Alínea b com redação pela EC 19/1998.

c) a de dois cargos ou empregos privativos de profissionais de saúde, com profissões regulamentadas;
- Alínea c com redação pela EC 34/2001.
- Arts. 118 a 120 da Lei 8.112/1990 (Estatuto dos Servidores Públicos Civis da União, Autarquias e Fundações Públicas Federais).
- Art. 2º-A da Lei 11.350/2006 (Regulamenta o § 5º do art. 198 da Constituição).

XVII – a proibição de acumular estende-se a empregos e funções e abrange autarquias, fundações, empresas públicas, sociedades de economia mista, suas subsidiárias, e sociedades controladas, direta ou indiretamente, pelo Poder Público;
- Inciso XVII com redação pela EC 19/1998.
- Art. 118, § 1º, da Lei 8.112/1990 (Estatuto dos Servidores Públicos Civis da União, Autarquias e Fundações Federais).

XVIII – a administração fazendária e seus servidores fiscais terão, dentro de suas áreas de competência e jurisdição, precedência sobre os demais setores administrativos, na forma da lei;

XIX – somente por lei específica poderá ser criada autarquia e autorizada a instituição de empresa pública, de sociedade de economia mista e de fundação, cabendo à lei complementar, neste último caso, definir as áreas de sua atuação;
- Inciso XIX com redação pela EC 19/1998.

XX – depende de autorização legislativa, em cada caso, a criação de subsidiárias das entidades mencionadas no inciso anterior, assim como a participação de qualquer delas em empresa privada;
- Art. 2º, § 2º, da Lei 13.303/2016 (Lei de Responsabilidade das Estatais).

XXI – ressalvados os casos especificados na legislação, as obras, serviços, compras e alienações serão contratados mediante processo de licitação pública que assegure igualdade de condições a todos os concorrentes, com cláusulas que estabeleçam obrigações de pagamento, mantidas as condições efetivas da proposta, nos termos da lei, o qual somente permitirá as exigências de qualificação técnica e econômica indispensáveis à garantia do cumprimento das obrigações;
- Art. 22, XXVII, desta Constituição.
- Lei 8.666/1993 (Licitações e Contratos Administrativos).
- Lei 14.133/2021 (nova Lei de Licitações).
- Dec. 3.555/2000 (Regulamenta o pregão).
- Lei 10.520/2002 (Pregão).
- Súmula 333 do STJ.
- Súmula 363 do TST.

XXII – as administrações tributárias da União, dos Estados, do Distrito Federal e dos Municípios, atividades essenciais ao funcionamento do Estado, exercidas por servidores de carreiras específicas, terão recursos prioritários para a realização de suas atividades e atuarão de forma integrada, inclusive com o compartilhamento de cadastros e de informações fiscais, na forma da lei ou convênio.
- Inciso XXII acrescido pela EC 42/2003.
- Art. 137, IV, desta Constituição.

§ 1º A publicidade dos atos, programas, obras, serviços e campanhas dos órgãos públicos deverá ter caráter educativo, informativo ou de orientação social, dela não podendo constar nomes, símbolos ou imagens que caracterizem promoção pessoal de autoridades ou servidores públicos.
- Lei 8.389/1991 (Conselho de Comunicação Social).
- Dec. 6.555/2008 (Comunicação do Poder Executivo Federal).

§ 2º A não observância do disposto nos incisos II e III implicará a nulidade do ato e a punição da autoridade responsável, nos termos da lei.
- Arts. 116 a 142 da Lei 8.112/1990 (Estatuto dos Servidores Públicos Civis da União, Autarquias e Fundações Públicas Federais).
- Lei 8.429/1992 (Improbidade Administrativa).
- Súmula 466 do STJ.
- Súmula 363 do TST.

§ 3º A lei disciplinará as formas de participação do usuário na administração pública direta e indireta, regulando especialmente:
- § 3º com redação pela EC 19/1998.

I – as reclamações relativas à prestação dos serviços públicos em geral, asseguradas a manutenção de serviços de atendimento ao usuário e a avaliação periódica, externa e interna, da qualidade dos serviços;

II – o acesso dos usuários a registros administrativos e a informações sobre atos de governo, observado o disposto no artigo 5º, X e XXXIII;
- Lei 12.527/2011 (Acesso a informações previsto neste inciso).

III – a disciplina da representação contra o exercício negligente ou abusivo de cargo, emprego ou função na administração pública.

§ 4º Os atos de improbidade administrativa importarão a suspensão dos direitos políticos, a perda da função pública, a indisponibilidade dos bens e o ressarcimento ao erário, na forma e gradação previstas em lei, sem prejuízo da ação penal cabível.
- Art. 15, V, desta Constituição.
- Arts. 312 a 327 do CP.
- Dec.-lei 3.240/1941 (Sequestro os bens de pessoas indiciadas por crimes de que resulta prejuízo para a Fazenda Pública).
- Lei 8.026/1990 (Pena de demissão a funcionário público).
- Lei 8.027/1990 (Conduta dos servidores públicos civis da União, das Autarquias e das Fundações Públicas).
- Lei 8.112/1990 (Estatuto dos Servidores Públicos Civis da União, Autarquias e Fundações Públicas Federais).
- Art. 3º da Lei 8.137/1990 (Crimes Contra a Ordem Tributária, Econômica e Contra as Relações de Consumo).
- Lei 8.429/1992 (Improbidade Administrativa).
- Arts. 81 a 99 da Lei 8.666/1993 (Licitações).
- Arts. 155 e ss. da Lei 14.133/2021 (nova Lei de Licitações).
- Dec. 4.410/2002 (Convenção Interamericana contra a Corrupção).

§ 5º A lei estabelecerá os prazos de prescrição para ilícitos praticados por qualquer agente, servidor ou não, que causem prejuízos ao erário, ressalvadas as respectivas ações de ressarcimento.
- Lei 8.112/1990 (Estatuto dos Servidores Públicos Civis da União, Autarquias e Fundações Públicas Federais).
- Lei 8.429/1992 (Improbidade Administrativa).

§ 6º As pessoas jurídicas de direito público e as de direito privado prestadoras de serviços públicos responderão pelos danos que seus agentes, nessa qualidade, causarem a terceiros, assegurado o direito de regresso contra o responsável nos casos de dolo ou culpa.
- Art. 43 do CC.
- Lei 6.453/1977 (Responsabilidade civil por danos nucleares e a responsabilidade criminal por atos relacionados com atividades nucleares).

§ 7º A lei disporá sobre os requisitos e as restrições ao ocupante de cargo ou emprego da administração direta e indireta que possibilite o acesso a informações privilegiadas.
- § 7º acrescido pela EC 19/1998.

§ 8º A autonomia gerencial, orçamentária e financeira dos órgãos e entidades da administração direta e indireta poderá ser ampliada mediante contrato, a ser firmado entre seus administradores e o poder público, que tenha por objeto a fixação de metas de desempenho para o órgão ou entidade, cabendo à lei dispor sobre:
- § 8º acrescido pela EC 19/1998.
- *Legislação infraconstitucional:* Lei 13.934/19 (Regulamenta o contrato referido no § 8º do art. 37 da Constituição Federal, denominado "contrato de desempenho", no âmbito da administração pública federal direta de qualquer dos Poderes da União e das autarquias e fundações públicas federais).
- Lei 13.934/2019 (Regulamenta o contrato referido no § 8º do art. 37 da Constituição Federal, denominado "contrato de desempenho", no âmbito da administração pública federal direta de qualquer dos Poderes da União e das autarquias e fundações públicas federais).

I – o prazo de duração do contrato;
II – os controles e critérios de avaliação de desempenho, direitos, obrigações e responsabilidade dos dirigentes;
III – a remuneração do pessoal.

§ 9º O disposto no inciso XI aplica-se às empresas públicas e às sociedades de economia mista, e suas subsidiárias, que receberem recursos da União, dos Estados, do Distrito Federal ou dos Municípios para pagamento de despesas de pessoal ou de custeio em geral.
▸ § 9º acrescido pela EC 19/1998.

§ 10. É vedada a percepção simultânea de proventos de aposentadoria decorrentes do artigo 40 ou dos artigos 42 e 142 com a remuneração de cargo, emprego ou função pública, ressalvados os cargos acumuláveis na forma desta Constituição, os cargos eletivos e os cargos em comissão declarados em lei de livre nomeação e exoneração.
▸ § 10 acrescido pela EC 20/1998.

§ 11. Não serão computadas, para efeito dos limites remuneratórios de que trata o inciso XI do *caput* deste artigo, as parcelas de caráter indenizatório previstas em lei.
▸ § 11 acrescido pela EC 47/2005, (DOU 06.07.2005), em vigor na data de sua publicação, com efeitos retroativos à data de vigência da EC 41/2003.
▸ Art. 4º da EC 47/2005.

§ 12. Para os fins do disposto no inciso XI do *caput* deste artigo, fica facultado aos Estados e ao Distrito Federal fixar, em seu âmbito, mediante emenda às respectivas Constituições e Lei Orgânica, como limite único, o subsídio mensal dos Desembargadores do respectivo Tribunal de Justiça, limitado a noventa inteiros e vinte e cinco centésimos por cento do subsídio mensal dos Ministros do Supremo Tribunal Federal, não se aplicando o disposto neste parágrafo aos subsídios dos Deputados Estaduais e Distritais e dos Vereadores.
▸ § 12 acrescido pela EC 47/2005, (DOU 06.07.2005), em vigor na data de sua publicação, com efeitos retroativos à data de vigência da EC 41/2003.
▸ O STF, por maioria, julgou procedente a ADIN 3.854, confirmando a medida cautelar anteriormente deferida, "dar interpretação conforme a Constituição ao artigo 37, inciso XI (com redação dada pela EC 41/2003) e § 12 (com redação dada pela EC 47/2005), da Constituição Federal, para afastar a submissão dos membros da magistratura estadual da regra do subteto remuneratório (...)" (DOU 22.02.2021).

§ 13. O servidor público titular de cargo efetivo poderá ser readaptado para exercício de cargo cujas atribuições e responsabilidades sejam compatíveis com a limitação que tenha sofrido em sua capacidade física ou mental, enquanto permanecer nesta condição, desde que possua a habilitação e o nível de escolaridade exigidos para o cargo de destino, mantida a remuneração do cargo de origem.
▸ § 13 acrescido pela EC 103/2019.

§ 14. A aposentadoria concedida com a utilização de tempo de contribuição decorrente de cargo, emprego ou função pública, inclusive do Regime Geral de Previdência Social, acarretará o rompimento do vínculo que gerou o referido tempo de contribuição.
▸ § 14 acrescido pela EC 103/2019.

§ 15. É vedada a complementação de aposentadorias de servidores públicos e de pensões por morte a seus dependentes que não seja decorrente do disposto nos §§ 14 a 16 do art. 40 ou que não

seja prevista em lei que extinga regime próprio de previdência social.
▸ § 15 acrescido pela EC 103/2019.

§ 16. Os órgãos e entidades da administração pública, individual ou conjuntamente, devem realizar avaliação das políticas públicas, inclusive com divulgação do objeto a ser avaliado e dos resultados alcançados, na forma da lei.
▸ § 16 acrescido pela EC 109/2021.

§ 17. Lei complementar estabelecerá normas gerais aplicáveis às administrações tributárias da União, dos Estados, do Distrito Federal e dos Municípios, dispondo sobre deveres, direitos e garantias dos servidores das carreiras de que trata o inciso XXII do *caput*.

§ 18. Para os fins do disposto no inciso XI do *caput* deste artigo, os servidores de carreira das administrações tributárias dos Estados, do Distrito Federal e dos Municípios sujeitam-se ao limite aplicável aos servidores da União.
▸ §§ 17 e 18 acrescidos pela EC 132/2023, a vigorar a partir de 2027.

Art. 38. Ao servidor público da administração direta, autárquica e fundacional, no exercício de mandato eletivo, aplicam-se as seguintes disposições:
▸ *Caput* com redação pela EC 19/1998.
▸ Art. 28 desta Constituição.
▸ Lei 8.112/1990 (Estatuto dos Servidores Públicos Civis da União, Autarquias e Fundações Públicas Federais).

I – tratando-se de mandato eletivo federal, estadual ou distrital, ficará afastado de seu cargo, emprego ou função;
▸ Art. 28, § 1º, desta Constituição.

II – investido no mandato de Prefeito será afastado do cargo, emprego ou função, sendo-lhe facultado optar pela sua remuneração;

III – investido no mandato de Vereador, havendo compatibilidade de horários, perceberá as vantagens de seu cargo, emprego ou função, sem prejuízo da remuneração do cargo eletivo, e, não havendo compatibilidade, será aplicada a norma do inciso anterior;

IV – em qualquer caso que exija o afastamento para o exercício de mandato eletivo, seu tempo de serviço será contado para todos os efeitos legais, exceto para promoção por merecimento;
▸ Art. 28, § 1º, desta Constituição.

V – na hipótese de ser segurado de regime próprio de previdência social, permanecerá filiado a esse regime, no ente federativo de origem.
▸ Inciso V com redação pela EC 103/2019.
▸ Art. 28, § 1º, desta Constituição.

Seção II
Dos servidores públicos
▸ Rubrica da Seção renomeada pela EC 18/1998.
▸ Lei 8.026/1990 (Aplicação de pena de demissão a funcionário público).
▸ Lei 8.027/1990 (Conduta dos servidores públicos civis da União, das autarquias e das fundações públicas).
▸ Lei 8.112/1990 (Estatuto dos Servidores Públicos Civis da União, Autarquias e Fundações Públicas Federais).
▸ Súmula 378 do STJ.

Art. 39. A União, os Estados, o Distrito Federal e os Municípios instituirão conselho de política de administração e remuneração de pessoal, integrado por servidores designados pelos respectivos Poderes.
▸ *Caput* com redação pela EC 19/1998.

▶ O STF, no julgamento da ADIN 2.135-4 (*DOU 14.08.2007*), deferiu parcialmente a medida cautelar, com efeitos *ex nunc*, para suspender a eficácia do art. 39, *caput*, da CF. Conforme decisão liminar, mantém-se a redação original do dispositivo: "Art. 39. A União, os Estados, o Distrito Federal e os Municípios instituirão, no âmbito de sua competência, regime jurídico único e planos de carreira para os servidores da administração pública direta, das autarquias e das fundações públicas".
▶ Art. 24 do ADCT.
▶ Lei 8.026/1990 (Aplicação de pena de demissão a funcionário público).
▶ Lei 8.027/1990 (Normas de conduta dos servidores públicos civis da União, das Autarquias e das Fundações Públicas).
▶ Lei 8.112/1990 (Estatuto dos Servidores Públicos Civis da União, Autarquias e Fundações Públicas Federais).
▶ Súmula Vinculante 4 do STF.
▶ Súmula 97 do STJ.

§ 1º A fixação dos padrões de vencimento e dos demais componentes do sistema remuneratório observará:
▶ § 1º com redação pela EC 19/1998.

I – a natureza, o grau de responsabilidade e a complexidade dos cargos componentes de cada carreira;

II – os requisitos para a investidura;

III – as peculiaridades dos cargos.
▶ Art. 41, § 4º, da Lei 8.112/1990 (Estatuto dos Servidores Públicos Civis da União, Autarquias e Fundações Públicas Federais).
▶ Lei 8.448/1992 (Regulamenta o art. 39, § 1º, CF).
▶ Lei 8.852/1994 (Aplicação dos arts. 37, XI e XII, e 39, § 1º, CF).
▶ Lei 9.367/1996 (Critérios para a progressiva unificação das tabelas de vencimentos dos servidores).
▶ Súmula Vinculante 4 do STF.
▶ Súmula 339 do STF.

§ 2º A União, os Estados e o Distrito Federal manterão escolas de governo para a formação e o aperfeiçoamento dos servidores públicos, constituindo-se a participação nos cursos um dos requisitos para a promoção na carreira, facultada, para isso, a celebração de convênios ou contratos entre os entes federados.
▶ § 2º com redação pela EC 19/1998.

§ 3º Aplica-se aos servidores ocupantes de cargo público o disposto no artigo 7º, IV, VII, VIII, IX, XII, XIII, XV, XVI, XVII, XVIII, XIX, XX, XXII e XXX, podendo a lei estabelecer requisitos diferenciados de admissão quando a natureza do cargo o exigir.
▶ § 3º acrescido pela EC 19/1998.
▶ Dec.-lei 5.452/1943 (Consolidação das Leis do Trabalho).
▶ Súmulas Vinculantes 4, 15 e 16 do STF.
▶ Súmulas 683 e 684 do STF.
▶ Súmula 243 do TST.

§ 4º O membro de Poder, o detentor de mandato eletivo, os Ministros de Estado e os Secretários Estaduais e Municipais serão remunerados exclusivamente por subsídio fixado em parcela única, vedado o acréscimo de qualquer gratificação, adicional, abono, prêmio, verba de representação ou outra espécie remuneratória, obedecido, em qualquer caso, o disposto no artigo 37, X e XI.
▶ § 4º acrescido pela EC 19/1998.
▶ Arts. 27, § 2º, 28, § 2º, 29, V, e VI, 37, XV, 48, XV, 49, VII e VIII, 93, V, 95, III, 128, § 5º, I, c, e 135 desta Constituição.
▶ Lei 11.144/2005 (Subsídio do Procurador-Geral da República).
▶ Lei 12.770/2012 (Subsídio do Procurador-Geral da República).

§ 5º Lei da União, dos Estados, do Distrito Federal e dos Municípios poderá estabelecer a relação entre a maior e a menor remuneração dos servidores públicos, obedecido, em qualquer caso, o disposto no artigo 37, XI.
▶ § 5º acrescido pela EC 19/1998.

§ 6º Os Poderes Executivo, Legislativo e Judiciário publicarão anualmente os valores do subsídio e da remuneração dos cargos e empregos públicos.
▶ § 6º acrescido pela EC 19/1998.

§ 7º Lei da União, dos Estados, do Distrito Federal e dos Municípios disciplinará a aplicação de recursos orçamentários provenientes da economia com despesas correntes em cada órgão, autarquia e fundação, para aplicação no desenvolvimento de programas de qualidade e produtividade, treinamento e desenvolvimento, modernização, reaparelhamento e racionalização do serviço público, inclusive sob a forma de adicional ou prêmio de produtividade.
▶ § 7º acrescido pela EC 19/1998.

§ 8º A remuneração dos servidores públicos organizados em carreira poderá ser fixada nos termos do § 4º.
▶ § 8º acrescido pela EC 19/1998.

§ 9º É vedada a incorporação de vantagens de caráter temporário ou vinculadas ao exercício de função de confiança ou de cargo em comissão à remuneração do cargo efetivo.
▶ § 9º acrescido pela EC 103/2019.

Art. 40. O regime próprio de previdência social dos servidores titulares de cargos efetivos terá caráter contributivo e solidário, mediante contribuição do respectivo ente federativo, de servidores ativos, de aposentados e de pensionistas, observados critérios que preservem o equilíbrio financeiro e atuarial.
▶ *Caput* com redação pela EC 103/2019.
▶ Arts. 37, § 10, 73, § 3º, e 93, VI, desta Constituição.
▶ Art. 4º da EC 41/2003.
▶ Art. 3º da EC 47/2005.

§ 1º O servidor abrangido por regime próprio de previdência social será aposentado:
▶ § 1º com redação pela EC 103/2019.
▶ Súmula 726 do STF.

I – por incapacidade permanente para o trabalho, no cargo em que estiver investido, quando insuscetível de readaptação, hipótese em que será obrigatória a realização de avaliações periódicas para verificação da continuidade das condições que ensejaram a concessão da aposentadoria, na forma de lei do respectivo ente federativo;
▶ Inciso I com redação pela EC 103/2019.

II – compulsoriamente, com proventos proporcionais ao tempo de contribuição, aos 70 (setenta) anos de idade, ou aos 75 (setenta e cinco) anos de idade, na forma de lei complementar;
▶ Inciso II com redação pela EC 88/2015.
▶ Arts. 2º, § 5º, e 3º, § 1º, da EC 41/2003.
▶ LC 152/2015.

III – no âmbito da União, aos 62 (sessenta e dois) anos de idade, se mulher, e aos 65 (sessenta e cinco) anos de idade, se homem, e, no âmbito dos Estados, do Distrito Federal e dos Municípios, na idade mínima estabelecida mediante emenda às respectivas Constituições e Leis Orgânicas, observados o tempo de contribuição e os demais requisitos estabelecidos em lei complementar do respectivo ente federativo.

▸ Inciso III com redação pela EC 103/2019.

§ 2º Os proventos de aposentadoria não poderão ser inferiores ao valor mínimo a que se refere o § 2º do art. 201 ou superiores ao limite máximo estabelecido para o Regime Geral de Previdência Social, observado o disposto nos §§ 14 a 16.

▸ § 2º com redação pela EC 103/2019.

§ 3º As regras para cálculo de proventos de aposentadoria serão disciplinadas em lei do respectivo ente federativo.

▸ § 3º com redação pela EC 103/2019.

§ 4º É vedada a adoção de requisitos ou critérios diferenciados para concessão de benefícios em regime próprio de previdência social, ressalvado o disposto nos §§ 4º-A, 4º-B, 4º-C e 5º.

▸ § 4º com redação pela EC 103/2019.

§ 4º-A. Poderão ser estabelecidos por lei complementar do respectivo ente federativo idade e tempo de contribuição diferenciados para aposentadoria de servidores com deficiência, previamente submetidos a avaliação biopsicossocial realizada por equipe multiprofissional e interdisciplinar.

▸ § 4º-A acrescido pela EC 103/2019.

§ 4º-B. Poderão ser estabelecidos por lei complementar do respectivo ente federativo idade e tempo de contribuição diferenciados para aposentadoria de ocupantes do cargo de agente penitenciário, de agente socioeducativo ou de policial dos órgãos de que tratam o inciso IV do *caput* do art. 51, o inciso XIII do *caput* do art. 52 e os incisos I a IV do *caput* do art. 144.

▸ § 4º-B acrescido pela EC 103/2019.

§ 4º-C. Poderão ser estabelecidos por lei complementar do respectivo ente federativo idade e tempo de contribuição diferenciados para aposentadoria de servidores cujas atividades sejam exercidas com efetiva exposição a agentes químicos, físicos e biológicos prejudiciais à saúde, ou associação desses agentes, vedada a caracterização por categoria profissional ou ocupação.

▸ § 4º-C acrescido pela EC 103/2019.

§ 5º Os ocupantes do cargo de professor terão idade mínima reduzida em 5 (cinco) anos em relação às idades decorrentes da aplicação do disposto no inciso III do § 1º, desde que comprovem tempo de efetivo exercício das funções de magistério na educação infantil e no ensino fundamental e médio fixado em lei complementar do respectivo ente federativo.

▸ § 5º com redação pela EC 103/2019.
▸ Art. 67, § 2º, da Lei 9.394/1996 (Diretrizes e Bases da Educação).
▸ Súmula 726 do STF.

§ 6º Ressalvadas as aposentadorias decorrentes dos cargos acumuláveis na forma desta Constituição, é vedada a percepção de mais de uma aposentadoria à conta de regime próprio de previdência social, aplicando-se outras vedações, regras e condições para a acumulação de benefícios previdenciários estabelecidas no Regime Geral de Previdência Social.

▸ § 6º com redação pela EC 103/2019.

§ 7º Observado o disposto no § 2º do art. 201, quando se tratar da única fonte de renda formal auferida pelo dependente, o benefício de pensão por morte será concedido nos termos de lei do respectivo ente federativo, a qual tratará de forma diferenciada a hipótese de morte dos servidores de que trata o §

4º-B decorrente de agressão sofrida no exercício ou em razão da função.

▸ § 7º com redação pela EC 103/2019.
▸ Art. 42, § 2º, desta Constituição.

§ 8º É assegurado o reajustamento dos benefícios para preservar-lhes, em caráter permanente, o valor real, conforme critérios estabelecidos em lei.

▸ § 8º com redação pela EC 41/2003.
▸ Arts. 2º, § 6º, e 6º-A da EC 41/2003.
▸ Súmulas Vinculantes 20 e 34 do STF.

§ 9º O tempo de contribuição federal, estadual, distrital ou municipal será contado para fins de aposentadoria, observado o disposto nos §§ 9º e 9º-A do art. 201, e o tempo de serviço correspondente será contado para fins de disponibilidade.

▸ § 9º com redação pela EC 103/2019.
▸ Art. 42, § 1º, desta Constituição.

§ 10. A lei não poderá estabelecer qualquer forma de contagem de tempo de contribuição fictício.

▸ § 10 acrescido pela EC 20/1998.
▸ Art. 4º da EC 20/1998 (Reforma Previdenciária).

§ 11. Aplica-se o limite fixado no artigo 37, XI, à soma total dos proventos de inatividade, inclusive quando decorrentes da acumulação de cargos ou empregos públicos, bem como de outras atividades sujeitas a contribuição para o regime geral de previdência social, e ao montante resultante da adição de proventos de inatividade com remuneração de cargo acumulável na forma desta Constituição, cargo em comissão declarado em lei de livre nomeação e exoneração, e de cargo eletivo.

▸ § 11 acrescido pela EC 20/1998.

§ 12. Além do disposto neste artigo, serão observados, em regime próprio de previdência social, no que couber, os requisitos e critérios fixados para o Regime Geral de Previdência Social.

▸ § 12 com redação pela EC 103/2019.

§ 13. Aplica-se ao agente público ocupante, exclusivamente, de cargo em comissão declarado em lei de livre nomeação e exoneração, de outro cargo temporário, inclusive mandato eletivo, ou de emprego público, o Regime Geral de Previdência Social.

▸ § 13 com redação pela EC 103/2019.

§ 14. A União, os Estados, o Distrito Federal e os Municípios instituirão, por lei de iniciativa do respectivo Poder Executivo, regime de previdência complementar para servidores públicos ocupantes de cargo efetivo, observado o limite máximo dos benefícios do Regime Geral de Previdência Social para o valor das aposentadorias e das pensões em regime próprio de previdência social, ressalvado o disposto no § 16.

▸ § 14 com redação pela EC 103/2019.
▸ Lei 12.618/2012 (Regime de previdência complementar para os servidores públicos federais).

§ 15. O regime de previdência complementar de que trata o § 14 oferecerá plano de benefícios somente na modalidade contribuição definida, observará o disposto no art. 202 e será efetivado por intermédio de entidade fechada de previdência complementar ou de entidade aberta de previdência complementar.

▸ § 15 com redação pela EC 103/2019.
▸ Lei 12.618/2012 (Regime de previdência complementar para os servidores públicos federais).

§ 16. Somente mediante sua prévia e expressa opção, o disposto nos §§ 14 e 15 poderá ser aplicado ao servidor que tiver ingressado no serviço público

até a data da publicação do ato de instituição do correspondente regime de previdência complementar.
> § 16 acrescido pela EC 20/1998.
> Lei 12.618/2012 (Regime de previdência complementar para os servidores públicos federais).

§ 17. Todos os valores de remuneração considerados para o cálculo do benefício previsto no § 3º serão devidamente atualizados, na forma da lei.
> § 17 acrescido pela EC 41/2003.
> Arts. 2º e 6º-A da EC 41/2003.

§ 18. Incidirá contribuição sobre os proventos de aposentadorias e pensões concedidas pelo regime de que trata este artigo que superem o limite máximo estabelecido para os benefícios do regime geral de previdência social de que trata o art. 201, com percentual igual ao estabelecido para os servidores titulares de cargos efetivos.
> § 18 acrescido pela EC 41/2003.
> Art. 4º, I e II, da EC 41/2003.

§ 19. Observados critérios a serem estabelecidos em lei do respectivo ente federativo, o servidor titular de cargo efetivo que tenha completado as exigências para a aposentadoria voluntária e que opte por permanecer em atividade poderá fazer jus a um abono de permanência equivalente, no máximo, ao valor da sua contribuição previdenciária, até completar a idade para aposentadoria compulsória.
> § 19 com redação pela EC 103/2019.

§ 20. É vedada a existência de mais de um regime próprio de previdência social e de mais de um órgão ou entidade gestora desse regime em cada ente federativo, abrangidos todos os poderes, órgãos e entidades autárquicas e fundacionais, que serão responsáveis pelo seu financiamento, observados os critérios, os parâmetros e a natureza jurídica definidos na lei complementar de que trata o § 22.
> § 20 com redação pela EC 103/2019.
> Art. 28 da EC 19/1998 (Reforma Administrativa).

§ 21. *Revogado pela EC 103/2019.*
> Esta revogação pela EC 103/2019 entrará em vigor, para os regimes próprios de previdência social dos Estados, do Distrito Federal e dos Municípios, na data de publicação de lei de iniciativa privativa do respectivo Poder Executivo que a referende integralmente (*DOU 13.11.2019*).
> Redação do dispositivo revogado: "**§ 21.** A contribuição prevista no § 18 deste artigo incidirá apenas sobre as parcelas de proventos de aposentadoria e de pensão que superem o dobro do limite máximo estabelecido para os benefícios do regime geral de previdência social de que trata o artigo 201 desta Constituição, quando o beneficiário, na forma da lei, for portador de doença incapacitante." (§ 21 acrescido pela EC 47/2005, em vigor na data de sua publicação, com efeitos retroativos à data de vigência da EC 41/2003.)

§ 22. Vedada a instituição de novos regimes próprios de previdência social, lei complementar federal estabelecerá, para os que já existam, normas gerais de organização, de funcionamento e de responsabilidade em sua gestão, dispondo, entre outros aspectos, sobre:
> § 22 e incisos acrescidos pela EC 103/2019.

I – requisitos para sua extinção e consequente migração para o Regime Geral de Previdência Social;
II – modelo de arrecadação, de aplicação e de utilização dos recursos;
III – fiscalização pela União e controle externo e social;
IV – definição de equilíbrio financeiro e atuarial;
V – condições para instituição do fundo com finalidade previdenciária de que trata o art. 249 e para vinculação a ele dos recursos provenientes de contribuições e dos bens, direitos e ativos de qualquer natureza;
VI – mecanismos de equacionamento do *deficit* atuarial;
VII – estruturação do órgão ou entidade gestora do regime, observados os princípios relacionados com governança, controle interno e transparência;
VIII – condições e hipóteses para responsabilização daqueles que desempenhem atribuições relacionadas, direta ou indiretamente, com a gestão do regime;
IX – condições para adesão a consórcio público;
X – parâmetros para apuração da base de cálculo e definição de alíquota de contribuições ordinárias e extraordinárias.

Art. 41. São estáveis após três anos de efetivo exercício os servidores nomeados para cargo de provimento efetivo em virtude de concurso público.
> Artigo com redação pela EC 19/1998.
> Súmula 390 do TST.

§ 1º O servidor público estável só perderá o cargo:
I – em virtude de sentença judicial transitada em julgado;
II – mediante processo administrativo em que lhe seja assegurada ampla defesa;
> Súmulas 18, 19, 20 e 21 do STF.
> OJ 247 da SBDI-I do TST.

III – mediante procedimento de avaliação periódica de desempenho, na forma de lei complementar, assegurada ampla defesa.
> Art. 247 desta Constituição.

§ 2º Invalidada por sentença judicial a demissão do servidor estável, será ele reintegrado, e o eventual ocupante da vaga, se estável, reconduzido ao cargo de origem, sem direito à indenização, aproveitado em outro cargo ou posto em disponibilidade com remuneração proporcional ao tempo de serviço.

§ 3º Extinto o cargo ou declarada a sua desnecessidade, o servidor estável ficará em disponibilidade, com remuneração proporcional ao tempo de serviço, até seu adequado aproveitamento em outro cargo.
> Súmulas 11 e 39 do STF.

§ 4º Como condição para a aquisição da estabilidade, é obrigatória a avaliação especial de desempenho por comissão instituída para essa finalidade.
> Art. 28 da EC 19/1998.

Seção III
Dos militares dos Estados, do Distrito Federal e dos Territórios
> Rubrica da Seção renomeada pela EC 18/1998.

Art. 42. Os membros das Polícias Militares e Corpos de Bombeiros Militares, instituições organizadas com base na hierarquia e disciplina, são militares dos Estados, do Distrito Federal e dos Territórios.
> *Caput* com redação pela EC 18/1998.
> Art. 89 do ADCT.
> Art. 37, § 10, desta Constituição.

§ 1º Aplicam-se aos militares dos Estados, do Distrito Federal e dos Territórios, além do que vier a ser fixado em lei, as disposições do artigo 14, § 8º; do artigo 40, § 9º; e do artigo 142, §§ 2º e 3º, cabendo a lei estadual específica dispor sobre as matérias

do artigo 142, § 3º, X, sendo as patentes dos oficiais conferidas pelos respectivos governadores.
- § 1º com redação pela EC 20/1998.
- Súmula Vinculante 4 do STF.

§ 2º Aos pensionistas dos militares dos Estados, do Distrito Federal e dos Territórios aplica-se o que for fixado em lei específica do respectivo ente estatal.
- § 2º com redação pela EC 41/2003.

§ 3º Aplica-se aos militares dos Estados, do Distrito Federal e dos Territórios o disposto no art. 37, inciso XVI, com prevalência da atividade militar.
- § 3º acrescido pela EC 101/2019.

Seção IV
Das regiões

Art. 43. Para efeitos administrativos, a União poderá articular sua ação em um mesmo complexo geoeconômico e social, visando a seu desenvolvimento e à redução das desigualdades regionais.

§ 1º Lei complementar disporá sobre:

I – as condições para integração de regiões em desenvolvimento;

II – a composição dos organismos regionais que executarão, na forma da lei, os planos regionais, integrantes dos planos nacionais de desenvolvimento econômico e social, aprovados juntamente com estes.
- LC 124/2007 (Superintendência do Desenvolvimento da Amazônia – SUDAM).
- LC 125/2007 (Superintendência do Desenvolvimento do Nordeste – SUDENE).
- LC 129/2009 (Superintendência do Desenvolvimento do Centro-Oeste – SUDECO).
- LC 134/2010 (Conselho de Administração da Superintendência da Zona Franca de Manaus – SUFRAMA).
- Dec. 7.838/2012 (Regulamento do Fundo de Desenvolvimento do Nordeste – FDNE).
- Dec. 10.053/2019 (Regulamento do Fundo de Desenvolvimento da Amazônia – FDA).

§ 2º Os incentivos regionais compreenderão, além de outros, na forma da lei:

I – igualdade de tarifas, fretes, seguros e outros itens de custos e preços de responsabilidade do Poder Público;

II – juros favorecidos para financiamento de atividades prioritárias;

III – isenções, reduções ou diferimento temporário de tributos federais devidos por pessoas físicas ou jurídicas;

IV – prioridade para o aproveitamento econômico e social dos rios e das massas de água represadas ou represáveis nas regiões de baixa renda, sujeitas a secas periódicas.

§ 3º Nas áreas a que se refere o § 2º, IV, a União incentivará a recuperação de terras áridas e cooperará com os pequenos e médios proprietários rurais para o estabelecimento, em suas glebas, de fontes de água e de pequena irrigação.

§ 4º Sempre que possível, a concessão dos incentivos regionais a que se refere o § 2º, III, considerará critérios de sustentabilidade ambiental e redução das emissões de carbono.
- § 4º acrescido pela LC 132/2023.

TÍTULO IV
DA ORGANIZAÇÃO DOS PODERES

CAPÍTULO I
DO PODER LEGISLATIVO

Seção I
Do Congresso Nacional

Art. 44. O Poder Legislativo é exercido pelo Congresso Nacional, que se compõe da Câmara dos Deputados e do Senado Federal.

Parágrafo único. Cada legislatura terá a duração de quatro anos.

Art. 45. A Câmara dos Deputados compõe-se de representantes do povo, eleitos, pelo sistema proporcional, em cada Estado, em cada Território e no Distrito Federal.

§ 1º O número total de Deputados, bem como a representação por Estado e pelo Distrito Federal, será estabelecido por lei complementar, proporcionalmente à população, procedendo-se aos ajustes necessários, no ano anterior às eleições, para que nenhuma daquelas Unidades da Federação tenha menos de oito ou mais de setenta Deputados.
- LC 78/1993 (Disciplina a fixação do número de Deputados).

§ 2º Cada Território elegerá quatro Deputados.

Art. 46. O Senado Federal compõe-se de representantes dos Estados e do Distrito Federal, eleitos segundo o princípio majoritário.

§ 1º Cada Estado e o Distrito Federal elegerão três Senadores, com mandato de oito anos.

§ 2º A representação de cada Estado e do Distrito Federal será renovada de quatro em quatro anos, alternadamente, por um e dois terços.

§ 3º Cada Senador será eleito com dois suplentes.

Art. 47. Salvo disposição constitucional em contrário, as deliberações de cada Casa e de suas Comissões serão tomadas por maioria dos votos, presente a maioria absoluta de seus membros.

Seção II
Das atribuições
do Congresso Nacional

Art. 48. Cabe ao Congresso Nacional, com a sanção do Presidente da República, não exigida esta para o especificado nos artigos 49, 51 e 52, dispor sobre todas as matérias de competência da União, especialmente sobre:

I – sistema tributário, arrecadação e distribuição de rendas;

II – plano plurianual, diretrizes orçamentárias, orçamento anual, operações de crédito, dívida pública e emissões de curso forçado;

III – fixação e modificação do efetivo das Forças Armadas;

IV – planos e programas nacionais, regionais e setoriais de desenvolvimento;

V – limites do território nacional, espaço aéreo e marítimo e bens do domínio da União;

VI – incorporação, subdivisão ou desmembramento de áreas de Territórios ou Estados, ouvidas as respectivas Assembleias Legislativas;
- Art. 4º da Lei 9.709/1998 (Regulamenta o disposto nos incisos I, II e III do art. 14 da CF).

VII – transferência temporária da sede do Governo Federal;

VIII – concessão de anistia;

> Art. 187 da Lei 7.210/1984 (Execução Penal).

IX – organização administrativa, judiciária, do Ministério Público e da Defensoria Pública da União e dos Territórios e organização judiciária e do Ministério Público do Distrito Federal;
> Inciso IX com redação pela EC 69/2012.

X – criação, transformação e extinção de cargos, empregos e funções públicas, observado o que estabelece o art. 84, VI, b;
> Inciso X com redação pela EC 32/2001.

XI – criação e extinção de Ministérios e órgãos da administração pública;
> Inciso XI com redação pela EC 32/2001.

XII – telecomunicações e radiodifusão;
> Lei 4.117/1962 (Código Brasileiro de Telecomunicações).
> Lei 9.295/1996 (Serviços de telecomunicações, organizações e órgão regulador).
> Lei 9.472/1997 (Organização dos Serviços de Telecomunicações).
> Lei 9.612/1998 (Serviço de radiodifusão comunitária).

XIII – matéria financeira, cambial e monetária, instituições financeiras e suas operações;

XIV – moeda, seus limites de emissão, e montante da dívida mobiliária federal;

XV – fixação do subsídio dos Ministros do Supremo Tribunal Federal, observado o que dispõem os arts. 39, § 4º; 150, II; 153, III; e 153, § 2º, I.
> Inciso XV com redação pela EC 41/2003.
> Lei 10.474/2002 (Remuneração da Magistratura da União).
> Lei 12.771/2012 (Subsídio de Ministro do Supremo Tribunal Federal).
> Lei 13.091/2015 (Revisão do Subsídio de Ministro do Supremo Tribunal Federal).

Art. 49. É da competência exclusiva do Congresso Nacional:
> Art. 48 desta Constituição.

I – resolver definitivamente sobre tratados, acordos ou atos internacionais que acarretem encargos ou compromissos gravosos ao patrimônio nacional;

II – autorizar o Presidente da República a declarar guerra, a celebrar a paz, a permitir que forças estrangeiras transitem pelo território nacional ou nele permaneçam temporariamente, ressalvados os casos previstos em lei complementar;

III – autorizar o Presidente e o Vice-Presidente da República a se ausentarem do País, quando a ausência exceder a quinze dias;

IV – aprovar o estado de defesa e a intervenção federal, autorizar o estado de sítio, ou suspender qualquer uma dessas medidas;

V – sustar os atos normativos do Poder Executivo que exorbitem do poder regulamentar ou dos limites de delegação legislativa;

VI – mudar temporariamente sua sede;

VII – fixar idêntico subsídio para os Deputados Federais e os Senadores, observado o que dispõem os artigos 37, XI, 39, § 4º, 150, II, 153, III, e 153, § 2º, I;
> Inciso VII com redação pela EC 19/1998.

VIII – fixar os subsídios do Presidente e do Vice-Presidente da República e dos Ministros de Estado, observado o que dispõem os artigos 37, XI, 39, § 4º, 150, II, 153, III, e 153, § 2º, I;
> Inciso VIII com redação pela EC 19/1998.

IX – julgar anualmente as contas prestadas pelo Presidente da República e apreciar os relatórios sobre a execução dos planos de governo;

X – fiscalizar e controlar, diretamente, ou por qualquer de suas Casas, os atos do Poder Executivo, incluídos os da administração indireta;

XI – zelar pela preservação de sua competência legislativa em face da atribuição normativa dos outros Poderes;

XII – apreciar os atos de concessão e renovação de concessão de emissoras de rádio e televisão;

XIII – escolher dois terços dos membros do Tribunal de Contas da União;
> Dec. leg. 6/1993 (Regulamenta a escolha dos ministros do Tribunal de Contas da União pelo Congresso Nacional).

XIV – aprovar iniciativas do Poder Executivo referentes a atividades nucleares;

XV – autorizar referendo e convocar plebiscito;
> Arts. 1º a 12 da Lei 9.709/1998 (Regulamenta o disposto nos incisos I, II e III do art. 14 da CF).

XVI – autorizar, em terras indígenas, a exploração e o aproveitamento de recursos hídricos e a pesquisa e lavra de riquezas minerais;

XVII – aprovar, previamente, a alienação ou concessão de terras públicas com área superior a dois mil e quinhentos hectares.

XVIII – decretar o estado de calamidade pública de âmbito nacional previsto nos arts. 167-B, 167-C, 167-D, 167-E, 167-F e 167-G desta Constituição.
> Inciso XVIII acrescido pela EC 109/2021.

Art. 50. A Câmara dos Deputados e o Senado Federal, ou qualquer de suas Comissões, poderão convocar Ministro de Estado, quaisquer titulares de órgãos diretamente subordinados à Presidência da República ou o Presidente do Comitê Gestor do Imposto sobre Bens e Serviços para prestarem, pessoalmente, informações sobre assunto previamente determinado, importando crime de responsabilidade a ausência sem justificação adequada.
> Caput com redação pela EC 132/2023.

§ 1º Os Ministros de Estado poderão comparecer ao Senado Federal, à Câmara dos Deputados, ou a qualquer de suas Comissões, por sua iniciativa e mediante entendimentos com a Mesa respectiva, para expor assunto de relevância de seu Ministério.

§ 2º As Mesas da Câmara dos Deputados e do Senado Federal poderão encaminhar pedidos escritos de informação a Ministros de Estado ou a qualquer das pessoas referidas no *caput* deste artigo, importando em crime de responsabilidade a recusa, ou o não atendimento, no prazo de trinta dias, bem como a prestação de informações falsas.
> § 2º com redação pela ECR 2/1994.

Seção III
Da Câmara dos Deputados

Art. 51. Compete privativamente à Câmara dos Deputados:
> Art. 48 desta Constituição.

I – autorizar, por dois terços de seus membros, a instauração de processo contra o Presidente e o Vice-Presidente da República e os Ministros de Estado;

II – proceder à tomada de contas do Presidente da República, quando não apresentadas ao Congresso Nacional dentro de sessenta dias após a abertura da sessão legislativa;

III – elaborar seu regimento interno;

IV – dispor sobre sua organização, funcionamento, polícia, criação, transformação ou extinção dos cargos, empregos e funções de seus serviços, e a

iniciativa de lei para fixação da respectiva remuneração, observados os parâmetros estabelecidos na lei de diretrizes orçamentárias;
▸ Inciso IV com redação pela EC 19/1998.

V - eleger membros do Conselho da República, nos termos do artigo 89, VII.

Seção IV
Do Senado Federal

Art. 52. Compete privativamente ao Senado Federal:
▸ Art. 48 desta Constituição.

I - processar e julgar o Presidente e o Vice-Presidente da República nos crimes de responsabilidade, bem como os Ministros de Estado e os Comandantes da Marinha, do Exército e da Aeronáutica nos crimes da mesma natureza conexos com aqueles;
▸ Inciso I com redação pela EC 23/1999.
▸ Art. 102, I, c, desta Constituição.
▸ Lei 1.079/1950 (Lei dos Crimes de Responsabilidade).

II - processar e julgar os Ministros do Supremo Tribunal Federal, os membros do Conselho Nacional de Justiça e do Conselho Nacional do Ministério Público, o Procurador-Geral da República e o Advogado-Geral da União nos crimes de responsabilidade;
▸ Inciso II com redação pela EC 45/2004.
▸ Arts. 103-B, 130-A, 131 e 132 desta Constituição.
▸ Art. 5º da EC 45/2004 (Reforma do Judiciário).

III - aprovar previamente, por voto secreto, após arguição pública, a escolha de:

a) magistrados, nos casos estabelecidos nesta Constituição;
b) Ministros do Tribunal de Contas da União indicados pelo Presidente da República;
c) Governador de Território;
d) presidente e diretores do Banco Central;
e) Procurador-Geral da República;
f) titulares de outros cargos que a lei determinar;

IV - aprovar previamente, por voto secreto, após arguição em sessão secreta, a escolha dos chefes de missão diplomática de caráter permanente;

V - autorizar operações externas de natureza financeira, de interesse da União, dos Estados, do Distrito Federal, dos Territórios e dos Municípios;

VI - fixar, por proposta do Presidente da República, limites globais para o montante da dívida consolidada da União, dos Estados, do Distrito Federal e dos Municípios;

VII - dispor sobre limites globais e condições para as operações de crédito externo e interno da União, dos Estados, do Distrito Federal e dos Municípios, de suas autarquias e demais entidades controladas pelo Poder Público Federal;

VIII - dispor sobre limites e condições para a concessão de garantia da União em operações de crédito externo e interno;

IX - estabelecer limites globais e condições para o montante da dívida mobiliária dos Estados, do Distrito Federal e dos Municípios;

X - suspender a execução, no todo ou em parte, de lei declarada inconstitucional por decisão definitiva do Supremo Tribunal Federal;

XI - aprovar, por maioria absoluta e por voto secreto, a exoneração, de ofício, do Procurador-Geral da República antes do término de seu mandato;

XII - elaborar seu regimento interno;

XIII - dispor sobre sua organização, funcionamento, polícia, criação, transformação ou extinção dos cargos, empregos e funções de seus serviços, e a iniciativa de lei para fixação da respectiva remuneração, observados os parâmetros estabelecidos na lei de diretrizes orçamentárias;
▸ Inciso XIII com redação pela EC 19/1998.

XIV - eleger membros do Conselho da República, nos termos do artigo 89, VII;

XV - avaliar periodicamente a funcionalidade do Sistema Tributário Nacional, em sua estrutura e seus componentes, e o desempenho das administrações tributárias da União, dos Estados, do Distrito Federal e dos Municípios.
▸ Inciso XV acrescido pela EC 42/2003.

Parágrafo único. Nos casos previstos nos incisos I e II, funcionará como Presidente o do Supremo Tribunal Federal, limitando-se a condenação, que somente será proferida por dois terços dos votos do Senado Federal, à perda do cargo, com inabilitação, por oito anos, para o exercício de função pública, sem prejuízo das demais sanções judiciais cabíveis.

Seção V
Dos Deputados e dos Senadores
▸ Lei 9.504/1997 (Eleições).

Art. 53. Os Deputados e Senadores são invioláveis, civil e penalmente, por quaisquer de suas opiniões, palavras e votos.
▸ *Caput* com redação pela EC 35/2001.
▸ Súmula 245 do STF.

§ 1º Os Deputados e Senadores, desde a expedição do diploma, serão submetidos a julgamento perante o Supremo Tribunal Federal.
▸ § 1º com redação pela EC 35/2001.
▸ Art. 102, I, b, desta Constituição.

§ 2º Desde a expedição do diploma, os membros do Congresso Nacional não poderão ser presos, salvo em flagrante de crime inafiançável. Nesse caso, os autos serão remetidos dentro de vinte e quatro horas à Casa respectiva, para que, pelo voto da maioria de seus membros, resolva sobre a prisão.
▸ § 2º com redação pela EC 35/2001.
▸ Art. 301 do CPP.

§ 3º Recebida a denúncia contra o Senador ou Deputado, por crime ocorrido após a diplomação, o Supremo Tribunal Federal dará ciência à Casa respectiva, que, por iniciativa de partido político nela representado e pelo voto da maioria de seus membros, poderá, até a decisão final, sustar o andamento da ação.
▸ § 3º com redação pela EC 35/2001.

§ 4º O pedido de sustação será apreciado pela Casa respectiva no prazo improrrogável de quarenta e cinco dias do seu recebimento pela Mesa Diretora.
▸ § 4º com redação pela EC 35/2001.

§ 5º A sustação do processo suspende a prescrição, enquanto durar o mandato.
▸ § 5º com redação pela EC 35/2001.

§ 6º Os Deputados e Senadores não serão obrigados a testemunhar sobre informações recebidas ou prestadas em razão do exercício do mandato, nem sobre as pessoas que lhes confiaram ou deles receberam informações.
▸ § 6º com redação pela EC 35/2001.

§ 7º A incorporação às Forças Armadas de Deputados e Senadores, embora militares e ainda que em tempo de guerra, dependerá de prévia licença da Casa respectiva.

> § 7º com redação pela EC 35/2001.

§ 8º As imunidades de Deputados ou Senadores subsistirão durante o estado de sítio, só podendo ser suspensas mediante o voto de dois terços dos membros da Casa respectiva, nos casos de atos praticados fora do recinto do Congresso Nacional, que sejam incompatíveis com a execução da medida.

> § 8º acrescido pela EC 35/2001.
> Arts. 137 a 141 desta Constituição.
> Arts. 138 a 145 do CP.

Art. 54. Os Deputados e Senadores não poderão:
I – desde a expedição do diploma:
a) firmar ou manter contrato com pessoa jurídica de direito público, autarquia, empresa pública, sociedade de economia mista ou empresa concessionária de serviço público, salvo quando o contrato obedecer a cláusulas uniformes;
b) aceitar ou exercer cargo, função ou emprego remunerado, inclusive os de que sejam demissíveis ad nutum, nas entidades constantes da alínea anterior;
II – desde a posse:
a) ser proprietários, controladores ou diretores de empresa que goze de favor decorrente de contrato com pessoa jurídica de direito público, ou nela exercer função remunerada;
b) ocupar cargo ou função de que sejam demissíveis ad nutum, nas entidades referidas no inciso I, a;
c) patrocinar causa em que seja interessada qualquer das entidades a que se refere o inciso I, a;
d) ser titulares de mais de um cargo ou mandato público eletivo.

Art. 55. Perderá o mandato o Deputado ou Senador:
I – que infringir qualquer das proibições estabelecidas no artigo anterior;
II – cujo procedimento for declarado incompatível com o decoro parlamentar;
III – que deixar de comparecer, em cada sessão legislativa, à terça parte das sessões ordinárias da Casa a que pertencer, salvo licença ou missão por esta autorizada;
IV – que perder ou tiver suspensos os direitos políticos;
V – quando o decretar a Justiça Eleitoral, nos casos previstos nesta Constituição;
VI – que sofrer condenação criminal em sentença transitada em julgado.

> Art. 92, I, do CP.

§ 1º É incompatível com o decoro parlamentar, além dos casos definidos no regimento interno, o abuso das prerrogativas asseguradas a membro do Congresso Nacional ou a percepção de vantagens indevidas.
§ 2º Nos casos dos incisos I, II e VI, a perda do mandato será decidida pela Câmara dos Deputados ou pelo Senado Federal, por maioria absoluta, mediante provocação da respectiva Mesa ou de partido político representado no Congresso Nacional, assegurada ampla defesa.

> § 2º com redação pela EC 76/2013.

§ 3º Nos casos previstos nos incisos III a V, a perda será declarada pela Mesa da Casa respectiva, de ofício ou mediante provocação de qualquer de seus membros, ou de partido político representado no Congresso Nacional, assegurada ampla defesa.
§ 4º A renúncia de parlamentar submetido a processo que vise ou possa levar à perda do mandato, nos termos deste artigo, terá seus efeitos suspensos até as deliberações finais de que tratam os §§ 2º e 3º.

> § 4º acrescido pela EC 6/1994.
> LC 64/1990 (Casos de Inelegibilidade).

Art. 56. Não perderá o mandato o Deputado ou Senador:
I – investido no cargo de Ministro de Estado, Governador de Território, Secretário de Estado, do Distrito Federal, de Território, de Prefeitura de Capital ou chefe de missão diplomática temporária;
II – licenciado pela respectiva Casa por motivo de doença, ou para tratar, sem remuneração, de interesse particular, desde que, neste caso, o afastamento não ultrapasse cento e vinte dias por sessão legislativa.
§ 1º O suplente será convocado nos casos de vaga, de investidura em funções previstas neste artigo ou de licença superior a cento e vinte dias.
§ 2º Ocorrendo vaga e não havendo suplente, far-se-á eleição para preenchê-la se faltarem mais de quinze meses para o término do mandato.
§ 3º Na hipótese do inciso I, o Deputado ou Senador poderá optar pela remuneração do mandato.

Seção VI
Das reuniões

Art. 57. O Congresso Nacional reunir-se-á, anualmente, na Capital Federal, de 2 de fevereiro a 17 de julho e de 1º de agosto a 22 de dezembro.

> *Caput* com redação pela EC 50/2006.

§ 1º As reuniões marcadas para essas datas serão transferidas para o primeiro dia útil subsequente, quando recaírem em sábados, domingos ou feriados.
§ 2º A sessão legislativa não será interrompida sem a aprovação do projeto de lei de diretrizes orçamentárias.
§ 3º Além de outros casos previstos nesta Constituição, a Câmara dos Deputados e o Senado Federal reunir-se-ão em sessão conjunta para:
I – inaugurar a sessão legislativa;
II – elaborar o regimento comum e regular a criação de serviços comuns às duas Casas;
III – receber o compromisso do Presidente e do Vice-Presidente da República;
IV – conhecer do veto e sobre ele deliberar.
§ 4º Cada uma das Casas reunir-se-á em sessões preparatórias, a partir de 1º de fevereiro, no primeiro ano da legislatura, para a posse de seus membros e eleição das respectivas Mesas, para mandato de 2 (dois) anos, vedada a recondução para o mesmo cargo na eleição imediatamente subsequente.

> § 4º com redação pela EC 50/2006.

§ 5º A Mesa do Congresso Nacional será presidida pelo Presidente do Senado Federal, e os demais cargos serão exercidos, alternadamente, pelos ocupantes de cargos equivalentes na Câmara dos Deputados e no Senado Federal.
§ 6º A convocação extraordinária do Congresso Nacional far-se-á:

> *Caput* do § 6º com redação pela EC 50/2006.

I – pelo Presidente do Senado Federal, em caso de decretação de estado de defesa ou de intervenção federal, de pedido de autorização para a decretação de estado de sítio e para o compromisso e a posse do Presidente e do Vice-Presidente da República;

II – pelo Presidente da República, pelos Presidentes da Câmara dos Deputados e do Senado Federal ou a requerimento da maioria dos membros de ambas as Casas, em caso de urgência ou interesse público relevante, em todas as hipóteses deste inciso com a aprovação da maioria absoluta de cada uma das Casas do Congresso Nacional.
- Inciso II com redação pela EC 50/2006.

§ 7º Na sessão legislativa extraordinária, o Congresso Nacional somente deliberará sobre a matéria para a qual foi convocado, ressalvada a hipótese do § 8º deste artigo, vedado o pagamento de parcela indenizatória, em razão da convocação.
- § 7º com redação pela EC 50/2006.

§ 8º Havendo medidas provisórias em vigor na data de convocação extraordinária do Congresso Nacional, serão elas automaticamente incluídas na pauta da convocação.
- § 8º acrescido pela EC 32/2001.

Seção VII
Das comissões

Art. 58. O Congresso Nacional e suas Casas terão comissões permanentes e temporárias, constituídas na forma e com as atribuições previstas no respectivo regimento ou no ato de que resultar sua criação.

§ 1º Na constituição das Mesas e de cada Comissão, é assegurada, tanto quanto possível, a representação proporcional dos partidos ou dos blocos parlamentares que participam da respectiva Casa.

§ 2º Às comissões, em razão da matéria de sua competência, cabe:

I – discutir e votar projeto de lei que dispensar, na forma do regimento, a competência do Plenário, salvo se houver recurso de um décimo dos membros da Casa;

II – realizar audiências públicas com entidades da sociedade civil;

III – convocar Ministros de Estado para prestar informações sobre assuntos inerentes a suas atribuições;

IV – receber petições, reclamações, representações ou queixas de qualquer pessoa contra atos ou omissões das autoridades ou entidades públicas;

V – solicitar depoimento de qualquer autoridade ou cidadão;

VI – apreciar programas de obras, planos nacionais, regionais e setoriais de desenvolvimento e sobre eles emitir parecer.

§ 3º As comissões parlamentares de inquérito, que terão poderes de investigação próprios das autoridades judiciais, além de outros previstos nos regimentos das respectivas Casas, serão criadas pela Câmara dos Deputados e pelo Senado Federal, em conjunto ou separadamente, mediante requerimento de um terço de seus membros, para a apuração de fato determinado e por prazo certo, sendo suas conclusões, se for o caso, encaminhadas ao Ministério Público, para que promova a responsabilidade civil ou criminal dos infratores.
- Lei 1.579/1952 (Comissões Parlamentares de Inquérito).
- Lei 10.001/2000 (Prioridades a serem adotadas nos procedimentos pelo Ministério Público a respeito das conclusões da Comissão Parlamentar de Inquérito).

§ 4º Durante o recesso, haverá uma Comissão Representativa do Congresso Nacional, eleita por suas Casas na última sessão ordinária do período legislativo, com atribuições definidas no regimento comum, cuja composição reproduzirá, quanto possível, a proporcionalidade da representação partidária.

Seção VIII
Do processo legislativo

Subseção I
Disposição geral

Art. 59. O processo legislativo compreende a elaboração de:

I – emendas à Constituição;
II – leis complementares;
III – leis ordinárias;
IV – leis delegadas;
V – medidas provisórias;
- Arts. 70 e 73 do ADCT.

VI – decretos legislativos;
- Art. 3º da Lei 9.709/1998 (Convocação do plebiscito e o referendo nas questões de relevância nacional).

VII – resoluções.

Parágrafo único. Lei complementar disporá sobre a elaboração, redação, alteração e consolidação das leis.
- LC 95/1998 (Trata da elaboração das leis).
- Dec. 4.176/2002 (Estabelece normas e diretrizes para a elaboração, a redação, a alteração e a consolidação da leis).

Subseção II
Da emenda à Constituição

Art. 60. A Constituição poderá ser emendada mediante proposta:

I – de um terço, no mínimo, dos membros da Câmara dos Deputados ou do Senado Federal;

II – do Presidente da República;

III – de mais da metade das Assembleias Legislativas das Unidades da Federação, manifestando-se, cada uma delas, pela maioria relativa de seus membros.

§ 1º A Constituição não poderá ser emendada na vigência de intervenção federal, de estado de defesa ou de estado de sítio. Arts. 34 a 36 e 136 a 141 desta Constituição.

§ 2º A proposta será discutida e votada em cada Casa do Congresso Nacional, em dois turnos, considerando-se aprovada se obtiver, em ambos, três quintos dos votos dos respectivos membros.

§ 3º A emenda à Constituição será promulgada pelas Mesas da Câmara dos Deputados e do Senado Federal, com o respectivo número de ordem.

§ 4º Não será objeto de deliberação a proposta de emenda tendente a abolir:

I – a forma federativa de Estado;
- Arts. 1º e 18 desta Constituição.

II – o voto direto, secreto, universal e periódico;
- Arts. 1º, 14 e 81, § 1º, desta Constituição.
- Lei 9.709/1998 (Regulamenta a execução do disposto nos incisos I, II e III do art. 14 da CF).

III – a separação dos Poderes;
- Art. 2º desta Constituição.

IV – os direitos e garantias individuais.
- Art. 5º desta Constituição.

§ 5º A matéria constante de proposta de emenda rejeitada ou havida por prejudicada não pode ser objeto de nova proposta na mesma sessão legislativa.

Subseção III
Das leis

Art. 61. A iniciativa das leis complementares e ordinárias cabe a qualquer membro ou Comissão da Câmara dos Deputados, do Senado Federal ou do Congresso Nacional, ao Presidente da República, ao Supremo Tribunal Federal, aos Tribunais Superiores, ao Procurador-Geral da República e aos cidadãos, na forma e nos casos previstos nesta Constituição.

§ 1º São de iniciativa privativa do Presidente da República as leis que:

I – fixem ou modifiquem os efetivos das Forças Armadas;

II – disponham sobre:

▸ Súmulas 679 e 681 do STF.

a) criação de cargos, funções ou empregos públicos na administração direta e autárquica ou aumento de sua remuneração;

▸ Súmula 679 do STF.

b) organização administrativa e judiciária, matéria tributária e orçamentária, serviços públicos e pessoal da administração dos Territórios;

c) servidores públicos da União e Territórios, seu regime jurídico, provimento de cargos, estabilidade e aposentadoria;

▸ Alínea c com redação pela EC 18/1998.

d) organização do Ministério Público e da Defensoria Pública da União, bem como normas gerais para a organização do Ministério Público e da Defensoria Pública dos Estados, do Distrito Federal e dos Territórios;

e) criação e extinção de Ministérios e órgãos da administração pública, observado o disposto no artigo 84, VI;

▸ Alínea e com redação pela EC 32/2001.

f) militares das Forças Armadas, seu regime jurídico, provimento de cargos, promoções, estabilidade, remuneração, reforma e transferência para a reserva.

▸ Alínea f acrescida pela EC 18/1998.

§ 2º A iniciativa popular pode ser exercida pela apresentação à Câmara dos Deputados de projeto de lei subscrito por, no mínimo, um por cento do eleitorado nacional, distribuído pelo menos por cinco Estados, com não menos de três décimos por cento dos eleitores de cada um deles.

▸ Arts. 1º, III, 13 e 14 da Lei 9.709/1998 (Regulamenta a execução do disposto nos incisos I, II e III do art. 14 da CF).

Art. 62. Em caso de relevância e urgência, o Presidente da República poderá adotar medidas provisórias, com força de lei, devendo submetê-las de imediato ao Congresso Nacional.

▸ Caput com redação pela EC 32/2001.
▸ Arts. 167, § 3º, e 246 desta Constituição.
▸ Art. 2º da EC 32/2001.
▸ Res. 1/2002 do Congresso Nacional (Trata da apreciação, pelo Congresso Nacional, das Medidas Provisórias a que se refere o art. 62 da CF).
▸ Súmula Vinculante 54 do STF.
▸ Súmula 651 do STF.

§ 1º É vedada a edição de medidas provisórias sobre matéria:

▸ Caput do § 1º acrescido pela EC 32/2001.

I – relativa a:

▸ Caput do inciso I acrescido pela EC 32/2001.

a) nacionalidade, cidadania, direitos políticos, partidos políticos e direito eleitoral;

▸ Alínea a acrescida pela EC 32/2001.

b) direito penal, processual penal e processual civil;

▸ Alínea b acrescida pela EC 32/2001.

c) organização do Poder Judiciário e do Ministério Público, a carreira e a garantia de seus membros;

▸ Alínea c acrescida pela EC 32/2001.

d) planos plurianuais, diretrizes orçamentárias, orçamento e créditos adicionais e suplementares, ressalvado o previsto no artigo 167, § 3º;

▸ Alínea d acrescida pela EC 32/2001.

II – que vise a detenção ou sequestro de bens, de poupança popular ou qualquer outro ativo financeiro;

▸ Inciso II acrescido pela EC 32/2001.

III – reservada a lei complementar;

▸ Inciso III acrescido pela EC 32/2001.

IV – já disciplinada em projeto de lei aprovado pelo Congresso Nacional e pendente de sanção ou veto do Presidente da República.

▸ Inciso IV acrescido pela EC 32/2001.

§ 2º Medida provisória que implique instituição ou majoração de impostos, exceto os previstos nos artigos 153, I, II, IV, V, e 154, II, só produzirá efeitos no exercício financeiro seguinte se houver sido convertida em lei até o último dia daquele em que foi editada.

▸ § 2º acrescido pela EC 32/2001.

§ 3º As medidas provisórias, ressalvado o disposto nos §§ 11 e 12 perderão eficácia, desde a edição, se não forem convertidas em lei no prazo de sessenta dias, prorrogável, nos termos do § 7º, uma vez por igual período, devendo o Congresso Nacional disciplinar, por decreto legislativo, as relações jurídicas delas decorrentes.

▸ § 3º acrescido pela EC 32/2001.

§ 4º O prazo a que se refere o § 3º contar-se-á da publicação da medida provisória, suspendendo-se durante os períodos de recesso do Congresso Nacional.

▸ § 4º acrescido pela EC 32/2001.

§ 5º A deliberação de cada uma das Casas do Congresso Nacional sobre o mérito das medidas provisórias dependerá de juízo prévio sobre o atendimento de seus pressupostos constitucionais.

▸ § 5º acrescido pela EC 32/2001.

§ 6º Se a medida provisória não for apreciada em até quarenta e cinco dias contados de sua publicação, entrará em regime de urgência, subsequentemente, em cada uma das Casas do Congresso Nacional, ficando sobrestadas, até que se ultime a votação, todas as demais deliberações legislativas da Casa em que estiver tramitando.

▸ § 6º acrescido pela EC 32/2001.

§ 7º Prorrogar-se-á uma única vez por igual período a vigência de medida provisória que, no prazo de sessenta dias, contado de sua publicação, não tiver a sua votação encerrada nas duas Casas do Congresso Nacional.

▸ § 7º acrescido pela EC 32/2001.

§ 8º As medidas provisórias terão sua votação iniciada na Câmara dos Deputados.

▸ § 8º acrescido pela EC 32/2001.

§ 9º Caberá à comissão mista de Deputados e Senadores examinar as medidas provisórias e sobre elas emitir parecer, antes de serem apreciadas, em sessão separada, pelo plenário de cada uma das Casas do Congresso Nacional.

▸ § 9º acrescido pela EC 32/2001.

§ 10. É vedada a reedição, na mesma sessão legislativa, de medida provisória que tenha sido rejeitada ou que tenha perdido sua eficácia por decurso de prazo.
▸ § 10 acrescido pela EC 32/2001.

§ 11. Não editado o decreto legislativo a que se refere o § 3º até sessenta dias após a rejeição ou perda de eficácia de medida provisória, as relações jurídicas constituídas e decorrentes de atos praticados durante sua vigência conservar-se-ão por ela regidas.
▸ § 11 acrescido pela EC 32/2001.

§ 12. Aprovado projeto de lei de conversão alterando o texto original da medida provisória, esta manter-se-á integralmente em vigor até que seja sancionado ou vetado o projeto.
▸ § 12 acrescido pela EC 32/2001.

Art. 63. Não será admitido aumento da despesa prevista:
I – nos projetos de iniciativa exclusiva do Presidente da República, ressalvado o disposto no artigo 166, §§ 3º e 4º;
II – nos projetos sobre organização dos serviços administrativos da Câmara dos Deputados, do Senado Federal, dos Tribunais Federais e do Ministério Público.

Art. 64. A discussão e votação dos projetos de lei de iniciativa do Presidente da República, do Supremo Tribunal Federal e dos Tribunais Superiores terão início na Câmara dos Deputados.

§ 1º O Presidente da República poderá solicitar urgência para apreciação de projetos de sua iniciativa.

§ 2º Se, no caso do § 1º, a Câmara dos Deputados e o Senado Federal não se manifestarem sobre a proposição, cada qual sucessivamente, em até quarenta e cinco dias, sobrestar-se-ão todas as demais deliberações legislativas da respectiva Casa, com exceção das que tenham prazo constitucional determinado, até que se ultime a votação.
▸ § 2º com redação pela EC 32/2001.

§ 3º A apreciação das emendas do Senado Federal pela Câmara dos Deputados far-se-á no prazo de dez dias, observado quanto ao mais o disposto no parágrafo anterior.

§ 4º Os prazos do § 2º não correm nos períodos de recesso do Congresso Nacional, nem se aplicam aos projetos de código.

Art. 65. O projeto de lei aprovado por uma Casa será revisto pela outra, em um só turno de discussão e votação, e enviado à sanção ou promulgação, se a Casa revisora o aprovar, ou arquivado, se o rejeitar.

Parágrafo único. Sendo o projeto emendado, voltará à Casa iniciadora.

Art. 66. A Casa na qual tenha sido concluída a votação enviará o projeto de lei ao Presidente da República, que, aquiescendo, o sancionará.

§ 1º Se o Presidente da República considerar o projeto, no todo ou em parte, inconstitucional ou contrário ao interesse público, vetá-lo-á total ou parcialmente, no prazo de quinze dias úteis, contados da data do recebimento, e comunicará, dentro de quarenta e oito horas, ao Presidente do Senado Federal os motivos do veto.

§ 2º O veto parcial somente abrangerá texto integral de artigo, de parágrafo, de inciso ou de alínea.

§ 3º Decorrido o prazo de quinze dias, o silêncio do Presidente da República importará sanção.

§ 4º O veto será apreciado em sessão conjunta, dentro de 30 (trinta) dias a contar de seu recebimento, só podendo ser rejeitado pelo voto da maioria absoluta dos Deputados e Senadores.
▸ § 4º com redação pela EC 76/2013.

§ 5º Se o veto não for mantido, será o projeto enviado, para promulgação, ao Presidente da República.

§ 6º Esgotado sem deliberação o prazo estabelecido no § 4º, o veto será colocado na ordem do dia da sessão imediata, sobrestadas as demais proposições, até sua votação final.
▸ § 6º com redação pela EC 32/2001.

§ 7º Se a lei não for promulgada dentro de quarenta e oito horas pelo Presidente da República, nos casos dos §§ 3º e 5º, o Presidente do Senado a promulgará, e, se este não o fizer em igual prazo, caberá ao Vice-Presidente do Senado fazê-lo.

Art. 67. A matéria constante de projeto de lei rejeitado somente poderá constituir objeto de novo projeto, na mesma sessão legislativa, mediante proposta da maioria absoluta dos membros de qualquer das Casas do Congresso Nacional.

Art. 68. As leis delegadas serão elaboradas pelo Presidente da República, que deverá solicitar a delegação ao Congresso Nacional.

§ 1º Não serão objeto de delegação os atos de competência exclusiva do Congresso Nacional, os de competência privativa da Câmara dos Deputados ou do Senado Federal, a matéria reservada à lei complementar, nem a legislação sobre:
I – organização do Poder Judiciário e do Ministério Público, a carreira e a garantia de seus membros;
II – nacionalidade, cidadania, direitos individuais, políticos e eleitorais;
III – planos plurianuais, diretrizes orçamentárias e orçamentos.

§ 2º A delegação ao Presidente da República terá a forma de resolução do Congresso Nacional, que especificará seu conteúdo e os termos de seu exercício.

§ 3º Se a resolução determinar a apreciação do projeto pelo Congresso Nacional, este a fará em votação única, vedada qualquer emenda.

Art. 69. As leis complementares serão aprovadas por maioria absoluta.

Seção IX
Da fiscalização contábil, financeira e orçamentária

Art. 70. A fiscalização contábil, financeira, orçamentária, operacional e patrimonial da União e das entidades da administração direta e indireta, quanto à legalidade, legitimidade, economicidade, aplicação das subvenções e renúncia de receitas, será exercida pelo Congresso Nacional, mediante controle externo, e pelo sistema de controle interno de cada Poder.

Parágrafo único. Prestará contas qualquer pessoa física ou jurídica, pública ou privada, que utilize, arrecade, guarde, gerencie ou administre dinheiros, bens e valores públicos ou pelos quais a União responda, ou que, em nome desta, assuma obrigações de natureza pecuniária.
▸ Parágrafo único com redação pela EC 19/1998.

Art. 71. O controle externo, a cargo do Congresso Nacional, será exercido com o auxílio do Tribunal de Contas da União, ao qual compete:
▸ Lei 8.443/1992 (Lei Orgânica do Tribunal de Contas da União – TCU).

▶ Art. 56, *caput*, da LC 101/2000.
I - apreciar as contas prestadas anualmente pelo Presidente da República, mediante parecer prévio que deverá ser elaborado em sessenta dias a contar de seu recebimento;
II - julgar as contas dos administradores e demais responsáveis por dinheiros, bens e valores públicos da administração direta e indireta, incluídas as fundações e sociedades instituídas e mantidas pelo Poder Público federal, e as contas daqueles que derem causa a perda, extravio ou outra irregularidade de que resulte prejuízo ao erário público;
III - apreciar, para fins de registro, a legalidade dos atos de admissão de pessoal, a qualquer título, na administração direta e indireta, incluídas as fundações instituídas e mantidas pelo Poder Público, excetuadas as nomeações para cargo de provimento em comissão, bem como a das concessões de aposentadorias, reformas e pensões, ressalvadas as melhorias posteriores que não alterem o fundamento legal do ato concessório;
▶ Súmula Vinculante 3 do STF.
IV - realizar, por iniciativa própria, da Câmara dos Deputados, do Senado Federal, de Comissão técnica ou de inquérito, inspeções e auditorias de natureza contábil, financeira, orçamentária, operacional e patrimonial, nas unidades administrativas dos Poderes Legislativo, Executivo e Judiciário, e demais entidades referidas no inciso II;
V - fiscalizar as contas nacionais das empresas supranacionais de cujo capital social a União participe, de forma direta ou indireta, nos termos do tratado constitutivo;
VI - fiscalizar a aplicação de quaisquer recursos repassados pela União mediante convênio, acordo, ajuste ou outros instrumentos congêneres, a Estado, ao Distrito Federal ou a Município;
VII - prestar as informações solicitadas pelo Congresso Nacional, por qualquer de suas Casas, ou por qualquer das respectivas Comissões, sobre a fiscalização contábil, financeira, orçamentária, operacional e patrimonial e sobre resultados de auditorias e inspeções realizadas;
VIII - aplicar aos responsáveis, em caso de ilegalidade de despesa ou irregularidade de contas, as sanções previstas em lei, que estabelecerá, entre outras cominações, multa proporcional ao dano causado ao erário;
IX - assinar prazo para que o órgão ou entidade adote as providências necessárias ao exato cumprimento da lei, se verificada ilegalidade;
X - sustar, se não atendido, a execução do ato impugnado, comunicando a decisão à Câmara dos Deputados e ao Senado Federal;
XI - representar ao Poder competente sobre irregularidades ou abusos apurados.
§ 1º No caso de contrato, o ato de sustação será adotado diretamente pelo Congresso Nacional, que solicitará, de imediato, ao Poder Executivo as medidas cabíveis.
§ 2º Se o Congresso Nacional ou o Poder Executivo, no prazo de noventa dias, não efetivar as medidas previstas no parágrafo anterior, o Tribunal decidirá a respeito.
§ 3º As decisões do Tribunal de que resulte imputação de débito ou multa terão eficácia de título executivo.

§ 4º O Tribunal encaminhará ao Congresso Nacional, trimestral e anualmente, relatório de suas atividades.
Art. 72. A Comissão mista permanente a que se refere o artigo 166, § 1º, diante de indícios de despesas não autorizadas, ainda que sob a forma de investimentos não programados ou de subsídios não aprovados, poderá solicitar à autoridade governamental responsável que, no prazo de cinco dias, preste os esclarecimentos necessários.
▶ Art. 16, § 2º, do ADCT.
§ 1º Não prestados os esclarecimentos, ou considerados estes insuficientes, a Comissão solicitará ao Tribunal pronunciamento conclusivo sobre a matéria, no prazo de trinta dias.
§ 2º Entendendo o Tribunal irregular a despesa, a Comissão, se julgar que o gasto possa causar dano irreparável ou grave lesão à economia pública, proporá ao Congresso Nacional sua sustação.
Art. 73. O Tribunal de Contas da União, integrado por nove Ministros, tem sede no Distrito Federal, quadro próprio de pessoal e jurisdição em todo o Território Nacional, exercendo, no que couber, as atribuições previstas no artigo 96.
▶ Art. 84, XV, desta Constituição.
▶ Lei 8.443/1992 (Lei Orgânica do Tribunal de Contas da União – TCU).
§ 1º Os Ministros do Tribunal de Contas da União serão nomeados dentre brasileiros que satisfaçam os seguintes requisitos:
I - mais de trinta e cinco e menos de setenta anos de idade;
▶ Inciso I com redação pela EC 122/2022.
II - idoneidade moral e reputação ilibada;
III - notórios conhecimentos jurídicos, contábeis, econômicos e financeiros ou de administração pública;
IV - mais de dez anos de exercício de função ou de efetiva atividade profissional que exija os conhecimentos mencionados no inciso anterior.
§ 2º Os Ministros do Tribunal de Contas da União serão escolhidos:
▶ Súmula 653 do STF.
I - um terço pelo Presidente da República, com aprovação do Senado Federal, sendo dois alternadamente dentre auditores e membros do Ministério Público junto ao Tribunal, indicados em lista tríplice pelo Tribunal, segundo os critérios de antiguidade e merecimento;
II - dois terços pelo Congresso Nacional.
▶ Dec. leg. 6/1993 (Escolha de Ministros do Tribunal de Contas da União pelo Congresso Nacional).
§ 3º Os Ministros do Tribunal de Contas da União terão as mesmas garantias, prerrogativas, impedimentos, vencimentos e vantagens dos Ministros do Superior Tribunal de Justiça, aplicando-se-lhes, quanto à aposentadoria e pensão, as normas constantes do art. 40.
▶ § 3º com redação pela EC 20/1998.
§ 4º O auditor, quando em substituição a Ministro, terá as mesmas garantias e impedimentos do titular e, quando no exercício das demais atribuições da judicatura, as de juiz de Tribunal Regional Federal.
Art. 74. Os Poderes Legislativo, Executivo e Judiciário manterão, de forma integrada, sistema de controle interno com a finalidade de:

I – avaliar o cumprimento das metas previstas no plano plurianual, a execução dos programas de governo e dos orçamentos da União;
II – comprovar a legalidade e avaliar os resultados, quanto à eficácia e eficiência, da gestão orçamentária, financeira e patrimonial nos órgãos e entidades da administração federal, bem como da aplicação de recursos públicos por entidades de direito privado;
III – exercer o controle das operações de crédito, avais e garantias, bem como dos direitos e haveres da União;
IV – apoiar o controle externo no exercício de sua missão institucional.
§ 1º Os responsáveis pelo controle interno, ao tomarem conhecimento de qualquer irregularidade ou ilegalidade, dela darão ciência ao Tribunal de Contas da União, sob pena de responsabilidade solidária.
§ 2º Qualquer cidadão, partido político, associação ou sindicato é parte legítima para, na forma da lei, denunciar irregularidades ou ilegalidades perante o Tribunal de Contas da União.
▸ Arts. 1º, XVI, e 53, da Lei 8.443/1992 (Lei Orgânica do Tribunal de Contas da União – TCU).

Art. 75. As normas estabelecidas nesta seção aplicam-se, no que couber, à organização, composição e fiscalização dos Tribunais de Contas dos Estados e do Distrito Federal, bem como dos Tribunais e Conselhos de Contas dos Municípios.
▸ Súmula 653 do STF.

Parágrafo único. As Constituições estaduais disporão sobre os Tribunais de Contas respectivos, que serão integrados por sete Conselheiros.

CAPÍTULO II
DO PODER EXECUTIVO

Seção I
Do Presidente e do Vice-Presidente da República
▸ Lei 14.600/2023 (Organização da Presidência da República e dos Ministérios).

Art. 76. O Poder Executivo é exercido pelo Presidente da República, auxiliado pelos Ministros de Estado.

Art. 77. A eleição do Presidente e do Vice-Presidente da República realizar-se-á, simultaneamente, no primeiro domingo de outubro, em primeiro turno, e no último domingo de outubro, em segundo turno, se houver, do ano anterior ao do término do mandato presidencial vigente.
▸ *Caput* com redação pela EC 16/1997.
▸ Arts. 28, 29, II, 32, § 2º, desta Constituição.
▸ Lei 9.504/1997 (Eleições).

§ 1º A eleição do Presidente da República importará a do Vice-Presidente com ele registrado.
§ 2º Será considerado eleito Presidente o candidato que, registrado por partido político, obtiver a maioria absoluta de votos, não computados os em branco e os nulos.
§ 3º Se nenhum candidato alcançar maioria absoluta na primeira votação, far-se-á nova eleição em até vinte dias após a proclamação do resultado, concorrendo os dois candidatos mais votados e considerando-se eleito aquele que obtiver a maioria dos votos válidos.
§ 4º Se, antes de realizado o segundo turno, ocorrer morte, desistência ou impedimento legal de candidato, convocar-se-á, dentre os remanescentes, o de maior votação.
§ 5º Se, na hipótese dos parágrafos anteriores, remanescer, em segundo lugar, mais de um candidato com a mesma votação, qualificar-se-á o mais idoso.

Art. 78. O Presidente e o Vice-Presidente da República tomarão posse em sessão do Congresso Nacional, prestando o compromisso de manter, defender e cumprir a Constituição, observar as leis, promover o bem geral do povo brasileiro, sustentar a união, a integridade e a independência do Brasil.

Parágrafo único. Se, decorridos dez dias da data fixada para a posse, o Presidente ou o Vice-Presidente, salvo motivo de força maior, não tiver assumido o cargo, este será declarado vago.

Art. 79. Substituirá o Presidente, no caso de impedimento, e suceder-lhe-á, no de vaga, o Vice-Presidente.

Parágrafo único. O Vice-Presidente da República, além de outras atribuições que lhe forem conferidas por lei complementar, auxiliará o Presidente, sempre que por ele convocado para missões especiais.

Art. 80. Em caso de impedimento do Presidente e do Vice-Presidente, ou vacância dos respectivos cargos, serão sucessivamente chamados ao exercício da Presidência o Presidente da Câmara dos Deputados, o do Senado Federal e o do Supremo Tribunal Federal.

Art. 81. Vagando os cargos de Presidente e Vice-Presidente da República, far-se-á eleição noventa dias depois de aberta a última vaga.
§ 1º Ocorrendo a vacância nos últimos dois anos do período presidencial, a eleição para ambos os cargos será feita trinta dias depois da última vaga, pelo Congresso Nacional, na forma da lei.
§ 2º Em qualquer dos casos, os eleitos deverão completar o período de seus antecessores.

Art. 82. O mandato do Presidente da República é de 4 (quatro) anos e terá início em 5 de janeiro do ano seguinte ao de sua eleição.
▸ Artigo com redação pela EC 111/2021.
▸ Art. 5º da EC 111/2021.

Art. 83. O Presidente e o Vice-Presidente da República não poderão, sem licença do Congresso Nacional, ausentar-se do País por período superior a quinze dias, sob pena de perda do cargo.

Seção II
Das atribuições do Presidente da República

Art. 84. Compete privativamente ao Presidente da República:
I – nomear e exonerar os Ministros de Estado;
II – exercer, com o auxílio dos Ministros de Estado, a direção superior da administração federal;
III – iniciar o processo legislativo, na forma e nos casos previstos nesta Constituição;
IV – sancionar, promulgar e fazer publicar as leis, bem como expedir decretos e regulamentos para sua fiel execução;
V – vetar projetos de lei, total ou parcialmente;
▸ Art. 66, §§ 1º a 7º, desta Constituição.
VI – dispor, mediante decreto, sobre:
▸ Art. 61, § 1º, II, *e*, desta Constituição.

a) organização e funcionamento da administração federal, quando não implicar aumento de despesa nem criação ou extinção de órgãos públicos;
b) extinção de funções ou cargos públicos, quando vagos;
▸ Inciso VI com redação pela EC 32/2001.
▸ Art. 48, X, desta Constituição.

VII – manter relações com Estados estrangeiros e acreditar seus representantes diplomáticos;
▸ Art. 4º desta Constituição.

VIII – celebrar tratados, convenções e atos internacionais, sujeitos a referendo do Congresso Nacional;
▸ Art. 4º desta Constituição.

IX – decretar o estado de defesa e o estado de sítio;
X – decretar e executar a intervenção federal;
XI – remeter mensagem e plano de governo ao Congresso Nacional por ocasião da abertura da sessão legislativa, expondo a situação do País e solicitando as providências que julgar necessárias;
XII – conceder indulto e comutar penas, com audiência, se necessário, dos órgãos instituídos em lei;
▸ Dec. 1.860/1996 (Indulto especial e condicional).
▸ Dec. 2.002/1996 (Indulto e comuta penas).
▸ Súmula 631 do STJ.

XIII – exercer o comando supremo das Forças Armadas, nomear os Comandantes da Marinha, do Exército e da Aeronáutica, promover seus oficiais-generais e nomeá-los para os cargos que lhes são privativos;
▸ Inciso XIII com redação pela EC 23/1999.
▸ Art. 49, I, desta Constituição.
▸ LC 97/1999 (Normas gerais para a organização, o preparo e o emprego das Forças Armadas).

XIV – nomear, após aprovação pelo Senado Federal, os Ministros do Supremo Tribunal Federal e dos Tribunais Superiores, os Governadores de Territórios, o Procurador-Geral da República, o presidente e os diretores do Banco Central e outros servidores, quando determinado em lei;
XV – nomear, observado o disposto no artigo 73, os Ministros do Tribunal de Contas da União;
XVI – nomear os magistrados, nos casos previstos nesta Constituição, e o Advogado-Geral da União;
▸ Arts. 131 e 132 desta Constituição.
▸ Súmula 627 do STF.

XVII – nomear membros do Conselho da República, nos termos do artigo 89, VII;
XVIII – convocar e presidir o Conselho da República e o Conselho de Defesa Nacional;
XIX – declarar guerra, no caso de agressão estrangeira, autorizado pelo Congresso Nacional ou referendado por ele, quando ocorrida no intervalo das sessões legislativas, e, nas mesmas condições, decretar, total ou parcialmente, a mobilização nacional;
▸ Art. 5º, XLVII, *a*, desta Constituição.
▸ Lei 11.631/2007 (Mobilização nacional e Sistema Nacional de Mobilização – Sinamob).
▸ Dec. 7.294/2010 (Política de Mobilização Nacional).

XX – celebrar a paz, autorizado ou com o referendo do Congresso Nacional;
XXI – conferir condecorações e distinções honoríficas;
XXII – permitir, nos casos previstos em lei complementar, que forças estrangeiras transitem pelo Território Nacional ou nele permaneçam temporariamente;
▸ LC 90/1997 (Determina em que casos as forças estrangeiras podem transitar pelo território nacional ou nele permanecer temporariamente).

XXIII – enviar ao Congresso Nacional o plano plurianual, o projeto de lei de diretrizes orçamentárias e as propostas de orçamento previstos nesta Constituição;
XXIV – prestar anualmente, ao Congresso Nacional, dentro de sessenta dias após a abertura da sessão legislativa, as contas referentes ao exercício anterior;
XXV – prover e extinguir os cargos públicos federais, na forma da lei;
XXVI – editar medidas provisórias com força de lei, nos termos do artigo 62;
XXVII – exercer outras atribuições previstas nesta Constituição.
XXVIII – propor ao Congresso Nacional a decretação do estado de calamidade pública de âmbito nacional previsto nos arts. 167-B, 167-C, 167-D, 167-E, 167-F e 167-G desta Constituição.
▸ Inciso XXVIII acrescido pela EC 109/2021.

Parágrafo único. O Presidente da República poderá delegar as atribuições mencionadas nos incisos VI, XII e XXV, primeira parte, aos Ministros de Estado, ao Procurador-Geral da República ou ao Advogado-Geral da União, que observarão os limites traçados nas respectivas delegações.

Seção III
Da responsabilidade do Presidente da República

Art. 85. São crimes de responsabilidade os atos do Presidente da República que atentem contra a Constituição Federal e, especialmente, contra:
▸ Lei 1.079/1950 (Crimes de Responsabilidade).
▸ Lei 8.429/1992 (Improbidade Administrativa).

I – a existência da União;
II – o livre exercício do Poder Legislativo, do Poder Judiciário, do Ministério Público e dos Poderes Constitucionais das Unidades da Federação;
III – o exercício dos direitos políticos, individuais e sociais;
IV – a segurança interna do País;
▸ LC 90/1997 (Determina em que casos as forças estrangeiras podem transitar pelo território nacional ou nele permanecer temporariamente).

V – a probidade na administração;
▸ Art. 37, § 4º, desta Constituição.

VI – a lei orçamentária;
VII – o cumprimento das leis e das decisões judiciais.
Parágrafo único. Estes crimes serão definidos em lei especial, que estabelecerá as normas de processo e julgamento.
▸ Lei 1.079/1950 (Crimes de Responsabilidade).
▸ Súmula Vinculante 46 do STF.
▸ Súmula 722 do STF.

Art. 86. Admitida a acusação contra o Presidente da República, por dois terços da Câmara dos Deputados, será ele submetido a julgamento perante o Supremo Tribunal Federal, nas infrações penais comuns, ou perante o Senado Federal, nos crimes de responsabilidade.

§ 1º O Presidente ficará suspenso de suas funções:
I – nas infrações penais comuns, se recebida a denúncia ou queixa-crime pelo Supremo Tribunal Federal;

II - nos crimes de responsabilidade, após a instauração do processo pelo Senado Federal.

§ 2º Se, decorrido o prazo de cento e oitenta dias, o julgamento não estiver concluído, cessará o afastamento do Presidente, sem prejuízo do regular prosseguimento do processo.

§ 3º Enquanto não sobrevier sentença condenatória, nas infrações comuns, o Presidente da República não estará sujeito a prisão.

§ 4º O Presidente da República, na vigência de seu mandato, não pode ser responsabilizado por atos estranhos ao exercício de suas funções.

Seção IV
Dos Ministros de Estado

▸ Lei 14.600/2023 (Organização da Presidência da República e dos Ministérios).

Art. 87. Os Ministros de Estado serão escolhidos dentre brasileiros maiores de vinte e um anos e no exercício dos direitos políticos.

Parágrafo único. Compete ao Ministro de Estado, além de outras atribuições estabelecidas nesta Constituição e na lei:

I - exercer a orientação, coordenação e supervisão dos órgãos e entidades da administração federal na área de sua competência e referendar os atos e decretos assinados pelo Presidente da República;

II - expedir instruções para a execução das leis, decretos e regulamentos;

III - apresentar ao Presidente da República relatório anual de sua gestão no Ministério;

IV - praticar os atos pertinentes às atribuições que lhe forem outorgadas ou delegadas pelo Presidente da República.

Art. 88. A lei disporá sobre a criação e extinção de Ministérios e órgãos da administração pública.

▸ Artigo com redação pela EC 32/2001.

Seção V
Do Conselho da República e do Conselho de Defesa Nacional

Subseção I
Do Conselho da República

▸ Lei 8.041/1990 (Organização e o funcionamento do Conselho da República).

Art. 89. O Conselho da República é órgão superior de consulta do Presidente da República, e dele participam:

I - o Vice-Presidente da República;
II - o Presidente da Câmara dos Deputados;
III - o Presidente do Senado Federal;
IV - os líderes da maioria e da minoria na Câmara dos Deputados;
V - os líderes da maioria e da minoria no Senado Federal;
VI - o Ministro da Justiça;
VII - seis cidadãos brasileiros natos, com mais de trinta e cinco anos de idade, sendo dois nomeados pelo Presidente da República, dois eleitos pelo Senado Federal e dois eleitos pela Câmara dos Deputados, todos com mandato de três anos, vedada a recondução.

▸ Arts. 51, V, 52, XIV, e 84, XVII, desta Constituição.

Art. 90. Compete ao Conselho da República pronunciar-se sobre:

I - intervenção federal, estado de defesa e estado de sítio;

II - as questões relevantes para a estabilidade das instituições democráticas.

§ 1º O Presidente da República poderá convocar Ministro de Estado para participar da reunião do Conselho, quando constar da pauta questão relacionada com o respectivo Ministério.

§ 2º A lei regulará a organização e o funcionamento do Conselho da República.

▸ Lei 8.041/1990 (Organização e o funcionamento do Conselho da República).

Subseção II
Do Conselho de Defesa Nacional

▸ Lei 8.183/1991 (Organização e o funcionamento do Conselho de Defesa Nacional).
▸ Dec. 893/1993 (Regulamento do Conselho de Defesa Nacional).
▸ Art. 15 do Dec. 4.118/2002 (Conselho de Defesa Nacional).

Art. 91. O Conselho de Defesa Nacional é órgão de consulta do Presidente da República nos assuntos relacionados com a soberania nacional e a defesa do Estado democrático, e dele participam como membros natos:

▸ Lei 8.183/1991 (Organização e o funcionamento do Conselho de Defesa Nacional).
▸ Dec. 893/1993 (Conselho de Defesa Nacional).

I - o Vice-Presidente da República;
II - o Presidente da Câmara dos Deputados;
III - o Presidente do Senado Federal;
IV - o Ministro da Justiça;
V - o Ministro de Estado da Defesa;

▸ Inciso V com redação pela EC 23/1999.

VI - o Ministro das Relações Exteriores;
VII - o Ministro do Planejamento;
VIII - os Comandantes da Marinha, do Exército e da Aeronáutica.

▸ Inciso VIII acrescido pela EC 23/1999.

§ 1º Compete ao Conselho de Defesa Nacional:

I - opinar nas hipóteses de declaração de guerra e de celebração da paz, nos termos desta Constituição;

II - opinar sobre a decretação do estado de defesa, do estado de sítio e da intervenção federal;

III - propor os critérios e condições de utilização de áreas indispensáveis à segurança do território nacional e opinar sobre seu efetivo uso, especialmente na faixa de fronteira e nas relacionadas com a preservação e a exploração dos recursos naturais de qualquer tipo;

▸ Lei 13.178/2015 (Ratificação dos registros imobiliários decorrentes de alienações e concessões de terras públicas situadas nas faixas de fronteira).

IV - estudar, propor e acompanhar o desenvolvimento de iniciativas necessárias a garantir a independência nacional e a defesa do Estado democrático.

§ 2º A lei regulará a organização e o funcionamento do Conselho de Defesa Nacional.

▸ Lei 8.183/1991 (Organização e funcionamento do Conselho de Defesa Nacional).
▸ Dec. 893/1993 (Regulamento do Conselho de Defesa Nacional).

CAPÍTULO III
DO PODER JUDICIÁRIO

Seção I
Disposições gerais

Art. 92. São órgãos do Poder Judiciário:
I - o Supremo Tribunal Federal;
I-A - o Conselho Nacional de Justiça;
> Inciso I-A acrescido pela EC 45/2004.
> Art. 103-B desta Constituição.
> Art. 5º da EC 45/2004 (Reforma do Judiciário).

II - o Superior Tribunal de Justiça;
II-A - o Tribunal Superior do Trabalho;
> Inciso II-A acrescido pela EC 92/2016.

III - os Tribunais Regionais Federais e Juízes Federais;
IV - os Tribunais e Juízes do Trabalho;
V - os Tribunais e Juízes Eleitorais;
VI - os Tribunais e Juízes Militares;
VII - os Tribunais e Juízes dos Estados e do Distrito Federal e Territórios.

§ 1º O Supremo Tribunal Federal, o Conselho Nacional de Justiça e os Tribunais Superiores têm sede na Capital Federal.
> § 1º acrescido pela EC 45/2004.
> Art. 103-B desta Constituição.

§ 2º O Supremo Tribunal Federal e os Tribunais Superiores têm jurisdição em todo o território nacional.
> § 2º acrescido pela EC 45/2004.

Art. 93. Lei complementar, de iniciativa do Supremo Tribunal Federal, disporá sobre o Estatuto da Magistratura, observados os seguintes princípios:
> LC 35/1979 (Lei Orgânica da Magistratura Nacional).

I - ingresso na carreira, cujo cargo inicial será o de juiz substituto, mediante concurso público de provas e títulos, com a participação da Ordem dos Advogados do Brasil em todas as fases, exigindo-se do bacharel em direito, no mínimo, três anos de atividade jurídica e obedecendo-se, nas nomeações, à ordem de classificação;
> Inciso I com redação pela EC 45/2004.

II - promoção de entrância para entrância, alternadamente, por antiguidade e merecimento, atendidas as seguintes normas:

a) é obrigatória a promoção do juiz que figure por três vezes consecutivas ou cinco alternadas em lista de merecimento;

b) a promoção por merecimento pressupõe dois anos de exercício na respectiva entrância e integrar o juiz a primeira quinta parte da lista de antiguidade desta, salvo se não houver com tais requisitos quem aceite o lugar vago;

c) aferição do merecimento conforme o desempenho e pelos critérios objetivos de produtividade e presteza no exercício da jurisdição e pela frequência e aproveitamento em cursos oficiais ou reconhecidos de aperfeiçoamento;
> Alínea c com redação pela EC 45/2004.

d) na apuração de antiguidade, o tribunal somente poderá recusar o juiz mais antigo pelo voto fundamentado de dois terços de seus membros, conforme procedimento próprio, e assegurada ampla defesa, repetindo-se a votação até fixar-se a indicação;
> Alínea d com redação pela EC 45/2004.

e) não será promovido o juiz que, injustificadamente, retiver autos em seu poder além do prazo legal, não podendo devolvê-los ao cartório sem o devido despacho ou decisão;
> Alínea e acrescida pela EC 45/2004.

III - o acesso aos tribunais de segundo grau far-se-á por antiguidade e merecimento, alternadamente, apurados na última ou única entrância;
> Inciso III com redação pela EC 45/2004.

IV - previsão de cursos oficiais de preparação, aperfeiçoamento e promoção de magistrados, constituindo etapa obrigatória do processo de vitaliciamento a participação em curso oficial ou reconhecido por escola nacional de formação e aperfeiçoamento de magistrados;
> Inciso IV com redação pela EC 45/2004.

V - o subsídio dos Ministros dos Tribunais Superiores corresponderá a noventa e cinco por cento do subsídio mensal fixado para os Ministros do Supremo Tribunal Federal e os subsídios dos demais magistrados serão fixados em lei e escalonados, em nível federal e estadual, conforme as respectivas categorias da estrutura judiciária nacional, não podendo a diferença entre uma e outra ser superior a dez por cento ou inferior a cinco por cento, nem exceder a noventa e cinco por cento do subsídio mensal dos Ministros dos Tribunais Superiores, obedecido, em qualquer caso, o disposto nos artigos 37, XI, e 39, § 4º;
> Inciso V com redação pela EC 19/1998.
> Lei 9.655/1998 (Altera o percentual de diferença entre a remuneração dos cargos de Ministros do STJ e dos Juízes da Justiça Federal de Primeiro e Segundo Graus).

VI - a aposentadoria dos magistrados e a pensão de seus dependentes observarão o disposto no artigo 40;
> Inciso VI com redação pela EC 20/1998.

VII - o juiz titular residirá na respectiva comarca, salvo autorização do tribunal;
> Inciso VII com redação pela EC 45/2004.

VIII - o ato de remoção ou de disponibilidade do magistrado, por interesse público, fundar-se-á em decisão por voto da maioria absoluta do respectivo tribunal ou do Conselho Nacional de Justiça, assegurada ampla defesa;
> Inciso VIII com redação pela EC 103/2019.
> Arts. 95, II, e 103-B desta Constituição.
> Art. 5º da EC 45/2004 (Reforma do Judiciário).

VIII-A - a remoção a pedido de magistrados de comarca de igual entrância atenderá, no que couber, ao disposto nas alíneas "a", "b", "c" e "e" do inciso II do caput deste artigo e no art. 94 desta Constituição;
> Inciso VIII-A com redação pela EC 130/2023.

VIII-B - a permuta de magistrados de comarca de igual entrância, quando for o caso, e dentro do mesmo segmento de justiça, inclusive entre os juízes de segundo grau, vinculados a diferentes tribunais, na esfera da justiça estadual, federal ou do trabalho, atenderá, no que couber, ao disposto nas alíneas "a", "b", "c" e "e" do inciso II do caput deste artigo e no art. 94 desta Constituição;
> Inciso VIII-B acrescido pela EC 130/2023.

IX - todos os julgamentos dos órgãos do Poder Judiciário serão públicos, e fundamentadas todas as decisões, sob pena de nulidade, podendo a lei limitar a presença, em determinados atos, às próprias partes e a seus advogados, ou somente a estes, em casos nos quais a preservação do direito à intimidade do interessado no sigilo não prejudique o interesse público à informação;

► Inciso IX com redação pela EC 45/2004.
► Art. 489 do CPC.
► Súmula 123 do STJ.
► Súmula 459 do TST.

X - as decisões administrativas dos tribunais serão motivadas e em sessão pública, sendo as disciplinares tomadas pelo voto da maioria absoluta de seus membros;
► Inciso IX com redação pela EC 45/2004.

XI - nos tribunais com número superior a vinte e cinco julgadores, poderá ser constituído órgão especial, com o mínimo de onze e o máximo de vinte e cinco membros, para o exercício das atribuições administrativas e jurisdicionais delegadas da competência do tribunal pleno, provendo-se metade das vagas por antiguidade e a outra metade por eleição pelo tribunal pleno;
► Inciso XI com redação pela EC 45/2004.

XII - a atividade jurisdicional será ininterrupta, sendo vedado férias coletivas nos juízos e tribunais de segundo grau, funcionando, nos dias em que não houver expediente forense normal, juízes em plantão permanente;
► Inciso XII acrescido pela EC 45/2004.

XIII - o número de juízes na unidade jurisdicional será proporcional à efetiva demanda judicial e à respectiva população;
► Inciso XIII acrescido pela EC 45/2004.

XIV - os servidores receberão delegação para a prática de atos de administração e atos de mero expediente sem caráter decisório;
► Inciso XIV acrescido pela EC 45/2004.

XV - a distribuição de processos será imediata, em todos os graus de jurisdição.
► Inciso XV acrescido pela EC 45/2004.

Art. 94. Um quinto dos lugares dos Tribunais Regionais Federais, dos Tribunais dos Estados, e do Distrito Federal e Territórios será composto de membros, do Ministério Público, com mais de dez anos de carreira, e de advogados de notório saber jurídico e de reputação ilibada, com mais de dez anos de efetiva atividade profissional, indicados em lista sêxtupla pelos órgãos de representação das respectivas classes.
► Arts. 104, II, e 115, II, desta Constituição.
► Arts. 10, XIII, 15, I e 74 da Lei 8.625/1993 (Lei Orgânica Nacional do Ministério Público).
► Art. 53, I, da LC 75/1993 (Organização, atribuições e Estatuto do Ministério Público da União).

Parágrafo único. Recebidas as indicações, o Tribunal formará lista tríplice, enviando-a ao Poder Executivo, que, nos vinte dias subsequentes, escolherá um de seus integrantes para nomeação.

Art. 95. Os juízes gozam das seguintes garantias:
I - vitaliciedade, que, no primeiro grau, só será adquirida após dois anos de exercício, dependendo a perda do cargo, nesse período, de deliberação do Tribunal a que o juiz estiver vinculado, e, nos demais casos, de sentença judicial transitada em julgado;
► Súmula 36 do STF.

II - inamovibilidade, salvo por motivo de interesse público, na forma do artigo 93, VIII;
III - irredutibilidade de subsídio, ressalvado o disposto nos artigos 37, X e XI, 39, § 4º, 150, II, 153, III, e 153, § 2º, I.
► Inciso III com redação pela EC 19/1998.

Parágrafo único. Aos juízes é vedado:
► Caput do parágrafo único com redação pela EC 45/2004.

I - exercer, ainda que em disponibilidade, outro cargo ou função, salvo uma de magistério;
II - receber, a qualquer título ou pretexto, custas ou participação em processo;
III - dedicar-se à atividade político-partidária;
IV - receber, a qualquer título ou pretexto, auxílios ou contribuições de pessoas físicas, entidades públicas ou privadas, ressalvadas as exceções previstas em lei;
► Inciso IV acrescido pela EC 45/2004.

V - exercer a advocacia no juízo ou tribunal do qual se afastou, antes de decorridos três anos do afastamento do cargo por aposentadoria ou exoneração.
► Inciso V acrescido pela EC 45/2004.
► Art. 128, § 6º, desta Constituição.

Art. 96. Compete privativamente:
► Art. 4º da EC 45/2004.

I - aos Tribunais:
a) eleger seus órgãos diretivos e elaborar seus regimentos internos, com observância das normas de processo e das garantias processuais das partes, dispondo sobre a competência e o funcionamento dos respectivos órgãos jurisdicionais e administrativos;
b) organizar suas secretarias e serviços auxiliares e os dos juízos que lhes forem vinculados, velando pelo exercício da atividade correicional respectiva;
c) prover, na forma prevista nesta Constituição, os cargos de juiz de carreira da respectiva jurisdição;
d) propor a criação de novas varas judiciárias;
e) prover, por concurso público de provas, ou de provas e títulos, obedecido o disposto no artigo 169, parágrafo único, os cargos necessários à administração da Justiça, exceto os de confiança assim definidos em lei;
► Por conta da alteração promovida pela EC 19/1998, a referência passa a ser ao art. 169, § 1º.

f) conceder licença, férias e outros afastamentos a seus membros e aos juízes e servidores que lhes forem imediatamente vinculados;
II - ao Supremo Tribunal Federal, aos Tribunais Superiores e aos Tribunais de Justiça propor ao Poder Legislativo respectivo, observado o disposto no artigo 169:
a) a alteração do número de membros dos Tribunais inferiores;
b) a criação e a extinção de cargos e a remuneração dos seus serviços auxiliares e dos juízos que lhes forem vinculados, bem como a fixação do subsídio de seus membros e dos juízes, inclusive dos tribunais inferiores, onde houver;
► Alínea b com redação pela EC 41/2003.
► Lei 11.416/2006 (Carreiras dos servidores do Poder Judiciário da União).

c) a criação ou extinção dos Tribunais inferiores;
d) a alteração da organização e da divisão judiciárias;
III - aos Tribunais de Justiça julgar os juízes estaduais e do Distrito Federal e Territórios, bem como os membros do Ministério Público, nos crimes comuns e de responsabilidade, ressalvada a competência da Justiça Eleitoral.

Parágrafo único. Nos Tribunais de Justiça compostos de mais de 170 (cento e setenta) desembargadores em efetivo exercício, a eleição para os cargos diretivos, de que trata a alínea "a" do inciso I do caput deste artigo, será realizada entre os membros

do tribunal pleno, por maioria absoluta e por voto direto e secreto, para um mandato de 2 (dois) anos, vedada the de 1 (uma) recondução sucessiva.
▶ Parágrafo único acrescido pela EC 134/2024.

Art. 97. Somente pelo voto da maioria absoluta de seus membros ou dos membros do respectivo órgão especial poderão os Tribunais declarar a inconstitucionalidade de lei ou ato normativo do Poder Público.
▶ Súmula Vinculante 10 do STF.

Art. 98. A União, no Distrito Federal e nos Territórios, e os Estados criarão:
I – juizados especiais, providos por juízes togados, ou togados e leigos, competentes para a conciliação, o julgamento e a execução de causas cíveis de menor complexidade e infrações penais de menor potencial ofensivo, mediante os procedimentos oral e sumaríssimo, permitidos, nas hipóteses previstas em lei, a transação e o julgamento de recursos por turmas de juízes de primeiro grau;
▶ Lei 9.099/1995 (Juizados Especiais).
▶ Lei 10.259/2001 (Juizados Especiais Federais).
▶ Lei 11.340/2006 (Juizados de Violência Doméstica e Familiar contra a Mulher).
▶ Lei 12.153/2009 (Juizados Especiais da Fazenda Pública).
▶ Súmulas Vinculantes 27 e 35 do STF.
▶ Súmula 376 do STJ.

II – justiça de paz, remunerada, composta de cidadãos eleitos pelo voto direto, universal e secreto, com mandato de quatro anos e competência para, na forma da lei, celebrar casamentos, verificar, de ofício ou em face de impugnação apresentada, o processo de habilitação e exercer atribuições conciliatórias, sem caráter jurisdicional, além de outras previstas na legislação.
▶ Art. 30 do ADCT.

§ 1º Lei federal disporá sobre a criação de juizados especiais no âmbito da Justiça Federal.
▶ Parágrafo único renumerado pela EC 45/2004.
▶ Lei 10.259/2001 (Juizados Especiais Federais).
▶ Súmula 428 do STJ.

§ 2º As custas e emolumentos serão destinados exclusivamente ao custeio dos serviços afetos às atividades específicas da Justiça.
▶ § 2º acrescido pela EC 45/2004.

Art. 99. Ao Poder Judiciário é assegurada autonomia administrativa e financeira.

§ 1º Os Tribunais elaborarão suas propostas orçamentárias dentro dos limites estipulados conjuntamente com os demais Poderes na lei de diretrizes orçamentárias.
▶ Art. 134, § 2º, desta Constituição.

§ 2º O encaminhamento da proposta, ouvidos os outros Tribunais interessados, compete:
▶ Art. 134, § 2º, desta Constituição.

I – no âmbito da União, aos Presidentes do Supremo Tribunal Federal e dos Tribunais Superiores, com a aprovação dos respectivos Tribunais;

II – no âmbito dos Estados e no do Distrito Federal e Territórios, aos Presidentes dos Tribunais de Justiça, com a aprovação dos respectivos Tribunais.

§ 3º Se os órgãos referidos no § 2º não encaminharem as respectivas propostas orçamentárias dentro do prazo estabelecido na lei de diretrizes orçamentárias, o Poder Executivo considerará, para fins de consolidação da proposta orçamentária anual, os valores aprovados na lei orçamentária vigente, ajustados de acordo com os limites estipulados na forma do § 1º deste artigo.
▶ § 3º acrescido pela EC 45/2004.

§ 4º Se as propostas orçamentárias de que trata este artigo forem encaminhadas em desacordo com os limites estipulados na forma do § 1º, o Poder Executivo procederá aos ajustes necessários para fins de consolidação da proposta orçamentária anual.
▶ § 4º acrescido pela EC 45/2004.

§ 5º Durante a execução orçamentária do exercício, não poderá haver a realização de despesas ou a assunção de obrigações que extrapolem os limites estabelecidos na lei de diretrizes orçamentárias, exceto se previamente autorizadas, mediante a abertura de créditos suplementares ou especiais.
▶ § 5º acrescido pela EC 45/2004.

Art. 100. Os pagamentos devidos pelas Fazendas Públicas Federal, Estaduais, Distrital e Municipais, em virtude de sentença judiciária, far-se-ão exclusivamente na ordem cronológica de apresentação dos precatórios e à conta dos créditos respectivos, proibida a designação de casos ou de pessoas nas dotações orçamentárias e nos créditos adicionais abertos para este fim.
▶ *Caput* com redação pela EC 62/2009.
▶ Arts. 33, 78, 86, 87 e 97 do ADCT.
▶ Art. 4º da EC 62/2009.
▶ ADINs 4.357 e 4.425.
▶ Súmulas 655 e 729 do STF.
▶ Súmulas 144 e 339 do STJ.
▶ OJs 12 e 13 do Tribunal Pleno do TST.

§ 1º Os débitos de natureza alimentícia compreendem aqueles decorrentes de salários, vencimentos, proventos, pensões e suas complementações, benefícios previdenciários e indenizações por morte ou por invalidez, fundadas em responsabilidade civil, em virtude de sentença judicial transitada em julgado, e serão pagos com preferência sobre todos os demais débitos, exceto sobre aqueles referidos no § 2º deste artigo.
▶ § 1º com redação pela EC 62/2009.
▶ Súmula Vinculante 47 do STF.

§ 2º Os débitos de natureza alimentícia cujos titulares, originários ou por sucessão hereditária, tenham 60 (sessenta) anos de idade, ou sejam portadores de doença grave, ou pessoas com deficiência, assim definidos na forma da lei, serão pagos com preferência sobre todos os demais débitos, até o valor equivalente ao triplo fixado em lei para os fins do disposto no § 3º deste artigo, admitido o fracionamento para essa finalidade, sendo que o restante será pago na ordem cronológica de apresentação do precatório.
▶ § 2º com redação pela EC 94/2016.

§ 3º O disposto no *caput* deste artigo relativamente à expedição de precatórios não se aplica aos pagamentos de obrigações definidas em leis como de pequeno valor que as Fazendas referidas devam fazer em virtude de sentença judicial transitada em julgado.
▶ § 3º com redação pela EC 62/2009.
▶ Art. 87 do ADCT.
▶ Art. 17, § 1º, da Lei 10.259/2001 (Juizados Especiais Federais).
▶ Art. 13 da Lei 12.153/2009 (Juizados Especiais da Fazenda Pública).

§ 4º Para os fins do disposto no § 3º, poderão ser fixados, por leis próprias, valores distintos às entidades de direito público, segundo as diferentes

capacidades econômicas, sendo o mínimo igual ao valor do maior benefício do regime geral de previdência social.
- § 4º com redação pela EC 62/2009.
- Art. 97, § 12º, do ADCT.
- OJs 1 e 9 do Tribunal Pleno do TST.

§ 5º É obrigatória a inclusão no orçamento das entidades de direito público de verba necessária ao pagamento de seus débitos oriundos de sentenças transitadas em julgado constantes de precatórios judiciários apresentados até 2 de abril, fazendo-se o pagamento até o final do exercício seguinte, quando terão seus valores atualizados monetariamente.
- § 5º com redação pela EC 114/2021.
- Súmula Vinculante 17 do STF.

§ 6º As dotações orçamentárias e os créditos abertos serão consignados diretamente ao Poder Judiciário, cabendo ao Presidente do Tribunal que proferir a decisão exequenda determinar o pagamento integral e autorizar, a requerimento do credor e exclusivamente para os casos de preterimento de seu direito de precedência ou de não alocação orçamentária do valor necessário à satisfação do seu débito, o sequestro da quantia respectiva.
- § 6º com redação pela EC 62/2009.
- Súmula 733 do STF.

§ 7º O Presidente do Tribunal competente que, por ato comissivo ou omissivo, retardar ou tentar frustrar a liquidação regular de precatórios incorrerá em crime de responsabilidade e responderá, também, perante o Conselho Nacional de Justiça.
- § 7º acrescido pela EC 62/2009.
- Lei 1.079/1950 (Crimes de Responsabilidade).

§ 8º É vedada a expedição de precatórios complementares ou suplementares de valor pago, bem como o fracionamento, repartição ou quebra do valor da execução para fins de enquadramento de parcela do total ao que dispõe o § 3º deste artigo.
- § 8º acrescido pela EC 62/2009.
- Art. 87 do ADCT.

§ 9º Sem que haja interrupção no pagamento do precatório e mediante comunicação da Fazenda Pública ao Tribunal, o valor correspondente aos eventuais débitos inscritos em dívida ativa contra o credor do requisitório e seus substituídos deverá ser depositado à conta do juízo responsável pela ação de cobrança, que decidirá pelo seu destino definitivo.
- § 9º com redação pela EC 113/2021.
- Lei 12.431/2011 (Regula a compensação de débitos perante a Fazenda Pública Federal com créditos provenientes de precatórios, na forma prevista neste parágrafo).

§ 10. Antes da expedição dos precatórios, o Tribunal solicitará à Fazenda Pública devedora, para resposta em até 30 (trinta) dias, sob pena de perda do direito de abatimento, informação sobre os débitos que preencham as condições estabelecidas no § 9º, para os fins nele previstos.
- § 10 acrescido pela EC 62/2009.
- O STF, no julgamento da ADIN 4.425 (DJE 19.12.2013), julgou procedente a ação para declarar a inconstitucionalidade deste parágrafo.

§ 11. É facultada ao credor, conforme estabelecido em lei do ente federativo devedor, com autoaplicabilidade para a União, a oferta de créditos líquidos e certos que originariamente lhe são próprios ou adquiridos de terceiros reconhecidos pelo ente federativo ou por decisão judicial transitada em julgado para:

- § 11, *caput*, com redação pela EC 113/2021.

I – quitação de débitos parcelados ou débitos inscritos em dívida ativa do ente federativo devedor, inclusive em transação resolutiva de litígio, e, subsidiariamente, débitos com a administração autárquica e fundacional do mesmo ente;

II – compra de imóveis públicos de propriedade do mesmo ente disponibilizados para venda;

III – pagamento de outorga de delegações de serviços públicos e demais espécies de concessão negocial promovidas pelo mesmo ente;

IV – aquisição, inclusive minoritária, de participação societária, disponibilizada para venda, do respectivo ente federativo; ou

V – compra de direitos, disponibilizados para cessão, do respectivo ente federativo, inclusive, no caso da União, da antecipação de valores a serem recebidos a título do excedente em óleo em contratos de partilha de petróleo.
- Incisos I a V acrescidos pela EC 113/2021.

§ 12. A partir da promulgação desta Emenda Constitucional, a atualização de valores de requisitórios, após sua expedição, até o efetivo pagamento, independentemente de sua natureza, será feita pelo índice oficial de remuneração básica da caderneta de poupança, e, para fins de compensação da mora, incidirão juros simples no mesmo percentual de juros incidentes sobre a caderneta de poupança, ficando excluída a incidência de juros compensatórios.
- § 12 acrescido pela EC 62/2009.
- O STF, no julgamento da ADIN 4.425 (DJE 19.12.2013), julgou procedente a ação para declarar a inconstitucionalidade das expressões "índice oficial de remuneração básica da caderneta de poupança", e "independentemente de sua natureza", contidas na redação deste parágrafo.

§ 13. O credor poderá ceder, total ou parcialmente, seus créditos em precatórios a terceiros, independentemente da concordância do devedor, não se aplicando ao cessionário o disposto nos §§ 2º e 3º.
- § 13 acrescido pela EC 62/2009.
- Arts. 286 a 298 do CC.

§ 14. A cessão de precatórios, observado o disposto no § 9º deste artigo, somente produzirá efeitos após comunicação, por meio de petição protocolizada, ao Tribunal de origem e ao ente federativo devedor.
- § 14 com redação pela EC 113/2021.

§ 15. Sem prejuízo do disposto neste artigo, lei complementar a esta Constituição Federal poderá estabelecer regime especial para pagamento de crédito de precatórios de Estados, Distrito Federal e Municípios, dispondo sobre vinculações à receita corrente líquida e forma e prazo de liquidação.
- § 15 acrescido pela EC 62/2009.
- O STF, no julgamento da ADIN 4.425 (DJE 19.12.2013), julgou procedente a ação para declarar a inconstitucionalidade deste parágrafo.
- Art. 97, *caput*, do ADCT.

§ 16. A seu critério exclusivo e na forma de lei, a União poderá assumir débitos, oriundos de precatórios, de Estados, Distrito Federal e Municípios, refinanciando-os diretamente.
- § 16 acrescido pela EC 62/2009.

§ 17. A União, os Estados, o Distrito Federal e os Municípios aferirão mensalmente, em base anual, o comprometimento de suas respectivas receitas correntes líquidas com o pagamento de precatórios e obrigações de pequeno valor.
- § 17 acrescido pela EC 94/2016.

§ 18. Entende-se como receita corrente líquida, para os fins de que trata o § 17, o somatório das receitas tributárias, patrimoniais, industriais, agropecuárias, de contribuições e de serviços, de transferências correntes e outras receitas correntes, incluindo as oriundas do § 1º do art. 20 da Constituição Federal, verificado no período compreendido pelo segundo mês imediatamente anterior ao de referência e os 11 (onze) meses precedentes, excluídas as duplicidades, e deduzidas:
▸ § 18 acrescido pela EC 94/2016.

I – na União, as parcelas entregues aos Estados, ao Distrito Federal e aos Municípios por determinação constitucional;
II – nos Estados, as parcelas entregues aos Municípios por determinação constitucional;
III – na União, nos Estados, no Distrito Federal e nos Municípios, a contribuição dos servidores para custeio de seu sistema de previdência e assistência social e as receitas provenientes da compensação financeira referida no § 9º do art. 201 da Constituição Federal.

§ 19. Caso o montante total de débitos decorrentes de condenações judiciais em precatórios e obrigações de pequeno valor, em período de 12 (doze) meses, ultrapasse a média do comprometimento percentual da receita corrente líquida nos 5 (cinco) anos imediatamente anteriores, a parcela que exceder esse percentual poderá ser financiada, excetuada dos limites de endividamento de que tratam os incisos VI e VII do art. 52 da Constituição Federal e de quaisquer outros limites de endividamento previstos, não se aplicando a esse financiamento a vedação de vinculação de receita prevista no inciso IV do art. 167 da Constituição Federal.
▸ § 19 acrescido pela EC 94/2016.

§ 20. Caso haja precatório com valor superior a 15% (quinze por cento) do montante dos precatórios apresentados nos termos do § 5º deste artigo, 15% (quinze por cento) do valor deste precatório serão pagos até o final do exercício seguinte e o restante em parcelas iguais nos cinco exercícios subsequentes, acrescidas de juros de mora e correção monetária, ou mediante acordos diretos, perante Juízos Auxiliares de Conciliação de Precatórios, com redução máxima de 40% (quarenta por cento) do valor do crédito atualizado, desde que em relação ao crédito não penda recurso ou defesa judicial e que sejam observados os requisitos definidos na regulamentação editada pelo ente federado.
▸ § 20 acrescido pela EC 94/2016.

§ 21. Ficam a União e os demais entes federativos, nos montantes que lhes são próprios, desde que aceito por ambas as partes, autorizados a utilizar valores objeto de sentenças transitadas em julgado devidos a pessoa jurídica de direito público para amortizar dívidas, vencidas ou vincendas:
▸ § 21 acrescido pela EC 113/2021.

I – nos contratos de refinanciamento cujos créditos sejam detidos pelo ente federativo que figure como devedor na sentença de que trata o *caput* deste artigo;
II – nos contratos em que houve prestação de garantia a outro ente federativo;
III – nos parcelamentos de tributos ou de contribuições sociais; e
IV – nas obrigações decorrentes do descumprimento de prestação de contas ou de desvio de recursos.

§ 22. A amortização de que trata o § 21 deste artigo:
▸ § 22 acrescido pela EC 113/2021.

I – nas obrigações vencidas, será imputada primeiramente às parcelas mais antigas;
II – nas obrigações vincendas, reduzirá uniformemente o valor de cada parcela devida, mantida a duração original do respectivo contrato ou parcelamento.

Seção II
Do Supremo Tribunal Federal

Art. 101. O Supremo Tribunal Federal compõe-se de onze Ministros, escolhidos dentre cidadãos com mais de trinta e cinco e menos de setenta anos de idade, de notável saber jurídico e reputação ilibada.
▸ Caput com redação pela EC 122/2022.
▸ Arts. 1.027 a 1.044 do CPC.
▸ Lei 8.038/1990 (Normas procedimentais para os processos que especifica, perante o STJ e o STF).

Parágrafo único. Os Ministros do Supremo Tribunal Federal serão nomeados pelo Presidente da República, depois de aprovada a escolha pela maioria absoluta do Senado Federal.

Art. 102. Compete ao Supremo Tribunal Federal, precipuamente, a guarda da Constituição, cabendo-lhe:
I – processar e julgar, originariamente:
a) a ação direta de inconstitucionalidade de lei ou ato normativo federal ou estadual e a ação declaratória de constitucionalidade de lei ou ato normativo federal;
▸ Alínea *a* com redação pela EC 3/1993.
▸ Lei 9.868/1999 (Lei da ADIN e da ADECON).
▸ Dec. 2.346/1997 (Normas de procedimentos a serem observadas pela administração pública federal em razão de decisões judiciais).
▸ Súmulas 360, 642 e 735 do STF.

b) nas infrações penais comuns, o Presidente da República, o Vice-Presidente, os membros do Congresso Nacional, seus próprios Ministros e o Procurador-Geral da República;
c) nas infrações penais comuns e nos crimes de responsabilidade, os Ministros de Estado e os Comandantes da Marinha, do Exército e da Aeronáutica, ressalvado o disposto no artigo 52, I, os membros dos Tribunais Superiores, os do Tribunal de Contas da União e os chefes de missão diplomática de caráter permanente;
▸ Alínea *c* com redação pela EC 23/1999.
▸ Lei 1.079/1950 (Crimes de Responsabilidade).

d) o *habeas corpus*, sendo paciente qualquer das pessoas referidas nas alíneas anteriores; o mandado de segurança e o *habeas data* contra atos do Presidente da República, das Mesas da Câmara dos Deputados e do Senado Federal, do Tribunal de Contas da União, do Procurador-Geral da República e do próprio Supremo Tribunal Federal;
▸ Lei 9.507/1997 (*Habeas Data*).
▸ Lei 12.016/2009 (Mandado de Segurança Individual e Coletivo).
▸ Súmula 624 e 692 do STF.

e) o litígio entre Estado estrangeiro ou organismo internacional e a União, o Estado, o Distrito Federal ou o Território;
f) as causas e os conflitos entre a União e os Estados, a União e o Distrito Federal, ou entre uns e outros, inclusive as respectivas entidades da administração indireta;
g) a extradição solicitada por Estado estrangeiro;

► Súmulas 367, 421 e 692 do STF.
h) *Revogada pela EC 45/2004;*
i) *o habeas corpus,* quando o coator for Tribunal Superior ou quando o coator ou o paciente for autoridade ou funcionário cujos atos estejam sujeitos diretamente à jurisdição do Supremo Tribunal Federal, ou se trate de crime sujeito à mesma jurisdição em uma única instância;
► Alínea *i* com redação pela EC 22/1999.
► Súmulas 606, 690, 691, 692 e 731 do STF.
j) a revisão criminal e a ação rescisória de seus julgados;
► Arts. 967 a 975 do CPC.
► Arts. 621 a 631 do CPP.
l) a reclamação para a preservação de sua competência e garantia da autoridade de suas decisões;
► Arts. 988 a 993 do CPC.
► Súmula 734 do STF.
m) a execução de sentença nas causas de sua competência originária, facultada a delegação de atribuições para a prática de atos processuais;
n) a ação em que todos os membros da magistratura sejam direta ou indiretamente interessados, e aquela em que mais da metade dos membros do Tribunal de origem estejam impedidos ou sejam direta ou indiretamente interessados;
► Súmulas 623 e 731 do STF.
o) os conflitos de competência entre o Superior Tribunal de Justiça e quaisquer Tribunais, entre Tribunais Superiores, ou entre estes e qualquer outro Tribunal;
► Arts. 105, I, *d*, 108, I, *e*, e 114, V, desta Constituição.
p) o pedido de medida cautelar das ações diretas de inconstitucionalidade;
q) o mandado de injunção, quando a elaboração da norma regulamentadora for atribuição do Presidente da República, do Congresso Nacional, da Câmara dos Deputados, do Senado Federal, das Mesas de uma dessas Casas Legislativas, do Tribunal de Contas da União, de um dos Tribunais Superiores, ou do próprio Supremo Tribunal Federal;
► Lei 13.300/2016 (Mandado de Injunção Individual e Coletivo).
r) as ações contra o Conselho Nacional de Justiça e contra o Conselho Nacional do Ministério Público;
► Alínea *r* acrescida pela EC 45/2004.
► Arts. 103-A e 130-B desta Constituição.
II – julgar, em recurso ordinário:
a) o *habeas corpus,* o mandado de segurança, o *habeas data* e o mandado de injunção decididos em única instância pelos Tribunais Superiores, se denegatória a decisão;
► Lei 9.507/1997 (*Habeas Data*).
► Lei 12.016/2009 (Mandado de Segurança Individual e Coletivo).
► Lei 13.300/2016 (Mandado de Injunção Individual e Coletivo).
b) o crime político;
III – julgar, mediante recurso extraordinário, as causas decididas em única ou última instância, quando a decisão recorrida:
► Súmulas 279, 283, 634, 635, 637, 640, 727 e 733 do STF.
a) contrariar dispositivo desta Constituição;
► Súmulas 400 e 735 do STF.
b) declarar a inconstitucionalidade de tratado ou lei federal;
c) julgar válida lei ou ato de governo local contestado em face desta Constituição;

d) julgar válida lei local contestada em face de lei federal.
► Alínea *d* acrescida pela EC 45/2004.
§ 1º A arguição de descumprimento de preceito fundamental, decorrente desta Constituição, será apreciada pelo Supremo Tribunal Federal, na forma da lei.
► Primitivo parágrafo único renumerado pela EC 3/1993.
► Lei 9.882/1999 (Ação de Descumprimento de Preceito Fundamental).
§ 2º As decisões definitivas de mérito, proferidas pelo Supremo Tribunal Federal, nas ações diretas de inconstitucionalidade e nas ações declaratórias de constitucionalidade, produzirão eficácia contra todos e efeito vinculante, relativamente aos demais órgãos do Poder Judiciário e à administração pública direta e indireta, nas esferas federal, estadual e municipal.
► § 2º com redação pela EC 45/2004.
► Lei 9.868/1999 (Lei da ADIN e da ADECON).
§ 3º No recurso extraordinário o recorrente deverá demonstrar a repercussão geral das questões constitucionais discutidas no caso, nos termos da lei, a fim de que o Tribunal examine a admissão do recurso, somente podendo recusá-lo pela manifestação de dois terços de seus membros.
► § 3º acrescido pela EC 45/2004.
► Arts. 1.035 e 1.036 do CPC.
► Lei 11.418/2006 (Regulamenta o § 3º do art. 102 da CF).
Art. 103. Podem propor a ação direta de inconstitucionalidade e a ação declaratória de constitucionalidade:
► *Caput* com redação pela EC 45/2004.
► Arts. 2º, 12-A e 13 da Lei 9.868/1999 (Lei da ADIN e da ADECON).
I – o Presidente da República;
II – a Mesa do Senado Federal;
III – a Mesa da Câmara dos Deputados;
IV – a Mesa de Assembleia Legislativa ou da Câmara Legislativa do Distrito Federal;
► Inciso IV com redação pela EC 45/2004.
V – o Governador de Estado ou do Distrito Federal;
► Inciso V com redação pela EC 45/2004.
VI – o Procurador-Geral da República;
VII – o Conselho Federal da Ordem dos Advogados do Brasil;
VIII – partido político com representação no Congresso Nacional;
IX – confederação sindical ou entidade de classe de âmbito nacional.
§ 1º O Procurador-Geral da República deverá ser previamente ouvido nas ações de inconstitucionalidade e em todos os processos de competência do Supremo Tribunal Federal.
§ 2º Declarada a inconstitucionalidade por omissão de medida para tornar efetiva norma constitucional, será dada ciência ao Poder competente para a adoção das providências necessárias e, em se tratando de órgão administrativo, para fazê-lo em trinta dias.
► Art. 12-H da Lei 9.868/1999 (Lei da ADIN e ADECON).
§ 3º Quando o Supremo Tribunal Federal apreciar a inconstitucionalidade, em tese, de norma legal ou ato normativo, citará, previamente, o Advogado-Geral da União, que defenderá o ato ou texto impugnado.
§ 4º *Revogado pela EC 45/2004.*

Art. 103-A. O Supremo Tribunal Federal poderá, de ofício ou por provocação, mediante decisão de dois terços dos seus membros, após reiteradas decisões sobre matéria constitucional, aprovar súmula que, a partir de sua publicação na imprensa oficial, terá efeito vinculante em relação aos demais órgãos do Poder Judiciário e à administração pública direta e indireta, nas esferas federal, estadual e municipal, bem como proceder à sua revisão ou cancelamento, na forma estabelecida em lei.
- Art. 8º da EC 45/2004 (Reforma do Judiciário).
- Lei 11.417/2006 (Súmula Vinculante).

§ 1º A súmula terá por objetivo a validade, a interpretação e a eficácia de normas determinadas, acerca das quais haja controvérsia atual entre órgãos judiciários ou entre esses e a administração pública que acarrete grave insegurança jurídica e relevante multiplicação de processos sobre questão idêntica.

§ 2º Sem prejuízo do que vier a ser estabelecido em lei, a aprovação, revisão ou cancelamento de súmula poderá ser provocada por aqueles que podem propor a ação direta de inconstitucionalidade.

§ 3º Do ato administrativo ou decisão judicial que contrariar a súmula aplicável ou que indevidamente a aplicar, caberá reclamação ao Supremo Tribunal Federal que, julgando-a procedente, anulará o ato administrativo ou cassará a decisão judicial reclamada, e determinará que outra seja proferida com ou sem a aplicação da súmula, conforme o caso.

Art. 103-B. O Conselho Nacional de Justiça compõe-se de 15 (quinze) membros com mandato de 2 (dois) anos, admitida 1 (uma) recondução, sendo:
- Caput com redação pela EC 61/2009.
- Lei 11.364/2006 (Atividades de apoio ao Conselho Nacional de Justiça).

I – o Presidente do Supremo Tribunal Federal;
- Inciso I com redação pela EC 61/2009.

II – um Ministro do Superior Tribunal de Justiça, indicado pelo respectivo tribunal;
- Inciso II acrescido pela EC 45/2004.

III – um Ministro do Tribunal Superior do Trabalho, indicado pelo respectivo tribunal;
- Inciso III acrescido pela EC 45/2004.

IV – um desembargador de Tribunal de Justiça, indicado pelo Supremo Tribunal Federal;
- Inciso IV acrescido pela EC 45/2004.

V – um juiz estadual, indicado pelo Supremo Tribunal Federal;
- Inciso V acrescido pela EC 45/2004.

VI – um juiz de Tribunal Regional Federal, indicado pelo Superior Tribunal de Justiça;
- Inciso VI acrescido pela EC 45/2004.

VII – um juiz federal, indicado pelo Superior Tribunal de Justiça;
- Inciso VII acrescido pela EC 45/2004.

VIII – um juiz de Tribunal Regional do Trabalho, indicado pelo Tribunal Superior do Trabalho;
- Inciso VIII acrescido pela EC 45/2004.

IX – um juiz do trabalho, indicado pelo Tribunal Superior do Trabalho;
- Inciso IX acrescido pela EC 45/2004.

X – um membro do Ministério Público da União, indicado pelo Procurador-Geral da República;
- Inciso X acrescido pela EC 45/2004.

XI – um membro do Ministério Público estadual, escolhido pelo Procurador-Geral da República dentre os nomes indicados pelo órgão competente de cada instituição estadual;
- Inciso XI acrescido pela EC 45/2004.

XII – dois advogados, indicados pelo Conselho Federal da Ordem dos Advogados do Brasil;
- Inciso XII acrescido pela EC 45/2004.

XIII – dois cidadãos, de notável saber jurídico e reputação ilibada, indicados um pela Câmara dos Deputados e outro pelo Senado Federal.
- Inciso XIII acrescido pela EC 45/2004.

§ 1º O Conselho será presidido pelo Presidente do Supremo Tribunal Federal e, nas suas ausências e impedimentos, pelo Vice-Presidente do Supremo Tribunal Federal.
- § 1º com redação pela EC 61/2009.

§ 2º Os demais membros do Conselho serão nomeados pelo Presidente da República, depois de aprovada a escolha pela maioria absoluta do Senado Federal.
- § 2º com redação pela EC 61/2009.

§ 3º Não efetuadas, no prazo legal, as indicações previstas neste artigo, caberá a escolha ao Supremo Tribunal Federal.
- § 3º acrescido pela EC 45/2004.

§ 4º Compete ao Conselho o controle da atuação administrativa e financeira do Poder Judiciário e do cumprimento dos deveres funcionais dos juízes, cabendo-lhe, além de outras atribuições que lhe forem conferidas pelo Estatuto da Magistratura:
- § 4º acrescido pela EC 45/2004.

I – zelar pela autonomia do Poder Judiciário e pelo cumprimento do Estatuto da Magistratura, podendo expedir atos regulamentares, no âmbito de sua competência, ou recomendar providências;
- Inciso I acrescido pela EC 45/2004.

II – zelar pela observância do art. 37 e apreciar, de ofício ou mediante provocação, a legalidade dos atos administrativos praticados por membros ou órgãos do Poder Judiciário, podendo desconstituí-los, revê-los ou fixar prazo para que se adotem as providências necessárias ao exato cumprimento da lei, sem prejuízo da competência do Tribunal de Contas da União;
- Inciso II acrescido pela EC 45/2004.

III – receber e conhecer das reclamações contra membros ou órgãos do Poder Judiciário, inclusive contra seus serviços auxiliares, serventias e órgãos prestadores de serviços notariais e de registro que atuem por delegação do poder público ou oficializados, sem prejuízo da competência disciplinar e correicional dos tribunais, podendo avocar processos disciplinares em curso, determinar a remoção ou a disponibilidade e aplicar outras sanções administrativas, assegurada ampla defesa;
- Inciso III com redação pela EC 103/2019.

IV – representar ao Ministério Público, no caso de crime contra a administração pública ou de abuso de autoridade;
- Inciso IV acrescido pela EC 45/2004.

V – rever, de ofício ou mediante provocação, os processos disciplinares de juízes e membros de tribunais julgados há menos de um ano;
- Inciso V acrescido pela EC 45/2004.

VI – elaborar semestralmente relatório estatístico sobre processos e sentenças prolatadas, por unidade da Federação, nos diferentes órgãos do Poder Judiciário;
- Inciso VI acrescido pela EC 45/2004.

VII – elaborar relatório anual, propondo as providências que julgar necessárias, sobre a situação do

Poder Judiciário no País e as atividades do Conselho, o qual deve integrar mensagem do Presidente do Supremo Tribunal Federal a ser remetida ao Congresso Nacional, por ocasião da abertura da sessão legislativa.
> Inciso VII acrescido pela EC 45/2004.

§ 5º O Ministro do Superior Tribunal de Justiça exercerá a função de Ministro Corregedor e ficará excluído da distribuição de processos no Tribunal, competindo-lhe, além das atribuições que lhe forem conferidas pelo Estatuto da Magistratura, as seguintes:
> § 5º acrescido pela EC 45/2004.

I - receber as reclamações e denúncias, de qualquer interessado, relativas aos magistrados e aos serviços judiciários;

II - exercer funções executivas do Conselho, de inspeção e de correição geral;

III - requisitar e designar magistrados, delegando-lhes atribuições, e requisitar servidores de juízos ou tribunais, inclusive nos Estados, Distrito Federal e Territórios.

§ 6º Junto ao Conselho oficiarão o Procurador-Geral da República e o Presidente do Conselho Federal da Ordem dos Advogados do Brasil.
> § 6º acrescido pela EC 45/2004.

§ 7º A União, inclusive no Distrito Federal e nos Territórios, criará ouvidorias de justiça, competentes para receber reclamações e denúncias de qualquer interessado contra membros ou órgãos do Poder Judiciário, ou contra seus serviços auxiliares, representando diretamente ao Conselho Nacional de Justiça.
> § 7º acrescido pela EC 45/2004.

Seção III
Do Superior Tribunal de Justiça
> Arts. 1.027 a 1.044 do CPC.
> Lei 8.038/1990 (Normas procedimentais para os processos que especifica, perante o STJ e o STF).

Art. 104. O Superior Tribunal de Justiça compõe-se de, no mínimo, trinta e três Ministros.

Parágrafo único. Os Ministros do Superior Tribunal de Justiça serão nomeados pelo Presidente da República, dentre brasileiros com mais de trinta e cinco e menos de setenta anos de idade, de notável saber jurídico e reputação ilibada, depois de aprovada a escolha pela maioria absoluta do Senado Federal, sendo:
> *Caput* do parágrafo único com redação pela EC 122/2022.

I - um terço dentre juízes dos Tribunais Regionais Federais e um terço dentre desembargadores dos Tribunais de Justiça, indicados em lista tríplice elaborada pelo próprio Tribunal;

II - um terço, em partes iguais, dentre advogados e membros do Ministério Público Federal, Estadual, do Distrito Federal e Territórios, alternadamente, indicados na forma do artigo 94.

Art. 105. Compete ao Superior Tribunal de Justiça:

I - processar e julgar, originariamente:

a) nos crimes comuns, os Governadores dos Estados e do Distrito Federal, e, nestes e nos de responsabilidade, os desembargadores dos Tribunais de Justiça dos Estados e do Distrito Federal, os membros dos Tribunais de Contas dos Estados e do Distrito Federal, os dos Tribunais Regionais Federais, dos Tribunais Regionais Eleitorais e do Trabalho, os membros dos Conselhos ou Tribunais de Contas dos Municípios e os do Ministério Público da União que oficiem perante tribunais;
> Súmula 568 do STJ.

b) os mandados de segurança e os *habeas data* contra ato de Ministro de Estado, dos Comandantes da Marinha, do Exército e da Aeronáutica ou do próprio Tribunal;
> Alínea *b* com redação pela EC 23/1999.
> Lei 9.507/1997 (Habeas Data).
> Lei 12.016/2009 (Mandado de Segurança Individual e Coletivo).
> Súmula 41 do STJ.

c) os *habeas corpus*, quando o coator ou paciente for qualquer das pessoas mencionadas na alínea a, ou quando o coator for tribunal sujeito à sua jurisdição, Ministro de Estado ou Comandante da Marinha, do Exército ou da Aeronáutica, ressalvada a competência da Justiça Eleitoral;
> Alínea *c* com redação pela EC 23/1999.
> Súmula 568 do STJ.

d) os conflitos de competência entre quaisquer tribunais, ressalvado o disposto no artigo 102, I, o, bem como entre Tribunal e juízes a ele não vinculados e entre juízes vinculados a Tribunais diversos;
> Súmula 22 do STJ.

e) as revisões criminais e as ações rescisórias de seus julgados;
> Arts. 966 a 975 do CPC.
> Arts. 621 a 631 do CP.

f) a reclamação para a preservação de sua competência e garantia da autoridade de suas decisões;
> Arts. 988 a 993 do CPC.

g) os conflitos de atribuições entre autoridades administrativas e judiciárias da União, ou entre autoridades judiciárias de um Estado e administrativas de outro ou do Distrito Federal, ou entre as deste e da União;

h) o mandado de injunção, quando a elaboração da norma regulamentadora for atribuição de órgão, entidade ou autoridade federal, da administração direta ou indireta, excetuados os casos de competência do Supremo Tribunal Federal e dos órgãos da Justiça Militar, da Justiça Eleitoral, da Justiça do Trabalho e da Justiça Federal;
> Art. 109 desta Constituição.
> Lei 13.300/2016 (Mandado de Injunção Individual e Coletivo).

i) a homologação de sentenças estrangeiras e a concessão de exequatur às cartas rogatórias;
> Alínea *i* acrescida pela EC 45/2004.
> Art. 109, X, desta Constituição.
> Arts. 960, § 2º, 961 e 965 do CPC.

j) os conflitos entre entes federativos, ou entre estes e o Comitê Gestor do Imposto sobre Bens e Serviços, relacionados aos tributos previstos nos arts. 156-A e 195, V;
> Alínea *j* acrescida pela EC 132/2023.

II - julgar, em recurso ordinário:

a) os *habeas corpus* decididos em única ou última instância pelos Tribunais Regionais Federais ou pelos Tribunais dos Estados, do Distrito Federal e Territórios, quando a decisão for denegatória;

b) os mandados de segurança decididos em única ou última instância pelos Tribunais Regionais Federais ou pelos Tribunais dos Estados, do Distrito Federal e Territórios, quando denegatória a decisão;
> Lei 12.016/2009 (Mandado de Segurança Individual e Coletivo).

c) as causas em que forem partes Estado estrangeiro ou organismo internacional, de um lado, e, do outro, Município ou pessoa residente ou domiciliada no País;
III – julgar, em recurso especial, as causas decididas, em única ou última instância, pelos Tribunais Regionais Federais ou pelos Tribunais dos Estados, do Distrito Federal e Territórios, quando a decisão recorrida:
> Súmulas 5, 7, 86, 95, 203, 207, 320 e 579 do STJ.

a) contrariar tratado ou lei federal, ou negar-lhes vigência;
b) julgar válido ato de governo local contestado em face de lei federal;
> Alínea *b* com redação pela EC 45/2004.

c) der a lei federal interpretação divergente da que lhe haja atribuído outro Tribunal.
> Súmula 13 do STJ.

§ 1º Funcionarão junto ao Superior Tribunal de Justiça:
> Parágrafo único renumerado para § 1º pela EC 125/2022, e com redação pela EC 45/2004.

I – a escola nacional de formação e aperfeiçoamento de magistrados, cabendo-lhe, dentre outras funções, regulamentar os cursos oficiais para o ingresso e promoção na carreira;
> Inciso I acrescido pela EC 45/2004.

II – o Conselho da Justiça Federal, cabendo-lhe exercer, na forma da lei, a supervisão administrativa e orçamentária da Justiça Federal de primeiro e segundo graus, como órgão central do sistema e com poderes correicionais, cujas decisões terão caráter vinculante.
> Inciso II acrescido pela EC 45/2004.

§ 2º No recurso especial, o recorrente deve demonstrar a relevância das questões de direito federal infraconstitucional discutidas no caso, nos termos da lei, a fim de que a admissão do recurso seja examinada pelo Tribunal, o qual somente pode dele não conhecer com base nesse motivo pela manifestação de 2/3 (dois terços) dos membros do órgão competente para o julgamento.
> § 2º acrescido pela EC 125/2022.
> Art. 2º da EC 125/2022.

§ 3º Haverá a relevância de que trata o § 2º deste artigo nos seguintes casos:
> § 3º acrescido pela EC 125/2022.

I – ações penais;
II – ações de improbidade administrativa;
III – ações cujo valor da causa ultrapasse 500 (quinhentos) salários mínimos;
> Art. 2º da EC 125/2022.

IV – ações que possam gerar inelegibilidade;
V – hipóteses em que o acórdão recorrido contrariar jurisprudência dominante do Superior Tribunal de Justiça;
VI – outras hipóteses previstas em lei.

Seção IV
Dos Tribunais Regionais Federais e dos Juízes Federais

Art. 106. São órgãos da Justiça Federal:
I – os Tribunais Regionais Federais;
II – os Juízes Federais.

Art. 107. Os Tribunais Regionais Federais compõem-se de, no mínimo, sete juízes, recrutados, quando possível, na respectiva região e nomeados pelo Presidente da República dentre brasileiros com mais de trinta e menos de setenta anos de idade, sendo:
> Caput com redação pela EC 122/2022.

I – um quinto dentre advogados com mais de dez anos de efetiva atividade profissional e membros do Ministério Público Federal com mais de dez anos de carreira;
II – os demais, mediante promoção de juízes federais com mais de cinco anos de exercício, por antiguidade e merecimento, alternadamente.
> Art. 27, § 9º, do ADCT.

§ 1º A lei disciplinará a remoção ou a permuta de juízes dos Tribunais Regionais Federais e determinará sua jurisdição e sede.
> Primitivo parágrafo único renumerado pela EC 45/2004.

§ 2º Os Tribunais Regionais Federais instalarão a justiça itinerante, com a realização de audiências e demais funções da atividade jurisdicional, nos limites territoriais da respectiva jurisdição, servindo-se de equipamentos públicos e comunitários.
> § 2º acrescido pela EC 45/2004.

§ 3º Os Tribunais Regionais Federais poderão funcionar descentralizadamente, constituindo Câmaras regionais, a fim de assegurar o pleno acesso do jurisdicionado à justiça em todas as fases do processo.
> § 3º acrescido pela EC 45/2004.

Art. 108. Compete aos Tribunais Regionais Federais:
I – processar e julgar, originariamente:
a) os juízes federais da área de sua jurisdição, incluídos os da Justiça Militar e da Justiça do Trabalho, nos crimes comuns e de responsabilidade, e os membros do Ministério Público da União, ressalvada a competência da Justiça Eleitoral;
b) as revisões criminais e as ações rescisórias de julgados seus ou dos juízes federais da região;
> Arts. 966 a 975 do CPC.
> Arts. 621 a 631 do CPP.

c) os mandados de segurança e os *habeas data* contra ato do próprio Tribunal ou de juiz federal;
> Lei 9.507/1997 (*Habeas Data*).
> Lei 12.016/2009 (Mandado de Segurança Individual e Coletivo).

d) os *habeas corpus*, quando a autoridade coatora for juiz federal;
e) os conflitos de competência entre juízes federais vinculados ao Tribunal;
> Súmulas 3 e 428 do STJ.

II – julgar, em grau de recurso, as causas decididas pelos juízes federais e pelos juízes estaduais no exercício da competência federal da área de sua jurisdição.
> Súmula 55 do STJ.

Art. 109. Aos juízes federais compete processar e julgar:
> Lei 7.492/1986 (Crimes Contra o Sistema Financeiro Nacional).
> Lei 10.259/2001 (Juizados Especiais Federais).
> Art. 70 da Lei 11.343/2006 (Drogas).
> Súmulas 15, 32, 42, 66, 82, 150, 173, 324, 349 e 365 do STJ.

I – as causas em que a União, entidade autárquica ou empresa pública federal forem interessadas na condição de autoras, rés, assistentes ou oponentes, exceto as de falência, as de acidentes de trabalho e as sujeitas à Justiça Eleitoral e à Justiça do Trabalho;
> Súmulas Vinculantes 22 e 27 do STF.

▶ Súmulas 15, 32, 42, 66, 82, 150, 173, 324, 365, 374, 489 e 570 do STJ.

II – as causas entre Estado estrangeiro ou organismo internacional e Município ou pessoa domiciliada ou residente no País;

III – as causas fundadas em tratado ou contrato da União com Estado estrangeiro ou organismo internacional;

▶ Súmula 689 do STF.

IV – os crimes políticos e as infrações penais praticadas em detrimento de bens, serviços ou interesse da União ou de suas entidades autárquicas ou empresas públicas, excluídas as contravenções e ressalvada a competência da Justiça Militar e da Justiça Eleitoral;

▶ Art. 9º do CPM.
▶ Súmula Vinculante 36 do STF.
▶ Súmulas 38, 42, 62, 73, 104, 147, 165, 208 e 546 do STJ.

V – os crimes previstos em tratado ou convenção internacional, quando, iniciada a execução no País, o resultado tenha ou devesse ter ocorrido no estrangeiro, ou reciprocamente;

V-A – as causas relativas a direitos humanos a que se refere o § 5º deste artigo;

▶ Inciso V-A acrescido pela EC 45/2004.

VI – os crimes contra a organização do trabalho e, nos casos determinados por lei, contra o sistema financeiro e a ordem econômico-financeira;

▶ Arts. 197 a 207 do CP.
▶ Lei 7.492/1986 (Crimes contra o Sistema Financeiro Nacional).
▶ Lei 8.137/1990 (Crimes Contra a Ordem Tributária, Econômica e contra as Relações de Consumo).
▶ Lei 8.176/1991 (Crimes contra a Ordem Econômica).

VII – os *habeas corpus*, em matéria criminal de sua competência ou quando o constrangimento provier de autoridade cujos atos não estejam diretamente sujeitos a outra jurisdição;

VIII – os mandados de segurança e os *habeas data* contra ato de autoridade federal, excetuados os casos de competência dos Tribunais federais;

▶ Lei 9.507/1997 (*Habeas Data*).
▶ Lei 12.016/2009 (Mandado de Segurança Individual e Coletivo).

IX – os crimes cometidos a bordo de navios ou aeronaves, ressalvada a competência da Justiça Militar;

▶ Art. 125, § 4º, desta Constituição.

X – os crimes de ingresso ou permanência irregular de estrangeiro, a execução de carta rogatória, após o exequatur, e de sentença estrangeira, após a homologação, as causas referentes à nacionalidade, inclusive a respectiva opção, e a naturalização;

▶ Art. 105, I, *i*, desta Constituição.
▶ Arts. 960 a 965 do CPC.

XI – a disputa sobre direitos indígenas.

▶ Súmula 140 do STJ.

§ 1º As causas em que a União for autora serão aforadas na seção judiciária onde tiver domicílio a outra parte.

§ 2º As causas intentadas contra a União poderão ser aforadas na seção judiciária em que for domiciliado o autor, naquela onde houver ocorrido o ato ou fato que deu origem à demanda ou onde esteja situada a coisa, ou, ainda, no Distrito Federal.

§ 3º Lei poderá autorizar que as causas de competência da Justiça Federal em que forem parte instituição de previdência social e segurado possam ser processadas e julgadas na justiça estadual quando a comarca do domicílio do segurado não for sede de vara federal.

▶ § 3º com redação pela EC 103/2019.
▶ Lei 5.010/1966 (Organização da Justiça Federal).
▶ Súmulas 11, 15 e 32 do STJ.

§ 4º Na hipótese do parágrafo anterior, o recurso cabível será sempre para o Tribunal Regional Federal na área de jurisdição do juiz de primeiro grau.

▶ Súmula 32 do STJ.

§ 5º Nas hipóteses de grave violação de direitos humanos, o Procurador-Geral da República, com a finalidade de assegurar o cumprimento de obrigações decorrentes de tratados internacionais de direitos humanos dos quais o Brasil seja parte, poderá suscitar, perante o Superior Tribunal de Justiça, em qualquer fase do inquérito ou processo, incidente de deslocamento de competência para a Justiça Federal.

▶ § 5º acrescido pela EC 45/2004.

Art. 110. Cada Estado, bem como o Distrito Federal, constituirá uma seção judiciária que terá por sede a respectiva Capital, e varas localizadas segundo o estabelecido em lei.

▶ Lei 5.010/1966 (Organização da Justiça Federal).

Parágrafo único. Nos Territórios Federais, a jurisdição e as atribuições cometidas aos juízes federais caberão aos juízes da justiça local, na forma da lei.

▶ Lei 9.788/1999 (Reestruturação da Justiça Federal de Primeiro Grau, nas cinco regiões, com a criação de cem Varas Federais).

Seção V
Do Tribunal Superior do Trabalho, dos Tribunais Regionais do Trabalho e dos Juízes do Trabalho

▶ Seção V com redação pela EC 92/2016
▶ Art. 644 da CLT.

Art. 111. São órgãos da Justiça do Trabalho:

I – o Tribunal Superior do Trabalho;
II – os Tribunais Regionais do Trabalho;
III – Juízes do Trabalho.

▶ Inciso III com redação pela EC 24/1999.

§ 1º *Revogado pela EC 45/2004.*
§ 2º *Revogado pela EC 45/2004.*
§ 3º *Revogado pela EC 45/2004.*

Art. 111-A. O Tribunal Superior do Trabalho compõe-se de vinte e sete Ministros, escolhidos dentre brasileiros com mais de trinta e cinco e menos de setenta anos de idade, de notável saber jurídico e reputação ilibada, nomeados pelo Presidente da República após aprovação pela maioria absoluta do Senado Federal, sendo:

▶ *Caput* com redação pela EC 122/2022.

I – um quinto dentre advogados com mais de dez anos de efetiva atividade profissional e membros do Ministério Público do Trabalho com mais de dez anos de efetivo exercício, observado o disposto no art. 94;

▶ Inciso I acrescido pela EC 45/2004.

II – os demais dentre juízes do Trabalho dos Tribunais Regionais do Trabalho, oriundos da magistratura da carreira, indicados pelo próprio Tribunal Superior.

▶ Inciso II acrescido pela EC 45/2004.

§ 1º A lei disporá sobre a competência do Tribunal Superior do Trabalho.

▶ § 1º acrescido pela EC 45/2004.

§ 2º Funcionarão junto ao Tribunal Superior do Trabalho:

▶ § 2º acrescido pela EC 45/2004.

I – a Escola Nacional de Formação e Aperfeiçoamento de Magistrados do Trabalho, cabendo-lhe, dentre outras funções, regulamentar os cursos oficiais para o ingresso e promoção na carreira;
▶ Inciso I acrescido pela EC 45/2004.

II – o Conselho Superior da Justiça do Trabalho, cabendo-lhe exercer, na forma da lei, a supervisão administrativa, orçamentária, financeira e patrimonial da Justiça do Trabalho de primeiro e segundo graus, como órgão central do sistema, cujas decisões terão efeito vinculante.
▶ Inciso II acrescido pela EC 45/2004.
▶ Art. 6º da EC 45/2004 (Reforma do Judiciário).

§ 3º Compete ao Tribunal Superior do Trabalho processar e julgar, originariamente, a reclamação para a preservação de sua competência e garantia da autoridade de suas decisões.
▶ § 3º acrescido pela EC 92/2016.

Art. 112. A lei criará varas da Justiça do Trabalho, podendo, nas comarcas não abrangidas por sua jurisdição, atribuí-la aos juízes de direito, com recurso para o respectivo Tribunal Regional do Trabalho.
▶ Artigo com redação pela EC 45/2004.

Art. 113. A lei disporá sobre a constituição, investidura, jurisdição, competência, garantias e condições de exercício dos órgãos da Justiça do Trabalho.
▶ Artigo com redação pela EC 24/1999.
▶ Arts. 643 a 673 da CLT.
▶ LC 35/1979 (Lei Orgânica da Magistratura Nacional).

Art. 114. Compete à Justiça do Trabalho processar e julgar:
▶ *Caput* com redação pela EC 45/2004.
▶ Art. 651 da CLT.
▶ Art. 6º, § 2º, da Lei 11.101/2005 (Recuperação de Empresas e Falências).
▶ Súmulas Vinculantes 22 e 23 do STF.
▶ Súmulas 349 e 736 do STF.
▶ Súmulas 57, 97, 137, 180, 222, 349 e 363 do STJ.
▶ Súmulas 300, 389 e 392 do TST.

I – as ações oriundas da relação de trabalho, abrangidos os entes de direito público externo e da administração pública direta e indireta da União, dos Estados, do Distrito Federal e dos Municípios;
▶ Inciso I acrescido pela EC 45/2004.
▶ O STF, por maioria, julgou parcialmente procedente a ADIN 3.395, confirmando a decisão liminar concedida e fixando, com aplicação de interpretação conforme a Constituição, sem redução de texto, que "o disposto no inciso I do art. 114 da Constituição Federal não abrange causas ajuizadas para discussão da relação jurídico-estatutária entre o Poder Público dos Entes da Federação e seus Servidores" (DOU 21.10.2020).
▶ O STF julgou parcialmente procedente a ADIN 3529 para dar interpretação conforme a Constituição deste inciso, para declarar que a "expressão 'relação do trabalho' deve excluir os vínculos de natureza jurídico-estatutária, em razão do que a competência da Justiça do Trabalho não alcança as ações judiciais entre o Poder Público e seus servidores." (DOU 01.09.2020).
▶ O STF, no julgamento da ADIN 3.684-0 (DJU 03.08.2007), deferiu a medida cautelar, com efeito *ex tunc*, para dar interpretação conforme a CF, decidindo que "o disposto no art. 114, incs. I, IV e IX, da Constituição da República, acrescidos pela Emenda Constitucional 45, não atribui à Justiça do Trabalho competência para processar e julgar ações penais".
▶ OJ 26 da SBDI-I do TST.

II – as ações que envolvam exercício do direito de greve;
▶ Inciso II acrescido pela EC 45/2004.
▶ Art. 9º desta Constituição.

▶ Lei 7.783/1989 (Greve).
▶ Súmula Vinculante 23 do STF.
▶ Súmula 189 do TST.

III – as ações sobre representação sindical, entre sindicatos, entre sindicatos e trabalhadores, e entre sindicatos e empregadores;
▶ Inciso III acrescido pela EC 45/2004.
▶ Lei 8.984/1995 (Estende a competência da Justiça do Trabalho).

IV – os mandados de segurança, *habeas corpus* e *habeas data*, quando o ato questionado envolver matéria sujeita à sua jurisdição;
▶ Inciso IV acrescido pela EC 45/2004.
▶ O STF, no julgamento da ADIN 3.684-0 (DJU 03.08.2007), deferiu a medida cautelar, com efeito *ex tunc*, para dar interpretação conforme a CF, decidindo que "o disposto no art. 114, incs. I, IV e IX, da Constituição da República, acrescidos pela Emenda Constitucional 45, não atribui à Justiça do Trabalho competência para processar e julgar ações penais".
▶ Arts. 5º, LXVIII, LXIX, LXXII, 7º, XXVIII, desta Constituição.
▶ Lei 9.507/1997 (*Habeas Data*).
▶ Lei 12.016/2009 (Mandado de Segurança Individual e Coletivo).
▶ OJ 156 da SBDI-II do TST.

V – os conflitos de competência entre órgãos com jurisdição trabalhista, ressalvado o disposto no art. 102, I, o;
▶ Inciso V acrescido pela EC 45/2004.
▶ Arts. 803 a 811 da CLT.
▶ Súmula 420 do TST.
▶ OJ 149 da SBDI-II do TST.

VI – as ações de indenização por dano moral ou patrimonial, decorrentes da relação de trabalho;
▶ Inciso VI acrescido pela EC 45/2004.
▶ Arts. 186, 927, 949 a 951 do CC.
▶ Art. 8º da CLT.
▶ Súmulas 227, 362, 370 e 387 do STJ.
▶ Súmula 392 do TST.

VII – as ações relativas às penalidades administrativas impostas aos empregadores pelos órgãos de fiscalização das relações de trabalho;
▶ Inciso VII acrescido pela EC 45/2004.
▶ OJ 156 da SBDI-II do TST.

VIII – a execução, de ofício, das contribuições sociais previstas no art. 195, I, a, e II, e seus acréscimos legais, decorrentes das sentenças que proferir;
▶ Inciso VIII acrescido pela EC 45/2004.
▶ Súmula Vinculante 53 do STF.
▶ Súmulas 368 e 454 do TST.
▶ OJs 368, 398 e 400 da SDI-I do TST.

IX – outras controvérsias decorrentes da relação de trabalho, na forma da lei.
▶ Inciso IX acrescido pela EC 45/2004.
▶ O STF, no julgamento da ADIN 3.684-0 (DJU 03.08.2007), deferiu a medida cautelar, com efeito *ex tunc*, para dar interpretação conforme a CF, decidindo que "o disposto no art. 114, incs. I, IV e IX, da Constituição da República, acrescidos pela Emenda Constitucional 45, não atribui à Justiça do Trabalho competência para processar e julgar ações penais".
▶ Súmula 736 do STF.
▶ Súmula 389 do TST.

§ 1º Frustrada a negociação coletiva, as partes poderão eleger árbitros.

§ 2º Recusando-se qualquer das partes à negociação coletiva ou à arbitragem, é facultado às mesmas, de comum acordo, ajuizar dissídio coletivo de natureza econômica, podendo a Justiça do Trabalho decidir o conflito, respeitadas as disposições míni-

mas legais de proteção ao trabalho, bem como as convencionadas anteriormente.
> § 2º com redação pela EC 45/2004.

§ 3º Em caso de greve em atividade essencial, com possibilidade de lesão do interesse público, o Ministério Público do Trabalho poderá ajuizar dissídio coletivo, competindo à Justiça do Trabalho decidir o conflito.
> § 3º com redação pela EC 45/2004.
> Art. 9º, § 1º, desta Constituição.
> Lei 7.783/1989 (Greve).
> Súmula 190 do TST.

Art. 115. Os Tribunais Regionais do Trabalho compõem-se de, no mínimo, sete juízes, recrutados, quando possível, na respectiva região e nomeados pelo Presidente da República dentre brasileiros com mais de trinta e menos de setenta anos de idade, sendo:
> Caput com redação pela EC 122/2022.
> Súmula 628 do STF.

I – um quinto dentre advogados com mais de dez anos de efetiva atividade profissional e membros do Ministério Público do Trabalho com mais de dez anos de efetivo exercício, observado o disposto no art. 94;
> Inciso I acrescido pela EC 45/2004.

II – os demais, mediante promoção de juízes do trabalho por antiguidade e merecimento, alternadamente.
> Inciso II acrescido pela EC 45/2004.

§ 1º Os Tribunais Regionais do Trabalho instalarão a justiça itinerante, com a realização de audiências e demais funções de atividade jurisdicional, nos limites territoriais da respectiva jurisdição, servindo-se de equipamentos públicos e comunitários.
> § 1º acrescido pela EC 45/2004.

§ 2º Os Tribunais Regionais do Trabalho poderão funcionar descentralizadamente, constituindo Câmaras regionais, a fim de assegurar o pleno acesso do jurisdicionado à justiça em todas as fases do processo.
> § 2º acrescido pela EC 45/2004.

Art. 116. Nas Varas do Trabalho, a jurisdição será exercida por um juiz singular.
> Caput com redação pela EC 24/1999.

Parágrafo único. *Revogado pela EC 24/1999.*

Art. 117. *Revogado pela EC 24/1999.*

Seção VI
Dos Tribunais e Juízes Eleitorais
> Arts. 12 a 41 da Lei 4.737/1965 (Código Eleitoral – CE).

Art. 118. São órgãos da Justiça Eleitoral:
I – o Tribunal Superior Eleitoral;
II – os Tribunais Regionais Eleitorais;
III – os Juízes Eleitorais;
IV – as Juntas Eleitorais.

Art. 119. O Tribunal Superior Eleitoral compor-se-á, no mínimo, de sete membros, escolhidos:
I – mediante eleição, pelo voto secreto:
a) três juízes dentre os Ministros do Supremo Tribunal Federal;
b) dois juízes dentre os Ministros do Superior Tribunal de Justiça;
II – por nomeação do Presidente da República, dois juízes dentre seis advogados de notável saber jurídico e idoneidade moral, indicados pelo Supremo Tribunal Federal.

Parágrafo único. O Tribunal Superior Eleitoral elegerá seu Presidente e o Vice-Presidente dentre os Ministros do Supremo Tribunal Federal, e o Corregedor Eleitoral dentre os Ministros do Superior Tribunal de Justiça.

Art. 120. Haverá um Tribunal Regional Eleitoral na Capital de cada Estado e no Distrito Federal.
§ 1º Os Tribunais Regionais Eleitorais compor-se-ão:
I – mediante eleição, pelo voto secreto:
a) de dois juízes dentre os desembargadores do Tribunal de Justiça;
b) de dois juízes, dentre juízes de direito, escolhidos pelo Tribunal de Justiça;
II – de um juiz do Tribunal Regional Federal com sede na Capital do Estado ou no Distrito Federal, ou, não havendo, de juiz federal, escolhido, em qualquer caso, pelo Tribunal Regional Federal respectivo;
III – por nomeação, pelo Presidente da República, de dois juízes dentre seis advogados de notável saber jurídico e idoneidade moral, indicados pelo Tribunal de Justiça.
§ 2º O Tribunal Regional Eleitoral elegerá seu Presidente e o Vice-Presidente dentre os desembargadores.

Art. 121. Lei complementar disporá sobre a organização e competência dos Tribunais, dos juízes de direito e das juntas eleitorais.
> Arts. 22, 23, 29, 30, 34, 40 e 41 da Lei 4.373/1965 (Código Eleitoral – CE).

§ 1º Os membros dos Tribunais, os juízes de direito e os integrantes das juntas eleitorais, no exercício de suas funções, e no que lhes for aplicável, gozarão de plenas garantias e serão inamovíveis.
§ 2º Os juízes dos Tribunais eleitorais, salvo motivo justificado, servirão por dois anos, no mínimo, e nunca por mais de dois biênios consecutivos, sendo os substitutos escolhidos na mesma ocasião e pelo mesmo processo, em número igual para cada categoria.
§ 3º São irrecorríveis as decisões do Tribunal Superior Eleitoral, salvo as que contrariarem esta Constituição e as denegatórias de *habeas corpus* ou mandado de segurança.
§ 4º Das decisões dos Tribunais Regionais Eleitorais somente caberá recurso quando:
I – forem proferidas contra disposição expressa desta Constituição ou de lei;
II – ocorrer divergência na interpretação de lei entre dois ou mais Tribunais eleitorais;
III – versarem sobre inelegibilidade ou expedição de diplomas nas eleições federais ou estaduais;
IV – anularem diplomas ou decretarem a perda de mandatos eletivos federais ou estaduais;
V – denegarem *habeas corpus*, mandado de segurança, *habeas data* ou mandado de injunção.
> Lei 13.300/2016 (Mandado de Injunção Individual e Coletivo).

Seção VII
Dos Tribunais e Juízes Militares

Art. 122. São órgãos da Justiça Militar:
> Lei 8.457/1992 (Organiza a Justiça Militar da União e regula o funcionamento de seus Serviços Auxiliares.
> Art. 90-A da Lei 9.099/1995 (Juizados Especiais).

I – o Superior Tribunal Militar;
II – os Tribunais e Juízes Militares instituídos por lei.

Art. 123. O Superior Tribunal Militar compor-se--á de quinze Ministros vitalícios, nomeados pelo Presidente da República, depois de aprovada a indicação pelo Senado Federal, sendo três dentre oficiais-generais da Marinha, quatro dentre oficiais--generais do Exército, três dentre oficiais-generais da Aeronáutica, todos da ativa e do posto mais elevado da carreira, e cinco dentre civis.
Parágrafo único. Os Ministros civis serão escolhidos pelo Presidente da República dentre brasileiros com mais de trinta e cinco e menos de setenta anos de idade, sendo:
▶ Caput do parágrafo único com redação pela EC 122/2022.
I – três dentre advogados de notório saber jurídico e conduta ilibada, com mais de dez anos de efetiva atividade profissional;
II – dois, por escolha paritária, dentre juízes auditores e membros do Ministério Público da Justiça Militar.
Art. 124. À Justiça Militar compete processar e julgar os crimes militares definidos em lei.
▶ Dec.-lei 1.002/1969 (Código de Processo Penal Militar).
▶ Art. 90-A da Lei 9.099/1995 (Juizados Especiais).
Parágrafo único. A lei disporá sobre a organização, o funcionamento e a competência da Justiça Militar.
▶ Lei 8.457/1992 (Organiza a Justiça Militar da União e regula o funcionamento de seus Serviços Auxiliares).

Seção VIII
Dos Tribunais e Juízes dos Estados

Art. 125. Os Estados organizarão sua Justiça, observados os princípios estabelecidos nesta Constituição.
▶ Art. 70 do ADCT.
▶ Súmula 721 do STF.
§ 1º A competência dos Tribunais será definida na Constituição do Estado, sendo a lei de organização judiciária de iniciativa do Tribunal de Justiça.
▶ Súmula Vinculante 45 do STF.
▶ Súmula 721 do STF.
▶ Súmula 238 do STJ.
§ 2º Cabe aos Estados a instituição de representação de inconstitucionalidade de leis ou atos normativos estaduais ou municipais em face da Constituição Estadual, vedada a atribuição da legitimação para agir a um único órgão.
§ 3º A lei estadual poderá criar, mediante proposta do Tribunal de Justiça, a Justiça Militar estadual, constituída, em primeiro grau, pelos juízes de direito e pelos Conselhos de Justiça e, em segundo grau, pelo próprio Tribunal de Justiça, ou por Tribunal de Justiça Militar nos Estados em que o efetivo militar seja superior a vinte mil integrantes.
▶ § 3º com redação pela EC 45/2004.
§ 4º Compete à Justiça Militar estadual processar e julgar os militares dos Estados, nos crimes militares definidos em lei e as ações judiciais contra atos disciplinares militares, ressalvada a competência do júri quando a vítima for civil, cabendo ao tribunal competente decidir sobre a perda do posto e da patente dos oficiais e da graduação das praças.
▶ § 4º com redação pela EC 45/2004.
▶ Súmula 673 do STF.
▶ Súmulas 6, 53 e 90 do STJ.
§ 5º Compete aos juízes de direito do juízo militar processar e julgar, singularmente, os crimes militares cometidos contra civis e as ações judiciais contra atos disciplinares militares, cabendo ao Conselho de Justiça, sob a presidência de juiz de direito, processar e julgar os demais crimes militares.
▶ § 5º acrescido pela EC 45/2004.
§ 6º O Tribunal de Justiça poderá funcionar descentralizadamente, constituindo Câmaras regionais, a fim de assegurar o pleno acesso do jurisdicionado à justiça em todas as fases do processo.
▶ § 6º acrescido pela EC 45/2004.
§ 7º O Tribunal de Justiça instalará a justiça itinerante, com a realização de audiências e demais funções da atividade jurisdicional, nos limites territoriais da respectiva jurisdição, servindo-se de equipamentos públicos e comunitários.
▶ § 7º acrescido pela EC 45/2004.
Art. 126. Para dirimir conflitos fundiários, o Tribunal de Justiça proporá a criação de varas especializadas, com competência exclusiva para questões agrárias.
▶ Caput com redação pela EC 45/2004.
Parágrafo único. Sempre que necessário à eficiente prestação jurisdicional, o juiz far-se-á presente no local do litígio.

CAPÍTULO IV
DAS FUNÇÕES ESSENCIAIS À JUSTIÇA

Seção I
Do Ministério Público

▶ LC 75/1993 (Lei Orgânica do Ministério Público da União).
▶ Lei 8.625/1993 (Lei Orgânica Nacional do Ministério Público).
▶ Lei 10.053/2000 (Criação de Procuradorias da República em Municípios).

Art. 127. O Ministério Público é instituição permanente, essencial à função jurisdicional do Estado, incumbindo-lhe a defesa da ordem jurídica, do regime democrático e dos interesses sociais e individuais indisponíveis.
▶ Súmula 601 do STJ.
§ 1º São princípios institucionais do Ministério Público a unidade, a indivisibilidade e a independência funcional.
§ 2º Ao Ministério Público é assegurada autonomia funcional e administrativa, podendo, observado o disposto no artigo 169, propor ao Poder Legislativo a criação e extinção de seus cargos e serviços auxiliares, provendo-os por concurso público de provas ou de provas e títulos, a política remuneratória e os planos de carreira; a lei disporá sobre sua organização e funcionamento.
▶ § 2º com redação pela EC 19/1998.
▶ Lei 12.770/2012 (Subsídio do Procurador-Geral da República).
§ 3º O Ministério Público elaborará sua proposta orçamentária dentro dos limites estabelecidos na lei de diretrizes orçamentárias.
§ 4º Se o Ministério Público não encaminhar a respectiva proposta orçamentária dentro do prazo estabelecido na lei de diretrizes orçamentárias, o Poder Executivo considerará, para fins de consolidação da proposta orçamentária anual, os valores aprovados na lei orçamentária vigente, ajustados de acordo com os limites estipulados na forma do § 3º.
▶ § 4º acrescido pela EC 45/2004.
§ 5º Se a proposta orçamentária de que trata este artigo for encaminhada em desacordo com os limites estipulados na forma do § 3º, o Poder Executivo procederá aos ajustes necessários para fins de consolidação da proposta orçamentária anual.

► § 5º acrescido pela EC 45/2004.

§ 6º Durante a execução orçamentária do exercício, não poderá haver a realização de despesas ou a assunção de obrigações que extrapolem os limites estabelecidos na lei de diretrizes orçamentárias, exceto se previamente autorizadas, mediante a abertura de créditos suplementares ou especiais.
► § 6º acrescido pela EC 45/2004.

Art. 128. O Ministério Público abrange:
► LC 75/1993 (Lei Orgânica do Ministério Público da União).

I – o Ministério Público da União, que compreende:
a) o Ministério Público Federal;
b) o Ministério Público do Trabalho;
c) o Ministério Público Militar;
d) o Ministério Público do Distrito Federal e Territórios;

II – os Ministérios Públicos dos Estados.

§ 1º O Ministério Público da União tem por chefe o Procurador-Geral da República, nomeado pelo Presidente da República dentre integrantes da carreira, maiores de trinta e cinco anos, após a aprovação de seu nome pela maioria absoluta dos membros do Senado Federal, para mandato de dois anos, permitida a recondução.

§ 2º A destituição do Procurador-Geral da República, por iniciativa do Presidente da República, deverá ser precedida de autorização da maioria absoluta do Senado Federal.

§ 3º Os Ministérios Públicos dos Estados e o do Distrito Federal e Territórios formarão lista tríplice dentre integrantes da carreira, na forma da lei respectiva, para escolha de seu Procurador-Geral, que será nomeado pelo Chefe do Poder Executivo, para mandato de dois anos, permitida uma recondução.

§ 4º Os Procuradores-Gerais nos Estados e no Distrito Federal e Territórios poderão ser destituídos por deliberação da maioria absoluta do Poder Legislativo, na forma da lei complementar respectiva.

§ 5º Leis complementares da União e dos Estados, cuja iniciativa é facultada aos respectivos Procuradores-Gerais, estabelecerão a organização, as atribuições e o estatuto de cada Ministério Público, observadas, relativamente a seus membros:

I – as seguintes garantias:
a) vitaliciedade, após dois anos de exercício, não podendo perder o cargo senão por sentença judicial transitada em julgado;
b) inamovibilidade, salvo por motivo de interesse público, mediante decisão do órgão colegiado competente do Ministério Público, pelo voto da maioria absoluta de seus membros, assegurada ampla defesa;
► Alínea *b* com redação pela EC 45/2004.
c) irredutibilidade de subsídio, fixado na forma do artigo 39, § 4º, e ressalvado o disposto nos artigos 37, X e XI, 150, II, 153, III, 153, § 2º, I;
► Alínea *c* com redação pela EC 19/1998.

II – as seguintes vedações:
a) receber, a qualquer título e sob qualquer pretexto, honorários, percentagens ou custas processuais;
b) exercer a advocacia;
c) participar de sociedade comercial, na forma da lei;
d) exercer, ainda que em disponibilidade, qualquer outra função pública, salvo uma de magistério;

e) exercer atividade político-partidária;
► Alínea *e* com redação pela EC 45/2004.
f) receber, a qualquer título ou pretexto, auxílios ou contribuições de pessoas físicas, entidades públicas ou privadas, ressalvadas as exceções previstas em lei.
► Alínea *f* acrescida pela EC 45/2004.

§ 6º Aplica-se aos membros do Ministério Público o disposto no art. 95, parágrafo único, V.
► § 6º acrescido pela EC 45/2004.

Art. 129. São funções institucionais do Ministério Público:

I – promover, privativamente, a ação penal pública, na forma da lei;
► Art. 100, § 1º, do CP.
► Art. 24 do CPP.
► Súmula 234 do STJ.

II – zelar pelo efetivo respeito dos Poderes Públicos e dos serviços de relevância pública aos direitos assegurados nesta Constituição, promovendo as medidas necessárias a sua garantia;

III – promover o inquérito civil e a ação civil pública, para a proteção do patrimônio público e social, do meio ambiente e de outros interesses difusos e coletivos;
► Lei 7.347/1985 (Ação Civil Pública).
► Súmula 643 do STF.
► Súmulas 329 e 601 do STJ.

IV – promover a ação de inconstitucionalidade ou representação para fins de intervenção da União e dos Estados, nos casos previstos nesta Constituição;
► Arts. 34 a 36 desta Constituição.

V – defender judicialmente os direitos e interesses das populações indígenas;
► Arts. 231 e 232 desta Constituição.

VI – expedir notificações nos procedimentos administrativos de sua competência, requisitando informações e documentos para instruí-los, na forma da lei complementar respectiva;
► Súmula 234 do STJ.

VII – exercer o controle externo da atividade policial, na forma da lei complementar mencionada no artigo anterior;
► LC 75/1993 (Lei Orgânica do Ministério Público da União).

VIII – requisitar diligências investigatórias e a instauração de inquérito policial, indicados os fundamentos jurídicos de suas manifestações processuais;

IX – exercer outras funções que lhe forem conferidas, desde que compatíveis com sua finalidade, sendo-lhe vedada a representação judicial e a consultoria jurídica de entidades públicas.

§ 1º A legitimação do Ministério Público para as ações civis previstas neste artigo não impede a de terceiros, nas mesmas hipóteses, segundo o disposto nesta Constituição e na lei.
► Lei 7.347/1985 (Ação Civil Pública).

§ 2º As funções do Ministério Público só podem ser exercidas por integrantes da carreira, que deverão residir na comarca da respectiva lotação, salvo autorização do chefe da instituição.
► § 2º com redação pela EC 45/2004.

§ 3º O ingresso na carreira do Ministério Público far-se-á mediante concurso público de provas e títulos, assegurada a participação da Ordem dos Advogados do Brasil em sua realização, exigindo-se do bacharel em direito, no mínimo, três anos de

atividade jurídica e observando-se, nas nomeações, a ordem de classificação.
- § 3º com redação pela EC 45/2004.

§ 4º Aplica-se ao Ministério Público, no que couber, o disposto no art. 93.
- § 4º com redação pela EC 45/2004.

§ 5º A distribuição de processos no Ministério Público será imediata.
- § 5º acrescido pela EC 45/2004.

Art. 130. Aos membros do Ministério Público junto aos Tribunais de Contas aplicam-se as disposições desta seção pertinentes a direitos, vedações e forma de investidura.

Art. 130-A. O Conselho Nacional do Ministério Público compõe-se de quatorze membros nomeados pelo Presidente da República, depois de aprovada a escolha pela maioria absoluta do Senado Federal, para um mandato de dois anos, admitida uma recondução, sendo:
- Artigo acrescido pela EC 45/2004.
- Art. 5º da EC 45/2004 (Reforma do Judiciário).

I – o Procurador-Geral da República, que o preside;
II – quatro membros do Ministério Público da União, assegurada a representação de cada uma de suas carreiras;
III – três membros do Ministério Público dos Estados;
IV – dois juízes, indicados um pelo Supremo Tribunal Federal e outro pelo Superior Tribunal de Justiça;
V – dois advogados, indicados pelo Conselho Federal da Ordem dos Advogados do Brasil;
VI – dois cidadãos de notável saber jurídico e reputação ilibada, indicados um pela Câmara dos Deputados e outro pelo Senado Federal.

§ 1º Os membros do Conselho oriundos do Ministério Público serão indicados pelos respectivos Ministérios Públicos, na forma da lei.
- Lei 11.372/2006 (Regulamenta este parágrafo).

§ 2º Compete ao Conselho Nacional do Ministério Público o controle da atuação administrativa e financeira do Ministério Público e do cumprimento dos deveres funcionais de seus membros, cabendo-lhe:

I – zelar pela autonomia funcional e administrativa do Ministério Público, podendo expedir atos regulamentares, no âmbito de sua competência, ou recomendar providências;
II – zelar pela observância do art. 37 e apreciar, de ofício ou mediante provocação, a legalidade dos atos administrativos praticados por membros ou órgãos do Ministério Público da União e dos Estados, podendo desconstituí-los, revê-los ou fixar prazo para que se adotem as providências necessárias ao exato cumprimento da lei, sem prejuízo da competência dos Tribunais de Contas;
III – receber e conhecer das reclamações contra membros ou órgãos do Ministério Público da União ou dos Estados, inclusive contra seus serviços auxiliares, sem prejuízo da competência disciplinar e correcional da instituição, podendo avocar processos disciplinares em curso, determinar a remoção ou a disponibilidade e aplicar outras sanções administrativas, assegurada ampla defesa;
- Inciso III com redação pela EC 103/2019.

IV – rever, de ofício ou mediante provocação, os processos disciplinares de membros do Ministério Público da União ou dos Estados julgados há menos de um ano;
V – elaborar relatório anual, propondo as providências que julgar necessárias sobre a situação do Ministério Público no País e as atividades do Conselho, o qual deve integrar a mensagem prevista no art. 84, XI.

§ 3º O Conselho escolherá, em votação secreta, um Corregedor nacional, dentre os membros do Ministério Público que o integram, vedada a recondução, competindo-lhe, além das atribuições que lhe forem conferidas pela lei, as seguintes:
I – receber reclamações e denúncias, de qualquer interessado, relativas aos membros do Ministério Público e dos seus serviços auxiliares;
II – exercer funções executivas do Conselho, de inspeção e correição geral;
III – requisitar e designar membros do Ministério Público, delegando-lhes atribuições, e requisitar servidores de órgãos do Ministério Público.

§ 4º O Presidente do Conselho Federal da Ordem dos Advogados do Brasil oficiará junto ao Conselho.
§ 5º Leis da União e dos Estados criarão ouvidorias do Ministério Público, competentes para receber reclamações e denúncias de qualquer interessado contra membros ou órgãos do Ministério Público, inclusive contra seus serviços auxiliares, representando diretamente ao Conselho Nacional do Ministério Público.

Seção II
Da Advocacia Pública

- Rubrica da Seção II renomeada pela EC 19/1998.
- LC 73/1993 (Lei Orgânica da Advocacia-Geral da União).
- Lei 9.028/1995 (Exercício das atribuições institucionais da Advocacia-Geral da União, em caráter emergencial e provisório).

Art. 131. A Advocacia-Geral da União é a instituição que, diretamente ou através de órgão vinculado, representa a União, judicial e extrajudicialmente, cabendo-lhe, nos termos da lei complementar que dispuser sobre sua organização e funcionamento, as atividades de consultoria e assessoramento jurídico do Poder Executivo.
- LC 73/1993 (Lei Orgânica da Advocacia-Geral da União).
- Lei 9.028/1995 (Exercício das atribuições institucionais da Advocacia-Geral da União, em caráter emergencial e provisório).
- Portaria 13/2015 da CGU (Disciplina os procedimentos relativos à representação extrajudicial da União, nos termos do art. 131 da Constituição Federal e do art. 1º da Lei Complementar 73, de 10 de fevereiro de 1993, e dos agentes públicos de que trata o art. 22 da Lei 9.028, de 12 de abril de 1995, pela Consultoria-Geral da União – CGU e seus órgãos de execução).
- Súmula 644 do STF.

§ 1º A Advocacia-Geral da União tem por chefe o Advogado-Geral da União, de livre nomeação pelo Presidente da República dentre cidadãos maiores de trinta e cinco anos, de notável saber jurídico e reputação ilibada.
§ 2º O ingresso nas classes iniciais das carreiras da instituição de que trata este artigo far-se-á mediante concurso público de provas e títulos.
§ 3º Na execução da dívida ativa de natureza tributária, a representação da União cabe à Procuradoria-Geral da Fazenda Nacional, observado o disposto em lei.
- Súmula 139 do STJ.

Art. 132. Os Procuradores dos Estados e do Distrito Federal, organizados em carreira, na qual o ingresso dependerá de concurso público de provas e títulos, com a participação da Ordem dos Advogados do Brasil em todas as suas fases, exercerão a representação judicial e a consultoria jurídica das respectivas unidades federadas.
- Artigo 132 com redação pela EC 19/1998.

Parágrafo único. Aos procuradores referidos neste artigo é assegurada estabilidade após três anos de efetivo exercício, mediante avaliação de desempenho perante os órgãos próprios, após relatório circunstanciado das corregedorias.

Seção III
Da advocacia
- Seção III com redação pela EC 80/2014.

Art. 133. O advogado é indispensável à administração da justiça, sendo inviolável por seus atos e manifestações no exercício da profissão, nos limites da lei.
- Art. 791 da CLT.
- Lei 8.906/1994 (Estatuto da Advocacia e da OAB).
- Súmula Vinculante 14 do STF.
- Súmulas 219, 329 e 425 do TST.

Seção IV
Da Defensoria Pública
- Seção IV acrescida pela EC 80/2014.

Art. 134. A Defensoria Pública é instituição permanente, essencial à função jurisdicional do Estado, incumbindo-lhe, como expressão e instrumento do regime democrático, fundamentalmente, a orientação jurídica, a promoção dos direitos humanos e a defesa, em todos os graus, judicial e extrajudicial, dos direitos individuais e coletivos, de forma integral e gratuita, aos necessitados, na forma do inciso LXXIV do art. 5º desta Constituição Federal.
- Caput com redação pela EC 80/2014.
- LC 80/1994 (Defensoria Pública).
- Súmula Vinculante 14 do STF.

§ 1º Lei complementar organizará a Defensoria Pública da União e do Distrito Federal e dos Territórios e prescreverá normas gerais para sua organização nos Estados, em cargos de carreira, providos, na classe inicial, mediante concurso público de provas e títulos, assegurada a seus integrantes a garantia da inamovibilidade e vedado o exercício da advocacia fora das atribuições institucionais.
- Primitivo parágrafo único renumerado pela EC 45/2004.
- Súmula 421 do STJ.

§ 2º Às Defensorias Públicas Estaduais são asseguradas autonomia funcional e administrativa, e a iniciativa de sua proposta orçamentária dentro dos limites estabelecidos na lei de diretrizes orçamentárias e subordinação ao disposto no art. 99, § 2º.
- § 2º acrescido pela EC 45/2004.

§ 3º Aplica-se o disposto no § 2º às Defensorias Públicas da União e do Distrito Federal.
- § 3º acrescido pela EC 74/2013.

§ 4º São princípios institucionais da Defensoria Pública a unidade, a indivisibilidade e a independência funcional, aplicando-se também, no que couber, o disposto no art. 93 e no inciso II do art. 96 desta Constituição Federal.
- § 4º acrescido pela EC 80/2014.

Art. 135. Os servidores integrantes das carreiras disciplinadas nas Seções II e III deste Capítulo serão remunerados na forma do artigo 39, § 4º.
- Artigo com redação pela EC 19/1998.
- Art. 132 desta Constituição.

TÍTULO V
DA DEFESA DO ESTADO E DAS INSTITUIÇÕES DEMOCRÁTICAS

CAPÍTULO I
DO ESTADO DE DEFESA E DO ESTADO DE SÍTIO

Seção I
Do estado de defesa

Art. 136. O Presidente da República pode, ouvidos o Conselho da República e o Conselho de Defesa Nacional, decretar estado de defesa para preservar ou prontamente restabelecer, em locais restritos e determinados, a ordem pública ou a paz social ameaçadas por grave e iminente instabilidade institucional ou atingidas por calamidades de grandes proporções na natureza.
- Arts. 89 a 91 desta Constituição.
- Lei 8.041/1990 (Organização e o funcionamento do Conselho da República).
- Lei 8.183/1991 (Organização e o funcionamento do Conselho de Defesa Nacional).
- Dec. 893/1993 (Regulamento do Conselho de Defesa Nacional).

§ 1º O decreto que instituir o estado de defesa determinará o tempo de sua duração, especificará as áreas a serem abrangidas e indicará, nos termos e limites da lei, as medidas coercitivas a vigorarem, dentre as seguintes:

I – restrições aos direitos de:

a) reunião, ainda que exercida no seio das associações;

b) sigilo de correspondência;

c) sigilo de comunicação telegráfica e telefônica;

II – ocupação e uso temporário de bens e serviços públicos, na hipótese de calamidade pública, respondendo a União pelos danos e custos decorrentes.

§ 2º O tempo de duração do estado de defesa não será superior a trinta dias, podendo ser prorrogado uma vez, por igual período, se persistirem as razões que justificaram a sua decretação.

§ 3º Na vigência do estado de defesa:

I – a prisão por crime contra o Estado, determinada pelo executor da medida, será por este comunicada imediatamente ao juiz competente, que a relaxará, se não for legal, facultado ao preso requerer exame de corpo de delito à autoridade policial;

II – a comunicação será acompanhada de declaração, pela autoridade, do estado físico e mental do detido no momento de sua autuação;

III – a prisão ou detenção de qualquer pessoa não poderá ser superior a dez dias, salvo quando autorizada pelo Poder Judiciário;

IV – é vedada a incomunicabilidade do preso.

§ 4º Decretado o estado de defesa ou sua prorrogação, o Presidente da República, dentro de vinte e quatro horas, submeterá o ato com a respectiva justificação ao Congresso Nacional, que decidirá por maioria absoluta.

§ 5º Se o Congresso Nacional estiver em recesso, será convocado, extraordinariamente, no prazo de cinco dias.

§ 6º O Congresso Nacional apreciará o decreto dentro de dez dias contados de seu recebimento, devendo continuar funcionando enquanto vigorar o estado de defesa.

§ 7º Rejeitado o decreto, cessa imediatamente o estado de defesa.

Seção II
Do estado de sítio

Art. 137. O Presidente da República pode, ouvidos o Conselho da República e o Conselho de Defesa Nacional, solicitar ao Congresso Nacional autorização para decretar o estado de sítio nos casos de:

I – comoção grave de repercussão nacional ou ocorrência de fatos que comprovem a ineficácia de medida tomada durante o estado de defesa;

II – declaração de estado de guerra ou resposta a agressão armada estrangeira.

Parágrafo único. O Presidente da República, ao solicitar autorização para decretar o estado de sítio ou sua prorrogação, relatará os motivos determinantes do pedido, devendo o Congresso Nacional decidir por maioria absoluta.

Art. 138. O decreto do estado de sítio indicará sua duração, as normas necessárias a sua execução e as garantias constitucionais que ficarão suspensas, e, depois de publicado, o Presidente da República designará o executor das medidas específicas e as áreas abrangidas.

§ 1º O estado de sítio, no caso do artigo 137, I, não poderá ser decretado por mais de trinta dias, nem prorrogado, de cada vez, por prazo superior; no do inciso II, poderá ser decretado por todo o tempo que perdurar a guerra ou a agressão armada estrangeira.

§ 2º Solicitada autorização para decretar o estado de sítio durante o recesso parlamentar, o Presidente do Senado Federal, de imediato, convocará extraordinariamente o Congresso Nacional para se reunir dentro de cinco dias, a fim de apreciar o ato.

§ 3º O Congresso Nacional permanecerá em funcionamento até o término das medidas coercitivas.

Art. 139. Na vigência do estado de sítio decretado com fundamento no artigo 137, I, só poderão ser tomadas contra as pessoas as seguintes medidas:

I – obrigação de permanência em localidade determinada;

II – detenção em edifício não destinado a acusados ou condenados por crimes comuns;

III – restrições relativas à inviolabilidade da correspondência, ao sigilo das comunicações, à prestação de informações e à liberdade de imprensa, radiodifusão e televisão, na forma da lei;
▶ Lei 9.296/1996 (Interceptações Telefônicas).

IV – suspensão da liberdade de reunião;
▶ Lei 9.296/1996 (Interceptações Telefônicas).

V – busca e apreensão em domicílio;

VI – intervenção nas empresas de serviços públicos;

VII – requisição de bens.

Parágrafo único. Não se inclui nas restrições do inciso III a difusão de pronunciamentos de parlamentares efetuados em suas Casas Legislativas, desde que liberada pela respectiva Mesa.

Seção III
Disposições gerais

Art. 140. A Mesa do Congresso Nacional, ouvidos os líderes partidários, designará Comissão composta de cinco de seus membros para acompanhar e fiscalizar a execução das medidas referentes ao estado de defesa e ao estado de sítio.

Art. 141. Cessado o estado de defesa ou o estado de sítio, cessarão também seus efeitos, sem prejuízo da responsabilidade pelos ilícitos cometidos por seus executores ou agentes.

Parágrafo único. Logo que cesse o estado de defesa ou o estado de sítio, as medidas aplicadas em sua vigência serão relatadas pelo Presidente da República, em mensagem ao Congresso Nacional, com especificação e justificação das providências adotadas, com relação nominal dos atingidos, e indicação das restrições aplicadas.

CAPÍTULO II
DAS FORÇAS ARMADAS

▶ Dec. 3.897/2001 (Diretrizes para o emprego das Forças Armadas na garantia da Lei e da Ordem).

Art. 142. As Forças Armadas, constituídas pela Marinha, pelo Exército e pela Aeronáutica, são instituições nacionais permanentes e regulares, organizadas com base na hierarquia e na disciplina, sob a autoridade suprema do Presidente da República, e destinam-se à defesa da Pátria, à garantia dos poderes constitucionais e, por iniciativa de qualquer destes, da lei e da ordem.
▶ Art. 37, X, desta Constituição.
▶ Art. 129, § 12 do CP.
▶ LC 69/1991 (Organização e emprego das Forças Armadas).
▶ Lei 8.071/1990 (Efetivos do Exército em tempo de paz).

§ 1º Lei complementar estabelecerá as normas gerais a serem adotadas na organização, no preparo e no emprego das Forças Armadas.
▶ LC 97/1999 (Normas gerais para a organização, o preparo e o emprego das Forças Armadas).

§ 2º Não caberá *habeas corpus* em relação a punições disciplinares militares.
▶ Art. 42, § 1º, desta Constituição.
▶ Dec.-lei 1.001/1969 (Código Penal Militar).
▶ Dec. 76.322/1975 (Regulamento Disciplinar da Aeronáutica).
▶ Dec. 88.545/1983 (Regulamento Disciplinar para a Marinha).
▶ Dec. 4.346/2002 (Regulamento Disciplinar do Exército).

§ 3º Os membros das Forças Armadas são denominados militares, aplicando-se-lhes, além das que vierem a ser fixadas em lei, as seguintes disposições:
▶ *Caput* do § 3º acrescido pela EC 18/1998.
▶ Art. 42, § 1º, desta Constituição.

I – as patentes, com prerrogativas, direitos e deveres a elas inerentes, são conferidas pelo Presidente da República e asseguradas em plenitude aos oficiais da ativa, da reserva ou reformados, sendo-lhes privativos os títulos e postos militares e, juntamente com os demais membros, o uso dos uniformes das Forças Armadas;
▶ Inciso I acrescido pela EC 18/1998.

II – o militar em atividade que tomar posse em cargo ou emprego público civil permanente, ressalvada a hipótese prevista no art. 37, inciso XVI, alínea c, será transferido para a reserva, nos termos da lei;
▶ Inciso II com redação pela EC 77/2014.

III – o militar da ativa que, de acordo com a lei, tomar posse em cargo, emprego ou função pública civil temporária, não eletiva, ainda que da administração indireta, ressalvada a hipótese prevista no art. 37, inciso XVI, alínea c, ficará agregado ao respectivo quadro e somente poderá, enquanto permanecer nessa situação, ser promovido por antiguidade, contando-se-lhe o tempo de serviço apenas para aquela promoção e transferência para a reserva, sendo depois de 2 (dois) anos de afastamento, contínuos ou não, transferido para a reserva, nos termos da lei;
- ▶ Inciso III com redação pela EC 77/2014.

IV – ao militar são proibidas a sindicalização e a greve;
- ▶ Inciso IV acrescido pela EC 18/1998.

V – o militar, enquanto em serviço ativo, não pode estar filiado a partidos políticos;
- ▶ Inciso V acrescido pela EC 18/1998.

VI – o oficial só perderá o posto e a patente se for julgado indigno do oficialato ou com ele incompatível, por decisão de Tribunal militar de caráter permanente, em tempo de paz, ou de Tribunal especial, em tempo de guerra;
- ▶ Inciso VI acrescido pela EC 18/1998.

VII – o oficial condenado na justiça comum ou militar a pena privativa de liberdade superior a dois anos, por sentença transitada em julgado, será submetido ao julgamento previsto no inciso anterior;
- ▶ Inciso VII acrescido pela EC 18/1998.

VIII – aplica-se aos militares o disposto no art. 7º, incisos VIII, XII, XVII, XVIII, XIX e XXV, e no art. 37, incisos XI, XIII, XIV e XV, bem como, na forma da lei e com prevalência da atividade militar, no art. 37, inciso XVI, alínea c;
- ▶ Inciso VIII com redação pela EC 77/2014.
- ▶ Súmula Vinculante 6 do STF.

IX – *Revogado pela EC 41/2003;*

X – a lei disporá sobre o ingresso nas Forças Armadas, os limites de idade, a estabilidade e outras condições de transferência do militar para a inatividade, os direitos, os deveres, a remuneração, as prerrogativas e outras situações especiais dos militares, consideradas as peculiaridades de suas atividades, inclusive aquelas cumpridas por força de compromissos internacionais e de guerra.
- ▶ Inciso X acrescido pela EC 18/1998.
- ▶ Arts. 40, § 20, e 42, § 1º, desta Constituição.
- ▶ Súmula Vinculante nº 4 do STF.

Art. 143. O serviço militar é obrigatório nos termos da lei.
- ▶ Art. 5º, II, desta Constituição.
- ▶ Lei 4.375/1964 (Serviço Militar).

§ 1º Às Forças Armadas compete, na forma da lei, atribuir serviço alternativo aos que, em tempo de paz, após alistados, alegarem imperativo de consciência, entendendo-se como tal o decorrente de crença religiosa e de convicção filosófica ou política, para se eximirem de atividades de caráter essencialmente militar.
- ▶ Art. 5º, VIII, desta Constituição.

§ 2º As mulheres e os eclesiásticos ficam isentos do serviço militar obrigatório em tempo de paz, sujeitos, porém, a outros encargos que a lei lhes atribuir.
- ▶ Lei 8.239/1991 (Prestação de serviço alternativo ao serviço militar).

CAPÍTULO III
DA SEGURANÇA PÚBLICA

Art. 144. A segurança pública, dever do Estado, direito e responsabilidade de todos, é exercida para a preservação da ordem pública e da incolumidade das pessoas e do patrimônio, através dos seguintes órgãos:

I – polícia federal;

II – polícia rodoviária federal;
- ▶ Dec. 1.655/1995 (Competência da Polícia Rodoviária Federal).

III – polícia ferroviária federal;

IV – polícias civis;

V – polícias militares e corpos de bombeiros militares.

VI – polícias penais federal, estaduais e distrital.
- ▶ Inciso VI acrescido pela EC 104/2019.
- ▶ Art. 4º da EC 104/2019.

§ 1º A polícia federal, instituída por lei como órgão permanente, organizado e mantido pela União e estruturado em carreira, destina-se a:
- ▶ *Caput* do § 1º com redação pela EC 19/1998.

I – apurar infrações penais contra a ordem política e social ou em detrimento de bens, serviços e interesses da União ou de suas entidades autárquicas e empresas públicas, assim como outras infrações cuja prática tenha repercussão interestadual ou internacional e exija repressão uniforme, segundo se dispuser em lei;
- ▶ Lei 8.137/1990 (Crimes contra a Ordem Tributária, Econômica e contra as Relações de Consumo).
- ▶ Lei 10.446/2002 (Infrações penais de repercussão interestadual ou internacional que exigem repressão uniforme).

II – prevenir e reprimir o tráfico ilícito de entorpecentes e drogas afins, o contrabando e o descaminho, sem prejuízo da ação fazendária e de outros órgãos públicos nas respectivas áreas de competência;
- ▶ Lei 11.343/2006 (Drogas).

III – exercer as funções de polícia marítima, aeroportuária e de fronteiras;
- ▶ Inciso III com redação pela EC 19/1998.

IV – exercer, com exclusividade, as funções de polícia judiciária da União.

§ 2º A polícia rodoviária federal, órgão permanente, organizado e mantido pela União e estruturado em carreira, destina-se, na forma da lei, ao patrulhamento ostensivo das rodovias federais.
- ▶ § 2º com redação pela EC 19/1998.
- ▶ Lei 9.654/1998 (Policial Rodoviário Federal).

§ 3º A polícia ferroviária federal, órgão permanente, organizado e mantido pela União e estruturado em carreira, destina-se, na forma da lei, ao patrulhamento ostensivo das ferrovias federais.
- ▶ § 3º com redação pela EC 19/1998.

§ 4º Às polícias civis, dirigidas por delegados de polícia de carreira, incumbem, ressalvada a competência da União, as funções de polícia judiciária e a apuração de infrações penais, exceto as Militares.

§ 5º Às polícias militares cabem a polícia ostensiva e a preservação da ordem pública; aos corpos de bombeiros militares, além das atribuições definidas em lei, incumbe a execução de atividades de defesa civil.
- ▶ Dec.-lei 667/1969 (Reorganiza as Polícias Militares e os Corpos de Bombeiros Militares dos Estados, do Território e do Distrito Federal).

- Lei 13.425/2017 (Diretrizes gerais sobre medidas de prevenção e combate a incêndio e a desastres em estabelecimentos, edificações e áreas de reunião de público).

§ 5º-A. Às polícias penais, vinculadas ao órgão administrador do sistema penal da unidade federativa a que pertencem, cabe a segurança dos estabelecimentos penais.
- § 5º-A acrescido pela EC 104/2019.
- Art. 4º da EC 104/2019.

§ 6º As polícias militares e os corpos de bombeiros militares, forças auxiliares e reserva do Exército subordinam-se, juntamente com as polícias civis e as polícias penais estaduais e distrital, aos Governadores dos Estados, do Distrito Federal e dos Territórios.
- § 6º com redação pela EC 104/2019.
- Art. 4º da EC 104/2019.

§ 7º A lei disciplinará a organização e o funcionamento dos órgãos responsáveis pela segurança pública, de maneira a garantir a eficiência de suas atividades.
- Dec. 7.413/2010 (Conselho Nacional de Segurança Pública – CONASP).

§ 8º Os Municípios poderão constituir guardas municipais destinadas à proteção de seus bens, serviços e instalações, conforme dispuser a lei.
- Lei 13.022/2014 (Estatuto Geral das Guardas Municipais).

§ 9º A remuneração dos servidores policiais integrantes dos órgãos relacionados neste artigo será fixada na forma do § 4º do artigo 39.
- § 9º acrescido pela EC 19/1998.

§ 10. A segurança viária, exercida para a preservação da ordem pública e da incolumidade das pessoas e do seu patrimônio nas vias públicas:
- § 10 acrescido pela EC 82/2014.

I – compreende a educação, engenharia e fiscalização de trânsito, além de outras atividades previstas em lei, que assegurem ao cidadão o direito à mobilidade urbana eficiente; e

II – compete, no âmbito dos Estados, do Distrito Federal e dos Municípios, aos respectivos órgãos ou entidades executivos e seus agentes de trânsito, estruturados em Carreira, na forma da lei.

TÍTULO VI
DA TRIBUTAÇÃO E DO ORÇAMENTO
- Lei 5.172/1966 (Código Tributário Nacional).

CAPÍTULO I
DO SISTEMA TRIBUTÁRIO NACIONAL
- Lei 8.137/1990 (Crimes contra a Ordem Tributária, Econômica e contra as Relações de Consumo).
- Lei 8.176/1991 (Crimes Contra a Ordem Econômica).
- Dec. 2.730/1998 (Encaminhamento ao Ministério Público da representação fiscal para os crimes contra a ordem tributária).

Seção I
Dos princípios gerais

Art. 145. A União, os Estados, o Distrito Federal e os Municípios poderão instituir os seguintes tributos:
- Arts. 1º a 5º do CTN.
- Súmula 667 do STF.

I – impostos;
- Arts. 16 a 76 do CTN.

II – taxas, em razão do exercício do poder de polícia ou pela utilização, efetiva ou potencial, de serviços públicos específicos e divisíveis, prestados ao contribuinte ou postos a sua disposição;
- Arts. 77 a 80 do CTN.
- Lei 7.940/1989 (Taxa de Fiscalização dos mercados de títulos e valores mobiliários).
- Súmulas Vinculantes 19 e 41 do STF.
- Súmulas 665 e 670 do STF.

III – contribuição de melhoria, decorrente de obras públicas.
- Arts. 81 e 82 do CTN.
- Dec.-lei 195/1967 (Contribuição de Melhoria).

§ 1º Sempre que possível, os impostos terão caráter pessoal e serão graduados segundo a capacidade econômica do contribuinte, facultado à administração tributária, especialmente para conferir efetividade a esses objetivos, identificar, respeitados os direitos individuais e nos termos da lei, o patrimônio, os rendimentos e as atividades econômicas do contribuinte.
- Lei 8.021/1990 (Identificação dos contribuintes para fins fiscais).
- Súmulas 656 e 668 do STF.

§ 2º As taxas não poderão ter base de cálculo própria de impostos.
- Art. 77, parágrafo único, do CTN.
- Súmula Vinculante 29 do STF.
- Súmula 595 do STF.

§ 3º O Sistema Tributário Nacional deve observar os princípios da simplicidade, da transparência, da justiça tributária, da cooperação e da defesa do meio ambiente.

§ 4º As alterações na legislação tributária buscarão atenuar efeitos regressivos.
- §§ 3º e 4º acrescidos pela LC 132/2023.

Art. 146. Cabe à lei complementar:

I – dispor sobre conflitos de competência, em matéria tributária, entre a União, os Estados, o Distrito Federal e os Municípios;
- Arts. 6º a 8º do CTN.

II – regular as limitações constitucionais ao poder de tributar;
- Arts. 9º a 15 do CTN.

III – estabelecer normas gerais em matéria de legislação tributária, especialmente sobre:
- Art. 149 desta Constituição.

a) definição de tributos e de suas espécies, bem como, em relação aos impostos discriminados nesta Constituição, a dos respectivos fatos geradores, bases de cálculo e contribuintes;

b) obrigação, lançamento, crédito, prescrição e decadência tributários;

c) adequado tratamento tributário ao ato cooperativo praticado pelas sociedades cooperativas, inclusive em relação aos tributos previstos nos arts. 156-A e 195, V;

d) definição de tratamento diferenciado e favorecido para as microempresas e para as empresas de pequeno porte, inclusive regimes especiais ou simplificados no caso dos impostos previstos nos arts. 155, II, e 156-A, das contribuições sociais previstas no art. 195, I e V, e § 12 e da contribuição a que se refere o art. 239.
- Alíneas *c* e *d* com redação pela EC 132/2023.
- Art. 94 do ADCT.
- LC 123/2006 (Estatuto Nacional da Microempresa e da Empresa de Pequeno Porte).

Texto novo: d) definição de tratamento diferenciado e favorecido para as microempresas e para as empresas de pequeno porte, inclusive

regimes especiais ou simplificados no caso do imposto previsto no art. 156-A e das contribuições sociais previstas no art. 195, I e V.
▶ Alínea *d* com redação pela EC 132/2023, em vigor a partir de 2027.

§ 1º A lei complementar de que trata o inciso III, d, também poderá instituir um regime único de arrecadação dos impostos e contribuições da União, dos Estados, do Distrito Federal e dos Municípios, observado que:
▶ Primitivo parágrafo único renumerado pela EC 132/2023.
▶ Art. 199 do CTN.

I – será opcional para o contribuinte;
II – poderão ser estabelecidas condições de enquadramento diferenciadas por Estado;
III – o recolhimento será unificado e centralizado e a distribuição da parcela de recursos pertencentes aos respectivos entes federados será imediata, vedada qualquer retenção ou condicionamento;
IV – a arrecadação, a fiscalização e a cobrança poderão ser compartilhadas pelos entes federados, adotado cadastro nacional único de contribuintes.

§ 2º É facultado ao optante pelo regime único de que trata o § 1º apurar e recolher os tributos previstos nos arts. 156-A e 195, V, nos termos estabelecidos nesses artigos, hipótese em que as parcelas a eles relativas não serão cobradas pelo regime único.

§ 3º Na hipótese de o recolhimento dos tributos previstos nos arts. 156-A e 195, V, ser realizado por meio do regime único de que trata o § 1º, enquanto perdurar a opção:
I – não será permitida a apropriação de créditos dos tributos previstos nos arts. 156-A e 195, V, pelo contribuinte optante pelo regime único; e
II – será permitida a apropriação de créditos dos tributos previstos nos arts. 156-A e 195, V, pelo adquirente não optante pelo regime único de que trata o § 1º de bens materiais ou imateriais, inclusive direitos, e de serviços do optante, em montante equivalente ao cobrado por meio do regime único.
▶ §§ 2º e 3º acrescidos pela EC 132/2023.

Art. 146-A. Lei complementar poderá estabelecer critérios especiais de tributação, com o objetivo de prevenir desequilíbrios da concorrência, sem prejuízo da competência a União, por lei, estabelecer normas de igual objetivo.
▶ Artigo acrescido pela EC 42/2003.

Art. 147. Competem à União, em Território Federal, os impostos estaduais e, se o Território não for dividido em Municípios, cumulativamente, os impostos municipais; ao Distrito Federal cabem os impostos municipais.

Art. 148. A União, mediante lei complementar, poderá instituir empréstimos compulsórios:
I – para atender a despesas extraordinárias, decorrentes de calamidade pública, de guerra externa ou sua iminência;
II – no caso de investimento público de caráter urgente e de relevante interesse nacional, observado o disposto no artigo 150, III, b.
▶ Art. 34, § 12, do ADCT.

Parágrafo único. A aplicação dos recursos provenientes do empréstimo compulsório será vinculada à despesa que fundamentou sua instituição.

Art. 149. Compete exclusivamente à União instituir contribuições sociais, de intervenção no domínio econômico e de interesse das categorias profissionais ou econômicas, como instrumento de sua atuação nas respectivas áreas, observado o disposto nos artigos 146, III, e 150, I e III, e sem prejuízo do previsto no artigo 195, § 6º, relativamente às contribuições a que alude o dispositivo.
▶ Lei 10.336/2001 (Contribuição de Intervenção no Domínio Econômico sobre importação e comercialização de petróleo e seus derivados – Cide).

§ 1º A União, os Estados, o Distrito Federal e os Municípios instituirão, por meio de lei, contribuições para custeio de regime próprio de previdência social, cobradas dos servidores ativos, dos aposentados e dos pensionistas, que poderão ter alíquotas progressivas de acordo com o valor da base de contribuição ou dos proventos de aposentadoria e de pensões.
▶ § 1º com redação pela EC 103/2019. Esta alteração entrará em vigor, para os regimes próprios de previdência social dos Estados, do Distrito Federal e dos Municípios, na data de publicação de lei de iniciativa privativa do respectivo Poder Executivo que a referende integralmente (DOU 13.11.2019).
▶ Art. 69 da LC 101/2000.
▶ Redação anterior do dispositivo alterado: "**§ 1º** Os Estados, o Distrito Federal e os Municípios instituirão contribuição, cobrada de seus servidores, para o custeio, em benefício destes, do regime previdenciário de que trata o art. 40, cuja alíquota não será inferior à da contribuição dos servidores titulares de cargos efetivos da União." (§ 1º com redação pela EC 41/2003.)

§ 1º-A. Quando houver *deficit* atuarial, a contribuição ordinária dos aposentados e pensionistas poderá incidir sobre o valor dos proventos de aposentadoria e de pensões que supere o salário mínimo.
▶ § 1º-A acrescido pela EC 103/2019. Esta alteração entrará em vigor, para os regimes próprios de previdência social dos Estados, do Distrito Federal e dos Municípios, na data de publicação de lei de iniciativa privativa do respectivo Poder Executivo que a referende integralmente (DOU 13.11.2019).

§ 1º-B. Demonstrada a insuficiência da medida prevista no § 1º-A para equacionar o *deficit* atuarial, é facultada a instituição de contribuição extraordinária, no âmbito da União, dos servidores públicos ativos, dos aposentados e dos pensionistas.
▶ § 1º-B acrescido pela EC 103/2019. Esta alteração entrará em vigor, para os regimes próprios de previdência social dos Estados, do Distrito Federal e dos Municípios, na data de publicação de lei de iniciativa privativa do respectivo Poder Executivo que a referende integralmente (DOU 13.11.2019).

§ 1º-C. A contribuição extraordinária de que trata o § 1º-B deverá ser instituída simultaneamente com outras medidas para equacionamento do *deficit* e vigorará por período determinado, contado da data de sua instituição.
▶ § 1º-C acrescido pela EC 103/2019. Esta alteração entrará em vigor, para os regimes próprios de previdência social dos Estados, do Distrito Federal e dos Municípios, na data de publicação de lei de iniciativa privativa do respectivo Poder Executivo que a referende integralmente (DOU 13.11.2019).

§ 2º As contribuições sociais e de intervenção no domínio econômico de que trata o *caput* deste artigo:
▶ *Caput* do § 2º acrescido pela EC 33/2001.

I – não incidirão sobre as receitas decorrentes de exportação;
▶ Inciso I acrescido pela EC 33/2001.

II – incidirão também sobre a importação de produtos estrangeiros ou serviços;

- Inciso II com redação pela EC 42/2003.
- Lei 10.336/2001 (Contribuição de Intervenção no Domínio Econômico – CIDE).
- Lei 10.865/2004 (Dispõe sobre o PIS/PASEP – Importação e a COFINS-Importação).

III – poderão ter alíquotas:
- Inciso III acrescido pela EC 33/2001.

a) ad valorem, tendo por base o faturamento, a receita bruta ou o valor da operação e, no caso de importação, o valor aduaneiro;
b) específica, tendo por base a unidade de medida adotada.

§ 3º A pessoa natural destinatária das operações de importação poderá ser equiparada a pessoa jurídica, na forma da lei.
- § 3º acrescido pela EC 33/2001.

§ 4º A lei definirá as hipóteses em que as contribuições incidirão uma única vez.
- § 4º acrescido pela EC 33/2001.

Art. 149-A. Os Municípios e o Distrito Federal poderão instituir contribuição, na forma das respectivas leis, para o custeio, a expansão e a melhoria do serviço de iluminação pública e de sistemas de monitoramento para segurança e preservação de logradouros públicos, observado o disposto no art. 150, I e III.
- Caput com redação pela EC 132/2023.

Parágrafo único. É facultada a cobrança da contribuição a que se refere o caput, na fatura de consumo de energia elétrica.
- Parágrafo único acrescido pela EC 39/2002.

Art. 149-B. Os tributos previstos nos arts. 156-A e 195, V, observarão as mesmas regras em relação a:
I – fatos geradores, bases de cálculo, hipóteses de não incidência e sujeitos passivos;
II – imunidades;
III – regimes específicos, diferenciados ou favorecidos de tributação;
IV – regras de não cumulatividade e de creditamento.

Parágrafo único. Os tributos de que trata o caput observarão as imunidades previstas no art. 150, VI, não se aplicando a ambos os tributos o disposto no art. 195, § 7º.

Art. 149-C. O produto da arrecadação do imposto previsto no art. 156-A e da contribuição prevista no art. 195, V, incidentes sobre operações contratadas pela administração pública direta, por autarquias e por fundações públicas, inclusive suas importações, será integralmente destinado ao ente federativo contratante, mediante redução a zero das alíquotas do imposto e da contribuição devidos aos demais entes e equivalente elevação da alíquota do tributo devido ao ente contratante.

§ 1º As operações de que trata o caput poderão ter alíquotas reduzidas de modo uniforme, nos termos de lei complementar.

§ 2º Lei complementar poderá prever hipóteses em que se aplicará o disposto no caput e no § 1º.

§ 3º Nas importações efetuadas pela administração pública direta, por autarquias e por fundações públicas, o disposto no art. 150, VI, "a", será implementado na forma do disposto no caput e no § 1º, assegurada a igualdade de tratamento em relação às aquisições internas.

- Arts. 149-B e 149-C acrescidos pela EC 132/2023.

Seção II
Das limitações do poder de tributar

Art. 150. Sem prejuízo de outras garantias asseguradas ao contribuinte, é vedado à União, aos Estados, ao Distrito Federal e aos Municípios:
- Lei 5.172/1966 (Código Tributário Nacional).

I – exigir ou aumentar tributo sem lei que o estabeleça;
- Arts. 3º e 97, I e II, do CTN.

II – instituir tratamento desigual entre contribuintes que se encontrem em situação equivalente, proibida qualquer distinção em razão de ocupação profissional ou função por eles exercida, independentemente da denominação jurídica dos rendimentos, títulos ou direitos;
- Art. 5º, caput, desta Constituição.
- Súmula 658 do STF.

III – cobrar tributos:
a) em relação a fatos geradores ocorridos antes do início da vigência da lei que os houver instituído ou aumentado;
- Art. 9º, II, do CTN.

b) no mesmo exercício financeiro em que haja sido publicada a lei que os instituiu ou aumentou;
- Arts. 148, II, 155, § 4º, IV, c, 177, § 4º, I, b, e 195, § 6º, desta Constituição.

c) antes de decorridos noventa dias da data em que haja sido publicada a lei que os instituiu ou aumentou, observado o disposto na alínea b;
- Alínea c acrescida pela EC 42/2003.

IV – utilizar tributo com efeito de confisco;
V – estabelecer limitações ao tráfego de pessoas ou bens, por meio de tributos interestaduais ou intermunicipais, ressalvada a cobrança de pedágio pela utilização de vias conservadas pelo Poder Público;
- Art. 9º, III, do CTN.

VI – instituir impostos sobre:
a) patrimônio, renda ou serviços, uns dos outros;
- Art. 9º, IV, a, do CTN.

b) entidades religiosas e templos de qualquer culto, inclusive suas organizações assistenciais e beneficentes;
- Alínea b com redação pela EC 132/2023.
- Art. 9º, IV, b, do CTN.

c) patrimônio, renda ou serviços dos partidos políticos, inclusive suas fundações, das entidades sindicais dos trabalhadores, das instituições de educação e de assistência social, sem fins lucrativos, atendidos os requisitos da lei;
- Arts. 9º, IV, c, e 14 do CTN.
- Súmula Vinculante 52 do STF.
- Súmulas 724 e 730 do STF.

d) livros, jornais, periódicos e o papel destinado à sua impressão.
- Lei 10.753/2003 (Política Nacional do Livro).
- Súmula Vinculante 57 do STF.
- Súmula 657 do STF.

e) fonogramas e videofonogramas musicais produzidos no Brasil contendo obras musicais ou literomusicais de autores brasileiros e/ou obras em geral interpretadas por artistas brasileiros bem como os suportes materiais ou arquivos digitais que os contenham, salvo na etapa de replicação industrial de mídias ópticas de leitura a laser.
- Alínea e acrescida pela EC 75/2013.
- Art. 7º, III e V, da Lei 9.610/1998 (Direitos Autorais).

§ 1º A vedação do inciso III, b, não se aplica aos tributos previstos nos arts. 148, I, 153, I, II, IV e V; e 154, II; e a vedação do inciso III, c, não se aplica aos tributos previstos nos arts. 148, I, 153, I, II, III e V; e 154, II, nem à fixação da base de cálculo dos impostos previstos nos arts. 155, III, e 156, I.
- § 1º com redação pela EC 42/2003.

§ 2º A vedação do inciso VI, "a", é extensiva às autarquias e às fundações instituídas e mantidas pelo poder público e à empresa pública prestadora de serviço postal, no que se refere ao patrimônio, à renda e aos serviços vinculados a suas finalidades essenciais ou às delas decorrentes.
- § 2º com redação pela EC 132/2023.

§ 3º As vedações do inciso VI, a, e do parágrafo anterior não se aplicam ao patrimônio, à renda e aos serviços, relacionados com exploração de atividades econômicas regidas pelas normas aplicáveis a empreendimentos privados, ou em que haja contraprestação ou pagamento de preços ou tarifas pelo usuário, nem exonera o promitente comprador da obrigação de pagar imposto relativamente ao bem imóvel.

§ 4º As vedações expressas no inciso VI, alíneas b e c, compreendem somente o patrimônio, a renda e os serviços, relacionados com as finalidades essenciais das entidades nelas mencionadas.

§ 5º A lei determinará medidas para que os consumidores sejam esclarecidos acerca dos impostos que incidam sobre mercadorias e serviços.
- Lei 12.741/2012 (Medidas de esclarecimento ao consumidor nos termos deste parágrafo).

§ 6º Qualquer subsídio ou isenção, redução de base de cálculo, concessão de crédito presumido, anistia ou remissão, relativos a impostos, taxas ou contribuições, só poderá ser concedido mediante lei específica, federal, estadual ou municipal, que regule exclusivamente as matérias acima enumeradas ou o correspondente tributo ou contribuição, sem prejuízo do disposto no artigo 155, § 2º, XII, g.
- § 6º com redação pela EC 3/1993.
- Art. 175 do CTN.
- Art. 14, § 1º da LC 101/2000.

Texto novo: § 6º Qualquer subsídio ou isenção, redução de base de cálculo, concessão de crédito presumido, anistia ou remissão, relativos a impostos, taxas ou contribuições, só poderá ser concedido mediante lei específica, federal, estadual ou municipal, que regule exclusivamente as matérias acima enumeradas ou o correspondente tributo ou contribuição.
- § 6º com redação pela EC 132/2023, a partir de 2033.

§ 7º A lei poderá atribuir a sujeito passivo de obrigação tributária a condição de responsável pelo pagamento de imposto ou contribuição, cujo fato gerador deva ocorrer posteriormente, assegurada a imediata e preferencial restituição da quantia paga, caso não se realize o fato gerador presumido.
- § 7º acrescido pela EC 3/1993.
- Art. 128 do CTN.

Art. 151. É vedado à União:

I - instituir tributo que não seja uniforme em todo o Território Nacional ou que implique distinção ou preferência em relação a Estado, ao Distrito Federal ou a Município, em detrimento de outro, admitida a concessão de incentivos fiscais destinados a promover o equilíbrio do desenvolvimento socioeconômico entre as diferentes regiões do País;
- Art. 10 do CTN.
- Lei 9.440/1997 (Incentivos fiscais para o desenvolvimento regional).
- Lei 11.508/2007 (Zonas de Processamento de Exportação).

II - tributar a renda das obrigações da dívida pública dos Estados, do Distrito Federal e dos Municípios, bem como a remuneração e os proventos dos respectivos agentes públicos, em níveis superiores aos que fixar para suas obrigações e para seus agentes;

III - instituir isenções de tributos da competência dos Estados, do Distrito Federal ou dos Municípios.
- Súmula 185 do STJ.

Art. 152. É vedado aos Estados, ao Distrito Federal e aos Municípios estabelecer diferença tributária entre bens e serviços, de qualquer natureza, em razão de sua procedência ou destino.
- Art. 11 do CTN.

Seção III
Dos impostos da União

Art. 153. Compete à União instituir impostos sobre:

I - importação de produtos estrangeiros;
- Arts. 60, § 2º, e 154, I, desta Constituição.
- Lei 7.810/1989 (Redução de impostos na importação).
- Lei 8.032/1990 (Isenção ou redução de imposto de importação).
- Lei 9.449/1997 (Reduz o Imposto de Importação para os produtos que especifica).

II - exportação, para o exterior, de produtos nacionais ou nacionalizados;
- Art. 60, § 2º, desta Constituição.

III - renda e proventos de qualquer natureza;
- Arts. 27, § 2º, 28, § 2º, 29, V e VI, 37, XV, 48, XV, 49, VII e VIII, 95, III, 128, § 5º, I, c, desta Constituição.
- Art. 34, § 2º, I, do ADCT.
- Lei 8.166/1991 (Incidência do imposto de renda sobre lucros ou dividendos distribuídos a residentes ou domiciliados no exterior, doados a instituições sem fins lucrativos).
- Lei 9.430/1996 (Trata da legislação tributária federal, as contribuições para a Seguridade Social, o processo administrativo de consulta).
- Dec. 9.580/2018 (Regulamenta a tributação, a fiscalização, a arrecadação e a administração do Imposto sobre a Renda e proventos de qualquer natureza).
- Súmulas 125, 136 e 386 do STJ.

IV - produtos industrializados;
- Art. 60, § 2º, desta Constituição.
- Art. 34, § 2º, I, do ADCT.
- Lei 9.363/1996 (Crédito presumido do Imposto sobre Produtos Industrializados, para ressarcimento do valor do PIS/PASEP e COFINS nos casos que especifica).
- Lei 9.493/1997 (Concede isenção do Imposto sobre Produtos Industrializados – IPI).
- Dec. 7.212/2010 (Regulamenta a cobrança, fiscalização, arrecadação e administração do IPI).

V - operações de crédito, câmbio e seguro, ou relativas a títulos ou valores mobiliários;

Texto novo: V - operações de crédito e câmbio ou relativas a títulos ou valores mobiliários;
- Inciso V com redação pela EC 132/2023, em vigor a partir de 2027.
- Art. 60, § 2º, desta Constituição.
- Arts. 63 a 67 do CTN.
- Lei 8.894/1994 (Imposto sobre Operações de Crédito, Câmbio e Seguro, ou relativas a Títulos e Valores Mobiliários).
- Dec. 6.306/2007 (Regulamenta o imposto sobre Operações de Crédito, Câmbio e Seguro, ou relativas a Títulos e Valores Mobiliários – IOF).
- Sumula Vinculante 32 do STF.
- Súmula 664 do STF.

VI - propriedade territorial rural;

- Lei 8.847/1994 (Imposto sobre a Propriedade Territorial Rural – ITR).
- Lei 9.321/1996 (Dispõe sobre o Programa de Fortalecimento Familiar – PRONAF).
- Lei 9.393/1996 (Propriedade Territorial Rural – ITR, e sobre o pagamento da dívida representada por Títulos da Dívida Agrária – TDA).
- Dec. 4.382/2002 (Regulamenta a tributação, fiscalização, arrecadação e administração do Imposto sobre a Propriedade Territorial Rural – ITR).
- Lei 11.326/2006 (Estabelece diretrizes para formulação da Política Nacional da Agricultura Familiar e Empreendimentos Familiares Rurais).
- Súmula 139 do STJ.

VII – grandes fortunas, nos termos de lei complementar.
- LC 111/2001 (Fundo de Combate e Erradicação da Pobreza).

VIII – produção, extração, comercialização ou importação de bens e serviços prejudiciais à saúde ou ao meio ambiente, nos termos de lei complementar.
- Inciso VIII acrescido pela EC 132/2023.

§ 1º É facultado ao Poder Exec/utivo, atendidas as condições e os limites estabelecidos em lei, alterar as alíquotas dos impostos enumerados nos incisos I, II, IV e V.
- Art. 150, § 1º, desta Constituição.

§ 2º O imposto previsto no inciso III:
I – será informado pelos critérios da generalidade, da universalidade e da progressividade, na forma da lei;
- Arts. 27, § 2º, 28, § 2º, 29, V e VI, 37, XV, 48, XV, 49, VII e VIII, 95, III, e 128, § 5º, I, c, desta Constituição.

II – *Revogado pela EC 20/1998.*

§ 3º O imposto previsto no inciso IV:
I – será seletivo, em função da essencialidade do produto;
II – será não cumulativo, compensando-se o que for devido em cada operação com o montante cobrado nas anteriores;
- Súmula Vinculante 58 do STF.
- Súmula 495 STJ.

III – não incidirá sobre produtos industrializados destinados ao exterior;
IV – terá reduzido seu impacto sobre a aquisição de bens de capital pelo contribuinte do imposto, na forma da lei.
- Inciso IV acrescido pela EC 42/2003.

§ 4º O imposto previsto no inciso VI do *caput*:
- Caput do § 4º com redação pela EC 42/2003.
- Lei 8.629/1993 (Regula os dispositivos constitucionais relativos à reforma agrária).

I – será progressivo e terá suas alíquotas fixadas de forma a desestimular a manutenção de propriedades improdutivas;
- Inciso I acrescido pela EC 42/2003.

II – não incidirá sobre pequenas glebas rurais, definidas em lei, quando as explore o proprietário que não possua outro imóvel;
- Inciso II acrescido pela EC 42/2003.

III – será fiscalizado e cobrado pelos Municípios que assim optarem, na forma da lei, desde que não implique redução do imposto ou qualquer outra forma de renúncia fiscal.
- Inciso III acrescido pela EC 42/2003.
- Lei 11.250/2005 (Regulamenta este inciso).

§ 5º O ouro, quando definido em lei como ativo financeiro ou instrumento cambial, sujeita-se exclusivamente à incidência do imposto de que trata o inciso V do *caput* deste artigo, devido na operação de origem; a alíquota mínima será de um por cento, assegurada a transferência do montante da arrecadação nos seguintes termos:
- Art. 74, § 2º, do ADCT.
- Lei 7.766/1989 (Ouro, ativo financeiro e sobre seu tratamento tributário).

I – trinta por cento para o Estado, o Distrito Federal ou o Território, conforme a origem;
II – setenta por cento para o Município de origem.
- Arts. 72, § 3º, 74, § 2º, e 75 do ADCT.
- Lei 7.766/1989 (Ouro, ativo financeiro e sobre seu tratamento tributário).

§ 6º O imposto previsto no inciso VIII do *caput* deste artigo:
I – não incidirá sobre as exportações nem sobre as operações com energia elétrica e com telecomunicações;
II – incidirá uma única vez sobre o bem ou serviço;
III – não integrará sua própria base de cálculo;
IV – integrará a base de cálculo dos tributos previstos nos arts. 155, II, 156, III, 156-A e 195, V;

Texto novo: IV – integrará a base de cálculo dos tributos previstos nos arts. 156-A e 195, V;
- Inciso IV com redação pela EC 132/2023, em vigor a partir de 2033.

V – poderá ter o mesmo fato gerador e base de cálculo de outros tributos;
VI – terá suas alíquotas fixadas em lei ordinária, podendo ser específicas, por unidade de medida adotada, ou ad valorem;
VII – na extração, o imposto será cobrado independentemente da destinação, caso em que a alíquota máxima corresponderá a 1% (um por cento) do valor de mercado do produto.
- § 6º acrescido pela EC 132/2023.

Art. 154. A União poderá instituir:
I – mediante lei complementar, impostos não previstos no artigo anterior, desde que sejam não cumulativos e não tenham fato gerador ou base de cálculo próprios dos discriminados nesta Constituição;
- Art. 195, § 4º, desta Constituição.
- Arts. 74, § 2º, e 75 do ADCT.

II – na iminência ou no caso de guerra externa, impostos extraordinários, compreendidos ou não em sua competência tributária, os quais serão suprimidos, gradativamente, cessadas as causas de sua criação.
- Arts. 62, § 2º, 150, § 1º, desta Constituição.
- Art. 76 do CTN.

Seção IV
Dos impostos dos Estados e do Distrito Federal

Art. 155. Compete aos Estados e ao Distrito Federal instituir impostos sobre:
- Caput com redação pela EC 3/1993.

I – transmissão causa mortis e doação, de quaisquer bens ou direitos;
- Inciso I acrescido pela EC 3/1993.

II – operações relativas à circulação de mercadorias e sobre prestações de serviços de transporte interestadual e intermunicipal e de comunicação, ainda que as operações e as prestações se iniciem no exterior;

▶ Inciso II acrescido pela EC 3/1993.
Texto novo: I – Revogado pela EC 132/2023, em vigor a partir de 2033.
▶ Art. 60, § 2º, do ADCT.
▶ LC 24/1975 (Convênios para a concessão de isenções do imposto sobre operações relativas à circulação de mercadorias).
▶ LC 87/1996 (Lei Kandir – ICMS).
▶ Súmula 662 do STF.
▶ Súmulas 334 e 457 do STJ.
III – propriedade de veículos automotores.
▶ Inciso III acrescido pela EC 3/1993.
§ 1º O imposto previsto no inciso I:
▶ § 1º com redação pela EC 3/1993.
I – relativamente a bens imóveis e respectivos direitos, compete ao Estado da situação do bem, ou ao Distrito Federal;
II – relativamente a bens móveis, títulos e créditos, compete ao Estado onde era domiciliado o de cujus, ou tiver domicílio o doador, ou ao Distrito Federal;
▶ Inciso II com a redação pela EC 132/2023.
III – terá a competência para sua instituição regulada por lei complementar:
a) se o doador tiver domicílio ou residência no exterior;
b) se o de cujus possuía bens, era residente ou domiciliado ou teve o seu inventário processado no exterior;
IV – terá suas alíquotas máximas fixadas pelo Senado Federal.
V – não incidirá sobre as doações destinadas, no âmbito do Poder Executivo da União, a projetos socioambientais ou destinados a mitigar os efeitos das mudanças climáticas e às instituições federais de ensino.
▶ Inciso V acrescido pela EC 126/2022.
VI – será progressivo em razão do valor do quinhão, do legado ou da doação;
VII – não incidirá sobre as transmissões e as doações para as instituições sem fins lucrativos com finalidade de relevância pública e social, inclusive as organizações assistenciais e beneficentes de entidades religiosas e institutos científicos e tecnológicos, e por elas realizadas na consecução dos seus objetivos sociais, observadas as condições estabelecidas em lei complementar.
▶ Incisos VI e VII acrescidos pela EC 132/2023.
§ 2º O imposto previsto no inciso II atenderá ao seguinte:
▶ Caput do § 2º com redação pela EC 3/1993.
▶ Dec.-lei 406/1968 (Normas gerais de direito financeiro, aplicáveis ao ICMS e ISS).
▶ LC 24/1975 (Convênios para a concessão de isenções do imposto sobre operações relativas à circulação de mercadorias).
▶ LC 101/2000 (Responsabilidade Fiscal).
I – será não cumulativo, compensando-se o que for devido em cada operação relativa à circulação de mercadorias ou prestação de serviços com o montante cobrado nas anteriores pelo mesmo ou outro Estado ou pelo Distrito Federal;
II – a isenção ou não incidência, salvo determinação em contrário da legislação:
▶ LC 24/1975 (Concessão de isenções do Imposto sobre Obrigações Relativas a Circulação de Mercadorias).
▶ LC 87/1996 (Lei Kandir – ICMS).
▶ Súmula 662 do STF.

a) não implicará crédito para compensação com o montante devido nas operações ou prestações seguintes;
b) acarretará a anulação do crédito relativo às operações anteriores;
III – poderá ser seletivo, em função da essencialidade das mercadorias e dos serviços;
IV – resolução do Senado Federal, de iniciativa do Presidente da República ou de um terço dos Senadores, aprovada pela maioria absoluta de seus membros, estabelecerá as alíquotas aplicáveis às operações e prestações, interestaduais e de exportação;
V – é facultado ao Senado Federal:
a) estabelecer alíquotas mínimas nas operações internas, mediante resolução de iniciativa de um terço e aprovada pela maioria absoluta de seus membros;
b) fixar alíquotas máximas nas mesmas operações para resolver conflito específico que envolva interesse de Estados, mediante resolução de iniciativa da maioria absoluta e aprovada por dois terços de seus membros;
VI – salvo deliberação em contrário dos Estados e do Distrito Federal, nos termos do disposto no inciso XII, g, as alíquotas internas, nas operações relativas à circulação de mercadorias e nas prestações de serviços, não poderão ser inferiores às previstas para as operações interestaduais;
VII – nas operações e prestações que destinem bens e serviços a consumidor final, contribuinte ou não do imposto, localizado em outro Estado, adotar-se-á a alíquota interestadual e caberá ao Estado de localização do destinatário o imposto correspondente à diferença entre a alíquota interna do Estado destinatário e a alíquota interestadual;
▶ Inciso VII com redação pela EC 87/2015, em vigor na data de sua publicação, produzindo efeitos no ano subsequente e após 90 (noventa) dias desta (DOU 17.04.2015).
a) Revogada pela EC 87/2015, em vigor na data de sua publicação, produzindo efeitos no ano subsequente e após 90 (noventa) dias desta (DOU 17.04.2015).
b) Revogada pela EC 87/2015, em vigor na data de sua publicação, produzindo efeitos no ano subsequente e após 90 (noventa) dias desta (DOU 17.04.2015).
VIII – a responsabilidade pelo recolhimento do imposto correspondente à diferença entre a alíquota interna e a interestadual de que trata o inciso VII será atribuída:
▶ Inciso VIII com redação pela EC 87/2015, em vigor na data de sua publicação, produzindo efeitos no ano subsequente e após 90 (noventa) dias desta (DOU 17.04.2015).
a) ao destinatário, quando este for contribuinte do imposto;
▶ Alínea a acrescida pela EC 87/2015, em vigor na data de sua publicação, produzindo efeitos no ano subsequente e após 90 (noventa) dias desta (DOU 17.04.2015).
b) ao remetente, quando o destinatário não for contribuinte do imposto;
▶ Alínea b acrescida pela EC 87/2015, em vigor na data de sua publicação, produzindo efeitos no ano subsequente e após 90 (noventa) dias desta (DOU 17.04.2015).
IX – incidirá também:
▶ Súmulas 660 e 661 do STF.
▶ Súmula 155 do STJ.
a) sobre a entrada de bem ou mercadoria importados do exterior por pessoa física ou jurídica, ainda que não seja contribuinte habitual do imposto,

qualquer que seja a sua finalidade, assim como sobre o serviço prestado no exterior, cabendo o imposto ao Estado onde estiver situado o domicílio ou o estabelecimento do destinatário da mercadoria, bem ou serviço;
  ▶ Alínea *a* com redação pela EC 33/2001.
  ▶ Súmula Vinculante 48 do STF.
  ▶ Súmulas 660 e 661 do STF.
  ▶ Súmula 198 do STJ.

b) sobre o valor total da operação, quando mercadorias forem fornecidas com serviços não compreendidos na competência tributária dos Municípios;

X – não incidirá:

a) sobre operações que destinem mercadorias para o exterior, nem sobre serviços prestados a destinatários no exterior, assegurada a manutenção e o aproveitamento do montante do imposto cobrado nas operações e prestações anteriores;
  ▶ Alínea *a* com redação pela EC 42/2003.
  ▶ LC 65/1991 (Produtos semielaborados que podem ser tributados pelos Estados e Distrito Federal, quando de sua exportação para o exterior).
  ▶ Súmula 433 do STJ.

b) sobre operações que destinem a outros Estados petróleo, inclusive lubrificantes, combustíveis líquidos e gasosos dele derivados, e energia elétrica;

c) sobre o ouro, nas hipóteses definidas no artigo 153, § 5º;
  ▶ Lei 7.766/1989 (Ouro, ativo financeiro, e sobre seu tratamento tributário).

d) nas prestações de serviço de comunicação nas modalidades de radiodifusão sonora e de sons e imagens de recepção livre e gratuita;
  ▶ Alínea *d* acrescida pela EC 42/2003.

XI – não compreenderá, em sua base de cálculo, o montante do imposto sobre produtos industrializados, quando a operação, realizada entre contribuintes e relativa a produto destinado à industrialização ou à comercialização, configure fato gerador dos dois impostos;

XII – cabe à lei complementar:
  ▶ Art. 4º da EC 42/2003.

a) definir seus contribuintes;

b) dispor sobre substituição tributária;

c) disciplinar o regime de compensação do imposto;

d) fixar, para efeito de sua cobrança e definição do estabelecimento responsável, o local das operações relativas à circulação de mercadorias e das prestações de serviços;

e) excluir da incidência do imposto, nas exportações para o exterior, serviços e outros produtos além dos mencionados no inciso X, a;

f) prever casos de manutenção de crédito, relativamente à remessa para outro Estado e exportação para o exterior, de serviços e de mercadorias;

g) regular a forma como, mediante deliberação dos Estados e do Distrito Federal, isenções, incentivos e benefícios fiscais serão concedidos e revogados;
  ▶ Art. 22, par. ún., da LC 123/2006 (Estatuto Nacional da Microempresa e da Empresa de Pequeno Porte).

h) definir os combustíveis e lubrificantes sobre os quais o imposto incidirá uma única vez, qualquer que seja a sua finalidade, hipótese em que não se aplicará o disposto no inciso X, b;
  ▶ Alínea *h* acrescida pela EC 33/2001.

i) fixar a base de cálculo, de modo que o montante do imposto a integre, também na importação do exterior de bem, mercadoria ou serviço.

  ▶ Alínea *i* acrescida pela EC 33/2001.
  ▶ Súmula 457 do STJ.
  ▶ **§ 3º** À exceção dos impostos de que tratam o inciso II do *caput* deste artigo e o artigo 153, I e II, nenhum outro imposto poderá incidir sobre operações relativas a energia elétrica, serviços de telecomunicações, derivados de petróleo, combustíveis e minerais do País.
  ▶ § 3º com redação pela EC 33/2001.
  ▶ Súmula 659 do STF.

§ 4º Na hipótese do inciso XII, h, observar-se-á o seguinte:
  ▶ § 4º acrescido pela EC 33/2001.

I – nas operações com os lubrificantes e combustíveis derivados de petróleo, o imposto caberá ao Estado onde ocorrer o consumo;

II – nas operações interestaduais, entre contribuintes, com gás natural e seus derivados, e lubrificantes e combustíveis não incluídos no inciso I deste parágrafo, o imposto será repartido entre os Estados de origem e de destino, mantendo-se a mesma proporcionalidade que ocorre nas operações com as demais mercadorias;

III – nas operações interestaduais com gás natural e seus derivados, e lubrificantes e combustíveis não incluídos no inciso I deste parágrafo, destinadas a não contribuinte, o imposto caberá ao Estado de origem;

IV – as alíquotas do imposto serão definidas mediante deliberação dos Estados e Distrito Federal, nos termos do § 2º, XII, g, observando-se o seguinte:

a) serão uniformes em todo o território nacional, podendo ser diferenciadas por produto;

b) poderão ser específicas, por unidade de medida adotada, ou ad valorem, incidindo sobre o valor da operação ou sobre o preço que o produto ou seu similar alcançaria em uma venda em condições de livre concorrência;

c) poderão ser reduzidas e restabelecidas, não se lhes aplicando o disposto no artigo 150, III, b.

§ 5º As regras necessárias à aplicação do disposto no § 4º, inclusive as relativas à apuração e à destinação do imposto, serão estabelecidas mediante deliberação dos Estados e do Distrito Federal, nos termos do § 2º, XII, g.
  ▶ § 5º acrescido pela EC 33/2001.

Texto novo: §§ 2º a 5º *Revogados pela EC 132/2023, em vigor a partir de 2033.*

§ 6º O imposto previsto no inciso III:
  ▶ *Caput* do § 6º acrescido pela EC 42/2003.

I – terá alíquotas mínimas fixadas pelo Senado Federal;
  ▶ Inciso I acrescido pela EC 42/2003.

II – poderá ter alíquotas diferenciadas em função do tipo, do valor, da utilização e do impacto ambiental;
  ▶ Inciso II com redação pela EC 132/2023.

III – incidirá sobre a propriedade de veículos automotores terrestres, aquáticos e aéreos, excetuados:

a) aeronaves agrícolas e de operador certificado para prestar serviços aéreos a terceiros;

b) embarcações de pessoa jurídica que detenha outorga para prestar serviços de transporte aquaviário ou de pessoa física ou jurídica que pratique pesca industrial, artesanal, científica ou de subsistência;

c) plataformas suscetíveis de se locomoverem na água por meios próprios, inclusive aquelas cuja finalidade principal seja a exploração de ativida-

des econômicas em águas territoriais e na zona econômica exclusiva e embarcações que tenham essa mesma finalidade principal;
d) tratores e máquinas agrícolas.
▸ Inciso III acrescido pela EC 132/2023.

Seção V
Dos impostos dos Municípios

Art. 156. Compete aos Municípios instituir impostos sobre:
▸ Art. 167, § 4º, desta Constituição.

I – propriedade predial e territorial urbana;
▸ Arts. 32 a 34 do CTN.
▸ Súmula 399 do STJ.

II – transmissão inter vivos, a qualquer título, por ato oneroso, de bens imóveis, por natureza ou acessão física, e de direitos reais sobre imóveis, exceto os de garantia, bem como cessão de direitos a sua aquisição;
▸ Arts. 34 a 42 do CTN.
▸ Súmula 656 do STF.

III – serviços de qualquer natureza, não compreendidos no artigo 155, II, definidos em lei complementar.
▸ Inciso III com redação pela EC 3/1993.
▸ LC 116/2003 (ISS).
▸ Súmula Vinculante 31 do STF.
▸ Súmula 424 do STJ.

Texto novo: III – *Revogado pela EC 132/2023, em vigor a partir de 2033.*

IV – *Revogado pela EC 3/1993.*

§ 1º Sem prejuízo da progressividade no tempo a que se refere o artigo 182, § 4º, inciso II, o imposto previsto no inciso I poderá:
▸ Arts. 182, §§ 2º e 4º, e 186 desta Constituição.
▸ Súmula 589 do STF.

I – ser progressivo em razão do valor do imóvel; e
II – ter alíquotas diferentes de acordo com a localização e o uso do imóvel.
▸ § 1º com a redação pela EC 29/2000.
▸ Lei 10.257/2001 (Estatuto da Cidade).

III – ter sua base de cálculo atualizada pelo Poder Executivo, conforme critérios estabelecidos em lei municipal.
▸ Inciso III acrescido pela EC 132/2023.

§ 1º-A. O imposto previsto no inciso I do caput deste artigo não incide sobre templos de qualquer culto, ainda que as entidades abrangidas pela imunidade de que trata a alínea b do inciso VI do caput do art. 150 desta Constituição sejam apenas locatárias do bem imóvel.
▸ § 1º-A acrescido pela EC 116/2022.

§ 2º O imposto previsto no inciso II:
I – não incide sobre a transmissão de bens ou direitos incorporados ao patrimônio de pessoa jurídica em realização de capital, nem sobre a transmissão de bens ou direitos decorrente de fusão, incorporação, cisão ou extinção de pessoa jurídica, salvo se, nesses casos, a atividade preponderante do adquirente for a compra e venda desses bens ou direitos, locação de bens imóveis ou arrendamento mercantil;
▸ Arts. 36 e 37 do CTN.

II – compete ao Município da situação do bem.

§ 3º Em relação ao imposto previsto no inciso III do *caput* deste artigo, cabe à lei complementar:
▸ *Caput* do § 3º com redação pela EC 37/2002.

I – fixar as suas alíquotas máximas e mínimas;

▸ Inciso I com redação pela EC 37/2002.
▸ Art. 88 do ADCT.

II – excluir da sua incidência exportações de serviços para o exterior;
▸ Inciso II com redação pela EC 3/1993.

III – regular a forma e as condições como isenções, incentivos e benefícios fiscais serão concedidos e revogados.
▸ Inciso III acrescido pela EC 37/2002.
▸ Art. 88 do ADCT.

Texto novo: § 3º *Revogado pela EC 132/2023, em vigor a partir de 2033.*

§ 4º *Revogado pela EC 3/1993.*

Seção V-A
Do imposto de competência compartilhada entre Estados, Distrito Federal e Municípios
▸ Seção V-A acrescida pela EC 132/2023.

Art. 156-A. Lei complementar instituirá imposto sobre bens e serviços de competência compartilhada entre Estados, Distrito Federal e Municípios.

§ 1º O imposto previsto no *caput* será informado pelo princípio da neutralidade e atenderá ao seguinte:

I – incidirá sobre operações com bens materiais ou imateriais, inclusive direitos, ou com serviços;

II – incidirá também sobre a importação de bens materiais ou imateriais, inclusive direitos, ou de serviços realizada por pessoa física ou jurídica, ainda que não seja sujeito passivo habitual do imposto, qualquer que seja a sua finalidade;

III – não incidirá sobre as exportações, assegurados ao exportador a manutenção e o aproveitamento dos créditos relativos às operações nas quais seja adquirente de bem material ou imaterial, inclusive direitos, ou serviço, observado o disposto no § 5º, III;

IV – terá legislação única e uniforme em todo o território nacional, ressalvado o disposto no inciso V;

V – cada ente federativo fixará sua alíquota própria por lei específica;

VI – a alíquota fixada pelo ente federativo na forma do inciso V será a mesma para todas as operações com bens materiais ou imateriais, inclusive direitos, ou com serviços, ressalvadas as hipóteses previstas nesta Constituição;

VII – será cobrado pelo somatório das alíquotas do Estado e do Município de destino da operação;

VIII – será não cumulativo, compensando-se o imposto devido pelo contribuinte com o montante cobrado sobre todas as operações nas quais seja adquirente de bem material ou imaterial, inclusive direito, ou de serviço, excetuadas exclusivamente as consideradas de uso ou consumo pessoal especificadas em lei complementar e as hipóteses previstas nesta Constituição;

IX – não integrará sua própria base de cálculo nem a dos tributos previstos nos arts. 153, VIII, e 195, I, "b", IV e V, e da contribuição para o Programa de Integração Social de que trata o art. 239;

Texto novo: IX – **não integrará sua própria base de cálculo nem a dos tributos previstos nos arts. 153, VIII, e 195, V;**
▸ Inciso IX com redação pela EC 132/2023, em vigor a partir de 2027.

X – não será objeto de concessão de incentivos e benefícios financeiros ou fisc*ais relativos ao im-*

posto ou de regimes específicos, diferenciados ou favorecidos de tributação, excetuadas as hipóteses previstas nesta Constituição;

XI – não incidirá nas prestações de serviço de comunicação nas modalidades de radiodifusão sonora e de sons e imagens de recepção livre e gratuita;

XII – resolução do Senado Federal fixará alíquota de referência do imposto para cada esfera federativa, nos termos de lei complementar, que será aplicada se outra não houver sido estabelecida pelo próprio ente federativo;

XIII – sempre que possível, terá seu valor informado, de forma específica, no respectivo documento fiscal.

§ 2º Para fins do disposto no § 1º, V, o Distrito Federal exercerá as competências estadual e municipal na fixação de suas alíquotas.

§ 3º Lei complementar poderá definir como sujeito passivo do imposto a pessoa que concorrer para a realização, a execução ou o pagamento da operação, ainda que residente ou domiciliada no exterior.

§ 4º Para fins de distribuição do produto da arrecadação do imposto, o Comitê Gestor do Imposto sobre Bens e Serviços:

I – reterá montante equivalente ao saldo acumulado de créditos do imposto não compensados pelos contribuintes e não ressarcidos ao final de cada período de apuração e aos valores decorrentes do cumprimento do § 5º, VIII;

II – distribuirá o produto da arrecadação do imposto, deduzida a retenção de que trata o inciso I deste parágrafo, ao ente federativo de destino das operações que não tenham gerado creditamento.

§ 5º Lei complementar disporá sobre:

I – as regras para a distribuição do produto da arrecadação do imposto, disciplinando, entre outros aspectos:

a) a sua forma de cálculo;

b) o tratamento em relação às operações em que o imposto não seja recolhido tempestivamente;

c) as regras de distribuição aplicáveis aos regimes favorecidos, específicos e diferenciados de tributação previstos nesta Constituição;

II – o regime de compensação, podendo estabelecer hipóteses em que o aproveitamento do crédito ficará condicionado à verificação do efetivo recolhimento do imposto incidente sobre a operação com bens materiais ou imateriais, inclusive direitos, ou com serviços, desde que:

a) o adquirente possa efetuar o recolhimento do imposto incidente nas suas aquisições de bens ou serviços; ou

b) o recolhimento do imposto ocorra na liquidação financeira da operação;

III – a forma e o prazo para ressarcimento de créditos acumulados pelo contribuinte;

IV – os critérios para a definição do destino da operação, que poderá ser, inclusive, o local da entrega, da disponibilização ou da localização do bem, o da prestação ou da disponibilização do serviço ou o do domicílio ou da localização do adquirente ou destinatário do bem ou serviço, admitidas diferenciações em razão das características da operação;

V – a forma de desoneração da aquisição de bens de capital pelos contribuintes, que poderá ser implementada por meio de:

a) crédito integral e imediato do imposto;

b) diferimento; ou

c) redução em 100% (cem por cento) das alíquotas do imposto;

VI – as hipóteses de diferimento e desoneração do imposto aplicáveis aos regimes aduaneiros especiais e às zonas de processamento de exportação;

VII – o processo administrativo fiscal do imposto;

VIII – as hipóteses de devolução do imposto a pessoas físicas, inclusive os limites e os beneficiários, com o objetivo de reduzir as desigualdades de renda;

IX – os critérios para as obrigações tributárias acessórias, visando à sua simplificação.

§ 6º Lei complementar disporá sobre regimes específicos de tributação para:

I – combustíveis e lubrificantes sobre os quais o imposto incidirá uma única vez, qualquer que seja a sua finalidade, hipótese em que:

a) serão as alíquotas uniformes em todo o território nacional, específicas por unidade de medida e diferenciadas por produto, admitida a não aplicação do disposto no § 1º, V a VII;

b) será vedada a apropriação de créditos em relação às aquisições dos produtos de que trata este inciso destinados a distribuição, comercialização ou revenda;

c) será concedido crédito nas aquisições dos produtos de que trata este inciso por sujeito passivo do imposto, observado o disposto na alínea "b" e no § 1º, VIII;

II – serviços financeiros, operações com bens imóveis, planos de assistência à saúde e concursos de prognósticos, podendo prever:

a) alterações nas alíquotas, nas regras de creditamento e na base de cálculo, admitida, em relação aos adquirentes dos bens e serviços de que trata este inciso, a não aplicação do disposto no § 1º, VIII;

b) hipóteses em que o imposto incidirá sobre a receita ou o faturamento, com alíquota uniforme em todo o território nacional, admitida a não aplicação do disposto no § 1º, V a VII, e, em relação aos adquirentes dos bens e serviços de que trata este inciso, também do disposto no § 1º, VIII;

III – sociedades cooperativas, que será optativo, com vistas a assegurar sua competitividade, observados os princípios da livre concorrência e da isonomia tributária, definindo, inclusive:

a) as hipóteses em que o imposto não incidirá sobre as operações realizadas entre a sociedade cooperativa e seus associados, entre estes e aquela e pelas sociedades cooperativas entre si quando associadas para a consecução dos objetivos sociais;

b) o regime de aproveitamento do crédito das etapas anteriores;

IV – serviços de hotelaria, parques de diversão e parques temáticos, agências de viagens e de turismo, bares e restaurantes, atividade esportiva desenvolvida por Sociedade Anônima do Futebol e aviação regional, podendo prever hipóteses de alterações nas alíquotas, nas bases de cálculo e nas regras de creditamento, admitida a não aplicação do disposto no § 1º, V a VIII;

V - operações alcançadas por tratado ou convenção internacional, inclusive referentes a missões diplomáticas, repartições consulares, representações de organismos internacionais e respectivos funcionários acreditados;

VI - serviços de transporte coletivo de passageiros rodoviário intermunicipal e interestadual, ferroviário e hidroviário, podendo prever hipóteses de alterações nas alíquotas e nas regras de creditamento, admitida a não aplicação do disposto no § 1º, V a VIII.

§ 7º A isenção e a imunidade:

I - não implicarão crédito para compensação com o montante devido nas operações seguintes;

II - acarretarão a anulação do crédito relativo às operações anteriores, salvo, na hipótese da imunidade, inclusive em relação ao inciso XI do § 1º, quando determinado em contrário em lei complementar.

§ 8º Para fins do disposto neste artigo, a lei complementar de que trata o *caput* poderá estabelecer o conceito de operações com serviços, seu conteúdo e alcance, admitida essa definição para qualquer operação que não seja classificada como operação com bens materiais ou imateriais, inclusive direitos.

§ 9º Qualquer alteração na legislação federal que reduza ou eleve a arrecadação do imposto:

I - deverá ser compensada pela elevação ou redução, pelo Senado Federal, das alíquotas de referência de que trata o § 1º, XII, de modo a preservar a arrecadação das esferas federativas, nos termos de lei complementar;

II - somente entrará em vigor com o início da produção de efeitos do ajuste das alíquotas de referência de que trata o inciso I deste parágrafo.

§ 10. Os Estados, o Distrito Federal e os Municípios poderão optar por vincular suas alíquotas à alíquota de referência de que trata o § 1º, XII.

§ 11. Projeto de lei complementar em tramitação no Congresso Nacional que reduza ou aumente a arrecadação do imposto somente será apreciado se acompanhado de estimativa de impacto no valor das alíquotas de referência de que trata o § 1º, XII.

§ 12. A devolução de que trata o § 5º, VIII, não será considerada nas bases de cálculo de que tratam os arts. 29-A, 198, § 2º, 204, parágrafo único, 212, 212-A, II, e 216, § 6º, não se aplicando a ela, ainda, o disposto no art. 158, IV, "b".

§ 13. A devolução de que trata o § 5º, VIII, será obrigatória nas operações de fornecimento de energia elétrica e de gás liquefeito de petróleo ao consumidor de baixa renda, podendo a lei complementar determinar que seja calculada e concedida no momento da cobrança da operação.

Art. 156-B. Os Estados, o Distrito Federal e os Municípios exercerão de forma integrada, exclusivamente por meio do Comitê Gestor do Imposto sobre Bens e Serviços, nos termos e limites estabelecidos nesta Constituição e em lei complementar, as seguintes competências administrativas relativas ao imposto de que trata o art. 156-A:

I - editar regulamento único e uniformizar a interpretação e a aplicação da legislação do imposto;

II - arrecadar o imposto, efetuar as compensações e distribuir o produto da arrecadação entre Estados, Distrito Federal e Municípios;

III - decidir o contencioso administrativo.

§ 1º O Comitê Gestor do Imposto sobre Bens e Serviços, entidade pública sob regime especial, terá independência técnica, administrativa, orçamentária e financeira.

§ 2º Na forma da lei complementar:

I - os Estados, o Distrito Federal e os Municípios serão representados, de forma paritária, na instância máxima de deliberação do Comitê Gestor do Imposto sobre Bens e Serviços;

II - será assegurada a alternância na presidência do Comitê Gestor entre o conjunto dos Estados e o Distrito Federal e o conjunto dos Municípios e o Distrito Federal;

III - o Comitê Gestor será financiado por percentual do produto da arrecadação do imposto destinado a cada ente federativo;

IV - o controle externo do Comitê Gestor será exercido pelos Estados, pelo Distrito Federal e pelos Municípios;

V - a fiscalização, o lançamento, a cobrança, a representação administrativa e a representação judicial relativos ao imposto serão realizados, no âmbito de suas respectivas competências, pelas administrações tributárias e procuradorias dos Estados, do Distrito Federal e dos Municípios, que poderão definir hipóteses de delegação ou de compartilhamento de competências, cabendo ao Comitê Gestor a coordenação dessas atividades administrativas com vistas à integração entre os entes federativos;

VI - as competências exclusivas das carreiras da administração tributária e das procuradorias dos Estados, do Distrito Federal e dos Municípios serão exercidas, no Comitê Gestor e na representação deste, por servidores das referidas carreiras;

VII - serão estabelecidas a estrutura e a gestão do Comitê Gestor, cabendo ao regimento interno dispor sobre sua organização e funcionamento.

§ 3º A participação dos entes federativos na instância máxima de deliberação do Comitê Gestor do Imposto sobre Bens e Serviços observará a seguinte composição:

I - 27 (vinte e sete) membros, representando cada Estado e o Distrito Federal;

II - 27 (vinte e sete) membros, representando o conjunto dos Municípios e do Distrito Federal, que serão eleitos nos seguintes termos:

a) 14 (quatorze) representantes, com base nos votos de cada Município, com valor igual para todos; e

b) 13 (treze) representantes, com base nos votos de cada Município ponderados pelas respectivas populações.

§ 4º As deliberações no âmbito do Comitê Gestor do Imposto sobre Bens e Serviços serão consideradas aprovadas se obtiverem, cumulativamente, os votos:

I - em relação ao conjunto dos Estados e do Distrito Federal:

a) da maioria absoluta de seus representantes; e

b) de representantes dos Estados e do Distrito Federal que correspondam a mais de 50% (cinquenta por cento) da população do País; e

II – em relação ao conjunto dos Municípios e do Distrito Federal, da maioria absoluta de seus representantes.

§ 5º O Presidente do Comitê Gestor do Imposto sobre Bens e Serviços deverá ter notórios conhecimentos de administração tributária.

§ 6º O Comitê Gestor do Imposto sobre Bens e Serviços, a administração tributária da União e a Procuradoria-Geral da Fazenda Nacional compartilharão informações fiscais relacionadas aos tributos previstos nos arts. 156-A e 195, V, e atuarão com vistas a harmonizar normas, interpretações, obrigações acessórias e procedimentos a eles relativos.

§ 7º O Comitê Gestor do Imposto sobre Bens e Serviços e a administração tributária da União poderão implementar soluções integradas para a administração e cobrança dos tributos previstos nos arts. 156-A e 195, V.

§ 8º Lei complementar poderá prever a integração do contencioso administrativo relativo aos tributos previstos nos arts. 156-A e 195, V."

Seção VI
Da repartição das receitas tributárias

Art. 157. Pertencem aos Estados e ao Distrito Federal:
▸ Art. 167, § 4º, desta Constituição.
▸ Art. 6º, parágrafo único, do CTN.

I – o produto da arrecadação do imposto da União sobre renda e proventos de qualquer natureza, incidente na fonte, sobre rendimentos pagos, a qualquer título, por eles, suas autarquias e pelas fundações que instituírem e mantiverem;
▸ Art. 159, § 1º, desta Constituição.
▸ Dec. 9.580/2018 (Regulamenta a tributação, a fiscalização, a arrecadação e a administração do Imposto sobre a Renda e proventos de qualquer natureza).
▸ Súmula 447 do STJ.

II – vinte por cento do produto da arrecadação do imposto que a União instituir no exercício da competência que lhe é atribuída pelo artigo 154, I.
▸ Art. 72, § 3º, do ADCT.

Art. 158. Pertencem aos Municípios:
▸ Art. 167, IV, desta Constituição.
▸ LC 63/1990 (Critérios e prazos de crédito das parcelas do produto da arrecadação de impostos de competência dos Estados e de transferências por estes recebidas, pertencentes aos Municípios).

I – o produto da arrecadação do imposto da União sobre renda e proventos de qualquer natureza, incidente na fonte, sobre rendimentos pagos, a qualquer título, por eles, suas autarquias e pelas fundações que instituírem e mantiverem;
▸ Art. 159, § 1º, desta Constituição.

II – cinquenta por cento do produto da arrecadação do imposto da União sobre a propriedade territorial rural, relativamente aos imóveis neles situados, cabendo a totalidade na hipótese da opção a que se refere o art. 153, § 4º, III;
▸ Inciso II com redação pela EC 42/2003.
▸ Art. 72, § 4º, do ADCT.
▸ Súmula 139 do STJ.

III – 50% (cinquenta por cento) do produto da arrecadação do imposto do Estado sobre a propriedade de veículos automotores licenciados em seus territórios e, em relação a veículos aquáticos e aéreos, cujos proprietários sejam domiciliados em seus territórios;
▸ Inciso III com redação pela EC 132/2023.
▸ Art. 1º da LC 63/1990 (Critérios e prazos de crédito das parcelas do produto da arrecadação de impostos de competência dos Estados e de transferências por estes recebidas, pertencentes aos Municípios).

IV – 25% (vinte e cinco por cento):
▸ Arts. 60, § 2º, e 82, § 1º, do ADCT.
▸ Art. 1º da LC 63/1990 (Critérios e prazos de crédito das parcelas do produto da arrecadação de impostos de competência dos Estados e de transferências por estes recebidas, pertencentes aos Municípios).

a) do produto da arrecadação do imposto do Estado sobre operações relativas à circulação de mercadorias e sobre prestações de serviços de transporte interestadual e intermunicipal e de comunicação;
▸ Alínea *a* acrescida pela EC 132/2023.

Texto novo: a) *Revogada pela EC 132/2023*, em vigor a partir de 2033.

b) do produto da arrecadação do imposto previsto no art. 156-A distribuída aos Estados.
▸ Alínea *b* acrescida pela EC 132/2023.

§ 1º As parcelas de receita pertencentes aos Municípios mencionadas no inciso IV, "a", serão creditadas conforme os seguintes critérios:
▸ Primitivo parágrafo único renumerado pela EC 132/2023.

I – 65% (sessenta e cinco por cento), no mínimo, na proporção do valor adicionado nas operações relativas à circulação de mercadorias e nas prestações de serviços, realizadas em seus territórios;
▸ Inciso I com redação pela EC 108/2020.

II – até 35% (trinta e cinco por cento), de acordo com o que dispuser lei estadual, observada, obrigatoriamente, a distribuição de, no mínimo, 10 (dez) pontos percentuais com base em indicadores de melhoria nos resultados de aprendizagem e de aumento da equidade, considerado o nível socioeconômico dos educandos.
▸ Inciso II com redação pela EC 108/2020.

Texto novo: § 1º *Revogado pela EC 132/2023*, em vigor a partir de 2033.

§ 2º As parcelas de receita pertencentes aos Municípios mencionadas no inciso IV, "b", serão creditadas conforme os seguintes critérios:
▸ § 2º acrescido pela EC 132/2023.

I – 80% (oitenta por cento) na proporção da população;

II – 10% (dez por cento) com base em indicadores de melhoria nos resultados de aprendizagem e de aumento da equidade, considerado o nível socioeconômico dos educandos, de acordo com o que dispuser lei estadual;

III – 5% (cinco por cento) com base em indicadores de preservação ambiental, de acordo com o que dispuser lei estadual;

IV – 5% (cinco por cento) em montantes iguais para todos os Municípios do Estado.

Art. 159. A União entregará:
▸ Art. 167, IV, desta Constituição.
▸ Arts. 72, §§ 2º e 4º, e 80, § 1º, do ADCT.
▸ LC 62/1989 (Cálculo, entrega e controle de liberações de recursos dos Fundos de Participação).

I – do produto da arrecadação dos impostos sobre renda e proventos de qualquer natureza e sobre produtos industrializados e do imposto previsto no art. 153, VIII, 50% (cinquenta por cento), da seguinte forma:
▸ *Caput* do inciso I com redação pela EC 132/2023.

a) vinte e um inteiros e cinco décimos por cento ao Fundo de Participação dos Estados e do Distrito Federal;
▸ Arts. 34, § 2º, II, e 60, § 2º, do ADCT.
▸ LC 62/1989 (Cálculo, entrega e controle das liberações dos recursos dos fundos de participação dos Estados, do Distrito Federal e dos Municípios).

b) vinte e dois inteiros e cinco décimos por cento ao Fundo de Participação dos Municípios;
▸ LC 62/1989 (Cálculo, entrega e controle das liberações dos recursos dos fundos de participação dos Estados, do Distrito Federal e dos Municípios).
▸ LC 91/1997 (Dispõe sobre a fixação dos coeficientes do Fundo de Participação dos Municípios).

c) três por cento, para aplicação em programas de financiamento ao setor produtivo das Regiões Norte, Nordeste e Centro-Oeste, através de suas instituições financeiras de caráter regional, de acordo com os planos regionais de desenvolvimento, ficando assegurada ao semiárido do Nordeste a metade dos recursos destinados à Região, na forma que a lei estabelecer;
▸ Lei 7.827/1989 (Fundos Constitucionais de Financiamento).
▸ Lei 13.153/2015 (Política Nacional de Combate à Desertificação e Mitigação dos Efeitos da Seca e seus instrumentos).

d) um por cento ao Fundo de Participação dos Municípios, que será entregue no primeiro decêndio do mês de dezembro de cada ano;
▸ Alínea *d* acrescida pela EC 55/2007.
▸ Art. 2º da EC 55/2007 (Determina que as alterações inseridas neste artigo somente se aplicam sobre a arrecadação dos impostos sobre renda e proventos de qualquer natureza e sobre produtos industrializados realizada a partir de 1º-9-2007).

e) 1% (um por cento) ao Fundo de Participação dos Municípios, que será entregue no primeiro decêndio do mês de julho de cada ano;
▸ Alínea *e* acrescida pela EC 84/2014.
▸ O art. 2º da EC 84/2014 dispõe: Para os fins do disposto na alínea *e* do inciso I do *caput* do art. 159 da Constituição Federal, a União entregará ao Fundo de Participação dos Municípios o percentual de 0,5% (cinco décimos por cento) do produto da arrecadação dos impostos sobre renda e proventos de qualquer natureza e sobre produtos industrializados no primeiro exercício em que esta Emenda Constitucional gerar efeitos financeiros, acrescentando-se 0,5% (cinco décimos por cento) a cada exercício, até que se alcance o percentual de 1% (um por cento).

f) 1% (um por cento) ao Fundo de Participação dos Municípios, que será entregue no primeiro decêndio do mês de setembro de cada ano;
▸ Alínea *f* acrescida pela EC 112/2021.
▸ Art. 2º da EC 112/2021.

II – do produto da arrecadação do imposto sobre produtos industrializados e do imposto previsto no art. 153, VIII, 10% (dez por cento) aos Estados e ao Distrito Federal, proporcionalmente ao valor das respectivas exportações de produtos industrializados;
▸ Inciso II com redação pela EC 132/2023.
▸ Art. 60, § 2º, do ADCT.
▸ Lei 8.016/1990 (Entrega das cotas de participação dos Estados e do DF na arrecadação do imposto de que trata este inciso).
▸ Art. 1º da LC 63/1990 (Critérios e prazos de crédito das parcelas do produto da arrecadação de impostos de competência dos Estados e de transferências por estes recebidas, pertencentes aos Municípios).

III – do produto da arrecadação da contribuição de intervenção no domínio econômico prevista no art. 177, § 4º, 29% (vinte e nove por cento) para os Estados e o Distrito Federal, distribuídos na forma da lei, observadas as destinações a que se referem as alíneas "c" e "d" do inciso II do referido parágrafo.
▸ Inciso III com redação pela EC 132/2023.
▸ Art. 93 do ADCT.

§ 1º Para efeito de cálculo da entrega a ser efetuada de acordo com o previsto no inciso I, excluir-se-á a parcela da arrecadação do imposto de renda e proventos de qualquer natureza pertencente aos Estados, ao Distrito Federal e aos Municípios, nos termos do disposto nos artigos 157, I, e 158, I.

§ 2º A nenhuma unidade federada poderá ser destinada parcela superior a vinte por cento do montante a que se refere o inciso II, devendo o eventual excedente ser distribuído entre os demais participantes, mantido, em relação a esses, o critério de partilha nele estabelecido.
▸ LC 61/1989 (Normas para participação dos Estados e do Distrito Federal no produto de arrecadação do Imposto sobre Produtos Industrializados – IPI, relativamente às exportações).

§ 3º Os Estados entregarão aos respectivos Municípios 25% (vinte e cinco por cento) dos recursos que receberem nos termos do inciso II do *caput* deste artigo, observados os critérios estabelecidos no art. 158, § 1º, para a parcela relativa ao imposto sobre produtos industrializados, e no art. 158, § 2º, para a parcela relativa ao imposto previsto no art. 153, VIII.
▸ § 3º com redação pela EC 132/2023.
▸ LC 63/1990 (Critérios e prazos de crédito das parcelas do produto da arrecadação de impostos de competência dos Estados e de transferências por estes recebidas, pertencentes aos Municípios).

§ 4º Do montante de recursos de que trata o inciso III que cabe a cada Estado, vinte e cinco por cento serão destinados aos seus Municípios, na forma da lei a que se refere o mencionado inciso.
▸ § 4º acrescido pela EC 42/2003.
▸ Art. 93 do ADCT.

Texto novo: § 3º Os Estados entregarão aos respectivos Municípios 25% (vinte e cinco por cento) dos recursos que receberem nos termos do inciso II do *caput* deste artigo, observados os critérios estabelecidos no art. 158, § 2º.
▸ § 3º com redação pela EC 132/2023, em vigor a partir de 2033.

Art. 159-A. Fica instituído o Fundo Nacional de Desenvolvimento Regional, com o objetivo de reduzir as desigualdades regionais e sociais, nos termos do art. 3º, III, mediante a entrega de recursos da União aos Estados e ao Distrito Federal para:
▸ Art. 159-A acrescido pela EC 132/2023.

I – realização de estudos, projetos e obras de infraestrutura;

II – fomento a atividades produtivas com elevado potencial de geração de emprego e renda, incluindo a concessão de subvenções econômicas e financeiras; e

III – promoção de ações com vistas ao desenvolvimento científico e tecnológico e à inovação.

§ 1º É vedada a retenção ou qualquer restrição ao recebimento dos recursos de que trata o *caput*.

§ 2º Na aplicação dos recursos de que trata o *caput*, os Estados e o Distrito Federal priorizarão projetos que prevejam ações de sustentabilidade ambiental e redução das emissões de carbono.

§ 3º Observado o disposto neste artigo, caberá aos Estados e ao Distrito Federal a decisão quanto à aplicação dos recursos de que trata o *caput*.

§ 4º Os recursos de que trata o *caput* serão entregues aos Estados e ao Distrito Federal de acordo com coeficientes individuais de participação, calculados com base nos seguintes indicadores e com os seguintes pesos:

I – população do Estado ou do Distrito Federal, com peso de 30% (trinta por cento);

II – coeficiente individual de participação do Estado ou do Distrito Federal nos recursos de que trata o art. 159, I, "a", da Constituição Federal, com peso de 70% (setenta por cento).

§ 5º O Tribunal de Contas da União será o órgão responsável por regulamentar e calcular os coeficientes individuais de participação de que trata o § 4º.

Art. 160. É vedada a retenção ou qualquer restrição à entrega e ao emprego dos recursos atribuídos, nesta seção, aos Estados, ao Distrito Federal e aos Municípios, neles compreendidos adicionais e acréscimos relativos a impostos.
> Art. 3º da EC 17/1997.

§ 1º A vedação prevista neste artigo não impede a União e os Estados de condicionarem a entrega de recursos:
> *Caput* do parágrafo único com redação pela EC 29/2000, renumerado § 1º pela EC 113/2021.

I – ao pagamento de seus créditos, inclusive de suas autarquias;
> Inciso I acrescido pela EC 29/2000.

II – ao cumprimento do disposto no artigo 198, § 2º, incisos II e III.
> Inciso II acrescido pela EC 29/2000.

§ 2º Os contratos, os acordos, os ajustes, os convênios, os parcelamentos ou as renegociações de débitos de qualquer espécie, inclusive tributários, firmados pela União com os entes federativos conterão cláusulas para autorizar a dedução dos valores devidos dos montantes a serem repassados relacionados às respectivas cotas nos Fundos de Participação ou aos precatórios federais.
> § 2º acrescido pela EC 113/2021.

Art. 161. Cabe à lei complementar:

I – definir valor adicionado para fins do disposto no art. 158, § 1º, I;
> Inciso I com redação pela EC 132/2023.
>> LC 63/1990 (Critérios e prazos de crédito das parcelas do produto da arrecadação de impostos de competência dos Estados e de transferências por estes recebidas, pertencentes aos Municípios).

Texto novo: I – *Revogado pela EC 132/2023, em vigor a partir de 2033.*

II – estabelecer normas sobre a entrega dos recursos de que trata o artigo 159, especialmente sobre os critérios de rateio dos fundos previstos em seu inciso I, objetivando promover o equilíbrio socioeconômico entre Estados e entre Municípios;
> Art. 34, § 2º, do ADCT.
> LC 62/1989 (Normas sobre o cálculo, a entrega e o controle das liberações dos recursos dos fundos de participação dos Estados, do Distrito Federal e dos Municípios).

III – dispor sobre o acompanhamento, pelos beneficiários, do cálculo das quotas e da liberação das participações previstas nos artigos 157, 158 e 159.
> LC 62/1989 (Normas sobre o cálculo, a entrega e o controle das liberações dos recursos dos fundos de participação dos Estados, do Distrito Federal e dos Municípios).

Parágrafo único. O Tribunal de Contas da União efetuará o cálculo das quotas referentes aos fundos de participação a que alude o inciso II.

Art. 162. A União, os Estados, o Distrito Federal e os Municípios divulgarão, até o último dia do mês subsequente ao da arrecadação, os montantes de cada um dos tributos arrecadados, os recursos recebidos, os valores de origem tributária entregues e a entregar e a expressão numérica dos critérios de rateio.

Parágrafo único. Os dados divulgados pela União serão discriminados por Estado e por Município; os dos Estados, por Município.

CAPÍTULO II
DAS FINANÇAS PÚBLICAS

Seção I
Normas gerais

Art. 163. Lei complementar disporá sobre:
> Art. 30 da EC 19/1998.
> Lei 4.320/1964 (Normas gerais de direito financeiro para elaboração e controle dos orçamentos e balanços da União, dos Estados, dos Municípios e do Distrito Federal).
> Lei 6.830/1980 (Execuções Fiscais).

I – finanças públicas;
> LC 101/2000 (Responsabilidade Fiscal).

II – dívida pública externa e interna, incluída a das autarquias, fundações e demais entidades controladas pelo Poder Público;
> Lei 8.388/1991 (Diretrizes para que a União possa realizar a consolidação e o reescalonamento de dívidas das administrações direta e indireta dos Estados, do Distrito Federal e dos Municípios).

III – concessão de garantias pelas entidades públicas;

IV – emissão e resgate de títulos da dívida pública;
> Art. 34, § 2º, I, do ADCT.

V – fiscalização financeira da administração pública direta e indireta;
> Inciso V com redação pela EC 40/2003.
> Lei 4.595/1964 (Sistema Financeiro Nacional).

VI – operações de câmbio realizadas por órgãos e entidades da União, dos Estados, do Distrito Federal e dos Municípios;
> Dec.-lei 9.602/1946 (Operações de crédito).
> Dec.-lei 9.025/1946 (Operações de câmbio e regulamenta o retorno de capitais estrangeiros).
> Lei 1.807/1953 (Operações de câmbio).
> Lei 4.131/1962 (Aplicação do capital estrangeiro e as remessas de valores para o exterior).

VII – compatibilização das funções das instituições oficiais de crédito da União, resguardadas as características e condições operacionais plenas das voltadas ao desenvolvimento regional.
> Lei 4.595/1964 (Sistema Financeiro Nacional).
> Art. 30 da EC 19/1998 (Reforma Administrativa).
> LC 101/2000 (Responsabilidade Fiscal).

VIII – sustentabilidade da dívida, especificando:
> Inciso VIII acrescido pela EC 109/2021.

a) indicadores de sua apuração;

b) níveis de compatibilidade dos resultados fiscais com a trajetória da dívida;

c) trajetória de convergência do montante da dívida com os limites definidos em legislação;
d) medidas de ajuste, suspensões e vedações;
e) planejamento de alienação de ativos com vistas à redução do montante da dívida.
Parágrafo único. A lei complementar de que trata o inciso VIII do *caput* deste artigo pode autorizar a aplicação das vedações previstas no art. 167-A desta Constituição.
▸ Parágrafo único acrescido pela EC 109/2021.

IX – condições e limites para concessão, ampliação ou prorrogação de incentivo ou benefício de natureza tributária.
▸ Inciso IX acrescido pela EC 135/2024.

Art. 163-A. A União, os Estados, o Distrito Federal e os Municípios disponibilizarão suas informações e dados contábeis, orçamentários e fiscais, conforme periodicidade, formato e sistema estabelecidos pelo órgão central de contabilidade da União, de forma a garantir a rastreabilidade, a comparabilidade e a publicidade dos dados coletados, os quais deverão ser divulgados em meio eletrônico de amplo acesso público.
▸ Artigo acrescido pela EC 108/2020.

Art. 164. A competência da União para emitir moeda será exercida exclusivamente pelo Banco Central.
§ 1º É vedado ao Banco Central conceder, direta ou indiretamente, empréstimos ao Tesouro Nacional e a qualquer órgão ou entidade que não seja instituição financeira.
§ 2º O Banco Central poderá comprar e vender títulos de emissão do Tesouro Nacional, com o objetivo de regular a oferta de moeda ou a taxa de juros.
§ 3º As disponibilidades de caixa da União serão depositadas no Banco Central; as dos Estados, do Distrito Federal, dos Municípios e dos órgãos ou entidades do Poder Público e das empresas por ele controladas, em instituições financeiras oficiais, ressalvados os casos previstos em lei.

Art. 164-A. A União, os Estados, o Distrito Federal e os Municípios devem conduzir suas políticas fiscais de forma a manter a dívida pública em níveis sustentáveis, na forma da lei complementar referida no inciso VIII do *caput* do art. 163 desta Constituição.
▸ Artigo acrescido pela EC 109/2021.

Parágrafo único. A elaboração e a execução de planos e orçamentos devem refletir a compatibilidade dos indicadores fiscais com a sustentabilidade da dívida.

Seção II
Dos orçamentos

Art. 165. Leis de iniciativa do Poder Executivo estabelecerão:
I – o plano plurianual;
II – as diretrizes orçamentárias;
III – os orçamentos anuais.
§ 1º A lei que instituir o plano plurianual estabelecerá, de forma regionalizada, as diretrizes, os objetivos e metas da administração pública federal para as despesas de capital e outras delas decorrentes e para as relativas aos programas de duração continuada.
§ 2º A lei de diretrizes orçamentárias compreenderá as metas e prioridades da administração pública federal, estabelecerá as diretrizes de política fiscal e respectivas metas, em consonância com trajetória sustentável da dívida pública, orientará a elaboração da lei orçamentária anual, disporá sobre as alterações na legislação tributária e estabelecerá a política de aplicação das agências financeiras oficiais de fomento.
▸ § 2º com redação pela EC 109/2021.

§ 3º O Poder Executivo publicará, até trinta dias após o encerramento de cada bimestre, relatório resumido da execução orçamentária.
§ 4º Os planos e programas nacionais, regionais e setoriais previstos nesta Constituição serão elaborados em consonância com o plano plurianual e apreciados pelo Congresso Nacional.
▸ Lei 9.491/1997 (Programa Nacional de Desestatização).

§ 5º A lei orçamentária anual compreenderá:
I – o orçamento fiscal referente aos Poderes da União, seus fundos, órgãos e entidades da administração direta e indireta, inclusive fundações instituídas e mantidas pelo Poder Público;
II – o orçamento de investimento das empresas em que a União, direta ou indiretamente, detenha a maioria do capital social com direito a voto;
III – o orçamento da seguridade social, abrangendo todas as entidades e órgãos a ela vinculados, da administração direta ou indireta, bem como os fundos e fundações instituídos e mantidos pelo Poder Público.
§ 6º O projeto de lei orçamentária será acompanhado de demonstrativo regionalizado do efeito, sobre as receitas e despesas, decorrente de isenções, anistias, remissões, subsídios e benefícios de natureza financeira, tributária e creditícia.
§ 7º Os orçamentos previstos no § 5º, I e II, deste artigo, compatibilizados com o plano plurianual, terão entre suas funções a de reduzir desigualdades inter-regionais, segundo critério populacional.
▸ Art. 35 do ADCT.

§ 8º A lei orçamentária anual não conterá dispositivo estranho à previsão da receita e à fixação da despesa, não se incluindo na proibição a autorização para abertura de créditos suplementares e contratação de operações de crédito, ainda que por antecipação de receita, nos termos da lei.
▸ Art. 167, IV, desta Constituição.

§ 9º Cabe à lei complementar:
▸ Art. 168 desta Constituição.
▸ Art. 35, § 2º, do ADCT.
▸ Lei 4.320/1964 (Normas gerais de direito financeiro para elaboração e controle dos orçamentos e balanços da União, dos Estados, dos Municípios e do Distrito Federal).
▸ Dec.-lei 200/1967 (Dispõe sobre a organização da Administração Federal, estabelece diretrizes para a Reforma Administrativa).

I – dispor sobre o exercício financeiro, a vigência, os prazos, a elaboração e a organização do plano plurianual, da lei de diretrizes orçamentárias e da lei orçamentária anual;
II – estabelecer normas de gestão financeira e patrimonial da administração direta e indireta, bem como condições para a instituição e funcionamento de fundos.
▸ Arts. 35, § 2º, 71, § 1º, e 81, § 3º, do ADCT.
▸ LC 89/1997 (Fundo para Aparelhamento e Operacionalização das Atividades-fim da Polícia Federal – FUNAPOL).
▸ LC 101/2000 (Responsabilidade Fiscal).

III – dispor sobre critérios para a execução equitativa, além de procedimentos que serão adotados quando houver impedimentos legais e técnicos, cumprimento de restos a pagar e limitação das programações de caráter obrigatório, para a realização do disposto nos §§ 11 e 12 do art. 166.
▸ Inciso III com redação pela EC 100/2019, em vigor na data de sua publicação e produzirá efeitos a partir da execução orçamentária do exercício financeiro subsequente.

§ 10. A administração tem o dever de executar as programações orçamentárias, adotando os meios e as medidas necessárias, com o propósito de garantir a efetiva entrega de bens e serviços à sociedade.

> § 10 acrescido pela EC 100/2019, em vigor na data de sua publicação e produzirá efeitos a partir da execução orçamentária do exercício financeiro subsequente.

§ 11. O disposto no § 10 deste artigo, nos termos da lei de diretrizes orçamentárias:
I – subordina-se ao cumprimento de dispositivos constitucionais e legais que estabeleçam metas fiscais ou limites de despesas e não impede o cancelamento necessário à abertura de créditos adicionais;
II – não se aplica nos casos de impedimentos de ordem técnica devidamente justificados;
III – aplica-se exclusivamente às despesas primárias discricionárias.

> § 11 acrescido pela EC 102/2019, em vigor na data de sua publicação e produzirá efeitos a partir da execução orçamentária do exercício financeiro subsequente.

§ 12. Integrará a lei de diretrizes orçamentárias, para o exercício a que se refere e, pelo menos, para os 2 (dois) exercícios subsequentes, anexo com previsão de agregados fiscais e a proporção dos recursos para investimentos que serão alocados na lei orçamentária anual para a continuidade daqueles em andamento.

> § 12 acrescido pela EC 102/2019, em vigor na data de sua publicação e produzirá efeitos a partir da execução orçamentária do exercício financeiro subsequente.

§ 13. O disposto no inciso III do § 92 e nos §§ 10, 11 e 12 deste artigo aplica-se exclusivamente aos orçamentos fiscal e da seguridade social da União.

> § 13 acrescido pela EC 102/2019, em vigor na data de sua publicação e produzirá efeitos a partir da execução orçamentária do exercício financeiro subsequente.

§ 14. A lei orçamentária anual poderá conter previsões de despesas para exercícios seguintes, com a especificação dos investimentos plurianuais e daqueles em andamento.

> § 14 acrescido pela EC 102/2019, em vigor na data de sua publicação e produzirá efeitos a partir da execução orçamentária do exercício financeiro subsequente.

§ 15. A União organizará e manterá registro centralizado de projetos de investimento contendo, por Estado ou Distrito Federal, pelo menos, análises de viabilidade, estimativas de custos e informações sobre a execução física e financeira.

> § 15 acrescido pela EC 102/2019, em vigor na data de sua publicação e produzirá efeitos a partir da execução orçamentária do exercício financeiro subsequente.

§ 16. As leis de que trata este artigo devem observar, no que couber, os resultados do monitoramento e da avaliação das políticas públicas previstos no § 16 do art. 37 desta Constituição.

> § 16 acrescido pela EC 109/2021.

§ 17. Para o cumprimento do disposto no inciso I do § 11 deste artigo, o Poder Executivo poderá reduzir ou limitar, na elaboração e na execução das leis orçamentárias, as despesas com a concessão de subsídios, subvenções e benefícios de natureza financeira, inclusive os relativos a indenizações e restituições por perdas econômicas, observado o ato jurídico perfeito.

> § 17 acrescido pela EC 135/2024.

Art. 166. Os projetos de lei relativos ao plano plurianual, às diretrizes orçamentárias, ao orçamento anual e aos créditos adicionais serão apreciados pelas duas Casas do Congresso Nacional, na forma do regimento comum.

§ 1º Caberá a uma Comissão mista permanente de Senadores e Deputados:
I – examinar e emitir parecer sobre os projetos referidos neste artigo e sobre as contas apresentadas anualmente pelo Presidente da República;
II – examinar e emitir parecer sobre os planos e programas nacionais, regionais e setoriais previstos nesta Constituição e exercer o acompanhamento e a fiscalização orçamentária, sem prejuízo da atuação das demais comissões do Congresso Nacional e de suas Casas, criadas de acordo com o artigo 58.

§ 2º As emendas serão apresentadas na Comissão mista, que sobre elas emitirá parecer, e apreciadas, na forma regimental, pelo Plenário das duas Casas do Congresso Nacional.

§ 3º As emendas ao projeto de lei do orçamento anual ou aos projetos que o modifiquem somente podem ser aprovadas caso:
I – sejam compatíveis com o plano plurianual e com a lei de diretrizes orçamentárias;
II – indiquem os recursos necessários, admitidos apenas os provenientes de anulação de despesa, excluídas as que incidam sobre:
a) dotações para pessoal e seus encargos;
b) serviço da dívida;
c) transferências tributárias constitucionais para Estados, Municípios e Distrito Federal; ou
III – sejam relacionadas:
a) com a correção de erros ou omissões; ou
b) com os dispositivos do texto do projeto de lei.

§ 4º As emendas ao projeto de lei de diretrizes orçamentárias não poderão ser aprovadas quando incompatíveis com o plano plurianual.

> Art. 63, I, desta Constituição.

§ 5º O Presidente da República poderá enviar mensagem ao Congresso Nacional para propor modificação nos projetos a que se refere este artigo enquanto não iniciada a votação, na Comissão mista, da parte cuja alteração é proposta.

§ 6º Os projetos de lei do plano plurianual, das diretrizes orçamentárias e do orçamento anual serão enviados pelo Presidente da República ao Congresso Nacional, nos termos da lei complementar a que se refere o artigo 165, § 9º.

§ 7º Aplicam-se aos projetos mencionados neste artigo, no que não contrariar o disposto nesta seção, as demais normas relativas ao processo legislativo.

§ 8º Os recursos que, em decorrência de veto, emenda ou rejeição do projeto de lei orçamentária anual, ficarem sem despesas correspondentes poderão ser utilizados, conforme o caso, mediante créditos especiais ou suplementares, com prévia e específica autorização legislativa.

§ 9º As emendas individuais ao projeto de lei orçamentária serão aprovadas no limite de 2% (dois por cento) da receita corrente líquida do exercício anterior ao do encaminhamento do projeto, observado que a metade desse percentual será destinada a ações e serviços públicos de saúde.

> § 9º com redação pela EC 126/2022.

§ 9º-A. Do limite a que se refere o § 9º deste artigo, 1,55% (um inteiro e cinquenta e cinco centésimos por cento) caberá às emendas de Deputados e 0,45% (quarenta e cinco centésimos por cento) às de Senadores.

> § 9º-A acrescido pela EC 126/2022.

§ 10. A execução do montante destinado a ações e serviços públicos de saúde previsto no § 9º, inclusive

custeio, será computada para fins do cumprimento do inciso I do § 2º do art. 198, vedada a destinação para pagamento de pessoal ou encargos sociais.
> § 10 acrescido pela EC 86/2015.

§ 11. É obrigatória a execução orçamentária e financeira das programações oriundas de emendas individuais, em montante correspondente ao limite a que se refere o § 9º deste artigo, conforme os critérios para a execução equitativa da programação definidos na lei complementar prevista no § 9º do art. 165 desta Constituição, observado o disposto no § 9º-A deste artigo.
> § 11 com redação pela EC 126/2022.

§ 12. A garantia de execução de que trata o § 11 deste artigo aplica-se também às programações incluídas por todas as emendas de iniciativa de bancada de parlamentares de Estado ou do Distrito Federal, no montante de até 1% (um por cento) da receita corrente líquida realizada no exercício anterior.
> § 12 com redação pela EC 100/2019, em vigor na data de sua publicação e produzirá efeitos a partir da execução orçamentária do exercício financeiro subsequente.

§ 13. As programações orçamentárias previstas nos §§ 11 e 12 deste artigo não serão de execução obrigatória nos casos dos impedimentos de ordem técnica.
> § 13 com redação pela EC 100/2019, em vigor na data de sua publicação e produzirá efeitos a partir da execução orçamentária do exercício financeiro subsequente.

§ 14. Para fins de cumprimento do disposto nos §§ 11 e 12 deste artigo, os órgãos de execução deverão observar, nos termos da lei de diretrizes orçamentárias, cronograma para análise e verificação de eventuais impedimentos das programações e demais procedimentos necessários à viabilização da execução dos respectivos montantes.
> § 14 com redação pela EC 100/2019, em vigor na data de sua publicação e produzirá efeitos a partir da execução orçamentária do exercício financeiro subsequente.

I – *Revogado pela EC 100/2019;*
II – *Revogado pela EC 100/2019;*
III – *Revogado pela EC 100/2019;*
IV – *Revogado pela EC 100/2019;*
§ 15. *Revogado pela EC 100/2019.*

§ 16. Quando a transferência obrigatória da União para a execução da programação prevista nos §§ 11 e 12 deste artigo for destinada a Estados, ao Distrito Federal e a Municípios, independerá da adimplência do ente federativo destinatário e não integrará a base de cálculo da receita corrente líquida para fins de aplicação dos limites de despesa de pessoal de que trata o *caput* do art. 169.
> § 16 com redação pela EC 100/2019, em vigor na data de sua publicação e produzirá efeitos a partir da execução orçamentária do exercício financeiro subsequente.

§ 17. Os restos a pagar provenientes das programações orçamentárias previstas nos §§ 11 e 12 deste artigo poderão ser considerados para fins de cumprimento da execução financeira até o limite de 1% (um por cento) da receita corrente líquida do exercício anterior ao do encaminhamento do projeto de lei orçamentária, para as programações das emendas individuais, e até o limite de 0,5% (cinco décimos por cento), para as programações das emendas de iniciativa de bancada de parlamentares de Estado ou do Distrito Federal.
> § 17 com redação pela EC 126/2022.

§ 18. Se for verificado que a reestimativa da receita e da despesa poderá resultar no não cumprimento da meta de resultado fiscal estabelecida na lei de diretrizes orçamentárias, os montantes previstos nos §§ 11 e 12 deste artigo poderão ser reduzidos em até a mesma proporção da limitação incidente sobre o conjunto das demais despesas discricionárias.
> § 18 com redação pela EC 100/2019, em vigor na data de sua publicação e produzirá efeitos a partir da execução orçamentária do exercício financeiro subsequente.

§ 19. Considera-se equitativa a execução das programações de caráter obrigatório que observe critérios objetivos e imparciais e que atenda de forma igualitária e impessoal às emendas apresentadas, independentemente da autoria, observado o disposto no § 9º-A deste artigo.
> § 19 com redação pela EC 126/2022.

§ 20. As programações de que trata o § 12 deste artigo, quando versarem sobre o início de investimentos com duração de mais de 1 (um) exercício financeiro ou cuja execução já tenha sido iniciada, deverão ser objeto de emenda pela mesma bancada estadual, a cada exercício, até a conclusão da obra ou do empreendimento.
> § 20 acrescido pela EC 100/2019, em vigor na data de sua publicação e produzirá efeitos a partir da execução orçamentária do exercício financeiro subsequente.

Art. 166-A. As emendas individuais impositivas apresentadas ao projeto de lei orçamentária anual poderão alocar recursos a Estados, ao Distrito Federal e a Municípios por meio de:
> *Caput* acrescido pela EC 105/2019.

I – transferência especial; ou
> Art. 2º da EC 105/2019.

II – transferência com finalidade definida.

§ 1º Os recursos transferidos na forma do *caput* deste artigo não integrarão a receita do Estado, do Distrito Federal e dos Municípios para fins de repartição e para o cálculo dos limites da despesa com pessoal ativo e inativo, nos termos do § 16 do art. 166, e de endividamento do ente federado, vedada, em qualquer caso, a aplicação dos recursos a que se refere o *caput* deste artigo no pagamento de:
> § 1º acrescido pela EC 105/2019.

I – despesas com pessoal e encargos sociais relativas a ativos e inativos, e com pensionistas; e
II – encargos referentes ao serviço da dívida.

§ 2º Na transferência especial a que se refere o inciso I do *caput* deste artigo, os recursos:
> § 2º acrescido pela EC 105/2019.

I – serão repassados diretamente ao ente federado beneficiado, independentemente de celebração de convênio ou de instrumento congênere;
II – pertencerão ao ente federado no ato da efetiva transferência financeira; e
III – serão aplicadas em programações finalísticas das áreas de competência do Poder Executivo do ente federado beneficiado, observado o disposto no § 5º deste artigo.

§ 3º O ente federado beneficiado da transferência especial a que se refere o inciso I do *caput* deste artigo poderá firmar contratos de cooperação técnica para fins de subsidiar o acompanhamento da execução orçamentária na aplicação dos recursos.
> § 3º acrescido pela EC 105/2019.

§ 4º Na transferência com finalidade definida a que se refere o inciso II do *caput* deste artigo, os recursos serão:
> § 4º acrescido pela EC 105/2019.

I – vinculados à programação estabelecida na emenda parlamentar; e
II – aplicados nas áreas de competência constitucional da União.

§ 5º Pelo menos 70% (setenta por cento) das transferências especiais de que trata o inciso I do *caput* deste artigo deverão ser aplicadas em despesas de capital, observada a restrição a que se refere o inciso II do § 1º deste artigo.
▸ § 5º acrescido pela EC 105/2019.

Art. 167. São vedados:
I – o início de programas ou projetos não incluídos na lei orçamentária anual;
II – a realização de despesas ou a assunção de obrigações diretas que excedam os créditos orçamentários ou adicionais;
III – a realização de operações de créditos que excedam o montante das despesas de capital, ressalvadas as autorizadas mediante créditos suplementares ou especiais com finalidade precisa, aprovados pelo Poder Legislativo por maioria absoluta;
▸ Art. 37 do ADCT.
▸ Art. 38, § 1º, da LC 101/2000 (Responsabilidade Fiscal).

IV – a vinculação de receita de impostos a órgão, fundo ou despesa, ressalvadas a repartição do produto da arrecadação dos impostos a que se referem os arts. 158 e 159, a destinação de recursos para as ações e serviços públicos de saúde, para manutenção e desenvolvimento do ensino e para realização de atividades da administração tributária, como determinado, respectivamente, pelos arts. 198, § 2º, 212 e 37, XXII, e a prestação de garantias às operações de crédito por antecipação de receita, previstas no art. 165, § 8º, bem como o disposto no § 4º deste artigo;
▸ Inciso IV com redação pela EC 42/2003.
▸ Art. 80, § 1º, do ADCT.
▸ Art. 2º, par. ún., da LC 111/2001 (Fundo de Combate e Erradicação da Pobreza, na forma prevista nos arts. 79 a 81 do ADCT).

V – a abertura de crédito suplementar ou especial sem prévia autorização legislativa e sem indicação dos recursos correspondentes;
VI – a transposição, o remanejamento ou a transferência de recursos de uma categoria de programação para outra ou de um órgão para outro, sem prévia autorização legislativa;
VII – a concessão ou utilização de créditos ilimitados;
VIII – a utilização, sem autorização legislativa específica, de recursos dos orçamentos fiscal e da seguridade social para suprir necessidade ou cobrir déficit de empresas, fundações e fundos, inclusive dos mencionados no artigo 165, § 5º;
IX – a instituição de fundos de qualquer natureza, sem prévia autorização legislativa;
X – a transferência voluntária de recursos e a concessão de empréstimos, inclusive por antecipação de receita, pelos Governos Federal e Estaduais e suas instituições financeiras, para pagamento de despesas com pessoal ativo, inativo e pensionista, dos Estados, do Distrito Federal e dos Municípios;
▸ Inciso X acrescido pela EC 19/1998.

XI – a utilização dos recursos provenientes das contribuições sociais de que trata o artigo 195, I, a, e II, para a realização de despesas distintas do pagamento de benefícios do regime geral de previdência social de que trata o artigo 201.
▸ Inciso XI acrescido pela EC 20/1998.

XII – na forma estabelecida na lei complementar de que trata o § 22 do art. 40, a utilização de recursos de regime próprio de previdência social, incluídos os valores integrantes dos fundos previstos no art. 249, para a realização de despesas distintas do pagamento dos benefícios previdenciários do respectivo fundo vinculado àquele regime e das despesas necessárias à sua organização e ao seu funcionamento;
▸ Inciso XII com redação pela EC 103/2019.

XIII – a transferência voluntária de recursos, a concessão de avais, as garantias e as subvenções pela União e a concessão de empréstimos e de financiamentos por instituições financeiras federais aos Estados, ao Distrito Federal e aos Municípios na hipótese de descumprimento das regras gerais de organização e de funcionamento de regime próprio de previdência social.
▸ Inciso XIII com redação pela EC 103/2019.

XIV – a criação de fundo público, quando seus objetivos puderem ser alcançados mediante a vinculação de receitas orçamentárias específicas ou mediante a execução direta por programação orçamentária e financeira de órgão ou entidade da administração pública.
▸ Inciso XIV acrescido pela EC 109/2021.

§ 1º Nenhum investimento cuja execução ultrapasse um exercício financeiro poderá ser iniciado sem prévia inclusão no plano plurianual, ou sem lei que autorize a inclusão, sob pena de crime de responsabilidade.

§ 2º Os créditos especiais e extraordinários terão vigência no exercício financeiro em que forem autorizados, salvo se o ato de autorização for promulgado nos últimos quatro meses daquele exercício, caso em que, reabertos nos limites de seus saldos, serão incorporados ao orçamento do exercício financeiro subsequente.

§ 3º A abertura de crédito extraordinário somente será admitida para atender a despesas imprevisíveis e urgentes, como as decorrentes de guerra, comoção interna ou calamidade pública, observado o disposto no artigo 62.

§ 4º É permitida a vinculação das receitas a que se referem os arts. 155, 156, 156-A, 157, 158 e as alíneas "a", "b", "d", "e" e "f" do inciso I e o inciso II do *caput* do art. 159 desta Constituição para pagamento de débitos com a União e para prestar-lhe garantia ou contragarantia.
▸ § 4º com redação pela EC 132/2023.

§ 5º A transposição, o remanejamento ou a transferência de recursos de uma categoria de programação para outra poderão ser admitidos, no âmbito das atividades de ciência, tecnologia e inovação, com o objetivo de viabilizar os resultados de projetos restritos a essas funções, mediante ato do Poder Executivo, sem necessidade da prévia autorização legislativa prevista no inciso VI deste artigo.
▸ § 5º acrescido pela EC 85/2015.

§ 6º Para fins da apuração ao término do exercício financeiro do cumprimento do limite de que trata o inciso III do *caput* deste artigo, as receitas das operações de crédito efetuadas no contexto da gestão da dívida pública mobiliária federal somente serão consideradas no exercício financeiro em que for realizada a respectiva despesa.
▸ § 6º acrescido pela EC 109/2021.

§ 7º A lei não imporá nem transferirá qualquer encargo financeiro decorrente da prestação de serviço público, inclusive despesas de pessoal e seus encargos, para a União, os Estados, o Distrito Federal ou os Municípios, sem a previsão de fonte orçamentária e financeira necessária à realização da despesa ou sem a previsão da correspondente transferência de recursos financeiros necessários ao seu custeio, ressalvadas as obrigações assumidas espontaneamente pelos entes federados e aquelas decorrentes da fixação do salário mínimo, na forma do inciso IV do *caput* do art. 7º desta Constituição.

▸ § 7º acrescido pela EC 128/2022.

Art. 167-A. Apurado que, no período de 12 (doze) meses, a relação entre despesas correntes e receitas correntes supera 95% (noventa e cinco por cento), no âmbito dos Estados, do Distrito Federal e dos Municípios, é facultado aos Poderes Executivo, Legislativo e Judiciário, ao Ministério Público, ao Tribunal de Contas e à Defensoria Pública do ente, enquanto permanecer a situação, aplicar o mecanismo de ajuste fiscal de vedação da:

▸ Artigo acrescido pela EC 109/2021.

I - concessão, a qualquer título, de vantagem, aumento, reajuste ou adequação de remuneração de membros de Poder ou de órgão, de servidores e empregados públicos e de militares, exceto dos derivados de sentença judicial transitada em julgado ou de determinação legal anterior ao início da aplicação das medidas de que trata este artigo;
II - criação de cargo, emprego ou função que implique aumento de despesa;
III - alteração de estrutura de carreira que implique aumento de despesa;
IV - admissão ou contratação de pessoal, a qualquer título, ressalvadas:
a) as reposições de cargos de chefia e de direção que não acarretem aumento de despesa;
b) as reposições decorrentes de vacâncias de cargos efetivos ou vitalícios;
c) as contratações temporárias de que trata o inciso IX do *caput* do art. 37 desta Constituição; e
d) as reposições de temporários para prestação de serviço militar e de alunos de órgãos de formação de militares;
V - realização de concurso público, exceto para as reposições de vacâncias previstas no inciso IV deste *caput*;
VI - criação ou majoração de auxílios, vantagens, bônus, abonos, verbas de representação ou benefícios de qualquer natureza, inclusive os de cunho indenizatório, em favor de membros de Poder, do Ministério Público ou da Defensoria Pública e de servidores e empregados públicos e de militares, ou ainda de seus dependentes, exceto quando derivados de sentença judicial transitada em julgado ou de determinação legal anterior ao início da aplicação das medidas de que trata este artigo;
VII - criação de despesa obrigatória;
VIII - adoção de medida que implique reajuste de despesa obrigatória acima da variação da inflação, observada a preservação do poder aquisitivo referida no inciso IV do *caput* do art. 7º desta Constituição;
IX - criação ou expansão de programas e linhas de financiamento, bem como remissão, renegociação ou refinanciamento de dívidas que impliquem ampliação das despesas com subsídios e subvenções;
X - concessão ou ampliação de incentivo ou benefício de natureza tributária.

§ 1º Apurado que a despesa corrente supera 85% (oitenta e cinco por cento) da receita corrente, sem exceder o percentual mencionado no *caput* deste artigo, as medidas nele indicadas podem ser, no todo ou em parte, implementadas por atos do Chefe do Poder Executivo com vigência imediata, facultado aos demais Poderes e órgãos autônomos implementá-las em seus respectivos âmbitos.

§ 2º O ato de que trata o § 1º deste artigo deve ser submetido, em regime de urgência, à apreciação do Poder Legislativo.

§ 3º O ato perde a eficácia, reconhecida a validade dos atos praticados na sua vigência, quando:
I - rejeitado pelo Poder Legislativo;
II - transcorrido o prazo de 180 (cento e oitenta) dias sem que se ultime a sua apreciação; ou
III - apurado que não mais se verifica a hipótese prevista no § 1º deste artigo, mesmo após a sua aprovação pelo Poder Legislativo.

§ 4º A apuração referida neste artigo deve ser realizada bimestralmente.

§ 5º As disposições de que trata este artigo:
I - não constituem obrigação de pagamento futuro pelo ente da Federação ou direitos de outrem sobre o erário;
II - não revogam, dispensam ou suspendem o cumprimento de dispositivos constitucionais e legais que disponham sobre metas fiscais ou limites máximos de despesas.

§ 6º Ocorrendo a hipótese de que trata o *caput* deste artigo, até que todas as medidas nele previstas tenham sido adotadas por todos os Poderes e órgãos nele mencionados, de acordo com declaração do respectivo Tribunal de Contas, é vedada:
I - a concessão, por qualquer outro ente da Federação, de garantias ao ente envolvido;
II - a tomada de operação de crédito por parte do ente envolvido com outro ente da Federação, diretamente ou por intermédio de seus fundos, autarquias, fundações ou empresas estatais dependentes, ainda que sob a forma de novação, refinanciamento ou postergação de dívida contraída anteriormente, ressalvados os financiamentos destinados a projetos específicos celebrados na forma de operações típicas das agências financeiras oficiais de fomento.

Art. 167-B. Durante a vigência de estado de calamidade pública de âmbito nacional, decretado pelo Congresso Nacional por iniciativa privativa do Presidente da República, a União deve adotar regime extraordinário fiscal, financeiro e de contratações para atender às necessidades dele decorrentes, somente naquilo em que a urgência for incompatível com o regime regular, nos termos definidos nos arts. 167-C, 167-D, 167-E, 167-F e 167-G desta Constituição.

▸ Artigo acrescido pela EC 109/2021.

Art. 167-C. Com o propósito exclusivo de enfrentamento da calamidade pública e de seus efeitos sociais e econômicos, no seu período de duração, o Poder Executivo federal pode adotar processos simplificados de contratação de pessoal, em caráter temporário e emergencial, e de obras, serviços e compras que assegurem, quando possível, competição e igualdade de condições a todos os concorrentes, dispensada a observância do § 1º do art. 169 na contratação de que trata o inciso IX do *caput* do art. 37 desta Constituição, limitada a

dispensa às situações de que trata o referido inciso, sem prejuízo do controle dos órgãos competentes.
> Artigo acrescido pela EC 109/2021.

Art. 167-D. As proposições legislativas e os atos do Poder Executivo com propósito exclusivo de enfrentar a calamidade e suas consequências sociais e econômicas, com vigência e efeitos restritos à sua duração, desde que não impliquem despesa obrigatória de caráter continuado, ficam dispensados da observância das limitações legais quanto à criação, à expansão ou ao aperfeiçoamento de ação governamental que acarrete aumento de despesa e à concessão ou à ampliação de incentivo ou benefício de natureza tributária da qual decorra renúncia de receita.
> Artigo acrescido pela EC 109/2021.

Parágrafo único. Durante a vigência da calamidade pública de âmbito nacional de que trata o art. 167-B, não se aplica o disposto no § 3º do art. 195 desta Constituição.

Art. 167-E. Fica dispensada, durante a integralidade do exercício financeiro em que vigore a calamidade pública de âmbito nacional, a observância do inciso III do *caput* do art. 167 desta Constituição.
> Artigo acrescido pela EC 109/2021.

Art. 167-F. Durante a vigência da calamidade pública de âmbito nacional de que trata o art. 167-B desta Constituição:
> Artigo acrescido pela EC 109/2021.

I – são dispensados, durante a integralidade do exercício financeiro em que vigore a calamidade pública, os limites, as condições e demais restrições aplicáveis à União para a contratação de operações de crédito, bem como sua verificação;

II – o superávit financeiro apurado em 31 de dezembro do ano imediatamente anterior ao reconhecimento pode ser destinado à cobertura de despesas oriundas das medidas de combate à calamidade pública de âmbito nacional e ao pagamento da dívida pública.

§ 1º Lei complementar pode definir outras suspensões, dispensas e afastamentos aplicáveis durante a vigência do estado de calamidade pública de âmbito nacional.

§ 2º O disposto no inciso II do *caput* deste artigo não se aplica às fontes de recursos:

I – decorrentes de repartição de receitas a Estados, ao Distrito Federal e a Municípios;

II – decorrentes das vinculações estabelecidas pelos arts. 195, 198, 201, 212, 212-A e 239 desta Constituição;

III – destinadas ao registro de receitas oriundas da arrecadação de doações ou de empréstimos compulsórios, de transferências recebidas para o atendimento de finalidades determinadas ou das receitas de capital produto de operações de financiamento celebradas com finalidades contratualmente determinadas.

Art. 167-G. Na hipótese de que trata o art. 167-B, aplicam-se à União, até o término da calamidade pública, as vedações previstas no art. 167-A desta Constituição.
> Artigo acrescido pela EC 109/2021.

§ 1º Na hipótese de medidas de combate à calamidade pública cuja vigência e efeitos não ultrapassem a sua duração, não se aplicam as vedações referidas nos incisos II, IV, VII, IX e X do *caput* do art. 167-A desta Constituição.

§ 2º Na hipótese de que trata o art. 167-B, não se aplica a alínea "c" do inciso I do *caput* do art. 159 desta Constituição, devendo a transferência a que se refere aquele dispositivo ser efetuada nos mesmos montantes transferidos no exercício anterior à decretação da calamidade.

§ 3º É facultada aos Estados, ao Distrito Federal e aos Municípios a aplicação das vedações referidas no *caput*, nos termos deste artigo, e, até que as tenham adotado na integralidade, estarão submetidos às restrições do § 6º do art. 167-A desta Constituição, enquanto perdurarem seus efeitos para a União.

Art. 168. Os recursos correspondentes às dotações orçamentárias, compreendidos os créditos suplementares e especiais, destinados aos órgãos dos Poderes Legislativo e Judiciário, do Ministério Público e da Defensoria Pública, ser-lhes-ão entregues até o dia 20 de cada mês, em duodécimos, na forma da lei complementar a que se refere o art. 165, § 9º.
> Artigo com redação pela EC 45/2004.

§ 1º É vedada a transferência a fundos de recursos financeiros oriundos de repasses duodecimais.

§ 2º O saldo financeiro decorrente dos recursos entregues na forma do *caput* deste artigo deve ser restituído ao caixa único do Tesouro do ente federativo, ou terá seu valor deduzido das primeiras parcelas duodecimais do exercício seguinte.
> §§ 1º e 2º acrescidos pela EC 109/2021.

Art. 169. A despesa com pessoal ativo e inativo e pensionistas da União, dos Estados, do Distrito Federal e dos Municípios não pode exceder os limites estabelecidos em lei complementar.
> *Caput* com redação pela EC 109/2021.
> Arts. 96, II, e 127, § 2º, desta Constituição.
> Lei 9.801/1999 (Normas gerais para a perda de cargo público por excesso de despesa).
> Arts. 19 a 23 da LC 101/2000 (Responsabilidade Fiscal).

§ 1º A concessão de qualquer vantagem ou aumento de remuneração, a criação de cargos, empregos e funções ou alteração de estrutura de carreiras, bem como a admissão ou contratação de pessoal, a qualquer título, pelos órgãos e entidades da administração direta ou indireta, inclusive fundações instituídas e mantidas pelo poder público, só poderão ser feitas:
> Art. 96, I, e, desta Constituição.

I – se houver prévia dotação orçamentária suficiente para atender às projeções de despesa de pessoal e aos acréscimos dela decorrentes;

II – se houver autorização específica na lei de diretrizes orçamentárias, ressalvadas as empresas públicas e as sociedades de economia mista.
> § 1º com redação pela EC 19/1998.

§ 2º Decorrido o prazo estabelecido na lei complementar referida neste artigo para a adaptação aos parâmetros ali previstos, serão imediatamente suspensos todos os repasses de verbas federais ou estaduais aos Estados, ao Distrito Federal e aos Municípios que não observarem os referidos limites.
> § 2º acrescido pela EC 19/1998.

§ 3º Para o cumprimento dos limites estabelecidos com base neste artigo, durante o prazo fixado na lei complementar referida no *caput*, a União, os Estados, o Distrito Federal e os Municípios adotarão as seguintes providências:
> § 3º acrescido pela EC 19/1998.

I – redução em pelo menos vinte por cento das despesas com cargos em comissão e funções de confiança;
II – exoneração dos servidores não estáveis.
  ▶ Art. 33 da EC 19/1998 (Reforma Administrativa).

§ 4º Se as medidas adotadas com base no parágrafo anterior não forem suficientes para assegurar o cumprimento da determinação da lei complementar referida neste artigo, o servidor estável poderá perder o cargo, desde que ato normativo motivado de cada um dos Poderes especifique a atividade funcional, o órgão ou unidade administrativa objeto da redução de pessoal.
  ▶ § 4º acrescido pela EC 19/1998.
  ▶ Art. 198, § 6º, desta Constituição.

§ 5º O servidor que perder o cargo na forma do parágrafo anterior fará jus a indenização correspondente a um mês de remuneração por ano de serviço.
  ▶ § 5º acrescido pela EC 19/1998.

§ 6º O cargo objeto da redução prevista nos parágrafos anteriores será considerado extinto, vedada a criação de cargo, emprego ou função com atribuições iguais ou assemelhadas pelo prazo de quatro anos.
  ▶ § 6º acrescido pela EC 19/1998.

§ 7º Lei federal disporá sobre as normas gerais a serem obedecidas na efetivação do disposto no § 4º.
  ▶ § 7º acrescido pela EC 19/1998.
  ▶ Art. 247 desta Constituição.
  ▶ Lei 9.801/1999 (Normas gerais para a perda de cargo público por excesso de despesa).

TÍTULO VII
DA ORDEM ECONÔMICA E FINANCEIRA

CAPÍTULO I
DOS PRINCÍPIOS GERAIS DA ATIVIDADE ECONÔMICA

  ▶ Lei 8.137/1990 (Crimes contra a Ordem Tributária, Econômica e contra as Relações de Consumo).
  ▶ Lei 8.176/1991 (Crimes Contra a Ordem Econômica).
  ▶ Lei 12.529/2011 (Sistema Brasileiro de Defesa da Concorrência).

Art. 170. A ordem econômica, fundada na valorização do trabalho humano e na livre iniciativa, tem por fim assegurar a todos existência digna, conforme os ditames da justiça social, observados os seguintes princípios:
I – soberania nacional;
  ▶ Art. 1º, I, desta Constituição.
II – propriedade privada;
  ▶ Art. 5º, XXII, desta Constituição.
  ▶ Arts. 1.228 a 1.368 do CC.
III – função social da propriedade;
  ▶ Lei 12.529/2011 (Sistema Brasileiro de Defesa da Concorrência).
IV – livre concorrência;
  ▶ Lei 12.529/2011 (Sistema Brasileiro de Defesa da Concorrência).
  ▶ Art. 52 do Dec. 2.594/1998 (Defesa da concorrência na desestatização).
  ▶ Súmula Vinculante 49 do STF.
  ▶ Súmula 646 do STF.
V – defesa do consumidor;
  ▶ Lei 8.078/1990 (Código de Defesa do Consumidor).
  ▶ Dec. 2.181/1997 (Sistema Nacional de Defesa do Consumidor – SNDC).
  ▶ Dec. 8.573/2015 (Sistema alternativo de solução de conflitos de consumo).
  ▶ Súmula Vinculante 49 do STF.
  ▶ Súmula 646 do STF.

VI – defesa do meio ambiente, inclusive mediante tratamento diferenciado conforme o impacto ambiental dos produtos e serviços e de seus processos de elaboração e prestação;
  ▶ Inciso VI com redação pela EC 42/2003.
  ▶ Art. 5º, LXXIII, desta Constituição.
  ▶ Lei 7.347/1985 (Ação Civil Pública).
  ▶ Lei 9.605/1998 (Crimes Ambientais).
  ▶ Dec. 6.514/2008 (Sanções administrativas ao meio ambiente).
  ▶ Súmula 652 do STJ.
VII – redução das desigualdades regionais e sociais;
  ▶ Art. 3º, III, desta Constituição.
VIII – busca do pleno emprego;
  ▶ Arts. 6º e 7º desta Constituição.
  ▶ Art. 47 da Lei 11.101/2005 (Recuperação de Empresas e Falências).
IX – tratamento favorecido para as empresas de pequeno porte constituídas sob as leis brasileiras e que tenham sua sede e administração no País.
  ▶ Inciso IX com redação pela EC 6/1995.
  ▶ Art. 246 desta Constituição.
  ▶ LC 123/2006 (Estatuto Nacional da Microempresa e da Empresa de Pequeno Porte).
  ▶ Lei 12.529/2011 (Sistema Brasileiro de Defesa da Concorrência; dispõe sobre a prevenção e repressão às infrações contra a ordem econômica).

Parágrafo único. É assegurado a todos o livre exercício de qualquer atividade econômica, independentemente de autorização de órgãos públicos, salvo nos casos previstos em lei.
  ▶ Lei 13.874/2019 (Lei da Liberdade Econômica).
  ▶ Súmula Vinculante 49 do STF.
  ▶ Súmula 646 do STF.

Art. 171. *Revogado pela EC 6/1995.*
Art. 172. A lei disciplinará, com base no interesse nacional, os investimentos de capital estrangeiro, incentivará os reinvestimentos e regulará a remessa de lucros.
  ▶ Lei 4.131/1962 (Capital estrangeiro e as remessas de valores para o exterior).
  ▶ Dec.-lei 37/1966 (Imposto de Importação).

Art. 173. Ressalvados os casos previstos nesta Constituição, a exploração direta de atividade econômica pelo Estado só será permitida quando necessária aos imperativos da segurança nacional ou a relevante interesse coletivo, conforme definidos em lei.
  ▶ OJ 364 da SBDI-I do TST.

§ 1º A lei estabelecerá o estatuto jurídico da empresa pública, da sociedade de economia mista e de suas subsidiárias que explorem atividade econômica de produção ou comercialização de bens ou de prestação de serviços, dispondo sobre:
  ▶ *Caput* do § 1º com redação pela EC 19/1998.
I – sua função social e formas de fiscalização pelo Estado e pela sociedade;
  ▶ Inciso I acrescido pela EC 19/1998.
II – a sujeição ao regime jurídico próprio das empresas privadas, inclusive quanto aos direitos e obrigações civis, comerciais, trabalhistas e tributários;
  ▶ Inciso II acrescido pela EC 19/1998.
  ▶ Súmula 455 do TST.
III – licitação e contratação de obras, serviços, compras e alienações, observados os princípios da administração pública;
  ▶ Inciso III acrescido pela EC 19/1998.
  ▶ Art. 22, XXVII, desta Constituição.

▶ Súmula 333 do STJ.
IV – a constituição e o funcionamento dos conselhos de administração e fiscal, com a participação de acionistas minoritários;
▶ Inciso IV acrescido pela EC 19/1998.
V – os mandatos, a avaliação de desempenho e a responsabilidade dos administradores.
▶ Inciso V acrescido pela EC 19/1998.
§ 2º As empresas públicas e as sociedades de economia mista não poderão gozar de privilégios fiscais não extensivos às do setor privado.
§ 3º A lei regulamentará as relações da empresa pública com o Estado e a sociedade.
§ 4º A lei reprimirá o abuso do poder econômico que vise à dominação dos mercados, à eliminação da concorrência e ao aumento arbitrário dos lucros.
▶ Lei 8.137/1990 (Crimes Contra a Ordem Tributária, Econômica e Contra as Relações de Consumo).
▶ Lei 8.176/1991 (Crimes Contra a Ordem Econômica).
▶ Lei 9.069/1995 (Plano Real).
▶ Lei 12.529/2011 (Sistema Brasileiro de Defesa da Concorrência).
▶ Súmula Vinculante 49 do STF.
▶ Súmula 646 do STF.
§ 5º A lei, sem prejuízo da responsabilidade individual dos dirigentes da pessoa jurídica, estabelecerá a responsabilidade desta, sujeitando-a às punições compatíveis com sua natureza, nos atos praticados contra a ordem econômica e financeira e contra a economia popular.
Art. 174. Como agente normativo e regulador da atividade econômica, o Estado exercerá, na forma da lei, as funções de fiscalização, incentivo e planejamento, sendo este determinante para o setor público e indicativo para o setor privado.
▶ Lei 13.874/2019 (Lei da Liberdade Econômica).
§ 1º A lei estabelecerá as diretrizes e bases do planejamento do desenvolvimento nacional equilibrado, o qual incorporará e compatibilizará os planos nacionais e regionais de desenvolvimento.
§ 2º A lei apoiará e estimulará o cooperativismo e outras formas de associativismo.
▶ Lei 5.764/1971 (Cooperativas).
▶ Lei 9.867/1999 (Criação e funcionamento de Cooperativas Sociais).
§ 3º O Estado favorecerá a organização da atividade garimpeira em cooperativas, levando em conta a proteção do meio ambiente e a promoção econômico-social dos garimpeiros.
▶ Dec.-lei 227/1967 (Código de Mineração).
▶ Lei 11.685/2008 (Estatuto do Garimpeiro).
§ 4º As cooperativas a que se refere o parágrafo anterior terão prioridade na autorização ou concessão para pesquisa e lavra dos recursos e jazidas de minerais garimpáveis, nas áreas onde estejam atuando, e naquelas fixadas de acordo com o artigo 21, XXV, na forma da lei.
Art. 175. Incumbe ao Poder Público, na forma da lei, diretamente ou sob regime de concessão ou permissão, sempre através de licitação, a prestação de serviços públicos.
▶ Lei 8.987/1995 (Concessão e Permissão da Prestação de Serviços Públicos).
▶ Lei 9.074/1995 (Outorga e prorrogações das concessões e permissões de serviços públicos).
▶ Lei 9.427/1996 (Agência Nacional de Energia Elétrica – ANEEL).
▶ Dec. 2.196/1997 (Regulamento de Serviços Especiais).
▶ Lei 9.791/1999 (Obrigatoriedade de as concessionárias de serviços públicos estabelecerem ao consumidor e ao usuário datas opcionais para o vencimento de seus débitos).
Parágrafo único. A lei disporá sobre:
I – o regime das empresas concessionárias e permissionárias de serviços públicos, o caráter especial de seu contrato e de sua prorrogação, bem como as condições de caducidade, fiscalização e rescisão da concessão ou permissão;
II – os direitos dos usuários;
III – política tarifária;
▶ Súmula 407 do STJ.
IV – a obrigação de manter serviço adequado.
Art. 176. As jazidas, em lavra ou não, e demais recursos minerais e os potenciais de energia hidráulica constituem propriedade distinta da do solo, para efeito de exploração ou aproveitamento, e pertencem à União, garantida ao concessionário a propriedade do produto da lavra.
§ 1º A pesquisa e a lavra de recursos minerais e o aproveitamento dos potenciais a que se refere o *caput* deste artigo somente poderão ser efetuados mediante autorização ou concessão da União, no interesse nacional, por brasileiros ou empresa constituída sob as leis brasileiras e que tenha sua sede e administração no País, na forma da lei, que estabelecerá as condições específicas quando essas atividades se desenvolverem em faixa de fronteira ou terras indígenas.
▶ § 1º com redação pela EC 6/1995.
▶ Art. 246 desta Constituição.
▶ Dec.-lei 227/1967 (Código de Mineração).
§ 2º É assegurada participação ao proprietário do solo nos resultados da lavra, na forma e no valor que dispuser a lei.
▶ Dec.-lei 227/1967 (Código de Mineração).
§ 3º A autorização de pesquisa será sempre por prazo determinado, e as autorizações e concessões previstas neste artigo não poderão ser cedidas ou transferidas, total ou parcialmente, sem prévia anuência do poder concedente.
§ 4º Não dependerá de autorização ou concessão o aproveitamento do potencial de energia renovável de capacidade reduzida.
Art. 177. Constituem monopólio da União:
▶ Lei 9.478/1997 (Política energética nacional).
▶ Lei 11.909/2009 (Atividades relativas ao transporte de gás natural, de que trata este artigo).
I – a pesquisa e a lavra das jazidas de petróleo e gás natural e outros hidrocarbonetos fluidos;
II – a refinação do petróleo nacional ou estrangeiro;
▶ Art. 45 do ADCT.
III – a importação e exportação dos produtos e derivados básicos resultantes das atividades previstas nos incisos anteriores;
IV – o transporte marítimo do petróleo bruto de origem nacional ou de derivados básicos de petróleo produzidos no País, bem assim o transporte, por meio de conduto, de petróleo bruto, seus derivados e gás natural de qualquer origem;
V – a pesquisa, a lavra, o enriquecimento, o reprocessamento, a industrialização e o comércio de minérios e minerais nucleares e seus derivados, com exceção dos radioisótopos cuja produção, comercialização e utilização poderão ser autorizadas sob regime de permissão, conforme as alíneas b e c do inciso XXIII do *caput* do art. 21 desta Constituição Federal.

▶ Inciso V com redação pela EC 49/2006.

§ 1º A União poderá contratar com empresas estatais ou privadas a realização das atividades previstas nos incisos I a IV deste artigo, observadas as condições estabelecidas em Lei.
▶ § 1º com redação pela EC 9/1995.
▶ Lei 13.303/2016 (Lei de Responsabilidade das Estatais).

§ 2º A lei a que se refere o § 1º disporá sobre:
I – a garantia do fornecimento dos derivados de petróleo em todo o Território Nacional;
II – as condições de contratação;
III – a estrutura e atribuições do órgão regulador do monopólio da União.
▶ § 2º acrescido pela EC 9/1995.

§ 3º A lei disporá sobre o transporte e a utilização de materiais radioativos no Território Nacional.
▶ Primitivo § 2º renumerado pela EC 9/1995.
▶ Art. 3º da EC 9/1995.

§ 4º A lei que instituir contribuição de intervenção no domínio econômico relativa às atividades de importação ou comercialização de petróleo e seus derivados, gás natural e seus derivados e álcool combustível deverá atender aos seguintes requisitos:
▶ § 4º acrescido pela EC 33/2001.

I – a alíquota da contribuição poderá ser:
a) diferenciada por produto ou uso;
b) reduzida e restabelecida por ato do Poder Executivo, não se lhe aplicando o disposto no artigo 150, III, b;

II – os recursos arrecadados serão destinados:
a) ao pagamento de subsídios a preços ou transporte de álcool combustível, gás natural e seus derivados e derivados de petróleo;
b) ao financiamento de projetos ambientais relacionados com a indústria do petróleo e do gás;
c) ao financiamento de programas de infraestrutura de transportes.
▶ Lei 10.336/2001 (Contribuição de Intervenção no Domínio Econômico – CIDE).

d) ao pagamento de subsídios a tarifas de transporte público coletivo de passageiros.
▶ Alínea *d* acrescida pela EC 132/2023.

Art. 178. A lei disporá sobre a ordenação dos transportes aéreo, aquático e terrestre, devendo, quanto à ordenação do transporte internacional, observar os acordos firmados pela União, atendido o princípio da reciprocidade.
▶ Artigo com redação pela EC 7/1995.
▶ Art. 246 desta Constituição.
▶ Dec.-lei 116/1967 (Operações inerentes ao transporte de mercadorias por via d'água nos portos brasileiros, delimitando suas responsabilidades e tratando das faltas e avarias).
▶ Lei 7.565/1986 (Código Brasileiro de Aeronáutica).
▶ Lei 9.611/1998 (Transporte multimodal de cargas).
▶ Lei 10.233/2001 (Reestruturação dos transportes aquaviário e terrestre).
▶ Dec. 5.910/2006 (Convenção para unificação de regras relativas ao transporte aéreo internacional).
▶ Lei 11.442/2007 (Transporte rodoviário de cargas por conta de terceiros e mediante remuneração).

Parágrafo único. Na ordenação do transporte aquático, a lei estabelecerá as condições em que o transporte de mercadorias na cabotagem e a navegação interior poderão ser feitos por embarcações estrangeiras.
▶ Art. 246 desta Constituição.

Art. 179. A União, os Estados, o Distrito Federal e os Municípios dispensarão às microempresas e às empresas de pequeno porte, assim definidas em lei, tratamento jurídico diferenciado, visando a incentivá-las pela simplificação de suas obrigações administrativas, tributárias, previdenciárias e creditícias, ou pela eliminação ou redução destas por meio de lei.
▶ Art. 47, § 1º, do ADCT.
▶ LC 123/2006 (Estatuto Nacional da Microempresa e da Empresa de Pequeno Porte).

Art. 180. A União, os Estados, o Distrito Federal e os Municípios promoverão e incentivarão o turismo como fator de desenvolvimento social e econômico.

Art. 181. O atendimento de requisição de documento ou informação de natureza comercial, feita por autoridade administrativa ou judiciária estrangeira, a pessoa física ou jurídica residente ou domiciliada no País dependerá de autorização do Poder competente.

CAPÍTULO II
DA POLÍTICA URBANA

▶ Lei 10.257/2001 (Estatuto da Cidade).
▶ Lei 13.089/2015 (Estatuto da Metrópole).

Art. 182. A política de desenvolvimento urbano, executada pelo Poder Público municipal, conforme diretrizes gerais fixadas em lei, tem por objetivo ordenar o pleno desenvolvimento das funções sociais da cidade e garantir o bem-estar de seus habitantes.
▶ Lei 10.257/2001 (Estatuto da Cidade).
▶ Lei 12.587/2012 (Política Nacional de Mobilidade Urbana).
▶ Lei 13.311/2016 (Normas gerais para a ocupação e utilização de área pública urbana por equipamentos urbanos).
▶ Lei 13.425/2017 (Diretrizes gerais sobre medidas de prevenção e combate a incêndio e a desastres em estabelecimentos, edificações e áreas de reunião de público).

§ 1º O plano diretor, aprovado pela Câmara Municipal, obrigatório para cidades com mais de vinte mil habitantes, é o instrumento básico da política de desenvolvimento e de expansão urbana.

§ 2º A propriedade urbana cumpre sua função social quando atende às exigências fundamentais de ordenação da cidade expressas no plano diretor.
▶ Art. 186 desta Constituição.
▶ Súmula 668 do STF.

§ 3º As desapropriações de imóveis urbanos serão feitas com prévia e justa indenização em dinheiro.
▶ Dec.-lei 3.365/1941 (Desapropriações).
▶ Art. 46 da LC 101/2000 (Responsabilidade Fiscal).
▶ Súmulas 113 e 114 do STJ.

§ 4º É facultado ao Poder Público municipal, mediante lei específica para área incluída no plano diretor, exigir, nos termos da lei federal, do proprietário do solo urbano não edificado, subutilizado ou não utilizado, que promova seu adequado aproveitamento, sob pena, sucessivamente, de:

I – parcelamento ou edificação compulsórios;

II – imposto sobre a propriedade predial e territorial urbana progressivo no tempo;
▶ Art. 156, § 1º, desta Constituição.
▶ Súmula 668 do STF.

III – desapropriação com pagamento mediante títulos da dívida pública de emissão previamente aprovada pelo Senado Federal, com prazo de resgate de até dez anos, em parcelas anuais, iguais e sucessivas, assegurados o valor real da indenização e os juros legais.
▶ Dec.-lei 3.365/1941 (Desapropriações).

▸ Lei 10.257/2001 (Estatuto da Cidade).

Art. 183. Aquele que possuir como sua área urbana de até duzentos e cinquenta metros quadrados, por cinco anos, ininterruptamente e sem oposição, utilizando-a para sua moradia ou de sua família, adquirir-lhe-á o domínio, desde que não seja proprietário de outro imóvel urbano ou rural.

▸ Arts. 1.238 e 1.240 do CC.
▸ Lei 10.257/2001 (Estatuto da Cidade).

§ 1º O título de domínio e a concessão de uso serão conferidos ao homem ou à mulher, ou a ambos, independentemente do estado civil.

▸ MP 2.220/2001 (Concessão de uso especial, de que trata este parágrafo. Cria o Conselho Nacional de Desenvolvimento Urbano – CNDU).

§ 2º Esse direito não será reconhecido ao mesmo possuidor mais de uma vez.

§ 3º Os imóveis públicos não serão adquiridos por usucapião.

▸ Lei 10.257/2001 (Estatuto da Cidade).

CAPÍTULO III
DA POLÍTICA AGRÍCOLA E FUNDIÁRIA E DA REFORMA AGRÁRIA

▸ Lei 4.504/1964 (Estatuto da Terra).
▸ Lei 8.174/1991 (Política agrícola).
▸ Lei 8.629/1993 (Regulamenta os dispositivos constitucionais relativos à reforma agrária).
▸ Lei 9.138/1995 (Crédito rural).
▸ Lei 9.393/1996 (ITR).

Art. 184. Compete à União desapropriar por interesse social, para fins de reforma agrária, o imóvel rural que não esteja cumprindo sua função social, mediante prévia e justa indenização em títulos da dívida agrária, com cláusula de preservação do valor real, resgatáveis no prazo de até vinte anos, a partir do segundo ano de sua emissão, e cuja utilização será definida em lei.

§ 1º As benfeitorias úteis e necessárias serão indenizadas em dinheiro.

§ 2º O decreto que declarar o imóvel como de interesse social, para fins de reforma agrária, autoriza a União a propor a ação de desapropriação.

§ 3º Cabe à lei complementar estabelecer procedimento contraditório especial, de rito sumário, para o processo judicial de desapropriação.

▸ LC 76/1993 (Desapropriação de Imóvel Rural para fins de Reforma Agrária).

§ 4º O orçamento fixará anualmente o volume total de títulos da dívida agrária, assim como o montante de recursos para atender ao programa de reforma agrária no exercício.

§ 5º São isentas de impostos federais, estaduais e municipais as operações de transferência de imóveis desapropriados para fins de reforma agrária.

Art. 185. São insuscetíveis de desapropriação para fins de reforma agrária:

▸ Lei 8.629/1993 (Regulamenta os dispositivos constitucionais relativos à reforma agrária).

I – a pequena e média propriedade rural, assim definida em lei, desde que seu proprietário não possua outra;

II – a propriedade produtiva.

Parágrafo único. A lei garantirá tratamento especial à propriedade produtiva e fixará normas para o cumprimento dos requisitos relativos a sua função social.

Art. 186. A função social é cumprida quando a propriedade rural atende, simultaneamente, segundo critérios e graus de exigência estabelecidos em lei, aos seguintes requisitos:

▸ Lei 8.629/1993 (Regulamenta os dispositivos constitucionais relativos à reforma agrária).

I – aproveitamento racional e adequado;
II – utilização adequada dos recursos naturais disponíveis e preservação do meio ambiente;
III – observância das disposições que regulam as relações de trabalho;
IV – exploração que favoreça o bem-estar dos proprietários e dos trabalhadores.

Art. 187. A política agrícola será planejada e executada na forma da lei, com a participação efetiva do setor de produção, envolvendo produtores e trabalhadores rurais, bem como dos setores de comercialização, de armazenamento e de transportes, levando em conta, especialmente:

▸ Lei 8.171/1991 (Política Agrícola).
▸ Súmula 298 do STJ.

I – os instrumentos creditícios e fiscais;
II – os preços compatíveis com os custos de produção e a garantia de comercialização;
III – o incentivo à pesquisa e à tecnologia;
IV – a assistência técnica e extensão rural;
V – o seguro agrícola;
VI – o cooperativismo;
VII – a eletrificação rural e irrigação;
VIII – a habitação para o trabalhador rural.

§ 1º Incluem-se no planejamento agrícola as atividades agroindustriais, agropecuárias, pesqueiras e florestais.

§ 2º Serão compatibilizadas as ações de política agrícola e de reforma agrária.

Art. 188. A destinação de terras públicas e devolutas será compatibilizada com a política agrícola e com o plano nacional de reforma agrária.

§ 1º A alienação ou a concessão, a qualquer título, de terras públicas com área superior a dois mil e quinhentos hectares a pessoa física ou jurídica, ainda que por interposta pessoa, dependerá de prévia aprovação do Congresso Nacional.

§ 2º Excetuam-se do disposto no parágrafo anterior as alienações ou as concessões de terras públicas para fins de reforma agrária.

Art. 189. Os beneficiários da distribuição de imóveis rurais pela reforma agrária receberão títulos de domínio ou de concessão de uso, inegociáveis pelo prazo de dez anos.

▸ Lei 8.629/1993 (Regulamenta os dispositivos constitucionais relativos à reforma agrária).
▸ Art. 6º, II, da Lei 11.284/2006 (Gestão de Florestas Públicas).

Parágrafo único. O título de domínio e a concessão de uso serão conferidos ao homem ou à mulher, ou a ambos, independentemente do estado civil, nos termos e condições previstos em lei.

Art. 190. A lei regulará e limitará a aquisição ou o arrendamento de propriedade rural por pessoa física ou jurídica estrangeira e estabelecerá os casos que dependerão de autorização do Congresso Nacional.

▸ Lei 8.629/1993 (Regulamenta os dispositivos constitucionais relativos à reforma agrária).

Art. 191. Aquele que, não sendo proprietário de imóvel rural ou urbano, possua como seu, por cinco anos ininterruptos, sem oposição, área de terra, em zona rural, não superior a cinquenta hectares,

tornando-a produtiva por seu trabalho ou de sua família, tendo nela sua moradia, adquirir-lhe-á a propriedade.
- Art. 1.239 do CC.
- Lei 6.969/1981 (Usucapião Especial).

Parágrafo único. Os imóveis públicos não serão adquiridos por usucapião.

CAPÍTULO IV
DO SISTEMA FINANCEIRO NACIONAL
- Lei 7.492/1986 (Crimes contra o sistema financeiro).
- Lei 9.613/1998 (Lavagem ou ocultação de bens, direitos e valores).

Art. 192. O sistema financeiro nacional, estruturado de forma a promover o desenvolvimento equilibrado do País e a servir aos interesses da coletividade, em todas as partes que o compõem, abrangendo as cooperativas de crédito, será regulado por leis complementares que disporão, inclusive, sobre a participação do capital estrangeiro nas instituições que o integram.
- *Caput* com redação pela EC 40/2003.
- Dec. 8.652/2016 (Dispõe sobre a organização e o funcionamento do Conselho de Recursos do Sistema Financeiro Nacional.

I a VIII – *Revogados pela EC 40/2003.*
§§ 1º a 3º *Revogados pela EC 40/2003.*

TÍTULO VIII
DA ORDEM SOCIAL

CAPÍTULO I
DISPOSIÇÃO GERAL

Art. 193. A ordem social tem como base o primado do trabalho, e como objetivo o bem-estar e a justiça sociais.
- Lei 7.689/1988 (Contribuição Social sobre o lucro das pessoas jurídicas).
- Lei 7.894/1989 (Contribuição para FINSOCIAL e PIS/PASEP).

Parágrafo único. O Estado exercerá a função de planejamento das políticas sociais, assegurada, na forma da lei, a participação da sociedade nos processos de formulação, de monitoramento, de controle e de avaliação dessas políticas.
- Parágrafo único acrescido pela EC 108/2020.

CAPÍTULO II
DA SEGURIDADE SOCIAL
- LC 70/1991 (Institui contribuição para financiamento da Seguridade Social e eleva alíquota da contribuição social sobre o lucro das instituições financeiras).
- Lei 8.212/1991 (Seguridade Social).
- Lei 8.213/1991 (Planos de Benefícios da Previdência Social).
- Lei 8.742/1993 (Lei Orgânica da Assistência Social).
- Lei 9.876/1999 (Contribuição previdenciária do contribuinte individual e o cálculo do benefício).
- Dec. 3.048/1999 (Regulamento da Previdência Social).

Seção I
Disposições gerais

Art. 194. A seguridade social compreende um conjunto integrado de ações de iniciativa dos Poderes Públicos e da sociedade, destinadas a assegurar os direitos relativos à saúde, à previdência e à assistência social.
- Lei 8.212/1991 (Seguridade Social).
- Lei 8.213/1991 (Planos de Benefícios da Previdência Social).

Parágrafo único. Compete ao Poder Público, nos termos da lei, organizar a seguridade social, com base nos seguintes objetivos:

I – universalidade da cobertura e do atendimento;
II – uniformidade e equivalência dos benefícios e serviços às populações urbanas e rurais;
III – seletividade e distributividade na prestação dos benefícios e serviços;
IV – irredutibilidade do valor dos benefícios;
V – equidade na forma de participação no custeio;
VI – diversidade da base de financiamento, identificando-se, em rubricas contábeis específicas para cada área, as receitas e as despesas vinculadas a ações de saúde, previdência e assistência social, preservado o caráter contributivo da previdência social;
- Inciso VI com redação pela EC 103/2019.

VII – caráter democrático e descentralizado da administração, mediante gestão quadripartite, com participação dos trabalhadores, dos empregadores, dos aposentados e do Governo nos órgãos colegiados.
- Inciso VII com redação pela EC 20/1998.

Art. 195. A seguridade social será financiada por toda a sociedade, de forma direta e indireta, nos termos da lei, mediante recursos provenientes dos orçamentos da União, dos Estados, do Distrito Federal e dos Municípios, e das seguintes contribuições sociais:
- Lei 7.689/1988 (Contribuição Social Sobre o Lucro das Pessoas Jurídicas).
- Lei 7.894/1989 (Contribuições para o Finsocial e PIS/PASEP).
- LC 70/1991 (Contribuição para financiamento da Seguridade Social).
- Lei 9.363/1996 (Crédito presumido do Imposto sobre Produtos Industrializados).
- Lei 9.477/1997 (Fundo de Aposentadoria Programada Individual – FAP).
- Súmulas 658, 659 e 688 do STF.
- Súmula 423 do STJ.

I – do empregador, da empresa e da entidade a ela equiparada na forma da lei, incidentes sobre:
- Inciso I com redação pela EC 20/1998.
- Súmula 688 do STF.

a) a folha de salários e demais rendimentos do trabalho pagos ou creditados, a qualquer título, à pessoa física que lhe preste serviço, mesmo sem vínculo empregatício;
- Alínea *a* acrescida pela EC 20/1998.
- Art. 114, VIII, desta Constituição.
- Súmula 454 do TST.

b) a receita ou o faturamento;
- Alínea *b* acrescida pela EC 20/1998.

Texto novo: b) *Revogado pela EC 132/2023, em vigor a partir de 2027.*

c) o lucro;
- Alínea *c* acrescida pela EC 20/1998.
- Art. 195, § 9º, desta Constituição.
- LC 70/1991 (Contribuição para o funcionamento da Seguridade Social).

II – do trabalhador e dos demais segurados da previdência social, podendo ser adotadas alíquotas progressivas de acordo com o valor do salário de contribuição, não incidindo contribuição sobre aposentadoria e pensão concedidas pelo Regime Geral de Previdência Social;
- Inciso II com redação pela EC 103/2019.
- Arts. 114, VIII, e 167, IX, desta Constituição.
- Lei 9.477/1997 (Fundo de Aposentadoria Programada Individual – FAPI).

III – sobre a receita de concursos de prognósticos;

▶ Art. 4º da Lei 7.856/1989 (Destinação da renda de concursos de prognósticos).

IV – do importador de bens ou serviços do exterior, ou de quem a lei a ele equiparar.
▶ Inciso IV acrescido pela EC 42/2003.

Texto novo: IV – *Revogado pela EC 132/2023, em vigor a partir de 2027.*
▶ Lei 10.865/2004 (Dispõe sobre o PIS/PASEP – Importação e a COFINS – Importação).

V – sobre bens e serviços, nos termos de lei complementar.
▶ Inciso V acrescido pela EC 132/2023.

§ 1º As receitas dos Estados, do Distrito Federal e dos Municípios destinadas à seguridade social constarão dos respectivos orçamentos, não integrando o orçamento da União.

§ 2º A proposta de orçamento da seguridade social será elaborada de forma integrada pelos órgãos responsáveis pela saúde, previdência social e assistência social, tendo em vista as metas e prioridades estabelecidas na lei de diretrizes orçamentárias, assegurada a cada área a gestão de seus recursos.

§ 3º A pessoa jurídica em débito com o sistema da seguridade social, como estabelecido em lei, não poderá contratar com o Poder Público nem dele receber benefícios ou incentivos fiscais ou creditícios.
▶ Lei 8.212/1991 (Seguridade Social).

§ 4º A lei poderá instituir outras fontes destinadas a garantir a manutenção ou expansão da seguridade social, obedecido o disposto no artigo 154, I.
▶ Lei 9.876/1999 (Contribuição previdenciária do contribuinte individual e o cálculo do benefício).

§ 5º Nenhum benefício ou serviço da seguridade social poderá ser criado, majorado ou estendido sem a correspondente fonte de custeio total.
▶ Art. 24 da LC 101/2000 (Responsabilidade Fiscal).

§ 6º As contribuições sociais de que trata este artigo só poderão ser exigidas após decorridos noventa dias da data da publicação da lei que as houver instituído ou modificado, não se lhes aplicando o disposto no artigo 150, III, b.
▶ Art. 74, § 4º, do ADCT.
▶ Súmula Vinculante 50 do STF.
▶ Súmula 669 do STF.

§ 7º São isentas de contribuição para a seguridade social as entidades beneficentes de assistência social que atendam às exigências estabelecidas em lei.
▶ Súmula 659 do STF.
▶ Súmula 352 do STJ.

§ 8º O produtor, o parceiro, o meeiro e o arrendatário rurais e o pescador artesanal, bem como os respectivos cônjuges, que exerçam suas atividades em regime de economia familiar, sem empregados permanentes, contribuirão para a seguridade social mediante a aplicação de uma alíquota sobre o resultado da comercialização da produção e farão jus aos benefícios nos termos da lei.
▶ § 8º com redação pela EC 20/1998.
▶ Súmula 272 do STJ.

§ 9º §As contribuições sociais previstas no inciso I do *caput* deste artigo poderão ter alíquotas diferenciadas em razão da atividade econômica, da utilização intensiva de mão de obra, do porte da empresa ou da condição estrutural do mercado de trabalho, sendo também autorizada a adoção de bases de cálculo diferenciadas apenas no caso da alínea "c" do inciso I do *caput*.
▶ § 9º com redação pela EC 132/2023.

Texto novo: § 9º As contribuições sociais previstas no inciso I do *caput* deste artigo poderão ter alíquotas diferenciadas em razão da atividade econômica, da utilização intensiva de mão de obra, do porte da empresa ou da condição estrutural do mercado de trabalho, sendo também autorizada a adoção de bases de cálculo diferenciadas apenas no caso da alínea "c" do inciso I do *caput*.
▶ § 9º com redação pela EC 132/2023, em vigor a partir de 2027.

§ 10. A lei definirá os critérios de transferência de recursos para o sistema único de saúde e ações de assistência social da União para os Estados, o Distrito Federal e os Municípios, e dos Estados para os Municípios, observada a respectiva contrapartida de recursos.
▶ § 10 acrescido pela EC 20/1998.

§ 11. São vedados a moratória e o parcelamento em prazo superior a 60 (sessenta) meses e, na forma de lei complementar, a remissão e a anistia das contribuições sociais de que tratam a alínea "a" do inciso I e o inciso II do *caput*.
▶ § 11 com redação pela EC 103/2019.

§ 12. A lei definirá os setores de atividade econômica para os quais as contribuições incidentes na forma dos incisos I, b; e IV do *caput*, serão não cumulativas.
▶ § 12 acrescido pela EC 42/2003.

Texto novo: § 12. *Revogado pela EC 132/2023, em vigor a partir de 2027.*

§ 13. *Revogado EC 103/2019.*

§ 14. O segurado somente terá reconhecida como tempo de contribuição ao Regime Geral de Previdência Social a competência cuja contribuição seja igual ou superior à contribuição mínima mensal exigida para sua categoria, assegurado o agrupamento de contribuições.
▶ § 14 acrescido pela EC 103/2019.

§ 15. A contribuição prevista no inciso V do *caput* poderá ter sua alíquota fixada em lei ordinária.

§ 16. Aplica-se à contribuição prevista no inciso V do *caput* o disposto no art. 156-A, § 1º, I a VI, VIII, X a XIII, § 3º, § 5º, II a VI e IX, e §§ 6º a 11 e 13.

§ 17. A contribuição prevista no inciso V do *caput* não integrará sua própria base de cálculo nem a dos tributos previstos nos arts. 153, VIII, 156-A e 195, I, "b", e IV, e da contribuição para o Programa de Integração Social de que trata o art. 239.

Texto novo: § 17. A contribuição prevista no inciso V do *caput* não integrará sua própria base de cálculo nem a dos impostos previstos nos arts. 153, VIII, e 156-A.
▶ §17 com redação pela EC 132/2023, a partir de 2027..

§ 18. Lei estabelecerá as hipóteses de devolução da contribuição prevista no inciso V do *caput* a pessoas físicas, inclusive em relação a limites e beneficiários, com o objetivo de reduzir as desigualdades de renda.

§ 19. A devolução de que trata o § 18 não será computada na receita corrente líquida da União para os fins do disposto nos arts. 100, § 15, 166, §§ 9º, 12 e 17, e 198, § 2º.
▶ §§ 15 a 19 acrescidos pela EC 132/2023.

Texto novo: § 19. A devolução de que trata o § 18:
I – não será computada na receita corrente líquida da União para os fins do disposto nos arts. 100, § 15, 166, §§ 9º, 12 e 17, e 198, § 2º;

II – não integrará a base de cálculo para fins do disposto no art. 239.
- § 19 com redação pela EC 132/2023, em vigor a partir de 2027.

Seção II
Da saúde
- Lei 8.147/1990 (Alíquota do Finsocial).
- Lei 9.313/1996 (Distribuição gratuita de medicamentos aos portadores e doentes de AIDS).
- Lei 9.431/1997 (Programa de controle de infecções hospitalares).
- Lei 9.434/1997 (Transplantes).
- Lei 9.961/2000 (Agência Nacional de Saúde Suplementar – ANS).
- Lei 10.216/2001 (Proteção e direitos das pessoas portadoras de transtornos mentais e redireciona o modelo de assistência em saúde mental).
- Dec. 3.964/2001 (Fundo Nacional de Saúde).
- Lei 12.732/2012 (Tratamento de paciente com neoplasia maligna comprovada e estabelece prazo para seu início).

Art. 196. A saúde é direito de todos e dever do Estado, garantido mediante políticas sociais e econômicas que visem à redução do risco de doença e de outros agravos e ao acesso universal e igualitário às ações e serviços para sua promoção, proteção e recuperação.
- Lei 9.273/1996 (Inclusão de dispositivo de segurança que impeça a reutilização das seringas descartáveis).
- Lei 9.313/1996 (Distribuição gratuita de medicamentos aos portadores do HIV e doentes de AIDS).
- Lei 9.797/1999 (Obrigatoriedade da cirurgia plástica reparadora da mama pelo SUS, nos casos de mutilação decorrentes de tratamento de câncer).
- Lei 10.516/2002 (Institui a Carteira Nacional de Saúde da Mulher).

Art. 197. São de relevância pública as ações e serviços de saúde, cabendo ao Poder Público dispor, nos termos da lei, sobre sua regulamentação, fiscalização e controle, devendo sua execução ser feita diretamente ou através de terceiros e, também, por pessoa física ou jurídica de direito privado.
- Lei 8.080/1990 (Condições para a promoção, proteção e recuperação da saúde).
- Lei 9.273/1996 (Inclusão de dispositivo de segurança que impeça a reutilização das seringas descartáveis).

Art. 198. As ações e serviços públicos de saúde integram uma rede regionalizada e hierarquizada e constituem um sistema único, organizado de acordo com as seguintes diretrizes:
I – descentralização, com direção única em cada esfera de governo;
II – atendimento integral, com prioridade para as atividades preventivas, sem prejuízo dos serviços assistenciais;
III – participação da comunidade.
§ 1º O sistema único de saúde será financiado, nos termos do artigo 195, com recursos do orçamento da seguridade social, da União, dos Estados, do Distrito Federal e dos Municípios, além de outras fontes.
- Primitivo parágrafo único renumerado pela EC 29/2000.

§ 2º União, os Estados, o Distrito Federal e os Municípios aplicarão, anualmente, em ações e serviços públicos de saúde recursos mínimos derivados da aplicação de percentuais calculados sobre:
- § 2º acrescido pela EC 29/2000.
- Art. 167, IV, desta Constituição.

I – no caso da União, a receita corrente líquida do respectivo exercício financeiro, não podendo ser inferior a 15% (quinze por cento);
- Inciso I com redação pela EC 86/2015.
- Os arts. 2º e 3º da Emenda Constitucional 86/2015, dispõem sobre este inciso.

II – no caso dos Estados e do Distrito Federal, o produto da arrecadação dos impostos a que se referem os arts. 155 e 156-A e dos recursos de que tratam os arts. 157 e 159, I, "a", e II, deduzidas as parcelas que forem transferidas aos respectivos Municípios;
III – no caso dos Municípios e do Distrito Federal, o produto da arrecadação dos impostos a que se referem os arts. 156 e 156-A e dos recursos de que tratam os arts. 158 e 159, I, "b", e § 3º.
- Incisos II e III com redação pela EC 132/2023.

§ 3º Lei complementar, que será reavaliada pelo menos a cada cinco anos, estabelecerá:
- § 3º acrescido pela EC 29/2000.

I – os percentuais de que tratam os incisos II e III do § 2º;
- Inciso I com redação pela EC 86/2015.

II – os critérios de rateio dos recursos da União vinculados à saúde destinados aos Estados, ao Distrito Federal e aos Municípios, e dos Estados destinados a seus respectivos Municípios, objetivando a progressiva redução das disparidades regionais;
III – as normas de fiscalização, avaliação e controle das despesas com saúde nas esferas federal, estadual, distrital e municipal;
IV – *Revogado pela EC 86/2015.*

§ 4º Os gestores locais do sistema único de saúde poderão admitir agentes comunitários de saúde e agentes de combate às endemias por meio de processo seletivo público, de acordo com a natureza e complexidade de suas atribuições e requisitos específicos para sua atuação.
- § 4º acrescido pela EC 51/2006.
- Art. 2º da EC 51/2006 (Contratação dos agentes comunitários de saúde e de combate às endemias).

§ 5º Lei federal disporá sobre o regime jurídico, o piso salarial profissional nacional, as diretrizes para os Planos de Carreira e a regulamentação das atividades de agente comunitário de saúde e agente de combate às endemias, competindo à União, nos termos da lei, prestar assistência financeira complementar aos Estados, ao Distrito Federal e aos Municípios, para o cumprimento do referido piso salarial.
- § 5º com redação pela EC 63/2010.

§ 6º Além das hipóteses previstas no § 1º do art. 41 e no § 4º do art. 169 da Constituição Federal, o servidor que exerça funções equivalentes às de agente comunitário de saúde ou de agente de combate às endemias poderá perder o cargo em caso de descumprimento dos requisitos específicos, fixados em lei, para o seu exercício.
- § 6º acrescido pela EC 51/2006.

§ 7º O vencimento dos agentes comunitários de saúde e dos agentes de combate às endemias fica sob responsabilidade da União, e cabe aos Estados, ao Distrito Federal e aos Municípios estabelecer, além de outros consectários e vantagens, incentivos, auxílios, gratificações e indenizações, a fim de valorizar o trabalho desses profissionais.

§ 8º Os recursos destinados ao pagamento do vencimento dos agentes comunitários de saúde e dos agentes de combate às endemias serão consignados no orçamento geral da União com dotação própria e exclusiva.

§ 9º O vencimento dos agentes comunitários de saúde e dos agentes de combate às endemias não será inferior a 2 (dois) salários mínimos, repassados pela União aos Municípios, aos Estados e ao Distrito Federal.

§ 10. Os agentes comunitários de saúde e os agentes de combate às endemias terão também, em razão dos riscos inerentes às funções desempenhadas, aposentadoria especial e, somado aos seus vencimentos, adicional de insalubridade.

§ 11. Os recursos financeiros repassados pela União aos Estados, ao Distrito Federal e aos Municípios para pagamento do vencimento ou de qualquer outra vantagem dos agentes comunitários de saúde e dos agentes de combate às endemias não serão objeto de inclusão no cálculo para fins do limite de despesa com pessoal.

▶ §§ 7º a 11 acrescidos pela EC 120/2022.

§ 12. Lei federal instituirá pisos salariais profissionais nacionais para o enfermeiro, o técnico de enfermagem, o auxiliar de enfermagem e a parteira, a serem observados por pessoas jurídicas de direito público e de direito privado.

§ 13. A União, os Estados, o Distrito Federal e os Municípios, até o final do exercício financeiro em que for publicada a lei de que trata o § 12 deste artigo, adequarão a remuneração dos cargos ou dos respectivos planos de carreiras, quando houver, de modo a atender aos pisos estabelecidos para cada categoria profissional.

▶ §§ 12 e 13 acrescidos pela EC 124/2022.

§ 14. Compete à União, nos termos da lei, prestar assistência financeira complementar aos Estados, ao Distrito Federal e aos Municípios e às entidades filantrópicas, bem como aos prestadores de serviços contratualizados que atendam, no mínimo, 60% (sessenta por cento) de seus pacientes pelo sistema único de saúde, para o cumprimento dos pisos salariais de que trata o § 12 deste artigo.

§ 15. Os recursos federais destinados aos pagamentos da assistência financeira complementar aos Estados, ao Distrito Federal e aos Municípios e às entidades filantrópicas, bem como aos prestadores de serviços contratualizados que atendam, no mínimo, 60% (sessenta por cento) de seus pacientes pelo sistema único de saúde, para o cumprimento dos pisos salariais de que trata o § 12 deste artigo serão consignados no orçamento geral da União com dotação própria e exclusiva.

▶ §§ 14 e 15 acrescidos pela EC 127/2022.
▶ Art. 4º da EC 127/2022.

Art. 199. A assistência à saúde é livre à iniciativa privada.

▶ Lei 9.656/1998 (Planos e Seguros Privados de Saúde).

§ 1º As instituições privadas poderão participar de forma complementar do sistema único de saúde, segundo diretrizes deste, mediante contrato de direito público ou convênio, tendo preferência as entidades filantrópicas e as sem fins lucrativos.

▶ Lei 10.185/2001 (Especialização das sociedades seguradoras em planos privados de assistência à saúde).

§ 2º É vedada a destinação de recursos públicos para auxílios ou subvenções às instituições privadas com fins lucrativos.

§ 3º É vedada a participação direta ou indireta de empresas ou capitais estrangeiros na assistência à saúde no País, salvo nos casos previstos em lei.

§ 4º A lei disporá sobre as condições e os requisitos que facilitem a remoção de órgãos, tecidos ou substâncias humanas para fins de transplante, pesquisa e tratamento, bem como a coleta, processamento e transfusão de sangue e seus derivados, sendo vedado todo tipo de comercialização.

▶ Lei 8.501/1992 (Utilização de cadáver não reclamado, para fins de estudos ou pesquisas científicas).
▶ Lei 9.434/1997 (Lei de Transplantes – regulamentada pelo Dec. 2.268/1997).
▶ Lei 10.205/2001 (Coleta, processamento, estocagem, distribuição e aplicação do sangue, seus componentes e derivados).
▶ Lei 10.972/2004 (Empresa Brasileira de Hemoderivados e Biotecnologia – HEMOBRÁS).

Art. 200. Ao sistema único de saúde compete, além de outras atribuições, nos termos da lei:

▶ Lei 8.080/1990 (Proteção e recuperação da saúde e a organização e o funcionamento dos serviços correspondentes).
▶ Lei 8.142/1990 (Participação da comunidade na gestão do Sistema Único de Saúde – SUS).

I – controlar e fiscalizar procedimentos, produtos e substâncias de interesse para a saúde e participar da produção de medicamentos, equipamentos, imunobiológicos, hemoderivados e outros insumos;

▶ Lei 9.434/1997 (Lei de Transplantes).
▶ Lei 9.677/1998 (Obrigatoriedade da cirurgia plástica reparadora da mama pelo SUS).
▶ Lei 9.656/1998 (Planos e Seguros Privados de Saúde).
▶ Lei 10.742/2003 (Normas de regulação para o setor farmacêutico).

II – executar as ações de vigilância sanitária e epidemiológica, bem como as de saúde do trabalhador;

▶ Lei 6.360/1976 (Vigilância a que ficam sujeitos medicamentos, drogas, insumos farmacêuticos e correlatos, cosméticos saneantes e outros produtos).
▶ Lei 6.437/1977 (Infrações relativas à legislação sanitária federal).
▶ Lei 9.782/1999 (Sistema Nacional de Vigilância Sanitária – cria a Agência Nacional de Vigilância Sanitária).
▶ Lei 9.787/1999 (Estabelece o medicamento genérico).

III – ordenar a formação de recursos humanos na área de saúde;

IV – participar da formulação da política e da execução das ações de saneamento básico;

V – incrementar, em sua área de atuação, o desenvolvimento científico e tecnológico e a inovação;

▶ Inciso V com redação pela EC 85/2015.

VI – fiscalizar e inspecionar alimentos, compreendido o controle de seu teor nutricional, bem como bebidas e águas para consumo humano;

VII – participar do controle e fiscalização da produção, transporte, guarda e utilização de substâncias e produtos psicoativos, tóxicos e radioativos;

VIII – colaborar na proteção do meio ambiente, nele compreendido o do trabalho.

Seção III
Da previdência social

▶ Lei 7.998/1990 (Fundo de Amparo ao Trabalhador – FAT).
▶ Lei 8.147/1990 (Finsocial). Lei 8.213/1991 (Planos de Benefícios da Previdência Social).
▶ Lei 8.742/1993 (Lei Orgânica da Assistência Social – LOAS).
▶ Lei 9.876/1999 (Contribuição previdenciária do contribuinte individual e o cálculo do benefício).
▶ Dec. 3.048/1999 (Regulamento da Previdência Social).

Art. 201. A previdência social será organizada sob a forma do Regime Geral de Previdência Social, de caráter contributivo e de filiação obrigatória, observados critérios que preservem o equilíbrio financeiro e atuarial, e atenderá, na forma da lei, a:
- ▸ *Caput* com redação pela EC 103/2019.
- ▸ Arts. 40, 167, XI e 195, II, desta Constituição.
- ▸ Art. 14 da EC 20/1998 (Reforma Previdenciária).
- ▸ Arts. 4º, parágrafo único, I e II, e 5º, da EC 41/2003.
- ▸ Lei 8.212/1991 (Lei Orgânica da Seguridade Social).
- ▸ Lei 8.213/1991 (Planos de Benefícios da Previdência Social).
- ▸ Dec. 3.048/1999 (Regulamento da Previdência Social).

I – cobertura dos eventos de incapacidade temporária ou permanente para o trabalho e idade avançada;
- ▸ Inciso I com redação pela EC 103/2019.

II – proteção à maternidade, especialmente à gestante;
- ▸ Inciso II com redação pela EC 20/1998.

III – proteção ao trabalhador em situação de desemprego involuntário;
- ▸ Inciso III com redação pela EC 20/1998.
- ▸ Lei 7.998/1990 (Seguro-Desemprego).
- ▸ Lei 10.779/2003 (Benefício do Seguro-Desemprego durante o período de defeso ao pescador profissional).

IV – salário-família e auxílio-reclusão para os dependentes dos segurados de baixa renda;
- ▸ Inciso IV com redação pela EC 20/1998.

V – pensão por morte do segurado, homem ou mulher, ao cônjuge ou companheiro e dependentes, observado o disposto no § 2º.
- ▸ Inciso V com redação pela EC 20/1998.

§ 1º É vedada a adoção de requisitos ou critérios diferenciados para concessão de benefícios, ressalvada, nos termos de lei complementar, a possibilidade de previsão de idade e tempo de contribuição distintos da regra geral para concessão de aposentadoria exclusivamente em favor dos segurados:
- ▸ § 1º com redação pela EC 103/2019.
- ▸ LC 142/2013 (Regulamenta o § 1º do art. 201 da CF – aposentadoria da pessoa com deficiência segurada do Regime Geral de Previdência Social).
- ▸ Lei 13.146/2015 (Estatuto da Pessoa com Deficiência).

I – com deficiência, previamente submetidos a avaliação biopsicossocial realizada por equipe multiprofissional e interdisciplinar;
- ▸ Inciso I acrescido pela EC 103/2019.

II – cujas atividades sejam exercidas com efetiva exposição a agentes químicos, físicos e biológicos prejudiciais à saúde, ou associação desses agentes, vedada a caracterização por categoria profissional ou ocupação.
- ▸ Inciso II acrescido pela EC 103/2019.

§ 2º Nenhum benefício que substitua o salário de contribuição ou o rendimento do trabalho do segurado terá valor mensal inferior ao salário mínimo.
- ▸ § 2º com redação pela EC 20/1998.

§ 3º Todos os salários de contribuição considerados para o cálculo de benefício serão devidamente atualizados, na forma da lei.
- ▸ § 3º com redação pela EC 20/1998.
- ▸ Súmula 456 do STJ.

§ 4º É assegurado o reajustamento dos benefícios para preservar-lhes, em caráter permanente, o valor real, conforme critérios definidos em lei.
- ▸ § 4º com redação pela EC 20/1998.

§ 5º É vedada a filiação ao regime geral de previdência social, na qualidade de segurado faculta-tivo, de pessoa participante de regime próprio de previdência.
- ▸ § 5º com redação pela EC 20/1998.

§ 6º A gratificação natalina dos aposentados e pensionistas terá por base o valor dos proventos do mês de dezembro de cada ano.
- ▸ § 6º com redação pela EC 20/1998.
- ▸ Súmula 688 do STF.

§ 7º É assegurada aposentadoria no regime geral de previdência social, nos termos da lei, obedecidas as seguintes condições:
- ▸ *Caput* com redação pela EC 20/1998.

I – 65 (sessenta e cinco) anos de idade, se homem, e 62 (sessenta e dois) anos de idade, se mulher, observado tempo mínimo de contribuição;
- ▸ Inciso I com redação pela EC 103/2019.

II – 60 (sessenta) anos de idade, se homem, e 55 (cinquenta e cinco) anos de idade, se mulher, para os trabalhadores rurais e para os que exerçam suas atividades em regime de economia familiar, nestes incluídos o produtor rural, o garimpeiro e o pescador artesanal.
- ▸ Inciso II com redação pela EC 103/2019.

§ 8º O requisito de idade a que se refere o inciso I do § 7º será reduzido em 5 (cinco) anos, para o professor que comprove tempo de efetivo exercício das funções de magistério na educação infantil e no ensino fundamental e médio fixado em lei complementar.
- ▸ § 8º com redação pela EC 103/2019.
- ▸ Art. 67, § 2º, da Lei 9.394/1996 (Diretrizes e Bases da Educação).

§ 9º Para fins de aposentadoria, será assegurada a contagem recíproca do tempo de contribuição entre o Regime Geral de Previdência Social e os regimes próprios de previdência social, e destes entre si, observada a compensação financeira, de acordo com os critérios estabelecidos em lei.
- ▸ § 9º com redação pela EC 103/2019.
- ▸ Lei 9.796/1999 (Compensação financeira entre o Regime Geral de Previdência Social e os Regimes de Previdência dos Servidores da União).

§ 9º-A. O tempo de serviço militar exercido nas atividades de que tratam os arts. 42, 142 e 143 e o tempo de contribuição ao Regime Geral de Previdência Social ou a regime próprio de previdência social terão contagem recíproca para fins de inativação militar ou aposentadoria, e a compensação financeira será devida entre as receitas de contribuição referentes aos militares e as receitas de contribuição aos demais regimes.
- ▸ § 9º-A acrescido pela EC 103/2019.

§ 10. Lei complementar poderá disciplinar a cobertura de benefícios não programados, inclusive os decorrentes de acidente do trabalho, a ser atendida concorrentemente pelo Regime Geral de Previdência Social e pelo setor privado.
- ▸ § 10 com redação pela EC 103/2019.

§ 11. Os ganhos habituais do empregado, a qualquer título, serão incorporados ao salário para efeito de contribuição previdenciária e consequente repercussão em benefícios, nos casos e na forma da lei.
- ▸ § 11 acrescido pela EC 20/1998.
- ▸ Art. 3º da EC 20/1998 (Reforma Previdenciária).
- ▸ Lei 8.213/1991 (Planos de Benefícios da Previdência Social).
- ▸ Dec. 3.048/1999 (Regulamento da Previdência Social).

§ 12. Lei instituirá sistema especial de inclusão previdenciária, com alíquotas diferenciadas, para atender aos trabalhadores de baixa renda, inclusive

os que se encontram em situação de informalidade, e àqueles sem renda própria que se dediquem exclusivamente ao trabalho doméstico no âmbito de sua residência, desde que pertencentes a famílias de baixa renda.
- § 12 com redação pela EC 103/2019.

§ 13. A aposentadoria concedida ao segurado de que trata o § 12 terá valor de 1 (um) salário mínimo.
- § 13 com redação pela EC 103/2019.

§ 14. É vedada a contagem de tempo de contribuição fictício para efeito de concessão dos benefícios previdenciários e de contagem recíproca.
- § 14 acrescido pela EC 103/2019.

§ 15. Lei complementar estabelecerá vedações, regras e condições para a acumulação de benefícios previdenciários.
- § 15 acrescido pela EC 103/2019.

§ 16. Os empregados dos consórcios públicos, das empresas públicas, das sociedades de economia mista e das suas subsidiárias serão aposentados compulsoriamente, observado o cumprimento do tempo mínimo de contribuição, ao atingir a idade máxima de que trata o inciso II do § 1º do art. 40, na forma estabelecida em lei.
- § 16 acrescido pela EC 103/2019.

Art. 202. O regime de previdência privada, de caráter complementar e organizado de forma autônoma em relação ao regime geral de previdência social, será facultativo, baseado na constituição de reservas que garantam o benefício contratado, e regulado por lei complementar.
- Caput com redação pela EC 20/1998.
- Art. 40, § 15, desta Constituição.
- Art. 7º da EC 20/1998 (Reforma Previdenciária).
- Lei 9.656/1998 (Planos e Seguros Privados de Saúde).
- LC 109/2001 (Regime de Previdência Complementar), regulamentada pelo Dec. 4.206/2002.
- Dec. 3.745/2001 (Programa de Interiorização do Trabalho em Saúde).
- Dec. 7.123/2010 (Conselho Nacional de Previdência Complementar – CNPC).
- Súmula 149 do STJ.

§ 1º A lei complementar de que trata este artigo assegurará ao participante de planos de benefícios de entidades de previdência privada o pleno acesso às informações relativas à gestão de seus respectivos planos.
- § 1º com redação pela EC 20/1998.

§ 2º As contribuições do empregador, os benefícios e as condições contratuais previstas nos estatutos, regulamentos e planos de benefícios das entidades de previdência privada não integram o contrato de trabalho dos participantes, assim como, à exceção dos benefícios concedidos, não integram a remuneração dos participantes, nos termos da lei.
- § 2º com redação pela EC 20/1998.

§ 3º É vedado o aporte de recursos a entidade de previdência privada pela União, Estados, Distrito Federal e Municípios, suas autarquias, fundações, empresas públicas, sociedades de economia mista e outras entidades públicas, salvo na qualidade de patrocinador, situação na qual, em hipótese alguma, sua contribuição normal poderá exceder a do segurado.
- § 3º acrescido pela EC 20/1998.
- Art. 5º da EC 20/1998 (Reforma Previdenciária).
- LC 108/2001 (Regulamenta este parágrafo).

§ 4º Lei complementar disciplinará a relação entre a União, Estados, Distrito Federal ou Municípios, inclusive suas autarquias, fundações, sociedades de economia mista e empresas controladas direta ou indiretamente, enquanto patrocinadores de planos de benefícios previdenciários, e as entidades de previdência complementar.
- § 4º com redação pela EC 103/2019.
- Art. 40, § 14, desta Constituição.
- LC 108/2001 (Regulamenta este parágrafo).

§ 5º A lei complementar de que trata o § 4º aplicar-se-á, no que couber, às empresas privadas permissionárias ou concessionárias de prestação de serviços públicos, quando patrocinadoras de planos de benefícios em entidades de previdência complementar.
- § 5º com redação pela EC 103/2019.
- LC 108/2001 (Regulamenta este parágrafo).

§ 6º Lei complementar estabelecerá os requisitos para a designação dos membros das diretorias das entidades fechadas de previdência complementar instituídas pelos patrocinadores de que trata o § 4º e disciplinará a inserção dos participantes nos colegiados e instâncias de decisão em que seus interesses sejam objeto de discussão e deliberação.
- § 6º com redação pela EC 103/2019.
- LC 108/2001 (Regulamenta este parágrafo).
- LC 109/2001 (Regime de Previdência Complementar).

Seção IV
Da assistência social

- Lei 8.147/1990 (Alíquota do Finsocial).
- Lei 8.742/1993 (Lei Orgânica da Assistência Social).
- Lei 8.909/1994 (Prestação de serviços por entidades de assistência social, entidades beneficentes de assistência social e entidades de fins filantrópicos e estabelece prazos e procedimentos para o recadastramento de entidades junto ao Conselho Nacional de Assistência Social).
- Lei 9.790/1999 (Promoção da assistência social por meio de organizações da sociedade civil de interesse público).

Art. 203. A assistência social será prestada a quem dela necessitar, independentemente da contribuição à seguridade social, e tem por objetivos:
- Lei 8.213/1991 (Planos de Benefícios da Previdência Social).
- Lei 8.742/1993 (Lei Orgânica da Assistência Social).
- Lei 8.909/1994 (Prestação de serviços por entidades de assistência social, entidades beneficentes de assistência social e entidades de fins filantrópicos e estabelece prazos e procedimentos para o recadastramento de entidades junto ao Conselho Nacional de Assistência Social).
- Lei 9.429/1996 (Prorrogação de prazo para renovação de Certificado de Entidades de Fins Filantrópicos e de recadastramento junto ao Conselho Nacional de Assistência Social – CNAS).

I – a proteção à família, à maternidade, à infância, à adolescência e à velhice;
II – o amparo às crianças e adolescentes carentes;
III – a promoção da integração ao mercado de trabalho;
IV – a habilitação e reabilitação das pessoas portadoras de deficiência e a promoção de sua integração à vida comunitária;
- Dec. 6.949/2009 (Convenção Internacional sobre os Direitos das Pessoas com Deficiência).

V – a garantia de um salário mínimo de benefício mensal à pessoa portadora de deficiência e ao idoso que comprovem não possuir meios de prover à própria manutenção ou de tê-la provida por sua família, conforme dispuser a lei.
- Lei 10.741/2003 (Estatuto da Pessoa Idosa).
- Lei 13.146/2015 (Estatuto da Pessoa com Deficiência).

VI – a redução da vulnerabilidade socioeconômica de famílias em situação de pobreza ou de extrema pobreza
> Inciso VI acrescido pela EC 114/2021.

Art. 204. As ações governamentais na área da assistência social serão realizadas com recursos do orçamento da seguridade social, previstos no artigo 195, além de outras fontes, e organizadas com base nas seguintes diretrizes:
I – descentralização político-administrativa, cabendo a coordenação e as normas gerais à esfera federal e a coordenação e a execução dos respectivos programas às esferas estadual e municipal, bem como a entidades beneficentes e de assistência social;
II – participação da população, por meio de organizações representativas, na formulação das políticas e no controle das ações em todos os níveis.
Parágrafo único. É facultado aos Estados e ao Distrito Federal vincular a programa de apoio à inclusão e promoção social até cinco décimos por cento de sua receita tributária líquida, vedada a aplicação desses recursos no pagamento de:
> Parágrafo único acrescido pela EC 42/2003.

I – despesas com pessoal e encargos sociais;
II – serviço da dívida;
III – qualquer outra despesa corrente não vinculada diretamente aos investimentos ou ações apoiados.

CAPÍTULO III
DA EDUCAÇÃO, DA CULTURA E DO DESPORTO

Seção I
Da educação

> Lei 8.436/1992 (Programa de crédito educativo para estudantes carentes).
> Lei 9.394/1996 (Diretrizes e Bases da Educação).
> Lei 9.424/1996 (Fundo de manutenção e desenvolvimento e de valorização do magistério).
> Lei 9.766/1998 (Salário-educação).
> Lei 10.172/2001 (Plano Nacional de Educação).
> Lei 10.219/2001 (Programa Nacional de Renda Mínima vinculado à educação – "Bolsa-Escola").
> Lei 10.260/2001 (Fundo de financiamento ao estudante do Ensino Superior).
> Lei 10.558/2002 (Programa Diversidade na Universidade).
> Lei 11.096/2005 (Programa Universidade para Todos – PROUNI).
> Lei 11.788/2008 (Lei do Estágio).
> Lei 12.089/2009 (Proíbe que uma mesma pessoa ocupe 2 (duas) vagas simultaneamente em instituições públicas de ensino superior).

Art. 205. A educação, direito de todos e dever do Estado e da família, será promovida e incentivada com a colaboração da sociedade, visando ao pleno desenvolvimento da pessoa, seu preparo para o exercício da cidadania e sua qualificação para o trabalho.
> Lei 8.147/1990 (Alíquota do Finsocial).
> Lei 9.394/1996 (Diretrizes e Bases da Educação).
> Arts. 9º a 20 da Lei 12.288/2010 (Estatuto da Igualdade Racial).

Art. 206. O ensino será ministrado com base nos seguintes princípios:
I – igualdade de condições para o acesso e permanência na escola;
II – liberdade de aprender, ensinar, pesquisar e divulgar o pensamento, a arte e o saber;

III – pluralismo de ideias e de concepções pedagógicas, e coexistência de instituições públicas e privadas de ensino;
IV – gratuidade do ensino público em estabelecimentos oficiais;
> Art. 242 desta Constituição.
> Súmula Vinculante 12 do STF.

V – valorização dos profissionais da educação escolar, garantidos, na forma da lei, planos de carreira, com ingresso exclusivamente por concurso público de provas e títulos, aos das redes públicas;
> Inciso V com redação pela EC 53/2006.
> Lei 9.424/1996 (Fundo de Manutenção e Desenvolvimento do Ensino Fundamental e de Valorização do Magistério).

VI – gestão democrática do ensino público, na forma da lei;
> Lei 9.394/1996 (Diretrizes e Bases da Educação).

VII – garantia de padrão de qualidade;
VIII – piso salarial profissional nacional para os profissionais da educação escolar pública, nos termos de lei federal.
> Inciso VIII acrescido pela EC 53/2006.

IX – garantia do direito à educação e à aprendizagem ao longo da vida.
> Inciso IX acrescido pela EC 108/2020.

Parágrafo único. A lei disporá sobre as categorias de trabalhadores considerados profissionais da educação básica e sobre a fixação de prazo para a elaboração ou adequação de seus planos de carreira, no âmbito da União, dos Estados, do Distrito Federal e dos Municípios.
> Parágrafo único acrescido pela EC 53/2006.

Art. 207. As universidades gozam de autonomia didático-científica, administrativa e de gestão financeira e patrimonial, e obedecerão ao princípio de indissociabilidade entre ensino, pesquisa e extensão.
§ 1º É facultado às universidades admitir professores, técnicos e cientistas estrangeiros, na forma da lei.
> § 1º acrescido pela EC 11/1996.

§ 2º O disposto neste artigo aplica-se às instituições de pesquisa científica e tecnológica.
> § 2º acrescido pela EC 11/1996.

Art. 208. O dever do Estado com a educação será efetivado mediante a garantia de:
I – educação básica obrigatória e gratuita dos 4 (quatro) aos 17 (dezessete) anos de idade, assegurada inclusive sua oferta gratuita para todos os que a ela não tiveram acesso na idade própria;
> Inciso I com redação pela EC 59/2009.
> Art. 6º da EC 59/2009 (Determina que o disposto neste inciso deverá ser implementado progressivamente, até 2016, nos termos do Plano Nacional de Educação, com apoio técnico e financeiro da União).

II – progressiva universalização do ensino médio gratuito;
> Inciso II com redação pela EC 14/1996.
> Art. 6º da EC 14/1996.

III – atendimento educacional especializado aos portadores de deficiência, preferencialmente na rede regular de ensino;
> Lei 7.853/1989 (Lei de Apoio às Pessoas Portadoras de Deficiência), regulamentada pelo Dec. 3.298/1999.
> Dec. 3.956/2001 (Convenção Interamericana para a Eliminação de todas as Formas de Discriminação contra as Pessoas Portadoras de Deficiências).
> Lei 10.436/2002 (Língua Brasileira de Sinais – LIBRAS).

- Lei 10.845/2004 (Complementação ao Atendimento Educacional Especializado às Pessoas Portadoras de Deficiência – PAED).
- Dec. 6.949/2009 (Convenção Internacional sobre os Direitos das Pessoas com Deficiência).
- Lei 13.146/2015 (Estatuto da Pessoa com Deficiência).

IV – educação infantil, em creche e pré-escola, às crianças até 5 (cinco) anos de idade;
- Inciso IV com redação pela EC 53/2006.
- Art. 7º, XXV, desta Constituição.

V – acesso aos níveis mais elevados do ensino, da pesquisa e da criação artística, segundo a capacidade de cada um;
- Lei 10.260/2001 (Fundo de Financiamento ao Estudante do Ensino Superior).

VI – oferta de ensino noturno regular, adequado às condições do educando;

VII – atendimento ao educando, em todas as etapas da educação básica, por meio de programas suplementares de material didático-escolar, transporte, alimentação e assistência à saúde.
- Inciso VII com redação pela EC 59/2009.
- Arts. 6º e 212, § 4º, desta Constituição.

§ 1º O acesso ao ensino obrigatório e gratuito é direito público subjetivo.

§ 2º O não oferecimento do ensino obrigatório pelo Poder Público, ou sua oferta irregular, importa responsabilidade da autoridade competente.

§ 3º Compete ao Poder Público recensear os educandos no ensino fundamental, fazer-lhes a chamada e zelar, junto aos pais ou responsáveis, pela frequência à escola.

Art. 209. O ensino é livre à iniciativa privada, atendidas as seguintes condições:

I – cumprimento das normas gerais da educação nacional;

II – autorização e avaliação de qualidade pelo Poder Público.

Art. 210. Serão fixados conteúdos mínimos para o ensino fundamental, de maneira a assegurar formação básica comum e respeito aos valores culturais e artísticos, nacionais e regionais.

§ 1º O ensino religioso, de matrícula facultativa, constituirá disciplina dos horários normais das escolas públicas de ensino fundamental.

§ 2º O ensino fundamental regular será ministrado em língua portuguesa, assegurada às comunidades indígenas também a utilização de suas línguas maternas e processos próprios de aprendizagem.

Art. 211. A União, os Estados, o Distrito Federal e os Municípios organizarão em regime de colaboração seus sistemas de ensino.
- Art. 60 do ADCT.
- Art. 6º da EC 14/1996.

§ 1º A União organizará o sistema federal de ensino e o dos Territórios, financiará as instituições de ensino públicas federais e exercerá, em matéria educacional, função redistributiva e supletiva, de forma a garantir equalização de oportunidades educacionais e padrão mínimo de qualidade do ensino mediante assistência técnica e financeira aos Estados, ao Distrito Federal e aos Municípios.
- § 1º com redação pela EC 14/1996.

§ 2º Os Municípios atuarão prioritariamente no ensino fundamental e na educação infantil.
- § 2º com redação pela EC 14/1996.

§ 3º Os Estados e o Distrito Federal atuarão prioritariamente no ensino fundamental e médio.
- § 3º acrescido pela EC 14/1996.

§ 4º Na organização de seus sistemas de ensino, a União, os Estados, o Distrito Federal e os Municípios definirão formas de colaboração, de forma a assegurar a universalização, a qualidade e a equidade do ensino obrigatório.
- § 4º com redação pela EC 108/2020.

§ 5º A educação básica pública atenderá prioritariamente ao ensino regular.
- § 5º acrescido pela EC 53/2006.

§ 6º A União, os Estados, o Distrito Federal e os Municípios exercerão ação redistributiva em relação a suas escolas.
- § 6º acrescido pela EC 108/2020.

§ 7º O padrão mínimo de qualidade de que trata o § 1º deste artigo considerará as condições adequadas de oferta e terá como referência o Custo Aluno Qualidade (CAQ), pactuados em regime de colaboração na forma disposta em lei complementar, conforme o parágrafo único do art. 23 desta Constituição.
- § 7º acrescido pela EC 108/2020.

Art. 212. A União aplicará, anualmente, nunca menos de dezoito, e os Estados, o Distrito Federal e os Municípios vinte e cinco por cento, no mínimo, da receita resultante de impostos, compreendida a proveniente de transferências, na manutenção e desenvolvimento do ensino.
- Arts. 34, VII, *e*, 35, III, e 167, IV, desta Constituição.
- Arts. 60, *caput*, e 72, §§ 2º e 3º, do ADCT.

§ 1º A parcela da arrecadação de impostos transferida pela União aos Estados, ao Distrito Federal e aos Municípios, ou pelos Estados aos respectivos Municípios, não é considerada, para efeito do cálculo previsto neste artigo, receita do governo que a transferir.

§ 2º Para efeito do cumprimento do disposto no *caput* deste artigo, serão considerados os sistemas de ensino federal, estadual e municipal e os recursos aplicados na forma do artigo 213.

§ 3º A distribuição dos recursos públicos assegurará prioridade ao atendimento das necessidades do ensino obrigatório, no que se refere a universalização, garantia de padrão de qualidade e equidade, nos termos do plano nacional de educação.
- § 3º com redação pela EC 59/2009.

§ 4º Os programas suplementares de alimentação e assistência à saúde previstos no artigo 208, VII, serão financiados com recursos provenientes de contribuições sociais e outros recursos orçamentários.

§ 5º A educação básica pública terá como fonte adicional de financiamento a contribuição social do salário-educação, recolhida pelas empresas na forma da lei.
- § 5º com redação pela EC 53/2006.
- Art. 76, § 2º, do ADCT.
- Lei 9.424/1996 (Fundo de Manutenção e Desenvolvimento do Ensino Fundamental e de Valorização do Magistério).
- Lei 9.766/1998 (Salário-educação).
- Dec. 6.003/2006 (Regulamenta este parágrafo).
- Súmula 732 do STF.

§ 6º As cotas estaduais e municipais da arrecadação da contribuição social do salário-educação serão distribuídas proporcionalmente ao número de alunos matriculados na educação básica nas respectivas redes públicas de ensino.
- § 6º acrescido pela EC 53/2006.

§ 7º É vedado o uso dos recursos referidos no *caput* e nos §§ 5º e 6º deste artigo para pagamento de aposentadorias e de pensões.

▶ § 7º acrescido pela EC 108/2020.

§ 8º Na hipótese de extinção ou de substituição de impostos, serão redefinidos os percentuais referidos no *caput* deste artigo e no inciso II do *caput* do art. 212-A, de modo que resultem recursos vinculados à manutenção e ao desenvolvimento do ensino, bem como os recursos subvinculados aos fundos de que trata o art. 212-A desta Constituição, em aplicações equivalentes às anteriormente praticadas.

▶ § 8º acrescido pela EC 108/2020.

§ 9º A lei disporá sobre normas de fiscalização, de avaliação e de controle das despesas com educação nas esferas estadual, distrital e municipal.

▶ § 9º acrescido pela EC 108/2020.

Art. 212-A. Os Estados, o Distrito Federal e os Municípios destinarão parte dos recursos a que se refere o *caput* do art. 212 desta Constituição à manutenção e ao desenvolvimento do ensino na educação básica e à remuneração condigna de seus profissionais, respeitadas as seguintes disposições:

▶ Artigo acrescido pela EC 108/2020.

I – a distribuição dos recursos e de responsabilidades entre o Distrito Federal, os Estados e seus Municípios é assegurada mediante a instituição, no âmbito de cada Estado e do Distrito Federal, de um Fundo de Manutenção e Desenvolvimento da Educação Básica e de Valorização dos Profissionais da Educação (Fundeb), de natureza contábil;

II – os fundos referidos no inciso I do *caput* deste artigo serão constituídos por 20% (vinte por cento):

▶ Inciso II com redação pela EC 132/2023.

a) das parcelas dos Estados no imposto de que trata o art. 156-A;

b) da parcela do Distrito Federal no imposto de que trata o art. 156-A, relativa ao exercício de sua competência estadual, nos termos do art. 156-A, § 2º; e

c) dos recursos a que se referem os incisos I, II e III do *caput* do art. 155, o inciso II do *caput* do art. 157, os incisos II, III e IV do *caput* do art. 158 e as alíneas "a" e "b" do inciso I e o inciso II do *caput* do art. 159 desta Constituição;

Texto novo: *c)* dos recursos a que se referem os incisos I e III do *caput* do art. 155, o inciso II do *caput* do art. 157, os incisos II, III e IV do *caput* do art. 158 e as alíneas "a" e "b" do inciso I e o inciso II do *caput* do art. 159 desta Constituição;

▶ Alínea *c* com redação pela EC 132/2023, em vigor a partir de 2033.

III – os recursos referidos no inciso II do *caput* deste artigo serão distribuídos entre cada Estado e seus Municípios, proporcionalmente ao número de alunos das diversas etapas e modalidades da educação básica presencial matriculados nas respectivas redes, nos âmbitos de atuação prioritária, conforme estabelecido nos §§ 2º e 3º do art. 211 desta Constituição, observadas as ponderações referidas na alínea "a" do inciso X do *caput* e no § 2º deste artigo;

IV – a União complementará os recursos dos fundos a que se refere o inciso II do *caput* deste artigo;

V – a complementação da União será equivalente a, no mínimo, 23% (vinte e três por cento) do total de recursos a que se refere o inciso II do *caput* deste artigo, distribuída da seguinte forma:

a) 10 (dez) pontos percentuais no âmbito de cada Estado e do Distrito Federal, sempre que o valor anual por aluno (VAAF), nos termos do inciso III do *caput* deste artigo, não alcançar o mínimo definido nacionalmente;

b) no mínimo, 10,5 (dez inteiros e cinco décimos) pontos percentuais em cada rede pública de ensino municipal, estadual ou distrital, sempre que o valor anual total por aluno (VAAT), referido no inciso VI do *caput* deste artigo, não alcançar o mínimo definido nacionalmente;

c) 2,5 (dois inteiros e cinco décimos) pontos percentuais nas redes públicas que, cumpridas condicionalidades de melhoria de gestão previstas em lei, alcançarem evolução de indicadores a serem definidos, de atendimento e melhoria da aprendizagem com redução das desigualdades, nos termos do sistema nacional de avaliação da educação básica;

VI – o VAAT será calculado, na forma da lei de que trata o inciso X do *caput* deste artigo, com base nos recursos a que se refere o inciso II do *caput* deste artigo, acrescidos de outras receitas e de transferências vinculadas à educação, observado o disposto no § 1º e consideradas as matrículas nos termos do inciso III do *caput* deste artigo;

VII – os recursos de que tratam os incisos II e IV do *caput* deste artigo serão aplicados pelos Estados e pelos Municípios exclusivamente nos respectivos âmbitos de atuação prioritária, conforme estabelecido nos §§ 2º e 3º do art. 211 desta Constituição;

VIII – a vinculação de recursos à manutenção e ao desenvolvimento do ensino estabelecida no art. 212 desta Constituição suportará, no máximo, 30% (trinta por cento) da complementação da União, consideradas para os fins deste inciso os valores previstos no inciso V do *caput* deste artigo;

IX – o disposto no *caput* do art. 160 desta Constituição aplica-se aos recursos referidos nos incisos II e IV do *caput* deste artigo, e seu descumprimento pela autoridade competente importará em crime de responsabilidade;

X – a lei disporá, observadas as garantias estabelecidas nos incisos I, II, III e IV do *caput* e no § 1º do art. 208 e as metas pertinentes do plano nacional de educação, nos termos previstos no art. 214 desta Constituição, sobre:

a) a organização dos fundos referidos no inciso I do *caput* deste artigo e a distribuição proporcional de seus recursos, as diferenças e as ponderações quanto ao valor anual por aluno entre etapas, modalidades, duração da jornada e tipos de estabelecimento de ensino, observadas as respectivas especificidades e os insumos necessários para a garantia de sua qualidade;

b) a forma de cálculo do VAAF decorrente do inciso III do *caput* deste artigo e do VAAT referido no inciso VI do *caput* deste artigo;

c) a forma de cálculo para distribuição prevista na alínea "c" do inciso V do *caput* deste artigo;

d) a transparência, o monitoramento, a fiscalização e o controle interno, externo e social dos fundos referidos no inciso I do *caput* deste artigo, assegurada a criação, a autonomia, a manutenção e a consolidação de conselhos de acompanhamento e controle social, admitida sua integração aos conselhos de educação;

e) o conteúdo e a periodicidade da avaliação, por parte do órgão responsável, dos efeitos redistributivos, da melhoria dos indicadores educacionais e da ampliação do atendimento;

XI – proporção não inferior a 70% (setenta por cento) de cada fundo referido no inciso I do *caput* deste artigo, excluídos os recursos de que trata a alínea "c" do inciso V do *caput* deste artigo, será destinada ao pagamento dos profissionais da educação básica em efetivo exercício, observado, em relação aos recursos previstos na alínea "b" do inciso V do *caput* deste artigo, o percentual mínimo de 15% (quinze por cento) para despesas de capital;

XII – lei específica disporá sobre o piso salarial profissional nacional para os profissionais do magistério da educação básica pública;

XIII – a utilização dos recursos a que se refere o § 5º do art. 212 desta Constituição para a complementação da União ao Fundeb, referida no inciso V do *caput* deste artigo, é vedada.

XIV – no exercício de 2025, da complementação de que trata o inciso V do caput, até 10% (dez por cento) dos valores de cada uma das modalidades referidas nesse dispositivo poderão ser repassados pela União para ações de fomento à criação de matrículas em tempo integral na educação básica pública, considerados indicadores de atendimento, melhoria da qualidade e redução de desigualdades, mantida a classificação orçamentária do repasse como Fundeb, não se aplicando, para fins deste inciso, os critérios de que tratam as alíneas a, b e c do inciso V deste artigo;

XV – a partir do exercício de 2026, no mínimo 4% (quatro por cento) dos recursos dos fundos referidos no inciso I do caput deste artigo serão destinados pelos Estados, pelo Distrito Federal e pelos Municípios à criação de matrículas em tempo integral na educação básica, conforme diretrizes pactuadas entre a União e demais entes da Federação, até o atingimento das metas de educação em tempo integral estabelecidas pelo Plano Nacional de Educação.

▸ Incisos XIV e XV acrescidos pela EC 135/2024.

§ 1º O cálculo do VAAT, referido no inciso VI do *caput* deste artigo, deverá considerar, além dos recursos previstos no inciso II do *caput* deste artigo, pelo menos, as seguintes disponibilidades:

I – receitas de Estados, do Distrito Federal e de Municípios vinculadas à manutenção e ao desenvolvimento do ensino não integrantes dos fundos referidos no inciso I do *caput* deste artigo;

II – cotas estaduais e municipais da arrecadação do salário-educação de que trata o § 6º do art. 212 desta Constituição;

III – complementação da União transferida a Estados, ao Distrito Federal e a Municípios nos termos da alínea "a" do inciso V do *caput* deste artigo.

§ 2º Além das ponderações previstas na alínea "a" do inciso X do *caput* deste artigo, a lei definirá outras relativas ao nível socioeconômico dos educandos e aos indicadores de disponibilidade de recursos vinculados à educação e de potencial de arrecadação tributária de cada ente federado, bem como seus prazos de implementação.

§ 3º Será destinada à educação infantil a proporção de 50% (cinquenta por cento) dos recursos globais a que se refere a alínea "b" do inciso V do *caput* deste artigo, nos termos da lei.

Art. 213. Os recursos públicos serão destinados às escolas públicas, podendo ser dirigidos a escolas comunitárias, confessionais ou filantrópicas, definidas em lei, que:

▸ Art. 212 desta Constituição.
▸ Art. 61 do ADCT.
▸ Lei 9.394/1996 (Diretrizes e Bases da Educação).

I – comprovem finalidade não lucrativa e apliquem seus excedentes financeiros em educação;

II – assegurem a destinação de seu patrimônio à outra escola comunitária, filantrópica ou confessional, ou ao Poder Público, no caso de encerramento de suas atividades.

▸ Art. 61 do ADCT.

§ 1º Os recursos de que trata este artigo poderão ser destinados a bolsas de estudo para o ensino fundamental e médio, na forma da lei, para os que demonstrarem insuficiência de recursos, quando houver falta de vagas e cursos regulares na rede pública na localidade da residência do educando, ficando o Poder Público obrigado a investir prioritariamente na expansão de sua rede na localidade.

▸ Lei 9.394/1996 (Diretrizes e Bases da Educação).

§ 2º As atividades de pesquisa, de extensão e de estímulo e fomento à inovação realizadas por universidades e/ou por instituições de educação profissional e tecnológica poderão receber apoio financeiro do Poder Público.

▸ § 2º com redação pela EC 85/2015.
▸ Lei 8.436/1992 (Programa de Crédito Educativo para estudantes carentes).

Art. 214. A lei estabelecerá o plano nacional de educação, de duração decenal, com o objetivo de articular o sistema nacional de educação em regime de colaboração e definir diretrizes, objetivos, metas e estratégias de implementação para assegurar a manutenção e desenvolvimento do ensino em seus diversos níveis, etapas e modalidades por meio de ações integradas dos poderes públicos das diferentes esferas federativas que conduzam a:

▸ *Caput* com redação pela EC 59/2009.

I – erradicação do analfabetismo;
II – universalização do atendimento escolar;
III – melhoria da qualidade do ensino; **IV** – formação para o trabalho;
V – promoção humanística, científica e tecnológica do País;

▸ Art. 3º, III, CF.
▸ Lei 10.172/2001 (Plano Nacional de Educação).

VI – estabelecimento de meta de aplicação de recursos públicos em educação como proporção do produto interno bruto.

▸ Inciso VI acrescido pela EC 59/2009.
▸ Lei 9.394/1996 (Diretrizes e Bases da Educação).
▸ Lei 10.172/2001 (Plano Nacional de Educação).

Seção II
Da cultura

Art. 215. O Estado garantirá a todos o pleno exercício dos direitos culturais e acesso às fontes da cultura nacional, e apoiará e incentivará a valorização e a difusão das manifestações culturais.

▸ Lei 8.313/1991 (Programa Nacional de Apoio à Cultura – PRONAC, regulamentada pelo Dec. 5.761/2002).
▸ Lei 8.685/1993 (Fomento à atividade audiovisual).
▸ MP 2.228-1/2001 (Agência Nacional do Cinema – ANCINE).
▸ Lei 10.454/2002 (Remissão da Contribuição para o Desenvolvimento da Indústria Cinematográfica – CONDECINE).
▸ Arts. 17 a 20 da Lei 12.288/2010 (Estatuto da Igualdade Racial).
▸ Lei 12.761/2012 (Programa de Cultura do Trabalhador – Vale-Cultura).

§ 1º O Estado protegerá as manifestações das culturas populares, indígenas e afro-brasileiras, e das de outros grupos participantes do processo civilizatório nacional.

§ 2º A lei disporá sobre a fixação de datas comemorativas de alta significação para os diferentes segmentos étnicos nacionais.

§ 3º A lei estabelecerá o Plano Nacional de Cultura, de duração plurianual, visando ao desenvolvimento cultural do País e à integração das ações do poder público que conduzem à:
- Lei 12.343/2010 (Plano Nacional de Cultura – PNC e cria o Sistema Nacional de Informações e Indicadores Culturais – SNIIC).

I – defesa e valorização do patrimônio cultural brasileiro;
II – produção, promoção e difusão de bens culturais;
III – formação de pessoal qualificado para a gestão da cultura em suas múltiplas dimensões;
IV – democratização do acesso aos bens de cultura;
V – valorização da diversidade étnica e regional.
- § 3º acrescido pela EC 48/2005.

Art. 216. Constituem patrimônio cultural brasileiro os bens de natureza material e imaterial, tomados individualmente ou em conjunto, portadores de referência à identidade, à ação, à memória dos diferentes grupos formadores da sociedade brasileira, nos quais se incluem:

I – as formas de expressão;
II – os modos de criar, fazer e viver;
III – as criações científicas, artísticas e tecnológicas;
- Lei 9.610/1998 (Direitos Autorais).

IV – as obras, objetos, documentos, edificações e demais espaços destinados às manifestações artístico-culturais;
V – os conjuntos urbanos e sítios de valor histórico, paisagístico, artístico, arqueológico, paleontológico, ecológico e científico.
- Lei 3.924/1961 (Monumentos Arqueológicos e Pré-Históricos).

§ 1º O Poder Público, com a colaboração da comunidade, promoverá e protegerá o patrimônio cultural brasileiro, por meio de inventários, registros, vigilância, tombamento e desapropriação, e de outras formas de acautelamento e preservação.
- Lei 7.347/1985 (Ação Civil Pública).
- Lei 8.394/1991 (Preservação, organização e proteção dos acervos documentais privados dos presidentes da República).
- Dec. 3.551/2000 (Registro de bens culturais de natureza imaterial que constituem Patrimônio Cultural Brasileiro e cria o Programa Nacional do Patrimônio Imaterial).

§ 2º Cabem à administração pública, na forma da lei, a gestão da documentação governamental e as providências para franquear sua consulta a quantos dela necessitem.
- Lei 8.159/1991 (Política Nacional de arquivos públicos e privados).
- Lei 12.527/2011 (Acesso a informações previsto neste parágrafo).
- Dec. 7.845/2012 (Regulamenta procedimentos para credenciamento de segurança e tratamento de informação classificada em qualquer grau de sigilo).

§ 3º A lei estabelecerá incentivos para a produção e o conhecimento de bens e valores culturais.
- Lei 7.505/1986 (Benefícios fiscais na área do imposto de renda concedidos a operações de caráter cultural ou artístico).
- Lei 8.313/1991 (Benefícios fiscais concedidos a operações de caráter cultural ou artístico e cria o Programa Nacional de Apoio a Cultura – PRONAC).
- Lei 8.685/1993 (Mecanismos de fomento à atividade audiovisual).
- MP 2.228-1/2001 (Agência Nacional do Cinema – ANCINE).
- Lei 10.454/2002 (Remissão da Contribuição para o Desenvolvimento da Indústria Cinematográfica – CONDECINE).

§ 4º Os danos e ameaças ao patrimônio cultural serão punidos, na forma da lei.
- Lei 3.924/1961 (Monumentos Arqueológicos e Pré-Históricos).
- Lei 4.717/1965 (Ação Popular).
- Lei 7.347/1985 (Ação Civil Pública).

§ 5º Ficam tombados todos os documentos e os sítios detentores de reminiscências históricas dos antigos quilombos.
- Art. 18, par. ún., da Lei 12.288/2010 (Estatuto da Igualdade Racial).

§ 6º É facultado aos Estados e ao Distrito Federal vincular a fundo estadual de fomento à cultura até cinco décimos por cento de sua receita tributária líquida, para o financiamento de programas e projetos culturais, vedada a aplicação desses recursos no pagamento de:
- § 6º acrescido pela EC 42/2003.

I – despesas com pessoal e encargos sociais;
II – serviço da dívida;
III – qualquer outra despesa corrente não vinculada diretamente aos investimentos ou ações apoiados.

Art. 216-A. O Sistema Nacional de Cultura, organizado em regime de colaboração, de forma descentralizada e participativa, institui um processo de gestão e promoção conjunta de políticas públicas de cultura, democráticas e permanentes, pactuadas entre os entes da Federação e a sociedade, tendo por objetivo promover o desenvolvimento humano, social e econômico com pleno exercício dos direitos culturais.
- Artigo acrescido pela EC 71/2012.

§ 1º O Sistema Nacional de Cultura fundamenta-se na política nacional de cultura e nas suas diretrizes, estabelecidas no Plano Nacional de Cultura, e rege-se pelos seguintes princípios:

I – diversidade das expressões culturais;
II – universalização do acesso aos bens e serviços culturais;
III – fomento à produção, difusão e circulação de conhecimento e bens culturais;
IV – cooperação entre os entes federados, os agentes públicos e privados atuantes na área cultural;
V – integração e interação na execução das políticas, programas, projetos e ações desenvolvidas;
VI – complementaridade nos papéis dos agentes culturais;
VII – transversalidade das políticas culturais;
VIII – autonomia dos entes federados e das instituições da sociedade civil;
IX – transparência e compartilhamento das informações;
X – democratização dos processos decisórios com participação e controle social;
XI – descentralização articulada e pactuada da gestão, dos recursos e das ações;
XII – ampliação progressiva dos recursos contidos nos orçamentos públicos para a cultura.

§ 2º Constitui a estrutura do Sistema Nacional de Cultura, nas respectivas esferas da Federação:

I – órgãos gestores da cultura;
II – conselhos de política cultural;
III – conferências de cultura;

IV – comissões intergestores;
V – planos de cultura;
VI – sistemas de financiamento à cultura;
VII – sistemas de informações e indicadores culturais;
VIII – programas de formação na área da cultura; e
IX – sistemas setoriais de cultura.

§ 3º Lei federal disporá sobre a regulamentação do Sistema Nacional de Cultura, bem como de sua articulação com os demais sistemas nacionais ou políticas setoriais de governo.

§ 4º Os Estados, o Distrito Federal e os Municípios organizarão seus respectivos sistemas de cultura em leis próprias.

Seção III
Do desporto

▶ Lei 9.615/1998 (Normas gerais sobre desportos).
▶ Lei 11.438/2006 (Incentivos e benefícios para fomentar atividades de caráter desportivo).
▶ Lei 14.597/2023 (Lei Geral do Esporte).

Art. 217. É dever do Estado fomentar práticas desportivas formais e não formais, como direito de cada um, observados:

I – a autonomia das entidades desportivas dirigentes e associações, quanto a sua organização e funcionamento;
II – a destinação de recursos públicos para a promoção prioritária do desporto educacional e, em casos específicos, para a do desporto de alto rendimento;
III – o tratamento diferenciado para o desporto profissional e o não profissional;
IV – a proteção e o incentivo às manifestações desportivas de criação nacional.

▶ Arts. 21 e 22 da Lei 12.288/2010 (Estatuto da Igualdade Racial).

§ 1º O Poder Judiciário só admitirá ações relativas à disciplina e às competições desportivas após esgotarem-se as instâncias da justiça desportiva, regulada em lei.

§ 2º A justiça desportiva terá o prazo máximo de sessenta dias, contados da instauração do processo, para proferir decisão final.

§ 3º O Poder Público incentivará o lazer, como forma de promoção social.

CAPÍTULO IV
DA CIÊNCIA, TECNOLOGIA E INOVAÇÃO

▶ Rubrica do Capítulo renomeada pela EC 85/2015.
▶ Lei 9.257/1996 (Conselho Nacional de Ciência e Tecnologia).
▶ Lei 10.168/2000 (Contribuição de Intervenção de Domínio Econômico destinado a financiar o Programa de Estímulo à Interação Universidade-Empresa para o apoio à inovação).

Art. 218. O Estado promoverá e incentivará o desenvolvimento científico, a pesquisa, a capacitação científica e tecnológica e a inovação.

▶ Caput com redação pela EC 85/2015.
▶ Lei 10.973/2004 (Estabelece medidas de incentivo à inovação e à pesquisa científica e tecnológica no ambiente produtivo).

§ 1º A pesquisa científica básica e tecnológica receberá tratamento prioritário do Estado, tendo em vista o bem público e o progresso da ciência, tecnologia e inovação.

▶ § 1º com redação pela EC 85/2015.

§ 2º A pesquisa tecnológica voltar-se-á preponderantemente para a solução dos problemas brasileiros e para o desenvolvimento do sistema produtivo nacional e regional.

§ 3º O Estado apoiará a formação de recursos humanos nas áreas de ciência, pesquisa, tecnologia e inovação, inclusive por meio do apoio às atividades de extensão tecnológica, e concederá aos que delas se ocupem meios e condições especiais de trabalho.

▶ § 3º com redação pela EC 85/2015.

§ 4º A lei apoiará e estimulará as empresas que invistam em pesquisa, criação de tecnologia adequada ao País, formação e aperfeiçoamento de seus recursos humanos e que pratiquem sistemas de remuneração que assegurem ao empregado, desvinculada do salário, participação nos ganhos econômicos resultantes da produtividade de seu trabalho.

▶ Lei 9.257/1996 (Conselho Nacional de Ciência e Tecnologia).

§ 5º É facultado aos Estados e ao Distrito Federal vincular parcela de sua receita orçamentária a entidades públicas de fomento ao ensino e à pesquisa científica e tecnológica.

▶ Lei 8.248/1991 (Capacitação e competitividade do setor de informática e automação).

§ 6º O Estado, na execução das atividades previstas no *caput*, estimulará a articulação entre entes, tanto públicos quanto privados, nas diversas esferas de governo.

▶ § 6º acrescido pela EC 85/2015.

§ 7º O Estado promoverá e incentivará a atuação no exterior das instituições públicas de ciência, tecnologia e inovação, com vistas à execução das atividades previstas no *caput*.

▶ § 7º acrescido pela EC 85/2015.

Art. 219. O mercado interno integra o patrimônio nacional e será incentivado de modo a viabilizar o desenvolvimento cultural e socioeconômico, o bem-estar da população e a autonomia tecnológica do País, nos termos de lei federal.

▶ Lei 10.973/2004 (Estabelece medidas de incentivo à inovação e à pesquisa científica e tecnológica no ambiente produtivo).

Parágrafo único. O Estado estimulará a formação e o fortalecimento da inovação nas empresas, bem como nos demais entes, públicos ou privados, a constituição e a manutenção de parques e polos tecnológicos e de demais ambientes promotores da inovação, a atuação dos inventores independentes e a criação, absorção, difusão e transferência de tecnologia.

▶ Parágrafo único acrescido pela EC 85/2015.

Art. 219-A. A União, os Estados, o Distrito Federal e os Municípios poderão firmar instrumentos de cooperação com órgãos e entidades públicos e com entidades privadas, inclusive para o compartilhamento de recursos humanos especializados e capacidade instalada, para a execução de projetos de pesquisa, de desenvolvimento científico e tecnológico e de inovação, mediante contrapartida financeira ou não financeira assumida pelo ente beneficiário, na forma da lei.

▶ Artigo acrescido pela EC 85/2015.

Art. 219-B. O Sistema Nacional de Ciência, Tecnologia e Inovação será organizado em regime de colaboração entre entes, tanto públicos quanto privados, com vistas a promover o desenvolvimento científico e tecnológico e a inovação.

▶ Caput acrescido pela EC 85/2015; republicado no DOU de 03.03.2015.

§ 1º Lei federal disporá sobre as normas gerais do Sistema Nacional de Ciência, Tecnologia e Inovação.
- § 1º acrescido pela EC 85/2015, *republicado no DOU de 03.03.2015*.

§ 2º Os Estados, o Distrito Federal e os Municípios legislarão concorrentemente sobre suas peculiaridades.
- § 2º acrescido pela EC 85/2015.

CAPÍTULO V
DA COMUNICAÇÃO SOCIAL

Art. 220. A manifestação do pensamento, a criação, a expressão e a informação, sob qualquer forma, processo ou veículo não sofrerão qualquer restrição, observado o disposto nesta Constituição.
- Arts. 1º, III e IV, 3º, III e IV, 4º, II, 5º, IX, XII, XIV, XXVII, XXVIII e XXIX, desta Constituição.
- Arts. 36, 37, 43 e 44 do CDC.
- Lei 4.117/1962 (Código Brasileiro de Telecomunicações).
- Art. 1º da Lei 7.524/1986 (Manifestação, por militar inativo, de pensamento e opinião políticos ou filosóficos).
- Art. 2º da Lei 8.389/1991 (Conselho de Comunicação Social).
- Art. 7º da Lei 9.610/1998 (Direitos Autorais).
- Lei 13.188/2015 (Direito de Resposta).

§ 1º Nenhuma lei conterá dispositivo que possa constituir embaraço à plena liberdade de informação jornalística em qualquer veículo de comunicação social, observado o disposto no artigo 5º, IV, V, X, XIII e XIV.
- Art. 45 da Lei 9.504/1997 (Eleições).

§ 2º É vedada toda e qualquer censura de natureza política, ideológica e artística.

§ 3º Compete à lei federal:
I – regular as diversões e espetáculos públicos, cabendo ao Poder Público informar sobre a natureza deles, as faixas etárias a que não se recomendem, locais e horários em que sua apresentação se mostre inadequada;
- Art. 21, XVI, desta Constituição.
- Arts. 74, 80, 247 e 258 da Lei 8.069/1990 (Estatuto da Criança e do Adolescente – ECA).
- Lei 10.359/2001 (Obrigatoriedade de novos aparelhos de televisão conterem dispositivo que possibilite bloqueio temporário de recepção de programação inadequada).

II – estabelecer os meios legais que garantam à pessoa e à família a possibilidade de se defenderem de programas ou programações de rádio e televisão que contrariem o disposto no artigo 221, bem como da propaganda de produtos, práticas e serviços que possam ser nocivos à saúde e ao meio ambiente.
- Arts. 9º e 10 da Lei 8.078/1990 (Código de Defesa do Consumidor).
- Art. 5º da Lei 8.389/1991 (Conselho de Comunicação Social).

§ 4º A propaganda comercial de tabaco, bebidas alcoólicas, agrotóxicos, medicamentos e terapias estará sujeita a restrições legais, nos termos do inciso II do parágrafo anterior, e conterá, sempre que necessário, advertência sobre os malefícios decorrentes de seu uso.
- Lei 9.294/1996 (Restrição ao uso e à propaganda de produtos fumígeros, bebidas alcoólicas, medicamentos, terapias e defensivos agrícolas).

§ 5º Os meios de comunicação social não podem, direta ou indiretamente, ser objeto de monopólio ou oligopólio.
- Art. 36 da Lei 12.529/2011 (Sistema Brasileiro de Defesa da Concorrência).

§ 6º A publicação de veículo impresso de comunicação independe de licença de autoridade.
- Art. 114, par. ún., da Lei 6.015/1973 (Registros Públicos).

Art. 221. A produção e a programação das emissoras de rádio e televisão atenderão aos seguintes princípios:
I – preferência a finalidades educativas, artísticas, culturais e informativas;
- Dec. 4.901/2003 (Sistema Brasileiro de Televisão Digital – SBTVD).

II – promoção da cultura nacional e regional e estímulo à produção independente que objetive sua divulgação;
- Art. 2º da MP 2.228-1/2001 (Agência Nacional do Cinema – ANCINE).
- Lei 10.454/2002 (Contribuição para o Desenvolvimento da Indústria Cinematográfica – CONDECINE).

III – regionalização da produção cultural, artística e jornalística, conforme percentuais estabelecidos em lei;
- Art. 3º, III, desta Constituição.

IV – respeito aos valores éticos e sociais da pessoa e da família.
- Arts. 1º, III, 5º, XLII, XLIII, XLVIII, XLIX, L, 34, VII, *b*, 225 a 227 e 230 desta Constituição.
- Art. 8º, III, da Lei 11.340/2006 (Lei Maria da Penha).

Art. 222. A propriedade de empresa jornalística e de radiodifusão sonora e de sons e imagens é privativa de brasileiros natos ou naturalizados há mais de dez anos, ou de pessoas jurídicas constituídas sob as leis brasileiras e que tenham sede no País.
- *Caput* com redação pela EC 36/2002.

§ 1º Em qualquer caso, pelo menos setenta por cento do capital total e do capital votante das empresas jornalísticas e de radiodifusão sonora e de sons e imagens deverá pertencer, direta ou indiretamente, a brasileiros natos ou naturalizados há mais de dez anos, que exercerão obrigatoriamente a gestão das atividades e estabelecerão o conteúdo da programação.
- § 1º com redação pela EC 36/2002.

§ 2º A responsabilidade editorial e as atividades de seleção e direção da programação veiculada são privativas de brasileiros natos ou naturalizados há mais de dez anos, em qualquer meio de comunicação social.
- § 2º com redação pela EC 36/2002.

§ 3º Os meios de comunicação social eletrônica, independentemente da tecnologia utilizada para a prestação do serviço, deverão observar os princípios enunciados no art. 221, na forma de lei específica, que também garantirá a prioridade de profissionais brasileiros na execução de produções nacionais.
- § 3º acrescido pela EC 36/2002.

§ 4º Lei disciplinará a participação de capital estrangeiro nas empresas de que trata o § 1º.
- § 4º acrescido pela EC 36/2002.
- Lei 10.610/2002 (Participação de capital estrangeiro nas empresas jornalísticas e de radiodifusão sonora e de sons e imagens).

§ 5º As alterações de controle societário das empresas de que trata o § 1º serão comunicadas ao Congresso Nacional.
- § 5º acrescido pela EC 36/2002.

Art. 223. Compete ao Poder Executivo outorgar e renovar concessão, permissão e autorização para o serviço de radiodifusão sonora e de sons e imagens,

observado o princípio da complementaridade dos sistemas privado, público e estatal.
- Arts. 2º, 10 e 32 do Dec. 52.795/1963 (Regulamenta os serviços de radiodifusão).
- Lei 9.612/1998 (Serviço de radiodifusão comunitária).

§ 1º O Congresso Nacional apreciará o ato no prazo do artigo 64, §§ 2º e 4º, a contar do recebimento da mensagem.

§ 2º A não renovação da concessão ou permissão dependerá de aprovação de, no mínimo, dois quintos do Congresso Nacional, em votação nominal.

§ 3º O ato de outorga ou renovação somente produzirá efeitos legais após deliberação do Congresso Nacional, na forma dos parágrafos anteriores.

§ 4º O cancelamento da concessão ou permissão, antes de vencido o prazo, depende de decisão judicial.

§ 5º O prazo da concessão ou permissão será de dez anos para as emissoras de rádio e de quinze para as de televisão.

Art. 224. Para os efeitos do disposto neste Capítulo, o Congresso Nacional instituirá, como seu órgão auxiliar, o Conselho de Comunicação Social, na forma da lei.
- Lei 6.650/1979 (Criação da Secretaria de Comunicação Social).
- Lei 8.389/1991 (Conselho de Comunicação Social).

CAPÍTULO VI
DO MEIO AMBIENTE

- Lei 9.605/1998 (Crimes Ambientais).
- Lei 7.802/1989 (Danos ao meio ambiente).
- Dec. 4.339/2002 (Princípios e diretrizes para a implementação Política Nacional da Biodiversidade).
- Dec. 4.411/2002 (Atuação das Forças Armadas e da Polícia Federal nas unidades de conservação).

Art. 225. Todos têm direito ao meio ambiente ecologicamente equilibrado, bem de uso comum do povo e essencial à sadia qualidade de vida, impondo-se ao Poder Público e à coletividade o dever de defendê-lo e preservá-lo para as presentes e futuras gerações.
- Lei 7.735/1989 (Cria o Instituto Brasileiro do Meio Ambiente e dos Recursos Naturais Renováveis).
- Lei 7.797/1989 (Fundo Nacional de Meio Ambiente).
- Dec. 4.339/2002 (Princípios e diretrizes para a implementação Política Nacional da Biodiversidade).
- Lei 11.284/2006 (Gestão de Florestas Públicas).
- Súmulas 613 e 652 do STJ.

§ 1º Para assegurar a efetividade desse direito, incumbe ao Poder Público:
- Lei 9.985/2000 (Sistema Nacional de Unidades de Conservação da Natureza), que regulamenta este parágrafo.

I – preservar e restaurar os processos ecológicos essenciais e prover o manejo ecológico das espécies e ecossistemas;
- Lei 9.985/2000 (Sistema Nacional de Unidades de Conservação da Natureza).

II – preservar a diversidade e a integridade do patrimônio genético do País e fiscalizar as entidades dedicadas à pesquisa e manipulação de material genético;
- Lei 9.985/2000 (Sistema Nacional de Unidades de Conservação da Natureza).
- Lei 11.105/2005 (Biossegurança).
- Dec. 5.705/2006 (Protocolo de Cartagena sobre Biossegurança da Convenção sobre Diversidade Biológica).
- Lei 13.123/2015 (Regulamenta o inciso II do § 1º e o § 4º do art. 225 da Constituição Federal, o Artigo 1, a alínea j do Artigo 8, a alínea c do Artigo 10, o Artigo 15 e os §§ 3º e 4º do Artigo 16 da Convenção sobre Diversidade Biológica, promulgada pelo Decreto 2.519, de 16 de março de 1998; dispõe sobre o acesso ao patrimônio genético, sobre a proteção e o acesso ao conhecimento tradicional associado e sobre a repartição de benefícios para conservação e uso sustentável da biodiversidade; revoga a Medida Provisória 2.186-16, de 23 de agosto de 2001; e dá outras providências).

III – definir, em todas as Unidades da Federação, espaços territoriais e seus componentes a serem especialmente protegidos, sendo a alteração e a supressão permitidas somente através de lei, vedada qualquer utilização que comprometa a integridade dos atributos que justifiquem sua proteção;
- Lei 9.985/2000 (Sistema Nacional de Unidades de Conservação da Natureza).

IV – exigir, na forma da lei, para instalação de obra ou atividade potencialmente causadora de significativa degradação do meio ambiente, estudo prévio de impacto ambiental, a que se dará publicidade;
- Lei 11.105/2005 (Biossegurança).

V – controlar a produção, a comercialização e o emprego de técnicas, métodos e substâncias que comportem risco para a vida, a qualidade de vida e o meio ambiente;
- Lei 7.802/1989 (Agrotóxicos).
- Lei 9.985/2000 (Sistema Nacional de Unidades de Conservação da Natureza).
- Lei 11.105/2005 (Biossegurança).

VI – promover a educação ambiental em todos os níveis de ensino e a conscientização pública para a preservação do meio ambiente;
- Lei 9.795/1999 (Educação ambiental e Política Nacional de Educação Ambiental).

VII – proteger a fauna e a flora, vedadas, na forma da lei, as práticas que coloquem em risco sua função ecológica, provoquem a extinção de espécies ou submetam os animais a crueldade.
- Lei 5.197/1967 (Proteção à Fauna).
- Lei 9.605/1998 (Crimes Ambientais).
- Lei 9.985/2000 (Sistema Nacional de Unidades de Conservação da Natureza).
- Lei 11.794/2008 (Procedimentos para o uso científico de animais).
- Lei 11.959/2009 (Aquicultura e pesca).
- Lei 12.651/2012 (Novo Código Florestal).

VIII – manter regime fiscal favorecido para os biocombustíveis e para o hidrogênio de baixa emissão de carbono, na forma de lei complementar, a fim de assegurar-lhes tributação inferior à incidente sobre os combustíveis fósseis, capaz de garantir diferencial competitivo em relação a estes, especialmente em relação às contribuições de que tratam o art. 195, I, "b", IV e V, e o art. 239 e aos impostos a que se referem os arts. 155, II, e 156-A.
- Inciso VIII com redação pela EC 132/2023.
- Art. 4º da EC 123/2022.

Texto novo: **VIII** – manter regime fiscal favorecido para os biocombustíveis e para o hidrogênio de baixa emissão de carbono, na forma de lei complementar, a fim de assegurar-lhes tributação inferior à incidente sobre os combustíveis fósseis, capaz de garantir diferencial competitivo em relação a estes, especialmente em relação à contribuição de que trata o art. 195, V, e ao imposto a que se refere o art. 156-A.
- Inciso VIII com redação pela EC 132/2023, em vigor a partir de 2027.

§ 2º Aquele que explorar recursos minerais fica obrigado a recuperar o meio ambiente degradado,

de acordo com solução técnica exigida pelo órgão público competente, na forma da lei.
- Dec.-lei 227/1967 (Código de Mineração).

§ 3º As condutas e atividades consideradas lesivas ao meio ambiente sujeitarão os infratores, pessoas físicas ou jurídicas, a sanções penais e administrativas, independentemente da obrigação de reparar os danos causados.
- Art. 3º, caput, e par. ún., da Lei 9.605/1998 (Crimes Ambientais).
- Dec. 6.514/2008 (Infrações e sanções administrativas ao meio ambiente).

§ 4º A Floresta Amazônica brasileira, a Mata Atlântica, a Serra do Mar, o Pantanal Mato-Grossense e a Zona Costeira são patrimônio nacional, e sua utilização far-se-á, na forma da lei, dentro de condições que assegurem a preservação do meio ambiente, inclusive quanto ao uso dos recursos naturais.
- Lei 6.902/1981 (Estações Ecológicas e das Áreas de Proteção Ambiental).
- Lei 6.938/1981 (Política Nacional do Meio Ambiente).
- Lei 7.347/1985 (Ação Civil Pública).
- Dec. 4.297/2002 (Política Nacional do Meio Ambiente).
- Lei 11.428/2006 (Utilização e proteção da vegetação nativa do Bioma Mata Atlântica).
- Lei 13.123/2015 (Regulamenta o inciso II do § 1º e o § 4º do art. 225 da Constituição Federal, o Artigo 1, a alínea j do Artigo 8, a alínea c do Artigo 10, o Artigo 15 e os §§ 3º e 4º do Artigo 16 da Convenção sobre Diversidade Biológica, promulgada pelo Decreto 2.519, de 16 de março de 1998; dispõe sobre o acesso ao patrimônio genético, sobre a proteção e o acesso ao conhecimento tradicional associado e sobre a repartição de benefícios para conservação e uso sustentável da biodiversidade; revoga a Medida Provisória 2.186-16, de 23 de agosto de 2001; e dá outras providências).

§ 5º São indisponíveis as terras devolutas ou arrecadadas pelos Estados, por ações discriminatórias, necessárias à proteção dos ecossistemas naturais.
- Dec.-lei 9.760/1946 (Terras devolutas).
- Lei 6.383/1976 (Ações Discriminatórias).
- Lei 13.178/2015 (Ratificação dos registros imobiliários decorrentes de alienações e concessões de terras públicas situadas nas faixas de fronteira).

§ 6º As usinas que operem com reator nuclear deverão ter sua localização definida em lei federal, sem o que não poderão ser instaladas.

§ 7º Para fins do disposto na parte final do inciso VII do § 1º deste artigo, não se consideram cruéis as práticas desportivas que utilizem animais, desde que sejam manifestações culturais, conforme o § 1º do art. 215 desta Constituição Federal, registradas como bem de natureza imaterial integrante do patrimônio cultural brasileiro, devendo ser regulamentadas por lei específica que assegure o bem-estar dos animais envolvidos.
- § 7º acrescido pela EC 96/2017.

CAPÍTULO VII
DA FAMÍLIA, DA CRIANÇA, DO ADOLESCENTE, DO JOVEM E DO IDOSO

- Rubrica do Capítulo renomeada pela EC 65/2010.
- Lei 8.069/1990 (Estatuto da Criança e do Adolescente – ECA).
- Lei 8.560/1992 (Regula a investigação de paternidade dos filhos havidos fora do casamento).
- Lei 8.842/1994 (Composição, estruturação, competência e funcionamento do Conselho Nacional dos Direitos do Idoso – CNDI).
- Lei 8.971/1994 (Direito dos companheiros a alimentos e à sucessão).
- Lei 10.741/2003 (Estatuto da Pessoa Idosa).
- Lei 12.010/2009 (Adoção).

Art. 226. A família, base da sociedade, tem especial proteção do Estado.
- Arts. 1.533 a 1.542 do CC.
- Lei 6.015/1973 (Registros Públicos).
- Lei 8.069/1990 (Estatuto da Criança e do Adolescente – ECA).

§ 1º O casamento é civil e gratuita a celebração.
- Arts. 1.511 a 1.570 do CC.
- Arts. 67 a 76 da Lei 6.015/1973 (Registros Públicos).

§ 2º O casamento religioso tem efeito civil, nos termos da lei.
- Art. 5º do Dec.-lei 3.200/1941 (Organização e proteção da família).
- Lei 1.110/1950 (Efeitos civis ao casamento religioso).
- Arts. 71 a 75 da Lei 6.015/1973 (Registros Públicos).
- Lei 9.278/1996 (União Estável).

§ 3º Para efeito da proteção do Estado, é reconhecida a união estável entre o homem e a mulher como entidade familiar, devendo a lei facilitar sua conversão em casamento.
- Arts. 1.723 a 1.727 do CC.
- Lei 8.971/1994 (Direito dos companheiros a alimentos e sucessão).
- Lei 9.278/1996 (União Estável).
- ADPF 132 e ADIN 4.277, julgadas procedentes pelo STF, com eficácia *erga omnes* e efeito vinculante, dando ao art. 1.723 do CC interpretação conforme a CF, reconhecendo a união contínua, pública e duradoura entre pessoas do mesmo sexo como entidade familiar *(DOU 13.05.2011)*.

§ 4º Entende-se, também, como entidade familiar a comunidade formada por qualquer dos pais e seus descendentes.

§ 5º Os direitos e deveres referentes à sociedade conjugal são exercidos igualmente pelo homem e pela mulher.
- Arts. 1.511 a 1.570 do CC.
- Arts. 2º a 8º da Lei 6.515/1977 (Divórcio).

§ 6º O casamento civil pode ser dissolvido pelo divórcio.
- § 6º com redação pela EC 66/2010.
- Lei 6.515/1977 (Divórcio).

§ 7º Fundado nos princípios da dignidade da pessoa humana e da paternidade responsável, o planejamento familiar é livre decisão do casal, competindo ao Estado propiciar recursos educacionais e científicos para o exercício desse direito, vedada qualquer forma coercitiva por parte de instituições oficiais ou privadas.
- Lei 9.263/1996 (Planejamento Familiar).

§ 8º O Estado assegurará a assistência à família na pessoa de cada um dos que a integram, criando mecanismos para coibir a violência no âmbito de suas relações.
- Lei 11.340/2006 (Maria da Penha).
- Súmulas 536 e 600 do STJ.

Art. 227. É dever da família, da sociedade e do Estado assegurar à criança, ao adolescente e ao jovem, com absoluta prioridade, o direito à vida, à saúde, à alimentação, à educação, ao lazer, à profissionalização, à cultura, à dignidade, ao respeito, à liberdade e à convivência familiar e comunitária, além de colocá-los a salvo de toda forma de negligência, discriminação, exploração, violência, crueldade e opressão.
- *Caput* com redação pela EC 65/2010.
- Arts. 6º, 208 e 212, § 4º, desta Constituição.
- Lei 8.069/1990 (Estatuto da Criança e do Adolescente) – ECA.
- Lei 12.318/2010 (Alienação Parental).

- Lei 12.852/2013 (Estatuto da Juventude).
- Lei 13.431/2017 (Sistema de garantia de direitos da criança e do adolescente vítima ou testemunha de violência).
- Dec. 9.579/2018 (Consolida atos normativos dos programas federais da criança e do adolescente).

§ 1º O Estado promoverá programas de assistência integral à saúde da criança, do adolescente e do jovem, admitida a participação de entidades não governamentais, mediante políticas específicas e obedecendo aos seguintes preceitos:
- *Caput* do § 1º com redação pela EC 65/2010.
- Lei 8.642/1993 (Programa Nacional de Atenção à Criança e ao Adolescente – PRONAICA).

I – aplicação de percentual dos recursos públicos destinados à saúde na assistência materno-infantil;

II – criação de programas de prevenção e atendimento especializado para as pessoas portadoras de deficiência física, sensorial ou mental, bem como de integração social do adolescente e do jovem portador de deficiência, mediante o treinamento para o trabalho e a convivência, e a facilitação do acesso aos bens e serviços coletivos, com a eliminação de obstáculos arquitetônicos e de todas as formas de discriminação.
- Inciso II com redação pela EC 65/2010.
- Lei 7.853/1989 (Apoio às Pessoas Portadoras de Deficiência).
- Lei 8.069/1990 (Estatuto da Criança e do Adolescente – ECA).

§ 2º A lei disporá sobre normas de construção dos logradouros e dos edifícios de uso público e de fabricação de veículos de transporte coletivo, a fim de garantir acesso adequado às pessoas portadoras de deficiência.
- Art. 244 desta Constituição.
- Art. 3º da Lei 7.853/1989 (Apoio às Pessoas Portadoras de Deficiência).

§ 3º O direito a proteção especial abrangerá os seguintes aspectos:

I – idade mínima de quatorze anos para admissão ao trabalho, observado o disposto no artigo 7º, XXXIII;
- O art. 7º, XXXIII, da CF, alterado pela EC 20/1998, passou a fixar em dezesseis anos a idade mínima para admissão ao trabalho.

II – garantia de direitos previdenciários e trabalhistas;

III – garantia de acesso do trabalhador adolescente e jovem à escola;
- Inciso III com redação pela EC 65/2010.

IV – garantia de pleno e formal conhecimento da atribuição de ato infracional, igualdade na relação processual e defesa técnica por profissional habilitado, segundo dispuser a legislação tutelar específica;

V – obediência aos princípios de brevidade, excepcionalidade e respeito à condição peculiar de pessoa em desenvolvimento, quando da aplicação de qualquer medida privativa da liberdade;

VI – estímulo do Poder Público, através de assistência jurídica, incentivos fiscais e subsídios, nos termos da lei, ao acolhimento, sob a forma de guarda, de criança ou adolescente órfão ou abandonado;
- Arts. 33 a 35 da Lei 8.069/1990 (Estatuto da Criança e Adolescente – ECA).

VII – programas de prevenção e atendimento especializado à criança, ao adolescente e ao jovem dependente de entorpecentes e drogas afins.
- Inciso VII com redação pela EC 65/2010.
- Lei 11.343/2006 (Drogas).

§ 4º A lei punirá severamente o abuso, a violência e a exploração sexual da criança e do adolescente.
- Arts. 217-A a 218-B do CP.
- Arts. 225 a 258 da Lei 8.069/1990 (Estatuto da Criança e do Adolescente – ECA).
- Dec. 7.958/2013 (Diretrizes para atendimento às vítimas de violência sexual pelos profissionais de segurança pública e da rede de atendimento do SUS).

§ 5º A adoção será assistida pelo Poder Público, na forma da lei, que estabelecerá casos e condições de sua efetivação por parte de estrangeiros.
- Arts. 1.618 e 1.619 do CC.
- Arts. 39 a 52 da Lei 8.069/1990 (Estatuto da Criança e do Adolescente – ECA).
- Dec. 3.087/1999 (Convenção Relativa a Proteção das Crianças e a Cooperação em Matéria de Adoção Internacional).
- Lei 12.010/2009 (Adoção).

§ 6º Os filhos, havidos ou não da relação do casamento, ou por adoção, terão os mesmos direitos e qualificações, proibidas quaisquer designações discriminatórias relativas à filiação.
- Art. 41 e §§ 1º e 2º, da Lei 8.069/1990 (Estatuto da Criança e do Adolescente – ECA).
- Lei 8.560/1992 (Investigação de Paternidade).
- Lei 10.317/2001 (Gratuidade no exame de DNA nos casos que especifica).
- Lei 10.421/2002 (Estende à mãe adotiva o direito à licença-maternidade e ao salário-maternidade).
- Lei 11.804/2008 (Direito a alimentos gravídicos e a forma como ele será exercido).
- Lei 12.010/2009 (Adoção).

§ 7º No atendimento dos direitos da criança e do adolescente levar-se-á em consideração o disposto no artigo 204.

§ 8º A lei estabelecerá:

I – o estatuto da juventude, destinado a regular os direitos dos jovens;

II – o plano nacional de juventude, de duração decenal, visando à articulação das várias esferas do poder público para a execução de políticas públicas.
- § 8º acrescido pela EC 65/2010.

Art. 228. São penalmente inimputáveis os menores de dezoito anos, sujeitos às normas da legislação especial.
- Art. 27 do CP.
- Arts. 101, 104 e 112 da Lei 8.069/1990 (Estatuto da Criança e do Adolescente – ECA).

Art. 229. Os pais têm o dever de assistir, criar e educar os filhos menores, e os filhos maiores têm o dever de ajudar e amparar os pais na velhice, carência ou enfermidade.
- Art. 22 da Lei 8.069/1990 (Estatuto da Criança e do Adolescente – ECA).

Art. 230. A família, a sociedade e o Estado têm o dever de amparar as pessoas idosas, assegurando sua participação na comunidade, defendendo sua dignidade e bem-estar e garantindo-lhes o direito à vida.
- Lei 8.842/1994 (Política Nacional do Idoso).
- Lei 10.741/2003 (Estatuto da Pessoa Idosa).

§ 1º Os programas de amparo aos idosos serão executados preferencialmente em seus lares.

§ 2º Aos maiores de sessenta e cinco anos é garantida a gratuidade dos transportes coletivos urbanos.
- Lei 10.173/2001 (Concede prioridade de tramitação aos procedimentos judiciais em que figure como parte pessoa com idade igual ou superior a sessenta e cinco anos de idade).

CAPÍTULO VIII
DOS ÍNDIOS

Art. 231. São reconhecidos aos índios sua organização social, costumes, línguas, crenças e tradições, e os direitos originários sobre as terras que tradicionalmente ocupam, competindo à União demarcá-las, proteger e fazer respeitar todos os seus bens.

- Lei 6.001/1973 (Estatuto do Índio).
- Dec. 1.141/1994 (Ações de proteção ambiental, saúde e apoio às atividades produtivas para as comunidades indígenas).
- Dec. 1.775/1996 (Procedimento administrativo de demarcação de terras indígenas).
- Dec. 3.156/1999 (Prestação de assistência à saúde dos povos indígenas, no âmbito do Sistema Único de Saúde).
- Dec. 6.040/2007 (Política Nacional de Desenvolvimento Sustentável dos Povos e Comunidades Tradicionais).
- Dec. 6.861/2009 (Educação escolar indígena, define sua organização em territórios etnoeducacionais e dá outras providências).
- Dec. 7.747/2012 (Política Nacional de Gestão Territorial e Ambiental de Terras Indígenas).

§ 1º São terras tradicionalmente ocupadas pelos índios as por eles habitadas em caráter permanente, as utilizadas para suas atividades produtivas, as imprescindíveis à preservação dos recursos ambientais necessários a seu bem-estar e as necessárias a sua reprodução física e cultural, segundo seus usos, costumes e tradições.

§ 2º As terras tradicionalmente ocupadas pelos índios destinam-se a sua posse permanente, cabendo-lhes o usufruto exclusivo das riquezas do solo, dos rios e dos lagos nelas existentes.

§ 3º O aproveitamento dos recursos hídricos, incluídos os potenciais energéticos, a pesquisa e a lavra das riquezas minerais em terras indígenas só podem ser efetivados com autorização do Congresso Nacional, ouvidas as comunidades afetadas, ficando-lhes assegurada participação nos resultados da lavra, na forma da lei.

§ 4º As terras de que trata este artigo são inalienáveis e indisponíveis, e os direitos sobre elas, imprescritíveis.

§ 5º É vedada a remoção dos grupos indígenas de suas terras, salvo, ad referendum do Congresso Nacional, em caso de catástrofe ou epidemia que ponha em risco sua população, ou no interesse da soberania do País, após deliberação do Congresso Nacional, garantido, em qualquer hipótese, o retorno imediato logo que cesse o risco.

§ 6º São nulos e extintos, não produzindo efeitos jurídicos, os atos que tenham por objeto a ocupação, o domínio e a posse das terras a que se refere este artigo, ou a exploração das riquezas naturais do solo, dos rios e dos lagos nelas existentes, ressalvado relevante interesse público da União, segundo o que dispuser lei complementar, não gerando a nulidade e a extinção direito a indenização ou a ações contra a União, salvo, na forma da lei, quanto às benfeitorias derivadas da ocupação de boa-fé.

- Art. 62 da Lei 6.001/1973 (Estatuto do Índio).

§ 7º Não se aplica às terras indígenas o disposto no artigo 174, §§ 3º e 4º.

Art. 232. Os índios, suas comunidades e organizações são partes legítimas para ingressar em juízo em defesa de seus direitos e interesses, intervindo o Ministério Público em todos os atos do processo.

- Lei 6.001/1973 (Estatuto do Índio).

TÍTULO IX
DAS DISPOSIÇÕES CONSTITUCIONAIS GERAIS

Art. 233. Revogado pela EC 28/2000.

Art. 234. É vedado à União, direta ou indiretamente, assumir, em decorrência da criação de Estado, encargos referentes a despesas com pessoal inativo e com encargos e amortizações da dívida interna ou externa da administração pública, inclusive da indireta.

- Art. 13, § 6º, do ADCT.

Art. 235. Nos dez primeiros anos da criação de Estado, serão observadas as seguintes normas básicas:

I – a Assembleia Legislativa será composta de dezessete Deputados se a população do Estado for inferior a seiscentos mil habitantes, e de vinte e quatro, se igual ou superior a esse número, até um milhão e quinhentos mil;

II – o Governo terá no máximo dez Secretarias;

III – o Tribunal de Contas terá três membros, nomeados, pelo Governador eleito, dentre brasileiros de comprovada idoneidade e notório saber;

IV – o Tribunal de Justiça terá sete Desembargadores;

V – os primeiros Desembargadores serão nomeados pelo Governador eleito, escolhidos da seguinte forma:

a) cinco dentre os magistrados com mais de trinta e cinco anos de idade, em exercício na área do novo Estado ou do Estado originário;

b) dois dentre promotores, nas mesmas condições, e advogados de comprovada idoneidade e saber jurídico, com dez anos, no mínimo, de exercício profissional, obedecido o procedimento fixado na Constituição;

VI – no caso de Estado proveniente de Território Federal, os cinco primeiros Desembargadores poderão ser escolhidos dentre juízes de direito de qualquer parte do País;

VII – em cada Comarca, o primeiro Juiz de Direito, o primeiro Promotor de Justiça e o primeiro Defensor Público serão nomeados pelo Governador eleito após concurso público de provas e títulos;

VIII – até a promulgação da Constituição Estadual, responderão pela Procuradoria-Geral, pela Advocacia-Geral e pela Defensoria-Geral do Estado advogados de notório saber, com trinta e cinco anos de idade, no mínimo, nomeados pelo Governador eleito e demissíveis ad nutum;

IX – se o novo Estado for resultado de transformação de Território Federal, a transferência de encargos financeiros da União para pagamento dos servidores optantes que pertencerem à Administração Federal ocorrerá da seguinte forma:

a) no sexto ano de instalação, o Estado assumirá vinte por cento dos encargos financeiros para fazer face ao pagamento dos servidores públicos, ficando ainda o restante sob a responsabilidade da União;

b) no sétimo ano, os encargos do Estado serão acrescidos de trinta por cento e, no oitavo, dos restantes cinquenta por cento;

X – as nomeações que se seguirem às primeiras, para os cargos mencionados neste artigo, serão disciplinadas na Constituição Estadual;

XI – as despesas orçamentárias com pessoal não poderão ultrapassar cinquenta por cento da receita do Estado.

Art. 236. Os serviços notariais e de registro são exercidos em caráter privado, por delegação do Poder Público.
- Art. 32 do ADCT.
- Lei 8.935/1994 (Serviços notariais e de registro).
- Lei 13.286/2016 (Responsabilidade civil de notários e registradores).

§ 1º Lei regulará as atividades, disciplinará a responsabilidade civil e criminal dos notários, dos oficiais de registro e de seus prepostos, e definirá a fiscalização de seus atos pelo Poder Judiciário.

§ 2º Lei federal estabelecerá normas gerais para fixação de emolumentos relativos aos atos praticados pelos serviços notariais e de registro.
- Lei 10.169/2000 (Regulamenta este parágrafo).

§ 3º O ingresso na atividade notarial e de registro depende de concurso público de provas e títulos, não se permitindo que qualquer serventia fique vaga, sem abertura de concurso de provimento ou de remoção, por mais de seis meses.

Art. 237. A fiscalização e o controle sobre o comércio exterior, essenciais à defesa dos interesses fazendários nacionais, serão exercidos pelo Ministério da Fazenda.

Art. 238. A lei ordenará a venda e revenda de combustíveis de petróleo, álcool carburante e outros combustíveis derivados de matérias-primas renováveis, respeitados os princípios desta Constituição.
- Lei 9.478/1997 (Política Energética Nacional e Agência Nacional do Petróleo – ANP).
- Lei 9.847/1999 (Fiscalização das atividades relativas ao abastecimento nacional de combustíveis, de que trata a Lei 9.478/1997, e estabelece sanções).

Art. 239. A arrecadação decorrente das contribuições para o Programa de Integração Social, criado pela Lei Complementar 7, de 7 de setembro de 1970, e para o Programa de Formação do Patrimônio do Servidor Público, criado pela Lei Complementar 8, de 3 de dezembro de 1970, passa, a partir da promulgação desta Constituição, a financiar, nos termos que a lei dispuser, o programa do seguro-desemprego, outras ações da previdência social e o abono de que trata o § 3º deste artigo.
- *Caput* com redação pela EC 103/2019.
- Art. 72, §§ 2º e 3º, do ADCT.
- Lei 7.998/1990 (Seguro-Desemprego).
- Lei 9.715/1998 (Contribuições para os Programas de Integração Social e de Formação do Patrimônio do Servidor Público – PIS/PASEP).

Texto novo: Art. 239. A arrecadação correspondente a 18% (dezoito por cento) da contribuição prevista no art. 195, V, e a decorrente da contribuição para o Programa de Formação do Patrimônio do Servidor Público, criado pela Lei Complementar nº 8, de 3 de dezembro de 1970, financiarão, nos termos em que a lei dispuser, o programa do seguro-desemprego, outras ações da previdência social e o abono de que trata o § 3º deste artigo.
- *Caput* com redação pela EC 132/2023, em vigor a partir de 2027.

§ 1º Dos recursos mencionados no *caput*, no mínimo 28% (vinte e oito por cento) serão destinados para o financiamento de programas de desenvolvimento econômico, por meio do Banco Nacional de Desenvolvimento Econômico e Social, com critérios de remuneração que preservem o seu valor.
- § 1º com redação pela EC 103/2019.
- Dec. 4.418/2002 (Estatuto Social da empresa pública Banco Nacional de Desenvolvimento Econômico e Social – BNDES).

§ 2º Os patrimônios acumulados do Programa de Integração Social e do Programa de Formação do Patrimônio do Servidor Público são preservados, mantendo-se os critérios de saque nas situações previstas nas leis específicas, com exceção da retirada por motivo de casamento, ficando vedada a distribuição da arrecadação de que trata o *caput* deste artigo, para depósito nas contas individuais dos participantes.

§ 3º Aos empregados que percebam de empregadores que contribuem para o Programa de Integração Social ou para o Programa de Formação do Patrimônio do Servidor Público, até dois salários mínimos de remuneração mensal, é assegurado o pagamento de um salário mínimo anual, computado neste valor o rendimento das contas individuais, no caso daqueles que já participavam dos referidos programas, até a data da promulgação desta Constituição.

Texto novo: § 3º Aos empregados que percebam de empregadores que recolhem a contribuição prevista no art. 195, V, ou a contribuição para o Programa de Formação do Patrimônio do Servidor Público até 2 (dois) salários mínimos de remuneração mensal é assegurado o pagamento de 1 (um) salário mínimo anual, computado neste valor o rendimento das contas individuais, no caso daqueles que já participavam dos referidos programas, até a data de promulgação desta Constituição.
- § 3º com redação pela EC 132/2023, em vigor a partir de 2027.

§ 3º-A O limite para elegibilidade do benefício de que trata o § 3º deste artigo não será inferior ao valor equivalente ao salário mínimo do período trabalhado multiplicado pelo índice de 1,5 (um inteiro e cinco décimos).
- § 3º-A acrescido pela EC 135/2024.

§ 4º O financiamento do seguro-desemprego receberá uma contribuição adicional da empresa cujo índice de rotatividade da força de trabalho superar o índice médio da rotatividade do setor, na forma estabelecida por lei.
- Lei 7.998/1990 (Seguro-Desemprego).
- Lei 8.352/1991 (Disponibilidades financeiras do Fundo de Amparo ao Trabalhador – FAT).

§ 5º Os programas de desenvolvimento econômico financiados na forma do § 1º e seus resultados serão anualmente avaliados e divulgados em meio de comunicação social eletrônico e apresentados em reunião da comissão mista permanente de que trata o § 1º do art. 166.
- § 5º acrescido pela EC 103/2019.

Art. 240. Ficam ressalvadas do disposto no artigo 195 as atuais contribuições compulsórias dos empregadores sobre a folha de salários, destinadas às entidades privadas de serviço social e de formação profissional vinculadas ao sistema sindical.
- Art. 13, § 3º, da LC 123/2006 (Estatuto Nacional da Microempresa e da Empresa de Pequeno Porte).

Art. 241. A União, os Estados, o Distrito Federal e os Municípios disciplinarão por meio de lei os consórcios públicos e os convênios de cooperação entre os entes federados, autorizando a gestão associada de

serviços públicos, bem como a transferência total ou parcial de encargos, serviços, pessoal e bens essenciais à continuidade dos serviços transferidos.
▸ Artigo com redação pela EC 19/1998.
▸ Lei 11.107/2005 (Consórcios Públicos).

Art. 242. O princípio do artigo 206, IV, não se aplica às instituições educacionais oficiais criadas por lei estadual ou municipal e existentes na data da promulgação desta Constituição, que não sejam total ou preponderantemente mantidas com recursos públicos.

§ 1º O ensino da História do Brasil levará em conta as contribuições das diferentes culturas e etnias para a formação do povo brasileiro.

§ 2º O Colégio Pedro II, localizado na cidade do Rio de Janeiro, será mantido na órbita federal.

Art. 243. As propriedades rurais e urbanas de qualquer região do País onde forem localizadas culturas ilegais de plantas psicotrópicas ou a exploração de trabalho escravo na forma da lei serão expropriadas e destinadas à reforma agrária e a programas de habitação popular, sem qualquer indenização ao proprietário e sem prejuízo de outras sanções previstas em lei, observado, no que couber, o disposto no art. 5º.
▸ Artigo com redação pela EC 81/2014.
▸ Lei 8.257/1991 (Expropriação das glebas nas quais se localizem culturas ilegais de plantas psicotrópicas).

Parágrafo único. Todo e qualquer bem de valor econômico apreendido em decorrência do tráfico ilícito de entorpecentes e drogas afins e da exploração de trabalho escravo será confiscado e reverterá a fundo especial com destinação específica, na forma da lei.
▸ Lei 11.343/2006 (Drogas).

Art. 244. A lei disporá sobre a adaptação dos logradouros, dos edifícios de uso público e dos veículos de transporte coletivo atualmente existentes a fim de garantir acesso adequado às pessoas portadoras de deficiência, conforme o disposto no artigo 227, § 2º.
▸ Lei 7.853/1989 (Apoio às Pessoas Portadoras de Deficiência).
▸ Lei 8.899/1994 (Concede passe livre às pessoas portadoras de deficiência no sistema de transporte coletivo interestadual).
▸ Lei 10.098/2000 (Normas gerais para a promoção da acessibilidade das pessoas portadoras de deficiência ou com mobilidade reduzida).
▸ Dec. 6.949/2009 (Convenção Internacional sobre os Direitos das Pessoas com Deficiência).
▸ Lei 13.146/2015 (Estatuto da Pessoa com Deficiência).

Art. 245. A lei disporá sobre as hipóteses e condições em que o Poder Público dará assistência aos herdeiros e dependentes carentes de pessoas vitimadas por crime doloso, sem prejuízo da responsabilidade civil do autor do ilícito.
▸ LC 79/1994 (Fundo Penitenciário Nacional – FUNPEN).

Art. 246. É vedada a adoção de medida provisória na regulamentação de artigo da Constituição cuja redação tenha sido alterada por meio de emenda promulgada entre 1º de janeiro de 1995 até a promulgação desta emenda, inclusive.
▸ Artigo com redação pela EC 32/2001.
▸ Art. 62 desta Constituição.

Art. 247. As leis previstas no inciso III do § 1º do artigo 41 e no § 7º do artigo 169 estabelecerão critérios e garantias especiais para a perda do cargo pelo servidor público estável que, em decorrência das atribuições de seu cargo efetivo, desenvolva atividades exclusivas de Estado.

Parágrafo único. Na hipótese de insuficiência de desempenho, a perda do cargo somente ocorrerá mediante processo administrativo em que lhe sejam assegurados o contraditório e a ampla defesa.
▸ Artigo acrescido pela EC 19/1998.

Art. 248. Os benefícios pagos, a qualquer título, pelo órgão responsável pelo regime geral de previdência social, ainda que à conta do Tesouro Nacional, e os não sujeitos ao limite máximo de valor fixado para os benefícios concedidos por esse regime observarão os limites fixados no artigo 37, XI.
▸ Artigo acrescido pela EC 20/1998.

Art. 249. Com o objetivo de assegurar recursos para o pagamento de proventos de aposentadoria e pensões concedidas aos respectivos servidores e seus dependentes, em adição aos recursos dos respectivos tesouros, a União, os Estados, o Distrito Federal e os Municípios poderão constituir fundos integrados pelos recursos provenientes de contribuições e por bens, direitos e ativos de qualquer natureza, mediante lei que disporá sobre a natureza e administração desses fundos.
▸ Artigo acrescido pela EC 20/1998.

Art. 250. Com o objetivo de assegurar recursos para o pagamento dos benefícios concedidos pelo regime geral de previdência social, em adição aos recursos de sua arrecadação, a União poderá constituir fundo integrado por bens, direitos e ativos de qualquer natureza, mediante lei que disporá sobre a natureza e administração desse fundo.
▸ Artigo acrescido pela EC 20/1998.

Brasília, 5 de outubro de 1988.

Ulysses Guimarães
Presidente

Ato das Disposições Constitucionais Transitórias

Art. 1º O Presidente da República, o Presidente do Supremo Tribunal Federal e os membros do Congresso Nacional prestarão o compromisso de manter, defender e cumprir a Constituição, no ato e na data de sua promulgação.

Art. 2º No dia 7 de setembro de 1993 o eleitorado definirá, através de plebiscito, a forma (república ou monarquia constitucional) e o sistema de governo (parlamentarismo ou presidencialismo) que devem vigorar no País.
- EC 2/1992.
- Lei 8.624/1993 (Plebiscito que define a Forma e o Sistema de Governo).

§ 1º Será assegurada gratuidade na livre divulgação dessas formas e sistemas, através dos meios de comunicação de massa cessionários de serviço público.

§ 2º O Tribunal Superior Eleitoral, promulgada a Constituição, expedirá as normas regulamentadoras deste artigo.

Art. 3º A revisão constitucional será realizada após cinco anos, contados da promulgação da Constituição, pelo voto da maioria absoluta dos membros do Congresso Nacional, em sessão unicameral.
- ECR 1 a 6/1994.

Art. 4º O mandato do atual Presidente da República terminará em 15 de março de 1990.

§ 1º A primeira eleição para Presidente da República após a promulgação da Constituição será realizada no dia 15 de novembro de 1989, não se lhe aplicando o disposto no artigo 16 da Constituição.

§ 2º É assegurada a irredutibilidade da atual representação dos Estados e do Distrito Federal na Câmara dos Deputados.

§ 3º Os mandatos dos Governadores e dos Vice-Governadores eleitos em 15 de novembro de 1986 terminarão em 15 de março de 1991.

§ 4º Os mandatos dos atuais Prefeitos, Vice-Prefeitos e Vereadores terminarão no dia 1º de janeiro de 1989, com a posse dos eleitos.

Art. 5º Não se aplicam às eleições previstas para 15 de novembro de 1988 o disposto no artigo 16 e as regras do artigo 77 da Constituição.

§ 1º Para as eleições de 15 de novembro de 1988 será exigido domicílio eleitoral na circunscrição pelo menos durante os quatro meses anteriores ao pleito, podendo os candidatos que preencham este requisito, atendidas as demais exigências da lei, ter seu registro efetivado pela Justiça Eleitoral após a promulgação da Constituição.

§ 2º Na ausência de norma legal específica, caberá ao Tribunal Superior Eleitoral editar as normas necessárias à realização das eleições de 1988, respeitada a legislação vigente.

§ 3º Os atuais parlamentares federais e estaduais eleitos Vice-Prefeitos, se convocados a exercer a função de Prefeito, não perderão o mandato parlamentar.

§ 4º O número de vereadores por município será fixado, para a representação a ser eleita em 1988, pelo respectivo Tribunal Regional Eleitoral, respeitados os limites estipulados no artigo 29, IV, da Constituição.

§ 5º Para as eleições de 15 de novembro de 1988, ressalvados os que já exercem mandato eletivo, são inelegíveis para qualquer cargo, no território de jurisdição do titular, o cônjuge e os parentes por consanguinidade ou afinidade, até o segundo grau, ou por adoção, do Presidente da República, do Governador de Estado, do Governador do Distrito Federal e do Prefeito que tenham exercido mais da metade do mandato.

Art. 6º Nos seis meses posteriores à promulgação da Constituição, parlamentares federais, reunidos em número não inferior a trinta, poderão requerer ao Tribunal Superior Eleitoral o registro de novo partido político, juntando ao requerimento o manifesto, o estatuto e o programa devidamente assinados pelos requerentes.

§ 1º O registro provisório, que será concedido de plano pelo Tribunal Superior Eleitoral, nos termos deste artigo, defere ao novo partido todos os direitos, deveres e prerrogativas dos atuais, entre eles o de participar, sob legenda própria, das eleições que vierem a ser realizadas nos doze meses seguintes à sua formação.

§ 2º O novo partido perderá automaticamente seu registro provisório se, no prazo de vinte e quatro meses, contados de sua formação, não obtiver registro definitivo no Tribunal Superior Eleitoral, na forma que a lei dispuser.

Art. 7º O Brasil propugnará pela formação de um Tribunal Internacional dos Direitos Humanos.
- Dec. 4.463/2002 (Declaração de Reconhecimento da Competência Obrigatória da Corte Interamericana em todos os casos relativos à interpretação ou aplicação da Convenção Americana sobre Direitos Humanos).

Art. 8º É concedida anistia aos que, no período de 18 de setembro de 1946 até a data da promulgação da Constituição, foram atingidos, em decorrência de motivação exclusivamente política, por atos de exceção, institucionais ou complementares, aos que foram abrangidos pelo Decreto Legislativo 18, de 15 de dezembro de 1961, e aos atingidos pelo Decreto-Lei 864, de 12 de setembro de 1969, asseguradas as promoções, na inatividade, ao cargo, emprego, posto ou graduação a que teriam direito se estivessem em serviço ativo, obedecidos os prazos de permanência em atividade previstos

nas leis e regulamentos vigentes, respeitadas as características e peculiaridades das carreiras dos servidores públicos civis e militares e observados os respectivos regimes jurídicos.
▸ Lei 10.559/2002 (Regulamenta este artigo).
▸ Lei 12.528/2011 (Comissão Nacional da verdade no âmbito da Casa Civil da Presidência da República).
▸ Súmula 674 do STF.

§ 1º O disposto neste artigo somente gerará efeitos financeiros a partir da promulgação da Constituição, vedada a remuneração de qualquer espécie em caráter retroativo.

§ 2º Ficam assegurados os benefícios estabelecidos neste artigo aos trabalhadores do setor privado, dirigentes e representantes sindicais que, por motivos exclusivamente políticos, tenham sido punidos, demitidos ou compelidos ao afastamento das atividades remuneradas que exerciam, bem como aos que foram impedidos de exercer atividades profissionais em virtude de pressões ostensivas ou expedientes oficiais sigilosos.

§ 3º Aos cidadãos que foram impedidos de exercer, na vida civil, atividade profissional específica, em decorrência das Portarias Reservadas do Ministério da Aeronáutica n. S-50-GM5, de 19 de junho de 1964, e n. S-285-GM5 será concedida reparação de natureza econômica, na forma que dispuser lei de iniciativa do Congresso Nacional e a entrar em vigor no prazo de doze meses a contar da promulgação da Constituição.
▸ Súmula 647 do STJ.

§ 4º Aos que, por força de atos institucionais, tenham exercido gratuitamente mandato eletivo de vereador serão computados, para efeito de aposentadoria no serviço público e Previdência Social, os respectivos períodos.

§ 5º A anistia concedida nos termos deste artigo aplica-se aos servidores públicos civis e aos empregados em todos os níveis de governo ou em suas fundações, empresas públicas ou empresas mistas sob controle estatal, exceto nos Ministérios militares, que tenham sidos punidos ou demitidos por atividades profissionais interrompidas em virtude de decisão de seus trabalhadores, bem como em decorrência do Decreto-lei 1.632, de 4 de agosto de 1978, ou por motivos exclusivamente políticos, assegurada a readmissão dos que foram atingidos a partir de 1979, observado o disposto no § 1º.
▸ O mencionado Dec.-lei 1.632/1978 foi revogado pela Lei 7.783/1989.

Art. 9º Os que, por motivos exclusivamente políticos, foram cassados ou tiveram seus direitos políticos suspensos no período de 15 de julho a 31 de dezembro de 1969, por ato do então Presidente da República, poderão requerer ao Supremo Tribunal Federal o reconhecimento dos direitos e vantagens interrompidos pelos atos punitivos, desde que comprovem terem sido estes eivados de vício grave.

Parágrafo único. O Supremo Tribunal Federal proferirá a decisão no prazo de cento e vinte dias, a contar do pedido do interessado.

Art. 10. Até que seja promulgada a lei complementar a que se refere o artigo 7º, I, da Constituição:

I – fica limitada a proteção nele referida ao aumento, para quatro vezes, da porcentagem prevista no artigo 6º, *caput* e § 1º, da Lei 5.107, de 13 de setembro de 1966;
▸ A mencionada Lei 5.107/1966 foi revogada pela Lei 7.839/1989.
▸ Art. 18 da Lei 8.036/1990 (FGTS).

II – fica vedada a dispensa arbitrária ou sem justa causa:

a) do empregado eleito para cargo de direção de comissões internas de prevenção de acidentes, desde o registro de sua candidatura até um ano após o final de seu mandato;
▸ Súmula 676 do STF.
▸ Súmula 339 do TST.

b) da empregada gestante, desde a confirmação da gravidez até cinco meses após o parto.
▸ Súmula 244 do TST.
▸ OJ 30 da SDC do TST.
▸ LC 146/2014 (Estende a estabilidade provisória prevista na alínea *b* do inciso II do art. 10 do ADCT à trabalhadora gestante, nos casos de morte desta, a quem detiver a guarda de seu filho).
▸ Art. 25, parágrafo único da LC 150/2015 (Lei dos Domésticos).

§ 1º Até que a lei venha a disciplinar o disposto no artigo 7º, XIX, da Constituição, o prazo da licença-paternidade a que se refere o inciso é de cinco dias.
▸ Art. 1º, II, da Lei 11.770/2008 (Programa Empresa Cidadã).

§ 2º Até ulterior disposição legal, a cobrança das contribuições para o custeio das atividades dos sindicatos rurais será feita juntamente com a do imposto territorial rural, pelo mesmo órgão arrecadador.

§ 3º Na primeira comprovação do cumprimento das obrigações trabalhistas pelo empregador rural, na forma do artigo 233, após a promulgação da Constituição, será certificada perante a Justiça do Trabalho a regularidade do contrato e das atualizações das obrigações trabalhistas de todo o período.
▸ O mencionado art. 233 foi revogado pela EC 28/2000.

Art. 11. Cada Assembleia Legislativa, com poderes constituintes, elaborará a Constituição do Estado, no prazo de um ano, contado da promulgação da Constituição Federal, obedecidos os princípios desta.

Parágrafo único. Promulgada a Constituição do Estado, caberá à Câmara Municipal, no prazo de seis meses, votar a Lei Orgânica respectiva, em dois turnos de discussão e votação, respeitado o disposto na Constituição Federal e na Constituição Estadual.

Art. 12. Será criada, dentro de noventa dias da promulgação da Constituição, Comissão de Estudos Territoriais, com dez membros indicados pelo Congresso Nacional e cinco pelo Poder Executivo, com a finalidade de apresentar estudos sobre o território nacional e anteprojetos relativos a novas unidades territoriais, notadamente na Amazônia Legal e em áreas pendentes de solução.

§ 1º No prazo de um ano, a Comissão submeterá ao Congresso Nacional os resultados de seus estudos para, nos termos da Constituição, serem apreciados nos doze meses subsequentes, extinguindo-se logo após.

§ 2º Os Estados e os Municípios deverão, no prazo de três anos, a contar da promulgação da Constituição, promover, mediante acordo ou arbitramento, a demarcação de suas linhas divisórias atualmente litigiosas, podendo para isso fazer alterações e compensações de área que atendam aos acidentes naturais, critérios históricos, conveniências administrativas e comodidade das populações limítrofes.

§ 3º Havendo solicitação dos Estados e Municípios interessados, a União poderá encarregar-se dos trabalhos demarcatórios.

§ 4º Se, decorrido o prazo de três anos, a contar da promulgação da Constituição, os trabalhos demarcatórios não tiverem sido concluídos, caberá à União determinar os limites das áreas litigiosas.

§ 5º Ficam reconhecidos e homologados os atuais limites do Estado do Acre com os Estados do Amazonas e de Rondônia, conforme levantamentos cartográficos e geodésicos realizados pela Comissão Tripartite integrada por representantes dos Estados e dos serviços técnico-especializados do Instituto Brasileiro de Geografia e Estatística.

Art. 13. É criado o Estado do Tocantins, pelo desmembramento da área descrita neste artigo, dando-se sua instalação no quadragésimo sexto dia após a eleição prevista no § 3º, mas não antes de 1º de janeiro de 1989.

§ 1º O Estado do Tocantins integra a Região Norte e limita-se com o Estado de Goiás pelas divisas norte dos Municípios de São Miguel do Araguaia, Porangatu, Formoso, Minaçu, Cavalcante, Monte Alegre de Goiás e Campos Belos, conservando a leste, norte e oeste as divisas atuais de Goiás com os Estados da Bahia, Piauí, Maranhão, Pará e Mato Grosso.

§ 2º O Poder Executivo designará uma das cidades do Estado para sua Capital provisória até a aprovação da sede definitiva do governo pela Assembleia Constituinte.

§ 3º O Governador, o Vice-Governador, os Senadores, os Deputados Federais e os Deputados Estaduais serão eleitos, em um único turno, até setenta e cinco dias após a promulgação da Constituição, mas não antes de 15 de novembro de 1988, a critério do Tribunal Superior Eleitoral, obedecidas, entre outras, as seguintes normas:

I – o prazo de filiação partidária dos candidatos será encerrado setenta e cinco dias antes da data das eleições;

II – as datas das convenções regionais partidárias destinadas a deliberar sobre coligações e escolha de candidatos, de apresentação de requerimento de registro dos candidatos escolhidos e dos demais procedimentos legais serão fixadas em calendário especial, pela Justiça Eleitoral;

III – são inelegíveis os ocupantes de cargos estaduais ou municipais que não se tenham deles afastado, em caráter definitivo, setenta e cinco dias antes da data das eleições previstas neste parágrafo;

IV – ficam mantidos os atuais diretórios regionais dos partidos políticos do Estado de Goiás, cabendo às Comissões Executivas Nacionais designar comissões provisórias no Estado do Tocantins, nos termos e para os fins previstos na lei.

§ 4º Os mandatos do Governador, do Vice-Governador, dos Deputados Federais e Estaduais eleitos na forma do parágrafo anterior extinguir-se-ão concomitantemente aos das demais Unidades da Federação; o mandato do Senador eleito menos votado extinguir-se-á nessa mesma oportunidade, e os dos outros dois, juntamente com os dos Senadores eleitos em 1986 nos demais Estados.

§ 5º A Assembleia Estadual Constituinte será instalada no quadragésimo sexto dia da eleição de seus integrantes, mas não antes de 1º de janeiro de 1989, sob a presidência do Presidente do Tribunal Regional Eleitoral do Estado de Goiás, e dará posse, na mesma data, ao Governador e ao Vice-Governador eleitos.

§ 6º Aplicam-se à criação e instalação do Estado do Tocantins, no que couber, as normas legais disciplinadoras da divisão do Estado de Mato Grosso, observado o disposto no artigo 234 da Constituição.

§ 7º Fica o Estado de Goiás liberado dos débitos e encargos decorrentes de empreendimentos no território do novo Estado, e autorizada a União, a seu critério, a assumir os referidos débitos.

Art. 14. Os Territórios Federais de Roraima e do Amapá são transformados em Estados Federados, mantidos seus atuais limites geográficos.

§ 1º A instalação dos Estados dar-se-á com a posse dos Governadores eleitos em 1990.

§ 2º Aplicam-se à transformação e instalação dos Estados de Roraima e Amapá as normas e critérios seguidos na criação do Estado de Rondônia, respeitado o disposto na Constituição e neste Ato.

§ 3º O Presidente da República, até quarenta e cinco dias após a promulgação da Constituição, encaminhará à apreciação do Senado Federal os nomes dos Governadores dos Estados de Roraima e do Amapá que exercerão o Poder Executivo até a instalação dos novos Estados com a posse dos Governadores eleitos.

§ 4º Enquanto não concretizada a transformação em Estados, nos termos deste artigo, os Territórios Federais de Roraima e do Amapá serão beneficiados pela transferência de recursos prevista nos artigos 159, I, *a*, da Constituição, e 34, § 2º, II, deste Ato.

Art. 15. Fica extinto o Território Federal de Fernando de Noronha, sendo sua área reincorporada ao Estado de Pernambuco.

Art. 16. Até que se efetive o disposto no artigo 32, § 2º, da Constituição, caberá ao Presidente da República, com a aprovação do Senado Federal, indicar o Governador e o Vice-Governador do Distrito Federal.

§ 1º A competência da Câmara Legislativa do Distrito Federal, até que se instale, será exercida pelo Senado Federal.

§ 2º A fiscalização contábil, financeira, orçamentária, operacional e patrimonial do Distrito Federal, enquanto não for instalada a Câmara Legislativa, será exercida pelo Senado Federal, mediante controle externo, com o auxílio do Tribunal de Contas do Distrito Federal, observado o disposto no artigo 72 da Constituição.

§ 3º Incluem-se entre os bens do Distrito Federal aqueles que lhe vierem a ser atribuídos pela União na forma da lei.

Art. 17. Os vencimentos, a remuneração, as vantagens e os adicionais, bem como os proventos de aposentadoria que estejam sendo percebidos em desacordo com a Constituição serão imediatamente reduzidos aos limites dela decorrentes, não se admitindo, neste caso, invocação de direito adquirido ou percepção de excesso a qualquer título.
▶ Art. 9º da EC 41/2003.

§ 1º É assegurado o exercício cumulativo de dois cargos ou empregos privativos de médico que estejam sendo exercidos por médico militar na administração pública direta ou indireta.

§ 2º É assegurado o exercício cumulativo de dois cargos ou empregos privativos de profissionais de saúde que estejam sendo exercidos na administração pública direta ou indireta.

Art. 18. Ficam extintos os efeitos jurídicos de qualquer ato legislativo ou administrativo, lavrado a partir da instalação da Assembleia Nacional Constituinte, que tenha por objeto a concessão de estabilidade a servidor admitido sem concurso público, da administração direta ou indireta, inclusive das fundações instituídas e mantidas pelo Poder Público.

Art. 18-A. Os atos administrativos praticados no Estado do Tocantins, decorrentes de sua instalação, entre 1º de janeiro de 1989 e 31 de dezembro de 1994, eivados de qualquer vício jurídico e dos quais decorram efeitos favoráveis para os destinatários ficam convalidados após 5 (cinco) anos, contados da data em que foram praticados, salvo comprovada má-fé.
▶ Artigo acrescido pela EC 110/2021.

Art. 19. Os servidores públicos civis da União, dos Estados, do Distrito Federal e dos Municípios, da administração direta, autárquica e das fundações públicas, em exercício na data da promulgação da Constituição, há pelo menos cinco anos continuados, e que não tenham sido admitidos na forma regulada no artigo 37, da Constituição, são considerados estáveis no serviço público.
▶ OJ 364 da SBDI-I do TST.

§ 1º O tempo de serviço dos servidores referidos neste artigo será contado como título quando se submeterem a concurso para fins de efetivação, na forma da lei.

§ 2º O disposto neste artigo não se aplica aos ocupantes de cargos, funções e empregos de confiança ou em comissão, nem aos que a lei declare de livre exoneração, cujo tempo de serviço não será computado para os fins do *caput* deste artigo, exceto se se tratar de servidor.

§ 3º O disposto neste artigo não se aplica aos professores de nível superior, nos termos da lei.

Art. 20. Dentro de cento e oitenta dias, proceder-se-á à revisão dos direitos dos servidores públicos inativos e pensionistas e à atualização dos proventos e pensões a eles devidos, a fim de ajustá-los ao disposto na Constituição.
▶ Lei 8.112/1990 (Estatuto dos Servidores Públicos Civis da União, Autarquias e Fundações Públicas Federais).
▶ EC 41/2003 (Reforma Previdenciária).

Art. 21. Os juízes togados de investidura limitada no tempo, admitidos mediante concurso público de provas e títulos e que estejam em exercício na data da promulgação da Constituição, adquirem estabilidade, observado o estágio probatório, e passam a compor quadro em extinção, mantidas as competências, prerrogativas e restrições da legislação a que se achavam submetidos, salvo as inerentes à transitoriedade da investidura.

Parágrafo único. A aposentadoria dos juízes de que trata este artigo regular-se-á pelas normas fixadas para os demais juízes estaduais.

Art. 22. É assegurado aos defensores públicos investidos na função até a data de instalação da Assembleia Nacional Constituinte o direito de opção pela carreira, com a observância das garantias e vedações previstas no artigo 134, parágrafo único, da Constituição.
▶ O mencionado parágrafo único foi renumerado para § 1º, pela EC 45/2004.

Art. 23. Até que se edite a regulamentação do artigo 21, XVI, da Constituição, os atuais ocupantes do cargo de Censor Federal continuarão exercendo funções com este compatíveis, no Departamento de Polícia Federal, observadas as disposições constitucionais.

Parágrafo único. A lei referida disporá sobre o aproveitamento dos Censores Federais, nos termos deste artigo.

Art. 24. A União, os Estados, o Distrito Federal e os Municípios editarão leis que estabeleçam critérios para a compatibilização de seus quadros de pessoal ao disposto no artigo 39 da Constituição e à reforma administrativa dela decorrente, no prazo de dezoito meses, contados da sua promulgação.

Art. 25. Ficam revogados, a partir de cento e oitenta dias da promulgação da Constituição, sujeito este prazo a prorrogação por lei, todos os dispositivos legais que atribuam ou deleguem a órgão do Poder Executivo competência assinalada pela Constituição ao Congresso Nacional, especialmente no que tange a:
▶ Lei 7.763/1989 (Altera a Lei 7.150/1983 – Fixa os efetivos do Exército em tempo de paz).

I – ação normativa;

II – alocação ou transferência de recursos de qualquer espécie.

§ 1º Os decretos-leis em tramitação no Congresso Nacional e por este não apreciados até a promulgação da Constituição terão seus efeitos regulados da seguinte forma:

I – se editados até 2 de setembro de 1988, serão apreciados pelo Congresso Nacional no prazo de até cento e oitenta dias a contar da promulgação da Constituição, não computado o recesso parlamentar;

II – decorrido o prazo definido no inciso anterior, e não havendo apreciação, os decretos-leis ali mencionados serão considerados rejeitados;
III – nas hipóteses definidas nos incisos I e II, terão plena validade os atos praticados na vigência dos respectivos decretos-leis, podendo o Congresso Nacional, se necessário, legislar sobre os efeitos deles remanescentes.

§ 2º Os decretos-leis editados entre 3 de setembro de 1988 e a promulgação da Constituição serão convertidos, nesta data, em medidas provisórias, aplicando-se-lhes as regras estabelecidas no artigo 62, parágrafo único.

▸ Art. 62, § 3º, da CF.

Art. 26. No prazo de um ano a contar da promulgação da Constituição, o Congresso Nacional promoverá, através de Comissão Mista, exame analítico e pericial dos atos e fatos geradores do endividamento externo brasileiro.

§ 1º A Comissão terá a força legal de Comissão Parlamentar de Inquérito para os fins de requisição e convocação, e atuará com o auxílio do Tribunal de Contas da União.

§ 2º Apurada irregularidade, o Congresso Nacional proporá ao Poder Executivo a declaração de nulidade do ato e encaminhará o processo ao Ministério Público Federal, que formalizará, no prazo de sessenta dias, a ação cabível.

Art. 27. O Superior Tribunal de Justiça será instalado sob a Presidência do Supremo Tribunal Federal.

§ 1º Até que se instale o Superior Tribunal de Justiça, o Supremo Tribunal Federal exercerá as atribuições e competências definidas na ordem constitucional precedente.

§ 2º A composição inicial do Superior Tribunal de Justiça far-se-á:
I – pelo aproveitamento dos Ministros do Tribunal Federal de Recursos;
II – pela nomeação dos Ministros que sejam necessários para completar o número estabelecido na Constituição.

§ 3º Para os efeitos do disposto na Constituição, os atuais Ministros do Tribunal Federal de Recursos serão considerados pertencentes à classe de que provieram, quando de sua nomeação.

§ 4º Instalado o Tribunal, os Ministros aposentados do Tribunal Federal de Recursos tornar-se-ão, automaticamente, Ministros aposentados do Superior Tribunal de Justiça.

§ 5º Os Ministros a que se refere o § 2º, II, serão indicados em lista tríplice pelo Tribunal Federal de Recursos, observado o disposto no artigo 104, parágrafo único, da Constituição.

§ 6º Ficam criados cinco Tribunais Regionais Federais, a serem instalados no prazo de seis meses a contar da promulgação da Constituição, com a jurisdição e sede que lhes fixar o Tribunal Federal de Recursos, tendo em conta o número de processos e sua localização geográfica.

▸ Lei 7.727/1989 (Composição inicial dos Tribunais Regionais Federais e sua instalação).

§ 7º Até que se instalem os Tribunais Regionais Federais, o Tribunal Federal de Recursos exercerá a competência a eles atribuída em todo o território nacional, cabendo-lhe promover sua instalação e indicar os candidatos a todos os cargos da composição inicial, mediante lista tríplice, podendo desta constar juízes federais de qualquer região, observado o disposto no § 9º.

§ 8º É vedado, a partir da promulgação da Constituição, o provimento de vagas de Ministros do Tribunal Federal de Recursos.

§ 9º Quando não houver juiz federal que conte o tempo mínimo previsto no artigo 107, II, da Constituição, a promoção poderá contemplar juiz com menos de cinco anos no exercício do cargo.

§ 10. Compete à Justiça Federal julgar as ações nela propostas até a data da promulgação da Constituição, e aos Tribunais Regionais Federais bem como ao Superior Tribunal de Justiça julgar as ações rescisórias das decisões até então proferidas pela Justiça Federal, inclusive daquelas cuja matéria tenha passado à competência de outro ramo do Judiciário.

▸ Súmulas 38, 104, 147 e 165 do STJ.

§ 11. São criados, ainda, os seguintes Tribunais Regionais Federais: o da 6ª Região, com sede em Curitiba, Estado do Paraná, e jurisdição nos Estados do Paraná, Santa Catarina e Mato Grosso do Sul; o da 7ª Região, com sede em Belo Horizonte, Estado de Minas Gerais, e jurisdição no Estado de Minas Gerais; o da 8ª Região, com sede em Salvador, Estado da Bahia, e jurisdição nos Estados da Bahia e Sergipe; e o da 9ª Região, com sede em Manaus, Estado do Amazonas, e jurisdição nos Estados do Amazonas, Acre, Rondônia e Roraima.

▸ Parágrafo acrescido pela EC 73/2013.
▸ O STF, no julgamento da Medida Cautelar em ADIN 5.017 (Divulgação DJE-STF 31.07.2013) deferiu a medida cautelar, ad referendum, para suspender os efeitos da EC 73/2013.

Art. 28. Os juízes federais de que trata o artigo 123, § 2º, da Constituição de 1967, com a redação dada pela Emenda Constitucional 7, de 1977, ficam investidos na titularidade de varas na Seção Judiciária para a qual tenham sido nomeados ou designados; na inexistência de vagas, proceder-se-á ao desdobramento das varas existentes.

Parágrafo único. Para efeito de promoção por antiguidade, o tempo de serviço desses juízes será computado a partir do dia de sua posse.

Art. 29. Enquanto não aprovadas as leis complementares relativas ao Ministério Público e à Advocacia-Geral da União, o Ministério Público Federal, a Procuradoria-Geral da Fazenda Nacional, as Consultorias Jurídicas dos Ministérios, as Procuradorias e Departamentos Jurídicos de autarquias federais com representação própria e os membros das Procuradorias das Universidades fundacionais públicas continuarão a exercer suas atividades na área das respectivas atribuições.

▸ LC 73/1993 (Lei Orgânica da Advocacia-Geral da União).
▸ LC 75/1993 (Lei Orgânica do Ministério Público da União).

§ 1º O Presidente da República, no prazo de cento e vinte dias, encaminhará ao Congresso Nacional projeto de lei complementar dispondo sobre a organização e o funcionamento da Advocacia-Geral da União.

§ 2º Aos atuais Procuradores da República, nos termos da lei complementar, será facultada a opção, de forma irretratável, entre as carreiras do Ministério Público Federal e da Advocacia-Geral da União.

§ 3º Poderá optar pelo regime anterior, no que respeita às garantias e vantagens, o membro do Ministério Público admitido antes da promulgação da Constituição, observando-se, quanto às vedações, a situação jurídica na data desta.

§ 4º Os atuais integrantes do quadro suplementar dos Ministérios Públicos do Trabalho e Militar que tenham adquirido estabilidade nessas funções passam a integrar o quadro da respectiva carreira.

§ 5º Cabe à atual Procuradoria-Geral da Fazenda Nacional, diretamente ou por delegação, que pode ser ao Ministério Público Estadual, representar judicialmente a União nas causas de natureza fiscal, na área da respectiva competência, até a promulgação das leis complementares previstas neste artigo.

Art. 30. A legislação que criar a Justiça de Paz manterá os atuais juízes de paz até a posse dos novos titulares, assegurando-lhes os direitos e atribuições conferidos a estes, e designará o dia para a eleição prevista no artigo 98, II, da Constituição.

Art. 31. Serão estatizadas as serventias do foro judicial, assim definidas em lei, respeitados os direitos dos atuais titulares.
- Lei 8.935/1994 (Serviços Notariais e de Registro).

Art. 32. O disposto no artigo 236 não se aplica aos serviços notariais e de registro que já tenham sido oficializados pelo Poder Público, respeitando-se o direito de seus servidores.

Art. 33. Ressalvados os créditos de natureza alimentar, o valor dos precatórios judiciais pendentes de pagamento na data da promulgação da Constituição, incluído o remanescente de juros e correção monetária, poderá ser pago em moeda corrente, com atualização, em prestações anuais, iguais e sucessivas, no prazo máximo de oito anos, a partir de 1º de julho de 1989, por decisão editada pelo Poder Executivo até cento e oitenta dias da promulgação da Constituição.
- Art. 97, § 15, deste Ato.

Parágrafo único. Poderão as entidades devedoras, para o cumprimento do disposto neste artigo, emitir, em cada ano, no exato montante do dispêndio, títulos de dívida pública não computáveis para efeito do limite global de endividamento.
- Súmula 144 do STJ.

Art. 34. O sistema tributário nacional entrará em vigor a partir do primeiro dia do quinto mês seguinte ao da promulgação da Constituição, mantido, até então, o da Constituição de 1967, com a redação dada pela Emenda 1, de 1969, e pelas posteriores.

§ 1º Entrarão em vigor com a promulgação da Constituição os artigos 148, 149, 150, 154, I, 156, III, e 159, I, c, revogadas as disposições em contrário da Constituição de 1967 e das Emendas que a modificaram, especialmente de seu artigo 25, III.

§ 2º O Fundo de Participação dos Estados e do Distrito Federal e o Fundo de Participação dos Municípios obedecerão às seguintes determinações:

I – a partir da promulgação da Constituição, os percentuais serão, respectivamente, de dezoito por cento e de vinte por cento, calculados sobre o produto da arrecadação dos impostos referidos no artigo 153, III e IV, mantidos os atuais critérios de rateio até a entrada em vigor da lei complementar a que se refere o artigo 161, II;

II – o percentual relativo ao Fundo de Participação dos Estados e do Distrito Federal será acrescido de um ponto percentual no exercício financeiro de 1989 e, a partir de 1990, inclusive, à razão de meio ponto por exercício, até 1992, inclusive, atingindo em 1993 o percentual estabelecido no artigo 159, I, a;

III – o percentual relativo ao Fundo de Participação dos Municípios, a partir de 1989, inclusive, será elevado à razão de meio ponto percentual por exercício financeiro, até atingir o estabelecido no artigo 159, I, b.

§ 3º Promulgada a Constituição, a União, os Estados, o Distrito Federal e os Municípios poderão editar as leis necessárias à aplicação do sistema tributário nacional nela previsto.

§ 4º As leis editadas nos termos do parágrafo anterior produzirão efeitos a partir da entrada em vigor do sistema tributário nacional previsto na Constituição.

§ 5º Vigente o novo sistema tributário nacional, fica assegurada a aplicação da legislação anterior, no que não seja incompatível com ele e com a legislação referida nos §§ 3º e 4º.
- Súmula 663 do STF.
- Súmula 198 do STJ.

§ 6º Até 31 de dezembro de 1989, o disposto no artigo 150, III, b, não se aplica aos impostos de que tratam os artigos 155, I, a e b, e 156, II e III, que podem ser cobrados trinta dias após a publicação da lei que os tenha instituído ou aumentado.
- Em função da alteração promovida pela EC 3/1993, a referência ao art. 155, I, a e b, passou a ser ao art. 155, I e II.

§ 7º Até que sejam fixadas em lei complementar, as alíquotas máximas do imposto municipal sobre vendas a varejo de combustíveis líquidos e gasosos não excederão a três por cento.

§ 8º Se, no prazo de sessenta dias contados da promulgação da Constituição, não for editada a lei complementar necessária à instituição do imposto de que trata o artigo 155, I, b, os Estados e o Distrito Federal, mediante convênio celebrado nos termos da Lei Complementar 24, de 7 de janeiro de 1975, fixarão normas para regular provisoriamente a matéria.
- Em função da alteração promovida pela EC 3/1993, a referência ao art. 155, I, b passou a ser art. 155, II.
- LC 24/1975 (Convênios para a concessão de isenções de imposto sobre operações relativas à circulação de mercadorias).
- LC 87/1996 (Lei Kandir – ICMS).
- Súmula 198 do STJ.

§ 9º Até que lei complementar disponha sobre a matéria, as empresas distribuidoras de energia elétrica, na condição de contribuintes ou de substitutos tributários, serão as responsáveis, por ocasião da saída do produto de seus estabelecimentos, ainda que destinado a outra Unidade da Federação, pelo pagamento do Imposto sobre Operações Relativas à Circulação de mercadorias incidente sobre energia elétrica, desde a produção ou importação até a última operação, calculado o imposto sobre o preço então praticado na operação final e assegurado seu recolhimento ao Estado ou ao Distrito Federal, conforme o local onde deva ocorrer essa operação.

§ 10. Enquanto não entrar em vigor a lei prevista no artigo 159, I, c, cuja promulgação se fará até 31 de dezembro de 1989, é assegurada a aplicação dos recursos previstos naquele dispositivo da seguinte maneira:

I – seis décimos por cento na Região Norte, através do Banco da Amazônia S/A;

II – um inteiro e oito décimos por cento na Região Nordeste, através do Banco do Nordeste do Brasil S/A;

III – seis décimos por cento na Região Centro-Oeste, através do Banco do Brasil S/A.

§ 11. Fica criado, nos termos da lei, o Banco de Desenvolvimento do Centro-Oeste, para dar cumprimento, na referida região, ao que determinam os artigos 159, I, c, e 192, § 2º, da Constituição.

▶ O mencionado § 2º do art. 192, foi revogado pela EC 40/2003.

§ 12. A urgência prevista no artigo 148, II, não prejudica a cobrança do empréstimo compulsório instituído, em benefício das Centrais Elétricas Brasileiras S/A (ELETROBRÁS), pela Lei 4.156, de 28 de novembro de 1962, com as alterações posteriores.

Art. 35. O disposto no artigo 165, § 7º, será cumprido de forma progressiva, no prazo de até dez anos, distribuin-do-se os recursos entre as regiões macroeconômicas em razão proporcional à população, a partir da situação verificada no biênio 1986/1987.

§ 1º Para aplicação dos critérios de que trata este artigo, excluem-se das despesas totais as relativas:

I – aos projetos considerados prioritários no plano plurianual;

II – à segurança e defesa nacional;

III – à manutenção dos órgãos federais no Distrito Federal;

IV – ao Congresso Nacional, ao Tribunal de Contas da União e ao Poder Judiciário;

V – ao serviço da dívida da administração direta e indireta da União, inclusive fundações instituídas e mantidas pelo Poder Público Federal.

§ 2º Até a entrada em vigor da lei complementar a que se refere o artigo 165, § 9º, I e II, serão obedecidas as seguintes normas:

I – o projeto do plano plurianual, para vigência até o final do primeiro exercício financeiro do mandato presidencial subsequente, será encaminhado até quatro meses antes do encerramento do primeiro exercício financeiro e devolvido para sanção até o encerramento da sessão legislativa;

II – o projeto de lei de diretrizes orçamentárias será encaminhado até oito meses e meio antes do encerramento do exercício financeiro e devolvido para sanção até o encerramento do primeiro período da sessão legislativa;

III – o projeto de lei orçamentária da União será encaminhado até quatro meses antes do encerramento do exercício financeiro e devolvido para sanção até o encerramento da sessão legislativa.

Art. 36. Os fundos existentes na data da promulgação da Constituição, exceptuados os resultantes de isenções fiscais que passem a integrar patrimônio privado e os que interessem à defesa nacional, extinguir-se-ão, se não forem ratificados pelo Congresso Nacional no prazo de dois anos.

Art. 37. A adaptação ao que estabelece o artigo 167, III, deverá processar-se no prazo de cinco anos, reduzindo-se o excesso à base de, pelo menos, um quinto por ano.

Art. 38. Até a promulgação da lei complementar referida no artigo 169, a União, os Estados, o Distrito Federal e os Municípios não poderão despender com pessoal mais do que sessenta e cinco por cento do valor das respectivas receitas correntes.

§ 1º A União, os Estados, o Distrito Federal e os Municípios, quando a respectiva despesa de pessoal exceder o limite previsto neste artigo, deverão retornar àquele limite, reduzindo o percentual excedente à razão de um quinto por ano.

▶ Anterior parágrafo único renumerado para § 1º pela EC 127/2022.

§ 2º As despesas com pessoal resultantes do cumprimento do disposto nos §§ 12, 13, 14 e 15 do art. 198 da Constituição Federal serão contabilizadas, para fins dos limites de que trata o art. 169 da Constituição Federal, da seguinte forma:

▶ § 2º acrescido pela EC 127/2022.

I – até o fim do exercício financeiro subsequente ao da publicação deste dispositivo, não serão contabilizadas para esses limites;

II – no segundo exercício financeiro subsequente ao da publicação deste dispositivo, serão deduzidas em 90% (noventa por cento) do seu valor;

III – entre o terceiro e o décimo segundo exercício financeiro subsequente ao da publicação deste dispositivo, a dedução de que trata o inciso II deste parágrafo será reduzida anualmente na proporção de 10% (dez por cento) de seu valor.

Art. 39. Para efeito do cumprimento das disposições constitucionais que impliquem variações de despesas e receitas da União, após a promulgação da Constituição, o Poder Executivo deverá elaborar e o Poder Legislativo apreciar projeto de revisão da lei orçamentária referente ao exercício financeiro de 1989.

Parágrafo único. O Congresso Nacional deverá votar no prazo de doze meses a lei complementar prevista no artigo 161, II.

Art. 40. É mantida a Zona Franca de Manaus, com suas características de área livre de comércio, de

exportação e importação, e de incentivos fiscais, pelo prazo de vinte e cinco anos, a partir da promulgação da Constituição.
> Art. 92 deste ADCT.

Parágrafo único. Somente por lei federal podem ser modificados os critérios que disciplinaram ou venham a disciplinar a aprovação dos projetos na Zona Franca de Manaus.

Art. 41. Os Poderes Executivos da União, dos Estados, do Distrito Federal e dos Municípios reavaliarão todos os incentivos fiscais de natureza setorial ora em vigor, propondo aos Poderes Legislativos respectivos as medidas cabíveis.
> Arts. 151, I, 155, XII, g, 195, § 3º, e 227, § 3º, VI, desta Constituição.
> Lei 8.402/1992 (Restabelece os incentivos fiscais que menciona).

§ 1º Considerar-se-ão revogados após dois anos, a partir da data da promulgação da Constituição, os incentivos que não forem confirmados por lei.

§ 2º A revogação não prejudicará os direitos que já tiverem sido adquiridos, àquela data, em relação a incentivos concedidos sob condição e com prazo certo.

§ 3º Os incentivos concedidos por convênio entre Estados, celebrados nos termos do artigo 23, § 6º, da Constituição de 1967, com a redação da Emenda 1, de 17 de outubro de 1969, também deverão ser reavaliados e reconfirmados nos prazos deste artigo.

Art. 42. Durante 40 (quarenta) anos, a União aplicará dos recursos destinados à irrigação:
> *Caput* com redação pela EC 89/2015.

I – 20% (vinte por cento) na Região Centro-Oeste;
> Inciso I com redação pela EC 89/2015.

II – 50% (cinquenta por cento) na Região Nordeste, preferencialmente no Semiárido.
> Inciso II com redação pela EC 89/2015.

Parágrafo único. Dos percentuais previstos nos incisos I e II do *caput*, no mínimo 50% (cinquenta por cento) serão destinados a projetos de irrigação que beneficiem agricultores familiares que atendam aos requisitos previstos em legislação específica.
> Parágrafo único acrescido pela EC 89/2015.

Art. 43. Na data da promulgação da lei que disciplinar a pesquisa e a lavra de recursos e jazidas minerais, ou no prazo de um ano, a contar da promulgação da Constituição, tornar-se-ão sem efeito as autorizações, concessões e demais títulos atributivos de direitos minerários, caso os trabalhos de pesquisa ou de lavra não hajam sido comprovadamente iniciados nos prazos legais ou estejam inativos.
> Lei 7.886/1989 (Regulamenta este artigo).

Art. 44. As atuais empresas brasileiras titulares de autorização de pesquisa, concessão de lavra de recursos minerais e de aproveitamento dos potenciais de energia hidráulica em vigor terão quatro anos, a partir da promulgação da Constituição, para cumprir os requisitos do artigo 176, § 1º.

§ 1º Ressalvadas as disposições de interesse nacional previstas no texto constitucional, as empresas brasileiras ficarão dispensadas do cumprimento do disposto no artigo 176, § 1º, desde que, no prazo de até quatro anos da data da promulgação da Constituição, tenham o produto de sua lavra e beneficiamento destinado a industrialização no território nacional, em seus próprios estabelecimentos ou em empresa industrial controladora ou controlada.

§ 2º Ficarão também dispensadas do cumprimento do disposto no artigo 176, § 1º, as empresas brasileiras titulares de concessão de energia hidráulica para uso em seu processo de industrialização.

§ 3º As empresas brasileiras referidas no § 1º somente poderão ter autorizações de pesquisa e concessões de lavra ou potenciais de energia hidráulica, desde que a energia e o produto da lavra sejam utilizados nos respectivos processos industriais.

Art. 45. Ficam excluídas do monopólio estabelecido pelo artigo 177, II, da Constituição as refinarias em funcionamento no País amparadas pelo artigo 43 e nas condições do artigo 45 da Lei 2.004, de 3 de outubro de 1953.
> A mencionada Lei 2.004/1953 foi revogada pela Lei 9.478/1997.

Parágrafo único. Ficam ressalvados da vedação do artigo 177, § 1º, os contratos de risco feitos com a Petróleo Brasileiro S/A (PETROBRAS), para pesquisa de petróleo, que estejam em vigor na data da promulgação da Constituição.

Art. 46. São sujeitos à correção monetária desde o vencimento, até seu efetivo pagamento, sem interrupção ou suspensão, os créditos junto a entidades submetidas aos regimes de intervenção ou liquidação extrajudicial, mesmo quando esses regimes sejam convertidos em falência.
> Súmula 304 do TST.

Parágrafo único. O disposto neste artigo aplica-se também:

I – às operações realizadas posteriormente à decretação dos regimes referidos no *caput* deste artigo;

II – às operações de empréstimo, financiamento, refinanciamento, assistência financeira de liquidez, cessão ou sub-rogação de créditos ou cédulas hipotecárias, efetivação de garantia de depósitos do público ou de compra de obrigações passivas, inclusive as realizadas com recursos de fundos que tenham essas destinações;

III – aos créditos anteriores à promulgação da Constituição;

IV – aos créditos das entidades da administração pública anteriores à promulgação da Constituição, não liquidados até 1º de janeiro de 1988.

Art. 47. Na liquidação dos débitos, inclusive suas renegociações e composições posteriores, ainda que ajuizados, decorrentes de quaisquer empréstimos concedidos por bancos e por instituições financeiras, não existirá correção monetária desde que o empréstimo tenha sido concedido:

I – aos micro e pequenos empresários ou seus estabelecimentos no período de 28 de fevereiro de 1986 a 28 de fevereiro de 1987;

II – aos mini, pequenos e médios produtores rurais no período de 28 de fevereiro de 1986 a 31 de dezembro de 1987, desde que relativos a crédito rural.

§ 1º Consideram-se, para efeito deste artigo, microempresas as pessoas jurídicas e as firmas individuais com receitas anuais de até dez mil Obrigações do Tesouro Nacional, e pequenas empresas as pessoas jurídicas e as firmas individuais com receita anual de até vinte e cinco mil Obrigações do Tesouro Nacional.

▸ Art. 179 desta Constituição.

§ 2º A classificação de mini, pequeno e médio produtor rural será feita obedecendo-se às normas de crédito rural vigentes à época do contrato.

§ 3º A isenção da correção monetária a que se refere este artigo só será concedida nos seguintes casos:

I – se a liquidação do débito inicial, acrescido de juros legais e taxas judiciais, vier a ser efetivada no prazo de noventa dias, a contar da data da promulgação da Constituição;

II – se a aplicação dos recursos não contrariar a finalidade do financiamento, cabendo o ônus da prova à instituição credora;

III – se não for demonstrado pela instituição credora que o mutuário dispõe de meios para o pagamento de seu débito, excluído desta demonstração seu estabelecimento, a casa de moradia e os instrumentos de trabalho e produção;

IV – se o financiamento inicial não ultrapassar o limite de cinco mil Obrigações do Tesouro Nacional;

V – se o beneficiário não for proprietário de mais de cinco módulos rurais.

§ 4º Os benefícios de que trata este artigo não se estendem aos débitos já quitados e aos devedores que sejam constituintes.

§ 5º No caso de operações com prazos de vencimento posteriores à data limite de liquidação da dívida, havendo interesse do mutuário, os bancos e as instituições financeiras promoverão, por instrumento próprio, alteração nas condições contratuais originais de forma a ajustá-las ao presente benefício.

§ 6º A concessão do presente benefício por bancos comerciais privados em nenhuma hipótese acarretará ônus para o Poder Público, ainda que através de refinanciamento e repasse de recursos pelo Banco Central.

§ 7º No caso de repasse a agentes financeiros oficiais ou cooperativas de crédito, o ônus recairá sobre a fonte de recursos originária.

Art. 48. O Congresso Nacional, dentro de cento e vinte dias da promulgação da Constituição, elaborará Código de Defesa do Consumidor.

▸ Lei 8.078/1990 (Código de Defesa do Consumidor).

Art. 49. A lei disporá sobre o instituto da enfiteuse em imóveis urbanos, sendo facultada aos foreiros, no caso de sua extinção, a remição dos aforamentos mediante aquisição do domínio direto, na conformidade do que dispuserem os respectivos contratos.

§ 1º Quando não existir cláusula contratual, serão adotados os critérios e bases hoje vigentes na legislação especial dos imóveis da União.

§ 2º Os direitos dos atuais ocupantes inscritos ficam assegurados pela aplicação de outra modalidade de contrato.

▸ Lei 9.636/1998 (Regulamenta este parágrafo).

§ 3º A enfiteuse continuará sendo aplicada aos terrenos de marinha e seus acrescidos, situados na faixa de segurança, a partir da orla marítima.

▸ Art. 2.038, § 2º, do CC.

§ 4º Remido o foro, o antigo titular do domínio direto deverá, no prazo de noventa dias, sob pena de responsabilidade, confiar à guarda do registro de imóveis competente toda a documentação a ele relativa.

Art. 50. Lei agrícola a ser promulgada no prazo de um ano disporá, nos termos da Constituição, sobre os objetivos e instrumentos de política agrícola, prioridades, planejamento de safras, comercialização, abastecimento interno, mercado externo e instituição de crédito fundiário.

▸ Lei 8.171/1991 (Política Agrícola).

Art. 51. Serão revistos pelo Congresso Nacional, através de Comissão Mista, nos três anos a contar da data da promulgação da Constituição, todas as doações, vendas e concessões de terras públicas com área superior a três mil hectares, realizadas no período de 1º de janeiro de 1962 a 31 de dezembro de 1987.

§ 1º No tocante às vendas, a revisão será feita com base exclusivamente no critério de legalidade da operação.

§ 2º No caso de concessões e doações, a revisão obedecerá aos critérios de legalidade e de conveniência do interesse público.

§ 3º Nas hipóteses previstas nos parágrafos anteriores, comprovada a ilegalidade, ou havendo interesse público, as terras reverterão ao patrimônio da União, dos Estados, do Distrito Federal ou dos Municípios.

Art. 52. Até que sejam fixadas as condições do art. 192, são vedados:

▸ *Caput* com redação pela EC 40/2003.

I – a instalação, no País, de novas agências de instituições financeiras domiciliadas no exterior;

II – o aumento do percentual de participação, no capital de instituições financeiras com sede no País, de pessoas físicas ou jurídicas residentes ou domiciliadas no exterior.

Parágrafo único. A vedação a que se refere este artigo não se aplica às autorizações resultantes de acordos internacionais, de reciprocidade, ou de interesse do Governo brasileiro.

Art. 53. Ao ex-combatente que tenha efetivamente participado de operações bélicas durante a Segunda Guerra Mundial, nos termos da Lei 5.315, de 12 de setembro de 1967, serão assegurados os seguintes direitos:

▸ Lei 8.059/1990 (Pensão especial devida aos ex-combatentes da Segunda Guerra Mundial e a seus dependentes).

I – aproveitamento no serviço público, sem a exigência de concurso, com estabilidade;

II – pensão especial correspondente à deixada por segundo-tenente das Forças Armadas, que poderá ser requerida a qualquer tempo, sendo inacumulável com quaisquer rendimentos recebidos dos

cofres públicos, exceto os benefícios previdenciários, ressalvado o direito de opção;
III – em caso de morte, pensão à viúva ou companheira ou dependente, de forma proporcional, de valor igual à do inciso anterior;
IV – assistência médica, hospitalar e educacional gratuita, extensiva aos dependentes;
V – aposentadoria com proventos integrais aos vinte e cinco anos de serviço efetivo, em qualquer regime jurídico;
VI – prioridade na aquisição da casa própria, para os que não a possuam ou para suas viúvas ou companheiras.
Parágrafo único. A concessão da pensão especial do inciso II substitui, para todos os efeitos legais, qualquer outra pensão já concedida ao ex-combatente.
Art. 54. Os seringueiros recrutados nos termos do Decreto-Lei 5.813, de 14 de setembro de 1943, e amparados pelo Decreto-Lei 9.882, de 16 de setembro de 1946, receberão, quando carentes, pensão mensal vitalícia no valor de dois salários mínimos.
- Lei 7.986/1989 (Concessão do benefício previsto neste artigo).
- Lei 9.882/1999 (Ação de Descumprimento de Preceito Fundamental).

§ 1º O benefício é estendido aos seringueiros que, atendendo ao apelo do Governo brasileiro, contribuíram para o esforço de guerra, trabalhando na produção de borracha, na Região Amazônica, durante a Segunda Guerra Mundial.
§ 2º Os benefícios estabelecidos neste artigo são transferíveis aos dependentes reconhecidamente carentes.
§ 3º A concessão do benefício far-se-á conforme lei a ser proposta pelo Poder Executivo dentro de cento e cinquenta dias da promulgação da Constituição.
Art. 54-A. Os seringueiros de que trata o art. 54 deste Ato das Disposições Constitucionais Transitórias receberão indenização, em parcela única, no valor de R$ 25.000,00 (vinte e cinco mil reais).
- Artigo acrescido pela EC 78/2014.
- O art. 2º da EC 78/2014, em vigor no exercício financeiro seguinte ao de sua publicação *(DOU 15.05.2014)*, determina que a indenização de que trata este artigo somente se estende aos dependentes dos seringueiros que, na data de entrada em vigor desta Emenda Constitucional, detenham a condição de dependentes na forma do § 2º do art. 54 do Ato das Disposições Constitucionais Transitórias, devendo o valor de R$ 25.000,00 (vinte e cinco mil reais) ser rateado entre os pensionistas na proporção de sua cota-parte na pensão.

Art. 55. Até que seja aprovada a lei de diretrizes orçamentárias, trinta por cento, no mínimo, do orçamento da seguridade social, excluído o seguro-desemprego, serão destinados ao setor de saúde.
Art. 56. Até que a lei disponha sobre o artigo 195, I, a arrecadação decorrente de, no mínimo, cinco dos seis décimos percentuais correspondentes à alíquota da contribuição de que trata o Decreto-Lei 1.940, de 25 de maio de 1982, alterada pelo Decreto-Lei 2.049, de 1º de agosto de 1983, pelo Decreto 91.236, de 8 de maio de 1985, e pela Lei 7.611, de 8 de julho de 1987, passa a integrar a receita da seguridade social, ressalvados, exclusivamente no exercício de 1988, os compromissos assumidos com programas e projetos em andamento.
- Dec.-lei 1.940/1982 (Contribuição social para financiamento da Seguridade Social e cria o Fundo de Investimento Social – FINSOCIAL).
- LC 70/1991 (Contribuição para financiamento da Seguridade Social).
- Súmula 658 do STF.

Art. 57. Os débitos dos Estados e dos Municípios relativos às contribuições previdenciárias até 30 de junho de 1988 serão liquidados, com correção monetária, em cento e vinte parcelas mensais, dispensados os juros e multas sobre eles incidentes, desde que os devedores requeiram o parcelamento e iniciem seu pagamento no prazo de cento e oitenta dias a contar da promulgação da Constituição.
§ 1º O montante a ser pago em cada um dos dois primeiros anos não será inferior a cinco por cento do total do débito consolidado e atualizado, sendo o restante dividido em parcelas mensais de igual valor.
§ 2º A liquidação poderá incluir pagamentos na forma de cessão de bens e prestação de serviços, nos termos da Lei 7.578, de 23 de dezembro de 1986.
§ 3º Em garantia do cumprimento do parcelamento, os Estados e os Municípios consignarão, anualmente, nos respectivos orçamentos as dotações necessárias ao pagamento de seus débitos.
§ 4º Descumprida qualquer das condições estabelecidas para concessão do parcelamento, o débito será considerado vencido em sua totalidade, sobre ele incidindo juros de mora; nesta hipótese, parcela dos recursos correspondentes aos Fundos de Participação, destinada aos Estados e Municípios devedores, será bloqueada e repassada à Previdência Social para pagamento de seus débitos.
Art. 58. Os benefícios de prestação continuada, mantidos pela Previdência Social na data da promulgação da Constituição, terão seus valores revistos, a fim de que seja restabelecido o poder aquisitivo, expresso em número de salários mínimos, que tinham na data de sua concessão, obedecendo-se a esse critério de atualização até a implantação do plano de custeio e benefícios referidos no artigo seguinte.
- Súmula 687 do STF.

Parágrafo único. As prestações mensais dos benefícios atualizadas de acordo com este artigo serão devidas e pagas a partir do sétimo mês a contar da promulgação da Constituição.
Art. 59. Os projetos de lei relativos à organização da seguridade social e aos planos de custeio e de benefício serão apresentados no prazo máximo de seis meses da promulgação da Constituição ao Congresso Nacional, que terá seis meses para apreciá-los.
Parágrafo único. Aprovados pelo Congresso Nacional, os planos serão implantados progressivamente nos dezoito meses seguintes.
- Lei 8.212/1991 (Seguridade Social).
- Lei 8.213/1991 (Planos de Benefícios da Previdência Social).

Art. 60. A complementação da União referida no inciso IV do caput do art. 212-A da Constituição

Federal será implementada progressivamente até alcançar a proporção estabelecida no inciso V do caput do mesmo artigo, a partir de 1º de janeiro de 2021, nos seguintes valores mínimos:
- Artigo com redação pela EC 108/2020.
- EC 108/2020 mantém os efeitos do art. 60 do ADCT conforme estabelecido pela EC 53/2006, até 01.01.2021.
- Lei 11.494/2007 (Fundo de Manutenção e Desenvolvimento da Educação Básica e de Valorização dos Profissionais da Educação – FUNDEB).

I – 12% (doze por cento), no primeiro ano;
II – 15% (quinze por cento), no segundo ano;
III – 17% (dezessete por cento), no terceiro ano;.
IV – 19% (dezenove por cento), no quarto ano;
V – 21% (vinte e um por cento), no quinto ano;
VI – 23% (vinte e três por cento), no sexto ano.
VII – Suprimido pela EC 108/2020.
VIII – Suprimido pela EC 108/2020.
IX – Suprimido pela EC 108/2020.
X – Suprimido pela EC 108/2020.
XI – Suprimido pela EC 108/2020.
XII – Suprimido pela EC 108/2020.

§ 1º A parcela da complementação de que trata a alínea "b" do inciso V do caput do art. 212-A da Constituição Federal observará, no mínimo, os seguintes valores:
- § 1º com redação pela EC 108/2020.

I – 2 (dois) pontos percentuais, no primeiro ano;
II – 5 (cinco) pontos percentuais, no segundo ano;
III – 6,25 (seis inteiros e vinte e cinco centésimos) pontos percentuais, no terceiro ano;
IV – 7,5 (sete inteiros e cinco décimos) pontos percentuais, no quarto ano;
V – 9 (nove) pontos percentuais, no quinto ano;
VI – 10,5 (dez inteiros e cinco décimos) pontos percentuais, no sexto ano.
- Incisos I a VI acrescidos pela EC 108/2020.

§ 2º A parcela da complementação de que trata a alínea "c" do inciso V do caput do art. 212-A da Constituição Federal observará os seguintes valores:
- § 2º com redação pela EC 108/2020.

I – 0,75 (setenta e cinco centésimos) ponto percentual, no terceiro ano;
II – 1,5 (um inteiro e cinco décimos) ponto percentual, no quarto ano;
III – 2 (dois) pontos percentuais, no quinto ano;
IV – 2,5 (dois inteiros e cinco décimos) pontos percentuais, no sexto ano.
- Incisos I a IV acrescidos pela EC 108/2020.

§ 3º *Suprimido pela EC 108/2020.*
§ 4º *Suprimido pela EC 108/2020.*
§ 5º *Suprimido pela EC 108/2020.*
§§ 6º e 7º *Revogados pela EC 53/2006.*

Art. 60-A. Os critérios de distribuição da complementação da União e dos fundos a que se refere o inciso I do caput do art. 212-A da Constituição Federal serão revistos em seu sexto ano de vigência e, a partir dessa primeira revisão, periodicamente, a cada 10 (dez) anos.
- Artigo acrescido pela EC 108/2020.

Art. 61. As entidades educacionais a que se refere o artigo 213, bem como as fundações de ensino e pesquisa cuja criação tenha sido autorizada por lei, que preencham os requisitos dos incisos I e II do referido artigo e que, nos últimos três anos, tenham recebido recursos públicos, poderão continuar a recebê-los, salvo disposição legal em contrário.

Art. 62. A lei criará o Serviço Nacional de Aprendizagem Rural (SENAR) nos moldes da legislação relativa ao Serviço Nacional de Aprendizagem Industrial (SENAI) e ao Serviço Nacional de Aprendizagem do Comércio (SENAC), sem prejuízo das atribuições dos órgãos públicos que atuam na área.
- Lei 8.315/1991 (Serviço Nacional de Aprendizagem Rural – SENAR).

Art. 63. É criada uma Comissão composta de nove membros, sendo três do Poder Legislativo, três do Poder Judiciário e três do Poder Executivo, para promover as comemorações do centenário da proclamação da República e da promulgação da primeira Constituição republicana do País, podendo, a seu critério, desdobrar-se em tantas subcomissões quantas forem necessárias.

Parágrafo único. No desenvolvimento de suas atribuições, a Comissão promoverá estudos, debates e avaliações sobre a evolução política, social, econômica e cultural do País, podendo articular-se com os governos estaduais e municipais e com instituições públicas e privadas que desejem participar dos eventos.

Art. 64. A Imprensa Nacional e demais gráficas da União, dos Estados, do Distrito Federal e dos Municípios, da administração direta ou indireta, inclusive fundações instituídas e mantidas pelo Poder Público, promoverão edição popular do texto integral da Constituição, que será posta à disposição das escolas e dos cartórios, dos sindicatos, dos quartéis, das igrejas e de outras instituições representativas da comunidade, gratuitamente, de modo que cada cidadão brasileiro possa receber do Estado um exemplar da Constituição do Brasil.

Art. 65. O Poder Legislativo regulamentará, no prazo de doze meses, o artigo 220, § 4º.

Art. 66. São mantidas as concessões de serviços públicos de telecomunicações atualmente em vigor, nos termos da lei.

Art. 67. A União concluirá a demarcação das terras indígenas no prazo de cinco anos a partir da promulgação da Constituição.

Art. 68. Aos remanescentes das comunidades dos quilombos que estejam ocupando suas terras é reconhecida a propriedade definitiva, devendo o Estado emitir-lhes os títulos respectivos.
- Dec. 4.887/2003 (Procedimento para identificação, reconhecimento, delimitação, demarcação e titulação das terras ocupadas por remanescentes das comunidades dos quilombos de que trata este artigo).
- Dec. 6.040/2007 (Política Nacional de Desenvolvimento Sustentável dos Povos e Comunidades Tradicionais).

Art. 69. Será permitido aos Estados manter consultorias jurídicas separadas de suas Procuradorias-Gerais ou Advocacias-Gerais, desde que, na data da promulgação da Constituição, tenham órgãos distintos para as respectivas funções.

Art. 70. Fica mantida a atual competência dos tribunais estaduais até que a mesma seja definida na Constituição do Estado, nos termos do artigo 125, § 1º, da Constituição.
▸ Art. 4º da EC 45/2004 (Reforma do Judiciário).

Art. 71. É instituído, nos exercícios financeiros de 1994 e 1995, bem assim nos períodos de 1º de janeiro de 1996 a 30 de junho de 1997 e 1º de julho de 1997 a 31 de dezembro de 1999, o Fundo Social de Emergência, com o objetivo de saneamento financeiro da Fazenda Pública Federal e de estabilização econômica, cujos recursos serão aplicados prioritariamente no custeio das ações dos sistemas de saúde e educação, incluindo a complementação de recursos de que trata o § 3º do artigo 60 do Ato das Disposições Constitucionais Transitórias, benefícios previdenciários e auxílios assistenciais de prestação continuada, inclusive liquidação de passivo previdenciário, e despesas orçamentárias associadas a programas de relevante interesse econômico e social.
▸ *Caput* com redação dada EC 17/1997.

§ 1º Ao Fundo criado por este artigo não se aplica o disposto na parte final do inciso II do § 9º do artigo 165 da Constituição.
▸ § 1º acrescido pela EC 10/1996.

§ 2º O Fundo criado por este artigo passa a ser denominado Fundo de Estabilização Fiscal a partir do início do exercício financeiro de 1996.
▸ § 2º acrescido pela EC 10/1996.

§ 3º O Poder Executivo publicará demonstrativo da execução orçamentária, de periodicidade bimestral, no qual se discriminarão as fontes e usos do Fundo criado por este artigo.
▸ § 3º acrescido pela EC 10/1996.

Art. 72. Integram o Fundo Social de Emergência:
▸ Artigo acrescido pela ECR 1/1994.

I - o produto da arrecadação do imposto sobre renda e proventos de qualquer natureza incidente na fonte sobre pagamentos efetuados, a qualquer título, pela União, inclusive suas autarquias e fundações;
▸ Inciso I com redação pela EC 10/1996.

II - a parcela do produto da arrecadação do imposto sobre renda e proventos de qualquer natureza e do imposto sobre operações de crédito, câmbio e seguro, ou relativas a títulos e valores mobiliários, decorrentes das alterações produzidas pela Lei 8.894, de 21 de junho de 1994, e pelas Leis 8.849 e 8.848, ambas de 28 de janeiro de 1994, e modificações posteriores;
▸ Inciso II com redação pela EC 10/1996.

III - a parcela do produto da arrecadação resultante da elevação da alíquota da contribuição social sobre o lucro dos contribuintes a que se refere o § 1º do artigo 22 da Lei 8.212, de 24 de julho de 1991, a qual, nos exercícios financeiros de 1994 e 1995, bem assim no período de 1º de janeiro de 1996 a 30 de junho de 1997, passa a ser de trinta por cento, sujeita a alteração por lei ordinária, mantidas as demais normas da Lei 7.689, de 15 de dezembro de 1988;

▸ Inciso III com redação pela EC 10/1996.

IV - vinte por cento do produto da arrecadação de todos os impostos e contribuições da União, já instituídos ou a serem criados, excetuado o previsto nos incisos I, II e III, observado o disposto nos §§ 3º e 4º;
▸ Inciso IV com redação pela EC 10/1996.

V - a parcela do produto da arrecadação da contribuição de que trata a Lei Complementar 7, de 7 de setembro de 1970, devida pelas pessoas jurídicas a que se refere o inciso III deste artigo, a qual será calculada, nos exercícios financeiros de 1994 a 1995, bem assim nos períodos de 1º de janeiro de 1996 a 30 de junho de 1997 e de 1º de julho de 1997 a 31 de dezembro de 1999, mediante a aplicação da alíquota de setenta e cinco centésimos por cento, sujeita a alteração por lei ordinária posterior, sobre a receita bruta operacional, como definida na legislação do imposto sobre renda e proventos de qualquer natureza;
▸ Inciso V com redação pela EC 17/1997.

VI - outras receitas previstas em lei específica.

§ 1º As alíquotas e a base de cálculo previstas nos incisos III e IV aplicar-se-ão a partir do primeiro dia do mês seguinte aos noventa dias posteriores à promulgação desta Emenda.
▸ § 1º acrescido pela EC 1/1994.

§ 2º As parcelas de que tratam os incisos I, II, III e V serão previamente deduzidas da base de cálculo de qualquer vinculação ou participação constitucional ou legal, não se lhes aplicando o disposto nos artigos 159, 212 e 239 da Constituição.
▸ § 2º acrescido pela EC 10/1996.

§ 3º A parcela de que trata o inciso IV será previamente deduzida da base de cálculo das vinculações ou participações constitucionais previstas nos artigos 153, § 5º, 157, II, 212 e 239 da Constituição.
▸ § 3º acrescido pela EC 10/1996.

§ 4º O disposto no parágrafo anterior não se aplica aos recursos previstos nos artigos 158, II, e 159 da Constituição.
▸ § 4º acrescido pela EC 10/1996.

§ 5º A parcela dos recursos provenientes do imposto sobre renda e proventos de qualquer natureza, destinada ao Fundo Social de Emergência, nos termos do inciso II deste artigo, não poderá exceder a cinco inteiros e seis décimos por cento do total do produto da sua arrecadação.
▸ § 5º acrescido pela EC 10/1996.

Art. 73. Na regulação do Fundo Social de Emergência não poderá ser utilizado o instrumento previsto no inciso V do artigo 59 da Constituição.
▸ Artigo acrescido pela ECR 1/1994.
▸ Art. 71 deste ADCT.

Art. 74. A União poderá instituir contribuição provisória sobre movimentação ou transmissão de valores e de créditos e direitos de natureza financeira.
▸ Art. 84 deste ADCT.

§ 1º A alíquota da contribuição de que trata este artigo não excederá a vinte e cinco centésimos por cento, facultado ao Poder Executivo reduzi-la ou restabelecê-la, total ou parcialmente, nas condições e limites fixados em lei.
▸ Alíquota alterada pela EC 21/1999.

§ 2º À contribuição de que trata este artigo não se aplica o disposto nos artigos 153, § 5º, e 154, I, da Constituição.

§ 3º O produto da arrecadação da contribuição de que trata este artigo será destinado integralmente ao Fundo Nacional de Saúde, para financiamento das ações e serviços de saúde.

§ 4º A contribuição de que trata este artigo terá sua exigibilidade subordinada ao disposto no artigo 195, § 6º, da Constituição, e não poderá ser cobrada por prazo superior a dois anos.

▸ Lei 9.311/1996 (Contribuição Provisória sobre Movimentação Financeira – CPMF).

Art. 75. É prorrogada, por trinta e seis meses, a cobrança da contribuição provisória sobre movimentação ou transmissão de valores e de créditos e direitos de natureza financeira de que trata o artigo 74, instituída pela Lei 9.311, de 24 de outubro de 1996, modificada pela Lei 9.539, de 12 de dezembro de 1997, cuja vigência é também prorrogada por idêntico prazo.

▸ Arts. 80, I, e 84 deste ADCT.

§ 1º Observado o disposto no § 6º do artigo 195 da Constituição Federal, a alíquota da contribuição será de trinta e oito centésimos por cento, nos primeiros doze meses, e de trinta centésimos, nos meses subsequentes, facultado ao Poder Executivo reduzi-la total ou parcialmente, nos limites aqui definidos.

§ 2º O resultado do aumento da arrecadação, decorrente da alteração da alíquota, nos exercícios financeiros de 1999, 2000 e 2001, será destinado ao custeio da Previdência Social.

§ 3º É a União autorizada a emitir títulos da dívida pública interna, cujos recursos serão destinados ao custeio da saúde e da Previdência Social, em montante equivalente ao produto da arrecadação da contribuição, prevista e não realizada em 1999.

▸ Artigo acrescido pela EC 21/1999.
▸ LC 111/2001 (Fundo de Combate e Erradicação da Pobreza).
▸ O STF, no julgamento da ADIN 2.031-5 (*DOU e DJU 05.11.2003*), julgou parcialmente procedente o pedido, para declarar a inconstitucionalidade do § 3º do art. 75 do ADCT, acrescido pela EC 21/1999.

Art. 76. São desvinculados de órgão, fundo ou despesa, até 31 de dezembro de 2032, 30% (trinta por cento) da arrecadação da União relativa a contribuições sociais, sem prejuízo do pagamento das despesas do Regime Geral de Previdência Social, às contribuições de intervenção no domínio econômico, às taxas e às receitas patrimoniais, já instituídas ou que vierem a ser criadas até a referida data.

▸ *Caput* com redação pela EC 135/2024.

§ 1º *Revogado pela EC 93/2016.*

§ 2º Excetua-se da desvinculação de que trata o *caput* a arrecadação da contribuição social do salário-educação a que se refere o § 5º do art. 212 da Constituição Federal.

▸ § 2º com redação pela EC 68/2011.

§ 3º *Revogado pela EC 93/2016.*

§ 4º A desvinculação de que trata o *caput* não se aplica às receitas das contribuições sociais destinadas ao custeio da seguridade social.

▸ § 4º acrescido pela EC 103/2019.

§ 5º A desvinculação de que trata o caput deste artigo não opera efeitos sobre recursos que, por expressa disposição em norma constitucional ou legal, devam ser transferidos a Estados, ao Distrito Federal e a Municípios.

§ 6º A desvinculação de que trata o caput deste artigo não se aplica às receitas destinadas ao fundo criado pelo art. 47 da Lei nº 12.351, de 22 de dezembro de 2010, e aos recursos a que se refere o art. 2º da Lei nº 12.858, de 9 de setembro de 2013.

▸ §§ 5º e 6º acrescidos pela EC 135/2024.

Art. 76-A. São desvinculados de órgão, fundo ou despesa, até 31 de dezembro de 2032, 30% (trinta por cento) das receitas dos Estados e do Distrito Federal relativas a impostos, taxas e multas já instituídos ou que vierem a ser criados até a referida data, seus adicionais e respectivos acréscimos legais, e outras receitas correntes.

▸ Artigo acrescido pela EC 132/2023.

Parágrafo único. Excetuam-se da desvinculação de que trata o *caput*:

I – recursos destinados ao financiamento das ações e serviços públicos de saúde e à manutenção e desenvolvimento do ensino de que tratam, respectivamente, os incisos II e III do § 2º do art. 198 e o art. 212 da Constituição Federal;

II – receitas que pertencem aos Municípios decorrentes de transferências previstas na Constituição Federal;

III – receitas de contribuições previdenciárias e de assistência à saúde dos servidores;

IV – demais transferências obrigatórias e voluntárias entre entes da Federação com destinação especificada em lei;

V – fundos instituídos pelo Poder Judiciário, pelos Tribunais de Contas, pelo Ministério Público, pelas Defensorias Públicas e pelas Procuradorias-Gerais dos Estados e do Distrito Federal.

Art. 76-B. São desvinculados de órgão, fundo ou despesa, até 31 de dezembro de 2032, 30% (trinta por cento) das receitas dos Municípios relativas a impostos, taxas e multas, já instituídos ou que vierem a ser criados até a referida data, seus adicionais e respectivos acréscimos legais, e outras receitas correntes.

▸ Artigo acrescido pela EC 132/2023.

Parágrafo único. Excetuam-se da desvinculação de que trata o *caput*:

I – recursos destinados ao financiamento das ações e serviços públicos de saúde e à manutenção e desenvolvimento do ensino de que tratam, respectivamente, os incisos II e III do § 2º do art. 198 e o art. 212 da Constituição Federal;

II – receitas de contribuições previdenciárias e de assistência à saúde dos servidores;

III – transferências obrigatórias e voluntárias entre entes da Federação com destinação especificada em lei;

IV – fundos instituídos pelo Tribunal de Contas do Município.

Art. 77. Até o exercício financeiro de 2004, os recursos mínimos aplicados nas ações e serviços públicos de saúde serão equivalentes:

I – no caso da União:

a) no ano 2000, o montante empenhado em ações e serviços públicos de saúde no exercício financeiro de 1999 acrescido de, no mínimo, cinco por cento;

b) do ano de 2001 ao ano de 2004, o valor apurado no ano anterior, corrigido pela variação nominal do Produto Interno Bruto – PIB;

II – no caso dos Estados e do Distrito Federal, doze por cento do produto da arrecadação dos impostos a que se refere o artigo 155 e dos recursos de que tratam os artigos 157 e 159, inciso I, alínea *a* e inciso II, deduzidas as parcelas que forem transferidas aos respectivos Municípios; e

III – no caso dos Municípios e do Distrito Federal, quinze por cento do produto da arrecadação dos impostos a que se refere o artigo 156 e dos recursos de que tratam os artigos 158 e 159, inciso I, alínea *b* e § 3º.

§ 1º Os Estados, o Distrito Federal e os municípios que apliquem percentuais inferiores aos fixados nos incisos II e III deverão elevá-los gradualmente, até o exercício financeiro de 2004, reduzida a diferença à razão de, pelo menos, um quinto por ano, sendo que, a partir de 2000, a aplicação será de pelo menos sete por cento.

§ 2º Dos recursos da União apurados nos termos deste artigo, quinze por cento, no mínimo, serão aplicados nos Municípios, segundo o critério populacional, em ações e serviços básicos de saúde, na forma da lei.

§ 3º Os recursos dos Estados, do Distrito Federal e dos Municípios destinados às ações e serviços públicos de saúde e os transferidos pela União para a mesma finalidade serão aplicados por meio de Fundo de Saúde que será acompanhado e fiscalizado por Conselho de Saúde, sem prejuízo do disposto no artigo 74 da Constituição Federal.

§ 4º Na ausência da lei complementar a que se refere o artigo 198, § 3º, a partir do exercício financeiro de 2005, aplicar-se-á à União, aos Estados, ao Distrito Federal e aos Municípios o disposto neste artigo.

▶ Artigo acrescido pela EC 29/2000.

Art. 78. Ressalvados os créditos definidos em lei como de pequeno valor, os de natureza alimentícia, os de que trata o artigo 33 deste Ato das Disposições Constitucionais Transitórias e suas complementações e os que já tiverem os seus respectivos recursos liberados ou depositados em juízo, os precatórios pendentes na data da publicação desta Emenda e os que decorrem de ações iniciais ajuizadas até 31 de dezembro de 1999 serão liquidados pelo seu valor real, em moeda corrente, acrescido de juros legais, em prestações anuais, iguais e sucessivas, no prazo máximo de dez anos, permitida a cessão dos créditos.

▶ Artigo acrescido pela EC 30/2000.
▶ O STF, no julgamento das Ações Diretas de Inconstitucionalidade 2.356 e 2.362 (*DOU 07.12.2010*), deferiu as cautelares para suspender a eficácia do art. 2º da EC 30/2000, que inseriu o art. 78 ao ADCT.
▶ Arts. 86, 87 e 97, § 15, deste ADCT.

§ 1º É permitida a decomposição de parcelas, a critério do credor.

§ 2º As prestações anuais a que se refere o *caput* deste artigo terão, se não liquidadas até o final do exercício a que se referem, poder liberatório do pagamento de tributos da entidade devedora.

§ 3º O prazo referido no *caput* deste artigo fica reduzido para dois anos, nos casos de precatórios judiciais originários de desapropriação de imóvel residencial do credor, desde que comprovadamente único à época da imissão na posse.

§ 4º O Presidente do Tribunal competente deverá, vencido o prazo ou em caso de omissão no orçamento, ou preterição ao direito de precedência, a requerimento do credor, requisitar ou determinar o sequestro de recursos financeiros da entidade executada, suficientes à satisfação da prestação.

Art. 79. É instituído, para vigorar até o ano de 2010, no âmbito do Poder Executivo Federal, o Fundo de Combate e Erradicação da Pobreza, a ser regulado por lei complementar com o objetivo de viabilizar a todos os brasileiros acesso a níveis dignos de subsistência, cujos recursos serão aplicados em ações suplementares de nutrição, habitação, educação, saúde, reforço de renda familiar e outros programas de relevante interesse social voltados para melhoria da qualidade de vida.

▶ Art. 4º da EC 42/2003.
▶ EC 67/2010 (Prorroga, por tempo indeterminado, o prazo de vigência do Fundo de Combate e Erradicação da Pobreza).

Parágrafo único. O Fundo previsto neste artigo terá Conselho Consultivo e de Acompanhamento que conte com a participação de representantes da sociedade civil, nos termos da lei.

▶ Artigo acrescido pela EC 31/2000.
▶ LC 111/2001 (Fundo de Combate e Erradicação da Pobreza).

Art. 80. Compõem o Fundo de Combate e Erradicação da Pobreza:

▶ Art. 31, III, do Dec. 6.140/2007 (Regulamenta a Contribuição Provisória sobre Movimentação Financeira – CPMF).
▶ LC 111/2001 (Regulamento).

I – a parcela do produto da arrecadação correspondente a um adicional de oito centésimos por cento, aplicável de 18 de junho de 2000 a 17 de junho de 2002, na alíquota da contribuição social de que trata o art. 75 do Ato das Disposições Constitucionais Transitórias;

▶ Art. 84 deste Ato.
▶ Art. 4º da EC 42/2003.

II – a parcela do produto da arrecadação correspondente a um adicional de cinco pontos percentuais na alíquota do Imposto sobre Produtos Industrializados – IPI, ou do imposto que vier a substituí-lo, incidente sobre produtos supérfluos e aplicável até a extinção do Fundo;

▶ Inciso II acrescido pela EC 31/2000.

Texto novo: II – *Revogado pela EC 132/2023;*

▶ Inciso II revogado pela EC 132/2023, em vigor a partir de 2033.

III – o produto da arrecadação do imposto de que trata o artigo 153, inciso VII, da Constituição;
IV – dotações orçamentárias;
V – doações, de qualquer natureza, de pessoas físicas ou jurídicas do País ou do exterior;
VI – outras receitas, a serem definidas na regulamentação do referido Fundo.
§ 1º Aos recursos integrantes do Fundo de que trata este artigo não se aplica o disposto nos artigos 159 e 167, inciso IV, da Constituição, assim como qualquer desvinculação de recursos orçamentários.
§ 2º A arrecadação decorrente do disposto no inciso I deste artigo, no período compreendido entre 18 de junho de 2000 e o início da vigência da lei complementar a que se refere o artigo 79, será integralmente repassada ao Fundo, preservando o seu valor real, em títulos públicos federais, progressivamente resgatáveis após 18 de junho de 2002, na forma da lei.
▸ Artigo acrescido pela EC 31/2000.
▸ LC 111/2001 (Fundo de Combate e Erradicação da Pobreza).

Art. 81. É instituído Fundo constituído pelos recursos recebidos pela União em decorrência da desestatização de sociedades de economia mista ou empresas públicas por ela controladas, direta ou indiretamente, quando a operação envolver a alienação do respectivo controle acionário a pessoa ou entidade não integrante da Administração Pública, ou de participação societária remanescente após a alienação, cujos rendimentos, gerados a partir de 18 de junho de 2002, reverterão ao Fundo de Combate e Erradicação da Pobreza.
▸ Art. 31, III, do Dec. 6.140/2007 (Regulamenta a Contribuição Provisória sobre Movimentação Financeira – CPMF).
§ 1º Caso o montante anual previsto nos rendimentos transferidos ao Fundo de Combate e Erradicação da Pobreza, na forma deste artigo, não alcance o valor de quatro bilhões de reais, far-se-á complementação na forma do artigo 80, inciso IV, do Ato das Disposições Constitucionais Transitórias.
§ 2º Sem prejuízo do disposto no § 1º, o Poder Executivo poderá destinar o Fundo a que se refere este artigo outras receitas decorrentes da alienação de bens da União.
§ 3º A constituição do Fundo a que se refere o *caput*, a transferência de recursos ao Fundo de Combate e Erradicação da Pobreza e as demais disposições referentes ao § 1º deste artigo serão disciplinadas em lei, não se aplicando o disposto no artigo 165, § 9º, inciso II, da Constituição.
▸ Artigo acrescido pela EC 31/2000.
▸ LC 111/2001 (Fundo de Combate e Erradicação da Pobreza).

Art. 82. Os Estados, o Distrito Federal e os Municípios devem instituir Fundos de Combate à Pobreza, com os recursos de que trata este artigo e outros que vierem a destinar, devendo os referidos Fundos ser geridos por entidades que contém com a participação da sociedade civil.
▸ *Caput* acrescido pela EC 31/2000.
▸ Art. 4º da EC 42/2003.

Texto novo: Art. 82. Os Estados, o Distrito Federal e os Municípios devem instituir Fundos de Combate à Pobreza, devendo os referidos Fundos ser geridos por entidades que contem com a participação da sociedade civil.
▸ Artigo com redação pela EC 132/2023, em vigor a partir de 2033.
§ 1º Para o financiamento dos Fundos Estaduais e Distrital, poderá ser criado adicional de até dois pontos percentuais na alíquota do Imposto sobre Circulação de Mercadorias e Serviços – ICMS, sobre os produtos e serviços supérfluos e nas condições definidas na lei complementar de que trata o art. 155, § 2º, XII, da Constituição, não se aplicando, sobre este percentual, o disposto no art. 158, IV, da Constituição.
▸ § 1º com redação pela EC 42/2003.

Texto novo: § 1º Para o financiamento dos Fundos Estaduais, Distrital e Municipais, poderá ser destinado percentual do imposto previsto no art. 156-A da Constituição Federal e dos recursos distribuídos nos termos dos arts. 131 e 132 deste Ato das Disposições Constitucionais Transitórias, nos limites definidos em lei complementar, não se aplicando, sobre estes valores, o disposto no art. 158, IV, da Constituição Federal.
▸ § 1º com redação pela EC 132/2023, em vigor a partir de 2033.
§ 2º Para o financiamento dos Fundos Municipais, poderá ser criado adicional de até meio ponto percentual na alíquota do Imposto sobre serviços ou do imposto que vier a substituí-lo, sobre serviços supérfluos.
▸ § 2º acrescido pela EC 31/2000.
Texto novo: § 2º *Revogado pela EC 132/2023*;
Art. 83. Lei federal definirá os produtos e serviços supérfluos a que se referem os arts. 80, II, e 82, § 2º.
▸ Artigo com redação dada pela EC 42/2003.
Texto novo: Art. 83. *Revogado pela EC 132/2023*;
Art. 84. A contribuição provisória sobre movimentação ou transmissão de valores e de créditos e direitos de natureza financeira, prevista nos arts. 74, 75 e 80, I, deste Ato das Disposições Constitucionais Transitórias, será cobrada até 31 de dezembro de 2004.
▸ Artigo acrescido pela EC 37/2002.
▸ Art. 90 deste Ato.
▸ Dec. 6.140/2007 (Regulamenta a Contribuição Provisória sobre Movimentação Financeira – CPMF).
§ 1º Fica prorrogada, até a data referida no *caput* deste artigo, a vigência da Lei 9.311, de 24 de outubro de 1996, e suas alterações.
§ 2º Do produto da arrecadação da contribuição social de que trata este artigo será destinada a parcela correspondente à alíquota de:
▸ Art. 31 do Dec. 6.140/2007 (Regulamenta a Contribuição Provisória sobre Movimentação Financeira – CPMF).
I – vinte centésimos por cento ao Fundo Nacional de Saúde, para financiamento das ações e serviços de saúde;
II – dez centésimos por cento ao custeio da previdência social;
III – oito centésimos por cento ao Fundo de Combate e Erradicação da Pobreza, de que tratam os arts. 80 e 81 deste Ato das Disposições Constitucionais Transitórias.

§ 3º A alíquota da contribuição de que trata este artigo será de:
I – trinta e oito centésimos por cento, nos exercícios financeiros de 2002 e 2003;
> Art. 90, § 2º, deste ADCT.

II – *Revogado pela EC 42/2003.*

Art. 85. A contribuição a que se refere o art. 84 deste Ato das Disposições Constitucionais Transitórias não incidirá, a partir do trigésimo dia da data de publicação desta Emenda Constitucional, nos lançamentos:
> Art. 3º do Dec. 6.140/2007 (Regulamenta a Contribuição Provisória sobre Movimentação Financeira – CPMF).

I – em contas-correntes de depósito especialmente abertas e exclusivamente utilizadas para operações de:
> Art. 2º da Lei 10.892/2004 (Institui a Contribuição Provisória sobre Movimentação Financeira – CPMF).

a) câmaras e prestadoras de serviços de compensação e de liquidação de que trata o parágrafo único do art. 2º da Lei 10.214, de 27 de março de 2001;
b) companhias securitizadoras de que trata a Lei 9.514, de 20 de novembro de 1997;
c) sociedades anônimas que tenham por objeto exclusivo a aquisição de créditos oriundos de operações praticadas no mercado financeiro;
> Art. 2º, § 3º, da Lei 10.892/2004 (Institui a Contribuição Provisória sobre Movimentação Financeira – CPMF).

II – em contas-correntes de depósito, relativos a:
a) operações de compra e venda de ações, realizadas em recintos ou sistemas de negociação de bolsas de valores e no mercado de balcão organizado;
b) contratos referenciados em ações ou índices de ações, em suas diversas modalidades, negociados em bolsas de valores, de mercadorias e de futuros;
III – em contas de investidores estrangeiros, relativos a entradas no País e a remessas para o exterior de recursos financeiros empregados, exclusivamente, em operações e contratos referidos no inciso II deste artigo.
§ 1º O Poder Executivo disciplinará o disposto neste artigo no prazo de trinta dias da data de publicação desta Emenda Constitucional.
§ 2º O disposto no inciso I deste artigo aplica-se somente às operações relacionadas em ato do Poder Executivo, dentre aquelas que constituam o objeto social das referidas entidades.
§ 3º O disposto no inciso II deste artigo aplica-se somente a operações e contratos efetuados por intermédio de instituições financeiras, sociedades corretoras de títulos e valores mobiliários, sociedades distribuidoras de títulos e valores mobiliários e sociedades corretoras de mercadorias.
> Artigo acrescido pela EC 37/2002.

Art. 86. Serão pagos conforme disposto no art. 100 da Constituição Federal, não se lhes aplicando a regra de parcelamento estabelecida no *caput* do art. 78 deste Ato das Disposições Constitucionais Transitórias, os débitos da Fazenda Federal, Estadual, Distrital ou Municipal oriundos de sentenças transitadas em julgado, que preencham, cumulativamente, as seguintes condições:
I – ter sido objeto de emissão de precatórios judiciários;

II – ter sido definidos como de pequeno valor pela lei de que trata o § 3º do art. 100 da Constituição Federal ou pelo art. 87 deste Ato das Disposições Constitucionais Transitórias;
III – estar, total ou parcialmente, pendentes de pagamento na data da publicação desta Emenda Constitucional.
§ 1º Os débitos a que se refere o *caput* deste artigo, ou os respectivos saldos, serão pagos na ordem cronológica de apresentação dos respectivos precatórios, com precedência sobre os de maior valor.
§ 2º Os débitos a que se refere o *caput* deste artigo, se ainda não tiverem sido objeto de pagamento parcial, nos termos do art. 78 deste Ato das Disposições Constitucionais Transitórias, poderão ser pagos em duas parcelas anuais, se assim dispuser a lei.
§ 3º Observada a ordem cronológica de sua apresentação, os débitos de natureza alimentícia previstos neste artigo terão precedência para pagamento sobre todos os demais.
> Artigo acrescido pela EC 37/2002.

Art. 87. Para efeito do que dispõem o § 3º do art. 100 da Constituição Federal e o art. 78 deste Ato das Disposições Constitucionais Transitórias serão considerados de pequeno valor, até que se dê a publicação oficial das respectivas leis definidoras pelos entes da Federação, observado o disposto no § 4º do art. 100 da Constituição Federal, os débitos ou obrigações consignados em precatório judiciário, que tenham valor igual ou inferior a:
I – quarenta salários mínimos, perante a Fazenda dos Estados e do Distrito Federal;
II – trinta salários mínimos, perante a Fazenda dos Municípios.
Parágrafo único. Se o valor da execução ultrapassar o estabelecido neste artigo, o pagamento far-se-á, sempre, por meio de precatório, sendo facultada à parte exequente a renúncia ao crédito do valor excedente, para que possa optar pelo pagamento do saldo sem o precatório, da forma prevista no § 3º do art. 100.
> Artigo acrescido pela EC 37/2002.

Art. 88. Enquanto lei complementar não disciplinar o disposto nos incisos I e III do § 3º do art. 156 da Constituição Federal, o imposto a que se refere o inciso III do *caput* do mesmo artigo:
I – terá alíquota mínima de dois por cento, exceto para os serviços a que se referem os itens 32, 33 e 34 da Lista de Serviços anexa ao Decreto-Lei 406, de 31 de dezembro de 1968;
II – não será objeto de concessão de isenções, incentivos e benefícios fiscais, que resulte, direta ou indiretamente, na redução da alíquota mínima estabelecida no inciso I.
> Artigo acrescido pela EC 37/2002.

Art. 89. Os integrantes da carreira policial militar e os servidores municipais do ex-Território Federal de Rondônia que, comprovadamente, se encontravam no exercício regular de suas funções prestando serviço àquele ex-Território na data em que foi transformado em Estado, bem como os servidores e os policiais militares alcançados pelo disposto no art. 36 da Lei Complementar 41, de 22 de dezembro de 1981, e aqueles admitidos regularmente nos quadros do Estado de Rondônia até a data de posse

do primeiro Governador eleito, em 15 de março de 1987, constituirão, mediante opção, quadro em extinção da administração federal, assegurados os direitos e as vantagens a eles inerentes, vedado o pagamento, a qualquer título, de diferenças remuneratórias.
> *Caput* com redação pela EC 60/2009.
> Art. 1º da EC 60/2009 (Altera o art. 89 do ADCT sobre o quadro de servidores civis e militares do ex-Território Federal de Rondônia).
> Arts. 2º, 4º e 5º da EC 79/2014 (Altera o art. 31 da EC 19/1998, para prever a inclusão, em quadro em extinção da Administração Federal, de servidores e policiais militares admitidos pelos Estados do Amapá e de Roraima, na fase de instalação dessas unidades federadas).

§ 1º Os membros da Polícia Militar continuarão prestando serviços ao Estado de Rondônia, na condição de cedidos, submetidos às corporações da Polícia Militar, observadas as atribuições de função compatíveis com o grau hierárquico.
> § 1º acrescido pela EC 60/2009.

§ 2º Os servidores a que se refere o *caput* continuarão prestando serviços ao Estado de Rondônia na condição de cedidos, até seu aproveitamento em órgão ou entidade da administração federal direta, autárquica ou fundacional.
> § 2º acrescido pela EC 60/2009.

Art. 90. O prazo previsto no *caput* do art. 84 deste Ato das Disposições Constitucionais Transitórias fica prorrogado até 31 de dezembro de 2007.

§ 1º Fica prorrogada, até a data referida no *caput* deste artigo, a vigência da Lei 9.311, de 24 de outubro de 1996, e suas alterações.

§ 2º Até a data referida no *caput* deste artigo, a alíquota da contribuição de que trata o art. 84 deste Ato das Disposições Constitucionais Transitórias será de trinta e oito centésimos por cento.
> Artigo acrescido pela EC 42/2003.

Art. 91. *Revogado pela EC 109/2021.*

Art. 92. São acrescidos dez anos ao prazo fixado no art. 40 deste Ato das Disposições Constitucionais Transitórias.
> Artigo acrescido pela EC 42/2003.
> Art. 92-A deste ADCT.

Art. 92-A. São acrescidos 50 (cinquenta) anos ao prazo fixado pelo art. 92 deste Ato das Disposições Constitucionais Transitórias.
> Artigo acrescido pela EC 83/2014.

Art. 92-B. As leis instituidoras dos tributos previstos nos arts. 156-A e 195, V, da Constituição Federal estabelecerão os mecanismos necessários, com ou sem contrapartidas, para manter, em caráter geral, o diferencial competitivo assegurado à Zona Franca de Manaus pelos arts. 40 e 92-A e às áreas de livre comércio existentes em 31 de maio de 2023, nos níveis estabelecidos pela legislação relativa aos tributos extintos a que se referem os arts. 126 a 129, todos deste Ato das Disposições Constitucionais Transitórias.
> Artigo acrescido pela EC 132/2023.

§ 1º Para assegurar o disposto no caput, serão utilizados, isolada ou cumulativamente, instrumentos fiscais, econômicos ou financeiros.

§ 2º Lei complementar instituirá Fundo de Sustentabilidade e Diversificação Econômica do Estado do Amazonas, que será constituído com recursos da União e por ela gerido, com a efetiva participação do Estado do Amazonas na definição das políticas, com o objetivo de fomentar o desenvolvimento e a diversificação das atividades econômicas no Estado.

§ 3º A lei complementar de que trata o § 2º:

I – estabelecerá o montante mínimo de aporte anual de recursos ao Fundo, bem como os critérios para sua correção;

II – preverá a possibilidade de utilização dos recursos do Fundo para compensar eventual perda de receita do Estado do Amazonas em função das alterações no sistema tributário decorrentes da instituição dos tributos previstos nos arts. 156-A e 195, V, da Constituição Federal.

§ 4º A União, mediante acordo com o Estado do Amazonas, poderá reduzir o alcance dos instrumentos previstos no § 1º, condicionado ao aporte de recursos adicionais ao Fundo de que trata o § 2º, asseguradas a diversificação das atividades econômicas e a antecedência mínima de 3 (três) anos.

§ 5º Não se aplica aos mecanismos previstos no caput o disposto nos incisos III e IV do caput do art. 149-B da Constituição Federal.

§ 6º Lei complementar instituirá Fundo de Desenvolvimento Sustentável dos Estados da Amazônia Ocidental e do Amapá, que será constituído com recursos da União e por ela gerido, com a efetiva participação desses Estados na definição das políticas, com o objetivo de fomentar o desenvolvimento e a diversificação de suas atividades econômicas.

§ 7º O Fundo de que trata o § 6º será integrado pelos Estados onde estão localizadas as áreas de livre comércio de que trata o caput, aplicando-se, no que couber, o disposto no § 3º, I e II, sendo, quanto a este inciso, considerados os respectivos Estados, e no § 4º.

Art. 93. A vigência do disposto no art. 159, III, e § 4º, iniciará somente após a edição da lei de que trata o referido inciso III.
> Artigo acrescido pela EC 42/2003.

Art. 94. Os regimes especiais de tributação para microempresas e empresas de pequeno porte próprios da União, dos Estados, do Distrito Federal e dos Municípios cessarão a partir da entrada em vigor do regime previsto no art. 146, III, *d*, da Constituição.
> Artigo acrescido pela EC 42/2003.
> LC 123/2006 (Estatuto Nacional da Microempresa e da Empresa de Pequeno Porte).

Art. 95. Os nascidos no estrangeiro entre 7 de junho de 1994 e a data da promulgação desta Emenda Constitucional, filhos de pai brasileiro ou mãe brasileira, poderão ser registrados em repartição diplomática ou consular brasileira competente ou em ofício de registro, se vierem a residir na República Federativa do Brasil.
> Artigo acrescido pela EC 54/2007.
> Art. 12 desta Constituição.

Art. 96. Ficam convalidados os atos de criação, fusão, incorporação e desmembramento de Municípios, cuja lei tenha sido publicada até 31 de dezembro de 2006, atendidos os requisitos estabelecidos na legislação do respectivo Estado à época de sua criação.
> Artigo acrescido pela EC 57/2008.

Art. 97. Até que seja editada a Lei Complementar de que trata o § 15 do art. 100 da Constituição Federal, os Estados, o Distrito Federal e os Municípios que, na data de publicação desta Emenda Constitucional, estejam em mora na quitação de precatórios vencidos, relativos às suas administrações direta e indireta, inclusive os emitidos durante o período de vigência do regime especial instituído por este artigo, farão esses pagamentos de acordo com as normas a seguir estabelecidas, sendo inaplicável o disposto no art. 100 desta Constituição Federal, exceto em seus §§ 2º, 3º, 9º, 10, 11, 12, 13 e 14, e sem prejuízo dos acordos de juízos conciliatórios já formalizados na data de promulgação desta Emenda Constitucional.

> Art. 3º da EC 62/2009 (estabelece que a implantação do regime de pagamento criado por este artigo deverá ocorrer no prazo de até 90 dias, contados da data de sua publicação – DOU 10.12.2009).
> Art. 100 da CF.

§ 1º Os Estados, o Distrito Federal e os Municípios sujeitos ao regime especial de que trata este artigo optarão, por meio de ato do Poder Executivo:

> Art. 4º da EC 62/2009 (Estabelece os casos em que a entidade federativa voltará a observar somente o disposto no art. 100 da CF).

I – pelo depósito em conta especial do valor referido pelo § 2º deste artigo; ou

II – pela adoção do regime especial pelo prazo de até 15 (quinze) anos, caso em que o percentual a ser depositado na conta especial a que se refere o § 2º deste artigo corresponderá, anualmente, ao saldo total dos precatórios devidos, acrescido do índice oficial de remuneração básica da caderneta de poupança e de juros simples no mesmo percentual de juros incidentes sobre a caderneta de poupança para fins de compensação da mora, excluída a incidência de juros compensatórios, diminuído das amortizações e dividido pelo número de anos restantes no regime especial de pagamento.

§ 2º Para saldar os precatórios, vencidos e a vencer, pelo regime especial, os Estados, o Distrito Federal e os Municípios devedores depositarão mensalmente, em conta especial criada para tal fim, 1/12 (um doze avos) do valor calculado percentualmente sobre as respectivas receitas correntes líquidas, apuradas no segundo mês anterior ao mês de pagamento, sendo que esse percentual, calculado no momento de opção pelo regime e mantido fixo até o final do prazo a que se refere o § 14 deste artigo, será:

I – para os Estados e para o Distrito Federal:

a) de, no mínimo, 1,5% (um inteiro e cinco décimos por cento), para os Estados das regiões Norte, Nordeste e Centro-Oeste, além do Distrito Federal, cujo estoque de precatórios pendentes das suas administrações direta e indireta corresponder a até 35% (trinta e cinco por cento) do total da receita corrente líquida;

b) de, no mínimo, 2% (dois por cento), para os Estados das regiões Sul e Sudeste, cujo estoque de precatórios pendentes das suas administrações direta e indireta corresponder a mais de 35% (trinta e cinco por cento) da receita corrente líquida;

II – para Municípios:

a) de, no mínimo, 1% (um por cento), para Municípios das regiões Norte, Nordeste e Centro-Oeste, ou cujo estoque de precatórios pendentes das suas administrações direta e indireta corresponder a até 35% (trinta e cinco por cento) da receita corrente líquida;

b) de, no mínimo, 1,5% (um inteiro e cinco décimos por cento), para Municípios das regiões Sul e Sudeste, cujo estoque de precatórios pendentes das suas administrações direta e indireta corresponder a mais de 35% (trinta e cinco por cento) da receita corrente líquida.

§ 3º Entende-se como receita corrente líquida, para os fins de que trata este artigo, o somatório das receitas tributárias, patrimoniais, industriais, agropecuárias, de contribuições e de serviços, transferências correntes e outras receitas correntes, incluindo as oriundas do § 1º do art. 20 da Constituição Federal, verificado no período compreendido pelo mês de referência e os 11 (onze) meses anteriores, excluídas as duplicidades, e deduzidas:

I – nos Estados, as parcelas entregues aos Municípios por determinação constitucional;

II – nos Estados, no Distrito Federal e nos Municípios, a contribuição dos servidores para custeio do seu sistema de previdência e assistência social e as receitas provenientes da compensação financeira referida no § 9º do art. 201 da Constituição Federal.

§ 4º As contas especiais de que tratam os §§ 1º e 2º serão administradas pelo Tribunal de Justiça local, para pagamento de precatórios expedidos pelos tribunais.

§ 5º Os recursos depositados nas contas especiais de que tratam os §§ 1º e 2º deste artigo não poderão retornar para Estados, Distrito Federal e Municípios devedores.

§ 6º Pelo menos 50% (cinquenta por cento) dos recursos de que tratam os §§ 1º e 2º deste artigo serão utilizados para pagamento de precatórios em ordem cronológica de apresentação, respeitadas as preferências definidas no § 1º, para os requisitórios do mesmo ano e no § 2º do art. 100, para requisitórios de todos os anos.

§ 7º Nos casos em que não se possa estabelecer a precedência cronológica entre 2 (dois) precatórios, pagar-se-á primeiramente o precatório de menor valor.

§ 8º A aplicação dos recursos restantes dependerá de opção a ser exercida por Estados, Distrito Federal e Municípios devedores, por ato do Poder Executivo, obedecendo à seguinte forma, que poderá ser aplicada isoladamente ou simultaneamente:

I – destinados ao pagamento dos precatórios por meio do leilão;

II – destinados a pagamento a vista de precatórios não quitados na forma do § 6º e do inciso I, em ordem única e crescente de valor por precatório;

III – destinados a pagamento por acordo direto com os credores, na forma estabelecida por lei própria da entidade devedora, que poderá prever criação e forma de funcionamento de câmara de conciliação.

§ 9º Os leilões de que trata o inciso I do § 8º deste artigo:

I – serão realizados por meio de sistema eletrônico administrado por entidade autorizada pela

Comissão de Valores Mobiliários ou pelo Banco Central do Brasil;

II – admitirão a habilitação de precatórios, ou parcela de cada precatório indicada pelo seu detentor, em relação aos quais não esteja pendente, no âmbito do Poder Judiciário, recurso ou impugnação de qualquer natureza, permitida por iniciativa do Poder Executivo a compensação com débitos líquidos e certos, inscritos ou não em dívida ativa e constituídos contra devedor originário pela Fazenda Pública devedora até a data da expedição do precatório, ressalvados aqueles cuja exigibilidade esteja suspensa nos termos da legislação, ou que já tenham sido objeto de abatimento nos termos do § 9º do art. 100 da Constituição Federal;

III – ocorrerão por meio de oferta pública a todos os credores habilitados pelo respectivo ente federativo devedor;

IV – considerarão automaticamente habilitado o credor que satisfaça o que consta no inciso II;

V – serão realizados tantas vezes quanto necessário em função do valor disponível;

VI – a competição por parcela do valor total ocorrerá a critério do credor, com deságio sobre o valor desta;

VII – ocorrerão na modalidade deságio, associado ao maior volume ofertado cumulado ou não com o maior percentual de deságio, pelo maior percentual de deságio, podendo ser fixado valor máximo por credor, ou por outro critério a ser definido em edital;

VIII – o mecanismo de formação de preço constará nos editais publicados para cada leilão;

IX – a quitação parcial dos precatórios será homologada pelo respectivo Tribunal que o expediu.

§ 10. No caso de não liberação tempestiva dos recursos de que tratam o inciso II do § 1º e os §§ 2º e 6º deste artigo:

I – haverá o sequestro de quantia nas contas de Estados, Distrito Federal e Municípios devedores, por ordem do Presidente do Tribunal referido no § 4º, até o limite do valor não liberado;

II – constituir-se-á, alternativamente, por ordem do Presidente do Tribunal requerido, em favor dos credores de precatórios, contra Estados, Distrito Federal e Municípios devedores, direito líquido e certo, autoaplicável e independentemente de regulamentação, à compensação automática com débitos líquidos lançados por esta contra aqueles, e, havendo saldo em favor do credor, o valor terá automaticamente poder liberatório do pagamento de tributos de Estados, Distrito Federal e Municípios devedores, até onde se compensarem;

III – o chefe do Poder Executivo responderá na forma da legislação de responsabilidade fiscal e de improbidade administrativa;

IV – enquanto perdurar a omissão, a entidade devedora:

a) não poderá contrair empréstimo externo ou interno;

b) ficará impedida de receber transferências voluntárias;

V – a União reterá os repasses relativos ao Fundo de Participação dos Estados e do Distrito Federal e ao Fundo de Participação dos Municípios, e os depositará nas contas especiais referidas no § 1º, devendo sua utilização obedecer ao que prescreve o § 5º, ambos deste artigo.

§ 11. No caso de precatórios relativos a diversos credores, em litisconsórcio, admite-se o desmembramento do valor, realizado pelo Tribunal de origem do precatório, por credor, e, por este, a habilitação do valor total a que tem direito, não se aplicando, neste caso, a regra do § 3º do art. 100 da Constituição Federal.

§ 12. Se a lei a que se refere o § 4º do art. 100 não estiver publicada em até 180 (cento e oitenta) dias, contados da data de publicação desta Emenda Constitucional, será considerado, para os fins referidos, em relação a Estados, Distrito Federal e Municípios devedores, omissos na regulamentação, o valor de:

I – 40 (quarenta) salários mínimos para Estados e para o Distrito Federal;

II – 30 (trinta) salários mínimos para Municípios.

§ 13. Enquanto Estados, Distrito Federal e Municípios devedores estiverem realizando pagamentos de precatórios pelo regime especial, não poderão sofrer sequestro de valores, exceto no caso de não liberação tempestiva dos recursos de que tratam o inciso II do § 1º e o § 2º deste artigo.

§ 14. O regime especial de pagamento de precatório previsto no inciso I do § 1º vigorará enquanto o valor dos precatórios devidos for superior ao valor dos recursos vinculados, nos termos do § 2º, ambos deste artigo, ou pelo prazo fixo de até 15 (quinze) anos, no caso da opção prevista no inciso II do § 1º.

§ 15. Os precatórios parcelados na forma do art. 33 ou do art. 78 deste Ato das Disposições Constitucionais Transitórias e ainda pendentes de pagamento ingressarão no regime especial com o valor atualizado das parcelas não pagas relativas a cada precatório, bem como o saldo dos acordos judiciais e extrajudiciais.

§ 16. A partir da promulgação desta Emenda Constitucional, a atualização de valores de requisitórios, até o efetivo pagamento, independentemente de sua natureza, será feita pelo índice oficial de remuneração básica da caderneta de poupança, e, para fins de compensação da mora, incidirão juros simples no mesmo percentual de juros incidentes sobre a caderneta de poupança, ficando excluída a incidência de juros compensatórios.

§ 17. O valor que exceder o limite previsto no § 2º do art. 100 da Constituição Federal será pago, durante a vigência do regime especial, na forma prevista nos §§ 6º e 7º ou nos incisos I, II e III do § 8º deste artigo, devendo os valores dispendidos para o atendimento do disposto no § 2º do art. 100 da Constituição Federal serem computados para efeito do § 6º deste artigo.

§ 18. Durante a vigência do regime especial a que se refere este artigo, gozarão também da preferência a que se refere o § 6º os titulares originais de precatórios que tenham completado 60 (sessenta) anos de idade até a data da promulgação desta Emenda Constitucional.

▸ Artigo acrescido pela EC 62/2009.

Art. 98. O número de defensores públicos na unidade jurisdicional será proporcional à efetiva

demanda pelo serviço da Defensoria Pública e à respectiva população.
▸ Artigo acrescido pela EC 80/2014.

§ 1º No prazo de 8 (oito) anos, a União, os Estados e o Distrito Federal deverão contar com defensores públicos em todas as unidades jurisdicionais, observado o disposto no *caput* deste artigo.

§ 2º Durante o decurso do prazo previsto no § 1º deste artigo, a lotação dos defensores públicos ocorrerá, prioritariamente, atendendo as regiões com maiores índices de exclusão social e adensamento populacional.

Art. 99. Para efeito do disposto no inciso VII do § 2º do art. 155, no caso de operações e prestações que destinem bens e serviços a consumidor final não contribuinte localizado em outro Estado, o imposto correspondente à diferença entre a alíquota interna e a interestadual será partilhado entre os Estados de origem e de destino, na seguinte proporção:
▸ Artigo acrescido pela EC 87/2015.

I – para o ano de 2015: 20% (vinte por cento) para o Estado de destino e 80% (oitenta por cento) para o Estado de origem;

II – para o ano de 2016: 40% (quarenta por cento) para o Estado de destino e 60% (sessenta por cento) para o Estado de origem;

III – para o ano de 2017: 60% (sessenta por cento) para o Estado de destino e 40% (quarenta por cento) para o Estado de origem;

IV – para o ano de 2018: 80% (oitenta por cento) para o Estado de destino e 20% (vinte por cento) para o Estado de origem;

V – a partir do ano de 2019: 100% (cem por cento) para o Estado de destino.

Art. 100. Até que entre em vigor a lei complementar de que trata o inciso II do § 1º do art. 40 da Constituição Federal, os Ministros do Supremo Tribunal Federal, dos Tribunais Superiores e do Tribunal de Contas da União aposentar-se-ão, compulsoriamente, aos 75 (setenta e cinco) anos de idade, nas condições do art. 52 da Constituição Federal.
▸ Artigo acrescido pela EC 88/2015.

Art. 101. Os Estados, o Distrito Federal e os Municípios que, em 25 de março de 2015, se encontravam em mora no pagamento de seus precatórios quitarão, até 31 de dezembro de 2029, seus débitos vencidos e os que vencerão dentro desse período, atualizados pelo Índice Nacional de Preços ao Consumidor Amplo Especial (IPCA-E), ou por outro índice que venha a substituí-lo, depositando mensalmente em conta especial do Tribunal de Justiça local, sob única e exclusiva administração deste, 1/12 (um doze avos) do valor calculado percentualmente sobre suas receitas correntes líquidas apuradas no segundo mês anterior ao mês de pagamento, em percentual suficiente para a quitação de seus débitos e, ainda que variável, nunca inferior, em cada exercício, ao percentual praticado na data da entrada em vigor do regime especial a que se refere este artigo, em conformidade com plano de pagamento a ser anualmente apresentado ao Tribunal de Justiça local.
▸ *Caput* com redação pela EC 109/2021.

§ 1º Entende-se como receita corrente líquida, para os fins de que trata este artigo, o somatório das receitas tributárias, patrimoniais, industriais, agropecuárias, de contribuições e de serviços, de transferências correntes e outras receitas correntes, incluindo as oriundas do § 1º do art. 20 da Constituição Federal, verificado no período compreendido pelo segundo mês imediatamente anterior ao de referência e os 11 (onze) meses precedentes, excluídas as duplicidades, e deduzidas:
▸ § 1º acrescido pela EC 94/2016.

I – nos Estados, as parcelas entregues aos Municípios por determinação constitucional;

II – nos Estados, no Distrito Federal e nos Municípios, a contribuição dos servidores para custeio de seu sistema de previdência e assistência social e as receitas provenientes da compensação financeira referida no § 9º do art. 201 da Constituição Federal.

§ 2º O débito de precatórios será pago com recursos orçamentários próprios provenientes das fontes de receita corrente líquida referidas no § 1º deste artigo e, adicionalmente, poderão ser utilizados recursos dos seguintes instrumentos:
▸ § 2º com redação pela EC 99/2017.

I – até 75% (setenta e cinco por cento) dos depósitos judiciais e dos depósitos administrativos em dinheiro referentes a processos judiciais ou administrativos, tributários ou não tributários, nos quais sejam parte os Estados, o Distrito Federal ou os Municípios, e as respectivas autarquias, fundações e empresas estatais dependentes, mediante a instituição de fundo garantidor em montante equivalente a 1/3 (um terço) dos recursos levantados, constituído pela parcela restante dos depósitos judiciais e remunerado pela taxa referencial do Sistema Especial de Liquidação e de Custódia (Selic) para títulos federais, nunca inferior aos índices e critérios aplicados aos depósitos levantados;
▸ Inciso I com redação pela EC 99/2017.

II – até 30% (trinta por cento) dos demais depósitos judiciais da localidade sob jurisdição do respectivo Tribunal de Justiça, mediante a instituição de fundo garantidor em montante equivalente aos recursos levantados, constituído pela parcela restante dos depósitos judiciais e remunerado pela taxa referencial do Sistema Especial de Liquidação e de Custódia (Selic) para títulos federais, nunca inferior aos índices e critérios aplicados aos depósitos levantados, destinando-se:
▸ Inciso II com redação pela EC 99/2017.

a) no caso do Distrito Federal, 100% (cem por cento) desses recursos ao próprio Distrito Federal;
▸ Alínea *a* acrescida pela EC 94/2016.

b) no caso dos Estados, 50% (cinquenta por cento) desses recursos ao próprio Estado e 50% (cinquenta por cento) aos respectivos Municípios, conforme a circunscrição judiciária onde estão depositados os recursos, e, se houver mais de um Município na mesma circunscrição judiciária, os recursos serão rateados entre os Municípios concorrentes, proporcionalmente às respectivas populações, utilizado como referência o último levantamento censitário ou a mais recente estimativa populacional da Fundação Instituto Brasileiro de Geografia e Estatística (IBGE);
▸ Alínea *b* com redação pela EC 99/2017.

III – empréstimos, excetuados para esse fim os limites de endividamento de que tratam os incisos VI e VII do *caput* do art. 52 da Constituição Federal e quaisquer outros limites de endividamento previstos em lei, não se aplicando a esses empréstimos a vedação de vinculação de receita prevista no inciso IV do *caput* do art. 167 da Constituição Federal;

▸ Inciso III com redação pela EC 99/2017.

IV – a totalidade dos depósitos em precatórios e requisições diretas de pagamento de obrigações de pequeno valor efetuados até 31 de dezembro de 2009 e ainda não levantados, com o cancelamento dos respectivos requisitórios e a baixa das obrigações, assegurada a revalidação dos requisitórios pelos juízos dos processos perante as Tribunais, a requerimento dos credores e após a oitiva da entidade devedora, mantidas a posição de ordem cronológica original e a remuneração de todo o período.

▸ Inciso IV acrescido pela EC 99/2017.

§ 3º Os recursos adicionais previstos nos incisos I, II e IV do § 2º deste artigo serão transferidos diretamente pela instituição financeira depositária para a conta especial referida no *caput* deste artigo, sob única e exclusiva administração do Tribunal de Justiça local, e essa transferência deverá ser realizada em até sessenta dias contados a partir da entrada em vigor deste parágrafo, sob pena de responsabilização pessoal do dirigente da instituição financeira por improbidade.

▸ § 3º acrescido pela EC 94/2016.

§ 4º *Revogado pela EC 109/2021.*

§ 5º Os empréstimos de que trata o inciso III do § 2º deste artigo poderão ser destinados, por meio de ato do Poder Executivo, exclusivamente ao pagamento de precatórios por acordo direto com os credores, na forma do disposto no inciso III do § 8º do art. 97 deste Ato das Disposições Constitucionais Transitórias.

▸ § 5º acrescido pela EC 113/2021.

Art. 102. Enquanto viger o regime especial previsto nesta Emenda Constitucional, pelo menos 50% (cinquenta por cento) dos recursos que, nos termos do art. 101 deste Ato das Disposições Constitucionais Transitórias, forem destinados ao pagamento dos precatórios em mora serão utilizados no pagamento segundo a ordem cronológica de apresentação, respeitadas as preferências dos créditos alimentares, e, nessas, as relativas à idade, ao estado de saúde e à deficiência, nos termos do § 2º do art. 100 da Constituição Federal, sobre todos os demais créditos de todos os anos.

▸ Artigo acrescido pela EC 94/2016.

§ 1º A aplicação dos recursos remanescentes, por opção a ser exercida por Estados, Distrito Federal e Municípios, por ato do respectivo Poder Executivo, observada a ordem de preferência dos credores, poderá ser destinada ao pagamento mediante acordos diretos, perante Juízos Auxiliares de Conciliação de Precatórios, com redução máxima de 40% (quarenta por cento) do valor do crédito atualizado, desde que em relação ao crédito não penda recurso ou defesa judicial e que sejam observados os requisitos definidos na regulamentação editada pelo ente federado.

▸ Primitivo parágrafo único renumerado pela EC 99/2017.

§ 2º Na vigência do regime especial previsto no art. 101 deste Ato das Disposições Constitucionais Transitórias, as preferências relativas à idade, ao estado de saúde e à deficiência serão atendidas até o valor equivalente ao quíntuplo fixado em lei para os fins do disposto no § 3º do art. 100 da Constituição Federal, admitido o fracionamento para essa finalidade, e o restante será pago em ordem cronológica de apresentação do precatório.

▸ § 2º acrescido pela EC 99/2017.

Art. 103. Enquanto os Estados, o Distrito Federal e os Municípios estiverem efetuando o pagamento da parcela mensal devida como previsto no *caput* do art. 101 deste Ato das Disposições Constitucionais Transitórias, nem eles, nem as respectivas autarquias, fundações e empresas estatais dependentes poderão sofrer sequestro de valores, exceto no caso de não liberação tempestiva dos recursos.

▸ *Caput* acrescido pela EC 94/2016.

Parágrafo único. Na vigência do regime especial previsto no art. 101 deste Ato das Disposições Constitucionais Transitórias, ficam vedadas desapropriações pelos Estados, pelo Distrito Federal e pelos Municípios, cujos estoques de precatórios ainda pendentes de pagamento, incluídos os precatórios a pagar de suas entidades da administração indireta, sejam superiores a 70% (setenta por cento) das respectivas receitas correntes líquidas, excetuadas as desapropriações para fins de necessidade pública nas áreas de saúde, educação, segurança pública, transporte público, saneamento básico e habitação de interesse social.

▸ Parágrafo único acrescido pela EC 99/2017.

Art. 104. Se os recursos referidos no art. 101 deste Ato das Disposições Constitucionais Transitórias para o pagamento de precatórios não forem tempestivamente liberados, no todo ou em parte:

▸ Artigo acrescido pela EC 94/2016.

I – o Presidente do Tribunal de Justiça local determinará o sequestro, até o limite do valor não liberado, das contas do ente federado inadimplente;

II – o chefe do Poder Executivo do ente federado inadimplente responderá, na forma da legislação de responsabilidade fiscal e de improbidade administrativa;

III – a União reterá os recursos referentes aos repasses ao Fundo de Participação dos Estados e do Distrito Federal e ao Fundo de Participação dos Municípios e os depositará na conta especial referida no art. 101 deste Ato das Disposições Constitucionais Transitórias, para utilização como nele previsto;

IV – os Estados e o Comitê Gestor do Imposto sobre Bens e Serviços reterão os repasses previstos, respectivamente, nos §§ 1º e 2º do art. 158 da Constituição Federal e os depositará na conta especial referida no art. 101 deste Ato das Disposições Constitucionais Transitórias, para utilização como nele previsto.

▸ Inciso IV acrescido pela EC 132/2023.

Texto novo: IV – o Comitê Gestor do Imposto sobre Bens e Serviços reterá os repasses previstos no § 2º do art. 158 da Constituição Federal e os depositará na conta especial referida no art. 101 deste Ato das Disposições Constitucionais Transitórias, para utilização como nele previsto.

▸ Inciso IV com redação pela EC 132/2023, em vigor a partir de 2033.

Parágrafo único. Enquanto perdurar a omissão, o ente federado não poderá contrair empréstimo externo ou interno, exceto para os fins previstos no § 2º do art. 101 deste Ato das Disposições Constitucionais Transitórias, e ficará impedido de receber transferências voluntárias.

Art. 105. Enquanto viger o regime de pagamento de precatórios previsto no art. 101 deste Ato das Disposições Constitucionais Transitórias, é facultada aos credores de precatórios, próprios ou de terceiros, a compensação com débitos de natureza tributária ou de outra natureza que até 25 de março de 2015 tenham sido inscritos na dívida ativa dos Estados, do Distrito Federal ou dos Municípios, observados os requisitos definidos em lei própria do ente federado.

▶ Artigo acrescido pela EC 94/2016.

§ 1º Não se aplica às compensações referidas no *caput* deste artigo qualquer tipo de vinculação, como as transferências a outros entes e as destinadas à educação, à saúde e a outras finalidades.

▶ Primitivo parágrafo único renumerado pela EC 99/2017.

§ 2º Os Estados, o Distrito Federal e os Municípios regulamentarão nas respectivas leis o disposto no *caput* deste artigo em até cento e vinte dias a partir de 1º de janeiro de 2018.

▶ § 2º acrescido pela EC 99/2017.

§ 3º Decorrido o prazo estabelecido no § 2º deste artigo sem a regulamentação nele prevista, ficam os credores de precatórios autorizados a exercer a faculdade a que se refere o *caput* deste artigo.

▶ § 3º acrescido pela EC 99/2017.

Art. 106. Fica instituído o Novo Regime Fiscal no âmbito dos Orçamentos Fiscal e da Seguridade Social da União, que vigorará por vinte exercícios financeiros, nos termos dos arts. 107 a 114 deste Ato das Disposições Constitucionais Transitórias.

▶ Artigo acrescido pela EC 95/2016.
▶ Art. 9º da EC 126/2022.

Art. 107. Ficam estabelecidos, para cada exercício, limites individualizados para as despesas primárias:

▶ Artigo acrescido pela EC 95/2016.
▶ Art. 9º da EC 126/2022.

I – do Poder Executivo;

II – do Supremo Tribunal Federal, do Superior Tribunal de Justiça, do Conselho Nacional de Justiça, da Justiça do Trabalho, da Justiça Federal, da Justiça Militar da União, da Justiça Eleitoral e da Justiça do Distrito Federal e Territórios, no âmbito do Poder Judiciário;

III – do Senado Federal, da Câmara dos Deputados e do Tribunal de Contas da União, no âmbito do Poder Legislativo;

IV – do Ministério Público da União e do Conselho Nacional do Ministério Público; e

V – da Defensoria Pública da União.

§ 1º Cada um dos limites a que se refere o *caput* deste artigo equivalerá:

I – para o exercício de 2017, à despesa primária paga no exercício de 2016, incluídos os restos a pagar pagos e demais operações que afetam o resultado primário, corrigida em 7,2% (sete inteiros e dois décimos por cento); e

II – para os exercícios posteriores, ao valor do limite referente ao exercício imediatamente anterior, corrigido pela variação do Índice Nacional de Preços ao Consumidor Amplo (IPCA), publicado pela Fundação Instituto Brasileiro de Geografia e Estatística, ou de outro índice que vier a substituí-lo, apurado no exercício anterior a que se refere a lei orçamentária.

▶ Inciso II com redação pela EC 113/2021.

§ 2º Os limites estabelecidos na forma do inciso IV do *caput* do art. 51, do inciso XIII do *caput* do art. 52, do § 1º do art. 99, do § 3º do art. 127 e do § 3º do art. 134 da Constituição Federal não poderão ser superiores aos estabelecidos nos termos deste artigo.

§ 3º A mensagem que encaminhar o projeto de lei orçamentária demonstrará os valores máximos de programação compatíveis com os limites individualizados calculados na forma do § 1º deste artigo, observados os §§ 7º a 9º deste artigo.

§ 4º As despesas primárias autorizadas na lei orçamentária anual sujeitas aos limites de que trata este artigo não poderão exceder os valores máximos demonstrados nos termos do § 3º deste artigo.

§ 5º É vedada a abertura de crédito suplementar ou especial que amplie o montante total autorizado de despesa primária sujeita aos limites de que trata este artigo.

§ 6º Não se incluem na base de cálculo e nos limites estabelecidos neste artigo:

I – transferências constitucionais estabelecidas no § 1º do art. 20, no inciso III do parágrafo único do art. 146, no § 5º do art. 153, no art. 157, nos incisos I e II do *caput* do art. 158, no art. 159 e no § 6º do art. 212, as despesas referentes ao inciso XIV do *caput* do art. 21 e as complementações de que tratam os incisos IV e V do *caput* do art. 212-A, todos da Constituição Federal;

▶ Inciso I com redação pela EC 108/2020.

II – créditos extraordinários a que se refere o § 3º do art. 167 da Constituição Federal;

III – despesas não recorrentes da Justiça Eleitoral com a realização de eleições; e

IV – despesas com aumento de capital de empresas estatais não dependentes;

V – transferências a Estados, Distrito Federal e Municípios de parte dos valores arrecadados com os leilões dos volumes excedentes ao limite a que se refere o § 22 do art. 12 da Lei 12.276, de 30 de junho de 2010, e a despesa decorrente da revisão do contrato de cessão onerosa de que trata a mesma Lei.

▶ Inciso V acrescido pela EC 102/2019.

VI – despesas correntes ou transferências aos fundos de saúde dos Estados, do Distrito Federal e dos Municípios, destinadas ao pagamento de despesas com pessoal para cumprimento dos pisos nacionais salariais para o enfermeiro, o técnico de enfermagem, o auxiliar de enfermagem e a parteira, de acordo com os §§ 12, 13, 14 e 15 do art. 198 da Constituição Federal.

▶ Inciso VI acrescido pela EC 127/2022.

§ 6º-A. Não se incluem no limite estabelecido no inciso I do caput deste artigo, a partir do exercício financeiro de 2023:

▶ § 6º-A acrescido pela EC 126/2022.

I – despesas com projetos socioambientais ou relativos às mudanças climáticas custeadas com recursos de doações, bem como despesas com projetos custeados com recursos decorrentes de acordos judiciais ou extrajudiciais firmados em função de desastres ambientais;

II – despesas das instituições federais de ensino e das Instituições Científicas, Tecnológicas e de Inovação (ICTs) custeadas com receitas próprias, de doações ou de convênios, contratos ou outras fontes, celebrados com os demais entes da Federação ou entidades privadas;

III – despesas custeadas com recursos oriundos de transferências dos demais entes da Federação para a União destinados à execução direta de obras e serviços de engenharia.

§ 6º-B. Não se incluem no limite estabelecido no inciso I do caput deste artigo as despesas com investimentos em montante que corresponda ao excesso de arrecadação de receitas correntes do exercício anterior ao que se ré vefere a lei orçamentária, limitadas a 6,5% (seis inteiros e cinco décimos por cento) do excesso de arrecadação de receitas correntes do exercício de 2021.

▸ § 6º-B acrescido pela EC 126/2022.

§ 6º-C. As despesas previstas no § 6º-B deste artigo não serão consideradas para fins de verificação do cumprimento da meta de resultado primário estabelecida no caput do art. 2º da Lei nº 14.436, de 9 de agosto de 2022.

▸ § 6º-C acrescido pela EC 126/2022.

§ 7º Nos três primeiros exercícios financeiros da vigência do Novo Regime Fiscal, o Poder Executivo poderá compensar com redução equivalente na sua despesa primária, consoante os valores estabelecidos no projeto de lei orçamentária encaminhado pelo Poder Executivo no respectivo exercício, o excesso de despesas primárias em relação aos limites de que tratam os incisos II a V do caput deste artigo.

§ 8º A compensação de que trata o § 7º deste artigo não excederá a 0,25% (vinte e cinco centésimos por cento) do limite do Poder Executivo.

§ 9º Respeitado o somatório em cada um dos incisos de II a IV do caput deste artigo, a lei de diretrizes orçamentárias poderá dispor sobre a compensação entre os limites individualizados dos órgãos elencados em cada inciso.

§ 10. Para fins de verificação do cumprimento dos limites de que trata este artigo, serão consideradas as despesas primárias pagas, incluídos os restos a pagar pagos e demais operações que afetam o resultado primário no exercício.

§ 11. O pagamento de restos a pagar inscritos até 31 de dezembro de 2015 poderá ser excluído da verificação do cumprimento dos limites de que trata este artigo, até o excesso de resultado primário dos Orçamentos Fiscal e da Seguridade Social do exercício em relação à meta fixada na lei de diretrizes orçamentárias.

§ 12. Para fins da elaboração do projeto de lei orçamentária anual, o Poder Executivo considerará o valor realizado até junho do índice previsto no inciso II do § 1º deste artigo, relativo ao ano de encaminhamento do projeto, e o valor estimado até dezembro desse mesmo ano.

§ 13. A estimativa do índice a que se refere o § 12 deste artigo, juntamente com os demais parâmetros macroeconômicos, serão elaborados mensalmente pelo Poder Executivo e enviados à comissão mista de que trata o § 1º do art. 166 da Constituição Federal.

§ 14. O resultado da diferença aferida entre as projeções referidas nos §§ 12 e 13 deste artigo e a efetiva apuração do índice previsto no inciso II do § 1º deste artigo será calculado pelo Poder Executivo, para fins de definição da base de cálculo dos respectivos limites do exercício seguinte, a qual será comunicada aos demais Poderes por ocasião da elaboração do projeto de lei orçamentária.

▸ §§ 12 a 14 acrescidos pela EC 113/2021.

Art. 107-A. Até o fim de 2026, fica estabelecido, para cada exercício financeiro, limite para alocação na proposta orçamentária das despesas com pagamentos em virtude de sentença judiciária de que trata o art. 100 da Constituição Federal, equivalente ao valor da despesa paga no exercício de 2016, incluídos os restos a pagar pagos, corrigido, para o exercício de 2017, em 7,2% (sete inteiros e dois décimos por cento) e, para os exercícios posteriores, pela variação do Índice Nacional de Preços ao Consumidor Amplo (IPCA), publicado pela Fundação Instituto Brasileiro de Geografia e Estatística, ou de outro índice que vier a substituí-lo, apurado no exercício anterior a que se refere a lei orçamentária, devendo o espaço fiscal decorrente da diferença entre o valor dos precatórios expedidos e o respectivo limite ser destinado ao programa previsto no parágrafo único do art. 6º e à seguridade social, nos termos do art. 194, ambos da Constituição Federal, a ser calculado da seguinte forma:

▸ Caput com redação pela EC 126/2022.

I – no exercício de 2022, o espaço fiscal decorrente da diferença entre o valor dos precatórios expedidos e o limite estabelecido no caput deste artigo deverá ser destinado ao programa previsto no parágrafo único do art. 6º e à seguridade social, nos termos do art. 194, ambos da Constituição Federal;

II – no exercício de 2023, pela diferença entre o total de precatórios expedidos entre 2 de julho de 2021 e 2 de abril de 2022 e o limite de que trata o caput deste artigo válido para o exercício de 2023; e

III – nos exercícios de 2024 a 2026, pela diferença entre o total de precatórios expedidos entre 3 de abril de dois anos anteriores e 2 de abril do ano anterior ao exercício e o limite de que trata o caput deste artigo válido para o mesmo exercício.

▸ Incisos I a III acrescidos pela EC 114/2021.

§ 1º O limite para o pagamento de precatórios corresponderá, em cada exercício, ao limite previsto no caput deste artigo, reduzido da projeção para a despesa com o pagamento de requisições de pequeno valor para o mesmo exercício, que terão prioridade no pagamento.

§ 2º Os precatórios que não forem pagos em razão do previsto neste artigo terão prioridade para pagamento em exercícios seguintes, observada a ordem cronológica e o disposto no § 8º deste artigo.

§ 3º É facultado ao credor de precatório que não tenha sido pago em razão do disposto neste artigo, além das hipóteses previstas no § 11 do art. 100 da Constituição Federal e sem prejuízo dos procedimentos previstos nos §§ 9º e 21 do referido artigo, optar pelo recebimento, mediante acordos diretos perante Juízos Auxiliares de Conciliação de Pagamento de Condenações Judiciais contra a Fazenda Pública Federal, em parcela única, até o final do exercício seguinte, com renúncia de 40% (quarenta por cento) do valor desse crédito.

§ 4º O Conselho Nacional de Justiça regulamentará a atuação dos Presidentes dos Tribunais competentes para o cumprimento deste artigo.

§ 5º Não se incluem no limite estabelecido neste artigo as despesas para fins de cumprimento do disposto nos §§ 11, 20 e 21 do art. 100 da Constituição Federal e no § 3º deste artigo, bem como a atualização monetária dos precatórios inscritos no exercício.

§ 6º Não se incluem nos limites estabelecidos no art. 107 deste Ato das Disposições Constitucionais Transitórias e previsto nos §§ 11, 20 e 21 do art. 100 da Constituição Federal e no § 3º deste artigo.

§ 7º Na situação prevista no § 3º deste artigo, para os precatórios não incluídos na proposta orçamentária de 2022, os valores necessários à sua quitação serão providenciados pela abertura de créditos adicionais durante o exercício de 2022.

§ 8º Os pagamentos em virtude de sentença judiciária de que trata o art. 100 da Constituição Federal serão realizados na seguinte ordem:

I – obrigações definidas em lei como de pequeno valor, previstas no § 3º do art. 100 da Constituição Federal;

II – precatórios de natureza alimentícia cujos titulares, originários ou por sucessão hereditária, tenham no mínimo 60 (sessenta) anos de idade, ou sejam portadores de doença grave ou pessoas com deficiência, assim definidos na forma da lei, até o valor equivalente ao triplo do montante fixado em lei como obrigação de pequeno valor;

III – demais precatórios de natureza alimentícia até o valor equivalente ao triplo do montante fixado em lei como obrigação de pequeno valor;

IV – demais precatórios de natureza alimentícia além do valor previsto no inciso III deste parágrafo;

V – demais precatórios.

▶ §§ 1º a 8º acrescidos pela EC 114/2021.

Art. 108. *Revogado pela EC 113/2021.*

Art. 109. Se verificado, na aprovação da lei orçamentária, que, no âmbito das despesas sujeitas aos limites do art. 107 deste Ato das Disposições Constitucionais Transitórias, a proporção da despesa obrigatória primária em relação à despesa primária total foi superior a 95% (noventa e cinco por cento), aplicam-se ao respectivo Poder ou órgão, até o final do exercício a que se refere a lei orçamentária, sem prejuízo de outras medidas, as seguintes vedações:

▶ *Caput* com redação pela EC 109/2021.
▶ Art. 9º da EC 126/2022.

I – concessão, a qualquer título, de vantagem, aumento, reajuste ou adequação de remuneração de membros de Poder ou de órgão, de servidores e empregados públicos e de militares, exceto dos derivados de sentença judicial transitada em julgado ou de determinação legal anterior ao início da aplicação das medidas de que trata este artigo;

▶ Inciso I com redação pela EC 109/2021.

II – criação de cargo, emprego ou função que implique aumento de despesa;

III – alteração de estrutura de carreira que implique aumento de despesa;

IV – admissão ou contratação de pessoal, a qualquer título, ressalvadas:

▶ Inciso IV com redação pela EC 109/2021.

a) as reposições de cargos de chefia e de direção que não acarretem aumento de despesa;

b) as reposições decorrentes de vacâncias de cargos efetivos ou vitalícios;

c) as contratações temporárias de que trata o inciso IX do *caput* do art. 37 da Constituição Federal; e

d) as reposições de temporários para prestação de serviço militar e de alunos de órgãos de formação de militares;

▶ Alíneas *a* a *d* acrescidas pela EC 109/2021.

V – realização de concurso público, exceto para as reposições de vacâncias previstas no inciso IV;

VI – criação ou majoração de auxílios, vantagens, bônus, abonos, verbas de representação ou benefícios de qualquer natureza, inclusive os de cunho indenizatório, em favor de membros de Poder, do Ministério Público ou da Defensoria Pública, de servidores e empregados públicos e de militares, ou ainda de seus dependentes, exceto quando derivados de sentença judicial transitada em julgado ou de determinação legal anterior ao início da aplicação das medidas de que trata este artigo;

▶ Inciso VI com redação pela EC 109/2021.

VII – criação de despesa obrigatória; e

VIII – adoção de medida que implique reajuste de despesa obrigatória acima da variação da inflação, observada a preservação do poder aquisitivo referida no inciso IV do *caput* do art. 7º da Constituição Federal.

IX – aumento do valor de benefícios de cunho indenizatório destinado a qualquer membro de Poder, servidor ou empregado da administração pública e a seus dependentes, exceto quando derivado de sentença judicial transitada em julgado ou de determinação legal anterior ao início da aplicação das medidas de que trata este artigo.

▶ Inciso IX com redação pela EC 109/2021.

§ 1º As vedações previstas nos incisos I, III e VI do *caput* deste artigo, quando acionadas as vedações para qualquer dos órgãos elencados nos incisos II, III e IV do *caput* do art. 107 deste Ato das Disposições Constitucionais Transitórias, aplicam-se ao conjunto dos órgãos referidos em cada inciso.

▶ § 1º com redação pela EC 109/2021.

§ 2º Caso as vedações de que trata o *caput* deste artigo sejam acionadas para o Poder Executivo, ficam vedadas:

▶ § 2º com redação pela EC 109/2021.

I – a criação ou expansão de programas e linhas de financiamento, bem como a remissão, renegociação ou refinanciamento de dívidas que impliquem ampliação das despesas com subsídios e subvenções; e

II – a concessão ou a ampliação de incentivo ou benefício de natureza tributária.

§ 3º Caso as vedações de que trata o *caput* deste artigo sejam acionadas, fica vedada a concessão da revisão geral prevista no inciso X do *caput* do art. 37 da Constituição Federal.

▶ § 3º com redação pela EC 109/2021.

§ 4º As disposições deste artigo:

▶ § 4º com redação pela EC 109/2021.

I - não constituem obrigação de pagamento futuro pela União ou direitos de outrem sobre o erário;
II - não revogam, dispensam ou suspendem o cumprimento de dispositivos constitucionais e legais que disponham sobre metas fiscais ou limites máximos de despesas; e
III - aplicam-se também a proposições legislativas.
▸ Incisos I a III acrescidos pela EC 109/2021.

§ 5° O disposto nos incisos II, IV, VII e VIII do *caput* e no § 2° deste artigo não se aplica a medidas de combate a calamidade pública nacional cuja vigência e efeitos não ultrapassem a sua duração.
▸ § 5º acrescido pela EC 109/2021.

Art. 110. Na vigência do Novo Regime Fiscal, as aplicações mínimas em ações e serviços públicos de saúde e em manutenção e desenvolvimento do ensino equivalerão:
▸ Artigo acrescido pela EC 95/2016.
▸ Art. 9º da EC 126/2022.

I - no exercício de 2017, às aplicações mínimas calculadas nos termos do inciso I do § 2° do art. 198 e do *caput* do art. 212, da Constituição Federal; e
II - nos exercícios posteriores, aos valores calculados para as aplicações mínimas do exercício imediatamente anterior, corrigidos na forma estabelecida pelo inciso II do § 1° do art. 107 deste Ato das Disposições Constitucionais Transitórias.

Art. 111. A partir do exercício financeiro de 2018, até o exercício financeiro de 2022, a aprovação e a execução previstas nos §§ 9° e 11 do art. 166 da Constituição Federal corresponderão ao montante de execução obrigatória para o exercício de 2017, corrigido na forma estabelecida no inciso II do § 1° do art. 107 deste Ato das Disposições Constitucionais Transitórias.
▸ Artigo com redação pela EC 126/2022.
▸ Art. 9º da EC 126/2022.

Art. 111-A. A partir do exercício financeiro de 2024, até o último exercício de vigência do Novo Regime Fiscal, a aprovação e a execução previstas nos §§ 9° e 11 do art. 166 da Constituição Federal corresponderão ao montante de execução obrigatória para o exercício de 2023, corrigido na forma estabelecida no inciso II do § 1° do art. 107 deste Ato das Disposições Constitucionais Transitórias.
▸ Artigo acrescido pela EC 126/2022.
▸ Art. 9º da EC 126/2022.

Art. 112. As disposições introduzidas pelo Novo Regime Fiscal:
▸ Artigo acrescido pela EC 95/2016.
▸ Art. 9º da EC 126/2022.

I - não constituirão obrigação de pagamento futuro pela União ou direitos de outrem sobre o erário; e
II - não revogam, dispensam ou suspendem o cumprimento de dispositivos constitucionais e legais que disponham sobre metas fiscais ou limites máximos de despesas.

Art. 113. A proposição legislativa que crie ou altere despesa obrigatória ou renúncia de receita deverá ser acompanhada da estimativa do seu impacto orçamentário e financeiro.
▸ Artigo acrescido pela EC 95/2016.

Art. 114. A tramitação de proposição elencada no *caput* do art. 59 da Constituição Federal, ressalvada a referida no seu inciso V, quando acarretar aumento de despesa ou renúncia de receita, será suspensa por até vinte dias, a requerimento de um quinto dos membros da Casa, nos termos regimentais, para análise de sua compatibilidade com o Novo Regime Fiscal.
▸ Artigo acrescido pela EC 95/2016.
▸ Art. 9º da EC 126/2022.

Art. 115. Fica excepcionalmente autorizado o parcelamento das contribuições previdenciárias e dos demais débitos dos Municípios, incluídas suas autarquias e fundações, com os respectivos regimes próprios de previdência social, com vencimento até 31 de outubro de 2021, inclusive os parcelados anteriormente, no prazo máximo de 240 (duzentos e quarenta) prestações mensais, mediante autorização em lei municipal específica, desde que comprovem ter alterado a legislação do regime próprio de previdência social para atendimento das seguintes condições, cumulativamente:
I - adoção de regras de elegibilidade, de cálculo e de reajustamento dos benefícios que contemplem, nos termos previstos nos incisos I e III do § 1° e nos §§ 3° a 5°, 7° e 8° do art. 40 da Constituição Federal, regras assemelhadas às aplicáveis aos servidores públicos do regime próprio de previdência social da União e que contribuam efetivamente para o atingimento e a manutenção do equilíbrio financeiro e atuarial;
II - adequação do rol de benefícios ao disposto nos §§ 2° e 3° do art. 9° da Emenda Constitucional nº 103, de 12 de novembro de 2019;
III - adequação da alíquota de contribuição devida pelos servidores, nos termos do § 4° do art. 9° da Emenda Constitucional nº 103, de 12 de novembro de 2019; e
IV - instituição do regime de previdência complementar e adequação do órgão ou entidade gestora do regime próprio de previdência social, nos termos do § 6° do art. 9° da Emenda Constitucional nº 103, de 12 de novembro de 2019.

Parágrafo único. Ato do Ministério do Trabalho e Previdência, no âmbito de suas competências, definirá os critérios para o parcelamento previsto neste artigo, inclusive quanto ao cumprimento do disposto nos incisos I, II, III e IV do *caput* deste artigo, bem como disponibilizará as informações aos Municípios sobre o montante das dívidas, as formas de parcelamento, os juros e os encargos incidentes, de modo a possibilitar o acompanhamento da evolução desses débitos.

Art. 116. Fica excepcionalmente autorizado o parcelamento dos débitos decorrentes de contribuições previdenciárias dos Municípios, incluídas suas autarquias e fundações, com o Regime Geral de Previdência Social, com vencimento até 31 de outubro de 2021, ainda que em fase de execução fiscal ajuizada, inclusive os decorrentes do descumprimento de obrigações acessórias e os parcelados anteriormente, no prazo máximo de 240 (duzentos e quarenta) prestações mensais.

§ 1° Os Municípios que possuam regime próprio de previdência social deverão comprovar, para fins de formalização do parcelamento com o Regime Geral de Previdência Social, de que trata este artigo, terem atendido as condições estabelecidas nos incisos I, II, III e IV do *caput* do art. 115 deste Ato das Disposições Constitucionais Transitórias.

§ 2º Os débitos parcelados terão redução de 40% (quarenta por cento) das multas de mora, de ofício e isoladas, de 80% (oitenta por cento) dos juros de mora, de 40% (quarenta por cento) dos encargos legais e de 25% (vinte e cinco por cento) dos honorários advocatícios.

§ 3º O valor de cada parcela será acrescido de juros equivalentes à taxa referencial do Sistema Especial de Liquidação e de Custódia (Selic), acumulada mensalmente, calculados a partir do mês subsequente ao da consolidação até o mês anterior ao do pagamento.

§ 4º Não constituem débitos dos Municípios aqueles considerados prescritos ou atingidos pela decadência.

§ 5º A Secretaria Especial da Receita Federal do Brasil e a Procuradoria-Geral da Fazenda Nacional, no âmbito de suas competências, deverão fixar os critérios para o parcelamento previsto neste artigo, bem como disponibilizar as informações aos Municípios sobre o montante das dívidas, as formas de parcelamento, os juros e os encargos incidentes, de modo a possibilitar o acompanhamento da evolução desses débitos.

Art. 117. A formalização dos parcelamentos de que tratam os arts. 115 e 116 deste Ato das Disposições Constitucionais Transitórias deverá ocorrer até 30 de junho de 2022 e ficará condicionada à autorização de vinculação do Fundo de Participação dos Municípios para fins de pagamento das prestações acordadas nos termos de parcelamento, observada a seguinte ordem de preferência:

I – a prestação de garantia ou de contragarantia à União ou os pagamentos de débitos em favor da União, na forma do § 4º do art. 167 da Constituição Federal;

II – as contribuições parceladas devidas ao Regime Geral de Previdência Social;

III – as contribuições parceladas devidas ao respectivo regime próprio de previdência social.

▸ Arts. 115 a 117 acrescidos pela EC 113/2021.

Art. 118. Os limites, as condições, as normas de acesso e os demais requisitos para o atendimento do disposto no parágrafo único do art. 6º e no inciso VI do *caput* do art. 203 da Constituição Federal serão determinados, na forma da lei e respectivo regulamento, até 31 de dezembro de 2022, dispensada, exclusivamente no exercício de 2022, a observância das limitações legais quanto à criação, à expansão ou ao aperfeiçoamento de ação governamental que acarrete aumento de despesa no referido exercício.

▸ Artigo acrescido pela EC 114/2021.

Art. 119. Em decorrência do estado de calamidade pública provocado pela pandemia da Covid-19, os Estados, o Distrito Federal, os Municípios e os agentes públicos desses entes federados não poderão ser responsabilizados administrativa, civil ou criminalmente pelo descumprimento, exclusivamente nos exercícios financeiros de 2020 e 2021, do disposto no *caput* do art. 212 da Constituição Federal.

▸ Artigo acrescido pela EC 119/2021.

Parágrafo único. Para efeitos do disposto no *caput* deste artigo, o ente deverá complementar na aplicação da manutenção e desenvolvimento do ensino, até o exercício financeiro de 2023, a diferença a menor entre o valor aplicado, conforme informação registrada no sistema integrado de planejamento e orçamento, e o valor mínimo exigível constitucionalmente para os exercícios de 2020 e 2021.

Art. 120. Fica reconhecido, no ano de 2022, o estado de emergência decorrente da elevação extraordinária e imprevisível dos preços do petróleo, combustíveis e seus derivados e dos impactos sociais dela decorrentes.

▸ Artigo acrescido pela EC 123/2022.
▸ Art. 5º da EC 123/2022.

Parágrafo único. Para enfrentamento ou mitigação dos impactos decorrentes do estado de emergência reconhecido, as medidas implementadas, até os limites de despesas previstos em uma única e exclusiva norma constitucional observarão o seguinte:

I – quanto às despesas:

a) serão atendidas por meio de crédito extraordinário;

b) não serão consideradas para fins de apuração da meta de resultado primário estabelecida no caput do art. 2º da Lei nº 14.194, de 20 de agosto de 2021, e do limite estabelecido para as despesas primárias, conforme disposto no inciso I do caput do art. 107 do Ato das Disposições Constitucionais Transitórias; e

c) ficarão ressalvadas do disposto no inciso III do caput do art. 167 da Constituição Federal;

II – a abertura do crédito extraordinário para seu atendimento dar-se-á independentemente da observância dos requisitos exigidos no § 3º do art. 167 da Constituição Federal; e

III – a dispensa das limitações legais, inclusive quanto à necessidade de compensação:

a) à criação, à expansão ou ao aperfeiçoamento de ação governamental que acarrete aumento de despesa; e

b) à renúncia de receita que possa ocorrer.

Art. 121. As contas referentes aos patrimônios acumulados de que trata o § 2º do art. 239 da Constituição Federal cujos recursos não tenham sido reclamados por prazo superior a 20 (vinte) anos serão encerradas após o prazo de 60 (sessenta) dias da publicação de aviso no Diário Oficial da União, ressalvada reivindicação por eventual interessado legítimo dentro do referido prazo.

▸ Artigo acrescido pela EC 126/2022.

Parágrafo único. Os valores referidos no caput deste artigo serão tidos por abandonados, nos termos do inciso III do caput do art. 1.275 da Lei nº 10.406, de 10 de janeiro de 2002 (Código Civil), e serão apropriados pelo Tesouro Nacional como receita primária para realização de despesas de investimento de que trata o § 6º-B do art. 107, que não serão computadas nos limites previstos no art. 107, ambos deste Ato das Disposições Constitucionais Transitórias, podendo o interessado reclamar ressarcimento à União no prazo de até 5 (cinco) anos do encerramento das contas.

Art. 122. As transferências financeiras realizadas pelo Fundo Nacional de Saúde e pelo Fundo Nacional de Assistência Social diretamente aos fundos de saúde e assistência social estaduais, municipais e distritais, para enfrentamento da pandemia da Covid-19, poderão ser executadas pelos entes federativos até 31 de dezembro de 2023.

▶ Artigo acrescido pela EC 126/2022.

Art. 123. Todos os termos de credenciamentos, contratos, aditivos e outras formas de ajuste de permissão lotérica, em vigor, indistintamente, na data de publicação deste dispositivo, destinados a viabilizar a venda de serviços lotéricos, disciplinados em lei ou em outros instrumentos de alcance específico, terão assegurado prazo de vigência adicional, contado do término do prazo do instrumento vigente, independentemente da data de seu termo inicial.

▶ Artigo acrescido pela EC 129/2023.

Art. 124. A transição para os tributos previstos no art. 156-A e no art. 195, V, todos da Constituição Federal, atenderá aos critérios estabelecidos nos arts. 125 a 133 deste Ato das Disposições Constitucionais Transitórias.

Parágrafo único. A contribuição prevista no art. 195, V, será instituída pela mesma lei complementar de que trata o art. 156-A, ambos da Constituição Federal.

Art. 125. Em 2026, o imposto previsto no art. 156-A será cobrado à alíquota estadual de 0,1% (um décimo por cento), e a contribuição prevista no art. 195, V, ambos da Constituição Federal, será cobrada à alíquota de 0,9% (nove décimos por cento).

§ 1º O montante recolhido na forma do caput será compensado com o valor devido das contribuições previstas no art. 195, I, "b", e IV, e da contribuição para o Programa de Integração Social a que se refere o art. 239, ambos da Constituição Federal.

§ 2º Caso o contribuinte não possua débitos suficientes para efetuar a compensação de que trata o § 1º, o valor recolhido poderá ser compensado com qualquer outro tributo federal ou ser ressarcido em até 60 (sessenta) dias, mediante requerimento.

§ 3º A arrecadação do imposto previsto no art. 156-A da Constituição Federal decorrente do disposto no caput deste artigo não observará as vinculações, repartições e destinações previstas na Constituição Federal, devendo ser aplicada, integral e sucessivamente, para:

I – o financiamento do Comitê Gestor do Imposto sobre Bens e Serviços, nos termos do art. 156-B, § 2º, III, da Constituição Federal;

II – compor o Fundo de Compensação de Benefícios Fiscais ou Financeiro-Fiscais do imposto de que trata o art. 155, II, da Constituição Federal.

§ 4º Durante o período de que trata o caput, os sujeitos passivos que cumprirem as obrigações acessórias relativas aos tributos referidos no caput poderão ser dispensados do seu recolhimento, nos termos de lei complementar.

Art. 126. A partir de 2027:

I – serão cobrados:

a) a contribuição prevista no art. 195, V, da Constituição Federal;

b) o imposto previsto no art. 153, VIII, da Constituição Federal;

II – serão extintas as contribuições previstas no art. 195, I, "b", e IV, e a contribuição para o Programa de Integração Social de que trata o art. 239, todos da Constituição Federal, desde que instituída a contribuição referida na alínea "a" do inciso I;

III – o imposto previsto no art. 153, IV, da Constituição Federal:

a) terá suas alíquotas reduzidas a zero, exceto em relação aos produtos que tenham industrialização incentivada na Zona Franca de Manaus, conforme critérios estabelecidos em lei complementar; e

b) não incidirá de forma cumulativa com o imposto previsto no art. 153, VIII, da Constituição Federal.

Art. 127. Em 2027 e 2028, o imposto previsto no art. 156-A da Constituição Federal será cobrado à alíquota estadual de 0,05% (cinco centésimos por cento) e à alíquota municipal de 0,05% (cinco centésimos por cento).

Parágrafo único. No período referido no caput, a alíquota da contribuição prevista no art. 195, V, da Constituição Federal, será reduzida em 0,1 (um décimo) ponto percentual.

Art. 128. De 2029 a 2032, as alíquotas dos impostos previstos nos arts. 155, II, e 156, III, da Constituição Federal, serão fixadas nas seguintes proporções das alíquotas fixadas nas respectivas legislações:

I – 9/10 (nove décimos), em 2029;

II – 8/10 (oito décimos), em 2030;

III – 7/10 (sete décimos), em 2031;

IV – 6/10 (seis décimos), em 2032.

§ 1º Os benefícios ou os incentivos fiscais ou financeiros relativos aos impostos previstos nos arts. 155, II, e 156, III, da Constituição Federal não alcançados pelo disposto no caput deste artigo serão reduzidos na mesma proporção.

§ 2º Os benefícios e incentivos fiscais ou financeiros referidos no art. 3º da Lei Complementar nº 160, de 7 de agosto de 2017, serão reduzidos na forma deste artigo, não se aplicando a redução prevista no § 2º-A do art. 3º da referida Lei Complementar.

§ 3º Ficam mantidos em sua integralidade, até 31 de dezembro de 2032, os percentuais utilizados para calcular os benefícios ou incentivos fiscais ou financeiros já reduzidos por força da redução das alíquotas, em decorrência do disposto no caput.

Art. 129. Ficam extintos, a partir de 2033, os impostos previstos nos arts. 155, II, e 156, III, da Constituição Federal.

Art. 130. Resolução do Senado Federal fixará, para todas as esferas federativas, as alíquotas de referência dos tributos previstos nos arts. 156-A e 195, V, da Constituição Federal, observados a forma de cálculo e os limites previstos em lei complementar, de forma a assegurar:

I – de 2027 a 2033, que a receita da União com a contribuição prevista no art. 195, V, e com o imposto previsto no art. 153, VIII, todos da Constituição Federal, seja equivalente à redução da receita:

a) das contribuições previstas no art. 195, I, "b", e IV, e da contribuição para o Programa de Integração Social de que trata o art. 239, todos da Constituição Federal;

b) do imposto previsto no art. 153, IV; e

c) do imposto previsto no art. 153, V, da Constituição Federal, sobre operações de seguros;

II – de 2029 a 2033, que a receita dos Estados e do Distrito Federal com o imposto previsto no art.

156-A da Constituição Federal seja equivalente à redução:

a) da receita do imposto previsto no art. 155, II, da Constituição Federal; e

b) das receitas destinadas a fundos estaduais financiados por contribuições estabelecidas como condição à aplicação de diferimento, regime especial ou outro tratamento diferenciado, relativos ao imposto de que trata o art. 155, II, da Constituição Federal, em funcionamento em 30 de abril de 2023, excetuadas as receitas dos fundos mantidas na forma do art. 136 deste Ato das Disposições Constitucionais Transitórias;

III – de 2029 a 2033, que a receita dos Municípios e do Distrito Federal com o imposto previsto no art. 156-A seja equivalente à redução da receita do imposto previsto no art. 156, III, ambos da Constituição Federal.

§ 1º As alíquotas de referência serão fixadas no ano anterior ao de sua vigência, não se aplicando o disposto no art. 150, III, "c", da Constituição Federal, com base em cálculo realizado pelo Tribunal de Contas da União.

§ 2º Na fixação das alíquotas de referência, deverão ser considerados os efeitos sobre a arrecadação dos regimes específicos, diferenciados ou favorecidos e de qualquer outro regime que resulte em arrecadação menor do que a que seria obtida com a aplicação da alíquota padrão.

§ 3º Para fins do disposto nos §§ 4º a 6º, entende-se por:

I – Teto de Referência da União: a média da receita no período de 2012 a 2021, apurada como proporção do PIB, do imposto previsto no art. 153, IV, das contribuições previstas no art. 195, I, "b", e IV, da contribuição para o Programa de Integração Social de que trata o art. 239 e do imposto previsto no art. 153, V, sobre operações de seguro, todos da Constituição Federal;

II – Teto de Referência Total: a média da receita no período de 2012 a 2021, apurada como proporção do PIB, dos impostos previstos nos arts. 153, IV, 155, II e 156, III, das contribuições previstas no art. 195, I, "b", e IV, da contribuição para o Programa de Integração Social de que trata o art. 239 e do imposto previsto no art. 153, V, sobre operações de seguro, todos da Constituição Federal;

III – Receita-Base da União: a receita da União com a contribuição prevista no art. 195, V, e com o imposto previsto no art. 153, VIII, ambos da Constituição Federal, apurada como proporção do PIB;

IV – Receita-Base dos Entes Subnacionais: a receita dos Estados, do Distrito Federal e dos Municípios com o imposto previsto no art. 156-A da Constituição Federal, deduzida da parcela a que se refere a alínea "b" do inciso II do caput, apurada como proporção do PIB;

V – Receita-Base Total: a soma da Receita-Base da União com a Receita-Base dos Entes Subnacionais, sendo essa última:

a) multiplicada por 10 (dez) em 2029;

b) multiplicada por 5 (cinco) em 2030;

c) multiplicada por 10 (dez) e dividida por 3 (três) em 2031;

d) multiplicada por 10 (dez) e dividida por 4 (quatro) em 2032;

e) multiplicada por 1 (um) em 2033.

§ 4º A alíquota de referência da contribuição a que se refere o art. 195, V, da Constituição Federal será reduzida em 2030 caso a média da Receita-Base da União em 2027 e 2028 exceda o Teto de Referência da União.

§ 5º As alíquotas de referência da contribuição a que se refere o art. 195, V, e do imposto a que se refere o art. 156-A, ambos da Constituição Federal, serão reduzidas em 2035 caso a média da Receita--Base Total entre 2029 e 2033 exceda o Teto de Referência Total.

§ 6º As reduções de que tratam os §§ 4º e 5º serão:

I – definidas de forma a que a Receita-Base seja igual ao respectivo Teto de Referência;

II – no caso do § 5º, proporcionais para as alíquotas de referência federal, estadual e municipal.

§ 7º A revisão das alíquotas de referência em função do disposto nos §§ 4º, 5º e 6º não implicará cobrança ou restituição de tributo relativo a anos anteriores ou transferência de recursos entre os entes federativos.

§ 8º Os entes federativos e o Comitê Gestor do Imposto sobre Bens e Serviços fornecerão ao Tribunal de Contas da União as informações necessárias para o cálculo a que se referem os §§ 1º, 4º e 5º.

§ 9º Nos cálculos das alíquotas de que trata o caput, deverá ser considerada a arrecadação dos tributos previstos nos arts. 156-A e 195, V, da Constituição Federal, cuja cobrança tenha sido iniciada antes dos períodos de que tratam os incisos I, II e III do caput.

§ 10. O cálculo das alíquotas a que se refere este artigo será realizado com base em propostas encaminhadas pelo Poder Executivo da União e pelo Comitê Gestor do Imposto sobre Bens e Serviços, que deverão fornecer ao Tribunal de Contas da União todos os subsídios necessários, mediante o compartilhamento de dados e informações, nos termos de lei complementar.

Art. 131. De 2029 a 2077, o produto da arrecadação dos Estados, do Distrito Federal e dos Municípios com o imposto de que trata o art. 156-A da Constituição Federal será distribuído a esses entes federativos conforme o disposto neste artigo.

§ 1º Serão retidos do produto da arrecadação do imposto de cada Estado, do Distrito Federal e de cada Município apurada com base nas alíquotas de referência de que trata o art. 130 deste Ato das Disposições Constitucionais Transitórias, nos termos dos arts. 149-C e 156-A, § 4º, II, e § 5º, I e IV, antes da aplicação do disposto no art. 158, IV, "b", todos da Constituição Federal:

I – de 2029 a 2032, 80% (oitenta por cento);

II – em 2033, 90% (noventa por cento);

III – de 2034 a 2077, percentual correspondente ao aplicado em 2033, reduzido à razão de 1/45 (um quarenta e cinco avos) por ano.

§ 2º Na forma estabelecida em lei complementar, o montante retido nos termos do § 1º será distribuído entre os Estados, o Distrito Federal e os Municípios proporcionalmente à receita média de cada ente federativo, devendo ser consideradas:

I – no caso dos Estados:

a) a arrecadação do imposto previsto no art. 155, II, após aplicação do disposto no art. 158, IV, "a", todos da Constituição Federal; e

b) as receitas destinadas aos fundos estaduais de que trata o art. 130, II, "b", deste Ato das Disposições Constitucionais Transitórias;

II – no caso do Distrito Federal:

a) a arrecadação do imposto previsto no art. 155, II, da Constituição Federal; e

b) a arrecadação do imposto previsto no art. 156, III, da Constituição Federal;

III – no caso dos Municípios:

a) a arrecadação do imposto previsto no art. 156, III, da Constituição Federal; e

b) a parcela creditada na forma do art. 158, IV, "a", da Constituição Federal.

§ 3º Não se aplica o disposto no art. 158, IV, "b", da Constituição Federal aos recursos distribuídos na forma do § 2º, I, deste artigo.

§ 4º A parcela do produto da arrecadação do imposto não retida nos termos do § 1º, após a retenção de que trata o art. 132 deste Ato das Disposições Constitucionais Transitórias, será distribuída a cada Estado, ao Distrito Federal e a cada Município de acordo com os critérios da lei complementar de que trata o art. 156-A, § 5º, I, da Constituição Federal, nela computada a variação de alíquota fixada pelo ente em relação à de referência.

§ 5º Os recursos de que trata este artigo serão distribuídos nos termos estabelecidos em lei complementar, aplicando-se o seguinte:

I – constituirão a base de cálculo dos fundos de que trata o art. 212-A, II, da Constituição Federal, observado que:

a) para os Estados, o percentual de que trata o art. 212-A, II, será aplicado proporcionalmente à razão entre a soma dos valores distribuídos a cada ente nos termos do § 2º, I, "a", e do § 4º, e a soma dos valores distribuídos nos termos do § 2º, I e do § 4º;

b) para o Distrito Federal, o percentual de que trata o art. 212-A, II, será aplicado proporcionalmente à razão entre a soma dos valores distribuídos nos termos do § 2º, II, "a", e do § 4º, e a soma dos valores distribuídos nos termos do § 2º, II, e do § 4º, considerada, em ambas as somas, somente a parcela estadual nos valores distribuídos nos termos do § 4º;

c) para os Municípios, o percentual de que trata o art. 212-A, II, será aplicado proporcionalmente à razão entre a soma dos valores distribuídos nos termos do § 2º, III, "b", e a soma dos valores distribuídos nos termos do § 2º, III;

II – constituirão as bases de cálculo de que tratam os arts. 29-A, 198, § 2º, 204, parágrafo único, 212 e 216, § 6º, da Constituição Federal, excetuados os valores distribuídos nos termos do § 2º, I, "b";

III – poderão ser vinculados para prestação de garantias às operações de crédito por antecipação de receita previstas no art. 165, § 8º, para pagamento de débitos com a União e para prestar-lhe garantia ou contragarantia, nos termos do art. 167, § 4º, todos da Constituição Federal.

§ 6º Durante o período de que trata o caput deste artigo, é vedado aos Estados, ao Distrito Federal e aos Municípios fixar alíquotas próprias do imposto de que trata o art. 156-A da Constituição Federal inferiores às necessárias para garantir as retenções de que tratam o § 1º deste artigo e o art. 132 deste Ato das Disposições Constitucionais Transitórias.

Art. 132. Do imposto dos Estados, do Distrito Federal e dos Municípios apurado com base nas alíquotas de referência de que trata o art. 130 deste Ato das Disposições Constitucionais Transitórias, deduzida a retenção de que trata o art. 131, § 1º, será retido montante correspondente a 5% (cinco por cento) para distribuição aos entes com as menores razões entre:

I – o valor apurado nos termos dos arts. 149-C e 156-A, § 4º, II, e § 5º, I e IV, com base nas alíquotas de referência, após a aplicação do disposto no art. 158, IV, "b", todos da Constituição Federal; e

II – a respectiva receita média, apurada nos termos do art. 131, § 2º, I, II e III, deste Ato das Disposições Constitucionais Transitórias, limitada a 3 (três) vezes a média nacional por habitante da respectiva esfera federativa.

§ 1º Os recursos serão distribuídos, sequencial e sucessivamente, aos entes com as menores razões de que trata o caput, de maneira que, ao final da distribuição, para todos os entes que receberem recursos, seja observada a mesma a razão entre:

I – a soma do valor apurado nos termos do inciso I do caput com o valor recebido nos termos deste artigo; e

II – a receita média apurada na forma do inciso II do caput.

§ 2º Aplica-se aos recursos distribuídos na forma deste artigo o disposto no art. 131, § 5º deste Ato das Disposições Constitucionais Transitórias.

§ 3º Lei complementar estabelecerá os critérios para a redução gradativa, entre 2078 e 2097, do percentual de que trata o caput, até a sua extinção.

Art. 133. Os tributos de que tratam os arts. 153, IV, 155, II, 156, III, e 195, I, "b", e IV, e a contribuição para o Programa de Integração Social a que se refere o art. 239 não integrarão a base de cálculo do imposto de que trata o art. 156-A e da contribuição de que trata o art. 195, V, todos da Constituição Federal.

Art. 134. Os saldos credores relativos ao imposto previsto no art. 155, II, da Constituição Federal, existentes ao final de 2032 serão aproveitados pelos contribuintes na forma deste artigo e nos termos de lei complementar.

§ 1º O disposto neste artigo alcança os saldos credores cujo aproveitamento ou ressarcimento sejam admitidos pela legislação em vigor em 31 de dezembro de 2032 e que tenham sido homologados pelos respectivos entes federativos, observadas as seguintes diretrizes:

I – apresentado o pedido de homologação, o ente federativo deverá se pronunciar no prazo estabelecido na lei complementar a que se refere o caput;

II – na ausência de resposta ao pedido de homologação no prazo a que se refere o inciso I deste parágrafo, os respectivos saldos credores serão considerados homologados.

§ 2º Aplica-se o disposto neste artigo também aos créditos reconhecidos após o prazo previsto no caput.

§ 3º O saldo dos créditos homologados será informado pelos Estados e pelo Distrito Federal ao Comitê Gestor do Imposto sobre Bens e Serviços para que seja compensado com o imposto de que trata o art. 156-A da Constituição Federal:

I – pelo prazo remanescente, apurado nos termos do art. 20, § 5º, da Lei Complementar nº 87, de 13 de setembro de 1996, para os créditos relativos à entrada de mercadorias destinadas ao ativo permanente;

II – em 240 (duzentos e quarenta) parcelas mensais, iguais e sucessivas, nos demais casos.

§ 4º O Comitê Gestor do Imposto sobre Bens e Serviços deduzirá do produto da arrecadação do imposto previsto no art. 156-A devido ao respectivo ente federativo o valor compensado na forma do § 3º, o qual não comporá base de cálculo para fins do disposto nos arts. 158, IV, 198, § 2º, 204, parágrafo único, 212, 212-A, II, e 216, § 6º, todos da Constituição Federal.

§ 5º A partir de 2033, os saldos credores serão atualizados pelo IPCA ou por outro índice que venha a substituí-lo.

§ 6º Lei complementar disporá sobre:

I – as regras gerais de implementação do parcelamento previsto no § 3º;

II – a forma pela qual os titulares dos créditos de que trata este artigo poderão transferi-los a terceiros;

III – a forma pela qual o crédito de que trata este artigo poderá ser ressarcido ao contribuinte pelo Comitê Gestor do Imposto sobre Bens e Serviços, caso não seja possível compensar o valor da parcela nos termos do § 3º."

Art. 135. Lei complementar disciplinará a forma de utilização dos créditos, inclusive presumidos, do imposto de que trata o art. 153, IV, e das contribuições de que tratam o art. 195, I, "b", e IV, e da contribuição para o Programa de Integração Social a que se refere o art. 239, todos da Constituição Federal, não apropriados ou não utilizados até a extinção, mantendo-se, apenas para os créditos que cumpram os requisitos estabelecidos na legislação vigente na data da extinção de tais tributos, a permissão para compensação com outros tributos federais, inclusive com a contribuição prevista no inciso V do caput do art. 195 da Constituição Federal, ou ressarcimento em dinheiro."

Art. 136. Os Estados que possuíam, em 30 de abril de 2023, fundos destinados a investimentos em obras de infraestrutura e habitação e financiados por contribuições sobre produtos primários e semielaborados estabelecidas como condição à aplicação de diferimento, regime especial ou outro tratamento diferenciado, relativos ao imposto de que trata o art. 155, II, da Constituição Federal, poderão instituir contribuições semelhantes, não vinculadas ao referido imposto, observado que:

I – a alíquota ou o percentual da contribuição não poderão ser superiores e a base de incidência não poderá ser mais ampla que os das respectivas contribuições vigentes em 30 de abril de 2023;

II – a instituição de contribuição nos termos deste artigo implicará a extinção da contribuição correspondente, vinculada ao imposto de que trata o art. 155, II, da Constituição Federal, vigente em 30 de abril de 2023;

III – a destinação de sua receita deverá ser a mesma das contribuições vigentes em 30 de abril de 2023;

IV – a contribuição instituída nos termos do caput será extinta em 31 de dezembro de 2043.

Parágrafo único. As receitas das contribuições mantidas nos termos deste artigo não serão consideradas como receita do respectivo Estado para fins do disposto nos arts. 130, II, "b", e 131, § 2º, I, "b", deste Ato das Disposições Constitucionais Transitórias."

Art. 137. Os saldos financeiros dos recursos transferidos pelo Fundo Nacional de Saúde e pelo Fundo Nacional de Assistência Social, para enfrentamento da pandemia de Covid-19 no período de 2020 a 2022, aos fundos de saúde e assistência social estaduais, municipais e do Distrito Federal poderão ser aplicados, até 31 de dezembro de 2024, para o custeio de ações e serviços públicos de saúde e de assistência social, observadas, respectivamente, as diretrizes emanadas do Sistema Único de Saúde e do Sistema Único de Assistência Social.

▶ Arts. 124 a 137 acrescidos pela EC 132/2023.

Art. 138. Até 2032, qualquer criação, alteração ou prorrogação de vinculação legal ou constitucional de receitas a despesas, inclusive na hipótese de aplicação mínima de montante de recursos, não poderá resultar em crescimento anual da respectiva despesa primária superior à variação do limite de despesas primárias, na forma prevista na lei complementar de que trata o art. 6º da Emenda Constitucional nº 126, de 21 de dezembro de 2022.

▶ Caput acrescido pela EC 135/2024.

Brasília, 5 de outubro de 1988.

Ulysses Guimarães
Presidente

I. DIREITO INTERNACIONAL PÚBLICO

Organizações Internacionais e Instituições Regionais

PACTO DA SOCIEDADE DAS NAÇÕES (1919)

- O Pacto é a primeira parte do Tratado de Versalhes, de 28.06.1919.
- Sancionado no Brasil pelo Decreto 3.875, de 11.11.1919, e ratificado em 10.12.1919.
- Promulgado pelo Decreto 13.990, de 12.01.1920.
- O Brasil se retirou da Sociedade das Nações (SdN) em 12.06.1926.

As Altas Partes Contratantes, considerando que, para o desenvolvimento da cooperação entre as nações e para a garantia da paz e da segurança internacionais, importa aceitar certas obrigações de não recorrer à guerra, manter abertamente relações internacionais fundadas sobre a justiça e a honra, observar rigorosamente as prescrições do direito internacional, reconhecidas doravante como norma efetiva de procedimento dos governos, fazer reinar a justiça e respeitar escrupulosamente todas as obrigações dos tratados nas relações mútuas dos povos organizados, adotam o presente Pacto, que institui a Sociedade das Nações.

Artigo 1º

1. São membros originários da Sociedade das Nações aqueles de entre os signatários cujos nomes figuram no Anexo ao presente Pacto, bem como os Estados, igualmente indicados no Anexo, que tiverem acedido ao presente Pacto sem nenhuma reserva, por meio de declaração depositada no Secretariado, dentro dos dois meses seguintes à entrada em vigor do Pacto, e a qual será notificada aos demais membros da Sociedade.

2. Todo Estado, Domínio ou Colônia que se governe livremente e não esteja designado no Anexo, poderá tornar-se membro da Sociedade se sua admissão for aprovada pelos dois terços da Assembleia, contanto que dê garantias efetivas da sua sincera intenção de observar os seus compromissos internacionais e de que aceita as regras estabelecidas pela Sociedade no tocante às suas forças e armamentos militares navais e aéreos.

3. Todo membro da Sociedade poderá, após aviso prévio de dois anos, retirar-se dela, contanto que, nesse momento, tenha preenchido todas as suas obrigações internacionais, inclusive as do presente Pacto.

Artigo 2º

A ação da Sociedade, tal como se define no presente Pacto, é exercida por uma Assembleia e por um Conselho, assistidos de um Secretariado permanente.

Artigo 3º

1. A Assembleia será composta de representantes dos membros da Sociedade.

2. Ela se reunirá em épocas fixadas e, em qualquer outra ocasião, quando as circunstâncias o exijam, na sede da Sociedade ou em qualquer outro lugar que possa ser designado.

3. A Assembleia poderá tratar de toda questão que entre na esfera de atividade da Sociedade ou que atinja a paz do mundo.

4. Cada membro da Sociedade não poderá contar com mais de três Representantes na Assembleia e só disporá de um voto.

Artigo 4º

1. O Conselho será composto de representantes das principais potências aliadas e associadas, bem como de representantes de quatro outros membros da Sociedade. Esses quatro membros da Sociedade serão designados livremente pela Assembleia e nas épocas que lhe aprouver escolher. Até a primeira designação pela Assembleia, os representantes da Bélgica, do Brasil, da Espanha e da Grécia serão membros do Conselho.

2. Com a aprovação da maioria da Assembleia, o Conselho poderá designar outros membros da Sociedade, cuja representação, no Conselho, será desde então permanente. Com a mesma aprovação, ele poderá aumentar o número dos membros da Sociedade a serem escolhidos pela Assembleia para terem representantes no Conselho.

2 bis. A Assembleia fixará, por maioria de dois terços, as regras concernentes às eleições dos membros não permanentes do Conselho e, especialmente, as que digam respeito à duração de seu mandato e às condições de reelegibilidade.

3. O Conselho reunir-se-á quando as circunstâncias o exigirem, e ao menos uma vez por ano, na sede da Sociedade ou em qualquer outro lugar que, porventura, for designado.

4. O Conselho tomará conhecimento de toda questão que entrar na esfera de atividade da Sociedade ou que interessar à paz do mundo.

5. Todo membro da Sociedade, que não for representado no Conselho, será convidado a enviar um representante para ali tomar assento, quando alguma questão que o interesse particularmente for submetida ao Conselho.

6. Cada membro da Sociedade representado no Conselho disporá apenas de um voto e só terá um representante.

Artigo 5º

1. Salvo disposição expressamente contrária deste Pacto ou das cláusulas do presente Tratado, as decisões da Assembleia ou do Conselho serão tomadas pela unanimidade dos membros da Sociedade representados na reunião.

2. Todas as questões de processo que se suscitarem nas reuniões da Assembleia ou do Conselho, inclusive a designação das Comissões incumbidas de inquéritos sobre assuntos particulares, serão resolvidas pela Assembleia ou pelo Conselho e decididas pela maioria dos membros da Sociedade representados na reunião.

3. A primeira reunião da Assembleia e a primeira reunião do Conselho serão convocadas pelo Presidente dos Estados Unidos da América.

Artigo 6º

1. O Secretariado permanente será estabelecido na sede da Sociedade, e compreenderá um Secretário-geral, bem como os secretários e demais pessoal que forem necessários.

2. O primeiro Secretário-geral está designado no Anexo. Depois, o Secretário-geral será nomeado pelo Conselho com a aprovação da maioria da Assembleia.

3. Os secretários e demais pessoal do Secretariado serão nomeados pelo Secretário-geral, com a aprovação do Conselho.

4. O Secretário-geral da Sociedade funcionará nessa qualidade, em todas as reuniões da Assembleia e do Conselho.

5. As despesas da Sociedade serão suportadas pelos Membros da Sociedade, na proporção decidida pela Assembleia.

Artigo 7º

1. A sede da Sociedade será em Genebra.

2. O Conselho poderá, em qualquer momento, decidir estabelecê-la noutro lugar.

3. Todas as funções da Sociedade ou dos serviços que a ela se prendem, inclusive o Secretariado, serão acessíveis igualmente a homens e mulheres.

4. Os representantes dos membros da Sociedade e seus agentes gozarão, no exercício de suas funções, dos privilégios e imunidades diplomáticas.

5. Os edifícios e terrenos ocupados pela Sociedade ou seus serviços ou para suas reuniões serão invioláveis.

Artigo 8º

1. Os membros da Sociedade reconhecem que a manutenção da paz exige a redução dos armamentos nacionais ao mínimo compatível com a segurança nacional e com a execução das obrigações internacionais impostas por uma ação comum.

2. O Conselho, levando em conta a situação geográfica e as condições especiais de cada Estado, preparará os planos dessa redução, para exame e decisão dos diversos governos.

3. Esses planos deverão ser objeto de novo exame e, eventualmente, de revisão, de dez em dez anos, pelo menos.

4. Após sua adoção pelos diversos governos, o limite dos armamentos assim fixado não poderá ser ultrapassado sem o consentimento do Conselho.

5. Considerando que a fabricação privada de munições e de material de guerra suscita grandes objeções, os membros da Sociedade incumbirão o Conselho de aconselhar as medidas próprias para evitar os seus maléficos efeitos, levando em conta as necessidades dos membros da Sociedade que não possam fabricar as munições e o material de guerra necessários para sua segurança.

6. Os membros da Sociedade comprometem-se a permutar, da maneira mais franca e mais completa, todas as informações relativas aos seus armamentos, aos seus programas militares, navais e aéreos, e à condição das suas indústrias suscetíveis de serem utilizadas para a guerra.

Artigo 9º

Será constituída uma Comissão permanente para dar pareceres ao Conselho sobre a execução das disposições dos arts. 1º e 8º e, de modo geral, sobre as questões militares, navais e aéreas.

Artigo 10

Os membros da Sociedade comprometem-se a respeitar e a manter contra toda agressão externa a integridade territorial e a independência política atual de todos os membros da Sociedade. Em casos de agressão, de ameaça ou de perigo de agressão, o Conselho recomendará os meios de se assegurar o cumprimento dessa obrigação.

Artigo 11

1. Fica expressamente declarado que toda guerra ou ameaça de guerra, atinja diretamente, ou não, algum dos membros da Sociedade, interessa a toda a Sociedade, e esta deve adotar as medidas apropriadas para salvaguardar eficazmente a paz das nações. Em tal caso, o Secretário-geral convocará imediatamente o Conselho, a pedido de qualquer membro da Sociedade.

2. Fica, igualmente, declarado que todo membro da Sociedade tem o direito de chamar a atenção da Assembleia ou do Conselho, a título amistoso para toda circunstância suscetível de atingir as relações internacionais e que ameace perturbar a paz ou a boa harmonia entre as nações, da qual a paz depende.

Artigo 12

1. Todos os membros da Sociedade concordam em que, se entre eles surgir uma controvérsia suscetível de produzir uma ruptura, submeterão o caso seja ao processo da arbitragem ou a uma solução judiciária, seja ao exame do Conselho. Concordam, também, em que não deverão, em caso algum, recorrer à guerra, antes da expiração do prazo de

três meses após a decisão arbitral ou judiciária, ou o relatório do Conselho.
2. Em todas as hipóteses previstas neste artigo, a decisão deverá ser proferida dentro em prazo razoável, e o relatório do Conselho deverá ser apresentado dentro em seis meses a datar do dia em que a controvérsia lhe tenha sido submetida.

Artigo 13

1. Os membros da Sociedade concordam em que se entre eles surgir uma controvérsia, que, na sua opinião, seja suscetível de solução arbitral ou judiciária, e que se não possa resolver, de maneira satisfatória, pela via diplomática, a questão será integralmente submetida à solução arbitral ou judiciária.
2. Entre as controvérsias geralmente suscetíveis de solução arbitral ou judiciária, declaram-se as relativas à interpretação de um tratado, a qualquer ponto de direito internacional, à realidade de todo fato que, se verificado, constituiria a ruptura de um compromisso internacional, ou à extensão ou à natureza da reparação devida por semelhante ruptura.
3. A causa será submetida à Corte permanente de Justiça internacional, ou a qualquer jurisdição ou tribunal designado, pelas partes ou previsto em suas convenções anteriores.
4. Os membros da Sociedade comprometem-se a executar de boa-fé as sentenças proferidas e a não recorrer à guerra contra nenhum membro da Sociedade que com elas se conformar. Em caso de não execução da sentença, o Conselho proporá as medidas que lhe devam assegurar o efeito.

Artigo 14

O Conselho é incumbido de preparar um projeto de Corte permanente de Justiça internacional e de o submeter aos membros da Sociedade. Essa Corte conhecerá de todas as controvérsias de caráter internacional que as partes lhe submetam. Também dará pareceres consultivos sobre toda controvérsia ou questão a ela submetida pelo Conselho ou a Assembleia.

Artigo 15

1. Se entre os membros da Sociedade surgir alguma controvérsia suscetível de produzir uma ruptura e se essa controvérsia não for submetida ao processo da arbitragem ou à solução judiciária prevista no art. 13, os membros da Sociedade concordam em que submeterão o caso ao Conselho. Para este fim, bastará que um deles dê notícia dessa controvérsia ao Secretário-geral, que adotará todas as disposições para a realização de um inquérito e um exame completos.
2. No mais breve prazo possível, as partes deverão comunicar ao Secretário-geral a exposição da respectiva causa, com todos os fatos pertinentes e documentos justificativos. O Conselho poderá ordenar a sua publicação imediata.
3. O Conselho esforçar-se-á por levar a efeito a solução da controvérsia. Se o conseguir, publicará, na medida em que o julgar útil, uma exposição sobre os fatos, as explicações que estes comportam e os termos da solução.
4. Se a controvérsia não tiver podido ser resolvida, o Conselho redigirá e publicará um relatório, adotado ou por unanimidade ou por maioria de votos, para dar a conhecer as circunstâncias da controvérsia e as soluções que ele recomende como as mais equitativas e as mais apropriadas ao caso.
5. Todo membro da Sociedade representado no Conselho poderá igualmente publicar uma exposição dos fatos da controvérsia e com as suas próprias conclusões.
6. Se o relatório do Conselho for aceito unanimemente, não se contando no cálculo dessa unanimidade o voto dos representantes das partes, os membros da Sociedade comprometem-se a não recorrer à guerra contra a parte que se conformar com as conclusões do relatório.
7. No caso em que o Conselho não consiga fazer aceitar seu relatório por todos os seus membros, exclusive os Representantes de qualquer das partes litigantes, os membros da Sociedade reservam-se o direito de proceder como julgarem necessário para a manutenção do direito e da justiça.
8. Se uma das partes pretender e o Conselho reconhecer que a controvérsia versa sobre uma questão que o direito internacional deixa à competência exclusiva dessa parte, o Conselho o consignará num relatório, mas sem recomendar nenhuma solução.
9. Em todos os casos previstos no presente artigo, o Conselho poderá submeter a controvérsia à Assembleia. A Assembleia deverá igualmente tomar conhecimento da controvérsia a requerimento de qualquer das partes; esse requerimento deverá ser apresentado no prazo de quatorze dias, a contar do momento em que a controvérsia tiver sido submetida ao Conselho.
10. Em toda questão submetida à Assembleia, as disposições do presente artigo e do art. 12, relativas à ação e aos poderes do Conselho, aplicar-se-ão igualmente à ação e aos poderes da Assembleia. Fica entendido que um relatório apresentado pela Assembleia, com a aprovação dos representantes dos membros da Sociedade representados no Conselho e da maioria dos outros membros da Sociedade, excluídos, em cada caso, os representantes das partes, terá o mesmo efeito que um relatório do Conselho, adotado pela unanimidade dos seus membros, excetuados os representantes das partes.

Artigo 16

1. Se algum membro da Sociedade recorrer à guerra, contrariamente aos compromissos assumidos nos arts. 12, 13 ou 15, ele será *ipso facto* considerado como tendo cometido um ato de guerra contra todos os outros membros da Sociedade. Estes se comprometem a romper imediatamente com ele todas as relações comerciais ou financeiras, a proibir todas as relações entre seus nacionais e

os do Estado que tiver rompido o Pacto e a fazer que cessem todas as comunicações financeiras, comerciais ou pessoais entre os nacionais desse Estado e os de qualquer outro Estado, membro ou não da Sociedade.

2. Nesse caso, o Conselho terá o dever de recomendar aos diversos governos interessados os efetivos militares, navais ou aéreos, pelos quais os membros da Sociedade contribuirão, respectivamente, para as forças armadas destinadas a fazer respeitados os compromissos da Sociedade.

3. Os membros da Sociedade concordam, além disto, em se prestar, uns aos outros, apoio mútuo, na aplicação das medidas econômicas e financeiras a serem tomadas, em virtude do presente artigo, a fim de que se reduzam, ao mínimo, as perdas e os inconvenientes que daí possam resultar. Eles se prestarão igualmente apoio mútuo na resistência a qualquer medida especial dirigida contra um deles pelo Estado que tiver rompido o Pacto. E tomarão as disposições necessárias para facilitar a passagem, através do seu território, das forças de todo membro da Sociedade que participar de uma ação comum destinada a fazer respeitados os compromissos da Sociedade.

4. Todo membro da Sociedade que se tornar culpado da violação de algum dos compromissos resultantes do Pacto poderá dela ser excluído. A exclusão será pronunciada pelo voto de todos os outros membros da Sociedade representados no Conselho.

Artigo 17

1. Em caso de controvérsia entre dois Estados, dos quais só um seja membro da Sociedade ou dos quais nenhum faça parte desta, o Estado ou os Estados estranhos à Sociedade serão convidados a aceitar as obrigações impostas a seus membros para os fins de solução da controvérsia, nas condições que o Conselho considerar justas. Se tal convite for aceito, as disposições dos arts. 12 a 16 serão aplicadas, com as modificações que o Conselho julgar necessárias.

2. Desde a remessa desse convite, o Conselho abrirá um inquérito sobre as circunstâncias da controvérsia e proporá as medidas que, no caso dado, lhe parecerem melhores e mais eficazes.

3. Se o Estado convidado, recusando aceitar as obrigações de membro da Sociedade para os fins de solução da controvérsia, recorrer à guerra contra um membro da Sociedade, as disposições do art. 16 ser-lhe-ão aplicáveis.

4. Se as duas partes convidadas recusarem aceitar as obrigações de membro da Sociedade para os fins de solução da controvérsia, o Conselho poderá tomar todas as medidas e fazer todas as propostas suscetíveis de prevenir as hostilidades e determinar a solução do conflito.

Artigo 18

Todo tratado ou compromisso internacional concluído no futuro por um membro da Sociedade deverá ser imediatamente registrado pelo Secretariado e publicado por ele, logo que possível. Nenhum desses tratados ou compromissos internacionais será obrigatório antes de ter sido registrado.

Artigo 19

De tempos a tempos, a Assembleia poderá convidar os membros da Sociedade a procederem a novo exame dos tratados que se tenham tornado inaplicáveis, bem como das situações internacionais cuja manutenção possa pôr em perigo a paz do mundo.

Artigo 20

1. Os membros da Sociedade reconhecem, cada qual no, que lhe diz respeito, que o presente Pacto revoga todas as obrigações ou acordos entre si, incompatíveis com os seus termos, e se comprometem, solenemente, a não contrair, no futuro, outros, semelhantes.

2. Se, antes da sua entrada na Sociedade, algum membro tiver assumido obrigações incompatíveis com os termos do Pacto, esse deverá adotar medidas imediatas para se desligar de tais obrigações.

Artigo 21

Os compromissos internacionais, tais como os tratados de arbitragem, e os acordos regionais, como a doutrina de Monroe destinados a assegurar a manutenção da paz, não serão considerados como incompatíveis com nenhuma das disposições do presente Pacto.

Artigo 22

1. Os seguintes princípios serão aplicados às colônias e territórios que, em consequência da guerra, deixaram de estar sob a soberania dos Estados que os governavam precedentemente e que são habitados por povos ainda não capazes de se dirigir, nas condições particularmente difíceis do mundo moderno. O bem-estar e o desenvolvimento desses povos constituem sagrada missão de civilização, e convém incorporar ao presente Pacto garantias para o desempenho da tal missão.

2. O melhor método de se realizar praticamente esse princípio é confiar a tutela desses povos às nações desenvolvidas que, em razão dos seus recursos, da sua experiência ou da sua posição geográfica, sejam as mais indicadas para assumir tal responsabilidade e que consintam em aceitá-la; elas exerceriam essa tutela na qualidade de mandatárias e em nome da Sociedade.

3. O caráter do mandato deverá diferir, conforme o grau de desenvolvimento do povo, a situação geográfica do território, suas condições econômicas e quaisquer outras circunstâncias análogas.

4. Certas comunidades, que outrora pertenciam ao Império Otomano, atingiram tal grau de desenvolvimento que sua existência, como nações independentes, poderá ser reconhecida provisoriamente, sob a condição de que os conselhos e o auxílio de um mandatário guie sua administração até o momento em que sejam capazes de se conduzir sozinhas. Os desejos dessas comunidades

deverão ser tomados em consideração na escolha do mandatário.

5. O grau de desenvolvimento em que se acham outros povos, especialmente os da África central, exige que o mandatário aí assuma a administração do território, em condições que, com a proibição de abusos, tais como o tráfico de escravos, o comércio de armas e o do álcool, garantam a liberdade de consciência e de religião, sem outras limitações além das que pode exigir a manutenção da ordem pública e dos bons costumes e a proibição de estabelecer fortificações ou bases militares ou navais e de instruir militarmente os indígenas, a não ser para a polícia ou a defesa do território, e que assegurem aos outros membros da Sociedade condições de igualdade para as trocas e o comércio.

6. Finalmente, há territórios, tais como o Sudoeste africano e certas ilhas do Pacífico austral, que, devido à fraca densidade de sua população, à sua superfície restrita, ao seu afastamento dos centros de civilização, à sua contiguidade geográfica com o território do mandatário, ou a outras circunstâncias, não poderiam ser mais bem administradas do que, sob as leis do mandatário, como parte integrante do território deste, sob ressalva das garantias previstas acima, no interesse da população indígena.

7. Em qualquer desses casos, o mandatário deverá enviar um relatório anual ao Conselho, sobre os territórios de que tenha o encargo.

8. O grau de autoridade, fiscalização ou administração a ser exercido pelo mandatário, se não tiver constituído objetivo de alguma convenção anterior entre os membros da Sociedade, será expressamente definido, em cada caso, pelo Conselho.

9. Uma Comissão permanente será incumbida de receber e examinar os relatórios anuais dos mandatários e de dar o seu parecer ao Conselho, sobre todas as questões relativas à execução dos mandatos.

Artigo 23

Sob a reserva e na conformidade das disposições das convenções internacionais atualmente existentes ou que forem ulteriormente celebradas, os membros da Sociedade:

a) Esforçar-se-ão por assegurar e manter condições de trabalho equitativas e humanas para o homem, a mulher e a criança nos seus próprios territórios, bem como em todos os países aos quais se estendam suas relações de comércio e de indústria e, para este fim, fundarão e manterão as necessárias organizações internacionais;

b) comprometem-se a assegurar o tratamento equitativo das populações indígenas, nos territórios submetidos à sua administração;

c) encarregam a Sociedade da fiscalização geral dos acordos relativos ao tráfico das mulheres e crianças e ao tráfico do ópio e de outras drogas nocivas;

d) encarregam a Sociedade da fiscalização geral do comércio das armas e munições com os países onde a fiscalização desse comércio seja indispensável ao interesse comum;

e) adotarão as disposições necessárias para assegurar e manter a liberdade das comunicações e do trânsito, bem como tratamento equitativo do comércio de todos os membros da Sociedade, ficando entendido que as necessidades especiais das regiões devastadas durante a guerra de 1914-1918 deverão ser tomadas em consideração;

f) esforçar-se-ão por tomar medidas de ordem internacional destinadas a prevenir e combater as enfermidades.

Artigo 24

1. Todas as repartições internacionais anteriormente estabelecidas por tratados coletivos serão postas, se as partes contratantes nisso assentirem, sob a autoridade da Sociedade. Todas as outras repartições internacionais e todas as comissões para a solução de questões de interesse internacional, que forem ulteriormente criadas, serão postas igualmente sob a autoridade da Sociedade.

2. Em todas as questões de interesse internacional reguladas por convenções gerais, mas não submetidas à fiscalização de comissões ou de repartições internacionais, o Secretariado da Sociedade deverá, se as partes o pedirem e se o Conselho consentir, reunir e distribuir todas as informações úteis e prestar toda a assistência necessária ou desejável.

3. O Conselho poderá decidir a inclusão nas despesas do Secretariado das de toda repartição ou comissão posta sob a autoridade da Sociedade.

Artigo 25

Os membros da Sociedade comprometem-se a encorajar e favorecer o estabelecimento e a cooperação das organizações voluntárias da Cruz Vermelha, devidamente autorizadas, que tenham por fim a melhoria da saúde, a defesa preventiva contra as enfermidades e o alívio dos sofrimentos no mundo.

Artigo 26

1. As emendas ao presente Pacto entrarão em vigor desde a sua ratificação pelos membros da Sociedade cujos representantes compõem o Conselho e pela maioria daqueles cujos Representantes formam a Assembleia.

2. Todo membro da Sociedade tem a liberdade de não aceitar as emendas feitas ao Pacto; mas, nesse caso, deixará de fazer parte da Sociedade.

ANEXO

I. Membros originários da Sociedade das Nações, signatários do Tratado de Paz

Estados Unidos da América / Bélgica / Bolívia / Brasil / Império Britânico / Canadá / Austrália / África do Sul / Nova Zelândia / Índia / China / Cuba / Equador / França / Grécia / Guatemala / Haiti / Hedjaz / Honduras / Itália / Japão / Libéria /Nicarágua / Panamá / Peru / Polônia / Portugal / Romênia / Estado servo-croata-esloveno / Sião / Tcheco-Eslováquia / Uruguai Estados convidados a aderir ao Pacto Argentina / Chile/ Colômbia / Dinamarca / Espa-

nha / Noruega / Paraguai / Países Baixos / Pérsia / Salvador / Suécia / Suíça / Venezuela
II. *Primeiro Secretário-Geral da Sociedade das Nações, o honorable Sir James Eric Drummond. K. C. M. G., C. B.*

CARTA DAS NAÇÕES UNIDAS (1945)

▶ Assinada em São Francisco, Califórnia (EUA), em 26.06.1945.
▶ Aprovada no Brasil pelo Decreto-lei 7.935, de 04.09.1945, e promulgada pelo Decreto 19.841, de 22.10.1945; entrou em vigor em 24.10.1945.

Nós, os povos das Nações Unidas,
Resolvidos
a preservar as gerações vindouras do flagelo da guerra, que por duas vezes, no espaço da nossa vida, trouxe sofrimentos indizíveis à humanidade, e a reafirmar a fé nos direitos fundamentais do homem, da dignidade e no valor do ser humano, na igualdade de direito dos homens e das mulheres, assim como das nações grandes e pequenas, e a estabelecer condições sob as quais a justiça e o respeito às obrigações decorrentes de tratados e de outras fontes do direito internacional possam ser mantidos, e a promover o progresso social e melhores condições de vida dentro de uma liberdade mais ampla.
E para tais fins praticar a tolerância e viver em paz, uns com os outros, como bons vizinhos, e unir as nossas forças para manter a paz e a segurança internacionais, e a garantir, pela aceitação de princípios e a instituição dos métodos, que a força armada não será usada a não ser no interesse comum, a empregar um mecanismo internacional para promover o progresso econômico e social de todos os povos.
Resolvemos conjugar nossos esforços para a consecução desses objetivos.
Em vista disso, nossos respectivos Governos, por intermédio de representantes reunidos na cidade de São Francisco, depois de exibirem seus plenos poderes, que foram achados em boa e devida forma, concordaram com a presente Carta das Nações Unidas e estabelecem, por meio dela, uma organização internacional que será conhecida pelo nome de Nações Unidas.

CAPÍTULO I
PROPÓSITOS E PRINCÍPIOS

Artigo 1º

Os propósitos das Nações Unidas são:
1. Manter a paz e a segurança internacionais e, para esse fim: tomar coletivamente, medidas efetivas para evitar ameaças à paz e reprimir os atos de agressão ou outra qualquer ruptura da paz e chegar, por meios pacíficos e de conformidade com os princípios da justiça e do direito internacional, a um ajuste ou solução das controvérsias ou situações que possam levar a uma perturbação da paz;
2. Desenvolver relações amistosas entre as nações, baseadas no respeito ao princípio de igualdade de direito e de autodeterminação dos povos, e tomar outras medidas apropriadas ao fortalecimento da paz universal;
3. Conseguir uma cooperação internacional para resolver os problemas internacionais de caráter econômico, social, cultural ou humanitário, e para promover e estimular o respeito aos direitos humanos e às liberdades fundamentais para todos, sem distinção de raça, sexo, língua ou religião; e
4. Ser um centro destinado a harmonizar a ação das nações para a consecução desses objetivos comuns.

Artigo 2º

A Organização e seus membros, para a realização dos propósitos mencionados no art. 1º, agirão de acordo com os seguintes princípios:
1. A Organização é baseada no princípio da igualdade soberana de todos os seus membros.
2. Todos os membros a fim de assegurarem para todos em geral os direitos e vantagens resultantes de sua qualidade de membros, deverão cumprir de boa-fé as obrigações por eles assumidas de acordo com a presente Carta.
3. Todos os membros deverão resolver suas controvérsias internacionais por meios pacíficos, de modo que não sejam ameaçadas a paz, a segurança e a justiça internacionais.
4. Todos os membros deverão evitar em suas relações internacionais a ameaça ou o uso da força contra a integridade territorial ou a independência política de qualquer Estado, ou qualquer outra ação incompatível com os Propósitos das Nações Unidas.
5. Todos os membros darão às Nações Unidas toda assistência em qualquer ação a que elas recorrerem de acordo com a presente Carta e se absterão de dar auxílio a qualquer Estado contra o qual as Nações Unidas agirem de modo preventivo ou coercitivo.
6. A Organização fará com que os Estados que não são membros das Nações Unidas ajam de acordo com esses Princípios em tudo quanto for necessário à manutenção da paz e da segurança internacionais.
7. Nenhum dispositivo da presente Carta autorizará as Nações Unidas a intervirem em assuntos que dependam essencialmente da jurisdição interna de qualquer Estado ou obrigará os membros a submeterem tais assuntos a uma solução, nos termos da presente Carta; este princípio, porém, não prejudicará a aplicação das medidas coercitivas constantes do Capítulo VII.

CAPÍTULO II
DOS MEMBROS

Artigo 3º

Os membros originários das Nações Unidas serão os Estados que, tendo participado da Conferência das Nações Unidas sobre a Organização Internacional, realizada em São Francisco, ou, tendo assinado previamente a Declaração das Nações Unidas, de 01.01.1942, assinarem a presente Carta, e a ratificarem, de acordo com o art. 110.

Artigo 4º

1. A admissão como membro das Nações Unidas fica aberta a todos os Estados amantes da paz que aceitarem as obrigações, contidas na presente Carta e que, a juízo da Organização, estiverem aptos e dispostos a cumprir tais obrigações.
2. A admissão de qualquer desses Estados como membros das Nações Unidas será efetuada por decisão da Assembleia Geral, mediante recomendação do Conselho de Segurança.

Artigo 5º

O membro das Nações Unidas, contra o qual for levada a efeito ação preventiva ou coercitiva por parte do Conselho de Segurança poderá ser suspenso do exercício dos direitos e privilégios de membros pela Assembleia Geral, mediante recomendação do Conselho de Segurança. O exercício desses direitos e privilégios poderá ser restabelecido pelo Conselho de Segurança.

Artigo 6º

O membro das Nações Unidas que houver violado persistentemente os princípios contidos na presente Carta, poderá ser expulso da Organização pela Assembleia Geral mediante recomendação do Conselho de Segurança.

CAPÍTULO III
ÓRGÃOS

Artigo 7º

1. Ficam estabelecidos como órgãos especiais das Nações Unidas: uma Assembleia Geral, um Conselho de Segurança, um Conselho Econômico e Social, um Conselho de Tutela, uma Corte Internacional de Justiça e um Secretariado.
2. Serão estabelecidos, de acordo com a presente Carta, os órgãos subsidiários considerados de necessidade.

Artigo 8º

As Nações Unidas não farão restrições quanto à elegibilidade de homens e mulheres destinados a participar em qualquer caráter e em condições de igualdade em seus órgãos principais e subsidiários.

CAPÍTULO IV
ASSEMBLEIA GERAL

Composição
Artigo 9º

1. A Assembleia Geral será constituída por todos os membros das Nações Unidas.
2. Cada membro não deverá ter mais de cinco representantes na Assembleia Geral.

Funções e atribuições
Artigo 10

A Assembleia Geral poderá discutir quaisquer questões ou assuntos que estiverem dentro das finalidades da presente Carta ou que se relacionarem com as atribuições e funções de qualquer dos órgãos nela previstos e, com exceção do estipulado no art. 12, poderá fazer recomendações aos membros das Nações Unidas ou ao Conselho de Segurança, ou a este e àqueles, conjuntamente, com referência a quaisquer daquelas questões ou assuntos.

Artigo 11

1. A Assembleia Geral poderá considerar os princípios gerais de cooperação na manutenção da paz e da segurança internacionais, inclusive os princípios que disponham sobre o desarmamento e a regulamentação dos armamentos, e poderá fazer recomendações relativas a tais princípios aos membros ou ao Conselho de Segurança, ou a este e àqueles conjuntamente.
2. A Assembleia Geral poderá discutir quaisquer questões relativas à manutenção da paz e da segurança internacionais, que a ela forem submetidas por qualquer membro das Nações Unidas, ou pelo Conselho de Segurança, ou por um Estado que não seja membro das Nações Unidas, de acordo com o art. 35, § 2º, e, com exceção do que fica estipulado no art. 12, poderá fazer recomendações relativas a quaisquer destas questões ao Estado ou Estados interessados, ou ao Conselho de Segurança ou a ambos. Qualquer destas questões para cuja solução for necessária uma ação, será submetida ao Conselho de Segurança pela Assembleia Geral, antes ou depois da discussão.
3. A Assembleia Geral poderá solicitar a atenção do Conselho de Segurança para situações que possam constituir ameaça à paz e à segurança internacionais.
4. As atribuições da Assembleia Geral enumeradas neste artigo não limitarão a finalidade geral do art. 10.

Artigo 12

1. Enquanto o Conselho de Segurança estiver exercendo, em relação a qualquer controvérsia ou situação, as funções que lhe são atribuídas na presente Carta, a Assembleia Geral não fará nenhuma recomendação a respeito dessa controvérsia ou situação, a menos que o Conselho de Segurança a solicite.
2. O Secretário-Geral, com o consentimento do Conselho de Segurança, comunicará à Assembleia Geral, em cada sessão, quaisquer assuntos relativos à manutenção da paz e da segurança internacionais que estiverem sendo tratados pelo Conselho de Segurança, e da mesma maneira dará conhecimento de tais assuntos à Assembleia Geral ou aos membros das Nações Unidas se a Assembleia Geral não estiver em sessão, logo que o Conselho de Segurança terminar o exame dos referidos assuntos.

Artigo 13

1. A Assembleia Geral iniciará estudos e fará recomendações, destinados a:
a) promover cooperação internacional no terreno político e incentivar o desenvolvimento progressivo do direito internacional e a sua codificação;
b) promover cooperação internacional nos terrenos econômico, social, cultural, educacional e sanitário, e favorecer o pleno gozo dos direitos humanos e das liberdades fundamentais, por parte

de todos os povos, sem distinção de raça, língua ou religião.

2. As demais responsabilidades, funções e atribuições da Assembleia Geral, em relação aos assuntos mencionados no § 1º *(b)* acima, estão enumeradas nos capítulos IX e X.

Artigo 14

A Assembleia Geral, sujeita aos dispositivos do art. 12, poderá recomendar medidas para a solução pacífica de qualquer situação, qualquer que seja sua origem, que lhe pareça prejudicial ao bem-estar geral ou às relações amistosas entre as nações, inclusive em situações que resultem da violação dos dispositivos da presente Carta que estabelecem os propósitos e princípios das Nações Unidas.

Artigo 15

1. A Assembleia Geral receberá e examinará os relatórios anuais e especiais do Conselho de Segurança. Esses relatórios incluirão uma relação das medidas que o Conselho de Segurança tenha adotado ou aplicado a fim de manter a paz e a segurança internacionais.

2. A Assembleia Geral receberá e examinará os relatórios dos outros órgãos das Nações Unidas.

Artigo 16

A Assembleia Geral desempenhará, com relação ao sistema internacional de tutela, as funções a ela atribuídas nos capítulos XII e XIII, inclusive a aprovação de acordos de tutelas referentes às zonas não designadas como estratégicas.

Artigo 17

1. A Assembleia Geral considerará e aprovará o orçamento da Organização.

2. As despesas da Organização serão custeadas pelos membros, segundo cotas fixadas pela Assembleia Geral.

3. A Assembleia Geral considerará e aprovará quaisquer ajustes financeiros e orçamentários com as entidades especializadas, a que se refere o art. 57, e examinará os orçamentos administrativos de tais instituições especializadas com o fim de lhes fazer recomendações.

Votação

Artigo 18

1. Cada membro da Assembleia Geral terá um voto.

2. As decisões da Assembleia Geral, em questões importantes, serão tomadas por maioria de 2/3 dos membros presentes e votantes. Essas questões compreenderão: recomendações relativas à manutenção da paz e da segurança internacionais, a eleição dos membros não permanentes do Conselho de Segurança, a eleição dos membros do Conselho Econômico e Social, a eleição dos membros do Conselho de Tutela, de acordo com o § 1º *(c)* do art. 86, à admissão de novos membros das Nações Unidas, a suspensão dos direitos e privilégios de membros; à expulsão dos membros; questões referentes ao funcionamento do sistema de tutela e questões orçamentárias.

3. As decisões sobre outras questões, inclusive a determinação de categorias adicionais de assuntos a serem debatidos por uma maioria de 2/3, serão tomadas por maioria dos membros presentes e que votem.

Artigo 19

O membro das Nações Unidas que estiver em atraso no pagamento de sua contribuição financeira à Organização não terá voto na Assembleia Geral, se o total de suas contribuições atrasadas igualar ou exceder a soma das contribuições correspondentes aos dois anos anteriores completos. A Assembleia Geral poderá, entretanto, permitir que o referido membro vote, se ficar provado que a falta de pagamento é devida a condições independentes de sua vontade.

Processo

Artigo 20

A Assembleia Geral reunir-se-á em sessões anuais regulares e em sessões especiais exigidas pelas circunstâncias. As sessões especiais serão convocadas pelo Secretário-Geral, a pedido do Conselho de Segurança ou da maioria dos membros das Nações Unidas.

Artigo 21

A Assembleia Geral adotará suas regras de processo e elegerá seu Presidente para cada sessão.

Artigo 22

A Assembleia Geral poderá estabelecer os órgãos subsidiários que julgar necessários ao desempenho de suas funções.

CAPÍTULO V
CONSELHO DE SEGURANÇA

Composição

Artigo 23

1. O Conselho de Segurança será composto de quinze membros das Nações Unidas. A República da China, a França, a União das Repúblicas Socialistas Soviéticas, o Reino Unido da Grã-Bretanha e Irlanda do Norte e os Estados Unidos da América serão membros permanentes do Conselho de Segurança. A Assembleia Geral elegerá dez outros membros das Nações Unidas para membros não permanentes do Conselho de Segurança, tendo especialmente em vista, em primeiro lugar, a contribuição dos membros das Nações Unidas para a manutenção da paz e da segurança internacionais e para os outros propósitos da Organização e também a distribuição geográfica equitativa.

2. Os membros não permanentes do Conselho de Segurança serão eleitos por um período de dois anos. Na primeira eleição dos membros não permanentes, depois do aumento do número de membros do Conselho de Segurança, dois dos quatro membros novos serão escolhidos por um

período de um ano. Nenhum membro que termine seu mandato poderá ser reeleito para o período imediato.

3. Cada membro do Conselho de Segurança terá um representante.

Funções e atribuições

Artigo 24

1. A fim de assegurar pronta e eficaz ação por parte das Nações Unidas, seus membros conferem ao Conselho de Segurança a principal responsabilidade na manutenção da paz e da segurança internacionais, e concordam em que, no cumprimento dos deveres impostos por essa responsabilidade, o Conselho de Segurança aja em nome deles.

2. No cumprimento desses deveres, o Conselho de Segurança agirá de acordo com os Propósitos e Princípios das Nações Unidas. As atribuições específicas do Conselho de Segurança para o cumprimento desses deveres estão enumeradas nos capítulos VI, VII, VIII e XII.

3. O Conselho de Segurança submeterá relatórios anuais e, quando necessário, especiais à Assembleia Geral para sua consideração.

Artigo 25

Os membros das Nações Unidas concordam em aceitar e executar as decisões do Conselho de Segurança, de acordo com a presente Carta.

Artigo 26

A fim de promover o estabelecimento e a manutenção da paz e da segurança internacionais, desviando para armamentos o menos possível dos recursos humanos e econômicos do mundo, o Conselho de Segurança terá o encargo de formular, com a assistência da Comissão de Estado-Maior, a que se refere o art. 47, os planos a serem submetidos aos membros das Nações Unidas, para o estabelecimento de um sistema de regulamentação dos armamentos.

Votação

Artigo 27

1. Cada membro do Conselho de Segurança terá um voto.

2. As decisões do Conselho de Segurança, em questões processuais, serão tomadas pelo voto afirmativo de nove membros.

3. As decisões do Conselho de Segurança, em todos os outros assuntos, serão tomadas pelo voto afirmativo de nove membros, inclusive os votos afirmativos de todos os membros permanentes, ficando estabelecido que, nas decisões previstas no capítulo VI e no § 3º do art. 52, aquele que for parte em uma controvérsia se absterá de votar.

Processo

Artigo 28

1. O Conselho de Segurança será organizado de maneira que possa funcionar continuamente. Cada membro do Conselho de Segurança será, para tal fim, em todos os momentos, representado na sede da Organização.

2. O Conselho de Segurança terá reuniões periódicas, nas quais cada um de seus membros poderá, se assim o desejar, ser representado por um membro do governo ou por outro representante especialmente designado.

3. O Conselho de Segurança poderá reunir-se em outros lugares, fora da sede da Organização, e que, a seu juízo, possam facilitar o seu trabalho.

Artigo 29

O Conselho de Segurança poderá estabelecer órgãos subsidiários que julgar necessários para o desempenho de suas funções.

Artigo 30

O Conselho de Segurança adotará seu próprio regulamento interno, que incluirá o método de escolha de seu Presidente.

Artigo 31

Qualquer membro das Nações Unidas, que não for Membro do Conselho de Segurança, poderá participar, sem direito a voto, na discussão de qualquer questão submetida ao Conselho de Segurança, sempre que este considere que os interesses do referido membro estão especialmente em jogo.

Artigo 32

Qualquer membro das Nações Unidas que não for membro do Conselho de Segurança, ou qualquer Estado que não for membro das Nações Unidas será convidado, desde que seja parte em uma controvérsia submetida ao Conselho de Segurança, a participar, sem voto, na discussão dessa controvérsia. O Conselho de Segurança determinará as condições que lhe parecerem justas para a participação de um Estado que não for membro das Nações Unidas.

CAPÍTULO VI
SOLUÇÃO PACÍFICA DE CONTROVÉRSIAS

Artigo 33

1. As partes em uma controvérsia, que possa vir a constituir uma ameaça à paz e à segurança internacionais, procurarão, antes de tudo, chegar a uma solução por negociação, inquérito, mediação, conciliação, arbitragem, solução judicial, recurso a entidades ou acordos regionais, ou a qualquer outro meio pacífico à sua escolha.

2. O Conselho de Segurança convidará, quando julgar necessário, as referidas partes a resolver, por tais meios, suas controvérsias.

Artigo 34

O Conselho de Segurança poderá investigar sobre qualquer controvérsia ou situação suscetível de provocar atritos entre as Nações ou dar origem a uma controvérsia, a fim de determinar se a continuação de tal controvérsia ou situação pode constituir ameaça à manutenção da paz e de segurança internacionais.

Artigo 35

1. Qualquer membro das Nações Unidas poderá solicitar a atenção do Conselho de Segurança ou da Assembleia Geral para qualquer controvérsia, ou qualquer situação, da natureza das que se acham previstas no art. 34.
2. Um Estado que não for membro das Nações Unidas poderá solicitar a atenção do Conselho de Segurança ou da Assembleia Geral para qualquer controvérsia em que seja parte, uma vez que aceite, previamente, em relação a essa controvérsia, as obrigações de solução pacífica previstas na presente Carta.
3. Os atos da Assembleia Geral, a respeito dos assuntos submetidos à sua atenção, de acordo com este artigo, serão sujeitos aos dispositivos dos arts. 11 e 12.

Artigo 36

1. O Conselho de Segurança poderá, em qualquer fase de uma controvérsia da natureza a que se refere o art. 33, ou de uma situação de natureza semelhante, recomendar procedimentos ou métodos de solução apropriados.
2. O Conselho de Segurança deverá tomar em consideração quaisquer procedimentos para a solução de uma controvérsia que já tenham sido adotados pelas partes.
3. Ao fazer recomendações, de acordo com este artigo, o Conselho de Segurança deverá tomar em consideração que as controvérsias de caráter jurídico devem, em regra geral, ser submetidas pelas partes à Corte Internacional de Justiça, de acordo com os dispositivos do Estatuto da Corte.

Artigo 37

1. No caso em que as partes em controvérsia da natureza a que se refere o art. 33 não conseguirem resolvê-la pelos meios indicados no mesmo artigo, deverão submetê-la ao Conselho de Segurança.
2. O Conselho de Segurança, caso julgue que a continuação dessa controvérsia poderá realmente constituir uma ameaça à manutenção da paz e da segurança internacionais, decidirá sobre a conveniência de agir de acordo com o art. 36 ou recomendar as condições que lhe parecerem apropriadas à sua solução.

Artigo 38

Sem prejuízo dos dispositivos dos arts. 33 a 37, o Conselho de Segurança poderá, se todas as partes em uma controvérsia assim o solicitarem, fazer recomendações às partes, tendo em vista uma solução pacífica da controvérsia.

CAPÍTULO VII

**AÇÃO RELATIVA A AMEAÇAS
À PAZ, RUPTURA DA PAZ
E ATOS DE AGRESSÃO**

Artigo 39

O Conselho de Segurança determinará a existência de qualquer ameaça à paz, ruptura da paz ou ato de agressão, e fará recomendações ou decidirá que medidas deverão ser tomadas de acordo com os arts. 41 e 42, a fim de manter ou restabelecer a paz e a segurança internacionais.

Artigo 40

A fim de evitar que a situação se agrave, o Conselho de Segurança poderá, antes de fazer as recomendações ou decidir a respeito das medidas previstas no art. 39, convidar as partes interessadas a que aceitem as medidas provisórias que lhe pareçam necessárias ou aconselháveis. Tais medidas provisórias não prejudicarão os direitos ou pretensões, nem a situação das partes interessadas. O Conselho de Segurança tomará devida nota do não cumprimento dessas medidas.

Artigo 41

O Conselho de Segurança decidirá sobre as medidas que, sem envolver o emprego de forças armadas, deverão ser tomadas para tornar efetivas suas decisões e poderá convidar os membros das Nações Unidas a aplicarem tais medidas. Estas poderão incluir a interrupção completa ou parcial das relações econômicas, dos meios de comunicação ferroviários, marítimos, aéreos, postais, telegráficos, radiofônicos, ou de outra qualquer espécie, e o rompimento das relações diplomáticas.

Artigo 42

No caso de o Conselho de Segurança considerar que as medidas previstas no art. 41 seriam ou demonstraram que são inadequadas, poderá levar a efeito, por meio de forças aéreas, navais ou terrestres, a ação que julgar necessária para manter ou restabelecer a paz e a segurança internacionais. Tal ação poderá compreender demonstrações, bloqueios e outras operações, por parte das forças aéreas, navais ou terrestres dos membros das Nações Unidas.

Artigo 43

1. Todos os membros das Nações Unidas, a fim de contribuir para a manutenção da paz e da segurança internacionais se comprometem a proporcionar ao Conselho de Segurança, a seu pedido e de conformidade com o acordo ou acordos especiais, forças armadas, assistência e facilidades, inclusive direitos de passagem, necessários à manutenção da paz e da segurança internacionais.
2. Tal acordo ou tais acordos determinarão o número e tipo das forças, seu grau de preparação e sua localização geral, bem como a natureza das facilidades e da assistência a serem proporcionadas.
3. O acordo ou acordos serão negociados o mais cedo possível, por iniciativa do Conselho de Segurança. Serão concluídos entre o Conselho de Segurança e membros da Organização ou entre o Conselho de Segurança e grupos de membros, e submetidos à ratificação, pelos Estados signatários, de conformidade com seus respectivos processos constitucionais.

Artigo 44

Quando o Conselho de Segurança decidir o emprego de força, deverá, antes de solicitar a um membro nele não representado o fornecimento de forças armadas em cumprimento das obrigações assumidas em virtude do art. 43, convidar o referido membro, se este assim o desejar, a participar das decisões do Conselho de Segurança relativas ao emprego de contingentes das forças armadas do dito membro.

Artigo 45

A fim de habilitar as Nações Unidas a tomarem medidas militares urgentes, os membros das Nações deverão manter, imediatamente utilizáveis, contingentes das forças aéreas nacionais para a execução combinada de uma ação coercitiva internacional. A potência e o grau de preparação desses contingentes, bem como os planos de ação combinada serão determinados pelo Conselho de Segurança com a assistência da Comissão de Estado-Maior, dentro dos limites estabelecidos no acordo ou acordos especiais a que se refere o art. 43.

Artigo 46

O Conselho de Segurança, com a assistência da Comissão do Estado-Maior, fará planos para a aplicação das forças armadas.

Artigo 47

1. Será estabelecida uma Comissão de Estado-Maior destinada a orientar e assistir o Conselho de Segurança, em todas as questões relativas às exigências militares do mesmo Conselho, para a manutenção da paz e da segurança internacionais, utilização e comando das forças colocadas à sua disposição, regulamentação de armamentos e possível desarmamento.

2. A Comissão de Estado-Maior será composta dos Chefes de Estado-Maior dos Membros Permanentes do Conselho de Segurança ou de seus representantes. Todo Membro das Nações Unidas que não estiver permanentemente representado na Comissão será por esta convidado a tomar parte nos seus trabalhos, sempre que a sua participação for necessária ao eficiente cumprimento das responsabilidades da Comissão.

3. A Comissão de Estado-Maior será responsável, sob a autoridade do Conselho de Segurança, pela direção estratégica de todas as forças armadas postas à disposição do dito Conselho. As questões relativas ao comando dessas forças serão resolvidas ulteriormente.

4. A Comissão do Estado-Maior, com autorização do Conselho de Segurança e depois de consultar os organismos regionais adequados, poderá estabelecer subcomissões regionais.

Artigo 48

1. A ação necessária ao cumprimento das decisões do Conselho de Segurança para manutenção da paz e da segurança internacionais será levada a efeito por todos os membros das Nações Unidas ou por alguns deles, conforme seja determinado pelo Conselho de segurança.

2. Essas decisões serão executadas pelos membros das Nações Unidas diretamente, e, por seu intermédio, nos organismos internacionais apropriados de que façam parte.

Artigo 49

Os membros das Nações Unidas prestar-se-ão assistência mútua para a execução das medidas determinadas pelo Conselho de Segurança.

Artigo 50

No caso de serem tomadas medidas preventivas ou coercitivas contra um Estado pelo Conselho de Segurança, qualquer outro Estado, membro ou não das Nações Unidas, que se sinta em presença de problemas especiais de natureza econômica, resultantes da execução daquelas medidas, terá o direito de consultar o Conselho de Segurança a respeito da solução de tais problemas.

Artigo 51

Nada na presente Carta prejudicará o direito inerente de legítima defesa individual ou coletiva, no caso de ocorrer um ataque armado contra um membro das Nações Unidas, até que o Conselho de Segurança tenha tomado as medidas necessárias para a manutenção da paz e da segurança internacionais. As medidas tomadas pelos Membros no exercício desse direito de legítima defesa serão comunicadas imediatamente ao Conselho de Segurança e não deverão de modo algum, atingir a autoridade e a responsabilidade que a presente Carta atribui ao Conselho para levar a efeito, em qualquer tempo, a ação que julgar necessária à manutenção ou ao restabelecimento da paz e da segurança internacionais.

CAPÍTULO VIII
ACORDOS REGIONAIS

Artigo 52

1. Nada na presente Carta impede a existência de acordos ou de entidades regionais, destinadas a tratar dos assuntos relativos à manutenção da paz e da segurança internacionais que forem suscetíveis de uma ação regional, desde que tais acordos ou entidades regionais e suas atividades sejam compatíveis com os Propósitos e Princípios das Nações Unidas.

2. Os membros das Nações Unidas, que forem parte em tais acordos ou que constituírem tais entidades, empregarão todos os esforços para chegar a uma solução pacífica das controvérsias locais por meio desses acordos e entidades regionais, antes de as submeter ao Conselho de Segurança.

3. O Conselho de Segurança estimulará o desenvolvimento da solução pacífica de controvérsias locais mediante os referidos acordos ou entidades regionais, por iniciativa dos Estados interessados ou a instância do próprio Conselho de Segurança.

4. Este artigo não prejudica de modo algum a aplicação dos arts. 34 e 35.

Artigo 53

1. O Conselho de Segurança utilizará, quando for o caso, tais acordos e entidades regionais para

uma ação coercitiva sob a sua própria autoridade. Nenhuma ação coercitiva será, no entanto, levada a efeito de conformidade com acordos ou entidades regionais sem autorização do Conselho de Segurança com exceção das medidas contra um Estado inimigo, como está definido no § 2º deste artigo, que forem determinadas em consequência do art. 107 ou em acordos regionais destinados a impedir a renovação de uma política agressiva por parte de qualquer desses Estados, até o momento em que a Organização possa, a pedido dos Governos interessados, ser incumbida de impedir toda nova agressão por parte de tal Estado.

2. O termo Estado inimigo, usado no § 1º deste artigo, aplica-se a qualquer Estado que durante a Segunda Guerra Mundial foi inimigo de qualquer signatário da presente Carta.

Artigo 54

O Conselho de Segurança será sempre informado de toda ação compreendida ou projetada de conformidade com os acordos ou entidades regionais para manutenção da paz e da segurança internacionais.

CAPÍTULO IX
COOPERAÇÃO INTERNACIONAL ECONÔMICA E SOCIAL

Artigo 55

Com o fim de criar condições de estabilidade e bem-estar, necessárias às relações pacíficas e amistosas entre as Nações, baseadas no respeito ao princípio da igualdade de direitos e da autodeterminação dos povos, as Nações Unidas favorecerão:
a) níveis mais altos de vida, trabalho efetivo e condições de progresso e desenvolvimento econômico e social;
b) a solução dos problemas internacionais econômicos, sociais, sanitários e conexos; a cooperação internacional, de caráter cultural e educacional; e
c) o respeito universal e efetivo dos direitos humanos e das liberdades fundamentais para todos, sem distinção de raça, sexo, língua ou religião.

Artigo 56

Para a realização dos propósitos enumerados no art. 55, todos os membros da Organização se comprometem a agir em cooperação com esta, em conjunto ou separadamente.

Artigo 57

1. As várias entidades especializadas, criadas por acordos intergovernamentais e com amplas responsabilidades internacionais, definidas em seus instrumentos básicos, nos campos econômico, social, cultural, educacional, sanitário e conexos, serão vinculadas às Nações Unidas, de conformidade com as disposições do art. 63.
2. Tais entidades assim vinculadas às Nações Unidas serão designadas, daqui por diante, como entidades especializadas.

Artigo 58
A Organização fará recomendação para coordenação dos programas e atividades das entidades especializadas.

Artigo 59
A Organização, quando julgar conveniente, iniciará negociações entre os Estados interessados para criação de novas entidades especializadas que forem necessárias ao cumprimento dos propósitos enumerados no art. 55.

Artigo 60
A Assembleia Geral e, sob a sua autoridade, o Conselho Econômico e Social, que dispõe, para esse efeito, da competência que lhe é atribuída no Capítulo X, são incumbidos de exercer as funções da Organização estipuladas no presente capítulo.

CAPÍTULO X
CONSELHO ECONÔMICO E SOCIAL
Composição
Artigo 61

1. O Conselho Econômico e Social será composto de cinquenta e quatro membros das Nações Unidas eleitos pela Assembleia Geral.
2. De acordo com os dispositivos do § 3º, dezoito membros do Conselho Econômico e Social serão eleitos cada ano para um período de três anos, podendo, ao terminar esse prazo, ser reeleitos para o período seguinte.
3. Na primeira eleição a realizar-se depois de elevado o número de vinte e sete para cinquenta e quatro membros, vinte e sete membros adicionais serão eleitos, além dos membros eleitos para a substituição dos nove membros cujo mandato expira no fim daquele ano. Desses vinte e sete membros adicionais, nove serão eleitos para um mandato que expirará ao fim de um ano, e nove outros para um mandato que expirará ao fim de dois anos, de acordo com disposições adotadas pela Assembleia Geral.
4. Cada membro do Conselho Econômico e Social terá nele um representante.

Funções e atribuições
Artigo 62

1. O Conselho Econômico e Social fará ou iniciará estudos e relatórios a respeito de assuntos internacionais de caráter econômico, social, cultural, educacional, sanitário e conexos, e poderá fazer recomendações a respeito de tais assuntos à Assembleia Geral, aos membros das Nações Unidas e às entidades especializadas interessadas.
2. Poderá igualmente fazer recomendações destinadas a promover o respeito e a observância dos direitos humanos e das liberdades fundamentais para todos.
3. Poderá preparar projetos de convenções a serem submetidos à Assembleia Geral, sobre assuntos de sua competência.

4. Poderá convocar, de acordo com as regras estipuladas pelas Nações Unidas, conferências internacionais sobre assuntos de sua competência.

Artigo 63

1. O Conselho Econômico e Social poderá estabelecer acordos com qualquer das entidades a que se refere o art. 57, a fim de determinar as condições em que a entidade interessada será vinculada às Nações Unidas. Tais acordos serão submetidos à aprovação da Assembleia Geral.

2. Poderá coordenar as atividades das entidades especializadas, por meio de consultas e recomendações às mesmas e de recomendações à Assembleia Geral e aos membros das Nações Unidas.

Artigo 64

1. O Conselho Econômico e Social poderá tomar as medidas adequadas a fim de obter relatórios regulares das entidades especializadas. Poderá entrar em entendimento com os membros das Nações Unidas e com as entidades especializadas, a fim de obter relatórios sobre as medidas tomadas para cumprimento de suas próprias recomendações e das que forem feitas pela Assembleia Geral sobre assuntos da competência do Conselho.

2. Poderá comunicar à Assembleia Geral suas observações a respeito desses relatórios.

Artigo 65

O Conselho Econômico e Social poderá fornecer informações ao Conselho de Segurança e, a pedido deste, prestar-lhe assistência.

Artigo 66

1. O Conselho Econômico e Social desempenhará as funções que forem de sua competência em relação ao cumprimento das recomendações da Assembleia Geral.

2. Poderá, mediante aprovação da Assembleia Geral, prestar os serviços que lhe forem solicitados pelos membros das Nações Unidas e pelas entidades especializadas.

3. Desempenhará as demais funções especificadas em outras partes da presente Carta ou as que lhe forem atribuídas pela Assembleia Geral.

Votação
Artigo 67

1. Cada membro do Conselho Econômico e Social terá um voto.

2. As decisões do Conselho Econômico e Social serão tomadas por maioria dos membros presentes e votantes.

Processo
Artigo 68

O Conselho Econômico e Social criará comissões para os assuntos econômicos e sociais e a proteção dos direitos humanos assim como outras comissões que forem necessárias para o desempenho de suas funções.

Artigo 69

O Conselho Econômico e Social poderá convidar qualquer membro das Nações Unidas a tomar parte, sem voto, em suas deliberações sobre qualquer assunto que interesse particularmente a esse membro.

Artigo 70

O Conselho Econômico e Social poderá entrar em entendimentos para que representantes das entidades especializadas tomem parte, sem voto, em suas deliberações e nas das comissões por ele criadas, e para que os seus próprios representantes tomem parte nas deliberações das entidades especializadas.

Artigo 71

O Conselho Econômico e Social poderá entrar nos entendimentos convenientes para a consulta com organizações não governamentais, encarregadas de questões que estiverem dentro da sua própria competência. Tais entendimentos poderão ser feitos com organizações internacionais e, quando for o caso, como organizações nacionais, depois de efetuadas consultas com o membro das Nações Unidas interessado no caso.

Artigo 72

1. O Conselho Econômico e Social adotará seu próprio regulamento, que incluirá o método de escolha de seu Presidente.

2. O Conselho Econômico e Social reunir-se-á quando for necessário, de acordo com o seu regulamento, o qual deverá incluir disposições referentes à convocação de reuniões a pedido da maioria dos membros.

CAPÍTULO XI
DECLARAÇÃO RELATIVA A TERRITÓRIOS SEM GOVERNO PRÓPRIO
Artigo 73

Os membros das Nações Unidas, que assumiram ou assumam responsabilidades pela administração de territórios cujos povos não tenham atingido a plena capacidade de se governarem a si mesmos, reconhecem o princípio de que os interesses dos habitantes desses territórios são da mais alta importância, e aceitam, como missão sagrada, a obrigação de promover no mais alto grau, dentro do sistema de paz e segurança internacionais estabelecido na presente Carta, o bem-estar dos habitantes desses territórios e, para tal fim, se obrigam a:

a) assegurar, com o devido respeito à cultura dos povos interessados, o seu progresso político, econômico, social e educacional, o seu tratamento equitativo e a sua proteção contra todo abuso;

b) desenvolver sua capacidade de governo próprio, tomar devida nota das aspirações políticas dos povos e auxiliá-los no desenvolvimento progressivo de suas instituições políticas livres, de acordo com as circunstâncias peculiares a cada território e seus habitantes, e os diferentes graus de seu adiantamento;

c) consolidar a paz e a segurança internacionais;
d) promover medidas construtivas de desenvolvimento, estimular pesquisas, cooperar uns com os outros e, quando for o caso, com entidades internacionais especializadas, com vistas à realização prática dos propósitos de ordem social, econômica ou científica enumerados neste artigo; e
e) transmitir regularmente ao Secretário-Geral, para fins de informação, sujeitas às reservas impostas por considerações de segurança e de ordem constitucional, informações estatísticas ou de outro caráter técnico, relativas às condições econômicas, sociais e educacionais dos territórios pelos quais são respectivamente responsáveis e que não estejam compreendidos entre aqueles a que se referem os Capítulos XII e XIII da Carta.

Artigo 74

Os membros das Nações Unidas concordam também em que a sua política com relação aos territórios a que se aplica o presente capítulo deve ser baseada, do mesmo modo que a política seguida nos respectivos territórios metropolitanos, no princípio geral de boa vizinhança, tendo na devida conta os interesses e o bem-estar do resto do mundo no que se refere às questões sociais, econômicas e comerciais.

CAPÍTULO XII
SISTEMA INTERNACIONAL DE TUTELA

Artigo 75

As Nações Unidas estabelecerão sob sua autoridade um sistema internacional de tutela para a administração e fiscalização dos territórios que possam ser colocados sob tal sistema em consequência de futuros acordos individuais. Esses territórios serão, daqui em diante, mencionados como territórios tutelados.

Artigo 76

Os objetivos básicos do sistema de tutela, de acordo com os Propósitos das Nações Unidas enumerados no art. 1º da presente Carta, são:
a) favorecer a paz e a segurança internacionais;
b) fomentar o progresso político, econômico, social e educacional dos habitantes dos territórios tutelados e o seu desenvolvimento progressivo para alcançar governo próprio ou independência, como mais convenha às circunstâncias particulares de cada território e de seus habitantes e aos desejos livremente expressos dos povos interessados, e como for previsto nos termos de cada acordo de tutela;
c) estimular o respeito aos direitos humanos e às liberdades fundamentais para todos, sem distinção de raça, sexo, língua ou religião, e favorecer o reconhecimento da interdependência de todos os povos; e
d) assegurar igualdade de tratamento nos domínios social, econômico e comercial, para todos os membros das Nações Unidas e seus nacionais e, para estes últimos, igual tratamento na administração da justiça, sem prejuízo dos objetivos acima expostos e sob reserva das disposições do art. 80.

Artigo 77

1. O sistema de tutela será aplicado aos territórios das categorias seguintes, que venham a ser colocados sob tal sistema por meio de acordos de tutela:
a) territórios atualmente sob mandato;
b) territórios que possam ser separados de Estados inimigos em consequência da Segunda Guerra Mundial; e
c) territórios voluntariamente colocados sob tal sistema por Estados responsáveis pela sua administração.
2. Será objeto de acordo ulterior a determinação dos territórios das categorias acima mencionadas a serem colocados sob o sistema de tutela e das condições em que o serão.

Artigo 78

O sistema de tutela não será aplicado a territórios que se tenham tornado membros das Nações Unidas, cujas relações mútuas deverão basear-se no respeito ao princípio da igualdade soberana.

Artigo 79

As condições de tutela em que cada território será colocado sob este sistema, bem como qualquer alteração ou emenda, serão determinadas por acordo entre os Estados diretamente interessados, inclusive a potência mandatária no caso de território sob mandato de um membro das Nações Unidas, e serão aprovadas de conformidade com as disposições dos arts. 83 e 85.

Artigo 80

1. Salvo o que for estabelecido em acordos individuais de tutela feitos de conformidade com os arts. 77, 79 e 81, pelos quais se coloque cada território sob este sistema, e até que tais acordos tenham sido concluídos, nada neste Capítulo será interpretado como alteração de qualquer espécie nos direitos de qualquer Estado ou povo ou nos termos dos atos internacionais vigentes em que os membros das Nações Unidas forem partes.
2. O § 1º deste artigo não será interpretado como motivo para demora ou adiamento da negociação e conclusão de acordos destinados a colocar territórios dentro do sistema de tutela, conforme as disposições do art. 77.

Artigo 81

O acordo de tutela deverá em cada caso incluir as condições sob as quais o território tutelado será administrado e designar a autoridade que exercerá essa administração. Tal autoridade, daqui em diante chamada a autoridade administradora, poderá ser um ou mais Estados ou a própria Organização.

Artigo 82

Poderão designar-se, em qualquer acordo de tutela, uma ou várias zonas estratégicas, que compreendam parte ou a totalidade do território tutelado a que o mesmo se aplique, sem prejuízo de qualquer acordo ou acordos especiais feitos de conformidade com o art. 43.

Artigo 83

1. Todas as funções atribuídas às Nações Unidas relativamente às zonas estratégicas, inclusive a aprovação das condições dos acordos de tutela, assim como de sua alteração ou emendas, serão exercidas pelo Conselho de Segurança.
2. Os objetivos básicos enumerados no art. 76 serão aplicados aos habitantes de cada zona estratégica.
3. O Conselho de Segurança, ressalvadas as disposições dos acordos de tutela e sem prejuízo das exigências de segurança, poderá valer-se da assistência do Conselho de Tutela para desempenhar as funções que cabem às Nações Unidas pelo sistema de tutela, relativamente a matérias políticas, econômicas, sociais ou educacionais dentro das zonas estratégicas.

Artigo 84

A autoridade administradora terá o dever de assegurar que o território tutelado preste sua colaboração à manutenção da paz e da segurança internacionais. Para tal fim, a autoridade administradora poderá fazer uso de forças voluntárias, de facilidades e da ajuda do território tutelado para o desempenho das obrigações por ele assumidas a este respeito perante o Conselho de Segurança, assim como para a defesa local e para a manutenção da lei e da ordem dentro do território tutelado.

Artigo 85

1. As funções das Nações Unidas relativas a acordos de tutela para todas as zonas não designadas como estratégicas, inclusive a aprovação das condições dos acordos de tutela e de sua alteração ou emenda, serão exercidas pela Assembleia Geral.
2. O Conselho de Tutela, que funcionará sob a autoridade da Assembleia Geral, auxiliará esta no desempenho dessas atribuições.

CAPÍTULO XIII
O CONSELHO DE TUTELA

Composição

Artigo 86

1. O Conselho de Tutela será composto dos seguintes membros das Nações Unidas:
a) os membros que administrem territórios tutelados;
b) aqueles dentre os membros mencionados nominalmente no art. 23, que não estiverem administrando territórios tutelados; e
c) quantos outros membros eleitos por um período de três anos, pela Assembleia Geral, sejam necessários para assegurar que o número total de membros do Conselho de Tutela fique igualmente dividido entre os membros das Nações Unidas que administrem territórios tutelados e aqueles que o não fazem.

2. Cada membro do Conselho de Tutela designará uma pessoa especialmente qualificada para representá-lo perante o Conselho.

Artigo 87

A Assembleia Geral e, sob a sua autoridade, o Conselho de Tutela, no desempenho de suas funções, poderão:
a) examinar os relatórios que lhes tenham sido submetidos pela autoridade administradora;
b) aceitar petições e examiná-las, em consulta com a autoridade administradora;
c) providenciar sobre visitas periódicas aos territórios tutelados em épocas fixadas de acordo com a autoridade administradora; e
d) tomar estas e outras medidas de conformidade com os termos dos acordos de tutela.

Artigo 88

O Conselho de Tutela formulará um questionário sobre o adiantamento político, econômico, social e educacional dos habitantes de cada território tutelado e a autoridade administradora de cada um destes territórios, dentro da competência da Assembleia Geral, fará um relatório anual à Assembleia, baseado no referido questionário.

Votação
Artigo 89

1. Cada membro do Conselho de Tutela terá um voto.
2. As decisões do Conselho de Tutela serão tomadas por uma maioria dos membros presentes e votantes.

Processo
Artigo 90

1. O Conselho de Tutela adotará seu próprio regulamento que incluirá o método de escolha de seu Presidente.
2. O Conselho de Tutela reunir-se-á quando for necessário, de acordo com o seu regulamento, que incluirá uma disposição referente à convocação de reuniões a pedido da maioria dos seus membros.

Artigo 91

O Conselho de Tutela valer-se-á, quando for necessário, da colaboração do Conselho Econômico e Social e das entidades especializadas, a respeito das matérias em que estas e aquele sejam respectivamente interessados.

CAPÍTULO XIV
A CORTE INTERNACIONAL DE JUSTIÇA

Artigo 92

A Corte Internacional de Justiça será o principal órgão judiciário das Nações Unidas. Funcionará de acordo com o Estatuto anexo, que é baseado no Estatuto da Corte Permanente de Justiça Internacional e faz parte integrante da presente Carta.

Artigo 93

1. Todos os membros das Nações Unidas são *ipso facto* partes do Estatuto da Corte Internacional de Justiça.

2. Um Estado que não for membro das Nações Unidas poderá tornar-se parte no Estatuto da Corte Internacional de Justiça, em condições que serão determinadas, em cada caso, pela Assembleia Geral, mediante recomendação do Conselho de Segurança.

Artigo 94

1. Cada membro das Nações Unidas se compromete a conformar-se com a decisão da Corte Internacional de Justiça em qualquer caso em que for parte.

2. Se uma das partes num caso deixar de cumprir as obrigações que lhe incumbem em virtude de sentença proferida pela Corte, a outra terá direito de recorrer ao Conselho de Segurança que poderá, se julgar necessário, fazer recomendações ou decidir sobre medidas a serem tomadas para o cumprimento da sentença.

Artigo 95

Nada na presente Carta impedirá os membros das Nações Unidas de confiarem a solução de suas divergências a outros Tribunais, em virtude de acordos já vigentes ou que possam ser concluídos no futuro.

Artigo 96

1. A Assembleia Geral ou o Conselho de Segurança poderá solicitar parecer consultivo da Corte Internacional de Justiça, sobre qualquer questão de ordem jurídica.

2. Outros órgãos das Nações Unidas e entidades especializadas, que forem em qualquer época devidamente autorizados pela Assembleia Geral, poderão também solicitar pareceres consultivos da Corte sobre questões jurídicas surgidas dentro da esfera de suas atividades.

CAPÍTULO XV
O SECRETARIADO

Artigo 97

O Secretariado será composto de um Secretário-Geral e do pessoal exigido pela Organização. O Secretário-Geral será indicado pela Assembleia Geral mediante a recomendação do Conselho de Segurança. Será o principal funcionário administrativo da Organização.

Artigo 98

O Secretário-Geral atuará neste caráter em todas as reuniões da Assembleia Geral, do Conselho de Segurança, do Conselho Econômico e Social e do Conselho de Tutela, e desempenhará outras funções que lhe forem atribuídas por estes órgãos. O Secretário-Geral fará um relatório anual à Assembleia Geral sobre os trabalhos da Organização.

Artigo 99

O Secretário-Geral poderá chamar a atenção do Conselho de Segurança para qualquer assunto que em sua opinião possa ameaçar a manutenção da paz e da segurança internacionais.

Artigo 100

1. No desempenho de seus deveres, o Secretário-Geral e o pessoal do Secretariado não solicitarão nem receberão instruções de qualquer Governo ou de qualquer autoridade estranha à Organização. Abster-se-ão de qualquer ação que seja incompatível com a sua posição de funcionários internacionais responsáveis somente perante a Organização.

2. Cada membro das Nações Unidas se compromete a respeitar o caráter exclusivamente internacional das atribuições do Secretário-Geral e do pessoal do Secretariado, e não procurará exercer qualquer influência sobre eles, no desempenho de suas funções.

Artigo 101

1. O pessoal do Secretariado será nomeado pelo Secretário-Geral, de acordo com regras estabelecidas pela Assembleia Geral.

2. Será também nomeado, em caráter permanente, o pessoal adequado para o Conselho Econômico e Social, o Conselho de Tutela e, quando for necessário, para outros órgãos das Nações Unidas. Esses funcionários farão parte do Secretariado.

3. A consideração principal que prevalecerá na escolha do pessoal e na determinação das condições de serviço será a da necessidade de assegurar o mais alto grau de eficiência, competência e integridade. Deverá ser levada na devida conta a importância de ser a escolha do pessoal feita dentro do mais amplo critério geográfico possível.

CAPÍTULO XVI
DISPOSIÇÕES DIVERSAS

Artigo 102

1. Todo tratado e todo acordo internacional, concluídos por qualquer membro das Nações Unidas depois da entrada em vigor da presente Carta, deverão, dentro do mais breve prazo possível, ser registrados e publicados pelo Secretariado.

> ▸ Art. 80 da Convenção de Viena sobre o Direito dos Tratados (1969).
> ▸ Art. 81 da Convenção de Viena sobre o Direito dos Tratados entre Estados e Organizações Internacionais ou entre Organizações Internacionais (1986).

2. Nenhuma parte em qualquer Tratado ou acordo internacional que não tenha sido registrado de conformidade com as disposições do § 1º deste artigo poderá invocar tal tratado ou acordo perante qualquer órgão das Nações Unidas.

Artigo 103

No caso de conflito entre as obrigações dos membros das Nações Unidas em virtude da presente Carta e as obrigações resultantes de qualquer outro acordo internacional, prevalecerão as obrigações assumidas em virtude da presente Carta.

Artigo 104

A Organização gozará, no território de cada um de seus membros, da capacidade jurídica necessária ao exercício de suas funções e à realização de seus propósitos.

Artigo 105

1. A Organização gozará, no território de cada um de seus membros, dos privilégios e imunidades necessários à realização de seus propósitos.

2. Os representantes dos membros das Nações Unidas e os funcionários da Organização gozarão, igualmente, dos privilégios e imunidades necessários ao exercício independente de suas funções relacionadas com a Organização.

3. A Assembleia Geral poderá fazer recomendações com o fim de determinar os pormenores da aplicação dos §§ 1º e 2º deste artigo ou poderá propor aos membros das Nações Unidas convenções nesse sentido.

CAPÍTULO XVII
DISPOSIÇÕES TRANSITÓRIAS SOBRE SEGURANÇA
Artigo 106

Antes da entrada em vigor dos acordos especiais a que se refere o art. 43, que, a juízo do Conselho de Segurança, o habilitem ao exercício de suas funções previstas no art. 42, as partes na Declaração das Quatro Nações, assinada em Moscou, a 30 de outubro de 1943, e a França, deverão, de acordo com as disposições do § 5º daquela Declaração, consultar-se entre si e, sempre que a ocasião o exija, com outros membros das Nações Unidas, a fim de ser levada a efeito, em nome da Organização qualquer ação conjunta que se torne necessária à manutenção da paz e da segurança internacionais.

Artigo 107

Nada na presente Carta invalidará ou impedirá qualquer ação que, em relação a um Estado inimigo de qualquer dos signatários da presente Carta durante a Segunda Guerra Mundial, for levada a efeito ou autorizada em consequência da dita guerra, pelos governos, responsáveis por tal ação.

CAPÍTULO XVIII
EMENDAS
Artigo 108

As emendas à presente Carta entrarão em vigor para todas as Nações Unidas, quando forem adotadas pelos votos de 2/3 dos membros da Assembleia Geral e ratificadas de acordo com os seus respectivos métodos constitucionais por 2/3 dos membros das Nações Unidas inclusive todos os membros permanentes do Conselho de Segurança.

Artigo 109

1. Uma Conferência Geral dos membros das Nações Unidas, destinada a rever a presente Carta, poderá reunir-se em data e lugar a serem fixados pelo voto de 2/3 dos membros da Assembleia Geral e de nove membros quaisquer do Conselho de Segurança. Cada membro das Nações Unidas terá um voto nessa Conferência.

2. Qualquer modificação à presente Carta, que for recomendada por 2/3 dos votos da Conferência, terá efeito depois de ratificada, de acordo com os respectivos métodos constitucionais, por 2/3 dos membros das Nações Unidas, inclusive todos os membros permanentes do Conselho de Segurança.

3. Se essa Conferência não for celebrada antes da décima sessão anual da Assembleia Geral que se seguir à entrada em vigor da presente Carta, a proposta de sua convocação deverá figurar na agenda da referida sessão da Assembleia Geral, e a Conferência será realizada, se assim for decidido por maioria de votos dos membros da Assembleia Geral e pelo voto de sete membros quaisquer do Conselho de Segurança.

CAPÍTULO XIX
RATIFICAÇÃO E ASSINATURA
Artigo 110

1. A presente Carta deverá ser ratificada pelos Estados signatários, de acordo com os respectivos métodos constitucionais.

2. As ratificações serão depositadas junto ao Governo dos Estados Unidos da América, que notificará de cada depósito todos os Estados signatários, assim como o Secretário-Geral da Organização depois que este for escolhido.

3. A presente Carta entrará em vigor depois do depósito de ratificações pela República da China, França, União das Repúblicas Socialistas Soviéticas, Reino Unido da Grã-Bretanha e Irlanda do Norte e Estados Unidos da América, e pela maioria dos outros Estados signatários. O Governo dos Estados Unidos da América organizará, em seguida, um protocolo das ratificações depositadas, o qual será comunicado, por meio de cópias, aos Estados signatários.

4. Os Estados signatários da presente Carta, que a ratificarem depois de sua entrada em vigor, tornar-se-ão membros fundadores das Nações Unidas, na data do depósito de suas respectivas ratificações.

Artigo 111

A presente Carta, cujos textos em chinês, francês, russo, inglês e espanhol fazem igualmente fé, ficará depositada nos arquivos do Governo dos Estados Unidos da América. Cópias da mesma, devidamente autenticadas, serão transmitidas por este último Governo aos Governos dos outros Estados signatários.

Em fé do que, os representantes dos Governos das Nações Unidas assinaram a presente Carta.

Feita na cidade de São Francisco, aos vinte e seis dias do mês de junho de mil novecentos e quarenta e cinco.

ESTATUTO DA CORTE INTERNACIONAL DA JUSTIÇA (1945)

▶ Assinada em São Francisco, Califórnia (EUA) em 26.06.1945, com entrada em vigor no dia 24.10.1945 juntamente com a Carta das Nações Unidas.

Artigo 1º

A Corte Internacional de Justiça, estabelecida pela Carta das Nações Unidas como o principal órgão judiciário das Nações Unidas, será constituída e funcionará de acordo com as disposições do presente Estatuto.

CAPÍTULO I
ORGANIZAÇÃO DA CORTE

> Arts. 34 a 52 do Estatuto de Roma do Tribunal Penal Internacional (1998).

Artigo 2º

A Corte será composta de um corpo de juízes independentes, eleitos sem atenção à sua nacionalidade, dentre pessoas que gozem de alta consideração moral e possuam as condições exigidas em seus respectivos países para o desempenho das mais altas funções judiciárias ou que sejam jurisconsultos de reconhecida competência em direito internacional.

> Art. 36 (3), a, Estatuto de Roma do Tribunal Penal Internacional (1998).

Artigo 3º

1. A Corte será composta de quinze membros, não podendo figurar entre eles dois nacionais do mesmo Estado.

2. A pessoa que possa ser considerada nacional de mais de um Estado será, para a efeito de sua inclusão como membro da Corte, considerada nacional do Estado em que exercer ordinariamente seus direitos civis e políticos.

Artigo 4º

1. Os membros da Corte serão eleitos pela Assembleia Geral e pelo Conselho de Segurança de uma lista de pessoas apresentadas pelos grupos nacionais da Corte Permanente de Arbitragem, de acordo com as disposições seguintes.

2. Quando se tratar de membros das Nações Unidas não representados na Corte Permanente de Arbitragem, os candidatos serão apresentados por grupos nacionais designados para esse fim pelos seus Governos, nas mesmas condições que as estipuladas para os membros da Corte Permanente de Arbitragem pelo art. 44 da Convenção de Haia de 1907, referente à solução pacífica das controvérsias internacionais.

3. As condições pelas quais um Estado, que é parte do presente Estatuto, sem ser membro das Nações Unidas, poderá participar na eleição dos membros da Corte serão, na falta de acordo especial, determinadas pela Assembleia Geral mediante recomendações do Conselho de Segurança.

Artigo 5º

1. Três meses, pelo menos, antes da data da eleição, o Secretário-Geral das Nações Unidas convidará, por escrito, os membros da Corte Permanente de Arbitragem pertencentes a Estados que sejam partes no presente Estatuto e os membros dos grupos nacionais designados de conformidade com o art. 4º, § 2º, para que indiquem, por grupos nacionais, dentro de um prazo estabelecido, os nomes das pessoas em condições de desempenhar as funções de membros da Corte.

2. Nenhum grupo deverá indicar mais de quatro pessoas, das quais, no máximo, duas poderão ser de sua nacionalidade. Em nenhum caso, o número dos candidatos indicados por um grupo poderá ser maior do que o dobro dos lugares a serem preenchidos.

Artigo 6º

Recomenda-se que, antes de fazer estas indicações, cada grupo nacional consulte sua mais alta corte de justiça, suas faculdades e escolas de direito, suas academias nacionais e as seções nacionais de academias internacionais dedicadas ao estudo de direito.

Artigo 7º

1. O Secretário-Geral preparará uma lista, por ordem alfabética, de todas as pessoas assim indicadas. Salvo o caso previsto no art. 12, § 2º, serão elas as únicas pessoas elegíveis.

2. O Secretário-Geral submeterá essa lista à Assembleia Geral e ao Conselho de Segurança.

Artigo 8º

A Assembleia Geral e o Conselho de Segurança procederão, independentemente um do outro, à eleição dos membros da Corte.

Artigo 9º

Em cada eleição, os eleitores devem ter presente não só que as pessoas a serem eleitas possuam individualmente as condições exigidas, mas também que, no conjunto desse órgão judiciário, seja assegurada a representação das mais altas formas da civilização e dos principais sistemas jurídicos do mundo.

Artigo 10

1. Os candidatos que obtiverem maioria absoluta de votos na Assembleia Geral e no Conselho de Segurança serão considerados eleitos.

2. Nas votações do Conselho de Segurança, quer para a eleição dos juízes, quer para a nomeação dos membros da comissão prevista no art. 12, não haverá qualquer distinção entre membros permanentes e não permanentes do Conselho de Segurança.

3. No caso em que a maioria absoluta de votos, tanto da Assembleia Geral quanto do Conselho de Segurança, contemple mais de um nacional do mesmo Estado, o mais velho dos dois será considerado eleito.

Artigo 11

Se, depois da primeira reunião convocada para fins de eleição, um ou mais lugares continuarem vagos, deverá ser realizada uma segunda e, se for necessário, uma terceira reunião.

Artigo 12

1. Se, depois da terceira reunião, um ou mais lugares ainda continuarem vagos, uma comissão, composta de seis membros, três indicados pela Assembleia Geral e três pelo Conselho de Segurança, poderá ser formada em qualquer momento, por solicitação da Assembleia ou do Conselho de Segurança, com o fim de escolher, por maioria absoluta de votos, um nome para cada lugar ainda vago, o qual será submetido à Assembleia Geral e ao Conselho de Segurança para sua respectiva aceitação.

2. A Comissão Mista, caso concorde unanimemente com a escolha de uma pessoa que preencha as condições exigidas, poderá incluí-la em sua lista, ainda que a mesma não tenha figurado na lista de indicações a que se refere o art. 7°.

3. Se a Comissão Mista chegar à convicção de que não logrará resultados com uma eleição, os membros já eleitos da Corte deverão, dentro de um prazo a ser fixado pelo Conselho de Segurança, preencher os lugares vagos, e o farão por escolha dentre os candidatos que tenham obtido votos na Assembleia Geral ou no Conselho de Segurança.

4. No caso de um empate na votação dos juízes, o mais velho deles terá voto decisivo.

Artigo 13

1. Os membros da Corte serão eleitos por nove anos e poderão ser reeleitos; fica estabelecido, entretanto, que, dos juízes eleitos na primeira eleição, cinco terminarão suas funções no fim de um período de três anos, e outros cinco no fim de um período de seis anos.

2. Os juízes cujas funções deverão terminar no fim dos referidos períodos iniciais de três e seis anos serão escolhidos por sorteio, que será efetuado pelo Secretário-Geral imediatamente depois de terminada a primeira eleição.

3. Os membros da Corte continuarão no desempenho de suas funções até que suas vagas tenham sido preenchidas. Ainda depois de substituídos, deverão terminar qualquer questão cujo estudo tenham começado.

4. No caso de renúncia de um membro da Corte, o pedido de demissão deverá ser dirigido ao Presidente da Corte, que o transmitirá ao Secretário-Geral. Esta última notificação significará a abertura de vaga.

Artigo 14

As vagas serão preenchidas pelo método estabelecido para a primeira eleição, de acordo com a seguinte disposição: o Secretário-Geral, dentro de um mês a contar da abertura da vaga, expedirá os convites a que se refere o art. 5°, e a data da eleição será fixada pelo Conselho de Segurança.

Artigo 15

O membro da Corte eleito na vaga de um membro que não terminou seu mandato completará o período de mandato de seu predecessor.

Artigo 16

1. Nenhum membro da Corte poderá exercer qualquer função política ou administrativa, ou dedicar-se a outra ocupação de natureza profissional.

2. Qualquer dúvida a esse respeito será resolvida por decisão da Corte.

Artigo 17

1. Nenhum membro da Corte poderá servir como agente, consultor ou advogado em qualquer questão.

2. Nenhum membro poderá participar da decisão de qualquer questão na qual anteriormente tenha intervindo como agente consultor ou advogado de uma das partes, como membro de um tribunal nacional ou internacional, ou de uma comissão de inquérito, ou em qualquer outro caráter.

3. Qualquer dúvida a esse respeito será resolvida por decisão da Corte.

Artigo 18

1. Nenhum membro da Corte poderá ser demitido, a menos que, na opinião unânime dos outros membros, tenha deixado de preencher as condições exigidas.

2. O Secretário-Geral será disso notificado, oficialmente, pelo Escrivão da Corte.

3. Essa notificação significará a abertura da vaga.

Artigo 19

Os membros da Corte, quando no exercício de suas funções, gozarão dos privilégios e imunidades diplomáticas.

Artigo 20

Todo membro da Corte, antes de assumir as suas funções, fará, em sessão pública, a declaração solene de que exercerá as suas atribuições imparcial e conscienciosamente.

Artigo 21

1. A Corte elegerá, pelo período de três anos, seu Presidente e seu Vice-Presidente, que poderão ser reeleitos.

2. A Corte nomeará seu Escrivão e providenciará sobre a nomeação de outros funcionários que sejam necessários.

Artigo 22

1. A sede da Corte será a cidade de Haia. Isto, entretanto, não impedirá que a Corte se reúna e exerça suas funções em qualquer outro lugar que considere conveniente.

2. O Presidente e o Escrivão residirão na sede da Corte.

Artigo 23

1. A Corte funcionará permanentemente, exceto durante as férias judiciárias, cuja data e duração serão por ela fixadas.

2. Os membros da Corte gozarão de licenças periódicas, cujas datas e duração serão fixadas pela Corte, sendo tomadas em consideração a distância entre Haia e o domicílio de cada juiz.

3. Os membros da Corte serão obrigados a ficar permanentemente à disposição da Corte, a menos que estejam em licença ou impedidos de comparecer por motivo de doença ou outra séria razão, devidamente justificada perante o Presidente.

Artigo 24

1. Se, por qualquer razão especial, o membro da Corte considerar que não deve tomar parte no julgamento de uma determinada questão, deverá informar disto o Presidente.

2. Se o Presidente considerar que, por uma razão especial, um dos membros da Corte não deve

funcionar numa determinada questão, deverá informá-lo disto.

3. Se, em qualquer desses casos, o membro da Corte e o Presidente não estiverem de acordo, o assunto será resolvido por decisão da Corte.

Artigo 25

1. A Corte funcionará em sessão plenária, exceto nos casos previstos em contrário no presente capítulo.

2. O regulamento da Corte poderá permitir que um ou mais juízes, de acordo com as circunstâncias e rotativamente, sejam dispensados das sessões, contanto que o número de juízes disponíveis para constituir a Corte não seja reduzido a menos de onze.

3. O *quorum* de nove juízes será suficiente para constituir a Corte.

Artigo 26

1. A Corte poderá periodicamente formar uma ou mais Câmaras, compostas de três ou mais juízes, conforme ela mesma determinar, a fim de tratar de questões de caráter especial, como, por exemplo, questões trabalhistas e assuntos referentes a trânsito e comunicações.

2. A Corte poderá, em qualquer tempo, formar uma Câmara para tratar de uma determinada questão. O número de juízes que constituirão essa Câmara será determinado pela Corte, com a aprovação das partes.

3. As questões serão consideradas e resolvidas pelas Câmaras a que se refere o presente artigo, se as partes assim o solicitarem.

Artigo 27

Uma sentença proferida por qualquer das Câmaras, a que se referem os arts. 26 e 29, será considerada como sentença emanada da Corte.

Artigo 28

As Câmaras, a que se referem os arts. 26 e 29, poderão, com o consentimento das partes, reunir-se e exercer suas funções fora da cidade de Haia.

Artigo 29

Com o fim de apressar a solução dos assuntos, a Corte formará anualmente uma Câmara, composta de cinco juízes, a qual, a pedido das partes, poderá considerar e resolver sumariamente as questões. Além dos cinco juízes, serão escolhidos outros dois, que atuarão como substitutos, no impedimento de um daqueles.

Artigo 30

1. A Corte estabelecerá regras para o desempenho de suas funções, especialmente as que se refiram aos métodos processuais.

2. O Regulamento da Corte disporá sobre a nomeação de assessores para a Corte ou para qualquer de suas Câmaras, os quais não terão direito a voto.

Artigo 31

1. Os juízes da mesma nacionalidade de qualquer das partes conservam o direito de funcionar numa questão julgada pela Corte.

2. Se a Corte incluir entre os seus membros um juiz de nacionalidade de uma das partes, qualquer outra parte poderá escolher uma pessoa para funcionar como juiz. Essa pessoa deverá, de preferência, ser escolhida dentre os que figuram entre os candidatos a que se referem os arts. 4º e 5º.

3. Se a Corte não incluir entre os seus membros nenhum juiz de nacionalidade das partes, cada uma destas poderá proceder à escolha de um juiz, de conformidade com o § 2º deste artigo.

4. As disposições deste artigo serão aplicadas aos casos previstos nos arts. 26 e 29. Em tais casos, o Presidente solicitará a um ou, se necessário, a dois dos membros da Corte integrantes da Câmara, que cedam seu lugar aos Membros da Corte de nacionalidade das partes interessadas, e, na falta ou impedimento destes, aos juízes especialmente escolhidos pelas partes.

5. No caso de haver diversas partes interessadas na mesma questão, elas serão, para os fins das disposições precedentes, consideradas como uma só parte. Qualquer dúvida sobre este ponto será resolvida por decisão da Corte.

6. Os Juízes escolhidos de conformidade com os §§ 2º, 3º e 4º deste artigo deverão preencher as condições exigidas pelos arts. 2º, 17 (§ 2º), 20 e 24, do presente Estatuto. Tomarão parte nas decisões em condições de completa igualdade com seus colegas.

Artigo 32

1. Os membros da Corte perceberão vencimentos anuais.

2. O Presidente receberá, por ano, um subsídio especial.

3. O Vice-Presidente receberá um subsídio especial, correspondente a cada dia em que funcionar como Presidente.

4. Os juízes escolhidos de conformidade com o art. 31, que não sejam membros da Corte, receberão uma remuneração correspondente a cada dia em que exerçam suas funções.

5. Esses vencimentos, subsídios e remunerações serão fixados pela Assembleia Geral e não poderão ser diminuídos enquanto durarem os mandatos.

6. Os vencimentos do escrivão serão fixados pela Assembleia Geral, por proposta da Corte.

7. O Regulamento elaborado pela Assembleia Geral fixará as condições pelas quais serão concedidas pensões aos membros da Corte e ao escrivão, e as condições pelas quais os membros da Corte e o escrivão serão reembolsados de suas despesas de viagem.

8. Os vencimentos, subsídios e remunerações, acima mencionados, estarão livres de qualquer imposto.

Artigo 33

As despesas da Corte serão custeadas pelas Nações Unidas da maneira que for decidida pela Assembleia Geral.

CAPÍTULO II
COMPETÊNCIA DA CORTE

> Arts. 5 a 21 do Estatuto de Roma do Tribunal Penal Internacional (1998).

Artigo 34

1. Só os Estados poderão ser partes em questão perante a Corte.

2. Sobre as questões que lhe forem submetidas, a Corte, nas condições prescritas por seu Regulamento, poderá solicitar informação, de organizações públicas internacionais, e receberá as informações que lhe forem prestadas, por iniciativa própria, pelas referidas organizações.

3. Sempre que, no julgamento de uma questão perante a Corte, for discutida a interpretação do instrumento constitutivo de uma organização pública internacional ou de uma convenção internacional adotada em virtude do mesmo, o Escrivão dará conhecimento disso à organização pública internacional interessada e lhe encaminhará cópias de todo o expediente escrito.

Artigo 35

1. A Corte estará aberta aos Estados que são partes do presente Estatuto.

2. As condições pelas quais a Corte estará aberta a outros Estados serão determinadas pelo Conselho de Segurança, ressalvadas as disposições especiais dos tratados vigentes; em nenhum caso, porém, tais condições colocarão as partes em posições de desigualdade perante a Corte.

3. Quando um Estado que não é membro das Nações Unidas for parte numa questão, a Corte fixará a importância com que ele deverá contribuir para as despesas da Corte. Esta disposição não será aplicada, se tal Estado já contribuir para as referidas despesas.

Artigo 36

1. A competência da Corte abrange todas as questões que as partes lhe submetam, bem como todos os assuntos especialmente previstos na Carta das Nações Unidas ou em tratados e convenções em vigor.

2. Os Estados-partes do presente Estatuto poderão, em qualquer momento, declarar que reconhecem como obrigatória, *ipso facto* e sem acordo especial, em relação a qualquer outro Estado que aceite a mesma obrigação, a jurisdição da Corte em todas as controvérsias de ordem jurídica que tenham por objeto:

a) a interpretação de um tratado;
b) qualquer ponto de direito internacional;
c) a existência de qualquer fato que, se verificado, constituiria violação de um compromisso internacional;
d) a natureza ou extensão da reparação devida pela ruptura de um compromisso internacional.

3. As declarações acima mencionadas poderão ser feitas pura e simplesmente ou sob condição de reciprocidade da parte de vários ou de certos Estados, ou por prazo determinado.

4. Tais declarações serão depositadas junto ao Secretário-Geral das Nações Unidas que as transmitirá, por cópia, às partes contratantes do presente Estatuto e ao escrivão da Corte.

5. Nas relações entre as partes contratantes do presente Estatuto, as declarações feitas de acordo com o art. 36 do Estatuto da Corte Permanente de Justiça Internacional e que ainda estejam em vigor serão consideradas como importando na aceitação da jurisdição obrigatória da Corte Internacional de Justiça, pelo período em que ainda devem vigorar e de conformidade com os seus termos.

6. Qualquer controvérsia sobre a jurisdição da Corte será resolvida por decisão da própria Corte.

Artigo 37

Sempre que um tratado ou convenção em vigor disponha que um assunto deva ser submetido a uma jurisdição a ser instituída pela Liga das Nações ou à Corte Permanente de Justiça Internacional, o assunto deverá, no que respeita às partes contratantes do presente Estatuto, ser submetido à Corte Internacional de Justiça.

Artigo 38

1. A Corte, cuja função é decidir de acordo com o direito internacional as controvérsias que lhe forem submetidas, aplicará:

a) as convenções internacionais, quer gerais, quer especiais, que estabeleçam regras expressamente reconhecidas pelos Estados litigantes;
b) o costume internacional, como prova de uma prática geral aceita como sendo o direito;
c) os princípios gerais de direito, reconhecidos pelas nações civilizadas;
d) sob ressalva da disposição do art. 59, as decisões judiciárias e a doutrina dos juristas mais qualificados das diferentes nações, como meio auxiliar para a determinação das regras de direito.

2. A presente disposição não prejudicará a faculdade da Corte de decidir uma questão *ex aequo et bono,* se as partes com isto concordarem.

CAPÍTULO III
PROCESSO

> Arts. 53 a 61 do Estatuto de Roma do Tribunal Penal Internacional (1998).

Artigo 39

1. As línguas oficiais da Corte serão o francês e o inglês. Se as partes concordarem em que todo o processo se efetue em francês, a sentença será proferida em francês. Se as partes concordarem em que todo o processo se efetue em inglês, a sentença será proferida em inglês.

2. Na ausência de acordo a respeito da língua que deverá ser empregada, cada parte deverá, em suas alegações, usar a língua que preferir; a sentença da Corte será proferida em francês e em inglês. Neste caso, a Corte determinará ao mesmo tempo qual dos dois textos fará fé.

3. A pedido de uma das partes, a Corte poderá autorizá-la a usar uma língua que não seja o francês ou o inglês.

Artigo 40

1. As questões serão submetidas à Corte, conforme o caso, por notificação do acordo especial ou por uma petição escrita dirigida ao Escrivão. Em qualquer dos casos, o objeto da controvérsia e as partes deverão ser indicados.
2. O escrivão comunicará imediatamente a petição a todos os interessados.
3. Notificará também os membros das Nações Unidas por intermédio do Secretário-Geral e quaisquer outros Estados com direito a comparecer perante a Corte.

Artigo 41

1. A Corte terá a faculdade de indicar, se julgar que as circunstâncias o exigem, quaisquer medidas provisórias que devam ser tomadas para preservar os direitos de cada parte.
2. Antes que a sentença seja proferida, as partes e o Conselho de Segurança deverão ser informados imediatamente das medidas sugeridas.

Artigo 42

1. As partes serão representadas por agentes.
2. Estes terão a assistência de consultores ou advogados, perante a Corte.
3. Os agentes, os consultores e o advogados das partes perante a Corte gozarão dos privilégios e imunidades necessários ao livre exercício de suas atribuições.

Artigo 43

1. O processo constará de duas fases: uma escrita e outra oral.
2. O processo escrito compreenderá a comunicação à Corte e às partes de memórias, contramemórias e, se necessário, réplicas assim como quaisquer peças e documentos em apoio das mesmas.
3. Essas comunicações serão feitas por intermédio do Escrivão na ordem e dentro do prazo fixados pela Corte.
4. Uma cópia autenticada de cada documento apresentado por uma das partes será comunicada à outra parte.
5. O processo oral consistirá na audiência, pela Corte, de testemunhas, peritos, agentes, consultores e advogados.

Artigo 44

1. Para citação de outras pessoas que não sejam os agentes, os consultores ou advogados, a Corte dirigir-se-á diretamente ao Governo do Estado em cujo território deva ser feita a citação.
2. O mesmo processo será usado sempre que for necessário providenciar para obter quaisquer meios de prova, no lugar do fato.

Artigo 45

Os debates serão dirigidos pelo Presidente, ou, no impedimento deste, pelo Vice-Presidente; se ambos estiverem impossibilitados de presidir, o mais antigo dos juízes presentes ocupará a presidência.

Artigo 46

As audiências da Corte serão públicas, a menos que a Corte decida de outra maneira ou que as partes solicitem a não admissão do público.

Artigo 47

1. Será lavrada ata de cada audiência, assinada pelo Escrivão e pelo Presidente.
2. Só essa ata fará fé.

Artigo 48

A Corte proferirá decisões sobre o andamento do processo, a forma e o tempo em que cada parte terminará suas alegações, e tomará todas as medidas relacionadas com a apresentação das provas.

Artigo 49

A Corte poderá, ainda antes do início da audiência, intimar os agentes a apresentarem qualquer documento ou a fornecerem quaisquer explicações. Qualquer recusa deverá constar da ata.

Artigo 50

A Corte poderá, em qualquer momento, confiar a qualquer indivíduo, corporação, repartição, comissão ou outra organização, à sua escolha, a tarefa de proceder a um inquérito ou a uma perícia.

Artigo 51

Durante os debates, todas as perguntas de interesse serão feitas às testemunhas e peritos de conformidade com as condições determinadas pela Corte no Regulamento a que se refere o art. 30.

Artigo 52

Depois de receber as provas e depoimentos dentro do prazo fixado para esse fim, a Corte poderá recusar-se a aceitar qualquer novo depoimento oral ou escrito que uma das partes deseje apresentar, a menos que as outras partes com isso concordem.

Artigo 53

1. Se uma das partes deixar de comparecer perante a Corte ou de apresentar a sua defesa, a outra parte poderá solicitar à Corte que decida a favor de sua pretensão.
2. A Corte, antes de decidir nesse sentido, deve certificar-se não só de que o assunto é de sua competência, de conformidade com os arts. 36 e 37, mas também de que a pretensão é bem fundada, de fato e de direito.

Artigo 54

1. Quando os agentes, consultores e advogados tiverem concluído, sob a fiscalização da Corte, a apresentação de sua causa, o Presidente declarará encerrados os debates.
2. A Corte retirar-se-á para deliberar.
3. As deliberações da Corte serão tomadas privativamente e permanecerão secretas.

Artigo 55

1. Todas as questões serão decididas por maioria dos juízes presentes.

2. No caso de empate na votação, o Presidente ou o juiz que funcionar em seu lugar decidirá com o seu voto.

Artigo 56
1. A sentença deverá declarar as razões em que se funda.
2. Deverá mencionar os nomes dos juízes que tomaram parte na decisão.

Artigo 57
Se a sentença não representar no todo ou em parte opinião unânime dos juízes, qualquer deles terá direito de lhe juntar a exposição de sua opinião individual.

Artigo 58
A sentença será assinada pelo Presidente e pelo escrivão. Deverá ser lida em sessão pública, depois de notificados, devidamente, os agentes.

Artigo 59
A decisão da Corte só será obrigatória para as partes litigantes e a respeito do caso em questão.

Artigo 60
A sentença é definitiva e inapelável. Em caso de controvérsia quanto ao sentido e ao alcance da sentença, caberá à Corte interpretá-la a pedido de qualquer das partes.

Artigo 61
1. O pedido de revisão de uma sentença só poderá ser feito em razão do descobrimento de algum fato suscetível de exercer influência decisiva, o qual, na ocasião de ser proferida a sentença, era desconhecido da Corte e também da parte que solicita a revisão, contanto que tal desconhecimento não tenha sido devido a negligência.
2. O processo de revisão será aberto por uma sentença da Corte, na qual se consignará expressamente a existência do fato novo, com o reconhecimento do caráter que determina a abertura da revisão e a declaração de que é cabível a solicitação nesse sentido.
3. A Corte poderá subordinar a abertura do processo de revisão à prévia execução da sentença.
4. O pedido de revisão deverá ser feito no prazo máximo de seis meses a partir do descobrimento do fato novo.
5. Nenhum pedido de revisão poderá ser feito depois de transcorridos 10 anos da data da sentença.

Artigo 62
1. Quando um Estado entender que a decisão de uma causa é suscetível de comprometer um interesse seu de ordem jurídica, esse Estado poderá solicitar à Corte permissão para intervir em tal causa.
2. A Corte decidirá sobre esse pedido.

Artigo 63
1. Quando se tratar de interpretação de uma convenção, da qual forem partes outros Estados, além dos litigantes, o escrivão notificará imediatamente todos os Estados interessados.

2. Cada Estado assim notificado terá o direito de intervir no processo; mas, se usar deste direito, a interpretação dada pela sentença será igualmente obrigatória para ele.

Artigo 64
A menos que seja decidido em contrário pela Corte, cada parte pagará suas próprias custas no processo.

CAPÍTULO IV
PARECERES CONSULTIVOS

Artigo 65
1. A Corte poderá dar parecer consultivo sobre qualquer questão jurídica a pedido do órgão que, de acordo com a Carta das Nações Unidas ou por ela autorizado, estiver em condições de fazer tal pedido.
2. As questões sobre as quais for pedido o parecer consultivo da Corte serão submetidas a ela por meio de petição, escrita, que deverá conter uma exposição do assunto sobre o qual é solicitado o parecer e será acompanhada de todos os documentos que possam elucidar a questão.

Artigo 66
1. O escrivão notificará imediatamente todos os Estados, com direito a comparecer perante a Corte, do pedido de parecer consultivo.
2. Além disto, a todo Estado admitido a comparecer perante a Corte e a qualquer organização internacional, que, a juízo da Corte ou de seu Presidente, se a Corte não estiver reunida, forem suscetíveis de fornecer informações sobre a questão, o escrivão fará saber, por comunicação especial e direta, que a Corte estará disposta a receber exposições escritas, dentro de um prazo a ser fixado pelo Presidente, ou ouvir exposições orais, durante uma audiência pública realizada para tal fim.
3. Se qualquer Estado com direito a comparecer perante a Corte deixar de receber a comunicação especial a que se refere o § 2º deste artigo, tal Estado poderá manifestar o desejo de submeter a ela uma exposição escrita ou oral. A Corte decidirá.
4. Os Estados e organizações que tenham apresentado exposição escrita ou oral, ou ambas, terão a faculdade de discutir as exposições feitas por outros Estados ou organizações, na forma, extensão ou limite de tempo, que a Corte, ou se ela não estiver reunida, o seu Presidente determinar, em cada caso particular. Para esse efeito o escrivão deverá, no devido tempo, comunicar qualquer dessas exposições escritas aos Estados e organizações que submeterem exposições semelhantes.

Artigo 67
A Corte dará seus pareceres consultivos em sessão pública, depois de terem sido notificados o Secretário-Geral, os representantes dos membros das Nações Unidas, bem como de outros Estados e das organizações internacionais diretamente interessados.

Artigo 68

No exercício de suas funções consultivas, a Corte deverá guiar-se, além disso, pelas disposições do presente Estatuto, que se aplicam em casos contenciosos, na medida em que, na sua opinião, tais disposições forem aplicáveis.

CAPÍTULO V
EMENDAS

Artigo 69

As emendas ao presente Estatuto serão efetuadas pelo mesmo processo estabelecido pela Carta das Nações Unidas para emendas à Carta, ressalvadas, entretanto, quaisquer disposições que a Assembleia Geral, por determinação do Conselho de Segurança, possa adotar a respeito da participação de Estados que, tendo aceito o presente Estatuto, não são membros das Nações Unidas.

Artigo 70

A Corte terá a faculdade de propor por escrito ao Secretário-Geral quaisquer emendas ao presente Estatuto que julgar necessárias, a fim de que as mesmas sejam consideradas de conformidade com as disposições do art. 69.

CARTA DA ORGANIZAÇÃO DOS ESTADOS AMERICANOS (1948)

- Assinada em Bogotá, Colômbia, em 30.04.1948.
- Aprovada no Brasil pelo Decreto Legislativo 64, de 07.12.1949. Entrou em vigor em 13.12.1951.
- Reformada pelo Protocolo de Buenos Aires em 1967, pelo Protocolo de Cartagena das Índias em 1985, pelo Protocolo de Washington em 1992 e pelo Protocolo de Manágua em 1993.
- O texto do Protocolo de Manágua, em vigor no Brasil, não se encontra integrado à redação da Carta da OEA aqui publicada, constando como Anexo à mesma, para facilitar a consulta.

Em nome dos seus povos, os Estados representados na nona Conferência Internacional Americana;

Convencidos de que a missão histórica da América é oferecer ao Homem uma terra de liberdade e um ambiente favorável ao desenvolvimento de sua personalidade e à realização de suas justas aspirações;

Conscientes de que esta missão já inspirou numerosos convênios e acordos cuja virtude essencial se origina do seu desejo de conviver em paz e de promover, mediante sua mútua compreensão e seu respeito pela soberania de cada um, o melhoramento de todos na independência, na igualdade e no direito;

Seguros de que a democracia representativa é condição indispensável para a estabilidade, a paz e o desenvolvimento da região;

Certos de que o verdadeiro sentido da solidariedade americana e da boa vizinhança não pode ser outro senão o de consolidar neste Continente, dentro do quadro das instituições democráticas, um regime de liberdade individual e de justiça social, fundado no respeito dos direitos essenciais do Homem;

Persuadidos de que o bem-estar de todos eles, assim como sua contribuição ao progresso e à civilização do mundo exigirá, cada vez mais, uma intensa cooperação continental;

Resolvidos a perseverar na nobre empresa que a Humanidade confiou às Nações Unidas, cujos princípios e propósitos reafirmam solenemente;

Convencidos de que a organização jurídica é uma condição necessária à segurança e à paz, baseadas na ordem moral e na justiça; e

De acordo com a Resolução IX da Conferência sobre Problemas da Guerra e da Paz, reunida na cidade do México,

Resolveram assinar a seguinte Carta da Organização dos Estados Americanos.

PRIMEIRA PARTE

CAPÍTULO I
NATUREZA E PROPÓSITOS

Artigo 1º

Os Estados americanos consagram nesta Carta a organização internacional que vêm desenvolvendo para conseguir uma ordem de paz e de justiça, para promover sua solidariedade, intensificar sua colaboração e defender sua soberania, sua integridade territorial e sua independência. Dentro das Nações Unidas, a Organização dos Estados Americanos constitui um organismo regional.

A Organização dos Estados Americanos não tem mais faculdades que aquelas expressamente conferidas por esta Carta, nenhuma de cujas disposições a autoriza a intervir em assuntos da jurisdição interna dos Estados-membros.

Artigo 2º

Para realizar os princípios em que se baseia e para cumprir com suas obrigações regionais, de acordo com a Carta das Nações Unidas, a Organização dos Estados Americanos estabelece como propósitos essenciais os seguintes:

a) Garantir a paz e a segurança continentais;

b) Promover e consolidar a democracia representativa, respeitado o princípio da não intervenção;

c) Prevenir as possíveis causas de dificuldades e assegurar a solução pacífica das controvérsias que surjam entre seus membros;

d) Organizar a ação solidária destes em caso de agressão;

e) Procurar a solução dos problemas políticos, jurídicos e econômicos que surgirem entre os Estados-membros;

f) Promover, por meio da ação cooperativa, seu desenvolvimento econômico, social e cultural;

g) Erradicar a pobreza crítica, que constitui um obstáculo ao pleno desenvolvimento democrático dos povos do Hemisfério; e

h) Alcançar uma efetiva limitação de armamentos convencionais que permita dedicar a maior soma de recursos ao desenvolvimento econômico-social dos Estados-membros.

CAPÍTULO II
PRINCÍPIOS

Artigo 3º

Os Estados americanos reafirmam os seguintes princípios:

a) O direito internacional é a norma de conduta dos Estados em suas relações recíprocas;

b) A ordem internacional é constituída essencialmente pelo respeito à personalidade, soberania e independência dos Estados e pelo cumprimento fiel das obrigações emanadas dos tratados e de outras fontes do direito internacional;

c) A boa-fé deve reger as relações dos Estados entre si;

d) A solidariedade dos Estados americanos e os altos fins a que ela visa requerem a organização política dos mesmos, com base no exercício efetivo da democracia representativa;

e) Todo Estado tem o direito de escolher, sem ingerências externas, seu sistema político, econômico e social, bem como de organizar-se da maneira que mais lhe convenha, e tem o dever de não intervir nos assuntos de outro Estado. Sujeitos ao acima disposto, os Estados americanos cooperarão amplamente entre si, independentemente da natureza de seus sistemas políticos, econômicos e sociais;

f) A eliminação da pobreza crítica é parte essencial da promoção e consolidação da democracia representativa e constitui responsabilidade comum e compartilhada dos Estados americanos;

g) Os Estados americanos condenam a guerra de agressão: a vitória não dá direitos;

h) A agressão a um Estado americano constitui uma agressão a todos os demais Estados americanos;

i) As controvérsias de caráter internacional, que surgirem entre dois ou mais Estados americanos, deverão ser resolvidas por meio de processos pacíficos;

j) A justiça e a segurança sociais são bases de uma paz duradoura;

k) A cooperação econômica é essencial para o bem-estar e para a prosperidade comuns dos povos do Continente;

l) Os Estados americanos proclamam os direitos fundamentais da pessoa humana, sem fazer distinção de raça, nacionalidade, credo ou sexo;

m) A unidade espiritual do Continente baseia-se no respeito à personalidade cultural dos países americanos e exige a sua estreita colaboração para as altas finalidades da cultura humana;

n) A educação dos povos deve orientar-se para a justiça, a liberdade e a paz.

CAPÍTULO III
MEMBROS

Artigo 4º

São membros da Organização todos os Estados americanos que ratificarem a presente Carta.

Artigo 5º

Na Organização será admitida toda nova entidade política que nasça da união de seus Estados-membros e que, como tal, ratifique esta Carta. O ingresso da nova entidade política na Organização redundará para cada um dos Estados que a constituam em perda da qualidade de membro da Organização.

Artigo 6º

Qualquer outro Estado americano independente que queira ser membro da Organização deverá manifestá-lo mediante nota dirigida ao Secretário-Geral, na qual seja consignado que está disposto a assinar e ratificar a Carta da Organização, bem como a aceitar todas as obrigações inerentes à condição de membro, em especial as referentes à segurança coletiva, mencionadas expressamente nos artigos 28 e 29.

Artigo 7º

A Assembleia Geral, após recomendação do Conselho Permanente da Organização, determinará se é procedente autorizar o Secretário-Geral a permitir que o Estado solicitante assine a Carta e a aceitar o depósito do respectivo instrumento de ratificação. Tanto a recomendação do Conselho Permanente como a decisão da Assembleia Geral requererão o voto afirmativo de dois terços dos Estados-membros.

Artigo 8º

A condição de membro da Organização estará restringida aos Estados independentes do Continente que, em 10 de dezembro de 1985, forem membros das Nações Unidas e aos territórios não autônomos mencionados no documento OEA/Ser.P, AG/doc.1939/85, de 5 de novembro de 1985, quando alcançarem a sua independência.

Artigo 9º

Um membro da Organização, cujo governo democraticamente constituído seja deposto pela força, poderá ser suspenso do exercício do direito de participação nas sessões da Assembleia Geral, da Reunião de Consulta, dos Conselhos da Organização e das Conferências Especializadas, bem como das comissões, grupos de trabalho e demais órgãos que tenham sido criados.

a) A faculdade de suspensão somente será exercida quando tenham sido infrutíferas as gestões diplomáticas que a Organização houver empreendido a fim de propiciar o restabelecimento da democracia representativa no Estado-membro afetado;

b) A decisão sobre a suspensão deverá ser adotada em um período extraordinário de sessões da Assembleia Geral, pelo voto afirmativo de dois terços dos Estados-membros;

c) A suspensão entrará em vigor imediatamente após sua aprovação pela Assembleia Geral;

d) Não obstante a medida de suspensão, a Organização procurará empreender novas gestões diplomáticas destinadas a coadjuvar o restabelecimento da democracia representativa no Estado-membro afetado;

e) O membro que tiver sido objeto de suspensão deverá continuar observando o cumprimento de suas obrigações com a Organização;

f) A Assembleia Geral poderá levantar a suspensão mediante decisão adotada com a aprovação de dois terços dos Estados-membros; e

g) As atribuições a que se refere este artigo se exercerão de conformidade com a presente Carta.

CAPÍTULO IV
DIREITOS E DEVERES FUNDAMENTAIS DOS ESTADOS

Artigo 10

Os Estados são juridicamente iguais, desfrutam de iguais direitos e de igual capacidade para exercê-los, e têm deveres iguais. Os direitos de cada um não dependem do poder de que dispõem para assegurar o seu exercício, mas sim do simples fato da sua existência como personalidade jurídica internacional.

Artigo 11

Todo Estado americano tem o dever de respeitar os direitos dos demais Estados de acordo com o direito internacional.

Artigo 12

Os direitos fundamentais dos Estados não podem ser restringidos de maneira alguma.

Artigo 13

A existência política do Estado é independente do seu reconhecimento pelos outros Estados. Mesmo antes de ser reconhecido, o Estado tem o direito de defender a sua integridade e independência, de promover a sua conservação e prosperidade, e, por conseguinte, de se organizar como melhor entender, de legislar sobre os seus interesses, de administrar os seus serviços e de determinar a jurisdição e a competência dos seus tribunais. O exercício desses direitos não tem outros limites senão o do exercício dos direitos de outros Estados, conforme o direito internacional.

Artigo 14

O reconhecimento significa que o Estado que o outorga aceita a personalidade do novo Estado com todos os direitos e deveres que, para um e outro, determina o direito internacional.

Artigo 15

O direito que tem o Estado de proteger e desenvolver a sua existência não o autoriza a praticar atos injustos contra outro Estado.

Artigo 16

A jurisdição dos Estados nos limites do território nacional exerce-se igualmente sobre todos os habitantes, quer sejam nacionais ou estrangeiros.

Artigo 17

Cada Estado tem o direito de desenvolver, livre e espontaneamente, a sua vida cultural, política e econômica. No seu livre desenvolvimento, o Estado respeitará os direitos da pessoa humana e os princípios da moral universal.

Artigo 18

O respeito e a observância fiel dos tratados constituem norma para o desenvolvimento das relações pacíficas entre os Estados. Os tratados e acordos internacionais devem ser públicos.

Artigo 19

Nenhum Estado ou grupo de Estados tem o direito de intervir, direta ou indiretamente, seja qual for o motivo, nos assuntos internos ou externos de qualquer outro. Este princípio exclui não somente a força armada, mas também qualquer outra forma de interferência ou de tendência atentatória à personalidade do Estado e dos elementos políticos, econômicos e culturais que o constituem.

Artigo 20

Nenhum Estado poderá aplicar ou estimular medidas coercivas de caráter econômico e político, para forçar a vontade soberana de outro Estado e obter deste vantagens de qualquer natureza.

Artigo 21

O território de um Estado é inviolável; não pode ser objeto de ocupação militar, nem de outras medidas de força tomadas por outro Estado, direta ou indiretamente, qualquer que seja o motivo, embora de maneira temporária. Não se reconhecerão as aquisições territoriais ou as vantagens especiais obtidas pela força ou por qualquer outro meio de coação.

Artigo 22

Os Estados americanos se comprometem, em suas relações internacionais, a não recorrer ao uso da força, salvo em caso de legítima defesa, em conformidade com os tratados vigentes, ou em cumprimento dos mesmos tratados.

Artigo 23

As medidas adotadas para a manutenção da paz e da segurança, de acordo com os tratados vigentes, não constituem violação aos princípios enunciados nos artigos 19 e 21.

CAPÍTULO V
SOLUÇÃO PACÍFICA DE CONTROVÉRSIAS

Artigo 24

As controvérsias internacionais entre os Estados-membros devem ser submetidas aos processos de solução pacífica indicados nesta Carta.

Esta disposição não será interpretada no sentido de prejudicar os direitos e obrigações dos Estados-membros, de acordo com os artigos 34 e 35 da Carta das Nações Unidas.

Artigo 25

São processos pacíficos: a negociação direta, os bons ofícios, a mediação, a investigação e conciliação, o processo judicial, a arbitragem e os que sejam especialmente combinados, em qualquer momento, pelas partes.

Artigo 26
Quando entre dois ou mais Estados americanos surgir uma controvérsia que, na opinião de um deles, não possa ser resolvida pelos meios diplomáticos comuns, as partes deverão convir em qualquer outro processo pacífico que lhes permita chegar a uma solução.

Artigo 27
Um tratado especial estabelecerá os meios adequados para solução das controvérsias e determinará os processos pertinentes a cada um dos meios pacíficos, de forma a não permitir que controvérsia alguma entre os Estados americanos possa ficar sem solução definitiva, dentro de um prazo razoável.

CAPÍTULO VI
SEGURANÇA COLETIVA

Artigo 28
Toda agressão de um Estado contra a integridade ou a inviolabilidade do território, ou contra a soberania, ou a independência política de um Estado americano, será considerada como um ato de agressão contra todos os demais Estados americanos.

Artigo 29
Se a inviolabilidade, ou a integridade do território, ou a soberania, ou a independência política de qualquer Estado americano forem atingidas por um ataque armado, ou por uma agressão que não seja ataque armado, ou por um conflito extracontinental, ou por um conflito entre dois ou mais Estados americanos, ou por qualquer outro fato ou situação que possa pôr em perigo a paz da América, os Estados americanos, em obediência aos princípios de solidariedade continental, ou de legítima defesa coletiva, aplicarão as medidas e processos estabelecidos nos tratados especiais existentes sobre a matéria.

CAPÍTULO VII
DESENVOLVIMENTO INTEGRAL

Artigo 30
Os Estados-membros, inspirados nos princípios de solidariedade e cooperação interamericanas, comprometem-se a unir seus esforços no sentido de que impere a justiça social internacional em suas relações e de que seus povos alcancem um desenvolvimento integral, condições indispensáveis para a paz e a segurança. O desenvolvimento integral abrange os campos econômico, social, educacional, cultural, científico e tecnológico, nos quais devem ser atingidas as metas que cada país definir para alcançá-lo.

Artigo 31
A cooperação interamericana para o desenvolvimento integral é responsabilidade comum e solidária dos Estados-membros, no contexto dos princípios democráticos e das instituições do Sistema Interamericano. Ela deve compreender os campos econômico, social, educacional, cultural, científico e tecnológico, apoiar a consecução dos objetivos nacionais dos Estados-membros e respeitar as prioridades que cada país fixar em seus planos de desenvolvimento, sem vinculações nem condições de caráter político.

Artigo 32
A cooperação interamericana para o desenvolvimento integral deve ser contínua e encaminhar-se, de preferência, por meio de organismos multilaterais, sem prejuízo da cooperação bilateral acordada entre os Estados-membros.
Os Estados-membros contribuirão para a cooperação interamericana para o desenvolvimento integral, de acordo com seus recursos e possibilidades e em conformidade com suas leis.

Artigo 33
O desenvolvimento é responsabilidade primordial de cada país e deve constituir um processo integral e continuado para a criação de uma ordem econômica e social justa que permita a plena realização da pessoa humana e para isso contribua.

Artigo 34
Os Estados-membros convêm em que a igualdade de oportunidades, a eliminação da pobreza crítica e a distribuição equitativa da riqueza e da renda, bem como a plena participação de seus povos nas decisões relativas a seu próprio desenvolvimento, são, entre outros, objetivos básicos do desenvolvimento integral. Para alcançá-los convêm, da mesma forma, em dedicar seus maiores esforços à consecução das seguintes metas básicas:
a) Aumento substancial e autossustentado do produto nacional *per capita;*
b) Distribuição equitativa da renda nacional;
c) Sistemas tributários adequados e equitativos;
d) Modernização da vida rural e reformas que conduzam a regimes equitativos e eficazes de posse da terra, maior produtividade agrícola, expansão do uso da terra, diversificação da produção e melhores sistemas para a industrialização e comercialização de produtos agrícolas, e fortalecimento e ampliação dos meios para alcançar esses fins;
e) Industrialização acelerada e diversificada, especialmente de bens de capital e intermediários;
f) Estabilidade do nível dos preços internos, em harmonia com o desenvolvimento econômico sustentado e com a consecução da justiça social;
g) Salários justos, oportunidades de emprego e condições de trabalho aceitáveis para todos;
h) Rápida erradicação do analfabetismo e ampliação, para todos, das oportunidades no campo da educação;
i) Defesa do potencial humano mediante extensão e aplicação dos modernos conhecimentos da ciência médica;
j) Alimentação adequada, especialmente por meio da aceleração dos esforços nacionais no sentido de aumentar a produção e disponibilidade de alimentos;

k) Habitação adequada para todos os setores da população;
l) Condições urbanas que proporcionem oportunidades de vida sadia, produtiva e digna;
m) Promoção da iniciativa e dos investimentos privados em harmonia com a ação do setor público; e
n) Expansão e diversificação das exportações.

Artigo 35

Os Estados-membros devem abster-se de exercer políticas e praticar ações ou tomar medidas que tenham sérios efeitos adversos sobre o desenvolvimento de outros Estados-membros.

Artigo 36

As empresas transnacionais e o investimento privado estrangeiro estão sujeitos à legislação e à jurisdição dos tribunais nacionais competentes dos países receptores, bem como aos tratados e convênios internacionais dos quais estes sejam parte, e devem ajustar-se à política de desenvolvimento dos países receptores.

Artigo 37

Os Estados-membros convêm em buscar, coletivamente, solução para os problemas urgentes ou graves que possam apresentar-se quando o desenvolvimento ou estabilidade econômicos de qualquer Estado-membro se virem seriamente afetados por situações que não puderem ser solucionadas pelo esforço desse Estado.

Artigo 38

Os Estados-membros difundirão entre si os benefícios da ciência e da tecnologia, promovendo, de acordo com os tratados vigentes e as leis nacionais, o intercâmbio e o aproveitamento dos conhecimentos científicos e técnicos.

Artigo 39

Os Estados-membros, reconhecendo a estrita interdependência que há entre o comércio exterior e o desenvolvimento econômico e social, devem envidar esforços, individuais e coletivos, a fim de conseguir:
a) Condições favoráveis de acesso aos mercados mundiais para os produtos dos países em desenvolvimento da região, especialmente por meio da redução ou abolição, por parte dos países importadores, das barreiras alfandegárias e não alfandegárias que afetam as exportações dos Estados-membros da Organização, salvo quando tais barreiras se aplicarem a fim de diversificar a estrutura econômica, acelerar o desenvolvimento dos Estados-membros menos desenvolvidos e intensificar seu processo de integração econômica, ou quando se relacionarem com a segurança nacional ou com as necessidades do equilíbrio econômico;
b) Continuidade do seu desenvolvimento econômico e social, mediante:
i. Melhores condições para o comércio de produtos básicos por meio de convênios internacionais, quando forem adequados; de processos ordenados de comercialização que evitem a perturbação dos mercados; e de outras medidas destinadas a promover a expansão de mercados e a obter receitas seguras para os produtores, fornecimentos adequados e seguros para os consumidores, e preços estáveis que sejam ao mesmo tempo recompensadores para os produtores e equitativos para os consumidores;
ii. Melhor cooperação internacional no setor financeiro e adoção de outros meios para atenuar os efeitos adversos das acentuadas flutuações das receitas de exportação que experimentem os países exportadores de produtos básicos;
iii. Diversificação das exportações e ampliação das oportunidades de exportação dos produtos manufaturados e semimanufaturados de países em desenvolvimento; e
iv. Condições favoráveis ao aumento das receitas reais provenientes das exportações dos Estados-membros, especialmente dos países em desenvolvimento da região, e ao aumento de sua participação no comércio internacional.

Artigo 40

Os Estados-membros reafirmam o princípio de que os países de maior desenvolvimento econômico, que em acordos internacionais de comércio façam concessões em benefício dos países de menor desenvolvimento econômico no tocante à redução e abolição de tarifas ou outras barreiras ao comércio exterior, não devem solicitar a estes países concessões recíprocas que sejam incompatíveis com seu desenvolvimento econômico e com suas necessidades financeiras e comerciais.

Artigo 41

Os Estados-membros, com o objetivo de acelerar o desenvolvimento econômico, a integração regional, a expansão e a melhoria das condições do seu comércio, promoverão a modernização e a coordenação dos transportes e comunicações nos países em desenvolvimento e entre os Estados-membros.

Artigo 42

Os Estados-membros reconhecem que a integração dos países em desenvolvimento do Continente constitui um dos objetivos do Sistema Interamericano e, portanto, orientarão seus esforços e tomarão as medidas necessárias no sentido de acelerar o processo de integração com vistas à consecução, no mais breve prazo, de um mercado comum latino-americano.

Artigo 43

Com o objetivo de fortalecer e acelerar a integração em todos os seus aspectos, os Estados-membros comprometem-se a dar adequada prioridade à elaboração e execução de projetos multinacionais e a seu financiamento, bem como a estimular as instituições econômicas e financeiras do Sistema Interamericano a que continuem dando seu mais amplo apoio às instituições e aos programas de integração regional.

Artigo 44

Os Estados-membros convêm em que a cooperação técnica e financeira, tendente a estimular os processos de integração econômica regional, deve basear-se no princípio do desenvolvimento harmônico, equilibrado e eficiente, dispensando especial atenção aos países de menor desenvolvimento relativo, de modo que constitua um fator decisivo que os habilite a promover, com seus próprios esforços, o melhor desenvolvimento de seus programas de infraestrutura, novas linhas de produção e a diversificação de suas exportações.

Artigo 45

Os Estados-membros, convencidos de que o Homem somente pode alcançar a plena realização de suas aspirações dentro de uma ordem social justa, acompanhada de desenvolvimento econômico e de verdadeira paz, convêm em envidar os seus maiores esforços na aplicação dos seguintes princípios e mecanismos:

a) Todos os seres humanos, sem distinção de raça, sexo, nacionalidade, credo ou condição social, têm direito ao bem-estar material e a seu desenvolvimento espiritual em condições de liberdade, dignidade, igualdade de oportunidades e segurança econômica;

b) O trabalho é um direito e um dever social; confere dignidade a quem o realiza e deve ser exercido em condições que, compreendendo um regime de salários justos, assegurem a vida, a saúde e um nível econômico digno ao trabalhador e sua família, tanto durante os anos de atividade como na velhice, ou quando qualquer circunstância o prive da possibilidade de trabalhar;

c) Os empregadores e os trabalhadores, tanto rurais como urbanos, têm o direito de se associarem livremente para a defesa e promoção de seus interesses, inclusive o direito de negociação coletiva e o de greve por parte dos trabalhadores, o reconhecimento da personalidade jurídica das associações e a proteção de sua liberdade e independência, tudo de acordo com a respectiva legislação;

d) Sistemas e processos justos e eficientes de consulta e colaboração entre os setores da produção, levada em conta a proteção dos interesses de toda a sociedade;

e) O funcionamento dos sistemas de administração pública, bancário e de crédito, de empresa, e de distribuição e vendas, de forma que, em harmonia com o setor privado, atendam às necessidades e interesses da comunidade;

f) A incorporação e crescente participação dos setores marginais da população, tanto das zonas rurais como dos centros urbanos, na vida econômica, social, cívica, cultural e política da nação, a fim de conseguir a plena integração da comunidade nacional, o aceleramento do processo de mobilidade social e a consolidação do regime democrático. O estímulo a todo esforço de promoção e cooperação populares que tenha por fim o desenvolvimento e o progresso da comunidade;

g) O reconhecimento da importância da contribuição das organizações tais como os sindicatos, as cooperativas e as associações culturais, profissionais, de negócios, vicinais e comunais para a vida da sociedade e para o processo de desenvolvimento;

h) Desenvolvimento de uma política eficiente de previdência social; e

i) Disposições adequadas a fim de que todas as pessoas tenham a devida assistência legal para fazer valer seus direitos.

Artigo 46

Os Estados-membros reconhecem que, para facilitar o processo de integração regional latino-americana, é necessário harmonizar a legislação social dos países em desenvolvimento, especialmente no setor trabalhista e no da previdência social, a fim de que os direitos dos trabalhadores sejam igualmente protegidos, e convêm em envidar os maiores esforços com o objetivo de alcançar essa finalidade.

Artigo 47

Os Estados-membros darão primordial importância, dentro dos seus planos de desenvolvimento, ao estímulo da educação, da ciência, da tecnologia e da cultura, orientadas no sentido do melhoramento integral da pessoa humana e como fundamento da democracia, da justiça social e do progresso.

Artigo 48

Os Estados-membros cooperarão entre si, a fim de atender às suas necessidades no tocante à educação, promover a pesquisa científica e impulsionar o progresso tecnológico para seu desenvolvimento integral. Considerar-se-ão individual e solidariamente comprometidos a preservar e enriquecer o patrimônio cultural dos povos americanos.

Artigo 49

Os Estados-membros empreenderão os maiores esforços para assegurar, de acordo com suas normas constitucionais, o exercício efetivo do direito à educação, observados os seguintes princípios:

a) O ensino primário, obrigatório para a população em idade escolar, será estendido também a todas as outras pessoas a quem possa aproveitar. Quando ministrado pelo Estado, será gratuito;

b) O ensino médio deverá ser estendido progressivamente, com critério de promoção social, à maior parte possível da população. Será diversificado de maneira que, sem prejuízo da formação geral dos educandos, atenda às necessidades do desenvolvimento de cada país; e

c) A educação de grau superior será acessível a todos, desde que, a fim de manter seu alto nível, se cumpram as normas regulamentares ou acadêmicas respectivas.

Artigo 50

Os Estados-membros dispensarão especial atenção à erradicação do analfabetismo, fortalecerão os sistemas de educação de adultos e de habilitação para o trabalho, assegurarão a toda a população o gozo dos bens da cultura e promoverão o emprego de todos os meios de divulgação para o cumprimento de tais propósitos.

Artigo 51

Os Estados-membros promoverão a ciência e a tecnologia por meio de atividades de ensino, pesquisa e desenvolvimento tecnológico e de programas de difusão e divulgação, estimularão as atividades no campo da tecnologia, com o propósito de adequá-la às necessidades do seu desenvolvimento integral; concertarão de maneira eficaz sua cooperação nessas matérias; e ampliarão substancialmente o intercâmbio de conhecimentos, de acordo com os objetivos e leis nacionais e os tratados vigentes.

Artigo 52

Os Estados-membros, dentro do respeito devido à personalidade de cada um deles, convêm em promover o intercâmbio cultural como meio eficaz para consolidar a compreensão interamericana e reconhecem que os programas de integração regional devem ser fortalecidos mediante estreita vinculação nos setores da educação, da ciência e da cultura.

SEGUNDA PARTE

CAPÍTULO VIII
DOS ÓRGÃOS

Artigo 53

A Organização dos Estados Americanos realiza os seus fins por intermédio:
a) da Assembleia Geral;
b) da Reunião de Consulta dos Ministros das Relações Exteriores;
c) dos Conselhos;
d) da Comissão Jurídica Interamericana;
e) da Comissão Interamericana de Direitos Humanos;
f) da Secretaria-Geral;
g) das Conferências Especializadas; e
h) dos Organismos Especializados.
Poderão ser criados, além dos previstos na Carta e de acordo com suas disposições, os órgãos subsidiários, organismos e outras entidades que forem julgados necessários.

CAPÍTULO IX
A ASSEMBLEIA GERAL

Artigo 54

A Assembleia Geral é o órgão supremo da Organização dos Estados Americanos. Tem por principais atribuições, além das outras que lhe confere a Carta, as seguintes:
a) Decidir a ação e a política gerais da Organização, determinar a estrutura e funções de seus órgãos e considerar qualquer assunto relativo à convivência dos Estados americanos;
b) Estabelecer normas para a coordenação das atividades dos órgãos, organismos e entidades da Organização entre si e de tais atividades com as das outras instituições do Sistema Interamericano;
c) Fortalecer e harmonizar a cooperação com as Nações Unidas e seus organismos especializados;
d) Promover a colaboração, especialmente nos setores econômico, social e cultural, com outras organizações internacionais cujos objetivos sejam análogos aos da Organização dos Estados Americanos;
e) Aprovar o orçamento-programa da Organização e fixar as quotas dos Estados-membros;
f) Considerar os relatórios da Reunião de Consulta dos Ministros das Relações Exteriores e as observações e recomendações que, a respeito dos relatórios que deverem ser apresentados pelos demais órgãos e entidades, lhe sejam submetidas pelo Conselho Permanente, conforme o disposto na alínea f, do artigo 91, bem como os relatórios de qualquer órgão que a própria Assembleia Geral requeira;
g) Adotar as normas gerais que devem reger o funcionamento da Secretaria-Geral; e
h) Aprovar seu regulamento e, pelo voto de dois terços, sua agenda.
A Assembleia Geral exercerá suas atribuições de acordo com o disposto na Carta e em outros tratados interamericanos.

Artigo 55

A Assembleia Geral estabelece as bases para a fixação da quota com que deve cada um dos governos contribuir para a manutenção da Organização, levando em conta a capacidade de pagamento dos respectivos países e a determinação dos mesmos de contribuir de forma equitativa. Para que possam ser tomadas decisões sobre assuntos orçamentários, é necessária a aprovação de dois terços dos Estados-membros.

Artigo 56

Todos os Estados-membros têm direito a fazer-se representar na Assembleia Geral. Cada Estado tem direito a um voto.

Artigo 57

A Assembleia Geral reunir-se-á anualmente na época que determinar o regulamento e em sede escolhida consoante o princípio do rodízio. Em cada período ordinário de sessões serão determinadas, de acordo com o regulamento, a data e a sede do período ordinário seguinte.
Se, por qualquer motivo, a Assembleia Geral não se puder reunir na sede escolhida, reunir-se-á na Secretaria-Geral, sem prejuízo de que, se algum dos Estados-membros oferecer oportunamente sede em seu território, possa o Conselho Permanente da Organização acordar que a Assembleia Geral se reúna nessa sede.

Artigo 58

Em circunstâncias especiais e com a aprovação de dois terços dos Estados-membros, o Conselho Permanente convocará um período extraordinário de sessões da Assembleia Geral.

Artigo 59
As decisões da Assembleia Geral serão adotadas pelo voto da maioria absoluta dos Estados-membros, salvo nos casos em que é exigido o voto de dois terços, de acordo com o disposto na Carta, ou naqueles que determinar a Assembleia Geral, pelos processos regulamentares.

Artigo 60
Haverá uma Comissão Preparatória da Assembleia Geral, composta de representantes de todos os Estados-membros, a qual desempenhará as seguintes funções:
a) Elaborar o projeto de agenda de cada período de sessões da Assembleia Geral;
b) Examinar o projeto de orçamento-programa e o de resolução sobre quotas e apresentar à Assembleia Geral um relatório sobre os mesmos, com as recomendações que julgar pertinentes; e
c) As outras que lhe forem atribuídas pela Assembleia Geral.
O projeto de agenda e o relatório serão oportunamente encaminhados aos governos dos Estados-membros.

CAPÍTULO X
A REUNIÃO DE CONSULTA DOS MINISTROS DAS RELAÇÕES EXTERIORES

Artigo 61
A Reunião de Consulta dos Ministros das Relações Exteriores deverá ser convocada a fim de considerar problemas de natureza urgente e de interesse comum para os Estados americanos, e para servir de Órgão de Consulta.

Artigo 62
Qualquer Estado-membro pode solicitar a convocação de uma Reunião de Consulta. A solicitação deve ser dirigida ao Conselho Permanente da Organização, o qual decidirá, por maioria absoluta de votos, se é oportuna a reunião.

Artigo 63
A agenda e o regulamento da Reunião de Consulta serão preparados pelo Conselho Permanente da Organização e submetidos à consideração dos Estados-membros.

Artigo 64
Se, em caso excepcional, o Ministro das Relações Exteriores de qualquer país não puder assistir à reunião, far-se-á representar por um delegado especial.

Artigo 65
Em caso de ataque armado ao território de um Estado americano ou dentro da zona de segurança demarcada pelo tratado em vigor, o Presidente do Conselho Permanente reunirá o Conselho, sem demora, a fim de determinar a convocação da Reunião de Consulta, sem prejuízo do disposto no Tratado Interamericano de Assistência Recíproca no que diz respeito aos Estados-partes no referido instrumento.

Artigo 66
Fica estabelecida uma Comissão Consultiva de Defesa para aconselhar o Órgão de Consulta a respeito dos problemas de colaboração militar, que possam surgir da aplicação dos tratados especiais existentes sobre matéria de segurança coletiva.

Artigo 67
A Comissão Consultiva de Defesa será integrada pelas mais altas autoridades militares dos Estados americanos que participem da Reunião de Consulta. Excepcionalmente, os governos poderão designar substitutos. Cada Estado terá direito a um voto.

Artigo 68
A Comissão Consultiva de Defesa será convocada nos mesmos termos que o Órgão de Consulta, quando este tenha que tratar de assuntos relacionados com a defesa contra agressão.

Artigo 69
Quando a Assembleia Geral ou a Reunião de Consulta ou os governos lhe cometerem, por maioria de dois terços dos Estados-membros, estudos técnicos ou relatórios sobre temas específicos, a Comissão também se reunirá para esse fim.

CAPÍTULO XI
OS CONSELHOS DA ORGANIZAÇÃO DISPOSIÇÕES COMUNS

Artigo 70
O Conselho Permanente da Organização e o Conselho Interamericano de Desenvolvimento Integral dependem diretamente da Assembleia Geral e têm a competência conferida a cada um deles pela Carta e por outros instrumentos interamericanos, bem como as funções que lhes forem confiadas pela Assembleia Geral e pela Reunião de Consulta dos Ministros das Relações Exteriores.

Artigo 71
Todos os Estados-membros têm direito a fazer-se representar em cada um dos Conselhos. Cada Estado tem direito a um voto.

Artigo 72
Dentro dos limites da Carta e dos demais instrumentos interamericanos, os Conselhos poderão fazer recomendações no âmbito de suas atribuições.

Artigo 73
Os Conselhos, em assuntos de sua respectiva competência, poderão apresentar estudos e propostas à Assembleia Geral e submeter-lhe projetos de instrumentos internacionais e proposições com referência à realização de conferências especializadas e à criação, modificação ou extinção de organismos especializados e outras entidades interamericanas, bem como sobre a coordenação de suas atividades. Os Conselhos poderão também apresentar estudos, propostas e projetos de instrumentos internacionais às Conferências Especializadas.

Artigo 74
Cada Conselho, em casos urgentes, poderá convocar, em matéria de sua competência, Conferências Especializadas, mediante consulta prévia com os Estados-membros e sem ter de recorrer ao processo previsto no artigo 122.

Artigo 75
Os Conselhos, na medida de suas possibilidades e com a cooperação da Secretaria-Geral, prestarão aos governos os serviços especializados que estes solicitarem.

Artigo 76
Cada Conselho tem faculdades para requerer do outro, bem como dos órgãos subsidiários e dos organismos a eles subordinados, a prestação, nas suas respectivas esferas de competência, de informações e assessoramento. Poderá, também, cada um deles, solicitar os mesmos serviços às demais entidades do Sistema Interamericano.

Artigo 77
Com a prévia aprovação da Assembleia Geral, os Conselhos poderão criar os órgãos subsidiários e os organismos que julgarem convenientes para o melhor exercício de suas funções. Se a Assembleia Geral não estiver reunida, os referidos órgãos e organismos poderão ser estabelecidos provisoriamente pelo Conselho respectivo. Na composição dessas entidades os Conselhos observarão, na medida do possível, os princípios do rodízio e da representação geográfica equitativa.

Artigo 78
Os Conselhos poderão realizar reuniões no território de qualquer Estado-membro, quando o julgarem conveniente e com aquiescência prévia do respectivo governo.

Artigo 79
Cada Conselho elaborará seu estatuto, submetê-lo-á à aprovação da Assembleia Geral e aprovará seu regulamento e os de seus órgãos subsidiários, organismos e comissões.

CAPÍTULO XII
O CONSELHO PERMANENTE DA ORGANIZAÇÃO

Artigo 80
O Conselho Permanente da Organização compõe-se de um representante de cada Estado-membro, nomeado especialmente pelo respectivo governo, com a categoria de embaixador. Cada governo poderá acreditar um representante interino, bem como os suplentes e assessores que julgar conveniente.

Artigo 81
A Presidência do Conselho Permanente será exercida sucessivamente pelos representantes, na ordem alfabética dos nomes em espanhol de seus respectivos países, e a Vice-Presidência, de modo idêntico, seguida a ordem alfabética inversa.

O Presidente e o Vice-Presidente exercerão suas funções por um período não superior a seis meses, que será determinado pelo estatuto.

Artigo 82
O Conselho Permanente tomará conhecimento, dentro dos limites da Carta e dos tratados e acordos interamericanos, de qualquer assunto de que o encarreguem a Assembleia Geral ou a Reunião de Consulta dos Ministros das Relações Exteriores.

Artigo 83
O Conselho Permanente agirá provisoriamente como Órgão de Consulta, conforme o estabelecido no tratado especial sobre a matéria.

Artigo 84
O Conselho Permanente velará pela manutenção das relações de amizade entre os Estados-membros e, com tal objetivo, ajudá-los-á de maneira efetiva na solução pacífica de suas controvérsias, de acordo com as disposições que se seguem.

Artigo 85
De acordo com as disposições da Carta, qualquer parte numa controvérsia, no tocante à qual não esteja em tramitação qualquer dos processos pacíficos previstos na Carta, poderá recorrer ao Conselho Permanente, para obter seus bons ofícios. O Conselho, de acordo com o disposto no artigo anterior, assistirá as partes e recomendará os processos que considerar adequados para a solução pacífica da controvérsia.

Artigo 86
O Conselho Permanente, no exercício de suas funções, com a anuência das partes na controvérsia, poderá estabelecer comissões *ad hoc*.

As comissões *ad hoc* terão a composição e o mandato que em cada caso decidir o Conselho Permanente, com o consentimento das partes na controvérsia.

Artigo 87
O Conselho Permanente poderá também, pelo meio que considerar conveniente, investigar os fatos relacionados com a controvérsia, inclusive no território de qualquer das partes, após consentimento do respectivo governo.

Artigo 88
Se o processo de solução pacífica de controvérsias recomendado pelo Conselho Permanente, ou sugerido pela respectiva comissão *ad hoc* nos termos de seu mandato, não for aceito por uma das partes, ou qualquer destas declarar que o processo não resolveu a controvérsia, o Conselho Permanente informará a Assembleia Geral, sem prejuízo de que leve a cabo gestões para o entendimento entre as partes ou para o reatamento das relações entre elas.

Artigo 89
O Conselho Permanente, no exercício de tais funções, tomará suas decisões pelo voto afirmativo de

dois terços dos seus membros, excluídas as partes, salvo as decisões que o regulamento autorize a aprovar por maioria simples.

Artigo 90
No desempenho das funções relativas à solução pacífica de controvérsias, o Conselho Permanente e a comissão ad hoc respectiva deverão observar as disposições da Carta e os princípios e normas do direito internacional, bem como levar em conta a existência dos tratados vigentes entre as partes.

Artigo 91
Compete também ao Conselho Permanente:
a) Executar as decisões da Assembleia Geral ou da Reunião de Consulta dos Ministros das Relações Exteriores, cujo cumprimento não haja sido confiado a nenhuma outra entidade;
b) Velar pela observância das normas que regulam o funcionamento da Secretaria-Geral e, quando a Assembleia Geral não estiver reunida, adotar as disposições de natureza regulamentar que habilitem a Secretaria-Geral para o cumprimento de suas funções administrativas;
c) Atuar como Comissão Preparatória da Assembleia Geral nas condições estabelecidas pelo artigo 60 da Carta, a não ser que a Assembleia Geral decida de maneira diferente;
d) Preparar, a pedido dos Estados-membros e com a cooperação dos órgãos pertinentes da Organização, projetos de acordo destinados a promover e facilitar a colaboração entre a Organização dos Estados Americanos e as Nações Unidas, ou entre a Organização e outros organismos americanos de reconhecida autoridade internacional. Esses projetos serão submetidos à aprovação da Assembleia Geral;
e) Formular recomendações à Assembleia Geral sobre o funcionamento da Organização e sobre a coordenação dos seus órgãos subsidiários, organismos e comissões;
f) Considerar os relatórios do Conselho Interamericano de Desenvolvimento Integral, da Comissão Jurídica Interamericana, da Comissão Interamericana de Direitos Humanos, da Secretaria-Geral, dos organismos e conferências especializados e dos demais órgãos e entidades, e apresentar à Assembleia Geral as observações e recomendações que julgue pertinentes; e
g) Exercer as demais funções que lhe atribui a Carta.

Artigo 92
O Conselho Permanente e a Secretaria-Geral terão a mesma sede.

CAPÍTULO XIII
O CONSELHO INTERAMERICANO DE DESENVOLVIMENTO INTEGRAL

Artigo 93
O Conselho Interamericano de Desenvolvimento Integral compõe-se de um representante titular, no nível ministerial ou seu equivalente, de cada Estado-membro, nomeado especificamente pelo respectivo governo.
Conforme previsto na Carta, o Conselho Interamericano de Desenvolvimento Integral poderá criar os órgãos subsidiários e os organismos que julgar suficiente para o melhor exercício de suas funções.

Artigo 94
O Conselho Interamericano de Desenvolvimento Integral tem como finalidade promover a cooperação entre os Estados americanos, com o propósito de obter seu desenvolvimento integral e, em particular, de contribuir para a eliminação da pobreza crítica, segundo as normas da Carta, principalmente as consignadas no Capítulo VII no que se refere aos campos econômico, social, educa-cional, cultural, e científico e tecnológico.

Artigo 95
Para realizar os diversos objetivos, particularmente na área específica da cooperação técnica, o Conselho Interamericano de Desenvolvimento Integral deverá:
a) Formular e recomendar à Assembleia Geral o plano estratégico que articule as políticas, os programas e as medidas de ação em matéria de cooperação para o desenvolvimento integral, no marco da política geral e das prioridades definidas pela Assembleia Geral;
b) Formular diretrizes para a elaboração do orçamento-programa de cooperação técnica, bem como para as demais atividades do Conselho;
c) Promover, coordenar e encomendar a execução de programas e projetos de desenvolvimento aos órgãos subsidiários e organismos correspondentes, com base nas prioridades determinadas pelos Estados-membros, em áreas tais como:
1) Desenvolvimento econômico e social, inclusive o comércio, o turismo, a integração e o meio ambiente;
2) Melhoramento e extensão da educação a todos os níveis, e a promoção da pesquisa científica e tecnológica, por meio da cooperação técnica, bem como do apoio às atividades da área cultural; e
3) Fortalecimento da consciência cívica dos povos americanos, como um dos fundamentos da prática efetiva da democracia e a do respeito aos direitos e deveres da pessoa humana.
Para este fim, contará com mecanismos de participação setorial e com apoio dos órgãos subsidiários e organismos previstos na Carta e outros dispositivos da Assembleia Geral;
d) Estabelecer relações de cooperação com os órgãos correspondentes das Nações Unidas e outras entidades nacionais e internacionais, especialmente no que diz respeito a coordenação dos programas interamericanos de assistência técnica;
e) Avaliar periodicamente as entidades de cooperação para o desenvolvimento integral, no que tange ao seu desempenho na implementação das políticas, programas e projetos, em termos de seu impacto, eficácia, eficiência, aplicação de

recursos e da qualidade, entre outros, dos serviços de cooperação técnica prestados e informar à Assembleia Geral.

Artigo 96

O Conselho Interamericano de Desenvolvimento Integral realizará, no mínimo, uma reunião por ano, no nível ministerial ou seu equivalente, e poderá convocar a realização de reuniões no mesmo nível para os temas especializados ou setoriais que julgar pertinentes, em áreas de sua competência. Além disso, reunir-se-á, quando for convocado pela Assembleia Geral, pela Reunião de Consulta dos Ministros das Relações Exteriores, por iniciativa própria, ou para os casos previstos no artigo 37 da Carta.

Artigo 97

O Conselho Interamericano de Desenvolvimento Integral terá as comissões especializadas não permanentes que decidir estabelecer e que forem necessárias para o melhor desempenho de suas funções. Estas Comissões funcionarão e serão constituídas segundo o disposto no Estatuto do mesmo Conselho.

Artigo 98

A execução e, conforme o caso, a coordenação dos projetos aprovados será confiada à Secretaria Executiva de Desenvolvimento Integral, que informará o Conselho sobre o resultado da execução.

CAPÍTULO XIV
A COMISSÃO JURÍDICA INTERAMERICANA

Artigo 99

A Comissão Jurídica Interamericana tem por finalidade servir de corpo consultivo da Organização em assuntos jurídicos; promover o desenvolvimento progressivo e a codificação do direito internacional; e estudar os problemas jurídicos referentes à integração dos países em desenvolvimento do Continente, bem como a possibilidade de uniformizar suas legislações no que parecer conveniente.

Artigo 100

A Comissão Jurídica Interamericana empreenderá os estudos e trabalhos preparatórios de que for encarregada pela Assembleia Geral, pela Reunião de Consulta dos Ministros das Relações Exteriores e pelos Conselhos da Organização. Pode, além disso, levar a efeito, por sua própria iniciativa, os que julgar convenientes, bem como sugerir a realização de conferências jurídicas e especializadas.

Artigo 101

A Comissão Jurídica Interamericana será composta de onze juristas nacionais dos Estados-membros, eleitos, de listas de três candidatos apresentadas pelos referidos Estados, para um período de quatro anos. A Assembleia Geral procederá à eleição, de acordo com um regime que leve em conta a renovação parcial e procure, na medida do possível, uma representação geográfica equitativa. Não poderá haver na Comissão mais de um membro da mesma nacionalidade.

As vagas que ocorrerem por razões diferentes da expiração normal dos mandatos dos membros da Comissão serão preenchidas pelo Conselho Permanente da Organização, de acordo com os mesmos critérios estabelecidos no parágrafo anterior.

Artigo 102

A Comissão Jurídica Interamericana representa o conjunto dos Estados-membros da Organização, e tem a mais ampla autonomia técnica.

Artigo 103

A Comissão Jurídica Interamericana estabelecerá relações de cooperação com as universidades, institutos e outros centros de ensino e com as comissões e entidades nacionais e internacionais dedicadas ao estudo, pesquisa, ensino ou divulgação dos assuntos jurídicos de interesse internacional.

Artigo 104

A Comissão Jurídica Interamericana elaborará seu estatuto, o qual será submetido à aprovação da Assembleia Geral.

A Comissão adotará seu próprio regulamento.

Artigo 105

A Comissão Jurídica Interamericana terá sua sede na cidade do Rio de Janeiro, mas, em casos especiais, poderá realizar reuniões em qualquer outro lugar que seja oportunamente designado, após consulta ao Estado-membro correspondente.

CAPÍTULO XV
A COMISSÃO INTERAMERICANA DE DIREITOS HUMANOS

Artigo 106

Haverá uma Comissão Interamericana de Direitos Humanos que terá por principal função promover o respeito e a defesa dos direitos humanos e servir como órgão consultivo da Organização em tal matéria.

Uma convenção interamericana sobre direitos humanos estabelecerá a estrutura, a competência e as normas de funcionamento da referida Comissão, bem como as dos outros órgãos encarregados de tal matéria.

CAPÍTULO XVI
A SECRETARIA-GERAL

Artigo 107

A Secretaria-Geral é o órgão central e permanente da Organização dos Estados Americanos. Exercerá as funções que lhe atribuam a Carta, outros tratados e acordos interamericanos e a Assembleia Geral, e cumprirá os encargos de que for incumbida pela Assembleia Geral, pela Reunião de Consulta dos Ministros das Relações Exteriores e pelos Conselhos.

Artigo 108

O Secretário-Geral da Organização será eleito pela Assembleia Geral para um período de cinco anos e não poderá ser reeleito mais de uma vez, nem poderá suceder-lhe pessoa da mesma nacionalidade. Vagando o cargo de Secretário-Geral, o Secretário-Geral Adjunto assumirá as funções daquele até que a Assembleia Geral proceda à eleição de novo titular para um período completo.

Artigo 109

O Secretário-Geral dirige a Secretaria-Geral, é o representante legal da mesma e, sem prejuízo do estabelecido no artigo 91, alínea b, responde perante a Assembleia Geral pelo cumprimento adequado das atribuições e funções da Secretaria-Geral.

Artigo 110

O Secretário-Geral ou seu representante poderá participar, com direito a palavra, mas sem voto, de todas as reuniões da Organização.

O Secretário-Geral poderá levar à atenção da Assembleia Geral ou do Conselho Permanente qualquer assunto que, na sua opinião, possa afetar a paz e a segurança do Continente e o desenvolvimento dos Estados-membros.

As atribuições a que se refere o parágrafo anterior serão exercidas em conformidade com esta Carta.

Artigo 111

De acordo com a ação e a política decididas pela Assembleia Geral e com as resoluções pertinentes dos Conselhos, a Secretaria-Geral promoverá relações econômicas, sociais, jurídicas, educacionais, -científicas e culturais entre todos os Estados--membros da Organização, com especial ênfase na cooperação da pobreza crítica.

Artigo 112

A Secretaria-Geral desempenha também as seguintes funções:

a) Encaminhar *ex officio* aos Estados-membros a convocatória da Assembleia Geral, da Reunião de Consulta dos Ministros das Relações Exteriores, do Conselho Interamericano de Desenvolvimento Integral e das Conferências Especializadas;

b) Assessorar os outros órgãos, quando cabível, na elaboração das agendas e regulamentos;

c) Preparar o projeto de orçamento-programa da Organização com base nos programas aprovados pelos Conselhos, organismos e entidades cujas despesas devam ser incluídas no orçamento--programa e, após consulta com esses Conselhos ou suas Comissões Permanentes, submetê-lo à Comissão Preparatória da Assembleia Geral e em seguida à própria Assembleia;

d) Proporcionar à Assembleia Geral e aos demais órgãos serviços de secretaria permanentes e adequados, bem como dar cumprimento a seus mandatos e encargos. Dentro de suas possibilidades, atender às outras reuniões da Organização;

e) Custodiar os documentos e arquivos das Conferências Interamericanas, da Assembleia Geral, das Reuniões de Consulta dos Ministros das Relações Exteriores, dos Conselhos e das Conferências Especializadas;

f) Servir de depositária dos tratados e acordos interamericanos, bem como dos instrumentos de ratificação dos mesmos;

g) Apresentar à Assembleia Geral, em cada período ordinário de sessões, um relatório anual sobre as atividades e a situação financeira da Organização; e

h) Estabelecer relações de cooperação, consoante o que for decidido pela Assembleia Geral ou pelos Conselhos, com os Organismos Especializados e com outros organismos nacionais e internacionais.

Artigo 113

Compete ao Secretário-Geral:

a) Estabelecer as dependências da Secretaria-Geral que sejam necessárias para a realização de seus fins; e

b) Determinar o número de funcionários e empregados da Secretaria-Geral, nomeá-los, regulamentar suas atribuições e deveres e fixar sua retribuição.

O Secretário-Geral exercerá essas atribuições de acordo com as normas gerais e as disposições orçamentárias que forem estabelecidas pela Assembleia Geral.

Artigo 114

O Secretário-Geral Adjunto será eleito pela Assembleia Geral para um período de cinco anos e não poderá ser reeleito mais de uma vez, nem poderá suceder-lhe pessoa da mesma nacionalidade. Vagando o cargo de Secretário-Geral Adjunto, o Conselho Permanente elegerá um substituto, o qual exercerá o referido cargo até que a Assembleia Geral proceda à eleição de novo titular para um período completo.

Artigo 115

O Secretário-Geral Adjunto é o Secretário do Conselho Permanente. Tem o caráter de funcionário consultivo do Secretário-Geral e atuará como delegado seu em tudo aquilo de que for por ele incumbido. Na ausência temporária ou no impedimento do Secretário-Geral, exercerá as funções deste.

O Secretário-Geral e o Secretário-Geral Adjunto deverão ser de nacionalidades diferentes.

Artigo 116

A Assembleia Geral, com o voto de dois terços dos Estados-membros, pode destituir o Secretário--Geral ou o Secretário-Geral Adjunto, ou ambos, quando o exigir o bom funcionamento da Organização.

Artigo 117

O Secretário-Geral designará o Secretário Executivo de Desenvolvimento Integral, com a aprovação do Conselho Interamericano de Desenvolvimento Integral.

Artigo 118

No cumprimento de seus deveres, o Secretário--Geral e o pessoal da Secretaria não solicitarão nem receberão instruções de governo algum nem de autoridade alguma estranha à Organização, e abster-se-ão de agir de maneira incompatível com sua condição de funcionários internacionais, responsáveis unicamente perante a Organização.

Artigo 119
Os Estados-membros comprometem-se a respeitar o caráter exclusivamente internacional das responsabilidades do Secretário-Geral e do pessoal da Secretaria-Geral e a não tentar influir sobre eles no desempenho de suas funções.

Artigo 120
Na seleção do pessoal da Secretaria-Geral levar-se-ão em conta, em primeiro lugar, a eficiência, a competência e a probidade; mas, ao mesmo tempo, dever-se-á dar importância à necessidade de ser o pessoal escolhido, em todas as hierarquias, de acordo com um critério de representação geográfica tão amplo quanto possível.

Artigo 121
A sede da Secretaria-Geral é a cidade de Washington, D.C.

CAPÍTULO XVII
AS CONFERÊNCIAS ESPECIALIZADAS

Artigo 122
As Conferências Especializadas são reuniões intergovernamentais destinadas a tratar de assuntos técnicos especiais ou a desenvolver aspectos específicos da cooperação interamericana e são realizadas quando o determine a Assembleia Geral ou a Reunião de Consulta dos Ministros das Relações Exteriores, por iniciativa própria ou a pedido de algum dos Conselhos ou Organismos Especializados.

Artigo 123
A agenda e o regulamento das Conferências Especializadas serão elaborados pelos Conselhos competentes, ou pelos Organismos Especializados interessados, e submetidos à consideração dos governos dos Estados-membros.

CAPÍTULO XVIII
ORGANISMOS ESPECIALIZADOS

Artigo 124
Consideram-se como Organismos Especializados Interamericanos, para os efeitos desta Carta, os organismos intergovernamentais estabelecidos por acordos multilaterais, que tenham determinadas funções em matérias técnicas de interesse comum para os Estados americanos.

Artigo 125
A Secretaria-Geral manterá um registro dos organismos que satisfaçam as condições estabelecidas no artigo anterior, de acordo com as determinações da Assembleia Geral e à vista de relatório do Conselho correspondente.

Artigo 126
Os Organismos Especializados gozam da mais ampla autonomia técnica, mas deverão levar em conta as recomendações da Assembleia Geral e dos Conselhos, de acordo com as disposições da Carta.

Artigo 127
Os Organismos Especializados apresentarão à Assembleia Geral relatórios anuais sobre o desenvolvimento de suas atividades, bem como sobre seus orçamentos e contas anuais.

Artigo 128
As relações que devem existir entre os Organismos Especializados e a Organização serão definidas mediante acordos celebrados entre cada organismo e o Secretário-Geral, com a autorização da Assembleia Geral.

Artigo 129
Os Organismos Especializados devem estabelecer relações de cooperação com os organismos mundiais do mesmo caráter, a fim de coordenar suas atividades. Ao entrarem em acordo com os organismos internacionais de caráter mundial, os Organismos Especializados Interamericanos devem manter a sua identidade e posição como parte integrante da Organização dos Estados Americanos, mesmo quando desempenhem funções regionais dos organismos internacionais.

Artigo 130
Na localização dos Organismos Especializados, levar-se-ão em conta os interesses de todos os Estados-membros e a conveniência de que as sedes dos mesmos sejam escolhidas mediante critério de distribuição geográfica tão equitativa quanto possível.

TERCEIRA PARTE
CAPÍTULO XIX
NAÇÕES UNIDAS

Artigo 131
Nenhuma das estipulações desta Carta se interpretará no sentido de prejudicar os direitos e obrigações dos Estados-membros, de acordo com a Carta das Nações Unidas.

CAPÍTULO XX
DISPOSIÇÕES DIVERSAS

Artigo 132
A assistência às reuniões dos órgãos permanentes da Organização dos Estados Americanos ou às conferências e reuniões previstas na Carta, ou realizadas sob os auspícios da Organização, obedece ao caráter multilateral dos referidos órgãos, conferências e reuniões e não depende das relações bilaterais entre o governo de qualquer Estado-membro e o governo do país sede.

Artigo 133
A Organização dos Estados Americanos gozará no território de cada um de seus membros da capacidade jurídica, dos privilégios e das imunidades que forem necessários para o exercício das suas funções e a realização dos seus propósitos.

Artigo 134
Os representantes dos Estados-membros nos órgãos da Organização, o pessoal das suas representações, o Secretário-Geral e o Secretário-Geral Adjunto gozarão dos privilégios e imunidades correspondentes a seus cargos e necessários para desempenhar com independência suas funções.

Artigo 135
A situação jurídica dos Organismos Especializados e os privilégios e imunidades que devem ser concedidos aos mesmos e ao seu pessoal, bem como aos funcionários da Secretaria-Geral, serão determinados em acordo multilateral. O disposto neste artigo não impede que se celebrem acordos bilaterais, quando julgados necessários.

Artigo 136
A correspondência da Organização dos Estados Americanos, inclusive impressos e pacotes, sempre que for marcada com o seu selo de franquia, circulará isenta de porte pelos correios dos Estados-membros.

Artigo 137
A Organização dos Estados Americanos não admite restrição alguma, por motivo de raça, credo ou sexo, à capacidade para exercer cargos na Organização e participar de suas atividades.

Artigo 138
Os órgãos competentes buscarão, de acordo com as disposições desta Carta, maior colaboração dos países não membros da Organização em matéria de cooperação para o desenvolvimento.

CAPÍTULO XXI
RATIFICAÇÃO E VIGÊNCIA

Artigo 139
A presente Carta fica aberta à assinatura dos Estados americanos e será ratificada conforme seus respectivos processos constitucionais. O instrumento original, cujos textos em português, espanhol, inglês e francês são igualmente autênticos, será depositado na Secretaria-Geral, a qual enviará cópias autenticadas aos governos, para fins de ratificação. Os instrumentos de ratificação serão depositados na Secretaria-Geral e esta notificará os governos signatários do dito depósito.

Artigo 140
A presente Carta entrará em vigor entre os Estados que a ratificarem, quando dois terços dos Estados signatários tiverem depositado suas ratificações. Quanto aos Estados restantes, entrará em vigor na ordem em que eles depositarem as suas ratificações.

Artigo 141
A presente Carta será registrada na Secretaria das Nações Unidas por intermédio da Secretaria-Geral.

Artigo 142
As reformas da presente Carta só poderão ser adotadas pela Assembleia Geral, convocada para tal fim. As reformas entrarão em vigor nos mesmos termos e segundo o processo estabelecido no artigo 140.

Artigo 143
Esta Carta vigorará indefinidamente, mas poderá ser denunciada por qualquer dos Estados-membros, mediante uma notificação escrita à Secretaria-Geral, a qual comunicará em cada caso a todos os outros Estados as notificações de denúncia que receber. Transcorridos dois anos a partir da data em que a Secretaria-Geral receber uma notificação de denúncia, a presente Carta cessará seus efeitos em relação ao dito Estado denunciante e este ficará desligado da Organização, depois de ter cumprido as obrigações oriundas da presente Carta.

CAPÍTULO XXII
DISPOSIÇÕES TRANSITÓRIAS

Artigo 144
O Comitê Interamericano da Aliança para o Progresso atuará como comissão executiva permanente do Conselho Interamericano Econômico e Social enquanto estiver em vigor a Aliança para o Progresso.

Artigo 145
Enquanto não entrar em vigor a convenção interamericana sobre direitos humanos a que se refere o Capítulo XV, a atual Comissão Interamericana de Direitos Humanos velará pela observância de tais direitos.

Artigo 146
O Conselho Permanente não formulará nenhuma recomendação, nem a Assembleia Geral tomará decisão alguma sobre pedido de admissão apresentado por entidade política cujo território esteja sujeito, total ou parcialmente e em época anterior à data de 18 de dezembro de 1964, fixada pela Primeira Conferência Interamericana Extraordinária, a litígio ou reclamação entre país extracontinental e um ou mais Estados-membros da Organização, enquanto não se houver posto fim à controvérsia mediante processo pacífico. Este artigo permanecerá em vigor até 10 de dezembro de 1990.

PROTOCOLO DE MANÁGUA (1993)

- Assinado em Manágua, em 10.06.1993.
- Aprovado, no Brasil, pelo Decreto Legislativo 98, de 3 de julho de 1995; e promulgado pelo Decreto 2.677, de 17 de julho de 1998.
- O Brasil depositou o instrumento de ratificação do Protocolo de Reforma da Carta da OEA, "Protocolo de Manágua", em 31 de agosto de 1995, estando em vigor desde em 29 de janeiro de 1996.
- O texto do Protocolo de Manágua, em vigor no Brasil, não se encontra integrado à redação da Carta da OEA aqui publicada, constando como Anexo para facilitar a consulta.

Em nome dos seus povos, os Estados Americanos representados no Décimo Nono Período Extraordinário de Sessões da Assembléia Geral, reunida em Manágua, Nicarágua, convêm em firmar o seguinte:

Protocolo de Reforma da Carta da Organização dos Estados Americanos

Artigo I

Incorporam-se aos capítulos XIII e XVII da Carta da Organização dos Estados Americanos os seguintes novos Artigos, assim numerados:

Artigo 94

Para realizar seus diversos objetivos, particularmente na área específica da cooperação técnica, o Conselho Interamericano de Desenvolvimento Integral deverá:

a) Formular e recomendar à Assembléia Geral o plano estratégico que articule as políticas, os programas e as medidas de ação em matéria de cooperação para o desenvolvimento integral, no marco da política geral e das prioridades definidas pela Assembléia Geral.

b) Formular diretrizes para a elaboração do orçamento-programa de cooperação técnica, bem como para as demais atividades do Conselho.

c) Promover, coordenar e encomendar a execução de programas e projetos de desenvolvimento aos órgão subsidiários e organismos correspondentes, com base nas prioridades determinadas pelos Estados membros, em áreas tais como:

1) desenvolvimento econômico e social, inclusive o comércio, o turismo, a integração e o meio ambiente;

2) melhoramento e extensão da educação a todos os níveis, e a promoção da pesquisa científica e tecnológica, por meio da cooperação técnica, bem como do apoio às atividades da área cultural; e

3) fortalecimento da consciência cívica dos povos americanos, como um dos fundamentos da prática efetiva da democracia e do respeito aos direitos e deveres da pessoa humana.

Para este fim, contará com mecanismos de participação setorial e com o apoio dos órgãos subsidiários e organismos previstos na Carta e outros dispositivos da Assembléia Geral.

d) Estabelecer relações de cooperação com os órgãos correspondentes das Nações Unidas e outras entidades nacionais e internacionais, especialmente no que diz respeito à coordenação dos programas interamericanos de assistência técnica.

e) Avaliar periodicamente as entidades de cooperação para o desenvolvimento integral, no que tange ao seu desempenho na implementação das políticas, programas e projetos, em termos de seu impacto, eficácia, eficiência, aplicação de recursos e da qualidade, entre outros, dos serviços de cooperação técnica prestados e informar a Assembléia Geral.

Artigo 96

O Conselho Interamericano de Desenvolvimento Integral terá as comissões especializadas não-permanentes que decidir estabelecer e que forem necessárias para o melhor desempenho de suas funções. Estas Comissões funcionarão e serão constituídas segundo o disposto no Estatuto do mesmo Conselho.

Artigo 97

A execução e, conforme o caso, a coordenação dos projetos aprovados será confiada à Secretaria Executiva de Desenvolvimento Integral, que informará o Conselho sobre o resultado da execução.

Artigo 122

O Secretário-Geral designará o Secretário Executivo de Desenvolvimento Integral, com a aprovação do Conselho Interamericano de Desenvolvimento Integral.

Artigo II

Modifica-se o texto dos seguintes Artigos da Carta da Organização dos Estados Americanos, os quais passam a ter a seguinte redação:

Artigo 69

O Conselho Permanente da Organização e o Conselho Interamericano de Desenvolvimento Integral dependem diretamente da Assembléia Geral e têm a competência conferida a cada um deles pela Carta e por outros instrumentos interamericanos, bem como as funções que lhes forem confiadas pela Assembléia Geral e pela Reunião de Consulta dos Ministros das Relações Exteriores.

Artigo 92

O Conselho Interamericano de Desenvolvimento Integral compõe-se de um representante titular, no nível ministerial ou seu equivalente, de cada Estado membro, nomeado especificamente pelo respectivo Governo.

Conforme previsto na Carta, o Conselho Interamericano de Desenvolvimento Integral poderá criar os órgãos subsidiários e os organismos que julgar conveniente para o melhor exercício de suas funções.

Artigo 93

O Conselho Interamericano de Desenvolvimento Integral tem como finalidade promover a cooperação entre os Estados americanos, com o propósito de obter seu desenvolvimento integral e, em particular, de contribuir para a eliminação da pobreza crítica, segundo as normas da Carta, principalmente as consignadas no Capítulo VII no que se refere aos campos econômico, social, educacional, cultural, e científico e tecnológico.

Artigo 95

O Conselho Interamericano de Desenvolvimento Integral realizará, no mínimo, uma reunião por ano, no nível ministerial ou seu equivalente, e poderá convocar a realização de reuniões no mesmo nível para os temas especializados ou setoriais que julgar pertinentes em áreas de sua competência. Além disso, reunir-se-á quando for convocado pela Assembléia Geral, pela Reunião de Consulta dos Ministros das Relações Exteriores, por iniciativa própria, ou para os casos previstos no Artigo 36 da Carta.

Artigo III

Eliminam-se os seguintes Artigos da Carta da Organização dos Estados Americanos: 91, 96, 97, 98, 99, 100, 101, 102, 103 e 122.

Artigo IV

Modifica-se o título do Capítulo XIII da Carta da Organização dos Estados Americanos, que passará a denominar-se "O Conselho Interamericano para o Desenvolvimento Integral".

Elimina-se o Capitulo XIV. Em conseqüência, modifica-se a numeração dos capítulos da Carta da Organização dos Estados Americanos, a partir do Capítulo XIV, que passará a ser o Capítulo XV, e assim sucessivamente.

Artigo V

Modifica-se a numeração dos Artigos da Carta da Organização dos Estados Americanos, a partir do Artigo 98, que passará a ser o Artigo 104, e assim sucessivamente até o último Artigo da Carta.

Artigo VI

A Secretaria-Geral preparará um texto consolidado da Carta da Organização dos Estados Americanos, que compreenderá as disposições não emendadas da Carta original, as reformas em vigor introduzidas pelos Protocolos de Buenos Aires e de Cartagena das Índias, e as reformas introduzidas por Protocolos posteriores, quando estes entrarem em vigor.

Artigo VII

Este Protocolo fica aberto à assinatura dos Estados membros da Organização dos Estados Americanos e será ratificado de acordo com seus respectivos processos constitucionais. O instrumento original, cujos textos em português, espanhol, francês e inglês são igualmente autênticos, será depositado na Secretaria-Geral, que enviará cópias certificadas aos Governos para fins de ratificação. Os instrumentos de ratificação serão depositados na Secretaria-Geral e esta notificará do depósito os Governos signatários.

Artigo VIII

Este Protocolo entrará em vigor, entre os Estados que o ratificarem, quando dois terços dos Estados signatários houverem depositado seus instrumentos de ratificação. Quanto aos demais Estados, entrará em vigor na ordem em que estes depositarem seus respectivos instrumentos de ratificação.

Artigo IX

Este Protocolo será registrado na Secretaria das Nações Unidas, por intermédio da Secretaria-Geral da Organização dos Estados Americanos.

Em fé do que, os Plenipotenciários abaixo assinados, devidamente autorizados por seus respectivos Governos, assinam este Protocolo, que se denominará Protocolo de Manágua, na cidade de Manágua, Nicarágua, aos dez dias de junho de mil novecentos e noventa e três.

TRATADO DE COOPERAÇÃO AMAZÔNICA (1978)

▶ Adotado em Brasília em 03.07.1978, aprovado no Brasil pelo Decreto Legislativo 69, de 18.10.1978, e promulgado pelo Decreto 85.050, de 18.08.1980.
▶ Entrou em vigor internacional em 02.10.1980. Redação conforme o Protocolo de Emenda ao Tratado de Cooperação Amazônica adotado em Caracas em 14.12.1998, aprovado no Brasil pelo Decreto Legislativo 102, de 28.10.1999, e promulgado pelo Decreto 4.387, de 25.09.2002.

As Repúblicas da Bolívia, do Brasil, da Colômbia, do Equador, da Guiana, do Peru, do Suriname e da Venezuela,

Conscientes da importância que para cada uma das Partes têm suas respectivas regiões amazônicas como parte integrante de seus territórios,

Animadas do propósito comum de conjugar os esforços que vêm empreendendo, tanto em seus respectivos territórios como entre si, para promover o desenvolvimento harmônico da Amazônia, que permita uma distribuição equitativa dos benefícios desse desenvolvimento entre as Partes Contratantes, para elevar o nível de vida de seus povos e a fim de lograr a plena incorporação de seus territórios amazônicos às respectivas economias nacionais,

Convencidas da utilidade de compartilhar as experiências nacionais em matéria de promoção do desenvolvimento regional,

Considerando que para lograr um desenvolvimento integral dos respectivos territórios da Amazônia é necessário manter o equilíbrio entre o crescimento econômico e a preservação do meio ambiente,

Cônscias de que tanto o desenvolvimento socioeconômico como a preservação do meio ambiente são responsabilidades inerentes à soberania de cada Estado e que a cooperação entre as Partes Contratantes servirá para facilitar o cumprimento destas responsabilidades, continuando e ampliando os esforços conjuntos que vêm realizando em matéria de conservação ecológica da Amazônia,

Seguras de que a cooperação entre as nações latino-americanas em matérias específicas que lhes são comuns contribui para avançar no caminho da integração e solidariedade de toda a América Latina,

Persuadidas de que o presente Tratado significa o início de um processo de cooperação que redundará em benefício de seus respectivos países e da Amazônia em seu conjunto,

Resolvem subscrever o presente Tratado:

Artigo I

As Partes Contratantes convêm em realizar esforços e ações conjuntas a fim de promover o desenvolvimento harmônico de seus respectivos territórios amazônicos, de modo que essas ações conjuntas produzem resultados equitativos e mutuamente proveitosos, assim como para a preservação do meio ambiente e a conservação e utilização racional dos recursos naturais desses territórios.

Parágrafo único. Para tal fim, trocarão informações e concertarão acordos e entendimentos operativos, assim como os instrumentos jurídicos pertinentes que permitam o cumprimento das finalidades do presente Tratado.

Artigo II

O presente Tratado se aplicará nos territórios das Partes Contratantes na Bacia Amazônica, assim como, também, em qualquer território de uma Parte Contratante que, pelas suas características geográficas, ecológicas ou econômicas, se considere estreitamente vinculado à mesma.

Artigo III

De acordo com e sem detrimento dos direitos outorgados por atos unilaterais, do estabelecido nos tratados bilaterais entre as Partes e dos princípios e normas do Direito Internacional, as Partes Contratantes asseguram-se mutuamente, na base da reciprocidade, a mais ampla liberdade de navegação comercial no curso do Amazonas e demais rios amazônicos internacionais, observando os regulamentos fiscais e de polícia estabelecidos ou que se estabelecerem no território de cada uma delas.

Tais regulamentos deverão, na medida do possível, favorecer essa navegação e o comércio e guardar entre si uniformidade.

Parágrafo único. O presente artigo não se aplicará à navegação de cabotagem.

Artigo IV

As Partes Contratantes proclamam que o uso e aproveitamento exclusivo dos recursos naturais em seus territórios é direito inerente à soberania do Estado e seu exercício não terá outras restrições senão as que resultem do Direito Internacional.

Artigo V

Tendo em vista a importância e multiplicidade de funções que os rios amazônicos desempenham no processo de desenvolvimento econômico e social da região, as Partes Contratantes procurarão envidar esforços com vistas à utilização racional dos recursos hídricos.

Artigo VI

Com o objetivo de que os rios amazônicos constituam um vínculo eficaz de comunicação entre as Partes Contratantes e com o Oceano Atlântico, os Estados ribeirinhos interessados num determinado problema que afete a navegação livre e desimpedida empreenderão, conforme for o caso, ações nacionais, bilaterais ou multilaterais para o melhoramento e habilitação dessas vias navegáveis.

Parágrafo único. Para tal efeito, estudar-se-ão as formas de eliminar os obstáculos físicos que dificultam ou impedem a referida navegação, as-

sim como os aspectos econômicos e financeiros correspondentes, a fim de concretizar os meios operativos mais adequados.

Artigo VII

Tendo em vista a necessidade de que o aproveitamento da flora e da fauna da Amazônia seja racionalmente planejado, a fim de manter o equilíbrio ecológico da região e preservar as espécies, as Partes Contratantes decidem:

a) promover a pesquisa científica e o intercâmbio de informações e de pessoal técnico entre as entidades competentes dos respectivos países, a fim de ampliar os conhecimentos sobre os recursos da flora e da fauna de seus territórios amazônicos, e prevenir e controlar as enfermidades nesses territórios;

b) estabelecer um sistema regular de troca adequada de informações sobre as medidas conservacionistas que cada Estado tenha adotado ou adote em seus territórios amazônicos, as quais serão matéria de um relatório anual apresentado por cada país.

Artigo VIII

As Partes Contratantes decidem promover a coordenação dos atuais serviços de saúde de seus respectivos territórios amazônicos e tomar outras medidas que sejam aconselháveis, com vistas à melhoria das condições sanitárias da região e ao aperfeiçoamento dos métodos tendentes a prevenir e combater as epidemias.

Artigo IX

As Partes Contratantes concordam em estabelecer estreita colaboração nos campos da pesquisa científica e tecnológica, com o objetivo de criar condições mais adequadas à aceleração do desenvolvimento econômico e social da região.

§ 1° Para os fins do presente Tratado, a cooperação técnica e científica a ser desenvolvida entre as Partes Contratantes poderá assumir as seguintes formas:

a) realização conjunta ou coordenada de programas de pesquisa e desenvolvimento;

b) criação e operação de instituições de pesquisa ou de centros de aperfeiçoamento e produção experimenta;

c) organização de seminários e conferências, intercâmbio de informações e documentação e organização de meios destinados à sua difusão.

§ 2° As Partes Contratantes poderão, sempre que julgarem necessário e conveniente, solicitar a participação de organismos internacionais na execução de estudos, programas e projetos resultantes das formas de cooperação técnica e científica definidas no parágrafo primeiro do presente artigo.

Artigo X

As Partes Contratantes coincidem na conveniência de criar uma infraestrutura física adequada entre seus respectivos países, especialmente nos aspectos de transportes e comunicações. Consequentemente, comprometem-se a estudar as formas mais harmônicas de estabelecer ou aperfeiçoar as interconexões rodoviárias, de transportes fluviais, aéreos e de telecomunicações, tendo em conta os planos e programas de cada país para lograr o objetivo prioritário de integrar plenamente seus territórios amazônicos às suas respectivas economias nacionais.

Artigo XI
Com o propósito de incrementar o emprego racional dos recursos humanos e naturais de seus respectivos territórios amazônicos, as Partes Contratantes concordam em estimular a realização de estudos e a adoção de medidas conjuntas tendentes a promover o desenvolvimento econômico e social desses territórios e a gerar formas de complementação que reforcem as ações previstas nos planos nacionais para referidos territórios.

Artigo XII
As Partes Contratantes reconhecem a utilidade de desenvolver, em condições equitativas e de mútuo proveito, o comércio a varejo de produtos de consumo local entre as suas respectivas populações amazônicas limítrofes, mediante acordos bilaterais ou multilaterais adequados.

Artigo XIII
As Partes Contratantes cooperarão para incrementar as correntes turísticas, nacionais e de terceiros países, em seus respectivos territórios amazônicos, sem prejuízo das disposições nacionais de proteção às culturas indígenas e aos recursos naturais.

Artigo XIV
As Partes Contratantes cooperarão no sentido de lograr a eficácia das medidas que se adotem para a conservação das riquezas etnológicas e arqueológicas da área amazônica.

Artigo XV
As Partes Contratantes se esforçarão por manter um intercâmbio permanente de informações e colaboração entre si e com os órgãos de cooperação latino-americanos, nos campos de ação que se relacionam com as matérias que são objeto deste Tratado.

Artigo XVI
As decisões e compromissos adotados pelas Partes Contratantes na aplicação do presente Tratado não prejudicarão os projetos e empreendimentos que executem em seus respectivos territórios, dentro do respeito ao Direito Internacional e segundo a boa prática entre nações vizinhas e amigas.

Artigo XVII
As Partes Contratantes poderão apresentar iniciativas para a realização de estudos destinados à concretização de projeto de interesse comum, para o desenvolvimento de seus territórios amazônicos e, em geral, que permitam o cumprimento das ações contempladas no presente Tratado.
Parágrafo único. As Partes Contratantes acordam conceder especial atenção à consideração de iniciativas apresentadas por países de menor desenvolvimento que impliquem esforços e ações conjuntas das Partes.

Artigo XVIII
O estabelecido no presente Tratado não significará qualquer limitação a que as Partes Contratantes celebrem acordos bilaterais ou multilaterais sobre temas específicos ou genéricos, desde que não sejam contrários à consecução dos objetivos comuns de cooperação na Amazônia, consagrados neste instrumento.

Artigo XIX
Nem a celebração do presente Tratado, nem a sua execução terão algum efeito sobre quaisquer outros tratados ou atos internacionais vigentes entre as Partes, nem sobre quaisquer divergências sobre limites ou direitos territoriais existentes entre as Partes, nem poderá interpretar-se ou invocar-se a celebração deste Tratado ou sua execução para alegar aceitação ou renúncia, afirmação ou modificação, direta ou indireta, expressa ou tácita, das posições e interpretações que sobre estes assuntos sustente cada Parte Contratante.

Artigo XX
Sem prejuízo de que posteriormente se estabeleça a periodicidade mais adequada, os Ministros das Relações Exteriores das Partes Contratantes realizarão reuniões cada vez que o julguem conveniente ou oportuno, a fim de fixar as diretrizes básicas da política comum, apreciar e avaliar o andamento geral do processo de cooperação amazônica e adotar as decisões tendentes à realização dos fins propostos neste instrumento.
§ 1º Celebrar-se-ão reuniões dos Ministros das Relações Exteriores por iniciativa de qualquer das Partes Contratantes sempre que conte com o apoio de pelo menos outros quatro Estados-membros.
§ 2º A primeira reunião de Ministros das Relações Exteriores celebrar-se-á dentro dos dois anos seguintes à data de entrada em vigor do presente Tratado. A sede e a data da primeira reunião serão fixadas mediante entendimento entre as Chancelarias das Partes Contratantes.
§ 3º A designação do país sede das reuniões obedecerá ao critério de rodízio por ordem alfabética.

Artigo XXI
Representantes diplomáticos de alto nível das Partes Contratantes reunir-se-ão, anualmente, integrando o Conselho de Cooperação Amazônica, com as seguintes atribuições:
1. Velar pelo cumprimento dos objetivos e finalidades do Tratado;
2. Velar pelo cumprimento das decisões tomadas nas reuniões de Ministros das Relações Exteriores;
3. Recomendar às Partes a conveniência ou oportunidade de celebrar reuniões de Ministros das Relações Exteriores e preparar o temário correspondente;

4. Considerar as iniciativas e os projetos que apresentem as Partes e adotar as decisões para a realização de estudos e projetos bilaterais ou multilaterais, cuja execução, quando for o caso, estará a cargo das Comissões Nacionais Permanentes;
5. Avaliar o cumprimento dos projetos de interesse bilateral ou multilateral;
6. Adotar as normas para seu funcionamento.

§ 1º O Conselho poderá celebrar reuniões extraordinárias por iniciativa de qualquer das Partes Contratantes, com o apoio da maioria das demais.

§ 2º A sede das reuniões ordinárias obedecerá ao critério de rodízio, por ordem alfabética, entre as Partes Contratantes.

Artigo XXII

A Organização do Tratado de Cooperação Amazônica terá uma Secretaria Permanente com sede em Brasília, encarregada de implementar os objetivos previstos no Tratado em conformidade com as resoluções emanadas das Reuniões de Ministros das Relações Exteriores e do Conselho de Cooperação Amazônica.

§ 1º As competências e funções da Secretaria Permanente e de seu titular serão estabelecidas no seu regulamento, que será aprovado pelos Ministros das Relações Exteriores das Partes Contratantes.

§ 2º A Secretaria Permanente elaborará, em coordenação com as Partes Contratantes, seus planos de trabalho e programa de atividades, bem como formulará o seu orçamento-programa, os quais deverão ser aprovados pelo Conselho de Cooperação Amazônica.

§ 3º A Secretaria Permanente será dirigida por um Secretário-Geral, que poderá assinar acordos, em nome da Organização do Tratado de Cooperação Amazônica, quando as Partes Contratantes assim o autorizarem por unanimidade.

> ▸ Redação conforme o Protocolo de Emenda ao Tratado de Cooperação Amazônica adotado em Caracas em 14.12.1998, aprovado no Brasil pelo Decreto Legislativo 102, de 28.10.1999, e promulgado pelo Decreto 4.387, de 25.09.2002.

Artigo XXIII

As Partes Contratantes criarão Comissões Nacionais Permanentes encarregadas da aplicação, em seus respectivos territórios, das disposições deste Tratado, assim como da execução das decisões adotadas pelas reuniões dos Ministros das Relações Exteriores e pelo Conselho de Cooperação Amazônica, sem prejuízo de outras atividades que lhes sejam atribuídas por cada Estado.

Artigo XXIV

Sempre que necessário, as Partes Contratantes poderão constituir comissões especiais destinadas ao estudo de problemas ou temas específicos relacionados com os fins deste Tratado.

Artigo XXV

As decisões adotadas em reuniões efetuadas em conformidade com os Artigos XX e XXI, requererão sempre o voto unânime dos Países Membros do presente Tratado. As decisões adotadas em reuniões efetuadas em conformidade com o Artigo XXIV requererão sempre o voto unânime dos países participantes.

Artigo XXVI

As Partes Contratantes acordam que o presente Tratado não será susceptível de reservas ou declarações interpretativas.

Artigo XXVII

O presente Tratado terá duração ilimitada e não estará aberto a adesões.

Artigo XXVIII

O presente Tratado será ratificado pelas Partes Contratantes e os instrumentos de ratificação serão depositados junto ao Governo da República Federativa do Brasil.

§ 1º O presente Tratado entrará em vigor trinta dias depois de depositado o último instrumento de ratificação das Partes Contratantes.

§ 2º A intenção de denunciar o presente Tratado será comunicada por uma Parte Contratante às demais Partes Contratantes, pelo menos noventa dias antes da entrega formal do instrumento de denúncia ao Governo da República Federativa do Brasil. Formalizada a denúncia, os efeitos do Tratado cessarão para a Parte Contratante denunciante, no prazo de um ano.

§ 3º O presente Tratado será redigido nos idiomas português, espanhol, holandês e inglês, fazendo todos igualmente fé.

Em fé do que, os Chanceleres abaixo-assinados firmaram o presente Tratado.

Feito na cidade de Brasília, aos 3 de julho de 1978, o qual ficará depositado nos arquivos do Ministério das Relações Exteriores do Brasil, que fornecerá cópias autênticas aos demais países signatários.

PRINCÍPIOS DE YOGYAKARTA (2006)[1]

> ▸ Reunião de Especialistas realizada em Yogyakarta - Indonésia, entre 6 e 9 de novembro de 2006.

Princípios sobre a aplicação da legislação internacional de direitos humanos em relação à orientação sexual e identidade de gênero.

(...)

PREÂMBULO

LEMBRANDO que todos os seres humanos nascem livres e iguais em dignidade e direitos, que cada pessoa tem o direito de desfrutar os direitos humanos sem distinção de qualquer tipo, tal como raça, cor, sexo, língua, religião, opinião política ou outra opinião, origem nacional ou social, propriedade, nascimento ou outro status;

PREOCUPADOS com a violência, assédio, discriminação, exclusão, estigmatização e preconceito diri-

---
[1] *Norma publicada em excerto no impresso e disponível no material suplementar na íntegra.

gidos contra pessoas em todas as partes do mundo por causa de sua orientação sexual ou identidade de gênero, com que essas experiências sejam agravadas por discriminação que inclui gênero, raça, religião, necessidades especiais, situação de saúde e status econômico, e com que essa violência, assédio, discriminação, exclusão, estigmatização e preconceito solapem a integridade daquelas pessoas sujeitas a esses abusos, podendo enfraquecer seu senso de auto-estima e de pertencimento à comunidade, e levando muitas dessas pessoas a reprimirem sua identidade e terem vidas marcadas pelo medo e invisibilidade;

CONSCIENTES de que historicamente pessoas experimentaram essas violações de direitos humanos porque são ou são percebidas como lésbicas, gays ou bissexuais, ou em razão de seu comportamento sexual consensual com pessoas do mesmo sexo, ou porque são percebidas como transexuais, transgêneros, intersexuais, ou porque pertencem a grupos sexuais identificados em determinadas sociedades pela sua orientação sexual ou identidade de gênero;

COMPREENDENDO "orientação sexual" como estando referida à capacidade de cada pessoa de experimentar uma profunda atração emocional, afetiva ou sexual por indivíduos de gênero diferente, do mesmo gênero ou de mais de um gênero, assim como de ter relações íntimas e sexuais com essas pessoas;

ENTENDENDO "identidade de gênero" como estando referida à experiência interna, individual e profundamente sentida que cada pessoa tem em relação ao gênero, que pode, ou não, corresponder ao sexo atribuído no nascimento, incluindo-se aí o sentimento pessoal do corpo (que pode envolver, por livre escolha, modificação da aparência ou função corporal por meios médicos, cirúrgicos ou outros) e outras expressões de gênero, inclusive o modo de vestir-se, o modo de falar e maneirismos;

OBSERVANDO que a legislação internacional de direitos humanos afirma que toda pessoa, não importando sua orientação sexual ou identidade de gênero, tem o direito de desfrutar plenamente de todos os direitos humanos, que a aplicação das prerrogativas existentes de direitos humanos deve levar em conta as situações específicas e as experiências de pessoas de orientações sexuais e identidades de gênero diversas, e que a consideração primordial em todas as ações relativas às crianças será a primazia dos interesses dessas crianças, e que uma criança capaz de formar opiniões pessoais tem o direito de expressá-las livremente e a essas opiniões deve ser atribuído o devido peso, de acordo com sua idade e maturidade;

NOTANDO que a legislação internacional de direitos humanos impõe uma proibição absoluta à discriminação relacionada ao gozo pleno de todos os direitos humanos, civis, culturais, econômicos, políticos e sociais, que o respeito pelos direitos sexuais, orientação sexual e identidade de gênero

é parte essencial da igualdade entre homem e mulher e que os Estados devem adotar medidas que busquem eliminar preconceitos e costumes, baseados na idéia de inferioridade ou superioridade de um determinado sexo, ou baseados em papéis estereotipados de homens e mulheres, e notando ainda mais que a comunidade internacional reconheceu o direito de as pessoas decidirem livre e responsavelmente sobre questões relacionadas à sua sexualidade, inclusive sua saúde sexual e reprodutiva, sem que estejam submetidas à coerção, discriminação ou violência;

RECONHECENDO que há um valor significativo em articular de forma sistemática a legislação internacional de direitos humanos como sendo aplicável à vida e a experiência de pessoas de orientações sexuais e identidades de gênero diversas;

RECONHECENDO que esta articulação deve basear-se no atual estado da legislação internacional de direitos humanos e que vai exigir revisões regulares para incorporar desenvolvimentos desta lei e sua aplicação à vida e à experiência de pessoas de orientações sexuais e identidades de gênero diversas, ao longo do tempo e em diversas regiões e países.

PRINCÍPIOS

PRINCÍPIO 1. Direito ao Gozo Universal dos Direitos Humanos

Todos os seres humanos nascem livres e iguais em dignidade e direitos. Os seres humanos de todas as orientações sexuais e identidades de gênero têm o direito de desfrutar plenamente de todos os direitos humanos.

(...)

PRINCÍPIO 2. Direito à Igualdade e a Não--Discriminação

Todas as pessoas têm o direito de desfrutar de todos os direitos humanos livres de discriminação por sua orientação sexual ou identidade de gênero. Todos e todas têm direito à igualdade perante à lei e à proteção da lei sem qualquer discriminação, seja ou não também afetado o gozo de outro direito humano. A lei deve proibir qualquer dessas discriminações e garantir a todas as pessoas proteção igual e eficaz contra qualquer uma dessas discriminações.

A discriminação com base na orientação sexual ou identidade gênero inclui qualquer distinção, exclusão, restrição ou preferência baseada na orientação sexual ou identidade de gênero que tenha o objetivos ou o efeito de anular ou prejudicar a igualdade perante à lei ou proteção igual da lei, ou o reconhecimento, gozo ou exercício, em base igualitária, de todos os direitos humanos e das liberdades fundamentais. A discriminação baseada na orientação sexual ou identidade de gênero pode ser, e comumente é, agravada por discriminação decorrente de outras circunstâncias, inclusive aquelas relacionadas ao gênero, raça, idade, religião, necessidades especiais, situação de saúde e status econômico.

(...)

PRINCÍPIO 3. Direito ao Reconhecimento Perante a Lei

Toda pessoa tem o direito de ser reconhecida, em qualquer lugar, como pessoa perante a lei. As pessoas de orientações sexuais e identidades de gênero diversas devem gozar de capacidade jurídica em todos os aspectos da vida. A orientação sexual e identidade de gênero autodefinidas por cada pessoa constituem parte essencial de sua personalidade e um dos aspectos mais básicos de sua autodeterminação, dignidade e liberdade. Nenhuma pessoa deverá ser forçada a se submeter a procedimentos médicos, inclusive cirurgia de mudança de sexo, esterilização ou terapia hormonal, como requisito para o reconhecimento legal de sua identidade de gênero. Nenhum status, como casamento ou status parental, pode ser invocado para evitar o reconhecimento legal da identidade de gênero de uma pessoa. Nenhuma pessoa deve ser submetida a pressões para esconder, reprimir ou negar sua orientação sexual ou identidade de gênero.
(...)

PRINCÍPIO 4. Direito à Vida

Toda pessoa tem o direito à vida. Ninguém deve ser arbitrariamente privado da vida, inclusive nas circunstâncias referidas à orientação sexual ou identidade de gênero. A pena de morte não deve ser imposta a ninguém por atividade sexual consensual entre pessoas que atingiram a idade do consentimento ou por motivo de orientação sexual ou identidade de gênero.
(...)

PRINCÍPIO 5. Direito à Segurança Pessoal

Toda pessoa, independente de sua orientação sexual ou identidade de gênero, tem o direito à segurança pessoal e proteção do Estado contra a violência ou dano corporal, infligido por funcionários governamentais ou qualquer indivíduo ou grupo.
(...)

PRINCÍPIO 6. Direito à Privacidade

Toda pessoa, independente de sua orientação sexual ou identidade de gênero, tem o direito de desfrutar de privacidade, sem interferência arbitrária ou ilegal, inclusive em relação à sua família, residência e correspondência, assim como o direito à proteção contra ataques ilegais à sua honra e reputação. O direito à privacidade normalmente inclui a opção de revelar ou não informações relativas à sua orientação sexual ou identidade de gênero, assim como decisões e escolhas relativas a seu próprio corpo e a relações sexuais consensuais e outras relações pessoais.
(...)

PRINCÍPIO 7. Direito de Não Sofrer Privação Arbitrária da Liberdade

Ninguém deve ser sujeito à prisão ou detenção arbitrárias. Qualquer prisão ou detenção baseada na orientação sexual ou identidade de gênero é arbitrária, sejam elas ou não derivadas de uma ordem judicial. Todas as pessoas presas, independente de sua orientação sexual ou identidade de gênero, têm direito, com base no princípio de igualdade, de serem informadas das razões da prisão e da natureza de qualquer acusação contra elas, de serem levadas prontamente à presença de uma autoridade judicial e de iniciarem procedimentos judiciais para determinar a legalidade da prisão, tendo ou não sido formalmente acusadas de alguma violação da lei.
(...)

PRINCÍPIO 8. Direito a um Julgamento Justo

Toda pessoa tem direito a ter uma audiência pública e justa perante um tribunal competente, independente e imparcial, estabelecido por lei, para determinar seus direitos e obrigações num processo legal e em qualquer acusação criminal contra ela, sem preconceito ou discriminação por motivo de orientação sexual ou identidade de gênero.
(...)

PRINCÍPIO 9. Direito a Tratamento Humano durante a Detenção

Toda pessoa privada da liberdade deve ser tratada com humanidade e com respeito pela dignidade inerente à pessoa humana. A orientação sexual e identidade de gênero são partes essenciais da dignidade de cada pessoa.
(...)

PRINCÍPIO 10. Direito de Não Sofrer Tortura e Tratamento ou Castigo Cruel, Desumano e Degradante

Toda pessoa tem o direito de não sofrer tortura e tratamento ou castigo cruel, desumano ou degradante, inclusive por razões relacionadas à sua orientação sexual ou identidade de gênero.
(...)

PRINCÍPIO 11. Direito à Proteção Contra todas as Formas de Exploração, Venda ou Tráfico de Seres Humanos

Todas as pessoas têm o direito à proteção contra o tráfico, venda e todas as formas de exploração, incluindo mas não limitado à exploração sexual, com base na orientação sexual e identidade de gênero, real ou percebida. As medidas para prevenir o tráfico devem enfrentar os fatores que aumentam a vulnerabilidade, inclusive várias formas de desigualdade e discriminação com base na orientação sexual ou identidade de gênero, reais ou percebidas, ou a expressão destas ou de outras identidades. Estas medidas devem ser coerentes com os direitos humanos das pessoas que correm riscos de serem vítimas de tráfico.
(...)

PRINCÍPIO 12. Direito ao Trabalho

Toda pessoa tem o direito ao trabalho digno e produtivo, a condições de trabalho justas e fa-

voráveis e à proteção contra o desemprego, sem discriminação por motivo de orientação sexual ou identidade de gênero.
(...)

PRINCÍPIO 13. Direito à Seguridade Social e outras Medidas de Proteção
Toda pessoa tem o direito à seguridade social e outras medidas de proteção social, sem discriminação com base na orientação sexual ou identidade de gênero
(...)

PRINCÍPIO 14. Direito a um Padrão de Vida Adequado
Toda pessoa tem o direito a um padrão de vida adequado, inclusive alimentação adequada, água potável, saneamento e vestimenta adequados, e a uma melhora contínua das condições de vida, sem discriminação por motivo de orientação sexual ou identidade de gênero.
(...)

PRINCÍPIO 15. Direito à Habitação Adequada
Toda pessoa tem o direito à habitação adequada, inclusive à proteção contra o despejo, sem discriminação por motivo de orientação sexual ou identidade de gênero.
(...)

PRINCÍPIO 16. Direito à Educação
Toda pessoa tem o direito educação, sem discriminação por motivo de sua orientação sexual e identidade de gênero, e respeitando essas características.
(...)

PRINCÍPIO 17. Direito ao Padrão mais Alto Alcançável de Saúde
Toda pessoa tem o direito ao padrão mais alto alcançável de saúde física e mental, sem discriminação por motivo de orientação sexual ou identidade de gênero. A saúde sexual e reprodutiva é um aspecto fundamental desse direito.
(...)

PRINCÍPIO 18. Proteção contra Abusos Médicos
Nenhuma pessoa deve ser forçada a submeter-se a qualquer forma de tratamento, procedimento ou teste, físico ou psicológico, ou ser confinada em instalações médicas com base na sua orientação sexual ou identidade de gênero. A despeito de quaisquer classificações contrárias, a orientação sexual e identidade de gênero de uma pessoa não são, em si próprias, doenças médicas a serem tratadas, curadas ou eliminadas.
(...)

PRINCÍPIO 19. Direito à Liberdade de Opinião e Expressão
Toda pessoa tem o direito à liberdade de opinião e expressão, não importando sua orientação sexual ou identidade de gênero. Isto inclui a expressão de identidade ou autonomia pessoal através da fala, comportamento, vestimenta, características corporais, escolha de nome ou qualquer outro meio, assim como a liberdade para buscar, receber e transmitir informação e ideias de todos os tipos, incluindo ideias relacionadas aos direitos humanos, orientação sexual e identidade de gênero, através de qualquer mídia, e independentemente das fronteiras nacionais.
(...)

PRINCÍPIO 20. Direito à Liberdade de Reunião e Associação Pacíficas
Toda pessoa tem o direito à liberdade de reunião e associação pacíficas, inclusive com o objetivo de manifestações pacíficas, independente de orientação sexual ou identidade de gênero. As pessoas podem formar associações baseadas na orientação sexual ou identidade de gênero, assim como associações para distribuir informação, facilitar a comunicação e defender os direitos de pessoas de orientações sexuais e identidades de gênero diversas, e conseguir o reconhecimento dessas organizações, sem discriminação.
(...)

PRINCÍPIO 21. Direito à Liberdade de Pensamento, Consciência e Religião
Toda pessoa tem o direito à liberdade de pensamento, consciência e religião, independente de orientação sexual ou identidade de gênero. Estes direitos não podem ser invocados pelo Estado para justificar leis, políticas ou práticas que neguem a proteção igual da lei, ou discriminem, por motivo de orientação sexual ou identidade de gênero.
(...)

PRINCÍPIO 22. Direito à Liberdade de Ir e Vir
Toda pessoa que vive legalmente num Estado tem o direito à liberdade de ir e vir e de estabelecer residência dentro das fronteiras desse Estado, independente de sua orientação sexual ou identidade de gênero. A orientação sexual e identidade de gênero nunca podem ser invocadas para limitar ou impedir a entrada, saída ou retorno a qualquer Estado, incluindo o próprio Estado da pessoa.
(...)

PRINCÍPIO 23. Direito de Buscar Asilo
Toda pessoa tem o direito de buscar e de desfrutar de asilo em outros países para escapar de perseguição, inclusive de perseguição relacionada a orientação sexual ou identidade de gênero. Um Estado não pode transferir, expulsar ou extraditar uma pessoa para outro Estado onde esta pessoa experimente temor fundamentado de enfrentar tortura, perseguição ou qualquer outra forma de tratamento ou punição cruel, desumana ou degradante, em razão de sua orientação sexual ou identidade de gênero.
(...)

PRINCÍPIO 24. Direito de Constituir uma Família

Toda pessoa tem o direito de constituir uma família, independente de sua orientação sexual ou identidade de gênero. As famílias existem em diversas formas. Nenhuma família pode ser sujeita à discriminação com base na orientação sexual ou identidade de gênero de qualquer de seus membros.
(...)

PRINCÍPIO 25. Direito de Participar da Vida Pública

Todo cidadão ou cidadã tem o direito de participar da direção dos assuntos públicos, inclusive o direito de concorrer a cargos eletivos, participar da formulação de políticas que afetem seu bem-estar e ter acesso igual a todos os níveis do serviço público e emprego em funções públicas, incluindo a polícia e as forças militares, sem discriminação por motivo de orientação sexual ou identidade de gênero.
(...)

PRINCÍPIO 26. Direito de Participar da Vida Cultural

Toda pessoa tem o direito de participar livremente da vida cultural, independente de sua orientação sexual ou identidade de gênero, e de expressar por meio da participação cultural a diversidade de orientação sexual e identidade de gênero.
(...)

PRINCÍPIO 27. Direito de Promover os Direitos Humanos

Toda pessoa tem o direito de promover a proteção e aplicação, individualmente ou em associação com outras pessoas, dos direitos humanos em nível nacional e internacional, sem discriminação por motivo de orientação sexual ou identidade de gênero. Isto inclui atividades voltadas para a promoção da proteção dos direitos de pessoas de orientações sexuais e identidades de gênero diversas, assim como o direito de desenvolver e discutir novas normas de direitos humanos e de defender sua aceitação.
(...)

PRINCÍPIO 28. Direito a Recursos Jurídicos e Medidas Corretivas Eficazes

Toda pessoa vítima de uma violação de direitos humanos, inclusive violação por motivo de orientação sexual ou identidade de gênero, tem direito a recursos jurídicos eficazes, adequados e apropriados. As medidas adotadas com o objetivo de fornecer reparação a pessoas de orientações sexuais e identidades de gênero diversas, ou de garantir o desenvolvimento apropriado dessas pessoas, constituem elementos essenciais do direito a recursos jurídicos e medidas corretivas eficazes.
(...)

PRINCÍPIO 29. Responsabilização ("Accountability")

Toda pessoa cujos direitos humanos sejam violados, inclusive direitos referidos nestes Princípios, tem o direito de responsabilizar por suas ações, de maneira proporcional à seriedade da violação, aquelas pessoas que, direta ou indiretamente, praticaram aquela violação, sejam ou não funcionários/as públicos/as. Não deve haver impunidade para pessoas que violam os direitos humanos relacionadas à orientação sexual ou identidade de gênero.
(...)

AGENDA 2030 (2015)

Preâmbulo

Esta Agenda é um plano de ação para as pessoas, para o planeta e para a prosperidade. Ela também busca fortalecer a paz universal com mais liberdade. Reconhecemos que a erradicação da pobreza em todas as suas formas e dimensões, incluindo a pobreza extrema, é o maior desafio global e um requisito indispensável para o desenvolvimento sustentável.

Todos os países e todas as partes interessadas, atuando em parceria colaborativa, implementarão este plano. Estamos decididos a libertar a raça humana da tirania da pobreza e da penúria e a curar e proteger o nosso planeta. Estamos determinados a tomar as medidas ousadas e trans-formadoras que são urgentemente necessárias para direcionar o mundo para um caminho sus-tentável e resiliente. Ao embarcarmos nesta jornada coletiva, comprometemo-nos que ninguém seja deixado para trás.

Os 17 Objetivos de Desenvolvimento Sustentável e 169 metas que estamos anunciando hoje de-monstram a escala e a ambição desta nova Agenda universal. Eles se constroem sobre o legado dos Objetivos de Desenvolvimento do Milênio e concluirão o que estes não conseguiram alcan-çar. Eles buscam concretizar os direitos humanos de todos e alcançar a igualdade de gênero e o empoderamento das mulheres e meninas. Eles são integrados e indivisíveis, e equilibram as três dimensões do desenvolvimento sustentável: a econômica, a social e a ambiental.

Os Objetivos e metas estimularão a ação para os próximos 15 anos em áreas de importância cru-cial para a humanidade e para o planeta:

Pessoas

Estamos determinados a acabar com a pobreza e a fome, em todas as suas formas e dimensões, e garantir que todos os seres humanos possam realizar o seu potencial em dignidade e igualdade, em um ambiente saudável.

Planeta

Estamos determinados a proteger o planeta da degradação, sobretudo por meio do consumo e da produção sustentáveis, da gestão sustentável dos seus recursos naturais e tomando medidas urgentes sobre a mudança climática, para que ele possa suportar as necessidades das gerações presentes e futuras.

Prosperidade
Estamos determinados a assegurar que todos os seres humanos possam desfrutar de uma vida próspera e de plena realização pessoal, e que o progresso econômico, social e tecnológico ocorra em harmonia com a natureza.

Paz
Estamos determinados a promover sociedades pacíficas, justas e inclusivas que estão livres do medo e da violência. Não pode haver desenvolvimento sustentável sem paz e não há paz sem desenvolvimento sustentável.

Parceria
Estamos determinados a mobilizar os meios necessários para implementar esta Agenda por meio de uma Parceria Global para o Desenvolvimento Sustentável revitalizada, com base num espírito de solidariedade global reforçada, concentrada em especial nas necessidades dos mais pobres e mais vulneráveis e com a participação de todos os países, todas as partes interessadas e todas as pessoas.

Os vínculos e a natureza integrada dos Objetivos de Desenvolvimento Sustentável são de importância crucial para assegurar que o propósito da nova Agenda seja realizado. Se realizarmos as nossas ambições em toda a extensão da Agenda, a vida de todos será profundamente melhorada e nosso mundo será transformado para melhor.

Declaração

Introdução
1. Nós, chefes de Estado e de Governo e altos representantes, reunidos na sede das Nações Unidas em Nova York de 25 a 27 de setembro de 2015 no momento em que a Organização comemora seu septuagésimo aniversário, decidimos hoje sobre os novos Objetivos de Desenvolvimento Sustentável globais.

2. Em nome dos povos que servimos, nós adotamos uma decisão histórica sobre um conjunto de Objetivos e metas universais e transformadoras que é abrangente, de longo alcance e centrado nas pessoas. Comprometemo-nos a trabalhar incansavelmente para a plena implementação desta Agenda em 2030. Reconhecemos que a erradicação da pobreza em todas as suas formas e dimensões, incluindo a pobreza extrema, é o maior desafio global e um requisito indispensável para o desenvolvimento sustentável. Estamos empenhados em alcançar o desenvolvimento sustentável nas suas três dimensões – econômica, social e ambiental – de forma equilibrada e integrada. Também vamos dar continuidade às conquistas dos Objetivos de Desenvolvimento do Milênio e buscar atingir suas metas inacabadas.

3. Nós resolvemos, entre agora e 2030, acabar com a pobreza e a fome em todos os lugares; combater as desigualdades dentro e entre os países; construir sociedades pacíficas, justas e inclusivas; proteger os direitos humanos e promover a igualdade de gênero e o empoderamento das mulheres e meninas; e assegurar a proteção duradoura do planeta e seus recursos naturais. Resolvemos também criar condições para um crescimento sustentável, inclusivo e economicamente sustentado, prosperidade compartilhada e trabalho decente para todos, tendo em conta os diferentes níveis de desenvolvimento e capacidades nacionais.

4. Ao embarcarmos nesta grande jornada coletiva, comprometemo-nos que ninguém será deixado para trás. Reconhecendo a dignidade da pessoa humana como fundamental, queremos ver os Objetivos e metas cumpridos para todas as nações e povos e para todos os segmentos da sociedade. E faremos o possível para alcançar, em primeiro lugar, aqueles que ficaram mais para trás.

5. Esta é uma Agenda de alcance e significado sem precedentes. Ela é aceito por todos os países e é aplicável a todos, levando em conta diferentes realidades nacionais, capacidades e níveis de desenvolvimento e respeitando as políticas e prioridades nacionais. Estes são objetivos e metas universais que envolvem todo o mundo, igualmente os países desenvolvidos e os em desenvolvimento. Eles são integrados e indivisíveis, e equilibram as três dimensões do desenvolvimento sustentável.

6. Os Objetivos e metas são o resultado de mais de dois anos de consulta pública intensiva e envolvimento junto à sociedade civil e outras partes interessadas em todo o mundo, prestando uma atenção especial às vozes dos mais pobres e mais vulneráveis. Esta consulta incluiu o valioso trabalho realizado pelo Grupo de Trabalho Aberto sobre Objetivos de Desenvolvimento Sustentável da Assembleia Geral e pelas Nações Unidas, cujo secretário-geral apresentou um relatório síntese em dezembro de 2014.

(...)

A nova Agenda

18. Nós estamos anunciando hoje 17 Objetivos de Desenvolvimento Sustentável com 169 metas associadas que são integradas e indivisíveis. Nunca antes os líderes mundiais comprometeram-se a uma ação comum e um esforço via uma agenda política tão ampla e universal. Estamos criando juntos um caminho rumo ao desenvolvimento sustentável, nos dedicando coletivamente à busca do desenvolvimento global e da cooperação vantajosa para todos, que podem trazer enormes ganhos para todos os países e todas as partes do mundo.

Reafirmamos que cada Estado tem, e exerce livremente, sua soberania plena e permanente sobre toda a sua riqueza, seus recursos naturais e sua atividade econômica. Vamos implementar a Agenda para o pleno benefício de todos, para a

geração de hoje e para as gerações futuras. Ao fazê-lo, reafirmamos nosso compromisso com o direito internacional e enfatizamos que a Agenda deverá ser implementada de uma forma consistente com os direitos e obrigações dos Estados sob o direito internacional.
(...)

Objetivos de Desenvolvimento Sustentável

Objetivo 1. Acabar com a pobreza em todas as suas formas, em todos os lugares
(...)
Objetivo 2. Acabar com a fome, alcançar a segurança alimentar e melhoria da nutrição e promover a agricultura sustentável
(...)
Objetivo 3. Assegurar uma vida saudável e promover o bem-estar para todos, em todas as idades
(...)
Objetivo 4. Assegurar a educação inclusiva e equitativa e de qualidade, e promover oportunida-des de aprendizagem ao longo da vida para todos
(...)
Objetivo 5. Alcançar a igualdade de gênero e empoderar todas as mulheres e meninas
(...)
Objetivo 6. Assegurar a disponibilidade e gestão sustentável da água e saneamento para todos
(...)
Objetivo 7. Assegurar o acesso confiável, sustentável, moderno e a preço acessível à energia para todos
(...)
Objetivo 8. Promover o crescimento econômico sustentado, inclusivo e sustentável, emprego pleno e produtivo e trabalho decente para todos
(...)
Objetivo 9. Construir infraestruturas resilientes, promover a industrialização inclusiva e sustentável e fomentar a inovação
(...)
Objetivo 10. Reduzir a desigualdade dentro dos países e entre eles
(...)
Objetivo 11. Tornar as cidades e os assentamentos humanos inclusivos, seguros, resilientes e sustentáveis
(...)
Objetivo 12. Assegurar padrões de produção e de consumo sustentáveis
(...)
Objetivo 13. Tomar medidas urgentes para combater a mudança do clima e seus impactos (*)

(*) Reconhecendo que a Convenção Quadro das Nações Unidas sobre Mudança do Clima [UN-FCCC] é o fórum internacional intergovernamental primário para negociar a resposta global à mudança do clima.
(...)
Objetivo 14. Conservação e uso sustentável dos oceanos, dos mares e dos recursos marinhos para o desenvolvimento sustentável
(...)
Objetivo 15. Proteger, recuperar e promover o uso sustentável dos ecossistemas terrestres, gerir de forma sustentável as florestas, combater a desertificação, deter e reverter a degradação da terra e deter a perda de biodiversidade
(...)
Objetivo 16. Promover sociedades pacíficas e inclusivas para o desenvolvimento sustentável, proporcionar o acesso à justiça para todos e construir instituições eficazes, responsáveis e inclusivas em todos os níveis
(...)
Objetivo 17. Fortalecer os meios de implementação e revitalizar a parceria global para o desenvolvimento sustentável

91. Reafirmamos nosso firme compromisso em alcançar este Agenda e utilizá-la ao máximo para transformar o nosso mundo para melhor em 2030.

Desarmamento e Segurança Coletiva

PROTOCOLO DE GENEBRA (1925)

Proibição do emprego na guerra de gases asfixiantes, tóxicos ou similares e de meios bacteriológicos de guerra.

- Aprovado pelo Decreto Legislativo 39, de 1970.
- Instrumento de ratificação depositado em 28.08.1970 e promulgado pelo Decreto 67.200, de 15.09.1970.

Os Plenipotenciários abaixo assinados em nome de seus respectivos Governos:

Considerando que o emprego na guerra de gases asfixiantes, tóxicos ou similares e de todos os líquidos, matérias ou processos análogos, foi condenado por motivos justos pela opinião geral do mundo civilizado; considerando que a proibição desse emprego foi formulada nos Tratados dos quais a maioria dos Estados do mundo são Partes; e a fim de tornar universalmente reconhecida como parte do Direito Internacional essa proibição, que se impõe tanto à consciência quanto à prática das nações.

Declaram:

Que as Altas Partes Contratantes, na medida em que ainda não são Partes de Tratados que proíbem esse emprego, reconhecem essa proibição, aceitam estender essa proibição ao emprego de meios bacteriológicos de guerra e concordam em considerar-se reciprocamente obrigados pelos termos desta declaração.

As Altas Partes Contratantes exercerão todos os esforços para induzir outros Estados a aderir ao presente Protocolo. Essa adesão será notificada ao Governo da República Francesa e, por este, a todos os Estados signatários e aderentes, e entrará em vigor na data da notificação pelo Governo da República Francesa.

O presente Protocolo, cujos textos em francês e inglês são autênticos, será ratificado o mais rapidamente possível. Será datado de hoje.

As ratificações do presente Protocolo serão endereçadas ao Governo da República Francesa, que notificará imediatamente o depósito dessas ratificações a cada um dos Estados signatários e aderentes.

Os instrumentos de ratificação e adesão ao presente Protocolo ficarão depositados nos arquivos do Governo da República Francesa.

O presente Protocolo entrará em vigor para cada Estado signatário na data do depósito de sua ratificação e, a partir desse momento, esse Estado estará obrigado com relação aos outros Estados que já tiveram depositado suas ratificações.

Em fé do que, os Plenipotenciários assinaram o presente Protocolo.

Feito em Genebra, em uma única via, aos dezessete dias do mês de junho do ano de mil novecentos e vinte e cinco.

TRATADO DE RENÚNCIA À GUERRA (1928)

Pacto de Paris ou Briand-Kellog

- Tratado assinado em Paris, em 27.08.1928.
- O Brasil aderiu em 20.02.1934, por nota da Embaixada brasileira em Washington, ratificada a 10.04.1934. Depósito da ratificação brasileira em Washington em 10.05.1934.
- Promulgado pelo Decreto 24.557, de 03.07.1934.

O Presidente do Reich Alemão, o Presidente dos Estados Unidos da América, Sua Majestade o Rei dos Belgas, o Presidente da República Francesa, Sua Majestade o Rei da Grã-Bretanha, da Irlanda e dos Territórios Britânicos de Além-Mar, Imperador das Índias, Sua Majestade o Rei da Itália, Sua Majestade o Imperador do Japão, o Presidente da República da Polônia, o Presidente da República Tchecoslovaca:

Tendo o profundo sentimento do dever solene que lhes incumbe de desenvolver o bem-estar da humanidade;

Persuadidos de que chegou o momento de proceder a uma franca renúncia à guerra como instrumento de política nacional, a fim de que as relações pacíficas e amistosas, que existem atualmente entre os povos, possam ser perpetuadas;

Convencidos de que quaisquer mudanças nas suas relações mútuas não devem ser procuradas senão por meios pacíficos, e ser realizadas dentro da ordem e da paz, e que qualquer Potência signatária que procure, doravante, desenvolver seus interesses nacionais, recorrendo à guerra, deverá ser privada das vantagens do presente Tratado;

Esperando que, animadas por seu exemplo, todas as outras nações do mundo se juntem nesses esforços humanitários e, aderindo ao presente Tratado, logo que entre em vigor, coloquem seus povos em condições de aproveitar de suas benéficas estipulações, unindo, assim, as nações civilizadas do mundo numa renúncia comum à guerra como instrumento de sua política nacional;

Resolveram concluir um Tratado, e designaram, para esse efeito, seus respectivos plenipotenciários, a saber:

[...]

Os quais, depois de haverem trocado seus plenos poderes, reconhecidos em boa e devida forma, chegaram a um acordo sobre os seguintes artigos:

TRATADO INTERAMERICANO DE ASSISTÊNCIA RECÍPROCA (1947)

Pacto do Rio

- Adotado no Rio de Janeiro em 02.09.1947, aprovado no Brasil pelo Decreto 5, de 14.02.1948, e promulgado pelo Decreto 25.660, de 13.10.1948.
- Entrou em vigor internacional em 03.12.1948.

Em nome de seus Povos, os Governos representados na Conferência Interamericana para a Manutenção da Paz e da Segurança no Continente, animados pelo desejo de consolidar e fortalecer suas relações de amizade e boa vizinhança e, Considerando:

Que a Resolução VIII da Conferência Interamericana sobre Problemas da Guerra e da Paz, reunida na Cidade do México, recomendou a celebração de um tratado destinado a prevenir e reprimir as ameaças e os atos de agressão contra qualquer dos países da América;

Que as Altas Partes Contratantes reiteram sua vontade de permanecer unidas dentro de um sistema interamericano compatível com os propósitos e princípios das Nações Unidas, e reafirmam a existência do acordo que celebraram sobre os assuntos relativos à manutenção da paz e da segurança internacionais, que sejam suscetíveis de ação regional;

Que as Altas Partes Contratantes renovam sua adesão aos princípios de solidariedade e cooperação interamericanas e especialmente aos princípios enunciados nos considerandos e declarações do Ato de Chapultepec, todos os quais devem ser tidos por aceitos como normas de suas relações mútuas e como base jurídica do Sistema Interamericano;

Que, a fim de aperfeiçoar os processos de solução pacífica de suas controvérsias, pretendem celebrar o Tratado sobre "Sistema Interamericano de Paz", previsto nas Resoluções IX e XXXIX da Conferência Interamericana sobre Problemas da Guerra e da Paz;

Que a obrigação de auxílio mútuo e de defesa comum das Repúblicas Americanas se acha essencialmente ligada a seus ideais democráticos e à sua vontade de permanente cooperação para realizar os princípios e propósitos de uma política de paz;

Que a comunidade regional americana sustenta como verdade manifesta que a organização jurídica é uma condição necessária para a segurança e a paz, e que a paz se funda na justiça e na ordem moral e, portanto, no reconhecimento e na proteção internacionais dos direitos e liberdades da pessoa humana, no bem-estar indispensável dos povos e na efetividade da democracia, para a realização internacional da justiça e da segurança,

Resolveram – de acordo com os objetivos enunciados – celebrar o seguinte tratado, a fim de assegurar a paz por todos os meios possíveis, prover auxílio recíproco efetivo para enfrentar os ataques armados contra qualquer Estado Americano, e conjurar as ameaças de agressão contra qualquer deles:

Artigo 1º

As Altas Partes Contratantes condenam formalmente a guerra e se obrigam, nas suas relações internacionais, a não recorrer à ameaça nem ao uso da força, de qualquer forma incompatível com as disposições da Carta das Nações Unidas ou do presente Tratado.

Artigo 2º

Como consequência do princípio formulado no Artigo anterior, as Altas Partes Contratantes comprometem-se a submeter toda controvérsia, que entre elas surja, aos métodos de soluções pacífica e a procurar resolvê-la entre si, mediante os pro-

---

Artigo 1º

As Altas Partes Contratantes declaram, solenemente, em nome de seus respectivos povos, que condenam o recurso à guerra para a solução das controvérsias internacionais, e a isso renunciam, como instrumento de política nacional, em suas relações recíprocas.

Artigo 2º

As Altas Partes Contratantes reconhecem que o regulamento ou a solução de todas as controvérsias ou conflitos, de quaisquer natureza ou origem que possam surgir entre elas, jamais deverá ser procurado senão por meios pacíficos.

Artigo 3º

O presente Tratado será ratificado pelas Altas Partes Contratantes, designadas no preâmbulo, de conformidade com as exigências de suas respectivas constituições, e produzirá efeito entre elas, logo que todos os instrumentos de ratificação tenham sido depositados em Washington.

O presente Tratado, logo que houver entrado em vigor, como se acha previsto no parágrafo precedente, ficará aberto, no tempo que for necessário, à adesão de todas as outras Potências do mundo. Cada instrumento que estabelecer a adesão de uma Potência será depositado em Washington, e o Tratado, imediatamente após esse depósito, entrará em vigor entre a Potência que houver dado, assim, a sua adesão e as outras Potências contratantes.

Caberá ao Governo dos Estados Unidos da América fornecer a cada um dos Governos designados no preâmbulo e a qualquer Governo que venha a aderir, posteriormente, ao Tratado, uma cópia autenticada do referido Tratado e de cada um dos instrumentos de ratificação ou de adesão. Caberá, igualmente, ao Governo dos Estados Unidos da América notificar, telegraficamente, aos mencionados Governos, cada instrumento de ratificação ou de adesão, imediatamente após o depósito.

Em fé do que, os respectivos Plenipotenciários assinaram o presente Tratado, redigido nas línguas francesa e inglesa, ambos os textos tendo igual força, e nele apuseram seus selos.

TRATADO INTERAMERICANO DE ASSISTÊNCIA RECÍPROCA (1947)

cessos vigentes no Sistema Interamericano, antes de a referir à Assembleia Geral ou ao Conselho de Segurança das Nações Unidas.

Artigo 3°

1. As Altas Partes Contratantes concordam em que um ataque armado, por parte de qualquer Estado, contra um Estado Americano, será considerado como um ataque contra todos os Estados Americanos, e, em consequência, cada uma das ditas Partes Contratantes, se compromete a ajudar a fazer frente ao ataque, no exercício do direito imanente de legítima defesa individual ou coletiva que é reconhecido pelo Artigo 51 da Carta das Nações Unidas.

2. Por Solicitação do Estado ou dos Estados diretamente atacados, e até decisão do órgão de consulta do Sistema Interamericano, cada uma das Partes Contratantes poderá determinar as medidas imediatas que adote individualmente, em cumprimento da obrigação de que trata o parágrafo precedente e de acordo com o princípio da solidariedade continental. O Órgão de Consulta reunir-se-á sem demora, a fim de examinar essas medidas e combinar as de caráter coletivo que seja conveniente adotar.

3. O estipulado neste Artigo aplicar-se-á a todos os casos de ataque armado que se efetue dentro da região descrita no Artigo 4° ou dentro do território de um Estado Americano. Quando o ataque se verificar fora das referidas áreas, aplicar-se-á o estipulado no Artigo 6°.

4. Poderão ser aplicadas as medidas de legítima defesa de que trata este Artigo, até que o Conselho de Segurança das Nações Unidas tenha tomado as medidas necessárias para manter a paz e a segurança internacionais.

Artigo 4°

A região a que se refere este Tratado é a compreendida dentro dos seguintes limites: começando no Polo Norte; daí diretamente para o sul, até um ponto a 74 graus de latitude norte e 10 graus de longitude oeste; daí por uma linha loxodrômica até um ponto a 47 graus e 30 minutos de latitude norte e 50 graus de longitude oeste; daí por uma linha loxodrômica até um ponto a 35 graus de latitude norte e 60 graus de longitude oeste; daí diretamente para o sul até um ponto a 20 graus de latitude norte; daí por uma linha loxodrômica até um ponto a 5 graus de latitude norte e 24 graus de longitude oeste; daí diretamente para o sul até o Polo Sul; daí diretamente para o norte até um ponto a 30 graus de latitude sul e 90 graus de longitude oeste; daí por uma linha loxodrômica, até um ponto do Equador a 97 graus de longitude oeste; daí por uma linha loxodrômica até um ponto a 15 graus de latitude norte e 120 graus de longitude oeste; daí por uma linha loxodrômica até um ponto a 50 graus de latitude norte e 170 graus de longitude leste; daí diretamente para o norte até um ponto a 54 graus de latitude norte; daí por uma linha loxodrômica até um ponto a 65 graus e 30 minutos de latitude norte

e 168 graus 58 minutos e 5 segundos de longitude oeste; daí diretamente para o norte até o Polo Norte.

Artigo 5°

As altas Partes Contratantes enviarão imediatamente ao Conselho de Segurança das Nações Unidas, de conformidade com os Artigos 51 e 54 da Carta de São Francisco, informações completas sobre as atividades desenvolvidas ou projetadas no exercício do direito de legítima defesa ou com o propósito de manter a paz e a segurança interamericanas.

Artigo 6°

Se a inviolabilidade ou integridade do território ou a soberania ou independência política de qualquer Estado Americano for atingida por uma agressão que não seja um ataque armado, ou por um conflito extracontinental ou por qualquer outro fato ou situação que possa por em perigo a paz da América, o Órgão de Consulta reunir-se-á imediatamente a fim de acordar as medidas que, em caso de agressão, devam ser tomadas em auxílio do agredido, ou, em qualquer caso, convenha tomar para a defesa comum e para a manutenção da paz e da segurança no Continente.

Artigo 7°

Em caso de conflito entre os dois ou mais Estados Americanos, sem prejuízo do direito de legítima defesa, de conformidade com o Artigo 51 da Carta das Nações Unidas, as Altas Partes Contratantes reunidas em consulta instarão com os Estados em litígio para que suspendam as hostilidades e restaurem o *statu quo ante bellum*, e tomarão, além disso, todas as outras medidas necessárias para se restabelecer ou manter a paz e a segurança interamericanas, e para que o conflito seja resolvido por meios pacíficos.

A recusa da ação pacificadora será levada em conta na determinação do agressor e na aplicação imediata das medidas que se acordarem na reunião de consulta.

Artigo 8°

Para os efeitos deste Tratado, as medidas que o órgão de consulta acordar compreenderão uma ou mais das seguintes: a retirada dos chefes de missão; a ruptura de relações diplomáticas; a ruptura de relações consulares; a interrupção parcial ou total das relações econômicas ou das comunicações ferroviárias, marítimas, aéreas, postais, telegráficas, telefônicas, radiotelefônicas ou radiotelegráficas, e o emprego de forças armadas.

Artigo 9°

Além de outros atos que, em reunião de consulta, possam ser caracterizados como de agressão, serão considerados como tais:

a) O ataque armado, não provocado, por um Estado contra o território, a população ou as forças terrestres, navais ou aéreas de outro Estado;

b) A invasão, pela força armada de um Estado, do território de um Estado Americano, pela travessia das fronteiras demarcadas de conformidade com um tratado, sentença judicial ou laudo arbitral, ou, na falta de fronteiras assim demarcadas, a invasão que afete uma região que esteja sob a jurisdição efetiva de outro Estado.

Artigo 10
Nenhuma das estipulações deste Tratado será interpretada no sentido de prejudicar os direitos e obrigações das Altas Partes Contratantes, de acordo com a Carta das Nações Unidas.

Artigo 11
As consultas a que se refere o presente Tratado serão realizadas mediante a Reunião de Ministros das Relações Exteriores das Repúblicas Americanas que tenham ratificado o Tratado, ou na forma ou pelo órgão que futuramente forem ajustados.

Artigo 12
O Conselho Diretor da União Panamericana poderá atuar provisoriamente como órgão de consulta, enquanto não se reunir o Órgão de Consulta a que se refere o Artigo anterior.

Artigo 13
As consultas serão promovidas mediante solicitação dirigida ao Conselho Diretor da União Panamericana por qualquer dos Estados signatários que hajam ratificado o Tratado.

Artigo 14
Nas votações a que se refere o presente Tratado, somente poderão tomar parte os representantes dos Estados signatários que o tenham ratificado.

Artigo 15
O Conselho Diretor da União Panamericana atuará, em tudo o que concerne ao presente Tratado, como órgão de ligação entre os Estados signatários que o tenham ratificado e entre estes e as Nações Unidas.

Artigo 16
As decisões do Conselho Diretor da União Panamericana a que aludem os Artigos 13 e 15 serão adotadas por maioria absoluta dos Membros com direito a voto.

Artigo 17
O Órgão de Consulta adotará suas decisões pelo voto de dois terços dos Estados signatários que tenham ratificado o Tratado.

Artigo 18
Quando se tratar de uma situação ou disputa entre Estados Americanos, serão excluídas das votações a que se referem os dois Artigos anteriores as partes diretamente interessadas.

Artigo 19
Para constituir quorum, em todas as reuniões a que se referem os Artigos anteriores, se exigirá que o número dos Estados representados seja pelo menos igual ao número de votos necessários para adotar a respectiva decisão.

Artigo 20
As decisões que exijam a aplicação das medidas mencionadas no Artigo 8° serão obrigatórias para todos os Estados signatários do presente Tratado que o tenham ratificado, com a única exceção de que nenhum Estado será obrigado a empregar a força armada sem seu consentimento.

Artigo 21
As medidas que forem adotadas pelo Órgão de Consulta serão executadas mediante as normas e os órgãos atualmente existentes ou que futuramente venham a ser estabelecidos.

Artigo 22
Este Tratado entrará em vigor, entre os Estados que o ratifiquem, logo que tenham sido depositadas as ratificações de dois terços dos Estados signatários.

Artigo 23
Este Tratado fica aberto à assinatura dos Estados Americanos, na cidade do Rio de Janeiro, e será ratificado pelos Estados signatários com a máxima brevidade, de acordo com as respectivas normas constitucionais.

As ratificações serão entregues para depósito à União Panamericana, a qual notificará cada depósito a todos os Estados signatários. Tal notificação será considerada como troca de ratificações.

Artigo 24
O presente Tratado será registrado na Secretaria-Geral das Nações Unidas, por intermédio da União Panamericana, desde que sejam depositadas as ratificações de dois terços dos Estados signatários.

Artigo 25
Este Tratado terá duração indefinida, mas poderá ser denunciado por qualquer das Altas Partes Contratantes, mediante notificação escrita à União Panamericana, a qual comunicará a todas as outras Altas Partes Contratantes cada notificação de denúncia que receber. Transcorridos dois anos, desde a data do recebimento, pela União Panamericana, de uma notificação de denúncia de qualquer das Altas Partes Contratantes, o presente Tratado cessará de produzir efeitos com relação a tal Estado, mas subsistirá para todas as demais Altas Partes Contratantes.

Artigo 26
Os princípios e as disposições fundamentais deste Tratado serão incorporados ao Pacto Constitutivo do Sistema Interamericano.

Em testemunho do que, os Plenipotenciários abaixo assinados, tendo depositado seus plenos poderes, achados em boa e devida forma, assinam este Tratado, em nome dos respectivos Governos, nas datas indicadas ao lado de suas assinaturas.

Feito na cidade do Rio de Janeiro, em quatro textos, respectivamente nas línguas portuguesa, espanhola, francesa e inglesa, aos dois dias do mês de setembro de mil novecentos e quarenta e sete.

Reserva de Honduras

A Delegação de Honduras, ao subscrever o presente Tratado e em relação ao Artigo 9°, inciso b), declara fazê-lo com a reserva de que a fronteira estabelecida entre Honduras e Nicarágua está demarcada definitivamente pela Comissão Mista de Limites dos anos de mil novecentos e mil novecentos e um, partindo de um ponto no Golfo de Fonseca, no Oceano Pacífico, ao Portilho de Teotecacinte e, deste ponto ao Atlântico, pela linha estabelecida pela sentença arbitral de Sua Majestade o Rei da Espanha, em data de vinte e três de dezembro de mil novecentos e seis.

TRATADO DE PROSCRIÇÃO DAS EXPERIÊNCIAS COM ARMAS NUCLEARES NA ATMOSFERA, NO ESPAÇO CÓSMICO E SOB A ÁGUA (1963)

- Assinado em Moscou, em 05.08.1963.
- Aprovado no Brasil pelo Decreto Legislativo 30, de 1964. Depósito dos instrumentos de ratificação em 15.12.1964 em Moscou, Washington e Londres.
- Promulgado pelo Decreto 58.256, de 26.04.1966.

Os Governos dos Estados Unidos da América, do Reino Unido da Grã-Bretanha e Irlanda do Norte e da União das Repúblicas Socialistas Soviéticas, daqui por diante designados como "Partes Originais", Proclamando como seu objetivo principal a conclusão, no mais breve prazo, de um acôrdo de desarmamento geral e completo sob estrito contrôle internacional, em conformidade com os objetivos das Nações Unidas, acôrdo que poria fim à corrida armamentista e eliminaria os incentivos à produção de armas de todo gênero, inclusive as armas nucleares, e às experiências com elas,

Buscando obter a cessação, para sempre, de tôdas as explosões experimentais de armas nucleares, determinados a prosseguir as negociações com está finalidade e desejosos de pôr um paradeiro à contaminação do meio natural do homem por substâncias radioativas,

Concordam no seguinte:

Artigo I

1. Cada uma das Partes do presente Tratado se compromete a proibir, impedir e se abster de efetuar qualquer explosão experimental de armas nucleares ou qualquer outra explosão nuclear em qualquer lugar sob sua jurisdição ou controle:

a) na atmosfera; além dos seus limites, inclusive no espaço cósmico; ou sob a água, inclusive águas territoriais e alto-mar; ou

b) em qualquer outro ambiente, desde que uma tal explosão provoque a queda de resíduos radioativos fora dos limites territoriais do Estado sob cuja jurisdição ou contrôle foi efetuada a explosão. Fica entendido, a êste respeito, que as disposições da presente alínea não prejudicam a conclusão de um tratado que resulte na proscrição permanente de tôdas as explosões nucleares experimentais, inclusive tôdas as explosões subterrâneas, a cuja conclusão as Partes Contratantes, como declararam no preâmbulo do presente Tratado, procurarão chegar.

2. Cada uma das Partes do presente Tratado se compromete, ademais, a abster-se de provocar ou de encorajar, ou de participar de qualquer maneira na realização de qualquer explosão de arma nuclear ou de qualquer outra explosão nuclear que possa ser efetuada em qualquer dos ambientes indicados acima, ou que tenha as consequências descritas no parágrafo primeiro do presente artigo.

Artigo II

1. Qualquer das Partes pode propor emendas ao presente Tratado. O texto de qualquer emenda proposta será submetido aos Governos Depositários, que comunicarão a tôdas as Partes Contratantes. Se um têrço ou mais das Partes solicitarem, os Governos Depositários convocarão uma conferência a que serão convidadas tôdas as Partes, para estudar a mencionada emenda.

2. Qualquer emenda ao presente Tratado deverá ser aprovada por maioria de votos das Partes contratantes, incluindo o voto de tôdas as Partes Originais. A emenda entrará em vigor para tôdas as Partes após o depósito dos instrumentos de ratificação pela maioria das Partes, incluindo os instrumentos de ratificação de tôdas as Partes Originais.

Artigo III

1. O presente Tratado estará aberto à assinatura de todos os Estados. Qualquer Estado que não assinar o presente Tratado antes de sua entrada em vigor, segundo as disposições do parágrafo 3 do presente artigo, poderá aderir a êle a qualquer tempo.

2. O presente Tratado será submetido a ratificação dos Estados signatários. Os instrumentos de ratificação e os instrumentos de adesão serão depositados com os Governos das Partes Originais – os Estados Unidos da América, o Reino Unido da Grã-Bretanha e Irlanda do Norte e a União das Repúblicas Socialistas Soviéticas – aqui designados por "Governos Depositários".

3. O presente Tratado entrará em vigor quando tiver sido ratificado por tôdas as Partes Originais e quando estas tiverem depositado seus instrumentos de ratificação.

4. Para os Estados cujos instrumentos de ratificação ou de adesão forem depositados após a entrada em vigor do presente Tratado, êste entrará em vigor na data do depósito dos respectivos instrumentos de ratificação ou de adesão.

5. Os Governos Depositários informarão prontamente todos os Estados signatários ou que tiverem aderido ao Tratado sôbre a data de cada assinatura, a data do depósito de cada instrumento de ratificação e de adesão, a data de sua entrada em vigor

e a data do recebimento de quaisquer solicitações de conferência ou qualquer outra comunicação.

6. O presente Tratado será registrado pelos Governos Depositários em conformidade com as disposições do artigo 102 da Carta das Nações Unidas.

Artigo IV

O presente Tratado terá duração ilimitada.

Cada Parte, no exercício de sua soberania nacional, terá o direito de se retirar do Tratado se decidir que acontecimentos extraordinários, relacionados com a matéria a que se refere o presente Tratado, comprometem os interêsses supremos de seu país. Ela deverá notificar sua retirada a tôdas as outras Partes Contratantes, com três meses de antecedência.

Artigo V

O presente Tratado, do qual os textos em inglês e russo fazem igualmente fé, será depositado nos arquivos dos Governos Depositários. Cópias devidamente certificadas serão transmitidas pelos Govêrnos Depositários aos Governos dos Estados signatários ou que tiverem aderido ao Tratado.

Em testemunho do que os abaixo-assinados, devidamente autorizados, subscreveram o presente Tratado.

Feito em triplicata, em Moscou, aos cinco dias do mês de agôsto de mil novecentos e sessenta e três.

TRATADO PARA A PROSCRIÇÃO DE ARMAS NUCLEARES NA AMÉRICA LATINA E NO CARIBE (1967)

Tratado de Tlatelolco

▶ Entrou em vigor em 22.04.1962. Aprovado no Brasil pelo Decreto Legislativo 50, de 1967, e ratificado em 20.01.1968. Redação conforme a Resolução 267 (E-V) - Modificação ao Tratado para a Proscrição das Armas Nucleares na América Latina, aprovada na sessão celebrada em 03.07.1990; a Resolução 268 (XII) aprovada pela segunda reunião de signatários do Tratado de Tlatelolco - Modificação ao Tratado para proscrição das armas nucleares na América Latina e no Caribe, aprovada na 71ª Sessão, celebrada em 10.05.1991 e a Resolução 290 (VII) - Emendas ao Tratado para a proscrição das armas nucleares na América Latina e no Caribe, aprovada na 73ª Sessão, celebrada em 26.08.1992.

Preâmbulo

Em nome de seus povos e interpretando fielmente seus desejos e aspirações, os Governos dos Estados signatários do Tratado para a Proscrição de Armas Nucleares na América Latina,

Desejosos de contribuir, na medida de suas possibilidades, para pôr termo à corrida armamentista, especialmente de armas nucleares, e para a consolidação da paz no mundo, baseada na igualdade soberana dos Estados, no respeito mútuo e na boa vizinhança;

Recordando que a Assembleia Geral das Nações Unidas, em sua Resolução 808 (IX), aprovou, por unanimidade, como um dos três pontos de um programa coordenado de desarmamento, "a proibição total do emprego e da fabricação de armas nucleares e de todos os tipos de armas de destruição em massa";

Recordando que as zonas militarmente desnuclearizadas não constituem um fim em si mesmas, mas um meio para alcançar, em etapa ulterior, o desarmamento geral e completo;

Recordando a Resolução 1.911 (XVIII) da Assembleia Geral das Nações Unidas, pela qual se estabeleceu que as medidas que se decida acordar para a desnuclearização da América Latina devem ser tomadas "à luz dos princípios da Carta das Nações Unidas e dos acordos regionais";

Recordando a Resolução 2.028 (XX) da Assembleia Geral das Nações Unidas, que estabeleceu o princípio de um equilíbrio aceitável de responsabilidades e obrigações mútuas para as potências nucleares e não nucleares, e

Recordando que a Carta da Organização dos Estados Americanos estabelece, como propósito essencial da Organização, assegurar a paz e a segurança do hemisfério;

Persuadidos de que:

O incalculável poder destruidor das armas nucleares tornou imperativo que seja estritamente observada, na prática, a proscrição jurídica da guerra, a fim de assegurar a sobrevivência da civilização e da própria humanidade;

As armas nucleares, cujos terríveis efeitos atingem, indistinta e inexoravelmente, tanto as forças militares como a população civil, constituem, pela persistência da radioatividade que geram, um atentado à integridade da espécie humana, e ainda podem finalmente tornar inabitável toda a terra;

O desarmamento geral e completo, sob controle internacional eficaz, é uma questão vital, reclamada, igualmente, por todos os povos do mundo;

A proliferação de armas nucleares, que parece inevitável, caso os Estados, no gôzo de seus direitos soberanos, não se autolimitem para impedi-la, dificultaria muito qualquer acordo de desarmamento, aumentando o perigo de que chegue a produzir-se uma conflagração nuclear;

O estabelecimento de zonas militarmente desnuclearizadas está intimamente vinculado à manutenção da paz e da segurança nas respectivas regiões;

A desnuclearização militar de vastas zonas geográficas, adotada por decisão soberana dos Estados nelas compreendidos, exercerá benéfica influência em favor de outras regiões, onde existam condições análogas;

A situação privilegiada dos Estados signatários, cujos territórios se encontram totalmente livres de armas nucleares, lhes impõe o dever iniludível de preservar tal situação, tanto em benefício próprio como no da humanidade;

A existência de armas nucleares, em qualquer país da América Latina, convertê-lo-ia em alvo de eventuais ataques nucleares, e provocaria, fatalmente, em toda a região, uma ruinosa corrida armamentista nuclear, resultando no desvio injustificável, para fins bélicos, dos limitados recursos necessários para o desenvolvimento econômico e social;

As razões expostas e a tradicional vocação pacifista da América Latina tornam imprescindível que a energia nuclear seja usada nesta região exclusivamente para fins pacíficos, e que os países latino-americanos utilizem seu direito ao máximo e mais equitativo acesso possível a esta nova fonte de energia para acelerar o desenvolvimento econômico e social de seus povos;

Convencidos, finalmente, de que:

A desnuclearização militar da América Latina, entendendo como tal o compromisso internacionalmente assumido no presente Tratado, de manter seus territórios livres para sempre de armas nucleares constituirá uma medida que evite, para seus povos, a dissipação de seus limitados recursos em armas nucleares e que os proteja contra eventuais ataques nucleares a seus territórios; uma significativa contribuição para impedir a proliferação de armas nucleares, e um valioso elemento a favor do desarmamento geral e completo, e de que

A América Latina, fiel à sua tradição universalista, não somente deve esforçar-se para proscrever o flagelo de uma guerra nuclear, mas também deve empenhar-se na luta pelo bem-estar e progresso de seus povos, cooperando, simultaneamente, para a realização dos ideais da humanidade, ou seja, a consolidação de uma paz permanente, baseada na igualdade de direitos, na equidade econômica e na justiça social para todos, em conformidade com os princípios e objetivos consagrados na Carta das Nações Unidas e na Carta da Organização dos Estados Americanos,

Convieram o seguinte:

Obrigações
Artigo 1º

1. As Partes Contratantes comprometem-se a utilizar, exclusivamente com fins pacíficos, o material e as instalações nucleares submetidos à sua jurisdição, a proibir e a impedir nos respectivos territórios:

a) O ensaio, uso, fabricação, produção ou aquisição, por qualquer meio, de toda arma nuclear, por si mesmas, direta ou indiretamente, por mandato de terceiros ou em qualquer outra forma, e

b) a recepção, armazenamento, instalação, colocação ou qualquer forma de posse de qualquer arma nuclear, direta ou indiretamente, por si mesmas, por mandato a terceiros, ou de qualquer outro modo.

2. As Partes Contratantes comprometem-se, igualmente, a abster-se de realizar, fomentar ou autorizar, direta ou indiretamente, o ensaio, o uso, a fabricação, a produção, a posse ou o domínio de qualquer arma nuclear, ou de participar nisso por qualquer maneira.

Definição de Partes Contratantes
Artigo 2º

Para os fins do presente Tratado são Partes Contratantes aquelas para as quais o Tratado esteja em vigor.

Definição de Território
Artigo 3º

Para todos os efeitos do presente Tratado, dever-se-á entender que o termo "território" inclui o mar territorial, o espaço aéreo e qualquer outro âmbito sobre, o qual o Estado exerça soberania, de acordo com a sua própria legislação.

Área de Aplicação
Artigo 4º

1. A área de aplicação do presente Tratado é a soma dos territórios para os quais este mesmo instrumento esteja em vigor.

2. Ao cumprirem-se as condições previstas no Artigo 28, parágrafo 1, a área de aplicação do presente Tratado será, assim, a que для situada no hemisfério ocidental dentro dos seguintes limites (exceto a parte do território continental e águas territoriais dos Estados Unidos da América): começando em um ponto situado a 35° latitude norte e 75° longitude oeste; daí, diretamente ao sul até um ponto a 30° latitude norte e 75° longitude oeste; daí, diretamente a leste, até um ponto a 30° latitude norte e 50° longitude oeste; daí, por uma linha loxodrômica, até um ponto a 5° latitude norte e 20° longitude oeste; daí, diretamente ao sul, até um ponto a 60° latitude sul e 20° longitude oeste; daí, diretamente ao oeste, até um ponto a 60° latitude sul e 115° longitude oeste; daí, diretamente ao norte, até um ponto a 0° latitude e 115° longitude oeste; daí, por uma linha loxodrômica, até um ponto a 35° latitude norte e 150° longitude oeste; daí, diretamente a leste, até um ponto a 35° latitude norte e 75° longitude oeste.

Definição de Armas Nucleares
Artigo 5º

Para os efeitos do presente Tratado, entende-se por "arma nuclear" qualquer artefato que seja susceptível de liberar energia nuclear de forma não controlada e que tenha um conjunto de características próprias para o emprego com fins bélicos. O instrumento que se possa utilizar para o transporte ou a propulsão do artefato não fica compreendido nesta definição se é separável do artefato e não é parte indivisível do mesmo.

Reunião de Signatários
Artigo 6º

Por solicitação de qualquer dos Estados signatários, ou por decisão da Agência que se estabelece no Artigo 7, poderá ser convocada uma reunião de todos os signatários, para considerar, em comum, questões que possam afetar a essência mesma deste instrumento, inclusive sua eventual modificação. Em ambos os casos, a convocação será feita por intermédio do Secretário-Geral.

Organização
Artigo 7º

1. A fim de assegurar o cumprimento das obrigações do presente Tratado, as Partes Contratantes estabelecem um organismo internacional denominado "Agência para a Proscrição de Armas Nucleares na América Latina e no Caribe", que, no presente Tratado, será designado como a "Agência". Suas decisões só poderão afetar as Partes Contratantes.

> Redação conforme a Resolução 267 (E-V) - Modificação ao Tratado para a Proscrição das Armas Nucleares na América Latina, aprovada na sessão celebrada em 03.07.1990.

2. A Agência terá a incumbência de celebrar consultas periódicas ou extraordinárias entre os Estados-Membros, no que diz respeito aos propósitos, medidas e procedimentos determinados no presente Tratado, bem como à supervisão do cumprimento das obrigações dele derivadas.

3. As Partes Contratantes convêm em prestar à Agência ampla e pronta colaboração; em conformidade com as disposições do presente Tratado e de acordos que concluam com a Agência, bem como dos que esta última conclua com qualquer outra organização ou organismo internacional.

4. A sede da Agência será a cidade do México.

Órgãos
Artigo 8º

1. Estabelecem-se como órgãos principais da Agência uma Conferência Geral, um Conselho e uma Secretaria.

2. Poder-se-ão estabelecer, de acordo com as disposições do presente Tratado, os órgãos subsidiários que a Conferência Geral considere necessários.

A Conferência Geral
Artigo 9º

1. A Conferência Geral, órgão supremo da Agência, estará integrada por todas as Partes Contratantes, e celebrará a cada dois anos reuniões ordinárias, podendo, além disso, realizar reuniões extraordinárias, cada vez que assim esteja previsto no presente Tratado, ou que as circunstâncias o requeiram, a juízo do Conselho.

2. A Conferência Geral:

a) Poderá considerar e resolver dentro dos limites do presente Tratado quaisquer assuntos ou questões nele compreendidos, inclusive os que refiram aos poderes e funções de qualquer órgão previsto no mesmo Tratado.

b) Estabelecerá os procedimentos do sistema de controle para a observância do presente Tratado, em conformidade com as disposições do mesmo.

c) Elegerá os Membros do Conselho e o Secretário-Geral.

d) Poderá remover o Secretário-Geral, quando assim o exija o bom funcionamento da Agência.

e) Receberá e apreciará os relatórios bienais ou especiais que lhe sejam submetidos pelo Conselho e pelo Secretário-Geral.

f) Promoverá e apreciará estudos para a melhor realização dos propósitos do presente Tratado, sem que isso impeça que o Secretário-Geral, separadamente, possa efetuar estudos semelhantes para submetê-los ao exame da Conferência.

g) Será o órgão competente para autorizar a conclusão de acordos com Governos e outras organizações ou organismos internacionais.

3. A Conferência Geral aprovará o orçamento da Agência e fixará a escala de contribuições financeiras dos Estados-Membros, tomando em consideração os sistemas e critérios utilizados para o mesmo fim pela Organização das Nações Unidas.

4. A Conferência Geral elegerá as suas autoridades a para cada reunião, e poderá criar os órgãos subsidiários que julgue necessários para o desempenho de suas funções.

5. Cada Membro da Agência terá um voto. As decisões da Conferência Geral; em questões relativas ao sistema de controle ao Artigo 20, à admissão de novos Membros, à eleição e destituição do Secretário-Geral, à aprovação do orçamento e das questões relacionadas ao mesmo, serão tomadas pelo voto de uma maioria de dois terços dos Membros presentes e votantes. As decisões sobre outros assuntos, assim como as questões de procedimento e também a determinação das que devam resolver-se por maioria de dois terços, serão resolvidas pela maioria simples dos Membros presentes e votantes.

6. A Conferência Geral adotará o seu próprio regulamento.

O Conselho
Artigo 10

1. O Conselho será composto de cinco Membros, eleitos pela Conferência Geral dentre as Partes Contratantes, tendo na devida conta uma representação geográfica equitativa.

2. Os Membros do Conselho serão eleitos por um período de quatro anos. No entanto, na primeira eleição, três serão eleitos por dois anos. Os Membros que acabaram de cumprir um mandato não serão reeleitos para o período seguinte, a não ser que o número de Estados para os quais o Tratado esteja em vigor não o permitir.

3. Cada Membro do Conselho terá um representante.

4. O Conselho será organizado de maneira que possa funcionar continuamente.

5. Além das atribuições que lhe outorgue o presente Tratado e das que lhe confira a Conferência Geral, o Conselho, através do Secretário-Geral, velará pelo bom funcionamento do sistema de controle, de acordo com as disposições deste Tratado e com as decisões adotadas pela Conferência Geral.

6. O Conselho submeterá à Conferência Geral um relatório anual das suas atividades assim como os relatórios especiais que considere convenientes, ou que a Conferência Geral lhe solicite.

7. O Conselho elegerá as suas autoridades para cada reunião.
8. As decisões do Conselho serão tomadas pelo voto de uma maioria simples dos seus Membros presentes e votantes.
9. O Conselho adotará o seu próprio regulamento.

A Secretaria
Artigo 11

1. A Secretaria será composta de um Secretário-Geral, que será o mais alto funcionário administrativo da Agência, e do pessoal que esta necessite. O Secretário-Geral terá um mandato de quatro anos, podendo ser reeleito por um período único adicional. O Secretário-Geral não poderá ser nacional do país-sede da Agência. Em caso de falta absoluta do Secretário-Geral, proceder-se-á a uma nova eleição, para o restante do período.
2. O pessoal da Secretaria será nomeado pelo Secretário-Geral, de acordo com diretrizes da Conferência Geral.
3. Além dos encargos que lhe confere o presente Tratado e dos que lhe atribua a Conferência Geral, o Secretário-Geral velará, em conformidade com o Artigo 10, parágrafo 5 pelo bom funcionamento do sistema de controle estabelecido no presente Tratado, de acordo com as disposições deste e com as decisões adotadas pela Conferência Geral.
4. O Secretário-Geral atuará, nessa qualidade, em todas as sessões da Conferência Geral e do Conselho e lhes apresentará um relatório anual sobre as atividades da Agência, assim como relatórios especiais que a Conferência Geral ou o Conselho lhe solicitem, ou que o próprio Secretário-Geral considere oportunos.
5. O Secretário-Geral estabelecerá os métodos de distribuição, a todas as Partes Contratantes, das informações que a Agência receba de fontes governamentais ou não governamentais sempre que as destas últimas sejam de interesse para a Agência.
6. No desempenho de suas funções, o Secretário-Geral e o pessoal da Secretaria não solicitarão nem receberão instruções de nenhum Governo, nem de qualquer autoridade alheia à Agência, e abster-se-ão de atuar de forma incompatível com a condição de funcionários internacionais, responsáveis unicamente ante a Agência; no que respeita a suas responsabilidades para com a Agência, não revelarão nenhum segredo de fabricação, nem qualquer outro dado confidencial que lhes chegue ao conhecimento, em virtude do desempenho de suas funções oficiais na Agência.
7. Cada uma das Partes Contratantes se compromete a respeitar o caráter, exclusivamente internacional, das funções do Secretário-Geral e do pessoal da Secretaria e a não procurar influenciá-los no desempenho de suas funções.

Sistema de Controle
Artigo 12

1. Com objetivo de verificar o cumprimento das obrigações assumidas pelas Partes Contratantes segundo as disposições do Artigo 1, fica estabelecido um Sistema de Controle, que se aplicará de acordo com o estipulado nos Artigos 13 a 18 do presente Tratado.
2. O Sistema de Controle terá a finalidade de verificar especialmente:
a) que os artefatos, serviços e instalações destinados ao uso pacífico da energia nuclear não sejam utilizados no ensaio e na fabricação de armas nucleares;
b) que não chegue a realizar-se, no território das Partes Contratantes, qualquer das atividades proibidas no Artigo 1 deste Tratado, com materiais ou armas nucleares introduzidos do exterior, e
c) que as explosões com fins pacíficos sejam compatíveis com as disposições do Artigo 18 do presente Tratado.

Salvaguardas da A.I.E.A.
Artigo 13

Cada Parte Contratante negociará acordos – multilaterais ou bilaterais – com a Agência Internacional de Energia Atômica para a aplicação das Salvaguardas da mesma Agência a suas atividades nucleares. Cada Parte Contratante deverá iniciar as negociações dentro do prazo de cento e oitenta dias a contar da data de depósito de seu respectivo instrumento de ratificação do presente Tratado. Os referidos acordos deverão entrar em vigor, para cada uma das Partes, em prazo que não exceda dezoito meses, a contar da data de início destas negociações, salvo caso fortuito ou de força maior.

Relatórios das Partes
Artigo 14

1. As Partes Contratantes apresentarão à Agência e à Agência Internacional de Energia Atômica, a informativo, relatórios semestrais nos quais declararão que nenhuma atividade proibida pelas disposições deste Tratado ocorreu nos respectivos territórios.
2. As Partes Contratantes enviarão simultaneamente à Agência cópia dos relatórios enviados à Agência Internacional de Energia Atômica em relação com as matérias objeto do presente Tratado que sejam relevantes para o trabalho da Agência.
3. A informação proporcionada pelas Partes Contratantes não poderá ser divulgada ou comunicada a terceiros, total ou parcialmente, pelos destinatários dos relatórios, salvo quando aquelas o consintam expressamente.

▶ Redação conforme a Resolução 290 (VII) - Emendas ao Tratado para a proscrição das armas nucleares na América Latina e no Caribe, aprovada na 73ª Sessão, celebrada em 26.08.1992.

Relatórios Especiais solicitados pelo Secretário-Geral
Artigo 15

1. Por solicitação de qualquer das Partes e com a autorização do Conselho, o Secretário-Geral poderá solicitar, de qualquer das Partes, que proporcione à Agência informação complementar ou suplementar a respeito de qualquer fato ou circunstância extraordinários que afetem o cumprimento do presente Tratado, explicando as razões que para

isso tiver. As Partes Contratantes se comprometem a colaborar, pronta e, amplamente, com o Secretário-Geral.
2. O Secretário-Geral informará imediatamente ao Conselho e às Partes sobre tais solicitações e respectivas respostas.

> Redação conforme a Resolução 290 (VII) - Emendas ao Tratado para a proscrição das armas nucleares na América Latina e no Caribe, aprovada na 73ª Sessão, celebrada em 26.08.1992.

Inspeções Especiais
Artigo 16

1. A Agência Internacional de Energia Atômica tem a faculdade de efetuar inspeções especiais, em conformidade com o Artigo 12 e com os acordos a que se refere o Artigo 13 deste Tratado.
2. Por solicitação de qualquer das Partes e seguindo os procedimentos estabelecidos no Artigo 15 do presente Tratado, Conselho poderá enviar à consideração da Agência Internacional de Energia Atômica uma solicitação para que desencadeie os mecanismos necessários para efetuar uma inspeção especial.
3. O Secretário-Geral solicitará ao Diretor-Geral da AIEA que lhe transmita oportunamente as informações que envie para conhecimento da Junta de Governadores da AIEA com relação à conclusão de dita inspeção especial. O Secretário-Geral dará pronto conhecimento de ditas informações ao Conselho.
4. O Conselho, por intermédio do Secretário-Geral, transmitirá ditas informações a todas as Partes Contratantes.

> Redação conforme a Resolução 290 (VII) - Emendas ao Tratado para a proscrição das armas nucleares na América Latina e no Caribe, aprovada na 73ª Sessão, celebrada em 26.08.1992

Uso da Energia Nuclear para Fins Pacíficos
Artigo 17

Nenhuma das disposições do presente Tratado restringe os direitos das Partes Contratantes para usar, em conformidade com este instrumento, a energia nuclear para fins pacíficos, particularmente para o seu desenvolvimento econômico e progresso social.

Explosões com Fins Pacíficos
Artigo 18

1. As Partes Contratantes poderão realizar explosões de dispositivos nucleares com fins pacíficos – inclusive explosões que pressuponham artefatos similares aos empregados em armamento nuclear – ou prestar a sua colaboração a terceiros com o mesmo fim, sempre que não violem as disposições do presente Artigo e as demais do presente dos Artigos 1 e 5.
2. As Partes Contratantes que tenham a intenção de levar a cabo uma dessas explosões, ou colaborar nelas, deverão notificar à Agência e à Agência Internacional de Energia Atômica, com a antecipação que as circunstâncias o exijam, a data da explosão e apresentar, simultaneamente, as seguintes informações:
a) o caráter do dispositivo nuclear e a origem do mesmo;
b) o lugar e finalidade da explosão projetada;
c) os procedimentos que serão seguidos para o cumprimento do parágrafo 3 deste Artigo;
d) A potência que se espera tenha o dispositivo, e
e) os dados mais completos sobre a possível precipitação radioativa, que seja consequência da explosão ou explosões, bem como as medidas que se tomarão para evitar riscos à população, flora, fauna e territórios de outra ou outras Partes.
3. O Secretário-Geral e o pessoal técnico designado pelo Conselho, assim como o da Agência Internacional de Energia Atômica, poderão observar todos os preparativos, inclusive a explosão do dispositivo, e terão acesso irrestrito a toda área vizinha ao lugar da explosão, para assegurar-se de que o dispositivo, assim como os procedimentos seguidos na explosão, se coadunam com a informação apresentada, de acordo com o parágrafo 2 do presente Artigo, e as demais disposições do presente Tratado.
4. As Partes Contratantes poderão receber a colaboração de terceiros para o fim previsto no parágrafo 1 deste Artigo, de acordo com as disposições dos parágrafos 2 e 3 do mesmo.

Relações com outros Organismos Internacionais
Artigo 19

1. A Agência poderá concluir com a Agência Internacional de Energia Atômica os acordos que a Conferência Geral autorize e considere o apropriados para facilitar o funcionamento eficaz do sistema de controle estabelecido no presente Tratado.

Artigo 20

1. A Agência poderá também estabelecer relações com qualquer organização ou organismo internacional, especialmente com os que venham a criar-se no futuro para supervisionar o desarmamento ou as medidas de controle de armamentos em qualquer parte do mundo.
2. As Partes Contratantes, quando julguem conveniente, poderão solicitar o assessoramento da Comissão Interamericana de Energia Nuclear, em todas as questões de caráter técnico relacionadas com a aplicação, do presente Tratado, sempre que assim o permitam as faculdades conferidas à dita Comissão pelo seu estatuto.

> Redação conforme a Resolução 290 (VII) - Emendas ao Tratado para a proscrição das armas nucleares na América Latina e no Caribe, aprovada na 73ª Sessão, celebrada em 26.08.1992.

Medidas em Caso de Violação do Tratado
Artigo 21

> Daqui em diante renumeram-se todos os artigos seguintes, de acordo com o que dispôs a Resolução 290 (VII).

1. A Conferência Geral tomará conhecimento de todos aqueles casos em que, a seu juízo, qualquer das Partes Contratantes não esteja cumprindo as

obrigações derivadas do presente Tratado e chamará a atenção da Parte de que se trate, fazendo-lhe as recomendações que julgue adequadas.

2. No caso em que, a seu juízo, a falta de cumprimento em questão constitua uma violação do presente Tratado capaz de pôr em perigo a paz e a segurança, a própria Conferência Geral informará disso, simultaneamente, ao Conselho de Segurança e à Assembleia Geral das Nações Unidas, por intermédio do Secretário-Geral dessa Organização, bem como ao Conselho da Organização dos Estados Americanos. A Conferência Geral informará, igualmente, à Agência Internacional de Energia Atômica sobre o que julgar pertinente, de acordo com o Estatuto desta.

Organização das Nações Unidas e Organização dos Estados Americanos
Artigo 22

Nenhuma estipulação do presente Tratado será interpretada no sentido de restringir os direitos e obrigações das Partes, em conformidade com a Carta das Nações Unidas, nem, no caso dos Estados-Membros da Organização dos Estados Americanos, em relação aos Tratados regionais existentes.

Prerrogativas e Imunidades
Artigo 23

1. A Agência gozará, no território de cada uma das Partes Contratantes, da capacidade jurídica e das prerrogativas e imunidades que sejam necessárias para o exercício de suas funções e a realização de seus propósitos.

2. Os Representantes das Partes Contratantes acreditados ante a Agência, e os funcionários desta gozarão, igualmente, das prerrogativas e imunidades necessárias para o desempenho de suas funções.

3. A Agência poderá concluir acordos com as Partes Contratantes, com o objetivo de determinar os pormenores de aplicação dos parágrafos 1 e 2 deste Artigo.

Notificação de Outros Acordos
Artigo 24

Uma vez que entre em vigor o presente Tratado, qualquer acordo internacional concluído por uma das Partes Contratantes, sobre matérias relacionadas com este Tratado, será comunicado imediatamente à Secretaria para registro e notificação às demais Partes Contratantes.

Solução de Controvérsias
Artigo 25

A menos que as Partes interessadas convenham em outro meio de solução pacífica, qualquer questão ou controvérsia sobre a interpretação ou aplicação do presente Tratado, que não tenha sido solucionada, poderá ser submetida à Corte Internacional de Justiça com o prévio consentimento das Partes em controvérsia.

Assinatura
Artigo 26

1. O presente Tratado ficará atento indefinidamente à assinatura de:

a) todas as repúblicas latino americanas, e

b) os demais Estados soberanos do hemisfério ocidental situados completamente ao sul do paralelo 35° latitude norte, e, salvo o disposto no parágrafo 2 deste Artigo, os que venham a ser soberanos, quando admitidos pela Conferência Geral.

2. A condição de Estado-parte do Tratado de Tlatelolco estará restrita aos Estados Independentes compreendidos na Zona de aplicação do Tratado conforme o seu Artigo 4 e o parágrafo 1 do presente Artigo, que em 10 de dezembro de 1985 eram membros das Nações Unidas, e aos territórios não autônomos mencionados no documento OEA/CER.P, AG/ doc. 1939/85, de 5 de novembro de 1985, ao alcançarem sua independência.

> ▶ Redação conforme a Resolução 268 (XII) aprovada pela segunda reunião de signatários do Tratado de Tlatelolco - Modificação ao Tratado para proscrição das armas nucleares na América Latina e no Caribe, aprovada na 71ª Sessão, celebrada em 10.05.1991.

Ratificação e Depósito
Artigo 27

1. O presente Tratado está sujeito à ratificação dos signatários, de acordo com os respectivos procedimentos constitucionais.

2. Tanto o presente Tratado como os instrumentos de ratificação serão entregues para depósito ao Governo dos Estados Unidos Mexicanos, ao qual se designa Governo depositário.

3. O Governo depositário enviará cópias certificadas do presente Tratado aos Governos dos Estados signatários e notificar-lhes-á do depósito de cada instrumento de ratificação.

Reservas
Artigo 28

O presente Tratado não poderá ser objeto de reservas.

Entrada em Vigor
Artigo 29

1. Salvo o previsto no parágrafo 2 deste Artigo, o presente Tratado entrará em vigor, entre os Estados que o tiverem ratificado, tão logo tenham sido cumpridos os seguintes requisitos:

a) entrega ao Governo depositário dos instrumentos de ratificação do presente Tratado, por parte dos Governos dos Estados mencionados no Artigo 25 que existam que se abra à assinatura o disposto no parágrafo 2 do próprio Artigo 25;

b) assinatura e ratificação do Protocolo Adicional I anexo ao presente Tratado, por parte de todos os Estados extracontinentais ou continentais que tenham, *de jure* ou *de facto*, responsabilidade internacional sobre territórios situados na área de aplicação do Tratado;

c) assinatura e ratificação do Protocolo adicional II anexo ao presente tratado, por parte de todas as potências que possuam armas nucleares;

d) conclusão de acordos – bilaterais ou multilaterais sobre a aplicação do Sistema de Salvaguardas da Agência Internacional de Energia Atômica, em conformidade com o Artigo 13 do presente Tratado.

2. Será faculdade imprescritível de qualquer Estado signatário a dispensa, total ou parcial, dos requisitos estabelecidos no parágrafo anterior, mediante figurará como anexo ao instrumento de ratificação respectivo e que poderá ser formulada por ocasião do depósito deste, ou posteriormente. Para os Estados que façam uso da referida faculdade, o presente Tratado entrará em vigor com o depósito da declaração, ou tão pronto tenham sido cumpridos os requisitos cuja dispensa não haja sido expressamente declarada.

3. Tão logo o presente Tratado tenha entrado em vigor, em conformidade com o disposto no parágrafo 2, entre onze Estados, o Governo depositário convocará uma reunião preliminar dos referidos Estados para que a Agência seja constituída e inicie atividades.

4. Depois da entrada em vigor do presente Tratado para todos os países da área, o surgimento de uma nova potência possuidora de armas nucleares suspenderá a execução do presente instrumento para os países que o ratificaram sem dispensar o parágrafo 1, inciso c, deste Artigo, e que assim o solicitem, até que a nova potência, por si mesma, ou a pedido da Conferência Geral, ratifique o Protocolo Adicional II anexo.

Emendas
Artigo 30

1. Qualquer Parte poderá propor emendas ao presente Tratado, entregando suas propostas ao Conselho por intermédio do Secretário-Geral, que as transmitirá a todas as outras Partes Contratantes e aos demais signatários, para os efeitos do Artigo 6. O Conselho, por intermédio do Secretário-Geral, convocará imediatamente, depois da reunião de signatários, uma reunião extraordinária da Conferência Geral para examinar as propostas formuladas, para cuja aprovação se requererá a maioria de dois terços das Partes Contratantes presentes e votantes.

2. As reformas aprovadas entrarão em vigor tão logo sejam cumpridos os requisitos mencionados no Artigo 28 do presente Tratado.

Vigência e denúncia
Artigo 31

1. O presente Tratado tem caráter permanente e vigerá por tempo indefinido, mas poderá ser denunciado por qualquer das Partes, mediante notificação enviada ao Secretário-Geral da Agência, se, a juízo do Estado denunciante, hajam ocorrido ou possam ocorrer circunstâncias, relacionadas com o conteúdo do Tratado ou dos Protocolos Adicionais I e II anexos, que afetem a seus interesses supremos, ou à paz e a segurança de uma ou mais Partes Contratantes.

2. A denúncia terá efeito três meses depois da entrega da notificação por parte do Governo do Estado signatário interessado, ao Secretário-Geral da Agência. Este, por sua vez, comunicará imediatamente a referida notificação às outras Partes Contratantes, bem como ao Secretário-Geral das Nações Unidas, para que dê conhecimento ao Conselho de Segurança e à Assembleia Geral das Nações Unidas. Igualmente, haverá de comunicá-la ao Secretário-Geral da Organização dos Estados Americanos.

Textos Autênticos e Registro
Artigo 32

O presente Tratado, cujos textos em língua espanhola, chinesa, francesa, inglesa, portuguesa e russa, fazem igualmente fé, será registrado pelo Governo depositário, em conformidade com o Artigo 102 da Carta das Nações Unidas. O Governo depositário notificará ao Secretário-Geral das Nações Unidas as assinaturas, ratificações e emendas de que seja objeto o presente Tratado, e comunicá-las-á, a título informativo, ao Secretário-Geral da Organização dos Estados Americanos.

Artigo Transitório

A denúncia da declaração a que se refere o parágrafo 2 do Artigo 28 sujeitar-se-á aos mesmos procedimentos que a denúncia do presente Tratado, com a exceção de que surtirá efeito na data de entrega da respectiva notificação.

Em fé do que, os plenipotenciários abaixo assinados, tendo depositado os seus plenos poderes, que foram encontrados em boa e devida forma, assinam o presente Tratado em nome de seus respectivos Governos.

Feito na Cidade do México, Distrito Federal aos quatorze dias do mês de fevereiro do ano de mil novecentos e sessenta e sete.

PROTOCOLO ADICIONAL I

Os plenipotenciários abaixo assinados, providos de plenos poderes dos seus respectivos Governos, Convencidos de que o Tratado para a Proscrição de Armas Nucleares na América Latina, negociado e assinado em cumprimento das recomendações da Assembleia Geral das Nações Unidas, constantes da Resolução 1.911 (XVIII) de 27 de novembro de 1963, representa um importante passo para assegurar a não proliferação de armas nucleares;

Conscientes de que a não proliferação de armas nucleares não constitui um fim em si mesma, mas um meio para atingir, em etapa ulterior, o desarmamento geral e completo, e

Desejosos de contribuir, na medida de suas possibilidades, para pôr termo à corrida armamentista, especialmente no campo das armas nucleares, e a favorecer a consolidação da paz do mundo, baseada no respeito mútuo e na igualdade soberana dos Estados,

Convieram o seguinte:

Artigo 1°

Comprometer-se a aplicar, nos territórios *de jure* ou *de facto* estejam sob sua responsabilidade internacional, compreendidos dentro dos limites da área geográfica estabelecida no Tratado para a Proscrição de Armas Nucleares na América Latina, o estatuto de desnuclearização para fins bélicos, que se encontra definido nos Artigos 1, 3, 5 e 13 do mencionado Tratado.

Artigo 2°

O presente Protocolo terá a mesma duração que o Tratado para a Proscrição de Armas Nucleares na América Latina, do qual é Anexo, aplicando-se a ele as cláusulas referentes à ratificação e à denúncia que figuram no corpo do Tratado.

Artigo 3°

O presente Protocolo entrará em vigor, para os Estados que o houverem ratificado, na data em que depositem seus respectivos instrumentos de ratificação.

Em testemunho do que, os Plenipotenciários abaixo assinados, havendo depositado seus Plenos Poderes, que foram achados em boa e devida forma, assinam o presente Protocolo Adicional, em nome de seus respectivos Governos.

PROTOCOLO ADICIONAL II

Os Plenipotenciários abaixo assinados, providos de Plenos Poderes dos seus respectivos Governos, Convencidos de que o tratado para a proscrição de armas nucleares na América Latina, negociado e assinado em cumprimento das recomendações da assembleia geral das nações unidas, constantes da Resolução 1.911 (xviii), de 27 de novembro de 1963, representa um importante passo para assegurar a não proliferação de armas nucleares;

Conscientes de que a não proliferação de armas nucleares não constitui um fim em si mesmo, mas um meio para atingir, em etapa ulterior, o desarmamento geral e completo, e

Desejosos de contribuir, na medida de suas possibilidades, para pôr termo à corrida armamentista, especialmente no campo das armas nucleares, e a favorecer a consolidação da paz no mundo, baseada no respeito mútuo e na igualdade soberana dos Estados.

Convieram no seguinte:

Artigo 1°

O estatuto de desnuclearização para fins bélicos da América Latina, tal como está definido, delimitado e enunciado nas disposições do Tratado para a Proscrição de Armas Nu-cleares na América Latina, do qual este instrumento é Anexo, será plenamente respeitado pelas Partes do presente Protocolo, em todos os seus objetivos e disposições expressas.

Artigo 2°

Os Governos representados pelos Plenipotenciários abaixo assinados comprometem-se consequentemente, a não contribuir de qualquer forma para que, nos territórios aos quais se aplica o Tratado, em conformidade com o Artigo 4, sejam praticados atos que acarretem uma violação das obrigações enunciadas na Artigo 1 do Tratado.

Artigo 3°

Os Governos representados pelos Plenipotenciários abaixo assinados se comprometem, igualmente, a não empregar armas nucleares e a não ameaçar com o seu emprego contra as Partes Contratantes do Tratado para a proscrição da Armas Nucleares na América Latina.

Artigo 4°

O presente Protocolo terá a mesma duração que o tratado para a Proscrição de Armas Nucleares na América Latina, do qual é Anexo, e a ele se aplicam as definições de território e de armas nucleares constantes dos Artigos 3 e 5 do Tratado, bem como as disposições relativas à ratificação, reservas e denúncia, textos autênticos e registro que figuram nos artigos 26, 27, 30 e 31 do próprio Tratado.

Artigo 5°

O presente Protocolo entrará em vigor, para os Estados que o houverem ratificado, na data em que depositem seus respectivos instrumentos de ratificação.

Em testemunho do que, os Plenipotenciários abaixo assinados, havendo depositado seus Plenos Poderes, que foram achados em boa e devida forma, assinam o presente Protocolo Adicional, em nome de seus respectivos Governos.

TRATADO SOBRE A NÃO PROLIFERAÇÃO DE ARMAS NUCLEARES (1968)

- Assinado em 01.07.1968.
- Promulgado no Brasil pelo Decreto 2.864, de 07.12.1998.

Os Estados signatários deste Tratado, designados a seguir como Partes do Tratado;

Considerando a devastação que uma guerra nuclear traria a toda a humanidade e, em consequência, a necessidade de empreender todos os esforços para afastar o risco de tal guerra e de tomar medidas para resguardar a segurança dos povos;

Convencidos de que a proliferação de armas nucleares aumentaria consideravelmente o risco de uma guerra nuclear;

De conformidade com as resoluções da Assembleia Geral que reclamam a conclusão de um acordo destinado a impedir maior disseminação de armas nucleares;

Comprometendo-se a cooperar para facilitar a aplicação de salvaguardas pela Agência Internacional de Energia Atômica sobre as atividades nucleares pacíficas;

Manifestando seu apoio à pesquisa, ao desenvolvimento e a outros esforços destinados a promover a aplicação, no âmbito do sistema de salvaguardas da Agência Internacional de Energia Atômica, do princípio de salvaguardar de modo efetivo o trânsito de materiais fonte e físseis especiais, por meio do emprego, em certos pontos estratégicos, de instrumentos e outras técnicas;

Afirmando o princípio de que os benefícios das aplicações pacíficas da tecnologia nuclear – inclusive quaisquer derivados tecnológicos que obtenham as potências nuclearmente armadas mediante o desenvolvimento de artefatos nucleares explosivos – devem ser postos, para fins pacíficos, à disposição de todas as Partes do Tratado, sejam elas Estados nuclearmente armados ou não;

Convencidos de que, na promoção deste princípio, todas as Partes têm o direito de participar no intercâmbio mais amplo possível de informações científicas e de contribuir, isoladamente ou em cooperação com outros Estados, para o desenvolvimento crescente das aplicações da energia nuclear para fins pacíficos;

Declarando seu propósito de conseguir, no menor prazo possível, a cessação da corrida armamentista nuclear e de adotar medidas eficazes tendentes ao desarmamento nuclear;

Instando a cooperação de todos os Estados para a consecução desse objetivo;

Recordando a determinação expressa pelas Partes no preâmbulo do Tratado de 1963, que proíbe testes com armas nucleares na atmosfera, no espaço cósmico e sob a água, de procurar obter a cessação definitiva de todos os testes de armas nucleares e de prosseguir negociações com esse objetivo;

Desejando promover a diminuição da tensão internacional e o fortalecimento da confiança entre os Estados, de modo a facilitar a cessação da fabricação de armas nucleares, a liquidação de todos seus estoques existentes e a eliminação dos arsenais nacionais de armas nucleares e dos meios de seu lançamento, consoante um Tratado de Desarmamento Geral e Completo, sob eficaz e estrito controle internacional;

Recordando que, de acordo com a Carta das Nações Unidas, os Estados devem abster-se, em suas relações internacionais, da ameaça ou do uso da força contra a integridade territorial ou a independência política de qualquer Estado, ou agir de qualquer outra maneira contrária aos Propósitos das Nações Unidas, e que o estabelecimento e a manutenção da paz e segurança internacionais devem ser promovidos com o menor desvio possível dos recursos humanos e econômicos mundiais para armamentos;

Convieram no seguinte:

Artigo I

Cada Estado nuclearmente armado, Parte deste Tratado, compromete-se a não transferir, para qualquer recipiendário, armas nucleares ou outros artefatos explosivos nucleares, assim como o controle, direto ou indireto, sobre tais armas ou artefatos explosivos e, sob forma alguma assistir, encorajar ou induzir qualquer Estado não nuclearmente armado a fabricar, ou por outros meios adquirir armas nucleares ou outros artefatos explosivos nucleares, ou obter controle sobre tais armas ou artefatos explosivos nucleares.

Artigo II

Cada Estado não nuclearmente armado, Parte deste Tratado, compromete-se a não receber a transferência, de qualquer fornecedor, de armas nucleares ou outros artefatos explosivos nucleares, ou o controle, direto ou indireto, sobre tais armas ou artefatos explosivos; a não fabricar, ou por outros meios adquirir armas nucleares ou outros artefatos explosivos nucleares, e a não procurar ou receber qualquer assistência para a fabricação de armas nucleares ou outros artefatos explosivos nucleares.

Artigo III

1. Cada Estado não nuclearmente armado, Parte deste Tratado, compromete-se a aceitar salvaguardas – conforme estabelecidas em um acordo a ser negociado e celebrado com a Agência Internacional de Energia Atômica, de acordo com o Estatuto da Agência Internacional de Energia Atômica e com o sistema de salvaguardas da Agência – com a finalidade exclusiva de verificação do cumprimento das obrigações assumidas sob o presente Tratado, e com vistas a impedir que a energia nuclear destinada a fins pacíficos venha a ser desviada para armas nucleares ou outros artefatos explosivos nucleares. Os métodos de salvaguardas previstos neste Artigo serão aplicados em relação aos materiais fonte ou físseis especiais, tanto na fase de sua produção, quanto nas de processamento ou utilização, em qualquer instalação nuclear principal ou fora de tais instalações. As salvaguardas previstas neste Artigo serão aplicadas a todos os materiais fonte ou físseis especiais usados em todas as atividades nucleares pacíficas que tenham lugar no território de tal Estado, sob sua jurisdição, ou aquelas levadas a efeito sob seu controle, em qualquer outro local.

2. Cada Estado, Parte deste Tratado, compromete-se a não fornecer:

a) material fonte ou físsil especial, ou

b) equipamento ou material especialmente destinado ou preparado para o processamento, utilização ou produção de material físsil especial para qualquer Estado não nuclearmente armado, para fins pacíficos, exceto quando o aterial fonte ou físsil especial esteja sujeito às salvaguardas previstas neste Artigo.

3. As salvaguardas exigidas por este Artigo serão implementadas de modo que se cumpra o disposto no Artigo IV deste Tratado e se evite entravar o desenvolvimento econômico e tecnológico das Partes ou a cooperação internacional no campo das atividades nucleares pacíficas, inclusive no tocante ao intercâmbio internacional de material nuclear e de equipamentos para o processamento, utilização ou produção de material nuclear para fins pacíficos, de conformidade com o disposto neste Artigo e

com o princípio de salvaguardas enunciado no Preâmbulo deste Tratado.

4. Cada Estado não nuclearmente armado, Parte deste Tratado, deverá celebrar - isoladamente ou juntamente com outros Estados - acordos com a Agência Internacional de Energia Atômica, com a finalidade de cumprir o disposto neste Artigo, de conformidade com o Estatuto da Agência Internacional de Energia Atômica. A negociação de tais acordos deverá começar dentro de 180 (cento e oitenta) dias a partir do começo da vigência do Tratado. Para os Estados que depositarem seus instrumentos de ratificação ou de adesão após esse período de 180 (cento e oitenta) dias, a negociação de tais acordos deverá começar em data não posterior à do depósito daqueles instrumentos. Tais acordos entrarão em vigor em data não posterior a 18 (dezoito) meses depois da data do início das negociações.

Artigo IV

1. Nenhuma disposição deste Tratado será interpretada como afetando o direito inalienável de todas as Partes do Tratado de desenvolverem a pesquisa, a produção e a utilização da energia nuclear para fins pacíficos, sem discriminação, e de conformidade com os Artigos I e II deste Tratado.

2. Todas as Partes deste Tratado comprometem-se a facilitar o mais amplo intercâmbio possível de equipamento, materiais e informação científica e tecnológica sobre a utilização pacífica da energia nuclear e dele têm o direito de participar. As Partes do Tratado em condições de o fazerem deverão também cooperar - isoladamente ou juntamente com outros Estados ou Organizações Internacionais - com vistas a contribuir para o desenvolvimento crescente das aplicações da energia nuclear para fins pacíficos, especialmente nos territórios dos Estados não nuclearmente armados, Partes do Tratado, com a devida consideração pelas necessidades das regiões do mundo em desenvolvimento.

Artigo V

Cada Parte deste Tratado compromete-se a tomar as medidas apropriadas para assegurar que, de acordo com este Tratado, sob observação internacional apropriada, e por meio de procedimentos internacionais apropriados, os benefícios potenciais de quaisquer aplicações pacíficas de explosões nucleares serão tornados acessíveis aos Estados não nuclearmente armados, Partes deste Tratado, em uma base não discriminatória, e que o custo para essas Partes, dos explosivos nucleares empregados, será tão baixo quanto possível, com exclusão de qualquer custo de pesquisa e desenvolvimento. Os Estados não nuclearmente armados, Partes deste Tratado, poderão obter tais benefícios mediante acordo ou acordos internacionais especiais, por meio de um organismo internacional apropriado no qual os Estados não nuclearmente armados terão representação adequada. As negociações sobre esse assunto começarão logo que possível, após a entrada em vigor deste Tratado. Os Estados não nuclearmente armados, Partes deste Tratado, que assim o desejem, poderão também obter tais benefícios em decorrência de acordos bilaterais.

Artigo VI

Cada Parte deste Tratado compromete-se a entabular, de boa-fé, negociações sobre medidas efetivas para a cessação em data próxima da corrida armamentista nuclear e para o desarmamento nuclear, e sobre um Tratado de desarmamento geral e completo, sob estrito e eficaz controle internacional.

Artigo VII

Nenhuma cláusula deste Tratado afeta o direito de qualquer grupo de Estados de concluir tratados regionais para assegurar a ausência total de armas nucleares em seus respectivos territórios.

Artigo VIII

1. Qualquer Parte deste Tratado poderá propor emendas ao mesmo. O texto de qualquer emenda proposta deverá ser submetido aos Governos depositários, que o circulará entre todas as Partes do Tratado. Em seguida, se solicitados a fazê-lo por um terço ou mais das Partes, os Governos depositários convocarão uma Conferência, à qual convidarão todas as Partes, para considerar tal emenda.

2. Qualquer emenda a este Tratado deverá ser aprovada pela maioria dos votos de todas as Partes do Tratado, incluindo os votos de todos os Estados nuclearmente armados Partes do Tratado e os votos de todas as outras Partes que, na data em que a emenda foi circulada, sejam membros da Junta de Governadores da Agência Internacional de Energia Atômica. A emenda entrará em vigor para cada Parte que depositar seu instrumento de ratificação da emenda após o depósito dos instrumentos de ratificação por uma maioria de todas as Partes, incluindo os instrumentos de ratificação de todos os Estados nuclearmente armados Partes do Tratado e os instrumentos de ratificação de todas as outras Partes que, na data em que a emenda foi circulada, sejam membros da Junta de Governadores da Agência Internacional de Energia Atômica. A partir de então, a emenda entrará em vigor para qualquer outra Parte quando do depósito de seu instrumento de ratificação da emenda.

3. Cinco anos após a entrada em vigor deste Tratado, uma Conferência das Partes será realizada em Genebra, Suíça, para avaliar a implementação do Tratado, com vistas a assegurar que os propósitos do Preâmbulo e os dispositivos do Tratado estejam sendo executados. A partir desta data, em intervalos de 5 (cinco) anos, a maioria das Partes do Tratado poderá obter - submetendo uma proposta com essa finalidade aos Governos depositários - a convocação de outras Conferências com o mesmo objetivo de avaliar a implementação do Tratado.

Artigo IX

1. Este Tratado estará aberto a assinatura de todos os Estados. Qualquer Estado que não assine o Tratado antes de sua entrada em vigor, de acordo

com o parágrafo 3 deste Artigo, poderá a ele aderir a qualquer momento.

2. Este Tratado estará sujeito à ratificação pelos Estados signatários. Os instrumentos de ratificação e os instrumentos de adesão serão depositados junto aos Governos do Reino Unido, dos Estados Unidos da América e da União Soviética, que são aqui designados Governos depositários.

3. Este Tratado entrará em vigor após sua ratificação pelos Estados cujos Governos são designados depositários, e por quarenta outros Estados signatários deste Tratado e após o depósito de seus instrumentos de ratificação. Para fins deste Tratado, um Estado nuclearmente armado é aquele que tiver fabricado ou explodido uma arma nuclear ou outro artefato explosivo nuclear antes de 1º de janeiro de 1967.

4. Para os Estados cujos instrumentos de ratificação ou adesão sejam depositados após a entrada em vigor deste Tratado, o mesmo entrará em vigor na data do depósito de seus instrumentos de ratificação ou adesão.

5. Os Governos depositários informarão prontamente a todos os Estados que tenham assinado ou aderido ao Tratado, a data de cada assinatura, a data do depósito de cada instrumento de ratificação ou adesão, a data de entrada em vigor deste Tratado, a data de recebimento de quaisquer pedidos de convocação de uma Conferência ou outras notificações.

6. Este Tratado será registrado pelos Governos depositários, de acordo com o Artigo 102 da Carta das Nações Unidas.

Artigo X

1. Cada Parte tem, no exercício de sua soberania nacional, o direito de denunciar o Tratado se decidir que acontecimentos extraordinários, relacionados com o assunto deste Tratado, põem em risco os interesses supremos do país. Deverá notificar essa denúncia a todas as demais Partes do Tratado e ao Conselho de Segurança das Nações Unidas, com 3 (três) meses de antecedência. Essa notificação deverá incluir uma declaração sobre os acontecimentos extraordinários que a seu juízo ameaçaram seus interesses supremos.

2. Vinte e cinco anos após a entrada em vigor do Tratado, reunir-se-á uma Conferência para decidir se o Tratado continuará em vigor indefinidamente, ou se será estendido por um ou mais períodos adicionais fixos. Essa decisão será tomada pela maioria das Partes no Tratado.

Artigo XI

Este Tratado – cujos textos em inglês, russo, francês, espanhol e chinês são igualmente autênticos – deverá ser depositado nos arquivos dos Governos depositários. Cópias devidamente autenticadas do presente Tratado serão transmitidas pelos Governos depositários aos Governos dos Estados que o assinem ou a ele adiram.

CONVENÇÃO PARA PREVENIR E PUNIR OS ATOS DE TERRORISMO CONFIGURADOS EM DELITOS CONTRA AS PESSOAS E A EXTORSÃO CONEXA, QUANDO TIVEREM ELES TRANSCENDÊNCIA INTERNACIONAL (1971)

- Concluída em Washington, D.C., e m 02.02.1971, tendo entrado em vigor internacional em 08.03.1973.
- Foi aprovada no Brasil por meio do Decreto Legislativo 87, de 03.12.1998, e promulgada pelo Decreto 3.018, de 06.04.1999.
- O Governo brasileiro depositou seu Instrumento de Adesão em 05.02.1999, com início de vigência para o Brasil nesta mesma data.

Os Estados-Membros da Organização dos Estados Americanos,

Considerando:

Que a defesa da liberdade e da justiça e o respeito aos direitos fundamentais da pessoa, humana, reconhecidos pela Declaração Americana dos Direitos e Deveres do Homem e pela Declaração Universal dos Direitos Humanos, são deveres primordiais dos Estados;

Que a Assembleia Geral da Organização, na Resolução 4, de 30 de junho de 1970, condenou energicamente os atos de terrorismo e, em especial, o sequestro de pessoas e a extorsão com este conexa, qualificando-os de graves delitos comuns;

Que vem ocorrendo com frequência atos delituosos contra pessoas que merecem proteção especial de acordo com as normas do direito internacional e que tais atos revestem transcendência internacional devido às consequências que podem advir para as relações entre os Estados;

Que é conveniente adotar normas que desenvolvam progressivamente o direito internacional no tocante à cooperação internacional na prevenção e punição de tais atos;

Que na aplicação das referidas normas deve manter-se a instituição do asilo e que deve também ficar a salvo o princípio da não intervenção,

Convêm nos Seguintes Artigos:

Artigo 1º

Os Estados Contratantes obrigam-se a cooperar entre si, tomando todas as medidas que considerem eficazes de acordo com suas respectivas legislações e, especialmente, as que são estabelecidas nesta Convenção, para prevenir e punir os atos de terrorismo e, em especial, o sequestro, o homicídio e outros atentados contra a vida e a integridade das pessoas a quem o Estado tem o dever de proporcionar proteção especial conforme o direito internacional, bem como a extorsão conexa com tais delitos.

Artigo 2º

Para os fins desta Convenção, consideram-se delitos comuns de transcendência internacional, qualquer que seja o seu móvel, o sequestro, o homicídio e outros atentados contra a vida e a integridade das pessoas a quem o Estado tem o dever de proporcionar proteção especial conforme o direito internacional, bem como a extorsão conexa com tais delitos.

Artigo 3º
As pessoas processadas ou condenadas por qualquer dos delitos previstos no Artigo 2 desta Convenção estarão sujeitas a extradição de acordo com as disposições dos tratados de extradição vigentes entre as partes ou, no caso dos Estados que não condicionam a extradição à existência de tratado, de acordo com suas próprias leis.

Em todos os casos compete exclusivamente ao Estado sob cuja jurisdição ou proteção se encontrarem tais pessoas qualificar a natureza dos atos e determinar se lhes são aplicáveis as normas desta Convenção.

Artigo 4º
Toda pessoa privada de sua liberdade em virtude de aplicação desta Convenção gozará das garantias judiciais de processo regular.

Artigo 5º
Quando não proceder a extradição solicitada por algum dos delitos especificados no Artigo 2 em virtude de ser nacional a pessoa reclamada ou mediar algum outro impedimento constitucional ou legal, o Estado requerido ficará obrigado a submeter o caso ao conhecimento das autoridades competentes, para fins de processo como se o ato houvesse sido cometido em seu território. A decisão que adotarem as referidas autoridades será comunicada ao Estado requerente. Cumprir-se-á no processo a obrigação que se estabelece no Artigo 4.

Artigo 6º
Nenhuma das disposições desta Convenção será interpretada no sentido de prejudicar direito de asilo.

Artigo 7º
Os Estados Contratantes comprometem-se a incluir os delitos previstos no Artigo 2 desta Convenção entre os atos puníveis que dão lugar a extradição em todo tratado sobre a matéria que no futuro celebrarem entre si. Os Estados Contratantes que não subordinem a extradição ao fato de que exista tratado com o Estado requerente considerarão os delitos compreendidos no Artigo 2 desta Convenção como delitos que dão lugar a extradição, em conformidade com as condições que estabeleçam as leis do Estado requerido.

Artigo 8º
Com o fim de cooperar na prevenção e punição dos delitos previstos no Artigo 2 desta Convenção, os Estados Contratantes aceitam as seguintes obrigações:

a) tomar as medidas a seu alcance, em harmonia com suas próprias leis, para prevenir e impedir em seus respectivos territórios a preparação dos delitos mencionados no Artigo 2 e que forem ser executados no território de outro Estado Contratante;

b) intercambiar informações e considerar medidas administrativas eficazes para a proteção das pessoas a que se refere o artigo 2 desta Convenção;

c) garantir o mais amplo direito de defesa a toda pessoa privada da liberdade em virtude de aplicação desta Convenção;

d) procurar que sejam incluídos em suas respectivas legislações penais os atos delituosos, matéria desta Convenção, quando já não estiverem nelas previstos;

e) dar cumprimento da forma mais expedita às rogatórias com relação aos atos delituosos previstos nesta Convenção.

Artigo 9º
Esta Convenção fica aberta à assinatura dos Estados-Membros da Organização dos Estados Americanos, bem como à de qualquer Estado-Membro da Organização das Nações Unidas ou de qualquer dos organismos especializados a ela vinculados, ou que sejam parte no Estatuto da Corte Internacional de Justiça, e à de qualquer outro Estado que for convidado pela Assembleia Geral da Organização dos Estados Americanos a assiná-la.

Artigo 10
Esta Convenção será ratificada pelos Estados signatários, de acordo com a suas respectivas normas constitucionais.

Artigo 11
O instrumento original, cujos textos em espanhol, francês, inglês e português são igualmente autênticos, será depositado na Secretaria-Geral da Organização dos Estados Americanos, e a referida Secretaria enviará cópias autenticadas aos Governos signatários para fins da respectiva ratificação. Os instrumentos de ratificação serão depositados na Secretaria-Geral da Organização dos Estados Americanos e a referida Secretaria notificará tal depósito aos Governos signatários.

Artigo 12
Esta Convenção entrará em vigor entre os Estados que a ratificarem, na ordem em que depositarem os instrumentos de suas respectivas ratificações.

Artigo 13
Esta Convenção vigorará indefinidamente, mas poderá ser denunciada por qualquer dos Estados Contratantes. A denúncia será encaminhada à Secretaria-Geral da Organização dos Estados Americanos e a referida Secretaria a comunicará aos demais Estados Contratantes. Transcorrido um ano a partir da denúncia, cessarão para o Estado denunciante os efeitos da Convenção, ficando ela subsistente para os demais Estados Contratantes.

Declaração do Panamá
A Delegação do Panamá deixa consignado que nada nesta Convenção poderá ser interpretado no sentido de que o direito de asilo implica o de

poder solicitá-lo às autoridades dos Estados Unidos da América na Zona do Canal do Panamá, nem o reconhecimento de que o Governo dos Estados Unidos tem direito de conceder asilo ou refúgio político no território da República do Panamá que constitui a Zona do Canal do Panamá.

Em fé do que, os Plenipotenciários infra-assinados apresentados os seu plenos poderes, que foram achados em boa e devida forma, assinam esta Convenção em nome dos seus respectivos Governos, na cidade de Washington, D.C., no dia dois de fevereiro de mil novecentos e setenta e um.

TRATADO DE PROIBIÇÃO COMPLETA DOS TESTES NUCLEARES (1996)

▶ Concluído em Nova York em 24.09.1996, aprovado no Brasil pelo Decreto Legislativo 64, de 02.07.1998.

Preâmbulo

Os Estados-partes deste Tratado (doravante denominados "os Estados-Partes"),

Saudando os acordos internacionais e outras medidas positivas dos últimos anos do campo do desarmamento nuclear, inclusive a redução dos arsenais de armas nucleares, bem como na esfera da prevenção da proliferação nuclear em todos os seus aspectos,

Sublinhando a importância da plena e imediata implementação de tais acordos e medidas,

Convencidos de que a presente situação internacional oferece uma oportunidade para a tomada de medidas adicionais eficazes em favor do desarmamento nuclear e contra a proliferação de armas nucleares em todos os seus aspectos, declarando sua intenção de tomar tais medidas,

Salientando portanto a necessidade de esforços contínuos, sistemáticos e progressivos para reduzir globalmente as armas nucleares, com o objetivo final de eliminar essas armas e de promover o desarmamento completo e geral sob estrito e efetivo controle internacional,

Reconhecendo que a suspensão de todas as explosões experimentais de armas nucleares e qualquer outra explosão nuclear, ao restringir o desenvolvimento e o aprimoramento qualitativo de armas nucleares e pôr fim ao desenvolvimento de novos tipos avançados de armas nucleares, constitui uma medida eficaz de desarmamento e não proliferação nucleares em todos os seus aspectos,

Reconhecendo, ainda, que o término de todas essas explosões nucleares constituirá passo significativo na implementação de um processo sistemático de consecução do desarmamento nuclear,

Convencidos de que o meio mais eficaz para obter o fim de testes nucleares consiste na conclusão de um tratado de banimento de testes nucleares universal, abrangente e internacional e eficazmente verificável, que há muito tem sido um dos objetivos da mais alta prioridade da comunidade internacional na área do desarmamento e da não proliferação,

Observando as aspirações expressas pelas Partes no Tratado de Proibição de Testes de Armas Nucleares na Atmosfera, no Espaço Cósmico e Sob a Água, de 1963, buscando alcançar a suspensão, para sempre, de todas as explosões experimentais de armas nucleares,

Observando também as opiniões expressas de que este Tratado poderá contribuir para a proteção do meio ambiente,

Afirmando o propósito de atrair a adesão de todos os Estados para este Tratado e o objetivo deste de contribuir eficazmente para a prevenção da proliferação de armas nucleares em todos os seus aspectos, para o processo de desarmamento nuclear e, consequentemente, para o fortalecimento da paz e segurança internacionais,

Convieram no seguinte:

Artigo I
Obrigações básicas

1. Cada Estado-parte compromete-se a não realizar nenhuma explosão experimental de armas nucleares ou qualquer outra explosão nuclear e a proibir e impedir qualquer explosão nuclear em qualquer lugar sob sua jurisdição ou controle.

2. Cada Estado-parte compromete-se ainda a abster-se de causar, encorajar ou de qualquer modo participar na realização de uma explosão experimental de arma nuclear ou de qualquer outra explosão nuclear.

Artigo II
A organização

A. Dispositivos gerais

1. Os Estados-partes, por meio deste, estabelecem a Organização do Tratado de Proibição Completa dos Testes Nucleares (doravante denominada "A Organização") para atingir o objeto e o propósito deste Tratado, para assegurar a implementação de seus dispositivos, incluindo aqueles relativos à verificação internacional da observância ao Tratado, e para prover um foro para consulta e cooperação entre os Estados-partes.

2. Todos os Estados-partes serão membros da Organização. De um Estado-Parte não será retirada a sua participação na Organização.

3. A sede da Organização será em Viena, na República da Áustria.

4. Ficam estabelecidos como órgãos da Organização: a Conferencia dos Estados-partes, o Conselho Executivo e o Secretariado Técnico que incluirá o Centro Internacional de Dados.

5. Cada Estado-parte cooperará com a Organização no exercício de suas funções de acordo com este Tratado. Os Estados-partes consultarão diretamente entre si ou por meio da Organização ou de outro procedimento internacional adequado, inclusive no quadro das Nações Unidas e de acordo com sua Carta, sobre qualquer assunto que possa

ser levantado relativo ao objeto e ao propósito deste Tratado ou à implementação de seus dispositivos.

6. A Organização conduzirá suas atividades de verificação previstas neste Tratado da maneira menos intrusiva possível que seja consistente com a realização oportuna e eficaz de seus objetivos. Requisitará somente as informações e os dados necessários para cumprir suas responsabilidades de acordo com este Tratado. Tomará todas as precauções para proteger a confidencialidade da informação sobre atividades e instalações militares e civis que cheguem a seu conhecimento durante a implementação deste Tratado e, particularmente, respeitará os dispositivos de confidencialidade disposto neste Tratado.

7. Cada Estado-parte tratará como confidencial e dará tratamento especial às informações e dados que receber em confiança da Organização em relação à implementação deste Tratado. Lidará com estas informações e dados exclusivamente em relação a seus direitos e obrigações sob este Tratado.

8. A Organização, como entidade independente, buscará utilizar a experiência instalações existentes, de modo apropriado, e aperfeiçoará ao máximo a eficiência de gastos, por meio de entendimentos cooperativos com outras organizações, internacionais, como a Agência Internacional de Energia Atômica. Estes entendimentos, excluindo aqueles de natureza contratual, secundária e usual, serão estabelecidos em acordos a serem submetidos à Conferência dos Estados-Partes para aprovação.

9. Os custos das atividades da Organização serão pagos anualmente pelos Estados-partes de acordo com a escala de contribuições das Nações Unidas, ajustada de forma a levar em consideração diferenças de participação Nações Unidas e a Organização.

10. As contribuições financeiras dos Estados-partes para a Comissão Preparatória serão deduzidas de uma maneira adequada de suas contribuições para o orçamento regular.

11. Um membro da Organização que esteja em atraso no pagamento de sua contribuição fixada para a Organização, nela não terá voto se a quantia em atraso for igual ou exceder a contribuição devida relativa aos dois anos anteriores, completos. A Conferência dos Estados-partes poderá, entretanto, permitir que esse membro vote, caso concorde em que a falta de pagamento é devida a condições fora do controle desse Membro.

B. A Conferência dos Estados-partes. Composição, procedimentos e tomada de decisões

12. A Conferência dos Estados-partes (doravante denominada "A Conferência") será composta por todos os Estados-partes. Cada Estado-parte terá um representante na Conferência, o qual poderá ser acompanhado por suplentes e assessores.

13. A sessão inicial da Conferência será convocada pelo Depositário até 30 dias após a entrada em vigor deste Tratado.

14. A Conferência se reunirá em sessões ordinárias, que se realizarão anualmente, salvo decisão em contrário.

15. Uma sessão especial da Conferência será convocada:
a) Quando decidido pela Conferência;
b) Quando requerido pelo Conselho Executivo; ou
c) Quando requerido por qualquer Estado-parte e apoiado pela maioria dos Estados-partes.

A sessão especial será convocada no prazo de 30 dias após a decisão da Conferência, o pedido do Conselho Executivo ou a obtenção do apoio necessário, salvo especificado de outro modo na decisão ou pedido.

16. A Conferência também poderá ser convocada na forma de Conferência de Emenda, de acordo com o Artigo VII.

17. A Conferência também poderá ser convocada na forma de Conferência de Revisão, de acordo com o Artigo VIII.

18. As Sessões realizar-se-ão na sede da Organização, exceto se a Conferência decidir de outro modo.

19. A Conferência adotará um regimento. No início de cada sessão, serão eleitos um Presidente e outros Membros da Mesa se necessários.

Ocuparão o cargo até um novo Presidente e outros Membros da Mesa serem eleitos na sessão seguinte.

20. A maioria dos Estados-partes constituirá um *quorum*.

21. Cada Estado-parte terá um voto.

22. A Conferência tomará decisões em assuntos regimentais pela maioria dos membros presentes e votantes. Decisões em assuntos de substância serão tomadas na medida do possível por consenso. Se o consenso não for obtido quando um assunto precisar de decisão, o Presidente da Conferência adia-rá qualquer votação por 24 horas e, durante este período de adiamento, fará todos os esforços para facilitar a obtenção de consenso e se reportará à Conferência antes do término desse período. Se o consenso não for possível ao término de 24 horas, a Conferência decidirá por maioria de dois terços dos membros presentes e votantes, salvo especificação contrária neste Tratado. Se houver dúvida se uma questão é ou não de substância, essa matéria será tratada como sendo de substância, exceto se for decidido de outro modo pela maioria requerida para decisões em assuntos de substância.

23. No exercício de sua função de acordo com o parágrafo 26 (k), a Conferência tomará a decisão de incluir qualquer Estado na lista de Estados contida no Anexo 1 deste Tratado de acordo com o procedimento para decisões sobre questões de substância determinado no parágrafo 22.

Em que pese o parágrafo 22, a Conferência decidirá por consenso sobre qualquer outra alteração no Anexo 1 deste Tratado.

Poderes e funções

24. A Conferência será o principal órgão da Organização. Ela considerará questões, assuntos e temas no

âmbito deste Tratado, inclusive aqueles relacionados aos poderes e funções do Conselho Executivo e do Secretariado Técnico, de acordo com este Tratado. Poderá fazer recomendações e tomar decisões sobre quaisquer questões, assuntos ou temas no âmbito deste Tratado levantados por um Estado-parte ou levados à sua atenção pelo Conselho Executivo.

25. A Conferência supervisionará a implementação e observará o cumprimento deste Tratado e agirá de modo a promover seu objeto e seu propósito. Também supervisionará as atividades do Conselho Executivo e do Secretariado Técnico e poderá estabelecer diretrizes para ambos no exercício suas funções.

26. A Conferência deverá:

a) Considerar e adotar o relatório da Organização na implementação deste Tratado, o programa anual e o orçamento da Organização submetidos pelo Conselho Executivo, e também considerar outros relatórios;

b) Decidir a escala de contribuições financeiras a serem pagas pelos Estados-partes de acordo com o parágrafo 9;

c) Eleger os membros do Conselho Executivo;

d) Nomear o Diretor-Geral do Secretariado Técnico (doravante denominado "o Diretor-Geral");

e) Considerar e aprovar o regimento do Conselho Executivo, por este submetido;

f) Considerar e examinar desenvolvimentos científicos e tecnológicos que possam afetar a execução deste Tratado. Neste contexto, a Conferência pode orientar o Diretor-Geral a estabelecer uma Junta de Assessoria Científica para permitir que ele ou ela, no exercício de suas funções, possa dar parecer abalizado em áreas de ciência e tecnologia pertinentes a este Tratado, à Conferência, ao Conselho Executivo ou aos Estados-partes. Neste caso, a Junta de Assessoria Científica será composta por peritos independentes que sirvam em sua capacidade pessoal e sejam nomeados, segundo os termos de referência adotados pela Conferência, com base em seus conhecimentos e experiência nos ramos científicos específicos pertinentes à implementação deste Tratado;

g) Tomar as medidas necessárias para assegurar a observância a este Tratado e corrigir e remediar qualquer situação que contrarie os dispositivos deste Tratado, de acordo com o Artigo V;

h) Considerar e aprovar em sua sessão inicial quaisquer propostas de acordos, entendimentos, dispositivos, procedimentos, manuais operacionais, diretrizes e quaisquer outros documentos elaborados e recomendados pela Comissão Preparatória;

i) Considerar e aprovar acordos e entendimentos negociados pelo Secretariado Técnico com Estados-partes, outros Estados e organizações internacionais a serem concluídos pelo Conselho Executivo em nome da Organização de acordo com o parágrafo 38 *(h)*;

j) Estabelecer tantos órgãos subsidiários quantos achar necessário para o exercício de suas funções de acordo com este Tratado; e

k) Atualizar o Anexo 1 deste Tratado, como apropriado, de acordo com o parágrafo 23.

C. O Conselho Executivo

Composição, procedimentos e tomada de decisões

27. O Conselho Executivo será composto por 51 membros. Cada Estado-parte terá o direito, de acordo com os preceitos deste Artigo, de servir no Conselho Executivo.

28. Considerando a necessidade de uma distribuição geográfica equitativa, o Conselho Executivo incluirá:

a) Dez Estados-partes da África;

b) Sete Estados-partes da Europa -Oriental;

c) Nove Estados-partes da América Latina e Caribe;

d) Sete Estados-partes do Oriente Médio e Ásia do Sul;

e) Dez Estados-partes da América do Norte e Europa Ocidental; e

f) Oito Estados-partes do Sudeste Asiático, o Pacífico e Extremo Oriente.

Todos os Estados em cada uma das regiões geográficas acima estão listados no Anexo 1 deste Tratado. O Anexo 1 deste Tratado será atualizado, conforme a conveniência, pela Conferência, de acordo com os parágrafos 23 e 26 *(k)*. Ele não estará sujeito a emendas ou mudanças conforme os procedimentos contidos no Artigo VII.

29. Os membros do Conselho Executivo serão eleitos pela Conferência. Neste sentido, cada região geográfica designará Estados-partes daquela região para eleição como membros do Conselho Executivo, do seguinte modo:

a) Pelo menos um terço dos assentos alocados a cada região geográfica serão preenchidos, levando-se em consideração os interesses políticos e de segurança, por Estados-partes dessa região designados com base nas capacidades nucleares pertinentes a este Tratado como determinado por informações internacionais assim como todos e quaisquer dos seguintes critérios na ordem de prioridade determinada por cada região:

i) Número de instalações de monitoramento pelo Sistema de Monitoramento Internacional;

ii) Conhecimento e experiência em tecnologia de monitoramento; e

iii) Contribuição para o orçamento anual da Organização;

b) Um dos assentos alocados a cada região geográfica será ocupado, segundo critério de rotatividade, pelo Estado-parte que figure em primeiro lugar por ordem alfabética na língua inglesa dentre os Estados-partes dessa região que não hajam servido como membros do Conselho Executivo pelo maior período de tempo desde que se tornaram Estados-partes ou desde seu último mandato, qualquer que seja o menor. Um Estado-parte designado nesta base pode abrir mão de seu assento. Neste caso, esse Estado-parte submeterá uma carta de renúncia ao Diretor-Geral e o assento será preenchido pelo Estado-parte seguinte na ordem estabelecida neste subparágrafo; e

c) Os assentos restantes alocados a cada região geográfica serão preenchidos pelos Estados-partes designados dentre todos os Estados-partes dessa região por rodízio ou eleições.

30. Cada membro do Conselho Executivo terá um representante no Conselho Executivo que pode ser acompanhado de suplentes e assessores.

31. Cada membro do Conselho Executivo ocupará o cargo a partir do final da sessão da Conferência na qual este membro foi eleito até o término da segunda sessão ordinária anual da Conferência seguinte, exceto para a primeira eleição do Conselho Executivo, quando 26 membros serão eleitos para ocupar cargos até o término da terceira sessão regular anual da Conferência, respeitadas as proporções numéricas estabelecidas conforme descritas no parágrafo 28.

32. O Conselho Executivo elaborará seu regimento e submetê-los-á à Conferência para aprovação.

33. O Conselho Executivo elegerá seu Presidente dentre seus membros.

34. O Conselho Executivo reunir-se-á em sessões ordinárias. Nos intervalos das sessões ordinárias, ele reunir-se-á conforme seja necessário para o exercício de seus poderes e funções.

35. Cada membro do Conselho Executivo terá um voto.

36. O Conselho Executivo decidirá sobre assuntos de procedimento por maioria de todos os seus membros. O Conselho Executivo decidirá sobre questões de substância por maioria de dois terços de todos os seus membros, salvo disposto em contrário neste Tratado. Quando houver dúvida sobre se uma questão é de substância ou não, essa questão será tratada como sendo de substância exceto decisão contrária da maioria requerida para decisões em matérias de substância.

Poderes e funções

37. O Conselho Executivo será o órgão executivo da Organização. Será responsável junto à Conferência. Exercerá os poderes e funções a ele delegados de acordo com este Tratado. Para tanto, agirá conforme as recomendações, decisões e diretrizes da Conferencia e assegurará sua contínua e adequada implementação.

38. O Conselho Executivo deverá:

a) Promover a eficaz implementação deste Tratado e a observância ao mesmo;

b) Supervisionar as atividades do Secretariado Técnico;

c) Fazer as recomendações necessárias à Conferencia para sua consideração de propostas adicionais para promover os objetos e propósitos deste Tratado;

d) Cooperar com a Autoridade Nacional de cada Estado-parte;

e) Considerar e submeter à Conferência a minuta do programa anual e do orçamento da Organização, a minuta de relatório da Organização sobre a implementação deste Tratado, o relatório sobre a realização de suas próprias atividades e outros relatórios que considere necessários ou que a Conferência possa requisitar;

f) Tomar as providências necessárias para a realização das sessões da Conferência, incluindo a preparação da minuta de agenda;

g) Examinar propostas de alterações em questões de natureza administrativa ou técnica, no Protocolo ou seus Anexos, e fazer recomendações aos Estados-partes sobre sua adoção;

h) Concluir, com aprovação prévia da Conferência, acordos ou entendimentos com os Estados-partes, outros Estados e organizações internacionais em nome da Organização e supervisionar sua implementação, exceto acordos e entendimentos mencionados no subparágrafo (i);

i) Aprovar e supervisionar a execução de acordos ou entendimentos relacionados à implementação das atividades de verificação dos Estados-partes e outros Estados; e

j) Aprovar quaisquer novos manuais de operação e qualquer mudança nos manuais de operação existentes que possam ser propostos pelo Secretariado Técnico.

39. O Conselho Executivo pode requerer uma sessão especial da Conferência.

40. O Conselho Executivo deverá:

a) Facilitar a cooperação entre Estados-partes e entre estes e o Secretariado Técnico, em relação à implementação deste Tratado, por meio do intercâmbio de informações;

b) Facilitar consultas e esclarecimentos entre os Estados-partes de acordo com o Artigo IV; e

c) Receber, considerar e agir sobre pedidos de, e relatórios sobre, inspeções *in loco* de acordo com o Artigo IV.

41. O Conselho Executivo considerará qualquer preocupação expressa por um Estado-parte sobre possível não observância a este Tratado e abuso dos direitos estabelecidos por este Tratado. Para tanto, o Conselho Executivo consultará os Estados-partes envolvidos e, de modo adequado, pedirá que um Estado-parte tome medidas para corrigir a situação dentro de um prazo determinado. Na medida em que o Conselho Executivo considerar outra ação necessária, tomará, *inter alia*, uma ou mais das seguintes medidas:

a) Notificar todos os Estados-partes sobre a questão ou o assunto;

b) Chamar a atenção da Conferência para a questão ou o assunto;

c) Fazer recomendações à Conferência ou agir, quando apropriado, em relação a medidas para corrigir a situação e assegurar que sejam obedecidas, de acordo com o Artigo V.

D. O Secretariado Técnico

42. O Secretariado Técnico assistirá aos Estados-partes na implementação deste Tratado. O Secretariado Técnico assistirá a Conferência e o Conselho Executivo no desempenho de suas funções. O Secretariado Técnico realizará a verificação e

outras funções a ela confiadas por este Tratado, assim como aquelas funções a ela delegadas pela Conferência ou pelo Conselho Executivo, de acordo com este Tratado. O Secretariado Técnico incluirá, como parte integrante, o Centro Internacional de Dados.

43. As funções do Secretariado Técnico em relação à verificação da observância a este Tratado, de acordo com o Artigo IV e o Protocolo, incluem *inter alia*:

a) Ser responsável pela supervisão e coordenação da operação do Sistema Internacional de Monitoramento;

b) Operar o Centro Internacional de Dados;

c) Receber, processar, analisar e relatar rotineiramente os dados do Sistema Internacional de Monitoramento;

d) Prestar assistência técnica e apoio para a instalação e a operação de estações de monitoramento;

e) Assistir o Conselho Executivo facilitando consultas e esclarecimentos entre Estados-partes;

f) Receber requerimentos para inspeções *in loco* e dar-lhes andamento, facilitando ao Conselho Executivo a consideração de tais pedidos; preparar e dar apoio técnico durante inspeções *in loco* e informar o Conselho Executivo;

g) Negociar acordos ou entendimentos com Estados-partes, outros Estados e organizações internacionais, e celebrar com Estados-partes ou outros Estados, sujeito à aprovação prévia do Conselho Executivo, acordos ou entendimentos relativos a atividades de verificação; e

h) Assistir os Estados-partes por intermédio de suas Autoridades Nacionais em outras questões de verificação objeto deste Tratado.

44. O Secretariado Técnico desenvolverá e manterá, sujeito à aprovação do Conselho Executivo, manuais de operação para orientar a operação dos vários componentes do regime de verificação, de acordo com o Artigo IV e o Protocolo. Estes manuais não constituirão partes integrantes deste Tratado ou do Protocolo e podem ser modificados pelo Secretariado Técnico, sujeito à aprovação do Conselho Executivo. O Secretariado Técnico informará prontamente aos Estados-partes quaisquer alterações nos manuais de operação.

45. As funções do Secretariado Técnico em relação a assuntos administrativos incluirão:

a) Preparar e submeter ao Conselho Executivo as propostas de programa e orçamento da Organização;

b) Preparar e submeter ao Conselho Executivo o relatório preliminar da Organização sobre a implementação deste Tratado e outros relatórios que a Conferência ou o Conselho Executivo possam solicitar;

c) Dar apoio administrativo e técnico à Conferência, ao Conselho Executivo e a outros órgãos subsidiários;

d) Enviar e receber comunicados em nome da Organização relativos à implementação deste Tratado; e

e) Cumprir as responsabilidades administrativas relacionadas a quaisquer acordos entre a Organização e outras organizações internacionais.

46. Todas as solicitações e notificações dos Estados-partes para a Organização serão transmitidas por intermédio de suas Autoridades Nacionais para o Diretor-Geral. Requerimentos e notificações serão escritos em uma das línguas oficiais do Tratado. Em sua resposta, o Diretor-Geral utilizará a língua da solicitação ou notificação enviada.

47. Quanto às responsabilidades do Secretariado Técnico na preparação e apresentação ao Conselho Executivo da minuta do programa e do orçamento da Organização, o Secretariado Técnico determinará e manterá uma contabilidade transparente de todos os gastos de cada instalação integrada ao Sistema Internacional de Monitoramento. Tratamento semelhante ao conferido à minuta de programa e do orçamento será dado a todas as outras atividades da Organização.

48. O Secretariado Técnico informará prontamente o Conselho Executivo de quaisquer problemas que surjam em relação ao desempenho de suas funções que cheguem ao seu conhecimento na realização de suas atividades e que tenha sido incapaz de resolver mediante consultas com o Estado-parte envolvido.

49. O Secretariado Técnico será composto por um Diretor-Geral, que será seu chefe e diretor-administrativo, e por pessoal científico, técnico e outros conforme a necessidade. O Diretor-Geral será nomeado pela Conferência mediante indicação do Conselho Executivo, para um mandato de quatro anos, renovável para um único mandato. O primeiro Diretor-Geral será nomeado pela Conferência em sua primeira sessão por recomendação da Comissão Preparatória.

50. O Diretor-Geral será responsável perante a Conferência e o Conselho Executivo pela nomeação dos funcionários e pela organização e funcionamento do Secretariado Técnico. A consideração principal na contratação dos funcionários e na determinação das condições de trabalho será a necessidade de assegurar os mais altos níveis de perícia, experiência, eficiência, competência e integridade. Somente cidadãos dos Países Parte servirão como Diretor-Geral, como inspetores ou como membros das equipes profissional e administrativa. Será levada em consideração a importância de recrutar o pessoal na mais ampla base geográfica possível. O recrutamento será orientado pelo princípio de que o pessoal será mantido no menor número possível para o desempenho adequado das responsabilidades do Secretariado Técnico.

51. Após consulta ao Conselho Executivo, o Diretor-Geral poderá, conforme apropriado, estabelecer grupos de trabalho temporários formados por especialistas científicos para fazer recomendações sobre questões específicas.

52. No desempenho de suas funções, o Diretor-Geral, os inspetores, os auxiliares de inspeção

e os funcionários não buscarão nem receberão instruções de qualquer Governo ou de qualquer outra origem alheia à Organização. Eles evitarão qualquer ação que possa refletir negativamente sobre suas posições como funcionários internacionais responsáveis somente perante a Organização. O Diretor-Geral assumirá a responsabilidade pelas atividades das equipes de inspeção.

53. Cada Estado-parte respeitará o caráter exclusivamente internacional das responsabilidades do Diretor-Geral, dos inspetores, dos auxiliares de inspeção e dos funcionários, e não buscará influenciá-los no desempenho de suas responsabilidades.

Privilégios e imunidades

54. No território ou em qualquer outro lugar sob jurisdição ou controle de um Estado-membro, a Organização gozará da condição legal e dos privilégios e imunidades necessárias ao exercício de suas funções.

55. Delegados dos Estados-partes, juntamente com seus suplentes e assessores, representantes de membros eleitos para o Conselho Executivo, juntamente com seus suplentes e assessores, o Diretor-Geral, os inspetores, os auxiliares de inspeção e funcionários da Organização gozarão de privilégios e imunidades necessárias ao exercício independente de suas funções em relação à Organização.

56. A condição legal, os privilégios e imunidades referidos neste artigo serão definidos em acordos entre a Organização e os Estados-partes assim como em um acordo entre a Organização e o Estado no qual a Organização está sediada. Tais acordos serão considerados e aprovados de acordo com o parágrafo 26 (h) e (i).

57. Não obstante os parágrafos 54 e 55, os privilégios e imunidades gozados pelo Diretor-Geral, os inspetores, os auxiliares de inspeção e os funcionários do Secretariado Técnico durante a condução de atividades de verificação serão aqueles estabelecidos no Protocolo.

Artigo III
Medidas nacionais de implementação

1. Cada Estado-parte, de acordo com seus procedimentos constitucionais, tomará as medidas necessárias para implementar suas obrigações sob este Tratado. Em especial, tomará as medidas necessárias para:

a) Proibir que pessoas físicas ou jurídicas exerçam, em seu território ou em qualquer outro lugar sob sua jurisdição reconhecida pela lei internacional, qualquer atividade proibida ao Estado-parte sob este Tratado;

b) Proibir que pessoas físicas ou jurídicas exerçam qualquer atividade desse gênero em qualquer lugar sob seu controle; e

c) Proibir, conforme a lei internacional, que pessoas físicas que tenham sua cidadania exerçam tais atividades em qualquer lugar.

2. Cada Estado-parte cooperará com outros Estados-partes e proporcionará a forma adequada de assistência legal para facilitar a implementação das obrigações estipuladas no parágrafo 1.

3. Cada Estado-parte informará a Organização das medidas tomadas em observância a este Artigo.

4. Para cumprir suas obrigações sob este Tratado, cada Estado-parte designará ou estabelecerá uma Autoridade Nacional e disso informará a Organização por ocasião da entrada em vigor do Tratado. A Autoridade Nacional servirá como ponto central de ligação com a Organização e com outros Estados-partes.

Artigo IV
Verificação

A. Disposições Gerais

1. Para verificar a observância a este Tratado, um regime de verificação será estabelecido, compreendendo os seguintes elementos:

a) Um Sistema Internacional de Monitoramento;

b) Consultas e esclarecimentos;

c) Inspeções *in loco*; e

d) Medidas para criar confiança.

Por ocasião da entrada em vigor deste Tratado, o regime de verificação deverá ser capaz de atender os requisitos de verificação previstos neste Tratado.

2. As atividades de verificação terão por base informações objetivas, serão limitadas ao objeto deste Tratado e serão realizadas com base no pleno respeito pela soberania dos Estados-partes e do modo menos intrusivo possível consistente com a realização eficiente e oportuna de seus objetivos. Cada Estado-parte abster-se-á de qualquer abuso do direito de verificação.

3. Cada Estado-parte compromete-se, de acordo com este Tratado, por intermédio de sua Autoridade Nacional estabelecida segundo o Artigo III, parágrafo 4, a cooperar com a Organização e com outros Estados-partes para facilitar a verificação da observância a este Tratado, de maneira a, *inter alia*:

a) Estabelecer as instalações necessárias para participar destas medidas de verificação e estabelecer a comunicação necessária;

b) Fornecer as informações obtidas das estações nacionais que fazem parte do Sistema Internacional de Monitoramento;

c) Participar, de forma apropriada, de um processo de consultas e esclarecimentos;

d) Permitir a realização de inspeções *in loco*; e

e) Participar, de forma apropriada, das medidas para criar confiança.

4. Todos os Estados-partes, independentemente de suas capacidades técnicas e financeiras, gozarão de igual direito de verificação e assumirão idêntica obrigação em aceitar a verificação.

5. Para os propósitos deste Tratado, nenhum Estado-parte será impedido de utilizar informações obtidas por meios técnicos nacionais de verificação de modo consistente com os princípios geralmente reconhecidos pela lei internacional, incluindo o respeito à soberania dos Estados.

6. Sem prejuízo ao direito dos Estados-partes em proteger instalações reservadas, atividades ou locais não relacionados a este Tratado, os Estados-partes não interferirão com elementos do regime de verificação deste Tratado ou com meios técnicos nacionais de verificação operando de acordo com o parágrafo 5.

7. Cada Estado-parte terá o direito de tomar medidas para proteger instalações sensíveis e impedir a revelação de informação confidencial e dados não relacionados com este Tratado.

8. Além disso, serão tomadas todas as medidas necessárias para proteger o sigilo de qualquer informação relativa a atividades e instalações civis e militares obtidas durante as atividades de verificação.

9. Ressalvado o disposto no parágrafo 8, a informação obtida pela Organização por meio do regime de verificação estabelecido por este Tratado será colocada à disposição de todos os Estados-partes de acordo com os dispositivos pertinentes a este Tratado e ao Protocolo.

10. Os dispositivos deste Tratado não serão interpretados como restrição ao intercâmbio internacional de dados com propósitos científicos.

11. Cada Estado-parte compromete-se a cooperar com a Organização e com outros Estados-partes na melhoria do regime de verificação e no exame do potencial de verificação de tecnologias adicionais de monitoramento, tais como monitoramento de impulsos eletromagnéticos ou monitoramento por satélite, com o objetivo de desenvolver quando adequado, medidas específicas para aprimorar a eficácia e adequar os custos da verificação deste Tratado. Quando acordado, tais medidas serão incorporadas aos dispositivos existentes neste Tratado, no Protocolo, ou como seções adicionais ao Protocolo, de acordo com o Artigo VII, ou, se apropriado, serão expressas nos manuais de operação de acordo com o Artigo II, parágrafo 44.

12. Os Estados-partes comprometem-se a promover a cooperação entre si para facilitar e participar do mais amplo intercâmbio possível de tecnologias utilizadas na verificação deste Tratado, a fim de permitir a todo Estado-parte fortalecer sua implementação nacional de medidas de verificação e beneficiar-se da aplicação destas tecnologias para fins pacíficos.

13. Os dispositivos deste Tratado serão implementados de modo a evitar tolher o desenvolvimento econômico e tecnológico dos Estados-partes para o aprimoramento ulterior da aplicação de energia atômica para fins pacíficos.

Responsabilidades de verificação do Secretariado Técnico

14. No cumprimento de suas responsabilidades na área de verificação especificada neste Tratado e no Protocolo e em cooperação com os Estados-partes, o Secretariado Técnico, para os fins deste Tratado, deverá:

a) Providenciar o recebimento e a distribuição dos dados e relatórios pertinentes à verificação deste Tratado de acordo com seus dispositivos e manter uma infraestrutura global de comunicações apropriada a esta tarefa;

b) Rotineiramente, por intermédio de seu Centro Internacional de Dados, que será em princípio o ponto focal dentro do Secretariado Técnico para armazenamento e processamento de dados:
i) Receber e formular pedidos de dados do Sistema Internacional de Monitoramento;
ii) Receber dados, quando oportuno, resultantes de processos de consulta e esclarecimento, de inspeções *in loco*, e de medidas para reforçar a confiança; e
iii) Receber outros dados pertinentes dos Estados-partes e de organizações internacionais de acordo com este Tratado e o Protocolo;

c) Supervisionar, coordenar e assegurar a operação do Sistema Internacional de Monitoramento e seus elementos componentes, e do Centro Internacional de Dados, de acordo com os manuais de operação pertinentes;

d) Rotineiramente, processar, analisar e enviar dados ao Sistema Internacional de Monitoramento de acordo com procedimentos acordados, de modo a permitir a eficiente verificação internacional deste Tratado e contribuir para a pronta solução de eventuais preocupações em relação à sua observância;

e) Colocar à disposição dos Estados-partes todos os dados, brutos ou processados, e quaisquer relatórios, devendo cada Estado-parte assumir a responsabilidade pelo uso dos dados do Sistema Internacional de Monitoramento de acordo com o Artigo II, parágrafo 7 e com os parágrafos 8 e 13 deste Artigo;

f) Fornecer a todos os Estados-partes acesso igual, aberto, conveniente e oportuno a todos os dados armazenados;

g) Armazenar todos os dados, brutos ou processados, e relatórios;

h) Coordenar e facilitar pedidos de dados adicionais do Sistema Internacional de Monitoramento;

i) Coordenar pedidos de dados adicionais de um Estado-parte para outro Estado-parte;

j) Dar assistência técnica e apoio para a instalação e operação de instalações de monitoramento e respectivos meios de comunicação onde essa assistência e apoio forem solicitados pelo Estado interessado;

k) Facilitar a qualquer Estado-parte, mediante sua solicitação, as técnicas utilizadas pelo Secretariado Técnico e seu Centro Internacional de Dados na compilação, armazenamento, processamento, análise e envio de dados do regime de verificação; e

l) Monitorar, avaliar e relatar o desempenho geral do Sistema Internacional de Monitoramento e do Centro Internacional de Dados.

15. Os procedimentos acordados a serem usados pelo Secretariado Técnico, no cumprimento das responsabilidades da verificação referidas

no parágrafo 14 e detalhados no Protocolo, serão explicitados nos manuais de operação pertinentes.

B. O Sistema Internacional de Monitoramento

16. O Sistema Internacional de Monitoramento incluirá instalações para monitoramento sismológico, monitoramento de partículas de radionuclídeos, incluindo laboratórios credenciados, monitoramento hidroacústico, monitoramento infrassônico, e respectivos meios de comunicação, e será apoiado pelo Centro Internacional de Dados do Secretariado Técnico.

17. O Sistema Internacional de Monitoramento estará subordinado à Secretaria Técnica. Todas as instalações de monitoramento do Sistema Internacional de Monitoramento pertencerão e serão operadas pelos Estados onde se encontram ou que se responsabilizem por elas de acordo com o Protocolo.

18. Cada Estado-parte terá o direito de participar no intercâmbio internacional de dados e ter acesso a todos os dados à disposição do Centro Internacional de Dados. Cada Estado-parte deverá cooperar com o Centro Internacional de Dados por intermédio de sua Autoridade Nacional.

Financiamento de Sistema Internacional de Monitoramento

19. Para instalações incorporadas ao Sistema Internacional de Monitoramento e especificadas nas Tabelas 1-A, 2-A, 3 e 4 do Anexo 1 do Protocolo, e para seu funcionamento, na medida em que essas instalações são acordadas pelo Estado em questão e pela Organização para fornecer dados ao Centro Internacional de Dados de acordo com os requisitos técnicos do Protocolo e manuais de operação concernentes, a Organização, como especificado em acordos e entendimentos referentes à Parte I, parágrafo 4 do Protocolo, arcará com os custos para:

a) Implantar qualquer nova instalação e melhorar instalações existentes, exceto se o próprio Estado responsável por essas instalações cobrir esses gastos;

b) Operar e manter instalações do Sistema Internacional de Monitoramento, inclusive segurança física das instalações caso necessário, e aplicar os procedimentos acordados de autenticação de dados;

c) Transmitir dados (brutos ou processados) do Sistema Internacional de Monitoramento para o Centro Internacional de Dados pelos meios mais diretos e menos custosos possíveis, inclusive, se necessário, através de elos de comunicação apropriados, das estações de monitoramento, laboratórios, instalações analíticas ou de centros nacionais de dados; ou tais dados (incluindo amostras quando apropriado) das estações de monitoramento aos laboratórios ou instalações analíticas; e

d) Analisar amostras em nome da Organização.

20. Para a rede auxiliar de estações sísmicas especificada na Tabela 1-B do Anexo 1 do Protocolo, a Organização, conforme especificado em acordo e entendimentos referentes à Parte I, parágrafo 4 do Protocolo, arcara com os custos apenas para:

a) Transmitir dados para o Centro Internacional de Dados;

b) Autenticar os dados dessas estações;

c) Equipar estações em nível do padrão técnico necessário, exceto se o próprio Estado responsável por essas instalações cobrir os gastos;

d) Criar, se necessário, novas estações para os objetivos deste Tratado onde atualmente não existirem instalações adequadas, exceto se o próprio Estado responsável por essa instalação cobrir os gastos; e

e) Qualquer outro gasto relativo ao fornecimento de dados exigidos pela Organização como especificado nos manuais de operação correspondentes.

21. A Organização também arcará com os custos de fornecimento para cada Estado-parte da seleção requerida da lista padrão de relatórios e serviços, como especificado na Parte 1, sessão F do Protocolo. O custo de preparação e transmissão de dados ou boletins adicionais será pago pelo Estado-parte requerente.

22. Os acordos ou, se for o caso, entendimentos feitos com Estados-partes, Estado sede ou de outra forma responsáveis pelas instalações do Sistema Internacional de Monitoramento terão dispositivos para o pagamento destes gastos. Estes dispositivos podem incluir modalidades pelas quais o Estado-parte pagará qualquer gasto referido nos parágrafos 19 (a) e 20 (c) e (d) para instalações que ele hospede ou pelas quais seja responsável e é compensado por uma redução adequada na sua contribuição financeira estabelecida para a Organização. Essa redução não excederá 50 por cento da contribuição financeira anual estabelecida do Estado-parte, mas poderá ser distribuída ao longo de sucessivos anos. Um Estado-parte pode dividir essa redução com outro Estado-parte através de acordo ou entendimento entre si e com a anuência do Conselho Executivo. Os acordos ou entendimentos referidos neste parágrafo serão aprovados de acordo com o Artigo II, parágrafos 26 (h) e 38 (i).

Mudanças no Sistema Internacional de Monitoramento

23. Quaisquer medidas mencionadas no parágrafo 11 que afetem o Sistema Internacional de Monitoramento por meio de acréscimo ou supressão de uma tecnologia de monitoramento serão, quando acordado, incorporadas neste Tratado e no Protocolo, de acordo com o Artigo VII, parágrafos 1 a 6.

24. As seguintes mudanças no Sistema Internacional de Monitoramento, dependendo de um acordo entre os Estados diretamente afetados, serão tratadas como assuntos de natureza técnica ou administrativa, de acordo com o Artigo VII, parágrafos 7 e 8:

a) Mudanças no número de instalações especificadas no Protocolo para uma determinada tecnologia de monitoramento; e

b) Alterações para outros ramos de determinadas instalações como indicado nas Tabelas do Anexo 1 ao Protocolo (incluindo, inter alia, Estado responsável pela instalação; localização; nome da instalação; tipo de instalação e atribuição de uma instalação entre redes sísmicas primárias e auxiliares).

Se o Conselho Executivo recomendar que, de acordo com o Artigo VII, parágrafo 8 *(d)*, essas mudanças sejam adotadas, como regra ele também recomendará, nos termos do Artigo VII, parágrafo 8 *(g)*, que essas mudanças entrem em vigor após notificação de sua aprovação pelo Diretor-Geral.

25. O Diretor-Geral, ao submeter ao Conselho Executivo e aos Estados-partes informações e avaliações de acordo com o Artigo VII, parágrafo 8 *(b)*, incluirá no caso de qualquer proposta referente ao parágrafo 24:

a) Uma avaliação técnica da proposta;

b) Uma declaração sobre o impacto administrativo e financeiro da proposta; e

c) Um relatório sobre consultas com os Estados diretamente afetados pela proposta, incluindo indicação de sua concordância.

Entendimentos temporários

26. Nos casos de colapso significativo ou irreversível de uma instalação de monitoramento especificada nas Tabelas do Anexo 1 do Protocolo, ou para cobrir outras reduções temporárias da cobertura de monitoramento, o Diretor-Geral, em consulta e concordância com aqueles Estados diretamente afetados e com a aprovação do Conselho Executivo, iniciará entendimentos temporários de duração de no máximo de um ano, renovável por mais um ano se necessário e mediante concordância do Conselho Executivo e dos Estados diretamente afetados. Esses entendimentos não farão com que o número de instalações do Sistema Internacional de Monitoramento exceda o número especificado para a rede em questão; cumprirão na medida do possível os requisitos técnicos e operacionais especificados no manual de operação para a rede em questão; e serão conduzidos dentro do orçamento da Organização. Além disso, o Diretor-Geral tomará medidas para corrigir a situação e fará propostas para sua solução permanente. O Diretor-Geral notificará todos os Estados-partes de qualquer decisão tomada de acordo com este parágrafo.

Instalações nacionais cooperadoras

27. Os Estados-partes também podem estabelecer entendimentos de cooperação com a Organização para tornar acessíveis ao Centro Internacional de Dados, dados suplementares das estações nacionais de monitoramento que, formalmente, não fazem parte do Sistema Internacional de Monitoramento.

28. Estes entendimentos de cooperação podem ser estabelecidos da seguinte maneira:

a) Por solicitação de um Estado-parte, e por conta desse Estado, o Secretariado Técnico tomará as medidas necessárias para garantir que determinada instalação de monitoramento preencha os requisitos técnicos e operacionais especificados nos manuais de operação correspondentes para uma instalação do Serviço Internacional de Monitoramento, e tomará medidas para a autenticação de seus dados. Sujeito à concordância do Conselho Executivo, o Secretariado Técnico designará então, formalmente, essa instalação como uma instalação nacional cooperadora. O Secretariado Técnico tomará as medidas necessárias para revalidar seu certificado de forma adequada;

b) O Secretariado Técnico manterá uma lista atualizada de instalações nacionais cooperadoras e a distribuirá a todos os Estados-partes; e

c) O Centro Internacional de Dados obterá dados de instalações nacionais cooperadoras, caso solicitado por um Estado-parte, com o fim de facilitar consultas e esclarecimentos e para consideração de pedidos de inspeção *in loco*, sendo que os custos de transmissão dos dados ficarão a cargo desse Estado-parte.

As condições nas quais dados suplementares dessas instalações estarão disponíveis e conforme as quais o Centro Internacional de Dados poderá solicitar relatórios adicionais ou agilizados, ou esclarecimentos serão elaboradas no manual de operação para a respectiva rede de monitoramento.

C. Consultas e esclarecimentos

29. Sem prejuízo do direito de qualquer Estado-parte solicitar uma inspeção *in loco*, os Estados-partes deverão, antes, sempre que possível, fazer todo o esforço para esclarecer e resolver entre si, com a Organização ou por intermédio dela, qualquer assunto que possa causar preocupação sobre a não observância às obrigações básicas deste Tratado.

30. Um Estado-parte que receber a solicitação de acordo com o parágrafo 29, diretamente de outro Estado-parte, fornecerá esclarecimentos ao Estado-parte solicitante o mais breve possível, mas em nenhum caso além de 48 horas após o pedido. Os Estados-partes solicitante e solicitado podem manter o Conselho Executivo e o Diretor-Geral a par do pedido e da resposta.

31. Um Estado-parte terá o direito de solicitar que o Diretor-Geral assista no esclarecimento de qualquer assunto que possa causar preocupação sobre a possível não observância às obrigações básicas deste Tratado. O Diretor-Geral fornecerá informação apropriada em posse do Secretariado Técnico referente a esta preocupação. O Diretor--Geral informará o Conselho Executivo do pedido e da informação dada em resposta, se para tanto for solicitado pelo Estado-parte requerente.

32. Um Estado-parte terá o direito de solicitar ao Conselho Executivo que obtenha esclarecimentos de outro Estado-parte sobre qualquer assunto que possa causar preocupação sobre possível não observância às obrigações básicas deste Tratado. Neste caso, aplica-se o seguinte:

a) O Conselho Executivo encaminhará a solicitação de esclarecimentos ao Estado-parte solicitado por intermédio do Diretor-Geral até 24 horas após seu recebimento;

b) O Estado-parte solicitado fornecerá o esclarecimento ao Conselho Executivo o mais breve possível, mas em caso algum após 48 horas depois de receber a solicitação;

c) O Conselho Executivo tomará conhecimento do esclarecimento e o encaminhará ao Estado solicitante no prazo máximo de 24 horas após seu recebimento;

d) Se o Estado-parte solicitante considerar o esclarecimento inadequado, ele terá o direito de solicitar que o Conselho Executivo obtenha esclarecimentos adicionais do Estado-parte solicitado.

O Conselho Executivo informará sem demora a todos os Estados-partes de qualquer solicitação de esclarecimento de acordo com este parágrafo assim como qualquer resposta fornecida pelo Estado-parte solicitado.

33. Se o Estado-parte solicitante considerar o esclarecimento obtido sob o parágrafo 32 (d) insatisfatório, ele terá o direito de solicitar uma reunião do Conselho Executivo da qual os Estados-partes envolvidos que não são membros do Conselho Executivo terão o direito de participar. Nessa reunião, o Conselho Executivo considerará a questão e poderá recomendar qualquer medida de acordo com o Artigo V.

D. Inspeções in loco. Solicitação para uma inspeção in loco

34. Cada Estado-parte tem o direito de solicitar uma inspeção in loco, de acordo com as determinações deste Artigo e da Parte II do Protocolo, no território ou em qualquer outro lugar sob a jurisdição ou controle de qualquer Estado-parte, ou em qualquer área além da jurisdição ou controle de qualquer Estado.

35. O objetivo exclusivo de uma inspeção in loco será esclarecer se um teste de explosão de arma nuclear ou qualquer outra explosão nuclear foi realizada em violação ao Artigo I e, na medida do possível, colher quaisquer fatos que possam auxiliar na identificação de qualquer possível violador.

36. O Estado-parte solicitante estará obrigado a manter a solicitação de inspeção in loco dentro do âmbito deste Tratado e a ela fornecer informação de acordo com o parágrafo 37. O Estado-parte solicitante abster-se-á de solicitações de inspeção não fundamentadas ou abusivas.

37. A solicitação de inspeção in loco será baseada em informações coletadas pelo Sistema Internacional de Monitoramento, ou qualquer informação técnica pertinente obtida por meios técnicos nacionais de verificação de modo consistente com os princípios gerais reconhecidos do direito internacional, ou uma sua combinação. A solicitação conterá informações de acordo com a Parte II, parágrafo 41 do Protocolo.

38. O Estado-parte solicitante apresentará solicitação de inspeção in loco ao Conselho Executivo e ao mesmo tempo ao Diretor-Geral para que este dê encaminhamento imediato.

Providências após a apresentação da solicitação de inspeção in loco

39. O Conselho Executivo iniciará sua deliberação imediatamente após o recebimento da solicitação da inspeção in loco.

40. O Diretor-Geral, após receber a solicitação de inspeção in loco, dará ciência do recebimento ao Estado-parte solicitante no prazo de duas horas e comunicará a solicitação ao Estado-parte a ser inspecionado no prazo de seis horas. O Diretor-Geral verificará se a solicitação cumpre os requisitos especificados na Parte II, parágrafo 41 do Protocolo, e, se necessário, auxiliará o Estado-parte solicitante a preencher a solicitação adequadamente, e comunicará a solicitação ao Conselho Executivo e a todos os outros Estados-partes no prazo de 24 horas.

41. Quando a solicitação de inspeção in loco preencher aqueles requisitos, o Secretariado Técnico iniciará sem demora os preparativos para a inspeção in loco.

42. O Diretor-Geral, ao receber uma solicitação de inspeção in loco referente a uma área de inspeção sob a jurisdição ou o controle de um Estado-Parte, buscará imediatamente esclarecimentos do Estado-parte a ser inspecionado para esclarecer e resolver a preocupação levantada na solicitação.

43. Um Estado-parte que receber uma solicitação de esclarecimento de acordo com o parágrafo 42 fornecerá ao Diretor-Geral explicações e outras informações pertinentes disponíveis no mais breve prazo possível, mas não além de 72 horas após o recebimento da solicitação de esclarecimentos.

44. O Diretor-Geral, antes que o Conselho Executivo tome uma decisão sobre a solicitação de inspeção in loco, transmitirá imediatamente ao Conselho Executivo qualquer informação adicional disponível do Sistema Internacional de Monitoramento ou fornecida por qualquer Estado-parte sobre o evento especificado na solicitação, incluindo qualquer esclarecimento fornecido de acordo com os parágrafos 42 e 43, assim como qualquer outra informação de posse do Secretariado Técnico que o Diretor-Geral julgue pertinente ou que seja solicitada pelo Conselho Executivo.

45. A não ser que o Estado-parte solicitante considere a preocupação levantada na solicitação de inspeção in loco como solucionada e retire a solicitação, o Conselho Executivo tomará uma decisão sobre a solicitação de acordo com o parágrafo 46.

Decisões do Conselho Executivo

46. O Conselho Executivo tomará uma decisão sobre a solicitação de inspeção in loco no prazo de 96 horas após o recebimento da solicitação do Estado-parte solicitante. A decisão de aprovar a inspeção in loco será tomada por um mínimo de 30 votos favoráveis de membros do Conselho Executivo. Caso o Conselho Executivo não aprove a inspeção, os preparativos serão suspensos e não será tomada nenhuma outra ação sobre a solicitação.

47. Em prazo não superior a 25 dias após a aprovação da inspeção in loco, de acordo com o parágrafo 46, a equipe de inspeção transmitirá ao Conselho Executivo, através do Diretor-Geral, um relatório do progresso da inspeção. A continuação da inspeção será considerada aprovada a não ser que o Conselho Executivo, no prazo máximo de 72 horas após

o recebimento do relatório de progresso da inspeção, decida, por maioria de todos os seus membros, não continuar a inspeção. Se o Conselho Executivo decidir não continuar a inspeção, a inspeção será suspensa e a equipe de inspeção deixará a área de inspeção e o território do Estado-parte inspecionado no mais breve prazo possível, de acordo com a Parte II, parágrafos 109 e 110 do Protocolo.

48. No decorrer da inspeção *in loco*, a equipe de inspeção poderá submeter ao Conselho Executivo, por intermédio do Diretor-Geral, uma proposta para efetuar uma perfuração. O Conselho Executivo tomará uma decisão sobre essa proposta no prazo máximo de 72 horas após o recebimento da proposta. A decisão de aprovar a perfuração será tomada pela maioria de todos os membros do Conselho Executivo.

49. A equipe de inspeção poderá solicitar ao Conselho Executivo, por intermédio do Diretor-Geral, uma extensão da duração da inspeção por um período máximo de 70 dias além do tempo de 60 dias especificado na Parte II, parágrafo 4 do Protocolo, se a equipe de inspeção considerar essa extensão essencial para o cumprimento de seu mandato. A equipe de inspeção indicará em sua solicitação quais das atividades e técnicas relacionadas na Parte II, parágrafo 69, do Protocolo, ela pretende utilizar durante o período de extensão. O Conselho Executivo tomará uma decisão sobre a solicitação de extensão no prazo máximo de 72 horas após o recebimento da solicitação. A decisão de aprovar uma extensão do prazo de inspeção será tomada pela maioria de todos os membros do Conselho Executivo.

50. A qualquer momento após a aprovação da continuação da inspeção *in loco*, de acordo com o parágrafo 47, a equipe de inspeção poderá submeter ao Conselho Executivo, por intermédio do Diretor-Geral, uma recomendação para encerrar a inspeção. Tal recomendação será considerada aprovada a não ser que o Conselho Executivo, no prazo máximo de 72 horas após o recebimento da recomendação, decida por maioria de dois terços de todos os seus membros não aprovar o encerramento da inspeção. Em caso de encerramento da inspeção, a equipe de inspeção deixará a área de inspeção e o território do Estado-parte inspecionado no mais breve prazo possível, de acordo com a Parte II, parágrafos 109 e 110 do Protocolo.

51. O Estado-parte solicitante e o Estado-parte a ser inspecionado podem participar nas deliberações do Conselho Executivo sobre a solicitação de inspeção *in loco* sem direito a voto. O Estado-parte solicitante e o Estado-parte inspecionado também podem participar, sem votar, de quaisquer deliberações subsequentes do Conselho Executivo relativas à inspeção.

52. O Diretor-Geral notificará todos os Estados-partes em até 24 horas sobre qualquer decisão, relatórios, propostas, solicitações e recomendações ao Conselho Executivo de acordo com os parágrafos 46 a 50.

Providências após a aprovação de uma inspeção *in loco* pelo Conselho Executivo

53. Uma inspeção *in loco* aprovada pelo Conselho Executivo será realizada sem demora por uma equipe de inspeção designada pelo Diretor-Geral e de acordo com as determinações deste Tratado e do Protocolo. A equipe de inspeção chegará ao ponto de entrada no prazo máximo de 6 dias após o recebimento pelo Conselho Executivo da solicitação de inspeção *in loco* do Estado-parte solicitante.

54. O Diretor-Geral emitirá um mandato de inspeção para a realização de uma inspeção *in loco*. O mandato de inspeção conterá a informação especificada na Parte II, parágrafo 42, do Protocolo.

55. O Diretor-Geral notificará o Estado-parte inspecionado sobre a inspeção no prazo máximo de 24 horas antes da chegada programada da equipe de inspeção ao ponto de entrada, de acordo com a Parte II, parágrafo 43, do Protocolo.

Realização de uma inspeção *in loco*

56. Cada Estado-parte permitirá que a Organização conduza uma inspeção *in loco* em seu território ou em lugares sob sua jurisdição ou controle de acordo com as determinações deste Tratado e do Protocolo. Entretanto, nenhum Estado-parte terá de aceitar inspeções *in loco* simultâneas em seu território ou lugares sob sua jurisdição ou controle.

57. De acordo com as determinações deste Tratado e do Protocolo, o Estado-parte inspecionado terá:

a) O direito e a obrigação de fazer todos os esforços razoáveis para demonstrar sua observância a este Tratado e, nesse sentido, permitir que a equipe de inspeção cumpra o seu mandato;

b) O direito de tomar as medidas que achar necessárias para proteger interesses de segurança nacional e impedir a revelação de informações confidenciais não relacionadas com o objetivo da inspeção;

c) A obrigação de fornecer acesso dentro da área de inspeção unicamente para averiguar fatos pertinentes ao propósito da inspeção, levando em consideração o subparágrafo *(b)* e quaisquer obrigações constitucionais que possa ter em relação a direitos de propriedade, ou buscas e apreensões;

d) A obrigação de não invocar este parágrafo ou a Parte II, parágrafo 88, do Protocolo para esconder qualquer violação às obrigações indicadas no Artigo I; e

e) A obrigação de não impedir a faculdade da equipe de inspeção de se locomover dentro da área de inspeção e realizar as atividades de inspeção de acordo com este Tratado e o Protocolo.

No contexto de uma inspeção *in loco*, acesso significa tanto o acesso físico da equipe de inspeção como do equipamento de inspeção para a área de inspeção, e a condução das atividades de inspeção dentro dessa área.

58. A inspeção *in loco* será conduzida da maneira menos intrusiva possível, compatível com a realização eficaz e oportuna do mandato de inspeção e de acordo com os procedimentos estabelecidos

no Protocolo. Quando possível, a equipe de inspeção iniciará com os procedimentos menos intrusivos e somente então adotará procedimentos mais intrusivos na medida em que considerá-los necessários para colher informações suficientes ao esclarecimento da preocupação sobre uma possível não observância a este Tratado. Os inspetores buscarão apenas a informação e dados necessários ao objetivo da inspeção e tentarão minimizar interferên-cias com as operações normais do Estado-parte inspecionado.

59. O Estado-parte inspecionado assistirá à equipe de inspeção durante a inspeção *in loco* e facilitará sua tarefa.

60. Caso o Estado-parte inspecionado, agindo de acordo com a Parte II, parágrafos 86 a 96 do Protocolo, restrinja o acesso dentro da área de inspeção, ele fará todo esforço razoável, em consultas com a equipe de inspeção, para demonstrar por meio de meios alternativos sua observância a este Tratado.

Observador

61. Em relação a um observador, aplica-se o seguinte:

a) O Estado-parte solicitante, dependendo de um entendimento com o Estado-parte inspecionado, pode enviar um representante, que será um cidadão ou do Estado-parte solicitante ou de um terceiro Estado-parte, para observar a realização da inspeção *in loco*;

b) O Estado-parte inspecionado notificara ao Diretor-Geral a sua aceitação ou não aceitação do observador proposto no prazo de 12 horas após a aprovação da inspeção *in loco* pelo Conselho Executivo;

c) No caso de aceitação, o Estado-parte inspecionado concederá acesso ao observador, de acordo com o Protocolo;

d) O Estado-parte inspecionado, como regra, aceitará o observador proposto, mas se o Estado-parte inspecionado recusar, o fato será registrado no relatório da inspeção.

Não haverá mais de três observadores de um conjunto de Estados-partes solicitantes.

Relatório de uma inspeção *in loco*

62. Os relatórios de inspeção deverão conter:

a) Uma descrição das atividades realizadas pela equipe de inspeção;

b) As conclusões factuais da equipe de inspeção pertinentes ao propósito da inspeção;

c) Um relato da cooperação concedida durante a inspeção *in loco*;

d) Uma descrição objetiva da extensão do acesso concedido, inclusive os meios alternativos fornecidos à equipe, durante a inspeção *in loco*; e

e) Quaisquer outros detalhes pertinentes ao objetivo da inspeção.

Observações divergentes feitas por inspetores podem ser anexadas ao relatório

63. O Diretor-Geral colocará minutas dos relatórios de inspeção à disposição do Estado-parte inspecionado. O Estado-parte inspecionado terá o direito de fornecer ao Diretor-Geral, no prazo de 48 horas, seus comentários e explicações e identificar qualquer informação e dados que, a seu ver, não estão relacionados com o objetivo da inspeção e não devem circular fora do Secretariado Técnico. O Diretor-Geral considerará as propostas de mudanças na minuta de relatório da inspeção feitas pelo Estado-parte inspecionado e incorporá-las-á sempre que possível. O Diretor-Geral também anexará os comentários e explicações fornecidas pelo Estado-parte inspecionado ao relatório de inspeção.

64. O Diretor-Geral enviará prontamente o relatório de inspeção ao Estado-parte solicitante, ao Estado-parte inspecionado, ao Conselho Executivo e a todos os outros Estados-partes. O Diretor-Geral também enviará prontamente ao Conselho Executivo e a todos os outros Estados-partes quaisquer resultados de análises de amostras de laboratórios designados, de acordo com a Parte II, parágrafo 104 do Protocolo, dados pertinentes do Sistema Internacional de Monitoramento, as avaliações dos Estados-partes solicitante e inspecionado, assim como qualquer outra informação que o Diretor-Geral considere pertinente. No caso do relatório de progresso da inspeção mencionado no parágrafo 47, o Diretor-Geral enviará o relatório ao Conselho Executivo no prazo especificado naquele parágrafo.

65. O Conselho Executivo, de acordo com seus poderes e funções, revisará o relatório de inspeção e qualquer material fornecido segundo o parágrafo 64, e cuidará de qualquer preocupação relacionada a:

a) Se ocorreu qualquer desobediência a este Tratado; e

b) Se houve abuso no direito de solicitar uma inspeção *in loco*.

66. Se o Conselho Executivo chegar à conclusão, em conformidade com seus poderes e funções, de que uma ação adicional pode ser necessária em relação ao parágrafo 65, ele tomará as medidas apropriadas de acordo com o Artigo V.

Solicitações frívolas ou abusivas para inspeções *in loco*

67. Se o Conselho Executivo não aprovar a inspeção *in loco*, baseado no fato de que a solicitação de inspeção *in loco* é frívola ou abusiva, ou se a inspeção for suspensa pelos mesmos motivos, o Conselho Executivo deliberará e decidirá sobre a implementação de medidas apropriadas para solucionar a situação, incluindo o seguinte:

a) Requerer que o Estado-parte solicitante pague os gastos de quaisquer preparativos feitos pelo Secretariado Técnico;

b) Suspender o direito do Estado-parte solicitante de requerer uma inspeção *in loco* por um determinado período de tempo, conforme determinação do Conselho Executivo; e

c) Suspender o direito do Estado-parte solicitante de servir no Conselho Executivo por um determinado período de tempo.

E. Medidas para fomento da confiança

68. Com o objetivo de:

a) Contribuir para a solução oportuna de quaisquer preocupações quanto à observância que surjam devido a eventual interpretação errônea de dados de verificação relativos a explosões químicas; e

b) Dar assistência na aferição das estações que integram as redes componentes do Sistema Internacional de Monitoramento. Cada Estado-parte compromete-se a cooperar com a Organização e com outros Estados-partes na implementação de medidas pertinentes como estabelecidas na Parte III do Protocolo.

Artigo V
Medidas para corrigir uma situação e garantir a observância, inclusive sanções

1. A Conferência, levando em consideração, *inter alia*, as recomendações do Conselho Executivo, tomará as medidas necessárias, estabelecidas nos parágrafos 2 e 3, para garantir a observância a este Tratado e para corrigir e solucionar qualquer situação que contrarie os dispositivos deste Tratado.

2. Nos casos em que um Estado-parte tenha sido solicitado pela Conferência ou pelo Conselho Executivo a corrigir uma situação que suscita problemas em relação à sua observância e ele não é capaz de cumprir a solicitação dentro do prazo especificado, a Conferência pode, *inter alia*, decidir restringir ou suspender o Estado-parte do exercício de seus direitos e privilégios sob este Tratado até que a Conferência decida ao contrário.

3. Nos casos em que prejuízos ao objetivo e ao propósito deste Tratado possam resultar da não observância às obrigações básicas deste Tratado, a Conferência pode recomendar aos Estados-partes medidas coletivas que estejam em conformidade com o direito internacional.

4. A Conferência, ou alternativamente, em caso de urgência, o Conselho Executivo, podem levar o assunto, inclusive informações e conclusões pertinentes, à atenção da Organização das Nações Unidas.

Artigo VI
Solução de controvérsias

1. As controvérsias que possam surgir referentes à aplicação ou interpretação deste Tratado serão resolvidas de acordo com as determinações pertinentes deste Tratado e em conformidade com as determinações da Carta das Nações Unidas.

2. Quando surgir uma controvérsia entre dois ou mais Estados-partes, ou entre um ou mais Estados-partes e a Organização, referente à aplicação ou interpretação deste Tratado, as partes em questão deliberarão conjuntamente para a rápida solução da controvérsia por meio de negociações ou outros meios pacíficos à escolha das partes, inclusive recorrendo aos órgãos apropriados deste Tratado e, por mútuo acordo, à Corte Internacional de Justiça, conforme o Estatuto da Corte. As partes envolvidas manterão o Conselho Executivo informado das ações tomadas.

3. O Conselho Executivo pode contribuir para a solução de uma controvérsia que possa surgir referente à aplicação e interpretação deste Tratado por quaisquer meios que achar apropriados, inclusive oferecendo seus préstimos, convocando os Estados-partes de uma disputa para buscar uma solução conforme um procedimento de sua própria escolha, levando o assunto à atenção da Conferência e recomendando um prazo para qualquer procedimento acordado.

4. A Conferência considerará questões relacionadas a controvérsias levantadas por Estados-partes ou trazidas a seu conhecimento pelo Conselho Executivo. Quando julgar necessário, a Conferência estabelecerá ou encarregará órgãos com tarefas relacionadas com a solução destas controvérsias conforme o Artigo II, parágrafo 26 *(j)*.

5. A Conferência e o Conselho Executivo estão separadamente intitulados, mediante autorização da Assembleia Geral das Nações Unidas, a solicitar à Corte Internacional de Justiça um parecer consultivo sobre qualquer questão legal que surja dentro do âmbito das atividades da Organização. Um acordo entre a Organização e as Nações Unidas será concluído com este objetivo de acordo com o Artigo II, parágrafo 38 *(h)*.

6. Este Artigo não contraria os Artigos IV e V.

Artigo VII
Emendas

1. A qualquer tempo após a entrada em vigor do presente Tratado, qualquer Estado-parte pode propor emendas a este Tratado, ao Protocolo, ou aos Anexos do Protocolo. Qualquer Estado-parte pode também, de acordo com o parágrafo 7, propor mudanças no Protocolo e seus Anexos. As propostas de emendas sujeitar-se-ão aos procedimentos dispostos nos parágrafos 2 a 6. As propostas de mudanças, em conformidade com o parágrafo 7, sujeitar-se-ão aos procedimentos do parágrafo 8.

2. A emenda proposta somente será considerada e adotada numa Conferência de Emendas.

3. Qualquer proposta de emenda será comunicada ao Diretor-Geral, o qual fará circular a mesma a todos os Estados-partes e ao Depositário e procurará obter a opinião dos Estados-partes quanto à conveniência da convocação de uma Conferência de Emendas para considerar a proposta. Caso a maioria dos Estados-partes notifique ao Diretor-Geral, no prazo máximo de 30 dias após a circular, que apoiam a consideração da proposta, o Diretor-Geral convocará uma Conferência de Emendas para a qual serão convidados todos os Estados-partes.

4. A Conferência de Emendas será realizada imediatamente após uma sessão regular da Conferência, a menos que todos os Estados-partes que apoiam a convocação da Conferência de Emendas requeiram que ela seja realizada antecipadamente. Em

nenhuma hipótese uma Conferência de Emendas será realizada antes de 60 dias depois da circulação da proposta de emenda.

5. Emendas serão adotadas pela Conferência de Emendas pelo voto favorável da maioria dos Estados-partes, e desde que nenhum Estado-membro vote negativamente.

6. As emendas entrarão em vigor para todos os Estados-partes 30 dias após o depósito dos instrumentos de ratificação ou aceitação por parte de todos os Estados-partes que votaram favoravelmente na Conferência de Emendas.

7. A fim de assegurar a viabilidade e eficácia deste Tratado, as Partes I e III do Protocolo e os Anexos 1 e 2 do Protocolo serão objeto de mudanças de acordo com o parágrafo 8, se as mudanças propostas se relacionarem apenas a matéria de natureza administrativa ou técnica. Todos os outros dispositivos do Protocolo e de seus Anexos não serão sujeitos a mudanças em conformidade com o parágrafo 8.

8. As mudanças propostas referidas no parágrafo 7 serão feitas de acordo com os seguintes procedimentos:

a) O texto das mudanças propostas será transmitido juntamente com as necessárias informações ao Diretor-Geral. Informação adicional para avaliação da proposta poderá ser fornecida por qualquer Estado-parte e pelo Diretor-Geral, O Diretor-Geral comunicará prontamente quaisquer propostas assim feitas e respectiva informação a todos os Estados-partes, ao Conselho Executivo e ao Depositário;

b) No prazo máximo de 60 dias do seu recebimento, o Diretor-Geral fará avaliação da proposta a fim de determinar suas possíveis consequências para os dispositivos do Tratado e sua implementação e comunicará qualquer informação a respeito a todos os Estados-partes e ao Conselho Executivo;

c) O Conselho Executivo examinará a proposta à luz de todas as informações disponíveis, inclusive para determinar se ela preenche os requisitos do parágrafo 7. O mais tardar 90 dias após o recebimento da proposta, o Conselho Executivo notificará suas recomendações, com explanações apropriadas, a todos os Estados-partes para sua consideração. Os Estados-partes acusarão recebimento dentro de 10 dias;

d) Caso o Conselho Executivo recomende a todos os Estados-partes que a proposta seja adotada, ela será considerada aprovada se nenhum Estado-parte objetar dentro de 90 dias após o recebimento da recomendação. Caso o Conselho Executivo recomende que a proposta seja rejeitada, ela será considerada se nenhum Estado-parte objetar à rejeição dentro de 90 dias após o recebimento de tal recomendação;

e) Se uma recomendação do Conselho Executivo não obtiver a aceitação exigida nos termos do subparágrafo *(d)*, a decisão sobre a proposta, inclusive quanto ao preenchimento do requisito do parágrafo 7, será considerada matéria de substância a ser submetida à próxima sessão da Conferência;

f) O Diretor-Geral notificará a todos os Estados-partes e ao Depositário qualquer decisão adotada nos termos deste parágrafo;

g) As mudanças aprovadas segundo este procedimento entrarão em vigor para todos os Estados-partes 180 dias depois da data da notificação pelo Diretor-Geral de sua aprovação, a menos que outro prazo seja recomendado pelo Diretor-Geral ou decidido pela Conferência.

Artigo VIII
Exame do Tratado

1. A menos que seja decidido em contrário por voto da maioria dos Estados-partes, dez anos após a entrada em vigor deste Tratado convocar-se-á uma Conferência dos Estados-partes para exame da operação e eficácia do Tratado, com vistas a certificar-se de que os objetivos e propósitos do Preâmbulo e dispositivos do Tratado estão sendo cumpridos. Tal exame levará em conta quaisquer desenvolvimentos científicos e tecnológicos pertinentes ao Tratado. Com base em solicitação de qualquer Estado-parte, a Conferência de Exame considerará a possibilidade de permitir a condução de explosões nucleares subterrâneas para fins pacíficos. Caso a Conferência de Revisão decida por consenso que tais explosões nucleares podem ser permitidas, ela começará sem demora a trabalhar com vistas a recomendar aos Estados-partes uma emenda apropriada a este Tratado que impedirá quaisquer vantagens militares advindas de tais explosões nucleares. Qualquer emenda assim proposta será comunicada ao Diretor-Geral por qualquer Estado-parte e será tratada em conformidade com os dispositivos do Artigo VII.

2. A intervalos de dez anos a partir de então, novas Conferências de Exame podem ser convocadas com os mesmos objetivos, caso a Conferência assim decidir como matéria de procedimento no ano precedente. Tal Conferência pode ser convocada após intervalo de menos de dez anos se assim for decidido pela Conferência como matéria de substância.

3. Normalmente, qualquer Conferência de Revisão será realizada imediatamente após a sessão anual regular da Conferência prevista no Artigo II.

Artigo IX
Vigência e retirada

1. O presente Tratado terá vigência ilimitada.

2. Cada Estado-parte, no exercício de sua soberania nacional, terá o direito de retirar-se do Tratado se decidir que acontecimentos extraordinários relacionados com a essência do Tratado tenham prejudicado os seus interesses supremos.

3. A retirada terá efeito mediante notificação com seis meses de antecedência a todos os Estados-partes, ao Conselho Executivo, ao Depositário e ao Conselho de Segurança das Nações Unidas. A notificação de retirada incluirá uma declaração sobre o evento ou eventos extraordinários que o Estado-parte considera prejudicial aos seus supremos interesses.

Artigo X
Situação jurídica
do Protocolo e dos Anexos

Os Anexos a este Tratado, o Protocolo, e os Anexos ao Protocolo são parte integrante do Tratado. Qualquer referência a este Tratado inclui os seus Anexos, o Protocolo e os Anexos ao Protocolo.

Artigo XI
Assinatura

O presente Tratado será aberto à assinatura de todos os Estados-partes antes da sua entrada em vigor.

Artigo XII
Ratificação

O presente Tratado estará sujeito à ratificação por parte dos Estados Signatários de acordo com os seus respectivos processos constitucionais.

Artigo XIII
Adesão

Qualquer Estado que deixe de assinar este Tratado antes da sua entrada em vigor pode a ele aderir a qualquer tempo posteriormente.

Artigo XIV
Entrada em vigor

1. O presente Tratado entrará em vigor 180 dias após a data de depósito dos instrumentos de ratificação por parte de todos os Estados relacionados no Anexo 2 deste Tratado, porém em nenhuma circunstância antes de dois anos da data em que o mesmo foi aberto para assinatura.

2. Caso o presente Tratado não entre em vigor decorridos três anos da data da sua abertura para assinatura, o Depositário convocará uma Conferência dos Estados que já tenham depositado os seus instrumentos de ratificação, mediante solicitação da maioria dos Estados. Tal Conferência examinará até que ponto os requisitos estabelecidos no parágrafo 1 foram atendidos e deliberará e decidirá por consenso quais medidas compatíveis com o direito internacional podem ser adotadas a fim de acelerar o processo de ratificação e facilitar a entrada em vigor do Tratado.

3. A menos que tenha sido decidido em contrário pela Conferência referida no parágrafo 2 ou por outras conferências semelhantes, este processo será repetido nos aniversários subsequentes da abertura para assinatura do presente Tratado, até a sua entrada em vigor.

4. Todos os Estados Signatários serão convidados a participar da Conferência referida no parágrafo 2 e de quaisquer conferências subsequentes conforme referidas no parágrafo 3, na qualidade de observadores.

5. Para os Estados cujos instrumentos de ratificação ou acesso tenham sido depositados subsequentemente à entrada em vigor do presente Tratado, ele entrará em vigor no trigésimo dia após a data do depósito de seus instrumentos de ratificação ou acesso.

Artigo XV
Reservas

Os artigos e Anexos do presente Tratado não serão sujeitos a reservas. Os dispositivos do Protocolo do presente Tratado e os Anexos ao Protocolo não serão sujeitos a reservas incompatíveis com o objeto e propósito do presente Tratado.

Artigo XVI
Depositário

1. O Secretário-Geral das Nações Unidas será o Depositário do presente Tratado e receberá as respectivas assinaturas, instrumentos de ratificação e instrumentos de acessão.

2. O Depositário informará prontamente a todos os Estados Signatários e Estados que a ele acedam a data de cada assinatura, a data de depósito de cada instrumento de ratificação ou de acessão, a data de entrada em vigor do presente Tratado e de quaisquer emendas ou mudanças, assim como a recepção de outras notificações.

3. O Depositário enviará cópias devidamente autenticadas do presente Tratado aos Governos dos Estados Signatários ou acedentes ao Tratado.

4. O presente Tratado será registrado pelo Depositário em conformidade com o Artigo 102 da Carta das Nações Unidas.

Artigo XVII
Textos autênticos

O presente Tratado, cujos textos nos idiomas arábico, chinês, inglês, francês, russo e espanhol são igualmente autênticos, será depositado junto ao Secretário-Geral das Nações Unidas.

ANEXO 1 AO TRATADO
Lista de Estados conforme o Artigo II, Parágrafo 28

África

África do Sul, Argélia, Angola, Benin, Botsuana, Burkina Faso, Burundi, Camarões, Cabo Verde, Chade, Comores, Congo, Costa do Marfim, Djibuti, Egito, Eritreia, Etiópia, Gabão, Gâmbia, Gana, Guiné, Guiné-Bissau, Guiné-Equatorial, Lesoto, Libéria, Líbia, Madagascar, Malavi, Mali, Mauritânia, Maurício, Marrocos, Moçambique, Namíbia, Níger, Nigéria, Quênia, República Centro-Africana, Ruanda, São Tomé e Príncipe, Seicheles, Senegal, Serra Leoa, Somália, Sudão, Suazilândia, Tanzânia, Togo, Tunísia, Uganda, Zaire, Zâmbia, Zimbábue.

Europa Oriental

Albânia, Armênia, Azerbaijão, Belarus, Bósnia-Herzegovina, Bulgária, Croácia, Eslovênia, Estônia, Ex-República Iugoslava de Macedônia, Geórgia, Hungria, Iugoslávia, Letônia, Lituânia, Moldávia, Polônia, República Checa, República Eslovaca, Romênia, Rússia, Ucrânia.

América Latina e Caribe

Antígua e Barbuda, Argentina, Bahamas, Barbados, Belize, Bolívia, Brasil, Chile, Colômbia, Costa Rica, Cuba, Dominica, El Salvador, Equador, Granada, Guatemala, Guiana, Haiti, Honduras, Jamaica, México, Nicarágua, Panamá, Paraguai, Peru, República

Dominicana, São Cristóvão e Nevis, Santa Lúcia, São Vicente e Granadinas, Suriname, Trindad e Tobago, Uruguai, Venezuela.

Oriente Médio e Ásia do Sul
Afeganistão, Arábia Saudita, Bareine, Bangladesh, Butão, Casaquistão, Emirados Árabes Unidos, Iêmen, Índia, Irã (República Islâmica do), Iraque, Israel, Jordânia, Kuwait, Kirguistão, Líbano, Maldivas, Nepal, Omã, Paquistão, Qatar, Síria, Sri Lanka, Tajiquistão, Turcomenistão, Usbequistão.

América do Norte e Europa Ocidental
Alemanha, Andorra, Áustria, Bélgica, Canadá, Chipre, Dinamarca, Espanha, Estados Unidos da América, Finlândia, França, Grécia, Islândia, Irlanda, Itália, Liechtenstein, Luxemburgo, Malta, Mônaco, Noruega, Países Baixos, Portugal, Reino Unido da Grã Bretanha e Irlanda do Norte, Santa Sé, São Marinho, Suécia, Suíça, Turquia.

Sudeste da Ásia, Pacífico e Extremo-Oriente
Austrália, Brunei Darussalam, Cambodia, China, Cingapura, Filipinas, Fiji, Indonésia, Ilhas Cook, Ilhas Marshall, Ilhas Salomão, Japão, Kiribati, Laos, Malásia, Micronésia (Estados Federados da), Mongólia, Myanmar, Nauru, Niue, Nova Zelândia, Palau, Papua Nova Guiné, República da Coreia, República Popular Democrática da Coreia, Samoa, Tailândia, Tonga, Tuvalu, Vanuatu, Vietnã.

ANEXO 2 AO TRATADO
Lista de Estados conforme o Artigo XIV

Lista de Estados-membros da Conferência sobre Desarmamento na data de 18 de junho de 1996 que formalmente participaram dos trabalhos da sessão de 1996 da Conferência e que aparecem na Tabela I da edição de abril de 1996 da Agência Internacional de Energia Atômica sobre "Reatores de Energia Nuclear do Mundo", e de Estados-membros da Conferência sobre Desarmamento na data de 18 de junho de 1996 que participaram formalmente dos trabalhos da sessão de 1996 da Conferência e que aparecem na Tabela I da edição de dezembro de 1995 da Agência Internacional de Energia Atômica sobre "Reatores de Energia Nuclear no Mundo":

África do Sul, Alemanha, Argélia, Argentina, Austrália, Áustria, Bangladesh, Bélgica, Brasil, Bulgária, Canadá, Chile, Colômbia, Egito, Espanha, Estados Unidos da América, Finlândia, França, Hungria, Índia, Indonésia, Irã (República Islâmica do), Israel, Itália, Japão, México, Noruega, Países Baixos, Paquistão, Peru, Polônia, Reino Unido da Grã-Bretanha e Irlanda do Norte, República da Coreia, República Eslovaca, República Popular Democrática da Coreia, Rússia, Suécia, Suíça, Turquia, Ucrânia, Vietnã, Zaire.

PROTOCOLO AO TRATADO DE PROIBIÇÃO COMPLETA DOS TESTES NUCLEARES (1996)

- Adotado pelas Nações Unidas, em Nova York, em 10.09.1996.
- Aprovado no Brasil pelo Decreto Legislativo 64, de 02.07.1998, e ratificado em 24.07.1998. Condições para a entrada em vigor constantes do art. XIV, § 1º, do Tratado.

PARTE I
SISTEMA INTERNACIONAL DE MONITORAMENTO E FUNÇÕES DO CENTRO INTERNACIONAL DE DADOS

A. Dispositivos gerais

1. O Sistema Internacional de Monitoramento consistirá de instalações de monitoramento conforme estabelecidas no Artigo IV, parágrafo 6, e seus respectivos meios de comunicação.

2. As instalações de monitoramento incorporadas no Sistema Internacional de Monitoramento são aquelas especificadas no Anexo I deste Protocolo. O Sistema Internacional de Monitoramento preencherá os requisitos técnicos e operacionais especificados nos pertinentes manuais de operação.

3. A Organização, em conformidade com o Artigo II, em cooperação e consulta com os Estados-partes, com outros Estados e com organizações internacionais pertinentes, estabelecerá e coordenará a operação e manutenção e qualquer futura modificação ou desenvolvimento acordado do Sistema Internacional de Monitoramento.

4. Em conformidade com acordos ou entendimentos e procedimentos apropriados, um Estado-parte ou outro Estado que abrigue instalações do Sistema Internacional de Monitoramento ou que seja por elas responsável e o Secretariado Técnico concordarão e cooperarão em estabelecer, operar, aperfeiçoar, financiar e conservar as instalações de monitoramento, seus laboratórios credenciados e respectivos meios de comunicação nas áreas sob sua responsabilidade ou controle ou fora delas em conformidade com o direito internacional. Tal cooperação dar-se-á de conformidade com requisitos de segurança e autenticação e especificações técnicas constantes dos manuais de operação pertinentes. Tal Estado autorizará o Secretariado Técnico a ter acesso às instalações de monitoramento para conferência de equipamento e elos de comunicação, e concordará em efetuar as alterações necessárias no equipamento e procedimentos operacionais a fim de atender a exigências acordadas. O Secretariado Técnico fornecerá a tais Estados assistência técnica apropriada, segundo o Conselho Executivo, para o funcionamento adequado da instalação como parte do Sistema Internacional de Monitoramento.

5. As modalidades para uma tal cooperação entre a Organização e os Estados-partes ou Estados que abrigam ou têm responsabilidade pelas instalações do Sistema Internacional de Monitoramento serão estabelecidas mediante acordos ou entendimentos apropriados a cada caso.

B. Monitoramento sismológico

6. Cada Estado-parte compromete-se a cooperar no intercâmbio internacional de dados sismológicos a fim de colaborar na verificação da implementação deste Tratado. Esta cooperação incluirá o estabelecimento e operação de uma rede global de estações primárias e auxiliares de monitoramento sismológico. Tais estações fornecerão ao Centro

Internacional de Dados informações de acordo com procedimentos acordados.

7. A rede de estações primárias consistirá de 50 estações especificadas na Tabela 1-A do Anexo 1 deste Protocolo. Tais estações desempenharão os requisitos técnicos e operacionais especificados no Manual Opera-cional de Monitoramento Sismológico e no Intercâmbio Internacional de Dados Sismológicos. De forma ininterrupta serão transmitidos dados das estações primárias, diretamente ou através de um centro nacional de dados, em tempo real, para o Centro Internacional de Dados.

8. Para suplementar a rede primária, uma rede auxiliar de 120 estações fornecerá informação, diretamente ou por intermédio de um centro nacional de dados, ao Centro Internacional de Dados, mediante solicitação. As estações auxiliares a serem usadas estão relacionadas na Tabela I-B do Anexo 1 deste Protocolo. As estações auxiliares desempenharão os requisitos técnicos e operacionais especificados no Manual Operacional de Monitoramento Sismológico e no Intercâmbio Internacional de Dados Sismológicos. A qualquer tempo, os dados das estações auxiliares podem ser solicitados pelo Centro Internacional de Dados e deverão estar imediatamente disponíveis por meio de terminal de computador em tempo real.

C. Monitoramento de Radionuclídeos

9. Cada Estado-parte compromete-se a cooperar no intercâmbio internacional de dados sobre radionuclídeos na atmosfera a fim de assistir na verificação do cumprimento deste Tratado. Esta cooperação incluirá o estabelecimento e operação de uma rede global de estações de monitoramento de radionuclídeo e laboratórios credenciados. A rede fornecerá dados em conformidade com procedimentos acordados ao Centro Internacional de Dados.

10. A rede de estações medidoras de radionuclídeos na atmosfera consistirá de um total de 80 estações, conforme especificado na Tabela 2-A do Anexo 1 deste Protocolo. Todas as estações terão capacidade para monitorar a presença da partícula relevante de matéria na atmosfera. Quarenta destas estações terão capacidade também de monitorar a presença de gases nobres pertinentes após a entrada em vigor do Tratado. Para este propósito, a Conferência, na sua sessão inicial, aprovará uma recomendação da Comissão Preparatória, dispondo quais 40 estações das previstas na Tabela 2-A do Anexo 1 deste Protocolo terão capacidade para monitorar gases nobres. Na sua primeira sessão ordinária anual, a Conferência deliberará e decidirá sobre um plano para implementar a capacitação de monitoramento de gases nobres através da rede. O Diretor-Geral preparará um relatório a ser submetido à Conferência sobre as modalidades de tal implementação. Todas as estações de monitoramento desempenharão os requisitos técnicos e operacionais especificados no Manual Operacional de Monitoramento de Radionuclídeos e no Intercâmbio Internacional de Dados de Radionuclídeos.

11. A rede de estações de monitoramento de radionuclídeo contará com o apoio de laboratórios, os quais serão credenciados pelo Secretariado Técnico nos termos do manual operacional pertinente para tal desempenho, mediante contrato com a organização à base de remuneração por serviço prestado, e fará análises de amostras fornecidas pelas estações de monitoramento de radionuclídeos. Os laboratórios especificados na Tabela 2-B do Anexo 1 deste Protocolo, adequadamente equipados, poderão, se necessário, ser solicitados pelo Secretariado Técnico a realizar análises de amostras fornecidas pelas estações de monitoramento de radionuclídeos.

Com a anuência do Conselho Executivo, outros laboratórios poderão ser credenciados pelo Secretariado Técnico para desempenhar análises rotineiras de amostras das estações manuais de monitoramento, quando necessário. Todos os laboratórios credenciados fornecerão os resultados de tais análises ao Centro Internacional de Dados, e, ao fazê-lo, satisfarão as exigências técnicas e operacionais especificadas no Manual Operacional sobre Radionuclídeos e no Intercâmbio Internacional de Dados sobre Radionuclídeos.

D. Monitoramento Hidroacústico

12. Cada Estado-parte compromete-se a cooperar no intercâmbio de dados hidroacústicos com o fim de assistir na verificação da implementação deste Tratado. Esta cooperação incluirá o estabelecimento e operação de uma rede global de estações de monitoramento hicroacústico. Tais estações fornecerão dados de acordo com procedimentos acordados ao Centro Internacional de Dados.

13. A rede de estações hidroacústicas consistirá das estações especificadas na Tabela 3 do Anexo 1 deste Protocolo, e compreenderá uma rede de seis hidrofones e de cinco estações Fase-T. Tais estações desempenharão os requisitos técnicos e operacionais especificados no Manual Operacional de Monitoramento Hidroacústico e no Intercâmbio Internacional de Dados Hidroacústicos.

E. Monitoramento infrassônico

14. Cada Estado-parte compromete-se a cooperar no intercâmbio internacional de dados infrassônicos para assistir na verificação do cumprimento deste Tratado. Esta cooperação incluirá o estabelecimento e operação de uma rede global de estações de monitoramento infrassônico. Tais estações fornecerão ao Centro Internacional de Dados informações em conformidade com procedimentos acordados.

15. A rede de estações de infrassom consistirá das estações especificadas na Tabela 4 do Anexo 1 deste Protocolo, e compreenderá uma rede total de 60 estações. Tais estações satisfarão os requisitos técnicos e operacionais especificados no Manual Operacional de Monitoramento Infrassônico e Intercâmbio Internacional de Dados Infrassônicos.

F. Funções do Centro Internacional de Dados

16. O Centro Internacional de Dados terá como funções receber, coletar, processar, analisar, reportar e arquivar dados recebidos do Sistema de Monitoramento Internacional e suas instalações, inclusive os resultados das análises efetuadas nos laboratórios credenciados.

17. Os procedimentos e critérios padronizados de seleção de eventos a serem usados pelo Centro Internacional de Dados no desempenho de suas funções acordadas, particularmente na produção de relatórios padronizados e no desempenho de uma gama padronizada de serviços para os Estados-partes, serão elaborados no Manual de Operação para o Centro Internacional de Dados e serão desenvolvidos progressivamente. Os procedimentos e critérios desenvolvidos inicialmente pela Comissão Preparatória serão aprovados pela Conferência na sua sessão inicial.

18. O Centro Internacional de Dados utilizará rotineiramente métodos de processamento automático e análise interativa por técnicos dos dados brutos do Sistema de Monitoramento Internacional, com vistas a produzir e arquivar relatórios padronizados do Centro Internacional de Dados em nome de todos os Estados-partes. Tais relatórios serão fornecidos a custo zero aos Estados-partes, sem prejuízo do julgamento final a respeito da natureza de qualquer evento, o que permanecerá como responsabilidade dos Estados-partes, e incluirá:

a) Listas integradas de todos os sinais detectados pelo Sistema Internacional de Monitoramento, assim como listas e boletins de evento padrão, inclusive os valores e incertezas correlatas calculadas para cada evento pelo Centro Internacional de Dados, tendo por base um conjunto de parâmetros padronizados;

b) Boletins de eventos padrão selecionados resultantes da aplicação a cada evento pelo Centro Internacional de Dados de critérios de seleção de eventos padronizados, mediante utilização dos parâmetros de caracterização especificados no Anexo 2 deste Protocolo, com o objetivo de caracterizar e assinalar no boletim de evento padrão – e, desta forma, destacá-los – eventos considerados compatíveis com fenômenos naturais ou não nucleares e produzidos pelo homem. O boletim de evento padrão indicará numericamente para cada evento o grau segundo o qual tal evento corresponde ou não ao critério de seleção de eventos. Na aplicação padronizada da seleção de eventos, o Centro Internacional de Dados, quando necessário, utilizará tanto o critério de seleção global como o suplementar a fim de levar em conta as variações regionais. O Centro Internacional de Dados procurará aprimorar progressivamente suas capacitações técnicas à medida que for ganhando experiência na operação do Sistema Internacional de Monitoramento;

c) Sumários executivos, que resumam os dados adquiridos e arquivados pelo Centro Internacional de Dados, relatórios do Centro Internacional de Dados e o desempenho e situação operacional do Sistema de Monitoramento Internacional e do Centro Internacional de Dados; e

d) Extratos ou subconjuntos dos relatórios padrões do Centro Internacional de Dados especificados nos subparágrafos *(a)* a *(c)*, selecionados de acordo com a solicitação de um Estado-Parte específico.

19. O Centro Internacional de Dados realizará, sem custo para os Estados-partes, estudos especiais destinados a aprofundar análises técnicas especializadas de dados originários do Sistema Internacional de Monitoramento, quando solicitados pela Organização ou por um Estado-Parte, com vistas a aumentar o valor estimado dos parâmetros de sinal e evento.

Serviços do Centro Internacional de Dados para os Estados-Partes

20. O Centro Internacional de Dados fornecerá aos Estados-partes acesso aberto, igual, oportuno e conveniente a todos os dados primários ou processados do Sistema Internacional de Monitoramento de Dados, todos os relatórios do Centro Internacional de Dados e todos os outros dados do Sistema de Monitoramento Internacional arquivados no Centro Internacional de Dados ou, por intermédio do Centro Internacional de Dados, das instalações do Sistema de Monitoramento Internacional. Os métodos para assegurar o acesso aos dados e o fornecimento dos dados incluirão os seguintes serviços:

a) Envio automático e regular a um Estado-parte dos relatórios do Centro Internacional de Dados ou da seleção feita pelo Estado-parte, e, quando solicitado, a seleção feita pelo Estado-parte de dados do Sistema Internacional de Monitoramento;

b) O fornecimento de dados ou relatórios gerados em resposta a solicitações *ad hoc* por parte de Estados-partes para recuperação dos arquivos do Centro Internacional de Dados e instalações do Sistema de Monitoramento Internacional, inclusive acesso interativo eletrônico ao banco de dados do Centro Internacional de Dados; e

c) Assistência individual a Estados-partes, por solicitação destes e sem custo por esforço razoável, na forma de análise técnica especializada de dados e outras informações pertinentes do Sistema Internacional de Monitoramento fornecidos pelo Estado-parte solicitante, com o fim de ajudar o Estado-parte interessado a identificar a origem de eventos específicos. O resultado de qualquer análise técnica será considerado produto do Estado-parte solicitante, mas estará à disposição de todos os Estados-partes.

Os serviços do Centro Internacional de Dados especificados nos subparágrafos *(a)* e *(b)* estarão disponíveis, sem custo, a cada Estado-parte. Os volumes e formatos dos dados serão estabelecidos no Manual Operacional do Centro Internacional de Dados.

Seleção de evento nacional

21. O Centro Internacional de Dados, quando solicitado por um Estado-parte, aplicará a qualquer de seus relatórios padronizados, de maneira regular e automática, critérios de seleção de eventos nacionais estabelecidos por aquele Estado-parte, a ele fornecendo o resultado de tal análise. Esse serviço será realizado sem custo para o Estado-parte que o solicitar. O resultado de tais processos de seleção de evento nacional será considerado um relatório do Estado-parte solicitante.

Assistência técnica

22. O Centro Internacional de Dados fornecerá, quando solicitado, assistência técnica a Estados-partes individualmente:

a) Na formulação de seus requisitos para seleção e triagem de dados e relatórios;

b) Na instalação no Centro Internacional de Dados, sem custo para o Estado-parte por esforço razoável, algoritmos ou programas de computador fornecidos pelo Estado-parte para computar sinal novo ou parâmetros de eventos não incluídos no Manual Operacional do Centro Internacional de Dados, cujo resultado será considerado produto do Estado-parte solicitante; e

c) No auxílio aos Estados-partes, de forma a que desenvolvam capacitação para receber, processar e analisar dados do Sistema de Monitoramento Internacional em um centro nacional de dados.

23. O Centro Internacional de Dados fará monitoramento contínuo e relatório da situação operacional das instalações do Sistema Internacional de Monitoramento e dos elos de comunicação e de seus próprios sistemas de processamento. Expedirá imediata notificação aos responsáveis no caso do desempenho operacional de qualquer componente deixar de corresponder aos níveis acordados estipulados no manual de operações pertinente.

PARTE II
INSPEÇÕES *IN LOCO*

A. Dispositivos gerais

1. Os procedimentos constantes desta Parte serão implementados em conformidade com os dispositivos sobre inspeções *in loco* estipuladas no Artigo IV.

2. As inspeções *in loco* serão realizadas na área onde ocorreu o evento que determinou a solicitação de inspeção *in loco*.

3. A área de uma inspeção *in loco* será contínua e seu tamanho não excederá 1.000 quilômetros quadrados. Não haverá nenhuma distância linear superior a 50 quilômetros em qualquer direção.

4. A duração de uma inspeção *in loco* não excederá 60 dias a partir da data da aprovação da solicitação respectiva em conformidade com o Artigo IV, parágrafo 46, mas pode ser prorrogada até um máximo de 70 dias de acordo com o Artigo IV, parágrafo 49.

5. Se a área de inspeção especificada no mandato de inspeção se estender até o território ou outro lugar sob jurisdição ou controle de mais de um Estado-parte, os dispositivos relativos a inspeções *in loco* aplicar-se-ão a cada um dos Estados-partes aos quais se estende a área de inspeção.

6. Nos casos em que a área de inspeção está sob a jurisdição ou controle do Estado-parte inspecionado, mas está situada no território de um outro Estado-parte, ou quando o acesso ao ponto de entrada na área de inspeção requer trânsito através do território de um Estado-parte que não o Estado-parte sob inspeção, o Estado-parte inspecionado exercerá os direitos e cumprirá as obrigações concernentes a tais inspeções nos termos do presente Protocolo. Em tal caso, o Estado-parte em cujo território a área de inspeção está localizada permitirá a inspeção e fornecerá o necessário apoio para permitir à equipe de inspeção realizar a sua tarefa de maneira oportuna e eficaz. Os Estados-partes através de cujo território se requer trânsito a fim de alcançar a área de inspeção facilitará esse trânsito.

7. Nos casos em que a área de inspeção está sob a jurisdição ou controle do Estado-parte inspecionado, porém se acha localizada no território de um Estado não parte no presente Tratado, o Estado-parte inspecionado adotará todas as medidas necessárias para assegurar que a inspeção possa ser realizada em conformidade com este Protocolo. Um Estado-parte que possui sob sua jurisdição ou controle uma ou mais áreas no território de um Estado não parte do presente Tratado adotará todas as medidas necessárias para assegurar a aceitação, por parte do Estado em cujo território a área de inspeção está localizada, dos inspetores e assistentes de inspeção designados para o Estado-parte. Se um Estado-parte sob inspeção não for capaz de assegurar o necessário acesso, precisará demonstrar que tomou todas as medidas necessárias para tanto.

8. Nos casos em que a área de inspeção está localizada no território de um Estado-parte, mas se acha sob a jurisdição ou controle de um Estado não parte no presente Tratado, o Estado-parte tomará todas as medidas necessárias exigidas de um Estado-parte inspecionado e de um Estado-parte em cujo território a área de inspeção se acha localizada, sem prejuízo das regras e práticas de direito internacional, a fim de assegurar que a inspeção *in loco* possa ser realizada em conformidade com o presente Protocolo. Se o Estado-parte estiver impossibilitado de assegurar acesso à área de inspeção, precisará demonstrar que tomou todas as medidas necessárias para assegurar tal acesso, sem prejuízo das regras e práticas do direito internacional.

9. O tamanho da equipe de inspeção será o menor necessário para o cumprimento adequado do mandato de inspeção. O número total de membros da equipe de inspeção no território do Estado-parte inspecionado em nenhum momento, salvo durante a condução de perfurações, excederá 40 pessoas. Nenhuma pessoa nacional do Estado-

-parte requisitante ou do Estado-parte inspecionado será membro da equipe de inspeção.

10. O Diretor-Geral determinará o tamanho da equipe de inspeção e selecionará seus membros com base na lista de inspetores e assistentes de inspeção, levando em consideração as circunstâncias de uma solicitação particular.

11. O Estado-parte inspecionado proverá ou providenciará as comodidades necessárias para a equipe de inspeção, tais como meios de comunicação, serviços de interpretação, transporte, local de trabalho, hospedagem, alimentação e assistência médica.

12. O Estado-parte inspecionado será reembolsado pela Organização, num período de tempo razoavelmente curto após a conclusão da inspeção, de todas as despesas, inclusive aquelas mencionadas nos parágrafos 11 e 49, relacionadas com a permanência e atividades funcionais da equipe de inspeção no território do Estado-parte inspecionado.

13. Os procedimentos para implementação de inspeções *in loco* serão detalhados no Manual de Operações para Inspeções *in loco*.

B. Entendimentos permanentes. Designação de inspetores e assistentes de inspeção

14. Uma equipe de inspeção pode ser composta de inspetores e de assistentes de inspeção. Uma inspeção *in loco* somente poderá ser realizada por inspetores qualificados especialmente designados para esta função. Eles poderão ser assistidos por assistentes de inspeção especialmente designados, tais como pessoal técnico e administrativo, tripulação de aeronave e intérpretes.

15. Os inspetores e assistentes de inspeção serão nomeados pelos Estados-partes ou, no caso de pessoal do Secretariado Técnico, pelo Diretor-Geral, tendo por base os seus conhecimentos técnicos e experiência pertinentes para os propósitos e funções de inspeções *in loco*. Os candidatos serão aprovados antecipadamente pelos Estados-partes, de acordo com o parágrafo 18.

16. Cada Estado-parte, em prazo não superior a 30 dias após a entrada em vigor do presente Tratado para si, notificará ao Diretor-Geral os nomes, datas de nascimento, sexo, categoria funcional, qualificações e experiência profissional das pessoas propostas pelo Estado-parte para designação como inspetores e assistentes de inspeção.

17. Ao mais tardar 60 dias após a entrada em vigor do presente Tratado, o Secretariado Técnico comunicará por escrito a todos os Estados-partes uma lista inicial de nomes, nacionalidades, datas de nascimento, sexo e categoria funcional dos inspetores e assistentes de inspeção propostos para designação pelo Diretor-Geral e os Estados-partes, assim como uma descrição de suas qualificações e experiência profissional.

18. Cada Estado-parte acusará imediatamente recepção da lista inicial de inspetores e assistentes de inspeção propostos para designação. Qualquer inspetor ou assistente de inspeção incluído nesta lista será considerado aceito a menos que um Estado-parte, em prazo não superior a 30 dias depois de acusar recebimento da lista, declare por escrito a sua não aceitação. O Estado-parte pode incluir as razões da objeção. No caso de não aceitação, o inspetor ou assistente de inspeção proposto não será designado para ou participará nas atividades de inspeção *in loco* no território ou em qualquer outro lugar sob a jurisdição ou controle do Estado-parte que tenha declarado a sua não aceitação. O Secretariado Técnico confirmara imediatamente recebimento da notificação de objeção.

19. Sempre que o Diretor-Geral ou um Estado-parte propuser acréscimos ou mudanças na lista de inspetores e assistentes de inspeção, a substituição de inspetores e assistentes de inspeção será determinada da mesma maneira estabelecida para a lista inicial. Cada Estado-parte notificará prontamente ao Secretariado Técnico se um inspetor ou assistente de inspeção por ele designado não mais puder desempenhar as funções de inspetor ou assistente de inspeção.

20. O Secretariado Técnico manterá atualizada a lista de inspetores e assistentes de inspeção e notificará a todos os Estados-partes quaisquer acréscimos ou mudanças na mesma.

21. Um Estado-parte que solicitar uma inspeção *in loco* poderá propor que um inspetor ou assistente de inspeção constante da lista de inspetores e assistentes de inspeção sirva como observador em conformidade com o Artigo IV, parágrafo 61.

22. Nos termos do parágrafo 23, um Estado-parte terá o direito a qualquer tempo de objetar um inspetor ou assistente de inspeção que já tenha sido aceito. Ele notificará ao Secretariado Técnico sua objeção por escrito e poderá incluir as razões da mesma. Tal objeção terá efeito 30 dias após o recebimento da notificação pelo Secretariado Técnico. O Secretariado Técnico confirmará imediatamente o recebimento da objeção e informará aos Estados-partes que objetaram e nomearam a data a partir da qual o inspetor ou assistente de inspeção cessará de ser designado para aquele Estado-parte.

23. Um Estado-parte que tenha sido notificado de uma inspeção não procurará remover da equipe de inspeção qualquer dos inspetores ou assistentes de inspeção designados no mandato de inspeção.

24. O número de inspetores e assistentes de inspeção aceito por um Estado-parte deve ser suficiente para permitir a disponibilidade de um número apropriado de inspetores e assistentes de inspeção. Se, na opinião do Diretor-Geral, a não aceitação por parte de um Estado-parte de inspetores ou assistentes de inspeção propostos impedir a designação de um número suficiente de inspetores e assistentes de inspeção, ou de alguma forma dificultar a realização eficaz dos propósitos de uma inspeção *in loco*, o Diretor-Geral submeterá o assunto ao Conselho Executivo.

25. Cada inspetor incluído na lista de inspetores e de assistentes de inspeção receberá o treinamento pertinente. Tal treinamento será ministra-

do pelo Secretariado Técnico em conformidade com os procedimentos especificados no Manual Operacional de Inspeções *in loco*. O Secretariado Técnico coordenará, mediante acordo com os Estados-partes, um programa de treinamento para os inspetores.

Privilégios e imunidades

26. Em seguida à aceitação da lista inicial de inspetores e assistentes de inspeção conforme disposto no parágrafo 18 ou subsequentemente alterada de acordo com o parágrafo 19, cada Estado-parte será obrigado a conceder, em conformidade com os seus procedimentos nacionais e mediante solicitação de um inspetor ou assistente de inspeção, vistos de múltipla entrada e saída e/ou trânsito e outros documentos pertinentes a fim de habilitar a cada inspetor e assistente de inspeção entrar e permanecer no território do referido Estado-parte com o único propósito de realizar as atividades de inspeção. Cada Estado-parte concederá os vistos ou documentos de viagem necessários para tal finalidade o mais tardar 48 horas após recebimento da respectiva solicitação ou imediatamente após a chegada da equipe inspetora ao ponto de entrada no território do Estado-parte. Tais documentos terão a validade necessária para habilitar o inspetor ou assistente de inspeção a permanecer no território do Estado-parte inspecionado com o único propósito de realizar as atividades de inspeção.

27. A fim de permitir o exercício eficaz de suas funções, os membros da equipe de inspeção farão jus aos privilégios e imunidades estipulados nos subparágrafos *(a)* a *(i)*. Os privilégios e imunidades concedidos a membros da equipe inspetora o são em benefício do presente Tratado e não em benefício pessoal dos próprios indivíduos. Tais privilégios e imunidades ser-lhes-ão concedidos para todo o período compreendido entre a chegada e partida no território do Estado-parte inspecionado, e posteriormente com respeito a atos previamente praticados no exercício de suas funções oficiais:

a) Aos membros da equipe de inspeção será concedida a inviolabilidade de que gozam os agentes diplomáticos nos termos do Artigo 29 da Convenção de Viena sobre Relações Diplomáticas, datada de 18 de abril de 1961;

b) As habitações e locais de trabalho ocupados pela equipe inspetora no desempenho de atividades de inspeção previstas no presente Tratado gozarão de inviolabilidade e proteção concedida aos recintos dos agentes diplomáticos nos termos do Artigo 30, parágrafo 1, da Convenção de Viena sobre Relações Diplomáticas;

c) Os papéis e correspondência, inclusive registros, da equipe de inspeção gozarão da inviolabilidade acordada aos papéis e correspondência dos agentes diplomáticos nos termos do Artigo 30, parágrafo 2, da Convenção de Viena sobre Relações Diplomáticas. A equipe inspetora terá o direito de fazer uso de códigos em suas comunicações com o Secretariado Técnico;

d) Amostras e equipamento aprovado conduzidos por membros da equipe inspetora serão invioláveis nos termos dos dispositivos constantes do presente Tratado e serão isentos de todos os encargos alfandegários. Amostras perigosas serão transportadas de acordo com a regulamentação pertinente;

e) Aos membros da equipe inspetora serão concedidas as imunidades outorgadas aos agentes diplomáticos nos termos do Artigo 31, parágrafos 1, 2 e 3. da Convenção de Viena sobre Relações Diplomáticas;

f) Aos membros da equipe inspetora que realizam atividades previstas neste Tratado será concedida a isenção de impostos e taxas outorgada aos agentes diplomáticos nos termos do Artigo 34 da Convenção de Viena sobre Relações Diplomáticas;

g) Os membros da equipe inspetora terão permissão de trazer para o território do Estado-parte inspecionado, sem o pagamento de encargos alfandegários e correlatos, artigos de uso pessoal, com exceção de artigos cuja importação ou exportação é proibida por lei ou sujeita a regulamentação de quarentena;

h) Aos membros da equipe inspetora serão concedidas as mesmas facilidades em matéria de moeda e câmbio que são concedidas aos representantes de governos estrangeiros em missão oficial temporária; e

i) Os membros da equipe inspetora não se engajarão em qualquer atividade profissional ou comercial com fins lucrativos no território do Estado-parte inspecionado.

28. Quando em trânsito pelo território de Estados-partes que não o Estado-parte inspecionado, os membros da equipe inspetora gozarão dos privilégios e imunidades concedidas aos agentes diplomáticos nos termos do Artigo 40, parágrafo 1, da Convenção de Viena sobre Relações Diplomáticas. Papéis e correspondência, inclusive registros, e amostras e equipamento aprovado transportados por eles, gozarão dos privilégios e imunidades estabelecidos no parágrafo 27 *(c)* e *(d)*.

29. Sem prejuízo dos seus privilégios e imunidades os membros da equipe inspetora estão obrigados a respeitar as leis e regulamentos do Estado-parte inspecionado e, na medida do compatível com o mandato de inspeção, são obrigados a não interferir nos assuntos internos daquele Estado. Caso o Estado-parte inspecionado considere que houve abuso de privilégios e imunidades especificados neste Protocolo, estabelecer-se-ão consultas entre o Estado-parte e o Diretor-Geral a fim de determinar se tal abuso ocorreu e, se assim determinado, evitar a repetição de um tal abuso.

30. A imunidade de jurisdição de membros da equipe de inspeção pode ser suspensa pelo Diretor-Geral nos casos em que ele chegar à conclusão de que a imunidade impediria o curso normal da justiça e que ela pode ser derrogada sem prejuízo da implementação dos dispositivos do presente Tratado. A suspensão deve sempre ser explícita.

31. Os observadores gozarão dos mesmos privilégios e imunidades outorgados aos membros da equipe inspetora nos termos desta seção, com exceção daqueles concedidos conforme o parágrafo 27 *(d)*.

Pontos de entrada

32. Cada Estado-parte designará os seus pontos de entrada e fornecerá a informação necessária ao Secretariado Técnico no prazo máximo de 30 dias após a entrada em vigor do Tratado para este Estado-parte. Esses pontos de entrada serão localizados de tal forma que a equipe inspetora possa alcançar qualquer área de inspeção a partir de pelo menos um ponto de entrada em 24 horas. A localização dos pontos de entrada será fornecida a todos os Estados-partes pelo Secretariado Técnico. Os pontos de entrada podem também servir como pontos de saída.

33. Cada Estado-parte pode mudar os seus pontos de entrada e deverá dar ciência de tal mudança ao Secretariado Técnico. As mudanças tomar-se-ão efetivas depois de 30 dias da recepção da notificação pelo Secretariado Técnico, a fim de permitir a necessária notificação a todos os Estados-partes.

34. Se o Secretariado Técnico considerar que há insuficientes pontos de entrada para a oportuna realização das inspeções, ou que as mudanças de pontos de entrada propostas por um Estado-parte dificultaria a realização das inspeções em tempo hábil, entrará em consultas com o Estado-parte em questão para resolver o problema.

Entendimentos para utilização de aeronave que não de carreira

35. Quando a viagem ao ponto de entrada não for factível mediante voos comerciais programados uma equipe de inspeção poderá utilizar aeronave em voo não programado. O mais tardar 30 dias após a entrada em vigor do Tratado para ele, cada Estado-parte informara o Secretariado Técnico do número estabelecido para despacho diplomático de aeronave não programada transportando uma equipe inspetora e equipamento necessário à inspeção. As rotas aéreas seguirão as rotas estabelecidas internacionalmente que tiverem sido acordadas entre o Estado-parte e o Secretariado Técnico como base de um tal despacho diplomático.

Equipamento de inspeção aprovado

36. A Conferência, na sua sessão inicial, considerará e aprovará uma lista de equipamento a ser usado durante uma inspeção *in loco*. Cada Estado-parte pode apresentar propostas para inclusão de equipamento na lista. As especificações para uso do equipamento, detalhadas no Manual Operacional para Inspeções *in loco*, levarão em conta considerações de segurança e de confidencialidade quanto ao local onde tal equipamento provavelmente será usado.

37. O equipamento a ser usado durante inspeções *in loco* consistirá do equipamento básico para as atividades e técnicas de inspeção especificadas no parágrafo 69, e de equipamento auxiliar necessário para o desempenho oportuno e efetivo das inspeções *in loco*.

38. O Secretariado Técnico assegurará a disponibilidade de todos os tipos de equipamento aprovado para as inspeções *in loco*, quando necessário. Quando requerido para uma inspeção *in loco*, o Secretariado Técnico certificar-se-á devidamente de que o equipamento se encontra previamente calibrado, conservado e protegido. A fim de facilitar a conferência do equipamento no ponto de entrada pelo Estado-Parte inspecionado, o Secretariado Técnico providenciará documentação e afixará selos para autenticar a certificação.

39. Qualquer equipamento permanente estará sob custódia do Secretariado Permanente. Este será responsável pela manutenção e aferição de tal equipamento.

40. Quando necessário, o Secretariado Técnico promoverá entendimentos com Estados-partes para fornecer equipamento mencionado na lista. Tais Estados-partes serão responsáveis pela manutenção e aferição de tal equipamento.

C. Solicitação de inspeção *in loco*, mandato de inspeção e notificação de inspeção – Solicitação de inspeção *in loco*

41. Nos termos do Artigo IV, parágrafo 37, o pedido de inspeção *in loco* conterá pelo menos as seguintes informações:

a) As coordenadas geográficas e verticais estimadas da localização do evento que determinou o pedido com indicação da possível margem de erro;

b) Os limites propostos da área a ser inspecionada, especificados em mapa e de acordo com o disposto nos parágrafos 2 e 3;

c) O Estado-parte ou Estados-partes a serem inspecionados ou uma indicação de que a área a ser inspecionada ou parte dela se encontra além da jurisdição ou controle de qualquer Estado;

d) O ambiente provável do evento que determinou o pedido de inspeção;

e) Estimativa de tempo do evento que determinou o pedido, com indicação de possível margem de erro;

f) Todos os dados sobre os quais o pedido se baseia;

g) Detalhes pessoais do observador proposto, se houver; e

h) Os resultados de um processo de consulta e esclarecimento nos termos do Artigo IV, ou uma explanação, se pertinente, das razões pelas quais um tal processo de consulta e esclarecimento não foi levado a cabo.

Mandato de inspeção

42. O mandato para uma inspeção *in loco* conterá:

a) A decisão do Conselho Executivo sobre o pedido de inspeção *in loco*;

b) O nome do Estado-parte ou Estados-partes a serem inspecionados ou uma indicação de que a área inspecionada ou parte dela se encontra além da jurisdição ou controle de qualquer Estado;

c) A localização e limites da área de inspeção especificados em mapa, levando em conta toda informação em que se baseou o pedido e qualquer outra informação técnica disponível, em consulta com o Estado-parte solicitante;

d) Os tipos de atividades planejadas da equipe inspetora na área de inspeção;

e) O ponto de entrada a ser usado pela equipe inspetora;

f) Quaisquer pontos de trânsito ou de base, se for o caso;

g) O nome do chefe da equipe inspetora;

h) Os nomes dos membros da equipe inspetora;

i) O nome do observador proposto, se houver; e

j) A lista de equipamento a ser usado na área de inspeção. Caso uma decisão do Conselho Executivo nos termos do Artigo VI, parágrafos 46 a 49, determinar a modificação do mandato de inspeção, o Diretor-Geral poderá atualizar o mandato no que respeita aos subparágrafos *(d)*, *(h)* e *(j)*, conforme o caso. O Diretor-Geral notificará imediatamente o Estado-parte inspecionado de qualquer modificação.

Notificação de inspeção

43. A notificação a ser feita pelo Diretor-Geral nos termos do Artigo IV, parágrafo 55, incluirá a seguinte informação:

a) O mandato de inspeção;

b) A data e tempo estimado de chegada da equipe inspetora ao ponto de entrada;

c) Os meios de chegada ao ponto de entrada;

d) Se for o caso, o número do despacho diplomático autorizado para a aeronave não programada; e

e) Uma Lista de qualquer equipamento que o Diretor-Geral solicitar ao Estado-parte inspecionado, que deverá estar disponível para uso na área de inspeção pela equipe inspetora.

44. O Estado-parte inspecionado deverá acusar recebimento da notificação do Diretor-Geral no prazo máximo de 12 horas após o recebimento da notificação.

D. Atividades pré-inspeção – Entrada no território do Estado-parte inspecionado, atividades no ponto de entrada e transferência para a área de inspeção

45. O Estado-parte inspecionado que tenha sido avisado da chegada da equipe inspetora assegurará a entrada imediata desta equipe de inspeção no seu território.

46. Quando for utilizado voo não programado para transporte ao ponto de entrada, o Secretariado Técnico fornecerá ao Estado-parte inspecionado, por intermédio da Autoridade Nacional, o plano de voo cobrindo o voo da aeronave a partir do último aeroporto antes da entrada no espaço aéreo do Estado-parte em questão até o ponto de entrada, com pelo menos seis horas de antecedência em relação à partida prevista desse último aeroporto. Tal plano será formulado de acordo com os procedimentos da Organização Internacional de Aviação Civil aplicáveis a aeronave civil. O Secretariado Técnico incluirá, na seção de observações do plano de voo, o número do despacho diplomático autorizado e a indicação pertinente que identifique a aeronave como uma aeronave de inspeção. Se for utilizada uma aeronave militar, o Secretariado Técnico solicitará autorização prévia ao Estado-parte inspecionado para que possa entrar no seu espaço aéreo.

47. Não menos de três horas antes da partida prevista da equipe inspetora do ultimo aeroporto antes de entrar no espaço aéreo do Estado-parte inspecionado, o Estado-parte inspecionado assegurará que o plano de voo formulado de acordo com o parágrafo 46 está aprovado, de forma que a equipe de inspeção possa chegar ao ponto de entrada na hora prevista.

48. Quando for necessário, o chefe da equipe inspetora e o representante do Estado-parte inspecionado entrarão em acordo sobre um ponto de base e um plano de voo do ponto de entrada ao ponto de base e, se necessário, à área de inspeção.

49. O Estado-parte inspecionado providenciará e fornecerá estacionamento, segurança e proteção, serviço de manutenção e combustível solicitados pelo Secretariado Técnico para a aeronave da equipe inspetora no ponto de entrada e, se necessário, no ponto de base e na área de inspeção. Tal aeronave não estará sujeita ao pagamento de taxas de aterrissagem e de decolagem, ou encargos similares. O que se contém neste parágrafo aplicar-se-á também a aeronave usada para sobrevoo de inspeção durante a inspeção *in loco*.

50. Nos termos do parágrafo 51, não haverá restrição imposta pelo Estado-parte inspecionado à entrada de equipamento aprovado trazido pela equipe inspetora e que esteja em conformidade com o mandato de inspeção no território do Estado-parte, ou quanto ao uso do mesmo nos termos do Tratado e deste Protocolo.

51. O Estado-parte inspecionado terá o direito, sem prejuízo do período de tempo especificado no parágrafo 54, de verificar, na presença de membros da equipe inspetora no ponto de entrada, que o equipamento se encontra aprovado e certificado nos termos do parágrafo 38. O Estado-parte inspecionado pode excluir equipamento que não esteja conforme com o mandato de inspeção ou que não tenha sido aprovado e certificado de acordo com o parágrafo 38.

52. Imediatamente após a chegada no ponto de entrada e sem prejuízo do horário especificado no parágrafo 54, o chefe da inspetoria apresentará ao representante do Estado-parte inspecionado o mandato e o plano inicial da inspeção elaborado pela equipe inspetora especificando as atividades a serem realizadas pela mesma. A equipe inspetora será instruída pelo representante do Estado-parte inspecionado com o auxílio de mapas e outra documentação apropriada. Tal instrução incluirá as características naturais do terreno consideradas pertinentes, questões de segurança e confidencialidade, e arranjos logísticos para a inspeção. O Estado-parte inspecionado pode indicar locais

compreendidos na área de inspeção que, na sua opinião, não se relacionam com o propósito da inspeção.

53. Depois da instrução pré-inspeção, a equipe inspetora modificará, se necessário, o plano inicial de inspeção, levando em conta quaisquer comentários feitos pelo Estado-parte inspecionado. O plano de inspeção assim modificado será posto à disposição do representante do Estado-parte inspecionado.

54. O Estado-parte inspecionado fará tudo a seu alcance para fornecer assistência e assegurar salvo conduto à equipe inspetora, ao equipamento aprovado especificado nos parágrafos 50 e 51 e à bagagem do ponto de entrada à área de inspeção no mais tardar 36 horas após a chegada no ponto de entrada, se um outro período não houver sido acordado dentro do horário especificado no parágrafo 57.

55. A fim de certificar-se de que a área para a qual a equipe inspetora foi transportada corresponde à área de inspeção especificada no mandato de inspeção, a equipe inspetora terá o direito de usar instrumentos aprovados para determinação da localização. O Estado-parte inspecionado prestará assistência à equipe inspetora nessa tarefa.

E. Condução de inspeções – Regras gerais

56. A equipe inspetora executará suas funções nos termos do Tratado e deste Protocolo.

57. A equipe inspetora dará início às atividades de inspeção na área a inspecionar o mais cedo possível, porém em nenhuma hipótese em período superior a 72 horas após sua chegada no ponto de entrada.

58. As atividades da equipe inspetora serão organizadas de maneira a assegurar a execução oportuna e efetiva de suas funções e o mínimo possível de inconveniência causada ao Estado-parte inspecionado e transtornos na área de inspeção.

59. Nos casos em que o Estado-parte inspecionado tiver solicitado, nos termos do parágrafo 43 (e) ou no curso da inspeção, a colocar à disposição da equipe de inspeção qualquer equipamento para uso dela na área de inspeção, o Estado-parte inspecionado atenderá ao pedido na medida de sua capacidade.

60. Durante a inspeção *in loco* a equipe inspetora terá, entre outros:

a) O direito de determinar como a inspeção será realizada, em consonância com o mandato de inspeção e levando em conta quaisquer providências adotadas pelo Estado-parte inspecionado consoante os dispositivos sobre o acesso administrado;

b) O direito de modificar o plano de inspeção, caso necessário, a fim de assegurar a execução efetiva da inspeção;

c) A obrigação de levar em conta as recomendações e modificações sugeridas pelo Estado-parte inspecionado com relação ao plano de inspeção;

d) O direito de solicitar esclarecimentos sobre ambiguidades que possam surgir durante a inspeção;

e) A obrigação de fazer uso apenas das técnicas especificadas no parágrafo 69 e evitar atividades que não sejam pertinentes para o propósito da inspeção. A equipe coletará e documentará fatos que sejam relacionados com o propósito da inspeção, mas não procurará nem documentará informação que não seja a ela claramente relacionada. Qualquer material coletado e que subsequentemente seja considerado irrelevante será restituído ao Estado-parte inspecionado;

f) A obrigação de levar em conta e incluir no seu relatório dados e explanações sobre a natureza do evento que determinou o pedido, fornecidos pelo Estado-parte inspecionado e oriundos dos sistemas de monitoramento do Estado-parte inspecionado e de outras fontes;

g) A obrigação de fornecer ao Estado-parte inspecionado, a seu pedido, cópias da informação e dados coletados na área de inspeção; e

h) A obrigação de respeitar a confidencialidade e os regulamentos sobre segurança e saúde do Estado-parte inspecionado.

61. Durante a inspeção *in loco* o Estado-parte inspecionado terá, entre outros:

a) O direito a qualquer tempo de fazer recomendações à equipe inspetora sobre possível modificação no plano de inspeção;

b) O direito e a obrigação de designar um representante para assegurar contato com a equipe inspetora;

c) O direito de ter representantes acompanhando a equipe inspetora durante o desempenho de suas atribuições e observar todas as atividades de inspeção realizadas pela equipe inspetora. Isso não deverá retardar ou de qualquer forma dificultar o exercício das funções da equipe inspetora;

d) O direito de fornecer informação adicional e de solicitar a coleta e documentação de fatos adicionais que acredita serem pertinentes para a inspeção;

e) O direito de examinar todos os resultados fotográficos e de aferição, assim como amostras, e reter quaisquer fotografias ou partes delas que mostrem locais sensíveis não relacionados com o propósito da inspeção. O Estado-parte inspecionado terá o direito de receber cópias duplicatas de todos os relatórios fotográficos e resultados de mensuração. O Estado-parte inspecionado terá o direito de reter originais fotográficos e relatórios fotográficos de primeira geração e de lacrar em conjunto fotografias ou parte delas dentro de seu território. O Estado-parte inspecionado terá o direito de providenciar o seu próprio fotógrafo para tirar fotografias posadas ou fazer os vídeos solicitados pela equipe inspetora. Caso contrário, tais funções serão desempenhadas pelos membros da equipe inspetora;

f) O direito de fornecer à equipe inspetora, com base nos sistemas de monitoramento nacional ou outras fontes, dados e explanações sobre a natureza do evento que determinou o pedido de inspeção; e *g)* A obrigação de fornecer à equipe inspetora tantos esclarecimentos quanto necessários a fim de dirimir ambiguidades suscitadas durante a inspeção.

Comunicações

62. Os membros da equipe inspetora terão o direito durante todo o tempo da inspeção *in loco* de comunicar-se entre si e com o Secretariado Técnico. Para esse fim eles podem utilizar seus próprios equipamentos devidamente aprovados e certificados, com o consentimento do Estado-parte inspecionado, na medida em que este não lhes forneça acesso a outros meios de telecomunicação.

Observador

63. Nos termos do Artigo IV, parágrafo 61, o Estado-parte requisitante entrará em contato com o Secretariado Técnico a fim de coordenar a chegada do observador no mesmo ponto de entrada ou ponto de base da equipe inspetora dentro de um período de tempo razoável da chegada da equipe inspetora.

64. O observador terá o direito, durante todo o tempo da inspeção, de manter-se em comunicação com a Embaixada do Estado-parte requisitante localizada no Estado-parte inspecionado ou, no caso de não haver tal Embaixada, com o próprio Estado-Parte requisitante.

65. O observador terá o direito, concedido pelo Estado-parte inspecionado, de chegar na área de inspeção e de adentrar a mesma.

66. O observador terá o direito de fazer recomendações à equipe inspetora no curso da inspeção.

67. Durante a inspeção, a equipe inspetora manterá o observador informado da condução da inspeção e de suas conclusões.

68. Durante a inspeção, o Estado-parte inspecionado fornecerá ou providenciará para que sejam fornecidas ao observador as comodidades necessárias e similares àquelas desfrutadas pela equipe inspetora nos termos do parágrafo 11. Todos os custos relativos à estada do observador no território do Estado inspecionado serão cobertos pelo Estado-parte requisitante.

Atividades e técnicas de inspeção

69. As seguintes atividades e técnicas de inspeção podem ser realizadas e empregadas, de acordo com os dispositivos sobre acesso administrado, coleta, manipulação e análise de amostras, e sobrevoos:

a) Definição aérea ou terrestre de posição com vistas a confirmar os limites da área de inspeção e estabelecer as coordenadas de localização, em apoio às atividades de inspeção;

b) Observação visual, fotografia posada ou vídeo e imagens multiespectrais, inclusive medições infravermelho, na superfície ou abaixo dela, ou áreas, com vistas a detectar anomalias ou artifícios;

c) Medição dos níveis de radioatividade na superfície, acima ou abaixo dela, por meio de monitoramento de radiação gama e de análise de resolução de energia, na atmosfera ou na superfície, bem como abaixo dela, com vistas a buscar e identificar anomalias de radiação;

d) Amostragem ambiental e análise de sólidos, líquidos e gases na superfície, acima ou abaixo dela, com vistas a detectar anomalias;

e) Monitoramento sismológico passivo de réplicas, com vistas a localizar a área de busca e facilitar a determinação da natureza do evento;

f) Ressonância sismométrica e pesquisas sísmicas ativas, com vistas a buscar e localizar anomalias subterrâneas, inclusive cavidades e escombros;

g) Planimetria gravitacional e magnética, radar de penetração no solo e medições da condutividade elétrica na superfície e na atmosfera, quando apropriado. Com vistas a detectar anomalias e artifícios; e

h) Perfurações para obter amostras radioativas.

70. Até 25 dias depois da aprovação de uma inspeção *in loco* nos termos do Artigo IV, parágrafo 46, a equipe de inspeção terá o direito de realizar quaisquer das atividades e utilizar quaisquer das técnicas listadas no parágrafo 69 itens *(a)* a *(e)*. Na sequência da aprovação de continuidade da inspeção nos termos do Artigo IV, parágrafo 47, a equipe de inspeção terá o direito de realizar quaisquer das atividades e utilizar quaisquer das técnicas listadas no parágrafo 69 itens *(a)* a *(g)*. A equipe de inspeção só realizará perfurações com o consentimento do Conselho Executivo nos termos do Artigo IV, parágrafo 48. Se a equipe de inspeção solicitar uma extensão da duração da inspeção nos termos do Artigo IV, parágrafo 49, deverá indicar em sua solicitação quais das atividades e técnicas listadas no parágrafo 69 ela tenciona conduzir com vistas a desincumbir-se de seu mandato.

Sobrevoos de inspeção

71. A equipe inspetora terá o direito de efetuar um voo de inspeção sobre a área inspecionada durante a inspeção *in loco* com vistas a propiciar à equipe de inspeção uma orientação geral da área de inspeção, reduzindo e aprimorando a definição da localização para a inspeção terrestre e facilitando, assim, a coleta de evidências factuais, mediante o uso de equipamento especificado no parágrafo 79.

72. O sobrevoo de inspeção será efetuado tão cedo quanto possível em termos práticos. A duração total do voo de inspeção sobre a área inspecionada não excederá 12 horas.

73. Sobrevoos adicionais de inspeção com o uso de equipamento especificado nos parágrafos 79 e 80 podem ser efetuados com a anuência do Estado-parte inspecionado.

74. A área a ser coberta pelos sobrevoos de inspeção não se estenderá além dos limites da área inspecionada.

75. O Estado-parte inspecionado terá o direito de impor restrições ou, em casos excepcionais e mediante justificativa razoável, proibir sobrevoo de inspeção sobre locais sensíveis não relacionados com o propósito da inspeção. As restrições podem relacionar-se com a altitude de voo, o número de

tomadas e de círculos a efetuar, a duração da flutuação, o tipo de aeronave, o número de inspetores a bordo, e o tipo de mensurações ou observações. Se a equipe inspetora considerar que as restrições ou proibição de sobrevoo de áreas sensíveis impedem a execução plena de seu mandato, o Estado-parte inspecionado fará todo esforço razoável para oferecer meios alternativos de inspeção.

76. Os sobrevoos de inspeção serão efetuados de acordo com um plano de voo devidamente catalogado e aprovado de acordo com as regras e regulamentos de aviação do Estado-parte inspecionado. Os regulamentos de segurança de voo do Estado-parte inspecionado serão estritamente observados durante todas as operações de voo.

77. Durante os sobrevoos a aterrissagem deverá normalmente só ser autorizada para o propósito de pouso e reabastecimento.

78. Os sobrevoos serão efetuados nas altitudes solicitadas pela equipe inspetora, desde que compatíveis com as atividades a serem desenvolvidas, condições de visibilidade, assim como os regulamentos aeronáuticos e de segurança do Estado-parte inspecionado e o seu direito de proteger informação sensível não relacionada com as finalidades da inspeção. Os sobrevoos serão efetuados a uma altitude máxima de 1.500 metros acima da superfície.

79. Para os sobrevoos efetuados de acordo com os parágrafos 71 e 72, o seguinte equipamento pode ser usado a bordo da aeronave:
a) Binóculos de campo;
b) Equipamento de determinação passiva de posição;
c) Câmaras de vídeo; e
d) Câmaras manuais para fotografia posada.

80. Em qualquer sobrevoo adicional efetuado de acordo com o parágrafo 73, os inspetores a bordo da aeronave podem também usar equipamento portátil de fácil instalação para:
a) Imagens multiespectrais (inclusive infravermelho);
b) Espectroscopia de raios gama; e
c) Mapeamento em campo magnético.

81. Os sobrevoos serão efetuados com aeronaves relativamente lentas, de asas fixas ou giratórias. A aeronave deve permitir uma visão ampla, sem obstrução, da superfície abaixo.

82. O Estado-parte inspecionado terá o direito de fornecer sua própria aeronave, pré-equipada adequadamente de acordo com os requisitos técnicos do manual de operação pertinente, e a tripulação. Do contrário, a aeronave será fornecida ou alugada pelo Secretariado Técnico.

83. Se a aeronave for fornecida ou alugada pelo Secretariado Técnico, o Estado-parte inspecionado terá o direito de inspecionar a aeronave a fim de certificar-se de que a mesma está equipada com equipamento de inspeção aprovado. Tal verificação será completada no período de tempo especificado no parágrafo 57.

84. O pessoal a bordo da aeronave consistirá de:
a) O menor número de tripulantes de voo compatível com a segurança operacional da aeronave;
b) Até quatro membros da equipe inspetora;
c) Até dois representantes do Estado-parte inspecionado;
d) Um observador, se houver, sujeito à anuência do Estado-parte inspecionado; e
e) Um intérprete, se necessário.

85. Os procedimentos para a realização de sobrevoos serão detalhados no Manual de Operação para Inspeções *in loco*.

Acesso administrado

86. A equipe inspetora terá direito a acesso à área de inspeção de acordo com os dispositivos do Tratado e deste Protocolo.

87. O Estado-parte inspecionado providenciará acesso à área de inspeção de acordo com o prazo de tempo especificado no parágrafo 57.

88. Nos termos do Artigo IV, parágrafo 57 e o parágrafo 86 supra, os direitos e obrigações do Estado-parte inspecionado incluirão:
a) O direito de adotar medidas para proteger instalações e localidades sensíveis nos termos do presente Protocolo;
b) A obrigação, quando houver restrições de acesso no interior da área de inspeção, de envidar todo esforço razoável para satisfazer os requisitos do mandato de inspeção mediante meios alternativos. A solução de quaisquer questões concernentes a um ou mais aspectos da inspeção não retardará ou interferirá na conduta da equipe inspetora com respeito a outros aspectos da inspeção; e
c) O direito de tomar a decisão final com respeito a qualquer acesso da equipe inspetora, levando em conta a obrigação da mesma nos termos deste Tratado e os seus dispositivos sobre acesso administrativo.

89. Nos termos do Artigo VI, parágrafo 57 *(b)* e parágrafo 88 *(a)* acima, o Estado-parte inspecionado terá o direito de adotar medidas para proteger instalações e locais sensíveis em toda a área de inspeção e de evitar o vazamento de informação confidencial não relacionada com o propósito da inspeção. Tais medidas podem incluir, entre outras:
a) Usar cobertura protetora para esconder dispositivos, depósitos e equipamentos sensíveis;
b) Restringir a mensuração de atividade radionuclídea e de radiação nuclear para determinar a presença ou ausência dos tipos e energias de radiação pertinentes para o propósito da inspeção;
c) Restringir a retirada de amostras ou suas análises com o fim de determinar a presença ou ausência de radioatividade ou outros relatórios pertinentes para o propósito da inspeção;
d) Administrar o acesso a edifícios e outras estruturas nos termos dos parágrafos, 90 e 91; e
e) Declarar áreas de acesso restrito de acordo com os parágrafos 92 a 96.

90. O acesso a edifícios e outras estruturas será retardado até depois de aprovada a continuação da inspeção *in loco* de acordo com o Artigo IV, parágrafo 47, com exceção do acesso a edifícios e outras estruturas que abrigam a entrada a uma mina, outras escavações ou cavernas de tamanho avantajado e não acessíveis de outra maneira. Em tais edifícios e estruturas, a equipe inspetora terá apenas o direito de trânsito, nas condições que o Estado-parte inspecionado determinar, a fim de entrar em tais minas, cavernas ou outras escavações.

91. Se, em seguida à aprovação da continuação da inspeção de acordo com o Artigo IV, parágrafo 47, a equipe inspetora demonstrar de modo verossímil ao Estado-parte inspecionado que o acesso aos edifícios e outras estruturas é necessário ao cumprimento do mandato de inspeção e que as atividades necessárias autorizadas no mandato não poderão ser realizadas ao lado de fora, a equipe inspetora terá o direito de obter acesso a tais edifícios ou outras estruturas. O chefe da equipe inspetora requisitará o acesso a um determinado edifício ou estrutura, indicando o propósito de um tal acesso, o número específico de inspetores, bem como as atividades pretendidas. As modalidades para um tal acesso estarão sujeitas a negociação entre a equipe inspetora e o Estado-parte inspecionado. Este terá o direito de impor restrições ou, em casos excepcionais e com razoável justificativa, proibições ao acesso a edifícios e outras estruturas.

92. Quando forem declarados locais de acesso restrito nos termos do parágrafo 89 *(e)*, cada um desses locais não terá área superior a 4 quilômetros quadrados. O Estado-parte inspecionado terá o direito de declarar até 50 quilômetros quadrados de locais de acesso restrito. Se mais de um local de acesso restrito for declarado, cada um desses locais será separado de qualquer outro por uma distância mínima de 20 metros. Cada local de acesso restrito terá demarcação claramente definida e limites acessíveis.

93. O tamanho, localização e limites de locais de acesso restrito serão comunicados ao chefe da equipe inspetora o mais tardar por ocasião em que a equipe inspetora procurar acesso a uma localização que contenha toda ou parte de um tal local de acesso restrito.

94. A equipe inspetora terá o direito de colocar equipamento e tomar outras providências necessárias à condução da inspeção até os limites de uma área de acesso restrito.

95. A equipe inspetora terá permissão de observar visualmente todos os lugares abertos no interior da área de acesso restrito a partir dos limites do local.

96. A equipe inspetora fará todo esforço razoável para dar cumprimento ao mandato de inspeção fora da área de acesso restrito antes de requerer acesso a tais locais. Se a qualquer momento a equipe inspetora demonstrar de forma verossímil ao Estado-parte inspecionado que as atividades necessárias autorizadas no seu mandato não poderiam ser realizadas pelo lado de fora, e que o acesso a um local de acesso restrito se torna necessário ao cumprimento do mandato, alguns membros da equipe inspetora serão autorizados a desempenhar tarefas específicas no interior do local. O Estado-parte inspecionado terá o direito de cobrir ou proteger de outra forma equipamento sensível, objetos e materiais não relacionados com o objetivo da inspeção. O número de inspetores será o mínimo necessário para completar as tarefas relacionadas com a inspeção. As modalidades de um tal acesso serão objeto de negociação entre a equipe inspetora e o Estado-parte inspecionado.

Coleta, manuseio e análise de amostras

97. Nos termos dos parágrafos 86 a 96 e 98 a 100, a equipe inspetora terá o direito de coletar e retirar amostras pertinentes da área de inspeção.

98. Sempre que possível, a equipe inspetora analisará as amostras no próprio local. Os representantes do Estado-parte inspecionado terão direito a presenciar quando as amostras forem analisadas no próprio local. A pedido da equipe inspetora, o Estado-parte inspecionado providenciará assistência para a análise de amostras no próprio local, de acordo com procedimentos estabelecidos. A equipe inspetora terá o direito de transferir amostras para análises fora do local em laboratórios designados pela Organização somente se demonstrar que a necessária análise de amostras não pode ser realizada *in loco*.

99. O Estado-parte inspecionado tem o direito de reter porções de todas as amostras coletadas quando tais amostras forem analisadas e delas pode tirar duplicatas.

100. O Estado-parte inspecionado terá o direito de requerer que qualquer amostra não utilizada, ou parte dela, lhe seja restituída.

101. Os laboratórios designados conduzirão análise química ou física das amostras transferidas para análise fora do lugar. Os detalhes de tais análises serão elaborados no Manual de Operação para Inspeções *in loco*.

102. Ao Diretor-Geral caberá a responsabilidade primária pela segurança, integridade e preservação de amostras e pela segurança de confidencialidade das amostras transferidas para serem analisadas fora do local. Para tanto, o Diretor-Geral atuará de acordo com os procedimentos constantes do Manual Operacional para Inspeções *in loco*. O Diretor-Geral deverá, em qualquer caso:

a) Estabelecer um regime rigoroso que regulamente a coleta, manuseio, transporte e análise de amostras;

b) Credenciar os laboratórios designados a desempenhar os diferentes tipos de análises;

c) Supervisionar a padronização do equipamento e procedimentos desses laboratórios designados e do equipamento analítico móvel e seus procedimentos;

d) Monitorar o controle de qualidade e padronização geral no que se refere ao credenciamento desses laboratórios e ao equipamento móvel e seus procedimentos; e

e) Selecionar dentre os laboratórios designados aqueles que desempenharão funções analíticas e outras funções com respeito a investigações específicas.

103. Quando for preciso efetuar análises fora do lugar, as amostras deverão ser analisadas em pelo menos dois laboratórios designados. O Secretariado Técnico assegurará o processamento expedito das análises. As amostras ficarão sob a responsabilidade do Secretariado Técnico e quaisquer amostras não utilizadas ou parte delas serão restituídas ao Secretariado Técnico.

104. O Secretariado Técnico compilará os resultados das análises laboratoriais de amostras pertinentes para o propósito da inspeção. Nos termos do Artigo IV, parágrafo 63, o Diretor-Geral transmitirá qualquer desses resultados prontamente ao Estado-parte inspecionado para comentários e, posteriormente, ao Conselho Executivo e a todos os outros Estados-partes, e incluirá informação detalhada concernente ao equipamento e metodologia empregados pelos laboratórios designados.

Realização de inspeções em áreas fora da jurisdição ou controle de qualquer Estado

105. No caso de uma inspeção in loco numa área fora da jurisdição ou controle de qualquer Estado, o Diretor-Geral entrará em consulta com os Estados-partes interessados para concordar a respeito de qualquer ponto de trânsito ou de base a fim de facilitar uma chegada rápida da equipe inspetora à área de inspeção.

106. Os Estados-partes em cujo território estejam localizados pontos de trânsito ou de base cooperarão, tanto quanto possível, no sentido de facilitar a inspeção, inclusive o transporte da equipe inspetora, sua bagagem e equipamento até à área a inspecionar, e de providenciar as comodidades especificadas no parágrafo 11. A Organização reembolsará todos os custos incorridos pelos Estados-partes em tal assistência.

107. Com a anuência do Conselho Executivo, o Diretor-Geral poderá negociar entendimentos permanentes com Estados-partes para facilitar assistência na eventualidade de uma inspeção in loco em uma área fora da jurisdição ou controle de qualquer Estado.

108. Nos casos em que um ou mais Estados-partes tenham conduzido uma investigação de um evento ambíguo em área fora da jurisdição ou controle de qualquer Estado antes de ser feito um pedido para uma inspeção in loco na referida área, quaisquer resultados de uma tal investigação poderão ser tomados em consideração pelo Conselho Executivo em sua deliberação nos termos do Artigo IV.

Procedimento pós-inspeção

109. Após a conclusão da inspeção, a equipe inspetora reunir-se-á com o representante do Estado-parte inspecionado para rever as conclusões preliminares a que chegou e esclarecer quaisquer ambiguidades. A equipe inspetora fornecerá ao representante do Estado-parte inspecionado suas conclusões preliminares por escrito de acordo com um formato padronizado, juntamente com uma relação de quaisquer amostras ou outro material retirados da área inspecionada nos termos do parágrafo 98. O documento será assinado pelo chefe da equipe inspetora. Com o fim de indicar haver tomado nota do conteúdo do mesmo, o representante do Estado-parte inspecionado contra-assinará o referido documento. Esta reunião será completada 24 horas, o mais tardar, após a conclusão da inspeção.

Partida

110. Completado o procedimento pós-inspeção, a equipe inspetora e o observador deixarão, tão cedo quanto possível, o território do Estado-parte inspecionado. O Estado-parte inspecionado fará tudo que estiver ao seu alcance no sentido de assistir a equipe e assegurar-lhe salvo-conduto, bem como ao equipamento e bagagem até o ponto de partida. A menos que tenha havido acordo em outro sentido entre o Estado-parte inspecionado e a equipe inspetora, o ponto de saída usado será o mesmo ponto de entrada.

PARTE III
MEDIDAS DE FOMENTO DA CONFIANÇA

1. Consoante o Artigo IV, parágrafo 68, cada Estado-parte fornecerá ao Secretariado Técnico, voluntariamente, notificação de qualquer explosão química comportando 300 toneladas ou mais de material com capacidade de explosão equivalente ao TNT, detonado como explosão individual em qualquer parte do seu território, ou em qualquer lugar sob sua jurisdição ou controle. Se possível, tal notificação será fornecida com antecedência. Ela conterá detalhes sobre localização, tempo, quantidade e tipo de explosivo usado, assim como sobre a configuração e propósito da explosão.

2. Cada Estado-parte fornecerá ao Secretariado Técnico, voluntariamente e tão cedo quanto possível após a entrada em vigor do presente Tratado, informação a ser atualizada a intervalos anuais, relacionada com o uso nacional de todas as outras explosões químicas superiores a 300 toneladas de material com capacidade de explosão equivalente ao TNT. Em particular, o Estado-parte procurará avisar:

a) As posições geográficas dos locais onde as explosões tiveram origem;

b) A natureza das atividades que as produziram e o perfil geral e frequência de tais explosões;

c) Qualquer outro detalhe pertinente, se disponível; e assistir o Secretariado Técnico a esclarecer as origens de qualquer evento assim detectado pelo Sistema de Monitoramento Internacional.

3. Um Estado-parte poderá, em base voluntária e mutuamente aceitável, convidar representantes do Secretariado Técnico ou de outros Estados-partes para visitar locais em seu território a que fazem referência os parágrafos 1 e 2.

4. Com vistas a aferir o Sistema de Monitoramento Internacional, os Estados-partes poderão entrar em contato com o Secretariado Técnico para realizar explosões químicas destinadas a aferir instrumentos ou fornecer informação pertinente sobre explosões químicas programadas com outras finalidades.

ANEXO 2
AO PROTOCOLO

Lista de parâmetros de caracterização para triagem de evento padrão pelo Centro Internacional de Dados

1. Os critérios para triagem de evento padrão pelo Centro Internacional de Dados terão por base os parâmetros de caracterização de evento padrão determinado durante o processamento combinado de dados de todas as tecnologias de monitoramento no Sistema de Monitoramento Internacional. A triagem de evento padrão utilizará ambos os critérios da triagem global e suplementar a fim de levar em conta variações regionais quando cabíveis.

2. Para eventos detectados pelo componente sísmico do Sistema de Monitoramento Internacional, os seguintes parâmetros, entre outros, podem ser usados:
- localização do evento;
- profundidade do evento;
- relação entre a magnitude das ondas de superfície e as ondas internas;
- volume de sinal de frequência;
- relação espectral de fases;
- concoide espectral;
- primeiro sinal de onda P;
- mecanismo focal;
- excitação relativa de fases sísmicas;
- medidas comparativas com outros eventos e grupos de eventos; e
- discriminantes regionais onde couber.

3. Para eventos detectados pelo componente hidracústico do Sistema de Monitoramento Internacional, os seguintes parâmetros, entre outros, podem ser usados:
- volume de sinal de frequência incluindo frequência angular, energia de faixa larga, e frequência central média e largura de faixa;
- duração de sinais em função da frequência;
- relação espectral; e
- indicações de sinais de impulso borbulha e demora do impulso borbulha.

4. Para eventos detectados pelo componente infrassônico do Sistema de Monitoramento Internacional, os seguintes parâmetros, entre outros, podem ser usados:
- volume e dispersão de sinal de frequência;
- duração de sinal; e
- amplitude máxima.

5. Para eventos detectados pelo componente de radionuclídeos do Sistema de Monitoramento Internacional, os seguintes parâmetros, entre outros, podem ser usados:
- concentração de radionuclídeos de base natural ou artificial;
- concentração de fissão específica e produtos de ativação que escapam às observações normais; e
- relação de um produto de fissão e ativação específica.

CONVENÇÃO INTERNACIONAL SOBRE A SUPRESSÃO DE ATENTADOS TERRORISTAS COM BOMBAS (1998)

▶ Assinado em Nova York, em 12.01.1998.
▶ Aprovada no Brasil pelo Decreto Legislativo 116, de 12.06.2002, com reserva ao parágrafo 1 do Artigo 20. Foi promulgada por meio do Decreto 4.394, de 26.09.2002.
▶ Entrou em vigor internacional em 01.07.2002, e para o Brasil em 22.09.2002.

Os Estados-Partes nesta Convenção,

Tendo presente os propósitos e princípios da Carta das Nações Unidas relativos à manutenção da paz e da segurança internacionais e ao fomento das relações de amizade e boa vizinhança e da cooperação entre os Estados,

Observando com profunda preocupação que se intensificam em escala mundial os atentados terroristas em todas as suas formas e manifestações,

Recordando a Declaração por ocasião do cinquentenário das Nações Unidas, de 24 de outubro de 1995,

Recordando também a Declaração sobre Medidas para Eliminar o Terrorismo Internacional, que consta do anexo da resolução 49/60 da Assembleia Geral, de 9 de dezembro de 1994, na qual, entre outros, "os Estados-Membros das Nações Unidas reafirmam solenemente e de forma inequívoca sua condenação a todos os atos, métodos e práticas terroristas, por considerá-los criminosos e injustificáveis, seja onde for ou quem for que os cometa, incluídos os que colocam em perigo as relações de amizade entre os Estados e os povos, e ameaçam a integridade territorial e a segurança dos Estados", Observando que a Declaração encoraja ainda os Estados "a examinarem com urgência o alcance das disposições jurídicas internacionais vigentes sobre prevenção, repressão e eliminação do terrorismo em todas as suas formas e manifestações, com vistas a garantir a existência de um marco jurídico global que inclua todos os aspectos em questão",

Recordando ainda a resolução 51/210 da Assembleia Geral, de 17 de dezembro de 1996, e a Declaração complementar à Declaração de 1994 sobre Medidas para Eliminar o Terrorismo Internacional, que consta do anexo dessa resolução,

Observando também que os atentados terroristas com explosivos ou outros artefatos mortíferos cada mais se generalizam,

Observando ainda que as disposições jurídicas multilaterais vigentes não são suficientes para enfrentar adequadamente esses atentados,

Convencidos da urgente necessidade de intensificar a cooperação internacional entre os Estados com vistas a conceber e adotar medidas eficazes e práticas para prevenir esses atentados terroristas e para processar e punir seus autores,

Considerando que a ocorrência desses atentados é motivo de profunda preocupação para a comunidade internacional como um todo,

Observando que as atividades das forças militares dos Estados se regem por normas do direito internacional fora do contexto desta Convenção e que a exclusão de certos atos do âmbito desta Convenção não justifica nem tampouco legítima atos ilícitos de qualquer natureza, nem prejudica seu processo ao abrigo de outras leis,

Acordaram o seguinte:

Artigo 1º

Para os propósitos desta Convenção:

1. "Instalação estatal ou governamental" inclui toda instalação ou veículo permanente ou provisório utilizada ou ocupada por representantes de um Estado, membros do governo, dos poderes legislativo ou judiciário, ou por funcionários ou empregados de um Estado ou qualquer outra autoridade ou entidade pública, ou por empregados ou funcionários de uma organização intergovernamental no desempenho de duas funções oficiais.

2. "Instalação de infraestrutura" é qualquer instalação, de propriedade pública ou privada, que forneça ou distribua serviços ao público, como os de abastecimento de água, esgotos, energia, combustível ou comunicações.

3. "Artefato explosivo ou outro artefato mortífero" é:

a) Arma ou artefato explosivo ou incendiário, que tenha o propósito ou a capacidade de causar morte, lesões corporais graves ou danos materiais substanciais, ou

b) Arma ou artefato que tenha o propósito ou a capacidade de causar morte, lesões corporais graves ou danos materiais substanciais pela emissão, a propagação ou o impacto de produtos químicos tóxicos, agentes ou toxinas biológicas ou substâncias semelhantes, ou radiação ou material radioativo.

4. "Forças militares de um Estado" são as forças armadas de um Estado que forem organizadas, treinadas e equipadas de acordo com sua legislação nacional com o propósito primordial de defesa ou segurança nacional, bem como as pessoas que apoiem essas forças armadas e estejam sob seu comando, controle e responsabilidade formal.

5. "Logradouro público" é a parte de qualquer edifício público, terreno, via pública, curso d'água ou outro local que for de acesso público, permanente, periódica ou ocasionalmente, e inclui qualquer local comercial, empresarial, cultural, histórico, educacional, religioso, governamental, de entretenimento, recreativo ou similar que esteja acessível ou for aberto ao público.

6. "Sistema de transporte público" é qualquer instalação, veículo e instrumento, de propriedade pública ou privada, que for utilizado em serviços públicos ou para serviços públicos de transporte de pessoas ou carga.

Artigo 2º

1. Comete um delito no sentido desta Convenção qualquer pessoa que ilícita e intencionalmente entrega, coloca, lança ou detona um artefato explosivo ou outro artefato mortífero em, dentro ou contra um logradouro público, uma instalação estatal ou governamental, um sistema de transporte público ou uma instalação de infraestrutura:

a) Com a intenção de causar morte ou grave lesão corporal, ou

b) Com a intenção de causar destruição significativa desse lugar, instalação ou rede que ocasione ou possa ocasionar um grande prejuízo econômico.

2. Também constitui delito a tentativa de cometer qualquer dos delitos enumerados no parágrafo 1.

3. Também constitui delito:

a) Participar como cúmplice nos delitos enunciados nos parágrafos 1 ou 2; ou

b) Organizar e dirigir outros na perpetração dos delitos enunciados nos parágrafos 1 e 2; ou

c) Contribuir de qualquer outra forma na perpetração de um ou mais dos delitos enunciados nos parágrafos 1 ou 2 por um grupo de pessoas que atue com um propósito comum; essa contribuição deverá ser intencional e ocorrer seja com a finalidade de colaborar com a atividade ou o propósito delitiva genérico do grupo, seja com o conhecimento da intenção do grupo de cometer o delito ou delitos de que se trate.

Artigo 3º

Esta Convenção não será aplicável quando o delito for cometido num Estado, o delinquente presumido e as vítimas forem nacionais desse Estado, o delinquente presumido se encontre no território desse Estado e nenhum outro Estado possa exercer sua jurisdição de acordo com o disposto nos parágrafos 1 ou 2 do artigo 6 desta Convenção, salvo quando se apliquem as disposições dos artigos 10 a 15.

Artigo 4º

Cada Estado-Parte adotará as medidas necessárias para:

a) Tipificar como crime, de acordo com sua legislação interna, os delitos indicados no artigo 2 desta Convenção;

b) Punir esses delitos com penas adequadas, que levem em consideração a gravidade de sua natureza.

Artigo 5º

Cada Estado-Parte adotará as medidas necessárias, inclusive, quando for o caso, a adoção de legislação interna, para garantir que atos criminosos compreendidos no âmbito desta Convenção, em especial os que pretendam ou tenham o propósito de criar um estado de terror na população em geral, em um grupo de pessoas ou em determinadas pessoas, não se possam, em nenhuma circunstância, justificar por considerações de natureza política, filosófica, ideológica, racial, étnica, religiosa ou de qualquer natureza semelhante e sejam apenados de forma consistente com sua gravidade.

Artigo 6°

1. Cada Estado-Parte adotará as medidas necessárias para estabelecer sua jurisdição sobre os delitos enunciados no artigo 2 quando:

a) O delito for cometido no território desse Estado;

b) O delito for cometido a bordo de embarcação que porte a bandeira desse Estado ou de aeronave matriculada sob as leis desse Estado no momento em que venha a ser cometido; ou

c) O delito for cometido por nacional desse Estado.

2. Um Estado-Parte também poderá estabelecer sua jurisdição sobre qualquer desses delitos quando:

a) Esse delito for cometido contra um nacional desse Estado;

b) Esse delito for cometido contra uma instalação estatal ou governamental desse Estado no exterior, inclusive uma embaixada ou outra instalação diplomática ou consular desse Estado;

c) Esse delito for cometido por um apátrida que tenha sua residência habitual nesse Estado;

d) Esse delito for cometido com o objetivo de obrigar esse Estado a realizar ou se abster de realizar qualquer ato; ou

e) Esse delito for cometido a bordo de uma aeronave operada pelo governo desse Estado.

3. Cada Estado-Parte, ao ratificar, aceitar, aprovar ou aderir a esta Convenção, notificará o Secretário-Geral das Nações Unidas da jurisdição que tiver estabelecido, de acordo com o parágrafo 2, no âmbito de sua legislação interna. Caso ocorra alguma alteração nessa jurisdição, o Estado-Parte deverá comunicá-la imediatamente ao Secretário-Geral.

4. Cada Estado-Parte tomará, igualmente, as medidas necessárias para estabelecer sua jurisdição sobre os delitos enunciados no parágrafo 2 nos casos em que o delinquente presumido se encontre em seu território e esse Estado não conceda a extradição a nenhum dos Estados-Partes que tenham estabelecido sua jurisdição, de acordo com o parágrafo 1 ou 2.

5. Esta Convenção não exclui o exercício da jurisdição penal estabelecida por um Estado-Parte de acordo com sua legislação interna.

Artigo 7°

1. O Estado-Parte, que receba informação que indique encontrar-se em seu território pessoa que tenha cometido ou for suspeita de ter cometido um delito enunciado no artigo 2, adotará imediatamente as medidas necessárias, de acordo com sua legislação interna, para investigar os fatos contidos na informação recebida.

2. O Estado-Parte em cujo território se encontre o delinquente ou suspeito, caso considere que as circunstâncias assim o recomendam, tomará as medidas apropriadas, de acordo com sua legislação interna, para assegurar a presença dessa pessoa para fins de juízo ou extradição.

3. Qualquer pessoa a que se refiram as medidas indicadas no parágrafo 2 terá direito a:

a) Comunicar-se sem demora com o representante mais próximo do Estado de que for nacional ou que tenha a competência para proteger os seus direitos ou, caso se trate de apátrida, do Estado em cujo território resida habitualmente;

b) Receber a visita de um representante desse Estado;

c) Ser informado dos seus direitos ao abrigo dos incisos *(a)* e *(b)*.

4. Os direitos a que se refere o parágrafo 3 deverão ser exercidos de conformidade com as leis e regulamentos do Estado em que se encontre o delinquente ou suspeito, sempre que essas leis e regulamentos permitam a plena vigência dos direitos enunciados no parágrafo 3.

5. O disposto nos parágrafos 3 e 4 se fará sem prejuízo do direito de qualquer Estado-Parte, que, conforme os parágrafos 1, inciso *(c)*, ou 2, inciso *(c)*, do Artigo 6, tenha reivindicado jurisdição, de convidar o Comitê Internacional da Cruz Vermelha a comunicar-se ou visitar o suspeito.

6. O Estado-Parte que, em virtude deste artigo, colocar uma pessoa sob sua custódia, comunicará imediatamente a detenção e as circunstâncias que a justificam aos Estados-Partes que tenham estabelecido sua jurisdição, de conformidade com os parágrafos 1 e 2 do artigo 6, e, se o considerar conveniente, a quaisquer outros Estados-Partes interessados, diretamente ou por intermédio do Secretário-Geral das Nações Unidas. O Estado que proceda à investigação prevista no parágrafo 1 informará sem demora dos resultados da mesma aos mencionados Estados-Partes e indicará se tenciona exercer sua jurisdição sobre o caso.

Artigo 8°

1. O Estado-Parte, em cujo território se encontrar o suspeito delinquente, estará obrigado, nos casos em que se aplique o artigo 6, e caso não proceda a sua extradição, a submeter sem demora indevida o caso a suas autoridades competentes com vistas à abertura do processo, de acordo com o procedimento previsto pela legislação desse Estado, sem nenhuma exceção e independentemente de que o delito tenha sido ou não cometido em seu território. As mencionadas autoridades adotarão sua decisão nas mesmas condições aplicáveis a qualquer delito de natureza grave de acordo com as leis desse Estado.

2. Quando a legislação de um Estado-Parte lhe permita proceder à extradição de um de seus nacionais ou entregá-lo apenas com a condição de que este lhe seja devolvido para cumprir a pena que lhe for imposta como resultado do processo para o qual foi pedida sua extradição ou entrega, e esse Estado e o que lhe solicite a extradição estiverem de acordo com essa opção e as demais condições que considerarem adequadas, tal extradição ou en-

trega condicional será suficiente para cumprir a obrigação enunciada no parágrafo 1.

Artigo 9º
1. Os delitos enunciados no artigo 2 serão considerados incluídos entre os que levam à extradição em todo tratado de extradição acordado entre Estados-Partes antes da entrada em vigor desta Convenção. Os Estados-Partes comprometem-se a incluir tais delitos como casos de extradição em todo o tratado sobre a matéria que acordarem posteriormente entre si.
2. Quando um Estado-Parte, que subordine a extradição à existência de um tratado, receba um pedido de extradição de outro Estado-Parte, com o qual não tenha acordado um tratado, poderá, a seu critério, considerar esta Convenção como a base jurídica necessária para a extradição com respeito aos delitos previstos no artigo 2. A extradição estará sujeita às demais condições exigidas pela legislação do Estado ao qual se tenha submetido o pedido.
3. Os Estados-Partes que não subordinem a extradição à existência de um tratado, reconhecerão os delitos enunciados no artigo 2 como casos de extradição entre si, sujeitos às condições exigidas pela legislação do Estado a que se faça a solicitação.
4. Caso necessário, para fins da extradição entre Estados-Partes, considerar-se-á que os delitos enunciados no artigo 2 ocorreram não apenas no lugar em que foram cometidos, mas também no território dos Estados que tiverem estabelecido sua jurisdição, de conformidade com os parágrafos 1 e 2 do artigo 6.
5. As disposições de todos os tratados de extradição vigentes entre Estados-Partes com respeito aos delitos enumerados no artigo 2 considerar-se-ão modificadas entre esses Estados, na medida em que forem incompatíveis com a presente Convenção.

Artigo 10
1. Os Estados-Partes prestarão toda assistência possível entre si com relação a qualquer investigação, processo penal ou procedimento de extradição que for iniciado com respeito aos delitos enunciados no artigo 2, inclusive quanto à obtenção de provas a seu dispor necessárias ao processo.
2. Os Estados-Partes cumprirão as obrigações que lhes compitam em virtude do parágrafo 1 de acordo com os tratados ou outros acordos de assistência jurídica recíproca que existam entre eles. Na ausência de tais tratados ou acordos, os Estados-Partes prestarão essa assistência entre si de conformidade com sua legislação interna.

Artigo 11
Para o propósito da extradição ou da assistência jurídica recíproca, nenhum dos delitos enunciados no artigo 2 será considerado delito político, nem delito conexo a um delito político, nem tampouco delito inspirado em motivos políticos. Consequentemente, não poderá ser recusada uma solicitação de extradição ou de assistência jurídica recíproca formulada com base em um delito dessa natureza pela única razão de que se refira a um delito político ou a um delito inspirado em motivos políticos.

Artigo 12
Nada do disposto nesta Convenção poderá ser interpretado como impondo uma obrigação de extraditar ou de prestar assistência jurídica recíproca se o Estado a que for apresentado o pedido tiver motivos fundamentados para acreditar que a solicitação de extradição pelos delitos enunciados no artigo 2 ou de assistência jurídica recíproca com relação a esses delitos tenha sido formulada com o objetivo de processar ou castigar uma pessoa por motivos de raça, religião, nacionalidade, origem étnica ou opinião política, ou que o cumprimento do que for solicitado possa prejudicar a situação dessa pessoa por esses mesmos motivos.

Artigo 13
1. A pessoa que estiver ditada ou cumprindo pena no território de um Estado-Parte e cuja presença for solicitada em outro Estado-Parte, com vistas a prestar testemunho ou a fazer identificação, ou para que ajude a obter provas necessárias para a investigação ou para o processo relativo aos delitos previstos na presente Convenção, poderá ser transferida, atendidas as seguintes condições:
a) Se essa pessoa der o seu consentimento livre e claro;
b) Se as autoridades competentes de ambos os Estados estiverem de acordo, sujeitas às condições que considerem apropriadas.
2. Para os fins do presente artigo:
a) O Estado para o qual for transferida essa pessoa estará autorizado e obrigado a mantê-la detida, a menos que o Estado de onde foi transferida solicite ou autorize diferentemente;
b) O Estado para o qual for transferida essa pessoa cumprirá, sem demoras, sua obrigação de devolvê-la à custódia do Estado do qual foi transferida, conforme tenham acordado antecipadamente ou de outra forma as autoridades competentes de ambos os Estados;
c) O Estado para o qual for transferida essa pessoa não exigirá ao Estado do qual foi transferida que inicie procedimentos de extradição para sua devolução;
d) Será levado em consideração o tempo que a pessoa transferida ficar detida no Estado que solicitar a transferência, para os efeitos do cumprimento da pena que lhe tenha sido imposta pelo Estado que a transferiu.
3. A pessoa transferida com base no presente artigo, seja qual for sua nacionalidade, não poderá ser processada, detida ou submetida a qualquer outra restrição de sua liberdade pessoal no território do Estado para o qual tiver sido transferida com base em atos ou condenações anteriores à sua saída do território do Estado do qual foi transferida, salvo se este Estado estiver de acordo.

Artigo 14
Toda pessoa que estiver detida ou a respeito da qual se adote qualquer medida ou procedimento com base nesta Convenção terá a garantia de tratamento justo, inclusive o usufruto de todos os direitos e garantias de conformidade com a lei do Estado em cujo território estiver, e os dispositivos aplicáveis do direito internacional, inclusive o direito internacional em matéria de direitos humanos.

Artigo 15
Os Estados-Partes cooperarão na prevenção dos delitos previstos no artigo 2, em especial:
a) Mediante a adoção de todas as medidas factíveis, entre as quais, caso necessário, a de adaptar suas legislações internas para prevenir e impedir que se prepare, em seus respectivos territórios, a perpetração de tais delitos, dentro ou fora de seus territórios, inclusive a adoção de medidas para proibir, em seus territórios, atividades ilegais de pessoas, grupos e organizações que promovam, instiguem, organizem, financiem com conhecimento de causa ou participem nos delitos previstos no artigo 2;
b) Mediante o intercâmbio de informação precisa e corroborada, de conformidade com sua legislação interna, e a coordenação de medidas administrativas ou de outra índole que se adotem, caso apropriadas, para impedir que se cometam os delitos previstos no artigo 2; e,
c) Quando necessário, mediante a pesquisa e o desenvolvimento de métodos de detecção de explosivos e de outras substâncias nocivas que possam provocar a morte ou lesões corporais, consultas sobre a preparação de normas para marcar os explosivos com vistas a identificar a sua origem em investigações após explosões, o intercâmbio de informações sobre medidas preventivas, a cooperação e transferência de tecnologia, equipamentos e material correlato.

Artigo 16
O Estado-Parte em que se estabeleça uma ação penal contra o suspeito delinquente comunicará, de acordo com sua legislação interna ou seus procedimentos aplicáveis, o resultado final dessa ação ao Secretário-Geral das Nações Unidas, que transmitirá a informação aos demais Estados-Partes.

Artigo 17
Os Estados-Partes cumprirão as obrigações de sua competência em virtude desta Convenção de forma compatível com os princípios da igualdade soberana, da integridade territorial dos Estados e da não intervenção nos assuntos internos de outros Estados.

Artigo 18
Nada do disposto nesta Convenção autorizará um Estado-Parte a exercer sua jurisdição no território de outro Estado-Parte, ou a nele realizar funções exclusivamente reservadas às autoridades desse outro Estado-Parte por seu direito interno.

Artigo 19
1. Nada do disposto nesta Convenção afetará outros direitos, obrigações e responsabilidades dos Estados e dos indivíduos estabelecidas no direito internacional, em especial os propósitos e princípios da Carta das Nações Unidas e o direito internacional humanitário.
2. As atividades das forças armadas durante um conflito armado, conforme definidas pelo direito internacional humanitário e por este regidos, não estarão sujeitas à presente Convenção e tampouco o estarão as atividades realizadas pelas forças militares de um Estado no cumprimento de suas funções oficiais, sempre que forem regidas por outras normas do direito internacional.

Artigo 20
1. As controvérsias que venham a surgir entre dois ou mais Estados-Partes sobre a interpretação ou a aplicação desta Convenção e que não se possam resolver mediante negociações dentro de um prazo razoável serão submetidas a arbitragem por petição de um desses Estados. Se, num prazo de seis meses, contados a partir da data da solicitação de arbitragem, as partes não chegarem a um acordo sobre a forma de organizá-la, qualquer das partes poderá submeter a controvérsia à Corte Internacional de Justiça, mediante solicitação apresentada conforme o Estatuto da Corte.
2. Cada Estado, no momento de assinar, ratificar, aceitar ou aprovar a presente Convenção, ou a ela aderir, poderá declarar não se considerar obrigado pelo parágrafo 1. Os demais Estados-Partes não estarão obrigados pelo disposto no parágrafo 1 com respeito a qualquer Estado-Parte que tenha formulado essa reserva.
3. O Estado que tiver formulado a reserva prevista no parágrafo 2 poderá retirá-la em qualquer momento, mediante notificação ao Secretário-Geral das Nações Unidas.

Artigo 21
1. Esta Convenção estará aberta à assinatura de todos os Estados, de 12 de janeiro de 1998 até 31 de dezembro de 1999, na Sede das Nações Unidas em Nova York.
2. Esta Convenção estará sujeita a ratificação, aceitação ou aprovação. Os instrumentos de ratificação, aceitação ou aprovação serão depositados junto ao Secretário-Geral das Nações Unidas.
3. Esta Convenção estará aberta à adesão de qualquer Estado. Os instrumentos de adesão deverão ser depositados junto ao Secretário-Geral das Nações Unidas.

Artigo 22
1. Esta Convenção entrará em vigor no trigésimo dia após a data do depósito junto ao Secretário-Geral das Nações Unidas do vigésimo segundo instrumento de ratificação, aceitação, aprovação ou adesão.
2. Para os Estados que ratifiquem, aceitem ou aprovem a Convenção, ou a ela adiram, depois do depó-

sito do vigésimo segundo instrumento de ratificação, aceitação, aprovação ou adesão, a Convenção entrará em vigor no trigésimo dia após a data em que cada um desses Estados tiver depositado seu instrumento de ratificação, aceitação, aprovação ou adesão.

Artigo 23

1. Qualquer Estado-Parte poderá denunciar esta Convenção mediante notificação escrita dirigida ao Secretário-Geral das Nações Unidas.
2. A denúncia surtirá efeito um ano após a data em que o Secretário-Geral das Nações Unidas tiver recebido a notificação correspondente.

Artigo 24

O original da presente Convenção, cujos textos em árabe, chinês, espanhol, francês, inglês e russo são igualmente autênticos, será depositado junto ao Secretário-Geral das Nações Unidas, que enviará cópias certificadas do mesmo a todos os Estados.

Em fé do que, os abaixo assinados, devidamente autorizados por seus respectivos Governos, assinaram a presente Convenção, aberta para assinatura em Nova York, aos doze dias de janeiro de mil novecentos e noventa e oito.

CONVENÇÃO DAS NAÇÕES UNIDAS CONTRA O CRIME ORGANIZADO TRANSNACIONAL (2000)

- Adotada em Nova York em 15.11.2000.
- Aprovada no Brasil por meio do Decreto Legislativo 231, de 29.05.2003, e ratificada pelo governo brasileiro em 29.01.2004, tendo sido promulgada pelo Decreto 5.015, de 12.03.2004.
- Entrou em vigor internacional em 29.09.2003, e para o Brasil, em 28.02.2004.

Artigo 1°
Objetivo

O objetivo da presente Convenção consiste em promover a cooperação para prevenir e combater mais eficazmente a criminalidade organizada transnacional.

Artigo 2°
Terminologia

Para efeitos da presente Convenção, entende-se por:

a) "Grupo criminoso organizado" – grupo estruturado de três ou mais pessoas, existente há algum tempo e atuando concertadamente com o propósito de cometer uma ou mais infrações graves ou enunciadas na presente Convenção, com a intenção de obter, direta ou indiretamente, um benefício econômico ou outro benefício material;

b) "Infração grave" – ato que constitua infração punível com uma pena de privação de liberdade, cujo máximo não seja inferior a 4 (quatro) anos ou com pena superior;

c) "Grupo estruturado" – grupo formado de maneira não fortuita para a prática imediata de uma infração, ainda que os seus membros não tenham funções formalmente definidas, que não haja continuidade na sua composição e que não disponha de uma estrutura elaborada;

d) "Bens" – os ativos de qualquer tipo, corpóreos ou incorpóreos, móveis ou imóveis, tangíveis ou intangíveis, e os documentos ou instrumentos jurídicos que atestem a propriedade ou outros direitos sobre os referidos ativos;

e) "Produto do crime" – os bens de qualquer tipo, provenientes, direta ou indiretamente, da prática de um crime;

f) "Bloqueio" ou "apreensão" – a proibição temporária de transferir, converter, dispor ou movimentar bens, ou a custódia ou controle temporário de bens, por decisão de um tribunal ou de outra autoridade competente;

g) "Confisco" – a privação com caráter definitivo de bens, por decisão de um tribunal ou outra autoridade competente;

h) "Infração principal" – qualquer infração de que derive um produto que possa passar a constituir objeto de uma infração definida no Artigo 6 da presente Convenção;

i) "Entrega vigiada" – a técnica que consiste em permitir que remessas ilícitas ou suspeitas saiam do território de um ou mais Estados, os atravessem ou neles entrem, com o conhecimento e sob o controle das suas autoridades competentes, com a finalidade de investigar infrações e identificar as pessoas envolvidas na sua prática;

j) "Organização regional de integração econômica" – uma organização constituída por Estados soberanos de uma região determinada, para a qual estes Estados tenham transferido competências nas questões reguladas pela presente Convenção e que tenha sido devidamente mandatada, em conformidade com os seus procedimentos internos, para assinar, ratificar, aceitar ou aprovar a Convenção ou a ela aderir; as referências aos "Estados-Partes" constantes da presente Convenção são aplicáveis a estas organizações, nos limites das suas competências.

Artigo 3°
Âmbito de aplicação

1. Salvo disposição em contrário, a presente Convenção é aplicável à prevenção, investigação, instrução e julgamento de:

a) Infrações enunciadas nos Artigos 5, 6, 8 e 23 da presente Convenção; e

b) Infrações graves, na acepção do Artigo 2 da presente Convenção; sempre que tais infrações sejam de caráter transnacional e envolvam um grupo criminoso organizado;

2. Para efeitos do parágrafo 1 do presente Artigo, a infração será de caráter transnacional se:

a) For cometida em mais de um Estado;

b) For cometida num só Estado, mas uma parte substancial da sua preparação, planejamento, direção e controle tenha lugar em outro Estado;

c) For cometida num só Estado, mas envolva a participação de um grupo criminoso organizado que pratique atividades criminosas em mais de um Estado; ou

d) For cometida num só Estado, mas produza efeitos substanciais noutro Estado.

Artigo 4º
Proteção da soberania

1. Os Estados-Partes cumprirão as suas obrigações decorrentes da presente Convenção no respeito pelos princípios da igualdade soberana e da integridade territorial dos Estados, bem como da não ingerência nos assuntos internos de outros Estados.

2. O disposto na presente Convenção não autoriza qualquer Estado-Parte a exercer, em território de outro Estado, jurisdição ou funções que o direito interno desse Estado reserve exclusivamente às suas autoridades.

Artigo 5º
Criminalização da participação em um grupo criminoso organizado

1. Cada Estado-Parte adotará as medidas legislativas ou outras que sejam necessárias para caracterizar como infração penal, quando praticado intencionalmente:

a) Um dos atos seguintes, ou ambos, enquanto infrações penais distintas das que impliquem a tentativa ou a consumação da atividade criminosa:

i) O entendimento com uma ou mais pessoas para a prática de uma infração grave, com uma intenção direta ou indiretamente relacionada com a obtenção de um benefício econômico ou outro benefício material e, quando assim prescrever o direito interno, envolvendo um ato praticado por um dos participantes para concretizar o que foi acordado ou envolvendo a participação de um grupo criminoso organizado;

ii) A conduta de qualquer pessoa que, conhecendo a finalidade e a atividade criminosa geral de um grupo criminoso organizado, ou a sua intenção de cometer as infrações em questão, participe ativamente em:

a. Atividades ilícitas do grupo criminoso organizado;

b. Outras atividades do grupo criminoso organizado, sabendo que a sua participação contribuirá para a finalidade criminosa acima referida;

b) O ato de organizar, dirigir, ajudar, incitar, facilitar ou aconselhar a prática de uma infração grave que envolva a participação de um grupo criminoso organizado.

2. O conhecimento, a intenção, a finalidade, a motivação ou o acordo a que se refere o parágrafo 1 do presente Artigo poderão inferir-se de circunstâncias factuais objetivas.

3. Os Estados-Partes cujo direito interno condicione a incriminação pelas infrações referidas no inciso i) da alínea a) do parágrafo 1 do presente Artigo ao envolvimento de um grupo criminoso organizado diligenciarão no sentido de que o seu direito interno abranja todas as infrações graves que envolvam a participação de grupos criminosos organizados. Estes Estados-Partes, assim como os Estados-Partes cujo direito interno condicione a incriminação pelas infrações definidas no inciso i) da alínea a) do parágrafo 1 do presente Artigo à prática de um ato concertado, informarão deste fato o Secretário-Geral da Organização das Nações Unidas, no momento da assinatura ou do depósito do seu instrumento de ratificação, aceitação, aprovação ou adesão à presente Convenção.

Artigo 6º
Criminalização da lavagem do produto do crime

1. Cada Estado-Parte adotará, em conformidade com os princípios fundamentais do seu direito interno, as medidas legislativas ou outras que sejam necessárias para caracterizar como infração penal, quando praticada intencionalmente:

a) i) A conversão ou transferência de bens, quando quem o faz tem conhecimento de que esses bens são produto do crime, com o propósito de ocultar ou dissimular a origem ilícita dos bens ou ajudar qualquer pessoa envolvida na prática da infração principal a furtar-se às consequências jurídicas dos seus atos;

ii) A ocultação ou dissimulação da verdadeira natureza, origem, localização, disposição, movimentação ou propriedade de bens ou direitos a eles relativos, sabendo o seu autor que os ditos bens são produto do crime;

b) e, sob reserva dos conceitos fundamentais do seu ordenamento jurídico:

i) A aquisição, posse ou utilização de bens, sabendo aquele que os adquire, possui ou utiliza, no momento da recepção, que são produto do crime;

ii) A participação na prática de uma das infrações enunciadas no presente Artigo, assim como qualquer forma de associação, acordo, tentativa ou cumplicidade, pela prestação de assistência, ajuda ou aconselhamento no sentido da sua prática.

2. Para efeitos da aplicação do parágrafo 1 do presente Artigo:

a) Cada Estado-Parte procurará aplicar o parágrafo 1 do presente Artigo à mais ampla gama possível de infrações principais;

b) Cada Estado-Parte considerará como infrações principais todas as infrações graves, na acepção do Artigo 2 da presente Convenção, e as infrações enunciadas nos seus Artigos 5, 8 e 23. Os Estados-Partes cuja legislação estabeleça uma lista de infrações principais específicas incluirá entre estas, pelo menos, uma gama completa de infrações relacionadas com grupos criminosos organizados;

c) Para efeitos da alínea b), as infrações principais incluirão as infrações cometidas tanto dentro como fora da jurisdição do Estado-Parte interessado. No entanto, as infrações cometidas fora da jurisdição de um Estado-Parte só constituirão infração principal quando o ato correspondente constitua infração penal à luz do direito interno do Estado em que tenha sido praticado e constitua infração penal à luz do direito interno do Estado-Parte que aplique o presente Artigo se o crime aí tivesse sido cometido;

d) Cada Estado-Parte fornecerá ao Secretário-Geral das Nações Unidas uma cópia ou descrição das suas leis destinadas a dar aplicação ao presente Artigo e de qualquer alteração posterior;

e) Se assim o exigirem os princípios fundamentais do direito interno de um Estado-Parte, poderá estabelecer-se que as infrações enunciadas no parágrafo 1 do presente Artigo não sejam aplicáveis às pessoas que tenham cometido a infração principal;

f) O conhecimento, a intenção ou a motivação, enquanto elementos constitutivos de uma infração enunciada no parágrafo 1 do presente Artigo, poderão inferir-se de circunstâncias fatuais objetivas.

Artigo 7º
Medidas para combater a lavagem de dinheiro

1. Cada Estado-Parte:

a) Instituirá um regime interno completo de regulamentação e controle dos bancos e instituições financeiras não bancárias e, quando se justifique, de outros organismos especialmente susceptíveis de ser utilizados para a lavagem de dinheiro, dentro dos limites da sua competência, a fim de prevenir e detectar qualquer forma de lavagem de dinheiro, sendo nesse regime enfatizados os requisitos relativos à identificação do cliente, ao registro das operações e à denúncia de operações suspeitas;

b) Garantirá, sem prejuízo da aplicação dos Artigos 18 e 27 da presente Convenção, que as autoridades responsáveis pela administração, regulamentação, detecção e repressão e outras autoridades responsáveis pelo combate à lavagem de dinheiro (incluindo, quando tal esteja previsto no seu direito interno, as autoridades judiciais), tenham a capacidade de cooperar e trocar informações em âmbito nacional e internacional, em conformidade com as condições prescritas no direito interno, e, para esse fim, considerará a possibilidade de criar um serviço de informação financeira que funcione como centro nacional de coleta, análise e difusão de informação relativa a eventuais atividades de lavagem de dinheiro.

2. Os Estados-Partes considerarão a possibilidade de aplicar medidas viáveis para detectar e vigiar o movimento transfronteiriço de numerário e de títulos negociáveis, no respeito pelas garantias relativas à legítima utilização da informação e sem, por qualquer forma, restringir a circulação de capitais lícitos. Estas medidas poderão incluir a exigência de que os particulares e as entidades comerciais notifiquem as transferências transfronteiriças de quantias elevadas em numerário e títulos negociáveis.

3. Ao instituírem, nos termos do presente Artigo, um regime interno de regulamentação e controle, e sem prejuízo do disposto em qualquer outro artigo da presente Convenção, todos os Estados-Partes são instados a utilizar como orientação as iniciativas pertinentes tomadas pelas organizações regionais, inter-regionais e multilaterais para combater a lavagem de dinheiro.

4. Os Estados-Partes diligenciarão no sentido de desenvolver e promover a cooperação à escala mundial, regional, sub-regional e bilateral entre as autoridades judiciais, os organismos de detecção e repressão e as autoridades de regulamentação financeira, a fim de combater a lavagem de dinheiro.

Artigo 8º
Criminalização da corrupção

1. Cada Estado-Parte adotará as medidas legislativas e outras que sejam necessárias para caracterizar como infrações penais os seguintes atos, quando intencionalmente cometidos:

a) Prometer, oferecer ou conceder a um agente público, direta ou indiretamente, um benefício indevido, em seu proveito próprio ou de outra pessoa ou entidade, a fim de praticar ou se abster de praticar um ato no desempenho das suas funções oficiais;

b) Por um agente público, pedir ou aceitar, direta ou indiretamente, um benefício indevido, para si ou para outra pessoa ou entidade, a fim de praticar ou se abster de praticar um ato no desempenho das suas funções oficiais.

2. Cada Estado-Parte considerará a possibilidade de adotar as medidas legislativas ou outras que sejam necessárias para conferir o caracter de infração penal aos atos enunciados no parágrafo 1 do presente Artigo que envolvam um agente público estrangeiro ou um funcionário internacional. Do mesmo modo, cada Estado-Parte considerará a possibilidade de conferir o caracter de infração penal a outras formas de corrupção.

3. Cada Estado-Parte adotará igualmente as medidas necessárias para conferir o caráter de infração penal à cumplicidade na prática de uma infração enunciada no presente Artigo.

4. Para efeitos do parágrafo 1 do presente Artigo e do Artigo 9, a expressão "agente público" designa, além do funcionário público, qualquer pessoa que preste um serviço público, tal como a expressão é definida no direito interno e aplicada no direito penal do Estado-Parte onde a pessoa em questão exerce as suas funções.

Artigo 9º
Medidas contra a corrupção

1. Para além das medidas enunciadas no Artigo 8 da presente Convenção, cada Estado-Parte, na medida em que seja procedente e conforme ao seu ordenamento jurídico, adotará medidas eficazes de ordem legislativa, administrativa ou outra para promover a integridade e prevenir, detectar e punir a corrupção dos agentes públicos.

2. Cada Estado-Parte tomará medidas no sentido de se assegurar de que as suas autoridades atuam eficazmente em matéria de prevenção, detecção e repressão da corrupção de agentes públicos,

inclusivamente conferindo a essas autoridades independência suficiente para impedir qualquer influência indevida sobre a sua atuação.

Artigo 10
Responsabilidade das pessoas jurídicas

1. Cada Estado-Parte adotará as medidas necessárias, em conformidade com o seu ordenamento jurídico, para responsabilizar pessoas jurídicas que participem em infrações graves envolvendo um grupo criminoso organizado e que cometam as infrações enunciadas nos Artigos 5, 6, 8 e 23 da presente Convenção.

2. No respeito pelo ordenamento jurídico do Estado-Parte, a responsabilidade das pessoas jurídicas poderá ser penal, civil ou administrativa.

3. A responsabilidade das pessoas jurídicas não obstará à responsabilidade penal das pessoas físicas que tenham cometido as infrações.

4. Cada Estado-Parte diligenciará, em especial, no sentido de que as pessoas jurídicas consideradas responsáveis em conformidade com o presente Artigo sejam objeto de sanções eficazes, proporcionais e acautelatórias, de natureza penal e não penal, incluindo sanções pecuniárias.

Artigo 11
Processos judiciais, julgamento e sanções

1. Cada Estado-Parte tornará a prática de qualquer infração enunciada nos Artigos 5, 6, 8 e 23 da presente Convenção passível de sanções que tenham em conta a gravidade dessa infração.

2. Cada Estado-Parte diligenciará para que qualquer poder judicial discricionário conferido pelo seu direito interno e relativo a processos judiciais contra indivíduos por infrações previstas na presente Convenção seja exercido de forma a otimizar a eficácia das medidas de detecção e de repressão destas infrações, tendo na devida conta a necessidade de exercer um efeito cautelar da sua prática.

3. No caso de infrações como as enunciadas nos Artigos 5, 6, 8 e 23 da presente Convenção, cada Estado-Parte tomará as medidas apropriadas, em conformidade com o seu direito interno, e tendo na devida conta os direitos da defesa, para que as condições a que estão sujeitas as decisões de aguardar julgamento em liberdade ou relativas ao processo de recurso tenham em consideração a necessidade de assegurar a presença do arguido em todo o processo penal ulterior.

4. Cada Estado-Parte providenciará para que os seus tribunais ou outras autoridades competentes tenham presente a gravidade das infrações previstas na presente Convenção quando considerarem a possibilidade de uma libertação antecipada ou condicional de pessoas reconhecidas como culpadas dessas infrações.

5. Sempre que as circunstâncias o justifiquem, cada Estado-Parte determinará, no âmbito do seu direito interno, um prazo de prescrição prolongado, durante o qual poderá ter início o processo relativo a uma das infrações previstas na presente Convenção, devendo esse período ser mais longo quando o presumível autor da infração se tenha subtraído à justiça.

6. Nenhuma das disposições da presente Convenção prejudica o princípio segundo o qual a definição das infrações nela enunciadas e dos meios jurídicos de defesa aplicáveis, bem como outros princípios jurídicos que rejam a legalidade das incriminações, são do foro exclusivo do direito interno desse Estado-Parte, e segundo o qual as referidas infrações são objeto de procedimento judicial e punidas de acordo com o direito desse Estado-Parte.

Artigo 12
Confisco e apreensão

1. Os Estados-Partes adotarão, na medida em que o seu ordenamento jurídico interno o permita, as medidas necessárias para permitir o confisco:

a) Do produto das infrações previstas na presente Convenção ou de bens cujo valor corresponda ao desse produto;

b) Dos bens, equipamentos e outros instrumentos utilizados ou destinados a ser utilizados na prática das infrações previstas na presente Convenção.

2. Os Estados-Partes tomarão as medidas necessárias para permitir a identificação, a localização, o embargo ou a apreensão dos bens referidos no parágrafo 1 do presente Artigo, para efeitos de eventual confisco.

3. Se o produto do crime tiver sido convertido, total ou parcialmente, noutros bens, estes últimos podem ser objeto das medidas previstas no presente Artigo, em substituição do referido produto.

4. Se o produto do crime tiver sido misturado com bens adquiridos legalmente, estes bens poderão, sem prejuízo das competências de embargo ou apreensão, ser confiscados até ao valor calculado do produto com que foram misturados.

5. As receitas ou outros benefícios obtidos com o produto do crime, os bens nos quais o produto tenha sido transformado ou convertido ou os bens com que tenha sido misturado podem também ser objeto das medidas previstas no presente Artigo, da mesma forma e na mesma medida que o produto do crime.

6. Para efeitos do presente Artigo e do Artigo 13, cada Estado-Parte habilitará os seus tribunais ou outras autoridades competentes para ordenarem a apresentação ou a apreensão de documentos bancários, financeiros ou comerciais. Os Estados-Partes não poderão invocar o sigilo bancário para se recusarem a aplicar as disposições do presente número.

7. Os Estados-Partes poderão considerar a possibilidade de exigir que o autor de uma infração demonstre a proveniência lícita do presumido produto do crime ou de outros bens que possam ser objeto de confisco, na medida em que esta exigência esteja em conformidade com os princípios do seu direito interno e com a natureza do processo ou outros procedimentos judiciais.

8. As disposições do presente Artigo não deverão, em circunstância alguma, ser interpretadas de modo a afetar os direitos de terceiros de boa-fé.

9. Nenhuma das disposições do presente Artigo prejudica o princípio segundo o qual as medidas nele previstas são definidas e aplicadas em conformidade com o direito interno de cada Estado-Parte e segundo as disposições deste direito.

Artigo 13
Cooperação internacional para efeitos de confisco

1. Na medida em que o seu ordenamento jurídico interno o permita, um Estado-Parte que tenha recebido de outro Estado-Parte, competente para conhecer de uma infração prevista na presente Convenção, um pedido de confisco do produto do crime, bens, equipamentos ou outros instrumentos referidos no parágrafo 1 do Artigo 12 da presente Convenção que se encontrem no seu território, deverá:

a) Submeter o pedido às suas autoridades competentes, a fim de obter uma ordem de confisco e, se essa ordem for emitida, executá-la; ou

b) Submeter às suas autoridades competentes, para que seja executada conforme o solicitado, a decisão de confisco emitida por um tribunal situado no território do Estado-Parte requerente, em conformidade com o parágrafo 1 do Artigo 12 da presente Convenção, em relação ao produto do crime, bens, equipamentos ou outros instrumentos referidos no parágrafo 1 do Artigo 12 que se encontrem no território do Estado-Parte requerido.

2. Quando um pedido for feito por outro Estado-Parte competente para conhecer de uma infração prevista na presente Convenção, o Estado-Parte requerido tomará medidas para identificar, localizar, embargar ou apreender o produto do crime, os bens, os equipamentos ou os outros instrumentos referidos no parágrafo 1 do Artigo 12 da presente Convenção, com vista a um eventual confisco que venha a ser ordenado, seja pelo Estado-Parte requerente, seja, na sequência de um pedido formulado ao abrigo do parágrafo 1 do presente Artigo, pelo Estado-Parte requerido.

3. As disposições do Artigo 18 da presente Convenção aplicam-se *mutatis mutandis* ao presente Artigo. Para além das informações referidas no parágrafo 15 do Artigo 18, os pedidos feitos em conformidade com o presente Artigo deverão conter:

a) Quando o pedido for feito ao abrigo da alínea a) do parágrafo 1 do presente Artigo, uma descrição dos bens a confiscar e uma exposição dos fatos em que o Estado-Parte requerente se baseia, que permita ao Estado-Parte requerido obter uma decisão de confisco em conformidade com o seu direito interno;

b) Quando o pedido for feito ao abrigo da alínea b) do parágrafo 1 do presente Artigo, uma cópia legalmente admissível da decisão de confisco emitida pelo Estado-Parte requerente em que se baseia o pedido, uma exposição dos fatos e informações sobre os limites em que é pedida a execução da decisão;

c) Quando o pedido for feito ao abrigo do parágrafo 2 do presente Artigo, uma exposição dos fatos em que se baseia o Estado-Parte requerente e uma descrição das medidas pedidas.

4. As decisões ou medidas previstas nos parágrafo 1 e parágrafo 2 do presente Artigo são tomadas pelo Estado-Parte requerido em conformidade com o seu direito interno e segundo as disposições do mesmo direito, e em conformidade com as suas regras processuais ou com qualquer tratado, acordo ou protocolo bilateral ou multilateral que o ligue ao Estado-Parte requerente.

5. Cada Estado-Parte enviará ao Secretário-Geral da Organização das Nações Unidas uma cópia das suas leis e regulamentos destinados a dar aplicação ao presente Artigo, bem como uma cópia de qualquer alteração ulteriormente introduzida a estas leis e regulamentos ou uma descrição destas leis, regulamentos e alterações ulteriores.

6. Se um Estado-Parte decidir condicionar a adoção das medidas previstas nos parágrafos 1 e 2 do presente Artigo à existência de um tratado na matéria, deverá considerar a presente Convenção como uma base jurídica necessária e suficiente para o efeito.

7. Um Estado-Parte poderá recusar a cooperação que lhe é solicitada ao abrigo do presente Artigo, caso a infração a que se refere o pedido não seja abrangida pela presente Convenção.

8. As disposições do presente Artigo não deverão, em circunstância alguma, ser interpretadas de modo a afetar os direitos de terceiros de boa-fé.

9. Os Estados-Partes considerarão a possibilidade de celebrar tratados, acordos ou protocolos bilaterais ou multilaterais com o objetivo de reforçar a eficácia da cooperação internacional desenvolvida para efeitos do presente Artigo.

Artigo 14
Disposição do produto do crime ou dos bens confiscados

1. Um Estado-Parte que confisque o produto do crime ou bens, em aplicação do Artigo 12 ou do parágrafo 1 do Artigo 13 da presente Convenção, disporá deles de acordo com o seu direito interno e os seus procedimentos administrativos.

2. Quando os Estados-Partes agirem a pedido de outro Estado-Parte em aplicação do Artigo 13 da presente Convenção, deverão, na medida em que o permita o seu direito interno e se tal lhes for solicitado, considerar prioritariamente a restituição do produto do crime ou dos bens confiscados ao Estado-Parte requerente, para que este último possa indenizar as vítimas da infração ou restituir este produto do crime ou estes bens aos seus legítimos proprietários.

3. Quando um Estado-Parte atuar a pedido de um outro Estado-Parte em aplicação dos Artigos 12 e 13 da presente Convenção, poderá considerar especialmente a celebração de acordos ou protocolos que prevejam:

a) Destinar o valor deste produto ou destes bens, ou os fundos provenientes da sua venda, ou uma parte destes fundos, à conta criada em aplicação da alínea *c)* do parágrafo 2 do Artigo 30 da presente Convenção e a organismos intergovernamentais especializados na luta contra a criminalidade organizada;

b) Repartir com outros Estados-Partes, sistemática ou casuisticamente, este produto ou estes bens, ou os fundos provenientes da respectiva venda, em conformidade com o seu direito interno ou os seus procedimentos administrativos.

Artigo 15
Jurisdição

1. Cada Estado-Parte adotará as medidas necessárias para estabelecer a sua competência jurisdicional em relação às infrações enunciadas nos Artigos 5, 6, 8 e 23 da presente Convenção, nos seguintes casos:

a) Quando a infração for cometida no seu território; ou

b) Quando a infração for cometida a bordo de um navio que arvore a sua bandeira ou a bordo de uma aeronave matriculada em conformidade com o seu direito interno no momento em que a referida infração for cometida.

2. Sem prejuízo do disposto no Artigo 4 da presente Convenção, um Estado-Parte poderá igualmente estabelecer a sua competência jurisdicional em relação a qualquer destas infrações, nos seguintes casos:

a) Quando a infração for cometida contra um dos seus cidadãos;

b) Quando a infração for cometida por um dos seus cidadãos ou por uma pessoa apátrida residente habitualmente no seu território; ou

c) Quando a infração for:

i) Uma das previstas no parágrafo 1 do Artigo 5 da presente Convenção e praticada fora do seu território, com a intenção de cometer uma infração grave no seu território;

ii) Uma das previstas no inciso ii) da alínea *b)* do parágrafo 1 do Artigo 6 da presente Convenção e praticada fora do seu território com a intenção de cometer, no seu território, uma das infrações enunciadas nos incisos i) ou ii) da alínea *a)* ou i) da alínea *b)* do parágrafo 1 do Artigo 6 da presente Convenção.

3. Para efeitos do parágrafo 10 do Artigo 16 da presente Convenção, cada Estado-Parte adotará as medidas necessárias para estabelecer a sua competência jurisdicional em relação às infrações abrangidas pela presente Convenção quando o presumível autor se encontre no seu território e o Estado-Parte não o extraditar pela única razão de se tratar de um seu cidadão.

4. Cada Estado-Parte poderá igualmente adotar as medidas necessárias para estabelecer a sua competência jurisdicional em relação às infrações abrangidas pela presente Convenção quando o presumível autor se encontre no seu território e o Estado-Parte não o extraditar.

5. Se um Estado-Parte que exerça a sua competência jurisdicional por força dos parágrafos 1 e 2 do presente Artigo tiver sido notificado, ou por qualquer outra forma tiver tomado conhecimento, de que um ou vários Estados-Partes estão a efetuar uma investigação ou iniciaram diligências ou um processo judicial tendo por objeto o mesmo ato, as autoridades competentes destes Estados-Partes deverão consultar-se, da forma que for mais conveniente, para coordenar as suas ações.

6. Sem prejuízo das normas do direito internacional geral, a presente Convenção não excluirá o exercício de qualquer competência jurisdicional penal estabelecida por um Estado-Parte em conformidade com o seu direito interno.

Artigo 16
Extradição

1. O presente Artigo aplica-se às infrações abrangidas pela presente Convenção ou nos casos em que um grupo criminoso organizado esteja implicado numa infração prevista nas alíneas *a)* ou *b)* do parágrafo 1 do Artigo 3 e em que a pessoa que é objeto do pedido de extradição se encontre no Estado-Parte requerido, desde que a infração pela qual é pedida a extradição seja punível pelo direito interno do Estado-Parte requerente e do Estado-Parte requerido.

2. Se o pedido de extradição for motivado por várias infrações graves distintas, algumas das quais não se encontrem previstas no presente Artigo, o Estado-Parte requerido pode igualmente aplicar o presente Artigo às referidas infrações.

3. Cada uma das infrações às quais se aplica o presente Artigo será considerada incluída, de pleno direito, entre as infrações que dão lugar a extradição em qualquer tratado de extradição em vigor entre os Estados-Partes. Os Estados-Partes comprometem-se a incluir estas infrações entre aquelas cujo autor pode ser extraditado em qualquer tratado de extradição que celebrem entre si.

4. Se um Estado-Parte que condicione a extradição à existência de um tratado receber um pedido de extradição de um Estado-Parte com o qual não celebrou tal tratado, poderá considerar a presente Convenção como fundamento jurídico da extradição quanto às infrações a que se aplique o presente Artigo.

5. Os Estados-Partes que condicionem a extradição à existência de um tratado:

a) No momento do depósito do seu instrumento de ratificação, aceitação, aprovação ou adesão à presente Convenção, indicarão ao Secretário-Geral da Organização das Nações Unidas se consideram a presente Convenção como fundamento jurídico para a cooperação com outros Estados-Partes em matéria de extradição; e

b) Se não considerarem a presente Convenção como fundamento jurídico para cooperar em matéria de extradição, diligenciarão, se necessário, pela celebração de tratados de extradição com outros Estados-Partes, a fim de darem aplicação ao presente Artigo.

6. Os Estados-Partes que não condicionem a extradição à existência de um tratado reconhecerão entre si, às infrações às quais se aplica o presente Artigo, o caráter de infração cujo autor pode ser extraditado.

7. A extradição estará sujeita às condições previstas no direito interno do Estado-Parte requerido ou em tratados de extradição aplicáveis, incluindo, nomeadamente, condições relativas à pena mínima requerida para uma extradição e aos motivos pelos quais o Estado-Parte requerido pode recusar a extradição.

8. Os Estados-Partes procurarão, sem prejuízo do seu direito interno, acelerar os processos de extradição e simplificar os requisitos em matéria de prova com eles relacionados, no que se refere às infrações a que se aplica o presente Artigo.

9. Sem prejuízo do disposto no seu direito interno e nos tratados de extradição que tenha celebrado, o Estado-Parte requerido poderá, a pedido do Estado-Parte requerente, se considerar que as circunstâncias o justificam e que existe urgência, colocar em detenção uma pessoa, presente no seu território, cuja extradição é pedida, ou adotar a seu respeito quaisquer outras medidas apropriadas para assegurar a sua presença no processo de extradição.

10. Um Estado-Parte em cujo território se encontre o presumível autor da infração, se não extraditar esta pessoa a título de uma infração à qual se aplica o presente Artigo pelo único motivo de se tratar de um seu cidadão, deverá, a pedido do Estado-Parte requerente da extradição, submeter o caso, sem demora excessiva, às suas autoridades competentes para efeitos de procedimento judicial. Estas autoridades tomarão a sua decisão e seguirão os trâmites do processo da mesma forma que em relação a qualquer outra infração grave, à luz do direito interno deste Estado-Parte. Os Estados-Partes interessados cooperarão entre si, nomeadamente em matéria processual e probatória, para assegurar a eficácia dos referidos atos judiciais.

11. Quando um Estado-Parte, por força do seu direito interno, só estiver autorizado a extraditar ou, por qualquer outra forma, entregar um dos seus cidadãos na condição de que essa pessoa retorne seguidamente ao mesmo Estado-Parte para cumprir a pena a que tenha sido condenada na sequência do processo ou do procedimento que originou o pedido de extradição ou de entrega, e quando este Estado-Parte e o Estado-Parte requerente concordarem em relação a essa opção e a outras condições que considerem apropriadas, a extradição ou entrega condicional será suficiente para dar cumprimento à obrigação enunciada no parágrafo 10 do presente Artigo.

12. Se a extradição, pedida para efeitos de execução de uma pena, for recusada porque a pessoa que é objeto deste pedido é um cidadão do Estado-Parte requerido, este, se o seu direito interno o permitir, em conformidade com as prescrições deste direito e a pedido do Estado-Parte requerente, considerará a possibilidade de dar execução à pena que foi aplicada em conformidade com o direito do Estado-Parte requerente ou ao que dessa pena faltar cumprir.

13. Qualquer pessoa que seja objeto de um processo devido a qualquer das infrações às quais se aplica o presente Artigo terá garantido um tratamento equitativo em todas as fases do processo, incluindo o gozo de todos os direitos e garantias previstos no direito interno do Estado-Parte em cujo território se encontra.

14. Nenhuma disposição da presente Convenção deverá ser interpretada no sentido de que impõe uma obrigação de extraditar a um Estado-Parte requerido, se existirem sérias razões para supor que o pedido foi apresentado com a finalidade de perseguir ou punir uma pessoa em razão do seu sexo, raça, religião, nacionalidade, origem étnica ou opiniões políticas, ou que a satisfação daquele pedido provocaria um prejuízo a essa pessoa por alguma destas razões.

15. Os Estados-Partes não poderão recusar um pedido de extradição unicamente por considerarem que a infração envolve também questões fiscais.

16. Antes de recusar a extradição, o Estado-Parte requerido consultará, se for caso disso, o Estado-Parte requerente, a fim de lhe dar a mais ampla possibilidade de apresentar as suas razões e de fornecer informações em apoio das suas alegações.

17. Os Estados-Partes procurarão celebrar acordos ou protocolos bilaterais e multilaterais com o objetivo de permitir a extradição ou de aumentar a sua eficácia.

Artigo 17
Transferência de pessoas condenadas

Os Estados-Partes poderão considerar a celebração de acordos ou protocolos bilaterais ou multilaterais relativos à transferência para o seu território de pessoas condenadas a penas de prisão ou outras penas de privação de liberdade devido a infrações previstas na presente Convenção, para que aí possam cumprir o resto da pena.

Artigo 18
Assistência judiciária recíproca

1. Os Estados-Partes prestarão reciprocamente toda a assistência judiciária possível nas investigações, nos processos e em outros atos judiciais relativos às infrações previstas pela presente Convenção, nos termos do Artigo 3, e prestarão reciprocamente uma assistência similar quando o Estado-Parte requerente tiver motivos razoáveis para suspeitar de que a infração a que se referem as alíneas a) ou b) do parágrafo 1 do Artigo 3 é de caráter transnacional, inclusive quando as vítimas, as testemunhas, o produto, os instrumentos ou os elementos de prova destas infrações se encontram

no Estado-Parte requerido e nelas esteja implicado um grupo criminoso organizado.

2. Será prestada toda a cooperação judiciária possível, tanto quanto o permitam as leis, tratados, acordos e protocolos pertinentes do Estado-Parte requerido, no âmbito de investigações, processos e outros atos judiciais relativos a infrações pelas quais possa ser considerada responsável uma pessoa coletiva no Estado-Parte requerente, em conformidade com o Artigo 10 da presente Convenção.

3. A cooperação judiciária prestada em aplicação do presente Artigo pode ser solicitada para os seguintes efeitos:

a) Recolher testemunhos ou depoimentos;
b) Notificar atos judiciais;
c) Efetuar buscas, apreensões e embargos;
d) Examinar objetos e locais;
e) Fornecer informações, elementos de prova e pareceres de peritos;
f) Fornecer originais ou cópias certificadas de documentos e processos pertinentes, incluindo documentos administrativos, bancários, financeiros ou comerciais e documentos de empresas;
g) Identificar ou localizar os produtos do crime, bens, instrumentos ou outros elementos para fins probatórios;
h) Facilitar o comparecimento voluntário de pessoas no Estado-Parte requerente;
i) Prestar qualquer outro tipo de assistência compatível com o direito interno do Estado-Parte requerido.

4. Sem prejuízo do seu direito interno, as autoridades competentes de um Estado-Parte poderão, sem pedido prévio, comunicar informações relativas a questões penais a uma autoridade competente de outro Estado-Parte, se considerarem que estas informações poderão ajudar a empreender ou concluir com êxito investigações e processos penais ou conduzir este último Estado-Parte a formular um pedido ao abrigo da presente Convenção.

5. A comunicação de informações em conformidade com o parágrafo 4 do presente Artigo será efetuada sem prejuízo das investigações e dos processos penais no Estado cujas autoridades competentes fornecem as informações. As autoridades competentes que recebam estas informações deverão satisfazer qualquer pedido no sentido de manter confidenciais as referidas informações, mesmo se apenas temporariamente, ou de restringir a sua utilização. Todavia, tal não impedirá o Estado-Parte que receba as informações de revelar, no decurso do processo judicial, informações que inocentem um arguido. Neste último caso, o Estado-Parte que recebeu as informações avisará o Estado-Parte que as comunicou antes de as revelar e, se lhe for pedido, consultará este último. Se, num caso excepcional, não for possível uma comunicação prévia, o Estado-Parte que recebeu as informações dará conhecimento da revelação, prontamente, ao Estado-Parte que as tenha comunicado.

6. As disposições do presente Artigo em nada prejudicam as obrigações decorrentes de qualquer outro tratado bilateral ou multilateral que regule, ou deva regular, inteiramente ou em parte, a cooperação judiciária.

7. Os parágrafos 9 a 29 do presente Artigo serão aplicáveis aos pedidos feitos em conformidade com o presente Artigo, no caso de os Estados-Partes em questão não estarem ligados por um tratado de cooperação judiciária. Se os referidos Estados-Partes estiverem ligados por tal tratado, serão aplicáveis as disposições correspondentes desse tratado, a menos que os Estados-Partes concordem em aplicar, em seu lugar, as disposições dos parágrafos 9 a 29 do presente Artigo. Os Estados-Partes são fortemente instados a aplicar estes números, se tal facilitar a cooperação.

8. Os Estados-Partes não poderão invocar o sigilo bancário para recusar a cooperação judiciária prevista no presente Artigo.

9. Os Estados-Partes poderão invocar a ausência de dupla criminalização para recusar prestar a assistência judiciária prevista no presente Artigo. O Estado-Parte requerido poderá, não obstante, quando o considerar apropriado, prestar esta assistência, na medida em que o decida por si próprio, independentemente de o ato estar ou não tipificado como uma infração no direito interno do Estado-Parte requerido.

10. Qualquer pessoa detida ou a cumprir pena no território de um Estado-Parte, cuja presença seja requerida num outro Estado-Parte para efeitos de identificação, para testemunhar ou para contribuir por qualquer outra forma para a obtenção de provas no âmbito de investigações, processos ou outros atos judiciais relativos às infrações visadas na presente Convenção, pode ser objeto de uma transferência, se estiverem reunidas as seguintes condições:

a) Se referida pessoa, devidamente informada, der o seu livre consentimento;
b) Se as autoridades competentes dos dois Estados-Partes em questão derem o seu consentimento, sob reserva das condições que estes Estados-Partes possam considerar convenientes.

11. Para efeitos do parágrafo 10 do presente Artigo:

a) O Estado-Parte para o qual a transferência da pessoa em questão for efetuada terá o poder e a obrigação de a manter detida, salvo pedido ou autorização em contrário do Estado-Parte do qual a pessoa foi transferida;
b) O Estado-Parte para o qual a transferência for efetuada cumprirá prontamente a obrigação de entregar a pessoa à guarda do Estado-Parte do qual foi transferida, em conformidade com o que tenha sido previamente acordado ou com o que as autoridades competentes dos dois Estados-Partes tenham decidido;
c) O Estado-Parte para o qual for efetuada a transferência não poderá exigir do Estado-Parte do qual a transferência foi efetuada que abra um processo de extradição para que a pessoa lhe seja entregue;

d) O período que a pessoa em questão passe detida no Estado-Parte para o qual for transferida é contado para o cumprimento da pena que lhe tenha sido aplicada no Estado-Parte do qual for transferida;

12. A menos que o Estado-Parte do qual a pessoa for transferida, ao abrigo dos parágrafos 10 e 11 do presente Artigo, esteja de acordo, a pessoa em questão, seja qual for a sua nacionalidade, não será objecto de processo judicial, detida, punida ou sujeita a outras restrições à sua liberdade de movimentos no território do Estado-Parte para o qual seja transferida, devido a atos, omissões ou condenações anteriores à sua partida do território do Estado-Parte do qual foi transferida.

13. Cada Estado-Parte designará uma autoridade central que terá a responsabilidade e o poder de receber pedidos de cooperação judiciária e, quer de os executar, quer de os transmitir às autoridades competentes para execução. Se um Estado-Parte possuir uma região ou um território especial dotado de um sistema de cooperação judiciária diferente, poderá designar uma autoridade central distinta, que terá a mesma função que a referida região ou território. As autoridades centrais deverão assegurar a execução ou a transmissão rápida e em boa e devida forma dos pedidos recebidos. Quando a autoridade central transmitir o pedido a uma autoridade competente para execução, instará pela execução rápida e em boa e devida forma do pedido por parte da autoridade competente. O Secretário-Geral da Organização das Nações Unidas será notificado da autoridade central designada para este efeito no momento em que cada Estado-Parte depositar os seus instrumentos de ratificação, aceitação, aprovação ou adesão à presente Convenção. Os pedidos de cooperação judiciária e qualquer comunicação com eles relacionada serão transmitidos às autoridades centrais designadas pelos Estados-Partes. A presente disposição não afetará o direito de qualquer Estado-Parte a exigir que estes pedidos e comunicações lhe sejam remetidos por via diplomática e, em caso de urgência, e se os Estados-Partes nisso acordarem, por intermédio da Organização Internacional de Polícia Criminal, se tal for possível.

14. Os pedidos serão formulados por escrito ou, se possível, por qualquer outro meio capaz de produzir registro escrito, numa língua que seja aceita pelo Estado-Parte requerido, em condições que permitam a este Estado-Parte verificar a sua autenticidade. O Secretário-Geral das Nações Unidas será notificado a respeito da língua ou línguas aceitas por cada Estado-Parte no momento em que o Estado-Parte em questão depositar os seus instrumentos de ratificação, aceitação, aprovação ou adesão à presente Convenção. Em caso de urgência, e se os Estados-Partes nisso acordarem, os pedidos poderão ser feitos oralmente, mais deverão ser imediatamente confirmados por escrito.

15. Um pedido de assistência judiciária deverá conter as seguintes informações:

a) A designação da autoridade que emite o pedido;

b) O objeto e a natureza da investigação, dos processos ou dos outros atos judiciais a que se refere o pedido, bem como o nome e as funções da autoridade que os tenha a cargo;

c) Um resumo dos fatos relevantes, salvo no caso dos pedidos efetuados para efeitos de notificação de atos judiciais;

d) Uma descrição da assistência pretendida e pormenores de qualquer procedimento específico que o Estado-Parte requerente deseje ver aplicado;

e) Caso seja possível, a identidade, endereço e nacionalidade de qualquer pessoa visada; e

f) O fim para o qual são pedidos os elementos, informações ou medidas.

16. O Estado-Parte requerido poderá solicitar informações adicionais, quando tal se afigure necessário à execução do pedido em conformidade com o seu direito interno, ou quando tal possa facilitar a execução do pedido.

17. Qualquer pedido será executado em conformidade com o direito interno do Estado-Parte requerido e, na medida em que tal não contrarie este direito e seja possível, em conformidade com os procedimentos especificados no pedido.

18. Se for possível e em conformidade com os princípios fundamentais do direito interno, quando uma pessoa que se encontre no território de um Estado-Parte deva ser ouvida como testemunha ou como perito pelas autoridades judiciais de outro Estado-Parte, o primeiro Estado-Parte poderá, a pedido do outro, autorizar a sua audição por videoconferência, se não for possível ou desejável que a pessoa compareça no território do Estado-Parte requerente. Os Estados-Partes poderão acordar em que a audição seja conduzida por uma autoridade judicial do Estado-Parte requerente e que a ela assista uma autoridade judicial do Estado-Parte requerido.

19. O Estado-Parte requerente não comunicará nem utilizará as informações ou os elementos de prova fornecidos pelo Estado-Parte requerido para efeitos de investigações, processos ou outros atos judiciais diferentes dos mencionados no pedido sem o consentimento prévio do Estado-Parte requerido. O disposto neste número não impedirá o Estado-Parte requerente de revelar, durante o processo, informações ou elementos de prova ilibatórios de um arguido. Neste último caso, o Estado-Parte requerente avisará, antes da revelação, o Estado-Parte requerido e, se tal lhe for pedido, consultará neste último. Se, num caso excepcional, não for possível uma comunicação prévia, o Estado-Parte requerente informará da revelação, prontamente, o Estado-Parte requerido.

20. O Estado-Parte requerente poderá exigir que o Estado-Parte requerido guarde sigilo sobre o pedido e o seu conteúdo, salvo na medida do que seja necessário para o executar. Se o Estado-Parte requerido não puder satisfazer esta exigência, informará prontamente o Estado-Parte requerente.

21. A cooperação judiciária poderá ser recusada:

a) Se o pedido não for feito em conformidade com o disposto no presente Artigo;

b) Se o Estado-Parte requerido considerar que a execução do pedido pode afetar sua soberania, sua segurança, sua ordem pública ou outros interesses essenciais;

c) Se o direito interno do Estado-Parte requerido proibir suas autoridades de executar as providências solicitadas com relação a uma infração análoga que tenha sido objeto de investigação ou de procedimento judicial no âmbito da sua própria competência;

d) Se a aceitação do pedido contrariar o sistema jurídico do Estado-Parte requerido no que se refere à cooperação judiciária.

22. Os Estados-Partes não poderão recusar um pedido de cooperação judiciária unicamente por considerarem que a infração envolve também questões fiscais.

23. Qualquer recusa de cooperação judiciária deverá ser fundamentada.

24. O Estado-Parte requerido executará o pedido de cooperação judiciária tão prontamente quanto possível e terá em conta, na medida do possível, todos os prazos sugeridos pelo Estado-Parte requerente para os quais sejam dadas justificações, de preferência no pedido. O Estado-Parte requerido responderá aos pedidos razoáveis do Estado-Parte requerente quanto ao andamento das diligências solicitadas. Quando a assistência pedida deixar de ser necessária, o Estado-Parte requerente informará prontamente desse fato o Estado-Parte requerido.

25. A cooperação judiciária poderá ser diferida pelo Estado-Parte requerido por interferir com uma investigação, processos ou outros atos judiciais em curso.

26. Antes de recusar um pedido feito ao abrigo do parágrafo 21 do presente Artigo ou de diferir a sua execução ao abrigo do parágrafo 25, o Estado-Parte requerido estudará com o Estado-Parte requerente a possibilidade de prestar a assistência sob reserva das condições que considere necessárias. Se o Estado-Parte requerente aceitar a assistência sob reserva destas condições, deverá respeitá-las.

27. Sem prejuízo da aplicação do parágrafo 12 do presente Artigo, uma testemunha, um perito ou outra pessoa que, a pedido do Estado-Parte requerente, aceite depor num processo ou colaborar numa investigação, em processos ou outros atos judiciais no território do Estado-Parte requerente, não será objeto de processo, detida, punida ou sujeita a outras restrições à sua liberdade pessoal neste território, devido a atos, omissões ou condenações anteriores à sua partida do território do Estado-Parte requerido. Esta imunidade cessa quando a testemunha, o perito ou a referida pessoa, tendo tido, durante um período de 15 (quinze) dias consecutivos ou qualquer outro período acordado pelos Estados-Partes, a contar da data em que recebeu a comunicação oficial de que a sua presença já não era exigida pelas autoridades judiciais, a possibilidade de deixar o território do Estado-Parte requerente, nele tenha voluntariamente permanecido ou, tendo-o deixado, a ele tenha regressado de livre vontade.

28. As despesas correntes com a execução de um pedido serão suportadas pelo Estado-Parte requerido, salvo acordo noutro sentido dos Estados-Partes interessados. Quando venham a revelar-se necessárias despesas significativas ou extraordinárias para executar o pedido, os Estados-Partes consultar-se-ão para fixar as condições segundo as quais o pedido deverá ser executado, bem como o modo como as despesas serão assumidas.

29. O Estado-Parte requerido:

a) Fornecerá ao Estado-Parte requerente cópias dos processos, documentos ou informações administrativas que estejam em seu poder e que, por força do seu direito interno, estejam acessíveis ao público;

b) Poderá, se assim o entender, fornecer ao Estado-Parte requerente, na íntegra ou nas condições que considere apropriadas, cópias de todos os processos, documentos ou informações que estejam na sua posse e que, por força do seu direito interno, não sejam acessíveis ao público.

30. Os Estados-Partes considerarão, se necessário, a possibilidade de celebrarem acordos ou protocolos bilaterais ou multilaterais que sirvam os objetivos e as disposições do presente Artigo, reforçando-as ou dando-lhes maior eficácia.

Artigo 19
Investigações conjuntas

Os Estados-Partes considerarão a possibilidade de celebrar acordos ou protocolos bilaterais ou multilaterais em virtude dos quais, com respeito a matérias que sejam objeto de investigação, processos ou ações judiciais em um ou mais Estados, as autoridades competentes possam estabelecer órgãos mistos de investigação. Na ausência de tais acordos ou protocolos, poderá ser decidida casuisticamente a realização de investigações conjuntas. Os Estados-Partes envolvidos agirão de modo a que a soberania do Estado-Parte em cujo território decorra a investigação seja plenamente respeitada.

Artigo 20
Técnicas especiais de investigação

1. Se os princípios fundamentais do seu ordenamento jurídico nacional o permitirem, cada Estado-Parte, tendo em conta as suas possibilidades e em conformidade com as condições prescritas no seu direito interno, adotará as medidas necessárias para permitir o recurso apropriado a entregas vigiadas e, quando o considere adequado, o recurso a outras técnicas especiais de investigação, como a vigilância eletrônica ou outras formas de vigilância e as operações de infiltração, por parte das autoridades competentes no seu território, a fim de combater eficazmente a criminalidade organizada.

2. Para efeitos de investigações sobre as infrações previstas na presente Convenção, os Estados-Partes são instados a celebrar, se necessário, acordos ou protocolos bilaterais ou multilaterais apropria-

dos para recorrer às técnicas especiais de investigação, no âmbito da cooperação internacional. Estes acordos ou protocolos serão celebrados e aplicados sem prejuízo do princípio da igualdade soberana dos Estados e serão executados em estrita conformidade com as disposições neles contidas.

3. Na ausência dos acordos ou protocolos referidos no parágrafo 2 do presente Artigo, as decisões de recorrer a técnicas especiais de investigação a nível internacional serão tomadas casuisticamente e poderão, se necessário, ter em conta acordos ou protocolos financeiros relativos ao exercício de jurisdição pelos Estados-Partes interessados.

4. As entregas vigiadas a que se tenha decidido recorrer a nível internacional poderão incluir, com o consentimento dos Estados-Partes envolvidos, métodos como a intercepção de mercadorias e a autorização de prosseguir o seu encaminhamento, sem alteração ou após subtração ou substituição da totalidade ou de parte dessas mercadorias.

Artigo 21
Transferência de processos penais

Os Estados-Partes considerarão a possibilidade de transferirem mutuamente os processos relativos a uma infração prevista na presente Convenção, nos casos em que esta transferência seja considerada necessária no interesse da boa administração da justiça e, em especial, quando estejam envolvidas várias jurisdições, a fim de centralizar a instrução dos processos.

Artigo 22
Estabelecimento de antecedentes penais

Cada Estado-Parte poderá adotar as medidas legislativas ou outras que sejam necessárias para ter em consideração, nas condições e para os efeitos que entender apropriados, qualquer condenação de que o presumível autor de uma infração tenha sido objeto noutro Estado, a fim de utilizar esta informação no âmbito de um processo penal relativo a uma infração prevista na presente Convenção.

Artigo 23
Criminalização da obstrução à justiça

Cada Estado-Parte adotará medidas legislativas e outras consideradas necessárias para conferir o caráter de infração penal aos seguintes atos, quando cometidos intencionalmente:

a) O recurso à força física, a ameaças ou a intimidação, ou a promessa, oferta ou concessão de um benefício indevido para obtenção de um falso testemunho ou para impedir um testemunho ou a apresentação de elementos de prova num processo relacionado com a prática de infrações previstas na presente Convenção;

b) O recurso à força física, a ameaças ou a intimidação para impedir um agente judicial ou policial de exercer os deveres inerentes à sua função relativamente à prática de infrações previstas na presente Convenção. O disposto na presente alínea não prejudica o direito dos Estados-Partes de disporem de legislação destinada a proteger outras categorias de agentes públicos.

Artigo 24
Proteção das testemunhas

1. Cada Estado-Parte, dentro das suas possibilidades, adotará medidas apropriadas para assegurar uma proteção eficaz contra eventuais atos de represália ou de intimidação das testemunhas que, no âmbito de processos penais, deponham sobre infrações previstas na presente Convenção e, quando necessário, aos seus familiares ou outras pessoas que lhes sejam próximas.

2. Sem prejuízo dos direitos do arguido, incluindo o direito a um julgamento regular, as medidas referidas no parágrafo 1 do presente Artigo poderão incluir, entre outras:

a) Desenvolver, para a proteção física destas pessoas, procedimentos que visem, consoante as necessidades e na medida do possível, nomeadamente, fornecer-lhes um novo domicílio e impedir ou restringir a divulgação de informações relativas à sua identidade e paradeiro;

b) Estabelecer normas em matéria de prova que permitam às testemunhas depor de forma a garantir a sua segurança, nomeadamente autorizando-as a depor com recurso a meios técnicos de comunicação, como ligações de vídeo ou outros meios adequados.

3. Os Estados-Partes considerarão a possibilidade de celebrar acordos com outros Estados para facultar um novo domicílio às pessoas referidas no parágrafo 1 do presente Artigo.

4. As disposições do presente Artigo aplicam-se igualmente às vítimas, quando forem testemunhas.

Artigo 25
Assistência e proteção às vítimas

1. Cada Estado-Parte adotará, segundo as suas possibilidades, medidas apropriadas para prestar assistência e assegurar a proteção às vítimas de infrações previstas na presente Convenção, especialmente em caso de ameaça de represálias ou de intimidação.

2. Cada Estado-Parte estabelecerá procedimentos adequados para que as vítimas de infrações previstas na presente Convenção possam obter reparação.

3. Cada Estado-Parte, sem prejuízo do seu direito interno, assegurará que as opiniões e preocupações das vítimas sejam apresentadas e tomadas em consideração nas fases adequadas do processo penal aberto contra os autores de infrações, por forma que não prejudique os direitos da defesa.

Artigo 26
Medidas para intensificar a cooperação com as autoridades competentes para a aplicação da lei

1. Cada Estado-Parte tomará as medidas adequadas para encorajar as pessoas que participem ou

tenham participado em grupos criminosos organizados:

a) A fornecerem informações úteis às autoridades competentes para efeitos de investigação e produção de provas, nomeadamente:

i) A identidade, natureza, composição, estrutura, localização ou atividades dos grupos criminosos organizados;

ii) As conexões, inclusive conexões internacionais, com outros grupos criminosos organizados;

iii) As infrações que os grupos criminosos organizados praticaram ou poderão vir a praticar;

b) A prestarem ajuda efetiva e concreta às autoridades competentes, susceptível de contribuir para privar os grupos criminosos organizados dos seus recursos ou do produto do crime.

2. Cada Estado-Parte poderá considerar a possibilidade, nos casos pertinentes, de reduzir a pena de que é passível um arguido que coopere de forma substancial na investigação ou no julgamento dos autores de uma infração prevista na presente Convenção.

3. Cada Estado-Parte poderá considerar a possibilidade, em conformidade com os princípios fundamentais do seu ordenamento jurídico interno, de conceder imunidade a uma pessoa que coopere de forma substancial na investigação ou no julgamento dos autores de uma infração prevista na presente Convenção.

4. A proteção destas pessoas será assegurada nos termos do Artigo 24 da presente Convenção.

5. Quando uma das pessoas referidas no parágrafo 1 do presente Artigo se encontre num Estado-Parte e possa prestar uma cooperação substancial às autoridades competentes de outro Estado-Parte, os Estados-Partes em questão poderão considerar a celebração de acordos, em conformidade com o seu direito interno, relativos à eventual concessão, pelo outro Estado-Parte, do tratamento descrito nos parágrafos 2 e 3 do presente Artigo.

Artigo 27
Cooperação entre as autoridades competentes para a aplicação da lei

1. Os Estados-Partes cooperarão estreitamente, em conformidade com os seus respectivos ordenamentos jurídicos e administrativos, a fim de reforçar a eficácia das medidas de controle do cumprimento da lei destinadas a combater as infrações previstas na presente Convenção. Especificamente, cada Estado-Parte adotará medidas eficazes para:

a) Reforçar ou, se necessário, criar canais de comunicação entre as suas autoridades, organismos e serviços competentes, para facilitar a rápida e segura troca de informações relativas a todos os aspectos das infrações previstas na presente Convenção, incluindo, se os Estados-Partes envolvidos o considerarem apropriado, ligações com outras atividades criminosas;

b) Cooperar com outros Estados-Partes, quando se trate de infrações previstas na presente Convenção, na condução de investigações relativas aos seguintes aspectos:

i) Identidade, localização e atividades de pessoas suspeitas de implicação nas referidas infrações, bem como localização de outras pessoas envolvidas;

ii) Movimentação do produto do crime ou dos bens provenientes da prática destas infrações;

iii) Movimentação de bens, equipamentos ou outros instrumentos utilizados ou destinados a ser utilizados na prática destas infrações;

c) Fornecer, quando for caso disso, os elementos ou as quantidades de substâncias necessárias para fins de análise ou de investigação;

d) Facilitar uma coordenação eficaz entre as autoridades, organismos e serviços competentes e promover o intercâmbio de pessoal e de peritos, incluindo, sob reserva da existência de acordos ou protocolos bilaterais entre os Estados-Partes envolvidos, a designação de agentes de ligação;

e) Trocar informações com outros Estados-Partes sobre os meios e métodos específicos utilizados pelos grupos criminosos organizados, incluindo, se for caso disso, sobre os itinerários e os meios de transporte, bem como o uso de identidades falsas, de documentos alterados ou falsificados ou outros meios de dissimulação das suas atividades;

f) Trocar informações e coordenar as medidas administrativas e outras tendo em vista detectar o mais rapidamente possível as infrações previstas na presente Convenção.

2. Para dar aplicação à presente Convenção, os Estados-Partes considerarão a possibilidade de celebrar acordos ou protocolos bilaterais ou multilaterais que prevejam uma cooperação direta entre as suas autoridades competentes para a aplicação da lei e, quando tais acordos ou protocolos já existam, considerarão a possibilidade de os alterar. Na ausência de tais acordos entre os Estados-Partes envolvidos, estes últimos poderão basear-se na presente Convenção para instituir uma cooperação em matéria de detecção e repressão das infrações previstas na presente Convenção. Sempre que tal se justifique, os Estados-Partes utilizarão plenamente os acordos ou protocolos, incluindo as organizações internacionais ou regionais, para intensificar a cooperação entre as suas autoridades competentes para a aplicação da lei.

3. Os Estados-Partes procurarão cooperar, na medida das suas possibilidades, para enfrentar o crime organizado transnacional praticado com recurso a meios tecnológicos modernos.

Artigo 28
Coleta, intercâmbio e análise de informações sobre a natureza do crime organizado

1. Cada Estado-Parte considerará a possibilidade de analisar, em consulta com os meios científicos e universitários, as tendências da criminalidade organizada no seu território, as circunstâncias em que opera e os grupos profissionais e tecnologias envolvidos.

2. Os Estados-Partes considerarão a possibilidade de desenvolver as suas capacidades de análise das atividades criminosas organizadas e de as partilhar diretamente entre si e por intermédio de organizações internacionais e regionais. Para este efeito, deverão ser elaboradas e aplicadas, quando for caso disso, definições, normas e metodologias comuns.

3. Cada Estado-Parte considerará o estabelecimento de meios de acompanhamento das suas políticas e das medidas tomadas para combater o crime organizado, avaliando a sua aplicação e eficácia.

Artigo 29
Formação e assistência técnica

1. Cada Estado-Parte estabelecerá, desenvolverá ou melhorará, na medida das necessidades, programas de formação específicos destinados ao pessoal das autoridades competentes para a aplicação da lei, incluindo promotores públicos, juízes de instrução e funcionários aduaneiros, bem como outro pessoal que tenha por função prevenir, detectar e reprimir as infrações previstas na presente Convenção. Estes programas, que poderão prever cessões e intercâmbio de pessoal, incidirão especificamente, na medida em que o direito interno o permita, nos seguintes aspectos:

a) Métodos utilizados para prevenir, detectar e combater as infrações previstas na presente Convenção;
b) Rotas e técnicas utilizadas pelas pessoas suspeitas de implicação em infrações previstas na presente Convenção, incluindo nos Estados de trânsito, e medidas adequadas de combate;
c) Vigilância das movimentações dos produtos de contrabando;
d) Detecção e vigilância das movimentações do produto do crime, de bens, equipamentos ou outros instrumentos, de métodos de transferência, dissimulação ou disfarce destes produtos, bens, equipamentos ou outros instrumentos, bem como métodos de luta contra a lavagem de dinheiro e outras infrações financeiras;
e) Coleta de provas;
f) Técnicas de controle nas zonas francas e nos portos francos;
g) Equipamentos e técnicas modernas de detecção e de repressão, incluindo a vigilância eletrônica, as entregas vigiadas e as operações de infiltração;
h) Métodos utilizados para combater o crime organizado transnacional cometido por meio de computadores, de redes de telecomunicações ou outras tecnologias modernas; e
i) Métodos utilizados para a proteção das vítimas e das testemunhas.

2. Os Estados-Partes deverão cooperar entre si no planejamento e execução de programas de investigação e de formação concebidos para o intercâmbio de conhecimentos especializados nos domínios referidos no parágrafo 1 do presente Artigo e, para este efeito, recorrerão também, quando for caso disso, a conferências e seminários regionais e internacionais para promover a cooperação e estimular as trocas de pontos de vista sobre problemas comuns, incluindo os problemas e necessidades específicos dos Estados de trânsito.

3. Os Estados-Partes incentivarão as atividades de formação e de assistência técnica suscetíveis de facilitar a extradição e a cooperação judiciária. Estas atividades de cooperação e de assistência técnica poderão incluir ensino de idiomas, cessões e intercâmbio do pessoal das autoridades centrais ou de organismos que tenham responsabilidades nos domínios em questão.

4. Sempre que se encontrem em vigor acordos bilaterais ou multilaterais, os Estados-Partes reforçarão, tanto quanto for necessário, as medidas tomadas no sentido de otimizar as atividades operacionais e de formação no âmbito de organizações internacionais e regionais e no âmbito de outros acordos ou protocolos bilaterais e multilaterais na matéria.

Artigo 30
Outras medidas: aplicação da Convenção através do desenvolvimento econômico e da assistência técnica

1. Os Estados-Partes tomarão as medidas adequadas para assegurar a melhor aplicação possível da presente Convenção através da cooperação internacional, tendo em conta os efeitos negativos da criminalidade organizada na sociedade em geral e no desenvolvimento sustentável em particular.

2. Os Estados-Partes farão esforços concretos, na medida do possível, em coordenação entre si e com as organizações regionais e internacionais:
a) Para desenvolver a sua cooperação a vários níveis com os países em desenvolvimento, a fim de reforçar a capacidade destes para prevenir e combater a criminalidade organizada transnacional;
b) Para aumentar a assistência financeira e material aos países em desenvolvimento, a fim de apoiar os seus esforços para combater eficazmente a criminalidade organizada transnacional e ajudá-los a aplicar com êxito a presente Convenção;
c) Para fornecer uma assistência técnica aos países em desenvolvimento e aos países com uma economia de transição, a fim de ajudá-los a obter meios para a aplicação da presente Convenção. Para este efeito, os Estados-Partes procurarão destinar voluntariamente contribuições adequadas e regulares a uma conta constituída especificamente para este fim no âmbito de um mecanismo de financiamento das Nações Unidas. Os Estados-Partes poderão também considerar, especificamente, em conformidade com o seu direito interno e as disposições da presente Convenção, a possibilidade de destinarem à conta acima referida uma percentagem dos fundos ou do valor correspondente do produto do crime ou dos bens confiscados em aplicação das disposições da presente Convenção;
d) Para incentivar e persuadir outros Estados e instituições financeiras, quando tal se justifique, a

associarem-se aos esforços desenvolvidos em conformidade com o presente Artigo, nomeadamente fornecendo aos países em desenvolvimento mais programas de formação e material moderno, a fim de os ajudar a alcançar os objetivos da presente Convenção;

e) Tanto quanto possível, estas medidas serão tomadas sem prejuízo dos compromissos existentes em matéria de assistência externa ou de outros acordos de cooperação financeira a nível bilateral, regional ou internacional.

4. Os Estados-Partes poderão celebrar acordos ou protocolos bilaterais ou multilaterais relativos à assistência técnica e logística, tendo em conta os acordos financeiros necessários para assegurar a eficácia dos meios de cooperação internacional previstos na presente Convenção, e para prevenir, detectar e combater a criminalidade organizada transnacional.

Artigo 31
Prevenção

1. Os Estados-Partes procurarão elaborar e avaliar projetos nacionais, bem como estabelecer e promover as melhores práticas e políticas para prevenir a criminalidade organizada transnacional.

2. Em conformidade com os princípios fundamentais do seu direito interno, os Estados-Partes procurarão reduzir, através de medidas legislativas, administrativas ou outras que sejam adequadas, as possibilidades atuais ou futuras de participação de grupos criminosos organizados em negócios lícitos utilizando o produto do crime. Estas medidas deverão incidir:

a) No fortalecimento da cooperação entre autoridades competentes para a aplicação da lei ou promotores e entidades privadas envolvidas, incluindo empresas;

b) Na promoção da elaboração de normas e procedimentos destinados a preservar a integridade das entidades públicas e privadas envolvidas, bem como de códigos de conduta para determinados profissionais, em particular advogados, tabeliães, consultores tributários e contadores;

c) Na prevenção da utilização indevida, por grupos criminosos organizados, de concursos públicos, bem como de subvenções e licenças concedidas por autoridades públicas para a realização de atividades comerciais;

d) Na prevenção da utilização indevida de pessoas jurídicas por grupos criminosos organizados; estas medidas poderão incluir:

i) O estabelecimento de registros públicos de pessoas jurídicas e físicas envolvidas na criação, gestão e financiamento de pessoas jurídicas;

ii) A possibilidade de privar, por decisão judicial ou por qualquer outro meio adequado, as pessoas condenadas por infrações previstas na presente Convenção, por um período adequado, do direito de exercerem funções de direção de pessoas jurídicas estabelecidas no seu território;

iii) O estabelecimento de registros nacionais de pessoas que tenham sido privadas do direito de exercerem funções de direção de pessoas jurídicas; e

iv) O intercâmbio de informações contidas nos registros referidos nos incisos i) e iii) da presente alínea com as autoridades competentes dos outros Estados-Partes.

3. Os Estados-Partes procurarão promover a reinserção na sociedade das pessoas condenadas por infrações previstas na presente Convenção.

4. Os Estados-Partes procurarão avaliar periodicamente os instrumentos jurídicos e as práticas administrativas aplicáveis, a fim de determinar se contêm lacunas que permitam aos grupos criminosos organizados fazerem deles utilização indevida.

5. Os Estados-Partes procurarão sensibilizar melhor o público para a existência, as causas e a gravidade da criminalidade organizada transnacional e para a ameaça que representa. Poderão fazê-lo, quando for o caso, por intermédio dos meios de comunicação social e adotando medidas destinadas a promover a participação do público nas ações de prevenção e combate à criminalidade.

6. Cada Estado-Parte comunicará ao Secretário-Geral da Organização das Nações Unidas o nome e o endereço da(s) autoridade(s) que poderão assistir os outros Estados-Partes na aplicação das medidas de prevenção do crime organizado transnacional.

7. Quando tal se justifique, os Estados-Partes colaborarão, entre si e com as organizações regionais e internacionais competentes, a fim de promover e aplicar as medidas referidas no presente Artigo. A este título, participarão em projetos internacionais que visem prevenir a criminalidade organizada transnacional, atuando, por exemplo, sobre os fatores que tornam os grupos socialmente marginalizados vulneráveis à sua ação.

Artigo 32
Conferência das Partes na Convenção

1. Será instituída uma Conferência das Partes na Convenção, para melhorar a capacidade dos Estados-Partes no combate à criminalidade organizada transnacional e para promover e analisar a aplicação da presente Convenção.

2. O Secretário-Geral da Organização das Nações Unidas convocará a Conferência das Partes, o mais tardar, um ano após a entrada em vigor da presente Convenção. A Conferência das Partes adotará um regulamento interno e regras relativas às atividades enunciadas nos parágrafos 3 e 4 do presente Artigo (incluindo regras relativas ao financiamento das despesas decorrentes dessas atividades).

3. A Conferência das Partes acordará em mecanismos destinados a atingir os objetivos referidos no parágrafo 1 do presente Artigo, nomeadamente:

a) Facilitando as ações desenvolvidas pelos Estados-Partes em aplicação dos Artigos 29, 30 e 31 da presente Convenção, inclusive incentivando a mobilização de contribuições voluntárias;

b) Facilitando o intercâmbio de informações entre Estados-Partes sobre as características e tendências da criminalidade organizada transnacional e as práticas eficazes para a combater;

c) Cooperando com as organizações regionais e internacionais e as organizações não governamentais competentes;

d) Avaliando, a intervalos regulares, a aplicação da presente Convenção;

e) Formulando recomendações a fim de melhorar a presente Convenção e a sua aplicação;

4. Para efeitos das alíneas d) e e) do parágrafo 3 do presente Artigo, a Conferência das Partes inteirar-se-á das medidas adotadas e das dificuldades encontradas pelos Estados-Partes na aplicação da presente Convenção, utilizando as informações que estes lhe comuniquem e os mecanismos complementares de análise que venha a criar.

5. Cada Estado-Parte comunicará à Conferência das Partes, a solicitação desta, informações sobre os seus programas, planos e práticas, bem como sobre as suas medidas legislativas e administrativas destinadas a aplicar a presente Convenção.

Artigo 33
Secretariado

1. O Secretário-Geral da Organização das Nações Unidas fornecerá os serviços de secretariado necessários à Conferência das Partes na Convenção.

2. O secretariado:

a) Apoiará a Conferência das Partes na realização das atividades enunciadas no Artigo 32 da presente Convenção, tomará as disposições e prestará os serviços necessários para as sessões da Conferência das Partes;

b) Assistirá os Estados-Partes, a pedido destes, no fornecimento à Conferência das Partes das informações previstas no parágrafo 5 do Artigo 32 da presente Convenção; e

c) Assegurará a coordenação necessária com os secretariados das organizações regionais e internacionais.

Artigo 34
Aplicação da Convenção

1. Cada Estado-Parte adotará as medidas necessárias, incluindo legislativas e administrativas, em conformidade com os princípios fundamentais do seu direito interno, para assegurar o cumprimento das suas obrigações decorrentes da presente Convenção.

2. As infrações enunciadas nos Artigos 5, 6, 8 e 23 da presente Convenção serão incorporadas no direito interno de cada Estado-Parte, independentemente da sua natureza transnacional ou da implicação de um grupo criminoso organizado nos termos do parágrafo 1 do Artigo 3 da presente Convenção, salvo na medida em que o Artigo 5 da presente Convenção exija o envolvimento de um grupo criminoso organizado.

3. Cada Estado-Parte poderá adotar medidas mais estritas ou mais severas do que as previstas na presente Convenção a fim de prevenir e combater a criminalidade organizada transnacional.

Artigo 35
Solução de Controvérsias

1. Os Estados-Partes procurarão solucionar controvérsias relativas à interpretação ou aplicação da presente Convenção por negociação direta.

2. Qualquer controvérsia entre dois ou mais Estados-Partes relativa à interpretação ou aplicação da presente Convenção que não possa ser resolvida por via negocial num prazo razoável será, a pedido de um destes Estados-Partes, submetida a arbitragem. Se, no prazo de 6 (seis) meses a contar da data do pedido de arbitragem, os Estados-Partes não chegarem a acordo sobre a organização da arbitragem, qualquer deles poderá submeter a controvérsia ao Tribunal Internacional de Justiça, mediante requerimento em conformidade com o Estatuto do Tribunal.

3. Qualquer Estado-Parte poderá, no momento da assinatura, da ratificação, da aceitação ou da aprovação da presente Convenção, ou da adesão a esta, declarar que não se considera vinculado pelo parágrafo 2 do presente Artigo. Os outros Estados-Partes não estarão vinculados pelo parágrafo 2 do presente Artigo em relação a qualquer Estado-Parte que tenha formulado esta reserva.

4. Um Estado-Parte que tenha formulado uma reserva ao abrigo do parágrafo 3 do presente Artigo poderá retirá-la a qualquer momento, mediante notificação do Secretário-Geral da Organização das Nações Unidas.

Artigo 36
Assinatura, ratificação, aceitação, aprovação e adesão

1. A presente Convenção será aberta à assinatura de todos os Estados entre 12 e 15 de Dezembro de 2000, em Palermo (Itália) e, seguidamente, na sede da Organização das Nações Unidas, em Nova Iorque, até 12 de Dezembro de 2002.

2. A presente Convenção estará igualmente aberta à assinatura de organizações regionais de integração econômica, desde que pelo menos um Estado-Membro dessa organização tenha assinado a presente Convenção, em conformidade com o parágrafo 1 do presente Artigo.

3. A presente Convenção será submetida a ratificação, aceitação ou aprovação. Os instrumentos de ratificação, aceitação ou aprovação serão depositados junto do Secretário-Geral da Organização das Nações Unidas. Uma organização regional de integração econômica poderá depositar os seus instrumentos de ratificação, aceitação ou aprovação se pelo menos um dos seus Estados-Membros o tiver feito. Neste instrumento de ratificação, aceitação ou aprovação, a organização declarará o âmbito da sua competência em relação às questões que são objeto da presente Convenção. Informará igualmente o depositário de qualquer alteração relevante do âmbito da sua competência.

4. A presente Convenção estará aberta à adesão de qualquer Estado ou de qualquer organização

regional de integração econômica de que, pelo menos, um Estado-membro seja parte na presente Convenção. Os instrumentos de adesão serão depositados junto do Secretário-Geral da Organização das Nações Unidas. No momento da sua adesão, uma organização regional de integração econômica declarará o âmbito da sua competência em relação às questões que são objeto da presente Convenção. Informará igualmente o depositário de qualquer alteração relevante do âmbito dessa competência.

Artigo 37
Relação com os protocolos

1. A presente Convenção poderá ser completada por um ou mais protocolos.
2. Para se tornar Parte num protocolo, um Estado ou uma organização regional de integração econômica deverá igualmente ser Parte na presente Convenção.
3. Um Estado-Parte na presente Convenção não estará vinculado por um protocolo, a menos que se torne Parte do mesmo protocolo, em conformidade com as disposições deste.
4. Qualquer protocolo à presente Convenção será interpretado conjuntamente com a presente Convenção, tendo em conta a finalidade do mesmo protocolo.

Artigo 38
Entrada em vigor

1. A presente Convenção entrará em vigor no nonagésimo dia seguinte à data de depósito do quadragésimo instrumento de ratificação, aceitação, aprovação ou adesão. Para efeitos do presente número, nenhum dos instrumentos depositados por uma organização regional de integração econômica será somado aos instrumentos já depositados pelos Estados-membros dessa organização.
2. Para cada Estado ou organização regional de integração econômica que ratifique, aceite ou aprove a presente Convenção ou a ela adira após o depósito do quadragésimo instrumento pertinente, a presente Convenção entrará em vigor no trigésimo dia seguinte à data de depósito do instrumento pertinente do referido Estado ou organização.

Artigo 39
Emendas

1. Quando tiverem decorrido 5 (cinco) anos a contar da entrada em vigor da presente Convenção, um Estado-Parte poderá propor uma emenda e depositar o respectivo texto junto do Secretário-Geral da Organização das Nações Unidas, que em seguida comunicará a proposta de emenda aos Estados-Partes e à Conferência das Partes na Convenção, para exame da proposta e adoção de uma decisão. A Conferência das Partes esforçar-se-á por chegar a um consenso sobre qualquer emenda. Se todos os esforços nesse sentido se tiverem esgotado sem que se tenha chegado a acordo, será necessário, como último recurso para que a emenda seja aprovada, uma votação por maioria de 2/3 (dois terços) dos votos expressos dos Estados-Partes presentes na Conferência das Partes.

2. Para exercerem, ao abrigo do presente Artigo, o seu direito de voto nos domínios em que sejam competentes, as organizações regionais de integração econômica disporão de um número de votos igual ao número dos seus Estados-Membros que sejam Partes na presente Convenção. Não exercerão o seu direito de voto quando os seus Estados-Membros exercerem os seus, e inversamente.

3. Uma emenda aprovada em conformidade com o parágrafo 1 do presente Artigo estará sujeita à ratificação, aceitação ou aprovação dos Estados-Partes.

4. Uma emenda aprovada em conformidade com o parágrafo 1 do presente Artigo entrará em vigor para um Estado-Parte 90 (noventa) dias após a data de depósito pelo mesmo Estado-Parte junto do Secretário-Geral da Organização das Nações Unidas de um instrumento de ratificação, aceitação ou aprovação da referida emenda.

5. Uma emenda que tenha entrado em vigor será vinculativa para os Estados-Partes que tenham declarado o seu consentimento em serem por ela vinculados. Os outros Estados-Partes permanecerão vinculados pelas disposições da presente Convenção e por todas as emendas anteriores que tenham ratificado, aceite ou aprovado.

Artigo 40
Denúncia

1. Um Estado-Parte poderá denunciar a presente Convenção mediante notificação escrita dirigida ao Secretário-Geral da Organização das Nações Unidas. A denúncia tornar-se-á efetiva 1 (um) ano após a data da recepção da notificação pelo Secretário-Geral.

2. Uma organização regional de integração econômica cessará de ser Parte na presente Convenção quando todos os seus Estados-Membros a tenham denunciado.

3. A denúncia da presente Convenção, em conformidade com o parágrafo 1 do presente Artigo, implica a denúncia de qualquer protocolo a ela associado.

Artigo 41
Depositário e línguas

1. O Secretário-Geral da Organização das Nações Unidas será o depositário da presente Convenção.

2. O original da presente Convenção, cujos textos em inglês, árabe, chinês, espanhol, francês e russo fazem igualmente fé, será depositado junto do Secretário-Geral da Organização das Nações Unidas.

Em fé do que os plenipotenciários abaixo assinados, devidamente mandatados para o efeito pelos respectivos Governos, assinaram a presente Convenção.

PROTOCOLO ADICIONAL À CONVENÇÃO DAS NAÇÕES UNIDAS CONTRA O CRIME ORGANIZADO TRANSNACIONAL, RELATIVO AO COMBATE AO TRÁFICO DE MIGRANTES POR VIA TERRESTRE, MARÍTIMA E AÉREA (2000)

- Adotado em Nova York em 15.11.2000.
- Aprovado no Brasil por meio do Decreto Legislativo 231, de 29.05.2003, e ratificado pelo governo brasileiro em 29.01.2004, tendo sido promulgado pelo Decreto 5.016, de 12.03.2004.
- Entrou em vigor internacional em 29.09.2003, e para o Brasil, em 28.02.2004.

Preâmbulo

Os Estados-Partes no presente Protocolo,

Declarando que uma ação eficaz para prevenir e combater o tráfico ilícito de migrantes por via terrestre, marítima e aérea exige uma abordagem internacional abrangente, incluindo a cooperação, a troca de informações e outras medidas apropriadas, especialmente medidas socioeconômicas de alcance nacional, regional e internacional,

Relembrando a Resolução 54/212 da Assembleia Geral, de 22 de Dezembro de 1999, na qual a Assembleia instou os Estados-Membros e os organismos das Nações Unidas a reforçarem a cooperação internacional no domínio das migrações internacionais e do desenvolvimento, de forma a combater as causas profundas das migrações, especialmente aquelas ligadas à pobreza, e a otimizar os benefícios que as migrações internacionais proporcionam aos interessados e a incentivar, quando pertinente, os mecanismos inter-regionais, regionais e sub-regionais a continuar a tratar da questão das migrações e do desenvolvimento,

Convencidos da necessidade de tratar os migrantes com humanidade e proteger plenamente seus direitos,

Tendo em conta que, apesar do trabalho efetuado em outras instâncias internacionais, não existe um instrumento universal que trate de todos os aspectos do tráfico ilícito de migrantes e de outras questões conexas,

Preocupados com o aumento significativo das atividades dos grupos criminosos organizados relacionadas com tráfico ilícito de migrantes e outras atividades criminosas conexas, enunciadas no presente Protocolo, que causam grandes prejuízos aos Estados afetados,

Preocupados também com fato de o tráfico ilícito de migrantes poder pôr em risco as vidas ou a segurança dos migrantes envolvidos,

Recordando a Resolução 53/111 da Assembleia Geral, de 9 de Dezembro de 1998, na qual a Assembleia decidiu criar um comitê intergovernamental especial, de composição aberta, encarregado de elaborar uma convenção internacional global contra o crime organizado transnacional e de examinar a possibilidade de elaborar, entre outros (ou *inter alia*), um instrumento internacional de luta contra o tráfico e o transporte ilícito de migrantes, inclusive por via marítima,

Convencidos de que a suplementação da Convenção das Nações Unidas contra o Crime Organizado Transnacional com um instrumento internacional de combate ao tráfico ilícito de migrantes por via terrestre, aérea e marítima ajudará a prevenir e a combater esse tipo de crime,

Acordaram o seguinte:

I – DISPOSIÇÕES GERAIS

Artigo 1º
Relação com a Convenção das Nações Unidas contra o Crime Organizado Transnacional

1. O presente Protocolo complementa a Convenção das Nações Unidas contra o Crime Organizado Transnacional e será interpretado em conjunto com a Convenção.

2. As disposições da Convenção aplicar-se-ão *mutatis mutandis* ao presente Protocolo, salvo disposição em contrário.

3. As infrações estabelecidas em conformidade com o Artigo 6 do presente Protocolo serão consideradas como infrações estabelecidas em conformidade com a Convenção.

Artigo 2º
Objetivo

O objetivo do presente Protocolo é prevenir e combater o tráfico de migrantes, bem como promover a cooperação entre os Estados-Partes com esse fim, protegendo ao mesmo tempo os direitos dos migrantes objeto desse tráfico.

Artigo 3º
Definições

Para efeitos do presente Protocolo:

a) A expressão "tráfico de migrantes" significa a promoção, com o objetivo de obter, direta ou indiretamente, um benefício financeiro ou outro benefício material, da entrada ilegal de uma pessoa num Estado-Parte do qual essa pessoa não seja nacional ou residente permanente;

b) A expressão "entrada ilegal" significa a passagem de fronteiras sem preencher os requisitos necessários para a entrada legal no Estado de acolhimento;

c) A expressão "documento de viagem ou de identidade fraudulento" significa qualquer documento de viagem ou de identificação:

(i) Que tenha sido falsificado ou alterado de forma substancial por uma pessoa ou uma entidade que não esteja legalmente autorizada a fazer ou emitir documentos de viagem ou de identidade em nome de um Estado; ou

(ii) Que tenha sido emitido ou obtido de forma irregular, através de falsas declarações, corrupção ou coação ou qualquer outro meio ilícito; ou

(iii) Que seja utilizado por uma pessoa que não seja seu titular legítimo;

d) O termo "navio" significa todo o tipo de embarcação, incluindo embarcações sem calado e hidroaviões, utilizados ou que possam ser utilizados como meio de transporte sobre a água, com excepção dos vasos de guerra, navios auxiliares da armada ou outras embarcações pertencentes a um Governo ou por ele exploradas, desde que sejam utilizadas exclusivamente por um serviço público não comercial.

Artigo 4º
Âmbito de aplicação

O presente Protocolo aplicar-se-á, salvo disposição em contrário, à prevenção, investigação e repressão das infracções estabelecidas em conformidade com o Artigo 6 do presente Protocolo, quando essas infracções forem de natureza transnacional e envolvam um grupo criminoso organizado, bem como à proteção dos direitos das pessoas que foram objeto dessas infrações.

Artigo 5º
Responsabilidade penal dos migrantes

Os migrantes não estarão sujeitos a processos criminais nos termos do presente Protocolo, pelo fato de terem sido objeto dos atos enunciados no seu Artigo 6.

Artigo 6º
Criminalização

1. Cada Estado-Parte adotará as medidas legislativas e outras que considere necessárias para caracterizar como infração penal, quando praticada intencionalmente e de forma a obter, direta ou indiretamente, um benefício financeiro ou outro benefício material:

a) O tráfico de migrantes;

b) Os seguintes atos quando praticados com o objetivo de possibilitar o tráfico ilícito de migrantes:
(i) Elaboração de documento de viagem ou de identidade fraudulento;
(ii) Obtenção, fornecimento ou posse tal documento;

c) Viabilizar a permanência, no Estado em causa, de uma pessoa que não seja nacional ou residente permanente, sem preencher as condições necessárias para permanecer legalmente no Estado, recorrendo aos meios referidos na alínea *b)* do presente parágrafo ou de qualquer outro meio ilegal.

2. Cada Estado-Parte adotará também medidas legislativas e outras que considere necessárias para caracterizar como infração penal:

a) Sem prejuízo dos conceitos fundamentais do seu sistema jurídico, a tentativa de praticar infração estabelecida em conformidade com o parágrafo 1 do presente Artigo;

b) A participação como cúmplice numa infração estabelecida em conformidade com as alíneas *a)*, *b)* (i) ou *c)* do parágrafo 1 do presente Artigo e, sem prejuízo dos conceitos fundamentais do seu sistema jurídico, a participação como cúmplice numa infração estabelecida em conformidade com a alínea *b)* (ii) do parágrafo 1 do presente Artigo;

c) Organizar a prática de uma infração estabelecida em conformidade com o parágrafo 1 do presente Artigo ou dar instruções a outras pessoas para que a pratiquem.

3. Cada Estado-Parte adotará as medidas legislativas e outras que entenda necessárias, para considerar como agravantes das infrações estabelecidas em conformidade com as alíneas *a)*, *b)* (i) e *c)* do parágrafo 1 do presente Artigo e, sem prejuízo dos conceitos fundamentais do seu sistema jurídico, das infrações estabelecidas em conformidade com as alíneas *b)* e *c)* do parágrafo 2 do presente Artigo, as circunstâncias:

a) Que ponham em perigo ou ameaçar pôr em perigo a vida e a segurança dos migrantes em causa; ou

b) Que acarretem o tratamento desumano ou degradante desses migrantes, incluindo sua exploração.

4. Nenhuma disposição do presente Protocolo impedirá um Estado-Parte de tomar medidas contra uma pessoa cuja conduta constitua uma infração nos termos do seu direito interno.

II – TRÁFICO DE MIGRANTES POR VIA MARÍTIMA

Artigo 7º
Cooperação

Os Estados-Partes cooperarão, na medida do possível, para prevenir e suprimir o tráfico de migrantes por via marítima, em conformidade com o direito internacional do mar.

Artigo 8º
Medidas contra o tráfico de migrantes por via marítima

1. Um Estado-Parte que tenha motivos razoáveis para suspeitar que um navio que, sem nacionalidade, arvore o seu pavilhão ou invoque o registro de matrícula neste Estado ou que, apesar de arvorar um pavilhão estrangeiro ou recusar mostrar o seu pavilhão, tenha na verdade a nacionalidade do Estado-Parte em questão, se encontra envolvido no tráfico ilícito de migrantes por via marítima, poderá pedir o auxílio de outros Estados-Partes para pôr termo à utilização do referido navio para esse fim. Os Estados-Partes aos quais tenham sido solicitado o auxílio prestá-lo-ão, na medida do possível, tendo em conta os meios disponíveis.

2. Um Estado-Parte que tenha motivos razoáveis para suspeitar que um navio que exerce a liberdade de navegação em conformidade com o direito internacional e arvora o pavilhão ou exibe sinais de matrícula de outro Estado-Parte se encontra envolvido no tráfico ilícito de migrantes por via marítima pode notificar o Estado do pavilhão, solicitar a confirmação do registro da matrícula e, se este se confirmar, solicitar autorização a esse Estado para tomar as medidas apropriadas relativamente ao navio. O Estado do pavilhão pode, entre outras medidas, autorizar o Estado requerente a:

a) Abordar o navio;
b) Revistar o navio; e
c) Se forem encontradas provas de que o navio se encontra envolvido no tráfico de migrantes por via marítima, tomar as medidas que considere apropriadas relativamente ao navio, às pessoas e à carga que se encontrem a bordo, nos termos em que foi autorizado pelo Estado do pavilhão.

3. Um Estado-Parte que tenha tomado qualquer medida em conformidade com o parágrafo 2 do presente Artigo informará imediatamente o Estado do pavilhão em causa sobre os resultados das referidas medidas.

4. Um Estado-Parte responderá imediatamente a qualquer pedido de outro Estado-Parte com vista a determinar se um navio que invoca o registro da matrícula neste Estado ou arvore o seu pavilhão está autorizada a fazê-lo, bem como a um pedido de autorização efetuado em conformidade com o parágrafo 2 do presente Artigo.

5. O Estado do pavilhão pode, em conformidade com o Artigo 7 do presente Protocolo, condicionar sua autorização a termos a serem acordados entre ele e o Estado requerente, inclusive a condições relativas à responsabilidade e ao alcance das medidas efetivas a tomar. Um Estado-Parte não tomará medidas adicionais sem a autorização expressa do Estado do pavilhão, exceto aquelas que se considerem necessárias para afastar um perigo iminente para a vida das pessoas ou aquelas que resultem de acordos bilaterais ou multilaterais pertinentes.

6. Cada Estado-Parte designará uma ou mais autoridades, se necessário, para receber e responder a pedidos de auxílio de confirmação de registro de matrícula ou do direito de uma embarcação arvorar o seu pavilhão e a pedidos de autorização para tomar as medidas apropriadas. Essa designação será notificada pelo Secretário-Geral a todos os outros Estados-Partes no prazo de 1 (um) mês após a designação.

7. Um Estado-Parte que tenha motivos razoáveis para suspeitar que um navio se encontra envolvido no tráfico de migrantes por via marítima e não tem nacionalidade ou é equiparado a um navio sem nacionalidade pode abordá-lo e revistá-lo. Se forem encontradas provas que confirmem a suspeita, esse Estado-Parte tomará as medidas apropriadas em conformidade com o direito interno e internacional aplicáveis.

Artigo 9º
Cláusulas de proteção

1. Quando um Estado-Parte tomar medidas contra um navio em conformidade com o Artigo 8 do presente Protocolo:
a) Velará pela segurança e pelo tratamento humano das pessoas a bordo;
b) Terá devidamente em conta a necessidade de não pôr em perigo a segurança do navio ou da sua carga;
c) Terá devidamente em conta a necessidade de não prejudicar os interesses comerciais ou os direitos do Estado do pavilhão ou de qualquer outro Estado interessado;
d) Velará para que, na medida do possível, quaisquer medidas tomadas em relação ao navio sejam ecologicamente razoáveis.

2. Se os motivos das medidas tomadas em conformidade com o Artigo 8 do presente Protocolo se revelarem infundados, o navio será indenizado por qualquer eventual prejuízo ou dano, desde que o navio não tenha praticado nenhum ato que tenha justificado a medida tomada.

3. Qualquer medida tomada, adotada ou aplicada em conformidade com o presente capítulo, terá devidamente em conta a necessidade de não prejudicar ou afetar:
a) Os direitos e obrigações dos Estados costeiros e o exercício da sua jurisdição em conformidade com o direito internacional do mar; ou
b) O poder do Estado do pavilhão de exercer jurisdição e controle relativamente às questões administrativas, técnicas e sociais relacionadas com o navio.

4. Qualquer medida tomada no mar, em conformidade com o disposto no presente capítulo, será executada apenas por navios de guerra ou aeronaves militares, ou por outros navios ou aeronaves devidamente autorizados para esse efeito, que ostentem sinais claros e identificáveis de que estão a serviço do Estado.

III – PREVENÇÃO, COOPERAÇÃO E OUTRAS MEDIDAS
Artigo 10
Informação

1. Sem prejuízo do disposto nos Artigos 27 e 28 da Convenção, os Estados-Partes, em especial aqueles com fronteiras comuns ou situados em itinerários utilizados para o tráfico de migrantes, trocarão entre si, para lograr os objetivos do presente Protocolo, e em conformidade com os respectivos sistemas jurídicos e administrativos internos, informações pertinentes, tais como:
a) Os pontos de embarque e de destino, bem como os itinerários, os transportadores e os meios de transporte, dos quais se tenha conhecimento ou suspeita de serem utilizados por um grupo criminoso organizado que pratique atos enunciados no Artigo 6 do presente Protocolo;
b) A identidade e os métodos de organizações ou grupos criminosos organizados dos quais se tenha conhecimento ou suspeita de envolvimento na prática de atos enunciados no Artigo 6 do presente Protocolo;
c) A autenticidade e as características dos documentos de viagem emitidos por um Estado-Parte e o furto ou a utilização indevida de documentos de viagem ou de identidade em branco;
d) Os meios e métodos de dissimulação e transporte de pessoas, a modificação, a reprodução ou a aquisição ilícitas ou outra utilização indevida de documentos de viagem ou de identidade utilizados nos atos enunciados no Artigo 6 do presente Protocolo e formas de detectá-los;

e) Elementos da experiência legislativa, bem como práticas e medidas para prevenir e combater os atos enunciados no Artigo 6 do presente Protocolo; e

f) Questões científicas e tecnológicas úteis para a investigação e a repressão, a fim de reforçar mutuamente a capacidade de prevenir e detectar os atos enunciados no Artigo 6 do presente Protocolo, conduzir investigações sobre esses atos e processar os seus autores.

2. Um Estado-Parte que tenha recebido informações respeitará qualquer pedido do Estado-Parte que transmitiu essas informações, no sentido de restringir a sua utilização.

Artigo 11
Medidas nas fronteiras

1. Sem prejuízo dos compromissos internacionais relativos à livre circulação de pessoas, os Estados-Partes reforçarão, na medida do possível os controles fronteiriços que considerem necessários para prevenir e detectar o tráfico ilícito de migrantes.

2. Cada Estado-Parte adotará as medidas legislativas ou outras medidas apropriadas para prevenir, na medida do possível, a utilização de meios de transporte explorados por transportadores comerciais para a prática da infração estabelecida em conformidade com a alínea *a)* do parágrafo 1 do Artigo 6 do presente Protocolo.

3. Quando se considere apropriado, e sem prejuízo das convenções internacionais aplicáveis, essas medidas consistirão, entre outras, na obrigação dos transportadores comerciais, inclusive as empresas de transportes, os proprietários ou os operadores de qualquer meio de transporte, verificarem que todos os passageiros são portadores dos documentos de viagem exigidos para a entrada no Estado de acolhimento.

4. Cada Estado-Parte tomará as medidas necessárias, em conformidade com o seu direito interno, para prever sanções nos casos de violação da obrigação constante do parágrafo 3 do presente Artigo.

5. Cada Estado-Parte considerará a possibilidade de tomar medidas que permitam, em conformidade com o seu direito interno, recusar a entrada ou anular os vistos de pessoas envolvidas na prática de infrações estabelecidas em conformidade com o presente Protocolo.

6. Sem prejuízo do disposto no Artigo 27 da Convenção, os Estados-Partes considerarão a possibilidade de reforçar a cooperação entre os serviços de controle de fronteiras, inclusive mediante a criação e a manutenção de canais de comunicação diretos.

Artigo 12
Segurança e controle de documentos

Cada Estado-Parte tomará as medidas necessárias, de acordo com os meios disponíveis para:

a) Assegurar a qualidade dos documentos de viagem ou de identidade que emitir, de forma a que não sejam indevidamente utilizados nem facilmente falsificados ou modificados, reproduzidos ou emitidos de forma ilícita; e

b) Assegurar a integridade e a segurança dos documentos de viagem ou de identidade emitidos pelo Estado-Parte ou em seu nome e impedir a sua criação, emissão e utilização ilícitas.

Artigo 13
Legitimidade e validade dos documentos

A pedido de outro Estado-Parte, um Estado-Parte verificará, em conformidade com o seu direito interno e dentro de um prazo razoável, a legitimidade e validade dos documentos de viagem ou de identidade emitidos ou presumidamente emitidos em seu nome e que suspeite terem sido utilizados para a prática dos atos estabelecidos no Artigo 6 do presente Protocolo.

Artigo 14
Formação e cooperação técnica

1. Os Estados-Partes assegurarão ou reforçarão a formação especializada dos agentes dos serviços de imigração e de outros agentes competentes para a prevenção dos atos estabelecidos no Artigo 6 do presente Protocolo e o tratamento humano dos migrantes que foram objeto desses atos, respeitando os direitos que lhes são reconhecidos no presente Protocolo.

2. Os Estados-Partes cooperarão entre si e com organizações internacionais, organizações não governamentais, outras organizações competentes e outros elementos da sociedade civil, na medida do possível, para assegurar treinamento adequado do pessoal nos respectivos territórios com vistas a prevenir, combater e erradicar os atos estabelecidos no Artigo 6 do presente Protocolo e proteger os direitos dos migrantes que foram objeto desses atos. Esse treinamento incluirá:

a) A melhoria da segurança e da qualidade dos documentos de viagem;

b) O reconhecimento e detecção de documentos de viagem e de identidade fraudulentos;

c) A coleta de informações de caráter criminal, especialmente relacionada com a identificação de grupos criminosos organizados dos quais se tem conhecimento ou suspeita de envolvimento na prática dos atos estabelecidos no Artigo 6 do presente Protocolo, os métodos utilizados no transporte de migrantes objeto de tráfico, a utilização indevida de documentos de viagem ou de identidade para a prática dos atos estabelecidos no Artigo 6 e os meios de dissimulação utilizados no tráfico de migrantes;

d) A melhoria de procedimentos para a detecção de pessoas vítimas de tráfico nos pontos de entrada e de saída tradicionais e não tradicionais; e

e) O tratamento humano de migrantes e a proteção dos direitos que lhes são reconhecidos no presente Protocolo.

3. Os Estados-Partes que tenham conhecimentos especializados relevantes considerarão a possibilidade de prestar assistência técnica aos Estados que são frequentemente países de origem ou de

trânsito de pessoas que foram objeto dos atos estabelecidos no Artigo 6 do presente Protocolo. Os Estados-Partes envidarão esforços para fornecer os recursos necessários, tais como veículos, sistemas de informática e leitores de documentos, para combater os atos estabelecidos no Artigo 6.

Artigo 15
Outras medidas de prevenção

1. Cada Estado-Parte tomará medidas destinadas a instituir ou a reforçar programas de informação para sensibilizar o público para o fato de os atos enunciados no Artigo 6 do presente Protocolo constituírem uma atividade criminosa frequentemente perpetrada por grupos criminosos organizados com fins lucrativos e que apresentam grande risco para os migrantes em questão.
2. Em conformidade com o disposto no Artigo 31 da Convenção, os Estados-Partes cooperarão no domínio da informação a fim de impedir que potenciais migrantes se tornem vítimas de grupos criminosos organizados.
3. Cada Estado-Parte promoverá ou reforçará, de forma apropriada, programas de desenvolvimento e cooperação em âmbito nacional, regional e internacional, tendo em conta as realidades socioeconômicas das migrações e prestando especial atenção a zonas econômica e socialmente desfavorecidas, de forma a combater as causas profundas do tráfico de migrantes, tais como a pobreza e o subdesenvolvimento.

Artigo 16
Medidas de proteção e de assistência

1. Ao aplicar o presente Protocolo, cada Estado-Parte adotará, em conformidade com as obrigações que lhe incumbem nos termos do direito internacional, todas as medidas apropriadas, incluindo as medidas legislativas que considere necessárias a fim de preservar e proteger os direitos das pessoas que foram objeto dos atos estabelecidos no Artigo 6 do presente Protocolo, que lhes são reconhecidos pelo direito internacional aplicável, especialmente o direito à vida e o direito a não ser submetido a tortura ou outras penas ou tratamentos cruéis, desumanos ou degradantes.
2. Cada Estado-Parte tomará as medidas apropriadas para conceder aos migrantes uma proteção adequada contra a violência que lhes possa ser infligida tanto por pessoas como por grupos, pelo fato de terem sido objeto dos atos enunciados no Artigo 6 do presente Protocolo.
3. Cada Estado-Parte concederá uma assistência adequada aos migrantes, cuja vida ou segurança tenham sido postas em perigo pelo fato de terem sido objeto dos atos estabelecidos no Artigo 6 do presente Protocolo.
4. Ao aplicar as disposições do presente Artigo, os Estados-Partes terão em conta as necessidades específicas das mulheres e das crianças.
5. No caso de detenção de uma pessoa que foi objeto dos atos estabelecidos no Artigo 6 do presente Protocolo, cada Estado-Parte dará cumprimento às obrigações que lhe incumbam nos termos da Convenção de Viena sobre as Relações Consulares, quando aplicável, incluindo a obrigação de informar sem demora a pessoa em causa sobre as disposições relativas à notificação e comunicação aos funcionários consulares.

Artigo 17
Acordos e ajustes

Os Estados-Partes considerarão a possibilidade de celebrar acordos bilaterais ou regionais, ajustes operacionais ou entendimentos com o objetivo de:
a) Estabelecer as medidas mais apropriadas e eficazes para prevenir e combater os atos enunciados no Artigo 6 do presente Protocolo; ou
b) Desenvolver entre si as disposições constantes do presente Protocolo.

Artigo 18
Regresso de migrantes objeto do tráfico

1. Cada Estado-Parte acorda em facilitar e aceitar, sem demora indevida ou injustificada, o regresso de uma pessoa que tenha sido objeto dos atos estabelecido no Artigo 6 do presente Protocolo e que seja seu nacional ou que tenha o direito de residência permanente no seu território no momento do regresso.
2. Cada Estado-Parte considerará a possibilidade de facilitar e aceitar, em conformidade com o seu direito interno, o regresso de uma pessoa que tenha sido objeto de um ato estabelecido no Artigo 6 do presente Protocolo e que tinha o direito de residência permanente no território do Estado-Parte no momento da sua entrada no Estado de acolhimento.
3. A pedido do Estado-Parte de acolhimento, um Estado-Parte requerido verificará, sem demora indevida ou injustificada, se uma pessoa que foi objeto dos atos enunciados no Artigo 6 do presente Protocolo é nacional desse Estado-Parte ou se tem o direito de residência permanente no seu território.
4. A fim de facilitar o regresso de uma pessoa que tenha sido objeto dos atos enunciados no Artigo 6 do presente Protocolo e não possui os documentos devidos, o Estado-Parte do qual essa pessoa é nacional ou no qual tem direito de residência permanente aceitará emitir, a pedido do Estado-Parte de acolhimento, os documentos de viagem ou qualquer outra autorização que considere necessária para permitir à pessoa viajar e ser readmitida no seu território.
5. Cada Estado-Parte envolvido no regresso de uma pessoa que tenha sido objeto dos atos enunciados no Artigo 6 do presente Protocolo adotará todas as medidas apropriadas para organizar esse regresso de forma ordenada e tendo devidamente em conta a segurança e a dignidade da pessoa.
6. Os Estados-Partes podem cooperar com organizações internacionais competentes na execução do presente Artigo.

7. O disposto no presente Artigo não prejudica qualquer direito reconhecido às pessoas, nos termos da legislação do Estado-Parte de acolhimento, que tenham sido objeto dos atos estabelecidos no Artigo 6 do presente Protocolo.

8. O presente Artigo não prejudica as obrigações decorrentes de qualquer outro tratado bilateral ou multilateral aplicável ou qualquer outro acordo operacional que regule, no todo ou em parte, o regresso das pessoas que tenham sido objeto dos atos estabelecidos no Artigo 6 do presente Protocolo.

Disposições finais

Artigo 19
Cláusula de Salvaguarda

1. Nenhuma disposição do presente Protocolo prejudicará outros direitos, obrigações e responsabilidades dos Estados e dos particulares nos termos do direito internacional, incluindo o direito internacional humanitário e o direito internacional relativo aos direitos humanos e, em particular, quando aplicáveis, a Convenção de 1951 e o Protocolo de 1967 relativos ao Estatuto do Refugiado e ao princípio do *nonrefoulement* neles enunciado.

2. As medidas constantes do presente Protocolo serão interpretadas e aplicadas de forma a que as pessoas que tenham sido objeto dos atos enunciados no Artigo 6 do presente Protocolo não sejam discriminadas. A interpretação e aplicação das referidas medidas serão efetuadas em conformidade com os princípios da não discriminação internacionalmente reconhecidos.

Artigo 20
Resolução de controvérsias

1. Os Estados-Partes envidarão esforços para resolver as controvérsias relativos à interpretação e à aplicação do presente Protocolo por via negocial.

2. Qualquer controvérsia entre dois ou mais Estados-Partes relativa à aplicação ou interpretação do presente Protocolo que não possa ser resolvido pela via negocial dentro de um prazo razoável será submetido, a pedido de um desses Estados-Partes, a arbitragem. Se, no prazo de 6 (seis) meses após a data do pedido de arbitragem, esses Estados-Partes não chegarem a um acordo sobre a organização da arbitragem, qualquer desses Estados-Partes poderá submeter o litígio ao Tribunal Internacional de Justiça, mediante requerimento, em conformidade com o Estatuto do Tribunal.

3. Cada Estado-Parte pode, no momento da assinatura, da ratificação, da aceitação ou da aprovação do presente Protocolo ou adesão ao mesmo, declarar que não se considera vinculado ao parágrafo 2 do presente Artigo. Os outros Estados-Partes não ficarão vinculados ao parágrafo 2 do presente Artigo em relação a qualquer outro Estado-Parte que tenha formulado essa reserva.

4. Qualquer Estado-Parte que tenha formulado uma reserva nos termos do parágrafo 3 do presente Artigo poderá, a qualquer momento, retirar essa reserva através de notificação ao Secretário-Geral das Nações Unidas.

Artigo 21
Assinatura, ratificação, aceitação, aprovação e adesão

1. O presente Protocolo será aberto à assinatura de todos os Estados de 12 a 15 de Dezembro de 2000 em Palermo, Itália, e, posteriormente, na sede das Nações Unidas, em Nova Iorque, até 12 de Dezembro de 2002.

2. O presente Protocolo será igualmente aberto à assinatura de organizações regionais de integração econômica, desde que pelo menos um Estado-membro dessa organização tenha assinado o presente Protocolo em conformidade com o parágrafo 1 do presente Artigo.

3. O presente Protocolo está sujeito a ratificação, aceitação ou aprovação. Os instrumentos de ratificação, aceitação ou aprovação serão depositados junto do Secretário-Geral das Nações Unidas. Uma organização regional de integração econômica pode depositar o seu instrumento de ratificação, de aceitação ou de aprovação se pelo menos um dos seus Estados-membros o tiver feito. Nesse instrumento de ratificação, de aceitação ou de aprovação essa organização declarará o âmbito da sua competência relativamente às matérias reguladas pelo presente Protocolo. Informará igualmente o depositário de qualquer modificação relevante no âmbito da sua competência.

4. O presente Protocolo está aberto à adesão de qualquer Estado ou de qualquer organização regional de integração econômica da qual pelo menos um Estado-membro seja Parte do presente Protocolo. Os instrumentos de adesão serão depositados junto do Secretário-Geral das Nações Unidas. No momento da sua adesão uma organização regional de integração econômica declarará o âmbito da sua competência relativamente às questões reguladas pelo presente Protocolo. Informará igualmente o depositário de qualquer modificação relevante do âmbito da sua competência.

Artigo 22
Entrada em vigor

1. O presente Protocolo entrará em vigor no nonagésimo dia seguinte à data do depósito do quadragésimo instrumento de ratificação, de aceitação, de aprovação ou de adesão, mas não entrará em vigor antes da entrada em vigor da Convenção. Para efeitos do presente parágrafo, nenhum instrumento depositado por uma organização regional de integração econômica será somado aos que foram depositados pelos Estados-membros dessa organização.

2. Em relação a cada Estado ou organização regional de integração econômica que ratifique, aceite, aprove ou adira ao presente Protocolo após o depósito do quadragésimo instrumento pertinente, o presente Protocolo entrará em vigor no trigésimo

dia seguinte ao depósito desse instrumento por parte do referido Estado ou organização ou na data de entrada em vigor do presente Protocolo, em conformidade com o parágrafo 1 do presente Artigo, se esta for posterior.

Artigo 23
Emendas

1. Cinco anos após a entrada em vigor do presente Protocolo, um Estado-Parte pode propor uma emenda e depositar o texto junto do Secretário-Geral das Nações Unidas que, em seguida, comunicará a emenda proposta aos Estados-Partes e à Conferência das Partes na Convenção, para analisar a proposta e tomar uma decisão. Os Estados-Partes no presente Protocolo, reunidos em Conferência das Partes, farão todos os esforços para chegarem a um consenso sobre qualquer emenda. Se forem esgotados todos os esforços sem que se tenha chegado a um acordo, será necessário, em último caso, para que a emenda seja adotada, uma maioria de dois terços dos votos expressos dos Estados-Partes no presente Protocolo presentes na Conferência das Partes.

2. As organizações regionais de integração econômica, em matérias da sua competência, exercerão o seu direito de voto nos termos do presente Artigo com um número de votos igual ao número dos seus Estados-membros que sejam Partes no presente Protocolo. Essas organizações não exercerão o seu direito de voto se os seus Estados-membros exercerem o seu e vice-versa.

3. Uma emenda adotada em conformidade com o parágrafo 1 do presente Artigo estará sujeita a ratificação, aceitação ou aprovação dos Estados-Partes.

4. Uma emenda adotada em conformidade com o parágrafo 1 do presente Protocolo entrará em vigor em relação a um Estado-Parte 90 (noventa) dias após a data do depósito do instrumento de ratificação, de aceitação ou de aprovação da referida emenda junto do Secretário-Geral das Nações Unidas.

5. A entrada em vigor de uma emenda vincula todos os Estados-Partes que tenham manifestado seu consentimento em vincular-se por essa emenda. Os outros Estados-Partes permanecerão vinculados pelas disposições do presente Protocolo bem como por qualquer emenda anterior que tenham ratificado, aceito ou aprovado.

Artigo 24
Denúncia

1. Um Estado-Parte pode denunciar o presente Protocolo mediante notificação por escrito dirigida ao Secretário-Geral das Nações Unidas. A denúncia tornar-se-á efetiva 1 (um) ano após a data de recepção da notificação pelo Secretário-Geral.

2. Uma organização regional de integração econômica deixará de ser Parte no presente Protocolo quando todos os seus Estados-membros o tiverem denunciado.

Artigo 25
Depositário e línguas

1. O Secretário-Geral das Nações Unidas é o depositário do presente Protocolo.

2. O original do presente Protocolo, cujos textos em árabe, chinês, espanhol, francês, inglês e russo são igualmente autênticos, será depositado junto do Secretário-Geral das Nações Unidas.

Em fé do que, os plenipotenciários abaixo assinados, devidamente autorizados pelos respectivos governos, assinaram o presente Protocolo.

PROTOCOLO ADICIONAL À CONVENÇÃO DAS NAÇÕES UNIDAS CONTRA O CRIME ORGANIZADO TRANSNACIONAL RELATIVO À PREVENÇÃO, REPRESSÃO E PUNIÇÃO DO TRÁFICO DE PESSOAS, EM ESPECIAL MULHERES E CRIANÇAS (2000)

- Adotado em Nova York em 15.11.2000.
- Aprovado no Brasil por meio do Decreto Legislativo 231, de 29.05.2003, e ratificado pelo governo brasileiro em 29.01.2004, tendo sido promulgado pelo Decreto 5.017, de 12.03.2004.
- Entrou em vigor internacional em 29.09.2003, e para o Brasil, em 28.02.2004.

Preâmbulo

Os Estados-Partes deste Protocolo,

Declarando que uma ação eficaz para prevenir e combater o tráfico de pessoas, em especial mulheres e crianças, exige por parte dos países de origem, de trânsito e de destino uma abordagem global e internacional, que inclua medidas destinadas a prevenir esse tráfico, punir os traficantes e proteger as vítimas desse tráfico, designadamente protegendo os seus direitos fundamentais, internacionalmente reconhecidos,

Tendo em conta que, apesar da existência de uma variedade de instrumentos internacionais que contêm normas e medidas práticas para combater a exploração de pessoas, especialmente mulheres e crianças, não existe nenhum instrumento universal que trate de todos os aspectos relativos ao tráfico de pessoas,

Preocupados com o fato de na ausência desse instrumento, as pessoas vulneráveis ao tráfico não estarem suficientemente protegidas,

Recordando a Resolução 53/111 da Assembleia Geral, de 9 de Dezembro de 1998, na qual a Assembleia decidiu criar um comitê intergovernamental especial, de composição aberta, para elaborar uma convenção internacional global contra o crime organizado transnacional e examinar a possibilidade de elaborar, designadamente, um instrumento internacional de luta contra o tráfico de mulheres e de crianças,

Convencidos de que para prevenir e combater esse tipo de criminalidade será útil completar a Convenção das Nações Unidas contra o Crime Organizado

Transnacional com um instrumento internacional destinado a prevenir, reprimir e punir o tráfico de pessoas, em especial mulheres e crianças, Acordaram o seguinte:

I. DISPOSIÇÕES GERAIS

Artigo 1º
Relação com a Convenção das Nações Unidas contra o Crime Organizado Transnacional

1. O presente Protocolo completa a Convenção das Nações Unidas contra o Crime Organizado Transnacional e será interpretado em conjunto com a Convenção.

2. As disposições da Convenção aplicar-se-ão *mutatis mutandis* ao presente Protocolo, salvo se no mesmo se dispuser o contrário.

3. As infrações estabelecidas em conformidade com o Artigo 5 do presente Protocolo serão consideradas como infrações estabelecidas em conformidade com a Convenção.

Artigo 2º
Objetivo

Os objetivos do presente Protocolo são os seguintes:
a) Prevenir e combater o tráfico de pessoas, prestando uma atenção especial às mulheres e às crianças;
b) Proteger e ajudar as vítimas desse tráfico, respeitando plenamente os seus direitos humanos; e
c) Promover a cooperação entre os Estados-Partes de forma a atingir esses objetivos.

Artigo 3º
Definições

Para efeitos do presente Protocolo:
a) A expressão "tráfico de pessoas" significa o recrutamento, o transporte, a transferência, o alojamento ou o acolhimento de pessoas, recorrendo à ameaça ou uso da força ou a outras formas de coação, ao rapto, à fraude, ao engano, ao abuso de autoridade ou à situação de vulnerabilidade ou à entrega ou aceitação de pagamentos ou benefícios para obter o consentimento de uma pessoa que tenha autoridade sobre outra para fins de exploração. A exploração incluirá, no mínimo, a exploração da prostituição de outrem ou outras formas de exploração sexual, o trabalho ou serviços forçados, escravatura ou práticas similares à escravatura, a servidão ou a remoção de órgãos;
b) O consentimento dado pela vítima de tráfico de pessoas tendo em vista qualquer tipo de exploração descrito na alínea *a)* do presente Artigo será considerado irrelevante se tiver sido utilizado qualquer um dos meios referidos na alínea *a)*;
c) O recrutamento, o transporte, a transferência, o alojamento ou o acolhimento de uma criança para fins de exploração serão considerados "tráfico de pessoas" mesmo que não envolvam nenhum dos meios referidos da alínea *a)* do presente Artigo;

d) O termo "criança" significa qualquer pessoa com idade inferior a 18 (dezoito) anos.

Artigo 4º
Âmbito de aplicação

O presente Protocolo aplicar-se-á, salvo disposição em contrário, à prevenção, investigação e repressão das infrações estabelecidas em conformidade com o Artigo 5 do presente Protocolo, quando essas infrações forem de natureza transnacional e envolverem grupo criminoso organizado, bem como à proteção das vítimas dessas infrações.

Artigo 5º
Criminalização

1. Cada Estado-Parte adotará as medidas legislativas e outras que considere necessárias de forma a estabelecer como infrações penais os atos descritos no Artigo 3 do presente Protocolo, quando tenham sido praticados intencionalmente.

2. Cada Estado-Parte adotará igualmente as medidas legislativas e outras que considere necessárias para estabelecer como infrações penais:
a) Sem prejuízo dos conceitos fundamentais do seu sistema jurídico, a tentativa de cometer uma infração estabelecida em conformidade com o parágrafo 1 do presente Artigo;
b) A participação como cúmplice numa infração estabelecida em conformidade com o parágrafo 1 do presente Artigo; e
c) Organizar a prática de uma infração estabelecida em conformidade com o parágrafo 1 do presente Artigo ou dar instruções a outras pessoas para que a pratiquem.

II. PROTEÇÃO DE VÍTIMAS DE TRÁFICO DE PESSOAS

Artigo 6º
Assistência e proteção às vítimas de tráfico de pessoas

1. Nos casos em que se considere apropriado e na medida em que seja permitido pelo seu direito interno, cada Estado-Parte protegerá a privacidade e a identidade das vítimas de tráfico de pessoas, incluindo, entre outras (ou *inter alia*), a confidencialidade dos procedimentos judiciais relativos a esse tráfico.

2. Cada Estado-Parte assegurará que o seu sistema jurídico ou administrativo contenha medidas que forneçam às vítimas de tráfico de pessoas, quando necessário:
a) Informação sobre procedimentos judiciais e administrativos aplicáveis;
b) Assistência para permitir que as suas opiniões e preocupações sejam apresentadas e tomadas em conta em fases adequadas do processo penal instaurado contra os autores das infrações, sem prejuízo dos direitos da defesa.

3. Cada Estado-Parte terá em consideração a aplicação de medidas que permitam a recuperação física, psicológica e social das vítimas de tráfico de pessoas, incluindo, se for caso disso, em coopera-

ção com organizações não governamentais, outras organizações competentes e outros elementos de sociedade civil e, em especial, o fornecimento de:
a) Alojamento adequado;
b) Aconselhamento e informação, especialmente quanto aos direitos que a lei lhes reconhece, numa língua que compreendam;
c) Assistência médica, psicológica e material; e
d) Oportunidades de emprego, educação e formação.

4. Cada Estado-Parte terá em conta, ao aplicar as disposições do presente Artigo, a idade, o sexo e as necessidades específicas das vítimas de tráfico de pessoas, designadamente as necessidades específicas das crianças, incluindo o alojamento, a educação e cuidados adequados.

5. Cada Estado-Parte envidará esforços para garantir a segurança física das vítimas de tráfico de pessoas enquanto estas se encontrarem no seu território.

6. Cada Estado-Parte assegurará que o seu sistema jurídico contenha medidas que ofereçam às vítimas de tráfico de pessoas a possibilidade de obterem indenização pelos danos sofridos.

Artigo 7º
Estatuto das vítimas de tráfico de pessoas nos Estados de acolhimento

1. Além de adotar as medidas em conformidade com o Artigo 6 do presente Protocolo, cada Estado-Parte considerará a possibilidade de adotar medidas legislativas ou outras medidas adequadas que permitam às vítimas de tráfico de pessoas permanecerem no seu território a título temporário ou permanente, se for caso disso.

2. Ao executar o disposto no parágrafo 1 do presente Artigo, cada Estado-Parte terá devidamente em conta fatores humanitários e pessoais.

Artigo 8º
Repatriamento das vítimas de tráfico de pessoas

1. O Estado-Parte do qual a vítima de tráfico de pessoas é nacional ou no qual a pessoa tinha direito de residência permanente, no momento de entrada no território do Estado-Parte de acolhimento, facilitará e aceitará, sem demora indevida ou injustificada, o regresso dessa pessoa, tendo devidamente em conta a segurança da mesma.

2. Quando um Estado-Parte retornar uma vítima de tráfico de pessoas a um Estado-Parte do qual essa pessoa seja nacional ou no qual tinha direito de residência permanente no momento de entrada no território do Estado-Parte de acolhimento, esse regresso levará devidamente em conta a segurança da pessoa bem como a situação de qualquer processo judicial relacionado ao fato de tal pessoa ser uma vítima de tráfico, preferencialmente de forma voluntária.

3. A pedido do Estado-Parte de acolhimento, um Estado-Parte requerido verificará, sem demora indevida ou injustificada, se uma vítima de tráfico de pessoas é sua nacional ou se tinha direito de residência permanente no seu território no momento de entrada no território do Estado-Parte de acolhimento.

4. De forma a facilitar o regresso de uma vítima de tráfico de pessoas que não possua os documentos devidos, o Estado-Parte do qual essa pessoa é nacional ou no qual tinha direito de residência permanente no momento de entrada no território do Estado-Parte de acolhimento aceitará emitir, a pedido do Estado-Parte de acolhimento, os documentos de viagem ou outro tipo de autorização necessária que permita à pessoa viajar e ser readmitida no seu território.

5. O presente Artigo não prejudica os direitos reconhecidos às vítimas de tráfico de pessoas por força de qualquer disposição do direito interno do Estado-Parte de acolhimento.

6. O presente Artigo não prejudica qualquer acordo ou compromisso bilateral ou multilateral aplicável que regule, no todo ou em parte, o regresso de vítimas de tráfico de pessoas.

III. PREVENÇÃO, COOPERAÇÃO E OUTRAS MEDIDAS

Artigo 9º
Prevenção do tráfico de pessoas

1. Os Estados-Partes estabelecerão políticas abrangentes, programas e outras medidas para:
a) Prevenir e combater o tráfico de pessoas; e
b) Proteger as vítimas de tráfico de pessoas, especialmente as mulheres e as crianças, de nova vitimação.

2. Os Estados-Partes envidarão esforços para tomarem medidas tais como pesquisas, campanhas de informação e de difusão através dos órgãos de comunicação, bem como iniciativas sociais e econômicas de forma a prevenir e combater o tráfico de pessoas.

3. As políticas, programas e outras medidas estabelecidas em conformidade com o presente Artigo incluirão, se necessário, a cooperação com organizações não governamentais, outras organizações relevantes e outros elementos da sociedade civil.

4. Os Estados-Partes tomarão ou reforçarão as medidas, inclusive mediante a cooperação bilateral ou multilateral, para reduzir os fatores como a pobreza, o subdesenvolvimento e a desigualdade de oportunidades que tornam as pessoas, especialmente as mulheres e as crianças, vulneráveis ao tráfico.

5. Os Estados-Partes adotarão ou reforçarão as medidas legislativas ou outras, tais como medidas educacionais, sociais ou culturais, inclusive mediante a cooperação bilateral ou multilateral, a fim de desencorajar a procura que fomenta todo o tipo de exploração de pessoas, especialmente de mulheres e crianças, conducentes ao tráfico.

Artigo 10
Intercâmbio de informações e formação

1. As autoridades competentes para a aplicação da lei, os serviços de imigração ou outros serviços

competentes dos Estados-Partes, cooperarão entre si, na medida do possível, mediante troca de informações em conformidade com o respectivo direito interno, com vistas a determinar:

a) Se as pessoas que atravessam ou tentam atravessar uma fronteira internacional com documentos de viagem pertencentes a terceiros ou sem documentos de viagem são autores ou vítimas de tráfico de pessoas;

b) Os tipos de documentos de viagem que as pessoas têm utilizado ou tentado utilizar para atravessar uma fronteira internacional com o objetivo de tráfico de pessoas; e

c) Os meios e métodos utilizados por grupos criminosos organizados com o objetivo de tráfico de pessoas, incluindo o recrutamento e o transporte de vítimas, os itinerários e as ligações entre as pessoas e os grupos envolvidos no referido tráfico, bem como as medidas adequadas à sua detecção.

2. Os Estados-Partes assegurarão ou reforçarão a formação dos agentes dos serviços competentes para a aplicação da lei, dos serviços de imigração ou de outros serviços competentes na prevenção do tráfico de pessoas. A formação deve incidir sobre os métodos utilizados na prevenção do referido tráfico, na ação penal contra os traficantes e na proteção das vítimas, inclusive protegendo-as dos traficantes. A formação deverá também ter em conta a necessidade de considerar os direitos humanos e os problemas específicos das mulheres e das crianças bem como encorajar a cooperação com organizações não governamentais, outras organizações relevantes e outros elementos da sociedade civil.

3. Um Estado-Parte que receba informações respeitará qualquer pedido do Estado-Parte que transmitiu essas informações, no sentido de restringir sua utilização.

Artigo 11
Medidas nas fronteiras

1. Sem prejuízo dos compromissos internacionais relativos à livre circulação de pessoas, os Estados-Partes reforçarão, na medida do possível, os controles fronteiriços necessários para prevenir e detectar o tráfico de pessoas.

2. Cada Estado-Parte adotará medidas legislativas ou outras medidas apropriadas para prevenir, na medida do possível, a utilização de meios de transporte explorados por transportadores comerciais na prática de infrações estabelecidas em conformidade com o Artigo 5 do presente Protocolo.

3. Quando se considere apropriado, e sem prejuízo das convenções internacionais aplicáveis, tais medidas incluirão o estabelecimento da obrigação para os transportadores comerciais, incluindo qualquer empresa de transporte, proprietário ou operador de qualquer meio de transporte, de certificar-se de que todos os passageiros sejam portadores dos documentos de viagem exigidos para a entrada no Estado de acolhimento.

4. Cada Estado-Parte tomará as medidas necessárias, em conformidade com o seu direito interno, para aplicar sanções em caso de descumprimento da obrigação constante do parágrafo 3 do presente Artigo.

5. Cada Estado-Parte considerará a possibilidade de tomar medidas que permitam, em conformidade com o direito interno, recusar a entrada ou anular os vistos de pessoas envolvidas na prática de infrações estabelecidas em conformidade com o presente Protocolo.

6. Sem prejuízo do disposto no Artigo 27 da Convenção, os Estados-Partes procurarão intensificar a cooperação entre os serviços de controle de fronteiras, mediante, entre outros, o estabelecimento e a manutenção de canais de comunicação diretos.

Artigo 12
Segurança e controle dos documentos

Cada Estado-Parte adotará as medidas necessárias, de acordo com os meios disponíveis para:

a) Assegurar a qualidade dos documentos de viagem ou de identidade que emitir, para que não sejam indevidamente utilizados nem facilmente falsificados ou modificados, reproduzidos ou emitidos de forma ilícita; e

b) Assegurar a integridade e a segurança dos documentos de viagem ou de identidade por si ou em seu nome emitidos e impedir a sua criação, emissão e utilização ilícitas.

Artigo 13
Legitimidade e validade dos documentos

A pedido de outro Estado-Parte, um Estado-Parte verificará, em conformidade com o seu direito interno e dentro de um prazo razoável, a legitimidade e validade dos documentos de viagem ou de identidade emitidos ou supostamente emitidos em seu nome e de que se suspeita terem sido utilizados para o tráfico de pessoas.

IV. DISPOSIÇÕES FINAIS

Artigo 14
Cláusula de salvaguarda

1. Nenhuma disposição do presente Protocolo prejudicará os direitos, obrigações e responsabilidades dos Estados e das pessoas por força do direito internacional, incluindo o direito internacional humanitário e o direito internacional relativo aos direitos humanos e, especificamente, na medida em que sejam aplicáveis, a Convenção de 1951 e o Protocolo de 1967 relativos ao Estatuto dos Refugiados e ao princípio do *non refoulement* neles enunciado.

2. As medidas constantes do presente Protocolo serão interpretadas e aplicadas de forma a que as pessoas que foram vítimas de tráfico não sejam discriminadas. A interpretação e aplicação das referidas medidas estarão em conformidade com os princípios de não discriminação internacionalmente reconhecidos.

Artigo 15
Solução de controvérsias

1. Os Estados-Partes envidarão esforços para resolver as controvérsias relativas à interpretação ou aplicação do presente Protocolo por negociação direta.
2. As controvérsias entre dois ou mais Estados-Partes com respeito à aplicação ou à interpretação do presente Protocolo que não possam ser resolvidas por negociação, dentro de um prazo razoável, serão submetidas, a pedido de um desses Estados-Partes, a arbitragem. Se, no prazo de 6 (seis) meses após a data do pedido de arbitragem, esses Estados-Partes não chegarem a um acordo sobre a organização da arbitragem, qualquer desses Estados-Partes poderá submeter o diferendo ao Tribunal Internacional de Justiça mediante requerimento, em conformidade com o Estatuto do Tribunal.
3. Cada Estado-Parte pode, no momento da assinatura, da ratificação, da aceitação ou da aprovação do presente Protocolo ou da adesão ao mesmo, declarar que não se considera vinculado ao parágrafo 2 do presente Artigo. Os demais Estados-Partes não ficarão vinculados ao parágrafo 2 do presente Artigo em relação a qualquer outro Estado-Parte que tenha feito essa reserva.
4. Qualquer Estado-Parte que tenha feito uma reserva em conformidade com o parágrafo 3 do presente Artigo pode, a qualquer momento, retirar essa reserva através de notificação ao Secretário-Geral das Nações Unidas.

Artigo 16
Assinatura, ratificação, aceitação, aprovação e adesão

1. O presente Protocolo será aberto à assinatura de todos os Estados de 12 a 15 de Dezembro de 2000 em Palermo, Itália, e, em seguida, na sede da Organização das Nações Unidas em Nova Iorque até 12 de Dezembro de 2002.
2. O presente Protocolo será igualmente aberto à assinatura de organizações regionais de integração econômica na condição de que pelo menos um Estado-membro dessa organização tenha assinado o presente Protocolo em conformidade com o parágrafo 1 do presente Artigo.
3. O presente Protocolo está sujeito a ratificação, aceitação ou aprovação. Os instrumentos de ratificação, de aceitação ou de aprovação serão depositados junto ao Secretário-Geral da Organização das Nações Unidas. Uma organização regional de integração econômica pode depositar o seu instrumento de ratificação, de aceitação ou de aprovação se pelo menos um dos seus Estados-membros o tiver feito. Nesse instrumento de ratificação, de aceitação e de aprovação essa organização declarará o âmbito da sua competência relativamente às matérias reguladas pelo presente Protocolo. Informará igualmente o depositário de qualquer modificação relevante do âmbito da sua competência.
4. O presente Protocolo está aberto à adesão de qualquer Estado ou de qualquer organização regional de integração econômica da qual pelo menos um Estado-membro seja Parte do presente Protocolo. Os instrumentos de adesão serão depositados junto do Secretário-Geral das Nações Unidas. No momento da sua adesão, uma organização regional de integração econômica declarará o âmbito da sua competência relativamente às matérias reguladas pelo presente Protocolo. Informará igualmente o depositário de qualquer modificação relevante do âmbito da sua competência.

Artigo 17
Entrada em vigor

1. O presente Protocolo entrará em vigor no nonagésimo dia seguinte à data do depósito do quadragésimo instrumento de ratificação, de aceitação, de aprovação ou de adesão mas não antes da entrada em vigor da Convenção. Para efeitos do presente número, nenhum instrumento depositado por uma organização regional de integração econômica será somado aos instrumentos depositados por Estados-membros dessa organização.
2. Para cada Estado ou organização regional de integração econômica que ratifique, aceite, aprove ou adira ao presente Protocolo após o depósito do quadragésimo instrumento pertinente, o presente Protocolo entrará em vigor no trigésimo dia seguinte à data de depósito desse instrumento por parte do Estado ou organização ou na data de entrada em vigor do presente Protocolo, em conformidade com o parágrafo 1 do presente Artigo, se esta for posterior.

Artigo 18
Emendas

1. Cinco anos após a entrada em vigor do presente Protocolo, um Estado-Parte no Protocolo pode propor emenda e depositar o texto junto do Secretário-Geral das Nações Unidas, que em seguida comunicará a proposta de emenda aos Estados-Partes e à Conferência das Partes na Convenção para analisar a proposta e tomar uma decisão. Os Estados-Partes no presente Protocolo reunidos na Conferência das Partes farão todos os esforços para chegar a um consenso sobre qualquer emenda. Se todos os esforços para chegar a um consenso forem esgotados e não se chegar a um acordo, será necessário, em último caso, para que a alteração seja aprovada, uma maioria de 2/3 (dois terços) dos Estados-Partes no presente Protocolo, que estejam presentes e expressem o seu voto na Conferência das Partes.
2. As organizações regionais de integração econômica, em matérias da sua competência, exercerão o seu direito de voto nos termos do presente Artigo com um número de votos igual ao número dos seus Estados-membros que sejam Partes no presente Protocolo. Essas organizações não exercerão seu direito de voto se seus Estados-membros exercerem o seu e vice-versa.

3. Uma emenda adotada em conformidade com o parágrafo 1 do presente Artigo estará sujeita a ratificação, aceitação ou aprovação dos Estados-Partes.

4. Uma emenda adotada em conformidade com o parágrafo 1 do presente Protocolo entrará em vigor para um Estado-Parte 90 (noventa) dias após a data do depósito do instrumento de ratificação, de aceitação ou de aprovação da referida emenda junto ao Secretário-Geral das Nações Unidas.

5. A entrada em vigor de uma emenda vincula as Partes que manifestaram o seu consentimento em obrigar-se por essa alteração. Os outros Estados-Partes permanecerão vinculados pelas disposições do presente Protocolo, bem como por qualquer alteração anterior que tenham ratificado, aceito ou aprovado.

Artigo 19
Denúncia

1. Um Estado-Parte pode denunciar o presente Protocolo mediante notificação por escrito dirigida ao Secretário-Geral das Nações Unidas. A denúncia tornar-se-á efetiva 1 (um) ano após a data de recepção da notificação pelo Secretário-Geral.

2. Uma organização regional de integração econômica deixará de ser Parte no presente Protocolo quando todos os seus Estados-membros o tiverem denunciado.

Artigo 20
Depositário e idiomas

1. O Secretário-Geral das Nações Unidas é o depositário do presente Protocolo.

2. O original do presente Protocolo, cujos textos em árabe, chinês, espanhol, francês, inglês e russo são igualmente autênticos, será depositado junto ao Secretário-Geral das Nações Unidas.

Em fé do que, os plenipotenciários abaixo assinados, devidamente autorizados pelos seus respectivos Governos, assinaram o presente Protocolo.

CONVENÇÃO SOBRE O CRIME CIBERNÉTICO (2001)

- Firmado pelo Brasil, em Budapeste, em 23.11.2001.
- Aprovado, no Brasil, pelo Decreto Legislativo 37, de 16 de dezembro de 2021. O instrumento de ratificação foi depositado em 30.11.2022, e passou a vigorar, para o Brasil, no plano jurídico externo, em 1º de março de 2023.
- Promulgado pelo Decreto 11.491, de 12 de abril de 2023.

Preâmbulo

Os Estados membros do Conselho da Europa e as demais Partes,

Considerando que o objetivo do Conselho da Europa é alcançar uma maior unidade entre seus membros;

Reconhecendo a importância de fomentar a cooperação com as outras Partes desta Convenção;

Convencidos da necessidade de buscar prioritariamente uma política criminal comum destinada à proteção da sociedade contra o crime cibernético, nomeadamente pela adoção de legislação apropriada e pela promoção da cooperação internacional, entre outras medidas;

Conscientes das profundas mudanças desencadeadas pela digitalização, interconexão e contínua globalização das redes informáticas;

Preocupados com os riscos de as redes informáticas e as informações eletrônicas também poderem ser utilizadas para a prática de crimes e de as provas dessas infrações poderem ser armazenadas e transferidas por meio dessas redes;

Reconhecendo a necessidade de cooperação entre os Estados e a indústria no combate aos crimes eletrônicos e a necessidade de proteger interesses legítimos no uso e desenvolvimento da tecnologia da informação;

Acreditando que um combate eficiente aos crimes cibernéticos exige uma cooperação internacional em assuntos penais mais intensa, rápida e eficaz;

Convencidos de que a presente Convenção é necessária para impedir ações conduzidas contra a confidencialidade, a integridade e a disponibilidade de sistemas informáticos, redes e dados de computador, bem como para impedir o abuso de tais sistemas, redes e dados, ao prever a criminalização de tais condutas, tal como se encontram descritas nesta Convenção, e ao prever a criação de competências suficientes para combater efetivamente tais crimes, facilitando a descoberta, a investigação e o julgamento dessas infrações penais em instâncias domésticas e internacionais, e ao estabelecer mecanismos para uma cooperação internacional rápida e confiável;

Atentos para a necessidade de assegurar o devido equilíbrio entre os interesses dos órgãos de persecução criminal e o respeito aos direitos humanos fundamentais, tal como previstos na Convenção Europeia para a Proteção dos Direitos Humanos e Liberdades Fundamentais, de 1950, no Pacto das Nações Unidas sobre Direitos Civis e Políticos, de 1966, bem como em outros tratados internacionais sobre direitos humanos que reafirmem o direito universal à liberdade de consciência, sem interferência de qualquer espécie, bem como o direito à liberdade de expressão, que inclui a liberdade de buscar, receber e compartilhar informações e ideias de qualquer espécie, independentemente de limites, e os direitos à intimidade e à privacidade;

Também preocupados com o direito à proteção de dados pessoais, como previsto, por exemplo, na Convenção Europeia para a Proteção de Dados Pessoais sujeitos a Processamento Eletrônico, de 1981;

Considerando a Convenção das Nações Unidas sobre Direitos da Criança, de 1989, e a Convenção da Organização Internacional do Trabalho para a Eliminação das Piores Formas de Trabalho Infantil, de 1999;

Levando em conta as atuais convenções do Conselho da Europa sobre cooperação em matéria criminal, bem como os tratados similares existentes entre membros do Conselho da Europa e outros

Estados, e enfatizando que a presente Convenção visa a complementar esses pactos de modo a tornar as investigações criminais e os procedimentos relacionados a crimes informáticos mais eficientes e de modo a possibilitar a obtenção de provas digitais de uma infração penal;

Saudando as recentes conquistas que promovem o avanço da assistência mútua e da cooperação internacionais no combate à criminalidade cibernética, incluindo ações das Nações Unidas, da Organização para a Cooperação e o Desenvolvimento Econômico (OCDE), da União Europeia e do G8;

Evocando a Recomendação n. R (85) 10 do Comitê de Ministros relativa à aplicação prática da Convenção Europeia para Assistência Mútua em Assuntos Penais a respeito de cartas rogatórias para a interceptação de telecomunicações; a Recomendação n. R (88) 2 sobre violação de direitos autorais e direitos correlatos; a Recomendação n. R (87) 15, que regula o uso policial de dados pessoais; a Recomendação n. R (95) 4 sobre a proteção de dados pessoais nos serviços de telecomunicações, com referência especial aos serviços de telefonia; bem como a Recomendação n. R (89) 9, que estabelece diretrizes para os legislativos nacionais na definição de certos crimes informáticos e a Recomendação n. R (95) 13, que diz respeito a problemas de direito processual penal relacionados à tecnologia da informação;

Atentando para a Resolução n. 1, adotada durante a 21ª Conferência dos Ministros da Justiça europeus (Praga, de 10 a 11 de junho de 1997), que recomendou ao Conselho de Ministros apoiar o trabalho desenvolvido pelo Comitê Europeu para os Problemas Criminais (CDPC) sobre criminalidade cibernética, a fim de aprovar leis penais domésticas compatíveis e possibilitar meios eficazes de investigação de tais infrações, bem como para a Resolução n. 3, aprovada pela 23ª Conferência de Ministros da Justiça Europeus (Londres, 8 e 9 de junho de 2000), que encorajou as partes negociantes a continuar seus esforços para encontrar soluções adequadas para permitir que o maior número possível de Estados se tornem partes da Convenção e reconheceu a necessidade de um sistema de cooperação internacional imediato e eficiente, que considere devidamente as necessidades específicas da luta contra o crime cibernético;

Considerando também o Plano de Ação aprovado pelos Chefes de Estado e de Governo do Conselho da Europa, durante o seu segundo Encontro de Cúpula (Estrasburgo, 10 e 11 de outubro de 1997), para buscar respostas comuns para o desenvolvimento das novas tecnologias da informação, com base nos valores e princípios do Conselho da Europa;

Acordam o seguinte:

CAPÍTULO I
TERMINOLOGIA

Artigo 1
Definições

Para os fins desta Convenção:

a. "sistema de computador" designa qualquer aparelho ou um conjunto de aparelhos interconectados ou relacionados entre si que asseguram, isoladamente ou em conjunto, pela execução de um programa, o processamento eletrônico de dados;

b. "dado de computador" é qualquer representação de fatos, informações ou conceitos numa forma adequada para o processamento num sistema de computador que inclua um programa capaz de fazer o sistema realizar uma tarefa;

c. "provedor de serviços" significa:

(i) qualquer entidade pública ou privada que permite aos seus usuários se comunicarem por meio de um sistema de computador, e

(ii) qualquer outra entidade que realiza o processamento ou armazenamento de dados de computador em nome desses serviços de comunicação ou de seus usuários.

d. "dados de tráfego" designa quaisquer dados de computador referentes a uma comunicação por meio de um sistema informatizado, gerados por um computador que seja parte na cadeia de comunicação, e que indicam sua origem, destino, caminho, hora, data, extensão, duração ou tipo de serviço subordinado.

CAPÍTULO II
MEDIDAS A SEREM ADOTADAS NAS JURISDIÇÕES NACIONAIS

Seção 1
Direito Penal

Título 1
Crimes contra a confidencialidade, integridade e disponibilidade de dados e sistemas de computador

Artigo 2
Acesso ilegal

Cada Parte adotará medidas legislativas e outras providências necessárias para tipificar como crime, em sua legislação interna, o acesso doloso e não autorizado à totalidade de um sistema de computador ou a parte dele. Qualquer Parte pode exigir para a tipificação do crime o seu cometimento mediante a violação de medidas de segurança; com o fim de obter dados de computador ou com outro objetivo fraudulento; ou contra um sistema de computador que esteja conectado a outro sistema de computador.

Artigo 3
Interceptação ilícita

Cada Parte adotará medidas legislativas e outras providências necessárias para tipificar como crime em sua legislação interna a interceptação ilegal e intencional, realizada por meios técnicos, de transmissões não-públicas de dados de computador para um sistema informatizado, a partir dele ou dentro dele, inclusive das emissões eletromagnéticas oriundas de um sistema informatizado que contenham esses dados de computador. Qualquer Parte pode exigir para a tipificação do crime o seu cometimento com objetivo fraudulento ou que seja praticado contra um sistema de computador que esteja conectado a outro sistema de computador.

Artigo 4
Violação de dados

1. Cada Parte adotará medidas legislativas e outras providências necessárias para tipificar como crimes, em sua legislação interna, a danificação, a eliminação, a deterioração, a alteração ou a supressão dolosas e não autorizadas de dados de computador.

2. Qualquer Parte pode reservar-se o direito de exigir que da conduta descrita no parágrafo 1 resulte sério dano para a vítima.

Artigo 5
Interferência em sistema

Cada Parte adotará medidas legislativas semelhantes e outras providências necessárias para tipificar como crime, em sua legislação interna, qualquer grave obstrução ou impedimento, dolosos e não autorizados, do funcionamento de um sistema de computador por meio da inserção, transmissão, danificação, apagamento, deterioração, alteração ou supressão de dados de computador.

Artigo 6
Uso indevido de aparelhagem

1. Cada Parte adotará medidas legislativas e outras providências necessárias para tipificar como crimes, em sua legislação interna, as seguintes condutas, quando dolosas e não autorizadas:

a. a produção, venda, aquisição para uso, importação, distribuição ou a disponibilização por qualquer meio de:

i. aparelho, incluindo um programa de computador, desenvolvido ou adaptado principalmente para o cometimento de quaisquer dos crimes estabelecidos de acordo com os artigos de 2 a 5;

ii. uma senha de computador, código de acesso, ou dados similares por meio dos quais se possa acessar um sistema de computador ou qualquer parte dele, com a intenção de usá-lo para a prática de quaisquer dos crimes previstos nos artigos de 2 a 5; e

b. a posse de qualquer dos instrumentos referidos nos parágrafos a.i ou ii, com a intenção de usá-los para a prática de quaisquer dos crimes previstos nos artigos de 2 a 5. Qualquer Parte pode exigir, por lei, a posse de um número mínimo de tais instrumentos, para que a responsabilidade criminal se materialize.

2. Este Artigo não deve ser interpretado para estabelecer responsabilidade criminal quando a produção, venda, aquisição para uso, importação, distribuição ou disponibilização por qualquer meio ou a posse referidos no parágrafo 1 deste Artigo não se destine à prática de qualquer dos crimes tipificados de acordo com os artigos 2 a 5 desta Convenção, como para, por exemplo, a realização de testes autorizados ou a proteção de um sistema de computador.

3. Cada Parte pode reservar-se o direito de não aplicar o parágrafo 1 deste Artigo, desde que a reserva não se refira à venda, distribuição ou a disponibilização por qualquer meio, dos itens ou instrumentos referidos no parágrafo 1 a.ii deste Artigo.

Título 2
Crimes informáticos
Artigo 7
Falsificação informática

Cada Parte adotará medidas legislativas e outras providências necessárias para tipificar como crimes, em sua legislação interna, a inserção, alteração, apagamento ou supressão, dolosos e não autorizados, de dados de computador, de que resultem dados inautênticos, com o fim de que sejam tidos como legais, ou tenham esse efeito, como se autênticos fossem, independentemente de os dados serem ou não diretamente legíveis e inteligíveis. Qualquer Parte pode exigir, para a tipificação do crime, o seu cometimento com intenção de defraudar ou com outro objetivo fraudulento.

Artigo 8
Fraude informática

Cada Parte adotará medidas legislativas e outras providências necessárias para tipificar como crime, em sua legislação interna, a conduta de quem causar, de forma dolosa e não autorizada, prejuízo patrimonial a outrem por meio de:

a. qualquer inserção, alteração, apagamento ou supressão de dados de computador;

b. qualquer interferência no funcionamento de um computador ou do um sistema de computadores, realizada com a intenção fraudulenta de obter, para si ou para outrem, vantagem econômica ilícita.

Título 3
Crimes relacionados ao conteúdo da informação
Artigo 9
Pornografia infantil

1. Cada Parte adotará medidas legislativas e outras providências necessárias para tipificar como crimes, em sua legislação interna, as seguintes condutas, quando cometidas dolosamente e de forma não autorizadas:

a. produzir pornografia infantil para distribuição por meio de um sistema de computador;

b. oferecer ou disponibilizar pornografia infantil por meio de um sistema de computador;

c. distribuir ou transmitir pornografia infantil por meio de um sistema de computador;

d. adquirir, para si ou para outrem, pornografia infantil por meio de um sistema de computador;

e. possuir pornografia infantil num sistema de computador ou num dispositivo de armazenamento de dados de computador.

2. Para os fins do parágrafo 1, "pornografia infantil" inclui material pornográfico que represente visualmente:
a. um menor envolvido em conduta sexual explícita;
b. uma pessoa que pareça menor envolvida em conduta sexual explícita;
c. imagens realísticas retratando um menor envolvido em conduta sexual explícita.

3. Para os fins do parágrafo 2, o termo "menor" inclui todas as pessoas com menos de 18 anos de idade. Qualquer Parte pode, contudo, estabelecer um limite de idade diverso, que não será inferior a 16 anos.

4. Qualquer Parte pode reservar-se o direito de não aplicar, no todo ou em parte, o parágrafo 1, subparágrafos d e e, e o parágrafo 2, subparágrafos b e c.

Título 4 - Violação de direitos autorais e de direitos correlatos

Artigo 10
Violação de direitos autorais e de direitos correlatos

1. Cada Parte adotará medidas legislativas semelhantes e outras providências necessárias para tipificar como crime, em sua legislação interna, a violação de direitos autorais, como definidos no direito local, segundo as obrigações assumidas sob o Ato de Paris, de 24 de julho de 1971, que modificou a Convenção de Berna para a Proteção de Obras Literárias e Artísticas, o Acordo sobre Aspectos Comerciais da Propriedade Intelectual e o Tratado de Direitos Autorais da OMPI, com exceção de quaisquer direitos morais conferidos por tais convenções, quando tal conduta violadora for cometida intencionalmente, em escala comercial e por meio de um sistema de computador.

2. Cada Parte adotará medidas legislativas e outras providências necessárias para tipificar como crimes, em sua legislação interna, a violação de direitos correlatos aos autorais, como definidos, no direito local, de acordo com as obrigações assumidas em face da Convenção Internacional para a Proteção de Artistas, Produtores de Fonogramas e Organizações Rádio-difusoras, assinada em Roma (Convenção de Roma), o Acordo sobre Aspectos Comerciais da Propriedade Intelectual e o Tratado da OMPI sobre Atuações Artísticas e Fonogramas, com exceção de quaisquer direitos morais conferidos por tais convenções, quando tal conduta violadora for cometida dolosamente, em escala comercial e por meio de um sistema de computador.

3. Qualquer Parte pode reservar-se o direito de não impor responsabilidade criminal no tocante às condutas dos parágrafos 1 e 2 deste Artigo em circunstâncias limitadas, desde que outras soluções jurídicas eficazes estejam disponíveis e que tal reserva não seja estipulada em detrimento das obrigações internacionais do Estado, estabelecidas nos instrumentos internacionais referidos nos parágrafos 1 e 2 deste Artigo.

Título 5
Outras formas de responsabilidade e sanções
Artigo 11
Tentativa, auxílio ou instigação

1. Cada Parte adotará medidas legislativas e outras providências necessárias para tipificar como crimes, em sua legislação interna, o auxílio, a instigação ou a incitação, dolosos, à prática de quaisquer dos crimes estabelecidos de acordo com os Artigos 2 a 10 da presente Convenção, quando o favorecedor tenha a intenção de que tais infrações sejam de fato cometidas.

2. Cada Parte adotará medidas legislativas e outras providências necessárias para tipificar como crime, em sua legislação interna, a tentativa de cometer dolosamente quaisquer dos crimes estabelecidos de acordo com os Artigos 3 a 5, 7, 8, 9.1.a e c desta Convenção.

3. Qualquer Parte pode reservar-se o direito de não aplicar, no todo ou em parte, o parágrafo 2 deste Artigo.

Artigo 12
Responsabilidade penal da pessoa jurídica

1. Cada Parte adotará medidas legislativas e outras providências necessárias para assegurar que pessoas jurídicas possam ser consideradas penalmente responsáveis por crimes tipificados de acordo com esta Convenção, quando cometidos em seu benefício por qualquer pessoa física em posição de direção, que aja individualmente ou como integrante de um órgão da própria pessoa jurídica, com base:
a. no poder de representação da pessoa jurídica;
b. na autoridade de tomar decisões em nome da pessoa jurídica;
c. na autoridade de exercer controle interno na pessoa jurídica.

2. Além dos casos já previstos no parágrafo 1 deste Artigo, cada Parte tomará as medidas necessárias para assegurar que uma pessoa jurídica possa ser responsabilizada quando a falta de supervisão ou controle por uma pessoa natural dentre as referidas no parágrafo 1 deste Artigo tenha possibilitado o cometimento de um crime estabelecido de acordo com esta Convenção, por uma pessoa natural agindo sob autoridade dessa pessoa jurídica e em benefício dela.

3. Atendidos os princípios legais vigentes na Parte, a responsabilidade da pessoa jurídica pode ser civil, criminal ou administrativa.

4. Tal responsabilidade ocorrerá sem prejuízo da responsabilidade criminal das pessoas naturais que tenham cometido o crime.

Artigo 13 - Sanções e medidas

1. Cada Parte adotará medidas legislativas e outras providências necessárias para assegurar que os crimes tipificados de acordo com os Artigos de 2 a 11 sejam punidos por meio de sanções criminais eficazes, adequadas e dissuasivas, que incluam a privação de liberdade.

2. Cada Parte assegurará que as pessoas jurídicas consideradas responsáveis de acordo com o Artigo 12 estejam sujeitas a sanções penais ou não-penais eficazes, proporcionais e dissuasivas, inclusive a penas pecuniárias.

Seção 2
Direito Processual

Título 1
Disposições gerais

Artigo 14
Âmbito de aplicação dos dispositivos processuais

1. Cada Parte adotará medidas legislativas e outras providências necessárias para estabelecer os poderes e procedimentos previstos nesta seção para o fim específico de promover investigações ou processos criminais.

2. Salvo se especificamente previsto no Artigo 21, cada Parte aplicará os poderes e procedimentos referidos no parágrafo 1 deste Artigo:

a. aos crimes tipificados de acordo com os Artigos de 2 a 11 desta Convenção;

b. a outros crimes cometidos por meio de um sistema de computador; e

c. para a coleta de provas eletrônicas da prática de um crime.

3. a. Qualquer Parte pode reservar-se o direito de aplicar as medidas referidas no Artigo 20 somente a crimes ou a categorias de crimes especificados na reserva, desde que o conjunto de tais crimes ou categorias de crimes não seja mais restrito do que o conjunto de crimes aos quais esse Estado aplica as medidas mencionadas no Artigo 21. Qualquer Parte poderá considerar restritiva uma reserva desse tipo, de modo a possibilitar a mais ampla aplicação da medida especificada no Artigo 20.

b. Quando uma Parte, em razão de obstáculos legais nacionais existentes ao tempo da adoção desta Convenção, não possa aplicar as medidas referidas nos Artigos 20 e 21 a comunicações transmitidas dentro de um sistema de computador de um provedor de serviço, cujo sistema:

i. estiver sendo operado em benefício de um grupo fechado de usuários, e

ii. não empregar redes públicas de comunicação, nem estiver conectado com outro sistema de computador, seja ele público ou privado, essa Parte pode reservar-se o direito de não aplicar essas medidas a tais comunicações. Qualquer outro Estado pode opor óbice a reserva dessa espécie, a fim de possibilitar a mais ampla aplicação das medidas referidas nos Artigos 20 e 21.

Artigo 15
Condições e garantias

1. Cada Parte assegurará que o estabelecimento, a implementação e a aplicação dos poderes e procedimentos previstos nesta seção sujeitem-se às condições e garantias instituídas na sua legislação interna, que estabelecerá proteção adequada aos direitos humanos e às liberdades públicas, incluindo os direitos nascidos em conformidade com as obrigações que esse Estado tenha assumido na Convenção do Conselho da Europa para a Proteção dos Direitos Humanos e das Liberdades Fundamentais, de 1950, na Convenção Internacional da ONU sobre Direitos Civis e Políticos, de 1966, e em outros instrumentos internacionais de direitos humanos, e que tais poderes e procedimentos incorporarão o princípio da proporcionalidade.

2. Tais condições e garantias incluirão, quando seja apropriado, tendo em vista a natureza do poder ou do procedimento, entre outros, controle judicial ou supervisão independente, fundamentação da aplicação, e limitação do âmbito de aplicação e da duração de tais poderes ou procedimentos.

3. Desde que conforme ao interesse público, em especial à boa administração da justiça, cada Parte levará em conta o impacto dos poderes e procedimentos previstos nesta seção sobre os direitos, obrigações e legítimos interesses de terceiros.

Título 2
Preservação expedita de dados armazenados em computador

Artigo 16
Preservação expedita de dados de computador

1. Cada Parte adotará medidas legislativas e outras providências necessárias para permitir que a autoridade competente ordene ou obtenha a expedita preservação de dados de computador especificados, incluindo dados de tráfego, que tenham sido armazenados por meio de um sistema de computador, especialmente quando haja razões para admitir que os dados de computador estão particularmente sujeitos a perda ou modificação.

2. Se a Parte der efeito ao parágrafo 1 acima por meio de uma ordem a uma pessoa para preservar dados de computador determinados que estejam sob sua posse, detenção ou controle, o Estado adotará medidas legislativas e outras providências necessárias para obrigar essa pessoa a preservar e manter a integridade desses dados de computador pelo período de tempo necessário, até o máximo de 90 (noventa) dias, a fim de permitir à autoridade competente buscar sua revelação. Qualquer Parte pode estipular que tal ordem possa ser renovada subsequentemente.

3. Cada Parte adotará medidas legislativas e outras providências necessárias para obrigar o detentor dos dados ou terceiro encarregado da sua preservação, a manter em sigilo o início do procedimento investigativo por um período de tempo estabelecido na sua legislação interna.

4. Os poderes e procedimentos referidos neste Artigo estão sujeitos aos Artigos 14 e 15.

Artigo 17
Preservação expedita e revelação parcial de dados de tráfego

1. Cada Parte adotará, a respeito dos dados de tráfego que devem ser preservados de acordo com o Artigo 16, medidas legislativas e outras providências pertinentes para:

a. assegurar que essa expedita preservação de dados de tráfego seja possível independentemente do número de provedores de serviço envolvidos na transmissão dessa comunicação; e

b. assegurar expedita revelação à autoridade competente da Parte, ou a uma pessoa indicada por essa autoridade, de um conjunto suficiente de dados de tráfego que permitam à Parte identificar os provedores de serviço e o caminho por meio do qual a comunicação se realizou.

2. Os poderes e procedimentos referidos neste artigo estarão sujeitos aos Artigos 14 e 15.

Título 3
Ordem de exibição
Artigo 18
Ordem de exibição

1. Cada Parte adotará as medidas legislativas e outras providências necessárias para dar poderes a autoridades competentes para ordenar:

a. a qualquer pessoa residente em seu território a entregar dados de computador especificados, por ela controlados ou detidos, que estejam armazenados num sistema de computador ou em qualquer meio de armazenamento de dados de computador;

b. a qualquer provedor de serviço que atue no território da Parte a entregar informações cadastrais de assinantes de tais serviços, que estejam sob a detenção ou controle do provedor.

2. Os poderes e procedimentos referidos neste artigo estão sujeitos aos Artigos 14 e 15.

3. Paras os fins deste Artigo, o termo "informações cadastrais do assinante" indica qualquer informação mantida em forma eletrônica ou em qualquer outra, que esteja em poder do provedor de serviço e que seja relativa a assinantes de seus serviços, com exceção dos dados de tráfego e do conteúdo da comunicação, e por meio da qual se possa determinar:

a. o tipo de serviço de comunicação utilizado, as medidas técnicas tomadas para esse fim e a época do serviço;

b. a identidade do assinante, o domicílio ou o endereço postal, o telefone e outros números de contato e informações sobre pagamento e cobrança, que estejam disponíveis de acordo com o contrato de prestação de serviço.

c. quaisquer outras informações sobre o local da instalação do equipamento de comunicação disponível com base no contrato de prestação de serviço.

Título 4
Busca e apreensão de dados de computador
Artigo 19
Busca e apreensão de dados de computador

1. Cada Parte adotará medidas legislativas e outras providências necessárias para dar poderes a suas autoridades competentes para busca ou investigação, em seu território:

a. de qualquer sistema de computador ou de parte dele e dos dados nele armazenados; e

b. de qualquer meio de armazenamento de dados de computador no qual possam estar armazenados os dados procurados em seu território.

2. Cada Parte adotará medidas legislativas e outras providências necessárias para assegurar que, quando a autoridade competente proceder a busca em um determinado sistema de computador ou em parte dele, de acordo com o parágrafo 1.a, e tiver fundadas razões para supor que os dados procurados estão armazenados em outro sistema de computador ou em parte dele, situado em seu território, e que tais dados são legalmente acessíveis a partir do sistema inicial, ou disponíveis a esse sistema, tal autoridade poderá estender prontamente a busca ou o acesso ao outro sistema.

3. Cada Parte adotará medidas legislativas e outras providências necessárias para dar poderes a suas autoridades competentes para apreender ou proteger dados de computador acessados de acordo com os parágrafos 1 ou 2. Estas medidas incluirão o poder de:

a. apreender ou proteger um sistema de computador ou parte dele ou um meio de armazenamento de dados;

b. fazer e guardar uma cópia desses dados de computador;

c. manter a integridade dos dados de computador relevantes;

d. tornar inacessíveis esses dados no sistema de computador acessado ou dele removê-los.

4. Cada Parte adotará medidas legislativas e outras providências necessárias para dar poderes a sua autoridade competente para determinar que qualquer pessoa que conheça o funcionamento do sistema de computador ou as medidas empregadas para proteger os dados nele armazenados que forneça, tanto quanto seja razoável, as informações necessárias para permitir as providências referidas nos parágrafos 1 e 2.

5. Os poderes e procedimentos referidos neste artigo estarão sujeitos aos dispositivos dos Artigos 14 e 15.

Título 5
Obtenção de dados de computador em tempo real
Artigo 20
Obtenção de dados de tráfego em tempo real

1. Cada Parte adotará medidas legislativas e outras providências necessárias para dar poderes a suas autoridades competentes, no que seja pertinente a dados de tráfego, em tempo real, vinculados a comunicações específicas, ocorridas em seu território, por meio de um sistema de computador, para:

a. coletar tais dados ou gravá-los por meios técnicos, no território da Parte, e

b. obrigar um provedor de serviço, nos limites de sua capacidade técnica:

i. a reunir tais dados ou gravá-los por meios técnicos, no território da Parte; ou

ii. a cooperar com as autoridades competentes ou auxiliá-las na obtenção ou gravação de tais dados.

2. Quando uma Parte, em razão dos princípios legais de seu sistema jurídico, não puder adotar as medidas referidas no parágrafo 1.a., a Parte poderá substituí-las por medidas legislativas e outras providências necessárias para assegurar a obtenção ou a gravação em tempo real, por meios técnicos aplicados em seu próprio território, dos dados de tráfego vinculados a uma comunicação específica, transmitida nesse território.

3. Cada Parte adotará medidas legislativas e outras providências necessárias para obrigar um provedor de serviço a manter em sigilo a execução de qualquer das atribuições investigativas estabelecidas neste Artigo e quaisquer informações relativas a elas.

4. Os poderes e procedimentos referidos neste Artigo obedecerão aos Artigos 14 e 15.

Artigo 21
Interceptação de dados de conteúdo

1. Cada Parte adotará medidas legislativas e outras providências necessárias, em relação a um conjunto de crimes graves a serem especificados pela legislação doméstica, e no que seja pertinente ao conteúdo de comunicações específicas, ocorridas em seu território, por meio de um sistema de computador, para dar poderes a suas autoridades competentes, a fim de que possam, em tempo real:

a. coletar ou gravar tais comunicações, por meios técnicos, no território dessa Parte, e

b. compelir um provedor de serviço, nos limites de sua capacidade técnica:

i. a coletar ou gravar tais comunicações, por meios técnicos, no território dessa Parte; ou

ii. a cooperar com as autoridades competentes, ou ajudá-las, na obtenção ou gravação do conteúdo dessas comunicações.

2. Quando uma Parte, em razão dos princípios legais de seu sistema jurídico, não puder adotar as medidas referidas no parágrafo 1.a., a Parte poderá substituí-las por medidas legislativas e outras providências necessárias para assegurar a obtenção ou a gravação em tempo real, por meios técnicos aplicados em seu próprio território, do conteúdo de comunicações específicas transmitidas nesse território.

3. Cada Parte adotará medidas legislativas e outras providências necessárias para obrigar um provedor de serviço a manter em sigilo a execução de qualquer das atribuições investigativas estabelecidas neste Artigo e quaisquer informações relativas a elas.

4. Os poderes e procedimentos referidos neste Artigo obedecerão aos Artigos 14 e 15.

Seção 3
Jurisdição
Artigo 22
Jurisdição

1. Cada Parte adotará medidas legislativas e outras providências necessárias para estabelecer jurisdição sobre qualquer dos crimes tipificados de acordo com os Artigos de 2 a 11 desta Convenção, quando a infração for cometida:

a. no seu território; ou

b. a bordo de uma embarcação de bandeira dessa Parte; ou

c. a bordo de uma aeronave registrada conforme as leis dessa Parte; ou

d. por um seu nacional, se o crime for punível segundo as leis penais do local do fato ou se o crime for cometido fora da jurisdição de qualquer Parte.

2. Qualquer Parte pode reservar-se o direito de não aplicar ou aplicar somente em casos específicos ou em condições especiais as regras de jurisdição assentadas nos parágrafos 1.b a 1.d deste Artigo ou qualquer parte delas.

3. Cada Estado adotará medidas necessárias para estabelecer jurisdição sobre os crimes referidos no Artigo 24, parágrafo 1, desta Convenção, quando um suspeito da prática de tais crimes estiver em seu território e esta Parte não o extradite para outra Parte, somente em razão de sua nacionalidade, depois de um pedido de extradição.

4. Esta Convenção não exclui nenhuma espécie de jurisdição criminal exercida pela Parte de acordo com a sua legislação doméstica.

5. Se mais de uma Parte reivindicar jurisdição sobre suposto crime previsto nesta Convenção, as Partes envolvidas, quando conveniente, deverão promover consultas para determinar a jurisdição mais adequada para o processo.

CAPÍTULO III
COOPERAÇÃO INTERNACIONAL

Seção 1
Princípios gerais

Título 1
Princípios gerais da cooperação internacional

Artigo 23
Princípios gerais da cooperação internacional

As Partes cooperarão entre si, de acordo com as disposições deste capítulo, e por meio da aplicação de instrumentos internacionais pertinentes de cooperação internacional em assuntos penais, de ajustes firmados com base em legislação uniforme ou de reciprocidade, e da legislação doméstica, o mais possível, para a realização das investigações ou procedimentos acerca de crimes de computador, ou para a coleta de provas eletrônicas desses crimes.

Título 2
Princípios relativos à extradição

Artigo 24
Extradição

1. a. Este Artigo aplica-se à extradição entre Estados a respeito dos crimes tipificados de acordo com os Artigos de 2 a 11 desta Convenção, desde que tais infrações sejam puníveis de acordo com as leis penais das duas Partes com pena privativa de liberdade cujo período máximo de seja de pelo menos 1 (um) ano, ou por uma sanção mais severa.

b. Quando uma pena mínima diferente for prevista em conformidade com um acordo de legislação uniforme ou de reciprocidade, ou conforme um tratado de extradição, inclusive a Convenção Europeia sobre Extradição (ETS n. 24), e quando esses pactos sejam aplicáveis a duas ou mais Partes, deverá prevalecer a pena mínima estabelecida de acordo com esses ajustes ou tratados.

2. Os crimes descritos no parágrafo 1 deste Artigo serão considerados extraditáveis em qualquer tratado de extradição existente entre as Partes. As Partes comprometem-se a considerar tais crimes extraditáveis em qualquer tratado que venha a ser concluído entre elas.

3. Se uma Parte que condiciona a extradição à existência de um tratado receber um pedido extradicional de outra Parte com a qual não mantém convenção de extradição, essa Parte pode considerar esta Convenção como a base legal para a extradição a respeito de qualquer crime referido no parágrafo 1 deste Artigo.

4. As Partes que não condicionam a extradição à existência de um tratado reconhecerão os crimes referidos no parágrafo 1 deste Artigo como infrações extraditáveis entre si.

5. A extradição sujeitar-se-á às condições estabelecidas na legislação da Parte requerida ou nos tratados de extradição aplicáveis, inclusive às razões pelas quais a Parte requerida pode recusar a extradição.

6. Se a extradição por um crime referido no parágrafo 1 deste Artigo for recusada somente em razão da nacionalidade da pessoa procurada, ou porque a Parte requerida considera ter jurisdição sobre o fato, a Parte requerida submeterá o caso, a pedido da Parte requerente, a suas autoridades competentes para persecução criminal e informará o resultado à Parte requerente no devido tempo. Essas autoridades decidirão e conduzirão as investigações e procedimentos do mesmo modo que agiriam em face de qualquer outro crime, de natureza semelhante, de acordo com as leis dessa Parte.

7. a. Ao tempo da assinatura da Convenção ou do depósito dos instrumentos de ratificação, aceitação, aprovação ou adesão, cada Parte comunicará ao Secretário-Geral do Conselho da Europa o nome e o endereço das autoridades responsáveis pela formalização ou recepção de pedidos de extradição ou de prisão cautelar, se não existir um tratado.

b. O Secretário-Geral do Conselho da Europa organizará e manterá atualizado um registro das autoridades indicadas pelas Partes. Cada Parte assegurará a todo tempo a correição de suas informações nesse registro.

Título 3
Princípios gerais da assistência mútua

Artigo 25
Princípios gerais da assistência mútua

1. As Partes, o mais possível, prestarão assistência umas às outras, para as investigações ou procedimentos relacionados a crimes de computador, ou para a obtenção de provas eletrônicas de um crime.

2. Cada Parte adotará medidas legislativas e outras providências para levar a cabo as obrigações estabelecidas nos Artigos de 27 a 35.

3. Cada Parte pode, em casos urgentes, solicitar assistência mútua ou fazer comunicados relativos a ela por meios de comunicação rápida, inclusive por fax ou email, desde que tais meios proporcionem níveis adequados de segurança e autenticidade (incluindo o uso de criptografia, se necessário), com posterior confirmação formal, se exigida pela Parte requerida. A Parte requerida aceitará e atenderá ao pedido por qualquer meio de comunicação expedito.

4. Ressalvadas as disposições em contrário dos artigos deste capítulo, a assistência mútua estará sujeita às condições estabelecidas pela legislação da Parte requerida ou pelos tratados de assistência mútua aplicáveis, inclusive às razões pelas quais a Parte requerida pode recusar-se a cooperar. A Parte requerida não exercerá o direito de recusar a assistência mútua em relação aos crimes referidos nos Artigos 2 a 11 se a recusa se fundar tão-somente no fato de a Parte considerar que o pedido se refere a simples delitos financeiros.

5. Quando, de acordo com as disposições deste capítulo, a Parte requerida estiver autorizada a condicionar a assistência mútua à existência de dupla tipicidade, considerar-se-á atendida essa condição, independentemente de a lei da referida Parte situar o crime na mesma categoria de delitos ou denominar o crime com a mesma terminologia que a Parte requerente, se a conduta que caracteriza o delito pelo qual se pediu a assistência for um ilícito penal conforme as suas leis.

Artigo 26
Informação espontânea

1. Qualquer Parte pode, dentro dos limites de sua legislação interna e ex officio, transmitir a outra Parte informações obtidas por seu próprio sistema investigativo, quando considerar que a revelação de tais informações pode auxiliar a Parte destinatária a iniciar ou a levar avante investigações ou procedimentos relativos a crimes tipificados de acordo com esta Convenção ou possam levar a um pedido de cooperação por aquela Parte, em conformidade com este capítulo.

2. Antes de fornecer tais informações, a Parte remetente pode solicitar sua manutenção em sigilo ou sua utilização condicional. Se a Parte destinatária não puder atender à solicitação, deverá notificar a Parte remetente, que então determinará se as informações serão fornecidas mesmo assim. Se a Parte destinatária aceitar as informações com imposição de condições, estará obrigada a seu cumprimento.

Título 4
Procedimentos relativos a pedidos de assistência mútua na falta de acordos internacionais aplicáveis

Artigo 27
Procedimentos relativos a pedidos de assistência mútua na falta de acordos internacionais aplicáveis

1. Quando não houver tratados de assistência mútua ou acordos de legislação uniforme ou de reciprocidade vigentes entre as Partes requerida e requerente, aplicar-se-ão as disposições dos parágrafos 2 a 9 deste Artigo. As regras deste Artigo não se aplicarão quando tais tratados, acordos ou legislação existirem, a menos que as Partes envolvidas concordem em aplicar alguns ou todos os demais parágrafos deste artigo, em lugar daqueles instrumentos.

2. a. Cada Parte indicará uma autoridade central ou autoridades centrais responsáveis por enviar e responder pedidos de assistência mútua, pela execução de tais pedidos ou por seu encaminhamento às autoridades competentes para o seu cumprimento.

b. As autoridades centrais comunicar-se-ão diretamente umas com as outras;

c. Cada Parte deverá, ao tempo da assinatura ou do depósito dos instrumentos de ratificação, aceitação, aprovação ou adesão, informar ao Secretário-Geral do Conselho da Europa os nomes e endereços das autoridades indicadas de acordo com este parágrafo;

d. O Secretário-Geral do Conselho da Europa organizará e manterá atualizado o cadastro das autoridades centrais indicadas pelas Partes. Cada Parte deverá assegurar a qualquer tempo a correição das informações repassadas ao registro.

3. Os pedidos de assistência mútua apresentados de acordo com este Artigo serão executados em conformidade com os procedimentos especificados pela Parte requerente, salvo se incompatíveis com a legislação da Parte requerida.

4. A Parte requerida pode, além das causas estabelecidas no Artigo 25, parágrafo 4, recusar assistência mútua se:

a. o pedido referir-se a uma infração penal que a Parte requerida considere um delito político ou um ilícito conexo a um crime político, ou

b. a Parte considere que a execução do pedido possa prejudicar sua soberania, segurança, ordem pública ou outros interesses essenciais.

5. A Parte requerida pode adiar o atendimento de um pedido se sua execução puder prejudicar investigações ou procedimentos criminais que estejam sendo conduzidos por seus órgãos públicos.

6. Antes de recusar ou adiar a assistência, a Parte requerida, se conveniente após consultas com a Parte requerente, verificará se o pedido pode ser atendido parcialmente ou mediante condições que se revelem necessárias.

7. A Parte requerida informará imediatamente à Parte requerente o resultado da execução de um pedido de assistência. Devem ser dadas as razões para qualquer recusa ou retardamento do pedido. A Parte requerida também informará à Parte requerente as razões que tenham impossibilitado o atendimento do pedido ou que provavelmente o retardem significativamente.

8. A Parte requerente pode solicitar à Parte requerida que mantenha em sigilo qualquer pedido apresentado de acordo com este capítulo, bem como seu objeto, salvo no que for necessário para a sua execução. Se a Parte requerida não puder atender a essa solicitação de confidencialidade, deverá informar imediatamente à Parte requerente, que então decidirá se ainda assim o pedido deve ser executado.

9. a. Em caso de urgência, os pedidos de assistência mútua ou as comunicações relacionadas as eles podem ser enviados diretamente pelas autoridades judiciais da Parte requerente para autoridades semelhantes da Parte requerida. Em qualquer caso, uma cópia do pedido deve ser enviada concomitantemente para a autoridade central da Parte requerida por meio da autoridade central da Parte requerente.

b. Qualquer pedido ou comunicação feitos de acordo com este parágrafo pode ser apresentado ou realizado por meio da Organização Internacional de Polícia Criminal (Interpol).

c. Quando um pedido for feito de acordo com o subparágrafo a. deste Artigo e a autoridade recebedora não for competente para apreciar o pedido, esta deverá encaminhá-lo à autoridade nacional competente e informar diretamente à Parte requerente a providência adotada.

d. Pedidos ou comunicações feitos de acordo com este parágrafo e que não impliquem medidas coercitivas podem ser encaminhados pelas autoridades competentes da Parte requerente diretamente às autoridades competentes da Parte requerida.

e. Cada Parte poderá, ao tempo da assinatura ou do depósito dos instrumentos de ratificação, aceitação, aprovação ou adesão, informar ao Secretário-Geral do Conselho da Europa que, por motivos de eficiência, os pedidos feitos de acordo com este parágrafo devem ser enviados à sua autoridade central.

Artigo 28
Confidencialidade e limitações de uso

1. Quando não houver tratado de assistência mútua ou acordos de legislação uniforme ou de reciprocidade vigentes entre as Partes requerente e requerida serão aplicáveis as disposições deste Artigo. As regras deste Artigo não se aplicarão quando tais tratados, acordos ou legislação existirem, a menos que as Partes envolvidas concordem em aplicar alguns ou todos os demais parágrafos deste Artigo, em lugar daqueles instrumentos.

2. A Parte requerida pode condicionar o fornecimento de informação ou de dados em atendimento a um pedido:

a. à sua manutenção em sigilo, quando o pedido de assistência jurídica mútua não puder ser cumprido sem tal condição, ou

b. à sua não utilização para investigações ou procedimentos diversos daqueles indicados no pedido.

3. Se a Parte requerente não puder cumprir as condições referidas no parágrafo 2, deverá informar imediatamente à outra Parte, que então decidirá se ainda assim a informação será fornecida. Quando a Parte requerente aceitar as condições, estará obrigado a atendê-las.

4. Qualquer Parte que forneça informações ou dados sob uma condição referida no parágrafo 2 pode exigir que a outra Parte esclareça, em relação àquela condição, o uso feito de tais informações ou dados.

Seção 2
Disposições específicas

Título 1
Assistência mútua em relação a medidas cautelares

Artigo 29
Conservação expedita de dados armazenados em computador

1. Qualquer Parte pode pedir a outra Parte que determine a obtenção ou de qualquer modo obtenha a expedita conservação de dados armazenados por meio de um sistema de computador, localizado no território daquela outra Parte, em relação aos quais a Parte requerente pretende apresentar um pedido de assistência mútua para busca ou acesso, apreensão ou guarda, ou revelação dos dados.

2. Qualquer pedido de conservação feito de acordo com o parágrafo 1 deve especificar:

a. a autoridade que requer a conservação;

b. o crime sujeito à investigação ou procedimento criminal e um breve resumo dos fatos;

c. os dados de computador armazenados a serem conservados e sua relação com o crime;

d. qualquer informação disponível que identifique o detentor dos dados de computador armazenados ou a localização do sistema de computador;

e. a necessidade de conservação; e

f. que a Parte pretende apresentar um pedido de assistência mútua para a busca ou acesso, apreensão ou guarda, ou revelação dos dados armazenados em computador.

3. Ao receber o pedido de outra Parte, a Parte requerida adotará todas as medidas apropriadas para conservar, com presteza, os dados especificados, de acordo com sua legislação doméstica. Para resposta a um pedido de assistência, o princípio da dupla tipicidade não será exigido como condição para autorizar a conservação de dados.

4. Qualquer Parte que exija a dupla tipicidade como condição para atender a um pedido de assistência mútua para a busca ou acesso, apreensão ou guarda, ou revelação de dados armazenados pode, em relação a outros crimes que não os tipificados de acordo com os artigos 2 a 11 desta Convenção, reservar-se o direito de recusar o pedido de conservação em conformidade com este Artigo, quando a Parte requerida tenha motivos para crer que ao tempo da revelação a condição de dupla tipicidade não terá sido atendida.

5. Além disso, um pedido de conservação somente pode ser recusado se:

a. o pedido se referir a um crime que a Parte requerida considera delito político ou infração conexa com crime político, ou

b. a Parte requerida considerar que a execução do pedido pode prejudicar sua soberania, a segurança, a ordem pública ou outros interesses essenciais.

6. Quando a Parte requerida verificar que a conservação não assegurará a futura disponibilidade dos dados ou que irá ameaçar a confidencialidade ou de outro modo prejudicar a investigação da Parte requerente, deve informar imediatamente à Parte requerente, que então decidirá se ainda assim o pedido deve ser executado.

7. Qualquer conservação efetivada em resposta ao pedido referido no parágrafo 1 perdurará por prazo não inferior a 60 (sessenta) dias, a fim de permitir que a Parte requerente apresente um pedido de busca ou acesso, apreensão ou guarda, ou revelação dos dados. Depois da recepção de tal pedido, os dados continuarão protegidos até a decisão final.

Artigo 30
Revelação expedita de dados de tráfego conservados

1. Quando, no curso da execução de um pedido feito de acordo com o Artigo 29 para a conservação de dados de tráfego de uma comunicação específica, a Parte requerida descobrir que um provedor de serviços em outro Estado está envolvido na transmissão da comunicação, a Parte requerida deverá entregar rapidamente à Parte requerente dados de tráfego suficientes para identificar aquele provedor e o caminho por meio do qual se deu a comunicação.

2. A revelação de dados de tráfego de acordo com o parágrafo 1 somente pode ser recusada se:

a. o pedido referir-se a um crime considerado de natureza política pela Parte requerida ou a um crime conexo com um crime político; ou

b. a Parte requerida considerar que a execução do pedido pode prejudicar sua soberania, sua segurança, a ordem pública ou outros interesses essenciais.

Título 2
Assistência mútua em relação a poderes investigativos

Artigo 31
Assistência mútua em relação ao acesso a dados de computador armazenados

1. Qualquer Parte pode pedir a outra Parte que realize busca, acesso, apreensão, guarda ou a revelação de dados armazenados por meio de um sistema de computador localizado no território da Parte requerida, inclusive dos dados que tenham sido conservados de acordo com o Artigo 29.2. A Parte requerida responderá ao pedido por meio da aplicação dos instrumentos, acordos e leis internacionais mencionados no Artigo 23, e em conformidade com outras disposições pertinentes deste capítulo.

3. O pedido receberá resposta rápida se:

a. houver motivos para supor que importantes dados estão especialmente vulneráveis a perda ou modificação; ou

b. os instrumentos, acordos e leis referidos no parágrafo 2 dispuserem de forma diferente no tocante à cooperação expedita.

Artigo 32
Acesso transfronteiriço a dados armazenados num computador, mediante consentimento, ou a sistema de acesso público

Uma Parte poderá, sem a autorização de outra Parte:

a. acessar dados de computador disponíveis ao público (fonte aberta), independentemente de onde os dados estejam geograficamente localizados; ou

b. acessar ou receber, por meio de um sistema de computador em seu território, dados de computador armazenados no território de outra Parte, se a Parte obtiver o legítimo e voluntário consentimento de uma pessoa que tenha autoridade legal para revelar os dados à Parte interessada, por meio de um sistema de computador.

Artigo 33
Assistência mútua na interceptação de dados de tráfego em tempo real

1. As Partes conceder-se-ão assistência mútua na interceptação, em tempo real, de dados de tráfego vinculados a uma comunicação específica transmitida no seu território por meio de um sistema de computador. Sem prejuízo das disposições do parágrafo 2, esta assistência será regida pelas condições e procedimentos estabelecidos pela legislação interna.

2. Cada Parte disponibilizará tal assistência pelo menos em relação aos crimes para os quais a interceptação de dados em tempo real seria possível, quando se tratasse de fatos similares de jurisdição nacional.

Artigo 34
Assistência mútua em relação à interceptação do conteúdo de comunicações

As Partes conceder-se-ão assistência mútua na interceptação ou gravação em tempo real do conteúdo de comunicações específicas transmitidas por meio de um sistema de computador, nas mesmas hipóteses permitidas de acordo com os tratados aplicáveis e as respectivas legislações domésticas.

Título 3
Sistema de plantão 24 por 7

Artigo 35
Sistema de plantão 24 por 7

1. Cada Parte indicará um órgão de contato disponível 24 horas por dia, 7 dias por semana, de modo a assegurar a assistência imediata para investigações ou procedimentos relacionados a crimes de computador e de dados, ou para a obtenção de provas eletrônicas de uma infração penal. Tal assistência incluirá a facilitação, ou, se permitido pelas leis e costumes jurídicos locais, a adoção direta das seguintes medidas:

a. o fornecimento de suporte técnico;

b. a conservação de dados de acordo com os artigos 29 e 30;

c. a coleta de provas, o fornecimento de informação jurídica e a localização de suspeitos.

2. a. O órgão de contato da Parte deve ser capaz de se comunicar com o órgão de contato de outra Parte de forma rápida.

b. Se o órgão de contato indicado por uma Parte não integrar a autoridade ou autoridades dessa mesma Parte, responsáveis pela assistência mútua internacional ou por extradição, o órgão de contato deve ser capaz de se coordenar com tal autoridade ou autoridades de forma breve.

3. Cada Parte assegurará que pessoal treinado e bem equipado estará a postos, de modo a facilitar a operação do sistema.

CAPÍTULO IV
DISPOSIÇÕES FINAIS

Artigo 36
Assinatura e vigência

1. Esta Convenção está aberta a assinatura dos Estados membros do Conselho da Europa e dos Estados não-membros que participaram de sua elaboração.

2. Esta Convenção está sujeita a ratificação, aceitação ou aprovação. Os instrumentos de ratificação, aceitação ou aprovação serão depositados junto ao Secretário-Geral do Conselho da Europa.

3. Esta Convenção entrará em vigor no primeiro dia do mês seguinte à expiração de um prazo de 3 (três) meses, que se contará da data em que cinco

Estados, entre os quais pelo menos 3 (três) Estados membros do Conselho da Europa, tiverem expressado sua vontade de se submeter ao regime jurídico da Convenção, de acordo com as disposições dos parágrafos 1 e 2.

4. Para qualquer Estado signatário que expresse seu consentimento posterior, a Convenção entrará em vigor no primeiro dia do mês seguinte à expiração de um prazo de 3 t(rês) meses, a contar da data de expressão da vontade de se submeter ao regime jurídico da Convenção, de acordo com as disposições dos parágrafos 1 e 2.

Artigo 37
Adesão à Convenção

1. Depois da entrada em vigor desta Convenção, o Conselho de Ministros do Conselho da Europa, após consulta comum e após obter o consentimento unânime dos Estados signatários desta Convenção, pode convidar qualquer Estado que não seja membro do Conselho e que não tenha participado de sua elaboração para aderir a esta Convenção. A decisão será tomada pelo quórum majoritário estabelecido no artigo 20.d. do Estatuto do Conselho da Europa e pelo voto unânime dos representantes dos Estados convenentes com assento no Conselho de Ministros.

2. Para os Estados que aderirem à Convenção de acordo com o parágrafo 1, o tratado entrará em vigor no primeiro dia do mês seguinte ao vencimento de um prazo de 3 (três) meses, a contar da data de depósito do instrumento de adesão junto ao Secretário-Geral do Conselho da Europa.

Artigo 38
Aplicação territorial

1. Qualquer Estado pode, ao tempo da assinatura ou do depósito dos instrumentos de ratificação, aceitação, aprovação ou adesão, especificar o território ou territórios nos quais esta Convenção será aplicável.

2. Qualquer Estado pode, posteriormente, por meio de uma declaração endereçada ao Secretário-Geral do Conselho da Europa, estender a aplicação desta Convenção a qualquer outro território especificado na declaração. Para esses territórios, a Convenção entrará em vigor no primeiro dia do mês seguinte ao vencimento de um prazo de 3 (três) meses, a contar da data do recebimento da declaração pelo Secretário-Geral.

3. Qualquer declaração feita de acordo com os dois parágrafos anteriores, a respeito de qualquer território especificado em tal declaração, pode ser retirada por meio de notificação endereçada ao Secretário-Geral do Conselho da Europa. A retirada tornar-se-á eficaz no primeiro dia do mês seguinte à expiração de um prazo de 3 (três) meses, contados da data de recebimento de tal notificação pelo Secretário-Geral.

Artigo 39
Efeitos da Convenção

1. O objetivo desta Convenção é complementar os tratados e acordos bilaterais ou multilaterais aplicáveis entre as Partes, incluindo as disposições:

- da Convenção Europeia sobre Extradição, aberta a assinaturas em Paris, aos 13 dias de dezembro de 1957 (ETS n. 24);
- da Convenção Europeia sobre Assistência Mútua em Assuntos Penais, aberta a assinaturas em Estrasburgo, aos 20 dias de abril de 1959 (ETS n. 30);
- do Protocolo Adicional à Convenção Europeia sobre Assistência Mútua em Assuntos Penais, aberto a assinaturas aos 17 dias de março de 1978 (ETS n. 99).

2. Se duas ou mais Partes já tiverem concluído um tratado ou acordo sobre os assuntos abordados nesta Convenção ou se tiverem estabelecido de forma diversa seu relacionamento em tais assuntos, ou tendam a fazê-lo no futuro, tais Partes também estão autorizadas a aplicar esse acordo ou tratado ou a regular essas relações em conformidade com eles. Todavia, se as Partes estabeleceram suas relações a respeito dos assuntos considerados nesta Convenção de forma diversa da aqui regulada, elas deverão fazê-lo de maneira compatível com os objetivos e princípios da Convenção.

3. Nenhum artigo desta Convenção afetará outros direitos, restrições, obrigações e responsabilidades de uma Parte.

Artigo 40
Declarações

Por meio de uma notificação escrita endereçada ao Secretário-Geral do Conselho da Europa, qualquer Estado pode ao tempo da assinatura ou do depósito dos instrumentos de ratificação, aceitação, aprovação ou adesão, declarar que irá valer-se da faculdade de exigir elementos complementares, como estabelecido nos artigos 2, 3, 6 parágrafo 1.b, 7, 9 parágrafo 3, e 27 parágrafo 9.e.

Artigo 41
Cláusula federativa

1. Um Estado federal pode reservar-se o direito de assumir obrigações de acordo com o capítulo II desta Convenção em conformidade com os princípios fundamentais que regem o relacionamento entre seu governo central e as unidades estatais constitutivas ou outras entidades territoriais similares, desde que não obstante seja capaz de cooperar na forma prevista no capítulo III.

2. Quando apresentar uma reserva de acordo com o parágrafo 1, um Estado federal não poderá aplicar os termos dessa reserva para excluir ou minorar substancialmente suas obrigações de dispor sobre as medidas estabelecidas no capítulo II. Esse Estado deve dispor especialmente sobre um amplo e eficaz sistema de persecução criminal relacionado a tais medidas.

3. Em relação às disposições desta Convenção cuja aplicação couber à jurisdição dos Estados federados ou a de outras entidades territoriais similares, que não estejam obrigadas pelo sistema constitucional federativo a adotar medidas legislativas, o governo federal informará às autoridades competentes de tais Estados federados sobre as preditas disposições, dando sua opinião favorável a elas e encorajando-os a dar-lhes efeito.

Artigo 42
Reservas

1. Por meio de uma notificação escrita endereçada ao Secretário-Geral do Conselho da Europa, qualquer Estado poderá, por ocasião da assinatura ou do depósito dos instrumentos de ratificação, aceitação, aprovação ou adesão, declarar que irá valer-se da reserva ou reservas previstas no Artigo 4, parágrafo 2; Artigo 6, parágrafo 3; Artigo 9, parágrafo 4; Artigo 10, parágrafo 3; Artigo 11, parágrafo 3; Artigo 14, parágrafo 3; Artigo 22, parágrafo 2; Artigo 29, parágrafo 4; e Artigo 41, parágrafo 1. Nenhuma outra reserva poderá ser apresentada.

Artigo 43
Status e retirada de reservas

1. Qualquer Parte que tenha apresentado uma reserva de acordo com o Artigo 42 pode retirá-la no todo ou em parte por meio de uma notificação endereçada ao Secretário-Geral do Conselho da Europa. Se a notificação mencionar que a retirada da reserva terá efeito numa data nela especificada, e se tal data for posterior ao dia no qual a notificação tiver sido recebida pelo Secretário-Geral, a retirada da reserva produzirá efeitos naquela data posterior.

2. Qualquer Parte que tenha apresentado uma reserva na forma do Artigo 42 deverá retirá-la, total ou parcialmente, assim que as circunstâncias permitirem.

3. O Secretário-Geral do Conselho da Europa pode periodicamente entrevistar-se com as Partes que tenham apresentado uma ou mais reservas na forma do Artigo 42 tendo em vista a retirada de tais reservas.

Artigo 44
Emendas

1. As emendas a esta Convenção podem ser propostas por qualquer Parte e o Secretário Geral do Conselho da Europa se encarregará de levá-las ao conhecimento dos Estados membros do Conselho da Europa, dos Estados não-membros que tenham participado da elaboração desta Convenção, bem como a qualquer Estado que tenha aderido ou que tenha sido convidado a aderir a esta Convenção de acordo com as disposições do Artigo 37.

2. Qualquer emenda proposta por uma Parte será levada ao conhecimento do Comitê Europeu para os Problemas Criminais (CDPC), que emitirá parecer sobre o projeto de emenda e o submeterá à apreciação do Conselho de Ministros.

3. O Conselho de Ministros examinará a proposta de emenda e levará em conta o parecer ofertado pelo CDPC e, depois de consultar-se com os Estados não-membros que sejam Partes desta Convenção, poderá adotar a emenda.

4. O texto de qualquer emenda adotada pelo Conselho de Ministros de acordo com o parágrafo 3 deste Artigo será encaminhado às Partes para aceitação.

5. Qualquer emenda adotada de acordo com o parágrafo 3 deste Artigo entrará em vigor 30 (trinta) dias depois de todas as Partes informarem ao Secretário-Geral a sua aceitação.

Artigo 45
Solução de controvérsias

1. O Comitê Europeu para os Problemas Criminais (CDPC) será informado das interpretações e da aplicação desta Convenção.

2. Em caso de controvérsias entre Partes acerca da interpretação ou aplicação desta Convenção, estas procurarão a composição do litígio por meio de negociação ou de qualquer outro meio pacífico, à sua escolha, inclusive a sujeição da controvérsia à CDPC, a um tribunal arbitral cujas decisões sejam imperativas para as Partes, ou à Corte Internacional de Justiça, como combinado pelas Partes envolvidas.

Artigo 46
Consultas entre as Partes

1. As Partes, quando conveniente, consultar-se-ão periodicamente para facilitar:

a. a utilização e a implementação eficientes desta Convenção, inclusive a identificação de quaisquer problemas a ela relativos, bem como dos efeitos de qualquer declaração ou reserva apresentada de acordo com esta Convenção;

b. a troca de informações sobre importantes inovações jurídicas, políticas ou tecnológicas relativas a crimes cibernéticos e à coleta de provas em forma eletrônica;

c. a apreciação de possível complementação ou introdução de emendas a esta Convenção.

2. O Comitê Europeu para os Problemas Criminais (CDPC) será informado periodicamente dos resultados das consultas referidas no parágrafo 1.

3. O CDPC, quando conveniente, facilitará as consultas mencionadas no parágrafo 1 e adotará as medidas necessárias para auxiliar as Partes nos seus esforços para complementar ou emendar a Convenção. Três anos depois de a presente Convenção entrar em vigor, o Comitê Europeu para os Problemas Criminais (CDPC) conduzirá, em cooperação com as Partes, uma revisão de todas as disposições desta Convenção, e se necessário, proporá as emendas adequadas.

4. Salvo se assumidas pelo Conselho da Europa, as despesas para a execução das disposições do parágrafo 1 serão suportadas pelas Partes na forma a ser estabelecida por estas.

5. As Partes serão auxiliadas pelo Secretariado do Conselho da Europa na execução de suas atribuições de acordo com este Artigo.

Artigo 47
Denúncia

1. Qualquer Parte poderá, a qualquer tempo, denunciar esta Convenção por meio de uma notificação endereçada ao Secretário-Geral do Conselho da Europa.

2. Tal denúncia tornar-se-á eficaz no primeiro dia do mês seguinte à expiração de um prazo de 3 (três) meses, contado da data de recepção da notificação pelo Secretário-Geral.

Artigo 48
Notificação

O Secretário-Geral do Conselho da Europa notificará os Estados membros do Conselho da Europa, os Estados não-membros que tenham participado da elaboração desta Convenção, bem como qualquer Estado que tenha aderido ou que tenha sido convidado a aderir a esta Convenção: a. das assinaturas apostas à Convenção;

b. do depósito de todo e qualquer instrumento de ratificação, aceitação, aprovação ou adesão;

c. das datas de entrada em vigor desta Convenção para as Partes, de acordo com os artigos 36 e 37;

d. de toda declaração feita de acordo com o Artigo 40 ou de reserva apresentada com base no Artigo 42;

e. de qualquer outro ato, notificação ou comunicado relativo a esta Convenção.

Em testemunho do que os signatários, estando devidamente autorizados, assinaram esta Convenção. Feita em Budapeste, aos 23 dias do mês de novembro de 2001, em inglês e francês, em textos igualmente autênticos, numa única via, que será depositada nos arquivos do Conselho da Europa. O Secretário-Geral do Conselho da Europa enviará cópias autenticadas a cada um dos Estados membros, aos Estados não-membros que tenham participado da elaboração desta Convenção, e a todos os Estados convidados a aderir a ela".

CONVENÇÃO INTERAMERICANA CONTRA O TERRORISMO (2002)

- Concluída em Barbados, em 03.06.2002, aprovada no Brasil pelo Decreto Legislativo 890, de 01.09.2005, e promulgada internamente pelo Decreto 5.639, de 26.12.2005.
- Entrou em vigor internacional em 10.07.2003, e para o Brasil, em 24.11.2005.

Os Estados-Partes nesta Convenção,

Tendo presente os propósitos e princípios da Carta da Organização dos Estados Americanos e da Carta das Nações Unidas;

Considerando que o terrorismo constitui uma grave ameaça para os valores democráticos e para a paz e a segurança internacionais e é causa de profunda preocupação para todos os Estados-membros;

Reafirmando a necessidade de adotar no Sistema Interamericano medidas eficazes para prevenir, punir e eliminar o terrorismo mediante a mais ampla cooperação;

Reconhecendo que os graves danos econômicos aos Estados que podem resultar de atos terroristas são um dos fatores que reforçam a necessidade da cooperação e a urgência dos esforços para erradicar o terrorismo;

Reafirmando o compromisso dos Estados de prevenir, combater, punir e eliminar o terrorismo; e

Levando em conta a resolução RC.23/RES. 1/01 rev. 1 corr. 1, "Fortalecimento da cooperação hemisférica para prevenir, combater e eliminar o terrorismo", adotada na Vigésima Terceira Reunião de Consulta dos Ministros das Relações Exteriores,

Convieram no seguinte:

Artigo 1º
Objeto e fins

Esta Convenção tem por objeto prevenir, punir e eliminar o terrorismo. Para esses fins, os Estados-Partes assumem o compromisso de adotar as medidas necessárias e fortalecer a cooperação entre eles, de acordo com o estabelecido nesta Convenção.

Artigo 2º
Instrumentos internacionais aplicáveis

1. Para os propósitos desta Convenção, entende-se por "delito" aqueles estabelecidos nos instrumentos internacionais a seguir indicados:

a. Convenção para a Repressão do Apoderamento Ilícito de Aeronaves, assinada na Haia em 16 de dezembro de 1970.

b. Convenção para a Repressão de Atos Ilícitos contra a Segurança da Aviação Civil, assinada em Montreal em 23 de dezembro de 1971.

c. Convenção sobre a Prevenção e Punição de Crimes contra Pessoas que Gozam de Proteção Internacional, Inclusive Agentes Diplomáticos, adotada pela Assembleia Geral das Nações Unidas em 14 de dezembro de 1973.

d. Convenção Internacional contra a Tomada de Reféns, adotada pela Assembleia Geral das Nações Unidas em 17 de dezembro de 1979.

e. Convenção sobre a Proteção Física dos Materiais Nucleares, assinada em Viena em 3 de dezembro de 1980.

f. Protocolo para a Repressão de Atos Ilícitos de Violência nos Aeroportos que Prestem Serviços à Aviação Civil Internacional, complementar à Convenção para a Repressão de Atos Ilícitos contra a Segurança da Aviação Civil, assinado em Montreal em 24 de dezembro de 1988.

g. Convenção para a Supressão de Atos Ilegais contra a Segurança da Navegação Marítima, feita em Roma em 10 de dezembro de 1988.

h. Protocolo para a Supressão de Atos Ilícitos contra a Segurança das Plataformas Fixas Situadas na Plataforma Continental, feito em Roma em 10 de dezembro de 1988.

i. Convenção Internacional para a Supressão de Atentados Terroristas a Bomba, adotada pela Assembleia Geral das Nações Unidas em 15 de dezembro de 1997.

j) Convenção Internacional para a Supressão do Financiamento do Terrorismo, adotada pela Assembleia Geral das Nações Unidas em 9 de dezembro de 1999.

2. Ao depositar seu instrumento de ratificação desta Convenção, o Estado que não for parte de um ou mais dos instrumentos internacionais enumerados no parágrafo 1 deste artigo poderá declarar que, na aplicação desta Convenção a esse Estado-Parte, aquele instrumento não se considerará incluído no referido parágrafo. A declaração cessará em seus efeitos quando aquele instrumento entrar em vigor para o Estado-Parte, o qual notificará o depositário desse fato.

3. Quando deixe de ser parte de um dos instrumentos internacionais enumerados no parágrafo 1 deste artigo, um Estado-Parte poderá fazer uma declaração relativa àquele instrumento, em conformidade com o disposto no parágrafo 2 deste artigo.

Artigo 3°
Medidas internas

Cada Estado-Parte, em conformidade com suas disposições constitucionais, esforçar-se-á para ser parte dos instrumentos internacionais enumerados no Artigo 2, dos quais ainda não seja parte e para adotar as medidas necessárias à sua efetiva aplicação, incluindo o estabelecimento em sua legislação interna de penas aos delitos aí contemplados.

Artigo 4°
Medidas para prevenir, combater e erradicar o financiamento do terrorismo

1. Cada Estado-Parte, na medida em que não o tiver feito, deverá estabelecer um regime jurídico e administrativo para prevenir, combater e erradicar o financiamento do terrorismo e lograr uma cooperação internacional eficaz a respeito, a qual deverá incluir:

a) Um amplo regime interno normativo e de supervisão de bancos, outras instituições financeiras e outras entidades consideradas particularmente suscetíveis de ser utilizadas para financiar atividades terroristas. Este regime destacará os requisitos relativos à identificação de clientes, conservação de registros e comunicação de transações suspeitas ou incomuns.

b) Medidas de detecção e vigilância de movimentos transfronteiriços de dinheiro em efetivo, instrumentos negociáveis ao portador e outros movimentos relevantes de valores. Estas medidas estarão sujeitas a salvaguardas para garantir o devido uso da informação e não deverão impedir o movimento legítimo de capitais.

c) Medidas que assegurem que as autoridades competentes dedicadas ao combate dos delitos estabelecidos nos instrumentos internacionais enumerados no Artigo 2 tenham a capacidade de cooperar e intercambiar informações nos planos nacional e internacional, em conformidade com as condições prescritas no direito interno. Com essa finalidade, cada Estado-Parte deverá estabelecer e manter uma unidade de inteligência financeira que seja o centro nacional para coleta, análise e divulgação de informações relevantes sobre lavagem de dinheiro e financiamento do terrorismo. Cada Estado-Parte deverá informar o Secretário-Geral da Organização dos Estados Americanos sobre a autoridade designada como sua unidade de inteligência financeira.

2. Para a aplicação do parágrafo 1 deste artigo, os Estados-Partes utilizarão como diretrizes as recomendações desenvolvidas por entidades regionais ou internacionais especializadas, em particular, o Grupo de Ação Financeira (GAFI) e, quando for cabível, a Comissão Interamericana para o Controle do Abuso de Drogas (CICAD), o Grupo de Ação Financeira do Caribe (GAFIC) e o Grupo de Ação Financeira da América do Sul (GAFISUD).

Artigo 5°
Embargo e confisco de fundos ou outros bens

1. Cada Estado-Parte, em conformidade com os procedimentos estabelecidos em sua legislação interna, adotará as medidas necessárias para identificar, congelar, embargar e, se for o caso, confiscar fundos ou outros bens que sejam produto da comissão ou tenham como propósito financiar ou tenham facilitado ou financiado a comissão de qualquer dos delitos estabelecidos nos instrumentos internacionais enumerados no Artigo 2 desta Convenção.

2. As medidas a que se refere o parágrafo 1 serão aplicáveis aos delitos cometidos tanto dentro como fora da jurisdição do Estado-Parte.

Artigo 6°
Delitos prévios da lavagem de dinheiro

1. Cada Estado-Parte tomará as medidas necessárias para assegurar que sua legislação penal relativa ao delito da lavagem de dinheiro inclua como delitos prévios da lavagem de dinheiro os delitos estabelecidos nos instrumentos internacionais enumerados no Artigo 2 desta Convenção.

2. Os delitos prévios da lavagem de dinheiro a que se refere o parágrafo 1 incluirão aqueles cometidos tanto dentro como fora da jurisdição do Estado-Parte.

Artigo 7°
Cooperação no âmbito fronteiriço

1. Os Estados-Partes, em conformidade com seus respectivos regimes jurídicos e administrativos internos, promoverão a cooperação e o intercâmbio de informações com o objetivo de aperfeiçoar as medidas de controle fronteiriço e aduaneiro para detectar e prevenir a circulação internacional de terroristas e o tráfico de armas ou outros materiais destinados a apoiar atividades terroristas.

2. Neste sentido, promoverão a cooperação e o intercâmbio de informações para aperfeiçoar seus controles de emissão dos documentos de viagem e identidade e evitar sua falsificação, adulteração ou utilização fraudulenta.

3. Essas medidas serão levadas a cabo sem prejuízo dos compromissos internacionais aplicáveis ao livre movimento de pessoas e à facilitação do comércio.

Artigo 8º
Cooperação entre autoridades competentes para aplicação da lei

Os Estados-Partes colaborarão estreitamente, de acordo com seus respectivos ordenamentos legais e administrativos internos, a fim de fortalecer a efetiva aplicação da lei e combater os delitos estabelecidos nos instrumentos internacionais enumerados no Artigo 2. Neste sentido, estabelecerão e aperfeiçoarão, se necessário, os canais de comunicação entre suas autoridades competentes, a fim de facilitar o intercâmbio seguro e rápido de informações sobre todos os aspectos dos delitos estabelecidos nos instrumentos internacionais enumerados no Artigo 2 desta Convenção.

Artigo 9º
Assistência judiciária mútua

Os Estados-Partes prestar-se-ão mutuamente a mais ampla e expedita assistência judiciária possível com relação à prevenção, investigação e processo dos delitos estabelecidos nos instrumentos internacionais enumerados no Artigo 2 e dos processos a eles relativos, em conformidade com os acordos internacionais aplicáveis em vigor. Na ausência de tais acordos, os Estados-Partes prestar-se-ão essa assistência de maneira expedita em conformidade com sua legislação interna.

Artigo 10
Translado de pessoas sob custódia

1. A pessoa que se encontrar detida ou cumprindo pena em um Estado-Parte e cuja presença seja solicitada em outro Estado-Parte para fins de prestar testemunho, ou de identificação, ou para ajudar na obtenção de provas necessárias para a investigação ou o processo de delitos estabelecidos nos instrumentos internacionais enumerados no Artigo 2, poderá ser transladada se forem atendidas as seguintes condições:

a) A pessoa dê livremente seu consentimento, uma vez informada; e

b) Ambos os Estados estejam de acordo, segundo as condições que considerem apropriadas.

2. Para os efeitos deste artigo:

a) O Estado a que a pessoa for transladada estará autorizado e obrigado a mantê-la sob detenção, a não ser que o Estado do qual foi transladada solicite ou autorize outra medida.

b) O Estado a que a pessoa for transladada cumprirá sem delonga sua obrigação de devolvê-la à custódia do Estado do qual foi transladada, em conformidade com o que as autoridades competentes de ambos os Estados tiverem acordado de antemão ou de outro modo.

c) O Estado a que a pessoa for transladada não poderá exigir do Estado do qual foi transladada que inicie procedimentos de extradição para sua devolução.

d) O tempo que a pessoa permanecer detida no Estado a que foi transladada será computado para fins de dedução da pena que está obrigada a cumprir no Estado do qual tiver sido transladada.

3. A menos que o Estado-Parte do qual uma pessoa vier a ser transladada em conformidade com este artigo esteja de acordo, esta pessoa, qualquer que seja sua nacionalidade, não será processada, detida ou submetida a qualquer outra restrição de sua liberdade pessoal no território do Estado a que seja transladada, por atos ou condenações anteriores à sua saída do território do Estado do qual foi transladada.

Artigo 11
Inaplicabilidade da exceção por delito político

Para os propósitos de extradição ou assistência judiciária mútua, nenhum dos delitos estabelecidos nos instrumentos internacionais enumerados no Artigo 2 será considerado delito político ou delito conexo com um delito político ou um delito inspirado por motivos políticos. Por conseguinte, não se poderá negar um pedido de extradição ou de assistência judiciária mútua pela única razão de que se relaciona com um delito político ou com um delito conexo com um delito político ou um delito inspirado por motivos políticos.

Artigo 12
Denegação da condição de refugiado

Cada Estado-Parte adotará as medidas cabíveis, em conformidade com as disposições pertinentes do direito interno e internacional, para assegurar que não se reconheça a condição de refugiado a pessoas com relação às quais haja motivos fundados para considerar que cometeram um delito estabelecido nos instrumentos internacionais enumerados no Artigo 2 desta Convenção.

Artigo 13
Denegação de asilo

Cada Estado-Parte adotará as medidas cabíveis, em conformidade com as disposições pertinentes do direito interno e internacional, a fim de assegurar que não se conceda asilo a pessoas com relação às quais existam motivos fundados para se considerar que cometeram um delito estabelecido nos instrumentos internacionais enumerados no Artigo 2 desta Convenção.

Artigo 14
Não discriminação

Nenhuma das disposições desta Convenção será interpretada como imposição da obrigação de prestar assistência judiciária mútua se o Estado-Parte requerido tiver razões fundadas para crer que o pedido foi feito com o fim de processar ou punir uma pessoa por motivos de raça, religião, nacionalidade, origem étnica ou opinião política, ou se o cumprimento do pedido for prejudicial à situação dessa pessoa por qualquer destas razões.

Artigo 15
Direitos humanos

1. As medidas adotadas pelos Estados-Partes em decorrência desta Convenção serão levadas a cabo com pleno respeito ao Estado de Direito, aos direitos humanos e às liberdades fundamentais.
2. Nada do disposto nesta Convenção será interpretado no sentido de desconsiderar outros direitos e obrigações dos Estados e das pessoas, nos termos do direito internacional, em particular a Carta das Nações Unidas, a Carta da Organização dos Estados Americanos, o direito internacional humanitário, o direito internacional dos direitos humanos e o direito internacional dos refugiados.
3. A toda pessoa que estiver detida ou com relação à qual se adote quaisquer medidas ou que estiver sendo processada nos termos desta Convenção será garantido um tratamento justo, inclusive o gozo de todos os direitos e garantias em conformidade com a legislação do Estado em cujo território se encontre e com as disposições pertinentes do direito internacional.

Artigo 16
Treinamento

1. Os Estados-Partes promoverão programas de cooperação técnica e treinamento em nível nacional, bilateral, sub-regional e regional e no âmbito da Organização dos Estados Americanos, para fortalecer as instituições nacionais encarregadas do cumprimento das obrigações emanadas desta Convenção.
2. Os Estados-Partes também promoverão, quando for o caso, programas de cooperação técnica e treinamento com outras organizações regionais e internacionais que realizem atividades vinculadas com os propósitos desta Convenção.

Artigo 17
Cooperação por meio da Organização dos Estados Americanos

Os Estados-Partes propiciarão a mais ampla cooperação no âmbito dos órgãos pertinentes da Organização dos Estados Americanos, inclusive o Comitê Interamericano contra o Terrorismo (CICTE), em matérias relacionadas com o objeto e os fins desta Convenção.

Artigo 18
Consulta entre as Partes

1. Os Estados-Partes realizarão reuniões periódicas de consulta, quando as considerarem oportunas, com vistas a facilitar:
a) a plena implementação desta Convenção, incluindo a consideração de assuntos de interesse a ela relativos identificados pelos Estados-Partes; e
b) o intercâmbio de informações e experiências sobre formas e métodos eficazes para prevenir, detectar, investigar e punir o terrorismo.

2. O Secretário-Geral convocará uma reunião de consulta dos Estados-Partes depois de receber o décimo instrumento de ratificação. Sem prejuízo disso, os Estados-Partes poderão realizar as consultas que considerarem apropriadas.
3. Os Estados-Partes poderão solicitar aos órgãos pertinentes da Organização dos Estados Americanos, inclusive ao CICTE, que facilitem as consultas mencionadas nos parágrafos anteriores e proporcionem outras formas de assistência no tocante à aplicação desta Convenção.

Artigo 19
Exercício de jurisdição

Nada do disposto nesta Convenção facultará um Estado-Parte a exercer jurisdição no território de outro Estado-Parte nem a nele exercer funções reservadas exclusivamente às autoridades desse outro Estado-Parte por seu direito interno.

Artigo 20
Depositário

O instrumento original desta Convenção, cujos textos em espanhol, francês, inglês e português são igualmente autênticos, será depositado na Secretaria-Geral da Organização dos Estados Americanos.

Artigo 21
Assinatura e ratificação

1. Esta Convenção está aberta à assinatura de todos os Estados-membros da Organização dos Estados Americanos.
2. Esta Convenção está sujeita a ratificação por parte dos Estados signatários, de acordo com seus respectivos procedimentos constitucionais. Os instrumentos de ratificação serão depositados na Secretaria-Geral da Organização dos Estados Americanos.

Artigo 22
Entrada em vigor

1. Esta Convenção entrará em vigor no trigésimo dia a contar da data em que tiver sido depositado o sexto instrumento de ratificação da Convenção na Secretaria-Geral da Organização dos Estados Americanos.
2. Para cada Estado que ratificar a Convenção após ter sido depositado o sexto instrumento de ratificação, a Convenção entrará em vigor no trigésimo dia a contar da data em que esse Estado tiver depositado o instrumento correspondente.

Artigo 23
Denúncia

1. Qualquer Estado-Parte poderá denunciar esta Convenção mediante notificação escrita dirigida ao Secretário-Geral da Organização dos Estados Americanos. A denúncia surtirá efeito 1 (um) ano após a data em que a notificação tiver sido recebida pelo Secretário-Geral da Organização.
2. Essa denúncia não afetará nenhum pedido de informação ou de assistência feito no período de vigência da Convenção para o Estado denunciante.

TRATADO SOBRE O COMÉRCIO DE ARMAS (2013)

- Feito em Nova York em 02.04.2013, aprovado no Brasil pelo Decreto Legislativo 8, de 15.02.2018, e promulgado internamente pelo Decreto 11.173, de 15.08.2022.
- Entrou em vigor internacional em 24.12.2014, e para o Brasil em 12.11.2018.

Preâmbulo

Os Estados Partes neste Tratado,

Guiados pelos propósitos e princípios da Carta das Nações Unidas,

Recordando o artigo 26 da Carta das Nações Unidas, que tem por objetivo promover o estabelecimento e a manutenção da paz e da segurança internacionais com o menor desvio possível dos recursos humanos e econômicos do mundo para armamentos,

Sublinhando a necessidade de prevenir e erradicar o comércio ilícito de armas convencionais e de evitar o seu desvio para o mercado ilícito ou para usos ou usuários finais não autorizados, incluindo a perpetração de atos terroristas,

Reconhecendo a legitimidade dos interesses políticos, securitários, econômicos e comerciais dos Estados no comércio internacional de armas convencionais,

Reafirmando o direito soberano de qualquer Estado de regular e controlar armas convencionais que se encontrem exclusivamente no seu território, de acordo com o seu próprio sistema legal ou constitucional,

Reconhecendo que a paz, a segurança, o desenvolvimento e os direitos humanos são os pilares do sistema das Nações Unidas e servem de fundamento para a segurança coletiva, e que o desenvolvimento, a paz, a segurança e os direitos humanos estão interligados e se reforçam mutuamente,

Recordando as Diretrizes da Comissão de Desarmamento das Nações Unidas sobre transferências internacionais de armas, no contexto de resolução 46/36H da Assembleia Geral, de 6 de dezembro de 1991,

Notando a contribuição realizada pelo Programa de Ação das Nações Unidas para Prevenir, Combater e Erradicar o Tráfico Ilícito de Armas Pequenas e Armamento Leve em Todos os Seus Aspectos, bem como pelo Protocolo contra a Fabricação e o Tráfico Ilícitos de Armas de Fogo, suas Peças e Componentes e Munições, que complementa a Convenção das Nações Unidas contra o Crime Organizado Transnacional, e pelo Instrumento Internacional para permitir aos Estados identificar e rastrear, de forma oportuna e confiável, armas pequenas e armamento leve ilícitos,

Reconhecendo as consequências securitárias, sociais, econômicas e humanitárias do comércio ilegal e não regulado de armas convencionais,

Tendo em conta que a maioria dos afetados por conflitos armados e pela violência armada é de civis, em particular mulheres e crianças,

Reconhecendo também os desafios enfrentados pelas vítimas de conflitos armados e sua necessidade de receber cuidados, reabilitação e inclusão social e econômica adequados,

Destacando que nada no presente Tratado impede que os Estados mantenham e adotem medidas adicionais eficazes para promover o seu objeto e seu propósito,

Conscientes do comércio legítimo e da propriedade e do uso legais de certas armas convencionais para atividades recreativas, culturais, históricas e esportivas, nos casos em que esse comércio, posse e uso são permitidos ou protegidos pela lei,

Conscientes também do papel que as organizações regionais podem desempenhar na prestação de assistência aos Estados Partes, a seu pedido, na aplicação do presente Tratado,

Reconhecendo o papel ativo que, de forma voluntária, pode desempenhar a sociedade civil, incluindo organizações não governamentais e a indústria, na sensibilização para o objeto e o propósito do presente Tratado, e no apoio à sua implementação,

Reconhecendo que a regulamentação do comércio internacional de armas convencionais e a prevenção do seu desvio não devem dificultar a cooperação internacional e o comércio legítimo de material, equipamento e tecnologia para fins pacíficos,

Enfatizando a conveniência de lograr a adesão universal ao presente Tratado,

Determinados a agir de acordo com os seguintes princípios:

Princípios

O direito inerente de todos os Estados à legítima defesa individual ou coletiva, tal como reconhecido no artigo 51 da Carta das Nações Unidas;

A solução de controvérsias internacionais por meios pacíficos, de modo a não pôr em risco a paz e a segurança internacionais e a justiça, de acordo com o artigo 2º, parágrafo 3º, da Carta das Nações Unidas;

A renúncia ao recurso, nas relações internacionais, à ameaça ou ao uso da força contra a integridade territorial ou a independência política de qualquer Estado, ou em qualquer outra forma incompatível com os propósitos das Nações Unidas, em conformidade com o artigo 2º, parágrafo 4º, da Carta das Nações Unidas;

Não intervenção em assuntos que sejam essencialmente da jurisdição interna de cada Estado, de acordo com o artigo 2º, parágrafo 7º da Carta das Nações Unidas;

A obrigação de respeitar e fazer respeitar o direito internacional humanitário, de acordo com, entre outros, as Convenções de Genebra de 1949, e de respeitar e fazer respeitar os direitos humanos, de acordo com a Carta das Nações Unidas e a Declaração Universal dos Direitos Humanos, entre outros instrumentos;

A responsabilidade de todos os Estados, em conformidade com suas respectivas obrigações internacionais, de regular efetivamente o comércio internacional de armas convencionais e de evitar o seu desvio, bem como a responsabilidade primária de todos os Estados de estabelecer e implementar seus respectivos sistemas nacionais de controle;

O respeito aos interesses legítimos dos Estados de adquirir armas convencionais para exercer o seu direito à legítima defesa e para as operações de manutenção da paz, bem como de produzir, exportar, importar e transferir armas convencionais;

A aplicação coerente, objetiva e não discriminatória do presente Tratado;

Acordaram o seguinte:

Artigo 1º
Objeto e propósito

O objeto do presente Tratado é:

Estabelecer os mais altos padrões internacionais comuns possíveis para regular ou melhorar a regulação do comércio internacional de armas convencionais;

Prevenir e erradicar o comércio ilícito de armas convencionais e evitar o seu desvio; com o propósito de:

Contribuir para a paz, a segurança e a estabilidade em âmbito regional e internacional;

Reduzir o sofrimento humano;

Promover a cooperação, a transparência e a ação responsável dos Estados Partes no comércio internacional de armas convencionais, promovendo, assim, a confiança entre eles.

Artigo 2º
Alcance

1. O presente Tratado aplica-se a todas as armas convencionais compreendidas nas seguintes categorias:

(a) tanques de guerra;
(b) veículos de combate blindados;
(c) sistemas de artilharia de grande calibre;
(d) aeronaves de combate;
(e) helicópteros de ataque;
(f) navios de guerra;
(g) mísseis e lançadores de mísseis; e
(h) armas pequenas e armamento leve.

2. Para os propósitos do presente Tratado, as atividades de comércio internacional incluem a exportação, a importação, o trânsito, o transbordo e a intermediação, doravante referidos como "transferência".

3. O presente Tratado não se aplica ao transporte internacional realizado por um Estado Parte, ou feito em seu nome, de armas convencionais para o seu próprio uso, desde que estas permaneçam sob posse desse Estado Parte.

Artigo 3º
Munições

Cada Estado Parte estabelecerá e manterá um sistema nacional de controle para regular a exportação de munições disparadas, lançadas ou propelidas pelas armas convencionais elencadas no artigo 2º, parágrafo 1º, e aplicará as disposições dos artigos 6º e 7º antes de autorizar a exportação de tais munições.

Artigo 4º
Partes e componentes

Cada Estado Parte estabelecerá e manterá um sistema nacional de controle para regular a exportação de partes e componentes quando tal exportação permitir a fabricação das armas convencionais elencadas no artigo 2, parágrafo 1º, e aplicará as disposições dos artigo 6º e 7º antes de autorizar a exportação de tais peças e componentes.

Artigo 5º
Implementação geral

1. Cada Estado Parte implementará o presente Tratado de forma consistente, objetiva e não discriminatória, tendo em conta os princípios nele enunciados.

2. Cada Estado Parte estabelecerá e manterá um sistema nacional de controle, incluindo uma lista nacional de controle, a fim de aplicar as disposições do presente Tratado.

3. Encoraja-se cada Estado Parte a aplicar as disposições do presente Tratado para a mais ampla variedade possível de armas convencionais. Definições nacionais de qualquer das categorias referidas no artigo 2º, parágrafo 1º, alíneas "a" a "g" não poderão ser mais restritivas do que aquelas utilizadas no Registro de Armas Convencionais das Nações Unidas no momento da entrada em vigor do presente Tratado. Para a categoria mencionada no artigo 2º, parágrafo 1º, alínea "h", as definições nacionais não poderão ser mais restritivas do que aquelas utilizadas em instrumentos pertinentes das Nações Unidas no momento da entrada em vigor do presente Tratado.

4. Cada Estado Parte, em conformidade com sua legislação nacional, fornecerá sua lista nacional de controle para o Secretariado, o qual a disponibilizará aos demais Estados Partes. Encorajam-se os Estados Partes a disponibilizarem as suas listas de controle ao público.

5. Cada Estado Parte adotará as medidas necessárias para aplicar as disposições do presente Tratado e designará as autoridades nacionais competentes, a fim de dispor de um sistema nacional de controle efetivo e transparente para regular a transferência de armas convencionais referidas no artigo 2º, parágrafo 1º, e de itens compreendidos nos artigos 3º e 4º.

6. Cada Estado Parte designará um ou mais pontos de contato nacionais para o intercâmbio de informações sobre assuntos relacionados à implementação do presente Tratado. Cada Estado Parte notificará o Secretariado, estabelecido pelo artigo 18, sobre seu(s) ponto(s) de contato nacional(is) e manterá essa informação atualizada.

Artigo 6°
Proibições

1. Um Estado Parte não autorizará qualquer transferência de armas convencionais elencadas no artigo 2°, parágrafo 1°, ou de itens elencados no artigo 3° ou 4°, se a transferência implicar a violação de suas obrigações decorrentes de medidas adotadas pelo Conselho de Segurança das Nações Unidas nos termos do Capítulo VII da Carta das Nações Unidas, particularmente embargos de armas.

2. Um Estado Parte não autorizará qualquer transferência de armas convencionais elencadas no artigo 2°, parágrafo 1°, ou de itens elencados no artigo 3° ou 4°, se a transferência implicar a violação de suas obrigações internacionais relevantes no âmbito dos acordos internacionais em que é parte, em particular aqueles relativos à transferência ou ao tráfico ilícito de armas convencionais.

3. Um Estado Parte não autorizará qualquer transferência de armas convencionais elencadas no artigo 2°, parágrafo 1°, ou de itens elencados no artigo 3° ou 4°, se tiver conhecimento, no momento da autorização, de que as armas ou itens poderiam ser utilizados para a prática de genocídio, crimes contra a humanidade, violações graves das Convenções de Genebra de 1949, ataques dirigidos contra alvos civis ou civis protegidos, ou outros crimes de guerra tipificados pelas convenções internacionais em que seja parte.

Artigo 7°
Exportação e avaliação de exportações

1. Se a exportação não for proibida pelo artigo 6°, cada Estado Parte exportador, antes de autorizar a exportação de armas convencionais elencadas no artigo 2°, parágrafo 1°, ou de itens elencados no artigo 3° ou 4° sob sua jurisdição, de acordo com seu sistema nacional de controle, avaliará, de forma objetiva e não discriminatória, tendo em conta os fatores relevantes, incluindo informações fornecidas pelo Estado importador em conformidade com o artigo 8°, parágrafo 1°, se as armas convencionais ou itens podem:
(a) Contribuir para a paz e a segurança ou atentar contra elas;
(b) Ser utilizados para:
i. Cometer ou facilitar uma violação grave do direito internacional humanitário;
ii. Cometer ou facilitar uma violação grave do direito internacional dos direitos humanos;
iii. Cometer ou facilitar um ato que constitua uma violação nos termos de convenções internacionais e protocolos relacionados ao terrorismo em que o Estado exportador seja parte; ou
iv. Cometer ou facilitar um ato que constitua uma violação nos termos de convenções internacionais ou protocolos relativos ao crime transnacional organizado em que o Estado exportador seja parte.

2. O Estado Parte exportador também considerará a possibilidade de adoção de medidas para mitigar os riscos identificados em (a) ou (b) do parágrafo 1, tais como medidas de fomento da confiança ou programas elaborados e acordados conjuntamente pelos Estados exportador e importador.

3. Se, uma vez realizada essa avaliação e examinadas as medidas de mitigação disponíveis, o Estado Parte exportador determinar que há um risco manifesto de qualquer uma das consequências negativas contempladas no parágrafo 1°, o Estado Parte exportador não autorizará a exportação.

4. O Estado Parte exportador, ao fazer essa avaliação, deve ter em conta o risco de as armas convencionais elencadas no artigo 2°, parágrafo 1°, ou os itens referidos nos artigos 3° ou 4° serem utilizados para cometer ou facilitar atos graves de violência de gênero ou atos graves de violência contra mulheres e crianças.

5. Cada Estado Parte exportador tomará medidas para assegurar que todas as autorizações para a exportação de armas convencionais elencadas no artigo 2°, parágrafo 1°, ou de itens referidos no artigo 3° ou 4° sejam detalhadas e emitidas antes da realização da exportação.

6. Cada Estado Parte exportador disponibilizará ao Estado Parte importador e aos Estados Partes de trânsito ou transbordo informações adequadas sobre a autorização em questão, quando solicitadas e em conformidade com suas leis, práticas ou políticas nacionais.

7. Se, depois da concessão de uma autorização, um Estado Parte exportador tiver conhecimento de novas informações pertinentes, incentiva-se que reavalie a autorização após consultas, se apropriadas, com o Estado importador.

Artigo 8°
Importação

1. Cada Estado Parte importador tomará medidas para assegurar, de acordo com suas leis nacionais, o fornecimento de informações apropriadas e relevantes ao Estado Parte exportador para ajudá-lo na sua avaliação nacional de exportação, nos termos do artigo 7°. Tais medidas podem incluir a documentação sobre os usos ou usuários finais.

2. Cada Estado Parte importador tomará as medidas que lhe permitam regular, sempre que necessário, as importações de armas convencionais elencadas no artigo 2°, parágrafo 1°, sob sua jurisdição. Essas medidas podem incluir sistemas de importação.

3. Cada Estado Parte importador poderá solicitar informações ao Estado Parte exportador sobre quaisquer autorizações de exportação pendentes ou já concedidas, nas quais o Estado Parte importador seja o país de destino final.

Artigo 9°
Trânsito ou transbordo

Cada Estado Parte tomará as medidas apropriadas para regular, sempre que necessário e possível, o trânsito ou transbordo, sob sua jurisdição ou através de seu território, de armas convencionais elencadas no artigo 2°, parágrafo 1°, em conformidade com o direito internacional aplicável.

Artigo 10°
Intermediação

Cada Estado Parte tomará medidas, em conformidade com sua legislação nacional, para regular a intermediação que ocorra sob sua jurisdição em relação a armas convencionais elencadas no artigo 2°, parágrafo 1°. Tais medidas podem incluir a exigência de registro dos intermediários ou de obtenção de autorização formal para o início de suas atividades.

Artigo 11
Desvio

1. Cada Estado Parte envolvido na transferência de armas convencionais elencadas no artigo 2°, parágrafo 1°, tomará medidas para evitar o seu desvio.
2. O Estado Parte exportador procurará evitar o desvio da transferência de armas convencionais elencadas no artigo 2°, parágrafo 1°, por meio de seu sistema nacional de controle, estabelecido em conformidade com o artigo 5°, parágrafo 2°, avaliando o risco de desvio da exportação e considerando a possibilidade de estabelecer medidas de mitigação, tais como medidas de fomento da confiança ou programas desenvolvidos e acordados conjuntamente com os Estados exportador e importador. Outras medidas de prevenção poderiam incluir, se for o caso, o exame das partes envolvidas na exportação, a exigência de documentação adicional, certificados ou garantias, a não autorização da exportação ou outras medidas adequadas.
3. Os Estados Partes importadores, exportadores, de trânsito e de transbordo cooperarão entre si e trocarão informações, em conformidade com suas leis nacionais, quando apropriado e possível, a fim de mitigar o risco de desvio da transferência de armas convencionais elencadas no artigo 2°, parágrafo 1°.
4. Se um Estado Parte detectar um desvio de uma transferência de armas convencionais elencadas no artigo 2°, parágrafo 1°, tomará as medidas apropriadas, em conformidade com sua legislação nacional e com o direito internacional, para enfrentar tal desvio. Essas medidas podem consistir em alertar os Estados Partes potencialmente afetados, examinar os embarques desviados das armas convencionais elencadas no artigo 2°, parágrafo 1°, e tomar as medidas de seguimento relativas a investigação e cumprimento da lei.
5. A fim de melhor compreender e prevenir o desvio de transferências de armas convencionais elencadas no artigo 2°, parágrafo 1°, encorajam-se os Estados Partes a compartilhar informações relevantes sobre medidas efetivas para enfrentar desvios. Essas informações podem incluir dados sobre atividades ilícitas, tais como corrupção, rotas de tráfico internacional, intermediários ilegais, fonte de abastecimento ilícito, métodos de ocultação, pontos comuns de envio ou destinos utilizados por grupos organizados envolvidos em desvio.
6. Encorajam-se os Estados Partes a relatar aos demais Estados Partes, por meio do Secretariado, as medidas tomadas para enfrentar o desvio de transferências de armas convencionais abrangidas pelo artigo 2°, parágrafo 1°.

Artigo 12
Manutenção de registros

1. Cada Estado Parte manterá registros nacionais, em conformidade com suas leis e regulamentos nacionais, das autorizações de exportação emitidas ou das exportações realizadas de armas convencionais elencadas no artigo 2°, parágrafo 1°.
2. Encoraja-se cada Estado Parte a manter registros das armas convencionais elencadas pelo artigo 2°, parágrafo 1°, que tenham como destino final o seu território ou que sejam objeto de uma autorização de trânsito ou transbordo por seu território.
3. Encoraja-se cada Estado Parte a incluir nesses registros informação sobre a quantidade, o valor, o modelo ou tipo de armas convencionais elencadas no artigo 2°, parágrafo 1°, cujas transferências internacionais tenham sido autorizadas e aquelas efetivamente realizadas, e dados precisos sobre o(s) Estado(s) exportador(es), importador(es), de trânsito e transbordo e sobre os usuários finais, conforme o caso.
4. Os registros serão mantidos por um período mínimo de dez anos.

Artigo 13
Apresentação de relatórios

1. Cada Estado Parte, no prazo de um ano após a entrada em vigor do presente Tratado para esse Estado Parte, em conformidade com o artigo 22, apresentará um relatório inicial ao Secretariado sobre as medidas tomadas para implementá-lo, incluindo as leis nacionais, as listas nacionais de controle e outros regulamentos e medidas administrativas. Cada Estado Parte proverá ao Secretariado, quando apropriado, informações sobre qualquer nova medida adotada para implementar o presente Tratado. O Secretariado distribuirá os relatórios e colocar-los-á à disposição dos Estados Partes.
2. Encorajam-se os Estados Partes a prover aos demais Estados Partes, por meio do Secretariado, informações sobre as medidas tomadas que se mostrem efetivas no enfrentamento do desvio de transferências de armas convencionais elencadas no artigo 2°, parágrafo 1°.
3. Cada Estado Parte submeterá anualmente ao Secretariado, até 31 de maio, um relatório, relativo ao ano civil anterior, sobre as exportações e importações autorizadas ou realizadas de armas convencionais elencadas no artigo 2°, parágrafo 1°. O Secretariado distribuirá os relatórios e colocar-los-á à disposição dos Estados Partes. O relatório apresentado ao Secretariado poderá conter a mesma informação apresentada pelo

Estado Parte nos âmbitos pertinentes das Nações Unidas, incluindo o Registro de Armas Convencionais das Nações Unidas. Os relatórios poderão omitir informações comercialmente sensíveis ou relativas à segurança nacional.

Artigo 14
Cumprimento

Cada Estado Parte tomará as medidas necessárias para fazer cumprir as leis e regulamentos nacionais de aplicação dos dispositivos do presente Tratado.

Artigo 15
Cooperação internacional

1. Os Estados Partes cooperarão entre si, de maneira consistente com seus respectivos interesses de segurança e leis nacionais, para implementar efetivamente o presente Tratado.
2. Encorajam-se os Estados Partes a facilitar a cooperação internacional, incluindo a troca de informações sobre assuntos de interesse comum, relativas à implementação e à aplicação do presente Tratado, em conformidade com os respectivos interesses de segurança e leis nacionais.
3. Encorajam-se os Estados Partes a consultarem-se sobre assuntos de interesse mútuo e a compartilharem informações, quando apropriado, para apoiar a implementação do presente Tratado.
4. Os Estados Partes são encorajados a cooperar, em conformidade com as respectivas legislações nacionais, a fim de auxiliar a implementação nacional dos dispositivos do presente Tratado, inclusive mediante o intercâmbio de informação sobre atividades e atores ilícitos, e de prevenir e erradicar o desvio de armas convencionais elencadas no artigo 2°, parágrafo 1°.
5. Os Estados Partes prestar-se-ão, em comum acordo e em conformidade com suas leis nacionais, a mais ampla assistência em investigações, processos e procedimentos judiciais relacionados a violações das medidas nacionais adotadas no cumprimento do presente Tratado.
6. Os Estados Partes são encorajados a tomar medidas nacionais e cooperar entre si para evitar que a transferência de armas convencionais elencadas do artigo 2°, parágrafo 1°, torne-se objeto de práticas corruptas.
7. Os Estados Partes são encorajados a trocar experiências e informações sobre as lições aprendidas em relação a qualquer aspecto do presente Tratado.

Artigo 16
Assistência internacional

1. Na aplicação do presente Tratado, cada Estado Parte poderá solicitar assistência, incluindo assistência jurídica ou legislativa, assistência para capacitação institucional e assistência técnica, material ou financeira. Essa assistência poderá incluir a gestão de estoques, programas de desarmamento, desmobilização e reintegração, legislação modelo e práticas efetivos de implementação. Cada Estado Parte que esteja em condições de fazê-lo prestará assistência, quando solicitado.
2. Cada Estado Parte poderá solicitar, oferecer ou receber assistência por meio das Nações Unidas, de organizações internacionais, regionais, sub-regionais ou nacionais, de organizações não governamentais, ou por meio de acordos bilaterais, entre outros.
3. Os Estados Partes estabelecerão um fundo fiduciário, com contribuições de caráter voluntário, para auxiliar os Estados Partes requerentes que necessitem de assistência internacional para implementar o presente Tratado. Encoraja-se cada Estado Parte a contribuir com recursos para o fundo.

Artigo 17
Conferência dos Estados Partes

1. O Secretariado provisório, estabelecido nos termos do artigo 18, convocará a Conferência dos Estados Partes no mais tardar após um ano da entrada em vigor do presente Tratado e, posteriormente, quando decidido pela própria Conferência dos Estados Partes.
2. A Conferência dos Estados Partes adotará suas regras de procedimento por consenso em sua primeira sessão.
3. A Conferência dos Estados Partes adotará seu regulamento financeiro e aquele dos órgãos subsidiários que venha a estabelecer, bem como os dispositivos financeiros que regerão o funcionamento da Secretaria. Em cada período ordinário de sessões, a Conferência dos Estados Partes aprovará um orçamento para o exercício financeiro que estará em vigor até o período seguinte de sessões ordinárias.
4. A Conferência dos Estados Partes:
(a) Examinará a aplicação do presente Tratado, incluindo novos desenvolvimentos no campo das armas convencionais;
(b) Examinará e adotará recomendações relativas à implementação e ao funcionamento do presente Tratado, em particular à promoção da sua universalidade;
(c) Examinará emendas ao presente Tratado, em conformidade com o artigo 20;
(d) Examinará as questões que surjam da interpretação do presente Tratado;
(e) Examinará e decidirá as funções e o orçamento do Secretariado;
(f) Examinará o estabelecimento de órgãos subsidiários que possam ser necessários para melhorar o funcionamento do presente Tratado;
(g) Desempenhará as demais funções derivadas do presente Tratado.
5. Serão realizadas reuniões extraordinárias da Conferência dos Estados Partes quando esta as julgue necessárias ou por solicitação escrita de qualquer Estado Parte, desde que apoiada por pelo menos dois terços dos Estados Partes.

Artigo 18
Secretariado

1. O presente Tratado institui um Secretariado para prestar assistência aos Estados Partes na implementação eficaz dos seus dispositivos. Até a realização da primeira reunião da Conferência dos Estados Partes, o Secretariado provisório será responsável pelas funções administrativas previstas pelo presente Tratado.

2. O Secretariado disporá de dotação suficiente de pessoal. O pessoal deverá ter a experiência necessária para assegurar que o Secretariado possa efetivamente desempenhar as funções elencadas no parágrafo 3°.

3. O Secretariado será responsável perante os Estados Partes. No marco de uma estrutura reduzida, o Secretariado desempenhará as seguintes funções:
(a) Receber, disponibilizar e distribuir os relatórios previstos pelo presente Tratado;
(b) Manter e disponibilizar aos Estados Partes a lista de pontos de contato nacionais;
(c) Facilitar a correspondência entre ofertas e pedidos de assistência para a aplicação do presente Tratado e promover a cooperação internacional, quando solicitada;
(d) Facilitar o trabalho da Conferência dos Estados Partes, incluindo a adoção de providências e a prestação dos serviços necessários para as reuniões realizadas no âmbito do presente Tratado; e
(e) Desempenhar outras funções determinadas pela Conferência dos Estados Partes.

Artigo 19
Solução de Controvérsias

1. Os Estados Partes manterão consultas e, de comum acordo, cooperarão entre si para buscar a solução de qualquer controvérsia que possa surgir entre eles no que diz respeito à interpretação ou aplicação do presente Tratado, por meio de negociações, mediação, conciliação, acordo judicial ou outros meios pacíficos.

2. Os Estados Partes poderão, de comum acordo, submeter à arbitragem qualquer controvérsia que surja entre eles sobre questões relativas à interpretação ou à aplicação do presente Tratado.

Artigo 20
Emendas

1. Qualquer Estado Parte poderá propor emendas ao presente Tratado seis anos após a sua entrada em vigor. Posteriormente, as propostas de emenda poderão ser examinadas pela Conferência dos Estados Partes somente a cada três anos.

2. Qualquer proposta de emenda ao presente Tratado deverá ser apresentada por escrito ao Secretariado, que procederá à distribuí-la aos Estados Partes em prazo não inferior a 180 dias antes da reunião seguinte da Conferência dos Estados Partes em que possam ser examinadas emendas, em conformidade com o parágrafo 1°. A emenda será considerada na reunião seguinte da Conferência dos Estados Partes em que possam ser examinadas emendas, em conformidade com o parágrafo 1°, se, no prazo de 120 dias após a sua circulação pelo Secretariado, a maioria dos Estados Partes notificar ao Secretariado o seu apoio à consideração da proposta.

3. Os Estados Partes envidarão todos os esforços possíveis para alcançar o consenso sobre cada emenda. Se todos os esforços nesse sentido forem esgotados, e nenhum acordo for atingido, a emenda será aprovada, como último recurso, por uma maioria de três quartos dos votos dos Estados Partes presentes e votantes na reunião da Conferência dos Estados Partes. Para efeitos do presente artigo, entende-se por Estados Partes presentes e votantes os Estados Partes presentes que emitam um voto afirmativo ou negativo. O Depositário comunicará a todos os Estados Partes as emendas adotadas.

4. Uma emenda adotada em conformidade com o parágrafo 3° entrará em vigor, para cada Estado Parte que tenha depositado o instrumento de aceitação dessa emenda, 90 dias após a data em que a maioria dos Estados que forem partes no Tratado no momento da adoção da emenda depositar os instrumentos de aceitação junto ao Depositário. Posteriormente, a emenda entrará em vigor para os demais Estados Partes 90 dias após a data do depósito do seu instrumento de aceitação.

Artigo 21
Assinatura, ratificação, aceitação, aprovação ou adesão

1. O presente Tratado estará aberto à assinatura de todos os Estados na sede das Nações Unidas em Nova York, de 3 de junho de 2013 até a sua entrada em vigor.

2. O presente Tratado está sujeito à ratificação, à aceitação ou à aprovação de cada Estado signatário.

3. Após a sua entrada em vigor, o presente Tratado estará aberto à adesão de qualquer Estado que não o tenha assinado.

4. Os instrumentos de ratificação, aceitação, aprovação ou adesão serão depositados junto ao Depositário.

Artigo 22
Entrada em vigor

1. O presente Tratado entrará em vigor noventa dias após a data do depósito, junto ao Depositário, do quinquagésimo instrumento de ratificação, aceitação ou aprovação.

2. Para qualquer Estado que deposite seu instrumento de ratificação, aceitação, aprovação ou adesão após a entrada em vigor do presente Tratado, este entrará em vigor para esse Estado 90 dias após a data do depósito do seu instrumento de ratificação, aceitação, aprovação ou adesão.

Artigo 23
Aplicação provisória

Qualquer Estado poderá declarar, no momento da assinatura ou do depósito de seu instrumento de ratificação, aceitação, aprovação ou adesão, que aplicará provisoriamente os artigos 6° e 7° do presente Tratado até a sua entrada em vigor para esse Estado.

Artigo 24
Duração e denúncia

1. O presente Tratado terá duração ilimitada.
2. Cada Estado Parte terá o direito, no exercício de sua soberania nacional, de denunciar o presente Tratado. Para isso, deverá notificar essa denúncia ao Depositário, que a comunicará aos demais Estados Partes. A notificação de denúncia pode incluir uma exposição dos motivos que a justificam. A notificação de denúncia produzirá efeitos 90 dias após o recebimento desta pelo Depositário, a menos que especifique uma data posterior.
3. A denúncia não isentará nenhum Estado das obrigações decorrentes do presente Tratado enquanto dele era Parte, inclusive das obrigações financeiras dele advindas.

Artigo 25
Reservas

1. No momento da assinatura, ratificação, aceitação, aprovação ou adesão, cada Estado poderá formular reservas, a menos que estas sejam incompatíveis com o objeto e o propósito do presente Tratado.

2. Um Estado Parte poderá retirar sua reserva a qualquer momento por meio de notificação nesse sentido dirigida ao Depositário.

Artigo 26
Relação com outros acordos internacionais

1. A aplicação do presente Tratado ocorrerá sem prejuízo às obrigações assumidas pelos Estados Partes no que diz respeito aos acordos internacionais vigentes ou futuros em que sejam partes quando essas obrigações forem compatíveis com o presente Tratado.
2. O presente Tratado não deve ser citado como motivo para anular acordos de cooperação de defesa celebrados entre Estados Partes no presente Tratado.

Artigo 27
Depositário

O Secretário-Geral das Nações Unidas será o Depositário do presente Tratado.

Artigo 28
Textos autênticos

O texto original do presente Tratado, cujas versões em árabe, chinês, espanhol, inglês, francês, e russo são igualmente autênticas, será depositado junto ao Secretário-Geral das Nações Unidas.

Feito em Nova Iorque, em 2 de abril de 2013.

Relações Diplomáticas e Consulares

CONVENÇÃO DE VIENA SOBRE RELAÇÕES DIPLOMÁTICAS (1961)

- Celebrada em Viena em 18.04.1961, aprovada pelo Decreto Legislativo 103, de 18.11.1964, e promulgada pelo Decreto 56.435, de 08.06.1965. Depósito do instrumento brasileiro de ratificação na ONU em 25.03.1965.
- Entrada em vigor, para o Brasil, em 24.04.1965.

Os Estados-Partes na presente Convenção,

Considerando que, desde tempos remotos, os povos de todas as nações têm reconhecido a condição dos agentes diplomáticos;

Conscientes dos propósitos e princípios da Carta das Nações Unidas relativos à igualdade soberana dos Estados, à manutenção da paz e da segurança internacional e ao desenvolvimento das relações de amizade entre as nações;

Estimando que uma convenção internacional sobre relações, privilégios e imunidades diplomáticas contribuirá para o desenvolvimento de relações amistosas entre as nações, independentemente da diversidade dos seus regimes constitucionais e sociais;

Reconhecendo que a finalidade de tais privilégios e imunidades não é beneficiar indivíduos, mas, sim, a de garantir o eficaz desempenho das funções das missões diplomáticas, em seu caráter de representantes dos Estados;

Afirmando que as normas de direito internacional consuetudinário devem continuar regendo as questões que não tenham sido expressamente reguladas nas disposições da presente Convenção;

Convieram no seguinte:

Artigo 1º

Para os efeitos da presente Convenção:

a) "Chefe de Missão" é a pessoa encarregada pelo Estado acreditante de agir nessa qualidade;

b) "membros da Missão" são o Chefe da Missão e os membros do pessoal da Missão;

c) "membros do pessoal da Missão" são os membros do pessoal diplomático, do pessoal administrativo e técnico e do pessoal de serviço da Missão;

d) "membros do pessoal diplomático" são os membros do pessoal da Missão que tiverem a qualidade de diplomata;

e) "agente diplomático" é o chefe da Missão ou um membro do pessoal diplomático da Missão;

f) "membros do pessoal administrativo e técnico" são os membros do pessoal da Missão empregados no serviço administrativo e técnico da Missão;

g) "membro do pessoal de serviço" são os membros do pessoal da Missão empregados no serviço doméstico da Missão;

h) "criado particular" é a pessoa do serviço doméstico de um membro da Missão que não seja empregado do Estado acreditante;

i) "locais da Missão" são os edifícios, ou parte dos edifícios, e terrenos anexos seja quem for o seu proprietário, utilizados para as finalidades da Missão, inclusive a residência do Chefe da Missão.

Artigo 2º

O estabelecimento de relações diplomáticas entre Estados e o envio de missões diplomáticas permanente efetua-se por consentimento mútuo.

Artigo 3º

1. As funções de uma missão diplomática consistem, entre outras, em:

a) representar o Estado acreditante perante o Estado acreditado;

b) proteger no Estado acreditado os interesses do Estado acreditante e se seus nacionais, dentro dos limites permitidos pelo direito internacional;

c) negociar com o Governo do Estado acreditado;

d) inteirar-se por todos os meios lícitos das condições existentes e da evolução dos acontecimentos no Estado acreditado e informar a este respeito o Governo do Estado acreditante;

e) promover relações amistosas e desenvolver as relações econômicas, culturais e científicas entre o Estado acreditante e o Estado acreditado.

2. Nenhuma disposição da presente Convenção poderá ser interpretada como impedindo o exercício de funções consulares pela Missão diplomática.

Artigo 4º

1. O Estado acreditante deverá certificar-se de que a pessoa que pretende nomear como Chefe da Missão perante o Estado acreditado obteve o *agréement* do referido Estado.

2. O Estado acreditado não está obrigado a dar ao Estado acreditante as razões da negação do *agréement*.

Artigo 5º

1. O Estado acreditante poderá, depois de haver feito a devida notificação aos Estados acreditados interessados, nomear um Chefe de Missão ou designar qualquer membro do pessoal diplomático perante dois ou mais Estados, a não ser que um dos Estados acreditados a isso se oponha expressamente.

2. Se um Estado acredita um Chefe de Missão, perante dois ou mais Estados, poderá estabelecer

uma Missão diplomática dirigida por um Encarregado de Negócios *ad interim* em cada um dos Estados onde o Chefe da Missão não tenha a sua sede permanente.

3. O Chefe da Missão ou qualquer membro do pessoal diplomático da Missão poderá representar o Estado acreditante perante uma organização internacional.

Artigo 6º

Dois ou mais Estados poderão acreditar a mesma pessoa como Chefe de Missão perante outro Estado, a não ser que o Estado acreditado a isso se oponha.

Artigo 7º

Respeitadas as disposições dos artigos 5º, 8º, 9º e 11 o Estado acreditante poderá nomear os membros do pessoal da Missão. No caso dos adidos militar, naval ou aéreo, o Estado acreditado poderá exigir que seus nomes lhe sejam previamente submetidos para efeitos de aprovação.

Artigo 8º

1. Os membros do pessoal diplomático da Missão deverão, em princípio, ter a nacionalidade do Estado acreditante.
   ▶ Art. 12, § 3º, V, CF.

2. Os membros do pessoal diplomático da Missão não poderão ser nomeados dentre pessoas que tenham a nacionalidade do Estado acreditado, exceto com o consentimento do referido Estado, que poderá retirá-lo em qualquer momento.

3. O Estado acreditado poderá exercer o mesmo direito com relação a nacionais de terceiro Estado que não sejam igualmente nacionais do Estado acreditante.

Artigo 9º

1. O Estado acreditado poderá a qualquer momento, e sem ser obrigado a justificar a sua decisão, notificar ao Estado acreditante que o Chefe da Missão ou qualquer membro do pessoal diplomático da Missão é *persona non grata* ou que outro membro do pessoal da missão não é aceitável. O Estado acreditante, conforme o caso, retirará a pessoa em questão ou dará por terminadas as suas funções na Missão. Uma pessoa poderá ser declarada *non grata* ou não aceitável mesmo antes de chegar ao território do Estado acreditado.

2. Se o Estado acreditante se recusar a cumprir, ou não cumprir, dentro de um prazo razoável, as obrigações que lhe incumbem, nos termos do parágrafo 1º deste artigo, o Estado acreditado poderá recusar-se a reconhecer tal pessoa como membro da Missão.

Artigo 10

1. Serão notificados ao Ministério das Relações Exteriores do Estado acreditado, ou a outro Ministério em que se tenha convindo:

a) a nomeação dos membros da Missão, sua chegada e partida definitiva ou o termo das suas funções na Missão;

b) a chegada e partida definitiva de pessoas pertencentes à família de um membro da Missão e, se for o caso, o fato de uma pessoa vir a ser ou deixar de ser membro da família de um membro da Missão;

c) a chegada e a partida definitiva dos criados particulares a serviço das pessoas a que se refere a alínea *a* deste parágrafo e, se for o caso, o fato de terem deixado o serviço de tais pessoas;

d) a admissão e a despedida de pessoas residentes no Estado acreditado como membros da Missão ou como criados particulares com direito a privilégios e imunidades.

2. Sempre que possível, a chegada e a partida definitiva deverão também ser previamente notificadas.

Artigo 11

1. Não havendo acordo explícito sobre o número de membros da Missão, o Estado acreditado poderá exigir que o efetivo da Missão seja mantido dentro dos limites que considere razoáveis e normais, tendo em conta as circunstâncias e condições existentes nesse Estado e as necessidades da referida Missão.

2. O Estado acreditado poderá igualmente, dentro dos mesmos limites e sem discriminação, recusar-se a admitir funcionários de uma determinada categoria.

Artigo 12

O Estado acreditante não poderá, sem o consentimento expresso e prévio do Estado acreditado, instalar escritórios que façam parte da Missão em localidades distintas daquela em que a Missão tem a sua sede.

Artigo 13

1. O Chefe da Missão é considerado como tendo assumido as suas funções no Estado acreditado no momento em que tenha entregado suas credenciais ou tenha comunicado a sua chegada e apresentado as cópias figuradas de suas credenciais ao Ministério das Relações Exteriores, ou ao Ministério em que se tenha convindo, de acordo com a prática observada no Estado acreditado, a qual deverá ser aplicada de maneira uniforme.

2. A ordem de entrega das credenciais ou de sua cópia figurada será determinada pela data e hora da chegada do Chefe da Missão.

Artigo 14

1. Os Chefes de Missão dividem-se em três classes:

a) Embaixadores ou Núncios acreditados perante Chefes de Estado, e outros Chefes de Missão de categoria equivalente;

b) Enviados, Ministros ou Internúncios, acreditados perante Chefes de Estado;

c) Encarregados de Negócios, acreditados perante Ministro das Relações Exteriores.

2. Salvo em questões de precedência e etiqueta, não se fará nenhuma distinção entre Chefes de Missão em razão de sua classe.

Artigo 15
Os Estados, por acordo, determinarão a classe a que devem pertencer os Chefes de suas Missões.

Artigo 16
1. A precedência dos Chefes de Missão, dentro de cada classe, se estabelecerá de acordo com a data e hora em que tenham assumido suas funções, nos termos do artigo 13.

2. As modificações nas credenciais de um Chefe de Missão, desde que não impliquem mudança de classe, não alteram a sua ordem de precedência.

3. O presente artigo não afeta a prática que exista ou venha a existir no Estado acreditado com respeito à precedência do representante da Santa Sé.

Artigo 17
O Chefe da Missão notificará ao Ministério das Relações Exteriores, ou a outro Ministério em que as partes tenham convindo, a ordem de precedência dos membros do pessoal diplomático da Missão.

Artigo 18
O Cerimonial que se observe em cada Estado para a recepção dos Chefes de Missão deverá ser uniforme a respeito de cada classe.

Artigo 19
1. Em caso de vacância do posto de Chefe da Missão, ou se um Chefe de Missão estiver impedido de desempenhar suas funções, um Encarregado de Negócios *ad interim* exercerá provisoriamente a chefia da Missão. O nome do Encarregado de Negócios *ad interim* será comunicado ao Ministério das Relações Exteriores do Estado acreditado, ou ao Ministério em que as partes tenham convindo pelo Chefe da Missão ou, se este não puder fazê-lo, pelo Ministério das Relações Exteriores do Estado acreditante.

2. Se nenhum membro do pessoal diplomático estiver presente no Estado acreditado, um membro do pessoal administrativo e técnico poderá, com o consentimento do Estado acreditado, ser designado pelo Estado acreditante para encarregar-se dos assuntos administrativos correntes da Missão.

Artigo 20
A Missão e seu Chefe terão o direito de usar a bandeira e o escudo do Estado acreditante nos locais da Missão inclusive na residência do Chefe da Missão e nos seus meios de transporte.

Artigo 21
1. O Estado acreditado deverá facilitar a aquisição em seu território, de acordo com as suas leis, pelo Estado acreditado, dos locais necessários à Missão ou ajudá-lo a consegui-los de outra maneira.

2. Quando necessário, ajudará também as Missões a obterem alojamento adequado para os seus membros.

Artigo 22
1. Os locais da Missão são invioláveis. Os agentes do Estado acreditado não poderão neles penetrar sem o consentimento do Chefe da Missão.

2. O Estado acreditado tem a obrigação especial de adotar todas as medidas apropriadas para proteger os locais da Missão contra qualquer instrução ou dano e evitar perturbações à tranquilidade da Missão ou ofensas à sua dignidade.

3. Os locais da Missão, seu mobiliário e demais bens neles situados, assim como os meios de transporte da Missão, não poderão ser objeto de busca, requisição, embargo ou medida de execução.

Artigo 23
1. O Estado acreditado e o Chefe da Missão estão isentos de todos os impostos e taxas, nacionais, regionais ou municipais, sobre os locais da Missão de que sejam proprietários ou inquilinos, excetuados os que representem o pagamento de serviços específicos que lhes sejam prestados.

2. A isenção fiscal a que se refere este artigo não se aplica aos impostos e taxas cujo pagamento, na conformidade da legislação do Estado acreditado, incumbir às pessoas que contratem com acreditante ou com o Chefe da Missão.

Artigo 24
Os arquivos e documentos da Missão são invioláveis, em qualquer momento e onde quer que se encontrem.

Artigo 25
O Estado acreditado dará todas as facilidades para o desempenho das funções da Missão.

Artigo 26
Salvo o disposto nas leis e regulamentos relativos a zonas cujo acesso é proibido ou regulamentado por motivos de segurança nacional, o Estado acreditado garantirá a todos os membros da Missão a liberdade de circulação e trânsito em seu território.

Artigo 27
1. O Estado acreditado permitirá e protegerá a livre comunicação da Missão para todos os fins oficiais. Para comunicar-se com o Governo e demais Missões e Consulados do Estado acreditante, onde quer que se encontrem, a Missão poderá empregar todos os meios de comunicação adequados, inclusive correios diplomáticos e mensagens em código ou cifra. Não obstante, a Missão só poderá instalar e usar uma emissora de rádio com o consentimento do Estado acreditado.

2. A correspondência oficial da Missão é inviolável. Por correspondência oficial entende-se toda correspondência concernente à Missão e suas funções.

3. A mala diplomática não poderá ser aberta ou retida.

4. Os volumes que constituam a mala diplomática deverão conter sinais exteriores visíveis que indiquem o seu caráter e só poderão conter documentos diplomáticos e objetos destinados a uso oficial.

5. O correio diplomático, que deverá estar munido de um documento oficial que indique sua condição e o número de volumes que constituam a mala diplomática, será, no desempenho das funções,

protegido pelo Estado acreditado. Gozará de inviolabilidade pessoal e não poderá ser objeto de nenhuma forma de detenção ou prisão.

6. O Estado acreditante ou a Missão poderá designar correios diplomáticos *ad hoc*. Em tal caso, aplicar-se-ão as disposições do parágrafo 5° deste artigo, mas as imunidades nele mencionadas deixarão de se aplicar, desde que o referido correio tenha entregado ao destinatário a mala diplomática que lhe fora confiada.

7. A mala diplomática poderá ser confiada ao comandante de uma aeronave comercial que tenha de aterrissar num aeroporto de entrada autorizado. O comandante será munido de um documento oficial que indique o número de volumes que constituam a mala, mas não será considerado correio diplomático. A Missão poderá enviar um de seus membros para receber a mala diplomática, direta e livremente, das mãos do comandante da aeronave.

Artigo 28
Os direitos e emolumentos que a Missão perceba em razão da prática de atos oficiais estarão isentos de todos os impostos ou taxas.

Artigo 29
A pessoa do agente diplomático é inviolável.

I. Não poderá ser objeto de nenhuma forma de detenção ou prisão. O Estado acreditado tratá-lo-á com o devido respeito e adotará todas as medidas adequadas para impedir qualquer ofensa à sua pessoa, liberdade ou dignidade.

Artigo 30
1. A residência particular do agente diplomática goza da mesma inviolabilidade e proteção que os locais da Missão.

2. Seus documentos, sua correspondência e, sob reserva do disposto no parágrafo 3° do artigo 31, seus bens gozarão igualmente de inviolabilidade.

Artigo 31
1. O agente diplomático gozará da imunidade de jurisdição penal do Estado acreditado. Gozará também da imunidade de jurisdição civil e administrativa, a não ser que se trate de:

a) uma ação real sobre imóvel privado situado no território do Estado acreditado, salvo se o agente diplomático o possuir por conta do Estado acreditante para os fins da missão;

b) uma ação sucessória na qual o agente diplomático figure, a título privado e não em nome do Estado, como executor testamentário, administrador, herdeiro ou legatário;

c) uma ação referente a qualquer profissão liberal ou atividade comercial exercida pelo agente diplomático no Estado acreditado fora de suas funções oficiais.

2. O agente diplomático não é obrigado a prestar depoimento como testemunha.

3. O agente diplomático não está sujeito a nenhuma medida de execução, a não ser nos casos previstos nas alíneas *a*, *b* e *c*, do parágrafo 1° deste artigo e desde que a execução possa realizar-se sem afetar a inviolabilidade de sua pessoa ou residência.

4. A imunidade de jurisdição de um agente diplomático no Estado acreditado não o isenta da jurisdição do Estado acreditante.

Artigo 32
1. O Estado acreditante pode renunciar à imunidade de jurisdição dos seus agentes diplomáticos e das pessoas que gozem de imunidade nos termos do artigo 37.

2. A renúncia será sempre expressa.

3. Se um agente diplomático ou uma pessoa que goza de imunidade de jurisdição nos termos do artigo 37 inicia uma ação judicial, não lhe será permitido invocar a imunidade de jurisdição no tocante a uma reconvenção diretamente ligada à ação principal.

4. A renúncia à imunidade de jurisdição no tocante às ações cíveis ou administrativas não implica renúncia à imunidade quanto às medidas de execução da sentença, para as quais nova renúncia é necessária.

Artigo 33
1. Salvo o disposto no parágrafo 3° deste artigo, o agente diplomático estará, no tocante aos serviços prestados ao Estado acreditante isento das disposições sobre seguro social que possam vigorar no Estado acreditado.

2. A isenção prevista no parágrafo 1° deste artigo aplicar-se-á também aos criados particulares que se acham ao serviço exclusivo do agente diplomático, desde que:

a) não sejam nacionais do Estado acreditado nem nele tenham residência permanente; e

b) estejam protegidos pelas disposições sobre seguro social vigentes no Estado acreditante ou em terceiro Estado.

3. O agente diplomático que empregue pessoas a quem não se aplique a isenção prevista no parágrafo 2° deste artigo deverá respeitar as obrigações impostas aos patrões pelas disposições sobre seguro social vigentes no Estado acreditado.

4. A isenção prevista nos parágrafos 1° e 2° deste artigo não exclui a participação voluntária no sistema de seguro do Estado acreditado, desde que tal participação seja admitida pelo referido Estado.

5. As disposições deste artigo não afetam os acordos bilaterais ou multilaterais sobre seguro social já concluídos e não impedem a celebração ulterior de acordos de tal natureza.

Artigo 34
O agente diplomático gozará de isenção de todos os impostos e taxas, pessoais ou reais, nacionais, regionais ou municipais, com as exceções seguintes:

a) os impostos indiretos que estejam normalmente incluídos no preço das mercadorias ou dos serviços;

b) os impostos e taxas sobre bens imóveis privados, situados no território do Estado acreditado, a não ser que o agente diplomático os possua em nome do Estado acreditante e para os fins da Missão;

c) os direitos de sucessão percebidos pelo Estado acreditado salvo o disposto no parágrafo 4º do artigo 39;

d) os impostos e taxas sobre rendimentos privados que tenham a sua origem no Estado acreditado e os impostos sobre o capital, referente a investimentos em empresas comerciais no Estado acreditado;

e) os impostos e taxas cobrados por serviços específicos prestados;

f) os direitos de registro, de hipoteca, custas judiciais e imposto de selo relativos a bens imóveis, salvo o disposto no artigo 23.

Artigo 35
O Estado acreditado deverá isentar os agentes diplomáticos de toda prestação pessoal, de todo serviço público, seja qual for a sua natureza, e de obrigações militares tais como requisições, contribuições e alojamento militar.

Artigo 36
1. De acordo com leis e regulamentos que adote, o Estado acreditado permitirá a entrada livre do pagamento de direitos aduaneiros, taxas e gravames conexos, que não constituam despesas de armazenagem, transporte e outras relativas a serviços análogos:

a) dos objetos destinados ao uso oficial da Missão;

b) dos objetos destinados ao uso pessoal do agente diplomático ou dos membros de sua família que com ele vivam, incluídos os bens destinados à sua instalação.

2. A bagagem pessoal do agente diplomático não está sujeita a inspeção, salvo se existirem motivos sérios para crer que a mesma contém objetos não previstos nas isenções mencionadas no parágrafo 1º deste artigo, ou objetos cuja importação ou exportação é proibida pela legislação do Estado acreditado, ou sujeitos aos seus regulamentos de quarentena. Nesse caso, a inspeção só poderá ser feita em presença de agente diplomático ou de seu representante autorizado.

Artigo 37
1. Os membros da família, de um agente diplomático que com ele vivam gozarão dos privilégios e imunidades mencionados nos artigos 29 a 36, desde que não sejam nacionais do Estado acreditado.

2. Os membros do pessoal administrativo e técnico da Missão, assim como os membros de suas famílias que com eles vivam, desde que não sejam nacionais do Estado acreditado nem nele tenham residência permanente, gozarão dos privilégios e imunidades mencionados nos artigos 29 a 35, com a ressalva de que a imunidade de jurisdição civil e administrativa do Estado acreditado, mencionada no parágrafo 1º do artigo 31, não se estenderá aos atos por eles praticados fora do exercício de suas funções; gozarão também dos privilégios mencionados no parágrafo 1º do artigo 36; no que respeita aos objetos importados para a primeira instalação.

3. Os membros do pessoal de serviço da Missão, que não sejam nacionais do Estado acreditado nem nele tenham residência permanente, gozarão de imunidades quanto aos atos praticados no exercício de suas funções, de isenção de impostos e taxas sobre os salários que perceberem pelos seus serviços e da isenção prevista no artigo 33.

4. Os criados particulares dos membros da Missão, que não sejam nacionais do Estado acreditado nem nele tenham residência permanente, estão isentos de impostos e taxas sobre os salários que perceberem pelos seus serviços. Nos demais casos, só gozarão de privilégios e imunidades na medida reconhecida pelo referido Estado. Todavia, o Estado acreditado deverá exercer a sua jurisdição sobre tais pessoas de modo a não interferir demasiadamente com o desempenho das funções da Missão.

Artigo 38
1. A não ser na medida em que o Estado acreditado conceda outros privilégios e imunidades, o agente diplomático que seja nacional do referido Estado ou nele tenha residência permanente gozará da imunidade de jurisdição e de inviolabilidade apenas quanto aos atos oficiais praticados no desempenho de suas funções.

2. Os demais membros do pessoal da Missão e os criados particulares, que sejam nacionais do Estado acreditado ou nele tenham a sua residência permanente, gozarão apenas dos privilégios e imunidades que lhes forem reconhecidos pelo referido Estado. Todavia, o Estado acreditado deverá exercer a sua jurisdição sobre tais pessoas de maneira a não interferir demasiadamente com o desempenho das funções da Missão.

Artigo 39
1. Toda pessoa que tenha direito a privilégios e imunidades gozará dos mesmos a partir do momento em que entrar no território do Estado acreditado para assumir o seu posto ou, no caso de já se encontrar no referido território, desde que a sua nomeação tenha sido notificada ao Ministério das Relações Exteriores ou ao Ministério em que se tenha convindo.

2. Quanto terminarem as funções de uma pessoa que goze de privilégios e imunidades, esses privilégios e imunidades cessarão normalmente no momento em que essa pessoa deixar o país ou quando transcorrido um prazo razoável que lhe tenha sido concedido para tal fim, mas perdurarão até esse momento mesmo em caso de conflito armado. Todavia, a imunidade subsiste no que diz respeito aos atos praticados por tal pessoa no exercício de suas funções, como membro da Missão.

3. Em caso de falecimento de um membro da Missão, os membros de sua família continuarão no gozo dos privilégios e imunidades a que têm direito, até à expiração de um prazo razoável que lhes permita deixar o território do Estado acreditado.

4. Em caso de falecimento de um membro da Missão, que não seja nacional do Estado acreditado nem nele tenha residência permanente, ou de membro de sua família que com ele viva, o Estado acreditado permitirá que os bens móveis do falecido sejam retirados do país, com exceção dos que nele foram adquiridos e cuja exportação seja proibida no momento do falecimento. Não serão cobrados direitos de sucessão sobre os bens móveis cuja situação no Estado acreditado era devida unicamente à presença do falecido no referido Estado, como membro da Missão ou como membro da família de um membro da Missão.

Artigo 40

1. Se o agente diplomático atravessa o território ou se encontra no território de um terceiro Estado, que lhe concedeu visto no passaporte quando esse visto for exigido, a fim de assumir ou reassumir o seu posto ou regressar ao seu país, o terceiro Estado conceder-lhe-á a inviolabilidade e todas as outras imunidades necessárias, para lhe permitir o trânsito ou o regresso. Esta regra será igualmente aplicável aos membros da família que gozem de privilégios e imunidades, quer acompanhem o agente diplomático, quer viajem separadamente, para reunir-se a ele ou regressar ao seu país.

2. Em circunstâncias análogas às previstas no parágrafo 1º deste artigo, os terceiros Estados não deverão dificultar a passagem através do seu território dos membros do pessoal administrativo e técnico ou de serviço da Missão e dos membros de suas famílias.

3. Os terceiros Estados concederão à correspondência e a outras comunicações oficiais em trânsito, inclusive às mensagens em código ou cifra, a mesma liberdade e proteção concedida pelo Estado acreditado. Concederão aos correios diplomáticos a quem um visto no passaporte tenha sido concedido, quando esse visto for exigido, bem como às malas diplomáticas em trânsito, a mesma inviolabilidade e proteção a que se acha obrigado o Estado acreditado.

4. As obrigações dos terceiros Estados em virtude dos parágrafos 1º, 2º e 3º deste artigo serão aplicáveis também às pessoas mencionadas respectivamente nesses parágrafos, bem como às comunicações oficiais e às malas diplomáticas quando as mesmas se encontrem no território do terceiro Estado por motivo de força maior.

Artigo 41

1. Sem prejuízo de seus privilégios e imunidades, todas as pessoas que gozem desses privilégios e imunidades deverão respeitar as leis e os regulamentos do Estado acreditado. Tem também o dever de não se imiscuírem nos assuntos internos do referido Estado.

2. Todos os assuntos oficiais que o Estado acreditante confiar à Missão para serem tratados com o Estado acreditado deverão sê-lo com o Ministério das Relações Exteriores, ou por seu intermédio, ou com outro Ministério em que se tenha convindo.

3. Os locais da Missão não devem ser utilizados de maneira incompatível com as funções da Missão, tais como são enunciadas na presente Convenção, em outras normas de direito internacional geral ou em acordos especiais em vigor entre o Estado acreditante e o Estado acreditado.

Artigo 42

O agente diplomático não exercerá no Estado acreditado nenhuma atividade profissional ou comercial em proveito próprio.

Artigo 43

As funções de agente diplomático terminarão, *inter alia*:

a) pela notificação do Estado acreditante ao Estado acreditado de que as funções do agente diplomático terminaram;

b) pela notificação do Estado acreditado ao Estado acreditante de que, nos termos do parágrafo 2º do artigo 9º, se recusa a reconhecer o agente diplomático como membro da Missão.

Artigo 44

O Estado acreditado deverá mesmo no caso de conflito armado, conceder facilidades para que as pessoas que gozem de privilégios e imunidades, e não sejam nacionais do Estado acreditado, bem como os membros de suas famílias, seja qual for a sua nacionalidade, possam deixar o seu território o mais depressa possível. Especialmente, deverá colocar à sua disposição, se necessário, os meios de transporte indispensáveis para tais pessoas e seus bens.

Artigo 45

Em caso de ruptura das relações diplomáticas entre dois Estados, ou se uma Missão é retirada definitiva ou temporariamente:

a) o Estado acreditado está obrigado a respeitar e a proteger, mesmo em caso de conflito armado, os locais da Missão bem como os seus bens e arquivos;

b) o Estado acreditante poderá confiar a guarda dos locais da Missão, bem como de seus bens e arquivos, a um terceiro Estado aceitável para o Estado acreditado;

c) o Estado acreditante poderá confiar a proteção de seus interesses e dos de seus nacionais a um terceiro Estado aceitável para o Estado acreditado.

Artigo 46

Com o consentimento prévio do Estado acreditado e a pedido de um terceiro Estado nele não representado, o Estado acreditante poderá assumir a proteção temporária dos interesses do terceiro Estado e de seus nacionais.

Artigo 47

1. Na aplicação das disposições da presente Convenção, o Estado acreditado não fará nenhuma discriminação entre Estados.

2. Todavia, não será considerada discriminação:

a) o fato de o Estado acreditante aplicar restritivamente uma das disposições da presente Convenção, quando a mesma for aplicada de igual maneira à sua Missão no Estado acreditado;

b) o fato de os Estados, em virtude de costume ou convênio, se concederem reciprocamente um tratamento mais favorável do que o estipulado pelas disposições da presente Convenção.

Artigo 48

A presente Convenção ficará aberta para assinatura de todos os Estados-Membros das Nações Unidas ou de uma organização especializada bem como dos Estados-Partes no Estatuto da Corte Internacional de Justiça e de qualquer outro Estado convidado pela Assembleia Geral das Nações Unidas a tornar-se Parte na Convenção, da maneira seguinte: até 31 de outubro de 1961, no Ministério Federal dos Negócios Estrangeiros da Áustria e, depois, até 13 de março de 1962, na sede das Nações Unidas, em Nova Iorque.

Artigo 49

A presente Convenção será ratificada. Os instrumentos de ratificação serão depositados perante o Secretário-Geral das Nações Unidas.

Artigo 50

A presente Convenção permanecerá aberta à adesão de todo Estado pertencente a qualquer das quatro categorias mencionadas no artigo 48. Os instrumentos de adesão serão depositados perante o Secretário-Geral das Nações Unidas.

Artigo 51

1. A presente Convenção entrará em vigor no trigésimo dia que se seguir à data do depósito perante o Secretário-Geral das Nações Unidas do vigésimo segundo instrumento de ratificação ou adesão.

2. Para cada um dos Estados que ratificarem a Convenção ou a ela aderirem depois do depósito do vigésimo segundo instrumento de ratificação ou adesão, a Convenção entrará em vigor no trigésimo dia após o depósito, por esse Estado, do instrumento de ratificação ou adesão.

Artigo 52

O Secretário-Geral das Nações Unidas comunicará a todos os Estados pertencentes a qualquer das quatro categorias mencionadas no artigo 48:

a) as assinaturas apostas à presente Convenção e o depósito dos instrumentos de ratificação ou adesão, nos termos dos artigos 48, 49 e 50;

b) a data em que a presente Convenção entrará em vigor, nos termos do artigo 51.

Artigo 53

O original da presente Convenção, cujos textos em chinês, espanhol, francês, inglês e russo, fazem igualmente fé, será depositado perante o Secretário-Geral das Nações Unidas, que enviará cópia certificada conforme a todos os Estados pertencentes a qualquer das quatro categorias mencionadas no artigo 48.

Em fé do que, os plenipotenciários abaixo-assinados, devidamente autorizados pelos respectivos Governos, assinaram a presente Convenção.

Feito em Viena, aos dezoito dias do mês de abril de mil novecentos e sessenta e um.

CONVENÇÃO DE VIENA SOBRE RELAÇÕES CONSULARES (1963)

- Celebrada em Viena em 24.04.1963.
- Assinada pelo Brasil em 24.04.1963, aprovada pelo Decreto Legislativo 6, de 05.04.1967, e promulgada pelo Decreto 61.078, de 26.07.1967. Depósito de instrumento brasileiro de ratificação na ONU em 11.05.1967.
- Entrada em vigor, para o Brasil, em 10.06.1967. Publicada no DOU de 28.07.1967.

Os Estados-Partes na presente Convenção.

Considerando que, desde tempos remotos, se estabeleceram relações consulares entre os povos,

Conscientes dos propósitos e princípios da Carta das Nações Unidas relativos à igualdade soberana dos Estados, à manutenção da paz e da segurança internacionais e ao desenvolvimento das relações de amizade entre as nações,

Considerando que a Conferência das Nações Unidas sobre Relações e Imunidades Diplomáticas adotou a Convenção de Viena sobre Relações Diplomáticas, que foi aberta à assinatura no dia 18 de abril de 1961,

Persuadidos de que uma convenção internacional sobre as relações, privilégios e imunidades consulares contribuiria também para o desenvolvimento de relações amistosas entre os países, independentemente de seus regimes constitucionais e sociais,

Convencionados de que a finalidade de tais privilégios e imunidades não é beneficiar indivíduos, mas assegurar o eficaz desempenho das funções das repartições consulares, em nome de seus respectivos Estados,

Afirmando que as normas de direito consuetudinário internacional devem continuar regendo as questões que não tenham sido expressamente reguladas pelas disposições da presente Convenção,

Convieram no seguinte:

Artigo 1º
Definições

1. Para os fins da presente Convenção, as expressões abaixo devem ser entendidas como a seguir se explica:

a) por "repartição consular", todo consulado geral, consulado, vice-consulado ou agência consular;

b) por "jurisdição consular", o território atribuído a uma repartição consular para o exercício das funções consulares;

c) por "chefe de repartição consular", a pessoa encarregada de agir nessa qualidade;

d) por "funcionário consular", toda pessoa, inclusive o chefe da repartição consular, encarregada nesta qualidade do exercício de funções consulares;

e) por "empregado consular", toda pessoa empregada nos serviços administrativos ou técnicos de uma repartição consular;

f) por "membro do pessoal de serviço", toda pessoa empregada no serviço doméstico de uma repartição consular;

g) por "membro da repartição consular", os funcionários consulares, empregados consulares, e membros do pessoal de serviço;

h) por "membros do pessoal consular", os funcionários consulares com exceção do chefe da repartição consular, os empregados consulares e os membros do pessoal de serviço;

i) por "membro do pessoal privado", a pessoa empregada exclusivamente no serviço particular de um membro da repartição consular;

j) por "locais consulares", os edifícios, ou parte dos edifícios, e terrenos anexos, que, qualquer que seja seu proprietário, sejam utilizados exclusivamente para as finalidades da repartição consular;

k) por "arquivos consulares", todos os papéis, documentos, correspondência, livros, filmes, fitas magnéticas e registros da repartição consular, bem como as cifras e os códigos, os fichários e os móveis destinados a protegê-los e conservá-los.

2. Existem duas categorias de funcionários consulares: os funcionários consulares de carreira e os funcionários consulares honorários. As disposições do Capítulo II da presente Convenção aplicam-se às repartições consulares dirigidas por funcionários consulares de carreira; as disposições do Capítulo III aplicam-se às repartições consulares dirigidas por funcionários consulares honorários.

3. A situação peculiar dos membros das repartições consulares que são nacionais ou residentes permanentes do Estado receptor rege-se pelo Artigo 71 da presente Convenção.

CAPÍTULO I
AS RELAÇÕES CONSULARES EM GERAL

Seção I
Estabelecimento e Exercício das Relações Consulares

Artigo 2º
Estabelecimento de relações consulares

1. O estabelecimento de relações consulares entre Estados far-se-á por consentimento mútuo.

2. O consentimento dado para o estabelecimento de relações diplomáticas entre dois Estados implicará, salvo indicação em contrário, o consentimento para o estabelecimento de relações consulares.

3. A ruptura das relações diplomáticas não acarretará *ipso facto* a ruptura das relações consulares.

Artigo 3º
Exercício das funções consulares

As funções consulares serão exercidas por repartições consulares. Serão também exercidas por missões diplomáticas de conformidade com as disposições da presente Convenção.

Artigo 4º
Estabelecimento de uma repartição consular

1. Uma repartição consular não pode ser estabelecida no território do Estado receptor sem seu consentimento.

2. A sede da repartição consular, sua classe e a jurisdição consular serão fixadas pelo Estado que envia e submetidas à aprovação do Estado receptor.

3. O Estado que envia não poderá modificar posteriormente a sede da repartição consular, sua classe ou jurisdição consular, sem o consentimento do Estado receptor.

4. Também será necessário o consentimento do Estado receptor se um consulado geral ou um consulado desejar abrir um vice-consulado ou uma agência consular numa localidade diferente daquela onde se situa a própria repartição consular.

5. Não se poderá abrir fora da sede da repartição consular uma dependência que dela faça parte, sem haver obtido previamente o consentimento expresso do Estado receptor.

Artigo 5º
Funções consulares

As funções consulares consistem em:

a) proteger, no Estado receptor, os interesses do Estado que envia e de seus nacionais, pessoas físicas ou jurídicas, dentro dos limites permitidos pelo direito internacional;

b) fomentar o desenvolvimento das relações comerciais, econômicas, culturais e científicas entre o Estado que envia e o Estado receptor e promover ainda relações amistosas entre eles, de conformidade com as disposições da presente Convenção;

c) informar-se, por todos os meios lícitos, das condições e da evolução da vida comercial, econômica, cultural e científica do Estado receptor, informar a respeito o governo do Estado que envia e fornecer dados às pessoas interessadas;

d) expedir passaportes e documentos de viagem aos nacionais do Estado que envia, bem como vistos e documentos apropriados às pessoas que desejarem viajar para o referido Estado;

e) prestar ajuda e assistência aos nacionais, pessoas físicas ou jurídicas do Estado que envia;

f) agir na qualidade de notário e oficial de registro civil, exercer funções similares, assim como outras de caráter administrativo, sempre que não contrariem as leis e regulamentos do Estado receptor;

g) resguardar, de acordo com as leis e regulamentos do Estado receptor, os interesses dos nacionais do Estado que envia, pessoas físicas ou jurídicas, nos casos de sucessão por morte verificada no território do Estado receptor;

h) resguardar, nos limites fixados pelas leis e regulamentos do Estado receptor, os interesses dos menores e dos incapazes, nacionais do país que envia, particularmente quando para eles for requerida a instituição de tutela ou curatela;

i) representar os nacionais do país que envia e tomar as medidas convenientes para sua representação perante os tribunais e outras autoridades do Estado receptor, de conformidade com a prática e os procedimentos em vigor neste último, visando conseguir, de acordo com as leis e regulamentos do mesmo, a adoção de medidas provisórias para a salvaguarda dos direitos e interesses destes nacionais, quando, por estarem ausentes ou por qualquer outra causa, não possam os mesmos defendê-los em tempo útil;

j) comunicar decisões judiciais e extrajudiciais e executar comissões rogatórias de conformidade com os acordos internacionais em vigor, ou, em sua falta, de qualquer outra maneira compatível com as leis e regulamentos do Estado receptor;

k) exercer, de conformidade com as leis e regulamentos do Estado que envia, os direitos de controle e de inspeção sobre as embarcações que tenham a nacionalidade do Estado que envia, e sobre as aeronaves nele matriculadas, bem como sobre suas tripulações;

l) prestar assistência às embarcações e aeronaves a que se refere a alínea *k* do presente artigo e também às tripulações: receber as declarações sobre as viagens dessas embarcações, examinar e visar os documentos de bordo e, sem prejuízo dos poderes das autoridades do Estado receptor, abrir inquéritos sobre os incidentes ocorridos durante a travessia e resolver todo tipo de litígio que possa surgir entre o capitão, os oficiais e os marinheiros, sempre que autorizado pelas leis e regulamentos do Estado que envia;

m) exercer todas as demais funções confiadas à repartição consular pelo Estado que envia, as quais não sejam proibidas pelas leis e regulamentos do Estado receptor, ou às quais este não se oponha, ou ainda as que lhe sejam atribuídas pelos acordos internacionais em vigor entre o Estado que envia e o Estado receptor.

Artigo 6º
Exercício de funções consulares fora da jurisdição consular

Em circunstâncias especiais, o funcionário consular poderá, com o consentimento do Estado receptor, exercer funções fora de sua jurisdição consular.

Artigo 7º
Exercício de funções consulares em terceiros Estados

O Estado que envia poderá, depois de notificação aos Estados interessado, e a não ser que um deles a isso se opuser expressamente, encarregar uma repartição consular estabelecida em um Estado do exercício de funções consulares em outro Estado.

Artigo 8º
Exercício de funções consulares por conta de terceiro Estado

Uma repartição consular do Estado que envia poderá, depois da notificação competente ao Estado receptor e sempre que este não se opuser, exercer funções consulares por conta de um terceiro Estado.

Artigo 9º
Categorias de chefes de repartição consular

1. Os chefes de repartição consular se dividem em quatro categorias, a saber:

a) cônsules-gerais;
b) cônsules;
c) vice-cônsules;
d) agentes consulares.

2. O parágrafo 1º deste artigo não limitará, de modo algum, o direito de qualquer das Partes Contratantes de fixar a denominação dos funcionários consulares que não forem chefes de repartição consular.

Artigo 10
Nomeação e admissão dos chefes de repartição consular

1. Os Chefes de repartição consular serão nomeados pelo Estado que envia e serão admitidos ao exercício de suas funções pelo Estado receptor.

2. Sem prejuízo das disposições desta Convenção, as modalidades de nomeação e admissão do chefe de repartição consular serão determinadas pelas leis, regulamentos e práticas do Estado que envia e do Estado receptor, respectivamente.

Artigo 11
Carta-patente ou notificação da nomeação

1. O chefe da repartição consular será munido, pelo Estado que envia, de um documento, sob forma de carta-patente ou instrumento similar, feito para cada nomeação, que ateste sua qualidade e que indique, como regra geral, seu nome completo, sua classe e categoria, a jurisdição consular e a sede da repartição consular.

2. O Estado que envia transmitirá a carta-patente ou instrumento similar, por via diplomática ou outra via apropriada, ao Governo do Estado em cujo território o chefe da repartição consular irá exercer suas funções.

3. Se o Estado receptor o aceitar, o Estado que envia poderá substituir a carta-patente ou instrumento similar por uma notificação que contenha as indicações referidas no parágrafo 1º do presente artigo.

Artigo 12
Exequatur

1. O Chefe da repartição consular será admitido no exercício de suas funções por uma autorização do Estado receptor denominada *exequatur*, qualquer que seja a forma dessa autorização.

2. O Estado que negar a concessão de um *exequatur* não estará obrigado a comunicar ao Estado que envia os motivos dessa recusa.

3. Sem prejuízo das disposições dos artigos 13 e 15, o chefe da repartição consular não poderá iniciar suas funções antes de ter recebido o *exequatur*.

Artigo 13
Admissão provisória do chefe da repartição consular

Até que lhe tenha sido concedido o *exequatur*, o chefe da repartição consular poderá ser admitido provisoriamente no exercício de suas funções. Neste caso, ser-lhe-ão aplicáveis as disposições da presente Convenção.

Artigo 14
Notificação às autoridades da jurisdição consular

Logo que o chefe da repartição consular for admitido, ainda que provisoriamente, no exercício de suas funções, o Estado receptor notificará imediatamente às autoridades competentes da jurisdição consular. Estará também obrigado a cuidar de que sejam tomadas as medidas necessárias a fim de que o chefe da repartição consular possa cumprir os deveres de seu cargo e beneficiar-se do tratamento previsto pelas disposições da presente Convenção.

Artigo 15
Exercício a título temporário das funções de chefe da repartição consular

1. Se o Chefe da repartição consular não puder exercer suas funções ou se seu lugar for considerado vago, um chefe interino poderá atuar, provisoriamente como tal.

2. O nome completo do chefe interino será comunicado ao Ministério das Relações Exteriores do Estado receptor ou à autoridade designada por esse Ministério, que pela missão diplomática do Estado que envia, quer, na falta de missão diplomática do Estado que envia no Estado receptor, pelo chefe da repartição consular, ou, se este não o puder fazer, por qualquer autoridade competente do Estado que envia. Como regra geral, esta notificação deverá ser feita previamente. O Estado receptor poderá sujeitar à sua aprovação a admissão, como chefe interino, de pessoa que não for nem agente diplomático nem funcionário consular do Estado que envia no Estado receptor.

3. As autoridades competentes do Estado receptor deverão prestar assistência e proteção ao chefe interino da repartição. Durante sua gestão as disposições da presente Convenção lhe serão aplicáveis como o seriam com referência ao chefe da repartição consular interessada. O Estado receptor, entretanto, não será obrigado a conceder a um chefe interino as facilidades, privilégios e imunidades de que goze o titular, caso não esteja aquele nas mesmas condições que preenche o titular.

4. Quando, nas condições previstas no parágrafo 1º do presente artigo, um membro do pessoal diplomático da representação diplomática do Estado que envia no Estado receptor for nomeado chefe interino de repartição consular pelo Estado que envia, continuará a gozar dos privilégios e imunidades diplomáticas, se o Estado a isso não se opuser.

Artigo 16
Precedência entre os chefes de repartições consulares

1. A ordem de precedência dos chefes de repartição consular será estabelecida, em cada classe, em função da data da concessão do *exequatur*.

2. Se, entretanto, o chefe da repartição consular for admitido provisoriamente no exercício de suas funções antes de obter o *exequatur*, a data desta admissão provisória determinará a ordem de precedência; esta ordem será mantida após a concessão do *exequatur*.

3. A ordem de precedência entre dois ou mais chefes de repartição consular, que obtiverem na mesma data o *exequatur* ou a admissão provisória, será determinada pela data da apresentação ao Estado receptor de suas cartas-patentes ou instrumentos similares ou das notificações previstas no parágrafo 3º do artigo 11.

4. Os chefes interinos virão, na ordem de precedência, após todos os chefes de repartição consular. Entre eles, a precedência será determinada pelas datas em que assumirem suas funções como chefes interinos, as quais tenham sido indicadas nas notificações previstas no parágrafo 2º do artigo 15.

5. Os funcionários consulares honorários que forem chefes de repartição consular virão, na ordem de precedência, em cada classe, após os de carreira, de conformidade com a ordem e as normas estabelecidas nos parágrafos precedentes.

6. Os chefes de repartição consular terão precedência sobre os funcionários consulares que não tenham tal qualidade.

Artigo 17
Prática de atos diplomáticos por funcionários consulares

1. Num Estado em que o Estado que envia não tiver missão diplomática e não estiver representado pela de um terceiro Estado, um funcionário consular poderá ser incumbido, com o consentimento do Estado receptor, e sem prejuízo de seu *status* consular, de praticar atos diplomáticos. A prática desses atos por um funcionário consular não lhe dará direito a privilégios e imunidades diplomáticas.

2. Um funcionário consular poderá, após notificação ao Estado receptor, atuar como representante do Estado que envia junto a qualquer organização intergovernamental. No desempenho dessas funções, terá direito a todos os privilégios e imunidades que o direito internacional consuetudinário ou os acordos internacionais concedem aos representantes junto a organizações intergovernamentais; entretanto, no desempenho de qualquer função consular, não terá direito a imunidade de jurisdição maior do que a reconhecida a funcionários consulares em virtude da presente Convenção.

Artigo 18
Nomeação da mesma pessoa, como funcionário consular por dois ou mais Estados

Dois ou mais Estados poderão, com o consentimento do Estado receptor nomear a mesma pessoa como funcionário consular nesse Estado.

Artigo 19
Nomeação de membros do pessoal consular

1. Respeitadas as disposições dos artigos 20, 22 e 23, o Estado que envia poderá nomear livremente os membros do pessoal consular.

2. O Estado que envia comunicará ao Estado receptor o nome completo, a classe e a categoria de todos os funcionários consulares, com exceção do chefe de repartição consular, com a devida antecedência para que o Estado receptor, se o desejar, possa exercer os direitos que lhe confere o parágrafo 3º do artigo 23.

3. O Estado que envia poderá, se suas leis e regulamentos o exigirem, pedir ao Estado receptor a concessão de *exequatur* para um funcionário consular que não for chefe de repartição consular.

4. O Estado receptor poderá, se suas leis e regulamentos o exigirem, conceder *exequatur* a um funcionário consular que não for chefe de repartição consular.

Artigo 20
Número de membros da repartição consular

Na ausência de acordo expresso sobre o número de membros da repartição consular, o Estado receptor poderá exigir que este número seja mantido nos limites do que considera razoável e normal, segundo as circunstâncias e condições da jurisdição consular e as necessidades da repartição consular em apreço.

Artigo 21
Precedência entre os funcionários consulares de uma repartição consular

A ordem de precedência entre os funcionários consulares de uma repartição consular e quaisquer modificações à mesma serão comunicadas ao Ministério das Relações Exteriores do Estado receptor, ou à autoridade indicada por este Ministério, pela missão diplomática do Estado que envia ou, na falta de tal missão no Estado receptor, pelo chefe da repartição consular.

Artigo 22
Nacionalidade dos funcionários consulares

1. Os funcionários consulares deverão, em princípio, ter a nacionalidade do Estado que envia.

2. Os funcionários consulares só poderão ser escolhidos dentre os nacionais do Estado receptor com o consentimento expresso desse Estado, o qual poderá retirá-lo a qualquer momento.

3. O Estado receptor poderá reservar-se o mesmo direito, em relação aos nacionais de um terceiro Estado que não forem também nacionais do Estado que envia.

Artigo 23
Funcionário declarado "persona non grata"

1. O Estado receptor poderá, a qualquer momento, notificar ao Estado que envia que um funcionário consular "persona non grata" ou que qualquer outro membro da repartição consular não é aceitável. Nestas circunstâncias, o Estado que envia, conforme o caso, ou retirará a referida pessoa ou porá termo a suas funções nessa repartição consular.

2. Se o Estado que envia negar-se a executar, ou não executar num prazo razoável, as obrigações que lhe incumbem nos termos do parágrafo 1º do presente artigo, o Estado receptor poderá, conforme o caso, retirar o *exequatur* à pessoa referida ou deixar de considerá-la como membro do pessoal consular.

3. Uma pessoa nomeada membro de uma repartição consular poderá ser declarada inaceitável antes de chegar ao território do Estado receptor, ou se aí já estiver, antes de assumir suas funções na repartição consular. O Estado que envia deverá, em qualquer dos casos, retirar a nomeação.

4. Nos casos mencionados nos parágrafos 1º e 3º do presente artigo, o Estado receptor não é obrigado a comunicar ao Estado que envia os motivos da sua decisão.

Artigo 24
Notificação ao Estado receptor das nomeações, chegadas e partidas

1. O Ministério das Relações Exteriores do Estado receptor, ou a autoridade indicada por este Ministério, será notificado de:

a) a nomeação dos membros de uma repartição consular, sua chegada após a nomeação para a mesma, sua partida definitiva ou a cessação de suas funções, bem como de quaisquer outras modificações que afetem seus *status*, ocorridas durante o tempo em que servir na repartição consular;

b) a chegada e a partida definitiva de uma pessoa da família de um membro da repartição consular que com ele viva, e, quando for o caso, o fato de uma pessoa se tornar, ou deixar de ser membro da família;

c) a chegada e a partida definitiva dos membros do pessoal privado e, quando for o caso, o término de seus serviços nessa qualidade;

d) a contratação e a dispensa de pessoas residentes no Estado receptor, seja na qualidade de membros da repartição consular ou de membros do pessoal privado, que tiverem direito a privilégios e imunidades.

2. A chegada e a partida definitiva serão notificadas igualmente com antecedência, sempre que possível.

Seção II
Término das Funções Consulares

Artigo 25
Término das funções de um membro da repartição consular

1. As funções de um membro da repartição terminam *inter alia*:

a) pela notificação do Estado que envia ao Estado receptor de que suas funções chegaram ao fim;

b) pela retirada do *exequatur*;

c) pela notificação do Estado receptor ao Estado que envia de que deixou de considerar a pessoa em apreço como membro do pessoal consular.

Artigo 26
Partida do território do Estado receptor

O Estado receptor deverá, mesmo no caso de conflito armado, conceder aos membros da repartição consular e aos membros do pessoal privado, que não forem nacionais do Estado receptor, assim como aos membros de suas famílias que com eles vivam, qualquer que seja sua nacionalidade, o tempo e as facilidades necessárias para o reparar sua partida e deixar o território o mais cedo possível depois do término das suas funções. Deverá, especialmente, se for o caso, pôr à sua disposição os meios de transporte necessários para essas pessoas e seus bens, exceto os bens adquiridos no Estado receptor e cuja exportação estiver proibida no momento da saída.

Artigo 27
Proteção dos locais e arquivos consulares e dos interesses do Estado que envia em circunstâncias excepcionais

1. No caso de rompimento das relações consulares entre dois Estados:

a) o Estado receptor ficará obrigado a respeitar e proteger, inclusive em caso de conflito armado, os locais consulares, os bens da repartição consular e seus arquivos;

b) o Estado que envia poderá confiar a custódia dos locais consulares, dos bens que aí se achem e dos arquivos consulares, a um terceiro Estado aceitável ao Estado receptor;

c) o Estado que envia poderá confiar a proteção de seus interesses e dos interesses de seus nacionais a um terceiro Estado aceitável pelo Estado receptor.

2. No caso de fechamento temporário ou definitivo de uma repartição consular, aplicar-se-ão as disposições de alínea *a* do parágrafo 1° do presente artigo.

Além disso:

a) se o Estado que envia, ainda que não estiver representado no Estado receptor por uma missão diplomática, tiver outra repartição consular no território do Estado receptor, esta poderá encarregar-se da custódia dos locais consulares que tenham sido fechados, dos bens que neles se encontrem e dos arquivos consulares e, com o consentimento do Estado receptor, do exercício das funções consulares na jurisdição da referida repartição consular; ou,

b) se o Estado que envia não tiver missão diplomática nem outra repartição consular no Estado receptor, aplicar-se-ão as disposições das alíneas *b* e *c* do parágrafo 1° deste artigo.

CAPÍTULO II
FACILIDADES, PRIVILÉGIOS E IMUNIDADES RELATIVOS ÀS REPARTIÇÕES CONSULARES, AOS FUNCIONÁRIOS CONSULARES DE CARREIRA E A OUTROS MEMBROS DA REPARTIÇÃO CONSULAR

Seção I
Facilidades, Privilégios e Imunidades relativas às Repartições Consulares

Artigo 28
Facilidades concedidas à repartição consular em suas atividades

O Estado receptor concederá todas as facilidades para o exercício das funções da repartição consular.

Artigo 29
Uso da bandeira e escudo nacionais

1. O Estado que envia terá direito a utilizar sua bandeira e escudo nacionais no Estado receptor, de acordo com as disposições do presente artigo.

2. O Estado que envia poderá ter sua bandeira nacional e colocar seu escudo no edifício ocupado pela repartição consular, à porta de entrada, assim como na residência do chefe da repartição consular e em seus meios de transporte, quando estes forem utilizados em serviços oficiais.

3. No exercício do direito reconhecido pelo presente artigo, levar-se-ão em conta as leis, os regulamentos e usos do Estado receptor.

Artigo 30
Acomodações

1. O Estado receptor deverá facilitar, de acordo com suas leis e regulamentos, a aquisição em seu território, pelo Estado que envia, de acomodações necessárias à repartição consular, ou ajudá-la a obter acomodações de outra maneira.

2. Deverá igualmente ajudar, quando necessário, a repartição consular a obter acomodações convenientes para seus membros.

Artigo 31
Inviolabilidade dos locais consulares

1. Os locais consulares serão invioláveis na medida do previsto no presente artigo.

2. As autoridades do Estado receptor não poderão penetrar na parte dos locais consulares que a repartição consular utilizar exclusivamente para as necessidades de seu trabalho, a não ser com o consentimento do chefe da repartição consular, da pessoa por ele designada ou do chefe da missão diplomática do Estado que envia. Todavia, o consentimento do chefe da repartição consu-

lar poderá ser presumido em caso de incêndio ou outro sinistro que exija medidas de proteção imediata.

3. Sem prejuízo das disposições do parágrafo 2º do presente artigo, o Estado receptor terá a obrigação especial de tomar as medidas apropriadas para proteger os locais consulares contra qualquer invasão ou dano, bem como para impedir que se perturbe a tranquilidade da repartição consular ou se atente contra sua dignidade.

4. Os locais consulares, seus imóveis, os bens da repartição consular e seus meios de transporte não poderão ser objeto de qualquer forma de requisição para fins de defesa nacional ou de utilidade pública. Se, para tais fins, for necessária a desapropriação, tomar-se-ão as medidas apropriadas para que não se perturbe o exercício das funções consulares, e pagar-se-á ao Estado que envia uma indenização rápida, adequada e efetiva.

Artigo 32
Isenção fiscal dos locais consulares

1. Os locais consulares e a residência do chefe da repartição consular de carreira de que for proprietário o Estado que envia ou pessoa que atue em seu nome, estarão isentos de quaisquer impostos e taxas nacionais, regionais e municipais, excetuadas as taxas cobradas em pagamento de serviços específicos prestados.

2. A isenção fiscal prevista no parágrafo 1º do presente artigo não se aplica aos impostos e taxas que, de acordo com as leis e regulamentos do Estado receptor, devam ser pagos pela pessoa que contratou com o Estado que envia ou com a pessoa que atue em seu nome.

▸ Artigo com redação pelo Decreto 95.711/1988.

Artigo 33
Inviolabilidade dos arquivos e documentos consulares

Os arquivos e documentos consulares serão sempre invioláveis, onde quer que estejam.

Artigo 34
Liberdade de movimento

Sem prejuízo de suas leis e regulamentos relativos às zonas cujo acesso for proibido ou limitado por razões de segurança nacional, o Estado receptor assegurará a liberdade de movimento e circulação em seu território a todos os membros da repartição consular.

Artigo 35
Liberdade de comunicação

1. O Estado receptor permitirá e protegerá a liberdade de comunicação da repartição consular para todos os fins oficiais. Ao se comunicar com o Governo, com as missões diplomáticas e outras repartições consulares do Estado que envia, onde quer que estejam, a repartição consular poderá empregar todos os meios de comunicação apropriados, inclusive correios diplomáticos e consulares, malas diplomáticas e consulares e mensagens em código ou cifra. Todavia, a repartição consular só poderá instalar e usar uma emissora de rádio com o consentimento do Estado receptor.

2. A correspondência oficial da repartição consular é inviolável. Pela expressão "correspondência oficial" entender-se-á qualquer correspondência relativa à repartição consular e suas funções.

3. A mala consular não poderá ser aberta ou retida. Todavia, se as autoridades competentes do Estado receptor tiverem razões sérias para acreditar que a mala contém algo além da correspondência, documentos ou objetos mencionados no parágrafo 4º do presente artigo, poderão pedir que a mala seja aberta em sua presença por representante autorizado do Estado que envia. Se o pedido for recusado pelas autoridades do Estado que envia a mala será devolvida ao lugar de origem.

4. Os volumes que constituírem a mala consular deverão ser providos de sinais exteriores visíveis, indicadores de seu caráter, e só poderão conter correspondência e documentos oficiais ou objetos destinados exclusivamente a uso oficial.

5. O correio consular deverá estar munido de documento oficial que ateste sua qualidade e que especifique o número de volumes que constituem a mala diplomática. Exceto com o consentimento do Estado receptor, o correio não poderá ser nacional do Estado receptor nem, salvo se for nacional do Estado que envia, residente permanente no Estado receptor. No exercício de suas funções, o correio será protegido pelo Estado receptor. Gozará de inviolabilidade pessoal e não poderá ser objeto de nenhuma forma de prisão ou detenção.

6. O Estado que envia, suas missões diplomáticas e suas repartições consulares poderão nomear correios consulares *ad hoc*. Neste caso, aplicar-se-ão as disposições do parágrafo 5º do presente artigo, sob a reserva de que as imunidades mencionadas deixarão de ser aplicáveis no momento em que o correio tiver entregue ao destinatário a mala pela qual é responsável.

7. A mala consular poderá ser confiada ao comandante de um navio ou aeronave comercial, que deverá chegar a um ponto de entrada autorizado. Tal comandante terá um documento oficial em que conste o número de volumes que constituem a mala, mas não será considerado correio consular. Mediante prévio acordo com as autoridades locais competentes, a repartição consular poderá enviar um de seus membros para tomar posse da mala, direta e livremente, das mãos do comandante de navio ou aeronave.

Artigo 36
Comunicação com os nacionais do Estado que envia

1. A fim de facilitar o exercício das funções consulares relativas aos nacionais do Estado que envia:

a) os funcionários consulares terão liberdade de se comunicar com os nacionais do Estado que envia e visitá-los. Os nacionais do Estado que envia terão a mesma liberdade de se comunicarem com os funcionários consulares e de visitá-los;

b) se o interessado lhes solicitar, as autoridades competentes do Estado receptor deverão, sem tardar, informar a repartição consular competente quando, em sua jurisdição, um nacional do Estado que envia for preso, encarcerado, posto em prisão preventiva ou detido de qualquer outra maneira. Qualquer comunicação endereçada à repartição consular pela pessoa detida, encarcerada ou presa preventivamente deve igualmente ser transmitida sem tardar pelas referidas autoridades. Estas deverão imediatamente informar o interessado de seus direitos nos termos do presente subparágrafo;

c) os funcionários consulares terão direito de visitar o nacional do Estado que envia, o qual estiver detido, encarcerado ou preso preventivamente, conservar e corresponder-se com ele, e providenciar sua defesa perante os tribunais. Terão igualmente o direito de visitar qualquer nacional do Estado que envia encarcerado, preso ou detido em sua jurisdição em virtude de execução de uma sentença. Todavia, os funcionários consulares deverão abster-se de intervir em favor de um nacional encarcerado, preso ou detido preventivamente, sempre que o interessado a isso se opuser expressamente.

2. As prerrogativas a que se refere o parágrafo 1° do presente artigo serão exercidas de acordo com as leis e regulamentos do Estado receptor, devendo, contudo, entender-se que tais leis e regulamentos não poderão impedir o pleno efeito dos direitos reconhecidos pelo presente artigo.

Artigo 37
Informações em caso de morte, tutela, curatela, naufrágio e acidente aéreo

Quando as autoridades competentes do Estado receptor possuírem as informações correspondentes, estarão obrigadas a:

a) em caso de morte de um nacional do Estado que envia, informar sem demora a repartição consular em cuja jurisdição a morte ocorreu;

b) notificar, sem demora, à repartição consular competente, todos os casos em que for necessária a nomeação de tutor ou curador para um menor ou incapaz, nacional do Estado que envia. O fornecimento dessa informação, todavia, não prejudicará a aplicação das leis e regulamentos do Estado receptor, relativas a essas nomeações;

c) informar sem demora a repartição consular mais próxima do lugar do sinistro, quando um navio, que tiver a nacionalidade do Estado que envia, naufragar ou encalhar no mar territorial ou nas águas internas do Estado receptor, ou quando uma aeronave matriculada no Estado que envia sofrer acidente no território do Estado receptor.

Artigo 38
Comunicações com as autoridades do Estado receptor

No exercício de suas funções, os funcionários consulares poderão comunicar-se com:

a) as autoridades locais competentes de sua jurisdição consular;

b) as autoridades centrais competentes do Estado receptor, se na medida em que o permitirem as leis, regulamentos e usos do Estado receptor, bem como os acordos internacionais pertinentes.

Artigo 39
Direitos e emolumentos consulares

1. A repartição consular poderá cobrar no território do Estado receptor os direitos e emolumentos que as leis e os regulamentos do Estado que envia prescreverem para os atos consulares.

2. As somas recebidas a título de direitos e emolumentos previstos no parágrafo 1° do presente artigo e os recibos correspondentes estarão isentos de quaisquer impostos e taxas no Estado receptor.

Seção II
Facilidades, Privilégios e Imunidades relativos aos Funcionários Consulares de Carreira e outros Membros da Repartição Consular

Artigo 40
Proteção aos funcionários consulares

O Estado receptor tratará os funcionários consulares com o devido respeito e adotará todas as medidas adequadas para evitar qualquer atentado a sua pessoa, liberdade ou dignidade.

Artigo 41
Inviolabilidade pessoal dos funcionários consulares

1. Os funcionários consulares não poderão ser detidos ou presos preventivamente, exceto em caso de crime grave e em decorrência de decisão de autoridade judiciária competente.

2. Exceto no caso previsto no parágrafo 1° do presente artigo, os funcionários consulares não podem ser presos nem submetidos a qualquer outra forma de limitação de sua liberdade pessoal, senão em decorrência de sentença judiciária definitiva.

3. Quando se instaurar processo penal contra um funcionário consular, este será obrigado a comparecer perante as autoridades competentes. Todavia, as diligências serão conduzidas com as deferências devidas à sua posição oficial e, exceto no caso previsto no parágrafo 1° deste artigo, de maneira a que perturbe o menos possível o exercício das funções consulares. Quando, nas circunstâncias previstas no parágrafo 1° deste artigo, for necessário decretar a prisão preventiva de um funcionário consular, o processo correspondente deverá iniciar-se sem a menor demora.

Artigo 42
Notificação em caso de detenção, prisão preventiva ou instauração de processo

Em caso de detenção, prisão preventiva de um membro do pessoal consular ou de instauração de processo penal contra o mesmo, o Estado receptor deverá notificar imediatamente o chefe da repartição consular. Se este último for o objeto de tais medidas, o Estado receptor levará o fato ao conhecimento do Estado que envia, por via diplomática.

Artigo 43
Imunidade de jurisdição

1. Os funcionários consulares e os empregados consulares não estão sujeitos à jurisdição das autoridades judiciárias e administrativas do Estado receptor pelos atos realizados no exercício das funções consulares.

2. As disposições do parágrafo 1° do presente artigo não se aplicarão, entretanto, no caso de ação civil;

a) que resulte de contrato que o funcionário ou empregado consular não tiver realizado implícita ou explicitamente como agente do Estado que envia; ou

b) que seja proposta por terceiro como consequência de danos causados por acidente de veículo, navio ou aeronave, ocorrido no Estado receptor.

Artigo 44
Obrigação de prestar depoimento

1. Os membros de uma repartição consular poderão ser chamados a depor como testemunhas no decorrer de um processo judiciário ou administrativo. Um empregado consular ou um membro do pessoal de serviço não poderá negar-se a depor como testemunha exceto nos casos mencionados no parágrafo 3° do presente artigo. Se um funcionário consultar recusar-se a prestar depoimento, nenhuma medida coercitiva ou qualquer outra sanção ser-lhe-á aplicada.

2. A autoridade que solicitar o testemunho deverá evitar que o funcionário consular seja perturbado no exercício de suas funções. Poderá tomar o depoimento do funcionário consular em seu domicílio ou na repartição consular, ou aceitar sua declaração por escrito, sempre que for possível.

3. Os membros de uma repartição consular não serão obrigados a depor sobre fatos relacionados com o exercício de suas funções, nem a exibir correspondência e documentos oficiais que a elas se refiram. Poderão, igualmente, recusar-se a depor na qualidade de peritos sobre as leis do Estado que envia.

Artigo 45
Renúncia aos privilégios e imunidades

1. O Estado que envia poderá renunciar, com relação a um membro da repartição consular, aos privilégios e imunidades previstos nos artigos 41, 43 e 44.

2. A renúncia será sempre expressa, exceto no caso do disposto no parágrafo 3° do presente artigo, e deve ser comunicada por escrito ao Estado receptor.

3. Se um funcionário consular, ou empregado consular, propuser ação judicial sobre matéria de que goze de imunidade de jurisdição de acordo com o disposto no artigo 43, não poderá alegar esta imunidade com relação a qualquer pedido de reconvenção diretamente ligado à demanda principal.

4. A renúncia à imunidade de jurisdição quanto a ações civis ou administrativas não implicará na renúncia à imunidade quanto a medidas de execução de sentença, para as quais nova renúncia será necessária.

Artigo 46
Isenção do registro de estrangeiros e da autorização de residência

1. Os funcionários empregados consulares e os membros de suas famílias que com eles vivam estarão isentos de todas as obrigações previstas pelas leis e regulamentos do Estado receptor relativas ao registro de estrangeiros e à autorização de residência.

2. Todavia, as disposições do parágrafo 1° do presente artigo não se aplicarão aos empregados consulares que não sejam empregados permanentes do Estado que envia ou que exerçam no Estado receptor atividade privada de caráter lucrativo, nem tampouco aos membros da família desses empregados.

Artigo 47
Isenção de autorização de trabalho

1. Os membros da repartição consular estarão isentos, em relação aos serviços prestados ao Estado que envia, de quaisquer obrigações relativas à autorização de trabalho exigida pelas leis e regulamentos do Estado receptor referentes ao emprego de mão de obra estrangeira.

2. Os membros do pessoal privado, dos funcionários e empregados consulares, desde que não exerçam outra ocupação de caráter lucrativo no Estado receptor, estarão isentos das obrigações previstas no parágrafo 1° do presente artigo.

Artigo 48
Isenção do Regime de Previdência Social

1. Sem prejuízo do disposto no parágrafo 3° do presente artigo, os membros da repartição consular, com relação aos serviços prestados ao Estado que envia, e os membros de sua família que com eles vivam, estarão isentos das disposições de previdência social em vigor no Estado receptor.

2. A isenção prevista no parágrafo 1° do presente artigo aplicar-se-á também aos membros do pessoal privado que estejam a serviço exclusivo dos membros da repartição consular, sempre que:

a) não sejam nacionais do Estado receptor ou nele não residam permanentemente;

b) estejam protegidos pelas disposições sobre previdência social em vigor no Estado que envia ou num terceiro Estado.

3. Os membros da repartição consular que empreguem pessoas às quais não se aplique a isenção prevista no parágrafo 2° do presente artigo devem cumprir as obrigações impostas aos empregadores pelas disposições de previdência social do Estado receptor.

4. A isenção prevista nos parágrafos 1° e 2° do presente artigo não exclui a participação voluntária no regime de previdência social do Estado receptor, desde que seja permitida por este Estado.

Artigo 49
Isenção fiscal

1. Os funcionários e empregados consulares, assim como os membros de suas famílias que com eles vivam, estarão isentos de quaisquer impostos e taxas, pessoais ou reais, nacionais, regionais ou municipais, com exceção dos:

a) impostos indiretos normalmente incluídos no preço das mercadorias ou serviços;

b) impostos e taxas sobre bens imóveis privados situados no território do Estado receptor, sem prejuízo das disposições do artigo 32;

c) impostos de sucessão e de transmissão exigíveis pelo Estado receptor, sem prejuízo das disposições do parágrafo *b* do artigo 51;

d) impostos e taxas sobre rendas particulares, inclusive rendas de capital, que tenham origem no Estado receptor, e impostos sobre capital, correspondentes a investimentos realizados em empresas comerciais ou financeiras situadas no Estado receptor;

e) impostos e taxas percebidos como remuneração de serviços específicos prestados;

f) direitos de registro, taxas judiciárias, hipoteca e selo, sem prejuízo do disposto no artigo 32.

2. Os membros do pessoal de serviço estarão isentos de impostos e taxas sobre salários que recebam como remuneração de seus serviços.

3. Os membros da repartição consular que empregarem pessoas cujos ordenados ou salários não estejam isentos de imposto de renda no Estado receptor deverão respeitar as obrigações que as leis e regulamentos do referido Estado impuserem aos empregadores em matéria de cobrança do imposto de renda.

Artigo 50
Isenção de impostos e de inspeção alfandegária

1. O Estado receptor, de acordo com as leis e regulamentos que adotar, permitirá a entrada e concederá isenção de quaisquer impostos alfandegários, tributos e despesas conexas, com exceção das despesas de depósito, de transporte e de serviços análogos, para:

a) os artigos destinados ao uso oficial da repartição consular;

b) os artigos destinados ao uso pessoal do funcionário consular e aos membros da família que com ele vivam, inclusive os artigos destinados à sua instalação. Os artigos de consumo não deverão exceder as quantidades que estas pessoas necessitam para o consumo pessoal.

2. Os empregados consulares gozarão dos privilégios e isenções previstos no parágrafo 1° do presente artigo, com relação aos objetos importados quando da primeira instalação.

3. A bagagem pessoal que acompanha os funcionários consulares e os membros da sua família que com eles vivam estará isenta de inspeção alfandegária. A mesma só poderá ser inspecionada se houver sérias razões para se supor que contenha objetos diferentes dos mencionados na alínea *b* do parágrafo 1° do presente artigo, ou cuja importação ou exportação for proibida pelas leis e regulamentos do Estado receptor, ou que estejam sujeitos às suas leis e regulamentos de quarentena. Esta inspeção só poderá ser feita na presença do funcionário consular ou do membro de sua família interessado.

Artigo 51
Sucessão de um membro da repartição consular ou de um membro de sua família

No caso de morte de um membro da repartição consular ou de um membro de sua família que com ele viva, o Estado receptor será obrigado a:

a) permitir a exportação dos bens móveis do defunto, exceto dos que, adquiridos no Estado receptor, tiverem a exportação proibida no momento da morte;

b) não cobrar impostos nacionais, regionais ou municipais sobre a sucessão ou a transmissão dos bens móveis que se encontrem no Estado receptor unicamente por ali ter vivido o defunto, como membro da repartição consular ou membro da família de um membro da repartição consular.

Artigo 52
Isenção de prestação de serviços pessoais

O Estado receptor deverá isentar os membros da repartição consular e os membros de sua família que com eles vivam da prestação de qualquer serviço pessoal, de qualquer serviço de interesse público, seja qual for sua natureza, bem como de encargos militares tais como requisição, contribuições e alojamentos militares.

Artigo 53
Começo e fim dos privilégios e imunidades consulares

1. Todo membro da repartição consular gozará dos privilégios e imunidades previstos pela presente Convenção desde o momento em que entre no território do Estado receptor para chegar a seu posto, ou, se ele já se encontrar nesse território, desde o momento em que assumir suas funções na repartição consular.

2. Os membros da família de um membro da repartição consular que com ele vivam, assim como os membros de seu pessoal privado, gozarão dos privilégios e imunidades previstos na presente Convenção, a partir da última das seguintes datas: aquela a partir da qual o membro da repartição consular goze dos privilégios e imunidades de acordo com o parágrafo 1° do presente artigo; a data de sua entrada no território do Estado receptor ou

a data em que se tornarem membros da referida família ou do referido pessoal privado.

3. Quando terminarem as funções de um membro da repartição consular, seus privilégios e imunidades, assim como os dos membros de sua família que com eles vivam, ou dos membros de seu pessoal privado cessarão normalmente na primeira das datas seguintes: no momento em que a referida pessoa abandonar o território do Estado receptor ou na expiração de um prazo razoável que lhe será concedido para esse fim, subsistindo, contudo, até esse momento, mesmo no caso de conflito armado. Quanto às pessoas mencionadas no parágrafo 2º do presente artigo, seus privilégios e imunidades cessarão no momento em que deixarem de pertencer à família de um membro da repartição consular ou de estar a seu serviço. Entretanto, quando essas pessoas se dispuserem a deixar o Estado receptor dentro de um prazo razoável, seus privilégios e imunidades subsistirão até o momento de sua partida.

4. Todavia, no que concerne aos atos praticados por um funcionário consular ou um empregado consular no exercício das suas funções, a imunidade de jurisdição subsistirá indefinidamente.

5. No caso de morte de um membro da repartição consular, os membros de sua família que com ele tenham vivido continuarão a gozar dos privilégios e imunidades que lhe correspondiam até a primeira das seguintes datas: a da partida do território do Estado receptor ou da expiração de um prazo razoável que lhes será concedido para esse fim.

Artigo 54
Obrigação dos terceiros Estados

1. Se um funcionário consular atravessa o território ou se encontra no território de um terceiro Estado que lhe concedeu um visto, no caso deste visto ter sido necessário, para ir assumir ou reassumir suas funções na sua repartição consular ou para voltar ao Estado que envia, o terceiro Estado conceder-lhe-á as imunidades previstas em outros artigos da presente Convenção, necessárias para facilitar-lhe a travessia e o regresso. O terceiro Estado concederá o mesmo tratamento aos membros da família que com ele vivam e que gozem desses privilégios e imunidades, quer acompanhem o funcionário consular, quer viajem separadamente para reunir-se a ele ou regressar ao Estado que envia.

2. Em condições análogas àquelas especificadas no parágrafo 1º do presente artigo, os terceiros Estados não deverão dificultar a passagem através do seu território aos demais membros da repartição consular e aos membros de sua família que com ele vivam.

3. Os terceiros Estados concederão à correspondência oficial e a outras comunicações oficiais em trânsito, inclusive às mensagens em código ou cifra, a mesma liberdade e proteção que o Estado receptor estiver obrigado a conceder em virtude da presente Convenção. Concederão aos correios consulares, a quem um visto tenha sido concedido, caso necessário, bem como às malas consulares em trânsito, a mesma inviolabilidade e proteção que o Estado receptor for obrigado a conceder em virtude da presente Convenção.

4. As obrigações dos terceiros Estados decorrentes dos parágrafos 1º, 2º e 3º do presente artigo aplicar-se-ão igualmente às pessoas mencionadas nos respectivos parágrafos, assim como às comunicações oficiais e às malas consulares, quando as mesmas se encontrem no território do terceiro Estado por motivo de força maior.

Artigo 55
Respeito às leis e regulamentos do Estado receptor

1. Sem prejuízo de seus privilégios e imunidades, todas as pessoas que se beneficiem desses privilégios e imunidades deverão respeitar as leis e regulamentos do Estado receptor. Terão igualmente o dever de não se imiscuir nos assuntos internos do referido Estado.

2. Os locais consulares não devem ser utilizados de maneira incompatível com o exercício das funções consulares.

3. As disposições do parágrafo 2º do presente artigo não excluirão a possibilidade de se instalar, numa parte do edifício onde se encontrem os locais da repartição consular, os escritórios de outros organismos ou agências, contanto que os locais a eles destinados estejam separados dos que utilize a repartição consular, Neste caso, os mencionados escritórios não serão, para os fins da presente Convenção, considerados como parte integrante dos locais consulares.

Artigo 56
Seguro contra danos causados a terceiros

Os membros da repartição consular deverão cumprir todas as obrigações impostas pelas leis e regulamentos do Estado receptor relativas ao seguro de responsabilidade civil por danos causados a terceiros pela utilização de qualquer veículo, navio ou aeronave.

Artigo 57
Disposições especiais relativas às atividades privadas de caráter lucrativo

1. Os funcionários consulares de carreira não exercerão, em proveito próprio, nenhuma atividade profissional ou comercial no Estado receptor.

2. Os privilégios e imunidades previstos no presente Capítulo não serão concedidos:

a) aos empregados consulares ou membros do pessoal de serviço que exercerem atividade privada de caráter lucrativo no Estado receptor;

b) aos membros da família das pessoas mencionadas na alínea *a*, do presente parágrafo e aos de seu pessoal privado;

c) aos membros da família do membro da repartição consular que exercerem atividade privada de caráter lucrativo no Estado receptor.

CAPÍTULO III
REGIME APLICÁVEL AOS FUNCIONÁRIOS CONSULARES HONORÁRIOS E ÀS REPARTIÇÕES CONSULARES POR ELES DIRIGIDAS

Artigo 58
Disposições gerais relativas às facilidades, privilégios e imunidades

1. Os artigos 28, 29, 30, 34, 35, 36, 37, 38 e 39, o parágrafo 3º do artigo 54 e os parágrafos 2º e 3º do artigo 55 aplicar-se-ão às repartições consulares dirigidas por um funcionário consular honorário. Ademais, as facilidades, privilégios e imunidades destas repartições consulares serão reguladas pelos artigos 59, 60, 61 e 62.

2. Os artigos 42 e 43, o parágrafo 3º do artigo 44, os artigos 45 e 53, e o parágrafo 1º do artigo 55, aplicar-se-ão aos funcionários consulares honorários. As facilidades, privilégios e imunidades desses funcionários consulares reger-se-ão, outrossim, pelos artigos 63, 64, 65, 66 e 67.

3. Os privilégios e imunidades previstos na presente Convenção não serão concedidos aos membros da família de funcionário consular honorário nem aos da família de empregado consular de repartição consular dirigida por funcionário consular honorário.

4. O intercâmbio de malas consulares entre duas repartições consulares situadas em países diferentes e dirigidas por funcionários consulares honorários só será admitido com o consentimento dos dois Estados receptores.

Artigo 59
Proteção dos locais consulares

O Estado receptor adotará todas as medidas apropriadas para proteger os locais consulares de uma repartição consular dirigida por um funcionário consular honorário contra qualquer intrusão ou dano e para evitar perturbações à tranquilidade da repartição consular ou ofensas à sua dignidade.

Artigo 60
Isenção fiscal dos locais consulares

1. Os locais consulares de uma repartição consular dirigida por funcionário consular honorário, de que seja proprietário ou locatário o Estado que envia, estarão isentos de todos os impostos e taxas nacionais, regionais e municipais, exceto os que representem remuneração por serviços específicos prestados.

2. A isenção fiscal, prevista no parágrafo 1º do presente artigo, não se aplicará àqueles impostos e taxas cujo pagamento, de acordo com as leis e regulamentos do Estado receptor, couber às pessoas que contratarem com o Estado que envia.

Artigo 61
Inviolabilidade dos arquivos e documentos consulares

Os arquivos e documentos consulares de uma repartição consular, cujo chefe for um funcionário consular honorário, serão sempre invioláveis onde quer que se encontrem, desde que estejam separados de outros papéis e documentos e, especialmente, da correspondência particular de chefe da repartição consular, da de qualquer pessoa que com ele trabalhe, bem como dos objetos, livros e documentos relacionados com sua profissão ou negócios.

Artigo 62
Isenção de direitos alfandegários

De acordo com as leis e regulamentos que adotar, o Estado receptor permitirá a entrada, com isenção de todos os direitos alfandegários, taxas e despesas conexas, com exceção das de depósito, transporte e serviços análogos, dos seguintes artigos, desde que sejam destinados exclusivamente ao uso oficial de uma repartição consular dirigida por funcionário consular honorário: escudos, bandeiras, letreiros, sinetes e selos, livros, impressos oficiais, mobiliário de escritório, material e equipamento de escritório e artigos similares fornecidos à repartição consular pelo Estado que envia ou por solicitação deste.

Artigo 63
Processo penal

Quando um processo penal for instaurado contra funcionário consular honorário, este é obrigado a se apresentar às autoridades competentes. Entretanto, o processo deverá ser conduzido com as deferências devidas ao funcionário consular honorário interessado, em razão de sua posição oficial, e, exceto no caso em que esteja preso ou detido, de maneira a perturbar o menos possível o exercício das funções consulares. Quando for necessário decretar a prisão preventiva de um funcionário consular honorário, o processo correspondente deverá iniciar-se o mais breve possível.

Artigo 64
Proteção dos funcionários consulares honorários

O Estado receptor é obrigado a conceder ao funcionário consular honorário a proteção de que possa necessitar em razão de sua posição oficial.

Artigo 65
Isenção do registro de estrangeiros e da autorização de residência

Os funcionários consulares honorários, com exceção dos que exercerem no Estado receptor atividade profissional ou comercial em proveito próprio, estarão isentos de quaisquer obrigações previstas pelas leis e regulamentos do Estado receptor em matéria de registro de estrangeiros e de autorização de residência.

Artigo 66
Isenção fiscal

Os funcionários consulares honorários estarão isentos de quaisquer impostos e taxas sobre as remunerações e os emolumentos que recebam do Estado que envia em razão do exercício das funções consulares.

Artigo 67
Isenção de prestação de serviços pessoais

O Estado receptor isentará os funcionários consulares honorários da prestação de quaisquer serviços pessoais ou de interesse público, qualquer que seja sua natureza, assim como das obrigações de caráter militar, especialmente requisições, contribuições e alojamentos militares.

Artigo 68
Caráter facultativo da instituição dos funcionários consulares honorários

Cada Estado poderá decidir livremente se nomeará ou receberá funcionários consulares honorários.

CAPÍTULO IV
DISPOSIÇÕES GERAIS

Artigo 69
Agentes consulares que não sejam chefes de repartição consular

1. Cada Estado poderá decidir livremente se estabelecerá ou admitirá agências consulares dirigidas por agentes consulares que não tenham sido designados chefes de repartição consular pelo Estado que envia.
2. As condições em que as agências consulares poderão exercer suas atividades, de acordo com o parágrafo 1º do presente artigo, assim como os privilégios e imunidades de que poderão gozar os agentes consulares que as dirijam, serão estabelecidas por acordo entre o Estado que envia e o Estado receptor.

Artigo 70
Exercício de funções consulares pelas missões diplomáticas

1. As disposições da presente Convenção aplicar-se-ão também, na medida em que o contexto o permitir, ao exercício das funções consulares por missões diplomáticas.
2. Os nomes dos membros da missão diplomática, adidos à seção consular ou encarregados do exercício das funções consulares da missão, serão comunicados ao Ministério das Relações Exteriores do Estado receptor ou à autoridade designada por este Ministério.
3. No exercício das funções consulares, a missão diplomática poderá dirigir-se:
a) às autoridades locais da jurisdição consular;
b) às autoridades centrais do Estado receptor, desde que o permitam as leis, regulamentos e usos desse Estado ou os acordos internacionais pertinentes.
4. Os privilégios e imunidades dos membros da missão diplomática mencionados no parágrafo 2º do presente artigo continuarão a reger-se pelas regras de direito internacional relativas às relações diplomáticas.

Artigo 71
Nacionais ou residentes permanentes do Estado receptor

1. Salvo se o Estado receptor conceder outras facilidades, privilégios e imunidades, os funcionários consulares que sejam nacionais ou residentes permanentes desse Estado somente gozarão de imunidade de jurisdição e de inviolabilidade pessoal pelos atos oficiais realizados no exercício de suas funções e do privilégio estabelecido no parágrafo 3º do artigo 44. No que diz respeito a esses funcionários consulares, o Estado receptor deverá também cumprir a obrigação prevista no artigo 42. Se um processo penal for instaurado contra esses funcionários consulares, as diligências deverão ser conduzidas, exceto no caso em que o funcionário estiver preso ou detido, de maneira a que se perturbe o menos possível o exercício das funções consulares.

2. Os demais membros da repartição consular que sejam nacionais ou residentes permanentes do Estado receptor e os membros de sua família, assim como os membros da família dos funcionários consulares mencionados no parágrafo 1º do presente artigo, só gozarão de facilidades, privilégios e imunidades que lhes forem concedidos pelo Estado receptor. Do mesmo modo, os membros da família de um membro da repartição consular e os membros do pessoal privado que sejam nacionais ou residentes permanentes do Estado receptor só gozarão das facilidades, privilégios e imunidades que lhes forem concedidos pelo Estado receptor. Todavia, o Estado receptor deverá exercer sua jurisdição sobre essas pessoas de maneira a não perturbar indevidamente o exercício das funções da repartição consular.

Artigo 72
Não discriminação entre Estados

1. O Estado receptor não discriminará entre os Estados ao aplicar as disposições da presente Convenção.
2. Todavia, não será considerado discriminatório:
a) que o Estado receptor aplique restritivamente qualquer das disposições da presente Convenção em consequência de igual tratamento às suas repartições consulares no Estado que envia;
b) que, por costume ou acordo, os Estados se concedam reciprocamente tratamento mais favorável que o estabelecidos nas disposições da presente Convenção.

Artigo 73
Relação entre a presente Convenção e outros acordos internacionais

1. As disposições da presente Convenção não prejudicarão outros acordos internacionais em vigor entre as partes contratantes dos mesmos.
2. Nenhuma das disposições da presente Convenção impedirá que os Estados con-cluam acordos que confirmem, completem, estendam ou ampliem suas disposições.

CAPÍTULO V
DISPOSIÇÕES FINAIS

Artigo 74
Assinatura

A presente Convenção ficará aberta à assinatura de todos os Estados-Membros da Organização das Nações Unidas ou de qualquer organização especializada, bem como de todo Estado-Parte do Estatuto da Corte Internacional de Justiça e de qualquer outro Estado convidado pela Assembleia Geral das Nações Unidas a se tornar parte da Convenção, da seguinte maneira: até 31 de outubro de 1963, no Ministério Federal dos Negócios Estrangeiros da Áustria e depois, até 31 de março de 1964, na Sede da Organização das Nações Unidas, em Nova Iorque.

Artigo 75
Ratificação

A presente Convenção está sujeita a ratificação. Os instrumentos de ratificação serão depositados junto ao Secretário-Geral das Nações Unidas.

Artigo 76
Adesão

A presente Convenção ficará aberta à adesão dos Estados pertencentes a qualquer das quatro categorias mencionadas no artigo 74. Os instrumentos de adesão serão depositados junto ao Secretário-Geral das Nações Unidas.

Artigo 77
Entrada em vigor

1. A presente Convenção entrará em vigor no trigésimo dia que se seguir à data em que seja depositado junto ao Secretário-Geral as Organização das Nações Unidas o vigésimo segundo instrumento de ratificação ou adesão.

2. Para cada um dos Estados que ratificarem a Convenção ou a ela aderirem depois do depósito do vigésimo segundo instrumento de ratificação ou adesão, a Convenção entrará em vigor no trigésimo dia após o depósito, por esse Estado, do instrumento de ratificação ou adesão.

Artigo 78
Notificação pelo Secretário-Geral

O Secretário-Geral da Organização das Nações Unidas notificará a todos os Estados pertencentes a qualquer das quatro categorias mencionadas no artigo 74.

a) as assinaturas apostas à presente Convenção e o depósito dos instrumentos de ratificação ou adesão nos termos dos artigos 74, 75 e 76;

b) a data em que a presente Convenção entrar em vigor nos termos do artigo 77.

Artigo 79
Textos autênticos

O original da presente Convenção, cujos textos em chinês, espanhol, francês, inglês e russo serão igualmente autênticos, será depositado junto ao Secretário-Geral da Organização das Nações Unidas, que enviará cópias autenticadas a todos os Estados pertencentes a qualquer das quatro categorias mencionadas no artigo 74.

Em fé do que os plenipotenciários abaixo-assinados, devidamente autorizados por seus respectivos Governos, assinaram a presente Convenção.

Feito em Viena, aos vinte e quatro de abril de mil novecentos e sessenta e três.

Asilo Territorial e Diplomático

CONVENÇÃO SOBRE ASILO TERRITORIAL (1954)

▶ Concluída em Caracas, Venezuela, aos 28.03.1954. Foi aprovada no Brasil pelo Decreto Legislativo 34, de 1964, tendo o instrumento de ratificação brasileiro sido depositado em 14.01.1965 e promulgada no Brasil pelo Decreto 55.929, de 14.04.1965.

Os governos dos Estados-Membros da Organização dos Estados Americanos, desejosos de estabelecer uma Convenção sobre Asilo Territorial, convieram nos seguintes artigos:

Artigo 1º
Todo Estado tem direito, no exercício de sua soberania, de admitir dentro de seu território as pessoas que julgar conveniente, sem que, pelo exercício desse direito, nenhum outro Estado possa fazer qualquer reclamação.

Artigo 2º
O respeito que, segundo o Direito Internacional, se deve à jurisdição de cada Estado sobre os habitantes de seu território, deve-se, igualmente, sem nenhuma restrição, à jurisdição que tem sobre as pessoas que nele entram, procedentes de um Estado, onde sejam perseguidas por suas crenças, opiniões e filiação política ou por atos que possam ser considerados delitos políticos.

Qualquer violação da soberania, consistindo em atos de um governo ou de seus agentes contra a vida ou a segurança de uma pessoa, praticados em território de outro Estado, não se pode considerar atenuada pelo fato de ter a perseguição começado fora de suas fronteiras ou de obedecer a motivos políticos ou a razões de Estado.

Artigo 3º
Nenhum Estado é obrigado a entregar a outro Estado ou a expulsar de seu território pessoas perseguidas por motivos ou delitos políticos.

Artigo 4º
A extradição não se aplica, quando se trate de pessoas que segundo a classificação do Estado suplicado, sejam perseguidas por delitos políticos ou delitos comuns cometidos com fins políticos, nem quando a extradição for solicitada obedecendo a motivos predominantemente políticos.

Artigo 5º
O fato de o ingresso de uma pessoa na jurisdição territorial de um Estado se ter efetuado clandestina ou irregularmente não atinge as estipulações desta Convenção.

Artigo 6º
Sem prejuízo do disposto nos artigos seguintes, nenhum Estado é obrigado a estabelecer em sua legislação ou em suas disposições ou atos administrativos aplicáveis a estrangeiros, qualquer distinção motivada pelo único fato de se tratar de asilados ou refugiados políticos.

Artigo 7º
A liberdade de expressão de pensamento, que o direito interno reconhece a todos os habitantes de um Estado, não pode ser motivo de reclamação por outro Estado, baseada em conceitos que contra este ou seu governo expressem publicamente os asilados ou refugiados, salvo no caso de tais conceitos constituírem propaganda sistemática por meio da qual se incite ao emprego da força ou da violência contra o governo do Estado reclamante.

Artigo 8º
Nenhum Estado tem o direito de pedir a outro Estado que restrinja aos asilados ou refugiados políticos a liberdade de reunião ou associação que a legislação interna deste reconheça a todos os estrangeiros dentro do seu território, salvo se tais reuniões ou associações tiverem por objetivo promover o emprego da força ou da violência contra o governo do Estado suplicante.

Artigo 9º
A pedido do Estado interessado, o país que concedeu refúgio ou asilo procederá à vigilância ou ao internamento, em distância prudente de suas fronteiras, dos refugiados ou asilados políticos que forem dirigentes notórios de um movimento subversivo, assim como daqueles sobre os quais existam provas de que se dispõem a incorporar-se no mesmo movimento. A determinação da distância prudente das fronteiras, para os efeitos de internamento, dependerá do critério das autoridades do Estado suplicado. As despesas de toda espécie exigidas pelo internamento de asilados e refugiados políticos correrão por conta do Estado que o solicitar.

Artigo 10
Os internados políticos, a que se refere o artigo anterior, sempre que desejarem sair do território do Estado em que se encontram, comunicarão esse fato ao respectivo governo. A saída ser-lhes--á concedida, sob a condição de não se dirigirem ao país de sua procedência e mediante aviso ao governo interessado.

Artigo 11
Em todos os casos em que, segundo esta Convenção, a apresentação de uma reclamação ou de um

requerimento seja procedente, a apreciação da prova apresentada pelo Estado suplicante dependerá do critério do Estado suplicado.

Artigo 12
A presente Convenção fica aberta à assinatura dos Estados-Membros da Organização dos Estados Americanos e será ratificada pelos Estados signatários de acordo com as respectivas normas constitucionais.

Artigo 13
O original da Convenção, cujos textos em português, espanhol, francês e inglês são igualmente autênticos, será depositado na União Pan-Americana a qual enviará cópias certificadas aos governos, para fins de ratificação. Os instrumentos de ratificação serão depositados na União Pan-Americana que notificará os governos signatários do referido depósito.

Artigo 14
A presente Convenção entrará em vigor entre os Estados que a ratifiquem, à medida que depositarem as respectivas ratificações.

Artigo 15
A presente Convenção regerá indefinidamente, mas poderá ser denunciada por qualquer dos Estados signatários, mediante aviso prévio de um ano, transcorrido o qual cessarão seus efeitos para o denunciante, continuando em vigor para os demais Estados signatários. A denúncia será transmitida à União Pan-Americana e esta comunicá-la-á aos demais Estados signatários.

RESERVAS
Guatemala
Fazemos reserva expressa ao art. 3º (terceiro) no que se refere à entrega de pessoas perseguidas por motivos ou delitos políticos; porque, de acordo com as disposições de nossa Constituição política, sustentamos que essa entrega de refugiados políticos nunca poderá efetuar-se.

Fazemos constar, por outra parte, que entendemos o termo "internamento", no art. 9º, como simples afastamento das fronteiras.

República Dominicana
A Delegação da República Dominicana assina a Convenção Sobre Asilo Territorial com as seguintes reservas:

Artigo 1º
A República Dominicana aceita o princípio geral consagrado no referido artigo no sentido de que "Todo Estado tem direito de admitir dentro do seu território as pessoas que julgar conveniente", mas não renuncia ao direito de efetuar as representações diplomáticas que, por considerações de segurança nacional, julgue conveniente fazer perante outro Estado.

Artigo 2º
Aceita o segundo parágrafo deste artigo, no entendimento de que o mesmo não afeta as prescrições da polícia de fronteiras.

Artigo 3º
A República Dominicana não renuncia ao direito de recorrer aos processos de solução pacífica das controvérsias internacionais que possam surgir da prática do asilo territorial.

México
A Delegação do México faz reserva expressa dos Artigos 9º e 10 da Convenção sobre Asilo Territorial, porque são contrários às garantias individuais de que gozam todos os habitantes da República, de acordo com a Constituição Política dos Estados Unidos Mexicanos.

Peru
A Delegação do Peru faz reserva ao texto do art. 7º da Convenção sobre Asilo Territorial, na parte em que diverge do art. 6º do projeto do Conselho Interamericano de Jurisconsultos, com o qual concorda esta Delegação.

Honduras
A Delegação de Honduras subscreve a Convenção sobre Asilo Territorial com as reservas pertinentes a respeito dos artigos que se oponham à Constituição e às leis vigentes da República de Honduras.

Argentina
A Delegação da Argentina votou favoravelmente à Convenção sobre Asilo Territorial, mas formula reserva expressa a respeito do art. 7º, por entender que o mesmo não considera devidamente nem resolve satisfatoriamente o problema oriundo do exercício, por parte dos asilados políticos, do direito de livre expressão do pensamento.

Em fé do que, os Plenipotenciários abaixo assinados, depois de haverem apresentado os seus plenos poderes, que foram achados em boa e devida forma, achados em boa e devida forma, assinam a presente Convenção, nome de seus respectivos governos, na cidade de Caracas, no dia vinte e oito de março de mil novecentos e cinquenta e quatro.

CONVENÇÃO SOBRE ASILO DIPLOMÁTICO (1954)

▶ Concluída em Caracas, Venezuela, aos 28.03.1954.
▶ Aprovada no Brasil pelo Decreto Legislativo 13, de 11.06.1957, ratificada em 25 de junho do mesmo ano, tendo sido depositado, a 17 de setembro de 1957, junto a União Pan-americana, em Washington, o instrumento brasileiro de ratificação. Foi promulgada no Brasil pelo Decreto 42.628, de 13.11.1957.

Os Governos dos Estados-Membros da Organização dos Estados Americanos, desejosos de estabelecer uma Convenção sobre Asilo Diplomático, convieram nos seguintes artigos:

Artigo 1º
O asilo outorgado em legações, navios de guerra e acampamentos ou aeronaves militares, a pessoas perseguidas por motivos ou delitos políticos, será

respeitado pelo Estado territorial, de acordo com as disposições desta Convenção.

Para os fins desta Convenção, legação é a sede de toda missão diplomática ordinária, a residência dos chefes de missão, e os locais por eles destinados para esse efeito, quando o número de asilados exceder a capacidade normal dos edifícios.

Os navios de guerra ou aeronaves militares que se encontrarem provisoriamente em estaleiros, arsenais ou oficinas para serem reparados, não podem constituir recinto de asilo.

Artigo 2º
Todo Estado tem o direito de conceder asilo, mas não se acha obrigado a concedê-lo, nem a declarar por que o nega.

Artigo 3º
Não é lícito conceder asilo a pessoas que, na ocasião em que o solicitem, tenham sido acusadas de delitos comuns, processadas ou condenadas por esse motivo pelos tribunais ordinários competentes, sem haverem cumprido as penas respectivas; nem a desertores das forças de terra, mar e ar, salvo quando os fatos que motivaram o pedido de asilo, seja qual for o caso, apresentem claramente caráter político. As pessoas mencionadas no parágrafo precedente, que se refugiarem em lugar apropriado para servir de asilo, deverão ser convidadas a retirar-se, ou, conforme o caso, ser entregues ao governo local, o qual não poderá julgá-las por delitos políticos anteriores ao momento da entrega.

Artigo 4º
Compete ao Estado asilante a classificação da natureza do delito ou dos motivos da perseguição.

Artigo 5º
O asilo só poderá ser concedido em casos de urgência e pelo tempo estritamente indispensável para que o asilado deixe o país com as garantias concedidas pelo governo do Estado territorial, a fim de não correrem perigo sua vida, sua liberdade ou sua integridade pessoal, ou para que de outra maneira o asilado seja posto em segurança.

Artigo 6º
Entendem-se por casos de urgência, entre outros, aqueles em que o indivíduo é perseguido por pessoas ou multidões que não possam ser contidas pelas autoridades, ou pelas próprias autoridades, bem como quando se encontre em perigo de ser privado de sua vida ou de sua liberdade por motivos de perseguição política e não possa, sem risco, pôr-se de outro modo em segurança.

Artigo 7º
Compete ao Estado asilante julgar se se trata de caso de urgência.

Artigo 8º
O agente diplomático, comandante de navio de guerra, acampamento ou aeronave militar, depois de concedido o asilo, comunicá-lo-á com a maior brevidade possível ao Ministro das Relações Exteriores do Estado, territorial ou à autoridade administrativa do lugar, se o fato houver ocorrido fora da Capital.

Artigo 9º
A autoridade asilante tomará em conta as informações que o governo territorial lhe oferecer para formar seu critério sobre a natureza do delito ou a existência de delitos comuns conexos; porém, será respeitada sua determinação de continuar a conceder asilo ou exigir salvo-conduto para o perseguido.

Artigo 10
O fato de não estar o governo no Estado territorial reconhecido pelo Estado asilante não impedirá a observância desta Convenção e nenhum ato executado em virtude da mesma implicará o reconhecimento.

Artigo 11
O governo do Estado territorial pode, em qualquer momento, exigir que o asilado seja retirado do país, para o que deverá conceder salvo-conduto e as garantias estipuladas no art. 5º.

Artigo 12
Concedido o asilo, o Estado asilante pode pedir a saída do asilado para território estrangeiro, sendo o Estado territorial obrigado a conceder imediatamente, salvo caso de força maior, as garantias necessárias a que se refere o art. 5º e o correspondente salvo-conduto.

Artigo 13
Nos casos referidos nos artigos anteriores, o Estado asilante pode exigir que as garantias sejam dadas por escrito e tomar em consideração, para a rapidez da viagem, as condições reais de perigo apresentadas para a saída do asilado.

Ao Estado asilante cabe o direito de conduzir o asilado para fora do país. O Estado territorial pode escolher o itinerário preferido para a saída do asilado, sem que isso implique determinar o país de destino. Se o asilo se verificar a bordo de navio de guerra ou aeronave militar, a saída pode se efetuar nos mesmos, devendo, porém, ser previamente preenchido o requisito da obtenção do salvo-conduto.

Artigo 14
Não se pode culpar o Estado asilante do prolongamento do asilo, decorrente da necessidade de coligir informações indispensáveis para julgar da procedência do mesmo, ou de fatos circunstanciais que ponham em perigo a segurança do asilado durante o trajeto para um país estrangeiro.

Artigo 15
Quando para a transferência de um asilado para outro país for necessário atravessar o território de um Estado-Parte nesta Convenção, o trânsito será autorizado por este sem outro requisito além da apresentação, por via diplomática, do respectivo salvo-conduto visado e com a declaração, por parte da missão diplomática asilante, da qualidade do asilado.

Durante o mencionado trânsito, o asilado ficará sob a proteção do Estado que concede o asilo.

Artigo 16
Os asilados não poderão ser desembarcados em ponto algum do Estado territorial, nem em lugar que dele esteja próximo, salvo por necessidade de transporte.

Artigo 17
Efetuada a saída do asilado, o Estado asilante não é obrigado a conceder-lhe permanência no seu território; mas não o poderá mandar de volta ao seu país de origem, salvo por vontade expressa do asilado.
O fato de o Estado territorial comunicar à autoridade asilante a intenção de solicitar a extradição posterior do asilado não prejudicará a aplicação de qualquer dispositivo desta Convenção. Nesse caso, o asilado permanecerá residindo no território do Estado asilante até que se receba o pedido formal de extradição, segundo as normas jurídicas que regem essa instituição no Estado asilante. A vigilância sobre o asilado não poderá exceder de trinta dias.
As despesas desse transporte e as da permanência preventiva cabem ao Estado do suplicante.

Artigo 18
A autoridade asilante não permitirá aos asilados praticar atos contrários à tranquilidade pública, nem intervir na política interna do Estado territorial.

Artigo 19
Se, por motivo de ruptura de relações, o representante diplomático que concedeu o asilo tiver de abandonar o Estado territorial, sairá com os asilados.
Se o estabelecido no parágrafo anterior não for possível por causas independentes da vontade dos mesmos ou do agente diplomático, deverá entregá-los à representação diplomática de um terceiro Estado, com as garantias estabelecidas nesta Convenção.
Se isto também não for possível, poderá entregá-los a um Estado que não faça parte desta Convenção e concorde em manter o asilo. O Estado territorial deverá respeitar esse asilo.

Artigo 20
O asilo diplomático não estará sujeito à reciprocidade. Toda pessoa, seja qual for sua nacionalidade, pode estar sob proteção.

Artigo 21
A presente Convenção fica aberta a assinatura dos Estados-Membros da Organização dos Estados Americanos e será ratificada pelos Estados signatários, de acordo com as respectivas normas constitucionais.

Artigo 22
O instrumento original, cujos textos em português, espanhol, francês e inglês são igualmente autênticos, será depositado na União Pan-Americana, que enviará cópias autenticadas aos Governos, para fins de ratificação. Os instrumentos de ratificação serão depositados na União Pan-Americana, que notificará os Governos signatários do referido depósito.

Artigo 23
A presente Convenção entrará em vigor entre os Estados que a ratificarem, na ordem em que depositem as respectivas ratificações.

Artigo 24
A presente Convenção vigorará indefinidamente, podendo ser denunciada por qualquer dos Estados signatários, mediante aviso prévio de um ano, decorrido o qual cessarão seus efeitos para o denunciante, subsistindo para os demais. A denúncia será enviada à União Pan-Americana, que a comunicará aos demais Estados signatários.

RESERVAS
Guatemala
Fazemos reserva expressa ao art. 2º na parte que declara não serem os Estados obrigados a conceder asilo, porque mantemos o conceito amplo e firme do direito de asilo.

Uruguai
O Governo do Uruguai faz reservas ao art. 2º na parte que estabelece: a autoridade asilante não está, em nenhum caso, obrigada a conceder asilo nem a declarar por que o nega. Faz, outrossim, reserva ao art. 15 na parte que estabelece: "... sem outro requisito além da apresentação, por via diplomática, do respectivo salvo-conduto visado e com a declaração, por parte da missão diplomática asilante, da qualidade de asilado. Durante o mencionado trânsito o asilado ficará sob a proteção do Estado que concede o Asilo". Finalmente, faz reserva à segunda alínea do art. 20, pois o Governo do Uruguai entende que todas as pessoas, qualquer que seja seu sexo, nacionalidade, opinião ou religião, gozam do direito de asilo.

República Dominicana
A República Dominicana assina a Convenção anterior com as reservas seguintes:
Primeira: A República Dominicana não aceita as disposições contidas nos Artigos 7º e seguintes no que concerne à classificação unilateral da urgência pelo Estado asilante; e,
Segunda: As disposições desta Convenção não são aplicáveis, por conseguinte, no que concerne à República Dominicana, às controvérsias que possam surgir entre o Estado territorial e o Estado asilante, e que se refiram concretamente à falta de seriedade ou inexistência de uma ação de verdadeira perseguição contra o asilado da parte das autoridades locais.

Honduras
A Delegação de Honduras assina a Convenção sobre Asilo Diplomático com as reservas pertinentes aos artigos que se oponham à Constituição e às leis vigentes da República de Honduras.
Em fé do que, os Plenipotenciários abaixo assinados, apresentados seus plenos poderes que foram achados em boa e devida forma, firmam a presente Convenção em nome de seus governos, na cidade de Caracas, aos vinte e oito dias de março de mil novecentos e cinquenta e quatro.

Direito dos Tratados

CONVENÇÃO DE HAVANA SOBRE TRATADOS (1928)

- Concluída em Havana, em 20.02.1928, por ocasião da 6ª Conferência Internacional Americana. Ainda em vigor no Brasil, foi sancionada pelo Decreto 5.647, de 08.01.1929, ratificada em 30.07.1929, promulgada pelo Decreto 18.956, de 22.10.1929, e publicada no DOU de 12.12.1929.

Artigo 1º

Os tratados serão celebrados pelos poderes competentes dos Estados ou pelos seus representantes, segundo o seu direito interno respectivo.

Artigo 2º

É condição essencial nos tratados a forma escrita. A confirmação, a prorrogação, a renovação ou a recondução serão igualmente feitas por escrito, salvo estipulação em contrário.
- Art. 2 (1), a, da Convenção de Viena sobre o Direito dos Tratados (1969).
- Art. 2 (1), a, da Convenção de Viena sobre o Direito dos Tratados entre Estados e Organizações Internacionais ou entre Organizações Internacionais (1986).

Artigo 3º

A interpretação autêntica dos tratados, quando as partes contratantes a julgarem necessária, será, também, formulada por escrito.
- Art. 31 e ss. da Convenção de Viena sobre o Direito dos Tratados (1969).
- Art. 31 e ss. da Convenção de Viena sobre o Direito dos Tratados entre Estados e Organizações Internacionais ou entre Organizações Internacionais (1986).

Artigo 4º

Os tratados serão publicados imediatamente depois da troca de ratificações. A omissão, no cumprimento desta obrigação, não prejudicará a vigência dos tratados, nem a exigibilidade das obrigações neles contidas.
- Art. 80 da Convenção de Viena sobre o Direito dos Tratados (1969).
- Art. 81 da Convenção de Viena sobre o Direito dos Tratados entre Estados e Organizações Internacionais ou entre Organizações Internacionais (1986).
- Art. 102 da Carta das Nações Unidas (1945).

Artigo 5º

Os tratados não são obrigatórios senão depois de ratificados pelos Estados contratantes, ainda que esta cláusula não conste nos plenos poderes dos negociadores, nem figure no próprio tratado.
- Art. 14 da Convenção de Viena sobre o Direito dos Tratados (1969).
- Art. 14 da Convenção de Viena sobre o Direito dos Tratados entre Estados e Organizações Internacionais ou entre Organizações Internacionais (1986).

Artigo 6º

A ratificação deve ser dada sem condições e abranger todo o tratado. Será feita por escrito, de conformidade com a legislação do Estado.
Se o Estado que ratifica faz reservas ao tratado, este entrará em vigor, desde que, informada dessas reservas, a outra parte contratante as aceite expressamente, ou, não as havendo rejeitado formalmente, execute atos que impliquem a sua aceitação.
Nos tratados internacionais celebrados entre diversos Estados, a reserva feita por um deles, no ato da ratificação, só atinge a aplicação da cláusula respectiva, nas relações dos demais Estados contratantes com o Estado que faz a reserva.

Artigo 7º

A falta de ratificação ou a reserva são atos inerentes à soberania nacional e, como tais, constituem o exercício de um direito, que não viola nenhuma disposição ou norma internacional. Em caso de negativa, esta será comunicada aos outros contratantes.

Artigo 8º

Os tratados vigorarão desde a troca ou depósito das ratificações, salvo se, por cláusula expressa, outra data tiver sido convencionada.

Artigo 9º

A aceitação ou não aceitação das cláusulas de um tratado, em favor de um terceiro Estado, que não foi parte contratante, depende exclusivamente da decisão deste.

Artigo 10

Nenhum Estado se pode eximir das obrigações do tratado ou modificar as suas estipulações, senão com o acordo, pacificamente obtido, dos outros contratantes.
- Arts. 26 e 27 da Convenção de Viena sobre o Direito dos Tratados (1969).
- Arts. 26 e 27 da Convenção de Viena sobre o Direito dos Tratados entre Estados e Organizações Internacionais ou entre Organizações Internacionais (1986).

Artigo 11
Os tratados continuarão a produzir os seus efeitos, ainda quando se modifique a constituição interna dos Estados contratantes. Se a organização do Estado mudar, de maneira que a execução seja impossível, por divisão de território ou por outros motivos análogos, os tratados serão adaptados às novas condições.

Artigo 12
Quando o tratado se torna inexequível, por culpa da parte que se obrigou, por circunstâncias que, no momento da celebração, dependiam dessa parte e eram ignoradas pela outra parte, aquela é responsável pelos prejuízos resultantes da sua inexecução.

Artigo 13
A execução do tratado pode, por cláusula expressa ou em virtude de convênio especial, ser posta, no todo ou em parte, sob a garantia de um ou mais Estados.
O Estado garante não poderá intervir na execução do tratado, senão em virtude de requerimento de uma das partes interessadas e quando se realizarem as condições sob as quais foi estipulada a intervenção, e ao fazê-lo, só lhe será lícito empregar meios autorizados pelo direito internacional e sem outras exigências de maior alcance do que as do próprio Estado garantido.

Artigo 14
Os tratados cessam de vigorar:
- Art. 54 e ss. da Convenção de Viena sobre o Direito dos Tratados (1969).
- Art. 54 e ss. da Convenção de Viena sobre o Direito dos Tratados entre Estados e Organizações Internacionais ou entre Organizações Internacionais (1986).

a) cumprida a obrigação estipulada;
b) decorrido o prazo pelo qual foi celebrado;
c) verificada a condição resolutiva;
d) por acordo entre as partes;
e) com a denúncia da parte a quem aproveita o tratado de modo exclusivo;
f) pela denúncia, total ou parcial, quando proceda;
g) quando se torna inexequível.

Artigo 15
Poderá igualmente declarar-se a caducidade de um tratado, quando este seja permanente e de aplicação não contínua, sempre que as causas que lhe deram origem hajam desaparecido e se possa logicamente deduzir que se não apresentarão no futuro.

A parte contratante que alegar essa caducidade, caso não obtenha o assentimento da outra ou das outras, poderá apelar para a arbitragem, sem cuja decisão favorável, e enquanto esta não for pronunciada, continuarão em vigor as obrigações contraídas.

Artigo 16
As obrigações contraídas nos tratados serão sancionadas nos casos de não cumprimento, e depois de esgotadas sem êxito as negociações diplomáticas, por decisão de uma corte de justiça internacional ou de um tribunal arbitral, dentro dos limites e com os trâmites que estiverem vigentes no momento em que a infração se alegar.

Artigo 17
Os tratados cuja denúncia haja sido convencionada e os que estabelecerem regras de Direito Internacional não podem ser denunciados, senão de acordo com o processo por eles estabelecido.
Em falta de estipulação, o tratado poder ser denunciado por qualquer Estado contratante, o qual notificará aos outros essa decisão, uma vez que haja cumprido todas as obrigações estabelecidas no mesmo.
Neste caso, o tratado ficará sem efeito, em relação ao denunciante, um ano depois da última notificação, e continuará subsistente para os demais signatários, se os houver.

Artigo 18
Dois ou mais Estados podem convir em que as suas relações se rejam por outras regras que não as estabelecidas em convenções gerais celebradas por eles mesmos com outros Estados.
Este preceito é aplicável não somente aos tratados futuros, senão também aos que estejam em vigor ao tempo desta Convenção.

Artigo 19
Um Estado que não haja tomado parte na celebração de um tratado poderá aderir ao mesmo se a isso não se opuser alguma das partes contratantes, a todas as quais deve o fato ser comunicado. A adesão será considerada como definitiva a menos que seja feita com reserva expressa de ratificação.
- Art. 15 da Convenção de Viena sobre o Direito dos Tratados (1969).
- Art. 15 da Convenção de Viena sobre o Direito dos Tratados entre Estados e Organizações Internacionais ou entre Organizações Internacionais (1986).

Artigo 20
A presente convenção não atinge os compromissos tomados anteriormente pelas partes contratantes, em virtude de acordos internacionais.

Artigo 21
A presente Convenção, depois de firmada, será submetida às ratificações dos Estados signatários. O Governo de Cuba fica encarregado de enviar cópias devidamente autenticadas aos governos, para o referido fim da ratificação. O instrumento de ratificação será depositado nos arquivos da União Pan-Americana, em Washington, que notificará esse depósito aos Governos signatários; tal notificação equivalerá a uma troca de ratificações. Esta Convenção ficará aberta à adesão dos Estados não signatários.

Em fé do que, os Plenipotenciários mencionados assinam a presente Convenção, em espanhol, inglês, francês e português, na cidade de Havana, no dia 20 de fevereiro de 1928.

RESERVA DA DELEGAÇÃO DO MÉXICO

A Delegação mexicana, sem levar em conta os votos que deseja emitir contra vários artigos, firmará as diversas convenções de Direito Internacional Público aprovadas, fazendo como única reserva a relativa ao artigo treze, que não aceita, da Convenção sobre tratados.

RESERVA DA DELEGAÇÃO DE EL SALVADOR

A Delegação de Salvador não só opõe o seu voto negativo ao artigo treze, mas também vota negativamente a Convenção, e não a subscreve.

RESERVA DA DELEGAÇÃO DA BOLÍVIA

No conceito da Delegação da Bolívia, a inexecução a que se refere a alínea g do artigo 14, ocorre, entre outros, nos seguintes casos:

I. Quando os fatos e circunstâncias que lhe deram origem ou lhe serviram de base, se modificaram fundamentalmente;

II. Quando sua execução se torne contrária à natureza das coisas;

III. Quando se torna incompatível com a existência de um Estado, com sua independência ou dignidade;

IV. Quando se torna ruinoso para a sua riqueza ou o seu comércio.

A reserva da Bolívia, sobre o art. 15, tem em vista que sejam suscetíveis de caducidade não só os tratados de aplicação não contínua, como estabelece o dito artigo, mas também toda espécie de tratados, qualquer que seja o seu caráter, ou denominação, inclusive os chamados definitivos, que, como toda convenção humana, são suscetíveis de erro, já que nada há que seja imutável e eterno.

CONVENÇÃO DE VIENA SOBRE O DIREITO DOS TRATADOS (1969)

> Aprovada no Brasil pelo Decreto Legislativo 496, de 17.07.2009, ratificada pelo governo brasileiro em 25.09.2009 e promulgada pelo Decreto 7.030, de 14.12.2009.

Os Estados-Partes na presente Convenção,

Considerando o papel fundamental dos tratados na história das relações internacionais,

Reconhecendo a importância cada vez maior dos tratados como fonte do Direito Internacional e como meio de desenvolver a cooperação pacífica entre as nações, quaisquer que sejam seus sistemas constitucionais e sociais,

Constatando que os princípios do livre consentimento e da boa-fé e a regra *pacta sunt servanda* são universalmente reconhecidos,

Afirmando que as controvérsias relativas aos tratados, tais como outras controvérsias internacionais, devem ser solucionadas por meios pacíficos e de conformidade com os princípios da Justiça e do Direito Internacional,

Recordando a determinação dos povos das Nações Unidas de criar condições necessárias à manutenção da Justiça e do respeito às obrigações decorrentes dos tratados,

Conscientes dos princípios de Direito Internacional incorporados na Carta das Nações Unidas, tais como os princípios da igualdade de direitos e da autodeterminação dos povos, da igualdade soberana e da independência de todos os Estados, da não intervenção nos assuntos internos dos Estados, da proibição da ameaça ou do emprego da força e do respeito universal e observância dos direitos humanos e das liberdades fundamentais para todos,

Acreditando que a codificação e o desenvolvimento progressivo do direito dos tratados alcançados na presente Convenção promoverão os propósitos das Nações Unidas enunciados na Carta, que são a manutenção da paz e da segurança internacionais, o desenvolvimento das relações amistosas e a consecução da cooperação entre as nações,

Afirmando que as regras do Direito Internacional consuetudinário continuarão a reger as questões não reguladas pelas disposições da presente Convenção,

Convieram no seguinte:

PARTE I
INTRODUÇÃO

Artigo 1º
Âmbito da Presente Convenção

A presente Convenção aplica-se aos tratados entre Estados.

Artigo 2º
Expressões Empregadas

1. Para os fins da presente Convenção:

a) "tratado" significa um acordo internacional concluído por escrito entre Estados e regido pelo Direito Internacional, quer conste de um instrumento único, quer de dois ou mais instrumentos conexos, qualquer que seja sua denominação específica;

> Art. 2º da Convenção de Havana sobre Tratados (1928).

b) "ratificação", "aceitação", "aprovação" e "adesão" significam, conforme o caso, o ato internacional assim denominado pelo qual um Estado estabelece no plano internacional o seu consentimento em obrigar-se por um tratado;

> Art. 14 desta Convenção.

c) "plenos poderes" significa um documento expedido pela autoridade competente de um Estado e pelo qual são designadas uma ou várias pessoas para representar o Estado na negociação, adoção ou autenticação do texto de um tratado, para manifestar o consentimento do Estado em obrigar-se por um tratado ou para praticar qualquer outro ato relativo a um tratado;

d) "reserva" significa uma declaração unilateral, qualquer que seja a sua redação ou denominação, feita por um Estado ao assinar, ratificar, aceitar ou aprovar um tratado, ou a ele aderir, com o objetivo de excluir ou modificar o efeito jurídico de certas disposições do tratado em sua aplicação a esse Estado;
▶ Art. 19 desta Convenção.

e) "Estado negociador" significa um Estado que participou na elaboração e na adoção do texto do tratado;

f) "Estado contratante" significa um Estado que consentiu em se obrigar pelo tratado, tenha ou não o tratado entrado em vigor;

g) "parte" significa um Estado que consentiu em se obrigar pelo tratado e em relação ao qual este esteja em vigor;

h) "terceiro Estado" significa um Estado que não é parte no tratado;

i) "organização internacional" significa uma organização intergovernamental.

2. As disposições do parágrafo 1 relativas às expressões empregadas na presente Convenção não prejudicam o emprego dessas expressões, nem os significados que lhes possam ser dados na legislação interna de qualquer Estado.

Artigo 3º
Acordos Internacionais Excluídos do Âmbito da Presente Convenção

O fato de a presente Convenção não se aplicar a acordos internacionais concluídos entre Estados e outros sujeitos de Direito Internacional, ou entre estes outros sujeitos de Direito Internacional, ou a acordos internacionais que não sejam concluídos por escrito, não prejudicará:

a) a eficácia jurídica desses acordos;

b) a aplicação a esses acordos de quaisquer regras enunciadas na presente Convenção às quais estariam sujeitos em virtude do Direito Internacional, independentemente da Convenção;

c) a aplicação da Convenção às relações entre Estados, reguladas em acordos internacionais em que sejam igualmente partes outros sujeitos de Direito Internacional.

Artigo 4º
Irretroatividade da Presente Convenção

Sem prejuízo da aplicação de quaisquer regras enunciadas na presente Convenção a que os tratados estariam sujeitos em virtude do Direito Internacional, independentemente da Convenção, esta somente se aplicará aos tratados concluídos por Estados após sua entrada em vigor em relação a esses Estados.

Artigo 5º
Tratados Constitutivos de Organizações Internacionais e Tratados Adotados no Âmbito de uma Organização Internacional

A presente Convenção aplica-se a todo tratado que seja o instrumento constitutivo de uma organização internacional e a todo tratado adotado no âmbito de uma organização internacional, sem prejuízo de quaisquer normas relevantes da organização.

PARTE II
CONCLUSÃO E ENTRADA EM VIGOR DE TRATADOS

Seção 1
Conclusão de Tratados

Artigo 6º
Capacidade dos Estados para Concluir Tratados

Todo Estado tem capacidade para concluir tratados.

Artigo 7º
Plenos Poderes

1. Uma pessoa é considerada representante de um Estado para a adoção ou autenticação do texto de um tratado ou para expressar o consentimento do Estado em obrigar-se por um tratado se:

a) apresentar plenos poderes apropriados; ou

b) a prática dos Estados interessados ou outras circunstâncias indicarem que a intenção do Estado era considerar essa pessoa seu representante para esses fins e dispensar os plenos poderes.

2. Em virtude de suas funções e independentemente da apresentação de plenos poderes, são considerados representantes do seu Estado:

a) os Chefes de Estado, os Chefes de Governo e os Ministros das Relações Exteriores, para a realização de todos os atos relativos à conclusão de um tratado;

b) os Chefes de missão diplomática, para a adoção do texto de um tratado entre o Estado acreditante e o Estado junto ao qual estão acreditados;

c) os representantes acreditados pelos Estados perante uma conferência ou organização internacional ou um de seus órgãos, para a adoção do texto de um tratado em tal conferência, organização ou órgão.

Artigo 8º
Confirmação Posterior de um Ato Praticado sem Autorização

Um ato relativo à conclusão de um tratado praticado por uma pessoa que, nos termos do artigo 7, não pode ser considerada representante de um Estado para esse fim não produz efeitos jurídicos, a não ser que seja confirmado, posteriormente, por esse Estado.

Artigo 9º
Adoção do Texto

1. A adoção do texto do tratado efetua-se pelo consentimento de todos os Estados que participam da sua elaboração, exceto quando se aplica o disposto no parágrafo 2.

2. A adoção do texto de um tratado numa conferência internacional efetua-se pela maioria de 2/3 (dois

terços) dos Estados presentes e votantes, salvo se esses Estados, pela mesma maioria, decidirem aplicar uma regra diversa.

Artigo 10
Autenticação do Texto

O texto de um tratado é considerado autêntico e definitivo:

a) mediante o processo previsto no texto ou acordado pelos Estados que participam da sua elaboração; ou

b) na ausência de tal processo, pela assinatura, assinatura *ad referendum* ou rubrica, pelos representantes desses Estados, do texto do tratado ou da Ata Final da Conferência que incorporar o referido texto.

Artigo 11
Meios de Manifestar Consentimento em Obrigar-se por um Tratado

O consentimento de um Estado em obrigar-se por um tratado pode manifestar-se pela assinatura, troca dos instrumentos constitutivos do tratado, ratificação, aceitação, aprovação ou adesão, ou por quaisquer outros meios, se assim acordado.

Artigo 12
Consentimento em Obrigar-se por um Tratado Manifestado pela Assinatura

1. O consentimento de um Estado em obrigar-se por um tratado manifesta-se pela assinatura do representante desse Estado:

a) quando o tratado dispõe que a assinatura terá esse efeito;

b) quando se estabeleça, de outra forma, que os Estados negociadores acordaram em dar à assinatura esse efeito; ou

c) quando a intenção do Estado interessado em dar esse efeito à assinatura decorra dos plenos poderes de seu representante ou tenha sido manifestada durante a negociação.

2. Para os efeitos do parágrafo 1:

a) a rubrica de um texto tem o valor de assinatura do tratado, quando ficar estabelecido que os Estados negociadores nisso concordaram;

b) a assinatura *ad referendum* de um tratado pelo representante de um Estado, quando confirmada por esse Estado, vale como assinatura definitiva do tratado.

Artigo 13
Consentimento em Obrigar-se por um Tratado Manifestado pela Troca dos seus Instrumentos Constitutivos

O consentimento dos Estados em se obrigarem por um tratado, constituído por instrumentos trocados entre eles, manifesta-se por essa troca:

a) quando os instrumentos estabeleçam que a troca produzirá esse efeito; ou

b) quando fique estabelecido, por outra forma, que esses Estados acordaram em que a troca dos instrumentos produziria esse efeito.

Artigo 14
Consentimento em Obrigar-se por um Tratado Manifestado pela Ratificação, Aceitação ou Aprovação

1. O consentimento de um Estado em obrigar-se por um tratado manifesta-se pela ratificação:
  ▶ Art. 5º da Convenção de Havana sobre Tratados (1928).

a) quando o tratado disponha que esse consentimento se manifeste pela ratificação;

b) quando, por outra forma, se estabeleça que os Estados negociadores acordaram em que a ratificação seja exigida;

c) quando o representante do Estado tenha assinado o tratado sujeito a ratificação; ou

d) quando a intenção do Estado de assinar o tratado sob reserva de ratificação decorra dos plenos poderes de seu representante ou tenha sido manifestada durante a negociação.

2. O consentimento de um Estado em obrigar-se por um tratado manifesta-se pela aceitação ou aprovação em condições análogas às aplicáveis à ratificação.

Artigo 15
Consentimento em Obrigar-se por um Tratado Manifestado pela Adesão

O consentimento de um Estado em obrigar-se por um tratado manifesta-se pela adesão:
  ▶ Art. 19 da Convenção de Havana sobre Tratados (1928).

a) quando esse tratado disponha que tal consentimento pode ser manifestado, por esse Estado, pela adesão;

b) quando, por outra forma, se estabeleça que os Estados negociadores acordaram em que tal consentimento pode ser manifestado, por esse Estado, pela adesão; ou

c) quando todas as partes acordarem posteriormente em que tal consentimento pode ser manifestado, por esse Estado, pela adesão.

Artigo 16
Troca ou Depósito dos Instrumentos de Ratificação, Aceitação, Aprovação ou Adesão

A não ser que o tratado disponha diversamente, os instrumentos de ratificação, aceitação, aprovação ou adesão estabelecem o consentimento de um Estado em obrigar-se por um tratado por ocasião:

a) da sua troca entre os Estados contratantes;

b) do seu depósito junto ao depositário; ou

c) da sua notificação aos Estados contratantes ou ao depositário, se assim for convencionado.

Artigo 17
Consentimento em Obrigar-se por Parte de um Tratado e Escolha entre Disposições Diferentes

1. Sem prejuízo do disposto nos artigos 19 a 23, o consentimento de um Estado em obrigar-se por parte de um tratado só produz efeito se o tratado

o permitir ou se outros Estados contratantes nisso acordarem.

2. O consentimento de um Estado em obrigar-se por um tratado que permite a escolha entre disposições diferentes só produz efeito se as disposições a que se refere o consentimento forem claramente indicadas.

Artigo 18
Obrigação de Não Frustrar o Objeto e Finalidade de um Tratado antes de sua Entrada em Vigor

Um Estado é obrigado a abster-se da prática de atos que frustrariam o objeto e a finalidade de um tratado, quando:

a) tiver assinado ou trocado instrumentos constitutivos do tratado, sob reserva de ratificação, aceitação ou aprovação, enquanto não tiver manifestado sua intenção de não se tornar parte no tratado; ou

b) tiver expressado seu consentimento em obrigar-se pelo tratado no período que precede a entrada em vigor do tratado e com a condição de esta não ser indevidamente retardada.

Seção 2
Reservas

Artigo 19
Formulação de Reservas

Um Estado pode, ao assinar, ratificar, aceitar ou aprovar um tratado, ou a ele aderir, formular uma reserva, a não ser que:

a) a reserva seja proibida pelo tratado;

b) o tratado disponha que só possam ser formuladas determinadas reservas, entre as quais não figure a reserva em questão; ou

c) nos casos não previstos nas alíneas *a* e *b*, a reserva seja incompatível com o objeto e a finalidade do tratado.

Artigo 20
Aceitação de Reservas e Objeções às Reservas

1. Uma reserva expressamente autorizada por um tratado não requer qualquer aceitação posterior pelos outros Estados contratantes, a não ser que o tratado assim disponha.

2. Quando se infere do número limitado dos Estados negociadores, assim como do objeto e da finalidade do tratado, que a aplicação do tratado na íntegra entre todas as partes é condição essencial para o consentimento de cada uma delas em obrigar-se pelo tratado, uma reserva requer a aceitação de todas as partes.

3. Quando o tratado é um ato constitutivo de uma organização internacional, a reserva exige a aceitação do órgão competente da organização, a não ser que o tratado disponha diversamente.

4. Nos casos não previstos nos parágrafos precedentes e a menos que o tratado disponha de outra forma:

a) a aceitação de uma reserva por outro Estado contratante torna o Estado autor da reserva parte no tratado em relação àquele outro Estado, se o tratado está em vigor ou quando entrar em vigor para esses Estados;

b) a objeção feita a uma reserva por outro Estado contratante não impede que o tratado entre em vigor entre o Estado que formulou a objeção e o Estado autor da reserva, a não ser que uma intenção contrária tenha sido expressamente manifestada pelo Estado que formulou a objeção;

c) um ato que manifestar o consentimento de um Estado em obrigar-se por um tratado e que contiver uma reserva produzirá efeito logo que pelo menos outro Estado contratante aceitar a reserva.

5. Para os fins dos parágrafos 2 e 4, e a não ser que o tratado disponha diversamente, uma reserva é tida como aceita por um Estado se este não formulou objeção à reserva quer no decurso do prazo de 12 (doze) meses que se seguir à data em que recebeu a notificação, quer na data em que manifestou o seu consentimento em obrigar-se pelo tratado, se esta for posterior.

Artigo 21
Efeitos Jurídicos das Reservas e das Objeções às Reservas

1. Uma reserva estabelecida em relação a outra parte, de conformidade com os artigos 19, 20 e 23:

a) modifica para o autor da reserva, em suas relações com a outra parte, as disposições do tratado sobre as quais incide a reserva, na medida prevista por esta; e

b) modifica essas disposições, na mesma medida, quanto a essa outra parte, em suas relações com o Estado autor da reserva.

2. A reserva não modifica as disposições do tratado quanto às demais partes no tratado em suas relações *inter se*.

3. Quando um Estado que formulou objeção a uma reserva não se opôs à entrada em vigor do tratado entre ele próprio e o Estado autor da reserva, as disposições a que se refere a reserva não se aplicam entre os dois Estados, na medida prevista pela reserva.

Artigo 22
Retirada de Reservas e de Objeções às Reservas

1. A não ser que o tratado disponha de outra forma, uma reserva pode ser retirada a qualquer momento, sem que o consentimento do Estado que a aceitou seja necessário para sua retirada.

2. A não ser que o tratado disponha de outra forma, uma objeção a uma reserva pode ser retirada a qualquer momento.

3. A não ser que o tratado disponha ou fique acordado de outra forma:

a) a retirada de uma reserva só produzirá efeito em relação a outro Estado contratante quando este Estado receber a correspondente notificação;

b) a retirada de uma objeção a uma reserva só produzirá efeito quando o Estado que formulou a reserva receber notificação dessa retirada.

Artigo 23
Processo Relativo às Reservas

1. A reserva, a aceitação expressa de uma reserva e a objeção a uma reserva devem ser formuladas por escrito e comunicadas aos Estados contratantes e aos outros Estados que tenham o direito de se tornar partes no tratado.
2. Uma reserva formulada quando da assinatura do tratado sob reserva de ratificação, aceitação ou aprovação, deve ser formalmente confirmada pelo Estado que a formulou no momento em que manifestar o seu consentimento em obrigar-se pelo tratado. Nesse caso, a reserva considerar-se-á feita na data de sua confirmação.
3. Uma aceitação expressa de uma reserva, ou objeção a uma reserva, feita antes da confirmação da reserva não requer confirmação.
4. A retirada de uma reserva ou de uma objeção a uma reserva deve ser formulada por escrito.

Seção 3
Entrada em Vigor dos Tratados e Aplicação Provisória

Artigo 24
Entrada em vigor

1. Um tratado entra em vigor na forma e na data previstas no tratado ou acordadas pelos Estados negociadores.
2. Na ausência de tal disposição ou acordo, um tratado entra em vigor tão logo o consentimento em obrigar-se pelo tratado seja manifestado por todos os Estados negociadores.
3. Quando o consentimento de um Estado em obrigar-se por um tratado for manifestado após sua entrada em vigor, o tratado entrará em vigor em relação a esse Estado nessa data, a não ser que o tratado disponha de outra forma.
4. Aplicam-se desde o momento da adoção do texto de um tratado as disposições relativas à autenticação de seu texto, à manifestação do consentimento dos Estados em obrigarem-se pelo tratado, à maneira ou à data de sua entrada em vigor, às reservas, às funções de depositário e aos outros assuntos que surjam necessariamente antes da entrada em vigor do tratado.

Artigo 25
Aplicação Provisória

1. Um tratado ou uma parte do tratado aplica-se provisoriamente enquanto não entra em vigor, se:
a) o próprio tratado assim dispuser; ou
b) os Estados negociadores assim acordarem por outra forma.
2. A não ser que o tratado disponha ou os Estados negociadores acordem de outra forma, a aplicação provisória de um tratado ou parte de um tratado, em relação a um Estado, termina se esse Estado notificar aos outros Estados, entre os quais o tratado é aplicado provisoriamente, sua intenção de não se tornar parte no tratado.

PARTE III
OBSERVÂNCIA, APLICAÇÃO E INTERPRETAÇÃO DE TRATADOS

Seção 1
Observância de Tratados

Artigo 26
Pacta sunt servanda

Todo tratado em vigor obriga as partes e deve ser cumprido por elas de boa-fé.
▸ Art. 10 da Convenção de Havana sobre Tratados (1928).

Artigo 27
Direito Interno e Observância de Tratados
Uma parte não pode invocar as disposições de seu direito interno para justificar o inadimplemento de um tratado. Esta regra não prejudica o artigo 46.

Seção 2
Aplicação de Tratados

Artigo 28
Irretroatividade de Tratados

A não ser que uma intenção diferente se evidencie do tratado, ou seja estabelecida de outra forma, suas disposições não obrigam uma parte em relação a um ato ou fato anterior ou a uma situação que deixou de existir antes da entrada em vigor do tratado, em relação a essa parte.

Artigo 29
Aplicação Territorial de Tratados

A não ser que uma intenção diferente se evidencie do tratado, ou seja estabelecida de outra forma, um tratado obriga cada uma da partes em relação a todo o seu território.

Artigo 30
Aplicação de Tratados Sucessivos sobre o Mesmo Assunto

1. Sem prejuízo das disposições do artigo 103 da Carta das Nações Unidas, os direitos e obrigações dos Estados-partes em tratados sucessivos sobre o mesmo assunto serão determinados de conformidade com os parágrafos seguintes.
2. Quando um tratado estipular que está subordinado a um tratado anterior ou posterior ou que não deve ser considerado incompatível com esse outro tratado, as disposições deste último prevalecerão.
3. Quando todas as partes no tratado anterior são igualmente partes no tratado posterior, sem que o tratado anterior tenha cessado de vigorar ou sem que a sua aplicação tenha sido suspensa nos termos do artigo 59, o tratado anterior só se aplica na medida em que as suas disposições sejam compatíveis com as do tratado posterior.
4. Quando as partes no tratado posterior não incluem todas a partes no tratado anterior:

a) nas relações entre os Estados-partes nos dois tratados, aplica-se o disposto no parágrafo 3;
b) nas relações entre um Estado-parte nos dois tratados e um Estado-parte apenas em um desses tratados, o tratado em que os dois Estados são partes rege os seus direitos e obrigações recíprocos.
► Art. 40 (4) desta Convenção.

5. O parágrafo 4 aplica-se sem prejuízo do artigo 41, ou de qualquer questão relativa à extinção ou suspensão da execução de um tratado nos termos do artigo 60 ou de qualquer questão de responsabilidade que possa surgir para um Estado da conclusão ou da aplicação de um tratado cujas disposições sejam incompatíveis com suas obrigações em relação a outro Estado nos termos de outro tratado.

Seção 3
Interpretação de Tratados

Artigo 31
Regra Geral de Interpretação
► Art. 3º, Convenção de Havana sobre Tratados (1928).

1. Um tratado deve ser interpretado de boa-fé segundo o sentido comum atribuível aos termos do tratado em seu contexto e à luz de seu objetivo e finalidade.
2. Para os fins de interpretação de um tratado, o contexto compreenderá, além do texto, seu preâmbulo e anexos:
a) qualquer acordo relativo ao tratado e feito entre todas as partes em conexão com a conclusão do tratado;
b) qualquer instrumento estabelecido por uma ou várias partes em conexão com a conclusão do tratado e aceito pelas outras partes como instrumento relativo ao tratado.
3. Serão levados em consideração, juntamente com o contexto:
a) qualquer acordo posterior entre as partes relativo à interpretação do tratado ou à aplicação de suas disposições;
b) qualquer prática seguida posteriormente na aplicação do tratado, pela qual se estabeleça o acordo das partes relativo à sua interpretação;
c) quaisquer regras pertinentes de Direito Internacional aplicáveis às relações entre as partes.
4. Um termo será entendido em sentido especial se estiver estabelecido que essa era a intenção das partes.

Artigo 32
Meios Suplementares de Interpretação
Pode-se recorrer a meios suplementares de interpretação, inclusive aos trabalhos preparatórios do tratado e às circunstâncias de sua conclusão, a fim de confirmar o sentido resultante da aplicação do artigo 31 ou de determinar o sentido quando a interpretação, de conformidade com o artigo 31:
a) deixa o sentido ambíguo ou obscuro; ou
b) conduz a um resultado que é manifestamente absurdo ou desarrazoado.

Artigo 33
Interpretação de Tratados Autenticados em Duas ou Mais Línguas

1. Quando um tratado foi autenticado em duas ou mais línguas, seu texto faz igualmente fé em cada uma delas, a não ser que o tratado disponha ou as partes concordem que, em caso de divergência, prevaleça um texto determinado.
2. Uma versão do tratado em língua diversa daquelas em que o texto foi autenticado só será considerada texto autêntico se o tratado o previr ou as partes nisso concordarem.
3. Presume-se que os termos do tratado têm o mesmo sentido nos diversos textos autênticos.
4. Salvo o caso em que um determinado texto prevalece nos termos do parágrafo 1, quando a comparação dos textos autênticos revela uma diferença de sentido que a aplicação dos artigos 31 e 32 não elimina, adotar-se-á o sentido que, tendo em conta o objeto e a finalidade do tratado, melhor conciliar os textos.

Seção 4
Tratados e Terceiros Estados

Artigo 34
Regra Geral com Relação a Terceiros Estados
Um tratado não cria obrigações nem direitos para um terceiro Estado sem o seu consentimento.

Artigo 35
Tratados que Criam Obrigações para Terceiros Estados
Uma obrigação nasce para um terceiro Estado de uma disposição de um tratado se as partes no tratado tiverem a intenção de criar a obrigação por meio dessa disposição e o terceiro Estado aceitar expressamente, por escrito, essa obrigação.

Artigo 36
Tratados que Criam Direitos para Terceiros Estados

1. Um direito nasce para um terceiro Estado de uma disposição de um tratado se as partes no tratado tiverem a intenção de conferir, por meio dessa disposição, esse direito quer a um terceiro Estado, quer a um grupo de Estados a que pertença, quer a todos os Estados, e o terceiro Estado nisso consentir. Presume-se o seu consentimento até indicação em contrário, a menos que o tratado disponha diversamente.
2. Um Estado que exerce um direito nos termos do parágrafo 1 deve respeitar, para o exercício desse direito, as condições previstas no tratado ou estabelecidas de acordo com o tratado.

Artigo 37
Revogação ou Modificação de Obrigações ou Direitos de Terceiros Estados

1. Qualquer obrigação que tiver nascido para um terceiro Estado nos termos do artigo 35 só poderá ser revogada ou modificada com o consentimento

das partes no tratado e do terceiro Estado, salvo se ficar estabelecido que elas haviam acordado diversamente.

2. Qualquer direito que tiver nascido para um terceiro Estado nos termos do artigo 36 não poderá ser revogado ou modificado pelas partes, se ficar estabelecido ter havido a intenção de que o direito não fosse revogável ou sujeito a modificação sem o consentimento do terceiro Estado.

Artigo 38
Regras de um Tratado Tornadas Obrigatórias para Terceiros Estados por Força do Costume Internacional

Nada nos artigos 34 a 37 impede que uma regra prevista em um tratado se torne obrigatória para terceiros Estados como regra consuetudinária de Direito Internacional, reconhecida como tal.

PARTE IV
EMENDA E MODIFICAÇÃO DE TRATADOS

Artigo 39
Regra Geral Relativa à Emenda de Tratados

Um tratado poderá ser emendado por acordo entre as partes. As regras estabelecidas na parte II aplicar-se-ão a tal acordo, salvo na medida em que o tratado dispuser diversamente.

Artigo 40
Emenda de Tratados Multilaterais

1. A não ser que o tratado disponha diversamente, a emenda de tratados multilaterais reger-se-á pelos parágrafos seguintes.
2. Qualquer proposta para emendar um tratado multilateral entre todas as partes deverá ser notificada a todos os Estados contratantes, cada um dos quais terá o direito de participar:
a) na decisão quanto à ação a ser tomada sobre essa proposta;
b) na negociação e conclusão de qualquer acordo para a emenda do tratado.
3. Todo Estado que possa ser parte no tratado poderá igualmente ser parte no tratado emendado.
4. O acordo de emenda não vincula os Estados que já são partes no tratado e que não se tornarem partes no acordo de emenda; em relação a esses Estados, aplicar-se-á o artigo 30, parágrafo 4 (b).
5. Qualquer Estado que se torne parte no tratado após a entrada em vigor do acordo de emenda será considerado, a menos que manifeste intenção diferente:
a) parte no tratado emendado; e
b) parte no tratado não emendado em relação às partes no tratado não vinculadas pelo acordo de emenda.

Artigo 41
Acordos para Modificar Tratados Multilaterais somente entre Algumas Partes

1. Duas ou mais partes num tratado multilateral podem concluir um acordo para modificar o tratado, somente entre si, desde que:

a) a possibilidade de tal modificação seja prevista no tratado; ou
b) a modificação em questão não seja proibida pelo tratado; e
i) não prejudique o gozo pelas outras partes dos direitos provenientes do tratado nem o cumprimento de suas obrigações.
ii) não diga respeito a uma disposição cuja derrogação seja incompatível com a execução efetiva do objeto e da finalidade do tratado em seu conjunto.
2. A não ser que, no caso previsto na alínea a do parágrafo 1, o tratado disponha de outra forma, as partes em questão notificarão às outras partes sua intenção de concluir o acordo e as modificações que este introduz no tratado.

PARTE V
NULIDADE, EXTINÇÃO E SUSPENSÃO DA EXECUÇÃO DE TRATADOS

Seção 1
Disposições Gerais

Artigo 42
Validade e Vigência de Tratados

1. A validade de um tratado ou do consentimento de um Estado em obrigar-se por um tratado só pode ser contestada mediante a aplicação da presente Convenção.
2. A extinção de um tratado, sua denúncia ou a retirada de uma das partes só poderá ocorrer em virtude da aplicação das disposições do tratado ou da presente Convenção. A mesma regra aplica-se à suspensão da execução de um tratado.

Artigo 43
Obrigações Impostas pelo Direito Internacional, Independentemente de um Tratado

A nulidade de um tratado, sua extinção ou denúncia, a retirada de uma das partes ou a suspensão da execução de um tratado em consequência da aplicação da presente Convenção ou das disposições do tratado não prejudicarão, de nenhum modo, o dever de um Estado de cumprir qualquer obrigação enunciada no tratado à qual estaria ele sujeito em virtude do Direito Internacional, independentemente do tratado.

Artigo 44
Divisibilidade das Disposições de um Tratado

1. O direito de uma parte, previsto num tratado ou decorrente do artigo 56, de denunciar, retirar-se ou suspender a execução do tratado, só pode ser exercido em relação à totalidade do tratado, a menos que este disponha ou as partes acordem diversamente.
2. Uma causa de nulidade, de extinção, de retirada de uma das partes ou de suspensão de execução de um tratado, reconhecida na presente Convenção, só pode ser alegada em relação à totalidade do tra-

CONVENÇÃO DE VIENA SOBRE O DIREITO DOS TRATADOS (1969)

acional geral. Para os fins da presente Convenção, uma norma imperativa de Direito Internacional uma norma aceita e reconhecida pela comunidade internacional dos Estados como um todo, como da qual nenhuma derrogação é permitida só pode ser modificada por norma ulterior eito Internacional geral da mesma natureza.
71 (1) desta Convenção.

Seção 3
ção e Suspensão da Execução de Tratados

Artigo 54
xtinção ou Retirada de um Tratado Virtude de suas Disposições ou por consentimento das Partes

ção de um tratado ou a retirada de uma das ode ter lugar:
14 da Convenção de Havana sobre Tratados (1928).
onformidade com as disposições do tratado

alquer momento, pelo consentimento de s partes, após consulta com os outros Estados contratantes.

Artigo 55
o das Partes num Tratado Multilateral m do Número Necessário para sua Entrada em Vigor

er que o tratado disponha diversamente, ado multilateral não se extingue pelo simples de que o número de partes ficou aquém ero necessário para sua entrada em vigor.

Artigo 56
cia, ou Retirada, de um Tratado que Contém Disposições sobre Extinção, Denúncia ou Retirada

tado que não contém disposição relativa tinção, e que não prevê denúncia ou reão é suscetível de denúncia ou retirada, r que:
abeleça terem as partes tencionado adossibilidade da denúncia ou retirada; ou reito de denúncia ou retirada possa ser o da natureza do tratado.
arte deverá notificar, com pelo menos ses de antecedência, a sua intenção de ar ou de se retirar de um tratado, nos terarágrafo 1.

Artigo 57
são da Execução de um Tratado em Virtude de suas Disposições pelo Consentimento das Partes

ão de um tratado em relação a todas as s ou a uma parte determinada pode ser
formidade com as disposições do traquer momento, pelo consentimento de partes, após consulta com os outros Estratantes.

Artigo 58
Suspensão da Execução de Tratado Multilateral por Acordo apenas entre Algumas das Partes

1. Duas ou mais partes num tratado multilateral podem concluir um acordo para suspender temporariamente, e somente entre si, a execução das disposições de um tratado se:

a) a possibilidade de tal suspensão estiver prevista pelo tratado; ou

b) essa suspensão não for proibida pelo tratado e:
i) não prejudicar o gozo, pelas outras partes, dos seus direitos decorrentes do tratado nem o cumprimento de suas obrigações;
ii) não for incompatível com o objeto e a finalidade do tratado.

2. Salvo se, num caso previsto no parágrafo 1 (a), o tratado dispuser diversamente, as partes em questão notificarão às outras partes sua intenção de concluir o acordo e as disposições do tratado cuja execução pretendem suspender.

Artigo 59
Extinção ou Suspensão da Execução de um Tratado em Virtude da Conclusão de um Tratado Posterior

1. Considerar-se-á extinto um tratado se todas as suas partes concluírem um tratado posterior sobre o mesmo assunto e:

a) resultar do tratado posterior, ou ficar estabelecido por outra forma, que a intenção das partes foi regular o assunto por este tratado; ou

b) as disposições do tratado posterior forem de tal modo incompatíveis com as do anterior, que os dois tratados não possam ser aplicados ao mesmo tempo.

2. Considera-se apenas suspensa a execução do tratado anterior se se depreender do tratado posterior, ou ficar estabelecido de outra forma, que essa era a intenção das partes.

Artigo 60
Extinção ou Suspensão da Execução de um Tratado em Consequência de sua Violação

1. Uma violação substancial de um tratado bilateral por uma das partes autoriza a outra parte a invocar a violação como causa de extinção ou suspensão da execução de tratado, no todo ou em parte.

2. Uma violação substancial de um tratado multilateral por uma das partes autoriza:

a) as outras partes, por consentimento unânime, a suspenderem a execução do tratado, no todo ou em parte, ou a extinguirem o tratado, quer:
i) nas relações entre elas e o Estado faltoso;
ii) entre todas as partes;

b) uma parte especialmente prejudicada pela violação a invocá-la como causa para suspender a execução do tratado, no todo ou em parte, nas relações entre ela e o Estado faltoso;

c) qualquer parte que não seja o Estado faltoso a invocar a violação como causa para suspender a

tado, salvo nas condições previstas nos parágrafos seguintes ou no artigo 60.

3. Se a causa diz respeito apenas a determinadas cláusulas, só pode ser alegada em relação a essas cláusulas e desde que:

a) essas cláusulas sejam separáveis do resto do tratado no que concerne a sua aplicação;

b) resulte do tratado ou fique estabelecido de outra forma que a aceitação dessas cláusulas não constituía para a outra parte, ou para as outras partes no tratado, uma base essencial do seu consentimento em obrigar-se pelo tratado em seu conjunto; e

c) não seja injusto continuar a executar o resto do tratado.

4. Nos casos previstos nos artigos 49 e 50, o Estado que tem o direito de alegar o dolo ou a corrupção pode fazê-lo em relação à totalidade do tratado ou, nos termos do parágrafo 3, somente às determinadas cláusulas.

5. Nos casos previstos nos artigos 51, 52 e 53 a divisão das disposições de um tratado não é permitida.

Artigo 45
Perda do Direito de Invocar Causa de Nulidade, Extinção, Retirada ou Suspensão da Execução de um Tratado

Um Estado não pode mais invocar uma causa de nulidade, de extinção, de retirada ou de suspensão da execução de um tratado, com base nos artigos 46 a 50 ou nos artigos 60 e 62, se, depois de haver tomado conhecimento desses fatos, esse Estado:

a) tiver aceito, expressamente, que o tratado é válido, permanece em vigor ou continua em execução conforme o caso, ou

b) em virtude de sua conduta, deva ser considerado como tendo concordado em que o tratado é válido, permanece em vigor ou continua em execução, conforme o caso.

Seção 2
Nulidade de Tratados

Artigo 46
Disposições do Direito Interno sobre Competência para Concluir Tratados

1. Um Estado não pode invocar o fato de que seu consentimento em obrigar-se por um tratado foi expresso em violação de uma disposição de seu direito interno sobre competência para concluir tratados, a não ser que essa violação fosse manifesta e dissesse respeito a uma norma de seu direito interno de importância fundamental.

2. Uma violação é manifesta se for objetivamente evidente para qualquer Estado que proceda, na matéria, de conformidade com a prática normal e de boa-fé.

Artigo 47
Restrições Específicas ao Poder de Manifestar o Consentimento de um Estado

Se o poder conferido a um representante de manifestar o consentimento de um Estado em obrigar-se por um determinado tratado de restrição específica, o fato de não respeitar a restrição não po como invalidando o consentime não ser que a restrição tenha sid outros Estados negociadores ant ção do consentimento.

Artigo 48
Erro

1. Um Estado pode invocar erro tendo invalidado o seu consentin -se pelo tratado se o erro se referi ação que esse Estado supunha ex em que o tratado foi concluído e q base essencial de seu consentime pelo tratado.

2. O parágrafo 1 não se aplica se contribui para tal erro pela sua circunstâncias foram tais que o E apercebido da possibilidade de

3. Um erro relativo à redação d tado não prejudicará sua vali aplicar-se-á o artigo 79.

Artigo 49
Dolo

Se um Estado foi levado a conclu conduta fraudulenta de outro Es Estado pode invocar a fraude co do o seu consentimento em obri

Artigo 50
Corrupção de Representan

Se a manifestação do consentin em obrigar-se por um tratado da corrupção de seu representa ta ou indireta de outro Estado n pode alegar tal corrupção com o seu consentimento em obrig

Artigo 51
Coação de Representante

Não produzirá qualquer efei festação do consentimento obrigar-se por um tratado qu pela coação de seu represen atos ou ameaças dirigidas co

Artigo 52
Coação de um Estado ou Emprego da

É nulo um tratado cuja concl ameaça ou o emprego da fo princípios de Direito Interna na Carta das Nações Unidas.

Artigo 53
Tratado em Conflito co Imperativa de Direito Geral (*jus co*

É nulo um tratado que, no mo são, conflite com uma norma

execução do tratado, no todo ou em parte, no que lhe diga respeito, se o tratado for de tal natureza que uma violação substancial de suas disposições por parte modifique radicalmente a situação de cada uma das partes quanto ao cumprimento posterior de suas obrigações decorrentes do tratado.
3. Uma violação substancial de um tratado, para os fins deste artigo, consiste:
a) numa rejeição do tratado não sancionada pela presente Convenção; ou
b) na violação de uma disposição essencial para a consecução do objeto ou da finalidade do tratado.
4. Os parágrafos anteriores não prejudicam qualquer disposição do tratado aplicável em caso de violação.
5. Os parágrafos 1 a 3 não se aplicam às disposições sobre a proteção da pessoa humana contidas em tratados de caráter humanitário, especialmente às disposições que proíbem qualquer forma de represália contra pessoas protegidas por tais tratados.

Artigo 61
Impossibilidade Superveniente de Cumprimento

1. Uma parte pode invocar a impossibilidade de cumprir um tratado como causa para extinguir o tratado ou dele retirar-se, se esta possibilidade resultar da destruição ou do desaparecimento definitivo de um objeto indispensável ao cumprimento do tratado. Se a impossibilidade for temporária, pode ser invocada somente como causa para suspender a execução do tratado.
2. A impossibilidade de cumprimento não pode ser invocada por uma das partes como causa para extinguir um tratado, dele retirar-se, ou suspender a execução do mesmo, se a impossibilidade resultar de uma violação, por essa parte, quer de uma obrigação decorrente do tratado, quer de qualquer outra obrigação internacional em relação a qualquer outra parte no tratado.

Artigo 62
Mudança Fundamental de Circunstâncias

1. Uma mudança fundamental de circunstâncias, ocorrida em relação às existentes no momento da conclusão de um tratado, e não prevista pelas partes, não pode ser invocada como causa para extinguir um tratado ou dele retirar-se, salvo se:
a) a existência dessas circunstâncias tiver constituído uma condição essencial do consentimento das partes em obrigarem-se pelo tratado; e
b) essa mudança tiver por efeito a modificação radical do alcance das obrigações ainda pendentes de cumprimento em virtude do tratado.
2. Uma mudança fundamental de circunstâncias não pode ser invocada pela parte como causa para extinguir um tratado ou dele retirar-se:
a) se o tratado estabelecer limites; ou
b) se a mudança fundamental resultar de violação, pela parte que a invoca, seja de uma obrigação decorrente do tratado, seja de qualquer outra obrigação internacional em relação a qualquer outra parte no tratado.
3. Se, nos termos dos parágrafos anteriores, uma parte pode invocar uma mudança fundamental de circunstâncias como causa para extinguir um tratado ou dele retirar-se, pode também invocá-la como causa para suspender a execução do tratado.

Artigo 63
Rompimento de Relações Diplomáticas e Consulares

O rompimento de relações diplomáticas ou consulares entre partes em um tratado não afetará as relações jurídicas estabelecidas entre elas pelo tratado, salvo na medida em que a existência de relações diplomáticas ou consulares for indispensável à aplicação do tratado.

Artigo 64
Superveniência de uma Nova Norma Imperativa de Direito Internacional Geral (*jus cogens*)

Se sobrevier uma nova norma imperativa de Direito Internacional geral, qualquer tratado existente que estiver em conflito com essa norma torna-se nulo e extingue-se.
▶ Art. 71 (2) desta Convenção.

Seção 4
Processo

Artigo 65
Processo Relativo à Nulidade, Extinção, Retirada ou Suspensão da Execução de um Tratado

1. Uma parte que, nos termos da presente Convenção, invocar quer um vício no seu consentimento em obrigar-se por um tratado, quer uma causa para impugnar a validade de um tratado, extingui-lo, dele retirar-se ou suspender sua aplicação, deve notificar sua pretensão às outras partes. A notificação indicará a medida que se propõe tomar em relação ao tratado e as razões para isso.
2. Salvo em caso de extrema urgência, decorrido o prazo de pelo menos 3 (três) meses contados do recebimento da notificação, se nenhuma parte tiver formulado objeções, a parte que fez a notificação pode tomar, na forma prevista pelo artigo 67, a medida que propôs.
3. Se, porém, qualquer outra parte tiver formulado uma objeção, as partes deverão procurar uma solução pelos meios previstos, no artigo 33 da Carta das Nações Unidas.
4. Nada nos parágrafos anteriores afetará os direitos ou obrigações das partes decorrentes de quaisquer disposições em vigor que obriguem as partes com relação à solução de controvérsias.
5. Sem prejuízo do artigo 45, o fato de um Estado não ter feito a notificação prevista no parágrafo 1 não o impede de fazer tal notificação em resposta a outra parte que exija o cumprimento do tratado ou alegue a sua violação.

Artigo 66
Processo de Solução Judicial de Arbitragem e de Conciliação

Se, nos termos do parágrafo 3 do artigo 65, nenhuma solução foi alcançada, nos 12 meses seguintes à data na qual a objeção foi formulada, o seguinte processo será adotado:

a) qualquer parte na controvérsia sobre a aplicação ou a interpretação dos artigos 53 ou 64 poderá, mediante pedido escrito, submetê-la à decisão da Corte Internacional de Justiça, salvo se as partes decidirem, de comum acordo, submeter a controvérsia a arbitragem;

b) qualquer parte na controvérsia sobre a aplicação ou a interpretação de qualquer um dos outros artigos da Parte V da presente Convenção poderá iniciar o processo previsto no Anexo à Convenção, mediante pedido nesse sentido ao Secretário-Geral das Nações Unidas.

Artigo 67
Instrumentos Declaratórios da Nulidade, da Extinção, da Retirada ou Suspensão da Execução de um Tratado

1. A notificação prevista no parágrafo 1 do artigo 65 deve ser feita por escrito.

2. Qualquer ato que declare a nulidade, a extinção, a retirada ou a suspensão da execução de um tratado, nos termos das disposições do tratado ou dos parágrafos 2 e 3 do artigo 65, será levado a efeito através de um instrumento comunicado às outras partes. Se o instrumento não for assinado pelo Chefe de Estado, Chefe de Governo ou Ministro das Relações Exteriores, o representante do Estado que faz a comunicação poderá ser convidado a exibir plenos poderes.

Artigo 68
Revogação de Notificações e Instrumentos Previstos nos Artigos 65 e 67

Uma notificação ou um instrumento previstos nos artigos 65 ou 67 podem ser revogados a qualquer momento antes que produzam efeitos.

Seção 5
Consequências da Nulidade, da Extinção e da Suspensão da Execução de um Tratado

Artigo 69
Consequências da Nulidade de um Tratado

1. É nulo um tratado cuja nulidade resulta das disposições da presente Convenção. As disposições de um tratado nulo não têm eficácia jurídica.

2. Se, todavia, tiverem sido praticados atos em virtude desse tratado:

a) cada parte pode exigir de qualquer outra parte o estabelecimento, na medida do possível, em suas relações mútuas, da situação que teria existido se esses atos não tivessem sido praticados;

b) os atos praticados de boa-fé, antes de a nulidade haver sido invocada, não serão tornados ilegais pelo simples motivo da nulidade do tratado.

3. Nos casos previsto pelos artigos 49, 50, 51 ou 52, o parágrafo 2 não se aplica com relação à parte a que é imputado o dolo, o ato de corrupção ou a coação.

4. No caso da nulidade do consentimento de um determinado Estado em obrigar-se por um tratado multilateral, aplicam-se as regras acima nas relações entre esse Estado e as partes no tratado.

Artigo 70
Consequências da Extinção de um Tratado

1. A menos que o tratado disponha ou as partes acordem de outra forma, a extinção de um tratado, nos termos de suas disposições ou da presente Convenção:

a) libera as partes de qualquer obrigação de continuar a cumprir o tratado;

b) não prejudica qualquer direito, obrigação ou situação jurídica das partes, criados pela execução do tratado antes de sua extinção.

2. Se um Estado denunciar um tratado multilateral ou dele se retirar, o parágrafo 1 aplica-se nas relações entre esse Estado e cada uma das outras partes no tratado, a partir da data em que produza efeito essa denúncia ou retirada.

Artigo 71
Consequências da Nulidade de um Tratado em Conflito com uma Norma Imperativa de Direito Internacional Geral

1. No caso de um tratado nulo em virtude do artigo 53, as partes são obrigadas a:

a) eliminar, na medida do possível, as consequências de qualquer ato praticado com base em uma disposição que esteja em conflito com a norma imperativa de Direito Internacional geral; e

b) adaptar suas relações mútuas à norma imperativa de Direito Internacional geral.

2. Quando um tratado se torne nulo e seja extinto, nos termos do artigo 64, a extinção do tratado:

a) libera as partes de qualquer obrigação de continuar a cumprir o tratado;

b) não prejudica qualquer direito, obrigação ou situação jurídica das partes, criados pela execução do tratado, antes de sua extinção; entretanto, esses direitos, obrigações ou situações só podem ser mantidos posteriormente, na medida em que sua manutenção não entre em conflito com a nova norma imperativa de Direito Internacional geral.

Artigo 72
Consequências da Suspensão da Execução de um Tratado

1. A não ser que o tratado disponha ou as partes acordem de outra forma, a suspensão da execução de um tratado, nos termos de suas disposições ou da presente Convenção:

a) libera as partes, entre as quais a execução do tratado seja suspensa, da obrigação de cumprir

o tratado nas suas relações mútuas durante o período da suspensão;
b) não tem outro efeito sobre as relações jurídicas entre as partes, estabelecidas pelo tratado.
2. Durante o período da suspensão, as partes devem abster-se de atos tendentes a obstruir o reinício da execução do tratado.

PARTE VI
DISPOSIÇÕES DIVERSAS

Artigo 73
Caso de Sucessão de Estados, de Responsabilidade de um Estado e de Início de Hostilidades

As disposições da presente Convenção não prejulgarão qualquer questão que possa surgir em relação a um tratado, em virtude da sucessão de Estados, da responsabilidade internacional de um Estado ou do início de hostilidades entre Estados.

Artigo 74
Relações Diplomáticas e Consulares e Conclusão de Tratados

O rompimento ou a ausência de relações diplomáticas ou consulares entre dois ou mais Estados não obsta à conclusão de tratados entre os referidos Estados. A conclusão de um tratado, por si, não produz efeitos sobre as relações diplomáticas ou consulares.

Artigo 75
Caso de Estado Agressor

As disposições da presente Convenção não prejudicam qualquer obrigação que, em relação a um tratado, possa resultar para um Estado agressor de medidas tomadas em conformidade com a Carta das Nações Unidas, relativas à agressão cometida por esse Estado.

PARTE VII
DEPOSITÁRIOS, NOTIFICAÇÕES, CORREÇÕES E REGISTRO

Artigo 76
Depositários de Tratados

1. A designação do depositário de um tratado pode ser feita pelos Estados negociadores no próprio tratado ou de alguma outra forma. O depositário pode ser um ou mais Estados, uma organização internacional ou o principal funcionário administrativo dessa organização.
2. As funções do depositário de um tratado têm caráter internacional e o depositário é obrigado a agir imparcialmente no seu desempenho. Em especial, não afetará essa obrigação o fato de um tratado não ter entrado em vigor entre algumas das partes ou de ter surgido uma divergência, entre um Estado e o depositário, relativa ao desempenho das funções deste último.

Artigo 77
Funções dos Depositários

1. As funções do depositário, a não ser que o tratado disponha ou os Estados contratantes acordem de outra forma, compreendem particularmente:

a) guardar o texto original do tratado e quaisquer plenos poderes que lhe tenham sido entregues;
b) preparar cópias autenticadas do texto original e quaisquer textos do tratado em outros idiomas que possam ser exigidos pelo tratado e remetê-los às partes e aos Estados que tenham direito a ser partes no tratado;
c) receber quaisquer assinaturas ao tratado, receber e guardar quaisquer instrumentos, notificações e comunicações pertinentes ao mesmo;
d) examinar se a assinatura ou qualquer instrumento, notificação ou comunicação relativa ao tratado, está em boa e devida forma e, se necessário, chamar a atenção do Estado em causa sobre a questão;
e) informar as partes e os Estados que tenham direito a ser partes no tratado de quaisquer atos, notificações ou comunicações relativas ao tratado;
f) informar os Estados que tenham direito a ser partes no tratado sobre quando tiver sido recebido ou depositado o número de assinaturas ou de instrumentos de ratificação, de aceitação, de aprovação ou de adesão exigidos para a entrada em vigor do tratado;
g) registrar o tratado junto ao Secretariado das Nações Unidas;
h) exercer as funções previstas em outras disposições da presente Convenção.
2. Se surgir uma divergência entre um Estado e o depositário a respeito do exercício das funções deste último, o depositário levará a questão ao conhecimento dos Estados signatários e dos Estados contratantes ou, se for o caso, do órgão competente da organização internacional em causa.

Artigo 78
Notificações e Comunicações

A não ser que o tratado ou a presente Convenção disponham de outra forma, uma notificação ou comunicação que deva ser feita por um Estado, nos termos da presente Convenção:
a) será transmitida, se não houver depositário, diretamente aos Estados a que se destina ou, se houver depositário, a este último;
b) será considerada como tendo sido feita pelo Estado em causa somente a partir do seu recebimento pelo Estado ao qual é transmitida ou, se for o caso, pelo depositário;
c) se tiver sido transmitida a um depositário, será considerada como tendo sido recebida pelo Estado ao qual é destinada somente a partir do momento em que este Estado tenha recebido do depositário a informação prevista no parágrafo 1 (e) do artigo 77.

Artigo 79
Correção de Erros em Textos ou em Cópias Autenticadas de Tratados

1. Quando, após a autenticação do texto de um tratado, os Estados signatários e os Estados contratantes acordarem em que nele existe erro, este,

salvo decisão sobre diferente maneira de correção, será corrigido:
a) mediante a correção apropriada no texto, rubricada por representantes devidamente credenciados;
b) mediante a elaboração ou troca de instrumento ou instrumentos em que estiver consignada a correção que se acordou em fazer; ou
c) mediante a elaboração de um texto corrigido da totalidade do tratado, segundo o mesmo processo utilizado para o texto original.

2. Quando o tratado tiver um depositário, este deve notificar aos Estados signatários e contratantes a existência do erro e a proposta de corrigi-lo e fixar um prazo apropriado durante o qual possam ser formulados objeções à correção proposta. Se, expirado o prazo:
a) nenhuma objeção tiver sido feita, o depositário deve efetuar e rubricar a correção do texto, lavrar a ata de retificação do texto e remeter cópias da mesma às partes e aos Estados que tenham direito a ser partes no tratado;
b) uma objeção tiver sido feita, o depositário deve comunicá-la aos Estados signatários e aos Estados contratantes.

3. As regras enunciadas nos parágrafos 1 e 2 aplicam-se igualmente quando o texto, autenticado em duas ou mais línguas, apresentar uma falta de concordância que, de acordo com os Estados signatários e os Estados contratantes, deva ser corrigida.

4. O texto corrigido substitui ab initio o texto defeituoso, a não ser que os Estados signatários e os Estados contratantes decidam de outra forma.

5. A correção do texto de um tratado já registrado será notificado ao Secretariado das Nações Unidas.

6. Quando se descobrir um erro numa cópia autenticada de um tratado, o depositário deve lavrar uma ata mencionando a retificação e remeter cópia da mesma aos Estados signatários e aos Estados contratantes.

Artigo 80
Registro e Publicação de Tratados

1. Após sua entrada em vigor, os tratados serão remetidos ao Secretariado das Nações Unidas para fins de registro ou de classificação e catalogação, conforme o caso, bem como de publicação.
- Art. 4º da Convenção de Havana sobre Tratados (1928).
- Art. 81 da Convenção de Viena sobre o Direito dos Tratados entre Estados e Organizações Internacionais ou entre Organizações Internacionais (1986).
- Art. 102 da Carta das Nações Unidas (1945).

2. A designação de um depositário constitui autorização para este praticar os atos previstos no parágrafo anterior.

PARTE VIII
DISPOSIÇÕES FINAIS

Artigo 81
Assinatura

A presente Convenção ficará aberta à assinatura de todos os Estados-Membros das Nações Unidas ou de qualquer das agências especializadas ou da Agência Internacional de Energia Atômica, assim como de todas as partes no Estatuto da Corte Internacional de Justiça e de qualquer outro Estado convidado pela Assembleia Geral das Nações Unidas a tornar-se parte na Convenção, da seguinte maneira: até 30 de novembro de 1969, no Ministério Federal dos Negócios Estrangeiros da República da Áustria e, posteriormente, até 30 de abril de 1970, na sede das Nações Unidas em Nova York.

Artigo 82
Ratificação

A presente Convenção é sujeita à ratificação. Os instrumentos de ratificação serão depositados junto ao Secretário-Geral das Nações Unidas.

Artigo 83
Adesão

A presente Convenção permanecerá aberta à adesão de todo Estado pertencente a qualquer das categorias mencionadas no artigo 81. Os instrumentos de adesão serão depositados junto ao Secretário-Geral das Nações Unidas.

Artigo 84
Entrada em Vigor

1. A presente Convenção entrará em vigor no trigésimo dia que se seguir à data do depósito do 35º (trigésimo quinto) instrumento de ratificação ou adesão.

2. Para cada Estado que ratificar a Convenção ou a ela aderir após o depósito do 35º (trigésimo quinto) instrumento de ratificação ou adesão, a Convenção entrará em vigor no trigésimo dia após o depósito, por esse Estado, de seu instrumento de ratificação ou adesão.

Artigo 85
Textos Autênticos

O original da presente Convenção, cujos textos em chinês, espanhol, francês, inglês e russo fazem igualmente fé, será depositado junto ao Secretário-Geral das Nações Unidas.

Em fé do que, os plenipotenciários abaixo assinados, devidamente autorizados por seus respectivos Governos, assinaram a presente Convenção.

Feita em Viena, aos vinte e três dias de maio de mil novecentos e sessenta e nove.

ANEXO

1. O Secretário-Geral das Nações Unidas deve elaborar e manter uma lista de conciliadores composta de juristas qualificados. Para esse fim, todo Estado-membro das Nações Unidas ou parte na presente Convenção será convidado a nomear dois conciliadores e os nomes das pessoas assim nomeadas constituirão a lista. A nomeação dos conciliadores, inclusive os nomeados para preencher uma vaga eventual, é feita por um período de cinco anos, renovável. Com a expiração do período para o qual forem nomeados, os conciliadores con-

tinuarão a exercer as funções para as quais tiverem sido escolhidos, nos termos do parágrafo seguinte.

2. Quando um pedido é apresentado ao Secretário-Geral nos termos do artigo 66, o Secretário-Geral deve submeter a controvérsia a uma comissão de conciliação, constituída do seguinte modo:

O Estado ou os Estados que constituem uma das partes na controvérsia nomeiam:

a) um conciliador da nacionalidade desse Estado ou de um desses Estados, escolhido ou não da lista prevista no parágrafo 1; e

b) um conciliador que não seja da nacionalidade desse Estado ou de um desses Estados, escolhido da lista.

O Estado ou os Estados que constituírem a outra parte na controvérsia nomeiam dois conciliadores do mesmo modo. Os quatro conciliadores escolhidos pelas partes devem ser nomeados num prazo de 60 (sessenta) dias a partir da data do recebimento do pedido pelo Secretário-Geral.

Nos sessenta dias que se seguirem à última nomeação, os quatro conciliadores nomeiam 1/5 (um quinto), escolhido da lista, que será o presidente. Se a nomeação do presidente ou de qualquer outro conciliador não for feita no prazo acima previsto para essa nomeação, será feita pelo Secretário-Geral nos sessenta dias seguintes à expiração desse prazo. O Secretário-Geral pode nomear como presidente uma das pessoas inscritas na lista ou um dos membros da Comissão de Direito Internacional. Qualquer um dos prazos, nos quais as nomeações devem ser feitas, pode ser prorrogado, mediante acordo das partes na controvérsia. Qualquer vaga deve ser preenchida da maneira prevista para a nomeação inicial.

3. A Comissão de Conciliação adotará o seu próprio procedimento. A Comissão, com o consentimento das partes na controvérsia, pode convidar qualquer outra parte no tratado a submeter seu ponto de vista oralmente ou por escrito. A decisão e as recomendações da Comissão serão adotadas por maioria de votos de seus cinco membros.

4. A Comissão pode chamar a atenção das partes na controvérsia sobre qualquer medida suscetível de facilitar uma solução amigável.

5. A Comissão deve ouvir as partes, examinar as pretensões e objeções e fazer propostas às partes a fim de ajudá-las a chegar a uma solução amigável da controvérsia.

6. A Comissão deve elaborar um relatório nos doze meses que se seguirem à sua constituição. Seu relatório deve ser depositado junto ao Secretário-Geral e comunicado às partes na controvérsia. O relatório da Comissão, inclusive todas as conclusões nele contidas quanto aos fatos e às questões de direito, não vincula as partes e não terá outro valor senão o de recomendações submetidas à consideração das partes, a fim de facilitar uma solução amigável da controvérsia.

7. O Secretário-Geral fornecerá à Comissão a assistência e as facilidades de que ela possa necessitar. As despesas da Comissão serão custeadas pelas Nações Unidas.

CONVENÇÃO DE VIENA SOBRE SUCESSÃO DE ESTADOS EM MATÉRIA DE TRATADOS (1978)

- Assinada em Viena, em 23.08.1978.
- Aprovada no Brasil pelo Decreto Legislativo 166, de 28.11.2018, ratificada pelo governo brasileiro em 07.02.2019, e promulgada pelo Decreto 10.214, de 30.01.2020.
- Entrou em vigor internacional em 06.11.1996, e para o Brasil, em 09.03.2019.

Concluída e assinada em Viena, Áustria, em 23 de agosto de 1978; convenção de Viena sobre Sucessão de Estados em Matéria de Tratados; Conclusão e assinatura: Viena, Áustria, 23 de agosto de 1978; os Estados partes na presente Convenção, considerando a profunda transformação da comunidade internacional gerada pelo processo de descolonização; considerando também que outros fatores podem conduzir a casos de sucessão de Estados no futuro; convencidos, nessas circunstâncias, da necessidade de codificação e do desenvolvimento progressivo das normas relativas à sucessão de Estados em matéria de tratados como meio de garantir maior segurança jurídica nas relações internacionais; percebendo que os princípios do livre consentimento, da boa fé e pacta sunt servanda estão universalmente reconhecidos; enfatizando que a constante observância dos tratados multilaterais gerais que versam sobre a codificação e o desenvolvimento progressivo do direito internacional, e aqueles cujos objeto e propósito são de interesse para a comunidade internacional no seu conjunto, é de especial importância para o fortalecimento da paz e da cooperação internacional; tendo em mente os princípios de direito internacional incorporados na Carta das Nações Unidas, tais como os princípios da igualdade de direitos e da autodeterminação dos povos, da igualdade soberana e da independência de todos os Estados, da não-interferência nos assuntos internos dos Estados, da proibição da ameaça ou do uso da força, e do respeito universal - e observância - dos direitos humanos e das liberdades fundamentais de todos; recordando que o respeito pela integridade territorial e independência política de qualquer Estado é imposto pela Carta das Nações Unidas; tendo presentes as disposições da Convenção de Viena sobre o Direito dos Tratados de 1969;

Tendo também presente o artigo 73 da dita Convenção; afirmando que as questões do direito dos tratados, distintas daquelas a que pode dar lugar uma sucessão de Estados, regem-se pelas normas pertinentes do direito internacional, incluindo aquelas normas de direito internacional costumeiro que figuram na Convenção de Viena sobre o Direito dos Tratados de 1969; afirmando que as normas do direito internacional costumeiro continuarão regendo as questões não reguladas pelas disposições da presente Convenção; acordaram o seguinte:

PARTE 1
DISPOSIÇÕES GERAIS

Artigo 1
Alcance da presente Convenção

A presente Convenção aplica-se aos efeitos das sucessões de Estados em matéria de tratados entre Estados.

Artigo 2
Termos utilizados

1. Para os efeitos da presente Convenção:
a) tratado - significa um acordo internacional celebrado por escrito entre Estados e regido pelo direito internacional, quer conste de um instrumento único ou de dois ou mais instrumentos conexos e qualquer que seja a sua denominação particular;
b) sucessão de Estados - significa a substituição de um Estado por outro na responsabilidade das relações internacionais de um território;
c) Estado predecessor - significa o Estado que foi substituído por outro Estado pela ocorrência de uma sucessão de Estados;
d) Estado sucessor - significa o Estado que substituiu outro Estado pela ocorrência de uma sucessão de Estados;
e) data da sucessão de Estados - significa a data em que o Estado sucessor substituiu o Estado predecessor na responsabilidade pelas relações internacionais do território a que se refere essa sucessão de Estados;
f) Estado de independência recente - significa um Estado sucessor cujo território, imediatamente antes da data da sucessão de Estados, era um território dependente por cujas relações internacionais o Estado predecessor era responsável;
g) notificação de sucessão - significa em relação a um tratado multilateral a notificação, de qualquer enunciado ou denominação, feita por um Estado sucessor na qual manifesta o seu consentimento em considerar-se obrigado pelo tratado;
h) plenos poderes - significa, em relação a uma notificação de sucessão ou a qualquer outra notificação com base na presente Convenção, um documento que emana da autoridade competente de um Estado designando uma ou mais pessoas para representar esse Estado para efeitos de comunicar a notificação de sucessão ou, conforme o caso, a notificação;
i) ratificação, aceitação e aprovação - significam, conforme o caso, o ato internacional assim denominado pelo qual um Estado faz constar no âmbito internacional o seu consentimento em obrigar-se por um tratado;
j) reserva - significa uma declaração unilateral, qualquer que seja o seu enunciado ou denominação, feita por um Estado ao assinar, ratificar, aceitar, aprovar ou aderir a um tratado, ou ao fazer uma notificação de sucessão a um tratado, com a intenção de excluir ou modificar os efeitos jurídicos de certas disposições do tratado na sua aplicação a esse Estado;
k) Estado contratante - significa um Estado que consentiu em obrigar-se pelo tratado, tenha o tratado entrado em vigor ou não;
l) parte - significa um Estado que consentiu em obrigar-se pelo tratado e para o qual o tratado está vigente;
m) outro Estado parte - significa, em relação a um Estado sucessor, qualquer Estado, distinto do Estado predecessor, que é parte num tratado vigente na data de uma sucessão de Estados relativo ao território a que se refere essa sucessão de Estados;
n) organização internacional - significa uma organização intergovernamental.
2. As disposições do parágrafo 1 sobre os termos empregados na presente Convenção entender-se-ão sem prejuízo do emprego desses termos ou do sentido que se lhes possa dar no direito interno de qualquer Estado.

Artigo 3
Casos não compreendidos no âmbito da presente Convenção

O fato de a presente Convenção não se aplicar aos efeitos de uma sucessão de Estados no que respeita aos acordos internacionais celebrados entre Estados e outros sujeitos de direito internacional, nem no que respeita a acordos não celebrados por escrito não afetará:
a) A aplicação a estes casos de qualquer das normas enunciadas na presente Convenção a que estejam submetidos em virtude do direito internacional independentemente desta Convenção;
b) A aplicação entre Estados da presente Convenção aos efeitos de uma sucessão de Estados no que respeita aos acordos internacionais em que outros sujeitos de direito internacional também sejam partes.

Artigo 4
Tratados constitutivos de organizações internacionais e tratados adotados no âmbito de uma organização internacional

A presente Convenção aplicar-se-á aos efeitos de uma sucessão de Estados a respeito de:
a) Todo tratado que seja instrumento constitutivo de uma organização internacional, sem prejuízo das normas relativas à aquisição da qualidade de membro e sem prejuízo de qualquer outra norma pertinente da organização;
b) Todo tratado adotado no âmbito de uma organização internacional, sem prejuízo de qualquer outra norma pertinente da organização.

Artigo 5
Obrigações impostas pelo direito internacional independentemente de um tratado

O fato de um tratado não ser considerado vigente relativamente a um Estado em virtude da aplicação da presente Convenção não limitará em forma alguma o dever desse Estado de cumprir toda obrigação enunciada no tratado ao qual esteja submetido em virtude do direito internacional, independentemente do tratado.

Artigo 6
Casos de sucessão de Estados abrangidos pela presente Convenção

A presente Convenção aplicar-se-á unicamente aos efeitos de uma sucessão de Estados que ocorra em conformidade com o direito internacional e, em particular, com os princípios de direito internacional incorporados na Carta das Nações Unidas.

Artigo 7
Aplicação da presente Convenção no tempo

1. Sem prejuízo da aplicação de quaisquer normas enunciadas na presente Convenção a que os efeitos de uma sucessão de Estados estejam submetidos em virtude do direito internacional independentemente desta Convenção, a Convenção só se aplicará em relação a uma sucessão de Estados que tenha ocorrido depois da entrada em vigor da Convenção, salvo se tiver se convencionado de outra forma.
2. Um Estado sucessor poderá, no momento de expressar o seu consentimento em obrigar-se pela presente Convenção ou em qualquer momento posterior, fazer uma declaração de que aplicará as disposições da presente Convenção relativamente à sua própria sucessão de Estados, que tenha ocorrido antes da entrada em vigor da Convenção, em relação a qualquer outro Estado contratante ou Estado Parte na Convenção que venha a fazer uma declaração de que aceita a declaração do Estado sucessor. Ao entrar em vigor a Convenção entre os Estados que façam as declarações, ou ao fazer-se a declaração de aceitação, se esta for posterior, as disposições da Convenção aplicar-se-ão aos efeitos da sucessão de Estados a partir da data dessa sucessão de Estados.
3. Um Estado sucessor poderá, no momento de assinar ou de manifestar o seu consentimento em obrigar-se pela presente Convenção, fazer uma declaração de que aplicará as disposições da Convenção provisoriamente a respeito de sua própria sucessão de Estados, ocorrida antes da entrada em vigor da Convenção, em relação a qualquer outro signatário ou Estado contratante que tenha feito uma declaração aceitando a declaração do Estado sucessor; ao fazer-se a declaração de aceitação, essas disposições aplicar-se-ão provisoriamente aos efeitos da sucessão de Estados entre esses dois Estados a partir da data dessa sucessão de Estados.
4. Toda declaração feita de acordo com os parágrafos 2 ou 3 consignar-se-á numa notificação escrita comunicada ao depositário, que informará as Partes e os Estados que estejam se habilitando a tornar-se Partes na presente Convenção a respeito da comunicação que lhe foi feita da dita notificação e do seu conteúdo.

Artigo 8
Acordos para a transmissão de obrigações ou direitos derivados de tratados de um Estado predecessor a um Estado sucessor

1. As obrigações ou os direitos de um Estado predecessor derivados de tratados em vigor, a respeito de um território, na data de uma sucessão de Estados, não passarão a ser obrigações ou direitos do Estado sucessor para com outros Estados partes nesse tratado apenas pelo fato de que o Estado predecessor e o Estado sucessor tenham celebrado um acordo pelo qual disponham que tais obrigações ou direitos se transmitirão ao Estado sucessor.
2. Não obstante a celebração de tal acordo, os efeitos de uma sucessão de Estados sobre os tratados que, na data dessa sucessão de Estados, estivessem em vigor relativamente ao território em questão reger-se-ão pela presente Convenção.

Artigo 9
Declaração unilateral do Estado sucessor relativa aos tratados do Estado predecessor

1. As obrigações ou os direitos derivados de tratados em vigor relativos a um território, na data de uma sucessão de Estados, não passarão a ser obrigações ou direitos do Estado sucessor nem de outros Estados partes nesses tratados apenas pelo fato de o Estado sucessor ter formulado uma declaração unilateral prevendo a manutenção em vigor dos tratados relativos ao seu território.
2. Em tal caso, os efeitos da sucessão de Estados sobre os tratados que, na data dessa sucessão de Estados, estavam em vigor, relativos ao território em questão, reger-se-ão pela presente Convenção.

Artigo 10
Tratados prevendo a participação de um Estado sucessor

1. Quando um tratado dispuser que, pela ocorrência de uma sucessão de Estados, um Estado sucessor possa optar por considerar-se parte nele, esse Estado poderá notificar a sua sucessão a respeito do tratado, em conformidade com as disposições do tratado ou, na falta de tais disposições, em conformidade com as disposições da presente Convenção.
2. Se um tratado dispuser que, pela ocorrência de uma sucessão de Estados, um Estado sucessor seja considerado parte nesse tratado, essa disposição produzirá efeitos nesse sentido apenas se o Estado sucessor aceitar expressamente, por escrito, ser assim considerado.
3. Nos casos compreendidos nos parágrafos 1 ou 2, um Estado sucessor que faça constar o seu consentimento em ser parte no tratado será considerado parte desde a data da sucessão de Estados, salvo se o tratado dispuser de outra forma ou se for acordado diferentemente.

Artigo 11
Regimes de fronteira

Uma sucessão de Estados não afetará como tal:
a) Uma fronteira demarcada por um tratado; nem

b) As obrigações e os direitos estabelecidos por um tratado e que se refiram a um regime de fronteira.

Artigo 12
Outros regimes territoriais

1. Uma sucessão de Estados não automaticamente afetará:
a) As obrigações relativas ao uso de qualquer território, ou às restrições ao seu uso, estabelecidas por um tratado em benefício de qualquer território de um Estado estrangeiro e consideradas como vinculadas aos territórios em questão;
b) Os direitos estabelecidos por um tratado em benefício de qualquer território e relativos ao uso, ou às restrições ao seu uso, de qualquer território de um Estado estrangeiro e considerados como vinculados aos territórios em questão.
2. Uma sucessão de Estados não automaticamente afetará:
a) As obrigações relativas ao uso de qualquer território, ou às restrições ao seu uso, estabelecidas por um tratado em benefício de um grupo de Estados ou de todos os Estados e que se considerem vinculadas a esse território;
b) Os direitos estabelecidos por um tratado em benefício de um grupo de Estados ou de todos os Estados e relativos ao uso de qualquer território, ou às restrições ao seu uso, e que se considerem vinculados a esse território.
3. As disposições do presente artigo não se aplicam às obrigações derivadas de tratados do Estado predecessor que prevejam o estabelecimento de bases militares estrangeiras no território ao qual se refere essa sucessão de Estados.

Artigo 13
A presente Convenção e a soberania permanente sobre as riquezas e os recursos naturais

Nada do disposto na presente Convenção afetará os princípios de direito internacional que afirmam a soberania permanente de cada povo e de cada Estado sobre as suas riquezas e recursos naturais.

Artigo 14
Questões relativas à validade dos tratados

Nada do disposto na presente Convenção será considerado de prejuízo algum a qualquer questão relativa à validade de um tratado.

PARTE II
SUCESSÃO RELATIVA A PARTE DE UM TERRITÓRIO

Artigo 15
Sucessão relativa a parte de um território

Quando parte do território de um Estado, ou quando qualquer território de cujas relações internacionais um Estado seja responsável e que não seja parte do território desse Estado, passa a ser parte do território de outro Estado:

a) os tratados do Estado predecessor deixam de estar em vigor relativamente ao território a que se refere a sucessão de Estados desde a data dessa sucessão de Estados; e
b) os tratados do Estado sucessor entram em vigor relativamente ao território a que se refere essa sucessão de Estados desde a data da sucessão de Estados, salvo se depreender-se do tratado ou de outro modo for estabelecido que a aplicação do tratado a esse território venha a ser incompatível com o objeto e os propósitos do tratado ou que viesse a alterar radicalmente as condições da sua operação.

PARTE III
ESTADOS DE INDEPENDÊNCIA RECENTE

Seção 1
Regra geral

Artigo 16
Posição a respeito dos tratados do Estado predecessor

Um Estado de independência recente não estará obrigado a manter em vigor um tratado nem a tornar-se parte dele unicamente por razão de, na data da sucessão de Estados, o tratado estar em vigor relativamente ao território a que se refere essa sucessão de Estados.

Seção 2
Tratados multilaterais

Artigo 17
Participação em tratados vigentes na data da sucessão de Estados

1. Condicionado aos parágrafos 2 e 3, um Estado de independência recente poderá, mediante uma notificação de sucessão, constituir-se como parte em qualquer tratado multilateral que, na data da sucessão de Estados, estivesse em vigor relativamente ao território a que se refere essa sucessão de Estados.
2. O parágrafo 1 não se aplicará se depreender-se do tratado ou constar de outro modo que a aplicação do tratado relativamente ao Estado de independência recente seja incompatível com o objeto e o propósito do tratado ou venha a alterar radicalmente as condições da sua execução.
3. Quando, em função dos termos do tratado ou em razão do número limitado de Estados negociadores e do objeto e do propósito do tratado, a participação de qualquer outro Estado nesse tratado deva ser considerada sujeita ao consentimento de todas as demais partes, o Estado de independência recente poderá constituir-se como parte somente com tal consentimento.

Artigo 18
Participação em tratados não vigentes na data de uma sucessão de Estados

1. Condicionado aos parágrafos 3 e 4, um Estado de independência recente poderá, mediante uma notificação de sucessão, constituir-se como Estado

contratante num tratado multilateral não vigente se, na data da sucessão de Estados, o Estado predecessor fosse um Estado contratante relativamente ao território a que se refere tal sucessão de Estados.

2. Condicionado aos parágrafos 3 e 4, um Estado de independência recente poderá, mediante notificação de sucessão, constituir-se como parte num tratado multilateral que entre em vigor posteriormente à data da sucessão de Estados se, na data da sucessão de Estados, o Estado predecessor era um Estado contratante relativamente ao território a que se refere essa sucessão de Estados.

3. Os parágrafos 1 e 2 não se aplicarão se resultar do tratado ou se for estabelecido de outra forma que a aplicação do tratado relativamente ao Estado de independência recente seja incompatível com o objeto e o propósito do tratado ou venha a alterar radicalmente as condições da sua execução.

4. Quando, em função dos termos do tratado ou em razão do número limitado de Estados negociadores e do objeto e do propósito do tratado, a participação de qualquer outro Estado no tratado deva ser considerada sujeita ao consentimento de todas as partes ou de todos os Estados contratantes, o Estado de independência recente poderá constituir-se como parte ou como Estado contratante no tratado somente com tal consentimento.

5. Quando um tratado dispuser que para a sua entrada em vigor seja requerido um número determinado de Estados contratantes, um Estado de independência recente que se faça qualificar como Estado contratante no tratado, em virtude do parágrafo 1, contar-se-á como Estado contratante para os efeitos de tal disposição, salvo se uma intenção diferente resultar do tratado ou seja estabelecido de outra forma.

Artigo 19
Participação em tratados assinados pelo Estado predecessor sujeitos a ratificação, aceitação ou aprovação

1. Condicionado aos parágrafos 3 e 4, se antes da data da sucessão de Estados o Estado predecessor assinou um tratado multilateral sujeito a ratificação, aceitação ou aprovação e, ao fazê-lo, pretendeu que o tratado se estendesse ao território a que se refere essa sucessão de Estados, o Estado de independência recente poderá ratificar, aceitar ou aprovar o tratado como se o tivesse assinado e assim tornar-se parte ou Estado contratante nesse tratado.

2. Para os efeitos do parágrafo 1, salvo se uma intenção diferente resultar do tratado ou seja estabelecido de outra forma, entender-se-á que a assinatura de um tratado pelo Estado predecessor expressa a intenção de que o tratado se estenda à totalidade do território de cujas relações internacionais o Estado predecessor vinha sendo responsável.

3. O parágrafo 1 não se aplicará se resultar do tratado ou seja estabelecido de outra forma que a aplicação do tratado relativamente ao Estado de independência recente venha a ser incompatível com o objeto e o propósito do tratado ou venha a alterar radicalmente as condições da sua execução.

4. Quando, em função dos termos de um tratado ou em razão do número limitado de Estados negociadores e do objeto e do propósito do tratado, a participação de qualquer outro Estado no tratado deva ser considerada sujeita ao consentimento de todas as partes ou de todos os Estados contratantes, o Estado de independência recente poderá tornar-se parte ou Estado contratante no tratado somente com tal consentimento.

Artigo 20
Reservas

1. Quando um Estado de independência recente se faça constituir como parte ou como Estado contratante num tratado multilateral, mediante uma notificação de sucessão, com base nos artigos 17 ou 18, considerar-se-á que mantém as mesmas reservas a esse tratado que fossem aplicáveis, na data da sucessão, relativamente ao território a que se refere essa sucessão de Estados, a menos que, ao fazer a notificação de sucessão, expresse intenção contrária ou formule uma reserva a respeito da mesma matéria à qual aquela reserva se referia.

2. Ao fazer uma notificação de sucessão qualificando-se como parte ou como Estado contratante num tratado multilateral, com base nos artigos 17 ou 18, um Estado de independência recente poderá formular uma reserva, a menos que esta seja uma daquelas cuja formulação ficaria excluída pelas provisões das alíneas (a), (b) ou (c) do artigo 19 da Convenção de Viena sobre o Direito dos Tratados.

3. Quando um Estado de independência recente formula uma reserva em conformidade com o parágrafo 2, aplicam-se as normas enunciadas nos artigos 20 a 23 da Convenção de Viena sobre o Direito dos Tratados relativamente a essa reserva.

Artigo 21
Consentimento em obrigar-se por parte de um tratado e opção entre disposições divergentes

1. Ao fazer uma notificação de sucessão com base nos artigos 17 ou 18 qualificando-se como parte ou como Estado contratante num tratado multilateral, um Estado de independência recente poderá, se o tratado permitir, manifestar o seu consentimento em obrigar-se por parte do tratado ou optar entre disposições divergentes, nas condições estabelecidas no tratado para manifestar tal consentimento ou exercer tal opção.

2. Um Estado de independência recente também poderá exercer, nas mesmas condições das demais partes ou dos demais Estados contratantes, qualquer direito previsto no tratado de retirar ou modificar qualquer consentimento ou opção feita ele mesmo ou feita pelo Estado predecessor relativamente ao território a que essa sucessão de Estados se refere.

3. Se o Estado de independência recente não manifestar o seu consentimento nem exercer nenhuma opção em conformidade com o parágrafo 1, ou se

não retirar ou modificar o consentimento à opção do Estado predecessor em conformidade com o parágrafo 2, considerar-se-á que mantém:

a) o consentimento, em conformidade com o tratado, em obrigar-se por uma parte desse tratado, expresso pelo Estado predecessor relativamente ao território a que se refere essa sucessão de Estados; ou

b) a opção entre disposições divergentes, em conformidade com o tratado, em relação à aplicação desse tratado, exercida pelo Estado predecessor relativamente ao território a que se refere essa sucessão de Estados.

Artigo 22
Notificação de sucessão

1. Uma notificação de sucessão relativamente a um tratado multilateral com base nos artigos 17 ou 18 deverá fazer-se por escrito.

2. Se a notificação de sucessão não está assinada pelo Chefe do Estado, Chefe do Governo ou Ministro dos Negócios Estrangeiros, o representante do Estado que a comunique poderá ser convidado a apresentar plenos poderes.

3. Salvo se o tratado dispuser de outro modo, a notificação de sucessão:

a) Será transmitida pelo Estado de independência recente ao depositário ou, se não houver depositário, às partes ou aos Estados contratantes;

b) Considerar-se-á feita pelo Estado de independência recente na data em que for recebida pelo depositário ou, se não houver depositário, na data em que for recebida por todas as partes ou, conforme o caso, todos os Estados contratantes.

4. O parágrafo 3 não afetará nenhuma obrigação que o depositário possa ter, em conformidade com o tratado ou por outra causa, de informar as partes ou os Estados contratantes a respeito da notificação de sucessão ou de toda comunicação relacionada feita pelo Estado de independência recente.

5. Condicionado às disposições do tratado, a notificação de sucessão ou a comunicação relacionada será considerada como recebida pelo Estado a que está destinada apenas quando este último tenha sido informado pelo depositário.

Artigo 23
Efeitos de uma notificação de sucessão

1. Exceto se o tratado dispuser diferentemente ou se tenha convencionado de outra forma, um Estado de independência recente que faça uma notificação de sucessão, com base no artigo 17 ou no parágrafo 2 do artigo 18, será considerado parte no tratado desde a data da sucessão de Estados, ou desde a data de entrada em vigor do tratado, se esta última for posterior.

2. Não obstante, a aplicação do tratado considerar-se-á suspensa entre o Estado de independência recente e as demais partes no tratado até à data em que se faça a notificação de sucessão, exceto na medida em que esse tratado possa ser aplicado provisoriamente em conformidade com o artigo 27 ou se tenha convencionado de outra forma.

3. Exceto se o tratado dispuser diferentemente ou se tenha convencionado de outra forma, um Estado de independência recente que faça uma notificação de sucessão, com base no parágrafo 1 do artigo 18, será considerado Estado contratante no tratado desde a data em que a notificação de sucessão tenha sido feita.

Seção III
Tratados bilaterais

Artigo 24
Condições para que um tratado seja considerado vigente para o caso de uma sucessão de Estados

1. Um tratado bilateral que na data de uma sucessão de Estados estivesse em vigor relativamente ao território a que se refere essa sucessão de Estados será considerado vigente entre um Estado de independência recente e o outro Estado parte quando:

a) ambos tenham convencionado isso expressamente;

b) em razão de suas condutas, deva-se considerar que ambos convencionaram assim.

2. Um tratado que seja considerado vigente com base no parágrafo 1 será aplicável entre o Estado de independência recente e o outro Estado parte desde a data da sucessão de Estados, salvo se uma intenção diferente resultar do seu acordo ou seja estabelecido de outra forma.

Artigo 25
Posição entre o Estado predecessor e o Estado de independência recente

Um tratado que, com base no artigo 24, seja considerado em vigor entre um Estado de independência recente e o outro Estado parte não deverá, só por esse fato, considerar-se também vigente nas relações entre o Estado predecessor e o Estado de independência recente.

Artigo 26
Rescisão, suspensão da aplicação ou emenda do tratado entre o Estado predecessor e o outro Estado parte

1. Um tratado que, com base no artigo 24, seja considerado em vigor entre um Estado de independência recente e o outro Estado parte:

a) Não deixará de estar em vigor entre eles apenas pelo fato de, ulteriormente, ter sido rescindido entre o Estado predecessor e o outro Estado parte;

b) Não terá sua aplicação suspensa entre eles apenas pelo fato de ter sido suspenso ulteriormente nas relações entre o Estado predecessor e o outro Estado parte;

c) Não ficará emendado nas relações entre eles apenas pelo fato de ter sido emendado ulteriormente nas relações entre o Estado predecessor e o outro Estado parte.

2. O fato de um tratado ter sido rescindido ou de, conforme o caso, ter sido suspensa a sua aplicação nas relações entre o Estado predecessor

e outro Estado parte posteriormente à data da sucessão de Estados não impedirá que o tratado seja considerado em vigor ou, conforme o caso, em aplicação entre o Estado de independência recente e o outro Estado parte se constar, em conformidade com o artigo 24, que estes tinham convencionado assim.

3. O fato de um tratado ter sido emendado entre o Estado predecessor e o outro Estado parte posteriormente à data da sucessão de Estados não impedirá que o tratado não emendado seja considerado em vigor, com base no artigo 24, entre o Estado de independência recente e o outro Estado parte, a menos que seja estabelecido que eles entendem aplicar entre si o tratado como emendado.

Seção IV
Aplicação provisória

Artigo 27
Tratados multilaterais

1. Se, na data da sucessão de Estados, um tratado multilateral estava em vigor relativamente ao território a que se refere essa sucessão de Estados e o Estado de independência recente informa sua intenção de que o tratado se aplique provisoriamente em relação ao seu território, esse tratado aplicar-se-á provisoriamente entre o Estado de independência recente e qualquer parte no tratado que expressamente tenha acordado assim ou que, em razão de sua conduta, deva-se considerar que tenha conveniado assim.

2. Não obstante, no caso de um tratado que se enquadre na categoria mencionada no parágrafo 3 do artigo 17, o consentimento de todas as partes em tal aplicação provisória será requerido.

3. Se. na data da sucessão de Estados, um tratado multilateral que não estava ainda em vigor vinha sendo aplicado provisoriamente em relação ao território a que essa sucessão de Estados se refere, e o Estado de independência recente informa sua intenção de que o tratado continue a aplicar-se provisoriamente em relação ao seu território, esse tratado será aplicado em caráter provisório entre o Estado de independência recente e qualquer Estado contratante que expressamente tenha acordado assim ou que, em razão de sua conduta, deva-se considerar que tenha conveniado assim.

4. Não obstante, no caso de um tratado que se enquadre na categoria mencionada no parágrafo 3 do artigo 17, o consentimento de todos os Estados contratantes na continuidade de tal aplicação provisória será requerido.

5. Os parágrafos 1 a 4 não se aplicarão se resultar do tratado ou se for estabelecido de outra forma que a aplicação do tratado relativamente ao Estado de independência recente seja incompatível com o objeto ou o propósito do tratado ou venha a alterar radicalmente as condições da sua execução.

Artigo 28
Tratados bilaterais

Um tratado bilateral que na data de uma sucessão de Estados estivesse em vigor ou se aplicasse provisoriamente relativamente ao território a que se refere essa sucessão de Estados considerar-se-á que se aplica provisoriamente entre o Estado de independência recente e o outro Estado quando:
a) ambos convencionem expressamente assim;
b) em razão de suas condutas, deva-se considerar que ambos convencionaram assim.

Artigo 29
Encerramento da aplicação provisória

1. Exceto se o tratado dispuser diferentemente ou se tenha convencionado de outra forma, a aplicação provisória de um tratado multilateral com base no artigo 27 poderá ser encerrada:
a) Mediante aviso de rescisão feito com antecipação razoável pelo Estado de independência recente, ou pela parte ou pelo Estado contratante que apliquem provisoriamente o tratado, ao expirar o aviso prévio; ou
b) No caso de um tratado que se enquadre na categoria mencionada no parágrafo 3 do artigo 17, mediante aviso de rescisão feito com antecipação razoável pelo Estado de independência recente, ou por todas as partes ou, conforme o caso, por todos os Estados contratantes, ao expirar o aviso prévio.

2. Exceto se o tratado dispuser diferentemente ou se tenha convencionado de outra forma, a aplicação provisória de um tratado bilateral com base no artigo 28 poderá encerrar-se mediante aviso de rescisão feito com antecipação razoável pelo Estado de independência recente ou pelo outro Estado implicado, ao expirar o aviso prévio.

3. Exceto se o tratado dispuser um prazo mais curto para a sua rescisão ou se tenha convencionado de outra forma, aviso de rescisão feito com antecipação razoável indicará um prazo de doze meses desde a data em que o aviso for recebido pelo outro Estado ou pelos outros Estados que estejam aplicando provisoriamente o tratado.

4. Exceto se o tratado dispuser diferentemente ou se tenha convencionado de outra forma, a aplicação provisória de um tratado multilateral com base no artigo 27 terminará se o Estado de independência recente informar sua intenção de não vir a ser parte no tratado.

Seção V
Estados de independência recente formados por dois ou mais territórios

Artigo 30
Estados de independência recente formados por dois ou mais territórios

1. Os artigos 16 a 29 aplicar-se-ão no caso de um Estado de independência recente formado por dois ou mais territórios.

2. Quando um Estado de independência recente formado por dois ou mais territórios seja conside-

rado ou passe a ser parte de um tratado com base nos artigos 17, 18 ou 24 e na data da sucessão de Estados o tratado estivesse em vigor, ou tenha sido dado consentimento em obrigar-se por esse tratado relativamente a um ou mais desses territórios, mas não todos eles, o tratado aplicar-se-á relativamente à totalidade do território desse Estado, a menos que:
a) resulte do tratado ou tenha sido estabelecido de outra forma que a aplicação do tratado relativamente à totalidade do território venha a ser incompatível com o objeto e o propósito do tratado ou venha a alterar radicalmente as condições da sua execução;
b) no caso de um tratado multilateral que não esteja compreendido no parágrafo 3 do artigo 18, a notificação de sucessão se restrinja ao território relativamente ao qual o tratado estava em vigor na data da sucessão de Estados ou a respeito do qual o consentimento em obrigar-se pelo tratado tenha sido dado anteriormente a essa data;
c) no caso de um tratado multilateral compreendido no parágrafo 3 do artigo 17 ou no parágrafo 4 do artigo 18, o Estado de independência recente e os outros Estados partes ou, conforme o caso, os outros Estados contratantes tenham convencionado de outra forma; ou
d) no caso de um tratado bilateral, o Estado de independência recente e o outro Estado interessado tenham convencionado de outra forma.
3. Quando um Estado de independência recente formado por dois ou mais territórios passe a ser parte num tratado multilateral com base no artigo 19 e, pela assinatura ou assinaturas do Estado predecessor ou dos Estados predecessores, tenha sido entendido que o tratado se estenda a um ou mais desses territórios, mas não todos, o tratado se aplicará relativamente à totalidade do território do Estado de independência recente, a menos que:
a) resulte do tratado ou tenha sido estabelecido de outra forma que a aplicação do tratado relativamente à totalidade do território venha a ser incompatível com o objeto e o propósito do tratado ou venha a alterar radicalmente as condições da sua execução;
b) no caso de um tratado multilateral que não esteja compreendido no parágrafo 4 do artigo 19, a ratificação, aceitação ou aprovação do tratado se restrinja ao território ou territórios a que se tinha a intenção de que o tratado se estendesse; ou
c) no caso de um tratado multilateral compreendido no parágrafo 4 do artigo 19, o Estado de independência recente e os outros Estados partes ou, conforme o caso, os outros Estados contratantes convencionem de outra forma.

PARTE IV
UNIFICAÇÃO E SEPARAÇÃO DE ESTADOS

Artigo 31
Efeitos de uma unificação de Estados relativamente aos tratados vigentes na data da sucessão de Estados

1. Quando dois ou mais Estados se unam e formem assim um Estado sucessor, todo tratado em vigor na data da sucessão de Estados relativamente a qualquer deles continuará em vigor relativamente ao Estado sucessor, a menos que:
a) o Estado sucessor e o outro Estado parte ou os outros Estados partes convencionem de outra forma; ou
b) resulte do tratado ou tenha sido estabelecido de outra forma que a aplicação do tratado relativamente ao Estado sucessor venha a ser incompatível com o objeto e o propósito do tratado ou venha a alterar radicalmente as condições da sua execução.
2. Todo tratado que continue em vigor em conformidade com o parágrafo 1 será aplicado somente relativamente à parte do território do Estado sucessor em relação à qual esse tratado estava em vigor na data da sucessão de Estados, a menos que:
a) no caso de um tratado multilateral que não corresponda à categoria mencionada no parágrafo 3 do artigo 17, o Estado sucessor faça uma notificação no sentido de que o tratado se aplique relativamente à totalidade do seu território;
b) no caso de um tratado multilateral que corresponda à categoria mencionada no parágrafo 3 do artigo 17, o Estado sucessor e os outros Estados partes convencionem de outra forma; ou
c) no caso de um tratado bilateral, o Estado sucessor e o outro Estado parte convencionem de outra forma.
3. A alínea (a) do parágrafo 2 não se aplicará se resultar do tratado, ou se tenha estabelecido de outra forma, que a aplicação do tratado relativamente à totalidade do território do Estado sucessor venha a ser incompatível com o objeto e o propósito do tratado ou venha a alterar radicalmente as condições da sua execução.

Artigo 32
Efeitos de uma unificação de Estados relativamente a tratados não vigentes na data da sucessão de Estados

1. Condicionado aos parágrafos 3 e 4, um Estado sucessor ao qual se aplique o artigo 31 poderá, mediante uma notificação, qualificar-se como Estado contratante num tratado multilateral que não esteja em vigor se, na data da sucessão de Estados, qualquer dos Estados predecessores era um Estado contratante nesse tratado.
2. Condicionado aos parágrafos 3 e 4, um Estado sucessor ao qual se aplique o artigo 31 poderá, mediante uma notificação, qualificar-se como parte num tratado multilateral que entre em vigor depois da data da sucessão de Estados se, nessa data, qualquer dos Estados predecessores era um Estado contratante nesse tratado.
3. Os parágrafos 1 e 2 não se aplicarão se resultar do tratado ou se houver estabelecido de outra forma que a aplicação do tratado relativamente ao Estado sucessor venha a ser incompatível com o objeto e o propósito do tratado ou venha a alterar radicalmente as condições da sua execução.

4. Se o tratado corresponder à categoria mencionada no parágrafo 3 do artigo 17, o Estado sucessor poderá constituir-se como parte ou como Estado contratante no tratado apenas com o consentimento de todas as partes ou de todos os Estados contratantes.

5. Todo tratado em que o Estado sucessor venha tornar-se parte ou Estado contratante em conformidade com os parágrafos 1 ou 2 será aplicado apenas à parte do território do Estado sucessor relativamente à qual o consentimento em obrigar-se pelo tratado tenha sido concedido antes da data da sucessão de Estados, a menos que:

a) no caso de um tratado multilateral que não corresponda à categoria mencionada no parágrafo 3 do artigo 17, o Estado sucessor indique na notificação feita em conformidade com os parágrafos 1 ou 2 que o tratado se aplicará em relação à totalidade do seu território; ou

b) no caso de um tratado multilateral que corresponda à categoria mencionada no parágrafo 3 do artigo 17, o Estado sucessor e todas as partes ou, conforme o caso, todos os Estados contratantes tenham convencionado de outra forma.

6. A alínea (a) do parágrafo 5 não se aplicará se resultar do tratado ou se for estabelecido de outra forma que a aplicação do tratado relativamente à totalidade do território do Estado sucessor venha a ser incompatível com o objeto e o propósito do tratado ou venha a alterar radicalmente as condições da sua execução.

Artigo 33
Efeitos de uma unificação de Estados relativamente a tratados assinados por um Estado predecessor sujeitos a ratificação, aceitação ou aprovação

1. Condicionado aos parágrafos 2 e 3, se antes da data da sucessão de Estados um dos Estados predecessores tiver assinado um tratado multilateral sujeito a ratificação, aceitação ou aprovação, um Estado sucessor ao qual se aplique o artigo 31 poderá ratificar, aceitar ou aprovar o tratado como se o tivesse assinado e passar assim a ser parte ou Estado contratante nele.

2. O parágrafo 1 não se aplicará se resultar do tratado ou se for estabelecido de outra forma que a aplicação do tratado relativamente ao Estado sucessor venha a ser incompatível com o objeto e o propósito do tratado ou venha a alterar radicalmente as condições da sua execução.

3. Se o tratado corresponder à categoria mencionada no parágrafo 3 do artigo 17, o Estado sucessor poderá passar a ser parte ou Estado contratante no tratado apenas com o consentimento de todas as partes ou de todos os Estados contratantes.

4. Todo tratado em relação ao qual o Estado sucessor venha a tornar-se parte ou Estado contratante em conformidade com o parágrafo 1 aplicar-se-á apenas relativamente à parte do território do Estado sucessor a respeito da qual o tratado foi assinado por um dos Estados predecessores, a menos que:

a) no caso de um tratado multilateral que não corresponda à categoria mencionada no parágrafo 3 do artigo 17, o Estado sucessor faça saber, ao ratificar, aceitar ou aprovar o tratado, que o tratado se aplicará relativamente à totalidade do território; ou

b) no caso de um tratado multilateral que corresponda à categoria mencionada no parágrafo 3 do artigo 17, o Estado sucessor e todas as partes ou, conforme o caso, todos os Estados contratantes convencionarem de outra forma.

5. A alínea (a) do parágrafo 4 não se aplicará se resultar do tratado ou se for estabelecido de outra forma que a aplicação do tratado a respeito da totalidade do território do Estado sucessor venha a ser incompatível com o objeto e o propósito do tratado ou venha a alterar radicalmente as condições da sua execução.

Artigo 34
Sucessão de Estados em caso de separação de partes de um Estado

1. Quando uma parte ou partes do território de um Estado se separam para formar um ou vários Estados, continue ou não a existir Estado predecessor:

a) Todo tratado que estivesse em vigor na data da sucessão de Estados relativamente à totalidade do Estado predecessor continuará em vigor relativamente a cada Estado sucessor assim formado;

b) Todo tratado que estivesse em vigor na data da sucessão do Estado relativamente apenas àquela parte do território do Estado predecessor que tenha passado a ser o Estado sucessor continuará em vigor relativamente a esse Estado sucessor somente.

2. O parágrafo 1 não se aplicará:

a) Se os Estados interessados convencionarem de outra forma;

b) Se resultar do tratado ou se for estabelecido de outra forma que a aplicação do tratado relativamente ao Estado sucessor venha a ser incompatível com o objeto e o propósito do tratado ou venha a alterar radicalmente as condições da sua execução.

Artigo 35
Posição se um Estado persiste depois da separação de parte do seu território

Quando, depois da separação de qualquer parte do território de um Estado, o Estado predecessor continuar a existir, todo tratado que na data da sucessão de Estados estivesse em vigor relativamente ao Estado predecessor continuará em vigor relativamente ao restante do seu território, a menos que:

a) os Estados interessados convencionem outra coisa;

b) haja constância de que o tratado se referia apenas ao território que se separou do Estado predecessor;

c) resulte do tratado ou tenha sido estabelecido de outra forma que a aplicação do tratado relativamente ao Estado predecessor venha a ser incompatível com o objeto e o propósito do tratado ou venha a alterar radicalmente as condições da sua execução.

Artigo 36
Participação em tratados não vigentes na data da sucessão de Estados no caso de separação de partes de um Estado

1. Condicionado aos parágrafos 3 e 4, um Estado sucessor ao qual se aplique o parágrafo 1 do artigo 34 poderá, mediante uma notificação, qualificar-se como Estado contratante num tratado multilateral que não esteja em vigor se, na data da sucessão de Estados, o Estado predecessor era um Estado contratante no tratado relativamente ao território a que essa sucessão de Estados se refere.

2. Condicionado aos parágrafos 3 e 4, um Estado sucessor ao qual se aplique o parágrafo 1 do artigo 34 poderá, mediante uma notificação, qualificar-se como parte num tratado multilateral que entre em vigor posteriormente à data da sucessão de Estados se, nessa data, o Estado predecessor era um Estado contratante no tratado relativamente ao território a que essa sucessão de Estados se refere.

3. Os parágrafos 1 e 2 não se aplicarão se resultar do tratado ou for estabelecido de outra forma que a aplicação do tratado relativamente ao Estado sucessor venha a ser incompatível com o objeto ou o propósito do tratado ou venha a alterar radicalmente as condições da sua execução.

4. Se o tratado corresponder à categoria mencionada no parágrafo 3 do artigo 17, o Estado sucessor poderá qualificar-se como parte ou como Estado contratante no tratado apenas com o consentimento de todas as partes ou de todos os Estados contratantes.

Artigo 37
Participação em casos de separação de partes de um Estado em tratados assinados pelo Estado predecessor sujeitos a ratificação, aceitação ou aprovação

1. Condicionado aos parágrafos 2 e 3, se antes da data da sucessão de Estados o Estado predecessor havia assinado um tratado multilateral sujeito a ratificação, aceitação ou aprovação e o tratado, se estivesse vigente nessa data, ter-se-ia aplicado relativamente ao território a que se refere essa sucessão de Estados, um Estado sucessor a que se aplique o parágrafo 1 do artigo 34 poderá ratificar, aceitar ou aprovar o tratado como se o tivesse assinado e passar assim a ser parte ou Estado contratante nele.

2. O parágrafo 1 não se aplicará se resultar do tratado ou se for estabelecido de outra forma que a aplicação do tratado relativamente ao Estado sucessor venha a ser incompatível com o objeto e o propósito do tratado ou venha a alterar radicalmente as condições da sua execução.

3. Se o tratado corresponder à categoria mencionada no parágrafo 3 do artigo 17, o Estado sucessor poderá tornar-se parte ou Estado contratante no tratado somente com o consentimento de todas as partes ou de todos os Estados contratantes.

Artigo 38
Notificação

1. Qualquer notificação com base nos artigos 31, 32 ou 36 deverá fazer-se por escrito.

2. Se a notificação não estiver assinada pelo Chefe do Estado, Chefe do Governo ou Ministro das Relações Exteriores, o representante do Estado que a comunique poderá ser convidado a apresentar os seus plenos poderes.

3. Salvo se o tratado dispuser de outra forma, a notificação:

a) deverá ser transmitida pelo Estado sucessor ao depositário ou, se não houver depositário, às partes ou aos Estados contratantes;

b) será considerada feita pelo Estado sucessor na data em que for recebida pelo depositário ou, se não houver depositário, na data em que for recebida por todas as partes ou, conforme o caso, por todos os Estados contratantes.

4. O parágrafo 3 não afetará nenhuma obrigação que o depositário possa ter, com base no tratado ou por outra causa, de informar as partes ou os Estados contratantes sobre a notificação ou sobre qualquer comunicação relacionada feita pelo Estado sucessor.

5. Condicionado às disposições do tratado, tal notificação ou comunicação será considerada recebida pelo Estado a que está destinada somente quando este tenha sido informado pelo depositário.

PARTE V
DISPOSIÇÕES GERAIS

Artigo 39
Casos de responsabilidade de um Estado ou de deflagração de hostilidades

As disposições da presente Convenção não prejudicarão questão alguma que, em relação aos efeitos de uma sucessão de Estados a respeito de um tratado, possa surgir sobre a responsabilidade internacional de um Estado ou a partir da deflagração de hostilidades entre Estados.

Artigo 40
Casos de ocupação militar

As disposições da presente Convenção não prejudicarão questão alguma que relativamente a um tratado possa surgir como consequência da ocupação militar de um território.

PARTE VI
RESOLUÇÃO DE CONTROVÉRSIAS

Artigo 41
Consultas e negociações

Se uma controvérsia relativa à interpretação ou aplicação da presente Convenção surge entre duas ou mais partes na Convenção, estas devam, a pedido de qualquer delas, procurar resolvê-la mediante um processo de consulta e negociação.

Artigo 42
Conciliação

Se a controvérsia não se resolver no prazo de seis meses contados da data em que a petição referida no artigo 41 tenha sido feito, qualquer das partes na controvérsia poderá submetê-la ao processo de conciliação especificado no Anexo da presente Convenção, apresentando uma petição para esse efeito ao Secretário-Geral das Nações Unidas, informando a outra parte ou as outras partes na controvérsia a respeito dessa petição.

Artigo 43
Resolução judicial e arbitragem

Todo Estado, no momento da assinatura ou ratificação da presente Convenção, ou na adesão a esta, ou em qualquer momento posterior, poderá declarar, mediante notificação dirigida ao depositário, que, quando uma controvérsia não se tenha resolvido mediante a aplicação dos procedimentos a que se referem os artigos 41 e 42, essa controvérsia poderá ser submetida à decisão do Tribunal Internacional de Justiça mediante pedido escrito de qualquer das partes na controvérsia, ou alternativamente à arbitragem, contanto que a outra parte na controvérsia tenha feito declaração análoga.

Artigo 44
Resolução por comum acordo

Não obstante os artigos 41, 42 e 43, se uma controvérsia em relação à interpretação ou à aplicação da presente Convenção surge entre duas ou mais partes na Convenção, estas poderão, de comum acordo, convencionar em submetê-la ao Tribunal Internacional de Justiça, à arbitragem ou a qualquer outro procedimento apropriado para a resolução de controvérsias.

Artigo 45
Outras disposições em vigor para resolução de controvérsias

Nada do disposto nos artigos 41 a 44 afetará os direitos ou as obrigações das partes na presente Convenção que derivem de quaisquer disposições em vigor entre elas relativamente à resolução de controvérsias.

PARTE VII
DISPOSIÇÕES FINAIS

Artigo 46
Assinatura

A presente Convenção estará aberta à assinatura de todos os Estados até 28 de fevereiro de 1979, no Ministério Federal dos Negócios Estrangeiros da República da Áustria, e, depois, até 31 de agosto de 1979, na sede das Nações Unidas, em Nova Iorque.

Artigo 47
Ratificação

A presente Convenção está sujeita a ratificação. Os instrumentos de ratificação serão depositados em poder do Secretário-Geral das Nações Unidas.

Artigo 48
Adesão

A presente Convenção ficará aberta à adesão de qualquer Estado. Os instrumentos de adesão serão depositados em poder do Secretário-Geral das Nações Unidas.

Artigo 49
Entrada em vigor

1. A presente Convenção entrará em vigor no trigésimo dia a partir da data em que tenha sido depositado o décimo quinto instrumento de ratificação ou de adesão.

2. Para cada Estado que venha ratificar ou aderir à Convenção depois de ter sido depositado o décimo quinto instrumento de ratificação ou de adesão, a Convenção entrará em vigor no trigésimo dia a partir da data em que o referido Estado tenha depositado o seu instrumento de ratificação ou de adesão.

Artigo 50
Textos autênticos

O original da presente Convenção, cujos textos em árabe, chinês, espanhol, francês, inglês e russo são igualmente autênticos, será depositado em poder do Secretário-Geral das Nações Unidas.

Em testemunho do qual, os plenipotenciários abaixo assinados, devidamente autorizados pelos seus respectivos Governos, subscreveram a presente Convenção.

Feito em Viena, em dia 23 de agosto de 1978.

ANEXO

1. Uma lista de conciliadores integrada por juristas qualificados deverá ser elaborada e mantida pelo Secretário-Geral das Nações Unidas. Para esse eleito, todo Estado que seja membro das Nações Unidas ou parte na presente Convenção será convidado a indicar dois conciliadores, e os nomes das pessoas indicadas constituirão a lista. A indicação dos conciliadores, incluindo daqueles indicados para cobrir uma vaga ocasional, vigerá por um período de cinco anos, passível de renovação. Um conciliador cujo período de indicação tenha expirado continuará a desempenhar qualquer função para a qual tenha sido escolhido com base no parágrafo seguinte.

2. Quando tenha sido apresentado um pedido ao Secretário-Geral, nos termos do artigo 42, este submeterá a controvérsia a uma comissão de conciliação composta da seguinte forma.

O Estado ou os Estados partes na controvérsia nomearão:

a) Um conciliador, da nacionalidade desse Estado ou de um desses Estados, escolhido ou não da lista mencionada no parágrafo 1; e

b) Um conciliador que não tenha a nacionalidade desse Estado nem de nenhum desses Estados, escolhido dessa lista.

O Estado ou os Estados que constituam a outra parte na controvérsia indicarão dois conciliadores do mesmo modo. Os quatro conciliadores escolhidos pela parte deverão ser indicados dentro dos sessenta dias seguintes à data em que o Secretário-Geral tenha recebido o pedido.

Os quatro conciliadores, dentro dos sessenta dias seguintes à data da indicação do último deles, indicarão um quinto conciliador, escolhido da lista, que será o presidente.

Se a indicação do presidente ou de qualquer dos demais conciliadores não se realizar no prazo prescrito, deverá ser feita pelo Secretário-Geral dentro dos sessenta dias seguintes à expiração desse prazo. A indicação do presidente poderá ser feita pelo Secretário-Geral quer da lista quer dentre os membros da Comissão de Direito Internacional. Qualquer dos prazos em que se deva efetuar as indicações poderá ser prorrogado por acordo das partes em controvérsia.

Toda vaga deverá ser preenchida da forma prescrita para a nomeação inicial.

3. A Comissão de Conciliação decidirá sobre seu próprio procedimento. A Comissão, com o consentimento das partes na controvérsia, poderá convidar qualquer das partes na presente Convenção a submeter-lhe as suas opiniões verbalmente ou por escrito. As decisões e as recomendações da Comissão serão adotadas por maioria dos cinco membros.

4. A Comissão poderá chamar a atenção das partes na controvérsia para quaisquer medidas que possam facilitar uma solução amigável.

5. A Comissão ouvirá as partes, examinará as pretensões e objeções e fará propostas às partes com vistas a alcançar uma solução amigável para a controvérsia.

6. A Comissão apresentará seu relatório dentro de doze meses seguintes à data da sua constituição. O relatório será depositado em poder do Secretário-Geral e será transmitido às partes em controvérsia. O relatório da Comissão, incluindo quaisquer conclusões que nela se indiquem relativamente aos fatos e às questões de direito, não obrigará as partes nem terá outro sentido além de recomendações apresentadas para consideração das partes a fim de facilitar uma solução amistosa da controvérsia.

7. O Secretário-Geral proporcionará à Comissão a assistência e as facilidades de que necessite. As despesas da Comissão serão custeadas pela Organização das Nações Unidas

CONVENÇÃO DE VIENA SOBRE O DIREITO DOS TRATADOS ENTRE ESTADOS E ORGANIZAÇÕES INTERNACIONAIS OU ENTRE ORGANIZAÇÕES INTERNACIONAIS (1986)

▶ Concluída em Viena em 21.03.1986, aprovada no Brasil pelo Decreto Legislativo 155, de 08.12.2022, sob a condição de formulação de reserva aos artigos 25 e 66. Ainda não ratificada pelo Brasil.
▶ O texto da Convenção foi reproduzido do Diário do Senado Federal, de 29.10.2021.

As Partes na presente Convenção:

Considerando a função fundamental dos tratados na história das relações internacionais;

Reconhecendo o caráter consensual dos tratados e a sua importância cada vez maior como fonte de direito internacional;

Tendo em conta que os princípios do livre consentimento e da boa-fé e da norma pacta sunt servanda são universalmente reconhecidos;

Afirmando a importância de intensificar o processo de codificação e de desenvolvimento progressivo do direito internacional com caráter universal;

Convencidos de que a codificação e o desenvolvimento progressivo das normas relativas aos tratados entre Estados e organizações internacionais ou entre organizações internacionais são meios para fortalecer a ordem jurídica nas relações internacionais e para servir os propósitos das Nações Unidas;

Tendo presentes os princípios de direito internacional incorporados na Carta das Nações Unidas, tais como os princípios da igualdade de direitos e da autodeterminação dos povos, da igualdade soberana e da independência de todos os Estados, da não-intervenção nos assuntos internos dos Estados, da proibição da ameaça ou do uso da força e do respeito universal e observância dos direitos humanos e das liberdades fundamentais para todos;

Tendo também presentes as disposições da Convenção de Viena sobre o Direito dos Tratados de 1969;

Reconhecendo a relação que existe entre o direito dos tratados entre Estados e o direito dos tratados entre Estados e organizações internacionais ou entre organizações internacionais;

Considerando a importância dos tratados entre Estados e organizações internacionais ou entre organizações internacionais como meios eficazes de desenvolver as relações internacionais e de assegurar as condições para a cooperação pacífica entre as nações, sejam quais forem os seus regimes constitucionais ou sociais;

Tendo presentes as características particulares dos tratados em que sejam partes as organizações internacionais como sujeitos de direito internacional distintos dos Estados;

Tendo em conta que as organizações internacionais possuem a capacidade para celebrar tratados, a qual é necessária para o exercício das suas funções e da realização dos seus propósitos;

Reconhecendo que a prática das organizações internacionais no que respeita à celebração de tratados com Estados ou entre elas deverá estar conforme com os seus instrumentos constitutivos;

Afirmando que nada do disposto na presente Convenção se interpretará de modo a afetar as relações entre uma organização internacional e os seus membros que sejam regidas pelas regras dessa organização;

Afirmando ainda que as controvérsias relativas aos tratados, do mesmo modo que as demais controvérsias internacionais, deverão resolver-se, em conformidade com a Carta das Nações Unidas, por meios pacíficos e segundo os princípios da justiça e do direito internacional;

Afirmando também que as normas de direito internacional consuetudinário continuarão a reger as questões não reguladas pelas disposições da presente Convenção;

Acordaram o seguinte:

PARTE I
INTRODUÇÃO
Artigo 1
Âmbito da presente Convenção

A presente Convenção aplicar-se-á:
a) a tratados entre um ou mais Estados e uma ou mais organizações internacionais, e
b) a tratados entre organizações internacionais.

Artigo 2
Termos utilizados

1. Para os fins da presente Convenção:
a) "tratado" significa um acordo internacional regido pelo direito internacional e celebrado por escrito:
▶ Art. 2º da Convenção de Havana sobre Tratados (1928).

i) entre um ou mais Estados e uma ou mais organizações internacionais; ou
ii) entre organizações internacionais, quer este acordo conste de um único instrumento ou de dois ou mais instrumentos conexos e qualquer que seja sua denominação específica;
b) "ratificação" significa o ato internacional assim denominado pelo qual um Estado estabelece no plano internacional o seu consentimento em obrigar-se por um tratado;
b bis) "ato de confirmação formal" significa um ato internacional correspondente ao ato de ratificação pelo Estado, pelo qual uma organização internacional estabelece no plano internacional o seu consentimento em obrigar-se por um tratado;
b ter) "aceitação", "aprovação" e "adesão" significam, conforme o caso, o ato internacional assim denominado pelo qual um Estado ou uma organização internacional faz constar no plano internacional o seu consentimento em obrigar-se por um tratado;
c) "plenos poderes" significa um documento expedido pela autoridade competente de um Estado ou pelo órgão competente de uma organização internacional pelo qual são designadas uma ou várias pessoas para representar o Estado ou a organização na negociação, adoção ou autenticação do texto de um tratado, para manifestar o consentimento do Estado ou da organização em obrigar-se por um tratado ou para praticar qualquer outro ato relativo a um tratado;

d) "reserva" significa uma declaração unilateral, seja qual for a sua redação ou denominação, feita por um Estado ou por uma organização internacional ao assinar, ratificar, confirmar formalmente, aceitar ou aprovar um tratado ou a ele aderir, com o objetivo de excluir ou modificar os efeitos jurídicos de certas disposições do tratado em sua aplicação a esse Estado ou a essa organização;
▶ Art. 19 desta Convenção.

e) "Estado negociador" e "organização negociadora" significam, respectivamente:
i) um Estado, ou
ii) uma organização internacional, que participou da elaboração e da adoção do texto do tratado;
f) "Estado contratante" e "organização contratante" significam, respectivamente:
i) um Estado, ou
ii) uma organização internacional, que consentiu em se obrigar pelo tratado, quer este esteja em vigor ou não;
g) "parte" significa um Estado ou uma organização internacional que consentiu em se obrigar pelo tratado e em relação ao qual este esteja em vigor;
h) "terceiro Estado" e "terceira organização" significam, respectivamente:
i) um Estado, ou
ii) uma organização internacional, que não é parte no tratado;
i) "organização internacional" significa uma organização intergovernamental;
j) "regras da organização" significam, especialmente, os atos constitutivos, decisões e resoluções adotadas de acordo com eles e a prática estabelecida da organização.

2. As disposições do parágrafo 1 relativas às expressões empregadas na presente Convenção não prejudicam o emprego destas expressões, nem os significados que lhes possam ser conferidos na legislação interna de qualquer Estado ou nas regras de qualquer organização internacional.

Artigo 3
Acordos internacionais não incluídos no âmbito da presente Convenção

O fato de a presente Convenção não se aplicar:
i) a acordos internacionais nos quais são partes um ou mais Estados, uma ou mais organizações internacionais e um ou mais sujeitos de direito internacional que não sejam Estados ou organizações;
ii) a acordos internacionais nos quais são partes uma ou mais organizações internacionais e um ou mais sujeitos de Direito Internacional que não sejam s Estados ou organizações;
iii) a acordos internacionais não celebrados por escrito entre um ou mais Estados e uma ou mais organizações internacionais, ou entre organizações internacionais; ou
iv) a acordos internacionais entre sujeitos de direito internacional que não sejam Estados ou organizações internacionais; não afetará:
a) o valor jurídico desses acordos;

b) a aplicação a esses acordos de quaisquer regras enunciadas na presente Convenção às quais estariam submetidos em virtude do direito internacional, independentemente da referida Convenção;

c) a aplicação da Convenção às relações entre Estados e organizações internacionais ou às relações entre as organizações entre si, reguladas em acordos internacionais em que sejam igualmente partes outros sujeitos de direito internacional.

Artigo 4
Irretroatividade da presente Convenção

Sem prejuízo da aplicação de quaisquer normas enunciadas na presente Convenção às quais os tratados entre um ou mais Estados e uma ou mais organizações internacionais ou entre organizações internacionais estariam submetidos em virtude do direito internacional independentemente da Convenção, esta somente se aplicará aos tratados concluídos após sua entrada em vigor, em relação a esses Estados e a essas organizações.

Artigo 5
Tratados constitutivos de organizações internacionais e tratados adotados no âmbito de uma organização internacional

A presente Convenção aplicar-se-á a todo tratado entre um ou mais Estados e uma ou mais organizações internacionais que seja o ato constitutivo de uma organização internacional e a todo tratado adotado no âmbito de uma organização internacional, sem prejuízo das regras pertinentes à organização.

PARTE II
CELEBRAÇÃO E ENTRADA EM VIGOR DE TRATADOS

Seção 1
Celebração de tratados

Artigo 6
Capacidade das organizações internacionais para celebrar tratados

A capacidade de uma organização internacional para celebrar tratados é regida pelas regras da organização.

Artigo 7
Plenos poderes

1. Uma pessoa será considerada representante de um Estado para a adoção ou autenticação do texto de um tratado ou para expressar o consentimento do Estado em obrigar-se por um tratado se:
a) apresentar plenos poderes apropriados; ou
b) a prática ou outras circunstâncias indicarem que a intenção dos Estados e organizações internacionais envolvidos foi considerar essa pessoa representante do Estado ou da organização internacional para esses fins sem a apresentação de plenos poderes.

2. Em virtude de suas funções e independentemente da apresentação de plenos poderes, são considerados representantes de seu Estado:
a) os Chefes de Estado, os Chefes de Governo e os Ministros de Relações Exteriores, para os atos relativos à celebração de um tratado entre um ou mais Estados e uma ou mais organizações internacionais;
b) os representantes acreditados pelos Estados perante uma conferência internacional, para a adoção do texto de um tratado entre Estados e organizações internacionais;
c) os representantes acreditados pelos Estados perante uma organização internacional ou um de seus órgãos, para a adoção do texto de um tratado em tal organização ou órgão;
d) os chefes de missões permanentes perante uma organização internacional, para a adoção do texto de um tratado entre os Estados acreditados e tal organização.

3. Uma pessoa é considerada representante de uma organização internacional para a adoção ou autenticação do texto de um tratado ou para expressar o consentimento da organização em obrigar-se por um tratado se:
a) apresentar plenos poderes apropriados; ou
b) as circunstâncias indicarem que a intenção dos Estados e organizações internacionais foi considerar essa pessoa como representante da organização para esses fins, de acordo com as regras da organização, sem a apresentação de plenos poderes.

Artigo 8
Confirmação posterior de ato praticado sem autorização

Um ato relativo à celebração de um tratado praticado por uma pessoa que, nos termos do artigo 7, não poderá ser considerada representante de um Estado ou de uma organização internacional para esse fim, não produzirá efeitos jurídicos, a não ser que seja confirmado, posteriormente, por esse Estado ou por essa organização.

Artigo 9
Adoção do texto

1. A adoção do texto de um tratado efetuar-se-á pelo consentimento de todos os Estados e organizações internacionais ou, se for o caso, de todas as organizações que participem de sua elaboração, sem prejuízo do disposto no parágrafo 2.

2. A adoção do texto de um tratado em uma conferência internacional efetuar-se-á de acordo com o procedimento acordado pelos participantes dessa conferência. Se, entretanto, não houver acordo quanto ao referido procedimento, a adoção do texto será aprovada pela maioria de dois terços dos participantes presentes e votantes, salvo se, pela mesma maioria, esses participantes decidirem aplicar uma regra diversa.

Artigo 10
Autenticação do texto

1. O texto de um tratado entre um ou mais Estados e uma ou mais organizações internacionais será considerado autêntico e definitivo:

a) mediante o procedimento previsto no texto do tratado ou acordado pelos Estados e organizações que participem de sua elaboração; ou
b) na ausência de tal procedimento, mediante assinatura, assinatura ad referendum ou rubrica aposta pelos representantes desses Estados e dessas organizações no texto do tratado ou na Ata Final da conferência que incorpore o referido texto.

2. O texto de um tratado entre organizações internacionais é considerado autêntico e definitivo:
a) mediante o procedimento previsto no texto do tratado ou acordado pelas organizações que participem de sua elaboração; ou
b) na ausência de tal processo, mediante assinatura, assinatura ad referendum ou rubrica aposta pelos representantes dessas organizações no texto do tratado ou na Ata Final da conferência que incorpore o referido texto.

Artigo 11
Meios de manifestar consentimento em obrigar-se por um tratado

1. O consentimento de um Estado em obrigar-se por um tratado poderá manifestar-se pela assinatura, troca dos instrumentos constitutivos de um tratado, ratificação, aceitação, aprovação ou adesão, ou por quaisquer outros meios, se assim for acordado.

2. O consentimento de uma organização internacional em obrigar-se por um tratado poderá manifestar-se pela assinatura, troca dos instrumentos constitutivos de um tratado, ato de confirmação formal, aceitação, aprovação ou adesão, ou por quaisquer outros meios, se assim for acordado.

Artigo 12
Consentimento em obrigar-se por um tratado manifestado pela assinatura

1. O consentimento de um Estado ou de uma organização internacional em obrigar-se por um tratado manifestar-se-á pela assinatura do representante desse Estado ou dessa organização:
a) quando o tratado disponha que a assinatura terá esse efeito;
b) quando se estabeleça, de outra forma, que os Estados negociadores e as organizações negociadoras ou, se for o caso, as organizações negociadoras acordarem em dar à assinatura esse efeito; ou
c) quando a intenção do Estado ou organização, interessados em dar esse efeito à assinatura, decorra dos plenos poderes de seus representantes ou tenha sido manifestada durante a negociação.

2. Para os efeitos do parágrafo 1:
a) a rubrica de um texto equivalerá à assinatura do tratado quando ficar estabelecido que Estados negociadores e organizações negociadoras ou, se for o caso, as organizações negociadoras assim acordaram;

b) a assinatura ad referendum de um tratado pelo representante de um Estado ou de uma organização internacional equivalerá à assinatura definitiva do tratado se esse Estado ou essa organização assim o confirmarem.

Artigo 13
Consentimento em obrigar-se por um tratado manifestado mediante a troca de instrumentos constitutivos de um tratado

O consentimento dos Estados ou das organizações internacionais em obrigar-se por um tratado, constituído por instrumentos trocados entre eles, manifestar-se-á mediante essa troca:
a) quando os instrumentos estabelecerem que a troca terá esse efeito; ou
b) quando ficar estabelecido, de outro modo, que esses Estados e essas organizações ou, se for o caso, essas organizações, acordaram que a troca dos instrumentos teria tal efeito.

Artigo 14
Consentimento em obrigar-se por um tratado manifestado mediante ratificação, ato de confirmação formal, aceitação ou aprovação

1. O consentimento de um Estado em obrigar-se por um tratado manifesta-se pela ratificação:
▶ Art. 5º da Convenção de Havana sobre Tratados (1928).
a) quando o tratado estabelecer que tal consentimento deverá manifestar-se mediante a ratificação;
b) quando, de outro modo, ficar estabelecido que os Estados negociadores e as organizações negociadoras acordaram a necessidade da ratificação;
c) quando o representante do Estado assinar o tratado sob reserva de ratificação; ou
d) quando a intenção do Estado de assinar o tratado sob reserva de ratificação decorrer dos plenos poderes de seu representante ou tenha sido manifestada durante a negociação.

2. O consentimento de uma organização internacional em obrigar-se por um tratado manifestar-se-á por um ato de confirmação formal:
a) quando o tratado estabelecer que tal consentimento deverá manifestar-se mediante um ato de confirmação formal;
b) quando, de outro modo, ficar estabelecido que os Estados negociadores e as organizações negociadoras ou, se for o caso, as organizações negociadoras acordaram a necessidade do ato de confirmação formal;
c) quando o representante da organização assinar o tratado sob reserva de um ato de confirmação formal; ou
d) quando a intenção da organização de assinar o tratado sob reserva de um ato de confirmação formal decorrer dos plenos poderes de seu representante ou tenha sido manifestada durante a negociação.

3. O consentimento de um Estado ou de uma organização internacional em obrigar-se por um tratado

manifestar-se-á pela aceitação ou aprovação em condições análogas às aplicáveis à ratificação ou, se for o caso, ao ato de confirmação formal.

Artigo 15
Consentimento em obrigar-se por um tratado manifestado mediante adesão

O consentimento de um Estado ou de uma organização internacional em obrigar-se por um tratado manifestar-se-á pela adesão:

▶ Art. 19 da Convenção de Havana sobre Tratados (1928).

a) quando o tratado estabelecer que tal consentimento por parte do Estado ou da organização poderá manifestar-se mediante a adesão;

b) quando, de outro modo, ficar estabelecido que os Estados negociadores e as organizações negociadoras ou, se for o caso, as organizações negociadoras acordaram que tal consentimento poderá ser manifestado por esse Estado ou essa organização mediante adesão; ou

c) quando todas as partes acordaram posteriormente que tal consentimento poderá ser manifestado por esse Estado ou essa organização mediante adesão.

Artigo 16
Troca ou depósito dos instrumentos de ratificação, confirmação formal, aceitação, aprovação ou adesão

1. Salvo disposição em contrário, os instrumentos de ratificação, os instrumentos relativos a um ato de confirmação formal ou os instrumentos de aceitação, aprovação ou adesão estabelecerão o consentimento de um Estado ou de uma organização internacional em obrigar-se por um tratado entre um ou mais Estados e uma ou mais organizações a partir:

a) de sua troca entre os Estados contratantes e as organizações contratantes;

b) do seu depósito junto ao depositário; ou

c) da sua notificação aos Estados contratantes e às organizações contratantes ou ao depositário, se assim for acordado.

2. Salvo disposição em contrário, os instrumentos relativos a um ato de confirmação formal ou os instrumentos de aceitação, aprovação ou adesão estabelecerão o consentimento de uma organização internacional em obrigar-se por um tratado entre organizações internacionais, a partir:

a) da sua troca entre as organizações contratantes;

b) do seu depósito junto ao depositário; ou

c) da sua notificação às organizações contratantes ou ao depositário, se assim for acordado.

Artigo 17
Consentimento em obrigar-se por parte de um tratado e opção entre disposições diferentes

1. Sem prejuízo do disposto nos artigos 19 a 23, o consentimento de um Estado ou de uma organização internacional em obrigar-se por parte de um tratado só terá efeito se o tratado o permitir ou se os Estados contratantes e as organizações contratantes ou, se for o caso, as organizações contratantes assim acordarem.

2. O consentimento de um Estado ou de uma organização internacional em obrigar-se por um tratado que permite opção entre disposições diferentes só terá efeito se as disposições a que se refere o consentimento forem claramente indicadas.

Artigo 18
Obrigação de não frustrar o objeto e finalidade de um tratado antes de sua entrada em vigor

Um Estado ou uma organização internacional deverá abster-se da prática de atos que frustrem o objeto e a finalidade de um tratado quando:

a) tendo assinado o tratado ou trocado instrumentos constitutivos do tratado sob reserva de ratificação, de ato de confirmação formal, de aceitação ou de aprovação, esse Estado ou essa organização não manifestar sua intenção de não se tornar parte no tratado;

b) esse Estado ou essa organização expressou seu consentimento em obrigar-se pelo tratado, no período que preceder a entrada em vigor do tratado e com a condição de que esta não será indevidamente retardada.

Seção 2
Reservas

Artigo 19
Formulação de reservas

Um Estado ou uma organização internacional poderá, ao assinar, ratificar, confirmar formalmente, aceitar ou aprovar um tratado ou a ele aderir, formular uma reserva, a não ser que:

a) a reserva seja proibida pelo tratado;

b) o tratado autorize apenas determinadas reservas, entre as quais não figura a reserva em questão; ou

c) nos casos não previstos nas alíneas (a) e (b), a reserva seja incompatível com o objeto e a finalidade do tratado.

Artigo 20
Aceitação de reservas e objeções às reservas

1. Uma reserva expressamente autorizada por um tratado não exigirá qualquer aceitação posterior pelos outros Estados contratantes e organizações contratantes ou, se for o caso, pelas organizações contratantes, a não ser que o tratado assim disponha.

2. Quando, em virtude do número limitado dos Estados e organizações negociadoras ou, se for o caso, das organizações negociadoras, assim como do objeto e da finalidade do tratado, se depreender que a aplicação do tratado na íntegra entre todas as partes é condição essencial para o consentimento de cada uma delas em obrigar-se pelo tratado, uma reserva exigirá a aceitação de todas as partes.

3. Quando o tratado é um ato constitutivo de uma organização internacional, e a não ser que o tratado disponha diversamente, a reserva exigirá a aceitação do órgão competente da referida organização.

4. Nos casos não previstos nos parágrafos precedentes e salvo disposição em contrário:

a) a aceitação de uma reserva por um Estado contratante ou uma organização contratante constituirá o Estado ou a organização internacional autor ou autora da reserva em parte no tratado em relação àquele Estado ou organização que tenha aceitado a reserva se o tratado já estiver em vigor ou, quando entrar em vigor, para o autor ou autora da reserva e o Estado ou a organização que tenha aceitado a reserva;

b) uma objeção feita a uma reserva por um Estado contratante ou uma organização contratante não impedirá a entrada em vigor do tratado entre o Estado ou a organização internacional que formulou a objeção e o Estado ou a organização internacional autor ou autora da reserva, a não ser que uma intenção contrária tenha sido expressamente manifestada pelo Estado ou pela organização que formulou a objeção;

c) um ato que manifesta o consentimento de um Estado ou de uma organização internacional em obrigar-se por um tratado e que contiver uma reserva produzirá efeito tão logo pelo menos um Estado contratante ou uma organização contratante aceitar a reserva.

5. Para os fins dos parágrafos 2 e 4 e salvo disposição em contrário, uma reserva será tida como aceita por um Estado ou uma organização internacional se este ou esta não formulou objeção à reserva, quer no decurso do prazo de doze meses seguinte à data em que recebeu a notificação, quer na data em que manifestou o seu consentimento em obrigar-se pelo tratado, se esta for posterior.

Artigo 21
Efeitos jurídicos das reservas e das objeções às reservas

1. Uma reserva estabelecida em relação a uma outra parte, em conformidade com os artigos 19, 20 e 23:

a) modificará, para o Estado ou organização internacional autor ou autora da reserva em suas relações com essa outra parte, as disposições do tratado referentes à reserva, na medida por ela prevista; e

b) modificará essas disposições na mesma medida para essa outra parte em suas relações com o Estado ou organização internacional autor ou autora da reserva.

2. A reserva não modifica as disposições do tratado quanto às demais partes do tratado em suas relações inter se.

3. Quando um Estado ou uma organização internacional que tenha formulado uma objeção a uma reserva não se opuser à entrada em vigor do tratado entre ele ou ela e o Estado ou a organização autor ou autora da reserva, as disposições do tratado a que se refere a citada reserva não se aplicarão entre o autor da reserva e o Estado ou a organização que tenha formulado a objeção, na medida da reserva.

Artigo 22
Retirada de reservas e de objeções às reservas

1. Salvo disposição em contrário, uma reserva poderá ser retirada a qualquer momento e não se exigirá para sua retirada o consentimento do Estado ou da organização internacional que a tenha aceitado.

2. Salvo disposição em contrário, uma objeção a uma reserva pode ser retirada a qualquer momento.

3. Salvo disposição em contrário, ou de outro modo acordado:

a) a retirada de uma reserva só terá efeito em relação a um Estado contratante ou a uma organização contratante quando esse Estado ou essa organização receber a correspondente notificação;

b) a retirada de uma objeção a uma reserva só terá efeito quando o Estado ou a organização internacional que formulou a reserva receber uma notificação dessa retirada.

Artigo 23
Processo relativo às reservas

1. A reserva, a aceitação expressa de uma reserva e a objeção a uma reserva devem ser formuladas por escrito e comunicadas aos Estados contratantes e às organizações contratantes e aos demais Estados e organizações internacionais que tenham o direito de se tornar partes do tratado.

2. Uma reserva formulada quando da assinatura do tratado sujeito a ratificação, ato de confirmação formal, aceitação ou aprovação, deve ser formalmente confirmada pelo Estado ou organização internacional que a formulou no momento em que manifestar o seu consentimento em obrigar-se pelo tratado. Nesse caso, a reserva considerar-se-á feita na data de sua confirmação.

3. Uma aceitação expressa de uma reserva ou uma objeção a uma reserva feita antes da confirmação da reserva não requer confirmação.

4. A retirada de uma reserva ou de uma objeção a uma reserva deve ser formulada por escrito.

Seção 3
Entrada em vigor e aplicação provisória dos tratados

Artigo 24
Entrada em vigor

1. Um tratado entrará em vigor na forma e na data previstas no tratado ou acordadas pelas partes.

2. Na ausência de tal disposição ou acordo, um tratado entrará em vigor tão logo o consentimento em obrigar-se por um tratado seja manifestado por todos os Estados e organizações negociadores ou, se for o caso, por todas as organizações negociadoras.

3. Quando o consentimento de um Estado ou de uma organização internacional em obrigar-se por

um tratado for manifestado depois de sua entrada em vigor, o tratado, salvo disposição em contrário, entrará em vigor em relação ao Estado ou à organização nessa data.

4. As disposições de um tratado relativas à autenticação de seu texto, à manifestação do consentimento em obrigar-se pelo tratado, à forma ou à data de sua entrada em vigor, às reservas, às funções de depositário e a outros assuntos que surjam necessariamente antes da entrada em vigor do tratado, serão aplicadas desde o momento da adoção do texto.

Artigo 25
Aplicação provisória

1. Um tratado ou uma parte do tratado será aplicado provisoriamente antes de sua entrada em vigor, se:
a) o próprio tratado assim o dispuser; ou
b) os Estados negociadores e as organizações negociadoras ou, se for o caso, as organizações negociadoras acordarem por outra forma.
2. Salvo disposição em contrário, ou se os Estados negociadores e as organizações negociadoras ou, se for o caso, as organizações negociadoras acordarem diversamente, a aplicação provisória de um tratado ou parte de um tratado em relação a um Estado ou uma organização internacional terminará se esse Estado ou essa organização notificar aos outros Estados e organizações, entre os quais o tratado é aplicado provisoriamente, sua intenção de não se tornar parte do tratado.

PARTE III
OBSERVÂNCIA, APLICAÇÃO E INTERPRETAÇÃO DE TRATADOS

Seção 1
Observância dos tratados

Artigo 26
Pacta sunt servanda

Todo tratado em vigor obriga as partes e deve ser cumprido por elas de boa-fé.
▶ Art. 10 da Convenção de Havana sobre Tratados (1928).

Artigo 27
Direito interno dos Estados, regras das organizações internacionais e observância dos tratados

1. Um Estado parte de um tratado não poderá invocar as disposições de seu direito interno para justificar o inadimplemento de um tratado.
2. Uma organização internacional parte de um tratado não poderá invocar as regras da organização para justificar o inadimplemento de um tratado.
3. As regras dos parágrafos precedentes serão entendidas sem prejuízo do disposto no artigo 46.

Seção 2
Aplicação dos tratados

Artigo 28
Irretroatividade de tratados

A não ser que uma intenção diferente resulte do tratado, ou salvo disposição em contrário, as disposições de um tratado não obrigarão uma parte em relação a nenhum ato ou fato anterior nem a uma situação que deixou de existir previamente à entrada em vigor do tratado para essa parte.

Artigo 29
Âmbito territorial de tratados

Exceto quando uma intenção diferente resulte do tratado, ou salvo disposição em contrário, um tratado entre um ou mais Estados e uma ou mais organizações internacionais será obrigatório para cada um dos Estados partes em relação a todo o seu território.

Artigo 30
Aplicação de tratados sucessivos sobre o mesmo assunto

1. Os direitos e obrigações dos Estados e organizações internacionais partes em tratados sucessivos sobre o mesmo assunto serão determinados em conformidade com os parágrafos seguintes.
2. Quando um tratado estipular que está subordinado a um tratado anterior ou posterior ou que não deve ser considerado incompatível com esse outro tratado, as disposições deste último prevalecerão.
3. Quando todas as partes no tratado anterior são igualmente partes no tratado posterior, sem que o tratado anterior tenha cessado de vigorar ou sem que a sua aplicação tenha sido suspensa em virtude do artigo 59, o tratado anterior só se aplica na medida em que as suas disposições sejam compatíveis com as do tratado posterior.
4. Quando as partes no tratado posterior não incluírem todas as partes no tratado anterior:
a) nas relações entre duas partes, que o sejam em ambos os tratados, aplicar-se-á a norma enunciada no parágrafo 3;
b) nas relações entre uma parte nos dois tratados e uma parte apenas em um desses tratados, o tratado em que ambas são partes rege os seus direitos e obrigações recíprocos.
5. O parágrafo 4 aplica-se sem prejuízo do disposto no artigo 41 e não prejulgará qualquer questão relativa à extinção ou suspensão da execução de um tratado em virtude do artigo 60 nem qualquer questão de responsabilidade em que possa incorrer um Estado ou uma organização internacional pela conclusão ou aplicação de um tratado cujas disposições sejam incompatíveis com suas obrigações em relação a outro Estado ou organização internacional, em virtude de outro tratado.
6. Os parágrafos precedentes aplicar-se-ão sem prejuízo de que, no caso de conflito entre obrigações decorrentes da Carta das Nações Unidas e obrigações decorrentes de um tratado, prevalecerão as obrigações decorrentes da Carta.

Seção 3
Interpretação dos tratados

Artigo 31
Regra geral de interpretação

▶ Art. 3º da Convenção de Havana sobre Tratados (1928).
1. Um tratado deverá ser interpretado de boa-fé, segundo o sentido comum atribuído aos termos

do tratado em seu contexto e à luz de seu objeto e finalidade.

2. Para os fins de interpretação de um tratado, o contexto compreenderá, além do texto, incluindo seu preâmbulo e anexos:

a) qualquer acordo relativo ao tratado e acordado entre todas as partes por ocasião da celebração do tratado;

b) qualquer instrumento elaborado por uma ou várias partes por ocasião da celebração do tratado e aceito pelas outras partes como instrumento relativo ao tratado.

3. Juntamente com o contexto, será levado em consideração:

a) qualquer acordo posterior entre as partes relativo à interpretação do tratado ou à aplicação de suas disposições;

b) qualquer prática posteriormente seguida na aplicação do tratado pela qual se estabeleça o acordo das partes relativo à sua interpretação;

c) qualquer regra pertinente de direito internacional aplicável às relações entre as partes.

4. Um termo será entendido em sentido especial se estiver estabelecido que essa era a intenção das partes.

Artigo 32
Meios suplementares de interpretação

Pode-se recorrer a meios suplementares de interpretação, inclusive aos trabalhos preparatórios do tratado e às circunstâncias de sua celebração, a fim de confirmar o sentido resultante da aplicação do artigo 31 ou determinar o sentido quando a interpretação, de conformidade com o artigo 31:

a) deixar o sentido ambíguo ou obscuro; ou

b) conduzir a um resultado que é manifestamente absurdo ou desarrazoado.

Artigo 33
Interpretação de tratados autenticados em dois ou mais idiomas

1. Quando um tratado foi autenticado em dois ou mais idiomas, seu texto faz igualmente fé em cada um deles, a não ser que o tratado disponha ou as partes acordem que, em caso de divergência, prevalecerá um dos textos.

2. Uma versão do tratado em idioma diverso daquele em que o texto foi autenticado só será considerada como texto autêntico se o tratado assim o estipular ou as partes nisso concordarem.

3. Presume-se que os termos do tratado têm igual sentido nos diversos textos autênticos.

4. Salvo o caso em que um texto determinado prevaleça, nos termos do parágrafo 1, quando a comparação dos textos autênticos revelar uma diferença de sentido que a aplicação dos artigos 31 e 32 não elimine, adotar-se-á o sentido que, tendo em conta o objeto e a finalidade do tratado, melhor concilie esses textos.

Seção 4
Tratados e terceiros estados ou terceiras organizações

Artigo 34
Regra geral sobre terceiros Estados e terceiras organizações

Um tratado não cria nem obrigações nem direitos para um terceiro Estado ou uma terceira organização sem o consentimento desse Estado ou dessa organização.

Artigo 35
Tratados que preveem obrigações para terceiros Estados ou terceiras organizações

Uma disposição de um tratado dará origem a uma obrigação para um terceiro Estado ou uma terceira organização se as partes no tratado tiverem a intenção de que tal disposição seja o meio de criar a obrigação e se o terceiro Estado ou a terceira organização aceitar expressamente por escrito essa obrigação. A aceitação de tal obrigação pela terceira organização será regida pelas regras dessa organização.

Artigo 36
Tratados que preveem direitos para terceiros Estados ou terceiras organizações

1. Uma disposição de um tratado dará origem a um direito para um terceiro Estado se com ela as partes no tratado tiverem a intenção de conferir esse direito quer ao terceiro Estado, quer a um grupo de Estados ao qual pertença, quer a todos os Estados, e se o terceiro Estado nisso consentir. Salvo disposição em contrário, presumir-se-á seu consentimento enquanto não houver indicação em contrário.

2. Uma disposição de um tratado dará origem a um direito para uma terceira organização se com ela as partes no tratado tiverem a intenção de conferir esse direito quer à terceira organização, quer a um grupo de organizações internacionais ao qual pertença, quer a todas as organizações, e se a terceira organização nisso consentir. Seu consentimento será regido pelas regras da organização.

3. Um Estado ou uma organização internacional que exerça um direito, nos termos dos parágrafos 1 e 2, deverá cumprir as condições que para seu exercício estejam previstas no tratado ou estabelecidas conforme o tratado.

Artigo 37
Revogação ou modificação de obrigações ou de direitos de terceiros Estados ou de terceiras organizações

1. Quando, em conformidade com o artigo 35, criar-se uma obrigação para um terceiro Estado ou uma terceira organização, tal obrigação só poderá ser revogada ou modificada mediante o consentimento das partes no tratado e do terceiro Estado ou da terceira organização, salvo acordo em contrário.

2. Quando, em conformidade com o artigo 36, criar-se um direito para um terceiro Estado ou uma terceira organização, tal direito não poderá ser revogado ou modificado pelas partes se constar que o direito não deve ser revogado ou modificado sem o consentimento do terceiro Estado ou da terceira organização.

3. O consentimento de uma organização internacional parte no tratado ou de uma terceira organização, como previsto nos parágrafos precedentes, será regido pelas regras da organização.

Artigo 38
Regras de um tratado tornadas obrigatórias para terceiros Estados ou terceiras organizações por força do costume internacional

O disposto nos artigos 34 a 37 não impedirá que uma regra enunciada em um tratado se torne obrigatória para terceiros Estados ou para terceiras organizações como regra consuetudinária de direito internacional, reconhecida como tal.

PARTE IV
EMENDA E MODIFICAÇÃO DOS TRATADOS

Artigo 39
Regra geral relativa à emenda dos tratados

1. Um tratado poderá ser emendado por acordo entre as partes. As regras previstas na Parte II aplicar-se-ão a tal acordo, salvo na medida em que o tratado dispuser de outra forma.

2. O consentimento de uma organização internacional ao acordo previsto no parágrafo 1 será regido pelas regras da organização.

Artigo 40
Emenda de tratados multilaterais

1. Salvo disposição em contrário, a emenda de tratados multilaterais reger-se-á pelos parágrafos seguintes.

2. Qualquer proposta de emenda de um tratado multilateral entre todas as partes deverá ser notificada a todos os Estados contratantes e a todas as organizações contratantes, cada um dos quais terá o direito de participar:
a) da decisão sobre essa proposta;
b) da negociação e celebração de qualquer acordo que tenha o propósito de emendar o tratado.

3. Todo Estado ou organização internacional, habilitado a ser parte no tratado, poderá igualmente ser parte no tratado emendado.

4. O acordo de emenda não obriga os Estados ou organizações internacionais que já são partes no tratado e que não se tornaram partes no acordo emendado; em relação a esses Estados ou essas organizações, aplicar-se-á a alínea (b) do parágrafo 4 do artigo 30.

5. Qualquer Estado ou organização internacional que se torne parte no tratado após a entrada em vigor do acordo de emenda é considerado, salvo declaração em contrário:

a) parte no tratado emendado; e
b) parte no tratado não emendado em relação às partes no tratado não vinculadas pelo acordo de emenda.

Artigo 41
Acordos para modificar tratados multilaterais somente entre algumas partes

1. Duas ou mais partes em um tratado multilateral podem celebrar um acordo para modificar o tratado, somente entre si, desde que:
a) a possibilidade de tal modificação esteja prevista no tratado;
b) a modificação em questão não seja proibida pelo tratado; e:
i) não prejudique o gozo, pelas demais partes, de seus direitos decorrentes do tratado, nem o cumprimento de suas obrigações;
ii) não diga respeito a uma disposição cuja derrogação seja incompatível com a execução efetiva do objeto e da finalidade do tratado em seu conjunto.

2. A não ser que, no caso previsto na alínea (a) do parágrafo 1, o tratado disponha diversamente, as partes em questão deverão notificar às demais partes sua intenção de celebrar o acordo e as modificações que este introduz no tratado.

PARTE V
NULIDADE, EXTINÇÃO E SUSPENSÃO DA APLICAÇÃO DE TRATADOS

Seção 1
Disposições gerais

Artigo 42
Validade e vigência dos tratados

1. A validade de um tratado ou do consentimento de um Estado ou de uma organização internacional em obrigar-se por um tratado só poderá ser contestada em virtude da aplicação da presente Convenção.

2. A extinção de um tratado, sua denúncia ou a retirada de uma das partes só poderão ocorrer em virtude da aplicação das disposições do tratado ou da presente Convenção. A mesma regra aplicar-se-á à suspensão da execução do tratado.

Artigo 43
Obrigações impostas pelo direito internacional, independentemente de um tratado

A nulidade, extinção ou denúncia de um tratado, a retirada de uma das partes ou a suspensão da execução de um tratado em consequência da aplicação da presente Convenção ou das disposições do tratado não prejudicarão, de modo algum, o dever de um Estado ou de uma organização internacional de cumprir qualquer obrigação enunciada no tratado à qual estaria sujeito em virtude do direito internacional, independentemente do tratado.

Artigo 44
Divisibilidade das disposições de um tratado

1. O direito de uma parte, previsto em um tratado ou decorrente do artigo 56, de denunciar, retirar-se ou suspender a execução do tratado, só poderá ser exercido em relação ao conjunto do tratado, a menos que este disponha ou as partes acordem algo distinto.

2. Uma causa de nulidade, de extinção, de retirada de uma das partes ou de suspensão de execução de um tratado, reconhecida na presente Convenção, só poderá ser invocada em relação à totalidade do tratado, salvo nas condições previstas nos parágrafos seguintes ou no artigo 60.

3. Se a causa em questão diz respeito apenas a certas cláusulas, ela poderá ser invocada apenas em relação a tais cláusulas desde que:

a) as referidas cláusulas sejam separáveis do resto do tratado no que se refere à sua aplicação;

b) resulte do tratado ou fique estabelecido de outra forma que a aceitação das referidas cláusulas não constitui para a outra parte, ou para as outras partes do tratado, uma base essencial do seu consentimento em obrigar-se pelo tratado em seu conjunto; e

c) a continuação do cumprimento do restante do tratado não seja injusta.

4. Nos casos previstos nos artigos 49 e 50, o Estado ou organização internacional que tenha o direito de alegar o dolo ou a corrupção poderá fazê-lo em relação ao conjunto do tratado ou, sob reserva das disposições do parágrafo 3, somente a certas cláusulas determinadas.

5. Nos casos previstos nos artigos 51, 52 e 53, não será permitida a divisão das disposições do tratado.

Artigo 45
Perda do direito de invocar causa de nulidade, extinção, retirada ou suspensão da execução de um tratado

1. Um Estado não poderá invocar uma causa de nulidade, de extinção, de retirada ou de suspensão da execução de um tratado em virtude dos artigos 46 e 50 ou dos artigos 60 e 62 se, após haver tomado conhecimento dos fatos, esse Estado:

a) aceitou expressamente que o tratado é válido, permanece em vigor ou continua sendo aplicado, conforme o caso; ou

b) deva, em virtude de sua conduta, ser considerado como tendo aquiescido à validade do tratado ou à sua permanência em vigor ou em aplicação, conforme o caso.

2. Uma organização internacional não poderá invocar uma causa de nulidade, de extinção, de retirada ou de suspensão da execução de um tratado em virtude dos artigos 46 a 50 ou dos artigos 60 e 62 se, após haver tomado conhecimento dos fatos, essa organização:

a) aceitou expressamente que o tratado é válido, permanece em vigor ou continua sendo aplicado, conforme o caso; ou

b) deva, em virtude da conduta de seu órgão competente, ser considerada como tendo renunciado ao direito de invocar essa causa.

Seção 2
Nulidade dos tratados

Artigo 46
Disposições de direito interno de um Estado e regras de uma organização internacional sobre competência para celebrar tratados

1. Um Estado não poderá invocar o fato de seu consentimento em obrigar-se por um tratado ter sido manifestado em violação de uma disposição de seu direito interno sobre competência para celebrar tratados como causa de nulidade de seu consentimento, a não ser que essa violação seja manifesta e afete uma regra de importância fundamental de seu direito interno.

2. Uma organização internacional não poderá invocar o fato de seu consentimento em obrigar-se por um tratado ter sido manifestado em violação das regras da organização sobre competência para celebrar tratados como causa de nulidade de seu consentimento, a não ser que essa violação seja manifesta e afete uma regra de importância fundamental.

3. Uma violação é manifesta se for objetivamente evidente para qualquer Estado ou qualquer organização internacional que procede, na matéria, em conformidade com a prática normal dos Estados e, se for o caso, das organizações internacionais e de boa-fé.

Artigo 47
Restrições específicas ao poder de manifestar o consentimento de um Estado ou de uma organização internacional

Se o poder de um representante de manifestar o consentimento de um Estado ou de uma organização internacional em obrigar-se por um determinado tratado for objeto de uma restrição específica, a inobservância da referida restrição por tal representante não poderá ser invocada para invalidar o consentimento manifestado por ele, a menos que a restrição tenha sido notificada, previamente à manifestação desse consentimento, aos Estados negociadores e às organizações negociadoras.

Artigo 48
Erro

1. Um Estado ou uma organização internacional poderá invocar um erro no tratado como tendo viciado o seu consentimento em obrigar-se por um tratado, se o erro referir-se a um fato ou situação que esse Estado ou essa organização supunha existir no momento em que o tratado foi concluído e que constituía uma base essencial do consentimento desse Estado ou dessa organização em obrigar-se por um tratado.

2. O parágrafo 1 não se aplicará se o referido Estado ou a referida organização internacional contribuiu para tal erro com sua conduta ou se

as circunstâncias foram tais que o Estado ou a organização deveria ter-se apercebido da possibilidade de erro.

3. Um erro relativo somente à redação do texto de um tratado não prejudicará sua validade; neste caso, aplicar-se-á o artigo 80.

Artigo 49
Dolo

Se um Estado ou uma organização internacional foi levado a celebrar um tratado pela conduta fraudulenta de um Estado negociador ou de uma organização negociadora, poderá invocar o dolo como motivo para invalidar seu consentimento em obrigar-se pelo tratado.

Artigo 50
Corrupção do representante de um Estado ou de uma organização internacional

Se a manifestação do consentimento de um Estado ou de uma organização internacional em obrigar-se por um tratado foi obtida por meio de corrupção de seu representante, pela ação direta ou indireta de outro Estado negociador ou organização negociadora, o Estado ou a organização poderá invocar tal corrupção como motivo para invalidar seu consentimento em obrigar-se pelo tratado.

Artigo 51
Coação exercida sobre representante de um Estado ou de uma organização internacional

A manifestação do consentimento de um Estado ou de uma organização internacional em obrigar-se por um tratado obtida pela coação exercida sobre o representante do referido Estado ou referida organização por meio de atos ou ameaças dirigidas contra ele carecerá de qualquer efeito jurídico.

Artigo 52
Coação exercida sobre um Estado ou uma organização internacional por ameaça ou uso da força

É nulo o tratado cuja celebração foi obtida pela ameaça ou pelo uso da força em violação aos princípios de direito internacional incorporados à Carta das Nações Unidas.

Artigo 53
Tratados em conflito com uma norma imperativa do direito internacional geral (jus cogens)

É nulo o tratado que, no momento de sua celebração, conflite com uma norma imperativa de direito internacional geral. Para os fins da presente Convenção, uma norma imperativa de direito internacional geral é uma norma aceita e reconhecida pela comunidade internacional dos Estados em seu conjunto como uma norma da qual nenhuma derrogação é permitida e que só pode ser modificada por uma norma subsequente de direito internacional geral da mesma natureza.
▶ Art. 71 (1) desta Convenção.

Seção 3
Extinção e suspensão da execução dos tratados

Artigo 54
Extinção ou retirada de um tratado em virtude de suas disposições ou por consentimento das partes

A extinção de um tratado ou a retirada de uma das partes poderá ter lugar:
▶ Art. 14 da Convenção de Havana sobre Tratados (1928).

a) em conformidade com as disposições do tratado; ou

b) a qualquer momento, mediante consentimento de todas as partes, após consulta aos Estados contratantes e às organizações contratantes.

Artigo 55
Redução do número de partes em um tratado multilateral para um número inferior ao exigido para a sua entrada em vigor

Salvo disposição em contrário, um tratado multilateral não se extinguirá tão somente pelo fato de o número de partes chegar a ser inferior ao necessário à sua entrada em vigor.

Artigo 56
Denúncia ou retirada de um tratado que não contenha disposições sobre extinção, denúncia ou retirada

1. Um tratado que não contenha disposições sobre sua extinção, nem preveja a denúncia ou a retirada, não poderá ser objeto de denúncia ou de retirada, a menos que:

a) fique estabelecida a intenção das partes de admitir a possibilidade de denúncia ou retirada; ou

b) o direito de denúncia ou de retirada possa ser deduzido da natureza do tratado.

2. Uma parte deverá notificar, com pelo menos doze meses de antecedência, a sua intenção de denunciar ou de se retirar de um tratado, em conformidade com o parágrafo 1.

Artigo 57
Suspensão da execução de um tratado em virtude de suas disposições ou por consentimento das partes

A execução de um tratado, em relação a todas as partes ou a uma parte determinada, poderá ser suspensa:

a) em conformidade com as disposições do tratado; ou

b) a qualquer momento, por consentimento de todas as partes, após consulta aos Estados contratantes e organizações contratantes.

Artigo 58
Suspensão da execução de um tratado multilateral por acordo unicamente entre algumas das partes

1. Duas ou mais partes em um tratado multilateral podem celebrar um acordo de modo a suspender temporariamente, e somente entre si, a execução das disposições de um tratado:

a) se a possibilidade de tal suspensão estiver prevista pelo tratado; ou
b) se tal suspensão não for proibida pelo tratado e:
i) não prejudicar o gozo, pelas outras partes, de seus direitos decorrentes do tratado, nem o cumprimento de suas obrigações; e
ii) não for incompatível com o objeto e a finalidade do tratado.
2. A não ser que, em um caso previsto na alínea (a) do parágrafo 1, o tratado dispuser algo em contrário, as partes em questão deverão notificar às demais partes sua intenção de celebrar o acordo e as disposições do tratado cuja execução pretendem suspender.

Artigo 59
Extinção ou suspensão da execução de um tratado em decorrência da celebração de um tratado posterior

1. Considerar-se-á extinto um tratado se todas as suas partes concluírem um tratado posterior sobre o mesmo assunto e:
a) depreende-se do tratado posterior, ou fica estabelecido de outro modo que a intenção das partes é que a matéria seja regida por esse tratado; ou
b) as disposições do tratado posterior são de tal modo incompatíveis com as do tratado anterior que os dois tratados não podem ser aplicados simultaneamente.
2. A execução do tratado anterior será considerada como suspensa unicamente se ficar aparente a partir do tratado posterior ou de outro modo que essa era a intenção das partes.

Artigo 60
Extinção ou suspensão da execução de um tratado como consequência de sua violação

1. Uma violação substancial de um tratado bilateral por uma das partes autoriza a outra parte a invocar a violação como causa de extinção ou suspensão da execução de tratado, no todo ou em parte.
2. Uma violação substancial de um tratado multilateral por uma das partes autoriza:
a) as outras partes, por consentimento unânime, a suspenderem a execução do tratado, no todo ou em parte, ou a extinguirem o tratado, quer:
i) nas relações entre elas e o Estado ou organização internacional autor ou autora da violação; quer
ii) entre todas as partes;
b) a uma parte especialmente prejudicada pela violação invocar a referida violação como causa para suspender a execução do tratado total ou parcialmente nas relações entre ela e o Estado ou a organização internacional autor ou autora da violação;
c) a qualquer parte, exceto o Estado ou a organização internacional autor ou autora da violação, invocar a violação como causa para suspender a execução do tratado, total ou parcialmente, no que lhe diga respeito, se o tratado for de tal natureza que uma violação substancial de suas disposições por uma parte modifique radicalmente a situação de cada uma das partes quanto à execução posterior de suas obrigações em virtude do tratado.
3. Para os fins do presente artigo, constituirão violação substancial de um tratado:
a) uma rejeição do tratado não autorizada pela presente Convenção; ou
b) uma violação de uma disposição essencial para a consecução do objeto ou da finalidade do tratado
4. Os parágrafos precedentes serão considerados sem prejuízo das disposições do tratado aplicáveis em caso de violação.
5. O disposto nos parágrafos 1 e 3 não se aplicará às disposições relativas à proteção da pessoa humana contidas em tratados de natureza humanitária, em particular às disposições que proíbem toda forma de represálias contra pessoas protegidas por tais tratados.

Artigo 61
Impossibilidade superveniente de cumprimento

1. Uma parte poderá alegar a impossibilidade de cumprir um tratado como causa para considerá-lo como extinto ou para retirar-se dele, se essa impossibilidade decorrer da destruição ou do desaparecimento definitivo de um objeto indispensável à execução do tratado. Se a impossibilidade for temporária, pode ser invocada unicamente como motivo para suspender a execução do tratado.
2. A impossibilidade de cumprimento não poderá ser invocada por uma das partes como causa de extinção, de retirada ou de suspensão da execução do tratado, se essa impossibilidade resultar de uma violação pela parte que a invoca, quer de uma obrigação derivada do tratado, quer de qualquer outra obrigação internacional em relação a qualquer outra parte no tratado.

Artigo 62
Mudança fundamental de circunstâncias

1. Uma mudança fundamental de circunstâncias, ocorrida em relação àquelas existentes no momento da celebração do tratado e não prevista pelas partes, não poderá ser invocada como causa para a extinção ou a retirada do tratado, salvo se:
a) a existência dessas circunstâncias tiver constituído uma condição essencial do consentimento das partes em obrigarem-se pelo tratado; e
b) essa mudança tiver por efeito a transformação radical da natureza das obrigações ainda pendentes de cumprimento em virtude do tratado.
2. Uma mudança fundamental de circunstâncias não poderá ser invocada como causa para a extinção de um tratado entre dois ou mais Estados e entre uma ou mais organizações internacionais ou para a retirada da parte se o tratado estabelecer limites.
3. Uma mudança fundamental de circunstâncias não poderá ser invocada como causa para a extinção ou retirada de um tratado se a mudança

fundamental resultar de uma violação, pela parte que a invoca, de uma obrigação derivada do tratado ou de qualquer outra obrigação internacional referente a qualquer outra parte no tratado.
4. Quando, segundo o disposto nos parágrafos precedentes, for possível a uma das partes alegar uma mudança fundamental de circunstâncias como causa para a extinção ou retirada do tratado, poderá também invocar essa mudança como causa para suspender a execução do tratado.

Artigo 63
Ruptura de relações diplomáticas ou consulares

A ruptura de relações diplomáticas ou consulares entre Estados partes em um tratado entre dois ou mais Estados e uma ou mais organizações internacionais não afetará as relações jurídicas estabelecidas entre esses Estados pelo tratado, salvo na medida em que a existência de relações diplomáticas ou consulares seja indispensável à aplicação do tratado.

Artigo 64
Superveniência de uma nova norma imperativa de direito internacional geral (jus cogens)

Se sobrevier uma nova norma imperativa de direito internacional geral, qualquer tratado existente em conflito com essa norma tornar-se-á nulo e extinguir-se-á.
▶ Art. 71 (2) desta Convenção.

Seção 4
Procedimento

Artigo 65
Procedimento a ser seguido com relação à nulidade ou extinção de um tratado, à retirada de uma parte ou à suspensão da execução de um tratado

1. Uma parte que, nos termos da presente Convenção, invocar um vício do seu consentimento em obrigar-se por um tratado ou uma causa para impugnar a sua validade, considerá-lo extinto, retirar-se dele ou suspender a sua execução deverá notificar sua pretensão às outras partes. A notificação deverá indicar a medida que propõe adotar com respeito ao tratado e as razões que a fundamentam.
2. Se, após um prazo que, salvo em casos de extrema urgência, não deverá ser inferior a três meses contados a partir do recebimento da notificação, nenhuma parte formular objeções, a parte que fez a notificação poderá adotar, em conformidade com o disposto no artigo 67, a medida pleiteada.
3. Se, porém, qualquer das demais partes tiver formulado uma objeção, as partes deverão buscar uma solução pelos meios previstos no artigo 33 da Carta das Nações Unidas.
4. A notificação ou objeção feita por uma organização internacional será regida pelas regras da organização.
5. Nada do disposto nos parágrafos precedentes afetará os direitos ou as obrigações das partes derivadas de quaisquer disposições em vigor entre elas referentes à solução de controvérsias.
6. Sem prejuízo do disposto no artigo 45, o fato de um Estado ou uma organização internacional não ter efetuado a notificação prevista no parágrafo 1 não impedirá que o Estado ou a organização internacional em questão o faça em resposta a outra parte que solicite o cumprimento do tratado ou alegue sua violação.

Artigo 66
Procedimentos de solução judicial, de arbitragem e de conciliação

1. Se, dentro dos doze meses seguintes à data em que foi formulada a objeção, não se chegou a nenhuma solução em conformidade com o parágrafo 3 do artigo 65, serão seguidos os procedimentos indicados nos parágrafos que se seguem.
2. Com relação a uma controvérsia referente à aplicação ou interpretação dos artigos 53 ou 64:
a) se um Estado é parte na controvérsia com um ou mais Estados, poderá submeter a referida controvérsia, mediante pedido escrito, à decisão da Corte Internacional de Justiça;
b) se um Estado é parte em uma controvérsia da qual são partes uma ou mais organizações internacionais, o Estado poderá, por intermédio de um Estado Membro das Nações Unidas se for necessário, pedir à Assembleia Geral ou ao Conselho de Segurança ou, quando apropriado, ao órgão competente de uma organização internacional que seja parte na controvérsia e esteja autorizada em conformidade com o artigo 96 da Carta das Nações Unidas, que solicite um parecer consultivo da Corte Internacional de Justiça, de acordo com o disposto no artigo 65 do Estatuto da Corte;
c) se as Nações Unidas ou uma organização internacional autorizada pelo disposto no Artigo 96 da Carta das Nações Unidas é parte na controvérsia, poderá solicitar um parecer consultivo à Corte Internacional de Justiça nos termos do artigo 65 do Estatuto da Corte;
d) se uma organização internacional distinta daquelas referidas na alínea (c) é parte em uma controvérsia, ela poderá, por intermédio de um Estado Membro das Nações Unidas, seguir o procedimento indicado na alínea (b);
e) o parecer consultivo elaborado em conformidade com as alíneas (b), (c) ou (d) deverá ser aceito como decisivo por todas as partes na controvérsia em questão;
f) se a solicitação de parecer consultivo à Corte, de que tratam as alíneas (b), (c) ou (d), não for aceita, qualquer das partes na controvérsia poderá, mediante notificação por escrito à outra parte ou às outras partes, submeter a controvérsia à arbitragem de acordo com as disposições do Anexo à presente Convenção.
3. As disposições do parágrafo 2 serão aplicadas a menos que todas as partes em uma das con-

trovérsias mencionadas no referido parágrafo consintam, de comum acordo, em submeter a controvérsia a um procedimento de arbitragem, inclusive o indicado no Anexo à presente Convenção.

4. Com relação a uma controvérsia sobre a aplicação ou a interpretação de qualquer dos artigos da Parte V da presente Convenção, com exceção dos artigos 53 e 64, qualquer parte na controvérsia poderá iniciar o procedimento de conciliação previsto no Anexo à Convenção, apresentando ao Secretário-Geral das Nações Unidas uma solicitação nesse sentido.

Artigo 67
Instrumentos para declarar a nulidade ou extinção de um tratado, para retirar-se do mesmo ou suspender sua execução

1. A notificação prevista no parágrafo 1 do artigo 65 deverá ser feita por escrito.
2. Qualquer ato que declare a nulidade, a extinção, a retirada ou a suspensão da execução do tratado, nos termos das disposições do tratado ou dos parágrafos 2 ou 3 do artigo 65, deverá ser consignado em instrumento comunicado às demais partes. Se o instrumento produzido por um Estado não estiver assinado pelo Chefe de Estado, Chefe de Governo ou Ministro das Relações Exteriores, o representante do Estado que fizer a comunicação poderá ser convidado a apresentar seus plenos poderes. Se o instrumento for proveniente de uma organização internacional, o representante da organização que fizer a comunicação poderá ser convidado a apresentar seus plenos poderes.

Artigo 68
Revogação das notificações e dos instrumentos previstos nos artigos 65 e 67

Uma notificação ou instrumento previsto nos artigos 65 ou 67 poderá ser revogado em qualquer momento antes que produza efeitos.

Seção 5
Consequências da nulidade, extinção ou suspensão da execução de um tratado

Artigo 69
Consequências da nulidade de um tratado

1. É nulo um tratado cuja nulidade fica estabelecida em virtude das disposições da presente Convenção. Os dispositivos de um tratado nulo não têm força jurídica.
2. Se, todavia, tiverem sido praticados atos em virtude desse tratado:
a) toda parte poderá exigir de qualquer outra parte que, na medida do possível, estabeleça em suas relações mútuas a situação que teria existido se esses atos não tivessem sido praticados;
b) os atos praticados de boa-fé previamente à invocação da nulidade de um tratado não serão considerados ilícitos unicamente em razão da nulidade do tratado.

3. Nos casos previstos pelos artigos 49, 50, 51 ou 52, o parágrafo 2 não se aplicará com relação à parte à qual é imputado o dolo, a coação ou a corrupção.
4. No caso da nulidade do consentimento de um determinado Estado ou de uma determinada organização internacional em obrigar-se por um tratado multilateral, aplicar-se-ão as regras anteriores nas relações entre esse Estado ou essa organização e as partes do tratado.

Artigo 70
Consequências da extinção do tratado

1. Salvo disposição do tratado ou acordo das partes em contrário, a extinção de um tratado, nos termos de suas disposições ou da presente Convenção:
a) eximirá as parte da obrigação de continuar a cumprir o tratado;
b) não afetará qualquer direito, obrigação ou situação jurídica das partes, criados pela execução do tratado antes de sua extinção.
2. Se um Estado ou uma organização internacional denunciar um tratado multilateral ou dele se retirar, o parágrafo 1 aplicar-se-á nas relações entre esse Estado ou essa organização internacional e cada uma das demais partes do tratado, a partir da data em que tenha efeito essa denúncia ou retirada.

Artigo 71
Consequências da nulidade de um tratado que esteja em conflito com uma norma imperativa de direito internacional geral

1. No caso de um tratado nulo em virtude do artigo 53, as partes deverão:
a) eliminar, na medida do possível, as consequências de qualquer ato praticado com base em uma disposição que esteja em conflito com a norma imperativa de direito internacional geral; e
b) adaptar as suas relações mútuas à norma imperativa de direito internacional geral.
2. Quando um tratado se tornar nulo e for extinto em virtude do artigo 64, a extinção do tratado:
a) eximirá as partes da obrigação de continuar a cumprir o tratado;
b) não afetará qualquer direito, obrigação ou situação jurídica das partes, criados pela execução do tratado antes de sua extinção; desde que tais direitos, obrigações ou situações possam ser mantidos posteriormente, na medida em que a sua manutenção não entre em conflito com a nova norma imperativa de direito internacional geral.

Artigo 72
Consequências da suspensão da execução de um tratado

1. Salvo disposição do tratado ou acordo das partes em contrário, a suspensão da execução de um tratado nos termos de suas disposições ou em conformidade com a presente Convenção:
a) eximirá as partes entre as quais a execução seja suspensa da obrigação de cumprir o tratado nas

suas relações mútuas durante o período da suspensão;
b) não afetará de outro modo as relações jurídicas que o tratado tenha estabelecido entre as partes.
2. Durante o período da suspensão, as partes deverão abster-se de atos tendentes a obstruir o reinício da execução do tratado.

PARTE VI
DISPOSIÇÕES DIVERSAS

Artigo 73
Relação com a Convenção de Viena sobre o Direito dos Tratados

Tal como entre os Estados partes na Convenção de Viena sobre o Direito dos Tratados, de 1969, as relações desses Estados em virtude de um tratado entre dois ou mais Estados e uma ou várias organizações internacionais serão regidas pela referida Convenção.

Artigo 74
Questões não prejulgadas pela presente Convenção

1. As disposições da presente Convenção não prejulgarão qualquer questão que possa surgir em relação a um tratado entre um ou mais Estados e uma ou mais organizações internacionais em virtude da sucessão de Estados, da responsabilidade internacional de um Estado ou do início de hostilidades entre Estados.
2. As disposições da presente Convenção não prejulgarão nenhuma questão que com relação a um tratado possa surgir como consequência da responsabilidade internacional da organização internacional, do término de sua existência ou do término da participação de um Estado na qualidade de membro da organização.
3. As disposições da presente Convenção não prejulgarão qualquer questão que possa surgir em relação ao estabelecimento de obrigações e direitos para Estados membros de uma organização internacional em virtude de um tratado no qual essa organização seja parte.

Artigo 75
Relações diplomáticas e consulares e a celebração de tratados

A ruptura ou ausência de relações diplomáticas ou consulares entre dois ou mais Estados não impedirão a celebração de tratados entre dois ou mais desses Estados e uma ou mais organizações internacionais. A celebração de um tratado, em si, não afetará a situação das relações diplomáticas ou consulares.

Artigo 76
Caso de um Estado agressor

As disposições da presente Convenção não afetarão qualquer obrigação que possa decorrer de um tratado entre um ou mais Estados e uma ou mais organizações para um Estado agressor como consequência de medidas tomadas em conformidade com a Carta das Nações Unidas relativas à agressão cometida por esse Estado.

PARTE VII
DEPOSITÁRIOS, NOTIFICAÇÕES, RETIFICAÇÕES E REGISTRO

Artigo 77
Depositários dos tratados

1. A designação do depositário de um tratado poderá ser feita pelos Estados negociadores e organizações negociadoras ou, se for o caso, pelas organizações negociadoras, quer no próprio tratado quer de qualquer outra maneira. O depositário poderá ser um ou mais Estados, uma organização internacional ou o principal funcionário administrativo de tal organização.
2. As funções do depositário de um tratado têm caráter internacional e o depositário é obrigado a agir imparcialmente no desempenho dessas funções. Em especial, o fato de um tratado não ter entrado em vigor entre algumas das partes ou de ter surgido uma divergência entre um Estado ou uma organização internacional e o depositário sobre o desempenho das funções deste último não afetará essa obrigação.

Artigo 78
Funções dos depositários

1. A menos que o tratado disponha ou os Estados contratantes e as organizações contratantes ou, se for o caso, as organizações contratantes acordem algo distinto, as funções do depositário compreendem em particular as seguintes:
a) custodiar o texto original do tratado e os plenos poderes que lhe tenham sido entregues;
b) preparar cópias autenticadas do texto original e preparar todos os demais textos do tratado em outros idiomas que sejam requeridos em virtude do tratado e remetê-los às partes e aos Estados e organizações internacionais habilitados a se tornarem partes no tratado;
c) receber todas as assinaturas do tratado, receber e custodiar todos os instrumentos, notificações e comunicações pertinentes a ele;
d) examinar se uma assinatura, um instrumento, uma notificação ou uma comunicação relativa ao tratado estão em boa e devida forma e, se necessário, chamar a atenção do Estado ou da organização internacional em causa sobre a questão;
e) informar às partes e aos Estados e organizações internacionais habilitados a se tornarem partes no tratado a respeito de atos, notificações e comunicações referentes ao tratado;
f) informar aos Estados e organizações internacionais habilitados a serem partes no tratado a data na qual foi recebido ou depositado o número de assinaturas ou de instrumentos de ratificação, instrumentos relativos a um ato de confirmação formal, ou instrumentos de aceitação, aprovação ou adesão necessários para a entrada em vigor do tratado;

g) registrar o tratado junto ao Secretariado das Nações Unidas;
h) exercer as funções previstas em outras disposições da presente Convenção.

2. Se surgir uma divergência entre um Estado ou uma organização internacional e o depositário a respeito do desempenho das funções deste último, o depositário deverá levar a questão à atenção:
a) dos Estados e organizações signatários, bem como dos Estados contratantes e das organizações contratantes; ou
b) se for o caso, do órgão competente da organização em causa.

Artigo 79
Notificações e comunicações

Salvo disposição em contrário do tratado ou da presente Convenção qualquer notificação ou comunicação que deva ser feita por qualquer Estado ou organização internacional, nos termos da presente Convenção:
a) será transmitida, se não houver depositário, diretamente aos Estados e organizações a que se destina, ou, se houver depositário, a este último;
b) só será considerada como tendo sido feita pelo Estado ou organização em questão a partir do seu recebimento pelo Estado ou organização a que foi transmitida ou, se for o caso, pelo depositário;
c) se tiver sido transmitida a um depositário, somente será considerada como tendo sido recebida pelo Estado ou pela organização a que estava destinada quando esse Estado ou essa organização tiver recebido do depositário a informação prevista na alínea (e) do parágrafo 1 do artigo 78.

Artigo 80
Correção de erros em texto ou em cópias autenticadas de tratados

1. Se, após a autenticação do texto de um tratado, os Estados e organizações internacionais signatários e os Estados contratantes e organizações contratantes concordarem em que nele existe erro, este, salvo disposição em contrário, será corrigido:
a) mediante a correção apropriada no texto, rubricada por representantes devidamente autorizados;
b) mediante a formalização ou troca de um instrumento no qual esteja consignada a retificação que se convencionou fazer; ou
c) formalizando, por meio do mesmo procedimento empregado para o texto original, um texto corrigido de todo o tratado.

2. Caso o tratado conte com um depositário, este notificará os Estados e às organizações internacionais signatários e aos Estados contratantes e às organizações contratantes sobre o erro e a proposta de corrigi-lo e determinará um prazo adequado para a apresentação de objeções à correção proposta. Se, expirado o prazo:

a) nenhuma objeção tiver sido feita, o depositário deverá efetuar e rubricar a correção no texto e lavrará a ata de retificação do texto e remeterá cópias às partes no tratado e aos Estados e às organizações habilitadas a serem partes do tratado;
b) uma objeção tiver sido feita, o depositário deverá comunicá-la aos Estados e organizações signatários e aos Estados contratantes e organizações contratantes.

3. As regras dos parágrafos 1 e 2 aplicar-se-ão igualmente quando o texto tiver sido autenticado em dois ou mais idiomas e se constate uma falta de concordância que os Estados e as organizações internacionais signatários, bem como os Estados contratantes e as organizações contratantes, concordem deva ser corrigida.

4. O texto corrigido substituirá ab initio o texto defeituoso, salvo decisão em contrário dos Estados e organizações internacionais signatários e dos Estados contratantes e organizações contratantes.

5. A correção do texto de um tratado registrado deverá ser notificada ao Secretariado das Nações Unidas.

6. Quando se descobrir um erro em uma cópia autenticada de um tratado, o depositário deverá lavrar uma ata de retificação e remeterá cópias aos Estados e organizações internacionais signatários e aos Estados contratantes e organizações contratantes.

Artigo 81
Registro e publicação de tratados

1. Após sua entrada em vigor, os tratados serão transmitidos ao Secretariado das Nações Unidas para registro ou classificação e inscrição, conforme o caso, bem como para publicação.
▶ Art. 4º da Convenção de Havana sobre Tratados (1928).
▶ Art. 80 da Convenção de Viena sobre o Direito dos Tratados (1969).
▶ Art. 102 da Carta das Nações Unidas (1945).

2. A designação de um depositário constituirá autorização para que este leve a cabo os atos previstos no parágrafo anterior.

PARTE VIII
DISPOSIÇÕES FINAIS

Artigo 82
Assinatura

A presente Convenção estará aberta, até 31 de dezembro de 1986 no Ministério Federal dos Negócios Estrangeiros da República da Áustria, e, depois, até 30 de junho de 1987 na sede das Nações Unidas em Nova York, para assinatura:
a) de todos os Estados;
b) da Namíbia, representada pelo Conselho das Nações Unidas para a Namíbia;
c) das organizações internacionais convidadas a participar da Conferência das Nações Unidas sobre Direito dos Tratados entre Estados e Organizações Internacionais ou entre Organizações Internacionais.

Artigo 83
Ratificação ou ato de confirmação formal

A presente Convenção está sujeita à ratificação pelos Estados e pela Namíbia, representada pelo Conselho das Nações Unidas para a Namíbia, e a atos de confirmação formal pelas organizações internacionais. Os instrumentos de ratificação e os instrumentos relativos a atos de confirmação formal serão depositados junto ao Secretário-Geral das Nações Unidas.

Artigo 84
Adesão

1. A presente Convenção permanecerá aberta à adesão de qualquer Estado, da Namíbia, representada pelo Conselho das Nações Unidas para a Namíbia, e de qualquer organização internacional que tenha capacidade para celebrar tratados.
2. O instrumento de adesão de uma organização internacional deverá conter uma declaração da qual conste que ela tem capacidade para celebrar tratados.
3. Os instrumentos de adesão deverão ser depositados junto ao Secretário-Geral das Nações Unidas.

Artigo 85
Entrada em vigor

1. A presente Convenção entrará em vigor no trigésimo dia a partir da data do depósito do trigésimo quinto instrumento de ratificação ou adesão pelos Estados ou pela Namíbia, representada pelo Conselho das Nações Unidas para a Namíbia.
2. Para cada Estado ou para a Namíbia, representada pelo Conselho das Nações Unidas para a Namíbia, que ratificar a Convenção ou a ela aderir depois de satisfeita a condição prevista no parágrafo 1, a Convenção entrará em vigor no trigésimo dia a partir da data em que tal Estado ou a Namíbia tenha depositado seu instrumento de ratificação ou de adesão.
3. Para cada organização internacional que depositar um instrumento relativo a um ato de confirmação formal ou um instrumento de adesão, a Convenção entrará em vigor no trigésimo dia a partir desse depósito ou na data em que a Convenção entrar em vigor de acordo com o parágrafo 1, se esta for posterior.

Artigo 86
Textos autênticos

O original da presente Convenção, cujos textos em árabe, chinês, inglês, francês, russo e espanhol são igualmente autênticos, será depositado junto ao Secretário-Geral das Nações Unidas.

EM FÉ DO QUE os plenipotenciários abaixo assinados, devidamente autorizados por seus respectivos governos, e os representantes, devidamente autorizados, do Conselho das Nações Unidas para a Namíbia e das organizações internacionais assinaram a presente Convenção.

FEITO EM VIENA, aos vinte e um dias de março de mil novecentos e oitenta e seis.

ANEXO
PROCEDIMENTOS DE ARBITRAGEM E DE CONCILIAÇÃO ESTABELECIDOS EM APLICAÇÃO DO Artigo 66

I – CONSTITUIÇÃO DO TRIBUNAL ARBITRAL OU DA COMISSÃO DE CONCILIAÇÃO

1. O Secretário-Geral das Nações Unidas elaborará e manterá uma lista, composta por juristas qualificados, da qual as partes em uma controvérsia poderão escolher as pessoas que venham a constituir um tribunal arbitral, ou, se for o caso, uma comissão de conciliação. Para tanto, convidar-se-ão todos os Estados que sejam membros das Nações Unidas e todas as partes na presente Convenção que designem duas pessoas e os nomes dessas pessoas assim designadas conformarão a lista, da qual será enviada uma cópia ao Presidente da Corte Internacional de Justiça. O mandato dos integrantes da lista, inclusive daqueles designados para preencher uma vacância eventual, será de cinco anos, renováveis. Ao expirar o mandato para o qual tenha sido designada, essa pessoa continuará desempenhando as funções para as quais foi escolhida segundo o disposto nos parágrafos a seguir.

2. Quando a notificação tiver sido feita de acordo com o artigo 66, parágrafo 2, alínea (f), ou houver acordo sobre o procedimento do presente Anexo nos termos do parágrafo 3, a controvérsia será submetida a um tribunal arbitral. Quando um pedido tiver sido feito ao Secretário-Geral das Nações Unidas, em conformidade com o artigo 66, parágrafo 4, o Secretário-Geral submeterá a controvérsia a uma comissão de conciliação. Tanto o tribunal arbitral quanto a comissão de conciliação serão constituídos do seguinte modo:

Os Estados, organizações internacionais ou, se for o caso, os Estados e organizações que constituam uma das partes na controvérsia nomearão de comum acordo:

a) um árbitro ou, se for o caso, um conciliador, escolhido ou não da lista mencionada no parágrafo 1; e

b) um árbitro ou, quando for o caso, um conciliador, escolhido dentre os incluídos na lista e que não seja da nacionalidade de qualquer dos Estados nem tenha sido nomeado por qualquer das organizações que constituam aquela parte na controvérsia, contanto que a controvérsia entre duas organizações internacionais não seja submetida à consideração de nacionais de um mesmo Estado.

Os Estados, organizações internacionais ou, se for o caso, os Estados e organizações que constituam a outra parte na controvérsia, nomearão dois árbitros ou, se for o caso, dois conciliadores da mesma maneira. As quatro pessoas escolhidas pelas partes serão nomeadas em um prazo de sessenta dias a partir da data em que a outra parte na controvérsia tenha recebido a notificação nos termos do artigo 66, parágrafo 2, alínea (f), ou na data em que se tenha chegado a um acordo sobre o procedimento conforme o parágrafo 3 do presente Anexo, ou na data em que o Secretário-Geral tenha recebido o pedido de conciliação.

Nos sessenta dias que se seguirem à última nomeação, as quatro pessoas escolhidas nomearão um quinto árbitro ou, se for o caso, conciliador, escolhido da lista, que será o presidente.

Se a nomeação do presidente ou de qualquer dos árbitros ou, se for o caso, dos conciliadores, não for feita no prazo acima previsto para tanto, essa nomeação será realizada pelo Secretário-Geral das Nações Unidas nos sessenta dias seguintes à expiração deste prazo. O Secretário-Geral poderá nomear para presidente uma das pessoas inscritas na lista ou um dos membros da Comissão de Direito Internacional. Qualquer um dos prazos, nos quais as nomeações devem ser feitas, poderá ser prorrogado, mediante acordo das partes na controvérsia. Se as Nações Unidas forem parte ou forem incluídas em uma das partes da controvérsia, o Secretário-Geral transmitirá o pedido acima mencionado ao Presidente da Corte Internacional de Justiça, que exercerá as funções conferidas ao Secretário-Geral nesta alínea.

Qualquer vacância deverá ser preenchida da maneira estabelecida para a nomeação inicial.

A nomeação dos árbitros ou conciliadores por uma organização internacional prevista nos parágrafos 1 e 2 deverá ser regida pelas regras da organização.

II – FUNCIONAMENTO DO TRIBUNAL ARBITRAL

3. Salvo acordo em contrário das partes na controvérsia, o Tribunal Arbitral adotará o seu próprio procedimento, assegurando a cada parte na controvérsia toda oportunidade para ser ouvida e apresentar a defesa de sua causa.

4. O Tribunal Arbitral, com o consentimento das partes na controvérsia, poderá convidar qualquer Estado ou organização internacional interessado a que submeta seu ponto de vista oralmente ou por escrito.

5. As decisões do Tribunal Arbitral serão adotadas por maioria de votos de seus membros. No caso de empate, decidirá o voto do Presidente.

6. Quando uma das partes na controvérsia não comparecer perante o Tribunal ou se abstiver de defender sua causa, a outra parte poderá requerer ao Tribunal que continue o processo e emita o seu laudo. O Tribunal, antes de emitir o seu laudo, deverá estar convencido de sua jurisdição sobre a controvérsia e de que a questão está bem fundamentada nos fatos e no direito.

7. O laudo do Tribunal Arbitral deverá se limitar ao mérito da controvérsia e declarar as razões nas quais se fundamenta. Qualquer membro do Tribunal poderá juntar uma opinião individual ou contrária ao laudo.

8. O laudo deverá ser definitivo e inapelável. Todas as partes na controvérsia deverão sujeitar-se ao laudo.

9. O Secretário-Geral fornecerá ao Tribunal a assistência e as facilidades de que ele possa necessitar. As despesas do Tribunal serão custeadas pelas Nações Unidas.

III – FUNCIONAMENTO DA COMISSÃO DE CONCILIAÇÃO

10. A Comissão de Conciliação adotará o seu próprio procedimento. A Comissão, com o consentimento das partes na controvérsia, poderá convidar qualquer outra parte no tratado a submeter o seu ponto de vista oralmente ou por escrito. A decisão e as recomendações da Comissão serão adotadas por maioria de votos de seus cinco membros.

11. A Comissão poderá chamar a atenção das partes na controvérsia para qualquer medida suscetível de facilitar uma solução amigável.

12. A Comissão deverá ouvir as partes, examinar as pretensões e objeções e apresentar propostas às partes a fim de ajudá-las a chegar a uma solução amigável da controvérsia.

13. A Comissão deverá elaborar um relatório nos doze meses que se seguirem à sua constituição. O seu relatório deverá ser depositado junto ao Secretário-Geral e comunicado às partes na controvérsia. O relatório da Comissão, inclusive todas as conclusões nele contidas quanto aos fatos e às questões de direito, não vinculará as partes e não terá outro valor senão o de enunciar as recomendações submetidas à consideração das partes, a fim de facilitar uma solução amigável da controvérsia.

14. O Secretário-Geral prestará à Comissão a assistência e as facilidades de que ela possa necessitar. As despesas da Comissão serão custeadas pelas Nações Unidas.

Espaços Marítimos

CONVENÇÃO DAS NAÇÕES UNIDAS SOBRE O DIREITO DO MAR (1982)

Convenção de Montego Bay

- Adotada em Montego Bay, Jamaica, em 10.12.1982. Aprovada no Brasil pelo Decreto Legislativo 5, de 09.11.1987, e promulgada pelo Decreto 99.165, de 12.03.1990. Este último Decreto foi revogado pelo Decreto 99.263, de 24.05.1990. A Convenção, contudo, teve novamente declarada sua entrada em vigor em 16.11.1994, pelo Decreto 1.530, de 22.06.1995.

Os Estados-partes nesta Convenção,

Animados do desejo de solucionar, num espírito de compreensão e cooperação mútuas, todas as questões relativas ao direito do mar e conscientes do significado histórico desta Convenção como importante contribuição para a manutenção da paz, da justiça e do progresso de todos os povos do mundo,

Verificando que os fatos ocorridos desde as Conferências das Nações Unidas sobre o Direito do Mar, realizadas em Genebra em 1958 e 1960, acentuaram a necessidade de uma nova Convenção sobre o direito do mar de aceitação geral,

Conscientes de que os problemas do espaço oceânico estão estreitamente inter-relacionados e devem ser considerados como um todo,

Reconhecendo a conveniência de estabelecer por meio desta Convenção com a devida consideração pela soberania de todos os Estados, uma ordem jurídica para os mares e oceanos que facilite as comunicações internacionais e promova os usos pacíficos dos mares e oceanos, a utilização equitativa e eficiente dos seus recursos, a conservação dos recursos vivos e o estudo, a proteção e a preservação do meio marinho,

Tendo presente que a consecução destes objetivos contribuirá para o estabelecimento de uma ordem econômica internacional justa e equitativa que tenha em conta os interesses e as necessidades da humanidade em geral e, em particular, os interesses e as necessidades especiais dos países em desenvolvimento, quer costeiros quer sem litoral,

Desejando desenvolver pela presente Convenção os princípios consagrados na Resolução 2.749 (XXV) de 17 de Dezembro de 1970, na qual a Assembleia Geral das Nações Unidas declarou solenemente, *inter alia*, que os fundos marinhos e oceânicos e o seu subsolo para além dos limites da jurisdição nacional, bem como os respectivos recursos são patrimônio comum da humanidade e que a exploração e o aproveitamento dos mesmos fundos serão feitos em benefício da humanidade em geral, independentemente da situação geográfica dos Estados,

Convencidos de que a codificação e o desenvolvimento progressivo do direito do mar alcançados na presente Convenção contribuirão para o fortalecimento da paz, da segurança, da cooperação e das relações de amizade entre todas as nações, de conformidade com os princípios de justiça e igualdade de direitos e promoverão o progresso econômico e social de todos os povos do mundo, de acordo com os Propósitos e Princípios das Nações Unidas, tais como enunciados na Carta,

Afirmando que as matérias não reguladas pela presente Convenção continuarão a ser regidas pelas normas e princípios do direito internacional geral,

Acordaram o seguinte:

PARTE I
INTRODUÇÃO

Artigo 1º
Termos utilizados e âmbito de aplicação

1. Para efeitos da presente Convenção:

1) "Área" significa o leito do mar, os fundos marinhos, e o seu subsolo além dos limites da jurisdição nacional;

2) "Autoridade" significa a Autoridade Internacional dos Fundos Marinhos;

3) "atividades na Área" significa todas as atividades de exploração e aproveitamento dos recursos na Área;

4) "poluição do meio marinho" significa a introdução pelo homem, direta ou indiretamente, de substâncias ou de energia no meio marinho, incluindo os estuários, sempre que a mesma provoque ou possa vir a provocar efeitos nocivos, tais como danos aos recursos vivos e à vida marinha, riscos à saúde do homem, entrave às atividades marítimas, incluindo a pesca e as outras utilizações legítimas do mar, alteração da qualidade da água do mar, no que se refere à sua utilização e deterioração dos locais de recreio;

5) *a)* "alijamento" significa:

i) qualquer lançamento deliberado no mar de detritos e outras matérias, a partir de embarcações, aeronaves, plataformas ou outras construções;

ii) qualquer afundamento deliberado no mar de embarcações, aeronaves, plataformas ou outras construções;

b) o termo "alijamento" não incluirá:

i) o lançamento de detritos ou outras matérias resultantes ou derivadas da exploração normal de embarcações, aeronaves, plataformas ou outras construções, bem como o seu equipamento, com exceção dos detritos ou de outras matérias transportadas em embarcações, aeronaves, plataformas ou outras construções no mar ou para ele transferidos que sejam utilizadas para o lançamento destas matérias ou que provenham do tratamento desses detritos ou de matérias a bordo das referidas embarcações, aeronaves, plataformas ou construções;

ii) o depósito de matérias para outros fins que não os do seu simples lançamento desde que tal depósito não seja contrário aos objetivos da presente Convenção.

2. 1) "Estados-Partes" significa os Estados que tenham consentido em ficar obrigados pela Convenção e em relação aos quais a Convenção esteja em vigor.

2) A Convenção aplica-se *mutatis mutandis* às entidades mencionadas nas alíneas b), c), d), e) e f) do parágrafo 1º do art. 305, que se tenham tornado Partes na presente Convenção de conformidade com as condições relativas a cada uma delas e, nessa medida, a expressão "Estados-Partes" compreende essas entidades.

PARTE II
MAR TERRITORIAL E ZONA CONTÍGUA

Seção 1
Disposições gerais

Artigo 2º
Regime jurídico do mar territorial, seu espaço aéreo sobrejacente, leito e subsolo

1. A soberania do Estado costeiro estende-se além do seu território e das suas águas interiores e, no caso de Estado arquipélago, das suas águas arquipelágicas, a uma zona de mar adjacente designada pelo nome de mar territorial.

2. Esta soberania estende-se ao espaço aéreo sobrejacente ao mar territorial, bem como ao leito e ao subsolo deste mar.

3. A soberania sobre o mar territorial é exercida de conformidade com a presente Convenção e as demais normas de direito internacional.

Seção 2
Limites do mar territorial

Artigo 3º
Largura do mar territorial

Todo Estado tem o direito de fixar a largura do seu mar territorial até um limite que não ultrapasse 12 milhas marítimas, medidas a partir de linhas de base determinadas de conformidade com a presente Convenção.

Artigo 4º
Limite exterior do mar territorial

O limite exterior do mar territorial é definido por uma linha em que cada um dos pontos fica a uma distância do ponto mais próximo da linha de base igual à largura do mar territorial.

Artigo 5º
Linha de base normal

Salvo disposição em contrário da presente Convenção, a linha de base normal para medir a largura do mar territorial é a linha de baixa-mar ao longo da costa, tal como indicada nas cartas marítimas de grande escala, reconhecidas oficialmente pelo Estado costeiro.

Artigo 6º
Recifes

No caso de ilhas situadas em atóis ou de ilhas que têm cadeias de recifes, a linha de base para medir a largura do mar territorial é a linha de baixa-mar do recife que se encontra do lado do mar, tal como indicada por símbolo apropriado nas cartas reconhecidas oficialmente pelo Estado costeiro.

Artigo 7º
Linhas de base retas

1. Nos locais em que a costa apresente recortes profundos e reentrâncias ou em que exista uma franja de ilhas ao longo da costa na sua proximidade imediata, pode ser adotado o método das linhas de base retas que unam os pontos apropriados para traçar a linha de base a partir da qual se mede a largura do mar territorial.

2. Nos locais em que, devido à existência de um delta e de outros acidentes naturais, a linha da costa seja muito instável, os pontos apropriados podem ser escolhidos ao longo da linha de baixa-mar mais avançada em direção ao mar e, mesmo que a linha de baixa-mar retroceda posteriormente, essas linhas de base retas continuarão em vigor até que o Estado costeiro as modifique de conformidade com a presente Convenção.

3. O traçado dessas linhas de base retas não deve afastar-se consideravelmente da direção geral da costa e as zonas de mar situadas dentro dessas linhas devem estar suficientemente vinculadas ao domínio terrestre para ficarem submetidas ao regime das águas interiores.

4. As linhas de base retas não serão traçadas em direção aos baixios que emergem na baixa-mar, nem a partir deles, a não ser que sobre os mesmos se tenham construído faróis ou instalações análogas que estejam permanentemente acima do nível do mar, ou a não ser que o traçado de tais linhas de base retas até àqueles baixios ou a partir destes tenha sido objeto de reconhecimento internacional geral.

5. Nos casos em que o método das linhas de base retas for aplicável, nos termos do parágrafo 1º, poder-se-á ter em conta, ao traçar determinadas linhas de base, os interesses econômicos próprios da região de que se trate, cuja realidade e importância estejam claramente demonstradas por uso prolongado.

6. O sistema de linhas de base retas não poderá ser aplicado por um Estado de modo a separar o mar territorial de outro Estado do alto mar ou de uma zona econômica exclusiva.

Artigo 8º
Águas interiores

1. Excetuando o disposto na Parte IV, as águas situadas no interior da linha de base do mar territorial fazem parte das águas interiores do Estado.
2. Quando o traçado de uma linha de base reta, de conformidade com o método estabelecido no art. 7, encerrar, como águas interiores, águas que anteriormente não eram consideradas como tais, aplicar-se-á a essas águas o direito de passagem inofensiva, de acordo com o estabelecido na presente Convenção.

Artigo 9º
Foz de um rio

Se um rio deságua diretamente no mar, a linha de base é uma reta traçada através da foz do rio entre os pontos limites da linha de baixa-mar das suas margens.

Artigo 10
Baías

1. Este artigo refere-se apenas a baías cujas costas pertencem a um único Estado.
2. Para efeitos da presente Convenção, uma baía é uma reentrância bem marcada, cuja penetração em terra, em relação à largura da sua entrada, é tal que contém águas cercadas pela costa e constitui mais do que uma simples inflexão da costa. Contudo, uma reentrância não será considerada como uma baía, se a sua superfície não for igual ou superior à de um semicírculo que tenha por diâmetro a linha traçada através da entrada da referida reentrância.
3. Para efeitos de medição, a superfície de uma reentrância é a compreendida entre a linha de baixa-mar ao longo da costa da reentrância e uma linha que una as linhas de baixa-mar dos seus pontos naturais de entrada. Quando, devido à existência de ilhas, uma reentrância tiver mais do que uma entrada, o semicírculo será traçado tomando como diâmetro a soma dos comprimentos das linhas que fechem as diferentes entradas. A superfície das ilhas existentes dentro de uma reentrância será considerada como fazendo parte da superfície total da água da reentrância, como se essas ilhas fossem parte da mesma.
4. Se a distância entre as linhas de baixa-mar dos pontos naturais de entrada de uma baía não exceder 24 milhas marítimas, poderá ser traçada uma linha de demarcação entre estas duas linhas de baixa-mar e as águas assim encerradas serão consideradas águas interiores.
5. Quando a distância entre as linhas de baixa-mar dos pontos naturais de entrada de uma baía exceder 24 milhas marítimas, será traçada, no interior da baía, uma linha de base reta de 24 milhas marítimas de modo a encerrar a maior superfície de água que for possível abranger por uma linha de tal extensão.
6. As disposições precedentes não se aplicam às baías chamadas "históricas", nem nos casos em que se aplique o sistema de linhas de base retas estabelecido no art. 7.

Artigo 11
Portos

Para efeitos de delimitação do mar territorial, as instalações portuárias permanentes mais ao largo da costa que façam parte integrante do sistema portuário são consideradas como fazendo parte da costa. As instalações marítimas situadas ao largo da costa e as ilhas artificiais não são consideradas instalações portuárias permanentes.

Artigo 12
Ancoradouros

Os ancoradouros utilizados habitualmente para carga, descarga e fundeio de navios, os quais estariam normalmente situados, inteira ou parcialmente, fora do traçado geral do limite exterior do mar territorial, são considerados como fazendo parte do mar territorial.

Artigo 13
Baixios a descoberto

1. Um "baixio a descoberto" é uma extensão natural de terra rodeada de água, que, na baixa-mar, fica acima do nível do mar, mas que submerge na preia-mar. Quando um "baixio a descoberto" se encontre, total ou parcialmente, a uma distância do continente ou de uma ilha que não exceda a largura do mar territorial, a linha de baixa-mar desse baixio pode ser utilizada como linha de base para medir a largura do mar territorial.
2. Quando um "baixio a descoberto" estiver, na totalidade, situado a uma distância do continente ou de uma ilha superior à largura do mar territorial, não possui mar territorial próprio.

Artigo 14
Combinação de métodos para determinar as linhas base

O Estado costeiro poderá, segundo as circunstâncias, determinar as linhas de base por meio de qualquer dos métodos estabelecidos nos artigos precedentes.

Artigo 15
Delimitação do mar territorial entre Estados com costas adjacentes ou situadas frente a frente

Quando as costas de dois Estados são adjacentes ou se encontram situadas frente a frente, nenhum desses Estados tem o direito, salvo acordo de ambos em contrário, de estender o seu mar territorial além da linha mediana cujos pontos são equidistantes dos pontos mais próximos das linhas de base, a partir das quais se mede a largura do mar territorial de cada um desses Estados. Contudo, este artigo não se aplica quando, por motivo da existência de títulos históricos ou de outras circunstâncias especiais, for necessário delimitar o mar territorial dos dois Estados de forma diferente.

Artigo 16
Cartas marítimas e listas de coordenadas geográficas

1. As linhas de base para medir a largura do mar territorial, determinadas de conformidade com

os arts. 7, 9 e 10 ou os limites delas decorrentes, e as linhas de delimitação traçada de conformidade com os arts. 12 e 15 figurarão em cartas de escala ou escalas adequadas para a determinação da sua posição. Essas cartas poderão ser substituídas por listas de coordenadas geográficas de pontos em que conste especificamente a sua origem geodésica.

2. O Estado costeiro dará a devida publicidade a tais cartas ou listas de coordenadas geográficas e depositará um exemplar de cada carta ou lista junto do Secretário-Geral das Nações Unidas.

Seção 3
Passagem inofensiva pelo mar territorial

Subseção A
Normas aplicáveis a todos os navios

Artigo 17
Direito de passagem inofensiva

Salvo disposição em contrário da presente Convenção, os navios de qualquer Estado, costeiro ou sem litoral, gozarão do direito de passagem inofensiva pelo mar territorial.

Artigo 18
Significado de passagem

1. "Passagem" significa a navegação pelo mar territorial com o fim de:

a) atravessar esse mar sem penetrar nas águas interiores nem fazer escala num ancoradouro ou instalação portuária situada fora das águas interiores;

b) dirigir-se para as águas interiores ou delas sair ou fazer escala num desses ancoradouros ou instalações portuárias.

2. A passagem deverá ser contínua e rápida. No entanto, a passagem compreende o parar e o fundear, mas apenas na mediada em que os mesmos constituam incidentes comuns de navegação ou sejam impostos por motivos de força maior ou por dificuldade grave ou tenham por fim prestar auxílio a pessoas, navios ou aeronaves em perigo ou em dificuldade grave.

Artigo 19
Significado de passagem inofensiva

1. A passagem é inofensiva desde que não seja prejudicial à paz, à boa ordem ou à segurança do Estado costeiro. A passagem deve efetuar-se de conformidade com a presente Convenção e demais normas de direito internacional.

2. A passagem de um navio estrangeiro será considerada prejudicial à paz, à boa ordem ou à segurança do Estado costeiro, se esse navio realizar, no mar territorial, alguma das seguintes atividades:

a) qualquer ameaça ou uso da força contra a soberania, a integridade territorial ou a independência política do Estado costeiro ou qualquer outra ação em violação dos princípios de direito internacional enunciados na Carta das Nações Unidas;

b) qualquer exercício ou manobra com armas de qualquer tipo;

c) qualquer ato destinado a obter informações em prejuízo da defesa ou da segurança do Estado costeiro;

d) qualquer ato de propaganda destinado a atentar contra a defesa ou a segurança do Estado costeiro;

e) o lançamento, pouso ou recebimento a bordo de qualquer aeronave;

f) o lançamento, pouso ou recebimento a bordo de qualquer dispositivo militar;

g) o embarque ou desembarque de qualquer produto, moeda ou pessoa com violação das leis e regulamentos aduaneiros, fiscais, de imigração ou sanitários do Estado costeiro;

h) qualquer ato internacional e grave de poluição contrário à presente Convenção;

i) qualquer atividade de pesca;

j) a realização de atividades de investigação ou de levantamento hidrográficos;

k) qualquer ato destinado a perturbar quaisquer sistemas de comunicação ou quaisquer outros serviços ou instalações do Estado costeiro;

l) qualquer outra atividade que não esteja diretamente relacionada com a passagem.

Artigo 20
Submarinos e outros veículos submersíveis

No mar territorial, os submarinos e quaisquer outros veículos submersíveis devem navegar à superfície e arvorar a sua bandeira.

Artigo 21
Leis e regulamentos do Estado costeiro relativos à passagem inofensiva

1. O Estado costeiro pode adoptar leis e regulamentos, de conformidade com as disposições da presente Convenção e demais normas de direito internacional, relativos à passagem inofensiva pelo mar territorial sobre todas ou alguma das seguintes matérias:

a) segurança da navegação e regulamentação do tráfego marítimo;

b) proteção das instalações e dos sistemas de auxílio à navegação e de outros serviços ou instalações;

c) proteção de cabos e ductos;

d) conservação dos recursos vivos do mar;

e) prevenção de infrações às leis e regulamentos sobre pesca do Estado costeiro;

f) preservação do meio ambiente do Estado costeiro e prevenção, redução e controle da sua poluição;

g) investigação científica marinha e levantamentos hidrográficos;

h) prevenção das infrações às leis e regulamentos aduaneiros, fiscais, de imigração ou sanitários do Estado costeiro.

2. Tais leis e regulamentos não serão aplicados ao projeto, construção, tripulação ou equipamento de navios estrangeiros, a não ser que se destinem à aplicação de regras ou normas internacionais geralmente aceitas.

3. O Estado costeiro dará a devida publicidade a todas estas leis e regulamentos.

4. Os navios estrangeiros que exerçam o direito de passagem inofensiva pelo mar territorial deverão observar todas essas leis e regulamentos, bem como todas as normas internacionais geralmente aceitas relacionadas com a prevenção de abalroamentos no mar.

Artigo 22
Rotas marítimas e sistemas de separação de tráfego no mar territorial

1. O Estado costeiro pode, quando for necessário à segurança da navegação, exigir que os navios estrangeiros que exerçam o direito de passagem inofensiva pelo seu mar territorial utilizem as rotas marítimas e os sistemas de separação de tráfego que esse Estado tenha designado ou prescrito para a regulação da passagem de navios.

2. Em particular, pode ser exigido que os navios tanques, os navios de propulsão nuclear e outros navios que transportem substâncias ou materiais radioativos ou outros produtos intrinsecamente perigosos ou nocivos utilizem unicamente essas rotas marítimas.

3. Ao designar as rotas marítimas e ao prescrever sistemas de separação de tráfego, nos termos do presente artigo, o Estado costeiro terá em conta:

a) as recomendações da organização internacional competente;
b) quaisquer canais que se utilizem habitualmente para a navegação internacional;
c) as características especiais de determinados navios e canais; e
d) a densidade de tráfego.

4. O Estado costeiro indicará claramente tais rotas marítimas e sistemas de separação de tráfego em cartas marítimas a que dará a devida publicidade.

Artigo 23
Navios estrangeiros de propulsão nuclear e navios transportando substâncias radioativas ou outras substâncias intrinsecamente perigosas ou nocivas

Ao exercer o direito de passagem inofensiva pelo mar territorial, os navios estrangeiros de propulsão nuclear e os navios transportando substâncias radioativas ou outras substâncias intrinsecamente perigosas ou nocivas devem ter a bordo os documentos e observar as medidas especiais de precaução estabelecidas para esses navios nos acordos internacionais.

Artigo 24
Deveres do Estado costeiro

1. O Estado costeiro não deve pôr dificuldades à passagem inofensiva de navios estrangeiros pelo mar territorial, a não ser de conformidade com a presente Convenção. Em especial, na aplicação da presente Convenção ou de quaisquer leis e regulamentos adoptados de conformidade com a presente Convenção, o Estado costeiro não deve:

a) impor aos navios estrangeiros obrigações que tenham na prática o efeito de negar ou dificultar o direito de passagem inofensivo; ou

b) fazer discriminação de direito ou de fato contra navios de determinado Estado ou contra navios que transportem cargas provenientes de determinado Estado ou a ele destinadas ou por conta de determinado Estado.

2. O Estado costeiro dará a devida publicidade a qualquer perigo de que tenha conhecimento e que ameace a navegação no seu mar territorial.

Artigo 25
Direitos de proteção do Estado costeiro

1. O Estado costeiro pode tomar, no seu mar territorial, as medidas necessárias para impedir toda a passagem que não seja inofensiva.

2. No caso de navios que se dirijam a águas interiores ou a escala numa instalação portuária situada fora das águas interiores, o Estado costeiro tem igualmente o direito de adoptar as medidas necessárias para impedir qualquer violação das condições a que está sujeita a admissão desses navios nessas águas interiores ou nessa instalação portuária.

3. O Estado costeiro pode, sem fazer discriminação de direito ou de fato entre navios estrangeiros, suspender temporariamente em determinadas áreas do seu mar territorial o exercício do direito de passagem inofensiva dos navios estrangeiros, se esta medida for indispensável para proteger a sua segurança, entre outras para lhe permitir proceder a exercícios com armas. Tal suspensão só produzirá efeito depois de ter sido devidamente tornada pública.

Artigo 26
Taxas que podem ser impostas a navios estrangeiros

1. Não podem ser impostas taxas a navios estrangeiros só com fundamento na sua passagem pelo mar territorial.

2. Não podem ser impostas taxas a um navio estrangeiro que passe pelo mar territorial a não ser como remuneração de determinados serviços prestados a esse navio. Estas taxas devem ser impostas sem discriminação.

Subseção B
Normas aplicáveis a navios mercantes e navios de Estado utilizados para fins comerciais

Artigo 27
Jurisdição penal a bordo de navio estrangeiro

1. A jurisdição penal do Estado costeiro não será exercida a bordo de navio estrangeiro que passe pelo mar territorial com o fim de deter qualquer pessoa ou de realizar qualquer investigação, com relação a infração criminal cometida a bordo desse navio durante a sua passagem, salvo nos seguintes casos:

a) se a infração criminal tiver consequências para o Estado costeiro;
b) se a infração criminal for de tal natureza que possa perturbar a paz do país ou a ordem no mar territorial;

c) se a assistência das autoridades locais tiver sido solicitada pelo capitão do navio ou pelo representante diplomático ou funcionário consular do Estado de bandeira; ou

d) se essas medidas forem necessárias para a repressão do tráfico ilícito de estupefacientes ou de substâncias psicotrópicas.

2. As disposições precedentes não afetam o direito do Estado costeiro de tomar as medidas autorizadas pelo seu direito interno, a fim de proceder a apresamento e investigações a bordo de navio estrangeiro que passe pelo seu mar territorial procedente de águas interiores.

3. Nos casos previstos nos parágrafos 1º e 2º, o Estado costeiro deverá, a pedido do capitão, notificar o representante diplomático ou o funcionário consular do Estado de bandeira antes de tomar quaisquer medidas, e facilitar o contato entre esse representante ou funcionário e a tripulação do navio. Em caso de urgência, esta notificação poderá ser feita enquanto as medidas estiverem sendo tomadas.

4. Ao considerar se devem ou não proceder a um apresamento e à forma de o executar, as autoridades locais devem ter em devida conta os interesses da navegação.

5. Salvo em caso de aplicação das disposições da Parte XII ou de infração às leis e regulamentos adoptados de conformidade com a Parte V, o Estado costeiro não poderá tomar qualquer medida a bordo de um navio estrangeiro que passe pelo seu mar territorial, para a detenção de uma pessoa ou para proceder investigações relacionadas com qualquer infração de caráter penal que tenha sido cometida antes do navio ter entrado no seu mar territorial, se esse navio, procedente de um porto estrangeiro, se encontrar só de passagem pelo mar territorial sem entrar nas águas interiores.

Artigo 28
Jurisdição civil em relação a navios estrangeiros

1. O Estado costeiro não deve parar nem desviar da sua rota um navio estrangeiro que passe pelo mar territorial, a fim de exercer a sua jurisdição civil em relação a uma pessoa que se encontre a bordo.

2. O Estado costeiro não pode tomar contra esse navio medidas executórias ou medidas cautelares em matéria civil, a não ser que essas mediadas sejam tomadas por força de obrigações assumidas pelo navio ou de responsabilidades em que o mesmo haja incorrido, durante a navegação ou devido a esta quando da sua passagem pelas águas do Estado costeiro.

3. O parágrafo precedente não prejudica o direito do Estado costeiro de tomar, em relação a um navio estrangeiro que se detenha no mar territorial ou por ele passe procedente das águas interiores, medidas executórias ou medidas cautelares em matéria civil conforme o seu direito interno.

Subseção C
Normas aplicáveis a navios de guerra e a outros navios de Estado utilizados para fins não comerciais

Artigo 29
Definição de navios de guerra

Para efeitos da presente Convenção, "navio de guerra" significa qualquer navio pertencente às forças armadas de um Estado, que ostente sinais exteriores próprios de navios de guerra da sua nacionalidade, sob o comando de um oficial devidamente designado pelo Estado cujo nome figure na correspondente lista de oficiais ou seu equivalente e cuja tripulação esteja submetida às regras da disciplina militar.

Artigo 30
Não cumprimento das leis e regulamentos do Estado costeiro pelos navios de guerra

Se um navio de guerra não cumprir as leis e regulamentos do Estado costeiro relativos à passagem pelo mar territorial e não acatar o pedido que lhe for feito para o seu cumprimento, o Estado costeiro pode exigir-lhe que saia imediatamente do mar territorial.

Artigo 31
Responsabilidade do Estado de bandeira por danos causados por navio de guerra ou outro navio de Estado utilizado para fins não comerciais

Caberá ao Estado de bandeira a responsabilidade internacional por qualquer perda ou dano causado ao Estado costeiro resultante do não cumprimento, por um navio de guerra ou outro navio de Estado utilizado para fins não comerciais, das leis e regulamentos do Estado costeiro relativo à passagem pelo mar territorial ou das disposições da presente convenção ou demais normas de direito internacional.

Artigo 32
Imunidades dos navios de guerra e de outros navios de Estado utilizados para fins não comerciais

Com as exceções previstas na subseção A e nos artigos 30 e 31, nenhuma disposição da presente Convenção afetará as imunidades dos navios de guerra e outros navios de Estado utilizados para fins não comerciais.

Seção 4
Zona contígua

Artigo 33
Zona contígua

1. Numa zona contígua ao seu mar territorial, denominada zona contígua, o Estado costeiro pode tomar as medidas de fiscalização necessárias a:

a) evitar as infrações às leis e regulamentos aduaneiros, fiscais, de imigração ou sanitários no seu território ou no seu mar territorial;

b) reprimir as infrações às leis e regulamentos no seu território ou no seu mar territorial.

2. A zona contígua não pode estender-se além de 24 milhas marítimas, contadas a partir das

linhas de base que servem para medir a largura do mar territorial.

PARTE III
ESTREITOS UTILIZADOS PARA A NAVEGAÇÃO INTERNACIONAL

Seção 1
Disposições gerais

Artigo 34
Regime jurídico das águas que formam os estreitos utilizados para a navegação internacional

1. O regime de passagem pelos estreitos utilizados para a navegação internacional estabelecido na presente Parte não afetará, noutros aspectos, o regime jurídico das águas que formam esses estreitos, nem o exercício, pelos Estados ribeirinhos do estreito, da sua soberania ou da sua jurisdição sobre essas águas, seu espaço aéreo sobrejacente, leito e subsolo.
2. A soberania ou a jurisdição dos Estados ribeirinhos do estreito é exercida de conformidade com a presente Parte e as demais normas de direito internacional.

Artigo 35
Âmbito de aplicação da presente Parte

Nenhuma das disposições da presente Parte afeta:
a) qualquer área das águas interiores situadas num estreito, exceto quando o traçado de uma linha de base reta, de conformidade com o método estabelecido no art. 7, tiver o efeito de englobar nas águas interiores áreas que anteriormente não eram consideradas como tais;
b) o regime jurídico das águas situadas além do mar territorial dos Estados ribeirinhos de um estreito como zonas econômicas exclusivas ou alto mar; ou
c) o regime jurídico dos estreitos em que a passagem esteja regulamentada, total ou parcialmente, por convenções internacionais de longa data em vigor que a eles se refiram especificamente.

Artigo 36
Rotas de alto mar ou rotas que atravessem uma zona econômica exclusiva através de estreitos utilizados para a navegação internacional

A presente Parte não se aplica a um estreito utilizado para a navegação internacional se por esse estreito passar uma rota de alto mar ou uma rota que atravesse uma zona econômica exclusiva, igualmente convenientes pelas suas características hidrográficas e de navegação; em tais rotas aplicam-se as outras Partes pertinentes da Convenção, incluindo as disposições relativas à liberdade de navegação e sobrevoo.

Seção 2
Passagem em trânsito

Artigo 37
Âmbito de aplicação da presente seção

A presente seção aplica-se a estreitos utilizados para a navegação internacional entre uma parte do alto mar ou uma zona econômica exclusiva e uma outra parte do alto mar ou uma zona econômica exclusiva.

Artigo 38
Direito de passagem em trânsito

1. Nos estreitos a que se refere o art. 37, todos os navios e aeronaves gozam do direito de passagem em trânsito, que não será impedido a não ser que o estreito seja formado por uma ilha de um Estado ribeirinho desse estreito e o seu território continental e do outro lado da ilha exista uma rota de alto mar ou uma rota que passe por uma zona econômica exclusiva, igualmente convenientes pelas suas características hidrográficas e de navegação.
2. "Passagem em trânsito" significa o exercício, de conformidade com a presente Parte, da liberdade de navegação e sobrevoo exclusivamente para fins de trânsito contínuo e rápido pelo estreito entre uma parte do alto mar ou de uma zona econômica exclusiva e uma outra parte do alto mar ou uma zona econômica exclusiva. Contudo, a exigência de trânsito contínuo e rápido não impede a passagem pelo estreito para entrar no território do Estado ribeirinho ou dele sair ou a ele regressar sujeito às condições que regem a entrada no território desse Estado.
3. Qualquer atividade que não constitua um exercício do direito de passagem em trânsito por um estreito fica sujeita às demais disposições aplicáveis da presente Convenção.

Artigo 39
Deveres dos navios e aeronaves durante a passagem em trânsito

1. Ao exercer o direito de passagem em trânsito, os navios e aeronaves devem:
a) atravessar ou sobrevoar o estreito sem demora;
b) abster-se de qualquer ameaça ou uso da força contra a soberania, a integridade territorial ou a independência política dos Estados ribeirinhos do estreito ou de qualquer outra ação contrária aos princípios de direito internacional enunciados na Carta das Nações Unidas;
c) abster-se de qualquer atividade que não esteja relacionada com as modalidades normais de trânsito contínuo e rápido, salvo em caso de força maior ou de dificuldade grave;
d) cumprir as demais disposições pertinentes da presente Parte.
2. Os navios de passagem em trânsito devem:
a) cumprir os regulamentos, procedimentos e práticas internacionais de segurança no mar geralmente aceitos, inclusive as Regras Internacionais para a Prevenção de Abalroamentos no Mar;
b) cumprir os regulamentos, procedimentos e práticas internacionais geralmente aceitos para a prevenção, a redução e o controle da poluição proveniente de navios.
3. As aeronaves de passagem em trânsito devem:
a) observar as Normas de Trânsito Aéreo estabelecidas pela Organização da Aviação Civil Interna-

cional aplicáveis às aeronaves civis; as aeronaves do Estado cumprirão normalmente essas medidas de segurança e agirão sempre tendo em conta a segurança da navegação;
b) manter sempre sintonizada a radiofrequência atribuída pela autoridade competente de controle de tráfego aéreo designada internacionalmente ou a correspondente radiofrequência internacional de socorro.

Artigo 40
Atividades de investigação e levantamentos hidrográficos

Durante a passagem em trânsito pelos estreitos, os navios estrangeiros, incluindo navios de investigação científica marinha e navios hidrográficos, não podem efetuar quaisquer atividades de investigação ou de levantamentos hidrográficos sem autorização prévia dos Estados ribeirinhos dos estreitos.

Artigo 41
Rotas marítimas e sistemas de separação de tráfego em estreitos utilizados para a navegação internacional

1. Os Estados ribeirinhos de estreitos podem, de conformidade com as disposições da presente Parte, designar rotas marítimas e estabelecer sistemas de separação de tráfego para a navegação pelos estreitos, sempre que a segurança da passagem dos navios o exija.
2. Tais Estados podem, quando as circunstâncias o exijam e após terem dado a devida publicidade a esta medida, substituir por outras rotas marítimas ou sistemas de separação de tráfego quaisquer rotas marítimas ou sistemas de separação de tráfego por eles anteriormente designados ou prescritos.
3. Tais rotas marítimas e sistemas de separação de tráfego devem ajustar-se à regulamentação internacional geralmente aceita.
4. Antes de designar ou substituir rotas marítimas ou de estabelecer ou substituir sistemas de separação de tráfego, os Estados ribeirinhos de estreitos devem submeter as suas propostas à organização internacional competente para sua adopção. A organização só pode adoptar as rotas marítimas e os sistemas de separação de tráfego que tenham sido acordados com os Estados ribeirinhos dos estreitos, após o que estes estados poderão designar, estabelecer ou substituir as rotas marítimas ou os sistemas de separação de tráfego.
5. No caso de um estreito, em que se proponham a criação de rotas marítimas ou sistemas de separação de tráfego que atravessem as águas de dois ou mais Estados ribeirinhos do estreito, os Estados interessados cooperarão na formulação de propostas em consulta com a organização internacional competente.
6. Os Estados ribeirinhos de estreitos indicarão claramente todas as rotas marítimas e sistemas de separação de tráfego por eles designados ou prescritos em cartas de navegação às quais darão a devida publicidade.

7. Os navios de passagem em trânsito respeitarão as rotas marítimas e sistemas de separação de tráfego aplicáveis, estabelecidos de conformidade com as disposições do presente artigo.

Artigo 42
Leis e regulamentos dos Estados ribeirinhos de estreitos relativos à passagem em trânsito

1. Nos termos das disposições da presente seção, os Estados ribeirinhos de estreitos podem adoptar leis e regulamentos relativos à passagem em trânsito pelos estreitos no que respeita a todos ou a alguns dos seguintes pontos:
a) a segurança da navegação e a regulamentação do tráfego marítimo, de conformidade com as disposições do art. 41;
b) a prevenção, redução e controle da poluição em cumprimento das regulamentações internacionais aplicáveis relativas à descarga no estreito de hidrocarbonetos, de resíduos de petróleo e de outras substâncias nocivas;
c) no caso de embarcações de pesca a proibição de pesca, incluindo o acondicionamento dos aparelhos de pesca;
d) o embarque ou desembarque de produto, moeda ou pessoa em contravenção das leis e regulamentos aduaneiros, fiscais, de imigração ou sanitários dos Estados ribeirinhos de estreitos.
2. Tais leis e regulamentos não farão discriminação de direito ou de fato entre os navios estrangeiros, nem a sua aplicação terá, na prática, o efeito de negar, dificultar ou impedir o direito de passagem em trânsito tal como definido na presente seção.
3. Os Estados ribeirinhos de estreitos darão a devida publicidade a todas essas leis e regulamentos.
4. Os navios estrangeiros que exerçam o direito de passagem em trânsito cumprirão essas leis e regulamentos.
5. O Estado de bandeira de um navio ou o Estado de registro de uma aeronave que goze de imunidade soberana e atue de forma contrária a essas leis e regulamentos ou a outras disposições da presente Parte incorrerá em responsabilidade internacional por qualquer perda ou dano causado aos Estados ribeirinhos de estreitos.

Artigo 43
Instalações de segurança e de auxílio à navegação e outros dispositivos.
Prevenção, redução e controle da poluição

Os Estados usuários e os Estados ribeirinhos de um estreito deveriam cooperar mediante acordos para:
a) o estabelecimento e manutenção, no estreito, das instalações de segurança e auxílio necessárias à navegação ou de outros dispositivos destinados a facilitar a navegação internacional; e
b) a prevenção, redução e controle da poluição proveniente de navios.

Artigo 44
Deveres dos Estados ribeirinhos de estreitos

Os Estados ribeirinhos de um estreito não impedirão a passagem em trânsito e darão a devida publicidade a qualquer perigo de que tenham conhecimento e que ameace a navegação no estreito ou o sobrevoo do mesmo. Não haverá nenhuma suspensão da passagem em trânsito.

Seção 3
Passagem inofensiva

Artigo 45
Passagem inofensiva

1. O regime de passagem inofensiva, de conformidade com a seção 3 da Parte II, aplicar-se-á a estreitos utilizados para a navegação internacional:
a) excluídos da aplicação do regime de passagem em trânsito, em virtude do parágrafo 1º do art. 38; ou
b) situados entre uma parte de alto mar ou uma zona econômica exclusiva e o mar territorial de um Estado estrangeiro.
2. Não haverá nenhuma suspensão da passagem inofensiva por tais estreitos.

PARTE IV
ESTADOS ARQUIPÉLAGOS

Artigo 46
Expressões utilizadas

Para efeitos da presente Convenção:
a) "Estado arquipélago" significa um Estado constituído totalmente por um ou vários arquipélagos, podendo incluir outras ilhas;
b) "arquipélago" significa um grupo de ilhas, incluindo partes de ilhas, as águas circunjacentes e outros elementos naturais, que estejam tão estreitamente relacionados entre si que essas ilhas, águas e outros elementos naturais formem intrinsecamente uma entidade geográfica, econômica e política ou que historicamente tenham sido considerados como tal.

Artigo 47
Linhas de base arquipelágicas

1. O Estado arquipélago pode traçar linhas de base arquipelágicas retas que unam os pontos extremos das ilhas mais exteriores e dos recifes emergentes do arquipélago, com a condição de que dentro dessas linhas de base estejam compreendidas as principais ilhas e uma zona em que a razão entre a superfície marítima e a superfície terrestre, incluindo os atóis, se situe entre um para um e nove para um.
2. O comprimento destas linhas de base não deve exceder 100 milhas marítimas, admitindo-se, no entanto, que até 3% do número total das linhas de base que encerram qualquer arquipélago possam exceder esse comprimento, até um máximo de 125 milhas marítimas.
3. O traçado de tais linhas de base não se deve desviar consideravelmente da configuração geral do arquipélago.
4. Tais linhas de base não serão traçadas em direção aos baixios a descoberto, nem a partir deles, a não ser que sobre os mesmos se tenham construído faróis ou instalações análogas, que estejam permanentemente acima do nível do mar ou quando um baixio a descoberto esteja total ou parcialmente situado a uma distância da ilha mais próxima que não exceda a largura do mar territorial.
5. O sistema de tais linhas de base não pode ser aplicado por um Estado arquipélago de modo a separar do alto mar ou de uma zona econômica exclusiva o mar territorial de outro Estado.
6. Se uma parte das águas arquipelágicas de um Estado arquipélago estiver situada entre duas partes de um Estado vizinho imediatamente adjacente, os direitos existentes e quaisquer outros interesses legítimos que este Estado tenha exercido tradicionalmente em tais águas e todos os direitos estipulados em acordos concluídos entre os dois Estados continuarão em vigor e serão respeitados.
7. Para fins de cálculo da razão entre a superfície marítima e a superfície terrestre, a que se refere o parágrafo 1º, as superfícies podem incluir águas situadas no interior das cadeias de recifes de ilhas e atóis, incluindo a parte de uma plataforma oceânica com face lateral abrupta que se encontre encerrada, ou quase, por uma cadeia de ilhas calcárias e de recifes emergentes situados no perímetro da plataforma.
8. As linhas de base traçadas de conformidade com o presente artigo devem ser apresentadas em cartas de escala ou escalas adequadas para a determinação da sua posição. Tais cartas podem ser substituídas por listas de coordenadas geográficas de pontos, em que conste especificamente a origem geodésica.
9. O Estado arquipélago deve dar a devida publicidade a tais cartas ou listas de coordenadas geográficas e deve depositar um exemplar de cada carta ou lista junto do Secretário-Geral das Nações Unidas.

Artigo 48
Medição da largura do mar territorial, da zona contígua, da zona econômica exclusiva e da plataforma continental

A largura do mar territorial, da zona contígua, da zona econômica exclusiva e da plataforma continental é medida a partir das linhas de base arquipelágicas traçadas de conformidade com o art. 47.

Artigo 49
Regime jurídico das águas arquipelágicas, do espaço aéreo sobre águas arquipelágicas e do leito e subsolo dessas águas arquipelágicas

1. A soberania de um Estado arquipélago estende-se às águas encerradas pelas linhas de base arquipelágicas, traçadas de conformidade com o art. 47, denominadas águas arquipelágicas, independentemente da sua profundidade ou da sua distância da costa.
2. Esta soberania estende-se ao espaço aéreo situado sobre as águas arquipelágicas e ao seu leito e subsolo, bem como aos recursos neles existentes.
3. Esta soberania é exercida de conformidade com as disposições da presente Parte.
4. O regime de passagem pelas rotas marítimas arquipelágicas, estabelecido na presente Parte,

não afeta em outros aspectos o regime jurídico das águas arquipelágicas, inclusive o das rotas marítimas, nem o exercício pelo Estado arquipélago de sua soberania sobre essas águas, seu espaço aéreo sobrejacente e seu leito e subsolo, bem como sobre os recursos neles existentes.

Artigo 50
Delimitação das águas interiores

Dentro das suas águas arquipelágicas, o Estado arquipélago pode traçar linhas de fecho para a delimitação das águas interiores, de conformidade com os artigos 9, 10 e 11.

Artigo 51
Acordos existentes, direito de pesca tradicionais e cabos submarinos existentes

1. Sem prejuízo das disposições do art. 49, os Estados arquipélagos respeitarão os acordos existentes com outros Estados e reconhecerão os direitos de pesca tradicionais e outras atividades legítimas dos Estados vizinhos imediatamente adjacentes em certas áreas situadas nas águas arquipelágicas. As modalidades e condições para o exercício de tais direitos e atividades, incluindo a natureza, o alcance e as áreas em que se aplicam, serão, a pedido de qualquer dos Estados interessados, reguladas por acordos bilaterais entre eles. Tais direitos não poderão ser transferidos a terceiros Estados ou a seus nacionais, nem por eles compartilhados.

2. Os Estados arquipélagos respeitarão os cabos submarinos existentes que tenham sido colocados por outros Estados e que passem por suas águas sem tocar terra. Os Estados arquipélagos permitirão a conservação e a substituição de tais cabos, uma vez recebida a devida notificação da sua localização e da intenção de os reparar ou substituir.

Artigo 52
Direito de passagem inofensiva

1. Nos termos do art. 53 e sem prejuízo do disposto no art. 50, os navios de todos os Estados gozam do direito de passagem inofensiva pelas águas arquipelágicas, de conformidade com a seção 3 da Parte II.

2. O Estado arquipélago pode, sem discriminação de direito ou de fato entre navios estrangeiros, suspender temporariamente, e em determinadas áreas das suas águas arquipelágicas, a passagem inofensiva de navios estrangeiros, se tal suspensão for indispensável para a proteção da sua segurança. A suspensão só produzirá efeito depois de ter sido devidamente publicada.

Artigo 53
Direito de passagem pelas rotas marítimas arquipelágicas

1. O Estado arquipélago pode designar rotas marítimas e rotas aéreas a elas sobrejacentes adequadas à passagem contínua e rápida de navios e aeronaves estrangeiros por ou sobre suas águas arquipelágicas e o mar territorial adjacente.

2. Todos os navios e aeronaves gozam do direito de passagem pelas rotas marítimas arquipelágicas, em tais rotas marítimas e aéreas.

3. A passagem pelas rotas marítimas arquipelágicas significa o exercício, de conformidade com a presente Convenção, dos direitos de navegação e sobrevoo de modo normal, exclusivamente para fins de trânsito contínuo, rápido e sem entraves entre uma parte do alto mar ou de uma zona econômica exclusiva e uma outra parte do alto mar ou de uma zona econômica exclusiva.

4. Tais rotas marítimas e aéreas atravessarão as águas arquipelágicas e o mar territorial adjacente e incluirão todas as rotas normais de passagem utilizadas como tais na navegação internacional através das águas arquipelágicas ou da navegação aérea internacional no espaço aéreo sobrejacente e, dentro de tais rotas, no que se refere a navios, todos os canais normais de navegação, desde que não seja necessária uma duplicação de rotas com conveniência similar entre os mesmos pontos de entrada e de saída.

5. Tais rotas marítimas e aéreas devem ser definidas por uma série de linhas axiais contínuas desde os pontos de entrada das rotas de passagem até aos pontos de saída. Os navios e aeronaves, na sua passagem pelas rotas marítimas arquipelágicas, não podem afastar-se mais de 25 milhas marítimas para cada lado dessas linhas axiais, ficando estabelecido que não podem navegar a uma distância da costa inferior a 10% da distância entre os pontos mais próximos situados em ilhas que circundam as rotas marítimas.

6. O Estado arquipélago que designe rotas marítimas de conformidade com o presente artigo pode também estabelecer sistemas de separação de tráfego para a passagem segura dos navios através de canais estreitos em tais rotas marítimas.

7. O Estado arquipélago pode, quando as circunstâncias o exijam, e após ter dado a devida publicidade a esta medida, substituir por outras rotas marítimas ou sistemas de separação de tráfego quaisquer rotas marítimas ou sistemas de separação de tráfego por ele anteriormente designados ou prescritos.

8. Tais rotas marítimas e sistemas de separação de tráfego devem ajustar-se à regulamentação internacional geralmente aceita.

9. Ao designar ou substituir rotas marítimas ou estabelecer ou substituir sistemas de separação de tráfego, o Estado arquipélago deve submeter propostas à organização internacional competente para a sua adoção. A organização só pode adotar as rotas marítimas e os sistemas de separação de tráfego acordados com o Estado arquipélago, após o que o Estado arquipélago pode designar, estabelecer ou substituir as rotas marítimas ou os sistemas de separação de tráfego.

10. O Estado arquipélago indicará claramente os eixos das rotas marítimas e os sistemas de separação de tráfego por ele designados ou prescritos em cartas de navegação, às quais dará a devida publicidade.

11. Os navios, durante a passagem pelas rotas marítimas arquipelágicas, devem respeitar as rotas marítimas e os sistemas de separação de tráfego aplicáveis, estabelecidos de conformidade com o presente artigo.

12. Se um Estado arquipélago não designar rotas marítimas ou aéreas, o direito de passagem por rotas marítimas arquipelágicas pode ser exercido através das rotas utilizadas normalmente para a navegação internacional.

Artigo 54
Deveres dos navios e aeronaves durante a passagem, atividades de investigação e levantamentos hidrográficos, deveres do Estado arquipélago e leis e regulamentos do Estado arquipélago relativos à passagem pelas rotas marítimas arquipelágicas

Os artigos 39, 40, 42 e 44 aplicam-se, *mutatis mutandis*, à passagem pelas rotas marítimas arquipelágicas.

PARTE V
ZONA ECONÔMICA EXCLUSIVA

Artigo 55
Regime jurídico específico da zona econômica exclusiva

A zona econômica exclusiva é uma zona situada além do mar territorial e a este adjacente, sujeita ao regime jurídico específico estabelecido na presente Parte, segundo o qual os direitos e a jurisdição do Estado costeiro e os direitos e liberdades dos demais Estados são regidos pelas disposições pertinentes da presente Convenção.

Artigo 56
Direitos, jurisdição e deveres do Estado costeiro na zona econômica exclusiva

1. Na zona econômica exclusiva, o Estado costeiro tem:

a) direitos de soberania para fins de exploração e aproveitamento, conservação e gestão dos recursos naturais, vivos ou não vivos das águas sobrejacentes ao leito do mar, do leito do mar e seu subsolo, e no que se refere a outras atividades com vista à exploração e aproveitamento da zona para fins econômicos, como a produção de energia a partir da água, das correntes e dos ventos;

b) jurisdição, de conformidade com as disposições pertinentes da presente Convenção, no que se refere a:

i) colocação e utilização de ilhas artificiais, instalações e estruturas;

ii) investigação científica marinha;

iii) proteção e preservação do meio marinho;

c) outros direitos e deveres previstos na presente Convenção.

2. No exercício dos seus direitos e no cumprimento dos seus deveres na zona econômica exclusiva nos termos da presente Convenção, o Estado costeiro terá em devida conta os direitos e deveres dos outros Estados e agirá de forma compatível com as disposições da presente Convenção.

3. Os direitos enunciados no presente artigo referentes ao leito do mar e ao seu subsolo devem ser exercidos de conformidade com a Parte VI da presente Convenção.

Artigo 57
Largura da zona econômica exclusiva

A zona econômica exclusiva não se estenderá além de 200 milhas marítimas das linhas de base a partir das quais se mede a largura do mar territorial.

Artigo 58
Direitos e deveres de outros Estados na zona econômica exclusiva

1. Na zona econômica exclusiva, todos os Estados, quer costeiros quer sem litoral, gozam, nos termos da disposição da presente Convenção, das liberdades de navegação e sobrevoo e de colocação de cabos e ductos submarinos, a que se refere o art. 87, bem como de outros usos do mar internacionalmente lícitos, relacionados com as referidas liberdades, tais como os ligados à operação de navios, aeronaves, cabos e ductos submarinos e compatíveis com as demais disposições da presente Convenção.

2. Os artigos 88 a 115 e demais normas pertinentes de direito internacional aplicam-se à zona econômica exclusiva na medida em que não sejam incompatíveis com a presente Parte.

3. No exercício dos seus direitos e no cumprimento dos seus deveres na zona econômica exclusiva, nos termos da presente Convenção, os Estados terão em devida conta os direitos e deveres do Estado costeiro e cumprirão as leis e regulamentos por ele adoptados de conformidade com as disposições da presente Convenção e demais normas de direito internacional, na medida em que não sejam incompatíveis com a presente Parte.

Artigo 59
Base para a solução de conflitos relativos à atribuição de direitos e jurisdição na zona econômica exclusiva

Nos casos em que a presente Convenção não atribua direito ou jurisdição ao Estado costeiro ou a outros Estados na zona econômica exclusiva, e surja um conflito entre os interesses do Estado costeiro e os de qualquer outro Estado ou Estados, o conflito deveria ser solucionado numa base de equidade e à luz de todas as circunstâncias pertinentes, tendo em conta a importância respectiva dos interesses em causa para as partes e para o conjunto da comunidade internacional.

Artigo 60
Ilhas artificiais, instalações e estruturas na zona econômica exclusiva

1. Na zona econômica exclusiva, o Estado costeiro tem o direito exclusivo de construir e de autorizar e regulamentar a construção, operação e utilização de:

a) ilhas artificiais;
b) instalações e estruturas para os fins previstos no art. 56 e para outras finalidades econômicas;
c) instalações e estruturas que possam interferir com o exercício dos direitos do Estado costeiro na zona.
2. O Estado costeiro tem jurisdição exclusiva sobre essas ilhas artificiais, instalações e estruturas, incluindo jurisdição em matéria de leis e regulamentos aduaneiros, fiscais, de imigração, sanitários e de segurança.
3. A construção dessas ilhas artificiais, instalações ou estruturas deve ser devidamente notificada e devem ser mantidos meios permanentes para assinalar a sua presença. As instalações ou estruturas abandonadas ou inutilizadas devem ser retiradas, a fim de garantir a segurança da navegação, tendo em conta as normas internacionais geralmente aceitas que tenham sido estabelecidas sobre o assunto pela organização internacional competente. Para efeitos da remoção deve ter-se em conta a pesca, a proteção do meio marinho e os direitos e obrigações de outros Estados. Deve dar-se a devida publicidade da localização, dimensão e profundidade das instalações ou estruturas que não tenham sido completamente removidas.
4. O Estado costeiro pode, se necessário, -criar em volta dessas ilhas artificiais, instalações e estruturas, zonas de segurança de largura razoável, nas quais pode tomar medidas adequadas para garantir tanto a segurança da navegação como a das ilhas artificiais, instalações e estruturas.
5. O Estado costeiro determinará a largura das zonas de segurança, tendo em conta as normas internacionais aplicáveis. Essas zonas de segurança devem ser concebidas de modo a responderem razoavelmente à natureza e às funções das ilhas artificiais, instalações ou estruturas, e não excederão uma distância de 500 metros em volta destas ilhas artificiais, instalações ou estruturas, distância essa medida a partir de cada ponto do seu bordo exterior, a menos que o autorizem as normas internacionais geralmente aceitas ou o recomende a organização internacional competente. A extensão das zonas de segurança será devidamente notificada.
6. Todos os navios devem respeitar essas zonas de segurança e cumprir as normas internacionais geralmente aceitas relativas à navegação nas proximidades das ilhas artificiais, instalações, estruturas e zonas de segurança.
7. Não podem ser estabelecidas ilhas artificiais, instalações e estruturas nem zonas de segurança em sua volta, quando interfiram na utilização das rotas marítimas reconhecidas essenciais para a navegação internacional.
8. As ilhas artificiais, instalações e estruturas não têm o estatuto jurídico de ilhas. Não têm mar territorial próprio e a sua presença não afeta a delimitação do mar territorial, da zona econômica exclusiva ou da plataforma continental.

Artigo 61
Conservação dos recursos vivos

1. O Estado costeiro fixará as capturas permissíveis dos recursos vivos na sua zona econômica exclusiva.
2. O Estado costeiro, tendo em conta os melhores dados científicos de que disponha, assegurará, por meio de medidas apropriadas de conservação e gestão, que a preservação dos recursos vivos da sua zona econômica exclusiva não seja ameaçada por um excesso de captura. O Estado costeiro e as organizações competentes sub-regionais, regionais ou mundiais, cooperarão, conforme o caso, para tal fim.
3. Tais medidas devem ter também a finalidade de preservar ou restabelecer as populações das espécies capturadas a níveis que possam produzir o máximo rendimento constante determinado a partir de fatores ecológicos e econômicos pertinentes, incluindo as necessidades econômicas das comunidades costeiras que vivem da pesca e as necessidades especiais dos Estados em desenvolvimento, e tendo em conta os métodos de pesca, a interdependência das populações e quaisquer outras normas mínimas internacionais geralmente recomendadas, sejam elas sub-regionais, regionais ou mundiais.
4. Ao tomar tais medidas, o Estado costeiro deve ter em conta os seus efeitos sobre espécies associadas às espécies capturadas, ou delas dependentes, a fim de preservar ou restabelecer as populações de tais espécies associadas ou dependentes acima de níveis em que a sua reprodução possa ficar seriamente ameaçada.
5. Periodicamente devem ser comunicadas ou trocadas informações científicas disponíveis, estatísticas de captura e de esforço de pesca e outros dados pertinentes para a conservação das populações de peixes, por intermédio das organizações internacionais competentes, sejam elas sub-regionais, regionais ou mundiais, quando apropriado, e com a participação de todos os Estados interessados, incluindo aqueles cujos nacionais estejam autorizados a pescar na zona econômica exclusiva.

Artigo 62
Utilização dos recursos vivos

1. O Estado costeiro deve ter por objetivo promover a utilização óptima dos recursos vivos na zona econômica exclusiva, sem prejuízo do art. 61.
2. O Estado costeiro deve determinar a sua capacidade de capturar os recursos vivos da zona econômica exclusiva. Quando o Estado costeiro não tiver capacidade para efetuar a totalidade da captura permissível deve dar a outros Estados acesso ao excedente desta captura, mediante acordos ou outros ajustes e de conformidade com as modalidades, condições e leis e regulamentos mencionados no parágrafo 4º, tendo particularmente em conta as disposições dos arts. 69 e 70, principalmente no que se refere aos Estados em desenvolvimento neles mencionados.
3. Ao dar a outros Estados acesso à sua zona econômica exclusiva nos termos do presente artigo, o

Estado costeiro deve ter em conta todos os fatores pertinentes, incluindo, *inter alia*, a importância dos recursos vivos da zona para a economia do Estado costeiro correspondente e para os seus outros interesses nacionais, as disposições dos arts. 69 e 70, as necessidades dos países em desenvolvimento da sub-região ou região no que se refere à captura de parte dos excedentes, e a necessidade de reduzir ao mínimo a perturbação da economia dos Estados, cujos nacionais venham habitualmente pescando na zona ou venham fazendo esforços substanciais na investigação e identificação de populações.

4. Os nacionais de outros Estados que pesquem na zona económica exclusiva devem cumprir as medidas de conservação e as outras modalidades e condições estabelecidas nas leis e regulamentos do Estado costeiro. Tais leis e regulamentos devem estar de conformidade com a presente Convenção e podem referir-se, *inter alia*, às seguintes questões:

a) concessão de licenças a pescadores, embarcações e equipamento de pesca, incluindo o pagamento de taxas e outros encargos que, no caso dos Estados costeiros em desenvolvimento, podem consistir numa compensação adequada em matéria de financiamento, equipamento e tecnologia da indústria da pesca;

b) determinação das espécies que podem ser capturadas e fixação das quotas de captura, que podem referir-se seja a determinadas populações ou a grupos de populações, seja à captura por embarcação durante um período de tempo, seja à captura por nacionais de um Estado durante um período determinado;

c) regulamentação das épocas e zonas de pesca, do tipo, tamanho e número de aparelhos, bem como do tipo, tamanho e número de embarcações de pesca que podem ser utilizados;

d) fixação da idade e do tamanho dos peixes e de outras espécies que podem ser capturados;

e) indicação das informações que devem ser fornecidas pelas embarcações de pesca, incluindo estatísticas das capturas e do esforço de pesca e informações sobre a posição das embarcações;

f) execução, sob a autorização e controle do Estado costeiro, de determinados programas de investigação no âmbito das pescas e regulamentação da realização de tal investigação, incluindo a amostragem de capturas, destino das amostras e comunicação dos dados científicos conexos;

g) embarque, pelo Estado costeiro, de observadores ou de estagiários a bordo de tais embarcações;

h) descarga por tais embarcações da totalidade das capturas ou de parte delas nos portos do Estado costeiro;

i) termos e condições relativos às empresas conjuntas ou a outros ajustes de cooperação;

j) requisitos em matéria de formação de pessoal e de transferência de tecnologia de pesca, incluindo o reforço da capacidade do Estado costeiro para empreender investigação de pesca;

k) medidas de execução.

5. Os Estados costeiros devem dar o devido conhecimento das leis e regulamentos em matéria de conservação e gestão.

Artigo 63
Populações existentes dentro das zonas económicas exclusivas de dois ou mais Estados costeiros ou dentro da zona económica exclusiva e numa zona exterior e adjacente à mesma

1. No caso de uma mesma população ou populações de espécies associadas se encontrarem nas zonas económicas exclusivas de dois ou mais Estados costeiros, estes Estados devem procurar, quer diretamente quer por intermédio das organizações sub-regionais ou regionais apropriadas, concertar as medidas necessárias para coordenar e assegurar a conservação e o desenvolvimento de tais populações, sem prejuízo das demais disposições da presente Parte.

2. No caso de uma mesma população ou populações de espécies associadas se encontrarem tanto na zona económica exclusiva como numa área exterior e adjacente à mesma, o Estado costeiro e os Estados que pesquem essas populações na área adjacente devem procurar, quer diretamente quer por intermédio das organizações sub-regionais ou regionais apropriadas, concertar as medidas necessárias para a conservação dessas populações na área adjacente.

Artigo 64
Espécies altamente migratórias

1. O Estado costeiro e os demais Estados cujos nacionais pesquem, na região, as espécies altamente migratórias enumeradas no Anexo I devem cooperar quer diretamente quer por intermédio das organizações internacionais apropriadas, com vista a assegurar a conservação e promover o objetivo da utilização óptima de tais espécies em toda a região, tanto dentro como fora da zona económica exclusiva. Nas regiões em que não exista organização internacional apropriada, o Estado costeiro e os demais Estados cujos nacionais capturem essas espécies na região devem cooperar para criar uma organização deste tipo e devem participar nos seus trabalhos.

2. As disposições do parágrafo 1º aplicam-se conjuntamente com as demais disposições da presente Parte.

Artigo 65
Mamíferos marinhos

Nenhuma das disposições da presente Parte restringe quer o direito de um Estado costeiro quer eventualmente a competência de uma organização internacional, conforme o caso, para proibir, limitar ou regulamentar o aproveitamento dos mamíferos marinhos de maneira mais estrita que a prevista na presente Parte. Os Estados devem cooperar com vista a assegurar a conservação dos mamíferos marinhos e, no caso dos cetáceos, devem trabalhar em particular, por intermédio de organizações internacionais apropriadas, para a sua conservação, gestão e estudo.

Artigo 66
Populações de peixes anádromos

1. Os Estados em cujos rios se originem as populações de peixes anádromos devem ter por tais populações o interesse e a responsabilidade primordiais.
2. O Estado de origem das populações de peixes anádromos deve assegurar a sua conservação mediante a adopção de medidas apropriadas de regulamentação da pesca em todas as águas situadas dentro dos limites exteriores da sua zona econômica exclusiva, bem como da pesca a que se refere a alínea b) do parágrafo 3º. O Estado de origem pode, após consulta com os outros Estados mencionados nos parágrafos 3º e 4º que pesquem essas populações, fixar as capturas totais permissíveis das populações originárias dos seus rios.
3. a) A pesca das populações de peixes anádromos só pode ser efetuada nas águas situadas dentro dos limites exteriores da zona econômica exclusiva, exceto nos casos em que esta disposição possa acarretar perturbações econômicas para um outro Estado que não o Estado de origem. No que se refere a tal pesca além dos limites exteriores da zona econômica exclusiva, os Estados interessados procederão a consultas com vista a chegarem a acordo sobre modalidades e condições de tal pesca, tendo em devida consideração as exigências da conservação e as necessidades do Estado de origem no que se refere a tais populações.
b) O Estado de origem deve cooperar para reduzir ao mínimo as perturbações econômicas causadas a outros Estados que pesquem essas populações, tendo em conta a captura normal e o modo de operação utilizado por esses Estados, bem como todas as zonas em que tal pesca tenha sido efetuada.
c) Os Estados mencionados na alínea b) que, por meio de acordos com o Estado de origem, participem em medidas para renovar as populações de peixes anádromos, particularmente com despesas feitas para esse fim, devem receber especial consideração do Estado de origem no que se refere à captura de populações originárias dos seus rios.
d) A aplicação dos regulamentos relativos às populações de peixes anádromos além da zona econômica exclusiva deve ser feita por acordo entre o Estado de origem e os outros Estados interessados.
4. Quando as populações de peixes anádromos migrem para ou através de águas situadas dentro dos limites exteriores da zona econômica exclusiva de um outro Estado que não seja o Estado de origem, esse Estado cooperará com o Estado de origem no que se refere à conservação e gestão de tais populações.
5. O Estado de origem das populações de peixes anádromos e os outros Estados que pesquem estas populações devem concluir ajustes para a aplicação das disposições do presente artigo, quando apropriado, por intermédio de organizações regionais.

Artigo 67
Espécies catádromas

1. O Estado costeiro em cujas águas espécies catádromas passem a maior parte do seu ciclo vital deve ser responsável pela gestão dessas espécies e deve assegurar a entrada e a saída dos peixes migratórios.
2. A captura das espécies catádromas deve ser efetuada unicamente nas águas situadas dentro dos limites exteriores das zonas econômicas exclusivas. Quando efetuada nas zonas econômicas exclusivas, a captura deve estar sujeita às disposições do presente artigo e demais disposições da presente Convenção relativas à pesca nessas zonas.
3. Quando os peixes catádromos migrem, antes do estado adulto ou no início desse estado através da zona econômica exclusiva de outro Estado ou Estados, a gestão dessa espécie, incluindo a sua captura, e regulamentada por acordo entre o Estado mencionado no parágrafo 1º e o outro Estado interessado. Tal acordo deve assegurar a gestão racional das espécies e deve ter em conta as responsabilidades do Estado mencionado no parágrafo 1º, no que se refere à conservação destas espécies.

Artigo 68
Espécies sedentárias

A presente Parte não se aplica às espécies sedentárias definidas no parágrafo 4º do art. 77.

Artigo 69
Direitos dos Estados sem litoral

1. Os Estados sem litoral terão o direito a participar, numa base equitativa, no aproveitamento de uma parte apropriada dos excedentes dos recursos vivos das zonas econômicas exclusivas dos Estados costeiros da mesma sub-região ou região, tendo em conta os fatores econômicos e geográficos pertinentes de todos os Estados interessados e de conformidade com as disposições do presente artigo e dos arts. 61 e 62.
2. Os termos e condições desta participação devem ser estabelecidos pelos Estados interessados por meio de acordos bilaterais, sub-regionais ou regionais, tendo em conta inter alia:
a) a necessidade de evitar efeitos prejudiciais às comunidades de pescadores ou às indústrias de pesca do Estado costeiro;
b) a medida em que o Estado sem litoral, de conformidade com as disposições do presente artigo, participe ou tenha o direito de participar, no aproveitamento dos recursos vivos das zonas econômicas exclusivas de outros Estados costeiros, nos termos de acordos bilaterais, sub-regionais ou regionais existentes;
c) a medida em que outros Estados sem litoral e Estados geograficamente desfavorecidos participem no aproveitamento dos recursos vivos da zona econômica exclusiva do Estado costeiro e a consequente necessidade de evitar uma carga excessiva para qualquer Estado costeiro ou para uma parte deste;

d) as necessidades nutricionais das populações dos respectivos Estados.

3. Quando a capacidade de captura de um Estado costeiro se aproximar de um nível em que lhe seja possível efetuar a totalidade da captura permissível dos recursos vivos da sua zona econômica exclusiva, o Estado costeiro e os demais Estados interessados cooperarão no estabelecimento de ajustes equitativos numa base bilateral, sub-regional ou regional para permitir aos Estados em desenvolvimento sem litoral da mesma sub-região ou região participarem no aproveitamento dos recursos vivos das zonas econômicas exclusivas dos Estados costeiros da sub-região ou região de acordo com as circunstâncias e em condições satisfatórias para todas as partes. Na aplicação da presente disposição devem ser também tomados em conta os fatores mencionados no parágrafo 2º.

4. Os Estados desenvolvidos sem litoral terão, nos termos do presente artigo, direito a participar no aproveitamento dos recursos vivos só nas zonas econômicas exclusivas dos Estados costeiros desenvolvidos da mesma sub-região ou região, tendo na devida conta a medida em que o Estado costeiro, ao dar acesso aos recursos vivos da sua zona econômica exclusiva a outros Estados, tomou em consideração a necessidade de reduzir ao mínimo os efeitos prejudiciais para as comunidades de pescadores e as perturbações econômicas nos Estados cujos nacionais tenham pescado habitualmente na zona.

5. As disposições precedentes são aplicadas sem prejuízo dos ajustes concluídos nas sub-regiões ou regiões onde os Estados costeiros possam conceder a Estados sem litoral, da mesma sub-região ou região, direitos iguais ou preferenciais para o aproveitamento dos recursos vivos nas zonas econômicas exclusivas.

Artigo 70
Direitos dos Estados geograficamente desfavorecidos

1. Os Estados geograficamente desfavorecidos terão direito a participar, numa base equitativa, no aproveitamento de uma parte apropriada dos excedentes dos recursos vivos das zonas econômicas exclusivas dos Estados costeiros da mesma sub-região, tendo em conta os fatores econômicos e geográficos pertinentes de todos os Estados interessados e de conformidade com as disposições do presente artigo e dos arts. 61 e 62.

2. Para os fins da presente Convenção, "Estados geograficamente desfavorecidos" significa os Estados costeiros, incluindo Estados ribeirinhos de mares fechados ou semifechados, cuja situação geográfica os torne dependentes do aproveitamento dos recursos vivos das zonas econômicas exclusivas de outros Estados da sub-região ou região para permitir um adequado abastecimento de peixe para fins nutricionais da sua população ou de parte dela, e Estados costeiros que não possam reivindicar zonas econômicas exclusivas próprias.

3. Os termos e condições desta participação devem ser estabelecidos pelos Estados interessados por meio de acordos bilaterais, sub-regionais ou regionais, tendo em conta *inter alia*:

a) a necessidade de evitar efeitos prejudiciais às comunidades de pescadores ou às indústrias de pesca do Estado costeiro;

b) a medida em que o Estado geograficamente desfavorecido, de conformidade com as disposições do presente artigo, participe ou tenha o direito a participar no aproveitamento dos recursos vivos das zonas econômicas exclusivas de outros Estados costeiros nos termos de acordos bilaterais, sub-regionais ou regionais existentes;

c) a medida em que outros Estados geograficamente desfavorecidos e Estados sem litoral participem no aproveitamento dos recursos vivos da zona econômica exclusiva do Estado costeiro e a consequente necessidade de evitar uma carga excessiva para qualquer Estado costeiro ou para uma parte deste;

d) as necessidades nutricionais das populações dos respectivos Estados.

4. Quando a capacidade de captura de um Estado costeiro se aproximar de um nível em que lhe seja possível efetuar a totalidade da captura permissível dos recursos vivos da sua zona econômica exclusiva, o Estado costeiro e os demais Estados interessados cooperarão no estabelecimento de ajustes equitativos numa base bilateral, sub-regional ou regional, para permitir aos Estados em desenvolvimento geograficamente desfavorecidos da mesma sub-região ou região participarem no aproveitamento dos recursos vivos das zonas econômicas exclusivas dos Estados costeiros da sub-região ou região de acordo com as circunstâncias e em condições satisfatórias para todas as partes. Na aplicação da presente disposição devem ser também tomados em conta os fatores mencionados no parágrafo 3º.

5. Os Estados geograficamente desfavorecidos terão, nos termos do presente artigo, direito a participar no aproveitamento dos recursos vivos só nas zonas econômicas exclusivas dos Estados costeiros desenvolvidos da mesma sub-região ou região, tendo na devida conta a medida em que o Estado costeiro, ao dar acesso aos recursos vivos da sua zona econômica exclusiva a outros Estados, tomou em consideração a necessidade de reduzir ao mínimo os efeitos prejudiciais para as comunidades de pescadores e as perturbações econômicas nos Estados cujos nacionais tenham pescado habitualmente na zona.

6. As disposições precedentes serão aplicadas sem prejuízo dos ajustes concluídos nas sub-regiões ou regiões onde os Estados costeiros possam conceder a Estados geograficamente desfavorecidos da mesma sub-região ou região direitos iguais ou preferenciais para o aproveitamento dos recursos vivos nas zonas econômicas exclusivas.

Artigo 71
Não aplicação dos artigos 69 e 70

As disposições dos arts. 69 e 70 não se aplicam a um Estado costeiro cuja economia dependa preponderantemente do aproveitamento dos recursos vivos da sua zona econômica exclusiva.

Artigo 72
Restrições na transferência de direitos

1. Os direitos conferidos nos termos dos arts. 69 e 70 para o aproveitamento dos recursos vivos não serão transferidos direta ou indiretamente a terceiros Estados ou a seus nacionais por concessão ou licença, nem pela constituição de empresas conjuntas, nem por qualquer outro meio que tenha por efeito tal transferência, a não ser que os Estados interessados acordem de outro modo.
2. A disposição anterior não impede que os Estados interessados obtenham assistência técnica ou financeira de terceiros Estados ou de organizações internacionais, a fim de facilitar o exercício dos direitos de acordo com os arts. 69 e 70, sempre que isso não tenha o efeito a que se fez referência no parágrafo 1°.

Artigo 73
Execução de leis e regulamentos do Estado costeiro

1. O Estado costeiro pode, no exercício dos seus direitos de soberania de exploração, aproveitamento, conservação e gestão dos recursos vivos da zona econômica exclusiva, tomar as medidas que sejam necessárias, incluindo visita, inspeção, apresamento e medidas judiciais, para garantir o cumprimento das leis e regulamentos por ele adoptados de conformidade com a presente Convenção.
2. As embarcações apresadas e as suas tripulações devem ser libertadas sem demora logo que prestada uma fiança idónea ou outra garantia.
3. As sanções estabelecidas pelo Estado costeiro por violações das leis e regulamentos de pesca na zona econômica exclusiva não podem incluir penas privativas de liberdade, salvo acordo em contrário dos Estados interessados, nem qualquer outra forma de pena corporal.
4. Nos casos de apresamento ou retenção de embarcações estrangeiras, o Estado costeiro deve, pelos canais apropriados, notificar sem demora o Estado de bandeira das medidas tomadas e das sanções ulteriormente impostas.

Artigo 74
Delimitação da zona econômica exclusiva entre Estados com costas adjacentes ou situadas frente a frente

1. A delimitação da zona econômica exclusiva entre Estados com costas adjacentes ou situadas frente a frente deve ser feita por acordo, de conformidade com o direito internacional, a que se faz referência no art. 38 do Estatuto do Tribunal Internacional de Justiça, a fim de se chegar a uma solução equitativa.
2. Se não se chegar a acordo dentro de um prazo razoável, os Estados interessados devem recorrer aos procedimentos previstos na Parte XV.
3. Enquanto não se chegar a um acordo conforme ao previsto no parágrafo 1°, os Estados interessados, num espírito de compreensão e cooperação, devem fazer todos os esforços para chegar a ajustes provisórios de caráter prático e, durante este período de transição, nada devem fazer que possa comprometer ou entravar a conclusão do acordo definitivo. Tais ajustes não devem prejudicar a delimitação definitiva.
4. Quando existir um acordo em vigor entre os Estados interessados, as questões relativas à delimitação da zona econômica exclusiva devem ser resolvidas de conformidade com as disposições desse acordo.

Artigo 75
Cartas e listas de coordenadas geográficas

1. Nos termos da presente Parte, as linhas de limite exterior da zona econômica exclusiva e as linhas de delimitação traçadas de conformidade com o art. 74 devem ser indicadas em cartas de escala ou escalas adequadas para a determinação da sua posição. Quando apropriado, as linhas de limite exterior ou as linhas de delimitação podem ser substituídas por listas de coordenadas geográficas de pontos em que conste especificamente a sua origem geodésica.
2. O Estado costeiro deve dar a devida publicidade a tais cartas ou listas de coordenadas geográficas e deve depositar um exemplar de cada carta ou lista junto do Secretário-Geral das Nações Unidas.

PARTE VI
PLATAFORMA CONTINENTAL

Artigo 76
Definição da plataforma continental

1. A plataforma continental de um Estado costeiro compreende o leito e o subsolo das áreas submarinas que se estendem além do seu mar territorial, em toda a extensão do prolongamento natural do seu território terrestre, até ao bordo exterior da margem continental, ou até uma distância de 200 milhas marítimas das linhas de base a partir das quais se mede a largura do mar territorial, nos casos em que o bordo exterior da margem continental não atinja essa distância.
2. A plataforma continental de um Estado costeiro não se deve estender além dos limites previstos nos parágrafos 4° a 6°.
3. A margem continental compreende o prolongamento submerso da massa terrestre do Estado costeiro e é constituída pelo leito e subsolo da plataforma continental, pelo talude e pela elevação continental. Não compreende nem os grandes fundos oceânicos, com as suas cristas oceânicas, nem o seu subsolo.
4. a) Para os fins da presente Convenção, o Estado costeiro deve estabelecer o bordo exterior da margem continental, quando essa margem se estender além das 200 milhas marítimas das linhas de base, a partir das quais se mede a largura do mar territorial, por meio de:
i) uma linha traçada de conformidade com o parágrafo 7°, com referência aos pontos fixos mais exteriores em cada um dos quais a espessura das

rochas sedimentares seja pelo menos 1% da distância mais curta entre esse ponto e o pé do talude continental; ou

ii) uma linha traçada de conformidade com o parágrafo 7°, com referência a pontos fixos situados a não mais de 60 milhas marítimas do pé do talude continental.

b) Salvo prova em contrário, o pé do talude continental deve ser determinado como o ponto de variação máxima do gradiente na sua base.

5. Os pontos fixos que constituem a linha dos limites exteriores da plataforma continental no leito do mar, traçada de conformidade com as subalíneas i) e ii) da alínea a) do parágrafo 4°, devem estar situados a uma distância que não exceda 350 milhas marítimas da linha de base a partir da qual se mede a largura do mar territorial ou a uma distância que não exceda 100 milhas marítimas da isóbata de 2.500 metros, que é uma linha que une profundidades de 2.500 metros.

6. Não obstante as disposições do parágrafo 5°, no caso das cristas submarinas, o limite exterior da plataforma continental não deve exceder 350 milhas marítimas das linhas de base a partir das quais se mede a largura do mar territorial. O presente parágrafo não se aplica a elevações submarinas que sejam componentes naturais da margem continental, tais como os seus planaltos, elevações continentais, topes, bancos e esporões.

7. O Estado costeiro deve traçar o limite exterior da sua plataforma continental, quando esta se estender além de 200 milhas marítimas das linhas de base a partir das quais se mede a largura do mar territorial, unindo, mediante linhas retas, que não excedam 60 milhas marítimas, pontos fixos definidos por coordenadas de latitude e longitude.

8. Informações sobre os limites da plataforma continental, além das 200 milhas marítimas das linhas de base a partir das quais se mede a largura do mar territorial, devem ser submetidas pelo Estado costeiro à Comissão de Limites da Plataforma Continental, estabelecida de conformidade com o Anexo II, com base numa representação geográfica equitativa. A Comissão fará recomendações aos Estados costeiros sobre questões relacionadas com o estabelecimento dos limites exteriores da sua plataforma continental. Os limites da plataforma continental estabelecidos pelo Estado costeiro com base nessas recomendações serão definitivos e obrigatórios.

9. O Estado costeiro deve depositar junto do Secretário-Geral das Nações Unidas mapas e informações pertinentes, incluindo dados geodésicos, que descrevam permanentemente os limites exteriores da sua plataforma continental. O Secretário-Geral deve dar a esses documentos a devida publicidade.

10. As disposições do presente artigo não prejudicam a questão da delimitação da plataforma continental entre Estados com costas adjacentes ou situadas frente a frente.

Artigo 77
Direitos do Estado costeiro sobre a plataforma continental

1. O Estado costeiro exerce direitos de soberania sobre a plataforma continental para efeitos de exploração e aproveitamento dos seus recursos naturais.

2. Os direitos a que se refere o parágrafo 1° são exclusivos no sentido de que, se o Estado costeiro não explora a plataforma continental ou não aproveita os recursos naturais da mesma, ninguém pode empreender estas atividades sem o expresso consentimento desse Estado.

3. Os direitos do Estado costeiro sobre a plataforma continental são independentes da sua ocupação, real ou fictícia, ou de qualquer declaração expressa.

4. Os recursos naturais a que se referem as disposições da presente Parte são os recursos minerais e outros não vivos do leito do mar e subsolo bem como os organismos vivos pertencentes a espécies sedentárias, isto é, aquelas que no período de captura estão imóveis no leito do mar ou no seu subsolo ou só podem mover-se em constante contato físico com esse leito ou subsolo.

Artigo 78
Regime jurídico das águas e do espaço aéreo sobrejacentes
e direitos e liberdades de outros Estados

1. Os direitos do Estado costeiro sobre a plataforma continental não afetam o regime jurídico das águas sobrejacentes ou do espaço aéreo acima dessas águas.

2. O exercício dos direitos do Estado costeiro sobre a plataforma continental não deve afetar a navegação ou outros direitos e liberdades dos demais Estados, previstos na presente Convenção, nem ter como resultado uma ingerência injustificada neles.

Artigo 79
Cabos e ductos submarinos na plataforma continental

1. Todos os Estados têm o direito de colocar cabos e ductos submarinos na plataforma continental de conformidade com as disposições do presente artigo.

2. Sob reserva do seu direito de tomar medidas razoáveis para a exploração da plataforma continental, o aproveitamento dos seus recursos naturais e a prevenção, redução e controle da poluição causada por ductos, o Estado costeiro não pode impedir a colocação ou a manutenção dos referidos cabos ou ductos.

3. O traçado da linha para a colocação de tais ductos na plataforma continental fica sujeito ao consentimento do Estado costeiro.

4. Nenhuma das disposições da presente Parte afeta o direito do Estado costeiro de estabelecer condições para os cabos e ductos que penetrem no seu território ou no seu mar territorial, nem a sua jurisdição sobre os cabos e ductos construídos ou utilizados em relação com a exploração da sua plataforma continental ou com o aproveitamento dos seus re-

cursos, ou com o funcionamento de ilhas artificiais, instalações e estruturas sob sua jurisdição.
5. Quando colocarem cabos ou ductos submarinos, os Estados devem ter em devida conta os cabos ou ductos já instalados. Em particular, não devem dificultar a possibilidade de reparar os cabos ou ductos existentes.

Artigo 80
Ilhas artificiais, instalações e estruturas na plataforma continental

O art. 60 aplica-se, *mutatis mutandis*, às ilhas artificiais, instalações e estruturas sobre a plataforma continental.

Artigo 81
Perfurações na plataforma continental

O Estado costeiro terá o direito exclusivo de autorizar e regulamentar as perfurações na plataforma continental, quaisquer que sejam os fins.

Artigo 82
Pagamentos e contribuições relativos ao aproveitamento da plataforma continental além de 200 milhas marítimas

1. O Estado costeiro deve efetuar pagamentos ou contribuições em espécie relativos ao aproveitamento dos recursos não vivos da plataforma continental além de 200 milhas marítimas das linhas de base, a partir das quais se mede a largura do mar territorial.
2. Os pagamentos e contribuições devem ser efetuados anualmente em relação a toda a produção de um sítio após os primeiros cinco anos de produção nesse sítio. No sexto ano, a taxa de pagamento ou contribuição será de 1% do valor ou volume da produção no sítio. A taxa deve aumentar 1% em cada ano seguinte até ao décimo segundo ano, e daí por diante deve ser mantida em 7%. A produção não deve incluir os recursos utilizados em relação com o aproveitamento.
3. Um Estado em desenvolvimento que seja importador substancial de um recurso mineral extraído da sua plataforma continental fica isento desses pagamentos ou contribuições em relação a esse recurso mineral.
4. Os pagamentos ou contribuições devem ser efetuados por intermédio da Autoridade, que os distribuirá entre os Estados-Partes na presente Convenção na base de critérios de repartição equitativa, tendo em conta os interesses e necessidades dos Estados em desenvolvimento, particularmente entre eles, os menos desenvolvidos e os sem litoral.

Artigo 83
Delimitação da plataforma continental entre Estados com costas adjacentes ou situadas frente a frente

1. A delimitação da plataforma continental entre Estados com costas adjacentes ou situadas frente a frente deve ser feita por acordo, de conformidade com o direito internacional a que se faz referência no art. 38 do Estatuto do Tribunal Internacional de Justiça, a fim de se chegar a uma solução equitativa.

2. Se não se chegar a acordo dentro de um prazo razoável, os Estados interessados devem recorrer aos procedimentos previstos na Parte XV.
3. Enquanto não se chegar a um acordo conforme ao previsto no parágrafo 1°, os Estados interessados, num espírito de compreensão e cooperação, devem fazer todos os esforços para chegar a ajustes provisórios de carácter prático e, durante este período de transição, nada devem fazer que possa comprometer ou entravar a conclusão do acordo definitivo. Tais ajustes não devem prejudicar a delimitação definitiva.
4. Quando existir um acordo em vigor entre os Estados interessados, as questões relativas à delimitação da plataforma continental devem ser resolvidas de conformidade com as disposições desse acordo.

Artigo 84
Cartas e listas de coordenadas geográficas

1. Nos termos da presente Parte, as linhas de limite exterior da plataforma continental e as linhas de delimitação traçadas de conformidade com o art. 83 devem ser indicadas em cartas de escala ou escalas adequadas para a determinação da sua posição. Quando apropriado, as linhas de limite exterior ou as linhas de delimitação podem ser substituídas por listas de coordenadas geográficas de pontos, em que conste especificamente a sua origem geodésica.
2. O Estado costeiro deve dar a devida publicidade a tais cartas ou listas de coordenadas geográficas e deve depositar um exemplar de cada carta ou lista junto do Secretário-Geral das Nações Unidas e, no caso daquelas que indicam as linhas de limite exterior da plataforma continental, junto do Secretário-Geral da Autoridade.

Artigo 85
Escavação de túneis

A presente Parte não prejudica o direito do Estado de aproveitar o subsolo por meio de escavação de túneis, independentemente da profundidade das águas no local considerado.

PARTE VII
ALTO MAR

Seção 1
Disposições gerais

Artigo 86
Âmbito de aplicação da presente parte

As disposições da presente Parte aplicam-se a todas as partes do mar não incluídas na zona econômica exclusiva, no mar territorial ou nas águas interiores de um Estado, nem as águas arquipelágicas de um Estado arquipelágo. O presente artigo não implica limitação alguma das liberdades de que gozam todos os Estados na zona econômica exclusiva de conformidade com o art. 58.

Artigo 87
Liberdade do alto mar

1. O alto mar está aberto a todos os Estados, quer costeiros quer sem litoral. A liberdade do alto mar

é exercida nas condições estabelecidas na presente Convenção e nas demais normas de direito internacional. Compreende, *inter alia*, para os Estados quer costeiros quer sem litoral:
a) liberdade de navegação;
b) liberdade de sobrevoo;
c) liberdade de colocar cabos e ductos submarinos nos termos da Parte VI;
d) liberdade de construir ilhas artificiais e outras instalações permitidas pelo direito internacional, nos termos da Parte VI;
e) liberdade de pesca nos termos das condições enunciadas na seção 2;
f) liberdade de investigação científica, nos termos das Partes VI e XIII.
2. Tais liberdades devem ser exercidas por todos os Estados, tendo em devida conta os interesses de outros Estados no seu exercício da liberdade do alto mar, bem como os direitos relativos às atividades na Área previstos na presente Convenção.

Artigo 88
Utilização do alto mar para fins pacíficos

O alto mar será utilizado para fins pacíficos.

Artigo 89
Ilegitimidade das reivindicações de soberania sobre o alto mar

Nenhum Estado pode legitimamente pretender submeter qualquer parte do alto mar à sua soberania.

Artigo 90
Direito de navegação

Todos os Estados, quer costeiros quer sem litoral, têm o direito de fazer navegar no alto mar navios que arvorem a sua bandeira.

Artigo 91
Nacionalidade dos navios

1. Todo Estado deve estabelecer os requisitos necessários para a atribuição da sua nacionalidade a navios, para o registro de navios no seu território e para o direito de arvorar a sua bandeira. Os navios possuem a nacionalidade do Estado cuja bandeira estejam autorizados a arvorar. Deve existir um vínculo substancial entre o Estado e o navio.
2. Todo Estado deve fornecer aos navios a que tenha concedido o direito de arvorar a sua bandeira os documentos pertinentes.

Artigo 92
Estatuto dos navios

1. Os navios devem navegar sob a bandeira de um só Estado e, salvo nos casos excepcionais previstos expressamente em tratados internacionais ou na presente Convenção, devem submeter-se, no alto mar, à jurisdição exclusiva desse Estado. Durante uma viagem ou em porto de escala, um navio não pode mudar de bandeira, a não ser no caso de transferência efetiva da propriedade ou de mudança de registro.
2. Um navio que navegue sob a bandeira de dois ou mais Estados, utilizando-as segundo as suas conveniências, não pode reivindicar qualquer dessas nacionalidades perante um terceiro Estado e pode ser considerado como um navio sem nacionalidade.

Artigo 93
Navios arvorando a bandeira das Nações Unidas, das agências especializadas das Nações Unidas e da Agência Internacional de Energia Atômica

Os artigos precedentes não prejudicam a questão dos navios que estejam ao serviço oficial das Nações Unidas, das agências especializadas das Nações Unidas e da Agência Internacional de Energia Atômica, arvorando a bandeira da Organização.

Artigo 94
Deveres do Estado de bandeira

1. Todo Estado deve exercer, de modo efetivo, a sua jurisdição e seu controle em questões administrativas, técnicas e sociais sobre navios que arvorem a sua bandeira.
2. Em particular, todo Estado deve:
a) manter um registro de navios no qual figurem os nomes e as características dos navios que arvorem a sua bandeira, com exceção daqueles que, pelo seu reduzido tamanho, estejam excluídos dos regulamentos internacionais geralmente aceitos; e
b) exercer a sua jurisdição de conformidade com o seu direito interno sobre todo o navio que arvore a sua bandeira e sobre o capitão, os oficiais e a tripulação, em questões administrativas, técnicas e sociais que se relacionem com o navio.
3. Todo Estado deve tomar, para os navios que arvorem a sua bandeira, as medidas necessárias para garantir a segurança no mar, no que se refere, *inter alia*, a:
a) construção, equipamento e condições de navegabilidade do navio;
b) composição, condições de trabalho e formação das tripulações, tendo em conta os instrumentos internacionais aplicáveis;
c) utilização de sinais, manutenção de comunicações e prevenções de abalroamentos.
4. Tais medidas devem incluir as que sejam necessárias para assegurar que:
a) cada navio, antes do seu registro e posteriormente, a intervalos apropriados, seja examinado por um inspetor de navios devidamente qualificado e leve a bordo as cartas, as publicações marítimas e o equipamento e os instrumentos de navegação apropriados à segurança da navegação do navio;
b) cada navio esteja confiado a um capitão e a oficiais devidamente qualificados, em particular no que se refere à manobra, à navegação, às comunicações e à condução de máquinas, e a competência e o número dos tripulantes sejam os apropriados para o tipo, tamanho, máquinas e equipamentos do navio;
c) o capitão, os oficiais e, na medida do necessário, a tripulação conheçam perfeitamente e observem os regulamentos internacionais aplicáveis que se refiram à segurança da vida no mar, à prevenção

de abalroamentos, à prevenção, redução e controle da poluição marinha e à manutenção de radiocomunicações.

5. Ao tomar as medidas a que se referem os parágrafos 3º e 4º, todo Estado deve agir de conformidade com os regulamentos, procedimentos e práticas internacionais geralmente aceitos, e fazer o necessário para garantir a sua observância.

6. Todo Estado que tenha motivos sérios para acreditar que a jurisdição e o controle apropriados sobre um navio não foram exercidos pode comunicar os fatos ao Estado de bandeira. Ao receber tal comunicação, o Estado de bandeira investigará o assunto e, se for o caso, deve tomar todas as medidas necessárias para corrigir a situação.

7. Todo Estado deve ordenar a abertura de um inquérito, efetuado por ou perante uma pessoa ou pessoas devidamente qualificadas, em relação a qualquer acidente marítimo ou incidente de navegação no alto mar, que envolva um navio arvorando a sua bandeira e no qual tenham perdido a vida ou sofrido ferimentos graves nacionais de outro Estado, ou se tenham provocado danos graves a navios ou a instalações de outro Estado ou ao meio marinho. O Estado de bandeira e o outro Estado devem cooperar na realização de qualquer investigação que este último efetue em relação a esse acidente marítimo ou incidente de navegação.

Artigo 95
Imunidade dos navios de guerra no alto mar

Os navios de guerra no alto mar gozam de completa imunidade de jurisdição relativamente a qualquer outro Estado que não seja o da sua bandeira.

Artigo 96
Imunidade dos navios utilizados unicamente em serviço oficial não comercial

Os navios pertencentes a um Estado ou por ele operados e utilizados unicamente em serviço oficial não comercial gozam, no alto mar, de completa imunidade de jurisdição relativamente a qualquer Estado que não seja o da sua bandeira.

Artigo 97
Jurisdição penal em caso de abalroamento ou qualquer outro incidente de navegação

1. Em caso de abalroamento ou de qualquer outro incidente de navegação ocorrido a um navio no alto mar que possa acarretar uma responsabilidade penal ou disciplinar para o capitão, ou para qualquer outra pessoa ao serviço do navio, os procedimentos penais e disciplinares contra essas pessoas só podem ser iniciados perante as autoridades judiciais ou administrativas do Estado de bandeira ou perante as do Estado do qual essas pessoas sejam nacionais.

2. Em matéria disciplinar, só o Estado que tenha emitido um certificado de comando ou um certificado de competência ou licença é competente para, após o processo legal correspondente, decretar a retirada desses títulos, ainda que o titular não seja nacional deste Estado.

3. Nenhum apresamento ou retenção do navio pode ser ordenado, nem mesmo como medida de investigação, por outras autoridades que não as do Estado de bandeira.

Artigo 98
Dever de prestar assistência

1. Todo Estado deverá exigir do capitão de um navio que arvore a sua bandeira, desde que o possa fazer sem acarretar perigo grave para o navio, para a tripulação ou para os passageiros, que:

a) preste assistência a qualquer pessoa encontrada no mar em perigo de desaparecer;

b) se dirija, tão depressa quanto possível, em socorro de pessoas em perigo, desde que esteja informado de que necessitam de assistência e sempre que tenha uma possibilidade razoável de fazê-lo;

c) preste, em caso de abalroamento, assistência ao outro navio, à sua tripulação e aos passageiros e, quando possível, comunique ao outro navio o nome do seu próprio navio, o porto de registro e o porto mais próximo em que fará escala.

2. Todo Estado costeiro deve promover o estabelecimento, o funcionamento e a manutenção de um adequado e eficaz serviço de busca e salvamento para garantir a segurança marítima e aérea, e, quando as circunstâncias o exigirem, cooperar para esse fim com os Estados vizinhos por meio de ajustes regionais de cooperação mútua.

Artigo 99
Proibição do transporte de escravos

Todo Estado deve tomar medidas eficazes para impedir e punir o transporte de escravos em navios autorizados a arvorar a sua bandeira e para impedir que, com esse fim, se use ilegalmente a sua bandeira. Todo escravo que se refugie num navio, qualquer que seja a sua bandeira, ficará, *ipso facto*, livre.

Artigo 100
Dever de cooperar na repressão da pirataria

Todos os Estados devem cooperar em toda a medida do possível na repressão da pirataria no alto mar ou em qualquer outro lugar que não se encontre sob a jurisdição de algum Estado.

Artigo 101
Definição de pirataria

Constituem pirataria quaisquer dos seguintes atos:

a) todo ato ilícito de violência ou de detenção ou todo ato de depredação cometidos, para fins privados, pela tripulação ou pelos passageiros de um navio ou de uma aeronave privados, e dirigidos contra:

i) um navio ou uma aeronave em alto mar ou pessoas ou bens a bordo dos mesmos;

ii) um navio ou uma aeronave, pessoas ou bens em lugar não submetido à jurisdição de algum Estado;

b) todo ato de participação voluntária na utilização de um navio ou de uma aeronave, quando aquele que o pratica tenha conhecimento de fatos que deem a esse navio ou a essa aeronave o caráter de navio ou aeronave pirata;

c) toda a ação que tenha por fim incitar ou ajudar intencionalmente a cometer um dos atos enunciados nas alíneas a ou b.

Artigo 102
Pirataria cometida por um navio de guerra, um navio de Estado ou uma aeronave de Estado cuja tripulação se tenha amotinado

Os atos de pirataria definidos no art. 101, perpetrados por um navio de guerra, um navio de Estado ou uma aeronave de Estado, cuja tripulação se tenha amotinado e apoderado de navio ou aeronave, são equiparados a atos cometidos por um navio ou aeronave privados.

Artigo 103
Definição de navio ou aeronave pirata

São considerados navios ou aeronaves piratas os navios ou aeronaves que as pessoas, sob cujo controle efetivo se encontram, pretendem utilizar para cometer qualquer dos atos mencionados no art. 101. Também são considerados piratas os navios ou aeronaves que tenham servido para cometer qualquer de tais atos, enquanto se encontrem sob o controle das pessoas culpadas desses atos.

Artigo 104
Conservação ou perda da nacionalidade de um navio ou aeronave pirata

Um navio ou uma aeronave pode conservar a sua nacionalidade, mesmo que se tenha transformado em navio ou aeronave pirata. A conservação ou a perda da nacionalidade deve ser determinada de acordo com a lei do Estado que tenha atribuído a nacionalidade.

Artigo 105
Apresamento de um navio ou aeronave pirata

Todo Estado pode apresar, no alto mar ou em qualquer outro lugar não submetido à jurisdição de qualquer Estado, um navio ou aeronave pirata, ou um navio ou aeronave capturados por atos de pirataria e em poder dos piratas e prender as pessoas e apreender os bens que se encontram a bordo desse navio ou dessa aeronave. Os tribunais do Estado que efetuou o apresamento podem decidir as penas a aplicar e as medidas a tomar no que se refere ao navio, às aeronaves ou aos bens sem prejuízo dos direitos de terceiros de boa-fé.

Artigo 106
Responsabilidade em caso de apresamento sem motivo suficiente

Quando um navio ou uma aeronave for apresado por suspeita de pirataria, sem motivo suficiente, o Estado que o apresou será responsável, perante o Estado de nacionalidade do navio ou da aeronave, por qualquer perda ou dano causados por esse apresamento.

Artigo 107
Navios e aeronaves autorizados a efetuar apresamento por motivo de pirataria

Só podem efetuar apresamento por motivo de pirataria os navios de guerra ou aeronaves militares, ou outros navios ou aeronaves que tragam sinais claros e sejam identificáveis como navios ou aeronaves ao serviço de um governo e estejam para tanto autorizados.

Artigo 108
Tráfico ilícito de estupefacientes e substâncias psicotrópicas

1. Todos os Estados devem cooperar para a repressão do tráfico ilícito de estupefacientes e substâncias psicotrópicas praticado por navios no alto mar com violação das convenções internacionais.
2. Todo Estado que tenha motivos sérios para acreditar que um navio arvorando a sua bandeira se dedica ao tráfico ilícito de estupefacientes ou substâncias psicotrópicas poderá solicitar a cooperação de outros Estados para pôr fim a tal tráfico.

Artigo 109
Transmissões não autorizadas a partir do alto mar

1. Todos os Estados devem cooperar para a repressão das transmissões não autorizadas efetuadas a partir do alto mar.
2. Para efeitos da presente Convenção, "transmissões não autorizadas" significa as transmissões de rádio ou televisão difundidas a partir de um navio ou instalação no alto mar e dirigidas ao público em geral com violação dos regulamentos internacionais, excluídas as transmissões de chamadas de socorro.
3. Qualquer pessoa que efetue transmissões não autorizadas pode ser processada perante os tribunais:

a) do Estado de bandeira do navio;
b) do Estado de registro da instalação;
c) do Estado do qual a pessoa é nacional;
d) de qualquer Estado em que possam receber-se as transmissões; ou
e) de qualquer Estado cujos serviços autorizados de radiocomunicação sofram interferências.

4. No alto mar, o Estado que tenha jurisdição de conformidade com o parágrafo 3º poderá, nos termos do art. 110, deter qualquer pessoa ou apresar qualquer navio que efetue transmissões não autorizadas e apreender o equipamento emissor.

Artigo 110
Direito de visita

1. Salvo nos casos em que os atos de ingerência são baseados em poderes conferidos por tratados, um navio de guerra que encontre no alto mar um navio estrangeiro que não goze de completa imunidade de conformidade com os arts. 95 e 96 não terá o direito de visita, a menos que exista motivo razoável para suspeitar que:

a) o navio se dedica à pirataria;
b) o navio se dedica ao tráfico de escravos;
c) o navio é utilizado para efetuar transmissões não autorizadas e o Estado de bandeira do navio de guerra tem jurisdição nos termos do art. 109;
d) o navio não tem nacionalidade; ou

e) o navio tem, na realidade, a mesma nacionalidade que o navio de guerra, embora arvore uma bandeira estrangeira ou se recuse a içar a sua bandeira.

2. Nos casos previstos no parágrafo 1°, o navio de guerra pode proceder à verificação dos documentos que autorizem o uso da bandeira. Para isso, pode enviar uma embarcação ao navio suspeito, sob o comando de um oficial. Se, após a verificação dos documentos, as suspeitas persistem, pode proceder a bordo do navio a um exame ulterior, que deverá ser efetuado com toda a consideração possível.

3. Se as suspeitas se revelarem infundadas e o navio visitado não tiver cometido qualquer ato que as justifique, esse navio deve ser indenizado por qualquer perda ou dano que possa ter sofrido.

4. Estas disposições aplicam-se, *mutatis mutandis*, às aeronaves militares.

5. Estas disposições aplicam-se também a quaisquer outros navios ou aeronaves devidamente autorizados que tragam sinais claros e sejam identificáveis como navios e aeronaves ao serviço de um governo.

Artigo 111
Direito de perseguição

1. A perseguição de um navio estrangeiro pode ser empreendida quando as autoridades competentes do Estado costeiro tiverem motivos fundados para acreditar que o navio infringiu as suas leis e regulamentos. A perseguição deve iniciar-se quando o navio estrangeiro ou uma das suas embarcações se encontrar nas águas interiores, nas águas arquipelágicas, no mar territorial ou na zona contígua do Estado perseguidor, e só pode continuar fora do mar territorial ou da zona contígua se a perseguição não tiver sido interrompida. Não é necessário que o navio que dá a ordem de parar a um navio estrangeiro que navega pelo mar territorial ou pela zona contígua se encontre também no mar territorial ou na zona contígua no momento em que o navio estrangeiro recebe a referida ordem. Se o navio estrangeiro se encontrar na zona contígua, como definida no art. 33, a perseguição só pode ser iniciada se tiver havido violação dos direitos para cuja proteção a referida zona foi criada.

2. O direito de perseguição aplica-se, *mutatis mutandis*, às infrações às leis e regulamentos do Estado costeiro aplicáveis, de conformidade com a presente Convenção, na zona econômica exclusiva ou na plataforma continental, incluindo as zonas de segurança em volta das instalações situadas na plataforma continental, quando tais infrações tiverem sido cometidas nas zonas mencionadas.

3. O direito de perseguição cessa no momento em que o navio perseguido entre no mar territorial do seu próprio Estado ou no mar territorial de um terceiro Estado.

4. A perseguição não se considera iniciada até que o navio perseguidor se tenha certificado, pelos meios práticos de que disponha, de que o navio perseguido ou uma das suas lanchas ou outras embarcações que trabalhem em equipe e utilizando o navio perseguido como navio mãe, se encontram dentro dos limites do mar territorial ou, se for o caso, na zona contígua, na zona econômica exclusiva ou na plataforma continental. Só pode dar-se início à perseguição depois de ter sido emitido sinal de parar, visual ou auditivo, a uma distância que permita ao navio estrangeiro vê-lo ou ouvi-lo.

5. O direito de perseguição só pode ser exercido por navios de guerra ou aeronaves militares, ou por outros navios ou aeronaves que possuam sinais claros e sejam identificáveis como navios e aeronaves ao serviço de um governo e estejam para tanto autorizados.

6. Quando a perseguição for efetuada por uma aeronave:

a) aplicam-se, *mutatis mutandis*, as disposições dos parágrafos 1° a 4°;

b) a aeronave que tenha dado a ordem de parar deve continuar ativamente a perseguição do navio até que um navio ou uma outra aeronave do Estado costeiro, alertado pela primeira aeronave, chegue ao local e continue a perseguição, a não ser que a aeronave possa por si só apresar o navio. Para justificar o apresamento de um navio fora do mar territorial, não basta que a aeronave o tenha descoberto a cometer uma infração, ou que seja suspeito de a ter cometido, é também necessário que lhe tenha sido dada ordem para parar e que tenha sido empreendida a perseguição sem interrupção pela própria aeronave ou por outras aeronaves ou navios.

7. Quando um navio for apresado num lugar submetido à jurisdição de um Estado e escoltado até um porto desse Estado para investigação pelas autoridades competentes, não se pode pretender que seja posto em liberdade pelo simples fato de o navio e a sua escolta terem atravessado uma parte da zona econômica exclusiva ou do alto mar, se as circunstâncias a isso obrigarem.

8. Quando um navio for parado ou apresado fora do mar territorial em circunstâncias que não justifiquem o exercício do direito de perseguição, deve ser indenizado por qualquer perda ou dano que possa ter sofrido em consequência disso.

Artigo 112
Direito de colocação de cabos e ductos submarinos

1. Todos os Estados têm o direito de colocar cabos e ductos submarinos no leito do alto mar além da plataforma continental.

2. O parágrafo 5° do art. 79 aplica-se a tais cabos e ductos.

Artigo 113
Ruptura ou danificação de cabos ou ductos submarinos

Todo Estado deve adoptar as leis e regulamentos necessários para que constituam infrações passíveis de sanções a ruptura ou danificação, por um navio arvorando a sua bandeira ou por uma pessoa submetida à sua jurisdição, de um cabo submarino no alto mar, causadas intencionalmente ou por negligência culposa, de modo que possam interromper ou dificultar as comunicações telegráficas ou telefônica bem como a ruptura ou danificação, nas mesmas condições, de um cabo de alta tensão ou de um ducto submarino. Esta disposição aplica-se também aos atos que tenham por objeto causar essas rupturas ou danificações ou que possam ter esse efeito. Contudo, esta disposição não se aplica às rupturas ou às danificações cujos autores apenas atuaram com o propósito legítimo de proteger a própria vida ou a segurança dos seus navios, depois de terem tomado todas as precauções necessárias para evitar tal ruptura ou danificação.

Artigo 114
Ruptura ou danificação de cabos ou de ductos submarinos provocados por proprietários de outros cabos ou ductos submarinos

Todo Estado deve adoptar as leis e regulamentos necessários para que pessoas sob sua jurisdição que sejam proprietárias de um cabo ou de um ducto submarinos no alto mar e que, ao colocar ou reparar o cabo ou o ducto submarinos, provoquem a ruptura ou a danificação de outro cabo ou de outro ducto submarinos, respondam pelo custo da respectiva reparação.

Artigo 115
Indenização por perdas ocorridas para evitar danificações a um cabo ou ducto submarinos

Todo Estado deve adoptar as leis e regulamentos necessários para que os proprietários de navios que possam provar ter perdido uma âncora, uma rede ou qualquer outro aparelho de pesca para evitar danificações a um cabo ou um ducto submarinos sejam indenizados pelo proprietário do cabo ou do ducto submarinos, desde que o proprietário do navio tenha tomado previamente todas as medidas de precaução razoáveis.

Seção 2
Conservação e gestão dos recursos vivos do alto mar

Artigo 116
Direito de pesca no alto mar

Todos os Estados têm direito a que os seus nacionais se dediquem à pesca no alto mar, nos termos:
a) das suas obrigações convencionais;
b) dos direitos e deveres bem como dos interesses dos Estados costeiros previstos, *inter alia*, no parágrafo 2º do art. 63 e nos arts. 64 a 67; e
c) das disposições da presente seção.

Artigo 117
Dever dos Estados de tomar em relação aos seus nacionais medidas para a conservação dos recursos vivos do alto mar

Todos os Estados têm o dever de tomar ou de cooperar com outros Estados para tomar as medidas que, em relação aos seus respectivos nacionais, possam ser necessárias para a conservação dos recursos vivos do alto mar.

Artigo 118
Cooperação entre Estados na conservação e gestão dos recursos vivos

Os Estados devem cooperar entre si na conservação e gestão dos recursos vivos nas zonas do alto mar. Os Estados cujos nacionais aproveitam recursos vivos idênticos, ou recursos vivos diferentes situados na mesma zona, efetuarão negociações para tomar as medidas necessárias à conservação de tais recursos vivos. Devem cooperar, quando apropriado, para estabelecer organizações sub-regionais ou regionais de pesca para tal fim.

Artigo 119
Conservação dos recursos vivos do alto mar

1. Ao fixar a captura permissível e ao restabelecer outras medidas de conservação para os recursos vivos no alto mar, os Estados devem:
a) tomar medidas, com base nos melhores dados científicos de que disponham os Estados interessados, para preservar ou restabelecer as populações das espécies capturadas a níveis que possam produzir o máximo rendimento constante, determinado a partir de fatores ecológicos e econômicos pertinentes, incluindo as necessidades especiais dos Estados em desenvolvimento e tendo em conta os métodos de pesca, a interdependência das populações e quaisquer normas mínimas internacionais geralmente recomendadas, sejam elas sub-regionais, regionais ou mundiais;
b) ter em conta os efeitos sobre as espécies associadas às espécies capturadas, ou das espécies dependentes, a fim de preservar ou restabelecer as populações de tais espécies associadas ou dependentes acima de níveis em que a sua reprodução possa ficar seriamente ameaçada.
2. Periodicamente devem ser comunicadas ou trocadas informações científicas disponíveis, estatísticas de captura e de esforço de pesca e outros dados pertinentes para a conservação das populações de peixes, por intermédio das organizações internacionais competentes, sejam elas sub-regionais, regionais ou mundiais, quando apropriado, e com a participação de todos os Estados interessados.
3. Os Estados interessados devem assegurar que as medidas de conservação e a aplicação das mesmas não sejam discriminatórias, nem de direito nem de fato, para os pescadores de nenhum Estado.

Artigo 120
Mamíferos marinhos

O artigo 65 aplica-se também à conservação e gestão dos mamíferos marinhos no alto mar.

PARTE VIII
REGIME DAS ILHAS

Artigo 121
Regime das ilhas

1. Uma ilha é uma formação natural de terra, rodeada de água, que fica a descoberto na preia-mar.

2. Salvo o disposto no parágrafo 3°, o mar territorial, a zona contígua, a zona econômica exclusiva e a plataforma continental de uma ilha serão determinados de conformidade com as disposições da presente Convenção aplicáveis a outras formações terrestres.

3. Os rochedos que, por si próprios, não se prestam à habitação humana ou à vida econômica não devem ter zona econômica exclusiva nem plataforma continental.

PARTE IX
MARES FECHADOS OU SEMIFECHADOS

Artigo 122
Definição

Para efeitos da presente Convenção, "mar fechado ou semifechado" significa um golfo, bacia ou mar rodeado por dois ou mais Estados e comunicando com outro mar ou com o oceano por uma saída estreita, ou formado inteira ou principalmente por mares territoriais e zonas econômicas exclusivas de dois ou mais Estados costeiros.

Artigo 123
Cooperação entre Estados costeiros de mares fechados ou semifechados

Os Estados costeiros de um mar fechado ou semifechado deveriam cooperar entre si no exercício dos seus direitos e no cumprimento dos seus deveres nos termos da presente Convenção. Para esse fim, diretamente ou por intermédio de uma organização regional apropriada, devem procurar:

a) coordenar a conservação, gestão, exploração e aproveitamento dos recursos vivos no mar;

b) coordenar o exercício dos seus direitos e o cumprimento dos seus deveres no que se refere à proteção e preservação do meio marinho;

c) coordenar suas políticas de investigação científica e empreender, quando apropriado, programas conjuntos de investigação científica na área;

d) convidar, quando apropriado, outros Estados interessados ou organizações internacionais a cooperar com eles na aplicação das disposições do presente artigo.

PARTE X
DIREITO DE ACESSO AO MAR E A PARTIR DO MAR DOS ESTADOS SEM LITORAL E LIBERDADE DE TRÂNSITO

Artigo 124
Termos utilizados

1. Para efeitos da presente Convenção:

a) "Estado sem litoral" significa um Estado que não tenha costa marítima;

b) "Estado de trânsito" significa um Estado com ou sem costa marítima situado entre um Estado sem litoral e o mar, através de cujo território passa o tráfego em trânsito;

c) "tráfego em trânsito" significa a passagem de pessoas, bagagens, mercadorias e meios de transporte através do território de um ou mais Estados de trânsito, quando a passagem através de tal território, com ou sem transbordo, armazenamento, fraccionamento da carga ou mudança de modo de transporte, seja apenas uma parte de uma viagem completa que comece ou termine dentro do território do Estado sem litoral;

d) "meio de transporte" significa:

i) o material ferroviário rolante, as embarcações marítimas, lacustres e fluviais e os veículos rodoviários;

ii) quando as condições locais o exigirem, os carregadores e animais de carga.

2. Os Estados sem litoral e os Estados de trânsito podem, por mútuo acordo, incluir como meio de transporte ductos e gasoductos e outros meios de transporte diferentes dos incluídos no parágrafo 1°.

Artigo 125
Direito de acesso ao mar e a partir do mar e liberdade de trânsito

1. Os Estados sem litoral têm o direito de acesso ao mar e a partir do mar para exercerem os direitos conferidos na presente Convenção, incluindo os relativos à liberdade do alto mar e ao patrimônio comum da humanidade. Para tal fim, os Estados sem litoral gozam de liberdade de trânsito através do território dos Estados de trânsito por todos os meios de transporte.

2. Os termos e condições para o exercício da liberdade de trânsito devem ser acordados entre os Estados sem litoral e os Estados de trânsito interessados por meio de acordos bilaterais, sub-regionais ou regionais.

3. Os Estados de trânsito, no exercício da sua plena soberania sobre o seu território, têm o direito de tomar todas as medidas necessárias para assegurar que os direitos e facilidades conferidos na presente Parte aos Estados sem litoral não prejudiquem de forma alguma os seus legítimos interesses.

Artigo 126
Exclusão da aplicação da cláusula da nação mais favorecida

As disposições da presente Convenção, bem como acordos especiais relativos ao exercício do direito de acesso ao mar e a partir do mar, que estabeleçam direitos e concedam facilidades em razão da situação geográfica especial dos Estados sem litoral, ficam excluídas da aplicação da cláusula da nação mais favorecida.

Artigo 127
Direitos aduaneiros, impostos e outros encargos

1. O tráfego em trânsito não deve estar sujeito a quaisquer direitos aduaneiros, impostos ou outros encargos, com exceção dos encargos devidos por serviços específicos prestados com relação a esse tráfego.

2. Os meios de transporte em trânsito e outras facilidades concedidas aos Estados sem litoral e por

eles utilizados não devem estar sujeitos a impostos ou encargos mais elevados que os fixados para o uso dos meios de transporte do Estado de trânsito.

Artigo 128
Zonas francas e outras facilidades aduaneiras

Para facilitar o tráfego em trânsito, podem ser estabelecidas zonas francas ou outras facilidades aduaneiras nos portos de entrada e de saída dos Estados de trânsito, mediante acordo entre estes Estados e os Estados sem litoral.

Artigo 129
Cooperação na construção e melhoramento dos meios de transporte

Quando nos Estados de trânsito não existam meios de transporte que permitam dar efeito ao exercício efetivo da liberdade de trânsito, ou quando os meios existentes, incluindo as instalações e equipamentos portuários, sejam deficientes, sob qualquer aspecto, os Estados de trânsito e Estados sem litoral interessados podem cooperar na construção ou no melhoramento desses meios de transportes.

Artigo 130
Medidas para evitar ou eliminar atrasos ou outras dificuldades de carácter técnico no tráfego em trânsito

1. Os Estados de trânsito devem tomar todas as medidas apropriadas para evitar atrasos ou outras dificuldades de carácter técnico no tráfego em trânsito.
2. No caso de se verificarem tais atrasos ou dificuldades, as autoridades competentes dos Estados de trânsito e Estados sem litoral interessados devem cooperar para a sua pronta eliminação.

Artigo 131
Igualdade de tratamento nos portos marítimos

Os navios arvorando a bandeira de um Estado sem litoral devem gozar nos portos marítimos do mesmo tratamento que o concedido a outros navios estrangeiros.

Artigo 132
Concessão de maiores facilidades de trânsito

A presente Convenção não implica de modo algum a retirada de facilidades de trânsito que sejam maiores que as previstas na presente Convenção e que tenham sido acordadas entre os Estados-Partes à presente Convenção ou concedidas por um Estado-Parte. A presente Convenção não impede, também, a concessão de maiores facilidades no futuro.

PARTE XI
A ÁREA

Seção 1
Disposições gerais

Artigo 133
Termos utilizados

Para efeitos da presente Parte:

a) "recursos" significa todos os recursos minerais sólidos, líquidos ou gasosos *in situ* na Área, no leito do mar ou no seu subsolo, incluindo os nódulos polimetálicos;
b) os recursos, uma vez extraídos da Área, são denominados "minerais".

Artigo 134
Âmbito de aplicação da presente Parte

1. A presente Parte aplica-se à Área.
2. As atividades na Área devem ser regidas pelas disposições da presente Parte.
3. Os requisitos relativos ao depósito e à publicidade a dar às cartas ou listas de coordenadas geográficas que indicam os limites referidos no parágrafo 1º do art. 1 são estabelecidos na Parte VI.
4. Nenhuma das disposições do presente artigo afeta o estabelecimento dos limites exteriores da plataforma continental de conformidade com a Parte VI nem a validade dos acordos relativos à delimitação entre Estados com costas adjacentes ou situadas frente a frente.

Artigo 135
Regime jurídico das águas e do espaço aéreo sobrejacentes

Nem a presente Parte nem quaisquer direitos concedidos ou exercidos nos termos da mesma afetam o regime jurídico das águas sobrejacentes à Área ou o espaço aéreo acima dessas águas.

Seção 2
Princípios que regem a área

Artigo 136
Patrimônio comum da humanidade

A Área e seus recursos são patrimônio comum da humanidade.

Artigo 137
Regime jurídico da Área e dos seus recursos

1. Nenhum Estado pode reivindicar ou exercer soberania ou direitos de soberania sobre qualquer parte da Área ou seus recursos; nenhum Estado ou pessoa jurídica, singular ou coletiva, pode apropriar-se de qualquer parte da Área ou dos seus recursos. Não serão reconhecidos tal reivindicação ou exercício de soberania ou direitos de soberania nem tal apropriação.
2. Todos os direitos sobre os recursos da Área pertencem à humanidade em geral, em cujo nome atuará a Autoridade. Esses recursos são inalienáveis. No entanto, os minerais extraídos da Área só poderão ser alienados de conformidade com a presente Parte e com as normas, regulamentos e procedimentos da Autoridade.
3. Nenhum Estado ou pessoa jurídica, singular ou coletiva, poderá reivindicar, adquirir ou exercer direitos relativos aos minerais extraídos da Área, a não ser de conformidade com a presente Parte. De outro modo, não serão reconhecidos tal reivindicação, aquisição ou exercício de direitos.

Artigo 138
Comportamento geral dos Estados em relação à Área

O comportamento geral dos Estados em relação à Área deve conformar-se com as disposições da presente Parte, com os princípios enunciados na Carta das Nações Unidas e com outras normas de direito internacional, no interesse da manutenção da paz e da segurança e da promoção da cooperação internacional e da compreensão mútua.

Artigo 139
Obrigação de zelar pelo cumprimento e responsabilidade por danos

1. Os Estados-Partes ficam obrigados a zelar por que as atividades na Área, realizadas quer por Estados-Partes, quer por empresas estatais ou por pessoas jurídicas, singulares ou coletivas, que possuam a nacionalidade dos Estados-Partes ou se encontrem sob o controle efetivo desses Estados ou dos seus nacionais, sejam realizadas de conformidade com a presente Parte. A mesma obrigação incumbe às organizações internacionais por atividades que realizem na Área.

2. Sem prejuízo das normas de direito internacional e do art. 22 do Anexo III, os danos causados pelo não cumprimento por um Estado-Parte ou uma organização internacional das suas obrigações, nos termos da presente Parte, implicam responsabilidade; os Estados-Partes ou organizações internacionais que atuem em comum serão conjunta e solidariamente responsáveis. No entanto, o Estado-Parte não será responsável pelos danos causados pelo não cumprimento da presente Parte por uma pessoa jurídica a quem esse Estado patrocinou nos termos da alínea b do parágrafo 2º do art. 153 se o Estado-Parte tiver tomado todas as medidas necessárias e apropriadas para assegurar o cumprimento efetivo do parágrafo 4º do art. 153 e do parágrafo 4º do art. 4 do Anexo III.

3. Os Estados-Partes que sejam membros de organizações internacionais tomarão medidas apropriadas para assegurar a aplicação do presente artigo no que se refere a tais organizações.

Artigo 140
Benefício da humanidade

1. As atividades na Área devem ser realizadas, nos termos do previsto expressamente na presente Parte, em benefício da humanidade em geral, independentemente da situação geográfica dos Estados, costeiros ou sem litoral, e tendo particularmente em conta os interesses e as necessidades dos Estados em desenvolvimento e dos povos que não tenham alcançado a plena independência ou outro regime de autonomia reconhecido pelas Nações Unidas de conformidade com a resolução 1514 (XV) e com as outras resoluções pertinentes da sua Assembleia Geral.

2. A Autoridade, através de mecanismo apropriado, numa base não discriminatória, deve assegurar a distribuição equitativa dos benefícios financeiros e dos outros benefícios econômicos resultantes das atividades na Área, de conformidade com a subalínea i) da alínea f) do parágrafo 2º do art. 160.

Artigo 141
Utilização da Área exclusivamente para fins pacíficos

A Área está aberta à utilização exclusivamente para fins pacíficos por todos os Estados, costeiros ou sem litoral, sem discriminação e sem prejuízo das outras disposições da presente Parte.

Artigo 142
Direitos e interesses legítimos dos Estados costeiros

1. As atividades na Área relativas aos depósitos de recursos que se estendem além dos limites da mesma devem ser realizadas tendo em devida conta os direitos e interesses legítimos do Estado costeiro sob cuja jurisdição se encontrem tais extensões daqueles depósitos.

2. Devem ser efetuadas consultas com o Estado interessado, incluindo um sistema de notificação prévia, a fim de se evitar qualquer violação de tais direitos e interesses. Nos casos em que as atividades na Área possam dar lugar ao aproveitamento de recursos sob jurisdição nacional, será necessário o consentimento prévio do Estado costeiro interessado.

3. Nem a presente Parte nem quaisquer direitos concedidos ou exercidos nos termos da mesma devem afetar os direitos dos Estados costeiros de tomarem medidas compatíveis com as disposições pertinentes da Parte XII que sejam necessárias para prevenir, atenuar ou eliminar um perigo grave e iminente para o seu litoral ou interesses conexos, resultantes de poluição ou de ameaça de poluição ou de outros acidentes resultantes de ou causados por quaisquer atividades na Área.

Artigo 143
Investigação científica marinha

1. A investigação científica marinha na Área deve ser realizada exclusivamente com fins pacíficos e em benefício da humanidade em geral, de conformidade com a Parte XIII.

2. A Autoridade pode realizar investigação científica marinha relativa à Área e seus recursos e celebrar contratos para tal fim. A Autoridade deve promover e impulsionar a realização da investigação científica marinha na Área, coordenar e difundir os resultados de tal investigação e análises, quando disponíveis.

3. Os Estados-Partes podem realizar investigação científica marinha na Área. Os Estados-Partes devem promover a cooperação internacional no campo da investigação científica marinha na Área:

a) participando em programas internacionais e incentivando a cooperação no campo da investigação científica marinha pelo pessoal de diferentes países e da Autoridade;

b) assegurando que os programas sejam elaborados, por intermédio da Autoridade ou de outras organizações internacionais, conforme o caso, em benefício dos Estados em desenvolvimento e dos Estados tecnologicamente menos desenvolvidos, com vista a:
i) fortalecer a sua capacidade de investigação;
ii) formar o seu pessoal e o pessoal da Autoridade nas técnicas e aplicações de investigação;
iii) favorecer o emprego do seu pessoal qualificado na investigação na Área;
c) difundindo efetivamente os resultados de investigação e análises, quando disponíveis, por intermédio da Autoridade ou de outros canais internacionais, quando apropriado.

Artigo 144
Transferência de tecnologia

1. De conformidade com a presente Convenção, a Autoridade deve tomar medidas para:
a) adquirir tecnologia e conhecimentos científicos relativos às atividades na Área; e
b) promover e incentivar a transferência de tal tecnologia e conhecimentos científicos para os Estados em desenvolvimento, de modo a que todos os Estados-Partes sejam beneficiados.
2. Para tal fim a Autoridade e os Estados-Partes devem cooperar para promover a transferência de tecnologia e conhecimentos científicos relativos às atividades realizadas na Área de modo a que a Empresa e todos os Estados-Partes sejam beneficiados. Em particular, devem iniciar e promover:
a) programas para a transferência de tecnologia para a Empresa e para os Estados em desenvolvimento no que se refere às atividades na Área, incluindo, *inter alia*, facilidades de acesso da Empresa e dos Estados em desenvolvimento à tecnologia pertinente em modalidades e condições equitativas e razoáveis;
b) medidas destinadas a assegurar o progresso da tecnologia da Empresa e da tecnologia nacional dos Estados em desenvolvimento e em particular mediante a criação de oportunidades para a formação do pessoal da Empresa e dos Estados em desenvolvimento em matéria de ciência e tecnologia marinhas e para a sua plena participação nas atividades na Área.

Artigo 145
Proteção do meio marinho

No que se refere às atividades na Área, devem ser tomadas as medidas necessárias, de conformidade com a presente Convenção, para assegurar a proteção eficaz do meio marinho contra os efeitos nocivos que possam resultar de tais atividades. Para tal fim, a Autoridade adoptará normas, regulamentos e procedimentos apropriados para, *inter alia*:
a) prevenir, reduzir e controlar a poluição e outros perigos para o meio marinho, incluindo o litoral, bem como a perturbação do equilíbrio ecológico do meio marinho, prestando especial atenção à necessidade de proteção contra os efeitos nocivos de atividades, tais como a perfuração, dragagem, escavações, lançamento de detritos, construção e funcionamento ou manutenção de instalações, ductos e outros dispositivos relacionados com tais atividades;
b) proteger e conservar os recursos naturais da Área e prevenir danos à flora e à fauna do meio marinho.

Artigo 146
Proteção da vida humana

No que se refere às atividades na Área, devem ser tomadas as medidas necessárias para assegurar a proteção eficaz da vida humana. Para tal fim, a Autoridade adoptará normas, regulamentos e procedimentos apropriados que complementem o direito internacional existente tal como consagrado nos tratados sobre a matéria.

Artigo 147
Harmonização das atividades na Área e no meio marinho

1. As atividades na Área devem ser realizadas, tendo razoavelmente em conta outras atividades no meio marinho.
2. As instalações, utilizadas para a realização de atividades na Área, devem estar sujeitas às seguintes condições:
a) serem construídas, colocadas e retiradas exclusivamente de conformidade com a presente Parte e segundo as normas, regulamentos e procedimentos da Autoridade. A construção, colocação e remoção de tais instalações devem ser devidamente notificadas e, sempre que necessário, devem ser assegurados meios permanentes para assinalar a sua presença;
b) não serem colocadas onde possam interferir na utilização de rotas marítimas reconhecidas e essenciais para a navegação internacional ou em áreas de intensa atividade pesqueira;
c) serem estabelecidas zonas de segurança em volta de tais instalações, com sinais de navegação apropriados, para garantir a segurança da navegação e das instalações. A configuração e localização de tais zonas de segurança devem ser tais que não formem um cordão que impeça o acesso lícito dos navios a determinadas zonas marítimas ou a navegação por rotas marítimas internacionais;
d) serem utilizadas exclusivamente para fins pacíficos;
e) não terem o estatuto jurídico de ilhas. Estas instalações não têm mar territorial próprio e a sua existência não afeta a delimitação do mar territorial, da zona econômica exclusiva ou da plataforma continental.
3. As demais atividades no meio marinho devem ser realizadas tendo razoavelmente em conta as atividades na Área.

Artigo 148
Participação dos Estados em desenvolvimento nas atividades na Área

A participação efetiva dos Estados em desenvolvimento nas atividades na Área deve ser promovida tal como expressamente previsto na presente Parte, tendo em devida conta os seus interesses e necessidades especiais e, em particular, a necessidade especial dos Estados em desenvolvimento sem litoral ou em situação geográfica desfavorecida de superarem os obstáculos resultantes da sua localização desfavorável, incluído o afastamento da Área, e a dificuldade de acesso à Área e a partir dela.

Artigo 149
Objetos arqueológicos e históricos

Todos os objetos de carácter arqueológico e histórico achados na Área serão conservados ou deles se disporá em benefício da humanidade em geral, tendo particularmente em conta os direitos preferenciais do Estado ou país de origem, do Estado de origem cultural ou do Estado de origem histórica e arqueológica.

Seção 3
Aproveitamento dos recursos da área

Artigo 150
Políticas gerais relativas às atividades na Área

1. As atividades na Área devem ser realizadas tal como expressamente previsto na presente Parte de modo a fomentar o desenvolvimento harmonioso da economia mundial e o crescimento equilibrado do comércio internacional e a promover a cooperação internacional a favor do desenvolvimento geral de todos os países, especialmente dos Estados em desenvolvimento e com vista a assegurar:

a) o aproveitamento dos recursos da Área;

b) a gestão ordenada, segura e racional dos recursos da Área, incluindo a realização eficiente de atividades na Área e, de conformidade com são princípios de conservação, a evitação de desperdícios desnecessários;

c) a ampliação das oportunidades de participação em tais atividades, em particular de forma compatível com os arts. 144 e 148;

d) a participação da Autoridade nas receitas e transferências de tecnologia à Empresa e aos Estados em desenvolvimento, tal como disposto na presente Convenção;

e) o aumento da disponibilidade dos minerais provenientes da Área, na medida necessária para, juntamente com os obtidos de outras fontes, assegurar o abastecimento aos consumidores de tais minerais;

f) a formação de preços justos e estáveis, remuneradores para os produtores e razoáveis para os consumidores relativos aos minerais provenientes tanto da Área como de outras fontes, e a promoção do equilíbrio a longo prazo entre a oferta e a procura;

g) maiores oportunidades para que todos os Estados-Partes, independentemente do seu sistema social e económico ou situação geográfica, participem no aproveitamento dos recursos da Área e na prevenção da monopolização das atividades na Área;

h) a proteção dos Estados em desenvolvimento no que se refere aos efeitos adversos nas suas economias ou nas suas receitas de exportação, resultantes de uma redução no preço de um mineral afetado ou no volume de exportação desse mineral, na medida em que tal redução seja causada por atividades na Área, como previsto no art. 151;

i) o aproveitamento do patrimônio comum em benefício da humanidade em geral; e

j) que as condições de acesso aos mercados de importação de minerais provenientes dos recursos da Área e de importação de produtos básicos obtidos de tais minerais não sejam mais vantajosas que as de carácter mais favorável aplicadas às importações provenientes de outras fontes.

Artigo 151
Políticas de produção

1. a) Sem prejuízo dos objetivos previstos no art. 150, e para efeitos de aplicação da alínea h) do referido artigo, a Autoridade deve, atuando através das instâncias existentes ou, segundo o caso, no quadro de novos ajustes ou acordos, com a participação de todas as partes interessadas, incluídos produtores e consumidores, tomar as medidas necessárias para promover o crescimento, a eficiência e a estabilidade dos mercados dos produtos básicos obtidos dos minerais provenientes da Área, a preços remuneradores para os produtores e razoáveis para os consumidores. Todos os Estados-Partes devem cooperar para tal fim.

b) A Autoridade tem o direito de participar em qualquer conferência sobre produtos básicos, cujos trabalhos se refiram àqueles, e na qual participem todas as partes interessadas, incluídos produtores e consumidores. A Autoridade tem o direito de ser parte em qualquer ajuste ou acordo que resulte de tais conferências. A participação da Autoridade em quaisquer órgãos criados em virtude desses ajustes ou acordos deve ser com respeito à produção na Área e efetuar-se de conformidade com as normas pertinentes desses órgãos.

c) A Autoridade deve cumprir as obrigações que tenha contraído em virtude de ajustes ou acordos referidos no presente parágrafo de maneira a assegurar a sua aplicação uniforme e não discriminatória em relação à totalidade da produção dos minerais em causa na Área. Ao fazê-lo, a Autoridade deve atuar de forma compatível com os termos dos contratos existentes e os planos de trabalho aprovados da Empresa.

2. a) Durante o período provisório definido no parágrafo 3º, a produção comercial não deve ser empreendida com base num plano de trabalho aprovado, até que o operador tenha pedido e obtido da Autoridade uma autorização de produção. Essa autorização de produção não pode ser pedida ou emitida antes de cinco anos da data do início previsto para a produção comercial nos termos do plano de trabalho, a menos que, tendo em conta a natureza e o calendário de execução do projeto, outro período seja estabelecido nas normas, regulamentos e procedimentos da autoridade.

b) No pedido de autorização de produção, o operador deve especificar a quantidade anual de níquel que prevê extrair com base no plano de trabalho aprovado. O pedido deve incluir um plano de despesas a serem feitas pelo operador após o recebimento da autorização, as quais são razoavelmente calculadas para lhe permitir iniciar a produção comercial na data prevista.

c) Para efeitos das alíneas *a* e *b*, a Autoridade deve estabelecer requisitos de execução apropriados, de conformidade com o art. 17 do Anexo III.

d) A Autoridade deve emitir uma autorização de produção para o volume de produção pedido, a menos que a soma desse volume e dos volumes já autorizados exceda, no decurso de qualquer ano de produção planeada compreendido no período provisório, o limite máximo de produção de níquel, calculado de conformidade com o parágrafo 4º no ano de emissão da autorização.

e) Uma vez emitida a autorização de produção, esta e o pedido aprovado farão parte do plano de trabalho aprovado.

f) Se, em virtude da alínea *d*), o pedido de autorização feito pelo operador for recusado, este pode submeter um novo pedido à Autoridade em qualquer momento.

3. O período provisório começará cinco anos antes do dia 1 de Janeiro do ano no qual está prevista a primeira produção comercial com base num plano de trabalho aprovado. Se o início dessa produção comercial for adiado para além do ano originalmente previsto, o início do período provisório e o teto de produção inicialmente calculado deve ser reajustado em conformidade. O período provisório deve durar 25 anos ou até ao fim da Conferência de Revisão referida no art. 155 ou até ao dia da entrada em vigor dos novos ajustes ou acordos referidos no parágrafo 1º, prevalecendo o de prazo mais curto. Se os referidos ajustes ou acordos caducarem ou deixarem de ter efeito por qualquer motivo, a Autoridade reassumirá os poderes estipulados no presente artigo para o resto do período provisório.

4. *a*) O teto de produção para qualquer ano do período provisório é a soma de:

i) a diferença entre os valores da curva de tendência do consumo de níquel, calculados de conformidade com a alínea *b*), para o ano imediatamente anterior ao da primeira produção comercial e para o ano imediatamente anterior ao do início do período provisório; e

ii) sessenta por cento da diferença entre os valores da curva de tendência do consumo de níquel calculados de conformidade com a alínea *b*) para o ano para o qual seja pedida a autorização de produção e para o ano imediatamente anterior ao da primeira autorização de produção comercial.

b) Para efeitos da alínea *a*:

i) os valores da curva de tendência utilizados para calcular o teto de produção de níquel devem ser os valores do consumo anual de níquel numa curva de tendência calculada durante o ano no qual foi emitida uma autorização de produção. A curva de tendência deve ser calculada a partir da regressão linear dos logaritmos do consumo real de níquel correspondente ao período de 15 anos mais recente do qual se disponha de dados, sendo o tempo a variável independente. Esta curva de tendência deve ser denominada curva de tendência inicial;

ii) se a taxa anual de aumento indicada pela curva de tendência inicial for inferior a três por cento, a curva de tendência utilizada para determinar as quantidades mencionadas na alínea *a*) deve ser uma curva que corte a curva de tendência inicial no ponto que represente o valor do primeiro ano do período de 15 anos considerado e que aumente à razão de três por cento ao ano. No entanto, o teto de produção estabelecido para qualquer ano do período provisório não pode exceder em caso algum a diferença entre o valor da curva de tendência inicial para esse ano e o valor da curva de tendência inicial para o ano imediatamente anterior ao do início do período provisório.

5. A Autoridade deve reservar para a produção inicial da Empresa, uma quantidade de 38 mil toneladas métricas de níquel da quantidade fixada como teto de produção disponível calculada de conformidade com o parágrafo 4º.

6. *a*) Um operador pode, em qualquer ano, não alcançar o volume de produção anual de minerais provenientes de nódulos polimetálicos especificado na sua autorização de produção ou pode excedê-lo até oito por cento, desde que o volume global da produção não exceda o especificado na autorização. Qualquer excedente, compreendido entre oito e vinte por cento em qualquer ano ou qualquer excedente no primeiro ano e nos anos posteriores a dois anos consecutivos em que houve excedente, deve ser negociado com a Autoridade a qual pode exigir ao operador que obtenha uma autorização de produção suplementar para cobrir a produção adicional.

b) Os pedidos para tal autorização de produção suplementar só podem ser examinados pela Autoridade, quando esta tiver decidido sobre todos os pedidos pendentes submetidos pelos operadores que ainda não tenham recebido autorizações de produção e depois de ter tido devidamente em conta outros prováveis peticionários. A Autoridade deve guiar-se pelo princípio de não exceder a produção total autorizada com base no teto de produção em qualquer ano do período provisório. A Autoridade não deve autorizar, em qualquer plano de trabalho, a produção de uma quantidade que exceda 46.500 toneladas métricas de níquel por ano.

7. Os volumes de produção de outros metais, tais como o cobre, cobalto e manganês, extraídos dos nódulos polimetálicos obtidos de conformidade com uma autorização de produção, não devem ser superiores aos que teriam sido obtidos se o operador tivesse obtido desses nódulos o volume máximo de níquel de conformidade com o presente artigo. A Autoridade deve adoptar normas, regulamentos e procedimentos de conformidade com o art. 17 do Anexo III para a aplicação do presente parágrafo.

8. Os direitos e obrigações relativos a práticas económicas desleais nos acordos comerciais multilaterais pertinentes aplicam-se à exploração e

aproveitamento dos minerais da Área. Na solução de controvérsias relativas à aplicação da presente disposição, os Estados-Partes que sejam Partes em tais acordos comerciais multilaterais podem recorrer aos procedimentos de solução de controvérsias previstas nesses acordos.

9. A Autoridade tem o poder de limitar o volume de produção de minerais da Área, que não sejam os minerais provenientes de nódulos polimetálicos, nas condições e segundo os métodos apropriados, mediante a adopção de regulamentos de conformidade com o parágrafo 8° do art. 161.

10. Por recomendação do Conselho, baseada no parecer da Comissão de Planejamento Econômico, a Assembleia deve estabelecer um sistema de compensação ou tomar outras medidas de assistência para o reajuste Econômico, incluindo a cooperação com os organismos especializados e outras organizações internacionais, em favor dos países em desenvolvimento cujas receitas de exportação ou cuja economia sofram sérios prejuízos como consequência de uma diminuição no preço ou no volume exportado de um mineral, na medida em que tal diminuição se deva a atividades na Área. A Autoridade, quando solicitada, deve iniciar estudos sobre os problemas desses Estados que possam ser mais gravemente afetados, a fim de minimizar as suas dificuldades e prestar-lhes auxílio para o seu reajuste Econômico.

Artigo 152
Exercício de poderes e funções pela Autoridade

1. A Autoridade deve evitar qualquer discriminação no exercício dos seus poderes e funções, inclusive na concessão de oportunidades para realização de atividades na Área.

2. No entanto, atenção especial pode ser dispensada aos países em desenvolvimento particularmente àqueles sem litoral ou em situação geográfica desfavorecida, em virtude do expressamente previsto na presente Parte.

Artigo 153
Sistema de exploração e aproveitamento

1. As atividades na Área devem ser organizadas, realizadas e controladas pela Autoridade em nome da humanidade em geral de conformidade com o presente artigo, bem como com outras disposições pertinentes da presente Parte e dos anexos pertinentes e as normas, regulamentos e procedimentos da Autoridade.

2. As atividades na Área serão realizadas de conformidade com o parágrafo 3°:

a) pela empresa; e

b) em associação com a Autoridade, por Estados-Partes ou empresas estatais, ou pessoas jurídicas, singulares ou coletivas, que possuam a nacionalidade de Estados-Partes ou sejam efetivamente controladas por eles ou seus nacionais, quando patrocinadas por tais Estados, ou por qualquer grupo dos anteriores que preencha os requisitos previstos na presente Parte e no Anexo III.

3. As atividades na Área devem ser realizadas de conformidade com um plano de trabalho formal escrito, preparado de conformidade com o Anexo III e aprovado pelo Conselho após exame pela Comissão Jurídica e Técnica. No caso das atividades na Área, realizadas com autorização da Autoridade pelas entidades ou pessoas especificadas na alínea *b)* do parágrafo 2°, o plano de trabalho deve ter a forma de um contrato, de conformidade com o art. 3 do Anexo III. Tal contrato pode prever ajustes conjuntos, de conformidade com o art. 11 do Anexo III.

4. A Autoridade deve exercer, sobre as atividades na Área, o controle que for necessário para assegurar o cumprimento das disposições pertinentes da presente Parte e dos anexos pertinentes e das normas, regulamentos e procedimentos da Autoridade e dos planos de trabalho aprovados de conformidade com o parágrafo 3°. Os Estados-Partes devem prestar assistência à Autoridade, tomando todas as medidas necessárias para assegurar tal cumprimento de conformidade com o art. 139.

5. A Autoridade tem o direito de tomar a todo o momento quaisquer medidas previstas na presente Parte para assegurar o cumprimento das suas disposições e o exercício das funções de controle e regulamentação que lhe são conferidas em virtude da presente Parte ou de um contrato. A Autoridade tem o direito de inspecionar todas as instalações na Área utilizada para atividades realizadas na mesma.

6. Um contrato celebrado nos termos do parágrafo 3° deve garantir a titularidade do contratante. Por isso, o contrato não deve ser modificado, suspenso ou rescindido senão de conformidade com os arts. 18 e 19 do Anexo III.

Artigo 154
Exame periódico

De cinco em cinco anos, a partir da entrada em vigor da presente Convenção, a Assembleia deve proceder a um exame geral e sistemático da forma como o regime internacional da Área, estabelecido pela Convenção, tem funcionado na prática. À luz desse exame, a Assembleia pode tomar ou recomendar a outros órgãos que tomem medidas de conformidade com as disposições e procedimentos da presente Parte e dos anexos correspondentes, que permitam aperfeiçoar o funcionamento do regime.

Artigo 155
Conferência de Revisão

1. Quinze anos após o dia 1° de Janeiro do ano do início da primeira produção comercial com base num plano de trabalho aprovado, a Assembleia convocará uma conferência para revisão das disposições da presente Parte e dos anexos pertinentes que regulamentam a exploração e o aproveitamento dos recursos da Área. A Conferência de Revisão deve examinar em pormenor, à luz da experiência adquirida durante esse período:

a) se as disposições da presente Parte que regulamentam o sistema de exploração e aproveitamento dos recursos da Área atingiram os seus objetivos em todos os aspectos, inclusive se beneficiaram a humanidade em geral;

b) se, durante o período de quinze ano, as áreas reservadas foram aproveitadas de modo eficaz e equilibrado em comparação com áreas não reservadas;

c) se o desenvolvimento e a utilização da Área e dos seus recursos foram efetuados de modo a favorecer o desenvolvimento harmonioso da economia mundial e o crescimento equilibrado do comércio internacional;

d) se foi impedida a monopolização das atividades na Área;

e) se foram cumpridas as políticas estabelecidos nos arts. 150 e 151; e

f) se o sistema permitiu a distribuição equitativa de benefícios resultantes das atividades na Área, tendo particularmente em conta os interesses e necessidades dos Estados em desenvolvimento.

2. A Conferência de Revisão deve igualmente assegurar a manutenção do princípio do património comum da humanidade, do regime internacional para o aproveitamento equitativo dos recursos da Área em benefício de todos os países, especialmente dos Estados em desenvolvimento, e da existência de uma Autoridade que organize, realize e controle as atividades na Área. Deve também assegurar a manutenção dos princípios estabelecidos na presente Parte relativos à exclusão de reivindicações ou do exercício de soberania sobre qualquer parte da Área, aos direitos dos Estados e seu comportamento geral em relação à Área bem como sua participação nas atividades na Área de conformidade com a presente Convenção, à prevenção da monopolização de atividades na Área, à utilização da Área exclusivamente para fins pacíficos, aos aspectos econômicos das atividades na Área, à investigação científica marinha, à transferência de tecnologia, à proteção do meio marinho, à proteção da vida humana, aos direitos dos Estados costeiros, ao estatuto jurídico das águas sobrejacentes à Área e do espaço aéreo acima dessas águas e à harmonização entre as atividades na Área e outras atividades no meio marinho.

3. O procedimento para a tomada de decisões aplicável à Conferência de Revisão deve ser o mesmo que o aplicável à Terceira Conferência das Nações Unidas sobre o Direito do Mar. A Conferência deve fazer todo o possível para chegar a acordo sobre quaisquer emendas por consenso, não devendo proceder à votação de tais questões até que se tenham esgotado todos os esforços para chegar a consenso.

4. Se, cinco anos após o seu início, não tiver chegado a acordo sobre o sistema de exploração e aproveitamento dos recursos da Área, a Conferência de Revisão pode, nos doze meses seguintes, por maioria de três quartos dos Estados-Partes, decidir a adopção e apresentação aos Estados-Partes para ratificação ou adesão das emendas que mudem ou modifiquem o sistema que julgue necessárias e apropriadas. Tais emendas entrarão em vigor pra todos os Estados-Partes doze meses após o depósito dos instrumentos de ratificação ou de adesão de dois terços dos Estados-Partes.

5. As emendas adoptadas pela Conferência de Revisão, de conformidade com o presente artigo, não afetam os direitos adquiridos em virtude de contratos existentes.

Seção 4
A autoridade

Subseção A
Disposições gerais

Artigo 156
Criação da Autoridade

1. É criada a Autoridade Internacional dos Fundos Marinhos que funcionará de conformidade com a presente Parte.

2. Todos os Estados-Partes são *ipso facto* membros da Autoridade.

3. Os observadores na Terceira Conferência das Nações Unidas sobre o Direito do Mar, que tenham assinado a ata Final e não estejam referidos nas alíneas c), d), e) ou f) do parágrafo 1º do art. 305, têm o direito de participar na Autoridade como observadores de conformidade com as suas normas, regulamentos e procedimentos.

4. A Autoridade terá a sua sede na Jamaica.

5. A Autoridade pode criar os centros ou escritórios regionais que julgue necessários para o exercício das suas funções.

Artigo 157
Natureza e princípios fundamentais da Autoridade

1. A Autoridade é a organização por intermédio da qual os Estados-Partes, de conformidade com a presente Parte, organizam e controlam as atividades na Área, particularmente com vista à gestão dos recursos da Área.

2. A Autoridade tem os poderes e as funções que lhe são expressamente conferidos pela presente Convenção. A Autoridade terá os poderes subsidiários, compatíveis com a presente Convenção que sejam implícitos e necessários ao exercício desses poderes e funções no que se refere à atividade na Área.

3. A Autoridade baseia-se no princípio da igualdade soberana de todos os seus membros.

4. Todos os membros da Autoridade devem cumprir de boa-fé as obrigações contraídas de conformidade com a presente Parte, a fim de se assegurarem a cada um os direitos e benefícios decorrentes da sua qualidade de membro.

Artigo 158
Órgãos da Autoridade

1. São criados, como órgãos principais da Autoridade, uma Assembleia, um Conselho e um Secretariado.

2. É criada a Empresa, órgão por intermédio do qual a Autoridade exercerá as funções mencionadas no parágrafo 1º do art. 170.

3. Podem ser criados, de conformidade com a presente Parte, os órgãos subsidiários considerados necessários.

4. Compete a cada um dos órgãos principais da Autoridade e à Empresa exercer os poderes e funções que lhe são conferidos. No exercício de tais poderes e funções, cada órgão deve abster-se de tomar qualquer medida que possa prejudicar ou impedir o exercício dos poderes e funções específicos conferidos a um outro órgão.

Subseção B
A Assembleia

Artigo 159
Composição, procedimento e votação

1. A Assembleia é composta por todos os membros da Autoridade. Cada membro tem um representante na Assembleia o qual pode ser acompanhado por suplentes e assessores.
2. A Assembleia reunir-se-á em sessão ordinária anual e em sessão extraordinária quando ela o decidir ou quando for convocada pelo Secretário-Geral a pedido do Conselho ou da maioria dos membros da Autoridade.
3. As sessões devem realizar se na sede da Autoridade, a não ser que a Assembleia decida de outro modo.
4. A Assembleia adoptará o seu regulamento interno. No início de cada sessão ordinária, elege o seu Presidente e os demais membros da Mesa que considere necessários. Estas devem manter-se em funções até à eleição de um novo Presidente e demais membros da Mesa na sessão ordinária seguinte.
5. O *quorum* é constituído pela maioria dos membros da Assembleia.
6. Cada membro da Assembleia dispõe de um voto.
7. As decisões sobre questões de procedimento, incluindo as decisões de convocação de sessões extraordinárias da Assembleia, devem ser tomadas por maioria dos membros presentes e votantes.
8. As decisões sobre questões de fundo serão tomadas por maioria de dois terços dos membros presentes e votantes, desde que tal maioria inclua uma maioria dos membros que participam na sessão. Em caso de dúvida sobre se uma questão é ou não de fundo, essa questão será tratada como questão de fundo, a não ser que a Assembleia decida de outro modo, pela maioria requerida para as decisões sobre questões de fundo.
9. Quando uma questão de fundo for submetida a votação pela primeira vez, o Presidente pode e deve, se pelo menos uma quinta parte dos membros da Assembleia o solicitar, adiar a decisão de submeter essa questão a votação por um período não superior a cinco dias. A presente norma só pode ser aplicada a qualquer questão uma vez e não deve ser aplicada para adiar a questão para além do encerramento da sessão.
10. Quando for apresentada ao Presidente uma petição escrita que, apoiada por, pelo menos, um quarto dos membros da Autoridade, solicite um parecer sobre a conformidade com a presente Convenção de uma proposta à Assembleia sobre qualquer assunto, a Assembleia deve solicitar à Câmara de Controvérsias dos Fundos Marinhos do Tribunal Internacional do Direito do Mar que dê um parecer, e deve adiar a votação sobre tal proposta até que a Câmara emita o seu parecer. Se o parecer não for recebido antes da última semana da sessão em que foi solicitado, a Assembleia deve decidir quando se reunirá para votar a proposta adiada.

Artigo 160
Poderes e funções

1. A Assembleia, como único órgão da Autoridade composto por todos os seus membros, é considerada o órgão supremo da Autoridade, perante o qual devem responder os outros órgãos principais tal como expressamente previsto na presente Convenção. A Assembleia tem o poder de estabelecer a política geral sobre qualquer questão ou assunto da competência da Autoridade de conformidade com as disposições pertinentes da presente Convenção.
2. Além disso, a Assembleia tem os seguintes poderes e funções:
a) eleger os membros do Conselho de conformidade com o art. 161;
b) eleger o Secretário-Geral dentre os candidatos propostos pelo Conselho;
c) eleger, por recomendação do Conselho, os membros do Conselho de Administração da Empresa, e o Diretor-Geral desta;
d) criar, de conformidade com a presente Parte, os órgãos subsidiários que julgue necessários para o exercício das suas funções. Na composição destes órgãos devem ser tomadas em devida conta o princípio da distribuição geográfica equitativa, bem como os interesses especiais e a necessidade de assegurar o concurso de membros qualificados e competentes nas diferentes questões técnicas de que se ocupem tais órgãos;
e) determinar as contribuições dos membros para o orçamento administrativo da Autoridade de conformidade com uma escala acordada, com base na utilizada para o orçamento ordinário da Organização das Nações Unidas, até que a Autoridade disponha de receitas suficientes provenientes de outras fontes para fazer frente aos seus encargos administrativos;
f) i) examinar e aprovar, por recomendação do Conselho, as normas, regulamentos e procedimentos sobre a distribuição equitativa dos benefícios financeiros e outros benefícios económicos obtidos das atividades na Área, bem como os pagamentos e contribuições feitos de conformidade com o art. 82, tendo particularmente em conta os interesses e necessidades dos Estados em desenvolvimento e dos povos que não tenham alcançado a plena independência ou outro regime de autonomia. Se a Assembleia não aprovar as recomendações do Conselho, pode devolvê-las a este para reexame à luz das opiniões expressas pela Assembleia;
ii) examinar e aprovar as normas, regulamentos e procedimentos da Autoridade e quaisquer emendas aos mesmos, adoptados provisoriamente pelo

Conselho, de conformidade com a subalínea ii) da alínea o) do parágrafo 2º do art. 162. Estas normas, regulamentos e procedimentos devem referir-se à prospecção, exploração e aproveitamento na Área, à gestão financeira e administração interna da Autoridade e, por recomendação do Conselho de Administração da Empresa, à transferência de fundos da Empresa para a Autoridade;

g) decidir acerca da distribuição equitativa dos benefícios financeiros e outros benefícios econômicos obtidos das atividades na Área, de forma compatível com a presente Convenção e com as normas, regulamentos e procedimentos da Autoridade;

h) examinar e aprovar o projeto de orçamento anual da Autoridade apresentado pelo Conselho;

i) examinar os relatório periódicos do Conselho e da Empresa bem como os relatórios especiais pedidos ao Conselho ou a qualquer outro órgão da Autoridade;

j) proceder a estudos e fazer recomendações para promoção da cooperação internacional relativa às atividades na Área e para o encorajamento do desenvolvimento progressivo do direito internacional neste domínio e sua codificação;

k) examinar os problemas de carácter geral relacionados com as atividades na Área, em particular os que se apresentem aos Estados em desenvolvimento, assim como os problemas de carácter geral relacionados com as atividades na Área que se apresentem aos Estados em virtude de sua situação geográfica, em particular aos Estados sem litoral ou em situação geográfica desfavorecida;

l) estabelecer, por recomendação do Conselho baseada no parecer da Comissão de Planejamento Econômico, um sistema de compensação ou adoptar outras medidas de assistência para o reajuste Econômico de conformidade com o parágrafo 10º do art. 151;

m) suspender o exercício de direitos e privilégios inerentes à qualidade de membro; nos termos do art. 185;

n) examinar qualquer questão ou assunto no âmbito de competência da Autoridade e decidir, de forma compatível com a distribuição de poderes e funções entre os órgãos da Autoridade, qual destes órgãos se deve ocupar de qualquer questão ou assunto que não seja expressamente atribuído a um órgão em particular.

Subseção C
O Conselho

Artigo 161
Composição, procedimento e votação

1. O Conselho é composto de 36 membros da Autoridade, eleitos pela Assembleia na seguinte ordem:

a) quatro membros dentre os Estados-Partes que, durante os últimos cinco anos para os quais se disponha de estatísticas, tenham absorvido mais de 2 por cento do consumo mundial total ou efetuado importações líquidas de mais de 2 por cento das importações mundiais totais dos produtos básicos obtidos a partir das categorias de minerais que venham a ser extraídos da Área e, em qualquer caso, um Estado da região da Europa Oriental (Socialista), bem como o maior consumidor;

b) quatro membros dentre os oito Estados-Partes que, diretamente ou por intermédio dos seus nacionais, tenham feito os maiores investimentos na preparação e na realização de atividades na Área, incluindo, pelo menos, um Estado da região da Europa Oriental (Socialista);

c) quatro membros dentre os Estados-Partes que, na base da produção nas áreas sob sua jurisdição, sejam grandes exportadores líquidos das categorias de minerais que venham a ser extraídos da Área, incluindo, pelo menos, dois Estados em desenvolvimento, cujas exportações de tais minerais tenham importância substancial para a sua economia;

d) seis membros dentre os Estados-Partes em desenvolvimento, que representem interesses especiais. Os interesses especiais a serem representados devem incluir os dos Estados com grande população, os dos Estados sem litoral ou em situação geográfica desfavorecida, os dos Estados que sejam grandes importadores das categorias de minerais que venham a ser-extraídos da Área, os dos Estados que sejam produtores potenciais de tais minerais, e os dos Estados menos desenvolvidos;

e) dezoito membros eleitos de modo a assegurar o princípio de uma distribuição geográfica equitativa dos lugares do Conselho no seu conjunto, no entendimento de que cada região geográfica conte, pelo menos, com um membro eleito em virtude da presente alínea. Para tal efeito as regiões geográficas devem ser: África, América Latina, Ásia, Europa Ocidental e outros Estados, e Europa Oriental (Socialista).

2. Na eleição dos membros do Conselho de conformidade com o parágrafo 1º, a Assembleia deve assegurar que:

a) os Estados sem litoral e aqueles em situação geográfica desfavorecida tenham uma representação, na medida do razoável, proporcional à sua representação na Assembleia;

b) os Estados costeiros, em particular os Estados em desenvolvimento, que não preencham as condições enunciadas na alínea a), b), c) ou d) do parágrafo 1º, tenham uma representação, na medida do razoável, proporcional à sua representação na Assembleia;

c) cada grupo de Estados-Partes que a ser representado no Conselho esteja representado pelos membros que sejam eventualmente propostos por esse grupo.

3. As eleições são efetuadas nas sessões ordinárias da Assembleia. Cada membro do Conselho é eleito por quatro anos. Contudo, na primeira eleição o mandato de metade dos membros de cada um dos grupos previstos no parágrafo 1º é de dois anos.

4. Os membros do Conselho podem ser reeleitos, devendo, porém, ter-se em conta a conveniência da rotação de membros.

5. O Conselho funciona na sede da Autoridade e deve reunir-se com a frequência requerida pelos trabalhos da Autoridade, mas pelo menos três vezes por ano.

6. O *quorum* é constituído pela maioria dos membros do Conselho.

7. Cada membro do Conselho dispõe de um voto.

8. *a)* As decisões sobre questões de procedimento serão tomadas por maioria dos membros presentes e votantes.

b) As decisões sobre as questões de fundo que surjam em relação às alíneas *f), g), h), i), n), p)* e *v)* do parágrafo 2º do art. 162 e com o art. 191 serão tomadas por maioria de dois terços dos membros presentes e votantes, desde que tal maioria inclua uma maioria dos membros do Conselho.

c) As decisões sobre as questões de fundo que surjam em relação às disposições a seguir enumeradas serão tomadas por maioria de três quartos dos membros presentes e votantes, desde que tal maioria inclua uma maioria dos membros do Conselho: parágrafo 1º do art. 162, alíneas *a), b), c), d), e), l), q), r), s)* e *t)* do parágrafo 2º do art. 162, alínea *u)* do parágrafo 2º do art. 162 nos casos de não cumprimento por parte de um contratante ou de um patrocinador; alínea *w)* do parágrafo 2º do art. 162, desde que a obrigatoriedade das ordens dadas nos termos dessa alínea não exceda 30 dias, salvo se confirmadas por uma decisão tomada de conformidade com a alínea *d)* deste parágrafo, alíneas *x, y)* e *z)* do parágrafo 2º do art. 162; parágrafo 2º do art. 163, parágrafo 3º do art. 174; art. 11 do Anexo IV.

d) As decisões sobre as questões de fundo que surjam em relação às alíneas *m)* e *o)* do parágrafo 2º do art. 162 bem como a aprovação de emendas à Parte XI serão tomadas por consenso.

e) Para efeitos das alíneas *d), f)* e *g)* do presente parágrafo "consenso" significa ausência de qualquer objeção formal. Dentro dos 14 dias seguintes à apresentação de uma proposta ao Conselho, o Presidente verificará se haveria uma objeção formal à sua aprovação. Se o Presidente do Conselho constatar que haveria tal objeção criará e convocará nos três dias seguintes uma Comissão de Conciliação, integrada por não mais de nove membros do Conselho cuja presidência assumirá, com o objetivo de conciliar as divergências e preparar uma proposta suscetível de ser aprovada por consenso. A Comissão agirá imediatamente e relatará ao Conselho nos 14 dias seguintes à sua constituição. Se a comissão não puder recomendar uma proposta suscetível de ser aprovada por consenso, indicará no seu relatório os motivos que levaram à rejeição da proposta.

f) As decisões sobre as questões que não estejam enumeradas nas alíneas precedentes e que o Conselho esteja autorizado a tomar em virtude das normas, regulamentos e procedimentos da Autoridade ou a qualquer outro título, serão tomadas de conformidade com as alíneas do presente parágrafo especificadas nas normas, regulamentos e procedimentos da Autoridade ou, não sendo aí especificadas, por decisão do Conselho tomada por consenso, se possível antecipadamente.

g) Em caso de dúvida sobre se uma questão se inclui nas alíneas *a), b), c)* ou *d)*, a questão será tratada como se estivesse incluída na alínea que exige a maioria mais elevada ou consenso, segundo o caso, a não ser que o Conselho decida de outro modo por tal maioria ou consenso.

9. O Conselho estabelecerá um procedimento pelo qual um membro da Autoridade que não esteja representado no Conselho possa enviar um representante para assistir a uma sessão deste, quando esse membro o solicitar ou quando o Conselho examinar uma questão que o afete particularmente. Tal representante poderá participar nos debates, mas sem direito de voto.

Artigo 162
Poderes e funções

1. O Conselho é o órgão executivo da Autoridade. O Conselho tem o poder de estabelecer, de conformidade com a presente Convenção e as políticas gerais estabelecidas pela Assembleia, as políticas específicas a serem seguidas pela Autoridade sobre qualquer questão ou assunto de sua competência.

2. Além disso, o Conselho:

a) supervisionará e coordenará a aplicação das disposições da presente Parte sobre todas as questões e assuntos da competência da Autoridade e alertará a Assembleia para os casos de não cumprimento;

b) proporá a Assembleia uma lista de candidatos para a eleição do Secretário-Geral;

c) recomendará à Assembleia candidatos para a eleição dos membros do Conselho de Administração da Empresa e do Diretor-Geral desta;

d) estabelecerá, quando apropriado, e tendo em devida conta as exigências de economia e eficiência, os órgãos subsidiários que considere necessários para o exercício das suas funções, de conformidade com a presente Parte. Na composição de tais órgãos subsidiários, dar-se-á ênfase à necessidade de se assegurar o consenso de membros qualificados e competentes nas matérias técnicas pertinentes de que se ocupem esses órgãos, tendo em devida conta o princípio da distribuição geográfica equitativa e os interesses especiais;

e) adoptará o seu regulamento interno, incluindo o método de designação do seu presidente;

f) concluirá, em nome da Autoridade e no âmbito da sua competência, com as Nações Unidas ou com outras organizações internacionais, acordos sujeitos à aprovação da Assembleia;

g) examinará os relatório da Empresa e transmiti-los-á à Assembleia com as suas recomendações;

h) apresentará à Assembleia relatórios anuais e os relatórios especiais que esta lhe solicite;

i) dará diretrizes à Empresa de conformidade com o art. 170; aprovará os planos de trabalho de conformidade com o art. 6 do Anexo III. O Conselho tomará uma decisão sobre cada plano de trabalho nos 60 dias seguintes à sua apresentação pela Comissão

Jurídica e Técnica a uma sessão do Conselho, de conformidade com os seguintes procedimentos:

i) quando a Comissão recomendar a aprovação de um plano de trabalho, este será considerado aprovado pelo Conselho, a menos que um membro do Conselho apresente ao Presidente uma objeção específica por escrito no prazo de 14 dias, na qual se alegue que não foram cumpridos os requisitos do art. 6 do Anexo III. Se houver uma objeção aplicar-se-á o procedimento de conciliação da alínea *e)* do parágrafo 8º do art. 161. Se, uma vez concluído o procedimento de conciliação, a objeção ainda se mantiver, o plano de trabalho será considerado como aprovado pelo Conselho, a menos que este o não aprove por consenso dos seus membros, excluindo qualquer Estado ou Estados que tenham apresentado o pedido ou patrocinado o peticionário;

ii) quando a Comissão recomendar a não aprovação de um plano de trabalho ou não fizer uma recomendação, o Conselho pode aprová-lo por maioria de três quartos dos membros presentes e votantes, desde que tal maioria inclua a maioria dos membros participantes na sessão;

k) aprovará os planos de trabalho apresentados pela Empresa de conformidade com o art. 12 do Anexo IV, aplicando, *mutatis mutandis*, os procedimentos previstos na alínea *j)*;

l) exercerá controle sobre as atividades na Área, de conformidade com o parágrafo 4º do art. 153 e com as normas, regulamentos e procedimentos da Autoridade;

m) tomará, por recomendação da Comissão de Planeamento Econômico e de conformidade com a alínea *h)* do art. 150, as medidas necessárias e apropriadas para proteger os Estados em desenvolvimento dos efeitos econômicos adversos especificados nessa alínea;

n) fará recomendações à Assembleia, com base no parecer da Comissão de Planeamento Econômico, sobre o sistema de compensação ou outras medidas de assistência para o reajuste econômico como previsto no parágrafo 10º do art. 151;

o) i) recomendará à Assembleia normas, regulamentos e procedimentos sobre a distribuição equitativa dos benefícios financeiros e outros benefícios econômicos derivados das atividades na Área e sobre os pagamentos e contribuições feitos nos termos do art. 82, tendo particularmente em conta os interesses e necessidades dos Estados em desenvolvimento e dos povos que não tenham alcançado a plena independência ou outro estatuto de autonomia;

ii) adoptará e aplicará provisoriamente, até à sua aprovação pela Assembleia, as normas, os regulamentos e os procedimentos da Autoridade, e quaisquer emendas aos mesmos, tendo em conta as recomendações da Comissão Jurídica e Técnica ou de outro órgão subordinado pertinente. Estas normas, regulamentos e procedimentos referir-se-ão à prospeção, exploração e aproveitamento na Área e à gestão financeira e administração interna da Autoridade. Será dada prioridade à adopção de normas, regulamentos e procedimentos para a exploração e aproveitamento de nódulos polimetálicos. As normas, regulamentos e procedimentos para a exploração e aproveitamento de qualquer recurso que não nódulos polimetálicos serão adoptados dentro dos três anos a contar da data de um pedido feito à Autoridade por qualquer dos seus membros para que os adopte. Tais normas, regulamentos e procedimentos permanecerão em vigor, a título provisório, até serem aprovadas pela Assembleia ou emendados pelo Conselho à luz das opiniões expressas pela Assembleia;

p) fiscalizará a cobrança de todos os pagamentos feitos à Autoridade e devidos a esta e relativos às atividades realizadas nos termos da presente Parte;

q) fará a seleção entre os peticionários de autorizações de produção de conformidade com o art. 7 do Anexo III, quando tal seleção for exigida por essa disposição;

r) apresentará à Assembleia, para aprovação, o projeto de orçamento anual da Autoridade;

s) fará à Assembleia recomendações sobre políticas relativas a quaisquer questões ou assuntos da competência da Autoridade;

t) fará à Assembleia, de conformidade com o art. 185, recomendações sobre a suspensão do exercício dos direitos e privilégios inerentes à qualidade de membro;

u) iniciará, em nome da Autoridade, procedimentos perante a Câmara de Controvérsias dos Fundos Marinhos nos casos de não cumprimento;

v) notificará a Assembleia da decisão da Câmara de Controvérsia dos Fundos Marinhos relativa aos processos instituídos nos termos da alínea *u)* e fará as recomendações que julgue apropriadas acerca das medidas a serem tomadas;

w) emitirá ordens de emergência, inclusive ordens de suspensão ou de reajustamento das operações, a fim de prevenir qualquer dano grave ao meio marinho como consequência das atividades na Área;

x) excluirá certas áreas do aproveitamento por contratantes ou pela Empresa, quando provas concludentes indiquem o risco de danos graves ao meio marinho;

y) criará um órgão subsidiário para a elaboração de projetos de normas, regulamentos e procedimentos financeiros relativos:

i) à gestão financeira de conformidade com os arts. 171 a 175; e

ii) às questões financeiras de conformidade com o art. 13 e a alínea *c)* do parágrafo 1º do art. 17 do Anexo III;

z) estabelecerá mecanismos apropriados para dirigir e supervisionar um corpo de inspetores que devem fiscalizar as atividades na Área para determinar se a presente Parte, as normas, regulamentos e procedimentos da Autoridade bem como as cláusulas e condições de qualquer contrato celebrado com a mesma estão sendo cumpridos.

Artigo 163
Órgãos do Conselho

1. São criados, como órgãos de Conselho:
a) uma Comissão de Planeamento Econômico;
b) uma Comissão Jurídica e Técnica.
2. Cada Comissão é composta de 15 membros eleitos pelo Conselho entre os candidatos apresentados pelos Estados-Partes. Contudo, o Conselho pode, se necessário, decidir aumentar o número de membros de qualquer das Comissões, tendo em devida conta as exigências de economia e eficiência.
3. Os membros de uma Comissão devem ter qualificações adequadas no âmbito de competência dessa Comissão. Os Estados-Partes devem propor candidatos da mais alta competência e integridade que possuam qualificações nas matérias pertinentes, de modo a assegurar o funcionamento eficaz das Comissões.
4. Na eleição dos membros das Comissões deve ser tomada em devida conta a necessidade de uma distribuição geográfica equitativa e de uma representação de interesse especiais.
5. Nenhum Estado-Parte pode propor mais de um candidato para a mesma Comissão. Nenhuma pessoa pode ser eleita para mais de uma Comissão.
6. Os membros das Comissões são eleitos por cinco anos. Podem ser reeleitos para um novo mandato.
7. Em caso de falecimento, incapacidade ou renúncia de um membro de uma Comissão antes de ter expirado o seu mandato, o Conselho elegerá um membro da mesma região geográfica ou categoria de interesses, que exercerá o cargo até ao termo desse mandato.
8. Os membros das Comissões não devem ter interesses financeiros em qualquer atividade relacionada com a exploração e aproveitamento na Área. Sob reserva das suas responsabilidades perante as Comissões a que pertencerem, não revelarão, nem mesmo após o termo das suas funções, qualquer segredo industrial, qualquer dado que seja propriedade industrial e que seja transferido para a Autoridade de conformidade com o Art. 14 do Anexo III, bem como qualquer outra informação confidencial que chegue ao seu conhecimento em virtude do desempenho das suas funções.
9. Cada Comissão exercerá as suas funções de conformidade com as orientações e diretrizes adoptadas pelo Conselho.
10. Cada Comissão deve elaborar e submeter à aprovação do Conselho as normas e os regulamentos necessários ao desempenho eficaz das suas funções.
11. Os procedimentos para a tomada de decisões nas Comissões devem ser estabelecidos pelas normas, regulamentos e procedimentos da Autoridade. As recomendações ao Conselho devem ser acompanhadas, quando necessário, de um resumo das divergências de opinião nas Comissões.
12. Cada Comissão deve exercer normalmente as suas funções na sede da Autoridade e reunir-se com a frequência requerida pelo desempenho eficaz das suas funções.
13. No exercício das suas funções, cada Comissão pode consultar, quando apropriado, uma outra Comissão, qualquer órgão competente das Nações Unidas ou das suas agências especializadas ou qualquer organização internacional com competência sobre o assunto objeto de consulta.

Artigo 164
Comissão de Planeamento Econômico

1. Os membros da Comissão de Planeamento Econômico devem possuir as qualificações adequadas, designadamente em matéria de atividades minerais, de gestão de atividades relacionadas com os recursos minerais, de comércio internacional ou de economia internacional. O Conselho deve procurar que a composição da Comissão reflicta todas as qualificações pertinentes. A Comissão deve incluir pelo menos dois membros dos Estados em desenvolvimento cujas exportações das categorias de minerais a serem extraídas da Área tenham consequências importantes nas suas economias.
2. A Comissão deve:
a) propor, a pedido do Conselho, medidas para aplicar as decisões relativas às atividades na Área, tomadas de conformidade com a presente Convenção;
b) examinar as tendências da oferta, da procura e dos preços dos minerais que possam ser extraídos da Área, bem como os fatores que os influenciem, tendo em conta os interesses dos países importadores e dos países exportadores e, em particular, dos que entre eles forem Estados em desenvolvimento;
c) examinar qualquer situação suscetível de provocar os efeitos adversos referidos na alínea h) do art. 150 e para a qual a sua atenção tenha sido chamada pelo Estado-Parte ou pelos Estados-Partes interessados e fazer as recomendações apropriadas ao Conselho;
d) propor ao Conselho, para apresentação à Assembleia, nos termos do parágrafo 10° do art. 151, um sistema de compensação ou outras medidas de assistência para o reajuste econômico em favor dos Estados em desenvolvimento que sofram efeitos adversos como consequência das atividades na Área. A Comissão deve fazer ao Conselho as recomendações necessárias para a aplicação do sistema ou das medidas tomadas pela Assembleia, em casos concretos.

Artigo 165
Comissão Jurídica e Técnica

1. Os membros da Comissão Jurídica e Técnica devem possuir as qualificações adequadas designadamente em matéria de exploração, aproveitamento e tratamento de minerais, oceanologia, proteção do meio marinho ou assuntos econômicos ou jurídicos relativos à mineração oceânica e outros domínios conexos. O Conselho deve procurar que a composição da Comissão reflicta todas as qualificações pertinentes.
2. A Comissão deve:

a) fazer, a pedido do Conselho, recomendações relativas ao exercício das funções da Autoridade;
b) examinar os planos de trabalho formais escritos relativos às atividades na Área, de conformidade com o parágrafo 3° do art. 153 bem como fazer recomendações apropriadas ao Conselho. A Comissão deve fundamentar as suas recomendações unicamente nas disposições do Anexo III e apresentar relatório completo ao Conselho sobre o assunto;
c) supervisionar, a pedido do Conselho, as atividades na Área, em consulta e colaboração, quando necessário, com qualquer entidade ou pessoa que realize tais atividades, ou com o Estado ou Estados interessados, e relatar ao Conselho;
d) preparar avaliações das consequências ecológicas das atividades na Área;
e) fazer recomendações ao Conselho sobre a proteção do meio marinho, tendo em conta a opinião de peritos reconhecidos na matéria;
f) elaborar e submeter ao Conselho as normas, regulamentos e procedimentos referidos na alínea *o)* do parágrafo 2° do art. 162, tendo em conta todos os fatores pertinentes, incluindo a avaliação das consequências ecológicas das atividades na Área;
g) examinar continuamente tais normas, regulamentos e procedimentos e, periodicamente, recomendar ao Conselho as emendas que julgue necessárias ou desejáveis;
h) fazer recomendações ao Conselho relativas ao estabelecimento de um programa de controle sistemático para, regularmente, observar, medir, avaliar e analisar, mediante métodos científicos reconhecidos, os riscos ou as consequências da poluição do meio marinho, proveniente de atividades na Área, assegurar-se de que a regulamentação vigente seja adequada e cumprida bem como coordenar a execução do programa de controle sistemático aprovado pelo Conselho;
i) recomendar ao Conselho, de conformidade com a presente Parte e com os anexos pertinentes, o início, em nome da Autoridade, de procedimentos perante a Câmara de Controvérsias dos Fundos Marinhos tendo particularmente em conta o art. 187;
j) fazer recomendações ao Conselho relativas às medidas a tomar sobre uma decisão da Câmara de Controvérsias dos Fundos Marinhos nos procedimentos iniciados em virtude da alínea *i)*;
k) recomendar ao Conselho que emita ordens de emergência, inclusive ordens de suspensão ou de reajuste de operações, a fim de prevenir qualquer dano grave ao meio marinho decorrente das atividades na Área. O Conselho deve examinar tais recomendações com carácter prioritário;
l) recomendar ao Conselho que exclua certas áreas do aproveitamento por contratantes ou pela Empresa, quando provas concludentes indiquem o risco de danos graves ao meio marinho;
m) fazer recomendações ao Conselho sobre a direção e supervisão de um corpo de inspetores que devem fiscalizar as atividades na Área, para determinar se as disposições da presente Parte, as normas, regulamentos e procedimentos da Autoridade bem como as cláusulas e condições de qualquer contrato celebrado com a mesma estão sendo cumpridos;
n) calcular o teto de produção e, em nome da Autoridade, emitir autorizações de produção nos termos dos parágrafos 2° e 7° do art. 151, depois do Conselho ter feito a necessária seleção entre os peticionários de conformidade com o art. 7 do Anexo III.

3. No desempenho das suas funções de supervisão e inspeção, os membros da Comissão serão acompanhados por um representante desse Estado ou parte interessada, a pedido de qualquer Estado-Parte ou de outra parte interessada.

Subseção D
O secretariado

Artigo 166
O Secretariado

1. O Secretariado da Autoridade compreende um Secretário-Geral e o pessoal de que a Autoridade possa necessitar.

2. O Secretário-Geral será eleito pela Assembleia para um mandato de quatro anos, dentre os candidatos propostos pelo Conselho e podendo ser reeleito.

3. O Secretário-Geral será o mais alto funcionário administrativo da Autoridade e, nessa qualidade, participará em todas as reuniões da Assembleia, do Conselho e de qualquer órgão subsidiário, e desempenhará as demais funções administrativas de que for incumbido por esses órgãos.

4. O Secretário-Geral apresentará à Assembleia um relatório anual sobre as atividades da Autoridade.

Artigo 167
O pessoal da Autoridade

1. O pessoal da Autoridade é composto de funcionários qualificados nos domínios científico e técnico, e demais pessoal necessário ao desempenho das funções administrativas da Autoridade.

2. A consideração dominante ao recrutar e contratar o pessoal e ao determinar as suas condições de emprego será a necessidade de assegurar o mais alto grau de eficiência, competência e integridade. Ressalvada esta consideração, ter-se-á em devida conta a importância de recrutar o pessoal numa base geográfica tão ampla quanto possível.

3. O pessoal é nomeado pelo Secretário-Geral. As modalidades e condições de nomeação, remuneração e demissão do pessoal devem ser conformes com as normas, regulamentos e procedimentos da Autoridade.

Artigo 168
Carácter Internacional do Secretariado

1. No cumprimento dos seus deveres, o Secretário-Geral e o pessoal da Autoridade não solicitarão nem receberão instruções de qualquer governo nem de nenhuma outra fonte estranha à Autoridade. Abster-se-ão de qualquer ato que possa afe-

tar a sua condição de funcionários internacionais, responsáveis unicamente perante a Autoridade. Todo o Estado-Parte compromete-se a respeitar o caráter exclusivamente internacional das funções do Secretário-Geral e do pessoal e a não procurar influenciá-los no desempenho das suas funções. Qualquer não cumprimento, por parte de um funcionário, das suas responsabilidades será submetido a um tribunal administrativo apropriado, como previsto nas normas, regulamentos e procedimentos da Autoridade.

2. O Secretário-Geral e o pessoal não devem ter interesses financeiros em quaisquer atividades relacionadas com a exploração e aproveitamento na Área. Sob reserva das suas responsabilidades perante a Autoridade, não revelarão, mesmo após o termo das suas funções, qualquer segredo industrial, qualquer dado que seja propriedade industrial e que seja transferido para a Autoridade de conformidade com o art. 14 do Anexo III, bem como qualquer outra informação confidencial que chegue ao seu conhecimento em virtude do desempenho das suas funções.

3. O não cumprimento, por parte de um funcionário da Autoridade, das demais obrigações enunciadas no parágrafo 2°, deve ser, a pedido de um Estado--Parte, ou de uma pessoa jurídica, singular ou coletiva, patrocinada por um Estado-Parte nos termos da alínea b) do parágrafo 2° do art. 153 e lesados por tal não cumprimento, submetido pela Autoridade contra o funcionário em causa perante um tribunal designado pelas normas, regulamentos e procedimentos da Autoridade. A parte lesada terá o direito de participar no processo. Se o tribunal o recomendar, o Secretário-Geral demitirá o funcionário em causa.

4. As normas, regulamentos e procedimentos da Autoridade incluirão as disposições necessárias para a aplicação do presente artigo.

Artigo 169
Consulta e cooperação com as organizações internacionais e não governamentais

1. O Secretário-Geral concluirá, nos assuntos da competência da Autoridade e com a aprovação do Conselho, ajustes apropriados para consulta e cooperação com as organizações internacionais e não governamentais reconhecidas pelo Conselho Econômico e Social das Nações Unidas.

2. Qualquer organização com a qual o Secretário--Geral tiver concluído um ajuste, nos termos do parágrafo 1°, pode designar representantes para assistirem como observadores às reuniões dos órgãos da Autoridade, de conformidade com o regulamento interno destes órgãos. Serão estabelecidos procedimentos para que essas organizações deem a conhecer a sua opinião nos casos apropriados.

3. O Secretário-Geral pode distribuir aos Estados--Partes relatórios escritos, apresentados pelas organizações não governamentais referidas no parágrafo 1°, sobre os assuntos que sejam da sua competência especial ou se relacionem com o trabalho da Autoridade.

Subseção E
A empresa

Artigo 170
A Empresa

1. A Empresa é o órgão da Autoridade que realizará diretamente as atividades na Área, em aplicação da alínea a) do parágrafo 2° do art. 153, bem como o transporte, o processamento e a comercialização dos minerais extraídos da Área.

2. No quadro da personalidade jurídica internacional da Autoridade, a Empresa terá a capacidade jurídica prevista no Estatuto que figura no Anexo IV. A Empresa agirá de conformidade com a presente Convenção e com as normas, regulamentos e procedimentos da Autoridade, bem como com as políticas gerais estabelecidas pela Assembleia e estará sujeita às diretrizes e ao controle do Conselho.

3. A Empresa terá a sua instalação principal na sede da Autoridade.

4. A Empresa será dotada, de conformidade com o parágrafo 2° do art. 173 e o art. 11 do Anexo IV, dos fundos necessários ao desempenho das suas funções e receberá a tecnologia prevista no art. 144 e nas demais disposições pertinentes da presente Convenção.

Subseção F
Recursos financeiros da autoridade

Artigo 171
Recursos financeiros da Autoridade

Os recursos financeiros da Autoridade incluirão:

a) as contribuições dos membros da Autoridade, fixadas de conformidade com a alínea e) do parágrafo 2° do art. 160;

b) as receitas da Autoridade provenientes das atividades na Área, de conformidade com o art. 13 do Anexo III;

c) os fundos transferidos da Empresa, de conformidade com o art. 10 do Anexo IV;

d) os empréstimos contraídos nos termos do art. 174;

e) as contribuições voluntárias dos membros ou de outras entidades; e

f) os pagamentos efetuados, de conformidade com o parágrafo 10° do art. 151, a um fundo de compensação cujas fontes devem ser recomendadas pela Comissão de Planeamento Econômico.

Artigo 172
Orçamento anual da Autoridade

O Secretário-Geral preparará o projeto de orçamento anual da Autoridade e submetê-lo-á ao Conselho. Este examinará o projeto de orçamento anual e submetê-lo-á à Assembleia com as respectivas recomendações. A Assembleia examinará e aprovará o projeto de orçamento de conformidade com a alínea h) do parágrafo 2° do art. 160.

Artigo 173
Despesas da Autoridade

1. As contribuições referidas na alínea a) do art. 171 serão depositadas numa conta especial para

satisfazer as despesas administrativas da Autoridade, até que ela disponha de fundos suficientes provenientes de outras fontes para cobrir essas despesas.

2. Os fundos da Autoridade destinar-se-ão, em primeiro lugar, a cobrir as despesas administrativas. À exceção das contribuições referidas na alínea *a)* do art. 171, os fundos restantes depois de cobertas as despesas administrativas poderão, *inter alia*:

a) ser distribuídos de conformidade com o art. 140 e com a alínea *g)* do parágrafo 2° do art. 160;

b) ser utilizados para proporcionar fundos à Empresa, de conformidade com o parágrafo 4° do art. 170;

c) ser utilizados para compensar os Estados em desenvolvimento de conformidade com o parágrafo 4° do art. 151 e com a alínea *l)* do parágrafo 2° do art. 160.

Artigo 174
Capacidade da Autoridade para contrair empréstimos

1. A Autoridade tem capacidade para contrair empréstimos.

2. A Assembleia fixará os limites da capacidade da Autoridade para contrair empréstimos, no regulamento financeiro que adoptará de conformidade com a alínea *f)* do parágrafo 2° do art. 160.

3. O Conselho exercerá o poder de contrair os empréstimos da Autoridade.

4. Os Estados-Partes não serão responsáveis pelas dívidas da Autoridade.

Artigo 175
Verificação anual das contas

Os registros, livros e contas da Autoridade, inclusive os relatórios financeiros anuais, serão verificados todos os anos por um auditor independente designado pela Assembleia.

Subseção G
Estatuto jurídico, privilégios e imunidades

Artigo 176
Estatuto jurídico

A Autoridade tem personalidade jurídica internacional e a capacidade jurídica necessária ao exercício das suas funções e à consecução dos seus objetivos.

Artigo 177
Privilégios e imunidades

A Autoridade, a fim de poder exercer as suas funções, no território de cada Estado-Parte, dos privilégios e imunidades estabelecidos na presente subseção. Os privilégios e imunidades relativos à Empresa são os estabelecidos no art. 13 do Anexo IV.

Artigo 178
Imunidade de jurisdição e de execução

A Autoridade, os seus bens e haveres gozam de imunidade de jurisdição e de execução, salvo na medida em que a Autoridade renuncie expressamente a esta imunidade num caso particular.

Artigo 179
Imunidade de busca ou de qualquer forma de detenção

Os bens e haveres da Autoridade, onde quer que se encontrem e independentemente de quem os tiver em seu poder, gozam de imunidade de busca, requisição, confiscação, expropriação ou de qualquer outra forma de detenção por ação executiva ou legislativa.

Artigo 180
Isenção de restrições, regulamentação, controle e moratórias

Os bens e haveres da Autoridade estão isentos de qualquer tipo de restrições, regulamentação, controle e moratórias.

Artigo 181
Arquivos e comunicações oficiais da Autoridade

1. Os arquivos da Autoridade são invioláveis, onde quer que se encontrem.

2. Os dados que sejam propriedade industrial, os dados que constituam segredo industrial e as informações análogas, bem como os processos do pessoal não são colocados em arquivos acessíveis ao público.

3. No que se refere às comunicações oficiais, cada Estado-Parte concederá à Autoridade um tratamento não menos favorável do que o concedido por esse Estado a outras organizações internacionais.

Artigo 182
Privilégios e imunidades de pessoas ligadas à Autoridade

Os representantes dos Estados-Partes que assistam a reuniões da Assembleia, do Conselho ou dos órgãos da Assembleia ou do Conselho, bem como o Secretário-Geral e o pessoal da Autoridade, gozam no território de cada Estado-Parte:

a) de imunidade de jurisdição e de execução no que respeita a atos praticados no exercício das suas funções, salvo na medida em que o Estado que representam ou a Autoridade, conforme o caso, renuncie expressamente a esta imunidade num caso particular;

b) não sendo nacionais desse Estado-Parte, das mesmas isenções relativas a restrições de imigração, a formalidades de inscrição de estrangeiros e a obrigações do serviço nacional, das mesmas facilidades em matéria de restrições cambiais e do mesmo tratamento no que respeita a facilidades de viagem que esse Estado conceder aos representantes, funcionários e empregados de categoria equivalente de outros Estados-Partes.

Artigo 183
Isenção de impostos e de direitos alfandegários

1. No âmbito das suas atividades oficiais, a Autoridade, seus haveres, bens e rendimentos bem como as suas operações e transações autoriza-

das pela presente Convenção ficarão isentos de qualquer imposto direto e os bens importados ou exportados pela Autoridade para seu uso oficial ficarão isentos de qualquer direito aduaneiro. A Autoridade não reivindicará isenção de taxas correspondentes a encargos por serviços prestados.

2. Quando a compra de bens ou serviços de um valor considerável, necessários às atividades oficiais da Autoridade, for efetuada por esta, ou em seu nome, e quando o preço de tais bens ou serviços incluir impostos ou direitos, os Estados-Partes tomarão, na medida do possível, as medidas apropriadas para conceder a isenção de tais impostos ou direitos ou para assegurar o seu reembolso. As mercadorias importadas ou adquiridas sob o regime de isenção previsto no presente artigo não devem ser vendidas nem de outro modo alienadas no território do Estado-Parte que tiver concedido a isenção, exceto em condições acordadas com esse Estado-Parte.

3. Os Estados-Partes não cobrarão direta ou indiretamente nenhum imposto sobre os vencimentos, emolumentos ou outros pagamentos feitos pela Autoridade ao Secretário-Geral e aos funcionários da Autoridade, bem como aos peritos que realizem missões para a Autoridade, que não sejam nacionais desses Estados.

Subseção H
Suspensão do exercício de direitos e de privilégios dos membros

Artigo 184
Suspensão do exercício do direito de voto

Qualquer Estado-Parte, que esteja em atraso no pagamento das suas contribuições financeiras à Autoridade, não poderá votar quando o montante das suas dívidas for igual ou superior ao total das contribuições devidas para os dois anos anteriores completos. Contudo, a Assembleia poderá autorizar esse membro a votar, caso verifique que a mora é devida a circunstâncias alheias à sua vontade.

Artigo 185
Suspensão do exercício de direitos e privilégios inerentes à qualidade de membro

1. Qualquer Estado-Parte que tenha violado grave e persistentemente as disposições da presente Parte poderá, por recomendação do Conselho, ser suspenso pela Assembleia do exercício de direitos e privilégios inerentes à qualidade de membro.

2. Nenhuma decisão pode ser tomada nos termos do parágrafo 1°, até que a Câmara de Controvérsia dos Fundos Marinhos tenha determinado que um Estado-Parte violou grave e persistentemente as disposições da presente Parte.

Seção 5
Solução de controvérsias e pareceres consultivos

Artigo 186
Câmara de Controvérsias dos Fundos Marinhos do Tribunal Internacional do Direito do Mar

O estabelecimento da Câmara de Controvérsias dos Fundos Marinhos e o modo como exercerá a sua competência serão regidos pelas disposições da presente seção, da Parte XV e do Anexo VI.

Artigo 187
Competência da Câmara de Controvérsias dos Fundos Marinhos

A Câmara de Controvérsias dos Fundos Marinhos terá competência, nos termos da presente Parte e dos Anexos com ela relacionados, para solucionar as seguintes categorias de controvérsias referentes a atividades na Área:

a) controvérsias entre Estados-Partes relativas à interpretação ou aplicação da presente Parte e dos Anexos com ela relacionados;

b) controvérsias entre um Estado-Parte e a Autoridade relativas a:

i) atos ou omissões da Autoridade ou de um Estado-Parte que se alegue constituírem violação das disposições da presente Parte ou dos Anexos com ela relacionados, ou das normas, regulamentos e procedimentos da Autoridade adoptados de conformidade com as mesmas disposições; ou

ii) atos da Autoridade que se alegue constituírem abuso ou desvio de poder;

c) controvérsias entre partes num contrato, que se trate de Estados-Partes, da Autoridade ou da Empresa, de empresas estatais e de pessoas jurídicas, singulares ou coletivas, referidas na alínea *b)* do parágrafo 2° do art. 153, relativas a:

i) interpretação ou execução de um contrato ou de um plano de trabalho; ou

ii) atos ou omissões de uma parte no contrato relacionados com atividades na Área que afetem a outra parte ou prejudiquem diretamente os seus legítimos interesses;

d) controvérsias entre a Autoridade e um candidato a contratante que tenha sido patrocinado por um Estado, nos termos da alínea *b)* do parágrafo 2° do art. 153, e preenchido devidamente as condições estipuladas no parágrafo 6° do art. 4 e no parágrafo 2° do art. 13 do Anexo III, relativas a uma denegação de um contrato ou a uma questão jurídica suscitada na negociação do contrato;

e) controvérsias entre a Autoridade e um Estado-Parte, uma empresa estatal ou uma pessoa jurídica, singular ou coletiva, patrocinada por um Estado-Parte nos termos da alínea *b)* do parágrafo 2° do art. 153, quando se alegue que a Autoridade incorreu em responsabilidade nos termos do art. 22 do Anexo III;

f) quaisquer outras controvérsias relativamente às quais a jurisdição da Câmara esteja expressamente prevista na presente Convenção.

Artigo 188
Submissão de controvérsias a uma Câmara Especial do Tribunal Internacional do Direito do Mar ou a uma Câmara *ad hoc* da Câmara de Controvérsias dos Fundos Marinhos ou a uma Arbitragem Comercial Obrigatória

1. As controvérsias entre Estados-Partes referidas na alínea *a)* do art. 187 podem ser submetidas:
a) a pedido das partes na controvérsia, a uma câmara especial do Tribunal Internacional do Direito do Mar constituída de conformidade com os arts. 15 e 17 do anexo VI; ou
b) a pedido de qualquer das partes na controvérsia, a uma Câmara *ad hoc* da Câmara de Controvérsias dos Fundos Marinhos constituída de conformidade com o art. 36 do Anexo VI.

2. *a)* As controvérsias relativas à interpretação ou execução de um contrato referidas na subalínea i) da alínea *c)* do art. 187 serão submetidas, a pedido de qualquer das partes na controvérsia, a uma arbitragem comercial obrigatória, salvo acordo em contrário das partes. O tribunal arbitral comercial, a que a controvérsia seja submetida, não terá jurisdição para decidir sobre qualquer questão de interpretação da presente Convenção. Quando a controvérsia suscitar também uma questão de interpretação da Parte XI e dos Anexos com ela relacionados relativamente às atividades na Área, esta questão será remetida à Câmara de Controvérsias dos Fundos Marinhos para decisão.
b) Se, no início ou no decurso de tal arbitragem, o tribunal arbitral comercial determinar, a pedido de uma das partes na controvérsia ou por iniciativa própria, que a sua decisão depende de uma decisão da Câmara de Controvérsias dos Fundos Marinhos, o tribunal arbitral remeterá tal questão à Câmara para esta se pronunciar. O tribunal arbitral proferirá em seguida sentença de conformidade com a decisão da Câmara de Controvérsias dos Fundos Marinhos.
c) Na ausência de disposição no contrato sobre o procedimento arbitral a aplicar a uma controvérsia, a arbitragem processar-se-á de conformidade com as Regras de Arbitragem da Comissão das Nações Unidas sobre o Direito Comercial Internacional (UNCITRAL) ou com quaisquer outras regras de arbitragem sobre a matéria estabelecidas nas normas, regulamentos e procedimentos da Autoridade, salvo acordo em contrário das partes na controvérsia.

Artigo 189
Limitação da competência relativa a decisões da Autoridade

A Câmara de Controvérsia dos Fundos Marinhos não terá competência para se pronunciar sobre o exercício pela Autoridade dos poderes discricionários que lhe são conferidos pela Presente Parte; em nenhum caso a Câmara se substituirá à Autoridade no exercício dos poderes discricionários desta. Sem prejuízo do disposto no art. 191, a Câmara de Controvérsias dos Fundos Marinhos, ao exercer a sua competência nos termos do art. 187, não se pronunciará sobre a questão da conformidade com a presente Convenção das normas, regulamentos e procedimentos da Autoridade, nem declarará a invalidade de tais normas, regulamentos e procedimentos. A competência da Câmara limitar-se-á a decidir se a aplicação de quaisquer normas, regulamentos e procedimentos da Autoridade em casos particulares estaria em conflito com as obrigações contratuais das partes na controvérsia ou com as obrigações emergentes da presente Convenção, bem como decidir os pedidos relativos a abuso ou desvio de poder e pedidos por perdas e danos ou outras indemnizações a serem devidas à parte interessada por não cumprimento pela outra parte das suas obrigações contratuais ou emergentes da presente Convenção.

Artigo 190
Participação e intervenção nos procedimentos pelos Estados-Partes patrocinadores

1. Se uma pessoa jurídica, singular ou coletiva, for parte em qualquer das controvérsias referidas no art. 187, o Estado patrocinador será disso notificado e terá o direito de participar nos procedimentos por meio de declarações escritas ou orais.

2. Se, numa controvérsia mencionada na alínea *c)* do art. 187, for intentada uma ação contra um Estado-Parte por pessoa jurídica, singular ou coletiva, patrocinada por outro Estado-Parte, o Estado contra o qual a ação for intentada poderá requerer que o Estado que patrocina essa pessoa intervenha no procedimento em nome da mesma. Não ocorrendo tal intervenção, o Estado contra o qual a ação é intentada poderá fazer se representar por pessoa coletiva da sua nacionalidade.

Artigo 191
Pareceres consultivos

A Câmara de Controvérsias dos Fundos Marinhos emitirá, a pedido da Assembleia ou do Conselho, pareceres consultivos sobre questões jurídicas que se suscitem no âmbito das suas atividades. Tais pareceres serão emitidos com carácter de urgência.

PARTE XII
PROTEÇÃO E PRESERVAÇÃO DO MEIO MARINHO

Seção 1
Disposições gerais

Artigo 192
Obrigação geral

Os Estados têm a obrigação de proteger e preservar o meio marinho.

Artigo 193
Direito de soberania dos Estados para aproveitar os seus recursos naturais

Os Estados têm o direito de soberania para aproveitar os seus recursos naturais de acordo com a sua política em matéria de meio ambiente e de conformidade com o seu dever de proteger e preservar o meio marinho.

Artigo 194
Medidas para prevenir, reduzir e controlar a poluição do meio marinho

1. Os Estados devem tomar, individual ou conjuntamente, como apropriado, todas as medidas compatíveis com a presente Convenção que sejam necessárias para prevenir, reduzir e controlar a poluição do meio marinho, qualquer que seja a sua fonte, utilizando para este fim os meios mais viáveis de que disponham e de conformidade com as suas possibilidades e devem esforçar-se por harmonizar as suas políticas a esse respeito.

2. Os Estados devem tomar todas as medidas necessárias para garantir que as atividades sob sua jurisdição ou controle se efetuem de modo a não causar prejuízos por poluição a outros Estados e ao seu meio ambiente, e que a poluição causada por incidentes ou atividades sob sua jurisdição ou controle não se estenda além das áreas onde exerçam direitos de soberania, de conformidade com a presente Convenção.

3. As medidas tomadas, de acordo com a presente Parte, devem referir-se a todas as fontes de poluição do meio marinho. Estas medidas devem incluir, *inter alia*, as destinadas a reduzir tanto quanto possível:

a) a emissão de substâncias tóxicas, prejudiciais ou nocivas, especialmente as não degradáveis, provenientes de fontes terrestres, provenientes da atmosfera ou através dela ou por alijamento;

b) a poluição proveniente de embarcações, em particular medidas para prevenir acidentes e enfrentar situações de emergência, garantir a segurança das operações no mar, prevenir descargas intencionais ou não e regulamentar o projeto, construção, equipamento, funcionamento e tripulação das embarcações;

c) a poluição proveniente de instalações e dispositivos utilizados na exploração ou aproveitamento dos recursos naturais do leito do mar e do seu subsolo, em particular medidas para prevenir acidentes e enfrentar situações de emergência, garantir a segurança das operações no mar e regulamentar o projeto, construção, equipamento, funcionamento e tripulação de tais instalações ou dispositivos;

d) a poluição proveniente de outras instalações e dispositivos que funcionem no meio marinho, em particular medidas para prevenir acidentes e enfrentar situações de emergência, garantir a segurança das operações no mar e regulamentar o projeto, construção, equipamento, funcionamento e tripulação de tais instalações ou dispositivos.

4. Ao tomar medidas para prevenir, reduzir ou controlar a poluição do meio marinho, os Estados devem abster-se de qualquer ingerência injustificável nas atividades realizadas por outros Estados no exercício de direitos e no cumprimento de deveres de conformidade com a presente Convenção.

5. As medidas tomadas de conformidade com a presente Parte devem incluir as necessárias para proteger e preservar os ecossistemas raros ou frágeis, bem como o habitat de espécies e outras formas de vida marinha em vias de extinção, ameaçadas ou em perigo.

Artigo 195
Dever de não transferir danos ou riscos ou de não transformar um tipo de poluição em outro

Ao tomar medidas para prevenir, reduzir e controlar a poluição do meio marinho, os Estados devem agir de modo a não transferir direta ou indiretamente os danos ou riscos de uma zona para outra ou não transformar um tipo de poluição em outro.

Artigo 196
Utilização de tecnologias ou introdução de espécies estranhas ou novas

1. Os Estados devem tomar todas as medidas necessárias para prevenir, reduzir e controlar a poluição do meio marinho resultante da utilização de tecnologias sob sua jurisdição ou controle, ou a introdução intencional ou acidental num setor determinado do meio marinho de espécies estranhas ou novas que nele possam provocar mudanças importantes e prejudiciais.

2. O disposto no presente artigo não afeta a aplicação da presente Convenção no que se refere à prevenção, redução e controle da poluição do meio marinho.

Seção 2
Cooperação mundial e regional

Artigo 197
Cooperação no plano mundial ou regional

Os Estados devem cooperar no plano mundial e, quando apropriado, no plano regional, diretamente ou por intermédio de organizações internacionais competentes, na formulação e elaboração de regras e normas, bem como práticas e procedimentos recomendados de carácter internacional que sejam compatíveis com a presente Convenção, para a proteção e preservação do meio marinho, tendo em conta as características próprias de cada região.

Artigo 198
Notificação de danos iminentes ou reais

Quando um Estado tiver conhecimento de casos em que o meio marinho se encontre em perigo iminente de sofrer danos por poluição, ou já os tenha sofrido, deve notificá-lo imediatamente a outros Estados que julgue possam vir a ser afetados por esses danos, bem como às organizações internacionais competentes.

Artigo 199
Planos de emergência contra a poluição

Nos casos mencionados no artigo 198, os Estados da zona afetada, na medida das suas possibilidades, e as organizações internacionais competentes devem cooperar tanto quanto possível para eliminar os efeitos da poluição e prevenir ou reduzir ao mínimo os danos. Para tal fim, os Estados devem elaborar e promover em conjunto planos de emergência para enfrentar incidentes de poluição no meio marinho.

Artigo 200
Estudos, programas de investigação e troca de informações e dados

Os Estados devem cooperar, diretamente ou por intermédio de organizações internacionais competentes, para promover estudos, realizar programas de investigação científica e estimular a troca das informações e dos dados obtidos relativamente à poluição do meio marinho. Os Estados devem procurar participar ativamente nos programas regionais e mundiais, com vista a adquirir os conhecimentos necessários para avaliação da natureza e grau de poluição, efeitos da exposição à mesma, seu trajeto, riscos e soluções aplicáveis.

Artigo 201
Critérios científicos para a regulamentação

À luz das informações e dados adquiridos nos termos do artigo 200, os Estados devem cooperar, diretamente ou por intermédio das organizações internacionais competentes, no estabelecimento de critérios científicos apropriados para a formulação e elaboração de regras e normas, bem como práticas e procedimentos recomendados, para prevenir, reduzir e controlar a poluição do meio marinho.

Seção 3
Assistência técnica

Artigo 202
Assistência científica e técnica aos Estados em desenvolvimento

Os Estados, diretamente ou por intermédio das organizações internacionais competentes devem:

a) promover programas de assistência científica, educativa, técnica e de outra índole, aos Estados em desenvolvimento para proteção e preservação do meio marinho e prevenção, redução e controle da poluição marinha. Essa assistência deve consistir, *inter alia*, em:

i) formar pessoal científico e técnico;
ii) facilitar a participação desse pessoal em programas internacionais pertinentes;
iii) proporcionar-lhes o equipamento e as facilidades necessárias;
iv) aumentar a sua capacidade para fabricar esse equipamento;
v) fornecer serviços de assessoria e desenvolver meios materiais para os programas de investigação, controle sistemático, educação e outros;

b) prestar assistência apropriada, especialmente aos Estados em desenvolvimento, para minimizar os efeitos dos acidentes importantes que possam provocar uma poluição grave do meio marinho;

c) prestar assistência apropriada, especialmente, aos Estados em desenvolvimento, no que se refere à preparação de avaliações ecológicas.

Artigo 203
Tratamento preferencial para os Estados em desenvolvimento

A fim de prevenir, reduzir e controlar a poluição do meio marinho ou minimizar os seus efeitos, as organizações internacionais devem dar um tratamento preferencial aos Estados em desenvolvimento no que se refere à:

a) distribuição de fundos e assistência técnica apropriados; e
b) utilização dos seus serviços especializados.

Seção 4
Controle sistemático e avaliação ecológica

Artigo 204
Controle sistemático dos riscos de poluição ou efeitos de poluição

1. Os Estados, diretamente ou por intermédio das organizações internacionais competentes, devem procurar, na medida do possível e tomando em consideração os direitos de outros Estados, observar, medir, avaliar e analisar, mediante métodos científicos reconhecidos, os riscos ou efeitos de poluição do meio marinho.

2. Em particular, os Estados devem manter sob vigilância os efeitos de quaisquer atividades por eles autorizadas ou a que se dediquem a fim de determinarem se as referidas atividades são suscetíveis de poluir o meio marinho.

Artigo 205
Publicação de relatórios

Os Estados devem publicar relatórios sobre os resultados obtidos nos termos do artigo 204, ou apresentar tais relatórios com a periodicidade apropriada, às organizações internacionais competentes, que devem pô-los à disposição de todos os Estados.

Artigo 206
Avaliação dos efeitos potenciais de atividades

Os Estados que tenham motivos razoáveis para acreditar que as atividades projetadas sob sua jurisdição ou controle podem causar uma poluição considerável do meio marinho ou nele provocar modificações significativas e prejudiciais, devem avaliar, na medida do possível, os efeitos potenciais dessas atividades para o meio marinho e publicar relatórios sobre os resultados dessas avaliações nos termos previstos no artigo 205.

Seção 5
Regras internacionais e legislação nacional para prevenir, reduzir e controlar a poluição do meio marinho

Artigo 207
Poluição de origem terrestre

1. Os Estados devem adoptar leis e regulamentos para prevenir, reduzir e controlar a poluição do meio marinho proveniente de fontes terrestres, incluindo rios, estuários, ductos e instalações de descarga, tendo em conta regras e normas, bem

como práticas e procedimentos recomendados e internacionalmente acordados.

2. Os Estados devem tomar outras medidas que possam ser necessárias para prevenir, reduzir e controlar tal poluição.

3. Os Estados devem procurar harmonizar as suas políticas a esse respeito no plano regional apropriado.

4. Os Estados, atuando em especial por intermédio das organizações internacionais competentes ou de uma conferência diplomática, devem procurar estabelecer regras e normas, bem como práticas e procedimentos recomendados, de carácter mundial e regional para prevenir, reduzir e controlar tal poluição, tendo em conta as características próprias de cada região, a capacidade econômica dos Estados em desenvolvimento e a sua necessidade de desenvolvimento econômico. Tais regras e normas, bem como práticas e procedimentos recomendados devem ser reexaminados com a periodicidade necessária.

5. As leis, regulamentos, medidas, regras e normas, bem como práticas e procedimentos recomendados, referidos nos parágrafos 1º, 2º e 4º devem incluir disposições destinadas a minimizar, tanto quanto possível, a emissão no meio marinho de substâncias tóxicas, prejudiciais ou nocivas, especialmente as substâncias não degradáveis.

Artigo 208
Poluição proveniente de atividades relativas aos fundos marinhos sob jurisdição nacional

1. Os Estados costeiros devem adoptar leis e regulamentos para prevenir, reduzir e controlar a poluição do meio marinho, proveniente direta ou indiretamente de atividades relativas aos fundos marinhos sob sua jurisdição e proveniente de ilhas artificiais, instalações e estruturas sob sua jurisdição, nos termos dos artigos 60 e 80.

2. Os Estados devem tomar outras medidas que possam ser necessárias para prevenir, reduzir e controlar tal poluição.

3. Tais leis, regulamentos e medidas não devem ser menos eficazes que as regras e normas, bem como práticas e procedimentos recomendados, de carácter internacional.

4. Os Estados devem procurar harmonizar as suas políticas a esse respeito no plano regional apropriado.

5. Os Estados, atuando em especial por intermédio das organizações internacionais competentes ou de uma conferência diplomática, devem estabelecer regras e normas, bem como práticas e procedimentos recomendados, de carácter mundial e regional para prevenir, reduzir e controlar a poluição do meio marinho a que se faz referência no parágrafo 1º. Tais regras e normas, bem como práticas e procedimentos recomendados, devem ser reexaminados com a periodicidade necessária.

Artigo 209
Poluição proveniente de atividades na Área

1. De conformidade com a Parte XI, devem estabelecer-se regras e normas, bem como práticas e procedimentos recomendados de carácter internacional, para prevenir, reduzir e controlar a poluição do meio marinho proveniente de atividades na Área. Tais regras e normas, bem como práticas e procedimentos recomendados devem ser reexaminados com a periodicidade necessária.

2. Nos termos das disposições pertinentes da presente seção, os Estados devem adoptar leis e regulamentos, para prevenir, reduzir e controlar a poluição do meio marinho proveniente de atividades na Área efetuadas por embarcações ou a partir de instalações, estruturas e outros dispositivos que arvorem a sua bandeira ou estejam registrados no seu território, ou operem sob sua autoridade, segundo o caso. Tais leis e regulamentos não devem ser menos eficazes que as normas, regulamentos e procedimentos internacionais referidos no parágrafo 1º.

Artigo 210
Poluição por alijamento

1. Os Estados devem adoptar leis e regulamentos para prevenir, reduzir e controlar a poluição do meio marinho por alijamento.

2. Os Estados devem tomar outras medidas que possam ser necessárias para prevenir, reduzir e controlar tal poluição.

3. Tais leis, regulamentos e medidas devem assegurar que o alijamento não se realiza sem autorização das autoridades competentes dos Estados.

4. Os Estados, atuando em especial por intermédio das organizações internacionais competentes ou de uma conferência diplomática, devem procurar estabelecer regras e normas, bem como práticas e procedimentos recomendados de carácter mundial e regional para prevenir, reduzir e controlar tal poluição. Tais regras e normas, bem como práticas e procedimentos recomendados devem ser reexaminados com a periodicidade necessária.

5. O alijamento no mar territorial e na zona econômica exclusiva ou na plataforma continental não pode realizar-se sem o consentimento prévio expresso do Estado costeiro que tem o direito de autorizar, regular e controlar esse alijamento, depois de ter reexaminado devidamente a questão com outros Estados que, devido à sua situação geográfica, possam vir a ser desfavoravelmente afetados por tal alijamento.

6. As leis, regulamentos e medidas nacionais não devem ser menos eficazes que regras e normas de carácter mundial para prevenir, reduzir e controlar tal poluição.

Artigo 211
Poluição proveniente de embarcações

1. Os Estados, atuando por intermédio da organização internacional competente ou de uma conferência diplomática geral, devem estabelecer regras e normas de carácter internacional para prevenir, reduzir e controlar a poluição do meio marinho proveniente de embarcações e devem do mesmo modo promover a adopção, quando apropriado,

de sistemas de fixação de tráfego destinados a minimizar o risco de acidentes que possam causar poluição do meio marinho incluindo o litoral e danos de poluição relacionados com os interesses dos Estados costeiros. Tais regras e normas devem, do mesmo modo, ser reexaminadas com a periodicidade necessária.

2. Os Estados devem adoptar leis e regulamentos para prevenir, reduzir e controlar a poluição do meio marinho proveniente de embarcações que arvorem a sua bandeira ou estejam registradas no seu território. Tais leis e regulamentos devem ter pelo menos a mesma eficácia que as regras e normas internacionais geralmente aceitas que se estabeleçam por intermédio da organização internacional competente ou de uma conferência diplomática geral.

3. Os Estados que estabeleçam requisitos especiais para prevenir, reduzir e controlar a poluição do meio marinho, como condição para a admissão de embarcações estrangeiras nos seus portos ou nas águas interiores ou para fazerem escala nos seus terminais ao largo da costa, devem dar a devida publicidade a esses requisitos e comunicá-los à organização internacional competente. Quando dois ou mais Estados costeiros estabeleçam de forma idêntica os referidos requisitos num esforço para harmonizar a sua política neste setor, a comunicação deve indicar quais os Estados que participam em tais ajustes de cooperação. Todo Estado deve exigir ao capitão de uma embarcação que arvore a sua bandeira ou que esteja registrada no seu território que, quando navegar no mar territorial de um Estado participante nos aludidos ajustes, informe, a pedido desse Estado, se se dirige a um Estado da mesma região que participe em tais ajustes e, em caso afirmativo, indique se a embarcação reúne os requisitos estabelecidos por esse Estado para a admissão nos seus portos. O presente artigo deve ser aplicado sem prejuízo da embarcação continuar a exercer o seu direito de passagem inofensiva ou da aplicação do § 2° do artigo 25.

4. Os Estados costeiros podem, no exercício da sua soberania no mar territorial, adoptar leis e regulamentos para prevenir, reduzir e controlar a poluição do meio marinho proveniente de embarcações estrangeiras, incluindo as embarcações que exerçam o direito de passagem inofensiva. De conformidade com a seção 3 da Parte II, tais leis e regulamentos não devem dificultar a passagem inofensiva de embarcações estrangeiras.

5. Os Estados costeiros podem, para fins da execução do estabelecido na seção 6, adoptar relativamente às suas zonas econômicas exclusivas, leis e regulamentos para prevenir, reduzir e controlar a poluição proveniente de embarcações, de conformidade com e em aplicação das regras e normas internacionais geralmente aceitas estabelecidas por intermédio da organização internacional competente ou de uma conferência diplomática geral.

6. *a)* Quando as regras e normas internacionais referidas no § 1° sejam inadequadas para enfrentar circunstâncias especiais, e os Estados costeiros tenham motivos razoáveis para acreditar que uma área particular e claramente definida das suas respectivas zonas econômicas exclusivas requer a adopção de medidas obrigatórias especiais para prevenir a poluição proveniente de embarcações, por reconhecidas razões técnicas relacionadas com as suas condições oceanográficas e ecológicas, bem como pela sua utilização ou proteção dos seus recursos e o carácter particular do seu tráfego, os Estados costeiros podem, depois de terem devidamente consultado, por intermédio da organização internacional competente, qualquer outro Estado interessado, dirigir uma comunicação sobre essa área a tal organização, apresentando provas científicas e técnicas em seu apoio e informação sobre as instalações de receção necessárias. Num prazo de doze meses após a receção desta comunicação, a organização deve decidir se as condições nessa área correspondem aos requisitos anteriormente enunciados. Se a organização decide favoravelmente, os Estados costeiros podem adoptar, para essa área leis e regulamentos destinados a prevenir, reduzir e controlar a poluição proveniente de embarcações, aplicando as regras e normas ou práticas de navegação internacionais que por intermédio da organização se tenham tornado aplicáveis às áreas especiais. Essas leis e regulamentos são aplicáveis a embarcações estrangeiras decorrido um prazo de 15 meses a contar da data em que a comunicação tenha sido apresentada à organização.

b) Os Estados costeiros devem publicar os limites de tal área particular e claramente definida.

c) Os Estados costeiros, ao apresentarem tal comunicação, devem notificar ao mesmo tempo a organização se têm intenção de adoptar para essa área leis e regulamentos adicionais destinados a prevenir, reduzir e controlar a poluição proveniente de embarcações. Tais leis e regulamentos adicionais podem referir-se às descargas ou práticas de navegação, mas não podem obrigar as embarcações estrangeiras a cumprir normas de projeto, construção, tripulação ou equipamento, diferentes das regras e normas internacionais geralmente aceitas; são aplicáveis às embarcações estrangeiras decorrido um prazo de 15 meses a contar da data em que a comunicação tenha sido apresentada à organização desde que esta as aprove num prazo de 12 meses a contar da data da apresentação da comunicação.

7. As regras e normas internacionais referidas no presente artigo devem incluir, *inter alia*, as relativas à imediata notificação dos Estados costeiros, cujo litoral ou interesses conexos possam ser afetados por incidentes, incluindo acidentes marítimos que originem ou possam originar descargas.

Artigo 212
Poluição proveniente da atmosfera ou através dela

1. Os Estados devem adoptar leis e regulamentos para prevenir, reduzir e controlar a poluição do meio marinho proveniente da atmosfera ou através

dela, aplicáveis ao espaço aéreo sob sua soberania ou a embarcações que arvorem a sua bandeira ou a embarcações ou aeronaves que estejam registradas no seu território, tendo em conta as regras e normas, bem como práticas e procedimentos recomendados, internacionalmente acordados, e a segurança da navegação aérea.

2. Os Estados devem tomar outras medidas que sejam necessárias para prevenir, reduzir e controlar tal poluição.

3. Os Estados, atuando em especial por intermédio das organizações internacionais competentes ou de uma conferência diplomática, devem procurar estabelecer no plano mundial e regional regras e normas, bem como práticas e procedimentos recomendados, para prevenir, reduzir e controlar tal poluição.

Seção 6
Execução

Artigo 213
Execução referente à poluição de origem terrestre

Os Estados devem assegurar a execução das suas leis e regulamentos adoptados de conformidade com o art. 207 e adoptar leis e regulamentos e tomar outras medidas necessárias para pôr em prática as regras e normas internacionais aplicáveis estabelecidas por intermédio das organizações internacionais competentes ou de uma conferência diplomática para prevenir, reduzir e controlar a poluição do meio marinho de origem terrestre.

Artigo 214
Execução referente à poluição proveniente de atividades relativas aos fundos marinhos

Os Estados devem assegurar a execução das suas leis e regulamentos adoptados de conformidade com o art. 208 e adoptar leis e regulamentos e tomar outras medidas necessárias para pôr em prática as regras e normas internacionais aplicáveis, estabelecidas por intermédio das organizações internacionais competentes ou de uma conferência diplomática, para prevenir, reduzir e controlar a poluição do meio marinho proveniente direta ou indiretamente de atividades relativas aos fundos marinhos sob sua jurisdição e de ilhas artificiais, instalações e estruturas sob sua jurisdição, nos termos dos artigos 60 e 80.

Artigo 215
Execução referente à poluição proveniente de atividades na Área

A execução das regras, normas, e procedimentos internacionais estabelecidos, de conformidade com a Parte XI, para prevenir, reduzir e controlar a poluição do meio marinho proveniente de atividades na Área, deve ser regida pelas disposições dessa Parte.

Artigo 216
Execução referente à poluição por alijamento

1. As leis e regulamentos adoptados de conformidade com a presente Convenção e as regras e normas internacionais aplicáveis estabelecidas por intermédio das organizações internacionais competentes ou de uma conferência diplomática para prevenir, reduzir e controlar a poluição do meio marinho por alijamento devem ser executados:

a) pelo Estado costeiro no que se refere ao alijamento no seu mar territorial ou na sua zona econômica exclusiva ou na sua plataforma continental;

b) pelo Estado de bandeira no que se refere às embarcações que arvorem a sua bandeira ou às embarcações ou aeronaves que estejam registadas no seu território;

c) por qualquer Estado no que se refere a atos de carga de detritos ou de outras matérias realizados no seu território ou nos seus terminais ao largo da costa.

2. Nenhum Estado é obrigado em virtude do presente artigo a iniciar procedimentos quando outro Estado já os tenha iniciado de conformidade com o presente artigo.

Artigo 217
Execução pelos Estados de bandeira

1. Os Estados devem assegurar que as embarcações que arvorem a sua bandeira ou estejam registadas no seu território cumpram as regras e normas internacionais aplicáveis estabelecidas por intermédio da organização internacional competente ou de uma conferência diplomática geral, bem como as leis e regulamentos adoptados de conformidade com a presente Convenção, para prevenir, reduzir e controlar a poluição do meio marinho proveniente de embarcações, e consequentemente adoptar as leis e regulamentos e tomar outras medidas necessárias para pô-los em prática. Os Estados de bandeira devem velar pela execução efetiva de tais regras, normas, leis e regulamentos, independentemente do local em que tenha sido cometida a infração.

2. Os Estados devem, em especial, tomar as medidas apropriadas para assegurar que as embarcações que arvorem a sua bandeira ou estejam registadas no seu território sejam proibidas de navegar enquanto não estejam em condições de fazer-se ao mar em cumprimento dos requisitos, das regras e normas internacionais mencionadas no § 1º, incluindo os relativos ao projeto, construção, equipamento e tripulação das embarcações.

3. Os Estados devem assegurar que as embarcações que arvorem a sua bandeira ou estejam registadas no seu território tenham a bordo os certificados exigidos pelas regras e normas internacionais mencionadas no § 1º e emitidos de conformidade com as mesmas. Os Estados devem assegurar que as embarcações que arvorem a sua bandeira sejam inspeccionadas periodicamente, a fim de verificar se tais certificados estão de conformidade com as condições reais da embarcação. Tais certificados devem ser aceitos pelos outros Estados como prova das condições da embarcação e ser-lhes reconhecida a mesma validade que aos certificados emitidos por eles próprios, a não ser que existam motivos sérios para acreditar que as condições da

embarcação não correspondem substancialmente aos dados que constam dos certificados.

4. Se uma embarcação comete uma infração às regras e normas estabelecidas por intermédio da organização internacional competente ou de uma conferência diplomática geral, o Estado de bandeira, sem prejuízo dos arts. 218, 220 e 228, deve ordenar uma investigação imediata e, se necessário, iniciar procedimentos relativos à alegada infração, independentemente do local em que tenha sido cometida a infração ou do local em que a poluição proveniente de tal infração tenha ocorrido ou tenha sido verificada.

5. Os Estados de bandeira que realizem uma investigação da infração podem solicitar a ajuda de qualquer outro Estado cuja cooperação possa ser útil para esclarecer as circunstâncias do caso. Os Estados devem procurar atender as solicitações apropriadas do Estado de bandeira.

6. Os Estados devem, a pedido por escrito de qualquer Estado, investigar qualquer infração que se alegue ter sido cometida pelas embarcações que arvorem a sua bandeira. Uma vez convencidos de que dispõem de provas suficientes para iniciar um procedimento relativo à alegada infração, os Estados de bandeira devem iniciar sem demora esse procedimento de conformidade com o seu direito interno.

7. Os Estados de bandeira devem informar imediatamente o Estado solicitante e a organização internacional competente das medidas tomadas e do resultado obtido. Tal informação deve ser posta à disposição de todos os Estados.

8. As sanções previstas nas leis e regulamentos dos Estados para as embarcações que arvorem a sua bandeira devem ser suficientemente severas para desencorajar as infrações, independentemente do local em que tenham sido cometidas.

Artigo 218
Execução pelo Estado do porto

1. Quando uma embarcação se encontrar voluntariamente num porto ou num terminal ao largo da costa de um Estado, este Estado poderá realizar investigações e, se as provas o justificarem, iniciar procedimentos relativos a qualquer descarga procedente dessa embarcação realizada fora das águas interiores, mar territorial ou zona econômica exclusiva desse Estado com violação das regras e normas internacionais aplicáveis estabelecidas por intermédio da organização internacional competente ou de uma conferência diplomática geral.

2. Não serão iniciados procedimentos nos termos do § 1º relativos a uma infração por descarga nas águas interiores, mar territorial ou zona econômica exclusiva de outro Estado, a não ser que o solicite esse Estado, o Estado de bandeira, ou qualquer Estado prejudicado ou ameaçado pela descarga, ou a não ser que a infração tenha provocado ou possa vir a provocar poluição nas águas interiores, mar territorial ou zona econômica exclusiva do Estado que tenha iniciado os procedimentos.

3. Quando uma embarcação se encontrar voluntariamente num porto ou num terminal ao largo da costa de um Estado, esse Estado deve atender, na medida do possível, às solicitações de qualquer Estado relativas à investigação de uma infração por descarga referida no § 1º, que se julgue ter sido cometida nas águas interiores, mar territorial ou zona econômica exclusiva do Estado solicitante que tenha causado ou ameace causar danos aos mesmos. O Estado do porto deve igualmente atender, na medida do possível, às solicitações do Estado de bandeira relativas à investigação de tal infração, independentemente do local em que tenha sido cometida.

4. Os elementos da investigação efetuada pelo Estado do porto nos termos do presente artigo devem ser transmitidos ao Estado de bandeira ou ao Estado costeiro, a pedido destes. Quaisquer procedimentos iniciados pelo Estado do porto com base em tal investigação podem, salvo disposição em contrário da seção 7, ser suspensos a pedido do Estado costeiro, quando a infração tiver sido cometida nas águas interiores, mar territorial ou zona econômica exclusiva desse Estado. Em tal situação, as provas e os elementos do caso, assim como qualquer caução ou outra garantia financeira depositada junto das autoridades do Estado do porto, serão transferidos para o Estado costeiro. Esta transferência exclui a possibilidade de os procedimentos prosseguirem no Estado do porto.

Artigo 219
Medidas relativas à navegabilidade das embarcações para evitar a poluição

Salvo disposição em contrário da seção 7, os Estados que, a pedido de terceiros ou por iniciativa própria, tenham comprovado que uma embarcação que se encontra num dos seus portos ou num dos seus terminais ao largo da costa viola as regras e normas internacionais aplicáveis em matéria de navegabilidade das embarcações e ameaça, em consequência, causar danos ao meio marinho, devem tomar sempre que possível medidas administrativas para impedir que a mesma embarcação navegue. Tais Estados apenas podem autorizar a referida embarcação a prosseguir até ao estaleiro de reparações apropriado mais próximo e, eliminadas as causas da infração, permitirão que a embarcação prossiga viagem sem demora.

Artigo 220
Execução pelos Estados costeiros

1. Quando uma embarcação se encontrar voluntariamente num porto ou num terminal ao largo da costa de um Estado, esse Estado pode, tendo em conta o disposto na seção 7, iniciar procedimentos relativos a qualquer infração às suas leis e regulamentos adoptados de conformidade com a presente Convenção ou com as regras e normas internacionais aplicáveis para prevenir, reduzir e controlar a poluição proveniente de embarcações, quando a infração tiver sido cometida no seu mar territorial ou sua zona econômica exclusiva.

2. Quando um Estado tiver motivos sérios para acreditar que uma embarcação que navegue no seu mar territorial violou, durante a sua passagem pelo mesmo, as leis e regulamentos desse Estado adotados de conformidade com a presente Convenção ou as regras e normas internacionais aplicáveis para prevenir, reduzir e controlar a poluição proveniente de embarcações, esse Estado, sem prejuízo da aplicação das disposições pertinentes da seção 3 da Parte II, pode proceder à inspeção material da embarcação relativa à infração e, quando as provas o justificarem, iniciar procedimentos, incluindo a detenção da embarcação, de conformidade com o seu direito interno, salvo disposição em contrário da seção 7.

3. Quando um Estado tiver motivos sérios para acreditar que uma embarcação que navegue na sua zona econômica exclusiva ou no seu mar territorial cometeu, na zona econômica exclusiva, uma violação das regras e normas internacionais aplicáveis para prevenir, reduzir e controlar a poluição proveniente de embarcações ou das leis e regulamentos desse Estado adotados de conformidade com e que apliquem tais regras e normas, esse Estado pode exigir à embarcação que forneça informações sobre a sua identidade e o porto de registo, a sua última e próxima escala, e outras informações pertinentes, necessárias para determinar se foi cometida uma infração.

4. Os Estados devem adoptar leis e regulamentos e tomar outras medidas para que as embarcações que arvorem a sua bandeira deem cumprimento aos pedidos de informação feitos nos termos do parágrafo 3º.

5. Quando um Estado tiver motivos sérios para acreditar que uma embarcação que navegue na sua zona econômica exclusiva ou no seu mar territorial cometeu, na zona econômica exclusiva, uma das infrações referidas no parágrafo 3º, que tenha tido como resultado uma descarga substancial que provoque ou ameace provocar uma poluição importante no meio marinho, esse Estado pode proceder à inspeção material da embarcação sobre questões relacionadas com a infração, se a embarcação se tiver negado a fornecer informações ou se as informações fornecidas pela mesma estiverem em manifesta contradição com a situação fatual evidente e as circunstâncias do caso justificarem a referida inspeção.

6. Quando existir prova manifesta e objetiva de que uma embarcação que navegue na zona econômica exclusiva ou o mar territorial de um Estado cometeu, na zona econômica exclusiva, uma das infrações referidas no parágrafo 3º que tenha tido como resultado uma descarga que provoque ou ameace provocar danos importantes para o litoral ou para os interesses conexos do Estado costeiro ou para quaisquer recursos do seu mar territorial ou da sua zona econômica exclusiva, esse Estado pode, tendo em conta o disposto na seção 7, e quando as provas o justificarem, iniciar procedimentos, incluindo a detenção da embarcação, de conformidade com o seu direito interno.

7. Não obstante as disposições do parágrafo 6º, sempre que tenham sido estabelecidos procedimentos apropriados quer por intermédio da organização internacional competente, quer de outra forma acordados para garantir o cumprimento dos requisitos para prestação de caução ou de outra garantia financeira apropriada, o Estado costeiro, se vinculado por esses procedimentos, autorizará a embarcação a prosseguir a sua viagem.

8. As disposições dos parágrafos 3º, 4º, 5º, 6º e 7º também se aplicam às leis e regulamentos nacionais adoptados de conformidade com o parágrafo 6º do art. 211.

Artigo 221
Medidas para evitar a poluição resultante de acidentes marítimos

1. Nenhuma das disposições da presente Parte deve prejudicar o direito dos Estados de, nos termos do direito internacional tanto consuetudinário como convencional, tomar e executar medidas além do mar territorial proporcionalmente ao dano efetivo ou potencial a fim de proteger o seu litoral ou interesses conexos, incluindo a pesca, contra a poluição ou a ameaça de poluição resultante de um acidente marítimo ou de atos relacionados com tal acidente, dos quais se possa de forma razoável prever que resultem importantes consequências nocivas.

2. Para efeitos do presente artigo, "acidente marítimo" significa um abalroamento, encalhe ou outro incidente de navegação ou acontecimento a bordo de uma embarcação ou no seu exterior, de que resultem danos materiais ou ameaça iminente de danos materiais à embarcação ou à sua carga.

Artigo 222
Execução relativa à poluição proveniente da atmosfera ou através dela

Os Estados devem assegurar a execução, no espaço aéreo sob sua soberania ou em relação a embarcações que arvorem a sua bandeira ou embarcações ou aeronaves que estejam registradas no seu território, das suas leis e regulamentos adoptados de conformidade com o parágrafo 1º do art. 212 e com outras disposições da presente Convenção, adoptar também leis e regulamentos e tomar outras medidas para dar cumprimento às regras e normas internacionais aplicáveis, estabelecidas por intermédio de uma organização internacional competente ou de uma conferência diplomática para prevenir, reduzir e controlar a poluição do meio marinho proveniente da atmosfera ou através dela, de conformidade com todas as regras e normas internacionais pertinentes, relativas à segurança da navegação aérea.

Seção 7
Garantias

Artigo 223
Medidas para facilitar os procedimentos

Nos procedimentos iniciados nos termos da presente Parte, os Estados devem tomar medidas para facilitar a audiência de testemunhas e a admissão de provas apresentadas por autoridades de outro Estado ou pela organização internacional competente e facilitar a assistência a esses procedimentos de representantes oficiais da organização internacional competente, do Estado de bandeira ou de qualquer Estado afetado pela poluição resultante de qualquer infração. Os representantes oficiais que assistam a esses procedimentos terão os direitos e deveres previstos no direito interno ou no direito internacional.

Artigo 224
Exercício dos poderes de polícia

Somente os funcionários oficialmente habilitados bem como os navios de guerra ou aeronaves militares ou outros navios ou aeronaves que possuam sinais claros e sejam identificáveis como estando ao serviço de um governo e para tanto autorizados podem exercer poderes de polícia em relação a embarcações estrangeiras em aplicação da presente Parte.

Artigo 225
Obrigação de evitar consequências adversas no exercício dos poderes de polícia

No exercício dos seus poderes de polícia previstos na presente Convenção em relação às embarcações estrangeiras, os Estados não devem pôr em perigo a segurança da navegação, nem fazer correr qualquer risco a uma embarcação nem a devem conduzir a um porto ou fundeadouro inseguro nem expor o meio marinho a um risco injustificado.

Artigo 226
Investigação sobre embarcações estrangeiras

1. *a)* Os Estados não devem reter uma embarcação estrangeira por mais tempo que o indispensável para os efeitos de investigações previstas nos arts. 216, 218 e 220. A inspeção material de uma embarcação estrangeira deve ser limitada a um exame dos certificados, registos e outros documentos que a embarcação é obrigada a ter a bordo de acordo com as regras e normas internacionais geralmente aceitas ou de qualquer outro documento similar que tiver a bordo. Só poderá ser feita uma inspeção material mais pormenorizada da embarcação depois de tal exame e apenas no caso de:

i) existirem motivos sérios para acreditar que a condição da embarcação ou do seu equipamento não corresponde essencialmente aos dados que figuram nesses documentos;

ii) o conteúdo de tais documentos não ser suficiente para confirmar ou verificar uma presumida infração; ou

iii) a embarcação não ter a bordo certificados nem registros válidos.

b) Se a investigação indicar uma violação das leis e regulamentos aplicáveis ou das regras e normas internacionais para a proteção e preservação do meio marinho, a embarcação será imediatamente liberta após o cumprimento de certas formalidades razoáveis, tais como a prestação de uma caução ou de outra garantia financeira apropriada.

c) Sem prejuízo das regras e normas internacionais aplicáveis relativas à navegabilidade das embarcações, poderá ser negada a libertação de uma embarcação ou ser condicionada ao requisito de a embarcação se dirigir ao estaleiro de reparações apropriado mais próximo, sempre que a mesma libertação represente uma ameaça injustificada de dano para o meio marinho. No caso de a libertação ter sido negada ou condicionada a determinados requisitos, o Estado de bandeira deve ser imediatamente notificado e poderá diligenciar no sentido da libertação da embarcação de conformidade com a Parte XV.

2. Os Estados devem cooperar para estabelecer procedimentos que evitem inspeções materiais desnecessárias de embarcações no mar.

Artigo 227
Não discriminação em relação a embarcações estrangeiras

Ao exercer os seus direitos e ao cumprir as suas obrigações nos termos da presente Parte, os Estados não devem fazer discriminação de direito ou de fato em relação às embarcações de qualquer outro Estado.

Artigo 228
Suspensão de procedimentos e restrições à sua instauração

1. Os procedimentos para imposição de penalidades decorrentes de qualquer infração às leis e regulamentos aplicáveis ou às regras e normas internacionais relativas à prevenção, redução e controle da poluição proveniente de embarcações, cometida por embarcação estrangeira além do mar territorial do Estado que instaurou tais procedimentos, serão suspensos no prazo de seis meses a contar da data da instauração desses procedimentos quando o Estado de bandeira tiver instaurado procedimentos para imposição de penalidades com base em acusações correspondentes a menos que aqueles procedimentos se relacionem com um caso de dano grave causado ao Estado costeiro ou o Estado de bandeira em questão tiver reiteradamente faltado ao cumprimento da sua obrigação de assegurar a execução efetiva das regras e normas internacionais aplicáveis, relativas a infrações cometidas por suas embarcações. Sempre que o Estado de bandeira pedir a suspensão dos procedimentos de conformidade com o presente artigo deverá facultar em tempo oportuno ao Estado que primeiro tiver instaurado os procedimentos um *dossier* completo do caso, bem como as atas dos procedimentos. Concluídos os procedimentos instaurados pelo Estado de bandeira, os procedimentos suspensos serão extintos. Efetuado o pagamento das custas referentes a tais procedimentos, o Estado costeiro restituirá qualquer caução ou outra garantia financeira prestada em relação com os procedimentos suspensos.

2. Não serão instaurados procedimentos em relação a embarcações estrangeiras, uma vez decorridos três anos a contar da data em que a infração

foi cometida, e nenhum Estado poderá instaurar procedimentos quando outro Estado os tiver já instaurado, salvo disposição em contrário do parágrafo 1°.
3. As disposições do presente artigo devem ser aplicadas sem prejuízo do direito do Estado de bandeira de tomar quaisquer medidas, incluindo a instauração de procedimentos de conformidade com o seu direito interno, independentemente dos procedimentos anteriormente instaurados por outro Estado.

Artigo 229
Ação de responsabilidade civil

Nenhuma das disposições da presente Convenção afeta o direito de intentar ação de responsabilidade civil por perdas ou danos causados pela poluição do meio marinho.

Artigo 230
Penas pecuniárias e respeito dos direitos reconhecidos dos acusados

1. Só podem ser impostas penas pecuniárias no caso de infrações às leis e regulamentos nacionais ou às regras e normas internacionais aplicáveis para prevenir, reduzir e controlar a poluição do meio marinho proveniente de embarcações estrangeiras além do mar territorial.
2. Só podem ser impostas penas pecuniárias no caso de infrações às leis e regulamentos nacionais ou às regras e normas internacionais aplicáveis para prevenir, reduzir e controlar a poluição do meio marinho proveniente de embarcações estrangeiras no mar territorial, salvo ato intencional e grave de poluição.
3. No decurso dos procedimentos instaurados para reprimir tais infrações cometidas por embarcação estrangeira, que possam dar lugar à imposição de sanções, devem ser respeitados os direitos reconhecidos dos acusados.

Artigo 231
Notificação ao Estado de bandeira e a outros Estados interessados

Os Estados devem notificar sem demora o Estado de bandeira e qualquer outro Estado interessado das medidas tomadas em relação a embarcações estrangeiras, nos termos da seção 6, e remeter ao Estado de bandeira todos os relatórios oficiais relativos a tais medidas. Contudo, no caso de infrações cometidas no mar territorial, as referidas obrigações do Estado costeiro restringem-se às medidas que se tomem no decurso dos procedimentos. Os agentes diplomáticos ou funcionários consulares e, na medida do possível, a autoridade marítima do Estado de bandeira devem ser imediatamente informados de tais medidas.

Artigo 232
Responsabilidade dos Estados decorrente de medidas de execução

Os Estados serão responsáveis por perdas ou danos que lhes sejam imputáveis, decorrentes das medidas tomadas nos termos da seção 6, quando tais medidas forem ilegais ou excederem o razoavelmente necessário à luz das informações disponíveis. Os Estados devem estabelecer meios para recorrer aos seus tribunais através de ações relativas a tais perdas ou danos.

Artigo 233
Garantias relativas aos estreitos utilizados para a navegação internacional

Nenhuma das disposições das seções 5, 6 e 7 afeta o regime jurídico dos estreitos utilizados para a navegação internacional. Contudo, se um navio estrangeiro que não os mencionados na seção 10 cometer uma infração às leis e regulamentos mencionados nas alíneas a) e b) do § 1° do art. 42 que cause ou ameace causar danos graves ao meio marinho dos estreitos, os Estados ribeirinhos dos estreitos podem tomar todas as medidas de execução apropriadas e, em tal caso, devem respeitar, mutatis mutandis, as disposições da presente seção.

Seção 8
Áreas cobertas de gelo

Artigo 234
Áreas cobertas de gelo

Os Estados costeiros têm o direito de adoptar e aplicar leis e regulamentos não discriminatórios para prevenir, reduzir e controlar a poluição do meio marinho proveniente de embarcações nas áreas cobertas de gelo dentro dos limites da zona econômica exclusiva, quando condições de clima particularmente rigorosas e a presença de gelo sobre tais áreas durante a maior parte do ano criem obstruções ou perigos excepcionais para a navegação, e a poluição do meio marinho possa causar danos graves ao equilíbrio ecológico ou alterá-lo de modo irreversível. Tais leis e regulamentos devem ter em devida conta a navegação e a proteção e preservação do meio marinho com base nos melhores dados científicos de que se disponha.

Seção 9
Responsabilidade

Artigo 235
Responsabilidade

1. Os Estados devem zelar pelo cumprimento das suas obrigações internacionais relativas à proteção e preservação do meio marinho. Serão responsáveis de conformidades com o direito internacional.
2. Os Estados devem assegurar através do seu direito interno meios de recurso que permitam obter uma indenização pronta e adequada ou outra reparação pelos danos resultantes da poluição do meio marinho por pessoas jurídicas, singulares ou coletivas, sob sua jurisdição.
3. A fim de assegurar indenização pronta e adequada por todos os danos resultantes da poluição do meio marinho, os Estados devem cooperar na aplicação do direito internacional vigente e no ulterior desenvolvimento do direito internacional relativo às responsabilidades quanto à avaliação

dos danos e à sua indemnização e à solução das controvérsias conexas, bem como, se for o caso, na elaboração de critérios e procedimentos para o pagamento de indemnização adequada, tais como o seguro obrigatório ou fundos de indemnização.

Seção 10
Imunidade soberana

Artigo 236
Imunidade soberana

As disposições da presente Convenção relativas à proteção e preservação do meio marinho não se aplicam a navios de guerra, embarcações auxiliares, outras embarcações ou aeronaves pertencentes ou operadas por um Estado e utilizadas, no momento considerado, unicamente em serviço governamental não comercial. Contudo, cada Estado deve assegurar, através de medidas apropriadas que não dificultem as operações ou a capacidade operacional de tais embarcações ou aeronaves que lhe pertençam ou sejam por ele utilizadas, que tais embarcações ou aeronaves procedam, na medida do possível e razoável, de modo compatível com a presente Convenção.

Seção 11
Obrigações contraídas em virtude de outras convenções sobre proteção e preservação do meio marinho

Artigo 237
Obrigações contraídas em virtude de outras convenções sobre proteção e preservação do meio marinho

1. As disposições da presente Parte não afetam as obrigações específicas contraídas pelos Estados em virtude de convenções e acordos especiais concluídos anteriormente sobre a proteção e preservação do meio marinho, nem os acordos que possam ser concluídos em aplicação dos princípios gerais enunciados na presente Convenção.

2. As obrigações específicas contraídas pelos Estados em virtude de convenções especiais, relativas à proteção e preservação do meio marinho, devem ser cumpridas de modo compatível com os princípios e objetivos gerais da presente Convenção.

PARTE XIII
INVESTIGAÇÃO CIENTÍFICA MARINHA

Seção 1
Disposições gerais

Artigo 238
Direito de realizar investigação científica marinha

Todos os Estados, independentemente da sua situação geográfica, e as organizações internacionais competentes têm o direito de realizar investigação científica marinha sem prejuízo dos direitos e deveres de outros Estados tais como definidos na presente Convenção.

Artigo 239
Promoção da investigação científica marinha

Os Estados e as organizações internacionais competentes devem promover e facilitar o desenvolvimento e a realização da investigação científica marinha de conformidade com a presente Convenção.

Artigo 240
Princípios gerais para a realização da investigação científica marinha

Na realização da investigação científica marinha devem ser aplicados os seguintes princípios:
a) a investigação científica marinha deve ser realizada exclusivamente com fins pacíficos;
b) a investigação científica marinha deve ser realizada mediante métodos e meios científicos apropriados compatíveis com a presente Convenção;
c) a investigação científica marinha não deve interferir injustificadamente com outras utilizações legítimas do mar compatíveis com a presente Convenção e será devidamente tomada em consideração no exercício de tais utilizações;
d) a investigação científica marinha deve ser realizada nos termos de todos os regulamentos pertinentes adotados de conformidade com a presente Convenção, incluindo os relativos à proteção e preservação do meio marinho.

Artigo 241
Não reconhecimento da investigação científica marinha como fundamento jurídico para reivindicações

As atividades de investigação científica marinha não devem constituir fundamento jurídico de nenhuma reivindicação de qualquer parte do meio marinho ou de seus recursos.

Seção 2
Cooperação internacional

Artigo 242
Promoção da cooperação internacional

1. Os Estados e as organizações internacionais competentes devem, de conformidade com o princípio do respeito da soberania e da jurisdição e na base de benefício mútuo, promover a cooperação internacional no campo da investigação científica marinha com fins pacíficos.

2. Neste contexto, e sem prejuízo dos direitos e deveres do Estados em virtude da presente Convenção, um Estado, ao aplicar a presente Parte, deve dar a outros Estados, quando apropriado, oportunidade razoável para obter do mesmo, ou mediante a sua cooperação, a informação necessária para prevenir e controlar os danos à saúde e à segurança das pessoas e ao meio marinho.

Artigo 243
Criação de condições favoráveis

Os Estados e as organizações internacionais competentes devem cooperar, mediante a celebração de acordos bilaterais e multilaterais, na criação de condições favoráveis à realização da investigação científica marinha no meio marinho e na integração dos esforços dos cientistas no estudo da natureza e inter-relações dos fenômenos e processos que ocorrem no meio marinho.

Artigo 244
Publicação e difusão de informações e conhecimentos

1. Os Estados e as organizações internacionais competentes devem, de conformidade com a presente Convenção, mediante a publicação e difusão pelos canais apropriados, facultar informação sobre os principais programas propostos e seus objetivos, bem como os conhecimentos resultantes da investigação científica marinha.
2. Para tal fim, os Estados, quer individualmente quer em cooperação com outros Estados e com as organizações internacionais competentes, devem promover ativamente a difusão de dados e informações científicos e a transferência dos conhecimentos resultantes da investigação científica marinha, em particular para os Estados em desenvolvimento, bem como o fortalecimento da capacidade autônoma de investigação científica marinha dos Estados em desenvolvimento por meio de, *inter alia*, programas de formação e treino adequados ao seu pessoal técnico e científico.

Seção 3
Realização e promoção da investigação científica marinha

Artigo 245
Investigação científica marinha no mar territorial

Os Estados costeiros, no exercício da sua soberania, têm o direito exclusivo de regulamentar, autorizar e realizar investigação científica marinha no seu mar territorial. A investigação científica marinha no seu mar territorial só deve ser realizada com o consentimento expresso do Estado costeiro e nas condições por ele estabelecidas.

Artigo 246
Investigação científica marinha na zona econômica exclusiva e na plataforma continental

1. Os Estados costeiros, no exercício da sua jurisdição, têm o direito de regulamentar, autorizar e realizar investigação científica marinha na sua zona econômica exclusiva e na sua plataforma continental de conformidade com as disposições pertinentes da presente Convenção.
2. A investigação científica marinha na zona econômica exclusiva e na plataforma continental deve ser realizada com o consentimento do Estado costeiro.
3. Os Estados costeiros, em circunstâncias normais, devem dar o seu consentimento a outros Estados ou organizações internacionais competentes para que executem, de conformidade com a presente Convenção, projetos de investigação científica marinha na sua zona econômica exclusiva ou na sua plataforma continental, exclusivamente com fins pacíficos e com o propósito de aumentar o conhecimento científico do meio marinho em benefício de toda a humanidade. Para tal fim, os Estados costeiros devem estabelecer regras e procedimentos para garantir que tal consentimento não seja retardado nem denegado sem justificação razoável.
4. Para os efeitos de aplicação do § 3°, considera-se que podem existir circunstâncias normais independentemente da ausência de relações diplomáticas entre o Estado costeiro e o Estado que pretende investigar.
5. Os Estados costeiros poderão, contudo, discricionariamente, recuar-se a dar o seu consentimento à realização na sua zona econômica exclusiva ou na sua plataforma continental de um projeto de investigação científica marinha de outro Estado ou organização internacional competente se o projeto:
a) tiver uma influência direta na exploração e aproveitamento dos recursos naturais, vivos ou não vivos;
b) implicar perfurações na plataforma continental, a utilização de explosivos ou a introdução de substâncias nocivas no meio marinho;
c) implicar a construção, funcionamento ou utilização das ilhas artificiais, instalações e estruturas referidas nos arts. 60 e 80;
d) contiver informação prestada nos termos do art. 248, sobre a natureza e os objetivos do projeto que seja inexata ou se o Estado ou a organização internacional competente que pretende realizar a investigação científica marinha tiver obrigações pendentes para com o Estado costeiro decorrentes de um projeto de investigações anterior.
6. Não obstante as disposições do § 5°, os Estados costeiros não podem exercer o seu poder discricionário de recusar o seu consentimento nos termos da alínea *a)* do referido parágrafo em relação aos projetos de investigação científica marinha, a serem realizados de conformidade com as disposições da presente Parte, na plataforma continental, além das 200 milhas marítimas das linhas de base, a partir das quais se mede a largura do mar territorial fora das áreas específicas que os Estados costeiros venham a designar publicamente, em qualquer momento, como áreas nas quais se estão a realizar ou se venham a realizar, num prazo razoável, atividades de aproveitamento ou operações pormenorizadas de exploração sobre essas áreas. Os Estados costeiros devem dar a devida publicidade à designação de tais áreas bem como a qualquer modificação das mesmas, mas não serão obrigados a dar pormenores das operações realizadas nessas áreas.
7. As disposições do § 6° não prejudicam os direitos dos Estados costeiros sobre a sua plataforma continental, como estabelecido no art. 77.
8. As atividades de investigação científica marinha mencionadas no presente artigo não devem interferir injustificadamente com as atividades empreendidas pelos Estados costeiros no exercício dos seus

direitos de soberania e da sua jurisdição previstos na presente Convenção.

Artigo 247
Projetos de investigação científica marinha realizados por organizações internacionais ou sob os seus auspícios

Entende-se que um Estado costeiro membro de uma organização internacional ou ligado por acordo bilateral a tal organização, e em cuja zona econômica exclusiva ou plataforma continental essa organização pretende realizar, diretamente ou sob os seus auspícios, um projeto de investigação científica marinha, autorizou a realização do projeto de conformidade com as especificações acordadas se esse Estado tiver aprovado o projeto pormenorizado quando a organização decidiu pela sua realização ou se o Estado costeiro pretende participar no projeto e não tiver formulado qualquer objeção até à expiração do prazo de quatro meses a contar da data em que o projeto lhe tenha sido comunicado pela organização internacional.

Artigo 248
Dever de prestar informação ao Estado costeiro

Os Estados e as organizações internacionais competentes que se proponham realizar investigação científica marinha na zona econômica exclusiva ou na plataforma continental de um Estado costeiro devem fornecer a esse Estado, com a antecedência mínima de seis meses da data prevista para o início do projeto de investigação científica marinha, uma descrição completa de:

a) a natureza e os objetivos do projeto;

b) o método e os meios a utilizar, incluindo o nome, a tonelagem, o tipo e a categoria das embarcações e uma descrição do equipamento científico;

c) as áreas geográficas precisas onde o projeto se vai realizar;

d) as datas previstas da primeira chegada e da partida definitiva das embarcações de investigação, ou da instalação e remoção do equipamento, quando apropriado;

e) o nome da instituição patrocinadora, o do seu diretor e o da pessoa encarregada do projeto; e

f) o âmbito em que se considera a eventual participação ou representação do Estado costeiro no projeto.

Artigo 249
Dever de cumprir certas condições

1. Os Estados e as organizações internacionais competentes, quando realizem investigação científica marinha na zona econômica exclusiva ou na plataforma continental de um Estado costeiro, devem cumprir as seguintes condições:

a) garantir ao Estado costeiro, se este o desejar, o direito de participar ou estar representado no projeto de investigação científica marinha, especialmente, quando praticável, a bordo de embarcações e de outras unidades de investigação ou nas instalações de investigação científica, sem pagar qualquer remuneração aos investigadores do Estado costeiro e sem que este tenha obrigação de contribuir para os custos do projeto;

b) fornecer ao Estado costeiro, a pedido deste, tão depressa quanto possível, relatórios preliminares bem como os resultados e conclusões finais uma vez terminada a investigação;

c) comprometer-se a dar acesso ao Estado costeiro, a pedido deste, a todos os dados e amostras resultantes do projeto de investigação científica marinha bem como a fornecer-lhe os dados que possam ser reproduzidos e as amostras que possam ser divididas sem prejuízo do seu valor científico;

d) fornecer ao Estado costeiro, a pedido deste, uma avaliação de tais dados, amostras e resultados da investigação ou assisti-lo na sua avaliação ou interpretação;

e) garantir, com ressalva do disposto no § 2º, que os resultados da investigação estejam disponíveis, tão depressa quanto possível, no plano internacional por intermédio dos canais nacionais e internacionais apropriados;

f) informar imediatamente o Estado costeiro de qualquer mudança importante no programa de investigação;

g) salvo acordo em contrário, retirar as instalações ou o equipamento de investigação científica uma vez terminada a investigação.

2. O presente artigo não prejudica as condições estabelecidas pelas leis e regulamentos do Estado costeiro para o exercício do poder discricionário de dar ou recusar o seu consentimento nos termos do § 5º do art. 246, incluindo-se a exigência de acordo prévio para a divulgação no plano internacional dos resultados de um projeto de investigação com incidência direta na exploração e aproveitamento dos recursos naturais.

Artigo 250
Comunicações relativas aos projetos de investigação científica marinha

As comunicações relativas aos projetos de investigação científica marinha devem ser feitas por intermédio dos canais oficiais apropriados, salvo acordo em contrário.

Artigo 251
Critérios gerais e diretrizes

Os Estados devem procurar, por intermédio das organizações internacionais competentes, o estabelecimento de critérios gerais e diretrizes que os ajudem a determinar a natureza e as implicações da investigação científica marinha.

Artigo 252
Consentimento tácito

Os Estados ou as organizações internacionais competentes podem empreender um projeto de investigação científica marinha seis meses após a data em que tenham sido fornecidas ao Estado costeiro as informações previstas no art. 248, a não ser que, no prazo de quatro meses após terem sido recebidas essas informações, o Estado costeiro tenha informado o Estado ou a organização que se propõe realizar a investigação de que:

a) recusa o seu consentimento nos termos do disposto no art. 246; ou

b) as informações fornecidas pelo Estado ou pela organização internacional competente sobre a natureza ou objetivos do projeto não correspondem a fatos manifestamente evidentes; ou

c) solicita informação suplementar sobre as condições e as informações previstas nos arts. 248 e 249; ou

d) existem obrigações pendentes relativamente às condições estabelecidas no art. 249 a respeito de um projeto de investigação científica marinha anteriormente realizado por esse Estado ou organização.

Artigo 253
Suspensão ou cessação das atividades de investigação científica marinha

1. O Estado costeiro tem o direito de exigir a suspensão de quaisquer atividades de investigação científica marinha em curso na sua zona econômica exclusiva ou na sua plataforma continental, se:

a) as atividades de investigação não se realizarem de conformidade com as informações transmitidas nos termos do art. 248 e nas quais se tenha fundamentado o consentimento do Estado costeiro; ou

b) o Estado ou a organização internacional competente que realizar as atividades de investigação não cumprir o disposto no art. 249 no que se refere aos direitos do Estado costeiro relativos ao projeto de investigação científica marinha.

2. O Estado costeiro tem o direito de exigir a cessação de quaisquer atividades de investigação científica marinha em caso de qualquer não cumprimento do disposto no art. 248 que implique mudança fundamental no projeto ou nas atividades de investigação.

3. O Estado costeiro pode também exigir a cessação das atividades de investigação científica marinha se, num prazo razoável, não forem corrigidas quaisquer das situações previstas no § 1º.

4. Uma vez notificados pelo Estado costeiro da sua decisão de ordenar a suspensão ou cessação, os Estados ou as organizações internacionais competentes autorizados a realizar as atividades de investigação científica marinha devem pôr fim às atividades de investigação que são objeto de tal notificação.

5. A ordem de suspensão prevista no § 1º será revogada pelo Estado costeiro e permitida a continuação das atividades de investigação científica marinha quando o Estado ou a organização internacional competente que realizar a investigação tiver cumprido as condições exigidas nos arts. 248 e 249.

Artigo 254
Direitos dos Estados vizinhos sem litoral e dos Estados em situação geográfica desfavorecida

1. Os Estados e as organizações internacionais competentes que tiverem apresentado a um Estado costeiro um projeto para realizar investigação científica marinha referida no § 3º do art. 246 devem informar os Estados vizinhos sem litoral e aqueles em situação geográfica desfavorecida do projeto de investigação proposto e devem notificar o Estado costeiro de que deram tal informação.

2. Depois do Estado costeiro interessado ter dado o seu consentimento ao projeto de investigação científica marinha proposto de conformidade com o art. 246 e com outras disposições pertinentes da presente Convenção, os Estados e as organizações internacionais competentes que -realizem esse projeto devem proporcionar aos Estados vizinhos sem litoral e àqueles em situação geográfica desfavorecida, por solicitação desses Estados e quando apropriado, a informação pertinente especificada no art. 248 e na alínea *f* do § 1º do art. 249.

3. Aos referidos Estados vizinhos sem litoral e àqueles em situação geográfica desfavorecida deve ser dada, a seu pedido, a possibilidade de participarem, quando praticável, no projeto de investigação científica marinha proposto, por intermédio de peritos qualificados, nomeados por esses Estados e não recusados pelo Estado costeiro, segundo as condições acordadas para o projeto entre o Estado costeiro interessado e o Estado ou as organizações internacionais competentes que realizem a investigação científica marinha, de conformidade com as disposições da presente Convenção.

4. Os Estados e as organizações internacionais competentes referidos no § 1º devem prestar aos mencionados Estados sem litoral e àqueles em situação geográfica desfavorecida, a seu pedido, as informações e a assistência especificadas na alínea *d)* do § 1º do art. 249, salvo o disposto no § 2º do mesmo artigo.

Artigo 255
Medidas para facilitar a investigação científica marinha e prestar assistência às embarcações de investigação

Os Estados devem procurar adoptar normas, regulamentos e procedimentos razoáveis para promover e facilitar a investigação científica marinha realizada além do seu mar territorial de conformidade com a presente Convenção e, quando apropriado, facilitar o acesso aos seus portos e promover a assistência às embarcações de investigação científica marinha que cumpram as disposições pertinentes da presente Parte, salvo o disposto nas suas leis e regulamentos.

Artigo 256
Investigação científica marinha na Área

Todos os Estados, independentemente da sua situação geográfica, bem como as organizações internacionais competentes, têm o direito, de conformidade com as disposições da Parte XI, de realizar investigação científica marinha na Área.

Artigo 257
Investigação científica marinha na coluna de água além dos limites da zona econômica exclusiva

Todos os Estados, independentemente da sua situação geográfica, bem como as organizações internacionais competentes, têm o direito, de conformidade com a presente Convenção, de realizar investigação científica marinha na coluna de água além dos limites da zona econômica exclusiva.

Seção 4
Instalações e equipamento de investigação científica no meio marinho

Artigo 258
Colocação e utilização

A colocação e utilização de qualquer tipo de instalação ou equipamento de investigação científica em qualquer área do meio marinho devem estar sujeitas às mesmas condições estabelecidas na presente Convenção para a realização de investigação científica marinha nessa mesma área.

Artigo 259
Estatuto jurídico

As instalações ou os equipamentos referidos na presente seção não têm o estatuto jurídico de ilhas. Não têm mar territorial próprio e a sua presença não afeta a delimitação do mar territorial, da zona econômica exclusiva ou da plataforma continental.

Artigo 260
Zonas de segurança

Podem ser estabelecidas em volta das instalações de investigação científica, de conformidade com as disposições pertinentes da presente Convenção, zonas de segurança de largura razoável que não exceda uma distância de 500 metros. Todos os Estados devem velar por que as suas embarcações respeitem tais zonas de segurança.

Artigo 261
Não interferência nas rotas de navegação

A colocação e a utilização de qualquer tipo de instalações ou equipamento de investigação científica não devem constituir obstáculo às rotas estabelecidas para a navegação internacional.

Artigo 262
Marcas de identificação e sinais de aviso

As instalações ou o equipamento mencionados na presente seção devem dispor de marcas de identificação que indiquem o Estado de registo ou a organização internacional a que pertencem, bem como dos adequados sinais de aviso internacionalmente acordados para garantir a segurança no mar e a segurança da navegação aérea, tendo em conta as regras e normas estabelecidas pelas organizações internacionais competentes.

Seção 5
Responsabilidade

Artigo 263
Responsabilidade

1. Cabe aos Estados bem como às organizações internacionais competentes zelar por que a investigação científica marinha, efetuada por eles ou em seu nome, se realize de conformidade com a presente Convenção.

2. Os Estados e as organizações internacionais competentes são responsáveis pelas medidas que tomarem em violação da presente Convenção relativamente à investigação científica marinha realizada por outros Estados, suas pessoas jurídicas, singulares ou coletivas, ou por organizações internacionais competentes, e devem pagar indenizações pelos danos resultantes de tais medidas.

3. Os Estados e as organizações internacionais competentes são responsáveis, nos termos do art. 235, pelos danos causados pela poluição do meio marinho, resultante da investigação científica marinha realizada por eles ou em seu nome.

Seção 6
Solução de controvérsias e medidas provisórias

Artigo 264
Solução de controvérsias

As controvérsias relativas à interpretação ou aplicação das disposições da presente Convenção referentes à investigação científica marinha devem ser solucionadas de conformidade com as seções 2 e 3 da Parte XV.

Artigo 265
Medidas provisórias

Enquanto uma controvérsia não for solucionada de conformidade com as seções 2 e 3 da Parte XV, o Estado ou a organização internacional competente autorizado a realizar um projeto de investigação científica marinha não deve permitir que se iniciem ou continuem as atividades de investigação sem o consentimento expresso do Estado costeiro interessado.

PARTE XIV
DESENVOLVIMENTO E TRANSFERÊNCIA DE TECNOLOGIA MARINHA

Seção 1
Disposições gerais

Artigo 266
Promoção do desenvolvimento e da transferência de tecnologia marinha

1. Os Estados, diretamente ou por intermédio das organizações internacionais competentes, devem cooperar, na medida das suas capacidades, para promover ativamente o desenvolvimento e a transferência da ciência e da tecnologia marinhas segundo modalidades e condições equitativas e razoáveis.

2. Os Estados devem promover o desenvolvimento da capacidade científica e tecnológica marinha dos Estados que necessitem e solicitem assistência técnica neste domínio, particularmente os Estados em desenvolvimento, incluindo os Estados sem litoral e aqueles em situação geográfica desfavorecida, no que se refere à exploração, aproveitamento, conservação e gestão dos recursos marinhos, à proteção e preservação do meio marinho, à investigação científica marinha e outras atividades no meio marinho compatíveis

com a presente Convenção, tendo em vista acelerar o desenvolvimento econômico e social dos Estados em desenvolvimento.

3. Os Estados devem procurar favorecer condições econômicas e jurídicas propícias à transferência de tecnologia marinha, numa base equitativa, em benefício de todas as partes interessadas.

Artigo 267
Proteção dos interesses legítimos

Ao promover a cooperação, nos termos do art. 266, os Estados devem ter em devida conta todos os interesses legítimos, *inter alia*, os direitos e deveres dos possuidores, fornecedores e recebedores de tecnologia marinha.

Artigo 268
Objetivos fundamentais

Os Estados, diretamente ou por intermédio das organizações internacionais competentes, devem promover:

a) a aquisição, avaliação e divulgação de conhecimentos de tecnologia marinha bem como facilitar o acesso a informação e dados pertinentes;

b) o desenvolvimento de tecnologia marinha apropriada;

c) o desenvolvimento da infraestrutura tecnológica necessária para facilitar a transferência da tecnologia marinha;

d) o desenvolvimento dos recursos humanos através da formação e ensino a nacionais dos Estados e países em desenvolvimento e, em especial, dos menos desenvolvidos entre eles; e

e) a cooperação internacional em todos os níveis, particularmente em nível regional, sub-regional e bilateral.

Artigo 269
Medidas para atingir os objetivos fundamentais

Para atingir os objetivos mencionados no art. 268, os Estados, diretamente ou por intermédio das organizações internacionais competentes, devem procurar, *inter alia*:

a) estabelecer programas de cooperação técnica para a efetiva transferência de todos os tipos de tecnologia marinha aos Estados que necessitem e solicitem assistência técnica neste domínio, em especial aos Estados em desenvolvimento sem litoral e aos Estados em desenvolvimento em situação geográfica desfavorecida, bem como a outros Estados em desenvolvimento que não tenham podido estabelecer ou desenvolver a sua própria capacidade tecnológica no âmbito da ciência marinha e no da exploração e aproveitamento de recursos marinhos, nem podido desenvolver a infraestrutura de tal tecnologia;

b) promover condições favoráveis à conclusão de acordos, contratos e outros ajustes similares em condições equitativas e razoáveis;

c) realizar conferências, seminários e simpósios sobre temas científicos e tecnológicos, em particular sobre políticas e métodos para a transferência de tecnologia marinha;

d) promover o intercâmbio de cientistas e peritos em tecnologia e outras matérias;

e) realizar projetos e promover empresas conjuntas e outras formas de cooperação bilateral e multilateral.

Seção 2
Cooperação internacional

Artigo 270
Formas de cooperação internacional

A cooperação internacional para o desenvolvimento e a transferência de tecnologia marinha deve ser efetuada, quando praticável e apropriado, através de programas bilaterais, regionais ou multilaterais existentes, bem como através de programas ampliados e de novos programas para facilitar a investigação científica marinha, a transferência de tecnologia marinha, particularmente em novos domínios e o financiamento internacional apropriado da investigação e desenvolvimento dos oceanos.

Artigo 271
Diretrizes, critérios e normas

Os Estados devem promover, diretamente ou por intermédio das organizações internacionais competentes, o estabelecimento de diretrizes, critérios e normas geralmente aceitos para a transferência de tecnologia marinha numa base bilateral ou no âmbito das organizações internacionais e outros organismos, tendo particularmente em conta os interesses e necessidades dos Estados em desenvolvimento.

Artigo 272
Coordenação de programas internacionais

No domínio da transferência de tecnologia marinha, os Estados devem procurar assegurar que as organizações internacionais competentes coordenem as suas atividades, incluindo quaisquer programas regionais ou mundiais, tendo em conta os interesses e necessidades dos Estados em desenvolvimento, em particular dos Estados sem litoral e daqueles em situação geográfica desfavorecida.

Artigo 273
Cooperação com organizações internacionais e com a Autoridade

Os Estados devem cooperar ativamente com as organizações internacionais competentes e com a Autoridade para encorajar e facilitar a transferência de conhecimentos especializados e de tecnologia marinha relativos às atividades na Área aos Estados em desenvolvimento, aos seus nacionais e à Empresa.

Artigo 274
Objetivos da Autoridade

Sem prejuízo de todos os interesses legítimo, incluindo, *inter alia*, os direitos e deveres dos possuidores, fornecedores e recebedores de tecnologia, a

Autoridade, no que se refere às atividades na área, deve assegurar que:

a) os nacionais dos Estados em desenvolvimento, costeiros, sem litoral ou em situação geográfica desfavorecida, sejam admitidos para fins de estágio, com base no princípio da distribuição geográfica equitativa, como membros do pessoal de gestão, de investigação e técnico recrutado para as suas atividades;

b) a documentação técnica relativa ao equipamento, maquinaria, dispositivos e processos pertinentes seja posta à disposição de todos os Estados, em particular dos Estados em desenvolvimento que necessitem e solicitem assistência técnica nesse domínio;

c) sejam tomadas pela Autoridade disposições apropriadas para facilitar a aquisição de assistência técnica no domínio da tecnologia marinha pelos Estados que dela necessitem e a solicitem, em particular os Estados em desenvolvimento, bem como a aquisição pelos seus nacionais dos conhecimentos técnicos e especializados necessários, incluindo a formação profissional;

d) seja prestada aos Estados a assistência técnica de que necessitem e solicitem nesse domínio, em especial aos Estados em desenvolvimento, bem como assistência na aquisição de equipamento, instalações, processos e outros conhecimentos técnicos necessários, mediante qualquer ajuste financeiro previsto na presente Convenção.

Seção 3
Centros nacionais e regionais de investigação científica e tecnológica marinha

Artigo 275
Estabelecimento de centros nacionais

1. Os Estados devem promover, diretamente ou por intermédio das organizações internacionais competentes e da Autoridade, o estabelecimento, em especial nos Estados costeiros em desenvolvimento, de centros nacionais de investigação científica e tecnológica marinha bem como o reforço de centros nacionais existentes, a fim de estimular e impulsionar a realização de investigação científica marinha pelos Estados costeiros em desenvolvimento e de aumentar a sua capacidade nacional para utilizar e preservar os seus recursos marinhos em seu próprio benefício econômico.

2. Os Estados devem prestar, por intermédio das organizações internacionais competentes e da Autoridade, apoio adequado para facilitar o estabelecimento e o reforço de tais centros nacionais, a fim de fornecerem serviços de formação avançada, e equipamento e conhecimentos práticos e técnicos necessários, bem como peritos técnicos, aos Estados que necessitem e solicitem tal assistência.

Artigo 276
Estabelecimento de centros regionais

1. Os Estados devem promover, em coordenação com as organizações internacionais competentes, com a Autoridade e com instituições nacionais de investigação científica e tecnológica marinha, o estabelecimento de centros regionais de investigação científica e tecnológica marinha, em especial nos Estados em desenvolvimento, a fim de estimular e impulsionar a realização de investigação científica marinha pelos Estados em desenvolvimento e de favorecer a transferência de tecnologia marinha.

2. Todos os Estados de uma região devem cooperar com os respectivos centros regionais a fim de assegurarem a realização mais eficaz dos seus objetivos.

Artigo 277
Funções dos centros regionais

As funções dos centros regionais devem compreender, *inter alia*:

a) programas de formação e ensino, em todos os níveis, sobre diversos aspetos da investigação científica e tecnológica marinha, em especial a biologia marinha, incluídas a conservação e a gestão dos recursos vivos, a oceanografia, a hidrografia, a engenharia, a exploração geológica dos fundos marinhos, a extração mineira bem como a tecnologia de dessalinização;

b) estudos de gestão;

c) programas de estudos relacionados com a proteção e preservação do meio marinho e com a prevenção, redução e controle da poluição;

d) organização de conferências, seminários e simpósios regionais;

e) aquisição e processamento de dados e informações sobre a ciência e tecnologia marinhas;

f) disseminação imediata dos resultados da investigação científica e tecnológica marinha por meio de publicações de fácil acesso;

g) divulgação das políticas nacionais sobre transferência de tecnologia marinha e estudo comparativo sistemático dessas políticas;

h) compilação e sistematização de informações sobre comercialização de tecnologia e sobre os contratos e outros ajustes relativos a patentes;

i) cooperação técnica com outros Estados da região.

Seção 4
Cooperação entre organizações internacionais

Artigo 278
Cooperação entre organizações internacionais

As organizações internacionais competentes mencionadas na presente Parte e na Parte XIII devem tomar todas as medidas apropriadas para assegurarem, diretamente ou em estreita cooperação entre si, o cumprimento efetivo das funções e responsabilidades decorrentes da presente parte.

PARTE XV
SOLUÇÃO DE CONTROVÉRSIAS

Seção 1
Disposições gerais

Artigo 279
Obrigação de solucionar controvérsias por meios pacíficos

Os Estados-Partes devem solucionar qualquer controvérsia entre eles relativa à interpretação ou aplicação da presente Convenção por meios pacíficos, de conformidade com o § 3º do art. 2 da Carta das Nações Unidas e, para tal fim, procurar uma solução pelos meios indicados no § 1º do art. 33 da Carta.

Artigo 280
Solução de controvérsias por quaisquer meios pacíficos escolhidos pelas partes

Nenhuma das disposições da presente Parte prejudica o direito dos Estados-Partes de, em qualquer momento, acordarem na solução de uma controvérsia entre eles relativa à interpretação ou aplicação da presente Convenção por quaisquer meios pacíficos de sua própria escolha.

Artigo 281
Procedimento aplicável quando as partes não tenham alcançado uma solução

1. Se os Estados-Partes que são partes numa controvérsia relativa à interpretação ou aplicação da presente Convenção tiverem acordado em procurar solucioná-la por um meio pacífico de sua própria escolha, os procedimentos estabelecidos na presente Parte só serão aplicados se não tiver sido alcançada uma solução por esse meio e se o acordo entre as partes não excluir a possibilidade de outro procedimento.
2. Se as partes tiverem também acordado num prazo, o disposto no § 1º só será aplicado depois de expirado esse prazo.

Artigo 282
Obrigações decorrentes de acordos gerais, regionais ou bilaterais

Se os Estados-Partes que são partes numa controvérsia relativa à interpretação ou aplicação da presente Convenção tiverem ajustado, por meio de acordo geral, regional ou bilateral, ou de qualquer outra forma, em que tal controvérsia seja submetida, a pedido de qualquer das partes na mesma, a um procedimento conducente a uma decisão obrigatória, esse procedimento será aplicado em lugar do previsto na presente Parte, salvo acordo em contrário das partes na controvérsia.

Artigo 283
Obrigação de trocar opiniões

1. Quando surgir uma controvérsia entre Estados-Partes relativa à interpretação ou aplicação da presente Convenção, as partes na controvérsia devem proceder sem demora a uma troca de opiniões, tendo em vista solucioná-la por meio de negociação ou de outros meios pacíficos.
2. As partes também devem proceder sem demora a uma troca de opiniões quando um procedimento para a solução de tal controvérsia tiver sido terminado sem que esta tenha sido solucionada ou quando se tiver obtido uma solução e as circunstâncias requeiram consultas sobre o modo como será implementada a solução.

Artigo 284
Conciliação

1. O Estado-Parte que é parte numa controvérsia relativa à interpretação ou aplicação da presente Convenção pode convidar a outra ou outras partes a submetê-la a conciliação, de conformidade com o procedimento previsto na seção 1 do Anexo V ou com outro procedimento de conciliação.
2. Se o convite for aceito e as partes acordarem no procedimento de conciliação a aplicar, qualquer parte pode submeter a controvérsia a esse procedimento.
3. Se o convite não for aceito ou as partes não acordarem no procedimento, o procedimento de conciliação deve ser considerado terminado.
4. Quando uma controvérsia tiver sido submetida a conciliação, o procedimento só se poderá dar por terminado de conformidade com o procedimento de conciliação acordado, salvo acordo em contrário das partes.

Artigo 285
Aplicação da presente seção às controvérsias submetidas nos termos da Parte XI

Esta seção aplica-se a qualquer controvérsia que, nos termos da seção 5 da Parte XI da presente Convenção, tenha de ser solucionada de conformidade com os procedimentos previstos na presente Parte. Se uma entidade que não um Estado-Parte for parte em tal controvérsia, esta seção aplica-se *mutatis mutandis*.

Seção 2
Procedimentos compulsórios conducentes a decisões obrigatórias

Artigo 286
Aplicação dos procedimentos nos termos da presente seção

Salvo o disposto na seção 3, qualquer controvérsia relativa à interpretação ou aplicação da presente Convenção, quando não tiver sido solucionada mediante a aplicação da seção 1, será submetida, a pedido de qualquer das partes na controvérsia, à corte ou tribunal que tenha jurisdição nos termos da presente seção.

Artigo 287
Escolha do procedimento

1. Um Estado ao assinar ou ratificar a presente Convenção ou a ela aderir, ou em qualquer momento ulterior, pode escolher livremente, por meio de declaração escrita, um ou mais dos seguintes meios para a solução das controvérsias relativas à interpretação ou aplicação da presente Convenção:

a) o Tribunal Internacional do Direito do Mar estabelecido de conformidade com o Anexo VI;

b) o Tribunal Internacional de Justiça;

c) um Tribunal arbitral constituído de conformidade com o Anexo VII;

d) um tribunal arbitral especial constituído de conformidade com o Anexo VIII, para uma ou mais das categorias de controvérsias especificadas no referido Anexo.

2. Uma declaração feita nos termos do § 1º não deve afetar a obrigação de um Estado-Parte de aceitar, na medida e na forma estabelecidas na seção 5 da

Parte XI, a competência da Câmara de Controvérsias dos Fundos Marinhos do Tribunal Internacional do Direito do Mar nem deve ser afetada por essa obrigação.

3. O Estado-Parte que é parte numa controvérsia não abrangida por uma declaração vigente, deve ser considerado como tendo aceito a arbitragem, de conformidade com o Anexo VII.

4. Se as partes numa controvérsia tiverem aceito o mesmo procedimento para a solução da controvérsia, esta só poderá ser submetida a esse procedimento, salvo acordo em contrário das partes.

5. Se as partes numa controvérsia não tiverem aceito o mesmo procedimento para a solução da controvérsia, esta só poderá ser submetida a arbitragem, de conformidade com o Anexo VII, salvo acordo em contrário das partes.

6. Uma declaração feita nos termos do § 1º manter-se-á em vigor até três meses depois da notificação de revogação de ter sido depositada junto do Secretário-Geral das Nações Unidas.

7. Nenhuma nova declaração, notificação de revogação ou expiração de uma declaração afeta de modo algum os procedimentos pendentes numa corte ou tribunal que tenha jurisdição nos termos do presente artigo, salvo acordo em contrário das partes.

8. As declarações e notificações referidas no presente artigo serão depositadas junto do Secretário-Geral das Nações Unidas, que deve remeter cópias das mesmas aos Estados-Partes.

Artigo 288
Jurisdição

1. A corte ou tribunal a que se refere o artigo 287 tem jurisdição sobre qualquer controvérsia relativa à interpretação ou aplicação da presente Convenção que lhe seja submetida de conformidade com a presente Parte.

2. A corte ou tribunal a que se refere o art. 287 tem também jurisdição sobre qualquer controvérsia relativa à interpretação ou aplicação de um acordo internacional relacionado com os objetivos da presente Convenção que lhe seja submetida de conformidade com esse acordo.

3. A Câmara de Controvérsias dos Fundos Marinhos do Tribunal Internacional do Direito do Mar estabelecida de conformidade com o Anexo VI, ou qualquer outra câmara ou tribunal arbitral a que se faz referência na seção 5 da Parte XI, tem jurisdição sobre qualquer das questões que lhe sejam submetidas de conformidade com essa seção.

4. Em caso de controvérsia sobre jurisdição de uma corte ou tribunal, a questão será resolvida por decisão dessa corte ou tribunal.

Artigo 289
Peritos

A corte ou tribunal, no exercício da sua jurisdição nos termos da presente seção, pode em qualquer controvérsia em que se suscitem questões científicas ou técnicas, a pedido de uma arte ou, por iniciativa própria, selecionar, em consulta com as partes, pelo menos dois peritos em questões científicas ou técnicas, escolhidos de preferência da lista apropriada preparada de conformidade com o art. 2 do Anexo VIII, para participarem nessa corte ou tribunal, sem direito a voto.

Artigo 290
Medidas provisórias

1. Se uma controvérsia tiver sido devidamente submetida a uma corte ou tribunal que se considere, *prima facie*, com jurisdição nos termos da presente Parte ou da seção 5 da Parte XI, a corte ou tribunal poderá decretar quaisquer medidas provisórias que considere apropriadas às circunstâncias, para preservar os direitos respectivos das partes na controvérsia ou impedir danos graves ao meio marinho, até decisão definitiva.

2. As medidas provisórias podem ser modificadas ou revogadas desde que as circunstâncias que as justificaram se tenham modificado ou deixado de existir.

3. As medidas provisórias só podem ser decretadas, modificadas ou revogadas, nos termos do presente artigo, a pedido de uma das partes na controvérsia e após ter sido dada às partes a oportunidade de serem ouvidas.

4. A corte ou tribunal notificará imediatamente as partes na controvérsia e, se julgar apropriado, outros Estados-Partes, de qualquer medida provisória ou de qualquer decisão que a modifique ou revogue.

5. Enquanto não estiver constituído o tribunal arbitral ao qual uma controvérsia esteja a ser submetida nos termos da presente seção, qualquer corte ou tribunal, escolhido de comum acordo pelas partes ou, na falta de tal acordo, dentro de duas semanas subsequentes à data do pedido de medidas provisórias, o Tribunal Internacional do Direito do Mar, ou, tratando-se de atividades na Área, a Câmara de Controvérsias dos Fundos Marinhos pode decretar, modificar ou revogar medidas provisórias nos termos do presente artigo, se considerar, *prima facie*, que o tribunal a ser constituído teria jurisdição e que a urgência da situação assim o requer. Logo que estiver constituído, o tribunal ao qual a controvérsia foi submetida pode, atuando de conformidade com os §§ 1º a 4º, modificar, revogar ou confirmar essas medidas provisórias.

6. As partes na controvérsia devem cumprir sem demora quaisquer medidas provisórias decretadas nos termos do presente artigo.

Artigo 291
Acesso

1. Os Estados-Partes têm acesso a todos os procedimentos de solução de controvérsias especificados na presente Parte.

2. As entidades que não sejam Estados-Partes têm acesso, apenas nos casos expressamente previstos na presente Convenção, aos procedimentos de solução de controvérsias especificados nesta Parte.

Artigo 292
Pronta libertação das embarcações e das suas tripulações

1. Quando as autoridades de um Estado-Parte tiverem apresado uma embarcação que arvore a bandeira de um outro Estado-Parte e for alegado que o Estado que procedeu à detenção não cumpriu as disposições da presente Convenção no que se refere à pronta libertação da embarcação ou da sua tripulação, mediante a prestação de uma caução idônea ou outra garantia financeira, a questão da libertação poderá ser submetida, salvo acordo em contrário das partes, a qualquer corte ou tribunal escolhido por acordo entre as partes ou, não havendo acordo no prazo de dez dias subsequentes ao momento da detenção, à corte ou tribunal aceito, nos termos do artigo 287, pelo Estado que fez a detenção ou ao Tribunal Internacional do Direito do Mar.
2. O pedido de libertação só pode ser feito pelo Estado de bandeira da embarcação ou em seu nome.
3. A corte ou tribunal apreciará imediatamente o pedido de libertação e ocupar-se-á exclusivamente da questão da libertação, sem prejuízo do mérito de qualquer ação judicial contra a embarcação, seu armador ou sua tripulação, intentada no foro nacional apropriado. As autoridades do Estado que tiverem efetuado a detenção continuarão a ser competentes para, em qualquer altura, ordenar a libertação da embarcação ou da sua tripulação.
4. Uma vez prestada a caução ou outra garantia financeira fixada pela corte ou tribunal, as autoridades do Estado que tiverem efetuado a detenção cumprirão imediatamente a decisão da corte ou tribunal relativa à libertação da embarcação ou da sua tripulação.

Artigo 293
Direito aplicável

1. A corte ou tribunal que tiver jurisdição nos termos desta seção deve aplicar a presente Convenção e outras normas de direito internacional que não forem incompatíveis com esta Convenção.
2. O § 1º não prejudicará a faculdade da corte ou tribunal que tiver jurisdição nos termos da presente seção de decidir um caso *ex aequo et bono*, se as partes assim o acordarem.

Artigo 294
Procedimentos preliminares

1. A corte ou tribunal referido no art. 287 ao qual tiver sido feito um pedido relativo a uma controvérsia mencionada no art. 297, decidirá, por solicitação de uma parte, ou poderá decidir, por iniciativa própria, se o pedido constituir utilização abusiva dos meios processuais ou se *prima facie* é bem fundamentado. Se a corte ou tribunal decidir que o pedido constitui utilização abusiva dos meios processuais ou é *prima facie* infundado, cessará a sua ação no caso.
2. Ao receber o pedido, a corte ou tribunal notificará imediatamente a outra parte ou partes e fixará um prazo razoável durante o qual elas possam solicitar-lhe que decida nos termos do § 1º.
3. Nada no presente artigo prejudica o direito de qualquer parte numa controvérsia de deduzir exceções preliminares de conformidade com as normas processuais aplicáveis.

Artigo 295
Esgotamento dos recursos internos

Qualquer controvérsia entre Estados-Partes relativa à interpretação ou à aplicação da presente Convenção só pode ser submetida aos procedimentos estabelecidos na presente seção depois de esgotados os recursos internos de conformidade com o direito internacional.

Artigo 296
Carácter definitivo e força obrigatória das decisões

1. Qualquer decisão proferida por uma corte ou tribunal com jurisdição nos termos da presente seção será definitiva e deverá ser cumprida por todas as partes na controvérsia.
2. Tal decisão não terá força obrigatória senão para as partes na controvérsia e no que se refere a essa mesma controvérsia.

Seção 3
Limites e exceções à aplicação da Seção 2

Artigo 297
Limites à aplicação da seção 2

1. As controvérsias relativas à interpretação ou aplicação da presente Convenção, no concernente ao exercício por um Estado costeiro dos seus direitos soberanos ou de jurisdição previstos na presente Convenção; serão submetidas aos procedimentos estabelecidos na seção 2 nos seguintes casos:
a) quando se alegue que um Estado costeiro atuou em violação das disposições da presente Convenção no concernente às liberdades e direitos de navegação ou de sobrevoo ou à liberdade e ao direito de colocação de cabos e ductos submarinos e outros usos do mar internacionalmente lícitos especificados no art. 58; ou
b) quando se alegue que um Estado, ao exercer as liberdades, os direitos, ou os usos anteriormente mencionados, atuou em violação das disposições da presente Convenção ou das leis ou regulamentos adoptados pelo Estado Costeiro, de conformidade com a presente Convenção e com outras normas de direito internacional que não sejam com ela incompatíveis; ou
c) quando se alegue que um Estado costeiro atuou em violação das regras e normas internacionais específicas para a proteção e preservação do meio marinho aplicáveis ao Estado costeiro e que tenham sido estabelecidas pela presente Convenção ou por intermédio de uma organização internacional competente ou de uma conferência diplomática de conformidade com a presente Convenção.
2. *a)* As controvérsias relativas à interpretação ou aplicação das disposições da presente Convenção

concedentes à investigação científica marinha serão solucionadas de conformidade com a seção 2, com a ressalva de que o Estado costeiro não será obrigado a aceitar submeter aos procedimentos de solução, qualquer controvérsia, que se suscite por motivo de:

i) o exercício pelo Estado costeiro de um direito ou poder discricionário de conformidade com o art. 246; ou

ii) a decisão do Estado costeiro de ordenar a suspensão ou a cessação de um projeto de investigação de conformidade com o art. 253.

b) A controvérsia suscitada quando o Estado que realiza as investigações alegar que, em relação a um determinado projeto, o Estado costeiro não está a exercer, de modo compatível com a presente Convenção, os direitos que lhe conferem os artigos 246 e 253, será submetida, a pedido de qualquer das partes, ao procedimento de conciliação nos termos da seção 2 do Anexo V, com a ressalva de que a comissão de conciliação não porá em causa o exercício pelo Estado costeiro do seu poder discricionário de designar as áreas específicas referidas no § 6º do art. 246, ou do seu poder discricionário de recusar o seu consentimento, de conformidade com o § 5º do art. 246.

3. *a)* As controvérsias relativas à interpretação ou aplicação das disposições da presente Convenção concedentes à pesca serão solucionadas de conformidade com a seção 2, com a ressalva de que o Estado costeiro não será obrigado a aceitar submeter aos procedimentos de solução qualquer controvérsia relativa aos seus direitos soberanos referentes aos recursos vivos da sua zona econômica exclusiva ou ao exercício desses direitos, incluídos os seus poderes discricionários de fixar a captura permissível, a sua capacidade de captura, a atribuição dos excedentes a outros Estados e as modalidades e condições estabelecidas nas suas leis e regulamentos de conservação e gestão.

b) Se a aplicação das disposições da seção 1 da presente Parte não permitiu chegar a uma solução, a controvérsia será submetida, a pedido de qualquer das partes na controvérsia, ao procedimento de conciliação nos termos da seção 2 do Anexo V, quando se alegue que um Estado costeiro:

i) tenha manifestamente deixado de cumprir suas obrigações de assegurar, por meio de medidas apropriadas de conservação e gestão, que a manutenção dos recursos vivos da zona econômica exclusiva não fique seriamente ameaçada;

ii) tenha arbitrariamente recusado fixar, a pedido de outro Estado, a captura permissível e a sua própria capacidade de captura dos recursos vivos, no que se refere às populações que este outro Estado esteja interessado em pescar; ou

iii) tenha arbitrariamente recusado atribuir a qualquer Estado, nos termos dos arts. 62, 69 e 70, a totalidade ou parte do excedente que tenha declarado existir, segundo as modalidades e condições estabelecidas pelo Estado costeiro compatíveis com a presente Convenção.

c) Em nenhum caso a comissão de conciliação substituirá o seu poder discricionário pelo do Estado costeiro.

d) O relatório da comissão de conciliação deve ser comunicado às organizações internacionais competentes.

e) Ao negociar um acordo nos termos dos artigos 69 e 70, os Estados-Partes deverão incluir, salvo acordo em contrário, uma cláusula sobre as medidas que tomarão para minimizar a possibilidade de divergência relativa à interpretação ou aplicação do acordo e sobre o procedimento a seguir se, apesar disso, a divergência surgir.

Artigo 298
Exceções de carácter facultativo à aplicação da seção 2

1. Ao assinar ou ratificar a presente Convenção ou a ela aderir, ou em qualquer outro momento ulterior, um Estado pode, sem prejuízo das obrigações resultantes da seção 1, declarar por escrito não aceitar um ou mais dos procedimentos estabelecidos na seção 2, com respeito a uma ou várias das seguintes categorias de controvérsias:

a) i) as controvérsias relativas à interpretação ou aplicação dos arts. 15, 74 e 83 referentes à delimitação de zonas marítimas, ou às baías ou títulos históricos, com a ressalva de que o Estado que tiver feito a declaração quando tal controvérsia surgir depois da entrada em vigor da presente Convenção e quando não se tiver chegado a acordo dentro de um prazo razoável de negociações entre as partes, aceito, a pedido de qualquer parte na controvérsia, submeter a questão ao procedimento de conciliação nos termos da seção 2 do Anexo V, além disso, fica excluída de tal submissão qualquer controvérsia que implique necessariamente o exame simultâneo de uma controvérsia não solucionada relativa à soberania ou outros direitos sobre um território continental ou insular;

ii) depois de a comissão de conciliação ter apresentado o seu relatório, no qual exporá as razões em que se fundamenta, as partes negociarão um acordo com base nesse relatório; se essas negociações não resultarem num acordo, as partes deverão, salvo acordo em contrário, submeter por mútuo consentimento, a questão a um dos procedimentos previstos na seção 2;

iii) esta alínea não se aplica a nenhuma controvérsia relativa à delimitação de zoas marítimas que tenha sido definitivamente solucionada por acordo entre as partes, nem a qualquer controvérsia que deva ser solucionada de conformidade com um acordo bilateral ou multilateral obrigatório para essas partes.

b) as controvérsias relativas a atividades militares, incluídas as atividades militares de embarcações e aeronaves de Estado utilizadas em serviços não comerciais, e as controvérsias relativas a atividades destinadas a fazer cumprir normas legais tendo em vista o exercício de direitos soberanos ou da jurisdição excluídas, nos termos dos §§ 2º ou 3º do art. 297, da jurisdição de uma corte ou tribunal;

c) as controvérsias a respeito das quais o Conselho de Segurança das Nações Unidas esteja a exercer as funções que lhe são conferidas pela Carta das Nações Unidas, a menos que o Conselho de Segurança retire a questão da sua ordem do dia ou convide as partes a solucioná-la pelos meios previstos na presente Convenção.

2. O Estado-Parte que tiver feito uma declaração nos termos do § 1° poderá retirá-la em qualquer momento ou convir em submeter a controvérsia, excluída em virtude dessa declaração, a qualquer dos procedimentos estabelecidos na presente Convenção.

3. Um Estado-Parte que tiver feito uma declaração nos termos do § 1° não pode submeter a controvérsia pertencente à categoria de controvérsias excluídas, a qualquer dos procedimentos previstos na presente Convenção, sem o consentimento de qualquer outro Estado-Parte com o qual estiver em controvérsia.

4. Se um dos Estados-Partes tiver feito uma declaração nos termos da alínea *a* do § 1°, qualquer outro Estado-Parte poderá submeter, contra a parte declarante, qualquer controvérsia pertencente a uma das categorias excetuadas ao procedimento especificado em tal declaração.

5. Uma nova declaração ou a retirada de uma declaração não afetará de modo algum os procedimentos em curso numa corte ou tribunal nos termos do presente artigo, salvo acordo em contrário das partes.

6. As declarações e as notificações de retirada das declarações nos termos do presente artigo serão depositadas junto do Secretário-Geral das Nações Unidas, o qual enviará cópias das mesmas aos Estados-Partes.

Artigo 299
Direito de as partes convirem num procedimento

1. A controvérsia excluída dos procedimentos de solução de controvérsias previstos na seção 2 nos termos do art. 297, ou excetuada de tais procedimentos por meio de uma declaração feita de conformidade com o art. 298, só poderá ser submetida a esses procedimentos por acordo das partes na controvérsia.

2. Nenhuma das disposições da presente seção prejudica o direito de as partes na controvérsia convirem num outro procedimento para a solução de tal controvérsia ou de chegarem a uma solução amigável.

PARTE XVI
DISPOSIÇÕES GERAIS

Artigo 300
Boa-fé e abuso de direito

Os Estados-Partes devem cumprir de boa-fé as obrigações contraídas nos termos da presente Convenção e exercer os direitos, jurisdição e liberdades reconhecidos na presente Convenção de modo a não constituir abuso de direito.

Artigo 301
Utilização do mar para fins pacíficos

No exercício dos seus direitos e no cumprimento das suas obrigações nos termos da presente Convenção, os Estados-Partes devem abster-se de qualquer ameaça ou uso da força contra a integridade territorial ou a independência política de qualquer Estado, ou de qualquer outra forma incompatível com os princípios de direito internacional incorporados na Carta das Nações Unidas.

Artigo 302
Divulgação de informações

Sem prejuízo do direito de um Estado-Parte de recorrer aos procedimentos de solução de controvérsias estabelecidos na presente Convenção, nada nesta Convenção deve ser interpretado no sentido de exigir que um Estado-Parte, no cumprimento das suas obrigações nos termos da presente Convenção, forneça informações cuja divulgação seja contrária aos interesses essenciais da sua segurança.

Artigo 303
Objetos arqueológicos e históricos achados no mar

1. Os Estados têm o dever de proteger os objetos de carácter arqueológico e histórico achados no mar e devem cooperar para esse fim.

2. A fim de controlar o tráfico de tais objetos, o Estado costeiro pode presumir, ao aplicar o art. 33, que a sua remoção dos fundos marinhos, na área referida nesse artigo, sem a sua autorização constitui uma infração, cometida no seu território ou no seu mar territorial, das leis e regulamentos mencionados no referido artigo.

3. Nada no presente artigo afeta os direitos dos proprietários identificáveis, as normas de salvamento ou outras normas do direito marítimo bem como leis e práticas em matéria de intercâmbios culturais.

4. O presente artigo deve aplicar-se sem prejuízo de outros acordos internacionais e normas de direito internacional relativos à proteção de objetos de carácter arqueológico e histórico.

Artigo 304
Responsabilidade por danos

As disposições da presente Convenção relativas à responsabilidade por danos não prejudicam a aplicação das normas vigentes e a elaboração de novas normas relativas à responsabilidade nos termos do direito internacional.

PARTE XVII
DISPOSIÇÕES FINAIS

Artigo 305
Assinatura

1. A presente Convenção está aberta à assinatura de:

a) todos os Estados;

b) a Namíbia, representada pelo Conselho das Nações Unidas para a Namíbia;

c) todos os Estados autônomos associados que tenham escolhido este estatuto num ato de autodeterminação fiscalizado e aprovado pelas Nações Unidas de conformidade com a Resolução 1514 (XV) da Assembleia Geral, e que tenham competência sobre matérias regidas pela presente Convenção, incluindo a de concluir tratados em relação a essas matérias;

d) todos os Estados autônomos associados que, de conformidade com os seus respectivos instrumentos de associação, tenham competência sobre as matérias regidas pela presente Convenção, incluindo a de concluir tratados em relação a essas matérias;

e) todos os territórios que gozem de plena autonomia interna, reconhecida como tal pelas Nações Unidas, mas que não tenham alcançado a plena independência de conformidade com a Resolução 1514 (XV) da Assembleia Geral, e que tenham competência sobre as matérias regidas pela presente Convenção, incluindo a de concluir tratados em relação a essas matérias;

f) as organizações internacionais, de conformidade com o Anexo IX.

2. A presente Convenção está aberta à assinatura até 9 de dezembro de 1984 no Ministério dos Negócios Estrangeiros da Jamaica e também, a partir de 1 de julho de 1983 até 9 de dezembro de 1984, na Sede das Nações Unidas em Nova Iorque.

Artigo 306
Ratificação e confirmação formal

A presente Convenção está sujeita à ratificação pelos Estados e outras entidades mencionadas nas alíneas b, c, d e e do § 1º do art. 305, assim como a confirmação formal de conformidade com o Anexo IX, pelas entidades mencionadas na alínea f do § 1º desse artigo. Os instrumentos de ratificação e de confirmação formal devem ser depositados junto do Secretário-Geral das Nações Unidas.

Artigo 307
Adesão

A presente Convenção está aberta à adesão dos Estados e das outras entidades mencionadas no art. 305. A adesão das entidades mencionadas na alínea f do § 1º do art. 305 deve ser efetuada de conformidade com o Anexo IX. Os instrumentos de adesão devem ser depositados junto do Secretário-Geral das Nações Unidas.

Artigo 308
Entrada em vigor

1. A presente Convenção entra em vigor 12 meses após a data de depósito do sexagésimo instrumento de ratificação ou de adesão.

2. Para cada Estado que ratifique a presente Convenção ou a ela adira após o depósito do sexagésimo instrumento de ratificação ou de adesão, a Convenção entra em vigor no trigésimo dia seguinte à data de depósito do instrumento de ratificação ou de adesão, com observância do § 1º.

3. A Assembleia da Autoridade deve reunir-se na data da entrada em vigor da presente Convenção e eleger o Conselho da Autoridade. Se não for possível a aplicação estrita das disposições do art. 161, o primeiro Conselho será constituído de forma compatível com o objetivo desse artigo.

4. As normas, regulamentos e procedimentos elaborados pela Comissão Preparatória devem aplicar-se provisoriamente até à sua aprovação formal pela Autoridade, de conformidade com a Parte XI.

5. A autoridade e os seus órgãos devem atuar de conformidade com a resolução II da Terceira Conferência das Nações Unidas sobre o Direito do mar, relativa aos investimentos preparatórios, e com as decisões tomadas pela Comissão Preparatória na aplicação dessa resolução.

Artigo 309
Reservas e exceções

A presente Convenção não admite quaisquer reservas ou exceções além das por ela expressamente autorizadas noutros artigos.

Artigo 310
Declarações

O art. 309 não impede um Estado-Parte, quando assina ou ratifica a presente Convenção ou a ela adere, de fazer declarações, qualquer que seja a sua redação ou denominação, com o fim de, *inter alia*, harmonizar as suas leis e regulamentos com as disposições da presente Convenção, desde que tais declarações não tenham por finalidade excluir ou modificar o efeito jurídico das disposições da presente Convenção na sua aplicação a esse Estado.

Artigo 311
Relação com outras convenções e acordos internacionais

1. A presente Convenção prevalece, nas relações entre os Estados-Partes, sobre as Convenções de Genebra sobre o Direito do Mar de 29.04.1958.

2. A presente Convenção não modifica os direitos e as obrigações dos Estados-Partes resultantes de outros acordos compatíveis com a presente Convenção e que não afetam o gozo por outros Estados-Partes dos seus direitos nem o cumprimento das suas obrigações nos termos da mesma Convenção.

3. Dois ou mais Estados-Partes podem concluir acordos, aplicáveis unicamente às suas relações entre si, que modifiquem as disposições da presente Convenção ou suspendam a sua aplicação, desde que tais acordos não se relacionem com nenhuma disposição cuja derrogação seja incompatível com a realização efetiva do objeto e fins da presente Convenção e, desde que tais acordos não afetem a aplicação dos princípios fundamentais nela enunciados e que as disposições de tais acordos não afetem o gozo por outros Estados-Partes dos seus direitos ou o cumprimento das suas obrigações nos termos da mesma Convenção.

4. Os Estados-Partes que pretendam concluir um acordo dos referidos no § 3º devem notificar os de-

mais Estados-Partes, por intermédio do depositário da presente Convenção, da sua intenção de concluir o acordo bem como da modificação ou suspensão que tal acordo preveja.
5. O presente artigo não afeta os acordos internacionais expressamente autorizados ou salvaguardados por outros artigos da presente Convenção.
6. Os Estados-Partes convêm em que não podem ser feitas emendas ao princípio fundamental relativo ao património comum da humanidade estabelecido no art. 136 e em que não serão partes em nenhum acordo que derrogue esse princípio.

Artigo 312
Emendas

1. Decorridos 10 anos a contar da data de entrada em vigor da presente Convenção, qualquer Estado-Parte pode propor, mediante comunicação escrita ao Secretário-Geral das Nações Unidas, emendas concretas à presente Convenção, exceto as que se refiram a atividades na Área, e pode solicitar a convocação de uma conferência para examinar as emendas propostas. O Secretário-Geral deve transmitir tal comunicação a todos os Estados-Partes. Se, nos 12 meses seguintes à data de transmissão de tal comunicação, pelo menos metade dos Estados-Partes responderem favoravelmente a esse pedido, o Secretário-Geral deve convocar a conferência.
2. O procedimento de adopção de decisões aplicável na conferência de emendas deve ser o mesmo aplicado na Terceira Conferência das Nações Unidas sobre o Direito do Mar, a menos que a conferência decida de outro modo. A conferência deve fazer todo o possível para chegar a acordo sobre quaisquer emendas por consenso, não se devendo proceder a votação das emendas enquanto não se esgotarem todos os esforços para se chegar a consenso.

Artigo 313
Emendas por procedimento simplificado

1. Todo Estado-Parte pode propor, mediante comunicação escrita ao Secretário-Geral das Nações Unidas, emenda à presente Convenção que não se relacione com atividades na Área, para ser adoptada pelo procedimento simplificado estabelecido no presente artigo sem a convocação de uma conferência. O Secretário-Geral deve transmitir a comunicação a todos os Estados-Partes.
2. Se, nos 12 meses seguintes a contar da data de transmissão da comunicação, um Estado-Parte apresentar objeção à emenda proposta ou à sua adopção pelo procedimento simplificado, a emenda será considerada rejeitada. O Secretário-Geral deve notificar imediatamente todos os Estados-Partes, em conformidade.
3. Se, nos 12 meses seguintes a contar da data de transmissão da comunicação, nenhum Estado-Parte tiver apresentado qualquer objeção à emenda proposta ou à sua adopção pelo procedimento simplificado, a emenda proposta será considerada adoptada. O Secretário-Geral deve notificar todos os Estados-Partes de que a emenda proposta foi adoptada.

Artigo 314
Emendas às disposições da presente Convenção relativas exclusivamente a atividades na Área

1. Todo Estado-Parte pode propor, mediante comunicação escrita ao Secretário-Geral da Autoridade, emenda às disposições da presente Convenção relativa exclusivamente a atividades na Área, incluindo a seção 4 do Anexo VI. O Secretário-Geral deve transmitir tal comunicação a todos os Estados-Partes. A emenda proposta fica sujeita à aprovação pela Assembleia depois de aprovada pelo Conselho. Os representantes dos Estados-Partes nesses órgãos devem ter plenos poderes para examinar e aprovar a emenda proposta. A emenda proposta, tal como aprovada pelo Conselho e pela Assembleia, considera-se adoptada.
2. Antes da aprovação de qualquer emenda nos termos do § 1º, o Conselho e a Assembleia devem assegurar-se de que ela não afeta o sistema de exploração e aproveitamento dos recursos da Área até à realização da Conferência de Revisão, de conformidade com o art. 155.

Artigo 315
Assinatura, ratificação das emendas, adesão às emendas e textos autênticos das emendas

1. Uma vez adoptadas, as emendas à presente Convenção ficam abertas à assinatura pelos Estados-Partes na presente Convenção nos 12 meses a contar da data da sua adopção, na Sede das Nações Unidas em Nova Iorque, salvo disposição em contrário na própria emenda.
2. Os arts. 306, 307 e 320 aplicam-se a todas as emendas à presente Convenção.

Artigo 316
Entrada em vigor das emendas

1. As emendas à presente Convenção, exceto as mencionadas no § 5º, entram em vigor para os Estados-Partes que as ratifiquem ou a elas adiram, no trigésimo dia seguinte ao depósito dos instrumentos de ratificação ou de adesão de dois terços dos Estados-Partes ou de 60 Estados-Partes, se este número for maior. Tais emendas não afetam o gozo por outros Estados-Partes dos seus direitos ou o cumprimento das suas obrigações nos termos da presente Convenção.
2. Uma emenda pode prever, para a sua entrada em vigor, um número de ratificações ou de adesões maior do que o requerido pelo presente artigo.
3. Para qualquer Estado-Parte que ratifique uma emenda referida no § 1º ou a ela adira, após o depósito do número requerido de instrumentos de ratificação ou de adesão, a emenda entra em vigor no trigésimo dia seguinte ao depósito do seu instrumento de ratificação ou de adesão.
4. Todo Estado que venha a ser Parte na presente Convenção depois da entrada em vigor de uma

emenda de conformidade com o § 1º, se não manifestar intenção diferente, é considerado:

a) Parte na presente Convenção, tal como emendada; e

b) Parte na presente Convenção não emendada, em relação a qualquer Estado-Parte que não esteja obrigado pela emenda.

5. As emendas relativas exclusivamente a atividades na Área e as emendas ao Anexo VI entram em vigor para todos os Estados-Partes um ano após o depósito por três quartos dos Estados-Partes dos seus instrumentos de ratificação ou de adesão.

6. Todo Estado que venha a ser Parte na presente Convenção depois da entrada em vigor de emendas de conformidade com o § 5º é considerado Parte na presente Convenção, tal como emendada.

Artigo 317
Denúncia

1. Todo Estado-Parte pode, mediante notificação escrita dirigida ao Secretário-Geral das Nações Unidas, denunciar a presente Convenção e indicar as razões da denúncia. A omissão de tais razões não afeta a validade da denúncia. A denúncia terá efeito um ano após a data do recebimento da notificação, a menos que aquela preveja uma data ulterior.

2. Nenhum Estado fica dispensado, em virtude da denúncia, das obrigações financeiras e contratuais enquanto Parte na presente Convenção, nem a denúncia afeta nenhum direito, obrigação ou situação jurídica desse Estado decorrentes da aplicação da presente Convenção antes de esta deixar de vigorar em relação a esse Estado.

3. A denúncia em nada afeta o dever de qualquer Estado-Parte de cumprir qualquer obrigação incorporada na presente Convenção a que esteja sujeito nos termos do direito internacional, independentemente da presente Convenção.

Artigo 318
Estatuto dos Anexos

Os Anexos são parte integrante da presente Convenção e, salvo disposição expressa em contrário, uma referência à presente Convenção ou a uma das suas Partes constitui uma referência aos Anexos correspondentes.

Artigo 319
Depositário

1. O Secretário-Geral das Nações Unidas é o depositário da presente Convenção e das emendas a esta.

2. Além das suas funções de depositário, o Secretário-Geral das Nações Unidas deve:

a) enviar relatórios a todos os Estados-Partes, à Autoridade e às organizações internacionais competentes relativos a questões de carácter geral que surjam em relação à presente Convenção;

b) notificar a Autoridade das ratificações, confirmações formais e adesões relativas à presente Convenção e das emendas a esta, bem como das denúncias da presente Convenção;

c) notificar os Estados-Partes dos acordos concluídos, de conformidade com o § 4º do art. 311;

d) transmitir aos Estados-Partes, para ratificação ou adesão, as emendas adoptadas, de conformidade com a presente Convenção;

e) convocar as reuniões necessárias dos Estados-Partes, de conformidade com a presente Convenção.

3. a) O Secretário-Geral deve transmitir também aos observadores mencionados no art. 156:

i) os relatórios mencionados na alínea a) do § 2º;

ii) as notificações mencionadas nas alíneas b) e c) do § 2º; e

iii) o texto das emendas mencionadas na alínea d) do § 2º, para sua informação.

b) O Secretário-Geral deve convidar igualmente estes observadores a participarem, como observadores, nas reuniões dos Estados-Partes mencionadas na alínea e) do § 2º.

Artigo 320
Textos autênticos

O original da presente Convenção, cujos textos em árabe, chinês, espanhol, francês, inglês e russo fazem igualmente fé, fica depositado, sem prejuízo do disposto no § 2º do art. 305, junto do Secretário-Geral das Nações Unidas.

Em fé do que os Plenipotenciários abaixo assinados, devidamente autorizados para o efeito, assinaram a presente Convenção.

Feito em Montego Bay, no dia dez de dezembro de mil novecentos e oitenta e dois.

ANEXO I
Espécies altamente migratórias

1. *Thunnus alalunga.*
2. *Thunnus thynnus.*
3. *Thunnus obesus.*
4. *Katsuwonus pelamis.*
5. *Thunnus albacares.*
6. *Thunnus atlanticus.*
7. *Euthynnus alleteratus; Euthynnus affinis.*
8. *Thunnus maccoyii.*
9. *Auxis thazard; Auxis rochei.*
10. Família *Bramidae.*
11. *Tetrapturus augustirostris; Tetrapturus belone; Tetrapturus pfluegeri; Tetrapturus albidus; Tetrapturus audax; Tetrapturus georgei; Makaira mazara; Makaira indica; Makaira nigricans.*
12. *Istiophorus platypterus; Istiophorus albicans.*
13. *Xiphias gladius.*
14. *Scomberesox saurus; Cololabis saira; Cololabis adocetus; Scomberesox saurus scombroides.*
15. *Coryphaena hippurus; Coryphaena equiselis.*
16. *Hexanchus griseus; Cetorhinus maximus;* Família *Alopiidae; Rhincondon typus;* Família *Carcharhinidae;* Família *Sphyrnidae;* Família *Isurida.*
17. Família *Physeteridae;* Família *Balaenopteridae;* Família *Balaenidae;* Família *Eschrichtiidae;* Família *Monodontidae;* Família *Ziphiidae;* Família *Delphinidae.*

ANEXO II
Comissão de limites da plataforma continental

Artigo 1º
De acordo com as disposições do art. 76 da Parte VI da presente Convenção, será estabelecida uma Comissão de Limites da Plataforma Continental além das 200 milhas marítimas de conformidade com os artigos seguintes.

Artigo 2º
1. A Comissão será composta de 21 membros, peritos em geologia, geofísica ou hidrografia, eleitos pelos Estados-Partes na presente Convenção entre os seus nacionais, tendo na devida conta a necessidade de assegurar uma representação geográfica equitativa, os quais prestarão serviços a título pessoal.
2. A primeira eleição deve realizar-se o mais cedo possível, mas em qualquer caso dentro de um prazo de 18 meses a contar da entrada em vigor da presente Convenção. Pelo menos três meses antes da data de cada eleição, o Secretário-Geral das Nações Unidas enviará uma carta aos Estados--Partes convidando-os a apresentar candidaturas num prazo de três meses, após consultas regionais apropriadas. O Secretário-Geral preparará, por ordem alfabética, uma lista de todos os candidatos assim eleitos e apresenta-la-á a todos os Estados-Partes.
3. A eleição dos membros da Comissão deve realizar-se numa reunião dos Estados-Partes convocada pelo Secretário-Geral na Sede das Nações Unidas. Nessa reunião, cujo *quorum* será constituído por dois terços dos Estados-Partes, os membros eleitos para a Comissão serão os candidatos que obtiverem a maioria de dois terços dos votos dos representantes dos Estados-Partes presentes e votantes. Serão eleitos, pelo menos, três membros de cada região geográfica.
4. Os membros da Comissão serão eleitos para um mandato de cinco anos. Poderão ser reeleitos.
5. O Estado-Parte que tiver apresentado a candidatura de um membro da Comissão custeará as despesas do mesmo enquanto prestar serviço na comissão. O Estado costeiro interessado custeará as despesas referentes à assessoria prevista na alínea b) do § 1º do art. 3. O secretariado da Comissão será assegurado pelo Secretário-Geral das Nações Unidas.

Artigo 3º
1. As funções da Comissão serão as seguintes:
a) examinar os dados e outros elementos de informação apresentados pelos Estados costeiros sobre os limites exteriores da plataforma continental nas zonas em que tais limites se estenderem além de 200 milhas marítimas e formular recomendações de conformidade com o art. 76 e a Declaração de Entendimento adoptada em 29.08.1980 pela Terceira Conferência das Nações Unidas sobre o Direito do Mar;

b) prestar assessoria científica e técnica, se o Estado costeiro interessado a solicitar, durante a preparação dos dados referidos na alínea a).
2. A Comissão pode cooperar, na medida em que se considere útil e necessário, com a Comissão Oceanográfica Intergovernamental da Unesco, a Organização Hidrográfica Internacional e outras organizações internacionais competentes a fim de trocar informações científicas e técnicas que possam ajudar a Comissão no desempenho das suas responsabilidades.

Artigo 4º
Quando um Estado costeiro tiver intenção de estabelecer, de conformidade com o art. 76, o limite exterior da sua plataforma continental além de 200 milhas marítimas, apresentará à Comissão, logo que possível, mas em qualquer caso dentro dos 10 anos seguintes à entrada em vigor da presente Convenção para o referido Estado, as características de tal limite juntamente com informações científicas e técnicas de apoio. O Estado costeiro comunicará ao mesmo tempo os nomes de quaisquer membros da Comissão que lhe tenham prestado assessoria científica e técnica.

Artigo 5º
A não ser que a Comissão decida de outro modo, deve funcionar por intermédio de subcomissões compostas de sete membros, designados de forma equilibrada tomando em conta os elementos específicos de cada proposta apresentada pelo Estado costeiro. Os membros da Comissão que forem nacionais do Estado costeiro interessado ou que tiverem auxiliado o Estado costeiro prestando--lhe assessoria científica e técnica a respeito da delimitação não serão membros da subcomissão que trate do caso, mas terão o direito a participar, na qualidade de membros, nos trabalhos da Comissão relativos ao caso. O Estado costeiro que tiver apresentado uma proposta à Comissão pode enviar representantes para participarem nos respectivos trabalhos, sem direito de voto.

Artigo 6º
1. A subcomissão deve apresentar as suas recomendações à Comissão.
2. A aprovação das recomendações da subcomissão será feita pela Comissão por maioria de dois terços dos membros presentes e votantes.
3. As recomendações da Comissão devem ser apresentadas por escrito ao Estado costeiro que tenha apresentado a proposta e ao Secretário-Geral das Nações Unidas.

Artigo 7º
Os Estados costeiros estabelecerão o limite exterior da sua plataforma continental de conformidade com as disposições do § 8º do art. 76 e de acordo com os procedimentos nacionais apropriados.

Artigo 8º
No caso de o Estado costeiro discordar das recomendações da Comissão, deve apresentar à Co-

missão dentro de um prazo razoável uma proposta revista ou uma nova proposta.

Artigo 9º

As decisões da Comissão não devem prejudicar os assuntos relacionados com a delimitação entre Estados com costas adjacentes ou situadas frente a frente.

ANEXO III
CONDIÇÕES BÁSICAS PARA A PROSPECÇÃO, EXPLORAÇÃO E APROVEITAMENTO

Artigo 1º
Direitos sobre os minerais

Os direitos sobre os minerais serão transferidos no momento da sua extração de conformidade com a presente Convenção.

Artigo 2º
Prospecção

1. *a)* A Autoridade deve fomentar a prospecção na Área.
b) A prospecção só deve ser realizada quando a Autoridade tiver recebido do prospector proponente um compromisso escrito satisfatório de que ele cumprirá com a presente Convenção, bem como com as normas, regulamentos e procedimentos da Autoridade relativos à cooperação nos programas de formação previstos nos artigos 143 e 144 e à proteção do meio marinho, e que aceitará a verificação do cumprimento desse compromisso pela Autoridade. Juntamente com o compromisso, o prospector proponente deve notificar a Autoridade da área ou áreas aproximadas em que a prospecção será realizada.
c) A prospecção pode ser realizada simultaneamente por mais de um prospector na mesma área ou nas mesmas áreas.
2. A prospecção não confere ao prospector qualquer direito sobre os recursos. Contudo, o prospector pode extrair uma quantidade razoável de minerais para fins experimentais.

Artigo 3º
Exploração e aproveitamento

1. A Empresa, os Estados-Partes e as demais entidades ou pessoas referidas na alínea *b)* do parágrafo 2º do artigo 153 podem pedir à Autoridade a aprovação de planos de trabalho relativos a atividades na Área.
2. A empresa pode fazer esse pedido em relação a qualquer parte da Área, mas os pedidos apresentados por outras entidades ou pessoas relativos a áreas reservadas devem estar sujeitos aos requisitos adicionais do artigo 9 do presente Anexo.
3. A exploração e o aproveitamento só devem ser realizados nas áreas especificadas nos planos de trabalho mencionados no parágrafo 3º do artigo 153 e aprovados pela Autoridade de conformidade com a presente Convenção e com as normas, regulamentos e procedimentos pertinentes da Autoridade.

4. Qualquer plano de trabalho aprovado deve:
a) estar de conformidade com a presente Convenção e com as normas, regulamentos e procedimentos da Autoridade;
b) prever o controle pela Autoridade das atividades na Área, de conformidade com o parágrafo 4 do artigo 153;
c) conferir ao operador, de conformidade com as normas, regulamentos e procedimentos da Autoridade, direitos exclusivos para a exploração e aproveitamento, na área coberta pelo plano de trabalho, das categorias de recursos nele especificadas. Contudo, se o peticionário apresentar um plano de trabalho para aprovação que cubra apenas a fase de exploração ou a fase de aproveitamento, o plano de trabalho aprovado conferirá direitos exclusivos apenas em relação a essa fase.
5. Uma vez aprovado pela Autoridade, qualquer plano de trabalho, exceto os apresentados pela Empresa, terá a forma de um contrato concluído entre a autoridade e o peticionário ou os peticionários.

Artigo 4º
Requisitos para a qualificação de peticionários

1. Com exceção da Empresa, devem ser qualificados os peticionários que preencherem os requisitos de nacionalidade ou controle e de patrocínio enumerados na alínea *b)* do parágrafo 2º do artigo 153 e que cumprirem os procedimentos e satisfizerem os critérios de qualificação estabelecidos nas normas, regulamentos e procedimentos da Autoridade.
2. Com exceção do disposto no parágrafo 6º, tais critérios de qualificação dirão respeito à capacidade financeira e técnica do peticionário e ao seu desempenho no cumprimento dos contratos anteriores com a Autoridade.
3. Cada peticionário deve ser patrocinado pelo Estado-Parte do qual seja nacional, a não ser que o peticionário tenha mais de uma nacionalidade, como numa associação ou consórcio de entidades ou de pessoas nacionais de vários Estados, caso em que todos os Estados-Partes em causa devem patrocinar o pedido, ou a não ser que o peticionário seja efetivamente controlado por um outro Estado-Parte ou nacionais deste, caso em que ambos os Estados-Partes devem patrocinar o pedido. Os critérios e procedimentos para a aplicação dos requisitos de patrocínio serão estabelecidos nas normas, regulamentos e procedimentos da Autoridade.
4. O Estado ou os Estados patrocinadores terão, nos termos do artigo 139, a responsabilidade de assegurar, no âmbito dos seus sistemas jurídicos, que o contratante assim patrocinado realize atividades na Área, de conformidade com os termos do seu contrato e com as obrigações que lhe incumbem nos termos da presente Convenção. Contudo, um Estado patrocinador não será responsável pelos danos causados pelo não cumprimento dessas obrigações por um contratante por ele patrocinado, quando esse Estado-Parte tiver adotado leis e regulamentos e tomado medidas administrativas que, no âmbito do seu sistema jurídico, forem razoavelmente adequadas para assegurar

o cumprimento dessas obrigações pelas pessoas sob sua jurisdição.

5. Os procedimentos para avaliar as qualificações dos Estados-Partes que forem peticionários devem ter em conta a sua qualidade de Estados.

6. Os critérios de qualificação exigirão que, no seu pedido, qualquer peticionário, sem exceção, se comprometa a:

a) cumprir as obrigações aplicáveis das disposições da Parte XI, as normas, regulamentos e procedimentos da Autoridade, as decisões dos seus órgãos e os termos dos contratos concluídos com a Autoridade, e aceitar o seu caráter executório;

b) aceitar o controle pela Autoridade sobre as atividades na Área tal como autorizado pela presente Convenção;

c) dar à Autoridade garantias por escrito de que cumprirá de boa-fé as obrigações que lhe incumbem em virtude do contrato;

d) cumprir as disposições relativas à transferência e tecnologia, previstas no artigo 5 do presente Anexo.

Artigo 5º
Transferência de tecnologia

1. Ao apresentar um plano de trabalho, qualquer peticionário porá à disposição da Autoridade uma descrição geral do equipamento e dos métodos que serão utilizados na realização de atividades na Área e outras informações pertinentes que não sejam propriedade industrial acerca das características de tal tecnologia, bem como informações sobre onde essa tecnologia se encontra disponível.

2. Qualquer operador comunicará à Autoridade as alterações na descrição e nas informações postas à disposição nos termos do parágrafo 1º, sempre que seja introduzida uma modificação ou inovação tecnológica importante.

3. Qualquer contrato para a realização de atividades na Área deve incluir os seguintes compromissos da parte do contratante:

a) pôr à disposição da Empresa, segundo modalidades e condições comerciais justas e razoáveis, quando solicitado pela Autoridade, a tecnologia que utiliza na realização de atividades na Área, nos termos do contrato e que o contratante esteja legalmente autorizado a transferir. A transferência far-se-á por meio de licenças ou outros ajustes apropriados que o contratante negociará com a Empresa e que serão especificados num acordo especial complementar ao contrato. Este compromisso só pode ser invocado se a Empresa verificar que não pode obter no mercado livre, segundo modalidades e condições comerciais justas e razoáveis, a mesma tecnologia ou tecnologia igualmente eficiente e apropriada;

b) obter do proprietário de qualquer tecnologia utilizada na realização de atividades na Área nos termos do contrato, e que não esteja geralmente disponível no mercado livre nem prevista na alínea a), a garantia escrita de que, quando solicitado pela Autoridade, porá essa tecnologia à disposição da Empresa por meio de licenças ou outros ajustes apropriados e segundo modalidades e condições comerciais justas e razoáveis, na mesma medida em que esteja à disposição do contratante. Se esta garantia não for obtida, tal tecnologia não poderá ser utilizada pelo contratante na realização de atividades na Área;

c) adquirir do proprietário, por meio de um contrato executório, a pedido da Empresa, e, se for possível ao contratante fazê-lo sem custo substanciais, o direito de transferir para a Empresa a tecnologia que utiliza na realização de atividades na Área nos termos do contrato, e que o contratante não esteja de outro modo legalmente autorizado a transferir nem esteja geralmente disponível no mercado livre. Nos casos em que exista um vínculo empresarial importante entre o contratante e o proprietário da tecnologia, a solidez desse vínculo e o grau de controle ou de influência serão tidos em conta para determinar se foram tomadas todas as medidas possíveis para a aquisição desse direito. Se o contratante exercer um controle efetivo sobre o proprietário, a não aquisição desse direito legal será tida em conta para o exame dos requisitos de qualificação do contratante, quando este solicitar posteriormente a aprovação de um plano de trabalho;

d) facilitar, a pedido da Empresa, a aquisição pela mesma de qualquer tecnologia referida na alínea b), por meio de licença ou outros ajustes apropriados e segundo modalidades e condições comerciais justas e razoáveis, se a Empresa decidir negociar diretamente com o proprietário dessa tecnologia;

e) tomar, em benefício de um Estado em desenvolvimento ou de um grupo de Estados em desenvolvimento que tenha solicitado um contrato nos termos do artigo 9 do presente Anexo, as mesmas medidas previstas nas alíneas a), b), c) e d), desde que essas medidas se limitem ao aproveitamento da parte da área proposta pelo contratante que tenha sido reservada nos termos do artigo 8 do presente Anexo, e desde que as atividades previstas pelo contrato solicitado pelo Estado em desenvolvimento ou por um grupo de Estados em desenvolvimento não impliquem transferência de tecnologia para um terceiro Estado ou para os nacionais de um terceiro Estado. A obrigação estabelecida na presente disposição só se aplica em relação ao contratante quando a tecnologia não tiver sido requisitada pela Empresa ou por ele transferida à Empresa.

4. As controvérsias relativas a compromissos requeridos pelo parágrafo 3º, bem como as relativas a outras cláusulas dos contratos, estarão sujeitas ao procedimento de solução obrigatória previsto na Parte XI e, em caso de inobservância desses compromissos, podem ser impostas penas pecuniárias ou a suspensão ou rescisão do contrato, de conformidade como o artigo 18 do presente Anexo. As controvérsias sobre a questão de saber se as ofertas do contratante são feitas segundo modalidades e condições comerciais justas e razoáveis podem ser submetidas por qualquer das partes à arbitragem comercial obrigatória de conformidade com as Regras de Arbitragem da Comissão das Nações Unidas sobre o Direito Comercial Internacional (Unicitral) ou outros regulamentos de arbitragem previstos

nas normas, regulamentos e procedimentos da Autoridade. Quando se verificar que a oferta do contratante não está feita segundo modalidades e condições comerciais justas e razoáveis, será dado ao contratante um prazo de 45 dias para rever a sua oferta, de modo a que a mesma seja feita segundo tais modalidades e condições, antes que a Autoridade tome alguma decisão de conformidade com o artigo 18 do presente Anexo.

5. Se a Empresa não conseguir obter, segundo modalidades e condições comerciais, justas e razoáveis, tecnologia apropriada que lhe permita iniciar, em tempo oportuno, a extração e processamento de minerais da Área, o Conselho ou a Assembleia pode convocar um grupo de Estados-Partes composto por Estados que realizem atividades na Área, por Estados que patrocinam entidades ou pessoas que realizem atividades na Área e por outros Estados-Partes que têm acesso a essa tecnologia. Este grupo consultar-se-á e tomará medidas eficazes para assegurar que esta tecnologia seja posta à disposição da Empresa segundo modalidades e condições comerciais justas e razoáveis. Para este fim, cada um desses Estados-Partes tomará todas as medidas possíveis no âmbito do seu sistema jurídico.

6. No caso de empreendimentos conjuntos com a Empresa, a transferência de tecnologia será feita de conformidade com as cláusulas do acordo que rege estes empreendimentos.

7. Os compromissos estabelecidos no parágrafo 3º serão incluídos em cada contrato para a realização de atividades na Área até dez anos após o início da produção comercial pela Empresa, e podem ser invocados durante esse período.

8. Para efeitos do presente artigo, 'tecnologia' significa o equipamento especializado e conhecimentos técnicos, incluindo manuais, desenhos, instruções de funcionamento, formação e assessoria e assistência técnicas, necessários para a montagem, manutenção e funcionamento de um sistema viável, e o direito legal de utilizar estes elementos para esse fim numa base não exclusiva.

Artigo 6º
Aprovação de planos de trabalho

1. Seis meses após a entrada em vigor da presente Convenção e, posteriormente, de quatro em quatro meses, a Autoridade examinará os planos de trabalho propostos.

2. Ao examinar um pedido de aprovação de um plano de trabalho sob a forma de contrato, a Autoridade assegurar-se-á em primeiro lugar de que:

a) o peticionário cumpriu os procedimentos estabelecidos para os pedidos, de conformidade com o artigo 4 do presente Anexo e assumiu perante a Autoridade os compromissos e lhe deu as garantias requeridas por esse artigo. No caso de inobservância destes procedimentos ou na falta de qualquer desses compromissos ou garantias, será dado ao peticionário um prazo de 45 dias para suprir estas falhas;

b) o peticionário reúne os requisitos de qualificação previstos no artigo 4 do presente Anexo.

3. Todos os planos de trabalho propostos devem ser examinados pela ordem em que são recebidos. Os planos de trabalho propostos deverão cumprir com as disposições pertinentes da presente Convenção e com as normas, regulamentos e procedimentos da Autoridade, incluindo os requisitos relativos às operações, contribuições financeiras e compromissos referentes à transferência de tecnologia, e devem ser regidos pelos mesmos. Se os planos de trabalho propostos estiverem em conformidade com esses requisitos, a Autoridade aprová-los-á, sempre que estejam de acordo com os requisitos uniformes e não discriminatórios estabelecidos nas normas, regulamentos e procedimentos da autoridade, a menos que:

a) uma parte ou totalidade da área coberta pelo plano de trabalho proposto esteja incluída num plano de trabalho já aprovado ou num plano de trabalho anteriormente proposto sobre o qual a Autoridade não tenha ainda adotado uma decisão definitiva;

b) uma parte ou a totalidade da área coberta pelo plano de trabalho proposto tenha sido excluída pela Autoridade nos termos da alínea *x)* do parágrafo 2º do artigo 162; ou

c) o plano de trabalho proposto tenha sido apresentado ou patrocinado por um Estado-Parte que já tenha:

i) planos de trabalho para a exploração e aproveitamento de nódulos polimetálicos em áreas não reservadas cuja superfície, juntamente com a de qualquer uma das partes da área coberta pelo plano de trabalho proposto, exceda 30 por cento da superfície de uma área circular de 400 mil quilômetros quadrados cujo centro seja o de qualquer uma das partes da área coberta pelo plano de trabalho proposto;

ii) planos de trabalho para a exploração e aproveitamento de nódulos polimetálicos em áreas não reservadas que, em conjunto, representem 2 por cento da superfície da área total dos fundos marinhos que não esteja reservada nem tenha sido excluída do aproveitamento nos temos da alínea *x*) do parágrafo 2º do artigo 162.

4. Para efeitos de aplicação do critério estabelecido na alínea *c)* do parágrafo 3º, um plano de trabalho apresentado por uma associação ou consórcio deve ser atribuído numa base proporcional aos Estados-Partes patrocinadores, de conformidade com o parágrafo 3º do artigo 4 do presente Anexo. A Autoridade pode aprovar os planos de trabalho referidos na alínea *c)* do parágrafo 3º, se ela determinar que essa aprovação não permitirá que um Estado-Parte ou entidades ou pessoas por ele patrocinadas monopolizem a realização de atividades na Área ou impeça que outros Estados-Partes nela realizem atividades.

5. Não obstante a alínea *a)* do parágrafo 3º, depois de terminado o período provisório previsto no parágrafo 3º do artigo 151, a Autoridade pode adotar, por meio de normas regulamentos e procedimen-

tos, outros procedimentos e critérios compatíveis com a presente Convenção para decidir quais os peticionários cujos planos de trabalho serão aprovados, nos casos em que tenha de ser feita uma seleção entre os peticionários para uma área proposta. Estes procedimentos e critérios assegurarão a aprovação dos planos de trabalho numa base equitativa e não discriminatória.

Artigo 7º
Seleção de peticionários de autorizações de produção

1. Seis meses após a entrada em vigor da presente Convenção e, posteriormente, de quatro em quatro meses, a Autoridade examinará os pedidos de autorizações de produção apresentados durante o período imediatamente anterior. A Autoridade outorgará as autorizações solicitadas, se todos esses pedidos puderem ser aprovados sem se excederem os limites de produção ou sem a infração pela Autoridade da obrigações que contraiu nos termos de um acordo ou ajuste sobre produtos básicos em que seja parte segundo o disposto no artigo 151.

2. Quando tiver de ser feita uma seleção entre peticionários de autorizações de produção em virtude dos limites e produção fixados nos parágrafos 2º a 7º do artigo 151 ou das obrigações contraídas pela Autoridade nos termos de um acordo ou ajuste sobre produtos básicos de que se tenha tornado parte segundo o disposto no parágrafo 1º do artigo 151, a Autoridade deve efetuar a seleção com base em critérios objetivos e não discriminatórios estabelecidos nas suas normas, regulamentos e procedimentos.

3. Ao aplicar o parágrafo 2º, a autoridade deve dar prioridade aos peticionários que:

a) ofereçam maiores garantias de execução, tendo em conta a sua capacidade financeira e técnica e, se for o caso, a forma como tenham executado planos de trabalho anteriormente aprovados;

b) ofereçam à Autoridade a possibilidade de obter benefícios financeiros mais rápidos, tendo em conta a data prevista para o início da produção comercial;

c) já tenham investido maiores recursos e esforços na prospeção ou exploração.

4. Os peticionários que nunca tenham sido selecionados, em qualquer período, terão prioridade nos períodos subsequentes até receberem uma autorização de produção.

5. A seleção será feita tendo em conta a necessidade de ampliar as oportunidades de todos os Estados-Partes, independentemente dos seus sistemas sociais e económicos ou da sua situação geográfica, de modo a evitar qualquer discriminação conta qualquer Estado ou sistema, na participação nas atividades na Área, e de impedir a monopolização dessas atividades.

6. Sempre que estiverem em aproveitamento menos áreas reservadas do que áreas não reservadas, terão prioridade os pedidos de autorização de produção relativos a áreas reservadas.

7. As decisões referidas no presente artigo serão tomadas o mais cedo possível após o termo de cada período.

Artigo 8º
Reserva de áreas

Cada pedido, excetuando os apresentados pela Empresa ou por quaisquer outras entidades ou pessoas, relativo a áreas reservadas, deve cobrir uma área total, não necessariamente contínua, com uma superfície e um valor comercial estimativo suficientes para permitir duas operações de mineração. O peticionário deve indicar as coordenadas que permitam dividir a área em duas partes de igual valor comercial estimativo e comunicará todos os dados que tenha obtido respeitantes às duas partes da área. Sem prejuízo dos poderes da Autoridade nos termos do artigo 17 do presente Anexo, os dados que devem ser apresentados relativos aos nódulos polimetálicos devem referir-se ao levantamento cartográfico, à amostragem, à concentração dos nódulos e ao seu teor em metais. Nos 45 dias seguintes ao recebimento destes dados, a Autoridade deve designar que parte será reservada exclusivamente para a realização de atividades pela Autoridade por intermédio da Empresa ou em associação com Estados em desenvolvimento. Essa designação pode ser diferida por um período adicional de 45 dias se a Autoridade solicitar um perito independente que determine se todos os dados requeridos pelo presente artigo lhe foram apresentados. A área designada tornar-se-á uma área reservada assim que o plano de trabalho para a área não reservada tiver sido aprovado e o contrato assinado.

Artigo 9º
Atividades em áreas reservadas

1. A empresa poderá decidir se pretende realizar atividades em cada área reservada. Esta decisão pode ser tomada em qualquer altura, a não ser que a autoridade receba uma notificação nos termos do parágrafo 4º, caso em que a Empresa tomará a sua decisão num prazo razoável. A Empresa pode decidir aproveitar essas áreas por meio de empreendimentos conjuntos com o Estado, a entidade ou pessoa interessados.

2. A Empresa pode celebrar contratos para a execução de uma parte das suas atividades de conformidade com o artigo 12 do Anexo IV. Pode também constituir empreendimentos conjuntos para a realização dessas atividades com quaisquer entidades ou pessoas que estejam habilitadas a realizar atividades na Área nos termos da alínea *b)* do parágrafo 2º do artigo 153. Ao considerar tais empreendimentos conjuntos, a Empresa deve oferecer a oportunidade de uma participação efetiva aos Estados-Partes que sejam Estados em desenvolvimento e aos nacionais destes.

3. A Autoridade pode prescrever, nas suas normas, regulamentos e procedimentos, requisitos de fundo e de procedimento bem como condições, relativos e tais contratos e empreendimentos conjuntos.

4. Todo Estado-Parte que seja um Estado em desenvolvimento ou qualquer pessoa física ou jurídica patrocinada por este e efetivamente controlada por este ou por um outro Estado em desenvolvimento, que seja um peticionário qualificado, ou qualquer grupo dos precedentes, pode notificar à Autoridade o seu desejo de apresentar um plano de trabalho nos termos do artigo 6 do presente Anexo, para uma área reservada. O plano de trabalho será examinado se a Empresa decidir, nos temos do parágrafo 1º, que não pretende realizar atividades nessa área.

Artigo 10
Preferência e prioridade de certos peticionários

Um operador que tiver um plano de trabalho aprovado unicamente para a realização de atividades de exploração, de conformidade com a alínea c) do parágrafo 4º do artigo 3 do presente Anexo, deve ter preferência e prioridade sobre os demais peticionários que tenham apresentado um plano de trabalho para aproveitamento da mesma área e dos mesmos recursos. Contudo, tal preferência ou prioridade pode ser retirada se o operador não tiver executado o seu plano de trabalho de modo satisfatório.

Artigo 11
Ajustes conjuntos

1. Os contratos podem prever ajustes conjuntos entre o contratante e a Autoridade por intermédio da Empresa, sob a forma de empreendimentos conjuntos ou de repartição da produção, bem como qualquer outra forma de ajustes conjuntos, que gozarão da mesma proteção em matéria de revisão, suspensão ou rescisão que os contratos celebrados com a Autoridade.

2. Os contratantes que concluam com a Empresa esses ajustes conjuntos podem receber incentivos financeiros, tal como previsto no artigo 13 do presente Anexo.

3. Os sócios no empreendimento conjunto com a Empresa serão responsáveis pelos pagamentos previstos no artigo 13 do presente Anexo na proporção da sua participação no empreendimento conjunto, sob reserva de incentivos financeiros, tal como previsto nesse artigo.

Artigo 12
Atividades realizadas pela Empresa

1. As atividades na Área realizadas pela Empresa nos termos da alínea a) do parágrafo 2º do artigo 153 devem ser regidas pela Parte XI, pelas normas, regulamentos e procedimentos da Autoridade e decisões pertinentes desta.

2. Qualquer plano de trabalho apresentado pela Empresa deve ser acompanhado de provas da sua capacidade financeira e técnica.

Artigo 13
Cláusulas financeiras dos contratos

1. Ao adotar normas, regulamentos e procedimentos relativos aos termos financeiros dos contratos entre a Autoridade e as entidades ou pessoas mencionadas na alínea b) do parágrafo 2º do artigo 153 e ao negociar esses termos financeiros de conformidade com a Parte XI e com essas normas, regulamentos e procedimentos, a Autoridade deve guiar-se pelos seguintes objetivos:

a) assegurar-se à Autoridade a otimização das receitas provenientes da produção comercial;

b) atrair investimentos e tecnologia para a exploração e aproveitamento da Área;

c) assegurar igualdade de tratamento financeiro e obrigações financeiras comparáveis para os contratantes;

d) oferecer os contratantes, numa base uniforme e não discriminatória, incentivos para a conclusão de ajustes conjuntos com a Empresa e com os Estados em desenvolvimento ou nacionais destes, para o estímulo da transferência de tecnologia à Empresa e a esses Estados e seus nacionais e para a formação do pessoal da Autoridade e dos Estados em desenvolvimento;

e) permitir à Empresa dedicar-se efetivamente à mineração dos fundos marinhos, ao mesmo tempo que as entidades ou pessoas mencionadas na alínea b) do parágrafo 2º do artigo 153; e

f) assegurar que, como resultado dos incentivos financeiros oferecidos a contratantes em virtude de parágrafo 14º, dos termos dos contratos revistos de conformidade com o artigo 19 do presente Anexo, ou das disposições do artigo 11 do presente Anexo relativas aos empreendimentos conjuntos, os contratantes não sejam subsidiados de modo a ser-lhes dada artificialmente uma vantagem competitiva em relação aos produtores terrestres de minérios.

2. Para as despesas administrativas relativas ao estudo dos pedidos de aprovação de um plano de trabalho sob a forma de um contrato, será cobrada uma taxa cujo montante será fixado em 500.000 dólares dos Estados Unidos por pedido. O montante da taxa será revisto periodicamente pelo Conselho a fim de que cubra as despesas administrativas efetuadas. Se as despesas feitas pela Autoridade no estudo de um pedido forem inferiores ao montante fixado, a Autoridade reembolsará a diferença ao peticionário.

3. Cada contratante deve pagar uma taxa anual fixa de 1 milhão de dólares dos Estados Unidos a partir da data de entrada em vigor do contrato. Se a data aprovada para o início da produção comercial for adiada em virtude de um atraso na outorga da autorização de produção, de conformidade com o artigo 151, o contratante ficará desobrigado da fração da taxa anual fixa durante o período de adiamento. A partir do início da produção comercial, o contratante pagará o imposto sobre a produção ou a taxa anual fixa, se esta for mais elevada.

4. Num prazo de um ano a contar do início da produção comercial, de conformidade com o parágrafo

3º, o contratante deve escolher efetuar a sua contribuição financeira à Autoridade.
a) quer pagando apenas um imposto sobre a produção;
b) quer pagando um imposto sobre a produção mais uma parte das receitas líquidas.
5. a) Se um contratante optar por efetuar a sua contribuição financeira à Autoridade, pagando apenas um imposto sobre a produção, o montante deste imposto será fixado a uma percentagem do valor de mercado dos metais processados, obtidos dos nódulos polimetálicos extraídos da área coberta pelo contrato. Esta percentagem será fixada do seguinte modo:
i) do primeiro ao décimo ano de produção comercial 5%;
ii) do décimo primeiro ano até ao fim do período de produção comercial 12%.
b) O valor de mercado acima mencionado é o produto da quantidade de metais processados obtidos dos nódulos polimetálicos extraídos da área coberta pelo contrato pelo preço médio desses metais durante o correspondente ano fiscal, tal como definido nos parágrafos 7º e 8º.
6. Se o contratante optar por efetuar a sua contribuição financeira à Autoridade, pagando um imposto sobre a produção mais uma parte das receitas líquidas, o montante destes pagamentos será determinado da seguinte maneira:
a) O montante do imposto sobre a produção será fixado a uma percentagem do valor de mercado, determinado de conformidade com a alínea b), dos metais processados, obtidos dos nódulos polimetálicos extraídos da área coberta pelo contrato. Esta percentagem será fixada do seguinte modo:
i) primeiro período de produção comercial 2%
ii) segundo período de produção comercial 4%. Se, durante o segundo período de produção comercial, tal como está definido na alínea d), o rendimento do investimento em qualquer ano fiscal, segundo a definição da alínea m), for inferior a 15 por cento como resultado do pagamento do imposto sobre a produção a 4 por cento, o imposto sobre a produção será nesse ano fiscal de 2 por cento em vez de 4 por cento.
b) O valor de mercado acima mencionado é o produto da quantidade de metais processados, obtidos dos nódulos polimetálicos extraídos da área coberta pelo contrato pelo preço médio desses metais durante o correspondente ano fiscal, tal como definido nos parágrafos 7º e 8º.
c) i) A parte da Autoridade nas receitas líquidas será retirada da parte das receitas líquidas do contratante atribuíveis à mineração dos recursos da área coberta pelo contrato, a partir daqui denominadas receitas líquidas atribuíveis.
ii) A parte da Autoridade nas receitas líquidas atribuíveis será determinada de conformidade com a seguinte tabela progressiva:

Parte das receitas líquidas atribuíveis	Participação da Autoridade	
	Primeiro período de produção comercial	Segundo período de produção comercial
A parte que represente um rendimento do investimento superior a 0%, mas inferior a 10%	35%	40%
A parte que represente um rendimento do investimento igual ou superior a 10%, mas inferior a 20%	42,5%	50%
A parte que represente um rendimento do investimento igual ou superior a 20%	50%	70%

d) i) O primeiro período de produção comercial referido nas alíneas a) e c) terá início no primeiro ano fiscal da produção comercial e terminará com o ano fiscal em que os custos de desenvolvimento do contratante, juntamente com os juros sobre a parte não amortizada desses custos, são amortizadas na sua totalidade pelo superávit, como a seguir se indica: No primeiro ano fiscal em que ocorrerem os custos de desenvolvimento, os custos de desenvolvimento não amortizados serão iguais aos custos de desenvolvimento menos o superávit nesse ano fiscal. Em cada um dos anos fiscais seguintes, os custos de desenvolvimento não amortizados serão iguais aos custos de desenvolvimento não amortizados no final do ano fiscal precedente, mais um juro anual de 10 por cento, mais os custos de desenvolvimento feitos durante o ano fiscal em curso e menos o superávit do contratante no ano fiscal em curso. O ano fiscal, em que pela primeira vez os custos de desenvolvimento não amortizados forem nulos, será o ano fiscal em que os custos de desenvolvimento do contratante, acrescidos dos juros sobre a parte não amortizada dos referidos custos, sejam amortizados na sua totalidade pelo seu superávit. O superávit do contratante em qualquer ano fiscal será o seu rendimento bruto, menos os custos operacionais e menos os pagamentos feitos por ele à Autoridade nos temos da alínea c).
ii) O segundo período de produção comercial terá início no ano fiscal seguinte ao término do primeiro período de produção comercial e continuará até ao fim do contrato.
e) 'Receitas líquidas atribuíveis' significa o produto das receitas líquidas do contratante pelo quociente entre os custos de desenvolvimento correspondentes à extração e os custos de desenvolvimento do contratante. No caso de o contratante se dedicar à extração, ao transporte de nódulos polimetálicos e

á produção de, basicamente, três metais processados, nomeadamente cobalto, cobre e níquel, as receitas líquidas atribuíveis não serão inferiores a 25 por cento das receitas líquidas do contratante. Salvo o disposto na alínea n), em todos os outros casos, incluindo aqueles em que o contratante se dedique à extração, ao transporte de nódulos polimetálicos e à produção de, basicamente, quatro metais processados, nomeadamente cobalto, cobre, manganês e níquel, a Autoridade pode prescrever, nas suas normas, regulamentos e procedimentos, escalões apropriados que mantenham para cada caso a mesma relação que o escalão de 25 por cento para o caso do três metais.

f) 'Receitas líquidas do contratante' significa as receitas brutas do contratante, menos os custos operacionais e menos a amortização do custos de desenvolvimento, tal como estipulado na alínea j).

g) i) Se o contratante se dedicar à extração, ao transporte de nódulos polimetálicos e à produção de metais processados, 'receitas brutas do contratante' significa o produto bruto da venda de metais processados e quaisquer outras receitas que se considerem razoavelmente atribuíveis a operações realizadas nos termos do contrato, de conformidade com as normas, regulamentos e procedimentos financeiros da Autoridade.

ii) Em todos os casos que não os especificados na subalínea i) da alínea g) e na subalínea iii) da alínea n), 'receitas brutas do contratante' significa o produto bruto da venda de metais semiprocessados obtidos dos nódulos polimetálicos extraídos da área coberta pelo contrato e quaisquer outras receitas que se considerem razoavelmente atribuíveis a operações realizadas nos termos do contrato, de conformidade com as normas, regulamentos e procedimentos financeiros da Autoridade.

h) 'Custos de desenvolvimento do contratante' significa:

i) todos os custos efetuados antes do início da produção comercial que estejam diretamente relacionados com o desenvolvimento da capacidade de produção da área coberta pelo contrato e com atividades conexas nas operações realizadas nos termos do contrato em todos os casos que não os especificados na alínea n), de conformidade com princípios de contabilidade geralmente aceitos, incluídos, inter alia, custos com maquinaria, equipamento, embarcações, instalações de tratamento, construção, edifícios, terrenos, estradas, prospeção e exploração da área coberta pelo contrato, investigação e desenvolvimento, juros, arrendamentos requeridos, licenças e taxas; e

ii) as despesas similares às referidas na subalínea i), efetuadas após o início da produção comercial e necessárias à execução do plano de trabalho, com exceção das atribuíveis aos custos operacionais.

i) As receitas provenientes da alienação de bens de capital e o valor de mercado desses bens de capital que não sejam necessários para as operações nos termos do contrato e que não tenham sido vendidos serão deduzidos dos custos de desenvolvimento do contratante, o excedente será adicionado às receitas brutas do contratante.

j) Os custos de desenvolvimento do contratante efetuados antes do início da produção comercial, mencionados na subalínea i) da alínea h) e na subalínea iv) da alínea n), serão amortizados em dez anuidades de igual valor a partir da data do início da produção comercial. Os custos de desenvolvimento do contratante efetuados após o início da produção comercial, referidos na subalínea ii) da alínea h) e na subalínea iv) da alínea n), serão amortizados em dez ou menos anuidades de igual valor de modo a garantir a sua amortização total no término do contrato.

k) 'Custos operacionais do contratante' significa todas as despesas efetuadas após o início da produção comercial para utilização da capacidade de produção da área coberta pelo contrato e para atividades conexas nas operações realizadas nos termos do contrato, de conformidade com princípios de contabilidade geralmente aceitos, incluídos, inter alia, a taxa anual fixa ou o imposto sobre a produção, se este for mais elevado, as despesas com vencimentos, salários, benefícios pagos aos empregados, materiais, serviços, transportes, custos de processamento e comercialização, juros, prestações de serviços públicos, preservação do meio marinho, despesas gerais e administrativas especificamente relacionadas com as operações realizadas nos termos do contrato, e qualquer déficit operacional transportado para anos fiscais anteriores ou para anos fiscais posteriores como o que aqui se especifica. O déficit operacional pode ser transportado para dois anos fiscais posteriores e consecutivos, com exceção dos dois últimos anos do contrato, caso em que pode ser transportado retroativamente para os dois anos fiscais precedentes.

l) Se o contratante se dedicar à extração, ao transporte de nódulos polimetálicos e à produção de metais processados e semiprocessados, 'custos de desenvolvimento da extração' significa a parte dos custos de desenvolvimento do contratante diretamente relacionada com a extração dos recursos da área coberta pelo contrato, de conformidade com princípios de contabilidade geralmente aceitos e com as normas, regulamentos e procedimentos financeiros da Autoridade, incluídos, inter alia, a taxa pelo pedido, a taxa anual fixa e, se for o caso, os custos de prospeção e exploração da área coberta pelo contrato e um parte dos custos de investigação e de desenvolvimento.

m) 'Rendimento do investimento' num ano fiscal significa o quociente entre as receitas líquidas atribuíveis nesse ano e os custos de desenvolvimento correspondentes à extração. Para o cálculo desse quociente, os custos de desenvolvimento correspondentes à extradição incluirão as despesas efetuadas com o equipamento novo ou com a substituição de equipamento utilizado na extração, menos o custo inicial do equipamento substituído.

n) Se o contratante se dedicar unicamente à extração:

i) 'receitas líquidas atribuíveis' significa a totalidade das receitas líquidas do contratante;
ii) 'receitas líquidas do contratante' são as definidas na alínea *f*);
iii) 'receitas brutas do contratante' significa as receitas brutas da venda dos nódulos polimetálicos e quaisquer outras receitas consideradas como razoavelmente atribuíveis às operações realizadas nos termos do contrato, de conformidade com as normas, regulamentos e procedimentos financeiros da Autoridade;
iv) 'custos de desenvolvimento do contratante' significa todas as despesas efetuadas antes do início da produção comercial nos termos da subalínea i) da alínea *h*) e todas as despesas efetuadas depois do início da produção comercial nos termos da subalínea ii) da alínea *h*), que estejam diretamente relacionadas com a extração dos recursos da área coberta pelo contrato, de conformidade com princípios de contabilidade geralmente aceitos;
v) 'custos operacionais do contratante' significa os custos operacionais do contratante referidos na alínea *k*) que estejam diretamente relacionados com a extração dos recursos da área coberta pelo contrato, de conformidade com princípios de contabilidade geralmente aceitos;
vi) 'rendimento do investimento' num ano fiscal significa o quociente entre as receitas líquidas do contratante nesse ano e os custos de desenvolvimento do contratante. Para o cálculo desse quociente os custos de desenvolvimento do contratante incluirão as despesas efetuadas com o equipamento novo ou com a substituição de equipamento, menos o custo inicial do equipamento substituído.

o) Os custos mencionados nas alíneas *h), k), l),* e *n)* relativos aos juros pagos pelo contratante devem ser autorizados, na medida em que, em todas as circunstâncias, a Autoridade, nos termos do parágrafo 1º do artigo 4 do presente Anexo, aprova como razoáveis a razão dívida/capital social e as taxas de juro, tendo em conta a prática comercial vigente.

p) Os custos mencionados no presente parágrafo não incluirão o pagamento dos impostos sobre os rendimentos das sociedades ou encargos similares cobrados pelos Estados em virtude das operações do contratante.

7. *a)* 'Metais processados', referido nos parágrafos 5º e 6º, significa os metais sob a forma mais básica em que são habitualmente comercializados nos mercados terminais internacionais. Para este efeito, a Autoridade especificará nas suas normas, regulamentos e procedimentos financeiros o mercado terminal internacional pertinente. Para os metais que não sejam comercializados nesses mercados, 'metais processados' significa os metais sob a forma mais básica em que são habitualmente comercializados em transações próprias de empresas independentes.

b) Se a autoridade não puder determinar de outro modo a quantidade de metais processados obtidos de nódulos polimetálicos extraídos da área coberta pelo contrato, referida na alínea *b)* do parágrafo 5º e na alínea *b)* do parágrafo 6º, essa quantidade será determinada com base nos teores em metais desses nódulos, na eficiência do processamento de recuperação e noutros fatores pertinentes, de conformidade com as normas, regulamentos e procedimentos da Autoridade e com princípios de contabilidade geralmente aceitos.

8. Se um mercado terminal internacional oferece um mecanismo adequado de fixação de preços para os metais processados, para os nódulos polimetálicos e para os metais semiprocessados obtidos de nódulos, deve utilizar-se o preço médio desse mercado. Em todos os outros casos, a Autoridade, depois de consultar o contratante, deve determinar um preço justo para esses produtos, de conformidade com o parágrafo 9º.

9. *a)* Todos os custos, despesas, receitas e rendimentos e todas as determinações de preços e valores mencionados no presente artigo serão o resultado de transações efetuadas em mercado livre ou de acordo com as transações próprias de empresas independentes. Se não for o caso, serão determinados pela autoridade, depois de consultar o contratante, como se tivessem resultado de transações efetuadas em mercado livre ou de transações próprias de empresas independentes, tendo em conta as transações pertinentes de outros mercados.

b) A fim de assegurar o cumprimento e a execução das disposições do presente parágrafo, a Autoridade deve guiar-se pelos princípios adotados e pelas interpretações dadas para as transações próprias de empresas independentes pela Comissão de Empresas Transnacionais das Nações Unidas, pelo Grupo de Peritos em Acordos Fiscais entre países em desenvolvimento e países desenvolvidos, bem como por outras organizações internacionais, e fixará, nas suas normas, regulamentos e procedimentos, normas e procedimentos fiscais uniformes e internacionalmente aceitos, bem como os métodos que o contratante deve seguir para selecionar os contabilistas diplomados e independentes que sejam aceitáveis pela Autoridade para fins de verificação das contas, de conformidade com essas normas, regulamentos e procedimentos.

10. O contratante porá à disposição dos contabilistas, de conformidade com as normas, regulamentos e procedimentos financeiros da Autoridade, os dados financeiros necessários para verificar o cumprimento do presente artigo.

11. Todos os custos, despesas, receitas e rendimentos e todos os preços e valores mencionados no presente artigo serão determinados de conformidade com os princípios de contabilidade geralmente aceitos e com as normas, regulamentos e procedimentos financeiros da Autoridade.

12. Os pagamentos à Autoridade em virtude dos parágrafos 5º e 6º serão efetuados em moedas livremente utilizáveis ou em moedas livremente disponíveis e efetivamente utilizáveis nos principais mercados de divisas ou, por escolha do contratante, no seu equivalente em metais processados ao valor de mercado. O valor de mercado deve ser determinado de conformidade com a alínea *b)* do parágrafo 5º. As moedas livremente utilizáveis e as moedas livremente disponíveis e efetivamen-

te utilizáveis nos principais mercados de divisas devem ser definidas nas normas, regulamentos e procedimentos da Autoridade, de conformidade com a prática monetária internacional dominante.

13. Todas as obrigações financeiras do contratante para com a Autoridade, assim como todas as taxas, custos, despesas, receitas e rendimentos mencionados no presente artigo devem ser ajustados exprimindo-se em valores constantes relativos a um ano base.

14. A fim de promover a realização dos objetivos enunciados no parágrafo 1°, a Autoridade pode, tendo em conta as recomendações da Comissão de Planejamento Econômico e da Comissão Jurídica e Técnica, adotar normas, regulamentos e procedimentos que estabeleçam incentivos para os contratantes numa base uniforme e não discriminatória.

15. Em caso de controvérsia entre a Autoridade e um contratante relativa à interpretação ou aplicação das cláusulas financeiras de um contrato, qualquer das partes pode submeter a controvérsia a arbitragem comercial obrigatória, a não ser que as duas partes convenham em solucionar a controvérsia por outros meios, de conformidade com o parágrafo 2° do artigo 188.

Artigo 14
Transferência de dados

1. O operador deve transferir para a Autoridade, de conformidade com as normas, regulamentos e procedimentos da mesma e as modalidades e condições do plano de trabalho, em intervalos por ela determinados, todos os dados que sejam ao mesmo tempo necessários e pertinentes ao exercício efetivo dos poderes e funções dos órgãos principais da autoridade no que se refere à área coberta pelo plano de trabalho.

2. Os dados transferidos relativos à área coberta pelo plano de trabalho, considerados propriedade industrial, só podem ser utilizados para os fins estabelecidos no presente artigo. Os dados necessários para a elaboração pela Autoridade de normas, regulamentos e procedimentos relativos à proteção do meio marinho e à segurança, exceto os dados relativos ao projeto de equipamento, não devem ser considerados propriedade industrial.

3. Os dados transferidos para a Autoridade pelos prospectores, peticionários de contratos ou pelos contratantes e considerados propriedade industrial não devem ser revelados à Empresa nem a ninguém estranho à Autoridade, mas os dados sobre as áreas reservadas podem ser revelados à Empresa. Estes dados transferidos para a Empresa por tais entidades não devem ser revelados pela Empresa à Autoridade nem a ninguém estranho à Autoridade.

Artigo 15
Programas de formação

O contratante deve preparar programas práticos para a formação do pessoal da Autoridade e dos Estados em desenvolvimento, incluindo a participação desse pessoal em todas as atividades na Área previstas no contrato, de conformidade com o parágrafo 2° do artigo 144.

Artigo 16
Direito exclusivo de exploração e aproveitamento

A Autoridade deve, nos termos da Parte XI e das suas normas, regulamentos e procedimentos, outorgar ao operador o direito exclusivo de explorar e aproveitar a área coberta pelo plano de trabalho com respeito a uma categoria especificada de recursos e deve assegurar que nenhuma outra entidade realize na mesma área atividades relativas a uma categoria diferente de recursos de modo que possa interferir com as atividades do operador. A titularidade do operador deve ser garantida de conformidade com o parágrafo 6° do artigo 153.

Artigo 17
Normas, regulamentos e procedimentos da Autoridade

1. A Autoridade deve adotar e aplicar uniformemente normas, regulamentos e procedimentos, de conformidade com a subalínea ii) da alínea *f)* do parágrafo 2° do artigo 160 e com a subalínea ii) da alínea *o)* do parágrafo 2° do artigo 162, para o exercício das suas funções enunciadas na Parte VI, sobre, *inter alia*, as seguintes questões:

a) procedimentos administrativos relativos à prospeção, à exploração e ao aproveitamento da Área;

b) operações:

i) dimensão da área;

ii) duração das operações;

iii) requisitos de execução, incluindo as garantias previstas na alínea *c)* do parágrafo 6° do artigo 4 do presente Anexo;

iv) categorias de recursos;

v) renúncia de áreas;

vi) relatórios sobre o andamento dos trabalhos;

vii) apresentação de dados;

viii) inspeção e supervisão das operações;

ix) prevenção de interferências com outras atividades no meio marinho;

x) transferência de direitos e obrigações por um contratante;

xi) procedimentos para a transferência de tecnologia aos Estados em desenvolvimento, de conformidade com o artigo 144 e para a participação direta destes;

xii) critérios e práticas de mineração, incluídas as referentes à segurança das operações, à conservação dos recursos e à proteção do meio marinho;

xiii) definição de produção comercial;

xiv) critérios de qualificação dos peticionários;

c) questões financeiras:

i) estabelecimento de normas uniformes e não discriminatórias em matéria de custos e de contabilidade, bem como de métodos de seleção de auditores;

ii) distribuição das receitas das operações;

iii) os incentivos mencionados no artigo 13 do presente Anexo;
d) aplicação das decisões tomadas nos termos do parágrafo 4º do artigo 151 e da alínea d) do parágrafo 2º do artigo 164.2. As normas, regulamentos e procedimentos sobre as seguintes questões deverão refletir plenamente os critérios objetivos a seguir estabelecidos:
a) Dimensão das áreas:
A Autoridade deve determinar a dimensão apropriada das áreas para a exploração, que pode ir até ao dobro da dimensão das áreas para aproveitamento, a fim de se permitirem operações intensivas de exploração. A dimensão das áreas para aproveitamento deve ser calculada de modo a, de conformidade com as cláusulas do contrato, satisfazer os requisitos do artigo 8 do presente Anexo sobre reserva de áreas, bem como os requisitos de produção previstos compatíveis como o artigo 151, tendo em conta o grau de desenvolvimento da tecnologia disponível nesse momento para a mineração dos fundos marinhos e as características físicas pertinentes da área. As áreas não serão menores nem maiores que o necessário para satisfazer esse objetivo.
b) Duração das operações:
i) a prospecção não deve estar sujeita a prazo;
ii) a exploração deve ter a duração suficiente para permitir um estudo aprofundado da área determinada, o projeto e a construção de equipamento de extração mineira para a área, e o projeto e construção de instalações de processamento de pequena e média dimensão destinadas a testar sistemas de extração e processamento de minerais;
iii) a duração do aproveitamento deve ser em função da vida econômica do projeto de extração mineira, tendo em conta fatores como o esgotamento do depósito, a vida útil do equipamento de extração e das instalações de processamento, bem como a viabilidade comercial. A duração do aproveitamento deve ser suficiente para permitir a extração comercial dos minerais da área e incluir um prazo razoável para a construção de sistemas de extração e processamento de minerais à escala comercial, período durante o qual não deve ser exigida a produção comercial. Contudo, a duração total do aproveitamento deve também ser suficientemente breve para dar à Autoridade a possibilidade de modificar as modalidades e condições do plano de trabalho quando considerar a sua renovação, de conformidade com as normas, regulamentos e procedimentos que tenha adotado depois da aprovação do plano de trabalho.
c) Requisitos de execução:
A Autoridade deve exigir que, durante a fase de exploração, o operador efetue despesas periódicas que mantenham uma relação razoável com a dimensão da área coberta pelo plano de trabalho e com as despesas que sejam de esperar de um operador de boa-fé que pretenda iniciar a produção comercial na área dentro dos prazos fixados pela Autoridade. Essas despesas não devem ser fixadas a um nível que desincentive possíveis operadores que disponham de uma tecnologia menos onerosa que a correntemente utilizada. A Autoridade deve fixar um intervalo máximo entre a conclusão da fase de exploração e o início da produção comercial.

Para fixar esse intervalo, a Autoridade deve ter em conta que a construção de sistemas de extração e processamento de minerais em grande escala não pode ser iniciada senão depois da conclusão da fase de exploração e do início da fase de aproveitamento. Em consequência, o intervalo até o início da produção comercial na área deve ter em conta o tempo necessário para a construção desses sistemas depois de completada a fase de exploração e prever um prazo razoável que tenha em conta atrasos inevitáveis no calendário da construção. Uma vez iniciada a produção comercial, a Autoridade, dentro dos limites razoáveis e tendo em conta todos os fatores pertinentes, deve exigir ao operador que mantenha a produção comercial durante a vigência do plano de trabalho.
d) Categorias de recursos:
Ao determinar as categorias de recursos a respeito dos quais um plano de trabalho possa ser aprovado, a Autoridade deve dar ênfase, inter alia, às seguintes características:
i) que diferentes recursos requerem a utilização de métodos semelhantes de extração; e
ii) que alguns recursos podem ser aproveitados simultaneamente por vários operadores que aproveitem recursos diferentes na mesma área sem que interfiram indevidamente entre si. Nada do disposto na presente alínea deve impedir a Autoridade de aprovar um plano de trabalho relativo a mais de uma categoria de recursos na mesma área a favor do mesmo peticionário.
e) Renúncia de áreas:
O operador pode renunciar em qualquer altura, sem sanção, à totalidade ou a uma parte dos seus direitos na área coberta pelo plano de trabalho.
f) Proteção do meio marinho:
Normas, regulamentos e procedimentos devem ser estabelecidos para assegurar a proteção eficaz do meio marinho contra efeitos nocivos resultantes diretamente de atividades na Área ou do processamento de minerais procedentes de uma área, de extração mineira a bordo de um navio posicionado sobre tal área, tendo em conta a medida em que tais efeitos nocivos possam resultar diretamente da perfuração, da dragagem, da extração de amostras e da escavação, bem como da eliminação, da imersão e da descarga no meio marinho de sedimentos, detritos ou outros efluentes.
g) Produção comercial:
Considera-se iniciada a produção comercial quando um operador se dedicar a operações de extração contínua em grande escala que produza uma quantidade de materiais suficiente para indicar claramente que o objetivo principal é a produção em grande escala e não a destinada a recolher informação, a analisar ou a testar o equipamento ou a instalação.

Artigo 18
Sanções

1. Os direitos de um contratante nos termos do contrato só podem ser suspensos ou extintos nos seguintes casos:

a) se, apesar das advertências da Autoridade, contratante tiver realizado as suas atividades de forma a constituir uma violação grave, persistente e dolosa das cláusulas fundamentais do contrato, da Parte XI e das normas, regulamentos e procedimentos da Autoridade; ou

b) se o contratante não tiver cumprido uma decisão definitiva e obrigatória do órgão de solução de controvérsias que for aplicável.

2. Nos casos de qualquer violação do contrato não previstos na alínea *a)* do parágrafo 1°, ou em vez da suspensão ou extinção nos termos da alínea *a)* do parágrafo 1°, a Autoridade pode impor ao contratante sanções monetárias proporcionais à gravidade da violação.

3. Com exceção das ordens em caso de emergência nos termos da alínea *w)* do parágrafo 2° do artigo 162, a Autoridade não pode executar nenhuma decisão que implique sanções monetárias ou suspensão ou extinção até que tenha sido dada ao contratante uma oportunidade razoável de esgotar os meios judiciais de que dispõe, de conformidade com a seção 5 da Parte XI.

Artigo 19
Revisão do contrato

1. Quando tenham surgido ou possam surgir circunstâncias que, na opinião de qualquer das duas Partes, tornariam não equitativo o contrato, ou impraticável ou impossível a realização dos seus objetivos ou dos previstos na Parte XI, as Partes devem iniciar negociações para rever o contrato, em conformidade.

2. Qualquer contrato celebrado de conformidade com o parágrafo 3° do artigo 153 só pode ser revisto com o consentimento das Partes.

Artigo 20
Transferência de direitos e obrigações

Os direitos e obrigações resultantes de um contrato só podem ser transferidos com o consentimento da Autoridade e de conformidade com as suas normas, regulamentos e procedimentos. A autoridade não negará sem causa razoável o seu consentimento à transferência se o cessionário proposto reunir todas as condições exigidas a um peticionário qualificado e assumir todas as obrigações do cedente, e se a transferência não conferir ao cessionário um plano de trabalho cuja aprovação estaria proibida pela alínea *c)* do parágrafo 3° do artigo 6 do presente Anexo.

Artigo 21
Direito aplicável

1. O contrato deve ser regido pelas cláusulas do contrato, pelas normas, regulamentos e procedimentos da Autoridade, pela Parte XI, e por outras normas de direito internacional não incompatíveis com a presente Convenção.

2. Qualquer decisão definitiva de uma corte ou tribunal que tenha jurisdição nos termos da presente Convenção no que se refere aos direitos e obrigações da Autoridade e do contratante deve ser executória no território de qualquer Estado-Parte.

3. Nenhum Estado-Parte pode impor a um contratante condições incompatíveis com a Parte XI. Contudo, não deve ser considerada incompatível com a Parte XI a aplicação, por um Estado-Parte aos contratantes por ele patrocinados ou aos navios que arvorem a sua bandeira, de leis e regulamentos sobre a proteção do meio marinho ou de outra natureza mais restritos que as normas, regulamentos e procedimentos da Autoridade adotados nos termos da alínea *f)* do parágrafo 2° do artigo 17 do presente Anexo.

Artigo 22
Responsabilidade

O contratante terá responsabilidade pelos danos causados por atos ilícitos cometidos na realização das suas operações, tomando em conta a parte de responsabilidade por atos ou omissões imputáveis à Autoridade. Do mesmo modo, a Autoridade terá responsabilidade pelos danos causados por atos ilícitos cometidos no exercício dos seus poderes e funções, incluindo as violações ao parágrafo 2° do artigo 168, tomando em conta a parte de responsabilidade por atos ou omissões imputáveis ao contratante. Em qualquer caso, a reparação deve corresponder ao dano efetivo.

ANEXO IV
ESTATUTO DA EMPRESA

Artigo 1°
Objetivos

1. A empresa é o órgão da Autoridade que deve realizar diretamente atividades na Área, nos termos da alínea *a)* do parágrafo 2° do artigo 153, bem como atividades de transporte, processamento e comercialização de minerais extraídos da Área.

2. Na realização dos seus objetivos e no exercício das suas funções, a Empresa deve atuar de conformidade com a presente Convenção e com as normas, regulamentos e procedimentos da Autoridade.

3. Ao aproveitar os recursos da Área nos termos do parágrafo 1°, a empresa deve atuar de conformidade com princípios comerciais sólidos, com observância da presente Convenção.

Artigo 2°
Relações com a Autoridade

1. Nos termos do artigo 170, a Empresa deve atuar de conformidade com as políticas gerais da Assembleia e as diretrizes do Conselho.

2. Com observância do parágrafo 1°, a Empresa deve gozar de autonomia na realização das suas operações.

3. Nada na presente Convenção deve tornar a Empresa responsável pelos atos ou obrigações da Autoridade, nem a Autoridade responsável pelos atos ou obrigações da Empresa.

Artigo 3º
Limitação de responsabilidade

Sem prejuízo do disposto no parágrafo 3º do artigo 11 do presente Anexo, nenhum membro da Autoridade é responsável pelos atos ou obrigações da Empresa, pelo simples fato da sua qualidade de membro.

Artigo 4º
Estrutura

A Empresa tem um Conselho de Administração, um Diretor-Geral e o pessoal necessário ao exercício das suas funções.

Artigo 5º
Conselho de Administração

1. O Conselho de Administração é composto de 15 membros eleitos pela Assembleia, de conformidade com a alínea c) do parágrafo 2º do artigo 160. Na eleição dos membros do Conselho de Administração deve ser tomado em devida conta o princípio da distribuição geográfica equitativa. Ao apresentarem candidaturas ao Conselho de Administração, os membros da Autoridade devem ter em conta a necessidade de designar candidatos da mais alta competência e que possuam as qualificações nas matérias pertinentes, de modo a assegurar a viabilidade e o êxito da Empresa.

2. Os membros do conselho de Administração são eleitos por quatro anos e podem ser reeleitos devendo ser tomado em devida conta o princípio da rotação dos membros.

3. Os membros do Conselho de Administração devem permanecer em funções até à eleição dos seus sucessores. Se o lugar de um membro de Conselho de Administração ficar vago, a Assembleia deve eleger, de conformidade com a alínea c) do parágrafo 2º do artigo 160, um novo membro que exercerá o cargo até ao termo desse mandato.

4. Os membros do Conselho de Administração devem atuar a título pessoal. No exercício das suas funções não devem solicitar nem receber instruções de qualquer governo, nem de nenhuma outra fonte. Os membros da Autoridade devem respeitar a independência dos membros do Conselho de Administração e abster-se de qualquer tentativa de influenciar qualquer deles no desempenho das suas funções.

5. Cada membro do Conselho de Administração recebe uma remuneração custeada pelos fundos da Empresa. O montante da remuneração deve ser fixado pela Assembleia por recomendação do Conselho.

6. O Conselho de Administração funciona normalmente no escritório da Empresa e deve reunir-se com a frequência requerida pelos trabalhos da Empresa.

7. O *quorum* é constituído por dois terços dos membros do Conselho de Administração.

8. Cada membro do Conselho de Administração dispõe de um voto. Todas as questões submetidas ao Conselho de Administração serão decididas por maioria dos seus membros. Se um membro tiver um conflito de interesses em relação a uma questão submetida ao Conselho de Administração deve abster-se de votar nessa questão.

9. Qualquer membro da Autoridade pode pedir ao Conselho de Administração informações sobre operações que o afetem particularmente. O conselho de Administração deve procurar fornecer tais informações.

Artigo 6º
Poderes e funções do Conselho de Administração

O Conselho de Administração dirige as operações da Empresa. Com observância da presente Convenção, o Conselho de Administração deve exercer os poderes necessários ao cumprimento dos objetivos da Empresa, incluídos os poderes para:

a) eleger um Presidente dentre os seus membros;

b) adotar o seu regulamento interno;

c) elaborar e submeter por escrito ao Conselho planos formais de trabalho, de conformidade com o parágrafo 3º do artigo 153 e com a alínea j) do parágrafo 2º do artigo 162;

d) elaborar planos de trabalho e programas para realizar as atividades previstas no artigo 170;

e) preparar e submeter ao Conselho pedidos de autorização de produção, de conformidade com os parágrafos 2º a 7º do artigo 151;

f) autorizar negociações relativas à aquisição de tecnologia, incluindo as previstas nas alíneas a), c) e d) do parágrafo 3º do artigo 5 do Anexo III, e aprovar os resultados dessas negociações;

g) estabelecer modalidades e condições e autorizar negociações relativas a empreendimentos conjuntos ou outras formas de ajustes conjuntos referidos nos artigos 9 e 11 do Anexo III, e aprovar os resultados dessas negociações;

h) recomendar à Assembleia a parte da receita líquida da Empresa que deve ser retida para as reservas desta, de conformidade com a alínea f) do parágrafo 2º do artigo 160 e com o artigo 10 do presente Anexo;

i) aprovar o orçamento anual da Empresa;

j) autorizar a aquisição de bens e serviços, de conformidade com o parágrafo 3º do artigo 12 do presente Anexo;

k) apresentar um relatório anual ao Conselho, de conformidade com o artigo 9 do presente Anexo;

l) apresentar ao Conselho, para aprovação pela Assembleia, projetos de normas relativas à organização, administração, nomeação e demissão do pessoal da Empresa, e adotar os regulamentos para aplicação de tais normas;

m) contrair empréstimos e prestar as garantias ou cauções que possa determinar, de conformidade com o parágrafo 2º do artigo 11 do presente Anexo;

n) participar em quaisquer procedimentos legais, acordos e transações e tomar quaisquer outras medidas, de conformidade com o artigo 13 do presente Anexo;

o) delegar, sujeito à aprovação do Conselho, quaisquer poderes não discricionários nas suas comissões ou no Diretor-Geral.

Artigo 7º
Diretor-Geral e pessoal da Empresa

1. A Assembleia elege, por recomendação do Conselho e por proposta do Conselho de Administração, o Diretor-Geral da Empresa que não será membro do Conselho de Administração. O Diretor-Geral é eleito por um período determinado, que não deve exceder cinco anos, e pode ser reeleito para novos mandatos.

2. O Diretor-Geral é o representante legal da Empresa e o seu chefe executivo e responde diretamente perante o Conselho de Administração pela condução das operações da Empresa. Tem a seu cargo a organização, administração, nomeação e demissão do pessoal, de conformidade com as normas e regulamentos referidos na alínea *l)* do artigo 6 do presente Anexo. Deve participar, sem direito de voto, nas reuniões do Conselho de Administração e pode participar, sem direito de voto, nas reuniões do Conselho de Administração e pode participar, sem direito de voto, nas reuniões da Assembleia e do Conselho quando estes órgãos examinarem questões que interessem à Empresa.

3. A consideração dominante ao recrutar e nomear o pessoal e ao determinar as suas condições de emprego deve ser a necessidade de assegurar o mais alto grau de eficiência e competência técnica. Ressalvada esta consideração, deve ter-se em devida conta a importância de recrutar o pessoal numa base geográfica equitativa.

4. No cumprimento dos seus deveres, o Diretor--Geral e o pessoal da Empresa não solicitarão nem receberão instruções de qualquer governo nem de nenhuma outra fonte estranha à Empresa. Devem abster-se de qualquer ato que possa afetar a sua condição de funcionários internacionais, responsáveis unicamente perante a Empresa. Todo o Estado-Parte compromete-se a respeitar o caráter exclusivamente internacional das funções do Diretor-Geral e do pessoal e a não procurar influenciá--los no desempenho das suas funções.

5. As responsabilidades estabelecidas no parágrafo 2º do artigo 168 devem aplicar-se igualmente ao pessoal da Empresa.

Artigo 8º
Localização

A Empresa tem o seu escritório principal na sede da Autoridade. A empresa pode abrir outros escritórios e instalações no território de qualquer Estado-Parte, com o consentimento deste.

Artigo 9º
Relatórios e balanços financeiros

1. A Empresa deve submeter a exame do Conselho, nos três meses seguintes ao termo de cada ano fiscal, um relatório anual que contenha um extrato das suas contas, verificado por auditores e deve enviar ao mesmo Conselho, a intervalos adequados, um balanço sumário da sua situação financeira e um balanço de ganhos e perdas que mostre os resultados das suas operações.

2. A Empresa deve publicar o seu relatório anual e demais relatórios que considere apropriados.

3. Todos os relatórios e balanços financeiros referidos no presente artigo devem ser distribuídos aos membros da Autoridade.

Artigo 10
Distribuição de receitas líquidas

1. Com observância do parágrafo 3º, a Empresa deve pagar à Autoridade os montantes devidos nos termos do artigo 13 do Anexo III ou seu equivalente.

2. A Assembleia, por recomendação do Conselho de Administração, deve determinar a parte da receita líquida da Empresa que deve ser retida para as reservas desta. O remanescente será transferido para a Autoridade.

3. Durante o período inicial necessário para que a Empresa se torne autossuficiente, o qual não deve exceder dez anos a contar do início da sua produção comercial, a Assembleia deve isentar a Empresa dos pagamentos referidos no parágrafo 1º e deixar a totalidade da receita líquida da Empresa nas reservas desta.

Artigo 11
Finanças

1. Os recursos financeiros da Empresa devem incluir:

a) os montantes recebidos da Autoridade de conformidade com a alínea *b)* do parágrafo 2º do artigo 173;

b) as contribuições voluntárias feitas pelos Estados--Partes com o objetivo de financiar atividades da Empresa;

c) o montante dos empréstimos contraídos pela Empresa de conformidade com os parágrafos 2º e 3º;

d) as receitas provenientes das operações da Empresa;

e) outros fundos postos à disposição da Empresa para lhe permitir iniciar as operações o mais cedo possível e desempenhar as suas funções.

2. *a)* A Empresa tem o poder de contrair empréstimos e de prestar as garantias ou cauções que possa determinar. Antes de proceder a uma venda pública das suas obrigações nos mercados financeiros ou na moeda de um Estado-Parte, a Empresa deve obter a aprovação desse Estado. O montante total dos empréstimos deve ser aprovado pelo Conselho, por recomendação do Conselho de Administração.

b) Os Estados-Partes devem fazer todos os esforços razoáveis para apoiar os pedidos de empréstimo da Empresa nos mercados de capital e instituições financeiras internacionais.

3. *a)* Devem ser fornecidos à Empresa os fundos necessários à exploração e aproveitamento de um setor mineiro e ao transporte, processamento e comercialização dos minerais dele extraídos e o

níquel, cobre, cobalto e manganês obtidos, assim como a satisfação das suas despesas administrativas iniciais. A Comissão Preparatória deve indicar o montante desses fundos, bem como os critérios e fatores para o seu reajustamento, nos projetos de normas, regulamentos e procedimentos da Autoridade.

b) Todos os Estados-Partes devem pôr à disposição da Empresa uma soma equivalente a metade dos fundos referidos na alínea a), sob a forma de empréstimos a longo prazo e sem juros, de conformidade com a escala de contribuições para o orçamento ordinário das Nações Unidas em vigor na data de entrega das contribuições, reajustada para ter em conta os Estados que não são membros das Nações Unidas. As dívidas contraídas pela Empresa na obtenção da outra metade dos fundos devem ser garantidas pelos Estados-Partes de conformidade com a mesma escala.

c) Se a soma das contribuições financeiras dos Estados-Partes for inferior à dos fundos a serem fornecidos à Empresa nos termos da alínea a), a Assembleia, na sua primeira sessão, deve considerar o montante da diferença e, tendo em conta a obrigação dos Estados-Partes nos termos das alíneas a) e b) e as recomendações da Comissão Preparatória, deve adotar, por consenso, medidas para cobrir tal diferença.

d) i) Cada Estado-Parte deve, nos sessenta dias seguintes à entrada em vigor da presente Convenção, ou nos trinta dias seguintes ao depósito do seu instrumento de ratificação ou adesão, se esta data for posterior, depositar junto da Empresa promissórias sem juros, não negociáveis e irrevogáveis, de montante igual à parte correspondente a esse Estado-Parte dos empréstimos sem juros previstos na alínea b).

ii) Logo que possível após a entrada em vigor da presente Convenção e, após esta data, anualmente ou com a periodicidade apropriada, o Conselho de Administração deve preparar um programa que indique o montante dos fundos de que necessite para financiar as despesas administrativas da Empresa e para a realização de atividades nos temos do artigo 170 e do artigo 12 do presente Anexo e as datas em que necessite desses fundos.

iii) Uma vez preparando esse programa, a Empresa deve notificar imediatamente os Estados-Partes, por intermédio da Autoridade, das partes respectivas nos fundos previstos na alínea b) do presente parágrafo e exigidos por tais despesas. A Empresa deve cobrar os montantes das promissórias necessários para financiar as despesas indicadas no programa acima referido em relação aos empréstimos sem juros.

iv) Após terem recebido a notificação, os Estados-Partes devem pôr à disposição da Empresa as suas partes respectivas das garantias de dívidas da Empresa, de conformidade com a alínea b).

e) i) Se a Empresa o solicitar, os Estados-Partes podem prestar garantias de dívida adicionais às que tenham prestado de conformidade com a escala mencionada na alínea b).

ii) Em vez de uma garantia de dívida, um Estado-Parte pode fazer à Empresa uma contribuição voluntária de montante equivalente à fração das dívidas que de outro modo teria obrigação de garantir.

f) O reembolso dos empréstimos com juros tem prioridade sobre o reembolso dos empréstimos sem juros. Os empréstimos sem juros devem ser reembolsados de acordo com um programa adotado pela Assembleia, por recomendação do Conselho e ouvido o Conselho de Administração. No exercício dessa função, o Conselho de Administração deve guiar-se pelas normas, regulamentos e procedimentos da Autoridade, que devem ter em conta a necessidade primordial de assegurar o funcionamento eficaz da Empresa e, em particular, a sua independência financeira.

g) Os fundos postos à disposição da Empresa serão em moedas livremente utilizáveis ou em moedas livremente disponíveis e efetivamente utilizáveis nos principais mercados de divisas. Estas moedas serão definidas nas normas, regulamentos e procedimentos da Autoridade, de conformidade com a prática monetária internacional dominante. Salvo o disposto no parágrafo 2°, nenhum Estado-Parte deve manter ou impor restrições à detenção, utilização ou câmbio desses fundos pela Empresa.

h) 'Garantia de dívida' significa a promessa feita por um Estado-Parte aos credores da Empresa de cumprir, na medida prevista pela escala apropriada, as obrigações financeiras da Empresa cobertas pela garantia, após os credores notificarem o Estado-Parte do seu não cumprimento pela Empresa. Os procedimentos para o pagamento dessas obrigações devem estar de conformidade com as normas, regulamentos e procedimentos da Autoridade.

4. Os fundos, haveres e despesas da Empresa devem ser mantidos separados dos da Autoridade. O presente artigo não deve impedir que a Empresa efetue ajustes com a Autoridade relativos às instalações, pessoal e serviços e ao reembolso das despesas administrativas pagas por uma delas em nome da outra.

5. Os documentos, livros e contas da Empresa, inclusive os relatórios financeiros anuais, devem ser verificados todos os anos por um auditor independente designado pelo Conselho.

Artigo 12
Operações

1. A Empresa deve propor ao Conselho projetos para a realização de atividades, de conformidade com o artigo 170. Tais propostas devem incluir um plano de trabalho formal escrito das atividades na Área, de conformidade com o parágrafo 3° do artigo 153 e quaisquer outras informações e dados que possam de tempos a tempos ser necessários à avaliação dos referidos projetos pela Comissão Jurídica e Técnica e à sua aprovação pelo Conselho.

2. Uma vez aprovado pelo Conselho, a Empresa deve executar o projeto com base no plano de trabalho formal escrito referido no parágrafo 1°.

3. a) Se a Empresa não dispuser dos bens e serviços necessários às suas operações, pode adquiri-los. Pare esse fim, deve abrir consultas ao mercado e adjudicar contratos aos licitantes que ofereçam a melhor combinação de qualidade, preço e prazo de entrega.

b) Se houver mais de uma oferta com essa combinação, o contrato deve ser adjudicado de conformidade com:

i) o princípio da não discriminação com base em considerações políticas ou outras não relevantes para a realização com a devida diligência e eficiência das operações;

ii) as diretrizes aprovadas pelo Conselho relativas à preferência a ser dada aos bens e serviços originários de Estados em desenvolvimento, incluindo dentre eles os Estados em desenvolvimento, incluindo dentre eles os Estados sem litoral ou em situação geográfica desfavorecida.

c) O Conselho de Administração pode adotar normas que determinem as circunstâncias especiais em que, no melhor interesse da Empresa, o requisito de abertura de consultas ao mercado possa ser dispensado.

4. A Empresa tem o direito de propriedade sobre todos os minerais e Substâncias processadas que produzir.

5. A Empresa deve vender os seus produtos numa base não discriminatória. Não deve conceder descontos não comerciais.

6. Sem prejuízo de quaisquer poderes gerais ou especiais conferidos nos termos de qualquer outra disposição da presente Convenção, a Empresa deve exercer todos os poderes acessórios de que necessite para a condução dos seus trabalhos.

7. A Empresa não deve interferir nos assuntos políticos de qualquer Estado-Parte, nem se deve deixar influenciar nas suas decisões pela orientação política dos Estados-Partes interessados. As suas decisões devem ser baseadas exclusivamente em considerações de ordem comercial, as quais devem ser ponderadas de uma forma imparcial a fim de que se atinjam os objetivos especificados no artigo 1 do presente Anexo.

Artigo 13
Estatuto jurídico, privilégios e imunidades

1. A fim de permitir à Empresa o exercício das suas funções, devem ser-lhes concedidos, no território dos Estados-Partes, o estatuto jurídico, os privilégios e as imunidades estabelecidos no presente artigo. Para a aplicação desse princípio, a Empresa e os Estados-Partes podem, quando necessário, concluir acordos especiais.

2. A Empresa tem a capacidade jurídica necessária ao exercício das suas funções e à consecução dos seus objetivos e tem, em particular, capacidade para:

a) celebrar contratos, ajustes conjuntos ou outros ajustes, incluídos acordos com Estados e organizações internacionais;

b) adquirir, arrendar ou alugar, possuir e alienar bens móveis e imóveis;

c) ser parte em juízo.

3. a) A Empresa só pode ser demandada nos tribunais com jurisdição no território de um Estado-Parte em que a Empresa:

i) possua escritório ou instalação;

ii) tenha nomeado um representante para receber citação ou notificação em processos judiciais;

iii) tenha celebrado um contrato relativo a bens ou serviços;

iv) tenha emitido obrigações; ou

v) realize outras atividades comerciais.

b) Os bens e haveres da Empresa, onde quer que se encontrem e independentemente de quem os detenha, devem gozar de imunidade de qualquer forma de arresto, embargo ou execução enquanto não seja proferida sentença definitiva contra a Empresa.

4. a) Os bens e haveres da Empresa, onde quer que se encontrem e independentemente de quem os detenha, devem gozar de imunidade de requisição, confisco, expropriação ou qualquer outra forma de apreensão resultante de medida executiva ou legislativa.

b) Os bens e haveres da Empresa, onde quer que se encontrem independentemente de quem os detenha, devem estar isentos de restrições, regulamentação, controle e moratórias discriminatórias de qualquer natureza.

c) A Empresa e o seu pessoal devem respeitar as leis e regulamentos de qualquer Estado ou território em que possam realizar atividades comerciais ou de outra natureza.

d) Os Estados-Partes devem assegurar à Empresa o gozo de todos os direitos, privilégios e imunidades outorgados por eles a entidades que realizem atividades comerciais nos seus territórios. Estes direitos, privilégios e imunidades outorgados a Empresa não serão menos favoráveis do que os outorgados à entidades que realizem atividades comerciais similares. Quando os Estados-Partes outorgarem privilégios especiais a Estados em desenvolvimento ou a entidades comerciais destes, a Empresa deve gozar desses privilégios numa base igualmente preferencial.

e) Os Estados-Partes podem conceder incentivos, direitos, privilégios e imunidades especiais à Empresa sem a obrigação de os conceder a outras entidades comerciais.

5. A Empresa deve negociar a obtenção da isenção de impostos diretos e indiretos com os Estados em cujo território tenha escritórios e instalações.

6. Cada Estado-Parte deve adotar as disposições necessárias para incorporar na sua própria legislação os princípios enunciados no presente Anexo e informar a Empresa das disposições concretas que tenha tomado.

7. A Empresa pode renunciar, na medida e segundo as condições que venha a determinar, a qualquer dos privilégios e imunidades outorgados nos termos do presente artigo ou de acordos especiais mencionado no parágrafo 1º.

ANEXO V
Conciliação

Seção 1
Procedimentos de conciliação nos termos da Seção 1 da Parte XV

Artigo 1°
Início do procedimento

Se as partes numa controvérsia tiverem acordado, de conformidade com o art. 284, submetê-la ao procedimento de conciliação nos termos da presente seção, qualquer delas poderá mediante notificação escrita dirigida à outra ou às outras partes na controvérsia, iniciar o procedimento.

Artigo 2°
Lista de conciliadores

O Secretário-Geral das Nações Unidas elaborará e manterá uma lista de conciliadores. Cada Estado-Parte designará quatro conciliadores que devem ser pessoas que gozem da mais elevada reputação pela sua imparcialidade, competência e integridade. A lista será composta pelos nomes das pessoas assim designadas. Se, em qualquer momento, os conciliadores designados por um Estado-Parte para integrar a lista forem menos de quatro, esse Estado-Parte fará as designações suplementares necessárias. O nome de um conciliador permanecerá na lista até ser retirado pelo Estado-Parte que o tiver designado, com a ressalva de que tal conciliador continuará a fazer parte de qualquer comissão de conciliação para a qual tenha sido designado até que tenha terminado o procedimento na referida Comissão.

Artigo 3°
Constituição da comissão de conciliação

Salvo acordo em contrário das partes, a comissão de conciliação será constituída da seguinte forma:
a) Salvo o disposto na alínea g), a comissão de conciliação deve ser composta de cinco membros.
b) A parte que inicie o procedimento designará dois conciliadores, escolhidos de preferência da lista mencionada no art. 2 do presente Anexo, dos quais um pode ser seu nacional, salvo acordo em contrário das partes. Essas designações serão incluídas na notificação prevista no art. 1 do presente Anexo.
c) A outra parte na controvérsia designará pela forma prevista na alínea b) dois conciliadores nos 21 dias seguintes ao recebimento da notificação prevista no art. 1 do presente Anexo. Se as designações não se efetuam nesse prazo, a parte que tenha iniciado o procedimento pode, na semana seguinte à expiração desse prazo, pôr termo ao procedimento mediante notificação dirigida à outra parte ou pedir ao Secretário-Geral das Nações Unidas que proceda às nomeações de conformidade com a alínea e).
d) Nos 30 dias seguintes à data em que se tenha efetuado a última designação, os quatro conciliadores designarão um quinto conciliador, escolhido da lista mencionada no art. 2 do presente Anexo, que será o presidente. Se a designação não se efetua nesse prazo, qualquer das partes pode, na semana seguinte à expiração desse prazo, pedir ao Secretário-Geral das Nações Unidas que proceda à designação de conformidade com a alínea e).
e) Nos 30 dias seguintes ao recebimento de um pedido nos termos do disposto nas alíneas c) ou d), o Secretário-Geral das Nações Unidas fará, em consulta com as partes na controvérsia, as designações necessárias a partir da lista mencionada no art. 2 do presente Anexo.
f) Qualquer vaga será preenchida pela forma prevista para a designação inicial.
g) Duas ou mais partes que determinem de comum acordo que têm o mesmo interesse designarão conjuntamente dois conciliadores. Quando duas ou mais partes tenham interesses distintos, ou quando não exista acordo sobre se têm ou não o mesmo interesse, as partes designarão conciliadores separadamente.
h) Nas controvérsias em que existam mais de duas partes com interesses distintos, ou quando não haja acordo sobre se têm o mesmo interesse, as partes devem aplicar, na medida do possível, as alíneas a) a f).

Artigo 4°
Procedimento

Salvo acordo em contrário das partes, a comissão de conciliação determinará o seu próprio procedimento. A comissão pode, com o consentimento das partes na controvérsia, convidar qualquer Estado-Parte a apresentar as suas opiniões verbalmente ou por escrito. As decisões relativas a questões de procedimento, as recomendações e o relatório da comissão serão adotados por maioria de votos dos seus membros.

Artigo 5°
Solução amigável

A comissão poderá chamar a atenção das partes para quaisquer medidas que possam facilitar uma solução amigável da controvérsia.

Artigo 6°
Funções da comissão

A comissão ouvirá as partes, examinará as suas pretensões e objeções e far-lhes-á propostas para chegarem a uma solução amigável.

Artigo 7°
Relatório

1. A comissão apresentará relatório nos 12 meses seguintes à sua constituição. O relatório conterá todos os acordos concluídos e, se os não houver, as conclusões sobre todas as questões de direito ou de fato relacionadas com a matéria em controvérsia e as recomendações que julgue apropriadas para uma solução amigável. O relatório será depositado junto do Secretário-Geral das Nações Unidas, que o transmitirá imediatamente às partes na controvérsia.

2. O relatório da comissão, incluídas as suas conclusões ou recomendações, não terá força obrigatória para as partes.

Artigo 8º
Extinção do procedimento

Extinguir-se-á o procedimento de conciliação quando a controvérsia tenha sido solucionada, quando as partes tenham aceito ou uma delas tenha rejeitado as recomendações do relatório, por via de notificação escrita dirigida ao Secretário-Geral das Nações Unidas, ou quando tenha decorrido um prazo de três meses a contar da data em que o relatório foi transmitido às partes.

Artigo 9º
Honorários e despesas

Os honorários e despesas da comissão ficarão a cargo das partes na controvérsia.

Artigo 10
Direito das partes modificarem o procedimento

As partes na controvérsia poderão, mediante acordo aplicável unicamente a essa controvérsia, modificar qualquer disposição do presente Anexo.

Seção 2
Submissão obrigatória ao procedimento de conciliação nos termos da Seção 3 da Parte XV

Artigo 11
Início do procedimento

1. Qualquer das partes numa controvérsia que, de conformidade com a seção 3 da Parte XV, possa ser submetida ao procedimento de conciliação nos termos da presente seção, pode iniciar o procedimento por via de notificação escrita dirigida à outra ou às outras partes na controvérsia.

2. Qualquer das partes na controvérsia que tenha sido notificada nos termos do parágrafo 1º ficará obrigada a submeter-se a tal procedimento.

Artigo 12
Ausência de resposta ou não submissão ao procedimento de conciliação

O fato de uma ou várias partes na controvérsia não responderem à notificação relativa ao início do procedimento, ou de a ele não se submeterem, não constituirá obstáculo ao procedimento.

Artigo 13
Competência

Qualquer desacordo quanto à competência da comissão de conciliação constituída nos termos da presente seção será resolvido por esta comissão.

Artigo 14
Aplicação da seção 1

Os arts. 2 a 10 da seção 1 do presente Anexo aplicar-se-ão salvo o disposto na presente seção.

ANEXO VI
Estatuto do Tribunal Internacional do Direito do Mar

Artigo 1º
Disposições gerais

1. O Tribunal Internacional do Direito do Mar é constituído e deve funcionar de conformidade com as disposições desta Convenção e do presente Estatuto.

2. O Tribunal terá a sua sede na Cidade Livre e Hanseática de Hamburgo na República Federal da Alemanha.

3. O Tribunal pode reunir-se e exercer as suas funções em qualquer outro local, quando o considere desejável.

4. A submissão de qualquer controvérsia ao Tribunal deve ser regida pelas disposições das Partes XI e XV.

Seção 1
Organização do Tribunal

Artigo 2º
Composição

1. O Tribunal é composto de 21 membros independentes, eleitos de entre pessoas que gozem da mais alta reputação pela sua imparcialidade e integridade e sejam de reconhecida competência em matéria de direito do mar.

2. A representação dos principais sistemas jurídicos do mundo e uma distribuição geográfica equitativa devem ser asseguradas na composição global do Tribunal.

Artigo 3º
Membros

1. O Tribunal não pode ter como membros mais de um nacional do mesmo Estado. Para esse efeito, qualquer pessoa que possa ser nacional de mais de um Estado deve ser considerada nacional do Estado em que habitualmente exerce os seus direitos civis e políticos.

2. Não deve haver menos de três membros de cada um dos grupos geográficos estabelecidos pela Assembleia Geral das Nações Unidas.

Artigo 4º
Candidaturas e eleições

1. Cada Estado-Parte pode designar, no máximo, duas pessoas que reúnam as condições prescritas no art. 2 do presente Anexo. Os membros do Tribunal devem ser eleitos da lista das pessoas assim designadas.

2. Pelo menos três meses antes da data da eleição, o Secretário-Geral das Nações Unidas, no caso da primeira eleição, ou o Escrivão do Tribunal, no caso das eleições subsequentes, deve endereçar convite escrito aos Estados-Partes para apresentarem os seus candidatos a membros do Tribunal, num prazo de dois meses. O Secretário-Geral ou o Escrivão deve preparar uma lista por ordem alfabética de todas as pessoas assim designadas, com a indicação dos Estados-Partes que os tiverem designado e submetê-la aos Estados-Partes antes do sétimo dia do último mês que anteceder a data da eleição.

3. A primeira eleição deve realizar-se nos seis meses seguintes à data da entrada em vigor da presente Convenção.

4. Os membros do Tribunal são eleitos por escrutínio secreto. As eleições devem realizar-se numa

reunião dos Estados-Partes convocada pelo Secretário-Geral das Nações Unidas, no caso da primeira eleição ou segundo procedimento acordado pelos Estados-Partes, no caso das eleições subsequentes. Nessa reunião, o *quorum* deve ser constituído por dois terços dos Estados-Partes. São eleitos para o Tribunal os candidatos que obtenham o maior número de votos e a maioria de dois terços dos votos dos Estados-Partes presentes e votantes, desde que essa maioria compreenda a maioria dos Estados-Partes.

Artigo 5°
Duração do mandato

1. Os membros do Tribunal são eleitos por nove anos e podem ser reeleitos; contudo, tratando-se dos membros eleitos na primeira eleição, o mandato de sete dentre eles expira ao fim de três anos e o de mais sete expira ao fim de seis anos.
2. Os membros do Tribunal cujos mandatos expiram ao fim dos mencionados períodos iniciais de três e seis anos devem ser escolhidos por sorteio efetuado pelo Secretário-Geral das Nações Unidas imediatamente após a primeira eleição.
3. Os membros do Tribunal devem continuar no desempenho das suas funções até que tenham sido substituídos. Embora substituídos, devem continuar a conhecer até ao fim de quaisquer questões que tenham iniciado antes da data da sua substituição.
4. Em caso de renúncia de um membro do Tribunal, a carta de renúncia deve ser endereçada ao Presidente do Tribunal. O lugar fica vago a partir do momento em que a carta de renúncia é recebida.

Artigo 6°
Vagas

1. As vagas devem ser preenchidas pelo mesmo método seguido na primeira eleição, com a ressalva da seguinte disposição: o Escrivão deve, dentro de um mês após a ocorrência da vaga, proceder ao envio dos convites previsto no art. 4 do presente Anexo e o Presidente do Tribunal deve, após consulta com os Estados-Partes, fixar a data da eleição.
2. O membro do Tribunal eleito em substituição de um membro cujo mandato não tenha expirado deve exercer o cargo até ao termo do mandato do seu predecessor.

Artigo 7°
Incompatibilidade

1. Nenhum membro do Tribunal pode exercer qualquer função política ou administrativa ou estar associado ativamente ou interessado financeiramente em qualquer das operações de uma empresa envolvida na exploração ou aproveitamento dos recursos do mar ou dos fundos marinhos ou noutra utilização comercial do mar ou dos fundos marinhos.
2. Nenhum membro do Tribunal pode exercer funções de agente, consultor ou advogado em qualquer questão.

3. Havendo dúvida sobre estes pontos, o Tribunal deve resolvê-la por maioria dos demais membros presentes.

Artigo 8°
Condições relativas à participação dos membros numa questão determinada

1. Nenhum membro do Tribunal pode participar na decisão de qualquer questão em que tenha intervindo anteriormente como agente, consultor ou advogado de qualquer das partes, ou como membro de uma corte ou tribunal nacional ou internacional, ou em qualquer outra qualidade.
2. Se, por alguma razão especial, um membro do Tribunal considera que não deve participar na decisão de uma questão determinada deve informar disso o Presidente do Tribunal.
3. Se o Presidente considera que, por alguma razão especial, um dos membros do Tribunal não deve conhecer de uma questão determinada, deve dar-lhe disso conhecimento.
4. Havendo dúvida sobre estes pontos, o Tribunal deve resolvê-la por maioria dos demais membros presentes.

Artigo 9°
Consequência da perda das condições requeridas

Se, na opinião unânime dos demais membros do Tribunal, um membro tiver deixado de reunir as condições requeridas, o Presidente do Tribunal deve declarar o lugar vago.

Artigo 10
Privilégios e imunidades

No exercício das suas funções, os membros do Tribunal gozam de privilégios e imunidades diplomáticos.

Artigo 11
Declaração solene

Todos os membros do Tribunal devem, antes de assumir as suas funções, fazer, em sessão pública, uma declaração solene, de que exercerão as suas atribuições com imparcialidade e em consciência.

Artigo 12
Presidente, Vice-presidente e Escrivão

1. O Tribunal elegerá, por três anos, o seu Presidente e Vice-presidente, que podem ser reeleitos.
2. O Tribunal nomeará o seu Escrivão e pode providenciar a nomeação dos demais funcionários necessários.
3. O Presidente e o Escrivão devem residir na sede do Tribunal.

Artigo 13
Quorum

1. Todos os membros do Tribunal que estejam disponíveis devem estar presentes, sendo exigido um *quorum* de 11 membros eleitos para constituir o Tribunal.

2. Com observância do art. 17 do presente Anexo, o Tribunal deve determinar quais os membros que estão disponíveis para constituir o Tribunal para o exame de uma determinada controvérsia, tendo em conta a necessidade de assegurar o funcionamento eficaz das câmaras previstas nos arts. 14 e 15 do presente Anexo.

3. O Tribunal delibera sobre todas as controvérsias e pedidos que lhe sejam submetidos a menos que o art. 14 do presente Anexo se aplique ou as partes solicitem a aplicação do art. 15 do presente Anexo.

Artigo 14
Câmara de Controvérsias
dos Fundos Marinhos

É criada uma Câmara de Controvérsia dos Fundos Marinhos, de conformidade com as disposições da seção 4 do presente Anexo. A sua competência, poderes e funções são os definidos na seção 5 da Parte XI.

Artigo 15
Câmaras especiais

1. O Tribunal pode constituir as câmaras que considere necessárias, compostas de três ou mais dos seus membros eleitos, para conhecerem de determinadas categorias de controvérsias.

2. O Tribunal deve, se as partes assim o solicitarem, constituir uma câmara para conhecer de uma determinada controvérsia que lhe tenha sido submetida. O Tribunal deve fixar, com a aprovação das partes, a composição de tal câmara.

3. Com o fim de facilitar o andamento rápido dos assuntos, o Tribunal deve constituir anualmente uma câmara de cinco dos seus membros eleitos que pode deliberar sobre controvérsias em procedimento sumário. Devem ser designados dois membros suplentes para substituírem os que não possam participar numa determinada questão.

4. As câmaras previstas no presente artigo devem, se as partes assim o solicitarem, deliberar sobre as controvérsias.

5. A sentença de qualquer das câmaras previstas no presente artigo e no art. 14 do presente Anexo deve ser considerada como proferida pelo Tribunal.

Artigo 16
Regulamento do Tribunal

O Tribunal deve adoptar normas para o exercício das suas funções. Deve elaborar, em particular, o seu regulamento interno.

Artigo 17
Nacionalidade dos membros

1. Os membros do Tribunal nacionais de qualquer das partes numa controvérsia mantêm o seu direito de participar como membro do Tribunal.

2. Se o Tribunal, ao examinar uma controvérsia, incluir um membro nacional de uma das partes, qualquer outra parte poderá designar uma pessoa de sua escolha para participar na qualidade de membro do Tribunal.

3. Se o Tribunal, ao examinar uma controvérsia, não incluir um membro nacional das partes, cada uma destas poderá designar uma pessoa de sua escolha para participar na qualidade de membro do Tribunal.

4. O presente artigo aplica-se às câmaras referidas nos arts. 14 e 15 do presente Anexo. Em tais casos, o Presidente, em consulta com as partes, deve pedir a determinados membros do Tribunal que constituam a câmara, tantos quantos necessários, que cedam os seus lugares aos membros do Tribunal da nacionalidade das partes interessadas e, se os não houver ou não puderem estar presentes, aos membros especialmente designados pelas partes.

5. Se várias partes tiverem um mesmo interesse, deverão, para efeitos das disposições precedentes, ser consideradas como uma única parte. Havendo dúvida sobre este ponto, o Tribunal deve resolvê-la.

6. Os membros designados de conformidade com os parágrafos 2°, 3° e 4° devem reunir as condições estabelecidas pelos arts. 2, 8 e 11 do presente Anexo. Devem participar na decisão do Tribunal em condições de absoluta igualdade com os seus colegas.

Artigo 18
Remuneração

1. Cada membro eleito do Tribunal recebe um vencimento anual e, por cada dia em que exerça as suas funções, um subsídio especial. A soma total do seu subsídio especial, em cada ano, não excederá o montante do vencimento anual.

2. O Presidente recebe um subsídio anual especial.

3. O Vice-Presidente recebe um subsídio especial por cada dia em que exerça as funções de Presidente.

4. Os membros designados nos termos do art. 17 do presente Anexo, que não sejam membros eleitos do Tribunal, receberão uma compensação por cada dia em que exerçam as suas funções.

5. Os vencimentos, subsídios e compensações serão fixados periodicamente em reuniões dos Estados-Partes, tendo em conta o volume de trabalho do Tribunal. Não podem sofrer redução enquanto durar o mandato.

6. O vencimento do Escrivão é fixado em reuniões dos Estados-Partes, por proposta do Tribunal.

7. Nos regulamentos adoptados em reuniões dos Estados-Partes, serão fixadas as condições para a concessão de pensões de aposentação aos membros do Tribunal e ao Escrivão, bem como as condições para o reembolso, aos membros do Tribunal e ao Escrivão, das suas despesas de viagens.

8. Os vencimentos, subsídios e compensações estarão isentos de qualquer imposto.

Artigo 19
Despesas do Tribunal

1. As despesas do Tribunal serão custeadas pelos Estados-Partes e pela Autoridade, nos termos e condições a determinar em reuniões dos Estados-Partes.

2. Quando uma entidade distinta de um Estado-Parte ou da Autoridade for parte numa controvérsia submetida ao Tribunal, este fixará o montante

com que a referida parte terá de contribuir para as despesas do Tribunal.

Seção 2
Jurisdição

Artigo 20
Acesso ao Tribunal

1. Os Estados-Partes terão acesso ao Tribunal.
2. As entidades distintas dos Estados-Partes terão acesso ao Tribunal, em qualquer dos casos expressamente previstos na Parte XI ou em qualquer questão submetida nos termos de qualquer outro acordo que confira ao Tribunal jurisdição que seja aceita por todas as partes na questão.

Artigo 21
Jurisdição

A jurisdição do Tribunal compreende todas as controvérsias e pedidos que lhe sejam submetidos de conformidade com a presente Convenção, bem como todas as questões especialmente previstas em qualquer outro acordo que confira jurisdição ao Tribunal.

Artigo 22
Submissão ao Tribunal de controvérsias relativas a outros acordos

Se todas as partes num tratado ou convenção já em vigor sobre matérias cobertas pela presente Convenção assim o acordarem, qualquer controvérsia relativa à interpretação ou aplicação de tal tratado ou convenção pode, de conformidade com tal acordo, ser submetida ao Tribunal.

Artigo 23
Direito aplicável

Todas as controvérsias e pedidos serão decididos pelo Tribunal, de conformidade com o art. 293.

Seção 3
Processo

Artigo 24
Início do procedimento

1. As controvérsias são submetidas ao Tribunal, conforme o caso, por notificação de um acordo especial ou por pedido escrito dirigido ao Escrivão. Em ambos os casos, o objeto de controvérsia e as partes devem ser indicados.
2. O Escrivão deve notificar imediatamente todos os interessados do acordo especial ou do pedido.
3. O Escrivão deve também notificar todos os Estados-Partes.

Artigo 25
Medidas provisórias

1. De conformidade com o art. 290, o Tribunal e a sua Câmara de Controvérsias dos Fundos Marinhos têm o poder de decretar medidas provisórias.
2. Se o Tribunal não se encontrar reunido ou o número de membros disponíveis não for suficiente para que haja *quorum*, as medidas provisórias devem ser decretadas pela câmara criada nos termos do parágrafo 3° do art. 15 do presente Anexo. Não obstante o disposto no parágrafo 4° do art. 15 do presente Anexo, tais medidas provisórias podem ser tomadas a pedido de qualquer das partes na controvérsia. Tais medidas estarão sujeitas a exame e revisão pelo Tribunal.

Artigo 26
Audiência

1. As audiências serão dirigidas pelo Presidente ou, na sua ausência, pelo Vice-presidente; se nenhum deles o puder fazer, presidirá o mais antigo dos juízes presentes do Tribunal.
2. As audiências devem ser públicas, salvo decisão em contrário do Tribunal ou a menos que as partes solicitem audiência à porta fechada.

Artigo 27
Trâmites do processo

O Tribunal deve definir os trâmites do processo, decidir a forma e os prazos em que cada parte deve concluir as suas alegações e tomar as medidas necessárias para a apresentação de provas.

Artigo 28
Revelia

Quando uma das partes não comparecer ante o Tribunal ou não apresentar a sua defesa, a outra parte poderá pedir ao Tribunal que continue os procedimentos e profira a sua decisão. A ausência de uma parte ou a não apresentação da defesa da sua causa não deve constituir impedimento aos procedimentos. Antes de proferir a sua decisão, o Tribunal deve assegurar-se de que não só tem jurisdição sobre a controvérsia, mas também de que a pretensão está de direito e de fato bem fundamentada.

Artigo 29
Maioria requerida para a tomada de decisão

1. Todas as decisões do Tribunal devem ser tomadas por maioria dos membros presentes.
2. Em caso de empate, decidirá o voto do Presidente ou do membro do Tribunal que o substitua.

Artigo 30
Sentença

1. A sentença deve ser fundamentada.
2. A sentença deve mencionar os nomes dos membros do Tribunal que tomarem parte na decisão.
3. Se, no todo ou em parte, a sentença não representar a opinião unânime dos membros do Tribunal, qualquer membro terá o direito de juntar à sentença a sua opinião individual ou dissidente.
4. A sentença deve ser assinada pelo Presidente e pelo Escrivão. Deve ser lida em sessão pública, depois de devidamente notificadas as partes na controvérsia.

Artigo 31
Pedidos de intervenção

1. Se um Estado-Parte considerar que tem um interesse de natureza jurídica que possa ser afetado

pela decisão sobre qualquer controvérsia, poderá submeter ao Tribunal um pedido de intervenção.

2. Ao Tribunal compete pronunciar-se sobre o pedido.

3. Se um pedido de intervenção for aceito, a sentença do Tribunal sobre a controvérsia será obrigatória para o Estado-Parte interveniente, em relação às questões nas quais esse Estado-Parte interveio.

Artigo 32
Direito de intervenção em casos de interpretação ou aplicação

1. Sempre que se levantar uma questão de interpretação ou aplicação da presente Convenção, o Escrivão notificará imediatamente todos os Estados-Partes.

2. Sempre que, no âmbito dos arts. 21 ou 22 do presente Anexo, se levantar uma questão de interpretação ou aplicação de um acordo internacional, o Escrivão notificará todas as partes no acordo.

3. Qualquer parte a que se referem os parágrafos 1º e 2º tem o direito de intervir no processo; se exercer este direito, a interpretação constante da sentença será igualmente obrigatória para essa parte.

Artigo 33
Natureza definitiva e força obrigatória da sentença

1. A sentença do Tribunal será definitiva e deverá ser acatada por todas as partes na controvérsia.

2. A sentença não terá força obrigatória senão para as partes e no que se refere a uma controvérsia determinada.

3. Em caso de desacordo sobre o sentido ou alcance da sentença, compete ao Tribunal interpretá-la, a pedido de qualquer das partes.

Artigo 34
Despesas

Salvo decisão em contrário do Tribunal, cada parte custeará as suas próprias despesas.

Seção 4
Câmara de controvérsias dos fundos marinhos

Artigo 35
Composição

1. A Câmara de Controvérsias dos Fundos Marinhos referida no art. 14 do presente Anexo é composta de 11 membros, escolhidos pela maioria dos membros eleitos do Tribunal dentre eles.

2. Na escolha dos membros da Câmara, a representação dos principais sistemas jurídicos do mundo e uma distribuição geográfica equitativa devem ser asseguradas. A Assembleia da Autoridade pode adoptar recomendações de carácter geral relativas à representação e distribuição referidas.

3. Os membros da Câmara serão escolhidos de três em três anos e poderão ser escolhidos para um segundo mandato.

4. A Câmara elegerá o seu Presidente dentre os seus membros; o mandato deste terá a duração do mandato da Câmara.

5. Se, ao fim de um período de três anos para o qual a Câmara tenha sido escolhida, houver processos pendentes, a Câmara deverá terminar esses processos com a sua composição original.

6. Se ocorrer alguma vaga na Câmara, o Tribunal escolherá dentre os seus membros eleitos um sucessor que deverá exercer o cargo até o fim do mandato do seu predecessor.

7. Para a constituição da Câmara é exigido um *quorum* de sete membros escolhidos pelo Tribunal.

Artigo 36
Câmaras *ad hoc*

1. A Câmara de Controvérsias dos Fundos Marinhos deve constituir uma câmara *ad hoc*, composta de três dos seus membros, para conhecer duma determinada controvérsia que lhe seja submetida de conformidade com a alínea *b)* do parágrafo 1º do art. 188. A composição de tal câmara deve ser estabelecida pela Câmara de Controvérsias dos Fundos Marinhos com a aprovação das partes.

2. Se as partes não concordarem com a composição da câmara *ad hoc*, cada uma delas designará um membro devendo o terceiro membro ser designado por ambas de comum acordo. Se não chegarem a acordo, ou se qualquer das partes não fizer a designação, o Presidente da Câmara de Controvérsias dos Fundos Marinhos deverá proceder sem demora à designação dentre os membros dessa Câmara após consulta às partes.

3. Os membros da câmara *ad hoc* não devem estar ao serviço de qualquer das partes na controvérsia, nem ser nacionais destas.

Artigo 37
Acesso

Os Estados-Partes, a Autoridade e as outras entidades referidas na seção 5 da Parte XI terão acesso à Câmara.

Artigo 38
Direito aplicável

Além das disposições do art. 293, a Câmara deve aplicar:

a) as normas, os regulamentos e os procedimentos da Autoridade adoptados de conformidade com a presente Convenção; e

b) as cláusulas dos contratos relativos a atividades na Área, em matérias relacionadas com esses contratos.

Artigo 39
Execução das decisões da Câmara

As decisões da Câmara serão executórias nos territórios dos Estados-Partes da mesma maneira que sentenças ou despachos do supremo tribunal do Estado-Parte em cujo território a execução for requerida.

Artigo 40
Aplicabilidade das outras seções do presente Anexo

1. As outras seções do presente Anexo não incompatíveis com a presente seção aplicam-se à Câmara.

2. No exercício das suas funções consultivas, a Câmara deve guiar-se pelas disposições do presente Anexo relativas ao processo ante o Tribunal, na medida em que as considere aplicáveis.

Seção 5
Emendas

Artigo 41
Emendas

1. As emendas ao presente Anexo, com exceção das relativas à seção 4, só podem ser adotadas de conformidade com o artigo 313 ou por consenso numa conferência convocada de conformidade com a presente Convenção.
2. As emendas à seção 4 só podem ser adotadas de conformidade com o artigo 314.
3. O Tribunal pode propor as emendas ao presente Estatuto que considere necessárias, mediante comunicação escrita aos Estados-Partes, para que estes as examinem, de conformidade com os §§ 1º e 2º.

ANEXO VII
Arbitragem

Artigo 1º
Início do procedimento

Sem prejuízo das disposições da Parte XV, qualquer parte numa controvérsia pode submeter a controvérsia ao procedimento de arbitragem previsto no presente Anexo, mediante notificação escrita dirigida à outra parte ou partes na controvérsia. A notificação deve ser acompanhada de uma exposição da pretensão e dos motivos em que se fundamenta.

Artigo 2º
Lista de árbitros

1. O Secretário-Geral das Nações Unidas deve elaborar e manter uma lista de árbitros. Cada Estado-Parte tem o direito de designar quatro árbitros que devem ser pessoas com experiência em assuntos marítimos e gozem da mais elevada reputação pela sua imparcialidade, competência e integridade. A lista deve ser composta dos nomes das pessoas assim designadas.
2. Se, em qualquer momento, os árbitros designados por um Estado-Parte e que integram a lista assim constituída forem menos de quatro, esse Estado-Parte tem o direito de fazer as designações suplementares necessárias.
3. O nome de um árbitro deve permanecer na lista até ser retirado pelo Estado-Parte que o tiver designado, desde que tal árbitro continue a fazer parte de qualquer tribunal arbitral para o qual tenha sido designado até terminar o procedimento ante o referido tribunal.

Artigo 3º
Constituição do tribunal arbitral

Para efeitos dos procedimentos previstos no presente Anexo, o tribunal arbitral deve, salvo acordo em contrário das partes, ser constituído da seguinte forma:

a) sem prejuízo do disposto na alínea g), o tribunal arbitral é composto de cinco membros;
b) a parte que inicie o procedimento deve designar um membro, escolhido de preferência da lista mencionada no artigo 2 do presente Anexo, que pode ser seu nacional. A designação deve ser incluída na notificação prevista no artigo 1 do presente Anexo;
c) a outra parte na controvérsia deve, nos 30 dias seguintes à data de recebimento da notificação referida no artigo 1 do presente Anexo, designar um membro, a ser escolhido de preferência da lista, o qual pode ser seu nacional. Se a designação não se efetuar nesse prazo, a parte que tiver iniciado o procedimento poderá, nas duas semanas seguintes à expiração desse prazo, pedir que a designação seja feita de conformidade com a alínea e);
d) os outros três membros devem ser designados por acordo entre as partes. Estes devem, salvo acordo em contrário das partes, ser escolhidos de preferência da lista e ser nacionais de terceiros Estados. As partes na controvérsia devem designar o presidente do tribunal arbitral dentre esses três membros. Se, nos 60 dias seguintes ao recebimento da notificação mencionada no artigo 1 do presente Anexo, as partes não puderem chegar a acordo sobre a designação de um ou mais dos membros do tribunal que devem ser designados de comum acordo, ou sobre a designação do Presidente, a designação ou designações pendentes devem ser feitas de conformidade com a alínea e), a pedido de uma das partes na controvérsia. Tal pedido deve ser apresentado dentro das duas semanas seguintes à expiração do referido prazo de 60 dias;
e) a menos que as partes concordem que qualquer designação nos termos das alíneas c) e d) seja feita por uma pessoa ou por um terceiro Estado escolhido por elas, o Presidente do Tribunal Internacional do Direito do Mar deve proceder às designações necessárias. Se o Presidente não puder agir de conformidade com a presente alínea ou for nacional de uma das partes na controvérsia, a designação deve ser feita pelo membro mais antigo do Tribunal Internacional do Direito do Mar que esteja disponível e não seja nacional de qualquer das partes. As designações previstas na presente alínea devem ser feitas com base na lista mencionada no artigo 2 do presente Anexo no prazo de 30 dias a contar da data de recebimento do pedido e em consulta com as partes. Os membros assim designados devem ser de nacionalidades diferentes e não podem estar ao serviço de qualquer das partes na controvérsia, nem residir habitualmente no território de uma dessas partes nem ser nacionais de qualquer delas;
f) qualquer vaga deve ser preenchida da maneira estabelecida para a designação inicial;
g) as partes com interesse comum devem designar conjuntamente e por acordo um membro do tribunal. Quando várias partes tiverem interesses distintos, ou haja desacordo sobre se existe ou não interesse comum, cada uma delas deve designar um membro do tribunal. O número de membros do tribunal designados separadamente pelas partes

deve ser sempre inferior em um ao número de membros do tribunal designados conjuntamente pelas partes;

h) as disposições das alíneas *a)* a *f)* devem aplicar-se, o máximo possível, nas controvérsias em que estejam envolvidas mais de duas partes.

Artigo 4º
Funções do tribunal arbitral

Um tribunal arbitral constituído nos termos de artigo 3 do presente Anexo deve funcionar de conformidade com o presente Anexo e com as demais disposições da presente Convenção.

Artigo 5º
Procedimento

Salvo acordo em contrário das partes na controvérsia, o tribunal arbitral deve adoptar o seu próprio procedimento, garantindo a cada uma das partes plena oportunidade de ser ouvida e de apresentar a sua causa.

Artigo 6º
Obrigações das partes numa controvérsia

As partes numa controvérsia devem facilitar o trabalho do tribunal arbitral e, de conformidade com a sua legislação e utilizando todos os meios à sua disposição, devem, em particular:

a) fornecer-lhe todos os documentos, meios e informações pertinentes; e

b) permitir-lhe, quando necessário, citar testemunhas ou peritos e receber as suas provas e visitar os lugares relacionados com a causa.

Artigo 7º
Despesas

Salvo decisão em contrário do tribunal arbitral por razões de circunstâncias particulares da causa, as despesas do tribunal, incluindo a remuneração dos seus membros, devem ser custeadas, em montantes iguais, pelas partes na controvérsia.

Artigo 8º
Maioria requerida para a tomada de decisão

As decisões do tribunal arbitral devem ser tomadas por maioria de voto dos seus membros. A ausência ou abstenção de menos de metade dos membros não constitui impedimento à tomada de decisão pelo tribunal. Em caso de empate, decidirá o voto do Presidente.

Artigo 9º
Revelia

Quando uma das partes na controvérsia não comparecer ante o tribunal arbitral ou não apresentar a sua defesa, a outra parte poderá pedir ao tribunal que continue os procedimentos e profira o seu laudo. A ausência de uma parte ou a não apresentação da defesa da sua causa não deve constituir impedimento aos procedimentos. Antes de proferir o seu laudo, o tribunal arbitral deve assegurar-se de que não só tem jurisdição sobre a controvérsia, mas também de que a pretensão está, de direito e de fato, bem fundamentada.

Artigo 10
Laudo arbitral

O laudo do tribunal arbitral deve limitar-se ao objeto da controvérsia e ser fundamentado. Deve mencionar os nomes dos membros do tribunal arbitral que tomaram parte no laudo e a data em que foi proferido. Qualquer membro do tribunal terá o direito de juntar ao laudo a sua opinião individual ou dissidente.

Artigo 11
Natureza definitiva do laudo arbitral

O laudo deve ser definitivo e inapelável, a não ser que as partes na controvérsia tenham previamente acordado num procedimento de apelação. Deve ser acatado pelas partes na controvérsia.

Artigo 12
Interpretação ou execução do laudo arbitral

1. Qualquer desacordo, que possa surgir entre as partes na controvérsia sobre a interpretação ou o modo de execução do laudo, pode ser submetido por qualquer das partes à decisão do tribunal arbitral que proferiu o laudo. Para esse efeito, qualquer vaga no tribunal deve ser preenchida pela forma prevista para as designações iniciais dos membros do tribunal.

2. Qualquer desacordo dessa natureza pode, nos termos do artigo 287, ser submetido a outra corte ou tribunal por acordo de todas as partes na controvérsia.

Artigo 13
Aplicação a entidades distintas de Estados-Partes

As disposições do presente Anexo devem aplicar-se, *mutatis mutandis*, a qualquer controvérsia em que estejam envolvidas entidades distintas de Estados-Partes.

ANEXO VIII
Arbitragem especial

Artigo 1º
Início do procedimento

Sem prejuízo das disposições da Parte XV, qualquer parte numa controvérsia relativa à interpretação ou à aplicação dos artigos da presente Convenção sobre: 1) pescas, 2) proteção de preservação do meio marinho, 3) investigação científica marinha ou 4) navegação, incluindo a poluição proveniente de embarcações e por alijamento, pode submeter a controvérsia ao procedimento de arbitragem especial previsto no presente Anexo, mediante notificação escrita dirigida à outra ou às outras partes na controvérsia. A notificação deve ser acompanhada de uma exposição da pretensão e dos motivos em que esta se fundamenta.

Artigo 2º
Lista de peritos

1. Deve ser elaborada e mantida uma lista de peritos para cada uma das seguintes matérias: 1) pescas,

2) proteção e preservação do meio marinho, 3) investigação científica marinha, e 4) navegação, incluindo a poluição proveniente de embarcações e por alijamento.

2. A elaboração e manutenção de cada lista de peritos deve competir: em matéria de pescas, à Organização das Nações Unidas para a Alimentação e a Agricultura; em matéria de proteção e preservação do meio marinho, ao Programa das Nações Unidas para o Meio Ambiente; em matéria de investigação científica marinha, à Comissão Oceanográfica Intergovernamental; em matéria de navegação, incluindo a poluição proveniente de embarcações e por alijamento, à Organização Marítima Internacional, ou, em cada caso, ao órgão subsidiário apropriado em que tal organização, programa ou comissão tiver investido dessas funções.

3. Cada Estado-Parte tem o direito de designar dois peritos em cada uma dessas matérias, cuja competência jurídica, científica ou técnica na matéria correspondente seja comprovada e geralmente reconhecida e que gozem da mais elevada reputação pela sua imparcialidade e integridade. A lista apropriada deve ser composta dos nomes das pessoas assim designadas em cada matéria.

4. Se, em qualquer momento, os peritos designados por um Estado-Parte e que integram a lista assim constituída, forem menos de dois, esse Estado-Parte tem o direito de fazer as designações suplementares necessárias.

5. O nome de um perito deve permanecer na lista até ser retirado pelo Estado-Parte que o tiver designado, desde que tal perito continue a fazer parte de qualquer tribunal arbitral especial para o qual tenha sido designado até terminar o procedimento ante o referido tribunal.

Artigo 3º
Constituição do tribunal arbitral especial

Para efeitos dos procedimentos previstos no presente Anexo, o tribunal arbitral especial deve, salvo acordo em contrário das partes, ser constituído da seguinte forma:

a) sem prejuízo do disposto na alínea *g)*, o tribunal arbitral especial é composto de cinco membros;

b) a parte que inicie o procedimento deve designar dois membros, escolhidos de preferência da lista ou listas mencionadas no artigo 2 do presente Anexo relativas às questões em controvérsia, os quais podem ser seus nacionais. As designações devem ser incluídas na notificação prevista no artigo 2 do presente Anexo;

c) a outra parte na controvérsia deve, nos 30 dias seguintes à data de recebimento da notificação referida no artigo 1 do presente Anexo, designar dois membros a serem escolhidos de preferência da lista ou listas relativas às questões em controvérsia, um dos quais pode ser seu nacional. Se a designação não se efetuar nesse prazo, a parte que tiver iniciado o procedimento poderá, nas duas semanas seguintes à expiração desse prazo, pedir que as designações sejam feitas de conformidade com a alínea *e)*;

d) as partes na controvérsia devem designar de comum acordo o Presidente do tribunal arbitral especial, escolhido preferencialmente da lista apropriada que deve ser nacional de um terceiro Estado, salvo acordo em contrário das partes. Se, nos 30 dias seguintes ao recebimento da notificação mencionada no artigo 1 do presente Anexo, as partes não puderem chegar a acordo sobre a designação do Presidente, a designação deve ser feita de conformidade com a alínea *e)*, a pedido de uma das partes na controvérsia. Tal pedido deve ser apresentado dentro das duas semanas seguintes à expiração do referido prazo de 30 dias;

e) a menos que as partes concordem que a designação seja feita por uma pessoa ou por um terceiro Estado escolhido por elas, o Secretário-Geral das Nações Unidas deve proceder às designações necessárias nos 30 dias seguintes à data em que o pedido, feito nos termos das alíneas *c)* e *d)*, foi recebido. As designações previstas na presente alínea devem ser feitas com base na lista ou listas apropriadas de peritos mencionados no artigo 2 do presente Anexo, em consulta com as partes na controvérsia e com a organização internacional apropriada. Os membros assim designados devem ser de nacionalidades diferentes, não podem estar ao serviço de qualquer das partes na controvérsia, nem residir habitualmente no território de uma dessas partes, nem ser nacionais de qualquer delas;

f) qualquer vaga deve ser preenchida da maneira prevista para a designação inicial;

g) as partes com interesse comum devem designar, conjuntamente e por acordo, dois membros do tribunal. Quando várias partes tiverem interesses distintos, ou haja desacordo sobre se existe ou não um mesmo interesse, cada uma delas designará um membro do tribunal;

h) as disposições das alíneas *a)* a *f)* devem aplicar-se, no máximo do possível, nas controvérsias em que estejam envolvidas mais de duas partes.

Artigo 4º
Disposições gerais

Os artigos 4 a 13 do Anexo VII aplicam-se, *mutatis mutandis*, ao procedimento de arbitragem especial, previsto no presente Anexo.

Artigo 5º
Determinação dos fatos

1. As partes numa controvérsia relativa à interpretação ou à aplicação das disposições da presente Convenção sobre: 1) pescas, 2) proteção e preservação do meio marinho, 3) investigação científica marinha ou 4) navegação, incluindo a poluição proveniente de embarcações e por alijamento, podem, em qualquer momento, acordar em solicitar a um tribunal arbitral especial, constituído de conformidade com o artigo 3 do presente Anexo, a realização de uma investigação e determinação dos fatos que tenham originado a controvérsia.

2. Salvo acordo em contrário das partes, os fatos apurados pelo tribunal arbitral especial, de con-

formidade com o § 1°, devem ser considerados estabelecidos entre as partes.

3. Se todas as partes na controvérsia assim o solicitarem, o tribunal arbitral especial pode formular recomendações que, sem terem força decisória, devem apenas constituir base para um exame pelas partes das questões que originaram a controvérsia.

4. Sem prejuízo do disposto no § 2°, o tribunal arbitral especial deve, salvo acordo em contrário das partes, atuar de conformidade com as disposições do presente Anexo.

ANEXO IX
Participação de organizações internacionais

Artigo 1°
Utilização do termo "organização internacional"

Para efeitos do artigo 305 e do presente Anexo, "organização internacional" significa uma organização intergovernamental constituída por Estados à qual os seus Estados-membros tenham transferido competência em matérias regidas pela presente Convenção, incluindo a competência para concluir tratados relativos a essas matérias.

Artigo 2°
Assinatura

Uma organização internacional pode assinar a presente Convenção se a maioria dos seus Estados-membros for signatária da Convenção. No momento da assinatura, uma organização internacional deve fazer uma declaração que especifique as matérias regidas pela Convenção em relação às quais os seus Estados-membros que sejam signatários da presente Convenção lhe tenham transferido competência, bem como a natureza e a extensão dessa competência.

Artigo 3°
Confirmação formal e adesão

1. Uma organização internacional pode depositar o seu instrumento de confirmação formal ou de adesão se a maioria dos seus Estados-membros depositar ou tiver depositado os seus instrumentos de ratificação ou de adesão.

2. Os instrumentos depositados pela organização internacional devem conter os compromissos e declarações exigidos pelos arts. 4 e 5 do presente Anexo.

Artigo 4°
Alcance da participação e direitos e obrigações

1. O instrumento de confirmação formal ou de adesão depositado por uma organização internacional deve conter o compromisso de esta aceitar os direitos e obrigações dos Estados nos termos da presente Convenção relativos a matérias em relação às quais os seus Estados-membros que sejam Partes na presente Convenção lhe tenham transferido competência.

2. Uma organização internacional será Parte na presente Convenção na medida da competência especificada nas declarações, comunicações ou notificações referidas no artigo 5 do presente Anexo.

3. Tal organização internacional exercerá os direitos e cumprirá as obrigações que, de outro modo, competiriam, nos termos da presente Convenção, aos seus Estados-membros que são Partes na Convenção relativos a matérias em relação às quais esses Estados-membros lhe tenham transferido competência. Os Estados-membros dessa organização internacional não exercerão a competência que lhe tenham transferido.

4. A participação de tal organização internacional não implicará em caso algum um aumento na representação a que teriam direito os seus Estados-membros que forem Partes na Convenção, incluindo os direitos em matéria de tomada de decisões.

5. A participação de tal organização internacional não confere, em caso algum, aos seus Estados-membros que não forem Partes na Convenção, quaisquer dos direitos estabelecidos na presente Convenção.

6. Em caso de conflito entre as obrigações de uma organização internacional resultante da presente Convenção e as que lhe incumbam por virtude do acordo que estabelece a organização ou de quaisquer atos com ele relacionados, prevalecem as obrigações estabelecidas na presente Convenção.

Artigo 5°
Declarações, notificações e comunicações

1. O instrumento de confirmação formal ou de adesão de uma organização internacional deve conter uma declaração que especifique as matérias regidas pela presente Convenção em relação às quais os seus Estados-membros que forem Partes na presente Convenção lhe tenham transferido competência.

2. Um Estado-membro de uma organização internacional deve fazer uma declaração que especifique as matérias regidas pela presente Convenção em relação às quais tenha transferido competência para a organização, no momento da ratificação da Convenção ou de adesão a ela ou no momento do depósito pela organização do seu instrumento de confirmação formal ou de adesão, considerando-se o que for posterior.

3. Presume-se que os Estados-Partes membros de uma organização internacional que for Parte na Convenção têm competência sobre todas as matérias regidas pela presente Convenção em relação às quais transferências de competência para a organização não tenham sido especificamente declaradas, notificadas ou comunicadas, nos termos do presente artigo.

4. A organização internacional e seus Estados-membros que forem Partes na presente Convenção notificarão sem demora o depositário da presente Convenção de quaisquer modificações na distribuição da competência especificada nas declarações previstas nos §§ 1° e 2°, incluindo novas transferências de competência.

5. Qualquer Estado-Parte pode pedir a uma organização internacional e aos seus Estados-membros, que forem Estados-Partes, que informem sobre quem, se a organização ou seus Estados-membros, tem competência em relação a qualquer questão específica que tenha surgido. A organização e os Estados-membros interessados devem prestar essa informação num prazo razoável. A organização internacional e os Estados-membros também podem prestar essa informação por iniciativa própria.

6. As declarações, notificações e comunicações de informação a que se refere o presente artigo devem especificar a natureza e o alcance da competência transferida.

Artigo 6º
Responsabilidade

1. As Partes que tiverem competência nos termos do artigo 5 do presente Anexo serão responsáveis pelo não cumprimento das obrigações ou por qualquer outra violação desta Convenção.

2. Qualquer Estado-Parte pode pedir a uma organização internacional ou aos seus Estados-membros que forem Estados-Partes que informem sobre quem tem responsabilidade em relação a qualquer matéria específica. A organização e os Estados-membros interessados devem prestar essa informação. Se não o fizerem num prazo razoável ou prestarem informações contraditórias, serão conjunta e solidariamente responsáveis.

Artigo 7º
Solução de controvérsias

1. No momento do depósito do seu instrumento de confirmação formal ou de adesão, ou em qualquer momento ulterior, uma organização internacional é livre de escolher, mediante declaração escrita, um ou vários dos meios previstos nas alíneas a), c) ou d) do § 1º do artigo 287, para a solução de controvérsias relativas à interpretação ou à aplicação da presente Convenção.

2. A Parte XV aplica-se, *mutatis mutandis*, a qualquer controvérsia entre Partes na presente Convenção quando uma delas ou mais sejam organizações internacionais.

3. Quando uma organização internacional e um ou mais dos seus Estados-membros forem partes conjuntas numa controvérsia, ou forem partes com um interesse comum, considerar-se-á que a organização aceitou os mesmos procedimentos de solução de controvérsias que os escolhidos pelos Estados-membros; no entanto, quando um Estado-membro tiver escolhido unicamente o Tribunal Internacional de Justiça nos termos do art. 287, considerar-se-á que a organização e o Estado-membro interessado aceitarem a arbitragem de conformidade com o Anexo VII, salvo acordo em contrário das partes na controvérsia.

Artigo 8º
Aplicação da Parte XVII

A Parte XVII aplica-se, *mutatis mutandis*, a uma organização internacional, com as seguintes exceções:

a) o instrumento de confirmação formal ou de adesão de uma organização internacional não deve ser tomado em conta para efeitos de aplicação do § 1º do art. 308;

b) i) uma organização internacional deve ter capacidade exclusiva no que se refere à aplicação dos artigos 312 a 315, na medida em que, nos termos do artigo 5 do presente Anexo, tiver competência sobre a totalidade da matéria a que se refere a emenda;

ii) o instrumento de confirmação formal ou de adesão de uma organização internacional relativo a uma emenda sobre matéria em relação a cuja totalidade a organização tenha competência nos termos do artigo 5 deste Anexo, é considerado o instrumento de ratificação ou de adesão de cada um dos seus Estados-membros que sejam Estados-Partes na Convenção, para efeitos de aplicação dos parágrafos 1º, 2º e 3º do art. 316;

iii) o instrumento de confirmação formal ou de adesão de uma organização internacional não deve ser tomado em conta na aplicação dos parágrafos 1º e 2º do artigo 316 no que se refere a todas as demais emendas;

c) i) uma organização internacional não poderá denunciar a presente Convenção nos termos do artigo 317, enquanto qualquer dos seus Estados-membros for Parte na Convenção e ela continuar a reunir os requisitos especificados no artigo 1 do presente Anexo;

ii) uma organização internacional deverá denunciar a Convenção quando nenhum dos seus Estados-membros for Parte na Convenção ou a organização internacional deixar de reunir os requisitos especificados no artigo 1 do presente Anexo. Tal denúncia terá efeito imediato.

LEI 8.617, DE 4 DE JANEIRO DE 1993

Dispõe sobre o mar territorial, a zona contígua, a zona econômica exclusiva e a plataforma continental brasileiros, e dá outras providências.

DOU 05.01.1993

O Presidente da República:
Faço saber que o Congresso Nacional decreta e eu sanciono a seguinte Lei:

CAPÍTULO I
DO MAR TERRITORIAL

Art. 1º O mar territorial brasileiro compreende uma faixa de doze milhas marítimas de largura, medidas a partir da linha de baixa-mar do litoral continental e insular brasileiro, tal como indicada nas cartas náuticas de grande escala, reconhecidas oficialmente no Brasil.

Parágrafo único. Nos locais em que a costa apresente recortes profundos e reentrâncias ou em que exista uma franja de ilhas ao longo da costa na sua proximidade imediata, será adotado o método das linhas de base retas, ligando pontos apropriados, para o traçado da linha de base, a partir da qual será medida a extensão do mar territorial.

Art. 2º A soberania do Brasil estende-se ao mar territorial, ao espaço aéreo sobrejacente, bem como ao seu leito e subsolo.

Art. 3º É reconhecido aos navios de todas as nacionalidades o direito de passagem inocente no mar territorial brasileiro.

§ 1º A passagem será considerada inocente desde que não seja prejudicial à paz, à boa ordem ou à segurança do Brasil, devendo ser contínua e rápida.

§ 2º A passagem inocente poderá compreender o parar e o fundear, mas apenas na medida em que tais procedimentos constituam incidentes comuns de navegação ou sejam impostos por motivos de força maior ou por dificuldade grave, ou tenham por fim prestar auxílio a pessoas, a navios ou aeronaves em perigo ou em dificuldade grave.

§ 3º Os navios estrangeiros no mar territorial brasileiro estarão sujeitos aos regulamentos estabelecidos pelo Governo brasileiro.

CAPÍTULO II
DA ZONA CONTÍGUA

Art. 4º A zona contígua brasileira compreende uma faixa que se estende das doze às vinte e quatro milhas marítimas, contadas a partir das linhas de base que servem para medir a largura do mar territorial.

Art. 5º Na zona contígua, o Brasil poderá tomar as medidas de fiscalização necessárias para:

I – evitar as infrações às leis e aos regulamentos aduaneiros, fiscais, de imigração ou sanitários, no seu território ou no seu mar territorial;

II – reprimir as infrações às leis e aos regulamentos, no seu território ou no seu mar territorial.

CAPÍTULO III
DA ZONA ECONÔMICA EXCLUSIVA

Art. 6º A zona econômica exclusiva brasileira compreende uma faixa que se estende das doze às duzentas milhas marítimas, contadas a partir das linhas de base que servem para medir a largura do mar territorial.

Art. 7º Na zona econômica exclusiva, o Brasil tem direitos de soberania para fins de exploração e aproveitamento, conservação e gestão dos recursos naturais, vivos ou não vivos, das águas sobrejacentes ao leito do mar, do leito do mar e seu subsolo, e no que se refere a outras atividades com vistas à exploração e ao aproveitamento da zona para fins econômicos.

Art. 8º Na zona econômica exclusiva, o Brasil, no exercício de sua jurisdição, tem o direito exclusivo de regulamentar a investigação científica marinha, a proteção e preservação do meio marinho, bem como a construção, operação e uso de todos os tipos de ilhas artificiais, instalações e estruturas.

Parágrafo único. A investigação científica marinha na zona econômica exclusiva só poderá ser conduzida por outros estados com o consentimento prévio do Governo brasileiro, nos termos da legislação em vigor que regula a matéria.

Art. 9º A realização por outros Estados, na zona econômica exclusiva, de exercícios ou manobras militares, em particular as que impliquem o uso de armas ou explosivos, somente poderá ocorrer com o consentimento do Governo brasileiro.

Art. 10. É reconhecido a todos os Estados o gozo, na zona econômica exclusiva, das liberdades de navegação e sobrevoo, bem como de outros usos do mar internacionalmente lícitos, relacionados com as referidas liberdades, tais como os ligados à operação de navios e aeronaves.

CAPÍTULO IV
DA PLATAFORMA CONTINENTAL

Art. 11. A plataforma continental do Brasil compreende o leito e o subsolo das áreas submarinas que se estendem além do seu mar territorial, em toda a extensão do prolongamento natural de seu território terrestre, até o bordo exterior da margem continental, ou até uma distância de duzentas milhas marítimas das linhas de base, a partir das quais se mede a largura do mar territorial, nos casos em que o bordo exterior da margem continental não atinja essa distância.

Parágrafo único. O limite exterior da plataforma continental será fixado de conformidade com os critérios estabelecidos no art. 76 da Convenção das Nações Unidas sobre o Direito do Mar, celebrada em *Montego Bay*, em 10 de dezembro de 1982.

Art. 12. O Brasil exerce direitos de soberania sobre a plataforma continental, para efeitos de exploração e aproveitamento dos seus recursos naturais.

Parágrafo único. Os recursos naturais a que se refere o *caput* são os recursos minerais e outros recursos não vivos do leito do mar e subsolo, bem como os organismos vivos pertencentes a espécies sedentárias, isto é, aquelas que no período de captura estão imóveis no leito do mar ou no seu subsolo, ou que só podem mover-se em constante contato físico com esse leito ou subsolo.

Art. 13. Na plataforma continental, o Brasil, no exercício de sua jurisdição, tem o direito exclusivo de regulamentar a investigação científica marinha, a proteção e preservação do meio marinho, bem como a construção, operação e o uso de todos os tipos de ilhas artificiais, instalações e estruturas.

§ 1º A investigação científica marinha, na plataforma continental, só poderá ser conduzida por outros Estados com o consentimento prévio do Governo brasileiro, nos termos da legislação em vigor que regula a matéria.

§ 2º O Governo brasileiro tem o direito exclusivo de autorizar e regulamentar as perfurações na plataforma continental, quaisquer que sejam os seus fins.

Art. 14. É reconhecido a todos os Estados o direito de colocar cabos e dutos na plataforma continental.

§ 1º O traçado da linha para a colocação de tais cabos e dutos na plataforma continental dependerá do consentimento do Governo brasileiro.

§ 2º O Governo brasileiro poderá estabelecer condições para a colocação dos cabos e dutos que penetrem seu território no seu mar territorial.

Art. 15. Esta Lei entra em vigor na data de sua publicação.

Art. 16. Revogam-se o Dec.-lei 1.098, de 25.03.1970, e as demais disposições em contrário.

Brasília, 4 de janeiro de 1993; 172° da Independência e 105° da República.

Itamar Franco

ACORDO RELATIVO À IMPLEMENTAÇÃO DA PARTE XI DA CONVENÇÃO DAS NAÇÕES UNIDAS SOBRE O DIREITO DO MAR (1994)

▶ Concluído pelas Nações Unidas, em Nova York, em 29.07.1994.
▶ Assinado pelo Brasil em 29.07.1994, aprovado pelo Decreto Legislativo 270, de 04.10.2007 e promulgado pelo Decreto 6.440, de 23.04.2008.

Os Estados-Partes neste Acordo,

Reconhecendo a importante contribuição da Convenção das Nações Unidas sobre o Direito do Mar de 10 de dezembro de 1982 (doravante denominada "a Convenção") para a manutenção da paz, a justiça e o progresso para todos os povos do mundo,

Reafirmando que o leito do mar, os fundos marinhos, e o seu subsolo além dos limites da jurisdição nacional (doravante denominado "a Área"), bem como os recursos da Área, são patrimônio comum da humanidade,

Conscientes da importância da Convenção para a proteção e a preservação do meio ambiente marinho e da crescente preocupação com o meio ambiente global,

Tendo considerado o relatório do Secretário-Geral das Nações Unidas sobre os resultados das consultas informais entre Estados, realizadas de 1990 a 1994, sobre questões pendentes referentes à Parte XI e dispositivos correlatos da Convenção (doravante denominados "Parte XI"),

Notando as mudanças políticas e econômicas, incluindo práticas orientadas para o mercado, que afetam a implementação da Parte XI,

Desejando facilitar a participação universal na Convenção,

Considerando que um acordo relativo à implementação da Parte XI seria o melhor meio para alcançar esse objetivo,

Acordaram no seguinte:

Artigo 1°
Implementação da Parte XI

1. Os Estados-Partes neste Acordo comprometem-se a implementar a Parte XI em conformidade com este Acordo.

2. O Anexo constitui parte integral deste Acordo.

Artigo 2°
Relação entre este Acordo e a Parte XI

1. As disposições deste Acordo e da Parte XI serão interpretadas e aplicadas conjuntamente como um único instrumento. Em caso de qualquer inconsistência entre este Acordo e a Parte XI, as disposições deste Acordo prevalecerão.

2. Os Artigos 309 a 319 da Convenção aplicar-se-ão a este Acordo tal como se aplicam à Convenção.

Artigo 3°
Assinatura

O presente Acordo permanecerá aberto à assinatura, na sede das Nações Unidas, pelos Estados e entidades referidos no artigo 305 *a)*, *c)*, *d)*, *e)* e *f)* da Convenção, por 12 (doze) meses a contar da data de sua adoção.

Artigo 4°
Consentimento em Obrigar-se

1. Após a adoção deste Acordo, qualquer instrumento de ratificação, confirmação formal ou adesão à Convenção representará igualmente consentimento em obrigar-se por este Acordo.

2. Nenhum Estado ou entidade pode manifestar seu consentimento em obrigar-se pelo presente Acordo a menos que tenha previamente manifestado, ou manifeste simultaneamente, seu consentimento em obrigar-se pela Convenção.

3. Os Estados ou entidades referidos no artigo 3 podem manifestar seu consentimento em obrigar-se pelo presente Acordo por meio de:

a) Assinatura não sujeita a ratificação, confirmação formal ou o procedimento estabelecido no artigo 5;

b) Assinatura sujeita a ratificação ou confirmação formal, seguida de ratificação ou confirmação formal;

c) Assinatura sujeita ao procedimento estabelecido no artigo 5; ou

d) Adesão.

4. A confirmação formal por parte das entidades referidas no artigo 305, parágrafo 1 *f)*, da Convenção deverá estar de acordo com o Anexo IX da Convenção.

5. Os instrumentos de ratificação, confirmação formal ou adesão deverão ser depositados junto ao Secretário-Geral das Nações Unidas.

Artigo 5°
Procedimento Simplificado

1. Um Estado ou entidade que, antes da data de adoção do presente Acordo, tenha depositado um instrumento de ratificação, de confirmação formal ou de adesão à Convenção e que tenha assinado este Acordo nos termos do Artigo 4, parágrafo 3 *c)*, será considerado como tendo manifestado seu consentimento em obrigar-se por este Acordo 12 (doze) meses após a data de sua adoção, a menos que esse Estado ou entidade notifique o depositário por escrito, antes daquele prazo, que não deseja fazer uso do procedimento simplificado estabelecido por este artigo.

2. No caso de ocorrer tal notificação, o consentimento em obrigar-se pelo presente Acordo se manifestará nos termos do artigo 4, parágrafo 3 *b)*.

Artigo 6°
Entrada em Vigor

1. O presente Acordo entrará em vigor 30 (trinta) dias após a data em que 40 Estados tenham manifestado seu consentimento em obrigar-se nos termos dos artigos 4 e 5, desde que entre eles se

incluam ao menos sete dos Estados mencionados na alínea *a)* do parágrafo 1 da resolução II da Terceira Conferência das Nações Unidas sobre o Direito do Mar (doravante denominada "resolução II"), dos quais ao menos cinco deverão ser Estados desenvolvidos. Caso estas condições para a entrada em vigor estiverem preenchidas antes de 16 de novembro de 1994, o presente Acordo entrará em vigor no dia 16 de novembro de 1994.

2. Para cada Estado ou entidade que manifeste seu consentimento em obrigar-se pelo presente Acordo depois de preenchidos os requisitos estabelecidos no parágrafo 1, este Acordo entrará em vigor no trigésimo dia a partir da data em que o Estado ou entidade haja manifestado seu consentimento em obrigar-se.

Artigo 7°
Aplicação Provisória

1. Caso o presente Acordo não tenha entrado em vigor no dia 16 de novembro de 1994, será aplicado provisoriamente até sua entrada em vigor:

a) pelos Estados que tenham consentido em sua adoção na Assembleia Geral das Nações Unidas, salvo aqueles que, antes de 16 de novembro de 1994, notifiquem ao depositário por escrito que não aplicarão dessa forma o Acordo, ou que consentirão com tal aplicação somente mediante assinatura ou notificação por escrito;

b) pelos Estados e entidades que assinarem este Acordo, salvo aqueles que notificarem ao depositário por escrito, no momento da assinatura, que não aplicarão dessa forma o Acordo;

c) pelos Estados e entidades que consentirem com sua aplicação provisória mediante notificação por escrito ao depositário;

d) pelos Estados que aderirem a este Acordo.

2. Todos esses Estados e entidades aplicarão este Acordo provisoriamente de conformidade com suas leis e regulamentos nacionais ou internos, com efeito a partir de 16 de novembro de 1994 ou da data da assinatura, notificação de consentimento ou adesão, caso seja posterior.

3. A aplicação provisória cessará na data da entrada em vigor deste Acordo. De toda forma, a aplicação provisória cessará em 16 de novembro de 1998 caso, nesta data, não se tenha cumprido o requisito estabelecido no parágrafo 1 do Artigo 6 de que ao menos sete dos Estados mencionados na alínea *a)* do parágrafo 1 da resolução II (dos quais ao menos cinco deverão ser Estados desenvolvidos) tenham consentido em obrigar-se pelo presente Acordo.

Artigo 8°
Estados-Partes

1. Para os efeitos deste Acordo, pela expressão "Estados-Partes" se entende os Estados que tenham consentido em obrigar-se pelo presente Acordo e para os quais este Acordo esteja em vigor.

2. Este Acordo se aplicará *mutatis mutandis* às entidades mencionadas no artigo 305 parágrafo 1 *c)*, *d)*, *e)* e *f)* da Convenção, que se tornem Partes no presente Acordo de conformidade com as condições relativas a cada uma delas e, nessa medida, a expressão "Estados-Partes" refere-se a essas entidades.

Artigo 9°
Depositário

O Secretário-Geral das Nações Unidas é o depositário do presente Acordo.

Artigo 10
Textos Autênticos

O original deste Acordo, cujos textos em árabe, chinês, espanhol, francês, inglês e russo são igualmente autênticos, fica depositado em poder do Secretário-Geral das Nações Unidas.

Em fé do que, os Plenipotenciários abaixo assinados, devidamente autorizados para o efeito, assinaram o presente Acordo.

Feito em Nova York, em vinte e nove de julho de mil novecentos e noventa e quatro.

ANEXO
Seção 1
Custos para os Estados-Partes e Arranjos Institucionais

1. A Autoridade Internacional dos Fundos Marinhos (doravante denominada "a Autoridade") é a organização por intermédio da qual os Estados-Partes na Convenção, de conformidade com o regime estabelecido na Parte XI e no presente Acordo, organizam e controlam as atividades na Área, particularmente com vistas à gestão dos recursos da Área. A Autoridade tem os poderes e as funções que lhe são expressamente conferidos pela Convenção. A Autoridade terá os poderes subsidiários, compatíveis com a Convenção, que sejam implícitos e necessários ao exercício daqueles poderes e funções no que se refere às atividades na Área.

2. Com vistas a reduzir ao mínimo os custos para os Estados-Partes, todos os órgãos e órgãos subsidiários a serem estabelecidos nos termos da Convenção e deste Acordo deverão realizar suas atividades de maneira eficaz em função dos custos. Este princípio se aplicará igualmente à frequência, à duração e à programação das reuniões.

3. O estabelecimento e o funcionamento dos órgãos e órgãos subsidiários da Autoridade se basearão num critério evolutivo, tendo em conta as necessidades funcionais dos órgãos e órgãos subsidiários em questão, com vistas a que possam cumprir eficazmente suas respectivas responsabilidades nas diversas etapas de desenvolvimento das atividades na Área.

4. As funções iniciais da Autoridade, ao entrar em vigor a Convenção, serão desempenhadas pela Assembleia, o Conselho, o Secretariado, a Comissão Jurídica e Técnica e o Comitê de Finanças. As funções da Comissão de Planejamento Econômico serão desempenhadas pela Comissão Jurídica e Técnica até decisão em contrário do Conselho ou até a aprovação do primeiro plano de trabalho para aproveitamento.

5. Entre a entrada em vigor da convenção e a aprovação do primeiro plano de trabalho para aproveitamento, a Autoridade concentrará seus esforços em:
a) processar os pedidos de aprovação dos planos de trabalho para exploração de conformidade com a Parte XI e este Acordo;
b) implementar as decisões da Comissão Preparatória da Autoridade Internacional dos Fundos Marinhos e do Tribunal Internacional do Direito do Mar (doravante denominada "a Comissão Preparatória") relativas aos investidores pioneiros registrados e seus Estados certificadores, incluindo seus direitos e obrigações, nos termos do artigo 308, parágrafo 5, da Convenção e do parágrafo 13 da resolução II;
c) monitorar o cumprimento dos planos de trabalho para exploração aprovados na forma de contratos;
d) monitorar e examinar as tendências e os desenvolvimentos relativos às atividades de mineração dos fundos marinhos, incluindo análises periódicas das condições do mercado mundial de metais, bem como dos preços, tendências e perspectivas dos metais;
e) estudar o impato potencial da produção mineral da Área sobre as economias dos Estados em desenvolvimento produtores terrestres desses minerais que possam ser mais seriamente afetados, a fim de minimizar suas dificuldades e auxiliar-lhes em seu reajuste econômico, tendo em conta o trabalho realizado a este respeito pela Comissão Preparatória;
f) adotar normas, regulamentos e procedimentos necessários para a realização das atividades na Área, à medida que progridam. Não obstante as disposições do artigo 17, parágrafo 2 *b)* e *c)*, do Anexo III da Convenção, tais normas, regulamentos e procedimentos deverão levar em conta os termos deste Acordo, o atraso prolongado na mineração comercial dos fundos marinhos e o ritmo previsível das atividades na Área;
g) adotar normas, regulamentos e procedimentos que incorporem padrões aplicáveis para a proteção e preservação do meio ambiente marinho;
h) promover e alentar a condução de pesquisa científica marinha, no que se refere às atividades na Área, e a coleta e disseminação dos resultados de tais pesquisas e análises, quando disponíveis, com particular ênfase para a pesquisa relativa ao impato ambiental das atividades na Área;
i) obter conhecimento científico e acompanhar o desenvolvimento da tecnologia marinha relevante para as atividades na Área, especialmente tecnologia relativa à proteção e preservação do meio ambiente marinho;
j) avaliar dados disponíveis referentes à prospeção e exploração;
k) elaborar, em tempo útil, normas, regulamentos e procedimentos para o aproveitamento, incluindo os relativos à proteção e preservação do meio ambiente marinho.

6. *a)* Um pedido de aprovação de um plano de trabalho para exploração será analisado pelo Conselho após o recebimento de uma recomendação sobre o pedido feita pela Comissão Jurídica e Técnica. O processamento desses pedidos de aprovação de um plano de trabalho para exploração deve estar de Acordo com as disposições da Convenção, incluindo seu Anexo III, e este Acordo, e sujeito às seguintes condições:
i) Considerar-se-á que um plano de trabalho para exploração, submetido em nome de um Estado ou entidade, ou qualquer componente desta, referidos no parágrafo 1 *a)*, itens ii) ou iii), da Resolução II, que não seja um investidor pioneiro registrado e que já tenha realizado atividades substanciais na Área antes da entrada em vigor da Convenção, ou em nome do sucessor de seus interesses, cumpriu os requisitos financeiros e técnicos necessários para a aprovação do plano de trabalho se o Estado ou os Estados patrocinadores certificarem que o solicitante gastou uma quantia equivalente a pelo menos 30 milhões de dólares americanos em atividades de pesquisa e exploração e que destinou ao menos 10 por cento de tal quantia na localização, estudo e avaliação da área mencionada no plano de trabalho. Se o plano de trabalho por outro lado satisfaz os requisitos da Convenção e das normas, regulamentos e procedimentos adotados em conformidade com ela, será aprovado pelo Conselho sob a forma de um Contrato. As disposições do parágrafo 11 da Seção 3 deste Anexo serão interpretadas e aplicadas nesse sentido;
ii) Não obstante o disposto no parágrafo 8 a) da resolução II, um investidor pioneiro registrado poderá requerer a aprovação de um plano de trabalho para exploração num prazo de 36 (trinta e seis) meses contados a partir da entrada em vigor da Convenção. O plano de trabalho para exploração compreenderá os documentos, relatórios e demais dados submetidos pela Comissão Preparatória antes e depois do registro e será acompanhado de um certificado de cumprimento, que consistirá num relatório fatual em que se descreva o estágio de cumprimento das obrigações compreendidas no regime de investidores pioneiros, expedido pela Comissão Preparatória de acordo com o parágrafo 11 *a)* da resolução II. Tal plano de trabalho será considerado aprovado. O Plano de trabalho aprovado terá a forma de um contrato concluído entre a Autoridade e o investidor pioneiro registrado em conformidade com a Parte XI e este Acordo. A taxa de 250.000 dólares dos Estados Unidos, paga em virtude do disposto no parágrafo 7 *a)* da resolução II, será considerada como a taxa relativa à fase de exploração referente ao parágrafo 3 da Seção 8 deste Anexo. O parágrafo 11 da Seção 3 deste Anexo será interpretado e aplicado nesse sentido;
iii) Em conformidade com o princípio da não discriminação, um contrato com um Estado ou entidade, ou qualquer componente desta, mencionados no item i) da alínea *a)* incluirá arranjos similares e não menos favoráveis do que os acordados com qualquer investidor pioneiro registrado referido no item ii) da alínea *a)*. Se qualquer Estado ou entidade, ou qualquer componente desta, mencionados na

alínea a), item i), obtiver arranjos mais favoráveis, o Conselho estipulará arranjos similares e não menos favoráveis com referência aos direitos e obrigações assumidas pelos investidores pioneiros registrados referidos na alínea a), item ii), desde que tais arranjos não afetem nem prejudiquem os interesses da Autoridade;

iv) Um Estado que patrocina uma solicitação de um plano de trabalho nos termos do disposto na alínea a), itens i) ou ii), poderá ser um Estado-Parte ou um Estado que aplique este Acordo provisoriamente segundo o Artigo 7, ou um Estado que seja membro da Autoridade em caráter provisório, de acordo com o parágrafo 12;

v) O parágrafo 8 c) da resolução II será interpretado e aplicado de acordo com o estabelecido na alínea a), item iv).

b) A aprovação de um plano de trabalho para exploração se fará de conformidade com o disposto no Artigo 153, parágrafo 3, da Convenção.

7. Toda solicitação de aprovação de um plano de trabalho será acompanhada por uma avaliação dos possíveis impatos ambientais das atividades propostas e pela descrição de um programa de estudos oceanográficos e de referência sobre o meio ambiente, de acordo com as normas, regulamentos e procedimentos adotados pela Autoridade.

8. Toda solicitação de aprovação de um plano de trabalho para exploração, nos termos do parágrafo 6 a), itens i) ou ii), será processada de conformidade com os procedimentos estabelecidos no parágrafo 11 da Seção 3 deste Anexo.

9. Um plano de trabalho para exploração será aprovado por um período de 15 (quinze) anos. Quando expirar um plano de trabalho para exploração, o operador solicitará a aprovação de um plano de trabalho para aproveitamento, a menos que já o tenha feito ou que tenha obtido uma extensão do plano de trabalho para exploração. Os operadores poderão solicitar tais extensões por períodos não superiores a 5 (cinco) anos cada. As extensões serão aprovadas se o operador houver se esforçado de boa-fé para cumprir os requisitos do plano de trabalho mas, por razões alheias a sua vontade, não tenha podido completar o trabalho preparatório necessário para passar à etapa do aproveitamento, ou se as circunstâncias econômicas prevalecentes não justificarem passar à etapa de aproveitamento.

10. A designação de uma área reservada para a Autoridade, conforme o disposto no artigo 8 do Anexo III da Convenção, ocorrerá em conexão com a aprovação da solicitação de um plano de trabalho para exploração ou com a aprovação da solicitação de um plano de trabalho para exploração e aproveitamento.

11. Não obstante o disposto no parágrafo 9, todo plano de trabalho para exploração aprovado, que seja patrocinado por pelo menos um Estado que aplique provisoriamente este Acordo, terminará se tal Estado deixar de aplicar este Acordo provisoriamente e não se tornar um membro provisório nos termos do parágrafo 12 ou não se tornar um Estado-Parte.

12. Ao entrar em vigor este Acordo, os Estados e entidades mencionados no artigo 3 deste Acordo que o estejam aplicando provisoriamente nos termos do artigo 7, e para os quais o Acordo não esteja em vigor, poderão continuar a ser membros provisórios da Autoridade até que o Acordo entre em vigor para tais Estados e entidades, em conformidade com as seguintes disposições:

a) Se este Acordo entrar em vigor antes de 16 de novembro de 1996, tais estados e entidades terão direito a continuar participando como membros provisórios da Autoridade mediante notificação ao depositário do Acordo, por tal Estado ou entidade, da intenção de participar como membros provisórios. A participação provisória terminará em 16 de novembro de 1996 ou na data de entrada em vigor deste Acordo e da Convenção para tais membros, se esta for anterior àquela. O Conselho poderá, por solicitação do Estado ou entidade interessado, prorrogar essa participação além de 16 de novembro de 1996 por um ou mais períodos adicionais não excedendo um total de 2 (dois) anos, desde que o Conselho se satisfaça de que o Estado ou entidade interessado se tenha esforçado, de boa-fé, para tornar-se parte no Acordo e na Convenção;

b) Se este Acordo entrar em vigor após 15 de novembro de 1996, tais Estados e entidades poderão requerer ao Conselho que lhes permita continuar como membros provisórios da Autoridade por um ou mais períodos que não ultrapassem 16 de novembro de 1998. O Conselho concederá tal participação, com efeito a partir da data de solicitação, caso se satisfaça de que o Estado ou entidade se tenha esforçado, de boa-fé, para tornar-se parte no Acordo e na Convenção;

c) Os Estados e entidades que sejam membros provisórios da Autoridade, nos termos das alíneas a) e b), aplicarão as disposições da Parte XI e deste Acordo em conformidade com suas leis, regulamentos e assignações orçamentárias anuais nacionais ou internas e terão os mesmos direitos e obrigações que os demais membros, incluindo:

i) A obrigação de contribuir para o orçamento administrativo da Autoridade, segundo a escala de contribuições;

ii) O direito de patrocinar solicitações de aprovação de planos de trabalho para exploração. No caso de entidades cujos componentes sejam pessoas físicas ou jurídicas que possuam a nacionalidade de mais de um Estado, os planos de trabalho não serão aprovados a menos que todos os Estados cujas pessoas físicas ou jurídicas componham tais entidades sejam Estados-Partes ou membros provisórios;

d) Não obstante o disposto no parágrafo 9, um plano de trabalho aprovado na forma de um contrato para exploração que tenha sido patrocinado, conforme o disposto na alínea c), item ii), por um Estado que era membro provisório terminará se tal Estado ou entidade deixar de ser membro provisório e não tornar-se Estado-Parte;

e) Se um membro provisório deixar de pagar suas contribuições ou de outra forma deixar de cumprir suas obrigações conforme o disposto neste parágrafo, terminará sua qualidade de membro provisório.

13. A referência no Artigo 10 do Anexo III da Convenção à execução de modo não satisfatório será interpretada como se referindo ao operador que não tenha cumprido os requisitos de um plano de trabalho aprovado, apesar de a Autoridade ter-lhe dirigido uma ou mais advertências por escrito sobre seu cumprimento.

14. A Autoridade terá seu próprio orçamento. Até o fim do ano seguinte ao ano em que este Acordo entrar em vigor, as despesas administrativas da Autoridades serão cobertas pelo orçamento das Nações Unidas. A partir de então, as despesas administrativas da Autoridade serão cobertas por contribuições de seus membros, incluídos os membros provisórios, nos termos do disposto no artigo 171 *a)* e no artigo 173 da Convenção e neste Acordo, até que a Autoridade tenha fundos suficientes de outras fontes para cobrir essas despesas. A Autoridade não exercerá a faculdade de contrair empréstimos para financiar seu orçamento administrativo, prevista no Artigo 174, parágrafo 1, da Convenção.

15. A Autoridade elaborará e adotará, em conformidade com o Artigo 162, parágrafo 2 *o)* ii) da Convenção, normas, regulamentos e procedimentos baseados nos princípios contidos nas Seções 2, 5, 6, 7 e 8 deste Anexo, assim como quaisquer normas, regulamentos e procedimentos adicionais que sejam necessários para facilitar a aprovação de planos de trabalho para exploração ou aproveitamento, nos seguintes termos:

a) O Conselho poderá empreender a elaboração de tais normas, regulamentos ou procedimentos no momento em que considere que sejam necessários para a realização de atividades na Área, ou quando determine que a exploração comercial seja iminente, ou ainda por solicitação de um Estado cujo nacional tencione solicitar a aprovação de um plano de trabalho para aproveitamento;

b) Se uma solicitação for feita por um Estado referido na alínea *a)*, o Conselho, em conformidade com o Artigo 162, parágrafo 2 *o)*, da Convenção, completará a adoção de tais normas, regulamentos e procedimentos dentro dos 2 (dois) anos seguintes ao pedido;

c) Caso o Conselho não tenha finalizado a elaboração das normas, regulamentos e procedimentos relativos ao aproveitamento dentro do prazo prescrito, e esteja pendente a aprovação de uma solicitação de plano de trabalho para aproveitamento, esse órgão de toda maneira deverá considerar e aprovar provisoriamente tal plano de trabalho com base nos dispositivos da Convenção e quaisquer normas, regulamentos e procedimentos que o Conselho tenha adotado provisoriamente, ou com base nas normas da Convenção e nos termos e princípios deste Anexo, bem como no princípio de não discriminação entre os operadores.

16. Os projetos de normas, regulamentos e procedimentos e todas as recomendações relativas às disposições da Parte XI, contidas nos relatórios e recomendações da Comissão Preparatória, serão levados em conta pela Autoridade na adoção das normas, regulamentos e procedimentos nos termos da Parte XI e deste Acordo.

17. As disposições pertinentes da Seção 4 da Parte XI da Convenção serão interpretadas e aplicadas em conformidade com este Acordo.

Seção 2
A Empresa

1. O Secretariado da Autoridade desempenhará as funções da Empresa até que ela comece a operar independentemente do Secretariado. O Secretário-Geral da Autoridade designará de entre os funcionários da Autoridade um Diretor-Geral interino para supervisionar o desempenho dessas funções pelo Secretariado.

Essas funções serão de:

a) acompanhamento e revisão das tendências e desenvolvimentos relativos às atividades de mineração dos fundos marinhos, incluindo a análise regular das condições do mercado de metais e seus preços, tendências e perspectivas;

b) avaliação dos resultados da condução da pesquisa científica marinha relativa às atividades na Área, com particular ênfase na pesquisa relacionada com o impato ambiental das atividades na Área;

c) avaliação dos dados disponíveis referentes à prospecção e exploração, incluindo os critérios a que devem obedecer tais atividades;

d) avaliação dos desenvolvimentos tecnológicos relevantes para as atividades na Área, em particular as tecnologias relacionadas com a proteção e preservação do meio ambiente marinho;

e) avaliação de informações e dados referentes às áreas reservadas para a Autoridade;

f) avaliação de modalidades para operações de empreendimentos conjuntos;

g) coleta de informações sobre a disponibilidade de mão de obra qualificada;

h) estudo das opções de políticas de gestão para a administração da Empresa nas diferentes fases de suas operações.

2. A Empresa conduzirá suas operações iniciais de mineração dos fundos marinhos através de empreendimentos conjuntos. Ao aprovar-se um plano de trabalho para aproveitamento para uma entidade que não a Empresa, ou ao receber o Conselho um pedido de uma operação de empreendimento conjunto com a Empresa, o Conselho examinará a questão do funcionamento da Empresa independentemente do Secretariado da Autoridade. Se as operações de empreendimento conjunto com a Empresa se basearem em princípios comerciais sólidos, o Conselho emitirá uma diretriz, nos termos do artigo 170, parágrafo 2, da Convenção, no sentido de determinar esse funcionamento independente.

3. A obrigação dos Estados-Partes de financiar as atividades da Empresa em um setor mineiro, prevista no artigo 11, parágrafo 3, do Anexo IV da Convenção, não se aplicará e os Estados-Partes não estarão obrigados a financiar qualquer operação em quaisquer setores mineiros da Empresa nem as referentes a seus empreendimentos conjuntos.

4. As obrigações aplicáveis aos operadores aplicar-se-ão à Empresa. Não obstante as disposições do artigo 153, parágrafo 3, e do artigo 3, parágrafo 5, do Anexo III da Convenção, um plano de trabalho para a Empresa terá, uma vez aprovado, a forma de um contrato concluído entre a Autoridade e a Empresa.

5. Um operador que tenha contribuído com uma determinada área para a Autoridade, como área reservada, tem o direito de opção preferente para entrar num empreendimento conjunto com a Empresa para a exploração e aproveitamento dessa área. Se a Empresa não submeter um pedido de aprovação de um plano de trabalho para atividades relativas a essa área reservada no prazo de 15 (quinze) anos após o início de suas funções independentes do Secretariado da Autoridade ou no prazo de 15 (quinze) anos após a data em que essa área foi reservada para a Autoridade, se for posterior, o operador que contribuiu com a área terá direito a solicitar a aprovação de um plano de trabalho para essa área, desde que ofereça, de boa-fé, incluir a Empresa como sócia num empreendimento conjunto.

6. O artigo 170, parágrafo 4, o Anexo IV e outras disposições da Convenção relativas à Empresa serão interpretadas e aplicadas em conformidade com esta Seção.

Seção 3
Tomada de Decisão

1. As políticas gerais da Autoridade serão estabelecidas pela Autoridade, em colaboração com o Conselho.

2. Como regra geral, a tomada de decisão nos órgãos da Autoridade será feita por consenso.

3. Se todos os esforços para alcançar uma decisão por consenso tiverem sido esgotados, as decisões por votação na Assembleia sobre questões de procedimento serão tomadas pela maioria dos membros presentes e votantes, e as decisões sobre questões de substância serão tomadas pela maioria de dois terços dos membros presentes e votantes, conforme o artigo 159, parágrafo 8, da Convenção.

4. As decisões da Assembleia sobre qualquer matéria para qual o Conselho também tenha competência, ou sobre qualquer assunto de natureza administrativa, orçamentária ou financeira, serão baseadas em recomendações do Conselho. Se a Assembleia não aceitar as recomendações do Conselho sobre determinada matéria, a questão deverá retornar ao Conselho para ser novamente examinada. O Conselho deverá reconsiderar a questão à luz das opiniões expressadas pela Assembleia.

5. Se todos os esforços para alcançar uma decisão por consenso tiverem sido esgotados, as decisões por votação no Conselho sobre questões de procedimento serão tomadas pela maioria dos membros presentes e votantes, e as decisões sobre questões de substância, exceto nos casos em que a Convenção determine que as decisões do Conselho sejam por consenso, serão tomadas pela maioria de dois terços dos membros presentes e votantes, desde que não tenham a oposição de uma maioria em qualquer das câmaras mencionadas no parágrafo 9. Ao tomar decisões, o Conselho deverá procurar promover os interesses de todos os membros da Autoridade.

6. O Conselho poderá adiar a tomada de uma decisão de forma a facilitar negociações ulteriores sempre que se afigurar não terem sido esgotados todos os esforços no sentido de alcançar consenso sobre uma questão.

7. As decisões da Assembleia ou do Conselho que tenham implicações financeiras ou orçamentárias serão baseadas em recomendações do Comitê de Finanças.

8. As disposições do artigo 161, parágrafo 8 *b)* e *c)* da Convenção não se aplicarão.

9. *a)* Cada grupo de Estados eleitos nos termos do parágrafo 15 *a)* a *c)* será considerado uma câmara para efeitos de votação no Conselho. Os Estados em desenvolvimento eleitos nos termos do parágrafo 15 *d)* e *e)* serão tratados como uma única câmara para efeitos de votação no Conselho.

b) Antes de eleger os membros do Conselho, a Assembleia estabelecerá listas de países que preenchem os critérios que definem a qualidade de membro dos grupos de Estados a que se refere o parágrafo 15 *a)* a *d)*. Se um Estado preenche os critérios em mais de um grupo, só poderá ser proposto ao Conselho por um grupo para eleição e representará apenas esse grupo nas votações do Conselho.

10. Cada grupo de Estados mencionado o parágrafo 15 *a)* a *d)* será representado no Conselho pelos membros designados por esse grupo. Cada grupo designará apenas tantos candidatos quanto o número de lugares a preencher por esse grupo. Quando o número de potenciais candidatos em cada um dos grupos a que se refere o parágrafo 15 *a)* a *e)* exceder o número de assentos disponíveis para cada um desses grupos, deve aplicar-se, como regra geral, o princípio da rotação. Os Estados-membros de cada um desses grupos determinarão como esse princípio se aplicará a esses grupos.

11. *a)* O Conselho aprovará uma recomendação da Comissão Jurídica e Técnica para aprovação de um plano de trabalho a menos que o Conselho decida, por maioria de dois terços dos membros presentes e votantes, incluindo a maioria de membros presentes e votantes em cada uma das câmaras do Conselho, rejeitar esse plano de trabalho. Se o Conselho não adotar uma decisão sobre uma recomendação de aprovação de um plano de trabalho dentro de um determinado prazo, a recomendação será considerada aprovada pelo Conselho ao término desse prazo. O prazo fixado será normalmente de 60 (sessenta) dias, a menos que o Conselho decida

ampliá-lo. Se a Comissão recomendar a rejeição de um plano de trabalho ou não fizer qualquer recomendação, o Conselho poderá, apesar disso, aprovar o plano de trabalho de acordo com suas regras de procedimento para tomada de decisão em matéria de substância.

b) As disposições do artigo 162, parágrafo 2 j), da Convenção não se aplicarão.

12. Quando ocorrer um diferendo acerca da rejeição de um plano de trabalho, tal diferendo será submetido aos procedimentos de solução de controvérsias estabelecidos na Convenção.

13. As decisões por votação na Comissão Jurídica e Técnica serão tomadas pela maioria dos membros presentes e votantes.

14. As subseções B e C da seção 4 da parte XI da Convenção serão interpretadas e aplicadas de acordo com esta Seção.

15. O Conselho consistirá de 36 membros da Autoridade eleitos pela Assembleia na seguinte ordem:

a) Quatro membros dentre os Estados-Partes que, durante os últimos 5 (cinco) anos para os quais se disponha de estatísticas, tenham consumido mais de 2% (dois por cento) em valor do consumo mundial total ou tenham efetuado importações líquidas de mais de 2% (dois por cento) em valor das importações mundiais totais de bens produzidos a partir das categorias de minerais que venham a ser extraídos da Área, desde que esses quatro membros incluam um Estado da região da Europa Oriental com a maior economia dessa região em termos de produto interno bruto e o Estado que, na data de entrada em vigor da Convenção, tenha a maior economia em termos de produto interno bruto, se tais Estados desejarem estar representados nesse grupo;

b) Quatro membros dentre os oito Estados-Partes que, diretamente ou por meio de seus nacionais, tenham feito os maiores investimentos na preparação e na condução de atividades na Área;

c) Quatro membros dentre os Estados-Partes que, com base na produção de áreas sob sua jurisdição, sejam importantes exportadores líquidos das categorias de minerais a serem extraídos da Área, aí incluídos pelo menos dois Estados em desenvolvimento cujas exportações de tais minerais tenham substancial influência em suas economias;

d) Seis membros dentre Estados-Partes em desenvolvimento que representem interesses especiais. Os interesses especiais a ser representados incluirão os dos Estados com grandes populações, os dos Estados sem litoral ou geograficamente desfavorecidos, os dos Estados insulares, os dos Estados que sejam importantes importadores das categorias de minerais a serem extraídos da Área, os dos Estados que sejam produtores potenciais de tais metais e os dos Estados menos desenvolvidos;

e) Dezoito membros eleitos segundo o princípio de assegurar uma distribuição geográfica equitativa de assentos do Conselho como um todo, no entendimento de que cada região geográfica contará com ao menos um membro eleito nos termos da presente alínea. Para este fim, as regiões geográficas serão África, Ásia, Europa Oriental, América Latina e Caribe e Europa Ocidental e Outros.

16. As disposições do artigo 161, parágrafo 1, da Convenção não se aplicarão.

Seção 4
Conferência de Revisão

As disposições relativas à Conferência de Revisão do artigo 155, parágrafos 1, 3 e 4, da Convenção não se aplicarão. Sem prejuízo das disposições do artigo 314, parágrafo 2, da Convenção, a Assembleia, por recomendação do Conselho, poderá efetuar a qualquer momento uma revisão das questões referidas no artigo 155, parágrafo 1, da Convenção. As emendas relativas a este Acordo e à Parte XI estarão sujeitas aos procedimentos contidos nos artigos 314, 315 e 316 da Convenção, desde que se mantenham os princípios, o regime e as outras condições referidos no artigo 155, parágrafo 2, da Convenção e que não sejam afetados os direitos referidos no parágrafo 5 daquele artigo.

Seção 5
Transferência de Tecnologia

1. Além das disposições do artigo 144 da Convenção, a transferência de tecnologia, para os fins da Parte XI, será governada pelos seguintes princípios:

a) A Empresa e os Estados em desenvolvimento que desejarem obter tecnologia para a mineração dos fundos marinhos procurarão obter essa tecnologia segundo termos e condições comerciais justos e razoáveis no mercado aberto, ou por meio de arranjos de empreendimentos conjuntos;

b) Se a Empresa ou os Estados em desenvolvimento não conseguirem obter tecnologia para a mineração dos fundos marinhos, a Autoridade poderá pedir a todos ou a qualquer dos contratantes e seus respectivos Estados ou Estado patrocinantes que com ela cooperem para facilitar a aquisição de tecnologia para a mineração dos fundos marinhos pela Empresa ou seu empreendimento conjunto, ou por um Estado ou Estados em desenvolvimento que desejarem adquirir essa tecnologia segundo termos e condições comerciais justos e razoáveis, consistente com a efetiva proteção dos direitos de propriedade inteletual. Os Estados-Partes se comprometem a cooperar plena e efetivamente com a Autoridade para esse propósito e a assegurar que os contratantes por eles patrocinados também cooperem plenamente com a Autoridade;

c) Como regra geral, os Estados-Partes promoverão cooperação internacional técnica e científica com respeito às atividades na Área, tanto entre as partes interessadas, quanto mediante o desenvolvimento de programas de treinamento, assistência técnica e cooperação científica em tecnologia e ciências marinhas e na proteção e preservação do meio ambiente marinho.

2. As disposições do artigo 5 do Anexo III da Convenção não se aplicarão.

Seção 6
Política de Produção

1. A política de produção da Autoridade se baseará nos seguintes princípios:

a) O aproveitamento dos recursos da Área será feito segundo princípios comerciais sólidos;

b) Os dispositivos do Acordo Geral sobre Tarifas e Comércio, seus correspondentes códigos e os acordos que o sucedam ou substituam se aplicarão com respeito às atividades na Área;

c) Em particular, as atividades na Área não serão subsidiadas, exceto na medida em que o permitam os acordos mencionados na alínea b). O termo subsidiar, para os fins destes princípios, será definido segundo os acordos mencionados na alínea b);

d) Não haverá discriminação entre os minerais extraídos da Área e de outras fontes. Não haverá acesso preferencial aos mercados para tais minerais, nem para as importações de produtos básicos elaborados a partir deles, em particular:

i) pelo uso de barreiras tarifárias ou não tarifárias; e

ii) dados por Estados-Partes a tais minerais ou produtos básicos produzidos por suas empresas estatais ou por pessoas físicas ou jurídicas de sua nacionalidade ou que sejam controladas por eles ou seus nacionais;

e) O plano de trabalho para aproveitamento aprovado pela Autoridade, com respeito a cada área de mineração, indicará o cronograma de produção previsto, que incluirá as quantidades máximas estimadas de minerais que serão produzidos por ano segundo o plano de trabalho;

f) As regras seguintes se aplicarão à solução de controvérsias relativas aos dispositivos dos acordos mencionados na alínea b):

i) se os Estados-Partes envolvidos forem partes nesses acordos, recorrerão aos procedimentos de solução de controvérsias previstos nesses acordos;

ii) se um ou mais dos Estados-Partes envolvidos não forem partes nesses acordos, recorrerão aos procedimentos de solução de controvérsias estabelecidos na Convenção;

g) Nos casos em que se determine, segundo os acordos mencionados na alínea b), que um Estado-Parte tenha outorgado subsídios que sejam proibidos ou que resultem em prejuízo aos interesses de outro Estado-Parte, e que o Estado-Parte ou Estados-Partes em questão não tenham adotado as providências cabíveis, um Estado-Parte poderá pedir ao Conselho que adote medidas adequadas.

2. Os princípios contidos no parágrafo 1 não afetarão os direitos e obrigações previstos nos dispositivos dos acordos mencionados na alínea b) do parágrafo 1, nem os acordos de livre comércio e de união aduaneira pertinentes, nem as relações entre os Estados que sejam partes em tais acordos.

3. A aceitação por um contratante de subsídios além daqueles permitidos nos termos dos acordos mencionados na alínea b) do parágrafo 1 constituirá uma violação dos termos fundamentais do contrato que estabelece um plano de trabalho para a realização de atividades na Área.

4. Qualquer Estado-Parte que tenha razões para crer que tenha havido uma infração aos dispositivos do parágrafo 1 b) a d), ou do parágrafo 3, poderá iniciar um procedimento de solução de controvérsias nos termos do parágrafo 1 f) ou g).

5. Um Estado-Parte poderá, a qualquer momento, levar ao conhecimento do Conselho atividades que, em sua opinião, sejam incompatíveis com os requisitos do parágrafo 1 b) a d).

6. A Autoridade elaborará normas, regulamentos e procedimentos que garantam a implementação dos dispositivos desta seção, incluindo regras, regulamentos e procedimentos pertinentes que governem a aprovação dos planos de trabalho.

7. Os dispositivos do artigo 151, parágrafos 1 a 7 e 9, do artigo 162, parágrafo 2 q), e do artigo 165, parágrafo 2 n) da Convenção, e do artigo 6, parágrafo 5, e do artigo 7 do Anexo III da Convenção não se aplicarão.

Seção 7
Assistência Econômica

1. A política da Autoridade de prestar assistência aos países em desenvolvimento que sofram efeitos adversos sérios em seus rendimentos de exportações ou em sua economias resultantes da redução no preço ou no volume de exportações de um mineral, na medida em que tal redução seja causada por atividades na Área, será baseada nos seguintes princípios:

a) A Autoridade estabelecerá um fundo de assistência econômica a partir de uma parcela dos fundos da Autoridade que exceda o necessário para cobrir as despesas administrativas desta. A quantia destinada a tal finalidade será determinada periodicamente pelo Conselho, por recomendação do Comitê de Finanças. Somente fundos oriundos de pagamentos recebidos de contratantes, incluindo a Empresa, e contribuições voluntárias serão utilizados para o estabelecimento do fundo de assistência econômica;

b) Os Estados em desenvolvimento produtores terrestres cujas economias se determine que tenham sido seriamente afetadas pela exploração de minerais dos fundos marinhos receberão assistência do fundo de assistência econômica da Autoridade;

c) A Autoridade prestará assistência, com a utilização do fundo, aos Estados em desenvolvimento produtores terrestres afetados, quando apropriado, em cooperação com as instituições mundiais ou regionais de desenvolvimento existentes que disponham de infraestrutura e conhecimento técnico necessário para executar tais programas de assistência;

d) O alcance e a duração dessa assistência serão determinados em cada caso. Nessa determinação, serão levadas devidamente em conta a natureza e a magnitude dos problemas enfrentados pelos Estados em desenvolvimento produtores terrestres afetados.

2. O artigo 151, parágrafo 10, da Convenção será implementado por meio das medidas de assistência econômica indicadas no parágrafo 1. O artigo 160, parágrafo 2 *l)*, o artigo 162, parágrafo 2 *n)*, o artigo 164, parágrafo 2 *d)*, o artigo 171 *f)*, e o artigo 173, parágrafo 2 *c)* da Convenção serão interpretados consequentemente.

Seção 8
Cláusulas Financeiras dos Contratos

1. Os seguintes princípios servirão como base para o estabelecimento de regras, regulamentos e procedimentos relativos às cláusulas financeiras dos contratos:

a) O sistema de pagamentos à Autoridade será justo tanto para o contratante quanto para a Autoridade e fornecerá os meios adequados para determinar se o contratante cumpriu o disposto no sistema;

b) As taxas de pagamentos estabelecidas pelo sistema serão semelhantes àquelas usualmente utilizadas no que diz respeito à mineração terrestre do mesmo mineral ou de minerais semelhantes, a fim de evitar que se atribua aos produtores de minerais dos fundos marinhos uma vantagem competitiva artificial ou que se lhes imponha uma desvantagem competitiva;

c) O sistema não deverá ser complicado nem impor custos administrativos importantes à Autoridade ou ao contratante. Deverá ser considerada a possibilidade de adotar-se um sistema de royalties, ou um sistema combinado de royalties e participação nos lucros. Caso sejam estabelecidos sistemas alternativos, o contratante terá o direito de escolher o sistema aplicável ao seu contrato. Entretanto, qualquer alteração subsequente na escolha do sistema será feita mediante acordo entre a Autoridade e o contratante;

d) Uma taxa fixa anual será paga a partir da data do início da produção comercial. Essa taxa poderá ser deduzida de outros pagamentos devidos em virtude do sistema adotado nos termos da alínea *c)*. O Conselho estabelecerá o montante da taxa;

e) O sistema de pagamentos poderá ser revisado periodicamente à luz de alterações de circunstâncias. Toda modificação se aplicará de maneira não discriminatória. Tais modificações poderão aplicar-se aos contratos existentes apenas em caso de escolha do contratante. Qualquer alteração subsequente na escolha do sistema será feita mediante acordo entre a Autoridade e o contratante;

f) As controvérsias relativas à interpretação ou à aplicação das normas e regulamentos baseados nesses princípios serão submetidas aos procedimentos de solução de controvérsias estabelecido na Convenção.

2. Os dispositivos do artigo 13, parágrafos 3 a 10, do Anexo III da Convenção não se aplicarão.

3. Com referência à implementação do artigo 13, parágrafo 2, do Anexo III da Convenção, a taxa para o processamento de pedidos de aprovação de um plano de trabalho limitado a apenas uma fase, seja a fase de exploração ou a fase de aproveitamento, será de 250.000 dólares dos Estados Unidos.

Seção 9
O Comitê de Finanças

1. Fica estabelecido um Comitê de Finanças. O Comitê será composto de 15 membros com as qualificações adequadas ao tratamento de assuntos financeiros. Os Estados-Partes deverão apresentar candidatos dotados dos mais altos padrões de competência e integridade.

2. Não poderão ser membros do Comitê de Finanças duas pessoas que sejam nacionais do mesmo Estado-Parte.

3. Os membros do Comitê de Finanças serão eleitos pela Assembleia e se tomará devidamente em conta a necessidade de distribuição geográfica equitativa e a representação de interesses especiais. Cada grupo de Estados mencionados no parágrafo 15 *a)*, *b)*, *c)* e *d)* da seção 3 deste Anexo serão representados no Comitê por pelo menos um membro. Até que a Autoridade disponha de fundos suficientes, que não as quotas de contribuições, para cobrir seus gastos administrativos, o Comitê incluirá representantes dos cinco maiores contribuintes ao orçamento administrativo da Autoridade. Após esse período, a eleição de um membro de cada grupo será feita com base em indicação pelos membros do respectivo grupo, sem prejuízo da possibilidade de eleição de membros adicionais de cada grupo.

4. Os membros do Comitê de Finanças terão mandato de 5 (cinco) anos e poderão ser reeleitos para um novo período.

5. Em caso de morte, incapacidade ou renúncia de um membro do Comitê de Finanças antes do término de seu mandato, a Assembleia elegerá uma pessoa da mesma região geográfica ou do mesmo grupo de Estados para cumprir o restante do mandato.

6. Os membros do Comitê de Finanças não poderão ter interesse financeiro em nenhuma atividade relacionada aos assuntos sobre os quais o Comitê tenha responsabilidade de formular recomendações. Não divulgarão, mesmo após o término de suas funções, qualquer informação confidencial que tenham obtido como decorrência de seus deveres em relação à Autoridade.

7. As decisões da Assembleia e do Conselho sobre os seguintes assuntos levarão em conta as recomendações do Comitê de Finanças:

a) Os projetos de normas, regulamentos e procedimentos financeiros dos órgãos da Autoridade e a gestão financeira e a administração financeira interna da Autoridade;

b) A determinação das contribuições dos membros para o orçamento administrativo da Autoridade, nos termos do artigo 160, parágrafo 2 *e)*, da Convenção;

c) Todos os assuntos financeiros relevantes, incluindo o projeto de orçamento anual preparado pelo Secretário-Geral da Autoridade nos termos do artigo 172 da Convenção e os aspetos financeiros da implementação dos programas de trabalho do Secretariado;

d) O orçamento administrativo;
e) As obrigações financeiras dos Estados-Partes derivadas da implementação deste Acordo e da Parte XI, bem como as implicações administrativas e orçamentárias de propostas e recomendações que envolvam gastos dos fundos da Autoridade;
f) As normas, regulamentos e procedimentos relativos à distribuição equitativa dos benefícios financeiros e outros benefícios econômicos derivados das atividades na Área e as decisões que se tenham de adotar a respeito.

8. As decisões do Comitê de Finanças sobre questões de procedimento serão adotadas pela maioria dos membros presentes e votantes. As decisões sobre questões de substância serão adotadas por consenso.

9. O requisito do artigo 162, parágrafo 2 *y)*, da Convenção, de criar-se um órgão subsidiário encarregado das questões financeiras, será considerado atendido pelo estabelecimento do Comitê de Finanças conforme a presente seção.

Espaço Aéreo e Cósmico

CONVENÇÃO RELATIVA A INFRAÇÕES E A CERTOS OUTROS ATOS PRATICADOS A BORDO DE AERONAVE (1963)

- Concluída em Tóquio, em 14.09.1963. Entrou em vigor em 04.12.1969.
- Assinada pelo Brasil em 28.02.1969; depósito de instrumento de ratificação em 14.01.1970; entrou em vigor para o Brasil em 14.04.1970 e foi promulgada pelo Decreto 66.520, de 30.04.1970.

Os Estados-Partes na presente Convenção convieram no seguinte:

CAPÍTULO I
CAMPO DE APLICAÇÃO DA CONVENÇÃO

Artigo I

1. A presente Convenção será aplicada:
a) às infrações às leis penais;
b) aos atos que, sendo ou não infrações, puderem pôr ou ponham em perigo a segurança da aeronave ou das pessoas ou bens a bordo ou que ponham em perigo a boa ordem e a disciplina a bordo.
2. Sem prejuízo do disposto no Capítulo III, esta Convenção será aplicada às infrações cometidas e aos atos praticados por uma pessoa a bordo de qualquer aeronave matriculada num Estado Contratante, enquanto se achar, quer em voo, quer em superfície do alto-mar ou na de qualquer outra zona situada fora do território de um Estado.
3. Para os fins da presente Convenção, considera-se que uma aeronave está em voo desde o momento em que se aplica a força motriz para decolar até que termina a operação de aterrissagem.
4. A presente Convenção não será aplicada em serviços militares, de alfândega e de polícia.

Artigo II

Sem prejuízo das disposições do art. 4º e a menos que o exija a segurança das aeronaves e das pessoas ou bens a bordo, nenhuma disposição desta Convenção será interpretada no sentido de autorizar ou exigir qualquer medida em virtude de infrações às leis penais de caráter político ou motivadas por discriminação racial ou religiosa.

CAPÍTULO II
JURISDIÇÃO

Artigo III

1. O Estado de matrícula da aeronave será competente para exercer a jurisdição sobre infrações e atos praticados a bordo.
2. Cada Estado contratante deverá tomar as medidas necessárias para estabelecer sua jurisdição como Estado de matrícula sobre as infrações cometidas a bordo das aeronaves matriculadas nesse Estado.
3. A presente Convenção não exclui qualquer jurisdição penal exercida de conformidade com as leis nacionais.

Artigo IV

O Estado contratante, que não for o da matrícula, não poderá interferir no voo de uma aeronave a fim de exercer sua jurisdição penal em relação a uma infração cometida a bordo, a menos que:
a) a infração produza efeitos no território desse Estado;
b) a infração tenha sido cometida por ou contra um nacional desse Estado ou pessoa que tenha aí sua residência permanente;
c) a infração afete a segurança desse Estado;
d) a infração constitua uma violação dos regulamentos relativos a voos ou manobras de aeronaves vigentes nesse Estado;
e) seja necessário exercer a jurisdição para cumprir as obrigações desse Estado, em virtude de um acordo internacional multilateral.

CAPÍTULO III
PODERES DO COMANDANTE DA AERONAVE

Artigo V

1. As disposições deste Capítulo não serão aplicadas às infrações nem aos atos praticados ou na iminência de o serem por pessoa a bordo de uma aeronave em voo, quer no espaço aéreo do Estado de matrícula quer sobre o alto-mar ou outra zona situada fora do território de algum Estado, a não ser que o ponto da última decolagem ou o ponto da próxima aterrissagem prevista se acharem num Estado diverso do da matrícula ou se a aeronave voar posteriormente no espaço aéreo de um Estado diverso do da matrícula com a referida pessoa a bordo.
2. Não obstante as disposições do art. 1º, § 3º, considerar-se-á, para os fins do presente Capítulo, que uma aeronave está em voo desde o momento em que todas as portas externas forem fechadas, depois do embarque, até o momento em que qualquer das referidas portas for aberta para o desembarque. Em caso de aterrissagem forçada as disposições deste Capítulo continuarão a ser aplicadas às infrações e atos praticados a bordo até que as autoridades competentes de um Estado tomem sob sua responsabilidade a aeronave e as pessoas e bens a bordo.

Artigo VI

1. Quando o comandante da aeronave tiver motivos justificados para crer que uma pessoa cometeu ou

está na iminência de cometer a bordo uma infração ou um ato previsto no art. 1°, § 1°, poderá impor a essa pessoa as medidas razoáveis inclusive coercitivas, que sejam necessárias:

a) para proteger a segurança da aeronave e das pessoas e bens a bordo;

b) para manter a boa ordem e a disciplina a bordo;

c) para permitir-lhe entregar essa pessoa às autoridades competentes ou desembarcá-la de conformidade com as disposições do presente Capítulo.

2. O comandante da aeronave poderá exigir ou autorizar a ajuda dos demais membros da tripulação e solicitar ou autorizar, porém, não exigir a ajuda dos passageiros com o fim de tomar medidas coercitivas contra qualquer pessoa em relação à qual tiver esse direito. Qualquer membro da tripulação ou passageiro, poderá tomar igualmente medidas preventivas razoáveis sem essa autorização quando tiver motivos justificados para crer que essas medidas são urgentes para proteger a segurança da aeronave, das pessoas e bens a bordo.

Artigo VII

1. As medidas coercitivas impostas a uma pessoa, de conformidade com o art. 6° não continuarão a ser aplicadas após qualquer ponto de aterrissagem a menos que:

a) esse ponto se ache no território de um Estado não contratante e suas autoridades não permitam o desembarque da pessoa em questão, ou as medidas coercitivas sejam aplicadas de conformidade com o art. 6°, § 1°, letra *c)*, para permitir sua entrega às autoridades competentes;

b) a aeronave faça uma aterrissagem forçada e o comandante não possa entregar a pessoa às autoridades competentes; ou

c) a pessoa aceite continuar a ser transportada, submetida às medidas coercitivas.

2. Logo que for viável, e, se for possível, antes de aterrissar num Estado com as pessoas a bordo, submetidas às medidas coercitivas de que trata o art. 6°, o comandante da aeronave notificará às autoridades do Estado o fato de que uma pessoa se encontra a bordo submetida às referidas medidas coercitivas e as razões que as motivaram.

Artigo VIII

1. O comandante de uma aeronave poderá, sempre que seja necessário para os fins previstos no art. 6°, § 1°, inc. *a)* ou *b)*, desembarcar no território em que aterrissar a aeronave qualquer pessoa em relação à qual tenha motivos justificados para crer que praticou ou está na iminência de praticar, a bordo da aeronave, um ato previsto no art. 1°, § 1°, letra *b)*.

2. O comandante da aeronave comunicará às autoridades do Estado onde desembarcar uma pessoa, conforme as disposições do presente artigo, o fato de haver efetuado esse desembarque e as razões que o motivaram.

Artigo IX

1. O comandante da aeronave poderá entregar qualquer pessoa às autoridades do Estado contratante, em cujo território aterrissar a aeronave se tiver motivos justificados para crer que essa pessoa cometeu a bordo da aeronave um ato que, na sua opinião, constitui uma infração grave, de conformidade com as leis penais do Estado de matrícula da aeronave.

2. O comandante da aeronave, logo que for viável, e, se possível, antes de aterrissar no território de um Estado contratante, tendo a bordo uma pessoa que ele tenciona entregar de conformidade com o parágrafo anterior, notificará às autoridades do referido Estado sua intenção de entregar essa pessoa e as razões que a motivaram.

Artigo X

Pela aplicação das medidas tomadas de conformidade com o disposto na presente Convenção, o comandante da aeronave, os outros membros da tripulação, os passageiros, o proprietário, o operador da aeronave e a pessoa por conta de quem for realizado o voo não serão responsabilizados em processo instaurado em virtude de tratamento sofrido pela pessoa objeto dessas medidas.

CAPÍTULO IV
SEQUESTRO ILÍCITO DE UMA AERONAVE

Artigo XI

1. Quando uma pessoa a bordo, mediante violência ou intimação, cometer qualquer ato ilegal de sequestro, interferência ou exercício de controle de uma aeronave em voo ou for iminente a realização desses atos, os Estados contratantes tomarão todas as medidas apropriadas a fim de que o legítimo comandante da aeronave recobre ou mantenha o controle da mesma.

2. Nos casos previstos no parágrafo anterior, o Estado contratante em que aterrissar a aeronave permitirá que seus passageiros e tripulantes continuem sua viagem o mais breve possível e devolverá a sua carga a seus legítimos possuidores.

CAPÍTULO V
PODERES E OBRIGAÇÕES DOS ESTADOS

Artigo XII

Todo Estado contratante permitirá ao comandante de uma aeronave matriculada em outro Estado contratante desembarcar qualquer pessoa, consoante o disposto no art. 8°, § 1°.

Artigo XIII

1. Todo Estado contratante deverá receber qualquer pessoa que o comandante da aeronave lhe entregar, de conformidade com o disposto no art. 9°, § 1°.

2. Se considerar que as circunstâncias o justificam, um Estado contratante procederá à detenção ou tomará outras medidas para assegurar a presença de qualquer pessoa suspeita de haver cometido um dos atos previstos no art. 11, § 1°, assim como de qualquer pessoa que lhe for entregue. A detenção e demais medidas deverão ser adotadas, de conformidade com as leis desse Estado e serão mantidas somente pelo tempo razoavelmente necessário para permitir a instauração de um processo penal ou de extradição.

3. À pessoa detida de conformidade com o parágrafo anterior, será assegurada toda facilidade para se comunicar imediatamente com o representante correspondente do Estado de sua nacionalidade que se encontrar mais próximo.

4. O Estado contratante a que for entregue uma pessoa em virtude do art. 9°, § 1°, ou em cujo território aterrissar uma aeronave depois de praticado um dos atos previstos no art. 11, § 1°, procederá imediatamente a um inquérito preliminar sobre os fatos.

5. Quando um Estado deter uma pessoa em virtude desse artigo, notificará imediatamente ao Estado de matrícula da aeronave e ao Estado da nacionalidade da pessoa detida e, se considerar conveniente, a todos os demais Estados interessados a detenção e os motivos que a justificaram. O Estado que proceder ao inquérito preliminar, previsto no § 4° do presente artigo, comunicará sem demora seus resultados aos Estados antes mencionados e indicará se pretende exercer sua jurisdição.

Artigo XIV

1. Quando uma pessoa, desembarcar de conformidade com o art. 8°, § 1°, entregue de conformidade com o art. 9°, § 1°, ou desembarcada depois de haver praticado qualquer dos atos previstos no art. 11, § 1°, não puder ou não desejar prosseguir viagem, o Estado de aterrissagem, caso se recuse a admiti-la e se trate de pessoa que não seja seu nacional nem aí tenha residência permanente, poderá enviá-lo ao território do Estado de que seja nacional ou residente permanente ou ao Estado onde iniciou sua viagem aérea.

2. O desembarque, a entrega, a detenção ou a adoção das medidas aludidas no art. 13, § 2°, ou o envio da pessoa de conformidade com o parágrafo anterior não serão considerados admissão no território do Estado contratante interessado em face de suas leis relativas à entrada ou admissão de pessoas, e nenhuma disposição da presente Convenção prejudicará as leis de um Estado contratante que regularem a expulsão de pessoas de seu território.

Artigo XV

1. Sem prejuízo do previsto no artigo precedente, qualquer pessoa desembarcada de conformidade com o art. 8°, § 1°, entregue de conformidade com o art. 9°, § 1°, ou desembarcada depois de haver praticado algum dos atos previstos no art. 11, § 1°, que desejar continuar sua viagem poderá fazê-lo logo que for possível, até o ponto do destino de sua escolha, salvo se sua presença for necessária, de conformidade com as leis do Estado de aterrissagem, para a instrução de um processo penal ou de extradição.

2. Sem prejuízo de suas leis relativas à entrada, admissão, expulsão e extradição, o Estado contratante em cujo território for desembarcada uma pessoa, de conformidade com o disposto no art. 8°, § 1°, entregue de conformidade com o art. 9°, § 1° e desembarcada e suspeita de haver praticado um dos atos previstos no art. 11, § 1°, concederá a essa pessoa um tratamento não menos favorável que o dispensado a seus nacionais nas mesmas circunstâncias.

CAPÍTULO VI
OUTRAS DISPOSIÇÕES

Artigo XVI

1. As infrações cometidas a bordo de aeronaves matriculadas num Estado contratante serão consideradas, para fins de extradição, cometidas, não só no lugar onde houverem ocorrido, mas também no Estado de matrícula da aeronave.

2. Sem prejuízo do disposto no parágrafo anterior, nenhuma disposição da presente Convenção será interpretada no sentido de criar uma obrigação de conceder extradição.

Artigo XVII

Ao empreender qualquer medida de inquérito ou de detenção ou ao exercer, de qualquer outro modo a jurisdição em relação às infrações cometidas a bordo de uma aeronave, os Estados contratantes deverão levar em conta a segurança e demais interesses da navegação aérea, evitando retardar desnecessariamente a aeronave, os membros da tripulação ou a carga.

Artigo XVIII

Se vários Estados contratantes constituírem organizações de exploração em comum ou organismos internacionais de exploração, que utilizarem aeronaves não matriculadas em um Estado determinado, designarão, de conformidade com as circunstâncias do caso, aquele dentre eles que será considerado como Estado de matrícula para os efeitos da presente Convenção e disso informará à Organização de Aviação Civil Internacional que notificará todos os Estados-Partes desta Convenção.

CAPÍTULO VII
DISPOSIÇÕES FINAIS

Artigo XIX

Até a data da sua entrada em vigor, de conformidade com o disposto no art. 21, a presente Convenção ficará aberta à assinatura de qualquer Estado que, nessa data, for membro da Organização das Nações Unidas ou de qualquer Agência Especializada.

Artigo XX

1. A presente Convenção estará sujeita à ratificação dos Estados signatários de conformidade com suas disposições constitucionais.

2. Os instrumentos de ratificação serão depositados junto à Organização de Aviação Civil Internacional.

Artigo XXI

1. Logo que doze Estados houverem depositado seus Instrumentos de ratificação da presente Convenção, esta entrará em vigor entre eles, no nonagésimo dia, a contar do depósito do décimo segundo instrumento de ratificação. Para cada um dos Estados que ratificar posteriormente, entrará em vigor noventa dias após a data do depósito do seu instrumento de ratificação.

2. Logo que entrar em vigor, a presente Convenção será registrada junto ao Secretário-Geral das Nações Unidas, pela Organização de Aviação Civil Internacional.

Artigo XXII

1. Após sua entrada em vigor, a presente Convenção ficará aberta à adesão de qualquer membro da Organização das Nações Unidas ou de qualquer Agência Especializada.

2. A adesão de um Estado efetuar-se-á mediante o depósito do correspondente instrumento de adesão junto à Organização de Aviação Civil Internacional e surtirá efeito noventa dias após a data do depósito.

Artigo XXIII

1. Os Estados contratantes poderão denunciar a presente Convenção, por uma notificação à Organização de Aviação Civil Internacional.

2. A denúncia surtirá efeito seis meses após a data em que a Organização de Aviação Civil Internacional receber a notificação da referida denúncia.

Artigo XXIV

1. As controvérsias que surgirem entre dois ou mais Estados relativas à interpretação ou aplicação da presente Convenção, que não puderem ser solucionadas mediante negociações, serão submetidas a arbitragem, a pedido de um deles. Se no prazo de seis meses contados a partir da data de apresentação do pedido de arbitragem as partes não conseguirem pôr-se de acordo sobre a organização da arbitragem, qualquer das Partes poderá submeter a controvérsia à Corte Internacional de Justiça, mediante uma petição apresentada de conformidade com o Estatuto da Corte.

2. Qualquer Estado, no momento da assinatura ou ratificação da presente Convenção ou de sua adesão à mesma, poderá declarar que não se considera obrigado pelo parágrafo anterior. Os demais Estados contratantes não estarão obrigados pelo parágrafo anterior em relação ao Estado que houver formulado tal reserva.

3. Qualquer Estado que houver formulado a reserva prevista no § 1º poderá retirá-la, a qualquer momento, mediante uma notificação à Organização de Aviação Civil Internacional.

Artigo XXV

Sem prejuízo do disposto no art. 24, a presente Convenção não poderá ser objeto de reservas.

Artigo XXVI

A Organização de Aviação Civil Internacional notificará todos os Estados-Membros da Organização das Nações Unidas ou de qualquer Agência Especializada:

a) qualquer assinatura da presente Convenção e a data da mesma;

b) o depósito de qualquer instrumento de ratificação ou adesão e a data desse depósito;

c) a data da entrada em vigor da presente Convenção, de conformidade com o § 1º do art. 21;

d) qualquer notificação de denúncia e a data de seu recebimento; e

e) qualquer declaração ou notificação formulada em virtude do art. 24 e data do seu recebimento.

Em testemunho do que, os Plenipotenciários abaixo assinados, devidamente autorizados, firmam a presente Convenção.

Feita em Tóquio, aos catorze dias de setembro de mil novecentos e sessenta e três, em três textos autênticos, redigidos nos idiomas espanhol, francês e inglês.

A presente Convenção será depositada na Organização de Aviação Civil Internacional, onde ficará aberta à assinatura, de conformidade com o art. 19 e a referida Organização remeterá cópias autenticadas de seu texto a todos os Estados-Membros da Organização das Nações Unidas ou de qualquer de suas Agências Especializadas.

TRATADO SOBRE PRINCÍPIOS REGULADORES DAS ATIVIDADES DOS ESTADOS NA EXPLORAÇÃO E USO DO ESPAÇO CÓSMICO, INCLUSIVE A LUA E DEMAIS CORPOS CELESTES (1967)

▶ Adotado pelas Nações Unidas, em Nova York, em 27.01.1967. Aprovado no Brasil pelo Decreto Legislativo 41, de 02.10.1968, e promulgado pelo Decreto 64.362, de 17.04.1969.

Os Estados-Partes do presente Tratado.

Inspirando-se nas vastas perspectivas que a descoberta do espaço cósmico pelo homem oferece à humanidade;

Reconhecendo o interesse que apresenta para toda a humanidade o progresso da exploração e uso do espaço cósmico para fins pacíficos;

Julgando que a exploração e uso do espaço cósmico deveriam efetuar-se para o bem de todos os povos, qualquer que seja o estágio de seu desenvolvimento econômico e científico;

Desejosos de contribuir para o desenvolvimento de uma ampla cooperação internacional no que concerne aos aspectos científicos e jurídicos da exploração e uso do espaço cósmico para fins pacíficos;

Julgando que esta cooperação contribuirá para desenvolver a compreensão mútua e para consolidar as relações de amizade entre os Estados e os povos;

Recordando a Resolução 1.962 (XVIII), intitulada "Declaração dos Princípios Jurídicos Reguladores das Atividades dos Estados na Exploração e Uso do Espaço Cósmico", adotada por unanimidade pela Assembleia Geral das Nações Unidas a 13 de dezembro de 1963;

Recordando a Resolução 1.884 (XVIII), que insiste junto aos Estados a se absterem de colocar em órbita quaisquer objetos portadores de armas nucleares ou de qualquer outro tipo de arma de destruição em massa e de instalar tais armas em corpos celestes, resolução que a Assembleia Geral

das Nações Unidas adotou, por unanimidade, a 17 de outubro de 1963;
Considerando que a Resolução 110 (II) da Assembleia Geral das nações Unidas, datada de 3 de novembro de 1947, condena a propaganda destinada a/ou suscetível de provocar ou encorajar qualquer ameaça à paz, ruptura da paz ou qualquer ato de agressão, e considerando que a referida resolução é aplicável ao espaço cósmico;
Convencidos de que o Tratado sobre os Princípios Reguladores das Atividades dos Estados na Exploração e Uso do Espaço Cósmico, inclusive a Lua e demais corpos celestes, contribuirá para a realização dos propósitos e princípios da Carta das Nações Unidas;
Convieram no seguinte:

Artigo I
A exploração e uso do espaço cósmico, inclusive da Lua e demais corpos celestes, deverão ter em mira o bem e interesse de todos os países, qualquer que seja o estágio de seu desenvolvimento econômico e científico, e são incumbência de toda a humanidade.
O espaço cósmico, inclusive a Lua e demais corpos celestes, poderá ser explorado e utilizado, livremente, por todos os Estados, sem qualquer discriminação, em condições de igualdade e em conformidade com o Direito Internacional, devendo haver liberdade de acesso a todas as regiões dos corpos celestes.
O espaço cósmico, inclusive a Lua e demais corpos celestes, estará aberto às pesquisas científicas, devendo os Estados facilitar e encorajar a cooperação internacional naquelas pesquisas.

Artigo II
O espaço cósmico, inclusive a Lua e demais corpos celestes, não poderá ser objeto de apropriação nacional por proclamação de soberania, por uso ou ocupação, nem por qualquer outro meio.

Artigo III
As atividades dos Estados-Partes deste Tratado relativas à exploração e uso do espaço cósmico, inclusive da Lua e demais corpos celestes, deverão efetuar-se em conformidade com o Direito Internacional, inclusive a Carta das Nações Unidas, com a finalidade de manter a paz e a segurança internacionais e de favorecer a cooperação e a compreensão internacionais.

Artigo IV
Os Estados-Partes do Tratado se comprometem a não colocar em órbita objeto portador de armas nucleares ou de qualquer outro tipo de armas de destruição em massa, a não instalar tais armas sobre os corpos celestes e a não colocar tais armas, de nenhuma maneira, no espaço cósmico.
Todos os Estados-Partes do Tratado utilizarão a Lua e os demais corpos celestes exclusivamente para fins pacíficos. Estarão proibidos nos corpos celestes o estabelecimento de base, instalações ou fortificações militares, os ensaios de armas de qualquer tipo e a execução de manobras militares. Não se proíbe a utilização de pessoal militar para fins de pesquisas científicas ou para qualquer outro fim pacífico. Não se proíbe, do mesmo modo, a utilização de qualquer equipamento ou instalação necessária à exploração pacífica da Lua e demais corpos celestes.

Artigo V
Os Estados-Partes do Tratado considerarão os astronautas como enviados da humanidade no espaço cósmico e lhes prestarão toda a assistência possível em caso de acidente, perigo ou aterrissagem forçada sobre o território de um outro Estado--Parte do Tratado ou em alto-mar. Em caso de tal aterrissagem, o retorno dos astronautas ao Estado de matrícula do seu veículo deverá ser efetuado prontamente e com toda a segurança.
Sempre que desenvolverem atividades no espaço cósmico e nos corpos celestes, os astronautas de um Estado-Parte do Tratado prestarão toda a assistência possível aos astronautas dos outros Estados-Partes do Tratado.
Os Estados-Partes do Tratado levarão imediatamente ao conhecimento dos outros Estados-Partes do Tratado ou do Secretário-Geral da Organização das Nações Unidas qualquer fenômeno por estes descoberto no espaço cósmico, inclusive a Lua e demais corpos celestes, que possa representar perigo para a vida ou a saúde dos astronautas.

Artigo VI
Os Estados-Partes do Tratado têm a responsabilidade internacional das atividades nacionais realizadas no espaço cósmico, inclusive na Lua e demais corpos celestes, quer sejam elas exercidas por organismos governamentais ou por entidades não governamentais e de velar para que as atividades nacionais sejam efetuadas de acordo com as disposições enunciadas no presente Tratado. As atividades das entidades não governamentais no espaço cósmico, inclusive a Lua e demais corpos celestes, devem ser objeto de uma autorização e de uma vigilância contínua pelo competente Estado-Parte do Tratado. Em caso de atividades realizadas por uma organização internacional no espaço cósmico, inclusive na Lua e demais corpos celestes, a responsabilidade, no que se refere às disposições do presente Tratado, caberá a esta organização internacional e aos Estados-Partes do Tratado que fazem parte da referida organização.

Artigo VII
Todo Estado-Parte do Tratado que proceda ou mande proceder ao lançamento de um objeto ao espaço cósmico, inclusive à Lua e demais corpos celestes, e qualquer Estado-Parte cujo território ou instalações servirem ao lançamento de um objeto, será responsável, do ponto de vista internacional, pelos danos causados a outro Estado-Parte do Tratado ou a suas pessoas naturais pelo referido objeto ou por seus elementos constitutivos, sobre a Terra, no espaço cósmico ou no espaço aéreo, inclusive a Lua e demais corpos celestes.

Artigo VIII
O Estado-Parte do Tratado em cujo registro figure o objeto lançado ao espaço cósmico conservará sob

sua jurisdição e controle o referido objeto e todo o pessoal do mesmo objeto, enquanto se encontrarem no espaço cósmico ou em um corpo celeste. Os direitos de propriedade sobre os objetos lançados no espaço cósmico, inclusive os objetos levados ou construídos num corpo celeste, assim como seus elementos constitutivos, permanecerão inalteráveis enquanto estes objetos ou elementos se encontrarem no espaço cósmico ou em um corpo celeste e durante seu retorno à Terra. Tais objetos ou elementos constitutivos de objetos encontrados além dos limites do Estado-Parte do Tratado em cujo registro estão inscritos deverão ser restituídos a este Estado, devendo este fornecer, sob solicitação, os dados de identificação antes da restituição.

Artigo IX

No que concerne à exploração e ao uso do espaço cósmico, inclusive da Lua e demais corpos celestes, os Estados-Partes do Tratado deverão fundamentar-se sobre os princípios da cooperação e da assistência mútua e exercerão todas as suas atividades no espaço cósmico, inclusive na Lua e demais corpos celestes, levando devidamente em conta os interesses correspondentes dos demais Estados-Partes do Tratado. Os Estados-Partes do Tratado farão o estudo do espaço cósmico, inclusive da Lua e demais corpos celestes, e procederão à exploração de maneira a evitar os efeitos prejudiciais de sua contaminação, assim como as modificações nocivas no meio ambiente da Terra resultante da introdução de substâncias extraterrestres e quando necessário, tomarão as medidas apropriadas para este fim. Se um Estado-Parte do Tratado tem razões para crer que uma atividade ou experiência realizada por ele mesmo ou por seus nacionais no espaço cósmico, inclusive na Lua e demais corpos celestes, criaria um obstáculo capaz de prejudicar as atividades dos demais Estados-Partes do Tratado em matéria de exploração e utilização pacífica do espaço cósmico, inclusive da Lua e demais corpos celestes, deverá fazer as consultas internacionais adequadas antes de empreender a referida atividade ou experiência. Qualquer Estado-Parte do Tratado que tenha razões para crer que uma experiência ou atividade realizada por outro Estado-Parte do Tratado no espaço cósmico, inclusive na Lua e demais corpos celestes, criaria um obstáculo capaz de prejudicar as atividades exercidas em matéria de exploração e utilização pacífica do espaço cósmico, inclusive da Lua e demais corpos celestes, poderá solicitar a realização de consultas relativas à referida atividade ou experiência.

Artigo X

A fim de favorecer a cooperação internacional em matéria de exploração e uso do espaço cósmico, inclusive da Lua e demais corpos celestes, em conformidade com os fins do presente Tratado, os Estados-Partes do Tratado examinarão, em condições de igualdade, as solicitações dos demais Estados-Partes do Tratado no sentido de contarem com facilidades de observação do voo dos objetos espaciais lançados por esses Estados.
A natureza de tais facilidades de observação e as condições em que poderiam ser concedidas serão determinadas de comum acordo pelos Estados interessados.

Artigo XI

A fim de favorecer a cooperação internacional em matéria de exploração e uso do espaço cósmico, os Estados-Partes do Tratado que desenvolvam atividades no espaço cósmico, inclusive na Lua e demais corpos celestes, convieram, na medida em que isto seja possível e realizável, em informar ao Secretário-Geral da Organização das Nações Unidas, assim como ao público e à comunidade científica internacional, sobre a natureza da conduta dessas atividades, o lugar onde serão exercidas e seus resultados. O Secretário-Geral da Organização das Nações Unidas deverá estar em condições de assegurar, assim que as tenha recebido, a difusão efetiva dessas informações.

Artigo XII

Todas as estações, instalações, material e veículos espaciais que se encontrarem na Lua ou nos demais corpos celestes serão acessíveis, nas condições de reciprocidade, aos representantes dos demais Estados-Partes do Tratado. Estes representantes notificarão com antecedência qualquer visita projetada, de maneira que as consultas desejadas possam realizar-se e que se possa tomar o máximo de precaução para garantir a segurança e evitar perturbações no funcionamento normal da instalação a ser visitada.

Artigo XIII

As disposições do presente Tratado aplicar-se-ão às atividades exercidas pelo Estados-Partes do Tratado na exploração e uso do espaço cósmico, inclusive da Lua e demais corpos celestes, quer estas atividades sejam exercidas por um Estado-Parte do Tratado por si só, quer juntamente com outros Estados, principalmente no quadro das organizações intergovernamentais internacionais.
Todas as questões práticas que possam surgir em virtude das atividades exercidas por organizações intergovernamentais internacionais em matéria de exploração e uso do espaço cósmico, inclusive da Lua e demais corpos celestes, serão resolvidos pelos Estados-Partes do Tratado, seja com um a organização internacional competente, seja com um ou vários dos Estados-Membros da referida organização que sejam partes do Tratado.

Artigo XIV

1. O presente Tratado ficará aberto à assinatura de todos os Estados. Qualquer Estado que não tenha assinado o presente Tratado antes de sua entrada em vigor, em conformidade com o § 3º do presente artigo, poderá a ele aderir a qualquer momento.
2. O presente Tratado ficará sujeito à ratificação dos Estados signatários. Os instrumentos de ratificação e os instrumentos de adesão ficarão depositados junto aos governos do Reino Unido da Grã-Bretanha e Irlanda do Norte, dos Estados Unidos da América e da União das Repúblicas Socialistas Soviéticas, que estão, no presente Tratado, designados como governos depositários.

3. O presente Tratado entrará em vigor após o depósito dos instrumentos de ratificação de cinco governos, inclusive daqueles designados depositários nos termos do presente Tratado.

4. Para os Estados cujos instrumentos de ratificação ou adesão forem depositados após a entrada em vigor do presente Tratado, este entrará em vigor na data do depósito de seus instrumentos de ratificação ou adesão.

5. Os governos depositários informarão sem demora todos os Estados signatários do presente Tratado e os que a ele tenham aderido, da data de cada assinatura, do depósito de cada instrumento de ratificação ou de adesão ao presente Tratado, da data de sua entrada em vigor, assim como qualquer outra observação.

6. O presente Tratado será registrado pelos governos depositários em conformidade com o art. 102 da Carta das Nações Unidas.

Artigo XV

Qualquer Estado-Parte do presente Tratado poderá propor emendas a este Tratado. As emendas entrarão em vigor para cada Estado-Parte do Tratado que aceitar as emendas, após sua aceitação pela maioria dos Estados-Partes do Tratado, na data em que tiver sido recebida.

Artigo XVI

Qualquer Estado-Parte do presente Tratado poderá, um ano após a entrada em vigor do Tratado, comunicar sua intenção de deixar de ser parte por meio de notificação escrita enviada aos governos depositários. Esta notificação surtirá efeito um ano após a data em que for recebida.

Artigo XVII

O presente Tratado, cujos textos em inglês, russo, espanhol, francês e chinês fazem igualmente fé, será depositado nos arquivos dos governos depositários. Cópias devidamente autenticadas do presente Tratado serão remetidas pelos governos depositários aos governos dos Estados que houverem assinado o Tratado ou que a ele houverem aderido.

Em fé do que, os abaixo assinados, devidamente habilitados para esse fim, assinaram este Tratado.

Feito em três exemplares, em Londres, Moscou e Washington, aos vinte e sete dias de janeiro de mil novecentos e sessenta e sete.

CONVENÇÃO SOBRE RESPONSABILIDADE INTERNACIONAL POR DANOS CAUSADOS POR OBJETOS ESPACIAIS (1972)

▶ Adotada pelas Nações Unidas, em Nova York, em 29.03.1972. Aprovada no Brasil pelo Decreto Legislativo 77, de 01.12.1972, e promulgada pelo Decreto 71.981, de 22.03.1973.

Os Estados-partes desta Convenção,

Reconhecendo o interesse comum de toda a humanidade em incentivar a exploração e uso do espaço cósmico para fins pacíficos,

Lembrando o Tratado sobre Princípios Reguladores das Atividades dos Estados na Exploração e Uso do Espaço Cósmico, inclusive a Lua e demais Corpos Celestes,

Considerando que, não obstante as medidas de precaução a serem tomadas por Estados e por organizações intergovernamentais internacionais empenhadas no lançamento de objetos espaciais, tais objetos poderão ocasionalmente provocar danos,

Reconhecendo a necessidade de elaborar regras e procedimentos internacionais efetivos referentes à responsabilidade por danos causados por objetos espaciais, e para assegurar, em particular, o pronto pagamento, segundo os termos desta Convenção, de uma indenização inteira e equitativa às vítimas de tais danos,

Convencidos de que o estabelecimento de tais regras e procedimentos contribuirá para o fortalecimento da cooperação internacional no domínio da exploração e uso do espaço cósmico para fins pacíficos,

Convieram no que se segue:

Artigo 1º

Para os propósitos da presente Convenção:

a) o termo "dano" significa perda de vida, ferimentos pessoais ou outro prejuízo à saúde; perdas de propriedade de Estados ou de pessoas físicas ou jurídicas ou danos sofridos por tais propriedades, ou danos e perdas no caso de organizações intergovernamentais internacionais;

b) o termo "lançamento" inclui tentativas de lançamento;

c) o termo "Estado lançador" significa:

i) um Estado que lança ou promove o lançamento de um objeto espacial;

ii) um Estado de cujo território ou de cujas instalações é lançado um objeto espacial;

d) o termo "objeto espacial" inclui peças componentes de um objeto espacial, e também o seu veículo de lançamento e peças do mesmo.

Artigo 2º

Um Estado lançador será responsável absoluto pelo pagamento de indenização por danos causados por seus objetos espaciais na superfície da Terra ou a aeronaves em voo.

Artigo 3º

Na eventualidade de danos causados em local fora da superfície da Terra a um objeto espacial de um Estado lançador ou a pessoa ou propriedades a bordo de tal objeto espacial por um objeto espacial de outro Estado lançador, só terá esse último responsabilidade se o dano decorrer de culpa sua, ou de culpa de pessoas pelas quais seja responsável.

Artigo 4º

1. Na eventualidade de dano causado fora da superfície da Terra a um objeto espacial de um Estado lançador ou a pessoa ou propriedade a bordo de tal objeto espacial por um objeto espacial de outro Estado lançador, e de danos em consequência sofridos por um terceiro Estado, ou

por suas pessoas físicas ou jurídicas, os primeiros dois Estados serão, solidária e individualmente responsáveis perante o terceiro Estado, na medida indicada pelo seguinte:

a) se o dano tiver sido causado ao terceiro Estado na superfície da Terra ou a aeronave em voo, a sua responsabilidade perante o terceiro Estado será absoluta;

b) se o dano houver sido causado a um objeto espacial de um terceiro Estado ou a pessoas ou propriedades a bordo de tal objeto espacial fora da superfície da Terra, a sua responsabilidade perante o terceiro Estado fundamentar-se-á em culpa por parte de qualquer dos dois primeiros Estados, ou em culpa por parte de pessoas pelas quais qualquer dos dois seja responsável.

2. Em todos os casos de responsabilidade solidária e individual mencionados no parágrafo 1, o ônus da indenização pelo dano será dividido entre os primeiros dois Estados de acordo com o grau de sua culpa; se não for possível estabelecer o grau de culpa de cada um desses Estados, o ônus da indenização deve ser dividido em proporções iguais entre os dois. Tal divisão se fará sem prejuízo do direito que assiste ao terceiro Estado de procurar a indenização total devida nos termos desta Convenção de qualquer ou de todos os Estados lançadores que são, solidária e individualmente, responsáveis.

Artigo 5º

1. Sempre que dois ou mais Estados, juntamente, lancem um objeto espacial, eles serão solidária e individualmente responsáveis por quaisquer danos causados.

2. Um Estado lançador que pagou indenização por danos terá o direito de pedir ressarcimento a outros participantes no lançamento conjunto. Os participantes num lançamento conjunto podem concluir acordos quanto à divisão entre si das obrigações financeiras pelas quais eles são, solidária e individualmente, responsáveis.

3. Um Estado de cujo território ou de cujas instalações é lançado um objeto espacial será considerado como participante no lançamento conjunto.

Artigo 6º

1. Excetuado o que dispõe o parágrafo 2, conceder-se-á exoneração de responsabilidade absoluta na medida em que um Estado lançador provar que o dano resultou total ou parcialmente de negligência grave ou de ato ou omissão com a intenção de causar dano, de parte de um Estado demandante ou de pessoa jurídica ou física que representar.

2. Não se concederá exoneração em casos em que o dano houver resultado de atividades conduzidas por um Estado lançador que não estejam em conformidade com o direito internacional, inclusive, em particular, com a Carta das Nações Unidas e o Tratado sobre Princípios Reguladores das Atividades dos Estados na Exploração e Uso do Espaço Cósmico, inclusive a Lua e outros Corpos Celestes.

Artigo 7º

As disposições da presente Convenção não se aplicarão a danos causados por objeto espacial de um Estado lançador a:

a) nacionais do mesmo Estado lançador;

b) estrangeiros durante o tempo em que estiverem participando do manejo de tal objeto espacial, a partir do momento de seu lançamento ou em qualquer momento ulterior até a sua descida, ou durante o tempo em que estiverem na vizinhança imediata de uma área prevista para lançamento ou recuperação, em consequência de convite por tal Estado lançador.

Artigo 8º

1. Um Estado que sofrer dano, ou cujas pessoas físicas ou jurídicas sofrerem dano, pode apresentar a um Estado lançador um pedido de pagamento de indenização por tal dano.

2. Se o Estado da nacionalidade da pessoa física ou jurídica que sofreu dano não apresentar a queixa, um outro Estado, em cujo território a mesma pessoa física ou jurídica sofreu o dano, poderá apresentar a queixa ao Estado lançador.

3. Se nem o Estado da nacionalidade nem o Estado em cujo território se efetuou o dano apresentar uma queixa, ou notificar sua intenção de apresentar queixa, outro Estado poderá, com relação a dano sofrido por pessoa domiciliada em seu território, apresentar a queixa ao Estado lançador.

Artigo 9º

O pedido de indenização por dano deverá ser apresentado a um Estado lançador por via diplomática. Se determinado Estado não mantiver relações diplomáticas com o Estado lançador em questão, pode o primeiro Estado pedir a um outro Estado que apresente sua queixa ao Estado lançador ou, de alguma forma, represente seus interesses conforme esta Convenção. Poderá também apresentar sua queixa através do Secretário-Geral das Nações Unidas, no caso de o Estado demandante e o Estado lançador serem ambos membros das Nações Unidas.

Artigo 10

1. O pedido de indenização por dano poderá ser apresentado ao Estado lançador, o mais tardar um ano após a data da ocorrência do dano ou da identificação do Estado lançador responsável.

2. Se, contudo, o Estado não tiver conhecimento da ocorrência do dano, ou não tiver podido identificar o Estado lançador responsável, poderá apresentar um pedido de indenização, dentro de um ano a partir da data em que tiver tido conhecimento de tais fatos; não obstante, esse período não deverá em hipótese alguma exceder um ano a partir da data em que se poderia, razoavelmente, esperar que esse Estado tivesse tido conhecimento dos fatos através das investigações cabíveis.

3. As datas limites especificadas nos parágrafos 1 e 2 serão aplicáveis, mesmo se o dano não puder ter sido conhecido em toda a sua extensão. Nesse caso, contudo, o Estado demandante terá o direito de rever o pedido de indenização e submeter docu-

mentação adicional depois da expiração dos prazos mencionados, até um ano após o conhecimento do dano em toda a sua extensão.

Artigo 11

1. Para a apresentação de um pedido de indenização a um Estado lançador por dano com o amparo desta Convenção, não será necessário que se esgotem previamente os recursos locais que possam estar à disposição de um Estado demandante, ou de pessoa física ou jurídica que o Estado represente.

2. Nada na presente Convenção impedirá um Estado, ou pessoas físicas ou jurídicas que represente, de apresentar o seu pedido de indenização aos tribunais de justiça ou aos tribunais ou órgãos administrativos do Estado lançador. Um Estado não poderá, contudo, apresentar um pedido de indenização com o amparo desta Convenção por dano que já esteja sendo objeto de um pedido de indenização, no âmbito de tribunais de justiça ou tribunais ou órgãos administrativos de um Estado lançador, ou com o amparo de outro acordo internacional obrigatório para os Estados implicados.

Artigo 12

A indenização que o Estado lançador será obrigado a pagar nos termos desta Convenção será determinada pelo direito internacional e pelos princípios de justiça e equidade, a fim de proporcionar a compensação pelo dano de tal forma que a pessoa física ou jurídica, Estado ou organização internacional em cujo favor tenha sido apresentado o pedido de indenização seja restaurado na condição que teria existido, caso o dano não houvesse ocorrido.

Artigo 13

A menos que o Estado demandante e o Estado que deve pagar a indenização conforme a presente Convenção concordem com outra forma de indenização, essa será paga na moeda do Estado demandante ou, a seu pedido, na moeda do Estado que deva pagar a indenização.

Artigo 14

Se não se chegar a um acordo sobre a indenização por via diplomática, como previsto no Artigo 9°, no prazo de um ano da data em que o Estado demandante tenha notificado o Estado lançador de que submeteu a documentação a respeito de sua queixa, as Partes em questão, a pedido de qualquer uma delas, estabelecerão uma Comissão de Reclamações.

Artigo 15

1. A Comissão de Reclamações será composta de três membros: um nomeado pelo Estado demandante, um pelo Estado lançador, e um terceiro, o Presidente, a ser escolhido pelas duas Partes de comum acordo. Cada Parte fará a sua nomeação dentro do prazo de dois meses após o pedido para o estabelecimento da Comissão de Reclamações.

2. Se nenhum acordo for alcançado na escolha do Presidente, dentro do prazo de quatro meses após o pedido para estabelecimento da Comissão de Reclamações, qualquer das duas Partes poderá pedir ao Secretário-Geral das Nações Unidas para nomear o Presidente dentro de um prazo adicional de dois meses.

Artigo 16

1. Se uma das Partes não fizer sua nomeação dentro do período estipulado, o Presidente, a pedido da outra Parte, constituirá uma Comissão de Reclamações de um só membro.

2. Qualquer vaga que possa surgir na Comissão de Reclamações, por qualquer motivo, será preenchida pelo mesmo processo adotado para a nomeação inicial.

3. A Comissão de Reclamações determinará seu próprio procedimento.

4. A Comissão de Reclamações determinará o local ou locais em que se reunirá, como também todos os outros assuntos administrativos.

5. A não ser no caso de decisões e laudos, por uma Comissão de um só membro, todas as decisões e laudos da Comissão de Reclamações serão adotadas por maioria de votos.

Artigo 17

O número de membros da Comissão de Reclamações não será aumentado quando dois ou mais Estados demandantes ou Estados lançadores sejam Partes conjuntamente em qualquer procedimento perante a Comissão. Os Estados demandantes que atuem conjuntamente nomearão, coletivamente, um membro da Comissão, da mesma forma e segundo as mesmas condições de que quando se tratar de um só Estado demandante. Quando dois ou mais Estados lançadores atuarem conjuntamente, nomearão, coletivamente, e da mesma forma, um membro da Comissão. Se os Estados demandantes ou os Estados lançadores não fizerem a nomeação dentro do prazo fixado, o Presidente constituirá uma Comissão de um só membro.

Artigo 18

A Comissão de Reclamações decidirá os méritos da reivindicação de indenização e determinará, se for o caso, o valor da indenização a ser paga.

Artigo 19

1. A Comissão atuará de acordo com as disposições do Artigo 12.

2. A decisão da Comissão será final e obrigatória se as Partes assim tiverem concordado; em caso contrário, a Comissão produzirá um laudo definitivo que terá caráter de recomendações e que as Partes levarão em conta com boa-fé. A Comissão fornecerá os motivos de sua decisão ou laudo.

3. A Comissão apresentará sua decisão ou laudo logo que possível, e não depois de um ano a contar da data de seu estabelecimento, a não ser que a Comissão julgue necessário prorrogar esse prazo.

4. A Comissão tornará pública sua decisão ou seu laudo. Fornecerá a cada uma das Partes e ao Secretário-Geral das Nações Unidas uma cópia autêntica de sua decisão ou de seu laudo.

Artigo 20
As despesas incorridas com a Comissão de Reclamações serão igualmente divididas entre as Partes, a não ser que a Comissão decida diferentemente.

Artigo 21
Se o dano causado por um objeto espacial constituir um perigo em grande escala para a vida humana, ou interferir seriamente com as condições de vida da população, ou com o funcionamento dos centros vitais, os Estados-partes, e, em particular, o Estado lançador, examinarão a possibilidade de fornecer assistência apropriada e rápida ao Estado que sofreu o dano, quando esse assim o solicitar. Contudo, o disposto neste Artigo de nenhuma forma afetará os direitos e obrigações previstas nesta Convenção para os Estados-partes.

Artigo 22
1. Nesta Convenção, com exceção dos Artigos 24 a 27, entender-se-á que as referências feitas aos Estados serão consideradas aplicáveis a qualquer organização intergovernamental internacional que se dedique a atividades espaciais, se a organização declarar sua aceitação dos direitos e obrigações previstos nesta Convenção, e se uma maioria dos Estados-membros da Organização são Estados-partes desta Convenção e do Tratado sobre Princípios Reguladores das Atividades dos Estados na Exploração e Uso do Espaço Cósmico, inclusive a Lua e demais Corpos Celestes.
2. Os Estados-membros de tal organização que sejam Estados-partes desta Convenção tomarão todas as medidas apropriadas para que a organização faça a declaração prevista no parágrafo precedente.
3. Se uma organização intergovernamental internacional for responsável por dano em virtude das disposições desta Convenção, essa organização e seus membros que sejam Estados-partes desta Convenção serão solidária e individualmente responsáveis, observadas, no entanto, as seguintes condições:
a) a apresentação à organização, em primeiro lugar, de qualquer pedido de indenização a respeito de tal dano; e,
b) o Estado demandante poderá invocar a responsabilidade dos membros que sejam Estados-partes desta Convenção para o pagamento da quantia combinada ou determinada e devida como indenização por tal dano somente quando a organização não tiver pago, dentro de seis meses, tal quantia.
4. Qualquer pedido de indenização, por força das disposições desta Convenção, para compensação do dano causado a uma organização que fez a declaração prevista no parágrafo 1 deste Artigo, deverá ser apresentado por um Estado-membro da organização que seja parte desta Convenção.

Artigo 23
1. No que concerne às relações entre Estados-partes em outros acordos internacionais em vigor, as disposições desta Convenção não deverão afetar tais acordos.
2. Nenhuma disposição da presente Convenção impedirá os Estados de concluírem acordos internacionais que reafirmem, suplementem ou ampliem suas disposições.

Artigo 24
1. Esta Convenção estará aberta à assinatura de todos os Estados. Qualquer Estado que não assinar esta Convenção antes de sua entrada em vigor, conforme o parágrafo 3 deste Artigo, poderá a ela aderir em qualquer momento.
2. Esta Convenção estará sujeita a ratificação pelos Estados signatários. Os instrumentos de ratificação e de adesão serão depositados junto aos Governos do Reino Unido da Grã-Bretanha e Irlanda do Norte, da União das Repúblicas Socialistas Soviéticas e dos Estados Unidos da América, daqui por diante designados os Governos Depositários.
3. Esta Convenção entrará em vigor quando efetuado o depósito do quinto instrumento de ratificação.
4. Para os Estados cujos instrumentos de ratificação ou adesão forem depositados após a entrada em vigor desta Convenção, ela passará a vigorar na data do depósito do respectivo instrumento de ratificação ou adesão.
5. Os Governos Depositários deverão informar, logo que possível, os Estados signatários e aderentes da data de cada assinatura, da data de depósito de cada instrumento de ratificação e de adesão a esta Convenção, da data de sua entrada em vigor e de outras modificações.
6. Esta Convenção deverá ser registrada pelos Governos Depositários de acordo cota o Artigo 102 da Carta das Nações Unidas.

Artigo 25
Qualquer Estado-parte desta Convenção poderá propor emendas a esta Convenção. As emendas vigorarão para cada Estado-parte desta Convenção que as aceite, a partir de sua aceitação pela maioria dos Estados-partes da Convenção e, a partir de então, para cada Estado-parte restante, na data de sua aceitação.

Artigo 26
Dez anos após a entrada em vigor desta Convenção, incluir-se-á na agenda provisória da Assembleia Geral das Nações Unidas a questão de um novo exame desta Convenção a fim de estudar, à luz da aplicação no passado, a necessidade de sua revisão. Não obstante, a qualquer momento, após cinco anos de entrada em vigor da Convenção, e a pedido de um terço dos Estados-partes desta Convenção, e com o consentimento da maioria dos Estados-partes, reunir-se-á uma conferência dos Estados-Partes para rever esta Convenção.

Artigo 27
Qualquer Estado-parte nesta Convenção poderá denunciá-la um ano após sua entrada em vigor, por notificação escrita aos Governos Depositários. Tal denúncia terá efeito um ano após a data do recebimento da notificação.

Artigo 28

Esta Convenção, cujos textos em chinês, espanhol, francês, inglês e russo farão igualmente fé, será depositada nos arquivos dos Governos Depositários.

Os Governos Depositários transmitirão cópias devidamente autenticadas aos Governos dos Estados signatários e aderentes.

Em testemunho do que, os abaixo-assinados, devidamente autorizados, assinaram a presente Convenção.

Feito em três exemplares, nas cidades de Londres, Moscou e Washington, aos vinte e nove dias do mês de março de mil novecentos e setenta e dois.

CONVENÇÃO PARA A UNIFICAÇÃO DE CERTAS REGRAS RELATIVAS AO TRANSPORTE AÉREO INTERNACIONAL (1999)

▶ Concluída em Montreal em 28.05.1999. Aprovada no Brasil pelo Decreto Legislativo 59, de 18.04.2006, e promulgada internamente pelo Decreto 5.910, de 27.09.2006.
▶ Entrou em vigor internacional em 04.11.2003, e para o Brasil, em 18.07.2006, nos termos de seu artigo 53.

Os Estados-Partes na presente Convenção:

Reconhecendo a importante contribuição da Convenção Para a Unificação de Certas Regras Relativas ao Transporte Aéreo Internacional, assinada em Varsóvia, em 12 de outubro de 1929, doravante denominada "Convenção de Varsóvia", e de outros instrumentos conexos, para a harmonização do direito aeronáutico internacional privado;

Reconhecendo a necessidade de modernizar e refundir a Convenção de Varsóvia e os instrumentos conexos;

Reconhecendo a importância de assegurar a proteção dos interesses dos usuários do transporte aéreo internacional e a necessidade de uma indenização equitativa, fundada no princípio da restituição;

Reafirmando a conveniência de um desenvolvimento ordenado das operações de transporte aéreo internacional e da circulação fluida de passageiros, bagagem e carga, conforme os princípios e objetivos da Convenção de Aviação Civil Internacional, feita em Chicago, em 7 de dezembro de 1944;

Convencidos de que a ação coletiva dos Estados para uma maior harmonização e codificação de certas regras que regulam o transporte aéreo internacional, mediante uma nova Convenção, é o meio mais apropriado para lograr um equilíbrio de interesses equitativo;

Convieram o seguinte:

CAPÍTULO I
DISPOSIÇÕES GERAIS

Artigo 1º
Âmbito de Aplicação

1. A presente Convenção se aplica a todo transporte internacional de pessoas, bagagem ou carga, efetuado em aeronaves, mediante remuneração. Aplica-se igualmente ao transporte gratuito efetuado em aeronaves, por uma empresa de transporte aéreo.

2. Para os fins da presente Convenção, a expressão transporte internacional significa todo transporte em que, conforme o estipulado pelas partes, o ponto de partida e o ponto de destino, haja ou não interrupção no transporte, ou transbordo, estão situados, seja no território de dois Estados-Partes, seja no território de um só Estado-Parte, havendo escala prevista no território de qualquer outro Estado, ainda que este não seja um Estado-Parte. O transporte entre dois pontos dentro do território de um só Estado-Parte, sem uma escala acordada no território de outro Estado, não se considerará transporte internacional, para os fins da presente Convenção.

3. O transporte que seja efetuado por vários transportadores sucessivamente constituirá, para os fins da presente Convenção, um só transporte, quando haja sido considerado pelas partes como uma única operação, tanto se haja sido objeto de um só contrato, como de uma série de contratos, e não perderá seu caráter internacional pelo fato de que um só contrato ou uma série de contratos devam ser executados integralmente no território do mesmo Estado.

4. A presente Convenção se aplica também ao transporte previsto no Capítulo V, sob as condições nele estabelecidas.

Artigo 2º
Transporte Realizado pelo Estado e Transporte de Mala Postal

1. A presente Convenção se aplica ao transporte efetuado pelo Estado ou pelas demais pessoas jurídicas de direito público, nas condições estabelecidas no artigo 1.

2. No transporte de mala postal, o transportador será responsável unicamente perante a administração postal correspondente, de acordo com as normas aplicáveis às relações entre os transportadores e as administrações postais.

3. Salvo o previsto no número 2 deste artigo, as disposições da presente Convenção não se aplicarão ao transporte de mala postal.

CAPÍTULO II
DOCUMENTAÇÃO E OBRIGAÇÕES DAS PARTES, RELATIVAS AO TRANSPORTE DE PASSAGEIROS, BAGAGEM E CARGA

Artigo 3º
Passageiros e Bagagem

1. No transporte de passageiros será expedido um documento de transporte, individual ou coletivo, que contenha:

a) a indicação dos pontos de partida e de destino;

b) se os pontos de partida e de destino estão situados no território de um só Estado-Parte e, caso haja sido prevista uma ou mais escalas no território de outro Estado, a indicação de pelo menos uma dessas escalas.

2. Qualquer outro meio em que conste a informação mencionada no número 1 poderá substituir a expedição do documento mencionado naquele número. Se um desses meios for utilizado, o transportador oferecerá ao passageiro expedir uma declaração escrita da informação conservada por esses meios.
3. O transportador entregará ao passageiro um talão de identificação de bagagem por cada volume de bagagem registrado.
4. O passageiro receberá um aviso escrito, indicando que, quando seja aplicável a presente Convenção, esta regulará a responsabilidade do transportador por morte ou lesões, por destruição, perda ou avaria de bagagem, e por atraso.
5. O descumprimento das disposições dos parágrafos precedentes não afetará a existência nem a validade do contrato de transporte, o qual, não obstante, ficará sujeito às regras da presente Convenção, incluindo as relativas aos limites de responsabilidade.

Artigo 4º
Carga

1. No transporte de carga, será expedido um conhecimento aéreo.
2. Qualquer outro meio no qual constem as informações relativas ao transporte que deva ser executado poderá substituir a emissão do conhecimento aéreo. Se outros meios forem utilizados, o transportador entregará ao expedidor, e este último o solicitar, um recibo da carga, que permita a identificação da remessa e o acesso à informação registrada por esses outros meios.

Artigo 5º
Conteúdo do Conhecimento Aéreo ou do Recibo de Carga

O conhecimento aéreo ou o recibo de carga deverão incluir:
a) a indicação dos pontos de partida e destino;
b) se os pontos de partida e destino estão situados no território de um só Estado-Parte, e havendo uma ou mais escalas previstas no território de outro Estado, a indicação de pelo menos uma dessas escalas; e
c) a indicação do peso da remessa.

Artigo 6º
Documento Relativo à Natureza da Carga

Poderá ser exigido do expedidor que entregue um documento indicando a natureza da carga, se isso for necessário para o cumprimento das formalidades de aduana, polícia e outras autoridades públicas similares. Esta disposição não cria para o transportador qualquer dever, obrigação ou responsabilidade resultantes do anteriormente estabelecido.

Artigo 7º
Descrição do Conhecimento Aéreo

1. O conhecimento aéreo será emitido pelo expedidor em três vias originais.
2. A primeira via conterá a indicação "para o transportador", e será assinada pelo expedidor. A segunda via conterá a indicação "para o destinatário", e será assinada pelo expedidor e pelo transportador. A terceira via será assinada pelo transportador e por este entregue ao expedidor, após a aceitação da carga.
3. A assinatura do transportador e a do expedidor poderão ser impressas ou substituídas por um carimbo.
4. Se, a pedido do expedidor, o transportador emite o conhecimento aéreo, considera-se, salvo prova em contrário, que o transportador agiu em nome do expedidor.

Artigo 8º
Documentos para Vários Volumes

Quando houver mais de um volume:
a) o transportador da carga terá direito de solicitar ao expedidor a emissão de conhecimentos aéreos separados;
b) o expedidor terá direito de solicitar ao transportador a entrega de recibos de carga separados, quando se utilizem os outros meios previstos no número 2 do artigo 4.

Artigo 9º
Inobservância dos Requisitos para os Documentos

A inobservância das disposições dos artigos 4 a 8 não afetará a existência nem a validade do contrato de transporte que, não obstante, estará sujeito às regras da presente Convenção, inclusive as relativas aos limites de responsabilidade.

Artigo 10
Responsabilidade pelas Indicações Inscritas nos Documentos

1. O expedidor é responsável pela exatidão das indicações e declarações concernentes à carga feitas por ele ou em seu nome no conhecimento aéreo, ou feitas por ele ou em seu nome ao transportador, para inscrição no recibo de carga ou para inclusão nos registros conservados por outros meios, previstos no número 2 do artigo 4. A presente disposição aplica-se também quando a pessoa que atua em nome do expedidor é também preposto do transportador.
2. O expedidor indenizará o transportador por todo dano que este haja sofrido, ou qualquer outra pessoa em relação à qual o transportador seja responsável, em consequência das indicações e declarações irregulares, inexatas ou incompletas feitas por ele ou em seu nome.
3. Sujeito às disposições dos números 1 e 2 deste artigo, o transportador deverá indenizar o expedidor por todo dano que este haja sofrido, ou qualquer outra pessoa em relação à qual o expedidor seja responsável, em consequência das indicações e declarações irregulares, inexatas ou incompletas feitas pelo transportador ou em seu nome no recibo de carga ou nos registros conservados por outros meios, mencionados no número 2 do artigo 4.

Artigo 11
Valor Probatório dos Documentos

1. Tanto o conhecimento aéreo como o recibo de carga constituem presunção, salvo prova em

contrário, da celebração do contrato, da aceitação da carga e das condições de transporte que contenham.
2. As declarações do conhecimento aéreo ou do recibo de carga relativas ao peso, dimensões e embalagem da carga, assim como ao número de volumes, constituem presunção, salvo prova em contrário, dos dados declarados; as indicações relativas à quantidade, volume e estado da carga não constituem prova contra o transportador, salvo quando este as haja comprovado na presença do expedidor e haja feito constar no conhecimento aéreo ou no recibo de carga, ou que se trate de indicações relativas ao estado aparente da carga.

Artigo 12
Direito de Disposição da Carga

1. O expedidor tem direito, sob a condição de cumprir com todas as obrigações resultantes do contrato de transporte, de dispor da carga, retirando-a do aeroporto de saída ou destino, ou detendo-a no curso da viagem em caso de aterrissagem, ou fazendo-a entregar no lugar de destino ou no curso da viagem a uma pessoa distinta do destinatário originalmente designado, ou pedindo que seja devolvida ao aeroporto de partida. O expedidor não exercerá este direito de disposição de forma que prejudique o transportador nem outros expedidores e deverá reembolsar todos os gastos ocasionados pelo exercício deste direito.
2. Caso seja impossível executar as instruções do expedidor, o transportador deverá avisar-lhe imediatamente.
3. Se o transportador cumprir as instruções do expedidor a respeito da disposição da carga, sem exigir a apresentação da via do conhecimento aéreo ou do recibo de carga entregue a este último, será responsável, sem prejuízo de seu direito de ressarcir-se do expedidor, do dano que possa ser causado por este fato a quem se encontre legalmente de posse desse exemplar do conhecimento aéreo ou do recibo de carga.
4. O direito do expedidor cessa no momento em que começa o do destinatário, conforme o artigo 13. Não obstante, se o destinatário se recusa a aceitar a carga ou se não é encontrado, o expedidor recobrará seu direito de disposição.

Artigo 13
Entrega da Carga

1. Salvo quando o expedidor haja exercido seu direito de acordo com o artigo 12, o destinatário terá direito, desde a chegada da carga ao lugar de destino, a pedir ao transportador que lhe entregue a carga, mediante o pagamento da importância devida, desde que cumpridas as condições de transporte.
2. Salvo estipulação em contrário, o transportador deve avisar ao destinatário da chegada da carga, tão logo esta chegue.
3. Se o transportador admite a perda da carga, ou caso a carga não tenha chegado após um prazo de 7 (sete) dias a partir da data em que deveria haver chegado, o destinatário poderá fazer valer contra o transportador os direitos decorrentes do contrato de transporte.

Artigo 14
Execução dos Direitos do Expedidor e do Destinatário

O expedidor e o destinatário poderão fazer valer, respectivamente, todos os direitos que lhes concedem os artigos 12 e 13, cada um em seu próprio nome, seja em seu próprio interesse, seja no interesse de um terceiro, desde que cumpram as obrigações impostas pelo contrato de transporte.

Artigo 15
Relações entre o Expedidor e o Destinatário e Relações entre Terceiros

1. Os artigos 12, 13 e 14 não afetam as relações do expedidor e do destinatário entre si, nem as relações entre terceiros cujos direitos proveem do expedidor ou do destinatário.
2. As disposições dos artigos 12, 13 e 14 só poderão modificar-se mediante uma cláusula explícita consignada no conhecimento aéreo ou no recibo de carga.

Artigo 16
Formalidades de Aduana, Polícia ou Outras Autoridades Públicas

1. O expedidor deve proporcionar a informação e os documentos que sejam necessários para cumprir as formalidades aduaneiras, policiais e de qualquer outra autoridade pública, antes da entrega da carga ao destinatário. O expedidor é responsável perante o transportador por todos os danos que possam resultar da falta, insuficiência ou irregularidade da referida informação ou dos documentos, salvo se os mesmos se devam à culpa do transportador ou de seus prepostos.
2. O transportador não está obrigado a examinar se tal informação ou os documentos são exatos ou suficientes.

CAPÍTULO III
RESPONSABILIDADE DO TRANSPORTADOR E MEDIDA DA INDENIZAÇÃO DO DANO

Artigo 17
Morte e Lesões dos Passageiros – Dano à Bagagem

1. O transportador é responsável pelo dano causado em caso de morte ou de lesão corporal de um passageiro, desde que o acidente que causou a morte ou a lesão haja ocorrido a bordo da aeronave ou durante quaisquer operações de embarque ou desembarque.
2. O transportador é responsável pelo dano causado em caso de destruição, perda ou avaria da bagagem registrada, no caso em que a destruição, perda ou avaria haja ocorrido a bordo da aeronave ou durante qualquer período em que a bagagem registrada se encontre sob a custódia do transportador. Não obstante, o transportador não será

responsável na medida em que o dano se deva à natureza, a um defeito ou a um vício próprio da bagagem. No caso da bagagem não registrada, incluindo os objetos pessoais, o transportador é responsável, se o dano se deve a sua culpa ou a de seus prepostos.

3. Se o transportador admite a perda da bagagem registrada, ou caso a bagagem registrada não tenha chegado após 21 (vinte e um) dias seguintes à data em que deveria haver chegado, o passageiro poderá fazer valer contra o transportador os direitos decorrentes do contrato de transporte.

4. A menos que se indique de outro modo, na presente Convenção o termo "bagagem" significa tanto a bagagem registrada como a bagagem não registrada.

Artigo 18
Dano à Carga

1. O transportador é responsável pelo dano decorrente da destruição, perda ou avaria da carga, sob a única condição de que o fato que causou o dano haja ocorrido durante o transporte aéreo.

2. Não obstante, o transportador não será responsável na medida em que prove que a destruição ou perda ou avaria da carga se deve a um ou mais dos seguintes fatos:

a) natureza da carga, ou um defeito ou um vício próprio da mesma;
b) embalagem defeituosa da carga, realizada por uma pessoa que não seja o transportador ou algum de seus prepostos;
c) ato de guerra ou conflito armado;
d) ato de autoridade pública executado em relação com a entrada, a saída ou o trânsito da carga.

3. O transporte aéreo, no sentido do número 1 deste artigo, compreende o período durante o qual a carga se acha sob a custódia do transportador.

4. O período do transporte aéreo não abrange qualquer transporte terrestre, marítimo ou por águas interiores, efetuado fora de um aeroporto. Todavia, quando dito transporte se efetue durante a execução de um contrato de transporte aéreo, para o carregamento, a entrega ou o transbordo, todo dano se presumirá, salvo prova em contrário, como resultante de um fato ocorrido durante o transporte aéreo. Quando um transportador, sem o consentimento do expedidor, substitui total ou parcialmente o transporte previsto no acordo entre as duas partes como transporte aéreo por outra modalidade de transporte, o transporte efetuado por outro modo se considerará compreendido no período de transporte aéreo.

Artigo 19
Atraso

O transportador é responsável pelo dano ocasionado por atrasos no transporte aéreo de passageiros, bagagem ou carga. Não obstante, o transportador não será responsável pelo dano ocasionado por atraso se prova que ele e seus prepostos adotaram todas as medidas que eram razoavelmente necessárias para evitar o dano ou que lhes foi impossível, a um e a outros, adotar tais medidas.

Artigo 20
Exoneração

Se o transportador prova que a pessoa que pede indenização, ou a pessoa da qual se origina seu direito, causou o dano ou contribuiu para ele por negligência, erro ou omissão, ficará isento, total ou parcialmente, de sua responsabilidade com respeito ao reclamante, na medida em que tal negligência, ou outra ação ou omissão indevida haja causado o dano ou contribuído para ele. Quando uma pessoa que não seja o passageiro, pedir indenização em razão da morte ou lesão deste último, o transportador ficará igualmente exonerado de sua responsabilidade, total ou parcialmente, na medida em que prove que a negligência ou outra ação ou omissão indevida do passageiro causou o dano ou contribuiu para ele. Este artigo se aplica a todas as disposições sobre responsabilidade da presente Convenção, inclusive ao número 1 do artigo 21.

Artigo 21
Indenização em Caso de Morte ou Lesões dos Passageiros

1. O transportador não poderá excluir nem limitar sua responsabilidade, com relação aos danos previstos no número 1 do artigo 17, que não exceda de 100.000 Direitos Especiais de Saque por passageiro.

2. O transportador não será responsável pelos danos previstos no número 1 do artigo 17, na medida em que exceda de 100.000 Direitos Especiais de Saque por passageiro, se prova que:

a) o dano não se deveu a negligência ou a outra ação ou omissão do transportador ou de seus prepostos; ou
b) o dano se deveu unicamente a negligência ou a outra ação ou omissão indevida de um terceiro.

Artigo 22
Limites de Responsabilidade Relativos ao Atraso da Bagagem e da Carga

1. Em caso de dano causado por atraso no transporte de pessoas, como se especifica no artigo 19, a responsabilidade do transportador se limita a 4.150 Direitos Especiais de Saque por passageiro.

2. No transporte de bagagem, a responsabilidade do transportador em caso de destruição, perda, avaria ou atraso se limita a 1.000 Direitos Especiais de Saque por passageiro, a menos que o passageiro haja feito ao transportador, ao entregar-lhe a bagagem registrada, uma declaração especial de valor da entrega desta no lugar de destino, e tenha pago uma quantia suplementar, se for cabível. Neste caso, o transportador estará obrigado a pagar uma soma que não excederá o valor declarado, a menos que prove que este valor é superior ao valor real da entrega no lugar de destino.

3. No transporte de carga, a responsabilidade do transportador em caso de destruição, perda, avaria ou atraso se limita a uma quantia de 17 Direitos Especiais de Saque por quilograma, a menos que o expedidor haja feito ao transportador, ao entregar-lhe o volume, uma declaração especial de valor de

sua entrega no lugar de destino, e tenha pago uma quantia suplementar, se for cabível. Neste caso, o transportador estará obrigado a pagar uma quantia que não excederá o valor declarado, a menos que prove que este valor é superior ao valor real da entrega no lugar de destino.

4. Em caso de destruição, perda, avaria ou atraso de uma parte da carga ou de qualquer objeto que ela contenha, para determinar a quantia que constitui o limite de responsabilidade do transportador, somente se levará em conta o peso total do volume ou volumes afetados. Não obstante, quando a destruição, perda, avaria ou atraso de uma parte da carga ou de um objeto que ela contenha afete o valor de outros volumes compreendidos no mesmo conhecimento aéreo, ou no mesmo recibo ou, se não houver sido expedido nenhum desses documentos, nos registros conservados por outros meios, mencionados no número 2 do artigo 4, para determinar o limite de responsabilidade também se levará em conta o peso total de tais volumes.

5. As disposições dos números 1 e 2 deste artigo não se aplicarão se for provado que o dano é resultado de uma ação ou omissão do transportador ou de seus prepostos, com intenção de causar dano, ou de forma temerária e sabendo que provavelmente causaria dano, sempre que, no caso de uma ação ou omissão de um preposto, se prove também que este atuava no exercício de suas funções.

6. Os limites prescritos no artigo 21 e neste artigo não constituem obstáculo para que o tribunal conceda, de acordo com sua lei nacional, uma quantia que corresponda a todo ou parte dos custos e outros gastos que o processo haja acarretado ao autor, inclusive juros. A disposição anterior não vigorará, quando o valor da indenização acordada, excluídos os custos e outros gastos do processo, não exceder a quantia que o transportador haja oferecido por escrito ao autor, dentro de um período de 6 (seis) meses contados a partir do fato que causou o dano, ou antes de iniciar a ação, se a segunda data é posterior.

Artigo 23
Conversão das Unidades Monetárias

1. As quantias indicadas em Direitos Especiais de Saque mencionadas na presente Convenção consideram-se referentes ao Direito Especial de Saque definido pelo Fundo Monetário Internacional. A conversão das somas nas moedas nacionais, no caso de ações judiciais, se fará conforme o valor de tais moedas em Direitos Especiais de Saque, na data da sentença. O valor em Direitos Especiais de Saque da moeda nacional de um Estado-Parte, que seja membro do Fundo Monetário Internacional, será calculado de acordo com o método de avaliação adotado pelo Fundo Monetário Internacional para suas operações e transações, vigente na data da sentença. O valor em Direitos Especiais de Saque da moeda nacional de um Estado-Parte que não seja membro do Fundo Monetário Internacional será calculado na forma estabelecida por esse Estado.

2. Entretanto, os Estados que não sejam membros do Fundo Monetário Internacional e cuja legislação não permita aplicar as disposições do número 1 deste artigo poderão declarar, no momento da ratificação ou da adesão ou ulteriormente, que o limite de responsabilidade do transportador, estabelecido no artigo 21, é fixado na quantia de 1.500.000 unidades monetárias por passageiro, nos procedimentos judiciais seguidos em seus territórios; 62.500 unidades monetárias por passageiro, com respeito ao número 1 do artigo 22; 15.000 unidades monetárias por passageiro, com respeito ao número 2 do artigo 22; e 250 unidades monetárias por quilograma, com respeito ao número 3 do artigo 22. Esta unidade monetária corresponde a sessenta e cinco miligramas e meio de ouro de lei de novecentos milésimos. Estas somas poderão converter-se na moeda nacional de que se trate, em cifras redondas. A conversão destas quantias em moeda nacional será efetuada de acordo com a lei do Estado interessado.

3. O cálculo mencionado na última sentença do número 1 deste artigo e o método de conversão mencionado no número 2 deste artigo se farão de forma tal que expressem na moeda nacional do Estado-Parte, na medida do possível, o mesmo valor real para as quantias dos artigos 21 e 22 que resultaria da aplicação das três primeiras orações do número 1 deste artigo. Os Estados-Partes, ao depositar seu instrumento de ratificação, aceitação, aprovação ou adesão à presente Convenção comunicarão ao Depositário o método para fazer o cálculo, conforme estabelecido no número 1 deste artigo, ou os resultados da conversão estabelecida no número 2 deste artigo, conforme o caso, e cada vez que haja uma mudança relativa a dito método ou a esses resultados.

Artigo 24
Revisão dos Limites

1. Sem que isto afete as disposições do artigo 25 da presente Convenção, e sujeito ao estabelecido no número 2 seguinte, os limites de responsabilidade prescritos no artigos 21, 22, e 23 serão revisados pelo Depositário, a cada 5 (cinco) anos, devendo efetuar-se a primeira revisão ao final do quinto ano seguinte à data de entrada em vigor da presente Convenção ou, se a Convenção não entrar em vigor dentro dos 5 (cinco) anos seguintes à data em que foi aberta à assinatura, dentro do primeiro ano de sua entrada em vigor, com relação a um índice de inflação que corresponda à taxa de inflação acumulada desde a revisão anterior ou, na primeira vez, desde a data da entrada em vigor da Convenção. A medida da taxa de inflação que deverá ser utilizada para determinar o índice de inflação será a média ponderada das taxas anuais de aumento ou de diminuição do índice de preços ao consumidor dos Estados cujas moedas formam o Direito Especial de Saque mencionado no número 1 do artigo 23.

2. Se da revisão mencionada no parágrafo anterior resulta um índice de inflação superior a 10% (dez por cento), o Depositário notificará aos Estados-

-Partes a revisão dos limites de responsabilidade. Tais revisões serão efetivadas seis meses depois de sua notificação aos Estados-Partes. Se dentro dos 3 (três) meses seguintes a sua notificação aos Estados-Partes a maioria desses Estados-Partes registrar sua desaprovação, a revisão não se efetivará e o Depositário remeterá a questão a uma reunião dos Estados-Partes. O Depositário notificará imediatamente a todos os Estados-Partes a entrada em vigor de toda revisão.

3. Não obstante o número 1 deste artigo, o procedimento mencionado no número 2 deste artigo se aplicará a qualquer momento, sempre que um terço dos Estados-Partes expressem o desejo de fazê-lo e com a condição de que o índice de inflação mencionado no número 1 haja sido superior a 30% (trinta por cento), desde a revisão anterior ou desde a data da entrada em vigor da presente Convenção, caso não tenha havido uma revisão anterior. As revisões subsequentes realizadas de acordo com o procedimento descrito no número 1 deste artigo serão realizadas a cada 5 (cinco) anos, contados a partir do final do quinto ano seguinte à data da revisão efetuada em virtude deste parágrafo.

Artigo 25
Estipulação Sobre os Limites

O transportador poderá estipular que o contrato de transporte estará sujeito a limites de responsabilidade mais elevados que os previstos na presente Convenção, ou que não estará sujeito a nenhum limite de responsabilidade.

Artigo 26
Nulidade das Cláusulas Contratuais

Toda cláusula que tenda a exonerar o transportador de sua responsabilidade ou a fixar um limite inferior ao estabelecido na presente Convenção será nula e de nenhum efeito, porém a nulidade de tal cláusula não implica a nulidade do contrato, que continuará sujeito às disposições da presente Convenção.

Artigo 27
Liberdade Contratual

Nenhuma das disposições da presente Convenção impedirá o transportador de negar-se a realizar um contrato de transporte, renunciar às defesas que possa invocar em virtude da presente Convenção, ou estabelecer condições que não estejam em contradição com as disposições da presente Convenção.

Artigo 28
Pagamentos Adiantados

No caso de acidentes de aviação que resultem na morte ou lesões dos passageiros, o transportador fará, se assim exigir sua lei nacional, pagamentos adiantados sem demora, à pessoa ou pessoas físicas que tenham direito a reclamar indenização, a fim de satisfazer suas necessidades econômicas imediatas. Tais pagamentos adiantados não constituirão reconhecimento de responsabilidade e poderão ser deduzidos de toda quantia paga posteriormente pelo transportador, como indenização.

Artigo 29
Fundamento das Reclamações

No transporte de passageiros, de bagagem e de carga, toda ação de indenização de danos, seja com fundamento na presente Convenção, em um contrato ou em um ato ilícito, seja em qualquer outra causa, somente poderá iniciar-se sujeita a condições e limites de responsabilidade como os previstos na presente Convenção, sem que isso afete a questão de que pessoas podem iniciar as ações e quais são seus respectivos direitos. Em nenhuma das referidas ações se outorgará uma indenização punitiva, exemplar ou de qualquer natureza que não seja compensatória.

Artigo 30
Prepostos – Total das Reclamações

1. Se for iniciada uma ação contra um preposto do transportador, por danos a que se refere a presente Convenção, este preposto, se provar que atuava no exercício de suas funções, poderá amparar-se nas condições e nos limites de responsabilidade que podem ser invocados pelo transportador, em virtude da presente Convenção.

2. O montante total das indenizações ressarcíveis pelo transportador e por seus prepostos, neste caso, não excederá de tais limites.

3. As disposições dos números 1 e 2 deste artigo não se aplicarão se for provado que o dano é resultado de uma ação ou omissão do preposto, cometida com a intenção de causar dano, ou temerariamente e com a consciência de que provavelmente causaria o dano.

Artigo 31
Aviso Oportuno de Protesto

1. O recebimento da bagagem registrada ou da carga, sem protesto por parte do destinatário, constituirá presunção, salvo prova em contrário, de que os mesmos foram entregues em bom estado e de acordo com o documento de transporte ou com os registros conservados por outros meios, mencionados no número 2 do artigo 3 e no número 2 do artigo 4.

2. Em caso de avaria, o destinatário deverá apresentar ao transportador um protesto, imediatamente após haver sido notada tal avaria e, o mais tardar, dentro do prazo de 7 (sete) dias para a bagagem registrada e de 14 (quatorze) dias para a carga, a partir da data de seu recebimento. Em caso de atraso, o protesto deverá ser feito o mais tardar dentro de 21 (vinte e um) dias a contar do dia em que a bagagem ou a carga haja sido posta à sua disposição.

3. Todo protesto deverá ser feito por escrito e apresentado ou expedido dentro dos prazos mencionados.

4. Não havendo protesto dentro dos prazos estabelecidos, não serão admitidas ações contra o transportador, salvo no caso de fraude por parte deste.

Artigo 32
Falecimento da Pessoa Responsável

Em caso de falecimento da pessoa responsável, a ação de indenização relativa aos danos será exercida contra os representantes legais de sua sucessão, dentro dos limites estabelecidos na presente Convenção.

Artigo 33
Jurisdição

1. A ação de indenização de danos deverá ser iniciada, à escolha do autor, no território de um dos Estados-Partes, seja ante o tribunal do domicílio do transportador, da sede da matriz da empresa, ou onde possua o estabelecimento por cujo intermédio se tenha realizado o contrato, seja perante o tribunal do lugar de destino.
2. Com relação ao dano resultante na morte ou lesões do passageiro, a ação poderá ser iniciada perante um dos tribunais mencionados no número 1 deste artigo ou no território de um Estado-Parte em que o passageiro tenha sua residência principal e permanente no momento do acidente e para e desde o qual o transportador explore serviços de transporte aéreo de passageiros em suas próprias aeronaves ou nas de outro transportador, sob um acordo comercial, e em que o transportador realiza suas atividades de transporte aéreo de passageiros, desde locais arrendados ou que são de sua propriedade ou de outro transportador com o qual tenha um acordo comercial.
3. Para os fins do número 2,
a) "acordo comercial" significa um acordo, que não um contrato de agência, feito entre transportadores e relativo à provisão de seus serviços conjuntos de transporte aéreo de passageiros;
b) "residência principal e permanente" significa o domicílio do passageiro, no momento do acidente. A nacionalidade do passageiro não será o fator determinante a esse respeito.
4. As normas processuais serão reguladas pela lei nacional do tribunal que conhecer da questão.

Artigo 34
Arbitragem

1. Sujeito ao previsto neste artigo, as partes no contrato de transporte de carga podem estipular que toda controvérsia relativa à responsabilidade do transportador, prevista na presente Convenção, será resolvida por arbitragem. Dito acordo será feito por escrito.
2. O procedimento de arbitragem será realizado, à escolha do autor, em uma das jurisdições mencionadas no artigo 33.
3. O árbitro ou o tribunal arbitral aplicarão as disposições da presente Convenção.
4. As disposições dos números 2 e 3 deste artigo serão consideradas parte de toda cláusula ou acordo de arbitragem, e toda condição de tal cláusula ou acordo, que seja incompatível com tais disposições, será nula e de nenhum efeito.

Artigo 35
Prazo para as Ações

1. O direito à indenização se extinguirá se a ação não for iniciada dentro do prazo de 2 (dois) anos, contados a partir da data de chegada ao destino, ou do dia em que a aeronave deveria haver chegado, ou do da interrupção do transporte.
2. A forma de computar esse prazo será determinada pela lei nacional do tribunal que conhecer da questão.

Artigo 36
Transporte Sucessivo

1. No caso do transporte que haja de ser executado sucessivamente por vários transportadores e que esteja compreendido na definição do número 3 do artigo 1, cada transportador que aceite passageiros, bagagem ou carga se submeterá às regras estabelecidas na presente Convenção e será considerado como uma das partes do contrato de transporte, na medida em que o contrato se refira à parte do transporte efetuado sob sua supervisão.
2. No caso de um transporte dessa natureza, o passageiro ou qualquer pessoa que tenha direito a uma indenização por ele, só poderá proceder contra o transportador que haja efetuado o transporte durante o qual se produziu o acidente ou o atraso, salvo no caso em que, por estipulação expressa, o primeiro transportador haja assumido a responsabilidade por toda a viagem.
3. Em se tratando de bagagem ou carga, o passageiro ou expedidor terá direito de ação contra o primeiro transportador, e o passageiro ou o destinatário que tenha direito à entrega terá direito de ação contra o último transportador, e um e outro poderão, além disso, acionar o transportador que haja efetuado o transporte durante o qual se produziu a destruição, perda, avaria ou atraso. Esses transportadores serão solidariamente responsáveis para com o passageiro, o expedidor ou o destinatário.

Artigo 37
Direito de Ação Contra Terceiros

Nenhuma das disposições da presente Convenção afeta a existência ou não do direito de regresso da pessoa responsável pelo dano, contra qualquer outra pessoa.

CAPÍTULO IV
TRANSPORTE COMBINADO

Artigo 38
Transporte Combinado

1. No caso de transporte combinado, efetuado em parte por via aérea e em parte por qualquer outro meio de transporte, as disposições da presente Convenção se aplicarão unicamente ao transporte aéreo, sujeito ao estabelecido no número 4 do artigo 18, sempre que o transporte aéreo responda às condições do artigo 1.
2. Nenhuma das disposições da presente Convenção impedirá as partes, no caso de transporte combinado, de incluir no documento de transporte aéreo condições relativas a outros meios de transporte, sempre que as disposições da presente Convenção sejam respeitadas, no que concerne ao transporte aéreo.

CAPÍTULO V
TRANSPORTE AÉREO REALIZADO POR UMA PESSOA DISTINTA DO TRANSPORTADOR CONTRATUAL

Artigo 39
Transportador Contratual – Transportador de Fato

As disposições deste Capítulo se aplicam quando uma pessoa – (doravante denominada "transportador contratual"), como parte, celebra um contrato de transporte regido pela presente Convenção, com um passageiro ou com um expedidor ou com uma pessoa que atue em nome de um ou de outro, e outra pessoa – (doravante denominada "transportador de fato"), realiza, em virtude de autorização dada pelo transportador contratual, todo ou parte do transporte, mas sem ser com relação a dita parte um transportador sucessivo, no sentido da presente Convenção. Tal autorização se presumirá, salvo prova em contrário.

Artigo 40
Responsabilidades Respectivas do Transportador Contratual e do Transportador de Fato

Se um transportador de fato realiza todo ou parte de um transporte que, de acordo com o contrato a que se refere o artigo 39, se rege pela presente Convenção, tanto o transportador contratual como o transportador de fato ficarão sujeitos, salvo disposição em contrário, prevista no presente Capítulo, às disposições da presente Convenção, o primeiro com respeito a todo o transporte previsto no contrato, e o segundo somente com respeito ao transporte que realize.

Artigo 41
Responsabilidade Solidária

1. As ações e omissões do transportador de fato e de seus prepostos, quando estes atuem no exercício de suas funções, se considerarão também, com relação ao transporte realizado pelo transportador de fato, como ações e omissões do transportador contratual.
2. As ações e omissões do transportador contratual e de seus prepostos, quando estes atuem no exercício de suas funções, se considerarão também, com relação ao transporte realizado pelo transportador de fato, como do transportador de fato. Não obstante, tais ações e omissões não submeterão o transportador de fato a uma responsabilidade que exceda as quantias previstas nos artigos 21, 22, 23, e 24. Nenhum acordo especial pelo qual o transportador contratual assuma obrigações não impostas pela presente Convenção, nenhuma renuncia de direitos ou defesas estabelecidos pela Convenção e nenhuma declaração especial de valor prevista no artigo 21 afetarão o transportador de fato, a menos que esse o aceite.

Artigo 42
Destinatário dos Protestos e Instruções

Os protestos e instruções que devam ser dirigidos ao transportador, em virtude da presente Convenção, terão o mesmo efeito, sejam dirigidos ao transportador contratual, sejam dirigidos ao transportador de fato. Não obstante, as instruções mencionadas no artigo 12 só surtirão efeito se dirigidas ao transportador contratual.

Artigo 43
Prepostos

No que diz respeito ao transporte realizado pelo transportador de fato, todo preposto deste ou do transportador contratual terá direito, se prova que atuava no exercício de suas funções, a invocar as condições e os limites de responsabilidade aplicáveis em virtude da presente Convenção, ao transportador do qual é preposto, a menos que se prove que havia atuado de forma a não poder invocar os limites de responsabilidade, de acordo com a presente Convenção.

Artigo 44
Total da Indenização

No que diz respeito ao transporte realizado pelo transportador de fato, o total das quantias ressarcíveis desse transportador e do transportador contratual e dos prepostos de um e de outro, que hajam atuado no exercício de suas funções, não excederá a maior quantia que possa ser obtida de qualquer desses transportadores em virtude da presente Convenção, mas nenhuma das pessoas mencionadas será responsável por uma quantia mais elevada que os limites aplicáveis a essa pessoa.

Artigo 45
Destinatário das Reclamações

No que diz respeito ao transporte realizado pelo transportador de fato, a ação de indenização de danos poderá ser iniciada, à escolha do autor, contra dito transportador ou contra o transportador contratual ou contra ambos, conjunta ou separadamente. Se a ação for promovida unicamente contra um desses transportadores, este terá direito de trazer a juízo o outro transportador, regendo-se o processo e seus efeitos pela lei nacional do tribunal que conhecer da questão.

Artigo 46
Jurisdição Adicional

Toda ação de indenização de danos prevista no artigo 45 deverá ser iniciada, à escolha do autor, no território de uns dos Estados-Partes, perante um dos tribunais em que possa processar-se uma ação contra o transportador contratual, conforme o previsto no artigo 33, ou perante o tribunal em cuja jurisdição o transportador de fato tem seu domicílio ou a matriz de sua empresa.

Artigo 47
Nulidade das Cláusulas Contratuais

Toda cláusula que tenda a exonerar o transportador contratual ou o transportador de fato, da responsabilidade prevista nesse Capítulo, ou a fixar um limite inferior ao aplicável de conformidade com este Capítulo, será nula e de nenhum efeito, porém a nulidade de tal cláusula não implica na nulidade do contrato, que continuará sujeito às disposições deste Capítulo.

Artigo 48
Relações Entre o Transportador Contratual e o Transportador de Fato

Exceto o previsto no artigo 45, nenhuma das disposições deste Capítulo afetará os direitos e obrigações entre os transportadores, incluído todo direito de ação regressiva ou de indenização.

CAPÍTULO VI
OUTRAS DISPOSIÇÕES

Artigo 49
Aplicação Obrigatória

Toda cláusula do contrato de transporte e todos os acordos particulares concertados antes que ocorra o dano, pelos quais as partes tratem de fugir à aplicação das regras estabelecidas na presente Convenção, seja decidindo a lei que deverá ser aplicada, seja modificando as regras relativas à jurisdição, serão nulos e de nenhum efeito.

Artigo 50
Seguro

Os Estados-Partes exigirão de seus transportadores que mantenham um seguro adequado, que cubra sua responsabilidade em virtude da presente Convenção. O Estado-Parte com destino ao qual o transportador explora serviços poderá exigir-lhe que apresente comprovação de que mantém um seguro adequado que cubra sua responsabilidade, de acordo com a presente Convenção.

Artigo 51
Transporte Efetuado em Circunstâncias Extraordinárias

As disposições dos artigos 3 a 5, 7 e 8, relativas à documentação de transporte, não se aplicarão em caso de transporte efetuado em circunstâncias extraordinárias, que excedam o alcance normal das atividades do transportador.

Artigo 52
Definição de Dias

Quando na presente Convenção se emprega o termo "dias", trata-se de dias corridos e não dias úteis.

CAPÍTULO VII
DISPOSIÇÕES FINAIS

Artigo 53
Assinatura, Ratificação e Entrada em Vigor

1. A presente Convenção estará aberta em Montreal, em 28 de maio de 1999, à assinatura dos Estados participantes na Conferência Internacional de Direito Aeronáutico, celebrada em Montreal, de 10 a 28 de maio de 1999. Após 28 de maio de 1999, a Convenção estará aberta à assinatura de todos Estados na Sede da Organização de Aviação Civil Internacional, em Montreal, até sua entrada em vigor de acordo com o número 6 deste artigo.

2. A presente Convenção estará igualmente aberta à assinatura de Organizações Regionais de Integração Econômica. Para os fins da presente Convenção, "Organização Regional de Integração Econômica" significa qualquer Organização constituída por Estados soberanos de uma região determinada, que tenha competência com relação a determinados assuntos regulados pela Convenção e haja sido devidamente autorizada a assinar e a ratificar, aceitar, aprovar ou aderir à presente Convenção. A referência a "Estado-Parte" ou "Estados-Partes" na presente Convenção, com exceção do número 2 do artigo 1º e letra b do número 1 do artigo 3º, e letra b do artigo 5º, os artigos 23, 33, 46 e a letra b do artigo 57, se aplicam igualmente a uma Organização Regional de Integração Econômica. Para os fins do artigo 24, as referências a "uma maioria dos Estados-Partes" e "um terço dos Estados-Partes" não se aplicará a uma Organização Regional de Integração Econômica.

3. A presente Convenção estará sujeita a ratificação dos Estados e Organizações Regionais de Integração Econômica que a tenham assinado.

4. Todo Estado ou Organização Regional de Integração Econômica que não assine a presente Convenção poderá aceitá-la, aprová-la ou aderir a ela em qualquer momento.

5. Os instrumentos de ratificação, aceitação, aprovação ou adesão serão depositados junto à Organização de Aviação Civil Internacional, designada pela presente como Depositário.

6. A presente Convenção entrará em vigor no sexagésimo dia a contar da data do depósito do trigésimo instrumento de ratificação, aceitação, aprovação ou adesão junto ao Depositário, entre os Estados que hajam depositado esse instrumento. Um instrumento depositado por uma Organização Regional de Integração Econômica não será considerado para os fins deste parágrafo.

7. Para os demais Estados e outras Organizações Regionais de Integração Econômica, a presente Convenção vigorará 60 (sessenta) dias depois da data do depósito de seus instrumentos de ratificação, aceitação, aprovação ou adesão.

8. O Depositário notificará imediatamente a todos os signatários e Estados-Partes:

a) cada assinatura da presente Convenção e a data correspondente;

b) o depósito de todo instrumento de ratificação, aceitação, aprovação ou adesão e a data correspondente;

c) a data de entrada em vigor da presente Convenção;

d) a data de entrada em vigor de toda revisão dos limites de responsabilidade estabelecidos em virtude da presente Convenção;

e) toda denúncia efetuada em virtude do artigo 54.

Artigo 54
Denúncia

1. Todo Estado-Parte poderá denunciar a presente Convenção, mediante notificação por escrito dirigida ao Depositário.

2. A denúncia surtirá efeito 180 (cento e oitenta) dias após a data em que o Depositário receba a notificação.

Artigo 55
Relação com Outros Instrumentos da Convenção de Varsóvia

A presente Convenção prevalecerá sobre toda regra que se aplique ao transporte aéreo internacional:
1. entre os Estados-Partes na presente Convenção devido a que esses Estados são comumente Partes:
a) da Convenção para a Unificação de Certa Regras Relativas ao Transporte Aéreo Internacional, assinada em Varsóvia, em 12 de outubro de 1929 – (doravante denominada Convenção de Varsóvia);
b) do Protocolo que modifica a Convenção para a Unificação de Certas Regras Relativas ao Transporte Aéreo Internacional assinada em Varsóvia, em 12 de outubro de 1929, feito na Haia, em 28 de setembro de 1955 – (doravante denominado Protocolo da Haia);
c) da Convenção complementar à Convenção de Varsóvia para a Unificação de Certa Regras Relativas ao Transporte Aéreo Internacional realizado por Quem não seja o Transportador Contratual, assinada em Guadalajara, em 18 de setembro de 1961 – (doravante denominada Convenção de Guadalajara);
d) do Protocolo que modifica a Convenção para a Unificação de Certas Regras Relativas ao Transporte Aéreo Internacional assinada em Varsóvia, em 12 de outubro de 1929 modificada pelo Protocolo feito na Haia, em 28 de setembro de 1955, assinado na cidade da Guatemala, em 8 de março de 1971 – (doravante denominado Protocolo da Cidade da Guatemala);
e) dos Protocolos Adicionais números 1 a 3 e o Protocolo de Montreal número 4, que modificam a Convenção de Varsóvia modificada pelo Protocolo da Haia ou a Convenção de Varsóvia modificada pelo Protocolo da Haia e o Protocolo da Cidade da Guatemala, assinados em Montreal, em 25 de setembro de 1975 – (doravante denominados Protocolos de Montreal); ou
2. dentro do território de qualquer Estado-Parte na presente Convenção devido a que esse Estado é Parte em um ou mais dos instrumentos mencionados nas letras a a e anteriores.

Artigo 56
Estados Com Mais de Um Sistema Jurídico

1. Se um Estado tem duas ou mais unidades territoriais nas quais são aplicáveis diferentes sistemas jurídicos com relação a questões tratadas na presente Convenção, tal Estado pode declarar, no momento da assinatura, ratificação, aceitação, aprovação ou adesão que a presente Convenção se estenderá a todas as suas unidades territoriais ou unicamente a uma ou mais delas e poderá modificar esta declaração, apresentando outra declaração, em qualquer outro momento.
2. Estas declarações serão notificadas ao Depositário e indicarão explicitamente as unidades territoriais às quais se aplica a Convenção.
3. Com respeito a um Estado-Parte que haja feito essa declaração:
a) as referências à "moeda nacional" no artigo 23 serão interpretadas como referindo-se à moeda da unidade territorial pertinente desse Estado; e
b) a referência no artigo 28 à "lei nacional" será interpretada como referindo-se à lei da unidade territorial pertinente desse Estado.

Artigo 57
Reservas

Não poderá ser formulada nenhuma reserva à presente Convenção, salvo que um Estado-Parte poderá declarar em qualquer momento, mediante notificação dirigida ao depositário, que a presente Convenção não se aplicará:
a) ao transporte aéreo internacional realizado diretamente por esse Estado-Parte, com fins não comerciais, relativo a suas funções e obrigações como Estado soberano; nem
b) ao transporte de pessoas, carga e bagagem realizado para suas autoridades militares, em aeronaves matriculadas nesse Estado-Parte, ou arrendadas por este, e cuja capacidade total haja sido reservada por essas autoridades ou em nome das mesmas.

Em testemunho do que os plenipotenciários que subscrevem, devidamente autorizados, assinam a presente Convenção.

Feito em Montreal, no dia 28 de maio de 1999, em espanhol, árabe, chinês, francês, inglês e russo, sendo todos os textos igualmente autênticos. A presente Convenção ficará depositada nos arquivos da Organização de Aviação Civil Internacional e o Depositário enviará cópias certificadas da mesma a todos os Estados-Partes na presente Convenção, assim como também a todos os Estados-Partes na Convenção de Varsóvia, no Protocolo da Haia, na Convenção de Guadalajara, no Protocolo da Cidade da Guatemala e nos Protocolos de Montreal.

Zonas Polares

TRATADO DA ANTÁRTIDA (1959)

- Adotado em Washington, EUA, em 01.12.1959.
- Aprovado no Brasil pelo Decreto Legislativo 56, de 29.06.1975, e promulgado pelo Decreto 75.963, de 11.07.1975. Entrou em vigor em 23.06.1961.
- O título variante "Antártida" foi utilizado na versão oficial brasileira ao tratado, em vez de "Antártica".

Os Governos da Argentina, Austrália, Bélgica, Chile, República Francesa, Japão, Nova Zelândia, Noruega, União da África do Sul, União das Repúblicas Socialistas Soviéticas, Reino Unido da Grã-Bretanha e Irlanda do Norte e Estados Unidos da América.

Reconhecendo ser de interesse de toda a humanidade que a Antártida continue para sempre a ser utilizada exclusivamente para fins pacíficos e não se converta em cenário ou objeto de discórdias internacionais;

Reconhecendo as importantes contribuições dos conhecimentos científicos logrados através da colaboração internacional na pesquisa científica realizada na Antártida;

Convencidos de que o estabelecimento de uma firme base para o prosseguimento e desenvolvimento de tal colaboração com lastro na liberdade de pesquisa científica na Antártida, conforme ocorreu durante o Ano Geofísico Internacional, está de acordo com os interesses da ciência e com o progresso de toda a humanidade;

Convencidos, também, de que um Tratado que assegure a utilização da Antártida somente para fins pacíficos e de que o prosseguimento da harmonia internacional da Antártida fortalecerão os fins e princípios corporificados na Carta das Nações Unidas;

Concordaram no seguinte:

Artigo I

1. A Antártida será utilizada somente para fins pacíficos. Serão proibidas, *inter alia*, quaisquer medidas de natureza militar, tais como o estabelecimento de bases e fortificações, a realização de manobras militares, assim como as experiências com quaisquer tipos de armas.

2. O presente Tratado não impedirá a utilização de pessoal ou equipamento militar para pesquisa científica ou para qualquer outro propósito pacífico.

Artigo II

Persistirá, sujeita às disposições do presente Tratado, a liberdade de pesquisa científica na Antártida e de colaboração para este fim, conforme exercida durante o Ano Geofísico Internacional.

Artigo III

1. A fim de promover a cooperação internacional para a pesquisa científica na Antártida, como previsto no Art. II do presente Tratado, as Partes Contratantes concordam, sempre que possível e praticável, em que:

a) a informação relativa a planos para programas científicos, na Antártida, será permutada a fim de permitir a máxima economia e eficiência das operações;

b) o pessoal científico na Antártida, será permutado entre expedições e estações;

c) as observações e resultados científicos obtidos na Antártida serão permutados e tornados livremente utilizáveis.

2. Na implementação deste artigo, será dado todo o estímulo ao estabelecimento de relações de trabalho cooperativo com as agências especializadas das Nações Unidas e com outras organizações internacionais que tenham interesse científico ou técnico na Antártida.

Artigo IV

1. Nada que se contenha no presente Tratado poderá ser interpretado como:

a) renúncia, por quaisquer das Partes Contratantes, a direitos previamente invocados ou a pretensões de soberania territorial na Antártida;

b) renúncia ou diminuição, por quaisquer das Partes Contratantes, a qualquer base de reivindicação de soberania territorial na Antártida que possa ter, quer como resultado de suas atividades, ou de seus nacionais, na Antártida, quer por qualquer outra forma;

c) prejulgamento da posição de qualquer das Partes Contratantes quanto ao reconhecimento dos direitos ou reivindicações ou bases de reivindicação de algum outro Estado quanto à soberania territorial na Antártida.

2. Nenhum ato ou atividade que tenha lugar, enquanto vigorar o presente Tratado, constituirá base para proclamar, apoiar ou contestar reivindicação sobre soberania territorial na Antártida, ou para criar direitos de soberania na Antártida. Nenhuma nova reivindicação, ou ampliação de reivindicação existente, relativa à soberania territorial na Antártida será apresentada enquanto o presente Tratado estiver em vigor.

Artigo V

1. Ficam proibidas as explorações nucleares na Antártida, bem como o lançamento ali de lixo ou resíduos radioativos.

2. No caso da conclusão de acordos internacionais sobre a utilização da energia nuclear inclusive as explosões nucleares e o lançamento de resíduos radioativos, de que participem todas as Partes Contratantes, cujos representantes estejam habilitados a participar das reuniões previstas no art. X, aplicar-se-ão à Antártida as regras estabelecidas em tais acordos.

Artigo VI

As disposições do presente Tratado aplicar-se-ão à área situada ao sul de 60 graus de latitude sul, inclusive às plataformas de gelo, porém nada no presente Tratado prejudicará e, de forma alguma, poderá alterar os direitos ou exercícios dos direitos, de qualquer Estado, de acordo com o direito internacional aplicável ao alto-mar, dentro daquela área.

Artigo VII

1. A fim de promover os objetivos e assegurar a observância das disposições do presente tratado, cada Parte Contratante, cujos representantes estiverem habilitados a participar das reuniões previstas no art. IX, terá o direito de designar observadores para realizarem os trabalhos de inspeção previstos no presente artigo. Os observadores deverão ser nacionais das Partes Contratantes que os designarem. Os nomes dos observadores serão comunicados a todas as outras Partes Contratantes, que tenham o direito de designar observadores e idênticas comunicações serão feitas ao terminarem sua missão.
2. Cada observador, designado de acordo com as disposições do § 1 deste artigo, terá completa liberdade de acesso, em qualquer tempo a qualquer e a todas as áreas da Antártida.
3. Todas as áreas da Antártida, inclusive todas as estações, instalações e equipamentos existentes nestas áreas, e todos os navios e aeronaves em pontos de embarque ou desembarque na Antártida estarão a todo tempo abertos à inspeção de quaisquer observadores designados de acordo com o § 1 deste artigo.
4. A observação aérea poderá ser efetuada a qualquer tempo, sobre qualquer das áreas da Antártida, por qualquer das Partes Contratantes que tenha o direito de designar observadores.
5. Cada Parte Contratante no momento em que este Tratado entrar em vigor, informará as outras Partes Contratantes e daí por diante dará notícia antecipada de:
a) todas as expedições com destino à Antártida, por parte de seus navios ou nacionais, e todas as expedições à Antártida organizada em seu território ou procedentes do mesmo;
b) todas as estações antárticas que estejam ocupadas por súditos de sua nacionalidade; e,
c) todo o pessoal ou equipamento militar que um país pretenda introduzir na Antártida, observadas as condições previstas no § 2 do art. I do presente Tratado.

Artigo VIII

1. A fim de facilitar o exercício de suas funções, de conformidade com o presente Tratado, e sem prejuízo das respectivas posições das Partes Contratantes relativamente à jurisdição sobre todas as pessoas na Antártida, os observadores designados de acordo com o § 1 do art. VII, e o pessoal científico intercambiado de acordo com o subparágrafo 1 (*b*) do art. III deste Tratado, e os auxiliares que acompanhem as referidas pessoas, estarão sujeitos apenas à jurisdição da Parte Contratante de que sejam nacionais, a respeito de todos os atos ou omissões que realizarem, enquanto permanecerem na Antártida, relacionados com o cumprimento de suas funções.
2. Sem prejuízo das disposições do § 1 deste artigo, e até que sejam adotadas as medidas previstas no subparágrafo 1 (*e*) do art. IX, as Partes Contratantes interessadas em qualquer caso de litígio, a respeito do exercício de jurisdição na Antártida, deverão consultar-se conjuntamente com o fim de alcançarem uma solução mutuamente aceitável.

Artigo IX

1. Os representantes das Partes Contratantes, mencionadas no preâmbulo deste Tratado, reunir-se-ão na cidade de Camberra, dentro de dois meses após a entrada em vigor do Tratado, e daí por diante sucessivamente em datas e lugares convenientes, para o propósito de intercambiarem informações, consultarem-se sobre matéria de interesse comum pertinente à Antártida e formularem, considerarem e recomendarem a seus Governos medidas concretizadoras dos princípios e objetivos do Tratado, inclusive as normas relativas ao:
a) uso da Antártida somente para fins pacíficos;
b) facilitação de pesquisas científicas na Antártida;
c) facilitação da cooperação internacional da Antártida;
d) facilitação do exercício do direito de inspeção previsto no art. VII do Tratado;
e) questões relativas ao exercício de jurisdição na Antártida;
f) preservação e conservação dos recursos vivos na Antártida.
2. Cada Parte Contratante que se tiver tornado membro deste Tratado por adesão, de acordo com o art. XIII, estará habilitada a designar representantes para comparecerem às reuniões referidas no § 1 do presente artigo, durante todo o tempo em que a referida Parte Contratante demonstrar seu interesse pela Antártida, pela promoção ali de substancial atividade de pesquisa científica, tal como o estabelecimento de estação científica ou o envio de expedição científica.
3. Os relatórios dos observadores referidos no art. VII do presente Tratado deverão ser transmitidos aos representantes das Partes Contratantes que participarem das reuniões previstas no § 1 do presente artigo.
4. As medidas previstas no § 1 deste artigo tornar-se-ão efetivas quando aprovadas por todas as Partes Contratantes, cujos representantes estiverem

autorizados a participar das reuniões em que sejam estudadas tais medidas.

5. Todo e qualquer direito estabelecido no presente Tratado poderá ser exercido a partir da data em que o Tratado entrar em vigor, tenha ou não sido propostas, consideradas, ou aprovadas, conforme as disposições deste artigo, as medidas destinadas a facilitar o exercício de tais direitos.

Artigo X

Cada uma das partes Contratantes compromete-se a empregar os esforços apropriados, de conformidade com a Carta das Nações Unidas, para que ninguém exerça na Antártida qualquer atividade contrária aos princípios e propósitos do presente Tratado.

Artigo XI

1. Se surgir qualquer controvérsia entre duas ou mais das Partes Contratantes, a respeito da interpretação ou aplicação do presente Tratado, estas Partes Contratantes se consultarão entre si para que o dissídio se resolva por negociação, investigação, mediação, conciliação, arbitramento, decisão judicial ou outro meio pacífico de sua escolha.

2. Qualquer controvérsia dessa natureza, que não possa ser resolvida por aqueles meios, será levada à Corte Internacional de Justiça, com o consentimento, em cada caso, de todas as Partes interessadas. Porém se não for obtido um consenso a respeito do encaminhamento da controvérsia à Corte Internacional, as Partes em litígio não se eximirão da responsabilidade de continuar a procurar resolvê-la por qualquer dos vários meios pacíficos referidos no § 1 deste artigo.

Artigo XII

1. *a)* O presente Tratado pode ser modificado ou emendado em qualquer tempo, por acordo unânime das Partes Contratantes cujos representantes estiverem habilitados a participar das reuniões previstas no art. IX. Qualquer modificação ou emenda entrará em vigor quando o Governo depositário tiver recebido comunicação, de todas as Partes Contratantes, de a haverem ratificado.

1. *b)* Tal modificação ou emenda, daí por diante, entrará em vigor em relação a qualquer outra Parte Contratante quando o Governo depositário receber notícia de sua ratificação. Qualquer Parte Contratante de que não se tenha notícia de haver ratificado, dentro de dois anos a partir da data da vigência da modificação ou emenda, de acordo com a disposição do subparágrafo 1. *a)* deste artigo, será considerada como se tendo retirado do presente Tratado na data da expiração daquele prazo.

2. *a)* Se, depois de decorridos trinta anos da data da vigência do presente Tratado, qualquer das Partes Contratantes, cujos representantes estiverem habilitados a participar das reuniões previstas no art. IX, assim o requerer, em comunicação dirigida ao Governo depositário, uma conferência de todas as Partes Contratantes será realizada logo que seja praticável para rever o funcionamento do Tratado.

2. *b)* Qualquer modificação ou emenda ao presente Tratado, que for aprovada em tal conferência pela maioria das Partes Contratantes nela representadas, inclusive a maioria daquelas cujos representantes estão habilitados a participar das reuniões previstas no art. IX, será comunicada pelo Governo depositário a todas as Partes Contratantes imediatamente após o término da conferência e entrará em vigor de acordo com as disposições do § 1 do presente artigo.

2. *c)* Se qualquer modificação ou emenda não tiver entrado em vigor, de acordo com as disposições do subparágrafo 1. *a)* deste artigo, dentro do período de dois anos após a data de sua comunicação a todas as Partes Contratantes, qualquer Parte Contratante poderá, a qualquer tempo após a expiração daquele prazo, comunicar ao Governo depositário sua retirada do presente Tratado e esta retirada terá efeito dois anos após o recebimento da comunicação pelo Governo depositário.

Artigo XIII

1. O presente Tratado estará sujeito à ratificação por todos os Estados signatários. Ficará aberto à adesão de qualquer Estado que for membro das Nações Unidas, ou de qualquer outro Estado que possa ser convidado a aderir ao Tratado, com o consentimento de todas as Partes Contratantes cujos representantes estiverem habilitados a participar das reuniões previstas ao art. IX do Tratado.

2. A ratificação ou a adesão ao presente Tratado será efetuada por cada Estado de acordo com os seus processos constitucionais.

3. Os instrumentos de ratificação ou de adesão serão depositados junto ao Governo dos Estados Unidos da América, aqui designado Governo depositário.

4. O Governo depositário informará todos os Estados signatários e os aderentes, da data de cada depósito de instrumento de ratificação ou adesão e da data de entrada em vigor do Tratado ou de qualquer emenda ou modificação.

5. Feito o depósito dos instrumentos de ratificação por todos os Estados signatários, o presente Tratado entrará em vigor para esses Estados e para os Estados que tenham depositado instrumentos de adesão. Posteriormente o Tratado entrará em vigor para qualquer Estado aderente na data do depósito de seu instrumento de adesão.

6. O presente Tratado será registrado pelo Governo depositário, de conformidade com o art. 102 da Carta das Nações Unidas.

Artigo XIV

O presente Tratado, feito nas línguas inglesa, francesa, russa e espanhola, em versões igualmente autênticas, será depositado nos arquivos do Governo dos Estados Unidos da América, que enviará cópias aos Governos dos Estados signatários e aderentes.

Em fé do que, os Plenipotenciários abaixo assinados, devidamente autorizados, firmaram o presente Tratado.

PROTOCOLO AO TRATADO DA ANTÁRTIDA SOBRE PROTEÇÃO AO MEIO AMBIENTE (1991)

- Adotado em Madri, Espanha, em 04.10.1991.
- Aprovado no Brasil pelo Decreto Legislativo 88, de 06.06.1995, e promulgado pelo Decreto 2.742, de 20.08.1998. Entrou em vigor em 14.01.1998.

Preâmbulo

Os Estados-partes neste Protocolo ao Tratado da Antártida, doravante denominados as Partes;

Convencidos da necessidade de desenvolver a proteção ao meio ambiente antártico e aos ecossistemas dependentes e associados;

Convencidos da necessidade de reforçar o sistema de Tratado da Antártida de maneira a assegurar que a Antártida seja para sempre exclusivamente utilizada para fins pacíficos e não se converta em cenário ou em objeto de discórdia internacional;

Tendo presente a especial situação jurídica e política da Antártida e a responsabilidade especial das Partes Consultivas do Tratado da Antártida de assegurar que todas as atividades executadas na Antártica estejam de acordo com os propósitos e princípios do Tratado;

Recordando a designação da Antártida como Área de Conservação Especial e outras medidas adotadas no quadro do sistema do Tratado da Antártida para proteger o meio ambiente antártico e os ecossistemas dependentes e associados;

Reconhecendo, também, as oportunidades únicas que a Antártida oferece para o monitoramento científico e para a pesquisa de processos de importância global e regional;

Reafirmando os princípios de conservação contidos na Convenção sobre a Conservação dos Recursos Vivos Marinhos Antárticos;

Convencidos de que o desenvolvimento de um regime abrangente de proteção ao meio ambiente antártico e aos ecossistemas dependentes e associados interessa a toda a humanidade;

Desejando complementar para esse fim o Tratado da Antártida;

Acordam no seguinte:

Artigo 1º
Definições

Para os fins deste Protocolo:

a) "Tratado da Antártida" significa o Tratado da Antártida feito em Washington a 1º de dezembro de 1959;

b) "Área do Tratado da Antártida" significa a área a qual se aplicam as disposições do Tratado da Antártida, de acordo com o Artigo VI do referido Tratado;

c) "Reuniões Consultivas do Tratado da Antártida" significa as reuniões mencionadas no Artigo IX do Tratado da Antártida;

d) "Partes Consultivas do Tratado da Antártida" significa as Partes Contratantes do Tratado da Antártida com direito a designar representantes para participar das reuniões mencionadas no Artigo IX do referido Tratado;

e) "Sistema do Tratado da Antártida" significa o Tratado da Antártida, as medidas vigentes conforme esse Tratado, os instrumentos internacionais independentes associados ao Tratado e que estejam em vigor, assim como as medidas vigentes conforme esses instrumentos;

f) "Tribunal Arbitral" significa o Tribunal Arbitral constituído de acordo com o Apêndice a este Protocolo, que é parte integrante dele;

g) "Comitê" significa o Comitê para Proteção do Meio Ambiente estabelecido de acordo com o Artigo 11.

Artigo 2º
Objetivo e designação

As Partes comprometem-se a assegurar a proteção abrangente ao meio ambiente antártico e aos ecossistemas dependentes e associados e, por este Protocolo, designam a Antártida como reserva natural, consagrada à Paz e à ciência.

Artigo 3º
Princípios relativos à proteção ao meio ambiente

1. A proteção ao meio ambiente antártico e aos ecossistemas dependentes e associados, assim como a preservação do valor intrínseco da Antártida, inclusive suas qualidades estéticas, seu estado natural e seu valor como área destinada à pesquisa científica, especialmente à pesquisa essencial à compreensão do meio ambiente global, serão considerações fundamentais no planejamento e na execução de todas as atividades que se desenvolverem na área do Tratado da Antártida.

2. Com esse fim:

a) as atividades a serem realizadas na área do Tratado da Antártida deverão ser planejadas e executadas de forma a limitar os impactos negativos sobre o meio ambiente antártico e os ecossistemas dependentes e associados;

b) as atividades a serem realizadas na área do Tratado da Antártida deverão ser planejadas e executadas de forma a evitar:

i) efeitos negativos sobre os padrões de clima ou de tempo;

ii) efeitos negativos significativos sobre a qualidade do ar ou da água;

iii) modificações significativas no meio ambiente atmosférico, terrestre (inclusive aquáticos), glacial ou marinho;

iv) mudanças prejudiciais à distribuição, quantidade ou produtividade de espécies ou populações de espécies animais e vegetais;

v) riscos adicionais para as espécies ou populações de tais espécies animais e vegetais, em perigo ou ameaçados de extinção;

vi) degradação ou sério risco de degradação de áreas com significado biológico, científico, histórico, estético ou natural;

c) as atividades a serem realizadas na área do Tratado da Antártida deverão ser planejadas e executadas com base em informações suficientes que permitam avaliações prévias e uma apreciação fundamentada de seus possíveis impactos no meio ambiente antártico e nos ecossistemas dependentes e associados, assim como na importância da Antártida para a realização da pesquisa científica; essas apreciações deverão levar plenamente em consideração:

i) o alcance da atividade, sua área, duração e intensidade;

ii) o impacto cumulativo da atividade, tanto por seu próprio efeito quanto em conjunto com outras atividades na área do Tratado da Antártida;

iii) o efeito prejudicial que puder eventualmente ter a atividade sobre qualquer outra atividade na área do Tratado da Antártida;

iv) a disponibilidade de meios tecnológicos e procedimentos capazes de garantir que as operações sejam seguras para o meio ambiente;

v) a existência de meios de monitoramento dos principais parâmetros relativos ao meio ambiente, assim como dos elementos dos ecossistemas, de maneira a identificar e assinalar com suficiente antecedência qualquer efeito negativo da atividade e a providenciar as modificações dos processos operacionais que puderem ser necessárias à luz dos resultados do monitoramento ou de um melhor conhecimento do meio ambiente antártico e dos ecossistemas dependentes e associados; e

vi) a existência de meios para intervir rápida e eficazmente em caso de acidentes, especialmente aqueles com efeitos potenciais sobre o meio ambiente;

d) um monitoramento regular e eficaz deverá ser mantido para permitir uma avaliação do impacto das atividades em curso, inclusive a verificação do impacto previsto;

e) um monitoramento regular e eficaz deverá ser mantido para facilitar uma identificação rápida dos eventuais efeitos imprevistos sobre o meio ambiente antártico e os ecossistemas dependentes e associados que resultarem de atividades realizadas dentro ou fora da área do Tratado da Antártida.

3. As atividades deverão ser planejadas e executadas na área do Tratado da Antártida de forma a dar prioridade à pesquisa científica e a preservar o valor da Antártida como área consagrada à pesquisa, inclusive às pesquisas essenciais a compreensão do meio ambiente global.

4. As atividades executadas na área do Tratado da Antártida, em decorrência de programas de pesquisa científica, de turismo e de todas as outras atividades governamentais ou não governamentais, na área do Tratado da Antártida, para as quais o parágrafo 5 do Artigo VII do Tratado da Antártida, exija notificação prévia, inclusive as atividades associadas de apoio logístico, deverão:

a) desenvolver-se de maneira coerente com os princípios deste Artigo; e

b) ser modificadas, suspensas ou canceladas se provocarem ou ameaçarem provocar, no meio ambiente antártico ou nos ecossistemas dependentes e associados, impacto incompatível com esses princípios.

Artigo 4°
Relações com os outros componentes do sistema do Tratado da Antártida

1. Este Protocolo complementa o Tratado da Antártida, mas não o modifica nem emenda.

2. Nenhuma das disposições deste Protocolo prejudica os direitos e obrigações que, para as Partes no Protocolo, resultem de outros instrumentos internacionais em vigor no âmbito do sistema do Tratado da Antártida.

Artigo 5°
Compatibilidade com os outros componentes do sistema do Tratado da Antártida

No intuito de assegurar a realização dos objetivos e princípios deste Protocolo e de evitar qualquer impedimento a realização dos objetivos e princípios de outros instrumentos internacionais em vigor no âmbito do sistema do Tratado da Antártida, ou qualquer incompatibilidade entre a aplicação desses instrumentos e a deste Protocolo, as Partes deverão consultar as Partes Contratantes dos ditos instrumentos internacionais e suas respectivas instituições e com elas cooperar.

Artigo 6°
Cooperação

1. As Partes deverão cooperar no planejamento e realização de atividades na área do Tratado da Antártida. Com essa finalidade, cada Parte deverá esforçar-se no sentido de:

a) promover programas de cooperação de valor científico, técnico e educativo, relativos à proteção ao meio ambiente antártico e aos ecossistemas dependentes e associados;

b) proporcionar às demais Partes assistência apropriada na preparação das avaliações de impacto ambiental;

c) proporcionar às demais Partes, quando essas o requererem, informação sobre qualquer risco potencial para o meio ambiente e fornecer-lhes assistência com vistas a minimizar os efeitos de acidentes suscetíveis de prejudicar o meio ambiente antártico ou os ecossistemas dependentes e associados;

d) consultar as demais Partes a respeito da escolha de sítios de possíveis estações e outras instalações em projeto, a fim de evitar os impactos cumulativos acarretados por sua concentração excessiva em qualquer local;

e) empreender, quando apropriado, expedições conjuntas e compartilhar a utilização de estações e outras instalações; e

f) executar as medidas que forem acordadas durante as Reuniões Consultivas do Tratado da Antártida.

2. Com a finalidade de proteger o meio ambiente antártico e os ecossistemas dependentes e

associados, cada Parte compromete-se, tanto quanto possível, a compartilhar as informações úteis para as demais Partes no planejamento e execução de suas atividades na área do Tratado da Antártida.

3. Com a finalidade de assegurar que as atividades na área do Tratado da Antártida não ocasionem impacto negativo no meio ambiente das zonas adjacentes à área do Tratado da Antártida, as Partes deverão cooperar com aquelas que, entre elas, exercerem jurisdição nessas zonas.

Artigo 7º
Proibição das atividades relacionadas com os recursos minerais

É proibida qualquer atividade relacionada com recursos minerais, exceto a de pesquisa científica.

Artigo 8º
Avaliação de impacto ambiental

1. As atividades propostas, citadas no parágrafo 2 abaixo, deverão estar sujeitas aos procedimentos previstos no Anexo I para avaliação prévia de seu impacto no meio ambiente antártico ou nos ecossistemas dependentes e associados, se forem identificadas como tendo:

a) um impacto inferior a um impacto menor ou transitório;

b) um impacto menor ou transitório; ou

c) um impacto superior a um impacto menor ou transitório.

2. Cada Parte deverá assegurar que os procedimentos de avaliação previstos no Anexo I sejam aplicados ao processo de planejamento das decisões sobre qualquer atividade realizada na área do Tratado da Antártida em decorrência de programas de pesquisa científica, de turismo e de todas as outras atividades governamentais e não governamentais na área do Tratado da Antártida para as quais o Artigo VII, parágrafo 5, do Tratado da Antártida, exija notificação prévia, inclusive as atividades associadas de apoio logístico.

3. Os procedimentos de avaliação previstos no Anexo I serão aplicados a toda mudança ocorrida em uma atividade, seja resultante de aumento ou diminuição da intensidade de uma atividade existente, seja da introdução de uma atividade, da desativação de uma instalação ou de qualquer outra causa.

4. Quando as atividades forem planejadas conjuntamente por mais de uma Parte, as Partes envolvidas deverão indicar uma delas para coordenar a aplicação dos procedimentos de avaliação de impacto ambiental previstos no Anexo I.

Artigo 9º
Anexos

1. Os Anexos a este Protocolo constituem parte integrante dele.

2. Anexos posteriores aos Anexos I a IV poderão ser adotados e entrar em vigor de acordo com o Artigo IX do Tratado da Antártida.

3. As emendas e modificações aos Anexos poderão ser adotadas e entrar em vigor de acordo com o Artigo IX do Tratado da Antártida, mas qualquer Anexo poderá conter disposições que abreviem a entrada em vigor de emendas e modificações.

4. Para uma Parte Contratante do Tratado da Antártida que não for Parte Consultiva deste ou que não o tiver sido no momento da adoção de Anexos ou de emendas ou modificações que tiverem entrado em vigor de acordo com os parágrafos 2 e 3 acima, o Anexo, emenda ou modificação de que se tratar, deverá entrar em vigor quando o Depositário tiver recebido a notificação de sua aprovação por essa Parte Contratante, a menos que o Anexo disponha em contrário com relação à entrada em vigor de qualquer emenda ou modificação a ele mesmo.

5. Exceto na medida em que um Anexo dispuser em contrário, os Anexos deverão estar sujeitos aos procedimentos de solução de controvérsias previstos nos Artigos 18 a 20.

Artigo 10
Reuniões consultivas do Tratado da Antártida

1. Valendo-se dos pareceres científicos e técnicos mais abalizados de que disponham, as reuniões Consultivas do Tratado da Antártida deverão:

a) definir, de acordo com as disposições deste Protocolo, a política geral de proteção abrangente ao meio ambiente antártico e aos ecossistemas dependentes e associados; e

b) adotar as medidas necessárias para aplicação deste Protocolo conforme o Artigo IX do Tratado da Antártida.

2. As Reuniões Consultivas do Tratado da Antártida deverão considerar os trabalhos do Comitê e, para a realização das tarefas mencionadas no parágrafo 1 acima, valer-se plenamente de seus pareceres e recomendações, assim como dos pareceres do Comitê Científico para Pesquisas Antárticas.

Artigo 11
Comitê para proteção ao meio ambiente

1. Fica criado o Comitê para Proteção ao Meio Ambiente.

2. Cada Parte terá o direito de ser membro do Comitê e de designar um representante que poderá fazer-se acompanhar de peritos e assessores.

3. A condição de observador no Comitê deverá estar aberta a qualquer Parte Contratante do Tratado da Antártida, que não for Parte deste Protocolo.

4. O Comitê deverá convidar o Presidente do Comitê Científico para as Pesquisas Antárticas e o Presidente do Comitê Científico para a Conservação dos Recursos Vivos Marinhos Antárticos a participar de suas sessões como observadores. Com a aprovação da Reunião Consultiva do Tratado da Antártida, o Comitê poderá, igualmente, convidar a participar de suas sessões como observadores quaisquer outras organizações científicas, ambientais e técnicas relevantes que puderem contribuir para seu trabalho.

5. O Comitê deverá apresentar um relatório sobre cada uma de suas sessões à Reunião Consultiva do Tratado da Antártida, o relatório deverá tratar de todos os assuntos examinados durante a sessão e refletir as opiniões expressadas. O relatório será distribuído às Partes e aos observadores presentes à sessão e, em seguida, deverá ter divulgação pública.

6. O Comitê deverá adotar seu regimento interno, que será submetido à aprovação da Reunião Consultiva do Tratado da Antártida.

Artigo 12
Funções do Comitê

1. O Comitê terá a função de emitir pareceres e formular recomendações às Partes sobre a aplicação deste Protocolo, inclusive seus Anexos, para exame durante as Reuniões Consultivas do Tratado da Antártida, e exercer qualquer outra função a ele confiada pelas Reuniões Consultivas do Tratado da Antártida. Em especial, o Comitê deverá pronunciar-se sobre:

a) a eficácia das medidas tomadas em decorrência deste Protocolo;
b) a necessidade de atualizar, fortalecer ou de qualquer outra forma aperfeiçoar essas medidas;
c) a eventual necessidade de medidas adicionais, inclusive novos Anexos;
d) a aplicação e execução dos procedimentos de avaliação de impacto ambiental previstos no Artigo 8 e no Anexo I;
e) os meios de minimizar ou de atenuar o impacto ambiental das atividades na área do Tratado da Antártida;
f) os procedimentos relativos às situações que exigirem providências urgentes, inclusive para reagir perante situações de emergência no meio ambiente;
g) o funcionamento e desenvolvimento do Sistema de Áreas Protegidas da Antártida;
h) os procedimentos de inspeção, inclusive os modelos de relatórios e as listas de requisitos para as inspeções;
i) a coleta, o arquivamento, a permuta e a avaliação das informações relativas à proteção ao meio ambiente;
j) a situação do meio ambiente antártico; e
k) a necessidade de realizar pesquisas científicas, inclusive o monitoramento do meio ambiente, relacionadas com a aplicação deste Protocolo.

2. No cumprimento de suas funções, o Comitê deverá consultar-se, se for o caso, com o Comitê Científico para Pesquisas Antárticas, o Comitê Científico para a Conservação dos Recursos Vivos Marinhos Antárticos e outras organizações científicas, ambientais e técnicas relevantes.

Artigo 13
Cumprimento deste Protocolo

1. No âmbito de sua competência, cada Parte deverá tomar as medidas necessárias, inclusive a adoção de leis e regulamentos, atos administrativos e medidas coercivas, para assegurar o cumprimento deste Protocolo.

2. Cada Parte deverá levar a cabo, de acordo com a Carta das Nações Unidas, os esforços necessários a que ninguém empreenda qualquer atividade contrária a este Protocolo.

3. Cada Parte deverá notificar todas as demais Partes das medidas que tomar em decorrência dos parágrafos 1 e 2 acima.

4. Cada Parte deverá alertar todas as demais Partes sobre qualquer atividade que, na sua opinião, afetar a consecução dos objetivos e princípios deste Protocolo.

5. As reuniões Consultivas do Tratado da Antártida deverão alertar qualquer Estado que não seja Parte neste Protocolo sobre qualquer atividade desse Estado, seus órgãos, empresas públicas, pessoas físicas ou jurídicas, navios, aeronaves ou outros meios de transporte, que prejudicarem a consecução dos objetivos e princípios deste Protocolo.

Artigo 14
Inspeção

1. No intuito de promover a proteção ao meio ambiente antártico e aos ecossistemas dependentes e associados, e de assegurar o cumprimento deste Protocolo, as Partes Consultivas do Tratado da Antártida deverão, individual ou coletivamente, providenciar a realização de inspeções a serem efetuadas por observadores, de acordo com o Artigo VII do Tratado da Antártida.

2. São observadores:

a) os observadores designados por qualquer Parte Consultiva do Tratado da Antártida, que serão nacionais dessa Parte; e
b) qualquer observador designado durante as Reuniões Consultivas do Tratado da Antártida para realizar inspeções, conforme os procedimentos a serem estabelecidos por uma Reunião Consultiva do Tratado da Antártida.

3. As Partes deverão cooperar plenamente com os observadores que efetuarem inspeções e assegurar que, no seu decurso, tenham eles acesso a todos os locais das estações, instalações, equipamento, navios e aeronaves abertos à inspeção conforme com o parágrafo 3 do Artigo VII do Tratado da Antártida, assim como a todos os registros que aí se conservem e sejam exigidos em decorrência deste Protocolo.

4. Os relatórios de inspeção serão remetidos às Partes cujas estações, instalações, equipamentos, navios ou aeronaves forem objeto deles. Depois de essas Partes terem tido a possibilidade de comentá-los, esses relatórios, assim como todos os comentários a respeito deverão ser distribuídos a todas as Partes e ao próprio Comitê, examinados durante a Reunião Consultiva do Tratado da Antártida seguinte e, posteriormente, deverão ter divulgação pública.

Artigo 15
Reação diante de situações de emergência

1. No intuito de reagir diante de situações de emergência para o meio ambiente na área do Tratado da Antártida, cada Parte acorda:

a) em tomar medidas para atuar de maneira rápida e eficaz para reagir diante das emergências que possam sobrevir na execução de programas de pesquisa científica, de turismo e de qualquer outra atividade governamental ou não governamental na área do Tratado da Antártida para as quais o parágrafo 5 do Artigo VII do Tratado da Antártida, exija notificação prévia, inclusive as atividades associadas de apoio logístico; e

b) em estabelecer planos de emergência para reagir em casos de acidentes que possam ocasionar efeito negativo sobre o meio ambiente antártico ou os ecossistemas dependentes e associados.

2. Com esse propósito, as Partes deverão:

a) cooperar na elaboração e aplicação desses planos de emergência; e

b) estabelecer um procedimento de notificação imediata e de reação conjunta em situações de emergência para o meio ambiente.

3. Para a aplicação deste Artigo as Partes deverão valer-se do parecer das organizações internacionais apropriadas.

Artigo 16
Responsabilidade

De acordo com os objetivos deste Protocolo para a proteção abrangente ao meio ambiente antártico e aos ecossistemas dependentes e associados, as Partes comprometem-se a elaborar normas e procedimentos relativos à responsabilidade por danos decorrentes de atividades executadas na área do Tratado da Antártida e cobertas por este Protocolo. Tais normas e procedimentos deverão ser incluídos em um ou mais Anexos a serem adotados de acordo com o parágrafo 2 do Artigo 9.

Artigo 17
Relatório anual das Partes

1. Cada Parte deverá elaborar um relatório anual sobre as medidas adotadas para a aplicação deste Protocolo. Tais relatórios deverão incluir as notificações feitas de acordo com o parágrafo 3 do Artigo 13, os planos de emergência estabelecidos conforme o Artigo 15 e todas as outras notificações e informações exigidas por este Protocolo e que não sejam previstas por nenhuma outra disposição relativa à transmissão e à permuta de informação.

2. Os relatórios elaborados de acordo com o parágrafo 1 acima deverão ser distribuídos a todas as Partes e ao Comitê, examinados durante a Reunião Consultiva do Tratado da Antártida seguinte e ter divulgação pública.

Artigo 18
Solução de controvérsias

Em caso de controvérsia relativa a interpretação ou a aplicação deste Protocolo, as partes na controvérsia deverão, a pedido de qualquer uma delas, consultar-se entre si, logo que possível, com a finalidade de resolver a controvérsia mediante negociação, inquérito, mediação, conciliação, arbitragem, decisão judicial ou outro meio pacífico de sua escolha.

Artigo 19
Escolha do procedimento para a solução de controvérsias

1. Na ocasião de assinar, ratificar, aceitar ou aprovar este Protocolo, ou de a ele aderir, ou em qualquer momento posterior, cada Parte pode escolher, mediante declaração escrita, um dos dois meios indicados a seguir, ou ambos, para solucionar as controvérsias relativas à interpretação ou à aplicação dos Artigos 7, 8 e 15 e, salvo se um Anexo dispuser em contrário, das disposições de qualquer Anexo e, na medida em que estiver relacionado com esses Artigos e disposições, do Artigo 13:

a) a Corte Internacional de Justiça;

b) o Tribunal Arbitral.

2. Uma declaração efetuada de acordo com o parágrafo 1 acima não prejudicará a aplicação do Artigo 18 e do parágrafo 2 do Artigo 20.

3. Considerar-se-á que uma Parte terá aceito a competência do Tribunal Arbitral se não tiver feito uma declaração conforme o parágrafo 1 acima ou cuja declaração, feita conforme o referido parágrafo, não estiver mais em vigor.

4. Caso as Partes em controvérsia tiverem aceito o mesmo modo de solução, a controvérsia somente poderá ser submetida a esse procedimento, a menos que as Partes decidam em contrário.

5. Caso as Partes em uma controvérsia não tiverem aceito o mesmo modo de solução ou se uma e outra tiverem aceito ambos os modos, a controvérsia somente poderá ser submetida ao Tribunal Arbitral, a menos que as Partes decidam em contrário.

6. Uma declaração formulada de acordo com o parágrafo 1 acima continuará em vigor até sua expiração de acordo com seus próprios termos ou até três meses após o depósito de uma notificação por escrito da sua revogação junto ao Depositário.

7. Uma nova declaração, uma notificação de revogação ou a expiração de uma declaração não prejudicarão de maneira alguma os processos em curso perante a Corte Internacional de Justiça ou o Tribunal Arbitral, a menos que as Partes na controvérsia decidam em contrário.

8. As declarações e notificações mencionadas neste Artigo serão depositadas junto ao Depositário, que delas deverá transmitir cópias a todas as Partes.

Artigo 20
Procedimento para a solução de controvérsias

1. Se as Partes em uma controvérsia relativa à interpretação ou à aplicação dos Artigos 7, 8 ou 15 ou, salvo se um Anexo dispuser de outro modo, das disposição de qualquer Anexo ou, na medida em que estiver relacionado com esses Artigos e disposições, do Artigo 13, não concordarem em um modo de solucioná-la, em um prazo de 12 meses a partir da solicitação de consulta prevista no Artigo 18, a controvérsia será encaminhada para sua solução, a pedido de qualquer das partes na controvérsia,

de acordo com o procedimento previsto nos parágrafos 4 e 5 do Artigo 19.

2. O Tribunal Arbitral não terá competência para decidir ou despachar qualquer assunto incluído no âmbito do Artigo IV do Tratado da Antártida. Além disso, nada neste Protocolo deverá ser interpretado no sentido de outorgar competência ou jurisdição a Corte Internacional de Justiça ou a qualquer outro tribunal estabelecido com o fim de solucionar controvérsias entre as Partes para decidir ou emitir laudo sobre qualquer assunto incluído no âmbito do Artigo IV do Tratado da Antártida.

Este Protocolo permanecerá aberto a assinatura de qualquer Estado que seja Parte Contratante do Tratado da Antártida, em Madri, até 4 de outubro de 1991 e, posteriormente, em Washington, até 3 de outubro de 1992.

Artigo 21
Assinatura

Este Protocolo permanecerá aberto a assinatura de qualquer Estado que seja Parte Contratante do Tratado da Antártida, em Madri, até 4 de outubro de 1991 e, posteriormente, em Washington, até 3 de outubro de 1992.

Artigo 22
Ratificação, aceitação, aprovação ou adesão

1. Este Protocolo está sujeito à ratificação, aceitação ou aprovação dos Estados signatários.

2. Depois de 3 de outubro de 1992 neste Protocolo permanecerá aberto à adesão de qualquer Estado que seja Parte Contratante do Tratado da Antártida.

3. Os instrumentos de ratificação, aceitação, aprovação ou adesão serão depositados junto ao Governo dos Estados Unidos da América, designado como Depositário por este Protocolo.

4. Após a data da entrada em vigor deste Protocolo, as Partes Consultivas do Tratado da Antártida não deverão considerar qualquer notificação relativa ao direito de uma Parte Contratante do Tratado da Antártida de indicar representantes para participar das Reuniões Consultivas do Tratado da Antártida de acordo com o parágrafo 2 do Artigo IX do Tratado da Antártida, a menos que essa Parte Contratante tenha previamente ratificado, aceito ou aprovado este Protocolo, ou a ele tiver aderido.

Artigo 23
Entrada em vigor

1. Este Protocolo entrará em vigor no trigésimo dia seguinte à data de depósito dos instrumentos de ratificação, aceitação, aprovação ou adesão por todos os Estados que sejam Partes Consultivas do Tratado da Antártida na data da adoção deste Protocolo.

2. Para cada Parte Contratante do Tratado da Antártida que, posteriormente à data de entrada em vigor deste Protocolo, depositar um instrumento de ratificação, aceitação, aprovação ou adesão, este Protocolo entrará em vigor no trigésimo dia seguinte à data do referido depósito.

Artigo 24
Reservas

Não são permitidas reservas a este Protocolo.

Artigo 25
Modificação ou emenda

1. Sem prejuízo das disposições do Artigo 9, este Protocolo pode ser modificado ou emendado a qualquer momento, de acordo com os procedimentos estabelecidos no parágrafo 1, alíneas (a) e (b) do Artigo XII, do Tratado da Antártida.

2. Se, depois de um período de 50 anos, a contar da data de entrada em vigor deste Protocolo, qualquer das Partes Consultivas do Tratado da Antártida o solicitar, por meio de uma comunicação dirigida ao Depositário, uma conferência será realizada, tão logo possível, para rever a aplicação deste Protocolo.

3. Qualquer modificação ou emenda, proposta no decurso de qualquer Conferência de Revisão convocada em decorrência do parágrafo 2 acima, deverá ser adotada pela maioria das Partes, inclusive as três quartas partes dos Estados que, no momento da adoção deste Protocolo, sejam Partes Consultivas do Tratado da Antártida.

4. Qualquer modificação ou emenda adotada nos termos do parágrafo 3 acima entrará em vigor após a ratificação, aceitação, aprovação ou adesão de três quartas partes das Partes Consultivas, inclusive as ratificações, aceitações, aprovações ou adesões de todos os Estados que, no momento da adoção deste Protocolo, sejam Partes Consultivas do Tratado da Antártida.

5. a) No que diz respeito ao Artigo 7, perdurará a proibição nele contida das atividades relativas aos recursos minerais, a menos que esteja em vigor um regime jurídico compulsório sobre as atividades relativas aos recursos minerais antárticos que incluir um modo acordado para determinar se essas atividades poderiam ser aceitas e, se assim fosse, em que condições. Esse regime deverá salvaguardar plenamente os interesses de todos os Estados mencionados no Artigo IV do Tratado da Antártida e aplicar os princípios que ali se encontram enunciados. Em consequência, se uma modificação ou emenda ao Artigo 7 for proposta no decurso da Conferência de Revisão mencionada no parágrafo 2 acima, essa proposta deverá incluir o referido regime jurídico compulsório.

b) Se tais modificações ou emendas não tiverem entrada em vigor no prazo de 3 anos a partir da data de sua adoção, qualquer Parte poderá notificar o Depositário, em qualquer momento posterior àquela data, de sua retirada deste Protocolo, e essa retirada entrará em vigor 2 anos após o recebimento da notificação por parte do Depositário.

Artigo 26
Notificação pelo depositário

O depositário deverá notificar todas as Partes Contratantes do Tratado da Antártida:

a) das assinaturas deste Protocolo e do depósito dos instrumentos de ratificação, aceitação, aprovação ou adesão;
b) da data de entrada em vigor deste Protocolo e de qualquer Anexo adicional a ele;
c) da data de entrada em vigor de qualquer modificação ou emenda a este Protocolo;
d) do depósito das declarações e notificações feitas em decorrência do Artigo 19; e
e) de qualquer notificação recebida em decorrência do parágrafo 5, alínea *(b)* do Artigo 25.

Artigo 27
Textos autênticos e registro j unto às Nações Unidas

1. Este Protocolo, feito nas línguas espanhola, francesa, inglesa e russa, sendo cada versão igualmente autêntica, será depositado nos arquivos do Governo dos Estados Unidos da América, que dele deverá enviar cópias devidamente certificadas a todas as Partes Contratantes do Tratado da Antártida.
2. Este Protocolo será registrado pelo Depositário de acordo com as disposições do Artigo 102 da Carta das Nações Unidas.

APÊNDICE AO PROTOCOLO
Arbitragem

Artigo 1°

1. O Tribunal Arbitral deverá ser constituído e funcionar de acordo com o Protocolo, inclusive este Apêndice.
2. O Secretário ao qual se faz referência neste Apêndice é o Secretário-Geral da Corte Permanente de Arbitragem.

Artigo 2°

1. Cada Parte terá o direito de designar Árbitros até o número de três, dos quais pelo menos um será designado no prazo de três meses a partir da entrada em vigor do Protocolo para a referida Parte. Cada Árbitro deverá ter experiência em assuntos antárticos, conhecer direito internacional com profundidade e gozar da mais alta reputação de imparcialidade, competência e integridade. Os nomes das pessoas assim designadas constituirão a lista de Árbitros. Cada Parte deverá manter permanentemente o nome de pelo menos um Árbitro nessa lista.
2. Sem prejuízo do parágrafo 3 abaixo, um Árbitro designado por uma Parte permanecerá na lista durante um período de cinco anos e poderá ser novamente designado pela referida Parte por períodos adicionais de cinco anos.
3. A Parte que tiver designado um Árbitro poderá retirar o nome deste da lista. Em caso de falecimento de um Árbitro ou se, por uma razão qualquer, uma Parte retirar da lista o nome de um Árbitro de sua designação, a Parte que designou o Árbitro em questão deverá informar o Secretário com a maior brevidade. Um Árbitro cujo nome for retirado da lista continuará -atuando no Tribunal Arbitral para o qual tiver sido designado até a conclusão do processo que estiver tramitando no Tribunal Arbitral.
4. O Secretário deverá assegurar a manutenção de uma lista atualizada dos Árbitros designados em decorrência deste Artigo.

Artigo 3°

1. O Tribunal Arbitral deverá ser composto por três Árbitros designados da seguinte forma:
a) A parte na controvérsia que der início ao processo deverá designar um Árbitro, que poderá ser da sua nacionalidade, escolhido da lista mencionada no Artigo 2. Essa designação deverá ser incluída na notificação mencionada no Artigo 4.
b) No prazo de 40 dias a partir do recebimento da referida notificação, a outra parte na controvérsia deverá designar o segundo Árbitro, que poderá ser da sua nacionalidade, escolhido da lista mencionada no Artigo 2.
c) No prazo de 60 dias a partir da designação do segundo Árbitro, as partes na controvérsia deverão designar de comum acordo o terceiro Árbitro, escolhido da lista mencionada no Artigo 2. O terceiro Árbitro não poderá ser nacional de parte alguma na controvérsia, nem ser uma pessoa designada para a lista mencionada no Artigo 2 por uma das referidas Partes, nem ter a mesma nacionalidade que qualquer dos dois primeiros Árbitros. O terceiro Árbitro presidirá o Tribunal Arbitral.
d) Se o segundo Árbitro não tiver sido designado no prazo estipulado ou caso as partes na controvérsia não tiverem, no prazo estipulado, chegado a um acordo a respeito da escolha do terceiro Árbitro, o Árbitro ou os Árbitros serão designados pelo Presidente da Corte Internacional de Justiça, a pedido de qualquer das partes na controvérsia e no prazo de 30 dias a partir do recebimento de tal solicitação, dentre os nomes da lista mencionada no Artigo 2 e sem prejuízo das condições enumeradas nas alíneas *(b)* e *(c)* acima. No desempenho das funções que lhe são atribuídas nesta alínea, o Presidente da Corte deverá consultar as partes na controvérsia.
e) Se o Presidente da Corte Internacional de Justiça não puder exercer as funções que lhe são atribuídas na alínea *(d)* acima, ou for nacional de uma das partes na controvérsia, suas funções serão desempenhadas pelo Vice-Presidente da Corte, salvo no caso em que o Vice-Presidente estiver impedido de exercer essas funções ou for nacional de uma das partes na controvérsia, quando essas funções deverão ser exercidas pelo mais antigo dos membros da Corte que estiver disponível e que não for nacional de uma das partes na controvérsia.
2. Qualquer vaga deverá ser preenchida na forma prevista para a designação inicial.
3. Em qualquer controvérsia que envolver mais de duas Partes, as Partes que defenderem os mesmos interesses deverão de comum acordo, designar um Árbitro no prazo especificado no parágrafo 1, alínea *(b)* acima.

Artigo 4°
A parte na controvérsia que der início ao processo disto deverá notificar, por escrito, a outra parte ou

partes na controvérsia, assim como o Secretário. Essa notificação deverá incluir uma exposição do pedido e de suas razões. A notificação deverá ser transmitida pelo Secretário a todas as Partes.

Artigo 5º
1. A menos que as Partes decidam em contrário, a arbitragem deverá realizar-se na Haia, onde serão conservados os arquivos do Tribunal Arbitral. O Tribunal Arbitral adotará suas próprias normas de procedimento. Tais normas assegurarão a cada parte na controvérsia a possibilidade de ser ouvida e de apresentar seus argumentos; assegurarão igualmente que o processo seja conduzido de forma expedita.
2. O Tribunal Arbitral poderá tomar conhecimento de pedidos reconvencionais que decorrerem da controvérsia e sobre eles decidir.

Artigo 6º
1. Quando se considerar *prima face* competente conforme o Protocolo, o Tribunal Arbitral poderá:
a) indicar, a pedido de qualquer das partes na controvérsia, as medidas provisórias que julgar necessárias para preservar os respectivos direitos das partes na controvérsia;
b) prescrever quaisquer medidas provisórias que considerar apropriadas, segundo as circunstâncias, para evitar danos graves ao meio ambiente antártico ou aos ecossistemas dependentes e associados.
2. As partes na controvérsia deverão cumprir prontamente qualquer medida provisória prescrita conforme o parágrafo 1, alínea *(b)* acima, na expectativa do laudo arbitral previsto no Artigo 10.
3. Não obstante o prazo estabelecido no Artigo 20 deste Protocolo, uma das partes na controvérsia poderá a qualquer momento, mediante notificação à outra parte ou partes na controvérsia e ao Secretário, e de acordo com o Artigo 4, solicitar que o Tribunal Arbitral seja constituído em caráter de urgência excepcional para indicar ou prescrever medidas provisórias urgentes de acordo com este Artigo. Nesse caso, o Tribunal Arbitral deverá ser constituído, logo que possível, de acordo com o Artigo 3, com a diferença de que os prazos do parágrafo 1, alíneas *(b) (c)*, do Artigo 3 e *(d)* serão reduzidos a 14 dias em cada caso. O Tribunal Arbitral decidirá sobre o pedido de medidas provisórias urgentes no prazo de dois meses a partir da designação de seu Presidente.
4. Uma vez que o Tribunal Arbitral se tiver pronunciado sobre um pedido de medidas provisórias urgentes de acordo com o parágrafo 3 acima, a solução da controvérsia prosseguirá de acordo com os Artigos 18, 19 e 20 do Protocolo.

Artigo 7º
Qualquer Parte que julgar ter um interesse jurídico geral ou particular que puder vir a ser prejudicado de maneira substancial pelo laudo de um Tribunal Arbitral poderá intervir no processo, a menos que o Tribunal Arbitral decida em contrário.

Artigo 8º
As partes na controvérsia deverão facilitar o trabalho do Tribunal Arbitral e em especial, de acordo com suas leis e recorrendo a todos os meios a sua disposição, fornecer-lhe todos os documentos e informações pertinentes e habilitá-lo a, quando necessário, convocar testemunhas ou peritos e receber seu depoimento.

Artigo 9º
Se uma das partes na controvérsia deixar de comparecer perante o Tribunal Arbitral ou abstiver-se de defender sua causa, qualquer outra parte na controvérsia poderá solicitar ao Tribunal Arbitral que dê continuidade ao processo e que emita o laudo.

Artigo 10
1. O Tribunal Arbitral deverá decidir, à luz das disposições do Protocolo e de outras normas e princípios de direito internacional aplicáveis que não sejam incompatíveis com o Protocolo, todas as controvérsias que lhe forem submetidas.
2. Se as partes na controvérsia assim o decidirem, o Tribunal Arbitral poderá decidir *ex aequo et bono*, uma controvérsia que lhe for submetida.

Artigo 11
1. Antes de emitir o laudo, o Tribunal Arbitral deverá certificar-se de que tem competência na matéria da controvérsia e de que o pedido ou a reconvenção estão bem fundamentados de fato e de direito.
2. O laudo será acompanhado de uma exposição de motivos da decisão adotada e será comunicado ao Secretário, que o transmitirá a todas as Partes.
3. O laudo será definitivo e compulsório para todas as partes na controvérsia e para toda Parte que tiver intervindo no processo e deverá ser cumprido sem demora. A pedido de qualquer parte na controvérsia ou de qualquer Parte interveniente, o Tribunal Arbitral deverá interpretar o laudo.
4. O laudo só será vinculante para a demanda em que for emitido.
5. A menos que o Tribunal Arbitral decidir em contrário, as partes na controvérsia deverão assumir-lhe em partes iguais os custos, inclusive a remuneração dos Árbitros.

Artigo 12
Todas as decisões do Tribunal Arbitral, inclusive as mencionadas nos Artigos 5, 6 e 11, serão adotadas pela maioria dos Árbitros, que não poderão abster-se de votar.

Artigo 13
1. Este Apêndice pode ser emendado ou modificado por uma medida adotada de acordo com o parágrafo 1 do Artigo IX do Tratado da Antártida. Salvo no caso em que a medida dispuser em contrário, a emenda ou modificação será considerada aprovada e entrará em vigor um ano após o encerramento da Reunião Consultiva do Tratado da Antártida em que tiver sido adotada, a menos que uma ou mais Partes Consultivas do Tratado da Antártida nesse

prazo notifiquem o Depositário de que desejam uma prorrogação do referido prazo ou de que não se encontram em condições de aprovar a medida.

2. Qualquer emenda ou modificação deste Apêndice que entrar em vigor de acordo com o parágrafo 1 acima, entrará em vigor em seguida para qualquer outra Parte quando tiver sido recebido pelo Depositário a notificação da aprovação por esta feita.

ANEXO I
AO PROTOCOLO AO TRATADO DA ANTÁRTIDA SOBRE PROTEÇÃO AO MEIO AMBIENTE

Avaliação de Impacto Ambiental

Artigo 1º
Fase preliminar

1. O impacto ambiental das atividades propostas, mencionadas no Artigo 8 do Protocolo, deverá ser considerado antes do início dessas atividades, de acordo com os procedimentos nacionais apropriados.

2. Se for determinado que uma atividade tem um impacto inferior a um impacto menor ou transitório, tal atividade poderá ser iniciada imediatamente.

Artigo 2º
Avaliação Preliminar de Impacto Ambiental

1. A menos que se verifique que uma atividade deverá ter um impacto inferior a um impacto menor ou transitório ou que uma Avaliação Abrangente de Impacto Ambiental estiver sendo efetuada de acordo com o Artigo 3, deverá ser preparada uma Avaliação Preliminar de Impacto Ambiental. Esta deverá ser suficientemente pormenorizada para permitir avaliar se a atividade proposta poderá ter um impacto superior a um impacto menor ou transitório e deverá compreender:

a) uma descrição da atividade proposta, inclusive seu objetivo, localização, duração e intensidade; e

b) um exame das alternativas à atividade proposta e de qualquer impacto que essa atividade puder causar no meio ambiente, inclusive a consideração de impactos cumulativos, à luz das atividades existentes e das atividades planejadas de que haja conhecimento.

2. Se uma Avaliação Preliminar de Impacto Ambiental indicar que uma atividade proposta não deverá ter, provavelmente, um impacto superior a um impacto menor ou transitório, a atividade poderá ser iniciada, sempre que procedimentos apropriados, que poderão incluir o monitoramento, forem estabelecidos para avaliar e verificar o impacto dessa atividade.

Artigo 3º
Avaliação Abrangente de Impacto Ambiental

1. Se uma avaliação Preliminar de Impacto Ambiental revelar, ou de outro modo for verificado, que uma atividade proposta deverá provavelmente ter um impacto superior a um impacto menor ou transitório, deverá ser preparada uma Avaliação Abrangente de Impacto Ambiental.

2. Uma Avaliação Abrangente de Impacto Ambiental deverá compreender:

a) uma descrição da atividade proposta, inclusive seu objetivo, localização, duração e intensidade, assim como as alternativas possíveis à atividade, inclusive sua não realização, e as consequências dessas alternativas;

b) uma descrição do estado inicial do meio ambiente que servirá de referência e com o qual deverão comparar-se as mudanças previstas, e um prognóstico de qual seria no futuro, e na ausência da atividade proposta, o estado do meio ambiente que servir de referência;

c) uma descrição dos métodos e dados utilizados para prever os impactos da atividade proposta;

d) uma estimativa da natureza, extensão, duração e intensidade dos impactos diretos prováveis da atividade proposta;

e) um exame dos eventuais impactos indiretos ou secundários da atividade proposta;

f) um exame dos impactos cumulativos da atividade proposta, à luz das atividades existentes e das outras atividades planejadas de que houver conhecimento;

g) a identificação das medidas, inclusive programas de monitoramento, que puderem ser adotadas para reduzir a um nível mínimo ou atenuar os impactos da atividade proposta e para detectar os impactos imprevistos, assim como das que permitirem alertar imediatamente sobre todo efeito negativo da atividade e reagir com rapidez e eficácia aos acidentes;

h) a identificação dos impactos inevitáveis da atividade proposta;

i) uma avaliação dos efeitos da atividade proposta na execução de pesquisa científica e de outros usos e valores existentes;

j) uma identificação das lacunas no conhecimento e das incertezas encontradas na coleta das informações exigidas por este parágrafo;

k) um resumo não técnico das informações fornecidas conforme este parágrafo; e

l) o nome e o endereço da pessoa ou da organização que tiver realizado a Avaliação Abrangente de Impacto Ambiental e o endereço ao qual os comentários a respeito da Avaliação deverão ser dirigidos.

3. O projeto de Avaliação Abrangente de Impacto Ambiental deverá ser divulgado e distribuído para comentários a todas as Partes, as quais, por sua vez, deverão proceder a sua divulgação pública. Um período de 90 dias será concedido para o recebimento dos comentários.

4. O projeto de Avaliação Abrangente de Impacto Ambiental será enviado ao Comitê, ao mesmo tempo em que for distribuído às Partes, pelo menos 120 dias antes da Reunião Consultiva do Tratado da Antártida seguinte, para a devida consideração.

5. Nenhuma decisão definitiva quanto à execução da atividade proposta na área do Tratado da Antártida será tomada antes de o projeto de Ava-

liação Abrangente de Impacto Ambiental ter sido examinado pela Reunião consultiva do Tratado da Antártida, a instâncias do Comitê, e sempre que nenhuma decisão de executar a atividade proposta sofrer, devido à aplicação deste parágrafo, um atraso superior a 15 meses a contar da data de distribuição do projeto de Avaliação Abrangente de Impacto Ambiental.

6. Uma Avaliação Abrangente de Impacto Ambiental definitiva deverá examinar e incluir ou resumir os comentários recebidos sobre o projeto de Avaliação Abrangente de Impacto Ambiental. A Avaliação Abrangente de Impacto Ambiental definitiva, a notificação de qualquer decisão a seu respeito e qualquer avaliação da importância dos impactos previstos relativamente às vantagens da atividade proposta serão distribuídas a todas as Partes, as quais, por sua vez, deverão proceder a sua divulgação pública, pelo menos 60 dias antes do começo da atividade proposta na área do Tratado da Antártida.

Artigo 4°
Utilização da avaliação abrangente na tomada de decisões

Qualquer decisão de dar ou não início a uma atividade proposta à qual se aplique o Artigo 3, e, no caso afirmativo, se em sua forma original ou modificada, deverá ser fundamentada na Avaliação Abrangente de Impacto Ambiental, bem como em outras considerações pertinentes.

Artigo 5°
Monitoramento

1. Deverão ser estabelecidos procedimentos, inclusive de monitoramento apropriado dos indicadores ambientais básicos, para avaliar e verificar o impacto de qualquer atividade realizada após a conclusão de uma Avaliação Abrangente de Impacto Ambiental.

2. Os procedimentos mencionados no parágrafo 1 acima e no parágrafo 2 do Artigo 2 deverão ser concebidos para fornecer um registro regular e verificável dos impactos da atividade com a finalidade de, *inter alia*:

a) permitir a realização de avaliações que indicarem em que medida esses impactos são compatíveis com o Protocolo; e

b) fornecer informações úteis para reduzir a um nível mínimo ou atenuar os impactos e, quando apropriado, fornecer informações sobre a necessidade de suspensão, cancelamento ou modificação da atividade.

Artigo 6°
Transmissão de informações

1. As seguintes informações deverão ser distribuídas às Partes, enviadas ao Comitê e divulgadas publicamente:

a) uma descrição dos procedimentos mencionados no Artigo 1;

b) uma lista anual de todas as avaliações preliminares de impacto ambiental realizadas de acordo com o Artigo 2 e de todas as decisões tomadas em consequência dessas avaliações;

c) as informações significativas obtidas com base nos procedimentos estabelecidos de acordo com o parágrafo 2 do Artigo 2 e com o Artigo 5 e qualquer ação realizada em consequência dessas informações; e

d) as informações mencionadas no parágrafo 6 do Artigo 3.

2. Qualquer Avaliação Preliminar de Impacto Ambiental efetuada de acordo com o Artigo 2 deverá estar disponível a pedido.

Artigo 7°
Situações de emergência

1. Este Anexo não será aplicado em situações de emergência relacionadas com a segurança da vida humana ou de navios, aeronaves ou equipamentos e instalações de alto valor ou com a proteção do meio ambiente, as quais exigirem que uma atividade seja realizada sem aguardar o cumprimento dos procedimentos estabelecidos neste Anexo.

2. Todas as Partes e o próprio Comitê deverão ser imediatamente notificados das atividades realizadas em situações de emergência e que em outras circunstâncias teriam exigido a preparação de uma Avaliação Abrangente de Impacto Ambiental. Uma explicação completa das atividades realizadas deverá ser fornecida no prazo de 90 dias a partir de sua ocorrência.

Artigo 8°
Emenda ou modificação

1. Este Anexo pode ser emendado ou modificado por uma medida adotada de acordo com o parágrafo 1 do Artigo IX do Tratado da Antártida. Salvo no caso em que a medida dispuser em contrário, a emenda ou modificação será considerada aprovada e entrará em vigor um ano após o encerramento da Reunião Consultiva do Tratado da Antártida em que tiver sido adotada, a menos que uma ou mais Partes Consultivas do Tratado da Antártida nesse prazo notifiquem o Depositário de que desejam uma prorrogação do referido prazo ou de que não se encontram em condições de aprovar a medida.

2. Qualquer emenda ou modificação deste Anexo que entrar em vigor de acordo com o parágrafo 1 acima, entrará em vigor em seguida para qualquer outra Parte quando tiver sido recebida pelo Depositário a ratificação de aprovação por esta feita.

ANEXO II
AO PROTOCOLO AO TRATADO DA ANTÁRTIDA SOBRE PROTEÇÃO AO MEIO AMBIENTE

Conservação da Fauna e da Flora da Antártida

Artigo 1°
Definições

Para os fins deste Anexo:

a) "mamífero nativo" significa qualquer membro de qualquer espécie pertencente à classe dos mamíferos, autóctone da área do Tratado da Antártida, ou que possa ali ser encontrada sazonalmente devido a migrações naturais;

b) "ave nativa" significa qualquer membro, em qualquer etapa de seu ciclo de vida (inclusive os ovos), de qualquer espécie pertencente à classe das aves, autóctone da área do Tratado da Antártida, ou que possa ali ser encontrada sazonalmente devido a migrações naturais;

c) "planta nativa" significa qualquer vegetação terrestre ou de água doce, inclusive briófitos, liquens, fungos e algas, em qualquer etapa de seu ciclo de vida (inclusive as sementes e outros propágulos), autóctone da área do Tratado da Antártida;

d) "invertebrado nativo" significa qualquer invertebrado terrestre ou de água doce, em qualquer etapa de seu ciclo de vida, autóctone da área do Tratado da Antártida;

e) "autoridade competente" significa qualquer pessoa ou órgão autorizado por uma Parte a expedir licenças conforme este Anexo;

f) "licença" significa uma permissão formal, por escrito, expedida por uma autoridade competente;

g) "apanhar" ou "apanha" significa matar, ferir, capturar, manipular ou perturbar um mamífero ou ave nativos, ou retirar ou danificar uma tal quantidade de plantas nativas que sua distribuição local ou sua abundância seja prejudicada de maneira significativa;

h) "interferência nociva" significa:

i) os voos ou aterrissagens de helicópteros ou de outras aeronaves que perturbem as concentrações de aves e focas;

ii) a utilização de veículos ou navios, inclusive veículos sobre colchão de ar e pequenas embarcações, que perturbe as concentrações de aves e focas;

iii) a utilização de explosivos e armas de fogo que perturbe as concentração de aves e focas;

iv) a perturbação deliberada, por pedestres, de aves em fase de reprodução ou muda, ou das concentrações de aves ou focas;

v) danos significativos às concentrações de plantas terrestres nativas em decorrência da aterrissagem de aeronaves, condução de veículos ou pisoteio, ou por outro meio;

vi) qualquer atividade que ocasione uma modificação desfavorável significativa do *habitat* de qualquer espécie ou população de mamíferos, aves, plantas ou invertebrados nativos;

i) "Convenção Internacional para a Regulamentação da Pesca a Baleia" significa a Convenção de Washington, de 2 de dezembro de 1946.

Artigo 2º
Situações de emergência

1. Este Anexo não será aplicado em situações de emergência relacionadas com a segurança da vida humana ou de navios, aeronaves ou equipamentos e instalações de alto valor ou com a proteção ao meio ambiente.

2. Todas as Partes e o Comitê deverão ser imediatamente notificados das atividades realizadas em situações de emergência.

Artigo 3º
Proteção da fauna e da flora nativas

1. É proibida a "apanha" ou qualquer interferência nociva, salvo quando objeto de licença.

2. Essa licença deverá especificar a atividade autorizada, inclusive data e lugar, bem como a identidade de quem a executará, e somente será concedida nos seguintes casos:

a) para proporcionar espécimes destinados ao estudo ou à informação científica;

b) para proporcionar espécimes destinados aos museus, herbários, jardins zoológicos ou botânicos ou a outras instituições ou usos de caráter educativo ou cultural;

c) para atender às consequências inevitáveis das atividades científicas não autorizadas conforme as alíneas *(a)* ou *(b)* acima ou da construção e do funcionamento de instalações de apoio científico.

3. A concessão dessa licença deverá ser limitada de maneira a assegurar:

a) que não sejam apanhados mais mamíferos, aves ou plantas nativas que os estritamente necessários para cumprir os objetivos estabelecidos no parágrafo 2 acima;

b) que somente se abata um pequeno número de mamíferos ou aves nativos e que em nenhum caso sejam abatidos mais mamíferos ou aves das populações locais que o número que, em combinação com outras "apanhas" autorizadas, puder ser normalmente substituído por reprodução natural na estação seguinte; e

c) que se preserve a diversidade das espécies assim como o *habitat* essencial à sua existência e à manutenção do equilíbrio dos sistemas ecológicos existentes na área do Tratado da Antártida.

4. Todas as espécies de mamíferos, aves e plantas enumeradas no Apêndice A deste Anexo deverão ser designadas "Espécies Especialmente Protegidas" e deverão receber proteção especial das Partes.

5. Não deverá ser concedida licença alguma de "apanha" de uma Espécie Especialmente Protegida, a menos que:

a) corresponda a um objetivo científico primordial;

b) não coloque em perigo a sobrevivência ou a recuperação dessa espécie ou da população local; e

c) utilize técnicas não letais, sempre que apropriado.

6. Qualquer "apanha" de mamíferos e aves nativos deverá fazer-se do modo a provocar o menor grau de dor e padecimento.

Artigo 4º
Introdução de espécies não nativas, parasitos e enfermidades

1. Não deverá ser introduzida quer em terra, quer nas plataformas de gelo, quer nas águas da área do Tratado da Antártida qualquer espécie animal ou

vegetal que não seja autóctone da área do Tratado da Antártida, salvo quando objeto de uma licença.

2. Os cães não poderão ser introduzidos em terra ou na plataforma de gelo e aqueles que se encontrem atualmente nessas regiões deverão ser retirados até 1° de abril de 1994.

3. As licenças mencionadas no parágrafo 1 acima somente serão concedidas para permitir a introdução dos animais e plantas enumerados no Apêndice B deste Anexo e deverão especificar as espécies, o número e, se for o caso, a idade e o sexo dos animais e plantas que poderão ser introduzidos, assim como as precauções a serem tomadas para evitar que se evadam ou entrem em contacto com a fauna e a flora nativas.

4. Qualquer planta ou animal para o qual se tiver concedido uma licença de acordo com os parágrafos 1 e 3 acima deverá, antes do vencimento da licença, ser retirado da área do Tratado da Antártida ou destruído por incineração ou por qualquer outro meio igualmente eficaz que permitir eliminar os riscos para a fauna e a flora nativas. A licença deverá mencionar essa obrigação. Qualquer outra planta ou animal não nativo, inclusive qualquer descendente seu, introduzido na área do Tratado da Antártida deverá ser retirado ou destruído por incineração ou por meio igualmente eficaz que ocasionar sua esterilização, a menos que se determine não apresentar qualquer risco para a flora e a fauna nativas.

5. Nenhuma disposição deste Artigo deverá aplicar-se a importação de alimentos na área do Tratado da Antártida sempre que nenhum animal vivo for importado com essa finalidade e que todas as plantas ou partes e produtos de origem animal forem mantidos em condições cuidadosamente controladas e eliminados de acordo com o Anexo III do Protocolo e o Apêndice C deste Anexo.

6. Cada Parte deverá exigir que, com o intuito de impedir a introdução de micro-organismos (por exemplo: vírus, bactérias, parasitas, levedos, fungos) que não façam parte da fauna e flora nativas, sejam tomadas precauções, inclusive as relacionadas no Apêndice C a este Anexo.

Artigo 5°
Informação

Com a finalidade de assegurar que todas as pessoas presentes na área do Tratado da Antártida ou que tenham a intenção de nela ingressar compreendam e observem as disposições deste Anexo, cada Parte deverá preparar e tornar acessível a tais pessoas informação que exponha especificamente as atividades proibidas e proporcionar-lhes relações das Espécies Especialmente Protegidas e das áreas protegidas pertinentes.

Artigo 6°
Permuta de informações

1. As Partes deverão tomar medidas para:
a) reunir e permutar registros (inclusive registros de licenças) e estatísticas relativas aos números ou quantidades de cada espécie de mamífero, de ave ou planta apanhadas anualmente na área do Tratado da Antártida;

b) obter e permutar informação relativa às condições dos mamíferos, aves, plantas e invertebrados nativos na área do Tratado da Antártida e ao grau de proteção exigido por qualquer espécie ou população;

c) estabelecer um formulário comum no qual, de acordo com o parágrafo 2 abaixo, essas informações sejam apresentadas pelas Partes.

2. Antes do fim de novembro de cada ano, cada Parte deverá informar as outras Partes, bem como o Comitê, das medidas que tiverem sido tomadas em decorrência do parágrafo 1 acima e do número e natureza das licenças concedidas, conforme este Anexo, no período de 1° de julho a 30 de julho anterior.

Artigo 7°
Relação com outros acordos fora do sistema do Tratado da Antártida

Disposição alguma deste Anexo prejudica os direitos e obrigações das Partes decorrentes da Convenção Internacional para a Regulamentação da Pesca de Baleia.

Artigo 8°
Revisão

As Partes deverão submeter a revisão permanente as medidas destinadas à Conservação da fauna e da flora antárticas levando em conta todas as recomendações do Comitê.

Artigo 9°
Emenda ou modificação

1. Este Anexo pode ser emendado ou modificado por uma medida adotada de acordo com o parágrafo 1 do Artigo IX do Tratado da Antártida. Salvo no caso em que a medida dispuser em contrário, a emenda ou modificação será considerada aprovada e entrará em vigor um ano após o encerramento da Reunião Consultiva do Tratado da Antártida em que tiver sido adotada, a menos que uma ou mais Partes Consultivas do Tratado da Antártida nesse prazo notifiquem o Depositário de que desejam uma prorrogação do referido prazo ou de que não se encontram em condições de aprovar a medida.

2. Qualquer emenda ou modificação deste Anexo que entrar em vigor de acordo com o parágrafo 1 acima, entrará em vigor em seguida para qualquer outra Parte quando tiver sido recebida pelo Depositário a notificação da aprovação por esta feita.

APÊNDICES AO ANEXO II

Apêndice A
Espécies especialmente protegidas

Todas as espécies do gênero *Arctocephalus* (focas de pelagem austral ou lobos marinhos de dois pêlos), *Ommatophoca rossii* (foca de Ross).

Apêndice B
Introdução de animais e plantas

Poderão ser introduzidos na área do Tratado da Antártida de acordo com licenças concedidas se-

gundo o Artigo 4 deste Anexo os seguintes animais e plantas:
a) plantas domésticas; e
b) animais e plantas de laboratório, inclusive vírus, bactérias, levedos e fungos.

Apêndice C
Precauções para prevenir a introdução de micro-organismos

1. Aves domésticas: nenhuma ave doméstica ou outras aves vivas poderão ser introduzidas na área do Tratado da Antártida. Antes de ser embaladas para envio à área do Tratado da Antártida, as aves preparadas para consumo deverão ser submetidas a uma inspeção para detectar enfermidades, como por exemplo a doença de Newcastle, a tuberculose e a infecção por levedos. Qualquer ave ou parte de ave não consumida deverá ser retirada da área do Tratado da Antártida ou destruída por incineração ou por meios equivalentes que eliminem os riscos para a flora e a fauna nativas.
2. A introdução de solo não estéril será evitada tanto quanto possível.

ANEXO III
AO PROTOCOLO AO TRATADO DA ANTÁRTIDA SOBRE PROTEÇÃO AO MEIO AMBIENTE
Eliminação e gerenciamento de resíduos

Artigo 1º
Obrigações gerais

1. Este Anexo deverá aplicar-se às atividades realizadas na área do Tratado da Antártida relativas aos programas de pesquisa científica, ao turismo e a todas as outras atividades governamentais e não governamentais na área do Tratado da Antártida para as quais o parágrafo 5 do Artigo VII do Tratado da Antártida exigir notificação prévia, inclusive as atividades associadas de apoio logístico.
2. A quantidade de resíduos produzidos ou eliminados na área do Tratado da Antártida será reduzida tanto quanto possível, de maneira a minimizar seu impacto sobre o meio ambiente antártico e sua interferência nos valores naturais da Antártida, na pesquisa científica em outros usos da Antártida em conformidade com os termos do Tratado da Antártida.
3. O armazenamento, a eliminação e a retirada dos resíduos da área do Tratado da Antártida, assim como sua reciclagem e sua redução na fonte, serão considerações essenciais no planejamento e na execução de atividades na área do Tratado da Antártida.
4. Os resíduos removidos da área do Tratado da Antártida serão, tanto quanto possível, devolvidos ao país onde se tiverem organizado as atividades que houverem gerado esses resíduos ou a qualquer outro país onde tiverem sido tomadas providências para a eliminação de tais resíduos, de acordo com os acordos internacionais pertinentes.

5. Os sítios antigos e atuais de eliminação de resíduos em terra e os sítios de trabalho de atividades antárticas abandonados deverão ser limpos por quem houver gerado os resíduos e pelo usuário de tais sítios. Esta obrigação não será interpretada de modo a exigir:
a) a retirada de qualquer estrutura designada como sítio histórico ou monumento; ou
b) a retirada de qualquer estrutura ou resíduos, em circunstâncias tais que a retirada por meio de qualquer procedimento prático, acarretaria para o meio ambiente um impacto negativo maior do que se a estrutura ou os resíduos fossem deixados no lugar onde se encontrassem.

Artigo 2º
Eliminação dos resíduos mediante sua remoção da área do Tratado da Antártida

1. Se forem gerados depois da entrada em vigor deste Anexo, os seguintes resíduos serão removidos da área do Tratado da Antártida por quem os tiver gerado:
a) materiais radioativos;
b) baterias elétricas;
c) combustíveis, tanto líquidos quanto sólidos;
d) resíduos que contenham níveis perigosos de metais pesados ou compostos persistentes altamente tóxicos ou nocivos;
e) cloreto de polivinila (PVC), espuma de poliuretano, espuma de polestireno, borracha e óleos lubrificantes, madeiras tratadas e outros produtos que contenham aditivos que possam produzir emissões perigosas caso incinerados;
f) todos os demais resíduos plásticos, salvo recipientes de polietileno de baixa densidade (como as bolsas destinadas ao armazenamento de resíduos), sempre que tais recipientes sejam incinerados de acordo com o parágrafo 1 do Artigo 3;
g) tambores de combustível; e
h) outros resíduos sólidos incombustíveis.
Sempre que a obrigação de remover os tambores e os resíduos sólidos incombustíveis contida nas alíneas (g) e (h) acima não se aplique em circunstâncias tais que a retirada desses resíduos, por meio de qualquer procedimento prático, teria para o meio ambiente um impacto negativo maior do que se os resíduos fossem deixados nos lugares onde se encontrarem.
2. Os resíduos líquidos que não estejam incluídos no parágrafo 1 acima, o esgoto e os resíduos líquidos domésticos serão removidos da área do Tratado da Antártida, tanto quanto possível, por quem os tiver gerado.
3. A menos que sejam incinerados ou esterilizados em autoclaves ou de qualquer outra maneira, os seguintes resíduos serão removidos da área do Tratado da Antártida por quem os tiver gerado:
a) resíduos de carcaças de animais importados;
b) culturas efetuadas em laboratório, de micro-organismos e de plantas patogênicas; e
c) produtos avícolas introduzidos na área.

Artigo 3º
Eliminação de resíduos por incineração

1. Sem prejuízo do parágrafo 2 abaixo, os resíduos combustíveis que não forem retirados da área do Tratado da Antártida, exceto os mencionados no parágrafo 1 do Artigo 2, serão queimados em incineradores que reduzam, tanto quanto possível, as emissões perigosas. Deverão ser levadas em consideração quaisquer normas em matéria de emissões e quaisquer diretrizes relativas aos equipamentos recomendadas, inter alia, pelo Comitê e pelo Comitê Científico para Pesquisas Antárticas. Os resíduos sólidos resultantes dessa incineração deverão ser removidos da área do Tratado da Antártida.

2. Toda incineração de resíduos ao ar livre deverá ser eliminada progressivamente, tão logo seja possível, e em nenhum caso deverá ultrapassar o fim da temporada 1998/1999. Até o abandono completo dessa prática, quando for necessário eliminar os resíduos por incineração ao ar livre, e para limitar a deposição de partículas e evitar essa deposição nas áreas de especial interesse biológico, científico, histórico, estético ou natural, inclusive, especialmente, as áreas protegidas em virtude do Tratado da Antártida, dever-se-á levar em conta a direção e a velocidade do vento e a natureza dos resíduos a queimar.

Artigo 4º
Outras formas de eliminação de resíduos em terra

1. Os resíduos que não tiverem sido removidos ou eliminados de acordo com os Artigos 2 e 3 não serão eliminados em áreas desprovidas de gelo ou em sistemas de água doce.

2. O esgoto, os resíduos líquidos domésticos e outros resíduos líquidos que não tiverem sido removidos da área do Tratado da Antártida de acordo com o Artigo 2, não serão, tanto quanto possível, eliminados no gelo do mar, nas plataformas de gelo ou no manto de gelo aterrado, mas os resíduos gerados por estações situadas nas plataformas de gelo ou no manto de gelo aterrado poderão ser eliminados em poços profundos cavados no gelo quando tal forma de eliminação for a única opção possível. Tais poços não poderão situar-se nas linhas de fluxo de gelo conhecidas e que desemboquem em áreas desprovidas de gelo ou em áreas de intensa ablação.

3. Os resíduos produzidos em acampamentos serão, tanto quanto possível, retirados por quem os tiver gerado e levados a estações ou navios de apoio para serem eliminados de acordo com este Anexo.

Artigo 5º
Eliminação de resíduos no mar

1. Levando-se em conta a capacidade de assimilação do meio ambiente marinho receptor, o esgoto e os resíduos líquidos domésticos poderão ser descarregados diretamente no mar sempre que:

a) a descarga ocorrer, sempre que possível, em zonas que ofereçam condições propícias a uma diluição inicial e a uma rápida dispersão; e

b) as grandes quantidades de tais resíduos (gerados em uma estação cuja ocupação semanal média durante o verão austral seja de aproximadamente 30 pessoas ou mais) sejam tratadas, pelo menos, por maceração.

2. Os subprodutos do tratamento de esgoto, mediante o processo do Interruptor Biológico Giratório ou mediante outros processos similares, poderão ser eliminados no mar sempre que a referida eliminação não prejudicar o meio ambiente local, e sempre que tal eliminação no mar se realizar de acordo com o Anexo IV ao Protocolo.

Artigo 6º
Armazenamento de resíduos

Todos os resíduos que devam ser retirados da área do Tratado da Antártida ou eliminados de qualquer outra forma deverão ser armazenados de modo a evitar sua dispersão no meio ambiente.

Artigo 7º
Produtos proibidos

Não serão introduzidos em terra, nas plataformas de gelo ou nas águas da área do Tratado da Antártida os difenis policlorados (PCBs), os solos não estéreis, as partículas e lascas de poliestireno ou tipos de embalagem similares, ou os pesticidas (exceto os destinados a finalidades científicas, médicas ou higiênicas).

Artigo 8º
Plano de gerenciamento dos resíduos

1. Cada Parte que executar atividades na área do Tratado da Antártida deverá estabelecer, no que disser respeito a essas atividades, um sistema de classificação de eliminação de resíduos que sirva de base ao registro de resíduos e facilite os estudos destinados a avaliar os impactos ambientais das atividades científicas e do apoio logístico associado. Para esse fim os resíduos produzidos serão classificados como:

a) águas residuais e resíduos líquidos domésticos (Grupo 1);

b) outros resíduos líquidos e químicos, inclusive os combustíveis e lubrificantes (Grupo 2);

c) resíduos sólidos a serem incinerados (Grupo 3);

d) outros resíduos sólidos (Grupo 4); e

e) material radioativo (Grupo 5).

2. No intuito de reduzir ainda mais o impacto dos resíduos no meio ambiente antártico, cada Parte deverá preparar, rever e atualizar anualmente seus planos de gerenciamento de resíduos (inclusive a redução, armazenamento e eliminação de resíduos), especificando para cada sítio prefixado, para os acampamentos em geral e para cada navio (exceto as embarcações pequenas utilizadas nas operações em sítios fixos ou navios e levando em consideração os planos de gerenciamento existentes para navios):

a) os programas de limpeza dos sítios existentes de eliminação de resíduos e dos sítios de trabalho abandonados;

b) as disposições atuais e planejadas para o gerenciamento de resíduos, inclusive a eliminação final destes;

c) as disposições atuais e planejadas para analisar os efeitos ambientais dos resíduos e do gerenciamento de resíduos; e

d) outras medidas para minimizar qualquer efeito dos resíduos e de seu gerenciamento sobre o meio ambiente.

3. Tanto quanto possível, cada Parte deverá preparar igualmente um inventário dos locais de atividades passadas (como trilhas, depósitos de combustível, acampamentos de base, aeronaves acidentadas) antes que essas informações se percam, de modo que esses locais possam ser levados em consideração quando do preparo de futuros programas científicos (como os referentes à química da neve, aos poluentes nos liquens, ou às perfurações para obtenção de testemunhos de gelo).

Artigo 9º
Distribuição e revisão dos planos de gerenciamento dos resíduos

1. Os planos de gerenciamento de resíduos elaborados de acordo com o Artigo 8, os relatórios sobre sua execução e os inventários mencionados no parágrafo 3 do Artigo 8, deverão ser incluídos na permuta anual de informações efetuada de acordo com os Artigos III e VII do Tratado da Antártida e as recomendações pertinentes adotadas conforme o Artigo IX do Tratado da Antártida.

2. Cada Parte deverá enviar ao Comitê cópias de seus planos de gerenciamento de resíduos, e relatórios sobre sua execução e revisão.

3. O Comitê poderá examinar os planos de gerenciamento de resíduos e os relatórios sobre tais planos e, para consideração das Partes, formular observações, inclusive sugestões que visarem a minimizar o impacto sobre o meio ambiente, assim como a modificar e aprimorar esses planos.

4. As Partes poderão permutar informações e prestar assessoria, *inter alia*, sobre tecnologias pouco poluentes disponíveis, reconversão de instalações existentes, exigências particulares aplicáveis aos efluentes e métodos apropriados de eliminação e descarga de resíduos.

Artigo 10
Práticas de gerenciamento

Cada Parte deverá:

a) designar um responsável pelo gerenciamento de resíduos para que desenvolva planos de gerenciamento de resíduos e vigie sua execução; no local, essa responsabilidade será confiada a uma pessoa competente para cada sítio;

b) assegurar que os membros de suas expedições recebam treinamento destinado a limitar o impacto de suas operações sobre o meio ambiente antártico e a informá-los das exigências deste Anexo; e

c) desalentar a utilização de produtos de cloreto de polivilina (PVC) e assegurar que suas expedições na área do Tratado da Antártida estejam advertidas sobre qualquer produto de PVC por elas introduzido na área do Tratado da Antártida, no intuito de que os referidos produtos possam ser depois removidos de acordo com este Anexo.

Artigo 11
Revisão

Este Anexo estará sujeito a revisões periódicas no intuito de refletir os progressos realizados na tecnologia e nos processos de eliminação de resíduos e assim assegurar a máxima proteção ao meio ambiente antártico.

Artigo 12
Situações de emergência

1. Este Anexo não será aplicado em situações de emergência relacionadas com a segurança da vida humana ou de navios, aeronaves ou equipamentos e instalações de alto valor ou com a proteção ao meio ambiente.

2. Todas as Partes e o Comitê deverão ser imediatamente notificados das atividades realizadas em situações de emergência.

Artigo 13
Emenda ou modificação

1. Este Anexo pode ser emendado ou modificado por uma medida adotada de acordo com o parágrafo 1 do Artigo IX do Tratado da Antártida. Salvo no caso em que a medida dispuser ao contrário, a emenda ou modificação será considerada aprovada e entrará em vigor um ano após o encerramento da Reunião Consultiva do Tratado da Antártida em que tiver sido adotada, a menos que uma ou mais Partes Consultivas do Tratado da Antártida nesse prazo notifiquem o Depositário de que desejam uma prorrogação do referido prazo ou de que não se encontram em condições de aprovar a medida.

2. Qualquer emenda ou modificação deste Anexo que entrar em vigor de acordo com o parágrafo 1 acima, entrará em vigor em seguida para qualquer outra Parte quando tiver sido recebida pelo Depositário a notificação de aprovação por esta feita.

ANEXO IV
AO PROTOCOLO AO TRATADO DA ANTÁRTIDA SOBRE PROTEÇÃO AO MEIO AMBIENTE

Prevenção da Poluição Marinha

Artigo 1º
Definições

Para os fins deste Anexo:

a) "descarga" significa qualquer vazão de um navio, qualquer que seja a sua causa, e inclui qualquer escapamento, eliminação, derramamento, vazamento, bombeamento, emissão ou esvaziamento;

b) "lixo" significa todo tipo de resíduos alimentares, domésticos e operacionais provenientes do trabalho de rotina do navio, com a exceção de peixe fresco, e de suas partes, e das substâncias incluídas nos Artigos 3 e 4;

c) "Marpol 73/78" significa a Convenção Internacional para a Prevenção da Poluição Causada por Navios, de 1973, emendada pelo Protocolo de 1978 e pelas emendas posteriores em vigor:

d) "substância líquida nociva" significa qualquer substância líquida nociva definida no Anexo II da Marpol 73/78;

e) "óleo" significa o petróleo em qualquer forma, inclusive o petróleo cru, o óleo combustível, a borra, os resíduos de óleo e os produtos petrolíferos refinados (exceto os produtos petroquímicos sujeitos às disposições do Artigo 4);

f) "mistura oleosa" significa qualquer mistura que contenha óleo; e

g) "navio" significa embarcação de qualquer tipo que opere no meio marinho, inclusive os hidrófilos, os veículos sobre colchão de ar, os submersíveis, os meios flutuantes e as plataformas fixas ou flutuantes.

Artigo 2°
Aplicação

Este Anexo aplica-se, com respeito a cada Parte, aos navios autorizados a hastear seu pavilhão e, enquanto operar na área do Tratado da Antártida, a qualquer outro navio que participar em suas operações na Antártida ou que as apoie.

Artigo 3°
Descargas de óleo

1. É proibida qualquer descarga de óleo ou misturas oleosas no mar, salvo nos casos autorizados de acordo com o Anexo 1 da Marpol 73/78. Enquanto estiverem operando na área do Tratado da Antártida, os navios deverão conservar a bordo toda a borra, lastro sujo, água de lavagem dos tanques e outros resíduos de óleo e misturas oleosas que não puderem ser descarregados no mar. Os navios só descarregarão fora da área do Tratado da Antártida, em instalações de recebimento ou em outra forma autorizada pelo Anexo 1 da -Marpol 73/78.

2. Este Artigo não será aplicado:

a) à descarga no mar de óleo ou de misturas oleosas provenientes de uma avaria sofrida por um navio ou por seu equipamento:

i) sempre que todas as precauções razoáveis tiverem sido tomadas após a avaria ou a descoberta da descarga para impedir ou reduzir tal descarga ao mínimo; e

ii) salvo se o proprietário ou o capitão tiverem agido seja com a intenção de provocar avaria, seja temerariamente e sabendo ser provável que a avaria se produzisse;

b) à descarga ao mar de substâncias que contenham óleo e que estiverem sendo utilizadas para combater casos concretos de poluição a fim de reduzir o dano resultante de tal poluição.

Artigo 4°
Descarga de substâncias líquidas nocivas

É proibida a descarga no mar de toda substância líquida nociva e de qualquer outra substância química ou outra substância em quantidade ou concentração prejudiciais para meio ambiente marinho.

Artigo 5°
Eliminação de lixo

1. É proibida a eliminação no mar de qualquer material plástico, incluídos, mas não exclusivamente, as cordas e redes de pesca em fibra sintética e os sacos de lixo de matéria plástica.

2. É proibida a eliminação no mar de qualquer outra forma de lixo, inclusive objetos de papel, trapos, vidros, metais, garrafas, louça doméstica, cinza de incineração, material de estiva, revestimentos e material de embalagem.

3. A eliminação dos restos de comida no mar poderá ser autorizada quando tais restos tiverem sido triturados ou moídos, sempre que essa eliminação, salvo nos casos em que puder ser autorizada conforme o Anexo V da Marpol 73/78, for feita o mais longe possível da terra e das plataformas de gelo, mas em nenhum caso a menos de 12 milhas marinhas da terra ou da plataforma de gelo mais próxima. Esses restos de comida triturados ou moídos deverão poder passar por uma tela cujas aberturas não ultrapassem 25 milímetros.

4. Quando uma substância ou um material incluído neste Artigo estiver Misturado, para fins de descarga ou eliminação, com qualquer outra substância ou material cuja descarga ou eliminação estiver submetida a exigências diferentes, serão aplicadas as exigências mais rigorosas.

5. As disposições dos parágrafos 1 e 2 acima não serão aplicadas:

a) ao escapamento de lixo resultante de avaria sofrida por um navio ou por seu equipamento, sempre que todas as precauções razoáveis tiverem sido tomadas, antes e depois da avaria, para impedir ou reduzir o escapamento; ou

b) à perda acidental de redes de pesca em fibra sintética, sempre que todas as precauções razoáveis tiverem sido tomadas para impedir essa perda.

6. As Partes deverão exigir, quando apropriado, a utilização de livros de registro de lixo.

Artigo 6°
Descarga de esgoto

1. Salvo quando as operações na Antártida forem indevidamente prejudicadas:

a) cada Parte deverá suprimir toda descarga no mar de esgoto sem tratamento (entendendo-se por "esgoto" a definição dada no Anexo IV da Marpol 73/78) a menos de 12 milhas marinhas da terra ou das plataformas de gelo;

b) além dessa distância, a descarga de esgoto conservada em um tanque de retenção não será efetuada instantaneamente, mas num ritmo moderado e, tanto quanto possível, quando o navio estiver navegando a uma velocidade igual ou superior a 4 nós. Este parágrafo não se aplica aos navios autorizados a transportar um máximo de 10 pessoas.

2. As Partes deverão exigir, quando apropriado, a utilização de livros de registro de esgoto.

Artigo 7º
Situações de emergência

1. Os Artigos 3, 4, 5 e 6 deste Anexo não serão aplicados em situações de emergência relacionadas com a segurança de um navio e das pessoas a bordo ou com o salvamento de vidas no mar.

2. Todas as Partes e o Comitê deverão ser imediatamente notificados das atividades realizadas em situações de emergência.

Artigo 8º
Efeito sobre os ecossistemas dependentes e associados

Na aplicação das disposições deste Anexo será devidamente considerada a necessidade de se evitarem efeitos prejudiciais sobre os ecossistemas dependentes e associados fora da área do Tratado da Antártida.

Artigo 9º
Capacidade de retenção dos navios e instalações de recebimento

1. Cada Parte deverá tomar todas as medidas necessárias para assegurar que, antes de entrar na área do Tratado da Antártida, todos os navios com direito a hastear seu pavilhão e qualquer outro navio que participar em suas operações na Antártida ou as apoie estejam equipados com um ou vários tanques com capacidade suficiente para reter a bordo toda a borra, o lastro sujo, a água de lavagem dos tanques e outros resíduos de óleo e misturas oleosas, tenham capacidade suficiente para a retenção do lixo a bordo, enquanto estiverem operando na área do Tratado da Antártida, e tenham concluído acordos para descarregar esses resíduos petrolíferos e esse lixo numa instalação de recebimento após sua partida da referida área. Os navios também deverão ter capacidade suficiente para reter a bordo substâncias líquidas nocivas.

2. Cada Parte cujos portos forem utilizados por navios que partam em direção à área do Tratado da Antártida ou dela retornem deverá encarregar-se de assegurar o estabelecimento, tão logo seja possível, de instalações apropriadas para o recebimento de toda a borra, o lastro sujo, a água de lavagem dos tanques, outros resíduos de óleo e misturas oleosas e lixo dos navios, sem causar demora indevida e de acordo com as necessidades dos navios que as utilizem.

3. As Partes cujos navios, partindo em direção à área do Tratado da Antártida ou dela retornando, utilizarem os portos de outras Partes deverão consultar essas Partes para assegurar que o estabelecimento de instalações portuárias de recebimento não imponha uma carga injusta sobre as Partes vizinhas à área do Tratado da Antártida.

Artigo 10
Concepção, construção, provisão e equipamento dos navios

Ao conceber, construir, tripular e equipar os navios que participarem em operações na Antártida ou as apoiem, cada Parte deverá levar em consideração os objetivos deste Anexo.

Artigo 11
Imunidade soberana

1. Este Anexo não deverá ser aplicado aos navios de guerra, nem as unidades navais auxiliares, nem a outros navios, pertencentes a um Estado ou por ele operados e enquanto em serviço governamental, de caráter não comercial. Não obstante, cada Parte deverá, mediante a adoção de medidas oportunas, mas sem prejuízo das operações ou da capacidade operativa dos navios desse tipo que lhe pertencerem ou forem por ela explorados, assegurar que, na medida em que for razoável e possível, tais navios atuem de maneira compatível com este Anexo.

2. Na aplicação do parágrafo 1 acima, cada Parte deverá levar em consideração a importância da proteção ao meio ambiente antártico.

3. Cada Parte deverá informar as demais Partes da forma como aplicar esta disposição.

4. O procedimento de solução de controvérsias estabelecido nos Artigos 18 a 20 do Protocolo não se aplicará a este Artigo.

Artigo 12
Medidas preventivas, preparação para situações de emergência e reação

1. No intuito de reagir com mais eficácia às situações de emergência de poluição marinha ou à ameaça dessas situações na área do Tratado da Antártida, e de acordo com o Artigo 15 do Protocolo, as Partes deverão estabelecer planos de emergência para reagir aos casos de poluição marinha na área do Tratado da Antártida, inclusive planos de emergência para os navios (exceto embarcações pequenas utilizadas nas operações em sítios fixos ou em navios) que estiverem operando na área do Tratado da Antártida, em particular os que transportarem cargas de óleo, e para o caso de derramamento de óleo, provenientes de instalações costeiras, no meio ambiente marinho. Para esse fim deverão:

a) cooperar na formulação e aplicação de tais planos; e

b) valer-se dos pareceres do Comitê, da Organização Marítima Internacional e de outras organizações internacionais.

2. As Partes deverão estabelecer também procedimentos para cooperar na reação às situações de emergência de poluição e tomar medidas de reação apropriadas de acordo com esses procedimentos.

Artigo 13
Revisão

Com a finalidade de alcançar os objetivos deste Anexo, as Partes deverão submeter a revisão permanente as disposições dele e as outras medidas destinadas a prevenir e reduzir a poluição ao meio ambiente marinho da Antártida e a ela reagir, inclusive quaisquer emendas e novas regras adotadas conforme a Marpol 73/78.

Artigo 14
Relação com a Marpol 73/78

Com respeito às Partes que sejam também Partes da Marpol 73/78, nada neste Anexo prejudica os direitos e deveres específicos que dela resultem.

Artigo 15
Emenda ou modificação

1. Este Anexo pode ser emendado ou modificado por uma medida adotada de acordo com o parágrafo 1 do Artigo IX do Tratado da Antártida. Salvo no caso em que a medida dispuser em contrário, a emenda ou modificação será considerada aprovada e entrará em vigor um ano após o encerramento da Reunião Consultiva do Tratado da Antártida em que tiver sido adotada, a menos que uma ou mais Partes Consultivas do Tratado da Antártida nesse prazo notifiquem o Depositário de que desejam uma prorrogação do referido prazo ou de que não se encontram em condições de aprovar a medida.
2. Qualquer emenda ou modificação deste Anexo que entrar em vigor de acordo com o parágrafo 1 acima, entrará em vigor em seguida para qualquer outra Parte, quando tiver sido recebida pelo Depositário a notificação da aprovação por esta feita.

ANEXO V
AO PROTOCOLO AO TRATADO DA ANTÁRTIDA SOBRE PROTEÇÃO AO MEIO AMBIENTE

Proteção e Gerenciamento de Áreas

Artigo 1°
Definições

Para os fins deste Anexo:
a) "autoridade competente" significa qualquer pessoa ou órgão autorizado por uma Parte a expedir licenças, em conformidade com este Anexo;
b) "licença" significa autorização formal por escrito expedida por uma autoridade competente;
c) "Plano de Gerenciamento" significa um plano para gerenciar as atividades e proteger o valor ou valores especiais em uma Área Antártica Especialmente Protegida ou em uma Área Antártica Especialmente Gerenciada.

Artigo 2°
Objetivos

Para os fins estabelecidos neste Anexo, qualquer área, inclusive marinha, poderá ser designada como uma Área Antártica Especialmente Protegida ou uma Área Antártica Especialmente Gerenciada. As atividades nessas Áreas serão proibidas, restringidas ou gerenciadas de acordo com Planos de Gerenciamento adotados de acordo com as disposições deste Anexo.

Artigo 3°
Áreas Antárticas Especialmente Protegidas

1. Qualquer área, inclusive marinha, poderá ser designada como Área Antártica Especialmente Protegida para proteger valores ambientais, científicos, históricos, estéticos ou naturais notáveis, qualquer combinação desses valores ou pesquisa científica em curso ou planejada.
2. As Partes deverão procurar identificar, numa estrutura geográfica e ambiental sistemática, e incluir na série de Áreas Antárticas Especialmente Protegidas:
a) áreas que se houverem mantido a salvo de qualquer interferência humana, de modo que seja possível, futuramente, efetuarem-se comparações em localidades que tiverem sido atingidas por atividades humanas;
b) exemplos representativos dos principais ecossistemas terrestres, inclusive glaciais e aquáticos, e ecossistemas marinhos;
c) áreas com comunidades importantes ou incomuns de espécies, inclusive as principais colônias de reprodução de aves e mamíferos nativos;
d) a localidade típica ou o único *habitat* conhecido de qualquer espécie;
e) áreas de interesse particular para a pesquisa científica em curso ou planejada;
f) exemplos de particularidades geológicas, glaciológicas ou geomorfológicas notáveis;
g) áreas de notável valor estético e natural;
h) sítios ou monumentos de reconhecido valor histórico; e
i) outras áreas conforme apropriado para se protegerem os valores indicados no parágrafo 1 acima.
3. Ficam designadas como Áreas Antárticas Especialmente Protegidas as Áreas Especialmente Protegidas e os Sítios de Especial Interesse Científico como tais designados por anteriores Reuniões Consultivas do Tratado da Antártida, os quais deverão, assim, ser novamente denominados e numerados.
4. O ingresso em Área Antártica Especialmente Protegida e proibido, salvo de acordo com uma licença expedida conforme o Artigo 7.

Artigo 4°
Áreas Antárticas Especialmente Gerenciadas

1. Qualquer área, inclusive marinha, onde atividades estiverem sendo efetuadas ou puderem sê-lo no futuro, poderá ser designada como Área Antártica Especialmente Gerenciada para assistir no planejamento e coordenação, de atividades, evitar possíveis conflitos, melhorar a cooperação entre as Partes ou minimizar o impacto ambiental.
2. As Áreas Antárticas Especialmente Gerenciadas poderão incluir:
a) áreas onde as atividades oferecerem riscos de interferência mútua ou impacto ambiental cumulativo; e

b) sítios ou monumentos de reconhecido valor histórico.

3. O ingresso em Área Antártica Especialmente Gerenciada não exigirá licença.

4. Não obstante o parágrafo 3 acima, uma Área Antártica Especialmente Gerenciada poderá conter uma ou mais Áreas Antárticas Especialmente Protegidas, nas quais o ingresso seja proibido, salvo de acordo com uma licença expedida conforme o Artigo 7.

Artigo 5º
Planos de Gerenciamento

1. Qualquer Parte, o Comitê, o Comitê Científico para a Pesquisa Antártica ou a Comissão para a Conservação dos Recursos Vivos Marinhos Antárticos poderá propor a designação de uma área como Área Antártica Especialmente Protegida ou Área Antártica Especialmente Gerenciada, submetendo uma proposta de Plano de Gerenciamento à Reunião Consultiva do Tratado da Antártida.

2. A área proposta para designação deverá ser de tamanho suficiente para proteger os valores para os quais a proteção especial ou o gerenciamento forem solicitados.

3. As propostas de Plano de Gerenciamento deverão incluir, conforme o caso:

a) uma descrição do valor ou valores para os quais a proteção especial ou o gerenciamento forem solicitados;

b) uma declaração das metas e objetivos do Plano de Gerenciamento para a proteção e gerenciamento desses valores;

c) as atividades de gerenciamento a serem realizadas para proteger os valores para os quais a proteção especial ou o gerenciamento forem solicitados;

d) um período de designação, se for o caso;

e) uma descrição da área, inclusive:

i) as coordenadas geográficas, os marcos de divisa e as particularidades naturais que delimitem a área;

ii) acesso à área por terra, mar ou ar, inclusive roteiros marítimos e ancoradouros, caminhos para pedestres e veículos dentro da área e rotas de aeronaves e áreas de aterrissagem;

iii) a localização de estruturas, inclusive estações científicas, instalações de pesquisas ou refúgio tanto dentro da área quanto em suas proximidades; e

iv) a localização, dentro da área ou em suas proximidades, de outras Áreas Antárticas Especialmente Protegidas ou Áreas Antárticas Especialmente Gerenciadas designadas de acordo com este Anexo ou de outras áreas protegidas designadas de acordo com medidas adotadas conforme outros componentes do sistema do Tratado da Antártida;

f) a identificação de zonas dentro da área nas quais as atividades deverão ser proibidas, restringidas ou gerenciadas com o fim de alcançar as metas e objetivos indicados na alínea (b) acima;

g) mapas e fotografias que mostrem claramente os limites da área em relação às particularidades das redondezas e principais particularidades dentro da área;

h) documentação de apoio;

i) com referência a uma área proposta para designação como Área Antártica Especialmente Protegida, uma clara descrição das condições nas quais as licenças poderão ser concedidas pela autoridade competente, com relação:

i) ao acesso a área e movimentação dentro dela ou sobre ela;

ii) às atividades que forem ou puderem ser efetuadas dentro da área, inclusive restrições temporais e locais;

iii) à instalação, modificação ou remoção de estruturas;

iv) à localização de acampamentos;

v) às restrições a materiais e organismos que puderem ser introduzidos na área;

vi) à "apanha" de espécimes ou à interferência nociva com a flora e a fauna nativas;

vii) ao recebimento ou remoção de tudo o que não tiver sido introduzido na área pelo titular da licença;

viii) à eliminação de resíduos;

ix) às medidas que puderem ser necessárias para assegurar que as metas e objetivos do plano de gerenciamento continuem a ser alcançados; e

x) às exigências de que, com relação a visitas à área, sejam feitos relatórios às autoridades competentes;

j) com referência a uma área proposta para designação como Área Antártica Especialmente Gerenciada, um código de conduta com relação:

i) ao acesso à área e movimentação dentro dela ou sobre ela;

ii) às atividades que forem ou puderem ser efetuadas dentro da área, inclusive restrições temporais e locais;

iii) à instalação, modificação ou remoção de estruturas;

iv) à localização de acampamentos;

v) à "apanha" de espécimes ou à interferência nociva com a flora e a fauna nativas;

vi) ao recebimento ou remoção de tudo o que não tiver sido introduzido na área pelo titular da licença;

vii) à eliminação de resíduos; e

viii) a quaisquer exigências de que, com relação a visitas à área, sejam feitos relatórios às autoridades competentes; e

k) disposições sobre as circunstâncias em que as Partes devam procurar permutar informações antes do início de atividades a que se propuserem.

Artigo 6º
Procedimentos de designação

1. Os Planos de Gerenciamento propostos deverão ser encaminhados ao Comitê, ao Comitê Científico sobre Pesquisa Antártica e, se apropriado, à Comissão para a Conservação dos Recursos Vivos Marinhos Antárticos. Ao formular seu parecer à Reunião Consultiva do Tratado da Antártida, o

Comitê deverá levar em consideração quaisquer comentários fornecidos pelo Comitê Científico sobre Pesquisa Antártica e, se apropriado, pela Comissão para Conservação dos Recursos Vivos Marinhos Antárticos. A partir de então, os Planos de Gerenciamento poderão ser aprovados pelas Partes consultivas do Tratado da Antártida através de medida adotada em Reunião Consultiva do Tratado da Antártida, de acordo com o parágrafo 1 do Artigo IX do Tratado da Antártida. Salvo nos casos em que a medida dispuser em contrário, o Plano será considerado aprovado 90 dias após o encerramento da Reunião Consultiva do Tratado da Antártida em que tenha sido adotado, a menos que, nesse prazo, uma ou mais Partes Consultivas notifiquem o Depositário de que desejam uma prorrogação do referido prazo ou de que não se encontram em condições de aprovar a medida.

2. Levando em consideração as disposições dos Artigos 4 e 5 do Protocolo, nenhuma área marinha deverá ser designada como Área Antártica Especialmente Protegida ou Área Antártica Especialmente Gerenciada sem a aprovação prévia da Comissão para a Conservação dos Recursos Vivos Marinhos Antárticos.

3. A designação de uma Área Antártica Especialmente Protegida ou uma Área Antártica Especialmente Gerenciada deverá vigorar por um período indefinido, a menos que o Plano de Gerenciamento disponha em contrario. Pelo menos cada cinco anos deverá ser iniciada uma revisão dos Planos de Gerenciamento. O Plano deverá ser atualizado de acordo com as necessidades.

4. Os Planos de Gerenciamento poderão ser emendados ou revogados de acordo com o parágrafo 1 acima.

5. Quando aprovados, os Planos de Gerenciamento deverão ser distribuídos prontamente pelo Depositário a todas as Partes. O Depositário deverá manter um registro atualizado de todos os Planos de Gerenciamento aprovados.

Artigo 7º
Licenças

1. Cada Parte deverá indicar uma autoridade competente para expedir licenças para ingresso e desempenho de atividades dentro de uma Área Antártica Especialmente Protegida, de acordo com as exigências do Plano de Gerenciamento relativo a essa Área. A licença deverá ser acompanhada das partes relevantes do Plano de Gerenciamento e deverá especificar a extensão e localização da Área, as atividades autorizadas, o tempo e o lugar destas e a identidade de quem as executar, bem como quaisquer outras condições impostas pelo Plano de Gerenciamento.

2. No caso de uma Área Antártica Especialmente Protegida como tal designada por anteriores Reuniões Consultivas do Tratado da Antártida e que não tiver um Plano de Gerenciamento, a autoridade competente poderá expedir uma licença para um fim científico de caráter imprescindível que não puder ser satisfeito alhures e que não puser em perigo o sistema ecológico natural na Área.

3. Cada Parte deverá exigir do titular da licença que traga consigo uma cópia desta enquanto se encontrar na Área Antártica Especialmente Protegida em questão.

Artigo 8º
Sítios e monumentos históricos

1. O sítios ou monumentos de reconhecido valor histórico que tiverem sido designados Áreas Antárticas Especialmente Protegidas ou Áreas Antárticas Especialmente Gerenciadas ou que estiverem localizados dentro de tais Áreas deverão ser relacionados como Sítios e Monumentos Históricos.

2. Qualquer Parte pode propor seja relacionado como Sítio ou Monumento Histórico um sítio ou monumento de valor histórico reconhecido e que não tiver sido designado Área Antártica Especialmente Protegida ou Área Antártica Especialmente Gerenciada nem estiver localizado dentro de tais Áreas. A proposta de relacionamento poderá ser aprovada pelas Partes Consultivas do Tratado da Antártida através de medida adotada em Reunião Consultiva do Tratado da Antártida, de acordo com o parágrafo 1 do Artigo IX do Tratado da Antártida. Salvo nos casos em que a medida dispuser em contrário, a proposta será considerada aprovada 90 dias após o encerramento da Reunião Consultiva do Tratado da Antártida na qual tiver sido adotada, a menos que nesse prazo uma ou mais Partes Consultivas notifiquem o Depositário de que desejam uma prorrogação do referido prazo ou de que não se encontram em condições de aprovar a medida.

3. Os Sítios e Monumentos Históricos existentes que tenham sido relacionados com tais por anteriores Reuniões Consultivas do Tratado da Antártida deverão ser incluídos na relação de Sítios e Monumentos Histórico conforme este Artigo.

4. Os Sítios e Monumentos Históricos relacionados não deverão ser danificados, removidos ou destruídos.

5. A relação de Sítios e Monumentos Históricos pode ser emendada de acordo com o parágrafo 2 acima. O Depositário deverá manter uma relação atualizada de Sítios e Monumentos Históricos.

Artigo 9º
Informação e divulgação

1. Com a finalidade de assegurar que todas pessoas que visitarem ou se proponham a visitar a Antártida compreendam e observem as disposições deste Anexo, cada Parte deverá tornar acessível informação que exponha especificamente:

a) a localização das Áreas Antárticas Especialmente Protegidas e Áreas Antárticas Especialmente Gerenciadas;

b) a relação e os mapas dessas Áreas;

c) os Planos de Gerenciamento, inclusive listas das proibições referentes a cada Área;

d) a localização dos Sítios e Monumentos Históricos e qualquer proibição restrição a eles referentes.

2. Cada Parte deverá assegurar que a localização e, se possível, os limites das Áreas Antárticas Especialmente Protegidas, Áreas Antárticas Especialmente Gerenciadas e Sítios e Monumentos Históricos sejam assinalados em seus mapas topográficos, cartas hidrográficas e outras publicações relevantes.

3. As Partes deverão cooperar para assegurar, quando apropriado, que as divisas das Áreas Antárticas Especialmente Protegidas, Áreas Antárticas Especialmente Gerenciadas e Sítios e Monumentos Históricos sejam convenientemente demarcadas no local.

Artigo 10
Permuta de informações

1. As Partes deverão tomar providências para:

a) coletar e permutar registros, inclusive registros de licenças e relatórios de visitas, entre as quais visitas de inspeção, às Áreas Antárticas Especialmente Protegidas e relatórios de visitas de inspeção às Áreas Antárticas Especialmente Gerenciadas;

b) obter e permutar informação sobre qualquer mudança significativa ou dano a qualquer Área Antártica Especialmente Gerenciada, Área Antártica Especialmente Protegida ou Sítio ou Monumento Histórico; e

c) estabelecer formulários comuns nos quais, de acordo com o parágrafo 2 abaixo, os registros e informações sejam apresentados pelas Partes.

2. Antes do fim de novembro de cada ano, cada Parte deverá informar as outras Partes e o Comitê do número e da natureza das licenças expedidas conforme este Anexo no período de 1° de julho a 30 de junho anterior.

3. Cada Parte que executar, financiar e ou autorizar a pesquisa ou outras atividades em Áreas Antárticas Especialmente Protegidas ou Áreas Antárticas Especialmente Gerenciadas deverá manter um registro de tais atividades e, na permuta anual de informações de acordo com o Tratado, fornecer descrições sumárias das atividades no ano anterior executadas em tais áreas por pessoas sob sua jurisdição.

4. Antes do fim de novembro de cada ano, cada Parte deverá informar as outras Partes e o Comitê das medidas que tiver tomado para aplicar este Anexo, inclusive qualquer inspeção de local e qualquer medida tomada para tratar de casos de atividades contrárias às disposições do Plano de Gerenciamento aprovado para uma Área Antártica Especialmente Protegida ou Área Antártica Especialmente Gerenciada.

Artigo 11
Situações de emergência

1. As restrições formuladas e autorizadas por este Anexo não serão aplicadas em situações de emergência que envolvam a segurança da vida humana ou de navios, aeronaves ou equipamentos e instalações de alto valor ou a proteção ao meio ambiente.

2. Todas as Partes e o Comitê deverão ser imediatamente notificados das atividades realizadas em situações de emergência.

Artigo 12
Emenda ou modificação

1. Este Anexo pode ser emendado ou modificado por uma medida adotada de acordo com o parágrafo 1 do Artigo IX do Tratado da Antártida. Salvo no caso em que a medida dispuser em contrário, a emenda ou modificação será considerada aprovada e entrará em vigor um ano após o encerramento da Reunião Consultiva do Tratado da Antártida em que tiver sido adotada, a menos que uma ou mais Partes Consultivas do Tratado da Antártida nesse prazo notifiquem o Depositário de que desejam uma prorrogação do referido prazo ou de que não se encontram em condições de aprovar a medida.

2. Qualquer emenda ou modificação deste Anexo que entrar em vigor de acordo com o parágrafo 1 acima, entrará em vigor em seguida para qualquer outra Parte, quanto tiver sido recebida pelo Depositário a notificação de aprovação por esta feita.

CONVENÇÃO SOBRE A CONSERVAÇÃO DOS RECURSOS VIVOS MARINHOS ANTÁRTICOS (1980)

- Assinada em Camberra, Austrália, em 20.05.1980.
- Entrou em vigor em 07.04.1982. Aprovada pelo Decreto Legislativo 33, de 05.12.1985. Entrada em vigor para o Brasil em 28.01.1986. Promulgada pelo Decreto 93.935, de 15.01.1987.

As Partes Contratantes,

Reconhecendo a importância de se proteger o meio ambiente e preservar a integridade do ecossistema dos mares adjacentes à Antártida;

Tendo em conta a concentração de recursos vivos marinhos encontrados em águas antárticas e o interesse crescente nas possibilidades que se apresentam de utilização de tais recursos como fonte de proteína;

Conscientes da urgência de se assegurar a conservação dos recursos vivos marinhos antárticos;

Considerando que é essencial incrementar o conhecimento do ecossistema antártico marinho e de seus componentes, de modo a poder fundamentar decisões sobre captura em informações científicas seguras;

Acreditando que a conservação dos recursos vivos marinhos antárticos requer cooperação internacional que leve devidamente em consideração os dispositivos do Tratado da Antártida e que conte com a participação ativa de todos os Estados engajados em atividades de pesquisa ou de captura em águas antárticas;

Reconhecendo as responsabilidades primordiais das Partes Consultivas do Tratado da Antártida na proteção e preservação do meio ambiente antártico e em particular as responsabilidades assumidas por elas de conformidade com a alínea (f) do parágrafo primeiro do art. IX do Tratado da Antártida a respeito da preservação e conservação dos recursos vivos na Antártida;

Recordando as medidas já tomadas pelas Partes Consultivas do Tratado da Antártida, incluindo, em particular as Medidas Acordadas para a Conservação da Fauna e da Flora Antárticas, bem como os dispositivos da Convenção para a Conservação de Focas Antárticas;

Tendo em vista a preocupação expressa pelas Partes Consultivas, na IX Reunião Consultiva do Tratado da Antártida no que concerne à conservação dos recursos vivos marinhos antárticos e a importância dos dispositivos da Recomendação IX-2, que levou ao estabelecimento da presente Convenção;

Acreditando ser do interesse de toda a humanidade preservar as águas que circundam o continente antártico unicamente para fins pacíficos e evitar a sua transformação em cenário ou objeto de discórdias internacionais;

Reconhecendo, à luz do que precede, que é desejável estabelecer um mecanismo adequado para recomendar, promover, determinar e coordenar medidas e estudos científicos necessários para assegurar a conservação de organismos vivos marinhos antárticos;

Concordaram no seguinte:

Artigo I

1. Esta Convenção se aplica aos recursos vivos marinhos antárticos da área ao sul de 60 graus de latitude sul e aos recursos vivos marinhos antárticos da área compreendida entre aquela latitude e a Convergência Antártica que fazem parte do ecossistema marinho antártico.

2. "Recursos vivos marinhos antárticos" significa as populações de peixes com nadadeiras, moluscos, crustáceos e todas as demais espécies de organismos vivos incluindo pássaros, encontrados ao sul da Convergência Antártica.

3. "Ecossistema marinho antártico" significa o complexo das relações dos recursos marinhos antárticos entre eles e com o seu meio ambiente físico.

4. A Convergência Antártica será considerada como uma linha que une os seguintes pontos ao longo dos paralelos de latitude e meridianos de longitude: 50°S, 0°; 50°S, 30°E; 45°S, 30°E; 45°S, 80°E; 55°S, 80°E; 55°S, 150°E; 60°S, 150°E; 60°S, 50°W; 50°S, 50°W; 50°S, 0°.

Artigo II

1. O objetivo desta Convenção é a conservação de recursos vivos marinhos antárticos.

2. Para os fins desta Convenção, o termo "conservação" inclui utilização racional.

3. Toda captura e atividades conexas na área à qual se aplica a presente Convenção serão conduzidas de conformidade com os dispositivos desta Convenção e com os seguintes princípios de conservação:

a) prevenção da diminuição do volume de qualquer população explorada a níveis inferiores àqueles que garantam a manutenção de sua capacidade de renovação. Para esse fim, não se deverá deixar seu volume cair abaixo de um nível próximo que garante o máximo crescimento líquido anual;

b) manutenção das relações ecológicas entre as populações capturadas, dependentes e associadas dos recursos vivos marinhos antárticos e a restauração das populações reduzidas ao nível definido na alínea (a) acima; e

c) prevenção de modificações ou minimização do risco de modificações no ecossistema marinho que não sejam potencialmente reversíveis no curso de duas ou três décadas, levando em consideração o nível de conhecimento disponível sobre o impacto direto e indireto de captura, sobre o efeito da introdução de espécies exógenas, sobre os efeitos de atividades conexas no ecossistema marinho e sobre os efeitos das alterações ambientais, com o objetivo de possibilitar a conservação continuada dos recursos vivos marinhos antárticos.

Artigo III

As Partes Contratantes, sejam elas Partes do Tratado na Antártida ou não, concordam em que não desenvolverão quaisquer atividades na área de aplicação do Tratado da Antártida que sejam contrárias aos princípios e propósitos daquele Tratado e que, em seu relacionamento recíproco, estão vinculadas pelas obrigações constantes dos arts. I e V do Tratado da Antártida.

Artigo IV

1. No que concerne à área de aplicação do Tratado da Antártida, todas as Partes Contratantes, sejam elas ou não Partes do Tratado da Antártida, estão obrigadas pelos arts. IV e VI do Tratado da Antártida em seu relacionamento mútuo.

2. Nada na presente Convenção e nenhum ato ou atividade que ocorra enquanto a presente Convenção estiver em vigor:

a) constituirá base para proclamar, apoiar ou contestar reivindicação sobre soberania territorial na área de aplicação do Tratado da Antártida ou para criar direitos de soberania na área de aplicação do Tratado da Antártida;

b) será interpretado como renúncia ou diminuição, por qualquer Parte Contratante, ou ainda como sendo prejulgamento de qualquer direito ou reivindicação ou base de reivindicação para o exercício de jurisdição de Estado costeiro conforme o Direito Internacional dentro da área à qual se aplica a presente Convenção;

c) será interpretado como prejulgando a posição de qualquer Parte Contratante quanto ao reconhecimento ou não reconhecimento por ela de tal direito ou reivindicação ou base de reivindicação;

d) prejudicará o disposto no § 2º do art. IV do Tratado da Antártida, segundo o qual nenhuma nova reivindicação ou ampliação de reivindicação existente relativa a soberania territorial na Antártida será apresentada enquanto o Tratado da Antártida estiver em vigor.

Artigo V

1. As Partes Contratantes que não são Partes do Tratado da Antártida reconhecem as obrigações especiais e as responsabilidades das Partes Consultivas do Tratado da Antártida quanto à proteção e preservação do meio ambiente na área de aplicação do Tratado da Antártida.

2. As Partes Contratantes que não são Partes do Tratado da Antártida concordam em que, nas suas atividades na área de aplicação do Tratado da Antártida, observarão, se e quando apropriado, as Medidas Acordadas para a Conservação da Fauna e da Flora Antárticas e demais medidas que tenham sido recomendadas pelas Partes Consultivas do Tratado da Antártida no cumprimento de sua responsabilidade quanto à proteção do meio ambiente antártico em relação a todas as formas de interferência humana danosa.

3. Para os fins da presente Convenção, "Partes Consultivas do Tratado da Antártida" significa as Partes Contratantes do Tratado da Antártida cujos Representantes participam de reuniões que se realizem nos termos do art. IX do Tratado da Antártida.

Artigo VI

Nada na presente Convenção derrogará os direitos e obrigações das Partes Contratantes nos termos da Convenção Internacional para a Regulamentação da Caça à Baleia e da Convenção para a Conservação de Focas Antárticas.

Artigo VII

1. As Partes Contratantes, pela presente Convenção, estabelecem e concordam em manter a Comissão para a Conservação dos Recursos Vivos Marinhos Antárticos (aqui doravante referida como "Comissão").

2. A composição da Comissão será a seguinte:

a) cada Parte Contratante que participou da reunião na qual foi adotada a presente Convenção será membro da Comissão;

b) cada Estado-parte que tenha aderido à presente Convenção de conformidade com o art. XXIX terá o direito de ser Membro da Comissão durante o período em que a mesma Parte aderente esteja engajada em atividades de pesquisa ou captura relacionadas com os recursos vivos marinhos aos quais se aplicam a presente Convenção;

c) cada organização regional de integração econômica que tenha aderido à presente Convenção de conformidade com o art. XXIX terá o direito de ser membro da Comissão durante o período em que os seus Estados-membros tiverem tal direito;

d) uma Parte Contratante que deseje participar dos trabalhos da Comissão de conformidade com as alíneas b) e c) acima notificará o Depositário dos fundamentos sobre os quais deseja tornar-se membro da Comissão e de sua disposição de aceitar as medidas de conservação em vigor. O Depositário comunicará a cada Membro da Comissão a referida notificação e informações anexas. Dentro de dois meses após o recebimento dessa comunicação do Depositário, qualquer Membro da Comissão poderá solicitar que se realize uma reunião especial da Comissão para considerar o assunto. Ao receber essa solicitação, o Depositário convocará tal reunião. Caso não haja solicitação para uma reunião, a Parte Contratante que apresentou a notificação será considerada como tendo preenchido os requisitos para tornar-se membro da Comissão.

3. Cada Membro da Comissão será representado por um delegado, que poderá fazer-se acompanhar de suplentes e assessores.

Artigo VIII

A Comissão terá personalidade jurídica e gozará, no território de cada um dos Estados-partes, a capacidade legal que seja necessária para desempenhar sua função e alcançar os objetivos da presente Convenção. Os privilégios e as imunidades a serem gozados pela Comissão e seu pessoal no território de um Estado-parte serão determinados por acordo entre a Comissão e o Estado-parte interessado.

Artigo IX

1. A função da Comissão será a de efetivar o objetivo e os princípios definidos no art. II da presente Convenção. Para esse fim, ela deverá:

a) facilitar a pesquisa e estudos abrangentes sobre os recursos vivos marinhos antárticos e sobre o ecossistema marinho antártico;

b) compilar dados sobre o estado e alterações das populações de recursos vivos marinhos antárticos e sobre fatores que afetam a distribuição, abundância e produtividade das espécies capturadas e das espécies ou populações dependentes ou associadas;

c) assegurar a obtenção de estatísticas sobre a pesca e as atividades empreendidas no que concerne às populações capturadas;

d) analisar, difundir e publicar as informações indicadas nas alíneas b) e c) acima e os relatórios do Comitê Científico;

e) identificar as necessidades em matéria de conservação e analisar a eficácia das medidas de conservação;

f) elaborar, adotar e revisar medidas de conservação com base nas melhores indicações científicas disponíveis, de conformidade com o disposto no § 5º do presente artigo;

g) efetivar o sistema de observação e inspeção estabelecido de acordo com o art. XXIV da presente Convenção;

h) realizar outras atividades que sejam necessárias para cumprir os objetivos da presente Convenção.

2. As medidas de conservação a que se refere a alínea f) do § 1º acima incluem as seguintes:

a) a determinação da quantidade de cada espécie que pode ser capturada na área de aplicação da presente Convenção;

b) a designação de regiões e sub-regiões com base na distribuição de populações de recursos vivos marinhos antárticos;

c) a determinação da quantidade das populações de regiões e sub-regiões que pode ser capturada;
d) a designação de espécies protegidas;
e) a designação do tamanho, da idade e, quando for apropriado, do sexo das espécies cuja captura é permitida;
f) a determinação de períodos abertos ou fechados à captura;
g) a determinação da abertura e do fechamento de áreas, regiões ou sub-regiões para fins de estudo científico ou de conservação, incluindo áreas especiais destinadas à proteção e ao estudo científico;
h) a regulamentação dos meios utilizados e dos métodos de captura incluindo equipamento de pesca, a fim de, *inter alia*, evitar uma concentração indevida de captura em qualquer região ou sub-região;
i) a adoção de quaisquer outras medidas de conservação que a Comissão considere necessárias para a consecução do objetivo da presente Convenção, incluindo medidas relativas aos efeitos da captura e de atividades correlatas sobre outros componentes do ecossistema marinho além das populações capturadas.

3. A Comissão publicará e manterá um registro de todas as medidas de conservação em vigor.

4. No exercício das funções de conformidade com o § 1° acima, a Comissão levará plenamente em consideração as recomendações e a assessoria do Comitê Científico.

5. A Comissão levará plenamente em consideração quaisquer medidas ou regulamentos relevantes estabelecidos ou recomendados pelas Reuniões Consultivas realizadas conforme o art. IX do Tratado da Antártida ou por comissões de pesca existentes que se ocupem de espécies que possam penetrar na área de aplicação desta Convenção, de modo que não haja incompatibilidade entre os direitos e as obrigações de uma Parte Contratante em decorrência de tais medidas ou regulamentos e as medidas de conservação que possam ser adotadas pela Comissão.

6. As medidas de conservação adotadas pela Comissão de conformidade com a presente Convenção deverão ser efetivadas pelos membros da Comissão da seguinte forma:

a) a Comissão notificará as medidas de conservação a todos os membros da Comissão;
b) as medidas de conservação tornar-se-ão obrigatórias para todos os Membros da Comissão 180 dias após a referida notificação, com exceção do disposto nas alíneas c e d abaixo;
c) se, dentro de 90 dias após a notificação referida na alínea a, um Membro da Comissão informar a Comissão de que não pode aceitar, em parte ou em sua totalidade, a medida de conservação, esta não será obrigatória para o referido Membro na medida por ele declarada;
d) no caso de qualquer Membro da Comissão invocar o procedimento estabelecido na alínea c acima, a Comissão se reunirá a pedido de qualquer Membro da Comissão para examinar a medida de conservação. Por ocasião da referida reunião e dentro dos trinta dias seguintes à reunião, qualquer Membro da Comissão terá o direito de declarar que já não está em condições de aceitar a medida de conservação, caso em que o Membro não estará mais obrigado por tal medida.

Artigo X

1. A Comissão deverá chamar a atenção de todo Estado que não seja Parte desta Convenção para qualquer atividade empreendida por seus nacionais ou seus navios que, na opinião da Comissão, afete a consecução do objetivo da presente Convenção.

2. A Comissão deverá chamar a atenção de todas as Partes Contratantes para qualquer atividade que na opinião da Comissão afete a realização por uma Parte Contratante do objetivo da presente Convenção ou o cumprimento por aquela Parte Contratante de suas obrigações nos termos da presente Convenção.

Artigo XI

A Comissão procurará cooperar com as Partes Contratantes que possam exercer jurisdição em áreas marinhas adjacentes à área de aplicação desta Convenção a respeito da conservação de qualquer população ou populações de espécies associadas que se encontrarem tanto dentro daquelas áreas quanto da área de aplicação da presente Convenção, com vistas a harmonizar as medidas de conservação adotadas com relação a tais populações.

Artigo XII

1. As decisões da Comissão sobre assuntos de fundo serão tomadas por consenso. A questão de se considerar um assunto como sendo de fundo será tratada como um assunto de fundo.

2. As decisões sobre assunto que não os referidos no § 1° acima serão tomadas por maioria simples dos membros da Comissão presentes e votantes.

3. Quando do exame pela Comissão de qualquer questão que requeira uma decisão, será deixado claro se uma organização regional de integração econômica participará da tomada da decisão e, em caso afirmativo, se qualquer dos seus Estados-membros deverá também participar. O número de Partes Contratantes que assim participem não excederá o número de Estados-membros da organização regional de integração econômica que são membros da Comissão.

4. Na tomada de decisões, nos termos do presente artigo, uma organização regional de integração econômica terá apenas um voto.

Artigo XIII

1. A sede da Comissão será estabelecida em Hobart, Tasmânia, Austrália.

2. A Comissão realizará uma reunião anual regular. Outras reuniões serão também realizadas a pedido de um terço de seus membros e de conformidade com outras condições previstas na presente Convenção. A primeira reunião da Comissão será realizada dentro de três meses após a entrada em

vigor da presente Convenção, desde que entre as Partes Contratantes haja pelo menos dois Estados que desenvolvam atividades de captura na área de aplicação da presente Convenção. A primeira reunião, de qualquer forma, será realizada dentro de um ano após a entrada em vigor da presente Convenção. O Depositário consultará os Estados signatários sobre a primeira reunião da Comissão, levando em consideração que uma ampla representação de tais Estados é necessária para o funcionamento efetivo da Comissão.

3. O Depositário convocará a primeira reunião da Comissão na sede da Comissão. A partir de então, as reuniões da Comissão serão realizadas na sua sede, a menos que a Comissão decida de outra forma.

4. A Comissão elegerá dentre os seus membros um Presidente e um Vice-Presidente, cada um dos quais terá mandato de dois anos e poderá ser reeleito para um mandato adicional. O primeiro Presidente, porém, será eleito para um mandato inicial de três anos. O Presidente e o Vice-Presidente não poderão ser representantes da mesma Parte Contratante.

5. A Comissão adotará e emendará, conforme necessário, as regras de procedimento para a condução de suas reuniões, exceto no que concerne às questões tratados no art. XII da presente Convenção.

6. A Comissão poderá estabelecer os órgãos subsidiários que sejam necessários para o desempenho de suas funções.

Artigo XIV

1. As Partes Contratantes estabelecem pela presente Convenção o Comitê Científico para a Conservação dos Recursos Vivos Marinhos Antárticos (aqui doravante referido como "Comitê Científico"), que será um órgão consultivo da Comissão. O Comitê Científico reunir-se-á normalmente na sede da Comissão, a não ser que o Comitê Científico decida de outra forma.

2. Cada membro da Comissão será membro do Comitê Científico e designará um representante com as qualificações científicas apropriadas o qual poderá fazer-se acompanhar de outros especialistas e assessores.

3. O Comitê Científico poderá solicitar a opinião de outros especialistas e assessores na medida em que possa ser necessário em caráter *ad hoc*.

Artigo XV

1. O Comitê Científico constituirá um foro para consulta e cooperação sobre a coleta, estudo e intercâmbio de informação a respeito dos recursos vivos marinhos a que a presente Convenção se aplica. Deverá estimular e promover cooperação no campo da pesquisa científica a fim de se ampliar o conhecimento sobre os recursos vivos marinhos do ecossistema antártico marinho.

2. O Comitê Científico conduzirá as atividades de que for incumbido pela Comissão, de conformidade com os objetivos desta Convenção, e deverá:

a) estabelecer critérios e métodos a serem usados para determinações concernentes às medidas de conservação referidas no art. IX da presente Convenção;

b) avaliar periodicamente o estado e as tendências das populações de recursos vivos marinhos antárticos;

c) analisar dados sobre os efeitos diretos e indiretos da captura sobre as populações de recursos vivos marinhos antárticos;

d) avaliar os efeitos de alterações propostas nos métodos ou nos níveis de captura e nas medidas de conservação propostas;

e) encaminhar à Comissão avaliações, análises, relatórios e recomendações sobre medidas e pesquisa para efetivar o objetivo da presente Convenção conforme solicitado ou por sua própria iniciativa;

f) formular propostas para a realização de programas de pesquisa nacionais ou internacionais sobre os recursos vivos marinhos antárticos.

3. No desempenho de suas funções, o Comitê Científico levará em conta o trabalho de outras organizações técnicas e científicas relevantes e as atividades científicas realizadas no âmbito do Tratado da Antártida.

Artigo XVI

1. A primeira reunião do Comitê Científico será realizada dentro de três meses após a primeira reunião da Comissão. O Comitê Científico reunir-se-á daí em diante com a frequência necessária para o desempenho de suas funções.

2. O Comitê Científico deverá adotar e emendar, conforme necessário, suas regras de procedimento. As regras e quaisquer emendas a elas deverão ser aprovadas pela Comissão. As regras deverão incluir procedimentos para a apresentação de relatórios de minoria.

3. O Comitê Científico poderá estabelecer, com a aprovação da Comissão, os órgãos subsidiários que sejam necessários ao desempenho de suas funções.

Artigo XVII

1. A Comissão nomeará um Secretário Executivo para servir a Comissão e o Comitê Científico segundo os procedimentos e nos termos e condições que a Comissão determinar. O seu mandato será de quatro anos e poderá ser renovado.

2. A Comissão autorizará a composição do pessoal do Secretariado conforme necessário e o Secretário Executivo nomeará, dirigirá e supervisionará o pessoal de acordo com as regras e os procedimentos e nas condições que a Comissão determinar.

3. O Secretário Executivo e o Secretariado exercerão as funções a eles confiadas pela Comissão.

Artigo XVIII

As línguas oficiais da Comissão e do Comitê Científico serão o espanhol, o francês, o inglês e o russo.

Artigo XIX

1. Em cada reunião anual, a Comissão deverá adotar, por consenso, o seu orçamento e o orçamento do Comitê Científico.

2. Um projeto de orçamento para a Comissão e para o Comitê Científico e quaisquer órgãos subsidiários será preparado pelo Secretário Executivo e submetido aos membros da Comissão no mínimo sessenta dias antes da reunião anual da Comissão.
3. Cada membro da Comissão contribuirá para o orçamento. Até a expiração de um prazo de cinco anos a contar da entrada em vigor desta Convenção, a contribuição de cada membro será igual. A partir de então, a contribuição será determinada segundo dois critérios: a quantidade de captura efetuada e uma participação igual de todos os membros da Comissão. A Comissão fixará, por consenso, a proporção na qual os dois critérios serão aplicados.
4. As operações financeiras da Comissão e do Comitê Científico serão conduzidas de acordo com regulamentos financeiros adotados pela Comissão e estarão sujeitas a uma auditoria anual por auditores externos escolhidos pela Comissão.
5. Cada membro da Comissão cobrirá suas próprias despesas decorrentes da participação em reuniões da Comissão e do Comitê Científico.
6. Um membro da Comissão que deixar de pagar as suas contribuições por dois anos consecutivos não terá direito de participar da tomada de decisões da Comissão até haver pago suas contribuições em atraso.

Artigo XX

1. Os membros da Comissão comunicarão anualmente à Comissão e ao Comitê Científico, na maior medida possível, os dados estatísticos, biológicos e outros e as informações de que a Comissão e o Comitê Científico possam necessitar para o exercício de suas funções.
2. Os membros da Comissão comunicarão, na forma e com a frequência que sejam prescritas, informações sobre as suas atividades de captura, inclusive sobre as áreas de pesca e os navios, de maneira a possibilitar a compilação de estatísticas confiáveis sobre a captura e os meios empregados.
3. Os membros da Comissão comunicarão à Comissão, com a frequência que seja prescrita, informações sobre as medidas tomadas para efetivar as medidas de conservação adotadas pela Comissão.
4. Os membros da Comissão concordam em que em quaisquer de suas atividades de captura será feito pleno uso das oportunidades que se apresentarem para a coleta de dados necessários à avaliação do impacto decorrente da captura.

Artigo XXI

1. Cada Parte Contratante deverá tomar medidas apropriadas, dentro dos limites de sua competência, para assegurar o cumprimento das disposições da presente Convenção e das medidas de conservação adotadas pela Comissão, às quais a Parte está obrigada nos termos do art. IX da presente Convenção.
2. Cada Parte Contratante deverá transmitir à Comissão informações sobre medidas tomadas nos termos do § 1º acima, inclusive sobre a aplicação de sanções por qualquer infração.

Artigo XXII

1. Cada Parte Contratante se compromete a empreender esforços apropriados compatíveis com a Carta das Nações Unidas, a fim de que ninguém desenvolva qualquer atividade contrária ao objetivo da presente Convenção.
2. Cada Parte Contratante deverá notificar a Comissão de qualquer atividade desse tipo que chegue a seu conhecimento.

Artigo XXIII

1. A Comissão e o Comitê Científico cooperarão com as Partes Contratantes do Tratado da Antártida nos assuntos que são da competência destas.
2. A Comissão e o Comitê Científico cooperarão, conforme apropriado, com a Organização das Nações Unidas para a Alimentação e a Agricultura e com outros organismos especializados.
3. A Comissão e o Comitê Científico procurarão desenvolver relações de trabalho cooperativas conforme apropriado, com organizações intergovernamentais e não governamentais que possam contribuir para os seus trabalhos, inclusive com o Comitê Científico de Pesquisa Antártica, com o Comitê Científico de Pesquisa Oceânica e com a Comissão Internacional da Caça à Baleia.
4. A Comissão poderá concluir acordos com as organizações referidas no presente artigo e com outras organizações conforme apropriado. A Comissão e o Comitê Científico poderão convidar tais organizações a enviar observadores para as suas reuniões e para reuniões dos seus órgãos subsidiários.

Artigo XXIV

1. As Partes Contratantes concordam em estabelecer um sistema de observação e de inspeção para promover o objetivo e assegurar a observância das disposições da presente Convenção.
2. O sistema de observação e inspeção será elaborado pela Comissão com base nos seguintes princípios:
a) as Partes Contratantes cooperarão entre si para assegurar a execução efetiva do sistema de observação e inspeção, levando em conta práticas internacionais existentes. Este sistema incluirá, *inter alia*, procedimentos de visita a bordo e inspeção por observadores e inspetores designados pelos membros da Comissão e procedimentos relativos aos processos impetrados e às sanções aplicadas ao Estado de bandeira com base em provas resultantes de tais visitas a bordo e inspeções. Um relatório de tais processos e sanções impostas deverá ser incluído nas informações a que se refere o art. XXI da presente Convenção;
b) a fim de verificar o cumprimento das medidas adotadas nos termos da presente Convenção, a observação e a inspeção serão efetuadas a bordo de embarcações engajadas em pesquisa científica ou na captura de recursos vivos marinhos na área de aplicação da presente Convenção, por meio de observadores e inspetores designados pelos membros da Comissão que atuarão con-

forme os termos e condições estabelecidas pela Comissão;

c) os observadores e inspetores designados permanecerão sujeitos à jurisdição da Parte Contratante de que sejam nacionais. Eles apresentarão seu relatório ao Membro da Comissão pelo qual foram designados, o qual, por sua vez, informará a Comissão.

3. No período que preceder ao estabelecimento do sistema de observação e inspeção, os Membros da Comissão procurarão estabelecer entendimentos provisórios para designar observadores e inspetores e tais observadores e inspetores designados estarão habilitados a efetuar inspeção de acordo com os princípios estipulados no § 1º acima.

Artigo XXV

1. Se ocorrer qualquer controvérsia entre duas ou mais das Partes Contratantes sobre a interpretação ou a aplicação da presente Convenção, aquelas Partes Contratantes farão consultas entre si com vistas à solução da controvérsia por meio de negociação, investigação, mediação, conciliação, arbitragem, decisão judicial ou outros meios pacíficos de sua própria escolha.

2. Qualquer controvérsia dessa natureza que não encontrar solução pelos meios indicados deverá, com o consentimento, em cada caso, de todas as Partes envolvidas na controvérsia, ser encaminhada para decisão da Corte Internacional de Justiça ou para arbitragem; contudo, a impossibilidade de se chegar a um acordo sobre encaminhamento à Corte Internacional de Justiça ou à arbitragem não dispensará as Partes envolvidas na controvérsia da obrigação de continuar a procurar uma solução por qualquer dos meios pacíficos indicados no § 1º acima.

3. Nos casos em que a controvérsia for encaminhada a arbitragem, o tribunal arbitral será constituído de conformidade com as disposições do Anexo à presente Convenção.

Artigo XXVI

1. A presente Convenção será aberta à assinatura em Camberra de 1º de agosto a 31 de dezembro de 1980 pelos Estados participantes da Conferência sobre a Conservação dos Recursos Vivos Marinhos Antárticos realizada em Camberra, de 7 a 20 de maio de 1980.

2. Os Estados que assim assinarem serão os Estados signatários originais da Convenção.

Artigo XXVII

1. A presente Convenção está sujeita à ratificação, aceitação ou aprovação dos Estados signatários.

2. Os instrumentos de ratificação, aceitação ou aprovação serão depositados junto ao Governo da Austrália, que fica designado Depositário.

Artigo XXVIII

1. A presente Convenção entrará em vigor no trigésimo dia após a data de depósito do oitavo instrumento de ratificação, aceitação ou aprovação por Estados referidos no § 1º do art. XXVI da presente Convenção.

2. Para cada Estado ou cada organização regional de integração econômica que, após a data de entrada em vigor da presente Convenção, depositar um instrumento de ratificação, aceitação, aprovação ou adesão, a Convenção entrará em vigor no trigésimo dia subsequente a tal depósito.

Artigo XXIX

1. A presente Convenção está aberta à adesão por qualquer Estado interessado em atividades de pesquisa ou de captura com relação aos recursos vivos marinhos aos quais se aplica a presente Convenção.

2. A presente Convenção está aberta à adesão de organizações regionais de integração econômica constituídas de Estados soberanos, que incluam entre seus membros um ou mais Estados-membros da Comissão e para a qual os Estados-membros da organização tenham transferido no todo ou em parte competências com relação às questões de que trata a presente Convenção. A adesão de tais organizações regionais de integração econômica será objeto de consultas entre os membros da Comissão.

Artigo XXX

1. A presente Convenção poderá ser emendada em qualquer momento.

2. Se um terço dos membros da Comissão solicitar uma reunião para discutir a emenda proposta, o Depositário deverá convocar tal reunião.

3. Uma emenda entrará em vigor quando o Depositário tiver recebido de todos os membros da Comissão os instrumentos de ratificação, aceitação ou aprovação da referida emenda.

4. Tal emenda a partir de então entrará em vigor com relação a qualquer outra Parte Contratante quando notificação de ratificação, aceitação ou aprovação por ela tenha sido recebida pelo Depositário. Qualquer Parte Contratante, da qual não tiver sido recebida nenhuma notificação no prazo de um ano a contar da data de entrada em vigor da emenda, conforme o § 3º acima, será considerada como tendo-se retirado da presente Convenção.

Artigo XXXI

1. Qualquer Parte Contratante poderá retirar-se da presente Convenção no dia 30 de junho de qualquer ano, mediante entrega de notificação por escrito, até no mais tardar o dia 1º de janeiro do mesmo ano, ao Depositário, o qual, ao receber tal notificação, deverá comunicá-la imediatamente às demais Partes Contratantes.

2. Qualquer outra Parte Contratante poderá, no prazo de sessenta dias a contar do recebimento de uma cópia de tal notificação comunicada pelo Depositário, entregar notificação por escrito ao Depositário sobre sua retirada. Nesse caso, a Convenção deixará de estar em vigor, no dia 30 de junho do mesmo ano, para a Parte Contratante que entregar tal notificação.

3. A retirada da presente Convenção de qualquer Membro da Comissão não afetará suas obrigações financeiras nos termos da presente Convenção.

Artigo XXXII

O Depositário notificará todas as Partes Contratantes:

a) das assinaturas da presente Convenção e do depósito dos instrumentos de ratificação, aceitação, aprovação ou adesão;

b) da data de entrada em vigor da presente Convenção e da data de qualquer emenda a ela.

Artigo XXXIII

1. A presente Convenção, cujos textos em espanhol, francês, inglês e russo são igualmente autênticos, será depositada junto ao Governo da Austrália, que enviará cópias devidamente autenticadas dos mesmos a todas as Partes signatárias e aderentes.

2. A presente Convenção será registrada pelo Depositário de conformidade com o art. 102 da Carta das Nações Unidas.

Feita em Camberra, aos vinte dias do mês de maio do ano de mil novecentos e oitenta.

Em fé do que, os abaixo assinados, estando devidamente autorizados, assinaram a presente Convenção.

ANEXO
TRIBUNAL ARBITRAL

1. O tribunal arbitral a que se refere o § 3º do art. XXV será composto de três árbitros, que serão designados da seguinte forma:

a) a Parte que deu início ao processo comunicará o nome de um árbitro à outra Parte a qual, por sua vez, num prazo de quarenta dias a contar dessa comunicação, comunicará o nome do segundo árbitro. As Partes deverão, num prazo de sessenta dias a contar da designação do segundo árbitro, designar um terceiro árbitro, que não poderá ser nacional de qualquer das duas Partes e não poderá ser da mesma nacionalidade que qualquer dos primeiros dois árbitros. O terceiro árbitro presidirá o tribunal;

b) se o segundo árbitro não tiver sido designado no prazo determinado ou se as Partes não lograram acordo dentro do prazo determinado sobre a designação do terceiro árbitro, esse árbitro será designado, a pedido de qualquer uma das Partes, pelo Secretário-Geral da Corte Permanente de Arbitragem, dentre personalidades de reputação internacional que não sejam nacionais de um Estado que seja Parte da presente Convenção.

2. O tribunal arbitral decidirá onde sua sede será localizada e adotará suas próprias regras de procedimento.

3. O laudo do tribunal arbitral será proferido por uma maioria de seus membros, os quais não poderão se abster de votar.

4. Qualquer Parte Contratante que não é Parte da controvérsia poderá intervir no processo com o consentimento do tribunal arbitral.

5. O laudo do tribunal arbitral será irrecorrível e será obrigatório para todas as partes na controvérsia e para todas as Partes que intervierem no processo, e deverá ser cumprida sem delonga. O tribunal arbitral interpretará o laudo a pedido de uma das partes na controvérsia ou de qualquer das Partes intervenientes.

6. A menos que o tribunal arbitral tome outra decisão, à luz de circunstâncias especiais do caso, as despesas do tribunal, incluindo a remuneração de seus membros, serão custeadas pelas partes na controvérsia em partes iguais.

Direito Internacional Econômico

CONVÊNIO CONSTITUTIVO DO FUNDO MONETÁRIO INTERNACIONAL (1944)

▸ Negociado na conferência de Bretton Woods, Estados Unidos, de 1º a 22.07.1944, e concluído em Washington no mesmo ano. Foi aprovado no Brasil pelo Decreto-lei 8.479, de 27.12.1945, e promulgado pelo Decreto 21.177, de 27.05.1946.

▸ O Convênio Constitutivo do FMI já sofreu seis emendas até hoje: a primeira em 28 de julho de 1969; a segunda em 1º de abril de 1978; a terceira em 11 de novembro de 1992; a quarta em 10 de agosto de 2009; e a quinta e a sexta (conjuntamente) em 21 de julho de 2011 (publicadas, respectivamente, no Diário Oficial da União de 21.05.1969, no Diário do Congresso Nacional de 06.04.1978, no Diário Oficial da União de 30.10.1998; no Diário Oficial da União de 23.12.2010; e no Diário Oficial da União de 22.07.2011), todas já integradas no texto aqui estampado.

Elaborado de conformidade com a Resolução 29.110 da Junta de Governadores.

Os Governos em nome dos quais se firma o presente Convênio acordam o seguinte:

Artigo preliminar

(i) O Fundo Monetário Internacional se constitui e se guiará com base nas atribuições que lhe conferem as disposições originais deste convênio e as de suas emendas posteriores.

(ii) A fim de poder realizar suas operações e transações, o Fundo terá um Departamento Geral e um Departamento de Direitos Especiais de Saque. A condição de país-membro do Fundo dará direito à participação no Departamento de Direitos Especiais de saque.

(iii) As operações e transações que este Convênio autoriza se realizarão através do Departamento Geral que de acordo com as disposições deste Convênio, compreenderá a Conta de Recursos Gerais, a Conta de Desembolso Especial e a Conta de Inversões; exceto que as operações e transações em direitos especiais de saques serão conduzidas através do Departamento de Direitos Especiais de Saque.

Artigo I
Objetivos

Os propósitos do Fundo Monetário Internacional são:

(i) Promover a cooperação monetária internacional por meio de uma instituição permanente que se constitua em mecanismo de consulta e colaboração em problemas monetários internacionais.

(ii) Facilitar a expansão e o crescimento equilibrado do comércio internacional, contribuindo, desse modo, para a promoção e a manutenção de altos níveis de emprego e de renda real e para o desenvolvimento dos recursos produtivos de todos os membros como objetivos primordiais de política econômica.

(iii) Promover a estabilidade cambial, manter regimes cambiais ordenados entre seus membros e evitar desvalorizações cambiais competitivas.

(iv) Auxiliar no estabelecimento de um sistema multilateral de pagamentos para as transações correntes que se realizem entre os membros e na eliminação das restrições cambiais que entravam a expansão do comércio mundial.

(v) Inspirar confiança nos países-membros, pondo à sua disposição os recursos gerais do Fundo, temporariamente, sob adequadas garantias, facultando-lhes, assim, a oportunidade de corrigir desequilíbrio nos seus balanços de pagamentos, sem recorrer a medidas comprometedoras da prosperidade nacional ou internacional.

(vi) De acordo com o que antecede, abreviar a duração e minorar o grau de desequilíbrio dos balanços de pagamentos dos membros.

O Fundo se orientará, em todas as suas políticas e decisões, pelos objetivos enunciados neste Artigo.

Artigo II
Países-Membros

Seção 1
Membros fundadores

Serão membros fundadores do Fundo os países representados na Conferência Monetária e Financeira das Nações Unidas, cujos Governos aceitem ser membros do Fundo antes de 31 de dezembro de 1945.

Seção 2
Outros membros

A admissão ficará facultada a outros países nas oportunidades e condições eventualmente estabelecidas pela Junta de Governadores. Estas condições, inclusive as das subscrições, se basearão em princípios compatíveis com os aplicados aos países que já sejam membros.

Artigo III
Cotas e Subscrições

Seção 1
Cotas e pagamento de subscrições

A cada membro se atribuirá uma cota expressa em direitos especiais de saque. As cotas dos países representados na Conferência Monetária e Financeira das Nações Unidas que houverem ser membros do Fundo antes de 31 de dezembro de 1945 serão as que se indicam no Anexo A. As cotas dos demais membros serão determinadas pela Junta de Governadores. A subscrição de cada membro será igual à sua cota e será paga integralmente ao Fundo junto ao depositário correspondente.

Seção 2
Reajuste de cotas

(a) A Junta de Governadores efetuará, em intervalos de não mais de cinco anos, uma revisão geral das cotas dos membros e, caso julgue pertinente, proporá um reajuste das mesmas. Também poderá, caso julgue oportuno, considerar, em qualquer outro momento, o reajuste de uma determinada cota a pedido do membro interessado.

(b) O Fundo poderá propor, em qualquer momento, um aumento das cotas dos membros que já eram países-membros em 31 de agosto de 1975, em proporção a suas respectivas cotas naquela data e em quantia cumulativa que não supere as quantidades transferidas, com base no Artigo V, Seção 12 *(f)*, *(i)* e *(j)*, da Conta de Desembolso Especial para a Conta de Recursos Gerais.

(c) Será exigida maioria de oitenta e cinco por cento do total de poder de votos para o estabelecimento de qualquer modificação das cotas.

(d) Não se modificará a cota de nenhum membro até que este tenha dado seu consentimento e até o respectivo pagamento se tenha efetuado ou se considere efetuado de acordo com a Seção 3 *(b)* deste Artigo.

Seção 3
Pagamentos no caso de modificação de cotas

(a) Todo membro que concordar com um aumento de sua cota nos termos da Seção 2 *(a)* deste Artigo deverá pagar ao Fundo, no prazo que este determine, vinte e cinco por cento deste aumento em direitos especiais de saque; todavia, a Junta de Governadores poderá determinar que este pagamento se efetue, nas mesmas bases para todos os membros, total ou parcialmente, em moedas de outros membros especificados pelo Fundo, com sua concordância, ou na moeda do próprio país-membro. Um país não participante pagará, nas moedas de outros membros indicados pelo Fundo com sua concordância, a parte do aumento que corresponda à proporção que deva ser paga pelos países participantes em direitos especiais de Saque. O restante do aumento será pago pelo membro em sua própria moeda. Os haveres do Fundo na moeda de um membro não deverão se elevar acima do nível no qual ficariam sujeitos a encargos conforme o Artigo V, Seção 8 *(b)* (ii), em consequência de pagamentos por outros membros nos termos deste dispositivo.

(b) Considerar-se-á que todo membro que aceite um aumento de sua cota de acordo com a Seção 2 *(b)* deste Artigo tenha pago ao Fundo o valor da subscrição igual a esse aumento.

(c) Se um membro anuir a uma redução de sua cota, o Fundo lhe restituirá, dentro de sessenta dias, uma quantia igual à redução. A restituição será feita na moeda do membro e numa quantia de direitos especiais de saque ou moedas de outros membros indicados pelo Fundo com sua concordância, na forma necessária para evitar que os haveres do Fundo na dita moeda se reduzam a nível inferior à nova, cota, ressalvando-se que, em circunstâncias excepcionais, o Fundo poderá reduzir seus haveres em tal moeda abaixo da nova cota mediante restituição ao país-membro em sua própria moeda.

(d) Será exigida maioria de setenta por cento do total de poder de votos para qualquer decisão com base na alínea *(a)*, acima, exceto para determinação de prazos e especificações de moedas nos termos daquela disposição.

Seção 4
Substituição de moedas por valores mobiliários

O Fundo aceitará de qualquer membro, em substituição a qualquer quantia na moeda do país-membro mantida na Conta de Recursos Gerais que, a juízo do Fundo, não seja necessária para suas operações e transações, notas promissórias ou obrigações semelhantes emitidas pelo membro ou pelo depositário que este haja designado de conformidade com o Artigo XIII, Seção 2, as quais não serão negociáveis, não renderão juros e serão resgatadas na apresentação, pelo valor nominal, mediante crédito na conta do Fundo junto ao depositário designado. O disposto nesta Seção será aplicável não só às moedas subscritas pelos membros, como também a qualquer moeda que de outra forma seja devida ao Fundo, ou por este adquirida, e que se destine à Conta de Recursos Gerais.

Artigo IV
Obrigações Referentes a Regimes Cambiais

Seção 1
Obrigações gerais dos membros

Reconhecendo que o propósito essencial do sistema monetário internacional é estabelecer um mecanismo que facilite o intercâmbio de mercadorias, serviços e capitais entre países, e que possibilite um crescimento econômico sadio, e que se constitui em objetivo primordial o aprimoramento continuado das condições básicas e ordenadas necessárias para a estabilidade econômica e financeira, todo membro se obriga a colaborar com o Fundo e os outros membros para assegurar regimes cambiais ordenados e promover um sistema estável de taxas de câmbio. Em particular, cada membro deverá:

(i) esforçar-se por orientar suas políticas econômicas e financeiras no sentido do objetivo de promover um crescimento econômico ordenado com razoável estabilidade de preços, tendo na devida conta suas peculiaridades;

(ii) procurar promover a estabilidade mediante o fomento de condições econômicas e financeiras básicas ordenadas e de um sistema monetário que não se incline a produzir perturbações inusitadas;

(iii) evitar a manipulação das taxas de câmbio ou do sistema monetário internacional para impedir um reajuste eficaz do balanço de pagamentos ou obter vantagens competitivas desleais frente a outros membros; e

(iv) adotar políticas cambiais compatíveis com os compromissos assumidos nos termos desta Seção.

Seção 2
Regimes cambiais gerais

(a) Cada membro deverá notificar o Fundo, dentro de trinta dias após a data da segunda emenda deste Convênio, quanto aos regimes cambiais que pretender adotar em atendimento de suas obrigações nos termos da Seção 1 deste Artigo, e deverá notificar o Fundo, prontamente, quanto a quaisquer modificações em seu regime cambial.

(b) Em um sistema monetário internacional do tipo vigente em 1º de janeiro de 1976, os regimes cambiais poderão comportar: (i) a manutenção, por um membro, de um valor para sua moeda em termos de direitos especiais de saque ou outro denominador, à exceção do ouro, escolhidos pelo membro; ou (ii) regimes cooperativos pelos quais os membros mantenham o valor de sua moeda em relação ao valor da moeda ou moedas de outros membros, ou (iii) outros regimes cambiais da escolha do país-membro.

(c) Para ajustar-se à evolução do sistema monetário internacional o Fundo, por maioria de oitenta e cinco por cento da totalidade dos votos, poderá adotar disposições referentes a regimes cambiais gerais sem limitar o direito dos membros de seguirem regimes cambiais de sua escolha, compatíveis com as finalidades do Fundo e as obrigações nos termos da Seção 1 deste Artigo.

Seção 3
Supervisão dos regimes cambiais

(a) O Fundo supervisionará o sistema monetário internacional para resguardar seu funcionamento efetivo, e supervisionará a observância, por parte de cada membro, das obrigações assumidas nos termos da Seção 1 deste Artigo.

(b) A fim de cumprir suas funções segundo a alínea *(a)* acima, o Fundo exercerá uma firme supervisão das políticas de taxas de câmbio dos membros e adotará princípios específicos para orientação de todos os membros com respeito a essas políticas. Cada membro fornecerá ao Fundo as informações necessárias para essa supervisão e, quando solicitado pelo Fundo, discutirá com este sobre suas políticas de taxas de câmbio. Os princípios adotados pelo Fundo serão compatíveis com os regimes cooperativos pelos quais os membros mantenham o valor de sua moeda em relação ao valor da moeda ou moedas de outros membros, bem como outros regimes cambiais da escolha do país-membro compatíveis com os propósitos do Fundo e a Seção 1 deste Artigo. Estes princípios respeitarão as diretrizes sociais e políticas dos membros e, na aplicação desses princípios, o Fundo prestará a devida atenção às situações especiais dos países-membros.

Seção 4
Paridades

O Fundo, por maioria de oitenta e cinco por cento do total de poder de votos, poderá determinar que as condições econômicas internacionais permitem a adoção de um sistema. generalizado de regimes cambiais baseados em paridades estáveis, porém reajustáveis. Fundo fará essa determinação com base na estabilidade vigorante na economia mundial e, para esse propósito, levará em conta as flutuações de preços e as taxas de expansão das economias dos membros. A determinação será feita à luz da evolução do sistema monetário internacional, com especial referência às fontes de liquidez, e, a fim de assegurar-se do efetivo funcionamento de um sistema de paridades, aos regimes segundo os quais tanto os membros com posição superavitária, como os membros com posição deficitária em seus balanços de pagamentos, adotem medidas imediatas, eficazes e simétricas para lograr o reajuste, assim como os regimes de intervenção e de correção dos desequilíbrios. Após adotar essa determinação, o Fundo notificará aos membros que serão aplicáveis as disposições do Anexo C.

Seção 5
Diferentes moedas nos territórios de um membro

(a) As medidas de um membro em relação à sua moeda nos termos deste Artigo entender-se-ão aplicáveis às diferentes moedas de todos os territórios relativamente aos quais o membro haja aceitado este Convênio segundo o Artigo XXXI, Seção 2 *(g)*, salvo se o membro declarar que a medida se relacione unicamente à moeda da metrópole, ou somente a uma ou outras diferentes moedas especificadas ou à moeda da metrópole e a uma ou outras moedas diferentes especificadas.

(b) As medidas adotadas pelo Fundo nos termos deste Artigo entender-se-ão relativas a todas as moedas de um membro a que alude a alínea *(a)* acima, salvo se o Fundo declarar de forma diversa.

Artigo V
Operações e Transações do Fundo

Seção 1
Órgãos que negociarão com o Fundo

Cada membro negociará com o Fundo somente por intermédio do Tesouro, banco central, fundo de estabilização ou outro órgão fiscal semelhante, e o Fundo só negociará com ditos órgãos ou por seu intermédio.

Seção 2
Limitação às operações e transações do Fundo

(a) Salvo disposições em contrário estabelecidas neste Convênio, as transações por conta do Fundo se limitarão às transações que tenham por objeto fornecer a um membro, por iniciativa deste, direitos especiais de saque ou as moedas de outros membros provenientes dos recursos gerais do Fundo, que se manterão na Conta de Recursos Gerais, em

troca da moeda do membro que desejar efetuar a compra.

(b) Se solicitado, o Fundo poderá decidir sobre a prestação de serviços financeiros e técnicos, inclusive administração de recursos contribuídos pelos membros, que sejam compatíveis com os propósitos do Fundo. As operações envolvidas na prestação de tais serviços financeiros não se realizarão por conta do Fundo. Os serviços prestados com base nesta alínea não imporão qualquer obrigação a um membro sem a sua anuência.

Seção 3
Condições que regem o uso dos recursos gerais do Fundo

(a) O Fundo adotará políticas referentes ao uso de seus recursos gerais, inclusive políticas sobre acordos contingentes ou ajustes semelhantes, e poderá adotar políticas especiais referentes a problemas especiais de balanço de pagamentos, que auxiliem os membros a resolver seus problemas de balanço de pagamentos de forma compatível com as disposições deste Convênio e que estabeleçam garantias adequadas para o uso temporário dos recursos gerais do Fundo.

(b) Todo membro terá direito de comprar do Fundo as moedas de outros membros em troca de um valor equivalente a sua própria moeda, sujeitando-se às seguintes condições:

(i) a utilização, pelo membro, dos recursos gerais do Fundo seria de conformidade com as disposições deste Convênio e as políticas adotadas ao seu amparo;

(ii) o membro declare que necessita realizar a compra devido à posição de seu balanço de pagamentos ou de suas reservas, ou à evolução de suas reservas;

(iii) a compra proposta de compra esteja compreendida dentro da tranche de reserva, ou não levaria os haveres do Fundo na moeda do membro comprador a excederem a duzentos por cento de sua cota;

(iv) o Fundo não tenha previamente declarado, de acordo com a Seção 5 deste Artigo, Artigo VI, Seção I, ou Artigo XXVI, Seção 2 (a), que o membro interessado na compra não está habilitado a usar os recursos gerais do Fundo.

(c) O Fundo examinará um pedido de compra a fim de determinar se a compra proposta de compra é compatível com as disposições deste Convênio e as políticas adotadas ao seu amparo, sob a condição de que as compras propostas dentro da tranche de reserva não se sujeitarão a negociações.

(d) O Fundo adotará políticas e procedimentos quanto à seleção das moedas a serem vendidas, que levem em conta, mediante consulta com os membros, a posição de balanço de pagamentos e de reservas dos membros e a evolução dos mercados de câmbio, bem como a conveniência de manter posições equilibradas no Fundo, ressalvado que se um membro declarar que se propõe a comprar a moeda de outro membro porque deseja obter uma quantia equivalente de sua própria moeda oferecida pelo outro membro, terá direito a comprar a moeda do outro membro a não ser que o Fundo haja notificado, conforme o Artigo VII, Seção 3, que seus haveres nessa moeda se tornaram escassos.

(e) (i) Cada membro assegurará que os saldos de sua moeda, comprados do Fundo, são saldos em moeda de livre uso ou podem ser trocados no ato da compra por uma moeda de livre uso de sua escolha, a uma taxa de câmbio entre as duas moedas equivalente à paridade entre elas segundo o Artigo XIX, Seção 7 (a).

(ii) Cada membro, cuja moeda tenha sido comprada do Fundo ou obtida em troca por moeda comprada ao Fundo, colaborará com o Fundo e os demais membros no sentido de permitir que tais saldos de sua moeda possam ser trocados, no momento da compra, por moedas de livre uso dos demais membros.

(iii) A troca nos termos do inciso (i) acima, de uma moeda que não seja de livre uso, deverá ser feita pelo membro cuja moeda é comprada, salvo se este e o membro comprador convencionem outro procedimento.

(iv) O membro que compre do Fundo moeda de livre uso, de outro membro e que deseje trocá-la, no momento da compra, por outra moeda de livre uso, fará a troca com o outro membro se solicitado pelo membro. Esta troca se fará por uma moeda de livre uso selecionada pelo outro membro à taxa de câmbio mencionada no inciso (i) acima;

(f) Segundo as políticas e procedimentos que adotar, o Fundo poderá acordar o fornecimento, a um país participante que efetue uma compra de conformidade com esta Seção, de direitos especiais de saque ao invés das moedas de outros membros.

Seção 4
Renúncia a condições

O Fundo poderá, a seu juízo e em termos que salvaguardem seus interesses, renunciar a quaisquer das condições prescritas na Seção 3 (b) (iii) e (iv) deste Artigo, especialmente no caso de membros que evitaram usar, de forma maciça ou continuada, os recursos gerais do Fundo. Ao adotar uma renúncia, o Fundo tornará em consideração as necessidades periódicas ou excepcionais do membro que requerer a renúncia. O Fundo também levará em conta a disposição do membro em oferecer, como garantia subsidiária, títulos mobiliários aceitáveis cujo valor seja suficiente, a critério do Fundo e para proteger seus interesses, poderá exigir, como condição para a renúncia, o penhor desta garantia subsidiária.

Seção 5
Impedimento do uso dos recursos gerais do Fundo

Toda vez que o Fundo for de opinião que algum membro esteja usando os recursos gerais do Fundo de maneira contrária aos propósitos do Fundo, apresentará ao membro um relatório, consignando seus pontos de vista e fixando um prazo razoável para a resposta. Após apresentar esse relatório a determinado membro, o Fundo poderá limitar o uso de seus recursos gerais por parte do membro.

Se não for recebida uma resposta do país-membro ao relatório apresentado e no prazo fixado, ou se a resposta recebida não for considerada satisfatória, o Fundo poderá continuar a limitar o uso de seus recursos gerais por parte do membro, ou poderá, após dar-lhe aviso com antecipação razoável, declarar esse membro impedido de usar os recursos gerais do Fundo.

Seção 6
Outras compras e vendas de direitos especiais de saque por parte do Fundo

(a) O Fundo poderá aceitar os direitos especiais de saque oferecidos por um país participante em troca de uma quantia equivalente de moedas de outros membros.

(b) O Fundo poderá fornecer a um país participante, a seu pedido, direitos especiais de saque em quantia equivalente das moedas de outros membros. Os haveres do Fundo na moeda de determinado membro não deverão se elevar, em razão dessas transações, acima do nível em que os haveres ficariam sujeitos a encargos, segundo a Seção 8 *(b)* (ii) deste Artigo.

(c) As moedas fornecidas ou aceitas pelo Fundo, nos termos desta Seção serão selecionadas de acordo com políticas que levem em conta os princípios da Seção 3 *(d)* ou Seção 7 *(i)* deste Artigo. O Fundo poderá celebrar transações de conformidade com esta Seção somente se o país-membro, cuja moeda é provida ou aceita pelo Fundo, de sua aquiescência a esse uso de sua moeda.

Seção 7
Recompra por um membro de sua moeda em poder do Fundo

(a) Todo membro terá direito à recompra, em qualquer momento, dos haveres do Fundo em sua moeda, sujeita às comissões da Seção 8 *(b)* deste Artigo;

(b) Em condições normais, e na medida que lhe melhorar seu balanço de pagamentos e sua posição de reservas, espera-se que o membro que tiver efetuado uma compra com base na Seção 3 deste Artigo, irá recomprar os haveres do Fundo em sua moeda decorrentes da compra, e que estejam sujeitos às comissões da Seção 8 *(b)* deste Artigo. O membro deverá recomprar esses haveres se, de acordo com políticas sobre recompras que o Fundo adotar e após consultas ao membro, o Fundo declarar ao membro que deveria recomprar em virtude de melhoria no seu balanço dos pagamentos e sua posição de reservas.

(c) O membro que tiver efetuado uma compra segundo a Seção 3 deste Artigo deverá recomprar os haveres do Fundo em sua moeda provenientes da compra e sujeitas às comissões, da Seção 8 *(b)* deste Artigo, no mais tardar até cinco anos após a data em que a compra se tiver efetuada. O Fundo poderá estabelecer que a recompra pelo membro se faça em prestações no período que se inicia em três anos e se encerra a cinco anos da data de uma compra. O Fundo, por maioria de oitenta e cinco por cento do total de poder de votos, poderá modificar os períodos de recompra prescritos nesta alínea, e qualquer período assim adotado será aplicável a todos os membros.

(d) O Fundo, por maioria de oitenta e cinco por cento do total de poder de votos, poderá estabelecer períodos outros que não os aplicáveis conforme a alínea *(c)* acima, os quais serão iguais para todos os membros, para a recompra de haveres em moeda adquirida pelo Fundo segundo uma política especial sobre o uso de seus recursos gerais.

(e) Todo membro recomprará, de conformidade com as políticas que o Fundo adotar por maioria de setenta por cento do total de poder de votos, os haveres do Fundo em sua moeda que não forem adquiridos como resultado de compras e estiverem sujeitos a comissões de acordo com a Seção 8 *(b)* (ii) deste Artigo.

(f) Toda decisão, determinando que, nos termos de uma política sobre o uso dos recursos gerais do Fundo, o período de recompra segundo as alíneas *(c)* ou *(d)* acima será inferior ao que estiver em vigor nos termos da política respectiva, será aplicável somente aos haveres adquiridos pelo Fundo após a data efetiva da decisão.

(g) O Fundo, a pedido de um membro, poderá prorrogar a data de cumprimento de uma obrigação de recompra, porém não além do período máximo estabelecido de acordo com as alíneas *(c)* ou *(d)* acima, ou em virtude de políticas adotadas pelo Fundo conforme a alínea *(e)* acima, salvo se o Fundo determinar, por maioria de setenta por cento da totalidade dos votos, que se justifica a concessão de um período mais longo de recompra, compatível com o uso temporário dos recursos gerais do Fundo, visto que a recompra na data devida resultaria em dificuldades excepcionais para o membro.

(h) As políticas do Fundo conforme a Seção 3 *(d)* deste Artigo poderia ser suplementadas por políticas segundo as quais o Fundo poderá decidir, mediante prévia consulta a um membro, vender, nos termos da Seção 3 *(b)* deste Artigo, seus haveres na moeda do referido membro, os quais não tiverem sido recomprados com base nesta Seção 7, sem prejuízo de qualquer medida que o Fundo possa ser autorizado a tomar com fundamento em qualquer outro dispositivo deste Convênio.

(i) Todas as recompras com base nesta Seção serão realizadas através de direitos especiais de saque ou moedas de outros membros especificadas pelo Fundo. O Fundo, adotará políticas e procedimentos com respeito às moedas a serem usadas pelos membros nas recompras que levem em conta os princípios da Seção 3 *(d)* deste Artigo. Os haveres do Fundo na moeda de um país-membro utilizada na recompra não deverão se elevar pela recompra acima do nível a que ficariam sujeitos a comissões conforme a Seção 8 *(b)* (ii) deste Artigo.

(j) (i) se a moeda de um membro especificada pelo Fundo, conforme a alínea *(i)* acima, não for de livre uso, referido membro assegurará que, no momento da recompra, o membro que a realizar

possa obtê-la em troca de uma moeda de livre uso selecionada pelo membro cuja moeda tenha sido especificada. Uma troca de moeda com base neste dispositivo se efetuará a uma taxa de câmbio entre ambas as moedas que equivalha à taxa de câmbio entre as mesmas com base no Artigo XIX, Seção 7 *(a)*.

(ii) Cada membro, cuja moeda for especificada, pelo Fundo para recompra, deverá, colaborar com o Fundo e outros membros no sentido de possibilitar aos membros que realizem recompras, no momento da recompra, a obter a moeda especificada em troca de moedas de livre uso de outros membros.

(iii) Uma troca, segundo a alínea *(i)* acima, deverá ser efetuada com o membro cuja moeda é especificada, a não ser que este e o membro que realize a recompra convencionem outro procedimento.

(iv) Se o membro que realize a recompra desejar obter, no momento da recompra a moeda de livre uso de outro membro especificada pelo Fundo, conforme a alínea *(i)* acima, ele deverá obter, mediante solicitação do outro membro, a moeda deste em troca de uma moeda de livre uso, à taxa de câmbio mencionada a alínea *(i)* acima. O Fundo poderá adotar regras com respeito à moeda de livre uso a ser entregue numa troca.

Seção 8
Comissões

(a) (i) O Fundo cobrará uma comissão de serviço sobre as compras por determinado membro efetuar de direitos especiais de saque ou de moela de outro membro, mantida na Conta de Recursos Gerais, em troca de sua própria moeda, ressalvado que o Fundo poderá cobrar uma comissão de serviço, nas compras compreendidas na tranche de reserva, inferior à das outras recompras. A comissão de serviço nas compras na tranche de reserva não excederá à metade de um por cento.

(ii) O Fundo poderá cobrar uma comissão sobre os créditos contingentes ou ajustes similares. O Fundo poderá decidir que a comissão sobre qualquer ajuste será compensada contra a comissão cobrada segundo o inciso (i) acima, nas compras efetuadas com base no ajuste.

(b) O Fundo cobrará comissões sobre seus saldos médios diários na moeda de um membro, mantidos na Conta de Recursos Gerais, na medida em que estes:

(i) tenham sido adquiridos conforme uma política sujeita à exclusão com base no Artigo XXX *(c)*; ou

(ii) excedam o valor da cota do país-membro após exclusão de quaisquer saldos a que se refere o inciso (i) acima.

As taxas de comissão elevar-se-ão normalmente em intervalos durante o período em que forem mantidos saldos.

(c) Se um membro deixar de efetuar uma recompra exigida pela Seção 7 deste Artigo, o Fundo, após consulta ao membro sobre a redução dos haveres do Fundo em sua moeda, poderá cobrar as comissões que considere apropriadas sobre seus haveres na moeda do membro que deveriam ter sido recomprados.

(d) Será exigida maioria de setenta por cento do total de poder de votos para a determinação das taxas de comissão segundo as alíneas *(a)* e *(b)* acima, as quais serão uniformes para todos os membros, e segundo a alínea *(c)* acima.

(e) O país-membro pagará todas as comissões em direitos especiais de saque, ressalvado que, em circunstâncias excepcionais, o Fundo poderá permitir que um membro pague comissões nas moedas de outros membros especificadas pelo Fundo, após consultas a estes, ou em sua própria moeda. Os haveres do Fundo na moeda de um membro não deverão se elevar, como resultado de pagamentos por parte de outros membros nos termos deste dispositivo, a acima do nível a que ficariam sujeitos a comissões segundo a alínea *(b)* (ii) acima.

Seção 9
Remuneração

(a) O Fundo pagará uma remuneração sobre o montante pelo qual a percentagem da cota estabelecida conforme as alíneas *(b)* ou *(c)* abaixo, exceder os saldos médios diários do Fundo na moeda de determinado membro mantidos na Conta de Recursos Gerais, à exceção dos saldos adquiridos de acordo com uma política que haja sido objeto de exclusão segundo o Artigo XXX *(c)*. A taxa de remuneração, que o Fundo determinará por maioria de setenta por cento do total de poder de votos, será igual para todos os membros e não serão superior, nem inferior a quatro quintos da taxa de juros com base no Artigo XX, Seção 3. Ao estabelecer a taxa de remuneração, o Fundo levará em conta as taxas de comissão segundo o Artigo V, Seção (8) *(b)*.

(b) A percentagem da cota aplicável para os fins da alínea *(a)* acima será:

(i) para cada membro que se tornou país-membro do Fundo antes da segunda emenda deste Convênio, um percentual da cota correspondente a setenta e cinco por cento de sua cota na data da segunda emenda deste Convênio, e para cada membro que se tornou país-membro após a data da segunda emenda deste Convênio, um percentual da cota calculado pela divisão do total das quantias correspondentes às percentagens de cota aplicáveis aos outros membros na data de ingresso do membro pelo total das cotas dos demais membros na mesma data; mais

(ii) as quantias que tiver pago ao Fundo em moeda ou direitos especiais de saque nos termos do Artigo III, Seção 3 *(a)*, desde a data aplicável segundo a alínea *(b)* (i) acima; e menos

(iii) as quantias que tiver recebido do Fundo em moeda ou direitos especiais de saque nos termos do Artigo III, Seção 3 *(c)*, desde a data aplicável segundo a alínea *(b)* (i) acima.

(c) O Fundo, por maioria de setenta por cento do total de poder de votos, poderá elevar a última percentagem da cota aplicável a cada membro, para os fins da alínea *(a)* acima, para:

(i) uma percentagem, não superior a cem por cento, que se determinará para cada membro com base nos mesmos critérios para todos os membros, ou (ii) cem por cento para todos os membros.

(d) A remuneração deverá ser paga em direitos especiais de saque, ressalvado que o Fundo ou o membro poderá decidir que o pagamento ao membro se fará em sua própria moeda.

Seção 10
Cálculos

(a) O valor dos ativos do Fundo nas contas do Departamento Geral será expresso em termos de direitos especiais de saque.

(b) Todos os cálculos relativos às moedas dos membros para efeito de aplicação das disposições deste Convênio, exceto o Artigo IV e o Anexo C, serão efetuados segundo as taxas em que o Fundo contabilize essas moedas de conformidade com a Seção 11 deste Artigo.

(c) Os cálculos para determinação das quantias em moeda relativamente à cota, para o efeito de aplicação das disposições deste Convênio, não incluirão os haveres em moeda na Conta de Desembolso Especial ou na Conta de Inversões.

Seção 11
Manutenção de valor

(a) O valor das moedas dos membros, registradas na Conta de Recursos Gerais, será mantido em termos de direitos especiais de saque segundo as taxas de câmbio de que trata o Artigo XIX, Seção 7 *(a)*.

(b) Será efetuado reajuste dos haveres do Fundo na moeda de um membro, de conformidade com esta Seção, quando da utilização de dita moeda numa operação ou transação entre o Fundo e outro membro e em outras oportunidades na forma que o Fundo vier a decidir ou o membro vier a solicitar. Os pagamentos efetuados ao Fundo ou pelo Fundo, em virtude de um reajuste, deverão ser feitos dentro de um prazo razoável, conforme determinado pelo Fundo, após a data do reajuste, e em qualquer outra oportunidade solicitada pelo membro.

Seção 12
Outras operações e transações

(a) O Fundo se orientará em todas as suas políticas e decisões nos termos desta Seção pelos objetivos indicados no Artigo VIII, Seção 7, e pelo propósito de evitar a administração de preço, ou estabelecimento de um preço fixo, no mercado do ouro.

(b) As decisões do Fundo de realizar operações ou transações conforme as alíneas *(c)*, *(d)* e *(e)* abaixo serão adotadas por maioria de oitenta e cinco por cento do total de poder de votos.

(c) O Fundo poderá vender ouro em troca da moeda de qualquer membro após consulta ao membro em troca de cuja moeda o ouro for vendido, ressalvando-se que os haveres do Fundo em moeda de um membro, mantida na Conta de Recursos Gerais, não deverão se elevar, pela venda, acima do nível em que ficariam sujeitos a comissões conforme a Seção 8 *(b)* (ii) deste Artigo, sem a aquiescência do membro, e ressalvado que, a pedido do membro, o Fundo, no momento da venda, deverá trocar pela moeda de outro membro a quantidade da moeda recebida que evitaria tal elevação. A troca de uma moeda pela moeda de outro membro se fará após consulta este membro e não elevará os haveres do Fundo na moeda deste membro a cima do nível em que ficariam sujeitos a comissões conforme a Seção 8 *(b)* (ii) deste Artigo. O Fundo adotará políticas e procedimentos com respeito a essas trocas que levem em conta os princípios aplicados segundo a Seção 7 *(i)* deste Artigo. As vendas a determinado membro de acordo com este dispositivo se farão a um preço convencionado para cada transação com base nos preços de mercado.

(d) O Fundo poderá aceitar pagamentos de um membro em ouro, ao invés de direitos especiais de saque ou moeda, em quaisquer operações ou transações nos termos deste Convênio. Os pagamentos ao Fundo com base neste dispositivo deverão ser efetuados a um preço convencionado para cada operação ou transação com base nos preços de mercado.

(e) O Fundo poderá vender o ouro, que tiver em seu poder na data da segunda emenda deste Convênio, aos membros que já eram países-membros em 31 de agosto de 1975 e que concordarem em comprá-lo, em proporção às suas cotas naquela data. Se o Fundo pretender vender ouro segundo a alínea *(c)* acima para os fins da alínea *(f)* (ii) abaixo, poderá vender a cada país-membro em desenvolvimento que concordar em comprá-lo, a quantidade de ouro que, se vendida conforme a alínea *(c)* acima, teria produzido o excesso que lhe poderia ter sido distribuído segundo a alínea *(f)* (iii) abaixo. O ouro, que seria vendido de acordo com esse dispositivo a um membro que foi declarado impedido de utilizar os recursos gerais nos termos da Seção 5 deste Artigo, ser-lhe-á vendido quando cessar o impedimento, salvo se o Fundo decidir antecipar a venda. A venda de ouro a um membro segundo esta alínea *(e)* será realizada em troca de sua moeda e a um preço, na data da venda, equivalente a um direito especial de saque correspondente a 0,888 671 gramas de ouro fino.

(f) Sempre que o Fundo, nos termos da alínea *(c)* acima, vender o ouro que tiver em seu poder na data da segunda emenda deste Convênio, uma parte da receita equivalente, no momento da venda, a um direito especial de saque correspondente a 0,888 671 gramas de ouro fino será colocada na Conta de Recursos Gerais e, salvo se o Fundo decidir em forma contrária segundo a alínea *(g)* abaixo, qualquer excesso será mantido na Conta de Desembolso Especial. Os ativos da Conta de Desembolso Especial serão mantidos separados das demais contas do Departamento Geral e poderão ser usados em qualquer momento:

(i) para fazer transferências para a conta de Recursos Gerais, com vistas a uso imediato em operações e transações autorizadas por disposições deste Convênio que não esta Seção;

(ii) em operações e transações que não forem autorizadas por outras disposições deste Convênio, mas que são compatíveis com as finalidades do Fundo. Segundo esta Alínea (f) (ii), poder-se-á proporcionar auxílio para fins de balanço de pagamentos, em condições especiais, aos países-membros em desenvolvimento em situações de dificuldades, e, para essa finalidade, o Fundo levará em conta o nível de renda *per capita*;

(iii) para distribuição àqueles países-membros em desenvolvimento que já eram membros em 31 de agosto de 1975, em proporção às suas cotas naquela data, de parte dos ativos que o Fundo decidir usar para as finalidades do inciso (ii) acima, correspondente à proporção das cotas desses membros na data da distribuição e em relação ao total das cotas de todos os membros na mesma data; ressalvado que a distribuição segundo este dispositivo a um membro que foi declarado impedido de utilizar os recursos gerais do Fundo nos termos da Seção 5 deste Artigo se fará quando cessar o impedimento, salvo se o Fundo decidir antecipar a distribuição.

As decisões de usar ativos, nos termos do inciso (i) acima, serão adotadas por maioria de setenta por cento do total do poder de votos, e as decisões nos termos dos incisos (ii) e (iii) acima, serão adotadas por maioria de oitenta e cinco por cento do total do poder de votos.

(g) O Fundo poderá decidir, por maioria de oitenta e cinco por cento do total do poder de votos, transferir parte do excesso, referido na alínea (f) acima, para a Conta de Inversões, para uso segundo os dispositivos do Artigo XII, Seção 6 (f).

(h) Enquanto não utilizados os recursos na forma do inciso (f) acima, o Fundo pode utilizar os recursos denominados em moedas dos países membros mantidos na Conta Especial de Desembolso para investimentos, na forma por ele determinada, de acordo com as normas e regulamentos adotados pelo Fundo por uma maioria de 70% (setenta por cento) do poder de voto. As receitas dos investimentos e os juros recebidos sob (f)(ii) acima, deverão ser alocados na Conta Especial de Desembolso.
  ▶ Alínea *h* com redação pelo Decreto 7.532/2011.

(i) A Conta de Recursos Gerais será periodicamente ressarcida com respeito às despesas de administração da Conta de Desembolso Especial pagas através da Conta de Recursos Gerais mediante transferências da Conta de Desembolso Especial com base numa estimativa razoável dessas despesas.

(j) A Conta de Desembolso Especial deverá ser encerrada na eventualidade de liquidação do Fundo e poderá ser encerrada anteriormente à liquidação do Fundo por maioria de setenta por cento do total do poder de votos. Após encerramento da conta em razão de liquidação do Fundo, quaisquer ativos desta conta serão distribuídos de acordo com os dispositivos do Anexo K. No caso de encerramento anteriormente à liquidação do Fundo, quaisquer ativos desta conta serão transferidos para a Conta de Recursos Gerais para uso imediato em operações e transações. O Fundo, por maioria de setenta por cento do total do poder de votos, adotará regras e regulamentos para a administração da Conta de Desembolso Especial.

(k) Sempre quando sob o item (c) acima o Fundo vende ouro adquirido por ele depois da data da segunda emenda deste Acordo, uma quantidade das receitas equivalente ao preço de aquisição do ouro será alocada na Conta Geral de Recursos, e qualquer excesso deverá ser alocado na Conta de Investimento para uso em conformidade com as provisões do Artigo XII, Seção 6(f). Se qualquer ouro adquirido pelo Fundo, depois da data da segunda emenda deste acordo, for vendido depois de 7 de Abril de 2008, mas antes da data de entrada em vigor desta provisão, então, quando da entrada em vigor desta provisão, e não obstante o limite estabelecido no Artigo XII, Seção 6(f)(ii), o Fundo deverá transferir da Conta Geral de Recursos para a Conta de Investimentos uma importância igual às receitas desta venda de ouro, descontado (i) o preço de aquisição do ouro vendido, e (ii) qualquer soma destas receitas acima do preço de aquisição que possa já ter sido transferida para a Conta de Investimentos, antes da data de entrada em vigor desta provisão.
  ▶ Alínea *k* acrescida pelo Decreto 7.532/2011.

Artigo VI
Transferências de Capital

Seção 1
Utilização dos recursos gerais do Fundo para transferências de capitais

(a) Nenhum membro poderá utilizar os recursos gerais do Fundo para fazer face a uma evasão vultosa ou contínua de capitais, exceto na forma prevista na Seção 2 deste Artigo, e o Fundo poderá solicitar a um membro que adote controles para impedir semelhante utilização dos recursos gerais do Fundo. Se, após ter recebido tal solicitação, o membro deixar de adotar os controles apropriados, o Fundo poderá declarar o membro impedido de utilizar os recursos gerais do Fundo.

(b) Nada nesta Seção se interpretará no sentido de:
(i) evitar a utilização dos recursos do Fundo em transações de capital, em montante razoável, necessárias para a expansão de exportações ou no curso normal de operações comerciais, bancárias ou outras transações; ou
(ii) obstacularizar movimentos de capitais atendidos com os recursos próprios de um membro, mas os membros se comprometem a que tais movimentos de capitais se farão em consonância com os objetivos do Fundo.

Seção 2
Disposições especiais sobre transferência de capitais

O membro terá direito a realizar compras dentro da tranche de reserva para fazer face a transferências de capitais.

Seção 3
Controles de transferências de capitais

Os membros poderão adotar os controles que forem necessários para regular os movimentos internacionais de capitais, porém, nenhum país-membro poderá adotar esses controles de forma que restrinjam os pagamentos de transações correntes ou que retardem indevidamente as transferências de fundos em liquidação de compromissos, exceto conforme previsto no Artigo VII, Seção 3 *(b)* e no Artigo XIV, Seção 2.

Artigo VII
Restauração de Haveres e Moedas Escassas

Seção 1
Medidas para restauração dos haveres do Fundo em moedas

O Fundo poderá, se julgar tal medida adequada para restauração de seus haveres na moeda de qualquer membro na Conta de Recursos Gerais necessária para suas transações, adotar uma ou ambas as seguintes providências:

(i) propor ao membro que, nos termos e condições convencionados entre o Fundo e o membro, este lhe empreste sua moeda ou que, com a anuência deste membro, o Fundo tome emprestado dita moeda de alguma outra fonte dentro ou fora dos territórios deste membro; entretanto, nenhum membro estará sujeito à obrigação de fazer tais empréstimos ao Fundo ou a concordar em que o Fundo tome emprestado a sua moeda de qualquer outra fonte;

(ii) solicitar ao membro, caso seja um participante, a venda de sua moeda ao Fundo em troca de direitos especiais de saque na Conta de Recursos Gerais, sujeita ao Artigo XIX, Seção 4. Na restauração de haveres com direitos de saque, o Fundo deverá dispensar a devida atenção aos princípios de designação nos termos do Artigo XIX, Seção 5.

Seção 2
Escassez geral de moedas

Se o Fundo verificar que está ocorrendo uma escassez geral de determinada moeda, o Fundo poderá informar os membros a este respeito e emitir um relatório no qual exponha as causas desta escassez e que contenha recomendações com vistas a que seja corrigida. Um representante do membro cuja moeda estiver nessa situação participará da preparação do relatório.

Seção 3
Escassez de haveres do Fundo

(a) Se se tornar evidente ao Fundo que a demanda pela moeda de um determinado membro ameace seriamente a capacidade do Fundo de fornecer esta moeda, o Fundo, caso tenha ou não emitido um relatório com base na Seção 2 deste Artigo, declarará formalmente a escassez de tal moeda e deverá, a partir de então, ratear os saldos existentes e as novas disponibilidades da moeda escassa com a devida consideração às necessidades relativas dos membros, à situação econômica internacional em geral e a quaisquer outras considerações pertinentes. O Fundo emitirá também um relatório sobre as suas medidas.

(b) Uma declaração formal, conforme a alínea *(a)* acima, constituir-se-á em autorização a qualquer membro, após consulta ao Fundo, para, importemporariamente limitações à liberdade das transações cambiais na moeda escassa. Sujeito ao disposto no Artigo IV e no Anexo C, o membro terá plena jurisdição na determinação da natureza dessas limitações, mas estas não serão mais restritivas do que for necessário para limitar a demanda da moeda escassa às disponibilidades em poder do membro em questão, ou que este vier a obter, e serão atenuadas e suprimidas tão logo as circunstâncias o permitirem.

(c) a autorização segundo a alínea *(b)* acima expirará sempre que o Fundo declarar formalmente que a moeda em questão deixou de ser escassa.

Seção 4
Aplicação de restrições

Qualquer membro que impuser restrições relativamente à moeda de qualquer outro membro, de conformidade com as disposições da Seção 3 *(b)* deste Artigo, deverá considerar com simpatia quaisquer esclarecimentos por parte do outro membro com respeito à aplicação dessas restrições.

Seção 5
Efeitos de outros convênios internacionais sobre as restrições

Os membros concordam em não invocar as obrigações de quaisquer compromissos assumidos com outros membros anteriormente a este Convênio de maneira a impedir a aplicação das disposições deste Artigo.

Artigo VIII
Obrigações Gerais dos Membros

Seção 1
Introdução

Em aditamento às obrigações assumidas nos termos de outros dispositivos deste Convênio, cada membro se compromete a cumprir as obrigações estipuladas neste artigo.

Seção 2
Abstenção de restrições a pagamentos correntes

(a) Sujeito às disposições do Artigo VII, Seção 3 *(b)* e do Artigo XIV, Seção 2, nenhum membro poderá impor, sem a aprovação do Fundo, restrições aos pagamentos e às remessas relacionadas com transações internacionais correntes.

(b) Os contratos de câmbio na moeda de qualquer membro e que sejam contrários aos regulamentos de controle cambial daquele membro mantidos ou impostos de conformidade com este Convênio não poderão vigorar nos territórios de qualquer membro. Ademais, os membros poderão, por acordo mútuo, cooperar na adoção de medidas destinadas

a tornar mais efetivos os regulamentos de controle cambial de qualquer membro, ressalvado que tais medidas e regulamentos sejam compatíveis com este Convênio.

Seção 3
Abstenção de práticas monetárias discriminatórias

Nenhum membro participará ou permitirá que qualquer de seus órgãos fiscais mencionados no Artigo V, Seção 1, participe de quaisquer regimes monetários discriminatórios, ou de práticas monetárias múltiplas, quer dentro ou fora das margens do Artigo IV ou prescritas nos termos do Anexo C, exceto segundo autorizado nos termos deste Convênio ou aprovado pelo Fundo. Se esses regimes e práticas forem ajustados na data em que este Convênio entrar em vigor, o membro interessado entender-se-á com o Fundo sobre sua progressiva eliminação, a menos que sejam mantidos ou impostos segundo o Artigo XIV, Seção 2, caso em que se aplicarão as disposições da Seção 3 daquele Artigo.

Seção 4
Conversibilidade de saldos mantidos no exterior

(a) Todo membro deverá comprar os saldos de sua moeda em poder de outro membro se este, ao solicitar a compra, declarar:

(i) que os saldos a serem comprados foram adquiridos recentemente como resultado de transações correntes; ou

(ii) que sua conversão é necessária para efetuar pagamentos por transações correntes.

O membro comprador terá a opção de pagar, ou em direitos especiais de saque, sujeito ao Artigo XIX, Seção 4, ou na moeda do membro que apresentar a solicitação.

(b) A obrigação da alínea *(a)* desta Seção não se aplicará quando:

(i) a conversibilidade dos saldos tiver sido limitada de forma compatível com a Seção 2 deste Artigo ou do Artigo VI, Seção 3;

(ii) os saldos se acumularam como resultado de transações efetuadas anteriormente à revogação por determinado membro das restrições mantidas ou impostas nos termos do Artigo XIV, Seção 2;

(iii) os saldos foram adquiridos de forma contrária às normas cambiais do membro que for solicitado a comprá-las;

(iv) a moeda do membro que solicitar a compra tiver sido declarada escassa, conforme o Artigo VII, Seção 3 *(a)*; ou

(v) o membro solicitado a efetuar a compra não tiver o direito, por qualquer razão, de comprar do Fundo as moedas de outros membros em troca de sua própria moeda.

Seção 5
Fornecimento de informações

(a) O Fundo poderá exigir aos países-membros que lhe forneçam as informações que considere necessárias para as suas atividades, inclusive, como o mínimo necessário para o cumprimento eficaz das funções do Fundo, dados de caráter nacional sobre as seguintes matérias:

(i) haveres oficiais, no país e no exterior, em (1) ouro em (2) divisas;

(ii) haveres, no país e no exterior, de bancos e entidades financeiras, que não órgãos oficiais, em (1) ouro e em (2) divisas;

(iii) produção de ouro;

(iv) exportações e importações de ouro, por países de destino e origem;

(v) exportações e importações totais de mercadorias, em termos de seu valor em moeda nacional, por países de destino e de origem;

(vi) balanço de pagamentos internacionais, incluindo: (1) comércio de bens e serviços, (2) transações em ouro, (3) transações conhecidas de capitais, e (4) outros itens;

(vii) posição das inversões internacionais, ou seja, inversões dentro do território do membro de propriedade estrangeira e inversões no exterior pertencentes a pessoas residentes em seu território, na medida em que for possível fornecer essa informação;

(viii) renda nacional;

(ix) índices de preços, ou seja, índices de preços no mercado atacadista e varejista e dos preços de exportação e importação;

(x) taxas de compra e venda de moedas estrangeiras;

(xi) controles de cambio, isto é, um informe global dos controles cambiais em vigor no momento em que o País ingressou no Fundo, e pormenores das alterações subsequentes na medida em que se verificarem, e

(xii) quando existirem convênios oficiais de compensação, os pormenores das quantias pendentes de compensação relativamente a transações comerciais e financeiras e do lapso de tempo durante o qual esses atrasados estiverem pendentes.

(b) Ao solicitar informações, o Fundo levará em conta as possibilidades eventuais de cada membro em fornecer os dados solicitados. Os membros não estarão obrigados de modo algum a fornecer informações de tal forma pormenorizada que revelem os negócios de indivíduos ou de empresas. Os membros, entretanto, se comprometem a fornecer a informação desejada de forma tão pormenorizada e precisa quanto for prático, e, na medida do possível. a evitar meras estimativas.

(c) O Fundo poderá procurar obter informações adicionais mediante acordo com os membros. Atuará como centro para compilação e intercâmbio de informações sobre problemas monetários e financeiros, facilitando assim a preparação de estudos destinados a ajudar os membros na formulação de políticas que promovam os objetivos do Fundo.

Seção 6
Consultas entre membros com respeito a convênios internacionais vigentes

Quando, de conformidade com este Convênio, um membro estiver autorizado, em circunstâncias especiais ou transitórias especificadas no Convênio, a manter ou estabelecer restrições sobre as transações cambiais, e existam entre os membros outros compromissos contraídos anteriormente a este Convênio, que estejam em conflito com a aplicação de tais restrições, as partes interessadas nesses compromissos manterão consultas entre, si com vistas a efetuar os ajustes mutuamente aceitáveis, que se tornarem necessários. As disposições deste Artigo não prejudicarão a aplicação do Artigo VII, Seção 5.

Seção 7
Obrigação de colaborar quanto às políticas referentes a ativos de reserva

Cada membro se compromete a colaborar com o Fundo e com outros membros a fim de assegurar que as políticas do membro em matéria de ativos de reserva serão compatíveis com os objetivos de promover uma melhor supervisão da liquidez internacional e de converter o direito especial de saque no principal ativo de reserva do sistema monetário internacional.

Artigo IX
Personalidade Jurídica, Imunidades e Privilégios

Seção 1
Finalidades do Artigo

Para habilitar o Fundo a cumprir as funções que lhe foram confiadas, a personalidade jurídica, as imunidades e os privilégios estabelecidos neste Artigo serão concedidos ao Fundo nos territórios de cada membro.

Seção 2
Personalidade Jurídica do Fundo

O Fundo terá personalidade jurídica plena e, em particular, a capacidade para:
(i) contratar;
(ii) adquirir e dispor de bens móveis e imóveis, e
(iii) instaurar processos legais.

Seção 3
Imunidade de processo judicial

O Fundo, sua propriedade e seus ativos, onde quer que estejam localizados e qualquer que seja o seu detentor, gozarão de imunidade de toda forma de processo judicial, exceto na medida em que renunciar expressamente à sua imunidade para os efeitos de quaisquer processos ou pelos termos de qualquer contrato.

Seção 4
Imunidade de outras ações

A propriedade e os ativos do Fundo, onde quer que estejam localizados ou qualquer que seja o seu detentor, serão imunes de buscas, requisições, confisco, expropriação, ou qualquer outra forma de arresto por ação executiva ou legislativa.

Seção 5
Imunidade dos arquivos

Os arquivos do Fundo serão invioláveis.

Seção 6
Isenção de restrições sobre ativos

Na medida do necessário para executar as atividades previstas neste Convênio, toda a propriedade e os ativos do Fundo serão isentos de restrições, regulamentos, controles e moratórias de qualquer natureza.

Seção 7
Privilégio de comunicações

Às comunicações oficiais do Fundo será dado pelos membros o mesmo tratamento dispensado às comunicações oficiais de outros membros.

Seção 8
Imunidades e privilégios dos administradores e funcionários

Todos os Governadores, Diretores-Executivos, Suplentes, membros de comitês, representantes designados de acordo com o Artigo XII, Seção 3 *(j)*, assessores de qualquer das pessoas citadas, administradores e funcionários do Fundo:

(i) serão imunes de processo legal referente a atos praticados por eles em sua função oficial, exceto quando o Fundo renunciar a esta imunidade;

(ii) não sendo nacionais locais, ser-lhes-ão concedidas as mesmas imunidades quanto às restrições de imigração, exigências de registro de estrangeiros, e obrigações de serviço nacional e as mesmas facilidades referentes às restrições de câmbio que forem concedidas pelos países-membros a representantes, administradores e funcionários de outros membros de categoria comparável, e

(iii) terão o mesmo tratamento com respeito às facilidades de locomoção que é dispensado pelos países-membros a representantes, administradores e funcionários de categoria comparável de outros membros.

Seção 9
Imunidades tributárias

(a) O Fundo, seus ativos, propriedade, renda e suas operações e transações autorizadas por este Convênio serão imunes de toda tributação e de todas as obrigações aduaneiras. O Fundo também será imune de qualquer responsabilidade pela cobrança ou pagamento de qualquer tributo ou taxa.

(b) Nenhum imposto será lançado sobre ou em relação a salários e emolumentos pagos pelo Fundo a Diretores-Executivos, Suplentes, administradores ou funcionários do Fundo que não forem cidadãos locais, súditos locais ou outros nacionais locais.

(c) Nenhuma tributação de qualquer espécie será cobrada sobre qualquer obrigação ou título emi-

tido pelo Fundo, inclusive quaisquer dividendos ou juros respectivos, quem quer que seja seu possuidor:
(i) que discriminar contra tal obrigação ou título somente por causa de sua origem, ou
(ii) se a única base jurisdicional para essa tributação for o lugar ou a moeda em que for emitida, pagável ou paga, ou a localização de qualquer escritório ou local de atividade mantido pelo Fundo.

Seção 10
Aplicação do Artigo

Cada membro adotará as medidas que forem necessárias em seus próprios territórios para tornar efetivos, nos termos de sua própria lei, os princípios estabelecidos neste Artigo e informará o Fundo, com pormenores, sobre as medidas adotadas.

Artigo X
Relações com outros organismos internacionais

O Fundo cooperará, nos termos deste Convênio, com qualquer organismo internacional geral e com organismos internacionais públicos que tiverem responsabilidades especializadas em áreas afins. Quaisquer ajustes para essa cooperação, que exigirem uma modificação de qualquer dispositivo deste Convênio, poderão ser efetuados somente após emenda a este Convênio nos termos do Artigo XXVIII.

Artigo XI
Relações com países não membros

Seção 1
Obrigações com respeito a relações com países não membros

Cada membro se obriga a:
(i) não participar, nem permitir que qualquer de seus órgãos fiscais referidos no Artigo V, Seção 1, participe de transações com não membros ou com pessoas em territórios de países não membros, que forem contrárias às disposições deste Convênio ou aos propósitos do Fundo;
(ii) não cooperar com um país não membro, ou com pessoas em territórios de países não membros, em práticas que forem contrárias às disposições deste Convênio ou aos propósitos do Fundo; e
(iii) cooperar com o Fundo com vistas à aplicação, em seus territórios, de medidas adequadas para impedir transações com países não membros ou com pessoas em seus territórios, que forem contrárias aos propósitos do Fundo.

Seção 2
Restrições às transações com países não membros

Nada neste Convênio afetará o direito de qualquer membro de impor restrições sobre transações cambiais com países não membros ou com pessoas em seus territórios, salvo se o Fundo julgar que tais restrições prejudiquem os interesses dos membros e sejam contrárias aos propósitos do Fundo.

Artigo XII
Organização e Administração

Seção 1
Estrutura do Fundo

O Fundo terá uma Junta de Governadores, uma Diretoria Executiva, um Diretor-Gerente e um quadro de funcionários, e um Conselho, se a Junta de Governadores decidir, por maioria de oitenta e cinco por cento do total de poder de votos, que sejam aplicadas as disposições do Anexo D.

Seção 2
Junta de Governadores

(a) Todos os poderes nos termos deste Convênio, não atribuídos diretamente à Junta de Governadores, mas à Diretoria-Executiva ou ao Diretor-Gerente, serão conferidos à Junta de Governadores. A Junta de Governadores será constituída por um Governador e um Suplente nomeados pelo país-membro, na forma que vier a determinar. Cada Governador e cada Suplente servirá até que se fizer uma nova nomeação. Nenhum Suplente poderá votar, exceto na ausência do respectivo titular. A Junta de Governadores escolherá um dos Governadores para Presidente.

(b) A Junta de Governadores poderá delegar à Diretoria-Executiva autoridade para exercer quaisquer dos poderes da Junta de Governadores, exceto os poderes diretamente conferidos à Junta de Governadores por este Convênio.

(c) A Junta de Governadores fará realizar as reuniões que forem estabelecidas pela Junta de Governadores, ou convocadas pela Diretoria Executiva. Serão convocadas reuniões da Junta de Governadores sempre que solicitadas por quinze membros ou por membros que detenham um quarto do total de poder de votos.

(d) O *quorum* para qualquer reunião da Junta de Governadores será uma maioria dos Governadores que detiver não menos que dois terços do total de poder de votos.

(e) Cada Governador terá direito a lançar o número de votos outorgados segundo a Seção 5 deste Artigo ao membro que o nomeou.

(f) A Junta de Governadores poderá, mediante regulamento, estabelecer um procedimento pelo qual a Diretoria Executiva, quando julgar que tal ação for do interesse do Fundo, possa obter o voto dos Governadores sobre um problema específico, sem convocar uma reunião da Junta de Governadores.

(g) A Junta de Governadores e a Diretoria Executiva, na medida em que for autorizada, poderão adotar as normas e regulamentos que se tornarem necessários ou apropriados para conduzir as atividades do Fundo.

(h) Os Governadores e os Suplentes servirão nesta capacidade sem perceber compensação financeira do Fundo, mas o Fundo poderá lhes ressarcir de despesas razoáveis por eles incorridas no comparecimento às reuniões.

(i) A Junta de Governadores determinará a remuneração a ser paga aos Diretores Executivos e seus Suplentes e o salário e as condições do contrato de serviço do Diretor-Gerente.

(j) A Junta de Governadores e a Diretoria Executiva poderão nomear Comitês segundo julgarem conveniente. A participação em Comitês não precisará ficar limitada a Governadores ou Diretores Executivos ou seus Suplentes.

Seção 3
Diretoria Executiva

(a) A Diretoria Executiva será responsável pela condução das atividades do Fundo e, neste sentido, exercerá todos os poderes que lhe forem delegados pela Junta de Governadores.

(b) A Diretoria Executiva consistirá de Diretores Executivos, tendo o Diretor Gerente como seu presidente. Dos Diretores Executivos:

(i) cinco serão nomeados pelos cinco membros com maiores cotas, e

(ii) quinze serão eleitos pelos outros membros.

Para as finalidades de cada eleição regular de Diretores Executivos, a Junta de Governadores, por maioria de oitenta e cinco por cento do total de poder de votos, poderá aumentar ou diminuir o número de Diretores Executivos referido no inciso (ii), acima. O número de Diretores Executivos mencionado no inciso (ii), acima, será reduzido de um dos dois, conforme for o caso, se os Diretores Executivos forem nomeados nos termos da alínea *(c)* abaixo, salvo se a Junta de Governadores decidir, por maioria de oitenta e cinco por cento do total de poder de votos, que a redução comprometeria o atendimento efetivo das funções da Diretoria Executiva ou de Diretores Executivos ou ameaçaria perturbar o desejável equilíbrio da Diretoria Executiva.

(c) Se, durante e posteriormente, à segunda eleição regular de Diretores Executivos, os membros com direito a nomear Diretores Executivos, nos termos da alínea *(b)* (i) acima, não incluírem os dois membros cujos haveres monetários junto a Fundo na Conta de Recursos Gerais tiverem sido, na média dos dois anos precedentes, reduzidos a abaixo de suas cotas pelos maiores valores absolutos em termos do direito especial de saque, um ou ambos os membros, conforme o caso, poderão nomear um Diretor Executivo.

(d) As eleições de Diretores Executivos elegíveis deverão ser efetuadas em intervalos de dois anos, de acordo com as disposições do Anexo E, suplementadas pelos regulamentos que o Fundo julgar apropriados. Para cada eleição regular de Diretores Executivos, a Junta de Governadores poderá baixar regulamentos, introduzindo modificações na proporção de votos exigidos para eleger Diretores Executivos, conforme o disposto no Anexo E.

(e) Cada Diretor Executivo deverá indicar um Substituto com plenos poderes para agir em seu nome quando não estiver presente, levando em conta que o Conselho de Governadores pode adotar regras, permitindo ao Diretor Executivo, eleito por mais de um número específico de membros, a indicação de 2 Substitutos. Estas regras, se adotadas, podem somente ser modificadas no contexto de uma eleição regular dos Diretores Executivos e deverão requerer que Diretor Executivo indique 2 (dois) Substitutos e designe: (i) o Substituto que deverá agir em nome do Diretor Executivo, quando o mesmo não estiver presente e quando ambos Substitutos estiverem presentes e (ii) o Substituto que exercerá os poderes do Diretor Executivo sob o inciso *(f)* abaixo. Quando os Diretores Executivos que os indicaram estiverem presentes, os Substitutos poderão participar das reuniões mas não poderão votar.

▶ Alínea *e* com redação pelo Decreto 7.532/2011.

(f) Os Diretores Executivos continuarão na função até que seus sucessores tenham sido nomeados ou eleitos. Quando o cargo de um Diretor Executivo eleito vagar mais de noventa dias antes do término de seu mandato, outro Diretor Executivo será eleito pelos membros que elegeram o Diretor Executivo anterior para o restante do mandato. Será exigida para a eleição a maioria dos votos lançados. Enquanto o cargo permanecer vago, o Suplente do Diretor Executivo exercerá seus poderes, exceto o de indicação de um Suplente.

(g) A Diretoria Executiva deverá funcionar em sessão contínua na sede do Fundo e se reunirá tão frequentemente quanto o exigir os negócios do Fundo.

(h) O quorum de qualquer reunião da Diretoria Executiva deverá ser a maioria dos Diretores Executivos que detenha não menos que a metade do total de poder de votos.

(i) (i) Cada Diretor Executivo nomeado terá direito a emitir o número de votos outorgados ao membro que o nomeou, conforme o disposto na Seção 5 deste Artigo.

(ii) Se os votos outorgados ao membro que nomear um Diretor Executivo, com base nas disposições da alínea *(c)* acima, forem emitidos por um Diretor Executivo em conjunto com os votos outorgados a outros membros em resultado da última eleição regular de Diretores Executivos, o membro poderá acordar com cada um dos outros membros que o número de votos a ele outorgados será emitido pelo Diretor Executivo nomeado. Um membro que fizer tal acordo não deverá participar da eleição de Diretores Executivos.

(iii) Cada Diretor Executivo eleito terá o direito de emitir o número de votos que contaram para sua eleição.

(iv) Quando as disposições da Seção 5 *(b)* deste Artigo forem aplicáveis, os votos que um Diretor Executivo, de outra forma, teria direito a emitir, deverão ser aumentados ou diminuídos de forma correspondente. Todos os votos que um Diretor Executivo tiver o direito de emitir serão emitidos como uma unidade.

(v) Quando terminar a suspensão de direitos de voto de um membro, segundo o Artigo XXVI, Seção 2 *(b)*, e esse membro não tenha o direito de nomear um Diretor Executivo, o membro poderá acordar com todos os países-membros que elegeram um Diretor Executivo que os votos outorgados a esse membro sejam emitidos por esse Diretor Executivo, entendido que, se nenhuma eleição regular de Diretores Executivos tiver ocorrido durante o período da suspensão, o Diretor Executivo de cujo processo de eleição o país-membro tenha participado, anteriormente à suspensão, ou seu sucessor, eleito de acordo com o parágrafo 3 *(c)* (i) do Anexo L ou de acordo com a alínea *(f)* anterior, terá o direito de emitir os votos outorgados ao membro. Considerar-se-á que o país-membro participou da eleição do Diretor Executivo que emitir os votos a si outorgados.

(j) A Junta de Governadores adotará regulamentos segundo os quais um membro, sem direito a nomear um Diretor Executivo segundo a alínea *(b)* acima, poderá enviar um representante para comparecer a qualquer reunião da Diretoria Executiva quando um pedido formulado por esse membro, ou um assunto de seu particular interesse, estiver em discussão.

Seção 4
Diretor Gerente e quadro de funcionários

(a) A Diretoria Executiva selecionará um Diretor Gerente, que não deverá ser um Governador ou um Diretor Executivo. O Diretor Gerente será o presidente da Diretoria Executiva, mas não terá voto, exceto voto de minerva no caso de uma divisão igual. Ele poderá participar de reuniões da Junta de Governadores, mas não votará nessas reuniões. O Diretor Gerente deixará o cargo quando a Diretoria Executiva assim o decidir.

(b) O Diretor Gerente será o chefe do quadro de funcionários do Fundo e deverá conduzir, sob a direção da Diretoria Executiva, os negócios ordinários do Fundo. Sujeito ao controle geral da Diretoria Executiva, ele será responsável pela organização, admissão e demissão dos funcionários do Fundo.

(c) O Diretor Gerente e os funcionários do Fundo, no desempenho de suas funções, ficarão inteiramente subordinados ao Fundo e a nenhuma outra autoridade. Cada membro do Fundo respeitará o caráter internacional desta obrigação e deverá abster-se de toda tentativa de influenciar qualquer elemento do quadro de funcionários no desempenho dessas funções.

(d) Na contratação de funcionários, o Diretor Gerente deverá, respeitada a suprema importância de assegurar os mais elevados padrões de eficiência e competência técnica, dispensar especial atenção à importância de recrutar pessoal em base geográfica tão vasta quanto possível.

Seção 5
Votação

(a) O total de votos de cada membro deverá ser igual à soma dos seus votos básicos e dos votos baseados nas suas cotas.
> Alínea *a* com redação pelo Decreto 7.532/2011.

(i) Os votos básicos de cada membro deverão refletir o número de votos que resulta da igual distribuição entre todos os membros de 5,502% (cinco inteiros e quinhentos e dois milésimos por cento) da soma agregada do total de poder de voto de todos os membros, levando em conta que não haverá votos básicos fracionados.

(ii) Os votos baseados em cotas de cada membro deverão ser o número de votos que resultam da alocação de um voto de cada parte de sua cota equivalente a 100.000 (cem mil) Direitos Especiais de Saque.

(b) Sempre que for preciso votar nos termos do Artigo V, Seção 4 ou 5, cada membro terá o número de votos a que tiver direito segundo a alínea *(a)* acima, reajustados:

(i) pela adição de um voto pelo equivalente a quatrocentos mil, direitos especiais de saque de vendas líquidas de sua moeda dos recursos gerais do Fundo, até a data em que o voto for emitido, ou

(ii) pela subtração de um voto pelo equivalente a cada quatrocentos mil, direitos especiais de saque de suas compras líquidas, nos termos do Artigo V, Seção 3 *(b)* e *(f)* até a data em que o voto for emitido, ressalvado que nem as compras liquidas, nem as vendas liquidas, deverão, em qualquer tempo, exceder a um valor igual à cota do membro em questão.

(c) Salvo disposição expressa em contrário, todas as decisões do Fundo serão tomadas pela maioria dos votos emitidos.

Seção 6
Reservas, distribuição de renda líquida e inversões

(a) O Fundo determinará anualmente que parcela de sua renda líquida será aplicada em reservas gerais ou reservas especiais e que parcela, se houver, será distribuída.

(b) O Fundo poderá usar as reservas especiais para qualquer finalidade em que puder usar as reservas gerais, exceto distribuição.

(c) Se for feita qualquer distribuição da renda liquida de qualquer ano, esta será feita para todos os membros na proposição de suas cotas.

(d) O Fundo, por maioridade de setenta por cento do total de poder de votos, poderá, a qualquer tempo, decidir distribuir qualquer parte das reservas gerais. Qualquer distribuição deste gênero será efetuada a todos os membros na proposição de suas cotas.

(e) Os pagamentos, nos termos das alíneas *(c)* e *(d)* acima, serão efetuados em direitos especiais de saque, ressalvado que tanto o Fundo quanto o membro poderá decidir que o pagamento será feito em sua própria moeda.

(f) (i) O Fundo poderá estabelecer uma Conta de Inversões para as finalidades desta alínea *(f)*. Os ativos da Conta de Inversões serão mantidos em separado das outras contas do Departamento Geral.

(ii) O Fundo poderá decidir transferir para a Conta de Inversões parte da receita da venda de ouro, de acordo com o disposto no Artigo V, Seção 12 *(g)* e, por maioria de setenta por cento do total de poder de votos, poderá decidir transferir para a Conta de Inversões, para aplicação imediata, as moedas mantidas na Conta de Recursos Gerais. O montante destas transferências não deverá exceder o montante total das reservas gerais e das reservas especiais ao tempo da decisão.

(iii) O Fundo pode utilizar os recursos em moedas dos países membros mantidos na Conta de Investimento para investir na forma por ele determinada, de acordo com as normas e regulamentos adotadas pelo Fundo por uma maioria de 70% (setenta por cento) do poder total de voto. As regras e regulamentos adotadas por conta deste inciso deverão ser consistentes com os incisos (vii), (viii) e (ix) abaixo.
▶ Inciso iii com redação pelo Decreto 7.532/2011.

(iv) Os rendimentos das inversões poderão ser reaplicados de acordo com as disposições desta alínea (f). Os rendimentos não reaplicados serão mantidos na Conta de Inversões ou pode não ser usados para cobrir despesas relacionadas com a condição das atividades do Fundo.

(v) O Fundo poderá usar a moeda de um membro mantida na Conta de Inversões para adquirir as moedas necessárias para fazer face às despesas de condução das atividades do Fundo.

(vi) A Conta de Investimentos deverá ser encerrada caso ocorra a liquidação do Fundo e pode ser encerrada, ou o total dos investimentos pode ser reduzido antes da liquidação do Fundo, por uma maioria de 70% (setenta por cento) do poder total de voto.
▶ Inciso vi com redação pelo Decreto 7.532/2011.

(vii) Após encerramento da Conta de Inversões em razão da liquidação do Fundo, quaisquer ativos nesta conta serão distribuídos de acordo com as disposições do Anexo K, ressalvado que parte destes ativas correspondente à proporção dos ativos transferida para esta conta nos termos do Artigo V, Seção 12 (g), em relação ao total dos ativos transferidos para esta conta, será considerada ativos mantidos na Conta de Desembolso Especial e será distribuída de conformidade com o Anexo K, parágrafo 2 (a) (ii).

(viii) Após o encerramento da Conta de Inversões anteriores à liquidação do Fundo, parte dos ativos mantidos nesta conta, correspondente à proporção dos ativos transferidos para esta conta nos termos do Artigo V, Seção 12 (g), em relação ao total de ativos transferidos para esta conta, será transferida para a Conta de Desembolso Especial se esta não tiver sido encerrada, e o saldo dos ativos mantidos na Conta de Inversões serão transferidos para a Conta de Recursos Gerais para uso imediato em operação e transações.

(ix) Numa redução do montante de aplicações pelo Fundo, parte da redução correspondente à proporção dos ativos transferidos para a Conta de Inverções, nos termos do Artigo V, Seção 12 (g), em relação ao total dos ativos transferidos para essa conta, transferida para a Conta de Desembolso Especial, se esta não tiver sido encerrada, e o saldo da redução será transferido para a Conta de Recursos Gerais para uso imediato em operações e transações.

Seção 7
Publicação de relatórios

(a) O Fundo publicará um relatório anual contendo um demonstrativo auditado de suas contas e expedirá, em intervalos de três meses ou menos, um demonstrativo sumário de suas operações e transações, e de seus haveres em direitos especiais de saque, ouro e moeda das de membros.

(b) O Fundo poderá publicar outros relatórios que julgar desejáveis para a realização de seus objetivos.

Seção 8
Comunicação de pontos de vista aos membros

O Fundo terá, a qualquer tempo, o direito de comunicar seus pontos de vista informalmente a qualquer membro sobre qualquer questão levantada nos termos deste Convênio. O Fundo poderá, por maioria de setenta por cento do total do poder de votos, decidir publicar relatório apresentado a um membro sobre suas condições monetárias ou econômicas e acontecimentos tendentes a produzir, diretamente, um sério desequilíbrio no balanço internacional de pagamento dos membros. Se o membro não tiver o direito a nomear um Diretor Executivo, ser-lhe-á facultado fazer se representar segundo a Seção 3 (j) deste Artigo. O Fundo não publicará relatório que envolva alterações na estrutura fundamental da organização econômica dos membros.

Artigo XIII
Escritórios e Depositários

Seção 1
Localização de escritórios

A sede do Fundo será localizada no território do membro que detiver a maior cota, e poderão ser estabelecidos agências ou escritórios nos territórios de outros membros.

Seção 2
Depositários

(a) Cada membro designará seu banco central como depositário de todos os haveres do Fundo em sua moeda ou, senão possuir banco central, designará alguma outra instituição que possa ser aceitável ao Fundo.

(b) O Fundo poderá possuir outros haveres, inclusive junto ao depositários designados pelos cinco países-membros detentores das maiores cotas e junto a outros depositários que o Fundo vier a selecionar. Inicialmente, pelo menos a metade dos haveres do Fundo deverá ser mantida junto ao depositário designado pelo membro em cujos territórios o Fundo tiver sua sede e, pelo menos, quarenta por cento deverá ser mantidos juntos aos depositários designados pelos quatros países-membros restantes acima referidos. Entretanto, todas as transferências de ouro pelo Fundo deverão ser feitas com a devida consideração do custo de transporte e das necessidades previstas do Fundo.

Numa emergência, a Diretoria Executiva poderá transferir todos os haveres em ouro do Fundo, ou parte deles, para qualquer lugar onde possam ser adequadamente protegidos.

Seção 3
Garantia dos ativos do Fundo

Cada membro garante todos os ativos do Fundo contra perdas resultantes de falhas ou inadimplências por parte do depositário por ele designado.

Artigo XIV
Regimes Transitórios

Seção 1
Notificação ao Fundo

Cada membro deverá notificar o Fundo se tiver à intenção de se valer dos regimes transitórios da Seção 2 deste Artigo, ou se estiver preparado para aceitar as obrigações do Artigo VIII, Seções 2, 3 e 4. Um membro que se valer dos regimes transitórios deverá notificar o Fundo tão logo estiver preparado para aceitar estas obrigações.

Seção 2
Restrições cambiais

Um membro que tiver notificado o Fundo de que pretende se valer de regimes transitórios nos termos deste dispositivo, poderá, não obstante as disposições de quaisquer outros Artigos deste Convênio, manter e adaptar a novas circunstâncias as restrições aos pagamentos e transferências de transações internacionais correntes que estivessem em vigor na data em que se tornou membro. Os membros deverão, entretanto, dar atenção contínua, aos propósitos do Fundo nas suas políticas cambiais e, tão logo as condições o permitirem, tomarão as medidas possíveis para estabelecer ajustes comerciais e financeiros com outros membros que possam facilitar os pagamentos internacionais e a promoção de um sistema estável de taxas de câmbio. Em particular, os membros deverão revogar as restrições mantidas nos termos desta Seção tão logo se convencerem de que poderão, na ausência de tais restrições, atender ao seu balanço de pagamentos de maneira que não prejudicará indevidamente seu acesso aos recursos gerais do Fundo.

Seção 3
Atuação do Fundo em matéria de restrições

O Fundo deverá elaborar relatórios anuais sobre as restrições em vigor conforme as disposições da Seção 2 deste Artigo. Qualquer membro que, mantiver quaisquer restrições incompatíveis com o Artigo VIII, Seção 2, 3 ou 4, deverá consultar o Fundo, anualmente, quanto à sua manutenção. O Fundo poderá, se julgar tal medida necessária em circunstâncias excepcionais, comunicar a qualquer membro que as condições são favoráveis para a retirada de qualquer restrição em particular, ou para a revogação generalizada das restrições incompatíveis com as disposições de quaisquer outros Artigos deste Convênio. Conceder-se-á ao membro um prazo razoável para responder a tais representações. Se o Fundo verificar que o membro persiste em manter restrições que sejam incompatíveis com os objetivos do Fundo, o membro ficará sujeito ao Artigo XXVI, Seção 2 *(a)*.

Artigo XV
Direitos Especiais de Saque

▶ Artigo com redação pela IV emenda ao Convênio Constitutivo do Fundo, promulgada no Brasil pelo Decreto 7.398/2010.

Seção 1
Autoridade para alocar direitos especiais de saque

a) Para atendimento da necessidade, se e quando surgir, de suplementar os ativos de reserva existentes, o Fundo está autorizado a alocar direitos especiais de saque segundo as disposições do Artigo XVIII a membros participantes do Departamento de Direitos Especiais de Saque.

b) Ademais, o Fundo alocará direitos especiais de saque a membros participantes do Departamento de Direitos Especiais de Saque segundo as disposições do Anexo M.

Seção 2
Atribuição de valor ao direito especial de saque

O método de atribuição de valor ao direito especial de saque será determinado pelo Fundo por maioria de setenta por cento do total de poder de votos, ressalvando-se, entretanto, que será exigida a maioria de oitenta e cinco por cento do total de poder de votos para alteração do princípio de avaliação ou para alteração fundamental na aplicação do princípio em vigor.

Artigo XVI
Departamento Geral e Departamento de Direitos Especiais de Saque

Seção 1
Separação das operações e transações

Todas as operações e transações relacionadas com direitos especiais de saque serão conduzidas através do Departamento de Direitos Especiais de Saque. Todas as outras operações e transações por conta do Fundo, autorizadas por este Convênio ou nos termos, serão conduzidas através do Departamento Geral. As operações e transações segundo o Artigo XVII, Seção 2, serão conduzidas através do Departamento Geral bem como através do Departamento de Direitos Especiais de Saque.

Seção 2
Separação de ativos e propriedade

Todos os ativos e propriedade do Fundo, exceto os recursos administrados segundo o disposto no Artigo V, Seção 2 *(b)*, serão mantidos no Departamento Geral, ressalvado que os ativos e propriedade adquiridos conforme o Artigo XX, Seção 2, os Artigos XXIV e XXV e os Anexos H e I, serão mantidos no Departamento de Direitos Especiais de Saque. Quaisquer ativos ou propriedades mantidos num Departamento não ficarão à disposição para pagar ou satisfazer dívidas, obrigações ou perdas do Fundo na condução das operações e transações de outro Departamento, exceto que as despesas na condução dos negócios do Departamento de Direitos Especiais de Saque serão pagas pelo Fundo através do Departamento Geral, que será reembolsado periodicamente em direitos especiais de saque, pelas contribuições fixadas segundo o Artigo XX, Seção 4, com base numa estimativa razoável de tais despesas.

Seção 3
Registro e informação

Todas as variações em haveres de direitos especiais de saque produzirão efeito somente quando registradas pelo Fundo no Departamento de Direitos Especiais de Saque. Os participantes de verão notificar o Fundo sobre as disposições deste Convênio, segundo as quais forem usados os direitos especiais de saque. O Fundo poderá exigir que os participantes lhe forneçam outras Informações que julgar necessárias para suas funções.

Artigo XVII
Participantes e outros Detentores de Direitos Especiais de Saque

Seção 1
Participantes

Cada membro que depositar junto ao Fundo um instrumento no qual declare que, de acordo com a sua lei, assume todas as obrigações de participante no Departamento de Direitos Especiais de Saque, e que tomou todas as medidas necessárias para habilitá-lo a cumprir todas as obrigações, tornar-se-á um participante do Departamento de Direitos Especiais de Saque a partir da data em que o instrumento for depositado, com a ressalva de que nenhum membro tornar-se-á participante antes que as disposições deste Convênio, referentes exclusivamente ao Departamento de Direitos Especiais de Saque, tiverem entrado em vigor e que tiverem sido depositados instrumentos, conforme o disposto nesta Seção, por membros que possuam, no mínimo, setenta e cinco por cento do total de cotas.

Seção 2
O Fundo como detentor

O Fundo poderá deter direitos especiais de saque na Conta de Recursos Gerais e poderá aceitá-los e usá-los em operações e transações com participantes, conduzidas através da Conta de Recursos Gerais, de acordo com as disposições deste Convênio ou com detentores aprovados de conformidade com os termos e condições estabelecidos na Seção 3 deste Artigo.

Seção 3
Outros detentores

O Fundo poderá aprovar:
(i) que sejam detentores, países não membros, membros que sejam não participantes, instituições que exerçam funções de banco central para mais de um membro e outras entidades oficiais;
(ii) os termos e condições nos quais os detentores aprovados poderão deter direitos especiais de saque e poderão aceitá-los e usá-los em operações e transações com participantes e outros detentores aprovados, e
(iii) os termos e condições nos quais os participantes e o Fundo, através da Conta de Recursos Gerais, poderão realizar operações e transações em direitos especiais de saque com detentores aprovados.

Exigir-se-á maioria de oitenta e cinco por cento do total de poder de votos para as aprovações nos termos do inciso (i) acima. Os termos e condições determinadas pelo Fundo serão compatíveis com as disposições deste Convênio e com o funcionamento efetivo do Departamento de Direitos Especiais de Saque.

Artigo XVIII
Alocação e Cancelamento de Direitos Especiais de Saque

Seção 1
Princípios e considerações que regem alocação e cancelamento

(a) Em todas as suas decisões referentes às alocações e cancelamentos de direitos especiais de saque, o Fundo procurará atender às necessidades globais a longo prazo, quando e na medida em que surgirem, de suplementação dos ativos de reserva existentes de forma a promover a consecução de seus propósitos ú evitar a estagnação econômica e a deflação, bem como a demanda excessiva e a inflação em termos mundiais.

(b) A primeira decisão de alocar direitos especiais de Saque levará em conta, como considerações especiais, uma decisão coletiva de que existe uma necessidade global de suplementação de reservas, e de consecução de melhor equilíbrio no balanço de pagamentos, bem como a probabilidade de um melhor desempenho do processo de ajustamento do futuro.

Seção 2
Alocação e cancelamento

(a) As decisões do Fundo de alocar ou cancelar direitos especiais de saque serão tomadas por períodos básicos, os quais correrão consecutivamente e terão cinco anos de duração. O primeiro período básico começará na data da primeira decisão de alocar direitos especiais de saque ou em alguma data posterior conforme for especificado naquela decisão. Quaisquer alocações ou cancelamentos deverão ocorrer em intervalos anuais.

(b) As proporções em que se farão as alocações serão expressas em percentagens de cotas na data de cada decisão de alocação. As proporções nas quais os direitos especiais de saque deverão ser cancelados serão expressas em percentagens de alocação cumulativas líquidas de direitos especiais de saque na data de cada decisão de cancelamento. As percentagens serão as mesmas para todos participantes.

(c) Em sua decisão para qualquer período básico, o Fundo poderá dispor, não obstante as alíneas *(a)* e *(b)* acima, que:

(i) a duração do período básico será outra que não cinco anos, ou
(ii) as alocações ou cancelamentos terão lugar a intervalos outros que não os anuais, ou
(iii) as bases para alocações ou cancelamentos serão as cotas ou as alocações cumulativas líquidas em datas outras que não as datas de decisões de alocação ou cancelamento.

(d) Um membro que se tornar participante após o inicio de período básico receberá alocações com inicio no próximo período básico em que se farão alocações depois que se tornou participante, salvo se o Fundo decidir que o novo participante começará a receber alocações com o inicio da próxima alocação depois que se tornou participante. Se o Fundo decidir que um membro que se tornou participante durante um período básico receberá, alocações durante o remanescente daquele período básico e o participante não era membro nas datas estabelecidas nas alíneas *(b)* ou *(c)* acima, o Fundo determinará as bases nas quais serão feitas essas alocações ao participante.

(e) Um participante receberá alocações de direitos especiais de saque realizadas de conformidade com qualquer decisão de alocação, a menos que:
(i) o Governador do participante não tenha votado em favor da decisão, e que
(ii) o participante tenha notificado o Fundo, por escrito, antes da primeira alocação de direitos especiais de saque nos termos daquela decisão, de que não deseja lhe sejam alocados direitos especiais de saque nos termos da decisão. A pedido de um participante, o Fundo poderá decidir fazer cessar o efeito da notificação com referência a alocações de direitos especiais de saque posteriormente ao encerramento.

(f) Se, na data efetiva de qualquer cancelamento, o montante de direitos especiais de saque em poder de um participante for menor do que sua parcela de direitos especiais de saque deverá ser cancelada, o participante deverá eliminar seu saldo negativo tão prontamente quanto o permitir sua posição de reservas brutas, e deverá permanecer em consulta como Fundo para esta finalidade. Os direitos especiais de saque adquiridos pelo participante após a data efetiva do cancelamento deverão ser aplicados contra seu saldo negativo, e cancelados.

Seção 3
Acontecimentos importantes e imprevisíveis

O Fundo poderá alterar as proporções ou os intervalos de alocação ou cancelamento durante o remanescente de um período básico, ou alterar a duração de um período básico ou iniciar um novo período básico, se, a qualquer tempo, o Fundo o julgar conveniente em razão de acontecimentos importantes e imprevisíveis.

Seção 4
Decisões sobre alocações e cancelamentos

(a) As decisões nos termos da Seção 2 *(a)*, *(b)* e *(c)* ou da Seção 3 deste artigo serão tomadas pela Junta de Governadores, com base em propostas do Diretor Gerente aprovadas pela Diretoria Executiva.

(b) Antes de apresentar qualquer proposta, o Diretor Gerente, após convencer-se de que a mesma será compatível com as disposições da Seção 1 *(a)* deste artigo, empreenderá as consultas que o habilitarão a verificar que existe amplo apoio à proposta entre os participantes. Ademais, antes de apresentar uma proposta para a primeira alocação, o Diretor Gerente deverá convencer-se de que as disposições da Seção 1 *(b)* deste artigo foram atendidas e de que existe amplo apoio entre os participantes para o início das alocações; ele deverá apresentar uma proposta para a primeira alocação tão logo, após o estabelecimento do Departamento de Direitos Especiais de Saque, assim se convencer.

(c) O Diretor Gerente apresentará propostas:
(i) nunca após seis meses antes do fim de cada período básico;
(ii) se não tiver sido tomada qualquer decisão referente à alocação ou cancelamento para um período básico, sempre que estiver convencido de que as disposições da alínea *(b)* acima foram atendidas;
(iii) quando, de acordo com a Seção 3 deste artigo, considerar que seria conveniente alterar a proporção ou os intervalos de alocação ou cancelamento, ou alterar a duração de um período básico, ou iniciar um novo período básico, ou
(iv) dentro de seis meses de um pedido formulado pela Junta de Governadores ou pela Diretoria Executiva; ressalvado que, se nos termos dos incisos (i), (iii) ou (iv) acima, o Diretor Gerente constatar que não há qualquer proposta que considere compatível com as disposições da Seção 1 deste artigo, e que tenha amplo apoio entre participantes, de acordo com a alínea *(b)* acima, ele deverá reportar-se à Junta de Governadores e à Diretoria Executiva.

(d) Exigir-se-á maioria de oitenta e cinco por cento do total do poder de votos para as decisões de acordo com a Seção 2 *(a)*, *(b)* e *(c)* ou a Seção 3 deste artigo, exceto em decisões, com base na Seção 3, referentes à redução nas proporções de alocação.

Artigo XIX
Operações e Transações em Direitos Especiais de Saque

Seção 1
Uso de direitos especiais de saque

Os direitos especiais de saque poderão ser usados em operações e transações autorizadas por este Convênio, ou nos seus termos.

Seção 2
Operações e transações entre participantes

(a) Um participante terá direito a usar seus direitos especiais de saque para obter um montante equivalente em moeda de um participante designado nos termos da Seção 5 deste artigo.

(b) Um participante, de comum acordo com outro participante, poderá usar seus direitos especiais de saque, a fim de obter um montante equivalente da moeda de outro participante.

(c) O Fundo, por maioria de setenta por cento do total de poder de votos, podem indicar as operações nas quais um participante é autorizado a entrar em acordo com outro participante nos termos e condições que o Fundo julgar apropriados. Os termos e condições serão compatíveis com o funcionamento efetivo do Departamento de Direitos Especiais de Saque e com o uso adequado dos direitos especiais de saque de conformidade com este Convênio.

(d) O Fundo poderá fazer representações a um participante que realizar qualquer operação ou transação segundo as alíneas *(b)* ou *(c)* acima, que a juízo do Fundo, possa ser prejudicial ao processo de designação segundo os princípios da Seção 5 deste Artigo ou, de outra forma, seja incompatível com o disposto no Artigo XXII. Um participante que persistir em efetuar tais operações ou transações sujeitar-se-á ao disposto no Artigo XXIII, seção 2 *(b)*.

Seção 3
Pré-requisito de necessidade

(a) Nas transações segundo a Seção 2 *(a)* deste Artigo, exceto na forma em contrário prevista na alínea *(c)* abaixo, espera-se que um participante use seus direitos especiais de saque somente se tiver necessidade em razão de seu balanço de pagamentos, ou de sua posição de reservas ou da evolução de suas reservas, e dão com o objetivo único de alterar a composição de suas reservas.

(b) O uso de direitos especiais de saque não ficará sujeito a contestação com base na expectativa da alínea *(a)* acima, mas o Fundo poderá fazer representações a um participante que deixar de atender a esta expectativa. Um participante que persistir em deixar de atender a esta expectativa ficará sujeito ao Artigo XXIII, Seção 2 *(b)*.

(c) O Fundo poderá renunciar à expectativa prevista na alínea *(a)*, acima, em qualquer transação em que um participante usar direitos especiais de saque a fim de obter um valor equivalente da moeda de um participante designado nos termos da Seção 5 deste Artigo, que promoveria a reconstituição pelo outro participante segundo a Seção 6 *(a)* deste Artigo; prevenir ou reduzir um saldo negativo do outro participante; ou compensar o efeito da inadimplência, pelo outro participante, no atendimento da expectativa segundo a alínea *(a)* acima.

Seção 4
Obrigação de suprir moeda

(a) Um participante designado pelo Fundo segundo a Seção 5 deste Artigo deverá suprir, quando solicitado, moeda de livre uso a um participante que usar direitos especiais de saque conforme a Seção 2 *(a)* deste Artigo. A obrigação de um participante de suprir moeda não se estenderá além do ponto em que seus haveres em direitos especiais de saque, em excesso à sua alocação cumulativa líquida, forem iguais a duas vezes sua alocação cumulativa líquida ou outro limite superior na forma acordada entre um participante e o Fundo.

(b) Um participante poderá suprir moeda em excesso ao limite obrigatório ou qualquer limite superior acordado.

Seção 5
Designação de participantes para suprir moeda

(a) O Fundo assegurar-se-á de que um participante terá condições de usar seus direitos especiais de saque pela designação de participantes para suprir moeda em montantes especificados de direitos especiais de saque para as finalidades da Seção 2 *(a)* e da Seção 4 deste Artigo. As designações serão feitas de acordo com os seguintes princípios gerais complementados por outros princípios que o Fundo adotar periodicamente:

(i) Um participante ficará sujeito à designação se seu balanço de pagamento e posição de reservas brutas forem suficientemente sólidos, mas isto não eliminará a possibilidade de que um participante com sólida posição de reservas seja designado muito embora tenha um déficit moderado no balanço de pagamentos. Os participantes serão designados de modo a promover, no tempo, uma distribuição equilibrada de haveres em direitos especiais de saque entre eles.

(ii) os participantes ficarão sujeitos a designação a fim de promover reconstituirão de haveres segundo a Seção 6 *(a)* deste Artigo, para reduzir saldos negativos em haveres de direitos especiais de saque, ou para compensar o efeito de inadimplências em atender à expectativa da Seção 3 *(a)* deste Artigo.

(iii) Ao designar participantes, o Fundo, normalmente, dará prioridade àqueles que necessitem adquirir direitos especiais de saque para atender aos objetivos de designação segundo o inciso (ii) acima.

(b) A fim de promover, no tempo, uma distribuição equilibrada de haveres em direitos especiais de saque segundo a alínea *(a)* (1) acima, o Fundo aplicará as normas de designação do Anexo F ou outras normas que vierem a ser adotadas nos termos da alínea *(c)* abaixo.

(c) As normas de designação poderão ser revistas a qualquer tempo e novas normas serão adotadas se necessário. A menos que sejam adotadas novas normas, as normas em vigor à época da revisão continuarão a ser aplicadas.

Seção 6
Reconstituição

(a) Os participantes que usarem seus direitos especiais de saque deverão reconstituir seus haveres em direitos especiais de saque de acordo com as normas de reconstituição do Anexo G ou outras normas que vierem a ser adotadas nos termos da alínea *(b)* abaixo.

(b) As normas de reconstituição poderão ser revistas a qualquer tempo e novas normas serão adotadas, se necessário. A menos que sejam adotadas novas normas ou for adotada uma decisão de abolirão das normas de reconstituição, as normas em vigor ao tempo da revisão continuarão a ser aplicadas. Exigir-se-á maioria de setenta por

cento do total de poder de votos para as decisões de adotar, modificar ou abolir as normas de reconstituição.

Seção 7
Taxas de câmbio

(a) Exceto na forma em contrário prevista na alínea *(b)* abaixo, as taxas de câmbio para transformações entre participantes, segundo a Seção 2 *(a)* e *(b)* deste Artigo, serão tais que os participantes que usarem direitos especiais de saque receberão o mesmo valor, quaisquer que foram as moedas usadas e quaisquer que forem os participantes que suprirem essas moedas, e o Fundo, adotará regulamentos com vistas a tornar este princípio efetivo.

(b) O Fundo, por maioria de oitenta e cinco por cento do total de poder de votos, poderá adotar políticas segundo as quais, em circunstâncias excepcionais, o Fundo, por maioria de setenta por cento do total de poder de votos, poderá autorizar os participantes que realizem transações segundo a Seção 2 *(b)* deste Artigo a acordarem taxas de câmbio que não as aplicáveis segundo a alínea *(a)* acima.

(c) O Fundo consultará um participante sobre o procedimento para determinação das taxas de câmbio de sua moeda.

(d) Para os fins deste dispositivo, o termo participante inclui um participante em processo de desligamento.

Artigo XX
Juros e Comissões do Departamento de Direitos Especiais de Saque

Seção 1
Juros

Serão pagos pelo Fundo, a cada possuidor, na mesma taxa para todos os detentores, juros sobre o montante de seus haveres de direito especiais de saque. O Fundo pagará o valor devido a cada possuidor, quer sejam recebidas, ou não, comissões suficiente, para atender ao pagamento dos juros.

Seção 2
Comissões

Serão pagas ao Fundo, por todo participante, na mesma taxa para todos os participantes, comissões sobre o montante de sua alocação líquida cumulativa de direitos especiais de saque mais qualquer saldo negativo do participante ou comissões não pagas.

Seção 3
Taxas de juros e comissões

O Fundo determinará a taxa de juros por maioria de setenta por cento do total de poder de votos. A taxa das comissões será igual à taxa de juros.

Seção 4
Contribuições

Quando for decidido que deverão ser efetuados ressarcimentos, segundo o disposto no Artigo XVI, Seção 2, o Fundo cobrará contribuições, para esta finalidade, na mesma taxa para todos os participantes, sobre suas alocações cumulativas líquidas.

Seção 5
Pagamento de juros, comissões e contribuições

Os juros, comissões e contribuições serão pagos em direitos especiais de saque. Um participante que necessitar de direitos especiais de saque para pagar qualquer comissão ou contribuição terá obrigado e terá direito a obtê-los, por moeda aceitável pelo Fundo, em transação com o Fundo, conduzida através da Conta de Recursos Gerais. Se desta forma não puderem ser obtidos direitos especiais de saque suficientes, o participante será obrigado e terá direito a obtê-los com moeda de livre uso de um participante, que o fundo especificar. Os direitos especiais de saques adquiridos por um participante, após a data de pavimento, serão aplicados contra suas comissões não pagas e canceladas.

Artigo XXI
Administração do Departamento Geral e do Departamento de Direitos Especiais de Saque

(a) O Departamento Geral e o Departamento de Direitos Especiais de Saque serão administrados de acordo com as disposições do Artigo XII, sujeito aos seguintes dispositivos:

(i) Para reuniões ou decisões da Junta de Governadores em matérias relacionadas exclusivamente com o Departamento de Direitos Especiais de Saque, somente requerimentos ou a presença e os votos de Governadores nomeados pelos membros que sejam participantes serão considerados para o efeito de convocação de reuniões e determinação quanto à existência de *quorum* ou se a decisão foi tomada pela maioria exigida.

(ii) Para decisões da Diretoria Executiva em matérias relacionadas exclusivamente com o Departamento de Direitos Especiais de Saque, somente os Diretores Executivos nomeados ou eleitos pelo menos por um membro participante terão direito a voto. Cada um destes Diretores Executivos terá direito a emitir o número de votos atribuídos ao membro participante que o nomeou ou aos membros participantes cujos votos contaram para sua eleição. Somente a presença dos Diretores Executivos nomeados ou eleitos por membros participantes e os votos atribuídos a membros participantes serão contados para efeito de determinar se existe *quorum* ou se a decisão foi tomada pela maioria exigida. Para as finalidades deste dispositivo, um acordo nos termos do Artigo XII, Seção 3 *(i)* (ii) por membro participante dará direito a um Diretor Executivo nomeado de votar e emitir o número de votos atribuídos ao membro.

(iii) As questões de administração geral do Fundo, inclusive ressarcimento nos termos do Artigo XVI, Seção 2, e qualquer questão quanto a se determinada matéria é do interesse de ambos os Departamentos ou exclusivamente do Departamento de Direitos Especiais de Saque, serão decididas como se fossem exclusivamente do interesse do Departamento Geral. As decisões referentes ao método de avaliação dos direitos especiais de saque, à aceitação e posse de direitos especiais de saque na Conta de Recursos Gerais do Departamento

Geral e o uso deles, e outras decisões que afetem as operações e transações conduzidas tanto através da Conta de Recursos Gerais do Departamento Geral e do Departamento de Direitos Especiais de Saque, serão tomadas pelas maiorias exigidas para as decisões em matérias exclusivamente relativas a cada Departamento. Uma decisão sobre um assunto pertinente ao Departamento de Direitos Especiais de Saque deverá a isso fazer referência.

(b) Além das imunidades e privilégios concedidos segundo o Artigo IX deste Convênio, nenhum tributo de qualquer natureza incidirá sobre os direitos especiais de saque ou sobre as operações ou transações em direitos especiais de saque.

(c) Uma questão de interpretação das disposições deste Convênio, em matérias pertinentes exclusivamente ao Departamento de Direitos Especiais de Saque, será submetida à Diretoria Executiva, de acordo com o Artigo XXIX *(a)*, apenas a pedido de um participante. Em qualquer caso em que a Diretoria Executiva haja adotado uma decisão sobre interpretação de matéria da competência exclusiva do Departamento de Direitos Especiais de Saque, apenas um participante poderá requerer que o assunto seja submetido à Junta de Governadores nos termos do Artigo XXIX *(b)*. A Junta de Governadores decidirá sobre se um Governador nomeado por um membro não participante terá direito a votar no Comitê de Interpretação em matérias pertinentes exclusivamente ao Departamento de Direitos Especiais de Saque.

(d) Sempre que houver desacordo entre o Fundo e um participante que tenha encerrado sua participação no Departamento de Direitos Especiais de Saque ou entre o Fundo e qualquer participante durante a liquidação do Departamento de Direitos Especiais de Saque, com respeito a matéria resultante exclusivamente de participação no Departamento de Direitos Especiais Saque, será submetido a arbitragem de conformidade com os procedimentos do Artigo XXIX *(c)*.

Artigo XXII
Obrigações Gerais dos Participantes

Em aditamento às obrigações assumidas com respeito a direitos especiais de saque nos termos de outros Artigos deste Convênio, cada participante obriga-se a colaborar com o Fundo e com os outros participantes a fim de facilitar o funcionamento efetivo do Departamento de Direitos Especiais de Saque e o uso adequado dos direitos especiais de saque de acordo com este Convênio e com o objetivo de fazer do direito especial de saque o principal ativo de reserva do sistema monetário internacional.

Artigo XXIII
Suspensão das Operações e Transações em Direitos Especiais da Saque

Seção 1
Disposições de emergência

Em caso de emergência ou de surgimento de circunstâncias imprevistas que ameaçem as atividades do Fundo no que respeita ao Departamento de Direitos Especiais de Saque, a Diretoria Executiva, por maioria de oitenta e cinco por cento do total de poder de votos, poderá suspender, por período não superior a um ano, o efeito de qualquer das disposições referentes a operações e transações em direitos especiais de saque, aplicando-se então as disposições do Artigo XXVII, Seção 1 *(b)*, *(c)* e *(d)*.

Seção 2
Inadimplência no cumprimento de obrigações

(a) Se o Fundo constatar que um participante deixou de cumprir suas obrigações segundo o Artigo XIX, Seção 4, a faculdade do participante de usar seus direitos especiais de saque será suspensa, salvo se o Fundo decidir em contrário.

(b) Se o Fundo constatar que um participante deixou de cumprir qualquer outra obrigação com respeito a direitos especiais de saque, o Fundo poderá suspender a faculdade de o participante usar os direitos especiais de saque que adquirir após a suspensão.

(c) Serão adotados regulamentos para assegurar que, antes que seja adotada alguma ação contra qualquer participante nos termos das alíneas *(a)* ou *(b)* acima, seja o participante informado imediatamente da queixa contra ele e lhe seja dada oportunidade adequada para apresentar suas razões, tanto oralmente como por escrito. Sempre que o participante for assim informado de uma reclamação relativa à alínea *(a)* acima, ele não deverá usar direitos especiais de saque enquanto estiver pendente a solução da reclamação.

(d) A suspensão segundo as alíneas *(a)* ou *(b)* acima, ou a limitação segundo a alínea *(c)* acima, não afetará a obrigação de um participante de suprir moeda de conformidade com o disposto no Artigo XIX, Seção 4.

(e) O Fundo poderá, a qualquer momento, interromper uma suspensão nos termos das alíneas *(a)* ou *(b)* acima; ressalvado que uma suspensão imposta a um participante com base na alínea *(b)* acima, por falta de cumprimento das obrigações segundo o Artigo XIX, Seção 6 *(a)*, não será encerrada antes de transcorridos cento e oitenta dias contados do término do primeiro trimestre civil em que o participante cumprir as, normas de reconstituição.

(f) A faculdade de um participante de usar seus direitos especiais de saque não será suspensa por se ter tornado impedido de usar os recursos gerais do Fundo segundo o Artigo V, Seção 5, Artigo VI, Seção 1, ou Artigo XXVI, Seção 2 *(a)*. Não se aplicará o Artigo XXVI, Seção 2, em razão de um participante ter deixado de cumprir quaisquer obrigações com respeito a direitos especiais de saque.

Artigo XXIV
Encerramento de Participação

Seção 1
Direito de encerrar a participação

(a) Qualquer participante poderá encerrar sua participação no Departamento de Direitos Especiais de

Saque mediante notificação, por escrito, dirigida à sede do Fundo. O encerramento tornar-se-á efetivo na data em que for recebida a notificação.

(b) Entender-se-á que um país participante que encerrar de sua condição de membro do Fundo terá, simultaneamente, encerrado sua participação no Departamento de Direitos Especiais de Saque.

Seção 2
Acertos em razão de encerramento

(a) Quando um país participante encerrar sua participação no Departamento de Direitos Especiais de Saque, cessarão todas as operações e transações em direitos especiais de saques pelo participante demissionário, salvo na forma permitida em contrário por acordo levado a efeito segundo a alínea (c) abaixo, a fim de facilitar um acerto ou de conformidade com o disposto nas Seções 3, 5 e 6 deste Artigo ou no Anexo H. Os juros e comissões acumulados até a data de encerramento e as contribuições cobradas antes daquela data mas ainda não pagas, serão pagos em direitos especiais de saques.

(b) O Fundo estará obrigado a resgatar todos os direitos especiais de saque em poder do participante demissionário e o participante demissionário estará obrigado a pagar ao Fundo um montante igual à sua alocação líquida acumulada e quaisquer outras quantias vencidas e pagáveis por força de sua participação no Departamento de Direitos Especiais de Saque. Estas obrigações se compensarão mutuamente e ficará cancelado o montante de direitos especiais de saque em poder do participante demissionário que for empregado para liquidar suas obrigações com o Fundo.

(c) Far-se-á um acerto, com razoável presteza, mediante acordo entre a participante demissionário e o Fundo, com respeito a qualquer obrigação do participante demissionário ou do Fundo, após a compensação da alínea (b) acima. Caso não se chegue prontamente a um acordo sobre o acerto, serão aplicadas as disposições do Anexo H.

Seção 3
Juros e comissões

Após a data de encerramento, o Fundo pagará juros sobre qualquer saldo pendente de direitos especiais de saque em poder de um participante demissionário, e o participante demissionário pagará comissões sobre qualquer obrigação pendente devida ao Fundo, nos prazos e nas taxas estabelecidas segundo o Artigo XX. O pagamento se efetuará em direitos especiais de saque. Um participante demissionário terá direito a obter direitos especiais de saque em troca de moeda de livre uso para efetuar pagamento de comissões ou contribuições em transação com um participante especificado pelo Fundo ou mediante acordo com qualquer outro detentor, ou a dispor dos direitos especiais de saque recebidos a titulo de juros numa transação com qualquer participante designado segundo o Artigo XIX, Seção 5, ou mediante acordo com qualquer outro detentor.

Seção 4
Liquidação de obrigações com o Fundo

A moeda recebida pelo Fundo de um participante demissionário será usada pelo Fundo para resgatar direitos especiais de saque em poder de participantes, em proporção ao montante em que os haveres em direitos especiais de saque de cada participante exceder sua alocação cumulativa líquida na época em que a moeda for recebida pelo Fundo. Serão cancelados os direitos especiais de saque assim resgatados, e os direitos especiais de saque obtidos por um participante demissionário conforme as disposições deste Convênio, para o atendimento de qualquer prestação devida por força de um acordo de liquidação ou conforme o Anexo H, e que houver sido aplicados no pagamento de tal prestação.

Seção 5
Liquidação de obrigações com um participante demissionário

Sempre que o Fundo estiver obrigado a resgatar direitos especiais de saque possuídos por um participante demissionário, o resgate deverá ser feito em moeda fornecida por participantes especificados pelo Fundo. Estes participantes serão especificados de acordo com os princípios do Artigo XIX, Seção 5. Cada participante especificado fornecerá ao Fundo, à sua opção, a moeda do participante demissionário ou uma moeda de livre uso e receberá um montante equivalente de direitos especiais de saque. Entretanto, um participante demissionário poderá usar os seus direitos de saque para obter sua própria moeda, uma moeda de livre uso ou qualquer outro ativo de qualquer detentor, se o Fundo assim o permitir.

Seção 6
Transações na Conta de Recursos Gerais

A fim de facilitar os acertos comum participante demissionário, o Fundo poderá decidir que um participante demissionário terá de:

(i) utilizar quaisquer direitos especiais de saque que possuir depois de efetuada a compensação da Seção 2 (b) deste Artigo e quando deverem ser resgatados, em transação com o Fundo conduzida na Conta de Recursos Gerais, para obter, à opção do Fundo, sua própria moeda ou uma moeda de livre uso, ou

(ii) obter direitos especiais de saque ela transação com o Fundo conduzida através da Conta de Recursos Gerais, em troca de moeda aceitável ao Fundo, para fazer face ao pagamento de quais quer comissões ou prestação devida em virtude de um acordo ou das disposições do Anexo H.

Artigo XXV
Liquidação do Departamento de Direitos Especiais de Saque

(a) O Departamento de Direitos Especiais de Saque não poderá ser liquidado senão por decisão da Junta de Governadores. Se, em caso de emergência, a Diretoria Executiva decidir que se faz necessária a liquidação do Departamento de Direitos Especiais de Saque, ela poderá suspender temporariamente as alocações ou os cancelamentos e todas as operações e transações em direitos especiais de saque pendentes de decisão da Junta de Governadores. Uma decisão pela Junta de Governadores de dissolver o Fundo constituir-se-á em decisão de liquidar tanto o Departamento Geral, como o Departamento de Direitos Especiais de Saque.

(b) Se a Junta de Governadores decidir liquidar o Departamento de Direitos Especiais de Saque, cessarão todas as alocações ou cancelamentos e todas as operações e transações em direitos especiais de saque, bem como as atividades do Fundo pertinentes ao Departamento de Direitos Especiais de Saque, salvo aquelas pertinentes ao exato cumprimento das obrigações dos participantes e do Fundo em relação aos direitos especiais de saque e cessarão também todas as obrigações do Fundo e dos participantes nos termos deste Convênio com respeito a direitos especiais de saque, com exceção das indicadas neste Artigo, Artigo XX, Artigo XXI *(d)*, Artigo XXIV, Artigo XXIX *(c)* e Anexo H, ou qualquer acordo concretizado segundo o Artigo XXIV, sujeito ao parágrafo 4 do Anexo H, e ao Anexo I.

(c) Após a liquidação do Departamento de Direitos Especiais de Saque, deverão ser pagos em direitos especiais de saque os juros e comissões acumulados até a data da liquidação, e as contribuições cobradas antes daquela data e ainda não pagas. O Fundo estará obrigado a resgatar todos os direitos especiais de saque em poder de seus detentores, e cada participante estará obrigado a pagar ao Fundo um montante igual à sua alocação cumulativa liquida de direitos especiais de saque, e outros valores que forem devidos ou pagáveis em razão de sua participação no Departamento de Direitos Especiais de Saque.

(d) A liquidação do Departamento de Direitos Especiais de Saque será administrada de conformidade com as disposições do Anexo I.

Artigo XXVI
Retirada de países-membros

Seção 1
Direito dos países-membros de se retirarem

Qualquer país-membro poderá retirar-se do Fundo, em qualquer época, mediante notificação por escrito ao Fundo, em sua sede. A retirada se tornará efetiva na data em que for recebida a notificação.

Seção 2
Retirada compulsória

(a) Se um país-membro deixar de cumprir qualquer de suas obrigações nos termos deste Convênio, o Fundo poderá declarar o país-membro impedido de utilizar os recursos gerais do Fundo. Nada nesta Seção será considerado como limitação das disposições do Artigo V, Seção 5, ou Artigo VI, Seção 1.

(b) Se, após esgotado um prazo razoável, a partir da declaração de impedimentos estabelecida na alínea *(a)* anterior, o membro persistir em deixar de cumprir qualquer de suas obrigações nos termos deste Convênio, o Fundo poderá suspender os direitos de voto desse membro, por decisão de setenta por cento do poder de votos total. Durante o período da suspensão, as provisões do Anexo L se aplicarão. O Fundo poderá terminar a suspensão a qualquer tempo, por decisão de ao menos setenta por cento do poder de votos total.

(c) Se, após esgotado um prazo razoável, a partir da suspensão de que trata a alínea *(b)* anterior, o país-membro persistir em deixar de cumprir qualquer de suas obrigações nos termos deste Convênio, o membro poderá ser solicitado a retirar-se do Fundo, por decisão da Junta de Governadores, adotada por maioria de Governadores com oitenta e cinco por cento do total de poder de votos.

(d) Adotar-se-ão normas para assegurar que, antes da adoção de qualquer medida contra um país-membro segundo as alíneas *(a)*, *(b)* ou *(c)* acima, este membro será informado, dentro de um prazo razoável, da reclamação contra ele apresentada e lhe será dada suficiente oportunidade para apresentação de suas explicações, oralmente ou por escrito.

Seção 3
Liquidação de contas com os países-membros que se retiram

Quando um país-membro se retirar do Fundo, cessarão as operações e transações normais do Fundo na sua moeda e a liquidação de todas as contas entre ele e o Fundo se fará com razoável brevidade mediante acordo entre o país-membro e o Fundo. Se não se chegar a um acórdão prontamente, as disposições do Anexo J serão aplicadas à liquidação de contas.

Artigo XXVII
Disposições de Emergência

Seção 1
Suspensão Temporária

(a) Em caso de emergência, ou circunstâncias imprevistas que ameacem as atividades do Fundo, a Diretoria Executiva, por maioria de oitenta e cinco por cento do total do poder de votos, poderá suspender, por um período não superior a um ano, a aplicação de qualquer das seguintes disposições:
(i) Artigo V, Seções 2, 3, 7 e, 8 *(a)* (i) e *(e)*;
(ii) Artigo VI, Seção 2;
(iii) Artigo XI, Seção 1, e
(iv) Anexo C, parágrafo 5.

(b) Uma suspensão de aplicação de algum dispositivo, nos termos da alínea *(a)* acima, não poderá ser prorrogada por mais de um ano, exceto pela Junta de Governadores, a qual, por maioria de oitenta e cinco por cento do total do poder de votos, poderá prorrogar uma suspensão por um período adicional não superior a dois anos, se julgar que continuam a prevalecer o caso de emergência ou as circunstâncias imprevistas a que se refere a alínea *(a)* acima.

(c) A Diretoria Executiva, por maioria do total do poder de votos poderá, a qualquer época, interromper a suspensão.

(d) O Fundo poderá adotar regras com respeito à matéria de determinada disposição durante o período em que estiver suspensa a sua aplicação.

Seção 2
Dissolução do Fundo

(a) O Fundo não poderá ser dissolvido senão por decisões da Junta de Governadores. Em caso de emergência, se a Diretoria Executiva decidir que se torna necessária a dissolução do Fundo, ela poderá suspender temporariamente todas as operações e transações, enquanto guardar a decisão da Junta de Governadores.

(b) Se a Junta de Governadores decidir dissolver o Fundo, o Fundo deixará imediatamente de participar de quaisquer atividades, exceto as relacionadas com a cobrança e liquidação normal de seus ativos e com o pagamento de seu passivo, cessando todas as obrigações dos países-membros derivadas deste Convênio, salvo as estabelecidas neste Artigo, no Artigo XXIX *(c)*, no Anexo J, parágrafo 7 e no Anexo K.

(c) A liquidação será administrada de conformidade com as disposições do Anexo K.

Artigo XXVIII
Emendas

(a) Qualquer proposta para introdução de modificações deste Convênio, quer seja emanada de um membro, de um Governador, ou da Diretoria Executiva, será comunicada ao Presidente da Junta de Governadores, o qual submeterá a proposta à Junta de Governadores. Se a emenda proposta for aprovada pela Junta de Governadores, o Fundo, por meio de carta-circular ou telegrama, consultará a todos os membros se aceitam a emenda proposta. Quando três quintos dos membros, com oitenta e cinco por cento do total do poder de votos, tiverem aceito a emenda proposta, o Fundo certificará o fato mediante comunicação oficial dirigida a todos os países-membros.

(b) Não obstante a alínea *(a)* acima, exigir-se-á a aceitação de todos os países-membros no caso de qualquer emenda que modifique:

(i) o direito de retirar-se do Fundo (Artigo XXVI, Seção 1),

(ii) o dispositivo de que não se fará modificação da cota de um membro sem o seu consentimento (Artigo III, Seção 2 *(d)*), e

(iii) o dispositivo de que não se poderá fazes modificação na paridade da moeda de um membro, salvo por proposta desse membro (Anexo C, parágrafo 6).

(c) As emendas entrarão em vigor para todos os membros três meses depois da data da comunicação oficial, a menos que se especifique um prazo mais curto na carta-circular ou telegrama.

Artigo XXIX
Interpretação

(a) Qualquer questão da interpretação das disposições deste Convênio que surgir entre qualquer membro e o Fundo, ou entre quaisquer membros, será submetida à decisão da Diretoria Executiva. Se a questão afetar em particular a um membro que não tenha direito a nomear um Diretor Executivo, este membro terá direito a se fazer representar de acordo com o Artigo XII, Seção 3 *(j)*.

(b) Em qualquer caso em que a Diretoria Executiva tiver tomado uma decisão nos termos da alínea *(a)* acima, qualquer membro poderá exigir, dentro de três meses após a data da decisão, que a questão seja submetida á Junta de Governadores, cuja decisão será definitiva. Qualquer questão submetida à Junta de Governadores será examinada por um Comitê de Interpretação da própria Junta de Governadores. Cada membro do Comitê terá um voto. A Junta de Governadores estabelecerá a composição, os procedimentos e as maiorias de votação do Comitê. Uma decisão do Comitê constituir-se-á em decisão da Junta de Governadores, salvo se a Junta de Governadores, por maioria de oitenta e cinco por cento do total do poder de votos, decidir de forma contrária. Enquanto a resolução da Junta de Governadores estiver pendente, o Fundo poderá, na medida em que julgar necessário, agir com base na decisão da Diretoria Executiva.

(c) Sempre que surgir algum desacordo entre o Fundo e um membro que se tiver retirado, ou entre o Fundo e qualquer membro durante a dissolução do Fundo, esse desacordo será submetido a arbitragem perante um tribunal composto de três árbitros, sendo um deles nomeado pelo Fundo, outro pelo membro efetivo ou membro que se tiver retirado, e um Juiz, o qual, salvo se as partes acordarem de forma diversa, será nomeado pelo Presidente da Corte Internacional de Justiça ou por qualquer outra autoridade designada pelo regulamento adotado pelo Fundo. O juiz terá plenos poderes para resolver todas as questões de procedimento em qualquer caso em que as partes estiverem em desacordo a este respeito.

Artigo XXX
Explicação de Termos

Na interpretação dos dispositivos deste Convênio, o Fundo e seus membros se orientarão pelas seguintes disposições:

(a) Os haveres do Fundo na moeda de um membro na Conta de Recursos Gerais incluirão quaisquer valores mobiliários aceitos pelo Fundo segundo o Artigo III, Seção 4.

(b) Crédito contingente significa uma decisão do Fundo mediante a qual se assegura a um membro poder efetuar compras da Conta de Recursos Gerais, de conformidade com os termos da decisão, durante um período determinado e até uma soma especificada.

(c) Compra na tranche de reserva significa a compra por um membro de direitos especiais de saque ou da moeda de outro membro em troca de sua própria moeda, que não der lugar a que os haveres do Fundo na moeda do membro na Conta de Recursos Gerais excedam sua cota, ressalvado que para os efeitos desta definição o Fundo poderá excluir as compras e haveres com base em:

(i) políticas sobre o uso de seus recursos gerais para financiamento compensatório de flutuações das exportações;
(ii) políticas sobre o uso de seus recursos gerais relativamente ao financiamento de contribuições para estoques reguladores internacionais de produtos primários, e
(iii) outras políticas sobre o uso de seus recursos gerais com respeito as quais o Fundo decidir, por maioria de oitenta e cinco por cento do total do poder de votos, que se fará uma exclusão.

(d) Pagamentos de transações correntes significa os pagamentos que não sejam para a finalidade de transferências de capitais, e compreendam, sem limitação:
(1) todos os pagamentos devidos em relação a comércio exterior, outras transações correntes, inclusive serviços, e a serviços bancários e creditícios normais de curto prazo;
(2) pagamentos devidos como juros de empréstimos e como rendimentos líquidos de outros investimentos;
(3) pagamentos de pequenos valores para amortização de empréstimos ou para depreciação de investimentos diretos, e
(4) remessas moderadas para despesas de manutenção de família.
O Fundo, mediante consulta prévia com os membros interessados, poderá decidir se certas transações específicas deverão ser consideradas transações correntes ou transações de capitais.

(e) Alocação cumulativa líquida de direitos especiais de saque significa o valor total de direitos especiais de saque alocados a um país participante, menos sua parcela de direitos especiais de saque que tiver sido cancelada de acordo com o Artigo XVIII, Seção 2 (a).

(f) Moeda de livre uso significa a moeda de um membro que o Fundo determinar, i) ser de fato, amplamente utilizada para realizar pagamentos de transações internacionais; e ii) ser negociada amplamente nos principais mercados de câmbio.

(g) Países-membros, que eram membros em 31 de agosto de 1975, entender-se-ão incluir um membro que tiver aceito a condição de membro depois da referida data de conformidade com resolução da Junta de Governadores adotada antes daquela data.

(h) Transações do Fundo significa as trocas de ativos monetários pelo Fundo por outros ativos monetários. Operações do Fundo significam outras utilizações ou recebimentos de ativos monetários pelo Fundo.

(i) Transações em direitos especiais de saque significam as trocas de direitos especiais de saque por outros ativos monetários. Operações em direitos especiais de saque significam outros usos de direitos especiais de saque.

Artigo XXXI
Disposições Finais

Seção 1
Entrada em vigor

Este Convênio entrará em vigor quando houver sido assinado em nome dos governos que reúnam sessenta e cinco por cento do total das cotas indicadas no Anexo A e quando os instrumentos a que se refere a Seção 2 (a) deste Artigo tiverem sido depositados em nome de tais governos, porém, em nenhuma hipótese, este Convênio entrará em vigor antes de 1º de maio de 1945.

Seção 2
Assinatura

(a) Cada governo, em cujo nome se firmar este Convênio, depositará junto ao Governo dos Estados Unidos da América um instrumento no qual declare ter aceitado este Convênio de acordo com suas próprias leis e ter adotado todas as providências necessárias para habilitá-lo a cumprir todas as suas obrigações nos termos deste Convênio.

(b) Cada país se tornará membro do Fundo a partir da data do depósito em seu nome do instrumento a que se refere a alínea (a) acima, exceto que nenhum pais poderá tornar-se membro antes que o presente Convênio entre em vigor segundo a Seção 1 deste Artigo.

(c) O Governo dos Estados Unidos da América comunicará aos governos de todos os países cujos nomes figuram no Anexo A e aos governos de todos os países cuja condição de membros for aprovada de conformidade com o Artigo II, Seção 2, todos casos de assinatura deste Convênio e do depósito de todos os instrumentos a que se refere a alínea (a) acima.

(d) Na época em que este Convênio for assinado em seu nome, cada governo remeterá ao Governo dos Estados Unidos da América, um centésimo de um por cento de sua subscrição total em ouro ou em dólares norte-americanos, para a finalidade de atender a despesas administrativas do Fundo. O Governo dos Estados Unidos da América conservará esses recursos em uma conta de depósito especial e os transferirá para a Junta de Governadores do Fundo quando for convocada sua primeira reunião. Se este Convênio não tiver entrado em vigor em 31 de dezembro de 1945, o Governo dos Estados Unidos da América devolverá esses recursos aos governos que os remeteram.

(e) Este Convênio ficará aberto em Washington para assinatura em nome dos governos dos países cujos nomes constem do Anexos A até 31 de dezembro de 1945.

(f) Depois de 31 de dezembro de 1945, este Convênio ficará aberto para assinatura em nome do governo de qualquer país cuja administração tiver sido aprovada de conformidade com o Artigo II, Seção 2.

(g) Pela assinatura deste Convênio, todos os governos o aceitam tanto em seu próprio nome, como no que respeita a todas as suas colônias, territórios ultramarinos, todos os territórios sob sua proteção, soberania ou autoridade, e todos os territórios com respeito aos quais exerçam um mandato.

(h) A alínea (d) acima entrará em vigor com respeito a cada governo signatário a partir da data de sua assinatura.

[A cláusula referente a assinatura e depósito reproduzida abaixo seguiu o texto do Artigo XX do Convênio Constitutivo original].

Feito em Washington, em via única, que permanecerá depositada nos arquivos do Governo dos Estados Unidos da América, o qual remeterá cópia autenticada a todos os governos cujos nomes constem do Anexo A e a todos os governos cuja admissão for aprovada de conformidade com o Artigo II, Seção 2.

ANEXO A
COTAS
(Em milhões de dólares dos EUA)

Austrália	200
Bélgica	225
Austrália	200
Bélgica	225
Bolívia	10
Brasil	150
Canadá	300
Chile	50
China	500
Colômbia	50
Costa Rica	5
Cuba	50
Dinamarca	*
Equador	5
Egito	45
El Salvador	2,5
Estados Unidos da América	2.750
Etiópia	6
Filipinas	15
França	450
Grécia	40
Guatemala	5
Haiti	5
Honduras	2,5
Índia	400
Iraque	8
Irã	25
Islândia	1
Iugoslávia	60
Libéria	0,5
Luxemburgo	10
México	90
Nicarágua	2
Noruega	50
Nova Zelândia	50
Países Baixos	275
Panamá	0,5
Paraguai	2
Peru	25
Polônia	125
Reino Unido	1.300
República Dominicana	5
Tchecoslováquia	125
União das Repúblicas Socialistas Soviéticas	1.200
União da África do Sul	100
Uruguai	15

▶ O Fundo determinará a cota da Dinamarca depois que o Governo Dinamarquês tiver declarado sua disposição de assinar este Convênio, porém, antes que a assinatura tenha lugar.

ANEXO B
DISPOSIÇÕES TRANSITÓRIAS SOBRE RECOMPRA, PAGAMENTO DE SUBSCRIÇÕES ADICIONAIS, OURO E CERTAS QUESTÕES OPERACIONAIS

1. As obrigações de recompra incorridas de conformidade com o Artigo V, Seção 7 (b), antes da data da segunda emenda deste Convênio, e que estiverem pendentes de liquidação naquela data, serão liquidadas, no mais tardar, na data ou datas em que essas obrigações deveriam ser liquidadas, de conformidade com as disposições deste Convênio, antes da segunda emenda.

2. O membro liquidará, com direitos especiais de saque, quaisquer obrigações de pagamento em ouro ao Fundo por recompra ou subscrição que estiver pendente na data da segunda emenda deste Convênio, porém, o Fundo poderá estabelecer que estes pagamentos se façam, total ou parcialmente, nas moedas de outros membros especificados pelo Fundo. Um membro não participante liquidará, com moedas de outros membros especificadas pelo Fundo, qualquer obrigação que tiver de ser paga em direitos especiais de saque de conformidade com este dispositivo.

3. Para os fins do parágrafo 2 acima, 0,888 671 gramas de ouro fino equivalerão a um direito especial de saque, e o montante de moeda pagável de acordo com o parágrafo 2 acima, será determinado naquela base e com base no valor da moeda em termos de direitos especiais de saque na data da liquidação.

4. A moeda de um membro mantida pelo Fundo em excesso a setenta e cinco por cento da sua cota na data da segunda emenda deste Convênio, e não sujeita a recompra de acordo com o parágrafo 1 acima, será recomprada de conformidade com as seguintes normas:

(i) Os haveres que resultaram de uma compra serão recomprados de acordo com a política sobre o uso dos recursos gerais do Fundo segundo a qual se faz a compra.

(ii) Os outros haveres serão recomprados, no mais tardar, quatro anos depois da data da segunda emenda, deste Convênio.

5. As recompras com base no parágrafo 1 acima, que não estiverem sujeitas ao parágrafo 2 acima,

as recompras segundo o parágrafo 4 acima, e quaisquer especificações de moeda nos termos do parágrafo 2 acima, serão realizadas de conformidade com o Artigo V, Seção 7 *(i)*.

6. Todas as normas e regulamentos, taxas, procedimentos e decisões, vigorantes na data da segunda emenda deste Convênio, continuarão em vigência até que se modifiquem de acordo com as disposições deste Convênio.

7. Na medida em que ajustes equivalentes na prática aos subparágrafos *(a)* e *(b)* abaixo não se tiverem completado antes da data da segunda emenda deste Convênio, o Fundo deverá

(a) vender até vinte e cinco milhões de onças de ouro fino, em seu poder em 31 de agosto de 1975, aos países que já eram membros naquela data e que concordem em comprá-lo em proporção às suas cotas naquela data. A venda a um membro segundo este subparágrafo *(a)* far-se-á em troca de sua moeda e a um preço equivalente, no momento da venda, a um direito especial de saque por 0,888 671 gramas de ouro fino, e

(b) vender até vinte e cinco milhões de onças de ouro fino, em seu poder em 31 de agosto de 1975, em benefício dos países em desenvolvimento que já eram membros naquela data, com a ressalva, entretanto, de que a parte de quaisquer lucros ou ganhos no valor do ouro, que corresponderem à proporção entre a cota desse membro em 31 de agosto de 1975 e o total de cotas de todos os países-membros naquela data, seriam transferidos diretamente a cada um desses países. Os requisitos previstos no Artigo V, Seção 12 *(c)*, no sentido de que o Fundo consulte um membro, obtenha sua anuência, ou troque a moeda de um membro pelas moedas de outros membros, em certas circunstâncias, aplicar-se-ão com respeito à moeda recebida pelo Fundo como resultados de vendas de ouro, nos termos destas disposições, exceto as vendas a um membro em troca de sua própria moeda, e registradas na Conta de Recursos Gerais.

Após a venda de ouro segundo este parágrafo 7, uma quantia das receitas não moedas recebidas, equivalente no momento da venda a um direito especial de saque por 0,888 671 gramas de ouro fino, será registrada na Conta de Recursos Gerais, e os outros ativos em poder do Fundo segundo os ajustes nos termos do subparágrafo *(b)* acima, serão mantidos separadamente dos recursos gerais do Fundo. Os ativos que permanecerem sujeitos à disposição pelo Fundo após o término dos ajustes nos termos do subparágrafo *(b)* acima, serão transferidos para a Conta de Desembolso Especial.

ANEXO C
PARIDADES

1. O Fundo notificará os membros que poderão ser declaradas paridades para os efeitos deste Convênio, de acordo com o Artigo IV, Seções 1, 3, 4, 5 e este Anexo, em termos de direito especial de saque, ou em termos de outro denominador comum na forma prescrita pelo Fundo. O denominador comum não será nem ouro nem moeda.

2. O membro que desejar declarar uma paridade para a sua moeda deverá propor uma paridade ao Fundo dentro de um prazo razoável após a apresentação da notificação conforme o parágrafo 1 acima.

3. Qualquer membro que não desejar declarar uma paridade para sua moeda com base no parágrafo 1 acima, deverá consultar o Fundo e assegurar-se de que seus regimes cambiais são compatíveis com os objetivos do Fundo e adequados para satisfazer suas obrigações nos termos do Artigo IV, Seção 1.

4. O Fundo aceitará ou recusará a paridade proposta dentro de um período razoável depois do recebimento da proposta. Uma proposta de paridade não se tornará efetiva para as finalidades deste Convênio se o Fundo a recusar, e o membro ficará sujeito ao parágrafo 3 acima. O Fundo não fará recusas em razão das políticas sociais ou diretrizes políticas internas do membro que propuser a paridade.

5. Cada membro que tiver uma paridade para sua moeda se comprometerá a aplicar medidas apropriadas compatíveis com este Convênio, a fim de assegurar-se de que as taxas máxima e mínima para as transações cambiais à vista que se realizarem em seus territórios, entre sua moeda e as moedas de outros membros que mantenham paridades, não diferirão da paridade em mais de quatro e meio por cento ou em outra margem ou margens que o Fundo estabelecer por maioria de oitenta e cinco por cento do total de poder de votos.

6. Um membro não proporá uma modificação da paridade de sua moeda, salvo para corrigir, ou impedir a ocorrência de um desequilíbrio fundamental. A modificação apenas poderá ser feita mediante proposta do membro e somente após consulta com o Fundo.

7. Quando for proposta uma modificação de paridade, o Fundo aceitará ou recusará a paridade proposta dentro de um período razoável após o recebimento da proposta. O Fundo aceitará se estiver convencido de que a modificação é necessária para corrigir, ou impedir a ocorrência de um desequilíbrio fundamental. O Fundo não recusará em razão das políticas sociais ou diretrizes políticas internas do membro que propuser a modificação. A modificação de paridade proposta não entrará em vigor para os efeitos deste Convênio se o Fundo a recusar. Se um membro modificar a paridade de sua moeda, a despeito da recusa do Fundo, o membro ficará sujeito ao Artigo XXVI, Seção 2. A manutenção de uma paridade irrealista por um membro deverá ser desencorajada pelo Fundo.

8. A paridade da moeda de um membro, estabelecida nos termos deste Convênio deixará de existir para os objetivos deste Convênio se o membro informar ao Fundo que pretende encerrar a paridade. O Fundo poderá objetar ao encerramento de uma paridade por uma decisão tomada por uma maioria de oitenta e cinco por cento do total de poder de votos. Se um membro encerrar a paridade de sua moeda despeito da recusa do Fundo, o membro

ficará sujeito ao Artigo XXVI, Seção 2. Uma paridade estabelecida nos termos deste Convênio cessará de existir para as finalidades deste Convênio se o membro encerrar a paridade a despeito da recusa do Fundo, ou se o Fundo constatar que o membro não mantenha taxas para um volume considerável de transações cambiais de conformidade com o parágrafo 5 acima, ressalvando-se que o Fundo poderá não fazer essa determinação, salvo se tiver consultado o membro e lhe tiver comunicado, com antecedência de sessenta dias, a intenção do Fundo em considerar a conveniência de fazer ou não a constatação.

9. Se a paridade da moeda de um membro deixar de existir segundo a parágrafo 8 acima, o pais membro consultará o Fundo e assegurar-se-á de que seus regimes cambiais são compatíveis com os objetivos do Fundo e adequados para satisfazer suas obrigações nos termos do Artigo IV, Seção 1.

10. Um membro, para cuja moeda deixar de existir a paridade segundo o parágrafo 8 acima, poderá, a qualquer época, propor uma nova paridade para sua moeda.

11. Não obstante o parágrafo 6 acima, o Fundo, por maioria de setenta por cento do total de poder de votos, poderá efetuar modificações uniformes e proporcionais de todas as paridades se o denominador comum for o direito especial de saque e se as modificações não afetarem o valor do direito especial de saque. Entretanto, a paridade da moeda de um membro não será modificada com base neste dispositivo se, dentro de sete dias da adoção da medida pelo Fundo, o membro informar ao Fundo que não deseja que a paridade de sua moeda seja modificada por essa medida.

ANEXO D
CONSELHO

1. *(a)* Cada membro com poderes para nomear um Diretor Executivo e cada grupo de membros, cujo número de votos a eles alocados são lançados por um Diretor Executivo eleito, indicarão um Conselheiro para o Conselho, o qual será um Governador, Ministro de Estado de um país-membro, ou pessoa de categoria comparável, e poderão nomear não mais de sete Associados. A Junta de Governadores poderá modificar, por maioria de oitenta e cinco por cento do total do poder de votos, o número de Associados que poderão ser nomeados. O Conselheiro ou Associado permanecerá no seu cargo até uma nova nomeação ou até a próxima eleição ordinária de Diretores Executivos, segundo o que se verifica primeiro.

(b) Os Diretores Executivos ou, na sua ausência seus Suplentes, e os Associados terão direito dê assistir as reuniões do Conselho, salvo se o Conselho decidir realizar uma sessão restrita. Cada membro e cada grupo de membros que designem um Conselheiro indicarão um Suplente, que terá direito de assistir a uma reunião do Conselho, quando o Conselheiro não estiver presente. e terá plenos poderes para agir em nome do Conselheiro.

2. *(a)* O Conselho supervisionará a administração e a adaptação do sistema monetária internacional, inclusive o funcionamento continuado do processo de reajuste e a evolução da liquidez global e, neste sentido, examinará a evolução da transferência de recursos reais aos países em desenvolvimento.

(b) O Conselho considerará as propostas para alteração do Convênio Constitutivo de conformidade com o Artigo XXVIII *(a)*.

3. *(a)* A Junta de Governadores poderá delegar ao Conselho autoridade para exercer quaisquer poderes da Junta de Governadores, exceto os poderes conferidos diretamente por este Convênio à Junta de Governadores.

(b) Cada Conselheiro terá direito a emitir o número de votos alocados, conforme o Artigo XII, Seção 5, ao país ou grupo de países-membros que o tiverem nomeado. O Conselheiro nomeado por um grupo de países-membros poderá emitir, separadamente, os votos alocados a cada país do grupo. Se o número de votos alocados a um país-membro não puder ser emitido por um Diretor Executivo, o membro poderá estabelecer entendimentos com um Conselheiro para que emita o número de votos alocados ao membro.

(c) O Conselho não adotará nenhuma medida no exercício dos poderes delegados pela Junta de Governadores que seja incompatível com as medidas tomadas pela Junta de Governadores, e a Diretoria Executiva não adotará nenhuma medida no exercício dos poderes delegados pela Junta de Governadores que seja incompatível com as medidas tomadas pela Junta de Governadores ou pelo Conselho.

4. O Conselho escolherá um Conselheiro para Presidente, adotará as normas que se tornarem necessárias ou adequadas para o cumprimento de suas funções, e determinará qualquer aspecto de seus procedimentos. O Conselho fará realizar reuniões na forma estabelecida pelo Conselho ou convocados pela Diretoria Executiva.

5. *(a)* O Conselho terá poderes correspondentes aos da Diretoria Executiva conforme as disposições seguintes: Artigo XII, Seção 2 *(c)*, *(f)*, *(g)* e *(j)*; Artigo XVIII, Seção 4 *(a)* e *(c)* (iv); Artigo XXIII, Seção 1, e Artigo XXVII, Seção 1 *(a)*.

(b) Para as decisões do Conselho em matérias que se refiram exclusivamente ao Departamento de Direitos Especiais de Saque, somente terão direito de votar os Conselheiros nomeados por um membro participante ou por um grupo de membros no qual pelo menos um seja participante. Cada um destes Conselheiros terá direito a emitir o número de votos alocados ao membro participante que o tiver nomeado ou aos membros participantes do grupo de países-membros, que o tiverem nomeado, e poderá emitir os votos alocados a um participante com o qual se estabelecerem entendimentos de conformidade com a última frase do parágrafo 3 *(b)* acima.

(c) O Conselho poderá, por regulamento, estabelecer um procedimento que permita à Diretoria

Executiva obter um voto dos Conselheiros sobre uma questão específica sem uma reunião do Conselho, quando, a juízo da Diretoria Executiva, uma medida deva ser tomada pelo Conselho, que não deva ser postergada até a próxima reunião ordinária do Conselho e que, também, não justifique a convocação de uma reunião especial,

(d) O Artigo IX, Seção 8, aplicar-se-á aos Conselheiros, seus Suplentes, e Associados, e a toda pessoa facultada a assistir a uma reunião do Conselho.

(e) Para os efeitos da alínea (b) e do parágrafo 3 (b) acima, um acordo nos termos do Artigo XII, Seção 3 (i) (ii), por determinado membro, ou por um membro participante, facultará a um Conselheiro votar e emitir o número de votos alocados ao membro,

(f) Quando um Diretor Executivo tem o direito de emitir os votos alocados a um país-membro, de acordo com o Artigo XII, Seção 3 (i) (v), o Conselheiro nomeado pelo grupo de países-membros que elegeram esse Diretor Executivo terá a faculdade de votar e emitir os votos alocados ao país-membro em questão. Considerar-se-á que o país-membro participou da nomeação do Conselheiro que tiver o direito de votar e emitir os votos alocados ao membro.

6. Considerar-se-á que a primeira sentença do Artigo XII, Seção 2 (a), inclui uma referência ao Conselho.

ANEXO E
ELEIÇÃO DE DIRETORES EXECUTIVOS

1. A eleição dos Diretores Executivos eletivos se fará por votação dos Governadores que tiverem direito a voto.

2. Na votação para os Diretores Executivos a serem eleitos, cada Governador com direito a voto emitirá, em favor de uma só pessoa, todos os votos a que tiver direito segundo o Artigo XII, Seção 5 (a). Serão eleitos Diretores Executivos as quinze pessoas que receberem o maior número de votos, ressalvando-se que não se considerará eleita nenhuma pessoa que obtiver menos de quatro por cento do número total de votos (votos válidos) que puderem ser emitidos.

3. Se, na primeira votação, não resultarem eleitas quinze pessoas, será efetuada uma segunda votação em que votarão unicamente: (a) os Governadores que na primeira votação votaram numa pessoa que não conseguiu eleger-se; e (b) os Governadores cujos votos em favor de uma pessoa eleita foram considerados, conforme o previsto no parágrafo 4 abaixo, ter elevado o número de votos em favor dessa pessoa a cima de nove por cento do total de votos válidos. Se na segunda votação houver mais candidatos que o número de Diretores Executivos a serem eleitos, não poderá candidatar-se a pessoa que tiver recebido o menor número de votos na primeira votação.

4. Ao determinar se os votos de um Governador devam ser considerados como tendo elevado o total apurado em favor de qualquer pessoa a cima de nove por cento dos votos válidos. considerar-se-á que esses nove por cento incluirão, em primeiro lugar, os votos do Governador com maior número de votos a favor dessa pessoa; depois, os votos do Governador que, a seguir, tiver o maior número de votos, e assim sucessivamente, até chegar-se aos nove por cento.

5. Qualquer Governador, cujos votos deverão ser parcialmente contados a fim de elevar o total de qualquer pessoa a cima de quatro por cento, será considerado como se tivesse emitido todos os seus votos em favor dessa pessoa, mesmo que, por isso, o total de votos em favor dessa pessoa exceda a nove por cento.

6. Se, depois da segunda votação, quinze pessoas não tiverem sido eleitas, serão efetuadas novas votações de acordo com os mesmos princípios até que resultem eleitas quinze pessoas, com a ressalva de que, tiverem sido eleitas quatorze pessoas, a décima quinto, poderá eleger-se por maioria simples dos votos restantes e será considerada eleita pela totalidade de tais votos.

ANEXO F
DESIGNAÇÃO

Durante o primeiro período básico as normas para designação serão como segue:

(a) Os participantes sujeitos a designação de acordo com o Artigo XIX, Seção 5 (a) (i) serão designados para os montantes que promovam, ao longo do tempo, a igualdade entre as proporções dos haveres dos participantes em direitos especiais de saque em excesso de suas alocações cumulativas líquidas em relação a seus haveres oficiais de ouro e divisas.

(b) A fórmula para efetivar o disposto na alínea (a) acima, será tal que os participantes sujeitos à designação serão designados:

(i) em proporção a seus haveres oficiais de ouro e divisas, quando as proporções descritas na alínea (a) acima forem iguais, e

(ii) de modo a reduzir gradualmente a diferença entre as proporções descritas na alínea (a) acima, que sejam baixas e as proporções que sejam altas.

ANEXO G
RECONSTITUIÇÃO

1. Durante o primeiro período básico as normas para reconstituição serão como segue:

(a) (i) Todo país participante usará e reconstituirá seus haveres em direitos especiais de saque de modo que, cinco anos após a primeira alocação e ao final de cada trimestre subsequente, a média diária de seus haveres totais em direitos especiais de saque, durante o período dos cinco anos mais recente, não será inferior a trinta por cento da média diária de suas alocações cumulativas líquidas em direitos especiais de saque durante o mesmo período.

(ii) Dois anos após a primeira alocação e ao término de cada mês subsequente, o Fundo fará cálculos relativamente a cada país participante, a fim de determinar se, e em que extensão, precisará adquirir direitos especiais de saque entre a data do cálculo e o final de qualquer período de cinco anos, de modo a poder atender ao requisito previsto na alínea *(a)* (i) acima. O Fundo adotará normas com respeito às bases em que esses cálculos serão feitos e à época adequada para a designação de participantes segundo Artigo XIX, Seção 5 *(a)* (ii), de modo a auxiliá-los no cumprimento dos requisitos previstos na alínea *(a)* (i) acima.

(iii) O Fundo enviará uma modificação especial ao país participante, quando os cálculos, conforme a alínea *(a)* (ii) acima, indicarem ser improvável que o participante possa atender aos requisitos previstos na alínea *(a)* (i) acima, a menos que deixe de usar os direitos especiais de saque pelo resto do período para o qual se fez o cálculo segundo a alínea *(a)* (ii) acima.

(iv) O país participante que precisar adquirir direitos especiais de saque para cumprir este requisito terá a obrigação e o direito de obtê-los, por moeda aceitável ao Fundo, numa transação com o Fundo conduzida através da Conta de Recursos Gerais. Se, deste modo, não puderem ser obtidos direitos especiais de saque suficientes, o país participante terá a obrigação e o direito de obtê-los com moeda de livre uso de um participante que o Fundo especificar.

(b) Os participantes dispensarão também a devida atenção quanto à conveniência de adotar, no tempo, uma relação equilibrada entre seus haveres em direitos especiais de saque e suas outras reservas.

2. Se um participante deixar de cumprir as normas para reconstituição, o Fundo determinará se as circunstâncias justificam ou não a suspensão prevista no Artigo XXIII, Seção 2 *(b)*.

ANEXO H
ENCERRAMENTO DE PARTICIPAÇÃO

1. Se a obrigação pendente após a compensação a que se refere o Artigo XXIV, Seção 2 *(b)*, competir ao participante demissionário e, se até seis meses após a data do encerramento de sua participação, não se tiver chegado a um acordo de liquidação entre o Fundo e o país demissionário, o Fundo resgatará este saldo de direitos especiais de saque em prestações semestrais iguais, dentro do prazo máximo de cinco anos, a contar da data de encerramento. O Fundo resgatará este saldo na forma que determinar, ou (a) pelo pagamento ao participante demissionária dos montantes fornecidos ao Fundo pelos participantes remanescentes de conformidade com o Artigo XXIV, Seção 5, ou (b) permitindo ao participante demissionário usar seus direitos especiais de saque para obter sua própria moeda ou a moeda de livre uso de um participante especificado pelo Fundo, da Conta de Recursos Gerais, ou de qualquer outro detentor.

2. Se a obrigação pendente após a compensação a que se refere o Artigo XXIV, Seção 2 *(b)*, competir ao Fundo e não se tiver chegado a um acordo de liquidação dentro de seis meses da data do encerramento, o participante demissionário liquidará esta, obrigação em prestações iguais semestrais no prazo de três anos a contar da data do encerramento, ou em prazo mais longo segundo fixado pelo Fundo. O participante demissionário liquidará esta obrigação conforme determinar o Fundo, ou (a) pagando ao Fundo em moeda de livre uso, ou (b) obtendo direitos especiais de saque de conformidade com o Artigo XXIV, Seção 6, da Conta de Recursos Gerais ou mediante acordo com um participante especificado pelo Fundo, ou de qualquer outro detentor, e aplicando esses direitos especiais de saque contra a prestação devida.

3. As prestações referidas nos parágrafos 1 e 2 acima, vencer-se-ão seis meses após a data de encerramento e a intervalos subsequentes de seis meses.

4. Em caso de se proceder à liquidação do Departamento de Direitos Especiais de Saque com base no Artigo XXV, dentro de seis meses da data do término da participação de um país, a liquidação entre o Fundo e aquele Governo será feita consoante o Artigo XXV e o Anexo I.

ANEXO I
ADMINISTRAÇÃO DA LIQUIDAÇÃO DO DEPARTAMENTO DE DIREITOS ESPECIAIS DE SAQUE

1. No caso de liquidação do Departamento de Direitos Especiais de Saque, os países participantes liquidarão suas obrigações com o Fundo em dez prestações semestrais, ou em prazo mais longo, segundo o Fundo considerar necessário, em moeda de livre uso e em moedas de países participantes que possuam direitos especiais de saque a serem resgatados em qualquer prestação na medida desse resgate, conforme determinado pelo Fundo. O primeiro pagamento semestral será feito seis meses após a decisão de liquidar o Departamento de Direitos Especiais de Saque.

2. Se for decidido dissolver o Fundo dentro de seis meses a contar da data da decisão de liquidar o Departamento de Direitos Especiais de Saque, a liquidação do Departamento de Direitos Especiais de Saque não terá curso até que os direitos especiais de saque na Conta de Recursos Gerais tenham sido distribuídos de conformidade com a seguinte norma:

Após as distribuições feitas de conformidade com o parágrafo 2 *(a)* e *(b)* do Anexo K, o Fundo fará o rateio dos direitos especiais de saque mantidos na Conta de Recursos Gerais entre todos os membros participantes, em proporção aos montantes devidos a cada participante após a distribuição de que trata o parágrafo 2 *(b)* do Anexo K. A fim de determinar o montante devido a cada membro para efeito de rateio do remanescente de seus haveres em cada moeda segundo o parágrafo 2 *(d)* do Anexo K, o Fundo deduzirá a distribuição de direitos de saque levada a efeito de acordo com esta norma.

3. Com os montantes recebidos segundo o parágrafo 1 acima, o Fundo resgatará os direitos especiais de saque em poder de seus diferentes detentores na seguinte forma e ordem:

(a) Os direitos especiais de saque, em poder de governos que tenham encerrado a sua participação por mais de seis meses antes da data em que a Junta

de Governadores decidir liquidar o Departamento de Direitos Especiais de Saque, serão resgatados com base nos termos de qualquer acordo realizado conforme o Artigo XXIV ou o Anexo H.

(b) Os direitos especiais de saque em poder de países não participantes serão resgatados antes daqueles pertencentes aos participantes, e serão resgatados em proporção ao montante possuído por participante.

(c) O Fundo determinará a proporção de direitos especiais de saque em poder de cada participante em relação à sua alocação cumulativa líquida. O Fundo resgatará em primeiro lugar os direitos especiais de saque dos participantes com a proporção mais alta até que essa proporção se reduza ao nível da segunda mais elevada; o Fundo resgatará então os direitos especiais de saque em poder destes participantes de acordo com as suas alocações cumulativas líquidas, até que as proporções sejam reduzidas ao nível da terceira mais alta; e continuar-se-á com este processo até se esgotar o montante disponível para resgate.

4. Qualquer montante que um participante tiver o direito de receber a título de resgate, nos termos do parágrafo 3 acima, será compensado contra qualquer montante a ser pago consoante o parágrafo 1 acima.

5. Durante a liquidação, o Fundo pagará juros sobre o montante de direitos especiais de saque em poder de detentores, e cada participante pagará comissões sobre sua alocação cumulativa líquida de direitos especiais de saque menos o valor de quaisquer pagamentos feitos de acordo com o parágrafo 1 acima. As taxas de juros e comissões e o prazo de pagamento serão determinados pelo Fundo. Os pagamentos de juros e comissões serão feitos em direitos especiais de saque na medida do possível. Um participante, que não possuir direito especiais de saque suficientes para fazer face a quaisquer comissões, fará o pagamento em moeda especificada pelo Fundo. Os direitos especiais de saque recebidos como pagamento de comissões, em montantes necessários para despesas administrativas, não serão usados para pagamento de juros, mas serão transferidos para o Fundo e resgatados, em primeiro lugar, e nas moedas usadas pelo Fundo para fazer face a suas despesas.

6. Enquanto um participante estiver inadimplente com relação a qualquer pagamento nos termos dos parágrafos 1 ou 5 acima, nenhum montante lhe será pago de conformidade com os parágrafos 3 ou 5 acima.

7. Se, após os pagamentos finais aos países participantes, cada participante que não estiver inadimplente não possuir direitos especiais de saque na mesma proporção à sua alocação cumulativa líquida, os participantes com proporção mais baixa comprarão dos que tiverem proporção mais alta os montantes necessários, de acordo com ajustes feitos pelo Fundo, para tornar a mesma a sua proporção de direitos especiais de saque. Cada país participante que estiver inadimplente pagará ao Fundo, em sua própria moeda, uma quantia igual à sua inadimplência. O Fundo fará um rateio dessa moeda e quaisquer cobranças residuais em proporção ao montante de direitos especiais de saque em poder de cada um e esses direitos especiais de saque serão cancelados. O Fundo encerrará então a contabilidade do Departamento de Direitos Especiais de Saque e cessarão todas as obrigações do Fundo decorrente das alocações de direitos especiais de saque e da administração do Departamento de Direitos Especiais de Saque.

8. Cada participante, cuja moeda for distribuída a outros participantes com base neste Anexo, garante o uso irrestrito dessa moeda, a qualquer tempo, para a compra de bens ou pagamentos de somas a ele devidos ou devidas a pessoas em seus territórios. Cada participante assim obrigado concorda em compensar os outros participantes por qualquer perda resultante da diferença entre o valor pelo qual o Fundo tenha distribuído a sua moeda, nos termos deste Anexo, e o valor realizado por tais participantes ao disporem de sua moeda.

ANEXO J
ACERTO DE CONTAS COM PAÍSES--MEMBROS RETIRANTES

1. O acerto de contas referente à Conta de Recursos Gerais será feito de conformidade com os parágrafos 1 a 6 deste Anexo. O Fundo ficará obrigado a pagar a um país-membro que se retira uma quantia igual à sua cota, mais quaisquer quantias a ele devidas pelo Fundo, e menos as quantias devidas ao Fundo, inclusive comissões vencidas após a data de sua retirada; mas não se fará nenhum pagamento até seis meses após à data da retirada. Os pagamentos serão feitos na moeda do membro retirante e, para este fim, o Fundo poderá transferir para a Conta de Recursos Gerais os haveres na moeda do membro na Conta de Desembolso Especial ou na Conta de Inversões, em troca de um valor equivalente da Conta de Recursos Gerais em moedas de outros membros selecionados pelo Fundo com a sua anuência.

2. Se os haveres do Fundo em moeda do país-membro retirante não forem suficientes para pagar o montante líquido devido pelo Fundo, o saldo será pago em moeda de livre uso ou de outra maneira segundo vier a ser acordado. Se o Fundo e o país-membro retirante não chegarem a um acordo dentro de seis meses da data de retirada, a moeda em questão mantida pelo Fundo será paga imediatamente ao membro retirante. Qualquer saldo devido será pago em dez prestações semestrais, durante os cinco anos subsequentes. Cada uma dessas prestações será paga, à opção do Fundo, em moeda do membro retirante adquirida após sua retirada ou em moeda de livre uso.

3. Se o Fundo deixar de satisfazer qualquer prestação que for devida de acordo com os parágrafos precedentes, o membro retirante terá direito de exigir do Fundo o pagamento da prestação em qualquer moeda mantida pelo Fundo, com exceção de

qualquer moeda que tiver sido declarada escassa conforme o Artigo VII, Seção 3.

4. Se os haveres do Fundo em moeda do membro retirante excederem ao montante que lhe for devido e se não se chegar a um acordo sobre o método de acerto de contas dentro de seis meses da data da retirada, o ex-membro ficará obrigado a resgatar tal excesso de moeda em moeda de livre uso. O resgate será feito nas taxas em que o Fundo venderia tais moedas à época da retirada do Fundo. O país-membro retirante deverá completar o resgate dentro de cinco anos da data da retirada, ou num período maior segundo fixado pelo Fundo, mas não será obrigado a resgatar, em qualquer período semestral, mais de um décimo dos haveres em excesso de sua moeda no Fundo na data da retirada, mais outras aquisições da moeda durante esse período semestral. Se o país-membro retirante não cumprir esta obrigação, o Fundo poderá liquidar, em qualquer mercado, de maneira ordenada, a quantidade de moeda que deveria ter sido resgatada.

5. Qualquer membro que desejar obter a moeda de um membro que se retirou deverá adquiri-la por compra ao Fundo, na medida em que esse membro tiver acesso aos recursos gerais do Fundo e que essa moeda estiver disponível segundo o parágrafo 4 acima.

6. O membro retirante garante o uso irrestrito, a qualquer tempo, da moeda de que se desfez conforme os parágrafos 4 e 5 acima, para a compra bens ou para o pagamento de somas devidas a ele ou a pessoas dentro de seus territórios. Ele compensará o Fundo por qualquer perda resultante de diferenças entre o valor de sua moeda em termos de direito especial de saque na data da retirada, e o valor realizado pelo Fundo em termos de direito especial de saque em operações de acordo com os parágrafos 4 e 5 acima.

7. Se o membro retirante for devedor do Fundo em razão de transações conduzidas através da Conta de Desembolso Especial, segundo o disposto no artigo V, Seção 12 (f) (ii), a dívida será liquidada de conformidade com os termos do endividamento.

8. Se o Fundo detiver a moeda do membro retirante na Conta de Desembolso Especial ou na Conta de Inversões, o Fundo poderá, de forma ordenada, em qualquer mercado, trocar, por moedas; de membros, o montante da moeda do membro retirante que remanescer em cada conta após aplicação do disposto no parágrafo 1 acima, e o produto da troca de montante em cada conta será mantido naquela conta. Aplicar-se-ão à moeda do pais membro retirante o parágrafo 5 acima e a primeira sentença do parágrafo 6 acima.

9. Se o Fundo detiver obrigações do membro retirante na Conta de Desembolso Especial, segundo o disposto no Artigo V, Seção 12 (h), ou na Conta de Inversões, o Fundo poderá mantê-las até à data de vencimento ou delas dispor mais cedo. O parágrafo 8 acima, deverá aplicar-se ao produto de tais desinvestimentos.

10. Na hipótese de o Fundo entrar em dissolução segundo o, Artigo XXVII, Seção 2, dentro de seis meses da data que o país-membro se retirar, as contas entre o Fundo e o Governo interessado serão liquidadas de conformidade com o Artigo XXVII, Seção 2, e o Anexo K.

ANEXO K
ADMINISTRAÇÃO DA DISSOLUÇÃO

1. No caso de dissolução, as obrigações do Fundo, que não o reembolso de subscrições, terão prioridade na distribuição do ativo do Fundo. No atendimento desse passivo, o Fundo usará seus ativos na seguinte ordem:
(a) a moeda na qual a obrigação for pagável;
(b) ouro;
(c) todas as outras moedas, em proporção, tanto quanto pratico, às cotas dos membros.

2. Após o atendimento das obrigações do Fundo de conformidade com o parágrafo 1 acima, o saldo dos ativos do Fundo será distribuído e rateado da seguinte forma:
(a) (i) O Fundo calculará o valor do ouro possuído em 31 de agosto de 1975 que continuar em seu poder na data da decisão de dissolução. O cálculo será feito de acordo com o parágrafo 9 abaixo e também na base de um direito especial de saque por 0,888 671 gramas de ouro fino na data da dissolução. O equivalente em ouro ao excesso daquele valor sobre este será distribuído aqueles membros que já eram países-membros em 31 de agosto de 1975, na proporção de suas cotas naquela data.
(ii) O Fundo distribuirá quaisquer ativos mantidos na Conta de Desembolso Especial na data da decisão de dissolução àqueles membros que já eram países-membros em 31 de agosto de 1975, na proporção de suas cotas naquela data. Cada tipo de ativo será distribuído aos membros proporcionalmente.
(b) O Fundo distribuirá seus haveres remanescentes em ouro entre os membros cujas moedas sejam mantidas pelo Fundo em quantias inferiores à suas cotas, nas proporções dos valores em que suas cotas excederem os haveres do Fundo em suas moedas, porém, jamais em excesso a esses valores.
(c) O Fundo distribuirá a cada membro metade dos haveres do Fundo em sua moeda, porém essa distribuição não excederá a cinquenta por cento de sua cota.
(d) O Fundo rateará o remanescente se seus haveres em ouro e em cada moeda:
(i) entre todos os membros na proporção dos montantes devido a cada membro após a distribuição segundo as alíneas (b) e (c) acima, porém jamais em excesso a esses montantes, ressalvando que a distribuição segundo o parágrafo 2 (a) acima não será tomada em consideração na determinação dos montantes devidos, e
(ii) quaisquer excessos de haveres em ouro e em moeda entre todos os membros em proporção às suas cotas.

3. Cada membro resgatará os haveres em sua moeda, rateados para outros membros segundo o parágrafo 2 *(d)* acima, e acordará com o Fundo, dentro de três meses após a decisão de dissolução, um procedimento ordenado para esse resgate.

4. Se um membro não chegar a acordo com o Fundo dentro do período de três meses a que se refere o parágrafo 3 acima, o Fundo usará as moedas de outros membros, rateados a esse membro segundo o parágrafo 2 *(d)* acima, para resgatar a moeda daquele país rateada a outros membros. Cada moeda rateada a um membro que não chegar a acordo será usada, tanto quanto possível, para resgatar sua moeda rateada aos membros que fizerem acordos com o Fundo segundo o parágrafo 3 acima.

5. Se um membro chegou a um acordo com o Fundo de conformidade com o parágrafo 3 acima, o Fundo usará as moedas de outros membros, rateadas àquele membro segundo o parágrafo 2 *(d)* acima, para resgatar a moeda daquele membro rateada a outros membros que fizerem acordos com o Fundo segundo o parágrafo 3 acima. Cada valor assim resgatado será resgatado na moeda do membro ao qual foi rateada.

6. Depois de executar as etapas dos parágrafos anteriores, o Fundo pagará a cada membro as moedas remanescentes mantidas por sua conta.

7. Cada membro cuja moeda tenha sido distribuída a outros membros segundo o parágrafo 6 acima, deverá resgatar essa moeda na moeda do membro que solicitar resgate, ou de outra forma que vier a ser acordado entre eles. Se os membros interessados não acordarem de forma diversa, o membro obrigado a resgatar deverá completar o resgate dentro de cinco anos da data da distribuição, mas não será obrigado a resgatar, em qualquer período semestral, mais do que um décimo da quantia distribuída a cada outro membro. Se o membro não cumprir esta obrigação, a quantidade de moeda que deveria ter sido resgatada poderá ser liquidada de forma ordenada em qualquer mercado.

8. Cada membro cuja moeda tiver sido distribuída a outros membros segundo o parágrafo 6 acima, garante o irrestrito uso dessa moeda, a qualquer tempo, na compra de bens ou no pagamento de somas devidas a ele ou a pessoas em seus territórios. Cada membro assim obrigado concorda em compensar os outros membros por qualquer prejuízo resultante da diferença entre o valor de sua moeda em termos de direito especial de saque na data da decisão de dissolver o Fundo e o valor, em termos de direito especial de saque, realizado por esses membros na venda de sua moeda.

9. O Fundo determinará o valor do ouro, segundo este Anexo, com base nos preços de mercado.

10. Para as finalidades deste Anexo, admitir-se-á que as cotas aumentaram até o limite máximo a que poderiam ter sido aumentadas de conformidade com o Artigo III, Seção 2 *(b)* deste Convênio.

ANEXO L
SUSPENSÃO DOS DIREITOS DE VOTO

No caso em que um país-membro tenha seus direitos de voto suspenso, segundo o Artigo XXVI, Seção 2 *(b)*, as seguintes provisões se aplicarão:

1. O país-membro não poderá:

(a) participar na adoção de qualquer proposta de emenda a este Convênio ou ser incluído na contagem do número total de países-membros para tal propósito, exceto quando se tratar de uma emenda que requeira a aceitação de todos os países-membros do Fundo, de acordo com o Artigo XXVIII *(b)* ou que diga respeito exclusivamente ao Departamento de Direitos Especiais de Saque;

(b) nomear Governador ou Governador Suplente, nomear ou participar da nomeação de um Conselheiro ou Conselheiro Suplente, ou nomear, eleger ou participar na eleição de um Diretor Executivo.

2. O número de votos alocados para o membro não deve ser depositado em qualquer órgão do Fundo. Eles não devem ser incluídos no cálculo do total de poder de voto, exceto para fins de: *(a)* aprovação de uma emenda proposta se referindo exclusivamente ao Departamento dos Direitos Especiais de Saque e *(b)* cálculo dos votos básicos em conformidade com o Artigo XII, Seção 5*(a)*(i).

▶ Parágrafo 2 com redação pelo Decreto 7.532/2011.

3. *(a)* O Governador e o Governador Suplente nomeados pelo país-membro terão seus mandatos revogados.

(b) O Conselheiro e o Conselheiro Suplente nomeados pelo país-membro, ou de cuja nomeação o país tenha participado, terão seus mandatos revogados, entendido que, se o Conselheiro tivesse a faculdade de emitir os votos outorgados a outros membros, cujos direitos de voto não se encontrem suspensos, outro Conselheiro e outro Conselheiro Suplente deverão ser nomeados por esses outros membros, de acordo com o Anexo D deste Convênio, e, interinamente, os Conselheiro e Conselheiro Suplente permanecerão em seus postos, porém por no máximo trinta dias a contar da data da suspensão.

(c) O Diretor Executivo nomeado ou eleito pelo país-membro, ou de cuja eleição o país tenha participado, terá seu mandato revogado, a menos que esse Diretor Executivo tivesse a faculdade de emitir os votos outorgados a outros membros, cujos direitos de voto não tenham sido suspensos. Nesse último caso:

(i) se restam mais de noventa dias antes da próxima eleição regular de Diretores Executivos, outro Diretor Executivo deverá ser eleito pelos membros, por maioria de votos emitidos, para cumprir o restante do mandato interinamente, o Diretor Executivo continuará em seu posto, porém por no máximo trinta dias a contar da data da suspensão;

(ii) se restam não mais de noventa dias antes da próxima eleição regular de Diretores Executivos, o Diretor Executivo continuará em seu posto pelo restante de seu mandato.

4. O país-membro terá o direito de enviar um representante a qualquer reunião da Junta de Governadores, do Conselho ou da Diretoria Executiva, mas não a uma reunião de seus comitês, quando um pleito feito pelo membro, ou um assunto que o afete parti-cularmente, esteja sob consideração.

ANEXO M
ALOCAÇÃO ESPECIAL ÚNICA DE DIREITOS ESPECIAIS DE SAQUE

▶ Anexo M acrescido pelo Decreto 7.398/2010.

1. Respeitando o disposto no parágrafo 4 abaixo, cada membro participante do Departamento de Direitos Especiais de Saque em 19 de setembro de 1997 receberá, no trigésimo dia após a data de vigência da quarta emenda a este Convênio, uma alocação de direitos especiais de saque em valor que fará com que sua alocação acumulada líquida de direitos especiais de saque seja igual a 29,315788813 por cento de sua quota em 19 de setembro de 1997, ficando ressalvado que, no caso de participantes cujas quotas não tenham sido ajustadas como proposto pela Resolução 45-2 da Junta de Governadores, o cálculo será feito com base nas quotas propostas na dita Resolução.

2. *a)* respeitando o disposto no parágrafo 4 abaixo, o país que se tornar participante do departamento de Direitos Especiais de Saque após 19 de setembro de 1997, porém dentro de 3 (três) meses da data de sua admissão como membro do Fundo, receberá uma alocação de direitos especiais de saque em valor calculado segundo os itens *b* e *c* abaixo no trigésimo dia após a data mais tarde entre: (i) a data da qual o novo membro tenha-se tornado participante do Departamento de Direitos Especiais de Saque, ou (ii) a data de vigência da quarta emenda a este Convênio.

b) para os propósitos do item *a* acima, cada participante receberá um valor de direitos especiais de saque que fará com que sua alocação líquida acumulada seja igual a 29,315788813 por cento de sua quota na data na qual o membro tornar-se participante do Departamento de Direitos Especiais de Saque, ajustada:

(i) primeiramente, através da multiplicação de 29,315788813 por cento pela razão entre o total de quotas, calculadas segundo o parágrafo 1 acima, dos participantes descritos no tem c abaixo e o total das quotas desse participante na data na qual o membro tornar-se participante do Departamento de Direitos Especiais de Saque, e

(ii) em segundo lugar, através da multiplicação do resultado do item (i) acima pela razão entre o total da soma das alocações liquidas acumuladas de direitos especiais de saque recebidas segundo o Artigo XVIII dos participantes descritos no item c abaixo na data na qual o membro torne-se participante do Departamento de Direitos Especiais de Saque e das alocações recebidas pelos ditos participantes segundo o parágrafo 1 acima e o total da soma das alocações líquidas acumuladas de direitos especiais de saque recebidas segundo o Artigo XVIII dos ditos participantes em 19 de setembro de 1997, e das alocações recebidas pelos ditos participantes segundo o parágrafo 1 acima.

c) para os propósitos dos ajustes a serem feitos de acordo com o item *b* acima, serão tidos como participantes do Departamento de Direitos Especiais de Saque os membros participantes em 19 de setembro de 1997, e (i) que continuem a ser participantes do Departamento de Direitos Especiais de Saque como na data na qual o membro tenha-se tornado participante do Departamento de Direitos Especiais de Saque, e (ii) que tenham recebido todas as alocações feitas pelo Fundo após 19 de setembro de 1997.

3. *a)* respeitando as disposições do parágrafo 4 abaixo, caso a República Federal da Iugoslávia (Sérvia/Montenegro) seja sucessora, como membro do Fundo e participante do Departamento de Direitos Especiais de Saque, a antiga República Federal Socialista da Iugoslávia de acordo com os termos e condições da Decisão da Diretoria Executiva número 10237-(92/150), aprovada em 14 de dezembro de 1992, esta receberá uma alocação de direitos especiais de saque em valor calculado de acordo com o item *b* abaixo no trigésimo dia após a data mais tarde entre: (i) a data na qual a República Federal da Iugoslávia (Sérvia/Montenegro) tenha-se tornado sucessora como membro do Fundo e participante do Departamento de Direitos Especiais de Saque de acordo com os termos e condições da Decisão da Diretoria Executiva número 10237-(92/150), e (ii) a data de vigência da quarta emenda a este Convênio.

b) para os propósitos do item *a* acima, a República Federal da Iugoslávia (Sérvia/Montenegro) receberá um valor de direitos especiais de saque que fará com que sua alocação líquida acumulada seja igual a 29,315788813 por cento da quota a ela proposta do parágrafo 3c da Decisão da Diretoria Executiva número 10237-(92/150), tal como ajustada segundo os itens 2*b*(ii) e c acima, na data na qual a República Federal da Iugoslávia (Sérvia/Montenegro) venha a se qualificar para uma alocação segundo o item *a* acima.

4. O Fundo não fará alocação de direitos especiais de saque nos termos deste Anexo aos participantes que tenham notificado por escrito ao Fundo, em data anterior à da alocação, de seu desejo de não receber a alocação.

5. *a)* caso, no momento em que alocação a participante seja feita segundo os parágrafos 1, 2 ou 3 acima, o participante tenha obrigações em atraso com o Fundo, os direitos especiais de saque assim alocados serão depositados e mantidos em conta de caução junto ao Departamento de Direitos Especiais de Saque e serão liberados ao participante por ocasião da quitação de suas obrigações em atraso com o Fundo.

b) os direitos especiais de saque mantidos em conta de caução não estarão disponíveis para qualquer uso, e não serão incluídos em quaisquer cálculos de alocação ou haveres de direitos especiais de saque para os efeitos do Convênio, exceto no caso de cálculos segundo este Anexo. Caso os direitos especiais de saque alocados a participante estejam mantidos em conta de caução no momento em que o participante deixar de participar do Departamento de Direitos Especiais de Saque ou no momento em que seja decidido liquidar o Departamento de Direitos Especiais de Saque, os ditos direitos especiais de saque serão cancelados.

c) para os propósitos deste parágrafo, obrigações em atraso com o Fundo consistem de recompras e encargos na Conta de Recursos Gerais, principal e juros em atraso sobre empréstimos na Conta de Desembolso Especial, encargos e taxas vencidas no Departamento de Direitos Especiais de Saque, e obrigações vencidas ao Fundo na qualidade de fideicomissário.

d) exceto pelas disposições deste parágrafo, o princípio da separação entre o Departamento Geral e o Departamento de Direitos Especiais de Saque e o caráter incondicional dos direitos especiais de saque como ativos de reserva será mantido.

Direito Internacional Sanitário

CONSTITUIÇÃO DA ORGANIZAÇÃO MUNDIAL DE SAÚDE (1946)

- Assinada em Nova York, em 22.07.1946
- Foi aprovada no Brasil por meio do Decreto Legislativo 6, de 14.02.1948.
- Promulgada pelo Decreto 26.042, de 17.12.1948.
- Redação conforme Resolução WHA 26.37, aprovada pela 26ª. Assembléia Mundial de Saúde, em 22.05.1973 e promulgada pelo Decreto 83.925, de 31.08.1979 e a Resolução WHA 29.38, aprovada pela 29ª. Assembléia Mundial de Saúde, em 17.05.1976 e promulgada pelo Decreto 83.925, de 31.08.1979. A Resolução WHA 51.23 aprovada pela 51ª. Assembléia Mundial de Saúde, em 16.05.1998 ainda não foi promulgada no Brasil.

Os Estados partes nesta Constituição declaram, de acôrdo com a Carta das Nações Unidas, que os princípios seguintes são fundamentais para a felicidade de todos os povos, para a harmonia de suas relações e para a sua segurança.

A saúde é um estado de completo bem-estar físico, mental e social, e não apenas a ausência de doença ou enfermidade (*).

O gôzo do melhor estado de saúde que lhe seja possível atingir, constitui um dos direitos fundamentais de todo ser humano, sejam quais forem sua raça, sua religião, suas opiniões políticas, sua condição econômica ou social.

A saúde de todos os povos é condição fundamental para a consecução da paz e da segurança, e depende da mais estreita cooperação de indivíduos e de Estados.

Os resultados obtidos por cada Estado ao melhoramento e na proteção da saúde, são preciosos para todos.

A desigualdade de desenvolvimento dos diversos países no que se refere ao melhoramento da saúde, e à luta contra as doenças, particularmente das doenças transmissíveis, é um perigo para todos.

O sadio desenvolvimento da criança é de importância fundamental; a capacidade de viver em harmonia com um meio de uma contínua mutação é essencial a êsse desenvolvimento.

A extensão a todos os povos dos benefícios decorrentes do conhecimento das ciências médicas, psicológicas e ciências afins é essencial para lograr-se o mais alto grau de saúde.

Uma opinião pública esclarecida e uma cooperação ativa por parte do público, são de uma importância capital para o melhoramento da saúde dos povos.

Os Govêrnos são responsáveis pela saúde de seus povos; êles só poderão desincumbir-se dêsse encargo tamanho as medidas sanitárias e sociais apropriadas.

(*) A palavra "ENFERMIDADE" é empregada, aqui, na acepção que a medicina lhe empresta para traduzir, na expressão, de Littréee, "aquêles casos em que o indivíduo, com ou sem desordem apreciável da disposição material do corpo, não possui esta ou aquela função ou a possui de maneira imperfeita ou irregular".

Aceitando êsses princípios, com o objetivo de cooperar entre si e com quaisquer outras para melhorar e proteger a saúde de todos os povos, as Partes Contratantes convém na presente Constituição e criam por êste instrumento a "Organização Mundial de Saúde" como uma agência especializada nos têrmos do art. 57 da Carta das Nações Unidas.

CAPÍTULO I
OBJETIVO

Artigo 1

O Objetivo da "Organização Mundial de Saúde" (aqui doravante denominada Organização), é conduzir todos os povos ao nível de saúde mais elevado possível.

CAPÍTULO II
FUNÇÕES

Artigo 2

Para atingir o seu objetivo, a Organização terá como funções:

a) agir como autoridade diretora e coordenadora dos trabalhos internacionais em assuntos relativos à saúde.

b) estabelecer e manter uma colaboração efetiva com as Nações Unidas, as agências especializadas, as repartições governamentais de saúde, os grupos profissionais e quaisquer outras organizações que pareçam indicadas;

c) auxiliar os Govêrnos, à sua solicitação, a reforçar seus serviços de saúde;

d) prestar assistência técnica adequada, e, nos casos de emergência, prestar a ajuda necessária a pedido dos Govêrnos ou mediante sua aceitação;

e) proporcionar, ou ajudar a proporcionar, a pedido das Nações Unidas, serviços sanitários e socorros a determinados grupos, tais como as populações de território sob tutela;

f) criar e manter os serviços administrativos e técnicos que forem julgados necessários, inclusive serviços epidemiológicos e estatísticos;

g) estimular e levar avante a ação tendente a suprimir as doenças epidêmicas, endêmicas e outras;

h) estimular, se necessário, em cooperação com outros serviços especializados, a adoção de medidas preventivas dos danos causados por acidentes;
i) favorecer, em cooperação se necessário com outras agências especializadas, a melhoria da nutrição, da habitação, das condições sanitárias, das diversões, das condições econômicas e do trabalho, e quaisquer outros fatôres de higiene do meio;
j) promover a cooperação entre os grupos científicos e profissionais que contribuem para a melhoria das condições de saúde;
k) propôr convenções acôrdos e regulamentos, fazer recomendações concernentes às questões internacionais de saúde e executar os encargos que possam ser afetos, por tais atos, à Organização e que respondam aos seus objetivos;
l) incentivar ação em prol da saúde e do bem-estar da mãe e da criança e fomentar a capacidade de viver em harmonia com um meio em plena evolução;
m) animar tôdas as iniciativas no campo de higiene mental particularmente aquelas que afetam a harmonia das relações humanas;
n) estimular e dirigir pesquisas no campo de saúde;
o) promover a elevação do nível de ensino e da prática na medicina, higiene e profissões afins;
p) estudar e difundir em cooperação, se necessário, com outras instituições especializadas, normas administrativas e sociais relativas à saúde pública e à assistência médica preventiva e curativa, inclusive os serviços hospitalares e de segurança social;
q) prestar informações, conselho e assistência em tudo que se relacione com a saúde;
r) contribuir para a formação de uma opinião pública esclarecida nos assuntos atinentes à saúde;
s) organizar e rever de acôrdo com as necessidades a nomenclatura internacional das doenças, de morte e dos métodos de higiene pública;
t) padronizar conforme fôr conveniente os métodos de diagnóstico;
u) desenvolver, estabelecer e estimular a adoção de normas internacionais no que se refere à fabricação de produtos alimentícios, biológicos, farmacêuticos e similares;
v) de uma maneira geral tomar tôdas as medidas necessárias para a realização dos objetivos da Organização.

CAPÍTULO III
MEMBROS E MEMBROS ASSOCIADOS

Artigo 3
A qualidade de membros da Organização é acessível a todos os países.

Artigo 4
Os Estados membros das Nações Unidas poderão tornar-se membros da Organização assinando ou aceitando de qualquer outra maneira esta Constituição, na conformidade das disposições do Capítulo XIX e de acôrdo com as suas formalidades constitucionais.

Artigo 5
Os Estados cujos Govêrnos forem convidados a mandar observadores à Conferência Internacional de Saúde, reunida em Nova York em 1946, poderão tornar-se membros, assinando ou aceitando de qualquer outra maneira, esta Constituição, na conformidade das disposições do Capítulo XIX e de acôrdo com suas respectivas constituições, desde que sua assinatura ou aceitação seja confirmada antes da primeira sessão da Assembléia de Saúde.

Artigo 6
Sob a reserva das condições de qualquer acôrdo que venha a efetuar-se entre as Nações Unidas e a Organização e aprovado na conformidade do Capítulo XVI, os Estados que se não tornarem membros de acôrdo com os arts. 4 e 5, poderão candidatar-se e serão admitidos como tais, uma vez aceito o seu pedido por simples maioria de votos da Assembléia de Saúde.

Artigo 7
Quando um Estado Membro interromper as contribuições financeiras a que se acha obrigado para com a Organização, ou em outras circunstâncias excepcionais, a Assembléia de Saúde poderá, nas condições que julgar conveniente, suspender os privilégios decorrentes do direito de voto e as vantagens que usufrui o Estado Membro. A Assembléia de Saúde terá autoridade para restabelecer tais privilégios e vantagens.

Artigo 8
Os territórios ou grupos de territórios que são responsáveis pela direção de suas relações internacionais poderão ser admitidos na qualidade de Membros sócios pela Assembléia de Saúde, mediante pedido, feito em nome de tais territórios ou grupos de territórios, pelo Estado Membro ou outra autoridade que responda por suas relações internacionais. Os representantes dos Membros sócios junto à Assembléia de Saúde deverão ser qualificados por sua competência técnica em assuntos de saúde e escolhidos dentre a população indígena. A natureza e a extensão dos direitos e obrigações dos Membros sócios serão determinados pela Assembléia de Saúde.

CAPÍTULO IV
ÓRGÃOS

Artigo 9
Os trabalhos da Organização serão executados por:
a) A Assembléia Mundial de Saúde (doravante denominada Assembléia de Saúde);
b) O Conselho Executivo (doravante denominado Conselho);
c) O Secretariado.

CAPÍTULO V
A ASSEMBLÉIA MUNDIAL DE SAÚDE

Artigo 10
A Assembléia de Saúde será composta de delegações representantes dos Estados Membros.

Artigo 11
Cada Membro será representado por, no máximo, três delegados, um dos quais será designado pelo Estado Membro para a Chefia da Delegação.

Os delegados serão escolhidos entre as pessoas mais qualificadas por sua competência técnica em tudo que se refere à saúde e de preferência entre os representantes da administração nacional de saúde do Estado Membro.

Artigo 12
Os delegados poderão ser acompanhados de suplentes e acessores.

Artigo 13
A Assembléia de Saúde se reunirá em sessão ordinária anual e em tantas sessões extraordinárias quantas se façam necessárias. As sessões extraordinárias serão convocadas a pedido do Conselho ou da maioria dos Estados Membros.

Artigo 14
A Assembléia de Saúde escolherá em cada sessão anual o país ou a região em que se reunirá a próxima sessão anual cujo local será posteriormente fixado pelo Conselho. O Conselho determinará ainda o lugar em que se reunirá qualquer sessão extraordinária.

Artigo 15
O Conselho, após consulta ao Secretário Geral das Nações Unidas, fixará a data de cada sessão anual e de cada sessão extraordinária.

Artigo 16
Ao iniciar-se a sessão anual, a Assembléia de Saúde, elegerá seu Presidente e demais membros da mesa, os quais exercerão o mandato até a eleição de seus sucessores.

Artigo 17
A Assembléia de Saúde adotará seu próprio regimento.

Artigo 18
As funções da Assembléia de Saúde são as seguintes:
a) fixar a política da Organização;
b) escolher os Membros que terão direito a designar uma pessoa para servir no Conselho;
c) nomear o Diretor-geral;
d) estudar e aprovar os relatórios e as atividades do Conselho e do Diretor Geral e dar instruções ao Conselho nas questões em que se façam mister; ação, estudos, investigações ou relatórios;
e) criar as comissões que forem consideradas necessárias para os trabalhos de Organização;
f) superintender a política financeira da Organização e examinar e aprovar o seu orçamento;
g) dar instruções ao Conselho e ao Diretor-geral para que submetam a atenção dos Estados Membros e das organizações internacionais, governamentais ou não governamentais, tôda questão concernente à saúde e que a Assembléia de Saúde julgar relevante;
h) convidar tôda organização internacional ou nacional, governamental ou não governamental e que tenha responsabilidade relacionadas com as da Organização, e nomear representante para tomar parte, sem direito de voto, em suas sessões, ou nas comissões ou conferências reunidas sob suas sessões, ou nas comissões ou conferências reunidas sob sua autoridade, nas condições prescritas pela Assembléia de Saúde; contudo, se se tratar de organizações nacionais, os convites só poderão ser enviados com o consentimento do Govêrno interessado.
i) estudar as recomendações concernentes à saúde, emanada da Assembléia Geral, do Conselho Econômico e Social, do Conselho de Segurança ou do Conselho de Tutelas das Nações Unidas e levar a seu conhecimento as medidas tomadas pela Organização para tornar efetivas tais recomendações;
j) enviar relatórios ao Conselho Econômico e Social, conforme as disposições de qualquer acôrdo levado a efeito entre a Organização e as Nações Unidas;
k) estimular e dirigir pesquisas, no campo de saúde, por meio do próprio pessoal da Organização, pela criação de suas instituições próprias ou pela cooperação com instituições oficiais ou não oficiais de qualquer dos Estados Membros com o consentimento de seu Govêrno;
l) criar as instituições que lhe parecem convenientes;
m) tomar tôdas as medidas necessárias para a realização das finalidades da Organização.

Artigo 19
A Assembléia de Saúde tem autoridade para efetuar convenções e acôrdos a respeito de qualquer assunto que seja de alçada da Organização. A maioria de dois têrços dos votos é necessária para a adoção de tais convenções ou acordos, os quais entrarão em vigor para cada Estado Membro quando aceitos por êste de acordo com os dispositivos de suas respectivas constituições.

Artigo 20
Dentro do prazo de dezoito meses, contados a partir da adoção, pela Assembléia de Saúde, de uma convenção ou de um acôrdo, cada Estado Membro se compromete a levar a efeito as medidas relativas à aceitação de tal convenção ou acôrdo. Cada Estado Membro comunicará ao Diretor Geral as medidas tomadas, e, se a convenção ou o acôrdo não for por êle aceito no prazo determinado, apresentará uma declaração com os motivo de sua não aceitação. No caso de ser por êle aceito, cada Estado Membro apresentará ao Diretor Geral um relatório anual na conformidade do estabelecido no Capitulo XIV.
A Assembléia de Saúde poderá adotar regulamentos concernentes:

Artigo 21
a) às medidas sanitárias e de quarentena ou qualquer outro processo com o fim de impedir a propagação de doenças de uma país a outro;
b) à nomenclatura das doenças, das causas de óbto e dos métodos de higiene pública;
c) a padrões com respeito a processos de diagnósticos para uso internacional;
d) a padrões relativos à garantia, pureza e atividade dos produtos biológicos, farmacêuticos e similares que se encontram no comércio internacional;

e) à publicidade e nomenclatura dos produtos biológicos farmacêuticos e similares que se encontram no comércio internacional.

Artigo 22
Os regulamentos adotados para a execução do art. 21 entrarão em vigor para todos os Estados Membros, uma vez devidamente notificada a sua adoção pela Assembléia de Saúde, exceto para os Membros, que, dentro dos prazos determinados na notificação, tenham comunicado ao Diretor Geral e sua recusa ou as reservas que lhes opõem.

Artigo 23
A Assembléia de Saúde tem competência para fazer recomendações aos Estados Membros relativamente a todo assunto que seja da alçada da Organização.

CAPÍTULO VI
O CONSELHO EXECUTIVO

Artigo 24
O Conselho será composto por trinta e uma pessoas, nomeadas por igual número de Estados Membros. A Assembléia mundial de Saúde, tendo em conta uma repartição geográfica equitativa, escolherá os Estados habilitados a designar um delegado ao Conselho, desde que, de tais Membros, não menos de três serão escolhidos de cada uma das organizações regionais estabelecidas em conformidade com as disposições do artigo 44. Cada um desses Estados enviará ao Conselho um representante tecnicamente qualificado em assuntos de saúde, que poderá ser acompanhado por suplentes e assessores.

> Redação conforme a Resolução WHA 29.38, aprovada pela 29ª Assembléia Mundial de Saúde, em 17.05.1976 e promulgada pelo Decreto 89.584, de 24.04.1984. A Resolução WHA 51.23 aprovada pela 51ª. Assembléia Mundial de Saúde, em 16.05.1998 ainda não foi promulgada no Brasil. Ela estabelece a seguinte redação para o artigo 24: "Artigo 24. O Conselho será composto por trinta e quatro pessoas, nomeadas por igual número de Estados Membros. A Assembléia mundial de Saúde, tendo em conta uma repartição geográfica equitativa, escolherá os Estados habilitados a designar um delegado ao Conselho, desde que, de tais Membros, não menos de três serão escolhidos de cada uma das organizações regionais estabelecidas em conformidade com as disposições do artigo 44. Cada um desses Estados enviará ao Conselho um representante tecnicamente qualificado em assuntos de saúde, que poderá ser acompanhado por suplentes e assessores." (tradução livre)

Artigo 25
Esses Membros serão eleitos por três anos e serão reelegíveis, desde que, dos onze membros eleitos na primeira sessão da Assembléia Mundial de Saúde realizada após a entrada em vigor da emenda a esta Constituição que aumenta o número de membros do Conselho de trinta para trinta e um, o mandato do Membro adicional eleito seja, tanto quanto necessário, de uma duração menor de forma a permitir a eleição de pelo menos um membro de cada organização regional a cada ano.

> Redação conforme a Resolução WHA 29.38, aprovada pela 29ª Assembléia Mundial de Saúde, em 17.05.1976 e promulgada pelo Decreto 89.584, de 24.04.1984. A Resolução WHA 51.23 aprovada pela 51ª. Assembléia Mundial de Saúde, em 16.05.1998 ainda não foi promulgada no Brasil. Ela estabelece a seguinte redação para o artigo 25: "ARTIGO 25. Esses Membros serão eleitos por três anos e serão reelegíveis, desde que, entre os membros eleitos na primeira sessão da Assembléia Mundial de Saúde realizada após a entrada em vigor da emenda a esta Constituição que aumenta o número de membros do Conselho de trinta e dois para trinta e quatro, o mandato do Membro adicional eleito seja, tanto quanto necessário, de uma duração menor de forma a permitir a eleição de pelo menos um membro de cada organização regional a cada ano." (tradução livre)

Artigo 26
O Conselho se reunirá pelo menos duas vêzes ao ano e fixará o lugar de cada sessão.

Artigo 27
O Conselho elegerá seu Presidente dentre os seus Membros e estabelecerá o seu próprio regimento;

Artigo 28
As funções do Conselho serão as seguintes:
a) pôr em prática as decisões e as diretrizes da Assembléia de Saúde;
b) agir como órgão executivo da Assembléia de Saúde;
c) exercer qualquer outra função que lhe fôr atribuída pela Assembléia de Saúde;
d) informar a Assembléia de Saúde dos assuntos que lhe forem encaminhados por aquele órgão e sôbre aqueles que forem submetidos à Organização por fôrça de convenções, acôrdos e regimentos;
e) apresentar à Assembléia de Saúde, por sua iniciativa própria, consultas e propostas;
f) preparar a ordem do dia das sessões da Assembléia de Saúde;
g) submeter à Assembléia de Saúde, para seu exame e aprovação, um programa geral de trabalho, para um determinado período;
h) estudar tôdas as questões que forem de sua competência;
i) tomar medidas de emergência, dentro do âmbito das atribuições e das possibilidades financeiras da Organização, nos casos que requerem uma ação imediata. Especialmente, poderá autorizar o Diretor Geral a tomar as medidas necessárias para combater epidemias, a tomar parte na organização de socorros sanitários ás vítimas de calamidades, e a empreender estudos e pesquisas cuja urgência tenha sido apontada à atenção do Conselho por qualquer dos Membros ou pelo Diretor Gral.

Artigo 29
O Conselho exercerá em nome da Assembléia de Saúde os poderes que lhe forem conferidos por êste órgão.

CAPÍTULO VII
O SECRETARIADO

Artigo 30
O Secretariado compreenderá o Diretor Geral e o pessoal técnico e administrativo que fôr necessário à Organização.

Artigo 31
O Diretor geral será nomeado pela Assembléia de Saúde, sob proposta do Conselho e nas condições que a Assembléia de Saúde determinar. O Diretor Geral, subordinado à autoridade do Conselho, será o mais alto funcionário técnico e administrativo da Organização.

Artigo 32
O Diretor Geral será, ex-officio, o Secretário da Assembléia de Saúde do Conselho, de tôdas as comissões e delegações da Organização e das conferências convocadas por ela. O Diretor Geral poderá delegar essas funções.

Artigo 33
O Diretor Geral ou seu representante poderá estabelecer, em virtude de um acôrdo com os Estados Membros, o sistema que lhe torne possível para o exercícios de suas funções, o contato direto com os diversos ministérios dos referidos Estados, particularmente com os serviços de saúde e com organizações de saúde nacionais, governamentais ou não governamentais. Poderá, também, entrar em relações diretas com organizações internacionais, cujas atividades estejam dentro da órbita da competência da Organização. Fará com que as agências regionais sejam informadas de todos os assuntos que interessam as suas respectivas regiões.

Artigo 34
O Diretor-Geral preparará e submeterá ao Conselho os relatórios financeiros e as estimativas orçamentarias da Organização.
> Redação conforme Resolução WHA 26.37, aprovada pela 26ª. Assembléia Mundial de Saúde, em 22.05.1973 e promulgada pelo Decreto 83.925, de 31.08.1979

Artigo 35
O Diretor Geral nomeará o pessoal do Secretariado de acôrdo com o regulamento do pessoal estabelecido pela Assembléia de Saúde. A consideração primordial ao recrutamento do pessoal deve ser a de assegurar que a eficiência, a integridade e a representação de caráter internacional do Secretariado se mantenham no mais alto nível. Dar-se-á, igualmente, a devida atenção à importância de recrutar o pessoal do Secretariado numa base geográfica a mais ampla possível.

Artigo 36
As condições de trabalho do pessoal da Organização serão conformes, na medida do possível, às das outras organizações das Nações Unidas.

Artigo 37
No exercício de suas funções, o Diretor Geral e todo o pessoal não deverão solicitar, nem receber instruções de nenhum Govêrno ou de nenhuma autoridade estranha à Organização. Abster-se-ão de qualquer ato que possa compreender a sua qualidade de funcionários internacionais. Cada Membro da Organização, por seu lado, se compromete a respeita o caráter exclusivamente internacional do Diretor Geral e do pessoal e não procurará exercer influência sôbre êles.

CAPÍTULO VIII
COMISSÕES

Artigo 38
O Conselho criará as comissões que a Assembléia de Saúde indicar, e, por sua própria iniciativa ou por proposta do Diretor Geral, poderá criar tôdas as comissões que forem julgadas convenientes para a realização de qualquer objetivo dentro da competência da Organização.

Artigo 39
O Conselho, de vez em quanto, e, em todo caso, uma vez por ano, examinará a necessidade de manter cada comissão.

Artigo 40
O Conselho poderá aprovar a criação de comissões conjuntas ou mistas com outras organizações e nelas fazer participar a Organização, e ainda fazer representar a Organização nas comissões criadas por outras organizações.

CAPÍTULO IX
CONFERÊNCIAS

Artigo 41
A Assembléia de Saúde ou o Conselho poderão convocar conferências locais, gerais, técnicas ou outras de caráter especial com o fim de considerar assuntos que sejam da competência da Organização, assegurando a representação, nessas conferências, de organizações internacionais, e, com o consentimento do Govêrno interessado, das organizações nacionais, governamentais ou não governamentais. A forma dessa representação será determinada pela Assembléia de Saúde ou pelo Conselho.

Artigo 42
O Conselho poderá prover à representação da Organização junto às conferências, as quais julgue de algum interêsse para a Organização.

CAPÍTULO X
SEDE

Artigo 43
A localização da sede da Organização será determinada pela Assembléia de Saúde após consulta às Nações Unidas.

CAPÍTULO XI
ORGANIZAÇÕES REGIONAIS

Artigo 44
a) a Assembléia de Saúde definirá, periodicamente, as áreas geográficas em que fôr conveniente estabelecer uma organização regional;
b) a Assembléia de Saúde poderá, com o consentimento da maioria dos Estados Membros situados dentro da região assim determinada, estabelecer uma organização regional para atender às necessidades especiais dessa região. Não haverá mais de uma organização regional em cada região.

Artigo 45
Cada organização regional será parte integrante da Organização, de acordo com esta Constituição.

Artigo 46
Cada Organização regional consistirá de uma Comissão Regional e de um Escritório Regional.

Artigo 47
As Comissões Regionais serão compostas de representantes dos Estados Membros e de Membros Associados da respectiva região. Territórios ou grupo de territórios de uma região, não responsáveis pela direção de suas relações internacionais e que não sejam Membros Associados terão direito a ser representados nas Comissões Regionais e delas participar. A natureza e a extensão dos direitos e obrigações dêsses territórios ou grupos de territórios, perante as Comissões Regionais, serão determinadas pela Assembléia de Saúde com audiência do Estado Membro, ou de outra autoridade responsável pelas relações internacionais dêsses territórios, e com os Estados Membros da região.

Artigo 48
As Comissões Regionais se reunirão tantas vêzes quantas forem julgadas necessárias e fixarão o lugar de cada reunião.

Artigo 49
As Comissões Regionais estabelecerão seu próprio regimento.

Artigo 50
As funções da Comissão Regional serão:
a) formular diretivas sôbre questões de caráter exclusivamente regional;
b) superintender as atividades da Secretaria Regional;
c) propôr à Secretaria Regional a reunião de conferências técnicas e a elaboração de trabalhos e investigações adicionais sôbre questões de saúde que na opnião da Comissão Regional sejam úteis para a realização dos objetivos da Organização, na região;
d) cooperar com as respectivas comissões regionais das Nações Unidas e com as de outras agências especiais e com outras organizações internacionais regionais que tenham com a Organização interêsses comuns;
e) aconselhar a Organização, por intermédio do Diretor Geral, sôbre questões internacionais relativas à saúde e cujo alcance exceda os limites da região;
f) encomendar a concessão de créditos regionais suplementares pelos Governos das respectivas regiões se a verba do orçamento da Organização destinada àquela região fôr insuficiente para permitir o pleno exercício das funções regionais;
g) tôdas as demais funções que forem delegadas à Comissão Regional pela Assembléia de Saúde, pelo Conselho ou pelo Diretor Geral.

Artigo 51
Sob a autoridade do Diretor Geral da Organização, a Secretaria Regional será o órgão administrativo da Comissão Regional e, além disso, porá em execução, na região, as decisões da Assembléia de Saúde e do Conselho.

Artigo 52
O Chefe da Secretaria Regional será o Diretor Regional, nomeado pelo Conselho de acôrdo com a Comissão Regional.

Artigo 53
O Pessoal do Escritório Regional será nomeado conforme as normas que forem estabelecidas entre o Diretor Geral e o Diretor Regional.

Artigo 54
A Organização Sanitária Pan-americana representada pelo Bureau Sanitário Pan-americano as Conferências Sanitárias Pan-americanas e tôdas as outras organizações regionais intergovernamentais de saúde cuja existência seja anterior à data de assinatura desta Constituição, serão em devido tempo, integradas na Organização. Essa integração será efetuada logo que fôr possível, por uma ação comum baseada no consentimento mútuo das autoridades competentes, manifestação através das organizações interessadas.

CAPÍTULO XII
ORÇAMENTO E DESPESA

Artigo 55
O Diretor-Geral preparará e submeterá Conselho as estimativas orçamentárias da Organização. O Conselho examinará e submeterá à Assembléia da Saúde as referidas estimativas, que serão acompanhadas das recomendações que julgar convenientes.

> Redação conforme Resolução WHA 26.37, aprovada pela 26ª. Assembléia Mundial de Saúde, em 22.05.1973 e promulgada pelo Decreto 83.925, de 31.08.1979

Artigo 56
Sob reserva de qualquer acôrdo entre a Organização e as Nações Unidas, a Assembléia de Saúde examinará e aprovará o projeto orçamentário e repartirá as despesas conforme a escala que fôr por ela fixada.

Artigo 57
A Assembléia de Saúde, ou o Conselho, agindo em nome da Assembléia de Saúde, poderá receber as doações e os legados feitos à Organização e os administrará desde que as condições que acompanhem essas doações e êsses legados parecem aceitáveis à Assembléia de Saúde ou ao Conselho e desde que concordem com os objetivos e finalidades da Organização.

Artigo 58
Será criado um fundo especial, de que o Conselho poderá dispor a seu critério, para atender a casos de emergência e a circunstâncias imprevistas.

CAPÍTULO XIII
VOTO

Artigo 59
Cada Membro terá um voto na Assembléia de Saúde.

Artigo 60
a) as decisões da Assembléia de Saúde sôbre questões importantes serão tomadas por maioria de dois têrços dos votos dos Estados Membros pre-

sentes. Nestas questões incluem-se: a adoção de convenções ou de acordos; a aprovação de acordos ligando a Organização das Nações Unidas e a organizações e instituições intergovernamentais, na conformidade dos artigos 69,70 e 72; as emendas à presente Constituição.

b) As decisões em outras questões, inclusive a determinação de categorias adicionais de questões a serem decididas por uma maioria de dois têrços, serão tomadas pela simples maioria de votos dos Membros presentes e votantes.

c) A votação, sôbre assuntos análogos, no Conselho e nas comissões da Organização, será feita de acôrdo com os parágrafos a e b dêste artigo.

CAPÍTULO XIV
RELATÓRIOS APRESENTADOS PELOS ESTADOS

Artigo 61
Cada Estado Membro apresentará anualmente à Organização um relatório sôbre as medidas tomadas e o trabalho realizado para o melhoramento da saúde de sua população.

Artigo 62
Cada Estado Membro apresentará anualmente um relatório sôbre as medidas tomadas em relação às recomendações que lhe fôrem feitas pela Organização e em relação às convenções, acôrdos e regulamentos.

Artigo 63
Cada Estado Membro comunicará imediatamente à Organização as leis, regulamentos, relatórios oficiais e estatísticas importantes relativos à saúde e que tenham sido publicados no seu território.

Artigo 64
Cada Membro fornecerá relatórios estatísticos e epidemiológicos na forma determinada pela Assembléia de Saúde.

Artigo 65
Cada Membro fornecerá, a pedido do Conselho e na medida do possível, todas as informações suplementares relativas à saúde.

CAPÍTULO XV
CAPACIDADE JURÍDICA, PRIVILÉGIOS E IMUNIDADES

Artigo 66
A Organização gozará no território de cada Estado Membro da capacidade jurídica necessária para atingir o seu objetivo e para o exercício de suas funções.

Artigo 67
a) A Organização gozará no território de cada Estado Membro dos privilégio e imunidades necessárias para atingir o seu objetivo e para o exercício de suas funções.

b) Os representantes dos Estados Membros, as pessoas designadas para servir no Conselho e o pessoal técnico e administrativo da Organização gozarão igualmente dos privilégios que são necessários para o independente exercício de suas funções no que se refere à Organização.

Artigo 68
A capacidade jurídica, os privilégios e imunidades acima referidos serão determinados em um acôrdo especial que será elaborado pela Organização juntamente com o Secretário Geral das Nações Unidas e concluído entre os Estados Membros.

CAPÍTULO XVI
RELAÇÕES COM OUTRAS ORGANIZAÇÕES

Artigo 69
A Organização será ligada às Nações Unidas como uma das agências especializadas referidas no Artigo 57 da Carta das Nações Unidas. O acôrdo ou os acôrdos sôbre as relações da Organização com as Nações Unidas serão submetidas à aprovação da Assembléia de Saúde por uma maioria de dois têrços dos votos.

Artigo 70
A Organização estabelecerá relações efetivas e cooperará estreitamente com tôdas as outras organizações intergovernamentais, como fôr conveniente. O acôrdo oficial concluído com essas organizações deve ser aprovado por maioria de dois têrços da Assembléia de Saúde.

Artigo 71
A Organização poderá adotar, como relação a assuntos de sua competência, as disposições convenientes para concertar-se e para cooperar com organizações internacionais não governamentais e, com a aprovação do govêrno interessado, com organizações nacionais, governamentais ou não governamentais.

Artigo 72
A Organização poderá, com a aprovação de dois têrços da Assembléia de Saúde, reivindicar de qualquer organização ou instituição, internacional cujas finalidades e atividades entrem no âmbito de competência da Organização, as funções, os recursos e as obrigações que lhe possam ser conferidas por meio de acôrdos internacionais ou por ajuste mutuamente aceitos e efetuados pelas autoridades competentes das respectivas organizações.

CAPÍTULO XVII
EMENDAS

Artigo 73
As propostas de emendas a esta Constituição serão comunicadas pelo Diretor Geral aos Estados Membros, pelo menos seis meses antes de serem submetidos à Assembléia de Saúde. As emendas entrarão em vigor para todos os Estados Membros quando adotados pelos dois têrços dos Membros de acôrdo com suas respectivas constituições.

CAPÍTULO XVIII
INTERPRETAÇÃO

Artigo 74
Os textos chinês, espanhol, francês, inglês e russo desta Constituição serão considerados igualmente autênticos.

Artigo 75
Qualquer questão ou divergência referente à interpretação ou à aplicação desta Constituição e que não fique resolvido por meio de negociações ou pela Assembléia de Saúde, será encaminhada à Côrte Internacional de Justiça, na forma estabelecida no Estatuto da referida Côrte, a menos que as partes interessadas concordem no outro modo de solução.

Artigo 76
Com autorização da Assembléia Geral das Nações Unidas ou com autorização resultante de qualquer acôrdo entre a Organização e as Nações Unidas, a Organização poderá pedir à Côrte Internacional de Justiça seu parecer consultivo sôbre qualquer questão jurídica, que eventualmente surja dentro da competência da Organização.

Artigo 77
O Diretor Geral poderá representar a Organização perante a Côrte Internacional de Justiça, em todos os processos resultantes do pedido de parecer consultivo do referido tribunal. Compete ao Diretor Geral tomar as medidas necessárias para a apresentação do caso à Côrte, inclusive as que se referem ao debate dos diferentes pontos de vista sôbre a questão.

CAPÍTULO XIX
ENTRADA EM VIGOR

Artigo 78
Sob reserva das disposições do Capítulo III, esta Constituição ficará aberta à assinatura ou à aceitação de todos os Estados.

Artigo 79
a) Os Estados poderão tornar-se partes nesta Constituição, por:
I. Assinatura, sem reserva de aprovação;
II. Assinatura, sujeita à aprovação seguida de aceitação; ou
III. Aceitação.
b) A aceitação será efetuada pelo depósito do instrumento formal junto ao Secretário Geral das Nações Unidas.

Artigo 80
Esta Constituição entrará em vigor quando dela se tiverem tomado partes vinte e seis membros das Nações Unidas, de acôrdo com as disposições do art. 79.

Artigo 81
De acôrdo com o art. 102 da Carta das Nações Unidas, o Secretário Geral das Nações Unidas registrará esta Constituição desde que assinada por um Estado, sem reserva de aprovação, ou uma vez depositado o primeiro instrumento da ratificação.

Artigo 82
O Secretário Geral das Nações Unidas informará os Estados partes nesta Constituição da data de sua entrada em vigor. Informá-los-á igualmente, das datas em que outros Estados se tiverem tornado partes.
EM FÉ DO QUE os Representantes abaixo assinados, devidamente autorizados para tal, assinam a presente Constituição.

Efetuado na Cidade de Nova York, a vinte e dois de julho de 1946 em um único exemplar nas línguas chinesa, espanhola, francesa, inglêsa e russa, cujos textos são todos igualmente autênticos. Os textos originais serão depositados nos arquivos das Nações Unidas. O Secretário Geral das Nações Unidas enviará cópias autênticas a cada um dos Govêrnos representados na Conferência.
(...)
O texto que precede à cópia exata da Constituição da Organização Mundial de Saúde, assinada em Nova York, a 22 de julho de 1946, nas línguas chinesa, espanhola, francesa, inglêsa e russa, cujo original foi depositado nos arquivos das Nações Unidas.
Pelo Secretário Geral:
Subsecretário Geral para os Assuntos Jurídicos.

REGULAMENTO SANITÁRIO INTERNACIONAL (2005)

▶ Adotado em Genebra, em 23.05.2005.
▶ Aprovado no Brasil pelo Decreto Legislativo 395, de 09.07.2009, e promulgado pelo Decreto 10.212, de 30.01.2020.
▶ Entrou em vigor internacional em 15.06.2007.

PARTE I
DEFINIÇÕES, PROPÓSITO E ABRANGÊNCIA, PRINCÍPIOS E AUTORIDADES RESPONSÁVEIS

Artigo 1
Definições
1. Para os fins do Regulamento Sanitário Internacional (doravante denominado "RSI" ou "Regulamento"):

"aeronave" significa uma aeronave em viagem internacional;

"aeroporto" significa todo aeroporto de origem ou destino de voos internacionais;

"afetado" significa pessoas, bagagens, cargas, contêineres, meios de transporte, mercadorias, encomendas postais ou restos humanos infectados ou contaminados, ou que portem em si fontes de infecção ou contaminação, de modo a constituírem um risco para a saúde pública.

"área afetada" significa uma área geográfica para a qual a OMS recomendou especificamente medidas de saúde, nos termos deste Regulamento;

"autoridade competente" significa uma autoridade responsável pela implementação e aplicação das medidas de saúde nos termos deste Regulamento;

"bagagem" significa os objetos pessoais de um viajante;

"carga" significa mercadorias transportadas num meio de transporte ou num contêiner;

"chegada" de um veículo significa:

(a) no caso de uma embarcação marítima, a chegada ou fundeio na área determinada para esta finalidade em um porto;

(b) no caso de uma aeronave, a chegada a um aeroporto;

(c) no caso de uma embarcação de navegação de interior numa viagem internacional, a chegada a um ponto de entrada;

(d) no caso de um trem ou veículo rodoviário, a chegada a um ponto de entrada;

"contaminação" significa a presença de uma substância ou agente tóxico ou infeccioso na superfície corporal de um ser humano ou de um animal, no interior ou na superfície de um produto preparado para consumo, ou na superfície de outro objeto inanimado, incluindo meios de transporte, que possa constituir risco para a saúde pública;

"contêiner" significa um equipamento para transporte de carga:

(a) de caráter permanente e, por conseguinte, suficientemente resistente para permitir seu emprego repetido;

(b) especialmente projetado para facilitar o transporte de mercadorias por um ou mais meios de transporte, sem necessidade de operações intermediárias de carga e descarga;

(c) com dispositivos que facilitam seu manejo, particularmente durante a transferência de um modo de transporte para outro; e

(d) projetado especialmente para facilitar seu enchimento e esvaziamento;

"dados pessoais" significa quaisquer informações relativas a uma pessoa física identificada ou identificável;

"descontaminação" significa um procedimento pelo qual são tomadas medidas de saúde para eliminar uma substância ou agente tóxico ou infeccioso presente na superfície corporal de um ser humano ou animal, no interior ou na superfície de um produto preparado para consumo, ou na superfície de outro objeto inanimado, incluindo meios de transporte, que possa constituir risco para a saúde pública;

"desinfecção" significa o procedimento pelo qual são tomadas medidas de saúde para controlar ou matar agentes infecciosos na superfície corporal de um ser humano ou animal, no interior ou na superfície de bagagens, cargas, contêineres, meios de transporte, mercadorias e encomendas postais, mediante exposição direta a agentes químicos ou físicos;

"desinsetização" significa o procedimento pelo qual são tomadas medidas de saúde para controlar ou matar insetos que sejam vetores de doenças humanas, presentes em bagagens, cargas, contêineres, meios de transporte, mercadorias e encomendas postais;

"desratização" significa o procedimento pelo qual são tomadas medidas de saúde para controlar ou matar roedores que sejam vetores de doença humana, presentes nas bagagens, carga, contêineres, meios de transporte, instalações, mercadorias e encomendas postais, no ponto de entrada;

"Diretor-Geral" significa o Diretor-Geral da Organização Mundial da Saúde;

"doença" significa uma doença ou agravo, independentemente de origem ou fonte, que represente ou possa representar um dano significativo para seres humanos;

"embarcação" significa um barco/embarcação de navegação marítima ou de interior em viagem internacional;

"emergência de saúde pública de importância internacional" significa um evento extraordinário que, nos termos do presente Regulamento, é determinado como:

(i) constituindo um risco para a saúde pública para outros Estados, devido à propagação internacional de doença e

(ii) potencialmente exigindo uma resposta internacional coordenada;

"encomenda postal" significa um artigo ou pacote com endereço do destinatário, transportado internacionalmente por serviços postais ou por serviços de transporte de encomendas;

"evento" significa uma manifestação de doença ou uma ocorrência que apresente potencial para causar doença;

"evidência científica" significa informações que fornecem um nível de prova com base em métodos científicos estabelecidos e aceitos;

"exame médico" significa a avaliação preliminar de uma pessoa por um profissional de saúde autorizado ou por uma pessoa sob a supervisão direta da autoridade competente, a fim de determinar o estado de saúde da pessoa e seu potencial de risco para a saúde pública para terceiros, podendo incluir o exame minucioso de documentos sanitários, bem como um exame físico quando as circunstâncias do caso assim o justificarem;

"infecção" significa a introdução e o desenvolvimento ou multiplicação de um agente infeccioso no interior do organismo de seres humanos ou animais que possa constituir um risco para a saúde pública;

"inspeção" significa o exame, pela autoridade competente ou sob sua supervisão, de áreas, bagagens, contêineres, meios de transporte, instalações, mercadorias ou encomendas postais, incluindo dados e documentação relevantes, a fim de determinar se existe risco para a saúde pública;

"intrusivo" significa causador de possível desconforto por meio de contato próximo ou questionamento íntimo;

"invasivo" significa a perfuração ou incisão na pele ou a inserção de um instrumento ou substância estranha no corpo, ou o exame de uma cavidade corporal. Para os fins do presente Regulamento, são considerados como não invasivos o exame médico de ouvido, nariz e boca, a verificação de temperatura por meio de termômetro auricular, oral ou cutâneo, ou imagem térmica; a inspeção médica; a ausculta; a palpação externa; a retinoscopia; a coleta externa de amostras de saliva, urina ou fezes; a aferição externa da pressão arterial; e a eletrocardiografia;

"isolamento" significa a separação de pessoas doentes ou contaminadas ou bagagens, meios de transporte, mercadorias ou encomendas postais afetadas de outros, de maneira a evitar a propagação de infecção ou contaminação;

"livre prática" significa autorização para que uma embarcação possa entrar em um porto, embarcar ou desembarcar, carregar ou descarregar carga ou suprimentos; para que uma aeronave, ao aterrissar, possa embarcar ou desembarcar, carregar ou descarregar carga ou suprimentos; e para que um veículo de transporte terrestre, ao chegar, possa embarcar ou desembarcar, carregar ou descarregar cargas ou suprimentos;

"medida de saúde" significa os procedimentos aplicados para evitar a propagação de contaminação ou doença; uma medida de saúde não inclui medidas policiais ou de segurança;

"meio de transporte" significa uma aeronave, embarcação, trem, veículo rodoviário, ou outro modo de transporte numa viagem internacional;

"mercadorias" significa produtos tangíveis, incluindo animais e plantas, transportados numa viagem internacional, incluindo aqueles para uso a bordo de um meio de transporte;

"observação de saúde pública" significa o monitoramento do estado de saúde de um viajante ao longo do tempo, a fim de determinar o risco de transmissão de doença;

"operador de meios de transporte" significa uma pessoa física ou jurídica responsável por um meio de transporte, ou seu agente;

"Organização" ou "OMS" significa a Organização Mundial da Saúde;

"passagem de fronteira terrestre" significa um ponto de entrada terrestre num Estado Parte, incluindo aqueles utilizados por veículos rodoviários e trens;

"pessoa doente" significa um indivíduo sofrendo ou afetado por um agravo físico que possa constituir um risco para a saúde pública;

"Ponto de Contato da OMS para o RSI" significa a unidade da OMS que estará permanentemente acessível para comunicação com o Ponto Focal Nacional para o RSI;

"Ponto Focal Nacional para o RSI" significa o centro nacional, designado por cada Estado Parte, que estará permanentemente acessível para comunicação com os Pontos de Contato da OMS para o RSI, nos termos deste Regulamento;

"porto" significa um porto marítimo ou em águas interiores, onde chegam e saem embarcações em viagens internacionais;

"ponto de entrada" significa um local para entrada ou saída internacional de viajantes, bagagens, cargas, contêineres, meios de transporte, mercadorias e encomendas postais, bem como as agências e áreas que prestam serviços a eles na entrada ou saída do território nacional;

"princípios científicos" significa as leis fundamentais e os fatos naturais aceitos e conhecidos mediante os métodos científicos;

"quarentena" significa a restrição das atividades e/ou a separação de pessoas suspeitas de pessoas que não estão doentes ou de bagagens, contêineres, meios de transporte ou mercadorias suspeitos, de maneira a evitar a possível propagação de infecção ou contaminação;

"recomendação" e "recomendado" referem-se a recomendações temporárias ou permanentes emitidas nos termos deste Regulamento;

"recomendação permanente" significa uma orientação de natureza não vinculante emitida pela OMS consoante o Artigo 16, com referência a riscos para a saúde pública específicos existentes, e relativa às medidas de saúde apropriadas, de aplicação rotineira ou periódica, necessárias para prevenir ou reduzir a propagação internacional de doenças e minimizar a interferência com o tráfego internacional;

"recomendação temporária" significa uma orientação de natureza não vinculante emitida pela OMS consoante o Artigo 15, para aplicação por tempo limitado, baseada num risco específico, em resposta a uma emergência de saúde pública de importância internacional, visando prevenir ou reduzir a propagação internacional de doenças e minimizar a interferência com o tráfego internacional;

"reservatório" significa um animal, planta ou substância onde um agente infeccioso normalmente vive e cuja presença pode constituir um risco para a saúde pública;

"residência permanente" possui o significado estabelecido na legislação nacional do Estado Parte em questão;

"residência temporária" possui o significado estabelecido na legislação nacional do Estado Parte em questão;

"risco para a saúde pública" significa a probabilidade de um evento que possa afetar adversamente a saúde de populações humanas, com ênfase naqueles que possam se propagar internacionalmente, ou possa apresentar um perigo grave e direto;

"saída" significa, no caso de pessoas, bagagens, carga, meios de transporte ou mercadorias, o ato de deixar um território;

"suspeito" significa pessoas, bagagens, cargas, contêineres, meios de transporte, mercadorias ou encomendas postais consideradas pelo Estado Parte como tendo sido efetiva ou possivelmente expostas a um risco para a saúde pública e que possam constituir uma possível fonte de propagação de doenças;

"pátio de contêineres" significa um local ou instalação reservado para contêineres utilizados no tráfego internacional;

"tráfego internacional" significa o movimento de pessoas, bagagens, cargas, contêineres, meios de transporte, mercadorias ou encomendas postais através de uma fronteira internacional, incluindo o comércio internacional;

"tripulação" significa as pessoas a bordo de um meio de transporte que não sejam passageiros;

"veículo rodoviário" significa um veículo de transporte terrestre, com exceção de trens;

"veículo de transporte terrestre" significa um veículo automotor para o transporte terrestre numa viagem internacional, incluindo trens, ônibus, caminhões e automóveis;

"verificação" significa o fornecimento de informações por parte de um Estado Parte à OMS, confirmando a situação de um evento no território ou territórios daquele Estado Parte;

"vetor" significa um inseto ou outro animal que normalmente é portador de um agente infeccioso que constitui um risco para a saúde pública;

"viagem internacional" significa:

(a) no caso de um meio de transporte, uma viagem entre pontos de entrada nos territórios de mais de um Estado, ou uma viagem entre pontos de entrada no território ou territórios do mesmo Estado, caso nesse trajeto o veículo entre em contato com o território de qualquer outro Estado, porém apenas em relação a esses contatos;

(b) no caso de um viajante, uma viagem envolvendo a entrada no território de um Estado distinto daquele Estado em que o viajante iniciou a viagem;

"viajante" significa uma pessoa física que realiza uma viagem internacional;

"vigilância" significa a coleta, compilação e a análise contínua e sistemática de dados, para fins de saúde pública, e a disseminação oportuna de informações de saúde pública, para fins de avaliação e resposta em saúde pública, conforme necessário.

2. Salvo especificação em contrário ou quando assim determinado pelo contexto, a menção a este Regulamento inclui os seus anexos.

Artigo 2
Propósito e abrangência

O propósito e a abrangência do presente Regulamento são prevenir, proteger, controlar e dar uma resposta de saúde pública contra a propagação internacional de doenças, de maneiras proporcionais e restritas aos riscos para a saúde pública, e que evitem interferências desnecessárias com o tráfego e o comércio internacionais.

Artigo 3
Princípios

1. A implementação deste Regulamento será feita com pleno respeito à dignidade, aos direitos humanos e às liberdades fundamentais das pessoas.
2. A implementação deste Regulamento obedecerá à Carta das Nações Unidas e a Constituição da Organização Mundial da Saúde.
3. A implementação deste Regulamento obedecerá a meta de sua aplicação universal, para a proteção de todos os povos do mundo contra a propagação internacional de doenças.
4. Os Estados possuem, segundo a Carta das Nações Unidas e os princípios de direito internacional, o direito soberano de legislar e implementar a legislação a fim de cumprir suas próprias políticas de saúde. No exercício desse direito, deverão observar o propósito do presente Regulamento.

Artigo 4
Autoridades responsáveis

1. Cada Estado Parte deverá designar ou estabelecer um Ponto Focal Nacional para o RSI e as autoridades responsáveis, em suas respectivas áreas de jurisdição, pela implementação de medidas de saúde, em conformidade com este Regulamento.

2. Os Pontos Focais Nacionais para o RSI deverão estar permanentemente acessíveis para comunicação com os Pontos de Contato da OMS para o RSI, a que faz referência o parágrafo 3º deste Artigo. As funções dos Pontos Focais Nacionais do RSI incluem:

(a) enviar aos Pontos de Contato da OMS para o RSI, em nome do Estado Parte em questão, comunicações urgentes relativas à implementação deste Regulamento, em especial referentes aos artigos 6 a 12; e

(b) disseminar informações aos setores administrativos relevantes do Estado Parte, assim como consolidar as informações deles oriundas, incluindo os setores responsáveis pela vigilância e notificação, pontos de entrada, serviços de saúde pública, clínicas e hospitais e outras repartições públicas.

3. A OMS designará Pontos de Contato para o RSI, os quais estarão acessíveis permanentemente para comunicações com os Pontos Focais Nacionais para o RSI. Os Pontos de Contato da OMS para o RSI deverão enviar comunicações urgentes referentes à implementação deste Regulamento, em particular ao previsto nos artigos 6 a 12, aos Pontos Focais Nacionais para o RSI dos Estados Partes em questão. Os Pontos de Contato da OMS para o RSI podem ser designados pela OMS em sua sede ou no nível regional da Organização.

4. Os Estados Partes deverão fornecer à OMS informações detalhadas de contato com seu respectivo Ponto Focal Nacional para o RSI, da mesma forma como a OMS fornecerá instruções detalhadas de contato com os Pontos de Contato da OMS para o RSI. Essas instruções detalhadas de contato deverão ser atualizadas permanentemente, e confirmadas anualmente. A OMS colocará à disposição de todos os Estados Partes os detalhes de contato dos Pontos Focais Nacionais para o RSI que receber, consoante os termos deste Artigo.

PARTE II
INFORMAÇÃO E RESPOSTA EM SAÚDE PÚBLICA

Artigo 5
Vigilância

1. Cada Estado Parte deverá desenvolver, fortalecer e manter, o mais breve possível, no mais tardar dentro de cinco anos a contar da entrada em vigor deste Regulamento para este Estado Parte, as capacidades para detectar, avaliar, notificar e informar eventos de acordo com este Regulamento, conforme especificado no Anexo 1.

2. Após a avaliação mencionada na parte A, parágrafo 2º do Anexo 1, um Estado Parte poderá notificar à OMS, fundamentado numa necessidade justificada e num plano de implementação, e, assim fazendo, obter uma extensão de dois anos para o cumprimento das obrigações constantes do parágrafo

1º deste Artigo. Em circunstâncias excepcionais, e fundamentado num novo plano de implementação, o Estado Parte poderá solicitar uma nova extensão, de no máximo até dois anos, ao Diretor-Geral, que tomará a decisão levando em consideração o parecer técnico do Comitê estabelecido nos termos do Artigo 50 (doravante denominado "Comitê de Revisão"). Após o período mencionado no parágrafo 1º deste Artigo, o Estado Parte que obtiver uma extensão deverá apresentar relatório anual à OMS acerca do progresso alcançado com vistas a sua implementação plena.

3. A OMS fornecerá assistência aos Estados Partes, se assim solicitada, para o desenvolvimento, fortalecimento e manutenção das capacidades referidas no parágrafo 1º deste Artigo.

4. A OMS coletará informações relativas a eventos através de suas atividades de vigilância e avaliará o seu potencial para causar a propagação internacional de doenças e possível interferência com o tráfego internacional. As informações recebidas pela OMS nos termos deste parágrafo serão manuseadas em conformidade com os artigos 11 e 45, quando apropriado.

Artigo 6
Notificação

1. Cada Estado Parte avaliará os eventos que ocorrerem dentro de seu território, utilizando o instrumento de decisão do Anexo 2. Cada Estado Parte notificará a OMS, pelos mais eficientes meios de comunicação disponíveis, por meio do Ponto Focal Nacional para o RSI, e dentro de 24 horas a contar da avaliação de informações de saúde pública, sobre todos os eventos em seu território que possam se constituir numa emergência de saúde pública de importância internacional, segundo o instrumento de decisão, bem como de qualquer medida de saúde implementada em resposta a tal evento. Se a notificação recebida pela OMS envolver a competência da Agência Internacional de Energia Atômica (AIEA), a OMS notificará imediatamente essa Agência.

2. Após uma notificação, o Estado Parte continuará a comunicar à OMS as informações de saúde pública de que dispõe sobre o evento notificado, de maneira oportuna, precisa e em nível suficiente de detalhamento, incluindo, sempre que possível, definições de caso, resultados laboratoriais, fonte e tipo de risco, número de casos e de óbitos, condições que afetam a propagação da doença; e as medidas de saúde empregadas, informando, quando necessário, as dificuldades confrontadas e o apoio necessário para responder à possível emergência de saúde pública de importância internacional.

Artigo 7
Compartilhamento de informações durante eventos sanitários inesperados ou incomuns

Caso um Estado Parte tiver evidências de um evento de saúde pública inesperado ou incomum dentro de seu território, independentemente de sua origem ou fonte, que possa constituir uma emergência de saúde pública de importância internacional, ele fornecerá todas as informações de saúde pública relevantes à OMS. Nesse caso, aplicam-se na íntegra as disposições do Artigo 6º.

Artigo 8
Consultas

No caso de eventos ocorrendo em seu território que não exijam notificação, conforme estabelecido pelo Artigo 6º, especialmente eventos sobre os quais as informações disponíveis são insuficientes para completar o instrumento de decisão, ainda assim um Estado Parte poderá manter a OMS informada a respeito do evento, por meio do Ponto Focal Nacional para o RSI, e consultar a OMS acerca de medidas de saúde apropriadas. Essas comunicações serão tratadas em conformidade com os parágrafos 2º a 4º do Artigo 11. O Estado Parte em cujo território ocorreu o evento poderá solicitar à OMS assistência para avaliar quaisquer evidências epidemiológicas obtidas por esse Estado Parte.

Artigo 9
Outros informes

1. A OMS poderá levar em conta informes de outras fontes, além das notificações ou consultas, e avaliará tais informes de acordo com princípios epidemiológicos estabelecidos, transmitindo a seguir informações acerca do evento ao Estado Parte em cujo território supostamente está ocorrendo o evento. Antes de tomar qualquer medida com base nesses informes, a OMS realizará consultas no intuito de obter verificação junto ao Estado Parte em cujo território supostamente está ocorrendo o evento, em conformidade com o procedimento estabelecido no Artigo 10. Para tanto, a OMS disponibilizará as informações recebidas aos Estados Partes, e somente em caso que esteja devidamente justificado poderá a OMS manter a confidencialidade da fonte. Essas informações serão utilizadas em conformidade com o procedimento estabelecido no Artigo 11.

2. Na medida do possível, os Estados Partes informarão à OMS, dentro de um período de até 24 horas a contar do recebimento de evidências, qualquer risco para a saúde pública identificado fora de seu território que possa causar a propagação internacional de doenças, manifestado pela importação ou exportação de:

(a) casos humanos,

(b) vetores portadores de infecção ou contaminação, ou

(c) mercadorias contaminadas.

Artigo 10
Verificação

1. Em conformidade com o Artigo 9º, a OMS solicitará a verificação, por um Estado Parte, de relatos recebidos de outras fontes, além de notificações ou consultas, quanto a eventos que possam constituir uma emergência de saúde pública de importância internacional que supostamente estejam ocorren-

do no território desse Estado. Nesses casos, a OMS informará o Estado Parte em questão acerca dos relatos que procura verificar.

2. Consoante os termos do parágrafo anterior e do Artigo 9º, todo Estado Parte, quando assim solicitado pela OMS, verificará e fornecerá:
(a) num prazo de 24 horas, uma resposta inicial à solicitação da OMS, ou acusação de seu recebimento;
(b) num prazo de 24 horas, as informações de saúde pública disponíveis sobre a situação dos eventos mencionados na solicitação da OMS; e
(c) informações à OMS no contexto de uma avaliação realizada nos termos do Artigo 6º, incluindo informações relevantes, conforme descrito naquele Artigo.

3. Ao receber informações sobre um evento que possa constituir uma emergência de saúde pública de importância internacional, a OMS oferecerá sua colaboração ao Estado Parte em questão para avaliar o potencial de propagação internacional de doenças, possível interferência com o tráfego internacional, e adequação das medidas de controle. Tais atividades podem incluir a colaboração com outras organizações normativas, bem como a oferta de mobilização de assistência internacional, com o propósito de apoiar as autoridades nacionais na condução e coordenação de avaliações nos locais afetados. Quando solicitado pelo Estado Parte, a OMS fornecerá informações referentes a tal oferta.

4. Se o Estado Parte não aceitar a oferta de colaboração, a OMS poderá, quando assim justificada pela magnitude do risco sanitário, compartilhar as informações de que dispõe com outros Estados Partes, ao mesmo tempo em que incentiva o Estado Parte a aceitar a oferta de colaboração da OMS, levando em consideração a posição do Estado Parte em questão.

Artigo 11
Fornecimento de informações pela OMS

1. Sujeito aos termos do parágrafo 2º deste Artigo, a OMS enviará a todos os Estados Partes e, quando apropriado, a organizações intergovernamentais relevantes, assim que possível e pelos mais eficientes meios disponíveis, confidencialmente, as informações de saúde pública que tiver recebido em conformidade com os Artigos 5 a 10, inclusive, e que sejam necessárias para permitir que os Estados Partes respondam a um risco sanitário. A OMS fornecerá a outros Estados Partes informações que possam auxiliá-los a evitar a ocorrência de incidentes similares.

2. A OMS utilizará informações recebidas em conformidade com os Artigos 6 e 8 e com o parágrafo 2º do Artigo 9 para os fins de verificação, avaliação e assistência, nos termos do presente Regulamento e, exceto quando acordado de outra forma com os Estados Partes referidos nessas disposições, não tornará essa informação amplamente disponível a outros Estados Partes, até o momento em que:
(a) ficar determinado que o evento constitui uma emergência de saúde pública de importância internacional, em conformidade com o Artigo 12; ou

(b) informações evidenciando a propagação internacional da infecção ou contaminação forem confirmadas pela OMS, segundo princípios epidemiológicos estabelecidos; ou
(c) houver evidências de que:
(i) as medidas de controle contra a propagação internacional provavelmente não terão sucesso, devido à natureza da contaminação, agente patológico, vetor ou reservatório; ou
(ii) o Estado Parte não possui capacidade operacional suficiente para realizar as medidas necessárias para prevenir maior disseminação da doença; ou
(d) a natureza e abrangência do movimento internacional de viajantes, bagagens, carga, contêineres, meios de transporte, mercadorias, ou encomendas postais que possam ser afetados pela infecção ou contaminação exigem a aplicação imediata de medidas internacionais de controle.

3. A OMS consultará o Estado Parte em cujo território está ocorrendo o evento sobre sua intenção de disponibilizar as informações, nos termos deste Artigo.

4. Quando as informações recebidas pela OMS em conformidade com o parágrafo 2 deste Artigo forem disponibilizadas aos Estados Partes, nos termos deste Regulamento, a OMS também poderá disponibilizá-las à população em geral, caso outras informações sobre o mesmo evento já tiverem sido divulgadas e houver necessidade de disseminar informações independentes e abalizadas.

Artigo 12
Determinação de uma emergência de saúde pública de importância internacional

1. O Diretor-Geral determinará, com base nas informações recebidas, em especial as enviadas pelo Estado Parte em cujo território está ocorrendo o evento, se o evento constitui uma emergência de saúde pública de importância internacional, em conformidade com os critérios e os procedimentos estabelecidos neste Regulamento.

2. Caso considerar que está ocorrendo uma emergência de saúde pública de importância internacional, com base numa avaliação realizada nos termos do presente Regulamento, o Diretor-Geral consultará o Estado Parte em cujo território surgiu o evento acerca dessa determinação preliminar. Caso o Diretor-Geral e o Estado Parte estiverem de acordo quanto a tal determinação, o Diretor-Geral solicitará, em conformidade com o procedimento estabelecido no Artigo 49, um parecer do Comitê estabelecido nos termos do Artigo 48 (doravante denominado "Comitê de Emergências") acerca de recomendações temporárias apropriadas.

3. Se, após a consulta de que trata o parágrafo 2º acima, o Diretor-Geral e o Estado Parte em cujo território surgiu o evento não chegarem a um consenso, num prazo de até 48 horas, sobre se o evento constitui ou não uma emergência de saúde pública de importância internacional, a determinação será realizada em conformidade com o procedimento estabelecido no Artigo 49.

4. Ao determinar se um evento constitui ou não uma emergência de saúde pública de importância internacional, o Diretor-Geral considerará:
(a) as informações fornecidas pelo Estado Parte;
(b) o instrumento de decisão apresentado no Anexo 2;
(c) o parecer do Comitê de Emergências;
(d) os princípios científicos, bem como as evidências científicas e outras informações relevantes disponíveis; e
(e) uma avaliação do risco para a saúde humana, do risco de propagação internacional da doença e do risco de interferência com o tráfego internacional.

5. Caso o Diretor-Geral, após consultas com o Estado Parte em cujo território ocorreu a emergência de saúde pública de importância internacional, considerar terminada a emergência de saúde pública de importância internacional, o Diretor-Geral tomará uma decisão, em conformidade com o procedimento estabelecido no Artigo 49.

Artigo 13
Resposta de saúde pública

1. Cada Estado Parte desenvolverá, fortalecerá e manterá, o mais rapidamente possível e no máximo num prazo de cinco anos a contar da entrada em vigor do presente Regulamento em seu território, as capacidades para responder pronta e eficazmente a riscos para a saúde pública e a emergências em saúde pública de importância internacional, conforme estabelecido no Anexo 1. Em consulta com os Estados Membros, a OMS publicará diretrizes para apoiar os Estados Partes no desenvolvimento de capacidades de resposta de saúde pública.

2. Após a avaliação mencionada no Anexo 1, parte A, parágrafo 2°, um Estado Parte poderá enviar um informe à OMS, fundamentado numa necessidade justificada e num plano de implementação, e assim obter uma extensão de dois anos para o cumprimento das obrigações constantes do parágrafo 1° deste Artigo. Em circunstâncias excepcionais, e fundamentado num novo plano de implementação, o Estado Parte poderá solicitar uma nova extensão, de no máximo até dois anos, ao Diretor-Geral, que tomará a decisão levando em consideração o parecer técnico do Comitê de Revisão. Após o período mencionado no parágrafo 1° deste Artigo, o Estado Parte que obtiver uma extensão deverá apresentar um relatório anual à OMS acerca do progresso alcançado na implementação plena.

3. Mediante solicitação de um Estado Parte, a OMS colaborará na resposta a riscos para a saúde pública e a outros eventos, fornecendo orientações e assistência técnicas e avaliando a eficácia das medidas de controle implementadas, incluindo a mobilização de equipes internacionais de peritos para assistência no local, quando necessário.

4. Se a OMS, em consulta com os Estados Partes interessados, conforme estipulado no Artigo 12, determinar que esteja ocorrendo uma emergência de saúde pública de importância internacional, poderá oferecer, além do apoio indicado no parágrafo 3° deste Artigo, assistência adicional ao Estado Parte, incluindo uma avaliação da gravidade do risco internacional e da adequação das medidas de controle. Tal colaboração poderá incluir a oferta de mobilizar assistência internacional, a fim de apoiar as autoridades nacionais na condução e coordenação das avaliações locais. Quando solicitado pelo Estado Parte, a OMS fornecerá informações referentes a tal oferta.

5. Quando solicitado pela OMS, os Estados Partes fornecerão, na medida do possível, apoio às atividades de resposta coordenadas pela OMS.

6. Quando solicitado, a OMS fornecerá orientação e assistência apropriadas a outros Estados Partes afetados ou ameaçados pela emergência de saúde pública de importância internacional.

Artigo 14
Cooperação da OMS com organizações intergovernamentais e organismos internacionais

1. Na implementação do presente Regulamento, a OMS cooperará e coordenará suas atividades, conforme apropriado, com outras organizações intergovernamentais ou organismos internacionais competentes, incluindo por meio da celebração de acordos e outros arranjos similares.

2. Quando a notificação ou verificação de um evento, ou a resposta ao mesmo, for primariamente da competência de outras organizações intergovernamentais ou organismos internacionais, a OMS coordenará suas atividades com tais organizações ou organismos, a fim de garantir a aplicação de medidas adequadas para a proteção da saúde pública.

3. Não obstante os termos acima, nada no presente Regulamento impedirá ou limitará o fornecimento de orientação, apoio, ou assistência técnica ou de outra natureza por parte da OMS, para fins de saúde pública.

PARTE III
RECOMENDAÇÕES

Artigo 15
Recomendações temporárias

1. Caso se determinar, em conformidade com o Artigo 12, a ocorrência de uma emergência de saúde pública de importância internacional, o Diretor-Geral publicará recomendações temporárias, segundo o procedimento estabelecido no Artigo 49. Tais recomendações temporárias poderão ser modificadas ou prorrogadas, segundo as circunstâncias, mesmo depois de ter sido determinado o término da emergência de saúde pública de importância internacional, ocasião em que outras recomendações temporárias poderão ser emitidas, conforme as necessidades, a fim de evitar ou detectar prontamente sua recorrência.

2. As recomendações temporárias poderão incluir medidas de saúde que deverão ser implementadas pelo Estado Parte vivenciando a emergência em saúde pública de importância internacional, ou por outros Estados Partes, em relação a pessoas,

bagagens, cargas, contêineres, meios de transporte, mercadorias e/ou encomendas postais, a fim de evitar ou reduzir a propagação internacional de doenças e evitar interferências desnecessárias com o tráfego internacional.

3. As recomendações temporárias podem ser rescindidas a qualquer momento, de acordo com o procedimento estabelecido no Artigo 49, e expirarão automaticamente três meses após sua publicação. Podem ser modificadas ou prorrogadas por períodos adicionais de até três meses. As recomendações temporárias não podem estender-se além da segunda Assembleia Mundial de Saúde subsequente à determinação da emergência em saúde pública de importância internacional à qual se referem.

Artigo 16
Recomendações permanentes

A OMS poderá fazer recomendações permanentes acerca de medidas de saúde apropriadas, em conformidade com o Artigo 53, para aplicação periódica ou de rotina. Tais medidas podem ser aplicadas pelos Estados Partes em relação a pessoas, bagagens, cargas, contêineres, meios de transporte, mercadorias e/ou encomendas postais, em relação a riscos sanitários específicos existentes, a fim de evitar ou reduzir a propagação internacional de doenças e evitar interferências desnecessárias com o tráfego internacional. A OMS poderá, em conformidade com o Artigo 53, modificar ou suspender essas recomendações, conforme apropriado.

Artigo 17
Critérios para as recomendações

Ao emitir, modificar ou rescindir recomendações temporárias ou permanentes, o Diretor-Geral deverá considerar:

(a) a opinião dos Estados Partes diretamente envolvidos;
(b) o parecer do Comitê de Emergências ou do Comitê de Revisão, conforme o caso;
(c) os princípios científicos, assim como as evidências e informações científicas disponíveis;
(d) medidas de saúde que, com base numa avaliação de risco apropriada às circunstâncias, não sejam mais restritivas ao tráfego e comércio internacionais, nem mais intrusivas para as pessoas do que alternativas razoavelmente disponíveis que poderiam alcançar um nível adequado de proteção a saúde;
(e) normas e instrumentos internacionais relevantes;
(f) atividades realizadas por outras organizações intergovernamentais e organismos internacionais relevantes; e
(g) outras informações específicas e apropriadas relevantes ao evento. Em relação às recomendações temporárias, a consideração do Diretor-Geral quanto aos subparágrafos (e) e (f) deste Artigo poderá estar sujeita a limitações impostas pela natureza urgente das circunstâncias.

Artigo 18
Recomendações relativas a pessoas, bagagens, cargas, contêineres, meios de transporte, mercadorias e encomendas postais

1. Nas recomendações que formule aos Estados Partes em relação a pessoas, a OMS poderá incluir as seguintes orientações:
- nenhuma recomendação de medida de saúde específica;
- examinar o histórico de viagens em áreas afetadas;
- examinar os comprovantes de exames médicos e de quaisquer análises laboratoriais;
- exigir exames médicos;
- examinar os comprovantes de vacinação e de outras medidas profiláticas;
- exigir vacinação ou outras medidas profiláticas;
- colocar pessoas suspeitas sob observação de saúde pública;
- implementar quarentena ou outras medidas de saúde pública para pessoas suspeitas;
- implementar isolamento e tratamento de pessoas afetadas, quando necessário;
- implementar busca de contatos de pessoas afetadas ou suspeitas;
- recusar a entrada de pessoas afetadas ou suspeitas no país;
- recusar a entrada de pessoas não afetadas em áreas afetadas; e
- implementar triagem e/ou restrições de saída para pessoas vindas de áreas afetadas.

2. Nas recomendações que formule aos Estados Partes referentes a bagagem, carga, contêineres, meios de transporte, mercadorias e encomendas postais, a OMS poderá incluir as seguintes orientações:
- nenhuma recomendação de medida de saúde específica;
- examinar manifesto e itinerário;
- implementar inspeções;
- examinar os certificados das medidas de desinfecção ou de descontaminação adotadas no momento da partida ou durante a viagem;
- implementar tratamento de bagagens, cargas, contêineres, meios de transporte, mercadorias, encomendas postais ou restos humanos, a fim de remover infecção ou contaminação, incluindo vetores e reservatórios;
- utilizar medidas de saúde específicas para assegurar o manuseio e o transporte seguros de resíduos humanos;
- implementar regimes de isolamento ou quarentena;
- apreender e destruir bagagens, cargas, contêineres, meios de transporte, mercadorias ou encomendas postais suspeitos ou contaminados ou infectados, sob condições controladas, quando não houver outro tratamento ou processo disponível comprovadamente eficaz; e

- recusar a saída ou entrada.

PARTE IV
PONTOS DE ENTRADA

Artigo 19
Obrigações gerais

Além das demais obrigações previstas no presente Regulamento, os Estados Partes deverão:

(a) garantir que as capacidades indicadas no Anexo 1 para os pontos de entrada designados, estejam implantadas nos prazos indicados no parágrafo 1º do Artigo 5 e no parágrafo 1º do Artigo 13;

(b) identificar as autoridades competentes em cada ponto de entrada designado em seu território; e

(c) fornecer à OMS, na medida do possível, quando solicitado em resposta a um possível risco à saúde pública específico, dados relevantes referentes a fontes de infecção ou contaminação, inclusive vetores e reservatórios, em seus pontos de entrada, que possam resultar na propagação internacional de doenças.

Artigo 20
Portos e aeroportos

1. Os Estados Partes designarão os portos e aeroportos que serão dotados das capacidades indicadas no Anexo 1.

2. Os Estados Partes garantirão que os Certificados de Dispensa de Controle Sanitário da Embarcação ("Ship Sanitation Control Exemption Certificates") e os Certificados de Controle Sanitário da Embarcação ("Ship Sanitation Control Certificates") sejam emitidos em conformidade com as exigências do Artigo 39 e o modelo apresentado no Anexo 3.

3. Cada Estado Parte enviará à OMS uma lista dos portos autorizados a:

(a) emitir Certificados de Controle Sanitário da Embarcação e prestar os serviços referidos nos Anexos 1 e 3; ou

(b) apenas emitir Certificados de Dispensa de Controle Sanitário da Embarcação; e

(c) prorrogar por um mês o período de validade do Certificado de Dispensa de Controle Sanitário da embarcação, até a chegada da embarcação a um porto onde possa receber o certificado.

Cada Estado Parte informará à OMS quaisquer mudanças quanto à situação dos portos listados. A OMS publicará as informações recebidas nos termos deste parágrafo.

4. A OMS poderá certificar, a pedido do Estado Parte interessado, após investigação apropriada, que um porto ou aeroporto em seu território satisfaz os requisitos estipulados nos parágrafos 1º e 3º deste Artigo. Essa certificação poderá ser submetida a revisão periódica pela OMS, em consulta com o Estado Parte.

5. A OMS, em colaboração com organizações intergovernamentais e organismos internacionais competentes, desenvolverá e publicará as diretrizes para a certificação de portos e aeroportos, nos termos deste Artigo. A OMS publicará, ademais, uma lista dos aeroportos e portos certificados.

Artigo 21
Passagens de fronteiras terrestres

1. Onde estiver justificado por razões de saúde pública, um Estado Parte poderá designar passagens de fronteiras terrestres para desenvolver as capacidades previstas no Anexo 1, levando em consideração:

(a) o volume e a frequência dos vários tipos de tráfego internacional, em comparação com outros pontos de entrada, naquelas passagens de fronteiras terrestres do Estado Parte passíveis de designação; e

(b) os riscos à saúde pública existentes nas áreas de origem do tráfego internacional, ou nas áreas de passagem, antes de sua chegada a uma determinada fronteira seca.

2. Estados Partes que têm fronteiras comuns deveriam considerar:

(a) a celebração de acordos ou arranjos bilaterais ou multilaterais relativos à prevenção ou ao controle da transmissão internacional de doenças nas passagens de fronteiras terrestres, em conformidade com o Artigo 57; e

(b) a designação conjunta de passagens de fronteiras terrestres adjacentes para as capacidades de que trata o Anexo 1, em conformidade com o parágrafo 1º deste Artigo.

Artigo 22
Função das autoridades competentes

1. As autoridades competentes deverão:

(a) ser responsáveis pelo monitoramento de bagagens, cargas, contêineres, meios de transporte, mercadorias, encomendas postais e resíduos humanos que entrem e saiam de áreas afetadas, de maneira a que sejam mantidos livres de fontes de infecção ou contaminação, incluindo vetores e reservatórios;

(b) garantir, na medida do possível, que as instalações utilizadas pelos viajantes nos pontos de entrada sejam mantidas em boas condições sanitárias e livres de fontes de infecção ou contaminação, incluindo vetores e reservatórios;

(c) ser responsáveis pela supervisão de todo procedimento de desratização, desinfecção, desinsetização ou descontaminação de bagagens, cargas, contêineres, meios de transporte, mercadorias, encomendas postais e resíduos humanos ou medidas de saúde pública para pessoas, conforme apropriado nos termos do presente Regulamento;

(d) informar aos operadores de meios de transporte, com a maior antecedência possível, acerca de sua intenção de aplicar medidas de controle a um veículo, e deverão fornecer, quando disponíveis, informações por escrito acerca dos métodos a serem empregados;

(e) ser responsáveis pela supervisão da remoção e destinação segura de qualquer tipo de água ou alimento contaminado, dejetos humanos ou animais, águas servidas e qualquer outra substância contaminada proveniente de um veículo;

(f) tomar todas as medidas exequíveis compatíveis com o presente Regulamento a fim de monitorar e controlar a descarga, pelas embarcações, de esgoto, lixo, água de lastro e outras substâncias que possam causar doenças e contaminar as águas de portos, rios, canais, estreitos, lagos ou outras águas internacionais;

(g) ser responsáveis pela supervisão dos prestadores de serviços que trabalhem com viajantes, bagagens, cargas, contêineres, meios de transporte, mercadorias, encomendas postais e resíduos humanos nos pontos de entrada, incluindo a realização de inspeções e exames médicos, conforme necessário;

(h) terão arranjos efetivos para possíveis eventualidades de lidar com um evento de saúde pública inesperado; e

(i) notificarão ao Ponto Focal Nacional para o RSI quaisquer medidas de saúde pública relevantes tomadas em conformidade com o presente Regulamento.

2. As medidas de saúde recomendadas pela OMS para viajantes, bagagens, cargas, contêineres, meios de transporte, mercadorias, encomendas postais e restos humanos provenientes de uma área afetada podem ser reaplicadas na chegada, caso existam indicações verificáveis e/ou evidências de que as medidas aplicadas por ocasião da partida da área afetada não foram bem sucedidas.

3. A desinsetização, desratização, desinfecção, descontaminação e outros procedimentos sanitários serão realizados de modo a evitar danos e, na medida do possível, incômodos a pessoas, ou danos ao meio ambiente com impacto sobre a saúde pública, ou danos a bagagens, cargas, contêineres, meios de transporte, mercadorias e encomendas postais.

PARTE V
MEDIDAS DE SAÚDE PÚBLICA

CAPÍTULO I
DISPOSIÇÕES GERAIS

Artigo 23
Medidas de saúde na chegada e na saída

1. Sujeito aos acordos internacionais aplicáveis e aos artigos relevantes deste Regulamento, os Estados Partes podem exigir, para fins de saúde pública, na chegada ou na partida:

(a) de viajantes:

(i) informações relativas ao seu destino, de maneira a permitir contatos futuros;

(ii) informações relativas ao seu itinerário, para verificar se esteve numa área afetada ou em suas proximidades, ou outros possíveis contatos com infecção ou contaminação antes da chegada, assim como um exame dos documentos de saúde do viajante, se forem exigidos nos termos do presente Regulamento; e/ou

(iii) um exame médico não invasivo, que seja o exame menos intrusivo que possa atingir o objetivo de saúde pública;

(b) inspeção de bagagens, cargas, contêineres, meios de transporte, mercadorias, encomendas postais e restos humanos.

2. Com base em evidências de risco para a saúde pública, obtidas por meio das medidas previstas no parágrafo 1º deste Artigo, ou mediante outros meios, os Estados Partes poderão aplicar medidas adicionais de saúde, em conformidade com o presente Regulamento, e especialmente, em relação a viajantes suspeitos ou afetados, caso a caso, o exame médico menos intrusivo e invasivo que permita alcançar o objetivo de saúde pública de prevenção da propagação internacional de doenças.

3. Nenhum exame médico, vacinação, medida profilática ou medida de saúde de que trata este Regulamento será realizado no viajante sem seu prévio consentimento expresso e informado, ou de seus pais ou tutores legais, exceto nos termos do parágrafo 2º do Artigo 31, e em conformidade com a legislação nacional e as obrigações internacionais do Estado Parte.

4. Os viajantes que serão vacinados ou aos quais se oferecerão medidas profiláticas consoante o presente Regulamento, ou seus pais ou tutores legais, serão informados quanto a qualquer risco associado com a vacinação ou a não vacinação, e com o uso ou não uso da medida profilática, em conformidade com a legislação e as obrigações internacionais do Estado Parte. Os Estados Partes informarão os médicos acerca dessas exigências, em conformidade com a legislação do Estado Parte.

5. Qualquer exame, procedimento médico, vacinação, ou aplicação de outra medida profilática que envolva um risco de transmissão de doença só será realizado ou administrado ao viajante em conformidade com as diretrizes e normas de segurança nacionais e internacionais estabelecidas, de maneira a minimizar esse risco.

CAPÍTULO II
DISPOSIÇÕES ESPECIAIS
PARA MEIOS DE TRANSPORTE E OPERADORES
DE MEIOS DE TRANSPORTE

Artigo 24
Operadores de meios de transporte

1. Os Estados Partes tomarão todas as medidas possíveis consistentes com o presente Regulamento para se assegurar de que os operadores de meios de transporte:

(a) respeitam as medidas de saúde da OMS e adotadas pelo Estado Parte;

(b) informam aos viajantes as medidas de saúde recomendadas pela OMS e adotadas pelo Estado Parte para aplicação a bordo do veículo; e

(c) mantêm os meios de transporte pelos quais são responsáveis sempre livres de fontes de infecção ou contaminação, incluindo vetores e reservatórios. A aplicação de medidas de controle de fontes de infecção ou contaminação poderá ser exigida se forem encontradas evidências.

2. O Anexo 4 fornece uma relação das disposições específicas relativas a meios de transporte e operadores de meios de transporte de que trata este Artigo. As medidas específicas aplicáveis a meios de transporte e operadores de meios de transporte em relação a doenças veiculadas por vetores são apresentadas no Anexo 5.

Artigo 25
Embarcações e aeronaves em trânsito

Sujeito aos artigos 27 e 43 ou exceto quando autorizado por acordos internacionais aplicáveis, o Estado Parte não aplicará qualquer medida de saúde a:

(a) uma embarcação não proveniente de áreas afetadas que passe por um canal marítimo ou uma via fluvial no território daquele Estado Parte, a caminho de um porto no território de outro Estado. Qualquer embarcação nessas condições deverá ter autorização para carregar combustível, água, alimentos e suprimentos sob a supervisão da autoridade competente;

(b) uma embarcação que passe por águas sob sua jurisdição sem ter feito escala num porto ou fundeado na costa; e

(c) uma aeronave em trânsito num aeroporto sob sua jurisdição; porém, a aeronave pode ser restrita a uma determinada área do aeroporto, sem poder embarcar ou desembarcar, carregar ou descarregar. Entretanto, quaisquer aeronaves nestas condições deverão ter autorização para carregar combustível, água, alimentos e suprimentos, sob a supervisão da autoridade competente.

Artigo 26
Caminhões, trens e ônibus civis em trânsito

Sujeito aos artigos 27 e 43, ou exceto quando autorizado por acordos internacionais aplicáveis, o Estado Parte não aplicará qualquer medida de saúde a caminhões, trens ou ônibus civis não provenientes de uma área afetada e que passem através do território do Estado Parte sem embarcar, desembarcar, carregar ou descarregar.

Artigo 27
Meios de transporte afetados

1. Quando forem encontrados sinais ou sintomas clínicos e houver informações baseadas em fatos ou evidências de risco para a saúde pública, incluindo fontes de infecção e contaminação, a bordo de um veículo, a autoridade competente considerará o veículo como afetado e poderá:

(a) desinfetar, descontaminar, desinsetizar ou desratizar o veículo, conforme apropriado, ou providenciar para que essas medidas sejam realizadas sob sua supervisão, e

(b) decidir, caso a caso, a técnica a ser empregada para garantir um nível adequado de controle do risco para a saúde pública, conforme previsto neste Regulamento. Se existirem métodos ou materiais recomendados pela OMS para esses procedimentos, esses serão utilizados, exceto quando a autoridade competente determinar que outros métodos são igualmente seguros e confiáveis.

A autoridade competente poderá implementar medidas adicionais de saúde, incluindo o isolamento dos meios de transporte, se necessário, a fim de evitar a propagação da doença. Essas medidas adicionais deverão ser informadas ao Ponto Focal Nacional para o RSI.

2. Se a autoridade competente no ponto de entrada não puder aplicar as medidas de controle exigidas nos termos deste Artigo, o veículo afetado poderá ter permissão para sair, mesmo assim, sujeito às seguintes condições:

(a) a autoridade competente fornecerá, no momento da partida, à autoridade competente do próximo ponto de entrada conhecido, o tipo de informação a que se refere o subparágrafo (b); e

(b) no caso de uma embarcação, a evidência encontrada e as medidas de controle exigidas serão devidamente anotadas no Certificado de Controle Sanitário da Embarcação.

Qualquer meio de transporte nessas circunstâncias deverá ter autorização para se abastecer de combustível, água, alimentos e suprimentos, sob a supervisão da autoridade competente.

3. Um veículo considerado como afetado deixará de sê-lo quando a autoridade competente tiver certeza de que:

(a) as medidas previstas no parágrafo 1º deste Artigo foram efetivamente aplicadas; e

(b) não existe a bordo qualquer condição que constitua um risco para a saúde pública.

Artigo 28
Embarcações e aeronaves em pontos de entrada

1. Sujeito ao Artigo 43 ou conforme previsto nos acordos internacionais pertinentes, nenhuma embarcação ou aeronave poderá ter impedido o seu acesso em qualquer ponto de entrada por razões de saúde pública. Contudo, se o ponto de entrada não estiver equipado para aplicar as medidas de saúde de que trata este Regulamento, a embarcação ou aeronave poderá ser ordenada a prosseguir, a seu próprio risco, até o ponto de entrada mais próximo e adequado, salvo quando a embarcação ou aeronave tiver um problema operacional que torne esse desvio inseguro.

2. Sujeito ao Artigo 43 ou conforme previsto nos acordos internacionais pertinentes, os Estados Partes não poderão recusar a livre prática a embarcações ou aeronaves por razões de saúde pública; em especial, não poderão impedi-las de embarcar ou desembarcar, carregar ou descarregar cargas ou suprimentos, ou abastecer-se de combustível, água, alimentos e outros materiais. Os Estados Partes podem condicionar a concessão da livre prática à inspeção da embarcação ou aeronave e, caso uma fonte de infecção ou contaminação for encontrada a bordo, à realização da desinfecção, descontaminação, desinsetização ou desratização necessária,

ou à aplicação de outras medidas necessárias para evitar a propagação da infecção ou contaminação.

3. Sempre que possível e sujeito às disposições do parágrafo anterior, os Estados Partes autorizarão a concessão da livre prática pelo rádio ou outro meio de comunicação a uma embarcação ou aeronave quando, com base em informações recebidas antes da chegada da mesma, o Estado Parte acredite que a chegada da embarcação ou aeronave não resultará na introdução ou propagação de doenças.

4. Os capitães de embarcações ou os comandantes de aeronaves, ou seus representantes, notificarão às autoridades de controle do porto ou aeroporto, assim que possível, antes da chegada ao porto ou aeroporto de destino, quaisquer casos de doença indicativos de uma doença de natureza infecciosa ou evidências de um risco para a saúde pública à bordo, assim que o capitão ou comandante tiver sido informado de tais doenças ou riscos para a saúde pública. Essas informações devem ser imediatamente transmitidas à autoridade competente no porto ou aeroporto. Em situações de urgência, essas informações serão comunicadas diretamente pelo capitão ou comandante à autoridade portuária ou aeroportuária relevante.

5. Os seguintes dispositivos serão aplicados no caso de uma embarcação ou aeronave suspeita ou afetada, por razões fora do controle do capitão da embarcação ou comandante da aeronave, atracar ou aterrissar em porto ou aeroporto distinto do porto ou aeroporto de destino, previsto para a embarcação ou aeronave:

(a) o comandante da aeronave ou o capitão da embarcação ou outra pessoa responsável envidará todos os esforços para se comunicar imediatamente com a autoridade competente mais próxima;

(b) assim que a autoridade competente for informada da sua chegada poderá aplicar as medidas de saúde recomendadas pela OMS ou outras medidas de saúde indicadas no presente Regulamento;

(c) exceto quando exigido para fins emergenciais ou para comunicação com a autoridade competente, nenhum viajante a bordo dessa embarcação ou aeronave poderá afastar-se da mesma, e nenhuma carga será retirada de sua vizinhança, salvo quando autorizado pela autoridade competente; e

(d) quando todas as medidas de saúde exigidas pela autoridade competente tiverem sido aplicadas, a aeronave ou embarcação poderá, no que depender dessas medidas de saúde, dirigir-se ao aeroporto ou porto previsto para aterrissagem ou atracamento ou, se por considerações técnicas não puder fazê-lo, a um aeroporto ou porto convenientemente localizado.

6. Não obstante as disposições contidas neste Artigo, o capitão da embarcação ou o comandante da aeronave podem tomar as medidas de emergência que forem necessárias para assegurar a saúde e segurança dos viajantes a bordo. Ele ou ela informará a autoridade competente, assim que possível, quanto às medidas tomadas consoante este Parágrafo.

Artigo 29
Caminhões, trens e ônibus civis nos pontos de entrada

A OMS, em consulta com os Estados Partes, desenvolverá princípios orientadores para a aplicação de medidas de saúde a caminhões, trens e ônibus civis nos pontos de entrada e que passem por passagens de fronteiras terrestres.

CAPÍTULO III
DISPOSIÇÕES ESPECIAIS PARA VIAJANTES

Artigo 30
Viajantes sob observação de saúde pública

Sujeito ao Artigo 43 ou conforme autorizado por acordos internacionais pertinentes, um viajante suspeito que, em sua chegada, for colocado sob observação de saúde pública poderá continuar a viagem internacional, contanto que não represente risco iminente para a saúde pública e o Estado Parte notificar a autoridade competente no ponto de entrada de destino, quando sabido, sobre a chegada prevista do viajante. Na chegada, o viajante deverá apresentar-se a essa autoridade.

Artigo 31
Medidas de saúde relativas à entrada de viajantes

1. Não serão exigidos um exame médico invasivo, vacina, ou outra medida profilática como condição de entrada de qualquer viajante no território de um Estado Parte, exceto que, sujeito aos artigos 32, 42 e 45, Este Regulamento não impede que os Estados Partes exijam exame médico, vacinação ou outra medida profilática:

(a) quando necessário para determinar se existe ou não risco para a saúde pública;

(b) como condição de entrada para qualquer viajante buscando residência temporária ou permanente;

(c) como condição de entrada para qualquer viajante consoante ao Artigo 43 ou Anexos 6 e 7; ou

(d) que possa ser aplicada consoante o Artigo 23.

2. Se um viajante a quem o Estado Parte puder exigir exame médico, vacina, ou outra medida profilática, nos termos do parágrafo 1º deste Artigo, não consentir com nenhuma dessas medidas, ou se recusar a fornecer as informações ou os documentos referidos no parágrafo 1º(a) do Artigo 23, o Estado Parte em questão poderá, sujeito aos Artigos 32, 42 e 45, recusar a entrada desse viajante. Se houver evidências de risco iminente para a saúde pública, o Estado Parte poderá, em conformidade com a legislação nacional e na medida necessária para controlar tal risco, obrigar o viajante a se submeter a uma das seguintes medidas ou aconselhá-lo nesse sentido, consoante os termos do parágrafo 3º do Artigo 23:

(a) o exame médico menos invasivo e intrusivo que alcance o objetivo de saúde pública;

(b) vacinação ou outra medida profilática; ou

(c) medidas adicionais de saúde estabelecidas para evitar ou controlar a propagação de doenças, incluindo isolamento, quarentena ou observação de saúde pública.

Artigo 32
Tratamento dispensado aos viajantes

Na implementação das medidas de saúde de que trata o presente Regulamento, os Estados Partes tratarão os viajantes com respeito à sua dignidade, direitos humanos e liberdades fundamentais e minimizarão qualquer incômodo ou angústia associado a tais medidas:

(a) tratando todos os viajantes com cortesia e respeito;
(b) levando em consideração o gênero e as preocupações socioculturais, étnicas ou religiosas dos viajantes; e
(c) fornecendo ou providenciando alimentação e água adequadas; acomodações e roupas apropriadas; proteção para bagagens e outros bens; tratamento médico apropriado; os meios de comunicação necessários, se possível em idioma que possam compreender; e outra assistência apropriada a viajantes que se encontrem em quarentena, isolados ou sujeitos a exames médicos e outros procedimentos para fins de saúde pública.

CAPÍTULO IV
DISPOSIÇÕES ESPECIAIS PARA MERCADORIAS, CONTÊINERES E TERMINAIS DE CONTÊINERES

Artigo 33
Mercadorias em trânsito

Sujeito ao Artigo 43 ou conforme autorizado por acordos internacionais pertinentes, mercadorias em trânsito e sem transbordo, com exceção de animais vivos, não estarão sujeitas às medidas de saúde previstas no presente Regulamento ou retidas para fins de saúde pública.

Artigo 34
Contêineres e terminais de contêineres

1. Os Estados Partes garantirão, na medida do possível, que os transportadores de contêineres utilizem contêineres internacionais que sejam mantidos livres de fontes de infecção ou contaminação, incluindo vetores e reservatórios, especialmente durante as operações de embalagem.
2. Os Estados Partes garantirão, na medida do possível, que os terminais de contêineres sejam mantidos livres de fontes de infecção ou contaminação, incluindo vetores e reservatórios.
3. Sempre que, na opinião de um Estado Parte, o tráfego internacional de contêineres for suficientemente volumoso, as autoridades competentes tomarão todas as medidas factíveis consistentes com este Regulamento, incluindo a realização de inspeções, para avaliar as condições sanitárias dos contêineres e terminais de contêineres, a fim de garantir que as obrigações contidas neste Regulamento estão sendo implementadas.
4. Os terminais de contêineres serão dotados, na medida do possível, de instalações para a inspeção e o isolamento de contêineres.

5. Os consignantes e consignatários envidarão todos os esforços para evitar a contaminação cruzada quando utilizarem carregamento de usos múltiplos dos contêineres.

PARTE VI
DOCUMENTOS DE SAÚDE

Artigo 35
Regras gerais

Nenhum documento de saúde, além daqueles indicados neste Regulamento ou nas recomendações da OMS, será exigido no tráfego internacional, desde que, entretanto, este Artigo não se aplique a viajantes buscando residência temporária ou permanente, nem a exigências documentais referentes às condições sanitárias de mercadorias ou cargas comerciais internacionais, exigências essas decorrentes de acordos internacionais pertinentes. As autoridades competentes poderão solicitar que os viajantes preencham formulários com informações de contato e questionários de saúde dos viajantes, desde que satisfaçam as exigências contidas no Artigo 23.

Artigo 36

Certificados de vacinação ou outras medidas profiláticas

1. As vacinas ou outras medidas profiláticas para viajantes, administradas consoante com este Regulamento ou outras recomendações, assim como os respectivos certificados, deverão obedecer às disposições do Anexo 6 e, quando aplicável, do Anexo 7 em relação a doenças específicas.
2. Não deverá ser negada a entrada no território a nenhum viajante de posse de um certificado de vacinação ou de outra medida profilática, emitido em conformidade com o Anexo 6 e, quando aplicável, o Anexo 7, em decorrência da doença à que se refere o certificado, mesmo quando proveniente de uma área afetada, a não ser quando a autoridade competente possuir indicações verificáveis e/ou evidências de que a vacinação ou outra medida profilática não foi eficaz.

Artigo 37
Declaração Marítima de Saúde

1. Antes de chegar a sua primeira escala no território de um Estado Parte, o capitão de uma embarcação verificará o estado de saúde a bordo e, exceto quando aquele Estado Parte assim não o exigir, preencherá e entregará na chegada, ou antes, da chegada da embarcação, se a embarcação tiver o equipamento necessário e o Estado Parte exigir tal entrega antecipada, à autoridade competente daquele porto, uma Declaração Marítima de Saúde, referendada pelo médico de bordo, se existente.
2. O capitão da embarcação ou o médico de bordo, se houver, fornecerá todas as informações solicitadas pela autoridade competente acerca das condições de saúde a bordo durante uma viagem internacional.

3. A Declaração Marítima de Saúde obedecerá ao modelo apresentado no Anexo 8.
4. Um Estado Parte poderá decidir:
(a) dispensar todas as embarcações que aportam da apresentação da Declaração Marítima de Saúde; ou
(b) exigir a apresentação da Declaração Marítima de Saúde de que trate uma recomendação para as embarcações provenientes de áreas afetadas, ou exigi-la de embarcações que possam, por outro motivo, estar levando uma infecção ou contaminação.
O Estado Parte informará tais exigências aos armadores ou seus agentes.

Artigo 38
Parte de saúde da Declaração Geral de Aeronave

1. O comandante da aeronave ou seu agente, durante o voo ou por ocasião da aterrissagem no primeiro aeroporto no território de um Estado Parte, preencherá, da melhor maneira possível, a Parte de saúde da Declaração Geral de Aeronave e a entregará à autoridade competente do aeroporto, exceto quando aquele Estado Parte assim não o exigir, devendo o documento obedecer ao modelo especificado no Anexo 9.
2. O comandante da aeronave ou seu agente deverá fornecer quaisquer informações solicitadas pelo Estado Parte acerca das condições de saúde a bordo durante uma viagem internacional, assim como qualquer medida de saúde aplicada à aeronave.
3. Um Estado Parte poderá decidir:
(a) dispensar todas as aeronaves que aterrissam da apresentação da Parte de saúde da Declaração Geral de Aeronave; ou
(b) exigir a apresentação da Parte de saúde da Declaração Geral de Aeronave, de que trate uma recomendação, para aeronaves provenientes de áreas afetadas, ou exigi-la de aeronaves que possam estar, por outro motivo, levando uma infecção ou contaminação.
O Estado Parte informará tais exigências às empresas de transporte aéreo ou a seus representantes.

Artigo 39
Certificados de Controle Sanitário da Embarcação

1. Os Certificados de Dispensa de Controle Sanitário da Embarcação e os Certificados de Controle Sanitário da Embarcação terão validade máxima de seis meses. Esse período poderá ser prorrogado por um mês quando não for possível realizar a inspeção ou as medidas de controle necessárias naquele porto.
2. Se não for apresentado um Certificado de Dispensa de Controle Sanitário da Embarcação ou um Certificado de Controle Sanitário da Embarcação válido, ou se forem encontradas a bordo de uma embarcação evidências de risco para a saúde pública, o Estado Parte poderá proceder conforme estabelecido no parágrafo 1º do Artigo 27.
3. Os certificados a que se refere este Artigo obedecerão ao modelo apresentado no Anexo 3.

4. Sempre que possível, as medidas de controle serão realizadas quando a embarcação e os porões estiverem vazios. No caso de uma embarcação em lastro, as medidas de saúde serão aplicadas antes do carregamento da embarcação.
5. Quando forem necessárias medidas de controle e as mesmas tiverem sido satisfatoriamente concluídas, a autoridade competente emitirá um Certificado de Controle Sanitário da Embarcação, anotando as evidências encontradas e as medidas de controle aplicadas.
6. A autoridade competente poderá emitir um Certificado de Dispensa de Controle Sanitário da Embarcação em qualquer porto especificado nos termos do Artigo 20, caso estiver satisfeita de que a embarcação está livre de infecção e contaminação, incluindo vetores e reservatórios. Normalmente tal certificado só será emitido se a inspeção da embarcação for realizada com a embarcação e os porões vazios ou quando contiver apenas lastro ou outro material cuja natureza ou disposição permita uma inspeção cuidadosa dos porões.
7. Caso as condições de aplicação das medidas de controle forem tais que, na opinião da autoridade competente do porto onde a operação foi realizada, não é possível obter um resultado satisfatório, a autoridade competente fará anotação nesse sentido no Certificado de Controle Sanitário da Embarcação.

PARTE VII
ENCARGOS

Artigo 40
Encargos por medidas de saúde relativas a viajantes

1. Exceto no caso de viajantes que buscam residência temporária ou permanente, e sujeito ao parágrafo 2º deste Artigo, o Estado Parte não deverá cobrar qualquer encargo, nos termos deste Regulamento, pelas seguintes medidas de proteção à saúde pública:
(a) qualquer exame médico previsto neste Regulamento, ou qualquer exame complementar que possa vir a ser exigido pelo Estado Parte a fim de determinar as condições de saúde do viajante examinado;
(b) qualquer vacinação ou outra medida profilática aplicada a um viajante por ocasião da sua chegada que não for uma exigência publicada ou cuja publicação ocorreu menos de dez dias antes do fornecimento da vacinação ou medida profilática;
(c) isolamento apropriado ou exigências de quarentena para os viajantes;
(d) qualquer certificado emitido ao viajante especificando as medidas aplicadas e a data de sua aplicação; ou
(e) quaisquer medidas de saúde aplicadas à bagagem acompanhada do viajante.
2. Os Estados Partes poderão cobrar por outras medidas de saúde além das mencionadas no parágrafo 1º deste Artigo, incluindo aquelas que beneficiam principalmente o viajante.

3. No caso de cobrança de encargos pela aplicação de tais medidas de saúde aos viajantes, nos termos deste Regulamento, o Estado Parte aplicará uma tabela tarifária única para tais encargos, e todos os encargos deverão:
(a) obedecer à tabela tarifária única;
(b) não exceder o custo real do serviço prestado; e
(c) ser arrecadados sem distinção de nacionalidade, domicílio ou residência do viajante em questão.
4. A tabela tarifária e qualquer emenda posterior à mesma serão publicadas com pelo menos dez dias de antecedência em relação a qualquer arrecadação.
5. Nada neste Regulamento impede os Estados Partes de buscarem reembolso de despesas incorridas ao prestar as medidas de saúde de que trata o parágrafo 1° deste Artigo:
(a) de proprietários ou operadores de meios de transporte, em relação a seus empregados, ou
(b) das seguradoras pertinentes.
6. Em nenhuma circunstância os viajantes ou operadores de meios de transporte poderão ser impedidos de deixar o território de um Estado Parte até o pagamento dos encargos a que se referem os parágrafos 1° e 2° deste Artigo.

Artigo 41
Encargos referentes a bagagens, carga, contêineres, meios de transporte, mercadorias ou encomendas postais

1. Sempre que o Estado Parte cobrar pela aplicação de medidas de saúde a bagagens, cargas, contêineres, meios de transporte, mercadorias ou encomendas postais, nos termos deste Regulamento, será aplicada uma tabela tarifária única para todos os serviços prestados, e todos os encargos deverão:
(a) obedecer à tabela tarifária única;
(b) não exceder o custo real do serviço prestado; e
(c) ser arrecadada sem distinção de nacionalidade, bandeira, registro ou propriedade das bagagens, cargas, contêineres, meios de transporte, mercadorias ou encomendas postais em questão. Em especial, não poderá haver distinção entre bagagens, cargas, contêineres, meios de transporte, mercadorias ou encomendas postais nacionais e estrangeiros.
2. A tabela e qualquer emenda posterior à mesma serão publicadas com pelo menos dez dias de antecedência em relação a qualquer arrecadação.

PARTE VIII
DISPOSIÇÕES GERAIS
Artigo 42
Implementação das medidas de saúde

As medidas de saúde tomadas consoante este Regulamento serão iniciadas e concluídas sem demora e aplicadas de maneira transparente e não discriminatória.

Artigo 43
Medidas adicionais de saúde

1. Este Regulamento não impede que os Estados Partes implementem medidas de saúde, em conformidade com sua legislação nacional relevante e as obrigações decorrentes do direito internacional, em resposta a riscos específicos para a saúde pública ou emergências de saúde pública de importância internacional, que:
(a) confiram um nível de proteção à saúde igual ou superior ao das recomendações da OMS, ou
(b) sejam proibidas em outras circunstâncias, nos termos do Artigo 25, Artigo 26, parágrafos 1° e 2° do Artigo 28, Artigo 30, parágrafo 1° (c) do Artigo 31, e Artigo 33, desde que tais medidas sejam, em outros aspectos, consistentes com este Regulamento.

Tais medidas não deverão ser mais restritivas ao tráfego internacional, nem mais invasivas ou intrusivas em relação às pessoas do que as alternativas razoavelmente disponíveis que alcançariam o nível apropriado de proteção à saúde.

2. Ao decidir implementar ou não as medidas de saúde de que trata o parágrafo 1° deste Artigo ou as medidas adicionais de saúde contempladas no parágrafo 2° do Artigo 23, parágrafo 1° do Artigo 27, parágrafo 2° do Artigo 28 e parágrafo 2°(c) do Artigo 31, os Estados Partes basearão suas determinações em:
(a) princípios científicos;
(b) evidências científicas disponíveis de risco para a saúde humana ou, quando essas evidências forem insuficientes, informações disponíveis, incluindo informações fornecidas pela OMS e outras organizações intergovernamentais e organismos internacionais relevantes; e
(c) qualquer orientação ou diretriz específica da OMS disponível.
3. Os Estados Partes que implementarem medidas adicionais de saúde, referidas no parágrafo 1° deste Artigo, que interfiram significativamente com o tráfego internacional, fornecerão à OMS a fundamentação de saúde pública e as informações científicas pertinentes. A OMS compartilhará essas informações com outros Estados Partes, assim como informações relativas às medidas de saúde implementadas. Para os fins deste Artigo, se entende como interferência significativa, em geral, a proibição de entrada ou de saída internacionais de viajantes bagagens, cargas, contêineres, meios de transporte, mercadorias e similares ou atrasos superiores a 24 horas.
4. Após avaliar as informações fornecidas consoante os parágrafos 3° e 5° deste Artigo e outras informações relevantes, a OMS poderá solicitar ao Estado Parte em questão que reconsidere a aplicação das medidas.
5. O Estado Parte que implementar medidas adicionais de saúde, referidas nos parágrafos 1° e 2° deste Artigo, que interfiram significativamente com o tráfego internacional, deverão informar à OMS, num prazo de 48 horas a contar de sua implementação, quais são essas medidas e a fundamentação de saúde para sua implementação, a não ser quando estiverem abrangidas por uma recomendação temporária ou permanente.

6. Os Estados Partes que implementarem medidas de saúde consoante aos termos dos parágrafos 1º ou 2º deste Artigo deverão revisar tais medidas num prazo de três meses, levando em consideração a orientação da OMS e os critérios indicados no parágrafo 2º deste Artigo.

7. Sem prejuízo de seus direitos nos termos do Artigo 56, qualquer Estado Parte que sofrer o impacto de uma medida tomada consoante os parágrafos 1º ou 2º deste Artigo poderá solicitar manter consultas com o Estado Parte que implementou tal medida. O propósito de tais consultas é esclarecer as informações científicas e a fundamentação de saúde pública subjacentes à medida e encontrar uma solução mutuamente aceitável.

8. As disposições deste Artigo podem aplicar-se à implementação de medidas referentes a viajantes que participem em grandes eventos de massa.

Artigo 44
Colaboração e assistência

1. Os Estados Partes comprometem-se a colaborar entre si na medida do possível:

(a) para a detecção e avaliação dos eventos contemplados neste Regulamento, bem como para a resposta aos mesmos;

(b) para o fornecimento ou facilitação de cooperação técnica e apoio logístico, especialmente para o desenvolvimento, fortalecimento e manutenção das capacidades de saúde pública exigidas nos termos deste Regulamento;

(c) para a mobilização de recursos financeiros para facilitar a implementação de suas obrigações nos termos deste Regulamento; e

(d) para a formulação de projetos de lei e outros dispositivos legais e administrativos para a implementação deste Regulamento.

2. A OMS colaborará com os Estados Partes, na medida do possível, mediante solicitação, para:

(a) avaliação e exame de suas capacidades de saúde pública, a fim de facilitar a implementação efetiva deste Regulamento;

(b) fornecimento ou facilitação de cooperação técnica e apoio logístico aos Estados Partes; e

(c) mobilização de recursos financeiros para apoiar os países em desenvolvimento na construção, fortalecimento e manutenção das capacidades previstas no Anexo 1.

3. A colaboração de que trata este Artigo poderá ser implementada por intermédio de múltiplos canais, incluindo bilateralmente, por intermédio de redes regionais e os escritórios regionais da OMS, e por intermédio de organizações intergovernamentais e organismos internacionais.

Artigo 45
Tratamento de dados pessoais

1. As informações de saúde coletadas ou recebidas por um Estado Parte de outro Estado Parte ou da OMS, consoante este Regulamento, referentes a pessoas identificadas ou identificáveis, deverão ser mantidas em sigilo e processadas anonimamente, conforme exigido pela legislação nacional.

2. Não obstante o Parágrafo 1º, os Estados Partes poderão revelar e processar dados pessoais quando isso for essencial para os fins de avaliação e manejo de um risco para a saúde pública, no entanto os Estados Partes, em conformidade com a legislação nacional, e a OMS devem garantir que os dados pessoais sejam:

(a) processados de modo justo e legal, e sem outros processamentos desnecessários e incompatíveis com tal propósito;

(b) adequados, relevantes e não excessivos em relação a esse propósito;

(c) acurados e, quando necessário, mantidos atualizados; todas as medidas razoáveis deverão ser tomadas a fim de garantir que dados imprecisos ou incompletos sejam apagados ou retificados; e

(d) conservados apenas pelo tempo necessário.

3. Mediante solicitação, a OMS fornecerá às pessoas, na medida do possível, os seus dados pessoais a que se refere este Artigo, em formato inteligível, sem demoras ou despesas indevidas e, quando necessário, permitirá a sua retificação.

Artigo 46
Transporte e manuseio de substâncias biológicas, reagentes e materiais para fins de diagnóstico

Os Estados Partes, sujeitos à legislação nacional e levando em consideração as diretrizes internacionais relevantes, facilitarão o transporte, entrada, saída, processamento e destino de substâncias biológicas e espécimes para fins de diagnóstico, reagentes e outros materiais de diagnóstico, utilizados para fins de verificação e resposta de saúde pública nos termos deste Regulamento.

PARTE IX
CADASTRO DE PERITOS DO RSI, COMITÊ DE EMERGÊNCIAS E COMITÊ DE REVISÃO

CAPÍTULO I
CADASTRO DE PERITOS DO RSI

Artigo 47
Composição

O Diretor-Geral criará um cadastro composto de peritos em todos os campos de especialização pertinentes (doravante denominado "Cadastro de Peritos do RSI"). O Diretor-Geral nomeará os membros do Cadastro de Peritos do RSI em conformidade com o Regulamento da OMS para Painéis e Comitês Assessores de Peritos (doravante denominado "Regulamento de Painéis de Assessores da OMS"), exceto quando este Regulamento dispuser em contrário. Além disso, o Diretor-Geral nomeará um membro mediante solicitação de cada Estado Parte e, quando apropriado, peritos propostos por organizações intergovernamentais e de integração econômica regional pertinentes. Os Estados Partes interessados informarão o Diretor-Geral sobre as qualificações e áreas de especialização de cada perito proposto por eles para integrar o Cadastro. O Diretor-Geral informará periodicamente aos Estados Partes e às organizações intergovernamentais e de integração econômica regional a composição do Cadastro de Peritos do RSI.

CAPÍTULO II
COMITÊ DE EMERGÊNCIAS

Artigo 48
Termos de referência e composição

1. O Diretor-Geral criará um Comitê de Emergências que, mediante solicitação do Diretor-Geral, fornecerá pareceres sobre:

(a) se um evento se constitui numa emergência de saúde pública de importância internacional;
(b) o término de uma emergência de saúde pública de importância internacional; e
(c) propostas de emissão, modificação, prorrogação ou extinção de recomendações temporárias.

2. O Comitê de Emergências será constituído por peritos selecionados pelo Diretor-Geral no Cadastro de Peritos do RSI e, quando apropriado, de outros painéis assessores de peritos da Organização. O Diretor-Geral determinará a duração do mandato dos membros, de maneira a assegurar sua continuidade na consideração de um evento específico e suas consequências. O Diretor-Geral selecionará os membros do Comitê de Emergências com base na especialização e na experiência exigidos para uma determinada sessão e levando em devida consideração os princípios de representação geográfica equitativa. Pelo menos um membro do Comitê de Emergências deverá ser um perito indicado pelo Estado Parte em cujo território surgiu o evento.

3. O Diretor-Geral poderá, por iniciativa própria ou mediante solicitação do Comitê de Emergências, nomear um ou mais técnicos para assessorar o Comitê.

Artigo 49
Procedimento

1. O Diretor-Geral convocará as reuniões do Comitê de Emergências selecionando vários peritos dentre os mencionados no parágrafo 2º do Artigo 48, conforme as áreas de especialização e a experiência mais relevante para o evento específico em questão. Para fins deste Artigo, "reuniões" do Comitê de Emergências podem incluir teleconferências, videoconferências ou comunicações eletrônicas.

2. O Diretor-Geral fornecerá ao Comitê de Emergências uma agenda e quaisquer informações relevantes disponíveis sobre o evento, incluindo informações fornecidas pelos Estados Partes, assim como qualquer proposta de recomendação temporária feita pelo Diretor-Geral.

3. O Comitê de Emergências elegerá seu Presidente e elaborará, após cada reunião, um relatório conciso resumindo a ata e as deliberações do Comitê, inclusive qualquer parecer sobre as recomendações.

4. O Diretor-Geral convidará o Estado Parte em cujo território surgiu o evento a apresentar seu ponto de vista ao Comitê de Emergências. Para tanto, o Diretor-Geral encaminhará ao Estado Parte, com a maior antecedência possível, as datas e a agenda da reunião do Comitê de Emergências. O Estado Parte em questão, entretanto, não poderá solicitar um adiamento da reunião do Comitê de Emergências para fins de apresentar seu ponto de vista.

5. As opiniões do Comitê de Emergências serão encaminhadas à apreciação do Diretor-Geral, que tomará a decisão final sobre essas questões.

6. O Diretor-Geral informará os Estados Partes a declaração e a extinção de uma emergência de saúde pública de importância internacional, bem como qualquer medida de saúde tomada pelo Estado Parte em questão, qualquer recomendação temporária emitida e a modificação, prorrogação e extinção dessas recomendações, juntamente com os pareceres do Comitê de Emergências. O Diretor-Geral notificará os operadores de meios de transporte, por intermédio dos Estados Partes e das agências internacionais pertinentes, as recomendações temporárias emitidas, incluindo sua modificação, prorrogação ou extinção. Subsequentemente, o Diretor-Geral disponibilizará essas informações e recomendações ao público em geral.

7. O Estado Parte em cujo território ocorreu o evento pode propor ao Diretor-Geral a extinção de uma emergência de saúde pública de importância internacional e/ou das recomendações temporárias, e pode também fazer uma apresentação ao Comitê de Emergências nesse sentido.

CAPÍTULO III
COMITÊ DE REVISÃO

Artigo 50
Termos de referência e composição

1. O Diretor-Geral estabelecerá um Comitê de Revisão, que terá as seguintes funções:

(a) emitir recomendações técnicas sobre emendas a este Regulamento para o Diretor-Geral;
(b) fornecer assessoramento técnico ao Diretor-Geral acerca das recomendações permanentes e de quaisquer modificações ou extinção das mesmas;
(c) fornecer assessoramento técnico ao Diretor-Geral acerca de qualquer assunto relativo ao funcionamento deste Regulamento encaminhado pelo Diretor-Geral.

2. O Comitê de Revisão será considerado um comitê de peritos e estará sujeito ao Regulamento dos Painéis de Assessores da OMS, salvo quando determinado de outra forma neste Artigo.

3. Os Membros do Comitê de Revisão serão selecionados e nomeados pelo Diretor-Geral dentre as pessoas integrantes do Cadastro de Peritos do RSI e, quando apropriado, noutros painéis assessores de peritos da Organização.

4. O Diretor-Geral determinará o número de membros a serem convidados a uma reunião do Comitê de Revisão, definirá a data e duração da reunião e convocará o Comitê.

5. O Diretor-Geral nomeará os membros do Comitê de Revisão somente para o período de duração dos trabalhos de uma sessão.

6. O Diretor-Geral selecionará os membros do Comitê de Revisão com base nos princípios de representação geográfica equitativa; equilíbrio entre os gêneros; equilíbrio entre os peritos de países desenvolvidos e países em desenvolvimento; representação da diversidade de opiniões científicas, enfoques e experiências práticas em várias partes do mundo; e um equilíbrio interdisciplinar apropriado.

Artigo 51
Condução dos trabalhos

1. As decisões do Comitê de Revisão serão tomadas por maioria dos membros presentes e votantes.

2. O Diretor-Geral convidará os Estados Membros, a Organização das Nações Unidas e suas agências especializadas e outras organizações intergovernamentais ou não governamentais pertinentes que mantenham relações com a OMS para designarem representantes para as sessões do Comitê. Esses representantes poderão apresentar memorandos e, com o consentimento do Presidente do Comitê, fazer declarações sobre os assuntos alvo das discussões, mas não terão direito a voto.

Artigo 52
Relatórios

1. O Comitê de Revisão elaborará um relatório de cada sessão, que incluirá as opiniões e pareceres do Comitê. Esse relatório será aprovado pelo Comitê de Revisão antes do final da sessão. As opiniões e os pareceres do Comitê não são vinculantes para a Organização, sendo formulados apenas como pareceres para o Diretor-Geral. O texto do relatório não poderá ser modificado sem o consentimento do Comitê.

2. Se o Comitê de Revisão não obtiver unanimidade em suas deliberações, qualquer integrante terá o direito de expressar sua opinião profissional discordante num relatório individual ou grupal, incluindo as razões para tal discordância, que será parte integrante do relatório do Comitê.

3. O relatório do Comitê de Exame será submetido ao Diretor-Geral, que comunicará as opiniões e pareceres do Comitê à Assembleia Mundial da Saúde ou ao Conselho Executivo para sua consideração e ação.

Artigo 53
Procedimentos para as recomendações permanentes

Quando o Diretor-Geral considerar necessário e apropriado emitir uma recomendação permanente em relação a um risco para a saúde pública específico, o Diretor-Geral deverá solicitar o parecer do Comitê de Revisão. Além dos parágrafos relevantes dos artigos 50 a 52, se aplicará também as seguintes disposições:

(a) o Diretor-Geral ou Estados Partes, por intermédio do Diretor-Geral, podem submeter propostas de recomendações permanentes, sua modificação ou extinção ao Comitê de Revisão;

(b) qualquer Estado Parte pode submeter informações relevantes à consideração do Comitê de Revisão;

(c) o Diretor-Geral pode solicitar a qualquer Estado Parte, organização intergovernamental ou organização não governamental que tenha relações oficiais com a OMS que coloque à disposição do Comitê de Revisão as informações que possui acerca do assunto da recomendação permanente proposta, conforme especificado pelo Comitê de Revisão;

(d) o Diretor-Geral pode, mediante solicitação do Comitê de Revisão ou por sua própria iniciativa, indicar um ou mais técnicos para assessorar o Comitê de Revisão. Eles não terão o direito de voto;

(e) qualquer relatório contendo as opiniões e o parecer do Comitê de Revisão em relação a recomendações permanentes será encaminhado à consideração e decisão do Diretor-Geral. O Diretor-Geral comunicará à Assembleia Mundial de Saúde as opiniões e o parecer do Comitê de Revisão;

(f) o Diretor-Geral comunicará aos Estados Partes quaisquer recomendações permanentes, bem como as modificações ou a extinção de tais recomendações, junto com as opiniões do Comitê de Revisão; e

(g) as recomendações permanentes serão submetidas pelo Diretor-Geral à consideração da Assembleia Mundial de Saúde subsequente.

PARTE X
DISPOSIÇÕES FINAIS

Artigo 54
Informes e revisão

1. Os Estados Partes e o Diretor-Geral enviarão relatórios à Assembleia de Saúde sobre a implementação deste Regulamento, conforme decidido pela Assembleia de Saúde.

2. A Assembleia de Saúde revisará periodicamente o funcionamento deste Regulamento. Para essa finalidade, poderá solicitar a assessoria do Comitê de Revisão, por intermédio do Diretor-Geral. A primeira dessas revisões deverá ter lugar dentro de um período de no máximo cinco anos a partir da entrada em vigor deste Regulamento.

3. A OMS periodicamente realizará estudos para revisar e avaliar o funcionamento do Anexo 2. A primeira dessas revisões deverá ter início não mais de um ano após a data de entrada em vigor deste Regulamento. Os resultados dessas revisões serão submetidos à consideração da Assembleia de Saúde, conforme apropriado.

Artigo 55
Emendas

1. Qualquer Estado Parte ou o Diretor-Geral poderão propor emendas a este Regulamento. Tais

propostas de emendas serão submetidas à consideração da Assembleia de Saúde.

2. O texto de qualquer proposta de emenda será comunicado a todos os Estados Partes pelo Diretor-Geral, com pelo menos quatro meses de antecedência em relação à Assembleia de Saúde a qual é proposta para consideração.

3. As emendas a este Regulamento, adotadas pela Assembleia de Saúde consoante este Artigo, entrarão em vigor para todos os Estados Partes nos mesmos termos, e estarão sujeitas aos mesmos direitos e obrigações, conforme as disposições do Artigo 22 da Constituição da OMS e dos Artigos 59 a 64 deste Regulamento.

Artigo 56
Solução de controvérsias

1. Em caso de controvérsia entre dois ou mais Estados Partes quanto à interpretação ou aplicação deste Regulamento, os Estados Partes em questão deverão procurar, em primeira instância, resolver a controvérsia por meio de negociação ou qualquer outro meio pacífico de sua própria escolha, incluindo bons ofícios, mediação ou conciliação. O fracasso em chegar a um acordo não eximirá as partes em controvérsia da responsabilidade de continuar a procurar resolvê-la.

2. Caso a controvérsia não seja resolvida pelos meios descritos no parágrafo 1º deste Artigo, os Estados Partes envolvidos poderão concordar em referir a controvérsia ao Diretor-Geral, que envidará todos os esforços para resolvê-la.

3. Um Estado Parte poderá, a qualquer momento, declarar por escrito ao Diretor-Geral que aceita a arbitragem como recurso compulsório em relação a todos as controvérsias de que for parte, referentes à interpretação ou aplicação deste Regulamento ou a respeito de uma controvérsia específica em relação a qualquer outro Estado Parte que aceite a mesma obrigação. A arbitragem será realizada em conformidade com as Regras Opcionais do Tribunal Permanente de Arbitragem para a Arbitragem de Controvérsias entre Dois Estados que forem aplicáveis no momento em que for feita uma solicitação de arbitragem. Os Estados Partes que concordaram em aceitar a arbitragem como compulsória deverão aceitar a decisão arbitral como vinculante e final. O Diretor-Geral deverá informar a Assembleia de Saúde sobre tal ação, conforme apropriado.

4. Nada neste Regulamento deverá prejudicar os direitos de Estados Partes, nos termos de qualquer acordo internacional de que possam ser signatários, a recorrer aos mecanismos de solução de controvérsias de outras organizações intergovernamentais, ou estabelecidos nos termos de qualquer acordo internacional.

5. Em caso de um litígio entre a OMS e um ou mais Estados Partes referente à interpretação ou aplicação deste Regulamento, a questão será submetida à Assembleia de Saúde.

Artigo 57
Relação com outros acordos internacionais

1. Os Estados Partes reconhecem que o RSI e outros acordos internacionais relevantes devem ser interpretados de modo a serem compatíveis. As disposições do RSI não afetarão os direitos e deveres de qualquer Estado Parte em decorrência de outros acordos internacionais.

2. Sujeito ao parágrafo 1º deste Artigo, nada neste Regulamento impedirá que Estados Partes que compartilham certos interesses, devido às suas condições de saúde, geográficas, sociais ou econômicas, celebrem tratados ou arranjos especiais, a fim de facilitar a aplicação deste Regulamento, e particularmente em relação:

(a) ao intercâmbio rápido e direto de informações de saúde pública entre territórios vizinhos de diferentes Estados;

(b) às medidas de saúde a serem aplicadas ao tráfego costeiro internacional e ao tráfego internacional em águas sob sua jurisdição;

(c) às medidas de saúde a serem aplicadas em territórios contíguos de diferentes Estados ao longo de sua fronteira comum;

(d) aos arranjos para o transporte de pessoas afetadas ou restos humanos afetados, por meios de transporte especialmente adaptados para essa finalidade; e

(e) à desratização, desinsetização, desinfecção, descontaminação ou outro tratamento que vise a tornar mercadorias livres de agentes causadores de doenças.

3. Sem prejuízo de suas obrigações nos termos deste Regulamento, os Estados Partes que pertençam a uma organização regional de integração econômica aplicarão em suas relações mútuas os preceitos comuns vigentes naquela organização regional de integração econômica.

Artigo 58
Acordos e regulamentos sanitários internacionais

1. Este Regulamento, sujeito às disposições do Artigo 62 e às exceções nele contidas, substituirá as disposições dos seguintes acordos e regulamentos sanitários internacionais entre os Estados vinculados por este Regulamento e entre tais Estados e a OMS:

(a) a Convenção Sanitária Internacional, assinada em Paris, em 21 de junho de 1926;

(b) a Convenção Sanitária Internacional para a Navegação Aérea, assinada em Haia, em 12 de abril de 1933;

(c) o Acordo Internacional para a Dispensa de Atestados de Saúde, assinado em Paris, em 22 de dezembro de 1934;

(d) o Acordo Internacional para a Dispensa de Vistos Consulares em Atestados de Saúde, assinado em Paris, em 22 de dezembro de 1934;
(e) a Convenção modificando a Convenção Sanitária Internacional de 21 de junho de 1926, assinada em Paris, em 31 de outubro de 1938;
(f) a Convenção Sanitária Internacional de 1944, modificando a Convenção Sanitária Internacional de 21 de junho de 1926, aberta para assinaturas em Washington, em 15 de dezembro de 1944;
(g) a Convenção Sanitária Internacional para a Navegação Aérea de 1944, modificando a Convenção Sanitária Internacional de 12 de abril de 1933, aberta para assinaturas em Washington, em 15 de dezembro de 1944;
(h) o Protocolo de 23 de abril de 1946 para prorrogar a Convenção Sanitária Internacional de 1944, assinado em Washington;
(i) o Protocolo de 23 de abril de 1946 para prorrogar a Convenção Sanitária Internacional para a Navegação Aérea de 1944, assinado em Washington;
(j) o Regulamento Sanitário Internacional de 1951, e os Regulamentos Adicionais de 1955, 1956, 1960, 1963 e 1965; e
(k) o Regulamento Sanitário Internacional de 1969, e as emendas de 1973 e 1981.
2. O Código Sanitário Pan-Americano, assinado em Havana, em 14 de novembro de 1924, permanecerá em vigor, com exceção dos Artigos 2°, 9°, 10, 11, 16 a 53 inclusive, 61 e 62, aos quais se aplicará a parte relevante do parágrafo 1° deste Artigo.

Artigo 59
Entrada em vigor;
período para rejeição ou reservas

1. O período previsto em cumprimento do Artigo 22 da Constituição da OMS para a rejeição ou apresentação de reservas a este Regulamento, ou a uma de suas emendas, será de 18 meses a partir da data da notificação pelo Diretor-Geral quanto à adoção deste Regulamento ou de uma emenda a este Regulamento feita pela Assembleia da Saúde. Qualquer rejeição ou reserva recebida pelo Diretor-Geral após o término desse período não terá nenhum efeito.
2. Este Regulamento entrará em vigor 24 meses após a data de notificação referida no parágrafo 1° deste Artigo, com exceção de:
(a) um Estado que tiver rejeitado este Regulamento ou uma de suas emendas, em conformidade com o Artigo 61;
(b) um Estado que tiver feito uma reserva, caso em que este Regulamento entrará em vigor conforme o disposto no Artigo 62;
(c) um Estado que vier a se tornar membro da OMS após a data da notificação pelo Diretor-Geral referida no parágrafo 1° deste Artigo, e que ainda não seja signatário deste Regulamento, caso em que este Regulamento entrará em vigor conforme o disposto no Artigo 60; e

(d) um Estado não-membro da OMS que aceite este Regulamento, caso em que o mesmo entrará em vigor em conformidade com o parágrafo 1° do Artigo 64.
3. Se algum Estado não for capaz de ajustar totalmente sua legislação nacional e regulamentos administrativos internos e este Regulamento no período estabelecido no parágrafo 2° deste Artigo, esse Estado apresentará, no período especificado no parágrafo 1° deste Artigo, uma declaração ao Diretor-Geral referente aos ajustes ainda pendentes, que deverá completar num período de no máximo até 12 meses após a entrada em vigor deste Regulamento para aquele Estado Parte.

Artigo 60
Novos Estados Membros da OMS

Qualquer Estado que vier a se tornar Membro da OMS após a data da notificação pelo Diretor-Geral referida no parágrafo 1° do Artigo 59, e que ainda não for signatário deste Regulamento, poderá comunicar sua rejeição ou qualquer reserva em relação a este Regulamento, num período de 12 meses a partir da data de sua notificação pelo Diretor-Geral após ter-se tornado Membro da OMS. A não ser que seja rejeitado, este Regulamento entrará em vigor em relação àquele Estado, sujeito às disposições dos Artigos 62 e 63, ao término daquele período. Em nenhuma hipótese este Regulamento entrará em vigor em relação àquele Estado antes de 24 meses após a data de notificação referida no parágrafo 1° do Artigo 59.

Artigo 61
Rejeição

Caso um Estado notifique o Diretor-Geral quanto à sua rejeição deste Regulamento ou de uma de suas emendas no período previsto no parágrafo 1° do Artigo 59, este Regulamento ou as emendas pertinentes não entrarão em vigor em relação àquele Estado. Quaisquer acordos ou regulamentos sanitários internacionais listados no Artigo 58 de que esse Estado já seja signatário permanecerão em vigor, no que se referir àquele Estado.

Artigo 62
Reservas

1. Os Estados poderão fazer reservas a este Regulamento, em conformidade com este Artigo. Tais reservas não poderão ser incompatíveis com o objeto e finalidade deste Regulamento.
2. As reservas a este Regulamento serão notificadas ao Diretor-Geral, em conformidade com o parágrafo 1° do Artigo 59, Artigo 60, parágrafo 1° do Artigo 63 ou parágrafo 1° do Artigo 64, conforme o caso. Um Estado não-Membro da OMS deverá notificar o Diretor-Geral de qualquer reserva por ocasião da notificação de aceitação deste Regulamento. Os Estados que formularem reservas deverão apresentar ao Diretor-Geral as razões para as reservas.
3. Uma rejeição parcial deste Regulamento será considerada como uma reserva.

4. O Diretor-Geral, em conformidade com o parágrafo 2º do Artigo 65, emitirá uma notificação referente a cada reserva recebida, consoante o parágrafo 2º deste Artigo. O Diretor-Geral deverá:
(a) se a reserva foi feita antes da entrada em vigor deste Regulamento, solicitar aos Estados Membros que não rejeitaram este Regulamento que o/a notifiquem, num prazo de seis meses, de qualquer objeção à reserva, ou
(b) se a reserva foi feita após a entrada em vigor deste Regulamento, solicitar aos Estados Partes que o/a notifiquem, num prazo de seis meses, de qualquer objeção à reserva.
Os Estados que fizerem objeções a uma reserva deverão apresentar ao Diretor-Geral as razões para tal objeção.
5. Após esse período, o Diretor-Geral notificará todos os Estados Partes das objeções que ele ou ela recebeu em relação às reservas. A não ser que, ao término de seis meses a partir da data da notificação referida no parágrafo 4º deste Artigo, um terço dos Estados referidos no parágrafo 4º deste Artigo fizerem objeção a uma reserva, tal reserva será considerada aceita, e este Regulamento entrará em vigor no Estado que fez a reserva, sujeito à reserva.
6. Caso pelo menos um terço dos Estados referidos no parágrafo 4º deste Artigo fizerem objeção à reserva, num prazo de seis meses a partir da data de notificação referida no parágrafo 4º deste Artigo, o Diretor-Geral notificará o Estado que fez a reserva, com vistas a que considere a retirada dessa reserva num prazo de três meses a partir da data da notificação pelo Diretor-Geral.
7. O Estado que fez a reserva deverá continuar a cumprir quaisquer obrigações, correspondendo ao assunto da reserva, que o Estado tiver aceitado nos termos de qualquer um dos acordos ou regulamentos sanitários internacionais listados no Artigo 58.
8. Caso o Estado que fez a reserva não retirar a reserva num prazo de três meses a partir da data da notificação pelo Diretor-Geral referida no parágrafo 6º deste Artigo, o Diretor-Geral solicitará a opinião do Comitê de Revisão, se o Estado que fez a reserva assim o solicitar. O Comitê de Revisão deverá dar seu parecer ao Diretor-Geral, assim que possível e em conformidade com o Artigo 50, quanto ao impacto prático da reserva sobre a operação deste Regulamento.
9. O Diretor-Geral submeterá a reserva, e a opinião do Comitê de Revisão, se aplicável, à consideração da Assembleia de Saúde. Se a Assembleia de Saúde, por voto majoritário, objetar à reserva, com base no argumento de que a mesma é incompatível com o objeto e propósitos deste Regulamento, a reserva não será aceita e este Regulamento entrará em vigor no Estado que fez a reserva somente quando este retirar sua reserva, consoante o Artigo 63. Se a Assembleia de Saúde aceitar a reserva, este Regulamento entrará em vigor no Estado que fez a reserva, sujeito a essa reserva.

Artigo 63
Retirada de rejeições e reservas

1. Uma rejeição feita nos termos do Artigo 61 poderá ser retirada a qualquer momento por um Estado, por meio de uma notificação ao Diretor-Geral. Em tais casos, este Regulamento entrará em vigor em relação àquele Estado quando o Diretor-Geral receber essa notificação, exceto quando o Estado fizer uma reserva ao retirar sua rejeição, caso em que este Regulamento entrará em vigor conforme o disposto no Artigo 62. Em nenhum caso este Regulamento entrará em vigor em relação àquele Estado antes de 24 meses após a data de notificação referida no parágrafo 1º do Artigo 59.
2. O Estado Parte em questão poderá retirar qualquer reserva, total ou parcialmente, a qualquer momento, por meio de notificação ao Diretor-Geral. Em tais casos, a retirada será efetiva a partir da data de recebimento da notificação pelo Diretor-Geral.

Artigo 64
Estados não Membros da OMS

1. Qualquer Estado não Membro da OMS, que seja signatário de qualquer um dos acordos ou regulamentos sanitários internacionais listados no Artigo 58, ou a quem o Diretor-Geral notificou a adoção desse Regulamento pela Assembleia Mundial de Saúde, poderá tornar-se signatário do Regulamento, notificando sua aceitação ao Diretor-Geral e, sujeito às disposições do Artigo 62, tal aceitação tornar-se-á efetiva na data de entrada em vigor desse Regulamento, ou, se a aceitação for notificada após essa data, três meses após a data de recebimento da notificação da aceitação pelo Diretor-Geral.
2. Qualquer Estado não Membro da OMS que tiver se tornado signatário deste Regulamento poderá a qualquer momento retirar sua participação no mesmo, por meio de uma notificação endereçada ao Diretor-Geral, que entrará em vigor seis meses após seu recebimento pelo Diretor-Geral. A partir dessa data, o Estado que se retirou deste Regulamento deverá voltar a aplicar as disposições de quaisquer acordos ou regulamentos sanitários internacionais listados no Artigo 58 do qual era anteriormente signatário.

Artigo 65
Notificações do Diretor-Geral

1. O Diretor-Geral notificará a adoção deste Regulamento pela Assembleia de Saúde a todos os Estados Membros e Membros Associados da OMS, e também a outros signatários de quaisquer acordos ou regulamentos sanitários internacionais listados no Artigo 58.
2. O Diretor-Geral também notificará esses Estados, assim como quaisquer outros Estados que tiverem

se tornado signatários deste Regulamento ou de qualquer uma de suas emendas, de qualquer notificação recebida pela OMS, nos termos dos Artigos 60 a 64 respectivamente, bem como de quaisquer decisões tomadas pela Assembleia de Saúde, nos termos do Artigo 62.

Artigo 66
Textos autênticos

1. As versões do texto deste Regulamento em árabe, chinês, espanhol, francês, inglês e russo serão igualmente autênticos. Os textos originais deste Regulamento serão depositados junto à OMS.

2. O Diretor-Geral enviará, junto com a notificação prevista pelo no parágrafo 1 do Artigo 59, cópias autenticadas deste Regulamento a todos os Membros e Membros Associados, assim como a outros signatários de quaisquer dos acordos ou regulamentos sanitários internacionais listados no Artigo 58.

3. Quando da entrada em vigor deste Regulamento, o Diretor-Geral entregará cópias autenticadas do mesmo ao Secretário-Geral das Nações Unidas, para que seja registrado, em conformidade com o Artigo 102 da Carta das Nações Unidas.

▸ Deixamos de publicar os anexos, que estão disponíveis no material suplementar para *download*.

Proteção Internacional dos Direitos Humanos

DECLARAÇÕES DE DIREITOS HUMANOS APROVADAS PELO BRASIL

A) Sistema global

DECLARAÇÃO UNIVERSAL DOS DIREITOS HUMANOS (1948)

▶ Aprovada pela Resolução 217, na 3ª Sessão Ordinária da Assembleia Geral a ONU, em Paris, em 10.12.1948.

Considerando que o reconhecimento da dignidade inerente a todos os membros da família humana e de seus direitos iguais e inalienáveis é o fundamento da liberdade, da justiça e da paz no mundo;
Considerando que o desprezo e o desrespeito pelos direitos da pessoa resultaram em atos bárbaros que ultrajaram a consciência da Humanidade e que o advento de um mundo em que as pessoas gozem de liberdade de palavra, de crença e de liberdade de viverem a salvo do temor e da necessidade foi proclamado como a mais alta aspiração do homem comum;
Considerando essencial que os direitos da pessoa sejam protegidos pelo império da lei, para que a pessoa não seja compelida, como último recurso, à rebelião contra a tirania e a opressão;
Considerando essencial promover o desenvolvimento das relações amistosas entre as nações;
Considerando que os povos das Nações Unidas reafirmaram, na Carta, sua fé nos direitos humanos fundamentais, na dignidade e no valor da pessoa humana e na igualdade de direitos do homem e da mulher, e que decidiram promover o progresso social e melhores condições de vida em uma liberdade mais ampla;
Considerando que os Estados-Membros se comprometeram a promover, em cooperação com as Nações Unidas, o respeito universal aos direitos e liberdades fundamentais da pessoa e a observância desses direitos e liberdades;
Considerando que uma compreensão comum desses direitos e liberdades é da mais alta importância para o pleno cumprimento desse compromisso,
A Assembleia Geral proclama
A presente Declaração Universal dos Direitos Humanos como o ideal comum a ser atingido por todos os povos e todas as nações, com o objetivo de que cada indivíduo e cada órgão da sociedade, tendo sempre em mente esta Declaração, se esforcem, através do ensino e da educação, em promover o respeito a esses direitos e liberdades e, pela adoção de medidas progressivas de caráter nacional e internacional, em assegurar o seu reconhecimento e a sua observância universais e efetivos, tanto entre os povos dos próprios Estados-Membros quanto entre os povos dos territórios sob a sua jurisdição.

Artigo I
Todas as pessoas nascem livres e iguais em dignidade e direitos. São dotadas de razão e consciência e devem agir em relação umas às outras com espírito de fraternidade.

Artigo II
1. Toda pessoa tem capacidade para gozar os direitos e as liberdades estabelecidos nesta Declaração, sem distinção de qualquer espécie, seja de raça, cor, sexo, língua, religião, opinião política ou de outra natureza, origem nacional ou social, riqueza, nascimento, ou qualquer outra condição.
2. Não será tampouco feita nenhuma distinção fundada na condição política, jurídica ou internacional do país ou território a que pertença uma pessoa, quer se trate de um território independente, sob tutela, sem governo próprio, quer sujeito a qualquer outra limitação de soberania.

Artigo III
Toda pessoa tem direito à vida, à liberdade e à segurança pessoal.

Artigo IV
Ninguém será mantido em escravidão ou servidão; a escravidão e o tráfico de escravos serão proibidos em todas as suas formas.

Artigo V
Ninguém será submetido a tortura, nem a tratamento ou castigo cruel, desumano ou degradante.
▶ Art. 7 do Pacto Internacional dos Direitos Civis e Políticos (1966).
▶ Art. 5 (2) da Convenção Americana sobre Direitos Humanos (1969).

Artigo VI
Toda pessoa tem o direito de ser, em todos os lugares, reconhecida como pessoa perante a lei.

Artigo VII
Todos são iguais perante a lei e têm direito, sem qualquer distinção, a igual proteção da lei. Todos têm direito a igual proteção contra qualquer discriminação que viole a presente Declaração e contra qualquer incitamento a tal discriminação.
- Art. 26 do Pacto Internacional dos Direitos Civis e Políticos (1966).
- Art. 24 da Convenção Americana sobre Direitos Humanos (1969).

Artigo VIII
Toda pessoa tem o direito de receber dos Tribunais nacionais competentes recurso efetivo para os atos que violem os direitos fundamentais que lhe sejam reconhecidos pela Constituição ou pela lei.

Artigo IX
Ninguém será arbitrariamente preso, detido ou exilado.

Artigo X
Toda pessoa tem direito, em plena igualdade, a uma audiência justa e pública por parte de um Tribunal independente e imparcial, para decidir de seus direitos e deveres ou do fundamento de qualquer acusação criminal contra ela.
- Art. 14 (3) do Pacto Internacional dos Direitos Civis e Políticos (1966).
- Art. 8 (2) da Convenção Americana sobre Direitos Humanos (1969).

Artigo XI
1. Toda pessoa acusada de um ato delituoso tem o direito de ser presumida inocente, até que a sua culpabilidade tenha sido provada de acordo com a lei, em julgamento público no qual lhe tenham sido asseguradas todas as garantias necessárias à sua defesa.
2. Ninguém poderá ser culpado por qualquer ação ou omissão que, no momento, não constituam delito perante o direito nacional ou internacional. Também não será imposta pena mais forte do que aquela que, no momento da prática, era aplicável ao ato delituoso.

Artigo XII
Ninguém será sujeito a interferências na sua vida privada, na sua família, no seu lar ou na sua correspondência, nem a ataques à sua honra e reputação. Toda pessoa tem direito à proteção da lei contra tais interferências ou ataques.

Artigo XIII
1. Toda pessoa tem direito à liberdade de locomoção e residência dentro das fronteiras de cada Estado.
2. Toda pessoa tem o direito de deixar qualquer país, inclusive o próprio, e a ele regressar.

Artigo XIV
1. Toda pessoa vítima de perseguição tem o direito de procurar e de gozar asilo em outros países.
2. Este direito não pode ser invocado em caso de perseguição legitimamente motivada por crimes de direito comum ou por atos contrários aos propósitos ou princípios das Nações Unidas.

Artigo XV
1. Toda pessoa tem direito a uma nacionalidade.
2. Ninguém será arbitrariamente privado de sua nacionalidade, nem do direito de mudar de nacionalidade.

Artigo XVI
Os homens e mulheres de maior idade, sem qualquer restrição de raça, nacionalidade ou religião, têm o direito de contrair matrimônio e fundar uma família. Gozam de iguais direitos em relação ao casamento, sua duração e sua dissolução.
2. O casamento não será válido senão com o livre e pleno consentimento dos nubentes.
3. A família é o núcleo natural e fundamental da sociedade e tem direito à proteção da sociedade e do Estado.

Artigo XVII
1. Toda pessoa tem direito à propriedade, só ou em sociedade com outros.
2. Ninguém será arbitrariamente privado de sua propriedade.

Artigo XVIII
Toda pessoa tem direito à liberdade de pensamento, consciência e religião; este direito inclui a liberdade de mudar de religião ou crença e a liberdade de manifestar essa religião ou crença, pelo ensino, pela prática, pelo culto e pela observância, isolada ou coletivamente, em público ou em particular.

Artigo XIX
Toda pessoa tem direito à liberdade de opinião e expressão; este direito inclui a liberdade de, sem interferências, ter opiniões e de procurar, receber e transmitir informações e ideias por quaisquer meios e independentemente de fronteiras.

Artigo XX
1. Toda pessoa tem direito à liberdade de reunião e associação pacíficas.
2. Ninguém poderá ser obrigado a fazer parte de uma associação.

Artigo XXI
1. Toda pessoa tem o direito de tomar parte no governo de seu país diretamente ou por intermédio de representantes livremente escolhidos.
2. Toda pessoa tem igual direito de acesso ao serviço público do seu país.
3. A vontade do povo será a base da autoridade do governo; esta vontade será expressa em eleições periódicas e legítimas, por sufrágio universal, por voto secreto ou processo equivalente que assegure a liberdade de voto.

Artigo XXII
Toda pessoa, como membro da sociedade, tem direito à segurança social e à realização, pelo esforço nacional, pela cooperação internacional e de acordo com a organização e recursos de cada Estado, dos direitos econômicos, sociais e culturais indispensáveis à sua dignidade e ao livre desenvolvimento de sua personalidade.

Artigo XXIII
1. Toda pessoa tem direito ao trabalho, à livre escolha de emprego, a condições justas e favoráveis de trabalho e à proteção contra o desemprego.
2. Toda pessoa, sem qualquer distinção, tem direito a igual remuneração por igual trabalho.
3. Toda pessoa que trabalha tem direito a uma remuneração justa e satisfatória, que lhe assegure, assim como à sua família, uma existência compatível com a dignidade humana, e a que se acrescentarão, se necessário, outros meios de proteção social.
4. Toda pessoa tem direito a organizar sindicatos e a neles ingressar para a proteção de seus interesses.

Artigo XXIV
Toda pessoa tem direito a repouso e lazer, inclusive a limitação razoável das horas de trabalho e a férias remuneradas periódicas.

Artigo XXV
1. Toda pessoa tem direito a um padrão de vida capaz de assegurar a si e a sua família saúde e bem-estar, inclusive alimentação, vestuário, habitação, cuidados médicos e os serviços sociais indispensáveis, o direito à segurança, em caso de desemprego, doença, invalidez, viuvez, velhice ou outros casos de perda dos meios de subsistência em circunstâncias fora de seu controle.
2. A maternidade e a infância têm direito a cuidados e assistência especiais. Todas as crianças, nascidas dentro ou fora do matrimônio, gozarão da mesma proteção social.

Artigo XXVI
1. Toda pessoa tem direito à instrução. A instrução será gratuita, pelo menos nos graus elementares e fundamentais. A instrução elementar será obrigatória. A instrução técnico-profissional será acessível a todos, bem como a instrução superior, esta baseada no mérito.
2. A instrução será orientada no sentido do pleno desenvolvimento da personalidade humana e do fortalecimento e do respeito pelos direitos humanos e pelas liberdades fundamentais. A instrução promoverá a compreensão, a tolerância e a amizade entre todas as nações e grupos raciais ou religiosos, e coadjuvará as atividades das Nações Unidas em prol da manutenção da paz.
3. Os pais têm prioridade de direito na escolha do gênero de instrução que será ministrada a seus filhos.

Artigo XXVII
1. Toda pessoa tem o direito de participar livremente da vida cultural da comunidade, de fruir as artes e de participar do progresso científico e de seus benefícios.
2. Toda pessoa tem direito à proteção dos interesses morais e materiais decorrentes de qualquer produção científica, literária ou artística da qual seja autor.

Artigo XXVIII
Toda pessoa tem direito a uma ordem social e internacional em que os direitos e liberdades estabelecidos na presente Declaração possam ser plenamente realizados.

Artigo XXIX
1. Toda pessoa tem deveres para com a comunidade, na qual o livre e pleno desenvolvimento de sua personalidade é possível.
2. No exercício de seus direitos e liberdades, toda pessoa estará sujeita apenas às limitações determinadas pela lei, exclusivamente com o fim de assegurar o devido reconhecimento e respeito dos direitos e liberdades de outrem, e de satisfazer às justas exigências da moral, da ordem pública e do bem-estar de uma sociedade democrática.
3. Esses direitos e liberdades não podem, em hipótese alguma, ser exercidos contrariamente aos propósitos e princípios das Nações Unidas.

Artigo XXX
Nenhuma disposição da presente Declaração pode ser interpretada como o reconhecimento a qualquer Estado, grupo ou pessoa, do direito de exercer qualquer atividade ou praticar qualquer ato destinado à destruição de quaisquer dos direitos e liberdades aqui estabelecidos.

DECLARAÇÃO SOBRE O DIREITO AO DESENVOLVIMENTO (1986)

► Adotada pela Resolução 41/128, da Assembleia Geral das Nações Unidas, de 04.12.1986.

A Assembleia Geral,

Tendo em mente os propósitos e os princípios da Carta das Nações Unidas relativos à realização da cooperação internacional para resolver os problemas internacionais de caráter econômico, social, cultural ou humanitário, e para promover e encorajar o respeito aos direitos humanos e às liberdades fundamentais para todos, sem distinção de raça, sexo, língua ou religião;

Reconhecendo que o desenvolvimento é um processo econômico, social, cultural e político abrangente, que visa o constante incremento do bem-estar de toda a população e de todos os indivíduos com base em sua participação ativa, livre e significativa no desenvolvimento e na distribuição justa dos benefícios daí resultantes;

Considerando que sob as disposições da Declaração Universal dos Direitos Humanos todos têm direito a uma ordem social e internacional em que os direitos e as liberdades consagrados nesta Declaração possam ser plenamente realizados;

Recordando os dispositivos do Pacto Internacional sobre Direitos Econômicos, Sociais e Culturais e do Pacto Internacional sobre Direitos Civis e Políticos;

Recordando ainda os importantes acordos, convenções, resoluções, recomendações e outros instrumentos das Nações Unidas e de suas agências especializadas relativos ao desenvolvimento integral do ser humano, ao progresso econômico e social e desenvolvimento de todos os povos, inclusive os instrumentos relativos à descolonização, à prevenção de discriminação, ao respeito e observância dos direitos humanos e das liberdades fundamentais, à manutenção da paz e segurança internacionais e maior promoção das relações amistosas e cooperação entre os Estados de acordo com a Carta;

Recordando o direito dos povos à autodeterminação, em virtude do qual eles têm o direito de determinar livremente seu *status* político e de buscar seu desenvolvimento econômico, social e cultural;

Recordando também o direito dos povos de exercer, sujeitos aos dispositivos relevantes de ambos os Pactos Internacionais sobre Direitos Humanos, soberania plena e completa sobre todas as suas riquezas e recursos naturais;

Atenta à obrigação dos Estados sob a Carta de promover o respeito e a observância universais aos direitos humanos e às liberdades fundamentais para todos, sem distinção de qualquer natureza, tal como de raça, cor, sexo, língua, religião, política ou outra opinião nacional ou social, propriedade, nascimento ou outro *status*;

Considerando que a eliminação das violações maciças e flagrantes dos direitos humanos dos povos e indivíduos afetados por situações tais como as resultantes do colonialismo, neocolonialismo, apartheid, de todas as formas de racismo e discriminação racial, dominação estrangeira e ocupação, agressão e ameaças contra a soberania nacional, unidade nacional e integridade territorial e ameaças de guerra contribuiria para o estabelecimento de circunstâncias propícias para o desenvolvimento de grande parte da humanidade;

Preocupada com a existência de sérios obstáculos ao desenvolvimento, assim como à completa realização dos seres humanos e dos povos, constituídos, *inter alia*, pela negação dos direitos civis, políticos, econômicos, sociais e culturais, e considerando que todos os direitos humanos e as liberdades fundamentais são indivisíveis e interdependentes, e que, para promover o desenvolvimento, devem ser dadas atenção igual e consideração urgente à implementação, promoção e proteção dos direitos civis, políticos, econômicos, sociais e culturais, e que, por conseguinte, a promoção, o respeito e o gozo de certos direitos humanos e liberdades fundamentais não podem justificar a negação de outros direitos humanos e liberdades fundamentais;

Considerando que a paz e a segurança internacionais são elementos essenciais à realização do direito ao desenvolvimento;

Reafirmando que existe uma relação íntima entre desarmamento e desenvolvimento e que o progresso no campo do desarmamento promoveria consideravelmente o progresso no campo do desenvolvimento, e que os recursos liberados pelas medidas de desarmamento deveriam dedicar-se ao desenvolvimento econômico e social a ao bem-estar de todos os povos e, em particular, daqueles dos países em desenvolvimento;

Reconhecendo que a pessoa humana é o sujeito central do processo de desenvolvimento e que essa política de desenvolvimento deveria assim fazer do ser humano o principal participante e beneficiário do desenvolvimento;

Reconhecendo que a criação de condições favoráveis ao desenvolvimento dos povos e indivíduos é a responsabilidade primária de seus Estados;

Cientes de que os esforços a nível internacional para promover e proteger os direitos humanos devem ser acompanhados de esforços para estabelecer uma nova ordem econômica internacional;

Confirmando que o direito ao desenvolvimento é um direito humano inalienável e que a igualdade de oportunidade para o desenvolvimento é uma prerrogativa tanto das nações quanto dos indivíduos que compõem as nações;

Proclama a seguinte Declaração sobre o Direito ao Desenvolvimento:

Artigo 1º

1. O direito ao desenvolvimento é um direito humano inalienável em virtude do qual toda pessoa humana e todos os povos estão habilitados a participar do desenvolvimento econômico, social, cultural e político, a ele contribuir e dele desfrutar, no qual todos os direitos humanos e liberdades fundamentais possam ser plenamente realizados.

2. O direito humano ao desenvolvimento também implica a plena realização do direito dos povos de autodeterminação que inclui, sujeito às disposições relevantes de ambos os Pactos Internacionais sobre Direitos Humanos, o exercício de seu direito inalienável de soberania plena sobre todas as suas riquezas e recursos naturais.

Artigo 2º

1. A pessoa humana é o sujeito central do desenvolvimento e deveria ser participante ativo e beneficiário do direito ao desenvolvimento.

2. Todos os seres humanos têm responsabilidade pelo desenvolvimento, individual e coletivamente, levando-se em conta a necessidade de pleno respeito aos seus direitos humanos e liberdades fundamentais, bem como seus deveres para com a comunidade, que sozinhos podem assegurar a realização livre e completa do ser humano, e deveriam por isso promover e proteger uma ordem política, social e econômica apropriada para o desenvolvimento.

3. Os Estados têm o direito e o dever de formular políticas nacionais adequadas para o desenvolvimento, que visem o constante aprimoramento do bem-estar de toda a população e de todos os indivíduos, com base em sua participação ativa, livre e significativa no desenvolvimento e na distribuição equitativa dos benefícios daí resultantes.

Artigo 3º

1. Os Estados têm a responsabilidade primária pela criação das condições nacionais e internacionais favoráveis à realização do direito ao desenvolvimento.

2. A realização do direito ao desenvolvimento requer pleno respeito aos princípios do direito internacional relativos às relações amistosas e cooperação entre os Estados em conformidade com a Carta das Nações Unidas.

3. Os Estados têm o dever de cooperar uns com os outros para assegurar o desenvolvimento e eliminar os obstáculos ao desenvolvimento. Os Estados deveriam realizar seus direitos e cumprir suas obrigações de modo tal a promover uma nova ordem econômica internacional baseada na igualdade soberana, interdependência, interesse mútuo e cooperação entre todos os Estados, assim como a encorajar a observância e a realização dos direitos humanos.

Artigo 4º

1. Os Estados têm o dever de, individual e coletivamente, tomar medidas para formular as políticas internacionais de desenvolvimento, com vistas a facilitar a plena realização do direito ao desenvolvimento.

2. É necessária a ação permanente para promover um desenvolvimento mais rápido dos países em desenvolvimento. Como complemento dos esforços dos países em desenvolvimento, uma cooperação internacional efetiva é essencial para prover esses países de meios e facilidades apropriados para incrementar seu amplo desenvolvimento.

Artigo 5º

Os Estados tomarão medidas resolutas para eliminar as violações maciças e flagrantes dos direitos humanos dos povos e dos seres humanos afetados por situações tais como as resultantes do *apartheid*, de todas as formas de racismo e discriminação racial, colonialismo, dominação estrangeira e ocupação, agressão, interferência estrangeira e ameaças contra a soberania nacional, unidade nacional e integridade territorial, ameaças de guerra e recusas de reconhecimento do direito fundamental dos povos à autodeterminação.

Artigo 6º

1. Todos os Estados devem cooperar com vistas a promover, encorajar e fortalecer o respeito universal pela observância de todos os direitos humanos e liberdades fundamentais para todos, sem distinção de raça, sexo, língua ou religião.

2. Todos os direitos humanos e liberdades fundamentais são indivisíveis e interdependentes; atenção igual e consideração urgente devem ser dadas à implementação, promoção e proteção dos direitos civis, políticos, econômicos, sociais e culturais.

3. Os Estados devem tomar providências para eliminar os obstáculos ao desenvolvimento resultantes da falha na observância dos direitos civis e políticos, assim como dos direitos econômicos, sociais e culturais.

Artigo 7º

Todos os Estados devem promover o estabelecimento, a manutenção e o fortalecimento da paz e segurança internacionais, e, para este fim, deveriam fazer o máximo para alcançar o desarmamento geral e completo do efetivo controle internacional, assim como assegurar que os recursos liberados por medidas efetivas de desarmamento sejam usados para o desenvolvimento amplo, em particular o dos países em via de desenvolvimento.

Artigo 8º

1. Os Estados devem tomar, a nível nacional, todas as medidas necessárias para a realização do direito ao desenvolvimento e devem assegurar, *inter alia*, igualdade de oportunidade para todos em seu acesso aos recursos básicos, educação, serviços de saúde, alimentação, habitação, emprego e distribuição equitativa da renda. Medidas efetivas devem ser tomadas para assegurar que as mulheres tenham um papel ativo no processo de desenvolvimento. Reformas econômicas e sociais apropriadas devem ser efetuadas com vistas à erradicação de todas as injustiças sociais.

2. Os Estados devem encorajar a participação popular em todas as esferas, como um fator importante no desenvolvimento e na plena realização de todos os direitos humanos.

Artigo 9º

1. Todos os aspectos do direito ao desenvolvimento estabelecidos na presente Declaração são indivisíveis e interdependentes, e cada um deles deve ser considerado no contexto do todo.

2. Nada na presente Declaração deverá ser tido como sendo contrário aos propósitos e princípios das Nações Unidas, ou como implicando que qualquer Estado, grupo ou pessoa tenha o direito de se engajar em qualquer atividade ou de desempenhar qualquer ato voltado à violação dos direitos consagrados na Declaração Universal dos Direitos Humanos e nos Pactos Internacionais sobre Direitos Humanos.

Artigo 10

Os Estados deverão tomar medidas para assegurar o pleno exercício e fortalecimento progressivo do direito ao desenvolvimento, incluindo a formulação, adoção e implementação de políticas, medidas legislativas e outras, a níveis nacional e internacional.

DECLARAÇÃO E PROGRAMA DE AÇÃO DE VIENA (1993)

▶ Adotada consensualmente, em plenário, pela Conferência Mundial dos Direitos Humanos, em 25.06.1993.

A. Conferência Mundial sobre Direitos Humanos

Considerando que a promoção e proteção dos direitos humanos são questões prioritárias para a comunidade internacional e que a Conferência oferece uma oportunidade singular para uma análise abrangente do sistema internacional dos direitos humanos e dos mecanismos de proteção dos direitos humanos, para fortalecer e promover

uma maior observância desses direitos de forma justa e equilibrada,

Reconhecendo e afirmando que todos os direitos humanos têm origem na dignidade e valor inerente à pessoa humana, e que esta é o sujeito central dos direitos humanos e liberdades fundamentais, razão pela qual deve ser a principal beneficiária desses direitos e liberdades e participar ativamente de sua realização,

Reafirmando sua adesão aos propósitos e princípios enunciados na Carta das Nações Unidas e na Declaração Universal dos Direitos Humanos,

Reafirmando o compromisso assumido no âmbito do artigo 56 da Carta das Nações Unidas de tomar medidas conjuntas e separadas, enfatizando adequadamente o desenvolvimento de uma cooperação internacional eficaz, visando à realização dos propósitos estabelecidos no artigo 55, incluindo o respeito universal e observância dos direitos humanos e liberdades fundamentais de todas as pessoas,

Enfatizando as responsabilidades de todos os Estados, em conformidade com a Carta das Nações Unidas, de desenvolver e estimular o respeito aos direitos humanos e liberdades fundamentais de todas as pessoas sem distinção de raça, sexo, idioma ou religião,

Lembrando o Preâmbulo da Carta das Nações Unidas, particularmente a determinação de reafirmar a fé nos direitos humanos fundamentais, na dignidade e valor da pessoa humana e nos direitos iguais de homens e mulheres de nações grandes e pequenas,

Lembrando também a determinação contida no Preâmbulo da Carta das Nações Unidas de preservar as gerações futuras do flagelo da guerra, de estabelecer condições sob as quais a justiça e o respeito às obrigações emanadas de tratados e outras fontes do direito internacional possam ser mantidos, de promover o progresso social e o melhor padrão de vida dentro de um conceito mais amplo de liberdade, de praticar a tolerância e a boa vizinhança e de empregar mecanismos internacionais para promover avanços econômicos e sociais em benefício de todos os povos,

Ressaltando que a Declaração Universal dos Direitos Humanos, que constitui uma meta comum para todos os povos e todas as nações, é fonte de inspiração e tem sido a base utilizada pelas Nações Unidas na definição das normas previstas nos instrumentos internacionais de direitos humanos existentes, particularmente no Pacto Internacional dos Direitos Civis e Políticos e no Pacto Internacional dos Direitos Econômicos, Sociais e Culturais,

Considerando as importantes mudanças em curso no cenário internacional e as aspirações de todos os povos por uma ordem internacional baseada nos princípios consagrados na Carta das Nações Unidas, incluindo a promoção dos direitos humanos e liberdades fundamentais de todas as pessoas e o respeito pelo princípio dos direitos iguais e autodeterminação dos povos em condições de paz, democracia, justiça, igualdade, Estados de Direito, pluralismo, desenvolvimento, melhores padrões de vida e solidariedade,

Profundamente preocupada com as diversas formas de discriminação e violência às quais as mulheres continuam expostas em todo o mundo,

Reconhecendo que as atividades das Nações Unidas na esfera dos direitos humanos devem ser racionalizadas e melhoradas, visando a fortalecer o mecanismo das Nações Unidas nessa esfera e promover os objetivos de respeito universal e observância das normas internacionais dos direitos humanos,

Tendo levado em consideração as Declarações aprovadas nas três Reuniões Regionais realizadas em Túnis, San José e Bangkok e as contribuições dos Governos, bem como as sugestões apresentadas por organizações intergovernamentais e não governamentais e os estudos desenvolvidos por peritos independentes durante o processo preparatório da Conferência Mundial sobre Direitos Humanos,

Acolhendo o Ano Internacional dos Povos Indígenas de 1993 como uma reafirmação do compromisso da comunidade internacional de garantir-lhes todos os direitos humanos e liberdades fundamentais e respeitar suas culturas e identidades,

Reconhecendo também que a comunidade internacional deve conceber formas e meios para eliminar os obstáculos existentes e superar desafios à plena realização de todos os direitos humanos e para evitar que continuem ocorrendo casos de violações de direitos humanos em todo o mundo,

Imbuída do espírito de nossa era e da realidade de nosso tempo, que exigem de todos os povos do mundo e todos os Estados-Membros das Nações Unidas empreendam com redobrado esforço a tarefa de promover e proteger todos os direitos humanos e liberdades fundamentais, de modo a garantir a realização plena e universal desses direitos,

Determinada a tomar novas medidas em relação ao compromisso da comunidade internacional de promover avanços substanciais na área dos direitos humanos mediante esforços renovados e continuados de cooperação e solidariedade internacionais,

Adota solenemente a Declaração e o Programa de Ação de Viena:

1. A Conferência Mundial sobre Direitos Humanos reafirma o compromisso solene de todos os Estados de promover o respeito universal e a observância e proteção de todos os direitos humanos e liberdades fundamentais de todas as pessoas, em conformidade com Carta das Nações Unidas, outros instrumentos relacionados aos direitos humanos e o direito internacional. A natureza universal desses direitos e liberdades está fora de questão.

Nesse contexto, o fortalecimento da cooperação internacional na área dos direitos humanos é essencial à plena realização dos propósitos das Nações Unidas.

Os direitos humanos e as liberdades fundamentais são direitos naturais de todos os seres humanos; sua proteção e promoção são responsabilidades primordiais dos Governos.

2. Todos os povos têm direito à autodeterminação. Em virtude desse direito, determinam livremente sua condição política e promovem livremente seu desenvolvimento econômico, social e cultural.

Levando em consideração a situação particular dos povos submetidos à dominação colonial ou outras formas de dominação estrangeira, a Conferência Mundial sobre Direitos Humanos reconhece o direito dos povos de tomar medidas legítimas, em conformidade com a Carta das Nações Unidas, para garantir seu direito inalienável à autodeterminação. A Conferência Mundial sobre Direitos Humanos considera que a negação do direito à autodeterminação constitui uma violação dos direitos humanos e enfatiza a importância da efetiva realização desse direito.

De acordo com a Declaração sobre os Princípios do Direito Internacional Relativos à Relações Amistosas e à Cooperação entre Estados em conformidade com a Carta das Nações Unidas, nada do que foi exposto acima será entendido como uma autorização ou estímulo à qualquer ação que possa desmembrar ou prejudicar, total ou parcialmente, a integridade territorial ou unidade política de Estados soberanos e independentes que se conduzam de acordo com o princípio de igualdade de direitos e autodeterminação dos povos e que possuam assim Governo representativo do povo como um todo, pertencente ao território sem qualquer tipo de distinção.

3. Devem ser adotadas medidas internacionais eficazes para garantir e monitorar a aplicação de normas de direitos humanos a povos submetidos a ocupação estrangeira, bem como medidas jurídicas eficazes contra a violação de seus direitos humanos, de acordo com as normas dos direitos humanos e o direito internacional, particularmente a Convenção de Genebra sobre Proteção de Civis em Tempo de Guerra, de 14 de agosto de 1949, e outras normas aplicáveis do direito humanitário.

4. A promoção e proteção de todos os direitos humanos e liberdades fundamentais devem ser consideradas como um objetivo prioritário das Nações Unidas, em conformidade com seus propósitos e princípios, particularmente o propósito da cooperação internacional. No contexto desses propósitos e princípios, a promoção e proteção de todos os direitos humanos constituem uma preocupação legítima da comunidade internacional. Os órgãos e agências especializados relacionados com os direitos humanos devem, portanto, reforçar a coordenação de suas atividades com base na aplicação coerente e objetiva dos instrumentos internacionais de direitos humanos.

5. Todos os direitos humanos são universais, indivisíveis, interdependentes e inter-relacionados. A comunidade internacional deve tratar os direitos humanos de forma global, justa e equitativa, em pé de igualdade e com a mesma ênfase. Embora particularidades nacionais e regionais devam ser levadas em consideração, assim como diversos contextos históricos, culturais e religiosos, é dever dos Estados promover e proteger todos os direitos humanos e liberdades fundamentais, sejam quais forem seus sistemas políticos, econômicos e culturais.

6. Os esforços do sistema das Nações Unidas para garantir o respeito universal e a observância de todos direitos humanos e liberdades fundamentais de todas as pessoas contribuem para a estabilidade e bem-estar necessários à existência de relações pacíficas e amistosas entre as nações e para melhorar as condições de paz e segurança e o desenvolvimento social e econômico, em conformidade com a Carta das Nações Unidas.

7. O processo de promoção e proteção dos direitos humanos deve ser desenvolvido em conformidade com os propósitos e princípios da Carta das Nações Unidas e o direito internacional.

8. A democracia, o desenvolvimento e o respeito aos direitos humanos e liberdades fundamentais são conceitos interdependentes que se reforçam mutuamente. A democracia se baseia na vontade livremente expressa pelo povo de determinar seus próprios sistemas políticos, econômicos, sociais e culturais e em sua plena participação em todos os aspectos de suas vidas. Nesse contexto, a promoção e proteção dos direitos humanos e liberdades fundamentais, em níveis nacional e internacional, devem ser universais e incondicionais. A comunidade internacional deve apoiar o fortalecimento e a promoção de democracia e o desenvolvimento e respeito aos direitos humanos e liberdades fundamentais no mundo inteiro.

9. A Conferência Mundial sobre Direitos Humanos reafirma que os países menos desenvolvidos que optaram pelo processo de democratização e reformas econômicas, muitos dos quais situam-se na África, devem ter o apoio da comunidade internacional em sua transição para a democracia e o desenvolvimento econômico.

10. A Conferência Mundial sobre Direitos Humanos reafirma o direito ao desenvolvimento, previsto na Declaração sobre Direito ao Desenvolvimento, como um direito universal e inalienável e parte integral dos direitos humanos fundamentais.

Como afirma a Declaração sobre o Direito ao Desenvolvimento, a pessoa humana é o sujeito central do desenvolvimento.

Embora o desenvolvimento facilite a realização de todos os direitos humanos, a falta de desenvolvimento não poderá ser invocada como justificativa para se limitar os direitos humanos internacionalmente reconhecidos.

Os Estados devem cooperar uns com os outros para garantir o desenvolvimento e eliminar obstáculos ao mesmo. A comunidade internacional deve promover uma cooperação internacional eficaz visando à realização do direito ao desenvolvimento e à eliminação de obstáculos ao desenvolvimento.

O progresso duradouro necessário à realização do direito ao desenvolvimento exige políticas eficazes de desenvolvimento em nível nacional, bem como relações econômicas equitativas e um ambiente econômico favorável em nível internacional.

11. O direito ao desenvolvimento deve ser realizado de modo a satisfazer equitativamente as necessidades ambientais e de desenvolvimento de gerações presentes e futuras. A Conferência Mundial sobre Direitos Humanos reconhece que a prática de descarregar ilicitamente substâncias e resíduos tóxicos e perigosos constitui uma grave ameaça em potencial aos direitos de todos à vida e à saúde.

Consequentemente, a Conferência Mundial sobre Direitos Humanos apela a todos os Estados para que adotem e implementem vigorosamente as convenções existentes sobre o descarregamento de produtos e resíduos tóxicos e perigosos e para que cooperem na prevenção do descarregamento ilícito.

Todas as pessoas têm o direito de desfrutar dos benefícios do progresso científico e de suas aplicações. A Conferência Mundial sobre Direitos Humanos observa que determinados avanços, principalmente na área das ciências biomédicas e biológicas, podem ter consequências potencialmente adversas para a integridade, dignidade e os direitos humanos do indivíduo e solicita a cooperação internacional para que se garanta pleno respeito aos direitos humanos e à dignidade nessa área de interesse universal.

12. A Conferência Mundial sobre Direitos Humanos apela à comunidade internacional no sentido de que a mesma empreenda todos os esforços necessários para ajudar a aliviar a carga da dívida externa dos países em desenvolvimento, visando complementar os esforços dos Governos desses países para garantir plenamente os direitos econômicos, sociais e culturais de seus povos.

13. Os Estados e as organizações internacionais, em regime de cooperação com as organizações não governamentais, devem criar condições favoráveis nos níveis nacional, regional e internacional para garantir o pleno e efetivo exercício dos direitos humanos. Os Estados devem eliminar todas as violações de direitos humanos e suas causas, bem como os obstáculos à realização desses direitos.

14. A existência de situações generalizadas de extrema pobreza inibe o pleno e efetivo exercício dos direitos humanos; a comunidade internacional deve continuar atribuindo alta prioridade a medidas destinadas a aliviar e finalmente eliminar situações dessa natureza.

15. O respeito aos direitos humanos e liberdades fundamentais, sem distinções de qualquer espécie, é uma norma fundamental do direito internacional na área dos direitos humanos. A eliminação rápida e abrangente de todas as formas de racismo e discriminação racial, de xenofobia e de intolerância associadas a esses comportamentos deve ser uma tarefa prioritária para a comunidade internacional. Os Governos devem tomar medidas eficazes para preveni-las e combatê-las. Grupos, instituições, organizações intergovernamentais e não governamentais e indivíduos de modo geral devem intensificar seus esforços de cooperação e coordenação de atividades contra esses males.

16. A Conferência Mundial sobre Direitos Humanos vê com bons olhos o progresso alcançado no sentido de pôr fim ao *apartheid* e solicitar que a comunidade internacional e o sistema das Nações Unidas preste auxílio nesse processo.

Por outro lado, a Conferência Mundial sobre Direitos Humanos deplora os atos persistentes de violência que têm por objetivo frustrar o desmantelamento pacífico do *apartheid*.

17. Os atos, métodos e práticas terroristas em todas as suas formas e manifestações, bem como os vínculos existentes entre alguns países e o tráfico de drogas, são atividades que visam a destruição dos direitos humanos, das liberdades fundamentais e da democracia e que ameaçam a integridade territorial e a segurança dos países, desestabilizando Governos legitimamente constituídos. A comunidade internacional deve tomar as medidas necessárias para fortalecer a cooperação na prevenção e combate ao terrorismo.

18. Os direitos humanos das mulheres e das meninas são inalienáveis e constituem parte integral e indivisível dos direitos humanos universais. A plena participação das mulheres, em condições de igualdade, na vida política, civil, econômica, social e cultural nos níveis nacional, regional e internacional e a erradicação de todas as formas de discriminação com base no sexo são objetivos prioritários da comunidade internacional.

A violência e todas as formas de abuso e exploração sexual, incluindo o preconceito cultural e o tráfico internacional de pessoas, são incompatíveis com a dignidade e valor da pessoa humana e devem ser eliminadas. Pode-se conseguir isso por meio de medidas legislativas, ações nacionais e cooperação internacional nas áreas do desenvolvimento econômico e social, da educação, da maternidade segura e assistência à saúde e apoio social.

Os direitos humanos das mulheres devem ser parte integrante das atividades das Nações Unidas na área dos direitos humanos, que devem incluir a promoção de todos os instrumentos de direitos humanos relacionados à mulher.

A Conferência Mundial sobre Direitos Humanos insta todos os Governos, instituições governamentais e não governamentais a intensificarem seus esforços em prol da proteção e promoção dos direitos humanos da mulher e da menina.

19. Considerando a importância da promoção e proteção dos direitos das pessoas pertencentes a minorias e a contribuição dessa promoção e proteção à estabilidade política e social dos Estados onde vivem, a Conferência Mundial sobre Direitos Humanos reafirma a obrigação dos Estados de garantir a pessoas pertencentes a minorias o pleno e efetivo exercício de todos os direitos humanos

e liberdades fundamentais, sem qualquer forma de discriminação e em plena igualdade perante a lei, em conformidade com a Declaração das Nações Unidas sobre os Direitos das Pessoas Pertencentes a Minorias Nacionais, Étnicas, Religiosas e Linguísticas.

As pessoas pertencentes a minorias têm o direito de desfrutar de sua própria cultura, de professar e praticar sua própria religião e de usar seu próprio idioma privadamente ou em público, com toda a liberdade e sem qualquer interferência ou forma de discriminação.

20. A Conferência Mundial sobre Direitos Humanos reconhece a dignidade inerente e a contribuição singular dos povos indígenas ao desenvolvimento e pluralidade da sociedade e reafirma vigorosamente o compromisso da comunidade internacional em relação ao bem-estar econômico, social e cultural desses povos e ao seu direito de usufruir dos frutos do desenvolvimento sustentável. Os Estados devem garantir a plena e livre participação de povos indígenas em todos os aspectos da sociedade, particularmente nas questões que lhes dizem respeito. Considerando a importância da promoção e proteção dos direitos dos povos indígenas e a contribuição dessa promoção e proteção à estabilidade política e social dos Estados onde vivem, os Estados devem tomar medidas positivas e harmonizadas, em conformidade com o direito internacional, para garantir o respeito a todos os direitos humanos e liberdades fundamentais dos povos indígenas em bases iguais e não discriminatórias, reconhecendo o valor e a diversidade de suas distintas identidades, culturais e formas de organização social.

21. A Conferência Mundial sobre Direitos Humanos, acolhendo positivamente a pronta ratificação da Convenção sobre Direitos da Criança por parte de um grande número de Estados e observando o reconhecimento dos direitos humanos das crianças na Declaração Mundial sobre a Sobrevivência, Proteção e Desenvolvimento das Crianças, e no plano de Ação adotado na Cúpula Mundial sobre a Criança, solicita vigorosamente a ratificação universal da Convenção até 1995 e sua efetiva implementação por todos os Estados-Partes mediante a adoção de todas as medidas legislativas, administrativas e de outra natureza que se façam necessárias, assim como mediante a alocação do máximo possível de recursos disponíveis. A não discriminação e o interesse superior das crianças devem ser considerações fundamentais em todas as atividades dirigidas à infância, levando em devida conta a opinião dos próprios interessados. Os mecanismos e programas nacionais e internacionais de defesa e proteção da infância devem ser fortalecidos, particularmente em prol de uma maior defesa das meninas, das crianças abandonadas, das crianças de rua, das crianças econômica e sexualmente exploradas, incluindo as que são vítimas da pornografia e prostituição infantis e da venda de órgãos, das crianças acometidas por doenças, inclusive a síndrome da imunodeficiência adquirida, das crianças refugiadas e deslocadas, das crianças detidas, das crianças em situações de conflito armado, bem como das crianças que são vítimas da fome, da seca e de outras emergências. Deve-se promover a cooperação e solidariedade internacional com vistas a apoiar a implementação da Convenção e os direitos da criança devem ser prioritários em todas as atividades das Nações Unidas na área dos direitos humanos.

A Conferência Mundial sobre Direitos Humanos enfatiza também que o desenvolvimento pleno e harmonioso da personalidade dos meninos e das meninas exige que eles cresçam em um ambiente familiar que merece, por conseguinte, mais proteção.

22. Deve-se dar atenção especial às pessoas portadoras de deficiências, visando assegurar-lhes um tratamento não discriminatório e equitativo no campo dos direitos humanos e liberdades fundamentais, garantindo sua plena participação em todos os aspectos da sociedade.

23. A Conferência Mundial sobre Direitos Humanos reafirma que todas as pessoas, sem qualquer distinção, têm direito a solicitar e gozar de asilo político em outros países em caso de perseguição, bem como a retornar a seu próprio país. Nesse particular, enfatiza a importância da Declaração Universal dos Direitos Humanos, da Convenção sobre o Estatuto dos Refugiados de 1951, de seu Protocolo de 1967 e dos instrumentos regionais. Expressa seu reconhecimento aos Estados que continuam a aceitar e acolher grandes números de refugiados em seus territórios e ao Alto-Comissariado das Nações Unidas para os Refugiados pela dedicação com que desempenha sua tarefa. Expressa também seu reconhecimento ao Organismo de Obras Públicas e Socorro das Nações Unidas para Refugiados Palestinos no Oriente Próximo.

A Conferência Mundial sobre Direitos Humanos reconhece que violações flagrantes de direitos humanos, particularmente aquelas cometidas em situações de conflito armado, representam um dos múltiplos e complexos fatores que levam ao deslocamento de pessoas.

Em vista da complexidade da crise mundial dos refugiados, a Conferência Mundial sobre Direitos Humanos reconhece, em conformidade com a Carta das Nações Unidas e com os instrumentos internacionais pertinentes e em sintonia com o espírito de solidariedade internacional e com a necessidade de compartilhar responsabilidades, que a comunidade internacional deve adotar um planejamento abrangente em seus esforços para coordenar atividades e promover uma maior cooperação com países e organizações pertinentes nessa área, levando em consideração o mandato do Alto Comissariado das Nações Unidas para os Refugiados. Esse planejamento deve incluir o desenvolvimento de estratégias que abordam as causas e os efeitos dos movimentos de refugiados e de outras pessoas deslocadas, o fortalecimento de medidas preparatórias e mecanismos de resposta, a concessão de proteção e assistência eficazes, levando em conta as necessidades especiais das mulheres e das crianças, e a identificação de soluções duradouras, preferencialmente a repatriação voluntária de refugiados em condições de segurança e dignidade, incluindo soluções como as adotadas pelas conferências internacionais sobre refugiados. Nesse contexto, a Conferência Mundial sobre Direitos Humanos enfatiza as responsabilidades dos Estados, particularmente no que diz respeito aos países de origem.

À luz de tal abordagem global, a Conferência Mundial sobre Direitos Humanos enfatiza a importância de se prestar atenção especial, particularmente por meio de organizações intergovernamentais e humanitárias, e de se encontrar soluções duradouras, para a questão das pessoas deslocadas internamente, incluindo seu retorno voluntário e reabilitação.

Em conformidade com a Carta das Nações Unidas e com os princípios de direito humanitário, a Conferência Mundial dobre Direitos Humanos enfatiza também a importância e necessidade da assistência humanitária às vítimas de todos os desastres, sejam eles naturais ou produzidos pelo homem.

24. É extremamente importante que se enfatize a promoção e proteção dos direitos humanos de pessoas pertencentes a grupos que se tornaram vulneráveis, como os trabalhadores migrantes, visando a eliminação de todas as formas de discriminação contra os mesmos e o fortalecimento e implementação mais eficaz dos instrumentos de direitos humanos existentes. Os Estados têm a obrigação de criar e manter mecanismos nacionais adequados, particularmente nas áreas de educação, saúde e apoio social, para promover e proteger os direitos de setores vulneráveis de suas populações e garantir a participação de pessoas desses setores na busca de soluções para seus problemas.

25. A Conferência Mundial sobre Direitos Humanos afirma que a pobreza extrema e a exclusão social constituem uma violação da dignidade humana e que devem ser tomadas medidas urgentes para se ter um conhecimento maior do problema da pobreza extrema e suas causas, particularmente aquelas relacionadas ao problema do desenvolvimento, visando promover os direitos humanos das camadas mais pobres, pôr fim à pobreza extrema e à exclusão social e promover uma melhor distribuição dos frutos do progresso social. É essencial que os Estados estimulem a participação das camadas mais pobres nas decisões adotadas em relação a suas comunidades, à promoção dos direitos humanos e a esforços para combater a pobreza extrema.

26. A Conferência Mundial sobre Direitos Humanos vê com bons olhos o progresso alcançado na codificação dos instrumentos de direitos humanos, que constitui um processo dinâmico e evolutivo, e recomenda vigorosamente a ratificação universal dos tratados de direitos humanos existentes. Todos os Estados devem aderir a esses instrumentos internacionais; e todos os Estados devem evitar ao máximo a formulação de reservas.

27. Cada Estado deve ter uma estrutura eficaz de recursos jurídicos para reparar infrações ou violações de direitos humanos. A administração da justiça, por meio dos órgãos encarregados de velar pelo cumprimento da legislação e, particularmente, de um poder judiciário e uma advocacia independentes, plenamente harmonizados com as normas consagradas nos instrumentos internacionais dos direitos humanos, é essencial para a realização plena e não discriminatória dos direitos humanos e indispensável aos processos de democratização e desenvolvimento sustentável. Nesse contexto, as instituições responsáveis pela administração da justiça devem ser adequadamente financiadas e a comunidade internacional deve oferecer um nível mais elevado de assistência técnica e financeira às mesmas. Cabe às Nações Unidas estabelecer, como prioridade, programas especiais de serviços de consultoria com vistas a uma administração da justiça forte e independente.

28. A Conferência Mundial sobre Direitos Humanos expressa sua consternação diante do registro de inúmeras violações de direitos humanos, particularmente na forma de genocídio, limpeza étnica e violação sistemática dos direitos das mulheres em situações de guerra, que criam êxodos em massa de refugiados e pessoas deslocadas. Ao mesmo tempo em que condena firmemente essas práticas abomináveis, a Conferência reitera seu apelo para que os autores desses crimes sejam punidos e essas práticas imediatamente interrompidas.

29. A Conferência Mundial dobre Direitos Humanos expressa profunda preocupação com as violações de direitos humanos registradas em todas as partes do mundo, em desrespeito às normas consagradas nos instrumentos internacionais de direitos humanos e no direito internacional humanitário, e com a falta de recursos jurídicos suficientes e eficazes para as vítimas.

A Conferência Mundial sobre Direitos Humanos está profundamente preocupada com as violações de direitos humanos durante conflitos armados, que afetam a população civil, particularmente as mulheres, as crianças, os idosos e os portadores de deficiências; portanto, a Conferência apela aos Estados e a todas as partes em conflitos armados para que observem estritamente o direito internacional humanitário, estabelecido na Convenção de Genebra de 1949 e consagrado em outras normas e princípios do direito internacional, assim como os padrões mínimos de proteção dos direitos humanos, estabelecidos em convenções internacionais.

A Conferência Mundial sobre Direitos Humanos reafirma o direito das vítimas à assistência oferecida por organizações humanitárias, como preveem as Convenções de Genebra de 1949 e outros instrumentos pertinentes do direito internacional humanitário, e apela para que o acesso a essa assistência seja seguro e oportuno.

30. A Conferência Mundial sobre Direitos Humanos expressa também sua consternação diante da persistência, em diferentes partes do mundo, de violações flagrantes e sistemáticas que constituem sérios obstáculos ao pleno exercício de todos os direitos humanos. Essas violações e obstáculos incluem, além da tortura e de tratamentos ou punições desumanos e degradantes, execuções sumárias e arbitrárias, desaparecimentos, detenções arbitrárias, todas formas de racismo, discriminação racial e *apartheid,* ocupação estrangeira e dominação externa, xenofobia, pobreza, fome e outras formas de negação dos direitos econômicos, sociais e culturais, intolerância religiosa, terrorismo, discriminação contra as mulheres e a ausência do Estado de Direito.

31. A Conferência Mundial sobre Direitos Humanos apela aos Estados para que não tomem medidas unilaterais contrárias ao direito internacional e à Carta das Nações Unidas que criem obstáculos às relações comerciais entre os Estados e impeçam a plena realização dos direitos humanos enunciados na Declaração Universal dos Direitos Humanos e nos instrumentos internacionais de direitos humanos, particularmente o direito de todas as pessoas a um nível de vida adequado à sua saúde e bem-estar, que inclui alimentação e acesso à assistência de saúde, moradia e serviços sociais necessários. A Conferência Mundial sobre Direitos Humanos afirma que a alimentação não deve ser usada como instrumento de pressão política.

32. A Conferência Mundial sobre Direitos Humanos reafirma a importância de se garantir a universalidade, objetividade e não seletividade na consideração de questões relativas aos direitos humanos.

33. A Conferência Mundial sobre Direitos Humanos reafirma o dever dos Estados, consagrado na Declaração Universal dos Direitos Humanos, no Pacto Internacional dos Direitos Econômicos, Sociais e Culturais e em outros instrumentos internacionais de direitos humanos, de orientar a educação no sentido de que a mesma reforce o respeito aos direitos humanos e liberdades fundamentais. A Conferência Mundial sobre Direitos Humanos enfatiza a importância de incorporar a questão dos direitos humanos nos programas educacionais e solicita aos Estados que assim procedam. A educação deve promover o entendimento, a tolerância, a paz e as relações amistosas entre as nações e todos os grupos raciais ou religiosos, além de estimular o desenvolvimento de atividades voltadas para esses objetivos no âmbito das Nações Unidas. Por essa razão, a educação sobre direitos humanos e a divulgação de informações adequadas, tanto de caráter teórico quanto prático, desempenham um papel importante na promoção e respeito aos direitos humanos em relação a todos os indivíduos, sem qualquer distinção de raça, idioma, ou religião, e devem ser elementos das políticas educacionais em níveis nacional e internacional. A Conferência Mundial sobre Direitos Humanos observa que a falta de recursos e restrições institucionais podem impedir a realização imediata desses objetivos.

34. Devem ser empreendidos esforços mais vigorosos para auxiliar países que solicitem ajuda no sentido de estabelecerem condições adequadas para garantir a todos os indivíduos o exercício dos direitos humanos universais e das liberdades fundamentais. Os Governos, o sistema das Nações Unidas e outras organizações multilaterais são instados a aumentar consideravelmente os recursos alocados a programas voltados ao estabelecimento e fortalecimento da legislação, das instituições e das infraestruturas nacionais que defendem o Estado de Direito e a democracia, a assistência eleitoral, a promoção da consciência dos direitos humanos por meio de treinamento, ensino e educação e a participação popular e da sociedade civil.

Deve-se fortalecer e tornar mais eficientes e transparentes os programas de consultoria e cooperação técnica do Centro de Direitos Humanos, para que os mesmos tornem-se importantes meios de promover mais respeito aos direitos humanos. Solicita-se aos Estados que aumentem suas contribuições a esses programas, promovendo a alocação de mais recursos do orçamento regular das Nações Unidas por meio de contribuições voluntárias.

35. A execução plena e efetiva das atividades das Nações Unidas voltadas à promoção e proteção dos direitos humanos deve refletir a elevada importância atribuída aos direitos humanos na Carta das Nações Unidas e a demanda por atividades das Nações Unidas na área dos direitos humanos, conforme o mandato conferido pelos Estados-membros. Para esse fim, as atividades das Nações Unidas na área dos direitos humanos devem contar com mais recursos.

36. A Conferência Mundial sobre Direitos Humanos reafirma o importante e construtivo papel desempenhado pelas instituições nacionais na promoção dos direitos humanos, particularmente no assessoramento das autoridades competentes, na reparação de violações de direitos humanos, na divulgação de informações sobre esses direitos e na educação em direitos humanos.

A Conferência Mundial sobre Direitos Humanos estimula o estabelecimento e fortalecimento de instituições nacionais, tendo em vista os "Princípios relativos ao estatuto das instituições nacionais", reconhecendo o direito de cada Estado de estabelecer a estrutura que melhor convenha às suas necessidades particulares em nível nacional.

37. Os acordos regionais desempenham um papel fundamental na promoção e proteção dos direitos humanos. Eles devem reforçar as normas universais dos direitos humanos, consagrados nos instrumentos internacionais de direitos humanos, e sua proteção. A Conferência Mundial sobre Direitos Humanos endossa os esforços que estão sendo empreendidos no sentido de fortalecer esses acordos e melhorar sua eficácia, ao mesmo tempo em

que enfatiza a importância de os mesmos cooperarem com as atividades das Nações Unidas na área dos direitos humanos.

A Conferência Mundial sobre Direitos Humanos reitera a necessidade de se considerar a possibilidade de estabelecer, onde não existam, acordos regionais e sub-regionais, visando à promoção e proteção dos direitos humanos.

38. A Conferência Mundial sobre Direitos Humanos reconhece o importante papel desempenhado por organizações não governamentais na promoção dos direitos humanos e em atividades humanitárias em níveis nacional, regional e internacional. A Conferência Mundial sobre Direitos Humanos aprecia a contribuição dessas organizações no sentido de tornar o público mais consciente da questão dos direitos humanos, desenvolver atividades de educação, treinamento e pesquisa nessa área e promover e proteger todos os direitos humanos e liberdades fundamentais. Reconhecendo que a responsabilidade primordial pela adoção de normas cabe aos Estados, a Conferência aprecia também a contribuição oferecida por organizações não governamentais nesse processo. Nesse contexto, a Conferência Mundial sobre Direitos Humanos ressalta a importância da continuidade do diálogo e da cooperação entre Governos e organizações não governamentais. As organizações não governamentais e seus membros efetivamente ativos na área dos direitos humanos devem desfrutar dos direitos e liberdades reconhecidos na Declaração Universal dos Direitos Humanos e gozar da proteção da legislação nacional. Esses direitos e liberdades não podem ser exercidos de forma contrária aos propósitos e princípios das Nações Unidas. As organizações não governamentais devem ter liberdade para desempenhar suas atividades na área dos direitos humanos sem interferências, em conformidade com a legislação nacional e em sintonia com a Declaração Universal dos Direitos Humanos.

39. Ao enfatizar a importância de se dispor de informações objetivas, responsáveis e imparciais sobre questões humanitárias e de direitos humanos, a Conferência Mundial sobre Direitos Humanos encoraja uma maior participação dos meios de comunicação de massa nesse esforço, aos quais a legislação nacional deve garantir liberdade e proteção.

II

A. Maior coordenação no sistema das Nações Unidas na área dos direitos humanos

1. A Conferência Mundial sobre Direitos Humanos recomenda uma maior coordenação em apoio aos direitos humanos e liberdades fundamentais no âmbito do sistema das Nações Unidas. Com essa finalidade insta todos os órgãos e organismos especializados das Nações Unidas cujas atividades envolvem os direitos humanos a cooperarem uns com os outros no sentido de fortalecer, racionalizar e simplificar suas atividades, levando em consideração a necessidade de evitar duplicações desnecessárias. A Conferência Mundial sobre Direitos Humanos recomenda também ao Secretário-Geral que, em suas reuniões anuais, funcionários de alto nível de órgãos ou organismos especializados competentes das Nações Unidas, além de coordenarem suas atividades, avaliem também o impacto de suas estratégias e políticas sobre a fruição de todos os direitos humanos.

2. Além disso, a Conferência Mundial sobre Direitos Humanos solicita às organizações regionais e às principais instituições internacionais e regionais de financiamento e desenvolvimento que avaliem o impacto de suas políticas e programas sobre a fruição dos direitos humanos.

3. A Conferência Mundial sobre Direitos Humanos reconhece que os organismos especializados e órgãos e instituições competentes do sistema das Nações Unidas, assim como outras organizações intergovernamentais cujas atividades envolvem direitos humanos, desempenham um papel vital na formulação, promoção e implementação de normas relativas aos direitos humanos sob suas respectivas competências, e que esses organismos, órgãos e organizações devem levar em consideração os resultados da Conferência Mundial sobre Direitos Humanos nas áreas de sua competência.

4. A Conferência Mundial sobre Direitos Humanos recomenda vivamente que se empreenda um esforço coordenado no sentido de estimular e facilitar a ratificação e adesão ou sucessão dos tratados e protocolos internacionais de direitos humanos adotados no âmbito do sistema das Nações Unidas, visando a torná-los universalmente aceitos. Em regime de consultas com os órgãos estabelecidos em virtude desses tratados, o Secretário-Geral deve considerar a possibilidade de iniciar um diálogo com Estados que não aderiram a ditos tratados de direitos humanos, visando a identificar obstáculos e meios para superá-los.

5. A Conferência Mundial sobre Direitos Humanos solicita que os Estados considerem a possibilidade de limitar o alcance de quaisquer reservas que porventura tenham adotado em relação a instrumentos internacionais de direitos humanos, que formulem tais reservas da forma mais precisa e estrita possível, que não adotem reservas incompatíveis com o objeto e propósito do tratado em questão e que reconsiderem regularmente tais reservas com vistas a eliminá-las.

6. A Conferência Mundial sobre Direitos Humanos, reconhecendo a necessidade de manter consistência com a elevada qualidade dos padrões internacionais existentes e evitar a proliferação dos instrumentos dos direitos humanos, reafirma as diretrizes para a elaboração de novos instrumentos internacionais consagradas na Resolução 41/120, de 4 de dezembro de 1986, da Assembleia Geral das Nações Unidas e solicita aos órgãos de direitos humanos das Nações Unidas que, ao considerarem a possibilidade de elaborar novas normas internacionais, levem em consideração

essas diretrizes, consultem os órgãos de direitos humanos criados por tratados sobre a necessidade de elaborar novas normas e solicitem à Secretaria que elabore um exame técnico dos novos instrumentos propostos.

7. A Conferência Mundial sobre Direitos Humanos recomenda que, mediante solicitação dos Estados-Membros interessados, sempre que necessário sejam designados funcionários graduados aos escritórios regionais das Nações Unidas para divulgarem informações e oferecerem treinamento e outras formas de assistência técnica na área dos direitos humanos. Devem-se organizar cursos de treinamento na área dos direitos humanos para funcionários internacionais designados para trabalhar em áreas relacionadas a esses direitos.

8. A Conferência Mundial sobre Direitos Humanos considera positiva a iniciativa de realizar sessões de emergência no âmbito da Comissão de Direitos Humanos e solicita aos órgãos competentes do sistema das Nações Unidas que considerem outros meios de responder a violações flagrantes de direitos humanos.

Recursos

9. A Conferência Mundial sobre Direitos Humanos, preocupada com a crescente disparidade entre as atividades do Centro de Direitos Humanos e os recursos humanos, financeiros e de outra natureza disponíveis para a sua execução, e levando em consideração os recursos necessários para a implementação de outros programas importantes das Nações Unidas, solicita ao Secretário-Geral e a Assembleia Geral que tomem medidas imediatas no sentido de aumentar substancialmente os recursos disponíveis a programas de direitos humanos nos orçamentos existentes e futuros das Nações Unidas, bem como medidas urgentes para obter mais recursos extraorçamentários.

10. Nesse contexto, deve-se alocar uma proporção maior do orçamento regular ao Centro de Direitos Humanos, visando cobrir seus custos e outros custos por ele assumidos, incluindo os correspondentes aos órgãos de direitos humanos das Nações Unidas. O financiamento voluntário das atividades de cooperação técnica do Centro deve reforçar esse incremento orçamentário; a Conferência Mundial sobre Direitos Humanos solicita contribuições voluntárias aos fundos fiduciários existentes.

11. A Conferência Mundial sobre Direitos Humanos solicita ao Secretário-Geral e à Assembleia Geral que forneçam uma quantidade suficiente de recursos humanos, financeiros e de outra natureza ao Centro de Direitos Humanos, para que o mesmo possa desempenhar suas tarefas de forma eficaz, eficiente e rápida.

12. A Conferência Mundial sobre Direitos Humanos, observando a necessidade de garantir a disponibilidade de recursos humanos e financeiros para o desempenho das atividades de direitos humanos, em conformidade com o mandato atribuído por órgãos intergovernamentais, solicita ao Secretário-Geral, de acordo com o artigo 101 da Carta das Nações Unidas, e aos Estados-Membros, que adotem critérios coerentes para garantir a disponibilidade dos recursos necessários em virtude da ampliação dos mandatos das Secretarias. A Conferência Mundial dos Direitos Humanos convida ao Secretário-Geral a considerar a necessidade ou utilidade de modificar os procedimentos do ciclo orçamentário no sentido de garantir a oportunidade e efetiva implementação de atividades de direitos humanos, em conformidade com os mandatos outorgados pelos Estados-Membros.

Centro de Direitos Humanos

13. A Conferência Mundial sobre Direitos Humanos enfatiza a importância de se fortalecer o Centro de Direitos Humanos das Nações Unidas.

14. O Centro de Direitos Humanos deve desempenhar um papel importante na coordenação de todo o trabalho desenvolvido pelo sistema das Nações Unidas na área dos direitos humanos. A melhor forma de viabilizar o papel focal do Centro é permitir que o mesmo coopere plenamente com outros organismos e órgãos das Nações Unidas. O papel coordenador do Centro de Direitos Humanos exige também que o seu escritório em Nova York seja fortalecido.

15. Devem-se fornecer ao Centro de Direitos Humanos meios adequados para o sistema de relatores temáticos e por países, peritos, grupo de trabalho e órgãos criados por tratados. O exame da aplicação das recomendações deve ser uma questão prioritária para a Comissão dos Direitos Humanos.

16. O Centro de Direitos Humanos deve assumir um papel mais abrangente na promoção dos direitos humanos. Pode-se moldar esse papel em cooperação com os Estados-Membros e ampliando os programas de consultoria e assistência técnica. Os fundos voluntários existentes devem crescer substancialmente para que esses objetivos sejam logrados, bem como administrados de forma mais eficiente e coordenada. Todas as atividades devem observar normas administrativas rápidas e transparentes no âmbito dos projetos, e devem-se fazer avaliações periódicas regulares dos programas e projetos. Com esse fim, os resultados dessas avaliações e outras informações pertinentes devem ser regularmente divulgados. O Centro deve, particularmente, organizar reuniões informativas pelo menos uma vez por ano, aberta a todos os Estados-Membros e organizações diretamente envolvidas nesses projetos e programas.

Adaptação e fortalecimento dos mecanismos das Nações Unidas na área dos direitos humanos, incluindo a questão da criação de um cargo de Alto-Comissário das Nações Unidas para os Direitos Humanos

17. A Conferência Mundial sobre os Direitos Humanos reconhece a necessidade de se adaptar continuamente os mecanismos das Nações Unidas na área dos direitos humanos às necessidades presentes e futuras de promoção e defesa dos di-

reitos humanos, em conformidade com a presente Declaração e no contexto do desenvolvimento equilibrado e sustentável de todos os povos. Em particular, os órgãos de direitos humanos das Nações Unidas devem melhorar sua coordenação, eficiência e eficácia.

18. A Conferência Mundial sobre Direitos Humanos recomenda à Assembleia Geral que, ao examinar o relatório da Conferência em seu quadragésimo oitavo período de sessões, comece a analisar prioritariamente a questão da criação de um cargo de Alto-Comissário para os Direitos Humanos, visando à promoção e proteção de todos os direitos humanos.

B. Igualdade, dignidade e tolerância

1. Racismo, discriminação racial, xenofobia e outras formas de intolerância

19. A Conferência Mundial sobre Direitos Humanos considera a eliminação do racismo e da discriminação racial, particularmente em suas formas institucionalizadas como o *apartheid* ou as resultantes de doutrinas de superioridade ou exclusividade racial ou formas e manifestações contemporâneas de racismo, um objetivo primordial da comunidade internacional e um programa mundial de promoção no campo dos direitos humanos. Os órgãos e organismos das Nações Unidas devem fortalecer seus esforços para implementar um programa de ação relativo à terceira década de combate ao racismo e à discriminação racial e desenvolver ações subsequentes, no âmbito de seus mandatos, com a mesma finalidade. A Conferência Mundial sobre Direitos Humanos solicita vigorosamente à comunidade internacional que faça contribuições generosas ao Fundo do Programa para a Década de Ação de Combate ao Racismo e à Discriminação Racial.

20. A Conferência Mundial sobre Direitos Humanos insta todos os Governos a tomarem medidas imediatas e desenvolverem políticas vigorosas no sentido de evitar e combater todas as formas de racismo, xenofobia ou manifestações análogas de intolerância, onde seja necessário, promulgando leis adequadas, adotando medidas penais cabíveis e estabelecendo instituições nacionais para combater fenômenos dessa natureza.

21. A Conferência Mundial sobre Direitos Humanos acata a decisão da Comissão de Direitos Humanos de designar um Relator Especial para examinar formas contemporâneas de racismo, discriminação racial, xenofobia e manifestações análogas de intolerância. A Conferência Mundial sobre Direitos Humanos solicita também a todos os Estados-Partes na Convenção Internacional sobre a Eliminação de Todas as Formas de Discriminação Racial que considerem a possibilidade de fazer a declaração prevista no artigo 14 da Convenção.

22. A Conferência Mundial sobre Direitos Humanos solicita a todos os Governos que tomem todas as medidas adequadas, em conformidade com suas obrigações internacionais e levando em devida conta seus respectivos sistemas jurídicos, para fazer frente à intolerância e formas análogas de violência baseadas em posturas religiosas ou crenças, inclusive práticas de discriminação contra as mulheres e a profanação de locais religiosos, reconhecendo que todos os indivíduos têm direito à liberdade de pensamento, de consciência, de expressão e de religião. A Conferência convida também todos os Estados a aplicarem, na prática, as disposições da Declaração sobre a Eliminação de Todas as Formas de Intolerância e Discriminação Racial Baseadas em Religião ou Crenças.

23. A Conferência Mundial sobre Direitos Humanos enfatiza que todas as pessoas que cometem ou autorizam atos criminosos de limpeza étnica são individualmente responsáveis por essas violações dos direitos humanos e devem responder pelas mesmas, e que a comunidade internacional deve empreender todos os esforços necessários para entregar à justiça as pessoas legalmente responsáveis por essas violações.

24. A Conferência Mundial sobre Direitos Humanos solicita a todos os Estados que tomem medidas imediatas, individual ou coletivamente, para combater a prática da limpeza étnica e eliminá-la rapidamente.

As vítimas da prática abominável de limpeza étnica têm direito de exigir reparações adequadas e efetivas.

2. Pessoas pertencentes a minorias nacionais, étnicas, religiosas e linguísticas

25. A Conferência Mundial sobre Direitos Humanos solicita à Comissão de Direitos Humanos que examine formas e meios para promover e proteger eficazmente os direitos das pessoas pertencentes a minorias previstos na Declaração sobre Direitos das Pessoas Pertencentes a Minorias Étnicas, Religiosas e Linguísticas. Nesse contexto, a Conferência Mundial sobre Direitos Humanos solicita ao Centro de Direitos Humanos que forneça, mediante solicitação de Governos interessados e no âmbito de seu programa de consultoria e assistência técnica, peritos qualificados em questões de minorias e direitos humanos, assim como na prevenção e solução de controvérsias, para ajudar esses Governos a resolver situações existentes ou potenciais que envolvam minorias.

26. A Conferência Mundial sobre Direitos Humanos insta os Estados e a comunidade internacional a promoverem e protegerem os direitos das pessoas pertencentes a minorias nacionais, étnicas, religiosas ou linguísticas, em conformidade com a Declaração sobre os Direitos das Pessoas Pertencentes a Minorias Étnicas, Religiosas e Linguísticas.

27. As medidas a serem tomadas devem incluir a facilitação de sua plena participação em todos os aspectos da vida política, econômica, social, religiosa e cultural da sociedade e no progresso econômico e desenvolvimento de seu país.

Povos indígenas

28. A Conferência Mundial sobre Direitos Humanos apela ao Grupo de Trabalho sobre Populações

Indígenas da Subcomissão de Prevenção da Discriminação e Proteção das Minorias no sentido de que o mesmo conclua o projeto de declaração sobre os direitos dos povos indígenas no seu décimo primeiro período de sessões.

29. A Conferência Mundial sobre Direitos Humanos recomenda que a Comissão de Direitos Humanos considere a possibilidade de renovar e atualizar o mandato do Grupo de Trabalho sobre Populações Indígenas, uma vez concluída a elaboração de uma declaração sobre os direitos dos povos indígenas.

30. A Conferência Mundial sobre Direitos Humanos recomenda também que os programas de consultoria e assistência técnica no âmbito do sistema das Nações Unidas respondam positivamente às solicitações pelos Estados de formas de assistência que possam produzir benefícios diretos para os povos indígenas. A Conferência Mundial sobre Direitos Humanos recomenda ainda que recursos humanos e financeiros adequados sejam colocados à disposição do Centro de Direitos Humanos dentro do objetivo geral de fortalecer as atividades do Centro, como prevê o presente documento.

31. A Conferência Mundial sobre Direitos Humanos insta todos os Estados a garantirem a plena e livre participação dos povos indígenas em todos os aspectos da sociedade, particularmente em questões de seu interesse.

32. A Conferência Mundial sobre Direitos Humanos recomenda que a Assembleia Geral proclame uma década internacional dos povos indígenas do mundo a partir de janeiro de 1994, que compreenda programas de ação a serem definidos em parceria com povos indígenas. Deve-se estabelecer um fundo adequado para tal fim. No contexto dessa década, deve-se considerar a criação de um foro de povos indígenas no âmbito do sistema das Nações Unidas.

Trabalhadores migrantes

33. A Conferência Mundial sobre Direitos Humanos insta todos os Estados a garantirem a proteção dos direitos humanos de todos os trabalhadores migrantes e suas famílias.

34. A Conferência Mundial sobre Direitos Humanos considera particularmente importante a criação de condições que estimulem uma maior harmonia e tolerância entre trabalhadores migrantes e o resto da sociedade do Estado onde residem.

35. A Conferência Mundial sobre Direitos Humanos convida os Estados a considerarem a possibilidade de assinar e ratificar, na maior brevidade possível, a Convenção Internacional sobre os Direitos de Todos os Trabalhadores Migrantes e Seus Familiares.

3. A igualdade de condição e os direitos humanos das mulheres

36. A Conferência Mundial sobre Direitos Humanos insta firmemente que as mulheres tenham acesso pleno e igual a todos os direitos humanos e que esta seja uma prioridade para os Governos e as Nações Unidas. A Conferência Mundial sobre Direitos Humanos enfatiza também a importância da integração e plena participação das mulheres como agentes e beneficiárias do processo de desenvolvimento e reitera os objetivos estabelecidos em relação à adoção de medidas globais em favor das mulheres, visando o desenvolvimento sustentável e equitativo previsto na Declaração do Rio sobre Meio Ambiente e Desenvolvimento e no capítulo 24 da Agenda 21, adotada pela Conferência das Nações Unidas sobre Meio Ambiente e Desenvolvimento (Rio de Janeiro, 3 a 14 de junho de 1992).

37. A igualdade de condição das mulheres e seus direitos humanos devem ser integrados nas principais atividades do sistema das Nações Unidas como um todo. Essas questões devem ser regular e sistematicamente abordadas em todos os órgãos e mecanismos competentes das Nações Unidas. Particularmente, devem-se tomar medidas no sentido de aumentar a cooperação e promover uma maior integração de objetivos e metas entre a Comissão de Condição Jurídica e Social da Mulher, a Comissão de Direitos Humanos, o Comitê para a Eliminação da Discriminação contra a Mulher, o Fundo das Nações Unidas de Desenvolvimento para a Mulher, o Programa das Nações Unidas para o Desenvolvimento e outros órgãos das Nações Unidas. Nesse contexto, deve-se fortalecer a cooperação e coordenação entre o Centro de Direitos Humanos e a Divisão de Promoção da Condição da mulher.

38. A Conferência Mundial sobre Direitos Humanos enfatiza particularmente a importância de se trabalhar no sentido de eliminar todas as formas de violência contra as mulheres na vida pública e privada, de eliminar todas as formas de assédio sexual, exploração e tráfico de mulheres, de eliminar preconceitos sexuais na administração da justiça e de erradicar quaisquer conflitos que possam surgir entre os direitos da mulher e as consequências nocivas de determinadas práticas tradicionais ou costumeiras, do preconceito cultural e do extremismo religioso. A Conferência Mundial sobre Direitos Humanos apela à Assembleia Geral para que adote o projeto de declaração sobre a violência contra a mulher e insta os Estados a combaterem a violência contra a mulher em conformidade com as disposições da declaração. As violações dos direitos humanos da mulher em situações de conflito armado são violações de princípios fundamentais dos instrumentos internacionais de direitos humanos e do direito humanitário. Todas as violações desse tipo, incluindo particularmente assassinatos, estupros sistemáticos, escravidão sexual e gravidez forçada, exigem uma resposta particularmente eficaz.

39. A Conferência Mundial sobre Direitos Humanos insta vigorosamente a erradicação de todas as formas de discriminação contra a mulher, tanto abertas quanto veladas. As Nações Unidas devem promover a meta da ratificação universal, por parte de todos os Estados, da Convenção sobre a Eliminação de Todas as Formas de Discriminação contra a Mulher até o ano 2000. Devem-se estimular for-

mas e meios para solucionar a questão do número particularmente elevado de reservas à Convenção. Entre outras medidas, o Comitê para a Eliminação da Discriminação contra a Mulher deve continuar examinando as reservas à Convenção. Os Estados são instados a retirar todas as reservas contrárias ao objeto e propósito da Convenção ou que de outra maneira são incompatíveis com o direito internacional convencional.

40. Os órgãos de monitoramento de tratados devem divulgar informações necessárias para que as mulheres possam recorrer mais eficazmente aos procedimentos de implementação disponíveis em seus esforços para exercer seus direitos humanos plenamente, em condições de igualdade e sem discriminação. Devem-se adotar também novos procedimentos para fortalecer a concretização do compromisso de promover a igualdade da mulher e seus direitos humanos. A Comissão sobre o Estatuto da Mulher e o Comitê para a Eliminação da Discriminação contra a Mulher devem examinar rapidamente a possibilidade de introduzir o direito de petição, por meio de um protocolo facultativo à Convenção sobre a Eliminação de Todas as Formas de Discriminação contra a Mulher. A Conferência Mundial sobre Direitos Humanos acolhe a decisão da Comissão de Direitos Humanos de considerar a possibilidade de designar um relator especial para o tema da violência contra as mulheres no seu quinquagésimo período de sessões.

41. A Conferência Mundial sobre Direitos Humanos reconhece a importância do gozo de elevados padrões de saúde física e mental por parte da mulher durante todo o ciclo de vida. No contexto da Conferência Mundial sobre a Mulher e da Convenção dobre a Eliminação de Todas as Formas de Discriminação contra a Mulher, assim como da Proclamação de Teerã de 1968, a Conferência Mundial sobre Direitos Humanos reafirma, com base no princípio de igualdade entre mulheres e homens, o direito da mulher a uma assistência de saúde acessível e adequada e ao leque mais amplo possível de serviços de planejamento familiar, bem como ao acesso igual à educação em todos os níveis.

42. Os órgãos criados em virtude de tratados devem incluir a questão da condição das mulheres e dos direitos humanos das mulheres em suas deliberações e verificações, utilizando, para esse fim, dados discriminados por sexo. Os Estados devem ser estimulados a fornecer informações sobre a situação *de jure* e *de facto* das mulheres em seus relatórios a órgãos de monitoramento de tratados. A Conferência Mundial sobre Direitos Humanos observa com satisfação que a Comissão de Direitos Humanos adotou, em seu quadragésimo nono período de sessões, a Resolução 1993/46, de 8 de março de 1993, a qual afirma que relatores e grupos de trabalho envolvidos com questões de direitos humanos devem também proceder da mesma maneira. A Divisão para a Promoção da Condição da Mulher também deve tomar medidas, em regime de cooperação com outros organismos das Nações Unidas, particularmente com o Centro de Direitos Humanos, para garantir que as atividades de direitos humanos das Nações Unidas abordem regularmente os direitos humanos das mulheres, particularmente os abusos motivados pela condição feminina. Deve-se estimular o treinamento de funcionários das Nações Unidas especializados em direitos humanos e ajuda humanitária para ajudá-los a reconhecer e fazer frente a abusos de direitos humanos e desempenhar suas tarefas sem preconceitos sexuais.

43. A Conferência Mundial sobre Direitos Humanos insta os governos e organizações regionais e internacionais a facilitarem o acesso das mulheres a cargos decisórios e a promoverem uma participação maior das mesmas no processo decisório. Defende também a adoção de outras medidas no âmbito da Secretaria das Nações Unidas no sentido de designar e promover funcionários do sexo feminino, em conformidade com a Carta das Nações Unidas, e solicita firmemente a outros órgãos principais e subsidiários das Nações Unidas que garantam a participação das mulheres em condições de igualdade.

44. A Conferência Mundial sobre Direitos Humanos acolhe com satisfação a Conferência Mundial sobre a Mulher a se realizar em Beijing em 1995 e insta a que os direitos humanos da mulher ocupem um papel importante em suas deliberações, em conformidade com os temas prioritários da Conferência Mundial sobre a Mulher, a saber, igualdade, desenvolvimento e paz.

4. Os direitos da criança

45. A Conferência Mundial sobre Direitos Humanos reitera o princípio da "Criança Antes de Tudo" e, nesse particular, enfatiza a importância de se intensificar os esforços nacionais e internacionais, principalmente no âmbito do Fundo das Nações Unidas para a Infância, para promover o respeito aos direitos da criança, à sobrevivência, proteção, desenvolvimento e participação.

46. Devem-se também tomar medidas no sentido de garantir a ratificação universal da Convenção das Nações Unidas sobre os Direitos da Criança até o ano de 1995 e a assinatura universal da Declaração Mundial sobre a Sobrevivência, a Proteção e o Desenvolvimento da Criança e do Plano Mundial de Ação adotado na Conferência Internacional de Cúpula sobre a Criança, bem como sua efetiva implementação. A Conferência Mundial sobre Direitos Humanos insta os Estados a retirarem reservas à Convenção sobre os Direitos da Criança, que sejam contrárias ao objetivo e propósito da Convenção ou de outra maneira contrárias ao direito internacional convencional.

47. A Conferência Mundial sobre Direitos Humanos insta todos os países a colocarem em prática, no grau máximo permitido pelos recursos disponíveis, medidas voltadas para a realização das metas do Plano Mundial de Ação da Conferência Internacional de Cúpula, com o apoio da cooperação internacional. A Conferência apela aos Estados no sentido de que integrem a Convenção sobre os Direitos

da Criança em seus planos nacionais de ação. Mediante esses planos nacionais de ação e esforços internacionais, deve-se dar prioridade especial à redução das taxas de mortalidade materno-infantis, à redução das taxas de desnutrição básica. Sempre que necessário, os planos nacionais de ação devem ser projetados para combater emergências devastadoras resultantes de desastres naturais e conflitos armados e o problema igualmente grave das crianças que vivem em situação de extrema pobreza.

48. A Conferência Mundial sobre Direitos Humanos insta todos os Estados a abordarem, com o apoio da cooperação internacional, o agudo problema das crianças que vivem em circunstâncias particularmente difíceis. A exploração e o abuso de crianças devem ser ativamente combatidos, atacando-se suas causas. Devem-se tomar medidas eficazes contra o infanticídio feminino, o emprego de crianças em trabalhos perigosos, a venda de crianças e de órgãos, a prostituição infantil, a pornografia infantil e outras formas de abuso sexual.

49. A Conferência Mundial sobre Direitos Humanos apoia todas as medidas tomadas pelas Nações Unidas e seus órgãos especializados no sentido de garantir a proteção e promoção efetivas dos direitos humanos das meninas. A Conferência Mundial sobre Direitos Humanos insta aos Estados a repelirem leis e regulamentos discriminatórios e prejudiciais às meninas e a eliminarem costumes e práticas da mesma natureza.

50. A Conferência Mundial sobre Direitos Humanos apoia firmemente a proposta de que o Secretário-Geral inicie um estudo sobre meios para melhorar a proteção de crianças em conflitos armados. Devem-se implementar normas e medidas visando proteger e facilitar a assistência de crianças em zonas de guerra. Essas medidas devem incluir proteção da criança contra o uso indiscriminado de armas de guerra, particularmente minas antipessoais. A necessidade de cuidados posteriores e reabilitação de crianças traumatizadas por guerras é uma questão a ser abordada em regime de urgência. A Conferência apela ao Comitê dos Direitos da Criança no sentido de que o mesmo estude a possibilidade de aumentar a idade mínima de recrutamento das forças armadas.

51. A Conferência Mundial sobre Direitos Humanos recomenda que questões relacionadas aos direitos humanos sejam regularmente examinadas e acompanhadas por todos os órgãos e mecanismos competentes do sistema das Nações Unidas e pelos órgãos supervisores dos organismos especializados, no âmbito de seus mandatos.

52. A Conferência Mundial sobre Direitos Humanos reconhece o importante papel desempenhado por organizações não governamentais na efetiva implementação de todos os instrumentos de direitos humanos, particularmente da Convenção sobre os Direitos da Criança.

53. A Conferência Mundial sobre Direitos Humanos recomenda que o Comitê dos Direitos da Criança, com a assistência do Centro de Direitos Humanos, seja dotado de meios necessários para cumprir seu mandato rápida e eficazmente, particularmente em vista do alcance sem precedentes de ratificações e apresentações subsequentes de relatórios nacionais.

5. Direito a não ser submetido à tortura

54. A Conferência Mundial sobre Direitos Humanos celebra a ratificação, por parte de muitos Estados-Membros, da Convenção das Nações Unidas contra a Tortura e Outras Formas de Tratamento ou Punição Cruéis, Desumanas ou Degradantes, e encoraja sua pronta ratificação por todos os demais Estados-Membros.

55. A Conferência Mundial sobre Direitos Humanos assinala que uma das violações mais atrozes da dignidade humana é o ato da tortura, que destrói a dignidade e prejudica a capacidade das vítimas de retomarem suas vidas e atividades.

56. A Conferência Mundial sobre Direitos Humanos reafirma que, no âmbito das normas de direitos humanos e do direito internacional humanitário, o direito de não ser torturado deve ser protegido em todas as circunstâncias, mesmo em períodos de distúrbios internos ou internacionais ou de conflitos armados.

57. A Conferência Mundial sobre Direitos Humanos insta, portanto, a todos os Estados a eliminarem imediatamente a prática da tortura e a erradicarem esse mal para sempre mediante a plena implementação da Declaração Universal dos Direitos Humanos e das convenções pertinentes, fortalecendo também, quando necessário, os mecanismos existentes. A Conferência Mundial sobre Direitos Humanos apela a todos os Estados no sentido de que cooperem plenamente com o Relator Especial para a questão da tortura no cumprimento de seu mandato.

58. É particularmente importante que se garanta o respeito universal e a efetiva implementação dos Princípios da Ética Médica aplicáveis ao Pessoal de Saúde, especialmente Médicos, na Proteção de Prisioneiros e Pessoas Detidas contra a Tortura e Outras Formas de Tratamento ou Punição Cruéis, Desumanas ou Degradantes adotados pela Assembleia Geral das Nações Unidas.

59. A Conferência Mundial sobre Direitos Humanos enfatiza a importância de outras medidas concretas no âmbito das Nações Unidas no sentido de se prestar assistência a vítimas de tortura e garantir recursos mais eficazes para sua reabilitação física, psicológica e social. Deve-se dar alta prioridade ao provimento dos recursos necessários para esse fim, particularmente mediante contribuições adicionais para o Fundo Voluntário das Nações Unidas para as Vítimas de Tortura.

60. Os Estados devem ab-rogar leis conducentes à impunidade de pessoas responsáveis por graves violações de direitos humanos como a tortura e punir criminalmente essas violações, proporcionando, assim, uma base sólida para o Estado de Direito.

61. A Conferência Mundial sobre Direitos Humanos reafirma que os esforços para erradicar a tortura

devem, acima de tudo, concentrar-se na prevenção e, portanto, solicita a pronta adoção de um protocolo facultativo à Convenção contra a Tortura e Outras Formas de Tratamento ou Punição Cruéis, Desumanos ou Degradantes, para que se estabeleça um sistema preventivo de visitas regulares a locais de detenção.

Desaparecimentos forçados

62. A Conferência Mundial sobre Direitos Humanos, acolhendo a adoção, pela Assembleia Geral, da Declaração sobre a Proteção de Todas as Pessoas contra Desaparecimentos Forçados, apela a todos os Estados no sentido de que tomem medidas legislativas, administrativas, judiciais ou de outra natureza para prevenir, eliminar e punir eficazmente os desaparecimentos forçados. A Conferência Mundial sobre Direitos Humanos reafirma que é dever de todos os Estados, em qualquer circunstância, abrir investigações sempre que surgirem suspeitas de desaparecimento forçado em um território sob sua jurisdição e, sendo confirmadas as suspeitas, processar criminalmente os responsáveis.

6. Os direitos das pessoas portadoras de deficiências

63. A Conferência Mundial sobre Direitos Humanos reafirma que todos os direitos humanos e liberdades fundamentais são universais e, portanto, aplicáveis sem qualquer reserva às pessoas portadoras de deficiências. Todas as pessoas nascem iguais e com os mesmos direitos à vida e ao bem-estar, à educação e ao trabalho, à independência e à participação ativa em todos os aspectos da sociedade. Qualquer discriminação direta ou outro tratamento discriminatório negativo de uma pessoa portadora de deficiência constitui, portanto, uma violação de seus direitos. A Conferência Mundial sobre Direitos Humanos apela aos Governos no sentido de que, se necessário, adotem leis ou modifiquem sua legislação para garantir o acesso a estes e outros direitos das pessoas portadoras de deficiências.

64. As pessoas portadoras de deficiências devem ter acesso igual a todo e qualquer lugar. Devem ter a garantia de oportunidades iguais mediante a eliminação de todas as barreiras socialmente determinadas, sejam elas físicas, financeiras, sociais ou psicológicas, que excluam ou restrinjam sua plena participação na sociedade.

65. Recordando o Programa Mundial de Ação para as Pessoas Portadoras de Deficiências adotado pela Assembleia Geral no seu trigésimo sétimo período de sessões, a Conferência Mundial sobre Direitos Humanos apela à Assembleia Geral e ao Conselho Econômico e Social no sentido de que em suas reuniões de 1993 adotem o projeto de diretrizes sobre a igualdade de oportunidades para as pessoas portadoras de deficiências.

C. Cooperação, desenvolvimento e fortalecimento dos direitos humanos

66. A Conferência Mundial sobre Direitos Humanos recomenda que se dê prioridade à adoção de medidas nacionais e internacionais para promover a democracia, o desenvolvimento e os direitos humanos.

67. Deve-se enfatizar, particularmente, medidas para estabelecer e fortalecer instituições de direitos humanos, promover uma sociedade civil pluralista e proteger grupos vulneráveis. Nesse contexto, a assistência prestada em resposta a solicitações de Governos para a realização de eleições livres e justas, inclusive a assistência relacionada a aspectos de direitos humanos das eleições e informações públicas sobre eleições, é de particular importância. Igualmente importante é a assistência a ser prestada no sentido de consolidar o Estado de Direito, promover a liberdade de expressão e a administração da justiça e a verdadeira e efetiva participação do povo nos processos decisórios.

68. A Conferência Mundial sobre Direitos Humanos enfatiza a necessidade de se fortalecer os serviços de consultoria e as atividades de assistência técnica do Centro de Direitos Humanos. O Centro deve prestar assistência técnica em relação a temas específicos na área dos direitos humanos a países que a solicitarem, inclusive na preparação de relatórios de tratados de direitos humanos e na implementação de planos de ação coerentes e abrangentes para promover e proteger os direitos humanos. Serão elementos desses programas o fortalecimento das instituições de direitos humanos e da democracia, a proteção jurídica dos direitos humanos, o treinamento de funcionários e de outras pessoas, uma ampla educação e o fornecimento de informações para promover o respeito aos direitos humanos.

69. A Conferência Mundial sobre Direitos Humanos recomenda firmemente o estabelecimento de um programa abrangente, no âmbito das Nações Unidas, para ajudar os Estados na tarefa de criar ou fortalecer estruturas nacionais adequadas que tenham um impacto direto na observância geral dos direitos humanos e a manutenção do Estado de Direito. Esse programa, que será coordenado pelo Centro de Direitos Humanos, deverá oferecer, mediante solicitação dos Governos interessados, assistência técnica e financeira a projetos nacionais de reforma de estabelecimentos penais e correcionais, de educação e treinamento de advogados, juízes e forças de segurança em direitos humanos e a projetos em qualquer outra esfera de atividade relacionada ao bom funcionamento da justiça. O programa deve oferecer assistência aos Estados na implementação de planos de ação e na promoção dos direitos humanos.

70. A Conferência Mundial sobre Direitos Humanos solicita ao Secretário-Geral das Nações Unidas que apresente propostas à Assembleia Geral das Nações Unidas com sugestões para o estabelecimento, estrutura, modalidades operacionais e financiamento do programa proposto.

71. A Conferência Mundial sobre Direitos Humanos recomenda que cada Estado considere a conveniência de elaborar um plano nacional de ação

identificando medidas mediante as quais o Estado em questão possa melhor promover e proteger os direitos humanos.

72. A Conferência Mundial sobre Direitos Humanos reafirma que o direito universal e inalienável ao desenvolvimento, previsto na Declaração sobre Direito ao Desenvolvimento, deve ser aplicado e concretizado. Nesse contexto, a Conferência Mundial sobre Direitos Humanos acolhe a indicação, por parte da Comissão de Direitos Humanos, de um grupo de trabalho temático sobre o direito ao desenvolvimento e insta o Grupo de Trabalho a formular prontamente, em regime de consultas e cooperação com outros órgãos e organismos das Nações Unidas, para consideração imediata da Assembleia Geral das Nações Unidas, medidas abrangentes e eficazes para eliminar obstáculos à aplicação e concretização da Declaração sobre o Direito ao Desenvolvimento e propor formas e meios para garantir o direito ao desenvolvimento a todos os Estados.

73. A Conferência Mundial sobre Direitos Humanos recomenda que as organizações não governamentais e outras organizações de base atuantes na área do desenvolvimento e/ou dos direitos humanos tenham espaço para desempenhar um papel substancial, em níveis nacional e internacional, no debate e nas atividades relacionadas ao desenvolvimento e, em regime de cooperação com os Governos, em todos os aspectos pertinentes da cooperação para o desenvolvimento.

74. A Conferência Mundial sobre Direitos Humanos apela aos Governos, órgãos competentes e instituições no sentido de que aumentem consideravelmente os recursos aplicados no desenvolvimento de sistemas jurídicos eficazes para proteger os direitos humanos e em instituições nacionais atuantes nessa área. Os protagonistas da cooperação para o desenvolvimento devem levar em consideração as relações mutuamente complementares entre o desenvolvimento, a democracia e os direitos humanos. A cooperação deve basear-se no diálogo e na transparência. A Conferência Mundial sobre Direitos Humanos solicita também o estabelecimento de programas abrangentes, com bancos de dados e pessoal especializado, para fortalecer o Estado de Direito e as instituições democráticas.

75. A Conferência Mundial sobre Direitos Humanos encoraja a Comissão de Direitos Humanos, em regime de cooperação com o Comitê de Direitos Econômicos, Sociais e Culturais, a continuar examinando protocolos facultativos ao Pacto Internacional dos Direitos Econômicos, Sociais e Culturais.

76. A Conferência Mundial sobre Direitos Humanos recomenda que sejam canalizados mais recursos para o fortalecimento ou estabelecimento de acordos regionais visando a promoção e proteção dos direitos humanos no âmbito da consultoria e assistência técnica prestada pelo Centro de Direitos Humanos. Os Estados devem solicitar assistência para atividades regionais e sub-regionais como a realização de *workshops*, seminários e intercâmbio de informações visando fortalecer os acordos regionais para a promoção e proteção dos direitos humanos, em conformidade com os padrões universais dos direitos humanos consagrados nos instrumentos internacionais de direitos humanos.

77. A Conferência Mundial sobre Direitos Humanos apoia todas as medidas tomadas pelas Nações Unidas e seus órgãos especializados competentes para garantir a efetiva promoção e proteção dos direitos sindicais previstos no Pacto Internacional dos Direitos Econômicos, Sociais e Culturais e em outros instrumentos internacionais pertinentes. Solicita ainda que todos os Estados observem plenamente suas obrigações nessa área, em conformidade com os instrumentos internacionais.

D. Educação em direitos humanos

78. A Conferência Mundial sobre Direitos Humanos considera a educação, o treinamento e a informação pública na área dos direitos humanos como elementos essenciais para promover e estabelecer relações estáveis e harmoniosas entre as comunidades e para fomentar o entendimento mútuo, a tolerância e a paz.

79. Os Estados devem empreender todos os esforços necessários para erradicar o analfabetismo e devem orientar a educação no sentido de desenvolver plenamente a personalidade humana e fortalecer o respeito pelos direitos humanos e liberdades fundamentais. A Conferência Mundial sobre Direitos Humanos solicita a todos os Estados e instituições que incluam os direitos humanos, o direito humanitário, a democracia e o Estado de Direito como matérias dos currículos de todas as instituições de ensino dos setores formal e informal.

80. A educação em direitos humanos deve incluir a paz, a democracia, o desenvolvimento e a justiça social, tal como previsto nos instrumentos internacionais e regionais de direitos humanos, para que seja possível conscientizar todas as pessoas em relação à necessidade de fortalecer a aplicação universal dos direitos humanos.

81. Levando em conta o Plano Mundial Ação para a Educação em prol dos Direitos Humanos e da Democracia, adotado em março de 1993 pelo Congresso Internacional sobre a Educação em prol dos Direitos Humanos e da Democracia da Organização das Nações Unidas para a educação, a Ciência e a Cultura, bem como outros instrumentos de direitos humanos, a Conferência Mundial sobre Direitos Humanos recomenda aos Estados que desenvolvam programas e estratégias visando especificamente ampliar ao máximo a educação em direitos humanos e a divulgação de informações públicas nessa área, enfatizando particularmente, os direitos humanos da mulher.

82. Os Governos, com a assistência de organizações intergovernamentais, instituições nacionais e organizações não governamentais, devem promover uma maior conscientização dos direitos humanos e da tolerância mútua. A Conferência Mundial sobre Direitos Humanos enfatiza a importância de se intensificar a Campanha Mundial de Informação

Pública sobre Direitos Humanos lançada pelas Nações Unidas. Os Governos devem iniciar e apoiar a educação em direitos humanos e efetivamente divulgar informações públicas nessa área. Os programas de consultoria e assistência técnica do sistema das Nações Unidas devem atender imediatamente as solicitações de atividades educacionais e de treinamento dos Estados na área dos direitos humanos, assim como as solicitações de atividades educacionais especiais sobre as normas consagradas em instrumentos internacionais de direitos humanos e no direito humanitário e sua aplicação a grupos especiais, como forças militares, pessoal encarregado de velar pelo cumprimento da lei, a polícia e os profissionais de saúde. Deve-se considerar a proclamação de uma década das Nações Unidas para a educação em direitos humanos, visando promover, estimular e orientar essas atividades educacionais.

E. Métodos de implementação e controle

83. A Conferência Mundial sobre Direitos Humanos insta os Governos a incorporarem as normas consagradas em instrumentos internacionais de direitos humanos na legislação interna e a fortalecerem as estruturas e instituições nacionais e órgãos da sociedade atuantes na área da promoção e salvaguarda dos direitos humanos.

84. A Conferência Mundial sobre Direitos Humanos recomenda o fortalecimento das atividades e programas das Nações Unidas de assistência aos Estados desejosos de estabelecer ou fortalecer suas próprias instituições nacionais de promoção e proteção dos direitos humanos e que solicitem assistência para tal fim.

85. A Conferência Mundial sobre Direitos Humanos estimula também o fortalecimento da cooperação entre instituições nacionais de promoção e proteção dos direitos humanos, particularmente por meio do intercâmbio de informações e experiências, bem como da cooperação entre estas e as organizações regionais e as Nações Unidas.

86. Nesse contexto, a Conferência Mundial sobre Direitos Humanos recomenda vigorosamente que representantes de instituições nacionais de promoção e proteção dos direitos humanos realizem reuniões periódicas, sob os auspícios do Centro de Direitos Humanos, para examinar formas e meios para aperfeiçoar seus mecanismos e compartilhar experiências.

87. A Conferência Mundial sobre Direitos Humanos recomenda aos órgãos criados por tratados, às reuniões dos presidentes desses órgãos e às reuniões de Estados-Partes que continuem tomando medidas visando coordenar as múltiplas normas e diretrizes aplicáveis à preparação dos relatórios que os Estados devem apresentar em virtude das convenções de direitos humanos, e que estudem a sugestão da apresentação de um relatório global sobre as obrigações convencionais assumidas por parte de cada Estado, o que tornaria esses procedimentos mais eficazes e aumentaria o seu impacto.

88. A Conferência Mundial sobre Direitos Humanos recomenda que os Estados-Partes em instrumentos internacionais de direitos humanos, a Assembleia Geral e o Conselho Econômico e Social considerem a possibilidade de analisar os órgãos criados por tratados e os diversos mecanismos e procedimentos temáticos existentes com vistas a promover sua eficiência e eficácia mediante uma melhor coordenação entre os diversos órgãos, mecanismos e procedimentos, levando em consideração a necessidade de evitar duplicações ou sobreposições desnecessárias de seus mandatos e tarefas.

89. A Conferência Mundial sobre Direitos Humanos recomenda a realização de um trabalho contínuo para melhorar o funcionamento dos órgãos criados por tratados e suas tarefas de controle, levando em consideração as inúmeras propostas apresentadas nesse sentido, particularmente aquelas apresentadas pelos próprios órgãos. Deve-se também encorajar o enfoque nacional abrangente adotado pelo Comitê dos Direitos da Criança.

90. A Conferência Mundial sobre Direitos Humanos recomenda que os Estados-Partes em tratados de direitos humanos considerem a possibilidade de aceitar todos os procedimentos facultativos para a apresentação e o exame de comunicações.

91. A Conferência Mundial sobre Direitos Humanos vê com preocupação a questão da impunidade dos autores de violações de direitos humanos e apoia os esforços empreendidos pela Comissão de Direitos Humanos e pela Subcomissão de Prevenção da Discriminação e Proteção de Minorias no sentido de examinar todos os aspectos da questão.

92. A Conferência Mundial sobre Direitos Humanos recomenda que a Comissão de Direitos Humanos examine a possibilidade de melhorar a aplicação de instrumentos de direitos humanos existentes em níveis internacional e regional e encoraja a Comissão de Direito Internacional a continuar seus trabalhos visando ao estabelecimento de um tribunal penal internacional.

93. A Conferência Mundial sobre Direitos Humanos apela aos Estados que ainda não aderiram às Convenções de Genebra de 12 de agosto de 1949 e seus Protocolos no sentido de que o façam e tomem todas as medidas nacionais necessárias, incluindo medidas legislativas, para fazê-los vigorar plenamente.

94. A Conferência Mundial sobre Direitos Humanos recomenda a rápida finalização e adoção do projeto de declaração sobre o direito e responsabilidade de indivíduos, grupos e instituições de promover e proteger direitos humanos e liberdades fundamentais universalmente reconhecidos.

95. A Conferência Mundial sobre Direitos Humanos salienta a importância de se preservar e fortalecer o sistema de procedimentos especiais, relatores, representantes, peritos e grupos de trabalho da Comissão de Direitos Humanos e da Subcomissão de Prevenção da Discriminação e Proteção de Minorias, para que os mesmos possam desempe-

nhar seus mandatos com os recursos humanos e financeiros necessários. Esses procedimentos e mecanismos devem ser harmonizados e racionalizados por meio de reuniões periódicas. Solicita-se a todos os Estados que cooperem plenamente com esses procedimentos e mecanismos.

96. A Conferência Mundial sobre Direitos Humanos recomenda que as Nações Unidas assumam um papel mais ativo na promoção e proteção dos direitos humanos e nas medidas destinadas a garantir a plena observância do direito internacional humanitário em todas as situações de conflito armado, em conformidade com os propósitos e princípios da Carta das Nações Unidas.

97. A Conferência Mundial sobre Direitos Humanos, reconhecendo o importante papel desempenhado por componentes de direitos humanos em determinados acordos relativos a operações das Nações Unidas para a manutenção da paz, recomenda que o Secretário-Geral leve em consideração os relatórios, a experiência e a capacidade do Centro de Direitos Humanos e dos mecanismos de direitos humanos, em conformidade com a Carta das Nações Unidas.

98. Para fortalecer os direitos econômicos, sociais e culturais, devem-se examinar outros enfoques, como a aplicação de um sistema de indicadores para medir o progresso alcançado na realização dos direitos previstos no Pacto Internacional dos Direitos Econômicos, Sociais e Culturais. Deve-se empreender um esforço harmonizado visando garantir o reconhecimento dos direitos econômicos, sociais e culturais em níveis nacional, regional e internacional.

F. Atividades de acompanhamento dos resultados da Conferência Mundial sobre Direitos Humanos

99. A Conferência Mundial sobre Direitos Humanos recomenda que a Assembleia Geral, a Comissão de Direitos Humanos e outros órgãos e agências do sistema das Nações Unidas relacionados aos direitos humanos considerem formas e meios de garantir a plena aplicação, sem demora, das recomendações contidas na presente Declaração, incluindo a possibilidade de se proclamar uma década das Nações Unidas dos direitos humanos. A Conferência Mundial sobre Direitos Humanos recomenda também que a Comissão de Direitos Humanos avalie anualmente o progresso alcançado nesse propósito.

100. A Conferência Mundial sobre Direitos Humanos solicita ao Secretário-Geral das Nações Unidas que, por ocasião do quinquagésimo aniversário da Declaração Universal dos Direitos Humanos, convide todos os Estados, órgãos e agências do sistema das Nações Unidas a lhe apresentarem um relatório sobre o progresso alcançado na aplicação da presente Declaração e a apresentarem um relatório à Assembleia Geral no quinquagésimo terceiro período de sessões, por meio da Comissão de Direitos Humanos e do Conselho Econômico e Social. Além disso, as instituições de direitos humanos regionais e nacionais, assim como as organizações não governamentais, poderão apresentar ao Secretário-Geral seus pontos de vista sobre o progresso alcançado na aplicação da presente Declaração. Deve-se prestar atenção especial na avaliação do progresso alcançado rumo à ratificação universal de tratados e protocolos internacionais de direitos humanos adotados no âmbito do sistema das Nações Unidas.

DECLARAÇÃO DE PEQUIM ADOTADA PELA QUARTA CONFERÊNCIA MUNDIAL SOBRE AS MULHERES: AÇÃO PARA IGUALDADE, DESENVOLVIMENTO E PAZ (1995)

▸ Adotada pela Quarta Conferência Mundial sobre as Mulheres, em 15.09.1995.

1. Nós, os Governos, participantes da Quarta Conferência Mundial sobre as Mulheres,

2. Reunidos aqui em Pequim, em setembro de 1995, o ano do 50º aniversário de fundação das Nações Unidas,

3. Determinados a promover os objetivos da igualdade, desenvolvimento e paz para todas as mulheres, em todos os lugares do mundo, no interesse de toda a humanidade,

4. Reconhecendo as aspirações de todas as mulheres do mundo inteiro e levando em consideração a diversidade das mulheres, suas funções e circunstâncias, honrando as mulheres que têm aberto e construído um caminho e inspirados pela esperança presente na juventude do mundo,

5. Reconhecemos que o *status* das mulheres tem avançado em alguns aspectos importantes desde a década passada; no entanto, este progresso tem sido heterogêneo, desigualdades entre homens e mulheres têm persistido e sérios obstáculos também, com consequências prejudiciais para o bem-estar de todos os povos,

6. Reconhecemos ainda que esta situação é agravada pelo crescimento da pobreza que afeta a vida da maioria da população mundial, em particular das mulheres e crianças, tendo origem tanto na esfera nacional, como na esfera internacional,

7. Comprometemo-nos, sem qualquer reserva, a combater estas limitações e obstáculos e a promover o avanço e o fortalecimento das mulheres em todo o mundo e concordamos que isto requer medidas e ações urgentes, com espírito de determinação, esperança, cooperação e solidariedade, agora e ao longo do próximo século.

Nós reafirmamos o nosso compromisso relativo:

8. À igualdade de direitos e à dignidade humana inerente a mulheres e homens e aos demais propósitos e princípios consagrados na Carta das Nações Unidas, na Declaração Universal dos Direitos Humanos e em outros instrumentos internacionais de direitos humanos, em particular na Convenção sobre a Eliminação de todas as Formas de

Discriminação contra as Mulheres e na Convenção sobre os Direitos da Criança, como também na Declaração sobre a Eliminação da Violência contra as Mulheres e na Declaração sobre o Direito ao Desenvolvimento;

9. Assegurar a plena implementação dos direitos humanos das mulheres e das meninas como parte inalienável, integral e indivisível de todos os direitos humanos e liberdades fundamentais;

10. Impulsionar o consenso e o progresso alcançados nas anteriores Conferências das Nações Unidas: sobre as Mulheres em Nairóbi em 1985, sobre as Crianças em Nova York em 1990, sobre o Meio Ambiente e o Desenvolvimento no Rio de Janeiro em 1992, sobre Direitos Humanos em Viena em 1993, sobre População e Desenvolvimento no Cairo em 1994 e sobre Desenvolvimento Social em Copenhagem em 1995, com os objetivos de atingir a igualdade, o desenvolvimento e a paz;

11. Alcançar a plena e efetiva implementação das Estratégias de Nairóbi para o fortalecimento das Mulheres;

12. O fortalecimento e o avanço das mulheres, incluindo o direito à liberdade de pensamento, consciência, religião e crença, o que contribui para a satisfação das necessidades morais, éticas, espirituais e intelectuais de mulheres e homens, individualmente ou em comunidade, de forma a garantir-lhes a possibilidade de realizar seu pleno potencial na sociedade e organizar suas vidas de acordo com as suas próprias aspirações.

Nós estamos convencidos de que:

13. O fortalecimento das mulheres e sua plena participação, em condições de igualdade, em todas as esferas sociais, incluindo a participação nos processos de decisão e acesso ao poder, são fundamentais para o alcance da igualdade, desenvolvimento e paz;

14. Os direitos das mulheres são direitos humanos;

15. A igualdade de direitos, oportunidades e acesso aos recursos, a distribuição equitativa das responsabilidades familiares entre homens e mulheres e a harmônica associação entre eles são fundamentais para seu próprio bem-estar e de suas famílias, como também para a consolidação da democracia;

16. A erradicação da pobreza baseada no crescimento econômico sustentado, no desenvolvimento social, na proteção do meio ambiente e na justiça social, requer a participação das mulheres no desenvolvimento econômico e social, a igualdade de oportunidades e a plena e equânime participação de mulheres e homens como agentes beneficiários de um desenvolvimento sustentado centrado na pessoa;

17. O reconhecimento explícito e a reafirmação do direito de todas as mulheres de controlar todos os aspectos de sua saúde, em particular sua própria fertilidade, é básico para seu fortalecimento;

18. A paz local, nacional, regional e global é alcançável e está necessariamente relacionada com os avanços das mulheres, que constituem uma força fundamental para a liderança, a solução de conflitos e a promoção de uma paz duradoura em todos os níveis;

19. É indispensável formular, implementar e monitorar, com a plena participação das mulheres, políticas e programas efetivos, eficientes e reforçadores do enfoque de gênero, incluindo políticas de desenvolvimento e programas que em todos os níveis busquem o fortalecimento e o avanço das mulheres;

20. A participação e contribuição de todos os atores da sociedade civil, particularmente de grupos e redes de mulheres e demais organizações não governamentais e organizações comunitárias de base, com o pleno respeito de sua autonomia, em cooperação com os Governos, é fundamental para a efetiva implementação e monitoramento da Plataforma de Ação;

21. A implementação da Plataforma de Ação exige o compromisso dos Governos e da comunidade internacional. Ao assumir compromissos de ação, no plano nacional e internacional, incluídos os compromissos firmados na Conferência, os Governos e a comunidade internacional reconhecem a necessidade de priorizar a ação para o alcance do fortalecimento e do avanço das mulheres.

Nós estamos determinados a:

22. Intensificar esforços e ações para alcançar, até o final deste século, os objetivos e estratégias de Nairóbi orientados para os avanços das mulheres;

23. Garantir o pleno exercício de todos os direitos humanos e liberdades fundamentais às mulheres e meninas e adotar medidas efetivas contra a violação destes direitos e liberdades;

24. Adotar todas as medidas necessárias para eliminar todas as formas de discriminação contra mulheres e meninas e remover todos os obstáculos à igualdade de gênero e aos avanços e fortalecimento das mulheres;

25. Encorajar os homens a participar plenamente de todas as ações orientadas à busca da igualdade;

26. Promover a independência econômica das mulheres, incluindo o emprego, e erradicar a persistente e crescente pobreza que recai sobre as mulheres, combatendo as causas estruturais da pobreza através de transformações nas estruturas econômicas, assegurando acesso igualitário a todas as mulheres, incluindo as mulheres da área rural, como agentes vitais do desenvolvimento, dos recursos produtivos, oportunidades e dos serviços públicos;

27. Promover um desenvolvimento sustentado centrado na pessoa, incluindo o crescimento econômico sustentado através da educação básica, educação durante toda a vida, alfabetização e capacitação, e, atenção primária à saúde das meninas e das mulheres;

28. Adotar as medidas positivas para assegurar a paz para os avanços das mulheres e, reconhecendo o papel de liderança que as mulheres têm apresentado no movimento pela paz, trabalhar ativamente para o desarmamento geral e completo, sob o estrito e efetivo controle internacional, e apoiar as negociações para a conclusão, sem demora, de tratado universal e multilateral de proibição de testes nucleares, que efetivamente contribua para o desarmamento nuclear e para a prevenção

da proliferação de armas nucleares em todos os seus aspectos;

29. Prevenir e eliminar todas as formas de violência contra mulheres e meninas;

30. Assegurar a igualdade de acesso e a igualdade de tratamento de mulheres e homens na educação e saúde e promover a saúde sexual e reprodutiva das mulheres e sua educação;

31. Promover e proteger todos os direitos humanos das mulheres e das meninas;

32. Intensificar os esforços para garantir o exercício, em igualdade de condições, de todos os direitos humanos e liberdades fundamentais para todas as mulheres e meninas que enfrentam múltiplas barreiras para seu fortalecimento e avanços, em virtude de fatores como raça, idade, língua, origem étnica, cultura, religião, incapacidade/deficiência, ou por integrar comunidades indígenas;

33. Assegurar o respeito ao Direito Internacional, incluído o Direito Humanitário, no sentido de proteger as mulheres e as meninas em particular;

34. Desenvolver o pleno potencial de meninas e mulheres de todas as idades, garantir sua plena participação, em condições de igualdade, na construção de um mundo melhor para todos, e promover seu papel no processo de desenvolvimento;

Nós estamos determinados a:

35. Assegurar às mulheres a igualdade de acesso aos recursos econômicos, incluindo a terra, o crédito, a ciência, a tecnologia, a capacitação profissional, a informação, a comunicação e os mercados, como meio de promover o avanço e o fortalecimento das mulheres e meninas, inclusive através da promoção de sua capacidade de exercer os benefícios do acesso igualitário a estes recursos, para o que se recorre, dentre outras coisas, à cooperação internacional;

36. Assegurar o sucesso da Plataforma de Ação que exigirá o sólido compromisso dos Governos, organizações e instituições internacionais de todos os níveis. Nós estamos firmemente convencidos de que o desenvolvimento econômico, o desenvolvimento social e a proteção do meio ambiente são interdependentes e componentes mutuamente enfatizadores do desenvolvimento sustentável, que é o marco de nossos esforços para o alcance de uma melhor qualidade de vida para todos os povos. Um desenvolvimento social equitativo que reconheça a importância do fortalecimento dos pobres, particularmente das mulheres que vivem na pobreza, na utilização dos recursos ambientais sustentáveis, é uma base necessária ao desenvolvimento sustentável. Nós também reconhecemos que um crescimento econômico sustentado, com ampla base, no contexto do desenvolvimento sustentável, é necessário para estimular o desenvolvimento social e a justiça social. O sucesso da Plataforma de Ação ainda exigirá uma adequada mobilização de recursos nos âmbitos nacional e internacional, como também novos e adicionais recursos para os países em desenvolvimento, provenientes de todos os mecanismos de financiamento disponíveis, incluídas as fontes multilaterais, bilaterais e privadas, a fim de que se promova o fortalecimento das mulheres; recursos financeiros para aumentar a capacidade de instituições nacionais, sub-regionais, regionais e internacionais; o compromisso de garantir a igualdade de direitos, a igualdade de responsabilidades, a igualdade de oportunidades e a igualdade de participação de mulheres e homens em todos os órgãos e processos de formulação de políticas públicas no âmbito nacional, regional e internacional; o estabelecimento ou o fortalecimento de mecanismos em todos os níveis para prestar contas às mulheres de todo mundo;

37. Garantir também o êxito da Plataforma de Ação em países cujas economias estejam em transição, o que requer contínua cooperação e assistência internacional;

38. Pela presente nos comprometemos, na qualidade de Governos, a implementar a seguinte Plataforma de Ação, de modo a garantir que uma perspectiva de gênero esteja presente em todas as nossas políticas e programas. Nós insistimos ao sistema das Nações Unidas, às instituições financeiras regionais e internacionais e às demais relevantes instituições regionais e internacionais e a todas as mulheres e homens, como também às organizações não governamentais, com pleno respeito à sua autonomia, e a todos os setores da sociedade civil que, em cooperação com os Governos, se comprometam plenamente e contribuam para a implementação desta Plataforma de Ação.

B) SISTEMA REGIONAL INTERAMERICANO

DECLARAÇÃO AMERICANA DOS DIREITOS E DEVERES DO HOMEM (1948)

▶ Resolução XXX, Ata Final, aprovada na IX Conferência Internacional Americana, em Bogotá, em abril de 1948.

A IX Conferência Internacional Americana,
Considerando:

Que os povos americanos dignificaram a pessoa humana e que suas Constituições nacionais reconhecem que as instituições jurídicas e políticas, que regem a vida em sociedade, têm como finalidade principal a proteção dos direitos essenciais do homem e a criação de circunstâncias que lhe permitam progredir espiritual e materialmente e alcançar a felicidade;

Que, em repetidas ocasiões, os Estados americanos reconheceram que os direitos essenciais do homem não derivam do fato de ser ele cidadão de determinado Estado, mas sim do fato dos direitos terem como base os atributos da pessoa humana;

Que a proteção internacional dos direitos do homem deve ser a orientação principal do direito americano em evolução;

Que a consagração americana dos direitos essenciais do homem, unida às garantias oferecidas pelo regime interno dos Estados, estabelece o sistema inicial de proteção que os Estados americanos consideram adequado 'às atuais circunstâncias sociais e jurídicas, não deixando de reconhecer, porém, que deverão fortalecê-lo cada vez mais no terreno internacional, à medida que essas circunstâncias se tornem mais propícias;

Resolve:
Adotar a seguinte

DECLARAÇÃO AMERICANA DOS DIREITOS E DEVERES DO HOMEM

Preâmbulo

Todos os homens nascem livres e iguais em dignidade e direitos e, como são dotados pela natureza de razão e consciência, devem proceder fraternalmente uns para com os outros.

O cumprimento do dever de cada um é exigência do direito de todos. Direitos e deveres integram-se correlativamente em toda a atividade social e política do homem. Se os direitos exaltam a liberdade individual, os deveres exprimem a dignidade dessa liberdade.

Os deveres de ordem jurídica dependem da existência anterior de outros de ordem moral, que apoiam os primeiros conceitualmente e os fundamentam.

É dever do homem servir o espírito com todas as suas faculdades e todos os seus recursos, porque o espírito é a finalidade suprema da existência humana e a sua máxima categoria.

É dever do homem exercer, manter e estimular a cultura por todos os meios ao seu alcance, porque a cultura é a mais elevada expressão social e histórica do espírito.

E, visto que a moral e as boas maneiras constituem a mais nobre manifestação da cultura, é dever de todo homem acatar-lhes os princípios.

CAPÍTULO PRIMEIRO
DIREITOS

Artigo I
Todo ser humano tem direito à vida, à liberdade e à segurança de sua pessoa.

Artigo II
Todas as pessoas são iguais perante a lei e têm os direitos e deveres consagrados nesta Declaração, sem distinção de raça, língua, crença, ou qualquer outra.

Artigo III
Toda pessoa tem o direito de professar livremente uma crença religiosa e de manifestá-la e praticá-la pública e particularmente.

Artigo IV
Toda pessoa tem o direito à liberdade de investigação, de opinião e de expressão e difusão do pensamento, por qualquer meio.

Artigo V
Toda pessoa tem direito à proteção da lei contra os ataques abusivos à sua honra, à sua reputação e à sua vida particular e familiar.

Artigo VI
Toda pessoa tem direito a constituir família, elemento fundamental da sociedade e a receber proteção para ela.

Artigo VII
Toda mulher em estado de gravidez ou em época de lactação, assim como toda criança, têm direito à proteção, cuidados e auxílios especiais.

Artigo VIII
Toda pessoa tem direito de fixar sua residência no território do Estado de que é nacional, de transitar por ele livremente e de não abandoná-lo senão por sua própria vontade.

Artigo IX
Toda pessoa tem direito à inviolabilidade do seu domicílio.

Artigo X
Toda pessoa tem direito à inviolabilidade e circulação da sua correspondência.

Artigo XI
Toda pessoa tem direito a que sua saúde seja resguardada por medidas sanitárias e sociais relativas à alimentação, roupas, habitação e cuidados médicos correspondentes ao nível permitido pelos recursos públicos e os da coletividade.

Artigo XII
Toda pessoa tem direito à educação, que deve inspirar-se nos princípios de liberdade, moralidade e solidariedade humana.

Tem, outrossim, direito a que, por meio dessa educação, lhe seja proporcionado o preparo para subsistir de uma maneira digna, para melhorar o seu nível de vida e para poder ser útil à sociedade.

O direito à educação compreende o de igualdade de oportunidade em todos os casos, de acordo com os dons naturais, os méritos e o desejo de aproveitar os recursos que possam proporcionar a coletividade e o Estado.

Toda pessoa tem o direito de que lhe seja ministrada gratuitamente, pelo menos, a instrução primária.

Artigo XIII
Toda pessoa tem direito de tomar parte na vida cultural da coletividade, de gozar das artes e de desfrutar dos benefícios resultantes do progresso intelectual e, especialmente, das descobertas científicas.

Tem o direito, outrossim, de ser protegida em seus interesses morais e materiais, no que se refere às invenções, obras literárias, científicas ou artísticas de sua autoria.

Artigo XIV
Toda pessoa tem direito ao trabalho em condições dignas e o direito de seguir livremente sua vocação,

na medida em que for permitido pelas oportunidades de emprego existentes.

Toda pessoa que trabalha tem o direito de receber uma remuneração que, em relação à sua capacidade de trabalho e habilidade, lhe garanta um nível de vida conveniente para si mesma e para sua família.

Artigo XV

Toda pessoa tem direito ao descanso, ao recreio honesto e à oportunidade de aproveitar utilmente o seu tempo livre em benefício de seu melhoramento espiritual, cultural e físico.

Artigo XVI

Toda pessoa tem direito à previdência social, de modo a ficar protegida contra as consequências do desemprego, da velhice e da incapacidade que, provenientes de qualquer causa alheia à sua vontade, a impossibilitem física ou mentalmente de obter meios de subsistência.

Artigo XVII

Toda pessoa tem direito a ser reconhecida, seja onde for, como pessoa com direitos e obrigações, e a gozar dos direitos civis fundamentais.

Artigo XVIII

Toda pessoa pode recorrer aos tribunais para fazer respeitar os seus direitos. Deve poder contar, outrossim, com processo simples e breve, mediante o qual a justiça a proteja contra atos de autoridade que violem, em seu prejuízo, qualquer dos direitos fundamentais consagrados constitucionalmente.

Artigo XIX

Toda pessoa tem direito à nacionalidade que legalmente lhe corresponda, podendo mudá-la, se assim o desejar, pela de qualquer outro país que estiver disposto a concedê-la.

Artigo XX

Toda pessoa, legalmente capacitada, tem o direito de tomar parte no governo do seu país, quer diretamente, quer através de seus representantes, e de participar das eleições, que se processarão por voto secreto, de uma maneira genuína, periódica e livre.

Artigo XXI

Toda pessoa tem o direito de se reunir pacificamente com outras, em manifestação pública, ou em assembleia transitória, em relação aos seus interesses comuns, de qualquer natureza que sejam.

Artigo XXII

Toda pessoa tem o direito de se associar com outras a fim de promover, exercer e proteger os seus interesses legítimos, de ordem política, econômica, religiosa, social, cultural, profissional, sindical ou de qualquer outra natureza.

Artigo XXIII

Toda pessoa tem direito à propriedade particular correspondente às necessidades essenciais de uma vida decente, e que contribua a manter a dignidade da pessoa e do lar.

Artigo XXIV

Toda pessoa tem o direito de apresentar petições respeitosas a qualquer autoridade competente, quer por motivo de interesse geral, quer de interesse particular, assim como o de obter uma solução rápida.

Artigo XXV

Ninguém pode ser privado da sua liberdade, a não ser nos casos previstos pelas leis e segundo as praxes estabelecidas pelas leis já existentes.

Ninguém pode ser preso por deixar de cumprir obrigações de natureza claramente civil.

Todo indivíduo, que tenha sido privado da sua liberdade, tem o direito de que o juiz verifique sem demora a legalidade da medida, e de que o julgue sem protelação injustificada, ou, no caso contrário, de ser posto em liberdade. Tem também direito a um tratamento humano durante o tempo em que o privarem da sua liberdade.

Artigo XXVI

Parte-se do princípio de que todo acusado é inocente, até provar-se-lhe a culpabilidade.

Toda pessoa acusada de um delito tem direito de ser ouvida em uma forma imparcial e pública, de ser julgada por tribunais já estabelecidos de acordo com leis preexistentes, e de que se lhe não inflijam penas cruéis, infamantes ou inusitadas.

Artigo XXVII

Toda pessoa tem o direito de procurar e receber asilo em território estrangeiro, em caso de perseguição que não seja motivada por delitos de direito comum, e de acordo com a legislação de cada país e com as convenções internacionais.

Artigo XXVIII

Os direitos do homem estão limitados pelos direitos do próximo, pela segurança de todos e pelas justas exigências do bem-estar geral e do desenvolvimento democrático.

CAPÍTULO SEGUNDO
DEVERES

Artigo XXIX

O indivíduo tem o dever de conviver com os demais, de maneira que todos e cada um possam formar e desenvolver integralmente a sua personalidade.

Artigo XXX

Toda pessoa tem o dever de auxiliar, alimentar, educar e amparar os seus filhos menores de idade, e os filhos têm o dever de honrar sempre os seus pais e de auxiliar, alimentar e amparar sempre que precisarem.

Artigo XXXI

Toda pessoa tem o dever de adquirir, pelo menos, a instrução primária.

Artigo XXXII

Toda pessoa tem o dever de votar nas eleições populares do país de que for nacional, quando estiver legalmente habilitada para isso.

Artigo XXXIII

Toda pessoa tem o dever de obedecer à Lei e aos demais mandamentos legítimos das autoridades do país onde se encontrar.

Artigo XXXIV

Toda pessoa devidamente habilitada tem o dever de prestar os serviços civis e militares que a pátria exija para a sua defesa e conservação, e, no caso de calamidade pública, os serviços civis que estiverem dentro de suas possibilidades.

Da mesma forma tem o dever de desempenhar os cargos de eleição popular de que for incumbida no Estado de que for nacional.

Artigo XXXV

Toda pessoa está obrigada a cooperar com o Estado e com a coletividade na assistência e previdência sociais, de acordo com as suas possibilidades e com as circunstâncias.

Artigo XXXVI

Toda pessoa tem o dever de pagar os impostos estabelecidos pela lei para a manutenção dos serviços públicos.

Artigo XXXVII

Toda pessoa tem o dever de trabalhar, dentro das suas capacidades e possibilidades, a fim de obter os recursos para a sua subsistência ou em benefício da coletividade.

Artigo XXXVIII

Todo o estrangeiro tem o dever de se abster de tomar parte nas atividades políticas que, de acordo com a lei, sejam privativas dos cidadãos do Estado onde se encontrar.

DECLARAÇÃO AMERICANA SOBRE OS DIREITOS DOS POVOS INDÍGENAS (2016)

▶ Aprovada na terceira sessão plenária, realizada em 15 de junho de 2016.

A ASSEMBLEIA GERAL,

RECORDANDO o conteúdo da resolução AG/RES. 2867 (XLIV-O/14), "Projeto de Declaração Americana sobre os Direitos dos Povos Indígenas", bem como de todas as resoluções anteriores relacionadas a esse tema;

RECORDANDO TAMBÉM a "Declaração sobre os Direitos dos Povos Indígenas nas Américas" [AG/DEC. 79 (XLIV-O/14)], que reafirma como prioridade da Organização dos Estados Americanos avançar na promoção e na proteção efetiva dos direitos dos povos indígenas das Américas;

RECONHECENDO o valioso apoio ao processo no âmbito do Grupo de Trabalho Encarregado de Elaborar um Projeto de Declaração Americana sobre os Direitos dos Povos Indígenas, por parte dos Estados membros, Estados Observadores e órgãos, organismos e entidades da Organização dos Estados Americanos;

RECONHECENDO TAMBÉM a importante participação dos povos indígenas das Américas no processo de elaboração desta Declaração; e

LEVANDO EM CONTA a significativa contribuição dos povos indígenas das Américas para a humanidade,

RESOLVE:

Aprovar a seguinte Declaração Americana sobre os Direitos dos Povos Indígenas:

DECLARAÇÃO AMERICANA SOBRE OS DIREITOS DOS POVOS INDÍGENAS

Preâmbulo

Os Estados membros da Organização dos Estados Americanos (doravante os "Estados"),

RECONHECENDO:

Que os direitos dos povos indígenas constituem um aspecto fundamental e de importância histórica para o presente e o futuro das Américas;

A importante presença de povos indígenas nas Américas e sua imensa contribuição para o desenvolvimento, a pluralidade e a diversidade cultural de nossas sociedades, e reiterando nosso compromisso com seu bem-estar econômico e social, bem como a obrigação de respeitar seus direitos e sua identidade cultural; e

A importância da existência dos povos e das culturas indígenas das Américas para a humanidade;

REAFIRMANDO que os povos indígenas são sociedades originárias, diversas e com identidade própria, que fazem parte integrante das Américas;

PREOCUPADOS com o fato de que os povos indígenas sofreram injustiças históricas como resultado, entre outros aspectos, da colonização e de terem sido despojados de suas terras, territórios e recursos, o que os impediu de exercer, em especial, seu direito ao desenvolvimento, de acordo com suas próprias necessidades e interesses;

RECONHECENDO a urgente necessidade de respeitar e promover os direitos intrínsecos dos povos indígenas que decorrem de suas estruturas políticas, econômicas e sociais, e de suas culturas, de suas tradições espirituais, de sua história e de sua filosofia, especialmente os direitos a suas terras, territórios e recursos;

RECONHECENDO TAMBÉM que o respeito aos conhecimentos, às culturas e às práticas tradicionais indígenas contribui para o desenvolvimento sustentável e equitativo e para a ordenação adequada do meio ambiente;

TENDO PRESENTES os avanços obtidos no âmbito internacional no reconhecimento dos direitos dos povos indígenas, em especial a Convenção 169 da Organização Internacional do Trabalho e a Declaração das Nações Unidas sobre os Direitos dos Povos Indígenas;

TENDO PRESENTE TAMBÉM o progresso nacional constitucional, legislativo e jurisprudencial alcançado nas Américas na garantia, promoção e proteção dos direitos dos povos indígenas, bem como a vontade política dos Estados de continuar avançando no reconhecimento dos direitos dos povos indígenas das Américas;

RECORDANDO os compromissos assumidos pelos Estados membros para garantir, promover e proteger os direitos e instituições dos povos indígenas, inclusive os assumidos na Terceira e na Quarta Cúpula das Américas;

RECORDANDO TAMBÉM a universalidade, a indivisibilidade e interdependência dos direitos humanos reconhecidos pelo direito internacional;

CONVENCIDOS de que o reconhecimento dos direitos dos povos indígenas na presente Declaração promoverá relações harmoniosas e de cooperação entre os Estados e os povos indígenas, baseadas nos princípios da justiça, da democracia, do respeito aos direitos humanos, da não discriminação e da boa-fé;

CONSIDERANDO a importância de se eliminar todas as formas de discriminação que possam afetar os povos indígenas e levando em conta a responsabilidade dos Estados de combatê-las; e

INCENTIVANDO os Estados a que respeitem e cumpram eficazmente todas as obrigações para com os povos indígenas decorrentes dos instrumentos internacionais, em especial as relativas aos direitos humanos, em consulta e cooperação com os povos interessados,

DECLARAM:

PRIMEIRA SEÇÃO
Povos indígenas. Âmbito de aplicação e alcance

Artigo I

1. A Declaração Americana sobre os Direitos dos Povos Indígenas aplica-se aos povos indígenas das Américas.

2. A autoidentificação como povo indígena será um critério fundamental para determinar a quem se aplica a presente Declaração. Os Estados respeitarão o direito a essa autoidentificação como indígena, de forma individual ou coletiva, conforme as práticas e instituições próprias de cada povo indígena.

Artigo II

Os Estados reconhecem e respeitam o caráter pluricultural e multilíngue dos povos indígenas que fazem parte integrante de suas sociedades.

Artigo III

Os povos indígenas têm direito à livre determinação. Em virtude desse direito, definem livremente sua condição política e buscam livremente seu desenvolvimento econômico, social e cultural.

Artigo IV

Nenhuma disposição da presente Declaração será interpretada no sentido de que se confere a um Estado, povo, grupo ou pessoa direito algum de participar de atividade ou realizar ato contrários à Carta da Organização dos Estados Americanos e à Carta das Nações Unidas, nem se entenderá no sentido de que se autoriza ou promove ação alguma destinada a prejudicar ou depreciar, total ou parcialmente, a integridade territorial ou a unidade política de Estados soberanos e independentes.

SEGUNDA SEÇÃO
Direitos humanos e direitos coletivos

Artigo V
Plena vigência dos direitos humanos

Os povos e as pessoas indígenas têm direito ao gozo pleno de todos os direitos humanos e liberdades fundamentais reconhecidos na Carta das Nações Unidas, na Carta da Organização dos Estados Americanos e no Direito Internacional dos Direitos Humanos.

Artigo VI
Direitos coletivos

Os povos indígenas têm os direitos coletivos indispensáveis para sua existência, bem-estar e desenvolvimento integral como povos. Nesse sentido, os Estados reconhecem e respeitam o direito dos povos indígenas à ação coletiva; a seus sistemas ou instituições jurídicos, sociais, políticos e econômicos; às próprias culturas; a professar e praticar suas crenças espirituais; a usar suas próprias línguas e idiomas; e a suas terras, territórios e recursos. Os Estados promoverão, com a participação plena e efetiva dos povos indígenas, a coexistência harmônica dos direitos e sistemas dos grupos populacionais e culturas.

Artigo VII
Igualdade de gênero

1. As mulheres indígenas têm direito ao reconhecimento, proteção e gozo de todos os direitos humanos e liberdades fundamentais constantes do Direito Internacional, livres de todas as formas de discriminação.

2. Os Estados reconhecem que a violência contra as pessoas e os povos indígenas, especialmente contra as mulheres, impede ou anula o gozo de todos os direitos humanos e liberdades fundamentais.

3. Os Estados adotarão as medidas necessárias, em conjunto com os povos indígenas, para prevenir e erradicar todas as formas de violência e discriminação, em especial contra as mulheres e crianças indígenas.

Artigo VIII
Direito de pertencer a povos indígenas

As pessoas e comunidades indígenas têm o direito de pertencer a um ou a vários povos indígenas, de acordo com a identidade, tradições, costumes e sistemas de pertencimento de cada povo. Do exercício desse direito não pode decorrer discriminação de nenhum tipo.

Artigo IX
Personalidade jurídica

Os Estados reconhecerão plenamente a personalidade jurídica dos povos indígenas, respeitando as formas de organização indígenas e promovendo o exercício pleno dos direitos reconhecidos nesta Declaração.

Artigo X
Repúdio à assimilação

1. Os povos indígenas têm o direito de manter, expressar e desenvolver livremente sua identidade cultural em todos os seus aspectos, livre de toda intenção externa de assimilação.

2. Os Estados não deverão desenvolver, adotar, apoiar ou favorecer política alguma de assimilação dos povos indígenas nem de destruição de suas culturas.

Artigo XI
Proteção contra o genocídio

Os povos indígenas têm o direito de não ser objeto de forma alguma de genocídio ou intenção de extermínio.

Artigo XII
Garantias contra o racismo, a discriminação racial, a xenofobia e outras formas conexas de intolerância

Os povos indígenas têm o direito de não ser objeto de racismo, discriminação racial, xenofobia ou outras formas conexas de intolerância. Os Estados adotarão as medidas preventivas e corretivas necessárias para a plena e efetiva proteção desse direito.

TERCEIRA SEÇÃO
Identidade Cultural

Artigo XIII
Direito à identidade e à integridade cultural

1. Os povos indígenas têm direito a sua própria identidade e integridade cultural e a seu patrimônio cultural, tangível e intangível, inclusive o histórico e ancestral, bem como à proteção, preservação, manutenção e desenvolvimento desse patrimônio cultural para sua continuidade coletiva e a de seus membros, e para transmiti-lo às gerações futuras.
2. Os Estados oferecerão reparação por meio de mecanismos eficazes, que poderão incluir a restituição, estabelecidos juntamente com os povos indígenas, a respeito dos bens culturais, intelectuais, religiosos e espirituais de que tenham sido privados sem seu consentimento livre, prévio e informado, ou em violação de suas leis, tradições e costumes.
3. Os povos indígenas têm direito a que se reconheçam e respeitem todas as suas formas de vida, cosmovisões, espiritualidade, usos e costumes, normas e tradições, formas de organização social, econômica e política, formas de transmissão do conhecimento, instituições, práticas, crenças, valores, indumentária e línguas, reconhecendo sua inter-relação, tal como se dispõe nesta Declaração.

Artigo XIV
Sistemas de conhecimento, linguagem e comunicação

1. Os povos indígenas têm o direito de preservar, usar, desenvolver, revitalizar e transmitir a gerações futuras suas próprias histórias, línguas, tradições orais, filosofias, sistemas de conhecimento, escrita e literatura; e a designar e manter seus próprios nomes para suas comunidades, indivíduos e lugares.
2. Os Estados adotarão medidas adequadas e eficazes para proteger o exercício desse direito com a participação plena e efetiva dos povos indígenas.
3. Os povos indígenas têm direito de promover e desenvolver todos os seus sistemas e meios de comunicação, inclusive seus próprios programas de rádio e televisão, e de ter acesso, em pé de igualdade, a todos os demais meios de comunicação e informação. Os Estados tomarão medidas para promover a transmissão de programas de rádio e televisão em língua indígena, especialmente em regiões de presença indígena. Os Estados apoiarão e promoverão a criação de empresas de rádio e televisão indígenas, bem como outros meios de informação e comunicação.
4. Os Estados, em conjunto com os povos indígenas, envidarão esforços para que esses povos possam compreender e se fazer compreender em suas próprias línguas em processos administrativos, políticos e judiciais, providenciando-lhes, caso seja necessário, intérpretes ou outros meios eficazes.

Artigo XV
Educação

1. Os povos e pessoas indígenas, em especial as crianças indígenas, têm direito a todos os níveis e formas de educação, sem discriminação.
2. Os Estados e os povos indígenas, em concordância com o princípio de igualdade de oportunidades, promoverão a redução das disparidades na educação entre os povos indígenas e não indígenas.
3. Os povos indígenas têm o direito de estabelecer e controlar seus sistemas e instituições docentes que ministrem educação em seus próprios idiomas, em consonância com seus métodos culturais de ensino e aprendizagem.
4. Os Estados, em conjunto com os povos indígenas, adotarão medidas eficazes para que as pessoas indígenas, em especial as crianças, que vivam fora de suas comunidades, possam ter acesso à educação em suas próprias línguas e culturas.
5. Os Estados promoverão relações interculturais harmônicas, assegurando nos sistemas educacionais estatais currículos com conteúdo que reflita a natureza pluricultural e multilíngue de suas sociedades, e que incentivem o respeito e o conhecimento das diversas culturas indígenas. Os Estados, em conjunto com os povos indígenas, incentivarão a educação intercultural que reflita as cosmovisões, histórias, línguas, conhecimentos, valores, culturas, práticas e formas de vida desses povos.
6. Os Estados, em conjunto com os povos indígenas, tomarão as medidas necessárias e eficazes para o exercício e cumprimento desses direitos.

Artigo XVI
Espiritualidade indígena

1. Os povos indígenas têm o direito de exercer livremente sua própria espiritualidade e crenças e, em virtude disso, de praticar, desenvolver, transmitir e ensinar suas tradições, costumes e cerimônias, e a realizá-las tanto em público como privadamente, individual e coletivamente.
2. Nenhum povo ou pessoa será sujeito a pressões ou imposições, ou a qualquer outro tipo de medida coercitiva que afete ou limite seu direito de exercer livremente sua espiritualidade e suas crenças indígenas.

3. Os povos indígenas têm o direito de preservar e proteger seus lugares sagrados e de ter acesso a eles, inclusive seus lugares de sepultamento, a usar e controlar suas relíquias e objetos sagrados e a recuperar seus restos humanos.

4. Os Estados, em conjunto com os povos indígenas, adotarão medidas eficazes para promover o respeito à espiritualidade e às crenças indígenas e proteger a integridade dos símbolos, práticas, cerimônias, expressões e formas espirituais dos povos indígenas, em conformidade com o Direito Internacional.

Artigo XVII
Família indígena

1. A família é o elemento natural e fundamental da sociedade. Os povos indígenas têm o direito de preservar, manter e promover seus próprios sistemas de família. Os Estados reconhecerão, respeitarão e protegerão as diferentes formas indígenas de família, em especial a família extensa, bem como suas formas de união matrimonial, filiação, descendência e nome familiar. Em todos os casos, se reconhecerá e respeitará a igualdade de gênero e geracional.

2. Em assuntos relativos à custódia, adoção, ruptura do vínculo familiar e assuntos similares, o interesse superior da criança será considerado primordial. Na determinação do interesse superior da criança, os tribunais e outras instituições relevantes terão presente o direito de toda criança indígena, em comum com membros de seu povo, de desfrutar de sua própria cultura, de professar e praticar sua própria religião ou de falar sua própria língua, e nesse sentido, será considerado o direito indígena do povo respectivo e seu ponto de vista, direitos e interesses, inclusive as posições dos indivíduos, da família e da comunidade.

Artigo XVIII
Saúde

1. Os povos indígenas têm o direito, de forma coletiva e individual, de desfrutar do mais alto nível possível de saúde física, mental e espiritual.

2. Os povos indígenas têm direito a seus próprios sistemas e práticas de saúde, bem como ao uso e à proteção das plantas, animais e minerais de interesse vital, e de outros recursos naturais de uso medicinal em suas terras e territórios ancestrais.

3. Os Estados tomarão medidas para prevenir e proibir que os povos e as pessoas indígenas sejam objeto de programas de pesquisa, experimentação biológica ou médica, bem como de esterilização, sem seu consentimento prévio livre e fundamentado. Os povos e as pessoas indígenas também têm o direito, conforme seja o caso, de acesso a seus próprios dados, prontuários médicos e documentos de pesquisa conduzida por pessoas e instituições públicas ou privadas.

4. Os povos indígenas têm o direito de utilizar, sem discriminação alguma, todas as instituições e serviços de saúde e atendimento médico acessíveis à população em geral. Os Estados, em consulta e coordenação com os povos indígenas, promoverão sistemas ou práticas interculturais nos serviços médicos e sanitários prestados nas comunidades indígenas, inclusive a formação de técnicos e profissionais indígenas de saúde.

5. Os Estados garantirão o exercício efetivo dos direitos constantes deste artigo.

Artigo XIX
Direito à proteção do meio ambiente sadio

1. Os povos indígenas têm direito a viver em harmonia com a natureza e a um meio ambiente sadio, seguro e sustentável, condições essenciais para o pleno gozo do direito à vida, a sua espiritualidade e cosmovisão e ao bem-estar coletivo.

2. Os povos indígenas têm direito a conservar, restaurar e proteger o meio ambiente e ao manejo sustentável de suas terras, territórios e recursos.

3. Os povos indígenas têm direito a proteção contra a introdução, abandono, dispersão, trânsito, uso indiscriminado ou depósito de qualquer material perigoso que possa afetar negativamente as comunidades, terras, territórios e recursos indígenas.

4. Os povos indígenas têm direito à conservação e proteção do meio ambiente e da capacidade produtiva de suas terras ou territórios e recursos. Os Estados deverão estabelecer e executar programas de assistência aos povos indígenas para assegurar essa conservação e proteção, sem discriminação.

QUARTA SEÇÃO
Direitos de organização e políticos

Artigo XX
Direitos de associação, reunião, liberdade de expressão e pensamento

1. Os povos indígenas têm os direitos de associação, reunião, organização e expressão, e a exercê-los sem interferências e de acordo com, entre outros, sua cosmovisão, seus valores, usos, costumes, tradições ancestrais, crenças, espiritualidade e outras práticas culturais.

2. Os povos indígenas têm direito de se reunir em seus lugares e espaços sagrados e cerimoniais. Para essa finalidade, terão o direito de usá-los e de a eles ter livre acesso.

3. Os povos indígenas, em especial os que estejam divididos por fronteiras internacionais, têm direito a transitar, manter, desenvolver contatos, relações e cooperação direta, inclusive atividades de caráter espiritual, cultural, político, econômico e social, com os membros de seu povo e com outros povos.

4. Os Estados adotarão, em consulta e cooperação com os povos indígenas, medidas efetivas para facilitar o exercício e assegurar a aplicação desses direitos.

Artigo XXI
Direito à autonomia ou à autogovernança

1. Os povos indígenas, no exercício de seu direito à livre determinação, têm direito à autonomia ou ao autogoverno nas questões relacionadas com seus

assuntos internos e locais, bem como a dispor de meios para financiar suas funções autônomas.

2. Os povos indígenas têm direito a manter e desenvolver suas próprias instituições indígenas de decisão. Têm também direito de participar da tomada de decisões nas questões que afetam seus direitos. Poderão fazê-lo diretamente ou por meio de seus representantes, de acordo com suas próprias normas, procedimentos e tradições. Têm ainda direito à igualdade de oportunidades de participar plena e efetivamente, como povos, de todas as instituições e foros nacionais, e a eles ter acesso, inclusive os órgãos deliberativos.

Artigo XXII
Direito e jurisdição indígena

1. Os povos indígenas têm direito a promover, desenvolver e manter suas estruturas institucionais e seus próprios costumes, espiritualidade, tradições, procedimentos, práticas e, quando existam, costumes ou sistemas jurídicos, em conformidade com as normas internacionais de direitos humanos.

2. O direito e os sistemas jurídicos indígenas serão reconhecidos e respeitados pela ordem jurídica nacional, regional e internacional.

3. Os assuntos referentes a pessoas indígenas ou a seus direitos ou interesses na jurisdição de cada Estado serão conduzidos de maneira a proporcionar aos indígenas o direito de plena representação com dignidade e igualdade perante a lei. Por conseguinte, têm direito, sem discriminação, à igual proteção e benefício da lei, inclusive ao uso de intérpretes linguísticos e culturais.

4. Os Estados tomarão medidas eficazes, em conjunto com os povos indígenas, para assegurar a implementação deste Artigo.

Artigo XXIII
Participação dos povos indígenas e contribuições dos sistemas legais e de organização indígenos

1. Os povos indígenas têm direito à participação plena e efetiva, por meio de representantes por eles eleitos, em conformidade com suas próprias instituições, na tomada de decisões nas questões que afetem seus direitos e que tenham relação com a elaboração e execução de leis, políticas públicas, programas, planos e ações relacionadas com os assuntos indígenas.

2. Os Estados realizarão consultas e cooperarão de boa-fé com os povos indígenas interessados por meio de suas instituições representativas antes de adotar e aplicar medidas legislativas ou administrativas que os afetem, a fim de obter seu consentimento livre, prévio e informado.

Artigo XXIV
Tratados, acordos e outros pactos construtivos

1. Os povos indígenas têm direito ao reconhecimento, observância e aplicação dos tratados, acordos e outros pactos construtivos concertados com os Estados, e seus sucessores, em conformidade com seu verdadeiro espírito e intenção, de boa-fé, e a fazer com que sejam respeitados e acatados pelos Estados. Os Estados dispensarão a devida consideração ao entendimento que os povos indígenas tenham dos tratados, acordos e outros pactos construtivos.

2. Quando as controvérsias não puderem ser resolvidas entre as partes em relação a esses tratados, acordos e outros pactos construtivos, serão submetidas aos órgãos competentes, inclusive os órgãos regionais e internacionais, pelos Estados ou pelos povos indígenas interessados.

3. Nenhuma disposição desta Declaração será interpretada de maneira que prejudique ou suprima os direitos dos povos indígenas que figurem em tratados, acordos e outros pactos construtivos.

QUINTA SEÇÃO
Direitos sociais, econômicos e de propriedade

Artigo XXV
Formas tradicionais de propriedade e sobrevivência cultural. Direito a terras, territórios e recursos

1. Os povos indígenas têm direito a manter e fortalecer sua própria relação espiritual, cultural e material com suas terras, territórios e recursos, e a assumir suas responsabilidades para conservá-los para eles mesmos e para as gerações vindouras.

2. Os povos indígenas têm direito às terras e territórios bem como aos recursos que tradicionalmente tenham ocupado, utilizado ou adquirido, ou de que tenham sido proprietários.

3. Os povos indígenas têm direito à posse, utilização, desenvolvimento e controle das terras, territórios e recursos de que sejam proprietários, em razão da propriedade tradicional ou outro tipo tradicional de ocupação ou utilização, bem como àqueles que tenham adquirido de outra forma.

4. Os Estados assegurarão o reconhecimento e a proteção jurídica dessas terras, territórios e recursos. Esse reconhecimento respeitará devidamente os costumes, as tradições e os sistemas de posse da terra dos povos indígenas de que se trate.

5. Os povos indígenas têm direito ao reconhecimento legal das modalidades e formas diversas e particulares de propriedade, posse ou domínio de suas terras, territórios e recursos, de acordo com o ordenamento jurídico de cada Estado e os instrumentos internacionais pertinentes. Os Estados estabelecerão os regimes especiais apropriados para esse reconhecimento e sua efetiva demarcação ou titulação.

Artigo XXVI
Povos indígenas em isolamento voluntário ou em contato inicial

1. Os povos indígenas em isolamento voluntário ou em contato inicial têm direito a permanecer nessa condição e a viver livremente e de acordo com suas culturas.

2. Os Estados adotarão políticas e medidas adequadas, com o conhecimento e a participação dos

povos e das organizações indígenas, para reconhecer, respeitar e proteger as terras, territórios, o meio ambiente e as culturas desses povos, bem como sua vida e integridade individual e coletiva.

Artigo XXVII
Direitos trabalhistas

1. Os povos e as pessoas indígenas têm os direitos e as garantias reconhecidas pela legislação trabalhista nacional e pelo direito trabalhista internacional. Os Estados adotarão todas as medidas especiais para prevenir, punir e reparar a discriminação de que os povos e as pessoas indígenas sejam objeto.

2. Os Estados, em conjunto com os povos indígenas, deverão adotar medidas imediatas e eficazes para eliminar práticas de exploração do trabalho com respeito aos povos indígenas, em especial as crianças, as mulheres e os idosos indígenas.

3. Caso os povos indígenas não estejam protegidos eficazmente pelas leis aplicáveis aos trabalhadores em geral, os Estados, em conjunto com os povos indígenas, tomarão todas as medidas que possam ser necessárias para:

a. proteger os trabalhadores e empregados indígenas no que se refere à contratação em condições de emprego justas e igualitárias, tanto nos sistemas de trabalho formais como nos informais;

b. estabelecer, aplicar ou melhorar a inspeção do trabalho e a aplicação de normas com especial atenção, entre outros, a regiões, empresas ou atividades laborais de que participem trabalhadores ou empregados indígenas;

c. estabelecer, aplicar ou fazer cumprir as leis de maneira que tanto trabalhadoras como trabalhadores indígenas:

I. gozem de igualdade de oportunidades e de tratamento em todos os termos, condições e benefícios de emprego, inclusive formação e capacitação, de acordo com a legislação nacional e o Direito Internacional;

II. gozem do direito de associação, do direito de estabelecer organizações sindicais e de participar de atividades sindicais, bem como do direito de negociar de forma coletiva com empregadores, por meio de representantes de sua escolha ou organizações de trabalhadores, inclusive suas autoridades tradicionais;

III. não estejam sujeitos a discriminação ou assédio por motivos de, entre outros, raça, sexo, origem ou identidade indígena;

IV. não estejam sujeitos a sistemas de contratação coercitivos, inclusive a escravidão por dívidas ou qualquer outra forma de trabalho forçado ou obrigatório, caso este acordo trabalhista tenha origem na lei, no costume ou em um pacto individual ou coletivo, caso em que o acordo trabalhista será absolutamente nulo e sem valor;

V. não sejam forçados a condições de trabalho nocivas para sua saúde e segurança pessoal; e que estejam protegidos de trabalhos que não cumpram as normas de saúde ocupacional e de segurança; e

VI. recebam proteção legal plena e efetiva, sem discriminação, quando prestem serviços como trabalhadores sazonais, eventuais ou migrantes, bem como quando sejam contratados por empregadores, de maneira que recebam os benefícios da legislação e da prática nacionais, os quais devem ser compatíveis com o direito e as normas internacionais de direitos humanos para essa categoria de trabalhador.

d. assegurar que os trabalhadores indígenas e seus empregadores estejam informados sobre os direitos dos trabalhadores indígenas segundo as normas nacionais e o Direito Internacional e as normas indígenas, e sobre os recursos e ações de que disponham para proteger esses direitos.

4. Os Estados adotarão medidas para promover o emprego das pessoas indígenas.

Artigo XXVIII
Proteção do patrimônio cultural e da propriedade intelectual

1. Os povos indígenas têm direito ao pleno reconhecimento e respeito à propriedade, domínio, posse, controle, desenvolvimento e proteção de seu patrimônio cultural material e imaterial, e propriedade intelectual, inclusive sua natureza coletiva, transmitidos por milênios, de geração a geração.

2. A propriedade intelectual coletiva dos povos indígenas compreende, entre outros, os conhecimentos e expressões culturais tradicionais entre os quais se encontram os conhecimentos tradicionais associados aos recursos genéticos, aos desenhos e aos procedimentos ancestrais, as manifestações culturais, artísticas, espirituais, tecnológicas e científicas, o patrimônio cultural material e imaterial, bem como os conhecimentos e desenvolvimentos próprios relacionados com a biodiversidade e a utilidade e qualidades das sementes, das plantas medicinais, da flora e da fauna.

3. Os Estados, com a participação plena e efetiva dos povos indígenas, adotarão as medidas necessárias para que os acordos e regimes nacionais ou internacionais disponham o reconhecimento e a proteção adequada do patrimônio cultural e da propriedade intelectual associada a esse patrimônio dos povos indígenas. Para a adoção dessas medidas, serão realizadas consultas destinadas a obter o consentimento livre, prévio e informado dos povos indígenas.

Artigo XXIX
Direito ao desenvolvimento

1. Os povos indígenas têm direito a manter e determinar suas próprias prioridades em relação ao seu desenvolvimento político, econômico, social e cultural, em conformidade com sua própria cosmovisão. Têm também direito à garantia do desfrute de seus próprios meios de subsistência e desenvolvimento e a dedicar-se livremente a todas as suas atividades econômicas.

2. Esse direito inclui a elaboração das políticas, planos, programas e estratégias para o exercício

de seu direito ao desenvolvimento e à implementação de acordo com sua organização política e social, normas e procedimentos, e suas próprias cosmovisões e instituições.

3. Os povos indígenas têm direito a participar ativamente da elaboração e determinação dos programas de desenvolvimento que lhes digam respeito e, na medida do possível, administrar esses programas mediante suas próprias instituições.

4. Os Estados realizarão consultas e cooperarão de boa-fé com os povos indígenas interessados por meio de suas próprias instituições representativas a fim de obter seu consentimento livre e fundamentado antes de aprovar qualquer projeto que afete suas terras ou territórios e outros recursos, especialmente em relação ao desenvolvimento, à utilização ou à exploração de recursos minerais, hídricos ou de outro tipo.

5. Os povos indígenas têm direito a medidas eficazes para reduzir os impactos adversos ecológicos, econômicos, sociais, culturais ou espirituais decorrentes da execução de projetos de desenvolvimento que afetem seus direitos. Os povos indígenas que tenham sido despojados de seus próprios meios de subsistência e desenvolvimento têm direito à restituição e, quando não seja possível, à indenização justa e equitativa, o que inclui o direito à compensação por qualquer dano que lhes tenha sido causado pela execução de planos, programas ou projetos do Estado, de organismos financeiros internacionais ou de empresas privadas.

Artigo XXX
Direito à paz, à segurança e à proteção

1. Os povos indígenas têm direito à paz e à segurança.

2. Os povos indígenas têm direito ao reconhecimento e ao respeito de suas próprias instituições para a manutenção de sua organização e controle de suas comunidades e povos.

3. Os povos indígenas têm direito à proteção e segurança em situações ou períodos de conflito armado interno ou internacional, em conformidade com o Direito Internacional Humanitário.

4. Os Estados, em cumprimento aos acordos internacionais em que são Partes, em especial o Direito Internacional Humanitário e o Direito Internacional dos Direitos Humanos, inclusive a Quarta Convenção de Genebra, de 1949, relativa à proteção devida às pessoas civis em tempo de guerra, e o Protocolo II de 1977, relativo à proteção das vítimas dos conflitos armados sem caráter internacional, em caso de conflitos armados, tomarão medidas adequadas para proteger os direitos humanos, as instituições, as terras, os territórios e os recursos dos povos indígenas e suas comunidades. Os Estados:

a. Não recrutarão crianças e adolescentes indígenas para servir nas forças armadas em nenhuma circunstância;

b. Tomarão medidas de reparação efetiva devido a prejuízos ou danos ocasionados por um conflito armado, juntamente com os povos indígenas afetados, e proporcionarão os recursos necessários a essas medidas; e

c. Tomarão medidas especiais e efetivas, em colaboração com os povos indígenas, para garantir que as mulheres e crianças indígenas vivam livres de toda forma de violência, especialmente sexual, e garantirão o direito de acesso à justiça, à proteção e à reparação efetiva dos danos causados às vítimas.

5. Não serão realizadas atividades militares nas terras ou nos territórios dos povos indígenas, salvo se justificado por uma razão de interesse público pertinente ou se tiver sido acordado livremente com os povos indígenas interessados ou se estes o tiverem solicitado.

SEXTA SEÇÃO
Disposições gerais

Artigo XXXI

1. Os Estados garantirão o pleno gozo dos direitos civis, políticos, econômicos, sociais e culturais dos povos indígenas, bem como seu direito de manter sua identidade cultural e espiritual, sua tradição religiosa e sua cosmovisão, seus valores e a proteção de seus lugares sagrados e de culto, além de todos os direitos humanos constantes da presente Declaração.

2. Os Estados promoverão, com a participação plena e efetiva dos povos indígenas, a adoção das medidas legislativas e de outra natureza que sejam necessárias para tornar efetivos os direitos reconhecidos nesta Declaração.

Artigo XXXII

Todos os direitos e liberdades reconhecidos na presente Declaração serão garantidos igualmente às mulheres e aos homens indígenas.

Artigo XXXIII

Os povos e pessoas indígenas têm direito a recursos efetivos e adequados, inclusive os recursos judiciais expeditos, para a reparação de toda violação de seus direitos coletivos e individuais. Os Estados, com a participação plena e efetiva dos povos indígenas, disporão os mecanismos necessários para o exercício desse direito.

Artigo XXXIV

No caso de conflitos e controvérsias com os povos indígenas, os Estados disporão, com a participação plena e efetiva desses povos, mecanismos e procedimentos justos, equitativos e eficazes para sua pronta solução. Para essa finalidade, se dispensará a devida consideração e reconhecimento aos costumes, às tradições, às normas ou aos sistemas jurídicos dos povos indígenas interessados.

Artigo XXXV

Nada nesta Declaração pode ser interpretado no sentido de limitar, restringir ou negar de maneira alguma os direitos humanos, ou no sentido de autorizar ação alguma que não esteja de acordo com o Direito Internacional dos Direitos Humanos.

Artigo XXXVI

No exercício dos direitos enunciados na presente Declaração, serão respeitados os direitos humanos e as liberdades fundamentais de todos. O exercício dos direitos estabelecidos na presente Declaração estará sujeito exclusivamente às limitações determinadas por lei e em conformidade com as obrigações internacionais em matéria de direitos humanos. Essas limitações não serão discriminatórias e serão somente as estritamente necessárias para garantir o reconhecimento e o respeito devidos aos direitos e às liberdades dos demais e para atender às justas e mais prementes necessidades de uma sociedade democrática.

As disposições enunciadas na presente Declaração serão interpretadas de acordo com os princípios da justiça, da democracia, do respeito aos direitos humanos, da igualdade, da não discriminação, da boa governança e da boa-fé.

Artigo XXXVII

Os povos indígenas têm direito a receber assistência financeira e técnica dos Estados e por meio da cooperação internacional para o gozo dos direitos enunciados nesta Declaração.

Artigo XXXVIII

A Organização dos Estados Americanos, seus órgãos, organismos e entidades tomarão as medidas necessárias para promover o pleno respeito, a proteção e a aplicação das disposições constantes desta Declaração e zelarão por sua eficácia.

Artigo XXXIX

A natureza e o alcance das medidas a serem tomadas para dar cumprimento à presente Declaração serão determinadas de acordo com seu espírito e propósito.

Artigo XL

Nenhuma disposição da presente Declaração será interpretada no sentido de limitar ou prejudicar os direitos de que gozam os povos indígenas na atualidade, ou que possam vir a gozar no futuro.

Artigo XLI

Os direitos reconhecidos nesta Declaração e na Declaração das Nações Unidas sobre os Direitos dos Povos Indígenas constituem as normas mínimas para a sobrevivência, dignidade e bem-estar dos povos indígenas das Américas.

NOTAS DE RODAPÉ

1. Os Estados Unidos continuam comprometidos em abordar as questões urgentes de preocupação dos povos indígenas nas Américas, incluindo o combate à discriminação contra os povos e indivíduos indígenas, aumentando a participação deles nos processos políticos nacionais; em enfocar a falta de infraestrutura e as condições de vida precárias nas áreas indígenas, combatendo a violência contra mulheres e meninas indígenas; em promover a repatriação de restos mortais ancestrais e objetos cerimoniais; e em colaborar em questões de direitos de terras e autogovernança, entre muitas outras questões. A multitude de iniciativas em andamento relacionadas com esses temas oferece formas de abordar algumas das consequências das ações do passado. No entanto, os Estados Unidos objetam de modo persistente ao texto desta Declaração Americana, a qual em si mesma não é juridicamente vinculante e, portanto, não cria um novo direito e não é uma declaração das obrigações dos Estados membros da Organização dos Estados Americanos (OEA) nos termos de tratados ou do direito internacional consuetudinário.

Os Estados Unidos reiteram sua crença de longa data em que a implementação da Declaração das Nações Unidas sobre os Direitos dos Povos Indígenas (doravante a "Declaração da ONU") deve continuar sendo o enfoque da OEA e de seus Estados membros. Os Estados membros da OEA uniram-se aos Estados membros da ONU na renovação de seus compromissos de políticas no tocante à Declaração da ONU na Conferência Mundial sobre Povos Indígenas, realizada em setembro de 2014. As iniciativas importantes e desafiadoras em andamento no nível global para acatar os respectivos compromissos constantes da Declaração da ONU e do documento resultante da Conferência Mundial são apropriadamente o enfoque da atenção e recursos dos Estados, dos povos indígenas, da sociedade civil e das organizações internacionais, inclusive nas Américas. Neste sentido, os Estados Unidos planejam continuar seus esforços diligentes e proativos que têm envidado em estreita colaboração com os povos indígenas dos Estados Unidos e de muitos outros Estados membros da OEA no sentido de promover a consecução dos objetivos da Declaração da ONU, bem como promover o cumprimento dos compromissos constantes do documento resultante da Conferência Mundial. Em conclusão, os Estados Unidos reiteram sua solidariedade com as preocupações expressas pelos povos indígenas referentes à sua falta de participação plena e efetiva nessas negociações.

O Canadá reitera seu compromisso com um relacionamento renovado com seus povos indígenas, baseado no reconhecimento de direitos, respeito, cooperação e parceria. O país está empenhado, em plena parceria com seus povos indígenas, em fazer avançar a implementação da Declaração das Nações Unidas sobre os Direitos dos Povos Indígenas, de acordo com a Constituição canadense. Por não ter participado substantivamente em anos recentes das negociações da Declaração Americana sobre os Direitos dos Povos Indígenas, o Canadá não tem condições neste momento de assumir uma posição com relação à redação proposta para esta declaração. O Canadá está comprometido em continuar trabalhando com nossos parceiros na OEA para fazer avançar as questões indígenas nas Américas.

O Estado da Colômbia afasta-se do consenso a respeito do Artigo XXIII, parágrafo 2, da Declaração dos Povos Indígenas da OEA, referente às consultas para obter o consentimento prévio, livre e informado das comunidades indígenas antes de adotar e aplicar medidas legislativas ou administrativas que os afetem, a fim de obter seu consentimento livre, prévio e informado.

Isso leva em consideração o fato de que o ordenamento jurídico colombiano define o direito de consulta prévia dessas comunidades, de acordo com o Convênio N° 169 da Organização Internacional do Trabalho (OIT). Nesse sentido, a Corte Constitucional Colombiana estabelece que o processo de consulta deve ser realizado "com vistas a alcançar um acordo ou alcançar o consentimento das comunidades indígenas no tocante às medidas legislativas propostas".

É importante esclarecer que isso não se traduz em um poder de veto das comunidades étnicas àquelas medidas que as afetem diretamente, ou seja, que não podem ser adotadas sem seu consentimento. Isso significa que, ante o desacordo, devem apresentar "fórmulas de concertação ou acordo com a comunidade".

Além disso, a Comissão de Peritos da OIT determinou que a consulta prévia não implica um direito de vetar decisões estatais, mas é um mecanismo idôneo para que os povos indígenas e tribais tenham o direito de se expressar e de influenciar o processo de tomada de decisões.

Ante o exposto e entendendo que o enfoque desta Declaração com relação ao consentimento prévio é distinto e poderia equivaler a um possível veto na ausência de um acordo, o que poderia frear processos de interesse geral, o conteúdo deste Artigo é inaceitável para a Colômbia.

O Estado da Colômbia afasta-se do consenso a respeito do Artigo XXIX, parágrafo 4, da Declaração dos Povos Indígenas da OEA, referente às consultas para obter o consentimento prévio, livre e informado das comunidades indígenas antes de aprovar projetos que afetem suas terras ou territórios e outros recursos.

Isso leva em consideração o fato de que, apesar de o Estado colombiano ter incorporado em seu ordenamento jurídico uma ampla gama de direitos com o objetivo de reconhecer, garantir e tornar exigíveis os direitos e princípios constitucionais de pluralismo e diversidade étnica e cultural da nação no âmbito da Constituição Política, o reconhecimento dos direitos coletivos dos povos indígenas é regulado por disposições jurídicas e administrativas, em harmonia com os objetivos do Estado e com princípios tais como função social e ecológica da propriedade, propriedade estatal do subsolo e recursos naturais não renováveis.

Neste sentido, nestes territórios os povos indígenas exercem a própria organização política, social e judicial. Por mandato constitucional, suas autoridades são reconhecidas como autoridades estatais públicas de caráter especial e, em matéria judicial, reconhece-se a jurisdição especial indígena, avanço notável em relação com outros países da região.

No contexto internacional, a Colômbia é um país líder na aplicação das disposições sobre consulta prévia do Convênio N° 169 da Organização Internacional do Trabalho (OIT), do qual faz parte nosso Estado.

Entendendo que o enfoque desta Declaração Americana relativo ao consentimento prévio é distinto e poderia equivaler a um possível veto na exploração de recursos naturais que se encontrem em territórios indígenas, na ausência de um acordo, o qual poderia frear processos de interesse geral, o conteúdo deste artigo é inaceitável para a Colômbia.

Além disso, é importante destacar que muitos Estados, inclusive a Colômbia, consagram constitucionalmente que o subsolo e os recursos naturais não renováveis são propriedade do Estado para conservar e garantir sua utilidade pública em benefício de toda a nação. Por esta razão, as disposições constantes deste Artigo são contrárias à ordem jurídica interno da Colômbia, sustentada no interesse nacional.

O Estado da Colômbia afasta-se a respeito do Artigo XXX, parágrafo 5 da Declaração dos Povos indígenas da OEA, considerando que conforme o mandato constante da Constituição Política da Colômbia, a Força Pública tem a obrigação de marcar presença em qualquer lugar do território nacional para oferecer e garantir a todos os habitantes a proteção e respeito de sua vida, honra e bens, tanto individuais como coletivos. A proteção dos direitos das comunidades indígenas e sua integridade dependem em grande medida da segurança de seus territórios.

Sendo assim, na Colômbia foram expedidas instruções à Força Pública para dar cumprimento à obrigação de proteção dos povos indígenas. Neste sentido, a referida disposição da Declaração dos Povos indígenas da OEA contraria o princípio de Necessidade e Eficácia da Força Pública, impedindo o cumprimento de sua missão institucional, o que o torna inaceitável para a Colômbia.

Tratados Internacionais de Direitos Humanos

A) Sistema global

CONVENÇÃO PARA A PREVENÇÃO E A REPRESSÃO DO CRIME DE GENOCÍDIO (1948)

- Aprovada e aberta à assinatura e ratificação ou adesão pela Resolução 260 A (III), da Assembleia Geral das Nações Unidas, de 09.12.1948. Foi aprovada no Brasil pelo Decreto Legislativo 2, de 11.04.1951, ratificada em 15.04.1952, e promulgada pelo Decreto 30.822, de 06.05.1952.
- Lei 2.889/1956 (Define e pune o crime de genocídio).

As Partes Contratantes,
Considerando que a Assembleia Geral da Organização das Nações Unidas, em sua Resolução 96 (I), de 11 de dezembro de 1946, declarou que o genocídio é um crime contra o Direito Internacional, contrário ao espírito e aos fins das Nações Unidas e que o mundo civilizado condena;
Reconhecendo que em todos os períodos da história o genocídio causou grandes perdas à humanidade;
Convencidas de que, para libertar a humanidade de flagelo tão odioso, a cooperação internacional é necessária;
Convêm no seguinte:

Artigo I
As Partes Contratantes confirmam que o genocídio, quer cometido em tempo de paz, quer em tempo de guerra, é um crime contra o Direito Internacional, o qual elas se comprometem a prevenir e a punir.

Artigo II
Na presente Convenção, entende-se por genocídio qualquer dos seguintes atos, cometidos com a intenção de destruir, no todo ou em parte, um grupo nacional, étnico, racial ou religioso, tal como:
a) assassinato de membros do grupo;
b) dano grave à integridade física ou mental de membros do grupo;
c) submissão intencional do grupo a condições de existência que lhe ocasionem a destruição física total ou parcial;
d) medidas destinadas a impedir os nascimentos no seio do grupo;
e) transferência forçada de menores do grupo para outro grupo.

Artigo III
Serão punidos os seguintes atos:
a) o genocídio;
b) o conluio para cometer o genocídio;
c) a incitação direta e pública a cometer o genocídio;
d) a tentativa de genocídio;
e) a cumplicidade no genocídio.

Artigo IV
As pessoas que tiverem cometido o genocídio ou qualquer dos outros atos enumerados do art. III serão punidas, sejam governantes, funcionários ou particulares.

Artigo V
As Partes Contratantes assumem o compromisso de tomar, de acordo com as respectivas Constituições, as medidas legislativas necessárias a assegurar a aplicação das disposições da presente Convenção e, sobretudo, a estabelecer sanções penais eficazes aplicáveis às pessoas culpadas de genocídio ou de qualquer dos outros atos enumerados no art. III.

Artigo VI
As pessoas acusadas de genocídio ou de qualquer dos outros atos enumerados no art. III serão julgadas pelos tribunais competentes do Estado em cujo território foi o ato cometido ou pela corte penal internacional competente com relação às Partes Contratantes que lhe tiverem reconhecido a jurisdição.

Artigo VII
O genocídio e os outros atos enumerados no art. III não serão considerados crimes políticos para efeitos de extradição.
As Partes Contratantes se comprometem, em tal caso, a conceder a extradição de acordo com sua legislação e com os tratados em vigor.

Artigo VIII
Qualquer Parte Contratante pode recorrer aos órgãos competentes das Nações Unidas, a fim de que estes tomem, de acordo com a Carta das Nações Unidas, as medidas que julguem necessárias para a prevenção e a repressão dos atos de genocídio ou de qualquer dos outros atos enumerados no art. III.

Artigo IX

As controvérsias entre as Partes Contratantes relativas à interpretação, aplicação ou execução da presente Convenção, bem como as referentes à responsabilidade de um Estado em matéria de genocídio ou de qualquer dos outros atos enumerados no art. III, serão submetidas à Corte Internacional de Justiça, a pedido de uma das Partes na controvérsia.

Artigo X

A presente Convenção, cujos textos em chinês, espanhol, francês, inglês e russo serão igualmente autênticos, terá a data de 9 de dezembro de 1948.

Artigo XI

A presente Convenção ficará aberta, até 31 de dezembro de 1949, à assinatura de todos os membros das Nações Unidas e de todo Estado não membro ao qual a Assembleia Geral houver enviado um convite para esse fim.

A presente Convenção será ratificada e dos instrumentos de ratificação far-se-á depósito no Secretariado das Nações Unidas.

A partir de 1º de janeiro de 1950, qualquer membro das Nações Unidas e qualquer Estado não membro que houver recebido o convite acima mencionado poderá aderir à presente Convenção.

Os instrumentos de adesão serão depositados no Secretariado das Nações Unidas.

Artigo XII

Qualquer Parte Contratante poderá, a qualquer tempo, por notificação dirigida ao Secretário-Geral das Nações Unidas, estender a aplicação da presente Convenção a todos os territórios ou a qualquer dos territórios de cujas relações exteriores seja responsável.

Artigo XIII

Na data em que os vinte primeiros instrumentos de ratificação ou adesão tiverem sido depositados, o Secretário-Geral lavrará a ata e transmitirá cópia da mesma a todos os membros das Nações Unidas e aos Estados não membros a que se refere o art. XI.

A presente Convenção entrará em vigor noventa dias após a data do depósito do vigésimo instrumento de ratificação ou adesão.

Qualquer ratificação ou adesão efetuada posteriormente à última data entrará em vigor noventa dias após o depósito do instrumento de ratificação ou adesão.

Artigo XIV

A presente Convenção vigorará por dez anos a partir da data de sua entrada em vigor.

Ficará, posteriormente, em vigor por um período de cinco anos e assim sucessivamente com relação às Partes Contratantes que não a tiverem denunciado pelo menos seis meses antes do termo do prazo.

A denúncia será feita por notificação escrita dirigida ao Secretário-Geral das Nações Unidas.

Artigo XV

Se, em consequência de denúncias, o número das Partes na presente Convenção se reduzir a menos de dezesseis, a Convenção cessará de vigorar a partir da data na qual a última dessas denúncias entrar em vigor.

Artigo XVI

A qualquer tempo, qualquer Parte Contratante poderá formular pedido de revisão da presente Convenção, por meio de notificação escrita dirigida ao Secretário-Geral.

A Assembleia Geral decidirá com relação às medidas que se devam tomar, se for o caso, com relação a esse pedido.

Artigo XVII

O Secretário-Geral das Nações Unidas notificará todos os membros das Nações Unidas e os Estados não membros mencionados no art. XI:

a) das assinaturas, ratificações e adesões recebidas de acordo com o art. XI;

b) das notificações recebidas de acordo com o art. XII;

c) da data em que a presente Convenção entrar em vigor de acordo com o art. XIII;

d) das denúncias recebidas de acordo com o art. XIV;

e) da ab-rogação da Convenção de acordo com o art. XV;

f) das notificações recebidas de acordo com o art. XVI.

Artigo XVIII

O original da presente Convenção será depositado nos arquivos da Organização das Nações Unidas.

Enviar-se-á cópia autenticada a todos os membros das Nações Unidas e aos Estados não membros mencionados no art. XI.

Artigo XIX

A presente Convenção será registrada pelo Secretário-Geral das Nações Unidas na data de sua entrada em vigor.

CONVENÇÃO RELATIVA AO ESTATUTO DOS REFUGIADOS (1951)

▶ Adotada em 28.07.1951 pela Conferência das Nações Unidas de Plenipotenciários sobre o Estatuto dos Refugiados e Apátridas, convocada pela Resolução 429 (V) da Assembleia Geral das Nações Unidas, de 14.12.1950. Promulgada no Brasil pelo Decreto 50.215, de 28.01.1961.

As Altas Partes Contratantes,

Considerando que a Carta das Nações Unidas e a Declaração Universal dos Direitos Humanos aprovada em 10 de dezembro de 1948 pela Assembleia Geral afirmaram o princípio de que os seres humanos, sem distinção, devem gozar dos direitos humanos e das liberdades fundamentais,

Considerando que a Organização das Nações Unidas tem repetidamente manifestado a sua profunda preocupação pelos refugiados e que ela tem se esforçado por assegurar a estes o exercício mais amplo possível dos direitos humanos e das liberdades fundamentais,

Considerando que é desejável rever e codificar os acordos internacionais anteriores relativos ao estatuto dos refugiados e estender a aplicação desses instrumentos e a proteção que eles oferecem por meio de um novo acordo,

Considerando que da concessão do direito de asilo podem resultar encargos indevidamente pesados para certos países e que a solução satisfatória dos problemas cujo alcance e natureza internacionais a Organização das Nações Unidas reconheceu, não pode, portanto, ser obtida sem cooperação internacional,

Exprimindo o desejo de que todos os Estados, reconhecendo o caráter social e humanitário do problema dos refugiados, façam tudo o que esteja ao seu alcance para evitar que esse problema se torne causa de tensão entre os Estados,

Notando que o Alto Comissariado das Nações Unidas para os Refugiados tem a incumbência de zelar pela aplicação das convenções internacionais que assegurem a proteção dos refugiados, e reconhecendo que a coordenação efetiva das medidas tomadas para resolver este problema dependerá da cooperação dos Estados com o Alto Comissário, Convieram nas seguintes disposições:

CAPÍTULO I
DISPOSIÇÕES GERAIS
Artigo 1º
Definição do termo "refugiado"

A. Para os fins da presente Convenção, o termo "refugiado" se aplicará a qualquer pessoa:

1) Que foi considerada refugiada nos termos dos Ajustes de 12 de maio de 1926 e de 30 de junho de 1928, ou das Convenções de 28 de outubro de 1933 e de 10 de fevereiro de 1938 e do Protocolo de 14 de setembro de 1939, ou ainda da Constituição da Organização Internacional dos Refugiados;

As decisões de inabilitação tomadas pela Organização Internacional dos Refugiados durante o período do seu mandato, não constituem obstáculo a que a qualidade de refugiados seja reconhecida a pessoas que preencham as condições previstas no parágrafo 2 da presente seção;

2) Que, em consequência dos acontecimentos ocorridos antes de 1º de janeiro de 1951 e temendo ser perseguida por motivos de raça, religião, nacionalidade, grupo social ou opiniões políticas, se encontra fora do país de sua nacionalidade e que não pode ou, em virtude desse temor, não quer valer-se da proteção desse país, ou que, se não tem nacionalidade e se encontra fora do país no qual tinha sua residência habitual em consequência de tais acontecimentos, não pode ou, devido ao referido temor, não quer voltar a ele.

No caso de uma pessoa que tem mais de uma nacionalidade, a expressão "do país de sua nacionalidade" se refere a cada um dos países dos quais ela é nacional. Uma pessoa que, sem razão válida fundada sobre um temor justificado, não se houver valido da proteção de um dos países de que é nacional, não será considerada privada da proteção do país de sua nacionalidade.

B. 1) Para os fins da presente Convenção, as palavras "acontecimentos ocorridos antes de 1º de janeiro de 1951", do art. 1º, seção A, poderão ser compreendidas no sentido de ou

a) "acontecimentos ocorridos antes de 1º de janeiro de 1951 na Europa"; ou

b) "acontecimentos ocorridos antes de 1º de janeiro de 1951 na Europa ou alhures";

e cada Estado Contratante fará, no momento da assinatura, da ratificação ou da adesão, uma declaração precisando o alcance que pretende dar a essa expressão do ponto de vista das obrigações assumidas por ele em virtude da presente Convenção.

2) Qualquer Estado Contratante que adotou a fórmula a) poderá em qualquer momento estender as suas obrigações adotando a fórmula b) por meio de uma notificação dirigida ao Secretário-Geral das Nações Unidas.

C. Esta Convenção cessará, nos casos abaixo, de ser aplicável a qualquer pessoa compreendida nos termos da seção A, acima:

1) se ela voltou a valer-se da proteção do país de que é nacional; ou

2) se havendo perdido a nacionalidade, ela a recuperou voluntariamente; ou

3) se adquiriu nova nacionalidade e goza da proteção do país cuja nacionalidade adquiriu; ou

4) se se estabeleceu de novo, voluntariamente, no país que abandonou ou fora do qual permaneceu por medo de ser perseguido; ou

5) se, por terem deixado de existir as circunstâncias em consequência das quais foi reconhecida como refugiada, ela não pode mais continuar a recusar valer-se da proteção do país de que é nacional;

Contanto, porém, que as disposições do presente parágrafo não se apliquem a um refugiado incluído nos termos do parágrafo 1 da seção A do presente artigo que pode invocar, para recusar valer-se da proteção do país de que é nacional, razões imperiosas resultantes de perseguições anteriores;

6) tratando-se de pessoa que não tem nacionalidade, se, por terem deixado de existir as circunstâncias em consequência das quais foi reconhecida como refugiada, ela está em condições de voltar ao país no qual tinha sua residência habitual;

Contanto, porém, que as disposições do presente parágrafo não se apliquem a um refugiado incluído nos termos do parágrafo 1 da seção A do presente artigo que pode invocar, para recusar voltar ao país no qual tinha sua residência habitual, razões imperiosas resultantes de perseguições anteriores.

D. Esta Convenção não será aplicável às pessoas que atualmente se beneficiam de uma proteção ou assistência da parte de um organismo ou de uma instituição das Nações Unidas que não o Alto Comissariado das Nações Unidas para refugiados.

Quando esta proteção ou assistência houver cessado, por qualquer razão, sem que a sorte dessas pessoas tenha sido definitivamente resolvida de acordo com as resoluções a ela relativas adotadas pela Assembleia Geral das Nações Unidas, essas pessoas se beneficiarão de pleno direito do regime desta Convenção.

E. Esta Convenção não será aplicável a uma pessoa considerada pelas autoridades competentes do país no qual esta pessoa instalou sua residência como tendo os direitos e as obrigações relacionados com a posse da nacionalidade desse país.

F. As disposições desta Convenção não serão aplicáveis às pessoas a respeito das quais houver razões sérias para pensar que:

a) elas cometeram um crime contra a paz, um crime de guerra ou um crime contra a humanidade, no sentido dos instrumentos internacionais elaborados para prever tais crimes;

b) elas cometeram um crime grave de direito comum fora do país de refúgio antes de serem nele admitidas como refugiados;

c) elas se tornaram culpadas de atos contrários aos fins e princípios das Nações Unidas.

Artigo 2º
Obrigações gerais

Todo refugiado tem deveres para com o país em que se encontra, os quais compreendem notadamente a obrigação de se conformar às leis e regulamentos, assim como às medidas tomadas para a manutenção da ordem pública.

Artigo 3º
Não discriminação

Os Estados Contratantes aplicarão as disposições desta Convenção aos refugiados sem discriminação quanto à raça, à religião ou ao país de origem.

Artigo 4º
Religião

Os Estados Contratantes proporcionarão aos refugiados em seu território um tratamento ao menos tão favorável quanto o que é proporcionado aos nacionais no que concerne à liberdade de praticar a sua religião e no que concerne à liberdade de instrução religiosa dos seus filhos.

Artigo 5º
Direitos conferidos independentemente desta Convenção

Nenhuma disposição desta Convenção prejudicará os outros direitos e vantagens concedidos aos refugiados, independentemente desta Convenção.

Artigo 6º
A expressão "nas mesmas circunstâncias"

Para os fins desta Convenção, os termos "nas mesmas circunstâncias" implicam que todas as condições – e notadamente as que se referem à duração e às condições de permanência ou de residência – que o interessado teria de preencher, para poder exercer o direito em causa, se ele não fosse refugiado, devem ser preenchidas por ele, com exceção das condições que, em razão da sua natureza, não podem ser preenchidas por um refugiado.

Artigo 7º
Dispensa de reciprocidade

1. Ressalvadas as disposições mais favoráveis previstas por esta Convenção, um Estado Contratante concederá aos refugiados o regime que concede aos estrangeiros em geral.

2. Após um prazo de residência de três anos, todos os refugiados se beneficiarão, no território dos Estados Contratantes, da dispensa de reciprocidade legislativa.

3. Cada Estado Contratante continuará a conceder aos refugiados os direitos e vantagens de que já gozavam, na ausência de reciprocidade, na data de entrada em vigor desta Convenção para o referido Estado.

4. Os Estados Contratantes considerarão com benevolência a possibilidade de conceder aos refugiados, na ausência de reciprocidade, direitos e vantagens além dos de que eles gozam em virtude dos parágrafos 2 e 3, assim como a possibilidade de beneficiar-se da dispensa de reciprocidade a refugiados que não preencham as condições previstas nos parágrafos 2 e 3.

5. As disposições dos parágrafos 2 e 3 acima aplicam-se assim às vantagens mencionadas nos artigos 13, 18, 19, 21 e 22 desta Convenção como aos direitos e vantagens que não são por ela previstos.

Artigo 8º
Dispensa de medidas excepcionais

No que concerne às medidas excepcionais que podem ser tomadas contra a pessoa, os bens ou os interesses dos nacionais de um Estado, os Estados Contratantes não aplicarão tais medidas a um refugiado que seja formalmente nacional do referido Estado unicamente em razão da sua nacionalidade. Os Estados Contratantes que, pela sua legislação, não podem aplicar o princípio geral consagrado neste artigo concederão, nos casos apropriados, dispensa em favor de tais refugiados.

Artigo 9º
Medidas provisórias

Nenhuma das disposições da presente Convenção tem por efeito impedir um Estado Contratante, em tempo de guerra ou em outras circunstâncias graves e excepcionais, de tomar provisoriamente, a propósito de uma pessoa determinada, as medidas que este Estado julga indispensáveis à segurança nacional, até que o referido Estado determine que essa pessoa é efetivamente um refugiado e que a continuação de tais medidas é necessária a seu propósito no interesse da segurança nacional.

Artigo 10
Continuidade de residência

1. No caso de um refugiado que foi deportado no curso da Segunda Guerra Mundial, transportado para o território de um dos Estados Contratantes e aí resida, a duração dessa permanência forçada será considerada residência regular nesse território.

2. No caso de um refugiado que foi deportado do território de um Estado Contratante no curso da Segunda Guerra Mundial e para ele voltou antes da entrada em vigor desta Convenção para aí estabelecer sua residência, o período que precede e o que segue a essa deportação serão considerados, para todos os fins para os quais é necessária uma residência ininterrupta, como constituindo apenas um período ininterrupto.

Artigo 11
Marítimos refugiados

No caso de refugiados regularmente empregados como membros da tripulação a bordo de um navio que hasteie pavilhão de um Estado Contratante, este Estado examinará com benevolência a possibilidade de autorizar os referidos refugiados a se estabelecerem no seu território e entregar-lhes documentos de viagem ou de os admitir a título temporário no seu território, a fim, notadamente, de facilitar a sua fixação em outro país.

CAPÍTULO II
SITUAÇÃO JURÍDICA

Artigo 12
Estatuto pessoal

1. O estatuto pessoal de um refugiado será regido pela lei do país de seu domicílio, ou, na falta de domicílio, pela lei do país de sua residência.

2. Os direitos adquiridos anteriormente pelo refugiado e decorrentes do estatuto pessoal, e notadamente os que resultam do casamento, serão respeitados por um Estado Contratante, ressalvado, sendo o caso, o cumprimento das formalidades previstas pela legislação do referido Estado, entendendo-se, todavia, que o direito em causa deve ser dos que seriam reconhecidos pela legislação do referido Estado se o interessado não se houvesse tornado refugiado.

Artigo 13
Propriedade móvel e imóvel

Os Estados Contratantes concederão a um refugiado um tratamento tão favorável quanto possível, e de qualquer maneira um tratamento que não seja desfavorável do que o que é concedido, nas mesmas circunstâncias, aos estrangeiros em geral, no que concerne à aquisição de propriedade móvel ou imóvel e a outros direitos a ela referentes, ao aluguel e aos outros contratos relativos à propriedade móvel ou imóvel.

Artigo 14
Propriedade intelectual e industrial

Em matéria de proteção da propriedade industrial, notadamente de invenções, desenhos, modelos, marcas de fábrica, nome comercial, e em matéria de proteção da propriedade literária, artística e científica, um refugiado se beneficiará, no país em que tem sua residência habitual, da proteção que é conferida aos nacionais do referido país. No território de qualquer um dos outros Estados Contratantes, ele se beneficiará da proteção dada no referido território aos nacionais do país no qual tem sua residência habitual.

Artigo 15
Direitos de associação

Os Estados Contratantes concederão aos refugiados que residem regularmente em seu território, no que concerne às associações sem fins políticos nem lucrativos e aos sindicatos profissionais, o tratamento mais favorável concedido aos nacionais de um país estrangeiro, nas mesmas circunstâncias.

Artigo 16
Direito de estar em juízo

1. Qualquer refugiado terá, no território dos Estados Contratantes, livre e fácil acesso aos tribunais.

2. No Estado Contratante em que tem sua residência habitual, qualquer refugiado gozará do mesmo tratamento que um nacional, no que concerne ao acesso aos tribunais, inclusive a assistência judiciária e a isenção da *cautio judicatum solvi*.

3. Nos Estados Contratantes outros que não o que tem sua residência habitual, e no que concerne às questões mencionadas no parágrafo 2, qualquer refugiado gozará do mesmo tratamento que um nacional do país no qual tem sua residência habitual.

CAPÍTULO III
EMPREGOS REMUNERADOS

Artigo 17
Profissões assalariadas

1. Os Estados Contratantes darão a todo refugiado que resida regularmente no seu território o tratamento mais favorável dado, nas mesmas circunstâncias, aos nacionais de um país estrangeiro no que concerne ao exercício de uma atividade profissional assalariada.

2. Em qualquer caso, as medidas restritivas impostas aos estrangeiros ou ao emprego de estrangeiros para a proteção do mercado nacional do trabalho não serão aplicáveis aos refugiados que já estavam dispensados na data da entrada em vigor desta Convenção pelo Estado Contratante interessado, ou que preencham uma das seguintes condições:

a) contar três anos de residência no país;

b) ter por cônjuge uma pessoa que possua a nacionalidade do país de residência. Um refugiado não poderá invocar o benefício desta disposição no caso de haver abandonado o cônjuge;

c) ter um ou vários filhos que possuam a nacionalidade do país de residência.

3. Os Estados Contratantes considerarão com benevolência a adoção de medidas tendentes a assimilar os direitos de todos os refugiados no que concerne ao exercício das profissões assalariadas aos dos seus nacionais, e em particular para os refugiados que entraram no seu território em virtude de um programa de recrutamento de mão de obra ou de um plano de imigração.

Artigo 18
Profissões não assalariadas

Os Estados Contratantes darão aos refugiados que se encontrarem regularmente no seu território tratamento tão favorável quanto possível e, em todo caso, tratamento não menos favorável do que o que é dado, nas mesmas circunstâncias, aos estrangeiros em geral, no que concerne ao exercício de uma profissão não assalariada na agricultura, na indústria, no artesanato e no comércio, bem como à instalação de firmas comerciais e industriais.

Artigo 19
Profissões liberais

1. Cada Estado dará aos refugiados que residam regularmente no seu território e sejam titulares de diplomas reconhecidos pelas autoridades competentes do referido Estado e que desejam exercer uma profissão liberal, tratamento tão favorável quanto possível, e, em todo caso, tratamento não menos favorável do que é dado, nas mesmas circunstâncias, aos estrangeiros em geral.

2. Os Estados Contratantes farão tudo o que estiver ao seu alcance, conforme as suas leis e constituições, para assegurar a instalação de tais refugiados nos territórios outros que não o território metropolitano, de cujas relações internacionais sejam responsáveis.

CAPÍTULO IV
BEM-ESTAR

Artigo 20
Racionamento

No caso de existir um sistema de racionamento ao qual esteja submetido o conjunto da população e que regulamente a repartição geral dos produtos que há escassez, os refugiados serão tratados como os nacionais.

Artigo 21
Alojamento

No que concerne ao alojamento, os Estados Contratantes darão, na medida em que esta questão seja regulada por leis ou regulamentos, ou seja, submetida ao controle das autoridades públicas, aos refugiados que residam regularmente no seu território, tratamento tão favorável quanto possível e, em todo caso, tratamento não menos favorável do que o que é dado, nas mesmas circunstâncias, aos estrangeiros em geral.

Artigo 22
Educação pública

1. Os Estados Contratantes darão aos refugiados o mesmo tratamento que aos nacionais no que concerne ao ensino primário.

2. Os Estados Contratantes darão aos refugiados um tratamento tão favorável quanto possível, e em todo caso não menos favorável do que o que é dado aos estrangeiros em geral, nas mesmas circunstâncias, quanto aos graus de ensino além do primário e notadamente no que concerne ao acesso aos estudos, ao reconhecimento de certificados de estudos, de diplomas e títulos universitários estrangeiros, à isenção de direitos e taxas e à concessão de bolsas de estudo.

Artigo 23
Assistência pública

Os Estados Contratantes darão aos refugiados que residam regularmente no seu território o mesmo tratamento em matéria de assistência e de socorros públicos que é dado aos seus nacionais.

Artigo 24
Legislação do trabalho e previdência social

1. Os Estados Contratantes darão aos refugiados que residam regularmente no seu território o mesmo tratamento dado aos nacionais no que concerne aos seguintes pontos:

a) Na medida em que estas questões são regulamentadas pela legislação ou dependem das autoridades administrativas: a remuneração, inclusive adicionais de família quando estes adicionais fazem parte da remuneração, a duração do trabalho, as horas suplementares, as férias pagas, as restrições ao trabalho doméstico, a idade mínima para o emprego, o aprendizado e a formação profissional, o trabalho das mulheres e dos adolescentes e o gozo de vantagens proporcionadas pelas convenções coletivas.

b) A previdência social (as disposições legais relativas aos acidentes do trabalho, às moléstias profissionais, à maternidade, à doença, à invalidez, à velhice e à morte, ao desemprego, aos encargos de família, bem como a qualquer outro risco que, conforme a legislação nacional, esteja previsto em um sistema de previdência social), observadas as seguintes limitações:

I – pode haver medidas apropriadas visando à manutenção dos direitos adquiridos e dos direitos em curso de aquisição;

II – disposições particulares prescritas pela legislação nacional do país de residência e concernentes aos benefícios ou frações de benefícios pagáveis exclusivamente dos fundos públicos, bem como às pensões pagas às pessoas que não preenchem as condições de contribuição exigidas para a concessão de uma pensão normal.

2. Os direitos a um benefício pela morte de um refugiado em virtude de um acidente de trabalho ou de uma doença profissional não serão afetados pelo fato de o beneficiário residir fora do território do Estado Contratante.

3. Os Estados Contratantes estenderão aos refugiados o benefício dos acordos que concluíram ou vierem a concluir entre si, relativamente à manutenção dos direitos adquiridos ou em curso de aquisição

em matéria de previdência social, contanto que os refugiados preencham as condições previstas para os nacionais dos países signatários dos acordos em questão.

4. Os Estados Contratantes examinarão com benevolência a possibilidade de estender, na medida do possível, aos refugiados, o benefício de acordos semelhantes que estão ou estarão em vigor entre esses Estados Contratantes e Estados não contratantes.

CAPÍTULO V
MEDIDAS ADMINISTRATIVAS

Artigo 25
Assistência Administrativa

1. Quando o exercício de um direito por parte de um refugiado normalmente exigir a assistência de autoridades estrangeiras às quais não pode recorrer, os Estados Contratantes em cujo território reside providenciarão para que essa assistência lhe seja dada, quer pelas suas próprias autoridades, quer por uma autoridade internacional.

2. As autoridades mencionadas no parágrafo 1 entregarão ou farão entregar, sob seu controle, aos refugiados, os documentos ou certificados que normalmente seriam entregues a um estrangeiro pelas suas autoridades nacionais ou por seu intermédio.

3. Os documentos ou certificados assim entregues substituirão os atos oficiais entregues a estrangeiros pelas suas autoridades nacionais ou por seu intermédio, e farão fé até prova em contrário.

4. Ressalvadas as exceções que possam ser admitidas em favor dos indigentes, os serviços mencionados no presente artigo poderão ser retribuídos; mas estas retribuições serão moderadas e de acordo com o que se cobra dos nacionais por serviços análogos.

5. As disposições deste artigo em nada afetarão os artigos 27 e 28.

Artigo 26
Liberdade de movimento

Cada Estado Contratante dará aos refugiados que se encontrem no seu território o direito de nele escolher o local de sua residência e de nele circular, livremente, com as reservas instituídas pela regulamentação aplicável aos estrangeiros em geral nas mesmas circunstâncias.

Artigo 27
Papéis de identidade

Os Estados Contratantes entregarão documentos de identidade a qualquer refugiado que se encontre no seu território e que não possua documento de viagem válido.

Artigo 28
Documentos de viagem

1. Os Estados Contratantes entregarão aos refugiados que residam regularmente no seu território documentos de viagem destinados a permitir-lhes viajar fora desse território, a menos que a isto se oponham razões imperiosas de segurança nacional ou de ordem pública; as disposições do Anexo a esta Convenção se aplicarão a esses documentos. Os Estados Contratantes poderão entregar tal documento de viagem a qualquer outro refugiado que se encontre no seu território; darão atenção especial aos casos de refugiados que se encontre em seu território e que não estejam em condições de obter um documento de viagem do país de sua residência regular.

2. Os documentos de viagem entregues nos termos de acordos internacionais anteriores pelas Partes nesses acordos serão reconhecidos pelos Estados Contratantes, e tratados como se houvessem sido entregues aos refugiados em virtude do presente artigo.

Artigo 29
Despesas fiscais

1. Os Estados Contratantes não submeterão os refugiados a emolumentos, taxas, impostos, de qualquer espécie, além ou mais elevados do que os que são ou serão cobrados dos seus nacionais em situações análogas.

2. As disposições do parágrafo anterior não se opõem à aplicação aos refugiados das disposições das leis e regulamentos concernentes às taxas relativas à expedição aos estrangeiros de documentos administrativos, inclusive papéis de identidade.

Artigo 30
Transferência de bens

1. Cada Estado Contratante permitirá aos refugiados, conforme as leis e regulamentos do seu país, transferir os bens que trouxeram para o seu território, para o território de outro país no qual foram admitidos a fim de nele se reinstalarem.

2. Cada Estado Contratante considerará com benevolência os pedidos apresentados pelos refugiados que desejarem obter a autorização de transferir todos os outros bens necessários à sua reinstalação em outro país onde foram admitidos a fim de se reinstalarem.

Artigo 31
Refugiados em situação irregular
no país de refúgio

1. Os Estados Contratantes não aplicarão sanções penais em virtude da sua entrada ou permanência irregulares, aos refugiados que, chegando diretamente do território no qual sua vida ou sua liberdade estava ameaçada no sentido previsto pelo art. 1º, cheguem ou se encontrem no seu território sem autorização, contanto que se apresentem sem demora às autoridades e lhes exponham razões aceitáveis para a sua entrada ou presença irregulares.

2. Os Estados Contratantes não aplicarão aos deslocamentos de tais refugiados outras restrições que não as necessárias; essas restrições serão aplicadas somente enquanto o estatuto desses refugiados no país de refúgio não houver sido regularizado ou eles não houverem obtido admissão em outro país. À vista desta última admissão os Estados

Contratantes concederão a esses refugiados um prazo razoável, assim como todas as facilidades necessárias.

Artigo 32
Expulsão

1. Os Estados Contratantes não expulsarão um refugiado que se encontre regularmente no seu território senão por motivos de segurança nacional ou de ordem pública.
2. A expulsão desse refugiado somente ocorrerá em virtude de decisão proferida conforme o processo previsto por lei. A não ser que a isso se oponham razões imperiosas de segurança nacional, o refugiado deverá ter permissão de fornecer provas que o justifiquem, de apresentar um recurso e de se fazer representar para esse fim perante uma autoridade competente ou perante uma ou várias pessoas especialmente designadas pela autoridade competente.
3. Os Estados Contratantes concederão a tal refugiado um prazo razoável para procurar obter admissão legal em outro país. Os Estados Contratantes podem aplicar, durante esse prazo, a medida de ordem interna que julgarem oportuna.

Artigo 33
Proibição de expulsão ou de rechaço

1. Nenhum dos Estados Contratantes expulsará ou rechaçará, de maneira alguma, um refugiado para as fronteiras dos territórios em que a sua vida ou a sua liberdade seja ameaçada em virtude da sua raça, da sua religião, da sua nacionalidade, do grupo social a que pertence ou das suas opiniões políticas.
2. O benefício da presente disposição não poderá, todavia, ser invocado por um refugiado que por motivos sérios seja considerado um perigo para a segurança do país no qual ele se encontre ou que, tendo sido condenado definitivamente por crime ou delito particularmente grave, constitui ameaça para a comunidade do referido país.

Artigo 34
Naturalização

Os Estados Contratantes facilitarão, na medida do possível, a assimilação e a naturalização dos refugiados. Esforçar-se-ão notadamente para acelerar o processo de naturalização e reduzir, na medida do possível, as taxas e despesas desse processo.

CAPÍTULO VI
DISPOSIÇÕES EXECUTÓRIAS E TRANSITÓRIAS

Artigo 35
Cooperação das autoridades nacionais com as Nações Unidas

1. Os Estados Contratantes se comprometem a cooperar com o Alto Comissariado das Nações Unidas para os Refugiados, ou qualquer outra instituição das Nações Unidas que lhe suceda, no exercício das suas funções e em particular para facilitar a sua tarefa de supervisionar a aplicação das disposições desta Convenção.

2. A fim de permitir ao Alto Comissariado ou a qualquer outra instituição das Nações Unidas que lhe suceda apresentar relatório aos órgãos competentes das Nações Unidas, os Estados Contratantes se comprometem a fornecer-lhes, pela forma apropriada, as informações e dados estatísticos pedidos relativos:
a) ao estatuto dos refugiados,
b) à execução desta Convenção, e
c) às leis, regulamentos e decretos que estão ou entrarão em vigor no que concerne aos refugiados.

Artigo 36
Informações sobre as leis e regulamentos nacionais

Os Estados Contratantes comunicarão ao Secretário-Geral das Nações Unidas o texto das leis e dos regulamentos que promulguem para assegurar a aplicação desta Convenção.

Artigo 37
Relações com as convenções anteriores

Sem prejuízo das disposições do parágrafo 2 do art. 28, esta Convenção substitui, entre as Partes na Convenção, os acordos de 5 de julho de 1922, de 31 de maio de 1924, de 12 de maio de 1926, de 30 de julho de 1928 e de 30 de julho de 1935, bem como as Convenções de 28 de outubro de 1933, de 10 de fevereiro de 1938, o Protocolo de 14 de setembro de 1939 e o acordo de 15 de outubro de 1946.

CAPÍTULO VII
CLÁUSULAS FINAIS

Artigo 38
Solução dos dissídios

Qualquer controvérsia entre as Partes nesta Convenção relativa à sua interpretação ou à sua aplicação, que não possa ser resolvida por outros meios, será submetida à Corte Internacional de Justiça, a pedido de uma das Partes na controvérsia.

Artigo 39
Assinatura, ratificação e adesão

1. Esta Convenção ficará aberta à assinatura em Genebra a 28 de julho de 1951 e, após esta data, depositada em poder do Secretário-Geral das Nações Unidas. Ficará aberta à assinatura no Escritório Europeu das Nações Unidas de 28 de julho a 31 de agosto de 1951, e depois será reaberta à assinatura na Sede da Organização das Nações Unidas, de 17 de setembro de 1951 a 31 de dezembro de 1952.
2. Esta Convenção ficará aberta à assinatura de todos os Estados-membros da Organização das Nações Unidas, bem como de qualquer outro Estado não membro convidado para a Conferência de Plenipotenciários sobre o Estatuto dos Refugiados e dos Apátridas ou de qualquer Estado ao qual a Assembleia Geral haja dirigido convite para assinar. Deverá ser ratificada e os instrumentos de ratificação ficarão depositados em poder do Secretário-Geral das Nações Unidas.

3. Os Estados mencionados no parágrafo 2 do presente artigo poderão aderir a esta Convenção a partir de 28 de julho de 1951. A adesão será feita pelo depósito de um instrumento de adesão em poder do Secretário-Geral das Nações Unidas.

Artigo 40
Cláusula de aplicação territorial

1. Qualquer Estado poderá, no momento da assinatura, ratificação ou adesão, declarar que esta Convenção se estenderá ao conjunto dos territórios que representa no plano internacional, ou a um ou vários dentre eles. Tal declaração produzirá efeitos no momento da entrada em vigor da Convenção para o referido Estado.

2. A qualquer momento ulterior, esta extensão será feita por notificação dirigida ao Secretário-Geral das Nações Unidas e produzirá efeitos a partir do nonagésimo dia seguinte à data na qual o Secretário-Geral das Nações Unidas houver recebido a notificação ou na data de entrada em vigor da Convenção para o referido Estado, se esta última data for posterior.

3. No que concerne aos territórios aos quais esta Convenção não se aplique na data da assinatura, ratificação ou adesão, cada Estado interessado examinará a possibilidade de tomar, logo que possível, todas as medidas necessárias a fim de estender a aplicação desta Convenção aos referidos territórios, ressalvado, sendo necessário por motivos constitucionais, o consentimento do governo de tais territórios.

Artigo 41
Cláusula federal

No caso de um Estado federal ou não unitário, aplicar-se-ão as seguintes disposições:

a) No que concerne aos artigos desta Convenção cuja execução dependa da ação legislativa do poder legislativo federal, as obrigações do governo federal serão, nesta medida, as mesmas que as das Partes que não são Estados federais.

b) No que concerne aos artigos desta Convenção cuja aplicação depende da ação legislativa de cada um dos Estados, províncias ou municípios constitutivos, que não são, em virtude do sistema constitucional da federação, obrigados a tomar medidas legislativas, o governo federal levará, o mais cedo possível, e com o seu parecer favorável, os referidos artigos ao conhecimento das autoridades competentes dos Estados, províncias ou municípios.

c) Um Estado federal Parte nesta Convenção fornecerá, a pedido de qualquer outro Estado Contratante que lhe haja sido transmitido pelo Secretário-Geral das Nações Unidas, uma exposição sobre a legislação e as práticas em vigor na Federação e suas unidades constitutivas, no que concerne a qualquer disposição da Convenção, indicando a medida em que, por uma ação legislativa ou outra, se deu efeito à referida disposição.

Artigo 42
Reservas

1. No momento da assinatura, da ratificação ou da adesão, qualquer Estado poderá formular reservas aos artigos da Convenção, outros que não os arts. 1º, 3º, 4º, 16 (1), 33, 36 a 46 inclusive.

2. Qualquer Estado Contratante que haja formulado uma reserva conforme o parágrafo 1 deste artigo, poderá retirá-la a qualquer momento por uma comunicação para esse fim dirigida ao Secretário-Geral das Nações Unidas.

Artigo 43
Entrada em vigor

1. Esta Convenção entrará em vigor no nonagésimo dia seguinte à data do depósito do sexto instrumento de ratificação ou de adesão.

2. Para cada um dos Estados que ratificarem a Convenção ou a ela aderirem depois do depósito do sexto instrumento de ratificação ou de adesão, ela entrará em vigor no nonagésimo dia seguinte à data do depósito por esse Estado do seu instrumento de ratificação ou de adesão.

Artigo 44
Denúncia

1. Qualquer Estado Contratante poderá denunciar a Convenção a qualquer momento por notificação dirigida ao Secretário-Geral das Nações Unidas.

2. A denúncia entrará em vigor para o Estado interessado um ano depois da data na qual houver sido recebida pelo Secretário-Geral das Nações Unidas.

3. Qualquer Estado que houver feito uma declaração ou notificação conforme o art. 40 poderá notificar ulteriormente ao Secretário-Geral das Nações Unidas que a Convenção cessará de se aplicar a todo o território designado na notificação. A Convenção cessará, então, de se aplicar ao território em questão um ano depois da data na qual o Secretário-Geral houver recebido essa notificação.

Artigo 45
Revisão

1. Qualquer Estado Contratante poderá, a qualquer tempo, por uma notificação dirigida ao Secretário-Geral das Nações Unidas, pedir a revisão desta Convenção.

2. A Assembleia Geral das Nações Unidas recomendará as medidas a serem tomadas, se for o caso, a propósito de tal pedido.

Artigo 46
Notificações pelo Secretário-Geral das Nações Unidas

O Secretário-Geral das Nações Unidas notificará a todos os Estados-membros das Nações Unidas e aos Estados não membros mencionados no art. 39:

a) as declarações e as notificações mencionadas na seção B do art. 1º;

b) as assinaturas, ratificações e adesões mencionadas no art. 39;

c) as declarações e as notificações mencionadas no art. 40;
d) as reservas formuladas ou retiradas mencionadas no art. 42;
e) a data na qual esta Convenção entrar em vigor, de acordo com o art. 43;
f) as denúncias e as notificações mencionadas no art. 44;
g) os pedidos de revisão mencionados no art. 45;

Em fé do que, os abaixo-assinados, devidamente autorizados, assinaram, em nome de seus respectivos Governos, a presente Convenção.

Feita em Genebra, aos 28 de julho de mil novecentos e cinquenta e um, em um só exemplar, cujos textos inglês e francês fazem igualmente fé e que será depositado nos arquivos da Organização das Nações Unidas e cujas cópias autênticas serão remetidas a todos os Estados-membros das Nações Unidas e aos Estados não membros mencionados no Artigo 39.

PROTOCOLO SOBRE O ESTATUTO DOS REFUGIADOS (1966)

▶ Adotado e aberto à adesão pela Resolução 2.198 (XXI) da Assembleia Geral das Nações Unidas, de 16.12.1966, e aprovado anteriormente pela Resolução 1.186 (XLI) do Conselho Econômico e Social (ECOSOC) das Nações Unidas, de 18.11.1966. Promulgado no Brasil pelo Decreto 70.946, de 07.08.1972.

Os Estados-Partes no Presente Protocolo,

Considerando que a Convenção sobre o Estatuto dos Refugiados assinada em Genebra, a 28 de julho de 1951 (doravante denominada Convenção), só se aplica às pessoas que se tornaram refugiados em decorrência dos acontecimentos ocorridos antes de 1º de janeiro de 1951,

Considerando que surgiram novas categorias de refugiados desde que a Convenção foi adotada e que, por isso, os citados refugiados não podem beneficiar-se da Convenção,

Considerando a conveniência de que o mesmo Estatuto se aplique a todos os refugiados compreendidos na definição dada na Convenção, independentemente da data limite de 1º de janeiro de 1951, Convieram no seguinte:

Artigo I
Disposição geral

1. Os Estados-Partes no presente Protocolo comprometer-se-ão a aplicar os artigos 2 a 34 inclusive da Convenção aos refugiados, definidos a seguir.
2. Para os fins do presente Protocolo o termo "refugiados", salvo no que diz respeito à aplicação do parágrafo 3 do presente artigo, significa qualquer pessoa que se enquadre na definição dada no artigo primeiro da Convenção, como se as palavras "em decorrência dos acontecimentos ocorridos antes de 1º de janeiro de 1951 e..." e as palavras "...como consequência de tais acontecimentos" não figurassem do parágrafo 2 da seção A do artigo primeiro.

3. O presente Protocolo será aplicado pelos Estados-Partes sem nenhuma limitação geográfica; entretanto, as declarações já feitas em virtude da alínea *a* do parágrafo 1 da seção B do artigo primeiro da Convenção aplicar-se-ão, também, no regime do presente Protocolo, a menos que as obrigações do Estado declarante tenham sido ampliadas de conformidade com o parágrafo 2 da seção B do artigo primeiro da Convenção.

Artigo II
Cooperação das autoridades nacionais com as Nações Unidas

1. Os Estados-Partes no presente Protocolo comprometem-se a cooperar com o Alto Comissário das Nações Unidas para os Refugiados ou qualquer outra instituição das Nações Unidas que lhe suceder, no exercício de suas funções e, especialmente, a facilitar seu trabalho de observar a aplicação das disposições do presente Protocolo.
2. A fim de permitir ao Alto Comissariado, ou a toda outra instituição das Nações Unidas que lhe suceder, apresentar relatórios aos órgãos competentes das Nações Unidas, os Estados-Partes no presente Protocolo comprometendo-se a fornecer-lhe, na forma apropriada, as informações e os dados estatísticos solicitados sobre:

a) o estatuto dos refugiados;
b) a execução do presente Protocolo;
c) as leis, os regulamentos e os decretos que estão ou entrarão em vigor no que concerne aos refugiados.

Artigo III
Informações relativas às leis e regulamentos nacionais

Os Estados-Partes no presente Protocolo comunicarão ao Secretário-Geral da Organização das Nações Unidas o texto das leis e dos regulamentos que promulgarem para assegurar a aplicação do presente Protocolo.

Artigo IV
Solução das controvérsias

Toda controvérsia entre as Partes no presente Protocolo relativa à sua interpretação e à sua aplicação, que não for resolvida por outros meios, será submetida à Corte Internacional da Justiça a pedido de uma das Partes na controvérsia.

Artigo V
Adesão

O presente Protocolo ficará aberto à adesão de todos os Estados-Partes na Convenção e qualquer outro Estado-membro da Organização das Nações Unidas ou membro de uma de suas Agências Especializadas ou de outro Estado ao qual a Assembleia Geral endereçar um convite para aderir ao Protocolo. A adesão far-se-á pelo depósito de um instrumento de adesão junto ao Secretário-Geral da Organização das Nações Unidas.

Artigo VI
Cláusula federal

No caso de um Estado Federal ou não unitário, as seguintes disposições serão aplicadas:

a) No que diz respeito aos artigos da Convenção que devam ser aplicados de conformidade com o parágrafo 1 do artigo primeiro do presente Protocolo e cuja execução depender da ação legislativa do poder legislativo federal, as obrigações do governo federal serão, nesta medida, as mesmas que aquelas dos Estados-Partes que não forem Estados federais.

b) No que diz respeito aos artigos da Convenção que devam ser aplicados de conformidade com o parágrafo 1 do artigo primeiro do presente Protocolo e cuja aplicação depender da ação legislativa de cada um dos Estados, províncias, ou municípios constitutivos, que não forem, por causa do sistema constitucional da federação, obrigados a adotar medidas legislativas, o governo federal levará, o mais cedo possível e com a sua opinião favorável, os referidos artigos ao conhecimento das autoridades competentes dos Estados, províncias ou municípios.

c) Um Estado federal Parte no presente Protocolo comunicará, a pedido de qualquer outro Estado-Parte no presente Protocolo que lhe for transmitido pelo Secretário-Geral da Organização das Nações Unidas, uma exposição de sua legislação e as práticas em vigor na federação e suas unidades constitutivas, no que diz respeito a qualquer disposição da Convenção a ser aplicada de conformidade com o disposto no parágrafo 1 do artigo primeiro do presente Protocolo, indicando em que medida, por ação legislativa ou de outra espécie, foi efetivada tal disposição.

Artigo VII
Reservas e declarações

1. No momento de sua adesão, todo Estado poderá formular reservas ao artigo IV do presente Protocolo e a respeito da aplicação, em virtude do artigo primeiro do presente Protocolo, de quaisquer disposições da Convenção, com exceção dos artigos 1, 3, 4, 16 (1) e 33, desde que, no caso de um Estado-Parte na Convenção, as reservas feitas, em virtude do presente artigo, não se estendam aos refugiados aos quais se aplica a Convenção.
2. As reservas feitas por Estados-Partes na Convenção, de conformidade com o artigo 42 da referida Convenção, aplicar-se-ão, a não ser que sejam retiradas, às suas obrigações decorrentes do presente Protocolo.
3. Todo Estado que formular uma reserva em virtude do parágrafo 1 do presente artigo poderá retirá-la a qualquer momento por uma comunicação endereçada com este objetivo ao Secretário-Geral da Organização das Nações Unidas.
4. As declarações feitas em virtude dos parágrafos 1 e 2 do artigo 40 da Convenção por um Estado-Parte nesta Convenção, e que aderir ao presente protocolo, serão consideradas aplicáveis a este Protocolo, a menos que no momento da adesão uma notificação contrária for endereçada ao Secretário-Geral da Organização das Nações Unidas. As disposições dos parágrafos 2 e 3 do artigo 40 e do parágrafo 3 do artigo 44 da Convenção serão consideradas aplicáveis *mutatis mutantis* ao presente Protocolo.

Artigo VIII
Entrada em vigor

1. O presente Protocolo entrará em vigor na data do depósito do sexto instrumento de adesão.
2. Para cada um dos Estados que aderir ao Protocolo após o depósito do sexto instrumento de adesão, o Protocolo entrará em vigor na data em que esse Estado depositar seu instrumento de adesão.

Artigo IX
Denúncia

1. Todo Estado-Parte no presente Protocolo poderá denunciá-lo, a qualquer momento, mediante uma notificação endereçada ao Secretário-Geral da Organização das Nações Unidas.
2. A denúncia surtirá efeito, para o Estado-Parte em questão, um ano após a data em que for recebida pelo Secretário-Geral da Organização das Nações Unidas.

Artigo X
Notificações pelo Secretário-Geral da Organização das Nações Unidas

O Secretário-Geral da Organização das Nações Unidas notificará a todos os Estados referidos no artigo V as datas da entrada em vigor, de adesão, de depósito e de retirada de reservas, de denúncia e de declarações e notificações pertinentes a este Protocolo.

Artigo XI
Depósito do Protocolo nos Arquivos do Secretariado da Organização das Nações Unidas

Um exemplar do presente Protocolo, cujos textos em línguas chinesa, espanhola, francesa, inglesa e russa fazem igualmente fé, assinado pelo Presidente da Assembleia Geral e pelo Secretário-Geral da Organização das Nações Unidas, será depositado nos arquivos do Secretariado da Organização. O Secretário-Geral remeterá cópias autenticadas do Protocolo a todos os Estados-membros da Organização das Nações Unidas e aos outros Estados referidos no artigo V acima.

LEI 9.474, DE 22 DE JULHO DE 1997

Define mecanismos para a implementação do Estatuto dos Refugiados de 1951, e determina outras providências.

DOU 23.07.1997

▶ Lei 13.445/2017 (Lei de Migração).
▶ Decreto 9.199/2017 (Regulamenta a Lei de Migração)

O Presidente da República:
Faço saber que o Congresso Nacional decreta e eu sanciono a seguinte Lei:

TÍTULO I
DOS ASPECTOS CARACTERIZADORES

CAPÍTULO I
DO CONCEITO, DA EXTENSÃO E DA EXCLUSÃO

Seção I
Do conceito

Art. 1º Será reconhecido como refugiado todo indivíduo que:
I – devido a fundados temores de perseguição por motivos de raça, religião, nacionalidade, grupo social ou opiniões políticas encontre-se fora de seu país de nacionalidade e não possa ou não queira acolher-se à proteção de tal país;
II – não tendo nacionalidade e estando fora do país onde antes teve sua residência habitual, não possa ou não queira regressar a ele, em função das circunstâncias descritas no inciso anterior;
III – devido a grave e generalizada violação de direitos humanos, é obrigado a deixar seu país de nacionalidade para buscar refúgio em outro país.

Seção II
Da extensão

Art. 2º Os efeitos da condição dos refugiados serão extensivos ao cônjuge, aos ascendentes e descendentes, assim como aos demais membros do grupo familiar que do refugiado dependerem economicamente, desde que se encontrem em território nacional.

Seção III
Da exclusão

Art. 3º Não se beneficiarão da condição de refugiado os indivíduos que:
I – já desfrutem de proteção ou assistência por parte de organismos ou instituição das Nações Unidas que não o Alto Comissariado das Nações Unidas para os Refugiados – ACNUR;
II – sejam residentes no território nacional e tenham direitos e obrigações relacionados com a condição de nacional brasileiro;
III – tenham cometido crime contra a paz, crime de guerra, crime contra a humanidade, crime hediondo, participado de atos terroristas ou tráfico de drogas;
IV – sejam considerados culpados de atos contrários aos fins e princípios das Nações Unidas.

CAPÍTULO II
DA CONDIÇÃO JURÍDICA DE REFUGIADO

Art. 4º O reconhecimento da condição de refugiado, nos termos das definições anteriores, sujeitará seu beneficiário ao preceituado nesta Lei, sem prejuízo do disposto em instrumentos internacionais de que o Governo brasileiro seja parte, ratifique ou venha a aderir.

Art. 5º O refugiado gozará de direitos e estará sujeito aos deveres dos estrangeiros no Brasil, ao disposto nesta Lei, na Convenção sobre o Estatuto dos Refugiados de 1951 e no Protocolo sobre o Estatuto dos Refugiados de 1967, cabendo-lhe a obrigação de acatar as leis, regulamentos e providências destinados à manutenção da ordem pública.

Art. 6º O refugiado terá direito, nos termos da Convenção sobre o Estatuto dos Refugiados de 1951, a cédula de identidade comprobatória de sua condição jurídica, carteira de trabalho e documento de viagem.

TÍTULO II
DO INGRESSO NO TERRITÓRIO NACIONAL E DO PEDIDO DE REFÚGIO

Art. 7º O estrangeiro que chegar ao território nacional poderá expressar sua vontade de solicitar reconhecimento como refugiado a qualquer autoridade migratória que se encontre na fronteira, a qual lhe proporcionará as informações necessárias quanto ao procedimento cabível.
§ 1º Em hipótese alguma será efetuada sua deportação para fronteira de território em que sua vida ou liberdade esteja ameaçada, em virtude de raça, religião, nacionalidade, grupo social ou opinião política.
§ 2º O benefício previsto neste artigo não poderá ser invocado por refugiado considerado perigoso para a segurança do Brasil.

Art. 8º O ingresso irregular no território nacional não constitui impedimento para o estrangeiro solicitar refúgio às autoridades competentes.

Art. 9º A autoridade a quem for apresentada a solicitação deverá ouvir o interessado e preparar termo de declaração, que deverá conter as circunstâncias relativas à entrada no Brasil e às razões que o fizeram deixar o país de origem.

Art. 10. A solicitação, apresentada nas condições previstas nos artigos anteriores, suspenderá qualquer procedimento administrativo ou criminal pela entrada irregular, instaurado contra o peticionário e pessoas de seu grupo familiar que o acompanhem.
§ 1º Se a condição de refugiado for reconhecida, o procedimento será arquivado, desde que demonstrado que a infração correspondente foi determinada pelos mesmos fatos que justificaram o dito reconhecimento.
§ 2º Para efeito do disposto no parágrafo anterior, a solicitação de refúgio e a decisão sobre a mesma deverão ser comunicadas à Polícia Federal, que as transmitirá ao órgão onde tramitar o procedimento administrativo ou criminal.

TÍTULO III
DO CONARE

Art. 11. Fica criado o Comitê Nacional para os Refugiados – Conare, órgão de deliberação coletiva, no âmbito do Ministério da Justiça.

CAPÍTULO I
DA COMPETÊNCIA

Art. 12. Compete ao Conare, em consonância com a Convenção sobre o Estatuto dos Refugiados de 1951, com o Protocolo sobre o Estatuto dos Refugiados de 1967 e com as demais fontes de direito internacional dos refugiados:

I – analisar o pedido e declarar o reconhecimento, em primeira instância, da condição de refugiado;
II – decidir a cessação, em primeira instância, *ex officio* ou mediante requerimento das autoridades competentes, da condição de refugiado;
III – determinar a perda, em primeira instância, da condição de refugiado;
IV – orientar e coordenar as ações necessárias à eficácia da proteção, assistência e apoio jurídico aos refugiados;
V – aprovar instruções normativas esclarecedoras à execução desta Lei.
Art. 13. O regimento interno do Conare será aprovado pelo Ministro de Estado da Justiça.
Parágrafo único. O regimento interno determinará a periodicidade das reuniões do Conare.

CAPÍTULO II
DA ESTRUTURA E DO FUNCIONAMENTO

Art. 14. O Conare será constituído por:
I – um representante do Ministério da Justiça, que o presidirá;
II – um representante do Ministério das Relações Exteriores;
III – um representante do Ministério do Trabalho;
IV – um representante do Ministério da Saúde;
V – um representante do Ministério da Educação e do Desporto;
VI – um representante do Departamento de Polícia Federal;
VII – um representante de organização não governamental, que se dedique a atividades de assistência e proteção de refugiados no País.
§ 1º O Alto Comissariado das Nações Unidas para Refugiados – ACNUR será sempre membro convidado para as reuniões do Conare, com direito a voz, sem voto.
§ 2º Os membros do Conare serão designados pelo Presidente da República, mediante indicações dos órgãos e da entidade que o compõem.
§ 3º O Conare terá um Coordenador-Geral, com a atribuição de preparar os processos de requerimento de refúgio e a pauta de reunião.
Art. 15. A participação no Conare será considerada serviço relevante e não implicará remuneração de qualquer natureza ou espécie.
Art. 16. O Conare reunir-se-á com *quorum* de quatro membros com direito a voto, deliberando por maioria simples.
Parágrafo único. Em caso de empate, será considerado voto decisivo o do Presidente do Conare.

TÍTULO IV
DO PROCESSO DE REFÚGIO

CAPÍTULO I
DO PROCEDIMENTO

Art. 17. O estrangeiro deverá apresentar-se à autoridade competente e externar vontade de solicitar o reconhecimento da condição de refugiado.

Art. 18. A autoridade competente notificará o solicitante para prestar declarações, ato que marcará a data de abertura dos procedimentos.
Parágrafo único. A autoridade competente informará o Alto Comissariado das Nações Unidas para Refugiados – ACNUR sobre a existência do processo de solicitação de refúgio e facultará a esse organismo a possibilidade de oferecer sugestões que facilitem seu andamento.
Art. 19. Além das declarações, prestadas se necessário com ajuda de intérprete, deverá o estrangeiro preencher a solicitação de reconhecimento como refugiado, a qual deverá conter identificação completa, qualificação profissional, grau de escolaridade do solicitante e membros do seu grupo familiar, bem como relato das circunstâncias e fatos que fundamentem o pedido de refúgio, indicando os elementos de prova pertinentes.
Art. 20. O registro de declaração e a supervisão do preenchimento da solicitação do refúgio devem ser efetuados por funcionários qualificados e em condições que garantam o sigilo das informações.

CAPÍTULO II
DA AUTORIZAÇÃO
DE RESIDÊNCIA PROVISÓRIA

Art. 21. Recebida a solicitação de refúgio, o Departamento de Polícia Federal emitirá protocolo em favor do solicitante e de seu grupo familiar que se encontre no território nacional, o qual autorizará a estada até a decisão final do processo.
§ 1º O protocolo permitirá ao Ministério do Trabalho expedir carteira de trabalho provisória, para o exercício de atividade remunerada no País.
§ 2º No protocolo do solicitante de refúgio serão mencionados, por averbamento, os menores de quatorze anos.
Art. 22. Enquanto estiver pendente o processo relativo à solicitação de refúgio, ao peticionário será aplicável a legislação sobre estrangeiros, respeitadas as disposições específicas contidas nesta Lei.

CAPÍTULO III
DA INSTRUÇÃO E DO RELATÓRIO

Art. 23. A autoridade competente procederá a eventuais diligências requeridas pelo Conare, devendo averiguar todos os fatos cujo conhecimento seja conveniente para uma justa e rápida decisão, respeitando sempre o princípio da confidencialidade.
Art. 24. Finda a instrução, a autoridade competente elaborará, de imediato, relatório, que será enviado ao Secretário do Conare, para inclusão na pauta da próxima reunião daquele Colegiado.
Art. 25. Os intervenientes nos processos relativos às solicitações de refúgio deverão guardar segredo profissional quanto às informações a que terão acesso no exercício de suas funções.

CAPÍTULO IV
DA DECISÃO, DA COMUNICAÇÃO E DO REGISTRO

Art. 26. A decisão pelo reconhecimento da condição de refugiado será considerada ato declaratório e deverá estar devidamente fundamentada.

Art. 27. Proferida a decisão, o Conare notificará o solicitante e o Departamento de Polícia Federal, para as medidas administrativas cabíveis.

Art. 28. No caso de decisão positiva, o refugiado será registrado junto ao Departamento de Polícia Federal, devendo assinar termo de responsabilidade e solicitar cédula de identidade pertinente.

CAPÍTULO V
DO RECURSO

Art. 29. No caso de decisão negativa, esta deverá ser fundamentada na notificação ao solicitante, cabendo direito de recurso ao Ministro de Estado da Justiça, no prazo de 15 (quinze) dias, contados do recebimento da notificação.

Art. 30. Durante a avaliação do recurso, será permitido ao solicitante de refúgio e aos seus familiares permanecer no território nacional, sendo observado o disposto nos §§ 1º e 2º do art. 21 desta Lei.

Art. 31. A decisão do Ministro de Estado da Justiça não será passível de recurso, devendo ser notificada ao Conare, para ciência do solicitante, e ao Departamento de Polícia Federal, para as providências devidas.

Art. 32. No caso de recusa definitiva de refúgio, ficará o solicitante sujeito à legislação de estrangeiros, não devendo ocorrer sua transferência para o seu país de nacionalidade ou de residência habitual, enquanto permanecerem as circunstâncias que põem em risco sua vida, integridade física e liberdade, salvo nas situações determinadas nos incisos III e IV do art. 3º desta Lei.

TÍTULO V
DOS EFEITOS DO ESTATUTO DE REFUGIADOS SOBRE A EXTRADIÇÃO E A EXPULSÃO
CAPÍTULO I
DA EXTRADIÇÃO

Art. 33. O reconhecimento da condição de refugiado obstará o seguimento de qualquer pedido de extradição baseado nos fatos que fundamentaram a concessão de refúgio.

Art. 34. A solicitação de refúgio suspenderá, até decisão definitiva, qualquer processo de extradição pendente, em fase administrativa ou judicial, baseado nos fatos que fundamentaram a concessão de refúgio.

Art. 35. Para efeito do cumprimento do disposto nos arts. 33 e 34 desta Lei, a solicitação de reconhecimento como refugiado será comunicada ao órgão onde tramitar o processo de extradição.

CAPÍTULO II
DA EXPULSÃO

Art. 36. Não será expulso do território nacional o refugiado que esteja regularmente registrado, salvo por motivos de segurança nacional ou de ordem pública.

Art. 37. A expulsão de refugiado do território nacional não resultará em sua retirada para país onde sua vida, liberdade ou integridade física possam estar em risco, e apenas será efetivada quando da certeza de sua admissão em país onde não haja riscos de perseguição.

TÍTULO VI
DA CESSAÇÃO E DA PERDA DA CONDIÇÃO DE REFUGIADO
CAPÍTULO I
DA CESSAÇÃO DA CONDIÇÃO DE REFUGIADO

Art. 38. Cessará a condição de refugiado nas hipóteses em que o estrangeiro:
I – voltar a valer-se da proteção do país de que é nacional;
II – recuperar voluntariamente a nacionalidade outrora perdida;
III – adquirir nova nacionalidade e gozar da proteção do país cuja nacionalidade adquiriu;
IV – estabelecer-se novamente, de maneira voluntária, no país que abandonou ou fora do qual permaneceu por medo de ser perseguido;
V – não puder mais continuar a recusar a proteção do país de que é nacional por terem deixado de existir as circunstâncias em consequência das quais foi reconhecido como refugiado;
VI – sendo apátrida, estiver em condições de voltar ao país no qual tinha sua residência habitual, uma vez que tenham deixado de existir as circunstâncias em consequência das quais foi reconhecido como refugiado.

CAPÍTULO II
DA PERDA DA CONDIÇÃO DE REFUGIADO

Art. 39. Implicará perda da condição de refugiado:
I – a renúncia;
II – a prova da falsidade dos fundamentos invocados para o reconhecimento da condição de refugiado ou a existência de fatos que, se fossem conhecidos quando do reconhecimento, teriam ensejado uma decisão negativa;
III – o exercício de atividades contrárias à segurança nacional ou à ordem pública;
IV – a saída do território nacional sem prévia autorização do Governo brasileiro.

Parágrafo único. Os refugiados que perderem essa condição com fundamento nos incisos I e IV deste artigo serão enquadrados no regime geral de permanência de estrangeiros no território nacional, e os que a perderem com fundamento nos incisos II e III estarão sujeitos às medidas compulsórias previstas na Lei 6.815, de 19 de agosto de 1980.

CAPÍTULO III
DA AUTORIDADE COMPETENTE E DO RECURSO

Art. 40. Compete ao Conare decidir em primeira instância sobre cessação ou perda da condição de refugiado, cabendo, dessa decisão, recurso ao Ministro de Estado da Justiça, no prazo de 15 (quinze) dias, contados do recebimento da notificação.

§ 1º A notificação conterá breve relato dos fatos e fundamentos que ensejaram a decisão e cientificará o refugiado do prazo para interposição do recurso.

§ 2º Não sendo localizado o estrangeiro para a notificação prevista neste artigo, a decisão será publicada no *Diário Oficial da União*, para fins de contagem do prazo de interposição de recurso.

Art. 41. A decisão do Ministro de Estado da Justiça é irrecorrível e deverá ser notificada ao Conare, que a informará ao estrangeiro e ao Departamento de Polícia Federal, para as providências cabíveis.

TÍTULO VII
DAS SOLUÇÕES DURÁVEIS

CAPÍTULO I
DA REPATRIAÇÃO

Art. 42. A repatriação de refugiados aos seus países de origem deve ser caracterizada pelo caráter voluntário do retorno, salvo nos casos em que não possam recusar a proteção do país de que são nacionais, por não mais subsistirem as circunstâncias que determinaram o refúgio.

CAPÍTULO II
DA INTEGRAÇÃO LOCAL

Art. 43. No exercício de seus direitos e deveres, a condição atípica dos refugiados deverá ser considerada quando da necessidade da apresentação de documentos emitidos por seus países de origem ou por suas representações diplomáticas e consulares.

Art. 44. O reconhecimento de certificados e diplomas, os requisitos para a obtenção da condição de residente e o ingresso em instituições acadêmicas de todos os níveis deverão ser facilitados, levando-se em consideração a situação desfavorável vivenciada pelos refugiados.

CAPÍTULO III
DO REASSENTAMENTO

Art. 45. O reassentamento de refugiados em outros países deve ser caracterizado, sempre que possível, pelo caráter voluntário.

Art. 46. O reassentamento de refugiados no Brasil se efetuará de forma planificada e com a participação coordenada dos órgãos estatais e, quando possível, de organizações não governamentais, identificando áreas de cooperação e de determinação de responsabilidades.

TÍTULO VIII
DAS DISPOSIÇÕES FINAIS

Art. 47. Os processos de reconhecimento da condição de refugiado serão gratuitos e terão caráter urgente.

Art. 48. Os preceitos desta Lei deverão ser interpretados em harmonia com a Declaração Universal dos Direitos do Homem de 1948, com a Convenção sobre o Estatuto dos Refugiados de 1951, com o Protocolo sobre o Estatuto dos Refugiados de 1967 e com todo dispositivo pertinente de instrumento internacional de proteção de direitos humanos com o qual o Governo brasileiro estiver comprometido.

Art. 49. Esta Lei entra em vigor na data de sua publicação.

Brasília, 22 de julho de 1997; 176º da Independência e 109º da República.

Fernando Henrique Cardoso

CONVENÇÃO INTERNACIONAL SOBRE A ELIMINAÇÃO DE TODAS AS FORMAS DE DISCRIMINAÇÃO RACIAL (1965)

> Adotada pela Resolução 2.106-A (XX) da Assembleia Geral das Nações Unidas, em 21.12.1965. Assinada pelo Brasil em 07.03.1966, ratificada em 27.03.1968 (sem reservas), e promulgada pelo Decreto 65.810, de 08.12.1969;
> Entrou em vigor internacional em 04.01.1969.

Os Estados-partes na presente Convenção,

Considerando que a Carta das Nações Unidas baseia-se em princípios de dignidade e igualdade inerentes a todos os seres humanos, e que todos os Estados-membros comprometem-se a tomar medidas separadas e conjuntas, em cooperação com a Organização, para a consecução de um dos propósitos das Nações Unidas, que é promover e encorajar o respeito universal e a observância dos direitos humanos e das liberdades fundamentais para todos, sem discriminação de raça, sexo, idioma ou religião,

Considerando que a Declaração Universal dos Direitos Humanos proclama que todos os seres humanos nascem livres e iguais em dignidade e direitos e que toda pessoa pode invocar todos os direitos estabelecidos nessa Declaração, sem distinção alguma, e principalmente de raça, cor ou origem nacional,

Considerando que todas as pessoas são iguais perante a lei e têm direito a igual proteção contra qualquer discriminação e contra qualquer incitamento à discriminação,

Considerando que as Nações Unidas têm condenado o colonialismo e todas as práticas de segregação e discriminação a ele associadas, em qualquer forma e onde quer que existam, e que a Declaração sobre a Outorga da Independência aos Países e Povos Coloniais de 14 de dezembro de 1960 (Resolução 1514 (XV) da Assembleia Geral) afirmou e proclamou solenemente a necessidade de levá-las a um fim rápido e incondicional,

Considerando que a Declaração das Nações Unidas sobre a Eliminação de Todas as Formas de Discriminação Racial de 20 de dezembro de 1963 (Resolução 1.904 (XVIII) da Assembleia Geral) afirma solenemente a necessidade de eliminar rapidamente a discriminação racial no mundo, em todas as suas formas e manifestações, e de assegurar a compreensão e o respeito à dignidade da pessoa humana,

Convencidos de que a doutrina da superioridade baseada em diferenças raciais é cientificamente falsa, moralmente condenável, socialmente injusta e perigosa, e que não existe justificação para a discriminação racial, em teoria ou na prática, em lugar algum,

Reafirmando que a discriminação entre as pessoas por motivo de raça, cor ou origem étnica é um obstáculo às relações amistosas e pacíficas entre as nações e é capaz de perturbar a paz e a segurança entre os povos e a harmonia de pessoas vivendo lado a lado, até dentro de um mesmo Estado,

Convencidos de que a existência de barreiras raciais repugna os ideais de qualquer sociedade humana,

Alarmados por manifestações de discriminação racial ainda em evidência em algumas áreas do mundo e por políticas governamentais baseadas em superioridade racial ou ódio, como as políticas de *apartheid*, segregação ou separação,

Resolvidos a adotar todas as medidas necessárias para eliminar rapidamente a discriminação racial em todas as suas formas e manifestações, e a prevenir e combater doutrinas e práticas racistas e construir uma comunidade internacional livre de todas as formas de segregação racial e discriminação racial,

Levando em conta a Convenção sobre a Discriminação no Emprego e Ocupação, adotada pela Organização Internacional do Trabalho de 1958, e a Convenção contra a Discriminação no Ensino, adotada pela Organização das Nações Unidas para a Educação, a Ciência e a Cultura, em 1960,

Desejosos de completar os princípios estabelecidos na Declaração das Nações Unidas sobre a Eliminação de Todas as Formas de Discriminação Racial e assegurar o mais cedo possível a adoção de medidas práticas para esse fim,

Acordam o seguinte:

PARTE I

Artigo 1º

Para os fins da presente Convenção, a expressão "discriminação racial" significará toda distinção, exclusão, restrição ou preferência baseada em raça, cor, descendência ou origem nacional ou étnica que tenha por objeto ou resultado anular ou restringir o reconhecimento, gozo ou exercício em um mesmo plano (em igualdade de condição) de direitos humanos e liberdades fundamentais nos campos político, econômico, social, cultural ou em qualquer outro campo da vida pública.

2. Esta Convenção não se aplicará às distinções, exclusões, restrições e preferências feitas por um Estado-parte entre cidadãos e não cidadãos.

3. Nada nesta Convenção poderá ser interpretado como afetando as disposições legais dos Estados-partes, relativas à nacionalidade, cidadania e naturalização, desde que tais disposições não discriminem contra qualquer nacionalidade particular.

4. Não serão consideradas discriminação racial as medidas especiais tomadas com o único objetivo de assegurar o progresso adequado de certos grupos raciais ou étnicos ou de indivíduos que necessitem da proteção que possa ser necessária para proporcionar a tais grupos ou indivíduos igual gozo ou exercício de direitos humanos e liberdades fundamentais, contanto que tais medidas não conduzam, em consequência, à manutenção de direitos separados para diferentes grupos raciais e não prossigam após terem sido alcançados os seus objetivos.

Artigo 2º

Os Estados-partes condenam a discriminação racial e comprometem-se a adotar, por todos os meios apropriados e sem dilações, uma política destinada a eliminar a discriminação racial em todas as suas formas e a encorajar a promoção de entendimento entre todas as raças, e para este fim:

a) Cada Estado-parte compromete-se a abster-se de incorrer em todo ato ou prática de discriminação racial contra pessoas, grupos de pessoas ou instituições e zelar para que as autoridades públicas nacionais ou locais atuem em conformidade com esta obrigação;

b) Cada Estado-parte compromete-se a não encorajar, defender ou apoiar a discriminação racial praticada por uma pessoa ou uma organização qualquer;

c) Cada Estado-parte deverá tomar as medidas eficazes, a fim de rever as políticas governamentais nacionais e locais e modificar, ab-rogar ou anular qualquer disposição regulamentar que tenha como objetivo criar a discriminação ou perpetuá-la onde já existir;

d) Cada Estado-parte deverá tomar todas as medidas apropriadas, inclusive, se as circunstâncias o exigirem, medidas de natureza legislativa, para proibir e pôr fim à discriminação racial praticada por quaisquer pessoas, grupo ou organização;

e) Cada Estado-parte compromete-se a favorecer, quando for o caso, as organizações e movimentos multiraciais, bem como outros meios próprios para eliminar as barreiras entre as raças e a desencorajar o que tenda a fortalecer a divisão racial.

2. Os Estados-partes tomarão, se as circunstâncias o exigirem, nos campos social, econômico, cultural e outros, medidas especiais e concretas para assegurar, como convier, o desenvolvimento ou a proteção de certos grupos raciais ou de indivíduos pertencentes a esses grupos, com o objetivo de garantir-lhes, em condições de igualdade, o pleno exercício dos direitos humanos e das liberdades fundamentais. Essas medidas não deverão, em caso algum, ter a finalidade de manter direitos desiguais ou distintos para os diversos grupos raciais, depois de alcançados os objetivos, em razão dos quais foram tomadas.

Artigo 3º

Os Estados-partes condenam a segregação racial e o *apartheid* e comprometem-se a proibir e a eliminar nos territórios sob a sua jurisdição todas as práticas dessa natureza.

Artigo 4º

Os Estados-partes condenam toda propaganda e todas as organizações que se inspirem em ideias ou teorias-baseadas na superioridade de uma raça ou de um grupo de pessoas de uma certa cor ou de uma certa origem étnica ou que pretendam justificar ou encorajar qualquer forma de ódio e de discriminação raciais, e comprometem-se a adotar imediatamente medidas positivas destinadas a eliminar qualquer incitação a uma tal discriminação, ou quaisquer atos de discriminação com este objetivo, tendo em vista os princípios formulados na Declaração Universal dos Direitos do Homem e os direitos expressamente enunciados no artigo V da presente Convenção, *inter alia*:

a) a declarar como delitos puníveis por lei, qualquer difusão de ideias baseadas na superioridade ou ódio raciais, qualquer incitamento à discriminação racial, assim como quaisquer atos de violência ou provocação a tais atos, dirigidos contra qualquer raça ou qualquer grupo de pessoas de outra cor ou de outra origem étnica, como também qualquer assistência prestada a atividades racistas, inclusive seu financiamento;

b) a declarar ilegais e a proibir as organizações, assim como as atividades de propaganda organizada e qualquer outro tipo de atividade de propaganda que incitarem à discriminação racial e que a encorajarem e a declarar delito punível por lei a participação nestas organizações ou nestas atividades;

c) a não permitir às autoridades públicas nem às instituições públicas, nacionais ou locais, o incitamento ou encorajamento à discriminação racial.

Artigo 5º

Em conformidade com as obrigações fundamentais enunciadas no artigo 2, os Estados-partes comprometem-se a proibir e a eliminar a discriminação racial em todas as suas formas e a garantir o direito de cada um à igualdade perante a lei, sem distinção de raça, de cor ou de origem nacional ou étnica, principalmente no gozo dos seguintes direitos:

a) direito a um tratamento igual perante os tribunais ou qualquer órgão que administre a justiça;

b) direito à segurança da pessoa ou à proteção do Estado contra violência ou lesão corporal cometida, quer por funcionários de Governo, quer por qualquer indivíduo, grupo ou instituição;

c) direitos políticos, particularmente direitos de participar nas eleições – de votar e ser votado – conforme o sistema de sufrágio universal e igual, de tomar parte no Governo, assim como na direção dos assuntos públicos a qualquer nível, e de acesso em igualdade de condições às funções públicas;

d) outros direitos civis, particularmente:
i) direito de circular livremente e de escolher residência dentro das fronteiras do Estado;
ii) direito de deixar qualquer país, inclusive o seu, e de voltar ao seu país;
iii) direito a uma nacionalidade;
iv) direito de casar-se e escolher o cônjuge;
v) direito de qualquer pessoa, tanto individualmente como em conjunto, à propriedade;
vi) direito de herdar;
vii) direito à liberdade de pensamento, de consciência e de religião;
viii) direito à liberdade de opinião e de expressão;
ix) direito à liberdade de reunião e de associação pacíficas;

e) direitos econômicos, sociais e culturais, principalmente:
i) direitos ao trabalho, à livre escolha de trabalho, a condições equitativas e satisfatórias de trabalho, à proteção contra o desemprego, a um salário igual para um trabalho igual, a uma remuneração equitativa e satisfatória;
ii) direito de fundar sindicatos e a eles se afiliar;
iii) direito à habitação;
iv) direitos à saúde pública, a tratamento médico, à previdência social e aos serviços sociais;
v) direito à educação e à formação profissional;
vi) direito à igual participação nas atividades culturais;

f) direito de acesso a todos os lugares e serviços destinados ao uso do público, tais como meios de transporte, hotéis, restaurantes, cafés, espetáculos e parques.

Artigo 6º

Os Estados-partes assegurarão, a qualquer pessoa que estiver sob sua jurisdição, proteção e recursos eficazes perante os tribunais nacionais e outros órgãos do Estado competentes, contra quaisquer atos de discriminação racial que, contrariamente à presente Convenção, violarem seus direitos individuais e suas liberdades fundamentais, assim como o direito de pedir a esses tribunais uma satisfação ou reparação justa e adequada por qualquer dano de que foi vítima, em decorrência de tal discriminação.

Artigo 7º

Os Estados-partes comprometem-se a tomar as medidas imediatas e eficazes, principalmente no campo do ensino, educação, cultura, e informação, para lutar contra os preconceitos que levem à discriminação racial e para promover o entendimento, a tolerância e a amizade entre nações e grupos raciais e étnicos, assim como para propagar os propósitos e os princípios da Carta das Nações Unidas, da Declaração Universal dos Direitos Humanos, da Declaração das Nações Unidas sobre a Eliminação de Todas as Formas de Discriminação Racial e da presente Convenção.

PARTE II
ARTIGO 8º

1. Será estabelecido um Comitê sobre a Eliminação da Discriminação Racial (doravante denominado "Comitê"), composto de dezoito peritos de grande prestígio moral e reconhecida imparcialidade, que serão eleitos pelos Estados-partes dentre os seus nacionais e que exercerão suas funções a título pessoal, levando-se em conta uma distribuição geográfica equitativa e a representação das formas diversas de civilização, assim como dos principais sistemas jurídicos.

2. Os membros do Comitê serão eleitos em votação secreta dentre uma lista de pessoas indicadas pelos Estados-partes. Cada Estado-parte pode indicar uma pessoa dentre os seus nacionais.

3. A primeira eleição se realizará seis meses após a data da entrada em vigor da presente Conven-

ção. Ao menos três meses antes da data de cada eleição, o Secretário-Geral da Organização das Nações Unidas enviará uma carta aos Estados-partes para convidá-los a apresentar suas candidaturas no prazo de dois meses. O Secretário-Geral da Organização das Nações Unidas organizará uma lista, por ordem alfabética, de todos os candidatos assim designados, com indicações dos Estados-partes que os tiverem designado, e a comunicará aos Estados-partes.

4. Os membros do Comitê serão eleitos durante uma reunião dos Estados-partes convocada pelo Secretário-Geral das Nações Unidas. Nesta reunião, na qual o *quorum* será estabelecido por dois terços dos Estados-partes, serão eleitos membros do Comitê os candidatos que obtiverem o maior número de votos e a maioria absoluta dos votos dos representantes dos Estados-partes presentes e votantes.

5. *a)* Os membros do Comitê serão eleitos para um mandato de quatro anos. Entretanto, o mandato de nove dos membros eleitos na primeira eleição expirará ao final de dois anos; imediatamente após a primeira eleição, os nomes desses nove membros serão escolhidos, por sorteio, pelo Presidente do Comitê.

b) Para preencher as vagas fortuitas, o Estado-parte cujo perito tenha deixado de exercer suas funções de membro do Comitê nomeará outro perito entre seus nacionais, sob reserva da aprovação do Comitê.

6. Os Estados-partes serão responsáveis pelas despesas dos membros do Comitê para o período em que estes desempenharem funções no Comitê.

Artigo 9º

1. Os Estados-partes comprometem-se a submeter ao Secretário-Geral das Nações Unidas, para exame do Comitê, um relatório sobre as medidas legislativas, judiciárias, administrativas ou outras que adotarem para tornarem efetivas as disposições desta Convenção:

a) dentro do prazo de um ano a partir da entrada em vigor da Convenção, para cada Estado interessado no que lhe diz respeito, e posteriormente, cada dois anos, e toda vez que o Comitê o solicitar. O Comitê poderá solicitar informações complementares aos Estados Partes.

2. O Comitê submeterá anualmente à Assembleia Geral um relatório sobre suas atividades e poderá fazer sugestões e recomendações de ordem geral baseadas no exame dos relatórios e das informações recebidas dos Estados-partes. Levará estas sugestões e recomendações de ordem geral ao conhecimento da Assembleia Geral e, se as houver, juntamente com as observações dos Estados-partes.

Artigo 10

O Comitê adotará seu próprio regulamento interno.

2. O Comitê elegerá sua Mesa para um período de dois anos.

3. O Secretário-Geral das Nações Unidas fornecerá os serviços de Secretaria ao Comitê.

4. O Comitê reunir-se-á normalmente na sede das Nações Unidas.

Artigo 11

1. Se um Estado-parte considerar que outro Estado-parte não vem cumprindo as disposições da presente Convenção poderá chamar a atenção do Comitê sobre a questão. O Comitê transmitirá, então, a comunicação ao Estado-parte interessado. Em um prazo de três meses, o Estado destinatário submeterá ao Comitê as explicações ou declarações por escrito, a fim de esclarecer a questão e indicar as medidas corretivas que por acaso tenham sido tomadas pelo referido Estado.

2. Se, dentro do prazo de seis meses, a contar da data do recebimento da comunicação original pelo Estado destinatário, a questão não estiver dirimida satisfatoriamente para ambos os Estados-partes interessados, por meio de negociações bilaterais ou por qualquer outro processo que estiver a sua disposição, tanto um como o outro terão o direito de submetê-la ao Comitê, mediante notificação endereçada ao Comitê ou ao outro Estado interessado.

3. O Comitê só poderá tomar conhecimento de uma questão, de acordo com o parágrafo 2º do presente artigo, após ter assegurado que todos os recursos internos disponíveis tenham sido utilizados e esgotados, em conformidade com os princípios do Direito Internacional geralmente reconhecidos. Não se aplicará essa regra quando a aplicação dos mencionados recursos exceder prazos razoáveis.

4. Em qualquer questão que lhe for submetida, o Comitê poderá solicitar aos Estados-partes presentes que lhe forneçam quaisquer informações complementares pertinentes.

5. Quando o Comitê examinar uma questão conforme o presente artigo, os Estados-partes interessados terão o direito de nomear um representante que participará sem direito de voto dos trabalhos no Comitê durante todos os debates.

Artigo 12

1. *a)* Depois que o Comitê obtiver e consultar as informações que julgar necessárias, o Presidente nomeará uma Comissão de Conciliação *ad hoc* (doravante denominada "Comissão"), composta de 5 pessoas que poderão ou não ser membros do Comitê. Os membros serão nomeados com o consentimento pleno e unânime das partes na controvérsia e a Comissão porá seus bons ofícios à disposição dos Estados presentes, com o objetivo de chegar a uma solução amigável da questão, baseada no respeito à presente Convenção.

b) Se os Estados-partes na controvérsia não chegarem a um entendimento em relação a toda ou parte da composição da Comissão, em um prazo de três meses, os membros da Comissão que não tiverem o assentimento dos Estados-partes na controvérsia serão eleitos por escrutínio secreto, dentre os próprios membros do Comitê, por maioria de dois terços.

2. Os membros da Comissão atuarão a título individual. Não deverão ser nacionais de um dos Estados-partes na controvérsia nem de um Estado que não seja parte na presente Convenção.

3. A Comissão elegerá seu Presidente e adotará seu regulamento interno.

4. A Comissão reunir-se-á normalmente na Sede das Nações Unidas ou em qualquer outro lugar apropriado que a Comissão determinar.

5. O secretariado, previsto no parágrafo 3º do artigo 10, prestará igualmente seus serviços à Comissão cada vez que uma controvérsia entre os Estados-partes provocar sua formação.

6. Todas as despesas dos membros da Comissão serão divididas igualmente entre os Estados-partes na controvérsia, com base em um cálculo estimativo feito pelo Secretário-Geral.

7. O Secretário-Geral ficará autorizado a pagar, se for necessário, as despesas dos membros da Comissão, antes que o reembolso seja efetuado pelos Estados-partes na controvérsia, de conformidade com o parágrafo 6º do presente artigo.

8. As informações obtidas e confrontadas pelo Comitê serão postas à disposição da Comissão, que poderá solicitar aos Estados interessados que lhe forneçam qualquer informação complementar pertinente.

Artigo 13

1. Após haver estudado a questão sob todos os seus aspectos, a Comissão preparará e submeterá ao Presidente do Comitê um relatório com as conclusões sobre todas as questões de fato relativas à controvérsia entre as partes e as recomendações que julgar oportunas, a fim de chegar a uma solução amistosa da controvérsia.

2. O Presidente do Comitê transmitirá o relatório da Comissão a cada um dos Estados-partes na controvérsia. Os referidos Estados comunicarão ao Presidente do Comitê, em um prazo de três meses, se aceitam ou não as recomendações contidas no relatório da Comissão.

3. Expirado o prazo previsto no parágrafo 2º do presente artigo, o Presidente do Comitê apresentará o Relatório da Comissão e as declarações dos Estados-partes interessados aos outros Estados-partes nesta Convenção.

Artigo 14

Todo Estado-parte na presente Convenção poderá declarar, a qualquer momento, que reconhece a competência do Comitê para receber e examinar as comunicações enviadas por indivíduos ou grupos de indivíduos sob sua jurisdição, que aleguem ser vítimas de violação, por um Estado-parte, de qualquer um dos direitos enunciados na presente Convenção. O Comitê não receberá comunicação alguma relativa a um Estado-parte que não houver feito declaração dessa natureza.

2. Qualquer Estado-parte que fizer uma declaração de conformidade com o parágrafo 1º do presente artigo, poderá criar ou designar um órgão dentro de sua ordem jurídica nacional, que terá a competência para receber e examinar as petições de pessoas ou grupos de pessoas sob sua jurisdição, que alegarem ser vítimas de uma violação de qualquer um dos direitos enunciados na presente Convenção e que esgotaram os outros recursos locais disponíveis.

3. A declaração feita de conformidade com o parágrafo 1º do presente artigo e o nome de qualquer órgão criado ou designado pelo Estado-parte interessado, consoante o parágrafo 2º do presente artigo, serão depositados pelo Estado-parte interessado junto ao Secretário-Geral das Nações Unidas, que remeterá cópias aos outros Estados-partes. A declaração poderá ser retirada a qualquer momento, mediante notificação ao Secretário-Geral das Nações Unidas, mas esta retirada não prejudicará as comunicações que já estiverem sendo estudadas pelo Comitê.

4. O órgão criado ou designado de conformidade com o parágrafo 2º do presente artigo, deverá manter um registro de petições, e cópias autenticadas do registro serão depositadas anualmente por canais apropriados junto ao Secretário-Geral das Nações Unidas, no entendimento de que o conteúdo dessas cópias não será divulgado ao público.

5. Se não obtiver reparação satisfatória do órgão criado ou designado de conformidade com o parágrafo 2º do presente artigo, o peticionário terá o direito de levar a questão ao Comitê, dentro de seis meses.

6. *a)* O Comitê levará, a título confidencial, qualquer comunicação que lhe tenha sido endereçada, ao conhecimento do Estado-parte que supostamente houver violado qualquer das disposições desta Convenção, mas a identidade da pessoa ou dos grupos de pessoas não poderá ser revelada sem o consentimento expresso da referida pessoa ou grupos de pessoas. O Comitê não receberá comunicações anônimas.

b) Dentro dos três meses seguintes, o Estado destinatário submeterá ao Comitê as explicações ou declarações por escrito que elucidem a questão e, se for o caso, indiquem o recurso jurídico adotado pelo Estado em questão.

7. *a)* O Comitê examinará as comunicações recebidas em conformidade com o presente artigo à luz de todas as informações a ele submetidas pelo Estado interessado e pelo peticionário. O Comitê só examinará uma comunicação de um peticionário após ter-se assegurado de que este esgotou todos os recursos internos disponíveis. Entretanto, esta regra não se aplicará se os processos de recurso excederem prazos razoáveis.

b) O Comitê comunicará suas sugestões e recomendações eventuais ao Estado-parte e ao peticionário em questão.

8. O Comitê incluirá em seu relatório anual um resumo destas comunicações e, se for necessário, um resumo das explicações e declarações dos Estados-partes interessados, assim como suas próprias sugestões e recomendações.

9. O Comitê somente terá competência para exercer as funções previstas neste artigo se pelo menos dez Estados-partes nesta Convenção estiverem obrigados, por declarações feitas de conformidade com o parágrafo 1º deste artigo.

Artigo 15

1. Enquanto não forem atingidos os objetivos da Resolução 1.514 (XV) da Assembleia Geral de 14 de dezembro de 1960, relativa à Declaração sobre a Outorga de Independência aos Países e Povos Coloniais, as disposições da presente Convenção não restringirão de maneira alguma o direito de petição concedido aos povos por outros instrumentos internacionais ou pela Organização das Nações Unidas e suas agências especializadas.

2. *a)* O Comitê, constituído de conformidade com o parágrafo 1 do artigo VIII desta Convenção, receberá cópia das petições provenientes dos órgãos das Nações Unidas que se encarregarem de questões diretamente relacionadas com os princípios e objetivos da presente Convenção e expressará sua opinião e formulará recomendações sobre essas petições, quando examinar as petições dos habitantes dos territórios sob tutela ou sem governo próprio ou de qualquer outro território a que se aplicar a Resolução 1.514 (XV) da Assembleia Geral, relacionadas a questões tratadas pela presente Convenção e que forem submetidas a esses órgãos.

b) O Comitê receberá dos órgãos competentes da Organização das Nações Unidas cópia dos relatórios sobre medidas de ordem legislativa, judiciária, administrativa ou outras diretamente relacionadas com os princípios e objetivos da presente Convenção que as Potências Administradoras tiverem aplicado nos territórios mencionados na alínea *a* do presente parágrafo e expressará sua opinião e fará recomendações a esses órgãos.

3. O Comitê incluirá em seu relatório à Assembleia Geral um resumo das petições e relatórios que houver recebido de órgãos das Nações Unidas e as opiniões e recomendações que houver proferido sobre tais petições e relatórios.

4. O Comitê solicitará ao Secretário-Geral das Nações Unidas qualquer informação relacionada com os objetivos da presente Convenção, de que este dispuser, sobre os territórios mencionados no parágrafo 2º *(a)* do presente artigo.

Artigo 16

As disposições desta Convenção, relativas à solução das controvérsias ou queixas, serão aplicadas sem prejuízo de outros processos para a solução de controvérsias e queixas no campo da discriminação, previstos nos instrumentos constitutivos das Nações Unidas e suas agências especializadas, e não excluirão a possibilidade dos Estados-partes recorrerem a outros procedimentos para a solução de uma controvérsia, de conformidade com os acordos internacionais ou especiais que os ligarem.

PARTE III

Artigo 17

1. A presente Convenção estará aberta à assinatura de todos os Estados-membros da Organização das Nações Unidas ou membros de qualquer uma de suas agências especializadas, de qualquer Estado-parte no Estatuto da Corte Internacional de Justiça, assim como de qualquer outro Estado convidado pela Assembleia Geral das Nações Unidas a tornar-se parte na presente Convenção.

2. Esta Convenção está sujeita à ratificação. Os instrumentos de ratificação serão depositados junto ao Secretário-Geral da Organização das Nações Unidas.

Artigo 18

Esta Convenção está aberta à adesão de todos os Estados mencionados no parágrafo 1º do artigo XVII.

2. Far-se-á a adesão mediante depósito do instrumento de adesão junto ao Secretário-Geral das Nações Unidas.

Artigo 19

1. A presente Convenção entrará em vigor no trigésimo dia a contar da data em que o vigésimo sétimo instrumento de ratificação ou adesão houver sido depositado junto ao Secretário-Geral das Nações Unidas.

2. Para os Estados que vierem a ratificar a presente Convenção ou a ela aderir após o depósito do vigésimo sétimo instrumento de ratificação ou adesão, a Convenção entrará em vigor no trigésimo dia a contar da data em que o Estado em questão houver depositado seu instrumento de ratificação ou adesão.

Artigo 20

1. O Secretário-Geral das Nações Unidas receberá e enviará, a todos os Estados que forem ou vierem a tornar-se partes nesta Convenção, as reservas feitas pelos Estados no momento da ratificação ou adesão. Qualquer Estado que objetar a essas reservas deverá notificar ao Secretário-Geral, dentro de noventa dias da data da referida comunicação, que não as aceita.

2. Não será permitido reserva incompatível com o objeto e o propósito desta Convenção, nem reserva cujo efeito seja o de impedir o funcionamento de qualquer dos órgãos previstos nesta Convenção. Uma reserva será considerada incompatível ou impeditiva se a ela objetarem ao menos dois terços dos Estados-partes nesta Convenção.

3. As reservas poderão ser retiradas a qualquer momento por uma notificação endereçada com esse objetivo ao Secretário-Geral das Nações Unidas. A notificação surtirá efeito na data de seu recebimento.

Artigo 21

Todo Estado-parte poderá denunciar a presente Convenção mediante notificação por escrito endereçada ao Secretário-Geral das Nações Unidas. A denúncia produzirá efeitos um ano depois da data do recebimento da notificação pelo Secretário-Geral.

Artigo 22

As controvérsias entre dois ou mais Estados-partes, com relação à interpretação ou aplicação da presente Convenção que não puderem ser dirimidas por meio de negociação ou pelos processos previstos expressamente nesta Convenção, serão, a pedido de um deles, submetidas à decisão da Corte Internacional de Justiça, a não ser que os litigantes concordem com outro meio de solução.

Artigo 23

1. Qualquer Estado-parte poderá, em qualquer momento, formular pedido de revisão desta Convenção, mediante notificação escrita dirigida ao Secretário-Geral da Organização das Nações Unidas.
2. A Assembleia Geral das Nações Unidas decidirá sobre as medidas a serem tomadas, se for o caso, com respeito a este pedido.

Artigo 24

O Secretário-Geral da Organização das Nações Unidas comunicará a todos os Estados mencionados no parágrafo 1º do artigo XVII desta Convenção:
a) As assinaturas, ratificações e adesões recebidas em conformidade com os artigos 17 e 18;
b) A data da entrada em vigor da Convenção, nos termos do artigo 19;
c) As comunicações e declarações recebidas em conformidade com os artigos 19, 20, 23;
d) As denúncias recebidas em conformidade com o artigo 21.

Artigo 25

1. A presente Convenção, cujos textos em árabe, chinês, espanhol, francês, inglês e russo são igualmente autênticos, será depositada junto ao Secretário-Geral das Nações Unidas.
2. O Secretário-Geral da Organização das Nações Unidas encaminhará cópias autenticadas da presente Convenção a todos os Estados.

PACTO INTERNACIONAL SOBRE DIREITOS CIVIS E POLÍTICOS (1966)

- Adotado pela XXI Sessão da Assembleia Geral das Nações Unidas, em 16.12.1966.
- Aprovado no Brasil pelo Decreto Legislativo 226, de 12.12.1991, e promulgado pelo Decreto 592, de 06.07.1992.

Preâmbulo

Os Estados-partes no presente Pacto,

Considerando que, em conformidade com os princípios proclamados na Carta das Nações Unidas, o reconhecimento da dignidade inerente a todos os membros da família humana e dos seus direitos iguais e inalienáveis constitui o fundamento da liberdade, da justiça e da paz no mundo,

Reconhecendo que esses direitos decorrem da dignidade inerente à pessoa humana,

Reconhecendo que, em conformidade com a Declaração Universal dos Direitos Humanos, o ideal do ser humano livre, no gozo das liberdades civis e políticas e liberto do temor e da miséria, não pode ser realizado, a menos que se criem as condições que permitam a cada um gozar de seus direitos civis e políticos, assim como de seus direitos econômicos, sociais e culturais,

Considerando que a Carta das Nações Unidas impõe aos Estados a obrigação de promover o respeito universal e efetivo dos direitos e das liberdades da pessoa humana,

Compreendendo que o indivíduo, por ter deveres para com seus semelhantes e para com a coletividade a que pertence, tem a obrigação de lutar pela promoção e observância dos direitos reconhecidos no presente Pacto,

Acordam o seguinte:

PARTE I
Artigo 1º

1. Todos os povos têm direito à autodeterminação. Em virtude desse direito, determinam livremente seu estatuto político e asseguram livremente seu desenvolvimento econômico, social e cultural.
2. Para a consecução de seus objetivos, todos os povos podem dispor livremente de suas riquezas e de seus recursos naturais, sem prejuízo das obrigações decorrentes da cooperação econômica internacional, baseada no princípio do proveito mútuo e do Direito Internacional. Em caso algum poderá um povo ser privado de seus próprios meios de subsistência.
3. Os Estados-partes no presente Pacto, inclusive aqueles que tenham a responsabilidade de administrar territórios não autônomos e territórios sob tutela, deverão promover o exercício do direito à autodeterminação e respeitar esse direito, em conformidade com as disposições da Carta das Nações Unidas.

PARTE II
Artigo 2º

1. Os Estados-partes no presente Pacto comprometem-se a garantir a todos os indivíduos que se encontrem em seu território e que estejam sujeitos à sua jurisdição os direitos reconhecidos no presente Pacto, sem discriminação alguma por motivo de raça, cor, sexo, língua, religião, opinião política ou de qualquer outra natureza, origem nacional ou social, situação econômica, nascimento ou qualquer outra situação.
2. Na ausência de medidas legislativas ou de outra natureza destinadas a tornar efetivos os direitos reconhecidos no presente Pacto, os Estados-partes comprometem-se a tomar as providências necessárias, com vistas a adotá-las, levando em consideração seus respectivos procedimentos constitucionais e as disposições do presente Pacto.
3. Os Estados-partes comprometem-se a:
a) garantir que toda pessoa, cujos direitos e liberdades reconhecidos no presente Pacto hajam sido violados, possa dispor de um recurso efetivo, mesmo que a violência tenha sido perpetrada por pessoas que agiam no exercício de funções oficiais;

b) garantir que toda pessoa que interpuser tal recurso terá seu direito determinado pela competente autoridade judicial, administrativa ou legislativa ou por qualquer outra autoridade competente prevista no ordenamento jurídico do Estado em questão e a desenvolver as possibilidades de recurso judicial;

c) garantir o cumprimento, pelas autoridades competentes, de qualquer decisão que julgar procedente tal recurso.

Artigo 3º

Os Estados-partes no presente Pacto comprometem-se a assegurar a homens e mulheres igualdade no gozo de todos os direitos civis e políticos enunciados no presente Pacto.

Artigo 4º

1. Quando situações excepcionais ameacem a existência da nação e sejam proclamadas oficialmente, os Estados-partes no presente Pacto podem adotar, na estrita medida em que a situação o exigir, medidas que derroguem as obrigações decorrentes do presente Pacto, desde que tais medidas não sejam incompatíveis com as demais obrigações que lhes sejam impostas pelo Direito Internacional e não acarretem discriminação alguma apenas por motivo de raça, cor, sexo, língua, religião ou origem social.

2. A disposição precedente não autoriza qualquer derrogação dos artigos 6º, 7º, 8º (parágrafos 1º e 2º), 11, 15, 16 e 18.

3. Os Estados-partes no presente Pacto que fizerem uso do direito de derrogação devem comunicar imediatamente aos outros Estados-partes no presente Pacto, por intermédio do Secretário-Geral da Organização das Nações Unidas, as disposições que tenham derrogado, bem como os motivos de tal derrogação. Os Estados-partes deverão fazer uma nova comunicação, igualmente por intermédio do Secretário-Geral das Nações Unidas, na data em que terminar tal suspensão.

Artigo 5º

1. Nenhuma disposição do presente Pacto poderá ser interpretada no sentido de reconhecer a um Estado, grupo ou indivíduo qualquer direito de dedicar-se a quaisquer atividades ou de praticar quaisquer atos que tenham por objetivo destruir os direitos ou liberdades reconhecidos no presente Pacto ou impor-lhes limitações mais amplas do que aquelas nele previstas.

2. Não se admitirá qualquer restrição ou suspensão dos direitos humanos fundamentais reconhecidos ou vigentes em qualquer Estado-parte no presente Pacto em virtude de leis, convenções, regulamentos ou costumes, sob pretexto de que o presente Pacto não os reconheça ou os reconheça em menor grau.

PARTE III

Artigo 6º

1. O direito à vida é inerente à pessoa humana. Este direito deverá ser protegido pela lei. Ninguém poderá ser arbitrariamente privado de sua vida.

2. Nos países em que a pena de morte não tenha sido abolida, esta poderá ser imposta apenas nos casos de crimes mais graves, em conformidade com a legislação vigente na época em que o crime foi cometido e que não esteja em conflito com as disposições do presente Pacto, nem com a Convenção sobre a Prevenção e a Repressão do Crime de Genocídio. Poder-se-á aplicar essa pena apenas em decorrência de uma sentença transitada em julgado e proferida por tribunal competente.

3. Quando a privação da vida constituir crime de genocídio, entende-se que nenhuma disposição do presente artigo autorizará qualquer Estado-parte no presente Pacto a eximir-se, de modo algum, do cumprimento de qualquer das obrigações que tenha assumido, em virtude das disposições da Convenção sobre a Prevenção e Repressão do Crime de Genocídio.

4. Qualquer condenado à morte terá o direito de pedir indulto ou comutação da pena. A anistia, o indulto ou a comutação da pena poderão ser concedidos em todos os casos.

5. Uma pena de morte não poderá ser imposta em casos de crimes cometidos por pessoas menores de 18 anos, nem aplicada a mulheres em caso de gravidez.

6. Não se poderá invocar disposição alguma do presente artigo para retardar ou impedir a abolição da pena de morte por um Estado-parte no presente Pacto.

Artigo 7º

Ninguém poderá ser submetido a tortura, nem a penas ou tratamentos cruéis, desumanos ou degradantes. Será proibido, sobretudo, submeter uma pessoa, sem seu livre consentimento, a experiências médicas ou científicas.

Artigo 8º

1. Ninguém poderá ser submetido à escravidão; a escravidão e o tráfico de escravos, em todas as suas formas, ficam proibidos.

2. Ninguém poderá ser submetido à servidão.

3. *a)* ninguém poderá ser obrigado a executar trabalhos forçados ou obrigatórios;

b) a alínea *a* do parágrafo não poderá ser interpretada no sentido de proibir, nos países em que certos crimes sejam punidos com prisão e trabalho forçados, o cumprimento de uma pena de trabalhos forçados, imposta por um tribunal competente;

c) para os efeitos do presente parágrafo, não serão considerados "trabalhos forçados ou obrigatórios":
i) qualquer trabalho ou serviço, não previsto na alínea *b*, normalmente exigido de um indivíduo que tenha sido encarcerado em cumprimento de decisão judicial ou que, tendo sido objeto de tal decisão, ache-se em liberdade condicional;
ii) qualquer serviço de caráter militar e, nos países em que se admite a isenção por motivo de consciência, qualquer serviço nacional que a lei venha a exigir daqueles que se oponham ao serviço militar por motivo de consciência;

iii) qualquer serviço exigido em casos de emergência ou de calamidade que ameacem o bem-estar da comunidade;
iv) qualquer trabalho ou serviço que faça parte das obrigações cívicas normais.

Artigo 9°

1. Toda pessoa tem direito à liberdade e à segurança pessoais. Ninguém poderá ser preso ou encarcerado arbitrariamente. Ninguém poderá ser privado de sua liberdade, salvo pelos motivos previstos em lei e em conformidade com os procedimentos nela estabelecidos.
2. Qualquer pessoa, ao ser presa, deverá ser informada das razões da prisão e notificada, sem demora, das acusações formuladas contra ela.
3. Qualquer pessoa presa ou encarcerada em virtude de infração penal deverá ser conduzida, sem demora, à presença do juiz ou de outra autoridade habilitada por lei a exercer funções judiciais e terá o direito de ser julgada em prazo razoável ou de ser posta em liberdade. A prisão preventiva de pessoas que aguardam julgamento não deverá constituir a regra geral, mas a soltura poderá estar condicionada a garantias que assegurem o comparecimento da pessoa em questão à audiência e a todos os atos do processo, se necessário for, para a execução da sentença.
4. Qualquer pessoa que seja privada de sua liberdade, por prisão ou encarceramento, terá o direito de recorrer a um tribunal para que este decida sobre a legalidade de seu encarceramento e ordene a soltura, caso a prisão tenha sido ilegal.
5. Qualquer pessoa vítima de prisão ou encarceramento ilegal terá direito à reparação.

Artigo 10

1. Toda pessoa privada de sua liberdade deverá ser tratada com humanidade e respeito à dignidade inerente à pessoa humana.
2. a) As pessoas processadas deverão ser separadas, salvo em circunstâncias excepcionais, das pessoas condenadas e receber tratamento distinto, condizente com sua condição de pessoas não condenadas.
b) As pessoas jovens processadas deverão ser separadas das adultas e julgadas o mais rápido possível.
3. O regime penitenciário consistirá em um tratamento cujo objetivo principal seja a reforma e reabilitação moral dos prisioneiros. Os delinquentes juvenis deverão ser separados dos adultos e receber tratamento condizente com sua idade e condição jurídica.

Artigo 11

Ninguém poderá ser preso apenas por não poder cumprir com uma obrigação contratual.
> Art. 7 (7) da Convenção Americana sobre Direitos Humanos (1969).

Artigo 12

1. Toda pessoa que se encontre legalmente no território de um Estado terá o direito de nele livremente circular e escolher sua residência.

2. Toda pessoa terá o direito de sair livremente de qualquer país, inclusive de seu próprio país.
3. Os direitos supracitados não poderão constituir objeto de restrições, a menos que estejam previstas em lei e no intuito de proteger a segurança nacional e a ordem, saúde ou moral públicas, bem como os direitos e liberdades das demais pessoas, e que sejam compatíveis com os outros direitos reconhecidos no presente Pacto.
4. Ninguém poderá ser privado arbitrariamente do direito de entrar em seu próprio país.

Artigo 13

Um estrangeiro que se encontre legalmente no território de um Estado-parte no presente Pacto só poderá dele ser expulso em decorrência de decisão adotada em conformidade com a lei e, a menos que razões imperativas de segurança nacional a isso se oponham, terá a possibilidade de expor as razões que militem contra a sua expulsão e de ter seu caso reexaminado pelas autoridades competentes, ou por uma ou várias pessoas especialmente designadas pelas referidas autoridades, e de fazer-se representar com este objetivo.

Artigo 14

1. Todas as pessoas são iguais perante os Tribunais e as Cortes de Justiça. Toda pessoa terá o direito de ser ouvida publicamente e com as devidas garantias por um Tribunal competente, independente e imparcial, estabelecido por lei, na apuração de qualquer acusação de caráter penal formulada contra ela ou na determinação de seus direitos e obrigações de caráter civil. A imprensa e o público poderão ser excluídos de parte ou da totalidade de um julgamento, quer por motivo de moral pública, ordem pública ou de segurança nacional em uma sociedade democrática, quer quando o interesse da vida privada das partes o exija, quer na medida em que isto seja estritamente necessário na opinião da justiça, em circunstâncias específicas, nas quais a publicidade venha a prejudicar os interesses da justiça; entretanto, qualquer sentença proferida em matéria penal ou civil deverá tornar-se pública, a menos que o interesse de menores exija procedimento oposto, ou o processo diga respeito a controvérsias matrimoniais ou à tutela de menores.
2. Toda pessoa acusada de um delito terá direito a que se presuma sua inocência enquanto não for legalmente comprovada sua culpa.
3. Toda pessoa acusada de um delito terá direito, em plena igualdade, às seguintes garantias mínimas:
a) a ser informada, sem demora, em uma língua que compreenda e de forma minuciosa, da natureza e dos motivos da acusação contra ela formulada;
b) a dispor do tempo e dos meios necessários à preparação de sua defesa e a comunicar-se com defensor de sua escolha;
c) a ser julgada sem dilações indevidas;
d) a estar presente no julgamento e a defender-se pessoalmente ou por intermédio de defensor de sua escolha; a ser informada, caso não tenha

defensor, do direito que lhe assiste de tê-lo, e sempre que o interesse da justiça assim exija, a ter um defensor designado *ex officio* gratuitamente, se não tiver meios para remunerá-lo;

e) a interrogar ou fazer interrogar as testemunhas de acusação e a obter comparecimento e o interrogatório das testemunhas de defesa nas mesmas condições de que dispõem as de acusação;

f) a ser assistida gratuitamente por um intérprete, caso não compreenda ou não fale a língua empregada durante o julgamento;

g) a não ser obrigada a depor contra si mesma, nem a confessar-se culpada.

4. O processo aplicável aos jovens que não sejam maiores nos termos da legislação penal levará em conta a idade dos mesmos e a importância de promover sua reintegração social.

5. Toda pessoa declarada culpada por um delito terá o direito de recorrer da sentença condenatória e da pena a uma instância superior, em conformidade com a lei.

6. Se uma sentença condenatória passada em julgado for posteriormente anulada ou quando um indulto for concedido, pela ocorrência ou descoberta de fatos novos que provem cabalmente a existência de erro judicial, a pessoa que sofreu a pena decorrente dessa condenação deverá ser indenizada, de acordo com a lei, a menos que fique provado que se lhe pode imputar, total ou parcialmente, a não revelação do fato desconhecido em tempo útil.

7. Ninguém poderá ser processado ou punido por um delito pelo qual já foi absolvido ou condenado por sentença passada em julgado, em conformidade com a lei e com os procedimentos penais de cada país.

Artigo 15

1. Ninguém poderá ser condenado por atos ou omissões que não constituam delito de acordo com o direito nacional ou internacional, no momento em que foram cometidos. Tampouco poder-se-á impor pena mais grave do que a aplicável no momento da ocorrência do delito. Se, depois de perpetrado o delito, a lei estipular a imposição de pena mais leve, o delinquente deverá dela beneficiar-se.

2. Nenhuma disposição do presente Pacto impedirá o julgamento ou a condenação de qualquer indivíduo por atos ou omissões que, no momento em que foram cometidos, eram considerados delituosos de acordo com os princípios gerais de direito reconhecidos pela comunidade das nações.

Artigo 16

Toda pessoa terá o direito, em qualquer lugar, ao reconhecimento de sua personalidade jurídica.

Artigo 17

1. Ninguém poderá ser objeto de ingerências arbitrárias ou ilegais em sua vida privada, em sua família, em seu domicílio ou em sua correspondência, nem de ofensas ilegais à sua honra e reputação.

2. Toda pessoa terá direito à proteção da lei contra essas ingerências ou ofensas.

Artigo 18

1. Toda pessoa terá direito à liberdade de pensamento, de consciência e de religião. Esse direito implicará a liberdade de ter ou adotar uma religião ou crença de sua escolha e a liberdade de professar sua religião ou crença, individual ou coletivamente, tanto pública como privadamente, por meio do culto, da celebração de ritos, de práticas e do ensino.

2. Ninguém poderá ser submetido a medidas coercitivas que possam restringir sua liberdade de ter ou de adotar uma religião ou crença de sua escolha.

3. A liberdade de manifestar a própria religião ou crença estará sujeita apenas às limitações previstas em lei e que se façam necessárias para proteger a segurança, a ordem, a saúde ou a moral públicas ou os direitos e as liberdades das demais pessoas.

4. Os Estados-partes no presente Pacto comprometem-se a respeitar a liberdade dos pais – e, quando for o caso, dos tutores legais – de assegurar aos filhos a educação religiosa e moral que esteja de acordo com suas próprias convicções.

Artigo 19

1. Ninguém poderá ser molestado por suas opiniões.

2. Toda pessoa terá o direito à liberdade de expressão; esse direito incluirá a liberdade de procurar, receber e difundir informações e ideias de qualquer natureza, independentemente de considerações de fronteiras, verbalmente ou por escrito, de forma impressa ou artística, ou por qualquer meio de sua escolha.

3. O exercício de direito previsto no parágrafo 2 do presente artigo implicará deveres e responsabilidades especiais. Consequentemente, poderá estar sujeito a certas restrições, que devem, entretanto, ser expressamente previstas em lei e que se façam necessárias para:

a) assegurar o respeito dos direitos e da reputação das demais pessoas;

b) proteger a segurança nacional, a ordem, a saúde ou a moral públicas.

Artigo 20

1. Será proibida por lei qualquer propaganda em favor da guerra.
▶ Art. 13 (5) da Convenção Americana sobre Direitos Humanos (1969).

2. Será proibida por lei qualquer apologia ao ódio nacional, racial ou religioso, que constitua incitamento à discriminação, à hostilidade ou à violência.

Artigo 21

O direito de reunião pacífica será reconhecido. O exercício desse direito estará sujeito apenas às restrições previstas em lei e que se façam necessárias, em uma sociedade democrática, ao interesse da segurança nacional, da segurança ou ordem públicas, ou para proteger a saúde ou a moral públicas ou os direitos e as liberdades das demais pessoas.

Artigo 22

1. Toda pessoa terá o direito de associar-se livremente a outras, inclusive o direito de constituir

sindicatos e de a eles filiar-se, para proteção de seus interesses.

2. O exercício desse direito estará sujeito apenas às restrições previstas em lei e que se façam necessárias, em uma sociedade democrática, ao interesse da segurança nacional, da segurança e da ordem públicas, ou para proteger a saúde ou a moral públicas ou os direitos e as liberdades das demais pessoas. O presente artigo não impedirá que se submeta a restrições legais o exercício desses direitos por membros das forças armadas e da polícia.

3. Nenhuma das disposições do presente artigo permitirá que os Estados-partes na Convenção de 1948 da Organização Internacional do Trabalho, relativa à liberdade sindical e à proteção do direito sindical, venham a adotar medidas legislativas que restrinjam – ou a aplicar a lei de maneira a restringir – as garantias previstas na referida Convenção.

Artigo 23

1. A família é o núcleo natural e fundamental da sociedade e terá o direito de ser protegida pela sociedade e pelo Estado.

2. Será reconhecido o direito do homem e da mulher de, em idade núbil, contrair casamento e constituir família.

3. Casamento algum será celebrado sem o consentimento livre e pleno dos futuros esposos.

4. Os Estados-partes no presente Pacto deverão adotar as medidas apropriadas para assegurar a igualdade de direitos e responsabilidades dos esposos quanto ao casamento, durante o mesmo e por ocasião de sua dissolução. Em caso de dissolução, deverão adotar-se as disposições que assegurem a proteção necessária para os filhos.

Artigo 24

1. Toda criança terá direito, sem discriminação alguma por motivo de cor, sexo, língua, religião, origem nacional ou social, situação econômica ou nascimento, às medidas de proteção que a sua condição de menor requer por parte de sua família, da sociedade e do Estado.

2. Toda criança deverá ser registrada imediatamente após seu nascimento e deverá receber um nome.

3. Toda criança terá o direito de adquirir uma nacionalidade.

Artigo 25

Todo cidadão terá o direito e a possibilidade, sem qualquer das formas de discriminação mencionadas no artigo 2º e sem restrições infundadas:

a) de participar da condução dos assuntos públicos, diretamente ou por meio de representantes livremente escolhidos;

b) de votar e ser eleito em eleições periódicas, autênticas, realizadas por sufrágio universal e igualitário e por voto secreto, que garantam a manifestação da vontade dos eleitores;

c) de ter acesso, em condições gerais de igualdade, às funções públicas de seu país.

Artigo 26

Todas as pessoas são iguais perante a lei e têm direito, sem discriminação alguma, a igual proteção da lei. A este respeito, a lei deverá proibir qualquer forma de discriminação e garantir a todas as pessoas proteção igual e eficaz contra qualquer discriminação por motivo de raça, cor, sexo, língua, religião, opinião política ou de outra natureza, origem nacional ou social, situação econômica, nascimento ou qualquer outra situação.

Artigo 27

Nos Estados em que haja minorias étnicas, religiosas ou linguísticas, as pessoas pertencentes a essas minorias não poderão ser privadas do direito de ter, conjuntamente com outros membros de seu grupo, sua própria vida cultural, de professar e praticar sua própria religião e usar sua própria língua.

▶ Art. 30 da Convenção sobre os Direitos da Criança (1989).

PARTE IV

Artigo 28

1. Constituir-se-á um Comitê de Direitos Humanos (doravante denominado "Comitê" no presente Pacto). O Comitê será composto de dezoito membros e desempenhará as funções descritas adiante.

2. O Comitê será integrado por nacionais dos Estados-partes no presente Pacto, os quais deverão ser pessoas de elevada reputação moral e reconhecida competência em matéria de direitos humanos, levando-se em consideração a utilidade da participação de algumas pessoas com experiência jurídica.

3. Os membros do Comitê serão eleitos e exercerão suas funções a título pessoal.

Artigo 29

1. Os membros do Comitê serão eleitos em votação secreta dentre uma lista de pessoas que preencham os requisitos previstos no artigo 28 e indicadas, com esse objetivo, pelos Estados-partes no presente Pacto.

2. Cada Estado-parte no presente Pacto poderá indicar duas pessoas. Essas pessoas deverão ser nacionais do Estado que as indicou.

3. A mesma pessoa poderá ser indicada mais de uma vez.

Artigo 30

1. A primeira eleição realizar-se-á no máximo seis meses após a data da entrada em vigor do presente Pacto.

2. Ao menos quatro meses antes da data de cada eleição do Comitê, e desde que não seja uma eleição para preencher uma vaga declarada nos termos do artigo 34, o Secretário-Geral da Organização das Nações Unidas convidará, por escrito, os Estados-partes no presente Pacto a indicar, no prazo de três meses, os candidatos a membro do Comitê.

3. O Secretário-Geral da Organização das Nações Unidas organizará uma lista por ordem alfabética de todos os candidatos assim designados, mencionando os Estados-partes que os tiverem indicado, e a comunicará aos Estados-partes no presente

Pacto, no máximo um mês antes da data de cada eleição.

4. Os membros do Comitê serão eleitos em reuniões dos Estados-partes convocadas pelo Secretário-Geral da Organização das Nações Unidas na sede da Organização. Nessas reuniões, em que o *quorum* será estabelecido por dois terços dos Estados-partes no presente Pacto, serão eleitos membros do Comitê os candidatos que obtiverem o maior número de votos e a maioria absoluta dos votos dos representantes dos Estados-partes presentes e votantes.

Artigo 31

1. O Comitê não poderá ter mais de um nacional de um mesmo Estado.

2. Nas eleições do Comitê, levar-se-ão em consideração uma distribuição geográfica equitativa e uma representação das diversas formas da civilização, bem como dos principais sistemas jurídicos.

Artigo 32

1. Os membros do Comitê serão eleitos para um mandato de quatro anos. Poderão, caso suas candidaturas sejam apresentadas novamente, ser reeleitos. Entretanto, o mandato de nove dos membros eleitos na primeira eleição expirará ao final de dois anos; imediatamente após a primeira eleição, o presidente da reunião a que se refere o parágrafo 4° do artigo 30 indicará, por sorteio, os nomes desses nove membros.

2. Ao expirar o mandato dos membros, as eleições se realizarão de acordo com o disposto nos artigos precedentes desta parte do presente Pacto.

Artigo 33

1. Se, na opinião dos demais membros, um membro do Comitê deixar de desempenhar suas funções por motivos distintos de uma ausência temporária, o Presidente comunicará tal fato ao Secretário-Geral da Organização das Nações Unidas, que declarará vago o lugar que o referido membro ocupava.

2. Em caso de morte ou renúncia de um membro do Comitê, o Presidente comunicará imediatamente tal fato ao Secretário-Geral da Organização das Nações Unidas, que declarará vago o lugar desde a data da morte ou daquela em que a renúncia passe a produzir efeitos.

Artigo 34

1. Quando um cargo for declarado vago nos termos do artigo 33 e o mandato do membro a ser substituído não expirar no prazo de seis meses a contar da data em que tenha sido declarada a vaga, o Secretário-Geral das Nações Unidas comunicará tal fato aos Estados-partes no presente Pacto, que poderão, no prazo de dois meses, indicar candidatos, em conformidade com o artigo 29, para preencher a vaga.

2. O Secretário-Geral da Organização das Nações Unidas organizará uma lista por ordem alfabética dos candidatos assim designados e a comunicará aos Estados-partes no presente Pacto. A eleição destinada a preencher tal vaga será realizada nos termos das disposições pertinentes desta parte do presente Pacto.

3. Qualquer membro do Comitê eleito para preencher a vaga em conformidade com o artigo 33 fará parte do Comitê durante o restante do mandato do membro que deixar vago o lugar do Comitê, nos termos do referido artigo.

Artigo 35

Os membros do Comitê receberão, com a aprovação da Assembleia Geral das Nações Unidas, honorários provenientes de recursos da Organização das Nações Unidas, nas condições fixadas, considerando-se a importância das funções do Comitê, pela Assembleia Geral.

Artigo 36

O Secretário-Geral da Organização das Nações Unidas colocará à disposição do Comitê o pessoal e os serviços necessários ao desempenho eficaz das funções que lhe são atribuídas em virtude do presente Pacto.

Artigo 37

1. O Secretário-Geral da Organização das Nações Unidas convocará os Membros do Comitê para a primeira reunião, a realizar-se na sede da Organização.

2. Após a primeira reunião, o Comitê deverá reunir-se em todas as ocasiões previstas em suas regras de procedimento.

3. As reuniões do Comitê serão realizadas normalmente na sede da Organização das Nações Unidas ou no Escritório das Nações Unidas em Genebra.

Artigo 38

Todo membro do Comitê deverá, antes de iniciar suas funções, assumir, em sessão pública, o compromisso solene de que desempenhará suas funções imparcial e conscientemente.

Artigo 39

1. O Comitê elegerá sua Mesa para um período de dois anos. Os membros da Mesa poderão ser reeleitos.

2. O próprio Comitê estabelecerá suas regras de procedimento; estas, contudo, deverão conter, entre outras, as seguintes disposições:

a) o *quorum* será de doze membros;

b) as decisões do Comitê serão tomadas por maioria dos votos dos membros presentes.

Artigo 40

1. Os Estados-partes no presente Pacto comprometem-se a submeter relatórios sobre as medidas por eles adotadas para tornar efetivos os direitos reconhecidos no presente Pacto e sobre o progresso alcançado no gozo desses direitos:

a) dentro do prazo de um ano, a contar do início da vigência do presente Pacto nos Estados-partes interessados;

b) a partir de então, sempre que o Comitê vier a solicitar.

2. Todos os relatórios serão submetidos ao Secretário-Geral da Organização das Nações Unidas, que os

encaminhará, para exame, ao Comitê. Os relatórios deverão sublinhar, caso existam, os fatores e as dificuldades que prejudiquem a implementação do presente Pacto.

3. O Secretário-Geral da Organização das Nações Unidas poderá, após consulta ao Comitê, encaminhar às agências especializadas cópias das partes dos relatórios que digam respeito à sua esfera de competência.

4. O Comitê estudará os relatórios apresentados pelos Estados-partes no presente Pacto e transmitirá aos Estados-partes seu próprio relatório, bem como os comentários gerais que julgar oportunos. O Comitê poderá igualmente transmitir ao Conselho Econômico e Social os referidos comentários, bem como cópias dos relatórios que houver recebido dos Estados-partes no presente Pacto.

5. Os Estados-partes no presente Pacto poderão submeter ao Comitê as observações que desejarem formular relativamente aos comentários feitos nos termos do parágrafo 4º do presente artigo.

Artigo 41

1. Com base no presente artigo, todo Estado-parte no presente Pacto poderá declarar, a qualquer momento, que reconhece a competência do Comitê para receber e examinar as comunicações em que um Estado-parte alegue que outro Estado-parte não vem cumprindo as obrigações que lhe impõe o presente Pacto. As referidas comunicações só serão recebidas e examinadas nos termos do presente artigo no caso de serem apresentadas por um Estado-parte que houver feito uma declaração em que reconheça, com relação a si próprio, a competência do Comitê. O Comitê não receberá comunicação alguma relativa a um Estado-parte que não houver feito uma declaração dessa natureza. As comunicações recebidas em virtude do presente artigo estarão sujeitas ao procedimento que segue:

a) Se um Estado-parte no presente Pacto considerar que outro Estado-parte não vem cumprindo as disposições do presente Pacto poderá, mediante comunicação escrita, levar a questão ao conhecimento desse Estado-parte. Dentro do prazo de três meses, a contar da data do recebimento da comunicação, o Estado destinatário fornecerá ao Estado que enviou a comunicação explicações e quaisquer outras declarações por escrito que esclareçam a questão, as quais deverão fazer referência, até onde seja possível e pertinente, aos procedimentos nacionais e aos recursos jurídicos adotados, em trâmite ou disponíveis sobre a questão;

b) Se dentro do prazo de seis meses, a contar da data do recebimento da comunicação original pelo Estado destinatário, a questão não estiver dirimida satisfatoriamente para ambos os Estados-partes interessados, tanto um como o outro terão o direito de submetê-la ao Comitê, mediante notificação endereçada ao Comitê ou ao outro Estado interessado;

c) O Comitê tratará de todas as questões que se lhe submetam em virtude do presente artigo, somente após ter-se assegurado de que todos os recursos internos disponíveis tenham sido utilizados e esgotados, em conformidade com os princípios do Direito Internacional geralmente reconhecidos. Não se aplicará essa regra quando a aplicação dos mencionados recursos prolongar-se injustificadamente;

d) O Comitê realizará reuniões confidenciais quando estiver examinando as comunicações previstas no presente artigo;

e) Sem prejuízo das disposições da alínea *c*, o Comitê colocará seus bons ofícios à disposição dos Estados-partes interessados, no intuito de alcançar uma solução amistosa para a questão, baseada no respeito aos direitos humanos e liberdades fundamentais reconhecidos no presente Pacto;

f) Em todas as questões que se lhe submetam em virtude do presente artigo, o Comitê poderá solicitar aos Estados-partes interessados, a que se faz referência na alínea *b*, que lhe forneçam quaisquer informações pertinentes;

g) os Estados-partes interessados, a que se faz referência na alínea *b*, terão o direito de fazer-se representar, quando as questões forem examinadas no Comitê, e de apresentar suas observações verbalmente e/ou por escrito;

h) O Comitê, dentro dos doze meses seguintes à data do recebimento da notificação mencionada na alínea *b*, apresentará relatório em que:

(i) se houver sido alcançada uma solução nos termos da alínea *e*, o Comitê restringir-se-á, em seu relatório, a uma breve exposição dos fatos e da solução alcançada;

(ii) se não houver sido alcançada solução alguma nos termos da alínea *e*, o Comitê restringir-se-á, em seu relatório, a uma breve exposição dos fatos; serão anexados ao relatório o texto das observações escritas e das atas das observações orais apresentadas pelos Estados-partes interessados. Para cada questão, o relatório será encaminhado aos Estados-partes interessados.

2. As disposições do presente artigo entrarão em vigor a partir do momento em que dez Estados-partes no presente Pacto houverem feito as declarações mencionadas no parágrafo 1º deste artigo. As referidas declarações serão depositadas pelos Estados-partes junto ao Secretário-Geral da Organização das Nações Unidas, que enviará cópia das mesmas aos demais Estados-partes. Toda declaração poderá ser retirada, a qualquer momento, mediante notificação endereçada ao Secretário-Geral. Far-se-á essa retirada sem prejuízo do exame de quaisquer questões que constituam objeto de uma comunicação já transmitida nos termos deste artigo; em virtude do presente artigo, não se receberá qualquer nova comunicação de um Estado-parte, quando o Secretário-Geral houver recebido a notificação sobre a retirada da declaração, a menos que o Estado-parte interessado haja feito uma nova declaração.

Artigo 42

1. *a)* Se uma questão submetida ao Comitê, nos termos do artigo 41, não estiver dirimida satisfato-

riamente para os Estados-partes interessados, o Comitê poderá, com o consentimento prévio dos Estados-partes interessados, constituir uma Comissão de Conciliação *ad hoc* (doravante denominada "a Comissão"). A Comissão colocará seus bons ofícios à disposição dos Estados-partes interessados, no intuito de se alcançar uma solução amistosa para a questão baseada no respeito ao presente Pacto.

b) A Comissão será composta por cinco membros designados com o consentimento dos Estados-partes interessados. Se os Estados-partes interessados não chegarem a um acordo a respeito da totalidade ou de parte da composição da Comissão dentro do prazo de três meses, os membros da Comissão em relação aos quais não se chegou a um acordo serão eleitos pelo Comitê, entre os seus próprios membros, em votação secreta e por maioria de dois terços dos membros do Comitê.

2. Os membros da Comissão exercerão suas funções a título pessoal. Não poderão ser nacionais dos Estados interessados, nem do Estado que não seja Parte no presente Pacto, nem de um Estado-parte que não tenha feito a declaração prevista pelo artigo 41.

3. A própria Comissão elegerá seu Presidente e estabelecerá suas regras de procedimento.

4. As reuniões da Comissão serão realizadas normalmente na sede da Organização das Nações Unidas ou no Escritório das Nações Unidas em Genebra. Entretanto, poderão realizar-se em qualquer outro lugar apropriado que a Comissão determinar, após a consulta ao Secretário-Geral da Organização das Nações Unidas e aos Estados-partes interessados.

5. O Secretariado referido no artigo 36 também prestará serviços às comissões designadas em virtude do presente artigo.

6. As informações obtidas e coligadas pelo Comitê serão colocadas à disposição da Comissão, a qual poderá solicitar aos Estados-partes interessados que lhe forneçam qualquer outra informação pertinente.

7. Após haver estudado a questão sob todos os seus aspectos, mas, em qualquer caso, no prazo de não mais que doze meses após dela ter tomado conhecimento, a Comissão apresentará um relatório ao Presidente do Comitê, que o encaminhará aos Estados-partes interessados:

a) se a Comissão não puder terminar o exame da questão, restringir-se-á, em seu relatório, a uma breve exposição sobre o estágio em que se encontra o exame da questão;

b) se houver sido alcançada uma solução amistosa para a questão, baseada no respeito dos direitos humanos reconhecidos no presente Pacto, a Comissão restringir-se-á, em seu relatório, a uma breve exposição dos fatos e da solução alcançada;

c) se não houver sido alcançada solução nos termos da alínea *b*, a Comissão incluirá no relatório suas conclusões sobre os fatos relativos à questão debatida entre os Estados-partes interessados, assim como sua opinião sobre a possibilidade de solução amistosa para a questão; o relatório incluirá as observações escritas e as atas das observações orais feitas pelos Estados-partes interessados;

d) se o relatório da Comissão for apresentado nos termos da alínea *c*, os Estados-partes interessados comunicarão, no prazo de três meses a contar da data do recebimento do relatório, ao Presidente do Comitê, se aceitam ou não os termos do relatório da Comissão.

8. As disposições do presente artigo não prejudicarão as atribuições do Comitê previstas no artigo 41.

9. Todas as despesas dos membros da Comissão serão repartidas equitativamente entre os Estados-partes interessados, com base em estimativas a serem estabelecidas pelo Secretário-Geral da Organização das Nações Unidas.

10. O Secretário-Geral da Organização das Nações Unidas poderá, caso seja necessário, pagar as despesas dos membros da Comissão antes que sejam reembolsadas pelos Estados-partes interessados, em conformidade com o parágrafo 9 do presente artigo.

Artigo 43

Os membros do Comitê e os membros da Comissão de Conciliação *ad hoc* que forem designados nos termos do artigo 42, terão direito às facilidades, privilégios e imunidades que se concedem aos peritos no desempenho de missões para a Organização das Nações Unidas, em conformidade com as seções pertinentes da Convenção sobre Privilégios e Imunidades das Nações Unidas.

Artigo 44

As disposições relativas à implementação do presente Pacto aplicar-se-ão sem prejuízo dos procedimentos instituídos em matéria de direitos humanos pelos – ou em virtude dos mesmos – instrumentos constitutivos e pelas Convenções da Organização das Nações Unidas e das agências especializadas, e não impedirão que os Estados-partes venham a recorrer a outros procedimentos para a solução das controvérsias, em conformidade com os acordos internacionais gerais ou especiais vigentes entre eles.

Artigo 45

O Comitê submeterá à Assembleia Geral, por intermédio do Conselho Econômico e Social, um relatório sobre suas atividades.

PARTE V

Artigo 46

Nenhuma disposição do presente Pacto poderá ser interpretada em detrimento das disposições da Carta das Nações Unidas ou das constituições das agências especializadas, as quais definem as responsabilidades respectivas dos diversos órgãos da Organização das Nações Unidas e das agências especializadas relativamente às matérias tratadas no presente Pacto.

Artigo 47

Nenhuma disposição do presente Pacto poderá ser interpretada em detrimento do direito inerente a todos os povos de desfrutar e utilizar plena e livremente suas riquezas e seus recursos naturais.

PARTE VI
Artigo 48

1. O presente Pacto está aberto à assinatura de todos os Estados-membros da Organização das Nações Unidas ou membros de qualquer de suas agências especializadas, de todo Estado-parte no Estatuto da Corte Internacional de Justiça, bem como de qualquer outro Estado convidado pela Assembleia Geral das Nações Unidas a tornar-se Parte no presente Pacto.
2. O presente Pacto está sujeito à ratificação. Os instrumentos de ratificação serão depositados junto ao Secretário-Geral da Organização das Nações Unidas.
3. O presente Pacto está aberto à adesão de qualquer dos Estados mencionados no parágrafo 1º do presente artigo.
4. Far-se-á a adesão mediante depósito do instrumento de adesão junto ao Secretário-Geral das Nações Unidas.
5. O Secretário-Geral da Organização das Nações Unidas informará todos os Estados que hajam assinado o presente Pacto, ou a ele aderido, do depósito de cada instrumento de ratificação ou adesão.

Artigo 49

1. O presente Pacto entrará em vigor três meses após a data do depósito, junto ao Secretário-Geral da Organização das Nações Unidas, do trigésimo quinto instrumento de ratificação ou adesão.
2. Para os Estados que vierem a ratificar o presente Pacto ou a ele aderir após o depósito do trigésimo quinto instrumento de ratificação ou adesão, o presente Pacto entrará em vigor três meses após a data do depósito, pelo Estado em questão, de seu instrumento de ratificação ou adesão.

Artigo 50

Aplicar-se-ão as disposições do presente Pacto, sem qualquer limitação ou exceção, a todas as unidades constitutivas dos Estados federativos.

Artigo 51

1. Qualquer Estado-parte no presente Pacto poderá propor emendas e depositá-las junto ao Secretário-Geral da Organização das Nações Unidas. O Secretário-Geral comunicará todas as propostas de emendas aos Estados-partes no presente Pacto, pedindo-lhes que o notifiquem se desejam que se convoque uma conferência dos Estados-partes destinada a examinar as propostas e submetê-las a votação. Se pelo menos um terço dos Estados-partes se manifestar a favor da referida convocação, o Secretário-Geral convocará uma conferência sob os auspícios da Organização das Nações Unidas. Qualquer emenda adotada pela maioria dos Estados-partes presentes e votantes na conferência será submetida à aprovação da Assembleia Geral das Nações Unidas.

2. Tais emendas entrarão em vigor quando aprovadas pela Assembleia Geral das Nações Unidas e aceitas, em conformidade com seus respectivos procedimentos constitucionais, por uma maioria de dois terços dos Estados-partes no presente Pacto.
3. Ao entrarem em vigor, tais emendas serão obrigatórias para os Estados-partes que as aceitarem, ao passo que os demais Estados-partes permanecem obrigados pelas disposições do presente Pacto e pelas emendas anteriores por eles aceitas.

Artigo 52

Independentemente das notificações previstas no parágrafo 5º do Art. 48, o Secretário-Geral da Organização das Nações Unidas comunicará a todos os Estados mencionados no parágrafo 1º do referido artigo:

a) As assinaturas, ratificações e adesões recebidas em conformidade com o artigo 48;

b) A data da entrada em vigor do Pacto, nos termos do artigo 49, e a data de entrada em vigor de quaisquer emendas, nos termos do artigo 51.

Artigo 53

1. O presente Pacto, cujos textos em chinês, espanhol, francês, inglês e russo são igualmente autênticos, será depositado nos arquivos da Organização das Nações Unidas.
2. O Secretário-Geral da Organização das Nações Unidas encaminhará cópias autenticadas do presente Pacto a todos os Estados mencionados no artigo 48.

PROTOCOLO FACULTATIVO RELATIVO AO PACTO INTERNACIONAL SOBRE DIREITOS CIVIS E POLÍTICOS (1966)

▸ Adotado pelas Nações Unidas, em Nova York, em 16.12.1966. Entrada em vigor internacional em 23.03.1976.
▸ Aprovado no Brasil pelo Decreto Legislativo 311, de 16.06.2009, e ratificado pelo governo brasileiro em 25.09.2009, Aprovado no Brasil pelo Decreto Legislativo 311, de 16.06.2009, ratificado pelo governo brasileiro em 25.09.2009, e promulgado pelo Decreto 11.777, de 9.11.2023.

Os Estados Partes no presente Protocolo,

Considerando que, para melhorar atender os propósitos do Pacto Internacional sobre Direitos e Políticos (doravante denominado "o Pacto") e a implementação de suas disposições, conviria habilitar o Comitê de Direitos Humanos, constituído nos termos da Parte IV do Pacto (doravante denominado "o Comitê"), a receber e examinar, como se prevê no presente Protocolo, as comunicações provenientes de indivíduos que se considerem vítimas de uma violação dos direitos enunciados no Pacto,

Acordam o seguinte:

Artigo 1º

Os Estados Partes do Pacto que se tornem partes do presente Protocolo reconhecem que o Comitê tem competência para receber e examinar comunicações provenientes de indivíduos sujeitos à sua jurisdição que aleguem ser vítimas de uma violação, por esses Estados Partes, de qualquer dos direitos enunciados no Pacto. O Comitê não receberá nenhuma comunicação relativa a um Estado Parte no Pacto que não seja no presente Protocolo.

Artigo 2º

Ressalvado o disposto no artigo 1º os indivíduos que se considerem vítimas da violação de qualquer dos direitos enunciados no Pacto e que tenham esgotado todos os recursos internos disponíveis podem apresentar uma comunicação escrita ao Comitê para que este a examine.

Artigo 3º

O Comitê declarará inadmissíveis as comunicações apresentadas, em virtude do presente Protocolo, que sejam anônimas ou cuja apresentação considere constituir um abuso de direito ou considere incompatível com as disposições do Pacto.

Artigo 4º

1. Ressalvado o disposto no artigo 3º, o Comitê dará conhecimento das comunicações que lhe sejam apresentadas, em virtude do presente Protocolo, aos Estados Partes do Protocolo que tenham alegadamente violado qualquer disposição do Pacto.

2. Dentro de seis meses, os citados Estados deverão submeter por escrito ao Comitê as explicações ou declarações que esclareçam a questão e indicarão, se for o caso, as medidas que tenham tomado para remediar a situação.

Artigo 5º

1. O Comitê examinará as comunicações recebidas em virtude do presente Protocolo, tendo em conta s informações escritas que lhe sejam submetidas pelo indivíduo e pelo Estado Parte interessado.

2. O Comitê não examinará nenhuma comunicação de um indivíduo sem se assegurar de que:

a) A mesma questão não esteja sendo examinada por outra instância internacional de inquérito ou de decisão;

b) O indivíduo esgotou os recursos internos disponíveis. Esta regra não se aplica se a aplicação desses recursos é injustificadamente prolongada.

3. O Comitê realizará suas sessões a portas fechadas quando examinar as comunicações previstas no presente Protocolo.

4. O Comitê comunicará as suas conclusões ao Estado Parte interessado e ao indivíduo.

Artigo 6º

O Comitê incluirá no relatório anual que elabora de acordo com o artigo 45º do Pacto um resumo das suas atividades previstas no presente Protocolo.

Artigo 7º

Até a realização dos objetivos da Resolução (XV), adotada pela Assembleia Geral das Nações Unidas em 14 de Dezembro de 1960, relativa à Declaração sobre a Concessão de Independência aos Países e aos Povos Coloniais, o disposto no presente Protocolo em nada restringe o direito de petição concedido a esses povos pela Carta das Nações Unidas e por outras convenções e instrumentos internacionais concluídos sob os auspícios da Organização das Nações Unidas ou de suas instituições especializadas.

ARTIGO 8º

1. O presente Protocolo está aberto à assinatura dos Estados que tenham assinado o Pacto.

2. O presente Protocolo está sujeito à ratificação dos Estados que ratificaram o Pacto ou a ele aderiram. Os instrumentos de ratificação serão depositados junto ao Secretário-Geral da Organização das Nações Unidas.

3. O presente Protocolo está aberto à adesão dos Estados que tenham ratificado o Pacto ou que a ele tenham aderido.

4. A adesão far-se-á através do depósito de instrumento de adesão junto ao Secretário-geral da Organização das Nações Unidas.

5. O Secretário-Geral da Organização das Nações Unidas informará a todos os Estados que assinaram o presente protocolo ou que a ele aderiram do depósito de cada instrumento de adesão ou ratificação.

Artigo 9º

1. Sob ressalva da entrada em vigor do Pacto, o presente Protocolo entrará em vigor três meses após a data do depósito junto ao Secretário-Geral da Organização das Nações Unidas do décimo instrumento de ratificação ou de adesão.

2. Para os Estados que ratifiquem o presente Protocolo ou a ele adiram após o depósito do décimo instrumento de ratificação ou de adesão, o Protocolo entrará em vigor três meses após a data do depósito por esses Estados do seu instrumento de ratificação ou de adesão.

Artigo 10

O disposto no presente Protocolo aplica-se, sem limitação ou exceção, a todas as unidades constitutivas dos Estados federais.

Artigo 11

1. Os Estados Partes no presente Protocolo poderão propor emendas e depositar o respectivo texto junto ao Secretário-Geral da Organização das Nações Unidas. O secretário-Geral transmitirá todos os projetos de emendas aos Estados Partes do protocolo, pedindo-lhes que indiquem se desejam a convocação de uma conferência de Estados Partes para examinar esses projetos e submetê-los à votação. Se pelo menos um terço dos Estados se declarar a favor dessa convocação,

SEGUNDO PROTOCOLO FACULTATIVO AO PACTO INTERNACIONAL SOBRE DIREITOS CIVIS E POLÍTICOS COM VISTAS À ABOLIÇÃO DA PENA DE MORTE (1989)

- Adotado e proclamado pela Resolução 44/128, de 15.12.1989, da Assembleia Geral das Nações Unidas.
- Entrou em vigor internacional em 11 de junho de 1991, após o depósito do décimo instrumento de ratificação.
- Aprovado no Brasil pelo Decreto Legislativo 311, de 16.06.2009, e ratificado pelo governo brasileiro em 25.09.2009, Aprovado no Brasil pelo Decreto Legislativo 311, de 16.06.2009, ratificado pelo governo brasileiro em 25.09.2009, e promulgado pelo Decreto 11.777, de 9.11.2023

Os Estados Partes do presente Protocolo:

Convencidos de que a abolição da pena de morte contribui para a promoção da dignidade humana e para o desenvolvimento progressivo dos direitos humanos;

Recordando o artigo 3º da Declaração Universal dos Direitos Humanos, adotada em 10 de Dezembro de 1948, bem como o artigo 6º do Pacto Internacional sobre Direitos Civis e Políticos, adotado em 16 de Dezembro de 1966;

Tendo em conta que o artigo 6º do Pacto Internacional sobre Direitos Civis e Políticos prevê a abolição da pena de morte em termos que sugerem sem ambiguidade que é desejável a abolição desta pena;

Convencidos de que todas as medidas de abolição da pena de morte devem ser consideradas como um progresso no gozo do direito à vida;

Desejosos de assumir por este meio um compromisso internacional para abolir a pena de morte,

Acordam o seguinte:

Artigo 1º

1. Nenhum indivíduo sujeito à jurisdição de um Estado Parte no presente Protocolo será executado;

2. Os Estados Partes devem tomar as medidas adequadas para abolir a pena de morte no âmbito da sua jurisdição.

Artigo 2º

1. Não é admitida qualquer reserva ao presente Protocolo, exceto a reserva formulada no momento da ratificação ou adesão que preveja a aplicação da pena de morte em tempo de guerra em virtude de condenação por infração penal de natureza militar de gravidade extrema cometida em tempo de guerra.

2. O Estado que formular tal reserva transmitirá ao Secretário-Geral das Nações Unidas, no momento da ratificação ou adesão, as disposições pertinentes da respectiva legislação nacional aplicável em tempo de guerra.

3. O Estado Parte que haja formulado tal reserva notificará o Secretário-Geral das Nações Unidas de declaração e do fim do estado de guerra no seu território.

---

o Secretário-Geral convocará a conferência sob os auspícios da Organização das Nações Unidas. As alterações adotadas pela maioria dos Estados presentes e votantes na conferência serão submetidas para aprovação à Assembleia Geral das Nações Unidas.

2. Essas emendas entrarão em vigor quando forem aprovadas pela Assembleia Geral das Nações Unidas e aceitas, de acordo com as suas regras constitucionais respectivas, por uma maioria de dois terços dos Estados Partes no presente Protocolo.

3. Quando essas emendas entrarem em vigor, tornar-se-ão obrigatórias para aqueles Estados Partes que as aceitaram, continuando os outros Estados Partes vinculados pelas disposições do presente Protocolo e pelas alterações anteriores que tenham aceitado.

Artigo 12

1. Os Estados Partes poderão, a qualquer momento, denunciar o presente Protocolo por notificação escrita dirigida ao Secretário-Geral da Organização das Nações Unidas. A denúncia produzirá efeitos três meses após a data em que o Secretário-Geral tenha recebido a notificação.

2. A denúncia não impedirá a aplicação das disposições do presente Protocolo às comunicações apresentadas em conformidade com o artigo 2º antes da data em que a denúncia produz efeitos.

Artigo 13

Independentemente das notificações previstas no parágrafo 5 do artigo 8º do presente Protocolo, o Secretário-Geral da Organização das Nações Unidas informará todos os Estados referidos no parágrafo 1 do artigo 48 do Pacto:

a) Das assinaturas do presente protocolo e dos instrumentos de ratificação e de adesão depositados de acordo com o artigo 8º;

b) Da data da entrada em vigor do presente Protocolo de acordo com o artigo 9º e da data da entrada em vigor das alterações previstas no artigo 11,

c) das denúncias feitas nos termos do artigo 12.

Artigo 14

1. O presente Protocolo, cujos textos em inglês, chinês, espanhol, francês e russo são igualmente válidos, será depositado nos arquivos da Organização das Nações Unidas.

2. O Secretário-Geral da Organização das Nações Unidas transmitirá uma cópia autenticada do presente Protocolo a todos os Estados referidos no artigo 48º do Pacto.

- Aprovado pela Assembleia Geral das Nações Unidas em 16 de dezembro de 1966. Em vigor desde 23 de março de 1976.

Artigo 3°
Os Estados Partes no presente Protocolo deverão informar, nos relatórios que submeterem ao Comitê de Direitos Humanos, sob o artigo 40 do Pacto, das medidas adotadas para implementar o presente Protocolo.

Artigo 4°
Para os Estados Partes que hajam feito declaração prevista no artigo 41, a competência reconhecida ao Comitê dos Direitos do Homem para receber e apreciar comunicações nas quais um Estado alega que um outro Estado Parte não cumpre as suas obrigações é extensiva às disposições do presente Protocolo, exceto se o Estado Parte em causa tiver feito uma declaração em contrário no momento da respectiva ratificação ou adesão.

Artigo 5°
Para os Estados Partes do (Primeiro) Protocolo Adicional ao Pacto Internacional sobre Direitos Civis e Políticos, adotado em 16 de Dezembro de 1966, a competência reconhecida ao Comitê dos Direitos do Homem para receber e apreciar comunicações provenientes de indivíduos sujeitos à sua jurisdição é igualmente extensiva às disposições do presente Protocolo, exceto se o Estado Parte em causa tiver feito uma declaração em contrário no momento da respectiva ratificação ou adesão.

Artigo 6°
1. As disposições do presente Protocolo aplicam-se como disposições adicionais ao Pacto.
2. Sem prejuízo da possibilidade de formulação da reserva prevista no artigo 2° do presente Protocolo, o direito garantido no parágrafo 1 do artigo 1° do presente Protocolo não pode ser objeto de qualquer derrogação sob o artigo 4° do Pacto.

Artigo 7°
1. O presente Protocolo está aberto à assinatura dos Estados que tenham assinado o Pacto.
2. O presente Protocolo está sujeito à ratificação dos Estados que ratificaram o Pacto ou a ele aderiram. Os instrumentos de ratificação serão depositados junto do Secretário-Geral da Organização das Nações Unidas.
3. O presente Protocolo está aberto à adesão dos Estados que tenham ratificado o Pacto ou a ele tenham aderido.
4. A adesão far-se-á através do depósito de um instrumento de adesão junto do Secretário-geral da Organização das Nações Unidas.
5. O Secretário-Geral da Organização das Nações Unidas informará a todos os Estados que assinaram o presente Protocolo ou que a ele aderiram do depósito de cada instrumento da ratificação ou adesão.

Artigo 8°
1. O presente Protocolo entrará em vigor três meses após a data do depósito junto do Secretário-Geral da Organização das Nações Unidas do décimo instrumento de ratificação ou de adesão.
2. Para os Estados que ratificarem o presente Protocolo ou a ele aderirem após o depósito do décimo instrumento de ratificação ou adesão, o Protocolo entrará em vigor três meses após a data do depósito por esses Estados do seu instrumento de ratificação ou de adesão.

Artigo 9°
O disposto no presente Protocolo aplica-se, sem limitação ou exceção, a toda as unidades constitutivas dos Estados federais.

Artigo 10.°
O Secretário-Geral da Organização das Nações Unidas informará todos os Estados referidos no parágrafo 1 do artigo 48 do Pacto:
a) Das reservas, comunicações e notificações recebidas nos termos do artigo 2° do presente Protocolo;
b) Das declarações feitas nos termos dos artigos 4° ou 5° do presente Protocolo;
c) Das assinaturas apostas ao presente Protocolo e dos instrumentos de ratificação e de adesão depositados nos termos do artigo 7°;
d) Da data de entrada em vigor do presente Protocolo, nos termos do artigo 8°.

Artigo 11
1. O presente Protocolo, cujos textos em inglês, árabe, chinês, espanhol, francês e russo são igualmente válidos será depositado nos arquivos da Organização das Nações Unidas.
2. O Secretário-Geral da Organização das Nações Unidas transmitirá uma cópia autenticada do presente Protocolo a todos os Estados referidos no artigo 48 do Pacto.

> * Adotado e proclamado pela Resolução 44/128, de 15 de dezembro de 1989, da Assembleia Geral das Nações Unidas.

PACTO INTERNACIONAL DOS DIREITOS ECONÔMICOS, SOCIAIS E CULTURAIS (1966)

> Adotado pela XXI Sessão da Assembleia Geral das Nações Unidas, em 19.12.1966. Aprovado no Brasil pelo Decreto Legislativo 226, de 12.12.1991, e promulgado pelo Decreto 591, de 06.07.1992.

Preâmbulo
Os Estados-partes no presente Pacto,
Considerando que, em conformidade com os princípios proclamados na Carta das Nações Unidas, o reconhecimento da dignidade inerente a todos os membros da família humana e dos seus direitos iguais e inalienáveis constitui o fundamento da liberdade, da justiça e da paz no mundo,

Reconhecendo que esses direitos decorrem da dignidade inerente à pessoa humana,

Reconhecendo que, em conformidade com a Declaração Universal dos Direitos Humanos, o ideal do ser humano livre, liberto do temor e da miséria, não pode ser realizado a menos que se criem condições que permitam a cada um gozar de seus direitos econômicos, sociais e culturais, assim como de seus direitos civis e políticos,

Considerando que a Carta das Nações Unidas impõe aos Estados a obrigação de promover o respeito universal e efetivo dos direitos e das liberdades da pessoa humana,

Compreendendo que o indivíduo, por ter deveres para com seus semelhantes e para com a coletividade a que pertence, tem a obrigação de lutar pela promoção e observância dos direitos reconhecidos no presente Pacto,

Acordam o seguinte:

PARTE I

Artigo 1º

1. Todos os povos têm direito à autodeterminação. Em virtude desse direito, determinam livremente seu estatuto político e asseguram livremente seu desenvolvimento econômico, social e cultural.

2. Para a consecução de seus objetivos, todos os povos podem dispor livremente de suas riquezas e de seus recursos naturais, sem prejuízo das obrigações decorrentes da cooperação econômica internacional, baseada no princípio do proveito mútuo e do Direito Internacional. Em caso algum poderá um povo ser privado de seus próprios meios de subsistência.

3. Os Estados-partes no presente Pacto, inclusive aqueles que tenham a responsabilidade de administrar territórios não autônomos e territórios sob tutela, deverão promover o exercício do direito à autodeterminação e respeitar esse direito, em conformidade com as disposições da Carta das Nações Unidas.

PARTE II

Artigo 2º

1. Cada Estado-parte no presente Pacto compromete-se a adotar medidas, tanto por esforço próprio como pela assistência e cooperação internacionais, principalmente nos planos econômico e técnico, até o máximo de seus recursos disponíveis, que visem a assegurar, progressivamente, por todos os meios apropriados, o pleno exercício dos direitos reconhecidos no presente Pacto, incluindo, em particular, a adoção de medidas legislativas.

2. Os Estados-partes no presente Pacto comprometem-se a garantir que os direitos nele enunciados se exercerão sem discriminação alguma por motivo de raça, cor, sexo, língua, religião, opinião política ou de qualquer outra natureza, origem nacional ou social, situação econômica, nascimento ou qualquer outra situação.

3. Os países em desenvolvimento, levando devidamente em consideração os direitos humanos e a situação econômica nacional, poderão determinar em que medida garantirão os direitos econômicos reconhecidos no presente Pacto àqueles que não sejam seus nacionais.

Artigo 3º

Os Estados-partes no presente Pacto comprometem-se a assegurar a homens e mulheres igualdade no gozo dos direitos econômicos, sociais e culturais enumerados no presente Pacto.

Artigo 4º

Os Estados-partes no presente Pacto reconhecem que, no exercício dos direitos assegurados em conformidade com o presente Pacto pelo Estado, este poderá submeter tais direitos unicamente às limitações estabelecidas em lei, somente na medida compatível com a natureza desses direitos e exclusivamente com o objetivo de favorecer o bem-estar geral em uma sociedade democrática.

Artigo 5º

1. Nenhuma das disposições do presente Pacto poderá ser interpretada no sentido de reconhecer a um Estado, grupo ou indivíduo qualquer direito de dedicar-se a quaisquer atividades ou de praticar quaisquer atos que tenham por objetivo destruir os direitos ou liberdades reconhecidos no presente Pacto ou impor-lhes limitações mais amplas do que aquelas nele previstas.

2. Não se admitirá qualquer restrição ou suspensão dos direitos humanos fundamentais reconhecidos ou vigentes em qualquer país em virtude de leis, convenções, regulamentos ou costumes, sob o pretexto de que o presente Pacto não os reconheça ou os reconheça em menor grau.

PARTE III

Artigo 6º

1. Os Estados-partes no presente Pacto reconhecem o direito de toda pessoa de ter a possibilidade de ganhar a vida mediante um trabalho livremente escolhido ou aceito e tomarão medidas apropriadas para salvaguardar esse direito.

2. As medidas que cada Estado-parte no presente pacto tomará, a fim de assegurar o pleno exercício desse direito, deverão incluir a orientação e a formação técnica e profissional, a elaboração de programas, normas técnicas apropriadas para assegurar um desenvolvimento econômico, social e cultural constante e o pleno emprego produtivo em condições que salvaguardem aos indivíduos o gozo das liberdades políticas e econômicas fundamentais.

Artigo 7º

Os Estados-partes no presente Pacto reconhecem o direito de toda pessoa de gozar de condições de trabalho justas e favoráveis, que assegurem especialmente:

a) Uma remuneração que proporcione, no mínimo, a todos os trabalhadores:

i) um salário equitativo e uma remuneração igual por um trabalho de igual valor, sem qualquer distinção; em particular, as mulheres deverão ter a garantia de condições de trabalho não inferiores às dos homens e perceber a mesma remuneração que eles, por trabalho igual;
ii) uma existência decente para eles e suas famílias, em conformidade com as disposições do presente Pacto;
b) Condições de trabalho seguras e higiênicas;
c) Igual oportunidade para todos de serem promovidos, em seu trabalho, à categoria superior que lhes corresponda, sem outras considerações que as de tempo, de trabalho e de capacidade;
d) O descanso, o lazer, a limitação razoável das horas de trabalho e férias periódicas remuneradas, assim como a remuneração dos feriados.

Artigo 8º

1. Os Estados-partes no presente Pacto comprometem-se a garantir:
a) O direito de toda pessoa de fundar com outros sindicatos e de filiar-se ao sindicato de sua escolha, sujeitando-se unicamente aos estatutos da organização interessada, com o objetivo de promover e de proteger seus interesses econômicos e sociais. O exercício desse direito só poderá ser objeto das restrições previstas em lei e que sejam necessárias, em uma sociedade democrática, ao interesse da segurança nacional ou da ordem pública, ou para proteger os direitos e as liberdades alheias;
b) O direito dos sindicatos de formar federações ou confederações nacionais e o direito destas de formar organizações sindicais internacionais ou de filiar-se às mesmas;
c) O direito dos sindicatos de exercer livremente suas atividades, sem quaisquer limitações além daquelas previstas em lei e que sejam necessárias, em uma sociedade democrática, ao interesse da segurança nacional ou da ordem pública, ou para proteger os direitos e as liberdades das demais pessoas;
d) O direito de greve, exercido em conformidade com as leis de cada país.
2. O presente artigo não impedirá que se submeta a restrições legais o exercício desses direitos pelos membros das forças armadas, da polícia ou da administração pública.
3. Nenhuma das disposições do presente artigo permitirá que os Estados-partes na Convenção de 1948 da Organização Internacional do Trabalho, relativa à liberdade sindical e à proteção do direito sindical, venham a adotar medidas legislativas que restrinjam – ou a aplicar a lei de maneira a restringir – as garantias previstas na referida Convenção.

Artigo 9º

Os Estados-partes no presente Pacto reconhecem o direito de toda pessoa à previdência social, inclusive ao seguro social.

Artigo 10

Os Estados-partes no presente Pacto reconhecem que:
1. Deve-se conceder à família, que é o núcleo natural e fundamental da sociedade, a mais ampla proteção e assistência possíveis, especialmente para a sua constituição e enquanto ela for responsável pela criação e educação dos filhos. O matrimônio deve ser contraído com o livre consentimento dos futuros cônjuges.
2. Deve-se conceder proteção especial às mães por um período de tempo razoável antes e depois do parto. Durante esse período, deve-se conceder às mães que trabalham licença remunerada ou licença acompanhada de benefícios previdenciários adequados.
3. Deve-se adotar medidas especiais de proteção e assistência em prol de todas as crianças e adolescentes, sem distinção alguma por motivo de filiação ou qualquer outra condição. Deve-se proteger as crianças e adolescentes contra a exploração econômica e social. O emprego de crianças e adolescentes, em trabalho que lhes seja nocivo à moral e à saúde, ou que lhes faça correr perigo de vida, ou ainda que lhes venha prejudicar o desenvolvimento normal, será punido por lei. Os Estados devem também estabelecer limites de idade, sob os quais fique proibido e punido por lei o emprego assalariado da mão de obra infantil.

Artigo 11

1. Os Estados-partes no presente Pacto reconhecem o direito de toda pessoa a um nível de vida adequado para si próprio e para sua família, inclusive à alimentação, vestimenta e moradia adequadas, assim como uma melhoria contínua de suas condições de vida. Os Estados-partes tomarão medidas apropriadas para assegurar a consecução desse direito, reconhecendo, nesse sentido, a importância essencial da cooperação internacional fundada no livre consentimento.
2. Os Estados-partes no presente Pacto, reconhecendo o direito fundamental de toda pessoa de estar protegida contra a fome, adotarão, individualmente e mediante cooperação internacional, as medidas, inclusive programas concretos, que se façam necessários para:
a) Melhorar os métodos de produção, conservação e distribuição de gêneros alimentícios pela plena utilização dos conhecimentos técnicos e científicos, pela difusão de princípios de educação nutricional e pelo aperfeiçoamento ou reforma dos regimes agrários, de maneira que se assegurem a exploração e a utilização mais eficazes dos recursos naturais.
b) Assegurar uma repartição equitativa dos recursos alimentícios mundiais em relação às necessidades, levando-se em conta os problemas tanto dos países importadores quanto dos exportadores de gêneros alimentícios.

Artigo 12

1. Os Estados-partes no presente Pacto reconhecem o direito de toda pessoa de desfrutar o mais elevado nível de saúde física e mental.
2. As medidas que os Estados-partes no presente Pacto deverão adotar, com o fim de assegurar o pleno exercício desse direito, incluirão as medidas que se façam necessárias para assegurar:
a) A diminuição da mortinatalidade e da mortalidade infantil, bem como o desenvolvimento são das crianças.
b) A melhoria de todos os aspectos de higiene do trabalho e do meio ambiente.
c) A prevenção e o tratamento das doenças epidêmicas, endêmicas, profissionais e outras, bem como a luta contra essas doenças.
d) A criação de condições que assegurem a todos assistência médica e serviços médicos em caso de enfermidade.

Artigo 13

1. Os Estados-partes no presente Pacto reconhecem o direito de toda pessoa à educação. Concordam em que a educação deverá visar ao pleno desenvolvimento da personalidade humana e do sentido de sua dignidade e a fortalecer o respeito pelos direitos humanos e liberdades fundamentais. Concordam ainda que a educação deverá capacitar todas as pessoas a participar efetivamente de uma sociedade livre, favorecer a compreensão, a tolerância e a amizade entre todas as nações e entre todos os grupos raciais, étnicos ou religiosos e promover as atividades das Nações Unidas em prol da manutenção da paz.
2. Os Estados-partes no presente Pacto reconhecem que, com o objetivo de assegurar o pleno exercício desse direito:
a) A educação primária deverá ser obrigatória e acessível gratuitamente a todos.
b) A educação secundária em suas diferentes formas, inclusive a educação secundária técnica e profissional, deverá ser generalizada e tornar-se acessível a todos, por todos os meios apropriados e, principalmente, pela implementação progressiva do ensino gratuito.
c) A educação de nível superior deverá igualmente tornar-se acessível a todos, com base na capacidade de cada um, por todos os meios apropriados e, principalmente, pela implementação progressiva do ensino gratuito.
d) Dever-se-á fomentar e intensificar, na medida do possível, a educação de base para aquelas pessoas que não receberam educação primária ou não concluíram o ciclo completo de educação primária.
e) Será preciso prosseguir ativamente o desenvolvimento de uma rede escolar em todos os níveis de ensino, implementar-se um sistema adequado de bolsas de estudo e melhorar continuamente as condições materiais do corpo docente.
3. Os Estados-partes no presente Pacto comprometem-se a respeitar a liberdade dos pais e, quando for o caso, dos tutores legais, de escolher para seus filhos escolas distintas daquelas criadas pelas autoridades públicas, sempre que atendam aos padrões mínimos de ensino prescritos ou aprovados pelo Estado, e de fazer com que seus filhos venham a receber educação religiosa ou moral que esteja de acordo com suas próprias convicções.
4. Nenhuma das disposições do presente artigo poderá ser interpretada no sentido de restringir a liberdade de indivíduos e de entidades de criar e dirigir instituições de ensino, desde que respeitados os princípios enunciados no parágrafo 1 do presente artigo e que essas instituições observem os padrões mínimos prescritos pelo Estado.

Artigo 14

Todo Estado-parte no presente Pacto que, no momento em que se tornar Parte, ainda não tenha garantido em seu próprio território ou território sob a sua jurisdição a obrigatoriedade ou a gratuidade da educação primária, se compromete a elaborar e a adotar, dentro de um prazo de dois anos, um plano de ação detalhado destinado à implementação progressiva, dentro de um número razoável de anos estabelecido no próprio plano, do princípio da educação primária obrigatória e gratuita para todos.

Artigo 15

1. Os Estados-partes no presente Pacto reconhecem a cada indivíduo o direito de:
a) Participar da vida cultural;
b) Desfrutar o progresso científico e suas aplicações;
c) Beneficiar-se da proteção dos interesses morais e materiais decorrentes de toda a produção científica, literária ou artística de que seja autor.
2. As medidas que os Estados-partes no presente Pacto deverão adotar com a finalidade de assegurar o pleno exercício desse direito incluirão aquelas necessárias à conservação, ao desenvolvimento e à difusão da ciência e da cultura.
3. Os Estados-partes no presente Pacto comprometem-se a respeitar a liberdade indispensável à pesquisa científica e à atividade criadora.
4. Os Estados-partes no presente Pacto reconhecem os benefícios que derivam do fomento e do desenvolvimento da cooperação e das relações internacionais no domínio da ciência e da cultura.

PARTE IV

Artigo 16

1. Os Estados-partes no presente Pacto comprometem-se a apresentar, de acordo com as disposições da presente parte do Pacto, relatórios sobre as medidas que tenham adotado e sobre o progresso realizado, com o objetivo de assegurar a observância dos direitos reconhecidos no Pacto.
2. *a)* Todos os relatórios deverão ser encaminhados ao Secretário-Geral da Organização das Nações Unidas, o qual enviará cópias dos mesmos ao Conselho Econômico e Social, para exame de acordo com as disposições do presente Pacto.
b) O Secretário-Geral da Organização das Nações Unidas encaminhará também às agências especia-

lizadas cópias dos relatórios – ou de todas as partes pertinentes dos mesmos – enviados pelos Estados-partes no presente Pacto que sejam igualmente membros das referidas agências especializadas, na medida em que os relatórios, ou parte deles, guardem relação com questões que sejam da competência de tais agências, nos termos de seus respectivos instrumentos constitutivos.

Artigo 17

1. Os Estados-partes no presente Pacto apresentarão seus relatórios por etapas, segundo um programa a ser estabelecido pelo Conselho Econômico e Social, no prazo de um ano a contar da data da entrada em vigor do presente Pacto, após consulta aos Estados-partes e às agências especializadas interessadas.
2. Os relatórios poderão indicar os fatores e as dificuldades que prejudiquem o pleno cumprimento das obrigações previstas no presente Pacto.
3. Caso as informações pertinentes já tenham sido encaminhadas à Organização das Nações Unidas ou a uma agência especializada por um Estado-parte, não será necessário reproduzir as referidas informações, sendo suficiente uma referência precisa às mesmas.

Artigo 18

Em virtude das responsabilidades que lhes são conferidas pela Carta das Nações Unidas no domínio dos direitos humanos e das liberdades fundamentais, o Conselho Econômico e Social poderá concluir acordos com as agências especializadas sobre a apresentação, por estas, de relatórios relativos aos progressos realizados quanto ao cumprimento das disposições do presente Pacto que correspondam ao seu campo de atividades. Os relatórios poderão incluir dados sobre as decisões e recomendações, referentes ao cumprimento das disposições do presente Pacto, adotadas pelos órgãos competentes das agências especializadas.

Artigo 19

O Conselho Econômico e Social poderá encaminhar à Comissão de Direitos Humanos, para fins de estudo e de recomendação de ordem geral, ou para informação, caso julgue apropriado, os relatórios concernentes aos direitos humanos que apresentarem os Estados, nos termos dos artigos 16 e 17, e aqueles concernentes aos direitos humanos que apresentarem as agências especializadas, nos termos do artigo 18.

Artigo 20

Os Estados-partes no presente Pacto e as agências especializadas interessadas poderão encaminhar ao Conselho Econômico e Social comentários sobre qualquer recomendação de ordem geral, feita em virtude do artigo 19, ou sobre qualquer referência a uma recomendação de ordem geral que venha a constar de relatório da Comissão de Direitos Humanos ou de qualquer documento mencionado no referido relatório.

Artigo 21

O Conselho Econômico e Social poderá apresentar ocasionalmente à Assembleia Geral relatórios que contenham recomendações de caráter geral, bem como resumo das informações recebidas dos Estados-partes no presente Pacto e das agências especializadas, sobre as medidas adotadas e o progresso realizado com a finalidade de assegurar a observância geral dos direitos reconhecidos no presente Pacto.

Artigo 22

O Conselho Econômico e Social poderá levar ao conhecimento de outros órgãos da Organização das Nações Unidas, de seus órgãos subsidiários e das agências especializadas interessadas, às quais incumba a prestação de assistência técnica, quaisquer questões suscitadas nos relatórios mencionados nesta parte do presente Pacto, que possam ajudar essas entidades a pronunciar-se, cada uma dentro de sua esfera de competência, sobre a conveniência de medidas internacionais que possam contribuir para a implementação efetiva e progressiva do presente Pacto.

Artigo 23

Os Estados-partes no presente Pacto concordam em que as medidas de ordem internacional, destinadas a tornar efetivos os direitos reconhecidos no referido Pacto, incluem, sobretudo, a conclusão de convenções, a adoção de recomendações, a prestação de assistência técnica e a organização, em conjunto com os governos interessados, e no intuito de efetuar consultas e realizar estudos, de reuniões regionais e de reuniões técnicas.

Artigo 24

Nenhuma das disposições do presente Pacto poderá ser interpretada em detrimento das disposições da Carta das Nações Unidas ou das constituições das agências especializadas, as quais definem as responsabilidades respectivas dos diversos órgãos da Organização das Nações Unidas e agências especializadas, relativamente às matérias tratadas no presente Pacto.

Artigo 25

Nenhuma das disposições do presente Pacto poderá ser interpretada em detrimento do direito inerente a todos os povos de desfrutar e utilizar plena e livremente suas riquezas e seus recursos naturais.

PARTE V

Artigo 26

1. O presente Pacto está aberto à assinatura de todos os Estados-membros da Organização das Nações Unidas ou membros de qualquer de suas agências especializadas, de todo Estado-parte no Estatuto da Corte Internacional de Justiça, bem como de qualquer outro Estado convidado pela Assembleia Geral das Nações Unidas a tornar-se Parte no presente Pacto.

2. O presente Pacto está sujeito à ratificação. Os instrumentos de ratificação serão depositados junto ao Secretário-Geral da Organização das Nações Unidas.
3. O presente Pacto está aberto à adesão de qualquer dos Estados mencionados no parágrafo 1º do presente artigo.
4. Far-se-á a adesão mediante depósito do instrumento de adesão junto ao Secretário-Geral das Nações Unidas.
5. O Secretário-Geral da Organização das Nações Unidas informará a todos os Estados que hajam assinado o presente Pacto, ou a ele aderido, do depósito de cada instrumento de ratificação ou adesão.

Artigo 27

1. O presente Pacto entrará em vigor três meses após a data do depósito, junto ao Secretário-Geral da Organização das Nações Unidas, do trigésimo quinto instrumento de ratificação ou adesão.
2. Para os Estados que vierem a ratificar o presente Pacto ou a ele aderir após o depósito do trigésimo quinto instrumento de ratificação ou adesão, o presente Pacto entrará em vigor três meses após a data do depósito, pelo Estado em questão, de seu instrumento de ratificação ou adesão.

Artigo 28

Aplicar-se-ão as disposições do presente Pacto, sem qualquer limitação ou exceção, a todas as unidades constitutivas dos Estados federativos.

Artigo 29

1. Qualquer Estado-parte no presente Pacto poderá propor emendas e depositá-las junto ao Secretário-Geral da Organização das Nações Unidas. O Secretário-Geral comunicará todas as propostas de emendas aos Estados-partes no presente Pacto, pedindo-lhes que o notifiquem se desejarem que se convoque uma conferência dos Estados-partes, destinada a examinar as propostas e submetê-las a votação. Se pelo menos um terço dos Estados-partes se manifestar a favor da referida convocação, o Secretário-Geral convocará a conferência sob os auspícios da Organização das Nações Unidas. Qualquer emenda adotada pela maioria dos Estados-partes presentes e votantes na conferência será submetida à aprovação da Assembleia Geral das Nações Unidas.
2. Tais emendas entrarão em vigor quando aprovadas pela Assembleia Geral das Nações Unidas e aceitas, em conformidade com seus respectivos procedimentos constitucionais, por uma maioria de dois terços dos Estados-partes no presente Pacto.
3. Ao entrarem em vigor, tais emendas serão obrigatórias para os Estados-partes que as aceitaram, ao passo que os demais Estados-partes permanecem obrigados pelas disposições do presente Pacto e pelas emendas anteriores por eles aceitas.

Artigo 30

Independentemente das notificações previstas no parágrafo 5º do artigo 26, o Secretário-Geral da Organização das Nações Unidas comunicará a todos os Estados mencionados no parágrafo 1 do referido artigo:
a) As assinaturas, ratificações e adesões recebidas em conformidade com o artigo 26;
b) A data da entrada em vigor do Pacto, nos termos do artigo 27, e a data de entrada em vigor de quaisquer emendas, nos termos do artigo 29.

Artigo 31

1. O presente Pacto, cujos textos em chinês, espanhol, francês, inglês e russo são igualmente autênticos, será depositado nos arquivos da Organização das Nações Unidas.
2. O Secretário-Geral da Organização das Nações Unidas encaminhará cópias autenticadas do presente Pacto a todos os Estados mencionados no artigo 26.

CONVENÇÃO SOBRE A ELIMINAÇÃO DE TODAS AS FORMAS DE DISCRIMINAÇÃO CONTRA A MULHER (1979)

▶ Adotada pela Resolução 34/180 da Assembleia Geral das Nações Unidas, em 18.12.1979, e ratificada pelo Brasil em 01.02.1984. Promulgada pelo Decreto 4.377, de 13.09.2002, que revogou o Decreto 89.460, de 20.03.1984.

Os Estados-partes na presente Convenção,

Considerando que a Carta das Nações Unidas reafirma a fé nos direitos humanos fundamentais, na dignidade e no valor da pessoa humana e na igualdade de direitos do homem e da mulher,

Considerando que a Declaração Universal dos Direitos Humanos reafirma o princípio da não discriminação e proclama que todos os seres humanos nascem livres e iguais em dignidade e direitos e que toda pessoa pode invocar todos os direitos e liberdades proclamados nessa Declaração, sem distinção alguma, inclusive de sexo,

Considerando que os Estados-partes nas Convenções Internacionais sobre Direitos Humanos têm a obrigação de garantir ao homem e à mulher a igualdade de gozo de todos os direitos econômicos, sociais, culturais, civis e políticos,

Observando, ainda, as resoluções, declarações e recomendações aprovadas pelas Nações Unidas e pelas agências especializadas para favorecer a igualdade de direitos entre o homem e a mulher,

Preocupados, contudo, com o fato de que, apesar destes diversos instrumentos, a mulher continue sendo objeto de grandes discriminações,

Relembrando que a discriminação contra a mulher viola os princípios da igualdade de direitos e do respeito da dignidade humana, dificulta a participação da mulher, nas mesmas condições que o homem, na vida política, social, econômica e cultural de seu país, constitui um obstáculo ao aumento do bem-estar da sociedade e da família e dificulta o pleno desenvolvimento das potencialidades da mulher para prestar serviço a seu país e à humanidade,

Preocupados com o fato de que, em situações de pobreza, a mulher tem um acesso mínimo à alimentação, à saúde, à educação, à capacitação e às oportunidades de emprego, assim como à satisfação de outras necessidades,

Convencidos de que o estabelecimento da nova ordem econômica internacional baseada na equidade e na justiça contribuirá significativamente para a promoção da igualdade entre o homem e a mulher,

Salientando que a eliminação do *apartheid*, de todas as formas de racismo, discriminação racial, colonialismo, neocolonialismo, agressão, ocupação estrangeira e dominação e interferência nos assuntos internos dos Estados é essencial para o pleno exercício dos direitos do homem e da mulher,

Afirmando que o fortalecimento da paz e da segurança internacionais, o alívio da tensão internacional, a cooperação mútua entre todos os Estados, independentemente de seus sistemas econômicos e sociais, o desarmamento geral e completo, e em particular o desarmamento nuclear sob um estrito e efetivo controle internacional, a afirmação dos princípios de justiça, igualdade e proveito mútuo nas relações entre países e a realização do direito dos povos submetidos a dominação colonial e estrangeira e a ocupação estrangeira, à autodeterminação e independência, bem como o respeito da soberania nacional e da integridade territorial, promoverão o progresso e o desenvolvimento sociais, e, em consequência, contribuirão para a realização da plena igualdade entre o homem e a mulher,

Convencidos de que a participação máxima da mulher, em igualdade de condições com o homem, em todos os campos, é indispensável para o desenvolvimento pleno e completo de um país, para o bem-estar do mundo e para a causa da paz.

Tendo presente a grande contribuição da mulher ao bem-estar da família e ao desenvolvimento da sociedade, até agora não plenamente reconhecida, a importância social da maternidade e a função dos pais na família e na educação dos filhos, e conscientes de que o papel da mulher na procriação não deve ser causa de discriminação, mas sim que a educação dos filhos exige a responsabilidade compartilhada entre homens e mulheres e a sociedade como um conjunto,

Reconhecendo que para alcançar a plena igualdade entre o homem e a mulher é necessário modificar o papel tradicional tanto do homem, como da mulher na sociedade e na família,

Resolvidos a aplicar os princípios enunciados na Declaração sobre a Eliminação da Discriminação contra a Mulher, e, para isto, a adotar as medidas necessárias a fim de suprimir essa discriminação em todas as suas formas e manifestações,

Concordam no seguinte:

PARTE I

Artigo 1º

Para fins da presente Convenção, a expressão "discriminação contra a mulher" significará toda distinção, exclusão ou restrição baseada no sexo e que tenha por objeto ou resultado prejudicar ou anular o reconhecimento, gozo ou exercício pela mulher, independentemente de seu estado civil, com base na igualdade do homem e da mulher, dos direitos humanos e liberdades fundamentais nos campos político, econômico, social, cultural e civil ou em qualquer outro campo.

Artigo 2º

Os Estados-partes condenam a discriminação contra a mulher em todas as suas formas, concordam em seguir, por todos os meios apropriados e sem dilações, uma política destinada a eliminar a discriminação contra a mulher, e com tal objetivo se comprometem a:

a) consagrar, se ainda não o tiverem feito, em suas Constituições nacionais ou em outra legislação apropriada, o princípio da igualdade do homem e da mulher e assegurar por lei outros meios apropriados à realização prática desse princípio;

b) adotar medidas adequadas, legislativas e de outro caráter, com as sanções cabíveis e que proíbam toda discriminação contra a mulher;

c) estabelecer a proteção jurídica dos direitos da mulher em uma base de igualdade com os do homem e garantir, por meio dos tribunais nacionais competentes e de outras instituições públicas, a proteção efetiva da mulher contra todo ato de discriminação;

d) abster-se de incorrer em todo ato ou prática de discriminação contra a mulher e zelar para que as autoridades e instituições públicas atuem em conformidade com esta obrigação;

e) tomar as medidas apropriadas para eliminar a discriminação contra a mulher praticada por qualquer pessoa, organização ou empresa;

f) adotar todas as medidas adequadas, inclusive de caráter legislativo, para modificar ou derrogar leis, regulamentos, usos e práticas que constituam discriminação contra a mulher;

g) derrogar todas as disposições penais nacionais que constituam discriminação contra a mulher.

Artigo 3º

Os Estados-partes tomarão, em todas as esferas e, em particular, nas esferas política, social, econômica e cultural, todas as medidas apropriadas, inclusive de caráter legislativo, para assegurar o pleno desenvolvimento e progresso da mulher, com o objetivo de garantir-lhe o exercício e o gozo dos direitos humanos e liberdades fundamentais em igualdade de condições com o homem.

Artigo 4º

1. A adoção pelos Estados-partes de medidas especiais de caráter temporário destinadas a acelerar a igualdade de fato entre o homem e a mulher não se considerará discriminação na forma definida nesta

Convenção, mas de nenhuma maneira implicará, como consequência, a manutenção de normas desiguais ou separadas; essas medidas cessarão quando os objetivos de igualdade de oportunidade e tratamento houverem sido alcançados.

2. A adoção pelos Estados-partes de medidas especiais, inclusive as contidas na presente Convenção, destinadas a proteger a maternidade, não se considerará discriminatória.

Artigo 5º

Os Estados-partes tomarão todas as medidas apropriadas para:

a) modificar os padrões socioculturais de conduta de homens e mulheres, com vistas a alcançar a eliminação de preconceitos e práticas consuetudinárias e de qualquer outra índole que estejam baseados na ideia da inferioridade ou superioridade de qualquer dos sexos ou em funções estereotipadas de homens e mulheres;

b) garantir que a educação familiar inclua uma compreensão adequada da maternidade como função social e o reconhecimento da responsabilidade comum de homens e mulheres, no que diz respeito à educação e ao desenvolvimento de seus filhos, entendendo-se que o interesse dos filhos constituirá a consideração primordial em todos os casos.

Artigo 6º

Os Estados-partes tomarão as medidas apropriadas, inclusive de caráter legislativo, para suprimir todas as formas de tráfico de mulheres e exploração de prostituição da mulher.

PARTE II
Artigo 7º

Os Estados-partes tomarão todas as medidas apropriadas para eliminar a discriminação contra a mulher na vida política e pública do país e, em particular, garantirão, em igualdade de condições com os homens, o direito a:

a) votar em todas as eleições e referendos públicos e ser elegível para todos os órgãos cujos membros sejam objeto de eleições públicas;

b) participar na formulação de políticas governamentais e na execução destas, e ocupar cargos públicos e exercer todas as funções públicas em todos os planos governamentais;

c) participar em organizações e associações não governamentais que se ocupem da vida pública e política do país.

Artigo 8º

Os Estados-partes tomarão as medidas apropriadas para garantir à mulher, em igualdade de condições com o homem e sem discriminação alguma, a oportunidade de representar seu governo no plano internacional e de participar no trabalho das organizações internacionais.

Artigo 9º

1. Os Estados-partes outorgarão às mulheres direitos iguais aos dos homens para adquirir, mudar ou conservar sua nacionalidade. Garantirão, em particular, que nem o casamento com um estrangeiro, nem a mudança de nacionalidade do marido durante o casamento modifiquem automaticamente a nacionalidade da esposa, a convertam em apátrida ou a obriguem a adotar a nacionalidade do cônjuge.

2. Os Estados-partes outorgarão à mulher os mesmos direitos que ao homem no que diz respeito à nacionalidade dos filhos.

PARTE III
Artigo 10

Os Estados-partes adotarão todas as medidas apropriadas para eliminar a discriminação contra a mulher, a fim de assegurar-lhe a igualdade de direitos com o homem na esfera da educação e em particular para assegurar, em condições de igualdade entre homens e mulheres:

a) as mesmas condições de orientação em matéria de carreiras e capacitação profissional, acesso aos estudos e obtenção de diplomas nas instituições de ensino de todas as categorias, tanto em zonas rurais como urbanas; essa igualdade deverá ser assegurada na educação pré-escolar, geral, técnica e profissional, incluída a educação técnica superior, assim como todos os tipos de capacitação profissional;

b) acesso aos mesmos currículos e mesmos exames, pessoal docente do mesmo nível profissional, instalações e material escolar da mesma qualidade;

c) a eliminação de todo conceito estereotipado dos papéis masculino e feminino em todos os níveis e em todas as formas de ensino, mediante o estímulo à educação mista e a outros tipos de educação que contribuam para alcançar este objetivo e, em particular, mediante a modificação dos livros e programas escolares e adaptação dos métodos de ensino;

d) as mesmas oportunidades para a obtenção de bolsas de estudo e outras subvenções para estudos;

e) as mesmas oportunidades de acesso aos programas de educação supletiva, incluídos os programas de alfabetização funcional e de adultos, com vistas a reduzir, com a maior brevidade possível, a diferença de conhecimentos existentes entre o homem e a mulher;

f) a redução da taxa de abandono feminino dos estudos e a organização de programas para aquelas jovens e mulheres que tenham deixado os estudos prematuramente;

g) as mesmas oportunidades para participar ativamente nos esportes e na educação física;

h) acesso a material informativo específico que contribua para assegurar a saúde e o bem-estar da família, incluída a informação e o assessoramento sobre o planejamento da família.

Artigo 11

1. Os Estados-partes adotarão todas as medidas apropriadas para eliminar a discriminação contra a mulher na esfera do emprego a fim de assegurar, em condições de igualdade entre homens e mulheres, os mesmos direitos, em particular:

a) o direito ao trabalho como direito inalienável de todo ser humano;

b) o direito às mesmas oportunidades de emprego, inclusive a aplicação dos mesmos critérios de seleção em questões de emprego;

c) o direito de escolher livremente profissão e emprego, o direito à promoção e à estabilidade no emprego e a todos os benefícios e outras condições de serviço, e o direito ao acesso à formação e à atualização profissionais, incluindo aprendizagem, formação profissional superior e treinamento periódico;

d) o direito a igual remuneração, inclusive benefícios, e igualdade de tratamento relativa a um trabalho de igual valor, assim como igualdade de tratamento com respeito à avaliação da qualidade do trabalho;

e) o direito à seguridade social, em particular em casos de aposentadoria, desemprego, doença, invalidez, velhice ou outra incapacidade para trabalhar, bem como o direito a férias pagas;

f) o direito à proteção da saúde e à segurança nas condições de trabalho, inclusive a salvaguarda da função de reprodução.

2. A fim de impedir a discriminação contra a mulher por razões de casamento ou maternidade e assegurar a efetividade de seu direito a trabalhar, os Estados-partes tomarão as medidas adequadas para:

a) proibir, sob sanções, a demissão por motivo de gravidez ou de licença-maternidade e a discriminação nas demissões motivadas pelo estado civil;

b) implantar a licença-maternidade, com salário pago ou benefícios sociais comparáveis, sem perda do emprego anterior, antiguidade ou benefícios sociais;

c) estimular o fornecimento de serviços sociais de apoio necessários para permitir que os pais combinem as obrigações para com a família com as responsabilidades do trabalho e a participação na vida pública, especialmente mediante o fomento da criação e desenvolvimento de uma rede de serviços destinado ao cuidado das crianças;

d) dar proteção especial às mulheres durante a gravidez nos tipos de trabalho comprovadamente prejudiciais a elas.

3. A legislação protetora relacionada com as questões compreendidas neste artigo será examinada periodicamente à luz dos conhecimentos científicos e tecnológicos e será revista, derrogada ou ampliada, conforme as necessidades.

Artigo 12

1. Os Estados-partes adotarão todas as medidas apropriadas para eliminar a discriminação contra a mulher na esfera dos cuidados médicos, a fim de assegurar, em condições de igualdade entre homens e mulheres, o acesso a serviços médicos, inclusive referentes ao planejamento familiar.

2. Sem prejuízo do disposto no parágrafo 1°, os Estados-partes garantirão à mulher assistência apropriada em relação à gravidez, ao parto e ao período posterior ao parto, proporcionando assistência gratuita quando assim for necessário, e lhe assegurarão uma nutrição adequada durante a gravidez e a lactância.

Artigo 13

Os Estados-partes adotarão todas as medidas apropriadas para eliminar a discriminação contra a mulher em outras esferas da vida econômica e social, a fim de assegurar, em condições de igualdade entre os homens e mulheres, os mesmos direitos, em particular:

a) o direito a benefícios familiares;

b) o direito a obter empréstimos bancários, hipotecas e outras formas de crédito financeiro;

c) o direito de participar em atividades de recreação, esportes e em todos os aspectos da vida cultural.

Artigo 14

1. Os Estados-partes levarão em consideração os problemas específicos enfrentados pela mulher rural e o importante papel que desempenha na subsistência econômica de sua família, incluído seu trabalho em setores não monetários da economia, e tomarão todas as medidas apropriadas para assegurar a aplicação dos dispositivos desta Convenção à mulher das zonas rurais.

2. Os Estados-partes adotarão todas as medidas apropriadas para eliminar a discriminação contra a mulher nas zonas rurais, a fim de assegurar, em condições de igualdade entre homens e mulheres, que elas participem no desenvolvimento rural e dele se beneficiem, e em particular assegurar-lhes-ão o direito a:

a) participar da elaboração e execução dos planos de desenvolvimento em todos os níveis;

b) ter acesso a serviços médicos adequados, inclusive informação, aconselhamento e serviços em matéria de planejamento familiar;

c) beneficiar-se diretamente dos programas de seguridade social;

d) obter todos os tipos de educação e de formação, acadêmica e não acadêmica, inclusive os relacionados à alfabetização funcional, bem como, entre outros, os benefícios de todos os serviços comunitários e de extensão, a fim de aumentar sua capacidade técnica;

e) organizar grupos de autoajuda e cooperativas, a fim de obter igualdade de acesso às oportunidades econômicas mediante emprego ou trabalho por conta própria;

f) participar de todas as atividades comunitárias;

g) ter acesso aos créditos e empréstimos agrícolas, aos serviços de comercialização e às tecnologias apropriadas, e receber um tratamento igual nos projetos de reforma agrária e de reestabelecimentos;

h) gozar de condições de vida adequadas, particularmente nas esferas da habitação, dos serviços sanitários, da eletricidade e do abastecimento de água, do transporte e das comunicações.

PARTE IV
Artigo 15

1. Os Estados-partes reconhecerão à mulher a igualdade com o homem perante a lei.

2. Os Estados-partes reconhecerão à mulher, em matérias civis, uma capacidade jurídica idêntica à do homem e as mesmas oportunidades para o exercício desta capacidade. Em particular, reconhecerão à mulher iguais direitos para firmar contratos e administrar bens e dispensar-lhe-ão um tratamento igual em todas as etapas do processo nas Cortes de Justiça e nos Tribunais.

3. Os Estados-partes convêm em que todo contrato ou outro instrumento privado de efeito jurídico que tenda a restringir a capacidade jurídica da mulher será considerado nulo.

4. Os Estados-partes concederão ao homem e à mulher os mesmos direitos no que respeita à legislação relativa ao direito das pessoas, à liberdade de movimento e à liberdade de escolha de residência e domicílio.

Artigo 16

1. Os Estados-partes adotarão todas as medidas adequadas para eliminar a discriminação contra a mulher em todos os assuntos relativos ao casamento e às relações familiares e, em particular, com base na igualdade entre homens e mulheres, assegurarão:

a) o mesmo direito de contrair matrimônio;
b) o mesmo direito de escolher livremente o cônjuge e de contrair matrimônio somente com o livre e pleno consentimento;
c) os mesmos direitos e responsabilidades durante o casamento e por ocasião de sua dissolução;
d) os mesmos direitos e responsabilidades como pais, qualquer que seja seu estado civil, em matérias pertinentes aos filhos. Em todos os casos, os interesses dos filhos serão a consideração primordial;
e) os mesmos direitos de decidir livre e responsavelmente sobre o número de filhos e sobre o intervalo entre os nascimentos e a ter acesso à informação, à educação e aos meios que lhes permitam exercer esses direitos;
f) os mesmos direitos e responsabilidades com respeito à tutela, curatela, guarda e adoção dos filhos, ou institutos análogos, quando esses conceitos existirem na legislação nacional. Em todos os casos, os interesses dos filhos serão a consideração primordial;
g) os mesmos direitos pessoais como marido e mulher, inclusive o direito de escolher sobrenome, profissão e ocupação;
h) os mesmos direitos a ambos os cônjuges em matéria de propriedade, aquisição, gestão, administração, gozo e disposição dos bens, tanto a título gratuito quanto a título oneroso.

2. Os esponsais e o casamento de uma criança não terão efeito legal e todas as medidas necessárias, inclusive as de caráter legislativo, serão adotadas para estabelecer uma idade mínima para o casamento e para tornar obrigatória a inscrição de casamentos em registro oficial.

PARTE V
Artigo 17

1. Com o fim de examinar os progressos alcançados na aplicação desta Convenção, será estabelecido um Comitê sobre a Eliminação da Discriminação contra a Mulher (doravante denominado "Comitê"), composto, no momento da entrada em vigor da Convenção, de dezoito e, após sua ratificação ou adesão pelo trigésimo quinto Estado-parte, de vinte e três peritos de grande prestígio moral e competência na área abarcada pela Convenção. Os peritos serão eleitos pelos Estados-partes e exercerão suas funções a título pessoal; será levada em conta uma distribuição geográfica equitativa e a representação das formas diversas de civilização, assim como dos principais sistemas jurídicos.

2. Os membros do Comitê serão eleitos em votação secreta dentre uma lista de pessoas indicadas pelos Estados-partes. Cada Estado-parte pode indicar uma pessoa dentre os seus nacionais.

3. A primeira eleição se realizará seis meses após a data da entrada em vigor da presente Convenção. Ao menos três meses antes da data de cada eleição, o Secretário-Geral da Organização das Nações Unidas enviará uma carta aos Estados-partes para convidá-los a apresentar suas candidaturas no prazo de dois meses. O Secretário-Geral da Organização das Nações Unidas organizará uma lista, por ordem alfabética, de todos os candidatos assim designados, com indicações dos Estados-partes que os tiverem designado, e a comunicará aos Estados-partes.

4. Os membros do Comitê serão eleitos durante uma reunião dos Estados-partes convocada pelo Secretário-Geral das Nações Unidas. Nesta reunião, na qual o *quorum* será estabelecido por dois terços dos Estados-partes, serão eleitos membros do Comitê os candidatos que obtiverem o maior número de votos e a maioria absoluta dos votos dos representantes dos Estados-partes presentes e votantes.

5. Os membros do Comitê serão eleitos para um mandato de quatro anos. Entretanto, o mandato de nove dos membros eleitos na primeira eleição expirará ao final de dois anos; imediatamente após a primeira eleição, os nomes desses nove membros serão escolhidos, por sorteio, pelo Presidente do Comitê.

6. A eleição dos cinco membros adicionais do Comitê realizar-se-á em conformidade com o disposto nos parágrafos 2º, 3º e 4º deste artigo, após o depósito do trigésimo quinto instrumento de ratificação ou adesão. O mandato de dois dos membros adicionais eleitos nessa ocasião, cujos nomes serão escolhidos, por sorteio, pelo Presidente do Comitê, expirará ao fim de dois anos.

7. Para preencher as vagas fortuitas, o Estado-parte cujo perito tenha deixado de exercer suas funções de membro do Comitê nomeará outro perito entre seus nacionais, sob reserva da aprovação do Comitê.

8. Os membros do Comitê, mediante aprovação da Assembleia Geral, receberão remuneração dos recursos das Nações Unidas, na forma e condições que a Assembleia Geral decidir, tendo em vista a importância das funções do Comitê.

9. O Secretário-Geral da Organização das Nações Unidas colocará à disposição do Comitê o pessoal e os serviços necessários ao desempenho eficaz das funções que lhe são atribuídas em virtude da presente Convenção.

Artigo 18

Os Estados-partes comprometem-se a submeter ao Secretário-Geral das Nações Unidas, para exame do Comitê, um relatório sobre as medidas legislativas, judiciárias, administrativas ou outras que adotarem para tornarem efetivas as disposições desta Convenção e dos progressos alcançados a respeito:

a) no prazo de um ano, a partir da entrada em vigor da Convenção para o Estado interessado; e

b) posteriormente, pelo menos a cada quatro anos e toda vez que o Comitê vier a solicitar.

2. Os relatórios poderão indicar fatores e dificuldades que influam no grau de cumprimento das obrigações estabelecidas por esta Convenção.

Artigo 19

1. O Comitê adotará seu próprio regulamento.
2. O Comitê elegerá sua Mesa para um período de dois anos.

Artigo 20

1. O Comitê se reunirá normalmente todos os anos, por um período não superior a duas semanas, para examinar os relatórios que lhe sejam submetidos, em conformidade com o artigo 18 desta Convenção.

2. As reuniões do Comitê realizar-se-ão normalmente na sede das Nações Unidas ou em qualquer outro lugar que o Comitê determine.

Artigo 21

1. O Comitê, através do Conselho Econômico e Social das Nações Unidas, informará anualmente a Assembleia Geral das Nações Unidas de suas atividades e poderá apresentar sugestões e recomendações de caráter geral, baseadas no exame dos relatórios e em informações recebidas dos Estados-partes. Essas sugestões e recomendações de caráter geral serão incluídas no relatório do Comitê juntamente com as observações que os Estados-partes tenham porventura formulado.

2. O Secretário-Geral das Nações Unidas transmitirá, para informação, os relatórios do Comitê à Comissão sobre a Condição da Mulher.

Artigo 22

As agências especializadas terão direito a estar representadas no exame da aplicação das disposições desta Convenção que correspondam à esfera de suas atividades. O Comitê poderá convidar as agências especializadas a apresentar relatórios sobre a aplicação da Convenção em áreas que correspondam à esfera de suas atividades.

PARTE VI

Artigo 23

Nada do disposto nesta Convenção prejudicará qualquer disposição que seja mais propícia à obtenção da igualdade entre homens e mulheres e que esteja contida:

a) na legislação de um Estado-parte; ou

b) em qualquer outra convenção, tratado ou acordo internacional vigente nesse Estado.

Artigo 24

Os Estados-partes comprometem-se a adotar todas as medidas necessárias de âmbito nacional para alcançar a plena realização dos direitos reconhecidos nesta Convenção.

Artigo 25

1. A presente Convenção estará aberta à assinatura de todos os Estados.

2. O Secretário-Geral da Organização das Nações Unidas fica designado depositário desta Convenção.

3. Esta Convenção está sujeita à ratificação. Os instrumentos de ratificação serão depositados junto ao Secretário-Geral da Organização das Nações Unidas.

4. Esta Convenção está aberta à adesão de todos os Estados. Far-se-á a adesão mediante depósito do instrumento de adesão junto ao Secretário-Geral das Nações Unidas.

Artigo 26

1. Qualquer Estado-parte poderá, em qualquer momento, formular pedido de revisão desta Convenção, mediante notificação escrita dirigida ao Secretário-Geral da Organização das Nações Unidas.

2. A Assembleia Geral das Nações Unidas decidirá sobre as medidas a serem tomadas, se for o caso, com respeito a esse pedido.

Artigo 27

A presente Convenção entrará em vigor no trigésimo dia a contar da data em que o vigésimo instrumento de ratificação ou adesão houver sido depositado junto ao Secretário-Geral das Nações Unidas.

2. Para os Estados que vierem a ratificar a presente Convenção ou a ela aderir após o depósito do vigésimo instrumento de ratificação ou adesão, a Convenção entrará em vigor no trigésimo dia a contar da data em que o Estado em questão houver depositado seu instrumento de ratificação ou adesão.

Artigo 28

1. O Secretário-Geral das Nações Unidas receberá e enviará a todos os Estados o texto das reservas feitas pelos Estados no momento da ratificação ou adesão.
2. Não será permitido uma reserva incompatível com o objeto e o propósito desta Convenção.
3. As reservas poderão ser retiradas a qualquer momento por uma notificação endereçada com esse objetivo ao Secretário-Geral das Nações Unidas, que informará a todos os Estados a respeito. A notificação surtirá efeito na data de seu recebimento.

Artigo 29

1. As controvérsias entre dois ou mais Estados-partes, com relação à interpretação ou aplicação da presente Convenção, que não puderem ser dirimidas por meio de negociação serão, a pedido de um deles, submetidas à arbitragem. Se, durante os seis meses seguintes à data do pedido de arbitragem, as Partes não lograrem pôr-se de acordo quanto aos termos do compromisso de arbitragem, qualquer das Partes poderá submeter a controvérsia à Corte Internacional de Justiça, mediante solicitação feita em conformidade com o Estatuto da Corte.
2. Cada Estado-parte poderá declarar, por ocasião da assinatura ou ratificação da presente Convenção, que não se considera obrigado pelo parágrafo anterior. Os demais Estados-partes não estarão obrigados pelo referido parágrafo com relação a qualquer Estado-parte que houver formulado reserva dessa natureza.
3. Todo Estado-parte que houver formulado reserva em conformidade com o parágrafo anterior poderá, a qualquer momento, tornar sem efeito essa reserva, mediante notificação endereçada ao Secretário-Geral das Nações Unidas.

Artigo 30

A presente Convenção, cujos textos em árabe, chinês, espanhol, francês, inglês e russo são igualmente autênticos, será depositada junto ao Secretário-Geral das Nações Unidas.

Em testemunho do que os abaixo-assinados devidamente autorizados assinaram a presente Convenção.

PROTOCOLO FACULTATIVO À CONVENÇÃO SOBRE A ELIMINAÇÃO DE TODAS AS FORMAS DE DISCRIMINAÇÃO CONTRA A MULHER (1999)

- Adotado em Nova York, em 06.10.1999.
- Aprovado no Brasil pelo Decreto Legislativo 107, de 06.06.2002, com depósito da carta de ratificação em 28.06.2002. Entrou em vigor para o Brasil em 28.09.2002, e internacionalmente em 22.12.2000. Promulgado no Brasil pelo Decreto 4.316, de 30.07.2002.

Os Estados-Membros do presente Protocolo,

Observando que na Carta das Nações Unidas se reafirma a fé nos direitos humanos fundamentais, na dignidade e no valor da pessoa humana e na igualdade de direitos entre homens e mulheres,

Observando, ainda, que a Declaração Universal dos Direitos Humanos proclama que todos os seres humanos nascem livres e iguais em dignidade e direitos e que cada pessoa tem todos os direitos e liberdades nela proclamados, sem qualquer tipo de distinção, incluindo distinção baseada em sexo,

Lembrando que as Convenções Internacionais de Direitos Humanos e outros instrumentos internacionais de direitos humanos proíbem a discriminação baseada em sexo,

Lembrando, ainda, a Convenção sobre a Eliminação de Todas as Formas de Discriminação Contra a Mulher (doravante denominada "a Convenção"), na qual os Estados-Membros condenam a discriminação contra a mulher em todas as suas formas e concordam em buscar, de todas as maneiras apropriadas e sem demora, uma política de eliminação da discriminação contra a mulher,

Reafirmando sua determinação de assegurar o pleno e equitativo gozo pelas mulheres de todos os direitos e liberdades fundamentais e de agir de forma efetiva para evitar violações desses direitos e liberdades,

Concordaram com o que se segue:

Artigo 1º

Cada Estado-Parte do presente Protocolo (doravante denominado "Estado-Parte") reconhece a competência do Comitê sobre a Eliminação da Discriminação contra a Mulher (doravante denominado "o Comitê") para receber e considerar comunicações apresentadas de acordo com o Artigo 2 deste Protocolo.

Artigo 2º

As comunicações podem ser apresentadas por indivíduos ou grupos de indivíduos, que se encontrem sob a jurisdição do Estado-Parte e aleguem ser vítimas de violação de quaisquer dos direitos estabelecidos na Convenção por aquele Estado-Parte, ou em nome desses indivíduos ou grupos de indivíduos. Sempre que for apresentada em nome de indivíduos ou grupos de indivíduos, a comunicação deverá contar com seu consentimento, a menos que o autor possa justificar estar agindo em nome deles sem o seu consentimento.

Artigo 3º

As comunicações deverão ser feitas por escrito e não poderão ser anônimas. Nenhuma comunicação relacionada a um Estado-Parte da Convenção que não seja parte do presente Protocolo será recebida pelo Comitê.

Artigo 4º

1. O Comitê não considerará a comunicação, exceto se tiver reconhecido que todos os recursos da jurisdição interna foram esgotados ou que a utilização desses recursos estaria sendo protela-

da além do razoável ou deixaria dúvida quanto a produzir o efetivo amparo.

2. O Comitê declarará inadmissível toda comunicação que:

(a) se referir a assunto que já tiver sido examinado pelo Comitê ou tiver sido ou estiver sendo examinado sob outro procedimento internacional de investigação ou solução de controvérsias;

(b) for incompatível com as disposições da Convenção;

(c) estiver manifestamente mal fundamentada ou não suficientemente consubstanciada;

(d) constituir abuso do direito de submeter comunicação;

(e) tiver como objeto fatos que tenham ocorrido antes da entrada em vigor do presente Protocolo para o Estado-Parte em questão, a não ser no caso de tais fatos terem tido continuidade após aquela data.

Artigo 5º

1. A qualquer momento após o recebimento de comunicação e antes que tenha sido alcançada determinação sobre o mérito da questão, o Comitê poderá transmitir ao Estado-Parte em questão, para urgente consideração, solicitação no sentido de que o Estado-Parte tome as medidas antecipatórias necessárias para evitar possíveis danos irreparáveis à vítima ou vítimas da alegada violação.

2. Sempre que o Comitê exercer seu arbítrio segundo o parágrafo 1 deste Artigo, tal fato não implica determinação sobre a admissibilidade ou mérito da comunicação.

Artigo 6º

1. A menos que o Comitê considere que a comunicação seja inadmissível sem referência ou Estado-Parte em questão, e desde que o indivíduo ou indivíduos consintam na divulgação de sua identidade ao Estado-Parte, o Comitê levará confidencialmente à atenção do Estado-Parte em questão a comunicação por ele recebida no âmbito do presente Protocolo.

2. Dentro de seis meses, o Estado-Parte que receber a comunicação apresentará ao Comitê explicações ou declarações por escrito esclarecendo o assunto e o remédio, se houver, que possa ter sido aplicado pelo Estado-Parte.

Artigo 7º

1. O Comitê considerará as comunicações recebidas segundo o presente Protocolo à luz das informações que vier a receber de indivíduos ou grupos de indivíduos, ou em nome destes, ou do Estado-Parte em questão, desde que essa informação seja transmitida às partes em questão.

2. O Comitê realizará reuniões fechadas ao examinar as comunicações no âmbito do presente Protocolo.

3. Após examinar a comunicação, o Comitê transmitirá suas opiniões a respeito, juntamente com sua recomendação, se houver, às partes em questão.

4. O Estado-Parte dará a devida consideração às opiniões do Comitê, juntamente com as recomendações deste último, se houver, e apresentará ao Comitê, dentro de seis meses, resposta por escrito incluindo informações sobre quaisquer ações realizadas à luz das opiniões e recomendações do Comitê.

5. O Comitê poderá convidar o Estado-Parte a apresentar informações adicionais sobre quaisquer medidas que o Estado-Parte tenha tomado em resposta às opiniões e recomendações do Comitê, se houver, incluindo, quando o Comitê julgar apropriado, informações que passem a constar de relatórios subsequentes do Estado-Parte segundo o Artigo 18 da Convenção.

Artigo 8º

1. Caso o Comitê receba informação fidedigna indicando graves ou sistemáticas violações por um Estado-Parte dos direitos estabelecidos na Convenção, o Comitê convidará o Estado-Parte a cooperar no exame da informação e, para esse fim, a apresentar observações quanto à informação em questão.

2. Levando em conta quaisquer observações que possam ter sido apresentadas pelo Estado-Parte em questão, bem como outras informações fidedignas das quais disponha, o Comitê poderá designar um ou mais de seus membros para conduzir uma investigação e apresentar relatório urgentemente ao Comitê. Sempre que justificado, e com o consentimento do Estado-Parte, a investigação poderá incluir visita ao território deste último.

3. Após examinar os resultados da investigação, o Comitê os transmitirá ao Estado-Parte em questão juntamente com quaisquer comentários e recomendações.

4. O Estado-Parte em questão deverá, dentro de seis meses do recebimento dos resultados, comentários e recomendações do Comitê, apresentar suas observações ao Comitê.

5. Tal investigação será conduzida em caráter confidencial e a cooperação do Estado-Parte será buscada em todos os estágios dos procedimentos.

Artigo 9º

1. O Comitê poderá convidar o Estado-Parte em questão a incluir em seu relatório, segundo o Artigo 18 da Convenção, pormenores de qualquer medida tomada em resposta à investigação conduzida segundo o Artigo 18 deste Protocolo.

2. O Comitê poderá, caso necessário, após o término do período de seis meses mencionado no Artigo 8.4 deste Protocolo, convidar o Estado-Parte a informá-lo das medidas tomadas em resposta à mencionada investigação.

Artigo 10

1. Cada Estado-Parte poderá, no momento da assinatura ou ratificação do presente Protocolo

ou no momento em que a este aderir, declarar que não reconhece a competência do Comitê disposta nos Artigos 8 e 9 deste Protocolo.

2. O Estado-Parte que fizer a declaração de acordo com o Parágrafo 1 deste Artigo 10 poderá, a qualquer momento, retirar essa declaração através de notificação ao Secretário-Geral.

Artigo 11

Os Estados-Partes devem tomar todas as medidas apropriadas para assegurar que os indivíduos sob sua jurisdição não fiquem sujeitos a maus tratos ou intimidação como consequência de sua comunicação com o Comitê nos termos do presente Protocolo.

Artigo 12

O Comitê incluirá em seu relatório anual, segundo o Artigo 21 da Convenção, um resumo de suas atividades nos termos do presente Protocolo.

Artigo 13

Cada Estado-Parte compromete-se a tornar públicos e amplamente conhecidos a Convenção e o presente Protocolo e a facilitar o acesso à informação acerca das opiniões e recomendações do Comitê, em particular sobre as questões que digam respeito ao próprio Estado-Parte.

Artigo 14

O Comitê elaborará suas próprias regras de procedimento a serem seguidas no exercício das funções que lhe são conferidas no presente Protocolo.

Artigo 15

1. O presente Protocolo estará aberto à assinatura por qualquer Estado que tenha ratificado ou aderido à Convenção.

2. O presente Protocolo estará sujeito à ratificação por qualquer Estado que tenha ratificado ou aderido à Convenção. Os instrumentos de ratificação deverão ser depositados junto ao Secretário-Geral das Nações Unidas.

3. O presente Protocolo estará aberto à adesão por qualquer Estado que tenha ratificado ou aderido à Convenção.

4. A adesão será efetivada pelo depósito de instrumento de adesão junto ao Secretário-Geral das Nações Unidas.

Artigo 16

1. O presente Protocolo entrará em vigor três meses após a data do depósito junto ao Secretário-Geral das Nações Unidas do décimo instrumento de ratificação ou adesão.

2. Para cada Estado que ratifique o presente Protocolo ou a ele venha a aderir após sua entrada em vigor, o presente Protocolo entrará em vigor três meses após a data do depósito de seu próprio instrumento de ratificação ou adesão.

Artigo 17

Não serão permitidas reservas ao presente Protocolo.

Artigo 18

1. Qualquer Estado-Parte poderá propor emendas ao presente Protocolo e dar entrada a proposta de emendas junto ao Secretário-Geral das Nações Unidas. O Secretário-Geral deverá, nessa ocasião, comunicar as emendas propostas aos Estados-Partes juntamente com solicitação de que o notifiquem caso sejam favoráveis a uma conferência de Estados-Partes com o propósito de avaliar e votar a proposta. Se ao menos um terço dos Estados-Partes for favorável à conferência, o Secretário-Geral deverá convocá-la sob os auspícios das Nações Unidas. Qualquer emenda adotada pela maioria dos Estados-Partes presentes e votantes na conferência será submetida à Assembleia Geral das Nações Unidas para aprovação.

2. As emendas entrarão em vigor tão logo tenham sido aprovadas pela Assembleia Geral das Nações Unidas e aceitas por maioria de dois terços dos Estados-Partes do presente Protocolo, de acordo com seus respectivos processos constitucionais.

3. Sempre que as emendas entrarem em vigor, obrigarão os Estados-Partes que as tenham aceitado, ficando os outros Estados-Partes obrigados pelas disposições do presente Protocolo e quaisquer emendas anteriores que tiverem aceitado.

Artigo 19

1. Qualquer Estado-Parte poderá denunciar o presente Protocolo a qualquer momento por meio de notificação por escrito endereçada ao Secretário-Geral das Nações Unidas. A denúncia terá efeito seis meses após a data do recebimento da notificação pelo Secretário-Geral.

2. A denúncia não prejudicará a continuidade da aplicação das disposições do presente Protocolo em relação a qualquer comunicação apresentada segundo o Artigo 2 deste Protocolo e a qualquer investigação iniciada segundo o Artigo 8 deste Protocolo antes da data de vigência da denúncia.

Artigo 20

O Secretário-Geral das Nações Unidas informará a todos os Estados sobre:

(a) Assinaturas, ratificações e adesões ao presente Protocolo;

(b) Data de entrada em vigor do presente Protocolo e de qualquer emenda feita nos termos do Artigo 18 deste Protocolo;

(c) Qualquer denúncia feita segundo o Artigo 19 deste Protocolo.

Artigo 21

1. O presente Protocolo, do qual as versões em árabe, chinês, inglês, francês, russo e espanhol são igualmente autênticas, será depositado junto aos arquivos das Nações Unidas.

2. O Secretário-Geral das Nações Unidas transmitirá cópias autenticadas do presente Protocolo a

todos os estados mencionados no Artigo 25 da Convenção.

CONVENÇÃO CONTRA A TORTURA E OUTROS TRATAMENTOS OU PENAS CRUÉIS, DESUMANOS OU DEGRADANTES (1984)

- Adotada pela Resolução 39/46, da Assembleia Geral das Nações Unidas, em 10.12.1984.
- Aprovada no Brasil pelo Decreto Legislativo 4, de 23.05.1989, e promulgada pelo Decreto 40, de 15.02.1991.

Os Estados-Partes na presente Convenção,

Considerando que, de acordo com os princípios proclamados pela Carta das Nações Unidas, o reconhecimento dos direitos iguais e inalienáveis de todos os membros da família humana é o fundamento da liberdade, da justiça e da paz no mundo,

Reconhecendo que esses direitos emanam da dignidade inerente à pessoa humana,

Considerando a obrigação que incumbe aos Estados, em virtude da Carta, em particular do artigo 55, de promover o respeito universal e a observância dos direitos humanos e das liberdades fundamentais,

Levando em conta o artigo 5º da Declaração Universal dos Direitos do Homem e o artigo 7º do Pacto Internacional sobre Direitos Civis e Políticos, que determinam que ninguém será sujeito a tortura ou a pena ou tratamento cruel, desumano ou degradante,

Levando também em conta a Declaração sobre a Proteção de Todas as Pessoas contra a Tortura e Outros Tratamentos ou Penas Cruéis, Desumanos ou Degradantes, aprovada pela Assembleia Geral em 9 de dezembro de 1975,

Desejosos de tornar mais eficaz a luta contra a tortura e outros tratamentos ou penas cruéis, desumanos ou degradantes em todo o mundo,

Acordam o seguinte:

PARTE I

Artigo 1º

1. Para fins da presente Convenção, o termo "tortura" designa qualquer ato pelo qual dores ou sofrimentos agudos, físicos ou mentais, são infligidos intencionalmente a uma pessoa a fim de obter, dela ou de uma terceira pessoa, informações ou confissões; de castigá-la por ato que ela ou uma terceira pessoa tenha cometido ou seja suspeita de ter cometido; de intimidar ou coagir esta pessoa ou outras pessoas; ou por qualquer motivo baseado em discriminação de qualquer natureza; quando tais dores ou sofrimentos são infligidos por um funcionário público ou outra pessoa no exercício de funções públicas, ou por sua instigação, ou com o seu consentimento ou aquiescência. Não se considerará como tortura as dores ou sofrimentos que sejam consequência unicamente de sanções legítimas, ou que sejam inerentes a tais sanções ou delas decorram.

2. O presente artigo não será interpretado de maneira a restringir qualquer instrumento internacional ou legislação nacional que contenha ou possa conter dispositivos de alcance mais amplo.

Artigo 2º

1. Cada Estado-Parte tomará medidas eficazes de caráter legislativo, administrativo, judicial ou de outra natureza, a fim de impedir a prática de atos de tortura em qualquer território sob sua jurisdição.

2. Em nenhum caso poderão invocar-se circunstâncias excepcionais tais como ameaça ou estado de guerra, instabilidade política interna ou qualquer outra emergência pública como justificação para tortura.

3. A ordem de um funcionário superior ou de uma autoridade pública não poderá ser invocada como justificação para a tortura.

Artigo 3º

1. Nenhum Estado-parte procederá à expulsão, devolução ou extradição de uma pessoa para outro Estado, quando houver razões substanciais para crer que a mesma corre perigo de ali ser submetida a tortura.

- Art. 22 (8) da Convenção Americana sobre Direitos Humanos.

2. A fim de determinar a existência de tais razões, as autoridades competentes levarão em conta todas as considerações pertinentes, inclusive, quando for o caso, a existência, no Estado em questão, de um quadro de violações sistemáticas, graves e maciças de direitos humanos.

Artigo 4º

Cada Estado-parte assegurará que todos os atos de tortura sejam considerados crimes segundo a sua legislação penal. O mesmo aplicar-se-á à tentativa de tortura e a todo ato de qualquer pessoa que constitua cumplicidade ou participação na tortura.

2. Cada Estado-parte punirá esses crimes com penas adequadas que levem em conta a sua gravidade.

Artigo 5º

1. Cada Estado-parte tomará as medidas necessárias para estabelecer sua jurisdição sobre os crimes previstos no artigo 4º nos seguintes casos:

a) quando os crimes tenham sido cometidos em qualquer território sob sua jurisdição ou a bordo de navio ou aeronave registrada no Estado em questão;

b) quando o suposto autor for nacional do Estado em questão;

c) quando a vítima for nacional do Estado em questão e este o considerar apropriado.

2. Cada Estado-parte tomará também as medidas necessárias para estabelecer sua jurisdição sobre tais crimes nos casos em que o suposto autor se encontre em qualquer território sob sua jurisdição e o Estado não extradite de acordo com o artigo

8º para qualquer dos Estados mencionados no parágrafo 1º do presente artigo.

3. Esta Convenção não exclui qualquer jurisdição criminal exercida de acordo com o direito interno.

Artigo 6º

1. Todo Estado-parte em cujo território se encontre uma pessoa suspeita de ter cometido qualquer dos crimes mencionados no artigo 4º, se considerar, após o exame das informações de que dispõe, que as circunstâncias o justificam, procederá à detenção de tal pessoa ou tomará outras medidas legais para assegurar sua presença. A detenção e outras medidas legais serão tomadas de acordo com a lei do Estado mas vigorarão apenas pelo tempo necessário ao início do processo penal ou de extradição.

2. O Estado em questão procederá imediatamente a uma investigação preliminar dos fatos.

3. Qualquer pessoa detida de acordo com o parágrafo 1º terá asseguradas facilidades para comunicar-se imediatamente com o representante mais próximo do Estado de que é nacional ou, se for apátrida, com o representante do Estado residência habitual.

4. Quando o Estado, em virtude deste artigo, houver detido uma pessoa, notificará imediatamente os Estados mencionados no artigo 5º, parágrafo 1º, sobre tal detenção e sobre as circunstâncias que a justificam. O Estado que proceder à investigação preliminar a que se refere o parágrafo 2º do presente artigo, comunicará sem demora os resultados aos Estados antes mencionados e indicará se pretende exercer sua jurisdição.

Artigo 7º

1. O Estado-parte no território sob a jurisdição do qual o suposto autor de qualquer dos crimes mencionados no artigo 4º for encontrado, se não o extraditar, obrigar-se-á, nos casos contemplados no artigo 5º, a submeter o caso às suas autoridades competentes para o fim de ser o mesmo processado.

2. As referidas autoridades tomarão sua decisão de acordo com as mesmas normas aplicáveis a qualquer crime de natureza grave, conforme a legislação do referido Estado. Nos casos previstos no parágrafo 2º do artigo 5º, as regras sobre prova para fins do processo e condenação não poderão de modo algum ser menos rigorosas do que as que se aplicarem aos casos previstos no parágrafo 1º do artigo 5º.

3. Qualquer pessoa processada por qualquer dos crimes previstos no artigo 4º receberá garantias de tratamento justo em todas as fases do processo.

Artigo 8º

1. Os crimes a que se refere o artigo 4º serão considerados como extraditáveis em qualquer tratado de extradição existente entre os Estados-partes. Os Estados-partes obrigar-se-ão a incluir tais crimes como extraditáveis em todo tratado de extradição que vierem a concluir entre si.

2. Se um Estado-parte que condiciona a extradição à existência de tratado receber um pedido de extradição por parte de outro Estado-parte com o qual não mantém tratado de extradição, poderá considerar a presente Convenção como base legal para a extradição com respeito a tais crimes. A extradição sujeitar-se-á às outras condições estabelecidas pela lei do Estado que receber a solicitação.

3. Os Estados-partes que não condicionam a extradição à existência de um tratado reconhecerão, entre si, tais crimes como extraditáveis, dentro das condições estabelecidas pela lei do Estado que receber a solicitação.

4. O crime será considerado, para o fim de extradição entre os Estados-partes, como se tivesse ocorrido não apenas no lugar em que ocorreu, mas também nos territórios dos Estados chamados a estabelecerem sua jurisdição, de acordo com o parágrafo 1º do artigo 5º.

Artigo 9º

1. Os Estados-partes prestarão entre si a maior assistência possível em relação aos procedimentos criminais instaurados relativamente a qualquer dos delitos mencionados no artigo 4º, inclusive no que diz respeito ao fornecimento de todos os elementos de prova necessários para o processo que estejam em seu poder.

2. Os Estados-partes cumprirão as obrigações decorrentes do parágrafo 1º do presente artigo conforme quaisquer tratados de assistência judiciária recíproca existentes entre si.

Artigo 10

1. Cada Estado-parte assegurará que o ensino e a informação sobre a proibição de tortura sejam plenamente incorporados no treinamento do pessoal civil ou militar encarregado da aplicação da lei, do pessoal médico, dos funcionários públicos e de quaisquer outras pessoas que possam participar da custódia, interrogatório ou tratamento de qualquer pessoa submetida a qualquer forma de prisão, detenção ou reclusão.

2. Cada Estado-parte incluirá a referida proibição nas normas ou instruções relativas aos deveres e funções de tais pessoas.

Artigo 11

Cada Estado-parte manterá sistematicamente sob exame as normas, instruções, métodos e práticas de interrogatório, bem como as disposições sobre a custódia e o tratamento das pessoas submetidas, em qualquer território sob sua jurisdição, a qualquer forma de prisão, detenção ou reclusão, com vistas a evitar qualquer caso de tortura.

Artigo 12

Cada Estado-parte assegurará que suas autoridades competentes procederão imediatamente a uma investigação imparcial sempre que houver motivos razoáveis para crer que um ato de tortura tenha sido cometido em qualquer território sob sua jurisdição.

Artigo 13

Cada Estado-parte assegurará a qualquer pessoa que alegue ter sido submetida a tortura em qualquer território sob sua jurisdição o direito de apresentar queixa perante as autoridades competentes do referido Estado, que procederão imediatamente e com imparcialidade ao exame do seu caso. Serão tomadas medidas para assegurar a proteção do queixoso e das testemunhas contra qualquer mau tratamento ou intimidação, em consequência da queixa apresentada ou de depoimento prestado.

Artigo 14

1. Cada Estado-parte assegurará em seu sistema jurídico, à vítima de um ato de tortura, o direito à reparação e a uma indenização justa e adequada, incluídos os meios necessários para a mais completa reabilitação possível. Em caso de morte da vítima como resultado de um ato de tortura, seus dependentes terão direito à indenização.
2. O disposto no presente artigo não afetará qualquer direito a indenização que a vítima ou outra pessoa possam ter em decorrência das leis nacionais.

Artigo 15

Cada Estado-parte assegurará que nenhuma declaração que se demonstre ter sido prestada como resultado de tortura possa ser invocada como prova em qualquer processo, salvo contra uma pessoa acusada de tortura como prova de que a declaração foi prestada.

Artigo 16

1. Cada Estado-parte se comprometerá a proibir em qualquer território sob a sua jurisdição outros atos que constituam tratamentos ou penas cruéis, desumanos ou degradantes que não constituam tortura tal como definida no artigo 1, quando tais atos forem cometidos por funcionário público ou outra pessoa no exercício de funções públicas, ou por sua instigação, ou com o seu consentimento ou aquiescência. Aplicar-se-ão, em particular, as obrigações mencionadas nos artigos 10, 11, 12 e 13, com a substituição das referências a outras formas de tratamentos ou penas cruéis, desumanos ou degradantes.
2. Os dispositivos da presente Convenção não serão interpretados de maneira a restringir os dispositivos de qualquer outro instrumento internacional ou lei nacional que proíba os tratamentos ou penas cruéis, desumanos ou degradantes ou que se refira à extradição ou expulsão.

PARTE II

Artigo 17

1. Constituir-se-á um Comitê contra a Tortura (doravante denominado o "Comitê") que desempenhará as funções descritas adiante. O Comitê será composto por dez peritos de elevada reputação moral e reconhecida competência em matéria de direitos humanos, os quais exercerão suas funções a título pessoal. Os peritos serão eleitos pelos Estados-partes, levando em conta uma distribuição geográfica equitativa e a utilidade da participação de algumas pessoas com experiência jurídica.
2. Os membros do Comitê serão eleitos em votação secreta dentre uma lista de pessoas indicadas pelos Estados-partes. Cada Estado-parte pode indicar uma pessoa dentre os seus nacionais. Os Estados-partes terão presente a utilidade da indicação de pessoas que sejam também membros do Comitê de Direitos Humanos estabelecido de acordo com o Pacto Internacional de Direitos Civis e Políticos e que estejam dispostas a servir no Comitê contra a Tortura.
3. Os membros do Comitê serão eleitos em reuniões bienais dos Estados-partes convocadas pelo Secretário-Geral das Nações Unidas. Nestas reuniões, nas quais o *quorum* será estabelecido por 2/3 (dois terços) dos Estados-partes, serão eleitos membros do Comitê os candidatos que obtiverem o maior número de votos e a maioria absoluta dos votos dos representantes dos Estados-partes presentes e votantes.
4. A primeira eleição se realizará no máximo seis meses após a data de entrada em vigor da presente Convenção. Ao menos quatro meses antes da data de cada eleição, o Secretário-Geral das Nações Unidas enviará uma carta aos Estados-partes, para convidá-los a apresentar suas candidaturas, no prazo de três meses. O Secretário-Geral organizará uma lista por ordem alfabética de todos os candidatos assim designados, com indicações dos Estados-partes que os tiverem designado, e a comunicará aos Estados-partes.
5. Os membros do Comitê serão eleitos para um mandato de quatro anos. Poderão, caso suas candidaturas sejam apresentadas novamente, ser reeleitos. No entanto, o mandato de cinco dos membros eleitos na primeira eleição expirará ao final de dois anos; imediatamente após a primeira eleição, o presidente da reunião a que se refere o parágrafo 3 do presente artigo indicará, por sorteio, os nomes desses cinco membros.
6. Se um membro do Comitê vier a falecer, a demitir-se de suas funções ou, por outro motivo qualquer, não puder cumprir com suas obrigações no Comitê o Estado-parte que apresentou sua candidatura indicará, entre seus nacionais, outro perito para cumprir o restante de seu mandato, sendo que a referida indicação estará sujeita à aprovação da maioria dos Estados-partes. Considerar-se-á como concedida a referida aprovação, a menos que a metade ou mais dos Estados-partes venham a responder negativamente dentro de um prazo de seis semanas, a contar do momento em que o Secretário-Geral das Nações Unidas lhes houver comunicado a candidatura proposta.
7. Correrão por conta dos Estados-partes as despesas em que vierem a incorrer os membros do Comitê no desempenho de suas funções no referido órgão.

Artigo 18

1. O Comitê elegerá sua Mesa para um período de dois anos. Os membros da Mesa poderão ser reeleitos.

2. O próprio Comitê estabelecerá suas regras de procedimento; estas, contudo, deverão conter, entre outras, as seguintes disposições:

a) o *quorum* será de seis membros;

b) as decisões do Comitê serão tomadas por maioria de votos dos membros presentes.

3. O Secretário-Geral da Organização das Nações Unidas colocará à disposição do Comitê o pessoal e os serviços necessários ao desempenho eficaz das funções que lhe são atribuídas em virtude da presente Convenção.

4. O Secretário-Geral da Organização das Nações Unidas convocará a primeira reunião do Comitê. Após a primeira reunião, o Comitê deverá reunir-se em todas as ocasiões previstas em suas regras de procedimento.

5. Os Estados-partes serão responsáveis pelos gastos vinculados à realização das reuniões dos Estados-partes e do Comitê, inclusive o reembolso de quaisquer gastos, tais como os de pessoal e de serviço, em que incorrerem as Nações Unidas em conformidade com o parágrafo 3º do presente artigo.

Artigo 19

1. Os Estados-partes submeterão ao Comitê, por intermédio do Secretário-Geral das Nações Unidas, relatórios sobre as medidas por eles adotadas no cumprimento das obrigações assumidas, em virtude da presente Convenção dentro do prazo de 1 (um) ano a contar do início da vigência, da presente Convenção, no Estado-parte interessado. A partir de então, os Estados-partes deverão apresentar relatórios suplementares a cada quatro anos, sobre todas as novas disposições que houverem adotado, bem como outros relatórios que o Comitê vier a solicitar.

2. O Secretário-Geral das Nações Unidas transmitirá os relatórios a todos os Estados-partes.

3. Cada relatório será examinado pelo Comitê, que poderá fazer os comentários gerais que julgar oportunos e os transmitirá ao Estado-parte interessado. Este poderá, em resposta ao Comitê, comunicar-lhe todas as observações que deseje formular.

4. O Comitê poderá, a seu critério, tomar a decisão de incluir qualquer comentário que houver feito, de acordo com o que estipula o parágrafo 3º do presente artigo, junto com as observações conexas recebidas do Estado-parte interessado, em seu relatório anual que apresentará, em conformidade com o artigo 24. Se assim o solicitar o Estado-parte interessado, o Comitê poderá também incluir cópia do relatório apresentado, em virtude do parágrafo 1º do presente artigo.

Artigo 20

1. O Comitê, no caso de vir a receber informações fidedignas que lhe pareçam indicar, de forma fundamentada, que a tortura é praticada sistematicamente no território de um Estado-parte, convidará o Estado-parte em questão a cooperar no exame das informações e, nesse sentido, a transmitir ao Comitê as observações que julgar pertinentes.

2. Levando em consideração todas as observações que houver apresentado o Estado-parte interessado, bem como quaisquer outras informações pertinentes de que dispuser, o Comitê poderá, se lhe parecer justificável, designar um ou vários de seus membros para que procedam a uma investigação confidencial e informem urgentemente o Comitê.

3. No caso de realizar-se uma investigação nos termos do parágrafo 2º do presente artigo, o Comitê procurará obter a colaboração do Estado-parte interessado. Com a concordância do Estado-parte em questão, a investigação poderá incluir uma visita a seu território.

4. Depois de haver examinado as conclusões apresentadas por um ou vários de seus membros, nos termos do parágrafo 2º do presente artigo, o Comitê as transmitirá ao Estado-parte interessado, junto com as observações ou sugestões que considerar pertinentes em vista da situação.

5. Todos os trabalhos do Comitê a que se faz referência nos parágrafos 1º ao 4º do presente artigo serão confidenciais e, em todas as etapas dos referidos trabalhos, procurar-se-á obter a cooperação do Estado-parte. Quando estiverem concluídos os trabalhos relacionados com uma investigação realizada de acordo com o parágrafo 2º, o Comitê poderá, após celebrar consultas com o Estado-parte interessado, tomar a decisão de incluir um resumo dos resultados da investigação em seu relatório anual, que apresentará em conformidade com o artigo 24.

Artigo 21

1. Com base no presente artigo, todo Estado-parte da presente Convenção poderá declarar, a qualquer momento, que reconhece a competência do Comitê para receber e examinar as comunicações em que um Estado-parte alegue que outro Estado-parte não vem cumprindo as obrigações que lhe impõe a Convenção. As referidas comunicações só serão recebidas e examinadas nos termos do presente artigo no caso de serem apresentadas por um Estado-parte que houver feito uma declaração em que reconheça, com relação a si próprio, a competência do Comitê. O Comitê não receberá comunicação alguma relativa a um Estado-parte que não houver feito uma declaração dessa natureza. As comunicações recebidas em virtude do presente artigo estarão sujeitas ao procedimento que se segue:

a) Se um Estado-parte considerar que outro Estado-parte não vem cumprindo as disposições da presente Convenção poderá, mediante comunicação escrita, levar a questão do conhecimento deste Estado-parte. Dentro de um prazo de três meses, a contar da data do recebimento da comunicação, o Estado destinatário fornecerá ao Estado que enviou a comunicação explicações ou quaisquer outras declarações por escrito que esclareçam a questão, as quais deverão fazer referência, até onde seja possível e pertinente, aos procedimentos nacionais e aos recursos jurídicos adotados, em trâmite ou disponíveis sobre a questão;

b) Se, dentro do prazo de seis meses, a contar da data do recebimento da comunicação original pelo Estado destinatário, a questão não estiver dirimida satisfatoriamente para ambos os Estados-partes interessados, tanto um como o outro terão o direito de submetê-la ao Comitê, mediante notificação endereçada ao Comitê ou ao outro Estado interessado;

c) O Comitê tratará de todas as questões que se lhe submetam em virtude do presente artigo, somente após ter-se assegurado de que todos os recursos internos disponíveis tenham sido utilizados e esgotados, em consonância com os princípios do Direito Internacional geralmente reconhecidos. Não se aplicará essa regra quando a aplicação dos mencionados recursos se prolongar injustificadamente ou quando não for provável que a aplicação de tais recursos venha a melhorar realmente a situação da pessoa que seja vítima de violação da presente Convenção;

d) O Comitê realizará reuniões confidenciais quando estiver examinando as comunicações previstas no presente artigo;

e) Sem prejuízo das disposições da alínea *c*, o Comitê colocará seus bons ofícios à disposição dos Estados-partes interessados no intuito de se alcançar uma solução amistosa para a questão, baseada no respeito às obrigações estabelecidas na presente Convenção. Com vistas a atingir este objetivo, o Comitê poderá constituir, se julgar conveniente, uma comissão de conciliação *ad hoc*;

f) Em todas as questões que se lhe submetam em virtude do presente artigo, o Comitê poderá solicitar aos Estados-partes interessados, a que se faz referência na alínea *b*, que lhe forneçam quaisquer informações pertinentes;

g) Os Estados-partes interessados, a que se faz referência na alínea *b*, terão o direito de fazer-se representar quando as questões forem examinadas no Comitê e de apresentar suas observações verbalmente e/ou por escrito;

h) O Comitê, dentro dos doze meses seguintes à data do recebimento da notificação mencionada na alínea *b*, apresentará relatório em que:

(i) se houver sido alcançada uma solução nos termos da alínea *e*, o Comitê restringir-se-á, em seu relatório, a uma breve exposição dos fatos e da solução alcançada;

(ii) se não houver sido alcançada solução alguma nos termos da alínea *e*, o Comitê restringir-se-á, em seu relatório, a uma breve exposição dos fatos; serão anexados ao relatório o texto das observações escritas e das atas das observações orais apresentadas pelos Estados-partes interessados.

Para cada questão, o relatório será encaminhado aos Estados-partes interessados.

2. As disposições do presente artigo entrarão em vigor a partir do momento em que cinco Estados-partes na presente Convenção houverem feito as declarações mencionadas no parágrafo 1º deste artigo. As referidas declarações serão depositadas pelos Estados-partes junto ao Secretário-Geral da Organização das Nações Unidas, que enviará cópia das mesmas aos demais Estados-partes. Toda declaração poderá ser retirada, a qualquer momento, mediante notificação endereçada ao Secretário-Geral. Far-se-á essa retirada sem prejuízo do exame de quaisquer questões que constituam objeto de uma comunicação já transmitida nos termos deste artigo; em virtude do presente artigo, não se receberá qualquer nova comunicação de um Estado-parte uma vez que o Secretário-Geral haja recebido a notificação sobre a retirada da declaração, a menos que o Estado-parte interessado haja feito uma nova declaração.

Artigo 22

1. Todo Estado-parte na presente Convenção poderá, em virtude do presente artigo, declarar a qualquer momento, que reconhece a competência do Comitê para receber e examinar as comunicações enviadas por pessoas sob sua jurisdição, ou em nome delas, que aleguem ser vítimas de violação, por um Estado-parte, das disposições da Convenção. O Comitê não receberá comunicação alguma relativa a um Estado-parte que não houver feito declaração dessa natureza.

2. O Comitê considerará inadmissível qualquer comunicação recebida em conformidade com o presente artigo que seja anônima, ou que, a seu juízo, constitua abuso do direito de apresentar as referidas comunicações, ou que seja incompatível com as disposições da presente Convenção.

3. Sem prejuízo do disposto no parágrafo 2º, o Comitê levará todas as comunicações apresentadas, em conformidade com este artigo ao conhecimento do Estado-parte na presente Convenção que houver feito uma declaração nos termos do parágrafo 1º e sobre o qual se alegue ter violado qualquer disposição da Convenção. Dentro dos seis meses seguintes, o Estado destinatário submeterá ao Comitê as explicações ou declarações por escrito que elucidem a questão e, se for o caso, indiquem o recurso jurídico adotado pelo Estado em questão.

4. O Comitê examinará as comunicações recebidas em conformidade com o presente artigo à luz de todas as informações a ele submetidas pela pessoa interessada, ou em nome dela, e pelo Estado-parte interessado.

5. O Comitê não examinará comunicação alguma de uma pessoa, nos termos do presente artigo, sem que se haja assegurado de que:

a) A mesma questão não foi, nem está sendo, examinada perante uma outra instância internacional de investigação ou solução;

b) A pessoa em questão esgotou todos os recursos jurídicos internos disponíveis; não se aplicará esta regra quando a aplicação dos mencionados recursos se prolongar injustificadamente ou quando não for provável que a aplicação de tais recursos venha a melhorar realmente a situação da pessoa que seja vítima de violação da presente Convenção.

6. O Comitê realizará reuniões confidenciais quando estiver examinando as comunicações previstas no presente artigo.

7. O Comitê comunicará seu parecer ao Estado-parte e à pessoa em questão.

8. As disposições do presente artigo entrarão em vigor a partir do momento em que cinco Estados-partes da presente Convenção houverem feito as declarações mencionadas no parágrafo 1º deste artigo. As referidas declarações serão depositadas pelos Estados-partes junto ao Secretário-Geral das Nações Unidas, que enviará cópia das mesmas aos demais Estados-partes. Toda declaração poderá ser retirada, a qualquer momento, mediante notificação endereçada ao Secretário-Geral. Far-se-á essa retirada sem prejuízo do exame de quaisquer questões que constituam objeto de uma comunicação já transmitida nos termos deste artigo; em virtude do presente artigo, não se receberá nova comunicação de uma pessoa, ou Secretário-Geral em nome dela, uma vez que o Secretário-Geral haja recebido a notificação sobre a retirada da declaração, a menos que o Estado-parte interessado haja feito uma nova declaração.

Artigo 23

Os membros do Comitê e os membros das comissões de conciliação *ad hoc* designados nos termos da alínea *e* do parágrafo 1º do artigo 21 terão direito às facilidades, privilégios e imunidades que se concedem aos peritos no desempenho de missões para a Organização das Nações Unidas, em conformidade com as seções pertinentes da Convenção sobre Privilégios e Imunidades das Nações Unidas.

Artigo 24

O Comitê apresentará, em virtude da presente Convenção, um relatório anual sobre suas atividades aos Estados-partes e à Assembleia Geral das Nações Unidas.

PARTE III

Artigo 25

1. A presente Convenção está aberta à assinatura de todos os Estados.

2. A presente Convenção está sujeita à ratificação. Os instrumentos de ratificação serão depositados junto ao Secretário-Geral das Nações Unidas.

Artigo 26

A presente Convenção está aberta à adesão de todos os Estados. Far-se-á a adesão mediante depósito do instrumento de adesão junto ao Secretário-Geral das Nações Unidas.

Artigo 27

1. A presente Convenção entrará em vigor no trigésimo dia a contar da data em que o vigésimo instrumento de ratificação ou adesão houver sido depositado junto ao Secretário-Geral das Nações Unidas.

2. Para os Estados que vierem a ratificar a presente Convenção ou a ela aderir após o depósito do vigésimo instrumento de ratificação ou adesão, a Convenção entrará em vigor no trigésimo dia a contar da data em que o Estado em questão houver depositado seu instrumento de ratificação ou adesão.

Artigo 28

1. Cada Estado-parte poderá declarar, por ocasião da assinatura ou da ratificação da presente Convenção ou da adesão a ela, que não reconhece a competência do Comitê quanto ao disposto no artigo 20.

2. Todo Estado-parte na presente Convenção que houver formulado uma reserva em conformidade com o parágrafo 1º do presente artigo, poderá a qualquer momento tornar sem efeito essa reserva, mediante notificação endereçada ao Secretário-Geral das Nações Unidas.

Artigo 29

1. Todo Estado-parte na presente Convenção poderá propor uma emenda e depositá-la junto ao Secretário-Geral das Nações Unidas. O Secretário-Geral comunicará todas a proposta de emenda aos Estados-partes, pedindo-lhes que o notifiquem se desejam que se convoque uma conferência dos Estados-partes destinada a examinar a proposta e submetê-la a votação. Dentro dos 4 (quatro) meses seguintes à data da referida comunicação, se pelo menos 1/3 (um terço) dos Estados-partes se manifestar a favor da referida convocação, o Secretário-Geral convocará a conferência sob os auspícios da Organização das Nações Unidas. Toda emenda adotada pela maioria dos Estados-partes presentes e votantes na conferência será submetida pelo Secretário-Geral à aceitação de todos os Estados-partes.

2. Toda emenda adotada nos termos das disposições do parágrafo 1º do presente artigo entrará em vigor assim que 2/3 (dois terços) dos Estados-partes na presente Convenção houverem notificado o Secretário-Geral das Nações Unidas de que a aceitaram, em conformidade com seus respectivos procedimentos constitucionais.

3. Quando entrarem em vigor, as emendas serão obrigatórias para os Estados-partes que as aceitaram, ao passo que os demais Estados-partes permanecem obrigados pelas disposições da Convenção e pelas emendas anteriores por eles aceitas.

Artigo 30

1. As controvérsias entre dois ou mais Estados-parte, com relação à interpretação ou aplicação da presente Convenção, que não puderem ser dirimidas por meio de negociação, serão, a pedido de um deles, submetidas à arbitragem. Se, durante os 6 (seis) meses seguintes à data do pedido de arbitragem, as Partes não lograrem pôr-se de acordo quanto aos termos do compromisso de arbitragem, qualquer das Partes poderá submeter a controvérsia à Corte Internacional de Justiça, mediante solicitação feita em conformidade com o Estatuto da Corte.

2. Cada Estado-parte poderá, por ocasião da assinatura ou ratificação da presente Convenção, declarar que não se considera obrigado pelo parágrafo 1º deste artigo. Os demais Estados-partes não estarão obrigados pelo referido parágrafo com relação a qualquer Estado-parte que houver formulado reserva dessa natureza.

3. Todo Estado-parte que houver formulado reserva nos termos do parágrafo 2º do presente artigo poderá, a qualquer momento, tornar sem efeito essa reserva, mediante notificação endereçada ao Secretário-Geral das Nações Unidas.

Artigo 31

Todo Estado-parte poderá denunciar a presente Convenção mediante notificação por escrito endereçada ao Secretário-Geral das Nações Unidas. A denúncia produzirá efeitos 1 (um) ano depois da data do recebimento da notificação pelo Secretário-Geral.

2. A referida denúncia não eximirá o Estado-parte das obrigações que lhe impõe a presente Convenção relativamente a qualquer ação ou omissão ocorrida antes da data em que a denúncia venha a produzir efeitos; a denúncia não acarretará, tampouco, a suspensão do exame de quaisquer questões que o Comitê já começara a examinar antes da data em que a denúncia veio a produzir efeitos.

3. A partir da data em que vier a produzir efeitos a denúncia de um Estado-parte, o Comitê não dará início ao exame de qualquer nova questão referente ao Estado em apreço.

Artigo 32

O Secretário-Geral das Nações Unidas comunicará a todos os Estados-membros das Nações Unidas e a todos os Estados que assinaram a presente Convenção ou a ela aderiram:

a) As assinaturas, ratificações e adesões recebidas em conformidade com os artigos 25 e 26;

b) A data da entrada em vigor da Convenção, nos termos do artigo 27, e a data de entrada em vigor de quaisquer emendas, nos termos do artigo 29;

c) As denúncias recebidas em conformidade com o artigo 31.

Artigo 33

1. A presente Convenção, cujos textos em árabe, chinês, espanhol, francês, inglês e russo são igualmente autênticos, será depositada junto ao Secretário-Geral das Nações Unidas.

2. O Secretário-Geral da Organização das Nações Unidas encaminhará cópias autenticadas da presente Convenção a todos os Estados.

PROTOCOLO FACULTATIVO À CONVENÇÃO CONTRA A TORTURA E OUTROS TRATAMENTOS OU PENAS CRUÉIS, DESUMANOS OU DEGRADANTES (2002)

- Aprovado no Brasil pelo Decreto Legislativo 483, de 20.12.2006, e promulgado pelo Decreto 6.085, de 19.04.2007. O Brasil depositou sua carta de ratificação junto ao Secretário-Geral da ONU em 11.01.2007.

- Entrou em vigor internacional em 22.06.2006, e para o Brasil em 11.02.2007.

Preâmbulo

Os Estados-Partes do presente Protocolo,

Reafirmando que a tortura e outros tratamentos ou penas cruéis, desumanos ou degradantes são proibidos e constituem grave violação dos direitos humanos,

Convencidos de que medidas adicionais são necessárias para atingir os objetivos da Convenção contra a Tortura e outros Tratamentos ou Penas Cruéis, Desumanos ou Degradantes (doravante denominada a Convenção) e para reforçar a proteção de pessoas privadas de liberdade contra a tortura e outros tratamentos ou penas cruéis, desumanos ou degradantes,

Recordando que os artigos 2 e 16 da Convenção obrigam cada Estado-Parte a tomar medidas efetivas para prevenir atos de tortura e outros tratamentos ou penas cruéis, desumanos ou degradantes em qualquer território sob a sua jurisdição,

Reconhecendo que os Estados têm a responsabilidade primária pela implementação destes artigos, que reforçam a proteção das pessoas privadas de liberdade, que o respeito completo por seus direitos humanos é responsabilidade comum compartilhada entre todos e que órgãos de implementação internacional complementam e reforçam medidas nacionais,

Recordando que a efetiva prevenção da tortura e outros tratamentos ou penas cruéis, desumanos ou degradantes requer educação e uma combinação de medidas legislativas, administrativas, judiciais e outras,

Recordando também que a Conferência Mundial de Direitos Humanos declarou firmemente que os esforços para erradicar a tortura deveriam primeira e principalmente concentrar-se na prevenção e convocou a adoção de um protocolo opcional à Convenção, designado para estabelecer um sistema preventivo de visitas regulares a centros de detenção,

Convencidos de que a proteção de pessoas privadas de liberdade contra a tortura e outros tratamentos ou penas cruéis desumanos ou degradantes pode ser reforçada por meios não judiciais de natureza preventiva, baseados em visitas regulares a centros de detenção,

Acordaram o seguinte:

PARTE I
PRINCÍPIOS GERAIS

Artigo 1º

O objetivo do presente Protocolo é estabelecer um sistema de visitas regulares efetuadas por órgãos nacionais e internacionais independentes a lugares onde pessoas são privadas de sua liberdade, com a intenção de prevenir a tortura e outros tratamentos ou penas cruéis, desumanos ou degradantes.

Artigo 2º

1. Um Subcomitê de Prevenção da Tortura e outros Tratamentos ou Penas Cruéis, Desumanos ou Degradantes do Comitê contra a Tortura (doravante denominado Subcomitê de Prevenção) deverá ser estabelecido e desempenhar as funções definidas no presente Protocolo.

2. O Subcomitê de Prevenção deve desempenhar suas funções no marco da Carta das Nações Unidas e deve ser guiado por seus princípios e propósitos, bem como pelas normas das Nações Unidas relativas ao tratamento das pessoas privadas de sua liberdade.

3. Igualmente, o Subcomitê de Prevenção deve ser guiado pelos princípios da confidencialidade, imparcialidade, não seletividade, universalidade e objetividade.

4. O Subcomitê de Prevenção e os Estados-Partes devem cooperar na implementação do presente Protocolo.

Artigo 3º

Cada Estado-Parte deverá designar ou manter em nível doméstico um ou mais órgãos de visita encarregados da prevenção da tortura e outros tratamentos ou penas cruéis, desumanos ou degradantes (doravante denominados mecanismos preventivos nacionais).

Artigo 4º

1. Cada Estado-Parte deverá permitir visitas, de acordo com o presente Protocolo, dos mecanismos referidos nos artigos 2 e 3 a qualquer lugar sob sua jurisdição e controle onde pessoas são ou podem ser privadas de sua liberdade, quer por força de ordem dada por autoridade pública quer sob seu incitamento ou com sua permissão ou concordância (doravante denominados centros de detenção). Essas visitas devem ser empreendidas com vistas ao fortalecimento, se necessário, da proteção dessas pessoas contra a tortura e outros tratamentos ou penas cruéis, desumanos ou degradantes.

2. Para os fins do presente Protocolo, privação da liberdade significa qualquer forma de detenção ou aprisionamento ou colocação de uma pessoa em estabelecimento público ou privado de vigilância, de onde, por força de ordem judicial, administrativa ou de outra autoridade, ela não tem permissão para ausentar-se por sua própria vontade.

PARTE II
SUBCOMITÊ DE PREVENÇÃO

Artigo 5º

1. O Subcomitê de Prevenção deverá ser constituído por dez membros. Após a quinquagésima ratificação ou adesão ao presente Protocolo, o número de membros do Subcomitê de Prevenção deverá aumentar para vinte e cinco.

2. Os membros do Subcomitê de Prevenção deverão ser escolhidos entre pessoas de elevado caráter moral, de comprovada experiência profissional no campo da administração da justiça, em particular o direito penal e a administração penitenciária ou policial, ou nos vários campos relevantes para o tratamento de pessoas privadas de liberdade.

3. Na composição do Subcomitê de Prevenção, deverá ser dada consideração devida à distribuição geográfica equitativa e à representação de diferentes formas de civilização e de sistema jurídico dos Estados-membros.

4. Nesta composição deverá ser dada consideração devida ao equilíbrio de gênero, com base nos princípios da igualdade e da não discriminação.

5. Não haverá dois membros do Subcomitê de Prevenção nacionais do mesmo Estado.

6. Os membros do Subcomitê de Prevenção deverão servir em sua capacidade individual, deverão ser independentes e imparciais e deverão ser acessíveis para servir eficazmente ao Subcomitê de Prevenção.

Artigo 6º

1. Cada Estado-Parte poderá indicar, de acordo com o parágrafo 2 do presente artigo, até dois candidatos que possuam as qualificações e cumpram os requisitos citados no artigo 5, devendo fornecer informações detalhadas sobre as qualificações dos nomeados.

2. *a)* Os indicados deverão ter a nacionalidade de um dos Estados-Partes do presente Protocolo;

b) Pelo menos um dos dois candidatos deve ter a nacionalidade do Estado-Parte que o indicar;

c) Não mais que dois nacionais de um Estado-Parte devem ser indicados;

d) Antes de um Estado-Parte indicar um nacional de outro Estado-Parte, deverá procurar e obter o consentimento desse Estado-Parte.

3. Pelo menos 5 (cinco) meses antes da data da reunião dos Estados-Partes na qual serão realizadas as eleições, o Secretário-Geral das Nações Unidas deverá enviar uma carta aos Estados-Partes convidando-os a apresentar suas indicações em 3 (três) meses. O Secretário-Geral deverá apresentar uma lista, em ordem alfabética, de todas as pessoas indicadas, informando os Estados-Partes que os indicaram.

Artigo 7º

1. Os membros do Subcomitê de Prevenção deverão ser eleitos da seguinte forma:

a) Deverá ser dada consideração primária ao cumprimento dos requisitos e critérios do artigo 5 do presente Protocolo;

b) As eleições iniciais deverão ser realizadas não além de 6 (seis) meses após a entrada em vigor do presente Protocolo;

c) Os Estados-Partes deverão eleger os membros do Subcomitê de Prevenção por voto secreto;

d) As eleições dos membros do Subcomitê de Prevenção deverão ser realizadas em uma reunião bienal dos Estados-Partes convocada pelo Secretário-Geral das Nações Unidas. Nessas reuniões, cujo *quorum* é constituído por 2/3 (dois terços) dos Estados-Partes, serão eleitos para o Subcomitê de Prevenção aqueles que obtenham o maior número de votos e uma maioria absoluta de votos dos representantes dos Estados-Partes presentes e votantes.

2. Se durante o processo eleitoral dois nacionais de um Estado-Parte forem elegíveis para servirem como membro do Subcomitê de Prevenção, o candidato que receber o maior número de votos será eleito membro do Subcomitê de Prevenção. Quando os nacionais receberem o mesmo número de votos, os seguintes procedimentos serão aplicados:

a) Quando somente um for indicado pelo Estado-Parte de que é nacional, este nacional será eleito membro do Subcomitê de Prevenção;

b) Quando os dois candidatos forem indicados pelo Estado-Parte de que são nacionais, votação separada, secreta, deverá ser realizada para determinar qual nacional deverá se tornar membro;

c) Quando nenhum dos candidatos tenha sido nomeado pelo Estado-Parte de que são nacionais, votação separada, secreta, deverá ser realizada para determinar qual candidato deverá ser o membro.

Artigo 8º

Se um membro do Subcomitê de Prevenção morrer ou exonerar-se, ou qualquer outro motivo o impeça de continuar seu trabalho, o Estado-Parte que indicou o membro deverá indicar outro elegível que possua as qualificações e cumpra os requisitos dispostos no artigo 5, levando em conta a necessidade de equilíbrio adequado entre os vários campos de competência, para servir até a próxima reunião dos Estados-Partes, sujeito à aprovação da maioria dos Estados-Partes. A aprovação deverá ser considerada dada, a menos que a metade ou mais Estados-Partes manifestem-se desfavoravelmente dentro de seis semanas após serem informados pelo Secretário-Geral das Nações Unidas da indicação proposta.

Artigo 9º

Os membros do Subcomitê de Prevenção serão eleitos para mandato de 4 (quatro) anos. Poderão ser reeleitos uma vez, caso suas candidaturas sejam novamente apresentadas. O mandato da metade dos membros eleitos na primeira eleição expira ao fim de 2 (dois) anos; imediatamente após a primeira eleição, os nomes desses membros serão sorteados pelo presidente da reunião prevista no artigo 7, parágrafo 1, alínea *d*.

Artigo 10

1. O Subcomitê de Prevenção deverá eleger sua mesa por um período de 2 (dois) anos. Os membros da mesa poderão ser reeleitos.

2. O Subcomitê de Prevenção deverá estabelecer seu próprio regimento. Este regimento deverá determinar que, *inter alia*:

a) O *quorum* será a metade dos membros mais um;

b) As decisões do Subcomitê de Prevenção serão tomadas por maioria de votos dos membros presentes;

c) O Subcomitê de Prevenção deverá reunir-se a portas fechadas.

3. O Secretário-Geral das Nações Unidas deverá convocar a reunião inicial do Subcomitê de Prevenção. Após essa reunião inicial, o Subcomitê de Prevenção deverá reunir-se nas ocasiões previstas por seu regimento. O Subcomitê de Prevenção e o Comitê contra a Tortura deverão convocar suas sessões simultaneamente pelo menos uma vez por ano.

PARTE III
MANDATO DO SUBCOMITÊ DE PREVENÇÃO

Artigo 11

O Subcomitê de Prevenção deverá:

a) Visitar os lugares referidos no artigo 4 e fazer recomendações para os Estados-Partes a respeito da proteção de pessoas privadas de liberdade contra a tortura e outros tratamentos ou penas cruéis, desumanos ou degradantes;

b) No que concerne aos mecanismos preventivos nacionais:

i) Aconselhar e assistir os Estados-Partes, quando necessário, no estabelecimento desses mecanismos;

ii) Manter diretamente, e se necessário de forma confidencial, contatos com os mecanismos preventivos nacionais e oferecer treinamento e assistência técnica com vistas a fortalecer sua capacidade;

iii) Aconselhar e assisti-los na avaliação de suas necessidades e no que for preciso para fortalecer a proteção das pessoas privadas de liberdade contra a tortura e outros tratamentos ou penas cruéis, desumanos ou degradantes;

iv) Fazer recomendações e observações aos Estados-Partes com vistas a fortalecer a capacidade e o mandato dos mecanismos preventivos nacionais para a prevenção da tortura e outros tratamentos ou penas cruéis, desumanos ou degradantes;

c) Cooperar para a prevenção da tortura em geral com os órgãos e mecanismos relevantes das Nações Unidas, bem como com organizações ou organismos internacionais, regionais ou nacionais que trabalhem para fortalecer a proteção de todas as pessoas contra a tortura e outros tratamentos ou penas cruéis, desumanos ou degradantes.

Artigo 12
A fim de que o Subcomitê de Prevenção possa cumprir seu mandato nos termos descritos no artigo 11, os Estados-Partes deverão:

a) Receber o Subcomitê de Prevenção em seu território e franquear-lhe o acesso aos centros de detenção, conforme definido no artigo 4 do presente Protocolo;

b) Fornecer todas as informações relevantes que o Subcomitê de Prevenção solicitar para avaliar as necessidades e medidas que deverão ser adotadas para fortalecer a proteção das pessoas privadas de liberdade contra a tortura e outros tratamentos ou penas cruéis, desumanos ou degradantes;

c) Encorajar e facilitar os contatos entre o Subcomitê de Prevenção e os mecanismos preventivos nacionais;

d) Examinar as recomendações do Subcomitê de Prevenção e com ele engajar-se em diálogo sobre possíveis medidas de implementação.

Artigo 13
1. O Subcomitê de Prevenção deverá estabelecer, inicialmente por sorteio, um programa de visitas regulares aos Estados-Partes com a finalidade de pôr em prática seu mandato nos termos estabelecidos no artigo 11.

2. Após proceder a consultas, o Subcomitê de Prevenção deverá notificar os Estados-Partes de seu programa para que eles possam, sem demora, fazer os arranjos práticos necessários para que as visitas sejam realizadas.

3. As visitas deverão ser realizadas por pelo menos dois membros do Subcomitê de Prevenção. Esses membros deverão ser acompanhados, se necessário, por peritos que demonstrem experiência profissional e conhecimento no campo abrangido pelo presente Protocolo, que deverão ser selecionados de uma lista de peritos preparada com bases nas propostas feitas pelos Estados-Partes, pelo Escritório do Alto Comissariado dos Direitos Humanos das Nações Unidas e pelo Centro Internacional para Prevenção de Crimes das Nações Unidas. Para elaborar a lista de peritos, os Estados-Partes interessados deverão propor não mais que cinco peritos nacionais. O Estado-Parte interessado pode se opor à inclusão de algum perito específico na visita; neste caso o Subcomitê de Prevenção deverá indicar outro perito.

4. O Subcomitê de Prevenção poderá propor, se considerar apropriado, curta visita de seguimento de visita regular anterior.

Artigo 14
1. A fim de habilitar o Subcomitê de Prevenção a cumprir seu mandato, os Estados-Partes do presente Protocolo comprometem-se a lhe conceder:

a) Acesso irrestrito a todas as informações relativas ao número de pessoas privadas de liberdade em centros de detenção conforme definidos no artigo 4, bem como o número de centros e sua localização;

b) Acesso irrestrito a todas as informações relativas ao tratamento daquelas pessoas bem como às condições de sua detenção;

c) Sujeito ao parágrafo 2, a seguir, acesso irrestrito a todos os centros de detenção, suas instalações e equipamentos;

d) Oportunidade de entrevistar-se privadamente com pessoas privadas de liberdade, sem testemunhas, quer pessoalmente quer com intérprete, se considerado necessário, bem como com qualquer outra pessoa que o Subcomitê de Prevenção acredite poder fornecer informação relevante;

e) Liberdade de escolher os lugares que pretende visitar e as pessoas que quer entrevistar.

2. Objeções a visitas a algum lugar de detenção em particular só poderão ser feitas com fundamentos urgentes e imperiosos ligados à defesa nacional, à segurança pública, ou a algum desastre natural ou séria desordem no lugar a ser visitado que temporariamente impeçam a realização dessa visita. A existência de uma declaração de estado de emergência não deverá ser invocada por um Estado-Parte como razão para objetar uma visita.

Artigo 15
Nenhuma autoridade ou funcionário público deverá ordenar, aplicar, permitir ou tolerar qualquer sanção contra qualquer pessoa ou organização por haver comunicado ao Subcomitê de Prevenção ou a seus membros qualquer informação, verdadeira ou falsa, e nenhuma dessas pessoas ou organizações deverá ser de qualquer outra forma prejudicada.

Artigo 16
1. O Subcomitê de Prevenção deverá comunicar suas recomendações e observações confidencialmente para o Estado-Parte e, se for o caso, para o mecanismo preventivo nacional.

2. O Subcomitê de Prevenção deverá publicar seus relatórios, em conjunto com qualquer comentário do Estado-Parte interessado, quando solicitado pelo Estado-Parte. Se o Estado-Parte fizer parte do relatório público, o Subcomitê de Prevenção poderá publicar o relatório total ou parcialmente. Entretanto, nenhum dado pessoal deverá ser publicado sem o expresso consentimento da pessoa interessada.

3. O Subcomitê de Prevenção deverá apresentar um relatório público anual sobre suas atividades ao Comitê contra a Tortura.

4. Caso o Estado-Parte se recuse a cooperar com o Subcomitê de Prevenção nos termos dos artigos 12 e 14, ou a tomar as medidas para melhorar a situação à luz das recomendações do Subcomitê de Prevenção, o Comitê contra a Tortura poderá, a pedido do Subcomitê de Prevenção, e depois que o Estado-Parte tenha a oportunidade de fazer suas observações, decidir, pela maioria de votos dos membros, fazer declaração sobre o problema ou publicar o relatório do Subcomitê de Prevenção.

PARTE IV
MECANISMOS PREVENTIVOS NACIONAIS

Artigo 17

Cada Estado-Parte deverá manter, designar ou estabelecer, dentro de 1 (um) ano da entrada em vigor do presente Protocolo ou de sua ratificação ou adesão, um ou mais mecanismos preventivos nacionais independentes para a prevenção da tortura em nível doméstico. Mecanismos estabelecidos através de unidades descentralizadas poderão ser designados como mecanismos preventivos nacionais para os fins do presente Protocolo se estiverem em conformidade com suas disposições.

Artigo 18

1. Os Estados-Partes deverão garantir a independência funcional dos mecanismos preventivos nacionais bem como a independência de seu pessoal.
2. Os Estados-Partes deverão tomar as medidas necessárias para assegurar que os peritos dos mecanismos preventivos nacionais tenham as habilidades e o conhecimento profissional necessários. Deverão buscar equilíbrio de gênero e representação adequada dos grupos étnicos e minorias no país.
3. Os Estados-Partes se comprometem a tornar disponíveis todos os recursos necessários para o funcionamento dos mecanismos preventivos nacionais.
4. Ao estabelecer os mecanismos preventivos nacionais, os Estados-Partes deverão ter em devida conta os Princípios relativos ao *status* de instituições nacionais de promoção e proteção de direitos humanos.

Artigo 19

Os mecanismos preventivos nacionais deverão ser revestidos no mínimo de competências para:
a) Examinar regularmente o tratamento de pessoas privadas de sua liberdade, em centro de detenção conforme a definição do artigo 4, com vistas a fortalecer, se necessário, sua proteção contra a tortura e outros tratamentos ou penas cruéis, desumanos ou degradantes;
b) Fazer recomendações às autoridades relevantes com o objetivo de melhorar o tratamento e as condições das pessoas privadas de liberdade e o de prevenir a tortura e outros tratamentos ou penas cruéis, desumanos ou degradantes, levando-se em consideração as normas relevantes das Nações Unidas;
c) Submeter propostas e observações a respeito da legislação existente ou em projeto.

Artigo 20

A fim de habilitar os mecanismos preventivos nacionais a cumprirem seu mandato, os Estados-Partes do presente Protocolo comprometem-se a lhes conceder:
a) Acesso a todas as informações relativas ao número de pessoas privadas de liberdade em centros de detenção conforme definidos no artigo 4, bem como o número de centros e sua localização;
b) Acesso a todas as informações relativas ao tratamento daquelas pessoas bem como às condições de sua detenção;
c) Acesso a todos os centros de detenção, suas instalações e equipamentos;
d) Oportunidade de entrevistar-se privadamente com pessoas privadas de liberdade, sem testemunhas, quer pessoalmente quer com intérprete, se considerado necessário, bem como com qualquer outra pessoa que os mecanismos preventivos nacionais acreditem poder fornecer informação relevante;
e) Liberdade de escolher os lugares que pretendem visitar e as pessoas que querem entrevistar;
f) Direito de manter contato com o Subcomitê de Prevenção, enviar-lhe informações e encontrar-se com ele.

Artigo 21

1. Nenhuma autoridade ou funcionário público deverá ordenar, aplicar, permitir ou tolerar qualquer sanção contra qualquer pessoa ou organização por haver comunicado ao mecanismo preventivo nacional qualquer informação, verdadeira ou falsa, e nenhuma dessas pessoas ou organizações deverá ser de qualquer outra forma prejudicada.
2. Informações confidenciais obtidas pelos mecanismos preventivos nacionais deverão ser privilegiadas. Nenhum dado pessoal deverá ser publicado sem o consentimento expresso da pessoa em questão.

Artigo 22

As autoridades competentes do Estado-Parte interessado deverão examinar as recomendações do mecanismo preventivo nacional e com ele engajar-se em diálogo sobre possíveis medidas de implementação.

Artigo 23

Os Estados-Partes do presente Protocolo comprometem-se a publicar e difundir os relatórios anuais dos mecanismos preventivos nacionais.

PARTE V
DECLARAÇÃO

Artigo 24

1. Por ocasião da ratificação, os Estados-Partes poderão fazer uma declaração que adie a implementação de suas obrigações sob a Parte III ou a Parte IV do presente Protocolo.
2. Esse adiamento será válido pelo máximo de 3 (três) anos. Após representações devidamente formuladas pelo Estado-Parte e após consultas ao Subcomitê de Prevenção, o Comitê contra Tortura poderá estender esse período por mais 2 (dois) anos.

PARTE VI
DISPOSIÇÕES FINANCEIRAS

Artigo 25

1. As despesas realizadas pelo Subcomitê de Prevenção na implementação do presente Protocolo deverão ser custeadas pelas Nações Unidas.
2. O Secretário-Geral das Nações Unidas deverá prover o pessoal e as instalações necessárias ao desempenho eficaz das funções do Subcomitê de Prevenção sob o presente Protocolo.

Artigo 26

1. Deverá ser estabelecido um Fundo Especial de acordo com os procedimentos pertinentes da Assembleia Geral, a ser administrado de acordo com o regulamento financeiro e as regras de gestão financeira das Nações Unidas, para ajudar a financiar a implementação das recomendações feitas pelo Subcomitê de Prevenção após a visita a um Estado-Parte, bem como programas educacionais dos mecanismos preventivos nacionais.
2. O Fundo Especial poderá ser financiado por contribuições voluntárias feitas por Governos, organizações intergovernamentais e não governamentais e outras entidades públicas ou privadas.

PARTE VII
DISPOSIÇÕES FINAIS

Artigo 27

1. O presente Protocolo está aberto à assinatura de qualquer Estado que tenha assinado a Convenção.
2. O presente Protocolo está sujeito à ratificação de qualquer Estado que tenha ratificado a Convenção ou a ela aderido. Os instrumentos de ratificação deverão ser depositados junto ao Secretário-Geral das Nações Unidas.
3. O presente Protocolo está aberto à adesão de qualquer Estado que tenha ratificado a Convenção ou a ela aderido.
4. A adesão deverá ser efetuada por meio do depósito de um instrumento de adesão junto ao Secretário-Geral das Nações Unidas.
5. O Secretário-Geral das Nações Unidas deverá informar a todos os Estados que assinaram o presente Protocolo ou aderiram a ele sobre o depósito de cada instrumento de ratificação ou adesão.

Artigo 28

1. O presente Protocolo deverá entrar em vigor no trigésimo dia após a data do depósito, junto ao Secretário-Geral das Nações Unidas, do vigésimo instrumento de ratificação ou adesão.
2. Para cada Estado que ratifique o presente Protocolo ou a ele adira após o depósito junto ao Secretário-Geral das Nações Unidas do vigésimo instrumento de ratificação ou adesão, o presente Protocolo deverá entrar em vigor no trigésimo dia após a data do depósito do seu próprio instrumento de ratificação ou adesão.

Artigo 29

As disposições do presente Protocolo deverão abranger todas as partes dos Estados federais sem quaisquer limitações ou exceções.

Artigo 30

Não será admitida qualquer reserva ao presente Protocolo.

Artigo 31

As disposições do presente Protocolo não deverão afetar as obrigações dos Estados-Partes sob qualquer tratado regional que institua um sistema de visitas a centros de detenção. O Subcomitê de Prevenção e os órgãos estabelecidos sob tais tratados regionais são encorajados a cooperarem com vistas a evitar duplicidades e a promover eficazmente os objetivos do presente Protocolo.

Artigo 32

As disposições do presente Protocolo não deverão afetar as obrigações dos Estados-Partes ante as quatro Convenções de Genebra, de 12 de agosto de 1949, e seus Protocolos Adicionais de 8 de junho de 1977, nem a oportunidade disponível a cada Estado-Parte de autorizar o Comitê Internacional da Cruz Vermelha a visitar centros de detenção em situações não previstas pelo direito humanitário internacional.

Artigo 33

1. Qualquer Estado-Parte poderá denunciar o presente Protocolo, em qualquer momento, por meio de notificação escrita dirigida ao Secretário-Geral das Nações Unidas, que deverá então informar aos demais Estados-Partes do presente Protocolo e da Convenção. A denúncia deverá produzir efeitos um ano após a data de recebimento da notificação pelo Secretário-Geral.
2. Tal denúncia não terá o efeito de liberar o Estado-Parte de suas obrigações sob o presente Protocolo a respeito de qualquer ato ou situação que possa ocorrer antes da data na qual a denúncia surta efeitos, ou das ações que o Subcomitê de Prevenção tenha decidido ou possa decidir tomar em relação ao Estado-Parte em questão, nem a denúncia deverá prejudicar de qualquer modo o prosseguimento da consideração de qualquer matéria já sob consideração do Subcomitê de Prevenção antes da data na qual a denúncia surta efeitos.
3. Após a data em que a denúncia do Estado-Parte passa a produzir efeitos, o Subcomitê de Prevenção não deverá iniciar a consideração de qualquer matéria nova em relação àquele Estado.

Artigo 34

1. Qualquer Estado-Parte do presente Protocolo pode propor emenda e arquivá-la junto ao Secretário-Geral das Nações Unidas. O Secretário-Geral deverá então comunicar a emenda proposta aos Estados-Partes do presente Protocolo com uma solicitação de que o notifiquem se apoiam uma conferência de Estados-Partes com o propósito de considerar e votar a proposta. Se, nos 4 (quatro) meses a partir da data da referida comunicação, pelo menos 1/3 (um terço) dos Esta-

dos-Partes apoiar a conferência, o Secretário-Geral deverá convocar a conferência sob os auspícios das Nações Unidas. Qualquer emenda adotada por uma maioria de dois terços dos Estados-Partes presentes e votantes na conferência deverá ser submetida pelo Secretário-Geral das Nações Unidas a todos os Estados-Partes para aceitação.

2. A emenda adotada de acordo com o parágrafo 1 do presente artigo deverá entrar em vigor quando tiver sido aceita por uma maioria de 2/3 (dois terços) dos Estados-Partes do presente Protocolo de acordo com os respectivos processos constitucionais.

3. Quando as emendas entrarem em vigor, deverão ser obrigatórias apenas para aqueles Estados-Partes que as aceitaram, estando os demais Estados-Partes obrigados às disposições do presente Protocolo e quaisquer emendas anteriores que tenham aceitado.

Artigo 35

Os membros do Subcomitê de Prevenção e dos mecanismos preventivos nacionais deverão ter reconhecidos os privilégios e imunidades necessários ao exercício independente de suas funções. Os membros do Subcomitê de Prevenção deverão ter reconhecidos os privilégios e imunidades especificados na seção 22 da Convenção sobre Privilégios e Imunidades das Nações Unidas de 13 de fevereiro de 1946, sujeitos às disposições da seção 23 daquela Convenção.

Artigo 36

Ao visitar um Estado-Parte, os membros do Subcomitê de Prevenção deverão, sem prejuízo das disposições e propósitos do presente Protocolo e dos privilégios e imunidades de que podem gozar:

a) Respeitar as leis e regulamentos do Estado visitado;

b) Abster-se de qualquer ação ou atividade incompatível com a natureza imparcial e internacional de suas obrigações.

Artigo 37

1. O presente Protocolo, cujos textos em árabe, chinês, espanhol, francês, inglês e russo são igualmente autênticos, deverá ser depositado junto ao Secretário-Geral das Nações Unidas.

2. O Secretário-Geral das Nações Unidas enviará cópias autenticadas do presente Protocolo a todos os Estados.

CONVENÇÃO SOBRE OS DIREITOS DA CRIANÇA (1989)

- Adotada pela Resolução L.44 (XLIV) da Assembleia Geral das Nações Unidas, em 20.11.1989.
- Aprovada pelo Decreto Legislativo 28, de 14.09.1990, e promulgada pelo Decreto 99.710, de 21.11.1990. Ratificada pelo Brasil em 24.09.1990.

Preâmbulo

Os Estados-partes na presente Convenção

Considerando que, em conformidade com os princípios proclamados na Carta das Nações Unidas, o reconhecimento da dignidade inerente e dos direitos iguais e inalienáveis de todos os membros da família humana constitui o fundamento da liberdade, da justiça e da paz do mundo;

Tendo presente que os povos das Nações Unidas reafirmaram, na Carta, sua fé nos direitos humanos fundamentais e na dignidade e no valor da pessoa humana, e resolveram promover o progresso social e a elevação do padrão de vida em maior liberdade;

Reconhecendo que as Nações Unidas proclamaram e acordaram na Declaração Universal dos Direitos Humanos e nos Pactos Internacionais de Direitos Humanos que toda pessoa humana possui todos os direitos e liberdades neles enunciados, sem distinção de qualquer tipo, tais como de raça, cor, sexo, língua, religião, opinião política ou outra, de origem nacional ou social, posição econômica, nascimento ou outra condição;

Recordando que na Declaração Universal dos Direitos Humanos as Nações Unidas proclamaram que a infância tem direito a cuidados e assistência especiais;

Convencidos de que a família, unidade fundamental da sociedade e meio natural para o crescimento e bem-estar de todos os seus membros e, em particular das crianças, deve receber a proteção e assistência necessárias para que possa assumir plenamente suas responsabilidades na comunidade;

Reconhecendo que a criança, para o desenvolvimento pleno e harmonioso de sua personalidade, deve crescer em um ambiente familiar, em clima de felicidade, amor e compreensão;

Considerando que cabe preparar plenamente a criança para viver uma vida individual na sociedade e ser educada no espírito dos ideais proclamados na Carta das Nações Unidas e, em particular, em um espírito de paz, dignidade, tolerância, liberdade, igualdade e solidariedade;

Tendo em mente que a necessidade de proporcionar proteção especial à criança foi afirmada na Declaração de Genebra sobre os Direitos da Criança de 1924 e na Declaração sobre os Direitos da Criança, adotada pela Assembleia Geral em 20 de novembro de 1959, e reconhecida na Declaração Universal dos Direitos Humanos, no Pacto Internacional de Direitos Civis e Políticos (particularmente nos artigos 23 e 24), no Pacto Internacional de Direitos Econômicos, Sociais e Culturais (particularmente no artigo 10) e nos estatutos e instrumentos relevantes das agências especializadas e organizações internacionais que se dedicam ao bem-estar da criança;

Tendo em mente que, como indicado na Declaração sobre os Direitos da Criança, a criança, em razão de sua falta de maturidade física e mental, necessita proteção e cuidados especiais, incluindo proteção jurídica apropriada, antes e depois do nascimento;

Relembrando as disposições da Declaração sobre os Princípios Sociais e Jurídicos Relativos à Proteção e ao Bem-Estar da Criança, com especial referência à adoção e à colocação em lares de adoção em âmbito nacional e internacional (Resolução da Assembleia Geral 41/85, de 3 de dezembro de 1986), as Regras Padrão Mínimas para a Administração da Justiça Juvenil das Nações Unidas ("As Regras de Pequim") e a Declaração sobre a Proteção da Mulher e da Criança em Situações de Emergência e de Conflito Armado;

Reconhecendo que em todos os países do mundo há crianças que vivem em condições excepcionalmente difíceis, e que tais crianças necessitam consideração especial;

Levando em devida conta a importância das tradições e dos valores culturais de cada povo para a proteção e o desenvolvimento harmonioso da criança;

Reconhecendo a importância da cooperação internacional para a melhoria das condições de vida das crianças em todos os países, em particular nos países em desenvolvimento;

Acordam o seguinte:

PARTE I

Artigo 1º

Para os efeitos da presente Convenção, entende-se por criança todo ser humano menor de 18 anos de idade, salvo se, em conformidade com a lei aplicável à criança, a maioridade seja alcançada antes.

Artigo 2º

1. Os Estados-partes respeitarão os direitos previstos nesta Convenção e os assegurarão a toda criança sujeita à sua jurisdição, sem discriminação de qualquer tipo, independentemente de raça, cor, sexo, língua, religião, opinião política ou outra, origem nacional, étnica ou social, posição econômica, impedimentos físicos, nascimento ou qualquer outra condição da criança, de seus pais ou de seus representantes legais.

2. Os Estados-partes tomarão todas as medidas apropriadas para assegurar que a criança seja protegida contra todas as formas de discriminação ou punição baseadas na condição, nas atividades, opiniões ou crenças, de seus pais, representantes legais ou familiares.

Artigo 3º

1. Em todas as medidas relativas às crianças, tomadas por instituições de bem-estar social públicas ou privadas, tribunais, autoridades administrativas ou órgãos legislativos, terão consideração primordial os interesses superiores da criança.

2. Os Estados-partes se comprometem a assegurar à criança a proteção e os cuidados necessários ao seu bem-estar, tendo em conta os direitos e deveres dos pais, dos tutores ou de outras pessoas legalmente responsáveis por ela e, para este propósito, tomarão todas as medidas legislativas e administrativas apropriadas.

3. Os Estados-partes assegurarão que as instituições, serviços e instalações responsáveis pelos cuidados ou proteção das crianças conformar-se-ão com os padrões estabelecidos pelas autoridades competentes, particularmente no tocante à segurança e à saúde das crianças, ao número e à competência de seu pessoal, e à existência de supervisão adequadas.

Artigo 4º

Os Estados-partes tomarão todas as medidas apropriadas, administrativas, legislativas e outras, para a implementação dos direitos reconhecidos nesta Convenção. Com relação aos direitos econômicos, sociais e culturais, os Estados-partes tomarão tais medidas no alcance máximo de seus recursos disponíveis e, quando necessário, no âmbito da cooperação internacional.

Artigo 5º

Os Estados-partes respeitarão as responsabilidades, os direitos e os deveres dos pais ou, conforme o caso, dos familiares ou da comunidade, conforme os costumes locais, dos tutores ou de outras pessoas legalmente responsáveis pela criança, de orientar e instruir apropriadamente a criança de modo consistente com a evolução de sua capacidade, no exercício dos direitos reconhecidos na presente Convenção.

Artigo 6º

1. Os Estados-partes reconhecem que toda criança tem o direito inerente à vida.

2. Os Estados-partes assegurarão ao máximo a sobrevivência e o desenvolvimento da criança.

Artigo 7º

1. A criança será registrada imediatamente após o seu nascimento e terá, desde o seu nascimento, direito a um nome, a uma nacionalidade e, na medida do possível, direito de conhecer seus pais e ser cuidada por eles.

2. Os Estados-partes assegurarão a implementação desses direitos, de acordo com suas leis nacionais e suas obrigações sob os instrumentos internacionais pertinentes, em particular se a criança se tornar apátrida.

Artigo 8º

1. Os Estados-partes se comprometem a respeitar o direito da criança, de preservar sua identidade, inclusive a nacionalidade, o nome e as relações familiares, de acordo com a lei, sem interferências ilícitas.

2. No caso de uma criança se vir ilegalmente privada de algum ou de todos os elementos constitutivos de sua identidade, os Estados-partes fornecer-lhe-ão assistência e proteção apropriadas, de modo que sua identidade seja prontamente restabelecida.

Artigo 9º

1. Os Estados-partes deverão zelar para que a criança não seja separada dos pais contra a vontade dos mesmos, exceto quando, sujeita à revisão judicial, as autoridades competentes determinarem, em conformidade com a lei e os procedimentos legais cabíveis, que tal separação é necessária ao interesse maior da criança. Tal determinação pode ser necessária em casos específicos, por exemplo,

nos casos em que a criança sofre maus-tratos ou descuido por parte de seus pais ou quando estes vivem separados e uma decisão deve ser tomada a respeito do local da residência da criança.

2. Caso seja adotado qualquer procedimento em conformidade com o estipulado no parágrafo 1º do presente artigo, todas as partes interessadas terão a oportunidade de participar e de manifestar suas opiniões.

3. Os Estados-partes respeitarão o direito da criança que esteja separada de um ou de ambos os pais de manter regularmente relações pessoais e contato direto com ambos, a menos que isso seja contrário ao interesse maior da criança.

4. Quando essa separação ocorrer em virtude de uma medida adotada por um Estado-parte, tal como detenção, prisão, exílio, deportação ou morte (inclusive falecimento decorrente de qualquer causa enquanto a pessoa estiver sob a custódia do Estado) de um dos pais da criança, ou de ambos, ou da própria criança, o Estado-parte, quando solicitado, proporcionará aos pais, à criança ou, se for o caso, a outro familiar, informações básicas a respeito do paradeiro do familiar ou familiares ausentes, a não ser que tal procedimento seja prejudicial ao bem-estar da criança. Os Estados-partes se certificarão, além disso, de que a apresentação de tal petição não acarrete, por si só, consequências adversas para a pessoa ou pessoas interessadas.

Artigo 10

1. Em conformidade com a obrigação dos Estados-partes sob o artigo 9º, parágrafo 1º, os pedidos de uma criança ou de seus pais para entrar ou sair de um Estado-parte, no propósito de reunificação familiar, serão considerados pelos Estados-partes de modo positivo, humanitário e rápido. Os Estados-partes assegurarão ademais que a apresentação de tal pedido não acarrete quaisquer consequências adversas para os solicitantes ou para seus familiares.

2. A criança cujos pais residam em diferentes Estados-partes terá o direito de manter regularmente, salvo em circunstâncias excepcionais, relações pessoais e contatos diretos com ambos os pais. Para este fim e de acordo com a obrigação dos Estados-partes sob o artigo 9º, parágrafo 2º, os Estados-partes respeitarão o direito da criança e de seus pais de deixarem qualquer país, incluindo o próprio, e de ingressar no seu próprio país. O direito de sair de qualquer país só poderá ser objeto de restrições previstas em lei e que forem necessárias para proteger a segurança nacional, a ordem pública (*ordre public*), a saúde ou a moral públicas ou os direitos e liberdades de outrem, e forem consistentes com os demais direitos reconhecidos na presente Convenção.

Artigo 11

1. Os Estados-partes tomarão medidas para combater a transferência ilícita de crianças para o exterior e a retenção ilícita das mesmas no exterior.

2. Para esse fim, os Estados-partes promoverão a conclusão de acordos bilaterais ou multilaterais ou a adesão a acordos já existentes.

Artigo 12

1. Os Estados-partes assegurarão à criança, que for capaz de formar seus próprios pontos de vista, o direito de exprimir suas opiniões livremente sobre todas as matérias atinentes à criança, levando-se devidamente em conta essas opiniões em função da idade e maturidade da criança.

2. Para esse fim, à criança será, em particular, dada a oportunidade de ser ouvida em qualquer procedimento judicial ou administrativo que lhe diga respeito, diretamente ou através de um representante ou órgão apropriado, em conformidade com as regras processuais do direito nacional.

Artigo 13

1. A criança terá o direito à liberdade de expressão; este direito incluirá a liberdade de buscar, receber e transmitir informações e ideias de todos os tipos, independentemente de fronteiras, de forma oral, escrita ou impressa, por meio das artes ou por qualquer outro meio da escolha da criança.

2. O exercício desse direito poderá sujeitar-se a certas restrições, que serão somente as previstas em lei e consideradas necessárias:

a) ao respeito dos direitos e da reputação de outrem;
b) à proteção da segurança nacional ou da ordem pública *ordre public*, ou da saúde e moral públicas.

Artigo 14

1. Os Estados-partes respeitarão o direito da criança à liberdade de pensamento, de consciência e de crença.

2. Os Estados-partes respeitarão os direitos e deveres dos pais e, quando for o caso, dos representantes legais, de orientar a criança no exercício do seu direito de modo consistente com a evolução de sua capacidade.

3. A liberdade de professar sua religião ou crenças sujeitar-se-á somente às limitações prescritas em lei e que forem necessárias para proteger a segurança, a ordem, a moral, a saúde públicas, ou os direitos e liberdades fundamentais de outrem.

Artigo 15

1. Os Estados-partes reconhecem os direitos da criança à liberdade de associação e à liberdade de reunião pacífica.

2. Nenhuma restrição poderá ser imposta ao exercício desses direitos, a não ser as que, em conformidade com a lei, forem necessárias em uma sociedade democrática, nos interesses da segurança nacional ou pública, ordem pública (*ordre public*), da proteção da saúde ou moral públicas, ou da proteção dos direitos e liberdades de outrem.

Artigo 16

1. Nenhuma criança será sujeita a interferência arbitrária ou ilícita em sua privacidade, família, lar ou correspondência, nem a atentados ilícitos à sua honra e reputação.

2. A criança tem direito à proteção da lei contra essas interferências ou atentados.

Artigo 17

Os Estados-partes reconhecem a importante função exercida pelos meios de comunicação de massa e assegurarão que a criança tenha acesso às informações e dados de diversas fontes nacionais e internacionais, especialmente os voltados à promoção de seu bem-estar social, espiritual e moral e saúde física e mental. Para este fim, os Estados-partes:

a) encorajarão os meios de comunicação a difundir informações e dados de benefício social e cultural à criança e em conformidade com o espírito do artigo 29;

b) promoverão a cooperação internacional na produção, intercâmbio e na difusão de tais informações e dados de diversas fontes culturais, nacionais e internacionais;

c) encorajarão a produção e difusão de livros para criança;

d) incentivarão os órgãos de comunicação a ter particularmente em conta as necessidades linguísticas da criança que pertencer a uma minoria ou que for indígena;

e) promoverão o desenvolvimento de diretrizes apropriadas à proteção da criança contra informações e dados prejudiciais ao seu bem-estar, levando em conta as disposições dos artigos 13 e 18.

Artigo 18

1. Os Estados-partes envidarão os maiores esforços para assegurar o reconhecimento do princípio de que ambos os pais têm responsabilidades comuns na educação e desenvolvimento da criança. Os pais e, quando for o caso, os representantes legais têm a responsabilidade primordial pela educação e pelo desenvolvimento da criança. Os interesses superiores da criança constituirão sua preocupação básica.

2. Para o propósito de garantir e promover os direitos estabelecidos nesta Convenção, os Estados-partes prestarão assistência apropriada aos pais e aos representantes legais no exercício das suas funções de educar a criança e assegurarão o desenvolvimento de instituições, instalações e serviços para o cuidado das crianças.

3. Os Estados-partes tomarão todas as medidas apropriadas para assegurar que as crianças, cujos pais trabalhem, tenham o direito de beneficiar-se de serviços de assistência social e creches a que fazem jus.

Artigo 19

1. Os Estados-partes tomarão todas as medidas legislativas, administrativas, sociais e educacionais apropriadas para proteger a criança contra todas as formas de violência física ou mental, abuso ou tratamento negligente, maus-tratos ou exploração, inclusive abuso sexual, enquanto estiver sob a guarda dos pais, do representante legal ou de qualquer outra pessoa responsável por ela.

2. Essas medidas de proteção deverão incluir, quando apropriado, procedimentos eficazes para o estabelecimento de programas sociais que proporcionem uma assistência adequada à criança e às pessoas encarregadas de seu cuidado, assim como outras formas de prevenção e identificação, notificação, transferência a uma instituição, investigação, tratamento e acompanhamento posterior de casos de maus-tratos a crianças acima mencionadas e, quando apropriado, intervenção judiciária.

Artigo 20

1. Toda criança, temporária ou permanentemente privada de seu ambiente familiar, ou cujos interesses exijam que não permaneça nesse meio, terá direito à proteção e assistência especiais do Estado.

2. Os Estados-partes assegurarão, de acordo com suas leis nacionais, cuidados alternativos para essas crianças.

3. Esses cuidados poderão incluir, *inter alia*, a colocação em lares de adoção, a *kafalah* do direito islâmico, a adoção ou, se necessário, a colocação em instituições adequadas de proteção para as crianças. Ao se considerar soluções, prestar-se-á a devida atenção à conveniência de continuidade de educação da criança, bem como à origem étnica, religiosa, cultural e linguística da criança.

Artigo 21

Os Estados-partes que reconhecem ou permitem o sistema de adoção atentarão para o fato de que a consideração primordial seja o interesse maior da criança. Dessa forma, atentarão para que:

a) a adoção da criança seja autorizada apenas pelas autoridades competentes, as quais determinarão, consoante as leis e os procedimentos cabíveis e com base em todas as informações pertinentes e fidedignas, que a adoção é admissível em vista da situação jurídica da criança com relação a seus pais, parentes e representantes legais e que, caso solicitado, as pessoas interessadas tenham dado, com conhecimento de causa, seu consentimento à adoção, com base no assessoramento que possa ser necessário;

b) a adoção efetuada em outro país possa ser considerada como outro meio de cuidar da criança, no caso em que a mesma não possa ser colocada em lar de adoção ou entregue a uma família adotiva ou não logre atendimento adequado em seu país de origem;

c) a criança adotada em outro país goze de salvaguardas e normas equivalentes às existentes em seu país de origem com relação à adoção;

d) todas as medidas apropriadas sejam adotadas, a fim de garantir que, em caso de adoção em outro país, a colocação não permita benefícios financeiros indevidos aos que dela participem;

e) quando necessário, promovam os objetivos do presente artigo mediante ajustes ou acordos bilaterais ou multilaterais, e envidem esforços, nesse contexto, com vistas a assegurar que a colocação da criança em outro país seja levada a cabo por intermédio das autoridades ou organismos competentes.

Artigo 22

1. Os Estados-partes adotarão medidas pertinentes para assegurar que a criança que tende obter a condição de refugiada, ou que seja considerada como refugiada de acordo com o direito e os procedimentos internacionais ou internos aplicáveis, receba, tanto no caso de estar sozinha como acompanhada por seus pais ou por qualquer outra pessoa, a proteção e a assistência humanitária adequadas a fim de que possa usufruir dos direitos enunciados na presente Convenção e em outros instrumentos internacionais de direitos humanos ou de caráter humanitário nos quais os citados Estados sejam partes.

2. Para tanto, os Estados-partes cooperarão, da maneira como julgarem apropriada, com todos os esforços das Nações Unidas e demais organizações intergovernamentais competentes, ou organizações não governamentais que cooperem com as Nações Unidas, no sentido de proteger e ajudar a criança refugiada, e de localizar seus pais ou membros da família, a fim de obter informações necessárias que permitam sua reunião com a família. Quando não for possível localizar nenhum dos pais ou membros da família, será concedida à criança a mesma proteção outorgada a qualquer outra criança privada permanente ou temporariamente de seu ambiente familiar, seja qual for o motivo, conforme o estabelecido na presente Convenção.

Artigo 23

1. Os Estados-partes reconhecem que a criança portadora de deficiências físicas ou mentais deverá desfrutar de uma vida plena e decente em condições que garantam sua dignidade, favoreçam sua autonomia e facilitem sua participação ativa na comunidade.

2. Os Estados-partes reconhecem o direito da criança deficiente de receber cuidados especiais e, de acordo com os recursos disponíveis e sempre que a criança ou seus responsáveis reúnam as condições requeridas, estimularão e assegurarão a prestação de assistência solicitada, que seja adequada ao estado da criança e às circunstâncias de seus pais ou das pessoas encarregadas de seus cuidados.

3. Atendendo às necessidades especiais da criança deficiente, a assistência prestada, conforme disposto no parágrafo 2 do presente artigo, será gratuita sempre que possível, levando-se em consideração a situação econômica dos pais ou das pessoas que cuidem da criança, e visará a assegurar à criança deficiente o acesso à educação, à capacitação, aos serviços de saúde, aos serviços de reabilitação, à preparação para emprego e às oportunidades de lazer, de maneira que a criança atinja a mais completa integração social possível e o maior desenvolvimento cultural e espiritual.

4. Os Estados-partes promoverão, com espírito de cooperação internacional, um intercâmbio adequado de informações nos campos da assistência médica preventiva e do tratamento médico, psicológico e funcional das crianças deficientes, inclusive a divulgação de informação a respeito dos métodos de reabilitação e dos serviços de ensino e formação profissional, bem como o acesso a essa informação, a fim de que os Estados-partes possam aprimorar sua capacidade e seus conhecimentos e ampliar sua experiência nesses campos. Nesse sentido, serão levadas especialmente em conta as necessidades dos países em desenvolvimento.

Artigo 24

1. Os Estados-partes reconhecem o direito da criança de gozar do melhor padrão possível de saúde e dos serviços destinados ao tratamento das doenças e à recuperação da saúde. Os Estados-partes envidarão esforços no sentido de assegurar que nenhuma criança se veja privada de seu direito de usufruir desses serviços sanitários.

2. Os Estados-partes garantirão a plena aplicação desse direito e, em especial, adotarão as medidas apropriadas com vistas a:

a) reduzir a mortalidade infantil;

b) assegurar a prestação de assistência médica e cuidados sanitários necessários a todas as crianças, dando ênfase aos cuidados básicos de saúde;

c) combater as doenças e a desnutrição, dentro do contexto dos cuidados básicos de saúde mediante, inter alia, a aplicação de tecnologia disponível e o fornecimento de alimentos nutritivos e de água potável, tendo em vista os perigos e riscos da poluição ambiental;

d) assegurar às mães adequada assistência pré-natal e pós-natal;

e) assegurar que todos os setores da sociedade e em especial os pais e as crianças conheçam os princípios básicos de saúde e nutrição das crianças, as vantagens da amamentação, da higiene e do saneamento ambiental e das medidas de prevenção de acidentes, e tenham acesso à educação pertinente e recebam apoio para aplicação desses conhecimentos;

f) desenvolver a assistência médica preventiva, a orientação aos pais e a educação e serviços de planejamento familiar.

3. Os Estados-partes adotarão todas as medidas eficazes e adequadas para abolir práticas tradicionais que sejam prejudiciais à saúde da criança.

4. Os Estados-partes se comprometem a promover e incentivar a cooperação internacional com vistas a lograr progressivamente, a plena efetivação do direito reconhecido no presente artigo. Nesse sentido, será dada atenção especial às necessidades dos países em desenvolvimento.

Artigo 25

Os Estados-partes reconhecem o direito de uma criança que tenha sido internada em um estabelecimento pelas autoridades competentes para fins de atendimento, proteção ou tratamento de saúde física ou mental, a um exame periódico de avaliação do tratamento ao qual está sendo submetida e de todos os demais aspectos relativos à sua internação.

Artigo 26

1. Os Estados-partes reconhecerão a todas as crianças o direito de usufruir da previdência social, inclusive do seguro social, e adotarão as medidas necessárias para lograr a plena consecução desse direito, em conformidade com a legislação nacional.

2. Os benefícios deverão ser concedidos, quando pertinentes, levando-se em consideração os recursos e a situação da criança e das pessoas responsáveis pelo seu sustento, bem como qualquer outra consideração cabível no caso de uma solicitação de benefícios feita pela criança ou em seu nome.

Artigo 27

1. Os Estados-partes reconhecem o direito de toda criança a um nível de vida adequado ao seu desenvolvimento físico, mental, espiritual, moral e social.

2. Cabe aos pais, ou a outras pessoas encarregadas, a responsabilidade primordial de proporcionar, de acordo com suas possibilidades e meios financeiros, as condições de vida necessárias ao desenvolvimento da criança.

3. Os Estados-partes, de acordo com as condições nacionais e dentro de suas possibilidades, adotarão medidas apropriadas a fim de ajudar os pais e outras pessoas responsáveis pela criança a tornar efetivo esse direito e, caso necessário, proporcionarão assistência material e programas de apoio, especialmente no que diz respeito à nutrição, ao vestuário e à habitação.

4. Os Estados-partes tomarão todas as medidas adequadas para assegurar o pagamento da pensão alimentícia por parte dos pais ou de outras pessoas financeiramente responsáveis pela criança, quer residam no Estado-parte quer no exterior. Nesse sentido, quando a pessoa que detém a responsabilidade financeira pela criança residir em Estado diferente daquele onde mora a criança, os Estados-partes promoverão a adesão a acordos internacionais ou a conclusão de tais acordos, bem como a adoção de outras medidas apropriadas.

Artigo 28

1. Os Estados-partes reconhecem o direito da criança à educação e, a fim de que ela possa exercer progressivamente e em igualdade de condições esse direito, deverão especialmente:

a) tornar o ensino primário obrigatório e disponível gratuitamente a todos;

b) estimular o desenvolvimento do ensino secundário em suas diferentes formas, inclusive o ensino geral e profissionalizante, tornando-o disponível e acessível a todas as crianças, e adotar medidas apropriadas tais como a implantação do ensino gratuito e a concessão de assistência financeira em caso de necessidade;

c) tornar o ensino superior acessível a todos, com base na capacidade e por todos os meios adequados;

d) tornar a informação e a orientação educacionais e profissionais disponíveis e acessíveis a todas as crianças;

e) adotar medidas para estimular a frequência regular às escolas e a redução do índice de evasão escolar.

2. Os Estados-partes adotarão todas as medidas necessárias para assegurar que a disciplina escolar seja ministrada de maneira compatível com a dignidade humana da criança e em conformidade com a presente Convenção.

3. Os Estados-partes promoverão e estimularão a cooperação internacional em questões relativas à educação, especialmente visando a contribuir para eliminação da ignorância e do analfabetismo no mundo e facilitar o acesso aos conhecimentos científicos e técnicos e aos métodos modernos de ensino. A esse respeito, será dada atenção especial às necessidades dos países em desenvolvimento.

Artigo 29

1. Os Estados-partes reconhecem que a educação da criança deverá estar orientada no sentido de:

a) desenvolver a personalidade, as aptidões e a capacidade mental e física da criança e todo o seu potencial;

b) imbuir na criança o respeito aos direitos humanos e às liberdades fundamentais, bem como aos princípios consagrados na Carta das Nações Unidas;

c) imbuir na criança o respeito aos seus pais, à sua própria identidade cultural, ao seu idioma e seus valores, aos valores nacionais do país em que reside, aos do eventual país de origem e aos das civilizações diferentes da sua;

d) preparar a criança para assumir uma vida responsável em uma sociedade livre, com espírito de compreensão, paz, tolerância, igualdade de sexos e amizade entre todos os povos, grupos étnicos, nacionais e religiosos e pessoas de origem indígena;

e) imbuir na criança o respeito ao meio ambiente.

2. Nada do disposto no presente artigo ou no artigo 28 será interpretado de modo a restringir a liberdade dos indivíduos ou das entidades de criar e dirigir instituições de ensino, desde que sejam respeitados os princípios enunciados no parágrafo 1 do presente artigo e que a educação ministrada em tais instituições esteja de acordo com os padrões mínimos estabelecidos pelo Estado.

Artigo 30

Nos Estados-partes onde existam minorias étnicas, religiosas ou linguísticas, ou pessoas de origem indígena, não será negado a uma criança que pertença a tais minorias ou que seja indígena o direito de, em comunidade com os demais membros de seu grupo, ter sua própria cultura, professar e praticar sua própria religião ou utilizar seu próprio idioma.

▸ Art. 27 do Pacto Internacional sobre Direitos Civis e Políticos (1966)

Artigo 31

1. Os Estados-partes reconhecem o direito da criança ao descanso e ao lazer, ao divertimento e às atividades recreativas próprias da idade, bem como à livre participação na vida cultural e artística.

2. Os Estados-partes respeitarão e promoverão o direito da criança de participar plenamente da vida cultural e artística e encorajarão a criação de oportunidades adequadas, em condição de igualdade, para que participem da vida cultural, artística, recreativa e de lazer.

Artigo 32

1. Os Estados-partes reconhecem o direito da criança de estar protegida contra a exploração econômica e contra o desempenho de qualquer trabalho que possa ser perigoso ou interferir em sua educação, ou seja nocivo para saúde ou para seu desenvolvimento físico, mental, espiritual, moral ou social.
2. Os Estados-partes adotarão medidas legislativas, administrativas, sociais e educacionais com vistas a assegurar a aplicação do presente artigo. Com tal propósito, e levando em consideração as disposições pertinentes de outros instrumentos internacionais, os Estados-partes deverão, em particular:
a) estabelecer uma idade ou idades mínimas para a admissão em empregos;
b) estabelecer regulamentação apropriada relativa a horários e condições de emprego;
c) estabelecer penalidades ou outras sanções apropriadas a fim de assegurar o cumprimento efetivo do presente artigo.

Artigo 33

Os Estados-partes adotarão todas as medidas apropriadas, inclusive medidas legislativas, administrativas, sociais e educacionais, para proteger a criança contra o uso ilícito de drogas e substâncias psicotrópicas descritas nos tratados internacionais pertinentes e para impedir que crianças sejam utilizadas na produção e no tráfico ilícito dessas substâncias.

Artigo 34

Os Estados-partes se comprometem a proteger a criança contra todas as formas de exploração e abuso sexual. Nesse sentido, os Estados-partes tomarão, em especial, todas as medidas de caráter nacional, bilateral e multilateral que sejam necessárias para impedir:
a) o incentivo ou coação para que uma criança de dedique a qualquer atividade sexual ilegal;
b) a exploração da criança na prostituição ou outras práticas sexuais ilegais;
c) a exploração da criança em espetáculos ou materiais pornográficos.

Artigo 35

Os Estados-partes tomarão todas as medidas de caráter nacional, bilateral ou multilateral que sejam necessárias para impedir o sequestro, a venda ou o tráfico de crianças para qualquer fim ou sob qualquer forma.

Artigo 36

Os Estados-partes protegerão a criança contra todas as demais formas de exploração que sejam prejudiciais a qualquer aspecto de seu bem-estar.

Artigo 37

Os Estados-partes assegurarão que:
a) Nenhuma criança seja submetida a tortura nem a outros tratamentos ou penas cruéis, desumanos ou degradantes. Não será imposta a pena de morte, nem a prisão perpétua, sem possibilidade de livramento, por delitos cometidos por menores de dezoito anos de idade.
b) Nenhuma criança seja privada de sua liberdade de forma ilegal ou arbitrária. A detenção, a reclusão ou a prisão de uma criança, será efetuada em conformidade com a lei e apenas como último recurso, e durante o mais breve período de tempo que for apropriado.
c) Toda criança privada da liberdade seja tratada com humanidade e o respeito que merece a dignidade inerente à pessoa humana, e levando-se em consideração as necessidades de uma pessoa de sua idade. Em especial, toda criança privada de sua liberdade ficará separada de adultos, a não ser que tal fato seja considerado contrário aos melhores interesses da criança, e terá direito a manter contato com sua família por meio de correspondência ou de visitas, salvo em circunstâncias excepcionais.
d) Toda criança privada de sua liberdade tenha direito a rápido acesso a assistência jurídica e a qualquer outra assistência adequada, bem como direito a impugnar a legalidade da privação de sua liberdade perante um tribunal ou outra autoridade competente, independente e imparcial e a uma rápida decisão a respeito de tal ação.

Artigo 38

1. Os Estados-partes se comprometem a respeitar e a fazer com que sejam respeitadas as normas do Direito Internacional Humanitário aplicáveis em casos de conflito armado, no que digam respeito às crianças.
2. Os Estados-partes adotarão todas as medidas possíveis, a fim de assegurar que todas as pessoas que ainda não tenham completado quinze anos de idade não participem diretamente de hostilidades.
3. Os Estados-partes abster-se-ão de recrutar pessoas que não tenham completado quinze anos de idade para servir em suas Forças Armadas. Caso recrutem pessoas que tenham completado quinze anos, mas que tenham menos de dezoito anos, deverão procurar dar prioridade aos de mais idade.
4. Em conformidade com suas obrigações, de acordo com o Direito Internacional Humanitário para proteção da população civil durante os conflitos armados, os Estados-partes adotarão todas as medidas necessárias a fim de assegurar a proteção e o cuidado das crianças afetadas por um conflito armado.

Artigo 39

Os Estados-partes adotarão todas as medidas apropriadas para estimular a recuperação física e psicológica e a reintegração social de toda criança vítima de: qualquer forma de abandono, exploração ou abuso; tortura ou outros tratamentos ou penas cruéis, desumanos ou degradantes; ou conflitos armados. Essa recuperação e reintegração serão efetuadas em ambiente que estimule a saúde, o respeito próprio e a dignidade da criança.

Artigo 40

1. Os Estados-partes reconhecem o direito de toda criança, de quem se alegue ter infringido as leis penais ou a quem se acuse ou declare culpada de ter infringido as leis penais, de ser tratada de modo a promover e estimular seu sentido de dignidade e de valor, e a fortalecer o respeito da criança pelos direitos humanos e pelas liberdades fundamentais de terceiros, levando em consideração a idade da criança e a importância de se estimular sua reintegração e seu desempenho construtivo na sociedade.

2. Nesse sentido, e de acordo com as disposições pertinentes dos instrumentos internacionais, os Estados assegurarão, em particular:

a) que não se alegue que nenhuma criança tenha infringido as leis penais, nem se acuse ou declare culpada nenhuma criança de ter infringido essas leis, por atos ou omissões que não eram proibidos pela legislação nacional ou pelo direito internacional no momento em que foram cometidos;

b) que toda criança de quem se alegue ter infringido as leis penais ou a quem se acuse de ter infringido essas leis goze, pelo menos, das seguintes garantias:

I) ser considerada inocente, enquanto não for comprovada sua culpabilidade conforme a lei;

II) ser informada sem demora e diretamente ou, quando for o caso, por intermédio de seus pais ou de seus representantes legais, das acusações que pesam contra ela, e dispor de assistência jurídica ou outro tipo de assistência apropriada para a preparação de sua defesa;

III) ter a causa decidida sem demora por autoridade ou órgão judicial competente, independente e imparcial, em audiência justa conforme a lei, com assistência jurídica ou outra assistência e, a não ser que seja considerado contrário aos melhores interesses da criança, levando em consideração especialmente sua idade ou situação e a de seus pais ou representantes legais;

IV) não ser obrigada a testemunhar ou se declarar culpada, e poder interrogar ou fazer com que sejam interrogadas as testemunhas de acusações, bem como poder obter a participação e o interrogatório de testemunhas em sua defesa, em igualdade de condições;

V) se for decidido que infringiu as leis penais, ter essa decisão e qualquer medida imposta em decorrência da mesma submetidas à revisão por autoridade ou órgão judicial competente, independente e imparcial, de acordo com a lei;

VI) contar com a assistência gratuita de um intérprete, caso a criança não compreenda ou fale o idioma utilizado;

VII) ter plenamente respeitada sua vida privada durante todas as fases do processo.

3. Os Estados-partes buscarão promover o estabelecimento de leis, procedimentos, autoridades e instituições específicas para as crianças de quem se alegue ter infringido as leis penais ou que sejam acusadas ou declaradas culpadas de tê-las infringido, e em particular:

a) o estabelecimento de uma idade mínima antes da qual se presumirá que a criança não tem capacidade para infringir as leis penais;

b) a adoção, sempre que conveniente e desejável, de medidas para tratar dessas crianças sem recorrer a procedimentos judiciais, contanto que sejam respeitados plenamente os direitos humanos e as garantias legais.

4. Diversas medidas, tais como ordens de guarda, orientação e supervisão, aconselhamento, liberdade vigiada, colocação em lares de adoção, programas de educação e formação profissional, bem como outras alternativas à internação em instituições, deverão estar disponíveis para garantir que as crianças sejam tratadas de modo apropriado ao seu bem-estar e de forma proporcional às circunstâncias do delito.

Artigo 41

Nada do estipulado na presente Convenção afetará as disposições que sejam mais convenientes para a realização dos direitos da criança e que podem constar:

a) das leis de um Estado-parte;

b) das normas de Direito Internacional vigente para esse Estado.

PARTE II

Artigo 42

Os Estados-partes se comprometem a dar aos adultos e às crianças amplo conhecimento dos princípios e disposições da Convenção, mediante a utilização de meios apropriados e eficazes.

Artigo 43

1. A fim de examinar os progressos realizados no cumprimento das obrigações contraídas pelos Estados-partes na presente Convenção, deverá ser constituído um Comitê para os Direitos da Criança, que desempenhará as funções a seguir determinadas.

2. O Comitê estará integrado por dez especialistas de reconhecida integridade moral e competência nas áreas cobertas pela presente Convenção. Os membros do Comitê serão eleitos pelos Estados-partes dentre seus nacionais e exercerão suas funções a título pessoal, tomando-se em devida conta a distribuição geográfica equitativa, bem como os principais sistemas jurídicos.

3. Os membros do Comitê serão escolhidos, em votação secreta, de uma lista de pessoas indicadas pelos Estados-partes. Cada Estado-parte poderá indicar uma pessoa dentre os cidadãos de seu país.

4. A eleição inicial para o Comitê será realizada, no mais tardar, seis meses após a entrada em vigor da presente Convenção e, posteriormente, a cada dois anos. No mínimo quatro meses antes da data marcada para cada eleição, o Secretário-Geral das Nações Unidas enviará uma carta aos Estados-partes, convidando-os a apresentar suas candidaturas em um prazo de dois meses. O Secretário-Geral elaborará posteriormente uma lista da qual farão parte, em ordem alfabética, todos os candidatos indicados e os Estados-partes que os designaram e submeterá a mesma aos Estados-partes na Convenção.

5. As eleições serão realizadas em reuniões dos Estados-partes convocadas pelo Secretário-Geral na sede das Nações Unidas. Nessas reuniões, para as quais o *quorum* será de dois terços dos Estados-partes, os candidatos eleitos para o Comitê serão aqueles que obtiverem o maior número de votos e a maioria absoluta de votos dos representantes dos Estados-partes presentes e votantes.

6. Os membros do Comitê serão eleitos para um mandato de quatro anos. Poderão ser reeleitos caso sejam apresentadas novamente suas candidaturas. O mandato de cinco anos dos membros eleitos na primeira eleição expirará ao término de dois anos; imediatamente após ter sido realizada a primeira eleição, o Presidente da reunião, na qual a mesma se efetuou, escolherá por sorteio os nomes desses cinco membros.

7. Caso um membro do Comitê venha a falecer ou renuncie ou declare que por qualquer outro motivo não poderá continuar desempenhando suas funções, o Estado-parte que indicou esse membro designará outro especialista, dentre seus cidadãos, para que exerça o mandato até o seu término, sujeito à aprovação do Comitê.

8. O Comitê estabelecerá suas próprias regras de procedimento.

9. O Comitê elegerá a Mesa para um período de dois anos.

10. As reuniões do Comitê serão celebradas normalmente na sede das Nações Unidas ou em qualquer outro lugar que o Comitê julgar conveniente. O Comitê se reunirá normalmente todos os anos. A duração das reuniões do Comitê será determinada e revista, se for o caso, em uma reunião dos Estados-partes na presente Convenção, sujeita à aprovação da Assembleia Geral.

11. O Secretário-Geral das Nações Unidas fornecerá o pessoal e os serviços necessários para o desempenho eficaz das funções do Comitê, de acordo com a presente Convenção.

12. Com prévia aprovação da Assembleia Geral, os membros do Comitê, estabelecidos de acordo com a presente Convenção, receberão remuneração proveniente dos recursos das Nações Unidas, segundo os termos e condições determinados pela Assembleia.

Artigo 44

1. Os Estados-partes se comprometem a apresentar ao Comitê, por intermédio do Secretário-Geral das Nações Unidas, relatórios sobre as medidas que tenham adotado, com vistas a tornar efetivos os direitos reconhecidos na Convenção e sobre os progressos alcançados no desempenho desses direitos:

a) dentro de um prazo de dois anos a partir da data em que entrou em vigor para cada Estado-parte a presente Convenção;

b) a partir de então, a cada cinco anos.

2. Os relatórios preparados em função do presente artigo deverão indicar as circunstâncias e as dificuldades, caso existam, que afetam o grau de cumprimento das obrigações derivadas da presente Convenção. Deverão também conter informações suficientes para que o Comitê compreenda, com exatidão, a implementação da Convenção no país em questão.

3. Um Estado-parte que tenha apresentado um relatório inicial ao Comitê não precisará repetir, nos relatórios posteriores a serem apresentados conforme o estipulado na alínea *b* do parágrafo 1º do presente artigo, a informação básica fornecida anteriormente.

4. O Comitê poderá solicitar aos Estados-partes maiores informações sobre a implementação da Convenção.

5. A cada dois anos, o Comitê submeterá relatórios sobre suas atividades à Assembleia Geral das Nações Unidas, por intermédio do Conselho Econômico e Social.

6. Os Estados-partes tornarão seus relatórios amplamente disponíveis ao público em seus respectivos países.

Artigo 45

A fim de incentivar a efetiva implementação da Convenção e estimular a cooperação internacional nas esferas regulamentadas pela Convenção:

a) os organismos especializados, o Fundo das Nações Unidas para a Infância e outros órgãos das Nações Unidas terão o direito de estar representados quando for analisada a implementação das disposições da presente Convenção em matérias correspondentes a seus respectivos mandatos. O Comitê poderá convidar as agências especializadas, o Fundo das Nações Unidas para a Infância e outros órgãos competentes que considere apropriados a fornecerem assessoramento especializado sobre a implementação da Convenção em matérias correspondentes a seus respectivos mandatos. O Comitê poderá convidar as agências especializadas, o Fundo das Nações Unidas para a Infância e outros órgãos das Nações Unidas a apresentarem relatórios sobre a implementação das disposições da presente Convenção compreendidas no âmbito de suas atividades;

b) conforme julgar conveniente, o Comitê transmitirá às agências especializadas, ao Fundo das Nações Unidas para a Infância e a outros órgãos competentes quaisquer relatórios dos Estados-partes que contenham um pedido de assessoramento ou de assistência técnica, ou nos quais se indique essa necessidade juntamente com as observações e sugestões do Comitê, se as houver, sobre esses pedidos ou indicações;

c) o Comitê poderá recomendar à Assembleia Geral que solicite ao Secretário-Geral que efetue, em seu nome, estudos sobre questões concretas relativas aos direitos da criança;

d) o Comitê poderá formular sugestões e recomendações gerais com base nas informações recebidas nos termos dos artigos 44 e 45 da presente Convenção. Essas sugestões e recomendações gerais deverão ser transmitidas aos Estados-partes e encaminhadas à Assembleia Geral, juntamente com os comentários eventualmente apresentados pelos Estados-partes.

PARTE III
Artigo 46

A presente Convenção está aberta à assinatura de todos os Estados.

Artigo 47

A presente Convenção está sujeita à ratificação. Os instrumentos de ratificação serão depositados junto ao Secretário-Geral das Nações Unidas.

Artigo 48

A presente Convenção permanecerá aberta à adesão de qualquer Estado. Os instrumentos de adesão serão depositados junto ao Secretário-Geral das Nações Unidas.

Artigo 49

1. A presente Convenção entrará em vigor no trigésimo dia após a data em que tenha sido depositado o vigésimo instrumento de ratificação ou de adesão junto ao Secretário-Geral das Nações Unidas.
2. Para cada Estado que venha a ratificar a Convenção ou a aderir a ela após ter sido depositado o vigésimo instrumento de ratificação ou de adesão, a Convenção entrará em vigor no trigésimo dia após o depósito, por parte do Estado, do instrumento de ratificação ou de adesão.

Artigo 50

1. Qualquer Estado-parte poderá propor uma emenda e registrá-la com o Secretário-Geral das Nações Unidas. O Secretário-Geral comunicará a emenda proposta aos Estados-partes, com a solicitação de que estes o notifiquem caso apoiem a convocação de uma Conferência de Estados-partes com o propósito de analisar as propostas e submetê-las à votação. Se, em um prazo de quatro meses a partir da data dessa notificação, pelo menos um terço dos Estados-partes se declarar favorável a tal Conferência, o Secretário-Geral convocará a Conferência, sob os auspícios das Nações Unidas. Qualquer emenda adotada pela maioria de Estados-partes presentes e votantes na Conferência será submetida pelo Secretário-Geral à Assembleia Geral para sua aprovação.

2. Uma emenda adotada em conformidade com o parágrafo 1º do presente artigo entrará em vigor quando aprovada pela Assembleia Geral das Nações Unidas e aceita por uma maioria de dois terços de Estados-partes.

3. Quando uma emenda entrar em vigor, ela será obrigatória para os Estados-partes que a tenham aceito, enquanto os demais Estados-partes permanecerão obrigados pelas disposições da presente Convenção e pelas emendas anteriormente aceitas por eles.

Artigo 51

O Secretário-Geral das Nações Unidas receberá e comunicará a todos os Estados-partes o texto das reservas feitas pelos Estados no momento da ratificação ou da adesão.

2. Não será permitida nenhuma reserva incompatível com o objeto e o propósito da presente Convenção.

3. Quaisquer reservas poderão ser retiradas a qualquer momento, mediante uma notificação nesse sentido, dirigida ao Secretário-Geral das Nações Unidas, que informará a todos os Estados. Essa notificação entrará em vigor a partir da data de recebimento da mesma pelo Secretário-Geral.

Artigo 52

Um Estado-parte poderá denunciar a presente Convenção mediante notificação feita por escrito ao Secretário-Geral das Nações Unidas. A denúncia entrará em vigor um ano após a data em que a notificação tenha sido recebida pelo Secretário-Geral.

Artigo 53

Designa-se para depositário da presente Convenção o Secretário-Geral das Nações Unidas.

Artigo 54

O original da presente Convenção, cujos textos seguem em árabe, chinês, espanhol, francês e russo são igualmente autênticos, será depositado em poder do Secretário-Geral das Nações Unidas. Em fé do que, os abaixo assinados, devidamente autorizados por seus respectivos Governos, assinaram a presente Convenção.

CONVENÇÃO INTERNACIONAL SOBRE A PROTEÇÃO DOS DIREITOS DE TODOS OS TRABALHADORES MIGRANTES E DOS MEMBROS DAS SUAS FAMÍLIAS (1990)

- Adotada Pela Resolução 45/158 da Assembleia-Geral, de 18 de Dezembro de 1990.
- Submetida ao Congresso Nacional pela Mensagem 696 de 13.12.2010. Não ratificada pelo Brasil.

Preâmbulo

Os Estados-Partes da presente Convenção,

Levando em consideração os princípios incorporados nos instrumentos básicos das Nações Unidas relativos aos direitos humanos, em especial a Declaração Universal dos Direitos Humanos, o Pacto

Internacional sobre os Direitos Econômicos, Sociais e Culturais, o Pacto Internacional sobre os Direitos Civis e Políticos, a Convenção Internacional sobre a Eliminação de Todas as Formas de Discriminação Racial, a Convenção sobre a Eliminação de Todas as Formas de Discriminação contra as Mulheres e a Convenção sobre os Direitos da Criança;

Levando também em consideração as normas e princípios estabelecidos nos instrumentos relevantes elaborados no âmbito da Organização Internacional do Trabalho, em particular a Convenção relativa à Migração para o Emprego (97), a Convenção relativa às Migrações em Condições Abusivas e à Promoção da Igualdade de Oportunidades e de Tratamento dos Trabalhadores Migrantes (143), a Recomendação relativa à Migração para o Emprego (86), a Recomendação relativa aos Trabalhadores Migrantes (151), a Convenção sobre Trabalho Forçado ou Obrigatório (29) e a Convenção sobre a Abolição do Trabalho Forçado (105);

Reafirmando a importância dos princípios enunciados na Convenção contra a discriminação na Educação, da Organização das Nações Unidas para a Educação, a Ciência e a Cultura;

Recordando a Convenção contra a Tortura e Outras Penas ou Tratamentos Cruéis, Desumanos ou Degradantes, a Declaração do Quarto Congresso das Nações Unidas para a Prevenção do Crime e o Tratamento dos Criminosos, o Código de Conduta para Policiais, e as Convenções sobre a Escravatura;

Recordando que um dos objetivos da Organização Internacional do Trabalho, estabelecido na sua Constituição, é a Proteção dos interesses dos trabalhadores empregados em países estrangeiros, e tendo em mente o conhecimento e a experiência desta Organização em assuntos relacionados aos trabalhadores migrantes e os membros das suas famílias;

Reconhecendo a importância do trabalho realizado em relação aos trabalhadores migrantes e aos membros das suas famílias por vários órgãos das Nações Unidas, em particular a Comissão dos Direitos Humanos, a Comissão para o Desenvolvimento Social, bem como a Organização das Nações Unidas para a Alimentação e a Agricultura, a Organização das Nações Unidas para a Educação, a Ciência e a Cultura e a Organização Mundial de Saúde, e outras organizações internacionais;

Reconhecendo também os progressos realizados por alguns Estados, nos planos regional ou bilateral, no sentido da Proteção dos direitos dos trabalhadores migrantes e dos membros das suas famílias, bem como a importância e a utilidade dos acordos bilaterais e multilaterais celebrados neste domínio;

Percebendo a importância e a extensão do fenômeno da migração, que envolve milhares de pessoas e afeta um grande número de Estados na comunidade internacional;

Conscientes do efeito das migrações de trabalhadores nos Estados e nas populações interessadas, e desejando estabelecer normas que possam contribuir para a harmonização das condutas dos Estados através da aceitação de princípios fundamentais relativos ao tratamento dos trabalhadores migrantes e dos membros das suas famílias;

Considerando a situação de vulnerabilidade em que frequentemente se encontram os trabalhadores migrantes e os membros das suas famílias devido, entre outras coisas, à sua ausência do Estado de origem e às dificuldades resultantes da sua presença no Estado de emprego;

Convencidos de que os direitos dos trabalhadores migrantes e dos membros das suas famílias não têm sido suficientemente reconhecidos em todo o mundo e portanto necessitam de proteção internacional adequada;

Levando em consideração o fato de que frequentemente a migração é a causa de graves problemas para os membros das famílias dos trabalhadores migrantes bem como para os próprios trabalhadores, especialmente por causa da dispersão da família;

Tendo em mente que os problemas humanos envolvidos na migração são ainda mais graves no caso da migração irregular e convictos, por esse motivo, de que se deve estimular a adoção de medidas adequadas a fim de prevenir e eliminar os movimentos clandestinos e o tráfico de trabalhadores migrantes, assegurando ao mesmo tempo a proteção dos seus direitos humanos fundamentais;

Considerando que os trabalhadores que não sejam documentados ou que estejam em situação irregular são, frequentemente, empregados em condições de trabalho menos favoráveis que outros trabalhadores e que certos empregadores consideram isto um incentivo para procurar tal mão de obra a fim de obterem os benefícios da concorrência desleal;

Considerando também que o emprego de trabalhadores migrantes em situação irregular será desencorajado se os direitos humanos fundamentais de todos os trabalhadores migrantes forem mais amplamente reconhecidos e que, além disso, a concessão de certos direitos adicionais aos trabalhadores migrantes e membros das suas famílias em situação regular estimulará todos os migrantes e empregadores a respeitar e a aplicar as leis e os procedimentos estabelecidos pelos Estados interessados;

Convictos, por esse motivo, da necessidade de realizar a proteção internacional dos direitos de todos os trabalhadores migrantes e dos membros das suas famílias, reafirmando e estabelecendo normas básicas em uma convenção abrangente que pode ser universalmente aplicada;

Pactuam o seguinte:

PARTE I
ESCOPO E DEFINIÇÕES

Artigo 1º

1. A presente Convenção aplica-se, exceto como de outra forma estabelecido abaixo, a todos os trabalhadores migrantes e aos membros das suas famílias sem distinção de qualquer tipo, tal como

de sexo, raça, cor, língua, religião ou convicção, opinião política ou outra, origem nacional, étnica ou social, nacionalidade, idade, posição econômica, patrimônio, estado civil, nascimento ou outra situação.

2. A presente Convenção aplica-se a todo o processo migratório dos trabalhadores migrantes e dos membros das suas famílias, o qual compreende a preparação da migração, a partida, o trânsito e todo o período de estada e atividade remunerada no Estado de emprego, bem como o regresso ao Estado de origem ou ao Estado de residência habitual.

Artigo 2º

Para os fins da presente Convenção:

1. A expressão "trabalhador migrante" refere-se a uma pessoa que vai exercer, exerce ou exerceu uma atividade remunerada em um Estado do qual ele não é um cidadão.

2.

a) A expressão "trabalhador fronteiriço" refere-se a um trabalhador migrante que conserva a sua residência habitual num Estado vizinho ao qual ele normalmente regressa todos os dias ou, pelo menos, uma vez por semana;

b) A expressão "trabalhador sazonal" refere-se a um trabalhador migrante cuja atividade, pela sua natureza, depende de condições sazonais e só se realiza durante parte do ano;

c) A expressão "marinheiro", que inclui pescadores, refere-se a um trabalhador migrante empregado a bordo de um navio matriculado em um Estado do qual ele não é um cidadão;

d) A expressão "trabalhador numa estrutura marítima" refere-se a um trabalhador migrante empregado numa instalação marítima que se encontra sob a jurisdição de um Estado do qual ele não é um cidadão;

e) A expressão "trabalhador itinerante" refere-se a um trabalhador migrante que, tendo a sua residência habitual num Estado, tem de viajar para outro Estado ou Estados por períodos curtos, devido à natureza da sua ocupação;

f) A expressão "trabalhador vinculado a um projeto" refere-se a um trabalhador migrante admitido num Estado de emprego por tempo definido para trabalhar unicamente em um projeto específico sendo conduzido pelo seu empregador nesse Estado;

g) A expressão "trabalhador com emprego específico" refere-se a um trabalhador migrante:

(i) Que tenha sido enviado pelo seu empregador, por um período limitado e definido, a um Estado de emprego para aí realizar uma tarefa ou função específica; ou

(ii) Que realize, por um período limitado e definido, um trabalho que exija competências profissionais, comerciais, técnicas ou altamente especializadas de outra natureza; ou

(iii) Que, a pedido do seu empregador no Estado de emprego, realize, por um período limitado e definido, um trabalho de natureza transitória ou de curta duração; e que deva deixar o Estado de emprego quando expirar seu período autorizado de residência, ou antes, se deixar de realizar a tarefa ou função específica ou o trabalho inicial;

h) A expressão "trabalhador independente" designa o trabalhador migrante que exerce uma atividade remunerada não submetida a um contrato de trabalho e que ganha a sua vida através desta atividade, trabalhando normalmente só ou com membros da sua família, e qualquer outro trabalhador migrante reconhecido como independente pela legislação aplicável do Estado de emprego ou por acordos bilaterais ou multilaterais.

Artigo 3º

Esta Convenção não se aplica:

a) Às pessoas enviadas ou empregadas por organizações e organismos internacionais, nem às pessoas enviadas ou empregadas por um Estado fora do seu território para desempenharem funções oficiais, cuja admissão e condições são regulados pela lei internacional geral ou por acordos ou convenções internacionais específicos;

b) Às pessoas enviadas ou empregadas por um Estado ou por conta desse Estado fora do seu território que participam em programas de desenvolvimento e em outros programas de cooperação, cuja admissão e estatuto são regulados por acordo celebrado com o Estado de emprego e que, nos termos deste acordo, não são consideradas trabalhadores migrantes;

c) Às pessoas que se instalam num Estado diferente do seu Estado de origem na função de investidores;

d) Aos refugiados e expatriados, salvo disposição em contrário da legislação nacional relevante do Estado Parte interessado ou de instrumentos internacionais vigentes para esse Estado;

e) Aos estudantes e estagiários;

f) Aos marinheiros e aos trabalhadores de estruturas marítimas que não tenham sido autorizados a residir ou a exercer uma atividade remunerada no Estado de emprego.

Artigo 4º

Para os fins da presente Convenção, a expressão "membros da família" refere-se a pessoa casada com o trabalhador migrante ou que com ele mantém uma relação que, em virtude da legislação aplicável, produz efeitos equivalentes aos do casamento, bem como os filhos sob sua responsabilidade e outros dependentes, reconhecidos como familiares pela legislação aplicável ou por acordos bilaterais ou multilaterais aplicáveis entre os Estados interessados.

Artigo 5º

Para os fins da presente Convenção, os trabalhadores migrantes e os membros das suas famílias:

a) São considerados documentados ou em situação regular se forem autorizados a entrar, permanecer e exercer uma atividade remunerada no Estado de emprego, de acordo com a lei de tal Estado e das convenções internacionais de que esse Estado faça Parte;

b) São considerados não-documentados ou em situação irregular se não atenderem as condições mencionadas no item (a) deste artigo.

Artigo 6º

Para os fins desta Convenção:

a) A expressão "Estado de origem" significa o Estado em que a pessoa interessada é nacional;

b) A expressão "Estado de emprego" significa o Estado onde o trabalhador migrante vai exercer, exerce ou exerceu uma atividade remunerada, conforme o caso;

c) A expressão "Estado de trânsito" significa qualquer Estado por cujo território a pessoa interessada deva passar a fim de se dirigir para o Estado de emprego ou do Estado de emprego para o Estado de origem ou de residência habitual.

PARTE II
NÃO DISCRIMINAÇÃO EM RELAÇÃO AOS DIREITOS

Artigo 7º

Os Estados-Partes comprometem-se, de acordo com os instrumentos internacionais relativos aos direitos humanos, a respeitar e a garantir os direitos previstos na presente Convenção a todos os trabalhadores migrantes e membros da sua família que se encontrem no seu território e sujeitos à sua jurisdição, sem distinção de qualquer tipo em relação a sexo, raça, cor, idioma, religião ou convicção, opinião política ou outra, origem nacional, étnica ou social, nacionalidade, idade, posição econômica, patrimônio, estado civil, nascimento ou de qualquer outra situação.

PARTE III
DIREITOS HUMANOS DE TODOS OS TRABALHADORES MIGRANTES E DOS MEMBROS DAS SUAS FAMÍLIAS

Artigo 8º

1. Os trabalhadores migrantes e os membros das suas famílias podem sair livremente de qualquer Estado, incluindo o seu Estado de origem. Este direito não estará sujeito a quaisquer restrições, exceto as previstas em lei, necessárias para proteger a segurança nacional, a ordem pública, a saúde ou moral pública, ou os direitos e liberdade de outros e se mostrem compatíveis com os outros direitos reconhecidos na presente parte da Convenção.

2. Os trabalhadores migrantes e os membros da sua família têm o direito a regressar em qualquer momento ao seu Estado de origem e de nele permanecer.

Artigo 9º

O direito à vida dos trabalhadores migrantes e dos membros da sua família é protegido por lei.

Artigo 10

Nenhum trabalhador migrante ou membro da sua família pode ser submetido a tortura, nem a punição ou tratamentos cruéis, desumanos ou degradantes.

Artigo 11

1. Nenhum trabalhador migrante ou membro da sua família será mantido em regime escravo ou sob servidão.

2. Nenhum trabalhador migrante ou membro da sua família pode ser obrigado a realizar um trabalho forçado ou obrigatório.

3. O parágrafo 2 deste artigo não será interpretado no sentido de proibir, nos Estados onde determinados crimes podem ser punidos com pena de prisão acompanhada de trabalho forçado, o cumprimento de uma pena de trabalhos forçados imposta por um tribunal competente.

4. Para os fins do presente artigo, a expressão "trabalho forçado ou obrigatório" não inclui:

a) qualquer trabalho ou serviço não mencionado no parágrafo 3 do presente artigo, exigido normalmente a uma pessoa que, em virtude de uma decisão judicial ordinária, se encontra detida ou tenha sido colocada em liberdade condicional posteriormente;

b) qualquer serviço exigido no caso de emergência ou de calamidade que ameacem a vida ou o bem-estar da comunidade;

c) qualquer trabalho ou serviço que faça parte das obrigações cívicas normais, desde que exigível também a cidadãos do Estado interessado.

Artigo 12

1. Os trabalhadores migrantes e os membros da sua família têm direito à liberdade de pensamento, de consciência e de religião. Este direito deverá incluir a liberdade de ter ou de adotar uma religião ou crença da sua escolha, bem como a liberdade de manifestar a sua religião ou crença, individual ou coletivamente, de maneira pública ou privada, pelo culto, celebração de ritos, práticas e o ensino.

2. Os trabalhadores migrantes e os membros da sua família não serão submetidos a coação que prejudique a sua liberdade de ter ou adotar uma religião ou crença da sua escolha.

3. A liberdade de manifestar a sua religião ou crença estará sujeita apenas às limitações previstas na lei e que se mostrem necessárias à proteção da segurança nacional, da ordem, saúde ou moral públicas e das liberdades e direitos fundamentais de outros.

4. Os Estados-Partes desta Convenção comprometem-se a respeitar a liberdade dos pais, quando pelo menos um deles for trabalhador migrante e, quando aplicável, dos representantes legais, de assegurar a educação religiosa e moral dos seus filhos de acordo com as suas próprias convicções.

Artigo 13

1. Os trabalhadores migrantes e os membros das suas famílias têm o direito de expressar as suas opiniões sem interferência.

2. Os trabalhadores migrantes e os membros das suas famílias têm direito à liberdade de expressão; este direito inclui a liberdade de procurar, receber e compartilhar informações e ideias de todo tipo, independentemente de fronteiras, sob a forma oral, escrita, impressa ou artística ou por qualquer outro meio à sua escolha.

3. O exercício do direito previsto no parágrafo 2 deste artigo implica deveres e responsabilidades especiais. Por esta razão, ele pode estar sujeito a determinadas restrições, desde que estejam previstas na lei e sejam necessárias:

a) Em relação aos direitos e à reputação de outros;

b) Para a proteção da segurança nacional dos Estados interessados, da ordem pública, da saúde ou da moral públicas;

c) Para os fins de prevenção de qualquer incitação à guerra;

d) Para os fins de prevenir a apologia ao ódio nacional, racial e religioso, que constitua uma incitação à discriminação, à hostilidade ou à violência.

Artigo 14

Nenhum trabalhador migrante ou membro da sua família será sujeitado a intromissões arbitrárias ou ilegais na sua vida privada, na sua família, no seu domicílio, na sua correspondência ou outras comunicações, nem a ofensas ilegais à sua honra e reputação. Cada trabalhador migrante e membro da sua família tem direito à proteção da lei contra tais intromissões ou ofensas.

Artigo 15

Nenhum trabalhador migrante ou membro da sua família será arbitrariamente privado dos bens de que seja o único titular ou que possua conjuntamente com outros. A desapropriação total ou parcial dos bens de um trabalhador migrante ou membro da sua família só pode ser efetuada nos termos da legislação vigente no Estado de emprego mediante o pagamento de uma indenização justa e adequada.

Artigo 16

1. Os trabalhadores migrantes e os membros das suas famílias têm direito à liberdade e à segurança da sua pessoa.

2. Os trabalhadores migrantes e os membros das suas famílias têm direito à proteção efetiva do Estado contra a violência, os maus tratos físicos, as ameaças e a intimidação, por parte de funcionários públicos ou privados, grupos ou instituições.

3. Qualquer verificação pelos funcionários responsáveis pela aplicação da lei da identidade dos trabalhadores migrantes e dos membros das suas famílias deve ser conduzida de acordo com o procedimento estabelecido na lei.

4. Nenhum trabalhador migrante ou membro da sua família será sujeito, individual ou coletivamente, a detenção ou prisão arbitrária; nem será privado da sua liberdade, salvo por motivos e em conformidade com os procedimentos estabelecidos por lei.

5. Os trabalhadores migrantes ou membros das suas famílias que sejam detidos devem ser informados, no momento da detenção, se possível num idioma que eles compreendam, dos motivos da detenção e deverão ser prontamente notificados, num idioma que eles compreendam, das acusações contra eles formuladas.

6. Os trabalhadores migrantes ou membros das suas famílias que sejam detidos ou presos pela prática de uma infração penal devem ser levados imediatamente a um juiz ou outra entidade autorizada por lei a exercer funções judiciais e têm o direito de serem julgados em prazo razoável ou de aguardarem julgamento em liberdade. A prisão preventiva da pessoa que tenha de ser julgada não deve ser a regra geral, mas a sua libertação pode ser subordinada a garantias que assegurem a sua presença na audiência ou em qualquer ato processual e, se for o caso, para execução de sentença.

7. No caso em que um trabalhador migrante ou membro da sua família for detido ou submetido a prisão preventiva ou a qualquer outra forma de detenção:

a) As autoridades diplomáticas ou consulares do seu Estado de origem ou de um Estado que represente os interesses desse Estado serão informadas sem demora, se o interessado assim o solicitar, da sua detenção ou prisão e das razões da mesma;

b) A pessoa interessada tem direito de se comunicar com as tais autoridades. Quaisquer comunicações dirigidas pelo interessado a tais autoridades devem ser transmitidas sem demora, e o interessado tem também o direito de receber, sem demora, as comunicações enviadas por tais autoridades;

c) A pessoa interessada deve ser informada sem demora deste direito e dos direitos oriundos de tratados relevantes, se houver, celebrados entre os Estados interessados, de trocar correspondência e de reunir-se com representantes de tais autoridades e de tomar providências em relação à sua representação legal.

8. Os trabalhadores migrantes e os membros das suas famílias que sejam privados da sua liberdade mediante detenção ou prisão têm o direito de interpor recurso perante um tribunal, para que este decida sem demora sobre a legalidade da sua detenção e ordene a sua libertação no caso de ilegalidade. Quando participem nas audiências, eles devem se beneficiar da assistência, se necessário gratuita, de um intérprete, se não entenderem ou não falarem suficientemente bem o idioma utilizado pelo tribunal.

9. Os trabalhadores migrantes e os membros das suas famílias que tiverem sofrido detenção ou prisão preventiva ilegal têm o direito de requerer uma indenização adequada.

Artigo 17

1. Os trabalhadores migrantes e membros das suas famílias privados da sua liberdade devem ser tratados com humanidade e com respeito da dignidade inerente à pessoa humana e à sua identidade cultural.

2. Os trabalhadores migrantes e os membros das suas famílias sob acusação deverão ser separados dos condenados, exceto em circunstâncias excepcionais, e submetidos a um regime distinto, adequado à sua condição de pessoas não condenadas. Se forem menores, deverão ser separados dos adultos e seu processo ser trazido o quanto antes para adjudicação.

3. Qualquer trabalhador migrante ou membro da sua família que se encontre detido num Estado de trânsito, ou num Estado de emprego, por violação das disposições relativas à migração deve, na medida do possível, ser separado das pessoas detidas ou presas preventivamente.

4. Durante todo o período de prisão em execução de sentença proferida por um tribunal, o tratamento do trabalhador migrante ou membro da sua família terá por finalidade, essencialmente, sua reinserção e recuperação social. Delinquentes juvenis serão separados dos adultos e submetidos a um regime adequado à sua idade e ao seu estado legal.

5. Durante a detenção ou prisão, os trabalhadores migrantes e os membros das suas famílias deverão ter os mesmos direitos dos cidadãos nacionais de receber visitas dos seus familiares.

6. No caso de um trabalhador migrante ser privado da sua liberdade, as autoridades competentes do Estado da detenção devem considerar os problemas que podem colocar-se aos membros da sua família, em particular os cônjuges e filhos menores.

7. Os trabalhadores migrantes e os membros das suas famílias sujeitos a qualquer forma de detenção ou prisão, de acordo com a legislação vigente do Estado de emprego ou do Estado de trânsito, deverão ter os mesmos direitos que os cidadãos nacionais desse Estado que se encontrem na mesma situação.

8. Se um trabalhador migrante ou membro da sua família for detido com a finalidade de verificar se houve infração às disposições relacionadas com a migração, ele não deverá arcar com quaisquer encargos decorrentes.

Artigo 18

1. Os trabalhadores migrantes e os membros da sua família têm os mesmos direitos, perante os tribunais, que os nacionais do Estado interessado. Têm direito a que a sua causa seja equitativa e publicamente julgada por um tribunal competente, independente e imparcial, instituído por lei, que decidirá dos seus direitos e obrigações de caráter civil ou das razões de qualquer acusação em matéria penal contra si formulada.

2. O trabalhador migrante ou membro da sua família suspeito ou acusado de um crime será considerado inocente até que a sua culpa tenha sido legalmente estabelecida.

3. O trabalhador migrante ou membro da sua família acusado de ter infringido a lei penal tem, no mínimo, direito às garantias seguintes:

a) A ser informado pronta e detalhadamente, num idioma que ele entenda, da natureza e dos motivos das acusações formuladas contra ele;

b) A dispor do tempo e dos meios necessários à preparação da sua defesa e a se comunicar com o advogado da sua escolha;

c) A ser julgado num prazo razoável;

d) A estar presente no julgamento e a defender-se a si próprio ou por intermédio de um defensor da sua escolha; a ser informado, caso ele não possua assistência jurídica, deste direito; e a pedir a designação de um defensor oficioso, sempre que os interesses da justiça exijam a assistência do defensor, sem encargos, se não tiver meios suficientes para os suportar;

e) A interrogar ou ter interrogado as testemunhas de acusação e a obter a presença e o interrogatório das testemunhas de defesa em condições de igualdade;

f) A ter assistência gratuita de um intérprete se ele não compreender ou falar o idioma utilizado pelo tribunal;

g) A não ser obrigado a testemunhar ou a confessar-se culpado.

4. No caso de menores, o processo levará em conta a sua idade e a necessidade de facilitar a sua reintegração social.

5. Os trabalhadores migrantes e os membros das suas famílias condenados pela prática de um crime têm o direito de recorrer dessa decisão para um tribunal superior, nos termos da lei.

6. Quando uma condenação penal definitiva é ulteriormente anulada ou quando é concedido o indulto, porque um fato novo ou recentemente revelado prova que se produziu um erro judiciário, o trabalhador migrante ou membro da sua família que cumpriu uma pena em virtude dessa condenação será indenizado, em conformidade com a lei, a menos que se prove que a não revelação em tempo útil de fato desconhecido lhe é imputável no todo ou em parte.

7. Nenhum trabalhador migrante ou membro da sua família pode ser perseguido ou punido pela prática de uma infração pela qual já tenha sido absolvido ou condenado, em conformidade com a lei e o processo penal do Estado interessado.

Artigo 19

1. Nenhum trabalhador migrante ou membro da sua família será considerado culpado de qualquer crime por conta de qualquer ato ou omissão que não constitua um crime sob a lei nacional ou internacional no momento em que o crime foi cometido, nem será imposta uma pena mais pesada do que a que era aplicável no momento em que ele foi cometido. Se, após o cometimento do crime, for promulgada uma lei para a imposição de uma pena mais leve, ele se beneficiará da mesma.

2. Na determinação da medida da pena, o tribunal atenderá a considerações de natureza humanitária relativas à condição de trabalhador migrante, particularmente o direito de residência ou de trabalho reconhecido ao trabalhador migrante ou membro da sua família.

Artigo 20

1. Nenhum trabalhador migrante ou membro de sua família será detido pela única razão de não poder cumprir uma obrigação contratual.

2. Nenhum trabalhador migrante ou um membro da sua família pode ser privado da sua autorização de residência ou de trabalho, nem expulso, pela única razão de não ter cumprido uma obrigação decorrente de um contrato de trabalho, salvo se a execução dessa obrigação constituir uma condição de tais autorizações.

Artigo 21

Ninguém, exceto os funcionários públicos devidamente autorizados por lei para este efeito, tem o direito de apreender, destruir ou tentar destruir documentos de identidade, documentos de autorização de entrada, permanência, residência ou de estabelecimento no território nacional, ou documentos relativos à autorização de trabalho. Se for autorizada a apreensão e perda desses documentos, será emitido um recibo detalhado. Não será permitido, em nenhum caso, destruir o passaporte ou documento equivalente de um trabalhador migrante ou de um membro da sua família.

Artigo 22

1. Os trabalhadores migrantes e os membros da sua família não podem ser sujeitados a medidas de expulsão coletiva. Cada caso de expulsão será examinado e decidido individualmente.

2. Os trabalhadores migrantes e os membros da sua família só podem ser expulsos do território de um Estado Parte em cumprimento de uma decisão tomada por uma autoridade competente em conformidade com a lei.

3. A decisão deve ser comunicada aos interessados num idioma que eles compreendam. Mediante sua solicitação, se não for obrigatório, a decisão será lhe comunicada por escrito e, exceto em circunstâncias excepcionais, devidamente fundamentada. Os interessados serão informados deste direito antes de a decisão ser tomada ou, o mais tardar, no momento em que for tomada.

4. Exceto nos casos de uma decisão definitiva emanada de uma autoridade judicial, o interessado tem o direito de fazer valer as razões que militam contra a sua expulsão e de recorrer da decisão perante a autoridade competente, a menos que por razões de segurança nacional. Enquanto o seu recurso é apreciado, tem o direito de procurar obter a suspensão da referida decisão.

5. Se uma decisão de expulsão já executada for subsequentemente anulada, a pessoa interessada tem direito a obter uma indenização de acordo com a lei, não podendo a decisão anterior ser invocada para impedi-lo de regressar ao relativo Estado.

6. No caso de expulsão, a pessoa interessada deve ter a oportunidade razoável, antes ou depois da partida, de obter o pagamento de todos os salários ou outros valores que lhe sejam devidos, e de cumprir eventuais obrigações não executadas.

7. Sem prejuízo à execução de uma decisão de expulsão, o trabalhador migrante ou membro da sua família que esteja sujeito a esta decisão pode solicitar a admissão num Estado diferente do seu Estado de origem.

8. Em caso de expulsão de um trabalhador migrante ou membro da sua família, os custos desta expulsão não serão assumidos pelo mesmo. O interessado pode, no entanto, ser obrigado a custear as despesas da viagem.

9. A expulsão do Estado de emprego por si só não deverá prejudicar quaisquer direitos de um trabalhador migrante ou membro da sua família adquiridos em conformidade com a lei desse Estado, incluindo o direito de receber os salários e outros valores que lhe sejam devidos.

Artigo 23

Os trabalhadores migrantes e os membros das suas famílias têm o direito de recorrer à proteção e à assistência das autoridades diplomáticas e consulares do seu Estado de origem ou de um Estado que represente os interesses daquele Estado em caso de violação dos direitos reconhecidos na presente Convenção. Especialmente no caso de expulsão, o interessado será informado deste direito, sem demora, devendo as autoridades do Estado que procede à expulsão facilitar o exercício do mesmo.

Artigo 24

Todo trabalhador migrante e cada membro da sua família tem direito ao reconhecimento como pessoa, em todos os lugares, perante a lei.

Artigo 25

1. Os trabalhadores migrantes devem beneficiar-se de um tratamento não menos favorável que aquele que é concedido aos nacionais do Estado de emprego em matéria de retribuição e:

a) Outras condições de trabalho, como trabalho suplementar, horário de trabalho, descanso semanal, férias remuneradas, segurança, saúde, cessação da relação de trabalho e quaisquer outras condições de trabalho que, de acordo com o direito e a prática nacionais, se incluam na regulamentação das condições de trabalho;

b) Outras condições de emprego, como a idade mínima para admissão ao emprego, as restrições ao trabalho doméstico e outras questões que, de acordo com o direito e a prática nacionais, sejam consideradas condições de emprego.

2. Nenhuma derrogação é admitida ao princípio da igualdade de tratamento referido no parágrafo 1 do presente artigo nos contratos de trabalho privados.

3. Os Estados-Partes deverão adotar todas as medidas adequadas para garantir que os trabalhadores migrantes não sejam privados dos direitos derivados da aplicação deste princípio, em razão da irregularidade da sua situação em matéria de permanência ou de emprego. De um modo particular, os empregadores não ficam exonerados do cumprimento de obrigações legais ou contratuais,

nem as suas obrigações serão de modo algum limitadas por força de tal irregularidade.

Artigo 26

1. Os Estados-Partes reconhecem a todos os trabalhadores migrantes e aos membros das suas famílias o direito de:

a) Participar em reuniões e atividades de sindicatos e outras associações estabelecidos de acordo com a lei para proteger os seus interesses econômicos, sociais, culturais e outros, sujeitos apenas, às regras da organização interessada.

b) Inscrever-se livremente nos referidos sindicatos ou associações, sujeitos apenas às regras da organização interessada.

c) A procurar o auxílio e a assistência de tais sindicatos e associações.

2. O exercício de tais direitos só pode ser objeto das restrições previstas na lei e que sejam consideradas necessárias, numa sociedade democrática, no interesse da segurança nacional, da ordem pública, ou para proteger os direitos e liberdades de outros.

Artigo 27

1. Com relação à segurança social, os trabalhadores migrantes e os membros das suas famílias se beneficiam, no Estado de emprego, de um tratamento igual ao que é concedido aos nacionais desse Estado, sem prejuízo às condições impostas pela legislação nacional e pelos tratados bilaterais e multilaterais aplicáveis. As autoridades competentes do Estado de origem e do Estado de emprego podem, a qualquer momento, tomar as disposições necessárias para determinar as modalidades de aplicação desta norma.

2. Quando a legislação aplicável não permitir um benefício aos trabalhadores migrantes e os membros das suas famílias, tais Estados deverão examinar a possibilidade de reembolsar aos interessados o montante das contribuições efetuadas relativamente a essa prestação, na base do tratamento concedido aos nacionais que se encontrem em circunstâncias idênticas.

Artigo 28

Os trabalhadores migrantes e os membros das suas famílias têm o direito de receber os cuidados médicos urgentes que sejam necessários para preservar a sua vida ou para evitar danos irreparáveis à sua saúde, em base de igualdade de tratamento com os nacionais do Estado em questão. Tais cuidados médicos urgentes não podem ser-lhes recusados por motivo de irregularidade em matéria de permanência ou de emprego.

Artigo 29

Cada filho de um trabalhador migrante tem o direito a um nome, ao registro do nascimento e a uma nacionalidade.

Artigo 30

Cada filho de um trabalhador migrante tem o direito fundamental de acesso à educação em condições de igualdade de tratamento com os nacionais do Estado interessado. Não pode ser negado ou limitado o acesso a estabelecimentos públicos de ensino pré-escolar ou escolar por motivo de situação irregular em matéria de permanência ou emprego de um dos pais ou com fundamento na permanência irregular da criança no Estado de emprego.

Artigo 31

1. Os Estados-Partes devem assegurar o respeito da identidade cultural dos trabalhadores migrantes e dos membros das suas famílias e não devem impedi-los de manter os laços culturais com o seu Estado de origem.

2. Os Estados-Partes podem adotar as medidas adequadas para apoiar e encorajar esforços neste contexto.

Artigo 32

Cessando a sua permanência no Estado de emprego, os trabalhadores migrantes e os membros das suas famílias têm o direito de transferir os seus ganhos e as suas poupanças e, nos termos da legislação aplicável dos Estados interessados, os seus bens e pertences.

Artigo 33

1. Os trabalhadores migrantes e os membros das suas famílias têm o direito de ser informados pelo Estado de origem, Estado de emprego ou Estado de trânsito, conforme o caso, relativamente:

a) Aos direitos que lhes são reconhecidos pela presente Convenção;

b) Às condições de admissão, direitos e obrigações em virtude do direito e da prática do Estado interessado e outras questões que lhes permitam cumprir as formalidades administrativas ou de outra natureza exigidas por esse Estado.

2. Os Estados-Partes adotam todas as medidas que considerem adequadas para divulgar a referida informação ou garantir que seja fornecida pelos empregadores, sindicatos ou outros organismos ou instituições apropriadas. Conforme apropriado, eles cooperam com outros Estados interessados.

3. A informação adequada será facultada gratuitamente aos trabalhadores migrantes e aos membros das suas famílias que o solicitem e, na medida do possível, num idioma que eles entendam.

Artigo 34

Nada nesta parte da Convenção isenta os trabalhadores migrantes e os membros das suas famílias do dever de cumprir as leis e os regulamentos dos Estados de trânsito e do Estado de emprego e de respeitar a identidade cultural dos habitantes desses Estados.

Artigo 35

Nada nesta parte da Convenção será interpretado como implicando a regularização da situação dos trabalhadores migrantes ou dos membros das suas famílias que se encontrem sem documentos ou em situação irregular, ou um qualquer direito a ver regularizada a sua situação, nem como afetando as medidas destinadas a assegurar condições satisfatórias e equitativas para a migração internacional, previstas na parte VI da presente Convenção.

PARTE IV
OUTROS DIREITOS DOS TRABALHADORES MIGRANTES E DOS MEMBROS DAS SUAS FAMÍLIAS QUE SE ENCONTRAM DOCUMENTADOS OU EM SITUAÇÃO REGULAR

Artigo 36
Os trabalhadores migrantes e os membros das suas famílias que se encontram documentados ou em situação regular no Estado de emprego gozam dos direitos enunciados nesta parte da presente Convenção, para além dos direitos previstos na parte III.

Artigo 37
Antes da sua partida ou, o mais tardar, no momento da sua admissão no Estado de emprego, os trabalhadores migrantes e os membros das suas famílias têm o direito de ser plenamente informados pelo Estado de origem ou pelo Estado de emprego, conforme o caso, de todas as condições exigidas para a sua admissão, especialmente as que respeitam à sua permanência e às atividades remuneradas que podem exercer, bem como dos requisitos que devem satisfazer no Estado de emprego e das autoridade a que devem dirigir-se para solicitar a modificação dessas condições.

Artigo 38
1. Os Estados de emprego devem diligenciar no sentido de autorizarem os trabalhadores migrantes e os membros das suas famílias a ausentar-se temporariamente, sem que tal afete a sua autorização de permanência ou de trabalho, conforme o caso. Ao fazê-lo, os Estados de emprego consideram as obrigações e as necessidades especiais dos trabalhadores migrantes e dos membros das suas famílias, particularmente no seu Estado de origem.
2. Os trabalhadores migrantes e os membros das suas famílias têm o direito de ser plenamente informados das condições em que tais ausências temporárias são autorizadas.

Artigo 39
1. Os trabalhadores migrantes e os membros das suas famílias têm o direito de circular livremente no território do Estado de emprego e de aí escolher livremente a sua residência.
2. Os direitos mencionados no parágrafo 1 do presente artigo não podem ser sujeitos a restrições, com exceção das previstas na lei e que sejam necessárias para proteger a segurança nacional, a ordem pública, a saúde ou moral públicas, ou os direitos e liberdades de outrem e se mostrem compatíveis com os outros direitos reconhecidos na presente Convenção.

Artigo 40
1. Os trabalhadores migrantes e os membros das suas famílias têm o direito de constituir associações e sindicatos no Estado de emprego para a promoção e a proteção dos seus interesses económicos, sociais, culturais e de outra natureza.
2. O exercício deste direito só pode ser objeto de restrições previstas na lei e que se mostrem necessárias, numa sociedade democrática, no interesse da segurança nacional, da ordem pública, ou para proteger os direitos e liberdades de outros.

Artigo 41
1. Os trabalhadores migrantes e os membros das suas famílias têm o direito de participar nos assuntos públicos do seu Estado de origem, de votar e de candidatar-se em eleições organizadas por esse Estado, de acordo com a legislação vigente.
2. Os Estados interessados devem facilitar, se necessário e em conformidade com a sua legislação, o exercício destes direitos.

Artigo 42
1. Os Estados-Partes consideram a possibilidade de estabelecer procedimentos ou instituições que permitam considerar, tanto no Estado de origem quanto no Estado de emprego, as necessidades, aspirações e obrigações específicas dos trabalhadores migrantes e dos membros das suas famílias e, sendo esse o caso, a possibilidade de os trabalhadores migrantes e os membros das suas famílias terem nessas instituições os seus representantes livremente escolhidos.
2. Os Estados de emprego facilitam, de acordo com a sua legislação nacional, a consulta ou a participação dos trabalhadores migrantes e dos membros das suas famílias nas decisões relativas à vida e à administração das comunidades locais.
3. Os trabalhadores migrantes podem gozar de direitos políticos no Estado de emprego se este Estado, no exercício da sua soberania, lhes atribuir esses direitos.

Artigo 43
1. Os trabalhadores migrantes devem gozar de igualdade de tratamento ao que é concedido aos nacionais do Estado de emprego em matéria de:
a) Acesso a instituições e serviços educativos, sem prejuízo das condições de admissão e outras disposições previstas pelas referidas instituições e serviços;
b) Acesso aos serviços de orientação profissional e de colocação;
c) Acesso aos estabelecimentos e instituições de formação e aperfeiçoamento profissional;
d) Acesso à habitação, incluindo os programas de habitação social, e proteção contra a exploração em matéria de arrendamento;
e) Acesso aos serviços sociais e de saúde, desde que se verifiquem os requisitos do direito de beneficiar dos diversos programas;
f) Acesso às cooperativas e às empresas em autogestão, sem implicar uma modificação do seu estatuto de migrantes e sem prejuízo das regras e regulamentos das entidades interessadas;

g) Acesso e participação na vida cultural.

2. Os Estados-Partes esforçam-se por criar as condições necessárias para garantir a igualdade efetiva de tratamento dos trabalhadores migrantes de forma a permitir o gozo dos direitos previstos no parágrafo 1 deste artigo, sempre que as condições fixadas pelo Estado de emprego relativas à autorização de permanência satisfaçam as disposições pertinentes.

3. Os Estados de emprego não devem impedir que os empregadores de trabalhadores migrantes lhes disponibilizem habitação ou serviços culturais ou sociais. Sujeito ao artigo 70 da presente Convenção, um Estado de emprego pode subordinar o estabelecimento dos referidos serviços às condições geralmente aplicadas em tal Estado em relação às suas instalações.

Artigo 44

1. Os Estados-Partes, reconhecendo que a família é o elemento natural e fundamental da sociedade, e tem direito a proteção pela sociedade e pelo Estado, deverão tomar as medidas apropriadas para assegurar a proteção da unidade familiar dos trabalhadores migrantes.

2. Os Estados-Partes deverão tomar as medidas que julguem adequadas e que estejam dentro de sua competência para facilitar a reunificação dos trabalhadores migrantes com seus cônjuges ou com pessoas cuja relação com o trabalhador migrante produza efeitos equivalentes ao casamento, segundo a legislação aplicável, bem como com os filhos menores, dependentes, não casados.

3. Os Estados de emprego, por motivos de natureza humanitária, deverão considerar favoravelmente a concessão de tratamento igual, conforme estabelecido no parágrafo 2 do presente artigo, aos outros membros da família dos trabalhadores migrantes.

Artigo 45

1. Os membros das famílias dos trabalhadores migrantes deverão, no Estado de emprego, ter igualdade de tratamento com os nacionais desse Estado, com relação a:

(a) Acesso a instituições e serviços educativos, sem prejuízo das condições de admissão e outras normas fixadas pelas instituições e serviços em questão;

(b) Acesso a instituições e serviços de orientação vocacional e formação profissional, desde que sejam cumpridos os requisitos de participação;

(c) Acesso aos serviços sociais e de saúde, desde que as exigências para participação nos respectivos sistemas sejam atendidas;

(d) Acesso e participação na vida cultural.

2. Os Estados de emprego deverão buscar uma política, quando apropriado, em colaboração com os Estados de origem, baseada na facilitação da integração dos filhos de trabalhadores migrantes no sistema escolar local, particularmente com respeito ao ensino da língua local.

3. Os Estados de emprego deverão esforçar-se por facilitar aos filhos dos trabalhadores migrantes o ensino da sua língua materna e cultura de origem e, neste domínio, os Estados de origem deverão colaborar sempre que necessário.

4. Os Estados de emprego podem proporcionar sistemas especiais de ensino na língua materna dos filhos dos trabalhadores migrantes, se necessário em colaboração com os Estados de origem.

Artigo 46

Os trabalhadores migrantes e os membros das suas famílias deverão, de acordo com a legislação aplicável dos Estados correspondentes, e os acordos internacionais pertinentes e as obrigações de tais Estados decorrentes de sua participação em sindicatos aduaneiros, beneficiar-se de isenção de tarifas e taxas de importação e exportação a respeito de seus bens de uso pessoal e doméstico, bem como os equipamentos necessários para o exercício de atividade remunerada para a qual eles tenham sido admitidos no Estado de emprego:

(a) No momento da partida do Estado de origem ou do Estado da residência habitual;

(b) No momento da admissão inicial no Estado de emprego;

(c) No momento da partida definitiva do Estado de emprego;

(d) No momento do regresso definitivo ao Estado de origem ou ao Estado da residência habitual.

Artigo 47

1. Os trabalhadores migrantes terão o direito de transferir os seus ganhos e economias, em particular as quantias necessárias ao sustento das suas famílias, do Estado de emprego para o seu Estado de origem ou outro Estado. Tais transferências serão efetuadas segundo os procedimentos estabelecidos pela legislação aplicável do Estado interessado e de conformidade com os acordos internacionais.

2. Os Estados interessados adotarão as medidas adequadas para facilitar tais transferências.

Artigo 48

1. Sem prejuízo aos acordos sobre dupla tributação aplicáveis, os trabalhadores migrantes e membros das suas famílias, no que se refere aos rendimentos no Estado de emprego:

(a) Não serão sujeitos a impostos, contribuições ou encargos de qualquer natureza mais elevados ou mais onerosos do que os exigidos aos nacionais em circunstâncias semelhantes;

(b) Terão o direito a deduções ou isenções de impostos de qualquer natureza e quaisquer deduções de imposto aplicáveis a nacionais em circunstâncias semelhantes, incluindo deduções de imposto por membros dependentes de suas famílias.

2. Os Estados-Partes deverão se esforçar para adotar as medidas necessárias para evitar a dupla tributação dos rendimentos ou economias dos trabalhadores migrantes e membros das suas famílias.

Artigo 49

1. Quando a legislação nacional exigir autorizações de residência e de trabalho distintas, os Estados de emprego emitirão aos trabalhadores migrantes, uma autorização de residência por no mínimo o mesmo prazo que sua autorização de realizar atividade remunerada.

2. Os trabalhadores migrantes que, no Estado de emprego, são autorizados a escolher livremente a sua atividade remunerada não serão considerados em situação irregular e não perderão a sua autorização de residência pelo mero fato de ter cessado a sua atividade remunerada antes de terminada a autorização de trabalho ou autorizações semelhantes.

3. Para permitir que os trabalhadores migrantes mencionados no 2 do presente artigo disponham de tempo suficiente para encontrar outra atividade remunerada, a autorização de residência não deverá ser retirada, pelo menos durante um período correspondente a aquele durante o qual eles possam ter direito aos benefícios de desemprego.

Artigo 50

1. Em caso de falecimento do trabalhador migrante ou de dissolução do casamento, o Estado de emprego considerará favoravelmente a possibilidade de conceder aos membros da família de tal trabalhador migrante, que residam em tal Estado ao abrigo do princípio do reagrupamento familiar, autorização para permanecerem no seu território; o Estado de emprego deverá levar em conta o tempo de residência dos mesmos em tal Estado.

2. Os membros da família aos quais não for concedida tal autorização deverão dispor, antes da sua partida, de um prazo razoável que lhes permita resolver os seus assuntos no Estado de emprego.

3. As disposições dos parágrafos 1 e 2 do presente artigo não podem ser interpretadas como afetando adversamente qualquer direito de permanecer e trabalhar de outro modo concedido a tais membros da família pela legislação do Estado de emprego ou por tratados bilaterais e multilaterais aplicáveis a tal Estado.

Artigo 51

Os trabalhadores migrantes que, no Estado de emprego, não estão autorizados a escolher livremente a sua atividade remunerada não serão considerados em situação irregular, nem perderão sua autorização de residência, pelo simples fato de sua atividade remunerada ter cessado antes do vencimento de sua autorização de trabalho, salvo nos casos em que a autorização de residência seja expressamente dependente da atividade remunerada específica para a qual foram admitidos. Estes trabalhadores migrantes terão o direito de buscar emprego alternativo, participação em obras públicas e novo treinamento durante o período restante de sua autorização de trabalho, sujeitos às condições e limitações especificadas na autorização de trabalho.

Artigo 52

1. Os trabalhadores migrantes no Estado de emprego terão o direito de escolher livremente a sua atividade remunerada, subordinados às restrições ou condições abaixo.

2. Em relação a qualquer trabalhador migrante, o Estado de emprego pode:

(a) Restringir o acesso a categorias limitadas de empregos, funções, serviços ou atividades, quando isto for necessário aos interesses do Estado e previsto na legislação nacional;

(b) Restringir a livre escolha da atividade remunerada em conformidade com a sua legislação relativa ao reconhecimento das qualificações profissionais adquiridas fora do seu território. No entanto, os Estados-Partes interessados devem diligenciar no sentido de assegurar o reconhecimento de tais qualificações.

3. No caso dos trabalhadores migrantes cuja autorização de trabalho seja por tempo limitado, o Estado de emprego pode igualmente:

(a) Subordinar o exercício do direito de livre escolha da atividade remunerada à condição de o trabalhador migrante ter residido legalmente em seu território com a finalidade de exercer uma atividade remunerada durante um período previsto na legislação nacional, que não deve ser superior a dois anos;

(b) Limitar o acesso do trabalhador migrante a atividades remuneradas, em aplicação de uma política de concessão de prioridade aos seus nacionais ou às pessoas equiparadas para este efeito em virtude da legislação nacional ou de acordos bilaterais ou multilaterais. Tal limitação deixará de ser aplicável a um trabalhador migrante que tenha residido legalmente em seu território a fim de exercer uma atividade remunerada durante o período previsto na legislação nacional, que não deve ser superior a cinco anos.

4. Os Estados de emprego determinarão as condições em que os trabalhadores migrantes que tenham sido admitidos para assumirem um emprego, podem ser autorizados a exercer uma atividade por conta própria. Deverá ser levado em conta o período durante o qual os trabalhadores tenham permanecido legalmente no Estado de emprego.

Artigo 53

1. Os membros da família de um trabalhador migrante que tenham uma autorização de residência ou de admissão por tempo ilimitado ou automaticamente renovável serão autorizados a escolher livremente sua atividade remunerada nas mesmas condições aplicáveis ao referido trabalhador migrante, nos termos do disposto no artigo 52 da presente Convenção.

2. Com relação aos membros da família de um trabalhador migrante que não sejam autorizados a escolher livremente sua atividade remunerada, os Estados-Partes deverão considerar favoravelmente a concessão a eles uma autorização para exercer uma atividade remunerada, com prioridade em

relação aos outros trabalhadores que solicitem a admissão no Estado de emprego, sujeitos aos acordos bilaterais e multilaterais aplicáveis.

Artigo 54

1. Sem prejuízo das condições estabelecidas na sua autorização de residência ou de trabalho e dos direitos previstos nos artigos 25 e 27 da presente Convenção, os trabalhadores migrantes se beneficiarão de igualdade de tratamento em relação aos nacionais do Estado de emprego, no que respeita a:
(a) Proteção contra a demissão;
(b) Benefícios de seguro desemprego;
(c) Acesso a programas de interesse público destinados a combater o desemprego;
(d) Acesso a emprego alternativo no caso de perda do emprego ou de cessação de outra atividade remunerada, sujeitos ao disposto no artigo 52 da presente Convenção.

2. No caso de um trabalhador migrante reclamar que os termos do seu contrato de trabalho foram violados por seu empregador, ele terá o direito de submeter o seu caso às autoridades competentes do Estado de emprego, nos termos do disposto no artigo 18, parágrafo 1, da presente Convenção.

Artigo 55

Os trabalhadores migrantes a quem tenha sido concedida autorização para exercerem uma atividade remunerada, sujeitos às condições previstas nessa autorização, terão direito à igualdade de tratamento com os nacionais do Estado de emprego no exercício de tal atividade remunerada.

Artigo 56

1. Os trabalhadores migrantes e os membros das suas famílias a que se refere esta parte da presente Convenção não podem ser expulsos de um Estado de emprego, exceto por razões definidas na legislação nacional de tal Estado, e sem prejuízo das garantias previstas na parte III.

2. A expulsão não será acionada com o objetivo de privar os trabalhadores migrantes ou os membros da sua família dos direitos emergentes da autorização de residência e da autorização de trabalho.

3. Na consideração da expulsão de um trabalhador migrante ou de um membro da sua família, devem ser levadas em conta considerações humanitárias e o tempo de residência da pessoa interessada, até esse momento, no Estado de emprego.

PARTE V
DISPOSIÇÕES APLICÁVEIS A CATEGORIAS ESPECIAIS DE TRABALHADORES MIGRANTES E MEMBROS DAS SUAS FAMÍLIAS

Artigo 57

As categorias especiais de trabalhadores migrantes membros de suas famílias especificadas nesta parte da Convenção, que se encontrem documentados ou em situação regular, gozarão dos direitos estabelecidos na parte III e, salvo conforme modificado abaixo, os direitos estabelecidos na parte IV.

Artigo 58

1. Os trabalhadores fronteiriços, conforme definido no artigo 2, parágrafo 2 (a) da presente Convenção, terão todos os direitos previstos na parte IV que possam ser aplicados a eles em razão de sua presença e trabalho no território do Estado de emprego, considerando que eles tenham sua residência habitual em tal Estado.

2. Os Estados de emprego deverão considerar favoravelmente a possibilidade de atribuir aos trabalhadores fronteiriços o direito de escolher livremente sua atividade remunerada após o decurso de um determinado período de tempo. A concessão deste direito não afetará a sua condição de trabalhadores fronteiriços.

Artigo 59

1. Os trabalhadores sazonais, conforme definido no artigo 2, parágrafo 2 (b) da presente Convenção, se beneficiarão dos direitos previstos na parte IV que lhes sejam aplicáveis por força da sua presença e do seu trabalho no território do Estado de emprego e que se mostrem compatíveis com a sua condição de trabalhadores sazonais, considerando que só estão presentes em tal Estado durante apenas uma parte do ano.

2. O Estado de emprego deverá considerar, sujeito ao parágrafo 1 do presente artigo, a possibilidade de conceder aos trabalhadores sazonais que tenham estado empregados em seu território por um período significativo, a possibilidade de realizarem outras atividades remuneradas e dar-lhes prioridade com relação a outros trabalhadores que busquem admissão a tal Estado, sujeito aos acordos bilaterais e multilaterais aplicáveis.

Artigo 60

Os trabalhadores itinerantes, conforme definido no artigo 2, parágrafo 2 (a), da presente Convenção, se beneficiarão dos direitos estabelecidos na parte IV que possam ser concedidos a eles em razão de sua presença e trabalho no território do Estado de emprego e que sejam compatíveis com sua condição de trabalhadores itinerantes em tal Estado.

Artigo 61

1. Os trabalhadores vinculados a um projeto, conforme definido no artigo 2, parágrafo 2 (da presente Convenção), e os membros das suas famílias, se beneficiarão dos direitos estabelecidos na parte IV, exceto as disposições do Artigo 43, parágrafos I (b) e (c), artigo 43, parágrafo I (d), no que se refira a programas de habitação social, artigo 45, parágrafo I (b) e artigos 52 a 55.

2. Se um trabalhador vinculado a um projeto invocar a violação dos termos do seu contrato de trabalho pelo seu empregador, terá o direito de submeter o seu caso às autoridades competentes do Estado que tenha sobre tal empregador, nos termos previstos no artigo 18, parágrafo 1, da presente Convenção.

3. Sujeitos aos acordos bilaterais ou multilaterais vigentes aplicáveis a eles, os Estados-Partes interessados deverão se esforçar para possibilitar que os trabalhadores vinculados a um projeto permaneçam adequadamente protegidos pelos sistemas de seguridade social de seus Estados de origem ou residência habitual durante sua participação no projeto. Os Estados-Partes interessados deverão tomar todas as medidas apropriadas com o objetivo de evitar qualquer a negação de direitos ou a duplicação de pagamentos a esse respeito.

4. Sem prejuízo do disposto no artigo 47 da presente Convenção e dos acordos bilaterais ou multilaterais pertinentes, os Estados-Partes interessados permitirão o pagamento das remunerações dos trabalhadores vinculados a um projeto no seu Estado de origem ou de residência habitual.

Artigo 62

1. Os trabalhadores com um emprego específico, conforme definido no artigo 2, parágrafo 2 (g) da presente Convenção, se beneficiarão dos direitos estabelecidos na parte IV, exceto as disposições do artigo 43, parágrafos I (b) e (c), artigo 43, parágrafo I (d), no que se refere a programas de habitação social, artigo 52 e artigo 54, parágrafo 1 (d).

2. Os membros das famílias dos trabalhadores com um emprego específico se beneficiarão dos direitos relativos aos membros das famílias dos trabalhadores migrantes estabelecidos na parte IV da presente Convenção, exceto as disposições do artigo 53.

Artigo 63

1. Os trabalhadores independentes, conforme definido no artigo 2, parágrafo 2 (h) da presente Convenção, se beneficiarão de todos os direitos previstos na parte IV, com exceção dos direitos exclusivamente aplicáveis aos trabalhadores assalariados.

2. Sem prejuízo dos artigos 52 e 79 da presente Convenção, a cessação da atividade econômica dos trabalhadores independentes não implicará, por si só, a revogação da autorização que lhes tenha sido concedida, bem como aos membros das suas famílias, para poderem permanecer e exercerem uma atividade remunerada no Estado de emprego, salvo quando a autorização de residência for expressamente dependente da atividade remunerada específica para a qual eles foram admitidos.

PARTE VI
PROMOÇÃO DE CONDIÇÕES SAUDÁVEIS, EQUITATIVAS, DIGNAS E LEGAIS EM MATÉRIA DE MIGRAÇÃO INTERNACIONAL DE TRABALHADORES E DE MEMBROS DAS SUAS FAMÍLIAS

Artigo 64

1. Sem prejuízo do disposto no artigo 79 da presente Convenção, os Estados-Partes interessados deverão, quando apropriado, consultar-se e cooperar visando promover condições saudáveis, equitativas e dignas no que se refere à migração internacional de trabalhadores e membros de suas famílias.

2. A este respeito, devem ser tomadas devidamente em conta não só as necessidades e recursos de mão-de-obra, mas também as necessidades de natureza social, econômica, cultural e outras necessidades dos trabalhadores migrantes e dos membros das suas famílias, bem como as consequências das migrações para as comunidades envolvidas.

Artigo 65

1. Os Estados-Partes manterão serviços apropriados para tratamento das questões relativas à migração internacional dos trabalhadores e dos membros das suas famílias. Suas funções incluirão, entre outras:

(a) Formular e executar políticas relativas a essas migrações;

(b) Um intercâmbio de informações, consultas e cooperação com as autoridades competentes de outros Estados-Partes envolvidos em tal migração;

(c) O fornecimento de informações adequadas, particularmente aos empregadores, trabalhadores e suas organizações, sobre as políticas, leis e regulamentos relativos à migração e emprego e sobre outros assuntos relevantes;

(d) Fornecer informação e prestar assistência adequada aos trabalhadores migrantes e aos membros das suas famílias no que se refere às autorizações, formalidades e providências necessárias para a partida, viagem, chegada, estada, atividades remuneradas, saída e regresso, bem como às condições de trabalho e de vida no Estado de emprego e sobre costumes, moeda, leis e regulamentos fiscais e outros.

2. Os Estados-Partes facilitarão, conforme apropriado, a disponibilização de serviços consulares adequados e outros serviços que sejam necessários para atender as necessidades sociais, culturais e outras necessidades dos trabalhadores migrantes e membros de suas famílias.

Artigo 66

1. Sujeito ao parágrafo 2 do presente artigo, o direito de realizar operações visando o recrutamento de trabalhadores para emprego em outro Estado, será restrito a:

(a) Os serviços ou órgãos públicos do Estado no qual tais operações se realizem;

(b) Os serviços ou órgãos públicos do Estado de emprego com base em acordo entre os Estados interessados;

(c) Um órgão estabelecido em virtude de um acordo bilateral ou multilateral.

2. Sujeitos a qualquer autorização, aprovação e supervisão pelas autoridades públicas dos Estados--Partes relevantes, que possam ser estabelecidas de acordo com a legislação e prática de tais Estados, também podem ser autorizados a efetuar tais operações agências, empregadores potenciais ou pessoas atuando em seu nome.

Artigo 67
1. Os Estados-Partes interessados cooperarão, conforme apropriado, na adoção de medidas relativas ao regresso ordenado ao Estado de origem dos trabalhadores migrantes e dos membros das suas famílias, quando decidam regressar, quando expire a sua autorização de residência ou de trabalho, ou quando se encontrem em situação irregular no Estado de emprego.
2. Relativamente aos trabalhadores migrantes e aos membros das suas famílias em situação regular, os Estados-Partes interessados cooperarão, conforme apropriado, em termos acordados por tais Estados, visando promover as condições econômicas adequadas para sua reinstalação e para facilitar sua reintegração social e cultural duradoura no Estado de origem.

Artigo 68
1. Os Estados-Partes, incluindo os Estados de trânsito, cooperarão a fim de prevenir e eliminar os movimentos ilegais ou clandestinos e o emprego de trabalhadores migrantes em situação irregular. As medidas a serem tomadas para este fim, dentro da jurisdição de cada Estado interessado, incluirão:
(a) Medidas apropriadas contra a difusão de informação enganosa relacionada à emigração e à imigração;
(b) Medidas destinadas a detectar e erradicar movimentos ilegais ou clandestinos de trabalhadores migrantes e de membros das suas famílias e a impor sanções eficazes às pessoas, grupos ou entidades que organizem, realizem ou participem na organização ou direção de tais movimentos;
(c) Medidas destinadas a impor sanções eficazes às pessoas, grupos ou entidades que recorram à violência, à ameaça ou à intimidação contra os trabalhadores migrantes ou os membros das suas famílias que se encontrem em situação irregular.
2. Os Estados de emprego adotarão todas as medidas adequadas e eficazes para eliminar o emprego, no seu território, de trabalhadores migrantes em situação irregular, incluindo, sempre que apropriado, sanções aos empregadores de tais trabalhadores. Os direitos de trabalhadores migrantes frente a seus empregadores, provenientes do seu emprego, não serão prejudicados por estas medidas.

Artigo 69
1. Os Estados-Partes, em cujo território se encontrem trabalhadores migrantes e membros das suas famílias em situação irregular, tomarão as medidas adequadas para evitar que essa situação se prolongue.
2. Sempre que os Estados-Partes interessados considerem a possibilidade de regularizar a situação dessas pessoas, de acordo com a legislação nacional e os acordos bilaterais ou multilaterais aplicáveis, deverão levar em conta as circunstâncias da sua entrada, a duração da sua estada no Estado de emprego, bem como outras considerações relevantes, em particular as que se relacionem com a sua situação familiar.

Artigo 70
Os Estados-Partes adotarão medidas não menos favoráveis do que as aplicadas aos seus nacionais para garantir que as condições de vida e de trabalho dos trabalhadores migrantes e dos membros das suas famílias em situação regular sejam conformes às normas de saúde, de segurança e de higiene e aos princípios inerentes à dignidade humana.

Artigo 71
1. Os Estados-Partes facilitarão, sempre que necessário, o repatriamento para o Estado de origem dos restos mortais dos trabalhadores migrantes ou dos membros das suas famílias.
2. No que respeita à indenização pelo falecimento de um trabalhador migrante ou de um membro da sua família, os Estados-Partes prestarão assistência, conforme apropriado, às pessoas relevantes, visando a pronta resolução desta questão. A resolução destes assuntos será realizada com base na lei nacional aplicável de acordo com as disposições da presente Convenção e quaisquer acordos bilaterais ou multilaterais relevantes.

PARTE VII
APLICAÇÃO DA CONVENÇÃO
Artigo 72
1.
(a) Com o fim de examinar a aplicação da presente Convenção, será instituído um Comitê para a Proteção dos Direitos de Todos os Trabalhadores Migrantes e dos Membros das suas Famílias (aqui de agora diante referido como "o Comitê");
(b) O Comitê será composto, na data de entrada em vigor da presente Convenção, de dez peritos e, após a entrada em vigor desta para o quadragésimo primeiro Estado Parte, de quatorze peritos de alta autoridade moral, imparcialidade e de reconhecida competência no domínio abrangido pela presente Convenção.
2.
(a) Os membros do Comitê são eleitos por escrutínio secreto pelos Estados-Partes, de uma lista de candidatos designados pelos Estados-Partes, sendo dada a devida consideração à distribuição geográfica equitativa, incluindo tanto os Estados de origem quando os Estados de emprego, e à representação dos principais sistemas jurídicos. Cada Estado Parte pode designar uma pessoa dentre seus próprios nacionais;
(b) Os membros do Comitê serão eleitos e atuarão em sua capacidade pessoal.
3. A primeira eleição será realizada o mais tardar nos seis meses seguintes à data da entrada em vigor da presente Convenção e as eleições subsequentes a cada dois anos. Pelo menos quatro meses antes da data de cada eleição, o Secretário-Geral da Organização das Nações Unidas convidará, por escrito, os Estados-Partes a proporem os seus candidatos num prazo de dois meses. O Secretário-Geral elaborará uma lista em ordem alfabética dos Estados-Partes assim apresentados, indicando os Estados-Partes

que os nomearam, e deverá apresentá-la aos Estados-Partes o mais tardar um mês antes da data da eleição correspondente, junto com os curricula vitae das pessoas assim nomeadas.

4. As eleições dos membros do Comitê serão realizadas em uma reunião dos Estados-Partes, convocada pelo Secretário Geral na Sede das Nações Unidas. Em tal reunião, na qual o quórum será constituído por dois terços dos Estados-Partes, as pessoas eleitas para o Comitê serão aqueles nomeados que obtenham o maior número de votos e uma maioria absoluta dos votos dos Estados-Partes presentes e votantes.

5.

(a) Os membros do Comitê serão eleitos por um período de quatro anos. No entanto, o mandato de cinco dos membros eleitos na primeira eleição terminará ao fim de dois anos; imediatamente após a primeira eleição, os nomes destes cinco membros serão escolhidos em sorteio feito pelo Presidente da reunião dos Estados-Partes.

(b) A eleição dos quatro membros suplementares do Comitê será realizada de acordo com as disposições dos parágrafos 2, 3 e 4 do presente artigo, após a entrada em vigor da Convenção para o quadragésimo primeiro Estado Parte. O mandato de dois dos membros suplementares eleitos nesta ocasião terminará ao fim de dois anos; os nomes destes membros serão escolhidos em sorteio feito pelo Presidente da reunião dos Estados-Partes.

(c) Os membros do Comitê serão reelegíveis se novamente indicados.

6. Em caso de morte ou de demissão de um membro do Comitê ou se, por qualquer outra razão, um membro declarar que não pode continuar a exercer funções no Comitê, o Estado Parte que tenha indicado seu nome deverá indicar um outro perito, dentre os seus nacionais, para a parte restante do mandato. A nova indicação é sujeita à aprovação do Comitê.

7. O Secretário-Geral das Nações Unidas fornecerá o pessoal e instalações necessárias para o eficaz desempenho das funções do Comitê.

8. Os membros do Comitê receberão emolumentos provenientes dos recursos financeiros das Nações Unidas, segundo as condições e modalidades fixadas pela Assembleia Geral.

9. Os membros do Comitê terão direito às facilidades, privilégios e imunidades de peritos em missão para as Nações Unidas, conforme estabelecido nas seções relevantes da Convenção sobre os Privilégios e Imunidades das Nações Unidas.

Artigo 73

1. Os Estados-Partes comprometem-se a apresentar do Secretário-Geral das Nações Unidas, para consideração pelo Comitê, um relatório sobre as medidas legislativas, judiciais, administrativas e de outra natureza que tenham adotado para dar vigência às disposições da presente Convenção:

(a) Dentro de um ano após a entrada em vigor da Convenção para o Estado Parte interessado;

(b) Daí por diante, de cinco em cinco anos e sempre que o Comitê o solicitar.

2. Os relatórios apresentados em aplicação do presente artigo deverão também indicar os fatores e as dificuldades, se houver, afetando a aplicação efetiva da Convenção e deverão incluir informações sobre as características dos movimentos migratórios respeitantes ao Estado interessado.

3. O Comitê decidirá quaisquer diretrizes adicionais aplicáveis ao conteúdo dos relatórios.

4. Os Estados-Partes deverão disponibilizar amplamente seus relatórios ao público em seus próprios países.

Artigo 74

1. O Comitê deverá examinar os relatórios apresentados por cada Estado Parte e deverá transmitir ao Estado Parte interessado os comentários que julgar apropriados. Este Estado Parte pode submeter ao Comitê observações sobre qualquer comentário feito pelo Comitê de acordo com o disposto no presente artigo. O Comitê pode solicitar aos Estados-Partes informações complementares, ao considerarem tais relatórios.

2. Antes da abertura de cada sessão ordinária do Comitê, o Secretário-Geral das Nações Unidas transmitirá, oportunamente, ao Diretor-Geral do Secretariado Internacional do Trabalho cópias dos relatórios apresentados pelos Estados-Partes interessados e informações úteis à apreciação desses relatórios, de modo a possibilitar ao Secretariado prestar assistência ao Comitê, através da disponibilização de conhecimentos especializados nas matérias abordadas na presente Convenção que estejam dentro da competência da Organização Internacional do Trabalho. O Comitê deverá considerar, em suas deliberações, tais comentários e documentos que o Secretariado possa apresentar.

3. O Secretário-Geral das Nações Unidas pode ainda, após consulta com o Comitê, transmitir a outras agências especializadas, bem como a organizações intergovernamentais, cópias de partes destes relatórios que sejam de sua competência.

4. O Comitê pode convidar as agências especializadas e órgãos das Nações Unidas, bem como organizações intergovernamentais e outros organismos interessados, a submeter por escrito, para apreciação pelo Comitê, informações sobre assuntos tratados na presente Convenção que estejam dentro do escopo de suas atividades.

5. O Secretariado Internacional do Trabalho será convidado pelo Comitê a indicar os seus representantes a fim de participarem, na qualidade de consultores, nas reuniões do Comitê.

6. O Comitê pode convidar representantes de outras agências especializadas e órgãos das Nações Unidas, bem como organizações intergovernamentais, para comparecerem e serem ouvidos em suas reuniões, sempre que forem considerados assuntos dentro de seu campo de competência.

7. O Comitê apresentará um relatório anual à Assembleia Geral das Nações Unidas sobre a implan-

tação da presente Convenção, contendo as suas observações e recomendações, fundadas, particularmente, na apreciação dos relatórios e quaisquer observações apresentadas pelos Estados-Partes.

8. O Secretário-Geral das Nações Unidas transmitirá os relatórios anuais do Comitê aos Estados-Partes na presente Convenção, ao Conselho Econômico e Social, à Comissão sobre Direitos Humanos das Nações Unidas, ao Diretor-Geral do Secretariado Internacional do Trabalho e a outras organizações relevantes.

Artigo 75

1. O Comitê deverá adotar suas próprias regras de procedimento.
2. O Comitê elegerá o seu secretariado por um período de dois anos.
3. O Comitê se reunirá ordinariamente uma vez por ano.
4. As reuniões do Comitê deverão ser realizadas habitualmente na sede das Nações Unidas.

Artigo 76

1. Um Estado Parte da presente Convenção pode, a qualquer tempo, declarar sob este artigo que ele reconhece a competência do Comitê para receber e considerar comunicações de um Estado Parte, invocando o não cumprimento por outro Estado das obrigações decorrentes da presente Convenção. As comunicações apresentadas de acordo com o disposto neste artigo só podem ser recebidas e apreciadas se apresentadas por um Estado que tenha feito uma declaração reconhecendo a competência do Comitê, no que lhe diz respeito. Nenhuma comunicação será recebida pelo Comitê se a mesma se referir a um Estado Parte que não tenha feito tal declaração. As comunicações recebidas de acordo com este artigo deverão ser tratadas de acordo com o seguinte procedimento:

(a) Se um Estado Parte da presente Convenção considerar que outro Estado Parte não está cumprindo suas obrigações sob a presente Convenção, ele pode, por comunicação escrita, encaminhar o assunto à atenção de tal Estado Parte. O Estado Parte pode ainda informar o assunto ao Comitê. Dentro de três meses após o recebimento da comunicação, o Estado destinatário deverá enviar uma explicação ao Estado que enviou a comunicação, ou qualquer outra declaração escrita esclarecendo o assunto, que deve incluir, na extensão possível e pertinente, referência a procedimentos e recurso domésticos utilizados, pendentes ou disponíveis sobre o assunto;

(b) Se, no prazo de seis meses a contar da data da recepção da comunicação inicial pelo Estado destinatário, a questão não tiver sido resolvida a contento de ambos os Estados-Partes interessados, qualquer um destes terá o direito de submeter a questão à apreciação do Comitê, dirigindo uma notificação ao Comitê e ao outro Estado interessado;

(c) O Comitê só examinará a questão depois de verificar que todos as vias de recurso internas disponíveis foram esgotadas, em conformidade com os princípios geralmente reconhecidos do Direito internacional. Tal não se aplicará quando o Comitê entender que os procedimentos de recurso ultrapassam os prazos razoáveis;

(d) Sujeito às disposições da alínea c do presente parágrafo, o Comitê se colocará à disposição dos Estados-Partes interessados a fim de obter a solução amigável do litígio, baseada no respeito das obrigações estabelecidas na presente Convenção;

(e) O Comitê se reunirá em assembleias fechadas ao examinar as comunicações nos termos do presente artigo;

(f) Em qualquer assunto encaminhado a ele de acordo com a alínea b do presente parágrafo, o Comitê pode convocar os Estados-Partes interessados, referidos na alínea b, a fornecer qualquer informação relevante;

g) Os Estados-Partes interessados, referidos na alínea b do presente parágrafo, terão o direito de fazer-se representar quando da apreciação da questão pelo Comitê e de apresentar alegações verbais e/ou escritas;

h) O Comitê deverá, dentro de doze meses após a data de recebimento de notificação sob a alínea b do presente parágrafo, apresentar um relatório, como segue:

(i) Se for alcançada uma solução nos termos da alínea d do presente parágrafo, o Comitê deverá confinar seu relatório a uma breve exposição dos fatos e da solução alcançada;

(ii) Se não for alcançada uma solução nos termos da alínea d, o Comitê deverá, em seu relatório, estabelecer os fatos relevantes referentes à divergência entre os Estados-Partes interessados. As apresentações escritas e o registro de todas as apresentações verbais feitas pelos Estados-Partes interessados deverão ser anexadas ao relatório. O Comitê pode ainda comunicar apenas aos Estados-Partes interessados quaisquer pontos de vista que ele considere relevante para a divergência entre eles.

Em cada questão, o relatório deverá ser comunicado aos Estados-Partes interessados.

2. As disposições do presente artigo entrarão em vigor quando dez Estados-Partes da presente Convenção tiverem feito a declaração prevista no parágrafo 1 deste artigo. Tais declarações deverão ser depositadas pelos Estados-Partes junto ao Secretário-Geral das Nações Unidas, que deverá transmitir cópias das mesmas aos outros Estados-Partes. Uma declaração não pode ser retirada a qualquer tempo por notificação ao Secretário-Geral. Tal retirada não deverá prejudicar a apreciação de qualquer assunto que seja o assunto de uma comunicação já transmitida sob o presente artigo; nenhuma outra comunicação por qualquer Estado Parte será recebida sob o presente artigo após a notificação de retirada da declaração ter sido recebida pelo Secretário-Geral, a menos que o Estado Parte interessado tenha feito uma nova declaração.

Artigo 77

1. Qualquer Estado Parte da presente Convenção pode, em qualquer momento, declarar, nos termos

do presente artigo, que reconhece a competência do Comitê para receber e examinar comunicações apresentadas por pessoas sujeitas à sua jurisdição ou em seu nome, invocando a violação por esse Estado Parte dos seus direitos individuais, conforme estabelecido pela presente Convenção. Nenhuma comunicação deverá ser recebida pelo Comitê se esta fizer referência a um Estado Parte que não tenha feito tal declaração.

2. O Comitê declarará inadmissível uma comunicação apresentada nos termos do presente artigo que seja anônima ou julgada como um abuso do direito de apresentação de tais comunicações ou incompatível com as disposições da presente Convenção.

3. O Comitê não examinará nenhuma comunicação submetida por uma pessoa nos termos do presente artigo, sem se certificar de que:

(a) A mesma questão não foi, e não está sendo, examinada sob outro procedimento de investigação ou decisão internacional;

(b) O interessado esgotou os recursos domésticos disponíveis; isto não se aplicará se, na opinião do Comitê, a aplicação dos recursos ultrapassar prazos razoáveis ou se for improvável que as vias de recurso satisfaçam efetivamente tal pessoa.

4. Sujeito às disposições do parágrafo 2 do presente artigo, o Comitê dará conhecimento das comunicações apresentadas a ele nos termos deste artigo ao Estado Parte da presente Convenção que tiver feito uma declaração nos termos do parágrafo 1 e tiver, alegadamente, violado qualquer disposição da Convenção. No prazo de seis meses, o Estado destinatário deverá apresentar por escrito ao Comitê explicações ou declarações esclarecendo o assunto e as medidas, se for caso, que possam ter sido tomadas por tal Estado.

5. O Comitê examinará as comunicações recebidas nos termos do presente artigo, levando em consideração todas as informações disponibilizadas a ele por ou em representação do interessado e pelo Estado Parte interessado.

6. O Comitê se reunirá à portas fechadas ao examinaras comunicações recebidas nos termos do presente artigo.

7. O Comitê transmitirá as suas conclusões ao Estado Parte em causa e ao interessado.

8. As disposições do presente artigo entrarão em vigor quando dez Estados-Partes da presente Convenção tiverem feito as declarações previstas no parágrafo 1 do presente artigo. Tais declarações serão depositadas pelo Estado Parte junto do Secretário-Geral das Nações Unidas, que transmitirá cópias aos outros Estados-Partes. A declaração pode ser retirada em qualquer momento por notificação dirigida ao Secretário-Geral. A retirada não prejudicará a apreciação de qualquer questão objeto de uma comunicação já transmitida nos termos do presente artigo. Nenhuma comunicação apresentada por um indivíduo, ou em seu nome, nos termos do presente artigo, será recebida depois da recepção pelo Secretário-Geral da notificação de retirada da declaração, a menos que o Estado Parte haja formulado uma nova declaração.

Artigo 78

As disposições do artigo 76 da presente Convenção serão aplicadas sem prejuízo de qualquer processo de resolução de litígios ou de queixas no domínio coberto pela presente Convenção, previsto nos instrumentos constitutivos da, ou nas convenções das Nações Unidas e das agências especializadas, e não impedirão os Estados-Partes de recorrerem a qualquer outro processo de resolução de litígios ao abrigo de acordos internacionais a que se encontrem vinculados.

PARTE VIII
DISPOSIÇÕES GERAIS

Artigo 79

Nada na presente Convenção deverá afetar o direito de cada Estado Parte de estabelecer os critérios de admissão de trabalhadores migrantes e de membros das suas famílias. No que se refere a outros assuntos relacionados à sua situação legal e ao tratamento como trabalhadores migrantes e membros das suas famílias, os Estados-Partes serão sujeitos às limitações estabelecidas na presente Convenção.

Artigo 80

Nada na presente Convenção deverá ser interpretado como afetando as disposições da Carta das Nações Unidas e dos atos constitutivos das agências especializadas que definem as responsabilidades respectivas dos diversos órgãos das Nações Unidas e das agências especializadas no que respeita às questões abordadas na presente Convenção.

Artigo 81

1. Nada na presente Convenção deverá afetar os direitos e liberdades mais favoráveis aos trabalhadores migrantes e membros das suas famílias, em virtude de:

(a) A legislação ou a prática de um Estado Parte; ou

(b) Qualquer tratado bilateral ou multilateral em vigor para o Estado Parte interessado.

2. Nada na presente Convenção deverá ser interpretado como implicando, para qualquer Estado, grupo ou pessoa, qualquer direito de dedicar-se a uma atividade ou realizar um ato que afete os direitos ou as liberdades estabelecidos na presente Convenção.

Artigo 82

Os direitos dos trabalhadores migrantes e dos membros das suas famílias previstos na presente Convenção não podem ser objeto de renúncia. Não será permitido exercer qualquer forma de pressão sobre os trabalhadores migrantes e os membros das suas famílias para que renunciem a estes direitos ou se abstenham de os exercer. Não será possível a derrogação por contrato dos direitos reconhecidos na presente Convenção. Os Estados-Partes tomarão as medidas adequadas para garantir que estes princípios sejam respeitados.

Artigo 83
Cada Estado Parte da presente Convenção compromete-se:
(a) A garantir que toda a pessoa cujos direitos e liberdades aqui reconhecidos sejam violados terá um recurso efetivo, ainda que a violação haja sido cometida por pessoas no exercício de funções oficiais;
(b) A garantir que, ao exercer tal recurso, qualquer pessoa venha a ter a sua queixa apreciada e decidida por uma autoridade judiciária, administrativa ou legislativa competente, ou por qualquer outra autoridade competente prevista no sistema jurídico do Estado, e a desenvolver as possibilidades de recurso judicial;
(c) A garantir que as autoridades competentes venham a executar tais recursos quando concedidos.

Artigo 84
Cada Estado Parte compromete-se a adotar todas as medidas legislativas e outras que sejam necessárias à aplicação das disposições da presente Convenção.

PARTE IX
DISPOSIÇÕES FINAIS

Artigo 85
O Secretário-Geral das Nações Unidas é designado como depositário da presente Convenção.

Artigo 86
1. A presente Convenção será aberta para assinatura por todos os Estados. Está sujeita a ratificação.
2. A presente Convenção será aberta para adesão por todos os Estados.
3. Os instrumentos de ratificação ou de adesão serão depositados junto ao Secretário-Geral das Nações Unidas.

Artigo 87
1. A presente Convenção entrará em vigor no primeiro dia do mês seguinte a um período de três meses após a data do depósito do vigésimo instrumento de ratificação ou de adesão.
2. Para cada um dos Estados ratificando ou aderindo à presente Convenção após sua entrada em vigor, a Convenção entrará em vigor no primeiro dia do mês seguinte a um período de três meses após a data do depósito do seu próprio instrumento de ratificação ou de adesão.

Artigo 88
Um Estado que ratifique a presente Convenção ou a ela adira não pode excluir a aplicação de qualquer uma das suas partes ou, sem prejuízo do artigo 3, excluir da sua aplicação uma categoria qualquer de trabalhadores migrantes.

Artigo 89
1. Qualquer Estado Parte pode denunciar a presente Convenção, após o decurso de um período de cinco anos a contar da data da entrada em vigor da Convenção para esse Estado, por meio de notificação escrita dirigida ao Secretário-Geral das Nações Unidas.
2. A denúncia será efetiva no primeiro dia do mês seguinte ao término de um período de doze meses após a data da recepção da notificação pelo Secretário-Geral das Nações Unidas.
3. A denúncia não terá o efeito de liberar o Estado Parte de suas obrigações sob a presente Convenção a respeito de qualquer ato ou omissão que ocorra antes da data na qual a denúncia se torne efetiva, nem deverá a denúncia prejudicar em qualquer maneira a consideração contínua de qualquer assunto que já esteja sob apreciação pelo Comitê antes da data na qual a denúncia se torne efetiva.
4. Após a data em que a denúncia de um Estado Parte se torne vigente, o Comitê não deverá iniciar a apreciação de qualquer novo assunto a respeito de tal Estado.

Artigo 90
1. Após o decurso de um período de cinco anos a contar da data da entrada em vigor da presente Convenção, qualquer Estado pode, em qualquer momento, propor a revisão da Convenção por meio de notificação dirigida ao Secretário-Geral das Nações Unidas. O Secretário-Geral deverá comunicar, em seguida, quaisquer alterações propostas aos Estados Parte, solicitando que lhe seja comunicado se são favoráveis à convocação de uma conferência de Estados-Partes para apreciação e votação das propostas. Se, nos quatro meses subsequentes a essa comunicação, pelo menos um terço dos Estados-Partes se declarar a favor da realização da referida conferência, o Secretário-Geral deverá convocá-la sob os auspícios das Nações Unidas. As emendas adotadas pela maioria dos Estados-Partes presentes e votantes na conferência serão submetidas à Assembleia Geral para aprovação.
2. As emendas entrarão em vigor quando aprovadas pela Assembleia Geral das Nações Unidas e aceitas por uma maioria de dois terços dos Estados-Partes, de acordo com suas respectivas normas constitucionais.
3. Quando as emendas entrarem em vigor, terão força vinculativa para os Estados que as tenham aceito, ficando os outros Estados-Partes vinculados pelas disposições da presente Convenção e por todas as emendas anteriores que tenham aceito.

Artigo 91
1. O Secretário-Geral da Organização das Nações Unidas deverá receber e comunicar a todos os Estados o texto das reservas que forem feitas pelos Estados no momento da assinatura, da ratificação ou da adesão.
2. Não será permitida nenhuma reserva incompatível com o objeto e com o fim da presente Convenção.
3. As reservas podem ser retiradas em qualquer momento por meio de notificação dirigida ao Secretário-Geral das Nações Unidas, o qual informará todos os Estados sobre o fato. Tal notificação produzirá efeito na data de seu recebimento.

Artigo 92

1. Em caso de divergência entre dois ou mais Estados relativamente à interpretação ou aplicação da presente Convenção, que não seja resolvida por negociação deverá, a pedido de qualquer um deles, ser submetida a arbitragem. Se dentro de seis meses a partir da data do pedido de arbitragem, as Partes forem incapazes de acordar sobre a organização da arbitragem, qualquer de tais Partes pode encaminhar a divergência ao Tribunal Internacional de Justiça por meio de acordo com o Estatuto do Tribunal.

2. Qualquer Estado Parte pode, no momento da assinatura ou da ratificação ou da adesão da presente Convenção, declarar que não se considera vinculado pelo parágrafo 1 do presente artigo. Os outros Estados-Partes não serão vinculados pelas referidas disposições com respeito a qualquer Estado Parte que tenha formulado tal declaração.

3. Qualquer Estado Parte que tenha formulado uma declaração de acordo com o parágrafo 2 do presente artigo pode, em qualquer momento, retirá-la mediante notificação dirigida ao Secretário-Geral das Nações Unidas.

Artigo 93

1. A presente Convenção, cujos textos em árabe, chinês, inglês, francês, russo e espanhol são igualmente autênticos, será depositada junto ao Secretário-Geral das Nações Unidas.

2. O Secretário-Geral das Nações Unidas transmitirá cópias autenticadas da presente Convenção a todos os Estados.

Em fé do que os plenipotenciários abaixo assinados, devidamente habilitados para isso por seus respectivos Governos, assinaram a presente Convenção.

PROTOCOLO FACULTATIVO À CONVENÇÃO SOBRE OS DIREITOS DA CRIANÇA REFERENTE À VENDA DE CRIANÇA, À PROSTITUIÇÃO INFANTIL E À PORNOGRAFIA INFANTIL (2000)

- Adotado em Nova York em 25.05.2000.
- Aprovado no Brasil pelo Decreto Legislativo 230, de 29.05.2003, tendo sido ratificado pelo governo brasileiro em 27.01.2004, e promulgado pelo Decreto 5.007, de 08.03.2004.
- Entrou em vigor internacional em 18.01.2002, e para o Brasil, em 27.02.2004.

Os Estados-Partes do presente Protocolo,

Considerando que, a fim de alcançar os propósitos da Convenção sobre os Direitos da Criança e a implementação de suas disposições, especialmente dos Artigos 1, 11, 21, 32, 33, 34, 35 e 36, seria apropriado ampliar as medidas a serem adotadas pelos Estados-Partes, a fim de garantir a proteção da criança contra a venda de crianças, a prostituição infantil e a pornografia infantil,

Considerando também que a Convenção sobre os Direitos da Criança reconhece o direito da criança de estar protegida contra a exploração econômica e contra o desempenho de qualquer trabalho que possa ser perigoso para a criança ou interferir em sua educação, ou ser prejudicial à saúde da criança ou ao seu desenvolvimento físico, mental, espiritual, moral ou social,

Seriamente preocupados com o significativo e crescente tráfico internacional de crianças para fins de venda de crianças, prostituição infantil e pornografia infantil,

Profundamente preocupados com a prática disseminada e continuada do turismo sexual, ao qual as crianças são particularmente vulneráveis, uma vez que promove diretamente a venda de crianças, a prostituição infantil e a pornografia infantil,

Reconhecendo que uma série de grupos particularmente vulneráveis, inclusive meninas, estão mais expostos ao risco de exploração sexual, e que as meninas estão representadas de forma desproporcional entre os sexualmente explorados,

Preocupados com a crescente disponibilidade de pornografia infantil na Internet e em outras tecnologias modernas, e relembrando a Conferência Internacional sobre o Combate à Pornografia Infantil na Internet (Viena, 1999) e, em particular, sua conclusão, que demanda a criminalização em todo o mundo da produção, distribuição, exportação, transmissão, importação, posse intencional e propaganda de pornografia infantil, e enfatizando a importância de cooperação e parceria mais estreita entre governos e a indústria da Internet,

Acreditando que a eliminação da venda de crianças, da prostituição infantil e da pornografia será facilitada pela adoção de uma abordagem holística que leve em conta os fatores que contribuem para a sua ocorrência, inclusive o subdesenvolvimento, a pobreza, as disparidades econômicas, a estrutura socioeconômica desigual, as famílias com disfunções, a ausência de educação, a migração do campo para a cidade, a discriminação sexual, o comportamento sexual adulto irresponsável, as práticas tradicionais prejudiciais, os conflitos armados e o tráfico de crianças,

Acreditando na necessidade de esforços de conscientização pública para reduzir a demanda de consumo relativa à venda de crianças, prostituição infantil e pornografia infantil, e acreditando, também, na importância do fortalecimento da parceria global entre todos os atores, bem como da melhoria do cumprimento da lei no nível nacional,

Tomando nota das disposições de instrumentos jurídicos internacionais relevantes para a proteção de crianças, inclusive a Convenção da Haia sobre a Proteção de Crianças e Cooperação no que se Refere à Adoção Internacional; a Convenção da Haia sobre os Aspectos Civis do Sequestro Internacional de Crianças; a Convenção da Haia sobre Jurisdição, Direito Aplicável, Reconhecimento, Execução e Cooperação Referente à Responsabilidade dos Pais; e a Convenção 182 da Organização Internacional do Trabalho sobre a Proibição das Piores Formas de Trabalho Infantil e a Ação Imediata para sua Eliminação,

Encorajados pelo imenso apoio à Convenção sobre os Direitos da Criança, que demonstra o amplo compromisso existente com a promoção e proteção dos direitos da criança,

Reconhecendo a importância da implementação das disposições do Programa de Ação para a Prevenção da Venda de Crianças, da Prostituição Infantil e da Pornografia Infantil e a Declaração e Agenda de Ação adotada no Congresso Mundial contra a Exploração Comercial Sexual de Crianças, realizada em Estocolmo, de 27 a 31 de agosto de 1996, bem como outras decisões e recomendações relevantes emanadas de órgãos internacionais pertinentes,

Tendo na devida conta a importância das tradições e dos valores culturais de cada povo para a proteção e o desenvolvimento harmonioso da criança,

Acordaram o que segue:

Artigo 1º

Os Estados-Partes proibirão a venda de crianças, a prostituição infantil e a pornografia infantil, conforme disposto no presente Protocolo.

Artigo 2º

Para os propósitos do presente Protocolo:

a) Venda de crianças significa qualquer ato ou transação pela qual uma criança é transferida por qualquer pessoa ou grupo de pessoas a outra pessoa ou grupo de pessoas, em troca de remuneração ou qualquer outra forma de compensação;

b) Prostituição infantil significa o uso de uma criança em atividades sexuais em troca de remuneração ou qualquer outra forma de compensação;

c) Pornografia infantil significa qualquer representação, por qualquer meio, de uma criança envolvida em atividades sexuais explícitas reais ou simuladas, ou qualquer representação dos órgãos sexuais de uma criança para fins primordialmente sexuais.

Artigo 3º

1. Os Estados-Partes assegurarão que, no mínimo, os seguintes atos e atividades sejam integralmente cobertos por suas legislações criminal ou penal, quer os delitos sejam cometidos dentro ou fora de suas fronteiras, de forma individual ou organizada:

a) No contexto da venda de crianças, conforme definido no Artigo 2º;

(i) A oferta, entrega ou aceitação, por qualquer meio, de uma criança para fins de:

a. Exploração sexual de crianças;

b. Transplante de órgãos da criança com fins lucrativos;

c. Envolvimento da criança em trabalho forçado.

(ii) A indução indevida ao consentimento, na qualidade de intermediário, para adoção de uma criança em violação dos instrumentos jurídicos internacionais aplicáveis sobre adoção;

b) A oferta, obtenção, aquisição, aliciamento ou o fornecimento de uma criança para fins de prostituição infantil, conforme definido no Artigo 2º;

c) A produção, distribuição, disseminação, importação, exportação, oferta, venda ou posse, para os fins acima mencionados, de pornografia infantil, conforme definido no Artigo 2º.

2. Em conformidade com as disposições da legislação nacional de um Estado-Parte, o mesmo aplicar-se-á a qualquer tentativa de perpetrar qualquer desses atos e à cumplicidade ou participação em qualquer desses atos.

3. Os Estados-Partes punirão esses delitos com penas apropriadas que levem em consideração a sua gravidade.

4. Em conformidade com as disposições de sua legislação nacional, os Estados-Partes adotarão medidas, quando apropriado, para determinar a responsabilidade legal de pessoas jurídicas pelos delitos definidos no parágrafo 1 do presente Artigo. Em conformidade com os princípios jurídicos do Estado-Parte, essa responsabilidade de pessoas jurídicas poderá ser de natureza criminal, civil ou administrativa.

5. Os Estados-Partes adotarão todas as medidas legais e administrativas apropriadas para assegurar que todas as pessoas envolvidas na adoção de uma criança hajam em conformidade com os instrumentos jurídicos internacionais aplicáveis.

Artigo 4º

1. Cada Estado-Parte adotará as medidas necessárias para estabelecer sua jurisdição sobre os delitos a que se refere o Artigo 3º, parágrafo 1, quando os delitos forem cometidos em seu território ou a bordo de embarcação ou aeronave registrada naquele Estado.

2. Cada Estado-Parte poderá adotar as medidas necessárias para estabelecer sua jurisdição sobre os delitos a que se refere o Artigo 3º, parágrafo 1, nos seguintes casos:

a) Quando o criminoso presumido for um cidadão daquele Estado ou uma pessoa que mantém residência habitual em seu território;

b) Quando a vítima for um cidadão daquele Estado.

3. Cada Estado-Parte adotará, também, as medidas necessárias para estabelecer sua jurisdição sobre os delitos acima mencionados quando o criminoso presumido estiver presente em seu território e não for extraditado para outro Estado-Parte pelo fato de o delito haver sido cometido por um de seus cidadãos.

4. O presente Protocolo não exclui qualquer jurisdição criminal exercida em conformidade com a legislação interna.

Artigo 5º

1. Os delitos a que se refere o Artigo 3º, parágrafo 1, serão considerados delitos passíveis de extradição em qualquer tratado de extradição existentes entre Estados-Partes, e incluídos como delitos passíveis de extradição em todo tratado de extradição subsequentemente celebrado entre os mesmos, em conformidade com as condições estabelecidas nos referidos tratados.

2. Se um Estado-Parte que condiciona a extradição à existência de um tratado receber solicitação de extradição de outro Estado-Parte com o qual não mantém tratado de extradição, poderá adotar o presente Protocolo como base jurídica para a extradição no que se refere a tais delitos. A extradição estará sujeita às condições previstas na legislação do Estado demandado.

3. Os Estados-Partes que não condicionam a extradição à existência de um tratado reconhecerão os referidos delitos como delitos passíveis de extradição entre si, em conformidade com as condições estabelecidas na legislação do Estado demandado.

4. Para fins de extradição entre Estados-Partes, os referidos delitos serão considerados como se cometidos não apenas no local onde ocorreram, mas também nos territórios dos Estados obrigados a estabelecer sua jurisdição em conformidade com o Artigo 4º.

5. Se um pedido de extradição for feito com referência a um dos delitos descritos no Artigo 3º, parágrafo 1, e se o Estado-Parte demandado não conceder a extradição ou recusar-se a conceder a extradição com base na nacionalidade do autor do delito, este Estado adotará as medidas apropriadas para submeter o caso às suas autoridades competentes, com vistas à instauração de processo penal.

Artigo 6º

1. Os Estados-Partes prestar-se-ão mutuamente toda a assistência possível no que se refere a investigações ou processos criminais ou de extradição instaurados com relação aos delitos descritos no Artigo 3º, parágrafo 1. Inclusive assistência na obtenção de provas à sua disposição e necessárias para a condução dos processos.

2. Os Estados-Partes cumprirão as obrigações assumidas em função do parágrafo 1 do presente Artigo, em conformidade com quaisquer tratados ou outros acordos sobre assistência jurídica mútua que porventura existam entre os mesmos. Na ausência de tais tratados ou acordos, os Estados-Partes prestar-se-ão assistência mútua em conformidade com sua legislação nacional.

Artigo 7º

Os Estados-Partes, em conformidade com as disposições de sua legislação nacional:

a) adotarão medidas para permitir o sequestro e confisco, conforme o caso, de:

(i) bens tais como materiais, ativos e outros meios utilizados para cometer ou facilitar o cometimento dos delitos definidos no presente Protocolo;

(ii) rendas decorrentes do cometimento desses delitos.

b) atenderão às solicitações de outro Estado-Parte referentes ao sequestro ou confisco de bens ou rendas a que se referem os incisos i) e ii) do parágrafo *a)*;

c) adotarão medidas para fechar, temporária ou definitivamente, os locais utilizados para cometer esses delitos.

Artigo 8º

1. Os Estados-Partes adotarão as medidas apropriadas para proteger os direitos e interesses de crianças vítimas das práticas proibidas pelo presente Protocolo em todos os estágios do processo judicial criminal, em particular:

a) reconhecendo a vulnerabilidade de crianças vitimadas e adaptando procedimentos para reconhecer suas necessidades especiais, inclusive suas necessidades especiais como testemunhas;

b) informando as crianças vitimadas sobre seus direitos, seu papel, bem como o alcance, as datas e o andamento dos processos e a condução de seus casos;

c) permitindo que as opiniões, necessidades e preocupações das crianças vitimadas sejam apresentadas e consideradas nos processos em que seus interesses pessoais forem afetados, de forma coerente com as normas processuais da legislação nacional;

d) prestando serviços adequados de apoio às crianças vitimadas no transcorrer do processo judicial;

e) protegendo, conforme apropriado, a privacidade e a identidade das crianças vitimadas e adotando medidas, em conformidade com a legislação nacional, para evitar a disseminação inadequada de informações que possam levar à identificação das crianças vitimadas;

f) assegurando, nos casos apropriados, a segurança das crianças vitimadas, bem como de suas famílias e testemunhas, contra intimidação e retaliação;

g) evitando demora desnecessária na condução de causas e no cumprimento de ordens ou decretos concedendo reparação a crianças vitimadas.

2. Os Estados-Partes assegurarão que quaisquer dúvidas sobre a idade real da vítima não impedirão que se dê início a investigações criminais, inclusive investigações para determinar a idade da vítima.

3. Os Estados-Partes assegurarão que, no tratamento dispensado pelo sistema judicial penal às crianças vítimas dos delitos descritos no presente Protocolo, a consideração primordial seja o interesse superior da criança.

4. Os Estados-Partes adotarão medidas para assegurar treinamento apropriado, em particular treinamento jurídico e psicológico, às pessoas que trabalham com vítimas dos delitos proibidos pelo presente Protocolo.

5. Nos casos apropriados, os Estados-Partes adotarão medidas para proteger a segurança e integridade daquelas pessoas e/ou organizações envolvidas na prevenção e/ou proteção e reabilitação de vítimas desses delitos.

6. Nenhuma disposição do presente Artigo será interpretada como prejudicial aos direitos do acusado a um julgamento justo e imparcial, ou como incompatível com esses direitos.

Artigo 9º

1. Os Estados-Partes adotarão ou reforçarão, implementarão e disseminarão leis, medidas administrativas, políticas e programas sociais para evitar os delitos a que se refere o presente Protocolo.

Especial atenção será dada á proteção de crianças especialmente vulneráveis a essas práticas.

2. Os Estados-Partes promoverão a conscientização do público em geral, inclusive das crianças, por meio de informações disseminadas por todos os meios apropriados, educação e treinamento, sobre as medidas preventivas e os efeitos prejudiciais dos delitos a que se refere o presente Protocolo. No cumprimento das obrigações assumidas em conformidade com o presente Artigo, os Estados-Partes incentivarão a participação da comunidade e, em particular, de crianças vitimadas, nas referidas informações e em programas educativos e de treinamento, inclusive no nível internacional.

3. Os Estados-Partes adotarão todas as medidas possíveis com o objetivo de assegurar assistência apropriada às vítimas desses delitos, inclusive sua completa reintegração social e sua total recuperação física e psicológica.

4. Os Estados-Partes assegurarão que todas as crianças vítimas dos delitos descritos no presente Protocolo tenham acesso a procedimentos adequados que lhe permitam obter, sem discriminação, das pessoas legalmente responsáveis, reparação pelos danos sofridos.

5. Os Estados-Partes adotarão as medidas apropriadas para proibir efetivamente a produção e disseminação de material em que se faça propaganda dos delitos descritos no presente Protocolo.

Artigo 10

1. Os Estados-Partes adotarão todas as medidas necessárias para intensificar a cooperação internacional por meio de acordos multilaterais, regionais e bilaterais para prevenir, detectar, investigar, julgar e punir os responsáveis por atos envolvendo a venda de crianças, a prostituição infantil, a pornografia infantil e o turismo sexual infantil. Os Estados-Partes promoverão, também, a cooperação e coordenação internacionais entre suas autoridades, organizações não governamentais nacionais e internacionais e organizações internacionais.

2. Os Estados-Partes promoverão a cooperação internacional com vistas a prestar assistência às crianças vitimadas em sua recuperação física e psicológica, sua reintegração social e repatriação.

3. Os Estados-Partes promoverão o fortalecimento da cooperação internacional, a fim de lutar contra as causas básicas, tais como pobreza e subdesenvolvimento, que contribuem para a vulnerabilidade das crianças à venda de crianças, à prostituição infantil, à pornografia infantil e ao turismo sexual infantil.

4. Os Estados-Partes que estejam em condições de fazê-lo, prestarão assistência financeira, técnica ou de outra natureza por meio de programas multilaterais, regionais, bilaterais ou outros programas existentes.

Artigo 11

Nenhuma disposição do presente Protocolo afetará quaisquer outras disposições mais propícias à fruição dos direitos da criança e que possam estar contidas:

a) na legislação de um Estado-Parte;
b) na legislação internacional em vigor para aquele Estado.

Artigo 12

1. Cada Estado-Parte submeterá ao Comitê sobre os Direitos da Criança, no prazo de 2 (dois) anos a contar da data da entrada em vigor do Protocolo para aquele Estado-Parte, um relatório contendo informações abrangentes sobre as medidas adotadas para implementar as disposições do Protocolo.

2. Após a apresentação do relatório abrangente, cada Estado-Parte incluirá nos relatórios que submeter ao Comitê sobre os Direitos da Criança quaisquer informações adicionais sobre a implementação do Protocolo, em conformidade com o Artigo 44 da Convenção. Os demais Estados-Partes do Protocolo submeterão um relatório a cada 5 (cinco) anos.

3. O Comitê sobre os Direitos da Criança poderá solicitar aos Estados-Partes informações adicionais relevantes para a implementação do presente Protocolo.

Artigo 13

1. O presente Protocolo está aberto para assinatura de qualquer Estado que seja parte ou signatário da Convenção.

2. O presente Protocolo está sujeito a ratificação e aberto a adesão de qualquer Estado que seja parte ou signatário da Convenção. Os instrumentos de ratificação ou adesão serão depositados com o Secretário-Geral das Nações Unidas.

Artigo 14

1. O presente Protocolo entrará em vigor 3 (três) meses após o depósito do décimo instrumento de ratificação ou adesão.

2. Para cada Estado que ratificar o presente Protocolo ou a ele aderir após sua entrada em vigor, o presente Protocolo passará a viger 1 (um) mês após a data do depósito de seu próprio instrumento de ratificação ou adesão.

Artigo 15

1. Qualquer Estado-Parte poderá denunciar o presente Protocolo a qualquer tempo por meio de notificação escrita ao Secretário-Geral das Nações Unidas, o qual subsequentemente informará os demais Estados-Partes da Convenção e todos os Estados signatários da Convenção. A denúncia produzirá efeitos 1 (um) ano após a data de recebimento da notificação pelo Secretário-Geral das Nações Unidas.

2. A referida denúncia não isentará o Estado-Parte das obrigações assumidas por força do presente Protocolo no que se refere a qualquer delito ocorrido anteriormente à data na qual a denúncia passar a produzir efeitos. A denúncia tampouco impedirá, de qualquer forma, que dê continuidade ao exame de qualquer matéria que já esteja sendo examinada pelo Comitê antes da data na qual a denúncia se tornar efetiva.

Artigo 16

1. Qualquer Estado-Parte poderá propor uma emenda e depositá-la junto ao Secretário-Geral das Nações Unidas. O Secretário-Geral comunicará a emenda proposta aos Estados-Partes, solicitando-lhes que indiquem se são favoráveis à realização de uma conferência de Estados-Partes para análise e votação das propostas. Caso, no prazo de 4 (quatro) meses a contar da data da referida comunicação, pelo menos 1/3 (um terço) dos Estados-Partes se houver manifestado a favor da referida conferência, o Secretário-Geral convocará a conferência sob os auspícios das Nações Unidas. Qualquer emenda adotada por uma maioria de Estados-Partes presentes e votantes na conferência será submetida à Assembleia Geral para aprovação.
2. Uma emenda adotada em conformidade com o parágrafo 1 do presente Artigo entrará em vigor quando aprovada pela Assembleia Geral das Nações Unidas e aceita por maioria de 2/3 (dois terços) dos Estados-Partes.
3. Quando uma emenda entrar em vigor, tornar-se-á obrigatória para aqueles Estados-Partes que a aceitaram; os demais Estados-Partes continuarão obrigados pelas disposições do presente Protocolo e por quaisquer emendas anteriores que tenham aceitado.

Artigo 17

1. O presente Protocolo, com textos em árabe, chinês, espanhol, francês, inglês e russo igualmente autênticos, será depositado nos arquivos das Nações Unidas.
2. O Secretário-Geral das Nações Unidas enviará cópias autenticadas do presente Protocolo a todos os Estados-Partes da Convenção e a todos os Estados signatários da Convenção.

PROTOCOLO FACULTATIVO À CONVENÇÃO SOBRE OS DIREITOS DA CRIANÇA RELATIVO AO ENVOLVIMENTO DE CRIANÇAS EM CONFLITOS ARMADOS (2000)

- Adotado em Nova York em 25.05.2000.
- Aprovado no Brasil pelo Decreto Legislativo 230, de 29.05.2003, tendo sido ratificado pelo governo brasileiro em 27.01.2004, e promulgado pelo Decreto 5.006, de 08.03.2004.
- Entrou em vigor internacional em 12.02.2002, e para o Brasil, em 27.02.2004.

Os Estados-Partes do presente Protocolo,

Encorajados pelo apoio incontestável à Convenção sobre os Direitos da Criança, demonstrando o amplo compromisso de lutar pela promoção e proteção dos direitos da criança,

Reafirmando que os direitos da criança demandam proteção especial e exigindo o aprimoramento contínuo da situação das crianças sem distinção, bem como seu desenvolvimento e educação em condições de paz e segurança,

Preocupados com o impacto prejudicial e disseminado de conflitos armados sobre as crianças e com as suas consequências de longo prazo sobre a paz duradoura, a segurança e o desenvolvimento,

Condenando o fato de as crianças se converterem em alvo em situações de conflito armado, bem como ataques diretos a bens protegidos pelo direito internacional, inclusive locais em que geralmente contam com presença significativa de crianças, tais como escolas e hospitais,

Observando a adoção do Estatuto do Tribunal Penal Internacional e, em particular, a inclusão, na relação de crimes de guerra, do recrutamento ou alistamento de crianças menores de 15 (quinze) anos ou sua utilização para participar ativamente em hostilidades em conflitos armados internacionais ou nacionais,

Considerando, assim, que para intensificar ainda mais a implementação dos direitos reconhecidos na Convenção sobre os Direitos da Criança é necessário aumentar a proteção da criança contra o envolvimento em conflitos armados,

Observando que o Artigo 1º da Convenção sobre os Direitos da Criança dispõe que, para fins dessa Convenção, criança significa todo ser humano com idade inferior a 18 (dezoito) anos, à exceção daquele que, em conformidade com a lei aplicável à criança, tenha alcançado antes a maioridade,

Convencidos de que um protocolo facultativo à Convenção aumentando a idade para o possível recrutamento de pessoas pelas forças armadas e sua participação em hostilidades contribuirá efetivamente para a implementação do princípio de que os interesses superiores da criança deverão ser uma consideração primordial em todas as ações envolvendo crianças,

Observando que a vigésima sexta Conferência Internacional da Cruz Vermelha e do Crescente Vermelho, realizada em dezembro de 1995, recomendou, inter alia, que as partes envolvidas em conflitos adotem todas as medidas possíveis para garantir que crianças menores de 18 (dezoito) anos não participem de hostilidades,

Acolhendo a adoção unânime, em junho de 1999, da Convenção 182 da Organização Internacional do Trabalho sobre a Proibição das Piores Formas de Trabalho Infantil e Ação Imediata para sua Eliminação, que proíbe, entre outras coisas, o recrutamento forçado ou compulsório de crianças para utilização em conflitos armados,

Condenando com a mais séria preocupação o recrutamento, treinamento e utilização, dentro ou fora de fronteiras nacionais, de crianças em hostilidades por parte de grupos armados distintos das forças armadas de um Estado, e reconhecendo a responsabilidade daqueles que recrutam, treinam e utilizam crianças para tal fim,

Relembrando a obrigação de cada parte de um conflito armado de acatar as disposições do direito humanitário internacional,

Enfatizando que o presente Protocolo não fere os fins e princípios contidos na Carta das Nações

Unidas, inclusive o Artigo 51, e normas relevantes do direito humanitário,

Tendo em mente que as condições de paz e segurança baseadas no respeito total aos fins e princípios contidos na Carta e a observância dos instrumentos de direitos humanos aplicáveis são indispensáveis para a proteção total das crianças, em particular durante conflitos armados e ocupação estrangeira,

Reconhecendo as necessidades especiais das crianças particularmente vulneráveis ao recrutamento ou utilização em hostilidades contra o disposto neste Protocolo, em virtude de sua situação econômica ou social ou de sexo,

Cientes da necessidade de considerar as verdadeiras causas econômicas, sociais e políticas do envolvimento de crianças em conflitos armados,

Convencidos da necessidade de intensificar a cooperação internacional na implementação do presente Protocolo, bem como a reabilitação física e psicossocial, e a reintegração social das crianças vítimas de conflitos armados,

Encorajando a participação da comunidade e, em particular, das crianças e da criança vitimada, na disseminação de programas informativos e educativos associados à implementação do Protocolo,

Acordaram o que segue:

Artigo 1º

Os Estados-Partes adotarão todas as medidas possíveis para assegurar que membros de suas forças armadas menores de 18 (dezoito) anos não participem diretamente de hostilidades.

Artigo 2º

Os Estados-Partes assegurarão que menores de 18 (dezoito) anos não serão recrutados de maneira compulsória em suas forças armadas.

Artigo 3º

1. Os Estados-Partes elevarão a idade mínima para o recrutamento voluntário de pessoas em suas forças armadas nacionais acima daquela fixada no Artigo 38, parágrafo 3, da Convenção sobre os Direitos da Criança, tendo em conta os princípios contidos no referido Artigo e reconhecendo que, em conformidade com a Convenção, indivíduos menores de 18 (dezoito) anos têm direito a proteção especial.

2. Cada Estado-Parte depositará, ao ratificar o presente Protocolo ou a ele aderir, uma declaração vinculante fixando a idade mínima em que permitirá o recrutamento voluntário em suas forças armadas nacionais, bem como das salvaguardas adotadas para assegurar que o referido recrutamento não seja feito por meio da força ou coação.

3. Os Estados-Partes que permitirem o recrutamento voluntário de menores de 18 (dezoito) anos em suas forças armadas nacionais manterão salvaguardas para assegurar, no mínimo que:

a) o referido recrutamento seja genuinamente voluntário;

b) o referido recrutamento seja feito com o consentimento informado dos pais do menor ou de seus tutores legais;

c) os menores em questão sejam devidamente informados das responsabilidades envolvidas no referido serviço militar;

d) os menores em questão forneçam comprovação fiável de sua idade antes de serem aceitos no serviço militar nacional.

4. Os Estados-Partes poderão ampliar sua declaração a qualquer tempo por meio de notificação para tal fim encaminhada ao Secretário-Geral das Nações Unidas, o qual informará todos os Estados-Partes. A referida notificação entrará em vigor na data de seu recebimento pelo Secretário-Geral.

5. A exigência relativa à elevação da idade a que se refere o parágrafo 1 do presente Artigo não se aplica a escolas operadas ou controladas pelas forças armadas dos Estados-Partes, em conformidade com os Artigos 28 e 29 da Convenção sobre os Direitos da Criança.

Artigo 4º

1. Os grupos armados distintos das forças armadas de um Estado não deverão, em qualquer circunstância, recrutar ou utilizar menores de 18 (dezoito) anos em hostilidades.

2. Os Estados-Partes deverão adotar todas as medidas possíveis para evitar esse recrutamento e essa utilização, inclusive a adoção de medidas legais necessárias para proibir e criminalizar tais práticas.

3. A aplicação do presente Artigo, em conformidade com o Protocolo, não afetará o *status* jurídico de qualquer das partes de um conflito armado.

Artigo 5º

Nenhuma disposição do presente Protocolo será interpretada de modo a impedir a aplicação dos preceitos do ordenamento de um Estado-Parte ou de instrumentos internacionais e do direito humanitário internacional, quando esses preceitos forem mais propícios à realização dos direitos da criança.

Artigo 6º

1. Os Estados-Partes adotarão todas as medidas legais, administrativas e de outra natureza necessárias para assegurar a implementação e aplicação efetivas das disposições do presente Protocolo em suas jurisdições.

2. Os Estados-Partes comprometem-se a disseminar e promover, pelos meios apropriados, os princípios e as disposições do presente Protocolo junto tanto a adultos quanto crianças.

3. Os Estados-Partes adotarão todas as medidas possíveis para assegurar que pessoas em sua jurisdição recrutadas ou utilizadas em hostilidades em contradição com o presente Protocolo sejam desmobilizadas ou liberadas do serviço de outro modo. Quando necessário, os Estados-Partes prestarão a essas pessoas toda a assistência apropriada para a sua recuperação física e psicológica, bem como sua reintegração social.

Artigo 7º

1. Os Estados-Partes cooperarão na implementação do presente Protocolo, inclusive no que se refere à prevenção de qualquer atividade contrária ao Protocolo e na reabilitação e reintegração social de vítimas de atos contrários a este Protocolo, inclusive por meio de cooperação técnica e assistência financeira. A assistência e cooperação em questão serão implementadas de comum acordo com os Estados-Partes envolvidos e organizações internacionais relevantes.

2. Os Estados-Partes em condições de fazê-lo prestarão essa assistência por meio de programas multilaterais, bilaterais ou de outros programas existentes, ou, *inter alia*, por meio de um fundo voluntário criado em conformidade com as normas da Assembleia Geral.

Artigo 8º

1. Cada Estado-Parte submeterá ao Comitê sobre os Direitos da Criança, no prazo de 2 (dois) anos a contar da data de entrada em vigor do Protocolo para aquele Estado-Parte, um relatório, inclusive as medidas adotadas para implementar as disposições sobre participação e recrutamento.

2. Após a apresentação do relatório abrangente, cada Estado-Parte incluirá nos relatórios que submeter ao Comitê sobre os Direitos da Criança quaisquer informações adicionais sobre a implementação do Protocolo, em conformidade com o Artigo 44 da Convenção. Os demais Estados-Partes do Protocolo submeterão um relatório a cada 5 (cinco) anos.

3. O Comitê sobre os Direitos da Criança poderá solicitar aos Estados-Partes informações adicionais relevantes para a implementação do presente Protocolo.

Artigo 9º

1. O presente Protocolo está aberto para assinatura de qualquer Estado que seja parte ou signatário da Convenção.

2. O presente Protocolo está sujeito à ratificação e aberto a adesão de qualquer Estado que seja parte ou signatário da Convenção. Os instrumentos de ratificação ou adesão serão depositados com o Secretário-Geral das Nações Unidas.

3. O Secretário-Geral, na qualidade de depositário da Convenção e do Protocolo, informará os Estados-Partes da Convenção e todos os Estados signatários da Convenção sobre cada instrumento de declaração em conformidade com o Artigo 13.

Artigo 10

1. O presente Protocolo entrará em vigor 3 (três) meses após o depósito do décimo instrumento de ratificação ou adesão.

2. Para cada Estado que ratificar o presente Protocolo ou a ele aderir após sua entrada em vigor, o presente Protocolo passará a viger 1 (um) mês após a data do depósito de seu próprio instrumento de ratificação ou adesão.

Artigo 11

1. Qualquer Estado-Parte poderá denunciar o presente Protocolo a qualquer tempo por meio de notificação escrita ao Secretário-Geral das Nações Unidas, o qual subsequentemente informará os demais Estados-Partes da Convenção e todos os Estados signatários da Convenção. A denúncia produzirá efeitos 1 (um) ano após a data de recebimento da notificação pelo Secretário-Geral. Se, entretanto, ao final daquele ano o Estado-Parte denunciante estiver envolvido em conflito armado, a denúncia não produzirá efeitos antes do término do conflito armado.

2. A referida denúncia não isentará o Estado-Parte das obrigações contraídas sob o presente Protocolo no que se refere a qualquer ato ocorrido anteriormente à data na qual a denúncia se tornar efetiva. A denúncia tampouco impedirá, de qualquer forma, que se dê continuidade ao exame de qualquer matéria que já esteja sendo examinada pelo Comitê antes da data na qual a denúncia se tornar efetiva.

Artigo 12

1. Qualquer Estado-Parte poderá propor uma emenda e depositá-la junto ao Secretário-Geral das Nações Unidas. O Secretário-Geral comunicará a emenda proposta aos Estados-Partes, solicitando-lhes que indiquem se são favoráveis à realização de uma conferência de Estados-Partes para análise e votação das propostas. Caso, no prazo de 4 (quatro) meses a contar da data da referida comunicação, pelo menos 1/3 (um terço) dos Estados-Partes se houver manifestado a favor da referida conferência, o Secretário-Geral convocará a conferência sob os auspícios das Nações Unidas. Qualquer emenda adotada por uma maioria de Estados-Partes presentes e votantes na conferência será submetida à Assembleia Geral para aprovação.

2. Uma emenda adotada em conformidade com o parágrafo 1 do presente Artigo entrará em vigor quando aprovada pela Assembleia Geral das Nações Unidas e aceita por maioria de 2/3 (dois terços) dos Estados-Partes.

3. Quando uma emenda entrar em vigor, tornar-se-á obrigatória para aqueles Estados-Partes que a aceitaram; os demais Estados-Partes continuarão obrigados pelas disposições do presente Protocolo e por quaisquer emendas anteriores que tenham aceitado.

Artigo 13

1. O presente Protocolo, com textos em árabe, chinês, espanhol, francês, inglês e russo igualmente autênticos, será depositado nos arquivos das Nações Unidas.

2. O Secretário-Geral das Nações Unidas enviará cópias autenticadas do presente Protocolo a todos os Estados-Partes da Convenção e a todos os Estados signatários da Convenção.

CONVENÇÃO DAS NAÇÕES UNIDAS CONTRA A CORRUPÇÃO (2003)

Convenção de Mérida
- Esta Convenção é oriunda da Resolução 55/61, de 04.12.2000, da Assembleia Geral das Nações Unidas. Foi concluída de 09 a 11.12.2003, na cidade de Mérida, México, tendo sido o Brasil o 41º país a assiná-la.
- Foi aprovada no Brasil pelo Decreto Legislativo 348, de 18.05.2005, ratificada em 15.06.2005, e promulgada pelo Decreto 5.687, de 31.01.2006.

Preâmbulo

Os Estados-Partes da presente Convenção,

Preocupados com a gravidade dos problemas e com as ameaças decorrentes da corrupção, para a estabilidade e a segurança das sociedades, ao enfraquecer as instituições e os valores da democracia, da ética e da justiça e ao comprometer o desenvolvimento sustentável e o Estado de Direito;

Preocupados, também, pelos vínculos entre a corrupção e outras formas de delinquência, em particular o crime organizado e a corrupção econômica, incluindo a lavagem de dinheiro;

Preocupados, ainda, pelos casos de corrupção que penetram diversos setores da sociedade, os quais podem comprometer uma proporção importante dos recursos dos Estados e que ameaçam a estabilidade política e o desenvolvimento sustentável dos mesmos;

Convencidos de que a corrupção deixou de ser um problema local para converter-se em um fenômeno transnacional que afeta todas as sociedades e economias, faz-se necessária a cooperação internacional para preveni-la e lutar contra ela;

Convencidos, também, de que se requer um enfoque amplo e multidisciplinar para prevenir e combater eficazmente a corrupção;

Convencidos, ainda, de que a disponibilidade de assistência técnica pode desempenhar um papel importante para que os Estados estejam em melhores condições de poder prevenir e combater eficazmente a corrupção, entre outras coisas, fortalecendo suas capacidades e criando instituições;

Convencidos de que o enriquecimento pessoal ilícito pode ser particularmente nocivo para as instituições democráticas, as economias nacionais e o Estado de Direito;

Decididos a prevenir, detectar e dissuadir com maior eficácia as transferências internacionais de ativos adquiridos ilicitamente e a fortalecer a cooperação internacional para a recuperação destes ativos;

Reconhecendo os princípios fundamentais do devido processo nos processos penais e nos procedimentos civis ou administrativos sobre direitos de propriedade;

Tendo presente que a prevenção e a erradicação da corrupção são responsabilidades de todos os Estados e que estes devem cooperar entre si, com o apoio e a participação de pessoas e grupos que não pertencem ao setor público, como a sociedade civil, as organizações não governamentais e as organizações de base comunitárias, para que seus esforços neste âmbito sejam eficazes;

Tendo presentes também os princípios de devida gestão dos assuntos e dos bens públicos, equidade, responsabilidade e igualdade perante a lei, assim como a necessidade de salvaguardar a integridade e fomentar uma cultura de rechaço à corrupção;

Elogiando o trabalho da Comissão de Prevenção de Delitos e Justiça Penal e o Escritório das Nações Unidas contra as Drogas e o Delito na prevenção e na luta contra a corrupção;

Recordando o trabalho realizado por outras organizações internacionais e regionais nesta esfera, incluídas as atividades do Conselho de Cooperação Aduaneira (também denominado Organização Mundial de Aduanas), o Conselho Europeu, a Liga dos Estados Árabes, a Organização de Cooperação e Desenvolvimento Econômicos, a Organização dos Estados Americanos, a União Africana e a União Europeia;

Tomando nota com reconhecimento dos instrumentos multilaterais encaminhados para prevenir e combater a corrupção, incluídos, entre outros, a Convenção Interamericana contra a Corrupção, aprovada pela Organização dos Estados Americanos em 29 de março de 1996, o Convênio relativo à luta contra os atos de corrupção no qual estão envolvidos funcionários das Comunidades Europeias e dos Estados-Partes da União Europeia, aprovado pelo Conselho da União Europeia em 26 de maio de 1997, o Convênio sobre a luta contra o suborno dos funcionários públicos estrangeiros nas transações comerciais internacionais, aprovado pelo Comitê de Ministros do Conselho Europeu em 27 de janeiro de 1999, o Convênio de direito civil sobre a corrupção, aprovado pelo Comitê de Ministros do Conselho Europeu em 4 de novembro de 1999 e a Convenção da União Africana para prevenir e combater a corrupção, aprovada pelos Chefes de Estado e Governo da União Africana em 12 de julho de 2003;

Acolhendo com satisfação a entrada em vigor, em 29 de setembro de 2003, da Convenção das Nações Unidas contra o Crime Organizado Internacional;

Chegaram em acordo ao seguinte:

CAPÍTULO I
DISPOSIÇÕES GERAIS

Artigo 1º
Finalidade

A finalidade da presente Convenção é:

a) promover e fortalecer as medidas para prevenir e combater mais eficaz e eficientemente a corrupção;

b) promover, facilitar e apoiar a cooperação internacional e a assistência técnica na prevenção e na luta contra a corrupção, incluída a recuperação de ativos;

c) promover a integridade, a obrigação de render contas e a devida gestão dos assuntos e dos bens públicos.

Artigo 2º
Definições

Aos efeitos da presente Convenção:
a) por "funcionário público" se entenderá:
i) toda pessoa que ocupe um cargo legislativo, executivo, administrativo ou judicial de um Estado-Parte, já designado ou empossado, permanente ou temporário, remunerado ou honorário, seja qual for o tempo dessa pessoa no cargo;
ii) toda pessoa que desempenhe uma função pública, inclusive em um organismo público ou numa empresa pública, ou que preste um serviço público, segundo definido na legislação interna do Estado-Parte e se aplique na esfera pertinente do ordenamento jurídico desse Estado-Parte;
iii) toda pessoa definida como "funcionário público" na legislação interna de um Estado-Parte. Não obstante, aos efeitos de algumas medidas específicas incluídas no Capítulo II da presente Convenção, poderá entender-se por "funcionário público" toda pessoa que desempenhe uma função pública ou preste um serviço público segundo definido na legislação interna do Estado-Parte e se aplique na esfera pertinente do ordenamento jurídico desse Estado-Parte;
b) por "funcionário público estrangeiro" se entenderá toda pessoa que ocupe um cargo legislativo, executivo, administrativo ou judicial de um país estrangeiro, já designado ou empossado; e toda pessoa que exerça uma função pública para um país estrangeiro, inclusive em um organismo público ou uma empresa pública;
c) por "funcionário de uma organização internacional pública" se entenderá um funcionário público internacional ou toda pessoa que tal organização tenha autorizado a atuar em seu nome;
d) por "bens" se entenderá os ativos de qualquer tipo, corpóreos ou incorpóreos, móveis ou imóveis, tangíveis ou intangíveis e os documentos ou instrumentos legais que creditem a propriedade ou outros direitos sobre tais ativos;
e) por "produto de delito" se entenderá os bens de qualquer índole derivados ou obtidos direta ou indiretamente da ocorrência de um delito;
f) por "embargo preventivo" ou "apreensão" se entenderá a proibição temporária de transferir, converter ou trasladar bens, ou de assumir a custódia ou o controle temporário de bens sobre a base de uma ordem de um tribunal ou outra autoridade competente;
g) por "confisco" se entenderá a privação em caráter definitivo de bens por ordem de um tribunal ou outra autoridade competente;
h) por "delito determinante" se entenderá todo delito do qual se derive um produto que possa passar a constituir matéria de um delito definido no Artigo 23 da presente Convenção;
i) por "entrega vigiada" se entenderá a técnica consistente em permitir que remessas ilícitas ou suspeitas saiam do território de um ou mais Estados, o atravessem ou entrem nele, com o conhecimento e sob a supervisão de suas autoridades competentes, com o fim de investigar um delito e identificar as pessoas envolvidas em sua ocorrência.

Artigo 3º
Âmbito de aplicação

1. A presente Convenção se aplicará, de conformidade com suas disposições, à prevenção, à investigação e à instrução judicial da corrupção e do embargo preventivo, da apreensão, do confisco e da restituição do produto de delitos identificados de acordo com a presente Convenção.
2. Para a aplicação da presente Convenção, a menos que contenha uma disposição em contrário, não será necessário que os delitos enunciados nela produzam dano ou prejuízo patrimonial ao Estado.

Artigo 4º
Proteção da soberania

1. Os Estados-Partes cumprirão suas obrigações de acordo com a presente Convenção em consonância com os princípios de igualdade soberana e integridade territorial dos Estados, assim como de não intervenção nos assuntos internos de outros Estados.
2. Nada do disposto na presente Convenção delegará poderes a um Estado-Parte para exercer, no território de outro Estado, jurisdição ou funções que a legislação interna desse Estado reserve exclusivamente a suas autoridades.

CAPÍTULO II
MEDIDAS PREVENTIVAS

Artigo 5º
Políticas e práticas de prevenção da corrupção

1. Cada Estado-Parte, de conformidade com os princípios fundamentais de seu ordenamento jurídico, formulará e aplicará ou manterá em vigor políticas coordenadas e eficazes contra a corrupção que promovam a participação da sociedade e reflitam os princípios do Estado de Direito, a devida gestão dos assuntos e bens públicos, a integridade, a transparência e a obrigação de render contas.
2. Cada Estado-Parte procurará estabelecer e fomentar práticas eficazes encaminhadas a prevenir a corrupção.
3. Cada Estado-Parte procurará avaliar periodicamente os instrumentos jurídicos e as medidas administrativas pertinentes a fim de determinar se são adequadas para combater a corrupção.
4. Os Estados-Partes, segundo procede e de conformidade com os princípios fundamentais de seu ordenamento jurídico, colaborarão entre si e com as organizações internacionais e regionais pertinentes na promoção e formulação das medidas mencionadas no presente Artigo. Essa colaboração poderá compreender a participação em programas e projetos internacionais destinados a prevenir a corrupção.

Artigo 6º
Órgão ou órgãos de prevenção à corrupção

1. Cada Estado-Parte, de conformidade com os princípios fundamentais de seu ordenamento jurídico,

garantirá a existência de um ou mais órgãos, segundo procede, encarregados de prevenir a corrupção com medidas tais como:

a) a aplicação das políticas as quais se faz alusão no Artigo 5 da presente Convenção e, quando proceder, a supervisão e coordenação da prática dessas políticas;

b) o aumento e a difusão dos conhecimentos em matéria de prevenção da corrupção.

2. Cada Estado-Parte outorgará ao órgão ou aos órgãos mencionados no parágrafo 1 do presente Artigo a independência necessária, de conformidade com os princípios fundamentais de seu ordenamento jurídico, para que possam desempenhar suas funções de maneira eficaz e sem nenhuma influência indevida. Devem proporcionar-lhes os recursos materiais e o pessoal especializado que sejam necessários, assim como a capacitação que tal pessoal possa requerer para o desempenho de suas funções.

3. Cada Estado-Parte comunicará ao Secretário-Geral das Nações Unidas o nome e a direção da(s) autoridade(s) que possa(m) ajudar a outros Estados-Partes a formular e aplicar medidas concretas de prevenção da corrupção.

Artigo 7º
Setor Público

1. Cada Estado-Parte, quando for apropriado e de conformidade com os princípios fundamentais de seu ordenamento jurídico, procurará adotar sistemas de convocação, contratação, retenção, promoção e aposentadoria de funcionários públicos e, quando proceder, de outros funcionários públicos não empossados, ou manter e fortalecer tais sistemas. Estes:

a) estarão baseados em princípios de eficiência e transparência e em critérios objetivos como o mérito, a equidade e a aptidão;

b) incluirão procedimentos adequados de seleção e formação dos titulares de cargos públicos que se considerem especialmente vulneráveis à corrupção, assim como, quando proceder, a rotação dessas pessoas em outros cargos;

c) fomentarão uma remuneração adequada e escalas de soldo equitativas, tendo em conta o nível de desenvolvimento econômico do Estado-Parte;

d) promoverão programas de formação e capacitação que lhes permitam cumprir os requisitos de desempenho correto, honroso e devido de suas funções e lhes proporcionem capacitação especializada e apropriada para que sejam mais conscientes dos riscos da corrupção inerentes ao desempenho de suas funções. Tais programas poderão fazer referência a códigos ou normas de conduta nas esferas pertinentes.

2. Cada Estado-Parte considerará também a possibilidade de adotar medidas legislativas e administrativas apropriadas, em consonância com os objetivos da presente Convenção e de conformidade com os princípios fundamentais de sua legislação interna, a fim de estabelecer critérios para a candidatura e eleição a cargos públicos.

3. Cada Estado-Parte considerará a possibilidade de adotar medidas legislativas e administrativas apropriadas, em consonância com os objetivos da presente Convenção e de conformidade com os princípios fundamentais de sua legislação interna, para aumentar a transparência relativa ao financiamento de candidaturas a cargos públicos eletivos e, quando proceder, relativa ao financiamento de partidos políticos.

4. Cada Estado-Parte, em conformidade com os princípios de sua legislação interna, procurará adotar sistemas destinados a promover a transparência e a prevenir conflitos de interesses, ou a manter e fortalecer tais sistemas.

Artigo 8º
Códigos de conduta
para funcionários públicos

1. Com o objetivo de combater a corrupção, cada Estado-Parte, em conformidade com os princípios fundamentais de seu ordenamento jurídico, promoverá, entre outras coisas, a integridade, a honestidade e a responsabilidade entre seus funcionários públicos.

2. Em particular, cada Estado-Parte procurará aplicar, em seus próprios ordenamentos institucionais e jurídicos, códigos ou normas de conduta para o correto, honroso e devido cumprimento das funções públicas.

3. Com vistas a aplicar as disposições do presente Artigo, cada Estado-Parte, quando proceder e em conformidade com os princípios fundamentais de seu ordenamento jurídico, tomará nota das iniciativas pertinentes das organizações regionais, inter-regionais e multilaterais, tais como o Código Internacional de Conduta para os titulares de cargos públicos, que figura no anexo da resolução 51/59 da Assembleia Geral de 12 de dezembro de 1996.

4. Cada Estado-Parte também considerará, em conformidade com os princípios fundamentais de sua legislação interna, a possibilidade de estabelecer medidas e sistemas para facilitar que os funcionários públicos denunciem todo ato de corrupção às autoridade competentes quando tenham conhecimento deles no exercício de suas funções.

5. Cada Estado-Parte procurará, quando proceder e em conformidade com os princípios fundamentais de sua legislação interna, estabelecer medidas e sistemas para exigir aos funcionários públicos que tenham declarações às autoridades competentes em relação, entre outras coisas, com suas atividades externas e com empregos, inversões, ativos e presentes ou benefícios importantes que possam dar lugar a um conflito de interesses relativo a suas atribuições como funcionários públicos.

6. Cada Estado-Parte considerará a possibilidade de adotar, em conformidade com os princípios fundamentais de sua legislação interna, medidas disciplinares ou de outra índole contra todo funcionário público que transgrida os códigos ou normas estabelecidos em conformidade com o presente Artigo.

Artigo 9º
Contratação pública e gestão da Fazenda Pública

1. Cada Estado-Parte, em conformidade com os princípios fundamentais de seu ordenamento jurídico, adotará as medidas necessárias para estabelecer sistemas apropriados de contratação pública, baseados na transparência, na competência e em critérios objetivos de adoção de decisões, que sejam eficazes, entre outras coisas, para prevenir a corrupção. Esses sistemas, em cuja aplicação se poderá ter em conta valores mínimos apropriados, deverão abordar, entre outras coisas:

a) a difusão pública de informação relativa a procedimentos de contratação pública e contratos, incluída informação sobre licitações e informação pertinente ou oportuna sobre a adjudicação de contratos, a fim de que os licitadores potenciais disponham de tempo suficiente para preparar e apresentar suas ofertas;

b) a formulação prévia das condições de participação, incluídos critérios de seleção e adjudicação e regras de licitação, assim como sua publicação;

c) a aplicação de critérios objetivos e predeterminados para a adoção de decisões sobre a contratação pública a fim de facilitar a posterior verificação da aplicação correta das regras ou procedimentos;

d) um mecanismo eficaz de exame interno, incluindo um sistema eficaz de apelação, para garantir recursos e soluções legais no caso de não se respeitarem as regras ou os procedimentos estabelecidos conforme o presente parágrafo;

e) quando proceda, a adoção de medidas para regulamentar as questões relativas ao pessoal encarregado da contratação pública, em particular declarações de interesse relativo de determinadas contratações públicas, procedimentos de pré-seleção e requisitos de capacitação.

2. Cada Estado-Parte, em conformidade com os princípios fundamentais de seu ordenamento jurídico, adotará medidas apropriadas para promover a transparência e a obrigação de render contas na gestão da fazenda pública. Essas medidas abarcarão, entre outras coisas:

a) procedimentos para a aprovação do pressuposto nacional;

b) a apresentação oportuna de informação sobre gastos e ingressos;

c) um sistema de normas de contabilidade e auditoria, assim como a supervisão correspondente;

d) sistemas eficazes e eficientes de gestão de riscos e controle interno; e

e) quando proceda, a adoção de medidas corretivas em caso de não cumprimento dos requisitos estabelecidos no presente parágrafo.

3. Cada Estado-Parte, em conformidade com os princípios fundamentais de sua legislação interna, adotará as medidas que sejam necessárias nos âmbitos civil e administrativo para preservar a integridade dos livros e registros contábeis, financeiros ou outros documentos relacionados com os gastos e ingressos públicos e para prevenir a falsificação desses documentos.

Artigo 10
Informação pública

Tendo em conta a necessidade de combater a corrupção, cada Estado-Parte, em conformidade com os princípios fundamentais de sua legislação interna, adotará medidas que sejam necessárias para aumentar a transparência em sua administração pública, inclusive no relativo a sua organização, funcionamento e processos de adoção de decisões, quando proceder. Essas medidas poderão incluir, entre outras coisas:

a) a instauração de procedimentos ou regulamentações que permitam ao público em geral obter, quando proceder, informação sobre a organização, o funcionamento e os processos de adoção de decisões de sua administração pública, com o devido respeito à proteção da intimidade e dos documentos pessoais, sobre as decisões e atos jurídicos que incumbam ao público;

b) a simplificação dos procedimentos administrativos, quando proceder, a fim de facilitar o acesso do público às autoridades encarregadas da adoção de decisões; e

c) a publicação de informação, o que poderá incluir informes periódicos sobre os riscos de corrupção na administração pública.

Artigo 11
Medidas relativas ao Poder Judiciário e ao Ministério Público

1. Tendo presentes a independência do Poder Judiciário e seu papel decisivo na luta contra a corrupção, cada Estado-Parte, em conformidade com os princípios fundamentais de seu ordenamento jurídico e sem menosprezar a independência do Poder Judiciário, adotará medidas para reforçar a integridade e evitar toda oportunidade de corrupção entre os membros do Poder Judiciário. Tais medidas poderão incluir normas que regulem a conduta dos membros do Poder Judiciário.

2. Poderão formular-se e aplicar-se no Ministério Público medidas com idêntico fim às adotadas no parágrafo 1 do presente Artigo nos Estados-Partes em que essa instituição não forme parte do Poder Judiciário mas goze de independência análoga.

Artigo 12
Setor Privado

1. Cada Estado-Parte, em conformidade com os princípios fundamentais de sua legislação interna, adotará medidas para prevenir a corrupção e melhorar as normas contábeis e de auditoria no setor privado, assim como, quando proceder, prever sanções civis, administrativas ou penais eficazes, proporcionadas e dissuasivas em caso de não cumprimento dessas medidas.

2. As medidas que se adotem para alcançar esses fins poderão consistir, entre outras coisas, em:

a) promover a cooperação entre os organismos encarregados de fazer cumprir a lei e as entidades privadas pertinentes;

b) promover a formulação de normas e procedimentos com o objetivo de salvaguardar a integridade das entidades privadas pertinentes, incluídos códigos de conduta para o correto, honroso e devido exercício das atividades comerciais e de todas as profissões pertinentes e para a prevenção de conflitos de interesses, assim como para a promoção do uso de boas práticas comerciais entre as empresas e as relações contratuais das empresas com o Estado;

c) promover a transparência entre entidades privadas, incluídas, quando proceder, medidas relativas à identificação das pessoas jurídicas e físicas envolvidas no estabelecimento e na gestão de empresas;

d) prevenir a utilização indevida dos procedimentos que regulam as entidades privadas, incluindo os procedimentos relativos à concessão de subsídios e licenças pelas autoridades públicas para atividades comerciais;

e) prevenir os conflitos de interesse impondo restrições apropriadas, durante um período razoável, às atividades profissionais de ex-funcionários públicos ou à contratação de funcionários públicos pelo setor privado depois de sua renúncia ou aposentadoria quando essas atividades ou essa contratação estejam diretamente relacionadas com as funções desempenhadas ou supervisionadas por esses funcionários públicos durante sua permanência no cargo;

f) velar para que as empresas privadas, tendo em conta sua estrutura e tamanho, disponham de suficientes controles contábeis internos para ajudar a prevenir e detectar os atos de corrupção e para que as contas e os estados financeiros requeridos dessas empresas privadas estejam sujeitos a procedimentos apropriados de auditoria e certificação;

3. A fim de prevenir a corrupção, cada estado-parte adotará as medidas que sejam necessárias, em conformidade com suas leis e regulamentos internos relativos à manutenção de livros e registros, à divulgação de estados financeiros e às normas de contabilidade e auditoria, para proibir os seguintes atos realizados com o fim de cometer quaisquer dos delitos qualificados de acordo com a presente Convenção:

a) o estabelecimento de contas não registradas em livros;

b) a realização de operações não registradas em livros ou mal especificadas;

c) o registro de gastos inexistentes;

d) o juízo de gastos nos livros de contabilidade com indicação incorreta de seu objetivo;

e) a utilização de documentos falsos; e

f) a destruição deliberada de documentos de contabilidade antes do prazo previsto em lei.

4. Cada Estado-Parte ditará a dedução tributária relativa aos gastos que venham a constituir suborno, que é um dos elementos constitutivos dos delitos qualificados de acordo com os Artigos 15 e 16 da presente Convenção e, quando proceder, relativa a outros gastos que tenham tido por objetivo promover um comportamento corrupto.

Artigo 13
Participação da sociedade

1. Cada Estado-Parte adotará medidas adequadas, no limite de suas possibilidades e de conformidade com os princípios fundamentais de sua legislação interna, para fomentar a participação ativa de pessoas e grupos que não pertençam ao setor público, como a sociedade civil, as organizações não governamentais e as organizações com base na comunidade, na prevenção e na luta contra a corrupção, e para sensibilizar a opinião pública a respeito à existência, às causas e à gravidade da corrupção, assim como a ameaça que esta representa. Essa participação deveria esforçar-se com medidas como as seguintes:

a) aumentar a transparência e promover a contribuição da cidadania aos processos de adoção de decisões;

b) garantir o acesso eficaz do público à informação;

c) realizar atividade de informação pública para fomentar a intransigência à corrupção, assim como programas de educação pública, incluídos programas escolares e universitários;

d) respeitar, promover e proteger a liberdade de buscar, receber, publicar e difundir informação relativa à corrupção. Essa liberdade poderá estar sujeita a certas restrições, que deverão estar expressamente qualificadas pela lei e ser necessárias para:

i) garantir o respeito dos direitos ou da reputação de terceiros;

ii) salvaguardar a segurança nacional, a ordem pública, ou a saúde ou a moral públicas.

2. Cada Estado-Parte adotará medidas apropriadas para garantir que o público tenha conhecimento dos órgãos pertinentes de luta contra a corrupção mencionados na presente Convenção, e facilitará o acesso a tais órgãos, quando proceder, para a denúncia, inclusive anônima, de quaisquer incidentes que possam ser considerados constitutivos de um delito qualificado de acordo com a presente Convenção.

Artigo 14
Medidas para prevenir a lavagem de dinheiro

1. Cada Estado-Parte:

a) estabelecerá um amplo regimento interno de regulamentação e supervisão dos bancos e das instituições financeiras não bancárias, incluídas as pessoas físicas ou jurídicas que prestem serviços oficiais ou oficiosos de transferência de dinheiro ou valores e, quando proceder, outros órgãos situados dentro de sua jurisdição que sejam particularmente suspeitos de utilização para a lavagem de dinheiro, a fim de prevenir e detectar todas as formas de lavagem de dinheiro, e em tal regimento há de se apoiar fortemente nos requisitos relativos à identificação do cliente e, quando proceder, do beneficiário final, ao estabelecimento de registros e à denúncia das transações suspeitas;

b) garantirá, sem prejuízo à aplicação do Artigo 46 da presente Convenção, que as autoridades de administração, regulamentação e cumprimento da lei e demais autoridades encarregadas de combater a lavagem de dinheiro (incluídas, quando seja pertinente de acordo com a legislação interna, as autoridades judiciais) sejam capazes de cooperar e intercambiar informações nos âmbitos nacional e internacional, de conformidade com as condições prescritas na legislação interna e, a tal fim, considerará a possibilidade de estabelecer um departamento de inteligência financeira que sirva de centro nacional de recompilação, análise e difusão de informação sobre possíveis atividades de lavagem de dinheiro.

2. Os Estados-Partes considerarão a possibilidade de aplicar medidas viáveis para detectar e vigiar o movimento transfronteiriço de efetivo e de títulos negociáveis pertinentes, sujeitos a salvaguardas que garantam a devida utilização da informação e sem restringir de modo algum a circulação de capitais lícitos. Essas medidas poderão incluir a exigência de que os particulares e as entidades comerciais notifiquem as transferências transfronteiriças de quantidades elevadas de efetivos e de títulos negociáveis pertinentes.

3. Os Estados-Partes considerarão a possibilidade de aplicar medidas apropriadas e viáveis para exigir às instituições financeiras, incluídas as que remetem dinheiro, que:

a) incluam nos formulários de transferência eletrônica de fundos e mensagens conexas informação exata e válida sobre o remetente;

b) mantenham essa informação durante todo o ciclo de operação; e

c) examinem de maneira mais minuciosa as transferências de fundos que não contenham informação completa sobre o remetente.

4. Ao estabelecer um regimento interno de regulamentação e supervisão de acordo com o presente Artigo, e sem prejuízo do disposto em qualquer outro Artigo da presente Convenção, recomenda-se aos Estados-Partes que utilizem como guia as iniciativas pertinentes das organizações regionais, inter-regionais e multilaterais de luta contra a lavagem de dinheiro.

5. Os Estados-Partes se esforçarão por estabelecer e promover a cooperação em escala mundial, regional, sub-regional e bilateral entre as autoridades judiciais, de cumprimento da lei e de regulamentação financeira a fim de combater a lavagem de dinheiro.

CAPÍTULO III
PENALIZAÇÃO E APLICAÇÃO DA LEI

Artigo 15
Suborno de funcionários públicos nacionais

Cada Estado-Parte adotará as medidas legislativas e de outras índoles que sejam necessárias para qualificar como delito, quando cometidos intencionalmente:

a) a promessa, o oferecimento ou a concessão a um funcionário público, de forma direta ou indireta, de um benefício indevido que redunde em seu próprio proveito ou no de outra pessoa ou entidade com o fim de que tal funcionário atue ou se abstenha de atuar no cumprimento de suas funções oficiais;

b) a solicitação ou aceitação por um funcionário público, de forma direta ou indireta, de um benefício indevido que redunde em seu próprio proveito ou no de outra pessoa ou entidade com o fim de que tal funcionário atue ou se abstenha de atuar no cumprimento de suas funções oficiais.

Artigo 16
Suborno de funcionários públicos estrangeiros e de funcionários de organizações internacionais públicas

1. Cada Estado-Parte adotará as medidas legislativas e de outras índoles que sejam necessárias para qualificar como delito, quando cometido intencionalmente, a promessa, oferecimento ou a concessão, de forma direta ou indireta, a um funcionário público estrangeiro ou a um funcionário de organização internacional pública, de um benefício indevido que redunde em seu próprio proveito ou no de outra pessoa ou entidade com o fim de que tal funcionário atue ou se abstenha de atuar no exercício de suas funções oficiais para obter ou manter alguma transação comercial ou outro benefício indevido em relação com a realização de atividades comerciais internacionais.

2. Cada Estado-Parte considerará a possibilidade de adotar medidas legislativas e de outras índoles que sejam necessárias para qualificar como delito, quando cometido intencionalmente, a solicitação ou aceitação por um funcionário público estrangeiro ou funcionário de organização internacional pública, de forma direta ou indireta, de um benefício indevido que redunde em proveito próprio ou no de outra pessoa ou entidade, com o fim de que tal funcionário atue ou se abstenha de atuar no exercício de suas funções oficiais.

Artigo 17
Malversação ou peculato, apropriação indébita ou outras formas de desvio de bens por um funcionário público

Cada Estado-Parte adotará as medidas legislativas e de outras índoles que sejam necessárias para qualificar como delito, quando cometido intencionalmente, a malversação ou o peculato, a apropriação indébita ou outras formas de desvio de bens, fundos ou títulos públicos ou privados ou qualquer outra coisa de valor que se tenham confiado ao funcionário em virtude de seu cargo.

Artigo 18
Tráfico de influências

Cada Estado-Parte considerará a possibilidade de adotar as medidas legislativas e de outras índoles que sejam necessárias para qualificar como delito, quando cometido intencionalmente:

a) a promessa, o oferecimento ou a concessão a um funcionário público ou a qualquer outra pessoa, de forma direta ou indireta, de um benefício indevido com o fim de que o funcionário público ou a pessoa abuse de sua influência real ou suposta para obter de uma administração ou autoridade do Estado-Parte um benefício indevido que redunde em proveito do instigador original do ato ou de qualquer outra pessoa;

b) a solicitação ou aceitação por um funcionário público ou qualquer outra pessoa, de forma direta ou indireta, de um benefício indevido que redunde em seu proveito próprio ou no de outra pessoa com o fim de que o funcionário público ou a pessoa abuse de sua influência real ou suposta para obter de uma administração ou autoridade do Estado-Parte um benefício indevido.

Artigo 19
Abuso de funções

Cada Estado-Parte considerará a possibilidade de adotar as medidas legislativas e de outras índoles que sejam necessárias para qualificar como delito, quando cometido intencionalmente, o abuso de funções ou do cargo, ou seja, a realização ou omissão de um ato, em violação à lei, por parte de um funcionário público no exercício de suas funções, com o fim de obter um benefício indevido para si mesmo ou para outra pessoa ou entidade.

Artigo 20
Enriquecimento ilícito

Com sujeição a sua constituição e aos princípios fundamentais de seu ordenamento jurídico, cada Estado-Parte considerará a possibilidade de adotar as medidas legislativas e de outras índoles que sejam necessárias para qualificar como delito, quando cometido intencionalmente, o enriquecimento ilícito, ou seja, o incremento significativo do patrimônio de um funcionário público relativos aos seus ingressos legítimos que não podem ser razoavelmente justificados por ele.

Artigo 21
Suborno no setor privado

Cada Estado-Parte considerará a possibilidade de adotar as medidas legislativas e de outras índoles que sejam necessárias para qualificar como delito, quando cometido intencionalmente no curso de atividades econômicas, financeiras ou comerciais:

a) a promessa, o oferecimento ou a concessão, de forma direta ou indireta, a uma pessoa que dirija uma entidade do setor privado ou cumpra qualquer função nela, de um benefício indevido que redunde em seu próprio proveito ou no de outra pessoa, com o fim de que, faltando ao dever inerente às suas funções, atue ou se abstenha de atuar;

b) a solicitação ou aceitação, de forma direta ou indireta, por uma pessoa que dirija uma entidade do setor privado ou cumpra qualquer função nela, de um benefício indevido que redunde em seu próprio proveito ou no de outra pessoa, com o fim de que, faltando ao dever inerente às suas funções, atue ou se abstenha de atuar.

Artigo 22
Malversação ou peculato de bens no setor privado

Cada Estado-Parte considerará a possibilidade de adotar medidas legislativas e de outras índoles que sejam necessárias para qualificar como delito, quando cometido intencionalmente no curso de atividades econômicas, financeiras ou comerciais, a malversação ou peculato, por uma pessoa que dirija uma entidade do setor privado ou cumpra qualquer função nela, de quaisquer bens, fundos ou títulos privados ou de qualquer outra coisa de valor que se tenha confiado a essa pessoa por razão de seu cargo.

Artigo 23
Lavagem de produto de delito

1. Cada Estado-Parte adotará, em conformidade com os princípios fundamentais de sua legislação interna, as medidas legislativas e de outras índoles que sejam necessárias para qualificar como delito, quando cometido intencionalmente:

a) i) a conversão ou a transferência de bens, sabendo-se que esses bens são produtos de delito, com o propósito de ocultar ou dissimular a origem ilícita dos bens e ajudar a qualquer pessoa envolvida na prática do delito com o objetivo de afastar as consequências jurídicas de seus atos;

ii) a ocultação ou dissimulação da verdadeira natureza, origem, situação, disposição, movimentação ou da propriedade de bens o do legítimo direito a estes, sabendo-se que tais bens são produtos de delito;

b) com sujeição aos conceitos básicos de seu ordenamento jurídico:

i) a aquisição, possessão ou utilização de bens, sabendo-se, no momento de sua receptação, de que se tratam de produto de delito;

ii) a participação na prática de quaisquer dos delitos qualificados de acordo com o presente Artigo, assim como a associação e a confabulação para cometê-los, a tentativa de cometê-los e a ajuda, incitação, facilitação e o assessoramento com vistas à sua prática.

2. Para os fins de aplicação ou colocação em prática do parágrafo 1 do presente Artigo:

a) cada Estado-Parte velará por aplicar o parágrafo 1 do presente Artigo à gama mais ampla possível de delitos determinantes;

b) cada Estado-Parte incluirá como delitos determinantes, como mínimo, uma ampla gama de delitos qualificados de acordo com a presente Convenção;

c) aos efeitos do item b supra, entre os delitos determinantes se incluirão os delitos cometidos tanto dentro como fora da jurisdição do Estado-Parte interessado. Não obstante, os delitos cometidos fora da jurisdição de um Estado-Parte constituirão delito determinante sempre e quando o ato correspondente seja delito de acordo com a legislação interna do Estado em que se tenha cometido e constitui-se assim mesmo delito de acordo com a legislação interna do Estado-Parte que aplique ou ponha em prática o presente Artigo se o delito houvesse sido cometido ali;

d) cada Estado-Parte proporcionará ao Secretário-Geral das Nações Unidas uma cópia de suas leis destinadas a dar aplicação ao presente Artigo e de qualquer emenda posterior que se atenha a tais leis;

e) se assim requererem os princípios fundamentais da legislação interna de um Estado-Parte, poderá dispor-se que os delitos enunciados no parágrafo 1 do presente Artigo não se apliquem às pessoas que tenham cometido o delito determinante.

Artigo 24
Encobrimento

Sem prejuízo do disposto no Artigo 23 da presente Convenção, cada Estado-Parte considerará a possibilidade de adotar as medidas legislativas e de outra índole que sejam necessárias para qualificar o delito, quando cometido intencionalmente após a prática de quaisquer dos delitos qualificados de acordo com a presente Convenção mas sem haver participados deles, o encobrimento ou a retenção contínua de bens sabendo-se que tais bens são produtos de quaisquer dos delitos qualificados de acordo com a presente Convenção.

Artigo 25
Obstrução da justiça

Cada Estado-Parte adotará as medidas legislativas e de outras índoles que sejam necessárias para qualificar como delito, quando cometidos intencionalmente:

a) o uso da força física, ameaças ou intimidação, ou a promessa, o oferecimento ou a concessão de um benefício indevido para induzir uma pessoa a prestar falso testemunho ou a atrapalhar a prestação de testemunho ou a apartação de provas em processos relacionados com a prática dos delitos qualificados de acordo com essa Convenção;

b) o uso da força física, ameaças ou intimidação para atrapalhar o cumprimento das funções oficiais de um funcionário da justiça ou dos serviços encarregados de fazer cumprir-se a lei em relação com a prática dos delitos qualificados de acordo com a presente Convenção. Nada do previsto no presente Artigo menosprezará a legislação interna dos Estados-Partes que disponham de legislação que proteja a outras categorias de funcionários públicos.

Artigo 26
Responsabilidade das pessoas jurídicas

1. Cada Estado-Parte adotará as medidas que sejam necessárias, em consonância com seus princípios jurídicos, a fim de estabelecer a responsabilidade de pessoas jurídicas por sua participação nos delitos qualificados de acordo com a presente Convenção.

2. Sujeito aos princípios jurídicos do Estado-Parte, a responsabilidade das pessoas jurídicas poderá ser de índole penal, civil ou administrativa.

3. Tal responsabilidade existirá sem prejuízo à responsabilidade penal que incumba às pessoas físicas que tenham cometido os delitos.

4. Cada Estado-Parte velará em particular para que se imponham sanções penais ou não penais eficazes, proporcionadas e dissuasivas, incluídas sanções monetárias, às pessoas jurídicas consideradas responsáveis de acordo com o presente Artigo.

Artigo 27
Participação ou tentativa

1. Cada Estado-Parte adotará as medidas legislativas e de outras índoles que sejam necessárias para qualificar como delito, em conformidade com sua legislação interna, qualquer forma de participação, seja ela como cúmplice, colaborador ou instigador, em um delito qualificado de acordo com a presente Convenção.

2. Cada Estado-Parte poderá adotar as medidas legislativas e de outras índoles que sejam necessárias para qualificar como delito, em conformidade com sua legislação interna, toda tentativa de cometer um delito qualificado de acordo com a presente Convenção.

3. Cada Estado-Parte poderá adotar as medidas legislativas e de outras índoles que sejam necessárias para qualificar como delito, em conformidade com sua legislação interna, a preparação com vistas a cometer um delito qualificado de acordo com a presente Convenção.

Artigo 28
Conhecimento, intenção e propósito como elementos de um delito

O conhecimento, a intenção ou o propósito que se requerem como elementos de um delito qualificado de acordo com a presente Convenção poderão inferir-se de circunstâncias fáticas objetivas.

Artigo 29
Prescrição

Cada Estado-Parte estabelecerá, quando proceder, de acordo com sua legislação interna, um prazo de prescrição amplo para iniciar processos por quaisquer dos delitos qualificados de acordo com a presente Convenção e estabelecerá um prazo maior ou interromperá a prescrição quando o presumido delinquente tenha evadido da administração da justiça.

Artigo 30
Processo, sentença e sanções

1. Cada Estado-Parte punirá a prática dos delitos qualificados de acordo com a presente Convenção

com sanções que tenham em conta a gravidade desses delitos.

2. Cada Estado-Parte adotará as medidas que sejam necessárias para estabelecer ou manter, em conformidade com seu ordenamento jurídico e seus princípios constitucionais, um equilíbrio apropriado entre quaisquer imunidades ou prerrogativas jurisdicionais outorgadas a seus funcionários públicos para o cumprimento de suas funções e a possibilidade, se necessário, de proceder efetivamente à investigação, ao indiciamento e à sentença dos delitos qualificados de acordo com a presente Convenção.

3. Cada Estado-Parte velará para que se exerçam quaisquer faculdades legais discricionárias de que disponham conforme sua legislação interna em relação ao indiciamento de pessoas pelos delitos qualificados de acordo com a presente Convenção a fim de dar máxima eficácia às medidas adotadas para fazer cumprir a lei a respeito desses delitos, tendo devidamente em conta a necessidade de preveni-los.

4. Quando se trate dos delitos qualificados de acordo com a presente Convenção, cada Estado-Parte adotará as medidas apropriadas, em conformidade com sua legislação interna e levando devidamente em consideração os direitos de defesa, com vistas a procurar que, ao impor condições em relação com a decisão de conceder liberdade em espera de juízo ou apelação, se tenha presente a necessidade de garantir o comparecimento do acusado em todo procedimento penal posterior.

5. Cada Estado-Parte terá em conta a gravidade dos delitos pertinentes ao considerar a eventualidade de conceder a liberdade antecipada ou a liberdade condicional a pessoas que tenham sido declaradas culpadas desses delitos.

6. Cada Estado-Parte considerará a possibilidade de estabelecer, na medida em que ele seja concordante com os princípios fundamentais de seu ordenamento jurídico, procedimentos em virtude dos quais um funcionário público que seja acusado de um delito qualificado de acordo com a presente Convenção possa, quando proceder, ser destituído, suspenso ou transferido pela autoridade correspondente, tendo presente o respeito ao princípio de presunção de inocência.

7. Quando a gravidade da falta não justifique e na medida em que ele seja concordante com os princípios fundamentais de seu ordenamento jurídico, cada Estado-Parte considerará a possibilidade de estabelecer procedimentos para inabilitar, por mandado judicial ou outro meio apropriado e por um período determinado em sua legislação interna, as pessoas condenadas por delitos qualificados de acordo com a presente Convenção para:

a) exercer cargos públicos; e

b) exercer cargos em uma empresa de propriedade total ou parcial do Estado.

8. O parágrafo 1 do presente Artigo não prejudicará a aplicação de medidas disciplinares pelas autoridades competentes contra funcionários públicos.

9. Nada do disposto na presente Convenção afetará o princípio de que a descrição dos delitos qualificados de acordo com ela e dos meios jurídicos de defesa aplicáveis ou demais princípios jurídicos que regulam a legalidade de uma conduta que a reservada à legislação interna dos Estados-Partes e de que esses delitos haverão de ser perseguidos e sancionados em conformidade com essa legislação.

10. Os Estados-Partes procurarão promover a reinserção social das pessoas condenadas por delitos qualificados de acordo com a presente Convenção.

Artigo 31
Embargo preventivo, apreensão e confisco

1. Cada Estado-Parte adotará, no maior grau permitido em seu ordenamento jurídico interno, as medidas que sejam necessárias para autorizar o confisco:

a) do produto de delito qualificado de acordo com a presente Convenção ou de bens cujo valor corresponda ao de tal produto;

b) dos bens, equipamentos ou outros instrumentos utilizados ou destinados utilizados na prática dos delitos qualificados de acordo com a presente Convenção.

2. Cada Estado-Parte adotará as medidas que sejam necessárias para permitir a identificação, localização, embargo preventivo ou a apreensão de qualquer bem a que se tenha referência no parágrafo 1 do presente Artigo com vistas ao seu eventual confisco.

3. Cada Estado-Parte adotará, em conformidade com sua legislação interna, as medidas legislativas e de outras índoles que sejam necessárias para regular a administração, por parte das autoridades competentes, dos bens embargados, incautados ou confiscados compreendidos nos parágrafos 1 e 2 do presente Artigo.

4. Quando esse produto de delito se tiver transformado ou convertido parcialmente ou totalmente em outros bens, estes serão objeto das medidas aplicáveis a tal produto de acordo com o presente Artigo.

5. Quando esse produto de delito se houver mesclado com bens adquiridos de fontes lícitas, esses bens serão objeto de confisco até o valor estimado do produto mesclado, sem menosprezo de qualquer outra faculdade de embargo preventivo ou apreensão.

6. Os ingressos e outros benefícios derivados desse produto de delito, de bens nos quais se tenham transformado ou convertido tal produto ou de bens que se tenham mesclado a esse produto de delito também serão objeto das medidas previstas no presente Artigo, da mesma maneira e no mesmo grau que o produto do delito.

7. Aos efeitos do presente Artigo e do Artigo 55 da presente Convenção, cada Estado-Parte facultará a seus tribunais ou outras autoridade competentes

para ordenar a apresentação ou a apreensão de documentos bancários, financeiros ou comerciais. Os Estados-Partes não poderão abster-se de aplicar as disposições do presente parágrafo amparando-se no sigilo bancário.

8. Os Estados-Partes poderão considerar a possibilidade de exigir de um delinquente que demonstre a origem lícita do alegado produto de delito ou de outros bens expostos ao confisco, na medida em que ele seja conforme com os princípios fundamentais de sua legislação interna e com a índole do processo judicial ou outros processos.

9. As disposições do presente Artigo não se interpretarão em prejuízo do direito de terceiros que atuem de boa-fé.

10. Nada do disposto no presente Artigo afetará o princípio de que as medidas nele previstas se definirão e aplicar-se-ão em conformidade com a legislação interna dos Estados-Partes e com sujeição a este.

Artigo 32
Proteção a testemunhas, peritos e vítimas

1. Cada Estado-Parte adotará medidas apropriadas, em conformidade com seu ordenamento jurídico interno e dentro de suas possibilidades, para proteger de maneira eficaz contra eventuais atos de represália ou intimidação as testemunhas e peritos que prestem testemunho sobre os delitos qualificados de acordo com a presente Convenção, assim como, quando proceder, a seus familiares e demais pessoas próximas.

2. As medidas previstas no parágrafo 1 do presente Artigo poderão consistir, entre outras, sem prejuízo dos direitos do acusado e incluindo o direito de garantias processuais, em:

a) estabelecer procedimentos para a proteção física dessas pessoas, incluída, na medida do necessário e do possível, sua remoção, e permitir, quando proceder, à proibição total ou parcial de revelar informação sobre sua identidade e paradeiro;

b) estabelecer normas probatórias que permitam que as testemunhas e peritos prestem testemunho sem pôr em perigo a segurança dessas pessoas, por exemplo, aceitando o testemunho mediante tecnologias de comunicação como a videoconferência ou outros meios adequados.

3. Os Estados-Partes considerarão a possibilidade de celebrar acordos ou tratados com outros Estados para a remoção das pessoas mencionadas no parágrafo 1 do presente Artigo.

4. As disposições do presente Artigo se aplicarão também às vítimas na medida em que sejam testemunhas.

5. Cada Estado-Parte permitirá, com sujeição a sua legislação interna, que se apresentem e considerem as opiniões e preocupações das vítimas em etapas apropriadas das ações penais contra os criminosos sem menosprezar os direitos de defesa.

Artigo 33
Proteção aos denunciantes

Cada Estado-Parte considerará a possibilidade de incorporar em seu ordenamento jurídico interno medidas apropriadas para proporcionar proteção contra todo trato injusto às pessoas que denunciem ante as autoridades competentes, de boa-fé e com motivos razoáveis, quaisquer feitos relacionados com os delitos qualificados de acordo com a presente Convenção.

Artigo 34
Consequências dos atos de corrupção

Com a devida consideração aos direitos adquiridos de boa-fé por terceiros, cada Estado-Parte, em conformidade com os princípios fundamentais de sua legislação interna, adotará medidas para eliminar as consequências dos atos de corrupção. Neste contexto, os Estados-Partes poderão considerar a corrupção um fator pertinente em procedimentos jurídicos encaminhados a anular ou deixar sem efeito um contrato ou a revogar uma concessão ou outro instrumento semelhante, o adotar qualquer outra medida de correção.

Artigo 35
Indenização por danos e prejuízos

Cada Estado-Parte adotará as medidas que sejam necessárias, em conformidade com os princípios de sua legislação interna, para garantir que as entidades ou pessoas prejudicadas como consequência de um ato de corrupção tenham direito a iniciar uma ação legal contra os responsáveis desses danos e prejuízos a fim de obter indenização.

Artigo 36

Autoridades especializadas Cada Estado-Parte, de conformidade com os princípios fundamentais de seu ordenamento jurídico, se certificará de que dispõe de um ou mais órgãos ou pessoas especializadas na luta contra a corrupção mediante a aplicação coercitiva da lei. Esse(s) órgão(s) ou essa(s) pessoa(s) gozarão da independência necessária, conforme os princípios fundamentais do ordenamento jurídico do Estado-Parte, para que possam desempenhar suas funções com eficácia e sem pressões indevidas. Deverá proporcionar-se a essas pessoas ou ao pessoal desse(s) órgão(s) formação adequada e recursos suficientes para o desempenho de suas funções.

Artigo 37
Cooperação com as autoridades encarregadas de fazer cumprir a lei

1. Cada Estado-Parte adotará as medidas apropriadas para restabelecer as pessoas que participem ou que tenham participado na prática dos delitos qualificados de acordo com a presente Convenção que proporcionem às autoridades competentes informação útil com fins investigativos e probatórios e as que lhes prestem ajuda efetiva e concreta que possa contribuir a privar os criminosos do

produto do delito, assim como recuperar esse produto.

2. Cada Estado-Parte considerará a possibilidade de prever, em casos apropriados, a mitigação de pena de toda pessoa acusada que preste cooperação substancial à investigação ou ao indiciamento dos delitos qualificados de acordo com a presente Convenção.

3. Cada Estado-Parte considerará a possibilidade de prever, em conformidade com os princípios fundamentais de sua legislação interna, a concessão de imunidade judicial a toda pessoa que preste cooperação substancial na investigação ou no indiciamento dos delitos qualificados de acordo com a presente Convenção.

4. A proteção dessas pessoas será, *mutatis mutandis*, a prevista no Artigo 32 da presente Convenção.

5. Quando as pessoas mencionadas no parágrafo 1 do presente Artigo se encontrem em um Estado-Parte e possam prestar cooperação substancial às autoridades competentes de outro Estado-Parte, os Estados-Partes interessados poderão considerar a possibilidade de celebrar acordos ou tratados, em conformidade com sua legislação interna, a respeito da eventual concessão, por esse Estrado Parte, do trato previsto nos parágrafos 2 e 3 do presente Artigo.

Artigo 38
Cooperação entre organismos nacionais

Cada Estado-Parte adotará as medidas que sejam necessárias, em conformidade com sua legislação interna, para estabelecer a cooperação entre, de um lado, seus organismos públicos, assim como seus funcionários públicos, e, do outro, seus organismos encarregados de investigar e processar judicialmente os delitos. Essa cooperação poderá incluir:

a) informar a esses últimos organismos, por iniciativa do Estado-Parte, quando tenha motivos razoáveis para suspeitar-se que fora praticado algum dos crimes qualificados de acordo com os Artigos 15, 21 e 23 da presente Convenção; ou

b) proporcionar a esses organismos toda a informação necessária mediante solicitação.

Artigo 39
Cooperação entre os organismos nacionais e o setor privado

1. Cada Estado-Parte adotará as medidas que sejam necessárias, em conformidade com seu direito interno, para estabelecer a cooperação entre os organismos nacionais de investigação e o Ministério Público, de um lado, e as entidades do setor privado, em particular as instituições financeiras, de outro, em questões relativas à prática dos delitos qualificados de acordo com a presente Convenção.

2. Cada Estado-Parte considerará a possibilidade de estabelecer que seus cidadãos e demais pessoas que tenham residência em seu território vão denunciar ante os organismos nacionais de investigação e o Ministério Público a prática de todo delito qualificado de acordo com a presente Convenção.

Artigo 40
Sigilo bancário

Cada Estado-Parte velará para que, no caso de investigações penais nacionais de delitos qualificados de acordo com a presente Convenção, existam em seu ordenamento jurídico interno mecanismos apropriados para eliminar qualquer obstáculo que possa surgir como consequência da aplicação da legislação relativa ao sigilo bancário.

Artigo 41
Antecedentes penais

Cada Estado-Parte poderá adotar as medidas legislativas ou de outras índoles que sejam necessárias para ter em conta, nas condições e para os fins que estime apropriados, toda prévia declaração de culpabilidade de um presumido criminoso em outro Estado a fim de utilizar essa informação em ações penais relativas a delitos qualificados de acordo com a presente Convenção.

Artigo 42
Jurisdição

1. Cada Estado-Parte adotará as medidas que sejam necessárias para estabelecer sua jurisdição a respeito dos delitos qualificados de acordo com a presente Convenção quando:

a) o delito se cometa em seu território; ou

b) o delito se cometa a bordo de uma embarcação que possua identificação de tal Estado ou de uma aeronave registrada sob suas leis no momento de sua prática.

2. Com sujeição ao disposto no Artigo 4 da presente Convenção, um Estado-Parte também poderá estabelecer sua jurisdição para ter conhecimento de tais delitos quando:

a) o delito se cometa contra um de seus cidadãos;

b) o delito seja cometido por um de seus cidadãos ou por um estrangeiro que tenha residência em seu território;

c) o delito seja um dos delitos qualificados de acordo com o inciso ii da parte *b* do parágrafo 1 do Artigo 23 da presente Convenção e se cometa fora de seu território com vistas à prática, dentro de seu território, de um delito qualificado de acordo com os incisos i e ii da parte *a* ou inciso i da parte *b* do parágrafo 1 do Artigo 23 da presente Convenção; ou

d) o delito se cometa contra o Estado-Parte.

3. Aos efeitos do Artigo 44 da presente Convenção, cada Estado-Parte adotará as medidas que sejam necessárias para estabelecer a jurisdição relativa aos delitos qualificados de acordo com a presente Convenção quando o presumido criminoso se encontre em seu território e o Estado-Parte não o extradite pelo fato de ser um de seus cidadãos.

4. Cada Estado-Parte poderá também adotar as medidas que sejam necessárias para estabelecer sua jurisdição a respeito dos delitos qualificados na presente Convenção quando o presumido crimino-

so se encontre em seu território e o Estado-Parte não o extradite.

5. Se um Estado-Parte que exerce sua jurisdição de acordo com os parágrafos 1 ou 2 do presente Artigo for notificado, ou tomar conhecimento por outro meio, de que outros Estados-Partes estão realizando uma investigação, um processo ou uma ação judicial relativos aos mesmos fatos, as autoridades competentes desses Estados-Partes se consultarão, segundo proceda, a fim de coordenar suas medidas.

6. Sem prejuízo às normas do direito internacional geral, a presente Convenção não excluirá o exercício das competências penais estabelecidas pelos Estados-Partes em conformidade com suas legislações internas.

CAPÍTULO IV
COOPERAÇÃO INTERNACIONAL

Artigo 43
Cooperação internacional

1. Os Estados-Partes cooperarão em assuntos penais conforme o disposto nos Artigos 44 a 50 da presente Convenção. Quando proceda e estiver em consonância com seu ordenamento jurídico interno, os Estados-Partes considerarão a possibilidade de prestar-se assistência nas investigações e procedimentos correspondentes a questões civis e administrativas relacionadas com a corrupção.

2. Em questões de cooperação internacional, quando a dupla incriminação seja um requisito, este se considerará cumprido se a conduta constitutiva do delito relativo ao qual se solicita assistência é um delito de acordo com a legislação de ambos os Estados-Partes, independentemente se as leis do Estado-Parte requerido incluem o delito na mesma categoria ou o denominam com a mesma terminologia que o Estado-Parte requerente.

Artigo 44
Extradição

1. O presente Artigo se aplicará a todos os delitos qualificados de acordo com a presente Convenção no caso de que a pessoa que é objeto de solicitação de extradição se encontre no território do Estado-Parte requerido, sempre e quando o delito pelo qual se pede a extradição seja punível de acordo com a legislação interna do Estado-Parte requerente e do Estado-Parte requerido.

2. Sem prejuízo ao disposto no parágrafo 1 do presente Artigo, os Estados-Partes cuja legislação o permitam poderão conceder a extradição de uma pessoa por quaisquer dos delitos compreendidos na presente Convenção que não sejam puníveis com relação à sua própria legislação interna.

3. Quando a solicitação de extradição incluir vários delitos, dos quais ao menos um dê lugar à extradição conforme o disposto no presente Artigo e alguns não derem lugar à extradição devido ao período de privação de liberdade que toleram mas guardem relação com os delitos qualificados de acordo com a presente Convenção, o Estado-Parte requerido poderá aplicar o presente Artigo também a respeito desses delitos.

4. Cada um dos delitos aos quais se aplicam o presente Artigo se considerará incluído entre os delitos que dão lugar à extradição em todo tratado de extradição vigente entre os Estados-Partes. Estes se comprometem a incluir tais delitos como causa de extradição em todo tratado de extradição que celebrem entre si. Os Estados-Partes cujas legislações os permitam, no caso de que a presente Convenção sirva de base para a extradição, não considerarão de caráter político nenhum dos delitos qualificados de acordo com a presente Convenção.

5. Se um Estado-Parte que submete a extradição à existência de um tratado recebe uma solicitação de extradição de outro Estado-Parte com o qual não celebra nenhum tratado de extradição, poderá considerar a presente Convenção como a base jurídica da extradição a respeito dos delitos aos quais se aplicam o presente Artigo.

6. Todo Estado-Parte que submeta a extradição à existência de um tratado deverá:

a) no momento de depositar seu instrumento de ratificação, aceitação ou aprovação da presente Convenção ou de adesão à ela, informar ao Secretário-Geral das Nações Unidas se considerará ou não a presente Convenção como a base jurídica da cooperação em matéria de extradição em suas relações com os outros Estados-Partes da presente Convenção; e

b) se não considera a presente Convenção como a base jurídica da cooperação em matéria de extradição, procurar, quando proceder, celebrar tratados de extradição com outros Estados-Partes da presente Convenção a fim de aplicar o presente Artigo.

7. Os Estados-Partes que não submetem a extradição à existência de um tratado reconhecerão os delitos aos quais se aplica o presente Artigo como causa de extradição entre eles.

8. A extradição estará sujeita às condições previstas na legislação interna do Estado-Parte requerido ou nos tratados de extradição aplicáveis, incluídas, entre outras coisas, as relativas ao requisito de uma pena mínima para a extradição e aos motivos que o Estado-Parte requerido pode incorrer na extradição.

9. Os Estados-Partes, em conformidade com sua legislação interna, procurarão agilizar os procedimentos de extradição e simplificar os requisitos probatórios correspondentes com relação a qualquer dos delitos aos quais se aplicam o presente Artigo.

10. A respeito do disposto em sua legislação interna e em seus tratados de extradição, o Estado-Parte requerido poderá, após haver-se certificado de que as circunstâncias o justificam e têm caráter urgente, e à solicitação do Estado-Parte requerente, proceder à detenção da pessoa presente em seu território cuja extradição se peça ou adotar outras medidas adequadas para garantir o comparecimento dessa pessoa nos procedimentos de extradição.

11. O Estado-Parte em cujo território se encontre um presumido criminoso, se não o extradita

quando de um delito aos qual se aplica o presente Artigo pelo fato de ser um de seus cidadãos, estará obrigado, quando solicitado pelo Estado-Parte que pede a extradição, a submeter o caso sem demora injustificada a suas autoridades competentes para efeitos de indiciamento. As mencionadas autoridades adotarão sua decisão e levarão a cabo suas ações judiciais da mesma maneira em que o fariam feito com relação a qualquer outro delito de caráter grave de acordo com a legislação interna desse Estado-Parte. Os Estados-Partes interessados cooperarão entre si, em particular no tocante aos aspectos processuais e probatórios, com vistas a garantir a eficiência das mencionadas ações.

12. Quando a legislação interna de um Estado-Parte só permite extraditar ou entregar de algum outro modo um de seus cidadãos a condição de que essa pessoa seja devolvida a esse Estado-Parte para cumprir a pena imposta como resultado do juízo do processo por aquele que solicitou a extradição ou a entrega e esse Estado-Parte e o Estado-Parte que solicita a extradição aceitem essa opção, assim como toda outra condição que julguem apropriada, tal extradição ou entrega condicional será suficiente para que seja cumprida a obrigação enunciada no parágrafo 11 do presente Artigo.

13. Se a extradição solicitada com o propósito de que se cumpra uma pena é negada pelo fato de que a pessoa procurada é cidadã do Estado-Parte requerido, este, se sua legislação interna autoriza e em conformidade com os requisitos da mencionada legislação, considerará, ante solicitação do Estado-Parte requerente, a possibilidade de fazer cumprir a pena imposta ou o resto pendente de tal pena de acordo com a legislação interna do Estado--Parte requerente.

14. Em todas as etapas das ações se garantirá um tratamento justo a toda pessoa contra a qual se tenha iniciado uma instrução em relação a qualquer dos delitos aos quais se aplica o presente Artigo, incluindo o gozo de todos os direitos e garantias previstos pela legislação interna do Estado-Parte em cujo território se encontre essa pessoa.

15. Nada do disposto na presente Convenção poderá interpretar-se como a imposição de uma obrigação de extraditar se o Estado-Parte requerido tem motivos justificados para pressupor que a solicitação foi apresentada com o fim de perseguir ou castigar a uma pessoa em razão de seu sexo, raça, religião, nacionalidade, origem étnica ou opiniões políticas ou que seu cumprimento ocasionaria prejuízos à posição dessa pessoa por quaisquer destas razões.

16. Os Estados-Partes não poderão negar uma solicitação de extradição unicamente porque se considere que o delito também envolve questões tributárias.

17. Antes de negar a extradição, o Estado-Parte requerido, quando proceder, consultará o Estado--Parte requerente para dar-lhe ampla oportunidade de apresentar suas opiniões e de proporcionar informação pertinente a sua alegação.

18. Os Estados-Partes procurarão celebrar acordos ou tratados bilaterais e multilaterais para levar a cabo a extradição ou com vistas a aumentar sua eficácia.

Artigo 45
Traslado de pessoas condenadas a cumprir uma pena

Os Estados-Partes poderão considerar a possibilidade de celebrar acordos ou tratados bilaterais ou multilaterais sobre o traslado a seu território de toda pessoa que tenha sido condenada a pena de prisão ou outra forma de privação de liberdade por algum dos delitos qualificados de acordo com a presente Convenção a fim de que cumpra ali sua pena.

Artigo 46
Assistência judicial recíproca

1. Os Estados-Partes prestar-se-ão a mais ampla assistência judicial recíproca relativa a investigações, processos e ações judiciais relacionados com os delitos compreendidos na presente Convenção.
2. Prestar-se-á assistência judicial recíproca no maior grau possível conforme as leis, tratados, acordos e declarações pertinentes do Estado-Parte requerido com relação a investigações, processos e ações judiciais relacionados com os delitos dos quais uma pessoa jurídica pode ser considerada responsável em conformidade com o Artigo 26 da presente Convenção no Estado-Parte requerente.
3. A assistência judicial recíproca que se preste em conformidade com o presente Artigo poderá ser solicitada para quaisquer dos fins seguintes:
a) receber testemunhos ou tomar declaração de pessoas;
b) apresentar documentos judiciais;
c) efetuar inspeções, incautações e/ou embargos preventivos;
d) examinar objetos e lugares; e) proporcionar informação, elementos de prova e avaliações de peritos;
f) entregar originais ou cópias certificadas dos documentos e expedientes pertinentes, incluída a documentação pública, bancária e financeira, assim como a documentação social ou comercial de sociedades mercantis;
g) identificar ou localizar o produto de delito, os bens, os instrumentos e outros elementos para fins probatórios;
h) facilitar o comparecimento voluntário de pessoas ao Estado-Parte requerente;
i) prestar qualquer outro tipo de assistência autorizada pela legislação interna do Estado-Parte requerido;
j) identificar, embargar com caráter preventivo e localizar o produto de delito, em conformidade com as disposições do Capítulo V da presente Convenção;
l) recuperar ativos em conformidade com as disposições do Capítulo V da presente Convenção.
4. Sem menosprezo à legislação interna, as autoridades competentes de um Estado-Parte poderão,

sem que se lhes solicite previamente, transmitir informação relativa a questões penais a uma autoridade competente de outro Estado-Parte se creem que essa informação poderia ajudar a autoridade a empreender ou concluir com êxito indagações e processos penais ou poderia dar lugar a uma petição formulada por este último Estado-Parte de acordo com a presente Convenção.

5. A transmissão de informação de acordo com o parágrafo 4 do presente Artigo se fará sem prejuízo às indagações e processos penais que tenham lugar no Estado das autoridades competentes que facilitaram a informação. As autoridades competentes que recebem a informação deverão aquiescer a toda solicitação de que se respeite seu caráter confidencial, inclusive temporariamente, ou de que se imponham restrições a sua utilização. Sem embargo, ele não obstará para que o Estado-Parte receptor revele, em suas ações, informação que seja fator de absolvição de uma pessoa acusada. Em tal caso, o Estado-Parte receptor notificará o Estado-Parte transmissor antes de revelar a mencionada informação e, se assim for solicitado, consultará o Estado-Parte transmissor. Se, em um caso excepcional, não for possível notificar com antecipação, o Estado-Parte receptor informará sem demora ao Estado-Parte transmissor sobre a mencionada revelação.

6. O disposto no presente Artigo não afetará as obrigações inerentes de outros tratados bilaterais ou multilaterais vigentes ou futuros que rejam, total ou parcialmente, a assistência judicial recíproca.

7. Os parágrafos 9 a 29 do presente Artigo se aplicarão às solicitações que se formulem de acordo com o presente Artigo sempre que não se estabeleça entre os Estados-Partes interessados um tratado de assistência judicial recíproca. Quando estes Estados-Partes estiverem vinculados por um tratado dessa índole se aplicarão as disposições correspondentes do tal tratado, salvo quando aos Estados-Partes convenha aplicar, em seu lugar, os parágrafos 9 a 29 do presente Artigo. Insta-se encarecidamente aos Estados-Partes que apliquem esses parágrafos se a cooperação for facilitada.

8. Os Estados-Partes não invocarão o sigilo bancário para negar a assistência judicial recíproca de acordo com o presente Artigo.

9. a) ao atender a uma solicitação de assistência de acordo com o presente Artigo, na ausência de dupla incriminação, o Estado-Parte requerido terá em conta a finalidade da presente Convenção, enunciada no Artigo 1;

b) os Estados-Partes poderão negar-se a prestar assistência de acordo com o presente Artigo invocando a ausência de dupla incriminação. Não obstante, o Estado-Parte requerido, quando esteja em conformidade com os conceitos básicos de seu ordenamento jurídico, prestará assistência que não envolva medidas coercitivas. Essa assistência poderá ser negada quando a solicitação envolva assuntos de *minimis* ou questões relativas às quais a cooperação ou a assistência solicitada estiver prevista em virtude de outras disposições da presente Convenção;

c) na ausência da dupla incriminação, cada Estado-Parte poderá considerar a possibilidade de adotar as medidas necessárias que lhe permitam prestar uma assistência mais ampla de acordo com o presente Artigo.

10. A pessoa que se encontre detida ou cumprindo uma pena no território de um Estado-Parte e cuja presença se solicite por outro Estado-Parte para fins de identificação, para prestar testemunho ou para que ajude de alguma outra forma na obtenção das provas necessárias para investigações, processos ou ações judiciais relativos aos delitos compreendidos na presente Convenção poderá ser trasladada se cumprirem-se as condições seguintes:

a) a pessoa, devidamente informada, dá seu livre consentimento;

b) as autoridades competentes de ambos os Estados-Partes estão de acordo, com sujeição às condições que estes considerem apropriadas.

11. Aos efeitos do parágrafo 10 do presente Artigo:

a) o Estado-Parte ao qual se traslade a pessoa terá a competência e a obrigação de mantê-la detida, salvo se o Estado-Parte do qual a pessoa fora trasladada solicitar ou autorizar outra coisa;

b) o Estado-Parte ao qual se traslade a pessoa cumprirá sem delongas sua obrigação de devolvê-la à custódia do Estado-Parte do qual a trasladou, segundo convenham de antemão ou de outro modo as autoridades competentes de ambos os Estados-Partes;

c) o Estado-Parte ao qual se traslade a pessoa não poderá exigir do Estado-Parte do qual a pessoa tenha sido trasladada que inicie procedimentos de extradição para sua devolução;

d) o tempo em que a pessoa tenha permanecido detida no Estado-Parte ao qual fora trasladada se computará como parte da pena que se cumpre no Estado-Parte do qual fora trasladada.

12. A menos que o Estado-Parte remetente da pessoa a ser trasladada de conformidade com os parágrafos 10 e 11 do presente Artigo estiver de acordo, tal pessoa, seja qual for sua nacionalidade, não poderá ser processada, detida, condenada nem submetida a nenhuma outra restrição de sua liberdade pessoal no território do Estado ao qual fora trasladada em relação a atos, omissões ou penas anteriores a sua saída do território do Estado remetente.

13. Cada Estado-Parte designará uma autoridade central encarregada de receber solicitações de assistência judicial recíproca e permitida a dar-lhes cumprimento ou para transmiti-las às autoridades competentes para sua execução. Quando alguma região ou algum território especial de um Estado-Parte disponha de um regimento distinto de assistência judicial recíproca, o Estado-Parte poderá designar outra autoridade central que desempenhará a mesma função para tal região ou mencionado território. As autoridades centrais velarão pelo

rápido e adequado cumprimento ou transmissão das solicitações recebidas. Quando a autoridade central transmitir a solicitação a uma autoridade competente para sua execução, alentará a rápida e adequada execução da solicitação por parte da mencionada autoridade. Cada Estado-Parte notificará o Secretário-Geral das Nações Unidas, no momento de depositar seu instrumento de ratificação, aceitação ou aprovação da presente Convenção ou de adesão a ela, o nome da autoridade central que tenha sido designada para tal fim. As solicitações de assistência judicial recíproca e qualquer outra comunicação pertinente serão transmitidas às autoridades centrais designadas pelos Estados-Partes. A presente disposição não afetará a legislação de quaisquer dos Estados-Partes para exigir que estas solicitações e comunicações lhe sejam enviadas por via diplomática e, em circunstâncias urgentes, quando os Estados-Partes convenham a ele, por condução da Organização Internacional de Polícia Criminal, de ser possível.

14. As solicitações se apresentarão por escrito ou, quando possível, por qualquer meio capaz de registrar um texto escrito, em um idioma aceitável pelo Estado-Parte requerido. Em condições que permitam ao mencionado Estado-Parte determinar sua autenticidade. Cada Estado-Parte notificará o Secretário-Geral das Nações Unidas, no momento de depositar seu instrumento de ratificação, aceitação ou aprovação da presente Convenção ou de adesão a ela, o(s) idioma(s) que é(são) aceitável(veis). Em situações de urgência, e quando os Estados-Partes convenham a ele, as solicitações poderão fazer-se oralmente, devendo ser confirmadas por escrito sem delongas.

15. Toda solicitação de assistência judicial recíproca conterá o seguinte:
a) a identidade da autoridade que faz a solicitação;
b) o objeto e a índole das investigações, dos processos e das ações judiciais a que se refere a solicitação e o nome e as funções da autoridade encarregada de efetuar tais investigações, processos ou ações;
c) um resumo dos feitos pertinentes, salvo quando se trate de solicitações de apresentação de documentos judiciais;
d) uma descrição da assistência solicitada e pormenores sobre qualquer procedimento particular que o Estado-Parte requerente deseja que se aplique;
e) se possível, a identidade, situação e nacionalidade de cada pessoa interessada; e
f) a finalidade pela qual se solicita a prova, informação ou atuação.

16. O Estado-Parte requerido poderá pedir informação adicional quando seja necessária para dar cumprimento à solicitação em conformidade com sua legislação interna ou para facilitar tal cumprimento.

17. Dar-se-á cumprimento a toda solicitação de acordo com o ordenamento jurídico interno do Estado-Parte requerido e, na medida em que ele não o contravenha e seja factível, em conformidade com os procedimentos especificados na solicitação.

18. Sempre quando for possível e compatível com os princípios fundamentais da legislação interna, quando uma pessoa se encontre no território de um Estado-Parte e tenha que prestar declaração como testemunha ou perito ante autoridades judiciais de outro Estado-Parte, o primeiro Estado-Parte, ante solicitação do outro, poderá permitir que a audiência se celebre por videoconferência se não for possível ou conveniente que a pessoa em questão compareça pessoalmente ao território do Estado-Parte requerente. Os Estados-Partes poderão combinar que a audiência fique a cargo de uma autoridade judicial do Estado-Parte requerente e que seja assistida por uma autoridade judicial do Estado-Parte requerido.

19. O Estado-Parte requerente não transmitirá nem utilizará, sem prévio consentimento do Estado-Parte requerido, a informação ou as provas proporcionadas por este para investigações, processos ou ações judiciais distintas daquelas indicadas na solicitação. Nada do disposto no presente parágrafo impedirá que o Estado-Parte requerente revele, em suas ações, informação ou provas que sejam fatores de absolvição de uma pessoa acusada. Neste último caso, o Estado-Parte requerente notificará o Estado-Parte requerido antes de revelar a informação ou as provas e, se assim solicitado, consultará o Estado-Parte requerido. Se, em um caso excepcional, não for possível notificar este com antecipação, o Estado-Parte requerente informará sem demora o Estado-Parte requerido da mencionada revelação.

20. O Estado-Parte requerente poderá exigir que o Estado-Parte requerido mantenha sigilo acerca da existência e do conteúdo da solicitação, salvo na medida necessária para dar-lhe cumprimento. Se o Estado-Parte requerido não pode manter esse sigilo, terá de fazer o Estado-Parte requerente sabê-lo de imediato.

21. A assistência judicial recíproca poderá ser negada:
a) quando a solicitação não esteja em conformidade com o disposto no presente Artigo;
b) quando o Estado-Parte requerido considere que o cumprimento da solicitação poderia agredir sua soberania, sua segurança, sua ordem pública ou outros interesses fundamentais;
c) quando a legislação interna do Estado-Parte requerido proíba suas autoridades de atuarem na forma solicitada relativa a um delito análogo, se este tiver sido objeto de investigações, processos ou ações judiciais no exercício de sua própria competência;
d) quando aquiescer à solicitação seja contrário ao ordenamento jurídico do Estado-Parte requerido no tocante à assistência judicial recíproca.

22. Os Estados-Partes não poderão negar uma solicitação de assistência judicial recíproca unicamente por considerarem que o delito também envolve questões tributárias.

23. Toda negação de assistência judicial recíproca deverá fundamentar-se devidamente.

24. O Estado-Parte requerido cumprirá a solicitação de assistência judicial recíproca o quanto antes e terá plenamente em conta, na medida de suas possibilidades, os prazos que sugira o Estado-Parte requerente e que estejam devidamente fundamentados, de preferência na própria solicitação. O Estado-Parte requerente poderá pedir informação razoável sobre o estado e a evolução das gestões realizadas pelo Estado-Parte requerido para satisfazer tal petição. O Estado-Parte requerido responderá às solicitações razoáveis que formule o Estado-Parte requerente relativas ao estado e à evolução do trâmite da resolução. O Estado-Parte requerente informará de pronto ao Estado-Parte requerido quando já não mais necessite da assistência requisitada.

25. A assistência judicial recíproca poderá ser modificada pelo Estado-Parte requerido se perturba investigações, processos ou ações judiciais em curso.

26. Antes de negar uma solicitação apresentada de acordo com o parágrafo 21 do presente Artigo ou de modificar seu cumprimento de acordo com o parágrafo 25 do presente Artigo, o Estado-Parte requerido consultará o Estado-Parte requerente para considerar se é possível prestar a assistência solicitada submetendo-a às condições que julgue necessárias. Se o Estado-Parte requerente aceita a assistência de acordo com essas condições, esse Estado-Parte deverá cumprir as condições impostas.

27. Sem prejuízo à aplicação do parágrafo 12 do presente Artigo, a testemunha, perito ou outra pessoa que, sob requisição do Estado-Parte requerente, consente em prestar testemunho em juízo ou colaborar em uma investigação, processo ou ação judicial no território do Estado-Parte requerente, não poderá ser indiciado, detido, condenado nem submetido a nenhuma restrição de sua liberdade pessoal nesse território por atos, omissões ou declarações de culpabilidade anteriores ao momento em que abandonou o território do Estado-Parte requerido. Esse salvo-conduto cessará quando a testemunha, perito ou outra pessoa tenha tido, durante 15 (quinze) dias consecutivos ou durante o período acordado entre os Estados-Partes após a data na qual se tenha informado oficialmente de que as autoridades judiciais já não requeriam sua presença, a oportunidade de sair do país e não obstante permaneceu voluntariamente nesse território ou a ele regressou livremente depois de havê-lo abandonado.

28. Os gastos ordinários que ocasionem o cumprimento da solicitação serão sufragados pelo Estado-Parte requerido, a menos que os Estados-Partes interessados tenham acordado outro meio. Quando se requeiram para este fim gastos vultosos ou de caráter extraordinário, os Estados-Partes se consultarão para determinar as condições nas quais se dará cumprimento à solicitação, assim como a maneira em que se sufragarão os gastos.

29. O Estado-Parte requerido:

a) facilitará ao Estado-Parte requerente uma cópia dos documentos oficiais e outros documentos ou papéis que tenha sob sua custódia e que, conforme sua legislação interna, sejam de acesso do público em geral;

b) poderá, a seu arbítrio e com sujeição às condições que julgue apropriadas, proporcionar ao Estado-Parte requerente uma cópia total ou parcial de documentos oficiais ou de outros documentos ou papéis que tenha sob sua custódia e que, conforme sua legislação interna, não sejam de acesso do público em geral.

30. Quando se fizer necessário, os Estados-Partes considerarão a possibilidade de celebrar acordos ou tratados bilaterais ou multilaterais que contribuam a lograr os fins do presente Artigo e que levem à prática ou reforcem suas disposições.

Artigo 47
Enfraquecimento de ações penais

Os Estados-Partes considerarão a possibilidade de enfraquecer ações penais para o indiciamento por um delito qualificado de acordo com a presente Convenção quando se estime que essa remissão redundará em benefício da devida administração da justiça, em particular nos casos nos quais intervenham várias jurisdições, com vistas a concentrar as atuações do processo.

> Na versão original em inglês a palavra empregada é "transferir", em vez de "enfraquecer" como consta na versão oficial brasileira.

Artigo 48
Cooperação em matéria de cumprimento da lei

1. Os Estados-Partes colaborarão estritamente, em consonância com seus respectivos ordenamentos jurídicos e administrativos, com vistas a aumentar a eficácia das medidas de cumprimento da lei orientada a combater os delitos compreendidos na presente Convenção. Em particular, os Estados-Partes adotarão medidas eficazes para:

a) melhorar os canais de comunicação entre suas autoridades, organismos e serviços competentes e, quando necessário, estabelecê-los, a fim de facilitar o intercâmbio seguro e rápido de informações sobre todos os aspectos dos delitos compreendidos na presente Convenção, assim como, se os Estados-Partes interessados estimarem oportuno, sobre suas vinculações com outras atividades criminosas;

b) cooperar com outros Estados-Partes na realização de indagações a respeito dos delitos compreendidos na presente Convenção acerca de:

i) a identidade, o paradeiro e as atividades de pessoas presumidamente envolvidas em tais delitos ou a situação de outras pessoas interessadas;

ii) a movimentação do produto do delito ou de bens derivados da prática desses delitos;

iii) a movimentação de bens, equipamentos ou outros instrumentos utilizados ou destinados à prática desses delitos;

c) proporcionar, quando proceder, os elementos ou as quantidades de substâncias que se requeiram para fins de análise e investigação.

d) intercambiar, quando proceder, informação com outros Estados-Partes sobre os meios e métodos concretos empregados para a prática dos delitos compreendidos na presente Convenção, entre eles o uso de identidades falsas, documentos falsificados, alterados ou falsos ou outros meios de encobrir atividades vinculadas a esses delitos;

e) facilitar uma coordenação eficaz entre seus organismos, autoridades e serviços competentes e promover o intercâmbio de pessoal e outros, incluída a designação de oficiais de enlace com sujeição a acordos ou tratados bilaterais entre os Estados-Partes interessados;

f) intercambiar informação e coordenar as medidas administrativas e de outras índoles adotadas para a pronta detecção dos delitos compreendidos na presente Convenção.

2. Os Estados-Partes, com vistas a dar efeito à presente Convenção, considerarão a possibilidade de celebrar acordos ou tratados bilaterais ou multilaterais em matéria de cooperação direta entre seus respectivos organismos encarregados de fazer cumprir a lei e, quando tais acordos ou tratados já existam, melhorá-los. Na falta de tais acordos ou tratados entre os Estados-Partes interessados, os Estados-Partes poderão considerar que a presente Convenção constitui a base para a cooperação recíproca em matéria de cumprimento da lei no que diz respeitos aos delitos compreendidos na presente Convenção. Quando proceda, os Estados-Partes aproveitarão plenamente os acordos e tratados, incluídas as organizações internacionais ou regionais, a fim de aumentar a cooperação entre seus respectivos organismos encarregados de fazer cumprir a lei.

3. Os Estados-Partes se esforçarão por colaborar na medida de suas possibilidades para fazer frente aos delitos compreendidos na presente Convenção que se cometam mediante o recurso de tecnologia moderna.

Artigo 49
Investigações conjuntas

Os Estados-Partes considerarão a possibilidade de celebrar acordos ou tratados bilaterais ou multilaterais em virtude dos quais, em relação com questões que são objeto de investigações, processos ou ações penais em um ou mais Estados, as autoridades competentes possam estabelecer órgãos mistos de investigação. Na falta de tais acordos ou tratados, as investigações conjuntas poderão levar--se a cabo mediante acordos acertados caso a caso. Os Estados-Partes interessados velarão para que a soberania do Estado-Parte em cujo território se efetua a investigação seja plenamente respeitada.

Artigo 50
Técnicas especiais de investigação

1. A fim de combater eficazmente a corrupção, cada Estado-Parte, na medida em que lhe permitam os princípios fundamentais de seu ordenamento jurídico interno e conforme às condições prescritas por sua legislação interna, adotará as medidas que sejam necessárias, dentro de suas possibilidades, para prever o adequado recurso, por suas autoridades competentes em seu território, à entrega vigiada e, quando considerar apropriado, a outras técnicas especiais de investigação como a vigilância eletrônica ou de outras índoles e as operações secretas, assim como para permitir a admissibilidade das provas derivadas dessas técnicas em seus tribunais.

2. Para efeitos de investigação dos delitos compreendidos na presente Convenção, se recomenda aos Estados-Partes que celebrem, quando proceder, acordos ou tratados bilaterais ou multilaterais apropriados para utilizar essas técnicas especiais de investigação no contexto da cooperação no plano internacional. Esses acordos ou tratados se apoiarão e executarão respeitando plenamente o princípio da igualdade soberana dos Estados e, ao pô-los em prática, cumprir-se-ão estritamente as condições neles contidas.

3. Não existindo os acordos ou tratados mencionados no parágrafo 2 do presente Artigo, toda decisão de recorrer a essas técnicas especiais de investigação no plano internacional se adotará sobre cada caso particular e poderá, quando seja necessário, ter em conta os tratados financeiros e os entendimentos relativos ao exercício de jurisdição pelos Estados-Partes interessados.

4. Toda decisão de recorrer à entrega vigiada no plano internacional poderá, com o consentimento dos Estados-Partes interessados, incluir a aplicação de métodos tais como interceptar bens e fundos, autorizá-los a prosseguir intactos ou retirá-los ou substituí-los total ou parcialmente.

CAPÍTULO V
RECUPERAÇÃO DE ATIVOS

Artigo 51
Disposição geral

A restituição de ativos de acordo com o presente Capítulo é um princípio fundamental da presente Convenção e os Estados-Partes se prestarão à mais ampla cooperação e assistência entre si a esse respeito.

Artigo 52
Prevenção e detecção de transferências de produto de delito

1. Sem prejuízo ao disposto no Artigo 14 da presente Convenção, cada Estado-Parte adotará as medidas que sejam necessárias, em conformidade com sua legislação interna, para exigir das instituições financeiras que funcionam em seu território que verifiquem a identidade dos clientes, adotem medidas razoáveis para determinar a identidade dos beneficiários finais dos fundos depositados em contas vultosas, e intensifiquem seu escrutínio de toda conta solicitada ou mantida no ou pelo nome de pessoas que desempenhem ou tenham desempenhado funções públicas eminentes e de

seus familiares e estreitos colaboradores. Esse escrutínio intensificado dar-se-á estruturado razoavelmente de modo que permita descobrir transações suspeitas com objetivo de informar às autoridades competentes e não deverá ser concebido de forma que atrapalhe ou impeça o curso normal do negócio das instituições financeiras com sua legítima clientela.

2. A fim de facilitar a aplicação das medidas previstas no parágrafo 1 do presente Artigo, cada Estado-Parte, em conformidade com sua legislação interna e inspirando-se nas iniciativas pertinentes de suas organizações regionais, inter-regionais e multilaterais de luta contra a lavagem de dinheiro, deverá:

a) estabelecer diretrizes sobre o tipo de pessoas físicas ou jurídicas cujas contas as instituições financeiras que funcionam em seu território deverão submeter a um maior escrutínio, os tipos de contas e transações às quais deverão prestar particular atenção e a maneira apropriada de abrir contas e de levar registros ou expedientes relativos a elas; e

b) notificar, quando proceder, as instituições financeiras que funcionam em seu território, mediante solicitação de outro Estado-Parte ou por iniciativa própria, a identidade de determinadas pessoas físicas ou jurídicas cujas contas essas instituições deverão submeter a um maior escrutínio, além das quais as instituições financeiras possam identificar de outra forma.

3. No contexto da parte *a* do parágrafo 2 do presente Artigo, cada Estado-Parte aplicará medidas para velar para que as instituições financeiras mantenham, durante um prazo conveniente, registros adequados das contas e transações relacionadas com as pessoas mencionadas no parágrafo 1 do presente Artigo, os quais deverão conter, no mínimo, informação relativa à identidade do cliente e, na medida do possível, do beneficiário final.

4. Com o objetivo de prevenir e detectar as transferências do produto dos delitos qualificados de acordo com a presente Convenção, cada Estado-Parte aplicará medidas apropriadas e eficazes para impedir, com a ajuda de seus órgãos reguladores e de supervisão, o estabelecimento de bancos que não tenham presença real e que não estejam afiliados a um grupo financeiro sujeito à regulação. Ademais, os Estados-Partes poderão considerar a possibilidade de exigir de suas instituições financeiras que se neguem a entabular relações com essas instituições na qualidade de bancos correspondentes, ou a continuar relações existentes, e que se abstenham de estabelecer relações com instituições financeiras estrangeiras que permitam utilizar suas contas a bancos que não tenham presença real e que não estejam afiliados a um grupo financeiro sujeito a regulação.

5. Cada Estado-Parte considerará a possibilidade de estabelecer, em conformidade com sua legislação interna, sistemas eficazes de divulgação de informação financeira para os funcionários públicos pertinentes e aplicará sanções adequadas para todo descumprimento do dever a declarar. Cada Estado-Parte considerará também a possibilidade de adotar as medidas que sejam necessárias para permitir que suas autoridades competentes compartilhem essa informação com as autoridades competentes de outros Estados-Partes, se essa é necessária para investigar, reclamar ou recuperar o produto dos delitos qualificados de acordo com a presente Convenção.

6. Cada Estado-Parte considerará a possibilidade de adotar as medidas que sejam necessárias, de acordo com sua legislação interna, para exigir dos funcionários públicos pertinentes que tenham algum direito ou poder de firma ou de outras índoles sobre alguma conta financeira em algum país estrangeiro que declarem sua relação com essa conta às autoridades competentes e que levem ao devido registro de tal conta. Essas medidas deverão incluir sanções adequadas para todo o caso de descumprimento.

Artigo 53
Medidas para a recuperação direta de bens

Cada Estado-Parte, em conformidade com sua legislação interna:

a) adotará as medidas que sejam necessárias a fim de facultar a outros Estados-Partes para entabular ante seus tribunais uma ação civil com o objetivo de determinar a titularidade ou propriedade de bens adquiridos mediante a prática de um delito qualificado de acordo com a presente Convenção;

b) adotará as medidas que sejam necessárias a fim de facultar a seus tribunais para ordenar àqueles que tenham praticado delitos qualificados de acordo com a presente Convenção que indenizem ou ressarçam por danos e prejuízos a outro Estado-Parte que tenha sido prejudicado por esses delitos; e

c) adotará as medidas que sejam necessárias a fim de permitir a seus tribunais ou suas autoridades competentes, quando devam adotar decisões no que diz respeito ao confisco, que reconheça o legítimo direito de propriedade de outro Estado-Parte sobre os bens adquiridos mediante a prática de um dos delitos qualificados de acordo com a presente Convenção.

Artigo 54
Mecanismos de recuperação de bens mediante a cooperação internacional para fins de confisco

1. Cada Estado-Parte, a fim de prestar assistência judicial recíproca conforme o disposto no Artigo 55 da presente Convenção relativa a bens adquiridos mediante a prática de um dos delitos qualificados de acordo com a presente Convenção ou relacionados a esse delito, em conformidade com sua legislação interna:

a) adotará as medidas que sejam necessárias para que suas autoridades competentes possam dar efeito a toda ordem de confisco ditada por um tribunal de outro Estado-Parte;

b) adotará as medidas que sejam necessárias para que suas autoridades competentes, quando tenham jurisdição, possam ordenar o confisco desses bens de origem estrangeira em uma sentença relativa a um delito de lavagem de dinheiro ou quaisquer outros delitos sobre os quais possa ter jurisdição, ou mediante outros procedimentos autorizados em sua legislação interna; e

c) considerará a possibilidade de adotar as medidas que sejam necessárias para permitir o confisco desses bens sem que envolva uma pena, nos casos nos quais o criminoso não possa ser indiciado por motivo de falecimento, fuga ou ausência, ou em outros casos apropriados.

2. Cada Estado-Parte, a fim de prestar assistência judicial recíproca solicitada de acordo com o parágrafo 2 do Artigo 55 da presente Convenção, em conformidade com sua legislação interna:

a) adotará as medidas que sejam necessárias para que suas autoridades competentes possam efetuar o embargo preventivo ou a apreensão de bens em cumprimento a uma ordem de embargo preventivo ou apreensão ditada por um tribunal ou autoridade competente de um Estado-Parte requerente que constitua um fundamento razoável para que o Estado-Parte requerido considere que existam razões suficientes para adotar essas medidas e que ulteriormente os bens seriam objeto de uma ordem de confisco de acordo com os efeitos da parte a do parágrafo 1 do presente Artigo;

b) adotará as medidas que sejam necessárias para que suas autoridades competentes possam efetuar o embargo preventivo ou a apreensão de bens em cumprimento de uma solicitação que constitua fundamento razoável para que o Estado-Parte requerido considere que existam razões suficientes para adotar essas medidas e que ulteriormente os bens seriam objeto de uma ordem de confisco de acordo com os efeitos da parte a do parágrafo 1 do presente Artigo; e

c) considerará a possibilidade de adotar outras medidas para que suas autoridades competentes possam preservar os bens para efeitos de confisco, por exemplo sobre a base de uma ordem estrangeira de detenção ou imputação de culpa penal relacionada com a aquisição desses bens.

Artigo 55
Cooperação internacional para fins de confisco

1. Os Estados-Partes que recebam uma solicitação de outro Estado-Parte que tenha jurisdição para conhecer um dos delitos qualificados de acordo com a presente Convenção com vistas ao confisco do produto do delito, os bens, equipamentos ou outros instrumentos mencionados no parágrafo 1 do Artigo 31 da presente Convenção que se encontrem em seu território deverão, no maior grau que lhe permita seu ordenamento jurídico interno:

a) enviar a solicitação a suas autoridades competentes para obter uma ordem de confisco ao qual, em caso de concessão, darão cumprimento; ou

b) apresentar a suas autoridades competentes, a fim de que se dê cumprimento ao solicitado, a ordem de confisco expedida por um tribunal situado no território do Estado-Parte requerente em conformidade com o disposto no parágrafo 1 do Artigo 31 e na parte a do parágrafo 1 do Artigo 54 da presente Convenção na medida em que guarde relação com o produto do delito, os bens, os equipamentos ou outros instrumentos mencionados no parágrafo 1 do Artigo 31 que se encontrem no território do Estado-Parte requerido.

2. Com base na solicitação apresentada por outro Estado-Parte que tenha jurisdição para conhecer um dos delitos qualificados de acordo com a presente Convenção, o Estado-Parte requerido adotará as medidas encaminhadas para a identificação, localização e embargo preventivo ou apreensão do produto de delito, os bens, os equipamentos ou outros instrumentos mencionados no parágrafo e do Artigo 31 da presente Convenção com vistas ao seu eventual confisco, que haverá de ordenar o Estado-Parte requerente ou, em caso de que envolva uma solicitação apresentada de acordo com o parágrafo 1 do presente Artigo, o Estado-Parte requerido.

3. As disposições do Artigo 46 da presente Convenção serão aplicáveis, *mutatis mutandis*, ao presente Artigo. Ademais da informação indicada no parágrafo 15 do Artigo 46, as solicitações apresentadas em conformidade com o presente Artigo conterão o seguinte:

a) quando se trate de uma solicitação relativa à parte a do parágrafo 1 do presente Artigo, uma descrição dos bens suscetíveis de confisco, assim como, na medida do possível, a situação e, quando proceder, o valor estimado dos bens e uma exposição dos fatos em que se baseia a solicitação do Estado-Parte requerente que sejam suficientemente explícitas para que o Estado-Parte requerido possa tramitar a ordem de acordo com sua legislação interna;

b) quando se trate de uma solicitação relativa à parte b do parágrafo 1 do presente Artigo, uma cópia admissível pela legislação da ordem de confisco expedida pelo Estado-Parte requerente na qual se baseia a solicitação, uma exposição dos feitos e da informação que proceder sobre o grau de execução que se solicita dar à ordem, uma declaração na qual se indiquem as medidas adotadas pelo Estado-Parte requerente para dar notificação adequada a terceiros de boa-fé e para garantir o devido processo e um certificado de que a ordem de confisco é definitiva;

c) quando se trate de uma solicitação relativa ao parágrafo 2 do presente Artigo, uma exposição dos feitos nos quais se baseia o Estado-Parte requerente e uma descrição das medidas solicitadas, assim como, quando dispor-se dela, uma cópia admissível pela legislação da ordem de confisco na qual se baseia a solicitação.

4. O Estado-Parte requerido adotará as decisões ou medidas previstas nos parágrafos 1 e 2 do presente Artigo conforme e com sujeição ao disposto em sua legislação interna e em suas regras de proce-

dimento ou nos acordos ou tratados bilaterais ou multilaterais pelos quais poderia estar vinculado ao Estado-Parte requerente.

5. Cada Estado-Parte proporcionará ao Secretário-Geral das Nações Unidas uma cópia de suas leis e regulamentos destinados a dar aplicação ao presente Artigo e de quaisquer emendas ulteriores que se tenham de tais leis e regulamentos ou uma descrição destas.

6. Se um Estado-Parte opta por submeter a adoção das medidas mencionadas nos parágrafos 1 e 2 do presente Artigo à existência de um tratado pertinente, esse Estado-Parte considerará a presente Convenção como a base legal necessária e suficiente para cumprir esse requisito.

7. A cooperação prevista no presente Artigo também se poderá negar, ou poder-se-ão levantar as medidas cautelares, se o Estado-Parte requerido não receber provas suficientes ou oportunas ou se os bens são de valor escasso.

8. Antes de levantar toda medida cautelar adotada em conformidade com o presente Artigo, o Estado-Parte requerido deverá, sempre que possível, dar ao Estado-Parte requerente a oportunidade de apresentar suas razões a favor de manter em vigor a medida.

9. As disposições do presente Artigo não se interpretarão em prejuízo dos direitos de terceiros de boa-fé.

Artigo 56
Cooperação especial

Sem prejuízo ao disposto em sua legislação interna, cada Estado-Parte procurará adotar as medidas que lhe facultem para remeter a outro Estado-Parte que não tenha solicitado, sem prejuízo de suas próprias investigações ou ações judiciais, informação sobre o produto dos delitos qualificados de acordo com a presente Convenção se considerar que a divulgação dessa informação pode ajudar o Estado-Parte destinatário a pôr em marcha ou levar a cabo suas investigações ou ações judiciais, ou que a informação assim facilitada poderia dar lugar a que esse Estado-Parte apresentará uma solicitação de acordo com o presente Capítulo da presente Convenção.

Artigo 57
Restituição e disposição de ativos

1. Cada Estado-Parte disporá dos bens que tenham sido confiscados conforme o disposto nos Artigos 31 ou 55 da presente convenção, incluída a restituição a seus legítimos proprietários anteriores, de acordo com o parágrafo 3 do presente Artigo, em conformidade com as disposições da presente Convenção e com sua legislação interna.

2. Cada Estado-Parte adotará, em conformidade com os princípios fundamentais de seu direito interno, as medidas legislativas e de outras índoles que sejam necessárias para permitir que suas autoridades competentes procedam à restituição dos bens confiscados, ao dar curso a uma solicitação apresentada por outro Estado-Parte, em conformidade com a presente Convenção, tendo em conta os direitos de terceiros de boa-fé.

3. Em conformidade com os Artigos 46 e 55 da presente Convenção e com os parágrafos 1 e 2 do presente Artigo, o Estado-Parte requerido:

a) em caso de malversação ou peculato de fundos públicos ou de lavagem de fundos públicos malversados aos quais se faz referência nos Artigos 17 e 23 da presente Convenção, restituirá ao Estado-Parte requerente os bens confiscados quando se tenha procedido ao confisco de acordo com o disposto no Artigo 55 da presente Convenção e sobre a base da sentença firme ditada no Estado-Parte requerente, requisito ao qual poderá renunciar o Estado-Parte requerido;

b) caso se trate do produto de qualquer outro delito compreendido na presente Convenção, restituirá ao Estado-Parte requerente os bens confiscados quando se tenha procedido ao confisco de acordo com o disposto no Artigo 55 da presente Convenção e sobre a base de uma sentença firme ditada no Estado-Parte requerente, requisito ao qual poderá renunciar o Estado-Parte requerido, e quando o Estado-Parte requerente acredite razoavelmente ante o Estado-Parte requerido sua propriedade anterior dos bens confiscados ou o Estado-Parte requerido reconheça os danos causados ao Estado-Parte requerente como base para a restituição dos bens confiscados;

c) em todos os demais casos, dará consideração prioritária à restituição ao Estado-Parte requerente dos bens confiscados, à restituição desses bens a seus proprietários legítimos anteriores ou à indenização das vítimas do delito.

4. Quando proceder, a menos que os Estados-Partes decidam diferentemente, o Estado-Parte requerido poderá deduzir os gastos razoáveis que tenham sido feitos no curso das investigações ou ações judiciais que tenham possibilitado a restituição ou disposição dos bens confiscados conforme o disposto no presente Artigo.

5. Quando proceder, os Estados-Partes poderão também dar consideração especial à possibilidade de celebrar acordos ou tratados mutuamente aceitáveis, baseados em cada caso particular, com vistas à disposição definitiva dos bens confiscados.

Artigo 58
Departamento de inteligência financeira

Os Estados-Partes cooperarão entre si a fim de impedir e combater a transferência do produto de quaisquer dos delitos qualificados de acordo com a presente Convenção e promover meios para recuperar o mencionado produto e, para tal fim, considerarão a possibilidade de estabelecer um departamento de inteligência financeira que se encarregará de receber, analisar e dar a conhecer às autoridades competentes toda informação relacionada com as transações financeiras suspeitas.

Artigo 59
Acordos e tratados bilaterais e multilaterais

Os Estados-Partes considerarão a possibilidade de celebrar acordos ou tratados bilaterais ou multilaterais com vistas a aumentar a eficácia da cooperação internacional prestada em conformidade com o presente Capítulo da presente Convenção.

CAPÍTULO VI
ASSISTÊNCIA TÉCNICA E INTERCÂMBIO DE INFORMAÇÕES

Artigo 60
Capacitação e assistência técnica

1. Cada Estado-Parte, na medida do necessário, formulará, desenvolverá ou aperfeiçoará programas de capacitação especificamente concebidos para o pessoal de seus serviços encarregados de prevenir e combater a corrupção. Esses programas de capacitação poderão versar, entre outras coisas, sobre:

a) medidas eficazes para prevenir, detectar, investigar, sancionar e combater a corrupção, inclusive o uso de métodos de reunião de provas e investigação;

b) fomento da capacidade de formulação e planificação de uma política estratégica contra a corrupção;

c) capacitação das autoridade competentes na preparação de solicitações de assistência judicial recíproca que satisfaçam os requisitos da presente Convenção;

d) avaliação e fortalecimento das instituições, da gestão da função pública e a gestão das finanças públicas, incluída a contratação pública, assim como do setor privado;

e) prevenção e luta contra as transferências de produtos de quaisquer dos delitos qualificados de acordo com a presente Convenção e recuperação do mencionado produto;

f) detecção e embargo preventivo das transferências do produto de quaisquer dos delitos qualificados de acordo com a presente Convenção;

g) vigilância da movimentação de produto de quaisquer dos delitos qualificados de acordo com a presente Convenção, assim como dos métodos empregados para a transferência, ocultação ou dissimulação de tal produto;

h) mecanismos e métodos legais e administrativos apropriados e eficientes para facilitar a restituição do produto de quaisquer dos delitos qualificados de acordo com a presente Convenção;

i) métodos utilizados para proteger as vítimas e as testemunhas que cooperem com as autoridades judiciais; e

j) capacitação em matéria de regulamentos nacionais e internacionais e em idiomas.

2. Na medida de suas possibilidades, os Estados-Partes considerarão a possibilidade de prestar-se a mais ampla assistência técnica, especialmente em favor dos países em desenvolvimento, em seus respectivos planos e programas para combater a corrupção, incluindo apoio material e capacitação nas esferas mencionadas no parágrafo 1 do presente Artigo, assim como a capacitação e assistência e intercâmbio mútuo de experiências e conhecimentos especializados, o que facilitará a cooperação internacional entre os Estados-Partes nas esferas da extradição e da assistência judicial recíproca.

3. Os Estados-Partes intensificarão, na medida do necessário, os esforços para otimizar as atividades operacionais e de capacitação nas organizações internacionais e regionais e no âmbito de acordos ou tratados bilaterais ou multilaterais pertinentes.

4. Os Estados-Partes considerarão, ante solicitação, a possibilidade de ajudarem-se entre si na realização de avaliações, estudos e investigações sobre os tipos, causas, efeitos e custos da corrupção em seus respectivos países com vistas a elaborar, com a participação das autoridades competentes e da sociedade, estratégias e planos de ação contra a corrupção.

5. A fim de facilitar a recuperação de produto de quaisquer dos delitos qualificados de acordo com a presente Convenção, os Estados-Partes poderão cooperar facilitando-se os nomes dos peritos que possam ser úteis para lograr esse objetivo.

6. Os Estados-Partes considerarão a possibilidade de recorrer à organização de conferências e seminários sub-regionais, regionais e internacionais para promover a cooperação e a assistência técnica, e para fomentar os debates sobre problemas de interesse mútuo, incluídos os problemas e necessidades especiais dos países em desenvolvimento e dos países com economias em transição.

7. Os Estados-Partes considerarão a possibilidade de estabelecer mecanismos voluntários com vistas a contribuir financeiramente com os esforços dos países em desenvolvimento e dos países com economias em transição para aplicar a presente Convenção mediante programas e projetos de assistência técnica.

8. Cada Estado-Parte considerará a possibilidade de fazer contribuições voluntárias ao Escritório das Nações Unidas contra as Drogas e o Crime com o propósito de impulsionar, através do mencionado Escritório, programas e projetos nos países em desenvolvimento com vistas a aplicar a presente Convenção.

Artigo 61
Recompilação, intercâmbio e análise de informações sobre a corrupção

1. Cada Estado-Parte considerará a possibilidade de analisar, em consulta com especialistas, as tendências da corrupção em seu território, assim como as circunstâncias em que se cometem os delitos de corrupção.

2. Os Estados-Partes considerarão a possibilidade de desenvolver e compartilhar, entre si e por ação de organizações internacionais e regionais, estatísticas, experiência analítica acerca da corrupção e informações com vistas a estabelecer, na medida do possível, definições, normas e metodologias comuns, assim como informações sobre práticas aceitáveis para prevenir e combater a corrupção.

3. Cada Estado-Parte considerará a possibilidade de velar por suas políticas e medidas em vigor encaminhadas a combater a corrupção e de avaliar sua eficácia e eficiência.

Artigo 62
Outras medidas: aplicação da presente Convenção mediante o desenvolvimento econômico e a assistência técnica

1. Os Estados-Partes adotarão disposições condizentes com a aplicação aceitável da presente Convenção na medida do possível, mediante a cooperação internacional, tendo em conta os efeitos adversos da corrupção na sociedade em geral e no desenvolvimento sustentável, em particular.

2. Os Estados-Partes farão esforços concretos, na medida do possível e na forma coordenada entre si, assim como com organizações internacionais e regionais, para:

a) intensificar sua cooperação nos diversos planos com os países em desenvolvimento com vistas a fortalecer a capacidade desses países para prevenir e combater a corrupção;

b) aumentar a assistência financeira e material a fim de apoiar os esforços dos países em desenvolvimento para prevenir e combater a corrupção com eficácia e ajudá-los a aplicar satisfatoriamente a presente Convenção;

c) prestar assistência técnica aos países em desenvolvimento e aos países com economias em transição para ajudá-los a satisfazer suas necessidades relacionadas com a aplicação da presente Convenção. Para tal fim, os Estados-Partes procurarão fazer contribuições voluntárias adequadas e periódicas a uma conta especificamente designada para esses efeitos em um mecanismo de financiamento das Nações Unidas. De acordo com sua legislação interna e com as disposições da presente Convenção, os Estados-Partes poderão também dar consideração especial à possibilidade de ingressar nessa conta uma porcentagem do dinheiro confiscado ou da soma equivalente aos bens ou ao produto de delito confiscados conforme o disposto na presente Convenção;

d) apoiar e persuadir outros Estados-Partes e instituições financeiras, segundo proceder, para que se somem os esforços empregados de acordo com o presente Artigo, em particular proporcionando um maior número de programas de capacitação e equipamentos modernos aos países em desenvolvimento e com a finalidade de ajudá-los a lograr os objetivos da presente Convenção.

3. Na medida do possível, estas medidas não menosprezarão os compromissos existentes em matéria de assistência externa nem outros acordos de cooperação financeira nos âmbitos bilateral, regional ou internacional.

4. Os Estados-Partes poderão celebrar acordos ou tratados bilaterais ou multilaterais sobre assistência material e logística, tendo em conta os acordos financeiros necessários para fazer efetiva a cooperação internacional prevista na presente Convenção e para prevenir, detectar e combater a corrupção.

CAPÍTULO VII
MECANISMOS DE APLICAÇÃO

Artigo 63
Conferência dos Estados-Partes da presente Convenção

1. Estabelecer-se-á uma Conferência dos Estados-Partes da presente Convenção a fim de melhorar a capacidade dos Estados-Partes e a cooperação entre eles para alcançar os objetivos enunciados na presente Convenção e promover e examinar sua aplicação.

2. O Secretário-Geral das Nações Unidas convocará a Conferência dos Estados-Partes da presente Convenção no mais tardar um ano depois da entrada em vigor da presente Convenção. Posteriormente celebrar-se-ão reuniões periódicas da Conferência dos Estados-Partes em conformidade com o disposto nas regras de procedimento aprovadas pela Conferência.

3. A Conferência dos Estados-Partes aprovará o regulamento e as normas que rejam a execução das atividades enunciadas no presente Artigo, incluídas as normas relativas à admissão e à participação de observadores e o pagamento dos gastos que ocasione a realização dessas atividades.

4. A Conferência dos Estados-Partes realizará atividades, procedimentos e métodos de trabalho com vistas a lograr os objetivos enunciados no parágrafo 1 do presente Artigo, e, em particular:

a) facilitará as atividades que realizem os Estados-Partes de acordo com os Artigos 60 e 62 e com os Capítulos II a V da presente Convenção, inclusive promovendo o incentivo de contribuições voluntárias;

b) facilitará o intercâmbio de informações entre os Estados-Partes sobre as modalidades e tendências da corrupção e sobre práticas eficazes para preveni-la e combatê-la, assim como para a restituição do produto de delito, mediante, entre outras coisas, a publicação das informações pertinentes mencionadas no presente Artigo;

c) cooperação com organizações e mecanismos internacionais e regionais e organizações não governamentais pertinentes;

d) aproveitará adequadamente a informação pertinente elaborada por outros mecanismos internacionais e regionais encarregados de combater e prevenir a corrupção a fim de evitar a duplicação desnecessária de atividades;

e) examinará periodicamente a aplicação da presente Convenção por seus Estados-Partes;

f) formulará recomendações para melhorar a presente Convenção e sua aplicação;

g) tomará nota das necessidades de assistência técnica dos Estados-Partes com relação à aplicação da presente Convenção e recomendará as medidas que considere necessária a esse respeito.

5. Aos efeitos do parágrafo 4 do presente Artigo, a Conferência dos Estados-Partes obterá o conhe-

cimento necessário das medidas adotadas e das dificuldades encontradas pelos Estados-Partes na aplicação da presente Convenção por via da informação que eles facilitem e dos demais mecanismos de exame que estabeleça a Conferência dos Estados-Partes.

6. Cada Estado-Parte proporcionará à Conferência dos Estados-Partes informação sobre seus programas, planos e práticas, assim como sobre as medidas legislativas e administrativas adotadas para aplicar a presente Convenção, segundo requeira a Conferência dos Estados-Partes. A Conferência dos Estados-Partes procurará determinar a maneira mais eficaz de receber e processar as informações, inclusive aquelas recebidas dos Estados-Partes e de organizações internacionais competentes. Também poder-se-ão considerar as aprovações recebidas de organizações não governamentais pertinentes devidamente acreditadas conforme os procedimentos acordados pela Conferência dos Estados-Partes.

7. Em cumprimento aos parágrafos 4 a 6 do presente Artigo, a Conferência dos Estados-Partes estabelecerá, se considerar necessário, um mecanismo ou órgão apropriado para apoiar a aplicação efetiva da presente Convenção.

Artigo 64
Secretaria

1. O Secretário-Geral das Nações Unidas prestará os serviços de secretaria necessários à Conferência dos Estados-Partes da presente Convenção.

2. A secretaria:

a) prestará assistência à Conferência dos Estados-Partes na realização das atividades enunciadas no Artigo 63 da presente Convenção e organizará os períodos de seções da Conferência dos Estados-Partes e proporcionar-lhes-á os serviços necessários;

b) prestará assistência aos Estados-Partes que a solicitem na subministração de informação da Conferência dos Estados-Partes segundo o previsto nos parágrafos 5 e 6 do Artigo 63 da presente Convenção; e

c) velará pela coordenação necessária com as secretarias de outras organizações internacionais e regionais pertinentes.

CAPÍTULO VIII
DISPOSIÇÕES FINAIS

Artigo 65
Aplicação da Convenção

1. Cada Estado-Parte adotará, em conformidade com os princípios fundamentais de sua legislação interna, as medidas que sejam necessárias, incluídas medidas legislativas e administrativas, para garantir o cumprimento de suas obrigações de acordo com a presente Convenção.

2. Cada Estado-Parte poderá adotar medidas mais estritas ou severas que as previstas na presente Convenção a fim de prevenir e combater a corrupção.

Artigo 66
Solução de controvérsias

1. Os Estados-Partes procurarão solucionar toda controvérsia relacionada com a interpretação ou aplicação da presente Convenção mediante a negociação.

2. Toda controvérsia entre dois ou mais Estados-Partes acerca da interpretação ou da aplicação da presente Convenção que não possa ser resolvida mediante a negociação dentro de um prazo razoável deverá, por solicitação de um desses Estados-Partes, submeter-se a arbitragem. Se, seis meses depois da data de solicitação da arbitragem, esses Estados-Partes não se puseram de acordo sobre a organização da arbitragem, quaisquer dos Estados-Partes poderá remeter a controvérsia à Corte Internacional de Justiça mediante solicitação conforme o Estatuto da Corte.

3. Cada Estado-Parte poderá, no momento da firma, ratificação aceitação ou aprovação da presente Convenção ou de adesão a ela, declarar que não se considera vinculado pelo parágrafo do presente Artigo. Os demais Estados-Partes não ficarão vinculados pelo parágrafo 2 do presente Artigo a respeito de todo Estado-Parte que tenha feito essa reserva.

4. O Estado-Parte que tenha feito uma reserva de conformidade com o parágrafo 3 do presente Artigo poderá em qualquer momento retirar essa reserva notificando o fato ao Secretário-Geral das Nações Unidas.

Artigo 67
Firma, ratificação, aceitação, aprovação e adesão

1. A presente Convenção estará aberta à assinatura de todos os Estados de 9 a 11 de dezembro de 2003 em Mérida, México, e depois desse evento na Sede das Nações Unidas em Nova York até o dia 9 de dezembro de 2005.

2. A presente Convenção também estará aberta à firma das organizações regionais de integração econômica que tenham, ao menos, algum de seus Estados-Membros como Partes da presente Convenção em conformidade com o disposto no parágrafo 1 do presente Artigo.

3. A presente Convenção estará sujeita a ratificação, aceitação ou aprovação. Os instrumentos de ratificação, aceitação ou aprovação depositar-se-ão em poder do Secretário-Geral das Nações Unidas. As organizações regionais de integração econômica poderão depositar seus instrumentos de ratificação, aceitação ou aprovação se pelo menos um de seus Estados-Membros houver procedido de igual maneira. Nesse instrumento de ratificação, aceitação ou aprovação, essas organizações declararão o alcance de sua competência com respeito às questões regidas pela presente Convenção. As mencionadas organizações comunicarão também ao depositário qualquer modificação pertinente ao alcance de sua competência.

4. A presente Convenção estará aberta à adesão de todos os Estados ou organizações regionais de integração econômica que contem com pelo menos um Estado-Membro que seja Parte da presente Convenção. Os instrumentos de adesão depositar-se-ão em poder do Secretário-Geral das Nações Unidas. No momento de sua adesão, as organizações regionais de integração econômica declararão o alcance de sua competência com respeito às questões regidas pela presente Convenção. As mencionadas organizações comunicarão também ao depositário qualquer modificação pertinente ao alcance de sua competência.

Artigo 68
Entrada em vigor

1. A presente Convenção entrará em vigor no nonagésimo dia após a inclusão do trigésimo instrumento de ratificação, aceitação, aprovação ou adesão. Aos efeitos do presente parágrafo, os instrumentos depositados por uma organização regional de integração econômica não serão considerados adicionais aos depositados por seus Estados-Membros.
2. Para cada Estado ou organização regional de integração econômica que ratifique, aceite ou aprove a presente Convenção ou a ela adira depois de haver-se depositado o trigésimo instrumento de ratificação, aceitação, aprovação ou adesão, a presente Convenção entrará em vigor após o trigésimo dia depois que esse Estado ou organização tenha depositado o instrumento pertinente ou no momento de sua entrada em vigor de acordo com o parágrafo 1 do presente Artigo, se esta for posterior.

Artigo 69
Emenda

1. Quando houverem transcorridos 5 (cinco) anos desde a entrada em vigor da presente Convenção, os Estados-Partes poderão propor emendas e transmiti-las ao Secretário-Geral das Nações Unidas, quem, por continuação, comunicará toda emenda proposta aos Estados-Partes e à Conferência dos Estados-Partes da presente Convenção para que a examinem e adotem uma decisão a seu respeito. A Conferência dos Estados-Partes fará todo o possível para lograr um consenso sobre cada emenda. Se esgotarem-se todas as possibilidades de lograr um consenso e não se tiver chegado a um acordo, a aprovação da emenda exigirá, em última instância, uma maioria de dois terços dos Estados-Partes presentes e votante na reunião da Conferência dos Estados-Partes.
2. As organizações regionais de integração econômica, em assuntos de sua competência, exercerão seu direito de voto de acordo com o presente Artigo com um número de votos igual ao número de seus Estados-Membros que sejam Partes da presente Convenção. As mencionadas organizações não exercerão seu direito de voto se seus Estados-Membros exercerem os seus e vice-versa.
3. Toda emenda aprovada em conformidade com o parágrafo 1 do presente Artigo estará sujeita a ratificação, aceitação ou aprovação por parte dos Estados-Partes.
4. Toda emenda aprovada em conformidade com o parágrafo 1 do presente Artigo entrará em vigor em relação a um Estado-Parte noventa dias depois do momento em que este deposite em poder do Secretário-Geral das Nações Unidas um instrumento de ratificação, aceitação ou aprovação dessa emenda.
5. Quando uma emenda entrar em vigor, será vinculante para os Estados-Partes que tenham expressado seu consentimento a respeito. Os demais Estados-Partes ficarão sujeitos às disposições da presente Convenção, assim como a qualquer outra emenda anterior que tenham ratificado, aceitado ou aprovado.

Artigo 70
Denúncia

1. Os Estados-Partes poderão denunciar a presente Convenção mediante notificação escrita ao Secretário-Geral das Nações Unidas. A denúncia surtirá efeito um ano depois do momento em que o Secretário-Geral tenha recebido a notificação.
2. As organizações regionais de integração econômica deixarão de ser Partes da presente Convenção quando tiverem denunciado todos seus Estados-Membros.

Artigo 71
Depositário e idiomas

1. O Secretário-Geral das Nações Unidas será o depositário da presente Convenção.
2. O original da presente Convenção, cujos textos em árabe, chinês, espanhol, francês inglês e russo possuem igual autenticidade, depositar-se-á em poder do Secretário-Geral das Nações Unidas.

Em fé do que, os plenipotenciários infraescritos, devidamente autorizados por seus respectivos Governos, firmaram a presente Convenção.

CONVENÇÃO INTERNACIONAL PARA A PROTEÇÃO DE TODAS AS PESSOAS CONTRA O DESAPARECIMENTO FORÇADO (2006)

- Adotada consensualmente pela Assembleia Geral das Nações Unidas, em 20.12.2006.
- Assinada pelo Brasil em 06.02.2007, aprovada pelo Decreto Legislativo 661 de 01.09.2010, ratificada em 29.11.2010 e promulgada pelo Decreto 8.767, de 11.05.2016.
- Em vigor internacional para o Brasil desde 29.12.2010.

Preâmbulo

Os Estados-Partes desta Convenção,

Considerando a obrigação, imposta aos Estados pela Carta das Nações Unidas, de promover o respeito universal e a observância dos direitos humanos e das liberdades fundamentais;

Tendo em vista a Declaração Universal dos Direitos Humanos;

Relembrando o Pacto Internacional dos Direitos Econômicos, Sociais e Culturais, o Pacto Internacional dos Direitos Civis e Políticos e outros instrumentos internacionais relevantes de direitos humanos, de direito humanitário e de direito penal internacional;

Relembrando ainda a Declaração sobre a Proteção de Todas as Pessoas contra os Desaparecimentos Forçados, adotada pela Assembleia Geral das Nações Unidas mediante a Resolução 47/133, de 18 de dezembro de 1992;

Conscientes da extrema gravidade do desaparecimento forçado, que constitui um crime e, em certas circunstâncias definidas pelo direito internacional, crime contra a humanidade;

Decididos a prevenir desaparecimentos forçados e a combater a impunidade em casos de crime de desaparecimento forçado;

Considerando o direito de toda pessoa a não ser submetida ao desaparecimento forçado e o direito das vítimas à justiça e à reparação;

Afirmando o direito de toda vítima de conhecer a verdade sobre as circunstâncias de um desaparecimento forçado e o destino da pessoa desaparecida, bem como o direito à liberdade de buscar, receber e difundir informação com este fim;

Acordaram os seguintes artigos:

PARTE I
Artigo 1º

1. Nenhuma pessoa será submetida a desaparecimento forçado.

2. Nenhuma circunstância excepcional, seja estado de guerra ou ameaça de guerra, instabilidade política interna ou qualquer outra emergência pública, poderá ser invocada como justificativa para o desaparecimento forçado.

Artigo 2º

Para os efeitos desta Convenção, entende-se por "desaparecimento forçado" a prisão, a detenção, o seqüestro ou qualquer outra forma de privação de liberdade que seja perpetrada por agentes do Estado ou por pessoas ou grupos de pessoas agindo com a autorização, apoio ou aquiescência do Estado, e a subseqüente recusa em admitir a privação de liberdade ou a ocultação do destino ou do paradeiro da pessoa desaparecida, privando-a assim da proteção da lei.

Artigo 3º

Cada Estado Parte adotará as medidas apropriadas para investigar os atos definidos no Artigo 2, cometidos por pessoas ou grupos de pessoas que atuem sem a autorização, o apoio ou a aquiescência do Estado, e levar os responsáveis à justiça.

Artigo 4º

Cada Estado Parte tomará as medidas necessárias para assegurar que o desaparecimento forçado constitua crime em conformidade com o seu direito penal.

Artigo 5º

A prática generalizada ou sistemática de desaparecimento forçado constitui crime contra a humanidade, tal como define o direito internacional aplicável, e estará sujeito às conseqüências previstas no direito internacional aplicável.

Artigo 6º

1. Cada Estado Parte tomará as medidas necessárias para responsabilizar penalmente, ao menos:

a) Toda pessoa que cometa, ordene, solicite ou induza a prática de um desaparecimento forçado, tente praticá-lo, seja cúmplice ou partícipe do ato;

b) O superior que:

i) Tiver conhecimento de que os subordinados sob sua autoridade e controle efetivos estavam cometendo ou se preparavam para cometer um crime de desaparecimento forçado, ou que tiver conscientemente omitido informação que o indicasse claramente;

ii) Tiver exercido sua responsabilidade e controle efetivos sobre as atividades relacionadas com o crime de desaparecimento forçado; e

iii) Tiver deixado de tomar todas as medidas necessárias e razoáveis a seu alcance para prevenir ou reprimir a prática de um desaparecimento forçado, ou de levar o assunto ao conhecimento das autoridades competentes para fins de investigação e julgamento.

c) O inciso b) acima não deve ser entendido de maneira a prejudicar normas superiores de responsabilidade aplicáveis em conformidade com o direito internacional a um comandante militar ou a pessoa que efetivamente atue como um comandante militar.

2. Nenhuma ordem ou instrução de uma autoridade pública, seja ela civil, militar ou de outra natureza, poderá ser invocada para justificar um crime de desaparecimento forçado.

Artigo 7º

1. O Estado Parte fará com que o crime de desaparecimento forçado seja punível mediante penas apropriadas, que considerem a extrema gravidade desse crime.

2. Os Estados-Partes poderão definir:

a) Circunstâncias atenuantes, especialmente para pessoas que, tendo participado do cometimento de um desaparecimento forçado, efetivamente contribuam para a reaparição com vida da pessoa desaparecida, ou possibilitem o esclarecimento de casos de desaparecimento forçado, ou a identificação dos responsáveis por um desaparecimento forçado;

b) Sem prejuízo de outros procedimentos penais, circunstâncias agravantes, especialmente em caso de morte da pessoa desaparecida ou do desaparecimento forçado de gestantes, menores, pessoas com deficiência ou outras pessoas particularmente vulneráveis.

Artigo 8º

Sem prejuízo do disposto no Artigo 5,

1. O Estado Parte que aplicar um regime de prescrição ao desaparecimento forçado tomará as me-

didas necessárias para assegurar que o prazo da prescrição da ação penal:
a) Seja de longa duração e proporcional à extrema seriedade desse crime; e
b) Inicie no momento em que cessar o desaparecimento forçado, considerando-se a natureza contínua desse crime.
2. Cada Estado Parte garantirá às vítimas de desaparecimento forçado o direito a um recurso efetivo durante o prazo de prescrição.

Artigo 9º

1. Cada Estado Parte tomará as medidas necessárias para instituir sua jurisdição sobre o crime de desaparecimento forçado:
a) Quando o crime for cometido em qualquer território sob sua jurisdição ou a bordo de um navio ou aeronave que estiver registrado no referido Estado;
b) Quando o suposto autor do crime for um nacional desse Estado; e
c) Quando a pessoa desaparecida for nacional desse Estado e este o considere apropriado.
2. Cada Estado Parte tomará também as medidas necessárias para estabelecer sua jurisdição sobre o crime de desaparecimento forçado quando o suposto autor do crime encontrar-se em território sob sua jurisdição, salvo se extraditá-lo ou entregá-lo a outro Estado, de acordo com suas obrigações internacionais, ou entregá-lo a uma corte penal internacional, cuja jurisdição o Estado Parte reconheça.
3. A presente Convenção não exclui qualquer outra jurisdição penal exercida em conformidade com o direito interno.

Artigo 10

1. O Estado Parte em cujo território se encontrar uma pessoa suspeita de ter cometido um crime de desaparecimento forçado, se considerar, após o exame da informação disponível, que as circunstâncias assim o justifiquem, procederá à detenção dessa pessoa ou adotará outras medidas legais necessárias para assegurar sua permanência. A detenção e demais medidas legais serão efetuadas em conformidade com a legislação do Estado Parte, podendo ser mantidas somente pelo tempo necessário para assegurar a permanência dessa pessoa durante processo criminal, de entrega ou de extradição.
2. O Estado Parte que tiver tomado as medidas a que se refere o parágrafo 1º deste artigo iniciará imediatamente um inquérito ou investigações para apurar os fatos. Notificará os Estados-Partes mencionados no Artigo 9, parágrafo 1º, das medidas tomadas em conformidade com o parágrafo 1º deste artigo, inclusive a detenção e as circunstâncias que a justificaram, bem como as conclusões do inquérito ou das investigações preliminares, indicando se pretende exercer sua jurisdição.
3. Uma pessoa que se encontrar detida nos termos do parágrafo 1º deste artigo terá o direito de comunicar-se imediatamente com o representante mais próximo do Estado de que é nacional ou, caso se trate de pessoa apátrida, com o representante do Estado onde habitualmente resida.

Artigo 11

1. O Estado Parte no território de cuja jurisdição se encontre uma pessoa suspeita de haver cometido crime de desaparecimento forçado, caso não conceda sua extradição ou a sua entrega a outro Estado, de acordo com suas obrigações internacionais, ou sua entrega a uma corte penal internacional cuja jurisdição tenha reconhecido, submeterá o caso a suas autoridades competentes para fins de ajuizamento da ação penal.
2. As referidas autoridades tomarão sua decisão da mesma forma em que decidem casos relativos a qualquer crime ordinário de natureza grave, ao amparo da legislação do Estado Parte. Nos casos a que se refere o Artigo 9, parágrafo 2º, os critérios de prova necessários para o julgamento ou condenação não poderão ser menos estritos que aqueles aplicados aos casos a que se refere o Artigo 9, parágrafo 1º.
3. Toda pessoa investigada por crime de desaparecimento forçado terá a garantia de tratamento justo em todas as fases do processo. Toda pessoa julgada por um crime de desaparecimento forçado deverá beneficiar-se de um julgamento justo, ante uma corte ou tribunal de justiça competente, independente e imparcial estabelecido por lei.

Artigo 12

1. Cada Estado Parte assegurará a qualquer indivíduo que alegue que alguém foi vítima de desaparecimento forçado o direito de relatar os fatos às autoridades competentes, que examinarão as alegações pronta e imparcialmente e, caso necessário, instaurarão sem demora uma investigação completa e imparcial. Medidas apropriadas serão tomadas, caso necessário, para assegurar que o denunciante, as testemunhas, os familiares da pessoa desaparecida e seus defensores, bem como os participantes da investigação, sejam protegidos contra maus-tratos ou intimidação em decorrência da denúncia ou de qualquer declaração prestada.
2. Caso haja motivos razoáveis para crer que uma pessoa tenha sido vítima de desaparecimento forçado, as autoridades mencionadas no parágrafo 1º deste artigo instaurarão uma investigação, mesmo que não tenha havido denúncia formal.
3. Cada Estado Parte assegurará que as autoridades mencionadas no parágrafo 1º deste artigo:
a) Tenham os poderes e recursos necessários para conduzir eficazmente a investigação, inclusive acesso à documentação e a outras informações que lhe sejam relevantes; e
b) Tenham acesso, se necessário mediante autorização prévia de autoridade judicial, emitida com brevidade, a qualquer local de detenção ou qualquer outro local onde existam motivos razoáveis que levem a crer que a pessoa desaparecida se encontre.

4. O Estado Parte adotará as medidas necessárias para prevenir e sancionar atos que obstruam o desenvolvimento da investigação. Assegurará, particularmente, que pessoas suspeitas de haverem cometido o crime de desaparecimento forçado não estejam em posição que possa influenciar o andamento da investigação por meio de pressão ou atos de intimidação ou represália dirigidos contra o denunciante, as testemunhas, os familiares da pessoa desaparecida ou seus defensores, ou contra quaisquer pessoas que participarem da investigação.

Artigo 13

1. Para fins de extradição entre Estados-Partes, o crime de desaparecimento forçado não será considerado crime político, um delito conexo a um crime político, nem um crime de motivação política. Em conseqüência, um pedido de extradição fundado em um crime desse tipo não poderá ser recusado por este único motivo.
2. O crime de desaparecimento forçado estará compreendido de pleno direito entre os crimes passíveis de extradição em qualquer tratado celebrado entre Estados-Partes antes da entrada em vigor da presente Convenção.
3. Os Estados-Partes comprometem-se a incluir o crime de desaparecimento forçado entre os crimes passíveis de extradição em todos os tratados de extradição que doravante vierem a firmar.
4. Se um Estado Parte que condicione a extradição à existência de um tratado receber pedido de extradição de outro Estado Parte com o qual não tenha tratado de extradição, poderá considerar a presente Convenção como a base legal necessária para extradições relativas ao crime de desaparecimento forçado.
5. Os Estados-Partes que não condicionarem a extradição à existência de um tratado reconhecerão o crime de desaparecimento forçado como passível de extradição entre si.
6. Em todos os casos, a extradição estará sujeita às condições estipuladas pela legislação do Estado Parte requerido ou pelos tratados de extradição aplicáveis, incluindo, em particular, as condições relativas à pena mínima exigida para a extradição e à motivação pela qual o Estado Parte requerido poderá recusar a extradição ou sujeitá-la a certas condições.
7. Nada na presente Convenção será interpretado no sentido de obrigar o Estado Parte requerido a conceder a extradição, se este tiver razões substantivas para crer que o pedido tenha sido apresentado com o propósito de processar ou punir uma pessoa com base em razões de sexo, raça, religião, nacionalidade, origem étnica, opiniões políticas ou afiliação a determinado grupo social, ou que a aceitação do pedido causaria dano àquela pessoa por qualquer dessas razões.

Artigo 14

1. Os Estados-Partes prestarão mutuamente toda a assistência judicial possível no que diz respeito a processos penais relativos a um crime de desaparecimento forçado, inclusive disponibilizando toda evidência em seu poder que for necessária ao processo.
2. Essa assistência judicial estará sujeita às condições previstas no direito interno do Estado Parte requerido ou nos tratados de cooperação judicial aplicáveis, incluindo, em particular, os motivos pelos quais o Estado Parte requerido poderá recusar-se a conceder assistência judicial recíproca, ou sujeitá-la a certas condições.

Artigo 15

O Estados-Partes cooperarão entre si e prestarão a máxima assistência recíproca para assistir as vítimas de desaparecimento forçado e para a busca, localização e libertação de pessoas desaparecidas e, na eventualidade de sua morte, exumá-las, identificá-las e restituir seus restos mortais.

Artigo 16

1. Nenhum Estado Parte expulsará, devolverá, entregará ou extraditará uma pessoa a outro Estado onde haja razões fundadas para crer que a pessoa correria o risco de ser vítima de desaparecimento forçado.
2. Para fins de determinar se essas razões existem, as autoridades competentes levarão em conta todas as considerações pertinentes, inclusive, se couber, a existência no Estado em questão de um padrão de violações sistemáticas, graves, flagrantes e maciças dos direitos humanos ou graves violações do direito internacional humanitário.

Artigo 17

1. Nenhuma pessoa será detida em segredo.
2. Sem prejuízo de outras obrigações internacionais do Estado Parte em matéria de privação de liberdade, cada Estado Parte, em sua legislação:
a) Estabelecerá as condições sob as quais será emitida autorização para a privação de liberdade;
b) Indicará as autoridades facultadas a ordenar a privação de liberdade;
c) Garantirá que toda pessoa privada de liberdade seja mantida unicamente em locais de detenção oficialmente reconhecidos e supervisionados;
d) Garantirá que toda pessoa privada de liberdade seja autorizada a comunicar-se com seus familiares, advogados ou qualquer outra pessoa de sua escolha e a receber sua visita, de acordo com as condições estabelecidas em lei, ou, no caso de um estrangeiro, de comunicar-se com suas autoridades consulares, de acordo com o direito internacional aplicável;
e) Garantirá o acesso de autoridades e instituições competentes e legalmente autorizadas aos locais onde houver pessoas privadas de liberdade, se necessário mediante autorização prévia de uma autoridade judicial;
f) Garantirá que toda pessoa privada de liberdade ou, em caso de suspeita de crime de desaparecimento forçado, por encontrar-se a pessoa privada

de liberdade incapaz de exercer esse direito, quaisquer outras pessoas legitimamente interessadas, tais como seus familiares, representantes ou advogado, possam, em quaisquer circunstâncias, iniciar processo perante uma corte, para que esta decida sem demora quanto à legalidade da privação de liberdade e ordene a soltura da pessoa, no caso de tal privação de liberdade ser ilegal.

3. O Estado Parte assegurará a compilação e a manutenção de um ou mais registros oficiais e/ou prontuários atualizados de pessoas privadas de liberdade, os quais serão prontamente postos à disposição, mediante solicitação, de qualquer autoridade judicial ou de qualquer outra autoridade ou instituição competente, ao amparo do direito interno ou de qualquer instrumento jurídico internacional relevante de que o Estado Parte seja parte. Essa informação conterá, ao menos:

a) A identidade da pessoa privada de liberdade;

b) A data, a hora e o local onde a pessoa foi privada de liberdade e a identidade da autoridade que procedeu à privação de liberdade;

c) A autoridade que ordenou a privação de liberdade e os motivos por ela invocados;

d) A autoridade que controla a privação de liberdade;

e) O local de privação de liberdade, data e hora de admissão e autoridade responsável por este local;

f) Dados relativos à integridade física da pessoa privada de liberdade;

g) Em caso de falecimento durante a privação de liberdade, as circunstâncias e a causa do falecimento e o destino dado aos restos mortais; e

h) A data e o local de soltura ou transferência para outro local de detenção, o destino e a autoridade responsável pela transferência.

Artigo 18

1. Sem prejuízo dos Artigos 19 e 20, cada Estado Parte garantirá a quaisquer pessoas com interesse legítimo nessa informação, tais como familiares da pessoa privada de liberdade, seus representantes ou seu advogado, o acesso a pelo menos as seguintes informações:

a) A autoridade que ordenou a privação de liberdade;

b) A data, hora e local em que a pessoa foi privada de liberdade e admitida no local de privação de liberdade;

c) A autoridade que controla a privação de liberdade;

d) O local onde se encontra a pessoa privada de liberdade e, no caso de transferência para outro local de privação de liberdade, o destino e a autoridade responsável pela transferência;

e) A data, hora e local da soltura;

f) Dados sobre o estado de saúde da pessoa privada de liberdade;

g) Em caso de falecimento durante a privação de liberdade, as circunstâncias e causa do falecimento e o destino dado aos restos mortais.

2. Medidas apropriadas serão tomadas, quando necessário, para proteger as pessoas a que se refere o parágrafo 1º deste artigo, bem como as pessoas que participarem da investigação, contra qualquer mau-trato, intimidação ou punição em decorrência da busca por informações sobre uma pessoa privada de liberdade.

Artigo 19

1. Os dados pessoais, inclusive dados médicos e genéticos, que forem coletados e/ou transmitidos no âmbito da busca por uma pessoa desaparecida, não poderão ser utilizados ou disponibilizados para outros propósitos que não a referida busca. Esta disposição não prejudica a utilização de tais informações em procedimentos criminais relativos ao crime de desaparecimento forçado ou ao exercício do direito de obter reparação.

2. A coleta, processamento, utilização e armazenamento de dados pessoais, inclusive médicos e genéticos, não deverão infringir ou ter o efeito de infringir os direitos humanos, as liberdades fundamentais ou a dignidade humana de um indivíduo.

Artigo 20

1. O direito à informação a que se refere o Artigo 18 somente poderá ser restringido em caso de estrita necessidade previsto por lei, e de maneira excepcional, quando a pessoa estiver sob proteção da lei e a privação de liberdade estiver sujeita a controle judicial; quando a transmissão da informação puder afetar de maneira adversa a privacidade ou a segurança da pessoa; obstruir uma investigação criminal; ou por outros motivos equivalentes, de acordo com a lei, em conformidade com o direito internacional aplicável e com os objetivos desta Convenção. Em nenhum caso poderá haver restrições ao direito às informações a que se refere o Artigo 18 que possam configurar condutas definidas no Artigo 2 ou violação do parágrafo 1º do Artigo 17.

2. Sem prejuízo do exame da legalidade da privação de liberdade de uma pessoa, os Estados-Partes garantirão às pessoas a que se refere o parágrafo 1º do Artigo 18 o direito a um rápido e efetivo recurso judicial como meio de obter sem demora as informações previstas nessa disposição. O direito a um recurso não poderá sob qualquer circunstância ser suspenso ou restringido.

Artigo 21

Cada Estado Parte tomará as medidas necessárias para assegurar que as pessoas privadas de liberdade sejam libertadas de forma que permita verificar com certeza terem sido elas efetivamente postas em liberdade. O Estado Parte tomará também as medidas necessárias para assegurar a integridade física dessas pessoas e sua capacidade de exercer plenamente seus direitos quando da soltura, sem prejuízo de quaisquer obrigações a que essas pessoas possam estar sujeitas em conformidade com a legislação nacional.

Artigo 22

Sem prejuízo do Artigo 6, cada Estado Parte tomará as medidas necessárias para prevenir e punir as seguintes condutas:

a) Retardar ou obstruir os recursos a que se refere o Artigo 17, parágrafo 2º (f) e o Artigo 20, parágrafo 2º;

b) Deixar de registrar a privação de liberdade de qualquer pessoa, bem como registrar informação que o agente responsável pelo registro oficial sabia ou deveria saber ser errônea.

c) Recusar prestar informação sobre a privação de liberdade de uma pessoa, ou prestar informação inexata, apesar de preenchidos os requisitos legais para o fornecimento dessa informação.

Artigo 23

1. Cada Estado Parte assegurará que a formação de agentes responsáveis pela aplicação da lei, civis ou militares, de pessoal médico, de funcionários públicos e de quaisquer outras pessoas suscetíveis de envolvimento na custódia ou no tratamento de pessoas privadas de liberdade, incluirá a educação e a informação necessárias ao respeito das disposições pertinentes da presente Convenção, a fim de:

a) Prevenir o envolvimento de tais agentes em desaparecimentos forçados;

b) Ressaltar a importância da prevenção e da investigação de desaparecimentos forçados; e

c) Assegurar que seja reconhecida a necessidade urgente de resolver os casos de desaparecimento forçado.

2. Cada Estado Parte assegurará que sejam proibidas ordens ou instruções determinando, autorizando ou incentivando desaparecimentos forçados. Cada Estado Parte garantirá que a pessoa que se recusar a obedecer ordens dessa natureza não será punida.

3. Cada Estado Parte tomará as medidas necessárias para assegurar que as pessoas a que se refere o parágrafo 1º deste artigo, que tiverem motivo para crer que um desaparecimento forçado ocorreu ou está sendo planejado, levem o assunto ao conhecimento de seus superiores e, quando necessário, das autoridades competentes ou dos órgãos investidos de poder de revisão ou recurso.

Artigo 24

1. Para os fins da presente Convenção, o termo "vítima" se refere à pessoa desaparecida e a todo indivíduo que tiver sofrido dano como resultado direto de um desaparecimento forçado.

2. A vítima tem o direito de saber a verdade sobre as circunstâncias do desaparecimento forçado, o andamento e os resultados da investigação e o destino da pessoa desaparecida. O Estado Parte tomará medidas apropriadas a esse respeito.

3. Cada Estado Parte tomará todas as medidas cabíveis para procurar, localizar e libertar pessoas desaparecidas e, no caso de morte, localizar, respeitar e devolver seus restos mortais.

4. Cada Estado Parte assegurará que sua legislação garanta às vítimas de desaparecimento forçado o direito de obter reparação e indenização rápida, justa e adequada.

5. O direito a obter reparação, a que se refere o parágrafo 4º deste artigo, abrange danos materiais e morais e, se couber, outras formas de reparação, tais como:

a) Restituição;

b) Reabilitação;

c) Satisfação, inclusive o restabelecimento da dignidade e da reputação; e

d) Garantias de não repetição.

6. Sem prejuízo da obrigação de prosseguir a investigação até que o destino da pessoa desaparecida seja estabelecido, cada Estado Parte adotará as providências cabíveis em relação à situação jurídica das pessoas desaparecidas cujo destino não tiver sido esclarecido, bem como à situação de seus familiares, no que respeita à proteção social, a questões financeiras, ao direito de família e aos direitos de propriedade.

7. Cada Estado Parte garantirá o direito de fundar e participar livremente de organizações e associações que tenham por objeto estabelecer as circunstâncias de desaparecimentos forçados e o destino das pessoas desaparecidas, bem como assistir as vítimas de desaparecimentos forçados.

Artigo 25

1. Cada Estado Parte tomará as medidas necessárias para prevenir e punir penalmente:

a) A apropriação ilegal de crianças submetidas a desaparecimento forçado, de filhos cujo pai, mãe, ou guardião legal for submetido(a) a desaparecimento forçado, ou de filhos nascidos durante o cativeiro de mãe submetida a desaparecimento forçado; e

b) A falsificação, ocultação ou destruição de documentos comprobatórios da verdadeira identidade das crianças a que se refere o precedente inciso a.

2. Cada Estado Parte tomará as medidas necessárias para procurar e identificar as crianças a que se refere o inciso a do parágrafo 1º deste artigo e para restituí-las a suas famílias de origem, em conformidade com os procedimentos legais e os acordos internacionais aplicáveis.

3. Os Estados-Partes assistirão uns aos outros na procura, identificação e localização das crianças a que se refere o parágrafo 1º, inciso a, deste artigo.

4. Considerando a necessidade de assegurar o melhor interesse da criança crianças a que se refere o parágrafo 1º, a, deste artigo e seu direito de preservar ou de ter restabelecida sua identidade, inclusive nacionalidade, nome e relações familiares reconhecidos pela lei, os Estados-Partes que reconhecerem um sistema de adoção ou outra forma de concessão de guarda de crianças estabelecerão procedimentos jurídicos para rever o sistema de adoção ou concessão de guarda e, quando apropriado, para anular qualquer adoção ou concessão de guarda de crianças resultante de desaparecimento forçado.

5. Em todos os casos e, em particular, em tudo o que se refere a este artigo, o melhor interesse da criança merecerá consideração primordial, e a criança que for capaz de formar opinião própria terá o direito de expressá-la livremente, dando-se-lhe o peso devido de acordo com a idade e a maturidade da criança.

PARTE II
Artigo 26

1. Um Comitê contra Desaparecimentos Forçados (doravante referido como "o Comitê") será estabelecido para desempenhar as funções definidas na presente Convenção. O Comitê será composto por dez peritos de elevado caráter moral e de reconhecida competência em matéria de direitos humanos, que atuarão em sua própria capacidade, com independência e imparcialidade. Os membros do Comitê serão eleitos pelos Estados-Partes com base em uma distribuição geográfica eqüitativa. Será levado em consideração o interesse de que se reveste para os trabalhos do Comitê a presença de pessoas com relevante experiência jurídica e equilibrada representação de gênero.

2. Os membros do Comitê serão eleitos por voto secreto, a partir de uma lista de candidatos designados pelos Estados-Partes entre seus nacionais, em reuniões bienais dos Estados-Partes convocadas com esse propósito pelo Secretário-Geral das Nações Unidas. Nessas reuniões, cujo quorum será constituído por dois terços dos Estados-Partes, serão eleitos os candidatos que obtiverem o maior número de votos e maioria absoluta dos votos dos representantes dos Estados-Partes presentes e votantes.

3. A eleição inicial será realizada no mais tardar seis meses após a data de entrada em vigor da presente Convenção. Quatro meses antes da data de cada eleição, o Secretário-Geral das Nações Unidas enviará uma carta aos Estados-Partes, convidando-os a apresentar seus candidatos em um prazo de três meses. O Secretário-Geral preparará uma lista alfabética de todos os candidatos apresentados, indicando o Estado Parte que designou cada candidato, e submeterá essa lista a todos os Estados-Partes.

4. Os membros do Comitê serão eleitos para um mandato de quatro anos e poderão concorrer à reeleição uma vez. Porém, o mandato de cinco dos membros eleitos na primeira eleição deverá ser de dois anos; os nomes desses cinco membros serão sorteados imediatamente após a primeira eleição, pelo presidente da reunião a que se refere o parágrafo 2° deste artigo.

5. Na eventualidade de morte ou renúncia de um membro do Comitê ou de impossibilidade, por qualquer outra razão, de desempenhar suas funções no Comitê, o Estado Parte que o tiver nomeado designará, baseado no critério estabelecido no parágrafo 1° deste artigo, para concluir o mandato, outro candidato entre seus nacionais, sujeito à aprovação da maioria dos Estados-Partes. Essa designação será considerada aprovada, a menos que a metade ou mais dos Estados-Partes respondam negativamente, no prazo de seis semanas, após serem informados pelo Secretário-Geral das Nações Unidas da nomeação proposta.

6. O Comitê estabelecerá suas próprias regras de procedimento.

7. O Secretário-Geral das Nações Unidas proverá ao Comitê os meios, o pessoal e as instalações necessários para o efetivo desempenho de suas funções. O Secretário-Geral das Nações Unidas convocará a primeira reunião do Comitê.

8. Os membros do Comitê terão direito às instalações, aos privilégios e às imunidades a que fazem jus os peritos em missão das Nações Unidas, em conformidade com as seções relevantes da Convenção sobre Privilégios e Imunidades das Nações Unidas.

9. Os Estados-Partes comprometem-se a cooperar com o Comitê e a assistir seus membros no desempenho de seu mandato, no âmbito das funções do Comitê aceitas pelos Estados-Partes.

Artigo 27

Uma Conferência dos Estados-Partes será realizada não antes de quatro anos e não mais tarde do que seis anos após a entrada em vigor da presente Convenção, a fim de avaliar o trabalho do Comitê e de decidir, de acordo com o procedimento descrito no Artigo 44, parágrafo 2°, se é apropriado transferir para outro órgão, sem excluir nenhuma possibilidade, o monitoramento da presente Convenção, conforme as funções definidas nos Artigos 28 a 36.

Artigo 28

1. Em conformidade com as responsabilidades confiadas ao Comitê pela presente Convenção, o Comitê cooperará com todos os órgãos, repartições, agências e fundos especializados das Nações Unidas e com as organizações ou órgãos intergovernamentais regionais pertinentes, bem como com todas as instituições, agências ou repartições governamentais relevantes, que se dediquem à proteção de todas as pessoas contra desaparecimentos forçados.

2. No cumprimento de seu mandato, o Comitê consultará os órgãos instituídos por relevantes instrumentos internacionais de direitos humanos, particularmente o Comitê de Direitos Humanos estabelecido pelo Pacto Internacional dos Direitos Civis e Políticos, a fim de assegurar a consistência de suas respectivas observações e recomendações.

Artigo 29

1. Cada Estado Parte submeterá ao Comitê, por intermédio do Secretário-Geral das Nações Unidas, um relatório sobre as medidas tomadas em cumprimento das obrigações assumidas ao amparo da presente Convenção, dentro de dois anos contados a partir da data de entrada em vigor da presente Convenção para o Estado Parte interessado.

2. O Secretário-Geral das Nações Unidas disponibilizará o referido relatório a todos os Estados-Partes.

3. O relatório será examinado pelo Comitê, que emitirá os comentários, observações e recomendações que julgar apropriados. Esses comentários,

observações e recomendações serão comunicados ao Estado Parte interessado, que poderá responder de iniciativa própria ou por solicitação do Comitê.
4. O Comitê poderá também solicitar informações adicionais aos Estados-Partes a respeito da implementação da presente Convenção.

Artigo 30

1. Um pedido de busca e localização de uma pessoa desaparecida poderá ser submetido ao Comitê, em regime de urgência, por familiares da pessoa desaparecida ou por seus representantes legais, advogado ou qualquer pessoa por eles autorizada, bem como por qualquer outra pessoa detentora de interesse legítimo.
2. Se o Comitê considera que um pedido de providências urgentes a ele submetido de acordo com o parágrafo 1° deste artigo:
a) Não carece claramente de fundamento;
b) Não constitui abuso do direito de submeter tal petição;
c) Foi já devidamente apresentado aos órgãos competentes do Estado Parte interessado, tais como aqueles autorizados a efetuar investigações, quando existe essa possibilidade;
d) Não é incompatível com as disposições desta Convenção; e
e) Não trata de assunto sendo examinado por outro procedimento internacional de investigação ou de solução de mesma natureza; deverá solicitar ao Estado Parte interessado que lhe forneça informações sobre a situação da pessoa procurada, dentro do prazo que o Comitê determinar.
3. À luz das informações fornecidas pelo Estado Parte interessado em conformidade com o parágrafo 2° deste artigo, o Comitê poderá transmitir recomendações ao Estado Parte, acompanhadas de pedido para que este tome todas as medidas necessárias, inclusive as de natureza cautelar, para localizar e proteger a pessoa segundo a presente Convenção, e para que informe o Comitê, no prazo que este determine, das medidas tomadas, tendo em vista a urgência da situação. O Comitê informará a pessoa que tiver submetido o pedido de providências urgentes a respeito de suas recomendações e das informações fornecidas pelo Estado Parte, tão logo estejam disponíveis.
4. O Comitê continuará empenhado em cooperar com o Estado Parte interessado enquanto o destino da pessoa desaparecida não for esclarecido. O Comitê manterá informado o autor da petição.

Artigo 31

1. Um Estado Parte poderá declarar, quando da ratificação da presente Convenção ou em qualquer momento posterior, que reconhece a competência do Comitê para receber e considerar comunicações apresentadas por indivíduos ou em nome de indivíduos sujeitos à sua jurisdição, que alegam serem vítimas de violação pelo Estado Parte de disposições da presente Convenção. O Comitê não aceitará comunicações a respeito de um Estado Parte que não tiver feito tal declaração.

2. O Comitê considerará uma comunicação inadmissível quando:
a) For anônima;
b) Constituir abuso do direito de apresentar essas comunicações ou for inconsistente com as disposições da presente Convenção;
c) A mesma questão estiver sendo examinada em outra instância internacional de exame ou de solução de mesma natureza; ou
d) Todos os recursos efetivos disponíveis internamente não tiverem sido esgotados. Essa regra não se aplicará se os procedimentos de recurso excederem prazos razoáveis.
3. Se julgar que a comunicação satisfaz os requisitos estipulados no parágrafo 2° deste artigo, o Comitê transmitirá a comunicação ao Estado Parte interessado, solicitando-lhe que envie suas observações e comentários dentro de um prazo fixado pelo Comitê.
4. A qualquer momento, depois de receber uma comunicação e antes de chegar a uma conclusão sobre seu mérito, o Comitê poderá dirigir ao Estado Parte interessado um pedido urgente para que tome as medidas cautelares necessárias para evitar eventuais danos irreparáveis às vítimas da violação alegada. O exercício dessa faculdade pelo Comitê não implica conclusão sobre a admissibilidade ou o mérito da comunicação.
5. O Comitê examinará em sessões fechadas as comunicações previstas nesse artigo. O Comitê informará o autor da comunicação das respostas apresentadas pelo Estado Parte em consideração. Quando decidir concluir o procedimento, o Comitê comunicará seu parecer ao Estado Parte e ao autor da comunicação.

Artigo 32

Um Estado Parte da presente Convenção poderá a qualquer momento declarar que reconhece a competência do Comitê para receber e considerar comunicações em que um Estado Parte alega que outro Estado Parte não cumpre as obrigações decorrentes da presente Convenção. O Comitê não receberá comunicações relativas a um Estado Parte que não tenha feito tal declaração, nem tampouco comunicações apresentadas por um Estado Parte que não tenha feito tal declaração.

Artigo 33

1. Caso receba informação confiável de que um Estado Parte está incorrendo em grave violação do disposto na presente Convenção, o Comitê poderá, após consulta com o Estado Parte em questão, encarregar um ou vários de seus membros a empreender uma visita a esse Estado e a informá-lo a respeito o mais prontamente possível.
2. O Comitê informará por escrito o Estado Parte interessado de sua intenção de organizar uma visita, indicando a composição da delegação e o objetivo da visita. O Estado Parte responderá ao Comitê em um prazo razoável.
3. Mediante pedido fundamentado do Estado Parte, o Comitê poderá decidir pelo adiamento ou o cancelamento da visita.

4. Caso o Estado Parte concorde com a visita, o Comitê e o Estado Parte em consideração definirão em comum acordo as modalidades da visita e o Estado Parte propiciará ao Comitê todas as facilidades necessárias para que ela seja bem-sucedida.
5. Após a visita, o Comitê comunicará ao Estado Parte interessado suas observações e recomendações.

Artigo 34

Caso receba informação que pareça conter indicações bem fundamentadas de que desaparecimentos forçados estão sendo praticados de forma generalizada ou sistemática em território sob a jurisdição de um Estado Parte, o Comitê poderá, após solicitar ao Estado Parte todas as informações relevantes sobre a situação, levar urgentemente o assunto à atenção da Assembleia Geral das Nações Unidas, por intermédio do Secretário-Geral das Nações Unidas.

Artigo 35

1. O Comitê terá competência somente em relação a desaparecimentos forçados ocorridos após a entrada em vigor da presente Convenção.
2. Caso um Estado se torne signatário da presente Convenção após sua entrada em vigor, as obrigações desse Estado para com o Comitê se aterão somente a desaparecimentos forçados ocorridos após a entrada em vigor da presente Convenção para o referido Estado.

Artigo 36

1. O Comitê apresentará um relatório anual de suas atividades em respeito à presente Convenção aos Estados-Partes e à Assembleia Geral das Nações Unidas.
2. A publicação no relatório anual de uma observação relativa a um Estado Parte deve ser previamente anunciada a esse Estado, o qual disporá de um prazo razoável de resposta e poderá solicitar a publicação de seus comentários e observações no relatório.

PARTE III

Artigo 37

Nada do disposto na presente Convenção afetará quaisquer disposições que sejam mais favoráveis à proteção de todas as pessoas contra desaparecimentos forçados, que estejam contempladas:
a) No direito de um Estado Parte; ou
b) No direito internacional em vigor para o referido Estado.

Artigo 38

1. A presente Convenção está aberta à assinatura de todos os Estados Membros das Nações Unidas.
2. A presente Convenção está sujeita a ratificação por todos os Estados Membros das Nações Unidas. Os instrumentos de ratificação serão depositados junto ao Secretário-Geral das Nações Unidas.
3. A presente Convenção está aberta à adesão de todos os Estados Membros das Nações Unidas. A adesão será efetuada mediante o depósito de instrumento de adesão junto ao Secretário-Geral.

Artigo 39

1. A presente Convenção entrará em vigor no trigésimo dia após o depósito do vigésimo instrumento de ratificação ou adesão junto ao Secretário-Geral das Nações Unidas.
2. Para cada Estado que ratificar a presente Convenção ou a ela aderir após o depósito do vigésimo instrumento de ratificação ou de adesão, a presente Convenção entrará em vigor no trigésimo dia após a data do depósito, pelo referido Estado, do instrumento de ratificação ou de adesão.

Artigo 40

O Secretário-Geral das Nações Unidas notificará todos os Estados Membros das Nações Unidas e todos os Estados que tiverem assinado a presente Convenção ou a ela aderido:
a) As assinaturas, ratificações e adesões ao amparo do Artigo 38; e
b) A data de entrada em vigor da presente Convenção ao amparo do Artigo 39.

Artigo 41

As disposições da presente Convenção se aplicarão a todas as unidades de Estados federativos, sem quaisquer restrições ou exceções.

Artigo 42

1. Qualquer controvérsia entre dois ou mais Estados-Partes a respeito da interpretação ou da aplicação da presente Convenção, que não puder ser resolvida por negociação ou por procedimentos expressamente estabelecidos para esse fim na presente Convenção, será submetida a arbitragem, mediante pedido de um dos Estados--Partes. Se, dentro de seis meses a partir da data do pedido de arbitragem, as partes não tiverem decidido quanto ao órgão de arbitragem, qualquer das partes poderá referir a controvérsia à Corte Internacional de Justiça, mediante pedido submetido em conformidade com o Estatuto da Corte.
2. Um Estado poderá, ao assinar ou ratificar a presente Convenção ou a ela aderir, declarar que não se considera obrigado pelo parágrafo 1° deste artigo. Os outros Estados-Partes não serão obrigados pelo parágrafo 1° deste artigo em relação ao Estado Parte que fizer tal declaração.
3. O Estado Parte que tiver formulado a declaração prevista no parágrafo 2° do presente artigo poderá retirá-la a qualquer momento, notificando-o ao Secretário-Geral das Nações Unidas.

Artigo 43

A presente Convenção não afeta as disposições de direito internacional humanitário, incluindo as obrigações das Altas Partes Contratantes das quatro Convenções de Genebra de 12 de agosto de 1949 e de seus dois Protocolos Adicionais de 8 de junho de 1977, nem a possibilidade que qualquer Estado Parte tem de autorizar o Comitê Internacional da Cruz Vermelha a visitar locais de detenção, em situações não previstas pelo direito internacional humanitário.

Artigo 44

1. Qualquer Estado Parte da presente Convenção poderá propor uma emenda e depositá-la junto ao Secretário-Geral das Nações Unidas. O Secretário-Geral comunicará a emenda proposta aos Estados-Partes da presente Convenção, solicitando que indiquem sua aquiescência à convocação de uma conferência de Estados-Partes para considerar e votar a proposta. Se, dentro de quatro meses a contar da data dessa comunicação, pelo menos um terço dos Estados-Partes se manifestar a favor, o Secretário-Geral convocará a conferência, sob os auspícios das Nações Unidas.
2. Toda emenda adotada por maioria de dois terços dos Estados-Partes presentes e votantes na conferência será submetida pelo Secretário-Geral das Nações Unidas a todos os Estados-Partes para sua aceitação.
3. Uma emenda adotada de acordo com o parágrafo 1º deste artigo entrará em vigor quando dois terços dos Estados-Partes da presente Convenção a tiverem aceitado, em conformidade com seus respectivos procedimentos constitucionais.
4. Quando entrarem em vigor, as emendas serão obrigatórias para todos os Estados-Partes que as tiverem aceitado, permanecendo os demais Estados-Partes obrigados para com os dispositivos da presente Convenção e eventuais emendas anteriores que tiverem aceitado.

Artigo 45

1. A presente Convenção, cujos textos em árabe, chinês, espanhol, francês, inglês e russo são igualmente autênticos, será depositada junto ao Secretário-Geral das Nações Unidas.
2. O Secretário-Geral das Nações Unidas transmitirá cópias autenticadas da presente Convenção a todos os Estados a que se refere o Artigo 38.

CONVENÇÃO SOBRE OS DIREITOS DAS PESSOAS COM DEFICIÊNCIA E SEU PROTOCOLO FACULTATIVO (2007)

▶ Aprovada no Brasil pelo Decreto Legislativo 186, de 09.07.2008, nos termos do § 3º do art. 5º da Constituição, com equivalência de emenda constitucional, ratificada em 01.08.2008 e promulgada pelo Decreto 6.949, de 25.08.2009.

Preâmbulo

Os Estados-Partes da presente Convenção,

a) Relembrando os princípios consagrados na Carta das Nações Unidas, que reconhecem a dignidade e o valor inerentes e os direitos iguais e inalienáveis de todos os membros da família humana como o fundamento da liberdade, da justiça e da paz no mundo,

b) Reconhecendo que as Nações Unidas, na Declaração Universal dos Direitos Humanos e nos Pactos Internacionais sobre Direitos Humanos, proclamaram e concordaram que toda pessoa faz jus a todos os direitos e liberdades ali estabelecidos, sem distinção de qualquer espécie,

c) Reafirmando a universalidade, a indivisibilidade, a interdependência e a inter-relação de todos os direitos humanos e liberdades fundamentais, bem como a necessidade de garantir que todas as pessoas com deficiência os exerçam plenamente, sem discriminação,

d) Relembrando o Pacto Internacional dos Direitos Econômicos, Sociais e Culturais, o Pacto Internacional dos Direitos Civis e Políticos, a Convenção Internacional sobre a Eliminação de Todas as Formas de Discriminação Racial, a Convenção sobre a Eliminação de todas as Formas de Discriminação contra a Mulher, a Convenção contra a Tortura e Outros Tratamentos ou Penas Cruéis, Desumanos ou Degradantes, a Convenção sobre os Direitos da Criança e a Convenção Internacional sobre a Proteção dos Direitos de Todos os Trabalhadores Migrantes e Membros de suas Famílias,

e) Reconhecendo que a deficiência é um conceito em evolução e que a deficiência resulta da interação entre pessoas com deficiência e as barreiras devidas às atitudes e ao ambiente que impedem a plena e efetiva participação dessas pessoas na sociedade em igualdade de oportunidades com as demais pessoas,

f) Reconhecendo a importância dos princípios e das diretrizes de política, contidos no Programa de Ação Mundial para as Pessoas Deficientes e nas Normas sobre a Equiparação de Oportunidades para Pessoas com Deficiência, para influenciar a promoção, a formulação e a avaliação de políticas, planos, programas e ações em níveis nacional, regional e internacional para possibilitar maior igualdade de oportunidades para pessoas com deficiência,

g) Ressaltando a importância de trazer questões relativas à deficiência ao centro das preocupações da sociedade como parte integrante das estratégias relevantes de desenvolvimento sustentável,

h) Reconhecendo também que a discriminação contra qualquer pessoa, por motivo de deficiência, configura violação da dignidade e do valor inerentes ao ser humano,

i) Reconhecendo ainda a diversidade das pessoas com deficiência,

j) Reconhecendo a necessidade de promover e proteger os direitos humanos de todas as pessoas com deficiência, inclusive daquelas que requerem maior apoio,

k) Preocupados com o fato de que, não obstante esses diversos instrumentos e compromissos, as pessoas com deficiência continuam a enfrentar barreiras contra sua participação como membros iguais da sociedade e violações de seus direitos humanos em todas as partes do mundo,

l) Reconhecendo a importância da cooperação internacional para melhorar as condições de vida das pessoas com deficiência em todos os países, particularmente naqueles em desenvolvimento,

m) Reconhecendo as valiosas contribuições existentes e potenciais das pessoas com deficiência ao bem-estar comum e à diversidade de suas comunidades, e que a promoção do pleno exercício, pelas pessoas com deficiência, de seus direitos humanos e liberdades fundamentais e de sua plena participação na sociedade resultará no fortalecimento de seu senso de pertencimento à sociedade e no significativo avanço do desenvolvimento humano, social e econômico da sociedade, bem como na erradicação da pobreza,

n) Reconhecendo a importância, para as pessoas com deficiência, de sua autonomia e independência individuais, inclusive da liberdade para fazer as próprias escolhas,

o) Considerando que as pessoas com deficiência devem ter a oportunidade de participar ativamente das decisões relativas a programas e políticas, inclusive aos que lhes dizem respeito diretamente,

p) Preocupados com as difíceis situações enfrentadas por pessoas com deficiência que estão sujeitas a formas múltiplas ou agravadas de discriminação por causa de raça, cor, sexo, idioma, religião, opiniões políticas ou de outra natureza, origem nacional, étnica, nativa ou social, propriedade, nascimento, idade ou outra condição,

q) Reconhecendo que mulheres e meninas com deficiência estão frequentemente expostas a maiores riscos, tanto no lar como fora dele, de sofrer violência, lesões ou abuso, descaso ou tratamento negligente, maus-tratos ou exploração,

r) Reconhecendo que as crianças com deficiência devem gozar plenamente de todos os direitos humanos e liberdades fundamentais em igualdade de oportunidades com as outras crianças e relembrando as obrigações assumidas com esse fim pelos Estados-Partes na Convenção sobre os Direitos da Criança,

s) Ressaltando a necessidade de incorporar a perspectiva de gênero aos esforços para promover o pleno exercício dos direitos humanos e liberdades fundamentais por parte das pessoas com deficiência,

t) Salientando o fato de que a maioria das pessoas com deficiência vive em condições de pobreza e, nesse sentido, reconhecendo a necessidade crítica de lidar com o impacto negativo da pobreza sobre pessoas com deficiência,

u) Tendo em mente que as condições de paz e segurança baseadas no pleno respeito aos propósitos e princípios consagrados na Carta das Nações Unidas e a observância dos instrumentos de direitos humanos são indispensáveis para a total proteção das pessoas com deficiência, particularmente durante conflitos armados e ocupação estrangeira,

v) Reconhecendo a importância da acessibilidade aos meios físico, social, econômico e cultural, à saúde, à educação e à informação e comunicação, para possibilitar às pessoas com deficiência o pleno gozo de todos os direitos humanos e liberdades fundamentais,

w) Conscientes de que a pessoa tem deveres para com outras pessoas e para com a comunidade a que pertence e que, portanto, tem a responsabilidade de esforçar-se para a promoção e a observância dos direitos reconhecidos na Carta Internacional dos Direitos Humanos,

x) Convencidos de que a família é o núcleo natural e fundamental da sociedade e tem o direito de receber a proteção da sociedade e do Estado e de que as pessoas com deficiência e seus familiares devem receber a proteção e a assistência necessárias para tornar as famílias capazes de contribuir para o exercício pleno e equitativo dos direitos das pessoas com deficiência,

y) Convencidos de que uma convenção internacional geral e integral para promover e proteger os direitos e a dignidade das pessoas com deficiência prestará significativa contribuição para corrigir as profundas desvantagens sociais das pessoas com deficiência e para promover sua participação na vida econômica, social e cultural, em igualdade de oportunidades, tanto nos países em desenvolvimento como nos desenvolvidos,

Acordaram o seguinte:

Artigo 1º
Propósito

O propósito da presente Convenção é promover, proteger e assegurar o exercício pleno e equitativo de todos os direitos humanos e liberdades fundamentais por todas as pessoas com deficiência e promover o respeito pela sua dignidade inerente.

Pessoas com deficiência são aquelas que têm impedimentos de longo prazo de natureza física, mental, intelectual ou sensorial, os quais, em interação com diversas barreiras, podem obstruir sua participação plena e efetiva na sociedade em igualdades de condições com as demais pessoas.

Artigo 2º
Definições

Para os propósitos da presente Convenção:

"Comunicação" abrange as línguas, a visualização de textos, o braille, a comunicação tátil, os caracteres ampliados, os dispositivos de multimídia acessível, assim como a linguagem simples, escrita e oral, os sistemas auditivos e os meios de voz digitalizada e os modos, meios e formatos aumentativos e alternativos de comunicação, inclusive a tecnologia da informação e comunicação acessíveis;

"Língua" abrange as línguas faladas e de sinais e outras formas de comunicação não falada;

"Discriminação por motivo de deficiência" significa qualquer diferenciação, exclusão ou restrição baseada em deficiência, com o propósito ou efeito de impedir ou impossibilitar o reconhecimento, o desfrute ou o exercício, em igualdade de oportunidades com as demais pessoas, de todos os direitos humanos e liberdades fundamentais nos âmbitos político, econômico, social, cultural, civil ou qualquer outro. Abrange todas as formas de discriminação, inclusive a recusa de adaptação razoável;

"Adaptação razoável" significa as modificações e os ajustes necessários e adequados que não acar-

retem ônus desproporcional ou indevido, quando requeridos em cada caso, a fim de assegurar que as pessoas com deficiência possam gozar ou exercer, em igualdade de oportunidades com as demais pessoas, todos os direitos humanos e liberdades fundamentais;
"Desenho universal" significa a concepção de produtos, ambientes, programas e serviços a serem usados, na maior medida possível, por todas as pessoas, sem necessidade de adaptação ou projeto específico. O "desenho universal" não excluirá as ajudas técnicas para grupos específicos de pessoas com deficiência, quando necessárias.

Artigo 3º
Princípios gerais

Os princípios da presente Convenção são:
a) O respeito pela dignidade inerente, a autonomia individual, inclusive a liberdade de fazer as próprias escolhas, e a independência das pessoas;
b) A não discriminação;
c) A plena e efetiva participação e inclusão na sociedade;
d) O respeito pela diferença e pela aceitação das pessoas com deficiência como parte da diversidade humana e da humanidade;
e) A igualdade de oportunidades;
f) A acessibilidade;
g) A igualdade entre o homem e a mulher;
h) O respeito pelo desenvolvimento das capacidades das crianças com deficiência e pelo direito das crianças com deficiência de preservar sua identidade.

Artigo 4º
Obrigações gerais

1. Os Estados-Partes se comprometem a assegurar e promover o pleno exercício de todos os direitos humanos e liberdades fundamentais por todas as pessoas com deficiência, sem qualquer tipo de discriminação por causa de sua deficiência. Para tanto, os Estados-Partes se comprometem a:
a) Adotar todas as medidas legislativas, administrativas e de qualquer outra natureza, necessárias para a realização dos direitos reconhecidos na presente Convenção;
b) Adotar todas as medidas necessárias, inclusive legislativas, para modificar ou revogar leis, regulamentos, costumes e práticas vigentes, que constituírem discriminação contra pessoas com deficiência;
c) Levar em conta, em todos os programas e políticas, a proteção e a promoção dos direitos humanos das pessoas com deficiência;
d) Abster-se de participar em qualquer ato ou prática incompatível com a presente Convenção e assegurar que as autoridades públicas e instituições atuem em conformidade com a presente Convenção;
e) Tomar todas as medidas apropriadas para eliminar a discriminação baseada em deficiência, por parte de qualquer pessoa, organização ou empresa privada;
f) Realizar ou promover a pesquisa e o desenvolvimento de produtos, serviços, equipamentos e instalações com desenho universal, conforme definidos no Artigo 2 da presente Convenção, que exijam o mínimo possível de adaptação e cujo custo seja o mínimo possível, destinados a atender às necessidades específicas de pessoas com deficiência, a promover sua disponibilidade e seu uso e a promover o desenho universal quando da elaboração de normas e diretrizes;
g) Realizar ou promover a pesquisa e o desenvolvimento, bem como a disponibilidade e o emprego de novas tecnologias, inclusive as tecnologias da informação e comunicação, ajudas técnicas para locomoção, dispositivos e tecnologias assistivas, adequadas a pessoas com deficiência, dando prioridade a tecnologias de custo acessível;
h) Propiciar informação acessível para as pessoas com deficiência a respeito de ajudas técnicas para locomoção, dispositivos e tecnologias assistivas, incluindo novas tecnologias bem como outras formas de assistência, serviços de apoio e instalações;
i) Promover a capacitação em relação aos direitos reconhecidos pela presente Convenção dos profissionais e equipes que trabalham com pessoas com deficiência, de forma a melhorar a prestação de assistência e serviços garantidos por esses direitos.

2. Em relação aos direitos econômicos, sociais e culturais, cada Estado-Parte se compromete a tomar medidas, tanto quanto permitirem os recursos disponíveis e, quando necessário, no âmbito da cooperação internacional, a fim de assegurar progressivamente o pleno exercício desses direitos, sem prejuízo das obrigações contidas na presente Convenção que forem imediatamente aplicáveis de acordo com o direito internacional.

3. Na elaboração e implementação de legislação e políticas para aplicar a presente Convenção e em outros processos de tomada de decisão relativos às pessoas com deficiência, os Estados-Partes realizarão consultas estreitas e envolverão ativamente pessoas com deficiência, inclusive crianças com deficiência, por intermédio de suas organizações representativas.

4. Nenhum dispositivo da presente Convenção afetará quaisquer disposições mais propícias à realização dos direitos das pessoas com deficiência, as quais possam estar contidas na legislação do Estado-Parte ou no direito internacional em vigor para esse Estado. Não haverá nenhuma restrição ou derrogação de qualquer dos direitos humanos e liberdades fundamentais reconhecidos ou vigentes em qualquer Estado-Parte da presente Convenção, em conformidade com leis, convenções, regulamentos ou costumes, sob a alegação de que a presente Convenção não reconhece tais direitos e liberdades ou que os reconhece em menor grau.

5. As disposições da presente Convenção se aplicam, sem limitação ou exceção, a todas as unidades constitutivas dos Estados federativos.

Artigo 5º
Igualdade e não discriminação

1. Os Estados-Partes reconhecem que todas as pessoas são iguais perante e sob a lei e que fazem jus, sem qualquer discriminação, a igual proteção e igual benefício da lei.
2. Os Estados-Partes proibirão qualquer discriminação baseada na deficiência e garantirão às pessoas com deficiência igual e efetiva proteção legal contra a discriminação por qualquer motivo.
3. A fim de promover a igualdade e eliminar a discriminação, os Estados-Partes adotarão todas as medidas apropriadas para garantir que a adaptação razoável seja oferecida.
4. Nos termos da presente Convenção, as medidas específicas que forem necessárias para acelerar ou alcançar a efetiva igualdade das pessoas com deficiência não serão consideradas discriminatórias.

Artigo 6º
Mulheres com deficiência

1. Os Estados-Partes reconhecem que as mulheres e meninas com deficiência estão sujeitas a múltiplas formas de discriminação e, portanto, tomarão medidas para assegurar às mulheres e meninas com deficiência o pleno e igual exercício de todos os direitos humanos e liberdades fundamentais.
2. Os Estados-Partes tomarão todas as medidas apropriadas para assegurar o pleno desenvolvimento, o avanço e o empoderamento das mulheres, a fim de garantir-lhes o exercício e o gozo dos direitos humanos e liberdades fundamentais estabelecidos na presente Convenção.

Artigo 7º
Crianças com deficiência

1. Os Estados-Partes tomarão todas as medidas necessárias para assegurar às crianças com deficiência o pleno exercício de todos os direitos humanos e liberdades fundamentais, em igualdade de oportunidades com as demais crianças.
2. Em todas as ações relativas às crianças com deficiência, o superior interesse da criança receberá consideração primordial.
3. Os Estados-Partes assegurarão que as crianças com deficiência tenham o direito de expressar livremente sua opinião sobre todos os assuntos que lhes disserem respeito, tenham a sua opinião devidamente valorizada de acordo com sua idade e maturidade, em igualdade de oportunidades com as demais crianças, e recebam atendimento adequado à sua deficiência e idade, para que possam exercer tal direito.

Artigo 8º
Conscientização

1. Os Estados-Partes se comprometem a adotar medidas imediatas, efetivas e apropriadas para:
a) Conscientizar toda a sociedade, inclusive as famílias, sobre as condições das pessoas com deficiência e fomentar o respeito pelos direitos e pela dignidade das pessoas com deficiência;
b) Combater estereótipos, preconceitos e práticas nocivas em relação a pessoas com deficiência, inclusive aqueles relacionados a sexo e idade, em todas as áreas da vida;
c) Promover a conscientização sobre as capacidades e contribuições das pessoas com deficiência.
2. As medidas para esse fim incluem:
a) Lançar e dar continuidade a efetivas campanhas de conscientização públicas, destinadas a:
i) Favorecer atitude receptiva em relação aos direitos das pessoas com deficiência;
ii) Promover percepção positiva e maior consciência social em relação às pessoas com deficiência;
iii) Promover o reconhecimento das habilidades, dos méritos e das capacidades das pessoas com deficiência e de sua contribuição ao local de trabalho e ao mercado laboral;
b) Fomentar em todos os níveis do sistema educacional, incluindo neles todas as crianças desde tenra idade, uma atitude de respeito para com os direitos das pessoas com deficiência;
c) Incentivar todos os órgãos da mídia a retratar as pessoas com deficiência de maneira compatível com o propósito da presente Convenção;
d) Promover programas de formação sobre sensibilização a respeito das pessoas com deficiência e sobre os direitos das pessoas com deficiência.

Artigo 9º
Acessibilidade

1. A fim de possibilitar às pessoas com deficiência viver de forma independente e participar plenamente de todos os aspectos da vida, os Estados-Partes tomarão as medidas apropriadas para assegurar às pessoas com deficiência o acesso, em igualdade de oportunidades com as demais pessoas, ao meio físico, ao transporte, à informação e comunicação, inclusive aos sistemas e tecnologias da informação e comunicação, bem como a outros serviços e instalações abertos ao público ou de uso público, tanto na zona urbana como na rural. Essas medidas, que incluirão a identificação e a eliminação de obstáculos e barreiras à acessibilidade, serão aplicadas, entre outros, a:
a) Edifícios, rodovias, meios de transporte e outras instalações internas e externas, inclusive escolas, residências, instalações médicas e local de trabalho;
b) Informações, comunicações e outros serviços, inclusive serviços eletrônicos e serviços de emergência.
2. Os Estados-Partes também tomarão medidas apropriadas para:
a) Desenvolver, promulgar e monitorar a implementação de normas e diretrizes mínimas para a acessibilidade das instalações e dos serviços abertos ao público ou de uso público;
b) Assegurar que as entidades privadas que oferecem instalações e serviços abertos ao público ou de uso público levem em consideração todos os aspectos relativos à acessibilidade para pessoas com deficiência;

c) Proporcionar, a todos os atores envolvidos, formação em relação às questões de acessibilidade com as quais as pessoas com deficiência se confrontam;
d) Dotar os edifícios e outras instalações abertas ao público ou de uso público de sinalização em braille e em formatos de fácil leitura e compreensão;
e) Oferecer formas de assistência humana ou animal e serviços de mediadores, incluindo guias, ledores e intérpretes profissionais da língua de sinais, para facilitar o acesso aos edifícios e outras instalações abertas ao público ou de uso público;
f) Promover outras formas apropriadas de assistência e apoio a pessoas com deficiência, a fim de assegurar a essas pessoas o acesso a informações;
g) Promover o acesso de pessoas com deficiência a novos sistemas e tecnologias da informação e comunicação, inclusive à Internet;
h) Promover, desde a fase inicial, a concepção, o desenvolvimento, a produção e a disseminação de sistemas e tecnologias de informação e comunicação, a fim de que esses sistemas e tecnologias se tornem acessíveis a custo mínimo.

Artigo 10
Direito à vida

Os Estados-Partes reafirmam que todo ser humano tem o inerente direito à vida e tomarão todas as medidas necessárias para assegurar o efetivo exercício desse direito pelas pessoas com deficiência, em igualdade de oportunidades com as demais pessoas.

Artigo 11
Situações de risco e emergências humanitárias

Em conformidade com suas obrigações decorrentes do direito internacional, inclusive do direito humanitário internacional e do direito internacional dos direitos humanos, os Estados-Partes tomarão todas as medidas necessárias para assegurar a proteção e a segurança das pessoas com deficiência que se encontrarem em situações de risco, inclusive situações de conflito armado, emergências humanitárias e ocorrência de desastres naturais.

Artigo 12
Reconhecimento igual perante a lei

1. Os Estados-Partes reafirmam que as pessoas com deficiência têm o direito de ser reconhecidas em qualquer lugar como pessoas perante a lei.
2. Os Estados-Partes reconhecerão que as pessoas com deficiência gozam de capacidade legal em igualdade de condições com as demais pessoas em todos os aspectos da vida.
3. Os Estados-Partes tomarão medidas apropriadas para prover o acesso de pessoas com deficiência ao apoio que necessitarem no exercício de sua capacidade legal.
4. Os Estados-Partes assegurarão que todas as medidas relativas ao exercício da capacidade legal incluam salvaguardas apropriadas e efetivas para prevenir abusos, em conformidade com o direito internacional dos direitos humanos. Essas salvaguardas assegurarão que as medidas relativas ao exercício da capacidade legal respeitem os direitos, a vontade e as preferências da pessoa, sejam isentas de conflito de interesses e de influência indevida, sejam proporcionais e apropriadas às circunstâncias da pessoa, se apliquem pelo período mais curto possível e sejam submetidas à revisão regular por uma autoridade ou órgão judiciário competente, independente e imparcial. As salvaguardas serão proporcionais ao grau em que tais medidas afetarem os direitos e interesses da pessoa.
5. Os Estados-Partes, sujeitos ao disposto neste Artigo, tomarão todas as medidas apropriadas e efetivas para assegurar às pessoas com deficiência o igual direito de possuir ou herdar bens, de controlar as próprias finanças e de ter igual acesso a empréstimos bancários, hipotecas e outras formas de crédito financeiro, e assegurarão que as pessoas com deficiência não sejam arbitrariamente destituídas de seus bens.

Artigo 13
Acesso à justiça

1. Os Estados-Partes assegurarão o efetivo acesso das pessoas com deficiência à justiça, em igualdade de condições com as demais pessoas, inclusive mediante a provisão de adaptações processuais adequadas à idade, a fim de facilitar o efetivo papel das pessoas com deficiência como participantes diretos ou indiretos, inclusive como testemunhas, em todos os procedimentos jurídicos, tais como investigações e outras etapas preliminares.
2. A fim de assegurar às pessoas com deficiência o efetivo acesso à justiça, os Estados-Partes promoverão a capacitação apropriada daqueles que trabalham na área de administração da justiça, inclusive a polícia e os funcionários do sistema penitenciário.

Artigo 14
Liberdade e segurança da pessoa

1. Os Estados-Partes assegurarão que as pessoas com deficiência, em igualdade de oportunidades com as demais pessoas:
a) Gozem do direito à liberdade e à segurança da pessoa; e
b) Não sejam privadas ilegal ou arbitrariamente de sua liberdade e que toda privação de liberdade esteja em conformidade com a lei, e que a existência de deficiência não justifique a privação de liberdade.
2. Os Estados-Partes assegurarão que, se pessoas com deficiência forem privadas de liberdade mediante algum processo, elas, em igualdade de oportunidades com as demais pessoas, façam jus a garantias de acordo com o direito internacional dos direitos humanos e sejam tratadas em conformidade com os objetivos e princípios da presente Convenção, inclusive mediante a provisão de adaptação razoável.

Artigo 15
Prevenção contra tortura ou tratamentos ou penas cruéis, desumanos ou degradantes

1. Nenhuma pessoa será submetida à tortura ou a tratamentos ou penas cruéis, desumanos ou degradantes. Em especial, nenhuma pessoa deverá ser sujeita a experimentos médicos ou científicos sem seu livre consentimento.
2. Os Estados-Partes tomarão todas as medidas efetivas de natureza legislativa, administrativa, judicial ou outra para evitar que pessoas com deficiência, do mesmo modo que as demais pessoas, sejam submetidas à tortura ou a tratamentos ou penas cruéis, desumanos ou degradantes.

Artigo 16
Prevenção contra a exploração, a violência e o abuso

1. Os Estados-Partes tomarão todas as medidas apropriadas de natureza legislativa, administrativa, social, educacional e outras para proteger as pessoas com deficiência, tanto dentro como fora do lar, contra todas as formas de exploração, violência e abuso, incluindo aspectos relacionados a gênero.
2. Os Estados-Partes também tomarão todas as medidas apropriadas para prevenir todas as formas de exploração, violência e abuso, assegurando, entre outras coisas, formas apropriadas de atendimento e apoio que levem em conta a gênero e a idade das pessoas com deficiência e de seus familiares e atendentes, inclusive mediante a provisão de informação e educação sobre a maneira de evitar, reconhecer e denunciar casos de exploração, violência e abuso. Os Estados-Partes assegurarão que os serviços de proteção levem em conta a idade, o gênero e a deficiência das pessoas.
3. A fim de prevenir a ocorrência de quaisquer formas de exploração, violência e abuso, os Estados-Partes assegurarão que todos os programas e instalações destinados a atender pessoas com deficiência sejam efetivamente monitorados por autoridades independentes.
4. Os Estados-Partes tomarão todas as medidas apropriadas para promover a recuperação física, cognitiva e psicológica, inclusive mediante a provisão de serviços de proteção, a reabilitação e a reinserção social das pessoas com deficiência que forem vítimas de qualquer forma de exploração, violência ou abuso. Tais recuperação e reinserção ocorrerão em ambientes que promovam a saúde, o bem-estar, o autorrespeito, a dignidade e a autonomia da pessoa e levem em consideração as necessidades de gênero e idade.
5. Os Estados-Partes adotarão leis e políticas efetivas, inclusive legislação e políticas voltadas para mulheres e crianças, a fim de assegurar que os casos de exploração, violência e abuso contra pessoas com deficiência sejam identificados, investigados e, caso necessário, julgados.

Artigo 17
Proteção da integridade da pessoa

Toda pessoa com deficiência tem o direito a que sua integridade física e mental seja respeitada, em igualdade de condições com as demais pessoas.

Artigo 18
Liberdade de movimentação e nacionalidade

1. Os Estados-Partes reconhecerão os direitos das pessoas com deficiência à liberdade de movimentação, à liberdade de escolher sua residência e à nacionalidade, em igualdade de oportunidades com as demais pessoas, inclusive assegurando que as pessoas com deficiência:
a) Tenham o direito de adquirir nacionalidade e mudar de nacionalidade e não sejam privadas arbitrariamente de sua nacionalidade em razão de sua deficiência;
b) Não sejam privadas, por causa de sua deficiência, da competência de obter, possuir e utilizar documento comprovante de sua nacionalidade ou outro documento de identidade, ou de recorrer a processos relevantes, tais como procedimentos relativos à imigração, que forem necessários para facilitar o exercício de seu direito à liberdade de movimentação;
c) Tenham liberdade de sair de qualquer país, inclusive do seu; e
d) Não sejam privadas, arbitrariamente ou por causa de sua deficiência, do direito de entrar no próprio país.
2. As crianças com deficiência serão registradas imediatamente após o nascimento e terão, desde o nascimento, o direito a um nome, o direito de adquirir nacionalidade e, tanto quanto possível, o direito de conhecer seus pais e de ser cuidadas por eles.

Artigo 19
Vida independente e inclusão na comunidade

Os Estados-Partes desta Convenção reconhecem o igual direito de todas as pessoas com deficiência de viver na comunidade, com a mesma liberdade de escolha que as demais pessoas, e tomarão medidas efetivas e apropriadas para facilitar às pessoas com deficiência o pleno gozo desse direito e sua plena inclusão e participação na comunidade, inclusive assegurando que:
a) As pessoas com deficiência possam escolher seu local de residência e onde e com quem morar, em igualdade de oportunidades com as demais pessoas, e que não sejam obrigadas a viver em determinado tipo de moradia;
b) As pessoas com deficiência tenham acesso a uma variedade de serviços de apoio em domicílio ou em instituições residenciais ou a outros serviços comunitários de apoio, inclusive os serviços de atendentes pessoais que forem necessários como apoio para que as pessoas com deficiência

vivam e sejam incluídas na comunidade e para evitar que fiquem isoladas ou segregadas da comunidade;

c) Os serviços e instalações da comunidade para a população em geral estejam disponíveis às pessoas com deficiência, em igualdade de oportunidades, e atendam às suas necessidades.

Artigo 20
Mobilidade pessoal

Os Estados-Partes tomarão medidas efetivas para assegurar às pessoas com deficiência sua mobilidade pessoal com a máxima independência possível:

a) Facilitando a mobilidade pessoal das pessoas com deficiência, na forma e no momento em que elas quiserem, e a custo acessível;

b) Facilitando às pessoas com deficiência o acesso a tecnologias assistivas, dispositivos e ajudas técnicas de qualidade, e formas de assistência humana ou animal e de mediadores, inclusive tornando-os disponíveis a custo acessível;

c) Propiciando às pessoas com deficiência e ao pessoal especializado uma capacitação em técnicas de mobilidade;

d) Incentivando entidades que produzem ajudas técnicas de mobilidade, dispositivos e tecnologias assistivas a levarem em conta todos os aspectos relativos à mobilidade de pessoas com deficiência.

Artigo 21
Liberdade de expressão e de opinião e acesso à informação

Os Estados-Partes tomarão todas as medidas apropriadas para assegurar que as pessoas com deficiência possam exercer seu direito à liberdade de expressão e opinião, inclusive à liberdade de buscar, receber e compartilhar informações e ideias, em igualdade de oportunidades com as demais pessoas e por intermédio de todas as formas de comunicação de sua escolha, conforme o disposto no Artigo 2 da presente Convenção, entre as quais:

a) Fornecer, prontamente e sem custo adicional, às pessoas com deficiência, todas as informações destinadas ao público em geral, em formatos acessíveis e tecnologias apropriadas aos diferentes tipos de deficiência;

b) Aceitar e facilitar, em trâmites oficiais, o uso de línguas de sinais, braille, comunicação aumentativa e alternativa, e de todos os demais meios, modos e formatos acessíveis de comunicação, à escolha das pessoas com deficiência;

c) Urgir as entidades privadas que oferecem serviços ao público em geral, inclusive por meio da Internet, a fornecer informações e serviços em formatos acessíveis, que possam ser usados por pessoas com deficiência;

d) Incentivar a mídia, inclusive os provedores de informação pela Internet, a tornar seus serviços acessíveis a pessoas com deficiência;

e) Reconhecer e promover o uso de línguas de sinais.

Artigo 22
Respeito à privacidade

1. Nenhuma pessoa com deficiência, qualquer que seja seu local de residência ou tipo de moradia, estará sujeita a interferência arbitrária ou ilegal em sua privacidade, família, lar, correspondência ou outros tipos de comunicação, nem a ataques ilícitos à sua honra e reputação. As pessoas com deficiência têm o direito à proteção da lei contra tais interferências ou ataques.

2. Os Estados-Partes protegerão a privacidade dos dados pessoais e dados relativos à saúde e à reabilitação de pessoas com deficiência, em igualdade de condições com as demais pessoas.

Artigo 23
Respeito pelo lar e pela família

1. Os Estados-Partes tomarão medidas efetivas e apropriadas para eliminar a discriminação contra pessoas com deficiência, em todos os aspectos relativos a casamento, família, paternidade e relacionamentos, em igualdade de condições com as demais pessoas, de modo a assegurar que:

a) Seja reconhecido o direito das pessoas com deficiência, em idade de contrair matrimônio, de casar-se e estabelecer família, com base no livre e pleno consentimento dos pretendentes;

b) Sejam reconhecidos os direitos das pessoas com deficiência de decidir livre e responsavelmente sobre o número de filhos e o espaçamento entre esses filhos e de ter acesso a informações adequadas à idade e a educação em matéria de reprodução e de planejamento familiar, bem como os meios necessários para exercer esses direitos.

c) As pessoas com deficiência, inclusive crianças, conservem sua fertilidade, em igualdade de condições com as demais pessoas.

2. Os Estados-Partes assegurarão os direitos e responsabilidades das pessoas com deficiência, relativos à guarda, custódia, curatela e adoção de crianças ou instituições semelhantes, caso esses conceitos constem na legislação nacional. Em todos os casos, prevalecerá o superior interesse da criança. Os Estados-Partes prestarão a devida assistência às pessoas com deficiência para que essas pessoas possam exercer suas responsabilidades na criação dos filhos.

3. Os Estados-Partes assegurarão que as crianças com deficiência terão iguais direitos em relação à vida familiar. Para a realização desses direitos e para evitar ocultação, abandono, negligência e segregação de crianças com deficiência, os Estados-Partes fornecerão prontamente informações abrangentes sobre serviços e apoios a crianças com deficiência e suas famílias.

4. Os Estados-Partes assegurarão que uma criança não será separada de seus pais contra a vontade destes, exceto quando autoridades

competentes, sujeitas a controle jurisdicional, determinarem, em conformidade com as leis e procedimentos aplicáveis, que a separação é necessária, no superior interesse da criança. Em nenhum caso, uma criança será separada dos pais sob alegação de deficiência da criança ou de um ou ambos os pais.

5. Os Estados-Partes, no caso em que a família imediata de uma criança com deficiência não tenha condições de cuidar da criança, farão todo esforço para que cuidados alternativos sejam oferecidos por outros parentes e, se isso não for possível, dentro de ambiente familiar, na comunidade.

Artigo 24
Educação

1. Os Estados-Partes reconhecem o direito das pessoas com deficiência à educação. Para efetivar esse direito sem discriminação e com base na igualdade de oportunidades, os Estados-Partes assegurarão sistema educacional inclusivo em todos os níveis, bem como o aprendizado ao longo de toda a vida, com os seguintes objetivos:

a) O pleno desenvolvimento do potencial humano e do senso de dignidade e autoestima, além do fortalecimento do respeito pelos direitos humanos, pelas liberdades fundamentais e pela diversidade humana;

b) O máximo desenvolvimento possível da personalidade e dos talentos e da criatividade das pessoas com deficiência, assim como de suas habilidades físicas e intelectuais;

c) A participação efetiva das pessoas com deficiência em uma sociedade livre.

2. Para a realização desse direito, os Estados-Partes assegurarão que:

a) As pessoas com deficiência não sejam excluídas do sistema educacional geral sob alegação de deficiência e que as crianças com deficiência não sejam excluídas do ensino primário gratuito e compulsório ou do ensino secundário, sob alegação de deficiência;

b) As pessoas com deficiência possam ter acesso ao ensino primário inclusivo, de qualidade e gratuito, e ao ensino secundário, em igualdade de condições com as demais pessoas na comunidade em que vivem;

c) Adaptações razoáveis de acordo com as necessidades individuais sejam providenciadas;

d) As pessoas com deficiência recebam o apoio necessário, no âmbito do sistema educacional geral, com vistas a facilitar sua efetiva educação;

e) Medidas de apoio individualizadas e efetivas sejam adotadas em ambientes que maximizem o desenvolvimento acadêmico e social, de acordo com a meta de inclusão plena.

3. Os Estados-Partes assegurarão às pessoas com deficiência a possibilidade de adquirir as competências práticas e sociais necessárias de modo a facilitar às pessoas com deficiência sua plena e igual participação no sistema de ensino e na vida em comunidade. Para tanto, os Estados-Partes tomarão medidas apropriadas, incluindo:

a) Facilitação do aprendizado do braille, escrita alternativa, modos, meios e formatos de comunicação aumentativa e alternativa, e habilidades de orientação e mobilidade, além de facilitação do apoio e aconselhamento de pares;

b) Facilitação do aprendizado da língua de sinais e promoção da identidade linguística da comunidade surda;

c) Garantia de que a educação de pessoas, em particular crianças cegas, surdocegas e surdas, seja ministrada nas línguas e nos modos e meios de comunicação mais adequados ao indivíduo e em ambientes que favoreçam ao máximo seu desenvolvimento acadêmico e social.

4. A fim de contribuir para o exercício desse direito, os Estados-Partes tomarão medidas apropriadas para empregar professores, inclusive professores com deficiência, habilitados para o ensino da língua de sinais e/ou do braille, e para capacitar profissionais e equipes atuantes em todos os níveis de ensino. Essa capacitação incorporará a conscientização da deficiência e a utilização de modos, meios e formatos apropriados de comunicação aumentativa e alternativa, e técnicas e materiais pedagógicos, como apoios para pessoas com deficiência.

5. Os Estados-Partes assegurarão que as pessoas com deficiência possam ter acesso ao ensino superior em geral, treinamento profissional de acordo com sua vocação, educação para adultos e formação continuada, sem discriminação e em igualdade de condições. Para tanto, os Estados-Partes assegurarão a provisão de adaptações razoáveis para pessoas com deficiência.

Artigo 25
Saúde

Os Estados-Partes reconhecem que as pessoas com deficiência têm o direito de gozar do estado de saúde mais elevado possível, sem discriminação baseada na deficiência. Os Estados-Partes tomarão todas as medidas apropriadas para assegurar às pessoas com deficiência o acesso a serviços de saúde, incluindo os serviços de reabilitação, que levarão em conta as especificidades de gênero. Em especial, os Estados-Partes:

a) Oferecerão às pessoas com deficiência programas e atenção à saúde gratuitos ou a custos acessíveis da mesma variedade, qualidade e padrão que são oferecidos às demais pessoas, inclusive na área de saúde sexual e reprodutiva e de programas de saúde pública destinados à população em geral;

b) Propiciarão serviços de saúde que as pessoas com deficiência necessitam especificamente por causa de sua deficiência, inclusive diagnóstico e intervenção precoces, bem como serviços projetados para reduzir ao máximo e prevenir deficiências adicionais, inclusive entre crianças e idosos;

c) Propiciarão esses serviços de saúde às pessoas com deficiência, o mais próximo possível de suas comunidades, inclusive na zona rural;

d) Exigirão dos profissionais de saúde que dispensem às pessoas com deficiência a mesma qualidade de serviços dispensada às demais pessoas e, principalmente, que obtenham o consentimento livre e esclarecido das pessoas com deficiência concernentes. Para esse fim, os Estados-Partes realizarão atividades de formação e definirão regras éticas para os setores de saúde público e privado, de modo a conscientizar os profissionais de saúde acerca dos direitos humanos, da dignidade, autonomia e das necessidades das pessoas com deficiência;

e) Proibirão a discriminação contra pessoas com deficiência na provisão de seguro de saúde e seguro de vida, caso tais seguros sejam permitidos pela legislação nacional, os quais deverão ser providos de maneira razoável e justa;

f) Prevenirão que se negue, de maneira discriminatória, os serviços de saúde ou de atenção à saúde ou a administração de alimentos sólidos ou líquidos por motivo de deficiência.

Artigo 26
Habilitação e reabilitação

1. Os Estados-Partes tomarão medidas efetivas e apropriadas, inclusive mediante apoio dos pares, para possibilitar que as pessoas com deficiência conquistem e conservem o máximo de autonomia e plena capacidade física, mental, social e profissional, bem como plena inclusão e participação em todos os aspectos da vida. Para tanto, os Estados-Partes organizarão, fortalecerão e ampliarão serviços e programas completos de habilitação e reabilitação, particularmente nas áreas de saúde, emprego, educação e serviços sociais, de modo que esses serviços e programas:

a) Comecem no estágio mais precoce possível e sejam baseados em avaliação multidisciplinar das necessidades e pontos fortes de cada pessoa;

b) Apoiem a participação e a inclusão na comunidade e em todos os aspectos da vida social, sejam oferecidos voluntariamente e estejam disponíveis às pessoas com deficiência o mais próximo possível de suas comunidades, inclusive na zona rural.

2. Os Estados-Partes promoverão o desenvolvimento da capacitação inicial e continuada de profissionais e de equipes que atuam nos serviços de habilitação e reabilitação.

3. Os Estados-Partes promoverão a disponibilidade, o conhecimento e o uso de dispositivos e tecnologias assistivas, projetados para pessoas com deficiência e relacionados com a habilitação e a reabilitação.

Artigo 27
Trabalho e emprego

1. Os Estados-Partes reconhecem o direito das pessoas com deficiência ao trabalho, em igualdade de oportunidades com as demais pessoas. Esse direito abrange o direito à oportunidade de se manter com um trabalho de sua livre escolha ou aceitação no mercado laboral, em ambiente de trabalho que seja aberto, inclusivo e acessível a pessoas com deficiência. Os Estados-Partes salvaguardarão e promoverão a realização do direito ao trabalho, inclusive daqueles que tiverem adquirido uma deficiência no emprego, adotando medidas apropriadas, incluídas na legislação, com o fim de, entre outros:

a) Proibir a discriminação baseada na deficiência com respeito a todas as questões relacionadas com as formas de emprego, inclusive condições de recrutamento, contratação e admissão, permanência no emprego, ascensão profissional e condições seguras e salubres de trabalho;

b) Proteger os direitos das pessoas com deficiência, em condições de igualdade com as demais pessoas, às condições justas e favoráveis de trabalho, incluindo iguais oportunidades e igual remuneração por trabalho de igual valor, condições seguras e salubres de trabalho, além de reparação de injustiças e proteção contra o assédio no trabalho;

c) Assegurar que as pessoas com deficiência possam exercer seus direitos trabalhistas e sindicais, em condições de igualdade com as demais pessoas;

d) Possibilitar às pessoas com deficiência o acesso efetivo a programas de orientação técnica e profissional e a serviços de colocação no trabalho e de treinamento profissional e continuado;

e) Promover oportunidades de emprego e ascensão profissional para pessoas com deficiência no mercado de trabalho, bem como assistência na procura, obtenção e manutenção do emprego e no retorno ao emprego;

f) Promover oportunidades de trabalho autônomo, empreendedorismo, desenvolvimento de cooperativas e estabelecimento de negócio próprio;

g) Empregar pessoas com deficiência no setor público;

h) Promover o emprego de pessoas com deficiência no setor privado, mediante políticas e medidas apropriadas, que poderão incluir programas de ação afirmativa, incentivos e outras medidas;

i) Assegurar que adaptações razoáveis sejam feitas para pessoas com deficiência no local de trabalho;

j) Promover a aquisição de experiência de trabalho por pessoas com deficiência no mercado aberto de trabalho;

k) Promover reabilitação profissional, manutenção do emprego e programas de retorno ao trabalho para pessoas com deficiência.

2. Os Estados-Partes assegurarão que as pessoas com deficiência não serão mantidas em escravidão ou servidão e que serão protegidas, em igualdade de condições com as demais pessoas, contra o trabalho forçado ou compulsório.

Artigo 28
Padrão de vida e proteção social adequados

1. Os Estados-Partes reconhecem o direito das pessoas com deficiência a um padrão adequado de vida para si e para suas famílias, inclusive alimentação, vestuário e moradia adequados, bem

como à melhoria contínua de suas condições de vida, e tomarão as providências necessárias para salvaguardar e promover a realização desse direito sem discriminação baseada na deficiência.

2. Os Estados-Partes reconhecem o direito das pessoas com deficiência à proteção social e ao exercício desse direito sem discriminação baseada na deficiência, e tomarão as medidas apropriadas para salvaguardar e promover a realização desse direito, tais como:

a) Assegurar igual acesso de pessoas com deficiência a serviços de saneamento básico e assegurar o acesso aos serviços, dispositivos e outros atendimentos apropriados para as necessidades relacionadas com a deficiência;

b) Assegurar o acesso de pessoas com deficiência, particularmente mulheres, crianças e idosos com deficiência, a programas de proteção social e de redução da pobreza;

c) Assegurar o acesso de pessoas com deficiência e suas famílias em situação de pobreza à assistência do Estado em relação a seus gastos ocasionados pela deficiência, inclusive treinamento adequado, aconselhamento, ajuda financeira e cuidados de repouso;

d) Assegurar o acesso de pessoas com deficiência a programas habitacionais públicos;

e) Assegurar igual acesso de pessoas com deficiência a programas e benefícios de aposentadoria.

Artigo 29
Participação na vida política e pública

Os Estados-Partes garantirão às pessoas com deficiência direitos políticos e oportunidade de exercê-los em condições de igualdade com as demais pessoas, e deverão:

a) Assegurar que as pessoas com deficiência possam participar efetiva e plenamente na vida política e pública, em igualdade de oportunidades com as demais pessoas, diretamente ou por meio de representantes livremente escolhidos, incluindo o direito e a oportunidade de votarem e serem votadas, mediante, entre outros:

i) Garantia de que os procedimentos, instalações e materiais e equipamentos para votação serão apropriados, acessíveis e de fácil compreensão e uso;

ii) Proteção do direito das pessoas com deficiência ao voto secreto em eleições e plebiscitos, sem intimidação, e a candidatar-se nas eleições, efetivamente ocupar cargos eletivos e desempenhar quaisquer funções públicas em todos os níveis de governo, usando novas tecnologias assistivas, quando apropriado;

iii) Garantia da livre expressão de vontade das pessoas com deficiência como eleitores e, para tanto, sempre que necessário e a seu pedido, permissão para que elas sejam auxiliadas na votação por uma pessoa de sua escolha;

b) Promover ativamente um ambiente em que as pessoas com deficiência possam participar efetiva e plenamente na condução das questões públicas, sem discriminação e em igualdade de oportunidades com as demais pessoas, e encorajar sua participação nas questões públicas, mediante:

i) Participação em organizações não governamentais relacionadas com a vida pública e política do país, bem como em atividades e administração de partidos políticos;

ii) Formação de organizações para representar pessoas com deficiência em níveis internacional, regional, nacional e local, bem como a filiação de pessoas com deficiência a tais organizações.

Artigo 30
Participação na vida cultural e em recreação, lazer e esporte

1. Os Estados-Partes reconhecem o direito das pessoas com deficiência de participar na vida cultural, em igualdade de oportunidades com as demais pessoas, e tomarão todas as medidas apropriadas para que as pessoas com deficiência possam:

a) Ter acesso a bens culturais em formatos acessíveis;

b) Ter acesso a programas de televisão, cinema, teatro e outras atividades culturais, em formatos acessíveis; e

c) Ter acesso a locais que ofereçam serviços ou eventos culturais, tais como teatros, museus, cinemas, bibliotecas e serviços turísticos, bem como, tanto quanto possível, ter acesso a monumentos e locais de importância cultural nacional.

2. Os Estados-Partes tomarão medidas apropriadas para que as pessoas com deficiência tenham a oportunidade de desenvolver e utilizar seu potencial criativo, artístico e intelectual, não somente em benefício próprio, mas também para o enriquecimento da sociedade.

3. Os Estados-Partes deverão tomar todas as providências, em conformidade com o direito internacional, para assegurar que a legislação de proteção dos direitos de propriedade intelectual não constitua barreira excessiva ou discriminatória ao acesso de pessoas com deficiência a bens culturais.

4. As pessoas com deficiência farão jus, em igualdade de oportunidades com as demais pessoas, a que sua identidade cultural e linguística específica seja reconhecida e apoiada, incluindo as línguas de sinais e a cultura surda.

5. Para que as pessoas com deficiência participem, em igualdade de oportunidades com as demais pessoas, de atividades recreativas, esportivas e de lazer, os Estados-Partes tomarão medidas apropriadas para:

a) Incentivar e promover a maior participação possível das pessoas com deficiência nas atividades esportivas comuns em todos os níveis;

b) Assegurar que as pessoas com deficiência tenham a oportunidade de organizar, desenvolver e participar em atividades esportivas e recreativas específicas às deficiências e, para tanto, incentivar a provisão de instrução, treinamento e recursos adequados, em igualdade de oportunidades com as demais pessoas;

c) Assegurar que as pessoas com deficiência tenham acesso a locais de eventos esportivos, recreativos e turísticos;
d) Assegurar que as crianças com deficiência possam, em igualdade de condições com as demais crianças, participar de jogos e atividades recreativas, esportivas e de lazer, inclusive no sistema escolar;
e) Assegurar que as pessoas com deficiência tenham acesso aos serviços prestados por pessoas ou entidades envolvidas na organização de atividades recreativas, turísticas, esportivas e de lazer.

Artigo 31
Estatísticas e coleta de dados

1. Os Estados-Partes coletarão dados apropriados, inclusive estatísticos e de pesquisas, para que possam formular e implementar políticas destinadas a por em prática a presente Convenção. O processo de coleta e manutenção de tais dados deverá:
a) Observar as salvaguardas estabelecidas por lei, inclusive pelas leis relativas à proteção de dados, a fim de assegurar a confidencialidade e o respeito pela privacidade das pessoas com deficiência;
b) Observar as normas internacionalmente aceitas para proteger os direitos humanos, as liberdades fundamentais e os princípios éticos na coleta de dados e utilização de estatísticas.
2. As informações coletadas de acordo com o disposto neste Artigo serão desagregadas, de maneira apropriada, e utilizadas para avaliar o cumprimento, por parte dos Estados-Partes, de suas obrigações na presente Convenção e para identificar e enfrentar as barreiras com as quais as pessoas com deficiência se deparam no exercício de seus direitos.
3. Os Estados-Partes assumirão responsabilidade pela disseminação das referidas estatísticas e assegurarão que elas sejam acessíveis às pessoas com deficiência e a outros.

Artigo 32
Cooperação internacional

1. Os Estados-Partes reconhecem a importância da cooperação internacional e de sua promoção, em apoio aos esforços nacionais para a consecução do propósito e dos objetivos da presente Convenção e, sob este aspecto, adotarão medidas apropriadas e efetivas entre os Estados e, de maneira adequada, em parceria com organizações internacionais e regionais relevantes e com a sociedade civil e, em particular, com organizações de pessoas com deficiência. Estas medidas poderão incluir, entre outras:
a) Assegurar que a cooperação internacional, incluindo os programas internacionais de desenvolvimento, sejam inclusivos e acessíveis para pessoas com deficiência;
b) Facilitar e apoiar a capacitação, inclusive por meio do intercâmbio e compartilhamento de informações, experiências, programas de treinamento e melhores práticas;

c) Facilitar a cooperação em pesquisa e o acesso a conhecimentos científicos e técnicos;
d) Propiciar, de maneira apropriada, assistência técnica e financeira, inclusive mediante facilitação do acesso a tecnologias assistivas e acessíveis e seu compartilhamento, bem como por meio de transferência de tecnologias.
2. O disposto neste Artigo se aplica sem prejuízo das obrigações que cabem a cada Estado-Parte em decorrência da presente Convenção.

Artigo 33
Implementação e monitoramento nacionais

1. Os Estados-Partes, de acordo com seu sistema organizacional, designarão um ou mais de um ponto focal no âmbito do Governo para assuntos relacionados com a implementação da presente Convenção e darão a devida consideração ao estabelecimento ou designação de um mecanismo de coordenação no âmbito do Governo, a fim de facilitar ações correlatas nos diferentes setores e níveis.
2. Os Estados-Partes, em conformidade com seus sistemas jurídico e administrativo, manterão, fortalecerão, designarão ou estabelecerão estrutura, incluindo um ou mais de um mecanismo independente, de maneira apropriada, para promover, proteger e monitorar a implementação da presente Convenção. Ao designar ou estabelecer tal mecanismo, os Estados-Partes levarão em conta os princípios relativos ao status e funcionamento das instituições nacionais de proteção e promoção dos direitos humanos.
3. A sociedade civil e, particularmente, as pessoas com deficiência e suas organizações representativas serão envolvidas e participarão plenamente no processo de monitoramento.

Artigo 34
Comitê sobre os Direitos das Pessoas com Deficiência

1. Um Comitê sobre os Direitos das Pessoas com Deficiência (doravante denominado "Comitê") será estabelecido, para desempenhar as funções aqui definidas.
2. O Comitê será constituído, quando da entrada em vigor da presente Convenção, de 12 peritos. Quando a presente Convenção alcançar 60 ratificações ou adesões, o Comitê será acrescido em seis membros, perfazendo o total de 18 membros.
3. Os membros do Comitê atuarão a título pessoal e apresentarão elevada postura moral, competência e experiência reconhecidas no campo abrangido pela presente Convenção. Ao designar seus candidatos, os Estados-Partes são instados a dar a devida consideração ao disposto no Artigo 4.3 da presente Convenção.
4. Os membros do Comitê serão eleitos pelos Estados-Partes, observando-se uma distribuição geográfica equitativa, representação de diferentes formas de civilização e dos principais sistemas jurídicos, representação equilibrada de gênero e participação de peritos com deficiência.

5. Os membros do Comitê serão eleitos por votação secreta em sessões da Conferência dos Estados-Partes, a partir de uma lista de pessoas designadas pelos Estados-Partes entre seus nacionais. Nessas sessões, cujo *quorum* será de 2/3 (dois terços) dos Estados-Partes, os candidatos eleitos para o Comitê serão aqueles que obtiverem o maior número de votos e a maioria absoluta dos votos dos representantes dos Estados-Partes presentes e votantes.

6. A primeira eleição será realizada, o mais tardar, até 6 (seis) meses após a data de entrada em vigor da presente Convenção. Pelo menos 4 (quatro) meses antes de cada eleição, o Secretário-Geral das Nações Unidas dirigirá carta aos Estados-Partes, convidando-os a submeter os nomes de seus candidatos no prazo de 2 (dois) meses. O Secretário-Geral, subsequentemente, preparará lista em ordem alfabética de todos os candidatos apresentados, indicando que foram designados pelos Estados-Partes, e submeterá essa lista aos Estados-Partes da presente Convenção.

7. Os membros do Comitê serão eleitos para mandato de 4 (quatro) anos, podendo ser candidatos à reeleição uma única vez. Contudo, o mandato de seis dos membros eleitos na primeira eleição expirará ao fim de dois anos; imediatamente após a primeira eleição, os nomes desses seis membros serão selecionados por sorteio pelo presidente da sessão a que se refere o parágrafo 5 deste Artigo.

8. A eleição dos seis membros adicionais do Comitê será realizada por ocasião das eleições regulares, de acordo com as disposições pertinentes deste Artigo.

9. Em caso de morte, demissão ou declaração de um membro de que, por algum motivo, não poderá continuar a exercer suas funções, o Estado-Parte que o tiver indicado designará um outro perito que tenha as qualificações e satisfaça aos requisitos estabelecidos pelos dispositivos pertinentes deste Artigo, para concluir o mandato em questão.

10. O Comitê estabelecerá suas próprias normas de procedimento.

11. O Secretário-Geral das Nações Unidas proverá o pessoal e as instalações necessários para o efetivo desempenho das funções do Comitê segundo a presente Convenção e convocará sua primeira reunião.

12. Com a aprovação da Assembleia Geral, os membros do Comitê estabelecido sob a presente Convenção receberão emolumentos dos recursos das Nações Unidas, sob termos e condições que a Assembleia possa decidir, tendo em vista a importância das responsabilidades do Comitê.

13. Os membros do Comitê terão direito aos privilégios, facilidades e imunidades dos peritos em missões das Nações Unidas, em conformidade com as disposições pertinentes da Convenção sobre Privilégios e Imunidades das Nações Unidas.

Artigo 35
Relatórios dos Estados-Partes

1. Cada Estado-Parte, por intermédio do Secretário-Geral das Nações Unidas, submeterá relatório abrangente sobre as medidas adotadas em cumprimento de suas obrigações estabelecidas pela presente Convenção e sobre o progresso alcançado nesse aspecto, dentro do período de 2 (dois) anos após a entrada em vigor da presente Convenção para o Estado-Parte concernente.

2. Depois disso, os Estados-Partes submeterão relatórios subsequentes, ao menos a cada 4 (quatro) anos, ou quando o Comitê o solicitar.

3. O Comitê determinará as diretrizes aplicáveis ao teor dos relatórios.

4. Um Estado-Parte que tiver submetido ao Comitê um relatório inicial abrangente não precisará, em relatórios subsequentes, repetir informações já apresentadas. Ao elaborar os relatórios ao Comitê, os Estados-Partes são instados a fazê-lo de maneira franca e transparente e a levar em consideração o disposto no Artigo 4.3 da presente Convenção.

5. Os relatórios poderão apontar os fatores e as dificuldades que tiverem afetado o cumprimento das obrigações decorrentes da presente Convenção.

Artigo 36
Consideração dos relatórios

1. Os relatórios serão considerados pelo Comitê, que fará as sugestões e recomendações gerais que julgar pertinentes e as transmitirá aos respectivos Estados-Partes. O Estado-Parte poderá responder ao Comitê com as informações que julgar pertinentes. O Comitê poderá pedir informações adicionais aos Estados-Partes, referentes à implementação da presente Convenção.

2. Se um Estado-Parte atrasar consideravelmente a entrega de seu relatório, o Comitê poderá notificar esse Estado de que examinará a aplicação da presente Convenção com base em informações confiáveis de que disponha, a menos que o relatório devido seja apresentado pelo Estado dentro do período de 3 (três) meses após a notificação. O Comitê convidará o Estado-Parte interessado a participar desse exame. Se o Estado-Parte responder entregando seu relatório, aplicar-se-á o disposto no parágrafo 1 do presente artigo.

3. O Secretário-Geral das Nações Unidas colocará os relatórios à disposição de todos os Estados-Partes.

4. Os Estados-Partes tornarão seus relatórios amplamente disponíveis ao público em seus países e facilitarão o acesso à possibilidade de sugestões e de recomendações gerais a respeito desses relatórios.

5. O Comitê transmitirá às agências, fundos e programas especializados das Nações Unidas e a outras organizações competentes, da maneira que julgar apropriada, os relatórios dos Estados-Partes que contenham demandas ou indicações de necessidade de consultoria ou de assistência técnica, acompanhados de eventuais observações e sugestões do Comitê em relação às referidas demandas ou indicações, a fim de que possam ser consideradas.

Artigo 37
Cooperação entre
os Estados-Partes e o Comitê

1. Cada Estado-Parte cooperará com o Comitê e auxiliará seus membros no desempenho de seu mandato.

2. Em suas relações com os Estados-Partes, o Comitê dará a devida consideração aos meios e modos de aprimorar a capacidade de cada Estado-Parte para a implementação da presente Convenção, inclusive mediante cooperação internacional.

Artigo 38
Relações do Comitê com outros órgãos

A fim de promover a efetiva implementação da presente Convenção e de incentivar a cooperação internacional na esfera abrangida pela presente Convenção:

a) As agências especializadas e outros órgãos das Nações Unidas terão o direito de se fazer representar quando da consideração da implementação de disposições da presente Convenção que disserem respeito aos seus respectivos mandatos. O Comitê poderá convidar as agências especializadas e outros órgãos competentes, segundo julgar apropriado, a oferecer consultoria de peritos sobre a implementação da Convenção em áreas pertinentes a seus respectivos mandatos. O Comitê poderá convidar agências especializadas e outros órgãos das Nações Unidas a apresentar relatórios sobre a implementação da Convenção em áreas pertinentes às suas respectivas atividades;

b) No desempenho de seu mandato, o Comitê consultará, de maneira apropriada, outros órgãos pertinentes instituídos ao amparo de tratados internacionais de direitos humanos, a fim de assegurar a consistência de suas respectivas diretrizes para a elaboração de relatórios, sugestões e recomendações gerais e de evitar duplicação e superposição no desempenho de suas funções.

Artigo 39
Relatório do Comitê

A cada 2 (dois) anos, o Comitê submeterá à Assembleia Geral e ao Conselho Econômico e Social um relatório de suas atividades e poderá fazer sugestões e recomendações gerais baseadas no exame dos relatórios e nas informações recebidas dos Estados-Partes. Estas sugestões e recomendações gerais serão incluídas no relatório do Comitê, acompanhadas, se houver, de comentários dos Estados-Partes.

Artigo 40
Conferência dos Estados-Partes

1. Os Estados-Partes reunir-se-ão regularmente em Conferência dos Estados-Partes a fim de considerar matérias relativas à implementação da presente Convenção.

2. O Secretário-Geral das Nações Unidas convocará, dentro do período de 6 (seis) meses após a entrada em vigor da presente Convenção, a Conferência dos Estados-Partes. As reuniões subsequentes serão convocadas pelo Secretário-Geral das Nações Unidas a cada 2 (dois) anos ou conforme a decisão da Conferência dos Estados-Partes.

Artigo 41
Depositário

O Secretário-Geral das Nações Unidas será o depositário da presente Convenção.

Artigo 42
Assinatura

A presente Convenção será aberta à assinatura de todos os Estados e organizações de integração regional na sede das Nações Unidas em Nova York, a partir de 30 de março de 2007.

Artigo 43
Consentimento em comprometer-se

A presente Convenção será submetida à ratificação pelos Estados signatários e à confirmação formal por organizações de integração regional signatárias. Ela estará aberta à adesão de qualquer Estado ou organização de integração regional que não a houver assinado.

Artigo 44
Organizações de integração regional

1. "Organização de integração regional" será entendida como organização constituída por Estados soberanos de determinada região, à qual seus Estados-Membros tenham delegado competência sobre matéria abrangida pela presente Convenção. Essas organizações declararão, em seus documentos de confirmação formal ou adesão, o alcance de sua competência em relação à matéria abrangida pela presente Convenção. Subsequentemente, as organizações informarão ao depositário qualquer alteração substancial no âmbito de sua competência.

2. As referências a "Estados-Partes" na presente Convenção serão aplicáveis a essas organizações, nos limites da competência destas.

3. Para os fins do parágrafo 1 do Artigo 45 e dos parágrafos 2 e 3 do Artigo 47, nenhum instrumento depositado por organização de integração regional será computado.

4. As organizações de integração regional, em matérias de sua competência, poderão exercer o direito de voto na Conferência dos Estados-Partes, tendo direito ao mesmo número de votos quanto for o número de seus Estados-Membros que forem Partes da presente Convenção. Essas organizações não exercerão seu direito de voto, se qualquer de seus Estados-Membros exercer seu direito de voto, e vice-versa.

Artigo 45
Entrada em vigor

1. A presente Convenção entrará em vigor no trigésimo dia após o depósito do vigésimo instrumento de ratificação ou adesão.

2. Para cada Estado ou organização de integração regional que ratificar ou formalmente confirmar a presente Convenção ou a ela aderir após o depósito do referido vigésimo instrumento, a Convenção entrará em vigor no trigésimo dia a partir da data em que esse Estado ou organização tenha depositado seu instrumento de ratificação, confirmação formal ou adesão.

Artigo 46
Reservas

1. Não serão permitidas reservas incompatíveis com o objeto e o propósito da presente Convenção.

2. As reservas poderão ser retiradas a qualquer momento.

Artigo 47
Emendas

1. Qualquer Estado-Parte poderá propor emendas à presente Convenção e submetê-las ao Secretário-Geral das Nações Unidas. O Secretário-Geral comunicará aos Estados-Partes quaisquer emendas propostas, solicitando-lhes que o notifiquem se são favoráveis a uma Conferência dos Estados-Partes para considerar as propostas e tomar decisão a respeito delas. Se, até 4 (quatro) meses após a data da referida comunicação, pelo menos 1/3 (um terço) dos Estados-Partes se manifestar favorável a essa Conferência, o Secretário-Geral das Nações Unidas convocará a Conferência, sob os auspícios das Nações Unidas. Qualquer emenda adotada por maioria de 2/3 (dois terços) dos Estados-Partes presentes e votantes será submetida pelo Secretário-Geral à aprovação da Assembleia Geral das Nações Unidas e, posteriormente, à aceitação de todos os Estados-Partes.

2. Qualquer emenda adotada e aprovada conforme o disposto no parágrafo 1 do presente artigo entrará em vigor no trigésimo dia após a data na qual o número de instrumentos de aceitação tenha atingido 2/3 (dois terços) do número de Estados-Partes na data de adoção da emenda. Posteriormente, a emenda entrará em vigor para todo Estado-Parte no trigésimo dia após o depósito por esse Estado do seu instrumento de aceitação. A emenda será vinculante somente para os Estados-Partes que a tiverem aceitado.

3. Se a Conferência dos Estados-Partes assim o decidir por consenso, qualquer emenda adotada e aprovada em conformidade com o disposto no parágrafo 1 deste Artigo, relacionada exclusivamente com os artigos 34, 38, 39 e 40, entrará em vigor para todos os Estados-Partes no trigésimo dia a partir da data em que o número de instrumentos de aceitação depositados tiver atingido 2/3 (dois terços) do número de Estados-Partes na data de adoção da emenda.

Artigo 48
Denúncia

Qualquer Estado-Parte poderá denunciar a presente Convenção mediante notificação por escrito ao Secretário-Geral das Nações Unidas. A denúncia tornar-se-á efetiva um ano após a data de recebimento da notificação pelo Secretário-Geral.

Artigo 49
Formatos acessíveis

O texto da presente Convenção será colocado à disposição em formatos acessíveis.

Artigo 50
Textos autênticos

Os textos em árabe, chinês, espanhol, francês, inglês e russo da presente Convenção serão igualmente autênticos.

Em fé do que os plenipotenciários abaixo assinados, devidamente autorizados para tanto por seus respectivos Governos, firmaram a presente Convenção.

PROTOCOLO FACULTATIVO À CONVENÇÃO SOBRE OS DIREITOS DAS PESSOAS COM DEFICIÊNCIA

Os Estados-Partes do presente Protocolo acordaram o seguinte:

Artigo 1º

1. Qualquer Estado-Parte do presente Protocolo ("Estado-Parte") reconhece a competência do Comitê sobre os Direitos das Pessoas com Deficiência ("Comitê") para receber e considerar comunicações submetidas por pessoas ou grupos de pessoas, ou em nome deles, sujeitos à sua jurisdição, alegando serem vítimas de violação das disposições da Convenção pelo referido Estado-Parte.

2. O Comitê não receberá comunicação referente a qualquer Estado-Parte que não seja signatário do presente Protocolo.

Artigo 2º

O Comitê considerará inadmissível a comunicação quando:
a) A comunicação for anônima;
b) A comunicação constituir abuso do direito de submeter tais comunicações ou for incompatível com as disposições da Convenção;
c) A mesma matéria já tenha sido examinada pelo Comitê ou tenha sido ou estiver sendo examinada sob outro procedimento de investigação ou resolução internacional;
d) Não tenham sido esgotados todos os recursos internos disponíveis, salvo no caso em que a tramitação desses recursos se prolongue injustificadamente, ou seja improvável que se obtenha com eles solução efetiva;
e) A comunicação estiver precariamente fundamentada ou não for suficientemente substanciada; ou
f) Os fatos que motivaram a comunicação tenham ocorrido antes da entrada em vigor do presente Protocolo para o Estado-Parte em apreço, salvo se os fatos continuaram ocorrendo após aquela data.

Artigo 3º

Sujeito ao disposto no Artigo 2 do presente Protocolo, o Comitê levará confidencialmente ao conhecimento do Estado-Parte concernente qualquer comunicação submetida ao Comitê. Dentro do período de 6 (seis) meses, o Estado concernente submeterá ao Comitê explicações ou declarações por escrito, esclarecendo a matéria e a eventual solução adotada pelo referido Estado.

Artigo 4º

1. A qualquer momento após receber uma comunicação e antes de decidir o mérito dessa comunicação, o Comitê poderá transmitir ao Estado-Parte concernente, para sua urgente consideração, um

pedido para que o Estado-Parte tome as medidas de natureza cautelar que forem necessárias para evitar possíveis danos irreparáveis à vítima ou às vítimas da violação alegada.

2. O exercício pelo Comitê de suas faculdades discricionárias em virtude do parágrafo 1 do presente Artigo não implicará prejuízo algum sobre a admissibilidade ou sobre o mérito da comunicação.

Artigo 5º

O Comitê realizará sessões fechadas para examinar comunicações a ele submetidas em conformidade com o presente Protocolo. Depois de examinar uma comunicação, o Comitê enviará suas sugestões e recomendações, se houver, ao Estado-Parte concernente e ao requerente.

Artigo 6º

1. Se receber informação confiável indicando que um Estado-Parte está cometendo violação grave ou sistemática de direitos estabelecidos na Convenção, o Comitê convidará o referido Estado-Parte a colaborar com a verificação da informação e, para tanto, a submeter suas observações a respeito da informação em pauta.

2. Levando em conta quaisquer observações que tenham sido submetidas pelo Estado-Parte concernente, bem como quaisquer outras informações confiáveis em poder do Comitê, este poderá designar um ou mais de seus membros para realizar investigação e apresentar, em caráter de urgência, relatório ao Comitê. Caso se justifique e o Estado-Parte o consinta, a investigação poderá incluir uma visita ao território desse Estado.

3. Após examinar os resultados da investigação, o Comitê os comunicará ao Estado-Parte concernente, acompanhados de eventuais comentários e recomendações.

4. Dentro do período de 6 (seis) meses após o recebimento dos resultados, comentários e recomendações transmitidos pelo Comitê, o Estado-Parte concernente submeterá suas observações ao Comitê.

5. A referida investigação será realizada confidencialmente e a cooperação do Estado-Parte será solicitada em todas as fases do processo.

Artigo 7º

1. O Comitê poderá convidar o Estado-Parte concernente a incluir em seu relatório, submetido em conformidade com o disposto no Artigo 35 da Convenção, pormenores a respeito das medidas tomadas em consequência da investigação realizada em conformidade com o Artigo 6 do presente Protocolo.

2. Caso necessário, o Comitê poderá, encerrado o período de 6 (seis) meses a que se refere o parágrafo 4 do Artigo 6, convidar o Estado-Parte concernente a informar o Comitê a respeito das medidas tomadas em consequência da referida investigação.

Artigo 8º

Qualquer Estado-Parte poderá, quando da assinatura ou ratificação do presente Protocolo ou de sua adesão a ele, declarar que não reconhece a competência do Comitê, a que se referem os Artigos 6 e 7.

Artigo 9º

O Secretário-Geral das Nações Unidas será o depositário do presente Protocolo.

Artigo 10

O presente Protocolo será aberto à assinatura dos Estados e organizações de integração regional signatários da Convenção, na sede das Nações Unidas em Nova York, a partir de 30 de março de 2007.

Artigo 11

O presente Protocolo estará sujeito à ratificação pelos Estados signatários do presente Protocolo que tiverem ratificado a Convenção ou aderido a ela. Ele estará sujeito à confirmação formal por organizações de integração regional signatárias do presente Protocolo que tiverem formalmente confirmado a Convenção ou a ela aderido. O Protocolo ficará aberto à adesão de qualquer Estado ou organização de integração regional que tiver ratificado ou formalmente confirmado a Convenção ou a ela aderido e que não tiver assinado o Protocolo.

Artigo 12

1. "Organização de integração regional" será entendida como organização constituída por Estados soberanos de determinada região, à qual seus Estados-Membros tenham delegado competência sobre matéria abrangida pela Convenção e pelo presente Protocolo. Essas organizações declararão, em seus documentos de confirmação formal ou adesão, o alcance de sua competência em relação à matéria abrangida pela Convenção e pelo presente Protocolo. Subsequentemente, as organizações informarão ao depositário qualquer alteração substancial no alcance de sua competência.

2. As referências a "Estados-Partes" no presente Protocolo serão aplicáveis a essas organizações, nos limites da competência de tais organizações.

3. Para os fins do parágrafo 1 do Artigo 13 e do parágrafo 2 do Artigo 15, nenhum instrumento depositado por organização de integração regional será computado.

4. As organizações de integração regional, em matérias de sua competência, poderão exercer o direito de voto na Conferência dos Estados-Partes, tendo direito ao mesmo número de votos que seus Estados-Membros que forem Partes do presente Protocolo. Essas organizações não exercerão seu direito de voto se qualquer de seus Estados-Membros exercer seu direito de voto, e vice-versa.

Artigo 13

1. Sujeito à entrada em vigor da Convenção, o presente Protocolo entrará em vigor no trigésimo dia após o depósito do décimo instrumento de ratificação ou adesão.

2. Para cada Estado ou organização de integração regional que ratificar ou formalmente confirmar o presente Protocolo ou a ele aderir depois do depósito do décimo instrumento dessa natureza, o Protocolo entrará em vigor no trigésimo dia a partir da data em que esse Estado ou organização tenha depositado seu instrumento de ratificação, confirmação formal ou adesão.

Artigo 14

1. Não serão permitidas reservas incompatíveis com o objeto e o propósito do presente Protocolo.
2. As reservas poderão ser retiradas a qualquer momento.

Artigo 15

1. Qualquer Estado-Parte poderá propor emendas ao presente Protocolo e submetê-las ao Secretário-Geral das Nações Unidas. O Secretário-Geral comunicará aos Estados-Partes quaisquer emendas propostas, solicitando-lhes que o notifiquem se são favoráveis a uma Conferência dos Estados-Partes para considerar as propostas e tomar decisão a respeito delas. Se, até 4 (quatro) meses após a data da referida comunicação, pelo menos 1/3 (um terço) dos Estados-Partes se manifestar favorável a essa Conferência, o Secretário-Geral das Nações Unidas convocará a Conferência, sob os auspícios das Nações Unidas. Qualquer emenda adotada por maioria de 2/3 (dois terços) dos Estados-Partes presentes e votantes será submetida pelo Secretário-Geral à aprovação da Assembleia Geral das Nações Unidas e, posteriormente, à aceitação de todos os Estados-Partes.
2. Qualquer emenda adotada e aprovada conforme o disposto no parágrafo 1 do presente artigo entrará em vigor no trigésimo dia após a data na qual o número de instrumentos de aceitação tenha atingido 2/3 (dois terços) do número de Estados-Partes na data de adoção da emenda. Posteriormente, a emenda entrará em vigor para todo Estado-Parte no trigésimo dia após o depósito por esse Estado do seu instrumento de aceitação. A emenda será vinculante somente para os Estados-Partes que a tiverem aceitado.

Artigo 16

Qualquer Estado-Parte poderá denunciar o presente Protocolo mediante notificação por escrito ao Secretário-Geral das Nações Unidas. A denúncia tornar-se-á efetiva um ano após a data de recebimento da notificação pelo Secretário-Geral.

Artigo 17

O texto do presente Protocolo será colocado à disposição em formatos acessíveis.

Artigo 18

Os textos em árabe, chinês, espanhol, francês, inglês e russo e do presente Protocolo serão igualmente autênticos.

Em fé do que os plenipotenciários abaixo assinados, devidamente autorizados para tanto por seus respectivos governos, firmaram o presente Protocolo.

TRATADO DE MARRAQUECHE PARA FACILITAR O ACESSO A OBRAS PUBLICADAS ÀS PESSOAS CEGAS, COM DEFICIÊNCIA VISUAL OU COM OUTRAS DIFICULDADES PARA TER ACESSO AO TEXTO IMPRESSO (2013)

- Adotada em Marraqueche, Marrocos, em 27.06.2013.
- Aprovado no Brasil pelo Decreto Legislativo 261, de 25.11.2015 (na forma do art. 5º, § 3º, da Constituição), ratificado pelo governo brasileiro em 11.12.2015, e promulgado pelo Decreto 9.522, de 08.10.2018.

Preâmbulo

As Partes Contratantes,

Recordando os princípios da não discriminação, da igualdade de oportunidades, da acessibilidade e da participação e inclusão plena e efetiva na sociedade, proclamados na declaração Universal dos Direitos Humanos e na Convenção das Nações Unidas sobre os Direitos das Pessoas com Deficiência,

Conscientes dos desafios que são prejudiciais ao desenvolvimento pleno das pessoas com deficiência visual ou com outras dificuldades para ter acesso ao texto impresso, que limitam a sua liberdade de expressão, incluindo a liberdade de procurar, receber e difundir informações e ideias de toda espécie em condições de igualdade com as demais pessoas mediante todas as formas de comunicação de sua escolha, assim como o gozo do seu direito à educação e a oportunidade de realizar pesquisas,

Enfatizando a importância da proteção ao direito de autor como incentivo e recompensa para as criações literárias e artísticas e a de incrementar as oportunidades para todas as pessoas, inclusive as pessoas com deficiência visual ou com outras dificuldades para ter acesso ao texto impresso, de participar na vida cultural da comunidade, desfrutar das artes e compartilhar o progresso científico e seus benefícios,

Cientes das barreiras que enfrentam as pessoas com deficiência visual ou com outras dificuldades para ter acesso ao texto impresso para alcançarem oportunidades iguais na sociedade, e da necessidade de ampliar o número de obras em formatos acessíveis e de aperfeiçoar a circulação de tais obras,

Considerando que a maioria das pessoas com deficiência visual ou com outras dificuldades para ter acesso ao texto impresso vive em países em desenvolvimento e em países de menor desenvolvimento relativo,

Reconhecendo que, apesar das diferenças existentes nas legislações nacionais de direito de autor, o impacto positivo das novas tecnologias de informação e comunicação na vida das pessoas com deficiência visual ou com outras dificuldades para ter acesso ao texto impresso pode ser reforçado por um marco jurídico aprimorado no plano internacional,

Reconhecendo que muitos Estados Membros estabeleceram exceções e limitações em suas legislações nacionais de direito de autor destinadas a pessoas com deficiência visual ou com outras dificuldades para ter acesso ao texto impresso, mas que ainda há uma escassez permanente de exemplares disponíveis em formato acessível para essas pessoas; que são necessários recursos consideráveis em seus esforços para tornar as obras acessíveis a essas pessoas; e que a falta de possibilidade de intercâmbio transfronteiriço de exemplares em formato acessível exige a duplicação desses esforços,

Reconhecendo tanto a importância do papel dos titulares de direitos em tornar suas obras acessíveis a pessoas com deficiência visual ou com outras dificuldades para ter acesso ao texto impresso, como a importância de limitações e exceções adequadas para tornar as obras acessíveis a essas pessoas, em particular quando o mercado é incapaz de prover tal acesso,

Reconhecendo a necessidade de se manter um equilíbrio entre a proteção efetiva dos direitos dos autores e o interesse público mais amplo, em especial no que diz respeito à educação, pesquisa e acesso à informação, e que esse equilíbrio deve facilitar às pessoas com deficiência visual ou com outras dificuldades para ter acesso ao texto impresso o acesso efetivo e tempestivo às obras, Reafirmando as obrigações contraídas pelas Partes Contratantes em virtude de tratados internacionais vigentes em matéria de proteção ao direito de autor, bem como a importância e a flexibilidade da regra dos três passos relativa às limitações e exceções, prevista no Artigo 9.2 da Convenção de Berna sobre a Proteção de Obras Literárias e Artísticas e em outros instrumentos internacionais,

Recordando a importância das recomendações da Agenda do Desenvolvimento, adotada em 2007 pela Assembleia Geral da Organização Mundial da Propriedade Intelectual (OMPI), que visa a assegurar que as considerações relativas ao desenvolvimento sejam parte integrante do trabalho da Organização,

Reconhecendo a importância do sistema internacional de direito de autor e visando harmonizar as limitações e exceções com vistas a facilitar o acesso e o uso de obras por pessoas com deficiência visual ou com outras dificuldades para ter acesso ao texto impresso,

Acordaram o seguinte:

Artigo 1º
Relação com outras convenções e tratados

Nenhuma disposição do presente Tratado derrogará quaisquer obrigações que as Partes Contratantes tenham entre si em virtude de outros tratados, nem prejudicará quaisquer direitos que uma Parte Contratante tenha em virtude de outros tratados.

Artigo 2º
Definições

Para os efeitos do presente Tratado:

a) "obras" significa as obras literárias e artísticas no sentido do Artigo 2.1 da Convenção de Berna sobre a Proteção de Obras Literárias e Artísticas, em forma de texto, notação e/ou ilustrações conexas, que tenham sido publicadas ou tornadas disponíveis publicamente por qualquer meio[1].

b) "exemplar em formato acessível" significa a reprodução de uma obra de uma maneira ou forma alternativa que dê aos beneficiários acesso à obra, inclusive para permitir que a pessoa tenha acesso de maneira tão prática e cômoda como uma pessoa sem deficiência visual ou sem outras dificuldades para ter acesso ao texto impresso. O exemplar em formato acessível é utilizado exclusivamente por beneficiários e deve respeitar a integridade da obra original, levando em devida consideração as alterações necessárias para tornar a obra acessível no formato alternativo e as necessidades de acessibilidade dos beneficiários.

c) "entidade autorizada" significa uma entidade que é autorizada ou reconhecida pelo governo para prover aos beneficiários, sem intuito de lucro, educação, formação pedagógica, leitura adaptada ou acesso à informação. Inclui, também, instituição governamental ou organização sem fins lucrativos que preste os mesmos serviços aos beneficiários como uma de suas atividades principais ou obrigações institucionais[2].

A entidade autorizada estabelecerá suas próprias práticas e as aplicará:

i) para determinar que as pessoas a que serve são beneficiárias;

ii) para limitar aos beneficiários e/ou às entidades autorizadas a distribuição e colocação à disposição de exemplares em formato acessível;

iii) para desencorajar a reprodução, distribuição e colocação à disposição de exemplares não autorizados; e

iv) para exercer o devido cuidado no uso dos exemplares das obras e manter os registros deste uso, respeitando a privacidade dos beneficiários em conformidade com o Artigo 8º.

Artigo 3º
Beneficiários

Será beneficiário toda pessoa:

a) cega;

b) que tenha deficiência visual ou outra deficiência de percepção ou de leitura que não possa ser corrigida para se obter uma acuidade visual substancialmente equivalente à de uma pessoa que não tenha esse tipo de deficiência ou dificuldade, e para quem é impossível ler material impresso de uma forma substancialmente equivalente à de uma pessoa sem deficiência ou dificuldade; ou[3]

c) que esteja, impossibilitada, de qualquer outra maneira, devido a uma deficiência física, de sustentar ou manipular um livro ou focar ou mover os olhos da forma que normalmente seria apropriado para a leitura; independentemente de quaisquer outras deficiências.

Artigo 4º
Limitações e Exceções na Legislação Nacional sobre Exemplares em Formato Acessível

1. (a) As Partes Contratantes estabelecerão na sua legislação nacional de direito de autor uma limitação ou exceção aos direitos de reprodução, de distribuição, bem como de colocação à disposição do público, tal como definido no Tratado da OMPI sobre Direito de Autor, para facilitar a disponibilidade de obras em formatos acessíveis aos beneficiários. A limitação ou exceção prevista na legislação nacional deve permitir as alterações necessárias para tornar a obra acessível em formato alternativo.

(b) As Partes Contratantes podem também estabelecer uma exceção ao direito de representação ou execução pública para facilitar o acesso a obras para beneficiários.

2. Uma Parte Contratante poderá cumprir o disposto no Artigo 4(1) para todos os direitos nele previstos, mediante o estabelecimento de uma limitação ou exceção em sua legislação nacional de direitos de autor de tal forma que:

(a) Seja permitido às entidades autorizadas, sem a autorização do titular dos direitos de autor, produzir um exemplar em formato acessível de uma obra obter de outra entidade autorizada uma obra em formato acessível e fornecer tais exemplares para o beneficiário, por qualquer meio, inclusive por empréstimo não-comercial ou mediante comunicação eletrônica por fio ou sem fio; e realizar todas as medidas intermediárias para atingir esses objetivos, quando todas as seguintes condições forem atendidas:

(i) a entidade autorizada que pretenda realizar tal atividade tenha acesso legal à obra ou a um exemplar da obra;

(ii) a obra seja convertida para um exemplar em formato acessível, o que pode incluir quaisquer meios necessários para consultar a informação nesse formato, mas não a introdução de outras mudanças que não as necessárias para tornar a obra acessível aos beneficiários;

(iii) os exemplares da obra no formato acessível sejam fornecidos exclusivamente para serem utilizados por beneficiários; e

(iv) a atividade seja realizada sem fins lucrativos; e

(b) Um beneficiário, ou alguém agindo em seu nome, incluindo a pessoa principal que cuida do beneficiário ou se ocupe de seu cuidado, poderá produzir um exemplar em formato acessível de uma obra para o uso pessoal do beneficiário ou de outra forma poderá ajudar o beneficiário a produzir e utilizar exemplares em formato acessível, quando o beneficiário tenha acesso legal a essa obra ou a um exemplar dessa obra.

3. Uma Parte Contratante poderá cumprir o disposto no Artigo 4(1) estabelecendo outras limitações ou exceções em sua legislação nacional de direito de autor nos termos dos Artigos 10 e 11[4].

4. Uma Parte Contratante poderá restringir as limitações ou exceções nos termos deste Artigo às obras que, no formato acessível em questão, não possam ser obtidas comercialmente sob condições razoáveis para os beneficiários naquele mercado. Qualquer Parte Contratante que exercer essa faculdade deverá declará-la em uma notificação depositada junto ao Diretor-Geral da OMPI no momento da ratificação, aceitação ou adesão a esse Tratado ou em qualquer momento posterior[5].

5. Caberá à lei nacional determinar se as exceções ou limitações a que se refere o presente artigo estão sujeitas à remuneração.

Artigo 5º
Intercâmbio Transfronteiriço de Exemplares em Formato Acessível

1. As Partes Contratantes estabelecerão que, se um exemplar em formato acessível de uma obra é produzido ao amparo de uma limitação ou exceção ou de outros meios legais, este exemplar em formato acessível poderá ser distribuído ou colocado à disposição por uma entidade autorizada a um beneficiário ou a uma entidade autorizada em outra Parte Contratante[6].

2. Uma Parte Contratante poderá cumprir o disposto no Artigo 5(1) instituindo uma limitação ou exceção em sua legislação nacional de direito de autor de tal forma que:

(a) será permitido às entidades autorizadas, sem a autorização do titular do direito, distribuir ou colocar à disposição para o uso exclusivo dos beneficiários exemplares em formato acessível a uma entidade autorizada em outra Parte Contratante; e

(b) será permitido às entidades autorizadas, sem a autorização do titular do direito e em conformidade com o disposto no Artigo 2º(c), distribuir ou colocar à disposição exemplares em formato acessível a um beneficiário em outra Parte Contratante; desde que antes da distribuição ou colocação à disposição, a entidade autorizada originária não saiba ou tenha motivos razoáveis para saber que o exemplar em formato acessível seria utilizado por outras pessoas que não os beneficiários[7].

3. Uma Parte Contratante poderá cumprir o disposto no Artigo 5(1) instituindo outras limitações ou exceções em sua legislação nacional de direito de autor nos termos do Artigo 5(4), 10 e 11.

4. (a) Quando uma entidade autorizada em uma Parte Contratante receber um exemplar em formato acessível nos termos do artigo 5(1) e essa Parte Contratante não tiver as obrigações decorrentes do Artigo 9 da Convenção de Berna, a Parte Contratante garantirá, de acordo com suas práticas e seu sistema jurídico, que os exemplares em formato acessível serão reproduzidos, distribuídos ou colocados à disposição apenas para o proveito dos beneficiários na jurisdição dessa Parte Contratante.

(b) A distribuição e a colocação à disposição de exemplares em formato acessível por uma entidade autorizada nos termos do Artigo 5(1) deverá ser limitada a essa jurisdição, salvo se a Parte Contratante for parte do Tratado da OMPI sobre Direito de Autor ou de outra forma limitar as exceções e limitações ao direito de distribuição e ao direito de colocação à disposição do público que implementam esse Tratado a determinados casos especiais, que não conflitem com a exploração normal da obra e não prejudiquem injustificadamente os interesses legítimos do titular do direito[8-9].

(c) Nada neste Artigo afeta a determinação do que constitui um ato de distribuição ou um ato de colocação à disposição do público.

5. Nada neste Tratado será utilizado para tratar da questão da exaustão de direitos.

Artigo 6º
Importação de Exemplares em Formato Acessível

Na medida em que a legislação nacional de uma Parte Contratante permita que um beneficiário, alguém agindo em seu nome, ou uma entidade autorizada produza um exemplar em formato acessível de uma obra, a legislação nacional dessa Parte Contratante permitirá, também, que eles possam importar um exemplar em formato acessível para o proveito dos beneficiários, sem a autorização do titular do direito[10].

Artigo 7º
Obrigações Relativas a Medidas Tecnológicas

As Partes Contratantes adotarão medidas adequadas que sejam necessárias, para assegurar que, quando estabeleçam proteção legal adequada e recursos jurídicos efetivos contra a neutralização de medidas tecnológicas efetivas, essa proteção legal não impeça que os beneficiários desfrutem das limitações e exceções previstas neste Tratado[11].

Artigo 8º
Respeito à Privacidade

Na implementação das limitações e exceções previstas neste Tratado, as Partes Contratantes empenhar-se-ão para proteger a privacidade dos beneficiários em condições de igualdade com as demais pessoas.

Artigo 9º
Cooperação para Facilitar o Intercâmbio Transfronteiriço

1. As Partes Contratantes envidarão esforços para promover o intercâmbio transfronteiriço de exemplares em formato acessível incentivando o compartilhamento voluntário de informações para auxiliar as entidades autorizadas a se identificarem. O Escritório Internacional da OMPI estabelecerá um ponto de acesso à informação para essa finalidade.

2. As Partes Contratantes comprometem-se a auxiliar suas entidades autorizadas envolvidas em atividades nos termos do Artigo 5º a disponibilizarem informações sobre suas práticas conforme o Artigo 2º(c), tanto pelo compartilhamento de informações entre entidades autorizadas como pela disponibilização de informações sobre as suas políticas e práticas, inclusive as relacionadas com o intercâmbio transfronteiriço de exemplares em formato acessível, às partes interessadas e membros do público, conforme apropriado.

3. O Escritório Internacional da OMPI é convidado a compartilhar informações, quando disponíveis, sobre o funcionamento do presente Tratado.

4. As Partes Contratantes reconhecem a importância da cooperação internacional e de sua promoção em apoio aos esforços nacionais para a realização do propósito e dos objetivos deste Tratado[12].

Artigo 10
Princípios Gerais sobre Implementação

1. As Partes Contratantes comprometem-se a adotar as medidas necessárias para garantir a aplicação do presente Tratado.

2. Nada impedirá que as Partes Contratantes determinem a forma mais adequada de implementar as disposições do presente Tratado no âmbito de seus ordenamentos jurídicos e práticas legais[13].

3. As Partes Contratantes poderão exercer os seus direitos e cumprir com as obrigações previstas neste Tratado por meio de limitações ou exceções específicas em favor dos beneficiários, outras exceções ou limitações, ou uma combinação de ambas no âmbito de seus ordenamentos jurídicos e práticas legais nacionais. Estas poderão incluir decisões judiciais, administrativas ou regulatórias em favor dos beneficiários, relativa a práticas, atos ou usos justos que permitam satisfazer as suas necessidades, em conformidade com os direitos e obrigações que as Partes Contratantes tenham em virtude da Convenção de Berna, de outros tratados internacionais e do Artigo 11.

Artigo 11
Obrigações Gerais sobre Limitações e Exceções

Ao adotar as medidas necessárias para assegurar a aplicação do presente Tratado, uma Parte Contratante poderá exercer os direitos e deverá cumprir com as obrigações que essa Parte Contratante tenha no âmbito da Convenção de Berna, do Acordo Relativo aos Aspectos do Direito da Propriedade Intelectual Relacionados com o Comércio e do Tratado da OMPI sobre Direito de Autor, incluindo os acordos interpretativos dos mesmos, de modo que:

(a) em conformidade com o Artigo 9(2) da Convenção de Berna, a Parte Contratante pode permitir a reprodução de obras em certos casos especiais, contanto que tal reprodução não afete a exploração normal da obra nem cause prejuízo injustificado aos interesses legítimos do autor;

(b) em conformidade com o Artigo 13 do Acordo Relativo aos Aspectos do Direito da Propriedade

Intelectual Relacionados com o Comércio, a Parte Contratante deverá restringir as limitações ou exceções aos direitos exclusivos a determinados casos especiais, que não conflitem com a exploração normal da obra e não prejudiquem injustificadamente os interesses legítimos do titular do direito;

(c) em conformidade com o Artigo 10(1) do Tratado da OMPI sobre Direito de Autor, a Parte Contratante pode prever limitações ou exceções aos direitos concedidos aos autores no âmbito do Tratado da OMPI sobre Direito de Autor em certos casos especiais, que não conflitem com a exploração normal da obra e não prejudiquem os interesses legítimos do autor;

(d) em conformidade com o Artigo 10(2) do Tratado da OMPI sobre Direito de Autor, a Parte Contratante deve restringir, ao aplicar a Convenção de Berna, qualquer limitação ou exceção aos direitos a determinados casos especiais que não conflitem com a exploração normal da obra e não prejudiquem injustificadamente os interesses legítimos do autor.

Artigo 12
Outras Limitações e Exceções

1. As Partes Contratantes reconhecem que uma Parte Contratante pode implementar em sua legislação nacional outras limitações e exceções ao direito de autor para o proveito dos beneficiários além das previstas por este Tratado, tendo em vista a situação econômica dessa Parte Contratante e suas necessidades sociais e culturais, em conformidade com os direitos e obrigações internacionais dessa Parte Contratante, e, no caso de um país de menor desenvolvimento relativo, levando em consideração suas necessidades especiais, seus direitos e obrigações internacionais particulares e as flexibilidades derivadas destes últimos.

2. Este Tratado não prejudica outras limitações e exceções para pessoas com deficiência previstas pela legislação nacional.

Artigo 13
Assembleia

1. (a) As Partes Contratantes terão uma Assembleia.

(b) Cada Parte Contratante será representada na Assembleia por um delegado, que poderá ser assistido por suplentes, assessores ou especialistas.

(c) Os gastos de cada delegação serão custeados pela Parte Contratante que tenha designado a delegação. A Assembleia pode pedir à OMPI que conceda assistência financeira para facilitar a participação de delegações de Partes Contratantes consideradas países em desenvolvimento, em conformidade com a prática estabelecida pela Assembleia Geral das Nações Unidas, ou que sejam países em transição para uma economia de mercado.

2. (a) A Assembleia tratará as questões relativas à manutenção e desenvolvimento deste Tratado e da aplicação e operação deste Tratado.

(b) A Assembleia realizará a função a ela atribuída pelo Artigo 15 no que diz respeito à admissão de certas organizações intergovernamentais como Parte do presente Tratado.

(c) A Assembleia decidirá a convocação de qualquer conferência diplomática para a revisão deste Tratado e dará as instruções necessárias ao Diretor-Geral da OMPI para a preparação de tal conferência diplomática.

3. (a) Cada Parte Contratante que seja um Estado terá um voto e votará apenas em seu próprio nome.

(b) Toda Parte Contratante que seja uma organização intergovernamental poderá participar na votação, no lugar de seus Estados Membros, com um número de votos igual ao número de seus Estados Membros que sejam parte deste Tratado. Nenhuma dessas organizações intergovernamentais poderá participar na votação se qualquer um de seus Estados Membros exercer seu direito ao voto e vice-versa.

4. A Assembleia se reunirá mediante convocação do Diretor-Geral e, na ausência de circunstâncias excepcionais, durante o mesmo período e no mesmo local que a Assembleia Geral da OMPI.

5. A Assembleia procurará tomar as suas decisões por consenso e estabelecerá suas próprias regras de procedimento, incluindo a convocação de sessões extraordinárias, os requisitos de quórum e, sujeita às disposições do presente Tratado, a maioria exigida para os diversos tipos de decisões.

Artigo 14
Escritório Internacional

O Escritório Internacional da OMPI executará as tarefas administrativas relativas a este Tratado.

Artigo 15
Condições para se tornar Parte do Tratado

(1) Qualquer Estado Membro da OMPI poderá se tornar parte deste Tratado.

(2) A Assembleia poderá decidir a admissão de qualquer organização intergovernamental para ser parte do Tratado que declare ter competência e ter sua própria legislação vinculante para todos seus Estados Membros sobre os temas contemplados neste Tratado e que tenha sido devidamente autorizada, em conformidade com seus procedimentos internos, a se tornar parte deste Tratado.

(3) A União Europeia, tendo feito a declaração mencionada no parágrafo anterior na Conferência Diplomática que adotou este Tratado, poderá se tornar parte deste Tratado.

Artigo 16
Direitos e Obrigações do Tratado

Salvo qualquer dispositivo específico em contrário neste Tratado, cada Parte Contratante gozará de todos os direitos e assumirá todas as obrigações decorrentes deste Tratado.

Artigo 17
Assinatura do Tratado

Este Tratado ficará aberto para assinatura na Conferência Diplomática de Marraqueche, e, depois disso, na sede da OMPI, por qualquer parte que reúna as condições para tal fim, durante um ano após sua adoção.

Artigo 18
Entrada em Vigor do Tratado

Este Tratado entrará em vigor três meses após 20 partes que reúnam as condições referidas no Artigo 15 tenham depositado seus instrumentos de ratificação ou adesão.

Artigo 19
Data da Produção de Efeitos das Obrigações do Tratado

O presente Tratado produzirá efeitos:
(a) para as 20 Partes referidas no Artigo 18, a partir da data de entrada em vigor do Tratado;
(b) para qualquer outra Parte referida no Artigo 15, a partir do término do prazo de três meses contados da data em que tenha sido feito o depósito do instrumento de ratificação ou adesão junto ao Diretor-Geral da OMPI;

Artigo 20
Denúncia do Tratado

Qualquer Parte Contratante poderá denunciar o presente Tratado mediante notificação dirigida ao Diretor-Geral da OMPI. A denúncia produzirá efeitos após um ano da data em que o Diretor-Geral da OMPI tenha recebido a notificação.

Artigo 21
Línguas do Tratado

(1) O presente tratado é assinado em um único exemplar original nas línguas inglesa, árabe, chinesa, francesa, russa e espanhola, sendo todas elas igualmente autênticas.

(2) A pedido de uma parte interessada, o Diretor-Geral da OMPI estabelecerá um texto oficial em qualquer outra língua não referida no Artigo 21(1), após consulta com todas as partes interessadas. Para efeitos do disposto neste parágrafo, por "parte interessada" se entende qualquer Estado Membro da OMPI cuja língua oficial, ou uma das línguas oficiais, esteja implicada, e a União Europeia, bem como qualquer outra organização intergovernamental que possa se tornar Parte do presente Tratado, se estiver implicada uma de suas línguas oficiais.

Artigo 22
Depositário

O Diretor-Geral da OMPI é o depositário do presente Tratado.

Feito em Marraqueche, no dia 27 de Junho de 2013.

Notas de rodapé

1 declaração acordada relativa ao Artigo 2º(a): Para os efeitos do presente Tratado, fica entendido que nesta definição se encontram compreendidas as obras em formato áudio, como os audiolivros.

2 declaração acordada relativa ao Artigo 2º(c): Para os efeitos do presente Tratado, fica entendido que "entidades reconhecidas pelo governo" poderá incluir entidades que recebam apoio financeiro do governo para fornecer aos beneficiários, sem fins lucrativos, educação, formação pedagógica, leitura adaptada ou acesso à informação.

3 declaração acordada relativa ao Artigo 3º(b): Nada nessa linguagem implica que "não pode ser corrigida" requer o uso de todos os procedimentos de diagnóstico e tratamentos médicos possíveis.

4 declaração acordada relativa ao Artigo 4º(3): Fica entendido que este parágrafo não reduz nem estende o âmbito de aplicação das limitações e exceções permitidas pela Convenção de Berna no que diz respeito ao direito de tradução, com referência a pessoas com deficiência visual ou com outras dificuldades para ter acesso ao texto impresso.

5 declaração acordada relativa ao Artigo 4º(4): Fica entendido que o requisito da disponibilidade comercial não prejulga se a limitação ou exceção nos termos deste artigo é ou não consistente com o teste dos três passos.

6 declaração acordada relativa ao Artigo 5º(1): Fica entendido ainda que nada neste Tratado reduz ou estende o âmbito de direitos exclusivos sob qualquer outro Tratado.

7 declaração acordada relativa ao Artigo 5º(2): Fica entendido que, para distribuir ou colocar à disposição exemplares em formato acessível diretamente a beneficiários em outra Parte Contratante, pode ser apropriado para uma entidade autorizada aplicar medidas adicionais para confirmar que a pessoa que ela está servindo é uma pessoa beneficiária e para seguir suas práticas conforme o Artigo 2º(c).

8 declaração acordada relativa ao Artigo 5º(4)(b): Fica entendido que nada neste Tratado requer ou implica que uma Parte Contratante adote ou aplique o teste dos três passos além de suas obrigações decorrentes deste instrumento ou de outros tratados internacionais.

9 declaração acordada relativa ao Artigo 5º(4)(b): Fica entendido que nada neste Tratado cria quaisquer obrigações para uma Parte Contratante ratificar ou aceder ao Tratado da OMPI sobre Direito de Autor (WCT) ou de cumprir quaisquer de seus dispositivos e nada neste Tratado prejudica quaisquer direitos, limitações ou exceções contidos no Tratado da OMPI sobre Direito de Autor (WCT).

10 declaração acordada relativa ao Artigo 6º: Fica entendido que as Partes Contratantes têm as mesmas flexibilidades previstas no Artigo 4º na implementação de suas obrigações decorrentes do Artigo 6º.

11 declaração acordada relativa ao Artigo 7º: Fica entendido que as entidades autorizadas, em diversas circunstâncias, optam por aplicar medidas

tecnológicas na produção, distribuição e colocação à disposição de exemplares em formato acessível e que nada aqui afeta tais práticas, quando estiverem em conformidade com a legislação nacional.

12 declaração acordada relativa ao Artigo 9º: Fica entendido que o Artigo 9º não implica um registro obrigatório para as entidades autorizadas nem constitui uma condição prévia para que as entidades autorizadas exerçam atividades reconhecidas pelo presente Tratado; confere, contudo, a possibilidade de compartilhamento de informações para facilitar o intercâmbio transfronteiriço de exemplares em formato acessível.

13 Declaração acordada relativa ao Artigo 10(2): Fica entendido que quando uma obra se qualifica como uma obra nos termos do Artigo 2º(a), incluindo as obras em formato de áudio, as limitações e as exceções previstas pelo presente Tratado se aplicam mutatis mutandis aos direitos conexos, conforme necessário para fazer o exemplar em formato acessível, para distribuí-lo e para colocá-lo à disposição dos beneficiários.

B) SISTEMA REGIONAL INTERAMERICANO

CONVENÇÃO AMERICANA SOBRE DIREITOS HUMANOS (1969)

Pacto de San José da Costa Rica
- Adotada e aberta à assinatura na Conferência Especializada Interamericana sobre Direitos Humanos, em San José de Costa Rica, em 22.11.1969.
- Aprovada no Brasil pelo Decreto Legislativo 27, de 25.09.1992, e promulgada pelo Decreto 678, de 06.11.1992.

Preâmbulo

Os Estados Americanos signatários da presente Convenção,

Reafirmando seu propósito de consolidar neste Continente, dentro do quadro das instituições democráticas, um regime de liberdade pessoal e de justiça social, fundado no respeito dos direitos humanos essenciais;

Reconhecendo que os direitos essenciais da pessoa humana não derivam do fato de ser ela nacional de determinado Estado, mas sim do fato de ter como fundamento os atributos da pessoa humana, razão por que justificam uma proteção internacional, de natureza convencional, coadjuvante ou complementar da que oferece o direito interno dos Estados Americanos;

Considerando que esses princípios foram consagrados na Carta da Organização dos Estados Americanos, na Declaração Americana dos Direitos e Deveres do Homem e na

Declaração Universal dos Direitos do Homem, e que foram reafirmados e desenvolvidos em outros instrumentos internacionais, tanto de âmbito mundial como regional;

Reiterando que, de acordo com a Declaração Universal dos Direitos Humanos, só pode ser realizado o ideal do ser humano livre, isento do temor e da miséria, se forem criadas condições que permitam a cada pessoa gozar dos seus direitos econômicos, sociais e culturais, bem como dos seus direitos civis e políticos; e

Considerando que a Terceira Conferência Interamericana Extraordinária (Buenos Aires, 1967) aprovou a incorporação à própria Carta da Organização de normas mais amplas sobre os direitos econômicos, sociais e educacionais e resolveu que uma Convenção Interamericana sobre Direitos Humanos determinasse a estrutura, competência e processo dos órgãos encarregados dessa matéria;

Convieram no seguinte:

PARTE I
DEVERES DOS ESTADOS E DIREITOS PROTEGIDOS

CAPÍTULO I
ENUMERAÇÃO DOS DEVERES

Artigo 1º
Obrigação de respeitar os direitos

1. Os Estados-partes nesta Convenção comprometem-se a respeitar os direitos e liberdades nela reconhecidos e a garantir seu livre e pleno exercício a toda pessoa que esteja sujeita à sua jurisdição, sem discriminação alguma, por motivo de raça, cor, sexo, idioma, religião, opiniões políticas ou de qualquer outra natureza, origem nacional ou social, posição econômica, nascimento ou qualquer outra condição social.
- Lei 12.288/2010 (Estatuto da Igualdade Racial).

2. Para efeitos desta Convenção, pessoa é todo ser humano.

Artigo 2º
Dever de adotar disposições de direito interno

Se o exercício dos direitos e liberdades mencionados no artigo 1 ainda não estiver garantido por disposições legislativas ou de outra natureza, os Estados-partes comprometem-se a adotar, de acordo com as suas normas constitucionais e com as disposições desta Convenção, as medidas legislativas ou de outra natureza que forem necessárias para tornar efetivos tais direitos e liberdades.

CAPÍTULO II
DIREITOS CIVIS E POLÍTICOS

Artigo 3º
Direito ao reconhecimento da personalidade jurídica

Toda pessoa tem direito ao reconhecimento de sua personalidade jurídica.

Artigo 4º
Direito à vida

1. Toda pessoa tem o direito de que se respeite sua vida. Esse direito deve ser protegido pela lei e, em geral, desde o momento da concepção. Ninguém pode ser privado da vida arbitrariamente.
2. Nos países que não houverem abolido a pena de morte, esta só poderá ser imposta pelos delitos mais graves, em cumprimento de sentença final de tribunal competente e em conformidade com a lei que estabeleça tal pena, promulgada antes de haver o delito sido cometido. Tampouco se estenderá sua aplicação a delitos aos quais não se aplique atualmente.
3. Não se pode restabelecer a pena de morte nos Estados que a hajam abolido.
4. Em nenhum caso pode a pena de morte ser aplicada a delitos políticos, nem a delitos comuns conexos com delitos políticos.
5. Não se deve impor a pena de morte a pessoa que, no momento da perpetração do delito, for menor de dezoito anos, ou maior de setenta, nem aplicá-la a mulher em estado de gravidez.
6. Toda pessoa condenada à morte tem direito a solicitar anistia, indulto ou comutação da pena, os quais podem ser concedidos em todos os casos. Não se pode executar a pena de morte enquanto o pedido estiver pendente de decisão ante a autoridade competente.

Artigo 5º
Direito à integridade pessoal

1. Toda pessoa tem direito a que se respeite sua integridade física, psíquica e moral.
2. Ninguém deve ser submetido a torturas, nem a penas ou tratos cruéis, desumanos ou degradantes. Toda pessoa privada da liberdade deve ser tratada com o respeito devido à dignidade inerente ao ser humano.
3. A pena não pode passar da pessoa do delinquente.
4. Os processados devem ficar separados dos condenados, salvo em circunstâncias excepcionais, e devem ser submetidos a tratamento adequado à sua condição de pessoas não condenadas.
5. Os menores, quando puderem ser processados, devem ser separados dos adultos e conduzidos a tribunal especializado, com a maior rapidez possível, para seu tratamento.
6. As penas privativas de liberdade devem ter por finalidade essencial a reforma e a readaptação social dos condenados.

Artigo 6º
Proibição da escravidão e da servidão

1. Ninguém poderá ser submetido a escravidão ou servidão e tanto estas como o tráfico de escravos e o tráfico de mulheres são proibidos em todas as suas formas.
2. Ninguém deve ser constrangido a executar trabalho forçado ou obrigatório. Nos países em que se prescreve, para certos delitos, pena privativa de liberdade acompanhada de trabalhos forçados, esta disposição não pode ser interpretada no sentido de proibir o cumprimento da dita pena, imposta por um juiz ou tribunal competente. O trabalho forçado não deve afetar a dignidade, nem a capacidade física e intelectual do recluso.
3. Não constituem trabalhos forçados ou obrigatórios para os efeitos deste artigo:
a) os trabalhos ou serviços normalmente exigidos de pessoa reclusa em cumprimento de sentença ou resolução formal expedida pela autoridade judiciária competente. Tais trabalhos ou serviços devem ser executados sob a vigilância e controle das autoridades públicas, e os indivíduos que os executarem não devem ser postos à disposição de particulares, companhias ou pessoas jurídicas de caráter privado;
b) serviço militar e, nos países em que se admite a isenção por motivo de consciência, qualquer serviço nacional que a lei estabelecer em lugar daquele;
c) o serviço exigido em casos de perigo ou de calamidade que ameacem a existência ou o bem-estar da comunidade;
d) o trabalho ou serviço que faça parte das obrigações cívicas normais.

Artigo 7º
Direito à liberdade pessoal

1. Toda pessoa tem direito à liberdade e à segurança pessoais.
2. Ninguém pode ser privado de sua liberdade física, salvo pelas causas e nas condições previamente fixadas pelas Constituições políticas dos Estados-partes ou pelas leis de acordo com elas promulgadas.
3. Ninguém pode ser submetido a detenção ou encarceramento arbitrários.
4. Toda pessoa detida ou retida deve ser informada das razões da detenção e notificada, sem demora, da acusação ou das acusações formuladas contra ela.
5. Toda pessoa presa, detida ou retida deve ser conduzida, sem demora, à presença de um juiz ou outra autoridade autorizada por lei a exercer funções judiciais e tem o direito de ser julgada em prazo razoável ou de ser posta em liberdade, sem prejuízo de que prossiga o processo. Sua liberdade pode ser condicionada a garantias que assegurem o seu comparecimento em juízo.
6. Toda pessoa privada da liberdade tem direito a recorrer a um juiz ou tribunal competente, a fim de que este decida, sem demora, sobre a legalidade de sua prisão ou detenção e ordene sua soltura, se a prisão ou a detenção forem ilegais. Nos Estados-partes cujas leis preveem que toda pessoa que se vir ameaçada de ser privada de sua liberdade tem direito a recorrer a um juiz ou tribunal competente, a fim de que este decida sobre a legalidade de tal ameaça, tal recurso não pode ser restringido nem abolido. O recurso pode ser interposto pela própria pessoa ou por outra pessoa.

7. Ninguém deve ser detido por dívidas. Este princípio não limita os mandados de autoridade judiciária competente expedidos em virtude de inadimplemento de obrigação alimentar.
▶ Art. 11 do Pacto Internacional dos Direitos Civis e Políticos (1966).

Artigo 8º
Garantias judiciais

1. Toda pessoa terá o direito de ser ouvida, com as devidas garantias e dentro de um prazo razoável, por um juiz ou Tribunal competente, independente e imparcial, estabelecido anteriormente por lei, na apuração de qualquer acusação penal formulada contra ela, ou na determinação de seus direitos e obrigações de caráter civil, trabalhista, fiscal ou de qualquer outra natureza.

2. Toda pessoa acusada de um delito tem direito a que se presuma sua inocência, enquanto não for legalmente comprovada sua culpa. Durante o processo, toda pessoa tem direito, em plena igualdade, às seguintes garantias mínimas:

a) direito do acusado de ser assistido gratuitamente por um tradutor ou intérprete, caso não compreenda ou não fale a língua do juízo ou tribunal;

b) comunicação prévia e pormenorizada ao acusado da acusação formulada;

c) concessão ao acusado do tempo e dos meios necessários à preparação de sua defesa;

d) direito do acusado de defender-se pessoalmente ou de ser assistido por um defensor de sua escolha e de comunicar-se, livremente e em particular, com seu defensor;

e) direito irrenunciável de ser assistido por um defensor proporcionado pelo Estado, remunerado ou não, segundo a legislação interna, se o acusado não se defender ele próprio, nem nomear defensor dentro do prazo estabelecido pela lei;

f) direito da defesa de inquirir as testemunhas presentes no Tribunal e de obter o comparecimento, como testemunhas ou peritos, de outras pessoas que possam lançar luz sobre os fatos;

g) direito de não ser obrigada a depor contra si mesma, nem a confessar-se culpada; e

h) direito de recorrer da sentença a juiz ou tribunal superior.
▶ Art. 25 (1).

3. A confissão do acusado só é válida se feita sem coação de nenhuma natureza.

4. O acusado absolvido por sentença transitada em julgado não poderá ser submetido a novo processo pelos mesmos fatos.

5. O processo penal deve ser público, salvo no que for necessário para preservar os interesses da justiça.

Artigo 9º
Princípio da legalidade e da retroatividade

Ninguém poderá ser condenado por atos ou omissões que, no momento em que foram cometidos, não constituam delito, de acordo com o direito aplicável. Tampouco poder-se-á impor pena mais grave do que a aplicável no momento da ocorrência do delito. Se, depois de perpetrado o delito, a lei estipular a imposição de pena mais leve, o delinquente deverá dela beneficiar-se.

Artigo 10
Direito à indenização

Toda pessoa tem direito de ser indenizada conforme a lei, no caso de haver sido condenada em sentença transitada em julgado, por erro judiciário.

Artigo 11
Proteção da honra e da dignidade

1. Toda pessoa tem direito ao respeito da sua honra e ao reconhecimento de sua dignidade.

2. Ninguém pode ser objeto de ingerências arbitrárias ou abusivas em sua vida privada, em sua família, em seu domicílio ou em sua correspondência, nem de ofensas ilegais à sua honra ou reputação.

3. Toda pessoa tem direito à proteção da lei contra tais ingerências ou tais ofensas.

Artigo 12
Liberdade de consciência e de religião

1. Toda pessoa tem direito à liberdade de consciência e de religião. Esse direito implica a liberdade de conservar sua religião ou suas crenças, ou de mudar de religião ou de crenças, bem como a liberdade de professar e divulgar sua religião ou suas crenças, individual ou coletivamente, tanto em público como em privado.

2. Ninguém pode ser submetido a medidas restritivas que possam limitar sua liberdade de conservar sua religião ou suas crenças, ou de mudar de religião ou de crenças.

3. A liberdade de manifestar a própria religião e as próprias crenças está sujeita apenas às limitações previstas em lei e que se façam necessárias para proteger a segurança, a ordem, a saúde ou a moral públicas ou os direitos e as liberdades das demais pessoas.

4. Os pais e, quando for o caso, os tutores têm direito a que seus filhos e pupilos recebam a educação religiosa e moral que esteja de acordo com suas próprias convicções.

Artigo 13
Liberdade de pensamento e de expressão

1. Toda pessoa tem o direito à liberdade de pensamento e de expressão. Esse direito inclui a liberdade de procurar, receber e difundir informações e ideias de qualquer natureza, sem considerações de fronteiras, verbalmente ou por escrito, ou em forma impressa ou artística, ou por qualquer meio de sua escolha.

2. O exercício do direito previsto no inciso precedente não pode estar sujeito à censura prévia, mas a responsabilidades ulteriores, que devem ser expressamente previstas em lei e que se façam necessárias para assegurar:

a) o respeito dos direitos e da reputação das demais pessoas;
b) a proteção da segurança nacional, da ordem pública, ou da saúde ou da moral públicas.
3. Não se pode restringir o direito de expressão por vias e meios indiretos, tais como o abuso de controles oficiais ou particulares de papel de imprensa, de frequências radioelétricas ou de equipamentos e aparelhos usados na difusão de informação, nem por quaisquer outros meios destinados a obstar a comunicação e a circulação de ideias e opiniões.
4. A lei pode submeter os espetáculos públicos a censura prévia, com o objetivo exclusivo de regular o acesso a eles, para proteção moral da infância e da adolescência, sem prejuízo do disposto no inciso 2.
5. A lei deve proibir toda propaganda a favor da guerra, bem como toda apologia ao ódio nacional, racial ou religioso que constitua incitamento à discriminação, à hostilidade, ao crime ou à violência.

Artigo 14
Direito de retificação ou resposta

1. Toda pessoa, atingida por informações inexatas ou ofensivas emitidas em seu prejuízo por meios de difusão legalmente regulamentados e que se dirijam ao público em geral, tem direito a fazer, pelo mesmo órgão de difusão, sua retificação ou resposta, nas condições que estabeleça a lei.
2. Em nenhum caso a retificação ou a resposta eximirão das outras responsabilidades legais em que se houver incorrido.
3. Para a efetiva proteção da honra e da reputação, toda publicação ou empresa jornalística, cinematográfica, de rádio ou televisão, deve ter uma pessoa responsável, que não seja protegida por imunidades, nem goze de foro especial.

Artigo 15
Direito de reunião

É reconhecido o direito de reunião pacífica e sem armas. O exercício desse direito só pode estar sujeito às restrições previstas em lei e que se façam necessárias, em uma sociedade democrática, ao interesse da segurança nacional, da segurança ou ordem públicas, ou para proteger a saúde ou a moral públicas ou os direitos e as liberdades das demais pessoas.

Artigo 16
Liberdade de associação

1. Todas as pessoas têm o direito de associar-se livremente com fins ideológicos, religiosos, políticos, econômicos, trabalhistas, sociais, culturais, desportivos ou de qualquer outra natureza.
2. O exercício desse direito só pode estar sujeito às restrições previstas em lei e que se façam necessárias, em uma sociedade democrática, ao interesse da segurança nacional, da segurança e da ordem públicas, ou para proteger a saúde ou

a moral públicas ou os direitos e as liberdades das demais pessoas.
3. O presente artigo não impede a imposição de restrições legais, e mesmo a privação do exercício do direito de associação, aos membros das forças armadas e da polícia.

Artigo 17
Proteção da família

1. A família é o núcleo natural e fundamental da sociedade e deve ser protegida pela sociedade e pelo Estado.
2. É reconhecido o direito do homem e da mulher de contraírem casamento e de constituírem uma família, se tiverem a idade e as condições para isso exigidas pelas leis internas, na medida em que não afetem estas o princípio da não discriminação estabelecido nesta Convenção.
3. O casamento não pode ser celebrado sem o consentimento livre e pleno dos contraentes.
4. Os Estados-partes devem adotar as medidas apropriadas para assegurar a igualdade de direitos e a adequada equivalência de responsabilidades dos cônjuges quanto ao casamento, durante o mesmo e por ocasião de sua dissolução. Em caso de dissolução, serão adotadas as disposições que assegurem a proteção necessária aos filhos, com base unicamente no interesse e conveniência dos mesmos.
5. A lei deve reconhecer iguais direitos tanto aos filhos nascidos fora do casamento, como aos nascidos dentro do casamento.

Artigo 18
Direito ao nome

Toda pessoa tem direito a um prenome e aos nomes de seus pais ou ao de um destes. A lei deve regular a forma de assegurar a todos esse direito, mediante nomes fictícios, se for necessário.

Artigo 19
Direitos da criança

Toda criança terá direito às medidas de proteção que a sua condição de menor requer, por parte da sua família, da sociedade e do Estado.

Artigo 20
Direito à nacionalidade

1. Toda pessoa tem direito a uma nacionalidade.
2. Toda pessoa tem direito à nacionalidade do Estado em cujo território houver nascido, se não tiver direito a outra.
3. A ninguém se deve privar arbitrariamente de sua nacionalidade, nem do direito de mudá-la.

Artigo 21
Direito à propriedade privada

1. Toda pessoa tem direito ao uso e gozo de seus bens. A lei pode subordinar esse uso e gozo ao interesse social.
2. Nenhuma pessoa pode ser privada de seus bens, salvo mediante o pagamento de indeniza-

ção justa, por motivo de utilidade pública ou de interesse social e nos casos e na forma estabelecidos pela lei.

3. Tanto a usura, como qualquer outra forma de exploração do homem pelo homem, devem ser reprimidas pela lei.

Artigo 22
Direito de circulação e de residência

1. Toda pessoa que se encontre legalmente no território de um Estado tem o direito de nele livremente circular e de nele residir, em conformidade com as disposições legais.

2. Toda pessoa terá o direito de sair livremente de qualquer país, inclusive de seu próprio país.

3. O exercício dos direitos supracitados não pode ser restringido, senão em virtude de lei, na medida indispensável, em uma sociedade democrática, para prevenir infrações penais ou para proteger a segurança nacional, a segurança ou a ordem públicas, a moral ou a saúde públicas, ou os direitos e liberdades das demais pessoas.

4. O exercício dos direitos reconhecidos no inciso 1 pode também ser restringido pela lei, em zonas determinadas, por motivo de interesse público.

5. Ninguém pode ser expulso do território do Estado do qual for nacional e nem ser privado do direito de nele entrar.

6. O estrangeiro que se encontre legalmente no território de um Estado-parte na presente Convenção só poderá dele ser expulso em decorrência de decisão adotada em conformidade com a lei.

7. Toda pessoa tem o direito de buscar e receber asilo em território estrangeiro, em caso de perseguição por delitos políticos ou comuns conexos com delitos políticos, de acordo com a legislação de cada Estado e com as Convenções internacionais.

8. Em nenhum caso o estrangeiro pode ser expulso ou entregue a outro país, seja ou não de origem, onde seu direito à vida ou à liberdade pessoal esteja em risco de violação em virtude de sua raça, nacionalidade, religião, condição social ou de suas opiniões políticas.

▶ Art. 3º da Convenção Contra a Tortura e Outros Tratamentos ou Penas Cruéis, Desumanos ou Degradantes (1984).

9. É proibida a expulsão coletiva de estrangeiros.

Artigo 23
Direitos políticos

1. Todos os cidadãos devem gozar dos seguintes direitos e oportunidades:

a) de participar da condução dos assuntos públicos, diretamente ou por meio de representantes livremente eleitos;

b) de votar e ser eleito em eleições periódicas, autênticas, realizadas por sufrágio universal e igualitário e por voto secreto, que garantam a livre expressão da vontade dos eleitores; e

c) de ter acesso, em condições gerais de igualdade, às funções públicas de seu país.

2. A lei pode regular o exercício dos direitos e oportunidades, a que se refere o inciso anterior, exclusivamente por motivo de idade, nacionalidade, residência, idioma, instrução, capacidade civil ou mental, ou condenação, por juiz competente, em processo penal.

Artigo 24
Igualdade perante a lei

Todas as pessoas são iguais perante a lei. Por conseguinte, têm direito, sem discriminação alguma, à igual proteção da lei.

Artigo 25
Proteção judicial

1. Toda pessoa tem direito a um recurso simples e rápido ou a qualquer outro recurso efetivo, perante os juízes ou tribunais competentes, que a proteja contra atos que violem seus direitos fundamentais reconhecidos pela Constituição, pela lei ou pela presente Convenção, mesmo quando tal violação seja cometida por pessoas que estejam atuando no exercício de suas funções oficiais.

2. Os Estados-partes comprometem-se:

a) a assegurar que a autoridade competente prevista pelo sistema legal do Estado decida sobre os direitos de toda pessoa que interpuser tal recurso;

b) a desenvolver as possibilidades de recurso judicial; e

c) a assegurar o cumprimento, pelas autoridades competentes, de toda decisão em que se tenha considerado procedente o recurso.

CAPÍTULO III
DIREITOS ECONÔMICOS, SOCIAIS E CULTURAIS

Artigo 26
Desenvolvimento progressivo

Os Estados-partes comprometem-se a adotar as providências, tanto no âmbito interno, como mediante cooperação internacional, especialmente econômica e técnica, a fim de conseguir progressivamente a plena efetividade dos direitos que decorrem das normas econômicas, sociais e sobre educação, ciência e cultura, constantes da Carta da Organização dos Estados Americanos, reformada pelo Protocolo de Buenos Aires, na medida dos recursos disponíveis, por via legislativa ou por outros meios apropriados.

CAPÍTULO IV
SUSPENSÃO DE GARANTIAS, INTERPRETAÇÃO E APLICAÇÃO

Artigo 27
Suspensão de garantias

1. Em caso de guerra, de perigo público, ou de outra emergência que ameace a independência

ou segurança do Estado-parte, este poderá adotar as disposições que, na medida e pelo tempo estritamente limitados às exigências da situação, suspendam as obrigações contraídas em virtude desta Convenção, desde que tais disposições não sejam incompatíveis com as demais obrigações que lhe impõe o Direito Internacional e não encerrem discriminação alguma fundada em motivos de raça, cor, sexo, idioma, religião ou origem social.

▶ Lei 12.288/2010 (Estatuto da Igualdade Racial).

2. A disposição precedente não autoriza a suspensão dos direitos determinados nos seguintes artigos: 3 (direito ao reconhecimento da personalidade jurídica), 4 (direito à vida), 5 (direito à integridade pessoal), 6 (proibição da escravidão e da servidão), 9 (princípio da legalidade e da retroatividade), 12 (liberdade de consciência e religião), 17 (proteção da família), 18 (direito ao nome), 19 (direitos da criança), 20 (direito à nacionalidade) e 23 (direitos políticos), nem das garantias indispensáveis para a proteção de tais direitos.

▶ Redação do item 2 conforme publicação oficial (DOU 09.11.1992, p. 15.564). Na versão em espanhol da Convenção Americana sobre Direitos Humanos consta na parte final do texto "garantias **judiciais** indispensáveis".

3. Todo Estado-parte no presente Pacto que fizer uso do direito de suspensão deverá comunicar imediatamente aos outros Estados-partes na presente Convenção, por intermédio do Secretário-Geral da Organização dos Estados Americanos, as disposições cuja aplicação haja suspendido, os motivos determinantes da suspensão e a data em que haja dado por terminada tal suspensão.

Artigo 28
Cláusula federal

1. Quando se tratar de um Estado-parte constituído como Estado federal, o governo nacional do aludido Estado-parte cumprirá todas as disposições da presente Convenção, relacionadas com as matérias sobre as quais exerce competência legislativa e judicial.

2. No tocante às disposições relativas às matérias que correspondem à competência das entidades componentes da federação, o governo nacional deve tomar imediatamente as medidas pertinentes, em conformidade com sua Constituição e com suas leis, a fim de que as autoridades competentes das referidas entidades possam adotar as disposições cabíveis para o cumprimento desta Convenção.

3. Quando dois ou mais Estados-partes decidirem constituir entre eles uma federação ou outro tipo de associação, diligenciarão no sentido de que o pacto comunitário respectivo contenha as disposições necessárias para que continuem sendo efetivas no novo Estado, assim organizado, as normas da presente Convenção.

Artigo 29
Normas de interpretação

Nenhuma disposição da presente Convenção pode ser interpretada no sentido de:

a) permitir a qualquer dos Estados-partes, grupo ou indivíduo, suprimir o gozo e o exercício dos direitos e liberdades reconhecidos na Convenção ou limitá-los em maior medida do que a nela prevista;

b) limitar o gozo e exercício de qualquer direito ou liberdade que possam ser reconhecidos em virtude de leis de qualquer dos Estados-partes ou em virtude de Convenções em que seja parte um dos referidos Estados;

c) excluir outros direitos e garantias que são inerentes ao ser humano ou que decorrem da forma democrática representativa de governo;

d) excluir ou limitar o efeito que possam produzir a Declaração Americana dos Direitos e Deveres do Homem e outros atos internacionais da mesma natureza.

Artigo 30
Alcance das restrições

As restrições permitidas, de acordo com esta Convenção, ao gozo e exercício dos direitos e liberdades nela reconhecidos, não podem ser aplicadas senão de acordo com leis que forem promulgadas por motivo de interesse geral e com o propósito para o qual houverem sido estabelecidas.

Artigo 31
Reconhecimento de outros direitos

Poderão ser incluídos no regime de proteção desta Convenção outros direitos e liberdades que forem reconhecidos de acordo com os processos estabelecidos nos artigos 69 e 70.

▶ Redação do artigo conforme publicação oficial (DOU 09.11.1992, p. 15.564), porém entendemos que a referência correta na parte final é "artigos 76 e 77", de acordo com a versão em espanhol da Convenção Americana sobre Direitos Humanos.

CAPÍTULO V
DEVERES DAS PESSOAS

Artigo 32
Correlação entre deveres e direitos

1. Toda pessoa tem deveres para com a família, a comunidade e a humanidade.

2. Os direitos de cada pessoa são limitados pelos direitos dos demais, pela segurança de todos e pelas justas exigências do bem comum, em uma sociedade democrática.

PARTE II
MEIOS DE PROTEÇÃO

CAPÍTULO VI
ÓRGÃOS COMPETENTES

Artigo 33

São competentes para conhecer de assuntos relacionados com o cumprimento dos compromissos assumidos pelos Estados-partes nesta Convenção:

a) a Comissão Interamericana de Direitos Humanos, doravante denominada a Comissão; e

b) a Corte Interamericana de Direitos Humanos, doravante denominada a Corte.

CAPÍTULO VII
COMISSÃO INTERAMERICANA DE DIREITOS HUMANOS

Seção 1
Organização

Artigo 34

A Comissão Interamericana de Direitos Humanos compor-se-á de sete membros, que deverão ser pessoas de alta autoridade moral e de reconhecido saber em matéria de direitos humanos.

Artigo 35

A Comissão representa todos os Membros da Organização dos Estados Americanos.

Artigo 36

1. Os membros da Comissão serão eleitos a título pessoal, pela Assembleia Geral da Organização, a partir de uma lista de candidatos propostos pelos governos dos Estados-membros.

2. Cada um dos referidos governos pode propor até três candidatos, nacionais do Estado que os propuser ou de qualquer outro Estado-membro da Organização dos Estados Americanos. Quando for proposta uma lista de três candidatos, pelo menos um deles deverá ser nacional de Estado diferente do proponente.

Artigo 37

1. Os membros da Comissão serão eleitos por quatro anos e só poderão ser reeleitos uma vez, porém o mandato de três dos membros designados na primeira eleição expirará ao cabo de dois anos. Logo depois da referida eleição, serão determinados por sorteio, na Assembleia Geral, os nomes desses três membros.

2. Não pode fazer parte da Comissão mais de um nacional de um mesmo país.

Artigo 38

As vagas que ocorrerem na Comissão, que não se devam à expiração normal do mandato, serão preenchidas pelo Conselho Permanente da Organização, de acordo com o que dispuser o Estatuto da Comissão.

Artigo 39

A Comissão elaborará seu estatuto e submetê-lo-á à aprovação da Assembleia Geral e expedirá seu próprio Regulamento.

Artigo 40

Os serviços da Secretaria da Comissão devem ser desempenhados pela unidade funcional especializada que faz parte da Secretaria-Geral da Organização e deve dispor dos recursos necessários para cumprir as tarefas que lhe forem confiadas pela Comissão.

Seção 2
Funções

Artigo 41

A Comissão tem a função principal de promover a observância e a defesa dos direitos humanos e, no exercício de seu mandato, tem as seguintes funções e atribuições:

a) estimular a consciência dos direitos humanos nos povos da América;

b) formular recomendações aos governos dos Estados-membros, quando considerar conveniente, no sentido de que adotem medidas progressivas em prol dos direitos humanos no âmbito de suas leis internas e seus preceitos constitucionais, bem como disposições apropriadas para promover o devido respeito a esses direitos;

c) preparar estudos ou relatórios que considerar convenientes para o desempenho de suas funções;

d) solicitar aos governos dos Estados-membros que lhe proporcionem informações sobre as medidas que adotarem em matéria de direitos humanos;

e) atender às consultas que, por meio da Secretaria-Geral da Organização dos Estados Americanos, lhe formularem os Estados-membros sobre questões relacionadas com os direitos humanos e, dentro de suas possibilidades, prestar-lhes o assessoramento que lhes solicitarem;

f) atuar com respeito às petições e outras comunicações, no exercício de sua autoridade, de conformidade com o disposto nos artigos 44 a 51 desta Convenção; e

g) apresentar um relatório anual à Assembleia Geral da Organização dos Estados Americanos.

Artigo 42

Os Estados-partes devem submeter à Comissão cópia dos relatórios e estudos que, em seus respectivos campos, submetem anualmente às Comissões Executivas do Conselho Interamericano Econômico e Social e do Conselho Interamericano de Educação, Ciência e Cultura, a fim de que aquela zele para que se promovam os direitos decorrentes das normas econômicas, sociais e sobre educação, ciência e cultura, constantes da Carta da Organização dos Estados Americanos, reformada pelo Protocolo de Buenos Aires.

Artigo 43

Os Estados-partes obrigam-se a proporcionar à Comissão as informações que esta lhes solicitar sobre a maneira pela qual seu direito interno assegura a aplicação efetiva de quaisquer disposições desta Convenção.

Seção 3
Competência

Artigo 44

Qualquer pessoa ou grupo de pessoas, ou entidade não governamental legalmente reconhecida em um ou mais Estados-membros da Organização, pode apresentar à Comissão petições que contenham denúncias ou queixas de violação desta Convenção por um Estado-parte.

Artigo 45

1. Todo Estado-parte pode, no momento do depósito do seu instrumento de ratificação desta Convenção, ou de adesão a ela, ou em qualquer momento posterior, declarar que reconhece a competência da Comissão para receber e examinar as comunicações em que um Estado-parte alegue haver outro Estado-parte incorrido em violações dos direitos humanos estabelecidos nesta Convenção.

2. As comunicações feitas em virtude deste artigo só podem ser admitidas e examinadas se forem apresentadas por um Estado-parte que haja feito uma declaração pela qual reconheça a referida competência da Comissão. A Comissão não admitirá nenhuma comunicação contra um Estado-parte que não haja feito tal declaração.

3. As declarações sobre reconhecimento de competência podem ser feitas para que esta vigore por tempo indefinido, por período determinado ou para casos específicos.

4. As declarações serão depositadas na Secretaria-Geral da Organização dos Estados Americanos, a qual encaminhará cópia das mesmas aos Estados-membros da referida Organização.

Artigo 46

Para que uma petição ou comunicação apresentada de acordo com os artigos 44 ou 45 seja admitida pela Comissão, será necessário:

a) que hajam sido interpostos e esgotados os recursos da jurisdição interna, de acordo com os princípios de Direito Internacional geralmente reconhecidos;

b) que seja apresentada dentro do prazo de 6 (seis) meses, a partir da data em que o presumido prejudicado em seus direitos tenha sido notificado da decisão definitiva;

c) que a matéria da petição ou comunicação não esteja pendente de outro processo de solução internacional; e

d) que, no caso do artigo 44, a petição contenha o nome, a nacionalidade, a profissão, o domicílio e a assinatura da pessoa ou pessoas ou do representante legal da entidade que submeter a petição.

2. As disposições das alíneas a e b do inciso 1 deste artigo não se aplicarão quando:

a) não existir, na legislação interna do Estado de que se tratar, o devido processo legal para a proteção do direito ou direitos que se alegue tenham sido violados;

b) não se houver permitido ao presumido prejudicado em seus direitos o acesso aos recursos da jurisdição interna, ou houver sido ele impedido de esgotá-los; e

c) houver demora injustificada na decisão sobre os mencionados recursos.

Artigo 47

A Comissão declarará inadmissível toda petição ou comunicação apresentada de acordo com os artigos 44 ou 45 quando:

a) não preencher algum dos requisitos estabelecidos no artigo 46;

b) não expuser fatos que caracterizem violação dos direitos garantidos por esta Convenção;

c) pela exposição do próprio peticionário ou do Estado, for manifestamente infundada a petição ou comunicação ou for evidente sua total improcedência; ou

d) for substancialmente reprodução de petição ou comunicação anterior, já examinada pela Comissão ou por outro organismo internacional.

Seção 4
Processo

Artigo 48

1. A Comissão, ao receber uma petição ou comunicação na qual se alegue a violação de qualquer dos direitos consagrados nesta Convenção, procederá da seguinte maneira:

a) se reconhecer a admissibilidade da petição ou comunicação, solicitará informações ao Governo do Estado ao qual pertença a autoridade apontada como responsável pela violação alegada e transcreverá as partes pertinentes da petição ou comunicação. As referidas informações devem ser enviadas dentro de um prazo razoável, fixado pela Comissão ao considerar as circunstâncias de cada caso;

b) recebidas as informações, ou transcorrido o prazo fixado sem que sejam elas recebidas, verificará se existem ou subsistem os motivos da petição ou comunicação. No caso de não existirem ou não subsistirem, mandará arquivar o expediente;

c) poderá também declarar a inadmissibilidade ou a improcedência da petição ou comunicação, com base em informação ou prova supervenientes;

d) se o expediente não houver sido arquivado, e com o fim de comprovar os fatos, a Comissão procederá, com conhecimento das partes, a um exame do assunto exposto na petição ou comunicação. Se for necessário e conveniente, a Comissão procederá a uma investigação para cuja eficaz realização solicitará, e os Estados interessados lhe proporcionarão, todas as facilidades necessárias;

e) poderá pedir aos Estados interessados qualquer informação pertinente e receberá, se isso for solicitado, as exposições verbais ou escritas que apresentarem os interessados; e

f) pôr-se-á à disposição das partes interessadas, a fim de chegar a uma solução amistosa do assunto, fundada no respeito aos direitos reconhecidos nesta Convenção.

2. Entretanto, em casos graves e urgentes, pode ser realizada uma investigação, mediante prévio consentimento do Estado em cujo território se alegue houver sido cometida a violação, tão somente com a apresentação de uma petição ou comuni-

cação que reúna todos os requisitos formais de admissibilidade.

Artigo 49

Se se houver chegado a uma solução amistosa de acordo com as disposições do inciso 1, *f*, do artigo 48, a Comissão redigirá um relatório que será encaminhado ao peticionário e aos Estados-partes nesta Convenção e posteriormente transmitido, para sua publicação, ao Secretário-Geral da Organização dos Estados Americanos. O referido relatório conterá uma breve exposição dos fatos e da solução alcançada. Se qualquer das partes no caso o solicitar, ser-lhe-á proporcionada a mais ampla informação possível.

Artigo 50

1. Se não se chegar a uma solução, e dentro do prazo que for fixado pelo Estatuto da Comissão, esta redigirá um relatório no qual exporá os fatos e suas conclusões. Se o relatório não representar, no todo ou em parte, o acordo unânime dos membros da Comissão, qualquer deles poderá agregar ao referido relatório seu voto em separado. Também se agregarão ao relatório as exposições verbais ou escritas que houverem sido feitas pelos interessados em virtude do inciso 1, *e*, do artigo 48.
2. O relatório será encaminhado aos Estados interessados, aos quais não será facultado publicá-lo.
3. Ao encaminhar o relatório, a Comissão pode formular as proposições e recomendações que julgar adequadas.

Artigo 51

1. Se no prazo de 3 (três) meses, a partir da remessa aos Estados interessados do relatório da Comissão, o assunto não houver sido solucionado ou submetido à decisão da Corte pela Comissão ou pelo Estado interessado, aceitando sua competência, a Comissão poderá emitir, pelo voto da maioria absoluta dos seus membros, sua opinião e conclusões sobre a questão submetida à sua consideração.
2. A Comissão fará as recomendações pertinentes e fixará um prazo dentro do qual o Estado deve tomar as medidas que lhe competir para remediar a situação examinada.
3. Transcorrido o prazo fixado, a Comissão decidirá, pelo voto da maioria absoluta dos seus membros, se o Estado tomou ou não as medidas adequadas e se publica ou não seu relatório.

CAPÍTULO VIII

CORTE INTERAMERICANA DE DIREITOS HUMANOS

Seção 1
Organização

Artigo 52

1. A Corte compor-se-á de sete juízes, nacionais dos Estados-membros da Organização, eleitos a título pessoal dentre juristas da mais alta autoridade moral, de reconhecida competência em matéria de direitos humanos, que reúnam as condições requeridas para o exercício das mais elevadas funções judiciais, de acordo com a lei do Estado do qual sejam nacionais, ou do Estado que os propuser como candidatos.
2. Não deve haver dois juízes da mesma nacionalidade.

Artigo 53

1. Os juízes da Corte serão eleitos, em votação secreta e pelo voto da maioria absoluta dos Estados-partes na Convenção, na Assembleia Geral da Organização, a partir de uma lista de candidatos propostos pelos mesmos Estados.
2. Cada um dos Estados-partes pode propor até três candidatos, nacionais do Estado que os propuser ou de qualquer outro Estado-membro da Organização dos Estados Americanos. Quando se propuser uma lista de três candidatos, pelo menos um deles deverá ser nacional do Estado diferente do proponente.

Artigo 54

1. Os juízes da Corte serão eleitos por um período de 6 (seis) anos e só poderão ser reeleitos uma vez. O mandato de três dos juízes designados na primeira eleição expirará ao cabo de 3 (três) anos. Imediatamente depois da referida eleição, determinar-se-á por sorteio, na Assembleia Geral, os nomes desse três juízes.
2. O juiz eleito para substituir outro, cujo mandato não haja expirado, completará o período deste.
3. Os juízes permanecerão em suas funções até o término dos seus mandatos. Entretanto, continuarão funcionando nos casos de que já houverem tomado conhecimento e que se encontrem em fase de sentença e, para tais efeitos, não serão substituídos pelos novos juízes eleitos.

Artigo 55

1. O juiz, que for nacional de algum dos Estados-partes em caso submetido à Corte, conservará o seu direito de conhecer do mesmo.
2. Se um dos juízes chamados a conhecer do caso for de nacionalidade de um dos Estados-partes, outro Estado-parte no caso poderá designar uma pessoa de sua escolha para integrar a Corte, na qualidade de juiz *ad hoc*.
3. Se, dentre os juízes chamados a conhecer do caso, nenhum for da nacionalidade dos Estados-partes, cada um destes poderá designar um juiz *ad hoc*.
4. O juiz *ad hoc* deve reunir os requisitos indicados no artigo 52.
5. Se vários Estados-partes na Convenção tiverem o mesmo interesse no caso, serão considerados como uma só parte, para os fins das disposições anteriores. Em caso de dúvida, a Corte decidirá.

Artigo 56

O *quorum* para as deliberações da Corte é constituído por cinco juízes.

Artigo 57

A Comissão comparecerá em todos os casos perante a Corte.

Artigo 58

1. A Corte terá sua sede no lugar que for determinado, na Assembleia Geral da Organização, pelos Estados-partes na Convenção, mas poderá realizar reuniões no território de qualquer Estado-membro da Organização dos Estados Americanos em que considerar conveniente, pela maioria dos seus membros e mediante prévia aquiescência do Estado respectivo. Os Estados-partes na Convenção podem, na Assembleia Geral, por dois terços dos seus votos, mudar a sede da Corte.
2. A Corte designará seu Secretário.
3. O Secretário residirá na sede da Corte e deverá assistir às reuniões que ela realizar fora da mesma.

Artigo 59

A Secretaria da Corte será por esta estabelecida e funcionará sob a direção do Secretário-Geral da Organização em tudo o que não for incompatível com a independência da Corte. Seus funcionários serão nomeados pelo Secretário-Geral da Organização, em consulta com o Secretário da Corte.

Artigo 60

A Corte elaborará seu Estatuto e submetê-lo-á à aprovação da Assembleia Geral e expedirá seu Regimento.

Seção 2
Competência e funções

Artigo 61

1. Somente os Estados-partes e a Comissão têm direito de submeter um caso à decisão da Corte.
2. Para que a Corte possa conhecer de qualquer caso, é necessário que sejam esgotados os processos previstos nos artigos 48 a 50.

Artigo 62

1. Todo Estado-parte pode, no momento do depósito do seu instrumento de ratificação desta Convenção ou de adesão a ela, ou em qualquer momento posterior, declarar que reconhece como obrigatória, de pleno direito e sem convenção especial, a competência da Corte em todos os casos relativos à interpretação ou aplicação desta Convenção.
2. A declaração pode ser feita incondicionalmente, ou sob condição de reciprocidade, por prazo determinado ou para casos específicos. Deverá ser apresentada ao Secretário-Geral da Organização, que encaminhará cópias da mesma a outros Estados-membros da Organização e ao Secretário da Corte.
3. A Corte tem competência para conhecer de qualquer caso, relativo à interpretação e aplicação das disposições desta Convenção, que lhe seja submetido, desde que os Estados-partes no caso tenham reconhecido ou reconheçam a referida competência, seja por declaração especial, como preveem os incisos anteriores, seja por convenção especial.

Artigo 63

1. Quando decidir que houve violação de um direito ou liberdade protegidos nesta Convenção, a Corte determinará que se assegure ao prejudicado o gozo do seu direito ou liberdade violados. Determinará também, se isso for procedente, que sejam reparadas as consequências da medida ou situação que haja configurado a violação desses direitos, bem como o pagamento de indenização justa à parte lesada.
2. Em casos de extrema gravidade e urgência, e quando se fizer necessário evitar danos irreparáveis às pessoas, a Corte, nos assuntos de que estiver conhecendo, poderá tomar as medidas provisórias que considerar pertinentes. Se se tratar de assuntos que ainda não estiverem submetidos ao seu conhecimento, poderá atuar a pedido da Comissão.

Artigo 64

1. Os Estados-membros da Organização poderão consultar a Corte sobre a interpretação desta Convenção ou de outros tratados concernentes à proteção dos direitos humanos nos Estados Americanos. Também poderão consultá-la, no que lhes compete, os órgãos enumerados no capítulo X da Carta da Organização dos Estados Americanos, reformada pelo Protocolo de Buenos Aires.
2. A Corte, a pedido de um Estado-membro da Organização, poderá emitir pareceres sobre a compatibilidade entre qualquer de suas leis internas e os mencionados instrumentos internacionais.

Artigo 65

A Corte submeterá à consideração da Assembleia Geral da Organização, em cada período ordinário de sessões, um relatório sobre as suas atividades no ano anterior. De maneira especial, e com as recomendações pertinentes, indicará os casos em que um Estado não tenha dado cumprimento a suas sentenças.

Seção 3
Processo

Artigo 66

1. A sentença da Corte deve ser fundamentada.
2. Se a sentença não expressar no todo ou em parte a opinião unânime dos juízes, qualquer deles terá direito a que se agregue à sentença o seu voto dissidente ou individual.

Artigo 67

A sentença da Corte será definitiva e inapelável. Em caso de divergência sobre o sentido ou alcance da sentença, a Corte interpretá-la-á, a pedido de qualquer das partes, desde que o pedido seja apresentado dentro de 90 (noventa) dias a partir da data da notificação da sentença.

Artigo 68

1. Os Estados-partes na Convenção comprometem-se a cumprir a decisão da Corte em todo caso em que forem partes.
2. A parte da sentença que determinar indenização compensatória poderá ser executada no país respectivo pelo processo interno vigente para a execução de sentenças contra o Estado.

Artigo 69

A sentença da Corte deve ser notificada às partes no caso e transmitida aos Estados-partes na Convenção.

CAPÍTULO IX
DISPOSIÇÕES COMUNS

Artigo 70

1. Os juízes da Corte e os membros da Comissão gozam, desde o momento da eleição e enquanto durar o seu mandato, das imunidades reconhecidas aos agentes diplomáticos pelo Direito Internacional. Durante o exercício dos seus cargos gozam, além disso, dos privilégios diplomáticos necessários para o desempenho de suas funções.

2. Não se poderá exigir responsabilidade em tempo algum dos juízes da Corte, nem dos membros da Comissão, por votos e opiniões emitidos no exercício de suas funções.

Artigo 71

Os cargos de juiz da Corte ou de membro da Comissão são incompatíveis com outras atividades que possam afetar sua independência ou imparcialidade, conforme o que for determinado nos respectivos Estatutos.

Artigo 72

Os juízes da Corte e os membros da Comissão perceberão honorários e despesas de viagem na forma e nas condições que determinarem os seus Estatutos, levando em conta a importância e independência de suas funções. Tais honorários e despesas de viagem serão fixados no orçamento-programa da Organização dos Estados Americanos, no qual devem ser incluídas, além disso, as despesas da Corte e da sua Secretaria. Para tais efeitos, a Corte elaborará o seu próprio projeto de orçamento e submetê-lo-á à aprovação da Assembleia Geral, por intermédio da Secretaria-Geral. Esta última não poderá nele introduzir modificações.

Artigo 73

Somente por solicitação da Comissão ou da Corte, conforme o caso, cabe à Assembleia Geral da Organização resolver sobre as sanções aplicáveis aos membros da Comissão ou aos juízes da Corte que incorrerem nos casos previstos nos respectivos Estatutos. Para expedir uma resolução, será necessária maioria de dois terços dos votos dos Estados-membros da Organização, no caso dos membros da Comissão; e, além disso, de dois terços dos votos dos Estados-partes na Convenção, se se tratar dos juízes da Corte.

PARTE III
DISPOSIÇÕES GERAIS E TRANSITÓRIAS

CAPÍTULO X

ASSINATURA, RATIFICAÇÃO, RESERVA, EMENDA, PROTOCOLO E DENÚNCIA

Artigo 74

1. Esta Convenção está aberta à assinatura e à ratificação de todos os Estados-membros da Organização dos Estados Americanos.

2. A ratificação desta Convenção ou a adesão a ela efetuar-se-á mediante depósito de um instrumento de ratificação ou adesão na Secretaria-Geral da Organização dos Estados Americanos. Esta Convenção entrará em vigor logo que onze Estados houverem depositado os seus respectivos instrumentos de ratificação ou de adesão. Com referência a qualquer outro Estado que a ratificar ou que a ela aderir ulteriormente, a Convenção entrará em vigor na data do depósito do seu instrumento de ratificação ou adesão.

3. O Secretário-Geral comunicará todos os Estados-membros da Organização sobre a entrada em vigor da Convenção.

Artigo 75

Esta Convenção só pode ser objeto de reservas em conformidade com as disposições da Convenção de Viena sobre o Direito dos Tratados, assinada em 23 de maio de 1969.

Artigo 76

1. Qualquer Estado-parte, diretamente, e a Comissão e a Corte, por intermédio do Secretário-Geral, podem submeter à Assembleia Geral, para o que julgarem conveniente, proposta de emendas a esta Convenção.

2. Tais emendas entrarão em vigor para os Estados que as ratificarem, na data em que houver sido depositado o respectivo instrumento de ratificação, por dois terços dos Estados-partes nesta Convenção. Quanto aos outros Estados-partes, entrarão em vigor na data em que eles depositarem os seus respectivos instrumentos de ratificação.

Artigo 77

1. De acordo com a faculdade estabelecida no artigo 31, qualquer Estado-parte e a Comissão podem submeter à consideração dos Estados-partes reunidos por ocasião da Assembleia Geral projetos de Protocolos adicionais a esta Convenção, com a finalidade de incluir progressivamente, no regime de proteção da mesma, outros direitos e liberdades.

2. Cada Protocolo deve estabelecer as modalidades de sua entrada em vigor e será aplicado somente entre os Estados-partes no mesmo.

Artigo 78

1. Os Estados-partes poderão denunciar esta Convenção depois de expirado o prazo de 5 (cinco) anos, a partir da data em vigor da mesma e mediante aviso-prévio de 1 (um) ano, notificando o Secretário-Geral da Organização, o qual deve informar as outras partes.

2. Tal denúncia não terá o efeito de desligar o Estado-parte interessado das obrigações contidas nesta Convenção, no que diz respeito a qualquer ato que, podendo constituir violação dessas obrigações, houver sido cometido por ele anteriormente à data na qual a denúncia produzir efeito.

CAPÍTULO XI
DISPOSIÇÕES TRANSITÓRIAS

Seção 1
Comissão Interamericana de Direitos Humanos

Artigo 79

Ao entrar em vigor esta Convenção, o Secretário-Geral pedirá por escrito a cada Estado-membro da Organização que apresente, dentro de um prazo de 90 (noventa) dias, seus candidatos a membro da Comissão Interamericana de Direitos Humanos. O Secretário-Geral preparará uma lista por ordem alfabética dos candidatos apresentados e a encaminhará aos Estados-membros da Organização, pelo menos trinta dias antes da Assembleia Geral seguinte.

Artigo 80

A eleição dos membros da Comissão far-se-á dentre os candidatos que figurem na lista a que se refere o artigo 79, por votação secreta da Assembleia Geral, e serão declarados eleitos os candidatos que obtiverem maior número de votos e a maioria absoluta dos votos dos representantes dos Estados-membros. Se, para eleger todos os membros da Comissão, for necessário realizar várias votações, serão eliminados sucessivamente, na forma que for determinada pela Assembleia Geral, os candidatos que receberem menor número de votos.

Seção 2
Corte Interamericana de Direitos Humanos

Artigo 81

Ao entrar em vigor esta Convenção, o Secretário-Geral pedirá a cada Estado-parte que apresente, dentro de um prazo de 90 (noventa) dias, seus candidatos a juiz da Corte Interamericana de Direitos Humanos. O Secretário-Geral preparará uma lista por ordem alfabética dos candidatos apresentados e a encaminhará aos Estados-partes pelo menos 30 (trinta) dias antes da Assembleia Geral seguinte.

Artigo 82

A eleição dos juízes da Corte far-se-á dentre os candidatos que figurem na lista a que se refere o artigo 81, por votação secreta dos Estados-partes, na Assembleia Geral, e serão declarados eleitos os candidatos que obtiverem o maior número de votos e a maioria absoluta dos votos dos representantes dos Estados-partes. Se, para eleger todos os juízes da Corte, for necessário realizar várias votações, serão eliminados sucessivamente, na forma que for determinada pelos Estados-partes, os candidatos que receberem menor número de votos.

DECLARAÇÕES E RESERVAS

Declaração do Chile

A Delegação do Chile apõe sua assinatura a esta Convenção, sujeita à sua posterior aprovação parlamentar e ratificação, em conformidade com as normas constitucionais vigentes.

Declaração do Equador

A Delegação do Equador tem a honra de assinar a Convenção Americana sobre Direitos Humanos. Não crê necessário especificar reserva alguma, deixando a salvo tão somente a faculdade geral constante da mesma Convenção, que deixa aos governos a liberdade de ratificá-la.

Reserva do Uruguai

O artigo 80, parágrafo 2, da Constituição da República Oriental do Uruguai, estabelece que se suspende a cidadania "pela condição de legalmente processado em causa criminal de que possa resultar pena de penitenciária". Essa limitação ao exercício dos direitos reconhecidos no artigo 23 da Convenção não está prevista entre as circunstâncias que a tal respeito prevê o parágrafo 2 do referido artigo 23, motivo por que a Delegação do Uruguai formula a reserva pertinente.

Em fé do que, os plenipotenciários abaixo assinados, cujos plenos poderes foram encontrados em boa e devida forma, assinam esta Convenção, que se denominará "Pacto de São José da Costa Rica", na cidade de São José, Costa Rica, em vinte e dois de novembro de mil novecentos e sessenta e nove.

DECLARAÇÃO INTERPRETATIVA DO BRASIL

Ao depositar a Carta de Adesão à Convenção Americana sobre Direitos Humanos (Pacto de São José da Costa Rica), em 25 de setembro de 1992, o Governo brasileiro fez a seguinte declaração interpretativa sobre os artigos 43 e 48, alínea d:

"O Governo do Brasil entende que os artigos 43 e 48, alínea d, não incluem o direito automático de visitas e inspeções *in loco* da Comissão Interamericana de Direitos Humanos, as quais dependerão da anuência expressa do Estado".

ESTATUTO DA CORTE INTERAMERICANA DE DIREITOS HUMANOS (1979)

▶ Aprovado pela Resolução AG/Res. 448 (IX-O/79), adotada pela Assembleia Geral da OEA, em seu nono período ordinário de sessões, realizado em La Paz, Bolívia, em outubro de 1979.

CAPÍTULO I
DISPOSIÇÕES GERAIS

Artigo 1º
Natureza e regime jurídico

A Corte Interamericana de Direitos humanos é uma instituição judiciária autônoma cujo objetivo é a aplicação e a interpretação da Convenção Americana sobre Direitos Humanos. A Corte exerce suas funções em conformidade com as disposições da citada Convenção e deste Estatuto.

Artigo 2º
Competência e funções

A Corte exerce função jurisdicional e consultiva.
1. Sua função jurisdicional se rege pelas disposições dos artigos 61, 62 e 63 da Convenção.

2. Sua função consultiva se rege pelas disposições do artigo 64 da Convenção.

Artigo 3º
Sede

1. A Corte terá sua sede em San José, Costa Rica; poderá, entretanto, realizar reuniões em qualquer Estado-membro da Organização dos Estados Americanos (OEA), quando a maioria dos seus membros considerar conveniente, e mediante aquiescência prévia do Estado respectivo.

2. A sede da corte pode ser mudada pelo voto de dois terços dos Estados-Partes da Convenção na Assembleia Geral da OEA.

CAPÍTULO II
COMPOSIÇÃO DA CORTE

Artigo 4º
Composição

1. A Corte é composta de sete juízes, nacionais dos Estados-Membros da OEA, eleitos a título pessoal dentre juristas da mais alta autoridade moral, de reconhecida competência em matéria de direitos humanos, que reúnam as condições requeridas para o exercício das mais elevadas funções judiciais, de acordo com a lei do Estado do qual sejam nacionais, ou do Estado que os propuser como candidatos.

2. Não deve haver mais de um juiz da mesma nacionalidade.

Artigo 5º
Mandato dos juízes[1]

1. Os juízes da Corte serão eleitos para um mandato de seis anos e só poderão ser reeleitos uma vez. O juiz eleito para substituir outro cujo mandato não haja expirado, completará o mandato deste.

2. Os mandatos dos juízes serão contados a partir de 1º de janeiro do ano seguinte ao de sua eleição e estender-se-ão até 31 de dezembro do ano de sua conclusão.

3. Os juízes permanecerão em exercício até a conclusão de seu mandato. Não obstante, continuarão conhecendo dos casos a que se tiverem dedicado e que se encontrarem em fase de sentença, para cujo efeito não serão substituídos pelos novos juízes eleitos.

Artigo 6º
Data de eleição dos juízes

1. A eleição dos juízes far-se-á, se possível, no decorrer do período de sessões da Assembleia Geral da OEA, imediatamente anterior à expiração do mandato dos juízes cessantes.

2. As vagas da Corte decorrentes de morte, incapacidade permanente, renúncia ou remoção dos juízes serão preenchidas, se possível, no próximo período de sessões da Assembleia Geral da OEA. Entretanto, a eleição não será necessária quando a vaga ocorrer nos últimos seis meses do mandato do juiz que lhe der origem.

3. Se for necessário, para preservar o *quorum* da Corte, os Estados-Partes da Convenção, em sessão do Conselho Permanente da OEA, por solicitação do Presidente da Corte, nomearão um ou mais juízes interinos, que servirão até que sejam substituídos pelos juízes eleitos.

Artigo 7º
Candidatos

1. Os juízes são eleitos pelos Estados-Partes da Convenção, na Assembleia Geral da OEA, de uma lista de candidatos propostos pelos mesmos Estados.

2. Cada Estado-Parte pode propor até três candidatos, nacionais do Estado que os propõe ou de qualquer outro Estado-membro da OEA.

3. Quando for proposta uma lista tríplice, pelo menos um dos candidatos deve ser nacional de um Estado diferente do proponente.

Artigo 8º
Eleição:
Procedimento prévio[2]

1. Seis meses antes da realização do período ordinário de sessões da Assembleia Geral da OEA, antes da expiração do mandato para o qual houverem sido eleitos os juízes da Corte, o Secretário-Geral da OEA solicitará, por escrito, a cada Estado-Parte da Convenção, que apresente seus candidatos dentro do prazo de noventa dias.

2. O Secretário-Geral da OEA preparará uma lista em ordem alfabética dos candidatos apresentados e a levará ao conhecimento dos Estados-Partes, se for possível, pelo menos trinta dias antes do próximo período de sessões da Assembleia Geral da OEA.

3. Quando se tratar de vagas da Corte, bem como nos casos de morte ou de incapacidade permanente de um candidato, os prazos anteriores serão reduzidos de maneira razoável a juízo do Secretário-Geral da OEA.

Artigo 9º
Votação

1. A eleição dos juízes é feita por votação secreta e pela maioria absoluta dos Estados-Partes da Convenção, dentre os candidatos a que se refere o Art. 7 deste Estatuto.

2. Entre os candidatos que obtiverem a citada maioria absoluta, serão considerados eleitos os que receberem o maior número de votos. Se forem necessárias várias votações, serão eliminados sucessivamente os candidatos que receberem menor número de votos, segundo o determinem os Estados-Partes.

---

[1] Texto correspondente à reforma introduzida no Estatuto pela Assembleia Geral da OEA em seu Décimo Segundo Período Ordinário de Sessões, realizado em Washington, D.C., em novembro de 1982 [Resolução AG/RES. 625 (XII-O/82)].

[2] Modificado mediante a Resolução AG/RES. 1097 (XXI-O/91).

Artigo 10
Juízes *ad hoc*

1. O juiz que for nacional de um dos Estados-Partes num caso submetido à Corte, conservará seu direito de conhecer do caso.

2. Se um dos juízes chamados a conhecer de um caso for da nacionalidade de um dos Estados-Partes no caso, outro Estado-Parte no mesmo caso poderá designar uma pessoa para fazer parte da Corte na qualidade de juiz *ad hoc*.

3. Se dentre os juízes chamados a conhecer do caso, nenhum for da nacionalidade dos Estados-Partes no mesmo, cada um destes poderá designar um juiz *ad hoc*. Se vários Estados tiverem o mesmo interesse no caso, serão considerados como uma única parte para os fins das disposições precedentes.
Em caso de dúvida, a Corte decidirá.

4. Se o Estado com direito a designar um juiz *ad hoc* não o fizer dentro dos trinta dias seguintes ao convite escrito do Presidente da Corte, considerar-se-á que tal Estado renuncia ao exercício desse direito.

5. As disposições dos artigos 4, 11, 15, 16, 18, 19 e 20 deste Estatuto serão aplicáveis aos juízes *ad hoc*.

Artigo 11
Juramento

1. Ao tomar posse de seus cargos, os juízes prestarão o seguinte juramento ou declaração solene: "Juro" – ou – "declaro solenemente que exercerei minhas funções de juiz com honradez, independência e imparcialidade, e que guardarei segredo de todas as deliberações".

2. O juramento será feito perante o Presidente da Corte, se possível na presença de outros juízes.

CAPÍTULO III
ESTRUTURA DA CORTE

Artigo 12
Presidência

1. A Corte elege, dentre seus membros, o Presidente e Vice-Presidente, por dois anos, os quais poderão ser reeleitos.

2. O Presidente dirige o trabalho da Corte, a representa, ordena a tramitação dos assuntos que forem submetidos à Corte e preside suas sessões.

3. O Vice-Presidente substitui o Presidente em suas ausências temporárias e ocupa seu lugar em caso de vaga. Nesse último caso, a Corte elegerá um Vice-Presidente para substituir o anterior pelo resto do seu mandato.

4. No caso de ausência do Presidente e do Vice-Presidente, suas funções serão desempenhadas por outros juízes, na ordem de precedência estabelecida no artigo 13 deste Estatuto.

Artigo 13
Precedência

1. Os juízes titulares terão precedência, depois do Presidente e do Vice-Presidente, de acordo com sua antiguidade no cargo.

2. Quando houver dois ou mais juízes com a mesma antiguidade, a precedência será determinada pela maior idade.

3. Os juízes *ad hoc* e interinos terão precedência depois dos titulares, por ordem de idade. Entretanto, se um juiz *ad hoc* ou interino houver servido previamente como juiz titular, terá precedência sobre os outros juízes *ad hoc* ou interinos.

Artigo 14
Secretaria

1. A Secretaria da Corte funcionará sob a imediata autoridade do Secretário, de acordo com as normas administrativas da Secretaria-Geral da OEA no que não for incompatível com a independência da Corte.

2. O Secretário será nomeado pela Corte. Será funcionário de confiança da Corte, com dedicação exclusiva, terá seu escritório na sede e deverá assistir às reuniões que a Corte realizar fora dela.

3. Haverá um Secretário Adjunto que auxiliará o Secretário em seus trabalhos e o substituirá em suas ausências temporárias.

4. O pessoal da Secretaria será nomeado pelo Secretário-Geral da OEA em consulta com o Secretário da Corte.

CAPÍTULO IV
DIREITOS, DEVERES E RESPONSABILIDADES

Artigo 15
Imunidades e privilégios

1. Os juízes gozam, desde o momento de sua eleição e enquanto durarem os seus mandatos, das imunidades reconhecidas aos agentes diplomáticos pelo direito internacional. No exercício de suas funções gozam também dos privilégios diplomáticos necessários ao desempenho de seus cargos.

2. Não se poderá exigir aos juízes responsabilidades em tempo algum por votos e opiniões emitidos ou por atos desempenhados no exercício de suas funções.

3. A Corte em si e seu pessoal gozam das imunidades e privilégios previstos no Acordo sobre Privilégios e Imunidades da Organização dos Estados Americanos, de 15 de maio de 1949, com as equivalências respectivas, tendo em conta a importância e independência da Corte.

4. As disposições dos parágrafos 1, 2 e 3 deste artigo serão aplicadas aos Estados-Partes da Convenção. Serão também aplicadas aos outros Estados-Membros da OEA que as aceitarem expressamente, em geral ou para cada caso.

5. O regime de imunidades e privilégios dos juízes da Corte e do seu pessoal poderá ser regulamen-

tado ou complementado mediante convênios multilaterais ou bilaterais entre a Corte, a OEA e seus Estados-Membros.

Artigo 16
Disponibilidade

1. Os juízes estarão à disposição da Corte e deverão trasladar-se à sede desta ou ao lugar em que realizar suas sessões, quantas vezes e pelo tempo que for necessário, conforme o Regulamento.
2. O Presidente deverá prestar permanentemente seus serviços.

Artigo 17
Honorários

1. Os honorários do Presidente e dos juízes da Corte serão fixados de acordo com as obrigações e incompatibilidades que lhes impõem os artigos 16 e 18, respectivamente, e levando em conta a importância e independência de suas funções.
2. Os juízes *ad hoc* perceberão os honorários que forem estabelecidos regulamentarmente, de acordo com as disponibilidades orçamentárias da Corte.
3. Os juízes perceberão, além disso, diárias e despesas de viagem, quando for cabível.

Artigo 18
Incompatibilidades

1. O exercício do cargo de Juiz da Corte Interamericana de Direitos Humanos é incompatível com o exercício dos seguintes cargos e atividades:
a) membros ou altos funcionários do Poder Executivo, com exceção dos cargos que não impliquem subordinação hierárquica ordinária, bem como agentes diplomáticos que não sejam Chefes de Missão junto à OEA ou junto a qualquer dos seus Estados-Membros;
b) funcionários de organismos internacionais;
c) quaisquer outros cargos ou atividades que impeçam os juízes de cumprir suas obrigações ou que afetem sua independência ou imparcialidade, ou a dignidade ou o prestígio do seu cargo.
2. A Corte decidirá os casos de dúvida sobre incompatibilidade. Se a incompatibilidade não for eliminada serão aplicáveis as disposições do artigo 73 da Convenção e 20.2 deste Estatuto.
3. As incompatibilidades unicamente causarão a cessação do cargo e das responsabilidades correspondentes, mas não invalidarão os atos e as resoluções em que o juiz em questão houver interferido.

Artigo 19
Impedimentos, escusas e inabilitação

1. Os juízes estarão impedidos de participar em assuntos nos quais eles ou seus parentes tiverem interesse direto ou em que houverem intervindo anteriormente como agentes, conselheiros ou advogados, ou como membros de um tribunal nacional ou internacional ou de uma comissão investigadora, ou em qualquer outra qualidade, a juízo da Corte.

2. Se algum dos juízes estiver impedido de conhecer, ou por qualquer outro motivo justificado, considerar que não deve participar em determinado assunto, apresentará sua escusa ao Presidente. Se este não a acolher, a Corte decidirá.
3. Se o Presidente considerar que qualquer dos juízes tem motivo de impedimento ou por algum outro motivo justificado não deva participar em determinado assunto, assim o fará saber. Se o juiz em questão estiver em desacordo, a Corte decidirá.
4. Quando um ou mais juízes estiverem inabilitados, em conformidade com este artigo, o Presidente poderá solicitar aos Estados-Partes da Convenção que em sessão do Conselho Permanente da OEA designem juízes interinos para substituí-los.

Artigo 20
Responsabilidades e competência disciplinar

1. Os juízes e o pessoal da Corte deverão manter, no exercício de suas funções e fora delas, uma conduta acorde com a investidura dos que participam da função jurisdicional internacional da Corte. Responderão perante a Corte por essa conduta, bem como por qualquer falta de cumprimento, negligência ou omissão no exercício de suas funções.
2. A competência disciplinar com respeito aos juízes caberá à Assembleia Geral da OEA, somente por solicitação justificada da Corte, constituída para esse efeito pelos demais juízes.
3. A competência disciplinar com respeito ao Secretário cabe à Corte, e com respeito ao resto do pessoal, ao Secretário, com a aprovação do Presidente.
4. O regime disciplinar será regulamentado pela Corte, sem prejuízo das normas administrativas da Secretaria-Geral da OEA, na medida em que forem aplicáveis à Corte em conformidade com o artigo 59 da Convenção.

Artigo 21
Renúncia e incapacidade

1. A renúncia de um juiz deverá ser apresentada por escrito ao Presidente da Corte. A renúncia não se tornará efetiva senão após sua aceitação pela Corte.
2. A incapacidade de um juiz de exercer suas funções será determinada pela Corte.
3. O Presidente da Corte notificará a aceitação da renúncia ou a declaração de incapacidade ao Secretário-Geral da OEA, para os devidos efeitos.

CAPÍTULO V
FUNCIONAMENTO DA CORTE

Artigo 22
Sessões

1. A Corte realizará sessões ordinárias e extraordinárias.
2. Os períodos ordinários de sessões serão determinados regulamentarmente pela Corte.
3. Os períodos extraordinários de sessões serão convocados pelo Presidente ou por solicitação da maioria dos juízes.

Artigo 23
Quorum

1. O *quorum* para as deliberações da Corte é constituído por cinco juízes.
2. As decisões da Corte serão tomadas pela maioria dos juízes presentes.
3. Em caso de empate, o Presidente terá o voto de qualidade.

Artigo 24
Audiências, deliberações e decisões

1. As audiências serão públicas, a menos que a Corte, em casos excepcionais, decidir de outra forma.
2. A Corte deliberará em privado. Suas deliberações permanecerão secretas, a menos que a Corte decida de outra forma.
3. As decisões, juízos e opiniões da Corte serão comunicados em sessões públicas e serão notificados por escrito às partes. Além disso, serão publicados, juntamente com os votos e opiniões separados dos juízes e com quaisquer outros dados ou antecedentes que a Corte considerar conveniente.

Artigo 25
Regulamentos e normas de procedimento

1. A Corte elaborará suas normas de procedimento.
2. As normas de procedimento poderão delegar ao Presidente ou a comissões da própria Corte determinadas partes da tramitação processual, com exceção das sentenças definitivas e dos pareceres consultivos. Os despachos ou resoluções que não forem de simples tramitação, exarados pelo Presidente ou por comissões da Corte, poderão sempre ser apelados ao plenário da Corte.
3. A Corte elaborará também seu Regulamento.

Artigo 26
Orçamento e regime financeiro

1. A Corte elaborará seu próprio projeto de orçamento e submetê-lo-á à aprovação da Assembleia Geral da OEA, por intermédio da Secretaria-Geral. Esta última não lhe poderá introduzir modificações.
2. A Corte administrará seu orçamento.

CAPÍTULO VI
RELAÇÕES COM ESTADOS E ORGANISMOS

Artigo 27
Relações com o país sede, Estados e Organismos

1. As relações da Corte com o país sede serão regulamentadas mediante um convênio de sede. A sede da Corte terá caráter internacional.
2. As relações da Corte com os Estados, com a OEA e seus organismos, e com outros organismos internacionais de caráter governamental relacionados com a promoção e defesa dos direitos humanos serão regulamentadas mediante convênios especiais.

Artigo 28
Relações com a Comissão Interamericana de Direitos Humanos

A Comissão Interamericana de Direitos Humanos comparecerá e será tida como parte perante a Corte, em todos os casos relativos à função jurisdicional desta, em conformidade com o artigo 2, parágrafo 1 deste Estatuto.

Artigo 29
Convênios de cooperação

1. A Corte poderá celebrar convênios de cooperação com instituições que não tenham fins lucrativos, tais como faculdades de direito, associações e corporações de advogados, tribunais, academias e instituições educacionais ou de pesquisa em disciplinas conexas, a fim de obter sua colaboração e de fortalecer e promover os princípios jurídicos e institucionais da Convenção em geral, e da Corte em especial.
2. A Corte incluirá em seu relatório anual à Assembleia Geral da OEA uma relação dos referidos convênios, bem como de seus resultados.

Artigo 30
Relatório à Assembleia Geral da OEA

A Corte submeterá à Assembleia Geral da OEA, em cada período ordinário de sessões, um relatório sobre suas atividades no ano anterior. Indicará os casos em que um Estado não houver dado cumprimento a suas sentenças. Poderá submeter à Assembleia Geral da OEA proposições ou recomendações para o melhoramento do sistema interamericano de direitos humanos, no que diz respeito ao trabalho da Corte.

CAPÍTULO VII
DISPOSIÇÕES FINAIS

Artigo 31
Reforma do Estatuto

Este Estatuto poderá ser modificado pela Assembleia Geral da OEA por iniciativa de qualquer Estado-membro ou da própria Corte.

Artigo 32
Vigência

Este Estatuto entrará em vigor em 1º de janeiro de 1980.

PROTOCOLO ADICIONAL À CONVENÇÃO AMERICANA SOBRE DIREITOS HUMANOS EM MATÉRIA DE DIREITOS ECONÔMICOS, SOCIAIS E CULTURAIS (1988)

Protocolo de San Salvador
- Adotado pela Assembleia Geral da Organização dos Estados Americanos, em San Salvador, El Salvador, em 17.11.1988.
- Aprovado no Brasil pelo Decreto Legislativo 56, de 19.04.1995, e promulgado pelo Decreto 3.321, de 30.12.1999.

Preâmbulo

Os Estados-Partes na Convenção Americana sobre Direitos Humanos "Pacto de San José de Costa Rica",

Reafirmando seu propósito de consolidar neste Continente, dentro do quadro das instituições democráticas, um regime de liberdade pessoal e de justiça social, fundado no respeito dos direitos essenciais do homem;

Reconhecendo que os direitos essenciais do homem não derivam do fato de ser ele nacional de determinado Estado, mas sim do fato de ter como fundamento os atributos da pessoa humana, razão por que justificam uma proteção internacional, de natureza convencional, coadjuvante ou complementar da que oferece o direito interno dos Estados Americanos;

Considerando a estreita relação que existe entre a vigência dos direitos econômicos, sociais e culturais e a dos direitos civis e políticos, porquanto as diferentes categorias de direito constituem um todo indissolúvel que encontra sua base no reconhecimento da dignidade da pessoa humana, pelo qual exigem uma tutela e promoção permanente, com o objetivo de conseguir sua vigência plena, sem que jamais possa justificar-se a violação de uns a pretexto da realização de outros;

Reconhecendo os benefícios que derivam do fomento e desenvolvimento da cooperação entre os Estados e das relações internacionais;

Recordando que, de acordo com a Declaração Universal dos Direitos do Homem e a Convenção Americana sobre Direitos Humanos, só pode ser realizado o ideal do ser humano livre, isento de temor e da miséria, se forem criadas condições que permitam a cada pessoa gozar de seus direitos econômicos, sociais e culturais, bem como de seus direitos civis e políticos;

Levando em conta que, embora os direitos econômicos, sociais e culturais fundamentais tenham sido reconhecidos em instrumentos internacionais anteriores, tanto de âmbito universal como regional, é muito importante que estes sejam reafirmados, desenvolvidos, aperfeiçoados e protegidos, a fim de consolidar na América, com base no respeito pleno dos direitos da pessoa, o regime democrático representativo de governo, bem como o direito de seus povos ao desenvolvimento, à livre determinação e a dispor livremente de suas riquezas e recursos naturais; e

Considerando que a Convenção Americana sobre Direitos Humanos estabelece que podem ser submetidos à consideração dos Estados-Partes, reunidos por ocasião da Assembleia Geral da Organização dos Estados Americanos, projetos de protocolos adicionais a essa Convenção, com a finalidade de incluir progressivamente no regime de proteção da mesma outros direitos e liberdades,

Conviram no seguinte Protocolo Adicional à Convenção Americana sobre Direitos Humanos "Protocolo de San Salvador":

Artigo 1º
Obrigação de adotar medidas

Os Estados-Partes neste Protocolo Adicional à Convenção Americana sobre Direitos Humanos comprometem-se a adotar as medidas necessárias, tanto de ordem interna como por meio da cooperação entre os Estados, especialmente econômica e técnica, até o máximo dos recursos disponíveis e levando em conta seu grau de desenvolvimento, a fim de conseguir, progressivamente e de acordo com a legislação interna, a plena efetividade dos direitos reconhecidos neste Protocolo.

Artigo 2º
Obrigação de adotar disposições de direito interno

Se o exercício dos direitos estabelecidos neste Protocolo ainda não estiver garantido por disposições legislativas ou de outra natureza, os Estados-Partes comprometem-se a adotar, de acordo com seus processos constitucionais e com as disposições deste Protocolo, as medidas legislativas ou de outra natureza que forem necessárias para tornar efetivos esses direitos.

Artigo 3º
Obrigação de não discriminação

Os Estados-Partes neste Protocolo comprometem-se a garantir o exercício dos direitos nele enunciados, sem discriminação alguma por motivo de raça, cor, sexo, idioma, religião, opiniões políticas ou de qualquer outra natureza, origem nacional ou social, posição econômica, nascimento ou qualquer outra condição social.

Artigo 4º
Não admissão de restrições

Não se poderá restringir ou limitar qualquer dos direitos reconhecidos ou vigentes num Estado em virtude de sua legislação interna ou de convenções internacionais, sob pretexto de que este Protocolo não os reconhece ou os reconhece em menor grau.

Artigo 5º
Alcance das restrições e limitações

Os Estados-Partes só poderão estabelecer restrições e limitações ao gozo e exercício dos direitos estabelecidos neste Protocolo mediante leis promulgadas com o objetivo de preservar o bem-estar geral dentro de uma sociedade democrática, na medida em que não contrariem o propósito e razão dos mesmos.

Artigo 6º
Direito ao trabalho

1. Toda pessoa tem direito ao trabalho, o que inclui a oportunidade de obter os meios para levar uma vida digna e decorosa por meio do desempenho de uma atividade lícita, livremente escolhida ou aceita.

2. Os Estados-Partes comprometem-se a adotar medidas que garantam plena efetividade do direito ao trabalho, especialmente as referentes à conse-

cução do pleno emprego, à orientação vocacional e ao desenvolvimento de projetos de treinamento técnico-profissional, particularmente os destinados aos deficientes. Os Estados-Partes comprometem-se também a executar e a fortalecer programas que coadjuvem um adequado atendimento da família, a fim de que a mulher tenha real possibilidade de exercer o direito ao trabalho.

Artigo 7º
Condições justas, equitativa e satisfatórias de trabalho

Os Estados-Partes neste Protocolo reconhecem que o direito ao trabalho, a que se refere o artigo anterior, supõe que toda pessoa goze do mesmo em condições justas, equitativas e satisfatórias, para o que esses Estados garantirão em suas legislações, de maneira particular:

a) Remuneração que assegure, no mínimo a todos os trabalhadores condições de subsistência digna e decorosa para eles e para suas famílias e um salário equitativo e igual por trabalho igual, sem nenhuma distinção;
b) O direito de todo trabalhador de seguir sua vocação e de dedicar-se à atividade que melhor atenda a suas expectativas e a trocar de emprego de acordo com a respectiva regulamentação nacional;
c) O direito do trabalhador à promoção ou avanço no trabalho, para o qual serão levadas em conta suas qualificações, competência, probidade e tempo de serviço;
d) Estabilidade dos trabalhadores em seus empregos, de acordo com as características das industrias e profissões e com as causas de justa separação. Nos casos de demissão injustificada, o trabalhador terá direito a uma indenização ou à readmissão no emprego ou a quaisquer outras prestações previstas pela legislação nacional;
e) Segurança e higiene no trabalho;
f) Proibição de trabalho noturno ou em atividades insalubres e perigosas para os menores de 18 anos e, em geral, de todo trabalho que possa pôr em perigo sua saúde, segurança ou moral. Quando se tratar de menores de 16 anos, a jornada de trabalho deverá subordinar-se às disposições sobre ensino obrigatório e, em nenhum caso, poderá constituir impedimento à assistência escolar ou limitação para beneficiar-se da instrução recebida;
g) Limitação razoável das horas de trabalho, tanto diárias quanto semanais. As jornadas serão de menor duração quando se tratar de trabalhos perigosos, insalubres ou noturnos;
h) Repouso, gozo do tempo livre, férias remuneradas, bem como remuneração nos feriados nacionais.

Artigo 8º
Direitos sindicais

1. Os Estados-Partes garantirão:
a) O direito dos trabalhadores de organizar sindicatos e de filiar-se ao de sua escolha, para proteger e promover seus interesses. Como projeção desse direito, os Estados-Partes permitirão aos sindicatos formar federações e confederações nacionais e associar-se aos já existentes, bem como formar organizações sindicais internacionais e associar-se à de sua escolha. Os Estados-Partes também permitirão que os sindicatos, federações e confederações funcionem livremente;
b) O direito de greve.

2. O exercício dos direitos enunciados acima só pode estar sujeito às limitações e restrições previstas pela lei que sejam próprias a uma sociedade democrática e necessárias para salvaguardar a ordem pública e proteger a saúde ou a moral pública e os direitos ou liberdades dos demais. Os membros das forças armadas e da polícia, bem como de outros serviços públicos essenciais, estarão sujeitos às limitações e restrições impostas pela lei.

3. Ninguém poderá ser obrigado a pertencer a um sindicato.

Artigo 9º
Direito à previdência social

1. Toda pessoa tem direito à previdência social que a proteja das consequências da velhice e da incapacitação que a impossibilite, física ou mentalmente, de obter os meios de vida digna e decorosa. No caso de morte do beneficiário, as prestações da previdência social beneficiarão seus dependentes.

2. Quando se tratar de pessoas em atividade, o direito à previdência social abrangerá pelo menos o atendimento médico e o subsídio ou pensão em casos de acidentes de trabalho ou de doença profissional e, quando se tratar da mulher, licença remunerada para a gestante, antes e depois do parto.

Artigo 10
Direito à saúde

1. Toda pessoa tem direito à saúde, entendida como o gozo do mais alto nível de bem-estar físico, mental e social.

2. A fim de tornar efetivo o direito à saúde, os Estados-Partes comprometem-se a reconhecer a saúde como bem público e especialmente a adotar as seguintes medidas para garantir este direito:
a) Atendimento primário de saúde, entendendo-se como tal a assistência médica essencial colocada ao alcance de todas as pessoas e famílias da comunidade;
b) Extensão dos benefícios dos serviços de saúde a todas as pessoas sujeitas à jurisdição do Estado;
c) Total imunização contra as principais doenças infecciosas;
d) Prevenção e tratamento das doenças endêmicas, profissionais e de outra natureza;
e) Educação de população sobre a prevenção e tratamento dos problemas de saúde, e
f) Satisfação das necessidades de saúde dos grupos de mais alto risco e que, por suas condições de pobreza, sejam mais vulneráveis.

Artigo 11
Direito a um meio ambiente sadio

1. Toda pessoa tem direito a viver em meio ambiente sadio e a contar com os serviços públicos básicos.
2. Os Estados-Partes promoverão a proteção, preservação e melhoramento do meio ambiente.

Artigo 12
Direito à alimentação

1. Toda pessoa tem direito a uma nutrição adequada que assegure a possibilidade de gozar do mais alto nível de desenvolvimento físico, emocional e intelectual.
2. A fim de tornar efetivo esse direito e de eliminar a desnutrição, os Estados-Partes comprometem-se a aperfeiçoar os métodos de produção, abastecimento e distribuição de alimentos para o que se comprometem a promover maior cooperação internacional, com vistas a apoiar as políticas nacionais sobre o tema.

Artigo 13
Direito à educação

1. Toda pessoa tem direito à educação.
2. Os Estados-Partes neste Protocolo convêm em que a educação deverá orientar-se para o pleno desenvolvimento da personalidade humana e do sentido de sua dignidade e deverá fortalecer o respeito pelos direitos humanos, pelo pluralismo ideológico, pelas liberdades fundamentais pela justiça e pela paz. Convêm, também, em que a educação deve capacitar todas as pessoas para participar efetivamente de uma sociedade democrática e pluralista, conseguir uma subsistência digna, favorecer a compreensão, a tolerância e a amizade entre todas as nações e todos os grupos raciais, étnicos ou religiosos e promover as atividades em prol da manutenção da paz.
3. Os Estados-Partes neste Protocolo reconhecem que, a fim de conseguir o pleno exercício do direito à educação:
a) O ensino de primeiro grau deve ser obrigatório e acessível a todos gratuitamente;
b) O ensino de segundo grau, em suas diferentes formas, inclusive o ensino técnico e profissional de segundo grau, deve ser generalizado e tornar-se acessível a todos, pêlos meios que forem apropriados e, especialmente, pela implantação progressiva do ensino gratuito;
c) O ensino superior deve tornar-se igualmente acessível a todos, de acordo com a capacidade de cada um, pelos meios que forem apropriados e, especialmente, pela implantação progressiva do ensino gratuito;
d) Deve-se promover ou intensificar, na medida do possível, o ensino básico para as pessoas que não tiverem recebido ou terminado o ciclo completo de instrução do primeiro grau;
e) Deverão ser estabelecidos programas de ensino diferenciado para os deficientes, a fim de proporcionar instrução especial e formação a pessoas com impedimentos físicos ou deficiência mental.
4. De acordo com a legislação interna dos Estados-Partes, os pais terão direito a escolher o tipo de educação a ser dada aos seus filhos, desde que esteja de acordo com os princípios enunciados acima.
5. Nada do disposto neste Protocolo será interpretado como restrição da liberdade dos particulares e entidades de estabelecer e dirigir instituições de ensino, de acordo com a legislação interna dos Estados-Partes.

Artigo 14
Direito aos benefícios da cultura

1. Os Estados-Partes neste Protocolo reconhecem o direito de toda pessoa a:
a) Participar na vida cultural e artística da comunidade;
b) Gozar dos benefícios do progresso científico e tecnológico;
c) Beneficiar-se da proteção dos interesses morais e materiais que lhe caibam em virtude das produções científicas, literárias ou artísticas de que for autora.
2. Entre as medidas que os Estados-Partes neste Protocolo deverão adotar para assegurar o pleno exercício deste direito, figurarão as necessárias para a conservação, desenvolvimento e divulgação da ciência, da cultura e da arte.
3. Os Estados-Partes neste Protocolo comprometem-se a respeitar a liberdade indispensável para a pesquisa científica e atividade criadora.
4. Os Estados-Partes neste Protocolo reconhecem os benefícios que decorrem da promoção e desenvolvimento da cooperação e das relações internacionais em assuntos científicos, artísticos e culturais e, nesse sentido, comprometem-se a propiciar maior cooperação internacional nesse campo.

Artigo 15
Direito à constituição e proteção da família

1. A família é o elemento natural e fundamental da sociedade e deve ser protegida pelo Estado, que deverá velar pelo melhoramento de sua situação moral e material.
2. Toda pessoa tem direito a constituir família, o qual exercerá de acordo com as disposições da legislação interna correspondente.
3. Os Estados-Partes comprometem-se mediante este Protocolo, a proporcionar adequada proteção ao grupo familiar e, especialmente, a:
a) Dispensar atenção e assistência especiais à mãe, por um período razoável, antes e depois do parto;
b) Garantir às crianças alimentação adequada, tanto no período de lactação quanto na idade escolar;
c) Adotar medidas especiais de proteção dos adolescentes, a fim de assegurar o pleno amadurecimento de suas capacidades físicas, intelectuais e morais;
d) Executar programas especiais de formação familiar, a fim de contribuir para a criação de um

ambiente estável e positivo no qual as crianças percebam e desenvolvam os valores de compreensão, solidariedade, respeito e responsabilidade.

Artigo 16
Direito da criança

Toda criança, seja qual for sua filiação tem direito às medidas de proteção que sua condição de menor requer por parte de sua família, da sociedade e do Estado. Toda criança tem direito de crescer ao amparo e sob a responsabilidade de seus pais; salvo em circunstâncias excepcionais, reconhecidas judicialmente, a criança de tenra idade não deve ser separada de sua mãe. Toda criança tem direito à educação gratuita e obrigatória, pelo menos no nível básico, e a continuar sua formação em níveis mais elevados do sistema educacional.

Artigo 17
Proteção de pessoas idosas

Toda pessoa tem direito à proteção especial na velhice. Nesse sentido os Estados-Partes comprometem-se a adotar de maneira progressiva as medidas necessárias a fim de pôr em prática este direito e, especialmente, a:

a) Proporcionar instalações adequadas, bem como alimentação e assistência médica especializada, as pessoas de idade avançada que careçam dela e não estejam em condições de prove-las por meios próprios;

b) Executar programas trabalhistas específicos destinados a dar a pessoas idosas a possibilidade de realizar atividade produtiva adequada às suas capacidades, respeitando sua vocação ou desejos;

c) Promover a formação de organizações sociais destinadas a melhorar a qualidade da vida das pessoas idosas.

Artigo 18
Proteção
de deficientes

Toda pessoa afetada por diminuição de suas capacidades físicas e mentais tem direito a receber atenção especial, a fim de alcançar o máximo desenvolvimento de sua personalidade. Os Estados-Partes comprometem-se a adotar as medidas necessárias para esse fim e, especialmente, a:

a) Executar programas específicos destinados a proporcionar aos deficientes os recursos e o ambiente necessário para alcançar esse objetivo, inclusive programas trabalhistas adequados a suas possibilidades e que deverão ser livremente aceitos por eles ou, se for o caso, por seus representantes legais;

b) Proporcionar formação especial as famílias dos deficientes, a fim de ajudá-los a resolver os problemas de convivência e convertê-los em elementos atuantes no desenvolvimento físico, mental e emocional destes;

c) Incluir, de maneira prioritária, em seus planos de desenvolvimento urbano a consideração de soluções para os requisitos específicos decorrentes das necessidades deste grupo;

d) Promover a formação de organizações sociais nas quais os deficientes possam desenvolver uma vida plena.

Artigo 19
Meios de proteção

1. Os Estados-Partes neste Protocolo comprometem-se a apresentar, de acordo com o disposto por este artigo e pelas normas pertinentes que a propósito deverão ser elaboradas pela Assembleia Geral da Organização dos Estados Americanos, relatórios periódicos sobre as medidas progressivas que tiverem adotado a fim de assegurar o devido respeito dos direitos consagrados no mesmo Protocolo.

2. Todos os relatórios serão apresentados ao Secretário-Geral da OEA, que os transmitirá ao Conselho Interamericano Econômico e Social e ao Conselho Interamericano de Educação, Ciência e Cultura, a fim de que os examinem de acordo com o disposto neste artigo. O Secretário-Geral enviará cópia desses relatórios à Comissão Interamericana de Direitos Humanos.

3. O Secretário-Geral da Organização dos Estados Americanos transmitirá também aos organismos especializados do Sistema Interamericano, dos quais sejam membros os Estados-Partes neste Protocolo, cópias dos relatórios enviados ou das partes pertinentes deles, na medida em que tenham relação com matérias que sejam da competência dos referidos organismos, de acordo com seus instrumentos constitutivos.

4. Os organismos especializados do Sistema Interamericano poderão apresentar ao Conselho Interamericano Econômico e Social e ao Conselho Interamericano de Educação, Ciência e Cultura relatórios sobre o cumprimento das disposições deste Protocolo, no campo de suas atividades.

5. Os relatórios anuais que o Conselho Interamericano Econômico e Social e o Conselho Interamericano de Educação. Ciência e Cultura apresentarem à Assembleia Geral conterão um resumo da informação recebida dos Estados-Partes neste Protocolo e dos organismos especializados sobre as medidas progressivas adotadas a fim de assegurar o respeito dos direitos reconhecidos neste mesmo Protocolo e as recomendações de caráter geral que a respeito considerarem pertinentes.

6. Caso os direitos estabelecidos na alínea *a*, do artigo 8 e no artigo 13 forem violados por ação imputável diretamente a um Estado-Parte deste Protocolo, tal situação poderia dar lugar, mediante participação da Comissão Interamericana de Direitos Humanos e, quando cabível, da Corte Interamericana de Direitos Humanos, à aplicação do sistema de petições individuais regulado pelos artigos 44 a 51 e 61 a 69 da Convenção Americana sobre Direitos Humanos.

7. Sem prejuízo do disposto no parágrafo anterior, a Comissão Interamericana de Direitos Humanos poderá formular as observações e recomendações que considerar pertinentes sobre a situação dos direitos econômicos, sociais e culturais estabelecidos neste Protocolo em todos ou em alguns dos Estados-Partes, as quais poderá incluir no Relatório Anual à Assembleia Geral ou num relatório especial, conforme considerar mais apropriado.

8. No exercício das funções que lhes confere este artigo, os Conselhos e a Comissão Interamericana de Direitos Humanos levarão em conta a natureza progressiva da vigência dos direitos objeto da proteção deste Protocolo.

Artigo 20
Reservas

Os Estados-Partes poderão formular reservas sobre uma ou mais disposições específicas deste Protocolo no momento de aprová-lo, assiná-lo, ratificá-lo ou de a ele aderir, desde que não sejam incompatíveis com o objetivo e o fim do Protocolo.

Artigo 21
Assinatura, ratificação ou adesão
Entrada em vigor

1. Este Protocolo fica aberto à assinatura e à ratificação ou adesão de todo Estado-Parte da Convenção Americana sobre Direitos Humanos.

2. A ratificação deste Protocolo ou a adesão ao mesmo será efetuada mediante depósito de um instrumento de ratificação ou de adesão na Secretaria-Geral da Organização dos Estados Americanos.

3. O Protocolo entrará em vigor tão logo onze Estados tiverem depositado seus respectivos instrumentos de ratificação ou de adesão.

4. O Secretário-Geral informará a todos os Estados-membros da Organização a entrada em vigor do Protocolo.

Artigo 22
Incorporação de outros direitos e ampliação dos reconhecidos

1. Qualquer Estado-Parte e a Comissão Interamericana de Direitos Humanos poderão submeter à consideração dos Estados-Partes, reunidos por ocasião da Assembleia Geral, propostas de emendas com o fim de incluir o reconhecimento de outros direitos e liberdades, ou outras destinadas a estender ou ampliar os direitos e liberdades reconhecidos neste Protocolo.

2. As emendas entrarão em vigor para os Estados ratificantes das mesmas na data em que tiverem depositado o respectivo instrumento de ratificação que corresponda a dois terços do número de Estados-Partes neste Protocolo. Quanto aos demais Estados-Partes, entrarão em vigor na data em que depositarem seus respectivos instrumentos de ratificação.

PROTOCOLO À CONVENÇÃO AMERICANA SOBRE DIREITOS HUMANOS REFERENTE À ABOLIÇÃO DA PENA DE MORTE (1990)

- Aprovado em Assunção, Paraguai, em 8 de junho de 1990, no Vigésimo Período Ordinário de Sessões da Assembleia Geral, tendo começado a vigorar em 28.08.1991. Assinado pelo Brasil em 07.06.1994, no vigésimo quarto período ordinário de sessões da Assembleia Geral.
- O Brasil fez a seguinte declaração no momento de assinar o Protocolo: "Ao ratificar o Protocolo sobre a Abolição da Pena de Morte, adotado em Assunção, em 8 de junho de 1990, declaro, devido a imperativos constitucionais, que consigno a reserva, nos termos estabelecidos no Artigo 2 do Protocolo em questão, no qual se assegura aos Estados-Partes o direito de aplicar a pena de morte em tempo de guerra, de acordo com o direito internacional, por delitos sumamente graves de caráter militar".

Preâmbulo

Os Estados-Partes neste Protocolo

Considerando:

Que o artigo 4 da Convenção Americana sobre Direitos Humanos reconhece o direito à vida e restringe a aplicação da pena de morte;

Que toda pessoa tem o direito inalienável de que se respeite sua vida, não podendo este direito ser suspenso por motivo algum;

Que a tendência dos Estados americanos é favorável à abolição da pena de morte;

Que a aplicação da pena de morte produz consequências irreparáveis que impedem sanar o erro judicial e eliminam qualquer possibilidade de emenda e de reabilitação do processado;

Que a abolição da pena de morte contribui para assegurar proteção mais efetiva do direito à vida;

Que é necessário chegar a acordo internacional que represente um desenvolvimento progressivo da Convenção Americana sobre Direitos Humanos;

Que os Estados-Partes na Convenção Americana sobre Direitos Humanos expressaram seu propósito de se comprometer mediante acordo internacional a fim de consolidar a prática da não aplicação da pena de morte no continente americano,

Convieram em assinar o seguinte

PROTOCOLO À CONVENÇÃO AMERICANA SOBRE DIREITOS HUMANOS REFERENTE À ABOLIÇÃO DA PENA DE MORTE

Artigo 1º

Os Estados-Partes neste Protocolo não aplicarão em seu território a pena de morte a nenhuma pessoa submetida a sua jurisdição.

Artigo 2º

1. Não será admitida reserva alguma a este Protocolo. Entretanto, no momento de ratificação ou adesão, os Estados-Partes neste instrumento poderão declarar que se reservam o direito de aplicar a pena de morte em tempo de guerra, de acordo com o Direito Internacional, por delitos sumamente graves de caráter militar.

2. O Estado-Parte que formular essa reserva deverá comunicar ao Secretário-Geral da Organização dos Estados Americanos, no momento da ratificação ou adesão, as disposições pertinentes de sua legislação nacional aplicáveis em tempo de guerra a que se refere o parágrafo anterior.
3. Esse Estado-Parte notificará o Secretário-Geral da Organização dos Estados Americanos de todo início ou fim de um estado de guerra aplicável ao seu território.

Artigo 3º

1. Este Protocolo fica aberto à assinatura e ratificação ou adesão de todo Estado-Parte na Convenção Americana sobre Direitos Humanos.
2. A ratificação deste Protocolo ou a adesão ao mesmo será feita mediante o depósito do instrumento de ratificação ou adesão na Secretaria-Geral da Organização dos Estados Americanos.

Artigo 4º

Este Protocolo entrará em vigor, para os Estados que o ratificarem ou a ele aderirem, a partir do depósito do respectivo instrumento de ratificação ou adesão, na Secretaria-Geral da Organização dos Estados Americanos.

CONVENÇÃO INTERAMERICANA PARA PREVENIR E PUNIR TORTURA (1985)

> Adotada e aberta à assinatura no XV Período Ordinário de Sessões da Assembleia Geral da Organização dos Estados Americanos, em Cartagena das Índias (Colômbia), em 09.12.1985. Ratificada pelo Brasil em 20.07.1989.

Os Estados Americanos signatários da presente Convenção,

Conscientes do disposto na Convenção Americana sobre Direitos Humanos, no sentido de que ninguém deve ser submetido a torturas, nem a penas ou tratamentos cruéis, desumanos ou degradantes;

Reafirmando que todo ato de tortura ou outros tratamentos ou penas cruéis, desumanos ou degradantes constituem uma ofensa à dignidade humana e uma negação dos princípios consagrados na Carta da Organização dos Estados Americanos e na Carta das Nações Unidas, e são violatórios dos direitos humanos e liberdades fundamentais proclamados na Declaração Americana dos Direitos e Deveres do Homem e na Declaração Universal dos Direitos do Homem;

Assinalando que, para tornar efetivas as normas pertinentes contidas nos instrumentos universais e regionais aludidos, é necessário elaborar uma convenção interamericana que previna e puna a tortura;

Reiterando seu propósito de consolidar neste Continente as condições que permitam o reconhecimento e o respeito da dignidade inerente à pessoa humana e assegurem o exercício pleno de suas liberdades e direitos fundamentais;

Convieram no seguinte:

Artigo 1º

Os Estados-Partes obrigam-se a prevenir e a punir a tortura, nos termos desta Convenção.

Artigo 2º

Para os efeitos desta Convenção, entender-se-á por tortura todo ato pelo qual são infligidos intencionalmente a uma pessoa penas ou sofrimentos físicos ou mentais, com fins de investigação criminal, como meio de intimidação, como castigo pessoal, como medida preventiva, como pena ou qualquer outro fim. Entender-se-á também como tortura a aplicação, sobre uma pessoa, de métodos tendentes a anular a personalidade da vítima, ou a diminuir sua capacidade física ou mental, embora não causem dor física ou angústia psíquica.

Não estarão compreendidas no conceito de tortura as penas ou sofrimentos físicos ou mentais que sejam unicamente consequência de medidas legais ou inerentes a elas, contanto que não incluam a realização dos atos ou a aplicação dos métodos a que se refere este artigo.

Artigo 3º

Serão responsáveis pelo delito de tortura:

a) Os empregados ou funcionários públicos que, atuando nesse caráter, ordenem sua execução ou instiguem ou induzam a ela, cometam-no diretamente ou, podendo impedi-lo, não o façam.

b) As pessoas que, por instigação dos funcionários ou empregados públicos a que se refere a alínea *a*, ordenem sua execução, instiguem ou induzam a ela, cometam-no diretamente ou nele sejam cúmplices.

Artigo 4º

O fato de haver agido por ordens superiores não eximirá da responsabilidade penal correspondente.

Artigo 5º

Não se invocará nem admitirá como justificativa do delito de tortura a existência de circunstâncias tais como o estado de guerra, a ameaça de guerra, o estado de sítio ou de emergência, a comoção ou conflito interno, a suspensão das garantias constitucionais, a instabilidade política interna, ou outras emergências ou calamidades públicas.

Nem a periculosidade do detido ou condenado, nem a insegurança do estabelecimento carcerário ou penitenciário podem justificar a tortura.

Artigo 6º

Em conformidade com o disposto no artigo 1, os Estados-Partes tomarão medidas efetivas a fim de prevenir e punir a tortura no âmbito de sua jurisdição.

Os Estados-Partes assegurar-se-ão de que todos os atos de tortura e as tentativas de praticar atos dessa natureza sejam considerados delitos em seu Direito Penal, estabelecendo penas severas para sua punição, que levem em conta sua gravidade.

Os Estados-Partes obrigam-se também a tomar medidas efetivas para prevenir e punir outros tratamentos ou penas cruéis, desumanos ou degradantes, no âmbito de sua jurisdição.

Artigo 7º

Os Estados-Partes tomarão medidas para que, no treinamento de agentes de polícia e de outros funcionários públicos responsáveis pela custódia de pessoas privadas de liberdade, provisória ou definitivamente, e nos interrogatórios, detenções ou prisões, se ressalte de maneira especial a proibição do emprego de tortura.

Os Estados-Partes tomarão também medidas semelhantes para evitar outros tratamentos ou penas cruéis, desumanos ou degradantes.

Artigo 8º

Os Estados-Partes assegurarão a qualquer pessoa que denunciar haver sido submetida a tortura, no âmbito de sua jurisdição, o direito de que o caso seja examinado de maneira imparcial.

Quando houver denúncia ou razão fundada para supor que haja sido cometido ato de tortura no âmbito de sua jurisdição, os Estados-Partes garantirão que suas autoridades procederão de ofício e imediatamente à realização de uma investigação sobre o caso e iniciarão, se for cabível, o respectivo processo penal.

Uma vez esgotado o procedimento jurídico interno do Estado e os recursos que este prevê, o caso poderá ser submetido a instâncias internacionais, cuja competência tenha sido aceita por esse Estado.

Artigo 9º

Os Estados-Partes comprometem-se a estabelecer, em suas legislações nacionais, normas que garantam compensação adequada para as vítimas de delito de tortura.

Nada do disposto neste artigo afetará o direito que possa ter a vítima ou outras pessoas de receber compensação em virtude da legislação nacional existente.

Artigo 10

Nenhuma declaração que se comprove haver sido obtida mediante tortura poderá ser admitida como prova em um processo, salvo em processo instaurado contra a pessoa ou pessoas acusadas de havê-la obtido mediante atos de tortura e unicamente como prova de que, o acusado obteve tal declaração.

Artigo 11

Os Estados-Partes tomarão as medidas necessárias para conceder a extradição de toda pessoa acusada de delito de tortura ou condenada por esse delito, de conformidade com suas legislações nacionais sobre extradição e suas obrigações internacionais nessa matéria.

Artigo 12

Todo Estado-Parte tomará as medidas necessárias para estabelecer sua jurisdição sobre o delito descrito nesta Convenção, nos seguintes casos:

a) quando a tortura houver sido cometida no âmbito de sua jurisdição;

b) quando o suspeito for nacional do Estado-Parte de que se trate;

c) quando a vítima for nacional do Estado-Parte de que se trate e este o considerar apropriado.

Todo Estado-Parte tomará também as medidas necessárias para estabelecer sua jurisdição sobre o delito descrito nesta Convenção, quando o suspeito se encontrar no âmbito de sua jurisdição e o Estado não o extraditar, de conformidade com o Art. 11.

Esta Convenção não exclui a jurisdição penal exercida de conformidade com o direito interno.

Artigo 13

O delito a que se refere o artigo 2 será considerado incluído entre os delitos que são motivo de extradição em todo tratado de extradição celebrado entre Estados-Partes. Os Estados-Partes comprometem-se a incluir o delito de tortura como caso de extradição em todo tratado de extradição que celebrarem entre si no futuro.

Todo Estado-Parte que sujeitar a extradição à existência de um tratado poderá, se receber de outro Estado-Parte, com o qual não tiver tratado, uma solicitação de extradição, considerar esta Convenção como a base jurídica necessária para a extradição referente ao delito de tortura. A extradição estará sujeita às demais condições exigíveis pelo direito do Estado requerido.

Os Estados-Partes que não sujeitarem a extradição à existência de um tratado reconhecerão esses delitos como casos de extradição entre eles, respeitando as condições exigidas pelo direito do Estado requerido.

Não se concederá a extradição nem se procederá à devolução da pessoa requerida quando houver suspeita fundada de que corre perigo sua vida, de que será submetida à tortura, tratamento cruel, desumano ou degradante, ou de que será julgada por tribunais de exceção ou *ad hoc*, no Estado requerente.

Artigo 14

Quando um Estado-Parte não conceder a extradição, submeterá o caso às suas autoridades competentes, como se o delito houvesse sido cometido no âmbito de sua jurisdição, para fins de investigação e, quando for cabível, de ação penal, de conformidade com sua legislação nacional. A decisão tomada por essas autoridades será comunicada ao Estado que houver solicitado a extradição.

Artigo 15

Nada do disposto nesta Convenção poderá ser interpretado como limitação do direito de asilo, quando for cabível, nem como modificação das obrigações dos Estados-Partes em matéria de extradição.

Artigo 16

Esta Convenção deixa a salvo o disposto pela Convenção Americana dobre Direitos Humanos, por outras convenções sobre a matéria e pelo Estatuto da Comissão Interamericana de Direitos Humanos com relação ao delito de tortura.

Artigo 17

Os Estados-Partes comprometem-se a informar a Comissão Interamericana de Direitos Humanos sobre as medidas legislativas, judiciais, administrativas e de outra natureza que adotarem em aplicação desta Convenção.

De conformidade com suas atribuições, a Comissão Interamericana de Direitos Humanos procurará analisar, em seu relatório anual, a situação prevalecente nos Estados-membros da Organização dos Estados Americanos, no que diz respeito à prevenção e supressão da tortura.

Artigo 18

Esta Convenção estará aberta à assinatura dos Estados-membros da Organização dos Estados Americanos.

Artigo 19

Esta Convenção estará sujeita à ratificação. Os instrumentos de ratificação serão depositados na Secretaria-Geral da Organização dos Estados Americanos.

Artigo 20

Esta Convenção ficará aberta à adesão de qualquer outro Estado Americano. Os instrumentos de adesão serão depositados na Secretaria-Geral da Organização dos Estados Americanos.

Artigo 21

Os Estados-Partes poderão formular reservas a esta Convenção no momento de aprová-la, ratificá-la ou de a ela aderir, contanto que não sejam incompatíveis com o objeto e o fim da Convenção e versem sobre uma ou mais disposições específicas.

Artigo 22

Esta Convenção entrará em vigor no trigésimo dia a partir da data em que tenha sido depositado o segundo instrumento de ratificação. Para cada Estado que ratificar a Convenção ou a ela aderir depois de haver sido depositado o segundo instrumento de ratificação, a Convenção entrará em vigor no trigésimo dia a partir da data em que esse Estado tenha depositado seu instrumento de ratificação ou adesão.

Artigo 23

Esta Convenção vigorará indefinidamente, mas qualquer dos Estados-Partes poderá denunciá-la. O instrumento de denúncia será depositado na Secretaria-Geral da Organização dos Estados Americanos. Transcorrido um ano, contado a partir da data de depósito do instrumento de denúncia, a Convenção cessará em seus efeitos para o Estado denunciante, ficando subsistente para os demais Estados-Partes.

Artigo 24

O instrumento original desta Convenção, cujos textos em português, espanhol, francês e inglês são igualmente autênticos, será depositado na Secretaria-Geral da Organização dos Estados Americanos, que enviará cópia autenticada do seu texto para registro e publicação à Secretaria das Nações Unidas, de conformidade com o artigo 102 da Carta das Nações Unidas. A Secretaria-Geral da Organização dos Estados Americanos comunicará aos Estados-membros da referida Organização e aos Estados que tenham aderido à Convenção as assinaturas e os depósitos de instrumentos de ratificação, adesão e denúncia, bem como as reservas que houver.

CONVENÇÃO INTERAMERICANA PARA PREVENIR, PUNIR E ERRADICAR A VIOLÊNCIA CONTRA A MULHER (1994)

Convenção de Belém do Pará
- Adotada pela Assembleia Geral da Organização dos Estados Americanos em 06.06.1994.
- Ratificada pelo Brasil em 27.11.1995, e promulgada pelo Decreto 1.973, de 01.08.1996.

A Assembleia Geral,

Considerando que o reconhecimento e o respeito irrestrito de todos os direitos da mulher são condições indispensáveis para seu desenvolvimento individual e para a criação de uma sociedade mais justa, solidária e pacífica;

Preocupada porque a violência em que vivem muitas mulheres da América, sem distinção de raça, classe, religião, idade ou qualquer outra condição, é uma situação generalizada;

Persuadida de sua responsabilidade histórica de fazer frente a esta situação para procurar soluções positivas;

Convencida da necessidade de dotar o sistema interamericano de um instrumento internacional que contribua para solucionar o problema da violência contra a mulher;

Recordando as conclusões e recomendações da Consulta Interamericana sobre a Mulher e a Violência, celebrada em 1990, e a Declaração sobre a Erradicação da Violência contra a Mulher, nesse mesmo ano, adotada pela Vigésima Quinta Assembleia de Delegadas;

Recordando também a resolução AG/RES. 1128(XXI-0/91) "Proteção da Mulher Contra a Violência", aprovada pela Assembleia Geral da Organização dos Estados Americanos;

Levando em consideração o amplo processo de consulta realizado pela Comissão Interamericana de Mulheres desde 1990 para o estudo e a elaboração de um projeto de convenção sobre a mulher e a violência, e

Vistos os resultados da Sexta Assembleia Extraordinária de Delegadas,

Resolve:

Adotar a seguinte

Convenção Interamericana para Prevenir, Punir e Erradicar a Violência Contra a Mulher "Convenção de Belém do Pará"

Os Estados-Partes da presente Convenção,

Reconhecendo que o respeito irrestrito aos Direitos Humanos foi consagrado na Declaração Americana dos Direitos e Deveres do Homem e na Declaração Universal dos Direitos Humanos e reafirmado em outros instrumentos internacionais e regionais;

Afirmando que a violência contra a mulher constitui uma violação dos direitos humanos e das liberdades fundamentais e limita total ou parcialmente à mulher o reconhecimento, gozo e exercício de tais direitos e liberdades;

Preocupados porque a violência contra a mulher é uma ofensa à dignidade humana e uma manifestação de relações de poder historicamente desiguais entre mulheres e homens;

Recordando a Declaração sobre a Erradicação da Violência contra a Mulher, adotada pela Vigésima Quinta Assembleia de Delegadas da Comissão Interamericana de Mulheres, e afirmando que a violência contra a mulher transcende todos os setores da sociedade, independentemente de sua classe, raça ou grupo étnico, níveis de salário, cultura, nível educacional, idade ou religião, e afeta negativamente suas próprias bases;

Convencidos de que a eliminação da violência contra a mulher é condição indispensável para seu desenvolvimento individual e social e sua plena igualitária participação em todas as esferas da vida e

Convencidos de que a adoção de uma convenção para prevenir, punir e erradicar toda forma de violência contra a mulher, no âmbito da Organização dos Estados Americanos, constitui uma contribuição positiva para proteger os direitos da mulher e eliminar as situações de violência que possam afetá-las

Convieram o seguinte:

CAPÍTULO I
DEFINIÇÃO E ÂMBITO DE APLICAÇÃO

Artigo 1º

Para os efeitos desta Convenção deve-se entender por violência contra a mulher qualquer ação ou conduta, baseada no gênero, que cause morte, dano ou sofrimento físico, sexual ou psicológico à mulher, tanto no âmbito público como no privado.

Artigo 2º

Entender-se-á que violência contra a mulher inclui violência física, sexual e psicológica:

a) que tenha ocorrido dentro da família ou unidade doméstica ou em qualquer outra relação interpessoal, em que o agressor conviva ou haja convivido no mesmo domicílio que a mulher e que compreende, entre outros, estupro, violação, maus-tratos e abuso sexual;

b) que tenha ocorrido na comunidade e seja perpetrada por qualquer pessoa e que compreende, entre outros, violação, abuso sexual, tortura, maus tratos de pessoas, tráfico de mulheres, prostituição forçada, sequestro e assédio sexual no lugar de trabalho, bem como em instituições educacionais, estabelecimentos de saúde ou qualquer outro lugar, e

c) que seja perpetrada ou tolerada pelo Estado ou seus agentes, onde quer que ocorra.

CAPÍTULO II
DIREITOS PROTEGIDOS

Artigo 3º

Toda mulher tem direito a uma vida livre de violência, tanto no âmbito público como no privado.

Artigo 4º

Toda mulher tem direito ao reconhecimento, gozo, exercício e proteção de todos os direitos humanos e às liberdades consagradas pelos instrumentos regionais e internacionais sobre direitos humanos. Estes direitos compreendem, entre outros:

a) o direito a que se respeite sua vida;

b) o direito a que se respeite sua integridade física, psíquica e moral;

c) o direito à liberdade e à segurança pessoais;

d) o direito a não ser submetida a torturas;

e) o direito a que se respeite a dignidade inerente a sua pessoa e que se proteja sua família;

f) o direito à igualdade de proteção perante a lei e da lei;

g) o direito a um recurso simples e rápido diante dos tribunais competentes, que a ampare contra atos que violem seus direitos;

h) o direito à liberdade de associação;

i) o direito à liberdade de professar a religião e as próprias crenças, de acordo com a lei;

j) o direito de ter igualdade de acesso às funções públicas de seu país e a participar nos assuntos públicos, incluindo a tomada de decisões.

Artigo 5º

Toda mulher poderá exercer livre e plenamente seus direitos civis, políticos, econômicos, sociais e culturais e contará com a total proteção desses direitos consagrados nos instrumentos regionais e internacionais sobre direitos humanos. Os Estados-Partes reconhecem que a violência contra a mulher impede e anula o exercício desses direitos.

Artigo 6º

O direito de toda mulher a uma vida livre de violência inclui, entre outros:

a) o direito da mulher de ser livre de toda forma de discriminação, e

b) o direito da mulher de ser valorizada e educada livre de padrões estereotipados de comportamento e práticas sociais e culturais baseadas em conceitos de inferioridade ou subordinação.

CAPÍTULO III
DEVERES DOS ESTADOS

Artigo 7º

Os Estados-Partes condenam todas as formas de violência contra a mulher e concordam em adotar, por todos os meios apropriados e sem demora, políticas orientadas a prevenir, punir e erradicar a dita violência e empenhar-se em:

a) abster-se de qualquer ação ou prática de violência contra a mulher e velar para que as autoridades, seus funcionários, pessoal e agentes e instituições públicas se comportem conforme esta obrigação;
b) atuar com a devida diligência para prevenir, investigar e punir a violência contra a mulher;
c) incluir em sua legislação interna normas penais, civis e administrativas, assim como as de outra natureza que sejam necessárias para prevenir, punir e erradicar a violência contra a mulher e adotar as medidas administrativas apropriadas que venham ao caso;
d) adotar medidas jurídicas que exijam do agressor abster-se de fustigar, perseguir, intimidar, ameaçar, machucar ou pôr em perigo a vida da mulher de qualquer forma que atente contra sua integridade ou prejudique sua propriedade;
e) tomar todas as medidas apropriadas, incluindo medidas de tipo legislativo, para modificar ou abolir leis e regulamentos vigentes, ou para modificar práticas jurídicas ou consuetudinárias que respaldem a persistência ou a tolerância da violência contra a mulher;
f) estabelecer procedimentos jurídicos justos e eficazes para a mulher que tenha sido submetida a violência, que incluam, entre outros, medidas de proteção, um julgamento oportuno e o acesso efetivo a tais procedimentos;
g) estabelecer os mecanismos judiciais e administrativos necessários para assegurar que a mulher objeto de violência tenha acesso efetivo a ressarcimento, reparação do dano ou outros meios de compensação justos e eficazes; e
h) adotar as disposições legislativas ou de outra índole que sejam necessárias para efetivar esta Convenção.

Artigo 8º

Os Estados-Partes concordam em adotar, em forma progressiva, medidas específicas, inclusive programas para:
a) fomentar o conhecimento e a observância do direito da mulher a uma vida livre de violência e o direito da mulher a que se respeitem e protejam seus direitos humanos;
b) modificar os padrões socioculturais de conduta de homens e mulheres, incluindo a construção de programas de educação formais e não formais apropriados a todo nível do processo educativo, para contrabalançar preconceitos e costumes e todo outro tipo de práticas que se baseiem na premissa da inferioridade ou superioridade de qualquer dos gêneros ou nos papéis estereotipados para o homem e a mulher que legitimam ou exacerbam a violência contra a mulher;
c) fomentar a educação e capacitação do pessoal na administração da justiça, policial e demais funcionários encarregados da aplicação da lei, assim como do pessoal encarregado das políticas de prevenção, sanção e eliminação da violência contra a mulher;
d) aplicar os serviços especializados apropriados para o atendimento necessário à mulher objeto de violência, por meio de entidades dos setores público e privado, inclusive abrigos, serviços de orientação para toda a família, quando for o caso, e cuidado e custódia dos menores afetados;
e) fomentar e apoiar programas de educação governamentais e do setor privado destinados a conscientizar o público sobre os problemas relacionados com a violência contra a mulher, os recursos jurídicos e a reparação correspondente;
f) oferecer à mulher objeto de violência acesso a programas eficazes de reabilitação e capacitação que lhe permitam participar plenamente na vida pública, privada e social;
g) estimular os meios de comunicação a elaborar diretrizes adequadas de difusão que contribuam para a erradicação da violência contra a mulher em todas suas formas e a realçar o respeito à dignidade da mulher;
h) garantir a investigação e recompilação de estatísticas e demais informações pertinentes sobre as causas, consequências e frequência da violência contra a mulher, com o objetivo de avaliar a eficácia das medidas para prevenir, punir e eliminar a violência contra a mulher e de formular e aplicar as mudanças que sejam necessárias; e
i) promover a cooperação internacional para o intercâmbio de ideias e experiências e a execução de programas destinados a proteger a mulher objeto de violência.

Artigo 9º

Para a adoção das medidas a que se refere este capítulo, os Estados-Partes terão especialmente em conta a situação de vulnerabilidade à violência que a mulher possa sofrer em consequência, entre outras, de sua raça ou de sua condição étnica, de migrante, refugiada ou desterrada. No mesmo sentido se considerará a mulher submetida à violência quando estiver grávida, for excepcional, menor de idade, anciã, ou estiver em situação socioeconômica desfavorável ou afetada por situações de conflitos armados ou de privação de sua liberdade.

CAPÍTULO IV

MECANISMOS INTERAMERICANO DE PROTEÇÃO

Artigo 10

Com o propósito de proteger o direito da mulher a uma vida livre de violência, nos informes nacionais à Comissão Interamericana de Mulheres, os Estados-Partes deverão incluir informação sobre as medidas adotadas para prevenir e erradicar a violência contra a mulher, para assistir a mulher afetada pela violência, assim como sobre as dificuldades que observem na aplicação das mesmas e dos fatores que contribuam à violência contra a mulher.

Artigo 11

Os Estados-Partes nesta Convenção e a Comissão Interamericana de Mulheres poderão requerer à Corte Interamericana de Direitos Humanos opinião consultiva sobre a interpretação desta Convenção.

Artigo 12
Qualquer pessoa ou grupo de pessoas, ou entidade não governamental legalmente reconhecida em um ou mais Estados-membros da Organização, pode apresentar à Comissão Interamericana de Direitos Humanos petições que contenham denúncias ou queixas de violação do artigo 7 da presente Convenção pelo Estado-Parte, e a Comissão considera-las-á de acordo com as normas e os requisitos de procedimento para a apresentação e consideração de petições estipuladas na Convenção Americana sobre Direitos Humanos e no Estatuto e Regulamento da Comissão Interamericana de Direitos Humanos.

CAPÍTULO V
DISPOSIÇÕES GERAIS
Artigo 13
Nada do disposto na presente Convenção poderá ser interpretado como restrição ou limitação à legislação interna dos Estados-Partes que preveja iguais ou maiores proteções e garantias aos direitos da mulher e salvaguardas adequadas para prevenir e erradicar a violência contra a mulher.

Artigo 14
Nada do disposto na presente Convenção poderá ser interpretado como restrição ou limitação à Convenção Americana sobre Direitos Humanos ou a outras convenções internacionais sobre a matéria que prevejam iguais ou maiores proteções relacionadas com este tema.

Artigo 15
A presente Convenção está aberta à assinatura de todos os Estados-membros da Organização dos Estados Americanos.

Artigo 16
A presente Convenção está sujeita a ratificação. Os instrumentos de ratificação serão depositados na Secretaria-Geral da Organização dos Estados Americanos.

Artigo 17
A presente Convenção fica aberta à adesão de qualquer outro Estado. Os instrumentos de adesão serão depositados na Secretaria-Geral da Organização dos Estados Americanos.

Artigo 18
Os Estados poderão formular reservas à presente Convenção no momento de aprová-la, assiná-la, ratificá-la ou aderir a ela, sempre que:
a) não sejam incompatíveis com o objetivo e o propósito da Convenção;
b) não sejam de caráter geral e versem sobre uma ou mais disposições específicas.

Artigo 19
Qualquer Estado-Parte pode submeter à Assembleia Geral, por meio da Comissão Interamericana de Mulheres, uma proposta de emenda a esta Convenção.

As emendas entrarão em vigor para os Estados ratificantes das mesmas na data em que dois terços dos Estados-Partes tenham depositado o respectivo instrumento de ratificação. Quanto ao resto dos Estados-Partes, entrarão em vigor na data em que depositem seus respectivos instrumentos de ratificação.

Artigo 20
Os Estados-Partes que tenham duas ou mais unidades territoriais em que funcionem distintos sistemas jurídicos relacionados com questões tratadas na presente Convenção poderão declarar, no momento da assinatura, ratificação ou adesão, que a Convenção aplicar-se-á a todas as unidades territoriais ou somente a uma ou mais.

Tais declarações poderão ser modificadas em qualquer momento mediante declarações ulteriores, que especificarão expressamente a ou as unidades territoriais às quais será aplicada a presente Convenção. Tais declarações ulteriores serão transmitidas à Secretaria-Geral da Organização dos Estados Americanos e entrarão em vigor trinta dias após seu recebimento.

Artigo 21
A presente Convenção entrará em vigor no trigésimo dia a partir da data que tenha sido depositado o segundo instrumento de ratificação. Para cada Estado que ratifique ou adira à Convenção, depois de ter sido depositado o segundo instrumento de ratificação, entrará em vigor no trigésimo dia a partir da data em que tal Estado tenha depositado seu instrumento de ratificação ou adesão.

Artigo 22
O Secretário-Geral informará a todos os Estados-membros da Organização dos Estados Americanos da entrada em vigor da Convenção.

Artigo 23
O Secretário-Geral da Organização dos Estados Americanos apresentará um informe anual aos Estados-membros da Organização sobre a situação desta Convenção, inclusive sobre as assinaturas, depósitos de instrumentos de ratificação, adesão ou declarações, assim como as reservas porventura apresentadas pelos Estados-Partes e, neste caso, o informe sobre as mesmas.

Artigo 24
A presente Convenção vigorará indefinidamente, mas qualquer dos Estados-Partes poderá denunciá-la mediante o depósito de um instrumento com esse fim na Secretaria-Geral da Organização dos Estados Americanos. Um ano depois da data do depósito de instrumento de denúncia, a Convenção cessará em seus efeitos para o Estado denunciante, continuando a subsistir para os demais Estados-Partes.

Artigo 25
O instrumento original da presente Convenção, cujos textos em espanhol, francês, inglês e português são igualmente autênticos, será depositado

na Secretaria-Geral da Organização dos Estados Americanos, que enviará cópia autenticada de seu texto para seu registro e publicação à Secretaria das Nações Unidas, de conformidade com o artigo 102 da Carta das Nações Unidas.

Em fé do que os plenipotenciários infra-assinados, devidamente autorizados por seus respectivos governos, assinam esta Convenção, que se denominará Convenção Interamericana para Prevenir, Punir e Erradicar a Violência contra a Mulher, "Convenção de Belém do Pará".

Expedida na cidade de Belém do Pará, Brasil, no dia nove de junho de mil novecentos e noventa e quatro.

CONVENÇÃO INTERAMERICANA SOBRE TRÁFICO INTERNACIONAL DE MENORES (1994)

- Aprovada no Brasil pelo Decreto Legislativo 105, de 30.10.1996, tendo sido ratificada pelo Brasil em 08.07.1997, passando a vigorar, para o Brasil, em 15.08.1997, na forma de seu artigo 33. Foi promulgada pelo Decreto 2.740, de 20.08.1998.
- Entrou em vigor internacional em 15.08.1997.

Os Estados-Partes nesta Convenção,

Considerando a importância de assegurar proteção integral e efetiva ao menor, mediante a implementação de mecanismos adequados que garantam o respeito aos seus direitos;

Conscientes de que o tráfico internacional de menores constitui uma preocupação universal;

Levando em conta o direito convencional em matéria de proteção internacional do menor e, em especial, o disposto nos Artigos 11 e 35 da Convenção sobre os Direitos do Menor, adotada pela Assembleia Geral das Nações Unidas em 20 de novembro de 1989;

Convencidos da necessidade de regular os aspectos civis e penais do tráfico internacional de menores; e

Reafirmando a importância da cooperação internacional no sentido de proteger eficazmente os interesses superiores do menor,

Convêm no seguinte:

CAPÍTULO I
DISPOSIÇÕES GERAIS

Artigo 1º

O objeto desta Convenção, com vistas à proteção dos direitos fundamentais e dos interesses superiores do menor, é a prevenção e sanção do tráfico internacional de menores, bem como a regulamentação de seus aspectos civis e penais.

Neste sentido, os Estados-Partes obrigam-se a:

a) garantir a proteção do menor, levando em consideração os seus interesses superiores;

b) instituir entre os Estados-Partes um sistema de cooperação jurídica que consagre a prevenção e a sanção do tráfico internacional de menores, bem como a adoção das disposições jurídicas e administrativas sobre a referida matéria com essa finalidade;

c) assegurar a pronta restituição do menor vítima do tráfico internacional ao Estado onde tem residência habitual, levando em conta os interesses superiores do menor.

Artigo 2º

Esta Convenção aplicar-se-á a qualquer menor que resida habitualmente em um Estado-Parte ou nele se encontre no momento em que ocorra um ato de tráfico internacional de menores que o afete.

Para os efeitos desta Convenção, entende-se:

a) por "menor", todo ser humano menor de 18 anos de idade;

b) por "tráfico internacional de menores", a subtração, a transferência ou retenção, ou a tentativa de subtração, transferência ou retenção de um menor, com propósitos ou por meios ilícitos;

c) por "propósitos ilícitos", entre outros, prostituição, exploração sexual, servidão ou qualquer outro propósito ilícito, seja no Estado em que o menor resida habitualmente, ou no Estado-Parte em que este se encontre; e

d) por "meios ilícitos", entre outros, o sequestro, o consentimento mediante coação ou fraude, a entrega ou o recebimento de pagamentos ou benefícios ilícitos com vistas a obter o consentimento dos pais, das pessoas ou da instituição responsáveis pelo menor, ou qualquer outro meio ilícito utilizado seja no Estado de residência habitual do menor ou no Estado-Parte em que este se encontre.

Artigo 3º

Esta Convenção também abrangerá os aspectos civis não previstos da subtração, transferência e retenção ilícitas de menores no âmbito internacional, não previstos em outras convenções internacionais sobre a matéria.

Artigo 4º

Os Estados-Partes cooperarão com os Estados não Partes, na medida do possível, na prevenção e sanção do tráfico internacional de menores e na proteção e cuidado dos menores vítimas do fato ilícito.

Nesse sentido, as autoridades competentes dos Estados-Partes deverão notificar as autoridades competentes de um Estado não Parte, nos casos em que se encontrar em seu território um menor que tenha sido vítima do tráfico internacional de menores.

Artigo 5º

Para os efeitos desta Convenção, cada Estado-Parte designará uma Autoridade Central e comunicará essa designação à Secretaria-Geral da Organização dos Estados Americanos.

Um Estado federal, um Estado em que vigorem diferentes sistemas jurídicos ou um Estado com unidades territoriais autônomas pode designar mais de uma Autoridade Central e especificar a extensão jurídica ou territorial de suas funções. O Estado que fizer uso dessa faculdade designará a Autoridade Central a que possam ser dirigidas todas as comunicações.

O Estado-Parte que designar mais de uma Autoridade Central enviará a pertinente comunicação à Secretaria-Geral da organização dos Estados Americanos.

Artigo 6º
Os Estados-Partes cuidarão do interesse do menor, mantendo os procedimentos de aplicação desta Convenção sempre confidenciais.

CAPÍTULO II
ASPECTOS PENAIS

Artigo 7º
Os Estados-Partes comprometem-se a adotar, em conformidade com seu direito interno, medidas eficazes para prevenir e sancionar severamente a ocorrência de tráfico internacional de menores definido nesta Convenção.

Artigo 8º
Os Estados-Partes comprometem-se a:

a) prestar, por meio de suas autoridades centrais e observados os limites da lei interna de cada Estado-Parte e os tratados internacionais aplicáveis, pronta e expedita assistência mútua para as diligências judiciais e administrativas, obtenção de provas e demais atos processuais necessários ao cumprimento dos objetivos desta Convenção;

b) estabelecer, por meio de sua autoridades centrais, mecanismos de intercâmbio de informação sobre legislação nacional, jurisprudência, práticas administrativas, estatísticas e modalidades que tenha assumido o tráfico internacional de menores em seu territórios; e

c) dispor sobre as medidas necessárias para a remoção dos obstáculos capazes de afetar a aplicação desta Convenção em seus respectivos Estados.

Artigo 9º
Serão competentes para conhecer de delitos relativos ao tráfico internacional de menores:

a) o Estado-Parte em que tenha ocorrido a conduta ilícita;

b) o Estado-Parte em que o menor resida habitualmente;

c) o Estado-Parte em que se encontre o suposto delinquente, no caso de não ter sido extraditado; e

d) o Estado-Parte em que se encontre o menor vítima de tráfico.

Para os efeitos do parágrafo anterior, ficará prevento o Estado-Parte que haja sido o primeiro a conhecer do fato ilícito.

Artigo 10
O Estado-Parte que, ao condicionar a extradição à existência de tratado, receber pedido de extradição de outro Estado-Parte com a qual não mantenha tratado de extradição ou, se o mantiver, este não inclua o tráfico internacional de menores como delito que possibilite a extradição, poderá considerar esta Convenção como a base jurídica necessária para concedê-la no caso de tráfico internacional de menores.

Além disso, os Estados-Partes que não condicionam a extradição à existência de tratado reconhecerão, entre si, o tráfico internacional de menores como causa de extradição.

Na inexistência de tratado de extradição, esta ficará sujeita às demais condições exigíveis pelo direito interno do Estado requerido.

Artigo 11
As ações instauradas em conformidade com o disposto neste Capítulo não impedem que as autoridades competentes do Estado-Parte em que encontre o menor determinem, a qualquer momento, em consideração aos seus interesses superiores, sua imediata restituição ao Estado em que resida habitualmente.

CAPÍTULO III
ASPECTOS CIVIS

Artigo 12
A solicitação de localização e restituição do menor decorrente desta Convenção será promovida pelos titulares determinados pelo direito do Estado de residência habitual do mesmo.

Artigo 13
São competentes para conhecer da solicitação de localização e de restituição, por opção dos reclamantes, as autoridades judiciais ou administrativas do Estado-Parte de residência habitual do menor ou as do Estado-Parte onde se encontrar ou se presuma encontrar-se retido.

Quando, a juízo dos reclamantes, existirem motivos de urgência, a solicitação também poderá ser submetida às autoridades judiciais ou administrativos do local onde tenha ocorrido o ato ilícito.

Artigo 14
A solicitação de localização e de restituição será tramitada por intermédio das Autoridades Centrais ou diretamente perante as autoridades competentes indicadas no Artigo 13 desta Convenção. As autoridades requeridas estabelecerão os procedimentos mais expeditos para torná-la efetiva.

Recebida a respectiva solicitação, a autoridade requerida estipulará as medidas que, de acordo com seu direito interno, sejam necessárias para iniciar, facilitar e coadjuvar os procedimentos judiciais e administrativos referentes à localização e restituição do menor. Adotar-se-ão, ademais, as medidas para providenciar a imediata restituição do menor e, conforme o caso, assegurar sua proteção, custódia ou guarda provisória, de acordo com as circunstâncias, bem como as medidas preventivas para impedir que o menor seja indevidamente transferido para outro Estado.

As solicitações de localização e de restituição, devidamente fundamentadas, será formulada dentro dos 120 dias de conhecida a subtração, transferência ou retenção ilícitas do menor. Quando a solicitação de localização e de restituição partir de um Estado-Parte, este disporá do prazo de 180 dias para sua apresentação.

Havendo necessidade prévia de localizar o menor, o prazo anterior será contado a partir do dia em que o titular da ação tiver tomado conhecimento da respectiva localização.

Não obstante o disposto nos parágrafos anteriores, as autoridades do Estado-Parte em que o menor tenha sido retido poderão, a qualquer momento, determinar sua restituição, atendendo aos interesses superiores do mesmo.

Artigo 15

Os pedidos de cooperação previstos nesta Convenção, formulados por via consular ou diplomática ou por intermédio das Autoridades Centrais, dispensarão o requisito de legalização ou outras formalidades semelhantes. Os pedidos de cooperação formulados diretamente entre tribunais das áreas fronteiriças dos Estados-Partes também dispensarão legalização. Ademais, estarão isentos de legalização, para efeitos de validade jurídica no Estado solicitante, os documentos pertinentes que sejam devolvidos por essas mesmas vias.

Os pedidos deverão estar traduzidos, em cada caso, para o idioma oficial ou -idiomas oficiais do Estado-Parte ao qual esteja dirigido. Com relação aos anexos, é suficiente a tradução de um sumário, contendo os dados essenciais.

Artigo 16

As autoridades competentes de um Estado-Parte que constatem, no território sujeito à sua jurisdição, a presença de um menor vítima de tráfico internacional deverão adotar as medidas imediatas necessárias para sua proteção, inclusive as que tenham caráter preventivo e impeçam a transferência indevida do menor para outro Estado.

Estas medidas serão comunicadas por intermédio das Autoridades Centrais às autoridades competentes do Estado onde o menor tenha tido, anteriormente, sua residência habitual. As autoridades intervenientes adotarão todas as providências necessárias para comunicar as medidas adotadas aos titulares das ações de localização e restituição do menor.

Artigo 17

Em conformidade com os objetivos desta Convenção, as Autoridades Centrais dos Estados-Partes intercambiarão informação e colaborarão com suas competentes autoridades judiciais e administrativas em tudo o que se refira ao controle de saída de menores de seu território e de sua entrada no mesmo.

Artigo 18

As adoções internacionais e outros institutos afins, constituídos em um Estado-Parte, serão passíveis de anulação quando tiveram como origem ou objetivo o tráfico internacional de menores.

Na respectiva ação de anulação, levar-se-ão sempre em conta os interesses superiores do menor.

A anulação será submetida à lei e às autoridades do Estado de constituição da adoção ou do instituto de que se trate.

Artigo 19

A guarda ou custódia será passível de revogação quando sua origem ou objetivo for o tráfico internacional de menores, nas mesmas condições previstas no artigo anterior.

Artigo 20

A solicitação de localização e de restituição do menor poderá ser apresentada sem prejuízo da ação de anulação e revogação previstas nos Artigos 18 e 19.

Artigo 21

Em qualquer procedimento previsto neste Capítulo, a autoridade competente poderá determinar que a pessoa física ou jurídica responsável pelo tráfico internacional de menores pague os gastos e as despesas de localização e restituição, contanto que essa pessoa física ou jurídica tenha sido parte desse procedimento.

Os titulares da ação ou, se for o caso, qualquer autoridade competente, poderão propor ação civil para ressarcir-se das despesas, nestas incluídas os honorários advocatícios e os gastos de localização e restituição do menor, a não ser que estas tenham sido fixadas em ação penal ou em processo de restituição, nos termos desta Convenção.

A autoridade competente ou qualquer parte prejudicada poderá propor ação civil objetivando perdas e danos contra as pessoas físicas ou jurídicas responsáveis pelo tráfico internacional do menor.

Artigo 22

Os Estados-Partes adotarão as medidas necessárias para possibilitar gratuidade aos procedimentos de restituição do menor, nos termos de seu direito interno, e informarão aos legítimos interessados na respectiva restituição os benefícios decorrentes de pobreza e quando possam ter direito à assistência gratuita, em conformidade com as suas leis e regulamentos.

CAPÍTULO IV
DISPOSIÇÕES FINAIS

Artigo 23

Os Estados-Partes poderão declarar, seja no momento da assinatura e da ratificação desta Convenção ou da adesão à mesma, ou posteriormente, que reconhecerão e executarão as sentenças penais proferidas em outro Estado-Parte no que se refere à indenização por perdas e danos decorrentes do tráfico internacional de menores.

Artigo 24

Com relação a um Estado que, relativamente a questões tratadas nesta Convenção, tenha dois ou mais sistemas jurídicos aplicáveis em unidades territoriais diferentes:

a) toda referência à lei do Estado será interpretada com referência à lei correspondente à respectiva unidade territorial;

b) toda referência à residência habitual no referido Estado será interpretada como à residência habitual em uma unidade territorial do estado mencionado;

c) toda referência às autoridades competentes do referido Estado será entendida em relação às autoridades competentes para agir na respectiva unidade territorial.

Artigo 25

Os Estados que tenham duas ou mais unidades territoriais onde se apliquem sistemas jurídicos diferentes a questões tratadas nesta Convenção poderão declarar, no momento da assinatura, ratificação ou adesão, que a Convenção se aplicará a todas as suas unidades territoriais ou somente a uma ou mais.

Tais declarações podem ser modificadas mediante declarações posteriores, que especificarão expressamente a unidade territorial ou as unidades territoriais a que se aplicará esta Convenção. Essas declarações posteriores serão encaminhadas à Secretaria-Geral da Organização dos Estados Americanos e produzirão efeito noventa dias a partir da data do recebimento.

Artigo 26

Os Estados-Partes poderão declarar, no momento da assinatura e ratificação desta Convenção ou de adesão à mesma, ou posteriormente, que não se poderá opor em juízo civil deste Estado-Parte exceção ou defesa alguma que tenda a demonstrar a inexistência do delito ou eximir de responsabilidade uma pessoa quando houver sentença condenatória proferida por outro Estado-Parte em conexão com este delito e já transitada em julgado.

Artigo 27

As autoridades competentes das zonas fronteiriças dos Estados-Partes poderão acordar, diretamente e a qualquer momento, com relação a procedimentos de localização e restituição mais expeditos que os previstos nesta Convenção e sem prejuízo desta. O disposto nesta Convenção não será interpretado no sentido de restringir as práticas mais favoráveis que as autoridades competentes dos Estados-Partes puderem observar entre si, para os propósitos desta Convenção.

Artigo 28

Esta Convenção está aberta à assinatura de todos os Estados-Membros da Organização dos Estados Americanos.

Artigo 29

Esta Convenção está sujeita à ratificação. Os instrumentos de ratificação serão depositados na Secretaria-Geral da Organização dos Estados Americanos.

Artigo 30

Esta Convenção ficará aberta à adesão de qualquer outro Estado, uma vez que entre em vigor. Os instrumentos de adesão serão depositados na Secretaria-Geral da Organização dos Estados Americanos.

Artigo 31

Cada Estado poderá formular reservas a esta Convenção, no momento de assiná-la, ratificá-la ou de a ela aderir, desde que a reserva se refira a uma ou mais disposições específicas e que não seja incompatível com o objetivo e fins desta Convenção.

Artigo 32

Nenhuma cláusula desta Convenção será interpretada de modo a restringir outros tratados bilaterais ou multilaterais ou outros acordos subscritos pelas partes.

Artigo 33

Para os Estados ratificantes, esta Convenção entrará em vigor no trigésimo dia a partir da data em que haja sido depositado o segundo instrumento de ratificação.

Para cada Estado que ratificar esta Convenção ou a ela aderir depois de haver sido depositado o segundo instrumento de ratificação, a Convenção entrará em vigor no trigésimo dia a partir da data em que tal Estado haja depositado seu instrumento de ratificação ou de adesão.

Artigo 34

Esta Convenção vigorará por prazo indeterminado, mas qualquer dos Estados-Partes poderá denunciá-la. O instrumento de denúncia será depositado na Secretaria-Geral da Organização dos Estados Americanos. Transcorrido um ano da data do depósito do instrumento de denúncia, os efeitos da Convenção cessarão para o Estado denunciante.

Artigo 35

O instrumento original desta Convenção, cujos textos em português, espanhol, francês e inglês são igualmente autênticos, será depositado na Secretaria-Geral da Organização dos Estados Americanos, que enviará cópia autenticada do seu texto à Secretaria das Nações Unidas para seu registro e publicação, de conformidade com o Artigo 102 da sua Carta constitutiva. A Secretaria-Geral da Organização dos Estados Americanos notificará aos Estados-Membros da referida Organização e aos Estados que houverem aderido à Convenção, as assinaturas e os depósitos de instrumentos de ratificação, adesão e denúncia, bem como as reservas existentes e a retirada destas.

Em fé do que os plenipotenciários infra-assinados, devidamente autorizados por seus respectivos Governos, assinam esta Convenção.

Expedida na Cidade do México, D.F., México, no dia dezoito de março de mil novecentos e noventa e quatro.

CONVENÇÃO INTERAMERICANA CONTRA A CORRUPÇÃO (1996)

- Aprovada pela Organização dos Estados Americanos em 29 de março de 1996 e, no Brasil, pelo Decreto Legislativo no 152, de 25 de junho de 2002, com reserva para o art. XI, parágrafo 1o, inciso "c", entrando em vigor em 24 de agosto de 2002.
- Promulgada, no Brasil, pelo Decreto 4.410, de 7 de outubro de 2002.

Preâmbulo

OS ESTADOS MEMBROS DA ORGANIZAÇÃO DOS ESTADOS AMERICANOS,

CONVENCIDOS de que a corrupção solapa a legitimidade das instituições públicas e atenta contra a sociedade, a ordem moral e a justiça, bem como contra o desenvolvimento integral dos povos;

CONSIDERANDO que a democracia representativa, condição indispensável para a estabilidade, a paz e o desenvolvimento da região, exige, por sua própria natureza, o combate a toda forma de corrupção no exercício das funções públicas e aos atos de corrupção especificamente vinculados a seu exercício;

PERSUADIDOS de que o combate à corrupção reforça as instituições democráticas e evita distorções na economia, vícios na gestão pública e deterioração da moral social;

RECONHECENDO que, muitas vezes, a corrupção é um dos instrumentos de que se serve o crime organizado para concretizar os seus fins;

CONVENCIDOS da importância de gerar entre a população dos países da região uma consciência em relação à existência e à gravidade desse problema e da necessidade de reforçar a participação da sociedade civil na prevenção e na luta contra a corrupção;

RECONHECENDO que a corrupção, em alguns casos, se reveste de transcendência internacional, o que exige por parte dos Estados uma ação coordenada para combatê-la eficazmente;

CONVENCIDOS da necessidade de adotar o quanto antes um instrumento internacional que promova e facilite a cooperação internacional para combater a corrupção e, de modo especial, para tomar as medidas adequadas contra as pessoas que cometam atos de corrupção no exercício das funções públicas ou especificamente vinculados a esse exercício, bem como a respeito dos bens que sejam fruto desses atos;

PROFUNDAMENTE PREOCUPADOS com os vínculos cada vez mais estreitos entre a corrupção e as receitas do tráfico ilícito de entorpecentes, que ameaçam e corroem as atividades comerciais e financeiras legítimas e a sociedade, em todos os níveis;

TENDO PRESENTE que, para combater a corrupção, é responsabilidade dos Estados erradicar a impunidade e que a cooperação entre eles é necessária para que sua ação neste campo seja efetiva; e

DECIDIDOS a envidar todos os esforços para prevenir, detectar, punir e erradicar a corrupção no exercício das funções públicas e nos atos de corrupção especificamente vinculados a seu exercício,

CONVIERAM em assinar a seguinte

CONVENÇÃO INTERAMERICANA CONTRA A CORRUPÇÃO

Artigo I
Definições

Para os fins desta Convenção, entende-se por:

"Função pública" toda atividade, temporária ou permanente, remunerada ou honorária realizada por uma pessoa física em nome do Estado ou a serviço do Estado ou de suas entidades, em qualquer de seus níveis hierárquicos.

"Funcionário público", "funcionário de governo" ou "servidor público" qualquer funcionário ou empregado de um Estado ou de suas entidades, inclusive os que tenham sido selecionados, nomeados ou eleitos para desempenhar atividades ou funções em nome do Estado ou a serviço do Estado em qualquer de seus níveis hierárquicos.

"Bens" os ativos de qualquer tipo, quer sejam móveis ou imóveis, tangíveis ou intangíveis, e os documentos e instrumentos legais que comprovem ou pretendam comprovar a propriedade ou outros direitos sobre estes ativos, ou que se refiram à propriedade ou outros direitos.

Artigo II
Propósitos

Os propósitos desta Convenção são:

l. promover e fortalecer o desenvolvimento, por cada um dos Estados Partes, dos mecanismos necessários para prevenir, detectar, punir e erradicar a corrupção; e

2. promover, facilitar e regular a cooperação entre os Estados Partes a fim de assegurar a eficácia das medidas e ações adotadas para prevenir, detectar, punir e erradicar a corrupção no exercício das funções públicas, bem como os atos de corrupção especificamente vinculados a seu exercício.

Artigo III
Medidas preventivas

Para os fins estabelecidos no artigo II desta Convenção, os Estados Partes convêm em considerar a aplicabilidade de medidas, em seus próprios sistemas institucionais destinadas a criar, manter e fortalecer:

1. Normas de conduta para o desempenho correto, honrado e adequado das funções públicas. Estas normas deverão ter por finalidade prevenir conflitos de interesses, assegurar a guarda e uso adequado dos recursos confiados aos funcionários públicos no desempenho de suas funções e estabelecer medidas e sistemas para exigir dos

funcionários públicos que informem as autoridades competentes dos atos de corrupção nas funções públicas de que tenham conhecimento. Tais medidas ajudarão a preservar a confiança na integridade dos funcionários públicos e na gestão pública.

2. Mecanismos para tornar efetivo o cumprimento dessas normas de conduta.

3. Instruções ao pessoal dos órgãos públicos a fim de garantir o adequado entendimento de suas responsabilidades e das normas éticas que regem as suas atividades.

4. Sistemas para a declaração das receitas, ativos e passivos por parte das pessoas que desempenhem funções públicas em determinados cargos estabelecidos em lei e, quando for o caso, para a divulgação dessas declarações.

5. Sistemas de recrutamento de funcionários públicos e de aquisição de bens e serviços por parte do Estado de forma a assegurar sua transparência, eqüidade e eficiência.

6. Sistemas para arrecadação e controle da renda do Estado que impeçam a prática da corrupção.

7. Leis que vedem tratamento tributário favorável a qualquer pessoa física ou jurídica em relação a despesas efetuadas com violação dos dispositivos legais dos Estados Partes contra a corrupção.

8. Sistemas para proteger funcionários públicos e cidadãos particulares que denunciarem de boa-fé atos de corrupção, inclusive a proteção de sua identidade, sem prejuízo da Constituição do Estado e dos princípios fundamentais de seu ordenamento jurídico interno.

9. Órgãos de controle superior, a fim de desenvolver mecanismos modernos para prevenir, detectar, punir e erradicar as práticas corruptas.

10. Medidas que impeçam o suborno de funcionários públicos nacionais e estrangeiros, tais como mecanismos para garantir que as sociedades mercantis e outros tipos de associações mantenham registros que, com razoável nível de detalhe, reflitam com exatidão a aquisição e alienação de ativos e mantenham controles contábeis internos que permitam aos funcionários da empresa detectarem a ocorrência de atos de corrupção.

11. Mecanismos para estimular a participação da sociedade civil e de organizações não-governamentais nos esforços para prevenir a corrupção.

12. O estudo de novas medidas de prevenção, que levem em conta a relação entre uma remuneração eqüitativa e a probidade no serviço público.

Artigo IV
Âmbito

Esta Convenção é aplicável sempre que o presumido ato de corrupção seja cometido ou produza seus efeitos em um Estado Parte.

Artigo V
Jurisdição

1. Cada Estado Parte adotará as medidas que forem necessárias para estabelecer sua jurisdição sobre os delitos que tiver tipificado nos termos desta Convenção, quando o delito for cometido em seu território.

2. Cada Estado Parte poderá adotar as medidas que sejam necessárias para estabelecer sua jurisdição em relação aos delitos que haja tipificado, nos termos desta Convenção, quando o delito for cometido por um de seus cidadãos ou por uma pessoa que tenha sua residência habitual em seu território.

3. Cada Estado Parte adotará as medidas que sejam necessárias para estabelecer sua jurisdição em relação aos delitos que haja tipificado, nos termos desta Convenção, quando o suspeito se encontrar em seu território e a referida parte não o extraditar para outro país por motivo da nacionalidade do suspeito.

4. Esta Convenção não exclui a aplicação de qualquer outra regra de jurisdição penal estabelecida por uma parte em virtude de sua legislação nacional.

Artigo VI
Atos de corrupção

l. Esta Convenção é aplicável aos seguintes atos de corrupção:

a. a solicitação ou a aceitação, direta ou indiretamente, por um funcionário público ou pessoa que exerça funções públicas, de qualquer objeto de valor pecuniário ou de outros benefícios como dádivas, favores, promessas ou vantagens para si mesmo ou para outra pessoa ou entidade em troca da realização ou omissão de qualquer ato no exercício de suas funções públicas;

b. a oferta ou outorga, direta ou indiretamente, a um funcionário público ou pessoa que exerça funções públicas, de qualquer objeto de valor pecuniário ou de outros benefícios como dádivas, favores, promessas ou vantagens a esse funcionário público ou outra pessoa ou entidade em troca da realização ou omissão de qualquer ato no exercício de suas funções públicas;

c. a realização, por parte de um funcionário público ou pessoa que exerça funções públicas, de qualquer ato ou omissão no exercício de suas funções, a fim de obter ilicitamente benefícios para si mesmo ou para um terceiro;

d. o aproveitamento doloso ou a ocultação de bens provenientes de qualquer dos atos a que se refere este artigo; e

e. a participação, como autor, co-autor, instigador, cúmplice, acobertador ou mediante qualquer outro modo na perpetração, na tentativa de perpetração ou na associação ou confabulação para perpetrar qualquer dos atos a que se refere este artigo.

2. Esta Convenção também é aplicável por acordo mútuo entre dois ou mais Estados Partes com referência a quaisquer outros atos de corrupção que a própria Convenção não defina.

Artigo VII
Legislação interna

Os Estados Partes que ainda não o tenham feito adotarão as medidas legislativas ou de outra natureza que forem necessárias para tipificar como delitos em seu direito interno os atos de corrupção descritos no artigo VI, parágrafo I, e para facilitar a cooperação entre eles nos termos desta Convenção.

Artigo VIII
Suborno transnacional

Sem prejuízo de sua Constituição e dos princípios fundamentais de seu ordenamento jurídico, cada Estado Parte proibirá e punirá o oferecimento ou outorga, por parte de seus cidadãos, pessoas que tenham residência habitual em seu território e empresas domiciliadas no mesmo, a um funcionário público de outro Estado, direta ou indiretamente, de qualquer objeto de valor pecuniário ou outros benefícios, como dádivas, favores, promessas ou vantagens em troca da realização ou omissão, por esse funcionário, de qualquer ato no exercício de suas funções públicas relacionado com uma transação de natureza econômica ou comercial.

Entre os Estados Partes que tenham tipificado o delito de suborno transnacional, este será considerado um ato de corrupção para os propósitos desta Convenção.

O Estado Parte que não tenha tipificado o suborno transnacional prestará a assistência e cooperação previstas nesta Convenção relativamente a este delito, na medida em que o permitirem as suas leis.

Artigo IX
Enriquecimento ilícito

Sem prejuízo de sua Constituição e dos princípios fundamentais de seu ordenamento jurídico, os Estados Partes que ainda não o tenham feito adotarão as medidas necessárias para tipificar como delito em sua legislação o aumento do patrimônio de um funcionário público que exceda de modo significativo sua renda legítima durante o exercício de suas funções e que não possa justificar razoavelmente.

Entre os Estados Partes que tenham tipificado o delito de enriquecimento ilícito, este será considerado um ato de corrupção para os propósitos desta Convenção.

O Estado Parte que não tenha tipificado o enriquecimento ilícito prestará a assistência e cooperação previstas nesta Convenção relativamente a este delito, na medida em que o permitirem as suas leis.

Artigo X
Notificação

Quando um Estado Parte adotar a legislação a que se refere o parágrafo I dos artigos VIII e IX, notificará o Secretário-Geral da Organização dos Estados Americanos, que, por sua vez, notificará os demais Estados Partes. Os delitos de suborno transnacional e de enriquecimento ilícito, no que se refere a este Estado Parte, serão considerados atos de corrupção para os propósitos desta Convenção a partir de 30 dias, contados da data da referida notificação.

Artigo XI
Desenvolvimento Progressivo

l. A fim de impulsionar o desenvolvimento e a harmonização das legislações nacionais e a consecução dos objetivos desta Convenção, os Estados Partes julgam conveniente considerar a tipificação das seguintes condutas em suas legislações e a tanto se comprometem:

a. o aproveitamento indevido, em benefício próprio ou de terceiros, por parte do funcionário público ou pessoa no exercício de funções públicas de qualquer tipo de informação reservada ou privilegiada da qual tenha tomado conhecimento em razão ou por ocasião do desempenho da função pública;

b. o uso ou aproveitamento indevido, em benefício próprio ou de terceiros por parte de funcionário público ou pessoa que exerça funções públicas de qualquer tipo de bens do Estado ou de empresas ou instituições em que este tenha parte aos quais tenha tido acesso em razão ou por ocasião do desempenho da função;

c. toda ação ou omissão realizada por qualquer pessoa que, por si mesma ou por interposta pessoa, ou atuando como intermediária, procure a adoção, por parte da autoridade pública, de uma decisão em virtude da qual obtenha ilicitamente, para si ou para outrem, qualquer benefício ou proveito, haja ou não prejuízo para o patrimônio do Estado; e

d. o desvio de bens móveis ou imóveis, dinheiro ou valores pertencentes ao Estado para fins não relacionados com aqueles aos quais se destinavam a um organismo descentralizado ou a um particular, praticado, em benefício próprio ou de terceiros, por funcionários públicos que os tiverem recebido em razão de seu cargo, para administração, guarda ou por outro motivo.

2. Entre os Estados Partes que os tenham tipificado, estes delitos serão considerados atos de corrupção para os propósitos desta Convenção.

3. O Estado Parte que não tiver tipificado qualquer dos delitos definidos neste artigo prestará a assistência e cooperação previstas nesta Convenção relativamente a esses delitos, na medida em que o permitirem as suas leis.

Artigo XII
Efeitos sobre o patrimônio do Estado

Para os fins desta Convenção, não será exigível que os atos de corrupção nela descritos produzam prejuízo patrimonial para o Estado.

Artigo XIII
Extradição

1. Este artigo será aplicado aos delitos tipificados pelos Estados Partes de conformidade com esta Convenção.

2. Cada um dos delitos a que se aplica este artigo será considerado como incluído entre os delitos que dão lugar à extradição em todo tratado de extradição vigente entre os Estados Partes. Os Estados Partes comprometem-se a incluir esses delitos como base para a concessão da extradição em todo tratado de extradição que celebrarem entre si.

3. Se um Estado Parte que subordinar a extradição à existência de um tratado receber uma solicitação de extradição de outro Estado Parte com o qual não estiver vinculado por nenhum tratado de extradição, poderá considerar esta Convenção como a base jurídica da extradição em relação aos delitos a que se aplica este artigo.

4. Os Estados Partes que não subordinarem a extradição à existência de um tratado reconhecerão os delitos a que se aplica este artigo como delitos suscetíveis de extradição entre si.

5. A extradição estará sujeita às condições previstas pela legislação do Estado Parte requerido ou pelos tratados de extradição aplicáveis, incluídos os motivos pelos quais o Estado Parte requerido pode recusar a extradição.

6. Se a extradição solicitada em razão de um delito a que se aplique este artigo foi recusada baseando-se exclusivamente na nacionalidade da pessoa reclamada, ou por o Estado Parte requerido considerar-se competente, o Estado Parte requerido submeterá o caso a suas autoridades competentes para julgá-lo, a menos que tenha sido acordado em contrário com o Estado Parte requerente, e o informará oportunamente do seu resultado final.

7. Sem prejuízo do disposto em seu direito interno e em seus tratados de extradição, o Estado Parte requerido, por solicitação do Estado Parte requerente, poderá depois de certificar-se de que as circunstâncias o justificam e têm caráter urgente proceder à detenção da pessoa cuja extradição se solicitar e que se encontrar em seu território, ou adotar outras medidas adequadas para assegurar seu comparecimento nos trâmites de extradição.

Artigo XIV
Assistência e cooperação

1. Os Estados Partes prestarão a mais ampla assistência recíproca, em conformidade com suas leis e com os tratados aplicáveis, dando curso às solicitações emanadas de suas autoridades que, de acordo com seu direito interno, tenham faculdades para investigar ou processar atos de corrupção definidos nesta Convenção, com vistas à obtenção de provas e à realização de outros atos necessários para facilitar os processos e as diligências ligadas à investigação ou processo penal por atos de corrupção.

2. Além disso, os Estados Partes prestarão igualmente a mais ampla cooperação técnica recíproca sobre as formas e métodos mais efetivos para prevenir, detectar, investigar e punir os atos de corrupção. Com esta finalidade, facilitarão o intercâmbio de experiências por meio de acordos e reuniões entre os órgãos e instituições competentes e dispensarão atenção especial às formas e métodos de participação civil na luta contra a corrupção.

Artigo XV
Medidas sobre bens

1. Em conformidade com as legislações nacionais aplicáveis e os tratados pertinentes ou outros acordos que estejam em vigor entre eles, os Estados Partes prestarão mutuamente a mais ampla assistência possível para identificar, localizar, bloquear, apreender e confiscar bens obtidos ou provenientes da prática dos delitos tipificados de acordo com esta Convenção, ou os bens usados para essa prática, ou o respectivo produto.

2. O Estado Parte que executar suas próprias sentenças de confisco, ou as sentenças de outro Estado Parte, a respeito dos bens ou produtos mencionados no parágrafo anterior deste artigo, disporá desses bens ou produtos segundo sua própria legislação. Na medida em que o permitirem suas leis e nas condições que considere adequadas, esse Estado Parte poderá transferir esses bens ou produtos, total ou parcialmente, para outro Estado Parte que tenha prestado assistência na investigação ou nas diligências judiciais conexas.

Artigo XVI
Sigilo bancário

1. O Estado Parte requerido não poderá negar-se a proporcionar a assistência solicitada pelo Estado Parte requerente alegando sigilo bancário. Este artigo será aplicado pelo Estado Parte requerido em conformidade com seu direito interno, com suas disposições processuais e com os acordos bilaterais ou multilaterais que o vinculem ao Estado Parte requerente.

2. O Estado Parte requerente compromete-se a não usar informações protegidas por sigilo bancário que receba para propósito algum que não o do processo que motivou a solicitação, salvo com autorização do Estado Parte requerido.

Artigo XVII
Natureza do Ato

Para os fins previstos nos artigos XIII, XIV, XV e XVI desta Convenção, o fato de os bens provenientes do ato de corrupção terem sido destinados a finalidades políticas ou a alegação de que um ato de corrupção foi cometido por motivações ou finalidades políticas não serão suficientes, por si sós, para considerá-lo como delito político ou como delito comum vinculado a um delito político.

Artigo XVIII
Autoridades centrais

1. Para os propósitos da assistência e cooperação internacionais previstas nesta Convenção, cada Estado Parte poderá designar uma autori-

dade central ou utilizar as autoridades centrais previstas nos tratados pertinentes ou outros acordos.

2. As autoridades centrais estarão encarregadas de formular e receber as solicitações de assistência e cooperação a que se refere esta Convenção.

3. As autoridades centrais comunicar-se-ão de forma direta para os efeitos desta Convenção.

Artigo XIX
Aplicação no Tempo

Sem prejuízo dos princípios constitucionais, do ordenamento jurídico interno de cada Estado e dos tratados vigentes entre os Estados Partes, o fato de o presumido ato de corrupção ter sido cometido antes desta Convenção entrar em vigor não impedirá a cooperação processual em assuntos criminais, entre os Estados Partes. Esta disposição não afetará em caso algum o princípio da não retroatividade da lei penal nem sus aplicação interromperá os prazos de prescrição que estejam correndo em relação aos delitos anteriores à data da entrada em vigor desta Convenção.

Artigo XX
Outros acordos ou práticas

Nenhuma das normas desta Convenção será interpretada no sentido de impedir que os Estados Partes prestem, reciprocamente, cooperação com base no previsto em outros acordos internacionais, bilaterais ou multilaterais, vigentes ou que forem celebrados no futuro entre eles, ou em qualquer outro acordo ou prática aplicável.

Artigo XXI
Assinatura

Esta Convenção ficará aberta à assinatura dos Estados membros da Organização dos Estados Americanos.

Artigo XXII
Ratificação

Esta Convenção está sujeita a ratificação. Os instrumentos de ratificação serão depositados na Secretaria-Geral da Organização dos Estados Americanos.

Artigo XXIII
Adesão

Esta Convenção ficará aberta à adesão de qualquer outro Estado. Os instrumentos de adesão serão depositados na Secretaria-Geral da Organização dos Estados Americanos.

Artigo XXIV
Reserva

Os Estados Partes poderão formular reservas a esta Convenção no momento de aprová-la, assiná-la, ratificá-la ou a ela aderir, desde que sejam compatíveis com o objeto e propósitos da Convenção e versem sobre uma ou mais disposições específicas.

Artigo XXV
Entrada em vigor

Esta Convenção entrará em vigor no trigésimo dia a partir da data em que haja sido depositado o segundo instrumento de ratificação. Para cada Estado que ratificar a Convenção ou a ela aderir depois de haver sido depositado o segundo instrumento de ratificação, a Convenção entrará em vigor no trigésimo dia a partir da data em que esse Estado haja depositado seu instrumento de ratificação ou de adesão.

Artigo XXVI
Denúncia

Esta Convenção vigorará por prazo indefinido, mas qualquer dos Estados Partes poderá denunciá-la. O instrumento de denúncia será depositado na Secretaria-Geral da Organização dos Estados Americanos. Transcorrido um ano da data do depósito do instrumento de denúncia, os efeitos da Convenção cessarão para o Estado denunciante, mas subsistirão para os demais Estados Partes

Artigo XXVII
Protocolos adicionai

Qualquer Estado Parte poderá submeter à consideração dos outros Estados Partes, por ocasião de um período de sessões da Assembléia Geral da Organização dos Estados Americanos, projetos de protocolos adicionais a esta Convenção, com a finalidade de contribuir para a consecução dos propósitos relacionados no artigo II.

Cada protocolo adicional estabelecerá as modalidades de sua entrada em vigor e será aplicado somente entre os Estados Partes nesse protocolo.

Artigo XXVIII
Depósito do instrumento original

O instrumento original desta Convenção, cujos textos em português, espanhol, francês e inglês são igualmente autênticos, será depositado na Secretaria-Geral da Organização dos Estados Americanos, que enviará cópia autenticada do seu texto ao Secretariado das Nações Unidas, para seu registro de publicação, de conformidade com o artigo 102 da Carta das Nações Unidas. A Secretaria-Geral da Organização dos Estados Americanos notificará aos Estados membros da referida Organização e aos Estados que houverem aderido à Convenção as assinaturas e os depósitos de instrumentos de ratificação, adesão e denúncia, bem como as reservas eventualmente formuladas.

CONVENÇÃO INTERAMERICANA PARA A ELIMINAÇÃO DE TODAS AS FORMAS DE DISCRIMINAÇÃO CONTRA AS PESSOAS PORTADORAS DE DEFICIÊNCIA (1999)

▶ Assinada em 07.06.1999. Promulgada no Brasil pelo Decreto 3.956, de 08.10.2001.

Os Estados-Partes nesta Convenção,

Reafirmando que as pessoas portadoras de deficiência têm os mesmos direitos humanos e liberdades fundamentais que outras pessoas e que estes direitos, inclusive o direito de não ser submetidas a discriminação com base na deficiência, emanam da dignidade e da igualdade que são inerentes a todo ser humano;

Considerando que a Carta da Organização dos Estados Americanos, em seu artigo 3, *j*, estabelece como princípio que "a justiça e a segurança sociais são bases de uma paz duradoura";

Preocupados com a discriminação de que são objeto as pessoas em razão de suas deficiências;

Tendo presente o Convênio sobre a Readaptação Profissional e o Emprego de Pessoas Inválidas da Organização Internacional do Trabalho (Convênio 159); a Declaração dos Direitos do Retardado Mental (AG.26/2856, de 20 de dezembro de 1971); a Declaração das Nações Unidas dos Direitos das Pessoas Portadoras de Deficiência (Resolução 3447, de 9 de dezembro de 1975); o Programa de Ação Mundial para as Pessoas Portadoras de Deficiência, aprovado pela Assembleia Geral das Nações Unidas (Resolução 37/52, de 3 de dezembro de 1982); o Protocolo Adicional à Convenção Americana sobre Direitos Humanos em Matéria de Direitos Econômicos, Sociais e Culturais, "Protocolo de San Salvador" (1988); os Princípios para a Proteção dos Doentes Mentais e para a Melhoria do Atendimento de Saúde Mental (AG.46/119, de 17 de dezembro de 1991); a Declaração de Caracas da Organização Pan-Americana da Saúde; a resolução sobre a situação das pessoas portadoras de deficiência no Continente Americano [AG/RES. 1249 (XXIII-0/93)]; as Normas Uniformes sobre Igualdade de Oportunidades para as Pessoas Portadoras de Deficiência (AG.48/96, de 20 de dezembro de 1993); a Declaração de Manágua, de 20 de dezembro de 1993; a Declaração de Viena e Programa de Ação aprovados pela Conferência Mundial sobre Direitos Humanos, das Nações Unidas (157/93); a resolução sobre a situação das pessoas portadoras de deficiência no Hemisfério Americano [AG/RES. 1356 (XXV-0/95)] e o Compromisso do Panamá com as Pessoas Portadoras de Deficiência no Continente Americano [AG/RES. 1369 (XXVI-0/96)]; e

Comprometidos a eliminar a discriminação, em todas suas formas e manifestações, contra as pessoas portadoras de deficiência,

Convieram no seguinte:

Artigo I

Para os efeitos desta Convenção, entende-se por:
1. Deficiência

O termo "deficiência" significa uma restrição física, mental ou sensorial, de natureza permanente ou transitória, que limita a capacidade de exercer uma ou mais atividades essenciais da vida diária, causada ou agravada pelo ambiente econômico e social.

2. Discriminação contra as pessoas portadoras de deficiência

a) O termo "discriminação contra as pessoas portadoras de deficiência" significa toda diferenciação, exclusão ou restrição baseada em deficiência, antecedente de deficiência, consequência de deficiência anterior ou percepção de deficiência presente ou passada, que tenha o efeito ou propósito de impedir ou anular o reconhecimento, gozo ou exercício por parte das pessoas portadoras de deficiência de seus direitos humanos e suas liberdades fundamentais.

b) Não constitui discriminação a diferenciação ou preferência adotada pelo Estado-Parte para promover a integração social ou o desenvolvimento pessoal dos portadores de deficiência, desde que a diferenciação ou preferência não limite em si mesma o direito à igualdade dessas pessoas e que elas não sejam obrigadas a aceitar tal diferenciação ou preferência. Nos casos em que a legislação interna preveja a declaração de interdição, quando for necessária e apropriada para o seu bem-estar, esta não constituirá discriminação.

Artigo II

Esta Convenção tem por objetivo prevenir e eliminar todas as formas de discriminação contra as pessoas portadoras de deficiência e propiciar a sua plena integração à sociedade.

Artigo III

Para alcançar os objetivos desta Convenção, os Estados-Partes comprometem-se a:

I. Tomar as medidas de caráter legislativo, social, educacional, trabalhista, ou de qualquer outra natureza, que sejam necessárias para eliminar a discriminação contra as pessoas portadoras de deficiência e proporcionar a sua plena integração à sociedade, entre as quais as medidas abaixo enumeradas, que não devem ser consideradas exclusivas:

a) medidas das autoridades governamentais e/ou entidades privadas para eliminar progressivamente a discriminação e promover a integração na prestação ou fornecimento de bens, serviços, instalações, programas e atividades, tais como o emprego, o transporte, as comunicações, a habitação, o lazer, a educação, o esporte, o acesso à justiça e aos serviços policiais e as atividades políticas e de administração;

b) medidas para que os edifícios, os veículos e as instalações que venham a ser construídos ou fabricados em seus respectivos territórios facilitem o transporte, a comunicação e o acesso das pessoas portadoras de deficiência;

c) medidas para eliminar, na medida do possível, os obstáculos arquitetônicos, de transporte e comunicações que existam, com a finalidade de facilitar o acesso e uso por parte das pessoas portadoras de deficiência; e

d) medidas para assegurar que as pessoas encarregadas de aplicar esta Convenção e a legislação interna sobre esta matéria estejam capacitadas a fazê-lo.

2. Trabalhar prioritariamente nas seguintes áreas:
a) prevenção de todas as formas de deficiência preveníveis;
b) detecção e intervenção precoce, tratamento, reabilitação, educação, formação ocupacional e prestação de serviços completos para garantir o melhor nível de independência e qualidade de vida para as pessoas portadoras de deficiência; e
c) sensibilização da população, por meio de campanhas de educação, destinadas a eliminar preconceitos, estereótipos e outras atitudes que atentam contra o direito das pessoas a serem iguais, permitindo desta forma o respeito e a convivência com as pessoas portadoras de deficiência.

Artigo IV
Para alcançar os objetivos desta Convenção, os Estados-Partes comprometem-se a:
1. Cooperar entre si a fim de contribuir para a prevenção e eliminação da discriminação contra as pessoas portadoras de deficiência.
2. Colaborar de forma efetiva no seguinte:
a) pesquisa científica e tecnológica relacionada com a prevenção das deficiências, o tratamento, a reabilitação e a integração na sociedade de pessoas portadoras de deficiência; e
b) desenvolvimento de meios e recursos destinados a facilitar ou promover a vida independente, a autossuficiência e a integração total, em condições de igualdade, à sociedade das pessoas portadoras de deficiência.

Artigo V
1. Os Estados-Partes promoverão, na medida em que isto for coerente com as suas respectivas legislações nacionais, a participação de representantes de organizações de pessoas portadoras de deficiência, de organizações não governamentais que trabalham nessa área ou, se essas organizações não existirem, de pessoas portadoras de deficiência, na elaboração, execução e avaliação de medidas e políticas para aplicar esta Convenção.
2. Os Estados-Partes criarão canais de comunicação eficazes que permitam difundir entre as organizações públicas e privadas que trabalham com pessoas portadoras de deficiência os avanços normativos e jurídicos ocorridos para a eliminação da discriminação contra as pessoas portadoras de deficiência.

Artigo VI
1. Para dar acompanhamento aos compromissos assumidos nesta Convenção, será estabelecida uma Comissão para a Eliminação de Todas as Formas de Discriminação contra as Pessoas Portadoras de Deficiência, constituída por um representante designado por cada Estado-Parte.
2. A Comissão realizará a sua primeira reunião dentro dos 90 dias seguintes ao depósito do décimo primeiro instrumento de ratificação. Essa reunião será convocada pela Secretaria-Geral da Organização dos Estados Americanos e será realizada na sua sede, salve se um Estado-Parte oferecer sede.
3. Os Estados-Partes comprometem-se, na primeira reunião, a apresentar um relatório ao Secretário-Geral da Organização para que o envie à Comissão para análise e estudo. No futuro, os relatórios serão apresentados a cada quatro anos.
4. Os relatórios preparados em virtude do parágrafo anterior deverão incluir as medidas que os Estados-Membros tiverem adotado na aplicação desta Convenção e qualquer progresso alcançado na eliminação de todas as formas de discriminação contra as pessoas portadoras de deficiência. Os relatórios também conterão toda circunstância ou dificuldade que afete o grau de cumprimento decorrente desta Convenção.
5. A Comissão será o foro encarregado de examinar o progresso registrado na aplicação da Convenção e de intercambiar experiências entre os Estados-Partes. Os relatórios que a Comissão elaborará refletirão o debate havido e incluirão informação sobre as medidas que os Estados-Partes tenham adotado em aplicação desta Convenção, o progresso alcançado na eliminação de todas as formas de discriminação contra as pessoas portadoras de deficiência, as circunstâncias ou dificuldades que tenham tido na implementação da Convenção, bem como as conclusões, observações e sugestões gerais da Comissão para o cumprimento progressivo da mesma.
6. A Comissão elaborará o seu regulamento interno e o aprovará por maioria absoluta.
7. O Secretário-Geral prestará à Comissão o apoio necessário para o cumprimento de suas funções.

Artigo VII
Nenhuma disposição desta Convenção será interpretada no sentido de restringir ou permitir que os Estados-Partes limitem o gozo dos direitos das pessoas portadoras de deficiência reconhecidos pelo Direito Internacional consuetudinário ou pêlos instrumentos internacionais vinculantes para um determinado Estado-Parte.

Artigo VIII
1. Esta Convenção estará aberta a todos os Estados-Membros para sua assinatura, na cidade da Guatemala, Guatemala, em 8 de junho de 1999 e, a partir dessa data, permanecerá aberta à assinatura de todos os Estados na sede da Organização dos Estados Americanos até sua entrada em vigor.
2. Esta Convenção está sujeita a ratificação.
3. Esta Convenção entrará em vigor para os Estados ratificantes no trigésimo dia a partir da data em que tenha sido depositado o sexto instrumento de ratificação de um Estado-membro da Organização dos Estados Americanos.

Artigo IX
Depois de entrar em vigor, esta Convenção estará aberta à adesão de todos os Estados que não a tenham assinado.

Artigo X

1. Os instrumentos de ratificação e adesão serão depositados na Secretaria-Geral da Organização dos Estados Americanos.

2. Para cada Estado que ratificar a Convenção ou aderir a ela depois do depósito do sexto instrumento de ratificação, a Convenção entrará em vigor no trigésimo dia a partir da data em que esse Estado tenha depositado seu instrumento de ratificação ou adesão.

Artigo XI

1. Qualquer Estado-Parte poderá formular propostas de emenda a esta Convenção. As referidas propostas serão apresentadas à Secretaria-Geral da OEA para distribuição aos Estados-Partes.

2. As emendas entrarão em vigor para os Estados ratificantes das mesmas na data em que dois terços dos Estados-Partes tenham depositado o respectivo instrumento de ratificação. No que se refere ao restante dos Estados-Partes, entrarão em vigor na data em que depositarem seus respectivos instrumentos de ratificação.

Artigo XII

Os Estados poderão formular reservas a esta Convenção no momento de ratificá-la ou a ela aderir, desde que essas reservas não sejam incompatíveis com o objetivo e propósito da Convenção e versem sobre uma ou mais disposições específicas.

Artigo XIII

Esta Convenção vigorará indefinidamente, mas qualquer Estado-Parte poderá denunciá-la. O instrumento de denúncia será depositado na Secretaria-Geral da Organização dos Estados Americanos. Decorrido um ano a partir da data de depósito do instrumento de denúncia, a Convenção cessará seus efeitos para o Estado denun-ciante, permanecendo em vigor para os demais Estados-Partes. A denúncia não eximirá o Estado-Parte das obrigações que lhe impõe esta Convenção com respeito a qualquer ação ou omissão ocorrida antes da data em que a denúncia tiver produzido seus efeitos.

Artigo XIV

1. O instrumento original desta Convenção, cujos textos em espanhol, francês, inglês e português são igualmente autênticos, será depositado na Secretaria-Geral da Organização dos Estados Americanos, que enviará cópia autenticada de seu texto, para registro e publicação, ao Secretariado das Nações Unidas, em conformidade com o artigo 102 da Carta das Nações Unidas.

2. A Secretaria-Geral da Organização dos Estados Americanos notificará os Estados-Membros dessa Organização e os Estados que tiverem aderido à Convenção sobre as assinaturas, os depósitos dos instrumentos de ratificação, adesão ou denúncia, bem como sobre as eventuais reservas.

CONVENÇÃO INTERAMERICANA CONTRA O RACISMO, A DISCRIMINAÇÃO RACIAL E FORMAS CORRELATAS DE INTOLERÂNCIA (2013)

- Adotada em La Antigua, Guatemala, em 05.06.2013.
- Aprovada no Brasil pelo Decreto Legislativo 1, de 18.02.2021, ratificada em 28.05.2021 e promulgada pelo Decreto 10.932, de 10.01.2022.
- Em vigor internacional desde 11.11.17, nos termos do seu art. 20.

Os Estados Partes nesta Convenção,

CONSIDERANDO que a dignidade inerente e a igualdade de todos os membros da família humana são princípios básicos da Declaração Universal dos Direitos Humanos, da Declaração Americana dos Direitos e Deveres do Homem, da Convenção Americana sobre Direitos Humanos e da Convenção Internacional sobre a Eliminação de Todas as Formas de Discriminação Racial;

REAFIRMANDO o firme compromisso dos Estados membros da Organização dos Estados Americanos com a erradicação total e incondicional do racismo, da discriminação racial e de todas as formas de intolerância, e sua convicção de que essas atitudes discriminatórias representam a negação dos valores universais e dos direitos inalienáveis e invioláveis da pessoa humana e dos propósitos e princípios consagrados na Carta da Organização dos Estados Americanos, na Declaração Americana dos Direitos e Deveres do Homem, na Convenção Americana sobre Direitos Humanos, na Carta Social das Américas, na Carta Democrática Interamericana, na Declaração Universal dos Direitos Humanos, na Convenção Internacional sobre a Eliminação de Todas as Formas de Discriminação Racial e na Declaração Universal sobre o Genoma Humano e os Direitos Humanos;

RECONHECENDO o dever de se adotarem medidas nacionais e regionais para promover e incentivar o respeito e a observância dos direitos humanos e das liberdades fundamentais de todos os indivíduos e grupos sujeitos a sua jurisdição, sem distinção de raça, cor, ascendência ou origem nacional ou étnica;

CONVENCIDOS de que os princípios da igualdade e da não discriminação entre os seres humanos são conceitos democráticos dinâmicos que propiciam a promoção da igualdade jurídica efetiva e pressupõem uma obrigação por parte do Estado de adotar medidas especiais para proteger os direitos de indivíduos ou grupos que sejam vítimas da discriminação racial em qualquer esfera de atividade, seja pública ou privada, com vistas a promover condições equitativas para a igualdade de oportunidades, bem como combater a discriminação racial em todas as suas manifestações individuais, estruturais e institucionais;

CONSCIENTES de que o fenômeno do racismo demonstra uma capacidade dinâmica de renovação que lhe permite assumir novas formas pelas quais se dissemina e se expressa política, social, cultural e linguisticamente;

LEVANDO EM CONTA que as vítimas do racismo, da discriminação racial e de outras formas correlatas de intolerância nas Américas são, entre outras, afrodescendentes, povos indígenas, bem como outros grupos e minorias raciais e étnicas ou grupos que por sua ascendência ou origem nacional ou étnica são afetados por essas manifestações;

CONVENCIDOS de que determinadas pessoas e grupos vivenciam formas múltiplas ou extremas de racismo, discriminação e intolerância, motivadas por uma combinação de fatores como raça, cor, ascendência, origem nacional ou étnica, ou outros reconhecidos em instrumentos internacionais;

LEVANDO EM CONTA que uma sociedade pluralista e democrática deve respeitar a raça, cor, ascendência e origem nacional ou étnica de toda pessoa, pertencente ou não a uma minoria, bem como criar condições adequadas que lhe possibilitem expressar, preservar e desenvolver sua identidade;

CONSIDERANDO que a experiência individual e coletiva de discriminação deve ser levada em conta para combater a exclusão e a marginalização com base em raça, grupo étnico ou nacionalidade e para proteger o projeto de vida de indivíduos e comunidades em risco de exclusão e marginalização;

ALARMADOS com o aumento dos crimes de ódio motivados por raça, cor, ascendência e origem nacional ou étnica;

RESSALTANDO o papel fundamental da educação na promoção do respeito aos direitos humanos, da igualdade, da não discriminação e da tolerância; e

TENDO PRESENTE que, embora o combate ao racismo e à discriminação racial tenha sido priorizado em um instrumento internacional anterior, a Convenção Internacional sobre a Eliminação de Todas as Formas de Discriminação Racial, de 1965, os direitos nela consagrados devem ser reafirmados, desenvolvidos, aperfeiçoados e protegidos, a fim de que se consolide nas Américas o conteúdo democrático dos princípios da igualdade jurídica e da não discriminação,

ACORDAM o seguinte:

CAPÍTULO I
DEFINIÇÕES

Artigo 1

Para os efeitos desta Convenção:

1. Discriminação racial é qualquer distinção, exclusão, restrição ou preferência, em qualquer área da vida pública ou privada, cujo propósito ou efeito seja anular ou restringir o reconhecimento, gozo ou exercício, em condições de igualdade, de um ou mais direitos humanos e liberdades fundamentais consagrados nos instrumentos internacionais aplicáveis aos Estados Partes. A discriminação racial pode basear-se em raça, cor, ascendência ou origem nacional ou étnica.

2. Discriminação racial indireta é aquela que ocorre, em qualquer esfera da vida pública ou privada, quando um dispositivo, prática ou critério aparentemente neutro tem a capacidade de acarretar uma desvantagem particular para pessoas pertencentes a um grupo específico, com base nas razões estabelecidas no Artigo 1.1, ou as coloca em desvantagem, a menos que esse dispositivo, prática ou critério tenha um objetivo ou justificativa razoável e legítima à luz do Direito Internacional dos Direitos Humanos.

3. Discriminação múltipla ou agravada é qualquer preferência, distinção, exclusão ou restrição baseada, de modo concomitante, em dois ou mais critérios dispostos no Artigo 1.1, ou outros reconhecidos em instrumentos internacionais, cujo objetivo ou resultado seja anular ou restringir o reconhecimento, gozo ou exercício, em condições de igualdade, de um ou mais direitos humanos e liberdades fundamentais consagrados nos instrumentos internacionais aplicáveis aos Estados Partes, em qualquer área da vida pública ou privada.

4. Racismo consiste em qualquer teoria, doutrina, ideologia ou conjunto de ideias que enunciam um vínculo causal entre as características fenotípicas ou genotípicas de indivíduos ou grupos e seus traços intelectuais, culturais e de personalidade, inclusive o falso conceito de superioridade racial. O racismo ocasiona desigualdades raciais e a noção de que as relações discriminatórias entre grupos são moral e cientificamente justificadas. Toda teoria, doutrina, ideologia e conjunto de ideias racistas descritas neste Artigo são cientificamente falsas, moralmente censuráveis, socialmente injustas e contrárias aos princípios fundamentais do Direito Internacional e, portanto, perturbam gravemente a paz e a segurança internacional, sendo, dessa maneira, condenadas pelos Estados Partes.

5. As medidas especiais ou de ação afirmativa adotadas com a finalidade de assegurar o gozo ou exercício, em condições de igualdade, de um ou mais direitos humanos e liberdades fundamentais de grupos que requeiram essa proteção não constituirão discriminação racial, desde que essas medidas não levem à manutenção de direitos separados para grupos diferentes e não se perpetuem uma vez alcançados seus objetivos.

6. Intolerância é um ato ou conjunto de atos ou manifestações que denotam desrespeito, rejeição ou desprezo à dignidade, características, convicções ou opiniões de pessoas por serem diferentes ou contrárias. Pode manifestar-se como a marginalização e a exclusão de grupos em condições de vulnerabilidade da participação em qualquer esfera da vida pública ou privada ou como violência contra esses grupos.

CAPÍTULO II
DIREITOS PROTEGIDOS

Artigo 2

Todo ser humano é igual perante a lei e tem direito à igual proteção contra o racismo, a discriminação racial e formas correlatas de intolerância, em qualquer esfera da vida pública ou privada.

Artigo 3

Todo ser humano tem direito ao reconhecimento, gozo, exercício e proteção, em condições de igualdade, tanto no plano individual como no coletivo, de todos os direitos humanos e liberdades fundamentais consagrados na legislação interna e nos instrumentos internacionais aplicáveis aos Estados Partes.

CAPÍTULO III
DEVERES DO ESTADO

Artigo 4

Os Estados comprometem-se a prevenir, eliminar, proibir e punir, de acordo com suas normas constitucionais e com as disposições desta Convenção, todos os atos e manifestações de racismo, discriminação racial e formas correlatas de intolerância, inclusive:

i. apoio público ou privado a atividades racialmente discriminatórias e racistas ou que promovam a intolerância, incluindo seu financiamento;

ii. publicação, circulação ou difusão, por qualquer forma e/ou meio de comunicação, inclusive a internet, de qualquer material racista ou racialmente discriminatório que:

a) defenda, promova ou incite o ódio, a discriminação e a intolerância; e

b) tolere, justifique ou defenda atos que constituam ou tenham constituído genocídio ou crimes contra a humanidade, conforme definidos pelo Direito Internacional, ou promova ou incite a prática desses atos;

iii. violência motivada por qualquer um dos critérios estabelecidos no Artigo 1.1;

iv. atividade criminosa em que os bens da vítima sejam alvos intencionais, com base em qualquer um dos critérios estabelecidos no Artigo 1.1;

v. qualquer ação repressiva fundamentada em qualquer dos critérios enunciados no Artigo 1.1, em vez de basear-se no comportamento da pessoa ou em informações objetivas que identifiquem seu envolvimento em atividades criminosas;

vi. restrição, de maneira indevida ou não razoável, do exercício dos direitos individuais à propriedade, administração e disposição de bens de qualquer tipo, com base em qualquer dos critérios enunciados no Artigo 1.1;

vii. qualquer distinção, exclusão, restrição ou preferência aplicada a pessoas, devido a sua condição de vítima de discriminação múltipla ou agravada, cujo propósito ou resultado seja negar ou prejudicar o reconhecimento, gozo, exercício ou proteção, em condições de igualdade, dos direitos e liberdades fundamentais;

viii. qualquer restrição racialmente discriminatória do gozo dos direitos humanos consagrados nos instrumentos internacionais e regionais aplicáveis e pela jurisprudência dos tribunais internacionais e regionais de direitos humanos, especialmente com relação a minorias ou grupos em situação de vulnerabilidade e sujeitos à discriminação racial;

ix. qualquer restrição ou limitação do uso de idioma, tradições, costumes e cultura das pessoas em atividades públicas ou privadas;

x. elaboração e implementação de material, métodos ou ferramentas pedagógicas que reproduzam estereótipos ou preconceitos, com base em qualquer critério estabelecido no Artigo 1.1 desta Convenção;

xi. negação do acesso à educação pública ou privada, bolsas de estudo ou programas de financiamento educacional, com base em qualquer critério estabelecido no Artigo 1.1 desta Convenção;

xii. negação do acesso a qualquer direito econômico, social e cultural, com base em qualquer critério estabelecido no Artigo 1.1 desta Convenção;

xiii. realização de pesquisas ou aplicação dos resultados de pesquisas sobre o genoma humano, especialmente nas áreas da biologia, genética e medicina, com vistas à seleção ou à clonagem humana, que extrapolem o respeito aos direitos humanos, às liberdades fundamentais e à dignidade humana, gerando qualquer forma de discriminação fundamentada em características genéticas;

xiv. restrição ou limitação, com base em qualquer dos critérios enunciados no Artigo 1.1 desta Convenção, do direito de toda pessoa de obter acesso à água, aos recursos naturais, aos ecossistemas, à biodiversidade e aos serviços ecológicos que constituem o patrimônio natural de cada Estado, protegido pelos instrumentos internacionais pertinentes e suas próprias legislações nacionais, bem como de usá-los de maneira sustentável; e

xv. restrição do acesso a locais públicos e locais privados franqueados ao público pelos motivos enunciados no Artigo 1.1 desta Convenção.

Artigo 5

Os Estados Partes comprometem-se a adotar as políticas especiais e ações afirmativas necessárias para assegurar o gozo ou exercício dos direitos e liberdades fundamentais das pessoas ou grupos sujeitos ao racismo, à discriminação racial e formas correlatas de intolerância, com o propósito de promover condições equitativas para a igualdade de oportunidades, inclusão e progresso para essas pessoas ou grupos. Tais medidas ou políticas não serão consideradas discriminatórias ou incompatíveis com o propósito ou objeto desta Convenção, não resultarão na manutenção de direitos separados para grupos distintos e não se estenderão além de um período razoável ou após terem alcançado seu objetivo.

Artigo 6

Os Estados Partes comprometem-se a formular e implementar políticas cujo propósito seja proporcionar tratamento equitativo e gerar igualdade de oportunidades para todas as pessoas, em conformidade com o alcance desta Convenção;

entre elas políticas de caráter educacional, medidas trabalhistas ou sociais, ou qualquer outro tipo de política promocional, e a divulgação da legislação sobre o assunto por todos os meios possíveis, inclusive pelos meios de comunicação de massa e pela internet.

Artigo 7

Os Estados Partes comprometem-se a adotar legislação que defina e proíba expressamente o racismo, a discriminação racial e formas correlatas de intolerância, aplicável a todas as autoridades públicas, e a todos os indivíduos ou pessoas físicas e jurídicas, tanto no setor público como no privado, especialmente nas áreas de emprego, participação em organizações profissionais, educação, capacitação, moradia, saúde, proteção social, exercício de atividade econômica e acesso a serviços públicos, entre outras, bem como revogar ou reformar toda legislação que constitua ou produza racismo, discriminação racial e formas correlatas de intolerância.

Artigo 8

Os Estados Partes comprometem-se a garantir que a adoção de medidas de qualquer natureza, inclusive aquelas em matéria de segurança, não discrimine direta ou indiretamente pessoas ou grupos com base em qualquer critério mencionado no Artigo 1.1 desta Convenção.

Artigo 9

Os Estados Partes comprometem-se a garantir que seus sistemas políticos e jurídicos reflitam adequadamente a diversidade de suas sociedades, a fim de atender às necessidades legítimas de todos os setores da população, de acordo com o alcance desta Convenção.

Artigo 10

Os Estados Partes comprometem-se a garantir às vítimas do racismo, discriminação racial e formas correlatas de intolerância um tratamento equitativo e não discriminatório, acesso igualitário ao sistema de justiça, processo ágeis e eficazes e reparação justa nos âmbitos civil e criminal, conforme pertinente.

Artigo 11

Os Estados Partes comprometem-se a considerar agravantes os atos que resultem em discriminação múltipla ou atos de intolerância, ou seja, qualquer distinção, exclusão ou restrição baseada em dois ou mais critérios enunciados nos Artigos 1.1 e 1.3 desta Convenção.

Artigo 12

Os Estados Partes comprometem-se a realizar pesquisas sobre a natureza, as causas e as manifestações do racismo, da discriminação racial e formas correlatas de intolerância em seus respectivos países, em âmbito local, regional e nacional, bem como coletar, compilar e divulgar dados sobre a situação de grupos ou indivíduos que sejam vítimas do racismo, da discriminação racial e formas correlatas de intolerância.

Artigo 13

Os Estados Partes comprometem-se a estabelecer ou designar, de acordo com sua legislação interna, uma instituição nacional que será responsável por monitorar o cumprimento desta Convenção, devendo informar essa instituição à Secretaria-Geral da OEA.

Artigo 14

Os Estados Partes comprometem-se a promover a cooperação internacional com vistas ao intercâmbio de ideias e experiências, bem como a executar programas voltados à realização dos objetivos desta Convenção.

CAPÍTULO IV
MECANISMOS DE PROTEÇÃO E ACOMPANHAMENTO DA CONVENÇÃO

Artigo 15

A fim de monitorar a implementação dos compromissos assumidos pelos Estados Partes na Convenção:

i. qualquer pessoa ou grupo de pessoas, ou entidade não governamental juridicamente reconhecida em um ou mais Estados membros da Organização dos Estados Americanos, pode apresentar à Comissão Interamericana de Direitos Humanos petições que contenham denúncias ou queixas de violação desta Convenção por um Estado Parte. Além disso, qualquer Estado Parte pode, quando do depósito de seu instrumento de ratificação desta Convenção ou de adesão a ela, ou em qualquer momento posterior, declarar que reconhece a competência da Comissão para receber e examinar as comunicações em que um Estado Parte alegue que outro Estado Parte incorreu em violações dos direitos humanos dispostas nesta Convenção. Nesse caso, serão aplicáveis todas as normas de procedimento pertinentes constantes da Convenção Americana sobre Direitos Humanos assim como o Estatuto e o Regulamento da Comissão;

ii. os Estados Partes poderão consultar a Comissão sobre questões relacionadas com a aplicação efetiva desta Convenção. Poderão também solicitar à Comissão assessoria e cooperação técnica para assegurar a aplicação efetiva de qualquer disposição desta Convenção. A Comissão, na medida de sua capacidade, proporcionará aos Estados Partes os serviços de assessoria e assistência solicitados;

iii. qualquer Estado Parte poderá, ao depositar seu instrumento de ratificação desta Convenção ou de adesão a ela, ou em qualquer momento posterior, declarar que reconhece como obrigatória, de pleno direito, e sem acordo especial, a competência da Corte Interamericana de Direitos Humanos em todas as matérias referentes à interpretação ou aplicação desta Convenção. Nesse caso, serão aplicáveis todas as normas de procedimento pertinentes constantes da Convenção Americana sobre Direitos Humanos, bem como o Estatuto e o Regulamento da Corte;

iv. será estabelecido um Comitê Interamericano para a Prevenção e Eliminação do Racismo, Discriminação Racial e Todas as Formas de Discriminação e Intolerância, o qual será constituído por um perito nomeado por cada Estado Parte, que exercerá suas funções de maneira independente e cuja tarefa será monitorar os compromissos assumidos nesta Convenção. O Comitê também será responsável por monitorar os compromissos assumidos pelos Estados que são partes na Convenção Interamericana contra Toda Forma de Discriminação e Intolerância. O Comitê será criado quando a primeira das Convenções entrar em vigor, e sua primeira reunião será convocada pela Secretaria-Geral da OEA uma vez recebido o décimo instrumento de ratificação de qualquer das Convenções. A primeira reunião do Comitê será realizada na sede da Organização, três meses após sua convocação, para declará-lo constituído, aprovar seu Regulamento e metodologia de trabalho e eleger suas autoridades. Essa reunião será presidida pelo representante do país que depositar o primeiro instrumento de ratificação da Convenção que estabelecer o Comitê; e

v. o Comitê será o foro para intercambiar ideias e experiências, bem como examinar o progresso alcançado pelos Estados Partes na implementação desta Convenção, e qualquer circunstância ou dificuldade que afete seu cumprimento em alguma medida. O referido Comitê poderá recomendar aos Estados Partes que adotem as medidas apropriadas. Com esse propósito, os Estados Partes comprometem-se a apresentar um relatório ao Comitê, transcorrido um ano da realização da primeira reunião, com o cumprimento das obrigações constantes desta Convenção. Dos relatórios que os Estados Partes apresentarem ao Comitê também constarão dados e estatísticas desagregados sobre os grupos vulneráveis. Posteriormente, os Estados Partes apresentarão relatórios a cada quatro anos. A Secretaria-Geral da OEA proporcionará ao Comitê o apoio necessário para o cumprimento de suas funções.

CAPÍTULO V
DISPOSIÇÕES GERAIS
Artigo 16
Interpretação

1. Nenhuma disposição desta Convenção será interpretada no sentido de restringir ou limitar a legislação interna de um Estado Parte que ofereça proteção e garantias iguais ou superiores às estabelecidas nesta Convenção.
2. Nenhuma disposição desta Convenção será interpretada no sentido de restringir ou limitar as convenções internacionais sobre direitos humanos que ofereçam proteção igual ou superior nessa matéria.

Artigo 17
Depósito

O instrumento original desta Convenção, cujos textos em espanhol, francês, inglês e português são igualmente autênticos, será depositado na Secretaria-Geral da Organização dos Estados Americanos.

Artigo 18
Assinatura e ratificação

1. Esta Convenção está aberta à assinatura e ratificação por parte de todos os Estados membros da Organização dos Estados Americanos. Uma vez em vigor, esta Convenção será aberta à adesão de todos os Estados que não a tenham assinado.
2. Esta Convenção está sujeita à ratificação pelos Estados signatários de acordo com seus respectivos procedimentos constitucionais. Os instrumentos de ratificação ou adesão serão depositados na Secretaria-Geral da Organização dos Estados Americanos.

Artigo 19
Reservas

Os Estados Partes poderão apresentar reservas a esta Convenção quando da assinatura, ratificação ou adesão, desde que não sejam incompatíveis com seu objetivo e propósito e se refiram a uma ou mais disposições específicas.

Artigo 20
Entrada em vigor

1. Esta Convenção entrará em vigor no trigésimo dia a partir da data em que se depositar o segundo instrumento de ratificação ou de adesão na Secretaria-Geral da Organização dos Estados Americanos.
2. Para cada Estado que ratificar esta Convenção, ou a ela aderir, após o depósito do segundo instrumento de ratificação ou adesão, a Convenção entrará em vigor no trigésimo dia a partir da data em que tal Estado tenha depositado o respectivo instrumento.

Artigo 21
Denúncia

Esta Convenção permanecerá em vigor indefinidamente, mas qualquer Estado Parte poderá denunciá-la mediante notificação por escrito dirigida ao Secretário-Geral da Organização dos Estados Americanos. Os efeitos da Convenção cessarão para o Estado que a denunciar um ano após a data de depósito do instrumento de denúncia, permanecendo em vigor para os demais Estados Partes. A denúncia não eximirá o Estado Parte das obrigações a ele impostas por esta Convenção com relação a toda ação ou omissão anterior à data em que a denúncia produziu efeito.

Artigo 22
Protocolos adicionais

Qualquer Estado Parte poderá submeter à consideração dos Estados Partes reunidos em Assembleia

Geral projetos de protocolos adicionais a esta Convenção, com a finalidade de incluir gradualmente outros direitos em seu regime de proteção. Cada protocolo determinará a maneira de sua entrada em vigor e se aplicará somente aos Estados que nele sejam partes.

CONVENÇÃO INTERAMERICANA SOBRE A PROTEÇÃO DOS DIREITOS HUMANOS DOS IDOSOS (2015)

▶ Aprovada na segunda sessão plenária, realizada em 15 de junho de 2015.

A Assembleia Geral,
Tendo Visto o Relatório Anual do Conselho Permanente à Assembleia Geral;
Recordando o conteúdo da resolução AGIRES. 2825 (XLIV-0114), "Projeto de Convenção Interamericana sobre a Proteção dos Direitos Humanos dos Idosos", bem como todas as resoluções anteriores relativas a este tema;
Reconhecendo as importantes contribuições dos Estados membros, órgãos, organismos e entidades da OEA, outros organismos regionais, internacionais e das Nações Unidas, especialmente a Organização Pan-Americana da Saúde, as organizações da sociedade civil e outros atores sociais, ao contínuo processo de negociações; e

CONVENÇÃO INTERAMERICANA SOBRE A PROTEÇÃO DOS DIREITOS HUMANOS DOS IDOSOS (2015)

Preâmbulo
Os Estados Partes na presente Convenção,
Reconhecendo que o respeito irrestrito aos direitos humanos está consagrado na Declaração Americana dos Direitos e Deveres do Homem e na Declaração Universal dos Direitos Humanos e reafirmado em outros instrumentos internacionais e regionais;
Reiterando o propósito de consolidar, no âmbito das instituições democráticas, um regime de liberdade individual e de justiça social, fundamentado no respeito aos direitos fundamentais da pessoa;
Levando em conta que, de acordo com a Declaração Universal dos Direitos Humanos e a Convenção Americana sobre Direitos Humanos, o ideal do ser humano livre, isento do temor e da miséria somente pode ser realizado se forem criadas condições que permitam a cada pessoa gozar de seus direitos econômicos, sociais e culturais, tanto como de seus direitos civis e políticos;
Reafirmando a universalidade, indivisibilidade, interdependência e inter-relação de todos os direitos humanos e liberdades fundamentais, bem como a obrigação de eliminar todas as formas de discriminação, em particular a discriminação por motivos de idade;

Ressaltando que o idoso tem os mesmos direitos humanos e liberdades fundamentais que as demais pessoas e que estes direitos, inclusive o de não ser submetido à discriminação baseada na idade nem a nenhum tipo de violência, emanam da dignidade e igualdade que são inerentes a todo ser humano;
Reconhecendo que a pessoa, à medida que envelhece, deve seguir desfrutando de uma vida plena, independente e autônoma, com saúde, segurança, integração e participação ativa nas esferas econômica, social, cultural e política de suas sociedades;
Reconhecendo também a necessidade de abordar os assuntos da velhice e do envelhecimento sob uma perspectiva de direitos humanos que reconheça as valiosas contribuições atuais e potenciais do idoso ao bem-estar comum, à identidade cultural, à diversidade de suas comunidades, ao desenvolvimento humano, social e econômico e à erradicação da pobreza;
Recordando o estabelecido nos Princípios das Nações Unidas em Favor das Pessoas Idosas (1991), a Proclamação sobre o Envelhecimento (1992), a Declaração Política e o Plano de Ação Internacional de Madri sobre o Envelhecimento (2002), bem como os instrumentos regionais, tais como a Estratégia Regional de Implementação para a América Latina e o Caribe do Plano de Ação Internacional de Madri sobre o Envelhecimento (2003), a Declaração de Brasília (2007), o Plano de Ação da Organização Pan-Americana da Saúde sobre a Saúde dos Idosos, Incluindo o Envelhecimento Ativo e Saudável (2009), a Declaração de Compromisso de Port of Spain (2009) e a Carta de San José sobre os direitos do idoso da América Latina e do Caribe (2012);
Decididos a incorporar e dar prioridade ao tema do envelhecimento nas políticas públicas, bem como a destinar e gerir os recursos humanos, materiais e financeiros para obter uma adequada implementação e avaliação das medidas especiais implementadas;
Reafirmando o valor da solidariedade e complementaridade da cooperação internacional e regional para promover os direitos humanos e as liberdades fundamentais do idoso;
Respaldando ativamente a incorporação da perspectiva de gênero em todas as políticas e programas dirigidos a tornar efetivos os direitos do idoso e destacando a necessidade de eliminar toda forma de discriminação;
Convencidos da importância de facilitar a formulação e o cumprimento de leis e programas de prevenção do abuso, abandono, negligência, maus-tratos e violência contra o idoso, e a necessidade de contar com mecanismos nacionais que protejam seus direitos humanos e liberdades fundamentais; e
Convencidos também de que a adoção de uma convenção ampla e integral contribuirá significativamente para promover, proteger e assegurar

o pleno gozo e exercício dos direitos do idoso e para fomentar um envelhecimento ativo em todos os âmbitos,

Decidem subscrever esta Convenção Interamericana sobre a Proteção dos Direitos Humanos dos Idosos (doravante, "Convenção"):

CAPÍTULO I
OBJETIVO, ÂMBITO DE APLICAÇÃO E DEFINIÇÕES
Artigo 1°
Objetivo e âmbito de aplicação

O objetivo da Convenção é promover, proteger e assegurar o reconhecimento e o pleno gozo e exercício, em condições de igualdade, de todos os direitos humanos e liberdades fundamentais do idoso, a fim de contribuir para sua plena inclusão, integração e participação na sociedade.

O disposto na presente Convenção não deve ser interpretado como uma limitação a direitos ou benefícios mais amplos ou adicionais reconhecidos pelo direito internacional ou pelas legislações internas dos Estados Partes em favor do idoso.

Se o exercício dos direitos e liberdades mencionados nesta Convenção não estiver garantido por disposições legislativas ou de outro caráter, os Estados Partes se comprometem a adotar, segundo seus procedimentos constitucionais e as disposições desta Convenção, as medidas legislativas ou de outro caráter necessárias para tornar efetivos tais direitos e liberdades.

Os Estados Partes somente poderão estabelecer restrições e limitações ao gozo e exercício dos direitos estabelecidos na presente Convenção mediante leis promulgadas com o objetivo de preservar o bem-estar geral dentro de uma sociedade democrática, na medida em que não contradigam o propósito e razão dos mesmos.

As disposições da presente Convenção aplicar-se-ão a todas as partes dos Estados federais, sem limitações ou exceções.

Artigo 2°
Definições

Para os fins da presente Convenção, entende-se por:

"Abandono": A falta de ação, deliberada ou não, para atender de maneira integral as necessidades de um idoso, que ponha em risco sua vida ou sua integridade física, psíquica ou moral.

"Cuidados paliativos": A atenção e o cuidado ativo, integral e interdisciplinar de pacientes cuja enfermidade não responde a um tratamento curativo ou que sofrem dores evitáveis, a fim de melhorar sua qualidade de vida até o fim de seus dias. Implicam uma atenção primordial ao controle da dor, de outros sintomas e dos problemas sociais, psicológicos e espirituais do idoso. Abrangem o paciente, seu entorno e sua família. Afirmam a vida e consideram a morte como um processo normal; não a aceleram nem a retardam.

"Discriminação": Qualquer distinção, exclusão ou restrição que tenha como objetivo ou efeito anular ou restringir o reconhecimento, gozo ou exercício em igualdade de condições dos direitos humanos e liberdades fundamentais na esfera política, econômica, social, cultural ou em qualquer outra esfera da vida pública e privada.

"Discriminação múltipla": Qualquer distinção, exclusão ou restrição do idoso fundamentada em dois ou mais fatores de discriminação.

"Discriminação por idade na velhice": Qualquer distinção, exclusão ou restrição baseada na idade que tenha como objetivo ou efeito anular ou restringir o reconhecimento, gozo ou exercício em igualdade de condições dos direitos humanos e liberdades fundamentais na esfera política, econômica, social e cultural ou em qualquer outra esfera da vida pública e privada.

"Envelhecimento": Processo gradual que se desenvolve durante o curso de vida e que implica alterações biológicas, fisiológicas, psicossociais e funcionais de várias consequências, as quais se associam com interações dinâmicas e permanentes entre o sujeito e seu meio.

"Envelhecimento ativo e saudável": Processo pelo qual se otimizam as oportunidades de bem-estar físico, mental e social; de participar em atividades sociais, econômicas, culturais, espirituais e cívicas; e de contar com proteção, segurança e atenção, com o objetivo de ampliar a esperança de vida saudável e a qualidade de vida de todos os indivíduos na velhice e permitir-lhes assim seguir contribuindo ativamente para suas famílias, amigos, comunidades e nações. O conceito de envelhecimento ativo e saudável se aplica tanto a indivíduos como a grupos de população.

"Maus-tratos": Ação ou omissão, única ou repetida, contra um idoso, a qual produz danos em sua integridade física, psíquica e moral e vulnera o gozo ou exercício de seus direitos humanos e liberdades fundamentais, independentemente de que ocorra em uma relação de confiança.

"Negligência": Erro involuntário ou ação não deliberada, incluindo, entre outros, o descuido, omissão, desamparo e desproteção, que causa dano ou sofrimento a um idoso, tanto no âmbito público como privado, quando não foram tomadas as precauções normais necessárias em conformidade com as circunstâncias.

"Idoso": Pessoa com 60 anos ou mais, exceto se a lei interna determinar uma idade base menor ou maior, desde que esta não seja superior a 65 anos. Este conceito inclui, entre outros, o de pessoa idosa.

"Idoso que recebe serviços de cuidado de longo prazo": Pessoa que reside temporária ou permanentemente em um estabelecimento regulado, seja público, privado ou misto, no qual recebe serviços sociossanitários integrais de qualidade, incluindo as residências de longa estadia, que proporcionam esses serviços de atenção por tempo prolongado ao idoso com dependência moderada ou severa que não possa receber cuidados em seu domicílio.

"Serviços sociossanitários integrados": Benefícios e prestações institucionais para atender as necessidades de tipo sanitário e social do idoso, com o objetivo de garantir sua dignidade e bem-estar e promover sua independência e autonomia.

"Unidade doméstica ou domicílio": O grupo de pessoas que vivem em uma mesma habitação, compartilham as refeições principais e satisfazem juntas suas necessidades básicas, sem que seja necessário que existam laços de parentesco entre elas.

"Velhice": Construção social da última etapa do curso de vida.

CAPÍTULO II
PRINCÍPIOS GERAIS

Artigo 3
São princípios gerais aplicáveis à Convenção:

a) A promoção e defesa dos direitos humanos e liberdades fundamentais do idoso.
b) A valorização do idoso, seu papel na sociedade e sua contribuição ao desenvolvimento.
c) A dignidade, independência, protagonismo e autonomia do idoso.
d) A igualdade e não discriminação.
e) A participação, integração e inclusão plena e efetiva na sociedade.
f) O bem-estar e cuidado.
g) A segurança física, econômica e social.
h) A autorrealização.
i) A equidade e igualdade de gênero e enfoque do curso de vida.
j) A solidariedade e o fortalecimento da proteção familiar e comunitária.
k) O bom tratamento e a atenção preferencial.
l) O enfoque diferencial para o gozo efetivo dos direitos do idoso.
m) O respeito e a valorização da diversidade cultural.
n) A proteção judicial efetiva.
o) A responsabilidade do Estado e a participação da família e da comunidade na integração ativa, plena e produtiva do idoso dentro da sociedade, bem como em seu cuidado e atenção, de acordo com a legislação interna.

CAPÍTULO III
DEVERES GERAIS DOS ESTADOS PARTES

Artigo 4º
Os Estados Partes se comprometem a salvaguardar os direitos humanos e liberdades fundamentais do idoso enunciados na presente Convenção, sem discriminação de nenhum tipo, e com a seguinte finalidade:

a) Adotarão medidas para prevenir, punir e erradicar as práticas contrárias à presente Convenção, tais como o isolamento, abandono, sujeições físicas prolongadas, aglomeração, expulsão da comunidade, negação de nutrição, infantilização, tratamentos médicos inadequados ou desproporcionais, entre outras, e todas aquelas que constituam maus-tratos ou penas cruéis, desumanas ou degradantes que atentem contra a segurança e integridade do idoso.

b) Adotarão as medidas afirmativas e realizarão os ajustes razoáveis que sejam necessários para o exercício dos direitos estabelecidos na presente Convenção e se absterão de adotar qualquer medida legislativa que seja incompatível com a mesma. Não serão consideradas discriminatórias, em virtude da presente Convenção, as medidas afirmativas e ajustes razoáveis que sejam necessários para acelerar ou obter a igualdade de fato de idosos, bem como para assegurar sua plena integração, social, econômica, educacional, política e cultural. Tais medidas afirmativas não deverão levar à manutenção de direitos separados para grupos distintos e não deverão perpetuar-se além de um período razoável ou depois de alcançado esse objetivo.

c) Adotarão e fortalecerão todas as medidas legislativas, administrativas, judiciais, orçamentárias e de qualquer outra índole, incluindo um adequado acesso à justiça, a fim de garantir ao idoso um tratamento diferenciado e preferencial em todos os âmbitos.

d) Adotarão as medidas necessárias e, quando o considerem no âmbito da cooperação internacional, até o máximo dos recursos disponíveis e levando em conta seu grau de desenvolvimento, a fim de obter progressivamente, e em conformidade com a legislação interna, a plena efetividade dos direitos econômicos, sociais e culturais, sem prejuízo das obrigações aplicáveis de imediato em virtude do direito internacional.

e) Promoverão instituições públicas especializadas na proteção e promoção dos direitos do idoso e seu desenvolvimento integral.

f) Promoverão a mais ampla participação da sociedade civil e de outros atores sociais, em particular do idoso, na elaboração, aplicação e controle de políticas públicas e legislação dirigida à implementação da presente Convenção.

g) Promoverão a coleta de informação adequada, inclusive dados estatísticos e de pesquisa, que permitam formular e aplicar políticas, a fim de tornar efetiva a presente Convenção.

CAPÍTULO IV
DIREITOS PROTEGIDOS

Artigo 5º
Igualdade e não discriminação por razões de idade

Fica proibida pela presente Convenção a discriminação por idade na velhice.

Os Estados Partes desenvolverão enfoques específicos em suas políticas, planos e legislações sobre envelhecimento e velhice, com relação aos idosos em condição de vulnerabilidade e os que são vítimas de discriminação múltipla, incluindo as mulheres, as pessoas com deficiência, as pessoas de diversas orientações sexuais e identidades de gênero, as pessoas migrantes, as pessoas em situação de pobreza ou marginalização social, os afrodescendentes e as pessoas pertencentes a povos indígenas, as pessoas sem teto, as pessoas privadas de liberdade, as pessoas pertencentes a povos tradicionais, as pessoas pertencentes a grupos étnicos, raciais, nacionais, linguísticos, religiosos e rurais, entre outros.

Artigo 6º
Direito à vida e à dignidade na velhice

Os Estados Partes adotarão todas as medidas necessárias para garantir ao idoso o gozo efetivo do direito à vida e o direito a viver com dignidade na velhice até o fim de seus dias, em igualdade de condições com outros setores da população.

Os Estados Partes tomarão medidas para que as instituições públicas e privadas ofereçam ao idoso um acesso não discriminatório a cuidados integrais, incluindo os cuidados paliativos, evitem o isolamento e abordem apropriadamente os problemas relacionados com o medo da morte dos enfermos terminais e a dor e evitem o sofrimento desnecessário e as intervenções fúteis e inúteis, em conformidade com o direito do idoso a expressar o consentimento informado.

Artigo 7º
Direito à independência e à autonomia

Os Estados Partes na presente Convenção reconhecem o direito do idoso a tomar decisões, a definir seu plano de vida, a desenvolver uma vida autônoma e independente, conforme suas tradições e crenças, em igualdade de condições, e a dispor de mecanismos para poder exercer seus direitos.

Os Estados Partes adotarão programas, políticas ou ações para facilitar e promover o pleno gozo desses direitos pelo idoso, propiciando sua autorrealização, o fortalecimento de todas as famílias, de seus laços familiares e sociais e de suas relações afetivas. Em especial, assegurarão:

a) O respeito à autonomia do idoso na tomada de suas decisões, bem como a independência na realização de seus atos;

b) Que o idoso tenha a oportunidade de escolher seu lugar de residência e onde e com quem viver, em igualdade de condições com as demais pessoas, e não se veja obrigado a viver de acordo com um sistema de vida específico;

c) Que o idoso tenha acesso progressivamente a uma variedade de serviços de assistência domiciliar, residencial e outros serviços de apoio à comunidade, inclusive a assistência pessoal que seja necessária para facilitar sua existência e sua inclusão na comunidade e para evitar seu isolamento ou separação desta.

Artigo 8º
Direito à participação e integração comunitária

O idoso tem direito à participação ativa, produtiva, plena e efetiva dentro da família, da comunidade e da sociedade para sua integração em todas elas.

Os Estados Partes adotarão medidas para que o idoso tenha a oportunidade de participar ativa e produtivamente na comunidade e possa desenvolver suas capacidades e potencialidades. Para tanto:

a) Criarão e fortalecerão mecanismos de participação e inclusão social do idoso em um ambiente de igualdade que permita erradicar os preconceitos e estereótipos que obstaculizam o pleno desfrute desses direitos.

b) Promoverão a participação do idoso em atividades intergeracionais para fortalecer a solidariedade e o apoio mútuo como elementos essenciais do desenvolvimento social.

c) Assegurarão que as instalações e os serviços comunitários para a população em geral estejam à disposição do idoso, em igualdade de condições, e levem em conta suas necessidades.

Artigo 9º
Direito à segurança e a uma vida sem nenhum tipo de violência

O idoso tem direito à segurança e a uma vida sem nenhum tipo de violência, a receber um tratamento digno e a ser respeitado e valorizado, independentemente da raça, cor, sexo, idioma, cultura, religião, opinião política ou de outra índole, origem social, nacional, étnica, indígena e identidade cultural, posição socioeconómica, deficiência, orientação sexual, gênero, identidade de gênero, sua contribuição econômica ou qualquer outra condição.

O idoso tem direito a viver uma vida sem nenhum tipo de violência e maus-tratos. Para os fins desta Convenção, se entenderá por violência contra o idoso qualquer ação ou conduta que cause morte, dano ou sofrimento físico, sexual ou psicológico ao idoso, tanto no âmbito público como no privado.

Entender-se-á que a definição de violência contra o idoso compreende, entre outros, diversos tipos de abuso, incluindo o financeiro e patrimonial, maus-tratos físicos, sexuais ou psicológicos, exploração do trabalho, expulsão de sua comunidade e toda forma de abandono ou negligência que tenha lugar dentro ou fora do âmbito familiar ou unidade doméstica, ou que seja perpetrado ou tolerado pelo Estado ou seus agentes onde quer que ocorra. Os Estados Partes se comprometem a:

a) Adotar medidas legislativas, administrativas e de outra índole para prevenir, investigar, punir e erradicar os atos de violência contra o idoso, bem como aquelas que propiciem a reparação dos danos provocados por esses atos.

b) Produzir e divulgar informações com o objetivo de gerar diagnósticos de risco de possíveis situações de violência a fim de desenvolver políticas de prevenção.

c) Promover a criação e o fortalecimento de serviços de apoio para atender os casos de violência, maus-tratos, abuso, exploração e abandono do idoso. Fomentar o acesso do idoso a esses serviços e à informação sobre eles.

d) Estabelecer ou fortalecer mecanismos de prevenção da violência, em qualquer de suas manifestações, dentro da família, da unidade doméstica, do lugar onde recebe serviços de cuidado de longo prazo e da sociedade para a efetiva proteção dos direitos do idoso.

e) Informar e sensibilizar a sociedade em seu conjunto sobre as diversas formas de violência contra o idoso e a maneira de identificá-las e preveni-las.

f) Capacitar e sensibilizar os funcionários públicos, os encarregados de serviços sociais e de saúde, o pessoal encarregado da atenção e cuidado do idoso nos serviços de cuidado de longo prazo ou serviços domiciliares sobre as diversas formas de violência, a fim de dar-lhes um tratamento digno e prevenir negligência e ações ou práticas de violência e maus-tratos.

g) Desenvolver programas de capacitação dirigidos aos familiares e pessoas que exercem tarefas de cuidado domiciliar, a fim de prevenir situações de violência no domicílio ou unidade doméstica.

h) Promover mecanismos adequados e eficazes de denúncia em casos de violência contra o idoso, bem como reforçar os mecanismos judiciais e administrativos para atender esses casos.

i) Promover ativamente a eliminação de todas as práticas que geram violência e que afetam a dignidade e integridade da mulher idosa.

Artigo 10°
Direito a não ser submetido à tortura nem a penas ou tratamentos cruéis, desumanos ou degradantes

O idoso tem direito a não ser submetido a tortura e outros tratamentos ou penas cruéis, desumanas ou degradantes.

Os Estados Partes tomarão todas as medidas de caráter legislativo, administrativo ou de outra índole para prevenir, investigar, punir e erradicar todo tipo de tortura e outros tratamentos ou penas cruéis, desumanas ou degradantes contra o idoso.

Artigo 11
Direito a manifestar consentimento livre e informado no âmbito da saúde

O idoso tem o direito irrenunciável a manifestar seu consentimento livre e informado no âmbito da saúde. A negação deste direito constitui uma forma de vulneração dos direitos humanos do idoso.

Com a finalidade de garantir o direito do idoso a manifestar seu consentimento informado de maneira prévia, voluntária, livre e expressa, bem como a exercer seu direito de modificá-lo ou revogá-lo, em relação a qualquer decisão, tratamento, intervenção ou pesquisa no âmbito da saúde, os Estados Partes se comprometem a elaborar e aplicar mecanismos adequados e eficazes para impedir abusos e fortalecer a capacidade do idoso de compreender plenamente as opções de tratamento existentes, seus riscos e benefícios.

Esses mecanismos deverão assegurar que a informação proporcionada seja adequada, clara e oportuna, disponível de forma não discriminatória e acessível e apresentada de maneira compreensível de acordo com a identidade cultural, nível educativo e necessidades de comunicação do idoso.

As instituições públicas ou privadas e os profissionais da saúde não poderão administrar nenhum tratamento, intervenção ou pesquisa de caráter médico ou cirúrgico sem o consentimento informado do idoso.

Nos casos de emergência médica que ponham em risco a vida e quando não for possível obter o consentimento informado, poderão ser aplicadas as exceções estabelecidas em conformidade com a legislação nacional.

O idoso tem direito a aceitar, recusar ou interromper voluntariamente tratamentos médicos ou cirúrgicos, inclusive os da medicina tradicional, alternativa e complementar, pesquisa, experimentos médicos ou científicos, sejam de caráter físico ou psíquico, e a receber informação clara e oportuna sobre as possíveis consequências e os riscos dessa decisão.

Os Estados Partes estabelecerão também um processo por meio do qual o idoso possa manifestar de maneira expressa sua vontade antecipada e instruções a respeito das intervenções em matéria de atenção à saúde, inclusive os cuidados paliativos. Nesses casos, esta vontade antecipada poderá ser expressada, modificada ou ampliada em qualquer momento somente pelo idoso, mediante instrumentos juridicamente vinculantes, em conformidade com a legislação nacional.

Artigo 12
Direitos do idoso que recebe serviços de cuidado de longo prazo

O idoso tem direito a um sistema integral de cuidados que proporcione proteção e promoção da saúde, cobertura de serviços sociais, segurança alimentar e nutricional, água, vestuário e habitação, permitindo que o idoso possa decidir permanecer em seu domicílio e manter sua independência e autonomia.

Os Estados Partes deverão formular medidas de apoio às famílias e cuidadores mediante a introdução de serviços para aqueles que realizam atividades de cuidados para com o idoso, levando em conta as necessidades de todas as famílias e outras formas de cuidados, bem como a plena participação do idoso, respeitando sua opinião.

Os Estados Partes deverão adotar medidas para desenvolver um sistema integral de cuidados que leve especialmente em conta a perspectiva de gênero e o respeito à dignidade e integridade física e mental do idoso.

Para garantir ao idoso o gozo efetivo de seus direitos humanos nos serviços de cuidado de longo prazo, os Estados Partes se comprometem a:

a) Estabelecer mecanismos para assegurar que o início e término dos serviços de cuidado de longo prazo estejam sujeitos à manifestação da vontade livre e expressa do idoso.

b) Incentivar que esses serviços contem com pessoal especializado que possa oferecer uma atenção adequada e integral e prevenir ações ou práticas que possam produzir dano ou agravar a condição existente.

c) Estabelecer um marco regulatório adequado para o funcionamento dos serviços de cuidado de longo prazo que permita avaliar e acompanhar a situação do idoso, incluindo a adoção de medidas para:

i. Garantir o acesso do idoso à informação, em particular a seus registros pessoais, sejam físicos ou digitais, e promover o acesso aos meios de comunicação e informação, inclusive as redes sociais, bem como informar ao idoso sobre seus direitos e sobre o marco jurídico e protocolos que regem os serviços de cuidado de longo prazo.

ii. Prevenir ingerências arbitrárias ou ilegais em sua vida privada, família, domicílio ou unidade doméstica, ou qualquer outro âmbito no qual ocorram, bem como em sua correspondência ou qualquer outro tipo de comunicação.

iii. Promover a interação familiar e social do idoso, levando em conta todas as famílias e suas relações afetivas.

iv. Proteger a segurança pessoal e o exercício da liberdade e mobilidade do idoso.

v. Proteger a integridade do idoso e sua privacidade e intimidade nas atividades que realiza, particularmente nos atos de higiene pessoal.

d) Estabelecer a legislação necessária, em conformidade com os mecanismos nacionais, para que os responsáveis e o pessoal de serviços de cuidado de longo prazo respondam administrativa, civil e/ou penalmente pelos atos que pratiquem em detrimento do idoso, conforme o caso.

e) Adotar medidas adequadas, quando cabível, para que o idoso que esteja recebendo serviços de cuidado de longo prazo conte com serviços de cuidados paliativos que abranjam o paciente, seu entorno e sua família.

Artigo 13
Direito à liberdade pessoal

O idoso tem direito à liberdade e segurança pessoal, independentemente do âmbito em que se desenvolva.

Os Estados Partes assegurarão que o idoso desfrute do direito à liberdade e segurança pessoal e que em nenhum caso a idade justifique a privação ou restrição arbitrária de sua liberdade.

Os Estados Partes garantirão que qualquer medida de privação ou restrição de liberdade será tomada em conformidade com a lei e assegurarão que o idoso privado de liberdade em razão de um processo tenha, em igualdade de condições com outros setores da população, direito a garantias de acordo com o direito internacional dos direitos humanos e a ser tratado em conformidade com os objetivos e princípios da presente Convenção.

Os Estados Partes garantirão o acesso do idoso privado de liberdade a programas especiais e atenção integral, inclusive os mecanismos de reabilitação para sua reinserção na sociedade e, conforme o caso, promoverão medidas alternativas com relação à privação de liberdade, de acordo com seus ordenamentos jurídicos internos.

Artigo 14
Direito à liberdade de expressão e opinião e ao acesso à informação

O idoso tem direito à liberdade de expressão e opinião e ao acesso à informação, em igualdade de condições com outros setores da população e pelos meios de sua escolha.

Os Estados Partes adotarão medidas destinadas a garantir ao idoso o exercício efetivo desses direitos.

Artigo 15
Direito à nacionalidade e à liberdade de circulação

O idoso tem direito à liberdade de circulação, à liberdade para escolher sua residência e a possuir uma nacionalidade em igualdade de condições com os outros setores da população, sem discriminação por razões de idade.

Os Estados Partes adotarão medidas destinadas a garantir ao idoso o exercício efetivo desses direitos.

Artigo 16
Direito à privacidade e à intimidade

O idoso tem direito à privacidade e à intimidade e a não ser objeto de ingerências arbitrárias ou ilegais em sua vida privada, família, domicílio ou unidade doméstica, ou qualquer âmbito em que se desenvolvam, bem como em sua correspondência ou qualquer outro tipo de comunicação.

O idoso tem direito a não ser objeto de agressões contra sua dignidade, honra e reputação, e à privacidade nos atos de higiene pessoal ou nas atividades que realize, independentemente do âmbito em que se desenvolvam.

Os Estados Partes adotarão as medidas necessárias para garantir estes direitos, particularmente ao idoso que recebe serviços de cuidado de longo prazo.

Artigo 17
Direito à seguridade social

Todo idoso tem direito à seguridade social que o proteja para levar uma vida digna.

Os Estados Partes promoverão progressivamente, de acordo com os recursos disponíveis, que o idoso receba uma renda para uma vida digna por meio dos sistemas de seguridade social e outros mecanismos flexíveis de proteção social.

Os Estados Partes buscarão facilitar, mediante convênios institucionais, acordos bilaterais ou outros mecanismos hemisféricos, o reconhecimento de prestações, contribuições à seguridade social ou direitos de pensão do idoso migrante.

Todo o disposto neste artigo será aplicado em conformidade com a legislação nacional.

Artigo 18
Direito ao trabalho

O idoso tem direito ao trabalho digno e decente e à igualdade de oportunidades e de tratamento em relação aos outros trabalhadores, seja qual for a sua idade.

Os Estados Partes adotarão medidas para impedir a discriminação profissional do idoso. Fica proibida qualquer distinção que não se baseie nas exigências próprias da natureza do cargo, em conformidade com a legislação nacional e de forma apropriada às condições locais.

O emprego ou a ocupação devem contar com as mesmas garantias, benefícios, direitos trabalhistas e sindicais, e ser remunerados pelo mesmo salário aplicável a todos os trabalhadores frente a iguais tarefas e responsabilidades.

Os Estados Partes adotarão as medidas legislativas, administrativas ou de outra índole para promover o emprego formal do idoso e regular as diversas formas de autoemprego e o emprego doméstico, visando a prevenir abusos e garantir uma adequada cobertura social e o reconhecimento do trabalho não remunerado.

Os Estados Partes promoverão programas e medidas que facilitem uma transição gradual à aposentadoria, para o que poderão contar com a participação das organizações representativas de empregadores e trabalhadores e de outros organismos interessados.

Os Estados Partes promoverão políticas trabalhistas dirigidas a propiciar que as condições, o ambiente de trabalho, horários e a organização das tarefas sejam adequadas às necessidades e características do idoso.

Os Estados Partes incentivarão o desenvolvimento de programas para a capacitação e certificação de conhecimento e saberes para promover o acesso do idoso a mercados de trabalho mais inclusivos.

Artigo 19
Direito à saúde

O idoso tem direito à saúde física e mental, sem nenhum tipo de discriminação.

Os Estados Partes deverão formular e implementar políticas públicas intersetoriais de saúde orientadas a uma atenção integral que inclua a promoção da saúde, a prevenção e a atenção à doença em todas as etapas, e a reabilitação e os cuidados paliativos do idoso, a fim de propiciar o desfrute do mais alto nível de bem-estar físico, mental e social. Para tornar efetivo este direito, os Estados Partes se comprometem a tomar as seguintes medidas:

a) Assegurar a atenção preferencial e o acesso universal, equitativo e oportuno em serviços integrais de saúde de qualidade baseados na atenção primária e aproveitar a medicina tradicional, alternativa e complementar, em conformidade com a legislação nacional e com os usos e costumes.

b) Formular, implementar, fortalecer e avaliar políticas públicas, planos e estratégias para fomentar um envelhecimento ativo e saudável.

c) Fomentar políticas públicas sobre saúde sexual e reprodutiva do idoso.

d) Fomentar, quando corresponda, a cooperação internacional na área de formulação de políticas públicas, planos, estratégias e legislação, e o intercâmbio de capacidades e recursos para implementar programas de saúde para o idoso e seu processo de envelhecimento.

e) Fortalecer as ações de prevenção por meio das autoridades da saúde e a prevenção de doenças, inclusive mediante a realização de cursos de educação, o conhecimento das patologias e opinião informada do idoso no tratamento de doenças crônicas e outros problemas de saúde.

f) Garantir o acesso a benefícios e serviços de saúde acessíveis e de qualidade para o idoso com doenças não transmissíveis e transmissíveis, inclusive as doenças sexualmente transmissíveis.

g) Fortalecer a implementação de políticas públicas orientadas a melhorar o estado nutricional do idoso.

h) Promover o desenvolvimento de serviços sociossanitários integrados especializados para atender ao idoso com doenças que geram dependência, inclusive as enfermidades crônicas degenerativas, as demências e a doença de Alzheimer.

i) Fortalecer as capacidades dos trabalhadores dos serviços de saúde, sociais e sociossanitários integrados e de outros atores, com relação à atenção ao idoso, levando em consideração os princípios constantes da presente Convenção.

j) Promover e fortalecer a pesquisa e a formação acadêmica profissional e técnica especializada em geriatria, gerontologia e cuidados paliativos. k) Formular, adequar e implementar, segundo a legislação vigente em cada país, políticas referentes à capacitação e aplicação da medicina tradicional, alternativa e complementar, com relação à atenção integral ao idoso.

l) Promover as medidas necessárias para que os serviços de cuidados paliativos estejam disponíveis e acessíveis ao idoso, bem como para apoiar suas famílias.

m) Garantir ao idoso a disponibilidade e o acesso aos medicamentos reconhecidos como essenciais pela Organização Mundial da Saúde, incluindo os medicamentos controlados que sejam necessários aos cuidados paliativos.

n) Garantir ao idoso o acesso à informação contida em seus registros pessoais, sejam físicos ou digitais.

o) Promover e garantir progressivamente, de acordo com suas capacidades, o acompanhamento e a capacitação de pessoas que exercem tarefas de cuidado do idoso, incluindo familiares, a fim de assegurar sua saúde e bem-estar.

Artigo 20
Direito à educação

O idoso tem direito à educação em igualdade de condições com outros setores da população e sem discriminação, nas modalidades definidas por cada um dos Estados Partes, a participar de programas educativos existentes em todos os níveis e a compartilhar seus conhecimentos e experiências com todas as gerações.

Os Estados Partes garantirão o exercício efetivo do direito à educação do idoso e se comprometem a:

a) Facilitar ao idoso o acesso a programas educativos e de formação adequados que permitam o acesso, entre outros, aos diversos níveis do ciclo educativo, a programas de alfabetização e pós-alfabetização, formação técnica e profissional e à educação permanente contínua, em especial aos grupos em situação de vulnerabilidade.

b) Promover o desenvolvimento de programas, materiais e formatos educativos adequados e acessíveis ao idoso, que atendam suas necessidades, preferências, aptidões, motivações e identidade cultural.

c) Adotar as medidas necessárias para reduzir e, progressivamente, eliminar as barreiras e as dificuldades de acesso a bens e serviços educativos no meio rural.

d) Promover a educação e formação do idoso no uso das novas tecnologias da informação e das comunicações (TICs) para minimizar a brecha digital, geracional e geográfica e aumentar a integração social e comunitária.

e) Formular e implementar políticas ativas para erradicar o analfabetismo do idoso, em especial das mulheres e grupos em situação de vulnerabilidade.

f) Fomentar e facilitar a participação ativa do idoso em atividades educativas, tanto formais como informais.

Artigo 21
Direito à cultura

O idoso tem direito à identidade cultural, a participar na vida cultural e artística da comunidade, a desfrutar dos benefícios do progresso científico e tecnológico e de outros produtos da diversidade cultural, bem como a compartilhar seus conhecimentos e experiências com outras gerações, em qualquer dos contextos em que se desenvolva.

Os Estados Partes reconhecerão, garantirão e protegerão o direito à propriedade intelectual do idoso, em condições de igualdade com os demais setores da população e de acordo com a legislação interna e os instrumentos internacionais adotados nesse âmbito.

Os Estados Partes promoverão as medidas necessárias para assegurar o acesso preferencial do idoso a bens e serviços culturais, em formatos e condições acessíveis.

Os Estados Partes fomentarão programas culturais para que o idoso possa desenvolver e utilizar seu potencial criativo, artístico e intelectual, para seu benefício próprio e para o enriquecimento da sociedade como agente transmissor de valores, conhecimentos e cultura.

Os Estados Partes estimularão a participação das organizações de idosos no planejamento, realização e divulgação de projetos educativos e culturais.

Os Estados Partes incentivarão, mediante ações de reconhecimento e estímulo, as contribuições do idoso às diferentes expressões artísticas e culturais.

Artigo 22
Direito à recreação, ao lazer e ao esporte

O idoso tem direito à recreação, atividade física, lazer e esporte.

Os Estados Partes promoverão o desenvolvimento de serviços e programas de recreação, incluindo o turismo, bem como de atividades de lazer e esportivas que levem em conta os interesses e as necessidades do idoso, em particular o que recebe serviços de cuidado de longo prazo, a fim de melhorar sua saúde e qualidade de vida em todas as suas dimensões e promover sua autorrealização, independência, autonomia e inclusão na comunidade.

O idoso poderá participar do estabelecimento, gestão e avaliação desses serviços, programas e atividades.

Artigo 23
Direito à propriedade

Todo idoso tem direito ao uso e gozo de seus bens e a não ser privado deles por motivos de idade. A lei pode subordinar tal uso e gozo ao interesse social.

Nenhum idoso pode ser privado de seus bens, salvo mediante o pagamento de indenização justa, por razões de utilidade pública ou de interesse social, nos casos e na forma estabelecidos pela lei.

Os Estados Partes adotarão todas as medidas necessárias para garantir ao idoso o exercício do direito à propriedade, incluindo a livre disposição de seus bens, e para prevenir o abuso e a alienação ilegal de sua propriedade.

Os Estados Partes se comprometem a adotar medidas para eliminar toda prática administrativa ou financeira que discrimine o idoso, principalmente as mulheres idosas e os grupos em situação de vulnerabilidade no que se refere ao exercício de seu direito à propriedade.

Artigo 24
Direito à moradia

O idoso tem direito à moradia digna e adequada, e a viver em ambientes seguros, saudáveis, acessíveis e adaptáveis a suas preferências e necessidades.

Os Estados Partes deverão adotar as medidas pertinentes para promover o pleno gozo deste direito e facilitar o acesso do idoso a serviços sociossanitários integrados e a serviços de cuidados domiciliares que lhe permitam residir em seu próprio domicílio conforme a sua vontade.

Os Estados Partes deverão garantir o direito do idoso à moradia digna e adequada e adotarão políticas de promoção do direito à moradia e do acesso à terra reconhecendo as necessidades do idoso e atribuindo prioridade aos que se encontrem em situação de vulnerabilidade. Além disso, os Estados Partes fomentarão progressivamente o acesso ao crédito habitacional ou outras formas de financiamento sem discriminação, promovendo, entre outros, a colaboração com o setor privado, a sociedade civil e outros atores sociais. As políticas deverão levar especialmente em conta:
a) A necessidade de construir ou adaptar progressivamente soluções habitacionais para que estas sejam arquitetonicamente adequadas e acessíveis ao idoso com deficiência e com impedimentos relacionados com sua mobilidade.
b) As necessidades específicas do idoso, particularmente o que vive sozinho, por meio de subsídios para o aluguel, apoio às renovações da habitação e outras medidas pertinentes, segundo a capacidade dos Estados Partes.
Os Estados Partes promoverão o estabelecimento de procedimentos expeditos de reclamação e justiça em caso de desalojamento de idosos e adotarão as medidas necessárias para protegê-los contra os desalojamentos forçados ilegais.
Os Estados Partes deverão promover programas para a prevenção de acidentes no entorno e no domicílio do idoso.

Artigo 25
Direito a um meio ambiente saudável

O idoso tem direito a viver em um meio ambiente saudável e a contar com serviços públicos básicos; nesse sentido, os Estados Partes adotarão as medidas pertinentes para salvaguardar e promover o exercício deste direito, entre elas:
a) Fomentar o desenvolvimento pleno do idoso em harmonia com a natureza.
b) Garantir o acesso do idoso em condições de igualdade a serviços públicos básicos de água potável e saneamento, entre outros.

Artigo 26
Direito à acessibilidade
e à mobilidade pessoal

O idoso tem direito à acessibilidade ao entorno físico, social, econômico e cultural e à sua mobilidade pessoal.
A fim de garantir a acessibilidade e a mobilidade pessoal do idoso para que possa viver de forma independente e participar plenamente em todos os aspectos da vida, os Estados Partes adotarão de maneira progressiva medidas pertinentes para assegurar o acesso do idoso, em igualdade de condições com as demais pessoas, ao entorno físico, transporte, informação e comunicações, inclusive os sistemas e as tecnologias da informação e das comunicações, e a outros serviços e instalações abertos ao público ou de uso público, tanto em zonas urbanas como rurais. Estas medidas, que incluirão a identificação e eliminação de obstáculos e barreiras de acesso, aplicar-se-ão, entre outros, ao seguinte:
a) Os edifícios, as vias públicas, o transporte e outras instalações externas e internas, como centros educativos, residências, instalações médicas e locais de trabalho.
b) Os serviços de informação, comunicações e de outro tipo, inclusive os serviços eletrônicos e de emergência.
Os Estados Partes também adotarão as medidas pertinentes para:
a) Desenvolver, promulgar e supervisionar a aplicação de normas mínimas e diretrizes sobre a acessibilidade das instalações e dos serviços abertos ao público ou de uso público.
b) Assegurar que as entidades públicas e privadas que possuam instalações e serviços abertos ao público ou de uso público levem em conta todos os aspectos de acessibilidade para o idoso.
c) Oferecer formação a todas as pessoas envolvidas nos problemas de acessibilidade que o idoso enfrenta.
d) Promover outras formas adequadas de assistência e apoio ao idoso para assegurar seu acesso à informação.
e) Promover o acesso do idoso aos novos sistemas e tecnologias da informação e das comunicações, inclusive a Internet, e que estas sejam acessíveis ao menor custo possível.
f) Propiciar ao idoso o acesso a tarifas preferenciais ou gratuitas de serviços de transporte público ou de uso público;
g) Promover iniciativas, nos serviços de transporte público ou de uso público, para que haja assentos reservados para o idoso, os quais deverão ser identificados com a sinalização correspondente;
h) Dotar os edifícios e outras instalações abertas ao público de sinalização em formatos de fácil leitura e compreensão e adequados para o idoso.

Artigo 27
Direitos políticos

O idoso tem direito à participação na vida política e pública em igualdade de condições com as demais pessoas e a não ser discriminado por motivo de idade.
O idoso tem direito a votar livremente e ser eleito, devendo o Estado facilitar as condições e os meios para o exercício desses direitos.
Os Estados Partes garantirão ao idoso uma participação plena e efetiva no que diz respeito a seu direito ao voto e adotarão as medidas pertinentes para:
a) Garantir que os procedimentos, instalações e materiais eleitorais sejam adequados, acessíveis e fáceis de entender e utilizar.
b) Proteger o direito do idoso ao voto secreto em eleições e referendos públicos, sem intimidação.
c) Garantir a livre expressão da vontade do idoso como eleitor e, quando necessário e com seu

consentimento, permitir que uma pessoa de sua escolha lhe preste assistência para votar.

d) Criar e fortalecer mecanismos de participação cívica com o objetivo de incorporar, nos processos de tomada de decisão em todos os níveis de governo, as opiniões, contribuições e demandas do idoso e de suas agremiações e associações.

Artigo 28
Direito de reunião e de associação

O idoso tem direito a reunir-se pacificamente e a formar livremente suas próprias agremiações ou associações, em conformidade com o direito Internacional dos direitos humanos.

Para tanto, os Estados Partes se comprometem a:
a) Facilitar a criação e o reconhecimento legal dessas agremiações ou associações, respeitando sua liberdade de iniciativa e prestando apoio para sua formação e desempenho de acordo com a capacidade dos Estados Partes.

b) Fortalecer as associações de idosos e o desenvolvimento de lideranças positivas que facilitem a consecução de seus objetivos e a difusão dos direitos enunciados na presente Convenção.

Artigo 29
Situações de risco e emergências humanitárias

Os Estados Partes tomarão todas as medidas específicas que sejam necessárias para garantir a integridade e os direitos do idoso em situações de risco, inclusive situações de conflito armado, emergências humanitárias e desastres, em conformidade com as normas de direito internacional, em particular do direito internacional dos direitos humanos e do direito internacional humanitário.

Os Estados Partes adotarão medidas de atenção específicas às necessidades do idoso na preparação, prevenção, reconstrução e recuperação em situações de emergência, desastres ou conflitos.

Os Estados Partes propiciarão que o idoso interessado participe nos protocolos de proteção civil em caso de desastres naturais.

Artigo 30
Igual reconhecimento como pessoa perante a lei

Os Estados Partes reafirmam que o idoso tem direito ao reconhecimento de sua personalidade jurídica.

Os Estados Partes reconhecerão que o idoso tem capacidade jurídica em igualdade de condições com as demais pessoas em todos os aspectos da vida.

Os Estados Partes adotarão as medidas pertinentes para proporcionar o acesso do idoso ao apoio de que possa necessitar no exercício de sua capacidade jurídica.

Os Estados Partes assegurarão que, em todas as medidas relativas ao exercício da capacidade jurídica, se proporcionem salvaguardas adequadas e efetivas para impedir abusos, em conformidade com o direito internacional dos direitos humanos. Essas salvaguardas assegurarão que as medidas relativas ao exercício da capacidade jurídica respeitem os direitos, a vontade e as preferências do idoso, sejam isentas de conflito de interesses ou de influência indevida, sejam proporcionais e adequadas às circunstâncias do idoso, se apliquem no prazo mais curto possível e estejam sujeitas a exames periódicos por parte de uma autoridade ou um órgão judiciário competente, independente e imparcial. As salvaguardas serão proporcionais ao grau em que essas medidas afetem os direitos e interesses do idoso.

Sem prejuízo do disposto no presente artigo, os Estados Partes tomarão todas as medidas pertinentes e efetivas para garantir o direito do idoso, em igualdade de condições com as demais pessoas, a ser proprietário e herdar bens, controlar seus próprios assuntos econômicos e ter acesso em igualdade de condições a empréstimos bancários, hipotecas e outras modalidades de crédito financeiro e zelarão para que o idoso não seja privado de seus bens de maneira arbitrária.

Artigo 31
Acesso à Justiça

O idoso tem direito a ser ouvido, com as devidas garantias e dentro de um prazo razoável, por um juiz ou tribunal competente, independente e imparcial, estabelecido anteriormente por lei, na apuração de qualquer acusação penal formulada contra ele, ou para que se determinem seus direitos ou obrigações de ordem civil, trabalhista, fiscal ou de qualquer outra natureza.

Os Estados Partes se comprometem a assegurar que o idoso tenha acesso efetivo à justiça em igualdade de condições com as demais pessoas, inclusive mediante a adoção de ajustes de procedimento em todos os processos judiciais e administrativos em qualquer de suas etapas.

Os Estados Partes se comprometem a garantir a devida diligência e o tratamento preferencial ao idoso na tramitação, resolução e execução das decisões em processos administrativos e judiciais. A atuação judicial deverá ser particularmente expedita nos casos em que esteja em risco a saúde ou a vida do idoso.

Além disso, os Estados Partes desenvolverão e fortalecerão políticas públicas e programas dirigidos a promover:

a) Mecanismos alternativos de solução de controvérsias.

b) Capacitação do pessoal relacionado com a administração de justiça, inclusive o pessoal policial e penitenciário, em matéria de proteção dos direitos do idoso.

CAPÍTULO V
TOMADA DE CONSCIÊNCIA

Artigo 32
Os Estados Partes acordam:

a) Adotar medidas para alcançar a divulgação e capacitação progressiva de toda a sociedade sobre a presente Convenção.

b) Fomentar uma atitude positiva em relação à velhice e um tratamento digno, respeitoso e considerado do idoso; e com base em uma cultura de paz, impulsionar ações de divulgação, promoção dos direitos e empoderamento do idoso, bem como evitar linguagem e imagens estereotipadas sobre a velhice.

c) Desenvolver programas para sensibilizar a população sobre o processo de envelhecimento e sobre o idoso, fomentando a participação deste e de suas organizações na formulação e estruturação desses programas.

d) Promover a inclusão de conteúdos que propiciem a compreensão e aceitação da etapa do envelhecimento nos planos e programas de estudos nos diferentes níveis educativos, bem como nas agendas acadêmicas e de pesquisa.

e) Promover o reconhecimento da experiência, sabedoria, produtividade e contribuição ao desenvolvimento que o idoso proporciona à sociedade em seu conjunto.

CAPÍTULO VI
MECANISMO DE ACOMPANHAMENTO DA CONVENÇÃO E MEIOS DE PROTEÇÃO

Artigo 33
Mecanismo de Acompanhamento

A fim de dar seguimento aos compromissos assumidos e promover a efetiva implementação da presente Convenção, estabelece-se um Mecanismo de Acompanhamento constituído por uma Conferência de Estados Partes e um Comitê de Peritos.

O Mecanismo de Acompanhamento será estabelecido quando recebido o décimo instrumento de ratificação ou adesão.

As funções de secretaria do Mecanismo serão exercidas pela Secretaria-Geral da Organização dos Estados Americanos.

Artigo 34
Conferência de Estados Partes

A Conferência de Estados Partes, órgão principal do Mecanismo de Acompanhamento, é integrada pelos Estados Partes na Convenção e tem, entre outras, as seguintes funções:

a) Fazer o acompanhamento do avanço dos Estados Partes no cumprimento dos compromissos emanados da presente Convenção.

b) Elaborar seu regulamento e aprová-lo por maioria absoluta.

c) Fazer o acompanhamento das atividades desenvolvidas pelo Comitê de Peritos e formular recomendações com o objetivo de melhorar o funcionamento, as regras e os procedimentos do Comitê.

d) Receber, analisar e avaliar as recomendações do Comitê de Peritos e formular as observações pertinentes.

e) Promover o intercâmbio de experiências e boas práticas e a cooperação técnica entre os Estados Partes para garantir a efetiva implementação desta Convenção.

f) Resolver qualquer assunto relacionado ao funcionamento do Mecanismo de Acompanhamento.

O Secretário-Geral da Organização dos Estados Americanos convocará a primeira reunião da Conferência de Estados Partes no prazo de noventa dias após a constituição do Mecanismo de Acompanhamento. A primeira reunião da Conferência será realizada na sede da Organização, a menos que um Estado Parte ofereça sede, para aprovar seu regulamento e metodologia de trabalho, bem como para eleger suas autoridades. A reunião será presidida por representante do Estado que deposite o primeiro instrumento de ratificação ou adesão da presente Convenção.

As reuniões posteriores serão convocadas pelo Secretário-Geral da Organização dos Estados Americanos a pedido de qualquer Estado Parte, com a aprovação de dois terços dos mesmos, e nelas poderão participar como observadores os outros Estados membros da Organização.

Artigo 35
Comitê de Peritos

O Comitê de Peritos será integrado por especialistas designados por cada um dos Estados Partes na Convenção. O quórum para as reuniões será estabelecido em seu regulamento.

O Comitê de Peritos tem as seguintes funções:

a) Colaborar no acompanhamento do progresso dos Estados Partes na implementação da presente Convenção, sendo responsável pela análise técnica dos relatórios periódicos apresentados pelos Estados Partes. Para tanto, os Estados Partes se comprometem a apresentar ao Comitê de Peritos um relatório sobre o cumprimento das obrigações contidas na presente Convenção, no prazo de um ano após a realização da primeira reunião. Daí em diante, os Estados Partes apresentarão relatórios a cada quatro anos.

b) Apresentar recomendações para o cumprimento progressivo da Convenção, com base nos relatórios apresentados pelos Estados Partes, em conformidade com o tema objeto de análise.

c) Elaborar e aprovar seu próprio regulamento no âmbito das funções estabelecidas no presente artigo.

O Secretário-Geral da Organização dos Estados Americanos convocará a primeira reunião do Comitê de Peritos no prazo de noventa dias após a constituição do Mecanismo de Acompanhamento. A primeira reunião do Comitê será realizada na sede da Organização, a menos que um Estado Parte ofereça sede, para aprovar seu regulamento e metodologia de trabalho, bem como para eleger suas autoridades. A reunião será presidida por representante do Estado que deposite o primeiro instrumento de ratificação ou adesão da presente Convenção.

O Comitê de Peritos terá sua sede na Organização dos Estados Americanos.

Artigo 36
Sistema de petições individuais

Qualquer pessoa, grupo de pessoas ou entidade não governamental legalmente reconhecida em um ou mais Estados membros da Organização dos Estados Americanos pode apresentar à Comissão Interamericana de Direitos Humanos petições que contenham denúncias ou queixas de violação de algum dos artigos da presente Convenção por um Estado Parte.

Para a aplicação do previsto no presente artigo será levada em conta a natureza progressiva da vigência dos direitos econômicos, sociais e culturais objeto de proteção pela presente Convenção.

Além disso, todo Estado Parte poderá, no momento do depósito de seu instrumento de ratificação desta Convenção ou de adesão a ela, ou em qualquer momento posterior, declarar que reconhece a competência da Comissão Interamericana de Direitos Humanos para receber e examinar as comunicações em que um Estado Parte alegue que outro Estado Parte incorreu em violações dos direitos humanos estabelecidos na presente Convenção. Nesse caso, serão aplicadas todas as normas de procedimento pertinentes contidas na Convenção Americana sobre Direitos Humanos.

Os Estados Partes poderão formular consultas à Comissão em questões relacionadas com a efetiva aplicação da presente Convenção. Além disso, poderão solicitar à Comissão assessoramento e cooperação técnica para assegurar a aplicação efetiva de qualquer disposição da presente Convenção. A Comissão, dentro de suas possibilidades, prestará o assessoramento e a assistência solicitados.

Todo Estado Parte poderá, no momento do depósito de seu instrumento de ratificação desta Convenção ou de adesão a ela, ou em qualquer momento posterior, declarar que reconhece como obrigatória, de pleno direito e sem acordo especial, a competência da Corte Interamericana de Direitos Humanos sobre todos os casos relativos à interpretação ou aplicação desta Convenção. Nesse caso, serão aplicadas todas as normas de procedimento pertinentes contidas na Convenção Americana sobre Direitos Humanos.

CAPÍTULO VII
DISPOSIÇÕES GERAIS

Artigo 37
Assinatura, ratificação, adesão e entrada em vigor

A presente Convenção está aberta à assinatura, ratificação e adesão por parte de todos os Estados membros da Organização dos Estados Americanos. Após sua entrada em vigor, todos os Estados membros da Organização que não a tenham assinado poderão aderir à Convenção.

Esta Convenção está sujeita à ratificação por parte dos Estados signatários de acordo com seus respectivos procedimentos constitucionais. Os instrumentos de ratificação ou adesão serão depositados na Secretaria-Geral da Organização dos Estados Americanos.

A presente Convenção entrará em vigor no trigésimo dia a partir da data de depósito do segundo instrumento de ratificação ou adesão na Secretaria-Geral da Organização dos Estados Americanos. Para cada Estado que ratificar a presente Convenção, ou a ela aderir, após o depósito do segundo instrumento de ratificação ou adesão, a Convenção entrará em vigor no trigésimo dia a partir da data em que tal Estado tenha depositado o instrumento correspondente.

Artigo 38
Reservas

Os Estados Partes poderão formular reservas à Convenção no momento de sua assinatura, ratificação ou adesão, desde que não sejam incompatíveis com o objeto e fim da Convenção e versem sobre uma ou mais dc suas disposições específicas.

Artigo 39
Denúncia

A Convenção permanecerá em vigor indefinidamente, mas qualquer um dos Estados Partes poderá denunciá-la mediante notificação escrita dirigida ao Secretário-Geral da Organização dos Estados Americanos. Transcorrido um ano a partir da data de depósito do instrumento de denúncia, a Convenção cessará seus efeitos para esse Estado, permanecendo em vigor para os demais Estados Partes. A denúncia não eximirá o Estado Parte das obrigações impostas pela presente Convenção com respeito a toda ação ou omissão ocorrida antes da data em que a denúncia tenha entrado em vigor.

Artigo 40
Depósito

O instrumento original da Convenção, cujos textos em espanhol, francês, inglês e português são igualmente autênticos, será depositado na Secretaria-Geral da Organização dos Estados Americanos, que enviará cópia certificada do texto para registro e publicação à Secretaria das Nações Unidas, em conformidade com o Artigo 102 da Carta das Nações Unidas.

Artigo 41
Emendas

Qualquer Estado Parte pode submeter à Conferência de Estados Partes propostas de emendas a esta Convenção.

As emendas entrarão em vigor para os Estados que as ratificarem na data em que dois terços dos Estados Partes tenham depositado o respectivo instrumento de ratificação. Para os outros Estados Partes, entrarão em vigor na data em que depositarem seus respectivos instrumentos de ratificação.

NOTAS DE RODAPÉ

1. O Canadá recorda suas notas de rodapé anteriores por meio das quais manifestou suas reservas so-

bre a redação da Convenção Interamericana sobre a Proteção dos Direitos Humanos dos Idosos. O Canadá não endossa o texto final adotado mediante esta resolução. O Canadá manifestou reiteradamente sua preocupação de que os esforços para colocar em prática esta convenção duplicariam as atividades que realiza o Grupo de Trabalho Aberto da ONU sobre Envelhecimento. O Canadá sustenta que a referida convenção dificultará, desnecessariamente, o trabalho realizado pelos sistemas internacionais de monitoramento dos direitos humanos, além de duplicar o monitoramento dos direitos humanos do idoso. O Canadá continuará a trabalhar com a OEA e seus Estados membros, de maneira prática, para a promoção dos direitos do idoso.

2. Os Estados Unidos vêm se opondo de maneira sistemática à negociação de novos instrumentos juridicamente vinculantes sobre os direitos do idoso. Reiteramos nossas inveteradas reservas e preocupações com respeito ao assunto e à resultante convenção. Os Estados Unidos continuam convencidos de que é importante que a OEA e as Nações Unidas abordem os vários desafios enfrentados pelo idoso neste Hemisfério e no mundo todo, inclusive no que se refere ao exercício de seus direitos humanos. No entanto, não acreditamos que seja necessária uma convenção para assegurar a proteção dos direitos humanos do idoso. Os Estados Unidos consideram que, em vez de promover este novo instrumento, seria melhor que a OEA e seus Estados membros dedicassem seus recursos para definir medidas práticas que os Governos das Américas podem adotar com a finalidade de combater a discriminação contra o idoso, incluindo melhores práticas por meio de leis nacionais, assim como uma melhor implementação dos tratados internacionais em matéria de direitos humanos. Esses esforços deveriam ser destinados ao atendimento, de maneira prática e imediata, dos desafios enfrentados pelo idoso.

3. Para a Jamaica, a Convenção não deve ser interpretada em detrimento do princípio da inviolabilidade da vida, protegido pela Declaração Universal dos Direitos Humanos, nem de modo que crie um direito à morte.

4. O Governo da República da Nicarágua, na função de garantidor da promoção e proteção dos direitos humanos de todos os seus cidadãos, dispõe de um sistema jurídico de base constitucional, que abrange a Lei Orgânica de Seguridade Social e a Lei do Idoso, mediante as quais se asseguram ao idoso medidas de proteção por parte da família, da sociedade e do Estado. Valorizamos o esforço envidado pelos Estados membros da Organização destinados à obtenção de um instrumento regional juridicamente vinculante com vistas a proteger os direitos humanos do idoso. No entanto, o Governo da Nicarágua considera que o conteúdo da Convenção criará uma duplicidade de tarefas que já vêm sendo realizadas por outros órgãos do Sistema Interamericano de Direitos Humanos. Além disso, seu caráter e efeito transversais incidiriam sobre o ordenamento jurídico vigente na Nicarágua, razões pelas quais o Governo da República da Nicarágua manifesta sua expressa reserva ao conteúdo da Convenção Interamericana sobre a Proteção dos Direitos Humanos dos Idosos.

5. A República Bolivariana da Venezuela promove, respeita e garante os direitos humanos consagrados no Sistema Interamericano e Internacional; no entanto, considera que os órgãos do Sistema Interamericano de Direitos Humanos, estabelecidos como "meios de proteção", contrariam os objetivos para os quais foram criados. A CIDH e a CorteIDH devem ser reformuladas devido à tendenciosidade, politização e atitude discriminatória e seletiva que assumiram contra os governos progressistas da região. Essas características destruíram a credibilidade das referidas instâncias que, em algum momento, apoiaram-se em valores éticos e no compromisso de proteger os direitos humanos. Por esse motivo, o Estado venezuelano tomou a decisão de denunciar a Convenção Interamericana de Direitos Humanos.

6. A Delegação do Paraguai informa que formulará reservas a respeito de determinados conteúdos da Convenção Interamericana sobre a Proteção dos Direitos Humanos dos Idosos, atendendo as estipulações da Constituição do Paraguai.

Comércio Internacional

ACORDO CONSTITUTIVO DA ORGANIZAÇÃO MUNDIAL DE COMÉRCIO (1994)

- Adotado em Marraqueche, Marrocos, em 12.04.1994.
- Aprovado no Brasil pelo Decreto Legislativo 30, de 15.12.1994, e promulgado pelo Decreto 1.355, de 30.12.1994. Entrou em vigor em 01.01.1995.

As Partes do presente Acordo,

Reconhecendo que as suas relações na esfera da atividade comercial e econômica devem objetivar a elevação dos níveis de vida, o pleno emprego e um volume considerável e em constante elevação de receitas reais e demanda efetiva, o aumento da produção e do comércio de bens e de serviços, permitindo ao mesmo tempo a utilização ótima dos recursos mundiais em conformidade com o objetivo de um desenvolvimento sustentável e buscando proteger e preservar o meio ambiente e incrementar os meios para fazê-lo, de maneira compatível com suas respectivas necessidades e interesses segundo os diferentes níveis de desenvolvimento econômico,

Reconhecendo ademais que é necessário realizar esforços positivos para que os países em desenvolvimento, especialmente os de menor desenvolvimento relativo, obtenham uma parte do incremento do comércio internacional que corresponda às necessidades de seu desenvolvimento econômico,

Desejosas de contribuir para a consecução desses objetivos mediante a celebração de acordos destinados a obter, na base da reciprocidade e de vantagens mútuas, a redução substancial das tarifas aduaneiras e dos demais obstáculos ao comércio assim como a eliminação do tratamento discriminatório nas relações comerciais internacionais,

Resolvidas, por conseguinte, a desenvolver um sistema multilateral de comércio integrado, mais viável e duradouro que compreenda o Acordo Geral sobre Tarifas Aduaneiras e Comércio, os resultados de esforços anteriores de liberalização do comércio e os resultados integrais das Negociações Comerciais Multilaterais da Rodada Uruguai,

Decididas a preservar os princípios fundamentais e a favorecer a consecução dos objetivos que informam este sistema multilateral de comércio,

Acordam o seguinte:

Artigo I
Estabelecimento da Organização

Constitui-se pelo presente Acordo a Organização Mundial de Comércio (a seguir denominada "OMC").

Artigo II
Escopo da OMC

1. A OMC constituirá o quadro institucional comum para a condução das relações comerciais entre seus Membros nos assuntos relacionados com os acordos e instrumentos legais conexos incluídos nos Anexos ao presente Acordo.

2. Os acordos e os instrumentos legais conexos incluídos nos Anexos 1, 2 e 3 (denominados a seguir "Acordos Comerciais Multilaterais") formam parte integrante do presente Acordo e obrigam a todos os Membros.

3. Os acordos e os instrumentos legais conexos incluídos no Anexo 4 (denominados a seguir "Acordos Comerciais Plurilaterais") também formam parte do presente Acordo para os Membros que os tenham aceito e são obrigatórios para estes. Os Acordos Comerciais Plurilaterais não criam obrigações nem direitos para os Membros que não os tenham aceitado.

4. O Acordo Geral sobre Tarifas Aduaneiras e Comércio de 1994, conforme se estipula no Anexo 1A (denominado a seguir "GATT 1994") é juridicamente distinto do Acordo Geral sobre Tarifas Aduaneiras e Comércio com data de 30 de outubro de 1947, anexo à Ata Final adotada por ocasião do encerramento do segundo período de sessões da Comissão Preparatória da Conferência das Nações Unidas sobre Comércio e Emprego, posteriormente retificado, emendado ou modificado (denominado a seguir "GATT 1947").

Artigo III
Funções da OMC

1. A OMC facilitará a aplicação, administração e funcionamento do presente Acordo e dos Acordos Comerciais Multilaterais e promoverá a consecução de seus objetivos, e constituirá também o quadro jurídico para a aplicação, administração e funcionamento dos Acordos Comerciais Plurilaterais.

2. A OMC será o foro para as negociações entre seus Membros acerca de suas relações comerciais multilaterais em assuntos tratados no quadro dos acordos incluídos nos Anexos ao presente Acordo. A OMC poderá também servir de foro para ulteriores negociações entre seus Membros acerca de suas relações comerciais multilaterais, e de quadro jurídico para a aplicação dos resultados dessas negociações, segundo decida a Conferência Ministerial.

3. A OMC administrará o Entendimento relativo às normas e procedimentos que regem a solução de controvérsias (denominado a seguir "Entendimen-

to sobre Solução de Controvérsias" ou "ESC") que figura no Anexo 2 do presente Acordo.

4. A OMC administrará o Mecanismo de Exame das Políticas Comerciais (denominado a seguir "TPRM") estabelecido no Anexo 3 do presente Acordo.

5. Com o objetivo de alcançar uma maior coerência na formulação das políticas econômicas em escala mundial, a OMC cooperará, no que couber, com o Fundo Monetário Internacional e com o Banco Internacional de Reconstrução e Desenvolvimento e com os órgãos a eles afiliados.

Artigo IV
Estrutura da OMC

1. Estabelecer-se-á uma Conferência Ministerial, composta por representantes de todos os Membros, que se reunirá ao menos uma vez cada dois anos. A Conferência Ministerial desempenhará as funções da OMC e adotará as disposições necessárias para tais fins. A Conferência Ministerial terá a faculdade de adotar decisões sobre todos os assuntos compreendidos no âmbito de qualquer dos Acordos Comerciais Multilaterais, caso assim o solicite um Membro, em conformidade com o estipulado especificamente em matéria de adoção de decisões no presente Acordo e no Acordo Comercial Multilateral relevante.

2. Estabelecer-se-á um Conselho Geral, composto por representantes de todos os Membros, que se reunirá quando cabível. Nos intervalos entre reuniões da Conferência Ministerial, o Conselho Geral desempenhará as funções da Conferência. O Conselho Geral cumprirá igualmente as funções que se lhe atribuam no presente Acordo. O Conselho Geral estabelecerá suas regras de procedimento e aprovará as dos Comitês previstos no parágrafo 7.

3. O Conselho Geral se reunirá quando couber para desempenhar as funções do Órgão de Solução de Controvérsias estabelecido no Entendimento sobre Solução de Controvérsias. O Órgão de Solução de Controvérsias poderá ter seu próprio presidente, e estabelecerá as regras de procedimento que considere necessárias para o cumprimento de tais funções.

4. O Conselho Geral se reunirá quando couber para desempenhar as funções do Órgão de Exame das Políticas Comerciais estabelecido no TPRM. O Órgão de Exame das Políticas Comerciais poderá ter seu próprio presidente, e estabelecerá as regras de procedimento que considere necessárias para o cumprimento de tais funções.

5. Estabelecer-se-ão um Conselho para o Comércio de Bens, um Conselho para o Comércio de Serviços e um Conselho para os Aspectos dos Direitos de Propriedade Intelectual relacionadas com o Comércio (denominado a seguir "Conselho de TRIPS"), que funcionará sob a orientação geral do Conselho Geral. O Conselho para o Comércio de Bens supervisará o funcionamento dos Acordos Comerciais Multilaterais do Anexo 1 A. O Conselho para o Comércio de Serviços supervisará o funcionamento do Acordo Geral sobre o Comércio de Serviços (denominado a seguir "GATS"). O Conselho para TRIPS supervisará o funcionamento do Acordo sobre os Aspectos dos Direitos de Propriedade Intelectual relacionados com o Comércio (denominado a seguir "Acordo sobre TRIPS"). Esses Conselhos desempenharão as funções a eles atribuídas nos respectivos Acordos e pelo Conselho Geral. Estabelecerão suas respectivas regras de procedimento, sujeitas a aprovação pelo Conselho Geral. Poderão participar desses Conselhos representantes de todos os Membros. Esses Conselhos se reunirão conforme necessário para desempenhar suas funções.

6. O Conselho para o Comércio de Bens, o Conselho para o Comércio de Serviços e o Conselho para TRIPS estabelecerão os órgãos subsidiários que sejam necessários. Tais órgãos subsidiários fixarão suas respectivas regras de procedimento, sujeitas a aprovação pelos Conselhos correspondentes.

7. A Conferência Ministerial estabelecerá um Comitê de Comércio e Desenvolvimento, um Comitê de Restrições por Motivo de Balanço de Pagamentos e um Comitê de Assuntos Orçamentários, Financeiros e Administrativos, que desempenharão as funções a eles atribuídas no presente Acordo e nos Acordos Comerciais Multilaterais, assim como as funções adicionais que lhes atribua o Conselho Geral, e poderá estabelecer Comitês adicionais com as funções que considere apropriadas. O Comitê de Comércio e Desenvolvimento examinará periodicamente, como parte de suas funções, as disposições especiais em favor dos países de menor desenvolvimento relativo Membros contidas nos Acordos Comerciais Multilaterais e apresentará relatório ao Conselho Geral para adoção de disposições apropriadas. Poderão participar desses Comitês representantes de todos os Membros.

8. Os órgãos estabelecidos em virtude dos Acordos Comerciais Plurilaterais desempenharão as funções a eles atribuídas em consequência de tais Acordos e funcionarão dentro do marco institucional da OMC. Tais órgãos informarão regularmente o Conselho Geral sobre suas respectivas atividades.

Artigo V
Relações com outras Organizações

1. O Conselho Geral tomará as providências necessárias para estabelecer cooperação efetiva com outras organizações intergovernamentais que tenham áreas de atuação relacionadas com a da OMC.

2. O Conselho Geral poderá tomar as providências necessárias para manter consultas e cooperação com organizações não governamentais dedicadas a assuntos relacionados com os da OMC.

Artigo VI
A Secretaria

1. Fica estabelecida uma Secretaria da OMC (doravante denominada Secretaria), chefiada por um Diretor-Geral.

2. A Conferência Ministerial indicará o Diretor-Geral e adotará os regulamentos que estabelecem seus poderes, deveres, condições de trabalho e mandato.

3. O Diretor-Geral indicará os integrantes do pessoal da Secretaria e definirá seus deveres e condições de trabalho, de acordo com os regulamentos adotados pela Conferência Ministerial.

4. As competências do Diretor-Geral e do pessoal da Secretaria terão natureza exclusivamente internacional. No desempenho de suas funções, o Diretor-Geral e o pessoal da Secretaria não buscarão nem aceitarão instruções de qualquer governo ou de qualquer outra autoridade externa à OMC. Além disso, eles se absterão de toda ação que possa afetar negativamente sua condição de funcionários internacionais. Os Membros da OMC respeitarão a natureza internacional das funções do Diretor-Geral e do pessoal da Secretaria e não buscarão influenciá-los no desempenho dessas funções.

Artigo VII
Orçamento e contribuições

1. O Diretor-Geral apresentará a proposta orçamentária anual e o relatório financeiro ao Comitê de Orçamento, Finanças e Administração.

Este examinará a proposta orçamentária anual e o relatório financeiro apresentados pelo Diretor-Geral e sobre ambos fará recomendações ao Conselho Geral. A proposta orçamentária anual será sujeita a aprovação do Conselho Geral.

2. O Comitê de Orçamento, Finanças e Administração proporá normas financeiras ao Conselho Geral, que incluirão disciplinas sobre:

a) a escala de contribuições à OMC, divididas proporcionalmente entre os Membros; e

b) as medidas que serão tomadas com relação aos Membros em atraso.

As normas financeiras serão baseadas, na medida do possível, nos regulamentos e nas práticas do GATT 1947.

3. O Conselho Geral adotará as normas financeiras e a proposta orçamentária anual por maioria de dois terços computados sobre *quorum* de mais da metade dos Membros da OMC.

4. Cada Membro aportará prontamente sua quota às despesas da OMC, de acordo com as normas financeiras adotadas pelo Conselho Geral.

Artigo VIII
Status da OMC

1. A OMC terá personalidade legal e receberá de cada um de seus Membros a capacidade legal necessária para exercer suas funções.

2. Cada um dos Membros da OMC lhe acordará os privilégios e imunidades necessárias para o exercício de suas funções.

3. Cada um dos Membros acordará à OMC e a seus funcionários, assim como aos representantes dos demais Membros, as imunidades e privilégios necessários para o exercício independente de suas funções, em relação à OMC.

4. Os privilégios e imunidades acordados por um Membro à OMC, seus funcionários e representantes dos Membros serão similares aos privilégios e imunidades estabelecidos na Convenção sobre Privilégios e Imunidades das Agências Especializadas, aprovado pela Assembleia Geral das Nações Unidas em 21 de novembro de 1947.

5. A OMC poderá concluir acordo de sede.

Artigo IX
Processo decisório

1. A OMC continuará a prática de processo decisório de consenso seguida pelo GATT 1947.[1] Salvo disposição em contrário, quando não for possível adotar uma decisão por consenso, a matéria em questão será decidida por votação. Nas reuniões da Conferência Ministerial e do Conselho Geral, cada Membro da OMC terá um voto. Quando as Comunidades Europeias exercerem seu direito de voto, terão o número de votos correspondente ao número de seus Estados-membros[2] que são Membros da OMC. As Decisões da Conferência Ministerial e do Conselho Geral serão tomadas por maioria de votos, salvo disposição em contrário do presente Acordo ou do Acordo Multilateral de Comércio pertinentes.[3]

2. A Conferência Ministerial e o Conselho Geral terão autoridade exclusiva para adotar interpretações do presente Acordo e dos Acordos Multilaterais de Comércio. No caso de uma interpretação de um Acordo Multilateral de Comércio do Anexo 1, a Conferência Ministerial e o Conselho Geral exercerão sua autoridade com base em uma recomendação do Conselho responsável pelo funcionamento do Acordo em questão. A decisão de adotar uma interpretação será tomada por maioria de três quartos dos Membros. O presente parágrafo não será utilizado de maneira a prejudicar as disposições de alteração do Artigo X.

3. Em circunstâncias excepcionais, a Conferência Ministerial poderá decidir a derrogação de uma obrigação de um Membro em virtude do presente Acordo ou de quaisquer dos Acordos Multilaterais de Comércio, desde que tal decisão seja tomada por três quartos[4] dos Membros, salvo disposição em contrário no presente parágrafo.

a) Um pedido de derrogação com respeito ao presente Acordo será submetido à Conferência Ministerial para consideração de acordo com a prática de processo decisório por consenso. A Conferência

---

1 Entende-se que o órgão pertinente decidiu por consenso matéria submetida à sua consideração quando nenhum dos Membros presentes à reunião na qual uma decisão for adotada objetar formalmente a proposta de decisão.

2 O número de votos das Comunidades Europeias e de seus Estados-membros não excederá jamais o número de Estados-membros das Comunidades Europeias.

3 As decisões do Conselho Geral, quando reunido na qualidade de Órgão de Solução de Controvérsias, serão tomadas de acordo com o disposto no parágrafo 4 do Artigo 2 do Entendimento Relativo a Normas e Procedimentos de Solução de Controvérsias.

4 Deverá ser adotada por consenso a decisão de acordar postergação de qualquer obrigação sujeita a período de transição ou período de implementação por etapas que o Membro não tenha cumprido ao final do período pertinente.

Ministerial estabelecerá um período de tempo, que não deverá exceder a 90 dias, para considerar o pedido. Caso não seja possível alcançar consenso durante o período de tempo estabelecido, qualquer decisão de conceder derrogação será tomada por maioria de três quartos[4] dos Membros.

b) Um pedido de derrogação com respeito aos Acordos Multilaterais de Comércio dos Anexos 1A, 1B ou 1C e seus anexos será submetido inicialmente ao Conselho para o Comércio de Bens, ao Conselho para o Comércio de Serviços ou ao Conselho para TRIPS, respectivamente, para consideração durante um período de tempo que não excederá a 90 dias. Ao final desse período de tempo, o Conselho pertinente submeterá a um relatório à Conferência Ministerial.

4. Uma decisão da Conferência Ministerial de conceder derrogação deverá relatar as circunstâncias excepcionais que regulamentam a aplicação da derrogação e a data em que a derrogação deverá terminar. Qualquer derrogação concedida por período superior a um ano será revista pela Conferência Ministerial em prazo não superior a um ano após a concessão, e subsequentemente a cada ano, até o término da derrogação. Em cada revisão, a Conferência Ministerial examinará se as circunstâncias excepcionais que justificam a derrogação ainda existem e se os termos e condições relacionados à derrogação foram cumpridos. A Conferência Ministerial, com base na revisão anual, poderá estender, modificar ou terminar a derrogação.

5. As decisões relativas a um Acordo de Comércio Plurilateral, incluindo as decisões sobre interpretações e derrogações, serão reguladas pelas disposições daquele Acordo.

Artigo X
Alterações

1. Qualquer Membro da OMC poderá propor a alteração das disposições do presente Acordo ou dos Acordos Multilaterais de Comércio no Anexo 1 mediante apresentação de tal proposta à Conferência Ministerial. Os Conselhos listados no parágrafo 5 do Artigo IV poderão também apresentar à Conferência Ministerial propostas de alteração de disposições dos Acordos Multilaterais de Comércio do Anexo 1 cujo funcionamento supervisionam. Exceto se a Conferência Ministerial decidir por período mais longo, no período de 90 dias após a apresentação formal de proposta à Conferência Ministerial, qualquer decisão da Conferência Ministerial de apresentar proposta de alteração aos Membros para sua aceitação deverá ser adotada por consenso. Salvo a aplicação do disposto nos parágrafos 2, 5 ou 6, tal decisão da Conferência Ministerial deverá especificar-se se aplicam as disposições dos parágrafos 3 ou 4. Caso se alcance o consenso, a Conferência Ministerial apresentará prontamente a proposta de alteração aos Membros para aceitação. Caso não se alcance consenso na reunião da Conferência Ministerial dentro do período estabelecido, a Conferência Ministerial decidirá por maioria de dois terços dos Membros quanto à apresentação da proposta aos Membros para aceitação. Exceto disposto nos parágrafos 2, 5 e 6, as disposições do parágrafo 3 se aplicarão à alteração proposta, a menos que a Conferência Ministerial decida por maioria de três quartos dos Membros que o disposto no parágrafo 4 será aplicado.

2. As alterações das disposições do presente Artigo e das disposições dos seguintes Artigos somente serão efetuadas com a aceitação de todos os Membros:
Artigo IX do presente Acordo;
Artigos I e II do GATT 1994;
Artigo II:1 do GATS;
Artigo 4 do Acordo sobre TRIPS.

3. As alterações das disposições do presente Acordo, ou dos acordos Multilaterais de Comércio dos Anexos 1A e 1C, com exceção das listadas nos parágrafos 2 e 6, cuja natureza poderia alterar os direitos e obrigações dos Membros, serão aplicáveis aos Membros que as aceitaram quando da aceitação por dois terços dos Membros e, posteriormente, aos outros Membros que as aceitarem quando da sua aceitação. A Conferência Ministerial poderá decidir por maioria de três quartos dos Membros que qualquer alteração que vigore de acordo com o presente parágrafo é de tal natureza que qualquer Membro que não a tenha aceitado dentro do período especificado pela Conferência Ministerial terá, em todo caso, a liberdade de retirar-se da OMC ou permanecer seu Membro com o consentimento da Conferência Ministerial.

4. Alterações às disposições deste Acordo ou dos Acordos Multilaterais de Comércio dos Anexos 1A e 1C, exceto os listados nos parágrafos 2 e 6, cuja natureza poderia alterar os direitos e obrigações dos Membros, vigorarão para todos os Membros quando da sua aceitação por dois terços dos Membros.

5. Exceto pelo disposto no parágrafo 2 acima, alterações às Partes I, II e III do GATS e dos respectivos anexos vigorarão para os Membros que as aceitaram a partir da aceitação por dois terços dos Membros e, posteriormente, para outros Membros quando de sua aceitação. A Conferência Ministerial poderá decidir por maioria de três quartos dos Membros que qualquer alteração que vigore de acordo com a disposição precedente é de tal natureza que qualquer Membro que não a tenha aceitado dentro do período especificado pela Conferência Ministerial poderá em todo caso retirar-se da OMC ou permanecer seu Membro com o consentimento da Conferência Ministerial. Alterações das Partes IV, V e VI do GATS e dos respectivos anexos vigorarão para todos os Membros quando de sua aceitação por dois terços dos Membros.

6. A despeito das demais disposições do presente Artigo, alterações ao Acordo de TRIPS que cumpram os requisitos do parágrafo 2 do Artigo 71 daquele Acordo poderão ser adotadas pela Conferência Ministerial sem outro processo formal de aceitação.

7. Qualquer membro que aceite uma alteração ao presente Acordo ou a um Acordo Multilateral de Comércio do Anexo 1 deverá depositar um instrumento de aceitação com o Diretor-Geral da OMC

dentro do período de aceitação determinado pela Conferência Ministerial.

8. Qualquer Membro da OMC poderá propor a alteração das disposições dos Acordos Multilaterais de Comércio contidos nos Anexos 2 e 3 mediante apresentação de proposta nesse sentido à Conferência Ministerial. A decisão de aprovar as alterações ao Acordo Multilateral de Comércio contido no Anexo 2 deverá ser tomada por consenso e tais alterações vigorarão para todos os Membros quando da aprovação pela Conferência Ministerial. As decisões de aprovar alterações no Anexo 3 vigorarão para todos os Membros quando de sua aprovação pela Conferência Ministerial.

9. A pedido dos Membros partes de um acordo comercial, a Conferência Ministerial poderá decidir exclusivamente por consenso incluir o referido acordo no Anexo 4. A Conferência Ministerial, a pedido dos Membros partes de um Acordo Plurilateral de Comércio, poderá decidir retirá-lo do Anexo 4.

10. Alterações de um Acordo Plurilateral de Comércio serão regidas pelas disposições do Acordo em questão.

Artigo XI
Membro originário

1. Tornar-se-ão Membros originários da OMC as partes contratantes do GATT 1947 na data de entrada em vigor deste Acordo, e as Comunidades Europeias, que aceitam este Acordo e os Acordos Comerciais Multilaterais, cujas Listas de Concessões e Compromissos estejam anexadas ao GATT 1994 e cujas Listas de Compromissos Específicos estejam anexadas ao GATS.

2. Dos países de menor desenvolvimento relativo, assim reconhecidos pelas Nações Unidas, serão requeridos compromissos e concessões apenas na proporção adequada a suas necessidades de desenvolvimento, financeiras e comerciais ou a sua capacidade administrativa e institucional.

Artigo XII
Acessão

1. Poderá aceder a este Acordo, nos termos que convencionar com a OMC, qualquer Estado ou território aduaneiro separado que tenha completa autonomia na condução de suas relações comerciais externas e de outros assuntos contemplados neste Acordo e nos Acordos Comerciais Multilaterais. Essa acessão aplica-se a este Acordo e aos Acordos Comerciais Multilaterais a este anexados.

2. A Conferência Ministerial tomará as decisões relativas à acessão. A aprovação pela Conferência Ministerial do acordo sobre os termos de acessão far-se-á por maioria de dois terços dos Membros da OMC.

3. A acessão a um Acordo Comercial Plurilateral reger-se-á pelas disposições daquele referido acordo.

Artigo XIII
Não aplicação de Acordos Comerciais Multilaterais entre membros específicos

1. Este Acordo e os Acordos Comerciais Multilaterais dos Anexos 1 e 2 não se aplicarão entre dois Membros quaisquer se qualquer um deles, no momento em que se torna Membro, não aceita sua aplicação.

2. O parágrafo 1 só poderá ser invocado entre Membros originários da OMC que tenham sido partes contratantes do GATT 1947, quando o Artigo XXXV daquele Acordo tiver sido invocado anteriormente tenha estado em vigor entre aquelas partes contratantes no momento da entrada em vigor deste Acordo para elas.

3. O parágrafo 1 só será aplicado entre um Membro e outro que tenha acedido ao amparo do Artigo XII se o Membro que não aceita a aplicação tiver notificado a Conferência Ministerial desse fato antes da aprovação pela Conferência Ministerial do acordo sobre os termos de acessão.

4. A Conferência Ministerial poderá rever a aplicação deste Artigo em casos específicos, a pedido de qualquer Membro, e fazer as recomendações apropriadas.

5. A não aplicação de um Acordo Comercial Plurilateral entre partes daquele Acordo será disciplinada pelas disposições do Acordo.

Artigo XIV
Aceitação, entrada em vigor e depósito

1. Este Acordo estará aberto à aceitação, por assinatura ou outro meio, das partes contratantes do GATT 1947, e das Comunidades Europeias, que sejam elegíveis a se tornarem Membros originais da OMC de acordo com o Artigo XI do mesmo. Tal aceitação se aplicará a este Acordo e aos Acordos Comerciais Multilaterais anexos. Este Acordo e os Acordos Comerciais Multilaterais anexos entrarão em vigor na data determinada pelos Ministros em conformidade com o parágrafo 3 da Ata Final em que se Incorporam os Resultados da Rodada Uruguai de Negociações Comerciais Multilaterais e permanecerão abertos à aceitação por um período de dois anos subsequentes a essa data salvo decisão diferente dos Ministros. Uma aceitação após a entrada em vigor deste Acordo entrará em vigor 30 dias após a data de tal aceitação.

2. Um Membro que aceite este Acordo após sua entrada em vigor implementará as concessões e obrigações contidas nos Acordos Comerciais Multilaterais a serem implementados dentro de um prazo que se inicia com a entrada em vigor do presente Acordo como se tivesse aceitado este Acordo na data de sua entrada em vigor.

3. Até a entrada em vigor deste Acordo, o texto deste Acordo e dos Acordos Comerciais Multilaterais deverão ser depositados com o Diretor-Geral das Partes Contratantes do GATT 1947. O Diretor-Geral deverá fornecer prontamente uma cópia certificada deste Acordo e dos Acordos Comerciais Multilaterais, e uma notificação de cada aceitação dos mesmos, a cada governo e as Comunidades Europeias, que tenham sido aceito este Acordo. Este Acordo e os Acordos Comerciais Multilaterais, e quaisquer emendas aos mesmos, serão, quando da entrada em vigor da OMC, depositadas junto ao Diretor-Geral da OMC.

4. A aceitação e entrada em vigor de um Acordo Comercial Plurilateral será governado pelas disposições daquele Acordo. Tais Acordos serão depositados junto ao Diretor-Geral das Partes Contratantes do GATT 1947. Na entrada em vigor deste Acordo, tais Acordos serão depositados com o Diretor-Geral da OMC.

Artigo XV
Retirada

1. Qualquer Membro poderá retirar-se deste Acordo. Tal retirada aplicar-se-á tanto a este Acordo quanto aos Acordos Comerciais Multilaterais e terá efeito ao fim de seis meses contados da data em que for recebida pelo Diretor-Geral da OMC comunicação escrita da retirada.

2. A retirada de um Acordo Comercial Plurilateral será governada pelas disposições daquele acordo.

Outras disposições

1. Exceto disposição em contrário no presente Acordo ou nos Acordos Multilaterais de Comércio, a OMC será regulada pelas decisões, procedimentos e práticas costumeiras seguidas pelas Partes Contratantes do GATT 1947 e pelos órgãos estabelecidos no âmbito do GATT 1947.

2. Na medida do praticável, o Secretariado do GATT 1947 tornar-se-á o Secretariado da OMC e o Diretor-Geral das Partes Contratantes do GATT 1947 exercerá o cargo de Diretor-Geral da OMC até que a Conferência Ministerial nomeie Diretor-Geral de acordo com o parágrafo 2 do Artigo VI do presente Acordo.

3. Na eventualidade de haver conflito entre uma disposição do presente Acordo e uma disposição de qualquer dos Acordos Multilaterais de Comércio, as disposições do presente Acordo prevalecerão no tocante ao conflito.

4. Todo Membro deverá assegurar a conformidade de suas leis, regulamentos e procedimentos administrativos com as obrigações constantes dos Acordos anexos.

5. Não serão feitas reservas em relação a qualquer disposição do presente Acordo. Reservas com relação a qualquer disposição dos Acordos Multilaterais de Comércio somente poderão ser feitas na medida em que admitidas nos referidos Acordos. Reservas com relação a disposições de um Acordo Plurilateral de Comércio serão regidas pelas disposições do Acordo pertinente.

6. O presente Acordo será registrado de acordo com o disposto no Artigo 102 da Carta das Nações Unidas.

Feito em Marraqueche no décimo quinto dia do mês de abril de mil novecentos e noventa e quatro, em uma única cópia, nas línguas inglesa, francesa e espanhola, cada texto sendo autêntico.

Notas explicativas

Entende-se que os termos "país" e "países", tais como utilizados no presente Acordo e nos Acordos Multilaterais de Comércio, incluem quaisquer territórios aduaneiros autônomos dos Membros da OMC.

No caso de um território aduaneiro autônomo de um Membro da OMC, quando uma expressão no presente Acordo ou nos Acordos Multilaterais de Comércio for qualificada pelo termo "nacional", tal expressão será entendida como pertencente àquele território aduaneiro, salvo especificação em contrário.

LISTA DE ANEXOS

ANEXO 1-A
▸ Deixamos de publicar o Anexo 1-A a este acordo.

ANEXO 1-B
Acordo Geral sobre o Comércio de Serviços

ANEXO 1-C
Acordo sobre os Aspectos dos Direitos de Propriedade Intelectual Relacionados com o Comércio

ANEXO 2
Entendimento Relativo às Normas e Procedimentos sobre Soluções de Controvérsias

ANEXO 3
▸ Deixamos de publicar o Anexo 3 a este acordo.
▸ Deixamos de publicar a Lista III do Brasil e a Lista dos Compromissos Específicos do Brasil em matéria de serviço.

ANEXO 4
▸ Deixamos de publicar o Anexo 4 a este acordo.
▸ Deixamos de publicar a Lista III do Brasil e a Lista dos Compromissos Específicos do Brasil em matéria de serviço.

ANEXO 1-B
ACORDO GERAL SOBRE O COMÉRCIO DE SERVIÇOS

Os Ms [Membros]:

Reconhecendo a importância crescente do comércio de serviços para o crescimento e desenvolvimento da economia mundial;

Pretendendo estabelecer um quadro multilateral de princípios e regras aplicável ao comércio de serviços, com vista à expansão desse comércio em condições de transparência e liberalização progressiva como meio de promover o crescimento econômico de todos os parceiros comerciais e o desenvolvimento dos países em desenvolvimento;

Desejando a rápida obtenção de níveis progressivamente superiores de liberalização do comércio de serviços através de rondas sucessivas de negociações multilaterais destinadas a promover o interesse de todos os participantes numa base mutuamente vantajosa e a assegurar um equilíbrio global de direitos e obrigações, sem contudo deixar de atender devidamente aos objetivos de política nacional; Reconhecendo o direito dos Ms de regulamentar a prestação de serviços nos seus territórios e de introduzir novas regulamentações para o efeito, a fim de dar cumprimento aos objetivos de política nacional e, dadas as assimetrias existentes no que diz respeito ao grau de desenvolvimento das regulamentações em matéria de serviços nos vários países, a especial necessidade dos países em desenvolvimento de exercer esse direito;

Desejando promover uma participação crescente dos países em desenvolvimento no comércio de serviços e a expansão das suas exportações de serviços, inter alia através do reforço das respectivas capacidades nacionais em termos de prestação de serviços e da sua eficácia e competitividade;

Tendo especialmente em conta as sérias dificuldades sentidas pelos países menos desenvolvidos devido à sua situação económica especial e às suas necessidades, quer em termos de desenvolvimento, quer comerciais e financeiras; acordam no seguinte:

PARTE I
ÂMBITO E DEFINIÇÕES

Artigo I
Âmbito e definições

1 – O presente Acordo é aplicável às medidas tomadas pelos Ms que afetem o comércio de serviços.

2 – Para efeitos do disposto no presente Acordo, o comércio de serviços é definido como a prestação de um serviço:

a) Com origem no território de um M e com destino ao território de qualquer outro M;

b) No território de um M a um consumidor de serviços de qualquer outro M;

c) Por um prestador de serviços de um M através da presença comercial no território de qualquer outro M;

d) Por um prestador de serviços de um M através da presença de pessoas singulares de um M no território de qualquer outro M.

3 – Para efeitos do disposto no presente Acordo:

a) Entende-se por "medidas tomadas pelos Ms" as medidas tomadas por:

i) Administrações e autoridades públicas centrais, regionais ou locais; e

ii) Organismos não governamentais no exercício dos poderes delegados pelas administrações ou autoridades públicas centrais, regionais ou locais.

No cumprimento das suas obrigações e compromissos ao abrigo do Acordo, cada M tomará todas as medidas adequadas ao seu alcance para assegurar a sua observância, no seu território, por parte das administrações ou autoridades públicas regionais e locais e dos organismos não governamentais;

b) O termo "serviços" abrange serviços em todos os setores, com exceção dos serviços prestados no exercício da autoridade do Estado;

c) Entende-se por "serviço prestado no exercício da autoridade do Estado" qualquer serviço que não seja prestado nem numa base comercial, nem em concorrência com um ou mais prestadores de serviços.

PARTE II
OBRIGAÇÕES E DISCIPLINAS GERAIS

Artigo II
Tratamento da nação mais favorecida

1 – Relativamente a todas as medidas abrangidas pelo presente Acordo, cada M concederá imediata e incondicionalmente aos serviços e prestadores de serviços de qualquer outro M um tratamento não menos favorável do que o concedido aos serviços e prestadores de serviços equivalentes de qualquer outro país.

2 – Um M poderá manter uma medida incompatível com o disposto no n. 1, desde que essa medida esteja incluída no Anexo relativo às isenções das obrigações previstas no artigo II e satisfaça as condições aí definidas.

3 – As disposições do presente Acordo não poderão ser interpretadas no sentido de impedir que um M confira ou conceda vantagens a países limítrofes a fim de facilitar o comércio, limitado a zonas fronteiriças contíguas, de serviços produzidos e consumidos localmente.

Artigo III
Transparência

1 – Cada M publicará prontamente e, salvo em situações de emergência, o mais tardar no momento da sua entrada em vigor, todas as medidas de aplicação geral relevantes que digam respeito ou afetem a aplicação do presente Acordo. Os acordos internacionais que digam respeito ou que afetem o comércio de serviços de que um M seja signatário serão igualmente publicados.

2 – Sempre que a publicação referida no n. 1 não seja praticável, essas informações serão divulgadas ao público por outra forma.

3 – Cada M informará prontamente o Conselho do Comércio de Serviços, e pelo menos uma vez por ano, da introdução de novas disposições legislativas, regulamentares e administrativas, ou de eventuais alterações às já existentes, que afetem significativamente o comércio de serviços abrangidos pelos seus compromissos específicos ao abrigo do presente Acordo.

4 – Cada M responderá prontamente a todos os pedidos apresentados por qualquer outro M relativos a informações específicas sobre quaisquer das suas medidas de aplicação geral ou acordos internacionais na aceção do n. 1. Cada M estabelecerá igualmente um ou mais pontos de informação para prestar informações específicas a outros Ms, mediante pedido, sobre todas essas questões, bem como sobre as questões sujeitas ao requisito de notificação previsto no n. 3. Esses pontos de informação serão estabelecidos no prazo de dois anos a contar da data de entrada em vigor do Acordo que cria a OMC (designado por "Acordo OMC" no presente Acordo). Poderá ser acordada uma flexibilidade adequada no que se refere ao prazo de estabelecimento desses pontos de informação em relação a países em desenvolvimento Ms considerados individualmente. Os pontos de informação não deverão necessariamente ser depositários de legislação e regulamentação.

5 – Qualquer M poderá notificar o Conselho do Comércio de Serviços de qualquer medida tomada por qualquer outro M que considere afetar a aplicação do presente Acordo.

Artigo III-A
Divulgação de informações confidenciais

Nenhuma disposição do presente Acordo obrigará qualquer M a prestar informações confidenciais cuja divulgação possa entravar a aplicação da lei ou de qualquer outro modo ser contrária ao interesse público, ou que possa prejudicar os legítimos interesses comerciais de determinadas empresas, públicas ou privadas.

Artigo IV
Participação crescente dos países em desenvolvimento

1 – A crescente participação dos países em desenvolvimento Ms no comércio mundial será facilitada pelos compromissos específicos negociados assumidos pelos diferentes Ms nos termos do disposto nas partes III e IV do presente Acordo, relativos:

a) Ao reforço da sua capacidade interna em matéria de serviços e da sua eficácia e competitividade, inter alia através do acesso à tecnologia numa base comercial;

b) À melhoria do seu acesso aos circuitos de distribuição e redes de informação; e

c) À liberalização do acesso ao mercado em setores e modos de prestação que lhes interessem em termos de exportação.

2 – Os países desenvolvidos Ms, e na medida do possível outros Ms, estabelecerão pontos de contato no prazo de dois anos a contar da data de entrada em vigor do Acordo OMC, a fim de facilitar o acesso dos prestadores de serviço de países em desenvolvimento Ms a informações relacionadas com os respectivos mercados, relativas:

a) Aos aspectos comerciais e técnicos da prestação de serviços;

b) Ao registo, reconhecimento e obtenção de qualificações profissionais; e

c) À disponibilidade de tecnologia de serviços.

3 – Para implementação do disposto nos ns. 1 e 2, será atribuída uma prioridade especial aos países menos desenvolvidos Ms.

Ter-se-á em especial atenção as sérias dificuldades dos países menos desenvolvidos em aceitar compromissos específicos negociados, atendendo à sua situação econômica especial e às suas necessidades, quer em termos de desenvolvimento, quer comerciais e financeiras.

Artigo V
Integração econômica

1 – O presente Acordo não impedirá que qualquer dos seus Ms seja parte ou subscreva um acordo de liberalização do comércio de serviços entre as partes nesse acordo, desde que o acordo em questão:

a) Tenha uma cobertura setorial significativa (ver nota 1); e

b) Preveja a ausência ou a eliminação em termos substanciais de todo o tipo de discriminação, na aceção do artigo XVII, entre as partes nos setores abrangidos pela alínea a), através:

i) Da eliminação de medidas de carácter discriminatório existentes; e ou

ii) Da proibição da introdução de novas medidas de carácter discriminatório ou de medidas mais discriminatórias; quer na data de entrada em vigor desse acordo, quer segundo um calendário razoável, com exceção das medidas autorizadas nos termos dos artigos XI, XII, XIV e XIV-A.

2 – Para a avaliação do cumprimento das condições referidas na alínea b) do n. 1, poderá ser tomada em consideração a relação entre o acordo e um processo mais vasto de integração econômica ou de liberalização do comércio entre os países envolvidos.

3 – a) Nos casos em que países em desenvolvimento sejam partes num acordo do tipo referido no n. 1, usar-se-á de uma certa flexibilidade no que diz respeito às condições estabelecidas no n. 1, nomeadamente no que se refere à sua alínea b), consoante o nível de desenvolvimento dos -países em questão, tanto em termos globais como em setores e subsetores específicos. b) Não obstante o disposto no n. 6, sempre que um acordo do tipo referido no n. 1 envolva apenas países em desenvolvimento, poderá ser concedido um tratamento mais favorável às pessoas coletivas que sejam propriedade ou controladas por pessoas singulares sob a jurisdição das partes no referido acordo.

4 – Qualquer acordo do tipo referido no n. 1 destinar-se-á a promover o comércio entre as partes no acordo e não aumentará, relativamente a qualquer M que não participe no acordo, o nível global de obstáculos ao comércio de serviços nos respectivos setores ou subsetores, comparativamente com o nível aplicável antes da conclusão desse acordo.

5 – Sempre que, aquando da conclusão, alargamento ou qualquer alteração significativa de qualquer acordo nos termos do n. 1, um M tencione retirar ou alterar um compromisso específico de forma incompatível com as condições estabelecidas na sua lista, deverá comunicar essa alteração ou retirada com uma antecedência de pelo menos 90 dias, sendo aplicável o procedimento estabelecido nos ns. 2, 3 e 4 do artigo XXI.

6 – Um prestador de serviços de qualquer outro M que seja uma pessoa coletiva constituída nos termos da legislação de uma das partes num acordo do tipo referido no n. 1 terá direito ao tratamento concedido ao abrigo desse acordo, desde que realize um volume significativo de operações comerciais no território das partes nesse acordo.

7 – a) Os Ms que sejam partes em qualquer acordo nos termos do n. 1 notificarão prontamente o Conselho do Comércio de Serviços de qualquer acordo desse tipo, bem como de qualquer alargamento ou alteração significativa desse acordo. Facultarão igualmente ao Conselho todas as informações relevantes que este possa solicitar. O Conselho poderá encarregar um grupo de trabalho de examinar esse acordo, ou qualquer alargamento ou alteração do mesmo, e de lhe apresentar um relatório sobre a sua compatibilidade com o disposto no presente artigo.

b) Os Ms que sejam partes em qualquer acordo do tipo referido no n. 1 que seja implementado obedecendo a determinado calendário enviarão periodicamente ao Conselho do Comércio de Serviços um relatório sobre a sua implementação. O Conselho poderá encarregar um grupo de trabalho do exame desses relatórios se o considerar necessário.

c) Com base nos relatórios dos grupos de trabalho referidos nas alíneas *a)* e *b)*, o Conselho poderá dirigir às partes as recomendações que considere adequadas.

8 – Um M que seja parte em qualquer acordo do tipo referido no n. 1 não poderá pedir uma compensação pelas vantagens comerciais que possam advir para qualquer outro M em virtude desse acordo.

(nota 1) Esta condição é entendida em termos de números de setores, volume de comércio afetado e modos de prestação. Para satisfazer esta condição, os acordos não devem prever a exclusão *a priori* de qualquer modo de prestação.

Artigo V-A
Acordo de integração dos mercados de trabalho

O presente Acordo não impedirá qualquer dos seus Ms de serem partes num acordo que estabeleça a integração plena (ver nota 2) dos mercados de trabalho entre as partes, desde que o acordo em questão:

a) Isente os cidadãos das partes no acordo dos requisitos relativos às autorizações de residência e de trabalho;

b) Seja notificado ao Conselho do Comércio de Serviços.

(nota 2) Normalmente, essa integração proporciona aos cidadãos das partes envolvidas um direito de livre admissão nos mercados de trabalho das partes e inclui medidas relativas às condições de remuneração, outras condições de trabalho e benefícios sociais.

Artigo VI
Regulamentação interna

1 – Nos setores em que sejam assumidos compromissos específicos, cada M velará por que todas as medidas de aplicação geral que afetem o comércio de serviços sejam administradas de um modo razoável, objetivo e imparcial.

2 – *a)* Logo que possível, cada M manterá ou instituirá tribunais ou processos judiciais, arbitrais ou administrativos que permitam, a pedido de um prestador de serviços afetado, a imediata revisão ou, eventualmente, a adoção de medidas corretivas adequadas em relação a decisões administrativas que afetem o comércio de serviços. Sempre que esses processos não sejam independentes do organismo responsável pela decisão administrativa em causa, o M velará por que os processos permitam efetivamente uma revisão objetiva e imparcial.

b) As disposições da alínea *a)* não poderão ser interpretadas no sentido de exigir que um M institua esses tribunais ou processos nos casos em que tal seja incompatível com o seu quadro constitucional ou com a natureza do seu sistema jurídico.

3 – Sempre que seja necessária uma autorização para a prestação de um serviço em relação ao qual tenha sido assumido um compromisso específico, as autoridades competentes de um M informarão o requerente, num prazo razoável a contar da apresentação de um pedido considerado completo nos termos da legislação e regulamentação interna, da decisão tomada sobre o pedido. A pedido do requerente, as autoridades competentes do M prestarão, sem atrasos injustificados, informações relativas à situação do pedido.

4 – A fim de assegurar que as medidas relativas aos requisitos e processos em matéria de qualificações, as normas técnicas e os requisitos em matéria de concessão de licenças não constituam obstáculos desnecessários ao comércio de serviços, o Conselho do Comércio de Serviços estabelecerá as disciplinas necessárias por intermédio de organismos adequados que poderá instituir. Essas disciplinas destinar-se-ão a assegurar que, inter alia, esses requisitos:

a) Sejam baseados em critérios objetivos e transparentes, tais como a competência e a capacidade para prestar o serviço;

b) Não sejam mais complexos do que o necessário para garantir a qualidade do serviço;

c) Não constituam por si próprios uma restrição à prestação do serviço, no caso de processos de concessão de licenças.

5 – Nos setores em que um M tenha assumido compromissos específicos na pendência da entrada em vigor de disciplinas desenvolvidas nesses setores nos termos do n. 4, o M em questão não aplicará requisitos em matéria de concessão de licenças e de qualificação nem normas técnicas que anulem ou comprometam esses compromissos específicos de um modo que:

i) Não seja compatível com os critérios definidos nas alíneas *a)*, *b)* ou *c)* do n. 4;

ii) Não se coadune com o que seria razoavelmente de esperar da parte desse M na altura em que foram assumidos os compromissos específicos nesses setores.

b) Para determinar se um M satisfaz a obrigação prevista na alínea *a)* do n. 5, ter-se-á em conta as normas internacionais de organizações internacionais competentes (ver nota 3), aplicadas por esse M.

6 – Nos setores em que sejam assumidos compromissos específicos relativamente aos serviços das profissões liberais, cada M estabelecerá procedimentos adequados para verificar a competência dos profissionais liberais de qualquer outro M.

(nota 3) Entende-se por "organizações internacionais competentes" os organismos internacionais a que possam aderir os organismos competentes de pelo menos todos os Ms da OMC.

Artigo VII
Reconhecimento

1 – Para efeitos do cumprimento, na totalidade ou em parte, das suas normas ou critérios de autorização, licenciamento ou certificação de prestadores

de serviços, e sob reserva dos requisitos previstos no n. 3, um M poderá reconhecer a formação ou experiência obtida, os requisitos preenchidos, ou as licenças ou certificados concedidos num determinado país. Esse reconhecimento, que poderá processar-se através de harmonização ou por outra forma, poderá basear-se num acordo ou convénio com o país em causa ou ser concedido de forma autónoma.

2 – Um M que seja parte num acordo ou convénio do tipo referido no n. 1, existente ou futuro, facultará aos outros Ms interessados a possibilidade de negociar a sua adesão a esse acordo ou convénio ou de negociar com esse M acordos ou convénios comparáveis. Sempre que um M conceda o reconhecimento de forma autónoma, facultará a qualquer outro M a possibilidade de demonstrar que a formação, experiência, licenças ou certificados obtidos ou os requisitos preenchidos no território desse outro M merecem esse reconhecimento.

3 – Um M não concederá o reconhecimento de um modo que constitua um meio de discriminação entre países a nível da aplicação das suas normas ou critérios de autorização, licenciamentos ou certificação de prestadores de serviços, ou uma restrição dissimulada ao comércio de serviços.

4 – Cada M deverá:

a) Informar o Conselho do Comércio de Serviços, no prazo de 12 meses a contar da data em que o Acordo OMC produz efeitos em relação a esse M, das medidas em vigor no seu território em matéria de reconhecimento e indicar se essas medidas se baseiam em acordos ou convénios do tipo referido no n. 1;

b) Informar prontamente o Conselho do Comércio de Serviços, com a máxima antecedência possível, da abertura de negociações sobre um acordo ou convénio do tipo referido no n. 1, a fim de facultar a qualquer outro M a possibilidade de comunicar o seu interesse em participar nas negociações antes de estas entrarem numa fase avançada;

c) Informar prontamente o Conselho do Comércio de Serviços sempre que adote novas medidas em matéria de reconhecimento ou altere significativamente medidas já existentes e indicar se as medidas se baseiam num acordo ou convénio do tipo referido no n. 1.

5 – Sempre que possível, o reconhecimento deverá basear-se em critérios acordados multilateralmente. Nos casos em que tal se justifique, os Ms trabalharão em colaboração com organizações intergovernamentais e não governamentais competentes com vista ao estabelecimento e adoção de normas e critérios internacionais comuns em matéria de reconhecimento e de normas internacionais comuns aplicáveis ao exercício de atividades de serviços, incluindo as profissões liberais.

Artigo VIII
Monopólios e prestadores de serviços em regime de exclusividade

1 – Cada M velará por que qualquer prestador de serviços que opere em regime de monopólio no seu território não atue, no exercício dessa atividade no mercado relevante, de um modo incompatível com as obrigações do M em causa ao abrigo do disposto no artigo II e com os compromissos específicos desse M.

2 – Sempre que um prestador de serviços que opere em regime de monopólio no território de um M esteja em concorrência, quer diretamente quer através de uma empresa associada, para a prestação de um serviço que saia do âmbito dos seus direitos de monopólio e que seja abrangido pelos compromissos específicos desse M, o M em causa velará por que esse prestador de serviços não abuse da sua posição de monopólio para agir no seu território de um modo incompatível com esses compromissos.

3 – O Conselho do Comércio de Serviços poderá, a pedido de um M que tenha razões para crer que um prestador de serviços que opere em regime de monopólio no território de qualquer outro M está a agir de um modo incompatível com o disposto no n. 1 ou no n. 2, solicitar ao M responsável pelo estabelecimento, manutenção ou autorização desse prestador de serviços que forneça informações específicas sobre as operações relevantes.

4 – Sempre que, após a data de entrada em vigor do Acordo OMC, um M conceda direitos de monopólio relativamente á prestação de um serviço abrangido pelos seus compromissos específicos, esse M deverá notificar o Conselho do Comércio de Serviços da decisão de conceder esses direitos, com uma antecedência de pelo menos três meses em relação à data prevista para a sua implementação, sendo aplicável o disposto nos ns. 2, 3 e 4 do artigo XXI.

5 – As disposições do presente artigo serão igualmente aplicáveis em relação aos prestadores de serviços em regime de exclusividade nos casos em que um M, formalmente ou na prática: a) seja responsável pela autorização ou estabelecimento de um número reduzido de prestadores de serviços, e b) impeça de forma substancial a concorrência entre esses prestadores de serviços no seu território.

Artigo IX
Práticas comerciais

1 – Os Ms reconhecem que certas práticas comerciais dos prestadores de serviços, para além das abrangidas pelo artigo VIII, podem restringir a concorrência e desse modo limitar o comércio de serviços.

2 – Cada M, a pedido de qualquer outro M, iniciará consultas com vista à eliminação das práticas referidas no n. 1. O M requerido mostrará toda a receptividade em relação a esse pedido e cooperará através de fornecimento de informações não confidenciais à disposição do público que sejam relevantes para o assunto em questão. O M requerido fornecerá igualmente outras informações disponíveis ao M requerente, dentro do respeito da sua legislação interna e sob reserva da conclusão de um acordo satisfatório relativamente á salvaguarda da sua confidencialidade por parte do M requerente.

Artigo X
Medidas de salvaguarda em situação de emergência

1 – Serão organizadas negociações multilaterais sobre a questão das medidas de salvaguarda em situações de emergência, com base no princípio da não discriminação. Os resultados dessas negociações produzirão efeitos o mais tardar três anos a contar da data da entrada em vigor do Acordo OMC.

2 – No período anterior á data em que os resultados das negociações referidas no n. 1 passarão a produzir efeitos, qualquer M poderá, não obstante o disposto no n. 1 do artigo XXI, notificar o Conselho do Comércio de Serviços da sua intenção de alterar ou retirar um compromisso específico após um período de um ano a contar da data de entrada em vigor desse compromisso, desde que o M apresente ao Conselho razões que justifiquem que a alteração ou retirada não possa aguardar o decurso do prazo de três anos previsto no n. 1 do artigo XXI.

3 – As disposições do n. 2 deixarão de ser aplicáveis três anos após a data de entrada em vigor do Acordo OMC.

Artigo XI
Pagamentos e transferências

1 – Exceto nas circunstâncias previstas no artigo XII, um M não aplicará restrições ás transferências e pagamentos internacionais relativos a transações correntes relacionadas com os seus compromissos específicos.

2 – Nenhuma disposição do presente Acordo afetará os direitos e obrigações dos Ms do Fundo Monetário Internacional nos termos dos respectivos estatutos, incluindo a utilização de medidas cambiais em conformidade com os estatutos, desde que um M não imponha restrições às transações de capitais de modo incompatível com os seus compromissos específicos relativos a essas transações, exceto ao abrigo do disposto no artigo XII ou a pedido do Fundo.

Artigo XII
Restrições para salvaguarda da situação da balança de pagamentos

1 – No caso de se verificarem sérias dificuldades a nível da balança de pagamentos e da situação financeira externa ou de existir uma ameaça de dificuldades desse tipo, um M poderá adotar ou manter restrições ao comércio de serviços em relação aos quais tenha assumido compromissos específicos, incluindo as restrições aos pagamentos ou transferências relativos a transações relacionadas com esses compromissos. Reconhece-se que determinadas pressões sobre a balança de pagamentos de um M em processo de desenvolvimento econômico ou de transição econômica poderão exigir o recurso a restrições para assegurar, *inter alia*, a manutenção de um nível de reservas financeiras adequado para a implementação do seu programa de desenvolvimento econômico ou de transição econômica.

2 – As restrições referidas no n. 1:

a) Não estabelecerão qualquer discriminação entre os Ms;

b) Serão compatíveis com os estatutos do Fundo Monetário Internacional;

c) Evitarão prejuízos desnecessários aos interesses comerciais, econômicos e financeiros de qualquer outro M;

d) Não ultrapassarão a medida necessária para fazer face às circunstâncias descritas no n. 1;

e) Serão temporárias e serão suprimidas progressivamente à medida que a situação descrita no n. 1 for melhorando.

3 – Ao determinar a incidência dessas restrições, os Ms poderão dar prioridade à prestação de serviços que sejam mais essenciais aos seus programas econômicos ou de desenvolvimento. No entanto, essas restrições não serão adotadas ou mantidas com o objetivo de proteger um determinado setor de serviços.

4 – Todas as restrições adotadas ou mantidas nos termos do n. 1, ou quaisquer alterações a essas restrições, serão prontamente notificadas ao Conselho Geral.

5 – a) Os Ms que apliquem as disposições do presente artigo iniciarão imediatamente consultadas com o Comitê das Restrições à Balança de Pagamentos sobre as restrições adotadas ao abrigo do presente artigo.

b) A Conferência Ministerial estabelecerá procedimentos (ver nota 4) para consultas periódicas com o objetivo de permitir que sejam feitas as recomendações adequadas ao M em questão.

c) Essas consultas destinar-se-ão a avaliar a situação da balança de pagamentos do M em questão e as restrições adotadas ou mantidas ao abrigo do presente artigo, tendo em conta, *inter alia*, fatores como:

i) A natureza e extensão das dificuldades verificadas a nível da balança de pagamentos e da situação financeira externa;

ii) O enquadramento econômico e comercial externo do M em processo de consulta;

iii) Medidas conectivas alternativas a que seja possível recorrer.

d) Nas consultas será analisada a conformidade de quaisquer restrições com o disposto no n. 2, e nomeadamente a supressão progressiva de restrições de acordo com o disposto na alínea *e)* do n. 2.

e) No decurso dessas consultas, todos os dados de natureza estatística ou outra apresentados pelo Fundo Monetário Internacional relativamente a câmbios, reservas monetárias e balança de pagamentos serão aceites e as conclusões basear-se-ão na avaliação efetuada pelo Fundo da situação da balança de pagamentos e da situação financeira externa do M em processo de consulta.

6 – Se um M que não seja M do Fundo Monetário Internacional pretender aplicar as disposições do presente artigo, a Conferência Ministerial estabelecerá um procedimento de análise e quaisquer outros procedimentos necessários.

(nota 4) Os procedimentos nos termos do n. 5 serão idênticos aos previstos no âmbito do GATT de 1994.

Artigo XIII
Contratos públicos

1 – Os artigos II, XVI e XVII não serão aplicáveis ás disposições legislativas e regulamentares nem aos requisitos que regem os contratos públicos celebrados por organismos públicos e referentes a serviços adquiridos para dar resposta a necessidades dos poderes públicos, e não com vista à revenda numa perspectiva comercial ou com vista à sua utilização no âmbito da prestação de serviços para venda numa perspectiva comercial.

2 – No prazo de dois anos a contar da data de entrada em vigor do Acordo OMC, serão organizadas negociações multilaterais sobre contratos públicos de serviços abrangidos pelo presente Acordo.

Artigo XIV
Exceções gerais

Na condição de essas medidas não serem aplicadas de um modo que constitua um meio de discriminação arbitrária ou injustificável entre países em que existem condições idênticas, ou uma restrição dissimulada ao comércio de serviços, nenhuma disposição do presente Acordo poderá ser interpretada no sentido de impedir a adoção ou a aplicação por qualquer M de medidas:

a) Necessárias para proteger os bons costumes ou para manter a ordem pública (ver nota 5);

b) Necessárias para a proteção da vida e da saúde das pessoas e animais e para a preservação das plantas;

c) Necessárias para garantir a observância das disposições legislativas e regulamentares que não sejam incompatíveis com o disposto no presente Acordo, nomeadamente as relativas:

i) À prevenção de práticas falaciosas e fraudulentas ou destinadas a corrigir os efeitos do incumprimento de contratos de serviços;

ii) À proteção da privacidade dos indivíduos relativamente ao processamento e divulgação de dados pessoais e à proteção da confidencialidade de registos e contas pessoais;

iii) À segurança:

d) Incompatíveis com o disposto no artigo XVII, desde que a diferença de tratamento tenha por objetivo garantir a imposição ou cobrança equitativa ou eficaz (ver nota 6) de impostos diretos relativamente a serviços ou prestadores de serviços de outros Ms;

e) Incompatíveis com o disposto no artigo II, desde que a diferença de tratamento resulte de um acordo destinado a evitar a dupla tributação ou de disposições destinadas a evitar a dupla tributação constantes de qualquer outro acordo internacional ou convénio a que o M se encontre vinculado.

(nota 5) A exceção relativa à ordem pública só poderá ser invocada se existir uma ameaça real e suficientemente séria a um dos interesses fundamentais da sociedade.

(nota 6) As medidas destinadas a garantir a imposição ou cobrança equitativa ou eficaz de impostos diretos incluem medidas tomadas por um M no âmbito do seu sistema fiscal que:

i) Sejam aplicáveis a prestadores de serviços não residentes em reconhecimento do fato de a obrigação fiscal dos não residentes ser determinada relativamente aos elementos tributáveis originados ou localizados no território do M;

ii) Sejam aplicáveis a não residentes a fim de garantir a imposição ou cobrança de impostos no território do M;

iii) Sejam aplicáveis a não residentes ou residentes a fim de impedir a evasão ou a fraude fiscal, incluindo medidas de execução;

iv) Sejam aplicáveis a consumidores de serviços prestados no território de outro M ou a partir desse território, a fim de garantir a imposição ou cobrança de impostos a esses consumidores decorrentes de fontes no território do M;

v) Distingam os prestadores de serviços sujeitos a impostos sobre elementos tributáveis a nível mundial dos restantes prestadores de serviços, em reconhecimento da diferença existente entre eles em termos de natureza da matéria coletável; ou

vi) Determinem, atribuam ou repartam rendimentos, lucros, ganhos, perdas, débitos ou créditos de pessoas ou sucursais residentes, ou entre pessoas que tenham uma ligação entre si ou entre sucursais da mesma pessoa, a fim de salvaguardar a matéria coletável do M.

Os termos ou conceitos fiscais constantes da alínea d) do artigo XIV e da presente nota de pé de página são determinados de acordo com as definições e conceitos fiscais, ou com definições e conceitos equivalentes ou semelhantes, ao abrigo da legislação interna do M que toma a medida.

Artigo XIV-A
Exceções por razões de segurança

1 – Nenhuma disposição do presente Acordo poderá ser interpretada no sentido de:

a) Exigir que qualquer M forneça informações cuja divulgação considere contrária aos seus interesses essenciais em matéria de segurança;

b) Impedir qualquer M de tomar medidas que considere necessárias para a proteção dos seus interesses essenciais em matéria de segurança:

i) Relativas à prestação de serviços realizada direta ou indiretamente para efeitos de aprovisionamento de um estabelecimento militar;

ii) Relativas a materiais cindíveis e de fusão ou a materiais a partir dos quais estes são obtidos:

iii) Tomadas em período de guerra ou noutra situação de emergência a nível das relações internacionais; ou

c) Impedir qualquer M de tomar medidas em cumprimento das suas obrigações ao abrigo da Carta das Nações Unidas para a manutenção da paz e da segurança internacionais.

2 – O Conselho do Comércio de Serviços será informado, tanto quanto possível, das medidas tomadas nos termos das alíneas b) e c) do n. 1, bem como do termo da sua aplicação.

Artigo XV
Subvenções

1 – Os Ms reconhecem que, em determinadas circunstâncias, as subvenções poderão ter efeitos de distorção do comércio de serviços. Os Ms encetarão negociações com vista a desenvolver as necessárias disciplinas multilaterais para evitar esses efeitos de distorção do comércio (ver nota 7). As negociações incidirão igualmente sobre a adequação dos procedimentos de compensação. Essas negociações reconhecerão o papel das subvenções para os programas de desenvolvimento dos países em desenvolvimento e terão em conta as necessidades dos Ms, nomeadamente os países em desenvolvimento Ms, em termos de flexibilidade neste domínio. Para efeitos dessas negociações, os Ms trocarão informações sobre todas as subvenções relacionadas com o comércio de serviços que concedam aos prestadores de serviços nacionais.

2 – Qualquer M que considere estar a ser prejudicado por uma subvenção de outro M poderá solicitar a realização de consultas com esse M sobre essa matéria. Esses pedidos de consultas merecerão uma boa receptividade.

(nota 7) Um futuro programa de trabalho determinará o modo como serão conduzidas as negociações sobre essas disciplinas multilaterais, bem como o respectivo calendário.

PARTE III
COMPROMISSOS ESPECÍFICOS

Artigo XVI
Acesso ao mercado

1 – No que diz respeito ao acesso ao mercado através dos modos de prestação definidos no artigo I, cada M concederá aos serviços e aos prestadores de serviços de qualquer outro M um tratamento não menos favorável do que o concedido de acordo com as condições e limitações acordadas e especificadas na sua lista (ver nota 8).

2 – Nos setores em que sejam assumidos compromissos de acesso ao mercado, as medidas que um M não manterá nem adotará em relação a uma subdivisão regional ou à tonalidade do seu território, salvo especificação em contrário na sua lista, são definidas como:

a) Limitações do número de prestadores de serviços, quer sob a forma de quotas numéricas, monopólios ou prestadores de serviços em regime de exclusividade, quer com base numa avaliação das necessidades econômicas;

b) Limitações do valor total das transações ou ativos nos setores de serviços, sob a forma de quotas numéricas ou com base numa avaliação das necessidades econômicas;

c) Limitações do número total de operações de serviços ou da quantidade total de serviços prestados expressas em termos de unidades numéricas específicas, sob a forma de quotas ou com base numa avaliação das necessidades econômicas (ver nota 9);

d) Limitações do número total de pessoas singulares que podem ser empregadas num determinado setor de serviços ou que um prestador de serviços pode empregar e que são necessárias para a prestação de um serviço específico, estando diretamente relacionadas com esse serviço, sob a forma de quotas numéricas ou com base numa avaliação das necessidades econômicas;

e) Medidas que restringem ou exigem tipos específicos de entidades jurídicas ou de empresas comuns através das quais um prestador de serviços pode prestar um serviço; e

f) Limitações à participação de capital estrangeiro através da fixação de um limite máximo percentual para a participação de estrangeiros no capital social de empresas ou do valor total do investimento estrangeiro individual ou global.

(nota 8) Se um M assumir um compromisso de acesso ao mercado relativamente à prestação de um serviço através do modo de prestação referido na alínea a) do n. 2 do artigo I e se o movimento de capitais transfronteiras constituir uma parte essencial do próprio serviço, esse M é obrigado a autorizar esse movimento de capitais. Se um M assumir um compromisso de acesso ao mercado relativamente à prestação de um serviço através do modo de prestação referido na alínea c) do n 2 do artigo I, é obrigado a autorizar as correspondentes transferências de capitais para o seu território.

(nota 9) A alínea c) do n. 2 não abrange as medidas de um M que limitem os fatores utilizados na prestação de serviços.

Artigo XVII
Tratamento nacional

1 – Nos termos inscritos na sua lista, e tendo em conta as condições e qualificações aí estabelecidas, cada M concederá aos serviços e aos prestadores de serviços de qualquer outro M, relativamente a todas as medidas que afetem a prestação de serviços, um tratamento não menos favorável do que o que concede aos serviços e prestadores de serviços nacionais comparáveis (ver nota 10).

2 – Um M poderá satisfazer o requisito previsto no n. 1 concedendo aos serviços e prestadores de serviços de qualquer outro M um tratamento formalmente idêntico ou formalmente diferente do que concede aos serviços e prestadores de serviços nacionais comparáveis.

3 – Um tratamento formalmente idêntico ou formalmente diferente será considerado menos favorável se alterar as condições de concorrência a favor dos serviços ou prestadores de serviços do M comparativamente com serviços ou prestadores de serviços comparáveis de qualquer outro M.

(nota 10) Os compromissos específicos assumidos ao abrigo do presente artigo não poderão ser interpretados no sentido de exigir que qualquer

M ofereça uma compensação por quaisquer desvantagens concorrenciais inerentes que resultem do fato de os serviços ou prestadores de serviços em questão serem estrangeiros.

Artigo XVIII
Compromissos adicionais

Os Ms poderão negociar compromissos relativamente a medidas que afetem o comércio de serviços não sujeitas a inscrição nas listas nos termos do disposto nos artigos XVI ou XVII, nomeadamente as referentes a qualificações, normas ou questões de licenciamento. Esses compromissos serão inscritos na lista do M.

PARTE IV
LIBERALIZAÇÃO PROGRESSIVA

Artigo XIX
Negociação de compromissos específicos

1 – Para prossecução dos objetivos do presente Acordo, os Ms iniciarão rondas de negociações sucessivas, com início o mais tardar cinco anos a contar da data de entrada em vigor do Acordo OMC e depois periodicamente, com vista a alcançar um nível progressivamente superior de liberalização. Essas negociações terão por objeto reduzir ou eliminar os efeitos adversos de certas medidas sobre o comércio de serviços, de modo a proporcionar um acesso efetivo ao mercado. Este processo desenrolar-se-á com vista a promover os interesses de todos os participantes numa base mutuamente vantajosa e a assegurar um equilíbrio global dos direitos e obrigações.

2 – O processo de liberalização será levado a cabo no devido respeito dos objetivos de política nacional e do nível de desenvolvimento dos diferentes Ms, tanto em termos globais como em setores específicos. Os diferentes países em desenvolvimento Ms beneficiarão de uma flexibilidade adequada de modo a permitir-lhes liberalizar menos setores e menos tipos de transações e alargar progressivamente o acesso ao mercado de acordo com o seu estado de desenvolvimento, bem como, ao facultar o acesso aos seus mercados a prestadores de serviços estrangeiros, subordinar esse acesso a condições destinadas a atingir os objetivos referidos no artigo IV.

3 – Serão estabelecidas diretrizes e procedimentos de negociação em relação a cada ronda. Para o estabelecimento dessas diretrizes, o Conselho do Comércio de Serviços procederá a uma avaliação do comércio de serviços em termos globais e numa base setorial por referência aos objetivos do presente Acordo, nomeadamente os previstos no n. 1 do artigo IV. As diretrizes de negociação estabelecerão modalidades para o tratamento da liberalização realizada de forma autónoma pelos Ms desde as negociações anteriores, bem como para o tratamento especial a dispensar aos países menos desenvolvidos Ms nos termos do disposto no n. 3 do artigo IV.

4 – O processo de liberalização progressiva será desenvolvido em cada uma dessas rondas através de negociações bilaterais, plurilaterais ou multilaterais destinadas a aumentar o nível geral de compromissos específicos assumidos pelos Ms ao abrigo do presente Acordo.

Artigo XX
Listas de compromissos específicos

1 – Cada M estabelecerá uma lista incluindo os compromissos específicos que assume ao abrigo da parte III do presente Acordo. No que diz respeito aos setores em que esses compromissos são assumidos, cada lista deverá especificar:

a) As condições e limitações referentes ao acesso ao mercado;
b) As condições e qualificações referentes ao tratamento nacional;
c) As obrigações relativamente a compromissos adicionais;
d) Nos casos em que tal se justifique, o calendário de implementação desses compromissos; e
e) A data de entrada em vigor desses compromissos.

2 – As medidas simultaneamente incompatíveis com os artigos XVI e XVII serão inscritas na coluna relativa ao artigo XVI. Neste caso, considerar-se-á que inscrição constitui igualmente uma condição ou qualificação para efeitos do artigo XVII.

3 – As listas de compromissos específicos serão anexas ao presente Acordo, constituindo uma parte integrante do mesmo.

Artigo XXI
Alteração das listas

1 – *a)* Um M (designado por "M que introduz uma alteração" no presente artigo) poderá alterar ou retirar qualquer compromisso constante da sua lista a qualquer momento após decorridos três anos a contar da data em que esse compromisso entrou em vigor, de acordo com o disposto no presente artigo.

b) Um M que introduz uma alteração notificará o Conselho do Comércio de Serviços da sua intenção de alterar ou retirar um compromisso nos termos do presente artigo, o mais tardar três meses antes da data prevista para implementação da alteração ou da retirada.

2 – *a)* A pedido de qualquer M cujos benefícios ao abrigo do presente Acordo possam ser afetados (designado por "M afetado" no presente artigo) por uma alteração ou retirada prevista e notificada nos termos da alínea *b)* do n. 1, o M que introduz uma alteração acederá a negociar com vista a chegar a acordo quanto a eventuais compensações necessárias. No decurso dessas negociações e a nível desse acordo, os Ms envolvidos esforçar-se-ão por manter um nível geral de compromissos mutuamente vantajosos não menos favorável ao comércio do que o previsto nas listas de compromissos específicos antes dessas negociações.

b) As compensações serão estabelecidas na base do princípio da nação mais favorecida.

3 – *a)* Caso o M que introduz uma alteração e qualquer M afetado não cheguem a acordo antes do termo do período previsto para as negociações, o M afetado poderá submeter o assunto a arbitragem. Qualquer M afetado que pretenda fazer valer um eventual direito a compensação deverá participar no processo de arbitragem.

b) Se nenhum M afetado tiver requerido um processo de arbitragem, o M que introduz uma alteração será livre de implementar a alteração ou retirada prevista.

4 – *a)* O M que introduz uma alteração não poderá alterar ou retirar o seu compromisso até ao momento em que tenha procedido à compensação em conformidade com as conclusões do processo de arbitragem.

b) Caso o M que introduz uma alteração implemente a alteração ou retirada prevista e não dê cumprimento às conclusões do processo de arbitragem, qualquer M afetado que tenha participado no processo de arbitragem poderá alterar ou retirar vantagens substancialmente equivalentes em conformidade com as referidas conclusões. Não obstante o disposto no artigo II, essa alteração ou retirada poderá ser implementada unicamente em relação ao M que introduz uma alteração.

5 – O Conselho do Comércio de Serviços estabelecerá procedimentos para a retificação ou alteração das listas. Qualquer M que tenha alterado ou retirado compromissos inscritos nas listas ao abrigo do disposto no presente artigo procederá á alteração da sua lista de acordo com esses procedimentos.

PARTE V
DISPOSIÇÕES INSTITUCIONAIS

Artigo XXII
Consultas

1 – Cada M mostrará boa receptividade e facultará a possibilidade de consultas relativamente aos fatos que possam ser apresentados por qualquer outro M sobre qualquer questão que afete a aplicação do presente Acordo. O Memorando de Entendimento sobre a Resolução de Litígios (MERL) será aplicável a essas consultas.

2 – O Conselho do Comércio de Serviços ou o Órgão de Resolução de Litígios (ORL) poderão, a pedido de um M, iniciar consultas com qualquer M ou Ms relativamente a qualquer questão em relação á qual não tenha sido possível encontrar uma solução satisfatória através das consultas previstas no n. 1.

3 – Um M não poderá invocar o disposto no artigo XVII, quer ao abrigo do presente artigo quer do artigo XXIII, relativamente a uma medida de um outro M que integre o âmbito de aplicação de um acordo internacional celebrado entre ambos e destinado a evitar a dupla tributação. No caso de desacordo entre os Ms quanto a saber se urna medida integra o âmbito de aplicação de um acordo desse tipo celebrado entre si, cada um dos Ms poderá submeter a questão ao Conselho do Comércio de Serviços (ver nota 11). O Conselho submeterá a questão a arbitragem. A decisão arbitral será definitiva e vinculativa para os Ms.

(nota 11) No que diz respeito aos acordos destinados a evitar a dupla tributação existentes na data da entrada em vigor do Acordo OMC, essa questão só poderá ser submetida ao Conselho do Comércio de Serviços com o consentimento de ambas as partes num acordo desse tipo.

Artigo XXIII
Resolução de litígios e execução

1 – Caso um M considere que qualquer outro M não cumpre as suas obrigações ou compromissos específicos ao abrigo do presente Acordo, esse M poderá recorrer ao MERL com vista a obter uma resolução mutuamente satisfatória da questão.

2 – Se o ORL considerar que as circunstâncias são suficientemente graves para justificar uma medida desse tipo, poderá autorizar um M ou Ms a suspender a aplicação em relação a qualquer outro M ou Ms das obrigações e compromissos específicos de acordo com o disposto no artigo 22 do MERL.

3 – Caso um M considere que qualquer vantagem de que razoavelmente deveria beneficiar nos termos de um compromisso específico de outro M ao abrigo do disposto na parte III do presente Acordo é anulada ou comprometida na sequência da aplicação de qualquer medida que não infringe o disposto no presente Acordo, esse M poderá recorrer ao MERL. Se o ORL considerar que a medida anulou ou comprometeu essa vantagem, o M afetado terá direito a uma compensação mutuamente satisfatória com base no disposto no n. 2 do artigo XXI, que poderá incluir a alteração ou retirada da medida. Caso os Ms em questão não consigam chegar a acordo, será aplicável o disposto no artigo 22 do MERL.

Artigo XXIV
Conselho do Comércio de Serviços

1 – O Conselho do Comércio de Serviços desempenhará as funções que lhe sejam atribuídas com vista a facilitar a aplicação do presente Acordo e a promover os seus objetivos. O Conselho poderá instituir os órgãos auxiliares que considere adequados para o correto desempenho das suas funções.

2 – O Conselho e, salvo decisão em contrário do Conselho, os seus órgãos auxiliares estarão abertos à participação dos representantes de todos os Ms.

3 – O Presidente do Conselho será eleito pelos Ms.

Artigo XXV
Cooperação técnica

1 – Os prestadores de serviços dos Ms que necessitem de uma assistência desse tipo terão acesso aos serviços dos pontos de contato referidos no n. 2 do artigo VI.

2 – A assistência técnica aos países em desenvolvimento será prestada a nível multilateral pelo Secretariado, sendo decidida pelo Conselho do Comércio de Serviços.

Artigo XXVI
Relações com outras organizações internacionais

O Conselho Geral tomará as providências adequadas com vista à consulta e cooperação com as Nações Unidas e os seus organismos especializados, bem como com outras organizações intergovernamentais que intervenham na área dos serviços.

PARTE VI
DISPOSIÇÕES FINAIS

Artigo XXVII
Recusa da concessão de benefícios

Um poderá recusar a concessão dos benefícios decorrentes do presente Acordo:

a) À prestação de um serviço, caso determine que o serviço é prestado a partir ou no território de um não M ou de um M em relação ao qual o M que impõe a recusa não aplica o Acordo OMC;

b) No caso da prestação de um serviço de transporte marítimo, caso determine que o serviço é prestado:
i) Por um navio registado nos termos da legislação de um não M ou de um M em relação ao qual o M que impõe a recusa não aplica o Acordo OMC; e
ii) Por uma pessoa de um não M, ou de um M em relação ao qual o M que impõe a recusa não aplica o Acordo OMC, que opere e/ou utilize o navio na totalidade ou em parte;

c) A um prestador de serviços que seja uma pessoa coletiva, caso determine que não se trata de um prestador de serviços de outro M ou que se trata de um prestador de serviços de um M em relação ao qual o M que impõe a recusa não aplica o Acordo OMC.

Artigo XXVIII
Definições

Para efeitos do disposto no presente Acordo:

a) Entende-se por "medida" qualquer medida tomada por um M, sob a forma de lei, regulamentação, regra, procedimento, decisão, ação administrativa ou sob qualquer outra forma;

b) A "prestação de um serviço" inclui a produção, distribuição, comercialização, venda e entrega de um serviço;

c) As "medidas tomadas por Ms que afetam o comércio de serviços" incluem medidas relativas:
i) À aquisição, pagamento ou utilização de um serviço;
ii) Ao acesso e utilização, relacionados com a prestação de um serviço, de serviços que esses Ms exigem que sejam oferecidos ao público em geral;
iii) À presença, incluindo a presença comercial, de pessoas de um M para a prestação de um serviço no território de um outro M;

d) Entende-se por "presença comercial" qualquer forma de estabelecimento comercial ou profissional, inclusivamente através:
i) Da constituição, aquisição ou manutenção de uma pessoa coletiva; ou
ii) Da criação ou manutenção de uma sucursal ou de uma representação; no território de um M com vista à prestação de um serviço;

e) Entende-se por "setor" de um serviço:
i) Relativamente a um compromisso específico, um ou mais, ou todos, os subsetores desse serviço, conforme especificado na lista de um M;
ii) Nos restantes casos, o conjunto desse setor de serviços, incluindo todos os seus subsetores;

f) Entende-se por "serviço de outro M" um serviço prestado:
i) A partir ou no território desse outro M ou, no caso do transporte marítimo, por um navio registado nos termos da legislação desse outro M, ou por uma pessoa desse outro M que preste o serviço por meio da exploração de um navio e ou da sua utilização, na totalidade ou em parte; ou
ii) No caso da prestação de um serviço através da presença comercial ou da presença de pessoas singulares, por um prestador de serviços desse outro M;

g) Entende-se por "prestador de serviços" qualquer pessoa que preste um serviço (ver nota 12);

h) Entende-se por "prestador de um serviço em regime de monopólio" qualquer pessoa, pública ou privada, que seja autorizada ou estabelecida por um M, formalmente ou na prática, como o prestador exclusivo desse serviço no mercado relevante do território desse M;

i) Entende-se por "consumidor de serviços" qualquer pessoa que seja destinatária ou utilize um serviço;

j) Entende-se por "pessoa" qualquer pessoa singular ou coletiva;

k) Entende-se por "pessoa singular de outro M" uma pessoa singular residente no território desse outro M ou de qualquer outro M que, nos termos da legislação desse outro M:
i) Seja considerada como nacional desse outro M; ou
ii) Tenha o direito de residência permanente nesse outro M, no caso de um M que:
1) Não tenha nacionais; ou
2) Conceda aos seus residentes permanentes basicamente o mesmo tratamento que aos seus nacionais relativamente a medidas que afetem o comércio de serviços, conforme notificado na sua aceitação ou adesão ao Acordo OMC, desde que nenhum M seja obrigado a conceder a esses residentes permanentes um tratamento mais favorável do que o que seria concedido por esse outro M a esses residentes permanentes. A referida notificação incluirá a garantia de assumir, relativamente a esses residentes permanentes e de acordo com a sua legislação e regulamentação, as mesmas responsabilidades que esse outro M tem relativamente aos seus nacionais;

l) Entende-se por "pessoa coletiva" qualquer entidade jurídica devidamente constituída ou organizada de outra forma nos termos da legislação aplicável, quer tenha fins lucrativos ou não e quer seja propriedade privada ou do Estado, incluindo qualquer sociedade de capitais, sociedade gestora de patrimónios, sociedade de pessoas, empresa comum, sociedade em nome individual ou associação;

m) Entende-se por "pessoa coletiva de outro M" uma pessoa coletiva:

i) Que seja constituída ou organizada de outra forma nos termos da legislação desse outro M e que desenvolva um volume significativo de operações comerciais no território desse M ou de qualquer outro M; ou

ii) No caso da prestação de um serviço através da presença comercial, que seja propriedade ou seja controlada:

1) Por pessoas singulares desse M; ou
2) Por pessoas coletivas desse outro M definidas nos termos da subalínea i);

n) Uma pessoa coletiva:

i) "É propriedade" de pessoas de um M se mais de 50% do seu capital social for efetivamente detido por pessoas desse M;

ii) "É controlada" por pessoas de um M se essas pessoas estiveram habilitadas a nomear a maioria dos Ms dos órgãos de administração ou tiveram poderes legais para de qualquer outra forma dirigir as suas operações;

iii) "É associada" a outra pessoa quando controle ou seja controlada por essa outra pessoa, ou quando ela própria e a outra pessoa sejam ambas controladas pela mesma pessoa;

o) Os "impostos diretos" abrangem todos os impostos sobre o rendimento global, sobre o capital global ou sobre elementos do rendimento ou elementos do capital, incluindo os impostos sobre lucros resultantes da alienação de imóveis, os impostos sobre o património, as sucessões e as doações e os impostos sobre os montantes globais de vencimentos e salários pagos pelas empresas, bem como os impostos sobre mais-valias.

(nota 12) Sempre que o serviço não seja prestado diretamente por uma pessoa coletiva, mas através de outras formas de presença comercial, tais como uma sucursal ou uma representação, o prestador de serviços (ou seja, a pessoa coletiva) beneficiará, no entanto, em virtude dessa presença, do tratamento previsto para os prestadores de serviços ao abrigo do presente Acordo. Esse tratamento será concedido à presença através da qual o serviço é prestado, não devendo necessariamente ser alargado a quaisquer outras unidades do prestador situadas fora do território em que o serviço é prestado.

ANEXO 1-C
ACORDO SOBRE OS ASPECTOS DOS DIREITOS DE PROPRIEDADE INTELECTUAL RELACIONADOS COM O COMÉRCIO

Os Membros:

Desejosos de reduzir as distorções e os entraves ao comércio internacional e tendo em conta a necessidade de promover uma proteção eficaz e adequada dos direitos de propriedade intelectual e de garantir que as medidas e processos destinados a assegurar a aplicação efetiva dos direitos de propriedade intelectual não constituam eles próprios obstáculos ao comércio legítimo;

Reconhecendo, para este efeito, a necessidade de elaboração de novas regras e disciplinas relativas:

a) À aplicabilidade dos princípios básicos do GATT de 1994 e dos acordos ou convenções internacionais relevantes em matéria de propriedade intelectual;

b) À definição de normas e princípios adequados relativos à existência, âmbito e exercício dos direitos de propriedade intelectual relacionados com o comércio;

c) Ao estabelecimento de meios eficazes e adequados destinados a assegurar a aplicação efetiva dos direitos de propriedade intelectual relacionados com o comércio, tendo em conta as diferenças entre os sistemas jurídicos nacionais;

d) Ao estabelecimento de processos eficazes e expeditos para a prevenção e resolução multilateral de litígios entre governos; e

e) Às disposições transitórias com vista à mais completa participação nos resultados das negociações;

Reconhecendo a necessidade de estabelecer um quadro multilateral de princípios, regras e disciplinas referentes ao comércio internacional de mercadorias de contrafação;

Reconhecendo que os direitos de propriedade intelectual são direitos privados;

Reconhecendo os objetivos de política geral subjacentes aos sistemas nacionais de proteção da propriedade intelectual, incluindo objetivos em matéria de desenvolvimento e tecnologia;

Reconhecendo igualmente as necessidades especiais dos países menos desenvolvidos Membros no que se refere a um máximo de flexibilidade a nível da implementação das disposições legislativas e regulamentares no plano interno, para que esses países possam criar uma base tecnológica sólida e viável;

Salientando a importância da redução de tensões por meio de compromissos reforçados no sentido de resolver os litígios sobre questões de propriedade intelectual relacionados com o comércio através de processos multilaterais;

Desejosos de estabelecer uma relação de mútuo apoio entre a OMC e a Organização Mundial para a Propriedade Intelectual (designada por "OMPI" no presente Acordo), bem como outras organizações internacionais intervenientes neste domínio; acordam no seguinte:

PARTE I
DISPOSIÇÕES GERAIS E PRINCÍPIOS BÁSICOS

Artigo 1º
Natureza e âmbito das obrigações

1 – Os Membros implementarão as disposições do presente Acordo. Os Membros podem, embora a tal não sejam obrigados, prever na sua legislação

uma proteção mais vasta do que a prescrita no presente Acordo, desde que essa proteção não seja contrária às disposições do presente Acordo. Os Membros determinarão livremente o método adequado para a execução das disposições no presente Acordo, no quadro dos respectivos sistemas e práticas jurídicas.

2 – Para efeitos do disposto no presente Acordo, a expressão "propriedade intelectual" refere-se a todas as categorias da propriedade intelectual que constituem o objeto das seções 1 a 7 da parte II.

3 – Os Membros concederão o tratamento previsto no presente Acordo aos nacionais de outros Membros (ver nota 1). No que diz respeito ao direito de propriedade intelectual relevante, considerar-se-á como nacionais de outros Membros as pessoas singulares ou coletivas que, na eventualidade de todos os Membros da OMC serem membros dessas convenções, preencheriam os critérios de elegibilidade para proteção previstos na Convenção de Paris (1967), na Convenção de Berna (1971), na Convenção de Roma e no Tratado sobre a Proteção da Propriedade Intelectual Relativa aos Circuitos Integrados (ver nota 2). Qualquer Membro que pretenda prevalecer-se das possibilidades previstas no n. 3 do artigo 5º ou no n. 2 do artigo 6º da Convenção de Roma dirigirá uma notificação, conforme previsto nessas disposições, ao Conselho dos Aspectos dos Direitos de Propriedade Intelectual Relacionados com o Comércio (o "Conselho TRIPS").

(nota 1) Sempre que no presente acordo seja feita referência a "nacionais", considerar-se-á que esse tempo abrange, no que diz respeito a um território aduaneiro distinto Membro da OMC, as pessoas, singulares ou coletivas, que estejam domiciliadas ou possuam um estabelecimento industrial ou comercial real e efetivo nesse território aduaneiro.

(nota 2) No presente Acordo, "Convenção de Paris" designa a Convenção de Paris para a Proteção da Propriedade Industrial, "Convenção de Paris (1967)" designa o ato de Estocolmo desta Convenção, de 14 de Julho de 1967, "Convenção de Berna" designa a Convenção de Berna para a Proteção das Obras Literárias e Artísticas, "Convenção de Berna (1971)" designa o ato de Paris desta Convenção, de 24 de Julho de 1971, "Convenção de Roma" designa a Convenção Internacional para a Proteção dos Artistas Intérpretes ou Executantes, dos Produtores de Fonogramas e dos Organismos de Radiodifusão, adotada em Roma em 26 de Outubro de 1961, "Tratado sobre a Proteção da Propriedade Intelectual Relativo aos Circuitos Integrados" (Tratado IPIC) designa o Tratado sobre a Proteção da Propriedade Intelectual Relativa aos Circuitos Integrados, assinado em Washington em 26 de Maio de 1989, "Acordo OMC" designa o Acordo que cria a OMC.

Artigo 2º
Convenções em matéria de propriedade intelectual

1 – No que diz respeito ás partes II, III e IV do presente Acordo, os Membros devem observar o disposto nos artigos 1º a 12 e no artigo 19 da Convenção de Paris (1967).

2 – Nenhuma das disposições incluídas nas partes I a IV do presente Acordo poderá constituir uma derrogação das obrigações que possam vincular os Membros entre si ao abrigo da Convenção de Paris, da Convenção de Berna, da Convenção de Roma e do Tratado sobre a Proteção da Propriedade Intelectual Relativa aos Circuitos Integrados.

Artigo 3º
Tratamento nacional

1 – Cada Membro concederá aos nacionais de outros Membros um tratamento não menos favorável do que o que concede aos seus próprios nacionais no que se refere à proteção (ver nota 3) da propriedade intelectual, sem prejuízo das exceções já previstas, respectivamente na Convenção de Paris (1967), na Convenção de Berna (1971), na Convenção de Roma ou no Tratado sobre a Proteção da Propriedade Intelectual Relativa aos Circuitos Integrados. No que diz respeito aos artistas intérpretes ou executantes, aos produtores de fonogramas e aos organismos de radiodifusão, esta obrigação só é aplicável relativamente aos direitos previstos no presente Acordo. Qualquer Membro que pretenda prevalecer-se das possibilidades previstas no artigo 6º da Convenção de Berna (1971) ou no n. 1, alínea b), do artigo 16 da Convenção de Roma deverá dirigir uma notificação, conforme previsto nessas disposições, ao Conselho TRIPS.

2 – Os Membros só poderão prevalecer-se das exceções autorizadas nos termos do n. 1 relativamente aos processos judiciais e administrativos, incluindo a eleição de domicílio ou a designação de um mandatário sob a jurisdição de um Membro, no caso de essas exceções serem necessárias para garantir a observância de disposições legislativas e regulamentares que não sejam incompatíveis com o disposto no presente Acordo e no caso de essas práticas não serem aplicadas de modo a constituírem uma restrição dissimulada ao comércio.

(nota 3) Para efeitos do disposto nos artigos 3º e 4º, o termo "proteção" abrange as questões relativas à existência, aquisição, âmbito, manutenção e aplicação efetiva dos direitos de propriedade intelectual, bem como as questões relativas ao exercício dos direitos de propriedade intelectual, expressamente contempladas no presente Acordo.

Artigo 4º
Tratamento da nação mais favorecida

No que diz respeito à proteção da propriedade intelectual, todas as vantagens, favores, privilégios ou imunidades concedidos por um Membro aos nacionais de qualquer outro país serão concedidos, imediata e incondicionalmente, aos nacionais de todos os outros Membros. Ficam isentos desta obrigação as vantagens, favores, privilégios ou imunidades concedidos por um Membro:

a) Decorrentes de acordos internacionais em matéria de assistência judicial ou de execução da legislação de carácter geral e que não se limitem concretamente à proteção da propriedade intelectual;

b) Em conformidade com as disposições da Convenção de Berna (1971) ou da Convenção de Roma, que autorizam que o tratamento concedido seja função, não do tratamento nacional, mas do tratamento concedido noutro país;

c) Relativamente aos direitos dos artistas intérpretes ou executantes, dos produtores de fonogramas e dos organismos de radiodifusão que não sejam previstos no presente Acordo;

d) Decorrentes de acordos internacionais relacionados com a proteção da propriedade intelectual que tenham entrado em vigor antes da entrada em vigor do Acordo OMC, desde que esses acordos sejam notificados ao Conselho TRIPS e não constituam uma discriminação arbitrária ou injustificada contra nacionais de outros Membros.

Artigo 5º
Acordos multilaterais sobre aquisição ou manutenção da Proteção

As obrigações decorrentes do disposto nos artigos 3º e 4º não são aplicáveis aos processos previstos em acordos multilaterais concluídos sob os auspícios da OMPI e relativos à aquisição ou manutenção de direitos de propriedade intelectual.

Artigo 6º
Esgotamento

Para efeitos da resolução de litígios ao abrigo do presente Acordo, e sem prejuízo do disposto nos artigos 3º e 4º, nenhuma disposição do presente Acordo será utilizada para tratar da questão do esgotamento dos direitos de propriedade intelectual.

Artigo 7º
Objetivos

A proteção e a aplicação efetiva dos direitos de propriedade intelectual devem contribuir para a promoção da inovação tecnológica e para a transferência e divulgação de tecnologia, em benefício mútuo dos geradores e utilizadores dos conhecimentos tecnológicos e de um modo conducente ao bem-estar social e econômico, bem como para um equilíbrio entre direitos e obrigações.

Artigo 8º
Princípios

1 – Os Membros podem, aquando da elaboração ou alteração das respectivas disposições legislativas e regulamentares, adotar as medidas necessárias para proteger a saúde pública e a nutrição e para promover o interesse público em setores de importância crucial para o seu desenvolvimento socioeconômico e tecnológico, desde que essas medidas sejam compatíveis com o disposto no presente Acordo.

2 – Poderá ser necessário adotar medidas adequadas, desde que compatíveis com o disposto no presente Acordo, a fim de impedir a utilização abusiva de direitos de propriedade intelectual por parte dos titulares de direitos ou o recurso a práticas que restrinjam de forma não razoável o comércio ou que prejudiquem a transferência internacional de tecnologia.

PARTE II
NORMAS RELATIVAS À EXISTÊNCIA, ÂMBITO E EXERCÍCIO DOS DIREITOS DE PROPRIEDADE INTELECTUAL

Seção 1
Direito de autor e direitos conexos

Artigo 9º
Relações com a Convenção de Berna

1 – Os Membros devem observar o disposto nos artigos 1º a 21 da Convenção de Berna (1971) e no respectivo Anexo. No entanto, os Membros não terão direitos ou obrigações ao abrigo do presente Acordo no que diz respeito aos direitos conferidos pelo artigo 6º bis da referida Convenção ou aos direitos deles decorrentes.

2 – A proteção do direito de autor abrangerá as expressões. e não as ideias, processos, métodos de execução ou conceitos matemáticos enquanto tal.

Artigo 10
Programas de computador e compilações de dados

1 – Os programas de computador, quer sejam expressos em código fonte ou em código objeto, serão protegidos enquanto obras literárias ao abrigo da Convenção de Berna (1971).

2 – As compilações de dados ou de outros elementos, quer sejam fixadas num suporte legível por máquina ou sob qualquer outra forma, que, em virtude da seleção ou da disposição dos respectivos elementos constitutivos, constituam criações intelectuais, serão protegidas enquanto tal. Essa proteção, que não abrangerá os próprios dados ou elementos, não prejudicará os eventuais direitos de autor aplicáveis a esses dados ou elementos.

Artigo 11
Direitos de locação

No que diz respeito pelo menos aos programas de computador e às obras cinematográficas, um Membro concederá aos autores e aos respectivos sucessores o direito de autorizar ou proibir a locação comercial ao público de originais ou cópias das suas obras protegidas pelo direito de autor. Um Membro será isento dessa obrigação relativamente às obras cinematográficas, a não ser que a referida locação tenha conduzido à realização generalizada de cópias dessas obras de modo a comprometer substancialmente o direito exclusivo de reprodução conferido nesse Membro aos autores e seus sucessores. No que diz respeito aos programas de computador, esta obrigação não se aplica às locações em que o programa em si não constitua o objeto essencial da locação.

Artigo 12
Duração da proteção

Sempre que a duração da proteção de uma obra, que não uma obra fotográfica ou uma obra de artes aplicadas, seja calculada numa outra base que não a vida de uma pessoa singular, essa duração não deverá ser inferior a 50 anos a contar do final do ano civil em que teve lugar a publicação autorizada ou, se a publicação autorizada não ocorrer no prazo de 50 anos a contar da realização da obra, 50 anos a contar do final do ano civil da realização.

Artigo 13
Limitações e exceções

Os Membros restringirão as limitações ou exceções aos direitos exclusivos a determinados casos especiais que não obstem à exploração normal da obra e não prejudiquem de forma injustificável os legítimos interesses do titular do direito.

Artigo 14
Proteção dos artistas intérpretes ou executantes, dos produtores de fonogramas (registros de som) e dos organismos de radiodifusão

1 – No que diz respeito à fixação da sua execução num fonograma, os artistas intérpretes ou executantes terão a possibilidade de impedir a realização, sem o seu consentimento, dos seguintes atos: a fixação da sua execução não fixada e a reprodução dessa fixação. Os artistas intérpretes ou executantes terão igualmente a possibilidade de impedir a realização, sem o seu consentimento, dos seguintes atos: a radiodifusão por meio de ondas radioeléctricas e a comunicação ao público das suas execuções ao vivo.

2 – Os produtores de fonogramas gozarão do direito de autorizar ou proibir a reprodução direta ou indireta dos seus fonogramas.

3 – Os organismos de radiodifusão terão o direito de proibir a realização, sem o seu consentimento, dos seguintes atos: a fixação, a reprodução de fixações e a retransmissão de emissões por meio de ondas radioeléctricas, bem como a comunicação ao público de emissões televisivas das mesmas. No caso de os Membros não concederem esses direitos aos organismos de radiodifusão, darão aos titulares de direitos de autor sobre o conteúdo das emissões a possibilidade de impedir a realização dos referidos atos, sem prejuízo do disposto na Convenção de Berna (1971).

4 – As disposições do artigo 11 em relação aos programas de computador aplicar-se-ão *mutatis mutandis* aos produtores de fonogramas e a todos os outros detentores de direitos sobre os fonogramas, conforme definido na legislação do Membro. Se em 15 de Abril de 1994 um Membro aplicar um sistema de remuneração equitativa dos titulares de direitos no que diz respeito à locação de fonogramas, poderá manter esse sistema desde que a locação comercial de fonogramas não tenha por efeito comprometer substancialmente os direitos exclusivos de reprodução dos titulares de direitos.

5 – A duração da proteção concedida ao abrigo do presente acordo aos artistas intérpretes ou executantes e aos produtores de fonogramas não será inferior a um período de 50 anos calculado a partir do final do ano civil em que a fixação foi realizada ou em que teve lugar a execução. A duração da proteção concedida nos termos do n. 3 não será inferior a 20 anos a contar do final do ano civil em que se realizou a emissão.

6 – Os Membros podem relativamente aos direitos conferidos ao abrigo dos nos 1, 2 e 3, prever condições, limitações, exceções e reservas na medida autorizada pela Convenção de Roma. No entanto, as disposições do artigo 18 da Convenção de Berna (1971) aplicar-se-ão igualmente, *mutatis mutandis*, aos direitos dos artistas intérpretes ou executantes e dos produtores de fonogramas sobre os fonogramas.

Seção 2
Marcas

Artigo 15
Objeto da proteção

1 – Qualquer sinal, ou qualquer combinação de sinais, suscetível de distinguir os produtos ou serviços de uma empresa dos de outras empresas poderá constituir uma marca. Esses sinais nomeadamente palavras, incluindo nomes de pessoas, letras, numerais, elementos figurativos e combinações de cores, bem como qualquer combinação desses sinais, serão elegíveis para registo enquanto marcas. No caso de os sinais não serem intrinsecamente suscetíveis de distinguir os produtos ou serviços em questão, os Membros podem subordinar a elegibilidade para efeitos de registo à presença de um carácter distintivo adquirido através da utilização. Os Membros podem exigir como condição do registo que os sinais sejam perceptíveis visualmente.

2 – O disposto no n. 1 não poderá ser interpretado no sentido de excluir a possibilidade de um Membro recusar o registo de uma marca por outros motivos, desde que estes não constituam uma derrogação ao disposto na Convenção de Paris (1967).

3 – Os Membros podem subordinar a elegibilidade para efeitos de registo à utilização. No entanto, a utilização efetiva de uma marca não constituirá uma condição para o depósito de um pedido de registo. Um pedido não poderá ser recusado pelo simples fato de a utilização prevista da marca não se ter verificado antes do termo de um período de três anos a contar da data do pedido.

4 – A natureza dos produtos ou serviços a que uma marca se destina a ser aplicada não constituirá em caso algum um obstáculo ao registo da marca.

5 – Os Membros publicarão cada marca antes do respectivo registo ou imediatamente após esse registo e assegurarão a possibilidade de apresentação de pedidos de anulação do registo. Além disso, os Membros podem assegurar a possibilidade de ser feita oposição ao registo de uma marca.

Artigo 16
Direitos conferidos

1 – O titular de uma marca registada disporá do direito exclusivo de impedir que qualquer terceiro,

sem o seu consentimento, utilize no âmbito de operações comerciais sinais idênticos ou semelhantes para produtos ou serviços idênticos ou semelhantes àqueles relativamente aos quais a marca foi registada, caso essa utilização possa dar origem a confusão. No caso de utilização de um sinal idêntico para produtos ou serviços idênticos, presumir-se-á da existência de um risco de confusão. Os direitos acima descritos não prejudicarão quaisquer direitos anteriores existentes nem afetarão a possibilidade de os Membros subordinarem a existência dos à utilização.

2 – O disposto no artigo 6º bis da Convenção de Paris (1967) aplicar-se-á, *mutatis mutandis*, aos serviços. A fim de determinar se uma marca é notoriamente conhecida, os Membros terão em conta o conhecimento da marca entre o público diretamente interessado, incluindo o conhecimento existente no Membro em questão que tenha resultado da promoção da marca.

3 – O disposto no artigo 6º bis da Convenção de Paris (1967) aplicar-se-á, *mutatis mutandis*, aos produtos ou serviços que não sejam semelhantes àqueles relativamente aos quais uma marca foi registada, desde que a utilização dessa marca para esses produtos ou serviços indique a existência de uma relação entre esses produtos ou serviços e o titular da marca registada, e na condição de essa utilização ser suscetível de prejudicar os interesses do titular da marca registada.

Artigo 17
Exceções

Os Membros podem prever exceções limitadas aos direitos conferidos por uma marca, como por exemplo a utilização leal de termos descritivos, desde que essas exceções tenham em conta os legítimos interesses do titular da marca e dos terceiros.

Artigo 18
Duração da proteção

O registo inicial de uma marca bem como cada renovação do registo serão válidos por um período não inferior a sete anos. O registo de uma marca poderá ser renovado indefinidamente.

Artigo 19
Exigência de utilização

1 – Caso a utilização de uma marca seja exigida como condição para a manutenção do registo, o registo só poderá ser anulado após um período ininterrupto de não utilização de pelo menos três anos, a não ser que o titular da marca apresente razões válidas baseadas na existência de obstáculos a essa utilização. As circunstâncias independentes da vontade do titular que constituam um obstáculo à utilização da marca, como por exemplo restrições à importação ou outras medidas impostas pelos poderes públicos em relação aos produtos ou serviços protegidos ao abrigo da marca, serão reconhecidas como razões válidas para a não utilização.

2 – A utilização de uma marca por uma outra pessoa, desde que sob o controlo do seu titular, será reconhecida como utilização da marca para efeitos da manutenção do registo.

Artigo 20
Outras exigências

A utilização de urna marca no âmbito de operações comerciais não poderá ser entravada de forma injustificável por exigências especiais, como por exemplo a utilização juntamente com outra marca, a utilização sob urna forma especial ou a utilização de um modo que a torne menos suscetível de distinguir os produtos ou serviços de uma empresa dos de outras empresas. Esta disposição não exclui uma exigência que prescreva a utilização da marca que identifica a empresa produtora dos produtos ou serviços juntamente com a marca que distingue os produtos ou serviços específicos em questão dessa empresa, embora sem estabelecer uma ligação entre ambas.

Artigo 21
Concessão de licenças e cessão

Os Membros podem definir as condições aplicáveis à concessão de licenças e à cessão de marcas, no pressuposto de que não será permitida a concessão de licenças obrigatórias e que o titular de uma marca registada terá o direito de ceder a marca com ou sem a transferência da empresa a que a marca pertence.

Seção 3
Indicações geográficas

Artigo 22
Proteção das indicações geográficas

1 – Para efeitos do disposto no presente Acordo, entende-se por indicações geográficas as indicações que identifiquem um produto como sendo originário do território de um Membro, ou de uma região ou localidade desse território, caso determinada qualidade, reputação ou outra característica do produto seja essencialmente atribuível à sua origem geográfica.

2 – No que diz respeito às indicações geográficas, os Membros proporcionarão os meios legais necessários para que as partes interessadas possam impedir:

a) A utilização, na designação ou apresentação de um produto, de qualquer meio que indique ou sugira que o produto em questão é originário de uma zona geográfica diferente do verdadeiro local de origem, de modo a induzir o público em erro quanto à origem geográfica do produto;

b) Qualquer utilização que constitua um ato de concorrência desleal na aceção do artigo 10 *bis* da Convenção de Paris (1967).

3 – Qualquer Membro recusará ou invalidará, quer oficiosamente, se a sua legislação o permitir, quer a pedido de uma parte interessada, o registo de uma marca que inclua ou consista numa indicação geográfica em relação a produtos não originários do território indicado, caso a utilização da indicação na marca desses produtos nesse Membro seja

suscetível de induzir o público em erro quanto ao verdadeiro local de origem.

4 – A proteção ao abrigo do disposto nos ns. 1, 2 e 3 será aplicável contra uma indicação geográfica que, embora literalmente verdadeira quanto ao território, região ou localidade de que os produtos são originários, transmita erradamente ao público a impressão de que os produtos são originários de um outro território.

Artigo 23
Proteção adicional das indicações geográficas para vinhos e bebidas alcoólicas

1 – Cada Membro proporcionará os meios legais necessários para que as partes interessadas possam impedir a utilização de uma indicação geográfica que identifique vinhos, para vinhos não originários do local indicado pela indicação geográfica em questão, ou de urna indicação geográfica que identifique bebidas alcoólicas, para bebidas alcoólicas não originárias do local indicado pela indicação geográfica em questão, mesmo nos casos em que a verdadeira origem dos produtos seja indicada ou em que a indicação geográfica seja utilizada traduzida ou seja acompanhada de expressões como "género", "tipo", "estilo", "imitação" ou afins (ver nota 4).

2 – O registo de uma marca para vinhos que inclua ou consista numa indicação geográfica que identifique vinhos, ou o registo de uma marca para bebidas alcoólicas que inclua ou consista numa indicação geográfica que identifique bebidas alcoólicas, será recusado ou invalidado, oficiosamente se a legislação do Membro o permitir ou a pedido de uma parte interessada, relativamente aos vinhos ou bebidas alcoólicas que não tenham essa origem.

3 – No caso de indicações geográficas homónimas para vinhos, a proteção será concedida em relação a cada indicação, sem prejuízo do disposto no n. 4 do artigo 22. Cada Membro determinará as condições práticas em que as indicações homónimas em questão serão diferenciadas umas das outras, tendo em conta a necessidade de assegurar um tratamento equitativo dos produtores envolvidos e de não induzir em erro os consumidores.

4 – No intuito de facilitar a proteção das indicações geográficas para os vinhos, serão conduzidas negociações no âmbito do Conselho TRIPS relativamente ao estabelecimento de um sistema multilateral de notificação e registo de indicações geográficas para vinhos elegíveis para proteção nos Membros que participem no sistema.

(nota 4) Não obstante o disposto na primeira frase do artigo 42, os Membros poderão, no que diz respeito a estas obrigações, proporcionará os meios adequados para a sua execução por via administrativa.

Artigo 24
Negociações internacionais; exceções

1 – Os Membros acordam em iniciar negociações com vista a aumentar a proteção de indicações geográficas específicas nos termos do artigo 23. As disposições dos ns. 4 a 8 não serão invocadas por um Membro para recusar conduzir negociações ou concluir acordos bilaterais ou multilaterais. No quadro dessas negociações, os Membros mostrarão abertura para considerar a continuação da aplicabilidade destas disposições em relação a indicações geográficas específicas cuja utilização tenha sido objeto das referidas negociações.

2 – O Conselho TRIPS examinará regularmente a aplicação das disposições da presente seção; o primeiro desses exames será efetuado no prazo de dois anos a contar da entrada em vigor do Acordo OMC. Qualquer questão que afete o cumprimento das obrigações decorrentes destas disposições poderá ser levada ao conhecimento do Conselho, que, a pedido de um Membro, organizará consultas com qualquer Membro ou Membros sobre a questão em relação à qual não tenha sido possível encontrar uma solução satisfatória por meio de consultas bilaterais ou plurilaterais entre os Membros envolvidos. O Conselho tomará as medidas que sejam acordadas para facilitar a aplicação do disposto na presente seção e para prosseguir os objetivos nela previstos.

3 – Ao implementar o disposto na presente seção, um Membro não diminuirá a proteção das indicações geográficas existentes nesse Membro imediatamente antes da data de entrada em vigor do Acordo OMC.

4 – Nenhuma disposição da presente seção exigirá que um Membro impeça que qualquer dos seus nacionais, ou qualquer pessoa domiciliada no seu território, faça uma utilização continuada e semelhante de uma indicação geográfica específica de um outro Membro que identifique vinhos ou bebidas alcoólicas relativamente a produtos ou serviços, caso essa pessoa tenha utilizado essa indicação geográfica de um modo contínuo relativamente a produtos ou serviços idênticos ou afins no território desse Membro, A) durante um período de pelo menos 10 anos anterior a 15 de Abril de 1994, ou B) de boa-fé, antes dessa data.

5 – No caso de uma marca ter sido requerida ou registada de boa-fé, ou no caso de os direitos a uma marca terem sido adquiridos através de uma utilização de boa-fé:

a) Antes da data de aplicação destas disposições no Membro em questão, conforme definido na parte VI; ou

b) Antes de a indicação geográfica beneficiar da proteção no seu país de origem, as medidas adotadas em execução do disposto na presente seção não prejudicarão a elegibilidade ou a validade do registo de uma marca, ou o direito de utilização de uma marca, com fundamento no fato de essa marca ser idêntica ou semelhante a uma indicação geográfica.

6 – Nenhuma disposição da presente seção exigirá que um Membro aplique o disposto nesta seção relativamente a uma indicação geográfica de qualquer outro Membro para produtos ou serviços em relação aos quais essa indicação seja idêntica ao

termo habitualmente utilizado em linguagem corrente como designação corrente desses produtos ou serviços no território desse Membro. Nenhuma disposição da presente seção exigirá que um Membro aplique o disposto nesta seção relativamente a uma indicação geográfica de qualquer outro Membro para produtos da vinha em relação aos quais essa indicação seja idêntica à designação corrente de uma variedade de uva existente no território desse Membro na data de entrada em vigor do Acordo OMC.

7 – Qualquer Membro pode estabelecer que qualquer pedido formulado ao abrigo do disposto na presente seção em relação à utilização ou registo de uma marca deverá ser apresentado no prazo de cinco anos após a utilização incorreta da indicação protegida se ter tornado do conhecimento geral nesse Membro, ou após a data de registo da marca nesse Membro, desde que a marca já tenha sido publicada nessa data, se essa data for anterior à data em que a utilização incorreta se tornou do conhecimento geral desse Membro, desde que a indicação geográfica não seja utilizada ou registrada de má-fé.

8 – As disposições da presente seção não prejudicarão de modo algum o direito de qualquer pessoa utilizar, no âmbito de operações comerciais, o nome dessa pessoa ou o nome do seu antecessor comercial, exceto se esse nome for utilizado de modo a induzir o público em erro.

9 – Não existirá qualquer obrigação por força do presente Acordo de proteger indicações geográficas que não sejam ou deixem de ser protegidas no seu país de origem, ou que tenham caído em desuso nesse país.

Seção 4
Desenhos e modelos industriais

Artigo 25
Requisitos de proteção

1 – Os Membros assegurarão uma proteção dos desenhos ou modelos industriais criados de forma independente que sejam novos ou originais. Os Membros podem estabelecer que os desenhos ou modelos não são novos ou originais se não diferirem significativamente de desenhos ou modelos conhecidos ou de combinações de características de desenhos ou modelos conhecidas. Os Membros podem estabelecer que essa proteção não abrangerá os desenhos ou modelos ditados essencialmente por considerações de carácter técnico ou funcional.

2 – Cada Membro assegurará que os requisitos para obtenção da proteção de desenhos ou modelos de têxteis, nomeadamente no que se refere a eventuais custos, exames ou publicações, não comprometam indevidamente a possibilidade de requerer e obter essa proteção. Os Membros serão livres de dar cumprimento a esta obrigação através da legislação em matéria de desenhos ou modelos industriais ou através da legislação em matéria de direitos de autor.

Artigo 26
Proteção

1 – O titular de um desenho ou modelo industrial protegido poderá impedir que terceiros, sem o seu consentimento, fabriquem, vendam ou importem artigos a que seja aplicado, ou que incorporem, um desenho ou modelo que seja, na totalidade ou numa parte substancial, uma cópia do desenho ou modelo protegido, quando esses atos sejam realizados com finalidade comercial.

2 – Os Membros podem prever exceções limitadas à proteção dos desenhos ou modelos industriais, desde que essas exceções não colidam de modo injustificável com a exploração normal dos desenhos ou modelos industriais protegidos e não prejudiquem de forma injustificável os legítimos interesses do titular do desenho ou modelo protegido, tendo em conta os legítimos interesses de terceiros.

3 – A duração da proteção oferecida será de pelo menos 10 anos.

Seção 5
Patentes

Artigo 27
Objeto patenteável

1 – Sem prejuízo do disposto nos ns. 2 e 3, podem ser obtidas patentes para quaisquer invenções, quer se trate de produtos ou processos, em todos os domínios da tecnologia, desde que essas invenções sejam novas, envolvam uma atividade inventiva e sejam susceptíveis de aplicação industrial (ver nota 5). Sem prejuízo do disposto no n. 4 do artigo 65, no n. 8 do artigo 70 e no n. 3 do presente artigo, será possível obter patentes e gozar de direitos de patente sem discriminação quanto ao local de invenção, ao domínio tecnológico e ao fato de os produtos serem importados ou produzidos localmente.

2 – Os Membros podem excluir da patenteabilidade as invenções cuja exploração comercial no seu território deva ser impedida para proteção da ordem pública ou dos bons costumes, e inclusivamente para proteção da vida e da saúde das pessoas e animais e para preservação das plantas ou para evitar o ocasionamento de graves prejuízos para o ambiente, desde que essa exclusão não se deva unicamente ao fato de a exploração ser proibida pela sua legislação.

3 – Os Membros podem igualmente excluir da patenteabilidade:

a) Os métodos diagnósticos, terapêuticos e cirúrgicos para o tratamento de pessoas ou animais;

b) As plantas e animais, com exceção dos microrganismos, e os processos essencialmente biológicos de obtenção de plantas ou animais, com exceção dos processos não biológicos e microbiológicos. No entanto, os Membros assegurarão a proteção das variedades vegetais, quer por meio de patentes ou de um sistema *sui generis* eficaz, quer por meio de qualquer combinação dessas duas formas. As disposições da presente alínea serão objeto de revisão quatro anos após a data de entrada em vigor do Acordo OMC.

(nota 5) Para efeitos do disposto no presente artigo, as expressões "atividade inventiva" e "suscetível de aplicação industrial" poderão ser considerados por um Membro como sinônimas, respectivamente, dos termos "não evidente" e "útil".

Artigo 28
Direitos conferidos

1 – Uma patente confere ao seu titular os seguintes direitos exclusivos:

a) No caso de o objeto da patente ser um produto, o direito de impedir que qualquer terceiro, sem o seu consentimento, pratique os seguintes atos: fabricar, utilizar, pôr à venda, vender ou importar (ver nota 6) para esses efeitos esse produto;

b) No caso de o objeto da patente ser um processo, o direito de impedir que qualquer terceiro, sem o seu consentimento, utilize esse processo ou pratique os seguintes atos: utilizar, pôr à venda, vender ou importar para esses efeitos pelo menos o produto obtido diretamente por esse processo.

2 – O titular de uma patente tem igualmente o direito de ceder ou transmitir por via sucessória a patente e de concluir contratos de licença.

(nota 6) Este direito, como todos os outros direitos conferidos ao abrigo do presente Acordo relativamente à utilização, venda, importação ou outras formas de distribuição dos produtos, está sujeito ao disposto no artigo 6º.

Artigo 29
Condições impostas aos requerentes de uma patente

1 – Os Membros exigirão que o requerente de uma patente divulgue a invenção de uma forma suficientemente clara e completa para que a invenção possa ser executada por um profissional e podem exigir que o requerente indique qual o melhor modo de executar a invenção de que o inventor tenha conhecimento na data de depósito ou, caso seja reivindicada uma prioridade, na data de prioridade do pedido.

2 – Os Membros podem exigir que o requerente de uma patente forneça informações sobre os pedidos correspondentes apresentados pelo requerente no estrangeiro e sobre as patentes correspondentes obtidas no estrangeiro.

Artigo 30
Exceções aos direitos conferidos

Os Membros podem prever exceções limitadas aos direitos exclusivos conferidos por uma patente, desde que essas exceções não colidam de modo injustificável com a exploração normal da patente e não prejudiquem de forma injustificável os legítimos interesses do titular da patente, tendo em conta os legítimos interesses de terceiros.

Artigo 31
Outras utilizações sem o consentimento do titular

Nos casos em que a legislação de um Membro permita outras utilizações (ver nota 7) do objeto de uma patente sem o consentimento do respectivo titular, incluindo a utilização pelos poderes públicos ou por terceiros autorizados pelos poderes públicos, devem ser respeitadas as seguintes disposições:

a) A autorização dessa utilização será analisada em função das suas características próprias;

b) Essa utilização só pode ser autorizada se, antes dessa utilização, o potencial utilizador tiver desenvolvido esforços no sentido de obter o consentimento do titular em condições comerciais razoáveis e se tais esforços não tiverem tido êxito dentro de um prazo razoável. Um Membro pode derrogar esta exigência em caso de situação de extrema urgência, ou em caso de utilização pública sem finalidade comercial. Em situações de emergência nacional ou noutras circunstâncias de extrema urgência, o titular será no entanto notificado logo que possível. No caso de utilização pública sem finalidade comercial, e sempre que os poderes públicos ou a empresa contratante, sem proceder a uma investigação de patente, saibam ou tenham razões comprováveis para saber que uma patente válida está a ser ou será utilizada pelos poderes públicos ou por sua conta, o titular será informado imediatamente;

c) O âmbito e a duração dessa utilização serão limitados à finalidade para a qual foi autorizada; além disso, e no caso da tecnologia de semicondutores, essa utilização apenas poderá ter uma finalidade pública não comercial ou destinar-se a corrigir uma prática que tenha sido considerada anticoncorrencial na sequência de um processo judicial ou administrativo;

d) Essa utilização será não exclusiva;

e) Essa utilização não pode ser objeto de cessão, exceto com a parte da empresa ou -goodwill que beneficia dessa utilização;

f) Qualquer utilização desse tipo será autorizada predominantemente para fornecimento do mercado interno do Membro que autorizou essa utilização;

g) A autorização de uma utilização desse tipo pode ser revogada, sem prejuízo de uma proteção adequada dos legítimos interesses das pessoas beneficiárias da mesma, se e quando as circunstâncias que lhe deram origem deixarem de existir e não forem suscetíveis de voltar a apresentar-se. A autoridade competente estará habilitada a reexaminar, mediante pedido fundamentado, a continuação da existência das referidas circunstâncias;

h) O titular receberá uma remuneração adequada a cada caso concreto, tendo em conta o valor econômico da autorização;

i) A validade legal de qualquer decisão relativa à autorização de uma utilização desse tipo pode ser objeto de revisão judicial ou outra revisão independente por parte de uma autoridade superior distinta no Membro em questão;

j) Qualquer decisão relativa à remuneração prevista em relação a uma utilização desse tipo poderá ser objeto de revisão judicial ou outra revisão independente por parte de uma autoridade superior distinta no Membro em questão;

k) Os Membros não são obrigados a aplicar as condições previstas nas alíneas b) e f) no caso de a referida utilização ser autorizada para corrigir uma prática considerada anticoncorrencial na sequência de um processo judicial ou administrativo. A necessidade de corrigir práticas anticoncorrenciais poderá ser tida em conta para a determinação do montante da remuneração paga nesses casos. As autoridades competentes estarão habilitadas a recusar a revogação da autorização, se e quando as condições que conduziram a essa autorização forem suscetíveis de voltar a apresentar-se;

l) No caso de essa utilização ser autorizada para permitir a exploração de uma patente ("a segunda patente") que não pode ser explorada sem infringir uma outra patente ("a primeira patente"), aplicar-se-ão as seguintes condições adicionais:

i) A invenção reivindicada na segunda patente envolverá um importante progresso técnico de significado econômico considerável em relação à invenção reivindicada na primeira patente;

ii) O titular da primeira patente terá direito a uma licença cruzada, em condições razoáveis, para utilizar a invenção reivindicada na segunda patente; e

iii) A utilização autorizada em relação à primeira patente não poderá ser objeto de cessão, exceto com a cessão da segunda patente.

(nota 7) Entende-se por "outras utilizações" todas as utilizações que não as autorizadas ao abrigo do artigo 30.

Artigo 32
Revogação/prescrição

Será facultada a possibilidade de revisão judicial de qualquer decisão relativa à revogação ou prescrição de uma patente.

Artigo 33
Duração da proteção

A duração da proteção oferecida não terminará antes do termo de um período de 20 anos calculado a partir da data de depósito (ver nota 8).

(nota 8) Pressupõe-se que os Membros que não dispõem de um sistema de concessão inicial poderão estabelecer que a duração da proteção seja calculada a partir da data de depósito no sistema de concessão inicial.

Artigo 34
Patentes de processos: ônus da prova

1 – Para efeitos dos processos civis relativamente à infração dos direitos do titular referidos no n. 1, alínea b), do artigo 28, se o objeto de uma patente for um processo de obtenção de um produto, as autoridades judiciais serão competentes para ordenar ao requerido que prove que o processo de obtenção de um produto idêntico é diferente do processo patenteado. Consequentemente, os Membros estabelecerão, na presença de pelo menos uma das seguintes circunstâncias, que qualquer produto idêntico, quando produzido sem o consentimento do titular da patente e na falta da prova em contrário, será considerado como tendo sido obtido pelo processo patenteado:

a) Se o produto obtido pelo processo patenteado for novo;

b) Se existir uma forte probabilidade de o produto idêntico ter sido obtido por esse processo e o titular da patente não tiver podido determinar, através de esforços razoáveis nesse sentido, qual o processo efetivamente utilizado.

2 – Qualquer Membro será livre de estabelecer que o ônus da prova indicado no n. 1 incumbirá ao alegado infrator apenas no caso de se encontrar preenchida a condição referida na alínea a) ou apenas no caso de se encontrar preenchida a condição referida na alínea b).

3 – Por ocasião da adução de prova em contrário, serão tidos em conta os legítimos interesses dos requeridos em proteger os seus segredos industriais e comerciais.

Seção 6
Configurações (topografias) de circuitos integrados

Artigo 35
Relações com o Tratado IPC

Os Membros acordam em conceder proteção aos esquemas de configuração (topografias) de circuitos integrados (designados no presente Acordo por "esquemas de configuração") de acordo com o disposto nos artigos 2º a 7º (com exceção do n. 3 do artigo 6º), no artigo 12 e no n. 3 do artigo 16 do Tratado sobre a Proteção da Propriedade Intelectual Relativa aos Circuitos Integrados e a respeitar, além disso, as disposições seguintes.

Artigo 36
Âmbito da proteção

Sem prejuízo do disposto no n. 1 do artigo 37 os Membros considerarão ilegais os seguintes atos, caso sejam realizados sem o consentimento do titular (ver nota 9): a importação, venda ou distribuição por qualquer outra forma, com finalidade comercial, de um esquema de configuração protegido, um circuito integrado em que é incorporado um esquema de configuração protegido, ou um artigo em que é incorporado um circuito integrado desse tipo, apenas na medida em que continue a incluir um esquema de configuração reproduzido ilegalmente.

(nota 9) O termo "titular" utilizado na presente seção deverá ser entendido como tendo o mesmo significado que o termo "titular" utilizado no Tratado IPIC.

Artigo 37
Atos que não exigem a autorização do titular

1 – Não obstante o disposto no artigo 36, nenhum Membro considerará ilegal a realização de qualquer dos atos referidos nesse artigo em relação a um circuito integrado em que seja incorporado um esquema de configuração reproduzido ilegalmente ou a qualquer artigo em que seja incorporado um circuito integrado desse tipo, se a pessoa que realizou ou ordenou a realização desses atos não

sabia nem deveria saber, aquando da aquisição do circuito integrado ou do artigo em que esse circuito integrado era incorporado, que o mesmo incorporava um esquema de configuração reproduzido ilegalmente. Os Membros estabelecerão que, após o momento em que essa pessoa tiver recebido informações suficientes de que o esquema de configuração foi reproduzido ilegalmente, essa pessoa poderá realizar qualquer dos atos em questão em relação aos produtos em seu poder ou encomendados antes desse momento, mas deverá pagar ao titular um montante equivalente a uma *royalty* adequada, conforme seria exigível ao abrigo de uma licença livremente negociada em relação a um esquema de configuração desse tipo.

2 – As condições estabelecidas nas alíneas *a*) a *k*) do artigo 31 aplicar-se-ão *mutatis mutandis* no caso de concessão de uma licença não voluntária em relação a um esquema de configuração ou à sua utilização pelos poderes públicos ou por conta destes sem o consentimento do titular.

Artigo 38
Duração da proteção

1 – Nos Membros que subordinem a concessão da proteção ao registo, a duração da proteção dos esquemas de configuração não terminará antes do termo de um período de 10 anos calculado a partir da data de depósito de um pedido de registo ou da primeira exploração comercial ocorrida em qualquer ponto do mundo.

2 – Nos Membros que não subordinem a concessão da proteção ao registo, os esquemas de configuração serão protegidos por um período não inferior a 10 anos a contar da data da primeira exploração comercial ocorrida em qualquer ponto do mundo.

3 – Não obstante o disposto nos ns. 1 e 2, um Membro poderá estabelecer que a proteção caducará 15 anos após a criação do esquema de configuração.

Seção 7
Proteção de informações não divulgadas

Artigo 39

1 – Ao assegurar uma proteção efetiva contra a concorrência desleal, conforme previsto no artigo 10 *bis* da Convenção de Paris (1967), os Membros protegerão as informações não divulgadas em conformidade com o disposto no n. 2 e os dados comunicados aos poderes públicos ou organismos públicos em conformidade com o disposto no n. 3.

2 – As pessoas singulares e coletivas terão a possibilidade de impedir que informações legalmente sob o seu controlo sejam divulgadas, adquiridas ou utilizadas por terceiros sem o seu consentimento de uma forma contrária às práticas comerciais leais (ver nota 10), desde que essas informações:

a) Sejam secretas, no sentido de não serem geralmente conhecidas ou facilmente acessíveis, na sua globalidade ou na configuração e ligação exatas dos seus elementos constitutivos, para pessoas dos círculos que lidam normalmente com o tipo de informações em questão;

b) Tenham valor comercial pelo fato de serem secretas; e

c) Tenham sido objeto de diligências consideráveis, atendendo às circunstâncias, por parte da pessoa que detém legalmente o controle das informações, no sentido de as manter secretas.

3 – Sempre que subordinem a aprovação da comercialização de produtos farmacêuticos ou de produtos químicos para a agricultura que utilizem novas entidades químicas à apresentação de dados não divulgados referentes a ensaios ou outros, cuja obtenção envolva um esforço considerável, os Membros protegerão esses dados contra qualquer utilização comercial desleal. Além disso, os Membros protegerão esses dados contra a divulgação, exceto quando necessário para proteção do público, ou a menos que sejam tomadas medidas para garantir a proteção dos dados contra qualquer utilização comercial desleal.

(nota 10) Para efeitos da presente disposição, a expressão "de uma forma contrária às práticas comerciais leais" designará pelo menos práticas como a ruptura de contrato, o abuso de confiança e a incitação à infração, incluindo a aquisição de informações não divulgadas por parte de terceiros que tinham conhecimento de que a referida aquisição envolvia tais práticas ou que demonstraram grave negligência ao ignorá-lo.

Seção 8
Controlo das práticas anticoncorrenciais em licenças contratuais

Artigo 40

1 – Os Membros acordam em que algumas práticas ou condições de concessão de licenças referentes aos direitos de propriedade intelectual que restringem a concorrência podem ter efeitos adversos sobre o comércio e entravar a transferência e difusão de tecnologia.

2 – Nenhuma disposição do presente Acordo impedirá os Membros de especificar na sua legislação as práticas ou condições de concessão de licenças que possam, em determinados casos, constituir um abuso dos direitos de propriedade intelectual com efeitos adversos sobre a concorrência no mercado considerado. Conforme acima previsto, um Membro pode adotar, em conformidade com as outras disposições do presente Acordo, medidas adequadas para impedir ou controlar essas práticas, que poderão incluir, por exemplo, condições de retrocessão exclusivas, condições que impeçam a contestação da validade e um regime coercivo de concessão de licenças em bloco, á luz das legislações e regulamentações relevantes desse Membro.

3 – Mediante pedido, cada Membro acederá a entrar em consultas com qualquer outro Membro que tenha motivos para crer que um titular de direitos de propriedade intelectual, nacional do Membro ao qual foram requeridas as consultas ou domiciliado nesse Membro, está a agir em violação das disposições legislativas e regulamentares do Membro requerente relativas ao objeto da presente seção, e

que pretenda assegurar o respeito dessa legislação, sem prejuízo de qualquer ação que um ou outro Membro possa iniciar nos termos da lei e da sua inteira liberdade de tomar uma decisão definitiva. O Membro requerido mostrará toda a receptividade para iniciar consultas com o Membro requerente, facultando igualmente possibilidades para o efeito, e cooperará através do fornecimento de informações não confidenciais colocadas à disposição do público que sejam relevantes para o assunto em causa e de outras informações de que o Membro disponha, dentro do respeito da legislação interna e sob reserva da conclusão de acordos mutuamente satisfatórios relativos à salvaguarda da sua confidencialidade por parte do Membro requerente.

4 – Um Membro cujos nacionais ou pessoas domiciliadas no seu território sejam objeto de processos noutro Membro relativamente a uma alegada violação das disposições legislativas e regulamentares desse outro Membro relativas ao objeto da presente seção verá ser-lhe facultada por parte do outro Membro, mediante pedido, a possibilidade de proceder a consultas em condições idênticas às previstas no n. 3.

PARTE III
APLICAÇÃO EFETIVA DOS DIREITOS DE PROPRIEDADE INTELECTUAL

Seção 1
Obrigações gerais
Artigo 41

1 – Os Membros velarão por que a sua legislação preveja processos de aplicação efetiva conforme especificado na presente parte de modo a permitir uma ação eficaz contra qualquer ato de infração dos direitos de propriedade intelectual abrangidos pelo presente Acordo, incluindo medidas corretivas expeditas destinadas a impedir infrações e medidas corretivas que constituam um dissuasivo de novas infrações. Esses processos serão aplicados de modo a evitar a criação de entraves ao comércio legítimo e a oferecer salvaguardas contra qualquer utilização abusiva.

2 – Os processos destinados a assegurar uma aplicação efetiva dos direitos de propriedade intelectual serão leais e equitativos. Esses processos não serão desnecessariamente complexos ou dispendiosos, nem implicarão prazos não razoáveis ou atrasos injustificados.

3 – As decisões quanto ao fundo de uma causa serão preferencialmente apresentadas por escrito e fundamentadas. Essas decisões serão postas à disposição pelo menos das partes no processo sem atrasos indevidos. As decisões quanto ao fundo de uma causa basear-se-ão exclusivamente em elementos de prova relativamente aos quais tenha sido dada às partes a possibilidade de serem ouvidas.

4 – As partes num processo terão a possibilidade de pedir a revisão por uma instância judicial das decisões administrativas finais e, sem prejuízo da lei reguladora da competência de um Membro em função da importância da causa, pelo menos dos aspectos de direito das decisões judiciais iniciais quanto ao mérito de uma causa. No entanto, não haverá qualquer obrigação de prever a possibilidade de revisão de absolvições em processos penais.

5 – Fica entendido que a presente parte não cria qualquer obrigação, para assegurar a aplicação efetiva dos direitos de propriedade intelectual, de instituir um sistema judicial distinto do regime geral de aplicação da lei, nem afeta a capacidade dos Membros de aplicarem a sua lei em geral. Nenhuma disposição da presente parte cria qualquer obrigação relativamente à repartição de meios entre a aplicação efetiva dos direitos de propriedade intelectual e a aplicação da lei em geral.

Seção 2
Processos e medidas corretivas civis e administrativos
Artigo 42
Processos leais e equitativos

Os Membros velarão por que os titulares de direitos (ver nota 11) tenham acesso a processos judiciais civis para efeitos de aplicação efetiva de qualquer direito de propriedade intelectual abrangido pelo presente Acordo. Os requeridos devem ser informados atempadamente através de uma notificação escrita suficientemente pormenorizada, indicando os fundamentos das alegações. As partes serão autorizadas a fazer-se representar por um consultor jurídico independente e os processos não deverão impor exigências excessivas relativamente à comparência pessoal obrigatória. Todas as partes em processos desse tipo deverão poder fundamentar as suas alegações e apresentar todos os elementos de prova relevantes. O processo deverá prever um meio de identificar e proteger informações confidenciais, a não ser que tal seja contrário às normas constitucionais vigentes.

(nota 11) Para efeitos da presente parte, a expressão "titular de direitos" inclui as federações e associações habilitadas a invocar esses direitos.

Artigo 43
Elementos de prova

1 – As autoridades judiciais serão habilitadas, no caso de uma parte ter apresentado elementos de prova razoavelmente acessíveis suficientes para sustentar as suas alegações e ter indicado elementos de prova relevantes para fundamentação das suas alegações que se encontrem sob o controlo da outra parte, a ordenar que esses elementos de prova sejam apresentados pela outra parte, se for caso disso em condições que garantam a proteção de informações confidenciais.

2 – Nos casos em que uma parte num processo recuse voluntariamente e sem motivos válidos o acesso às informações necessárias ou não forneça essas informações num prazo razoável, ou entrave de modo significativo um processo relativo a uma ação de execução, um Membro pode conferir po-

deres às autoridades judiciais para tomar deliberações preliminares e finais, afirmativas ou negativas, com base nas informações que lhes tenham sido apresentadas, incluindo a queixa ou a alegação apresentada pela parte prejudicada pela recusa do acesso à informação, na condição de ser dada às partes a possibilidade de serem ouvidas sobre as alegações ou os elementos de prova.

Artigo 44
Injunções

1 – As autoridades judiciais serão habilitadas a ordenar a uma parte que cesse uma infração, inter alia para impedir a introdução nos circuitos comerciais sob a sua jurisdição de mercadorias importadas que envolvam uma infração de um direito de propriedade intelectual, imediatamente após o desalfandegamento dessas mercadorias. Os Membros não são obrigados a conferir esses poderes no que diz respeito a objetos protegidos adquiridos ou encomendados por uma pessoa antes de saber ou de ter motivos válidos para saber que uma transação sobre esse objeto implicaria a infração de um direito de propriedade intelectual.

2 – Não obstante todas as outras disposições da presente parte e na condição de serem respeitadas as disposições da parte II que se referem especificamente à utilização por parte dos poderes públicos, ou por terceiros por eles autorizados, sem a autorização do titular do direito, os Membros podem limitar as medidas corretivas aplicáveis contra uma utilização desse tipo ao pagamento de uma remuneração nos termos da alínea h) do artigo 31. Noutros casos, serão aplicáveis as medidas corretivas previstas na presente parte ou, caso essas medidas corretivas sejam incompatíveis com a legislação de um Membro, poderão ser obtidas sentenças de carácter declarativo e uma compensação adequada.

Artigo 45
Indenizações

1 – As autoridades judiciais serão habilitadas a ordenar ao infrator que pague ao titular do direito uma indemnização por perdas e danos adequada para compensar o prejuízo sofrido pelo titular do direito devido à infração do direito de propriedade intelectual dessa pessoa por parte de um infrator que sabia ou deveria saber que estava a desenvolver uma atividade ilícita.

2 – As autoridades judiciais serão igualmente habilitadas a ordenar ao infrator que pague ao titular do direito o montante das despesas, que poderão incluir os honorários de advogado apropriados. Em determinados casos, os Membros podem autorizar as autoridades judiciais a ordenar a restituição dos lucros e/ou o pagamento de indemnizações por perdas e danos preestabelecidas, mesmo no caso de o infrator não saber nem dever ter sabido que estava a desenvolver uma atividade ilícita.

Artigo 46
Outras medidas corretivas

A fim de criar um meio dissuasivo eficaz contra a infração, as autoridades judiciais poderão ordenar que as mercadorias que tenham verificado estar em infração sejam, sem qualquer tipo de compensação, retiradas dos circuitos comerciais de modo a evitar qualquer prejuízo para o titular do direito ou a menos que tal seja contrário às normas constitucionais vigentes destruídas. As autoridades judiciais serão igualmente habilitadas a ordenar que os materiais e instrumentos que tenham sido utilizados predominantemente na criação das mercadorias em infração sejam, sem qualquer tipo de compensação, retiradas dos circuitos comerciais de modo a minimizar os riscos de novas infrações. Ao considerar pedidos desse tipo, será tida em conta a necessidade de assegurar a proporcionalidade entre a gravidade da infração e as medidas corretivas ordenadas, bem como os interesses de terceiros. No que diz respeito às mercadorias apresentadas sob uma marca de contrafação, a simples retirada da marca aposta ilicitamente não será suficiente, a não ser em casos excepcionais, para permitir a introdução das mercadorias nos circuitos comerciais.

Artigo 47
Direito de informação

Salvo quando tal se revele desproporcionado em relação à gravidade da infração, os Membros podem habilitar as autoridades judiciais a ordenar ao infrator que informe o titular do direito sobre a identidade de terceiros envolvidos na produção e distribuição das mercadorias ou serviços em infração e sobre os seus circuitos de distribuição.

Artigo 48
Indenização do requerido

1 – As autoridades judiciais serão habilitadas a ordenar à parte a pedido da qual tenham sido tomadas medidas, e que tenha utilizado de forma abusiva os processos de aplicação, que conceda à parte indevidamente obrigada a uma ação ou a uma omissão uma compensação adequada pelo prejuízo sofrido devido a tal abuso. As autoridades judiciais serão igualmente habilitadas a ordenar ao requerente que pague as despesas do requerido, que poderão incluir os honorários de advogado adequados.

2 – No que diz respeito à aplicação de qualquer legislação relativa à proteção ou aplicação efetiva de direitos de propriedade intelectual, os Membros só isentarão as autoridades e funcionários públicos da responsabilidade que implica medidas conectivas adequadas no caso de terem agido, ou terem tido a intenção de agir, de boa-fé no âmbito da aplicação dessa legislação.

Artigo 49
Processos administrativos

Na medida em que uma medida corretiva de carácter civil possa ser ordenada na sequência de processos administrativos quanto ao fundo de uma causa, esses processos deverão obedecer a princípios materialmente equivalentes aos enunciados na presente seção.

Seção 3
Medidas provisórias

Artigo 50

1 – As autoridades judiciais serão habilitadas a ordenar medidas provisórias imediatas e eficazes:

a) Para impedir uma infração a qualquer direito de propriedade intelectual, e nomeadamente para impedir a introdução nos circuitos comerciais sob a sua jurisdição de mercadorias, incluindo mercadorias importadas imediatamente após o seu desalfandegamento;

b) Para preservar elementos de prova relevantes no que diz respeito à alegada infração.

2 – As autoridades judiciais serão habilitadas a adotar medidas provisórias inaudita altera parte sempre que necessário, especialmente nos casos em que um eventual atraso seja suscetível de causar prejuízos irreparáveis ao titular do direito, ou quando exista um risco comprovável de destruição dos elementos de prova.

3 – As autoridades judiciais serão habilitadas a exigir ao requerente que forneça elementos de prova razoavelmente acessíveis que lhes permitam concluir com um grau de certeza suficiente que o requerente é o titular do direito e que o direito do requerente está a ser infringido ou que a sua infração é iminente, e para ordenar ao requerente que constitua uma caução ou uma garantia equivalente suficiente para proteger o requerido e para prevenir abusos.

4 – No caso de terem sido adotadas medidas provisórias inaudita altera parte, as partes afetadas serão notificadas sem demora, o mais tardar após a execução das medidas. Pode proceder-se a uma revisão, incluindo o direito de ser ouvido, mediante pedido do requerido com vista a decidir-se, num prazo razoável a contar da notificação das medidas, se estas deverão ser alteradas, revogadas ou confirmadas.

5 – O requerente pode ser obrigado a fornecer outras informações necessárias para a identificação das mercadorias em causa por parte da autoridade que executará as medidas provisórias.

6 – Sem prejuízo do disposto no n. 4, as medidas provisórias tomadas nos termos dos ns. 1 e 2 serão revogadas ou deixarão de outra forma de produzir efeitos, a pedido do requerente, caso um processo conducente a uma decisão quanto ao fundo não seja iniciado num prazo razoável, que será definido pela autoridade judicial que ordenar as medidas quando a legislação de um Membro o permita ou, na falta dessa definição, num prazo não superior a 20 dias úteis ou a 31 dias de calendário, sendo de considerar o prazo mais longo.

7 – No caso de as medidas provisórias serem revogadas ou caducarem devido a qualquer ato ou omissão do requerente, ou no caso de se verificar ulteriormente que não existiu qualquer infração ou ameaça de infração de um direito de propriedade intelectual, as autoridades judiciais serão habilitadas a ordenar ao requerente, a pedido do requerido, que conceda a este último uma compensação adequada pelos prejuízos causados por essas medidas.

8 – Na medida em que uma medida provisória possa ser ordenada na sequência de processos administrativos, esses processos deverão obedecer a princípios materialmente equivalentes aos enunciados na presente seção.

Seção 4
Requisitos especiais relacionados com as medidas na fronteira

(ver nota 12)

Artigo 51
Suspensão da introdução em livre circulação por parte das autoridades aduaneiras

Os Membros adotarão, em conformidade com as disposições abaixo estabelecidas, processos (ver nota 13) que permitam ao titular de um direito que tenha motivos válidos para suspeitar que possa ocorrer a importação de mercadorias apresentadas sob uma marca de contrafação ou de mercadorias pirateadas em desrespeito do direito de autor (ver nota 14), apresentar às autoridades administrativas ou judiciais competentes um pedido escrito com vista à suspensão da introdução em livre circulação dessas mercadorias por parte das autoridades aduaneiras. Os Membros podem permitir a apresentação de um pedido desse tipo em relação a mercadorias que envolvam outras infrações a direitos de propriedade intelectual, desde que sejam preenchidos os requisitos enunciados na presente seção. Os Membros podem igualmente prever processos correspondentes relativamente à suspensão por parte das autoridades aduaneiras da introdução em livre circulação de mercadorias em infração destinadas à exportação a partir dos seus territórios.

(nota 12) No caso de um Membro ter desmantelado substancialmente todos os controlos sobre os movimentos de mercadorias através da sua fronteira com outro Membro que pertença a uma mesma união aduaneira, esse Membro não será obrigado a aplicar as disposições da presente seção nessa fronteira.

(nota 13) Não haverá qualquer obrigação de aplicar esses processos em relação à importação de mercadorias colocadas no mercado noutro país pelo titular ou direito ou com o seu consentimento ou às mercadorias em trânsito.

(nota 14) Para efeitos do disposto no presente Acordo, entende-se por:

a) Mercadorias apresentadas sob uma marca de contrafação, qualquer mercadoria, incluindo a embalagem, a que seja aposta sem autorização uma marca idêntica à marca validamente registada em relação a essas mercadorias, ou que não possa ser distinguida, nos seus aspectos essenciais, dessa marca, e que por essa razão infrinja os direitos do titular da marca em questão nos termos da legislação do país de importação;

b) Mercadorias pirateadas em desrespeito do direito de autor, qualquer mercadoria que seja uma cópia feita sem o consentimento do titular ou de uma pessoa devidamente autorizada pelo titular no país de produção e que seja feita direta ou indiretamente a partir de um artigo, sempre que a realização dessa cópia constitua uma infração de um direito de autor ou de um direito conexo nos termos da legislação do país de importação.

Artigo 52
Pedidos

Qualquer titular de um direito que dê início aos processos previstos no artigo 51 será obrigado a fornecer elementos de prova adequados que permitam às autoridades competentes concluir que, nos termos da legislação do país de importação, existe aparentemente uma infração do direito de propriedade intelectual do titular, bem como a fornecer uma descrição suficientemente pormenorizada das mercadorias, para que as autoridades aduaneiras as possam reconhecer facilmente. As autoridades competentes comunicarão ao requerente, num prazo razoável, se o seu pedido foi deferido e, quando determinado por estas autoridades, o período de aplicação das medidas a tomar pelas autoridades aduaneiras.

Artigo 53
Caução ou garantia equivalente

1 – As autoridades competentes podem exigir que o requerente constitua uma caução ou uma garantia equivalente suficiente para proteger o requerido e as autoridades competentes e para prevenir abusos. Essa caução ou garantia equivalente não deverá constituir um fator de dissuasão indevido do recurso a esses processos.

2 – No caso de, na sequência da apresentação de um pedido nos termos da presente seção, a introdução em livre circulação de mercadorias que envolvam desenhos ou modelos industriais, patentes, esquemas de configuração ou informações não divulgadas ter sido suspensa pelas autoridades aduaneiras com base numa decisão não emanada de uma autoridade judicial ou outra autoridade independente, e o prazo previsto no artigo 55 ter terminado sem que a autoridade devidamente habilitada tenha concedido uma autorização provisória de introdução em livre circulação, e desde que tenham sido observadas todas as outras condições de importação, o proprietário, importador ou consignatário dessas mercadorias poderá obter a sua introdução em livre circulação mediante o depósito de uma caução de montante suficiente para proteger o titular do direito de qualquer infração. O pagamento dessa caução não prejudicará qualquer outra medida conectiva à disposição do titular do direito, sendo que a caução será liberada se o titular do direito não exercer o direito de intentar uma ação num prazo razoável.

Artigo 54
Notificação da suspensão

O importador e o requerente serão prontamente notificados da suspensão da introdução em livre circulação das mercadorias nos termos do artigo 51.

Artigo 55
Duração da suspensão

Se, num prazo não superior a 10 dias úteis a contar da data em que o requerente foi notificado da suspensão, as autoridades aduaneiras não tiverem sido informadas de que o processo conducente a uma decisão quanto ao fundo da causa foi iniciado por uma outra parte que não o requerido, ou de que a autoridade devidamente habilitada tomou medidas provisórias no sentido de prolongar a suspensão da introdução em livre circulação das mercadorias, estas serão introduzidas em livre circulação, desde que tenham sido observadas todas as outras condições de importação ou exportação; em casos que o justifiquem, este prazo poderá ser prorrogado por mais 10 dias úteis. Caso tenha sido dado início a um processo conducente a uma decisão quanto ao fundo da causa, mediante pedido do requerido, pode proceder-se a uma revisão, incluindo o direito de ser ouvido, mediante pedido do requerido, com vista a decidir-se, num prazo razoável, se essas medidas deverão ser alteradas, revogadas ou confirmadas. Não obstante o que precede, nos casos em que a suspensão da introdução em livre circulação das mercadorias seja executada ou mantida em conformidade com uma medida judicial provisória, aplicar-se-á o disposto no n. 6 do artigo 50.

Artigo 56
Indenização do importador e do proprietário das mercadorias

As autoridades competentes serão habilitadas a ordenar ao requerente que pague ao importador, ao consignatário e ao proprietário das mercadorias uma indemnização adequada pelos prejuízos que lhes tenham sido causados em virtude da retenção indevida das mercadorias ou da retenção de mercadorias introduzidas em livre circulação nos termos do artigo 55.

Artigo 57
Direito de inspeção e informação

Sem prejuízo da proteção de informações confidenciais, os Membros habilitarão as autoridades competentes a facultar ao titular do direito a possibilidade de mandar inspeccionar as mercadorias retidas pelas autoridades aduaneiras a fim de fundamentar as alegações do titular do direito. As autoridades competentes serão igualmente habilitadas a facultar ao importador a possibilidade equivalente de mandar inspeccionar essas mercadorias. No caso de ter sido tomada uma deliberação positiva quanto ao fundo de uma causa, os Membros podem habilitar as autoridades competentes a informar o titular do direito dos nomes e endereços do consignante, do importador e do consignatário, bem como da quantidade das mercadorias em questão.

Artigo 58
Ação *ex officio*

Nos casos em que os Membros exijam que as autoridades competentes atuem por sua própria iniciativa e suspendam a introdução em livre circulação de mercadorias em relação às quais tenham obtido elementos de prova *prima facie* de que envolvem uma infração a um direito de propriedade intelectual:

a) As autoridades competentes poderão a qualquer momento procurar obter junto do titular do direito informações que possam ajudá-las no exercício desses poderes;

b) O importador e o titular do direito serão prontamente notificados da suspensão; nos casos em que o importador tenha recorrido da suspensão junto das autoridades competentes, essa suspensão estará sujeita, *mutatis mutandis*, às condições estabelecidas no artigo 55;

c) Os Membros só isentarão as autoridades e funcionários públicos da responsabilidade que implica a adoção de medidas corretivas adequadas no caso de terem agido, ou terem tido a intenção de agir, de boa-fé.

Artigo 59
Medidas corretivas

Sem prejuízo de outros direitos de ação à disposição do titular do direito e sob reserva do direito do requerido de pedir uma revisão por parte de uma autoridade judicial, as autoridades competentes serão habilitadas a ordenar a destruição ou a retirada de mercadorias em infração de acordo com os princípios estabelecidos no artigo 46. No que diz respeito às mercadorias apresentadas sob uma marca de contrafação, as autoridades não autorizarão a reexportação das mercadorias em infração no seu estado inalterado nem as submeterão a um regime aduaneiro distinto, a não ser em circunstâncias excepcionais.

Artigo 60
Importações de minimis

Os Membros podem excluir da aplicação das disposições precedentes as mercadorias sem carácter comercial transportadas em pequenas quantidades na bagagem pessoal dos viajantes ou expedidas em pequenas remessas.

Seção 5
Processos penais

Artigo 61

Os Membros preverão processos penais e penas aplicáveis pelo menos em casos de contrafação deliberada de uma marca ou de pirataria em relação ao direito de autor numa escala comercial. As sanções possíveis incluirão a prisão e/ou sanções pecuniárias suficientes para constituir um fator dissuasivo, em conformidade com o nível de penas aplicadas a delitos de gravidade correspondente. Nos casos apropriados, as sanções possíveis incluirão igualmente a apreensão, arresto e destruição das mercadorias em infração e de quaisquer materiais e instrumentos que tenham sido utilizados predominantemente na prática do delito. Os Membros podem prever a aplicação de processos penais e penas correspondentes noutros casos de infração dos direitos de propriedade intelectual, especialmente quando essas infrações sejam cometidas deliberadamente e numa escala comercial.

PARTE IV
AQUISIÇÃO E MANUTENÇÃO DOS DIREITOS DE PROPRIEDADE INTELECTUAL E CORRESPONDENTES PROCESSOS INTER PARTES

Artigo 62

1 – Os Membros podem exigir como condição para a aquisição ou manutenção dos direitos de propriedade intelectual previstos nas seções 2 a 6 da parte II a observância de processos e formalidades razoáveis. Esses processos e formalidades deverão ser compatíveis com o disposto no presente Acordo.

2 – Sempre que a aquisição de um direito de propriedade intelectual esteja subordinada à concessão ou registo do direito, os Membros velarão por que os processos de concessão ou de registo permitam, desde que sejam respeitadas as condições essenciais de aquisição do direito, a concessão ou registo do direito num prazo razoável de modo a evitar uma redução injustificada do período de proteção.

3 – O artigo 4° da Convenção de Paris (1967) aplicar-se-á *mutatis mutandis* às marcas de serviço.

4 – Os processos relativos à aquisição ou manutenção de direitos de propriedade intelectual e, sempre que a legislação de um Membro preveja esses processos, o processo de revogação administrativa e os processos inter partes como a oposição, a revogação e a anulação, serão regidos pelos princípios gerais estabelecidos nos ns. 2 e 3 do artigo 41.

5 – As decisões administrativas finais em qualquer dos processos referidos no n. 4 serão suscetíveis de revisão por uma autoridade judicial ou quase judicial. No entanto, não existirá qualquer obrigação de facultar essa possibilidade de revisão das decisões nos casos de oposição rejeitada ou de revogação administrativa, desde que os motivos na base desses processos possam ser objeto de processos de anulação.

PARTE V
PREVENÇÃO E RESOLUÇÃO DE LITÍGIOS

Artigo 63
Transparência

1 – As disposições legislativas e regulamentares, as decisões judiciais finais e as decisões administrativas de aplicação geral postas em vigor por um Membro e relativas ao objeto do presente Acordo (existência, âmbito, aquisição, aplicação efetiva e prevenção do abuso de direitos de propriedade intelectual) serão publicadas ou, caso essa publicação não seja praticável, serão colocadas à disposição do público numa língua nacional, de modo a permitir que os poderes públicos e os titulares dos direitos delas tomem conhecimento. Os acordos relativos ao objeto do presente Acordo que se encontrem em vigor entre os poderes públicos ou um organismo

público de um Membro e os poderes públicos ou um organismo público de outro Membro serão igualmente publicados.

2 – Os Membros notificarão as disposições legislativas e regulamentares referidas no n. 1 ao Conselho TRIPS, a fim de o assistir no exame do funcionamento do presente Acordo. O Conselho procurará minimizar a carga imposta aos Membros para execução desta obrigação e poderá decidir conceder uma dispensa da obrigação de lhe serem notificadas diretamente essas disposições se forem bem sucedidas as consultas com a OMPI sobre o estabelecimento de um registo comum que inclua essas disposições legislativas e regulamentares. O Conselho considerará igualmente neste contexto eventuais medidas necessárias no que se refere às notificações por força das obrigações nos termos do presente Acordo decorrentes do disposto no artigo 6º ter da Convenção de Paris (1967).

3 – Cada Membro deverá estar em condições de fornecer, em resposta a um pedido escrito de outro Membro, informações do tipo referido no n. 1. Um Membro que tenha motivos para crer que uma decisão judicial ou administrativa específica ou um acordo bilateral em matéria de direitos de propriedade intelectual afeta os seus direitos ao abrigo do presente Acordo pode igualmente solicitar por escrito que lhe seja facultado o acesso a essas decisões judiciais ou administrativas específicas ou acordos bilaterais, ou lhe sejam fornecidas informações suficientemente pormenorizadas sobre os mesmos.

4 – Nenhuma disposição dos ns. 1, 2 e 3 obrigará os Membros a divulgar informações confidenciais que possam constituir um obstáculo à aplicação da lei ou de qualquer outro modo ser contrárias ao interesse público, ou que possam prejudicar os interesses comerciais legítimos de determinadas empresas, públicas ou privadas.

Artigo 64
Resolução de litígios

1 – As disposições dos artigos XXII e XXIII do GATT de 1994, tal como previstas e aplicadas pelo Memorando de Entendimento sobre a Resolução de Litígios, serão aplicáveis às consultas e à resolução de litígios ao abrigo do presente Acordo, salvo disposição expressa em contrário deste.

2 – As alíneas b) e c) do n. 1 do artigo XXIII do GATT de 1994 não serão aplicáveis à resolução de litígios ao abrigo do presente Acordo durante um período de cinco anos a contar da data de entrada em vigor do Acordo OMC.

3 – Durante o período referido no n. 2, o Conselho TRIPS examinará o âmbito e modalidades das queixas do tipo previsto nas alíneas b) e c) do n. 1 do artigo XXIII do GATT de 1994 formuladas em conformidade com o presente Acordo e apresentará as suas recomendações à Conferência Ministerial para aprovação. Qualquer decisão da Conferência Ministerial de aprovar essas recomendações ou de prolongar o período referido no n. 2 só poderá ser tomada por consenso e as recomendações apro-vadas produzirão efeitos para todos os Membros sem qualquer outro processo formal de aceitação.

PARTE VI
DISPOSIÇÕES TRANSITÓRIAS

Artigo 65
Disposições transitórias

1 – Sob reserva do disposto nos ns. 2, 3 e 4, nenhum Membro será obrigado a aplicar as disposições do presente Acordo antes do termo de um período geral de um ano após a data de entrada em vigor do Acordo OMC.

2 – Um país em desenvolvimento Membro pode prorrogar por um novo período de quatro anos a data de aplicação das disposições do presente Acordo, conforme definida no n. 1, com exceção das previstas nos artigos 3º, 4º e 5º.

3 – Qualquer outro Membro que se encontre em processo de transição de uma economia planificada para uma economia de mercado baseada na livre empresa, e que esteja a proceder a uma reforma estrutural do seu sistema de propriedade intelectual e enfrente problemas especiais a nível da preparação e implementação das disposições legislativas e regulamentares em matéria de propriedade intelectual, pode igualmente beneficiar de um período de prorrogação conforme previsto no n. 2.

4 – Na medida em que um país em desenvolvimento Membro seja obrigado por força do presente Acordo a estender a proteção das patentes de produtos a domínios da tecnologia que não podem ser objeto dessa proteção no seu território na data de aplicação geral do presente Acordo a esse Membro, conforme definido no n. 2, o Membro pode adiar por um período adicional de cinco anos a aplicação das disposições em matéria de patentes de produtos previstas na seção V da parte II a esses domínios da tecnologia.

5 – Um Membro que recorra a um período transitório nos termos dos ns. 1, 2, 3 ou 4 velará por que as eventuais alterações introduzidas durante esse período ao nível das suas disposições legislativas e regulamentares e das suas práticas não resultem num nível inferior de compatibilidade com o disposto no presente Acordo.

Artigo 66
Países menos desenvolvidos Membros

1 – Atendendo às necessidades e imperativos especiais dos países menos desenvolvidos Membros, às suas limitações económicas, financeiras e administrativas e à sua necessidade de flexibilidade para o desenvolvimento de uma base tecnológica viável, esses Membros não serão obrigados a aplicar as disposições do presente Acordo, com exceção das previstas nos artigos 3º, 4º e 5º, por um período de 10 anos a contar da data de aplicação, tal como definida no n. 1 do artigo 65 mediante pedido devidamente fundamentado apresentado por um país menos desenvolvido Membro, o Conselho TR autorizará prorrogações desse prazo.

2 - Os países desenvolvidos Membros providenciarão incentivos para as empresas e instituições do seu território com vista a promover e incentivar a transferência de tecnologia para os países menos desenvolvidos Membros, a fim de lhes permitir desenvolver uma base tecnológica sólida e viável.

Artigo 67
Cooperação técnica

A fim de facilitar a implementação do presente Acordo, os países desenvolvidos Membros criarão condições para uma cooperação técnica e financeira a favor dos países em desenvolvimento e menos desenvolvidos Membros, mediante pedido e em condições acordadas mutuamente. Essa cooperação incluirá a assistência a nível da elaboração das disposições legislativas e regulamentares em matéria de proteção e aplicação efetiva dos direitos de propriedade intelectual e de prevenção do seu abuso, bem como o apoio relativamente ao estabelecimento ou reforço de gabinetes e agências nacionais competentes nesta matéria, incluindo a formação de pessoal.

PARTE VII
DISPOSIÇÕES INSTITUCIONAIS; DISPOSIÇÕES FINAIS

Artigo 68
Conselho dos Aspectos dos Direitos de Propriedade Intelectual relacionados com o Comércio

O Conselho TRIPS acompanhará a aplicação do presente Acordo, e nomeadamente a observância por parte dos Membros das obrigações que para eles decorrem do seu dispositivo, facultando aos Membros a possibilidade de iniciarem consultas sobre questões relativas aos aspectos dos direitos de propriedade intelectual relacionados com o comércio. O Conselho desempenhará quaisquer outras funções que lhe sejam atribuídas pelos Membros, devendo nomeadamente prestar todo o tipo de assistência solicitada por estes no âmbito dos processos de resolução de litígios. No desempenho das suas funções, o Conselho TRIPS pode consultar qualquer fonte que considere adequada e procurar obter informações junto dessa fonte. Em consulta com a OMPI, o Conselho procurará estabelecer, no prazo de um ano a contar da sua primeira reunião, disposições adequadas relativamente à cooperação com os órgãos dessa organização.

Artigo 69
Cooperação internacional

Os Membros comprometem-se a cooperar entre si com vista à eliminação do comércio internacional de mercadorias que infrinja os direitos de propriedade intelectual. Para o efeito, os Membros estabelecerão e darão a conhecer pontos de contato nas respectivas administrações e prontificar-se-ão a trocar informações sobre o comércio de mercadorias em infração. Os Membros promoverão, em especial, o intercâmbio de informações e a cooperação entre autoridades aduaneiras no que diz respeito ao comércio de mercadorias apresentadas sob uma marca de contrafação e de mercadorias pirateadas em infração ao direito de autor.

Artigo 70
Proteção dos objetos existentes

1 - O presente Acordo não cria obrigações relativamente a atos ocorridos antes da data de aplicação do Acordo ao Membro em questão.

2 - Salvo disposição em contrário do presente Acordo, o presente Acordo estabelece obrigações relativamente a todos os objetos existentes à data de aplicação do Acordo ao Membro em questão, e que sejam protegidos nesse Membro na referida data, ou que satisfaçam ou venham posteriormente a satisfazer os critérios de proteção definidos no presente Acordo. No que diz respeito ao presente número e aos ns. 3 e 4, as obrigações em matéria de direito de autor relativamente a obras existentes serão definidas unicamente nos termos do artigo 18 da Convenção de Berna (1971), e as obrigações em matéria de direitos dos produtores de fonogramas e dos artistas intérpretes ou executantes sobre os fonogramas existentes serão definidas unicamente nos termos do artigo 18 da Convenção de Berna (1971), tal como aplicáveis ao abrigo do n. 6 do artigo 14 do presente Acordo.

3 - Não haverá qualquer obrigação de restabelecer a proteção de objetos que, à data de aplicação do presente Acordo ao Membro em questão, tenham caído no domínio público.

4 - No que diz respeito a quaisquer atos relativos a objetos específicos em que sejam incorporados objetos protegidos que passem a ser considerados em infração nos termos da legislação adotada em conformidade com o presente Acordo e que tenham sido iniciados antes da data de aceitação do Acordo OMC por esse Membro, ou em relação aos quais tenha sido realizado um investimento considerável, antes dessa data, qualquer Membro pode prever uma limitação das medidas corretivas à disposição do titular do direito no que se refere à prossecução desses atos após a data de aplicação do presente Acordo em relação a esse Membro. Nesses casos, o Membro deve no entanto prever pelo menos o pagamento de uma remuneração equitativa.

5 - Um Membro não será obrigado a aplicar o disposto no artigo 11 e no n. 4 do artigo 14 relativamente aos originais ou cópias adquiridos antes da data de aplicação do presente Acordo em relação a esse Membro.

6 - Os Membros não serão obrigados a aplicar o disposto no artigo 31, nem o requisito previsto no n. 1 do artigo 27, segundo o qual os direitos de patente poderão ser obtidos sem discriminação quanto ao domínio da tecnologia, em relação à utilização sem o consentimento do titular do direito, sempre que a autorização dessa utilização tenha sido concedida pelos poderes públicos antes da data em que o presente Acordo se tornou conhecido.

7 – No caso de direitos de propriedade intelectual em relação aos quais a proteção está subordinada ao registo, será permitida a alteração dos pedidos de proteção pendentes na data da aplicação do presente Acordo em relação ao Membro em questão, com vista a reivindicar uma proteção acrescida ao abrigo do disposto no presente Acordo. Essas alterações não incluirão elementos novos.

8 – Sempre que, a partir da data de entrada em vigor do Acordo OMC, um Membro não conceda a proteção ao abrigo de uma patente em relação a produtos farmacêuticos e a produtos químicos para a agricultura de acordo com as suas obrigações nos termos do artigo 27, esse Membro:

a) Não obstante as disposições da parte VI, facultará a partir da data de entrada em vigor do Acordo OMC, um meio para depósito dos pedidos de patentes relativos a essas invenções;

b) Aplicará a esses pedidos, a partir da data de aplicação do presente Acordo, os critérios de patenteabilidade nele definidos, como se esses critérios fossem aplicados na data de depósito nesse Membro ou, caso seja possível obter uma prioridade e a mesma seja reivindicada, na data de prioridade do pedido; e

c) Concederá a proteção ao abrigo de uma patente em conformidade com o disposto no presente Acordo a partir da concessão da patente e durante o restante período de duração da patente, calculado a partir da data de depósito conforme previsto no artigo 33 do presente Acordo, em relação aos pedidos desse tipo que satisfaçam os critérios de proteção referidos na alínea *b)*.

9 – Sempre que um produto seja objeto de um pedido de patente num Membro em conformidade com o disposto na alínea *a)* do n. 8, serão concedidos direitos de comercialização exclusivos, não obstante o disposto na parte VI, por um período de cinco anos após obtenção da aprovação de comercialização nesses Membros ou até que uma patente de produto seja concedida ou rejeitada nesse Membro, sendo de considerar o período mais curto, desde que, na sequência da entrada em vigor do Acordo OMC, tenha sido depositado um pedido de patente e concedida uma patente em relação a esse produto noutro Membro e tenha sido obtida uma aprovação de comercialização nesse outro Membro.

Artigo 71
Revisão e emendas

1 – O Conselho TRIPS procederá a uma revisão da implementação do presente Acordo após o termo do período transitório referido no n. 2 do artigo 65. Tendo em conta a experiência adquirida com a sua implementação, o Conselho procederá à revisão do Acordo dois anos após essa data, e posteriormente a intervalos idênticos. O Conselho poderá igualmente proceder a revisões na presença de dados novos relevantes que justifiquem a alteração ou emenda do presente Acordo.

2 – As emendas cuja única finalidade consista na adaptação a níveis superiores de proteção dos direitos de propriedade intelectual, alcançados e em vigor no âmbito de outros acordos multilaterais e aceites nos termos desses acordos por todos os Membros da OMC, poderão ser submetidos à Conferência Ministerial com vista à adoção de medidas em conformidade com o disposto no n. 6 do artigo X do Acordo OMC, com base numa proposta consensual do Conselho TRIPS.

Artigo 72
Reservas

Não poderão ser aceites reservas relativamente a qualquer disposição do presente Acordo sem o consentimento dos outros Membros.

Artigo 73
Exceções por razões de segurança

Nenhuma disposição do presente Acordo poderá ser interpretada no sentido de:

a) Exigir que um Membro forneça quaisquer informações cuja divulgação considere contrária aos seus interesses essenciais em matéria de segurança;

b) Impedir que um Membro tome quaisquer medidas que considere necessárias para a proteção dos seus interesses essenciais em matéria de segurança:

i) Relativamente a materiais físseis ou aos materiais a partir dos quais são obtidos;

ii) Relativamente ao tráfico de armas, munições e material de guerra e ao tráfico de outras mercadorias e materiais efetuado direta ou indiretamente para efeitos de aprovisionamento de estabelecimentos militares;

iii) Aplicadas em período de guerra ou noutra situação de emergência a nível das relações internacionais; ou

c) Impedir que um Membro tome quaisquer medidas em prossecução das suas obrigações ao abrigo da Carta das Nações Unidas para a manutenção da paz e da segurança internacionais.

ANEXO 2
ENTENDIMENTO RELATIVO ÀS NORMAS E PROCEDIMENTOS SOBRE SOLUÇÃO DE CONTROVÉRSIAS

Os Membros pelo presente acordam o seguinte:

Artigo 1º
Âmbito e aplicação

1. As regras e procedimentos do presente Entendimento se aplicam às controvérsias pleiteadas conforme as disposições sobre consultas e solução de controvérsias dos acordos enumerados no Apêndice 1 do presente Entendimento (denominados no presente Entendimento "acordos abrangidos"). As regras e procedimentos deste Entendimento se aplicam igualmente às consultas e solução de controvérsias entre Membros relativas a seus direitos ou obrigações ao amparo do Acordo Constitutivo da Organização Mundial de Comércio (denominada no presente Entendimento "Acordo Constitutivo da

OMC") e do presente Entendimento, considerados isoladamente ou em conjunto com quaisquer dos outros acordos abrangidos.

2. As regras e procedimentos do presente Entendimento se aplicam sem prejuízo das regras e procedimentos especiais ou adicionais sobre solução de controvérsias contidos nos acordos abrangidos, conforme identificadas no Apêndice 2 do presente Entendimento. Havendo discrepância entre as regras e procedimentos do presente Entendimento e as regras e procedimentos especiais ou adicionais constantes do Apêndice 2, prevalecerão as regras e procedimentos especiais ou adicionais constantes do Apêndice 2. Nas controvérsias relativas a normas e procedimentos de mais de um acordo abrangido, caso haja conflito entre as regras e procedimentos especiais ou adicionais dos acordos em questão, e se as partes em controvérsia não chegarem a acordo sobre as normas e procedimentos dentro dos 20 dias seguintes ao estabelecimento do grupo especial, o Presidente do Órgão de Solução de Controvérsias previsto no parágrafo 1 do artigo 2 (denominado no presente Entendimento "OSC"), em consulta com as partes envolvidas na controvérsia, determinará, no prazo de 10 dias contados da solicitação de um dos Membros, as normas e os procedimentos a serem aplicados. O Presidente seguirá o princípio de que normas e procedimentos especiais ou adicionais devem ser aplicados quando possível, e de que normas e procedimentos definidos neste Entendimento devem ser aplicados na medida necessária para evitar conflito de normas.

Artigo 2º
Administração

1. Pelo presente Entendimento estabelece-se o Órgão de Solução de Controvérsias para aplicar as presentes normas e procedimentos e as disposições em matéria de consultas e solução de controvérsias dos acordos abrangidos, salvo disposição em contrário de um desses acordos. Consequentemente, o OSC tem competência para estabelecer grupos especiais, acatar relatórios dos grupos especiais e do Órgão de Apelação, supervisionar a aplicação das decisões e recomendações e autorizar a suspensão de concessões e de outras obrigações determinadas pelos acordos abrangidos. Com relação às controvérsias que surjam no âmbito de um acordo dentre os Acordos Comerciais Plurilaterais, entender-se-á que o termo "Membro" utilizado no presente Entendimento se refere apenas aos Membros integrantes do Acordo Comercial Plurilateral em questão. Quando o OSC aplicar as disposições sobre solução de controvérsias de um Acordo Comercial Plurilateral, somente poderão participar das decisões ou medidas adotadas pelo OSC aqueles Membros que sejam partes do Acordo em questão.

2. O OSC deverá informar os pertinentes Conselhos e Comitês da OMC do andamento das controvérsias relacionadas com disposições de seus respectivos acordos.

3. O OSC se reunirá com a frequência necessária para o desempenho de suas funções dentro dos prazos estabelecidos pelo presente Entendimento.

4. Nos casos em que as normas e procedimentos do presente Entendimento estabeleçam que o OSC deve tomar uma decisão tal procedimento será por consenso.[5]

Artigo 3º
Disposições gerais

1. Os Membros afirmam sua adesão aos princípios de solução de controvérsias aplicados até o momento com base nos artigos XXII e XXIII do GATT 1947 e ao procedimento elaborado e modificado pelo presente instrumento.

2. O sistema de solução de controvérsias da OMC é elemento essencial para trazer segurança e previsibilidade ao sistema multilateral do comércio. Os Membros reconhecem que esse sistema é útil para preservar direitos e obrigações dos Membros dentro dos parâmetros dos acordos abrangidos e para esclarecer as disposições vigentes dos referidos acordos em conformidade com as normas correntes de interpretação do direito internacional público. As recomendações e decisões do OSC não poderão promover o aumento ou a diminuição dos direitos e obrigações definidos nos acordos abrangidos.

3. É essencial para o funcionamento eficaz da OMC e para a manutenção de equilíbrio adequado entre os direitos e as obrigações dos Membros a pronta solução das situações em que um Membro considere que quaisquer benefícios resultantes, direta ou indiretamente, dos acordos abrangidos tenham sofrido restrições por medidas adotadas por outro Membro.

4. As recomendações ou decisões formuladas pelo OSC terão por objetivo encontrar solução satisfatória para a matéria em questão, de acordo com os direitos e obrigações emanados pelo presente Entendimento e pelos acordos abrangidos.

5. Todas as soluções das questões formalmente pleiteadas ao amparo das disposições sobre consultas e solução de controvérsias, incluindo os laudos arbitrais, deverão ser compatíveis com aqueles acordos e não deverão anular ou prejudicar os benefícios de qualquer Membro em virtude daqueles acordos, nem impedir a consecução de qualquer objetivo daqueles acordos.

6. As soluções mutuamente acordadas das questões formalmente pleiteadas ao amparo das disposições sobre consultas e solução de controvérsias dos acordos abrangidos serão notificadas ao OSC e aos Conselhos e Comitês correspondentes, onde qualquer Membro poderá levantar tópicos a elas relacionadas.

---

[5] Considerar-se-á que o OSC decidiu por consenso matéria submetida a sua consideração quando nenhum Membro presente à reunião do OSC na qual a decisão foi adotada a ela se opuser formalmente.

7. Antes de apresentar uma reclamação, os Membros avaliarão a utilidade de atuar com base nos presentes procedimentos. O objetivo do mecanismo de solução de controvérsias é garantir uma solução positiva para as controvérsias. Deverá ser sempre dada preferência a solução mutuamente aceitável para as partes em controvérsia e que esteja em conformidade com os acordos abrangidos. Na impossibilidade de uma solução mutuamente acordada, o primeiro objetivo do mecanismo de solução de controvérsias será geralmente o de conseguir a supressão das medidas de que se trata, caso se verifique que estas são incompatíveis com as disposições de qualquer dos acordos abrangidos. Não se deverá recorrer à compensação a não ser nos casos em que não seja factível a supressão imediata das medidas incompatíveis com o acordo abrangido e como solução provisória até a supressão dessas medidas. O último recurso previsto no presente Entendimento para o Membro que invoque os procedimentos de solução de controvérsias é a possibilidade de suspender, de maneira discriminatória contra o outro Membro, a aplicação de concessões ou o cumprimento de outras obrigações no âmbito dos acordos abrangidos, caso o OSC autorize a adoção de tais medidas.

8. Nos casos de não cumprimento de obrigações contraídas em virtude de um acordo abrangido, presume-se que a medida constitua um caso de anulação ou de restrição. Isso significa que normalmente existe a presunção de que toda transgressão das normas produz efeitos desfavoráveis para outros Membros que sejam partes do acordo abrangido, e em tais casos a prova em contrário caberá ao Membro contra o qual foi apresentada a reclamação.

9. As disposições do presente Entendimento não prejudicarão o direito dos Membros de buscar interpretação autorizada das disposições de um acordo abrangido através das decisões adotadas em conformidade com o Acordo Constitutivo da OMC ou um acordo abrangido que seja um Acordo Comercial Plurilateral.

10. Fica entendido que as solicitações de conciliação e a utilização dos procedimentos de solução de controvérsias não deverão ser intentados nem considerados como ações contenciosas e que, ao surgir uma controvérsia, todos os Membros participarão do processo com boa-fé e esforçando-se para resolvê-la. Fica ainda entendido que não deverá haver vinculação entre reclamações e contrarreclamações relativas a assuntos diferentes.

11. O presente Entendimento se aplicará unicamente às novas solicitações de consultas apresentadas conforme as disposições sobre consulta dos acordos abrangidos na data da entrada em vigor do Acordo Constitutivo da OMC ou posteriormente a essa data. Com relação às controvérsias cujas solicitações de consultas tenham sido feitas baseadas no GATT 1947 ou em qualquer outro acordo anterior aos acordos abrangidos antes da data de entrada em vigor do Acordo Constitutivo da OMC, continuarão sendo aplicadas as normas e procedimentos de solução de controvérsias vigentes imediatamente antes da data de entrada em vigor do Acordo Constitutivo da OMC.[6]

12. Sem prejuízo das disposições do parágrafo 11, se um país em desenvolvimento Membro apresenta contra um país desenvolvido Membro uma reclamação baseada em qualquer dos acordos abrangidos, a parte reclamante terá o direito de se valer das disposições correspondentes da Decisão de 5 de abril de 1966 (BISD 14S/20), como alternativa às disposições contidas nos Artigos 4, 5, 6 e 12 do presente Entendimento, com a exceção de que, quando o Grupo Especial julgar que o prazo previsto no parágrafo 7 da referida Decisão for insuficiente para elaboração de seu relatório e com aprovação da parte reclamante, esse prazo poderá ser prorrogado. Quando houver diferenças entre normas e procedimentos dos Artigos 4, 5, 6 e 12 e as normas e procedimentos correspondentes da Decisão, prevalecerão estes últimos.

Artigo 4º
Consultas

1. Os Membros afirmam sua determinação de fortalecer e aperfeiçoar a eficácia dos procedimentos de consulta utilizados pelos Membros.

2. Cada Membro se compromete a examinar com compreensão a argumentação apresentada por outro Membro e a conceder oportunidade adequada para consulta com relação a medidas adotadas dentro de seu território que afetem o funcionamento de qualquer acordo abrangido.[7]

3. Quando a solicitação de consultas for formulada com base em um acordo abrangido, o Membro ao qual a solicitação for dirigida deverá respondê-la, salvo se mutuamente acordado de outro modo, dentro de um prazo de 10 dias contados a partir da data de recebimento da solicitação, e deverá de boa-fé proceder a consultas dentro de um prazo não superior a 30 dias contados a partir da data de recebimento da solicitação, com o objetivo de chegar a uma solução mutuamente satisfatória. Se o Membro não responder dentro do prazo de 10 dias contados a partir da data de recebimento da solicitação, ou não proceder às consultas dentro de prazo não superior a 30 dias, ou dentro de outro prazo mutuamente acordado contado a partir da data de recebimento da solicitação, o Membro que houver solicitado as consultas poderá proceder diretamente a solicitação de estabelecimento de um grupo especial.

4. Todas as solicitações de consultas deverão ser notificadas ao OSC e aos Conselhos e Comitês pertinentes pelo Membro que as solicite. Todas as solicitações de consultas deverão ser apresentadas por escrito e deverão conter as razões que as

---

6 Este parágrafo será igualmente aplicado às controvérsias cujos relatórios dos grupos especiais não tenham sido adotados ou aplicados plenamente.

7 Quando as disposições de qualquer outro acordo abrangido relativas a medidas adotadas por governos ou autoridades regionais ou locais dentro do território de um Membro forem diferentes dos previstos neste parágrafo, prevalecerão as disposições do acordo abrangido.

fundamentam, incluindo indicação das medidas controversas e do embasamento legal em que se fundamenta a reclamação.

5. Durante as consultas realizadas em conformidade com as disposições de um acordo abrangido, os Membros procurarão obter uma solução satisfatória da questão antes de recorrer a outras medidas previstas no presente Entendimento.

6. As consultas deverão ser confidenciais e sem prejuízo dos direitos de qualquer Membro em quaisquer procedimentos posteriores.

7. Se as consultas não produzirem a solução de uma controvérsia no prazo de 60 dias contados a partir da data de recebimento da solicitação, a parte reclamante poderá requerer o estabelecimento de um grupo especial. A parte reclamante poderá requerer o estabelecimento de um grupo especial dentro do referido prazo de 60 dias se as partes envolvidas na consulta considerarem conjuntamente que as consultas não produziram solução da controvérsia.

8. Nos casos de urgência, incluindo aqueles que envolvem bens perecíveis, os Membros iniciarão as consultas dentro de prazo não superior a 10 dias contados da data de recebimento da solicitação. Se as consultas não produzirem solução da controvérsia dentro de prazo não superior a 20 dias contados da data de recebimento da solicitação, a parte reclamante poderá requerer o estabelecimento de um grupo especial.

9. Em casos de urgência, incluindo aqueles que envolvem bens perecíveis, as partes em controvérsia, os grupos especiais e o Órgão de Apelação deverão envidar todos os esforços possíveis para acelerar ao máximo os procedimentos.

10. Durante as consultas os Membros deverão dar atenção especial aos problemas e interesses específicos dos países em desenvolvimento Membros.

11. Quando um Membro não participante das consultas considerar que tem interesse comercial substancial nas consultas baseadas no parágrafo 1 do Artigo XXII do GATT 1994, parágrafo 1 do Artigo XXII do GATS, ou nas disposições pertinentes de outros acordos abrangidos,[8] tal Membro poderá notificar os Membros participantes da consulta e o OSC, dentro de um prazo de 10 dias contados da data da distribuição da solicitação de consultas baseadas em tal Artigo, de seu desejo de integrar-se às mesmas. Tal Membro deverá associar-se às consultas desde que o Membro ao qual a solicitação de consultas foi encaminhada entenda que a pretensão de interesse substancial tenha fundamento. Nesse caso, o OSC deverá ser devidamente informado. Se a requisição para participação das consultas não for aceita, o Membro requerente poderá solicitar consultas com base no parágrafo 1 do Artigo XXII ou parágrafo 1 do Artigo XXIII do GATT 1994, parágrafo 1 do Artigo XXII ou parágrafo 1 do Artigo XXIII do GATS, ou nas disposições pertinentes dos acordos abrangidos.

Artigo 5º
Bons ofícios, conciliação e mediação

1. Bons ofícios, conciliação e mediação são procedimentos adotados voluntariamente se as partes na controvérsia assim acordarem.

2. As diligências relativas aos bons ofícios, à conciliação e à mediação, e em especial as posições adotadas durante as mesmas pelas partes envolvidas nas controvérsias, deverão ser confidenciais e sem prejuízo dos direitos de quaisquer das partes em diligências posteriores baseadas nestes procedimentos.

3. Bons ofícios, conciliação ou mediação poderão ser solicitados a qualquer tempo por qualquer das partes envolvidas na controvérsia. Poderão iniciar-se ou encerrar-se a qualquer tempo. Uma vez terminados os procedimentos de bons ofícios, conciliação ou mediação, a parte reclamante poderá requerer o estabelecimento de um grupo especial.

4. Quando bons ofícios, conciliação ou mediação se iniciarem dentro de 60 dias contados da data de recebimento da solicitação, a parte reclamante não poderá requerer o estabelecimento de um grupo especial antes de transcorrido o prazo de 60 dias a partir da data de recebimento da solicitação de consultas. A parte reclamante poderá solicitar o estabelecimento de um grupo especial no correr do prazo de 60 dias se as partes envolvidas na controvérsia considerarem de comum acordo que os bons ofícios, a conciliação e a mediação não foram suficientes para solucionar a controvérsia.

5. Se as partes envolvidas na controvérsia concordarem, os procedimentos para bons ofícios, conciliação e medição poderão continuar enquanto prosseguirem os procedimentos do grupo especial.

6. O Diretor-Geral, atuando *ex officio*, poderá oferecer seus bons ofícios, conciliação ou mediação com o objetivo de auxiliar os Membros a resolver uma controvérsia.

Artigo 6º
Estabelecimento de grupos especiais

1. Se a parte reclamante assim o solicitar, um grupo especial será estabelecido no mais tardar na reunião do OSC seguinte àquela em que a solicitação

---

8 Enumeram-se, a seguir, as disposições pertinentes em matéria de consultas de acordos abrangidos: Acordo sobre Agricultura, Artigo 19; Acordo sobre Aplicação de Medidas Sanitárias e Fitossanitárias, parágrafo 1 do Artigo 11; Acordo sobre Têxteis e Vestuário, parágrafo 4 do Artigo 8; Acordo sobre Barreiras Técnicas ao Comércio, parágrafo 1 do Artigo 14; Acordo sobre Medidas de Investimento Relacionadas com o Comércio, Artigo 8; Acordo sobre a Implementação do Artigo VI do GATT 1994, parágrafo 2 do Artigo 17; Acordo sobre a Implementação do Artigo VII do GATT 1994, parágrafo 2 do Artigo 19; Acordo sobre Inspeção Pré-Embarque, Artigo 7; Acordo sobre Regras de Origem, Artigo 7; Acordo sobre Licenças de Importação, Artigo 6; Acordo sobre Subsídios e Medidas Compensatórias, Artigo 30; Acordo sobre Salvaguardas, Artigo 14; Acordo sobre Aspectos de Direito de Propriedade Intelectual Relacionados com o Comércio, parágrafo 1 do Artigo 64; e as disposições pertinentes em matéria de consultas dos Acordos Comerciais Plurilaterais que os órgãos pertinentes de cada acordo determinem e notifiquem ao OSC.

aparece pela primeira vez como item da agenda do OSC, a menos que nessa reunião o OSC decida por consenso não estabelecer o grupo especial.[9]

2. Os pedidos de estabelecimento de grupo especial deverão ser formulados por escrito. Deverão indicar se foram realizadas consultas, identificar as medidas em controvérsia e fornecer uma breve exposição do embasamento legal da reclamação, suficiente para apresentar o problema com clareza. Caso a parte reclamante solicite o estabelecimento do grupo especial com termos de referência diferentes dos termos padrão, o pedido escrito deverá incluir sugestão de texto para os termos de referência especiais.

Artigo 7º
Termos de referência dos grupos especiais

1. Os termos de referência dos grupos especiais serão os seguintes, a menos que as partes envolvidas na controvérsia acordem diferentemente dentro do prazo de 20 dias a partir da data de estabelecimento do grupo especial:
"Examinar, à luz das disposições pertinentes no (indicar o(s) acordo(s) abrangido(s) citado(s) pelas partes em controvérsia), a questão submetida ao OSC por (nome da parte) no documento (...) e estabelecer conclusões que auxiliem o OSC a fazer recomendações ou emitir decisões previstas naquele(s) acordo(s)."

2. Os grupos especiais deverão considerar as disposições relevantes de todo acordo ou acordos abrangidos invocados pelas partes envolvidas na controvérsia.

3. Ao estabelecer um grupo especial, o OSC poderá autorizar seu Presidente a redigir os termos de referência do grupo especial com a colaboração das partes envolvidas na controvérsia, de acordo com as disposições do parágrafo 1. Os termos de referência assim redigidos serão distribuídos a todos os Membros. Caso os termos de referência sejam diferentes do padrão, qualquer Membro poderá levantar qualquer ponto a ele relativo no OSC.

Artigo 8º
Composição dos grupos especiais

1. Os grupos especiais serão compostos por pessoas qualificadas, funcionários governamentais ou não, incluindo aquelas que tenham integrado um grupo especial ou a ele apresentado uma argumentação, que tenham atuado como representantes de um Membro ou de uma parte contratante do GATT 1947 ou como representante no Conselho ou Comitê de qualquer acordo abrangido ou do respectivo acordo precedente, ou que tenha atuado no Secretariado, exercido atividade docente ou publicado trabalhos sobre direito ou política comercial internacional, ou que tenha sido alto funcionário na área de política comercial de um dos Membros.

2. Os membros dos grupos especiais deverão ser escolhidos de modo a assegurar a independência dos membros, suficiente diversidade de formações e largo espectro de experiências.

3. Os nacionais de Membros cujos governos[10] sejam parte na controvérsia ou terceiras partes, conforme definido no parágrafo 2 do Artigo 10, não atuarão no grupo especial que trate dessa controvérsia, a menos que as partes acordem diferentemente.

4. Para auxiliar na escolha dos integrantes dos grupos especiais, o Secretariado manterá uma lista indicativa de pessoas, funcionários governamentais ou não, que reúnem as condições indicadas no parágrafo 1, da qual os integrantes dos grupos especiais poderão ser selecionados adequadamente. Esta lista incluirá a relação de peritos não governamentais elaborada em 30 de novembro de 1984 (BISD 31S/9), e outras relações ou listas indicativas elaboradas em virtude de qualquer acordo abrangido, e manterá os nomes dos peritos que figuram naquelas relações e listas indicativas na data de entrada em vigor do Acordo Constitutivo da OMC. Os Membros poderão periodicamente sugerir nomes de pessoas, funcionários governamentais ou não, a serem incluídos na lista indicativa, fornecendo informação substantiva sobre seu conhecimento de comércio internacional e dos setores ou temas dos acordos abrangidos, e tais nomes serão acrescentados à lista após aprovação pelo OSC. Para cada pessoa que figure na lista, serão indicadas suas áreas específicas de experiência ou competência técnica nos setores ou temas dos acordos abrangidos.

5. Os grupos especiais serão compostos por três integrantes a menos que, dentro do prazo de 10 dias a partir de seu estabelecimento, as partes em controvérsia concordem em compor um grupo especial com cinco integrantes. Os Membros deverão ser prontamente informados da composição do grupo especial.

6. O Secretariado proporá às partes em controvérsia candidatos a integrantes do grupo especial. As partes não deverão se opor a tais candidaturas a não ser por motivos imperiosos.

7. Se não houver acordo quanto aos integrantes do grupo especial dentro de 20 dias após seu estabelecimento, o Diretor-Geral, a pedido de qualquer das partes, em consulta com o Presidente do OSC e o Presidente do Conselho ou Comitê pertinente, determinará a composição do grupo especial, e nomeará os integrantes mais apropriados segundo as normas e procedimentos especiais ou adicionais do acordo abrangido ou dos acordos abrangidos de que trate a controvérsia, após consulta com as partes em controvérsia.

---

9 Se a parte reclamante assim solicitar, uma reunião do OSC será convocada com tal objetivo dentro dos quinze dias seguintes ao pedido, sempre que se dê aviso com antecedência mínima de dez dias.

10 Caso uma união aduaneira ou um mercado comum seja parte em uma controvérsia, esta disposição se aplicará aos nacionais de todos os países-membros da união aduaneira ou do mercado comum.

8. Os Membros deverão comprometer-se, como regra geral, a permitir que seus funcionários integrem os grupos especiais.

9. Os integrantes dos grupos especiais deverão atuar a título pessoal e não como representantes de governos ou de uma organização. Assim sendo, os Membros não lhes fornecerão instruções nem procurarão influenciá-los com relação aos assuntos submetidos ao grupo especial.

10. Quando a controvérsia envolver um país em desenvolvimento Membro e um país desenvolvido Membro, o grupo especial deverá, se o país em desenvolvimento Membro solicitar, incluir ao menos um integrante de um país em desenvolvimento Membro.

11. As despesas dos integrantes dos grupos especiais, incluindo viagens e diárias, serão cobertas pelo orçamento da OMC, de acordo com critérios a serem adotados pelo Conselho Geral, baseados nas recomendações do Comitê de Orçamento, Finanças e Administração.

Artigo 9º
Procedimento para pluralidade de partes reclamantes

1. Quando mais de um Membro solicitar o estabelecimento de um grupo especial com relação a uma mesma questão, um único grupo especial deverá ser estabelecido para examinar as reclamações, levando em conta os direitos de todos os Membros interessados. Sempre que possível, um único grupo especial deverá ser estabelecido para examinar tais reclamações.

2. O grupo especial único deverá proceder a seus exames da questão e apresentar suas conclusões ao OSC de maneira a não prejudicar os direitos que caberiam às partes em controvérsia se as reclamações tivessem sido examinadas por vários grupos especiais. Se houver solicitação de uma das partes, o grupo especial deverá apresentar relatórios separados sobre a controvérsia examinada. As comunicações escritas de cada parte reclamante deverão estar à disposição das outras partes, e cada parte reclamante deverá ter direito de estar presente quando qualquer outra parte apresentar sua argumentação ao grupo especial.

3. No caso de ser estabelecido mais de um grupo especial para examinar reclamações relativas ao mesmo tema, na medida do possível as mesmas pessoas integrarão cada um dos grupos especiais e os calendários dos trabalhos dos grupos especiais que tratam dessas controvérsias deverão ser harmonizados.

Artigo 10
Terceiros

1. Os interesses das partes em controvérsia e os dos demais Membros decorrentes do acordo abrangido ao qual se refira a controvérsia deverão ser integralmente levados em consideração no correr dos trabalhos dos grupos especiais.

2. Todo Membro que tenha interesse concreto em um assunto submetido a um grupo especial e que tenha notificado esse interesse ao OSC (denominado no presente Entendimento "terceiro") terá oportunidade de ser ouvido pelo grupo especial e de apresentar-lhe comunicações escritas. Estas comunicações serão também fornecidas às partes em controvérsia e constarão do relatório do grupo especial.

3. Os terceiros receberão as comunicações das partes em controvérsia apresentadas ao grupo especial em sua primeira reunião.

4. Se um terceiro considerar que uma medida já tratada por um grupo especial anula ou prejudica benefícios a ele advindos de qualquer acordo abrangido, o referido Membro poderá recorrer aos procedimentos normais de solução de controvérsias definidos no presente Entendimento. Tal controvérsia deverá, onde possível, ser submetida ao grupo especial que tenha inicialmente tratado do assunto.

Artigo 11
Função dos grupos especiais

A função de um grupo especial é auxiliar o OSC a desempenhar as obrigações que lhe são atribuídas por este Entendimento e pelos acordos abrangidos. Consequentemente, um grupo especial deverá fazer uma avaliação objetiva do assunto que lhe seja submetido, incluindo uma avaliação objetiva dos fatos, da aplicabilidade e concordância com os acordos abrangidos pertinentes, e formular conclusões que auxiliem o OSC a fazer recomendações ou emitir decisões previstas nos acordos abrangidos. Os grupos especiais deverão regularmente realizar consultas com as partes envolvidas na controvérsia e propiciar-lhes oportunidade para encontrar solução mutuamente satisfatória.

Artigo 12
Procedimento dos grupos especiais

1. Os grupos especiais seguirão os Procedimentos de Trabalho do Apêndice 3, salvo decisão em contrário do grupo especial após consulta com as partes em controvérsia.

2. Os procedimentos do grupo especial deverão ser suficientemente flexíveis para assegurar a qualidade de seus relatórios, sem atrasar indevidamente os trabalhos do grupo especial.

3. Os integrantes do grupo especial deverão, após consultar as partes em controvérsia, o quanto antes e se possível dentro da semana seguinte em que sejam acordados a composição e os termos de referência do grupo especial, estabelecer um calendário para seus trabalhos, considerando as disposições do parágrafo 9 do Artigo 4, se pertinente.

4. Ao determinar o calendário para seus trabalhos, o grupo especial deverá estipular prazos suficientes para que as partes em controvérsia preparem suas argumentações escritas.

5. Os grupos especiais deverão definir prazos exatos para que as partes apresentem suas argumentações escritas e as partes deverão respeitar tais prazos.

6. Cada parte em controvérsia deverá consignar suas argumentações escritas ao Secretariado para transmissão imediata ao grupo especial e à outra parte ou às outras partes em controvérsia. A parte reclamante deverá apresentar sua primeira argumentação antes da primeira argumentação da parte demandada, salvo se o grupo especial decidir, ao estabelecer o calendário previsto no parágrafo 3 e após consultar às partes em controvérsia, que as partes deverão apresentar suas argumentações simultaneamente. Quando se houver decidido pela consignação sucessiva das primeiras argumentações, o grupo especial deverá fixar um prazo rígido para recebimento das argumentações da parte demandada. Quaisquer argumentações escritas posteriores deverão ser apresentadas simultaneamente.

7. Nos casos em que as partes envolvidas na controvérsia não consigam encontrar uma solução mutuamente satisfatória, o grupo especial deverá apresentar suas conclusões em forma de relatório escrito ao OSC. Em tais casos, o relatório do grupo especial deverá expor as verificações de fatos, a aplicabilidade de disposições pertinentes e o arrazoado em que se baseiam suas decisões e recomendações. Quando se chegar a uma solução da questão controversa entre as partes, o relatório do grupo especial se limitará a uma breve descrição do caso, com indicação de que a solução foi encontrada.

8. Com o objetivo de tornar o procedimento mais eficaz, o prazo para o trabalho do grupo especial, desde a data na qual seu estabelecimento e termos de referência tenham sido acordados até a data em que seu relatório final tenha sido divulgado para as partes em controvérsia, não deverá, como regra geral, exceder a seis meses. Em casos de urgência, incluídos aqueles que tratem de bens perecíveis, o grupo especial deverá procurar divulgar seu relatório para as partes em controvérsia dentro de três meses.

9. Quando o grupo especial considerar que não poderá divulgar seu relatório dentro de seis meses, ou dentro de três meses em casos de urgência, deverá informar por escrito ao OSC as razões do atraso juntamente com uma estimativa do prazo em que procederá à divulgação do relatório. O período de tempo entre o estabelecimento do grupo especial e a divulgação do relatório para os Membros não poderá, em caso algum, exceder a nove meses.

10. No âmbito de consultas envolvendo medidas tomadas por um país em desenvolvimento Membro, as partes poderão acordar a extensão dos prazos definidos nos parágrafos 7 e 8 do Artigo 4. Se, após expiração do prazo concernente, as partes em consulta não acordarem com a sua conclusão, o Presidente do OSC deverá decidir, após consultar as partes, se o prazo concernente será prorrogado e, em caso positivo, por quanto tempo. Ademais, ao examinar uma reclamação contra um país em desenvolvimento Membro, o grupo especial deverá proporcionar tempo bastante para que o país em desenvolvimento Membro prepare e apresente sua argumentação. As disposições do parágrafo 1 do Artigo 20 e parágrafo 4 do Artigo 21 não serão afetadas por nenhuma ação decorrente deste parágrafo.

11. Quando uma ou mais das partes for um país em desenvolvimento Membro, o relatório do grupo especial indicará explicitamente a maneira pela qual foram levadas em conta as disposições pertinentes ao tratamento diferenciado e mais favorável para países em desenvolvimento Membros que façam parte dos acordos abrangidos invocados pelo país em desenvolvimento Membros no curso dos trabalhos de solução de controvérsias.

12. O grupo especial poderá suspender seu trabalho a qualquer tempo a pedido da parte reclamante por período não superior a doze meses. Ocorrendo tal suspensão, os prazos fixados nos parágrafos 8 e 9 deste Artigo, parágrafo 1 do Artigo 20, e parágrafo 4 do Artigo 21 deverão ser prorrogados pela mesma extensão de tempo em que forem suspensos os trabalhos. Se o trabalho do grupo especial tiver sido suspenso por mais de 12 meses, a autoridade para estabelecer o grupo especial caducará.

Artigo 13
Direito à busca de informação

1. Todo grupo especial terá direito de recorrer à informação e ao assessoramento técnico de qualquer pessoa ou entidade que considere conveniente. Contudo, antes de procurar informação ou assessoramento técnico de pessoa ou entidade submetida à jurisdição de um Membro, o grupo especial deverá informar as autoridades de tal Membro. O Membro deverá dar resposta rápida e completa a toda solicitação de informação que um grupo especial considere necessária e pertinente. A informação confidencial fornecida não será divulgada sem autorização formal da pessoa, entidade ou autoridade que a proporcionou.

2. Os grupos especiais poderão buscar informações em qualquer fonte relevante e poderão consultar peritos para obter sua opinião sobre determinados aspectos de uma questão. Com relação a um aspecto concreto de uma questão de caráter científico ou técnico trazido à controvérsia por uma parte, o grupo especial poderá requerer um relatório escrito a um grupo consultivo de peritos. As normas para estabelecimento de tal grupo e seus procedimentos constam no Apêndice 4.

Artigo 14
Confidencialidade

1. As deliberações do grupo especial serão confidenciais.

2. Os relatórios dos grupos especiais serão redigidos sem a presença das partes em controvérsia, à luz das informações fornecidas e das argumentações apresentadas.

3. As opiniões individuais dos integrantes do grupo especial consignadas em seu relatório serão anônimas.

Artigo 15
Etapa intermediária de exame

1. Após consideração das réplicas e apresentações orais, o grupo especial distribuirá os capítulos expositivos (fatos e argumentações) de esboço de seu

relatório para as partes em controvérsia. Dentro de um prazo fixado pelo grupo especial, as partes apresentarão seus comentários por escrito.

2. Expirado o prazo estabelecido para recebimento dos comentários das partes, o grupo especial distribuirá às partes um relatório provisório, nele incluindo tanto os capítulos descritivos quanto as determinações e conclusões do grupo especial. Dentro de um prazo fixado pelo grupo especial, qualquer das partes poderá apresentar por escrito solicitação para que o grupo especial reveja aspectos específicos do relatório provisório antes da distribuição do relatório definitivo aos Membros. A pedido de uma parte, o grupo especial poderá reunir-se novamente com as partes para tratar de itens apontados nos comentários escritos. No caso de não serem recebidos comentários de nenhuma das partes dentro do prazo previsto para tal fim, o relatório provisório será considerado relatório final e será prontamente distribuído aos Membros.

3. As conclusões do relatório final do grupo especial incluirão uma análise dos argumentos apresentados na etapa intermediária de exame. Esta etapa deverá ocorrer dentro do prazo estabelecido no parágrafo 8 do Artigo 12.

Artigo 16
Adoção de relatórios dos grupos especiais

1. A fim de que os Membros disponham de tempo suficiente para examinar os relatórios dos grupos especiais, tais relatórios não serão examinados para efeito de aceitação pelo OSC até 20 dias após a data de distribuição aos Membros.

2. Os Membros que opuserem alguma objeção ao relatório do grupo especial deverão apresentar por escrito razões explicativas de suas objeções para serem distribuídas ao menos 10 dias antes da reunião do OSC na qual o relatório do grupo especial será examinado.

3. As partes em controvérsia deverão ter direito de participar plenamente do exame do relatório do grupo especial feito pelo OSC, e suas opiniões serão integralmente registradas.

4. Dentro dos 60 dias seguintes à data de distribuição de um relatório de um grupo especial a seus Membros, o relatório será adotado em uma reunião do OSC[11] a menos que uma das partes na controvérsia notifique formalmente ao OSC de sua decisão de apelar ou que o OSC decida por consenso não adotar o relatório. Se uma parte notificar sua decisão de apelar, o relatório do grupo especial não deverá ser considerado para efeito de adoção pelo OSC até que seja concluído o processo de apelação. O referido procedimento de adoção não prejudicará o direito dos Membros de expressar suas opiniões sobre o relatório do grupo especial.

---

11 Se não houver uma reunião do OSC prevista dentro desse período em data que permita cumprimento das disposições dos parágrafos 1 e 4 do Artigo 16, será realizada uma reunião do OSC para tal fim.

Artigo 17
Apelação.
Órgão Permanente de Apelação

1. O OSC constituirá um Órgão Permanente de Apelação, que receberá as apelações das decisões dos grupos especiais. Será composto por sete pessoas, três das quais atuarão em cada caso. Os integrantes do Órgão de Apelação atuarão em alternância. Tal alternância deverá ser determinada pelos procedimentos do Órgão de Apelação.

2. O OSC nomeará os integrantes do Órgão de Apelação para períodos de quatro anos, e poderá renovar por uma vez o mandato de cada um dos integrantes. Contudo, os mandatos de três das sete pessoas nomeadas imediatamente após a entrada em vigor do Acordo Constitutivo da OMC, que serão escolhidas por sorteio, expirará ao final de dois anos. As vagas serão preenchidas à medida que forem sendo abertas. A pessoa nomeada para substituir outra cujo mandato não tenha expirado exercerá o cargo durante o período que reste até a conclusão do referido mandato.

3. O Órgão de Apelação será composto de pessoas de reconhecida competência, com experiência comprovada em direito, comércio internacional e nos assuntos tratados pelos acordos abrangentes em geral. Tais pessoas não deverão ter vínculos com nenhum governo. A composição do Órgão de Apelação deverá ser largamente representativa da composição da OMC. Todas as pessoas integrantes do Órgão de Apelação deverão estar disponíveis permanentemente e em breve espaço de tempo, e deverão manter-se a par das atividades de solução de controvérsias e das demais atividades pertinentes da OMC. Não deverão participar do exame de quaisquer controvérsias que possam gerar conflito de interesses direto ou indireto.

4. Apenas as partes em controvérsia, excluindo-se terceiros interessados, poderão recorrer do relatório do grupo especial. Terceiros interessados que tenham notificado o OSC sobre interesse substancial consoante o parágrafo 2 do Artigo 10 poderão apresentar comunicações escritas ao Órgão de Apelação e poderão ser por ele ouvidos.

5. Como regra geral, o procedimento não deverá exceder 60 dias contados a partir da data em que uma parte em controvérsia notifique formalmente sua decisão de apelar até a data em que o Órgão de Apelação distribua seu relatório. Ao determinar seu calendário, o Órgão de Apelação deverá levar em conta as disposições do parágrafo 9 do Artigo 4, se pertinente. Quando o Órgão de Apelação entender que não poderá apresentar seu relatório em 60 dias, deverá informar por escrito ao OSC das razões do atraso, juntamente com uma estimativa do prazo dentro do qual poderá concluir o relatório. Em caso algum o procedimento poderá exceder a 90 dias.

6. A apelação deverá limitar-se às questões de direito tratadas pelo relatório do grupo especial e às interpretações jurídicas por ele formuladas.

7. O Órgão de Apelação deverá receber a necessária assistência administrativa e legal.

8. As despesas dos integrantes do Órgão de Apelação, incluindo gastos de viagem e diárias, serão cobertas pelo orçamento da OMC de acordo com critérios a serem adotados pelo Conselho Geral, baseado em recomendações do Comitê de Orçamento, Finanças e Administração.

Procedimentos de Apelação

9. O Órgão de Apelação, em consulta com o Presidente do OSC e com o Diretor-Geral, fixará seus procedimentos de trabalho e os comunicará aos Membros para informação.

10. Os trabalhos do Órgão de Apelação serão confidenciais. Os relatórios do Órgão de Apelação serão redigidos sem a presença das partes em controvérsia e à luz das informações recebidas e das declarações apresentadas.

11. As opiniões expressas no relatório do Órgão de Apelação por seus integrantes serão anônimas.

12. O Órgão de Apelação examinará cada uma das questões pleiteadas em conformidade com o parágrafo 6 durante o procedimento de apelação.

13. O Órgão de Apelação poderá confirmar, modificar ou revogar as conclusões e decisões jurídicas do grupo especial.

Adoção do Relatório do Órgão de Apelação

14. Os relatórios do Órgão de Apelação serão adotados pelo OSC e aceitos sem restrições pelas partes em controvérsia a menos que o OSC decida por consenso não adotar o relatório do Órgão de Apelação dentro do prazo de 30 dias contados a partir da sua distribuição aos Membros.[12] Este procedimento de adoção não prejudicará o direito dos Membros de expor suas opiniões sobre o relatório do Órgão de Apelação.

Artigo 18
Comunicações com o grupo especial ou Órgão de Apelação

1. Não haverá comunicação *ex parte* com o grupo especial ou com o Órgão de Apelação com relação a assuntos submetidos à consideração do grupo especial ou do Órgão de Apelação.

2. As comunicações escritas com o grupo especial ou com o Órgão de Apelação deverão ser tratadas com confidencialidade, mas deverão estar à disposição das partes em controvérsia. Nenhuma das disposições do presente Entendimento deverá impedir uma das partes em controvérsia de publicar suas próprias posições. Os Membros deverão considerar confidenciais as informações fornecidas por outro Membro ao grupo especial ou ao Órgão de Apelação para as quais o referido Membro tenha dado a classificação de confidencial. Uma parte em controvérsia deverá, a pedido de um Membro, fornecer um resumo não confidencial das informações contidas em sua comunicação escrita que possa ser tornado público.

Artigo 19
Recomendações dos grupos especiais e do Órgão de Apelação

1. Quando um grupo especial ou o Órgão de Apelação concluir que uma medida é incompatível com um acordo abrangido, deverá recomendar que o Membro interessado[13] torne a medida compatível com o acordo.[14] Além de suas recomendações, o grupo especial ou o Órgão de Apelação poderá sugerir a maneira pela qual o Membro interessado poderá implementar as recomendações.

2. De acordo com o parágrafo 2 do Artigo 3, as conclusões e recomendações do grupo especial e do Órgão de Apelação não poderão ampliar ou diminuir os direitos e obrigações derivados dos acordos abrangidos.

Artigo 20
Calendário das decisões do OSC

Salvo acordado diferentemente pelas partes em controvérsia, o período compreendido entre a data de estabelecimento do grupo especial pelo OSC e a data em que o OSC examinar a adoção do relatório do grupo especial ou do órgão de apelação não deverá, como regra geral, exceder nove meses quando o relatório do grupo especial não sofrer apelação ou 12 meses quando houver apelação. Se o grupo especial ou o Órgão de Apelação, com base no parágrafo 9 do Artigo 12 ou parágrafo 5 do Artigo 17, decidirem pela prorrogação do prazo de entrega de seus relatórios, o prazo adicional será acrescentado aos períodos acima mencionados.

Artigo 21
Supervisão da aplicação das recomendações e decisões

1. O pronto cumprimento das recomendações e decisões do OSC é fundamental para assegurar a efetiva solução das controvérsias, em benefício de todos os Membros.

2. As questões que envolvam interesses de países em desenvolvimento Membros deverão receber atenção especial no que tange às medidas que tenham sido objeto da solução de controvérsias.

3. Em reunião do OSC celebrada dentro de 30 dias[15] após a data de adoção do relatório do grupo especial ou do Órgão de Apelação, o membro interessado deverá informar ao OSC suas intenções com relação à implementação das decisões e recomendações do OSC. Se for impossível a aplicação imediata das recomendações e decisões, o Membro

---

12 Caso não esteja prevista reunião do OSC durante esse período, será realizada uma reunião do OSC para tal fim.

13 O "Membro interessado" é a parte em controvérsia à qual serão dirigidas as recomendações do grupo especial ou do Órgão de Apelação.

14 Com relação às recomendações nos casos em que não haja infração das disposições do GATT 1994 nem de nenhum outro acordo abrangido, vide Artigo 26.

15 Caso não esteja prevista reunião do OSC durante esse período, será realizada uma reunião do OSC para tal fim.

interessado deverá para tanto dispor de prazo razoável. O prazo razoável deverá ser:

a) o prazo proposto pelo Membro interessado, desde que tal prazo seja aprovado pelo OSC; ou, não havendo tal aprovação,

b) um prazo mutuamente acordado pelas partes em controvérsia dentro de 45 dias a partir da data de adoção das recomendações e decisões; ou, não havendo tal acordo,

c) um prazo determinado mediante arbitragem compulsória dentro de 90 dias após a data de adoção das recomendações e decisões.[16] Em tal arbitragem, uma diretriz para o árbitro[17] será a de que o prazo razoável para implementar as recomendações do grupo especial ou do Órgão de Apelação não deverá exceder a 15 meses da data de adoção do relatório do grupo especial ou do Órgão de Apelação. Contudo, tal prazo poderá ser maior ou menor, dependendo das circunstâncias particulares.

4. A não ser nos casos em que o grupo especial ou o Órgão de Apelação tenham prorrogado o prazo de entrega de seu relatório com base no parágrafo 9 do Artigo 12 ou no parágrafo 5 do Artigo 17, o período compreendido entre a data do estabelecimento do grupo especial pelo OSC e a data de determinação do prazo razoável não deverá exceder a 15 meses, salvo se as partes acordarem diferentemente. Quando um grupo especial ou o Órgão de Apelação prorrogarem o prazo de entrega de seu relatório, o prazo adicional deverá ser acrescentado ao período de 15 meses; desde que o prazo total não seja superior a 18 meses, a menos que as partes em controvérsia convenham em considerar as circunstâncias excepcionais.

5. Em caso de desacordo quanto à existência de medidas destinadas a cumprir as recomendações e decisões ou quanto à compatibilidade de tais medidas com um acordo abrangido, tal desacordo se resolverá conforme os presentes procedimentos de solução de controvérsias, com intervenção, sempre que possível, do grupo especial que tenha atuado inicialmente na questão. O grupo especial deverá distribuir seu relatório dentro de 90 dias após a data em que a questão lhe for submetida. Quando o grupo especial considerar que não poderá cumprir tal prazo, deverá informar por escrito ao OSC as razões para o atraso e fornecer uma nova estimativa de prazo para entrega de seu relatório.

6. O OSC deverá manter sob vigilância a aplicação das recomendações e decisões. A questão da implementação das recomendações e decisões poderá ser arguida por qualquer Membro junto ao OSC em qualquer momento após sua adoção. Salvo decisão em contrário do OSC, a questão da implementação das recomendações e decisões deverá ser incluída na agenda da reunião do OSC seis meses após a data da definição do prazo razoável conforme o parágrafo 3 e deverá permanecer na agenda do OSC até que seja resolvida. Ao menos 10 dias antes de cada reunião, o Membro interessado deverá fornecer ao OSC relatório escrito do andamento da implementação das recomendações e decisões.

7. Se a questão tiver sido levantada por país em desenvolvimento Membro, o OSC deverá considerar quais as outras providências que seriam adequadas às circunstâncias.

8. Se o caso tiver sido submetido por país em desenvolvimento Membro, ao considerar a providência adequada a ser tomada o OSC deverá levar em consideração não apenas o alcance comercial das medidas em discussão mas também seu impacto na economia dos países em desenvolvimento Membros interessados.

Artigo 22
Compensação e suspensão de concessões

1. A compensação e a suspensão de concessões ou de outras obrigações são medidas temporárias disponíveis no caso de as recomendações e decisões não serem implementadas dentro de prazo razoável. No entanto, nem a compensação nem a suspensão de concessões ou de outras obrigações é preferível à total implementação de uma recomendação com o objetivo de adaptar uma medida a um acordo abrangido. A compensação é voluntária e, se concedida, deverá ser compatível com os acordos abrangidos.

2. Se o Membro afetado não adaptar a um acordo abrangido a medida considerada incompatível ou não cumprir de outro modo as recomendações e decisões adotadas dentro do prazo razoável determinado conforme o parágrafo 3 do Artigo 21, tal Membro deverá, se assim for solicitado, e em período não superior à expiração do prazo razoável, entabular negociações com quaisquer das partes que hajam recorrido ao procedimento de solução de controvérsias, tendo em vista a fixação de compensações mutuamente satisfatórias. Se dentro dos 20 dias seguintes à data de expiração do prazo razoável não se houver acordado uma compensação satisfatória, quaisquer das partes que hajam recorrido ao procedimento de solução de controvérsias poderá solicitar autorização do OSC para suspender a aplicação de concessões ou de outras obrigações decorrentes dos acordos abrangidos ao Membro interessado.

3. Ao considerar quais concessões ou outras obrigações serão suspensas, a parte reclamante aplicará os seguintes princípios e procedimentos:

a) o princípio geral é o de que a parte reclamante deverá procurar primeiramente suspender concessões ou outras obrigações relativas ao(s) mesmo(s) setor(es) em que o grupo especial ou Órgão de Apelação haja constatado uma infração ou outra anulação ou prejuízo;

b) se a parte considera impraticável ou ineficaz a suspensão de concessões ou outras obrigações relativas ao(s) mesmo(s) setor(es), poderá procu-

---

16 Caso as partes não cheguem a consenso para indicação de um árbitro nos dez dias seguintes à submissão da questão à arbitragem, o árbitro será designado pelo Diretor-Geral em prazo de dez dias, após consulta com as partes.

17 Entende-se pela expressão "árbitro" tanto uma pessoa quanto um grupo de pessoas.

rar suspender concessões ou outras obrigações em outros setores abarcados pelo mesmo acordo abrangido;
c) se a parte considera que é impraticável ou ineficaz suspender concessões ou outras obrigações relativas a outros setores abarcados pelo mesmo acordo abrangido, e que as circunstâncias são suficientemente graves, poderá procurar suspender concessões ou outras obrigações abarcadas por outro acordo abrangido;
d) ao aplicar os princípios acima, a parte deverá levar em consideração:
i) o comércio no setor ou regido pelo acordo em que o grupo especial ou Órgão de Apelação tenha constatado uma violação ou outra anulação ou prejuízo, e a importância que tal comércio tenha para a parte;
ii) os elementos econômicos mais gerais relacionados com a anulação ou prejuízo e as consequências econômicas mais gerais da suspensão de concessões ou outras obrigações;
e) se a parte decidir solicitar autorização para suspender concessões ou outras obrigações em virtude do disposto nos subparágrafos (b) ou (c), deverá indicar em seu pedido as razões que a fundamentam. O pedido deverá ser enviado simultaneamente ao OSC e aos Conselhos correspondentes e também aos órgãos setoriais correspondentes, em caso de pedido baseado no subparágrafo (b);
f) para efeito do presente parágrafo, entende-se por "setor":
i) no que se refere a bens, todos os bens;
ii) no que se refere a serviços, um setor principal dentre os que figuram na versão atual da "Lista de Classificação Setorial dos Serviços" que identifica tais setores;[18]
iii) no que concerne a direitos de propriedade intelectual relacionados com o comércio, quaisquer das categorias de direito de propriedade intelectual compreendidas nas seções 1, 2, 3, 4, 5, 6 ou 7 da Parte II, ou as obrigações da Parte III ou da Parte IV do Acordo sobre TRIPS;
g) para efeito do presente parágrafo, entende-se por "acordo":
i) no que se refere a bens, os acordos enumerados no Anexo 1A do Acordo Constitutivo da OMC, tomados em conjunto, bem como os Acordos Comerciais Plurilaterais na medida em que as partes em controvérsia sejam partes nesses acordos;
ii) no que concerne a serviços, o GATS;
iii) no que concerne a direitos de propriedade intelectual, o Acordo sobre TRIPS.
4. O grau da suspensão de concessões ou outras obrigações autorizado pelo OSC deverá ser equivalente ao grau de anulação ou prejuízo.
5. O OSC não deverá autorizar a suspensão de concessões ou outras obrigações se o acordo abrangido proíbe tal suspensão.

6. Quando ocorrer a situação descrita no parágrafo 2, o OSC, a pedido, poderá conceder autorização para suspender concessões ou outras obrigações dentro de 30 dias seguintes à expiração do prazo razoável, salvo se o OSC decidir por consenso rejeitar o pedido. No entanto, se o Membro afetado impugnar o grau da suspensão proposto, ou sustentar que não foram observados os princípios e procedimentos estabelecidos no parágrafo 3, no caso de uma parte reclamante haver solicitado autorização para suspender concessões ou outras obrigações com base no disposto nos parágrafos 3 (b) ou 3 (c), a questão será submetida a arbitragem. A arbitragem deverá ser efetuada pelo grupo especial que inicialmente tratou do assunto, se os membros estiverem disponíveis, ou por um árbitro[19] designado pelo Diretor-Geral, e deverá ser completada dentro de 60 dias após a data de expiração do prazo razoável. As concessões e outras obrigações não deverão ser suspensas durante o curso da arbitragem.
7. O árbitro[20] que atuar conforme o parágrafo 6 não deverá examinar a natureza das concessões ou das outras obrigações a serem suspensas, mas deverá determinar se o grau de tal suspensão é equivalente ao grau de anulação ou prejuízo. O árbitro poderá ainda determinar se a proposta de suspensão de concessões ou outras obrigações é autorizada pelo acordo abrangido. No entanto, se a questão submetida à arbitragem inclui a reclamação de que não foram observados os princípios e procedimentos definidos pelo parágrafo 3, o árbitro deverá examinar a reclamação. No caso de o árbitro determinar que aqueles princípios e procedimentos não foram observados, a parte reclamante os aplicará conforme o disposto no parágrafo 3. As partes deverão aceitar a decisão do árbitro como definitiva e as partes envolvidas não deverão procurar uma segunda arbitragem. O OSC deverá ser prontamente informado da decisão do árbitro e deverá, se solicitado, outorgar autorização para a suspensão de concessões ou outras obrigações quando a solicitação estiver conforme à decisão do árbitro, salvo se o OSC decidir por consenso rejeitar a solicitação.
8. A suspensão de concessões ou outras obrigações deverá ser temporária e vigorar até que a medida considerada incompatível com um acordo abrangido tenha sido suprimida, ou até que o Membro que deva implementar as recomendações e decisões forneça uma solução para a anulação ou prejuízo dos benefícios, ou até que uma solução mutuamente satisfatória seja encontrada. De acordo com o estabelecido no parágrafo 6 do Artigo 21, o OSC deverá manter sob supervisão a implementação das recomendações e decisões adotadas, incluindo

---

18 Na lista integrante do documento MTN.GNG/W/120 são identificados onze setores.

19 Entende-se pela expressão "árbitro", indistintamente, uma pessoa ou um grupo de pessoas.
20 Entende-se pela expressão "árbitro", indistintamente, uma pessoa, um grupo de pessoas ou os membros do grupo especial que inicialmente tratou do assunto, se atuarem na qualidade de árbitros.

os casos nos quais compensações foram efetuadas ou concessões ou outras obrigações tenham sido suspensas mas não tenham sido aplicadas as recomendações de adaptar uma medida aos acordos abrangidos.

9. As disposições de solução de controvérsias dos acordos abrangidos poderão ser invocadas com respeito às medidas que afilem sua observância, tomadas por governos locais ou regionais ou por autoridades dentro do território de um Membro. Quando o OSC tiver decidido que uma disposição de um acordo abrangido não foi observada, o Membro responsável deverá tomar as medidas necessárias que estejam a seu alcance para garantir sua observância. Nos casos em que tal observância não tenha sido assegurada, serão aplicadas as disposições dos acordos abrangidos e do presente Entendimento relativas à compensação e à suspensão de concessões e outras obrigações.[21]

Artigo 23
Fortalecimento do sistema multilateral

1. Ao procurar reparar o não cumprimento de obrigações ou outro tipo de anulação ou prejuízo de benefícios resultantes de acordos abrangidos ou um impedimento à obtenção de quaisquer dos objetivos de um acordo abrangido, os Membros deverão recorrer e acatar as normas e procedimentos do presente Entendimento.

2. Em tais casos, os Membros deverão:

a) não fazer determinação de que tenha ocorrido infração, de que benefícios tenham sido anulados ou prejudicados ou de que o cumprimento de quaisquer dos objetivos de um acordo abrangido tenha sido dificultado, salvo através do exercício da solução de controvérsias segundo as normas e procedimentos do presente Entendimento, e deverão fazer tal determinação consoante as conclusões contidas no relatório do grupo especial ou do Órgão de Apelação adotado pelo OSC ou em um laudo arbitral elaborado segundo este Entendimento;

b) seguir os procedimentos definidos no Artigo 21 para determinar o prazo razoável para que o Membro interessado implemente as recomendações e decisões; e

c) observar os procedimentos definidos no Artigo 22 para determinar o grau de suspensão de concessões ou outras obrigações e obter autorização do OSC, conforme aqueles procedimentos, antes de suspender concessões ou outras obrigações resultantes dos acordos abrangidos como resposta à não implementação, por parte do Membro interessado, das recomendações e decisões dentro daquele prazo razoável.

---

21 Quando as disposições de qualquer acordo abrangido relativas às medidas adotadas pelos governos ou autoridades regionais ou locais dentro do território de um Membro forem diferentes das enunciadas no presente parágrafo, prevalecerão as disposições do acordo abrangido.

Artigo 24
Procedimento especial para casos envolvendo países de menor desenvolvimento relativo Membros

1. Em todas as etapas da determinação das causas de uma controvérsia ou dos procedimentos de uma solução de controvérsias de casos que envolvam um país de menor desenvolvimento relativo Membro, deverá ser dada atenção especial à situação particular do país de menor desenvolvimento relativo Membro. Neste sentido, os Membros exercerão a devida moderação ao submeter a estes procedimentos matérias envolvendo um país de menor desenvolvimento relativo Membro. Se for verificada anulação ou prejuízo em consequência de medida adotada por país de menor desenvolvimento relativo Membro, as partes reclamantes deverão exercer a devida moderação ao pleitear compensações ou solicitar autorização para suspensão da aplicação de concessões ou outras obrigações nos termos destes procedimentos.

2. Quando, nos casos de solução de controvérsias que envolvam um país de menor desenvolvimento relativo Membro, não for encontrada solução satisfatória no correr das consultas realizadas, o Diretor-Geral ou o Presidente do OSC deverão, a pedido do país de menor desenvolvimento Membro, oferecer seus bons ofícios, conciliação ou mediação com o objetivo de auxiliar as partes a solucionar a controvérsia antes do estabelecimento de um grupo especial. Para prestar a assistência mencionada, o Diretor-Geral ou o Presidente do OSC poderão consultar qualquer fonte que considerem apropriada.

Artigo 25
Arbitragem

1. Um procedimento rápido de arbitragem na OMC como meio alternativo de solução de controvérsias pode facilitar a resolução de algumas controvérsias que tenham por objeto questões claramente definidas por ambas as partes.

2. Salvo disposição em contrário deste Entendimento, o recurso à arbitragem estará sujeito a acordo mútuo entre as partes, que acordarão quanto ao procedimento a ser seguido. Os acordos de recurso a arbitragem deverão ser notificados a todos os Membros com suficiente antecedência ao efetivo início do processo de arbitragem.

3. Outros Membros poderão ser parte no procedimento de arbitragem somente com o consentimento das partes que tenham convencionado recorrer à arbitragem. As partes acordarão submeter-se ao laudo arbitral. Os laudos arbitrais serão comunicados ao OSC e ao Conselho ou Comitê dos acordos pertinentes, onde qualquer Membro poderá questionar qualquer assunto a eles relacionados.

4. Os Artigos 21 e 22 do presente Entendimento serão aplicados *mutatis mutantis* aos laudos arbitrais.

Artigo 26
1. Reclamações de Não Violação do Tipo Descrito no Parágrafo 1(*b*) do Artigo XXIII do GATT 1994

Quando as disposições do parágrafo 1(*b*) do Artigo XXIII do GATT 1994 forem aplicáveis a um acordo abrangido, os grupos especiais ou o Órgão de Apelação somente poderão decidir ou fazer recomendações se uma das partes em controvérsia considera que um benefício resultante direta ou indiretamente do acordo abrangido pertinente está sendo anulado ou prejudicado ou que o cumprimento de um dos objetivos do Acordo está sendo dificultado em consequência da aplicação de alguma medida por um Membro, ocorrendo ou não conflito com as disposições daquele Acordo. Quando e na medida em que tal parte considere, e um grupo especial ou Órgão de Apelação determine, que um caso trate de medida que não seja contraditória com as disposições de um acordo abrangido ao qual as disposições do parágrafo 1(b) do Artigo XXIII do GATT 1994 sejam aplicáveis, deverão ser aplicados os procedimentos previstos no presente Entendimento, observando-se o seguinte:

a) a parte reclamante deverá apresentar justificativa detalhada em apoio a qualquer reclamação relativa a medida que não seja conflitante com o acordo abrangido relevante;

b) quando se considerar que uma medida anula ou restringe benefícios resultantes do acordo abrangido pertinente, ou que compromete a realização dos objetivos de tal acordo, sem infração de suas disposições, não haverá obrigação de revogar essa medida. No entanto, em tais casos, o grupo especial ou Órgão de Apelação deverá recomendar que o Membro interessado faça um ajuste mutuamente satisfatório;

c) não obstante o disposto no Artigo 21, a arbitragem prevista no parágrafo 3 do Artigo 21 poderá incluir, a pedido de qualquer das partes, a determinação do grau dos benefícios anulados ou prejudicados e poderá também sugerir meios e maneiras de se atingir um ajuste mutuamente satisfatório; tais sugestões não deverão ser compulsórias para as partes em controvérsia;

d) não obstante o disposto no parágrafo 1 do Artigo 22, a compensação poderá fazer parte de um ajuste mutuamente satisfatório como solução final para a controvérsia.

2. Reclamações do Tipo Descrito no Parágrafo 1(c) Artigo XXIII do GATT 1994

Quando as disposições do parágrafo 1(c) do Artigo XXIII do GATT 1994 forem aplicáveis a um acordo abrangido, o grupo especial apenas poderá formular recomendações e decisões quando uma parte considerar que um benefício resultante direta ou indiretamente do acordo abrangido pertinente tenha sido anulado ou prejudicado ou que o cumprimento de um dos objetivos de tal acordo tenha sido comprometido em consequência de uma situação diferente daquelas às quais são aplicáveis as disposições dos parágrafos 1(a) e 1(b) do Artigo XXIII do GATT 1994. Quando e na medida em que essa parte considere, e um grupo especial determine, que a questão inclui-se neste parágrafo, os procedimentos deste Entendimento serão aplicados unicamente até o momento do processo em que o relatório do grupo especial seja distribuído aos Membros. Serão aplicáveis as normas e procedimentos de solução de controvérsias contidos na Decisão de 12 de abril de 1989 (BISD 36S/61-67) quando da consideração para adoção e supervisão e implementação de recomendações e decisões. Será também aplicável o seguinte:

a) a parte reclamante deverá apresentar justificativa detalhada como base de qualquer argumentação a respeito de questões tratadas no presente parágrafo;

b) nos casos que envolvam questões tratadas pelo presente parágrafo, se um grupo especial decidir que tais casos também se referem a outras questões relativas à solução de controvérsias além daquelas previstas neste parágrafo, o grupo especial deverá fornecer ao OSC um relatório encaminhando tais questões e um relatório separado sobre os assuntos compreendidos no âmbito de aplicação do presente parágrafo.

Artigo 27
Responsabilidades do Secretariado

1. O Secretariado terá a responsabilidade de prestar assistência aos grupos especiais, em especial nos aspectos jurídicos, históricos e de procedimento dos assuntos tratados, e de fornecer apoio técnico e de secretaria.

2. Ainda que o Secretariado preste assistência com relação à solução de controvérsias aos Membros que assim o solicitem, poderá ser também necessário fornecer assessoria e assistência jurídicas adicionais com relação à solução de controvérsias aos países em desenvolvimento Membros. Para tal fim, o Secretariado colocará à disposição de qualquer país em desenvolvimento Membro que assim o solicitar um perito legal qualificado dos serviços de cooperação técnica da OMC. Este perito deverá auxiliar o país em desenvolvimento Membro de maneira a garantir a constante imparcialidade do Secretariado.

3. O Secretariado deverá organizar, para os Membros interessados, cursos especiais de treinamento sobre estes procedimentos e práticas de solução de controvérsias a fim de que os especialistas dos Membros estejam melhor informados sobre o assunto.

APÊNDICE 1
ACORDOS ABRANGIDOS P ELO ENTENDIMENTO

A) Acordo Constitutivo da Organização Mundial do Comércio

B) Acordos Comerciais Multilaterais

Anexo IA: Acordos Multilaterais sobre o Comércio de Mercadorias

Anexo 1B: Acordo Geral sobre o Comércio de Serviços

Anexo 1C: Acordo sobre Aspectos de Direito de Propriedade Intelectual Relacionados com o Comércio

Anexo 2: Entendimento Relativo às Normas e Procedimentos sobre Solução de Controvérsias

C) Acordos Comerciais Plurilaterais

Anexo 4: Acordo sobre o Comércio de Aeronaves Civis
Acordo sobre Compras Governamentais
Acordo Internacional de Produtos Lácteos
Acordo Internacional de Carne Bovina
A aplicação do presente Entendimento aos Acordos Comerciais Plurilaterais dependerá da adoção, pelas partes do acordo em questão, de uma decisão na qual se estabeleçam as condições de aplicação do Entendimento ao referido acordo, com inclusão das possíveis normas ou procedimentos especiais ou adicionais para fins de sua inclusão no Apêndice 2, conforme notificado ao OSC.

APÊNDICE 2
NORMAS E PROCEDIMENTOS ESPECIAIS OU ADICIONAIS CONTIDOS NOS ACORDOS ABRANGIDOS

Acordo:
> Códigos referentes a Normas e Procedimentos.

Acordo sobre a Aplicação de Medidas Sanitárias e Fitossanitárias: * (11.2);
Acordo sobre Têxteis e Vestuário: * (2.14, 2.21, 4.4, 5.2, 5.4, 5.6, 6.9, 6.10, 6.11, 8.1 a 8.12);
Acordo sobre Barreiras Técnicas ao Comércio: * (14.2 a 14.4, Anexo 2);
Acordo sobre a Implementação do Artigo VI do GATT 1994: * (17.4 a 17.7);
Acordo sobre a Implementação do Artigo VII do GATT 1994: * (19.3 a 19.5, Anexo II.2 (f) 3, 9, 21);
Acordo sobre Subsídios e Medidas Compensatórias: * (4.2 a 4.12, 6.6, 7.2 a 7.10, 8.5, nota 35, 24.4, 27.7, Anexo V);
Acordo Geral sobre o Comércio de Serviços: * (XXII:3, XXIII:3);
Anexo sobre Serviços Financeiros:* (4);
Anexo sobre Serviços de Transporte Aéreo: * (4);
Decisão Relativa a Certos Procedimentos de Solução de Controvérsias para o GATS: * (1 a 5).

A lista de normas e procedimentos deste Apêndice inclui disposições das quais apenas uma parte pode ser pertinente a este contexto.

Quaisquer regras ou procedimentos especiais ou adicionais dos Acordos Comerciais Plurilaterais conforme determinado pelos órgãos competentes de cada acordo e notificado ao OSC.

APÊNDICE 3
PROCEDIMENTOS DE TRABALHO

1. Em seus procedimentos os grupos especiais deverão observar as disposições pertinentes do presente Entendimento. Ademais, deverão ser aplicados os seguintes procedimentos.

2. O grupo especial deverá deliberar em reuniões fechadas. As partes em controvérsia e as partes interessadas deverão estar presentes às reuniões apenas quando convidadas a comparecer pelo grupo especial.

3. As deliberações do grupo especial e os documentos submetidos à sua consideração deverão ter caráter confidencial. Nenhuma das disposições do presente Entendimento deverá impedir a uma parte em controvérsia de tornar públicas as suas posições. Os Membros deverão considerar confidencial a informação fornecida ao grupo especial por outro Membro quando este a houver considerado como tal. Quando uma parte em controvérsia fornecer uma versão confidencial de suas argumentações escritas ao grupo especial, também deverá fornecer, a pedido de um Membro, um resumo não confidencial da informação contida nessas argumentações que possa ser tornado público.

4. Antes da primeira reunião substantiva do grupo especial com as partes, estas deverão apresentar ao grupo especial argumentações escritas nas quais relatem os fatos em questão e seus respectivos argumentos.

5. Na primeira reunião substantiva com as partes, o grupo especial deverá solicitar à parte que interpôs a reclamação que apresente suas argumentações. Em seguida, ainda na mesma reunião, a parte contrária deverá expor suas posições.

6. Todas as terceiras partes interessadas que tenham notificado ao OSC seu interesse na controvérsia deverão ser convidadas por escrito a apresentar suas opiniões durante a primeira reunião substantiva em sessão especial destinada a essa finalidade. Todas as terceiras partes poderão estar presentes à totalidade desta sessão.

7. As réplicas formais deverão ser apresentadas em uma segunda reunião substantiva do grupo especial. A parte demandada deverá ter direito à palavra em primeiro lugar, sendo seguida pela parte reclamante. Antes da reunião, as partes deverão fornecer ao grupo especial suas réplicas por escrito.

8. O grupo especial poderá a todo momento formular perguntas as partes e pedir-lhes explicações, seja durante uma reunião com elas, seja por escrito.

9. As partes em controvérsia e qualquer terceira parte convidada a expor suas opiniões de acordo com o Artigo 10 deverá colocar à disposição do grupo especial uma versão escrita de suas argumentações orais.

10. No interesse de total transparência, as exposições, réplicas e argumentações citadas nos parágrafos 5 a 9 deverão ser feitas em presença das partes. Além disso, cada comunicação escrita das partes, inclusive quaisquer comentários sobre aspectos expositivos do relatório e as respostas as questões do grupo especial, deverão ser colocadas à disposição da outra parte ou partes.

11. Quaisquer procedimentos adicionais específicos do grupo especial.

12. Proposta de calendário para os trabalhos do grupo especial:

a) Recebimento das primeiras argumentações escritas das partes:
1 – da parte reclamante: 3 a 6 meses
2 – da parte demandada: 2 a 3 semanas

b) Data, hora e local da primeira reunião substantiva com as partes; sessão destinada a terceiras partes: 1 a 2 semanas
c) Recebimento das réplicas escritas: 2 a 3 semanas
d) Data, hora e local da segunda reunião substantiva com as partes: 1 a 2 semanas
e) Distribuição da parte expositiva do relatório às partes: 2 a 4 semanas
f) Recebimento de comentários das partes sobre a parte expositiva do relatório: 2 semanas
g) Distribuição às partes de relatório provisório, inclusive verificações e decisões: 2 a 4 semanas
h) Prazo final para a parte solicitar exame de parte(s) do relatório: 1 semana
i) Período de revisão pelo grupo especial, inclusive possível nova reunião com as partes: 2 semanas
j) Distribuição do relatório definitivo às partes em controvérsia: 2 semanas
k) Distribuição do relatório definitivo aos Membros: 3 semanas

O calendário acima poderá ser alterado à luz de acontecimentos imprevistos. Se necessário, deverão ser programadas reuniões adicionais com as partes.

APÊNDICE 4
GRUPO CONSULTIVO DE PERITOS

As regras e procedimentos seguintes serão aplicados aos grupos consultivos de peritos estabelecidos consoante as disposições do parágrafo 2 do Artigo 13.

1. Os grupos consultivos de peritos estão sob a autoridade de um grupo especial, ao qual deverão se reportar. Os termos de referência e os pormenores do procedimento de trabalho dos grupos consultivos serão decididos pelo grupo especial.

2. A participação nos grupos consultivos de peritos deverá ser exclusiva das pessoas de destaque profissional e experiência no assunto tratado.

3. Cidadãos dos países partes em uma controvérsia não deverão integrar um grupo consultivo de peritos sem a anuência conjunta das partes em controvérsia, salvo em situações excepcionais em que o grupo especial considere impossível atender de outro modo à necessidade de conhecimentos científicos especializados. Não poderão integrar um grupo consultivo de peritos os funcionários governamentais das partes em controvérsia. Os membros de um grupo consultivo de peritos deverão atuar a título de suas capacidades individuais e não como representantes de governo ou de qualquer organização. Portanto, governos e organizações não deverão dar-lhes instruções com relação aos assuntos submetidos ao grupo consultivo de peritos.

4. Os grupos consultivos de peritos poderão fazer consultas e buscar informações e assessoramento técnico em qualquer fonte que considerem apropriada. Antes de buscar informação ou assessoria de fonte submetida à jurisdição de um Membro, deverão informar ao governo de tal Membro. Todo Membro deverá atender imediata e completamente a qualquer solicitação de informação que um grupo consultivo de peritos considere necessária e apropriada.

5. As partes em controvérsia deverão ter acesso a toda informação pertinente fornecida a um grupo consultivo de peritos, a menos que tenha caráter confidencial. Informação confidencial fornecida ao grupo consultivo de peritos não deverá ser divulgada sem autorização do governo, organização ou pessoa que a forneceu. Quando tal informação for solicitada pelo grupo consultivo de peritos e este não seja autorizado a divulgá-la, um resumo não confidencial da informação será fornecido pelo governo, organização ou pessoa que a forneceu.

6. O grupo consultivo de peritos fornecerá um relatório provisório às partes em controvérsia, com vistas a recolher seus comentários e a levá-los em consideração, se pertinentes, no relatório final, que deverá ser divulgado às partes em controvérsia quando for apresentado ao grupo especial. O relatório final do grupo consultivo de peritos deverá ter caráter meramente consultivo.

CONVENÇÃO DAS NAÇÕES UNIDAS SOBRE CONTRATOS DE COMPRA E VENDA INTERNACIONAL DE MERCADORIAS (2014)

▶ Aprovada no Brasil pelo Decreto Legislativo 583, de 18.10.2012, com o instrumento de adesão depositado em 04.03.2013, e promulgada pelo Dec. 8.327, de 16.10.2014.

Os Estados-Partes na presente Convenção,

Tendo em conta os objetivos gerais inscritos nas resoluções relativas à instauração de uma nova ordem econômica internacional adotadas pela Assembleia Geral das Nações Unidas em sua sexta sessão extraordinária;

Considerando que o desenvolvimento do comércio internacional com base na igualdade e em vantagens mútuas constitui elemento importante na promoção de relações de amizade entre os Estados;

Estimando que a adoção de regras uniformes para reger os contratos de compra e venda internacional de mercadorias, que contemplem os diferentes sistemas sociais, econômicos e jurídicos, contribuirá para a eliminação de obstáculos jurídicos às trocas internacionais e promoverá o desenvolvimento do comércio internacional.

Acordam no seguinte:

PARTE I
CAMPO DE APLICAÇÃO E DISPOSIÇÕES GERAIS

CAPÍTULO I
CAMPO DE APLICAÇÃO

Artigo 1º

(1) Esta Convenção aplica-se aos contratos de compra e venda de mercadorias entre partes que tenham seus estabelecimentos em Estados distintos:

(a) quando tais Estados forem Estados Contratantes; ou
(b) quando as regras de direito internacional privado levarem à aplicação da lei de um Estado Contratante.
(2) Não será levado em consideração o fato de as partes terem seus estabelecimentos comerciais em Estados distintos, quando tal circunstância não resultar do contrato, das tratativas entre as partes ou de informações por elas prestadas antes ou no momento de conclusão do contrato.
(3) Para a aplicação da presente Convenção não serão considerados a nacionalidade das partes nem o caráter civil ou comercial das partes ou do contrato.

Artigo 2º
Esta Convenção não se aplicará às vendas:
(a) de mercadorias adquiridas para uso pessoal, familiar ou doméstico, salvo se o vendedor, antes ou no momento de conclusão do contrato, não souber, nem devesse saber, que as mercadorias são adquiridas para tal uso;
(b) em hasta pública;
(c) em execução judicial;
(d) de valores mobiliários, títulos de crédito e moeda;
(e) de navios, embarcações, aerobarcos e aeronaves;
(f) de eletricidade.

Artigo 3º
(1) Serão considerados contratos de compra e venda os contratos de fornecimento de mercadorias a serem fabricadas ou produzidas, salvo se a parte que as encomendar tiver de fornecer parcela substancial dos materiais necessários à fabricação ou à produção.
(2) Não se aplica esta Convenção a contratos em que a parcela preponderante das obrigações do fornecedor das mercadorias consistir no fornecimento de mão de obra ou de outros serviços.

Artigo 4º
Esta Convenção regula apenas a formação do contrato de compra e venda e os direitos e obrigações do vendedor e comprador deles emergentes. Salvo disposição expressa em contrário da presente Convenção, esta não diz respeito, especialmente:
(a) à validade do contrato ou de qualquer das suas cláusulas, bem como à validade de qualquer uso ou costume;
(b) aos efeitos que o contrato possa ter sobre a propriedade das mercadorias vendidas.

Artigo 5º
A presente Convenção não se aplica à responsabilidade do vendedor por morte ou lesões corporais causadas pelas mercadorias a qualquer pessoa.

Artigo 6º
As partes podem excluir a aplicação desta Convenção, derrogar qualquer de suas disposições ou modificar-lhes os efeitos, observando-se o disposto no Artigo 12.

CAPÍTULO II
DISPOSIÇÕES GERAIS

Artigo 7º
(1) Na interpretação desta Convenção ter-se-ão em conta seu caráter internacional e a necessidade de promover a uniformidade de sua aplicação, bem como de assegurar o respeito à boa fé no comércio internacional.
(2) As questões referentes às matérias reguladas por esta Convenção que não forem por ela expressamente resolvidas serão dirimidas segundo os princípios gerais que a inspiram ou, à falta destes, de acordo com a lei aplicável segundo as regras de direito internacional privado.

Artigo 8º
(1) Para os fins desta Convenção, as declarações e a conduta de uma parte devem ser interpretadas segundo a intenção desta, desde que a outra parte tenha tomado conhecimento dessa intenção, ou não pudesse ignorá-la.
(2) Não sendo caso de aplicação do parágrafo anterior, as declarações e a conduta de uma parte devem ser interpretadas segundo o sentido que lhes teria dado uma pessoa razoável, com a mesma qualificação e nas mesmas circunstâncias da outra parte.
(3) Para determinar a intenção de uma parte, ou o sentido que teria dado uma pessoa razoável, devem ser consideradas todas as circunstâncias pertinentes ao caso, especialmente negociações, práticas adotadas pelas partes entre si, usos e costumes e qualquer conduta subsequente das partes.

Artigo 9º
(1) As partes se vincularão pelos usos e costumes em que tiverem consentido e pelas práticas que tiverem estabelecido entre si.
(2) Salvo acordo em contrário, presume-se que as partes consideraram tacitamente aplicáveis ao contrato, ou à sua formação, todo e qualquer uso ou costume geralmente reconhecido e regularmente observado no comércio internacional, em contratos de mesmo tipo no mesmo ramo de comércio, de que tinham ou devessem ter conhecimento.

Artigo 10
Para os fins da presente Convenção:
(a) quando uma parte tiver mais de um estabelecimento comercial, será considerado como tal aquele que tiver relação mais estreita com o contrato e com sua execução, tendo em vista as circunstâncias conhecidas pelas partes ou por elas consideradas antes ou no momento da conclusão do contrato;
(b) se uma parte não tiver estabelecimento comercial, considerar-se-á sua residência habitual.

Artigo 11
O contrato de compra e venda não requer instrumento escrito nem está sujeito a qualquer requisito de forma. Poderá ele ser provado por qualquer meio, inclusive por testemunhas.

Artigo 12
Não se aplicará qualquer das disposições dos artigos 11 e 29, ou da Parte II desta Convenção, que permita a celebração, alteração ou rescisão do contrato de compra e venda, ou a proposta, aceitação ou qualquer manifestação de intenção, por outra forma que não a escrita, quando uma das partes tiver seu estabelecimento comercial em Estado Contratante que tenha feito a declaração prevista no artigo 96 desta Convenção. As partes não poderão derrogar nem modificar o efeito do presente artigo.

Artigo 13
Para os fins desta Convenção, o termo "escrito" abrange o telegrama e o telex.

PARTE II
FORMAÇÃO DO CONTRATO

Artigo 14
(1) Para que possa constituir uma proposta, a oferta de contrato feita a pessoa ou pessoas determinadas deve ser suficientemente precisa e indicar a intenção do proponente de obrigar-se em caso de aceitação. A oferta é considerada suficientemente precisa quando designa as mercadorias e, expressa ou implicitamente, fixa a quantidade e o preço, ou prevê meio para determiná-los.
(2) A oferta dirigida a pessoas indeterminadas será considerada apenas um convite para a apresentação de propostas, salvo se o autor da oferta houver indicado claramente o contrário.

Artigo 15
(1) A proposta se torna eficaz quando chega ao destinatário.
(2) Ainda que seja irrevogável, a proposta pode ser retirada, desde que a retratação chegue ao destinatário antes da própria proposta, ou simultaneamente a ela.

Artigo 16
(1) A proposta poderá ser revogada até o momento da conclusão do contrato, se a revogação chegar ao destinatário antes de este expedir a aceitação.
(2) A proposta não poderá, porém, ser revogada:
(a) se fixar prazo para aceitação, ou por outro modo indicar que seja ela irrevogável;
(b) se for razoável que o destinatário a considerasse irrevogável e tiver ele agido em confiança na proposta recebida.

Artigo 17
Mesmo sendo irrevogável, a proposta de contrato extinguir-se-á no momento em que chegar ao proponente a recusa respectiva.

Artigo 18
(1) Constituirá aceitação a declaração, ou outra conduta do destinatário, manifestando seu consentimento à proposta. O silêncio ou a inércia deste, por si só, não importa aceitação.
(2) Tornar-se-á eficaz a aceitação da proposta no momento em que chegar ao proponente a manifestação de consentimento do destinatário. A aceitação não produzirá efeito, entretanto, se a respectiva manifestação não chegar ao proponente dentro do prazo por ele estipulado ou, à falta de tal estipulação, dentro de um prazo razoável, tendo em vista as circunstâncias da transação, especialmente a velocidade dos meios de comunicação utilizados pelo proponente. A aceitação da proposta verbal deve ser imediata, salvo se de outro modo as circunstâncias indicarem.
(3) Se, todavia, em decorrência da proposta, ou de práticas estabelecidas entre as partes, ou ainda dos usos e costumes, o destinatário da proposta puder manifestar seu consentimento através da prática de ato relacionado, por exemplo, com a remessa das mercadorias ou com o pagamento do preço, ainda que sem comunicação ao proponente, a aceitação produzirá efeitos no momento em que esse ato for praticado, desde que observados os prazos previstos no parágrafo anterior.

Artigo 19
(1) A resposta que, embora pretendendo constituir aceitação da proposta, contiver aditamentos, limitações ou outras modificações, representará recusa da proposta, constituindo contraproposta.
(2) Se, todavia, a resposta que pretender constituir aceitação contiver elementos complementares ou diferentes mas que não alterem substancialmente as condições da proposta, tal resposta constituirá aceitação, salvo se o proponente, sem demora injustificada, objetar verbalmente às diferenças ou envie uma comunicação a respeito delas. Não o fazendo, as condições do contrato serão as constantes da proposta, com as modificações contidas na aceitação.
(3) Serão consideradas alterações substanciais das condições da proposta, entre outras, as adições ou diferenças relacionadas ao preço, pagamento, qualidade e quantidade das mercadorias, lugar e momento da entrega, extensão da responsabilidade de uma das partes perante a outra ou o meio de solução de controvérsias.

Artigo 20
(1) O prazo de aceitação fixado pelo proponente em telegrama ou carta começará a fluir no momento em que o telegrama for entregue para expedição, ou na data constante da carta, ou, à falta desta, na data que constar do envelope. O prazo de aceitação que o proponente fixar por telefone, telex ou outro meio de comunicação instantâneo começará a fluir no momento em que a proposta chegar ao destinatário.
(2) Serão considerados na contagem de prazo os feriados oficiais ou os dias não úteis nele compreendidos. Todavia, caso a comunicação de aceitação não possa ser entregue no endereço do autor da proposta no último dia do prazo, por ser feriado ou

dia não útil no local do estabelecimento comercial do proponente, o prazo considerar-se-á prorrogado até o primeiro dia útil subsequente.

Artigo 21
(1) A aceitação tardia produzirá efeito de aceitação caso o proponente, sem demora, informe verbalmente ou envie comunicação neste sentido ao destinatário.
(2) Se a carta ou outra comunicação escrita contendo aceitação tardia revelar ter sido expedida em condições tais que chegaria a tempo ao proponente caso a transmissão fosse regular, a manifestação tardia produzirá efeito de aceitação, salvo se o proponente, sem demora, informar ao destinatário que considera expirada sua proposta, ou enviar comunicação para este efeito.

Artigo 22
A aceitação poderá ser retirada desde que a retratação chegue ao proponente antes ou no momento em que a aceitação se tornaria eficaz.

Artigo 23
Considerar-se-á concluído o contrato no momento em que a aceitação da proposta se tornar eficaz, de acordo com as disposições desta Convenção.

Artigo 24
Para os fins desta Parte da Convenção, se considerará que a proposta, a manifestação de aceitação ou qualquer outra manifestação de intenção "chega" ao destinatário quando for efetuada verbalmente, ou for entregue pessoalmente por qualquer outro meio, no seu estabelecimento comercial, endereço postal, ou, na falta destes, na sua residência habitual.

PARTE III
COMPRA E VENDA DE MERCADORIAS

CAPÍTULO I
DISPOSIÇÕES GERAIS

Artigo 25
A violação ao contrato por uma das partes é considerada como essencial se causar à outra parte prejuízo de tal monta que substancialmente a prive do resultado que poderia esperar do contrato, salvo se a parte infratora não tiver previsto e uma pessoa razoável da mesma condição e nas mesmas circunstâncias não pudesse prever tal resultado.

Artigo 26
A declaração de resolução do contrato tornar-se-á eficaz somente quando notificada por uma parte à outra.

Artigo 27
Salvo disposição expressa em contrário nesta Parte da Convenção, se qualquer notificação, pedido ou outra comunicação for feita por uma das partes de conformidade com esta Parte da Convenção, por meios adequados às circunstâncias, o atraso ou erro na transmissão de ou o fato de não ter chegado a seu destino não prejudicará o direito desta parte de valer-se da referida comunicação.

Artigo 28
Se, de conformidade com as disposições da presente Convenção, uma das partes tiver o direito de exigir da outra o cumprimento de certa obrigação, o juiz não estará obrigado a ordenar sua execução específica salvo se devesse fazê-lo segundo seu direito nacional, em relação a contratos de compra e venda semelhantes não regidos pela presente Convenção.

Artigo 29
(1) O contrato poderá ser modificado ou resilido por simples acordo entre as partes.
(2) O contrato escrito que contenha disposição prevendo que qualquer modificação ou resilição somente se possa fazer por escrito não poderá ser modificado ou resilido por outra forma. Todavia, uma parte poderá ser impedida por sua própria conduta de invocar esta disposição, na medida em que a outra parte tiver confiado nessa conduta.

CAPÍTULO II
OBRIGAÇÕES DO VENDEDOR

Artigo 30
O vendedor estará obrigado, nas condições previstas no contrato e na presente Convenção, a entregar as mercadorias, a transmitir a propriedade sobre elas e, sendo o caso, a remeter os respectivos documentos.

Seção I
Entrega das mercadorias e remessa dos documentos

Artigo 31
Se o vendedor não estiver obrigado a entregar as mercadorias em determinado lugar, sua obrigação de entrega consistirá em:
(a) remeter as mercadorias ao primeiro transportador para traslado ao comprador, quando o contrato de compra e venda implicar também o transporte das mercadorias;
(b) fora dos casos previstos na alínea anterior, colocar as mercadorias à disposição do comprador no lugar em que se encontrarem, quando o contrato se referir a mercadorias específicas ou a mercadorias não identificadas que devam ser retiradas de um conjunto determinado ou devam ser fabricadas ou produzidas, e, no momento da conclusão do contrato, as partes souberem que as mercadorias se encontram, devem ser fabricadas ou produzidas em lugar determinado;
c) pôr as mercadorias à disposição do comprador no lugar do estabelecimento comercial do vendedor no momento de conclusão do contrato, nos demais casos.

Artigo 32
(1) Se o vendedor, de conformidade com o contrato ou com a presente Convenção, remeter as mercadorias a um transportador sem que estas estejam claramente marcadas para os efeitos do contrato, mediante sinais de identificação, por documentos de expedição ou por qualquer outro meio, o vende-

dor deverá dar ao comprador aviso de expedição em que sejam especificadas as mercadorias.

(2) Se o vendedor estiver obrigado a providenciar o transporte das mercadorias, deverá celebrar os contratos necessários para que tal transporte seja efetuado até o lugar previsto, por meios adequados às circunstâncias e nas condições usuais para tanto.

(3) Se não estiver obrigado a contratar o seguro de transporte, o vendedor deverá fornecer ao comprador, a pedido deste, toda informação disponível que for necessária para a contratação de tal seguro.

Artigo 33
O vendedor deverá entregar as mercadorias:
(a) na data que houver sido fixada ou possa ser determinada de acordo com o contrato;
(b) em qualquer momento durante o prazo que houver sido fixado ou que possa ser determinado de acordo com o contrato, salvo se das circunstâncias resultar que caiba ao comprador a escolha da data; ou
(c) em qualquer outro caso, dentro de um prazo razoável a partir da conclusão do contrato.

Artigo 34
Se o vendedor estiver obrigado a remeter os documentos relativos às mercadorias, deverá entregá-los no momento, no lugar e na forma previstos no contrato. Em caso de remessa antecipada de documentos o vendedor poderá, até o momento fixado para a remessa das mercadorias, sanar qualquer desconformidade nos documentos, desde que não ocasione ao comprador inconvenientes ou despesas excessivas. Não obstante, o comprador mantém o direito do exigir indenização por perdas e danos, de acordo com a presente Convenção.

Seção II
Conformidade das mercadorias e reclamações de terceiros

Artigo 35
(1) O vendedor deverá entregar mercadorias na quantidade, qualidade e tipo previstos no contrato, acondicionadas ou embaladas na forma nele estabelecida.

(2) Salvo se as partes houverem acordado de outro modo, as mercadorias não serão consideradas conformes ao contrato salvo se:
(a) forem adequadas ao uso para o qual mercadorias do mesmo tipo normalmente se destinam;
(b) forem adequadas a algum uso especial que, expressa ou implicitamente, tenha sido informado ao vendedor no momento da conclusão do contrato, salvo se das circunstâncias resultar que o comprador não confiou na competência e julgamento do vendedor, ou que não era razoável fazê-lo;
(c) possuírem as qualidades das amostras ou modelos de mercadorias que o vendedor tiver apresentado ao comprador;
(d) estiverem embaladas ou acondicionadas na forma habitual para tais mercadorias ou, à falta desta, de modo apropriado à sua conservação e proteção.

(3) O vendedor não será responsável por qualquer desconformidade das mercadorias em virtude do disposto nas alíneas (a) a (d) do parágrafo anterior, se, no momento da conclusão do contrato, o comprador sabia ou não podia ignorar tal desconformidade.

Artigo 36
(1) O vendedor será responsável, de acordo com o contrato e com a presente Convenção, por qualquer desconformidade que existir no momento da transferência do risco ao comprador, ainda que esta desconformidade só venha a se evidenciar posteriormente.

(2) O vendedor será igualmente responsável por qualquer desconformidade que ocorrer após o momento referido no parágrafo anterior, que seja imputável ao descumprimento de qualquer de suas obrigações, inclusive quanto à garantia de que, durante certo período, as mercadorias permanecerão adequadas a seu uso normal ou a determinado uso especial, ou que conservarão as qualidades ou características especificadas.

Artigo 37
Em caso de entrega das mercadorias antes da data prevista para a entrega, o vendedor poderá, até tal data, entregar a parte faltante ou completar a quantidade das mercadorias entregues, ou entregar outras mercadorias em substituição àquelas desconformes ao contrato ou, ainda, sanar qualquer desconformidade das mercadorias entregues, desde que não ocasione ao comprador inconvenientes nem despesas excessivas. Contudo, o comprador mantém o direito de exigir indenização por perdas e danos, de conformidade com a presente Convenção.

Artigo 38
(1) O comprador deverá inspecionar as mercadorias ou fazê-las inspecionar no prazo mais breve possível em vista das circunstâncias.

(2) Se o contrato envolver o transporte das mercadorias, a inspeção poderá ser adiada até a chegada delas a seu destino.

(3) Se o comprador alterar o destino das mercadorias em trânsito, ou as reexpedir sem ter tido oportunidade razoável de inspecioná-las, e no momento da conclusão do contrato o vendedor tenha tido ou devesse ter conhecimento da possibilidade de alteração de destino ou de reexpedição, a inspeção poderá ser adiada até a chegada das mercadorias a seu novo destino.

Artigo 39
(1) O comprador perderá o direito de alegar a desconformidade se não comunicá-la ao vendedor, precisando sua natureza, em prazo razoável a partir do momento em que a constatar, ou em que deveria tê-la constatado.

(2) Em qualquer caso, o comprador perderá o direito de alegar a desconformidade se não comunicá-la ao vendedor no prazo máximo de dois anos a partir da data em que as mercadorias efetivamente passarem à sua posse, salvo se tal prazo for incompatível com a duração da garantia contratual.

Artigo 40
O vendedor não poderá invocar as disposições dos artigos 38 e 39 se a desconformidade referir-se a fatos dos quais sabia, ou que não podia ignorar, e que não tenham sido revelados ao comprador.

Artigo 41
O vendedor deverá entregar as mercadorias livres de qualquer direito ou reivindicação de terceiros, salvo se o comprador tiver concordado em aceitá-las sujeitas a tal direito ou reivindicação. Todavia, se o referido direito ou reivindicação se basear em propriedade industrial ou em outro direito de propriedade intelectual, a obrigação do vendedor se regerá pelo artigo 42.

Artigo 42
(1) O vendedor deverá entregar as mercadorias livres de quaisquer direito ou reivindicação de terceiros com base em propriedade industrial ou em outro direito de propriedade intelectual do qual, no momento da conclusão do contrato, o vendedor souber ou não puder ignorar, desde que tal direito ou reivindicação tenha por fundamento propriedade industrial ou outro direito de propriedade intelectual:

(a) decorrente da lei do Estado em que as mercadorias devam ser revendidas ou de outra forma utilizadas se, no momento da conclusão do contrato, as partes houverem previsto que as mercadorias seriam revendidas ou de outra forma utilizadas nesse Estado, ou

(b) em qualquer outro caso, decorrente da lei do Estado em que o comprador tiver seu estabelecimento comercial.

(2) O vendedor não estará sujeito à obrigação prevista no parágrafo anterior se:

(a) no momento da conclusão do contrato o comprador tinha conhecimento ou não pudesse ignorar a existência do direito ou da reivindicação, ou

(b) o direito ou a reivindicação resultar de o vendedor ter se ajustado a plantas, desenhos, fórmulas ou outras especificações técnicas fornecidas pelo comprador.

Artigo 43
(1) O comprador perderá o direito de invocar as disposições dos artigos 41 ou 42 se não comunicar ao vendedor o direito ou a reivindicação do terceiro, especificando sua natureza, dentro de um prazo razoável a partir do momento em que tiver ou dever ter conhecimento deles.

(2) O vendedor não poderá invocar o disposto no parágrafo anterior, se sabia do direito ou reivindicação do terceiro e de sua natureza.

Artigo 44
Sem prejuízo do disposto no parágrafo (1) do artigo 39 e no parágrafo (1) do artigo 43, o comprador poderá reduzir o preço, conforme o artigo 50, ou exigir a indenização das perdas e danos, excluídos os lucros cessantes, se puder apresentar justificativa razoável por não ter efetuado a necessária comunicação.

Seção III
Direitos e ações do comprador em caso de violação do contrato pelo vendedor

Artigo 45
(1) Se o vendedor não cumprir qualquer das obrigações que lhe couberem de acordo com o contrato ou com a presente Convenção, o comprador poderá:

(a) exercer os direitos previstos nos artigos 46 a 52;
(b) exigir a indenização das perdas e danos prevista nos artigos 74 a 77.

(2) O comprador não perde o direito à indenização das perdas e danos por exercer seu direito a outras ações.

(3) Não poderá o juiz ou tribunal arbitral conceder ao vendedor qualquer período de graça, quando o comprador exercer ação contra a violação de contrato.

Artigo 46
(1) O comprador poderá exigir do vendedor o cumprimento de suas obrigações, salvo se tiver exercido qualquer ação incompatível com esta exigência.

(2) Se as mercadorias não estiverem conformes ao contrato, o comprador poderá exigir a entrega de outras mercadorias em substituição, desde que a desconformidade constitua violação essencial do contrato e o pedido de substituição de mercadorias seja formulado no momento da comunicação da desconformidade a que se refere o artigo 39, ou dentro de um prazo razoável a contar desse momento.

(3) Se as mercadorias não estiverem conformes ao contrato, o comprador poderá exigir do vendedor que as repare para sanar a desconformidade, salvo quando não for isto razoável em vista das circunstâncias. A solicitação de reparação das mercadorias deve ser feita no momento da comunicação a que se refere o artigo 39, ou em prazo razoável a contar desse momento.

Artigo 47
(1) O comprador poderá conceder ao vendedor prazo suplementar razoável para o cumprimento de suas obrigações.

(2) Salvo se tiver recebido a comunicação do vendedor de que não cumprirá suas obrigações no prazo fixado conforme o parágrafo anterior, o comprador não poderá exercer qualquer ação por descumprimento do contrato, durante o prazo suplementar. Todavia, o comprador não perderá, por este fato, o direito de exigir indenização das perdas e danos decorrentes do atraso no cumprimento do contrato.

Artigo 48
(1) Sem prejuízo do disposto no artigo 49, o vendedor poderá, mesmo após a data da entrega, sanar por conta própria qualquer descumprimento de suas obrigações, desde que isto não implique demora não razoável nem cause ao comprador inconveniente ou incerteza não razoáveis quanto ao reembolso, pelo vendedor, das despesas feitas pelo comprador. Contudo, o comprador manterá

o direito de exigir indenização das perdas e danos, nos termos da presente Convenção.

(2) Se o vendedor pedir ao comprador que lhe faça saber se aceita o cumprimento, e o comprador não lhe responder em prazo razoável, o vendedor poderá executar suas obrigações no prazo indicado em seu pedido. O comprador não poderá, antes do vencimento desse prazo, exercer qualquer direito ou ação incompatível com o cumprimento, pelo vendedor, das obrigações que a ele incumbem.

(3) Quando o vendedor comunicar ao comprador a intenção de cumprir suas obrigações em prazo determinado, será considerado incluído o pedido, nos termos do parágrafo anterior, para que o comprador lhe faça saber sua decisão.

(4) O pedido ou a comunicação feita pelo vendedor, nos termos dos parágrafos (1) e (2) do presente artigo, não terá efeito se não for recebido pelo comprador.

Artigo 49

(1) O comprador poderá declarar o contrato rescindido:

(a) se o descumprimento, pelo vendedor, de qualquer das obrigações que lhe atribui o contrato ou a presente Convenção constituir violação essencial do contrato; ou

(b) no caso de falta de entrega, se o vendedor não entregar as mercadorias dentro do prazo suplementar concedido pelo comprador, conforme o parágrafo (1) do artigo 47, ou se declarar que não efetuará a entrega dentro do prazo assim concedido.

(2) Todavia, se o vendedor tiver entregue as mercadorias, o comprador perderá o direito de declarar o contrato rescindido, se não o fizer:

(a) em caso de entrega tardia, em prazo razoável após ter tomado conhecimento de que a entrega foi efetuada;

(b) em caso de outro descumprimento que não a entrega tardia, dentro de prazo razoável:

(i) após o momento em que tiver ou dever ter tido conhecimento da violação;

(ii) após o vencimento do prazo suplementar fixado pelo comprador conforme o parágrafo (1) do artigo 47, ou após o vendedor declarar que não executará suas obrigações no referido prazo suplementar, ou

(iii) após o vencimento de qualquer prazo suplementar indicado pelo vendedor conforme o parágrafo (2) do artigo 48, ou após o comprador declarar que não aceitará o cumprimento.

Artigo 50

Se as mercadorias não estiverem conformes ao contrato, já tendo ou não sido pago o preço, o comprador poderá reduzir o preço proporcionalmente à diferença existente entre o valor das mercadorias efetivamente entregues, no momento da entrega, e o valor que teriam nesse momento mercadorias conformes ao contrato. Todavia, se o vendedor sanar qualquer descumprimento de suas obrigações, de acordo com o artigo 37 ou com o artigo 48, ou se o comprador negar-se a aceitar o cumprimento pelo vendedor, de acordo com os mencionados artigos, o comprador não poderá reduzir o preço.

Artigo 51

(1) Se o vendedor entregar somente parte das mercadorias, ou se somente parte das mercadorias entregues estiver de acordo com o contrato, aplicar-se-ão os artigos 46 a 50 no tocante à parte faltante ou desconforme.

(2) O comprador somente poderá declarar resolvido o contrato se a entrega parcial ou a desconformidade constituir violação essencial do contrato.

Artigo 52

(1) Se o vendedor entregar as mercadorias antes da data fixada, o comprador poderá, a seu critério, recebê-las ou não.

(2) Se o vendedor entregar quantidade superior àquela prevista no contrato, o comprador poderá aceitar ou não a entrega da quantidade excedente. Se o comprador aceitar a entrega da totalidade ou de parte da quantidade excedente, deverá pagá-la de acordo com o preço do contrato.

CAPÍTULO III
OBRIGAÇÕES DO COMPRADOR

Artigo 53

O comprador deverá pagar o preço das mercadorias e recebê-las nas condições estabelecidas no contrato e na presente Convenção.

Seção I
Pagamento do Preço

Artigo 54

A obrigação do comprador de pagar o preço compreenderá também tomar as medidas e cumprir os requisitos exigidos pelo contrato ou pelas leis ou regulamentos pertinentes destinadas a permitir o pagamento.

Artigo 55

Se o contrato tiver sido validamente concluído sem que, expressa ou implicitamente, tenha sido nele fixado o preço, ou o modo de determiná-lo, entender-se-á, salvo disposição em contrário, que as partes tenham implicitamente se referido ao preço geralmente cobrado por tais mercadorias no momento da conclusão do contrato, vendidas em circunstâncias semelhantes no mesmo ramo de comércio.

Artigo 56

Se o preço for fixado em função do peso das mercadorias, em caso de dúvida se adotará o peso líquido.

Artigo 57

(1) Se o comprador não estiver obrigado a pagar o preço em lugar determinado, deverá pagá-lo:

(a) no estabelecimento comercial do vendedor; ou

(b) no lugar em que se efetuar a entrega, se o pagamento tiver de ser feito contra entrega das mercadorias ou de documentos.

(2) O vendedor deverá arcar com qualquer aumento de despesas relativas ao pagamento que resultar da

mudança de seu estabelecimento comercial depois da conclusão do contrato.

Artigo 58
(1) Se o comprador não estiver obrigado a pagar o preço em momento determinado, deve pagá-lo quando o vendedor colocar à sua disposição as mercadorias ou os documentos que as representarem, de acordo com o contrato ou com a presente Convenção. O vendedor poderá considerar o pagamento como condição para a entrega das mercadorias ou dos documentos.

(2) Se o contrato envolver transporte das mercadorias, o vendedor poderá expedi-las com a condição de que as mercadorias ou os documentos que as representarem só sejam entregues ao comprador contra o pagamento do preço.

(3) O comprador não estará obrigado a pagar o preço antes de ter tido a possibilidade de inspecionar as mercadorias, salvo se as modalidades de entrega ou de pagamento ajustadas pelas partes forem incompatíveis com essa possibilidade.

Artigo 59
O comprador deverá pagar o preço na data fixada ou que puder ser determinada nos termos do contrato e da presente Convenção, sem necessidade de qualquer solicitação ou outra formalidade por parte do vendedor.

Seção II
Recebimento

Artigo 60
A obrigação do comprador de proceder ao recebimento consistirá em:

(a) praticar todos os atos razoavelmente esperados para que o vendedor possa efetuar a entrega; e
b) tomar posse das mercadorias.

Seção III
Ações do vendedor em caso de violação do contrato pelo comprador

Artigo 61
(1) Se o comprador não cumprir qualquer das obrigações que lhe incumbirem de acordo com o contrato ou com a presente Convenção, o vendedor poderá:

(a) exercer os direitos previstos nos artigos 62 a 65;
(b) exigir a indenização das perdas e danos previstos nos artigos 74 a 77.

(2) O vendedor não perde o direito à indenização das perdas e danos por exercer o direito a outras ações.

(3) Não poderá o juiz ou tribunal arbitral conceder ao comprador qualquer período de graça, quando o vendedor exercer uma ação por violação do contrato.

Artigo 62
O vendedor poderá exigir do comprador o pagamento do preço, o recebimento das mercadorias ou a execução de outras obrigações que a este incumbirem, salvo se o vendedor houver exercido algum direito ou ação incompatível com tal exigência.

Artigo 63
(1) O vendedor poderá conceder prazo suplementar razoável para cumprimento das obrigações que incumbirem ao comprador.

(2) O vendedor não pode, antes de vencido o prazo concedido conforme o parágrafo precedente, recorrer a qualquer ação por descumprimento do contrato, salvo se houver recebido comunicação do comprador de que não cumprirá suas obrigações neste prazo. Todavia, o vendedor não perderá, por isto, qualquer direito que possa ter de exigir perdas e danos pela mora no cumprimento pelo comprador.

Artigo 64
(1) O vendedor poderá declarar rescindido o contrato se:

(a) o descumprimento pelo comprador de qualquer das obrigações que lhe incumbem segundo o contrato ou a presente Convenção constituir violação essencial do contrato; ou

(b) o comprador não cumprir a obrigação de pagar o preço, ou não receber as mercadorias no prazo suplementar fixado pelo vendedor, de acordo com o parágrafo (1) do artigo 63, ou, ainda, declarar que não o fará no prazo assim fixado.

(2) Todavia, caso o comprador tenha pago o preço, o vendedor perderá o direito de declarar resolvido o contrato se não o fizer:

(a) antes que o vendedor tome conhecimento do cumprimento da obrigação, caso se trate de cumprimento tardio pelo comprador;

(b) caso se trate de descumprimento de outra natureza que não o cumprimento tardio pelo comprador, dentro de prazo razoável:

(i) após o momento em que teve ou deveria ter tido conhecimento do descumprimento; ou

(ii) após o vencimento do prazo suplementar fixado pelo vendedor de acordo com o parágrafo (1) do artigo 63, ou após o comprador ter declarado que não cumpriria suas obrigações dentro desse prazo.

Artigo 65
(1) Se o contrato dispuser que caberá ao comprador especificar a forma, as dimensões ou outras características das mercadorias e tal especificação não for efetuada na data ajustada, ou em prazo razoável após ter sido solicitada pelo vendedor, este poderá, sem prejuízo de quaisquer outros direitos que possa ter, efetuar ele próprio a especificação, de acordo com as necessidades do comprador das quais tiver conhecimento.

(2) Se a especificação for efetuada pelo próprio vendedor, este deve dar conhecimento ao comprador dos detalhes, concedendo-lhe prazo razoável para que efetue especificação diferente. Se, após receber a comunicação do vendedor, o comprador não se utilizar desta faculdade no prazo fixado, a especificação efetuada pelo vendedor tornar-se-á vinculante.

CAPÍTULO IV
TRANSFERÊNCIA DO RISCO

Artigo 66
A perda ou a deterioração das mercadorias ocorrida após a transferência de risco ao comprador não o

libera da obrigação de pagar o preço, salvo se for decorrente de ato ou omissão do vendedor.

Artigo 67
(1) Se o contrato de compra e venda implicar também o transporte das mercadorias e o vendedor não estiver obrigado a entregá-las em lugar determinado, correrão por conta do comprador os riscos a partir da entrega das mercadorias ao primeiro transportador, para serem trasladadas ao comprador nos termos do contrato. Se o vendedor estiver obrigado a entregar as mercadorias ao transportador em lugar determinado, os riscos só se transferirão ao comprador quando as mercadorias forem entregues ao transportador naquele lugar. O fato de estar o vendedor autorizado a reter os documentos representativos das mercadorias não prejudicará a transferência do risco.

(2) Entretanto, o risco não se transferirá ao comprador até que as mercadorias estejam claramente identificadas para os efeitos do contrato, mediante a marcação das mercadorias, pelos documentos de expedição, por comunicação enviada ao comprador ou por qualquer outro modo.

Artigo 68
Se as mercadorias forem vendidas em trânsito, o risco se transferirá ao comprador a partir do momento em que o contrato for concluído. Não obstante, se assim resultar das circunstâncias, o risco será assumido pelo comprador a partir do momento em que as mercadorias tiverem passado para a posse do transportador que houver emitido os documentos referentes ao contrato de transporte. Todavia, o risco da perda ou deterioração correrá por conta do vendedor se, no momento da conclusão do contrato de compra e venda, o vendedor sabia ou devesse saber que as mercadorias sofreram perda ou deterioração, sem ter informado ao comprador.

Artigo 69
(1) Nos casos não compreendidos nos artigos 67 e 68, o risco se transferirá ao comprador quando este retirar as mercadorias ou, se não o fizer no tempo devido, a partir do momento em que as mercadorias forem colocadas à sua disposição, estando ele em violação contratual por recusar-se a recebê-las.

(2) Não obstante, se o comprador estiver obrigado a retirar as mercadorias noutro lugar que não o estabelecimento comercial do vendedor, o risco se transferirá quando a entrega se efetuar e o comprador souber que as mercadorias estão à sua disposição nesse lugar.

(3) Se o contrato se referir a mercadorias ainda não individualizadas, não se considerará que tenham sido postas à disposição do comprador até que sejam elas claramente identificadas para os efeitos do contrato.

Artigo 70
Se o vendedor houver cometido violação essencial do contrato, as disposições dos artigos 67, 68 e 69 não prejudicarão as ações de que dispõe o comprador em consequência de tal violação.

CAPÍTULO V
DISPOSIÇÕES COMUNS ÀS OBRIGAÇÕES DO VENDEDOR E DO COMPRADOR

Seção I
Violação antecipada e contratos com prestações sucessivas

Artigo 71
(1) Uma parte poderá suspender o cumprimento de suas obrigações se, após a conclusão do contrato, tornar-se evidente que a outra parte não cumprirá parcela substancial de suas obrigações, devido:

(a) a grave insuficiência em sua capacidade de cumpri-las, ou em sua solvência; ou

(b) à maneira como se dispõe a cumprir ou como cumpre o contrato.

(2) Se o vendedor houver expedido as mercadorias antes de se tornarem evidentes os motivos a que se refere o parágrafo anterior, poderá se opor a que o comprador tome posse das mercadorias, ainda que este seja portador de documento que lhe permita obtê-la. Este parágrafo refere-se somente aos direitos respectivos do comprador e do vendedor sobre as mercadorias.

(3) A parte que suspender o cumprimento de suas obrigações, antes ou depois da expedição das mercadorias, deverá comunicá-lo imediatamente à outra parte, mas deverá prosseguir no cumprimento se esta oferecer garantias suficientes do cumprimento de suas obrigações.

Artigo 72
(1) Se antes da data do adimplemento tornar-se evidente que uma das partes incorrerá em violação essencial do contrato, poderá a outra parte declarar a rescisão deste.

(2) Se dispuser do tempo necessário, a parte que pretender declarar a rescisão do contrato deverá comunicá-la à outra parte com antecedência razoável, para que esta possa oferecer garantias suficientes de que cumprirá suas obrigações.

(3) Os requisitos do parágrafo anterior não serão aplicáveis quando a outra parte houver declarado que não cumprirá suas obrigações.

Artigo 73
(1) Nos contratos que estipularem entregas sucessivas de mercadorias, o descumprimento por uma das partes das obrigações relativas a qualquer das entregas que constituir violação essencial do contrato em relação a esta entrega dará à outra parte o direito de declarar rescindido o contrato quanto a essa mesma entrega.

(2) Se o descumprimento, por uma das partes, de suas obrigações relativas a qualquer das entregas der à outra parte fundados motivos para inferir que haverá violação essencial do contrato com relação a futuras entregas, esta outra parte poderá declarar o contrato rescindido com relação ao futuro, desde que o faça dentro de prazo razoável.

(3) O comprador que declarar resolvido o contrato com relação a qualquer entrega poderá simultânea-

mente declará-lo resolvido com respeito a entregas já efetuadas ou a entregas futuras se, em razão de sua interdependência, tais entregas não puderem se destinar aos fins previstos pelas partes no momento da conclusão do contrato.

Seção II
Perdas e Danos

Artigo 74

As perdas e danos decorrentes de violação do contrato por uma das partes consistirão no valor equivalente ao prejuízo sofrido, inclusive lucros cessantes, sofrido pela outra parte em consequência do descumprimento. Esta indenização não pode exceder à perda que a parte inadimplente tinha ou devesse ter previsto no momento da conclusão do contrato, levando em conta os fatos dos quais tinha ou devesse ter tido conhecimento naquele momento, como consequência possível do descumprimento do contrato.

Artigo 75

Se o contrato for rescindido e se, em modo e prazo razoáveis após a rescisão, o comprador proceder a uma compra substitutiva ou o vendedor a uma venda substitutiva, a parte que exigir a indenização poderá obter a diferença entre o preço do contrato e o preço estipulado na operação substitutiva, assim como quaisquer outras perdas e danos exigíveis de acordo com o artigo 74.

Artigo 76

(1) Se o contrato for rescindido e as mercadorias tiverem preço corrente, a parte que exigir a indenização das perdas e danos poderá, se não houver procedido à compra substitutiva ou à venda substitutiva previstas no artigo 75, obter a diferença entre o preço fixado no contrato e o preço corrente no momento da resolução, bem como quaisquer outras perdas e danos exigíveis em razão do artigo 74. Não obstante, se a parte que exigir a indenização houver resolvido o contrato após ter tomado posse das mercadorias, aplicar-se-á o preço corrente no momento de tomada de posse, em lugar do preço corrente no momento da rescisão.

(2) Para os fins do parágrafo anterior, o preço corrente será aquele do lugar onde a entrega das mercadorias deveria ter sido efetuada ou, na falta de preço corrente nesse lugar, o preço praticado em outra praça que puder razoavelmente substituí-lo, levando-se em consideração as diferenças no custo de transporte das mercadorias.

Artigo 77

A parte que invocar o inadimplemento do contrato deverá tomar as medidas que forem razoáveis, de acordo com as circunstâncias, para diminuir os prejuízos resultantes do descumprimento, inc1uídos os lucros cessantes. Caso não adote estas medidas, a outra parte poderá pedir redução na indenização das perdas e danos, no montante da perda que deveria ter sido mitigada.

Seção III
Juros

Artigo 78

Se uma das partes deixar de pagar o preço ou qualquer outro valor devido, a outra parte terá direito a receber os juros correspondentes, sem prejuízo de qualquer indenização das perdas e danos exigíveis de acordo com o artigo 74.

Seção IV
Exclusão de responsabilidade

Artigo 79

(1) Nenhuma das partes será responsável pelo inadimplemento de qualquer de suas obrigações se provar que tal inadimplemento foi devido a motivo alheio à sua vontade, que não era razoável esperar fosse levado em consideração no momento da conclusão do contrato, ou que fosse evitado ou superado, ou ainda, que fossem evitadas ou superadas suas consequências.

(2) Se o inadimplemento de uma das partes for devido à falta de cumprimento de terceiro por ela incumbido da execução total ou parcial do contrato, esta parte somente ficará exonerada de sua responsabilidade se:

(a) estiver exonerada do disposto no parágrafo anterior; e

(b) o terceiro incumbido da execução também estivesse exonerado, caso lhe fossem aplicadas as disposições daquele parágrafo.

(3) A exclusão prevista neste artigo produzirá efeito enquanto durar o impedimento.

(4) A parte que não tiver cumprido suas obrigações deve comunicar à outra parte o impedimento, bem como seus efeitos sobre sua capacidade de cumpri-las. Se a outra parte não receber a comunicação dentro de prazo razoável após o momento em que a parte que deixou de cumprir suas obrigações tiver ou devesse ter tomado conhecimento do impedimento, esta será responsável pelas perdas e danos decorrentes da falta de comunicação.

(5) As disposições deste artigo não impedem as partes de exercer qualquer outro direito além da indenização por perdas e danos nos termos desta Convenção.

Artigo 80

Uma parte não poderá alegar o descumprimento da outra, na medida em que tal descumprimento tiver sido causado por ação ou omissão da primeira parte.

Seção V
Efeitos da rescisão

Artigo 81

(1) A rescisão do contrato liberará ambas as partes de suas obrigações, salvo a de indenizar as perdas e danos que possam ser devidas. Todavia, a rescisão não prejudicará as disposições contratuais a respeito da solução de controvérsias, nem qualquer outra estipulação do contrato que regule os direitos e obrigações das partes em caso de rescisão.

(2) A parte que tiver cumprido total ou parcialmente o contrato poderá reclamar da outra parte a restituição daquilo que houver fornecido ou pago nos termos do contrato. Se ambas as partes estiverem obrigadas a restituir, deverão fazê-lo simultaneamente.

Artigo 82

(1) O comprador perderá o direito de declarar resolvido o contrato, ou de exigir do vendedor a entrega de outras mercadorias em substituição àquelas recebidas, se for impossível ao comprador restituir tais mercadorias em estado substancialmente idêntico ao que se encontravam quando foram recebidas.

(2) Não se aplicará o parágrafo anterior se:

(a) a impossibilidade de restituir as mercadorias ou de restituí-las em estado substancialmente idêntico àquele em que o comprador as houver recebido não for imputável a qualquer ato ou omissão deste;

(b) as mercadorias, ou parte delas, tiverem perecido ou se deteriorado em consequência do exame prescrito no artigo 38; ou

(c) o comprador, antes de descobrir a desconformidade ou de dever tê-la descoberto, tiver vendido as mercadorias ou parte delas no curso normal de seus negócios, ou as tiver consumido ou transformado segundo o uso normal.

Artigo 83

O comprador que tiver perdido o direito de declarar resolvido o contrato, ou de exigir do vendedor a entrega de outras mercadorias em substituição àquelas recebidas, de acordo com o artigo 82, manterá, não obstante, todas as demais ações que lhe corresponderem, segundo o contrato e a presente Convenção.

Artigo 84

(1) Se o vendedor estiver obrigado a restituir o preço, deverá também reconhecer os juros correspondentes, a partir da data em que tiver ocorrido o pagamento do preço.

(2) O comprador deverá reconhecer ao vendedor o valor de todo proveito que tiver auferido com as mercadorias ou com parte delas:

(a) quando tiver de restituí-las, no todo ou em parte;

(b) quando lhe for impossível restituir a totalidade ou parte das mercadorias, ou restituí-las, no todo ou em parte, em estado substancialmente idêntico àquele em que as houver recebido, mas tiver, não obstante, declarado rescindido o contrato, ou exigido do vendedor a entrega de outras mercadorias em substituição àquelas recebidas.

Seção VI
Conservação das Mercadorias

Artigo 85

Se o comprador retardar o recebimento das mercadorias ou retardar o pagamento do preço quando tal pagamento for devido simultaneamente à entrega das mercadorias, o vendedor deverá adotar medidas razoáveis para a conservação destas, atendidas as circunstâncias, caso esteja na posse das mercadorias ou possa por outra forma dispor das mesmas. O vendedor terá direito a reter as mercadorias até que obtenha do comprador o reembolso dos gastos razoáveis que tiver realizado.

Artigo 86

(1) Se o comprador tiver recebido as mercadorias e tiver a intenção de exercer o direito de recusa conferido pelo contrato ou pela presente Convenção, deverá adotar as medidas que forem razoáveis, atendidas as circunstâncias, para a respectiva conservação. O comprador terá direito de reter as mercadorias até que obtenha do vendedor o reembolso dos gastos razoáveis que tiver realizado.

(2) Se as mercadorias remetidas ao comprador tiverem sido colocadas à disposição deste no lugar de destino e o comprador exercer o direito de recusa, este deverá tomar posse das mercadorias por conta do vendedor, quando for isso possível sem pagamento do preço, inconvenientes ou gastos não razoáveis. Esta disposição não se aplicará quando o vendedor ou a pessoa autorizada a tomar posse das mercadorias por conta deste estiver presente no local de destino. Os direitos e obrigações do comprador que tomar posse das mercadorias nos termos do presente parágrafo se regerão pelo parágrafo precedente.

Artigo 87

A parte que estiver obrigada a adotar medidas para a conservação das mercadorias poderá depositá-las em armazém de terceiro, por conta da outra parte, desde que os gastos resultantes não sejam não razoáveis.

Artigo 88

(1) A parte que estiver obrigada a providenciar a conservação das mercadorias, conforme as disposições dos artigos 85 e 86, poderá vendê-las por qualquer meio apropriado se a outra parte retardar por um tempo não razoável tomar posse delas, aceitar sua devolução ou pagar o preço dos gastos de sua conservação, desde que comunique à outra parte, com antecedência razoável, sua intenção de proceder à venda.

(2) Se as mercadorias estiverem sujeitas a rápida deterioração, ou se sua conservação exigir gastos não razoáveis, a parte que estiver obrigada a providenciar sua conservação conforme as disposições dos artigos 85 e 86 deverá adotar medidas razoáveis para vendê-las. Na medida do possível, deverá comunicar à outra parte sua intenção de proceder à venda.

(3) A parte que vender as mercadorias terá direito de reter, do produto da venda, importância equivalente aos gastos razoáveis que foram realizados com sua conservação e venda, devendo entregar o saldo à outra parte.

PARTE IV
DISPOSIÇÕES FINAIS

Artigo 89

O Secretário Geral das Nações Unidas fica designado depositário da presente Convenção.

Artigo 90
A presente Convenção não prevalece sobre qualquer acordo internacional já celebrado, ou que vier a sê-lo, que contenha disposições relativas às matérias regidas pela presente Convenção, desde que as partes tenham seus estabelecimentos comerciais em Estados-Partes nesse acordo.

Artigo 91
(1) A presente Convenção estará aberta à assinatura na sessão de encerramento da Conferência das Nações Unidas sobre os Contratos de Compra e Venda Internacional de Mercadorias e permanecerá aberta à assinatura de todos os Estados na Sede das Nações Unidas, em Nova York, até 30 de setembro de 1981.
(2) A presente Convenção está sujeita à ratificação, aceitação ou aprovação pelos Estados signatários.
(3) A presente Convenção estará aberta à acessão de todos os Estados que não sejam Estados signatários, a partir da data em que ficar aberta à assinatura.
(4) Os instrumentos de ratificação, aceitação, aprovação e acesso serão depositados em poder do Secretário Geral das Nações Unidas.

Artigo 92
(1) Qualquer Estado Contratante pode declarar, no momento da assinatura, ratificação, aceitação, aprovação ou acesso, que não adotará a Parte II ou a Parte III da presente Convenção.
(2) Qualquer Estado Contratante que tiver feito a declaração prevista no parágrafo anterior com relação à Parte II ou à Parte III da presente Convenção não se considerará Estado Contratante para os efeitos do parágrafo (1) do artigo 1 da presente Convenção, no que concerne às matérias que sejam regidas pela Parte a que se referir a declaração.

Artigo 93
(1) Qualquer Estado Contratante integrado por duas ou mais unidades territoriais nas quais, de conformidade com sua Constituição, forem aplicáveis sistemas jurídicos diversos relativamente às matérias objeto da presente Convenção poderá declarar, no momento da assinatura, ratificação, aceitação, aprovação ou acesso, que a presente Convenção se aplicará a todas as suas unidades territoriais ou somente a uma ou a algumas delas, podendo modificar a qualquer momento sua declaração mediante outra declaração.
(2) Estas declarações serão notificadas ao depositário e nelas se fará constar expressamente as quais unidades territoriais a Convenção se aplicará.
(3) Se, em virtude de declaração feita nos termos deste artigo, a presente Convenção se aplicar a uma ou a algumas das unidades territoriais do Estado Contratante mas não a todas elas, e se o estabelecimento comercial de uma das partes estiver situado nesse Estado, considerar-se-á, para os efeitos da presente Convenção, que esse estabelecimento não está num Estado Contratante, salvo se se encontrar numa unidade territorial na qual a Convenção se aplicar.
(4) Se o Estado Contratante não fizer qualquer declaração nos termos do parágrafo (1) deste artigo, aplicar-se-á a Convenção a todas as unidades territoriais desse Estado.

Artigo 94
(1) Dois ou mais Estados Contratantes que tiverem normas jurídicas idênticas ou similares nas matérias que se regem na presente Convenção podem, a qualquer momento, declarar que a Convenção não se aplicará aos contratos de compra e venda, ou à respectiva formação, quando as partes tiverem seus estabelecimentos comerciais nesses Estados. Tais declarações podem ser feitas conjuntamente ou mediante declarações unilaterais recíprocas.
(2) Qualquer Estado Contratante que tiver normas jurídicas idênticas ou similares às de um ou de vários Estados não contratantes, nas matérias que se regem na presente Convenção, poderá a qualquer momento declarar que a Convenção não se aplicará aos contratos de compra e venda, ou à respectiva formação, quando as partes tiverem seus estabelecimentos comerciais nesses Estados.
(3) Se o Estado a respeito do qual tiver sido feita a declaração prevista no parágrafo anterior tornar-se ulteriormente Estado Contratante, a referida declaração produzirá os efeitos da declaração prevista no parágrafo (1), a partir da data em que a Convenção vigorar em relação ao novo Estado Contratante, desde que este subscreva essa declaração, ou faça uma declaração unilateral de caráter recíproco no mesmo sentido.

Artigo 95
Qualquer Estado poderá declarar, no momento do depósito de seu instrumento de ratificação, aceitação, aprovação ou acesso, que não adotará a disposição da alínea (b) do parágrafo (1) do artigo 1 da presente Convenção.

Artigo 96
O Estado Contratante cuja legislação exigir que os contratos de compra e venda sejam concluídos ou provados por escrito poderá, a qualquer momento, fazer a declaração prevista no artigo 12, no sentido de que, caso qualquer das partes tenha seu estabelecimento comercial nesse Estado, não se aplicarão as disposições dos artigos 11 e 29, ou da Parte II da presente Convenção, que permitirem a conclusão, modificação ou resolução do contrato de compra e venda, ou a proposta, aceitação ou qualquer outra manifestação de intenção por qualquer forma que não a escrita.

Artigo 97
(1) As declarações feitas de conformidade com a presente Convenção, no momento da assinatura, estarão sujeitas a confirmação quando da respectiva ratificação, aceitação ou aprovação.
(2) As declarações e as confirmações de declarações serão feitas por escrito e serão formalmente notificadas ao depositário.
(3) As declarações surtirão efeitos a partir da data de entrada em vigor da presente Convenção em relação ao Estado a que se referirem. Não obstante, a declaração cuja notificação formal for recebida pelo depositário após tal entrada em vigor produzirá efeito no primeiro dia do mês seguinte ao término do prazo de seis meses, contados da data em que

o depositário houver recebido a notificação. As declarações unilaterais recíprocas feitas conforme o artigo 94 produzirão efeito no primeiro dia do mês seguinte ao término do prazo de seis meses, contados da data em que o depositário houver recebido a última declaração.

(4) Qualquer Estado que fizer declaração conforme a presente Convenção poderá retirá-la a qualquer momento, mediante notificação formal, feita por escrito ao depositário. Esta retirada produzirá efeito no primeiro dia do mês seguinte ao término do prazo de seis meses, contados da data em que o depositário houver recebido a notificação.

(5) A retirada de declaração feita nos termos do artigo 94 tornará ineficaz qualquer declaração de caráter recíproco feita por outro Estado de conformidade com tal artigo, a partir da data em que tal retirada produzir efeito.

Artigo 98
Não se admitirão quaisquer reservas além daquelas expressamente autorizadas pela presente Convenção.

Artigo 99
(1) Esta Convenção entrará em vigor, observado o disposto no parágrafo (6) deste artigo, no primeiro dia do mês seguinte ao término do prazo de doze meses, contados da data em que houver sido depositado o décimo instrumento de ratificação, aceitação, aprovação ou acesso, incluindo o instrumento que contenha declaração feita nos termos do artigo 92.

(2) Quando um Estado ratificar, aceitar, aceder ou aprovar a presente Convenção, ou a ela aderir, após haver sido depositado o décimo instrumento de ratificação, aceitação, aprovação ou acesso, a Convenção, salvo a Parte excluída, entrará em vigor com relação a esse Estado no primeiro dia do mês seguinte ao término do prazo de doze meses, contado da data em que haja depositado seu instrumento de ratificação, aceitação, aprovação ou acesso, observado o disposto no parágrafo (6) deste artigo.

(3) Um Estado que ratificar, aceitar, aprovar a presente Convenção ou a ela aceder, e for parte da Convenção relativa à Lei Uniforme sobre a Formação de Contratos para a Venda Internacional de Mercadorias celebrada na Haia em 10 de junho de 1964 (Convenção da Haia de 1964 sobre a Formação), ou da Convenção relativa à Lei Uniforme sobre a Venda Internacional de Mercadorias celebrada na Haia em 10 de julho de 1964 (Convenção da Haia de 1964 sobre a Venda), ou de ambas as Convenções, deverá ao mesmo tempo denunciar, conforme o caso, a Convenção da Haia de 1964 sobre a Venda, a Convenção da Haia de 1964 sobre a Formação ou ambas as Convenções, mediante notificação para esse efeito dirigida ao Governo dos Países Baixos.

(4) Um Estado parte da Convenção da Haia de 1964 sobre a Venda que ratificar, aceitar ou aprovar a presente Convenção, ou a ela aceder, e declarar ou tiver declarado, nos termos do artigo 92, que não adotará a Parte II da presente Convenção, deverá, no momento da ratificação, aceitação, aprovação ou acessão, denunciar a Convenção da Haia de 1964 sobre a Venda, mediante notificação para esse efeito dirigida ao Governo dos Países Baixos.

(5) Um Estado parte da Convenção da Haia de 1964 sobre a Formação que ratificar, aceitar ou aprovar a presente Convenção, ou a ela aceder, e declarar ou tiver declarado, nos termos do artigo 92, que não adotará a Parte III da presente Convenção, deverá, no momento da ratificação, aceitação, aprovação ou acessão, denunciar a Convenção da Haia de 1964 sobre a Formação, mediante notificação para esse efeito dirigida ao Governo dos Países Baixos.

(6) Para os efeitos deste artigo, as ratificações, aceitações, aprovações e acessões com respeito à presente Convenção por Estados partes da Convenção da Haia de 1964 sobre a Formação ou da Convenção da Haia de 1964 sobre a Venda, não produzirão efeitos até que as denúncias que estes Estados devam fazer com relação a essas duas mencionadas Convenções tenham produzido seus devidos efeitos. O depositário da presente Convenção consultará o Governo dos Países Baixos, como depositário das Convenções de 1964, a fim de assegurar a necessária coordenação a este respeito.

Artigo 100
(1) Esta Convenção somente se aplicará à formação do contrato quando a oferta de conclusão do contrato se fizer a partir da data de entrada em vigor da Convenção, com relação aos Estados Contratantes a que se refere a alínea (a) do parágrafo (1) do artigo 1, ou com relação ao Estado Contratante a que se refere a alínea (b) do parágrafo (1) do artigo 1.

(2) Esta Convenção somente se aplicará aos contratos concluídos a partir da data de entrada em vigor da Convenção com relação aos Estados Contratantes a que se refere a alínea (a) do parágrafo (1) do artigo 1, ou com relação ao Estado Contratante a que se refere a alínea (b) do parágrafo (1) do artigo 1.

Artigo 101
(1) Qualquer Estado Contratante poderá denunciar a presente Convenção, sua Parte II ou sua Parte III mediante notificação formal, feita por escrito ao depositário.

(2) A denúncia produzirá efeito no primeiro dia do mês seguinte ao término do prazo de doze meses, contado da data em que a notificação houver sido recebida pelo depositário. Quando na notificação se estabelecer prazo mais longo para que a denúncia produza efeito, esta tornar-se-á eficaz no término desse prazo, contado da data em que a notificação houver sido recebida pelo depositário.

Feita em Viena, no undécimo dia de abril de mil novecentos e oitenta, em um só original, cujos textos em árabe, chinês, espanhol, francês, inglês e russo são igualmente autênticos.

EM FÉ DO QUE os plenipotenciários abaixo assinados, devidamente autorizados por seus respectivos Governos, firmaram a presente Convenção.

Direito Internacional do Meio Ambiente

DECLARAÇÃO DE ESTOCOLMO SOBRE O MEIO AMBIENTE HUMANO (1972)

A Conferência das Nações Unidas sobre o Meio Ambiente, tendo-se reunido em Estocolmo, de 5 a 16 de junho de 1972, e
Considerando a necessidade de estabelecer uma visão global e princípios comuns, que sirvam de inspiração e orientação para guiar os povos do mundo na preservação e na melhoria do meio ambiente,
Proclama que:

1 – O homem é ao mesmo tempo criatura e criador do meio ambiente, que lhe dá sustento físico e lhe oferece a oportunidade de desenvolver-se intelectual, moral, social e espiritualmente. A longa e difícil evolução da raça humana no planeta levou-a a um estágio em que, com o rápido progresso da Ciência e da Tecnologia, conquistou o poder de transformar de inúmeras maneiras e em escala sem precedentes o meio ambiente. Natural ou criado pelo homem, é o meio ambiente essencial para o bem-estar e para gozo dos direitos humanos fundamentais, até mesmo o direito à própria vida.

2 – A proteção e a melhoria do meio ambiente humano constituem desejo premente dos povos do globo e dever de todos os Governos, por constituírem o aspecto mais relevante que afeta o bem-estar dos povos e o desenvolvimento do mundo inteiro.

3 – O homem carece constantemente de somar experiências para prosseguir descobrindo, inventando, criando, progredindo. Em nossos dias sua capacidade de transformar o mundo que o cerca, se usada de modo adequado, pode dar a todos os povos os benefícios do desenvolvimento e o ensejo de aprimorar a qualidade da vida. Aplicada errada ou inconsideradamente, tal faculdade pode causar danos incalculáveis aos seres humanos e ao seu meio ambiente. Aí estão, à nossa volta, os males crescentes produzidos pelo homem em diferentes regiões da Terra: perigosos índices de poluição na água, no ar, na terra e nos seres vivos; distúrbios grandes e indesejáveis no equilíbrio ecológico da biosfera; destruição e exaustão de recursos insubstituíveis; e enormes deficiências, prejudiciais à saúde física, mental e social do homem, no meio ambiente criado pelo homem, especialmente no seu ambiente de vida e de trabalho.

4 – Nos países em desenvolvimento, os problemas ambientais são causados, na maioria, pelo subdesenvolvimento. Milhões de pessoas continuam vivendo muito abaixo dos níveis mínimos necessários a uma existência humana decente, sem alimentação e vestuário adequados, abrigo e educação, saúde e saneamento. Por conseguinte, tais países devem dirigir seus esforços para o desenvolvimento, cônscios de suas prioridades e tendo em mente a premência de proteger e melhorar o meio ambiente. Com idêntico objetivo, os países industrializados, onde os problemas ambientais estão geralmente ligados à industrialização e ao desenvolvimento tecnológico, devem esforçar-se para reduzir a distância que os separa dos países em desenvolvimento.

5 – O crescimento natural da população suscita a toda hora problemas na preservação do meio ambiente, mas políticas e medidas adequadas podem resolver tais problemas. De tudo o que há no mundo, a associação humana é o que existe de mais precioso. É ela que impulsiona o progresso social e cria a riqueza, desenvolve a Ciência e a Tecnologia e, através de seu trabalho árduo, continuamente transforma o meio ambiente. Com o progresso social e os avanços da produção, da Ciência e da Tecnologia, a capacidade do homem para melhorar o meio ambiente aumenta dia a dia.

6 – Atingiu-se um ponto da História em que devemos moldar nossas ações no mundo inteiro com a maior prudência, em atenção às suas consequências ambientais. Pela ignorância ou indiferença podemos causar danos maciços e irreversíveis ao ambiente terrestre de que dependem nossa vida e nosso bem-estar. Com mais conhecimento e ponderação nas ações, poderemos conseguir para nós e para a posteridade uma vida melhor em ambiente mais adequado às necessidades e esperanças do homem. São amplas as perspectivas para a melhoria da qualidade ambiental e das condições de vida. O que precisamos é de entusiasmo, acompanhado de calma mental, e de trabalho intenso mas ordenado. Para chegar à liberdade no mundo da Natureza, o homem deve usar seu conhecimento para, com ela colaborando, criar um mundo melhor. Tornou-se imperativo para a humanidade defender e melhorar o meio ambiente, tanto para as gerações atuais como para as futuras, objetivo que se deve procurar atingir em harmonia com os fins estabelecidos e fundamentais da paz e do desenvolvimento econômico e social em todo o mundo.

7 – A consecução deste objetivo ambiental requererá a aceitação de responsabilidade por parte de cidadãos e comunidades, de empresas e institui-

ções, em equitativa partilha de esforços comuns. Indivíduos e organizações, somando seus valores e seus atos, darão forma ao ambiente do mundo futuro. Aos governos locais e nacionais caberá o ônus maior pelas políticas e ações ambientais da mais ampla envergadura dentro de suas respectivas jurisdições. Também a cooperação internacional se torna necessária para obter os recursos que ajudarão os países em desenvolvimento no desempenho de suas atribuições. Um número crescente de problemas, devido a sua amplitude regional ou global ou ainda por afetarem campos internacionais comuns, exigirá ampla cooperação de nações e organizações internacionais visando ao interesse comum. A Conferência concita Governos e povos a se empenharem num esforço comum para preservar e melhorar o meio ambiente, em benefício de todos os povos e das gerações futuras.

PRINCÍPIOS

Expressa a comum convicção que:

Princípio 1 – O homem tem o direito fundamental à liberdade, à igualdade e ao desfrute de condições de vida adequadas, em um meio ambiente de qualidade tal que lhe permita levar uma vida digna, gozar de bem-estar e é portador solene de obrigação de proteger e melhorar o meio ambiente, para as gerações presentes e futuras. A esse respeito, as políticas que promovem ou perpetuam o "apartheid", a segregação racial, a discriminação, a opressão colonial e outras formas de opressão e de dominação estrangeira permanecem condenadas e devem ser eliminadas.

Princípio 2 – Os recursos naturais da Terra, incluídos o ar, a água, o solo, a flora e a fauna e, especialmente, parcelas representativas dos ecossistemas naturais, devem ser preservados em benefício das gerações atuais e futuras, mediante um cuidadoso planejamento ou administração adequada.

Princípio 3 – Deve ser mantida e, sempre que possível, restaurada ou melhorada a capacidade da Terra de produzir recursos renováveis vitais.

Princípio 4 – O homem tem a responsabilidade especial de preservar e administrar judiciosamente o patrimônio representado pela flora e fauna silvestres, bem assim o seu "habitat", que se encontram atualmente em grave perigo por uma combinação de fatores adversos. Em consequência, ao planificar o desenvolvimento econômico, deve ser atribuída importância à conservação da natureza, incluídas a flora e a fauna silvestres.

Princípio 5 – Os recursos não renováveis da Terra devem ser utilizados de forma a evitar o perigo do seu esgotamento futuro e a assegurar que toda a humanidade participe dos benefícios de tal uso.

Princípio 6 – Deve-se por fim à descarga de substâncias tóxicas ou de outras matérias e à liberação de calor, em quantidade ou concentrações tais que não possam ser neutralizadas pelo meio ambiente de modo a evitarem-se danos graves e irreparáveis aos ecossistemas. Deve ser apoiada a justa luta de todos os povos contra a poluição.

Princípio 7 – Os países deverão adotar todas as medidas possíveis para impedir a poluição dos mares por substâncias que possam por em perigo a saúde do homem, prejudicar os recursos vivos e a vida marinha, causar danos às possibilidades recreativas ou interferir com outros usos legítimos do mar.

Princípio 8 – O desenvolvimento econômico e social é indispensável para assegurar ao homem um ambiente de vida e trabalho favorável e criar, na Terra, as condições necessárias à melhoria da qualidade de vida.

Princípio 9 – As deficiências do meio ambiente decorrentes das condições de subdesenvolvimento e de desastres naturais ocasionam graves problemas; a melhor maneira de atenuar suas consequências é promover o desenvolvimento acelerado, mediante a transferência maciça de recursos consideráveis de assistência financeira e tecnológica que complementem os esforços dos países em desenvolvimento e a ajuda oportuna, quando necessária.

Princípio 10 – Para os países em desenvolvimento, a estabilidade de preços e pagamento adequado para comodidades primárias e matérias-primas são essenciais à administração do meio ambiente, de vez que se deve levar em conta tanto os fatores econômicos como os processos ecológicos.

Princípio 11 – As políticas ambientais de todos os países deveriam melhorar e não afetar adversamente o potencial desenvolvimentista atual e futuro dos países em desenvolvimento, nem obstar o atendimento de melhores condições de vida para todos; os Estados e as organizações internacionais deveriam adotar providências apropriadas, visando chegar a um acordo, para fazer frente às possíveis consequências econômicas nacionais e internacionais resultantes da aplicação de medidas ambientais.

Princípio 12 – Deveriam ser destinados recursos à preservação e melhoramento do meio ambiente, tendo em conta as circunstâncias e as necessidades especiais dos países em desenvolvimento e quaisquer custos que possam emanar, para esses países, a inclusão de medidas de conservação do meio ambiente, em seus planos de desenvolvimento, assim como a necessidade de lhes ser prestada, quando solicitada, maior assistência técnica e financeira internacional para esse fim.

Princípio 13 – A fim de lograr um ordenamento mais racional dos recursos e, assim, melhorar as condições ambientais, os Estados deveriam adotar um enfoque integrado e coordenado da planificação de seu desenvolvimento, de modo a que fique assegurada a compatibilidade do desenvolvimento, com a necessidade de proteger e melhorar o meio ambiente humano, em benefício de sua população.

Princípio 14 – A planificação racional constitui um instrumento indispensável, para conciliar as diferenças que possam surgir entre as exigências do desenvolvimento e a necessidade de proteger e melhorar o meio ambiente.

Princípio 15 – Deve-se aplicar a planificação aos agrupamentos humanos e à urbanização, tendo em mira evitar repercussões prejudiciais ao meio ambiente e a obtenção do máximo de benefícios sociais, econômicos e ambientais para todos. A esse respeito, devem ser abandonados os projetos destinados à dominação colonialista e racista.

Princípio 16 – As regiões em que exista o risco de que a taxa de crescimento demográfico ou as concentrações excessivas de população, prejudiquem o meio ambiente ou o desenvolvimento, ou em que a baixa densidade de população possa impedir o melhoramento do meio ambiente humano e obstar o desenvolvimento, deveriam ser aplicadas políticas demográficas que representassem os direitos humanos fundamentais e contassem com a aprovação dos governos interessados.

Princípio 17 – Deve ser confiada, às instituições nacionais competentes, a tarefa de planificar, administrar e controlar a utilização dos recursos ambientais dos Estados, com o fim de melhorar a qualidade do meio ambiente.

Princípio 18 – Como parte de sua contribuição ao desenvolvimento econômico e social, devem ser utilizadas a ciência e a tecnologia para descobrir, evitar e combater os riscos que ameaçam o meio ambiente, para solucionar os problemas ambientais e para o bem comum da humanidade.

Princípio 19 – É indispensável um trabalho de educação em questões ambientais, visando tanto às gerações jovens como os adultos, dispensando a devida atenção ao setor das populações menos privilegiadas, para assentar as bases de uma opinião pública, bem informada e de uma conduta responsável dos indivíduos, das empresas e das comunidades, inspirada no sentido de sua responsabilidade, relativamente à proteção e melhoramento do meio ambiente, em toda a sua dimensão humana.

Princípio 20 – Deve ser fomentada, em todos os países, especialmente naqueles em desenvolvimento, a investigação científica e medidas desenvolvimentistas, no sentido dos problemas ambientais, tanto nacionais como multinacionais. A esse respeito, o livre intercâmbio de informação e de experiências científicas atualizadas deve constituir objeto de apoio e assistência, a fim de facilitar a solução dos problemas ambientais; as tecnologias ambientais devem ser postas à disposição dos países em desenvolvimento, em condições que favoreçam sua ampla difusão, sem que constituam carga econômica excessiva para esses países.

Princípio 21 – De acordo com a Carta das Nações Unidas e com os princípios do direito internacional, os Estados têm o direito soberano de explorar seus próprios recursos, de acordo com a sua política ambiental, desde que as atividades levadas a efeito, dentro da jurisdição ou sob seu controle, não prejudiquem o meio ambiente de outros Estados ou de zonas situadas fora de toda a jurisdição nacional.

Princípio 22 – Os Estados devem cooperar para continuar desenvolvendo o direito internacional, no que se refere à responsabilidade e à indenização das vítimas da poluição e outros danos ambientais, que as atividades realizadas dentro da jurisdição ou sob controle de tais Estados, causem às zonas situadas fora de sua jurisdição.

Princípio 23 – Sem prejuízo dos princípios gerais que possam ser estabelecidos pela comunidade internacional e dos critérios e níveis mínimos que deverão ser definidos em nível nacional, em todos os casos será indispensável considerar os sistemas de valores predominantes em cada país, e o limite de aplicabilidade de padrões que são válidos para os países mais avançados, mas que possam ser inadequados e de alto custo social para os países em desenvolvimento.

Princípio 24 – Todos os países, grandes ou pequenos, devem empenhar-se com espírito de cooperação e em pé de igualdade na solução das questões internacionais relativas à proteção e melhoria do meio. É indispensável cooperar mediante acordos multilaterais e bilaterais e por outros meios apropriados, a fim de evitar, eliminar ou reduzir, e controlar eficazmente os efeitos prejudiciais que as atividades que se realizem em qualquer esfera possam acarretar para o meio, levando na devida conta a soberania e os interesses de todos os Estados.

Princípio 25 – Os Estados deverão estar assegurados de que as organizações internacionais realizem um trabalho coordenado, eficaz e dinâmico na conservação e melhoria do meio ambiente.

Princípio 26 – Deve-se livrar o homem e o meio humano dos efeitos de armas nucleares e dos demais meios de destruição maciça. Os Estados devem procurar chegar rapidamente a um acordo, nos organismos internacionais competentes, sobre a eliminação e completa destruição das mesmas armas.

DECLARAÇÃO DO RIO DE JANEIRO SOBRE MEIO AMBIENTE E DESENVOLVIMENTO (1992)[1]

▶ Adotada na cidade do Rio de Janeiro, ao final dos trabalhos da Conferência das Nações Unidas sobre Meio Ambiente e Desenvolvimento, de 3 a 14.06.1992.

A Conferência das Nações Unidas sobre Meio Ambiente e Desenvolvimento, tendo se reunido no Rio de Janeiro, de 3 a 14 de junho de 1992, reafirmando a Declaração da Conferência das Nações Unidas sobre o Meio Ambiente Humano, adotada em Estocolmo em 16 de junho de 1972, e buscando avançar a partir dela, com o objetivo de estabelecer uma nova e justa parceria global mediante a criação de novos níveis de cooperação entre os Estados, os setores-chaves da sociedade e os indivíduos, trabalhando com vistas à conclusão de acordos

---

1 Embora não seja, tecnicamente, um tratado, por não haver recolhimento de assinatura dos Estados-partes, nem se encontrar aberta a ratificação ou adesões, tal Declaração foi inserida nesta Coletânea por ser uma memorável declaração de princípios a serem seguidos pelos Estados em matéria de meio ambiente e desenvolvimento.

internacionais que respeitem os interesses de todos e protejam a integridade do sistema global de meio ambiente e desenvolvimento, reconhecendo a natureza integral e interdependente da Terra, nosso lar, proclama que:

Princípio 1 – Os seres humanos estão no centro das preocupações com o desenvolvimento sustentável. Têm direito a uma vida saudável e produtiva, em harmonia com a natureza.

Princípio 2 – Os Estados, de acordo com a Carta das Nações Unidas e com os princípios do direito internacional, têm o direito soberano de explorar seus próprios recursos segundo suas próprias políticas de meio ambiente e de desenvolvimento, e a responsabilidade de assegurar que atividades sob sua jurisdição ou seu controle não causem danos ao meio ambiente de outros Estados ou de áreas além dos limites da jurisdição nacional.

Princípio 3 – O direito ao desenvolvimento deve ser exercido de modo a permitir que sejam atendidas equitativamente as necessidades de desenvolvimento e de meio ambiente das gerações presentes e futuras.

Princípio 4 – Para alcançar o desenvolvimento sustentável, a proteção ambiental constituirá parte integrante do processo de desenvolvimento e não pode ser considerada isoladamente deste.

Princípio 5 – Para todos os Estados e todos os indivíduos, como requisito indispensável para o desenvolvimento sustentável, irão coo-perar na tarefa essencial de erradicar a pobreza, a fim de reduzir as disparidades de padrões de vida e melhor atender às necessidades da maioria da população do mundo.

Princípio 6 – Será dada prioridade especial à situação e às necessidades especiais dos países em desenvolvimento, especialmente dos países menos desenvolvidos e daqueles ecologicamente mais vulneráveis. As ações internacionais na área do meio ambiente e do desenvolvimento devem também atender aos interesses e às necessidades de todos os países.

Princípio 7 – Os Estados irão cooperar, em espírito de parceria global, para a conservação, proteção e restauração da saúde e da integridade do ecossistema terrestre. Considerando as diversas contribuições para a degradação do meio ambiente global, os Estados têm responsabilidades comuns, porém diferenciadas. Os países desenvolvidos reconhecem a responsabilidade que lhes cabe na busca internacional do desenvolvimento sustentável, tendo em vista as pressões exercidas por suas sociedades sobre o meio ambiente global e as tecnologias e recursos financeiros que controlam.

Princípio 8 – Para alcançar o desenvolvimento sustentável e uma qualidade de vida mais elevada para todos, os Estados devem reduzir e eliminar os padrões insustentáveis de produção e consumo, e promover políticas demográficas adequadas.

Princípio 9 – Os Estados devem cooperar no fortalecimento da capacitação endógena para o desenvolvimento sustentável, mediante o aprimoramento da compreensão científica por meio do intercâmbio de conhecimentos científicos e tecnológicos, e mediante a intensificação do desenvolvimento, da adaptação, da difusão e da transferência de tecnologias, incluindo as tecnologias novas e inovadoras.

Princípio 10 – A melhor maneira de tratar as questões ambientais é assegurar a participação, no nível apropriado, de todos os cidadãos interessados. No nível nacional, cada indivíduo terá acesso adequado às informações relativas ao meio ambiente de que disponham as autoridades públicas, inclusive informações acerca de materiais e atividades perigosas em suas comunidades, bem como a oportunidade de participar dos processos decisórios. Os Estados irão facilitar e estimular a conscientização e a participação popular, colocando as informações à disposição de todos. Será proporcionado o acesso efetivo a mecanismos judiciais e administrativos, inclusive no que se refere à compensação e reparação de danos.

Princípio 11 – Os Estados adotarão legislação ambiental eficaz. As normas ambientais, e os objetivos e as prioridades de gerenciamento deverão refletir o contexto ambiental e de meio ambiente a que se aplicam. As normas aplicadas por alguns países poderão ser inadequadas para outros, em particular para os países em desenvolvimento, acarretando custos econômicos e sociais injustificados.

Princípio 12 – Os Estados devem cooperar na promoção de um sistema econômico internacional aberto e favorável, propício ao crescimento econômico e ao desenvolvimento sustentável em todos os países, de forma a possibilitar o tratamento mais adequado dos problemas da degradação ambiental. As medidas de política comercial para fins ambientais não devem constituir um meio de discriminação arbitrária ou injustificável, ou uma restrição disfarçada ao comércio internacional. Devem ser evitadas ações unilaterais para o tratamento dos desafios internacionais fora da jurisdição do país importador. As medidas internacionais relativas a problemas ambientais transfronteiriços ou globais deve, na medida do possível, basear-se no consenso internacional.

Princípio 13 – Os Estados irão desenvolver legislação nacional relativa à responsabilidade e à indenização das vítimas de poluição e de outros danos ambientais. Os Estados irão também cooperar, de maneira expedita e mais determinada, no desenvolvimento do direito internacional no que se refere à responsabilidade e à indenização por efeitos adversos dos danos ambientais causados, em áreas fora de sua jurisdição, por atividades dentro de sua jurisdição ou sob seu controle.

Princípio 14 – Os Estados devem cooperar de forma efetiva para desestimular ou prevenir a realocação e transferência, para outros Estados, de atividades e substâncias que causem degradação ambiental grave ou que sejam prejudiciais à saúde humana.

Princípio 15 – Com o fim de proteger o meio ambiente, o princípio da precaução deverá ser amplamente observado pelos Estados, de acordo com suas capacidades. Quando houver ameaça de danos graves ou irreversíveis, a ausência de certeza científica absoluta não será utilizada como razão para o adiamento de medidas economicamente viáveis para prevenir a degradação ambiental.

Princípio 16 – As autoridades nacionais devem procurar promover a internacionalização dos custos ambientais e o uso de instrumentos econômicos, tendo em vista a abordagem segundo a qual o poluidor deve, em princípio, arcar com o custo da poluição, com a devida atenção ao interesse público e sem provocar distorções no comércio e nos investimentos internacionais.

Princípio 17 – A avaliação do impacto ambiental, como instrumento nacional, será efetuada para as atividades planejadas que possam vir a ter um impacto adverso significativo sobre o meio ambiente e estejam sujeitas à decisão de uma autoridade nacional competente.

Princípio 18 – Os Estados notificarão imediatamente outros Estados acerca de desastres naturais ou outras situações de emergência que possam vir a provocar súbitos efeitos prejudiciais sobre o meio ambiente destes últimos. Todos os esforços serão envidados pela comunidade internacional para ajudar os Estados afetados.

Princípio 19 – Os Estados fornecerão, oportunamente, aos Estados potencialmente afetados, notificação prévia e informações relevantes acerca de atividades que possam vir a ter considerável impacto transfronteiriço negativo sobre o meio ambiente, e se consultarão com estes tão logo seja possível e de boa-fé.

Princípio 20 – As mulheres têm um papel vital no gerenciamento do meio ambiente e no desenvolvimento. Sua participação plena é, portanto, essencial para se alcançar o desenvolvimento sustentável.

Princípio 21 – A criatividade, os ideais e a coragem dos jovens do mundo devem ser mobilizados para criar uma parceria global com vistas a alcançar o desenvolvimento sustentável e assegurar um futuro melhor para todos.

Princípio 22 – Os povos indígenas e suas comunidades, bem como outras comunidades locais, têm um papel vital no gerenciamento ambiental e no desenvolvimento, em virtude de seus conhecimentos e de suas práticas tradicionais. Os Estados devem reconhecer e apoiar adequadamente sua identidade, cultura e interesses, e oferecer condições para sua efetiva participação no atingimento do desenvolvimento sustentável.

Princípio 23 – O meio ambiente e os recursos naturais dos povos submetidos a opressão, dominação e ocupação serão protegidos.

Princípio 24 – A guerra é, por definição, prejudicial ao desenvolvimento sustentável. Os Estados irão, por conseguinte, respeitar o direito internacional aplicável à proteção do meio ambiente em tempos de conflitos armados e irão cooperar para seu desenvolvimento progressivo, quando necessário.

Princípio 25 – A paz, o desenvolvimento e a proteção ambiental são interdependentes e indivisíveis.

Princípio 26 – Os Estados solucionarão todas as suas controvérsias ambientais de forma pacífica, utilizando-se dos meios apropriados, de conformidade com a Carta das Nações Unidas.

Princípio 27 – Os Estados e os povos irão cooperar de boa-fé e imbuídos de um espírito de parceria para a realização dos princípios consubstanciados nesta Declaração, e para o desenvolvimento progressivo do direito internacional no campo do desenvolvimento sustentável.

CONVENÇÃO SOBRE DIVERSIDADE BIOLÓGICA (1992)

- Adotada no Rio de Janeiro, em 05.06.1992.
- Aprovada no Brasil pelo Decreto Legislativo 2, de 03.02.1994, e promulgada pelo Decreto 2.519, de 16.03.1998.

Preâmbulo

As Partes Contratantes,

Conscientes do valor intrínseco da diversidade biológica e dos valores ecológico, genético, social, econômico, científico, educacional, cultural, recreativo e estético da diversidade biológica e de seus componentes,

Conscientes, também, da importância da diversidade biológica para a evolução e para a manutenção dos sistemas necessários à vida da biosfera,

Afirmando que a conservação da diversidade biológica é uma preocupação comum à humanidade,

Reafirmando que os Estados têm direitos soberanos sobre os seus próprios recursos biológicos,

Reafirmando, igualmente, que os Estados são responsáveis pela conservação de sua diversidade biológica e pela utilização sustentável de seus recursos biológicos,

Preocupados com a sensível redução da diversidade biológica causada por determinadas atividades humanas,

Conscientes da falta geral de informação e de conhecimento sobre a diversidade biológica e da necessidade urgente de desenvolver capacitação científica, técnica e institucional que proporcione o conhecimento fundamental necessário ao planejamento e implementação de medidas adequadas,

Observando que é vital prever, prevenir e combater na origem as causas da sensível redução ou perda da diversidade biológica,

Observando também que quando exista ameaça de sensível redução ou perda de diversidade biológica, a falta de plena certeza científica não deve ser usada como razão para postergar medidas para evitar ou minimizar essa ameaça,

Observando igualmente que a exigência fundamental para a conservação da diversidade biológica é a conservação *in situ* dos ecossistemas e dos *habitats* naturais e a manutenção e recuperação de populações viáveis de espécies no seu meio natural,

Observando ainda que medidas *ex situ*, preferivelmente no país de origem, desempenham igualmente um importante papel,

Reconhecendo a estreita e tradicional dependência de recursos biológicos de muitas comunidades locais e populações indígenas com estilos de vida tradicionais, e que é desejável repartir equitativamente os benefícios derivados da utilização do conhecimento tradicional, de inovações e de práticas relevantes à conservação da diversidade biológica e à utilização sustentável de seus componentes,

Reconhecendo, igualmente, o papel fundamental da mulher na conservação e na utilização sustentável da diversidade biológica e afirmando a necessidade da plena participação da mulher em todos os níveis de formulação e execução de políticas para a conservação da diversidade biológica,

Enfatizando a importância e a necessidade de promover a cooperação internacional, regional e mundial entre os Estados e as organizações intergovernamentais e o setor não governamental para a conservação da diversidade biológica e a utilização sustentável de seus componentes,

Reconhecendo que cabe esperar que o aporte de recursos financeiros novos e adicionais e o acesso adequado às tecnologias pertinentes possam modificar sensivelmente a capacidade mundial de enfrentar a perda da diversidade biológica,

Reconhecendo, ademais, que medidas especiais são necessárias para atender as necessidades dos países em desenvolvimento, inclusive o aporte de recursos financeiros novos e adicionais e o acesso adequado às tecnologias pertinentes,

Observando, nesse sentido, as condições especiais dos países de menor desenvolvimento relativo e dos pequenos Estados insulares,

Reconhecendo que investimentos substanciais são necessários para conservar a diversidade biológica e que há expectativa de um amplo escopo de benefícios ambientais, econômicos e sociais resultantes desses investimentos,

Reconhecendo que o desenvolvimento econômico e social e a erradicação da pobreza são as prioridades primordiais e absolutas dos países em desenvolvimento,

Conscientes de que a conservação e a utilização sustentável da diversidade biológica é de importância absoluta para atender as necessidades de alimentação, de saúde e de outra natureza da crescente população mundial, para o que são essenciais o acesso a e a repartição de recursos genéticos e tecnologia,

Observando, enfim, que a conservação e a utilização sustentável da diversidade biológica fortalecerão as relações de amizade entre os Estados e contribuirão para a paz da humanidade,

Desejosas de fortalecer e complementar instrumentos internacionais existentes para a conservação da diversidade biológica e a utilização sustentável de seus componentes, e

Determinadas a conservar e utilizar de forma sustentável a diversidade biológica para benefício das gerações presentes e futuras,

Convieram no seguinte:

Artigo 1º
Objetivos

Os objetivos desta Convenção, a serem cumpridos de acordo com as disposições pertinentes, são a conservação da diversidade biológica, a utilização sustentável de seus componentes e a repartição justa e equitativa dos benefícios derivados da utilização dos recursos genéticos, mediante, inclusive, o acesso adequado aos recursos genéticos e a transferência adequada de tecnologias pertinentes, levando em conta todos os direitos sobre tais recursos e tecnologias, e mediante financiamento adequado.

Artigo 2º
Utilização de termos

Para os propósitos desta Convenção:

"Área protegida" significa uma área definida geograficamente que é destinada, ou regulamentada, e administrada para alcançar objetivos específicos de conservação.

"Biotecnologia" significa qualquer aplicação tecnológica que utilize sistemas biológicos, organismos vivos, ou seus derivados, para fabricar ou modificar produtos ou processos para utilização específica.

"Condições *in situ*" significa as condições em que recursos genéticos existem em ecossistemas e *habitats* naturais e, no caso de espécies domesticadas ou cultivadas, nos meios onde tenham desenvolvido suas propriedades características.

"Conservação *ex situ*" significa a conservação de componentes da diversidade biológica fora de seus *habitats* naturais.

"Conservação *in situ*" significa a conservação de ecossistemas e *habitats* naturais e a manutenção e recuperação de populações viáveis de espécies em seus meios naturais e, no caso de espécies domesticadas ou cultivadas, nos meios onde tenham desenvolvido suas propriedades características.

"Diversidade biológica" significa a variabilidade de organismos vivos de todas as origens, compreendendo, dentre outros, os ecossistemas terrestres, marinhos e outros ecossistemas aquáticos e os complexos ecológicos de que fazem parte; compreendendo ainda a diversidade dentro de espécies, entre espécies e de ecossistemas.

"Ecossistema" significa um complexo dinâmico de comunidades vegetais, animais e de micro-organismos e o seu meio inorgânico que interagem como uma unidade funcional.

"Espécie domesticada ou cultivada" significa espécie em cujo processo de evolução influiu o ser humano para atender suas necessidades.

"*Habitat*" significa o lugar ou tipo de local onde um organismo ou população ocorre naturalmente.

"Material genético" significa todo material de origem vegetal, animal, microbiana ou outra que contenha unidades funcionais de hereditariedade.

"Organização regional de integração econômica" significa uma organização constituída de Estados soberanos de uma determinada região, a que os Estados-membros transferiram competência em relação a assuntos regidos por esta Convenção, e que foi devidamente autorizada, conforme seus procedimentos internos, a assinar, ratificar, aceitar, aprovar a mesma e a ela aderir.

"País de origem de recursos genéticos" significa o país que possui esses recursos genéticos em condições *in situ*.

"País provedor de recursos genéticos" significa o país que provê recursos genéticos coletados de fontes *in situ*, incluindo populações de espécies domesticadas e silvestres, ou obtidas de fontes *ex situ*, que possam ou não ter sido originados nesse país.

"Recursos biológicos" compreende recursos genéticos, organismos ou partes destes, populações, ou qualquer outro componente biótico de ecossistemas, de real ou potencial utilidade ou valor para a humanidade.

"Recursos genéticos" significa material genético de valor real ou potencial.

"Tecnologia" inclui biotecnologia.

"Utilização sustentável" significa a utilização de componentes da diversidade biológica de modo e em ritmo tais que não levem, no longo prazo, à diminuição da diversidade biológica, mantendo assim seu potencial para atender as necessidades e aspirações das gerações presentes e futuras.

Artigo 3º
Princípio

Os Estados, em conformidade com a Carta das nações Unidas e com os princípios de Direito internacional, têm o direito soberano de explorar seus próprios recursos segundo suas políticas ambientais, e a responsabilidade de assegurar que atividades sob sua jurisdição ou controle não causem dano ao meio ambiente de outros Estados ou de áreas além dos limites da jurisdição nacional.

Artigo 4º
Âmbito jurisdicional

Sujeito aos direitos de outros Estados, e a não ser que de outro modo expressamente determinado nesta Convenção, as disposições desta Convenção aplicam-se em relação a cada Parte Contratante:

a) No caso de componentes da diversidade biológica, nas áreas dentro dos limites de sua jurisdição nacional; e

b) No caso de processos e atividades realizadas sob sua jurisdição ou controle, independentemente de onde ocorram seus efeitos, dentro da área de sua jurisdição nacional ou além dos limites da jurisdição nacional.

Artigo 5º
Cooperação

Cada Parte Contratante deve, na medida do possível e conforme o caso, cooperar com outras Partes Contratantes, diretamente ou, quando apropriado, mediante organizações internacionais competentes, no que respeita a áreas além da jurisdição nacional e em outros assuntos de mútuo interesse, para a conservação e a utilização sustentável da diversidade biológica.

Artigo 6º
Medidas gerais para a conservação e a utilização sustentável

Cada Parte Contratante deve, de acordo com suas próprias condições e capacidades:

a) desenvolver estratégias, planos ou programas para a conservação e a utilização sustentável da diversidade biológica ou adaptar para esse fim estratégias, planos ou programas existentes que devem refletir, entre outros aspectos, as medidas estabelecidas nesta Convenção concernentes à Parte interessada; e

b) integrar, na medida do possível e conforme o caso, a conservação e a utilização sustentável da diversidade biológica em planos, programas e políticas setoriais ou intersetoriais pertinentes.

Artigo 7º
Identificação e monitoramento

Cada Parte Contratante deve, na medida do possível e conforme o caso, em especial para os propósitos dos Artigos 8 a 10:

a) Identificar componentes da diversidade biológica importantes para sua conservação e sua utilização sustentável, levando em conta a lista indicativa de categorias constante no anexo I;

b) Monitorar, por meio de levantamento de amostras e outras técnicas, os componentes da diversidade biológica identificados em conformidade com a alínea *(a)* acima, prestando especial atenção aos que requeiram urgentemente medidas de conservação e aos que ofereçam o maior potencial de utilização sustentável;

c) Identificar processos e categorias de atividades que tenham ou possam ter sensíveis efeitos negativos na conservação e na utilização sustentável da diversidade biológica, e monitorar seus efeitos por meio de levantamento de amostras e outras técnicas; e

d) Manter e organizar, por qualquer sistema, dados derivados de atividades de identificação e monitoramento em conformidade com as alíneas *(a)*, *(b)* e *(c)* acima.

Artigo 8º
Conservação *in situ*

Cada Parte Contratante deve, na medida do possível e conforme o caso:

a) Estabelecer um sistema de áreas protegidas ou áreas onde medidas especiais precisem ser tomadas para conservar a diversidade biológica;

b) Desenvolver, se necessário, diretrizes para a seleção, estabelecimento e administração de áreas protegidas ou áreas onde medidas especiais precisem ser tomadas para conservar a diversidade biológica;

c) Regulamentar ou administrar recursos biológicos importantes para a conservação da diversidade biológica, dentro ou fora de áreas protegidas, a fim de assegurar sua conservação e utilização sustentável;

d) Promover a proteção de ecossistemas, *habitats* naturais e manutenção de populações viáveis de espécies em seu meio natural;

e) Promover o desenvolvimento sustentável e ambientalmente sadio em áreas adjacentes às áreas protegidas a fim de reforçar a proteção dessas áreas;

f) Recuperar e restaurar ecossistemas degradados e promover a recuperação de espécies ameaçadas, mediante, entre outros meios, a elaboração e implementação de planos e outras estratégias de gestão;

g) Estabelecer ou manter meios para regulamentar, administrar ou controlar os riscos associados à utilização e liberação de organismos vivos modificados resultantes da biotecnologia que provavelmente provoquem impacto ambiental negativo que possa afetar a conservação e a utilização sustentável da diversidade biológica, levando também em conta os riscos para a saúde humana;

h) Impedir que se introduzam, controlar ou erradicar espécies exóticas que ameacem os ecossistemas, *habitats* ou espécies;

i) Procurar proporcionar as condições necessárias para compatibilizar as utilizações atuais com a conservação da diversidade biológica e a utilização sustentável de seus componentes;

j) Em conformidade com sua legislação nacional, respeitar, preservar e manter o conhecimento, inovações e práticas das comunidades locais e populações indígenas com estilo de vida tradicionais relevantes à conservação e à utilização sustentável da diversidade biológica e incentivar sua mais ampla aplicação com a aprovação e a participação dos detentores desse conhecimento, inovações e práticas; e encorajar a repartição equitativa dos benefícios oriundos da utilização desse conhecimento, inovações e práticas;

k) Elaborar ou manter em vigor a legislação necessária e/ou outras disposições regulamentares para a proteção de espécies e populações ameaçadas;

l) Quando se verifique um sensível efeito negativo à diversidade biológica, em conformidade com o Artigo 7, regulamentar ou administrar os processos e as categorias de atividades em causa; e

m) Cooperar com o aporte de apoio financeiro e de outra natureza para a conservação *in situ* a que se referem as alíneas *(a)* a *(l)* acima, particularmente aos países em desenvolvimento.

Artigo 9º
Conservação *ex situ*

Cada Parte Contratante deve, na medida do possível e conforme o caso, e principalmente a fim de complementar medidas de conservação *in situ*:

a) Adotar medidas para a conservação *ex situ* de componentes da diversidade biológica, de preferência no país de origem desses componentes;

b) Estabelecer e manter instalações para a conservação *ex situ* e pesquisa de vegetais, animais e micro-organismos, de preferência no país de origem dos recursos genéticos;

c) Adotar medidas para a recuperação e regeneração de espécies ameaçadas e para sua reintrodução em seu *habitat* natural em condições adequadas;

d) Regulamentar e administrar a coleta de recursos biológicos de *habitats* naturais com a finalidade de conservação *ex situ* de maneira a não ameaçar ecossistemas e populações *in situ* de espécies, exceto quando forem necessárias medidas temporárias especiais *ex situ* de acordo com a alínea *(c)* acima; e

e) Cooperar com o aporte de apoio financeiro e de outra natureza para a conservação *ex situ* a que se referem as alíneas *(a)* a *(d)* acima; e com o estabelecimento e a manutenção de instalações de conservação *ex situ* em países em desenvolvimento.

Artigo 10
Utilização sustentável de componentes da diversidade biológica

Cada Parte Contratante deve, na medida do possível e conforme o caso:

a) Incorporar o exame da conservação e utilização sustentável de recursos biológicos no processo decisório nacional;

b) Adotar medidas relacionadas à utilização de recursos biológicos para evitar ou minimizar impactos negativos na diversidade biológica;

c) Proteger e encorajar a utilização costumeira de recursos biológicos de acordo com práticas culturais tradicionais compatíveis com as exigências de conservação ou utilização sustentável;

d) Apoiar populações locais na elaboração e aplicação de medidas corretivas em áreas degradadas onde a diversidade biológica tenha sido reduzida; e

e) Estimular a cooperação entre suas autoridades governamentais e seu setor privado na elaboração de métodos de utilização sustentável de recursos biológicos.

Artigo 11
Incentivos

Cada Parte Contratante deve, na medida do possível e conforme o caso, adotar medidas econômica e socialmente racionais que sirvam de incentivo à conservação e utilização sustentável de componentes da diversidade biológica.

Artigo 12
Pesquisa e treinamento

As Partes Contratantes, levando em conta as necessidades especiais dos países em desenvolvimento, devem:

a) Estabelecer e manter programas de educação e treinamento científico e técnico sobre medidas para a identificação, conservação e utilização sustentável da diversidade biológica e seus componentes, e proporcionar apoio a esses programas de educação e treinamento destinados às necessidades específicas dos países em desenvolvimento;

b) Promover e estimular pesquisas que contribuam para a conservação e a utilização sustentável da diversidade biológica, especialmente nos países em desenvolvimento, conforme, entre outras, as decisões da Conferência das Partes tomadas em consequência das recomendações do órgão Subsidiário de Assessoramento Científico, Técnico e Tecnológico; e *c)* Em conformidade com as disposições dos Artigos 16, 18 e 20, promover e cooperar na utilização de avanços científicos da pesquisa sobre diversidade biológica para elaborar métodos de conservação e utilização sustentável de recursos biológicos.

Artigo 13
Educação e conscientização pública

As Partes Contratantes devem:

a) Promover e estimular a compreensão da importância da conservação da diversidade biológica e das medidas necessárias a esse fim, sua divulgação pelos meios de comunicação, e a inclusão desses temas nos programas educacionais; e

b) Cooperar, conforme o caso, com outros Estados e organizações internacionais na elaboração de programas educacionais de conscientização pública no que concerne à conservação e à utilização sustentável da diversidade biológica.

Artigo 14
Avaliação de impacto e minimização de impactos negativos

1. Cada Parte Contratante, na medida do possível e conforme o caso, deve:

a) Estabelecer procedimentos adequados que exijam a avaliação de impacto ambiental de seus projetos propostos que possam ter sensíveis efeitos negativos na diversidade biológica, a fim de evitar ou minimizar tais efeitos e, conforme o caso, permitir a participação pública nesses procedimentos;

b) Tomar providências adequadas para assegurar que sejam devidamente levadas em conta as consequências ambientais de seus programas e políticas que possam ter sensíveis efeitos negativos na diversidade biológica;

c) Promover, com base em reciprocidade, notificação, intercâmbio de informação e consulta sobre atividades sob sua jurisdição ou controle que possam ter sensíveis efeitos negativos na diversidade biológica de outros Estados ou áreas além dos limites da jurisdição nacional, estimulando-se a adoção de acordos bilaterais, regionais ou multilaterais, conforme o caso;

d) Notificar imediatamente, no caso em que se originem sob sua jurisdição ou controle, perigo ou dano iminente ou grave à diversidade biológica em área sob jurisdição de outros Estados ou em áreas além dos limites da jurisdição nacional, os Estados que possam ser afetados por esse perigo ou dano, assim como tomar medidas para prevenir ou minimizar esse perigo ou dano; e

e) Estimular providências nacionais sobre medidas de emergência para o caso de atividades ou acontecimentos de origem natural ou outra que representem perigo grave e iminente à diversidade biológica e promover a cooperação internacional para complementar tais esforços nacionais e, conforme o caso e em acordo com os Estados ou organizações regionais de integração econômica interessados, estabelecer planos conjuntos de contingência.

2. A Conferência das Partes deve examinar, com base em estudos a serem efetuados, as questões da responsabilidade e reparação, inclusive restauração e indenização, por danos causados à diversidade biológica, exceto quando essa responsabilidade for de ordem estritamente interna.

Artigo 15
Acesso a recursos genéticos

1. Em reconhecimento dos direitos soberanos dos Estados sobre seus recursos naturais, a autoridade para determinar o acesso a recursos genéticos pertence aos governos nacionais e está sujeita à legislação nacional.

2. Cada Parte Contratante deve procurar criar condições para permitir o acesso a recursos genéticos para utilização ambientalmente saudável por outras Partes Contratantes e não impor restrições contrárias aos objetivos desta Convenção.

3. Para os propósitos desta Convenção, os recursos genéticos providos por uma Parte Contratante, a que se referem este Artigo e os Artigos 16 e 19, são apenas aqueles providos por Partes Contratantes que sejam países de origem desses recursos ou por Partes que os tenham adquirido em conformidade com esta Convenção.

4. O acesso, quando concedido, deverá sê-lo de comum acordo e sujeito ao disposto no presente Artigo.

5. O acesso aos recursos genéticos deve estar sujeito ao consentimento prévio fundamentado da Parte Contratante provedora desses recursos, a menos que de outra forma determinado por essa Parte.

6. Cada Parte Contratante deve procurar conceber e realizar pesquisas científicas baseadas em recursos genéticos providos por outras Partes Contratantes com sua plena participação e, na medida do possível, no território dessas Partes Contratantes.

7. Cada Parte Contratante deve adotar medidas legislativas, administrativas ou políticas, conforme o caso e em conformidade com os Artigos 16 e 19 e, quando necessário, mediante o mecanismo financeiro estabelecido pelos Artigos 20 e 21, para compartilhar de forma justa e equitativa os resultados da pesquisa e do desenvolvimento de recursos genéticos e os benefícios derivados de sua utilização comercial e de outra natureza com a Parte Contratante provedora desses recursos. Essa partilha deve dar-se de comum acordo.

Artigo 16
Acesso à tecnologia e transferência de tecnologia

1. Cada Parte Contratante, reconhecendo que a tecnologia inclui biotecnologia, e que tanto o acesso à tecnologia quanto sua transferência entre Partes Contratantes são elementos essenciais para a realização dos objetivos desta Convenção, compromete-se, sujeito ao disposto neste Artigo, a permitir e/ou facilitar a outras Partes Contratantes acesso a tecnologias que sejam pertinentes à conservação e utilização sustentável da diversidade biológica

ou que utilizem recursos genéticos e não causem dano sensível ao meio ambiente, assim como a transferência dessas tecnologias.

2. O acesso à tecnologia e sua transferência a países em desenvolvimento, a que se refere o parágrafo 1 acima, devem ser permitidos e/ou facilitados em condições justas e as mais favoráveis, inclusive em condições concessionais e preferenciais quando de comum acordo, e, caso necessário, em conformidade com o mecanismo financeiro estabelecido nos Artigos 20 e 21. No caso de tecnologia sujeita a patentes e outros direitos de propriedade intelectual, o acesso à tecnologia e sua transferência devem ser permitidos em condições que reconheçam e sejam compatíveis com a adequada e efetiva proteção dos direitos de propriedade intelectual. A aplicação deste parágrafo deve ser compatível com os parágrafos 3, 4 e 5 abaixo.

3. Cada Parte Contratante deve adotar medidas legislativas, administrativas ou políticas, conforme o caso, para que as Partes Contratantes, em particular as que são países em desenvolvimento, que proveem recursos genéticos, tenham garantido o acesso à tecnologia que utilize esses recursos e sua transferência, de comum acordo, incluindo tecnologia protegida por patentes e outros direitos de propriedade intelectual, quando necessário, mediante as disposições dos Artigos 20 e 21, de acordo com o direito internacional e conforme os parágrafos 4 e 5 abaixo.

4. Cada Parte Contratante deve adotar medidas legislativas, administrativas ou políticas, conforme o caso, para que o setor privado permita o acesso à tecnologia a que se refere o parágrafo 1 acima, seu desenvolvimento conjunto e sua transferência em benefício das instituições governamentais e do setor privado de países em desenvolvimento, e a esse respeito deve observar as obrigações constantes dos parágrafos 1, 2 e 3 acima.

5. As Partes Contratantes, reconhecendo que patentes e outros direitos de propriedade intelectual podem influir na implementação desta Convenção, devem cooperar a esse respeito em conformidade com a legislação nacional e o direito internacional para garantir que esses direitos apoiem e não se oponham aos objetivos desta Convenção.

Artigo 17
Intercâmbio de informações

1. As Partes Contratantes devem proporcionar o intercâmbio de Informações, de todas as fontes disponíveis do público, pertinentes à conservação e à utilização sustentável da diversidade biológica, levando em conta as necessidades especiais dos países em desenvolvimento.

2. Esse intercâmbio de Informações deve incluir o intercâmbio dos resultados de pesquisas técnicas, científicas, e socioeconômicas, como também Informações sobre programas de treinamento e de pesquisa, conhecimento especializado, conhecimento indígena e tradicional como tais e associados às tecnologias a que se refere o parágrafo 1 do

Artigo 16. Deve também, quando possível, incluir a repatriação das informações.

Artigo 18
Cooperação técnica e científica

1. As Partes Contratantes devem promover a cooperação técnica e científica internacional no campo da conservação e utilização sustentável da diversidade biológica, caso necessário, por meio de instituições nacionais e internacionais competentes.

2. Cada Parte Contratante deve, ao implementar esta Convenção, promover a cooperação técnica e científica com outras Partes Contratantes, em particular países em desenvolvimento, por meio, entre outros, da elaboração e implementação de políticas nacionais. Ao promover essa cooperação, deve ser dada especial atenção ao desenvolvimento e fortalecimento dos meios nacionais mediante a capacitação de recursos humanos e fortalecimento institucional.

3. A Conferência das Partes, em sua primeira sessão, deve determinar a forma de estabelecer um mecanismo de intermediação para promover e facilitar a cooperação técnica e científica.

4. As Partes Contratantes devem, em conformidade com sua legislação e suas políticas nacionais, elaborar e estimular modalidades de cooperação para o desenvolvimento e utilização de tecnologias, inclusive tecnologias indígenas e tradicionais, para alcançar os objetivos desta Convenção. Com esse fim, as Partes Contratantes devem também promover a cooperação para a capacitação de pessoal e o intercâmbio de técnicos.

5. As Partes Contratantes devem, no caso de comum acordo, promover o estabelecimento de programas de pesquisa conjuntos e empresas conjuntas para o desenvolvimento de tecnologias relevantes aos objetivos desta Convenção.

Artigo 19
Gestão da biotecnologia e distribuição de seus benefícios

1. Cada Parte Contratante deve adotar medidas legislativas, administrativas ou políticas, conforme o caso, para permitir a participação efetiva, em atividades de pesquisa biotecnológica, das Partes Contratantes, especialmente países em desenvolvimento, que proveem os recursos genéticos para essa pesquisa, e se possível nessas Partes Contratantes.

2. Cada Parte Contratante deve adotar todas as medidas possíveis para promover e antecipar acesso prioritário, em base justa e equitativa das Partes Contratantes, especialmente países em desenvolvimento, aos resultados e benefícios derivados de biotecnologias baseadas em recursos genéticos providos por essas Partes Contratantes. Esse acesso deve ser de comum acordo.

3. As Partes devem examinar a necessidade e as modalidades de um protocolo que estabeleça procedimentos adequados, inclusive, em especial, a concordância prévia fundamentada, no que

respeita à transferência, manipulação e utilização seguras de todo organismo vivo modificado pela biotecnologia, que possa ter efeito negativo para a conservação e utilização sustentável da diversidade biológica.

4. Cada Parte Contratante deve proporcionar, diretamente ou por solicitação, a qualquer pessoa física ou jurídica sob sua jurisdição provedora dos organismos a que se refere o parágrafo 3 acima, à Parte Contratante em que esses organismos devam ser introduzidos, todas as Informações disponíveis sobre a utilização e as normas de segurança exigidas por essa Parte Contratante para a manipulação desses organismos, bem como todas as Informações disponíveis sobre os potenciais efeitos negativos desses organismos específicos.

Artigo 20
Recursos financeiros

1. Cada Parte Contratante compromete-se a proporcionar, de acordo com a sua capacidade, apoio financeiro e incentivos respectivos às atividades nacionais destinadas a alcançar os objetivos desta Convenção em conformidade com seus planos, prioridades e programas nacionais.

2. As Partes países desenvolvidos devem prover recursos financeiros novos e adicionais para que as Partes países em desenvolvimento possam cobrir integralmente os custos adicionais por elas concordados decorrentes da implementação de medidas em cumprimento das obrigações desta Convenção, bem como para que se beneficiem de seus dispositivos. Estes custos devem ser determinados de comum acordo entre cada Parte país em desenvolvimento e o mecanismo institucional previsto no Artigo 21, de acordo com políticas, estratégias, prioridades programáticas e critérios de aceitabilidade, segundo uma lista indicativa de custos adicionais estabelecida pela Conferência das Partes. Outras Partes, inclusive países em transição para uma economia de mercado, podem assumir voluntariamente as obrigações das Partes países desenvolvidos. Para os fins deste Artigo, a Conferência das Partes deve estabelecer, em sua primeira sessão, uma lista de Partes países desenvolvidos e outras Partes que voluntariamente assumam as obrigações das Partes países desenvolvidos. A Conferência das Partes deve periodicamente revisar e, se necessário, alterar a lista. Contribuições voluntárias de outros países e fontes podem ser também estimuladas. Para o cumprimento desses compromissos deve ser levada em conta a necessidade de que o fluxo de recursos seja adequado, previsível e oportuno, e a importância de distribuir os custos entre as Partes contribuintes incluídas na citada lista.

3. As Partes países desenvolvidos podem também prover recursos financeiros relativos à implementação desta Convenção por canais bilaterais, regionais e outros multilaterais.

4. O grau de efetivo cumprimento dos compromissos assumidos sob esta Convenção das Partes países em desenvolvimento dependerá do cumprimento efetivo dos compromissos assumidos sob esta Convenção pelas Partes países desenvolvidos, no que se refere a recursos financeiros e transferência de tecnologia, e levará plenamente em conta o fato de que o desenvolvimento econômico e social e a erradicação da pobreza são as prioridades primordiais e absolutas das Partes países em desenvolvimento.

5. As Partes devem levar plenamente em conta as necessidades específicas e a situação especial dos países de menor desenvolvimento relativo em suas medidas relativas a financiamento e transferência de tecnologia.

6. As Partes Contratantes devem também levar em conta as condições especiais decorrentes da dependência da diversidade biológica, sua distribuição e localização nas Partes países em desenvolvimento, em particular os pequenos Estados insulares.

7. Deve-se também levar em consideração a situação especial dos países em desenvolvimento, inclusive os que são ecologicamente mais vulneráveis, como os que possuem regiões áridas e semiáridas, zonas costeiras e montanhosas.

Artigo 21
Mecanismos financeiros

1. Deve ser estabelecido um mecanismo para prover, por meio de doação ou em bases concessionais, recursos financeiros para os fins desta Convenção, às Partes países em desenvolvimento, cujos elementos essenciais são descritos neste Artigo. O mecanismo deve operar, para os fins desta Convenção, sob a autoridade e a orientação da Conferência das Partes, e a ela responder. As operações do mecanismo devem ser realizadas por estrutura institucional a ser decidida pela Conferência das Partes em sua primeira sessão. A Conferência das Partes deve determinar, para os fins desta Convenção, políticas, estratégias, prioridades programáticas e critérios de aceitabilidade relativos ao acesso e à utilização desses recursos. As Contribuições devem levar em conta a necessidade mencionada no Artigo 20 de que o fluxo de recursos seja previsível, adequado e oportuno, de acordo com o montante de recursos necessários, a ser decidido periodicamente pela Conferência das Partes, bem como a importância da distribuição de custos entre as partes contribuintes incluídas na lista a que se refere o parágrafo 2 do Artigo 20. Contribuições voluntárias podem também ser feitas pelas Partes países desenvolvidos e por outros países e fontes. O mecanismo deve operar sob um sistema de administração democrático e transparente.

2. Em conformidade com os objetivos desta Convenção, a Conferência das Partes deve determinar, em sua primeira sessão, políticas, estratégias e prioridades programáticas, bem como diretrizes e critérios detalhados de aceitabilidade para acesso e utilização dos recursos financeiros, inclusive o acompanhamento e a avaliação periódica de sua utilização. A Conferência das Partes deve decidir

sobre as providências para a implementação do parágrafo 1 acima após consulta à estrutura institucional encarregada da operação do mecanismo financeiro.

3. A Conferência das Partes deve examinar a eficácia do mecanismo estabelecido neste Artigo, inclusive os critérios e as diretrizes referidas no Parágrafo 2 acima, em não menos que dois anos da entrada em vigor desta Convenção, e a partir de então periodicamente. Com base nesse exame, deve, se necessário, tomar medidas adequadas para melhorar a eficácia do mecanismo.

4. As Partes Contratantes devem estudar a possibilidade de fortalecer as instituições financeiras existentes para prover recursos financeiros para a conservação e a utilização sustentável da diversidade biológica.

Artigo 22
Relação com outras convenções internacionais

1. As disposições desta Convenção não devem afetar os direitos e obrigações de qualquer Parte Contratante decorrentes de qualquer acordo internacional existente, salvo se o exercício desses direitos e o cumprimento dessas obrigações causem grave dano ou ameaça à diversidade biológica.

2. As Partes Contratantes devem implementar esta Convenção, no que se refere ao meio ambiente marinho, em conformidade com os direitos e obrigações dos Estados decorrentes do direito do mar.

Artigo 23
Conferência das partes

1. Uma Conferência das Partes é estabelecida por esta Convenção. A primeira sessão da Conferência das Partes deve ser convocada pelo Diretor Executivo do Programa das Nações Unidas para o Meio Ambiente no mais tardar dentro de um ano da entrada em vigor desta Convenção. Subsequentemente, sessões ordinárias da Conferência das Partes devem ser realizadas em intervalos a serem determinados pela Conferência em sua primeira sessão.

2. Sessões extraordinárias da Conferência das Partes devem ser realizadas quando for considerado necessário pela Conferência, ou por solicitação escrita de qualquer Parte, desde que, dentro de seis meses após a solicitação ter sido comunicada às Partes pelo Secretariado, seja apoiada por pelo menos um terço das Partes.

3. A Conferência das Partes deve aprovar e adotar por consenso suas regras de procedimento e as de qualquer organismo subsidiário que estabeleça, bem como as normas de administração financeira do Secretariado. Em cada sessão ordinária, a Conferência das Partes deve adotar um orçamento para o exercício até a seguinte sessão ordinária.

4. A Conferência das Partes deve manter sob exame a implementação desta Convenção, e, com esse fim, deve:

a) Estabelecer a forma e a periodicidade da comunicação das informações a serem apresentadas em conformidade com o Artigo 26, e examinar essas Informações, bem como os relatórios apresentados por qualquer órgão subsidiário;

b) Examinar os pareceres científicos, técnicos e tecnológicos apresentados de acordo com o Artigo 25;

c) Examinar e adotar protocolos, caso necessário, em conformidade com o Artigo 28;

d) Examinar e adotar, caso necessário, emendas a esta Convenção e a seus anexos, em conformidade com os Artigos 29 e 30;

e) Examinar emendas a qualquer protocolo, bem como a quaisquer de seus anexos e, se assim decidir, recomendar sua adoção às partes desses protocolos;

f) Examinar e adotar, caso necessário, anexos adicionais a esta Convenção, em conformidade com o Artigo 30;

g) Estabelecer os órgãos subsidiários, especialmente de consultoria científica e técnica, considerados necessários à implementação desta Convenção;

h) Entrar em contato, por meio do Secretariado, com os órgãos executivos de Convenções que tratem de assuntos objeto desta Convenção, para com eles estabelecer formas adequadas de cooperação; e

i) Examinar e tomar todas as demais medidas que possam ser necessárias para alcançar os fins desta Convenção, à luz da experiência adquirida na sua implementação.

5. As Nações Unidas, seus organismos especializados e a Agência Internacional de Energia Atômica, bem como qualquer Estado que não seja Parte desta Convenção, podem se fazer representar como observadores nas sessões da Conferência das Partes. Qualquer outro órgão ou organismo, governamental ou não governamental, competente no campo da conservação e da utilização sustentável da diversidade biológica, que informe ao Secretariado do seu desejo de se fazer representar como observador numa sessão da Conferência das Partes, pode ser admitido, a menos que um terço das Partes apresente objeção. A admissão e participação de observadores deve sujeitar-se às regras de procedimento adotadas pela Conferência das Partes.

Artigo 24
Secretariado

1. Fica estabelecido um Secretariado com as seguintes funções:

a) Organizar as sessões da Conferência das Partes prevista no Artigo 23 e prestar-lhes serviço;

b) Desempenhar as funções que lhe atribuam os protocolos;

c) Preparar relatórios sobre o desempenho de suas funções sob esta Convenção e apresentá-los à Conferência das Partes;

d) Assegurar a coordenação com outros organismos internacionais pertinentes e, em particular, tomar as providências administrativas e contratuais necessárias para o desempenho eficaz de suas funções; e *e)* Desempenhar as demais funções que lhe forem atribuídas pela Conferência das Partes.

2. Em sua primeira sessão ordinária, a Conferência das Partes deve designar o Secretariado dentre as organizações internacionais competentes que se tenham demonstrado dispostas a desempenhar as funções de secretariado previstas nesta Convenção.

Artigo 25
Órgão subsidiário de assessoramento científico, técnico e tecnológico

1. Fica estabelecido um órgão subsidiário de assessoramento científico, técnico e tecnológico para prestar, em tempo oportuno, à Conferência das Partes e, conforme o caso, aos seus demais órgãos subsidiários, assessoramento sobre a implementação desta Convenção. Este órgão deve estar aberto à participação de todas as Partes e deve ser multidisciplinar. Deve ser composto por representantes governamentais com competências nos campos de especialização pertinentes. Deve apresentar relatórios regularmente à Conferência das Partes sobre todos os aspectos de seu trabalho.

2. Sob a autoridade da Conferência das Partes e de acordo com as diretrizes por ela estabelecidas, e a seu pedido, o órgão deve:

a) Apresentar avaliações científicas e técnicas da situação da diversidade biológica;

b) Preparar avaliações científicas e técnicas dos efeitos dos tipos de medidas adotadas, em conformidade com o previsto nesta Convenção;

c) Identificar tecnologias e conhecimentos técnicos inovadores, eficientes e avançados relacionados à conservação e à utilização sustentável da diversidade biológica e prestar assessoramento sobre as formas e meios de promover o desenvolvimento e/ou a transferência dessas tecnologias;

d) Prestar assessoramento sobre programas científicos e cooperação internacional em pesquisa e desenvolvimento, relativos à conservação e à utilização sustentável da diversidade biológica; e

e) Responder a questões científicas, técnicas, tecnológicas e metodológicas que lhe formulem a Conferência das Partes e seus órgãos subsidiários.

3. As funções, mandato, organização e funcionamento deste órgão podem ser posteriormente melhor definidos pela Conferência das Partes.

Artigo 26
Relatórios

Cada Parte Contratante deve, com a periodicidade a ser estabelecida pela Conferência das Partes, apresentar-lhe relatórios sobre medidas que tenha adotado para a implementação dos dispositivos desta Convenção e sobre sua eficácia para alcançar os seus objetivos.

Artigo 27
Solução de controvérsias

1. No caso de controvérsia entre Partes Contratantes no que respeita à interpretação ou aplicação desta Convenção, as Partes envolvidas devem procurar resolvê-la por meio de negociação.

2. Se as Partes envolvidas não conseguirem chegar a um acordo por meio de negociação, podem conjuntamente solicitar os bons ofícios ou a mediação de uma terceira Parte.

3. Ao ratificar, aceitar, ou aprovar esta Convenção ou a ela aderir, ou em qualquer momento posterior, um Estado ou organização de integração econômica regional pode declarar por escrito ao Depositário que, no caso de controvérsia não resolvida de acordo com o parágrafo 1 ou o parágrafo 2 acima, aceita como compulsórios um ou ambos dos seguintes meios de solução de controvérsias:

a) Arbitragem de acordo com o procedimento estabelecido na Parte 1 do anexo II;

b) Submissão da controvérsia à Corte Internacional de Justiça.

4. Se as Partes na controvérsia não tiverem aceito, de acordo com o parágrafo 3 acima, aquele ou qualquer outro procedimento, a controvérsia deve ser submetida à conciliação de acordo com a Parte 2 do Anexo II, a menos que as Partes concordem de outra maneira.

5. O disposto neste Artigo aplica-se a qualquer protocolo salvo se de outra maneira disposto nesse protocolo.

Artigo 28
Adoção dos protocolos

1. As Partes Contratantes devem cooperar na formulação e adoção de protocolos desta Convenção.

2. Os protocolos devem ser adotados em sessão da Conferência das Partes.

3. O texto de qualquer protocolo proposto deve ser comunicado pelo Secretariado às Partes Contratantes pelo menos seis meses antes dessa sessão.

Artigo 29
Emendas à convenção ou protocolos

1. Qualquer Parte Contratante pode propor emendas a esta Convenção. Emendas a qualquer protocolo podem ser propostas por quaisquer Partes dos mesmos.

2. Emendas a esta Convenção devem ser adotadas em sessão da Conferência das Partes. Emendas a qualquer protocolo devem ser adotadas em sessão das Partes dos protocolos pertinentes. O texto de qualquer emenda proposta a esta Convenção ou a qualquer protocolo, salvo se de outro modo disposto no protocolo, deve ser comunicado às Partes do instrumento pertinente pelo Secretariado pelo menos seis meses antes da sessão na qual será proposta sua adoção. Propostas de emenda devem também ser comunicadas pelo Secretariado aos signatários desta Convenção, para informação.

3. As Partes devem fazer todo o possível para chegar a acordo por consenso sobre as emendas propostas a esta Convenção ou a qualquer protocolo. Uma vez exauridos todos os esforços para chegar a um consenso sem que se tenha chegado a um acordo, a emenda deve ser adotada, em última instância, por

maioria de dois terços das Partes do instrumento pertinente presentes e votantes nessa sessão, e deve ser submetida pelo Depositário a todas as Partes para ratificação, aceitação ou aprovação.

4. A ratificação, aceitação ou aprovação de emendas deve ser notificada por escrito ao Depositário. As emendas adotadas em conformidade com o parágrafo 3 acima devem entrar em vigor entre as Partes que as tenham aceito no nonagésimo dia após o depósito dos instrumentos de ratificação, aceitação ou aprovação de pelo menos dois terços das Partes Contratantes desta Convenção ou das Partes do protocolo pertinente, salvo se de outro modo disposto nesse protocolo. A partir de então, as emendas devem entrar em vigor para qualquer outra Parte no nonagésimo dia após a Parte ter depositado seu instrumento de ratificação, aceitação ou aprovação das emendas.

5. Para os fins deste Artigo, "Partes presentes e votantes" significa Partes presentes e que emitam voto afirmativo ou negativo.

Artigo 30
Adoção de anexos e emendas a anexos

1. Os anexos a esta Convenção ou a seus protocolos constituem parte integral da Convenção ou do protocolo pertinente, conforme o caso, e, salvo se expressamente disposto de outro modo, qualquer referência a esta Convenção e a seus protocolos constitui ao mesmo tempo referência a quaisquer de seus anexos. Esses anexos devem restringir-se a assuntos processuais, científicos, técnicos e administrativos.

2. Salvo se disposto de outro modo em qualquer protocolo no que se refere a seus anexos, para a proposta, adoção e entrada em vigor de anexos suplementares a esta Convenção ou de anexos a quaisquer de seus protocolos, deve-se obedecer ao seguinte procedimento:

a) Os anexos a esta Convenção ou a qualquer protocolo devem ser propostos e adotados de acordo com o procedimento estabelecido no Artigo 29;

b) Qualquer Parte que não possa aceitar um anexo suplementar a esta Convenção ou um anexo a qualquer protocolo do qual é Parte o deve notificar, por escrito, ao Depositário, dentro de um ano da data da comunicação de sua adoção pelo Depositário. O Depositário deve comunicar sem demora a todas as Partes qualquer notificação desse tipo recebida. Uma Parte pode a qualquer momento retirar uma declaração anterior de objeção, e, assim, os anexos devem entrar em vigor para aquela Parte de acordo com o disposto na alínea (c) abaixo;

c) Um ano após a data da comunicação pelo Depositário de sua adoção, o anexo deve entrar em vigor para todas as Partes desta Convenção ou de qualquer protocolo pertinente que não tenham apresentado uma notificação de acordo com o disposto na alínea (b) acima.

3. A proposta, adoção e entrada em vigor de emendas aos anexos a esta Convenção ou a qualquer protocolo devem estar sujeitas ao procedimento obedecido no caso da proposta, adoção e entrada em vigor de anexos à esta Convenção ou anexos a qualquer protocolo.

4. Se qualquer anexo suplementar ou uma emenda a um anexo for relacionada a uma emenda a esta Convenção ou qualquer protocolo, este anexo suplementar ou esta emenda somente deve entrar em vigor quando a referida emenda à Convenção ou protocolo estiver em vigor.

Artigo 31
Direito de voto

1. Salvo o disposto no parágrafo 2 abaixo, cada Parte Contratante desta Convenção ou de qualquer protocolo deve ter um voto.

2. Em assuntos de sua competência, organizações de integração econômica regional devem exercer seu direito ao voto com um número de votos igual ao número de seus Estados-membros que sejam Partes Contratantes desta Convenção ou de protocolo pertinente. Essas organizações não devem exercer seu direito de voto se seus Estados-membros exercerem os seus, e vice-versa.

Artigo 32
Relação entre esta convenção e seus protocolos

1. Um Estado ou uma organização de integração econômica regional não pode ser Parte de um protocolo salvo se for, ou se tornar simultaneamente, Parte Contratante desta Convenção.

2. Decisões decorrentes de qualquer protocolo devem ser tomadas somente pelas Partes do protocolo pertinente. Qualquer Parte Contratante que não tenha ratificado, aceito ou aprovado um protocolo pode participar como observadora em qualquer sessão das Partes daquele protocolo.

Artigo 33
Assinatura

Esta Convenção está aberta a assinatura por todos os Estados e qualquer organização de integração econômica regional na cidade do Rio de Janeiro de 5 de junho de 1992 a 14 de junho de 1992, e na sede das Nações Unidas em Nova York, de 15 de junho de 1992 a 4 de junho de 1993.

Artigo 34
Ratificação, aceitação ou aprovação

1. Esta Convenção e seus protocolos estão sujeitos a ratificação, aceitação ou aprovação, pelos Estados e por organizações de integração econômica regional. Os Instrumentos de ratificação, aceitação ou aprovação devem ser depositados junto ao Depositário.

2. Qualquer organização mencionada no parágrafo 1 acima que se torne Parte Contratante desta Convenção ou de quaisquer de seus protocolos, sem que seja Parte contratante nenhum de seus Estados-membros, deve ficar sujeita a todas as obrigações da Convenção ou do protocolo, conforme o caso. No caso dessas organizações, se um ou mais de seus Estados-membros for uma Parte Contra-

tante desta Convenção ou de protocolo pertinente, a organização e seus Estados-membros devem decidir sobre suas respectivas responsabilidades para o cumprimento de suas obrigações previstas nesta Convenção ou no protocolo, conforme o caso. Nesses casos, a organização e os Estados-membros não devem exercer simultaneamente direitos estabelecidos por esta Convenção ou pelo protocolo pertinente.

3. Em seus instrumentos de ratificação, aceitação ou aprovação, as organizações mencionadas no parágrafo 1 acima devem declarar o âmbito de sua competência no que respeita a assuntos regidos por esta Convenção ou por protocolo pertinente. Essas organizações devem também informar ao Depositário de qualquer modificação pertinente no âmbito de sua competência.

Artigo 35
Adesão

1. Esta Convenção e quaisquer de seus protocolos está aberta a adesão de Estados e organizações de integração econômica regional a partir da data em que expire o prazo para a assinatura da Convenção ou do protocolo pertinente. Os instrumentos de adesão devem ser depositados junto ao Depositário.

2. Em seus instrumentos de adesão, as organizações mencionadas no parágrafo 1 acima devem declarar o âmbito de suas competências no que respeita aos assuntos regidos por esta Convenção ou pelos protocolos. Essas organizações devem também informar ao Depositário qualquer modificação pertinente no âmbito de suas competências.

3. O disposto no Artigo 34, parágrafo 2, deve aplicar-se a organizações de integração econômica regional que adiram a esta Convenção ou a quaisquer de seus protocolos.

Artigo 36
Entrada em vigor

1. Esta Convenção entra em vigor no nonagésimo dia após a data de depósito do trigésimo instrumento de ratificação, aceitação, aprovação ou adesão.

2. Um protocolo deve entrar em vigor no nonagésimo dia após a data do depósito do número de instrumentos de ratificação, aceitação, aprovação ou adesão estipulada nesse protocolo.

3. Para cada Parte Contratante que ratifique, aceite ou aprove esta Convenção ou a ela adira após o depósito do trigésimo instrumento de ratificação, aceitação, aprovação ou adesão, esta Convenção entra em vigor no nonagésimo dia após a data de depósito pela Parte Contratante do seu instrumento de ratificação, aceitação, aprovação ou adesão.

4. Um protocolo, salvo se disposto de outro modo nesse protocolo, deve entrar em vigor para uma Parte Contratante que o ratifique, aceite ou aprove ou a ele adira após sua entrada em vigor de acordo com o parágrafo 2 acima, no nonagésimo dia após a data do depósito do instrumento de ratificação, aceitação, aprovação ou adesão por essa Parte Contratante, ou na data em que esta Convenção entre em vigor para essa Parte Contratante, a que for posterior.

5. Para os fins dos parágrafos 1 e 2 acima, os instrumentos depositados por uma organização de integração econômica regional não devem ser contados como adicionais àqueles depositados por Estados-membros dessa organização.

Artigo 37
Reservas

Nenhuma reserva pode ser feita a esta Convenção.

Artigo 38
Denúncias

1. Após dois anos da entrada em vigor desta Convenção para uma Parte Contratante, essa Parte Contratante pode a qualquer momento denunciá-la por meio de notificação escrita ao Depositário.

2. Essa denúncia tem efeito um ano após a data de seu recebimento pelo Depositário, ou em data posterior se assim for estipulado na notificação de denúncia.

3. Deve ser considerado que qualquer Parte Contratante que denuncie esta Convenção denuncia também os protocolos de que é Parte.

Artigo 39
Disposições financeiras provisórias

Desde que completamente reestruturado, em conformidade com o disposto no Artigo 21, o Fundo para o Meio Ambiente Mundial, do Programa das Nações Unidas para o Desenvolvimento, do Programa das Nações Unidas para o Meio Ambiente, e do Banco Internacional para a Reconstrução e o Desenvolvimento, deve ser a estrutura institucional provisória a que se refere o Artigo 21, no período entre a entrada em vigor desta Convenção e a primeira sessão da Conferência das Partes ou até que a Conferência das Partes designe uma estrutura institucional em conformidade com o Artigo 21.

Artigo 40
Disposições transitórias para o Secretariado

O Secretariado a ser provido pelo Diretor Executivo do Programa das Nações Unidas para o Meio Ambiente deve ser o Secretariado a que se refere o Artigo 24, parágrafo 2, provisoriamente pelo período entre a entrada em vigor desta Convenção e a primeira sessão da Conferência das Partes.

Artigo 41
Depositário

O Secretário-Geral das Nações Unidas deve assumir as funções de Depositário desta Convenção e de seus protocolos.

Artigo 42
Textos autênticos

O original desta Convenção, cujos textos em árabe, chinês, espanhol, francês, inglês e russo são igualmente autênticos, deve ser depositado junto ao Secretário-Geral das Nações Unidas.

Em fé do que, os abaixo assinados, devidamente autorizados para esse fim, firmam esta Convenção.

Feita no Rio de Janeiro, aos 5 dias de junho de mil novecentos e noventa e dois.

ANEXO I
IDENTIFICAÇÃO E MONITORAMENTO

1. Ecossistemas e *habitats*: compreendendo grande diversidade, grande número de espécies endêmicas ou ameaçadas, ou vida silvestre; os necessários às espécies migratórias; de importância social, econômica, cultural ou científica; ou que sejam representativos, únicos ou associados a processos evolutivos ou outros processos biológicos essenciais;
2. Espécies e comunidades que: estejam ameaçadas; sejam espécies silvestres aparentadas de espécies domesticadas ou cultivadas; tenham valor medicinal, agrícola ou qualquer outro valor econômico; sejam de importância social, científica ou cultural; ou sejam de importância para a pesquisa sobre a conservação e a utilização sustentável da diversidade biológica, como as espécies de referência; e
3. Genomas e genes descritos como tendo importância social, científica ou econômica.

ANEXO II
PARTE 1
ARBITRAGEM

Artigo 1º
A Parte demandante deve notificar o Secretariado de que as Partes estão submetendo uma controvérsia a arbitragem em conformidade com o Artigo 27. A notificação deve expor o objeto em questão a ser arbitrado, e incluir, em particular, os Artigos da Convenção ou do Protocolo de cuja interpretação ou aplicação se tratar a questão. Se as Partes não concordarem no que respeita o objeto da controvérsia, antes de ser o Presidente do tribunal designado, o tribunal de arbitragem deve definir o objeto em questão. O Secretariado deve comunicar a informação assim recebida a todas as Partes Contratantes desta Convenção ou do protocolo pertinente.

Artigo 2º
1. Em controvérsias entre duas Partes, o tribunal de arbitragem deve ser composto de três membros. Cada uma das Partes da controvérsia deve nomear um árbitro e os dois árbitros assim nomeados devem designar de comum acordo um terceiro árbitro que deve presidir o tribunal. Este último não pode ser da mesma nacionalidade das Partes em controvérsia, nem ter residência fixa em território de uma das Partes; tampouco deve estar a serviço de nenhuma delas, nem ter tratado do caso a qualquer título.
2. Em controvérsias entre mais de duas Partes, as Partes que tenham o mesmo interesse devem nomear um árbitro de comum acordo.
3. Qualquer vaga no tribunal deve ser preenchida de acordo com o procedimento previsto para a nomeação inicial.

Artigo 3º
1. Se o Presidente do tribunal de arbitragem não for designado dentro de dois meses após a nomeação do segundo árbitro, o Secretário-Geral das Nações Unidas, a pedido de uma das partes, deve designar o Presidente no prazo adicional de dois meses.
2. Se uma das Partes em controvérsia não nomear um árbitro no prazo de dois meses após o recebimento da demanda, a outra parte pode disso informar o Secretário-Geral, que deve designá-lo no prazo adicional de dois meses.

Artigo 4º
O tribunal de arbitragem deve proferir suas decisões de acordo com o disposto nesta Convenção, em qualquer protocolo pertinente, e com o direito internacional.

Artigo 5º
Salvo se as Partes em controvérsia de outro modo concordarem, o tribunal de arbitragem deve adotar suas próprias regras de procedimento.

Artigo 6º
O tribunal de arbitragem pode, a pedido de uma das Partes, recomendar medidas provisórias indispensáveis de proteção.

Artigo 7º
As Partes em controvérsia devem facilitar os trabalhos do tribunal de arbitragem e, em particular, utilizando todos os meios a sua disposição:
a) Apresentar-lhe todos os documentos, informações e meios pertinentes; e
b) Permitir-lhe, se necessário, convocar testemunhas ou especialistas e ouvir seus depoimentos.

Artigo 8º
As Partes e os árbitros são obrigados a proteger a confidencialidade de qualquer informação recebida com esse caráter durante os trabalhos do tribunal de arbitragem.

Artigo 9º
Salvo se decidido de outro modo pelo tribunal de arbitragem devido a circunstâncias particulares do caso, os custos do tribunal devem ser cobertos em proporções iguais pelas Partes em controvérsia. O tribunal deve manter um registro de todos os seus gastos, e deve apresentar uma prestação de contas final às Partes.

Artigo 10
Qualquer Parte Contratante que tenha interesse de natureza jurídica no objeto em questão da controvérsia, que possa ser afetado pela decisão sobre o caso, pode intervir no processo com o consentimento do tribunal.

Artigo 11
O tribunal pode ouvir e decidir sobre contra-argumentações diretamente relacionadas ao objeto em questão da controvérsia.

Artigo 12
As decisões do tribunal de arbitragem tanto em matéria processual quanto sobre o fundo da questão devem ser tomadas por maioria de seus membros.

Artigo 13
Se uma das Partes em controvérsia não comparecer perante o tribunal de arbitragem ou não apresentar

defesa de sua causa, a outra Parte pode solicitar ao tribunal que continue o processo e profira seu laudo. A ausência de uma das Partes ou a abstenção de uma parte de apresentar defesa de sua causa não constitui impedimento ao processo. Antes de proferir sua decisão final, o tribunal de arbitragem deve certificar-se de que a demanda está bem fundamentada de fato e de direito.

Artigo 14
O tribunal deve proferir sua decisão final em cinco meses a partir da data em que for plenamente constituído, salvo se considerar necessário prorrogar esse prazo por um período não superior a cinco meses.

Artigo 15
A decisão final do tribunal de arbitragem deve se restringir ao objeto da questão em controvérsia e deve ser fundamentada. Nela devem constar os nomes dos membros que a adotaram e sua data. Qualquer membro do tribunal pode anexar à decisão final um parecer em separado ou um parecer divergente.

Artigo 16
A decisão é obrigatória para as Partes em controvérsia. Dela não há recurso, salvo se as Partes em controvérsia houverem concordado com antecedência sobre um procedimento de apelação.

Artigo 17
As controvérsias que surjam entre as Partes em controvérsia no que respeita a interpretação ou execução da decisão final pode ser submetida por quaisquer uma das Partes à decisão do tribunal que a proferiu.

PARTE 2
CONCILIAÇÃO

Artigo 1º
Uma Comissão de conciliação deve ser criada a pedido de uma das Partes em controvérsia. Essa comissão, salvo se as Partes concordarem de outro modo, deve ser composta de cinco membros, dois nomeados por cada Parte envolvida e um Presidente escolhido conjuntamente pelos membros.

Artigo 2º
Em controvérsias entre mais de duas Partes, as Partes com o mesmo interesse devem nomear, de comum acordo, seus membros na comissão. Quando duas ou mais Partes tiverem interesses independentes ou houver discordância sobre o fato de terem ou não o mesmo interesse, as Partes devem nomear seus membros separadamente.

Artigo 3º
Se no prazo de dois meses a partir da data do pedido de criação de uma comissão de conciliação, as Partes não houverem nomeado os membros da comissão, o Secretário-Geral das Nações Unidas, por solicitação da Parte que formulou o pedido, deve nomeá-los no prazo adicional de dois meses.

Artigo 4º
Se o Presidente da comissão de conciliação não for escolhido nos dois meses seguintes à nomeação do último membro da comissão, o Secretário-Geral das Nações Unidas, por solicitação de uma das Partes, deve designá-lo no prazo adicional de dois meses.

Artigo 5º
A comissão de conciliação deverá tomar decisões por maioria de seus membros. Salvo se as Partes em controvérsia concordarem de outro modo, deve definir seus próprios procedimentos. A comissão deve apresentar uma proposta de solução da controvérsia, que as Partes devem examinar em boa-fé.

Artigo 6º
Uma divergência quanto à competência da comissão de conciliação deve ser decidida pela comissão.

CONVENÇÃO QUADRO DAS NAÇÕES UNIDAS SOBRE MUDANÇA DO CLIMA (1992)

▶ Adotada pelas Nações Unidas, em Nova York, em 09.05.1992.
▶ Aprovada no Brasil pelo Decreto Legislativo 1, de 03.02.1994, e promulgada pelo Decreto 2.652, de 01.07.1998.

As Partes desta Convenção,

Reconhecendo que a mudança do clima da Terra e seus efeitos negativos são uma preocupação comum da humanidade,

Preocupadas com que atividades humanas estão aumentando substancialmente as concentrações atmosféricas de gases de efeito estufa, com que esse aumento de concentrações está intensificando o efeito estufa natural e com que disso resulte, em média, aquecimento adicional da superfície e da atmosfera da Terra e com que isso possa afetar negativamente os ecossistemas naturais e a humanidade,

Observando que a maior parcela das emissões globais, históricas e atuais, de gases de efeito estufa é originária dos países desenvolvidos, que as emissões *per capita* dos países em desenvolvimento ainda são relativamente baixas e que a parcela de emissões globais originárias dos países em desenvolvimento crescerá para que eles possam satisfazer suas necessidades sociais e de desenvolvimento,

Cientes do papel e da importância dos sumidouros e reservatórios de gases de efeito estufa nos ecossistemas terrestres e marinhos,

Observando que as previsões relativas à mudança do clima caracterizam-se por muitas incertezas, particularmente no que se refere a sua evolução no tempo, magnitude e padrões regionais,

Reconhecendo que a natureza global da mudança do clima requer a maior cooperação possível de todos os países e sua participação em uma resposta internacional efetiva e apropriada, conforme suas responsabilidades comuns mas diferenciadas e respectivas capacidades e condições sociais e econômicas,

Lembrando as disposições pertinentes da Declaração da Conferência das Nações Unidas sobre o Meio Ambiente Humano, adotada em Estocolmo em 16 de junho de 1972,

Lembrando também que os Estados, em conformidade com a Carta das Nações Unidas e com os princípios do Direito Internacional, têm o direito soberano de explorar seus próprios recursos segundo suas políticas ambientais e de desenvolvimento e a responsabilidade de assegurar que atividades sob sua jurisdição ou controle não causem dano ao meio ambiente de outros Estados ou de áreas além dos limites da jurisdição nacional,

Reafirmando o princípio da soberania dos Estados na cooperação internacional para enfrentar a mudança do clima,

Reconhecendo que os Estados devem elaborar legislação ambiental eficaz, que as normas ambientais, objetivos administrativos e prioridades devem refletir o contexto ambiental e de desenvolvimento aos quais se aplicam e que as normas aplicadas por alguns países podem ser inadequadas e implicar custos econômicos e sociais injustificados para outros países, particularmente para os países em desenvolvimento,

Lembrando os dispositivos da resolução 44/228 da Assembleia Geral, de 22 de dezembro de 1989, sobre a Conferência das Nações Unidas Sobre Meio Ambiente e Desenvolvimento, e as resoluções 43/53 de 6 de dezembro de 1988, 44/207 de 22 de dezembro de 1989, 45/212 de 21 de dezembro de 1990 e 46/169 de 19 de dezembro de 1991 sobre a proteção do clima mundial para as gerações presentes e futuras da humanidade,

Lembrando também as disposições da resolução 44/206 da Assembleia Geral, de 22 de dezembro de 1989, sobre os possíveis efeitos negativos da elevação do nível do mar sobre ilhas e zonas costeiras, especialmente zonas costeiras de baixa altitude, e as disposições pertinentes da resolução 44/172 da Assembleia Geral, de 19 de dezembro de 1989, sobre a execução do Plano de Ação de Combate à Desertificação,

Lembrando ainda a Convenção de Viena sobre a Proteção da Camada de Ozônio, de 1985, e o Protocolo de Montreal sobre Substâncias que Destroem a Camada de Ozônio, de 1987, conforme ajustado e emendado em 29 de junho de 1990,

Tomando nota da Declaração Ministerial da Segunda Conferência Mundial sobre o Clima, adotada em 7 de novembro de 1990,

Conscientes do valioso trabalho analítico sobre mudança do clima desenvolvido por muitos Estados, das importantes contribuições da Organização Meteorológica Mundial, do Programa das Nações Unidas para o Meio Ambiente e de outros órgãos, organizações e organismos do sistema das Nações Unidas, bem como de outros organismos internacionais e intergovernamentais, para o intercâmbio de resultados de pesquisas científicas e para a coordenação dessas pesquisas,

Reconhecendo que as medidas necessárias à compreensão e à solução da questão da mudança do clima serão ambiental, social e economicamente mais eficazes se fundamentadas em relevantes considerações científicas, técnicas e econômicas e continuamente reavaliadas à luz de novas descobertas nessas áreas,

Reconhecendo que diversas medidas para enfrentar a mudança do clima são, por natureza, economicamente justificáveis, e também podem ajudar a solucionar outros problemas ambientais,

Reconhecendo também a necessidade de os países desenvolvidos adotarem medidas imediatas, de maneira flexível, com base em prioridades bem definidas, como primeiro passo visando a estratégias de resposta abrangentes em níveis global, nacional e, caso assim concordado, regional que levem em conta todos os gases de efeito estufa, com devida consideração a suas contribuições relativas para o aumento do efeito estufa,

Reconhecendo ainda que países de baixa altitude e outros pequenos países insulares, os países com zonas costeiras de baixa altitude, regiões áridas e semiáridas e regiões sujeitas a inundações, seca e desertificação, bem como os países em desenvolvimento com ecossistemas montanhosos frágeis são particularmente vulneráveis aos efeitos negativos da mudança do clima,

Reconhecendo as dificuldades especiais desses países, especialmente os países em desenvolvimento, cujas economias são particularmente dependentes da produção, utilização e exportação de combustíveis fósseis, decorrentes de medidas para a limitação de emissões de gases de efeito estufa,

Afirmando que as medidas para enfrentar a mudança do clima devem ser coordenadas, de forma integrada, com o desenvolvimento social e econômico, de maneira a evitar efeitos negativos neste último, levando plenamente em conta as legítimas necessidades prioritárias dos países em desenvolvimento para alcançar um crescimento econômico sustentável e erradicar a pobreza,

Reconhecendo que todos os países, especialmente os países em desenvolvimento, precisam ter acesso aos recursos necessários para alcançar um desenvolvimento social e econômico sustentável e que, para que os países em desenvolvimento progridam em direção a essa meta, seus consumos de energia necessitarão aumentar, levando em conta as possibilidades de alcançar maior eficiência energética e de controlar as emissões de gases de efeito estufa em geral, inclusive mediante a aplicação de novas tecnologias em condições que tornem essa aplicação econômica e socialmente benéfica,

Determinadas a proteger o sistema climático para gerações presentes e futuras,

Convieram no seguinte:

Artigo 1º

Para os propósitos desta Convenção:

1. "Efeitos negativos da mudança do clima" significa as mudanças no meio ambiente físico ou biota resultantes da mudança do clima que tenham efeitos deletérios significativos sobre a composição, resiliência ou produtividade de ecossistemas naturais e administrados, sobre o funcionamento de sistemas

socioeconômicos ou sobre a saúde e o bem-estar humanos.

2. "Mudança do clima" significa uma mudança de clima que possa ser direta ou indiretamente atribuída à atividade humana que altere a composição da atmosfera mundial e que se some àquela provocada pela variabilidade climática natural observada ao longo de períodos comparáveis.

3. "Sistema climático" significa a totalidade da atmosfera, hidrosfera, biosfera e geosfera e suas interações.

4. "Emissões" significa a liberação de gases de efeito estufa e/ou seus precursores na atmosfera numa área específica e num período determinado.

5. "Gases de efeito estufa" significa os constituintes gasosos da atmosfera, naturais e antrópicos, que absorvem e reemitem radiação infravermelha.

6. "Organização regional de integração econômica" significa uma organização constituída de Estados soberanos de uma determinada região que tem competência em relação a assuntos regidos por esta Convenção ou seus protocolos, e que foi devidamente autorizada, em conformidade com seus procedimentos internos, a assinar, ratificar, aceitar, aprovar os mesmos ou a eles aderir.

7. "Reservatório" significa um componente ou componentes do sistema climático no qual fica armazenado um gás de efeito estufa ou um precursor de um gás de efeito estufa.

8. "Sumidouro" significa qualquer processo, atividade ou mecanismo que remova um gás de efeito estufa, um aerosol ou um precursor de um gás de efeito estufa da atmosfera.

9. "Fonte" significa qualquer processo ou atividade que libere um gás de efeito estufa, um aerosol ou um precursor de gás de efeito estufa na atmosfera.

Artigo 2º

O objetivo final desta Convenção e de quaisquer instrumentos jurídicos com ela relacionados que adote a Conferência das Partes é o de alcançar, em conformidade com as disposições pertinentes desta Convenção, a estabilização das concentrações de gases de efeito estufa na atmosfera num nível que impeça uma interferência antrópica perigosa no sistema climático. Esse nível deverá ser alcançado num prazo suficiente que permita aos ecossistemas adaptarem-se naturalmente à mudança do clima, que assegure que a produção de alimentos não seja ameaçada e que permita ao desenvolvimento econômico prosseguir de maneira sustentável.

Artigo 3º

Em suas ações para alcançar o objetivo desta Convenção e implementar suas disposições, as Partes devem orientar-se, *inter alia*, pelo seguinte:

1. As Partes devem proteger o sistema climático em benefício das gerações presentes e futuras da humanidade com base na equidade e em conformidade com suas responsabilidades comuns mas diferenciadas e respectivas capacidades. Em decorrência, as Partes países desenvolvidos devem tomar a iniciativa no combate à mudança do clima e a seus efeitos negativos.

2. Devem ser levadas em plena consideração as necessidades específicas e circunstâncias especiais das Partes países em desenvolvimento, em especial aqueles particularmente mais vulneráveis aos efeitos negativos da mudança do clima, e das Partes, em especial Partes países em desenvolvimento, que tenham que assumir encargos desproporcionais e anormais sob esta Convenção.

3. As Partes devem adotar medidas de precaução para prever, evitar ou minimizar as causas da mudança do clima e mitigar seus efeitos negativos. Quando surgirem ameaças de danos sérios ou irreversíveis, a falta de plena certeza científica não deve ser usada como razão para postergar essas medidas, levando em conta que as políticas e medidas adotadas para enfrentar a mudança do clima devem ser eficazes em função dos custos, de modo a assegurar benefícios mundiais ao menor custo possível. Para esse fim, essas políticas e medidas devem levar em conta os diferentes contextos socioeconômicos, ser abrangentes, cobrir todas as fontes, sumidouros e reservatórios significativos de gases de efeito estufa e adaptações, e abranger todos os setores econômicos. As Partes interessadas podem realizar esforços, em cooperação, para enfrentar a mudança do clima.

4. As Partes têm o direito ao desenvolvimento sustentável e devem promovê-lo. As políticas e medidas para proteger o sistema climático contra mudanças induzidas pelo homem devem ser adequadas às condições específicas de cada Parte e devem ser integradas aos programas nacionais de desenvolvimento, levando em conta que o desenvolvimento econômico é essencial à adoção de medidas para enfrentar a mudança do clima.

5. As Partes devem cooperar para promover um sistema econômico internacional favorável e aberto conducente ao crescimento e ao desenvolvimento econômico sustentáveis de todas as Partes, em especial das Partes países em desenvolvimento, possibilitando-lhes, assim, melhor enfrentar os problemas da mudança do clima. As medidas adotadas para combater a mudança do clima, inclusive as unilaterais, não devem constituir meio de discriminação arbitrária ou injustificável ou restrição velada ao comércio internacional.

Artigo 4º

1. Todas as Partes, levando em conta suas responsabilidades comuns mas diferenciadas e suas prioridades de desenvolvimento, objetivos e circunstâncias específicos, nacionais e regionais, devem:

a) Elaborar, atualizar periodicamente, publicar e por à disposição da Conferência das Partes, em conformidade com o Artigo 12, inventários nacionais de emissões antrópicas por fontes e das remoções por sumidouros de todos os gases de efeito estufa não controlados pelo Protocolo de Montreal, empregando metodologias comparáveis a serem adotadas pela Conferência das Partes;

b) Formular, implementar, publicar e atualizar regularmente programas nacionais e, conforme o caso, regionais, que incluam medidas para mitigar a mudança do clima, enfrentando as emissões antrópicas por fontes e remoções por sumidouros de todos os gases de efeito estufa não controlados pelo Protocolo de Montreal, bem como medidas para permitir adaptação adequada à mudança do clima;

c) Promover e cooperar para o desenvolvimento, aplicação e difusão, inclusive transferência, de tecnologias, práticas e processos que controlem, reduzam ou previnam as emissões antrópicas de gases de efeito estufa não controlados pelo Protocolo de Montreal em todos os setores pertinentes, inclusive nos setores de energia, transportes, indústria, agricultura, silvicultura e administração de resíduos;

d) Promover a gestão sustentável, bem como promover e cooperar na conservação e fortalecimento, conforme o caso, de sumidouros e reservatórios de todos os gases de efeito estufa não controlados pelo Protocolo de Montreal, incluindo a biomassa, as florestas e os oceanos como também outros ecossistemas terrestres, costeiros e marinhos;

e) Cooperar nos preparativos para a adaptação aos impactos da mudança do clima; desenvolver e elaborar planos adequados e integrados para a gestão de zonas costeiras, recursos hídricos e agricultura, e para a proteção e recuperação de regiões, particularmente na África, afetadas pela seca e desertificação, bem como por Inundações;

f) Levar em conta, na medida do possível, os fatores relacionados com a mudança do clima em suas políticas e medidas sociais, econômicas e ambientais pertinentes, bem como empregar métodos adequados, tais como avaliações de impactos, formulados e definidos nacionalmente, com vistas a minimizar os efeitos negativos na economia, na saúde pública e na qualidade do meio ambiente, provocados por projetos ou medidas aplicadas pelas Partes para mitigarem a mudança do clima ou a ela se adaptarem;

g) Promover e cooperar em pesquisas científicas, tecnológicas, técnicas, socioeconômicas e outras, em observações sistemáticas e no desenvolvimento de bancos de dados relativos ao sistema climático, cuja finalidade seja esclarecer e reduzir ou eliminar as incertezas ainda existentes em relação às causas, efeitos, magnitude e evolução no tempo da mudança do clima e as consequências econômicas e sociais de diversas estratégias de resposta;

h) Promover e cooperar no intercâmbio pleno, aberto e imediato de informações científicas, tecnológicas, técnicas, socioeconômicas e jurídicas relativas ao sistema climático e à mudança do clima, bem como às consequências econômicas e sociais de diversas estratégias de resposta;

i) Promover e cooperar na educação, treinamento e conscientização pública em relação à mudança do clima, e estimular a mais ampla participação nesse processo, inclusive a participação de organizações não governamentais; e

j) Transmitir à Conferência das Partes informações relativas à implementação, em conformidade com o Artigo 12.

2. As Partes países desenvolvidos e demais Partes constantes do Anexo I se comprometem especificamente com o seguinte:

a) Cada uma dessas Partes deve adotar políticas nacionais e medidas correspondentes para mitigar a mudança do clima, limitando suas emissões antrópicas de gases de efeito estufa e protegendo e aumentando seus sumidouros e reservatórios de gases de efeito estufa. Essas políticas e medidas demonstrarão que os países desenvolvidos estão tomando a iniciativa no que se refere a modificar as tendências de mais longo prazo das emissões antrópicas em conformidade com o objetivo desta Convenção, reconhecendo que contribuiria para tal modificação a volta, até o final da presente década, a níveis anteriores das emissões antrópicas de dióxido de carbono e de outros gases de efeito estufa não controlados pelo Protocolo de Montreal; e levando em conta as diferentes situações iniciais e enfoques, estruturas econômicas e fontes de recursos dessas Partes, a necessidade de manter um crescimento econômico vigoroso e sustentável, as tecnologias disponíveis e outras circunstâncias individuais, bem como a necessidade de que cada uma dessas Partes contribua equitativa e adequadamente ao esforço mundial voltado para esse objetivo. Essas Partes podem implementar tais políticas e medidas juntamente com outras Partes e podem auxiliar essas outras Partes a contribuírem para que se alcance o objetivo desta Convenção e, particularmente, desta alínea;

b) A fim de promover avanço nesse sentido, cada uma dessas Partes deve apresentar, em conformidade com o Artigo 12, dentro de seis meses da entrada em vigor para si desta Convenção, e periodicamente a partir de então, informações pormenorizadas sobre as políticas e medidas a que se refere a alínea (a) acima, bem como sobre a projeção de suas emissões antrópicas residuais por fontes e de remoções por sumidouros de gases de efeito estufa não controlados pelo Protocolo de Montreal no período a que se refere a alínea (a) acima, com a finalidade de que essas emissões antrópicas de dióxido de carbono e de outros gases de efeito estufa não controlados pelo Protocolo de Montreal voltem, individual ou conjuntamente, a seus níveis de 1990. Essas informações serão examinadas pela Conferência das Partes em sua primeira sessão e periodicamente a partir de então, em conformidade com o Artigo 7;

c) Os cálculos de emissões por fontes e de remoções por sumidouros de gases de efeito estufa para os fins da alínea (b) acima devem levar em conta o melhor conhecimento científico disponível, inclusive o da efetiva capacidade dos sumidouros e as respectivas contribuições de tais gases para a mudança do clima. Em sua primeira sessão e periodicamente a partir de então, a Conferência das Partes deve examinar e definir metodologias a serem empregadas nesses cálculos;

d) Em sua primeira sessão, a Conferência das Partes deve examinar a adequação das alíneas *(a)* e *(b)* acima. Esse exame deve ser feito à luz das melhores informações e avaliações científicas disponíveis sobre a mudança do clima e seus efeitos, bem como de informações técnicas, sociais e econômicas pertinentes. Com base nesse exame, a Conferência das Partes deve adotar medidas adequadas, que podem contemplar a adoção de emendas aos compromissos previstos nas alíneas *(a)* e *(b)* acima. Em sua primeira sessão, a Conferência das Partes deve também adotar decisões sobre critérios para a implementação conjunta indicada na alínea *(a)* acima. Um segundo exame das alíneas *(a)* e *(b)* deve ser feito no mais tardar até 31 de dezembro de 1998 e posteriormente em intervalos regulares determinados pela Conferência das Partes, até que o objetivo desta Convenção seja alcançado;

e) Cada uma dessas Partes deve:

i) coordenar-se, conforme o caso, com as demais Partes indicadas a respeito de instrumentos econômicos e administrativos pertinentes visando a alcançar o objetivo desta Convenção; e

ii) identificar e examinar periodicamente suas próprias políticas e práticas que possam estimular atividades que levem a níveis de emissões antrópicas de gases de efeito estufa não controlados pelo Protocolo de Montreal mais elevados do que normalmente ocorreriam;

f) A Conferência das Partes deve examinar, no mais tardar até 31 de dezembro de 1998, informações disponíveis com vistas a adoção de decisões, caso necessário, sobre as emendas às listas dos Anexos II e III, com a aprovação da Parte interessada;

g) Qualquer Parte não incluída no Anexo I pode, em seu instrumento de ratificação, aceitação, aprovação ou adesão, ou posteriormente, notificar o Depositário de sua intenção de assumir as obrigações previstas nas alíneas *(a)* e *(b)* acima. O Depositário deve informar os demais signatários e Partes de tais notificações.

3. As Partes países desenvolvidos e demais Partes desenvolvidas incluídas no Anexo II devem prover recursos financeiros novos e adicionais para cobrir integralmente os custos por elas concordados incorridos por Partes países em desenvolvimento no cumprimento de suas obrigações previstas no Artigo 12, parágrafo 1. Também devem prover os recursos financeiros, inclusive para fins de transferência de tecnologias, de que necessitam as Partes países em desenvolvimento para cobrir integralmente os custos adicionais por elas concordados decorrentes da implementação de medidas previstas no parágrafo 1 deste Artigo e que sejam concordados entre uma Parte país em desenvolvimento e a entidade ou entidades internacionais a que se refere o Artigo 11, em conformidade com esse Artigo. Para o cumprimento desses compromissos deve ser levada em conta a necessidade de que o fluxo de recursos seja adequado e previsível e a importância de distribuir os custos entre as Partes países desenvolvidos.

4. As Partes países desenvolvidos e demais Partes desenvolvidas incluídas no Anexo II devem também auxiliar as Partes países em desenvolvimento, particularmente vulneráveis aos efeitos negativos da mudança do clima, a cobrirem os custos de sua adaptação a esses efeitos negativos.

5. As Partes países desenvolvidos e outras Partes desenvolvidas incluídas no Anexo II devem adotar todas as medidas possíveis para promover, facilitar e financiar, conforme o caso, a transferência de tecnologias e de conhecimentos técnicos ambientalmente saudáveis, ou o acesso aos mesmos, a outras Partes, particularmente às Partes países em desenvolvimento, a fim de capacitá-las a implementar as disposições desta Convenção. Nesse processo, as Partes países desenvolvidos devem apoiar o desenvolvimento e a melhoria das capacidades e tecnologias endógenas das Partes países em desenvolvimento. Outras Partes e organizações que estejam em condições de fazê-lo podem também auxiliar a facilitar a transferência dessas tecnologias.

6. No cumprimento de seus compromissos previstos no parágrafo 2 acima, a Conferência das Partes concederá certa flexibilidade às Partes em processo de transição para uma economia de mercado incluídas no Anexo I, a fim de aumentar a capacidade dessas Partes de enfrentar a mudança do clima, inclusive no que se refere ao nível histórico, tomado como referência, de emissões antrópicas de gases de efeito estufa não controlados pelo Protocolo de Montreal.

7. O grau de efetivo cumprimento dos compromissos assumidos sob esta Convenção das Partes países em desenvolvimento dependerá do cumprimento efetivo dos compromissos assumidos sob esta Convenção pelas Partes países desenvolvidos, no que se refere a recursos financeiros e transferência de tecnologia, e levará plenamente em conta o fato de que o desenvolvimento econômico e social e a erradicação da pobreza são as prioridades primordiais e absolutas das Partes países em desenvolvimento.

8. No cumprimento dos compromissos previstos neste Artigo, as Partes devem examinar plenamente que medidas são necessárias tomar sob esta Convenção, inclusive medidas relacionadas a financiamento, seguro e transferência de tecnologias, para atender as necessidades e preocupações específicas das Partes países em desenvolvimento resultantes dos efeitos negativos da mudança do clima e/ou do impacto da implementação de medidas de resposta, em especial:

a) nos pequenos países insulares;

b) nos países com zonas costeiras de baixa altitude;

c) nos países com regiões áridas e semiáridas, áreas de floresta e áreas sujeitas à degradação de florestas;

d) nos países com regiões propensas a desastres naturais;

e) nos países com regiões sujeitas à seca e desertificação;

f) nos países com regiões de alta poluição atmosférica urbana;

g) nos países com regiões de ecossistemas frágeis, inclusive ecossistemas montanhosos;

h) nos países cujas economias dependem fortemente da renda gerada pela produção, processamento, exportação e/ou consumo de combustíveis fósseis e de produtos afins com elevado coeficiente energético; e

i) nos países mediterrâneos e países de trânsito.

Ademais, a Conferência das Partes pode adotar as medidas, conforme o caso, no que se refere a este parágrafo.

9. As Partes devem levar plenamente em conta as necessidades específicas e a situação especial dos países de menor desenvolvimento relativo em suas medidas relativas a financiamento e transferência de tecnologia.

10. Em conformidade com o Artigo 10, as Partes devem levar em conta, no cumprimento das obrigações assumidas sob esta Convenção, a situação das Partes países em desenvolvimento, cujas economias sejam vulneráveis aos efeitos negativos das medidas de resposta à mudança do clima. Isto aplica-se em especial às Partes cujas economias sejam altamente dependentes da renda gerada pela produção, processamento, exportação e/ou do consumo de combustíveis fósseis e de produtos afins com elevado coeficiente energético e/ou da utilização de combustíveis fósseis cuja substituição lhes acarrete sérias dificuldades.

Artigo 5º

Ao cumprirem as obrigações previstas no Artigo 4, parágrafo 1, alínea *(g)*, as Partes devem:

a) Apoiar e promover o desenvolvimento adicional, conforme o caso, de programas e redes ou organizações internacionais e intergovernamentais que visem a definir, conduzir, avaliar e financiar pesquisas, coletas de dados e observação sistemática, levando em conta a necessidade de minimizar a duplicação de esforços;

b) Apoiar os esforços internacionais e intergovernamentais para fortalecer a observação sistemática, as capacidades e recursos nacionais de pesquisa científica e técnica, particularmente nos países em desenvolvimento, e promover o acesso e o intercâmbio de dados e análises obtidas em áreas além dos limites da jurisdição nacional; e

c) Levar em conta as preocupações e necessidades particulares dos países em desenvolvimento e cooperar no aperfeiçoamento de suas capacidades e recursos endógenos para que eles possam participar dos esforços a que se referem as alíneas *(a)* e *(b)* acima.

Artigo 6º

Ao cumprirem suas obrigações previstas no Artigo 4, parágrafo 1, alínea *(i)*, as Partes devem:

a) Promover e facilitar, em níveis nacional e, conforme o caso, subregional e regional, em conformidade com sua legislação e regulamentos nacionais e conforme suas respectivas capacidades:

i) a elaboração e a execução de programas educacionais e de conscientização pública sobre a mudança do clima e seus efeitos;

ii) o acesso público a informações sobre mudança do clima e seus efeitos;

iii) a participação pública no tratamento da mudança do clima e de seus efeitos e na concepção de medidas de resposta adequadas; e

iv) o treinamento de pessoal científico, técnico e de direção.

b) cooperar, em nível internacional e, conforme o caso, por meio de organismos existentes, nas seguintes atividades, e promovê-las:

i) a elaboração e o intercâmbio de materiais educacionais e de conscientização pública sobre a mudança do clima e seus efeitos; e

ii) a elaboração e a execução de programas educacionais e de treinamento, inclusive o fortalecimento de instituições nacionais e o intercâmbio ou recrutamento de pessoal para treinar especialistas nessa área, em particular para os países em desenvolvimento.

Artigo 7º

1. Uma Conferência das Partes é estabelecida por esta Convenção.

2. Como órgão supremo desta Convenção, a Conferência das Partes manterá regularmente sob exame a implementação desta Convenção e de quaisquer de seus instrumentos jurídicos que a Conferência das Partes possa adotar, além de tomar, conforme seu mandato, as decisões necessárias para promover a efetiva implementação desta Convenção. Para tal fim, deve:

a) Examinar periodicamente as obrigações das Partes e os mecanismos institucionais estabelecidos por esta Convenção à luz de seus objetivos, da experiência adquirida em sua implementação e da evolução dos conhecimentos científicos e tecnológicos;

b) Promover e facilitar o intercâmbio de informações sobre medidas adotadas pelas Partes para enfrentar a mudança do clima e seus efeitos, levando em conta as diferentes circunstâncias, responsabilidades e capacidades das Partes e suas respectivas obrigações assumidas sob esta Convenção;

c) Facilitar, mediante solicitação de duas ou mais Partes, a coordenação de medidas por elas adotadas para enfrentar a mudança do clima e seus efeitos, levando em conta as diferentes circunstâncias, responsabilidades e capacidades das Partes e suas respectivas obrigações assumidas sob esta Convenção;

d) Promover e orientar, de acordo com os objetivos e disposições desta Convenção, o desenvolvimento e aperfeiçoamento periódico de metodologias comparáveis, a serem definidas pela Conferência das Partes para, entre outras coisas, elaborar inventários de emissões de gases de efeito estufa por fontes e de remoções por sumidouros e avaliar a eficácia de medidas para limitar as emissões e aumentar as remoções desses gases;

e) Avaliar, com base em todas as informações tornadas disponíveis em conformidade com as disposições desta Convenção, sua implementação pelas Partes; os efeitos gerais das medidas adotadas em conformidade com esta Convenção, em particular os efeitos ambientais, econômicos e sociais; assim como seus impactos cumulativos e o grau de avanço alcançado na consecução do objetivo desta Convenção;

f) Examinar e adotar relatórios periódicos sobre a implementação desta Convenção, e garantir sua publicação;

g) Fazer recomendações sobre quaisquer assuntos necessários à implementação desta Convenção;

h) Procurar mobilizar recursos financeiros em conformidade com o Artigo 4, parágrafos 3, 4 e 5 e com o Artigo 11;

i) Estabelecer os órgãos subsidiários considerados necessários à implementação desta Convenção;

j) Examinar relatórios apresentados por seus órgãos subsidiários e dar-lhes orientação;

k) Definir e adotar, por consenso, suas regras de procedimento e regulamento financeiro, bem como os de seus órgãos subsidiários;

l) Solicitar e utilizar, conforme o caso, os serviços e a cooperação de organizações internacionais e de organismos intergovernamentais e não governamentais competentes, bem como as informações por elas fornecidas; e

m) Desempenhar as demais funções necessárias à consecução do objetivo desta Convenção, bem como todas as demais funções a ela atribuídas por esta Convenção.

3. Em sua primeira sessão, a Conferência das Partes deve adotar suas regras de procedimento e as dos órgãos subsidiários estabelecidos por esta Convenção, que devem incluir procedimentos para a tomada de decisão em assuntos não abrangidos pelos procedimentos decisórios previstos nesta Convenção. Esses procedimentos poderão especificar maiorias necessárias à adoção de certas decisões.

4. A primeira sessão da Conferência das Partes deve ser convocada pelo Secretariado interino mencionado no Artigo 21, e deverá realizar-se no mais tardar dentro de um ano da entrada em vigor desta Convenção. Subsequentemente, sessões ordinárias da Conferência das Partes devem ser realizadas anualmente, a menos que de outra forma decidido pela Conferência das Partes.

5. Sessões extraordinárias da Conferência das Partes devem ser realizadas quando for considerado pela Conferência, ou por solicitação escrita de qualquer Parte, desde que, dentro de seis meses após a solicitação ter sido comunicada às Partes pelo Secretariado, seja apoiada por pelo menos um terço das Partes.

6. As Nações Unidas, seus organismos especializados e a Agência Internacional de Energia Atômica, bem como qualquer Estado-Membro ou observador junto às mesmas que não seja Parte desta Convenção podem se fazer representar como observadores nas sessões da Conferência das Partes. Qualquer outro órgão ou organismo, nacional ou internacional, governamental ou não governamental, competente em assuntos abrangidos por esta Convenção, que informe ao Secretariado do seu desejo de se fazer representar como observador numa sessão da Conferência das Partes, pode ser admitido, a menos que um terço das Partes apresente objeção. A admissão e participação de observadores deve sujeitar-se às regras de procedimento adotadas pela Conferência das Partes.

Artigo 8º

1. Fica estabelecido um Secretariado.

2. As funções do Secretariado são:

a) Organizar as sessões da Conferência das Partes e dos órgãos subsidiários estabelecidos por esta Convenção, e prestar-lhes os serviços necessários;

b) Reunir e transmitir os relatórios a ele apresentados;

c) Prestar assistência às Partes, em particular às Partes países em desenvolvimento, mediante solicitação, na compilação e transmissão de informações necessárias em conformidade com as disposições desta Convenção;

d) Elaborar relatórios sobre suas atividades e apresentá-los à Conferência das Partes;

e) Garantir a necessária coordenação com os secretariados de outros organismos internacionais pertinentes;

f) Estabelecer, sob a orientação geral da Conferência das Partes, mecanismos administrativos e contratuais necessários ao desempenho eficaz de suas funções; e

g) Desempenhar as demais funções de secretariado definidas nesta Convenção e em quaisquer de seus protocolos e todas as demais funções definidas pela Conferência das Partes.

3. Em sua primeira sessão, a Conferência das Partes deve designar um Secretariado permanente e tomar as providências para seu funcionamento.

Artigo 9º

1. Fica estabelecido um órgão subsidiário de assessoramento científico e tecnológico para prestar, em tempo oportuno, à Conferência das Partes e, conforme o caso, a seus órgãos subsidiários, informações e assessoramento sobre assuntos científicos e tecnológicos relativos a esta Convenção. Esse órgão deve estar aberto à participação de todas as Partes e deve ser multidisciplinar. Deve ser composto por representantes governamentais com competência nos campos de especialização pertinentes. Deve apresentar relatórios regularmente à Conferência das Partes sobre todos os aspectos de seu trabalho.

2. Sob a orientação da Conferência das Partes e recorrendo a organismos internacionais competentes existentes, este órgão deve:

a) Apresentar avaliações do estado do conhecimento científico relativo à mudança do clima e a seus efeitos;

b) Preparar avaliações científicas dos efeitos de medidas adotadas na implementação desta Convenção;

c) Identificar tecnologias e conhecimentos técnicos inovadores, eficientes e mais avançados, bem como prestar assessoramento sobre as formas e meios de promover o desenvolvimento e/ou a transferência dessas tecnologias;

d) Prestar assessoramento sobre programas científicos e cooperação internacional em pesquisa e desenvolvimento, relativos à mudança do clima, bem como sobre formas e meios de apoiar a capacitação endógena em países em desenvolvimento; e

e) Responder a questões científicas, tecnológicas e metodológicas que lhe formulem a Conferência das Partes e seus órgãos subsidiários.

3. As funções e o mandato deste órgão podem ser posteriormente melhor definidos pela Conferência das Partes.

Artigo 10

1. Fica estabelecido um órgão subsidiário de implementação para auxiliar a Conferência das Partes na avaliação e exame do cumprimento efetivo desta Convenção. Esse órgão deve estar aberto à participação de todas as Partes, e deve ser composto por representantes governamentais especializados em questões relativas à mudança do clima. Deve apresentar regularmente relatórios à Conferência das Partes sobre todos os aspectos de seu trabalho.

2. Sob a orientação da Conferência das Partes, esse órgão deve:

a) Examinar as informações transmitidas em conformidade com o Artigo 12, parágrafo 1, no sentido de avaliar o efeito agregado geral das medidas tomadas pelas Partes à luz das avaliações científicas mais recentes sobre a mudança do clima;

b) Examinar as informações transmitidas em conformidade com o Artigo 12, parágrafo 2, no sentido de auxiliar a Conferência das Partes a realizar os exames requeridos no Artigo 4, parágrafo 2, alínea (d); e

c) Auxiliar a Conferência das Partes, conforme o caso, na preparação e implementação de suas decisões.

Artigo 11

1. Fica definido um mecanismo para a provisão de recursos financeiros a título de doação ou em base concessional, inclusive para fins de transferência de tecnologia. Esse mecanismo deve funcionar sob a orientação da Conferência das Partes e prestar contas à mesma, a qual deve decidir sobre suas políticas, prioridades programáticas e critérios de aceitabilidade relativos a esta Convenção. Seu funcionamento deve ser confiado a uma ou mais entidades internacionais existentes.

2. O mecanismo financeiro deve ter uma representação equitativa e equilibrada de todas as Partes, num sistema transparente de administração.

3. A Conferência das Partes e a entidade ou entidades encarregadas do funcionamento do mecanismo financeiro devem aprovar os meios para operar os parágrafos precedentes, que devem incluir o seguinte:

a) Modalidades para garantir que os projetos financiados para enfrentar a mudança do clima estejam de acordo com as políticas, prioridades programáticas e critérios de aceitabilidade estabelecidos pela Conferência das Partes;

b) Modalidades pelas quais uma determinada decisão de financiamento possa ser reconsiderada à luz dessas políticas, prioridades programáticas e critérios de aceitabilidade;

c) Apresentação à Conferência das Partes de relatórios periódicos da entidade ou entidades sobre suas operações de financiamento, de forma compatível com a exigência de prestação de contas prevista no parágrafo 1 deste Artigo; e

d) Determinação, de maneira previsível e identificável, do valor dos financiamentos necessários e disponíveis para a implementação desta Convenção e das condições sob as quais esse valor deve ser periodicamente reexaminado.

4. Em sua primeira sessão, a Conferência das Partes deve definir os meios para implementar as disposições precedentes, reexaminando e levando em conta os dispositivos provisórios mencionados no Artigo 21, parágrafo 3, e deve decidir se esses dispositivos provisórios devem ser mantidos. Subsequentemente, dentro de quatro anos, a Conferência das Partes deve reexaminar o mecanismo financeiro e tomar as medidas adequadas.

5. As Partes países desenvolvidos podem também prover recursos financeiros relacionados com a implementação desta Convenção mediante canais bilaterais, regionais e multilaterais e as Partes países em desenvolvimento podem deles beneficiar-se.

Artigo 12

1. Em conformidade com o Artigo 4, parágrafo 1, cada Parte deve transmitir à Conferência das Partes, por meio do Secretariado, as seguintes informações:

a) Inventário nacional de emissões antrópicas por fontes e de remoções por sumidouros de todos os gases de efeito estufa não controlados pelo Protocolo de Montreal, dentro de suas possibilidades, usando metodologias comparáveis desenvolvidas e aprovadas pela Conferência das Partes;

b) Descrição geral das medidas tomadas ou previstas pela Parte para implementar esta Convenção; e

c) Qualquer outra informação que a Parte considere relevante para a realização do objetivo desta Convenção e apta a ser incluída em sua comunicação, inclusive, se possível, dados pertinentes para cálculos das tendências das emissões mundiais.

2. Cada Parte país desenvolvido e cada uma das demais Partes citadas no Anexo I deve incluir as seguintes informações em sua comunicação:

a) Descrição pormenorizada das políticas e medidas por ela adotadas para implementar suas obrigações assumidas sob o Artigo 4, parágrafo 2, alíneas (a) e (b); e *b)* Estimativa específica dos efeitos que as políticas e medidas mencionadas na alínea *(a)* acima terão sobre as emissões antrópicas por fontes e remoções por sumidouros de gases de efeito estufa durante o período a que se refere o Artigo 4, parágrafo 2, alínea *(a)*.

3. Ademais, cada Parte país desenvolvido e cada uma das demais Partes desenvolvidas citadas no Anexo II deve incluir pormenores de medidas tomadas em conformidade com o Artigo 4, parágrafos 3, 4 e 5.

4. As Partes países desenvolvidos podem, voluntariamente, propor projetos para financiamento, inclusive especificando tecnologias, materiais, equipamentos, técnicas ou práticas necessários à execução desses projetos, juntamente, se possível, com estimativa de todos os custos adicionais, de reduções de emissões e aumento de remoções de gases de efeito estufa, bem como estimativas dos benefícios resultantes.

5. Cada Parte país desenvolvido e cada uma das demais Partes incluídas no Anexo I deve apresentar sua comunicação inicial dentro de seis meses da entrada em vigor desta Convenção para essa Parte. Cada Parte não incluída deve apresentar sua comunicação inicial dentro de três anos da entrada em vigor desta Convenção para essa Parte ou a partir da disponibilidade de recursos financeiros de acordo com o Artigo 4, parágrafo 3. As Partes que forem países de menor desenvolvimento relativo podem apresentar sua comunicação inicial quando o desejarem. A frequência das comunicações subsequentes de todas as Partes deve ser determinada pela Conferência das Partes, levando-se em conta o cronograma diferenciado previsto neste parágrafo.

6. As informações relativas a este Artigo apresentadas pelas Partes devem ser transmitidas pelo Secretariado, tão logo possível, à Conferência das Partes e a quaisquer órgãos subsidiários interessados. Se necessário, a Conferência das Partes pode reexaminar os procedimentos para a transmissão de informações.

7. A partir de sua primeira sessão, a Conferência das Partes deve tomar providências, mediante solicitação, no sentido de apoiar técnica e financeiramente as Partes países em desenvolvimento na compilação e apresentação de informações relativas a este Artigo, bem como de identificar necessidades técnicas e financeiras relativas a projetos propostos e medidas de resposta previstas no Artigo 4. Esse apoio pode ser concedido por outras Partes, por organizações internacionais competentes e pelo Secretariado, conforme o caso.

8. Qualquer grupo de Partes pode, sujeito às diretrizes adotadas pela Conferência das Partes e mediante notificação prévia à Conferência das Partes, apresentar comunicação conjunta no cumprimento de suas obrigações assumidas sob este Artigo, desde que essa comunicação inclua informações sobre o cumprimento, por cada uma dessas Partes, de suas obrigações individuais no âmbito desta Convenção.

9. As informações recebidas pelo Secretariado, que sejam classificadas como confidenciais por uma Parte, em conformidade com critérios a serem estabelecidos pela Conferência das Partes, devem ser compiladas pelo Secretariado de modo a proteger seu caráter confidencial antes de serem colocadas à disposição de quaisquer dos órgãos envolvidos na transmissão e no exame de informações.

10. De acordo com o parágrafo 9 acima, e sem prejuízo da capacidade de qualquer Parte de, a qualquer momento, tornar pública sua comunicação, o Secretariado deve tornar públicas as comunicações feitas pelas Partes em conformidade com este Artigo no momento em que forem apresentadas à Conferência das Partes.

Artigo 13

Em sua primeira sessão, a Conferência das Partes deve considerar o estabelecimento de um mecanismo de consultas multilaterais, ao qual poderão recorrer as Partes mediante solicitação, para a solução de questões relativas à implementação desta Convenção.

Artigo 14

1. No caso de controvérsia entre duas ou mais Partes no que respeita à interpretação ou aplicação desta Convenção, as Partes envolvidas devem procurar resolvê-las por meio de negociação ou qualquer outro meio pacífico de sua própria escolha.

2. Ao ratificar, aceitar, ou aprovar esta Convenção ou a ela aderir, ou em qualquer momento posterior, qualquer Parte que não seja uma organização de integração econômica regional pode declarar, por escrito ao Depositário, que reconhece como compulsório *ipso facto*, e sem acordo especial, com respeito a qualquer controvérsia relativa à interpretação ou a aplicação desta Convenção e em relação a qualquer Parte que aceite a mesma obrigação:

(a) Submissão da controvérsia à Corte Internacional de Justiça e/ou

(b) Arbitragem, de acordo com os procedimentos a serem estabelecidos pela Conferência das Partes, o mais breve possível, em anexo sobre arbitragem.

Uma Parte que seja uma organização de integração econômica regional pode fazer uma declaração com efeito similar em relação à arbitragem em conformidade com os procedimentos mencionados na alínea *(b)* acima.

3. Toda declaração feita de acordo com o parágrafo 2 acima permanecerá em vigor até a data de expiração nela prevista ou, no máximo, durante três meses após o depósito, junto ao Depositário, de um aviso por escrito de sua revogação.

4. Toda nova declaração, todo aviso de revogação ou a expiração da declaração não devem afetar, de forma alguma, processos pendentes na Corte Internacional de Justiça ou no tribunal de arbitragem, a menos que as Partes na controvérsia concordem de outra maneira.

5. De acordo com a aplicação do parágrafo 2 acima, se, doze meses após a notificação de uma Parte por outra de que existe uma controvérsia entre elas,

as Partes envolvidas não conseguirem solucionar a controvérsia, recorrendo aos meios a que se refere o parágrafo 1 acima, a controvérsia deve ser submetida à conciliação mediante solicitação de qualquer das Partes na controvérsia.

6. Mediante solicitação de uma das Partes na controvérsia, deve ser criada uma comissão de conciliação, composta por um número igual de membros designados por cada Parte interessada e um presidente escolhido conjuntamente pelos membros designados por cada Parte. A comissão deve emitir decisão recomendatória, que deve ser considerada pelas Partes em boa-fé.

7. A Conferência das Partes deve estabelecer, o mais breve possível, procedimentos adicionais em relação à conciliação, em anexo sobre conciliação.

8. As disposições deste Artigo aplicam-se a quaisquer instrumentos jurídicos pertinentes que a Conferência das Partes possa adotar, salvo se de outra maneira disposto nesse instrumento.

Artigo 15

1. Qualquer Parte pode propor emendas a esta Convenção.

2. As emendas a esta Convenção devem ser adotadas em sessão ordinária da Conferência das Partes. O texto de qualquer emenda proposta a esta Convenção deve ser comunicado às Partes pelo Secretariado pelo menos seis meses antes da sessão na qual será proposta sua adoção. Propostas de emenda devem também ser comunicadas pelo Secretariado aos signatários desta Convenção e ao Depositário, para informação.

3. As Partes devem fazer todo o possível para chegar a acordo por consenso sobre as emenda propostas a esta Convenção. Uma vez exauridos todos os esforços para chegar a um consenso sem que se tenha chegado a um acordo, a emenda deve ser adotada, em última instância, por maioria de três quartos das Partes presentes e votantes nessa sessão. As emendas adotadas devem ser comunicadas pelo Secretariado ao Depositário, que deve comunicá-las a todas as Partes para aceitação.

4. Os instrumentos de aceitação de emendas devem ser depositados junto ao Depositário. As emendas adotadas em conformidade com o parágrafo 3 acima devem entrar em vigor para as Partes que a tenham aceito no nonagésimo dia após o recebimento, pelo Depositário, de instrumentos de aceitação de pelo menos três quartos das Partes desta Convenção.

5. As emendas devem entrar em vigor para qualquer outra Parte no nonagésimo dia após a Parte ter depositado seu instrumento de aceitação das emendas.

6. Para os fins deste Artigo, "Partes presentes e votantes" significa as Partes presentes e que emitam voto afirmativo ou negativo.

Artigo 16

1. Os anexos desta Convenção constituem parte integrante da mesma e, salvo se expressamente disposto de outro modo, qualquer referência a esta Convenção constitui ao mesmo tempo referência a qualquer de seus anexos. Sem prejuízo do disposto no Artigo 14, parágrafo 2, alínea (b) e parágrafo 7, esses anexos devem conter apenas listas, formulários e qualquer outro material descritivo que trate de assuntos científicos, técnicos, processuais ou administrativos.

2. Os anexos desta Convenção devem ser propostos e adotados de acordo com o procedimento estabelecido no Artigo 15, parágrafos 2, 3 e 4.

3. Qualquer anexo adotado em conformidade com o parágrafo 2 acima deve entrar em vigor para todas as Partes desta Convenção seis meses após a comunicação a essas Partes, pelo Depositário, da adoção do anexo, à exceção das Partes que notificarem o Depositário, por escrito e no mesmo prazo, de sua não aceitação do anexo. O anexo deve entrar em vigor para as Partes que tenham retirado sua notificação de não aceitação no nonagésimo dia após o recebimento, pelo Depositário, da retirada dessa notificação.

4. A proposta, adoção e entrada em vigor de emendas aos anexos desta Convenção devem estar sujeitas ao mesmo procedimento obedecido no caso de proposta, adoção e entrada em vigor de anexos desta Convenção, em conformidade com os parágrafos 2 e 3 acima.

5. Se a adoção de um anexo ou de uma emenda a um anexo envolver uma emenda a esta Convenção, esse anexo ou emenda a um anexo somente deve entrar em vigor quando a emenda à Convenção estiver em vigor.

Artigo 17

1. Em qualquer de suas sessões ordinárias, a Conferência das Partes pode adotar protocolos a esta Convenção.

2. O texto de qualquer proposta de protocolo deve ser comunicado às Partes pelo Secretariado pelo menos seis meses antes dessa sessão da Conferência das Partes.

3. As exigências para a entrada em vigor de qualquer protocolo devem ser estabelecidas por esse instrumento.

4. Somente Partes desta Convenção podem ser Partes de um protocolo.

5. As decisões no âmbito de qualquer protocolo devem ser exclusivamente tomadas pelas Partes desse protocolo.

Artigo 18

1. Cada Parte desta Convenção tem direito a um voto, à exceção do disposto no parágrafo 2 acima.

2. As organizações de integração econômica regional devem exercer, em assuntos de sua competência, seu direito de voto com um número de votos igual ao número de seus Estados-Membros Partes desta Convenção. Essas organizações não devem exercer seu direito de voto se qualquer de seus Estados-Membros exercer esse direito e vice-versa.

Artigo 19

O Secretário-Geral das Nações Unidas será o Depositário desta Convenção e de protocolos adotados em conformidade com o Artigo 17.

Artigo 20

Esta Convenção estará aberta, no Rio de Janeiro, à assinatura de Estados-Membros das Nações Unidas ou de quaisquer de seus organismos especializados, ou que sejam Partes do Estatuto da Corte Internacional de Justiça, e de organizações de integração econômica regional, durante a realização da Conferência das Nações Unidas sobre Meio Ambiente e Desenvolvimento, e posteriormente na sede das Nações Unidas em Nova York de 20 de junho de 1992 a 19 de junho de 1993.

Artigo 21

1. As funções do Secretariado, a que se refere o Artigo 8, devem ser desempenhadas provisoriamente pelo Secretariado estabelecido pela Assembleia Geral das Nações Unidas em sua resolução 45/212 de 21 de dezembro de 1990, até que a Conferência das Partes conclua sua primeira sessão.

2. O chefe do Secretariado provisório, a que se refere o parágrafo 1 acima, deve cooperar estreitamente com o Painel Intergovernamental sobre Mudança do Clima, a fim de assegurar que esse Painel preste assessoramento científico e técnico objetivo. Outras instituições científicas pertinentes também podem ser consultadas.

3. O Fundo para o Meio Ambiente Mundial, do Programa das Nações Unidas para o Desenvolvimento, do Programa das Nações Unidas para o Meio Ambiente e do Banco Internacional para a Reconstrução e o Desenvolvimento, será a entidade internacional encarregada provisoriamente do funcionamento do mecanismo financeiro a que se refere o Artigo 11. Nesse contexto, o Fundo para o Meio Ambiental Mundial deve ser adequadamente reestruturado e sua composição universalizada para permitir-lhe cumprir os requisitos do Artigo 11.

Artigo 22

1. Esta Convenção está sujeita a ratificação, aceitação, aprovação ou adesão de Estados e organizações de integração econômica regional. Estará aberta a adesões a partir do dia seguinte à data em que a Convenção não mais esteja aberta a assinaturas. Os instrumentos de ratificação, aceitação, aprovação ou adesão devem ser depositados junto ao Depositário.

2. Qualquer organização de integração econômica regional que se torne Parte desta Convenção, sem que seja Parte nenhum de seus Estados-Membros, deve ficar sujeita a todas as obrigações previstas nesta Convenção. No caso de um ou mais Estados-Membros dessas organizações serem Parte desta Convenção, a organização e seus Estados-Membros devem decidir sobre suas respectivas responsabilidades para o cumprimento de suas obrigações previstas nesta Convenção. Nesses casos, as organizações e os Estados-Membros não podem exercer simultaneamente direitos estabelecidos pela Convenção.

3. Em seus instrumentos de ratificação, aceitação, aprovação ou adesão, as organizações de integração econômica regional devem declarar o âmbito de suas competências no que respeita a assuntos regidos por esta Convenção. Essas organizações devem também informar ao Depositário de qualquer modificação substancial no âmbito de suas competências, o qual, por sua vez, deve transmitir essas informações às Partes.

Artigo 23

1. Esta Convenção entra em vigor no nonagésimo dia após a data de depósito do quinquagésimo instrumento de ratificação, aceitação, aprovação ou adesão.

2. Para cada Estado ou organização de integração econômica regional que ratifique, aceite ou aprove esta Convenção ou a ela adira após o depósito do quinquagésimo instrumento de ratificação, aceitação, aprovação ou adesão, esta Convenção entra em vigor no nonagésimo dia após a data de depósito do instrumento de ratificação, aceitação, aprovação ou adesão desse Estado ou organização de integração econômica regional.

3. Para os fins dos parágrafos 1 e 2 deste Artigo, o instrumento depositado por uma organização de integração econômica regional não deve ser considerado como adicional àqueles depositados por Estados-Membros dessa organização.

Artigo 24

Nenhuma reserva pode ser feita a esta Convenção.

Artigo 25

1. Após três anos da entrada em vigor da Convenção para uma Parte, essa Parte pode, a qualquer momento, denunciá-la por meio de notificação escrita ao Depositário.

2. Essa denúncia tem efeito um ano após à data de seu recebimento pelo Depositário, ou em data posterior se assim for estipulado na notificação de denúncia.

3. Deve ser considerado que qualquer Parte que denuncie esta Convenção denuncia também os protocolos de que é Parte.

Artigo 26

O original desta Convenção, cujos textos em árabe, chinês, espanhol, francês, inglês e russo são igualmente autênticos, deve ser depositado junto ao Secretário-Geral das Nações Unidas.

Em fé do que, os abaixo assinados, devidamente autorizados para esse fim, firmam esta Convenção. Feita em Nova York aos nove dias de maio de mil e novecentos e noventa e dois.

PROTOCOLO DE QUIOTO À CONVENÇÃO QUADRO DAS NAÇÕES UNIDAS SOBRE MUDANÇA DO CLIMA (1997)

- Adotado em Quioto, Japão, em 11.12.1997, por ocasião da Terceira Conferência das Partes da Convenção Quadro das Nações Unidas sobre Mudança do Clima.
- Aprovado no Brasil pelo Decreto Legislativo 144, de 20.06.2002, republicado em 05.04.2005 e ratificado em 23.08.2002, tendo sido promulgado no Brasil pelo Decreto 5.445, de 12.05.2005.
- Entrou em vigor internacional em 16.02.2005.

As Partes deste Protocolo,

Sendo Partes da Convenção Quadro das Nações Unidas sobre Mudança do Clima, doravante denominada "Convenção",

Procurando atingir o objetivo final da Convenção, conforme expresso no Artigo 2,

Lembrando as disposições da Convenção,

Seguindo as orientações do Artigo 3 da Convenção,

Em conformidade com o Mandato de Berlim adotado pela decisão 1/CP.1 da Conferência das Partes da Convenção em sua primeira sessão,

Convieram no seguinte:

Artigo 1º

Para os fins deste Protocolo, aplicam-se as definições contidas no Artigo 1 da Convenção. Adicionalmente:

1. "Conferência das Partes" significa a Conferência das Partes da Convenção.

2. "Convenção" significa a Convenção Quadro das Nações Unidas sobre Mudança do Clima, adotada em Nova York em 9 de maio de 1992.

3. "Painel Intergovernamental sobre Mudança do Clima" significa o Painel Intergovernamental sobre Mudança do Clima estabelecido conjuntamente pela Organização Meteorológica Mundial e pelo Programa das Nações Unidas para o Meio Ambiente em 1988.

4. "Protocolo de Montreal" significa o Protocolo de Montreal sobre Substâncias que Destróem a Camada de Ozônio, adotado em Montreal em 16 de setembro de 1987 e com os ajustes e emendas adotados posteriormente.

5. "Partes presentes e votantes" significa as Partes presentes e que emitam voto afirmativo ou negativo.

6. "Parte" significa uma Parte deste Protocolo, a menos que de outra forma indicado pelo contexto.

7. "Parte incluída no Anexo I" significa uma Parte incluída no Anexo I da Convenção, com as emendas de que possa ser objeto, ou uma Parte que tenha feito uma notificação conforme previsto no Artigo 4, parágrafo 2(g), da Convenção.

Artigo 2º

1. Cada Parte incluída no Anexo I, ao cumprir seus compromissos quantificados de limitação e redução de emissões assumidos sob o Artigo 3, a fim de promover o desenvolvimento sustentável, deve:

(a) Implementar e/ou aprimorar políticas e medidas de acordo com suas circunstâncias nacionais, tais como:

(i) O aumento da eficiência energética em setores relevantes da economia nacional;

(ii) A proteção e o aumento de sumidouros e reservatórios de gases de efeito estufa não controlados pelo Protocolo de Montreal, levando em conta seus compromissos assumidos em acordos internacionais relevantes sobre o meio ambiente, a promoção de práticas sustentáveis de manejo florestal, florestamento e reflorestamento;

(iii) A promoção de formas sustentáveis de agricultura à luz das considerações sobre a mudança do clima;

(iv) A pesquisa, a promoção, o desenvolvimento e o aumento do uso de formas novas e renováveis de energia, de tecnologias de sequestro de dióxido de carbono e de tecnologias ambientalmente seguras, que sejam avançadas e inovadoras;

(v) A redução gradual ou eliminação de imperfeições de mercado, de incentivos fiscais, de isenções tributárias e tarifárias e de subsídios para todos os setores emissores de gases de efeito estufa que sejam contrários ao objetivo da Convenção e aplicação de instrumentos de mercado;

(vi) O estímulo a reformas adequadas em setores relevantes, visando a promoção de políticas e medidas que limitem ou reduzam emissões de gases de efeito estufa não controlados pelo Protocolo de Montreal;

(vii) Medidas para limitar e/ou reduzir as emissões de gases de efeito estufa não controlados pelo Protocolo de Montreal no setor de transportes;

(viii) A limitação e/ou redução de emissões de metano por meio de sua recuperação e utilização no tratamento de resíduos, bem como na produção, no transporte e na distribuição de energia;

(b) Cooperar com outras Partes incluídas no Anexo I no aumento da eficácia individual e combinada de suas políticas e medidas adotadas segundo este Artigo, conforme o Artigo 4, parágrafo 2(e)(i), da Convenção. Para esse fim, essas Partes devem adotar medidas para compartilhar experiências e trocar informações sobre tais políticas e medidas, inclusive desenvolvendo formas de melhorar sua comparabilidade, transparência e eficácia. A Conferência das Partes na qualidade de reunião das Partes deste Protocolo deve, em sua primeira sessão ou tão logo seja praticável a partir de então, considerar maneiras de facilitar tal cooperação, levando em conta toda a informação relevante.

2. As Partes incluídas no Anexo I devem procurar limitar ou reduzir as emissões de gases de efeito estufa não controlados pelo Protocolo de Montreal originárias de combustíveis do transporte aéreo e marítimo internacional, conduzindo o trabalho pela Organização de Aviação Civil Internacional e pela Organização Marítima Internacional, respectivamente.

3. As Partes incluídas no Anexo I devem empenhar-se em implementar políticas e medidas a que se refere este Artigo de forma a minimizar efeitos adversos, incluindo os efeitos adversos da mudança do clima, os efeitos sobre o comércio internacional e os impactos sociais, ambientais e econômicos sobre outras Partes, especialmente as Partes países em desenvolvimento e em particular as identificadas no Artigo 4, parágrafos 8 e 9, da Convenção, levando em conta o Artigo 3 da Convenção. A Conferência das Partes na qualidade de reunião das Partes deste Protocolo pode realizar ações adicionais, conforme o caso, para promover a implementação das disposições deste parágrafo.

4. Caso a Conferência das Partes na qualidade de reunião das Partes deste Protocolo considere proveitoso coordenar qualquer uma das políticas e

medidas do parágrafo 1(a) acima, levando em conta as diferentes circunstâncias nacionais e os possíveis efeitos, deve considerar modos e meios de definir a coordenação de tais políticas e medidas.

Artigo 3º

1. As Partes incluídas no Anexo I devem, individual ou conjuntamente, assegurar que suas emissões antrópicas agregadas, expressas em dióxido de carbono equivalente, dos gases de efeito estufa listados no Anexo A não excedam suas quantidades atribuídas, calculadas em conformidade com seus compromissos quantificados de limitação e redução de emissões descritos no Anexo B e de acordo com as disposições deste Artigo, com vistas a reduzir suas emissões totais desses gases em pelo menos 5% (cinco por cento) abaixo dos níveis de 1990 no período de compromisso de 2008 a 2012.

2. Cada Parte incluída no Anexo I deve, até 2005, ter realizado um progresso comprovado para alcançar os compromissos assumidos sob este Protocolo.

3. As variações líquidas nas emissões por fontes e remoções por sumidouros de gases de efeito estufa resultantes de mudança direta, induzida pelo homem, no uso da terra e nas atividades florestais, limitadas ao florestamento, reflorestamento e desflorestamento desde 1990, medidas como variações verificáveis nos estoques de carbono em cada período de compromisso, deverão ser utilizadas para atender os compromissos assumidos sob este Artigo por cada Parte incluída no Anexo I. As emissões por fontes e remoções por sumidouros de gases de efeito estufa associadas a essas atividades devem ser relatadas de maneira transparente e comprovável e revistas em conformidade com os Artigos 7 e 8.

4. Antes da primeira sessão da Conferência das Partes na qualidade de reunião das Partes deste Protocolo, cada Parte incluída no Anexo I deve submeter à consideração do Órgão Subsidiário de Assessoramento Científico e Tecnológico dados para o estabelecimento do seu nível de estoques de carbono em 1990 e possibilitar a estimativa das suas mudanças nos estoques de carbono nos anos subsequentes. A Conferência das Partes na qualidade de reunião das Partes deste Protocolo deve, em sua primeira sessão ou assim que seja praticável a partir de então, decidir sobre as modalidades, regras e diretrizes sobre como e quais são as atividades adicionais induzidas pelo homem relacionadas com mudanças nas emissões por fontes e remoções por sumidouros de gases de efeito estufa nas categorias de solos agrícolas e de mudança no uso da terra e florestas, que devem ser acrescentadas ou subtraídas da quantidade atribuída para as Partes incluídas no Anexo I, levando em conta as incertezas, a transparência na elaboração de relatório, a comprovação, o trabalho metodológico do Painel Intergovernamental sobre Mudança do Clima, o assessoramento fornecido pelo Órgão Subsidiário de Assessoramento Científico e Tecnológico em conformidade com o Artigo 5 e as decisões da Conferência das Partes. Tal decisão será aplicada a partir do segundo período de compromisso. A Parte poderá optar por aplicar essa decisão sobre as atividades adicionais induzidas pelo homem no seu primeiro período de compromisso, desde que essas atividades tenham se realizado a partir de 1990.

5. As Partes em processo de transição para uma economia de mercado incluídas no Anexo I, cujo ano ou período de base foi estabelecido em conformidade com a decisão 9/CP.2 da Conferência das Partes em sua segunda sessão, devem usar esse ano ou período de base para a implementação dos seus compromissos previstos neste Artigo. Qualquer outra Parte em processo de transição para uma economia de mercado incluída no Anexo I que ainda não tenha submetido a sua primeira comunicação nacional, conforme o Artigo 12 da Convenção, também pode notificar a Conferência das Partes na qualidade de reunião das Partes deste Protocolo da sua intenção de utilizar um ano ou período históricos de base que não 1990 para a implementação de seus compromissos previstos neste Artigo. A Conferência das Partes na qualidade de reunião das Partes deste Protocolo deve decidir sobre a aceitação de tal notificação.

6. Levando em conta o Artigo 4, parágrafo 6, da Convenção, na implementação dos compromissos assumidos sob este Protocolo que não os deste Artigo, a Conferência das Partes na qualidade de reunião das Partes deste Protocolo concederá um certo grau de flexibilidade às Partes em processo de transição para uma economia de mercado incluídas no Anexo I.

7. No primeiro período de compromissos quantificados de limitação e redução de emissões, de 2008 a 2012, a quantidade atribuída para cada Parte incluída no Anexo I deve ser igual à porcentagem descrita no Anexo B de suas emissões antrópicas agregadas, expressas em dióxido de carbono equivalente, dos gases de efeito estufa listados no Anexo A em 1990, ou o ano ou período de base determinado em conformidade com o parágrafo 5 acima, multiplicado por cinco. As Partes incluídas no Anexo I para as quais a mudança no uso da terra e florestas constituíram uma fonte líquida de emissões de gases de efeito estufa em 1990 devem fazer constar, no seu ano ou período de base de emissões de 1990, as emissões antrópicas agregadas por fontes menos as remoções antrópicas por sumidouros em 1990, expressas em dióxido de carbono equivalente, devidas à mudança no uso da terra, com a finalidade de calcular sua quantidade atribuída.

8. Qualquer Parte incluída no Anexo I pode utilizar 1995 como o ano base para os hidrofluorcarbonos, perfluorcarbonos e hexafluoreto de enxofre, na realização dos cálculos mencionados no parágrafo 7 acima.

9. Os compromissos das Partes incluídas no Anexo I para os períodos subsequentes devem ser estabelecidos em emendas ao Anexo B deste Protocolo, que devem ser adotadas em conformidade com as disposições do Artigo 21, parágrafo 7. A Conferência das Partes na qualidade de reunião das Partes deste

Protocolo deve dar início à consideração de tais compromissos pelo menos 7 (sete) anos antes do término do primeiro período de compromisso ao qual se refere o parágrafo 1 acima.

10. Qualquer unidade de redução de emissões, ou qualquer parte de uma quantidade atribuída, que uma Parte adquira de outra Parte em conformidade com as disposições do Artigo 6 ou do Artigo 17 deve ser acrescentada à quantidade atribuída à Parte adquirente.

11. Qualquer unidade de redução de emissões, ou qualquer parte de uma quantidade atribuída, que uma Parte transfira para outra Parte em conformidade com as disposições do Artigo 6 ou do Artigo 17 deve ser subtraída da quantidade atribuída à Parte transferidora.

12. Qualquer redução certificada de emissões que uma Parte adquira de outra Parte em conformidade com as disposições do Artigo 12 deve ser acrescentada à quantidade atribuída à Parte adquirente.

13. Se as emissões de uma Parte incluída no Anexo I em um período de compromisso forem inferiores a sua quantidade atribuída prevista neste Artigo, essa diferença, mediante solicitação dessa Parte, deve ser acrescentada à quantidade atribuída a essa Parte para períodos de compromisso subsequentes.

14. Cada Parte incluída no Anexo I deve empenhar-se para implementar os compromissos mencionados no parágrafo 1 acima de forma que sejam minimizados os efeitos adversos, tanto sociais como ambientais e econômicos, sobre as Partes países em desenvolvimento, particularmente as identificadas no Artigo 4, parágrafos 8 e 9, da Convenção. Em consonância com as decisões pertinentes da Conferência das Partes sobre a implementação desses parágrafos, a Conferência das Partes na qualidade de reunião das Partes deste Protocolo deve, em sua primeira sessão, considerar quais as ações que se fazem necessárias para minimizar os efeitos adversos da mudança do clima e/ou os impactos de medidas de resposta sobre as Partes mencionadas nesses parágrafos. Entre as questões a serem consideradas devem estar a obtenção de fundos, seguro e transferência de tecnologia.

Artigo 4º

1. Qualquer Parte incluída no Anexo I que tenha acordado em cumprir conjuntamente seus compromissos assumidos sob o Artigo 3 será considerada como tendo cumprido esses compromissos se o total combinado de suas emissões antrópicas agregadas, expressas em dióxido de carbono equivalente, dos gases de efeito estufa listados no Anexo A não exceder suas quantidades atribuídas, calculadas de acordo com seus compromissos quantificados de limitação e redução de emissões, descritos no Anexo B, e em conformidade com as disposições do Artigo 3. O respectivo nível de emissão determinado para cada uma das Partes do acordo deve ser nele especificado.

2. As Partes de qualquer um desses acordos devem notificar o Secretariado sobre os termos do acordo na data de depósito de seus instrumentos de ratificação, aceitação, aprovação ou adesão a este Protocolo. O Secretariado, por sua vez, deve informar os termos do acordo às Partes e aos signatários da Convenção.

3. Qualquer desses acordos deve permanecer em vigor durante o período de compromisso especificado no Artigo 3, parágrafo 7.

4. Se as Partes atuando conjuntamente assim o fizerem no âmbito de uma organização regional de integração econômica e junto com ela, qualquer alteração na composição da organização após a adoção deste Protocolo não deverá afetar compromissos existentes no âmbito deste Protocolo. Qualquer alteração na composição da organização só será válida para fins dos compromissos previstos no Artigo 3 que sejam adotados em período subsequente ao dessa alteração.

5. Caso as Partes desses acordos não atinjam seu nível total combinado de redução de emissões, cada Parte desses acordos deve se responsabilizar pelo seu próprio nível de emissões determinado no acordo.

6. Se as Partes atuando conjuntamente assim o fizerem no âmbito de uma organização regional de integração econômica que seja Parte deste Protocolo e junto com ela, cada Estado-Membro dessa organização regional de integração econômica individual e conjuntamente com a organização regional de integração econômica, atuando em conformidade com o Artigo 24, no caso de não ser atingido o nível total combinado de redução de emissões, deve se responsabilizar por seu nível de emissões como notificado em conformidade com este Artigo.

Artigo 5º

1. Cada Parte incluída no Anexo I deve estabelecer, dentro do período máximo de um ano antes do início do primeiro período de compromisso, um sistema nacional para a estimativa das emissões antrópicas por fontes e das remoções antrópicas por sumidouros de todos os gases de efeito estufa não controlados pelo Protocolo de Montreal. As diretrizes para tais sistemas nacionais, que devem incorporar as metodologias especificadas no parágrafo 2 abaixo, devem ser decididas pela Conferência das Partes na qualidade de reunião das Partes deste Protocolo em sua primeira sessão.

2. As metodologias para a estimativa das emissões antrópicas por fontes e das remoções antrópicas por sumidouros de todos os gases de efeito estufa não controlados pelo Protocolo de Montreal devem ser as aceitas pelo Painel Intergovernamental sobre Mudança do Clima e acordadas pela Conferência das Partes em sua terceira sessão. Onde não forem utilizadas tais metodologias, ajustes adequados devem ser feitos de acordo com as metodologias acordadas pela Conferência das Partes na qualidade de reunião das Partes deste Protocolo em sua primeira sessão. Com base no trabalho, *inter alia*, do Painel Intergovernamental sobre Mudança do Clima e no assessoramento prestado pelo Órgão Subsidiário de Assessora-

mento Científico e Tecnológico, a Conferência das Partes na qualidade de reunião das Partes deste Protocolo deve rever periodicamente e, conforme o caso, revisar tais metodologias e ajustes, levando plenamente em conta qualquer decisão pertinente da Conferência das Partes. Qualquer revisão das metodologias ou ajustes deve ser utilizada somente com o propósito de garantir o cumprimento dos compromissos previstos no Artigo 3 com relação a qualquer período de compromisso adotado posteriormente a essa revisão.

3. Os potenciais de aquecimento global utilizados para calcular a equivalência em dióxido de carbono das emissões antrópicas por fontes e das remoções antrópicas por sumidouros dos gases de efeito estufa listados no Anexo A devem ser os aceitos pelo Painel Intergovernamental sobre Mudança do Clima e acordados pela Conferência das Partes em sua terceira sessão. Com base no trabalho, *inter alia*, do Painel Intergovernamental sobre Mudança do Clima e no assessoramento prestado pelo Órgão Subsidiário de Assessoramento Científico e Tecnológico, a Conferência das Partes na qualidade de reunião das Partes deste Protocolo deve rever periodicamente e, conforme o caso, revisar o potencial de aquecimento global de cada um dos gases de efeito estufa, levando plenamente em conta qualquer decisão pertinente da Conferência das Partes. Qualquer revisão de um potencial de aquecimento global deve ser aplicada somente aos compromissos assumidos sob o Artigo 3 com relação a qualquer período de compromisso adotado posteriormente a essa revisão.

Artigo 6º

1. A fim de cumprir os compromissos assumidos sob o Artigo 3, qualquer Parte incluída no Anexo I pode transferir para ou adquirir de qualquer outra dessas Partes unidades de redução de emissões resultantes de projetos visando a redução das emissões antrópicas por fontes ou o aumento das remoções antrópicas por sumidouros de gases de efeito estufa em qualquer setor da economia, desde que:

(a) O projeto tenha a aprovação das Partes envolvidas;

(b) O projeto promova uma redução das emissões por fontes ou um aumento das remoções por sumidouros que sejam adicionais aos que ocorreriam na sua ausência;

(c) A Parte não adquira nenhuma unidade de redução de emissões se não estiver em conformidade com suas obrigações assumidas sob os Artigos 5 e 7; e

(d) A aquisição de unidades de redução de emissões seja suplementar às ações domésticas realizadas com o fim de cumprir os compromissos previstos no Artigo 3.

2. A Conferência das Partes na qualidade de reunião das Partes deste Protocolo pode, em sua primeira sessão ou assim que seja viável a partir de então, aprimorar diretrizes para a implementação deste Artigo, inclusive para verificação e elaboração de relatórios.

3. Uma Parte incluída no Anexo I pode autorizar entidades jurídicas a participarem, sob sua responsabilidade, de ações que promovam a geração, a transferência ou a aquisição, sob este Artigo, de unidades de redução de emissões.

4. Se uma questão de implementação por uma Parte incluída no Anexo I das exigências mencionadas neste parágrafo é identificada de acordo com as disposições pertinentes do Artigo 8, as transferências e aquisições de unidades de redução de emissões podem continuar a ser feitas depois de ter sido identificada a questão, desde que quaisquer dessas unidades não sejam usadas pela Parte para atender os seus compromissos assumidos sob o Artigo 3 até que seja resolvida qualquer questão de cumprimento.

Artigo 7º

1. Cada Parte incluída no Anexo I deve incorporar ao seu inventário anual de emissões antrópicas por fontes e remoções antrópicas por sumidouros de gases de efeito estufa não controlados pelo Protocolo de Montreal, submetido de acordo com as decisões pertinentes da Conferência das Partes, as informações suplementares necessárias com o propósito de assegurar o cumprimento do Artigo 3, a serem determinadas em conformidade com o parágrafo 4 abaixo.

2. Cada Parte incluída no Anexo I deve incorporar à sua comunicação nacional, submetida de acordo com o Artigo 12 da Convenção, as informações suplementares necessárias para demonstrar o cumprimento dos compromissos assumidos sob este Protocolo, a serem determinadas em conformidade com o parágrafo 4 abaixo.

3. Cada Parte incluída no Anexo I deve submeter as informações solicitadas no parágrafo 1 acima anualmente, começando com o primeiro inventário que deve ser entregue, segundo a Convenção, no primeiro ano do período de compromisso após a entrada em vigor deste Protocolo para essa Parte. Cada uma dessas Partes deve submeter as informações solicitadas no parágrafo 2 acima como parte da primeira comunicação nacional que deve ser entregue, segundo a Convenção, após a entrada em vigor deste Protocolo para a Parte e após a adoção de diretrizes como previsto no parágrafo 4 abaixo. A frequência das submissões subsequentes das informações solicitadas sob este Artigo deve ser determinada pela Conferência das Partes na qualidade de reunião das Partes deste Protocolo, levando em conta qualquer prazo para a submissão de comunicações nacionais conforme decidido pela Conferência das Partes.

4. A Conferência das Partes na qualidade de reunião das Partes deste Protocolo deve adotar em sua primeira sessão, e rever periodicamente a partir de então, diretrizes para a preparação das informações solicitadas sob este Artigo, levando em conta as diretrizes para a preparação de comunicações nacionais das Partes incluídas no Anexo I, adotadas pela Conferência das Partes. A Conferência das Partes na qualidade de reunião das Partes deste

Protocolo deve também, antes do primeiro período de compromisso, decidir sobre as modalidades de contabilização das quantidades atribuídas.

Artigo 8º

1. As informações submetidas de acordo com o Artigo 7 por cada Parte incluída no Anexo I devem ser revistas por equipes revisoras de especialistas em conformidade com as decisões pertinentes da Conferência das Partes e em consonância com as diretrizes adotadas com esse propósito pela Conferência das Partes na qualidade de reunião das Partes deste Protocolo, conforme o parágrafo 4 abaixo. As informações submetidas segundo o Artigo 7, parágrafo 1, por cada Parte incluída no Anexo I devem ser revistas como parte da compilação anual e contabilização dos inventários de emissões e das quantidades atribuídas. Adicionalmente, as informações submetidas de acordo com o Artigo 7, parágrafo 2, por cada Parte incluída no Anexo I devem ser revistas como parte da revisão das comunicações.

2. As equipes revisoras de especialistas devem ser coordenadas pelo Secretariado e compostas por especialistas selecionados a partir de indicações das Partes da Convenção e, conforme o caso, de organizações intergovernamentais, em conformidade com a orientação dada para esse fim pela Conferência das Partes.

3. O processo de revisão deve produzir uma avaliação técnica completa e abrangente de todos os aspectos da implementação deste Protocolo por uma Parte. As equipes revisoras de especialistas devem preparar um relatório para a Conferência das Partes na qualidade de reunião das Partes deste Protocolo, avaliando a implementação dos compromissos da Parte e identificando possíveis problemas e fatores que possam estar influenciando a efetivação dos compromissos. Esses relatórios devem ser distribuídos pelo Secretariado a todas as Partes da Convenção. O Secretariado deve listar as questões de implementação indicadas em tais relatórios para posterior consideração pela Conferência das Partes na qualidade de reunião das Partes deste Protocolo.

4. A Conferência das Partes na qualidade de reunião das Partes deste Protocolo deve adotar em sua primeira sessão, e rever periodicamente a partir de então, as diretrizes para a revisão da implementação deste Protocolo por equipes revisoras de especialistas, levando em conta as decisões pertinentes da Conferência das Partes.

5. A Conferência das Partes na qualidade de reunião das Partes deste Protocolo deve, com a assistência do Órgão Subsidiário de Implementação e, conforme o caso, do Órgão de Assessoramento Científico e Tecnológico, considerar:

(a) As informações submetidas pelas Partes segundo o Artigo 7 e os relatórios das revisões dos especialistas sobre essas informações, elaborados de acordo com este Artigo; e

(b) As questões de implementação listadas pelo Secretariado em conformidade com o parágrafo 3 acima, bem como qualquer questão levantada pelas Partes.

6. A Conferência das Partes na qualidade de reunião das Partes deste Protocolo deve tomar decisões sobre qualquer assunto necessário para a implementação deste Protocolo de acordo com as considerações feitas sobre as informações a que se refere o parágrafo 5 acima.

Artigo 9º

1. A Conferência das Partes na qualidade de reunião das Partes deste Protocolo deve rever periodicamente este Protocolo à luz das melhores informações e avaliações científicas disponíveis sobre a mudança do clima e seus impactos, bem como de informações técnicas, sociais e econômicas relevantes. Tais revisões devem ser coordenadas com revisões pertinentes segundo a Convenção, em particular as dispostas no Artigo 4, parágrafo 2(d), e Artigo 7, parágrafo 2(a), da Convenção. Com base nessas revisões, a Conferência das Partes na qualidade de reunião das Partes deste Protocolo deve tomar as providências adequadas.

2. A primeira revisão deve acontecer na segunda sessão da Conferência das Partes na qualidade de reunião das Partes deste Protocolo. Revisões subsequentes devem acontecer em intervalos regulares e de maneira oportuna.

Artigo 10

Todas as Partes, levando em conta suas responsabilidades comuns mas diferenciadas e suas prioridades de desenvolvimento, objetivos e circunstâncias específicos, nacionais e regionais, sem a introdução de qualquer novo compromisso para as Partes não incluídas no Anexo I, mas reafirmando os compromissos existentes no Artigo 4, parágrafo 1, da Convenção, e continuando a fazer avançar a implementação desses compromissos a fim de atingir o desenvolvimento sustentável, levando em conta o Artigo 4, parágrafos 3, 5 e 7, da Convenção, devem:

(a) Formular, quando apropriado e na medida do possível, programas nacionais e, conforme o caso, regionais adequados, eficazes em relação aos custos, para melhorar a qualidade dos fatores de emissão, dados de atividade e/ou modelos locais que reflitam as condições socioeconômicas de cada Parte para a preparação e atualização periódica de inventários nacionais de emissões antrópicas por fontes e remoções antrópicas por sumidouros de todos os gases de efeito estufa não controlados pelo Protocolo de Montreal, empregando metodologias comparáveis a serem acordadas pela Conferência das Partes e consistentes com as diretrizes para a preparação de comunicações nacionais adotadas pela Conferência das Partes;

(b) Formular, implementar, publicar e atualizar regularmente programas nacionais e, conforme o caso, regionais, que contenham medidas para mitigar a mudança do clima bem como medidas para facilitar uma adaptação adequada à mudança do clima:

(i) Tais programas envolveriam, entre outros, os setores de energia, transporte e indústria, bem como os de agricultura, florestas e tratamento de resíduos. Além disso, tecnologias e métodos de adaptação para aperfeiçoar o planejamento espacial melhorariam a adaptação à mudança do clima; e

(ii) As Partes incluídas no Anexo I devem submeter informações sobre ações no âmbito deste Protocolo, incluindo programas nacionais, em conformidade com o Artigo 7; e as outras Partes devem buscar incluir em suas comunicações nacionais, conforme o caso, informações sobre programas que contenham medidas que a Parte acredite contribuir para enfrentar a mudança do clima e seus efeitos adversos, incluindo a redução dos aumentos das emissões de gases de efeito estufa e aumento dos sumidouros e remoções, capacitação e medidas de adaptação;

(c) Cooperar na promoção de modalidades efetivas para o desenvolvimento, a aplicação e a difusão, e tomar todas as medidas possíveis para promover, facilitar e financiar, conforme o caso, a transferência ou o acesso a tecnologias, *know-how*, práticas e processos ambientalmente seguros relativos à mudança do clima, em particular para os países em desenvolvimento, incluindo a formulação de políticas e programas para a transferência efetiva de tecnologias ambientalmente seguras que sejam de propriedade pública ou de domínio público e a criação, no setor privado, de um ambiente propício para promover e melhorar a transferência de tecnologias ambientalmente seguras e o acesso a elas;

(d) Cooperar nas pesquisas científicas e técnicas e promover a manutenção e o desenvolvimento de sistemas de observação sistemática e o desenvolvimento de arquivos de dados para reduzir as incertezas relacionadas ao sistema climático, os efeitos adversos da mudança do clima e as consequências econômicas e sociais das várias estratégias de resposta e promover o desenvolvimento e o fortalecimento da capacidade e dos recursos endógenos para participar dos esforços, programas e redes internacionais e intergovernamentais de pesquisa e observação sistemática, levando em conta o Artigo 5 da Convenção;

(e) Cooperar e promover em nível internacional e, conforme o caso, por meio de organismos existentes, a elaboração e a execução de programas de educação e treinamento, incluindo o fortalecimento da capacitação nacional, em particular a capacitação humana e institucional e o intercâmbio ou cessão de pessoal para treinar especialistas nessas áreas, em particular para os países em desenvolvimento, e facilitar em nível nacional a conscientização pública e o acesso público a informações sobre a mudança do clima. Modalidades adequadas devem ser desenvolvidas para implementar essas atividades por meio dos órgãos apropriados da Convenção, levando em conta o Artigo 6 da Convenção;

(f) Incluir em suas comunicações nacionais informações sobre programas e atividades empreendidos em conformidade com este Artigo de acordo com as decisões pertinentes da Conferência das Partes; e

(g) Levar plenamente em conta, na implementação dos compromissos previstos neste Artigo, o Artigo 4, parágrafo 8, da Convenção.

Artigo 11

1. Na implementação do Artigo 10, as Partes devem levar em conta as disposições do Artigo 4, parágrafos 4, 5, 7, 8 e 9, da Convenção.

2. No contexto da implementação do Artigo 4, parágrafo 1, da Convenção, em conformidade com as disposições do Artigo 4, parágrafo 3, e do Artigo 11 da Convenção, e por meio da entidade ou entidades encarregadas da operação do mecanismo financeiro da Convenção, as Partes países desenvolvidos e as demais Partes desenvolvidas incluídas no Anexo II da Convenção devem:

(a) Prover recursos financeiros novos e adicionais para cobrir integralmente os custos por elas acordados incorridos pelas Partes países em desenvolvimento para fazer avançar a implementação dos compromissos assumidos sob o Artigo 4, parágrafo 1(a), da Convenção e previstos no Artigo 10, alínea (a); e

(b) Também prover esses recursos financeiros, inclusive para a transferência de tecnologia, de que necessitem as Partes países em desenvolvimento para cobrir integralmente os custos incrementais para fazer avançar a implementação dos compromissos existentes sob o Artigo 4, parágrafo 1, da Convenção e descritos no Artigo 10 e que sejam acordados entre uma Parte país em desenvolvimento e a entidade ou entidades internacionais a que se refere o Artigo 11 da Convenção, em conformidade com esse Artigo.

A implementação desses compromissos existentes deve levar em conta a necessidade de que o fluxo de recursos financeiros seja adequado e previsível e a importância da divisão adequada do ônus entre as Partes países desenvolvidos. A orientação para a entidade ou entidades encarregadas da operação do mecanismo financeiro da Convenção em decisões pertinentes da Conferência das Partes, incluindo as acordadas antes da adoção deste Protocolo, aplica-se *mutatis mutandis* às disposições deste parágrafo.

3. As Partes países desenvolvidos e demais Partes desenvolvidas do Anexo II da Convenção podem também prover recursos financeiros para a implementação do Artigo 10 por meio de canais bilaterais, regionais e multilaterais e as Partes países em desenvolvimento podem deles beneficiar-se.

Artigo 12

1. Fica definido um mecanismo de desenvolvimento limpo.

2. O objetivo do mecanismo de desenvolvimento limpo deve ser assistir às Partes não incluídas no Anexo I para que atinjam o desenvolvimento sustentável e contribuam para o objetivo final da Convenção, e assistir às Partes incluídas no Anexo I para que cumpram seus compromissos quantifica-

dos de limitação e redução de emissões, assumidos no Artigo 3.

3. Sob o mecanismo de desenvolvimento limpo:

(a) As Partes não incluídas no Anexo I beneficiar-se-ão de atividades de projetos que resultem em reduções certificadas de emissões; e

(b) As Partes incluídas no Anexo I podem utilizar as reduções certificadas de emissões, resultantes de tais atividades de projetos, para contribuir com o cumprimento de parte de seus compromissos quantificados de limitação e redução de emissões, assumidos no Artigo 3, como determinado pela Conferência das Partes na qualidade de reunião das Partes deste Protocolo.

4. O mecanismo de desenvolvimento limpo deve sujeitar-se à autoridade e orientação da Conferência das Partes na qualidade de reunião das Partes deste Protocolo e à supervisão de um conselho executivo do mecanismo de desenvolvimento limpo.

5. As reduções de emissões resultantes de cada atividade de projeto devem ser certificadas por entidades operacionais a serem designadas pela Conferência das Partes na qualidade de reunião das Partes deste Protocolo, com base em:

(a) Participação voluntária aprovada por cada Parte envolvida;

(b) Benefícios reais, mensuráveis e de longo prazo relacionados com a mitigação da mudança do clima, e

(c) Reduções de emissões que sejam adicionais às que ocorreriam na ausência da atividade certificada de projeto.

6. O mecanismo de desenvolvimento limpo deve prestar assistência quanto à obtenção de fundos para atividades certificadas de projetos quando necessário.

7. A Conferência das Partes na qualidade de reunião das Partes deste Protocolo deve, em sua primeira sessão, elaborar modalidades e procedimentos com o objetivo de assegurar transparência, eficiência e prestação de contas das atividades de projetos por meio de auditorias e verificações independentes.

8. A Conferência das Partes na qualidade de reunião das Partes deste Protocolo deve assegurar que uma fração dos fundos advindos de atividades de projetos certificadas seja utilizada para cobrir despesas administrativas, assim como assistir às Partes países em desenvolvimento que sejam particularmente vulneráveis aos efeitos adversos da mudança do clima para fazer face aos custos de adaptação.

9. A participação no mecanismo de desenvolvimento limpo, inclusive nas atividades mencionadas no parágrafo 3*(a)* acima e na aquisição de reduções certificadas de emissão, pode envolver entidades privadas e/ou públicas e deve sujeitar-se a qualquer orientação que possa ser dada pelo conselho executivo do mecanismo de desenvolvimento limpo.

10. Reduções certificadas de emissões obtidas durante o período do ano 2000 até o início do primeiro período de compromisso podem ser utilizadas para auxiliar no cumprimento das responsabilidades relativas ao primeiro período de compromisso.

Artigo 13

1. A Conferência das Partes, o órgão supremo da Convenção, deve atuar na qualidade de reunião das Partes deste Protocolo.

2. As Partes da Convenção que não sejam Partes deste Protocolo podem participar como observadoras das deliberações de qualquer sessão da Conferência das Partes na qualidade de reunião das Partes deste Protocolo. Quando a Conferência das Partes atuar na qualidade de reunião das Partes deste Protocolo, as decisões tomadas sob este Protocolo devem ser tomadas somente por aquelas que sejam Partes deste Protocolo.

3. Quando a Conferência das Partes atuar na qualidade de reunião das Partes deste Protocolo, qualquer membro da Mesa da Conferência das Partes representando uma Parte da Convenção mas, nessa ocasião, não uma Parte deste Protocolo, deve ser substituído por um outro membro, escolhido entre as Partes deste Protocolo e por elas eleito.

4. A Conferência das Partes na qualidade de reunião das Partes deste Protocolo deve manter a implementação deste Protocolo sob revisão periódica e tomar, dentro de seu mandato, as decisões necessárias para promover a sua implementação efetiva. Deve executar as funções a ela atribuídas por este Protocolo e deve:

(a) Com base em todas as informações apresentadas em conformidade com as disposições deste Protocolo, avaliar a implementação deste Protocolo pelas Partes, os efeitos gerais das medidas tomadas de acordo com este Protocolo, em particular os efeitos ambientais, econômicos e sociais, bem como os seus efeitos cumulativos e o grau de progresso no atendimento do objetivo da Convenção;

(b) Examinar periodicamente as obrigações das Partes deste Protocolo, com a devida consideração a qualquer revisão exigida pelo Artigo 4, parágrafo 2*(d)*, e Artigo 7, parágrafo 2, da Convenção, à luz do seu objetivo, da experiência adquirida em sua implementação e da evolução dos conhecimentos científicos e tecnológicos, e a esse respeito, considerar e adotar relatórios periódicos sobre a implementação deste Protocolo;

(c) Promover e facilitar o intercâmbio de informações sobre medidas adotadas pelas Partes para enfrentar a mudança do clima e seus efeitos, levando em conta as diferentes circunstâncias, responsabilidades e recursos das Partes e seus respectivos compromissos assumidos sob este Protocolo;

(d) Facilitar, mediante solicitação de duas ou mais Partes, a coordenação de medidas por elas adotadas para enfrentar a mudança do clima e seus efeitos, levando em conta as diferentes circunstâncias, responsabilidades e capacidades das Partes e seus respectivos compromissos assumidos sob este Protocolo;

(e) Promover e orientar, em conformidade com o objetivo da Convenção e as disposições deste Protocolo, e levando plenamente em conta as decisões pertinentes da Conferência das Partes, o desenvolvimento e aperfeiçoamento periódico de metodologias comparáveis para a implementação efetiva deste Protocolo, a serem acordadas pela Conferência das Partes na qualidade de reunião das Partes deste Protocolo;

(f) Fazer recomendações sobre qualquer assunto necessário à implementação deste Protocolo;

(g) Procurar mobilizar recursos financeiros adicionais em conformidade com o Artigo 11, parágrafo 2;

(h) Estabelecer os órgãos subsidiários considerados necessários à implementação deste Protocolo;

(i) Buscar e utilizar, conforme o caso, os serviços e a cooperação das organizações internacionais e dos organismos intergovernamentais e não governamentais competentes, bem como as informações por eles fornecidas; e

(j) Desempenhar as demais funções necessárias à implementação deste Protocolo e considerar qualquer atribuição resultante de uma decisão da Conferência das Partes.

5. As regras de procedimento da Conferência das Partes e os procedimentos financeiros aplicados sob a Convenção devem ser aplicados mutatis mutandis sob este Protocolo, exceto quando decidido de outra forma por consenso pela Conferência das Partes na qualidade de reunião das Partes deste Protocolo.

6. A primeira sessão da Conferência das Partes na qualidade de reunião das Partes deste Protocolo deve ser convocada pelo Secretariado juntamente com a primeira sessão da Conferência das Partes programada para depois da data de entrada em vigor deste Protocolo. As sessões ordinárias subsequentes da Conferência das Partes na qualidade de reunião das Partes deste Protocolo devem ser realizadas anualmente e em conjunto com as sessões ordinárias da Conferência das Partes a menos que decidido de outra forma pela Conferência das Partes na qualidade de reunião das Partes deste Protocolo.

7. As sessões extraordinárias da Conferência das Partes na qualidade de reunião das Partes deste Protocolo devem ser realizadas em outras datas quando julgado necessário pela Conferência das Partes na qualidade de reunião das Partes deste Protocolo, ou por solicitação escrita de qualquer Parte, desde que, dentro de 6 (seis) meses após a solicitação ter sido comunicada às Partes pelo Secretariado, receba o apoio de pelo menos 1/3 (um terço) das Partes.

8. As Nações Unidas, seus órgãos especializados e a Agência Internacional de Energia Atômica, bem como qualquer Estado-Membro dessas organizações ou observador junto às mesmas que não seja Parte desta Convenção podem se fazer representar como observadores nas sessões da Conferência das Partes na qualidade de reunião das Partes deste Protocolo. Qualquer outro órgão ou agência, nacional ou internacional, governamental ou não governamental, competente em assuntos de que trata este Protocolo e que tenha informado ao Secretariado o seu desejo de se fazer representar como observador numa sessão da Conferência das Partes na qualidade de reunião das Partes deste Protocolo, pode ser admitido nessa qualidade, salvo se pelo menos 1/3 (um terço) das Partes presentes objete. A admissão e participação dos observadores devem sujeitar-se às regras de procedimento a que se refere o parágrafo 5 acima.

Artigo 14

1. O Secretariado estabelecido pelo Artigo 8 da Convenção deve desempenhar a função de Secretariado deste Protocolo.

2. O Artigo 8, parágrafo 2, da Convenção, sobre as funções do Secretariado e o Artigo 8, parágrafo 3, da Convenção, sobre as providências tomadas para o seu funcionamento, devem ser aplicados *mutatis mutandis* a este Protocolo. O Secretariado deve, além disso, exercer as funções a ele atribuídas sob este Protocolo.

Artigo 15

1. O Órgão Subsidiário de Assessoramento Científico e Tecnológico e o Órgão Subsidiário de Implementação estabelecidos nos Artigos 9 e 10 da Convenção devem atuar, respectivamente, como o Órgão Subsidiário de Assessoramento Científico e Tecnológico e o Órgão Subsidiário de Implementação deste Protocolo. As disposições relacionadas com o funcionamento desses órgãos sob a Convenção devem ser aplicadas *mutatis mutandis* a este Protocolo. As sessões das reuniões do Órgão Subsidiário de Assessoramento Científico e Tecnológico e do Órgão Subsidiário de Implementação deste Protocolo devem ser realizadas conjuntamente com as reuniões do Órgão Subsidiário de Assessoramento Científico e Tecnológico e do Órgão Subsidiário de Implementação da Convenção, respectivamente.

2. As Partes da Convenção que não são Partes deste Protocolo podem participar como observadoras das deliberações de qualquer sessão dos órgãos subsidiários. Quando os órgãos subsidiários atuarem como órgãos subsidiários deste Protocolo, as decisões sob este Protocolo devem ser tomadas somente por aquelas que sejam Partes deste Protocolo.

3. Quando os órgãos subsidiários estabelecidos pelos Artigos 9 e 10 da Convenção exerçam suas funções com relação a assuntos que dizem respeito a este Protocolo, qualquer membro das Mesas desses órgãos subsidiários representando uma Parte da Convenção, mas nessa ocasião, não uma Parte deste Protocolo, deve ser substituído por um outro membro escolhido entre as Partes deste Protocolo e por elas eleito.

Artigo 16

A Conferência das Partes na qualidade de reunião das Partes deste Protocolo deve, tão logo seja possível, considerar a aplicação a este Protocolo, e modificação conforme o caso, do processo multilateral de consultas a que se refere o Artigo 13 da Convenção, à luz de qualquer decisão pertinente que possa ser tomada pela Conferência das Partes. Qualquer processo multilateral de consultas que possa ser aplicado a este Protocolo deve operar sem prejuízo dos procedimentos e mecanismos estabelecidos em conformidade com o Artigo 18.

Artigo 17

A Conferência das Partes deve definir os princípios, as modalidades, regras e diretrizes apropriados, em particular para verificação, elaboração de relatórios e prestação de contas do comércio de emissões. As Partes incluídas no Anexo B podem participar do comércio de emissões com o objetivo de cumprir os compromissos assumidos sob o Artigo 3. Tal comércio deve ser suplementar às ações domésticas com vistas a atender os compromissos quantificados de limitação e redução de emissões, assumidos sob esse Artigo.

Artigo 18

A Conferência das Partes na qualidade de reunião das Partes deste Protocolo deve, em sua primeira sessão, aprovar procedimentos e mecanismos adequados e eficazes para determinar e tratar de casos de não cumprimento das disposições deste Protocolo, inclusive por meio do desenvolvimento de uma lista indicando possíveis consequências, levando em conta a causa, o tipo, o grau e a frequência do não cumprimento. Qualquer procedimento e mecanismo sob este Artigo que acarretem consequências de caráter vinculante devem ser adotados por meio de uma emenda a este Protocolo.

Artigo 19

As disposições do Artigo 14 da Convenção sobre a solução de controvérsias aplicam-se *mutatis mutandis* a este Protocolo.

Artigo 20

1. Qualquer Parte pode propor emendas a este Protocolo.
2. As emendas a este Protocolo devem ser adotadas em sessão ordinária da Conferência das Partes na qualidade de reunião das Partes deste Protocolo. O texto de qualquer emenda proposta a este Protocolo deve ser comunicado às Partes pelo Secretariado pelo menos 6 (seis) meses antes da sessão em que será proposta sua adoção. O texto de qualquer emenda proposta deve também ser comunicado pelo Secretariado às Partes e aos signatários da Convenção e, para informação, ao Depositário.
3. As Partes devem fazer todo o possível para chegar a acordo por consenso sobre qualquer emenda proposta a este Protocolo. Uma vez exauridos todos os esforços para chegar a um consenso sem que se tenha chegado a um acordo, a emenda deve ser adotada, em última instância, por maioria de 3/4 (três quartos) dos votos das Partes presentes e votantes na sessão. A emenda adotada deve ser comunicada pelo Secretariado ao Depositário, que deve comunicá-la a todas as Partes para aceitação.

4. Os instrumentos de aceitação em relação a uma emenda devem ser depositados junto ao Depositário. Uma emenda adotada, em conformidade com o parágrafo 3 acima, deve entrar em vigor para as Partes que a tenham aceito no nonagésimo dia após a data de recebimento, pelo Depositário, dos instrumentos de aceitação de pelo menos 3/4 (três quartos) das Partes deste Protocolo.
5. A emenda deve entrar em vigor para qualquer outra Parte no nonagésimo dia após a data em que a Parte deposite, junto ao Depositário, seu instrumento de aceitação de tal emenda.

Artigo 21

1. Os anexos deste Protocolo constituem parte integrante do mesmo e, salvo se expressamente disposto de outro modo, qualquer referência a este Protocolo constitui ao mesmo tempo referência a qualquer de seus anexos. Qualquer anexo adotado após a entrada em vigor deste Protocolo deve conter apenas listas, formulários e qualquer outro material de natureza descritiva que trate de assuntos de caráter científico, técnico, administrativo ou de procedimento.
2. Qualquer Parte pode elaborar propostas de anexo para este Protocolo e propor emendas a anexos deste Protocolo.
3. Os anexos deste Protocolo e as emendas a anexos deste Protocolo devem ser adotados em sessão ordinária da Conferência das Partes na qualidade de reunião das Partes deste Protocolo. O texto de qualquer proposta de anexo ou de emenda a um anexo deve ser comunicado às Partes pelo Secretariado pelo menos 6 (seis) meses antes da reunião em que será proposta sua adoção. O texto de qualquer proposta de anexo ou de emenda a um anexo deve também ser comunicado pelo Secretariado às Partes e aos signatários da Convenção e, para informação, ao Depositário.
4. As Partes devem fazer todo o possível para chegar a acordo por consenso sobre qualquer proposta de anexo ou de emenda a um anexo. Uma vez exauridos todos os esforços para chegar a um consenso sem que se tenha chegado a um acordo, o anexo ou a emenda a um anexo devem ser adotados, em última instância, por maioria de 3/4 (três quartos) dos votos das Partes presentes e votantes na sessão. Os anexos ou emendas a um anexo adotados devem ser comunicados pelo Secretariado ao Depositário, que deve comunicá-los a todas as Partes para aceitação.
5. Um anexo, ou emenda a um anexo, que não Anexo A ou B, que tenha sido adotado em conformidade com os parágrafos 3 e 4 acima deve entrar em vigor para todas as Partes deste Protocolo 6 (seis) meses após a data de comunicação a essas Partes, pelo Depositário, da adoção do anexo ou da emenda ao anexo, à exceção das Partes que notificarem o Depositário, por escrito, e no mesmo prazo, de sua não aceitação do anexo ou da emenda ao anexo. O anexo ou a emenda a um anexo devem entrar em vigor para as Partes que tenham retirado sua notificação de não aceitação no nonagésimo dia

após a data de recebimento, pelo Depositário, da retirada dessa notificação.

6. Se a adoção de um anexo ou de uma emenda a um anexo envolver uma emenda a este Protocolo, esse anexo ou emenda a um anexo não deve entrar em vigor até que entre em vigor a emenda a este Protocolo.

7. As emendas aos Anexos A e B deste Protocolo devem ser adotadas e entrar em vigor em conformidade com os procedimentos descritos no Artigo 20, desde que qualquer emenda ao Anexo B seja adotada mediante o consentimento por escrito da Parte envolvida.

Artigo 22

1. Cada Parte tem direito a um voto, à exceção do disposto no parágrafo 2 abaixo.

2. As organizações regionais de integração econômica devem exercer, em assuntos de sua competência, seu direito de voto com um número de votos igual ao número de seus Estados-Membros Partes deste Protocolo. Essas organizações não devem exercer seu direito de voto se qualquer de seus Estados-Membros exercer esse direito e vice-versa.

Artigo 23

O Secretário-Geral das Nações Unidas será o Depositário deste Protocolo.

Artigo 24

1. Este Protocolo estará aberto a assinatura e sujeito a ratificação, aceitação ou aprovação de Estados e organizações regionais de integração econômica que sejam Partes da Convenção. Estará aberto a assinatura na sede das Nações Unidas em Nova York de 16 de março de 1998 a 15 de março de 1999. Este Protocolo estará aberto a adesões a partir do dia seguinte à data em que não mais estiver aberto a assinaturas. Os instrumentos de ratificação, aceitação, aprovação ou adesão devem ser depositados junto ao Depositário.

2. Qualquer organização regional de integração econômica que se torne Parte deste Protocolo, sem que nenhum de seus Estados-Membros seja Parte, deve sujeitar-se a todas as obrigações previstas neste Protocolo. No caso de um ou mais Estados-Membros dessas organizações serem Partes deste Protocolo, a organização e seus Estados-Membros devem decidir sobre suas respectivas responsabilidades pelo desempenho de suas obrigações previstas neste Protocolo. Nesses casos, as organizações e os Estados-Membros não podem exercer simultaneamente direitos estabelecidos por este Protocolo.

3. Em seus instrumentos de ratificação, aceitação, aprovação ou adesão, as organizações regionais de integração econômica devem declarar o âmbito de suas competências no tocante a assuntos regidos por este Protocolo. Essas organizações devem também informar ao Depositário qualquer modificação substancial no âmbito de suas competências, o qual, por sua vez, deve transmitir essas informações às Partes.

Artigo 25

1. Este Protocolo entra em vigor no nonagésimo dia após a data em que pelo menos 55 Partes da Convenção, englobando as Partes incluídas no Anexo I que contabilizaram no total pelo menos 55% (cinquenta e cinco por cento) das emissões totais de dióxido de carbono em 1990 das Partes incluídas no Anexo I, tenham depositado seus instrumentos de ratificação, aceitação, aprovação ou adesão.

2. Para os fins deste Artigo, "as emissões totais de dióxido de carbono em 1990 das Partes incluídas no Anexo I" significa a quantidade comunicada anteriormente ou na data de adoção deste Protocolo pelas Partes incluídas no Anexo I em sua primeira comunicação nacional, submetida em conformidade com o Artigo 12 da Convenção.

3. Para cada Estado ou organização regional de integração econômica que ratifique, aceite, aprove ou adira a este Protocolo após terem sido reunidas as condições para entrada em vigor descritas no parágrafo 1 acima, este Protocolo entra em vigor no nonagésimo dia após a data de depósito de seu instrumento de ratificação, aceitação, aprovação ou adesão.

4. Para os fins deste Artigo, qualquer instrumento depositado por uma organização regional de integração econômica não deve ser considerado como adicional aos depositados por Estados-Membros da organização.

Artigo 26

Nenhuma reserva pode ser feita a este Protocolo.

Artigo 27

1. Após 3 (três) anos da entrada em vigor deste Protocolo para uma Parte, essa Parte pode, a qualquer momento, denunciá-lo por meio de notificação por escrito ao Depositário.

2. Essa denúncia tem efeito um ano após a data de recebimento pelo Depositário da notificação de denúncia, ou em data posterior se assim nela for estipulado.

3. Deve ser considerado que qualquer Parte que denuncie a Convenção denuncia também este Protocolo.

Artigo 28

O original deste Protocolo, cujos textos em árabe, chinês, inglês, francês, russo e espanhol são igualmente autênticos, deve ser depositado junto ao Secretário-Geral das Nações Unidas.

Feito em Quioto aos onze dias de dezembro de mil novecentos e noventa e sete.

Em fé do que, os abaixo assinados, devidamente autorizados para esse fim, firmam este Protocolo nas datas indicadas.

ANEXO A

Gases de efeito estufa
Dióxido de carbono (CO_2)
Metano (CH_4)
Óxido nitroso (N_2O)
Hidrofluorcarbonos (HFCs)

Perfluorcarbonos (PFCs)
Hexafluoreto de enxofre (SF6)
Setores/categorias de fontes
Energia
   Queima de combustível
   Setor energético
   Indústrias de transformação e de construção
   Transporte
   Outros setores
   Outros
Emissões fugitivas de combustíveis
   Combustíveis sólidos
   Petróleo e gás natural
   Outros
Processos industriais
   Produtos minerais
   Indústria química
   Produção de metais
   Outras produções
   Produção de halocarbonos e hexafluoreto de enxofre
   Consumo de halocarbonos e hexafluoreto de enxofre
   Outros
Uso de solventes e outros produtos
Agricultura
   Fermentação entérica
   Tratamento de dejetos
   Cultivo de arroz
   Solos agrícolas
   Queimadas prescritas de savana
   Queima de resíduos agrícolas
   Outros
Resíduos
   Disposição de resíduos sólidos na terra
   Tratamento de esgoto
   Incineração de resíduos
   Outros

ANEXO B

PARTE
Compromisso de redução ou limitação quantificada de emissões (porcentagem do ano base ou período)

Alemanha	92
Austrália	108
Áustria	92
Bélgica	92
Bulgária*	92
Canadá	94
Comunidade Europeia	92
Croácia*	95
Dinamarca	92
Eslováquia*	92
Eslovênia*	92
Espanha	92
Estados Unidos da América	93
Estônia*	92
Federação Russa*	100
Finlândia	92
França	92
Grécia	92
Hungria*	94
Irlanda	92
Islândia	110
Itália	92
Japão	94
Letônia*	92
Liechtenstein	92
Lituânia*	92
Luxemburgo	92
Mônaco	92
Noruega	101
Nova Zelândia	100
Países Baixos	92
Polônia*	94
Portugal	92
Reino Unido da Grã-Bretanha e Irlanda do Norte	92
República Tcheca*	92
Romênia*	92
Suécia	92
Suíça	92
Ucrânia*	100

* Países em processo de transição para uma economia de mercado.

PROTOCOLO DE CARTAGENA SOBRE BIOSSEGURANÇA DA CONVENÇÃO SOBRE DIVERSIDADE BIOLÓGICA (2000)

- Celebrado em Montreal (Canadá) em 29.01.2000, tendo entrado em vigor internacional em 11.09.2003.
- No Brasil, foi aprovado no Congresso Nacional pelo Decreto Legislativo 908, de 21.11.2003, ratificado em 24 de novembro do mesmo ano, e promulgado pelo Decreto 5.705, de 16.02.2006.

As Partes do presente Protocolo,
Sendo Partes da Convenção sobre Diversidade Biológica, doravante denominada "a Convenção",
Recordando o Artigo 19, parágrafos 3º e 4º, e os Artigos 8º *g)* e 17 da Convenção,
Recordando também a Decisão II/5 da Conferência das Partes da Convenção, de 17 de novembro de 1995, sobre o desenvolvimento de um Protocolo sobre biossegurança, especificamente centrado no movimento transfronteiriço de qualquer organismo vivo modificado resultante da biotecnologia moderna que possa ter efeitos adversos na conservação e no uso sustentável da diversidade biológica, que estabeleça em particular, procedimentos apropriados para acordo prévio informado,

Reafirmando a abordagem de precaução contida no Princípio 15 da Declaração do Rio sobre Meio Ambiente e Desenvolvimento,

Ciente de que a biotecnologia moderna se desenvolve rapidamente e da crescente preocupação da sociedade sobre seus potenciais efeitos adversos sobre a diversidade biológica, levando também em consideração os riscos para a saúde humana,

Reconhecendo que a biotecnologia moderna oferece um potencial considerável para o bem-estar humano se for desenvolvida e utilizada com medidas de segurança adequadas para o meio ambiente e a saúde humana,

Reconhecendo também a importância cru-cial que têm para a humanidade os centros de origem e os centros de diversidade genética,

Levando em consideração os meios limitados de muitos países, especialmente os países em desenvolvimento, de fazer frente à natureza e dimensão dos riscos conhecidos e potenciais associados aos organismos vivos modificados,

Reconhecendo que os acordos de comércio e meio ambiente devem se apoiar mutuamente com vistas a alcançar o desenvolvimento sustentável,

Salientando que o presente Protocolo não será interpretado no sentido de que modifique os direitos e obrigações de uma Parte em relação a quaisquer outros acordos internacionais em vigor,

No entendimento de que o texto acima não visa subordinar o presente Protocolo a outros acordos internacionais,

Acordaram o seguinte:

Artigo 1º
Objetivo

De acordo com a abordagem de precaução contida no Princípio 15 da Declaração do Rio sobre Meio Ambiente e Desenvolvimento, o objetivo do presente Protocolo é contribuir para assegurar um nível adequado de proteção no campo da transferência, da manipulação e do uso seguros dos organismos vivos modificados resultantes da biotecnologia moderna que possam ter efeitos adversos na conservação e no uso sustentável da diversidade biológica, levando em conta os riscos para a saúde humana, e enfocando especificamente os movimentos transfronteiriços.

Artigo 2º
Disposições Gerais

1. Cada Parte tomará as medidas jurídicas, administrativas e outras necessárias e apropriadas para implementar suas obrigações no âmbito do presente Protocolo.

2. As Partes velarão para que o desenvolvimento, a manipulação, o transporte, a utilização, a transferência e a liberação de todos organismos vivos modificados se realizem de maneira a evitar ou a reduzir os riscos para a diversidade biológica, levando também em consideração os riscos para a saúde humana.

3. Nada no presente Protocolo afetará de algum modo a soberania dos Estados sobre seu mar territorial estabelecida de acordo com o direito internacional, nem os direitos soberanos e nem a jurisdição que os Estados têm em suas zonas econômicas exclusivas e suas plataformas continentais em virtude do direito internacional, nem o exercício por navios e aeronaves de todos os Estados dos direitos e liberdades de navegação conferidos pelo direito internacional e refletidos nos instrumentos internacionais relevantes.

4. Nada no presente Protocolo será interpretado de modo a restringir o direito de uma Parte de adotar medidas que sejam mais rigorosas para a conservação e o uso sustentável da diversidade biológica que as previstas no presente Protocolo, desde que essas medidas sejam compatíveis com o objetivo e as disposições do presente Protocolo e estejam de acordo com as obrigações dessa Parte no âmbito do direito internacional.

5. As Partes são encorajadas a levar em consideração, conforme o caso, os conhecimentos especializados, os instrumentos disponíveis e os trabalhos realizados nos fóruns internacionais competentes na área dos riscos para a saúde humana.

Artigo 3º
Utilização dos Termos

Para os propósitos do presente Protocolo:

a) por "Conferência das Partes" se entende a Conferência das Partes da Convenção;

b) por "uso em contenção" se entende qualquer operação, realizada dentro de um local, instalação ou outra estrutura física que envolva manipulação de organismos vivos modificados que sejam controlados por medidas específicas que efetivamente limitam seu contato com o ambiente externo e seu impacto no mesmo;

c) por "exportação" se entende o movimento transfronteiriço intencional de uma Parte a outra Parte;

d) por "exportador" se entende qualquer pessoa física ou jurídica, sujeita à jurisdição da Parte exportadora, que providencie a exportação do organismo vivo modificado;

e) por "importação" se entende o movimento transfronteiriço intencional para uma Parte de outra Parte;

f) por "importador" se entende qualquer pessoa física ou jurídica, sujeita à jurisdição da Parte importadora, que providencie a importação do organismo vivo modificado;

g) por "organismo vivo modificado" se entende qualquer organismo vivo que tenha uma combinação de material genético inédita obtida por meio do uso da biotecnologia moderna;

h) por "organismo vivo" se entende qualquer entidade biológica capaz de transferir ou replicar material genético, inclusive os organismos estéreis, os vírus e os viroides;

i) por "biotecnologia moderna" se entende:

a. a aplicação de técnicas *in vitro*, de ácidos nucleicos inclusive ácido desoxirribonucleico (ADN) recombinante e injeção direta de ácidos nucleicos em células ou organelas, ou

b. a fusão de células de organismos que não pertencem à mesma família taxonômica, que superem as barreiras naturais da fisiologia da reprodução ou da recombinação e que não sejam técnicas utilizadas na reprodução e seleção tradicionais;

j) por "organização regional de integração econômica" se entende uma organização constituída por Estados soberanos de uma determinada região, a que seus Estados-Membros transferiram competência em relação a assuntos regidos pelo presente Protocolo e que foi devidamente autorizada, de acordo com seus procedimentos internos, a assinar, ratificar, aceitar, aprovar o mesmo ou a ele aderir;

k) por "movimento transfronteiriço" se entende o movimento de um organismo vivo modificado de uma Parte a outra Parte, com a exceção de que para os fins dos Artigos 17 e 24, o movimento transfronteiriço inclui também o movimento entre Partes e não Partes.

Artigo 4º
Escopo

O presente Protocolo aplicar-se-á ao movimento transfronteiriço, ao trânsito, à manipulação e à utilização de todos os organismos vivos modificados que possam ter efeitos adversos na conservação e no uso sustentável da diversidade biológica, levando também em conta os riscos para a saúde humana.

Artigo 5º
Fármacos

Não obstante o disposto no Artigo 4º e sem prejuízo ao direito de qualquer Parte de submeter todos os organismos vivos modificados a uma avaliação de risco antes de tomar a decisão sobre sua importação, o presente Protocolo não se aplicará ao movimento transfronteiriço de organismos vivos modificados que sejam fármacos para seres humanos que estejam contemplados por outras organizações ou outros acordos internacionais relevantes.

Artigo 6º
Trânsito e Uso em Contenção

1. Não obstante o disposto no Artigo 4º e sem prejuízo de qualquer direito de uma Parte de trânsito de regulamentar o transporte de organismos vivos modificados em seu território e disponibilizar ao Mecanismo de Intermediação de Informação sobre Biossegurança, qualquer decisão daquela Parte, sujeita ao Artigo 2º, parágrafo 3º, sobre o trânsito em seu território de um organismo vivo modificado específico, as disposições do presente Protocolo com respeito ao procedimento de acordo prévio informado não se aplicarão aos organismos vivos modificados em trânsito.

2. Não obstante o disposto no Artigo 4º e sem prejuízo de qualquer direito de uma Parte de submeter todos os organismos vivos modificados a uma avaliação de risco antes de tomar uma decisão sobre sua importação e de estabelecer normas para seu uso em contenção dentro de sua jurisdição, as disposições do presente Protocolo com relação ao procedimento de acordo prévio informado não se aplicarão ao movimento transfronteiriço de organismos vivos modificados destinados ao uso em contenção realizado de acordo com as normas da Parte importadora.

Artigo 7º
Aplicação do Procedimento de Acordo Prévio Informado

1. Sujeito ao disposto nos Artigos 5º e 6º, o procedimento de acordo prévio informado constante dos Artigos 8º a 10 e 12 aplicar-se-ão ao primeiro movimento transfronteiriço intencional de organismos vivos modificados destinados à introdução deliberada no meio ambiente da Parte importadora.

2. A "introdução deliberada no meio ambiente" a que se refere o parágrafo 1º acima, não se refere aos organismos vivos modificados destinados ao seu uso direto como alimento humano ou animal ou ao beneficiamento.

3. O Artigo 11 aplicar-se-á antes do primeiro movimento transfronteiriço de organismos vivos modificados destinados ao uso direto como alimento humano ou animal ou ao beneficiamento.

4. O procedimento de acordo prévio informado não se aplicará ao movimento transfronteiriço intencional de organismos vivos modificados incluídos numa decisão adotada pela Conferência das Partes atuando na qualidade de reunião das Partes do presente Protocolo, na qual se declare não ser provável que tenham efeitos adversos na conservação e no uso sustentável da diversidade biológica, levando em consideração os riscos para a saúde humana.

Artigo 8º
Notificação

1. A Parte exportadora notificará, ou exigirá que o exportador assegure a notificação por escrito, à autoridade nacional competente da Parte importadora antes do movimento transfronteiriço intencional de um organismo vivo modificado contemplado no Artigo 7º, parágrafo 1º. A notificação conterá, no mínimo, as informações especificadas no Anexo I.

2. A Parte exportadora assegurará que exista uma determinação legal quanto à precisão das informações fornecidas pelo exportador.

Artigo 9º
Acusação do Recebimento da Notificação

1. A Parte importadora acusará o recebimento da notificação, por escrito, ao notificador no prazo de 90 (noventa) dias a partir da data do recebimento.

2. Constará na acusação:

a) a data de recebimento da notificação;

b) se a notificação contém, prima facie, as informações referidas pelo Artigo 8º;

c) se se deve proceder de acordo com o ordenamento jurídico interno da Parte importadora ou de acordo com os procedimentos especificados no Artigo 10.

3. O ordenamento jurídico interno a que se refere o parágrafo 2° c) acima será compatível com o presente Protocolo.

4. A falta de acusação pela Parte importadora do recebimento de uma notificação não implicará seu consentimento a um movimento transfronteiriço intencional.

Artigo 10
Procedimento para Tomada de Decisões

1. As decisões tomadas pela Parte importadora serão em conformidade com o Artigo 15.

2. A Parte importadora informará, dentro do prazo estabelecido pelo Artigo 9°, o notificador, por escrito, se o movimento transfronteiriço intencional poderá prosseguir:

a) unicamente após a Parte importadora haver dado seu consentimento por escrito; ou

b) transcorridos ao menos noventa dias sem que se haja recebido um consentimento por escrito.

3. No prazo de 270 (duzentos e setenta) dias a partir da data do recebimento da notificação, a Parte importadora comunicará, por escrito, ao notificador e ao Mecanismo de Intermediação de Informação sobre Biossegurança a decisão referida pelo parágrafo 2° a) acima:

a) de aprovar a importação, com ou sem condições, inclusive como a decisão será aplicada a importações posteriores do mesmo organismo vivo modificado;

b) de proibir a importação;

c) de solicitar informações relevantes adicionais de acordo com seu ordenamento jurídico interno ou o Anexo I; ao calcular o prazo para a resposta não será levado em conta o número de dias que a Parte importadora tenha esperado pelas informações relevantes adicionais; ou

d) de informar ao notificador que o período especificado no presente parágrafo seja prorrogado por um período de tempo determinado.

4. Salvo no caso em que o consentimento seja incondicional, uma decisão no âmbito do parágrafo 3° acima especificará as razões em que se fundamenta.

5. A ausência da comunicação pela Parte importadora da sua decisão no prazo de 270 (duzentos e setenta) dias a partir da data de recebimento da notificação não implicará seu consentimento a um movimento transfronteiriço intencional.

6. A ausência de certeza científica devida à insuficiência das informações e dos conhecimentos científicos relevantes sobre a dimensão dos efeitos adversos potenciais de um organismo vivo modificado na conservação e no uso sustentável da diversidade biológica na Parte importadora, levando também em conta os riscos para a saúde humana, não impedirá esta Parte, a fim de evitar ou minimizar esses efeitos adversos potenciais, de tomar uma decisão, conforme o caso, sobre a importação do organismo vivo modificado em questão como se indica no parágrafo 3° acima.

7. A Conferência das Partes atuando na qualidade de reunião das Partes decidirá, em sua primeira reunião, os procedimentos e mecanismos apropriados para facilitar a tomada de decisão pelas Partes de importação.

Artigo 11
Procedimento para os Organismos Vivos Modificados Destinados ao Uso Direto como Alimento Humano ou Animal ou ao Beneficiamento

1. Uma Parte que tenha tomado uma decisão definitiva em relação ao uso interno, inclusive sua colocação no mercado, de um organismo vivo modificado que possa ser objeto de um movimento transfronteiriço para o uso direto como alimento humano ou animal ou ao beneficiamento, informá-la-á às Partes, no prazo de 15 (quinze) dias após tomar essa decisão, por meio do Mecanismo de Intermediação de Informação sobre Biossegurança. Essas informações conterão, no mínimo, os dados especificados no Anexo II. A Parte fornecerá uma cópia das informações por escrito ao ponto focal de cada Parte que informe ao Secretariado de antemão de que não tenha acesso ao Mecanismo de Intermediação de Informação sobre Biossegurança. Essa disposição não se aplicará às decisões sobre ensaios de campo.

2. A Parte que tomar uma decisão no âmbito do parágrafo 1° acima, assegurará que exista uma determinação legal quanto à precisão das informações fornecidas pelo requerente.

3. Qualquer Parte poderá solicitar informações adicionais da autoridade identificada no parágrafo *b)* do Anexo II.

4. Uma Parte poderá tomar uma decisão sobre a importação de organismos vivos modificados destinados ao uso direto como alimento humano ou animal ou ao beneficiamento, sob seu ordenamento jurídico interno que seja compatível com o objetivo do presente Protocolo.

5. Cada Parte tornará disponível para o Mecanismo de Intermediação de Informação sobre Biossegurança exemplares de todas as leis, regulamentos e diretrizes nacionais que se aplicam à importação de organismos vivos modificados destinados ao uso direto como alimento humano ou animal ou ao beneficiamento, se disponíveis.

6. Uma Parte país em desenvolvimento ou uma Parte com economia em transição poderá, na ausência de um ordenamento jurídico interno referido no parágrafo 4° acima, e no exercício da sua jurisdição interna declarar por meio do Mecanismo de Intermediação de Informação sobre Biossegurança que sua decisão antes da primeira importação de um organismo vivo modificado destinado ao uso direto como alimento humano ou animal ou ao beneficiamento, sobre o qual tenha sido provido informações no âmbito do parágrafo 1° acima, será tomada de acordo com o seguinte:

a) uma avaliação de risco realizada de acordo com o Anexo III; e *b)* uma decisão tomada dentro de um prazo previsível de não mais do que 270 (duzentos e setenta) dias.

7. A ausência de comunicação por uma Parte de sua decisão de acordo com o parágrafo 6º acima, não implicará seu consentimento ou sua recusa à importação de um organismo vivo modificado destinado ao uso direto como alimento humano ou animal ou ao beneficiamento, salvo se especificado de outra forma pela Parte.

8. A ausência de certeza científica devida à insuficiência das informações e dos conhecimentos científicos relevantes sobre a dimensão dos efeitos adversos potenciais de um organismo vivo modificado na conservação e no uso sustentável da diversidade biológica na Parte importadora, levando também em conta os riscos para a saúde humana, não impedirá esta Parte, a fim de evitar ou minimizar esses efeitos adversos potenciais, de tomar uma decisão, conforme o caso, sobre a importação do organismo vivo modificado destinado ao uso direto como alimento humano ou animal ou ao beneficiamento.

9. Uma Parte poderá manifestar sua necessidade de assistência financeira e técnica e de desenvolvimento de capacidade com relação aos organismos vivos modificados destinados ao uso direto como alimento humano ou animal ou ao beneficiamento. As Partes irão cooperar para satisfazer essas exigências de acordo como os Artigos 22 e 28.

Artigo 12
Revisão das Decisões

1. Uma Parte importadora poderá, a qualquer momento, à luz de novas informações científicas sobre os efeitos adversos potenciais na conservação e no uso sustentável da diversidade biológica, levando em conta os riscos para a saúde humana, revisar e modificar uma decisão relativa ao movimento transfronteiriço intencional. Nesse caso, a Parte informará, num prazo de 30 (trinta) dias, todos os notificadores que anteriormente haviam notificado movimentos do organismo vivo modificado referido nessa decisão, bem como o Mecanismo de Intermediação de Informações sobre Biossegurança, e especificará as razões de sua decisão.

2. Uma Parte exportadora ou um notificador poderá solicitar à Parte importadora que revise uma decisão tomada em virtude do Artigo 10 com relação a essa Parte ou exportador, quando a Parte exportadora ou o notificador considerar que:

a) tenha ocorrido uma mudança nas circunstâncias que possa influenciar o resultado da avaliação de risco sobre as quais a decisão se fundamentou; ou
b) se tornaram disponíveis informações adicionais científicas ou técnicas relevantes.

3. A Parte importadora responderá por escrito a tal solicitação num prazo de 90 (noventa) dias e especificará as razões de sua decisão.

4. A Parte importadora poderá, a seu critério, solicitar uma avaliação de risco para importações subsequentes.

Artigo 13
Procedimento Simplificado

1. Uma Parte importadora poderá especificar antecipadamente ao Mecanismo de Intermediação de Informação sobre Biossegurança, desde que medidas adequadas sejam aplicadas para assegurar o movimento transfronteiriço intencional seguro de organismos vivos modificados de acordo com o objetivo do presente Protocolo:

a) os casos em que o movimento transfronteiriço intencional a essa Parte poderá ser realizado ao mesmo tempo em que o movimento seja notificado à Parte importadora; e
b) as importações de organismos vivos modificados a essa Parte que sejam isentas do procedimento de acordo prévio informado.

As notificações no âmbito do subparágrafo *a)* acima, poderão aplicar-se a movimentos subsequentes semelhantes à mesma Parte.

2. As informações relativas a um movimento transfronteiriço intencional que serão fornecidas nas notificações referidas pelo parágrafo 1º *a)* acima, serão as informações especificadas no Anexo I.

Artigo 14
Acordos e Ajustes Bilaterais, Regionais e Multilaterais

1. As Partes poderão concluir acordos e ajustes bilaterais, regionais e multilaterais sobre movimentos transfronteiriços intencionais de organismos vivos modificados, compatíveis com o objetivo do presente Protocolo e desde que esses acordos e ajustes não resultem em um nível de proteção inferior àquele provido pelo Protocolo.

2. As Partes informarão umas às outras, por meio do Mecanismo de Intermediação de Informação sobre Biossegurança, sobre quaisquer acordos e ajustes bilaterais, regionais e multilaterais que tenham concluído antes ou após a data de entrada em vigor do presente Protocolo.

3. As disposições do presente Protocolo não afetarão os movimentos transfronteiriços intencionais realizados em conformidade com esses acordos e ajustes entre as Partes desses acordos ou ajustes.

4. Toda Parte poderá determinar que suas normas internas aplicar-se-ão a certas importações específicas destinadas a ela e notificará o Mecanismo de Intermediação de Informação sobre Biossegurança de sua decisão.

Artigo 15
Avaliação de Risco

1. As avaliações de risco realizadas em conformidade com o presente Protocolo serão conduzidas de maneira cientificamente sólida, de acordo com o Anexo III e levando em conta as técnicas reconhecidas de avaliação de risco. Essas avaliações de risco serão baseadas, no mínimo, em informações fornecidas de acordo com o Artigo 8º e em outras evidências científicas a fim de identificar e avaliar os possíveis efeitos adversos dos organismos vivos modificados na conservação e no uso sustentável

da diversidade biológica, levando também em conta os riscos para a saúde humana.

2. A Parte importadora velará para que sejam realizadas as avaliações de risco para a tomada de decisões no âmbito do Artigo 10. A Parte importadora poderá solicitar ao exportador que realize a avaliação de risco.

3. O custo da avaliação de risco será arcado pelo notificador se a Parte importadora assim o exigir.

Artigo 16
Manejo de Riscos

1. As Partes, levando em conta o Artigo 8º g) da Convenção, estabelecerão e manterão mecanismos, medidas e estratégias apropriadas para regular, manejar e controlar os riscos identificados nas disposições de avaliação de risco do presente Protocolo associados ao uso, à manipulação e ao movimento transfronteiriço de organismos vivos modificados.

2. Serão impostas medidas baseadas na avaliação de risco conforme seja necessário para evitar os efeitos adversos do organismo vivo modificado na conservação e no uso sustentável da diversidade biológica, levando também em conta os riscos para a saúde humana, no território da Parte importadora.

3. Cada Parte tomará as medidas apropriadas para prevenir os movimentos transfronteiriços não intencionais de organismos vivos modificados, inclusive medidas como a exigência de que se realize uma avaliação de risco antes da primeira liberação de um organismo vivo modificado.

4. Sem prejuízo ao parágrafo 2º acima, cada Parte velará para que todo organismo vivo modificado, quer importado ou desenvolvido localmente, seja submetido a um período de observação apropriado que corresponda ao seu ciclo de vida ou tempo de geração antes que se dê seu uso previsto.

5. As Partes cooperarão com vistas a:

a) identificar os organismos vivos modificados ou traços específicos de organismos vivos modificados que possam ter efeitos adversos na conservação e no uso sustentável da diversidade biológica, levando também em conta os riscos para a saúde humana; e

b) tomar medidas apropriadas relativas ao tratamento desses organismos vivos modificados ou traços específicos.

Artigo 17
Movimentos Transfronteiriços Não Intencionais e Medidas de Emergência

1. Cada Parte tomará medidas apropriadas para notificar os Estados afetados ou potencialmente afetados, o Mecanismo de Intermediação de Informação sobre Biossegurança e, conforme o caso, as organizações internacionais relevantes, quando tiver conhecimento de uma ocorrência dentro de sua jurisdição que tenha resultado na liberação que conduza, ou possa conduzir, a um movimento transfronteiriço não intencional de um organismo vivo modificado que seja provável que tenha efeitos adversos significativos na conservação e no uso sustentável da diversidade biológica, levando também em conta os riscos para a saúde humana nesses Estados. A notificação será fornecida tão logo a Parte tenha conhecimento dessa situação.

2. Cada Parte comunicará, no mais tardar na data de entrada em vigor do presente Protocolo para ela, ao Mecanismo de Intermediação de Informação sobre Biossegurança os detalhes relevantes sobre seu ponto de contato para os propósitos de recebimento das notificações no âmbito do presente Artigo.

3. Toda notificação emitida de acordo com o parágrafo 1º acima, deverá incluir:

a) as informações disponíveis relevantes sobre as quantidades estimadas e características e/ou traços relevantes do organismo vivo modificado;

b) as informações sobre as circunstâncias e data estimada da liberação, assim como sobre o uso do organismo vivo modificado na Parte de origem;

c) todas informações disponíveis sobre os possíveis efeitos adversos na conservação e no uso sustentável da diversidade biológica, levando também em conta os riscos para a saúde humana, bem como as informações disponíveis sobre possíveis medidas de manejo de risco;

d) qualquer outra informação relevante; e

e) um ponto de contato para maiores informações.

4. A fim de minimizar qualquer efeito adverso na conservação e no uso sustentável da diversidade biológica, levando também em conta os riscos para a saúde humana, cada Parte em cuja jurisdição tenha ocorrido a liberação do organismo vivo modificado referida pelo parágrafo 1º acima consultará imediatamente os Estados afetados ou potencialmente afetados para lhes permitir determinar as intervenções apropriadas e dar início às ações necessárias, inclusive medidas de emergência.

Artigo 18
Manipulação, Transporte, Embalagem e Identificação

1. A fim de evitar os efeitos adversos na conservação e no uso sustentável da diversidade biológica, levando também em conta os riscos para a saúde humana, cada Parte tomará as medidas necessárias para exigir que todos os organismos vivos modificados objetos de um movimento transfronteiriço intencional no âmbito do presente Protocolo sejam manipulados, embalados e transportados sob condições de segurança, levando em consideração as regras e normas internacionais relevantes.

2. Cada Parte tomará medidas para exigir que a documentação que acompanhe:

a) os organismos vivos modificados destinados para usos de alimento humano ou animal ou ao beneficiamento identifique claramente que esses "podem conter" organismos vivos modificados e que não estão destinados à introdução intencional no meio ambiente, bem como um ponto de contato para maiores informações. A Conferência das Partes atuando na qualidade de reunião das Partes do presente Protocolo tomará uma decisão sobre as exigências detalhadas para essa finalidade, inclusive especificação sobre sua identidade e qualquer identificador único, no mais tardar dois anos após a entrada em vigor do presente Protocolo;

b) os organismos vivos modificados destinados ao uso em contenção os identifique claramente como organismos vivos modificados; e especifique todas as exigências para a segura manipulação, armazenamento, transporte e uso desses organismos, bem como o ponto de contato para maiores informações, incluindo o nome e endereço do indivíduo e da instituição para os quais os organismos vivos modificados estão consignados; e

c) os organismos vivos modificados que sejam destinados para a introdução intencional no meio ambiente da Parte importadora e quaisquer outros organismos vivos modificados no âmbito do Protocolo, os identifique claramente como organismos vivos modificados; especifique sua identidade e seus traços e/ou características relevantes, todas as exigências para a segura manipulação, armazenamento, transporte e uso; e indique o ponto de contato para maiores informações e, conforme o caso, o nome e endereço do importador e do exportador; e que contenha uma declaração de que o movimento esteja em conformidade com as exigências do presente Protocolo aplicáveis ao exportador.

3. A Conferência das Partes atuando na qualidade de reunião das Partes do presente Protocolo considerará a necessidade de elaborar normas para as práticas de identificação, manipulação, embalagem e transporte, bem como as modalidades dessa elaboração, em consulta com outros órgãos internacionais relevantes.

Artigo 19
Autoridades Nacionais Competentes e Pontos Focais Nacionais

1. Cada Parte designará um ponto focal nacional que realizará, em seu nome, a ligação com o Secretariado. Cada Parte também designará uma ou mais autoridades nacionais competentes que serão os responsáveis pela realização das funções administrativas exigidas pelo presente Protocolo e que serão autorizadas a agir em seu nome em relação a essas funções. Uma Parte poderá designar uma única entidade para preencher as funções tanto de ponto focal como de autoridade nacional competente.

2. Cada Parte notificará o Secretariado, no mais tardar na data de entrada em vigor do presente Protocolo para aquela Parte, os nomes e endereços de seu ponto focal e de sua autoridade ou autoridades nacional(is) competente(s). Se uma Parte designar mais de uma autoridade nacional competente, comunicará ao Secretariado, junto com sua notificação, informações relevantes sobre as responsabilidades respectivas daquelas autoridades. Conforme o caso, essas informações especificarão, no mínimo, qual autoridade competente é responsável por qual tipo de organismo vivo modificado. Cada Parte notificará imediatamente ao Secretariado qualquer mudança na designação de seu ponto focal ou no nome e endereço ou nas responsabilidades de sua autoridade ou autoridades nacional(is) competente(s).

3. O Secretariado informará imediatamente as Partes das notificações que receba em virtude do parágrafo 2º acima, e também tornará essas informações disponíveis por meio do Mecanismo de Intermediação de Informação sobre Biossegurança.

Artigo 20
Intercâmbio de Informações e o Mecanismo de Intermediação de Informação sobre Biossegurança

1. Um Mecanismo de Intermediação de Informação sobre Biossegurança fica por meio deste estabelecido como parte do mecanismo de facilitação referido no Artigo 18, parágrafo 3º, da Convenção, a fim de:

a) facilitar o intercâmbio de informações científicas, técnicas, ambientais e jurídicas sobre organismos vivos modificados e experiências com os mesmos; e

b) auxiliar as Partes a implementar o Protocolo, levando em consideração as necessidades especiais das Partes países em desenvolvimento, em particular as de menor desenvolvimento econômico relativo e os pequenos Estados insulares em desenvolvimento entre elas, e os países com economias em transição bem como os países que sejam centros de origem e centros de diversidade genética.

2. O Mecanismo de Intermediação de Informação sobre Biossegurança servirá como um meio de tornar informações disponíveis para os fins do parágrafo 1º acima. Facilitará o acesso às informações proporcionadas pelas Partes de interesse para a implementação do Protocolo. Também facilitará o acesso, quando possível, a outros mecanismos internacionais de intercâmbio de informações sobre biossegurança.

3. Sem prejuízo à proteção de informações confidenciais, cada Parte proporcionará ao Mecanismo de Intermediação de Informação sobre Biossegurança qualquer informação que deva fornecer ao Mecanismo de Intermediação de Informação sobre Biossegurança no âmbito do presente Protocolo, e também:

a) todas as leis, regulamentos e diretrizes nacionais existentes para a implementação do Protocolo, bem como as informações exigidas pelas Partes para o procedimento de acordo prévio informado;

b) todos acordos e ajustes bilaterais, regionais e multilaterais;

c) os resumos de suas avaliações de risco ou avaliações ambientais de organismos vivos modificados que tenham sido realizadas como parte de sua regulamentação e realizadas de acordo com o Artigo 15, inclusive, quando apropriado, informações relevantes sobre produtos deles derivados, a saber, materiais beneficiados que têm como origem um organismo vivo modificado, contendo combinações novas detectáveis de material genético replicável obtido por meio do uso de biotecnologia moderna;

d) suas decisões definitivas sobre a importação ou a liberação de organismos vivos modificados; e

e) os relatórios por ela submetidos em conformidade com o Artigo 33, inclusive aqueles sobre implementação do procedimento de acordo prévio informado.

4. As modalidades da operação do Mecanismo de Intermediação de Informação sobre Biossegurança, inclusive relatórios sobre suas atividades serão consideradas e decididas pela Conferência das Partes atuando na qualidade de reunião das Partes do presente Protocolo em sua primeira sessão, e serão objeto de exames posteriores.

Artigo 21
Informações Confidenciais

1. A Parte importadora permitirá que o notificador identifique informações apresentadas em virtude dos procedimentos estabelecidos no presente Protocolo ou exigidas pela Parte importadora como parte do procedimento de acordo prévio informado estabelecido no Protocolo a serem consideradas como informações confidenciais. Nesses casos, quando assim solicitado, serão apresentadas justificativas.

2. A Parte importadora consultará o notificador se decidir que as informações identificadas pelo notificador como sendo confidenciais não mereçam esse tratamento e informará o notificador de sua decisão antes de divulgar as informações, explicando, quando solicitado, suas razões, e fornecendo uma oportunidade para realização de consultas e de uma revisão interna da decisão antes de divulgar as informações.

3. Cada Parte protegerá informações confidenciais recebidas no âmbito do presente Protocolo, inclusive qualquer informação confidencial recebida no contexto do procedimento de acordo prévio informado estabelecido no Protocolo. Cada Parte assegurará que dispõe de procedimentos para proteger essas informações e protegerá a confidencialidade dessas informações de forma não menos favorável que seu tratamento de informações confidenciais relacionadas aos seus organismos vivos modificados produzidos internamente.

4. A Parte importadora não usará essas informações para fins comerciais, salvo com o consentimento por escrito do notificador.

5. Se um notificador retirar ou tiver retirado a notificação, a Parte importadora respeitará a confidencialidade das informações comerciais e industriais, inclusive informações de pesquisa e desenvolvimento, bem como informações sobre as quais a Parte e o notificador não estejam de acordo sobre sua confidencialidade.

6. Sem prejuízo do disposto no parágrafo 5º acima, as seguintes informações não serão consideradas confidenciais:

a) o nome e endereço do notificador;

b) uma descrição geral do organismo ou organismos vivos modificados;

c) um resumo da avaliação de risco sobre os efeitos na conservação e no uso sustentável da diversidade biológica, levando também em conta os riscos para a saúde humana; e

d) os métodos e planos de resposta em caso de emergência.

Artigo 22
Desenvolvimento de Capacidade

1. As Partes cooperarão no desenvolvimento e/ou fortalecimento dos recursos humanos e capacidades institucionais em matéria de biossegurança, inclusive biotecnologia na medida que seja necessária para a biossegurança, para os fins da implementação efetiva do presente Protocolo, nas Partes países em desenvolvimento, em particular nas de menor desenvolvimento econômico relativo e nos pequenos Estados insulares em desenvolvimento entre elas, e nas Partes com economias em transição, inclusive por meio de instituições e organizações globais, regionais, sub-regionais e nacionais existentes e, conforme o caso, facilitando a participação do setor privado.

2. Para os propósitos da implementação do parágrafo 1º acima, em relação à cooperação para o desenvolvimento de capacidades em biossegurança, serão levadas plenamente em consideração as necessidades das Partes países em desenvolvimento, em particular nas de menor desenvolvimento econômico relativo e nos pequenos Estados insulares em desenvolvimento entre elas, de recursos financeiros e acesso à tecnologia e *know-how*, e de sua transferência, de acordo com as disposições relevantes da Convenção. A cooperação no desenvolvimento de capacidades incluirá, levando em conta as diferentes situações, capacidades e necessidades de cada Parte, treinamento científico e técnico no manejo adequado e seguro da biotecnologia, e no uso de avaliações de risco e manejo de risco para biossegurança, e o fortalecimento de capacidades institucionais e tecnológicas em biossegurança. As necessidades das Partes com economias em transição também serão levadas plenamente em consideração para esse desenvolvimento de capacidades em biossegurança.

Artigo 23
Conscientização e Participação Pública

1. As Partes:

a) promoverão e facilitarão a conscientização, educação e participação públicas a respeito da transferência, da manipulação e do uso seguros dos organismos vivos modificados em relação à conservação e ao uso sustentável da diversidade biológica, levando também em conta os riscos para a saúde humana. Ao fazê-lo, as Partes cooperarão, conforme o caso, com outros Estados e órgãos internacionais;

b) procurarão assegurar que a conscientização e educação do público incluam acesso à informação sobre os organismos vivos modificados identificados de acordo com o presente Protocolo que possam ser importados.

2. De acordo com suas respectivas leis e regulamentos, as Partes consultarão o público durante o processo de tomada de decisão sobre os organismos vivos modificados e tornarão públicos os resultados dessas decisões, respeitando as informações confidenciais de acordo com o disposto no Artigo 21.

3. Cada Parte velará para que seu público conheça os meios de ter acesso ao Mecanismo de Intermediação de Informação sobre Biossegurança.

Artigo 24
Não Partes

1. Os movimentos transfronteiriços de organismos vivos modificados entre Partes e não Partes serão compatíveis com o objetivo do presente Protocolo. As Partes poderão concluir acordos e ajustes bilaterais, regionais e multilaterais com não Partes sobre esses movimentos transfronteiriços.

2. As Partes encorajarão as não Partes a aderir ao presente Protocolo e a contribuir com informações apropriadas ao Mecanismo de Intermediação de Informação sobre Biossegurança sobre os organismos vivos modificados liberados ou introduzidos em áreas sob sua jurisdição interna, ou transportados para fora delas.

Artigo 25
Movimentos Transfronteiriços Ilícitos

1. Cada Parte adotará medidas internas apropriadas com o objetivo de impedir e, conforme o caso, penalizar os movimentos transfronteiriços de organismos vivos modificados realizados em contravenção das medidas internas que regem a implementação do presente Protocolo. Esses movimentos serão considerados movimentos transfronteiriços ilícitos.

2. No caso de um movimento transfronteiriço ilícito, a Parte afetada poderá solicitar à Parte de origem para dar fim, com ônus, ao organismo vivo modificado em questão por meio de repatriação ou destruição, conforme o caso.

3. Cada Parte tornará disponível ao Mecanismo de Intermediação de Informação sobre Biossegurança as informações sobre os casos de movimentos transfronteiriços ilícitos que lhe digam respeito.

Artigo 26
Considerações Socioeconômicas

1. As Partes, ao tomar uma decisão sobre importação no âmbito do presente Protocolo ou de suas medidas internas que implementam o Protocolo, poderão levar em conta, de forma compatível com suas obrigações internacionais, considerações socioeconômicas advindas do impacto dos organismos vivos modificados na conservação e no uso sustentável da diversidade biológica, especialmente no que tange ao valor que a diversidade biológica tem para as comunidades indígenas e locais.

2. As Partes são encorajadas a cooperar no intercâmbio de informações e pesquisas sobre os impactos socioeconômicos dos organismos vivos modificados, especialmente nas comunidades indígenas e locais.

Artigo 27
Responsabilidade e Compensação

A Conferência das Partes atuando na qualidade de reunião das Partes do presente Protocolo adotará, em sua primeira reunião, um processo em relação à elaboração apropriada de normas e procedimentos internacionais no campo da responsabilidade e compensação para danos que resultem dos movimentos transfronteiriços de organismos vivos modificados, analisando e levando em devida consideração os processos em andamento no direito internacional sobre essas matérias e procurará concluir esse processo num prazo de 4 (quatro) anos.

Artigo 28
Mecanismo Financeiro e Recursos Financeiros

1. Ao considerar os recursos financeiros para a implementação do presente Protocolo, as Partes levarão em conta as disposições do Artigo 20 da Convenção.

2. O mecanismo financeiro estabelecido no Artigo 21 da Convenção será, por meio da estrutura institucional encarregada de sua operação, o mecanismo financeiro para o presente Protocolo.

3. Com relação ao desenvolvimento de capacidades referido no Artigo 22 deste Protocolo, a Conferência das Partes atuando na qualidade de reunião das Partes do presente Protocolo, ao proporcionar orientações sobre o mecanismo financeiro referido no parágrafo 2° acima para consideração pela Conferência das Partes, levará em conta a necessidade de recursos financeiros pelas Partes países em desenvolvimento, em particular as de menor desenvolvimento relativo e os pequenos Estados insulares em desenvolvimento entre elas.

4. No contexto do parágrafo 1° acima, as Partes também levarão em conta as necessidades das Partes países em desenvolvimento, em particular as de menor desenvolvimento relativo e os pequenos Estados insulares em desenvolvimento entre elas, e das Partes com economias em transição, em seus esforços para determinar e satisfazer suas necessidades de desenvolvimento de capacidades para as finalidades da implementação deste Protocolo.

5. A orientação para o mecanismo financeiro da Convenção nas decisões relevantes da Conferência das Partes, inclusive aquelas acordadas antes da adoção do presente Protocolo, aplicar-se-ão, mutatis mutandis, às disposições deste Artigo.

6. As Partes países desenvolvidos também poderão proporcionar recursos financeiros e tecnológicos dos quais as Partes países em desenvolvimento e as Partes com economias em transição poderão dispor para a implementação das disposições do presente Protocolo por meio de canais bilaterais, regionais e multilaterais.

Artigo 29
Conferência das Partes Atuando na Qualidade de Reunião das Partes do Presente Protocolo

1. A Conferência das Partes atuará na qualidade de reunião das Partes do presente Protocolo.

2. As Partes da Convenção que não sejam Partes do presente Protocolo poderão participar como observadoras durante as deliberações de qualquer reunião da Conferência das Partes atuando na qualidade de reunião das Partes deste Protocolo. Quando a Conferência das Partes atuar na qualidade de reunião das Partes do presente Protocolo, as decisões no âmbito deste Protocolo só serão tomadas por aquelas que sejam Partes do Protocolo.

3. Quando a Conferência das Partes atuar na qualidade de reunião das Partes do presente Protocolo, qualquer membro da mesa da Conferência das Partes que represente uma Parte da Convenção mas que, naquele momento, não seja Parte deste Protocolo, será substituído por um membro a ser eleito por e entre as Partes do presente Protocolo.

4. A Conferência das Partes atuando na qualidade de reunião das Partes do presente Protocolo examinará regularmente a implementação deste Protocolo e tomará, de acordo com seu mandato, as decisões necessárias para promover sua efetiva implementação. A Conferência das Partes realizará as funções a ela designadas pelo presente Protocolo e irá:

a) fazer recomendações sobre os assuntos necessários para a implementação do presente Protocolo;
b) estabelecer os órgãos subsidiários que se julguem necessários para a implementação do presente Protocolo;
c) buscar e utilizar, conforme o caso, os serviços, a cooperação e as informações fornecidas pelas organizações internacionais competentes e órgãos intergovernamentais e não governamentais;
d) estabelecer a forma e os intervalos para transmissão de informações a serem submetidas de acordo com o Artigo 33 do presente Protocolo e considerar essas informações, bem como relatórios submetidos por qualquer órgão subsidiário;
e) considerar e adotar, conforme necessário, emendas ao presente Protocolo e seus Anexos, bem como outros Anexos adicionais a este Protocolo, que se julguem necessários para a sua implementação; e
f) realizar outras funções que possam ser necessárias para a implementação do presente Protocolo.

5. As regras de procedimento da Conferência das Partes e as regras financeiras da Convenção aplicar-se-ão, mutatis mutandis, no âmbito do presente Protocolo, salvo se decidido de outra forma por consenso pela Conferência das Partes atuando na qualidade de reunião das Partes do presente Protocolo.

6. A primeira reunião da Conferência das Partes atuando na qualidade de reunião das Partes do presente Protocolo será convocada pelo Secretariado juntamente com a primeira sessão da Conferência das Partes prevista para ser realizada após a entrada em vigor do presente Protocolo. Reuniões ordinárias subsequentes da Conferência das Partes atuando na qualidade de reunião das Partes do presente Protocolo realizar-se-ão juntamente com as sessões ordinárias da Conferência das Partes, salvo se decidido de outra forma pela Conferência das Partes atuando na qualidade de reunião das Partes do presente Protocolo.

7. Reuniões extraordinárias da Conferência das Partes atuando na qualidade de reunião das Partes do presente Protocolo realizar-se-ão quando forem consideradas necessárias pela Conferência das Partes atuando na qualidade de reunião das Partes do presente Protocolo, ou quando forem solicitadas por escrito por qualquer Parte, desde que, no prazo de 6 (seis) meses da comunicação da solicitação às Partes pelo Secretariado, seja apoiada por pelo menos um terço das Partes.

8. As Nações Unidas, suas agências especializadas e a Agência Internacional de Energia Atômica, assim como os Estados que sejam membros ou observadores dessas organizações que não sejam Partes da Convenção, podem estar representados como observadores nas reuniões da Conferência das Partes atuando na qualidade de reunião das Partes do presente Protocolo. Todo órgão ou agência, quer nacional ou internacional, governamental ou não governamental, com competência nas matérias cobertas pelo presente Protocolo e que tenha informado ao Secretariado de seu interesse em se fazer representado em uma reunião da Conferência das Partes atuando na qualidade de reunião das Partes do presente Protocolo como observador, poderá ser admitido, a não ser que pelo menos um terço das Partes presentes se oponham. Salvo disposto de outra forma neste Artigo, a admissão e participação de observadores estarão sujeitas às regras de procedimento referidas pelo parágrafo 5° acima.

Artigo 30
Órgãos Subsidiários

1. Qualquer órgão subsidiário estabelecido pela Convenção ou no seu âmbito, poderá mediante decisão da Conferência das Partes atuando na qualidade de reunião das Partes do presente Protocolo, prestar serviços ao Protocolo, e neste caso, a reunião das Partes especificará as funções a serem desempenhadas por esse órgão.

2. As Partes da Convenção que não sejam Partes do presente Protocolo poderão participar como observadores nos debates das reuniões de qualquer um desses órgãos subsidiários. Quando um órgão subsidiário da Convenção atuar como órgão subsidiário do presente Protocolo, as decisões no âmbito do Protocolo só serão tomadas pelas Partes do Protocolo.

3. Quando um órgão subsidiário da Convenção desempenhe suas funções em relação a matérias que dizem respeito ao presente Protocolo, os membros

da mesa desse órgão subsidiário que representem Partes da Convenção mas que naquele momento, não sejam Partes do Protocolo, serão substituídos por membros eleitos por e entre as Partes do Protocolo.

Artigo 31
Secretariado

1. O Secretariado estabelecido pelo Artigo 24 da Convenção atuará como Secretariado do presente Protocolo.

2. O Artigo 24, parágrafo 1°, da Convenção sobre as funções do Secretariado aplicar-se-á, mutatis mutandis, ao presente Protocolo.

3. Na medida em que seja possível diferenciá-los, os custos dos serviços do Secretariado para o presente Protocolo serão arcados pelas Partes deste. A Conferência das Partes atuando na qualidade de reunião das Partes do presente Protocolo decidirá, em sua primeira reunião, as disposições orçamentárias necessárias para essa finalidade.

Artigo 32
Relação com a Convenção

Salvo disposto de outra forma no presente Protocolo, as disposições da Convenção relacionadas aos seus Protocolos aplicar-se-ão ao presente Protocolo.

Artigo 33
Monitoramento e Informes

Cada Parte monitorará a implementação de suas obrigações no âmbito do presente Protocolo, e informará à Conferência das Partes atuando na qualidade de reunião das Partes do presente Protocolo, em intervalos a serem decididos por esta, sobre as medidas tomadas para implementar o Protocolo.

Artigo 34
Cumprimento

A Conferência das Partes atuando na qualidade de reunião das Partes do presente Protocolo considerará e aprovará, em sua primeira reunião, procedimentos de cooperação e mecanismos institucionais para promover o cumprimento das disposições do presente Protocolo e para tratar dos casos de não cumprimento. Esses procedimentos e mecanismos incluirão disposições para prestar assessoria ou assistência, conforme o caso. Esses serão distintos e não prejudicarão os procedimentos e mecanismos estabelecidos pelo Artigo 27 da Convenção sobre solução de controvérsias.

Artigo 35
Avaliação e Revisão

A Conferência das Partes atuando na qualidade de reunião das Partes do presente Protocolo realizará, cinco anos após a entrada em vigor do presente Protocolo e pelo menos a cada cinco anos subsequentes, uma avaliação da efetividade do Protocolo, incluindo uma avaliação de seus procedimentos e Anexos.

Artigo 36
Assinatura

O presente Protocolo estará aberto à assinatura por Estados e organizações regionais de integração econômica no Escritório das Nações Unidas em Nairobi de 15 a 26 de maio de 2000, e na Sede das Nações Unidas em Nova York de 5 de junho de 2000 a 4 de junho de 2001.

Artigo 37
Entrada em Vigor

1. O presente Protocolo entrará em vigor no nonagésimo dia após a data de depósito do quinquagésimo instrumento de ratificação, aceitação, aprovação ou adesão por Estados ou organizações regionais de integração econômica que sejam Partes da Convenção.

2. O presente Protocolo entrará em vigor para um Estado ou uma organização regional de integração econômica que ratifique, aceite ou aprove o presente Protocolo ou a ele adira após sua entrada em vigor em conformidade com o parágrafo 1° acima, no nonagésimo dia após a data na qual aquele Estado ou organização regional de integração econômica deposite seu instrumento de ratificação, aceitação, aprovação ou adesão, ou na data em que a Convenção entre em vigor para aquele Estado ou organização regional de integração econômica, o que for posterior.

3. Para os propósitos dos parágrafos 1° e 2° acima, qualquer instrumento depositado por uma organização regional de integração econômica não será considerado adicional àqueles depositados por Estados-Membros daquela organização.

Artigo 38
Reservas

Nenhuma reserva pode ser feita ao presente Protocolo.

Artigo 39
Denúncia

1. Após dois anos da entrada em vigor do presente Protocolo para uma Parte, essa Parte poderá a qualquer momento denunciá-lo por meio de notificação escrita ao Depositário.

2. Essa denúncia tem efeito um ano após a data de seu recebimento pelo Depositário, ou em data posterior se assim for estipulado na notificação de denúncia.

Artigo 40
Textos Autênticos

O original do presente Protocolo, cujos textos em árabe, chinês, inglês, francês, russo e espanhol são igualmente autênticos, será depositado junto ao Secretário-Geral das Nações Unidas.

Em testemunha do qual os abaixo assinados, devidamente autorizados para esse fim, assinaram o presente Protocolo.

Feito em Montreal neste vigésimo nono dia de janeiro do ano de dois mil.

ANEXO I
Informações exigidas nas Notificações de acordo com os Artigos 8º, 10 e 13

a) Nome, endereço e detalhes de contato do exportador.
b) Nome, endereço e detalhes de contato do importador.
c) Nome e identidade do organismo vivo modificado, bem como da classificação nacional, se houver, do nível de biossegurança do organismo vivo modificado no Estado de exportação.
d) Data ou datas previstas do movimento transfronteiriço, se conhecidas.
e) Situação taxonômica, nome vulgar, ponto de coleta ou de aquisição e características do organismo receptor ou dos organismos parentais relacionadas à biossegurança.
f) Centros de origem e centros de diversidade genética, se conhecidos do organismo receptor e/ou dos organismos parentais e uma descrição dos habitats onde os organismos podem persistir ou proliferar.
g) Situação taxonômica, nome vulgar, ponto de coleta ou aquisição e características do organismo ou organismos doadores relacionadas à biossegurança.
h) Descrição do ácido nucleico ou da modificação introduzida, da técnica usada e das características resultantes do organismo vivo modificado.
i) Uso previsto do organismo vivo modificado ou produtos dele derivados, a saber, materiais beneficiados que têm como origem um organismo vivo modificado, contendo combinações novas detectáveis de material genético replicável obtido pelo uso de biotecnologia moderna.
j) Quantidade ou volume do organismo vivo modificado a ser transferido.
k) Um relatório anterior e existente da avaliação de risco de acordo com o Anexo III.
l) Métodos sugeridos para a manipulação, o armazenamento, o transporte e o uso seguros, inclusive embalagem, rotulação, documentação e procedimentos de eliminação e de emergência, quando apropriados.
m) Condição legal do organismo vivo modificado no Estado exportador (por exemplo, se está proibido no Estado exportador ou se está sujeito a outras restrições ou se foi aprovado para liberação geral) e, caso o organismo vivo modificado tiver sido proibido no Estado de exportação, as razões dessa proibição.
n) O resultado e o propósito de qualquer notificação do exportador a outros Estados em relação ao organismo vivo modificado a ser transferido.
o) Uma declaração de que os dados incluídos nas informações mencionadas acima estão corretos.

ANEXO II
Informações exigidas sobre os organismos vivos modificados destinados ao uso direto como alimento humano ou animal ou ao processamento de acordo com o Artigo 11

a) O nome e detalhes de contato do requerente de uma decisão para uso nacional.
b) O nome e detalhes de contato da autoridade responsável pela decisão.
c) O nome e identidade do organismo vivo modificado.
d) Descrição da modificação genética, da técnica usada e das características resultantes do organismo vivo modificado.
e) Qualquer identificação exclusiva do organismo vivo modificado.
f) Situação taxonômica, nome vulgar, ponto de coleta ou aquisição e características do organismo receptor ou dos organismos parentais relacionadas à biossegurança.
g) Centros de origem e centros de diversidade genética, se conhecidos do organismo receptor e/ou dos organismos parentais e uma descrição dos habitats onde os organismos podem persistir ou proliferar.
h) Situação taxonômica, nome vulgar, ponto de coleta ou aquisição e características do organismo ou organismos doadores relacionadas à biossegurança.
i) Usos aprovados do organismo vivo modificado.
j) Um relatório de avaliação de risco de acordo com o Anexo III.
l) Métodos sugeridos para a manipulação, o armazenamento, o transporte e o uso seguros, inclusive embalagem, rotulação, documentação e procedimentos de eliminação e de emergência, quando apropriados.

ANEXO III
AVALIAÇÃO DE RISCO
Objetivo

1. O objetivo da avaliação de risco, no âmbito do presente Protocolo, é identificar e avaliar os efeitos adversos potenciais dos organismos vivos modificados na conservação e no uso sustentável da diversidade biológica no provável meio receptor, levando também em conta os riscos para a saúde humana.

Uso da avaliação de risco

2. A avaliação de risco é, entre outros, usada pelas autoridades competentes para tomar decisões informadas sobre os organismos vivos modificados.

Princípios gerais

3. A avaliação de risco deverá realizar-se de maneira transparente e cientificamente sólida e poderá levar em conta o assessoramento especializado de organizações internacionais relevantes e diretrizes por elas elaboradas.

4. A falta de conhecimentos científicos ou de consenso científico não será necessariamente interpretada como indicativo de um nível determinado de risco, uma ausência de risco ou de um risco aceitável.

5. Os riscos associados aos organismos vivos modificados ou aos produtos deles derivados, a saber, materiais beneficiados que têm como origem um organismo vivo modificado, contendo combinações novas detectáveis de material genético replicável obtido por meio do uso de biotecnologia moderna, devem ser considerados no contexto dos riscos

apresentados pelos receptores não modificados ou organismos parentais no provável meio receptor.

6. A avaliação de risco deverá realizar-se caso a caso. As informações requeridas podem variar em natureza e nível de detalhe de caso a caso, dependendo do organismo vivo modificado em questão, seu uso previsto e o provável meio receptor.

Metodologia

7. O processo de avaliação de risco poderá, por um lado, dar origem à necessidade de maiores informações sobre aspectos específicos, que podem ser identificados e solicitados durante o processo de avaliação, enquanto por outro lado, informações sobre outros aspectos podem não ser relevantes em certos casos.

8. Para alcançar seu objetivo, a avaliação de risco compreende, conforme o caso, os seguintes passos:

a) uma identificação de qualquer característica genotípica ou fenotípica nova associada ao organismo vivo modificado que possa ter efeitos adversos na diversidade biológica no provável meio receptor, levando também em conta os riscos para a saúde humana;

b) uma avaliação da probabilidade de esses efeitos adversos se concretizarem, levando em conta o nível e tipo de exposição do provável meio receptor ao organismo vivo modificado;

c) uma avaliação das consequências caso esses efeitos adversos de fato ocorrem;

d) uma estimativa do risco geral apresentado pelo organismo vivo modificado com base na avaliação da probabilidade dos efeitos adversos identificados ocorrerem e de suas consequências;

e) uma recomendação sobre se os riscos são aceitáveis ou manejáveis ou não, inclusive, quando necessário, a identificação de estratégias para manejar esses riscos; e

f) quando houver incerteza a respeito do nível de risco, essa incerteza poderá ser tratada solicitando-se maiores informações sobre aspectos preocupantes específicos ou pela implementação de estratégias apropriadas de manejo de risco e/ou monitoramento do organismo vivo modificado no meio receptor.

Aspectos a considerar

9. Dependendo do caso, a avaliação de risco leva em consideração os detalhes científicos e técnicos relevantes sobre as características dos seguintes elementos:

a) organismo receptor e organismos parentais. As características biológicas do organismo receptor ou dos organismos parentais, inclusive informações sobre a situação taxonômica, nome vulgar, origem, centros de origem e centros de diversidade genética, se conhecidos, e uma descrição de onde os organismos podem persistir ou proliferar;

b) organismo ou organismos doadores. Situação taxonômica, nome vulgar, fonte e as características biológicas relevantes dos organismos doadores;

c) vetor. Características do vetor, inclusive, se houver, sua fonte ou origem e área de distribuição de seus hospedeiros;

d) inserção ou inserções e/ou características de modificação. As características genéticas do ácido nucleico inserido e da função que especifica, e/ou as características da modificação introduzida;

e) organismo vivo modificado. Identidade do organismo vivo modificado, e as diferenças entre as características biológicas do organismo vivo modificado e daquelas do organismo receptor ou dos organismos parentais;

f) detecção e identificação do organismo vivo modificado. Métodos sugeridos para a detecção e identificação e sua especificidade, sensibilidade e confiabilidade;

g) informações sobre o uso previsto. As informações sobre o uso previsto do organismo vivo modificado, inclusive usos novos ou modificados comparados ao organismo receptor ou organismos parentais; e

h) meio receptor. Informações sobre a localização, características geográficas, climáticas e ecológicas, inclusive informações relevantes sobre a diversidade biológica e centros de origem do provável meio receptor.

PROTOCOLO DE NAGOIA SOBRE ACESSO A RECURSOS GENÉTICOS E REPARTIÇÃO JUSTA E EQUITATIVA DOS BENEFÍCIOS DERIVADOS DE SUA UTILIZAÇÃO À CONVENÇÃO SOBRE DIVERSIDADE BIOLÓGICA (2010)

▸ Aprovado pelo Congresso Nacional por meio do Decreto Legislativo 136, de 11.08.2020. Instrumento de ratificação ao Protocolo depositado pelo Brasil junto ao Secretário-Geral das Nações Unidas, em 04.03.2021. Para a República Federativa do Brasil, a entrada em vigor no plano jurídico externo foi em 02.06.2021, nos termos de seu artigo 33, parágrafo 2º.

▸ Promulgado pelo Decreto 11.865, de 27.12.2023.

As Partes do presente Protocolo,

Sendo Partes na Convenção sobre a Diversidade Biológica, doravante denominada "Convenção",

Recordando que a repartição justa e equitativa dos benefícios derivados da utilização dos recursos genéticos é um dos três objetivos centrais da Convenção e reconhecendo que este Protocolo busca a implementação desse objetivo no âmbito da Convenção,

Reafirmando os direitos soberanos dos Estados sobre seus recursos naturais e de acordo com os dispositivos da Convenção,

Recordando ainda o Artigo 15 da Convenção,

Reconhecendo a relevante contribuição da transferência de tecnologia e da cooperação ao desenvolvimento sustentável, com vistas à capacitação em pesquisa e inovação para agregar valor aos recursos genéticos nos países em desenvolvimento, de acordo com os Artigos 16 e 19 da Convenção,

Reconhecendo que a conscientização pública do valor econômico dos ecossistemas e da biodiversidade e a repartição justa e equitativa desse valor econômico com os guardiães da biodiversidade são incentivos chave para a conservação da diversidade biológica e a utilização sustentável de seus componentes,

Reconhecendo o potencial do acesso e da repartição de benefícios em contribuir para a conservação e a utilização sustentável da diversidade biológica, para a erradicação da pobreza e para a sustentabilidade ambiental, de modo a contribuir para o alcance dos Objetivos de Desenvolvimento do Milênio,

Reconhecendo a ligação entre o acesso aos recursos genéticos e a repartição justa e equitativa dos benefícios derivados da utilização desses recursos,

Reconhecendo a importância de proporcionar segurança jurídica em relação ao acesso aos recursos genéticos e à repartição justa e equitativa dos benefícios derivados de sua utilização,

Reconhecendo ademais a importância de promover a equidade e a justiça na negociação de termos mutuamente acordados entre provedores e usuários de recursos genéticos,

Reconhecendo igualmente o papel vital que as mulheres desempenham no acesso e repartição de benefícios e afirmando a necessidade de participação plena das mulheres em todos os níveis de elaboração e implementação de políticas de conservação da biodiversidade,

Determinadas a seguir apoiando a implementação efetiva dos dispositivos sobre acesso e repartição de benefícios da Convenção,

Reconhecendo a necessidade de uma solução inovadora para tratar da repartição justa e equitativa dos benefícios derivados da utilização dos recursos genéticos e conhecimento tradicional associados a recursos genéticos que ocorrem em situações transfronteiriças ou para as quais não seja possível conceder ou obter consentimento prévio informado,

Reconhecendo a importância dos recursos genéticos para a segurança alimentar, a saúde pública, a conservação da biodiversidade e a mitigação e adaptação às mudanças climáticas,

Reconhecendo a natureza especial da biodiversidade agrícola, suas características e problemas peculiares que demandam soluções específicas,

Reconhecendo a interdependência de todos os países em relação aos recursos genéticos para alimentação e agricultura, bem como sua natureza especial e sua importância para lograr a segurança alimentar em escala global e para o desenvolvimento sustentável da agricultura no contexto de redução da pobreza e de mudanças climáticas, e reconhecendo o papel fundamental do Tratado Internacional sobre Recursos Fitogenéticos para Alimentação e Agricultura e da Comissão da FAO sobre Recursos Genéticos para Alimentação e Agricultura a respeito,

Conscientes do Regulamento Sanitário Internacional (2005) da Organização Mundial da Saúde e da importância de assegurar o acesso a patógenos humanos para fins de preparação e resposta no âmbito da saúde pública,

Reconhecendo o trabalho em curso em outros foros internacionais em relação a acesso e repartição de benefícios,

Recordando o sistema Multilateral de Acesso e Repartição de Benefícios estabelecido no âmbito do Tratado Internacional sobre Recursos Fitogenéticos para a Alimentação e a Agricultura desenvolvido em harmonia com a Convenção,

Reconhecendo que os instrumentos internacionais relativos a acesso e repartição de benefícios devem se apoiar mutuamente com vistas a atingir os objetivos da Convenção,

Recordando a importância do Artigo 8(j) da Convenção no que se refere ao conhecimento tradicional associado aos recursos genéticos e à repartição justa e equitativa dos benefícios derivados da utilização desse conhecimento,

Tomando nota da inter-relação entre recursos genéticos e conhecimento tradicional, sua natureza inseparável para comunidades indígenas e locais, da importância do conhecimento tradicional para a conservação da diversidade biológica e a utilização sustentável de seus componentes e para a sustentabilidade dos meios de subsistência dessas comunidades,

Reconhecendo a diversidade das circunstâncias nas quais o conhecimento tradicional associado aos recursos genéticos é detido ou possuído pelas comunidades indígenas e locais,

Conscientes de que corresponde às comunidades indígenas e locais o direito de identificar, em suas comunidades, os detentores legítimos de seu conhecimento tradicional associado aos recursos genéticos,

Reconhecendo ainda as circunstâncias únicas nas quais países possuem conhecimento tradicional associado aos recursos genéticos, seja oral, documentado ou em outras formas, refletindo um rico patrimônio cultural relevante para a conservação e a utilização sustentável da diversidade biológica,

Tomando nota da Declaração das Nações Unidas sobre os Direitos dos Povos Indígenas, e

Afirmando que nada neste Protocolo deve ser interpretado no sentido de reduzir ou extinguir os direitos existentes de comunidades indígenas e locais,

Acordaram o seguinte:

ARTIGO 1
OBJETIVO

O objetivo do presente Protocolo é a repartição justa e equitativa dos benefícios derivados da utilização dos recursos genéticos, mediante, inclusive, o acesso adequado aos recursos genéticos e à transferência adequada de tecnologias pertinentes, levando em conta todos os direitos sobre tais recursos e tecnologias, e mediante financiamento adequado, contribuindo desse modo para a conservação da diversidade biológica e a utilização sustentável de seus componentes.

ARTIGO 2
UTILIZAÇÃO DE TERMOS

Os termos definidos no Artigo 2 da Convenção serão aplicados a este Protocolo. Além disso, para os fins do presente Protocolo:

(a) "Conferência das Partes" significa a Conferência das Partes da Convenção;
(b) "Convenção" significa a Convenção sobre Diversidade Biológica;
(c) "Utilização de recursos genéticos" significa a realização de atividades de pesquisa e desenvolvimento sobre a composição genética e/ou bioquímica dos recursos genéticos, inclusive por meio da aplicação da biotecnologia, conforme definido no Artigo 2 da Convenção;
(d) "Biotecnologia", conforme definido no Artigo 2 da Convenção, significa qualquer aplicação tecnológica que utilize sistemas biológicos, organismos vivos ou seus derivados para criar ou modificar produtos ou processos para utilização específica;
(e) "Derivado" significa um composto bioquímico de ocorrência natural, resultante da expressão genética ou do metabolismo de recursos biológicos ou genéticos, mesmo que não contenha unidades funcionais de hereditariedade.

ARTIGO 3
ESCOPO

Este Protocolo aplica-se aos recursos genéticos compreendidos no âmbito do Artigo 15 da Convenção e aos benefícios derivados da utilização desses recursos. O Protocolo aplica-se também ao conhecimento tradicional associado aos recursos genéticos compreendidos no âmbito da Convenção e aos benefícios derivados da utilização desse conhecimento.

ARTIGO 4
RELACIONAMENTO COM ACORDOS E INSTRUMENTOS INTERNACIONAIS

1. Os dispositivos do presente Protocolo não afetarão os direitos e obrigações de qualquer Parte decorrentes de qualquer acordo internacional existente, exceto se o exercício desses direitos e o cumprimento dessas obrigações possam causar grave dano ou ameaça à diversidade biológica. Este parágrafo não pretende criar uma hierarquia entre este Protocolo e outros instrumentos internacionais.
2. Nada neste Protocolo impedirá as Partes de desenvolverem e implementarem outros acordos internacionais pertinentes, inclusive outros acordos especializados de acesso e repartição de benefícios, desde que apoiem e não se oponham aos objetivos da Convenção e do presente Protocolo.
3. Este Protocolo será implementado de modo a apoiar-se mutuamente em outros instrumentos internacionais pertinentes ao presente Protocolo. Deve-se dar devida atenção ao trabalho ou às práticas em curso que forem úteis e pertinentes no âmbito dos referidos instrumentos internacionais e das organizações internacionais pertinentes, desde que eles apoiem e não se oponham aos objetivos da Convenção e do presente Protocolo.
4. Esse Protocolo é o instrumento para a implementação dos dispositivos sobre acesso e repartição de benefícios da Convenção. Nos casos em que se aplique um instrumento internacional especializado de acesso e repartição de benefícios que seja compatível com e não contrário aos objetivos da Convenção e desse Protocolo, o presente Protocolo não se aplica para a Parte ou as Partes do instrumento especializado em relação ao recurso genético específico coberto pelo e para o propósito do instrumento especializado.

ARTIGO 5
REPARTIÇÃO JUSTA E EQUITATIVA DE BENEFÍCIOS

1. De acordo com o Artigo 15, parágrafos 3 e 7 da Convenção, os benefícios derivados da utilização dos recursos genéticos, bem como as aplicações e comercialização subsequentes, serão repartidos de maneira justa e equitativa com a Parte provedora desses recursos que seja o país de origem desses recursos ou uma Parte que tenha adquirido os recursos genéticos em conformidade com a Convenção. Essa repartição ocorrerá mediante termos mutuamente acordados.
2. Cada Parte adotará medidas legislativas, administrativas ou políticas, conforme o caso, com vistas a assegurar que os benefícios derivados da utilização dos recursos genéticos detidos por comunidades indígenas e locais, de acordo com a legislação nacional relativa aos direitos estabelecidos dessas comunidades indígenas e locais sobre esses recursos genéticos, sejam repartidos de maneira justa e equitativa com as comunidades relacionadas, com base em termos mutuamente acordados.
3. Para implementar o parágrafo 1 acima, cada Parte adotará medidas legislativas, administrativas ou políticas, conforme o caso.
4. Os benefícios podem incluir benefícios monetários e não monetários, incluindo, mas não limitados a aqueles listados no Anexo.
5. Cada Parte adotará medidas legislativas, administrativas ou políticas, conforme o caso, para que os benefícios derivados da utilização do conhecimento tradicional associado a recursos genéticos sejam repartidos de maneira justa e equitativa com as comunidades indígenas e locais que detenham tal conhecimento. Essa repartição ocorrerá mediante termos mutuamente acordados.

ARTIGO 6
ACESSO A RECURSOS GENÉTICOS

1. No exercício dos direitos soberanos sobre recursos naturais, e sujeito à legislação ou requisitos reguladores nacionais de acesso e repartição de benefícios, o acesso a recursos genéticos para sua utilização está sujeito ao consentimento prévio informado da Parte provedora desses recursos que seja país de origem desses recursos ou uma Parte que tenha adquirido os recursos genéticos em conformidade com a Convenção, a menos que diferentemente determinado por aquela Parte.
2. De acordo com a legislação nacional, cada Parte adotará medidas, conforme o caso, com vistas a assegurar que se obtenha o consentimento prévio

informado ou a aprovação e a participação das comunidades indígenas e locais para acesso aos recursos genéticos quando essas tiverem o direito estabelecido de conceder acesso a esses recursos.

3. De acordo com o parágrafo 1 acima, cada Parte que solicitar consentimento prévio informado adotará medidas legislativas, administrativas ou políticas necessárias, conforme o caso, para:

(a) proporcionar segurança jurídica, clareza e transparência em sua legislação ou seus regulamentos nacionais de acesso e repartição de benefícios;

(b) estabelecer normas e procedimentos justos e não arbitrários sobre o acesso a recursos genéticos;

(c) prestar informação sobre como requerer o consentimento prévio informado;

(d) conceder decisão escrita clara e transparente pela autoridade nacional competente, de maneira econômica e em um prazo razoável;

(e) determinar emissão, no momento do acesso, de licença ou seu equivalente como comprovante da decisão de outorgar o consentimento prévio informado e do estabelecimento de termos mutuamente acordados, e notificar o Centro de Intermediação de Informação sobre Acesso e Repartição de Benefícios;

(f) conforme o caso e sujeito à legislação nacional, estabelecer critérios e/ou procedimentos para a obtenção do consentimento prévio informado ou aprovação e participação de comunidades indígenas e locais para acesso aos recursos genéticos; e

(g) estabelecer normas e procedimentos claros para o requerimento e o estabelecimento de termos mutuamente acordados. Tais termos serão estabelecidos por escrito e podem incluir, entre outros:

(i) cláusula sobre solução de controvérsias;

(ii) cláusulas sobre a repartição de benefícios, inclusive em relação a direitos de propriedade intelectual;

(iii) cláusulas sobre a utilização subsequente por terceiros, caso haja; e

(iv) cláusulas sobre mudanças de intenção, quando aplicável.

ARTIGO 7
ACESSO AO CONHECIMENTO TRADICIONAL ASSOCIADO AOS RECURSOS GENÉTICOS

Em conformidade com a legislação nacional, cada Parte adotará medidas, conforme o caso, com vistas a assegurar que o conhecimento tradicional associado a recursos genéticos detido por comunidades indígenas e locais seja acessado mediante o consentimento prévio informado ou a aprovação e participação dessas comunidades indígenas e locais, e que termos mutuamente acordados tenham sido estabelecidos.

ARTIGO 8
CONSIDERAÇÕES ESPECIAIS

Ao desenvolver e implementar sua legislação ou seus regulamentos sobre acesso e repartição de benefícios, cada Parte:

(a) criará condições para promover e estimular pesquisa que contribua para a conservação e a utilização sustentável da diversidade biológica, particularmente em países em desenvolvimento, inclusive por meio de medidas simplificadas de acesso para fins de pesquisa não comercial, levando em conta a necessidade de abordar mudança de intenção dessa pesquisa;

(b) prestará devida atenção a casos de emergências atuais ou iminentes que ameaçem ou causem danos à saúde humana, animal ou vegetal, conforme determinado nacionalmente ou internacionalmente. As Partes podem considerar a necessidade de acesso expedito a recursos genéticos e repartição justa, equitativa e expedita dos benefícios derivados da utilização desses recursos genéticos, inclusive acesso a tratamentos acessíveis aos necessitados, especialmente nos países em desenvolvimento;

(c) considerará a importância dos recursos genéticos para a alimentação e agricultura e seu papel especial para a segurança alimentar.

ARTIGO 9
CONTRIBUIÇÃO PARA A CONSERVAÇÃO E A UTILIZAÇÃO SUSTENTÁVEL

As Partes encorajarão usuários e provedores a direcionar os benefícios derivados da utilização dos recursos genéticos para a conservação da diversidade biológica e para a utilização sustentável de seus componentes.

ARTIGO 10
MECANISMO MULTILATERAL GLOBAL DE REPARTIÇÃO DE BENEFÍCIOS

As Partes considerarão a necessidade e as modalidades de um mecanismo multilateral global de repartição de benefícios para tratar a repartição justa e equitativa dos benefícios derivados da utilização dos recursos genéticos e do conhecimento tradicional associado a recursos genéticos que ocorram em situações transfronteiriças ou para os quais não seja possível outorgar ou obter consentimento prévio informado. Os benefícios compartilhados por usuários de recursos genéticos e conhecimento tradicional associado a recursos genéticos por meio desse mecanismo serão usados para apoiar a conservação da diversidade biológica e a utilização sustentável de seus componentes em nível mundial.

ARTIGO 11
COOPERAÇÃO TRANSFRONTEIRIÇA

1. Nos casos em que os mesmos recursos genéticos sejam encontrados in situ dentro do território de mais de uma Parte, essas Partes empenhar-se-ão em cooperar, conforme o caso, com a participação das comunidades indígenas e locais pertinentes, quando aplicável, com vistas à implementação do presente Protocolo.

2. Nos casos em que o mesmo conhecimento tradicional associado a recursos genéticos seja compartilhado por uma ou mais comunidades indígenas e locais em diversas Partes, essas Partes

empenhar-se-ão em cooperar, conforme o caso, com a participação das comunidades indígenas e locais concernentes, com vistas à implementação do objetivo do presente Protocolo.

ARTIGO 12
CONHECIMENTO TRADICIONAL ASSOCIADO A RECURSOS GENÉTICOS

1. No cumprimento das obrigações oriundas do presente Protocolo, as Partes, de acordo com a lei nacional, levarão em consideração leis consuetudinárias, protocolos e procedimentos comunitários das comunidades indígenas e locais, quando apropriado, em relação ao conhecimento tradicional associado a recursos genéticos.

2. As Partes, com a participação efetiva das comunidades indígenas e locais concernentes, estabelecerão mecanismos para informar potenciais usuários de conhecimento tradicional associado a recursos genéticos sobre suas obrigações, incluindo medidas disponibilizadas por meio do Centro de Intermediação de Informação sobre Acesso e Repartição de Benefícios para acesso a esse conhecimento e repartição justa e equitativa dos benefícios derivados de sua utilização.

3. As Partes empenhar-se-ão em apoiar, conforme o caso, o desenvolvimento, pelas comunidades indígenas e locais, incluindo mulheres dessas comunidades, de:

(a) protocolos comunitários relativos ao acesso a conhecimento tradicional associado a recursos genéticos e à repartição justa e equitativa dos benefícios derivados da utilização de tal conhecimento;

(b) requisitos mínimos para termos mutuamente acordados para assegurar a repartição justa e equitativa dos benefícios derivados da utilização de conhecimento tradicional associado a recursos genéticos; e

(c) cláusulas contratuais modelo para repartição de benefícios derivados da utilização de conhecimento tradicional associado a recursos genéticos.

4. As Partes, na implementação do presente Protocolo, não restringirão, na medida do possível, a utilização costumeira e a troca de recursos genéticos e conhecimento tradicional associado nas comunidades indígenas e locais e entre elas, de acordo com os objetivos da Convenção.

ARTIGO 13
PONTOS FOCAIS NACIONAIS E AUTORIDADES NACIONAIS COMPETENTES

1. Cada Parte designará um ponto focal nacional para acesso e repartição de benefícios. O ponto focal nacional disponibilizará informações da seguinte maneira:

(a) para requerentes buscando acesso a recursos genéticos, informações sobre procedimentos para a obtenção de consentimento prévio informado e o estabelecimento de termos mutuamente acordados, incluindo repartição de benefícios;

(b) para requerentes buscando acesso a conhecimento tradicional associado a recursos genéticos, quando possível, informações sobre procedimentos para obtenção de consentimento prévio informado ou aprovação e participação, conforme o caso, de comunidades indígenas e locais e estabelecimento de termos mutuamente acordados, incluindo repartição de benefícios; e

(c) informações sobre autoridades nacionais competentes, comunidades indígenas e locais pertinentes e interessados pertinentes.

O ponto focal nacional será responsável pela ligação com o Secretariado.

2. Cada Parte designará uma ou mais autoridades nacionais competentes em acesso e repartição de benefícios. As autoridades nacionais competentes serão, de acordo com as medidas legislativas, administrativas ou políticas nacionais aplicáveis, responsáveis por outorgar o acesso ou, conforme o caso, fornecer comprovante escrito de que os requisitos de acesso foram cumpridos, e serão responsáveis por orientar sobre os procedimentos e requisitos aplicáveis para obter o consentimento prévio informado e concertar termos mutuamente acordados.

3. Uma Parte pode designar uma única entidade para exercer as funções tanto de ponto focal quanto de autoridade nacional competente.

4. Cada Parte notificará o Secretariado, até a data de entrada em vigor do presente Protocolo para essa Parte, sobre as informações de contato de seu ponto focal nacional e de sua autoridade ou autoridades nacionais competentes. Quando uma Parte designar mais de uma autoridade nacional competente, enviará ao Secretariado, com sua notificação, informações pertinentes sobre as respectivas responsabilidades dessas autoridades. Quando aplicável, essas informações especificarão, no mínimo, qual autoridade competente é responsável pelos recursos genéticos solicitados. Cada Parte notificará imediatamente o Secretariado sobre quaisquer mudanças na designação de seu ponto focal nacional ou das informações de contato ou responsabilidades de sua autoridade ou autoridades nacionais competentes.

5. O Secretariado tornará disponíveis as informações recebidas de acordo com o parágrafo 4 acima por meio do Centro de Intermediação de Informação sobre Acesso e Repartição de Benefícios.

ARTIGO 14
O CENTRO DE INTERMEDIAÇÃO DE INFORMAÇÃO SOBRE ACESSO E REPARTIÇÃO DE BENEFÍCIOS E INTERCÂMBIO DE INFORMAÇÕES

1. Fica estabelecido um Centro de Intermediação de Informações sobre Acesso e Repartição de Benefícios como parte do mecanismo de intermediação previsto no Artigo 18, parágrafo 3 da Convenção. O Centro servirá como meio para compartilhar informações relativas a acesso e repartição de benefícios. Em particular, proverá acesso às informações pertinentes à implemen-

tação do presente Protocolo disponibilizadas por cada Parte.

2. Sem prejuízo da proteção das informações confidenciais, cada Parte disponibilizará ao Centro de Intermediação de Informações sobre Acesso e Repartição de Benefícios toda informação requerida em virtude desse Protocolo, bem como informações requeridas de acordo com as decisões tomadas pela Conferência das Partes atuando na qualidade de reunião das Partes do presente Protocolo. As informações incluirão:

(a) medidas legislativas, administrativas e políticas sobre acesso e repartição de benefícios;

(b) informações sobre o ponto focal nacional e a autoridade ou as autoridades nacionais competentes; e

(c) licenças ou seus equivalentes, emitidos no momento do acesso, como prova da decisão de outorgar o consentimento prévio informado e do estabelecimento de termos mutuamente acordados.

3. As informações adicionais, se disponíveis e conforme o caso, podem incluir:

(a) autoridades competentes relevantes de comunidades indígenas e locais e informação que venha a ser decidida;

(b) cláusulas contratuais modelo;

(c) métodos e ferramentas desenvolvidas para monitorar os recursos genéticos; e

(d) códigos de conduta e de boas práticas.

4. As modalidades de operação do Centro de Intermediação de Informações sobre Acesso e Repartição de Benefícios, incluindo relatórios sobre suas atividades, serão consideradas e definidas pela Conferência das Partes atuando na qualidade de reunião das Partes do presente Protocolo em sua primeira reunião, e mantidas sob revisão a partir de então.

ARTIGO 15
CUMPRIMENTO DA LEGISLAÇÃO OU REQUISITOS REGULADORES NACIONAIS DE ACESSO E REPARTIÇÃO DE BENEFÍCIOS

1. Cada Parte adotará medidas legislativas, administrativas ou políticas apropriadas, efetivas e proporcionais para assegurar que os recursos genéticos utilizados em sua jurisdição tenham sido acessados de acordo com o consentimento prévio informado e que termos mutuamente acordados tenham sido estabelecidos, conforme exigido pela legislação ou pelos regulamentos nacionais de acesso e repartição de benefícios da outra Parte.

2. As Partes tomarão medidas apropriadas, efetivas e proporcionais para tratar de situações de não cumprimento das medidas adotadas de acordo com o parágrafo 1 acima.

3. As Partes, na medida do possível e conforme o caso, cooperarão em casos de alegada violação da legislação ou requisitos reguladores nacionais de acesso e repartição de benefícios mencionados no parágrafo 1 acima.

ARTIGO 16
CUMPRIMENTO DA LEGISLAÇÃO OU REQUISITOS REGULADORES NACIONAIS DE ACESSO E REPARTIÇÃO DE BENEFÍCIOS PARA CONHECIMENTO TRADICIONAL ASSOCIADO A RECURSOS GENÉTICOS

1. Cada Parte adotará medidas legislativas, administrativas ou políticas apropriadas, efetivas e proporcionais, conforme o caso, para assegurar que o conhecimento tradicional associado a recursos genéticos utilizados em sua jurisdição tenha sido acessado de acordo com o consentimento prévio informado ou com a aprovação e a participação de comunidades indígenas e locais e que termos mutuamente acordados tenham sido estabelecidos, conforme exigido pela legislação ou pelos regulamentos nacionais de acesso e repartição de benefícios da outra Parte onde essas comunidades indígenas e locais estiverem localizadas.

2. Cada Parte tomará medidas apropriadas, efetivas e proporcionais para tratar situações de não cumprimento das medidas adotadas de acordo com o parágrafo 1 acima.

3. As Partes, na medida do possível e conforme o caso, cooperarão em casos de alegada violação da legislação ou dos regulamentos nacionais de acesso e repartição de benefícios mencionados no parágrafo 1 acima.

ARTIGO 17
MONITORAMENTO DA UTILIZAÇÃO DE RECURSOS GENÉTICOS

1. A fim de apoiar o cumprimento, cada Parte adotará medidas, conforme o caso, para monitorar e aumentar a transparência sobre a utilização de recursos genéticos. Tais medidas incluirão:

(a) designação de um ou mais pontos de verificação, da seguinte maneira:

(i) os pontos de verificação designados coletariam ou receberiam, conforme o caso, informações pertinentes relativas ao consentimento prévio informado, à fonte dos recursos genéticos, ao estabelecimento de termos mutuamente acordados e/ou à utilização de recursos genéticos, conforme o caso;

(ii) cada Parte exigirá, conforme o caso e de acordo com as características particulares do ponto de verificação designado, que usuários de recursos genéticos apresentem as informações especificadas no inciso acima em um ponto de verificação designado. Cada Parte adotará medidas apropriadas, efetivas e proporcionais para tratar de situações de não-cumprimento;

(iii) essa informação, inclusive a procedente de certificados de cumprimento internacionalmente reconhecidos, quando disponíveis, será, sem prejuízo da proteção de informações confidenciais, apresentada às autoridades nacionais pertinentes, à Parte que outorga o consentimento prévio informado e ao Centro de Intermediação de Informação sobre Acesso e Repartição de Benefícios, conforme o caso;

(iv) os pontos de verificação serão eficazes e devem ter funções concernentes à implementação da alínea (a). Devem ser pertinentes à utilização de recursos genéticos ou à coleta de informações pertinentes, entre outras coisas, em qualquer etapa de pesquisa, desenvolvimento, inovação, pré-comercialização ou comercialização;
(b) estímulo aos usuários e provedores de recursos genéticos a incluir, nos termos mutuamente acordados, dispositivos sobre compartilhamento de informações acerca da implementação de tais termos, inclusive por meio da exigência de relatórios; e
(c) estímulo ao uso de ferramentas e sistemas de comunicação eficiente em relação aos custos.
2. Uma licença, ou seu equivalente, emitida de acordo com o Artigo 6, parágrafo 3 (e) e disponibilizado ao Centro de Intermediação de Informações sobre Acesso e Repartição de Benefícios, constituirá um certificado de cumprimento internacionalmente reconhecido.
3. Um certificado de cumprimento internacionalmente reconhecido servirá como prova de que o recurso genético dele objeto foi acessado de acordo com o consentimento prévio informado e de que termos mutuamente acordados foram estabelecidos, conforme exigido pela legislação ou pelos regulamentos nacionais de acesso e repartição de benefícios da Parte que outorga o consentimento prévio informado.
4. O certificado de cumprimento internacionalmente reconhecido conterá as seguintes informações mínimas, quando não forem confidenciais:
(a) autoridade emitente;
(b) data de emissão;
(c) provedor;
(d) identificador único do certificado;
(e) pessoa ou entidade para a qual o consentimento prévio informado foi outorgado;
(f) assunto ou recursos genéticos objeto do certificado;
(g) confirmação de que termos mutuamente acordados foram estabelecidos;
(h) confirmação de que o consentimento prévio informado foi obtido; e
(i) utilização comercial e/ou não comercial.

ARTIGO 18
CUMPRIMENTO DOS TERMOS MUTUAMENTE ACORDADOS

1. Na implementação do Artigo 6, parágrafo 3 (g) (i) e do Artigo 7, cada Parte estimulará provedores e usuários de recursos genéticos e/ou conhecimento tradicional associado a recursos genéticos a incluir nos termos mutuamente acordados, conforme o caso, dispositivos sobre solução de controvérsias, incluindo:
(a) a jurisdição à qual submeterão quaisquer processos de solução de controvérsias;
(b) a lei aplicável; e/ou
(c) opções para solução alternativa de controvérsias, tais como mediação ou arbitragem.

2. Cada Parte assegurará a possibilidade de recurso em seus sistemas jurídicos, em conformidade com os requisitos jurisdicionais aplicáveis, nos casos de controvérsias oriundas dos termos mutuamente acordados.
3. Cada Parte tomará medidas efetivas, conforme o caso, sobre:
(a) acesso à justiça; e
(b) utilização de mecanismos relativos ao reconhecimento mútuo e execução de sentenças estrangeiras e decisões arbitrais.
4. A efetividade deste Artigo será revista pela Conferência das Partes atuando na qualidade de reunião das Partes do presente Protocolo, de acordo com Artigo 31 do presente Protocolo.

ARTIGO 19
CLÁUSULAS CONTRATUAIS MODELO

1. Cada Parte estimulará, conforme o caso, o desenvolvimento, a atualização e o uso de cláusulas contratuais modelo setoriais e intersetoriais para termos mutuamente acordados.
2. A Conferência das Partes atuando na qualidade de reunião das Partes deste Protocolo avaliará periodicamente o uso de cláusulas contratuais modelo setoriais e intersetoriais.

ARTIGO 20
CÓDIGOS DE CONDUTA, DIRETRIZES E BOAS PRÁTICAS E/OU NORMAS

1. Cada Parte estimulará, conforme o caso, o desenvolvimento, a atualização e o uso de códigos voluntários de conduta, diretrizes e boas práticas e/ou normas em relação a acesso e repartição de benefícios.
2. A Conferência das Partes atuando na qualidade de reunião das Partes do presente Protocolo avaliará periodicamente o uso dos códigos voluntários de conduta, as diretrizes e as boas práticas e/ou normas e considerar a adoção de códigos de conduta, diretrizes e boas práticas e/ou normas específicas.

ARTIGO 21
AUMENTO DA CONSCIENTIZAÇÃO

Cada Parte tomará medidas para elevar a conscientização a respeito da importância dos recursos genéticos e do conhecimento tradicional associado a recursos genéticos, bem como de outras questões relacionadas a acesso e repartição de benefícios. Essas medidas podem incluir, entre outras:
(a) promoção do presente Protocolo, incluindo seu objetivo;
(b) organização de reuniões das comunidades indígenas e locais e dos interessados pertinentes;
(c) estabelecimento e manutenção de um centro de assistência para as comunidades indígenas e locais e interessados pertinentes;
(d) difusão de informações por meio de um centro nacional de intermediação de informações;
(e) promoção de códigos voluntários de conduta, diretrizes e boas práticas e/ou normas, em consulta

com as comunidades indígenas e locais e interessados pertinentes;

(f) promoção, conforme o caso, de intercâmbios de experiências em nível nacional, regional e internacional;

(g) educação e treinamento de usuários e provedores de recursos genéticos e conhecimento tradicional associado a recursos genéticos sobre suas obrigações em matéria de acesso e repartição de benefícios;

(h) participação das comunidades indígenas e locais e dos interessados pertinentes na implementação do presente Protocolo; e

(i) conscientização acerca dos protocolos e procedimentos de comunidades indígenas e locais.

ARTIGO 22
CAPACITAÇÃO

1. As Partes cooperarão para a criação e o desenvolvimento de capacidades e para o fortalecimento dos recursos humanos e das capacidades institucionais, para implementar efetivamente este Protocolo nos países em desenvolvimento Partes, em particular nos países de menor desenvolvimento relativo e nos pequenos Estados insulares em desenvolvimento entre eles, e nas Partes com economias em transição, inclusive por meio de instituições e organizações globais, regionais, sub-regionais e nacionais existentes. Nesse contexto, as Partes devem facilitar a participação das comunidades indígenas e locais e dos interessados pertinentes, incluindo as organizações não-governamentais e o setor privado.

2. A necessidade de recursos financeiros dos países em desenvolvimento Partes, em particular dos países de menor desenvolvimento relativo e dos pequenos Estados insulares entre eles, e das Partes com economias em transição, de acordo com os dispositivos pertinentes da Convenção, será plenamente considerada para a criação e o desenvolvimento de capacidades para a implementação do presente Protocolo.

3. Como base para as medidas apropriadas relativas à implementação do presente Protocolo, os países em desenvolvimento Partes, em particular os países de menor desenvolvimento e os pequenos Estados insulares em desenvolvimento entre eles, e as Partes com economias em transição devem identificar suas necessidades e prioridades nacionais em matéria de capacitação por meio de auto-avaliações nacionais de capacidade. Ao fazê-lo, tais Partes devem apoiar as necessidades de capacitação e as prioridades das comunidades indígenas e locais e dos interessados pertinentes, conforme identificado por elas, enfatizando as necessidades de capacitação e as prioridades das mulheres.

4. Em apoio à implementação do presente Protocolo, a criação e o desenvolvimento de capacidades podem abordar, entre outras, as seguintes áreas-chave:

(a) capacidade para implementar e cumprir com as obrigações do presente Protocolo;

(b) capacidade para negociar termos mutuamente acordados;

(c) capacidade para desenvolver, implementar e fazer cumprir medidas legislativas, administrativas ou políticas nacionais sobre acesso e repartição de benefício; e

(d) capacidade dos países de desenvolver suas habilidades endógenas de pesquisa para agregar valor aos seus próprios recursos genéticos.

5. As medidas em conformidade com os parágrafos 1 a 4 acima podem incluir, entre outras:

(a) desenvolvimento jurídico e institucional;

(b) promoção de equidade e justiça nas negociações, tais como formação para negociar termos mutuamente acordados;

(c) monitoramento e imposição do cumprimento;

(d) emprego das melhores ferramentas de comunicação e sistemas baseados na Internet disponíveis para as atividades de acesso e repartição de benefícios;

(e) desenvolvimento e uso de métodos de valoração;

(f) bioprospecção, pesquisa associada e estudos taxonômicos;

(g) transferência de tecnologia, e infraestrutura e capacidade técnica para tornar essa transferência de tecnologia sustentável;

(h) aumento da contribuição das atividades de acesso e repartição de benefícios para a conservação da diversidade biológica e a utilização sustentável de seus componentes;

(i) medidas especiais para elevar a capacidade dos interessados pertinentes em relação ao acesso e à repartição de benefícios; e

(j) medidas especiais para elevar a capacidade das comunidades indígenas e locais, com ênfase no aumento da capacidade das mulheres dessas comunidades, em relação ao acesso a recursos genéticos e/ou conhecimento tradicional associado a recursos genéticos.

6. Informações sobre iniciativas de criação e desenvolvimento de capacidades em níveis nacional, regional e internacional, empreendidas de acordo com os parágrafos 1 a 5 acima, devem ser disponibilizadas ao Centro de Intermediação de Informação sobre Acesso e Repartição de Benefícios com vistas à promoção de sinergia e coordenação quanto à criação e desenvolvimento de capacidades para acesso e repartição de benefícios.

ARTIGO 23
TRANSFERÊNCIA DE TECNOLOGIA, COLABORAÇÃO E COOPERAÇÃO

De acordo com os Artigos 15, 16, 18 e 19 da Convenção, as Partes colaborarão e cooperarão em programas de pesquisa técnica e científica e de desenvolvimento, inclusive em atividades de pesquisa biotecnológica, como meio para se atingir o objetivo do presente Protocolo. As Partes comprometem-se a promover e estimular o acesso à tecnologia por e a transferência de tecnologia para países em desenvolvimento Partes, em particular países de menor desenvolvimento relativo e pequenos Estados insulares entre eles e Partes com economias em transição, a fim de facilitar o desenvolvimento e o fortalecimento de uma base tecnológica e científica sólida e viável para a consecução dos objetivos da Convenção e do presente Protocolo. Quando possível e conforme o caso, tais atividades de colaboração ocorrerão em uma Parte ou Partes e com uma Parte ou Partes provedoras de recursos genéticos que é o país ou são os países de origem desses recursos ou uma Parte ou Partes que tenham adquirido os recursos genéticos em conformidade com a Convenção.

ARTIGO 24
NÃO PARTES

As Partes encorajarão as não-Partes a aderir ao presente Protocolo e a aportar informações apropriadas ao Centro de Intermediação de Informação sobre Acesso e Repartição de Benefícios.

ARTIGO 25
MECANISMO FINANCEIRO E RECURSOS FINANCEIROS

1. Ao examinar os recursos financeiros para a implementação do presente Protocolo, as Partes levarão em conta os dispositivos do Artigo 20 da Convenção.
2. O mecanismo financeiro da Convenção será o mecanismo financeiro para o presente Protocolo.
3. Com relação à criação e desenvolvimento de capacidades referidos no Artigo 22 do presente Protocolo, a Conferência das Partes atuando na qualidade de reunião das Partes do presente Protocolo, ao proporcionar orientações sobre o mecanismo financeiro referido no parágrafo 2 acima para exame pela Conferência das Partes, levará em conta a necessidade de recursos financeiros dos países em desenvolvimento Partes, em particular os países de menor desenvolvimento relativo e os pequenos Estados insulares entre eles, e das Partes com economias em transição, bem como as necessidades e prioridades em matéria de capacitação das comunidades indígenas e locais, incluindo as mulheres dessas comunidades.
4. No contexto do parágrafo 1 acima, as Partes também levarão em conta as necessidades dos países em desenvolvimento Partes, em particular dos países de menor desenvolvimento relativo e dos pequenos Estados insulares em desenvolvimento entre eles, e das Partes com economias em transição, em seus esforços para determinar e satisfazer suas necessidades em matéria de criação e desenvolvimento de capacidades para fins de implementação do presente Protocolo.
5. As orientações dadas ao mecanismo financeiro da Convenção nas decisões pertinentes da Conferência das Partes, inclusive aquelas acordadas antes da adoção do presente Protocolo, serão aplicadas, mutatis mutandis, aos dispositivos do presente Artigo.

6. Os países desenvolvidos Partes podem também proporcionar recursos financeiros e outros recursos, dos quais os países em desenvolvimento Partes e as Partes com economias em transição poderão dispor, para a implementação dos dispositivos do presente Protocolo por meio de canais bilaterais, regionais e multilaterais.

ARTIGO 26
CONFERÊNCIA DAS PARTES ATUANDO NA QUALIDADE DE REUNIÃO DAS PARTES DO PRESENTE PROTOCOLO

1. A Conferência das Partes atuará na qualidade de reunião das Partes do presente Protocolo.
2. As Partes da Convenção que não sejam Partes do presente Protocolo podem participar como observadoras durante as deliberações de qualquer reunião da Conferência das Partes atuando na qualidade de reunião das Partes do presente Protocolo. Quando a Conferência das Partes atuar na qualidade de reunião das Partes do presente Protocolo, as decisões tomadas no âmbito do Protocolo serão feitas apenas pelas Partes do Protocolo.
3. Quando a Conferência das Partes atuar na qualidade de reunião das Partes do presente Protocolo, qualquer membro da Mesa da Conferência das Partes que represente uma Parte da Convenção mas que, naquele momento, não seja Parte do presente Protocolo, será substituído por um membro a ser eleito por e entre as Partes do presente Protocolo.
4. A Conferência das Partes atuando na qualidade de reunião das Partes do presente Protocolo examinará periodicamente a implementação do presente Protocolo e tomará, de acordo com seu mandato, as decisões necessárias para promover sua efetiva implementação. Desempenhará as funções a ela designadas pelo presente Protocolo e:
(a) formulará recomendações sobre quaisquer assuntos necessários para a implementação do presente Protocolo;
(b) estabelecerá órgãos subsidiários que se julguem necessários para a implementação do presente Protocolo;
(c) solicitará e utilizará, conforme o caso, serviços, cooperação e informações que organizações internacionais e órgãos intergovernamentais e não-governamentais competentes possam proporcionar;
(d) estabelecerá a forma e a periodicidade para transmissão das informações a serem submetidas de acordo com o Artigo 29 do presente Protocolo e examinará essas informações, bem como relatórios submetidos por qualquer órgão subsidiário;
(e) examinará e adotará, como apropriado, emendas ao presente Protocolo e seu Anexo, bem como a outros Anexos adicionais a esse Protocolo, que se julguem necessários para a implementação do presente Protocolo; e
(f) exercerá outras funções que sejam necessárias para a implementação do presente Protocolo.
5. As regras de procedimento da Conferência das Partes e as regras de administração financeira da Convenção aplicam-se, mutatis mutandis, ao pre-

sente Protocolo, salvo se decidido de outra forma, por consenso, pela Conferência das Partes atuando na qualidade de reunião das Partes do presente Protocolo.

6. A primeira reunião da Conferência das Partes atuando na qualidade de reunião das Partes do presente Protocolo será convocada pelo Secretariado e realizada simultaneamente à primeira reunião da Conferência das Partes que se preveja realizar após a entrada em vigor do presente Protocolo. As subsequentes reuniões ordinárias da Conferência das Partes atuando na qualidade de reunião das Partes do presente Protocolo serão realizadas simultaneamente com as reuniões ordinárias da Conferência das Partes, salvo se decidido de outra forma pela Conferência das Partes atuando na qualidade de reunião das Partes do presente Protocolo.

7. Reuniões extraordinárias da Conferência das Partes atuando na qualidade de reunião das Partes do presente Protocolo serão realizadas quando estimado necessário pela Conferência das Partes atuando na qualidade de reunião das Partes do presente Protocolo, ou quando solicitado por escrito por qualquer Parte, desde que, nos seis meses seguintes à comunicação da solicitação às Partes pelo Secretariado, seja apoiado por pelo menos um terço das Partes.

8. As Nações Unidas, suas agências especializadas e a Agência Internacional de Energia Atômica, assim como os Estados que sejam membros ou observadores dessas organizações que não sejam Partes da Convenção, podem estar representados como observadores nas reuniões da Conferência das Partes atuando na qualidade de reunião das Partes do presente Protocolo. Todo órgão ou agência, quer nacional ou internacional, governamental ou não governamental, habilitado nas matérias contempladas pelo presente Protocolo e que tenha informado ao Secretariado seu interesse em se fazer representar como observador em uma reunião da Conferência das Partes atuando na qualidade de reunião das Partes do presente Protocolo, pode ser admitido, a não ser que pelo menos um terço das Partes presentes se oponham. Salvo se disposto de outra forma nesse Artigo, a admissão e a participação de observadores estarão sujeitas às regras de procedimento referidas no parágrafo 5 acima.

ARTIGO 27
ÓRGÃOS SUBSIDIÁRIOS

1. Qualquer órgão subsidiário estabelecido pela Convenção ou em virtude dela pode prestar serviços a esse Protocolo, inclusive mediante decisão da Conferência das Partes atuando na qualidade de reunião das Partes do presente Protocolo. Tais decisões especificarão as funções a serem desempenhadas.

2. As Partes da Convenção que não sejam Partes do presente Protocolo podem participar, como observadores, dos trabalhos de qualquer reunião de qualquer órgão subsidiário do Protocolo. Quando um órgão subsidiário da Convenção atuar como um órgão subsidiário do presente Protocolo, as decisões tomadas no âmbito do Protocolo serão feitas apenas pelas Partes do Protocolo.

3. Quando um órgão subsidiário da Convenção desempenhar suas funções em relação a matérias afetas ao presente Protocolo, qualquer membro da mesa desse órgão subsidiário que represente uma Parte da Convenção que, naquele momento, não seja Parte desse Protocolo, será substituído por um membro a ser eleito por e entre as Partes desse Protocolo.

ARTIGO 28
SECRETARIADO

1. O Secretariado estabelecido pelo Artigo 24 da Convenção atuará como Secretariado do presente Protocolo.

2. O Artigo 24, parágrafo 1 da Convenção sobre as funções do Secretariado será aplicado, mutatis mutandis, ao presente Protocolo.

3. Na medida em que seja possível diferenciá-los, os custos dos serviços do Secretariado para o presente Protocolo serão arcados pelas Partes desse. A Conferência das Partes atuando na qualidade de reunião das Partes do presente Protocolo decidirá, em sua primeira reunião, as disposições orçamentárias necessárias para essa finalidade.

ARTIGO 29
MONITORAMENTO E APRESENTAÇÃO DE RELATÓRIOS

Cada Parte monitorará a implementação de suas obrigações oriundas do presente Protocolo e, com a periodicidade e o formato determinados pela Conferência das Partes atuando na qualidade de reunião das Partes do presente Protocolo, informará a Conferência das Partes atuando na qualidade de reunião das Partes do presente Protocolo sobre as medidas tomadas para implementar o presente Protocolo.

ARTIGO 30
PROCEDIMENTOS E MECANISMOS PARA PROMOVER O CUMPRIMENTO DO PRESENTE PROTOCOLO

A Conferência das Partes atuando na qualidade de reunião das Partes do presente Protocolo examinará e aprovará, em sua primeira reunião, mecanismos institucionais e procedimentos de cooperação para promover o cumprimento dos dispositivos do presente Protocolo e para tratar dos casos de não cumprimento. Esses procedimentos e mecanismos incluirão dispositivos para prestar assessoria ou assistência, conforme o caso. Serão distintos e sem prejuízo dos procedimentos e mecanismos de solução de controvérsias previstos no Artigo 27 da Convenção.

ARTIGO 31
AVALIAÇÃO E REVISÃO

A Conferência das Partes atuando na qualidade de reunião das Partes do presente Protocolo realizará, quatro anos após a entrada em vigor do presente

Protocolo e posteriormente em intervalos determinados pela Conferência das Partes atuando na qualidade de reunião das Partes do presente Protocolo, uma avaliação da efetividade do presente Protocolo.

ARTIGO 32
ASSINATURA

O presente Protocolo permanecerá aberto à assinatura pelas Partes da Convenção na sede das Nações Unidas em Nova York, de 2 de fevereiro de 2011 a 1 de fevereiro de 2012.

ARTIGO 33
ENTRADA EM VIGOR

1. O presente Protocolo entrará em vigor no nonagésimo dia após a data de depósito do quinquagésimo instrumento de ratificação, aceitação, aprovação ou adesão por Estados ou organizações regionais de integração econômica que sejam Partes da Convenção.

2. O presente Protocolo entrará em vigor para um Estado ou uma organização regional de integração econômica que ratifique, aceite ou aprove o presente Protocolo ou a ele adira após o depósito do quinquagésimo instrumento, consoante mencionado no parágrafo 1 acima, no nonagésimo dia após a data na qual esse Estado ou organização regional de integração econômica deposite seu instrumento de ratificação, aceitação, aprovação ou adesão, ou na data em que a Convenção entre em vigor para esse Estado ou organização regional de integração econômica, o que for posterior.

3. Para os propósitos dos parágrafos 1 e 2 acima, qualquer instrumento depositado por uma organização regional de integração econômica não será considerado como adicional àqueles depositados por Estados-Membros dessa organização.

ARTIGO 34
RESERVAS

Nenhuma reserva pode ser feita ao presente Protocolo.

ARTIGO 35
DENÚNCIA

1. Após dois anos da entrada em vigor do presente Protocolo para uma Parte, essa Parte pode a qualquer momento denunciá-lo por meio de notificação escrita ao Depositário.

2. Essa denúncia terá efeito um ano após a data de seu recebimento pelo Depositário ou em data posterior, se assim for estipulado na notificação de denúncia.

ARTIGO 36
TEXTOS AUTÊNTICOS

O original do presente Protocolo, cujos textos em árabe, chinês, espanhol, francês, inglês e russo e são igualmente autênticos, será depositado junto ao Secretário-Geral das Nações Unidas.

Em fé do que, os abaixo assinados, devidamente autorizados para esse fim, firmam o presente Protocolo nas datas indicadas.

FEITO em Nagoia, aos vinte e nove dias de outubro de dois mil e dez.

ANEXO
BENEFÍCIOS MONETÁRIOS E NÃO MONETÁRIOS

1. Entre os benefícios monetários podem-se incluir, mas não se limitar a:

(a) taxas de acesso ou taxa por amostra coletada ou de outro modo adquirida;

(b) pagamentos antecipados;

(c) pagamentos por etapas;

(d) pagamento de royalties;

(e) taxas de licença em caso de comercialização;

(f) taxas especiais a serem pagas a fundos fiduciários que apoiem a conservação e a utilização sustentável da diversidade biológica;

(g) salários e condições preferenciais quando mutuamente acordados;

(h) financiamento de pesquisa;

(h) joint ventures;

(j) propriedade conjunta dos direitos de propriedade intelectual pertinentes.

2. Entre os benefícios não monetários podem-se incluir, mas não se limitar a:

(a) compartilhamento dos resultados de pesquisa e desenvolvimento;

(b) colaboração, cooperação e contribuição em programas de pesquisa e desenvolvimento científicos, particularmente em atividades de pesquisa biotecnológica, quando possível na Parte provedora dos recursos genéticos;

(c) participação no desenvolvimento de produtos;

(d) colaboração, cooperação e contribuição à formação e capacitação;

(e) admissão às instalações ex situ de recursos genéticos e a bancos de dados;

(f) transferência, ao provedor dos recursos genéticos, de conhecimento e tecnologia em termos justos e mais favoráveis, inclusive em termos concessionais e preferenciais, quando acordados, em particular conhecimento e tecnologia que façam uso de recursos genéticos, incluindo biotecnologia, ou que sejam pertinentes à conservação e utilização sustentável da diversidade biológica;

(g) fortalecimento das capacidades para transferência de tecnologia;

(h) capacitação institucional;

(i) recursos humanos e materiais para fortalecer as capacidades para a administração e implementação da regulamentação de acesso;

(j) formação relacionada a recursos genéticos com a plena participação de países provedores de recursos genéticos, e quando possível, nesses países;

(k) acesso a informações científicas pertinentes à conservação e utilização sustentável da diversidade

biológica, incluindo inventários biológicos e estudos taxonômicos;
(l) contribuições para a economia local;
(m) pesquisa dirigida a necessidades prioritárias, tais como saúde e segurança alimentar, tomando em conta os usos nacionais de recursos genéticos na Parte provedora de recursos genéticos;
(n) relações institucionais e profissionais que possam surgir de um acordo de acesso e repartição de benefícios e das atividades de colaboração subsequentes;
(o) benefícios em matéria de segurança alimentar e dos meios de subsistência;
(p) reconhecimento social;
(q) propriedade conjunta dos direitos de propriedade intelectual pertinentes.

Direito Internacional Penal

ESTATUTO DE ROMA DO TRIBUNAL PENAL INTERNACIONAL (1998)

- Concluído em Roma, em 17.07.1998.
- Foi assinado pelo Brasil em 07.02.2000, tendo sido aprovado por meio do Decreto Legislativo 112, de 06.06.2002, com depósito da Carta de Ratificação brasileira em 20.06.2002. Foi promulgado internamente pelo Decreto 4.388, de 25.09.2002.
- Entrou em vigor internacional em 01.07.2002.
- De acordo com as Resoluções RC/Res.5 (10.06.2010), RC/Res.6 (11.062010) e ICC-ASP/16/Res.4 (14.12.2017) da Assembleia dos Estados-partes do TPI, acrescentou-se ao Estatuto de Roma (por acordo de emenda) os seguintes dispositivos: incs. xiii, xiv e xv, no art. 8°(2), e; arts. 8° *bis*, 15 *bis* e 15 ter; incs. xvii, xviii e xix, no art. 8°(2), b, e incs. xvi. xvii e xviii, no art. 8°(2), e. Até o fechamento desta edição, o Brasil ainda havia aceito a entrada em vigor de tais emendas.
- Art. 105, I, *a*, CF.

Preâmbulo

Os Estados-Partes no presente Estatuto,

Conscientes de que todos os povos estão unidos por laços comuns e de que suas culturas foram construídas sobre uma herança que partilham, e preocupados com o fato deste delicado mosaico poder vir a quebrar-se a qualquer instante,

Tendo presente que, no decurso deste século, milhões de crianças, homens e mulheres têm sido vítimas de atrocidades inimagináveis que chocam profundamente a consciência da humanidade,

Reconhecendo que crimes de uma tal gravidade constituem uma ameaça à paz, à segurança e ao bem-estar da humanidade,

Afirmando que os crimes de maior gravidade, que afetam a comunidade internacional no seu conjunto, não devem ficar impunes e que a sua repressão deve ser efetivamente assegurada através da adoção de medidas em nível nacional e do reforço da cooperação internacional,

Decididos a pôr fim à impunidade dos autores desses crimes e a contribuir assim para a prevenção de tais crimes,

Relembrando que é dever de cada Estado exercer a respectiva jurisdição penal sobre os responsáveis por crimes internacionais,

Reafirmando os Objetivos e Princípios consignados na Carta das Nações Unidas e, em particular, que todos os Estados se devem abster de recorrer à ameaça ou ao uso da força, contra a integridade territorial ou a independência política de qualquer Estado, ou de atuar por qualquer outra forma incompatível com os Objetivos das Nações Unidas,

Salientando, a este propósito, que nada no presente Estatuto deverá ser entendido como autorizando qualquer Estado-Parte a intervir em um conflito armado ou nos assuntos internos de qualquer Estado,

Determinados em perseguir este objetivo e no interesse das gerações presentes e vindouras, a criar um Tribunal Penal Internacional com caráter permanente e independente, no âmbito do sistema das Nações Unidas, e com jurisdição sobre os crimes de maior gravidade que afetem a comunidade internacional no seu conjunto,

Sublinhando que o Tribunal Penal Internacional, criado pelo presente Estatuto, será complementar às jurisdições penais nacionais,

Decididos a garantir o respeito duradouro pela efetivação da justiça internacional,

Convieram no seguinte:

CAPÍTULO I
CRIAÇÃO DO TRIBUNAL

Artigo 1°
O Tribunal

É criado, pelo presente instrumento, um Tribunal Penal Internacional ("o Tribunal"). O Tribunal será uma instituição permanente, com jurisdição sobre as pessoas responsáveis pelos crimes de maior gravidade com alcance internacional, de acordo com o presente Estatuto, e será complementar às jurisdições penais nacionais. A competência e o funcionamento do Tribunal reger-se-ão pelo presente Estatuto.

Artigo 2°
Relação do Tribunal com as Nações Unidas

A relação entre o Tribunal e as Nações Unidas será estabelecida através de um acordo a ser aprovado pela Assembleia dos Estados-Partes no presente Estatuto e, em seguida, concluído pelo Presidente do Tribunal em nome deste.

Artigo 3°
Sede do Tribunal

1. A sede do Tribunal será na Haia, Países Baixos ("o Estado anfitrião").

2. O Tribunal estabelecerá um acordo de sede com o Estado anfitrião, a ser aprovado pela Assembleia dos Estados-Partes e em seguida concluído pelo Presidente do Tribunal em nome deste.

3. Sempre que entender conveniente, o Tribunal poderá funcionar em outro local, nos termos do presente Estatuto.

Artigo 4º
Regime jurídico e poderes do Tribunal

1. O Tribunal terá personalidade jurídica internacional. Possuirá, igualmente, a capacidade jurídica necessária ao desempenho das suas funções e à prossecução dos seus objetivos.

2. O Tribunal poderá exercer os seus poderes e funções nos termos do presente Estatuto, no território de qualquer Estado-Parte e, por acordo especial, no território de qualquer outro Estado.

CAPÍTULO II
COMPETÊNCIA, ADMISSIBILIDADE E DIREITO APLICÁVEL

Artigo 5º
Crimes da competência do Tribunal

1. A competência do Tribunal restringir-se-á aos crimes mais graves, que afetam a comunidade internacional no seu conjunto. Nos termos do presente Estatuto, o Tribunal terá competência para julgar os seguintes crimes:
a) O crime de genocídio;
b) Crimes contra a humanidade;
c) Crimes de guerra;
d) O crime de agressão.

2. O Tribunal poderá exercer a sua competência em relação ao crime de agressão desde que, nos termos dos artigos 121 e 123, seja aprovada uma disposição em que se defina o crime e se enunciem as condições em que o Tribunal terá competência relativamente a este crime. Tal disposição deve ser compatível com as disposições pertinentes da Carta das Nações Unidas.

Artigo 6º
Crime de genocídio

Para os efeitos do presente Estatuto, entende-se por "genocídio" qualquer um dos atos que a seguir se enumeram, praticado com intenção de destruir, no todo ou em parte, um grupo nacional, étnico, racial ou religioso, enquanto tal:
a) Homicídio de membros do grupo;
b) Ofensas graves à integridade física ou mental de membros do grupo;
c) Sujeição intencional do grupo a condições de vida com vista a provocar a sua destruição física, total ou parcial;
d) Imposição de medidas destinadas a impedir nascimentos no seio do grupo;
e) Transferência, à força, de crianças do grupo para outro grupo.

Artigo 7º
Crimes contra a humanidade

1. Para os efeitos do presente Estatuto, entende-se por "crime contra a humanidade" qualquer um dos atos seguintes, quando cometido no quadro de um ataque, generalizado ou sistemático, contra qualquer população civil, havendo conhecimento desse ataque:
a) Homicídio;
b) Extermínio;
c) Escravidão;
d) Deportação ou transferência forçada de uma população;
e) Prisão ou outra forma de privação da liberdade física grave, em violação das normas fundamentais de direito internacional;
f) Tortura;
g) Agressão sexual, escravatura sexual, prostituição forçada, gravidez forçada, esterilização forçada ou qualquer outra forma de violência no campo sexual de gravidade comparável;
h) Perseguição de um grupo ou coletividade que possa ser identificado, por motivos políticos, raciais, nacionais, étnicos, culturais, religiosos ou de gênero, tal como definido no parágrafo 3º, ou em função de outros critérios universalmente reconhecidos como inaceitáveis no direito internacional, relacionados com qualquer ato referido neste parágrafo ou com qualquer crime da competência do Tribunal;
i) Desaparecimento forçado de pessoas;
j) Crime de *apartheid*;
k) Outros atos desumanos de caráter semelhante, que causem intencionalmente grande sofrimento, ou afetem gravemente a integridade física ou a saúde física ou mental.

2. Para efeitos do parágrafo 1º:
a) Por "ataque contra uma população civil" entende-se qualquer conduta que envolva a prática múltipla de atos referidos no parágrafo 1º contra uma população civil, de acordo com a política de um Estado ou de uma organização de praticar esses atos ou tendo em vista a prossecução dessa política;
b) O "extermínio" compreende a sujeição intencional a condições de vida, tais como a privação do acesso a alimentos ou medicamentos, com vista a causar a destruição de uma parte da população;
c) Por "escravidão" entende-se o exercício, relativamente a uma pessoa, de um poder ou de um conjunto de poderes que traduzam um direito de propriedade sobre uma pessoa, incluindo o exercício desse poder no âmbito do tráfico de pessoas, em particular mulheres e crianças;
d) Por "deportação ou transferência à força de uma população" entende-se o deslocamento forçado de pessoas, através da expulsão ou outro ato coercivo, da zona em que se encontram legalmente, sem qualquer motivo reconhecido no direito internacional;
e) Por "tortura" entende-se o ato por meio do qual uma dor ou sofrimentos agudos, físicos ou mentais, são intencionalmente causados a uma pessoa que esteja sob a custódia ou o controle do acusado; este termo não compreende a dor ou os sofrimentos resultantes unicamente de sanções legais, inerentes a essas sanções ou por elas ocasionadas;
f) Por "gravidez à força" entende-se a privação ilegal de liberdade de uma mulher que foi engravidada à força, com o propósito de alterar a composição

étnica de uma população ou de cometer outras violações graves do direito internacional. Esta definição não pode, de modo algum, ser interpretada como afetando as disposições de direito interno relativas à gravidez;
g) Por "perseguição" entende-se a privação intencional e grave de direitos fundamentais em violação do direito internacional, por motivos relacionados com a identidade do grupo ou da coletividade em causa;
h) Por "crime de *apartheid*" entende-se qualquer ato desumano análogo aos referidos no parágrafo 1º, praticado no contexto de um regime institucionalizado de opressão e domínio sistemático de um grupo racial sobre um ou outros grupos nacionais e com a intenção de manter esse regime;
i) Por "desaparecimento forçado de pessoas" entende-se a detenção, a prisão ou o sequestro de pessoas por um Estado ou uma organização política ou com a autorização, o apoio ou a concordância destes, seguidos de recusa a reconhecer tal estado de privação de liberdade ou a prestar qualquer informação sobre a situação ou localização dessas pessoas, com o propósito de lhes negar a proteção da lei por um prolongado período de tempo.
3. Para efeitos do presente Estatuto, entende-se que o termo "gênero" abrange os sexos masculino e feminino, dentro do contexto da sociedade, não lhe devendo ser atribuído qualquer outro significado.

Artigo 8º
Crimes de guerra

1. O Tribunal terá competência para julgar os crimes de guerra, em particular quando cometidos como parte integrante de um plano ou de uma política ou como parte de uma prática em larga escala desse tipo de crimes.
2. Para os efeitos do presente Estatuto, entende-se por "crimes de guerra":
a) As violações graves às Convenções de Genebra, de 12 de agosto de 1949, a saber, qualquer um dos seguintes atos, dirigidos contra pessoas ou bens protegidos nos termos da Convenção de Genebra que for pertinente:
i) Homicídio doloso;
ii) Tortura ou outros tratamentos desumanos, incluindo as experiências biológicas;
iii) O ato de causar intencionalmente grande sofrimento ou ofensas graves à integridade física ou à saúde;
iv) Destruição ou a apropriação de bens em larga escala, quando não justificadas por quaisquer necessidades militares e executadas de forma ilegal e arbitrária;
v) O ato de compelir um prisioneiro de guerra ou outra pessoa sob proteção a servir nas forças armadas de uma potência inimiga;
vi) Privação intencional de um prisioneiro de guerra ou de outra pessoa sob proteção do seu direito a um julgamento justo e imparcial;
vii) Deportação ou transferência ilegais, ou a privação ilegal de liberdade;

viii) Tomada de reféns;
b) Outras violações graves das leis e costumes aplicáveis em conflitos armados internacionais no âmbito do direito internacional, a saber, qualquer um dos seguintes atos:
i) Dirigir intencionalmente ataques à população civil em geral ou civis que não participem diretamente nas hostilidades;
ii) Dirigir intencionalmente ataques a bens civis, ou seja, bens que não sejam objetivos militares;
iii) Dirigir intencionalmente ataques ao pessoal, instalações, material, unidades ou veículos que participem numa missão de manutenção da paz ou de assistência humanitária, de acordo com a Carta das Nações Unidas, sempre que estes tenham direito à proteção conferida aos civis ou aos bens civis pelo direito internacional aplicável aos conflitos armados;
iv) Lançar intencionalmente um ataque, sabendo que o mesmo causará perdas acidentais de vidas humanas ou ferimentos na população civil, danos em bens de caráter civil ou prejuízos extensos, duradouros e graves no meio ambiente que se revelem claramente excessivos em relação à vantagem militar global concreta e direta que se previa;
v) Atacar ou bombardear, por qualquer meio, cidades, vilarejos, habitações ou edifícios que não estejam defendidos e que não sejam objetivos militares;
vi) Matar ou ferir um combatente que tenha deposto armas ou que, não tendo mais meios para se defender, se tenha incondicionalmente rendido;
vii) Utilizar indevidamente uma bandeira de trégua, a bandeira nacional, as insígnias militares ou o uniforme do inimigo ou das Nações Unidas, assim como os emblemas distintivos das Convenções de Genebra, causando deste modo a morte ou ferimentos graves;
viii) A transferência, direta ou indireta, por uma potência ocupante de parte da sua população civil para o território que ocupa ou a deportação ou transferência da totalidade ou de parte da população do território ocupado, dentro ou para fora desse território;
ix) Dirigir intencionalmente ataques a edifícios consagrados ao culto religioso, à educação, às artes, às ciências ou à beneficência, monumentos históricos, hospitais e lugares onde se agrupem doentes e feridos, sempre que não se trate de objetivos militares;
x) Submeter pessoas que se encontrem sob o domínio de uma parte beligerante a mutilações físicas ou a qualquer tipo de experiências médicas ou científicas que não sejam motivadas por um tratamento médico, dentário ou hospitalar, nem sejam efetuadas no interesse dessas pessoas, e que causem a morte ou coloquem seriamente em perigo a sua saúde;
xi) Matar ou ferir à traição pessoas pertencentes à nação ou ao exército inimigo;
xii) Declarar que não será dado quartel;
xiii) Destruir ou apreender bens do inimigo, a menos que tais destruições ou apreensões sejam impe-

rativamente determinadas pelas necessidades da guerra;

xiv) Declarar abolidos, suspensos ou não admissíveis em tribunal os direitos e ações dos nacionais da parte inimiga;

xv) Obrigar os nacionais da parte inimiga a participar em operações bélicas dirigidas contra o seu próprio país, ainda que eles tenham estado ao serviço daquela parte beligerante antes do início da guerra;

xvi) Saquear uma cidade ou uma localidade, mesmo quando tomada de assalto;

xvii) Utilizar veneno ou armas envenenadas;

xviii) Utilizar gases asfixiantes, tóxicos ou outros gases ou qualquer líquido, material ou dispositivo análogo;

xix) Utilizar balas que se expandem ou achatam facilmente no interior do corpo humano, tais como balas de revestimento duro que não cobre totalmente o interior ou possui incisões;

xx) Utilizar armas, projéteis, materiais e métodos de combate que, pela sua própria natureza, causem ferimentos supérfluos ou sofrimentos desnecessários ou que surtam efeitos indiscriminados, em violação do direito internacional aplicável aos conflitos armados, na medida em que tais armas, projéteis, materiais e métodos de combate sejam objeto de uma proibição geral e estejam incluídos em um anexo ao presente Estatuto, em virtude de uma alteração aprovada em conformidade com o disposto nos artigos 121 e 123;

xxi) Ultrajar a dignidade da pessoa, em particular por meio de tratamentos humilhantes e degradantes;

xxii) Cometer atos de violação, escravidão sexual, prostituição forçada, gravidez à força, tal como definida na alínea *f* do parágrafo 2º do artigo 7º, esterilização à força e qualquer outra forma de violência sexual que constitua também um desrespeito grave às Convenções de Genebra;

xxiii) Utilizar a presença de civis ou de outras pessoas protegidas para evitar que determinados pontos, zonas ou forças militares sejam alvo de operações militares;

xxiv) Dirigir intencionalmente ataques a edifícios, material, unidades e veículos sanitários, assim como o pessoal que esteja usando os emblemas distintivos das Convenções de Genebra, em conformidade com o direito internacional;

xxv) Provocar deliberadamente a inanição da população civil como método de guerra, privando-a dos bens indispensáveis à sua sobrevivência, impedindo, inclusive, o envio de socorros, tal como previsto nas Convenções de Genebra;

xxvi) Recrutar ou alistar menores de 15 anos nas forças armadas nacionais ou utilizá-los para participar ativamente nas hostilidades;

c) Em caso de conflito armado que não seja de índole internacional, as violações graves do artigo 3º comum às quatro Convenções de Genebra, de 12 de agosto de 1949, a saber, qualquer um dos atos que a seguir se indicam, cometidos contra pessoas que não participem diretamente nas hostilidades, incluindo os membros das forças armadas que tenham deposto armas e os que tenham ficado impedidos de continuar a combater devido a doença, lesões, prisão ou qualquer outro motivo:

i) Atos de violência contra a vida e contra a pessoa, em particular o homicídio sob todas as suas formas, as mutilações, os tratamentos cruéis e a tortura;

ii) Ultrajes à dignidade da pessoa, em particular por meio de tratamentos humilhantes e degradantes;

iii) A tomada de reféns;

iv) As condenações proferidas e as execuções efetuadas sem julgamento prévio por um tribunal regularmente constituído e que ofereça todas as garantias judiciais geralmente reconhecidas como indispensáveis;

d) A alínea *c* do parágrafo 2º do presente artigo aplica-se aos conflitos armados que não tenham caráter internacional e, por conseguinte, não se aplica a situações de distúrbio e de tensão internas, tais como motins, atos de violência esporádicos ou isolados ou outros de caráter semelhante;

e) As outras violações graves das leis e costumes aplicáveis aos conflitos armados que não têm caráter internacional, no quadro do direito internacional, a saber qualquer um dos seguintes atos:

i) Dirigir intencionalmente ataques à população civil em geral ou civis que não participem diretamente nas hostilidades;

ii) Dirigir intencionalmente ataques a edifícios, material, unidades e veículos sanitários, bem como ao pessoal que esteja usando os emblemas distintivos das Convenções de Genebra, em conformidade com o direito internacional;

iii) Dirigir intencionalmente ataques ao pessoal, instalações, material, unidades ou veículos que participem numa missão de manutenção da paz ou de assistência humanitária, de acordo com a Carta das Nações Unidas, sempre que estes tenham direito à proteção conferida pelo direito internacional dos conflitos armados aos civis e aos bens civis;

iv) Atacar intencionalmente edifícios consagrados ao culto religioso, à educação, às artes, às ciências ou à beneficência, monumentos históricos, hospitais e lugares onde se agrupem doentes e feridos, sempre que não se trate de objetivos militares;

v) Saquear um aglomerado populacional ou um local, mesmo quando tomado de assalto;

vi) Cometer atos de agressão sexual, escravidão sexual, prostituição forçada, gravidez à força, tal como definida na alínea *f* do parágrafo 2º do artigo 7º; esterilização à força ou qualquer outra forma de violência sexual que constitua uma violação grave do artigo 3º comum às quatro Convenções de Genebra;

vii) Recrutar ou alistar menores de 15 anos nas forças armadas nacionais ou em grupos, ou utilizá-los para participar ativamente nas hostilidades;

viii) Ordenar a deslocação da população civil por razões relacionadas com o conflito, salvo se assim o exigirem a segurança dos civis em questão ou razões militares imperiosas;

ix) Matar ou ferir à traição um combatente de uma parte beligerante;

x) Declarar que não será dado quartel;

xi) Submeter pessoas que se encontrem sob o domínio de outra parte beligerante a mutilações físicas ou a qualquer tipo de experiências médicas ou científicas que não sejam motivadas por um tratamento médico, dentário ou hospitalar nem sejam efetuadas no interesse dessa pessoa, e que causem a morte ou ponham seriamente a sua saúde em perigo;

xii) Destruir ou apreender bens do inimigo, a menos que as necessidades da guerra assim o exijam;

f) A alínea e do parágrafo 2° do presente artigo aplicar-se-á aos conflitos armados que não tenham caráter internacional e, por conseguinte, não se aplicará a situações de distúrbio e de tensão internas, tais como motins, atos de violência esporádicos ou isolados ou outros de caráter semelhante; aplicar-se-á, ainda, a conflitos armados que tenham lugar no território de um Estado, quando exista um conflito armado prolongado entre as autoridades governamentais e grupos armados organizados ou entre estes grupos.

3. O disposto nas alíneas c e e do parágrafo 2° em nada afetará a responsabilidade que incumbe a todo o Governo de manter e de restabelecer a ordem pública no Estado, e de defender a unidade e a integridade territorial do Estado por qualquer meio legítimo.

Artigo 9°
Elementos constitutivos dos crimes

1. Os elementos constitutivos dos crimes que auxiliarão o Tribunal a interpretar e a aplicar os artigos 6°, 7° e 8° do presente Estatuto, deverão ser adotados por uma maioria de dois terços dos membros da Assembleia dos Estados-Partes.

2. As alterações aos elementos constitutivos dos crimes poderão ser propostas por:

a) Qualquer Estado-Parte;

b) Os juízes, através de deliberação tomada por maioria absoluta;

c) O Procurador. As referidas alterações entram em vigor depois de aprovadas por uma maioria de 2/3 (dois terços) dos membros da Assembleia dos Estados-Partes.

3. Os elementos constitutivos dos crimes e respectivas alterações deverão ser compatíveis com as disposições contidas no presente Estatuto.

Artigo 10
Nada no presente capítulo deverá ser interpretado como limitando ou afetando, de alguma maneira, as normas existentes ou em desenvolvimento de direito internacional com fins distintos dos do presente Estatuto.

Artigo 11
Competência *ratione temporis*

1. O Tribunal só terá competência relativamente aos crimes cometidos após a entrada em vigor do presente Estatuto.

2. Se um Estado se tornar Parte no presente Estatuto depois da sua entrada em vigor, o Tribunal só poderá exercer a sua competência em relação a crimes cometidos depois da entrada em vigor do presente Estatuto relativamente a esse Estado, a menos que este tenha feito uma declaração nos termos do parágrafo 3° do artigo 12.

Artigo 12
Condições prévias ao exercício da jurisdição

1. O Estado que se torne Parte no presente Estatuto aceitará a jurisdição do Tribunal relativamente aos crimes a que se refere o artigo 5°.

2. Nos casos referidos nos parágrafos *a* ou *c* do artigo 13, o Tribunal poderá exercer a sua jurisdição se um ou mais Estados a seguir identificados forem Partes no presente Estatuto ou aceitarem a competência do Tribunal de acordo com o disposto no parágrafo 3°:

a) Estado em cujo território tenha tido lugar a conduta em causa, ou, se o crime tiver sido cometido a bordo de um navio ou de uma aeronave, o Estado de matrícula do navio ou aeronave;

b) Estado de que seja nacional a pessoa a quem é imputado um crime.

3. Se a aceitação da competência do Tribunal por um Estado que não seja Parte no presente Estatuto for necessária nos termos do parágrafo 2°, pode o referido Estado, mediante declaração depositada junto do Secretário, consentir em que o Tribunal exerça a sua competência em relação ao crime em questão. O Estado que tiver aceito a competência do Tribunal colaborará com este, sem qualquer demora ou exceção, de acordo com o disposto no Capítulo IX.

Artigo 13
Exercício da jurisdição

O Tribunal poderá exercer a sua jurisdição em relação a qualquer um dos crimes a que se refere o artigo 5°, de acordo com o disposto no presente Estatuto, se:

a) Um Estado-Parte denunciar ao Procurador, nos termos do artigo 14, qualquer situação em que haja indícios de ter ocorrido a prática de um ou vários desses crimes;

b) O Conselho de Segurança, agindo nos termos do Capítulo VII da Carta das Nações Unidas, denunciar ao Procurador qualquer situação em que haja indícios de ter ocorrido a prática de um ou vários desses crimes; ou

c) O Procurador tiver dado início a um inquérito sobre tal crime, nos termos do disposto no artigo 15.

Artigo 14
Denúncia por um Estado-Parte

1. Qualquer Estado-Parte poderá denunciar ao Procurador uma situação em que haja indícios de ter ocorrido a prática de um ou vários crimes da competência do Tribunal e solicitar ao Procurador

que a investigue, com vista a determinar se uma ou mais pessoas identificadas deverão ser acusadas da prática desses crimes.

2. O Estado que proceder à denúncia deverá, tanto quanto possível, especificar as circunstâncias relevantes do caso e anexar toda a documentação de que disponha.

Artigo 15
Procurador

1. O Procurador poderá, por sua própria iniciativa, abrir um inquérito com base em informações sobre a prática de crimes da competência do Tribunal.

2. O Procurador apreciará a seriedade da informação recebida. Para tal, poderá recolher informações suplementares junto aos Estados, aos órgãos da Organização das Nações Unidas, às Organizações Intergovernamentais ou Não Governamentais ou outras fontes fidedignas que considere apropriadas, bem como recolher depoimentos escritos ou orais na sede do Tribunal.

3. Se concluir que existe fundamento suficiente para abrir um inquérito, o Procurador apresentará um pedido de autorização nesse sentido ao Juízo de Instrução, acompanhado da documentação de apoio que tiver reunido. As vítimas poderão apresentar representações no Juízo de Instrução, de acordo com o Regulamento Processual.

4. Se, após examinar o pedido e a documentação que o acompanha, o Juízo de Instrução considerar que há fundamento suficiente para abrir um inquérito e que o caso parece caber na jurisdição do Tribunal, autorizará a abertura do inquérito, sem prejuízo das decisões que o Tribunal vier a tomar posteriormente em matéria de competência e de admissibilidade.

5. A recusa do Juízo de Instrução em autorizar a abertura do inquérito não impedirá o Procurador de formular ulteriormente outro pedido com base em novos fatos ou provas respeitantes à mesma situação.

6. Se, depois da análise preliminar a que se referem os parágrafos 1º e 2º, o Procurador concluir que a informação apresentada não constitui fundamento suficiente para um inquérito, o Procurador informará quem a tiver apresentado de tal entendimento. Tal não impede que o Procurador examine, à luz de novos fatos ou provas, qualquer outra informação que lhe venha a ser comunicada sobre o mesmo caso.

Artigo 16
Adiamento do inquérito
e do procedimento criminal

Nenhum inquérito ou procedimento crime poderá ter início ou prosseguir os seus termos, com base no presente Estatuto, por um período de 12 meses a contar da data em que o Conselho de Segurança assim o tiver solicitado em resolução aprovada nos termos do disposto no Capítulo VII da Carta das Nações Unidas; o pedido poderá ser renovado pelo Conselho de Segurança nas mesmas condições.

Artigo 17
Questões relativas à admissibilidade

1. Tendo em consideração o décimo parágrafo do preâmbulo e o artigo 1º, o Tribunal decidirá sobre a não admissibilidade de um caso se:

a) O caso for objeto de inquérito ou de procedimento criminal por parte de um Estado que tenha jurisdição sobre o mesmo, salvo se este não tiver vontade de levar a cabo o inquérito ou o procedimento ou, não tenha capacidade para o fazer;

b) O caso tiver sido objeto de inquérito por um Estado com jurisdição sobre ele e tal Estado tenha decidido não dar seguimento ao procedimento criminal contra a pessoa em causa, a menos que esta decisão resulte do fato de esse Estado não ter vontade de proceder criminalmente ou da sua incapacidade real para o fazer;

c) A pessoa em causa já tiver sido julgada pela conduta a que se refere a denúncia, e não puder ser julgada pelo Tribunal em virtude do disposto no parágrafo 3º do artigo 20;

d) O caso não for suficientemente grave para justificar a ulterior intervenção do Tribunal.

2. A fim de determinar se há ou não vontade de agir num determinado caso, o Tribunal, tendo em consideração as garantias de um processo equitativo reconhecidas pelo direito internacional, verificará a existência de uma ou mais das seguintes circunstâncias:

a) O processo ter sido instaurado ou estar pendente ou a decisão ter sido proferida no Estado com o propósito de subtrair a pessoa em causa à sua responsabilidade criminal por crimes da competência do Tribunal, nos termos do disposto no artigo 5º;

b) Ter havido demora injustificada no processamento, a qual, dadas as circunstâncias, se mostra incompatível com a intenção de fazer responder a pessoa em causa perante a justiça;

c) O processo não ter sido ou não estar sendo conduzido de maneira independente ou imparcial, e ter estado ou estar sendo conduzido de uma maneira que, dadas as circunstâncias, seja incompatível com a intenção de levar a pessoa em causa perante a justiça;

3. A fim de determinar se há incapacidade de agir num determinado caso, o Tribunal verificará se o Estado, por colapso total ou substancial da respectiva administração da justiça ou por indisponibilidade desta, não estará em condições de fazer comparecer o acusado, de reunir os meios de prova e depoimentos necessários ou não estará, por outros motivos, em condições de concluir o processo.

Artigo 18
Decisões preliminares
sobre admissibilidade

1. Se uma situação for denunciada ao Tribunal nos termos do artigo 13, parágrafo *a*, e o Procurador determinar que existem fundamentos para abrir

um inquérito ou der início a um inquérito de acordo com os artigos 13, parágrafo c, e 15, deverá notificar todos os Estados-Partes e os Estados que, de acordo com a informação disponível, teriam jurisdição sobre esses crimes. O Procurador poderá proceder à notificação a título confidencial e, sempre que o considere necessário com vista a proteger pessoas, impedir a destruição de provas ou a fuga de pessoas, poderá limitar o âmbito da informação a transmitir aos Estados.

2. No prazo de 1 (um) mês após a recepção da referida notificação, qualquer Estado poderá informar o Tribunal de que está procedendo, ou já procedeu, a um inquérito sobre nacionais seus ou outras pessoas sob a sua jurisdição, por atos que possam constituir crimes a que se refere o artigo 5º e digam respeito à informação constante na respectiva notificação. A pedido desse Estado, o Procurador transferirá para ele o inquérito sobre essas pessoas, a menos que, a pedido do Procurador, o Juízo de Instrução decida autorizar o inquérito.

3. A transferência do inquérito poderá ser reexaminada pelo Procurador 6 (seis) meses após a data em que tiver sido decidida ou, a todo o momento, quando tenha ocorrido uma alteração significativa de circunstâncias, decorrente da falta de vontade ou da incapacidade efetiva do Estado de levar a cabo o inquérito.

4. O Estado interessado ou o Procurador poderão interpor recurso para o Juízo de Recursos da decisão proferida por um Juízo de Instrução, tal como previsto no artigo 82. Este recurso poderá seguir uma forma sumária.

5. Se o Procurador transferir o inquérito, nos termos do parágrafo 2º, poderá solicitar ao Estado interessado que o informe periodicamente do andamento do mesmo e de qualquer outro procedimento subsequente. Os Estados-Partes responderão a estes pedidos sem atrasos injustificados.

6. O Procurador poderá, enquanto aguardar uma decisão a proferir no Juízo de Instrução, ou a todo o momento se tiver transferido o inquérito nos termos do presente artigo, solicitar ao tribunal de instrução, a título excepcional, que o autorize a efetuar as investigações que considere necessárias para preservar elementos de prova, quando exista uma oportunidade única de obter provas relevantes ou um risco significativo de que essas provas possam não estar disponíveis numa fase ulterior.

7. O Estado que tenha recorrido de uma decisão do Juízo de Instrução nos termos do presente artigo poderá impugnar a admissibilidade de um caso nos termos do artigo 19, invocando fatos novos relevantes ou uma alteração significativa de circunstâncias.

Artigo 19
Impugnação da jurisdição do Tribunal ou da admissibilidade do caso

1. O Tribunal deverá certificar-se de que detém jurisdição sobre todos os casos que lhe sejam submetidos. O Tribunal poderá pronunciar-se de ofício sobre a admissibilidade do caso em conformidade com o artigo 17.

2. Poderão impugnar a admissibilidade do caso, por um dos motivos referidos no artigo 17, ou impugnar a jurisdição do Tribunal:

a) O acusado ou a pessoa contra a qual tenha sido emitido um mandado ou ordem de detenção ou de comparecimento, nos termos do artigo 58;

b) Um Estado que detenha o poder de jurisdição sobre um caso, pelo fato de o estar investigando ou julgando, ou por já o ter feito antes; ou

c) Um Estado cuja aceitação da competência do Tribunal seja exigida, de acordo com o artigo 12.

3. O Procurador poderá solicitar ao Tribunal que se pronuncie sobre questões de jurisdição ou admissibilidade. Nas ações relativas à jurisdição ou admissibilidade, aqueles que tiverem denunciado um caso ao abrigo do artigo 13, bem como as vítimas, poderão também apresentar as suas observações ao Tribunal.

4. A admissibilidade de um caso ou a jurisdição do Tribunal só poderão ser impugnadas uma única vez por qualquer pessoa ou Estado a que se faz referência no parágrafo 2º. A impugnação deverá ser feita antes do julgamento ou no seu início. Em circunstâncias excepcionais, o Tribunal poderá autorizar que a impugnação se faça mais de uma vez ou depois do início do julgamento. As impugnações à admissibilidade de um caso feitas no início do julgamento, ou posteriormente com a autorização do Tribunal, só poderão fundamentar-se no disposto no parágrafo 1º, alínea c do artigo 17.

5. Os Estados a que se referem as alíneas b e c do parágrafo 2º do presente artigo deverão deduzir impugnação logo que possível.

6. Antes da confirmação da acusação, a impugnação da admissibilidade de um caso ou da jurisdição do Tribunal será submetida ao Juízo de Instrução e, após confirmação, ao Juízo de Julgamento em Primeira Instância. Das decisões relativas à jurisdição ou admissibilidade caberá recurso para o Juízo de Recursos, de acordo com o artigo 82.

7. Se a impugnação for feita pelo Estado referido nas alíneas b e c do parágrafo 2º, o Procurador suspenderá o inquérito até que o Tribunal decida em conformidade com o artigo 17.

8. Enquanto aguardar uma decisão, o Procurador poderá solicitar ao Tribunal autorização para:

a) Proceder às investigações necessárias previstas no parágrafo 6º do artigo 18;

b) Recolher declarações ou o depoimento de uma testemunha ou completar o recolhimento e o exame das provas que tenha iniciado antes da impugnação; e

c) Impedir, em colaboração com os Estados interessados, a fuga de pessoas em relação às quais já tenha solicitado um mandado de detenção, nos termos do artigo 58.

9. A impugnação não afetará a validade de nenhum ato realizado pelo Procurador, nem de nenhuma

decisão ou mandado anteriormente emitido pelo Tribunal.

10. Se o Tribunal tiver declarado que um caso não é admissível, de acordo com o artigo 17, o Procurador poderá pedir a revisão dessa decisão, após se ter certificado de que surgiram novos fatos que invalidam os motivos pelos quais o caso havia sido considerado inadmissível nos termos do artigo 17.

11. Se o Procurador, tendo em consideração as questões referidas no artigo 17, decidir transferir um inquérito, poderá pedir ao Estado em questão que o mantenha informado do seguimento do processo. Esta informação deverá, se esse Estado o solicitar, ser mantida confidencial. Se o Procurador decidir, posteriormente, abrir um inquérito, comunicará a sua decisão ao Estado para o qual foi transferido o processo.

Artigo 20
Ne bis in idem

1. Salvo disposição contrária do presente Estatuto, nenhuma pessoa poderá ser julgada pelo Tribunal por atos constitutivos de crimes pelos quais este já a tenha condenado ou absolvido.

2. Nenhuma pessoa poderá ser julgada por outro tribunal por um crime mencionado no artigo 5°, relativamente ao qual já tenha sido condenada ou absolvida pelo Tribunal.

3. O Tribunal não poderá julgar uma pessoa que já tenha sido julgada por outro tribunal, por atos também punidos pelos artigos 6°, 7° ou 8°, a menos que o processo nesse outro tribunal:

a) Tenha tido por objetivo subtrair o acusado à sua responsabilidade criminal por crimes da competência do Tribunal; ou

b) Não tenha sido conduzido de forma independente ou imparcial, em conformidade com as garantias de um processo equitativo reconhecidas pelo direito internacional, ou tenha sido conduzido de uma maneira que, no caso concreto, se revele incompatível com a intenção de submeter a pessoa à ação da justiça.

Artigo 21
Direito aplicável

1. O Tribunal aplicará:

a) Em primeiro lugar, o presente Estatuto, os Elementos Constitutivos do Crime e o Regulamento Processual;

b) Em segundo lugar, se for o caso, os tratados e os princípios e normas de direito internacional aplicáveis, incluindo os princípios estabelecidos no direito internacional dos conflitos armados;

c) Na falta destes, os princípios gerais do direito que o Tribunal retire do direito interno dos diferentes sistemas jurídicos existentes, incluindo, se for o caso, o direito interno dos Estados que exerceriam normalmente a sua jurisdição relativamente ao crime, sempre que esses princípios não sejam incompatíveis com o presente Estatuto, com o direito internacional, nem com as normas e padrões internacionalmente reconhecidos.

2. O Tribunal poderá aplicar princípios e normas de direito tal como já tenham sido por si interpretados em decisões anteriores.

3. A aplicação e interpretação do direito, nos termos do presente artigo, deverá ser compatível com os direitos humanos internacionalmente reconhecidos, sem discriminação alguma baseada em motivos tais como o gênero, definido no parágrafo 3° do artigo 7°, a idade, a raça, a cor, a religião ou o credo, a opinião política ou outra, a origem nacional, étnica ou social, a situação econômica, o nascimento ou outra condição.

▸ Lei 12.288/2010 (Estatuto da Igualdade Racial).

CAPÍTULO III
PRINCÍPIOS GERAIS
DE DIREITO PENAL

Artigo 22
Nullum crimen sine lege

1. Nenhuma pessoa será considerada criminalmente responsável, nos termos do presente Estatuto, a menos que a sua conduta constitua, no momento em que tiver lugar, um crime da competência do Tribunal.

2. A previsão de um crime será estabelecida de forma precisa e não será permitido o recurso à analogia. Em caso de ambiguidade, será interpretada a favor da pessoa objeto de inquérito, acusada ou condenada.

3. O disposto no presente artigo em nada afetará a tipificação de uma conduta como crime nos termos do direito internacional, independentemente do presente Estatuto.

Artigo 23
Nulla poena sine lege

Qualquer pessoa condenada pelo Tribunal só poderá ser punida em conformidade com as disposições do presente Estatuto.

Artigo 24
Não retroatividade *ratione personae*

1. Nenhuma pessoa será considerada criminalmente responsável, de acordo com o presente Estatuto, por uma conduta anterior à entrada em vigor do presente Estatuto.

2. Se o direito aplicável a um caso for modificado antes de proferida sentença definitiva, aplicar-se-á o direito mais favorável à pessoa objeto de inquérito, acusada ou condenada.

Artigo 25
Responsabilidade criminal individual

1. De acordo com o presente Estatuto, o Tribunal será competente para julgar as pessoas físicas.

2. Quem cometer um crime da competência do Tribunal será considerado individualmente responsável e poderá ser punido de acordo com o presente Estatuto.

3. Nos termos do presente Estatuto, será considerado criminalmente responsável e poderá ser punido pela prática de um crime da competência

do Tribunal quem: *a)* Cometer esse crime individualmente ou em conjunto ou por intermédio de outrem, quer essa pessoa seja, ou não, criminalmente responsável;
b) Ordenar, solicitar ou instigar à prática desse crime, sob forma consumada ou sob a forma de tentativa;
c) Com o propósito de facilitar a prática desse crime, for cúmplice ou encobridor, ou colaborar de algum modo na prática ou na tentativa de prática do crime, nomeadamente pelo fornecimento dos meios para a sua prática;
d) Contribuir de alguma outra forma para a prática ou tentativa de prática do crime por um grupo de pessoas que tenha um objetivo comum. Esta contribuição deverá ser intencional e ocorrer, conforme o caso:
i) Com o propósito de levar a cabo a atividade ou o objetivo criminal do grupo, quando um ou outro impliquem a prática de um crime da competência do Tribunal; ou
ii) Com o conhecimento da intenção do grupo de cometer o crime;
e) No caso de crime de genocídio, incitar, direta e publicamente, à sua prática;
f) Tentar cometer o crime mediante atos que contribuam substancialmente para a sua execução, ainda que não se venha a consumar devido a circunstâncias alheias à sua vontade. Porém, quem desistir da prática do crime, ou impedir de outra forma que este se consuma, não poderá ser punido em conformidade com o presente Estatuto pela tentativa, se renunciar total e voluntariamente ao propósito delituoso.
4. O disposto no presente Estatuto sobre a responsabilidade criminal das pessoas físicas em nada afetará a responsabilidade do Estado, de acordo com o direito internacional.

Artigo 26
Exclusão da jurisdição relativamente a menores de 18 anos

O Tribunal não terá jurisdição sobre pessoas que, à data da alegada prática do crime, não tenham ainda completado 18 anos de idade.

Artigo 27
Irrelevância da qualidade oficial

1. O presente Estatuto será aplicável de forma igual a todas as pessoas sem distinção alguma baseada na qualidade oficial. Em particular, a qualidade oficial de Chefe de Estado ou de Governo, de membro de Governo ou do Parlamento, de representante eleito ou de funcionário público, em caso algum eximirá a pessoa em causa de responsabilidade criminal nos termos do presente Estatuto, nem constituirá de per se motivo de redução da pena.
2. As imunidades ou normas de procedimento especiais decorrentes da qualidade oficial de uma pessoa, nos termos do direito interno ou do direito internacional, não deverão obstar a que o Tribunal exerça a sua jurisdição sobre essa pessoa.

Artigo 28
Responsabilidade dos chefes militares e outros superiores hierárquicos

Além de outras fontes de responsabilidade criminal previstas no presente Estatuto, por crimes da competência do Tribunal:
a) O chefe militar, ou a pessoa que atue efetivamente como chefe militar, será criminalmente responsável por crimes da competência do Tribunal que tenham sido cometidos por forças sob o seu comando e controle efetivos ou sob a sua autoridade e controle efetivos, conforme o caso, pelo fato de não exercer um controle apropriado sobre essas forças quando:
i) Esse chefe militar ou essa pessoa tinha conhecimento ou, em virtude das circunstâncias do momento, deveria ter tido conhecimento de que essas forças estavam a cometer ou preparavam-se para cometer esses crimes; e
ii) Esse chefe militar ou essa pessoa não tenha adotado todas as medidas necessárias e adequadas ao seu alcance para prevenir ou reprimir a sua prática, ou para levar o assunto ao conhecimento das autoridades competentes, para efeitos de inquérito e procedimento criminal.
b) Nas relações entre superiores hierárquicos e subordinados, não referidos na alínea *a*, o superior hierárquico será criminalmente responsável pelos crimes da competência do Tribunal que tiverem sido cometidos por subordinados sob a sua autoridade e controle efetivos, pelo fato de não ter exercido um controle apropriado sobre esses subordinados, quando:
a) O superior hierárquico teve conhecimento ou deliberadamente não levou em consideração a informação que indicava claramente que os subordinados estavam a cometer ou se preparavam para cometer esses crimes;
b) Esses crimes estavam relacionados com atividades sob a sua responsabilidade e controle efetivos; e
c) O superior hierárquico não adotou todas as medidas necessárias e adequadas ao seu alcance para prevenir ou reprimir a sua prática ou para levar o assunto ao conhecimento das autoridades competentes, para efeitos de inquérito e procedimento criminal.

Artigo 29
Imprescritibilidade

Os crimes da competência do Tribunal não prescrevem.

Artigo 30
Elementos psicológicos

1. Salvo disposição em contrário, nenhuma pessoa poderá ser criminalmente responsável e punida por um crime da competência do Tribunal, a menos que atue com vontade de o cometer e conhecimento dos seus elementos materiais.
2. Para os efeitos do presente artigo, entende-se que atua intencionalmente quem:
a) Relativamente a uma conduta, se propuser adotá-la;

b) Relativamente a um efeito do crime, se propuser causá-lo ou estiver ciente de que ele terá lugar em uma ordem normal dos acontecimentos.

3. Nos termos do presente artigo, entende-se por "conhecimento" a consciência de que existe uma circunstância ou de que um efeito irá ter lugar, em uma ordem normal dos acontecimentos. As expressões "ter conhecimento" e "com conhecimento" deverão ser entendidas em conformidade.

Artigo 31
Causas de exclusão da responsabilidade criminal

Sem prejuízo de outros fundamentos para a exclusão de responsabilidade criminal previstos no presente Estatuto, não será considerada criminalmente responsável a pessoa que, no momento da prática de determinada conduta:

a) Sofrer de enfermidade ou deficiência mental que a prive da capacidade para avaliar a ilicitude ou a natureza da sua conduta, ou da capacidade para controlar essa conduta a fim de não violar a lei;

b) Estiver em estado de intoxicação que a prive da capacidade para avaliar a ilicitude ou a natureza da sua conduta, ou da capacidade para controlar essa conduta a fim de não transgredir a lei, a menos que se tenha intoxicado voluntariamente em circunstâncias que lhe permitiam ter conhecimento de que, em consequência da intoxicação, poderia incorrer numa conduta tipificada como crime da competência do Tribunal, ou de que haveria o risco de tal suceder;

c) Agir em defesa própria ou de terceiro com razoabilidade ou, em caso de crimes de guerra, em defesa de um bem que seja essencial para a sua sobrevivência ou de terceiro ou de um bem que seja essencial à realização de uma missão militar, contra o uso iminente e ilegal da força, de forma proporcional ao grau de perigo para si, para terceiro ou para os bens protegidos. O fato de participar em uma força que realize uma operação de defesa não será causa bastante de exclusão de responsabilidade criminal, nos termos desta alínea;

d) Tiver incorrido numa conduta que presumivelmente constitui crime da competência do Tribunal, em consequência de coação decorrente de uma ameaça iminente de morte ou ofensas corporais graves para si ou para outrem, e em que se veja compelida a atuar de forma necessária e razoável para evitar essa ameaça, desde que não tenha a intenção de causar um dano maior que aquele que se propunha evitar. Essa ameaça tanto poderá:

i) Ter sido feita por outras pessoas; ou

ii) Ser constituída por outras circunstâncias alheias à sua vontade.

2. O Tribunal determinará se os fundamentos de exclusão da responsabilidade criminal previstos no presente Estatuto serão aplicáveis no caso em apreço.

3. No julgamento, o Tribunal poderá levar em consideração outros fundamentos de exclusão da responsabilidade criminal, distintos dos referidos no parágrafo 1°, sempre que esses fundamentos resultem do direito aplicável em conformidade com o artigo 21. O processo de exame de um fundamento de exclusão deste tipo será definido no Regulamento Processual.

Artigo 32
Erro de fato ou erro de direito

1. O erro de fato só excluirá a responsabilidade criminal se eliminar o dolo requerido pelo crime.

2. O erro de direito sobre se determinado tipo de conduta constitui crime da competência do Tribunal não será considerado fundamento de exclusão de responsabilidade criminal. No entanto, o erro de direito poderá ser considerado fundamento de exclusão de responsabilidade criminal se eliminar o dolo requerido pelo crime ou se decorrer do artigo 33 do presente Estatuto.

Artigo 33
Decisão hierárquica e disposições legais

1. Quem tiver cometido um crime da competência do Tribunal, em cumprimento de uma decisão emanada de um Governo ou de um superior hierárquico, quer seja militar ou civil, não será isento de responsabilidade criminal, a menos que:

a) Estivesse obrigado por lei a obedecer a decisões emanadas do Governo ou superior hierárquico em questão;

b) Não tivesse conhecimento de que a decisão era ilegal; e

c) A decisão não fosse manifestamente ilegal.

2. Para os efeitos do presente artigo, qualquer decisão de cometer genocídio ou crimes contra a humanidade será considerada como manifestamente ilegal.

CAPÍTULO IV
COMPOSIÇÃO E ADMINISTRAÇÃO DO TRIBUNAL

Artigo 34
Órgãos do Tribunal

O Tribunal será composto pelos seguintes órgãos:

a) A Presidência;

b) Uma Seção de Recursos, uma Seção de Julgamento em Primeira Instância e uma Seção de Instrução;

c) O Gabinete do Procurador;

d) A Secretaria.

Artigo 35
Exercício das funções de juiz

1. Os juízes serão eleitos membros do Tribunal para exercer funções em regime de exclusividade e deverão estar disponíveis para desempenhar o respectivo cargo desde o início do seu mandato.

2. Os juízes que comporão a Presidência desempenharão as suas funções em regime de exclusividade desde a sua eleição.

3. A Presidência poderá, em função do volume de trabalho do Tribunal, e após consulta dos seus membros, decidir periodicamente em que medi-

da é que será necessário que os restantes juízes desempenhem as suas funções em regime de exclusividade. Estas decisões não prejudicarão o disposto no artigo 40.

4. Os ajustes de ordem financeira relativos aos juízes que não tenham de exercer os respectivos cargos em regime de exclusividade serão adotados em conformidade com o disposto no artigo 49.

Artigo 36
Qualificações, candidatura
e eleição dos juízes

1. Sob reserva do disposto no parágrafo 2°, o Tribunal será composto por 18 juízes.

2. *a)* A Presidência, agindo em nome do Tribunal, poderá propor o aumento do número de juízes referido no parágrafo 1° fundamentando as razões pelas quais considera necessária e apropriada tal medida. O Secretário comunicará imediatamente a proposta a todos os Estados-Partes;
b) A proposta será seguidamente apreciada em sessão da Assembleia dos Estados-Partes convocada nos termos do artigo 112 e deverá ser considerada adotada se for aprovada na sessão por maioria de 2/3 dos membros da Assembleia dos Estados-Partes; a proposta entrará em vigor na data fixada pela Assembleia dos Estados-Partes;
c) i) Logo que seja aprovada a proposta de aumento do número de juízes, de acordo com o disposto na alínea *b*, a eleição dos juízes adicionais terá lugar no período seguinte de sessões da Assembleia dos Estados-Partes, nos termos dos parágrafos 3° a 8° do presente artigo e do parágrafo 2° do artigo 37;
ii) Após a aprovação e a entrada em vigor de uma proposta de aumento do número de juízes, de acordo com o disposto nas alíneas *b* e *c* i), a Presidência poderá, a qualquer momento, se o volume de trabalho do Tribunal assim o justificar, propor que o número de juízes seja reduzido, mas nunca para um número inferior ao fixado no parágrafo 1°. A proposta será apreciada de acordo com o procedimento definido nas alíneas *a* e *b*. Caso a proposta seja aprovada, o número de juízes será progressivamente reduzido, à medida que expirem os mandatos e até que se alcance o número previsto.

3. *a)* Os juízes serão eleitos dentre pessoas de elevada idoneidade moral, imparcialidade e integridade, que reúnam os requisitos para o exercício das mais altas funções judiciais nos seus respectivos países;
b) Os candidatos a juízes deverão possuir:
i) Reconhecida competência em direito penal e direito processual penal e a necessária experiência em processos penais na qualidade de juiz, procurador, advogado ou outra função semelhante; ou
ii) Reconhecida competência em matérias relevantes de direito internacional, tais como o direito internacional humanitário e os direitos humanos, assim como vasta experiência em profissões jurídicas com relevância para a função judicial do Tribunal;
c) Os candidatos a juízes deverão possuir um excelente conhecimento e serem fluentes em, pelo menos, uma das línguas de trabalho do Tribunal.

4. *a)* Qualquer Estado-Parte no presente Estatuto poderá propor candidatos às eleições para juiz do Tribunal mediante:
i) O procedimento previsto para propor candidatos aos mais altos cargos judiciais do país; ou
ii) O procedimento previsto no Estatuto da Corte Internacional de Justiça para propor candidatos a esse Tribunal.
As propostas de candidatura deverão ser acompanhadas de uma exposição detalhada comprovativa de que o candidato possui os requisitos enunciados no parágrafo 3°;
b) Qualquer Estado-Parte poderá apresentar uma candidatura de uma pessoa que não tenha necessariamente a sua nacionalidade, mas que seja nacional de um Estado-Parte;
c) A Assembleia dos Estados-Partes poderá decidir constituir, se apropriado, uma Comissão consultiva para o exame das candidaturas, neste caso, a Assembleia dos Estados-Partes determinará a composição e o mandato da Comissão.

5. Para efeitos da eleição, serão estabelecidas duas listas de candidatos:
A lista A, com os nomes dos candidatos que reúnam os requisitos enunciados na alínea *b* i) do parágrafo 3°; e
A lista B, com os nomes dos candidatos que reúnam os requisitos enunciados na alínea *b* ii) do parágrafo 3°.
O candidato que reúna os requisitos constantes de ambas as listas, poderá escolher em qual delas deseja figurar. Na primeira eleição de membros do Tribunal, pelo menos nove juízes serão eleitos entre os candidatos da lista A e pelo menos cinco entre os candidatos da lista B. As eleições subsequentes serão organizadas por forma a que se mantenha no Tribunal uma proporção equivalente de juízes de ambas as listas.

6. *a)* Os juízes serão eleitos por escrutínio secreto, em sessão da Assembleia dos Estados-Partes convocada para esse efeito, nos termos do artigo 112. Sob reserva do disposto no parágrafo 7°, serão eleitos os 18 candidatos que obtenham o maior número de votos e uma maioria de 2/3 dos Estados-Partes presentes e votantes;
b) No caso em que da primeira votação não resulte eleito um número suficiente de juízes, proceder-se-á a nova votação, de acordo com os procedimentos estabelecidos na alínea *a)*, até provimento dos lugares restantes.

7. O Tribunal não poderá ter mais de um juiz nacional do mesmo Estado. Para este efeito, a pessoa que for considerada nacional de mais de um Estado será considerada nacional do Estado onde exerce habitualmente os seus direitos civis e políticos.

8. *a)* Na seleção dos juízes, os Estados-Partes ponderarão sobre a necessidade de assegurar que a composição do Tribunal inclua:
i) A representação dos principais sistemas jurídicos do mundo;
ii) Uma representação geográfica equitativa; e

iii) Uma representação justa de juízes do sexo feminino e do sexo masculino;

b) Os Estados-Partes levarão igualmente em consideração a necessidade de assegurar a presença de juízes especializados em determinadas matérias incluindo, entre outras, a violência contra mulheres ou crianças.

9. *a)* Salvo o disposto na alínea b, os juízes serão eleitos por um mandato de 9 (nove) anos e não poderão ser reeleitos, salvo o disposto na alínea *c* e no parágrafo 2º do artigo 37;

b) Na primeira eleição, 1/3 dos juízes eleitos será selecionado por sorteio para exercer um mandato de 3 (três) anos; outro terço será selecionado também por sorteio, para exercer um mandato de 6 (seis) anos; e os restantes exercerão um mandato de 9 (nove) anos;

c) Um juiz selecionado para exercer um mandato de 3 (três) anos, em conformidade com a alínea *b*, poderá ser reeleito para um mandato completo.

10. Não obstante o disposto no parágrafo 9º, um juiz afeto a um Juízo de Julgamento em Primeira Instância ou de Recurso, em conformidade com o artigo 39, permanecerá em funções até à conclusão do julgamento ou do recurso dos casos que tiver a seu cargo.

Artigo 37
Vagas

1. Caso ocorra uma vaga, realizar-se-á uma eleição para o seu provimento, de acordo com o artigo 36.

2. O juiz eleito para prover uma vaga concluirá o mandato do seu antecessor e, se esse período for igual ou inferior a três anos, poderá ser reeleito para um mandato completo, nos termos do artigo 36.

Artigo 38
A presidência

1. O Presidente, o Primeiro Vice-Presidente e o Segundo Vice-Presidente serão eleitos por maioria absoluta dos juízes. Cada um desempenhará o respectivo cargo por um período de três anos ou até o termo do seu mandato como juiz, conforme o que expirar em primeiro lugar. Poderão ser reeleitos uma única vez.

2. O Primeiro Vice-Presidente substituirá o Presidente em caso de impossibilidade ou recusa deste. O Segundo Vice-Presidente substituirá o Presidente em caso de impedimento ou recusa deste ou do Primeiro Vice-Presidente.

3. O Presidente, o Primeiro Vice-Presidente e o Segundo Vice-Presidente constituirão a Presidência, que ficará encarregada:

a) Da adequada administração do Tribunal, com exceção do Gabinete do Procurador; e

b) Das restantes funções que lhe forem conferidas de acordo com o presente Estatuto.

4. Embora eximindo-se da sua responsabilidade nos termos do parágrafo 3º *a)*, a Presidência atuará em coordenação com o Gabinete do Procurador e deverá obter a aprovação deste em todos os assuntos de interesse comum.

Artigo 39
Juízos

1. Após a eleição dos juízes e logo que possível, o Tribunal deverá organizar-se nas seções referidas no artigo 34, *b*. A Seção de Recursos será composta pelo Presidente e quatro juízes, a Seção de Julgamento em Primeira Instância por, pelo menos, seis juízes e a Seção de Instrução por, pelo menos, seis juízes. Os juízes serão adstritos às Seções de acordo com a natureza das funções que corresponderem a cada uma e com as respectivas qualificações e experiência, por forma a que cada Seção disponha de um conjunto adequado de especialistas em direito penal e processual penal e em direito internacional. A Seção de Julgamento em Primeira Instância e a Seção de Instrução serão predominantemente compostas por juízes com experiência em processo penal.

2. *a)* As funções judiciais do Tribunal serão desempenhadas em cada Seção pelos juízes.

b) i) O Juízo de Recursos será composto por todos os juízes da Seção de Recursos;

ii) As funções do Juízo de Julgamento em Primeira Instância serão desempenhadas por três juízes da Seção de Julgamento em Primeira Instância;

iii) As funções do Juízo de Instrução serão desempenhadas por três juízes da Seção de Instrução ou por um só juiz da referida Seção, em conformidade com o presente Estatuto e com o Regulamento Processual;

c) Nada no presente número obstará a que se constituam simultaneamente mais de um Juízo de Julgamento em Primeira Instância ou Juízo de Instrução, sempre que a gestão eficiente do trabalho do Tribunal assim o exigir.

3. *a)* Os juízes adstritos às Seções de Julgamento em Primeira Instância e de Instrução desempenharão o cargo nessas Seções por um período de três anos ou, decorrido esse período, até à conclusão dos casos que lhes tenham sido cometidos pela respectiva Seção;

b) Os juízes adstritos à Seção de Recursos desempenharão o cargo nessa Seção durante todo o seu mandato.

4. Os juízes adstritos à Seção de Recursos desempenharão o cargo unicamente nessa Seção. Nada no presente artigo obstará a que sejam adstritos temporariamente juízes da Seção de Julgamento em Primeira Instância à Seção de Instrução, ou inversamente, se a Presidência entender que a gestão eficiente do trabalho do Tribunal assim o exige; porém, o juiz que tenha participado na fase instrutória não poderá, em caso algum, fazer parte do Juízo de Julgamento em Primeira Instância encarregado do caso.

Artigo 40
Independência dos juízes

1. Os juízes serão independentes no desempenho das suas funções.

2. Os juízes não desenvolverão qualquer atividade que possa ser incompatível com o exercício das suas funções judiciais ou prejudicar a confiança na sua independência.

3. Os juízes que devam desempenhar os seus cargos em regime de exclusividade na sede do Tribunal não poderão ter qualquer outra ocupação de natureza profissional.

4. As questões relativas à aplicação dos parágrafos 2º e 3º serão decididas por maioria absoluta dos juízes. Nenhum juiz participará na decisão de uma questão que lhe diga respeito.

Artigo 41
Impedimento e desqualificação de juízes

1. A Presidência poderá, a pedido de um juiz, declarar seu impedimento para o exercício de alguma das funções que lhe confere o presente Estatuto, em conformidade com o Regulamento Processual.

2. *a)* Nenhum juiz pode participar num caso em que, por qualquer motivo, seja posta em dúvida a sua imparcialidade. Será desqualificado, em conformidade com o disposto neste número, entre outras razões, se tiver intervindo anteriormente, a qualquer título, em um caso submetido ao Tribunal ou em um procedimento criminal conexo em nível nacional que envolva a pessoa objeto de inquérito ou procedimento criminal. Pode ser igualmente desqualificado por qualquer outro dos motivos definidos no Regulamento Processual;

b) O Procurador ou a pessoa objeto de inquérito ou procedimento criminal poderá solicitar a desqualificação de um juiz em virtude do disposto no presente número;

c) As questões relativas à desqualificação de juízes serão decididas por maioria absoluta dos juízes. O juiz cuja desqualificação for solicitada, poderá pronunciar-se sobre a questão, mas não poderá tomar parte na decisão.

Artigo 42
O Gabinete do Procurador

1. O Gabinete do Procurador atuará de forma independente, enquanto órgão autônomo do Tribunal. Competir-lhe-á recolher comunicações e qualquer outro tipo de informação, devidamente fundamentada, sobre crimes da competência do Tribunal, a fim de os examinar e investigar e de exercer a ação penal junto ao Tribunal. Os membros do Gabinete do Procurador não solicitarão nem cumprirão ordens de fontes externas ao Tribunal.

2. O Gabinete do Procurador será presidido pelo Procurador, que terá plena autoridade para dirigir e administrar o Gabinete do Procurador, incluindo o pessoal, as instalações e outros recursos. O Procurador será coadjuvado por um ou mais Procuradores-Adjuntos, que poderão desempenhar qualquer uma das funções que incumbam àquele, em conformidade com o disposto no presente Estatuto. O Procurador e os Procuradores-Adjuntos terão nacionalidades diferentes e desempenharão o respectivo cargo em regime de exclusividade.

3. O Procurador e os Procuradores-Adjuntos deverão ter elevada idoneidade moral, elevado nível de competência e vasta experiência prática em matéria de processo penal. Deverão possuir um excelente conhecimento e serem fluentes em, pelo menos, uma das línguas de trabalho do Tribunal.

4. O Procurador será eleito por escrutínio secreto e por maioria absoluta de votos dos membros da Assembleia dos Estados-Partes. Os Procuradores-Adjuntos serão eleitos da mesma forma, de entre uma lista de candidatos apresentada pelo Procurador. O Procurador proporá três candidatos para cada cargo de Procurador-Adjunto a prover. A menos que, ao tempo da eleição, seja fixado um período mais curto, o Procurador e os Procuradores-Adjuntos exercerão os respectivos cargos por um período de nove anos e não poderão ser reeleitos.

5. O Procurador e os Procuradores-Adjuntos não deverão desenvolver qualquer atividade que possa interferir com o exercício das suas funções ou afetar a confiança na sua independência e não poderão desempenhar qualquer outra função de caráter profissional.

6. A Presidência poderá, a pedido do Procurador ou de um Procurador-Adjunto, escusá-lo de intervir num determinado caso.

7. O Procurador e os Procuradores-Adjuntos não poderão participar em qualquer processo em que, por qualquer motivo, a sua imparcialidade possa ser posta em causa. Serão recusados, em conformidade com o disposto no presente número, entre outras razões, se tiverem intervindo anteriormente, a qualquer título, num caso submetido ao Tribunal ou num procedimento crime conexo em nível nacional, que envolva a pessoa objeto de inquérito ou procedimento criminal.

8. As questões relativas à recusa do Procurador ou de um Procurador-Adjunto serão decididas pelo Juízo de Recursos.

a) A pessoa objeto de inquérito ou procedimento criminal poderá solicitar, a todo o momento, a recusa do Procurador ou de um Procurador-Adjunto, pelos motivos previstos no presente artigo;

b) O Procurador ou o Procurador-Adjunto, segundo o caso, poderão pronunciar-se sobre a questão.

9. O Procurador nomeará assessores jurídicos especializados em determinadas áreas incluindo, entre outras, as da violência sexual ou violência por motivos relacionados com a pertença a um determinado gênero e da violência contra as crianças.

Artigo 43
A Secretaria

1. A Secretaria será responsável pelos aspectos não judiciais da administração e do funcionamento do Tribunal, sem prejuízo das funções e atribuições do Procurador definidas no artigo 42.

2. A Secretaria será dirigida pelo Secretário, principal responsável administrativo do Tribunal. O Secretário exercerá as suas funções na dependência do Presidente do Tribunal.

3. O Secretário e o Secretário-Adjunto deverão ser pessoas de elevada idoneidade moral e possuir um elevado nível de competência e um excelente conhecimento e domínio de, pelo menos, uma das línguas de trabalho do Tribunal.

4. Os juízes elegerão o Secretário em escrutínio secreto, por maioria absoluta, tendo em consideração as recomendações da Assembleia dos Estados-Partes. Se necessário, elegerão um Secretário-Adjunto, por recomendação do Secretário e pela mesma forma.

5. O Secretário será eleito por um período de cinco anos para exercer funções em regime de exclusividade e só poderá ser reeleito uma vez. O Secretário-Adjunto será eleito por um período de cinco anos, ou por um período mais curto se assim o decidirem os juízes por deliberação tomada por maioria absoluta, e exercerá as suas funções de acordo com as exigências de serviço.

6. O Secretário criará, no âmbito da Secretaria, uma Unidade de Apoio às Vítimas e Testemunhas. Esta Unidade, em conjunto com o Gabinete do Procurador, adotará medidas de proteção e dispositivos de segurança e prestará assessoria e outro tipo de assistência às testemunhas e vítimas que compareçam perante o Tribunal e a outras pessoas ameaçadas em virtude do testemunho prestado por aquelas. A Unidade incluirá pessoal especializado para atender as vítimas de traumas, nomeadamente os relacionados com crimes de violência sexual.

Artigo 44
O pessoal

1. O Procurador e o Secretário nomearão o pessoal qualificado necessário aos respectivos serviços, nomeadamente, no caso do Procurador, o pessoal encarregado de efetuar diligências no âmbito do inquérito.

2. No tocante ao recrutamento de pessoal, o Procurador e o Secretário assegurarão os mais altos padrões de eficiência, competência e integridade, tendo em consideração, *mutatis mutandis*, os critérios estabelecidos no parágrafo 8° do artigo 36.

3. O Secretário, com o acordo da Presidência e do Procurador, proporá o Estatuto do Pessoal, que fixará as condições de nomeação, remuneração e cessação de funções do pessoal do Tribunal. O Estatuto do Pessoal será aprovado pela Assembleia dos Estados-Partes.

4. O Tribunal poderá, em circunstâncias excepcionais, recorrer aos serviços de pessoal colocado à sua disposição, a título gratuito, pelos Estados-Partes, organizações intergovernamentais e organizações não governamentais, com vista a colaborar com qualquer um dos órgãos do Tribunal. O Procurador poderá anuir a tal eventualidade em nome do Gabinete do Procurador. A utilização do pessoal disponibilizado a título gratuito ficará sujeita às diretivas estabelecidas pela Assembleia dos Estados-Partes.

Artigo 45
Compromisso solene

Antes de assumir as funções previstas no presente Estatuto, os juízes, o Procurador, os Procuradores-Adjuntos, o Secretário e o Secretário-Adjunto declararão solenemente, em sessão pública, que exercerão as suas funções imparcial e conscienciosamente.

Artigo 46
Cessação de funções

1. Um Juiz, o Procurador, um Procurador-Adjunto, o Secretário ou o Secretário-Adjunto cessará as respectivas funções, por decisão adotada de acordo com o disposto no parágrafo 2°, nos casos em que:

a) Se conclua que a pessoa em causa incorreu em falta grave ou incumprimento grave das funções conferidas pelo presente Estatuto, de acordo com o previsto no Regulamento Processual; ou

b) A pessoa em causa se encontre impossibilitada de desempenhar as funções definidas no presente Estatuto.

2. A decisão relativa à cessação de funções de um juiz, do Procurador ou de um Procurador-Adjunto, de acordo com o parágrafo 1°, será adotada pela Assembleia dos Estados-Partes em escrutínio secreto:

a) No caso de um juiz, por maioria de 2/3 dos Estados-Partes, com base em recomendação adotada por maioria de 2/3 dos restantes juízes;

b) No caso do Procurador, por maioria absoluta dos Estados-Partes;

c) No caso de um Procurador-Adjunto, por maioria absoluta dos Estados-Partes, com base na recomendação do Procurador.

3. A decisão relativa à cessação de funções do Secretário ou do Secretário-Adjunto será adotada por maioria absoluta de votos dos juízes.

4. Os juízes, o Procurador, os Procuradores-Adjuntos, o Secretário ou o Secretário-Adjunto, cuja conduta ou idoneidade para o exercício das funções inerentes ao cargo em conformidade com o presente Estatuto tiver sido contestada ao abrigo do presente artigo, terão plena possibilidade de apresentar e obter meios de prova e produzir alegações de acordo com o Regulamento Processual; não poderão, no entanto, participar, de qualquer outra forma, na apreciação do caso.

Artigo 47
Medidas disciplinares

Os juízes, o Procurador, os Procuradores-Adjuntos, o Secretário ou o Secretário-Adjunto que tiverem cometido uma falta menos grave que a prevista no parágrafo 1° do artigo 46 incorrerão em responsabilidade disciplinar nos termos do Regulamento Processual.

Artigo 48
Privilégios e imunidades

1. O Tribunal gozará, no território dos Estados-Partes, dos privilégios e imunidades que se mostrem necessários ao cumprimento das suas funções.

2. Os juízes, o Procurador, os Procuradores-Adjuntos e o Secretário gozarão, no exercício das suas funções ou em relação a estas, dos mesmos privilégios e imunidades reconhecidos aos chefes das missões diplomáticas, continuando a usufruir de absoluta imunidade judicial relativamente às suas

declarações, orais ou escritas, e aos atos que pratiquem no desempenho de funções oficiais após o termo do respectivo mandato.

3. O Secretário-Adjunto, o pessoal do Gabinete do Procurador e o pessoal da Secretaria gozarão dos mesmos privilégios e imunidades e das facilidades necessárias ao cumprimento das respectivas funções, nos termos do acordo sobre os privilégios e imunidades do Tribunal.

4. Os advogados, peritos, testemunhas e outras pessoas, cuja presença seja requerida na sede do Tribunal, beneficiarão do tratamento que se mostre necessário ao funcionamento adequado deste, nos termos do acordo sobre os privilégios e imunidades do Tribunal.

5. Os privilégios e imunidades poderão ser levantados:
a) No caso de um juiz ou do Procurador, por decisão adotada por maioria absoluta dos juízes;
b) No caso do Secretário, pela Presidência;
c) No caso dos Procuradores-Adjuntos e do pessoal do Gabinete do Procurador, pelo Procurador;
d) No caso do Secretário-Adjunto e do pessoal da Secretaria, pelo Secretário.

Artigo 49
Vencimentos, subsídios e despesas

Os juízes, o Procurador, os Procuradores-Adjuntos, o Secretário e o Secretário-Adjunto auferirão os vencimentos e terão direito aos subsídios e ao reembolso de despesas que forem estabelecidos em Assembleia dos Estados-Partes. Estes vencimentos e subsídios não serão reduzidos no decurso do mandato.

Artigo 50
Línguas oficiais e línguas de trabalho

1. As línguas árabe, chinesa, espanhola, francesa, inglesa e russa serão as línguas oficiais do Tribunal. As sentenças proferidas pelo Tribunal, bem como outras decisões sobre questões fundamentais submetidas ao Tribunal, serão publicadas nas línguas oficiais. A Presidência, de acordo com os critérios definidos no Regulamento Processual, determinará quais as decisões que poderão ser consideradas como decisões sobre questões fundamentais, para os efeitos do presente parágrafo.

2. As línguas francesa e inglesa serão as línguas de trabalho do Tribunal. O Regulamento Processual definirá os casos em que outras línguas oficiais poderão ser usadas como línguas de trabalho.

3. A pedido de qualquer Parte ou qualquer Estado que tenha sido admitido a intervir num processo, o Tribunal autorizará o uso de uma língua que não seja a francesa ou a inglesa, sempre que considere que tal autorização se justifica.

Artigo 51
Regulamento processual

1. O Regulamento Processual entrará em vigor mediante a sua aprovação por uma maioria de 2/3 dos votos dos membros da Assembleia dos Estados-Partes.

2. Poderão propor alterações ao Regulamento Processual:
a) Qualquer Estado-Parte;
b) Os juízes, por maioria absoluta; ou
c) O Procurador.

Estas alterações entrarão em vigor mediante a aprovação por uma maioria de 2/3 dos votos dos membros da Assembleia dos Estados-Partes.

3. Após a aprovação do Regulamento Processual, em casos urgentes em que a situação concreta suscitada em Tribunal não se encontre prevista no Regulamento Processual, os juízes poderão, por maioria de 2/3, estabelecer normas provisórias a serem aplicadas até que a Assembleia dos Estados-Partes as aprove, altere ou rejeite na sessão ordinária ou extraordinária seguinte.

4. O Regulamento Processual, e respectivas alterações, bem como quaisquer normas provisórias, deverão estar em consonância com o presente Estatuto. As alterações ao Regulamento Processual, assim como as normas provisórias aprovadas em conformidade com o parágrafo 3º, não serão aplicadas com caráter retroativo em detrimento de qualquer pessoa que seja objeto de inquérito ou de procedimento criminal, ou que tenha sido condenada.

5. Em caso de conflito entre as disposições do Estatuto e as do Regulamento Processual, o Estatuto prevalecerá.

Artigo 52
Regimento do Tribunal

1. De acordo com o presente Estatuto e com o Regulamento Processual, os juízes aprovarão, por maioria absoluta, o Regimento necessário ao normal funcionamento do Tribunal.

2. O Procurador e o Secretário serão consultados sobre a elaboração do Regimento ou sobre qualquer alteração que lhe seja introduzida.

3. O Regimento do Tribunal e qualquer alteração posterior entrarão em vigor mediante a sua aprovação, salvo decisão em contrário dos juízes. Imediatamente após a adoção, serão circulados pelos Estados-Partes para observações e continuarão em vigor se, dentro de 6 (seis) meses, não forem formuladas objeções pela maioria dos Estados-Partes.

CAPÍTULO V
INQUÉRITO E PROCEDIMENTO CRIMINAL
Artigo 53
Abertura do inquérito

1. O Procurador, após examinar a informação de que dispõe, abrirá um inquérito, a menos que considere que, nos termos do presente Estatuto, não existe fundamento razoável para proceder ao mesmo. Na sua decisão, o Procurador terá em conta se:
a) A informação de que dispõe constitui fundamento razoável para crer que foi, ou está sendo, cometido um crime da competência do Tribunal;
b) O caso é ou seria admissível nos termos do artigo 17; e

c) Tendo em consideração a gravidade do crime e os interesses das vítimas, não existirão, contudo, razões substanciais para crer que o inquérito não serve os interesses da justiça. Se decidir que não há motivo razoável para abrir um inquérito e se esta decisão se basear unicamente no disposto na alínea c, o Procurador informará o Juízo de Instrução.

2. Se, concluído o inquérito, o Procurador chegar à conclusão de que não há fundamento suficiente para proceder criminalmente, na medida em que:

a) Não existam elementos suficientes, de fato ou de direito, para requerer a emissão de um mandado de detenção ou notificação para comparência, de acordo com o artigo 58;

b) O caso seja inadmissível, de acordo com o artigo 17; ou

c) O procedimento não serviria o interesse da justiça, consideradas todas as circunstâncias, tais como a gravidade do crime, os interesses das vítimas e a idade ou o estado de saúde do presumível autor, e o grau de participação no alegado crime comunicará a sua decisão, devidamente fundamentada, ao Juízo de Instrução e ao Estado que lhe submeteu o caso, de acordo com o artigo 14, ou ao Conselho de Segurança, se se tratar de um caso previsto no parágrafo b do artigo 13.

3. a) A pedido do Estado que tiver submetido o caso, nos termos do artigo 14, ou do Conselho de Segurança, nos termos do parágrafo b do artigo 13, o Juízo de Instrução poderá examinar a decisão do Procurador de não proceder criminalmente em conformidade com os parágrafos 1º ou 2º e solicitar-lhe que reconsidere essa decisão;

b) Além disso, o Juízo de Instrução poderá, oficiosamente, examinar a decisão do Procurador de não proceder criminalmente, se essa decisão se basear unicamente no disposto no parágrafo 1º, alínea c, e no parágrafo 2º, alínea c. Nesse caso, a decisão do Procurador só produzirá efeitos se confirmada pelo Juízo de Instrução.

4. O Procurador poderá, a todo o momento, reconsiderar a sua decisão de abrir um inquérito ou proceder criminalmente, com base em novos fatos ou novas informações.

Artigo 54
Funções e poderes do Procurador em matéria de inquérito

1. O Procurador deverá:

a) A fim de estabelecer a verdade dos fatos, alargar o inquérito a todos os fatos e provas pertinentes para a determinação da responsabilidade criminal, em conformidade com o presente Estatuto e, para esse efeito, investigar, de igual modo, as circunstâncias que interessam quer à acusação, quer à defesa;

b) Adotar as medidas adequadas para assegurar a eficácia do inquérito e do procedimento criminal relativamente aos crimes da jurisdição do Tribunal e, na sua atuação, o Procurador terá em conta os interesses e a situação pessoal das vítimas e testemunhas, incluindo a idade, o gênero tal como definido no parágrafo 3º do artigo 7º, e o estado de saúde; terá igualmente em conta a natureza do crime, em particular quando envolva violência sexual, violência por motivos relacionados com a pertença a um determinado gênero e violência contra as crianças; e

c) Respeitar plenamente os direitos conferidos às pessoas pelo presente Estatuto.

2. O Procurador poderá realizar investigações no âmbito de um inquérito no território de um Estado:

a) De acordo com o disposto na Parte IX; ou

b) Mediante autorização do Juízo de Instrução, dada nos termos do parágrafo 3º, alínea d, do artigo 57.

3. O Procurador poderá:

a) Reunir e examinar provas;

b) Convocar e interrogar pessoas objeto de inquérito e convocar e tomar o depoimento de vítimas e testemunhas;

c) Procurar obter a cooperação de qualquer Estado ou organização intergovernamental ou instrumento intergovernamental, de acordo com a respectiva competência e/ou mandato;

d) Celebrar acordos ou convênios compatíveis com o presente Estatuto, que se mostrem necessários para facilitar a cooperação de um Estado, de uma organização intergovernamental ou de uma pessoa;

e) Concordar em não divulgar, em qualquer fase do processo, documentos ou informação que tiver obtido, com a condição de preservar o seu caráter confidencial e com o objetivo único de obter novas provas, a menos que quem tiver facilitado a informação consinta na sua divulgação; e

f) Adotar ou requerer que se adotem as medidas necessárias para assegurar o caráter confidencial da informação, a proteção de pessoas ou a preservação da prova.

Artigo 55
Direitos das pessoas no decurso do inquérito

1. No decurso de um inquérito aberto nos termos do presente Estatuto:

a) Nenhuma pessoa poderá ser obrigada a depor contra si própria ou a declarar-se culpada;

b) Nenhuma pessoa poderá ser submetida a qualquer forma de coação, intimidação ou ameaça, tortura ou outras formas de penas ou tratamentos cruéis, desumanos ou degradantes; e

c) Qualquer pessoa que for interrogada numa língua que não compreenda ou não fale fluentemente, será assistida, gratuitamente, por um intérprete competente e disporá das traduções que são necessárias às exigências de equidade;

d) Nenhuma pessoa poderá ser presa ou detida arbitrariamente, nem ser privada da sua liberdade, salvo pelos motivos previstos no presente Estatuto e em conformidade com os procedimentos nele estabelecidos.

2. Sempre que existam motivos para crer que uma pessoa cometeu um crime da competência

do Tribunal e que deve ser interrogada pelo Procurador ou pelas autoridades nacionais, em virtude de um pedido feito em conformidade com o disposto na Parte IX do presente Estatuto, essa pessoa será informada, antes do interrogatório, de que goza ainda dos seguintes direitos:

a) A ser informada antes de ser interrogada de que existem indícios de que cometeu um crime da competência do Tribunal;

b) A guardar silêncio, sem que tal seja tido em consideração para efeitos de determinação da sua culpa ou inocência;

c) A ser assistida por um advogado da sua escolha ou, se não o tiver, a solicitar que lhe seja designado um defensor dativo, em todas as situações em que o interesse da justiça assim o exija e sem qualquer encargo se não possuir meios suficientes para lhe pagar; e

d) A ser interrogada na presença do seu advogado, a menos que tenha renunciado voluntariamente ao direito de ser assistida por um advogado.

Artigo 56
Intervenção do juízo de instrução em caso de oportunidade única de proceder a um inquérito

1. *a)* Sempre que considere que um inquérito oferece uma oportunidade única de recolher depoimentos ou declarações de uma testemunha ou de examinar, reunir ou verificar provas, o Procurador comunicará esse fato ao Juízo de Instrução;

b) Nesse caso, o Juízo de Instrução, a pedido do Procurador, poderá adotar as medidas que entender necessárias para assegurar a eficácia e a integridade do processo e, em particular, para proteger os direitos de defesa;

c) Salvo decisão em contrário do Juízo de Instrução, o Procurador transmitirá a informação relevante à pessoa que tenha sido detida, ou que tenha comparecido na sequência de notificação emitida no âmbito do inquérito a que se refere a alínea *a*, para que possa ser ouvida sobre a matéria em causa.

2. As medidas a que se faz referência na alínea *b* do parágrafo 1º poderão consistir em:

a) Fazer recomendações ou proferir despachos sobre o procedimento a seguir;

b) Ordenar que seja lavrado o processo;

c) Nomear um perito;

d) Autorizar o advogado de defesa do detido, ou de quem tiver comparecido no Tribunal na sequência de notificação, a participar no processo ou, no caso dessa detenção ou comparecimento não se ter ainda verificado ou não tiver ainda sido designado advogado, a nomear outro defensor que se encarregará dos interesses da defesa e os representará;

e) Encarregar um dos seus membros ou, se necessário, outro juiz disponível da Seção de Instrução ou da Seção de Julgamento em Primeira Instância, de formular recomendações ou proferir despachos sobre o recolhimento e a preservação de meios de prova e a inquirição de pessoas;

f) Adotar todas as medidas necessárias para reunir ou preservar meios de prova.

3. *a)* Se o Procurador não tiver solicitado as medidas previstas no presente artigo mas o Juízo de Instrução considerar que tais medidas serão necessárias para preservar meios de prova que lhe pareçam essenciais para a defesa no julgamento, o Juízo consultará o Procurador a fim de saber se existem motivos poderosos para este não requerer as referidas medidas. Se, após consulta, o Juízo concluir que a omissão de requerimento de tais medidas é injustificada, poderá adotar essas medidas de ofício;

b) O Procurador poderá recorrer da decisão do Juízo de Instrução de ofício, nos termos do presente número. O recurso seguirá uma forma sumária.

4. A admissibilidade dos meios de prova preservados ou recolhidos para efeitos do processo ou o respectivo registro, em conformidade com o presente artigo, reger-se-ão, em julgamento, pelo disposto no artigo 69, e terão o valor que lhes for atribuído pelo Juízo de Julgamento em Primeira Instância.

Artigo 57
Funções e poderes do juízo de instrução

1. Salvo disposição em contrário contida no presente Estatuto, o Juízo de Instrução exercerá as suas funções em conformidade com o presente artigo.

2. *a)* Para os despachos do Juízo de Instrução proferidos ao abrigo dos artigos 15, 18, 19, 54, parágrafo 2º, 61, parágrafo 7, e 72, deve concorrer maioria de votos dos juízes que o compõem;

b) Em todos os outros casos, um único juiz do Juízo de Instrução poderá exercer as funções definidas no presente Estatuto, salvo disposição em contrário contida no Regulamento Processual ou decisão em contrário do Juízo de Instrução tomada por maioria de votos.

3. Independentemente das outras funções conferidas pelo presente Estatuto, o Juízo de Instrução poderá:

a) A pedido do Procurador, proferir os despachos e emitir os mandados que se revelem necessários para um inquérito;

b) A pedido de qualquer pessoa que tenha sido detida ou tenha comparecido na sequência de notificação expedida nos termos do artigo 58, proferir despachos, incluindo medidas tais como as indicadas no artigo 56, ou procurar obter, nos termos do disposto na Parte IX, a cooperação necessária para auxiliar essa pessoa a preparar a sua defesa;

c) Sempre que necessário, assegurar a proteção e o respeito pela privacidade de vítimas e testemunhas, a preservação da prova, a proteção de pessoas detidas ou que tenham comparecido na sequência de notificação para comparecimento, assim como a proteção de informação que afete a segurança nacional;

d) Autorizar o Procurador a adotar medidas específicas no âmbito de um inquérito, no território de um Estado-Parte sem ter obtido a cooperação deste nos termos do disposto na Parte IX, caso o Juízo de Instrução determine que, tendo em consideração, na medida do possível, a posição do referido Estado, este último não está manifestamente em condições de satisfazer um pedido de cooperação face à incapacidade de todas as autoridades ou órgãos do seu sistema judiciário com competência para dar seguimento a um pedido de cooperação formulado nos termos do disposto na Parte IX;

e) Quando tiver emitido um mandado de detenção ou uma notificação para comparecimento nos termos do artigo 58, e levando em consideração o valor das provas e os direitos das partes em questão, em conformidade com o disposto no presente Estatuto e no Regulamento Processual, procurar obter a cooperação dos Estados, nos termos do parágrafo 1º, alínea *k* do artigo 93, para adoção de medidas cautelares que visem à apreensão, em particular no interesse superior das vítimas.

Artigo 58
Mandado de detenção e notificação para comparecimento do juízo de instrução

1. A todo o momento após a abertura do inquérito, o Juízo de Instrução poderá, a pedido do Procurador, emitir um mandado de detenção contra uma pessoa se, após examinar o pedido e as provas ou outras informações submetidas pelo Procurador, considerar que:

a) Existem motivos suficientes para crer que essa pessoa cometeu um crime da competência do Tribunal; e

b) A detenção dessa pessoa se mostra necessária para:

i) Garantir o seu comparecimento em tribunal;

ii) Garantir que não obstruirá, nem porá em perigo, o inquérito ou a ação do Tribunal; ou

iii) Se for o caso, impedir que a pessoa continue a cometer esse crime ou um crime conexo que seja da competência do Tribunal e tenha a sua origem nas mesmas circunstâncias.

2. Do requerimento do Procurador deverão constar os seguintes elementos:

a) O nome da pessoa em causa e qualquer outro elemento útil de identificação;

b) A referência precisa do crime da competência do Tribunal que a pessoa tenha presumivelmente cometido;

c) Uma descrição sucinta dos fatos que alegadamente constituem o crime;

d) Um resumo das provas e de qualquer outra informação que constitua motivo suficiente para crer que a pessoa cometeu o crime; e

e) Os motivos pelos quais o Procurador considere necessário proceder à detenção daquela pessoa.

3. Do mandado de detenção deverão constar os seguintes elementos:

a) O nome da pessoa em causa e qualquer outro elemento útil de identificação;

b) A referência precisa do crime da competência do Tribunal que justifique o pedido de detenção; e

c) Uma descrição sucinta dos fatos que alegadamente constituem o crime.

4. O mandado de detenção manter-se-á válido até decisão em contrário do Tribunal.

5. Com base no mandado de detenção, o Tribunal poderá solicitar a prisão preventiva ou a detenção e entrega da pessoa em conformidade com o disposto na Parte IX do presente Estatuto.

6. O Procurador poderá solicitar ao Juízo de Instrução que altere o mandado de detenção no sentido de requalificar os crimes aí indicados ou de adicionar outros. O Juízo de Instrução alterará o mandado de detenção se considerar que existem motivos suficientes para crer que a pessoa cometeu quer os crimes na forma que se indica nessa requalificação, quer os novos crimes.

7. O Procurador poderá solicitar ao Juízo de Instrução que, em vez de um mandado de detenção, emita uma notificação para comparecimento. Se o Juízo considerar que existem motivos suficientes para crer que a pessoa cometeu o crime que lhe é imputado e que uma notificação para comparecimento será suficiente para garantir a sua presença efetiva em tribunal, emitirá uma notificação para que a pessoa compareça, com ou sem a imposição de medidas restritivas de liberdade (distintas da detenção) se previstas no direito interno. Da notificação para comparecimento deverão constar os seguintes elementos:

a) O nome da pessoa em causa e qualquer outro elemento útil de identificação;

b) A data de comparecimento;

c) A referência precisa ao crime da competência do Tribunal que a pessoa alegadamente tenha cometido; e

d) Uma descrição sucinta dos fatos que alegadamente constituem o crime.

Esta notificação será diretamente feita à pessoa em causa.

Artigo 59
Procedimento de detenção
no Estado da detenção

1. O Estado-Parte que receber um pedido de prisão preventiva ou de detenção e entrega, adotará imediatamente as medidas necessárias para proceder à detenção, em conformidade com o respectivo direito interno e com o disposto na Parte IX.

2. O detido será imediatamente levado à presença da autoridade judiciária competente do Estado da detenção que determinará se, de acordo com a legislação desse Estado:

a) O mandado de detenção é aplicável à pessoa em causa;

b) A detenção foi executada de acordo com a lei;

c) Os direitos do detido foram respeitados.

3. O detido terá direito a solicitar à autoridade competente do Estado da detenção autorização para aguardar a sua entrega em liberdade.

4. Ao decidir sobre o pedido, a autoridade competente do Estado da detenção determinará se, em face da gravidade dos crimes imputados, se verificam circunstâncias urgentes e excepcionais

que justifiquem a liberdade provisória e se existem as garantias necessárias para que o Estado de detenção possa cumprir a sua obrigação de entregar a pessoa ao Tribunal. Essa autoridade não terá competência para examinar se o mandado de detenção foi regularmente emitido, nos termos das alíneas *a* e *b* do parágrafo 1º do artigo 58.
5. O pedido de liberdade provisória será notificado ao Juízo de Instrução, o qual fará recomendações à autoridade competente do Estado da detenção. Antes de tomar uma decisão, a autoridade competente do Estado da detenção terá em conta essas recomendações, incluindo as relativas a medidas adequadas para impedir a fuga da pessoa.
6. Se a liberdade provisória for concedida, o Juízo de Instrução poderá solicitar informações periódicas sobre a situação de liberdade provisória.
7. Uma vez que o Estado da detenção tenha ordenado a entrega, o detido será colocado, o mais rapidamente possível, à disposição do Tribunal.

Artigo 60
Início da fase instrutória

1. Logo que uma pessoa seja entregue ao Tribunal ou nele compareça voluntariamente em cumprimento de uma notificação para comparecimento, o Juízo de Instrução deverá assegurar-se de que essa pessoa foi informada dos crimes que lhe são imputados e dos direitos que o presente Estatuto lhe confere, incluindo o direito de solicitar autorização para aguardar o julgamento em liberdade.
2. A pessoa objeto de um mandado de detenção poderá solicitar autorização para aguardar julgamento em liberdade. Se o Juízo de Instrução considerar verificadas as condições enunciadas no parágrafo 1º do artigo 58, a detenção será mantida. Caso contrário, a pessoa será posta em liberdade, com ou sem condições.
3. O Juízo de Instrução reexaminará periodicamente a sua decisão quanto à liberdade provisória ou à detenção, podendo fazê-lo a todo o momento, a pedido do Procurador ou do interessado. Ao tempo da revisão, o Juízo poderá modificar a sua decisão quanto à detenção, à liberdade provisória ou às condições desta, se considerar que a alteração das circunstâncias o justifica.
4. O Juízo de Instrução certificar-se-á de que a detenção não será prolongada por período não razoável devido a demora injustificada por parte do Procurador. Caso se produza a referida demora, o Tribunal considerará a possibilidade de pôr o interessado em liberdade, com ou sem condições.
5. Se necessário, o Juízo de Instrução poderá emitir um mandado de detenção para garantir o comparecimento de uma pessoa que tenha sido posta em liberdade.

Artigo 61
Apreciação da acusação antes do julgamento

1. Salvo o disposto no parágrafo 2º, e em um prazo razoável após a entrega da pessoa ao Tribunal ou ao seu comparecimento voluntário perante este, o Juízo de Instrução realizará uma audiência para apreciar os fatos constantes da acusação com base nos quais o Procurador pretende requerer o julgamento. A audiência ocorrerá lugar na presença do Procurador e do acusado, assim como do defensor deste.
2. O Juízo de Instrução, de ofício ou a pedido do Procurador, poderá realizar a audiência na ausência do acusado, a fim de apreciar os fatos constantes da acusação com base nos quais o Procurador pretende requerer o julgamento, se o acusado:

a) Tiver renunciado ao seu direito a estar presente; ou

b) Tiver fugido ou não for possível encontrá-lo, tendo sido tomadas todas as medidas razoáveis para assegurar o seu comparecimento em Tribunal e para o informar dos fatos constantes da acusação e da realização de uma audiência para apreciação dos mesmos.

Neste caso, o acusado será representado por um defensor, se o Juízo de Instrução decidir que tal servirá os interesses da justiça.
3. Num prazo razoável antes da audiência, o acusado:

a) Receberá uma cópia do documento especificando os fatos constantes da acusação com base nos quais o Procurador pretende requerer o julgamento; e

b) Será informado das provas que o Procurador pretende apresentar em audiência.

O Juízo de Instrução poderá proferir despacho sobre a divulgação de informação para efeitos da audiência.
4. Antes da audiência, o Procurador poderá reabrir o inquérito e alterar ou retirar parte dos fatos constantes da acusação. O acusado será notificado de qualquer alteração ou retirada em tempo razoável, antes da realização da audiência. No caso de retirada de parte dos fatos constantes da acusação, o Procurador informará o Juízo de Instrução dos motivos da mesma.
5. Na audiência, o Procurador produzirá provas satisfatórias dos fatos constantes da acusação, nos quais baseou a sua convicção de que o acusado cometeu o crime que lhe é imputado. O Procurador poderá basear-se em provas documentais ou um resumo das provas, não sendo obrigado a chamar as testemunhas que irão depor no julgamento.
6. Na audiência, o acusado poderá:

a) Contestar as acusações;

b) Impugnar as provas apresentadas pelo Procurador; e

c) Apresentar provas.

7. Com base nos fatos apreciados durante a audiência, o Juízo de Instrução decidirá se existem provas suficientes de que o acusado cometeu os crimes que lhe são imputados. De acordo com essa decisão, o Juízo de Instrução:

a) Declarará procedente a acusação na parte relativamente à qual considerou terem sido reunidas provas suficientes e remeterá o acusado para o juízo de Julgamento em Primeira Instância, a fim de aí ser julgado pelos fatos confirmados;

b) Não declarará procedente a acusação na parte relativamente à qual considerou não terem sido reunidas provas suficientes;

c) Adiará a audiência e solicitará ao Procurador que considere a possibilidade de:

i) Apresentar novas provas ou efetuar novo inquérito relativamente a um determinado fato constante da acusação; ou

ii) Modificar parte da acusação, se as provas reunidas parecerem indicar que um crime distinto, da competência do Tribunal, foi cometido.

8. A declaração de não procedência relativamente a parte de uma acusação, proferida pelo Juízo de Instrução, não obstará a que o Procurador solicite novamente a sua apreciação, na condição de apresentar provas adicionais.

9. Tendo os fatos constantes da acusação sido declarados procedentes, e antes do início do julgamento, o Procurador poderá, mediante autorização do Juízo de Instrução e notificação prévia do acusado, alterar alguns fatos constantes da acusação. Se o Procurador pretender acrescentar novos fatos ou substituí-los por outros de natureza mais grave, deverá, nos termos do preserve artigo, requerer uma audiência para a respectiva apreciação. Após o início do julgamento, o Procurador poderá retirar a acusação, com autorização do Juízo de Instrução.

10. Qualquer mandado emitido deixará de ser válido relativamente aos fatos constantes da acusação que tenham sido declarados não procedentes pelo Juízo de Instrução ou que tenham sido retirados pelo Procurador.

11. Tendo a acusação sido declarada procedente nos termos do presente artigo, a Presidência designará um Juízo de Julgamento em Primeira Instância que, sob reserva do disposto no parágrafo 9º do presente artigo e no parágrafo 4º do artigo 64, se encarregará da fase seguinte do processo e poderá exercer as funções do Juízo de Instrução que se mostrem pertinentes e apropriadas nessa fase do processo.

CAPÍTULO VI
O JULGAMENTO

Artigo 62
Local do julgamento

Salvo decisão em contrário, o julgamento terá lugar na sede do Tribunal.

Artigo 63
Presença do acusado em julgamento

1. O acusado estará presente durante o julgamento.

2. Se o acusado, presente em tribunal, perturbar persistentemente a audiência, o Juízo de Julgamento em Primeira Instância poderá ordenar a sua remoção da sala e providenciar para que acompanhe o processo e dê instruções ao seu defensor a partir do exterior da mesma, utilizando, se necessário, meios técnicos de comunicação. Estas medidas só serão adotadas em circunstâncias excepcionais e pelo período estritamente necessário, após se terem esgotado outras possibilidades razoáveis.

Artigo 64
Funções e poderes do juízo
de julgamento em primeira instância

1. As funções e poderes do Juízo de Julgamento em Primeira Instância, enunciadas no presente artigo, deverão ser exercidas em conformidade com o presente Estatuto e o Regulamento Processual.

2. O Juízo de Julgamento em Primeira Instância zelará para que o julgamento seja conduzido de maneira equitativa e célere, com total respeito dos direitos do acusado e tendo em devida conta a proteção das vítimas e testemunhas.

3. O Juízo de Julgamento em Primeira Instância a que seja submetido um caso nos termos do presente Estatuto:

a) Consultará as partes e adotará as medidas necessárias para que o processo se desenrole de maneira equitativa e célere;

b) Determinará qual a língua, ou quais as línguas, a utilizar no julgamento; e

c) Sob reserva de qualquer outra disposição pertinente do presente Estatuto, providen-ciará pela revelação de quaisquer documentos ou da informação que não tenha sido divulgada anteriormente, com suficiente antecedência relativamente ao início do julgamento, a fim de permitir a sua preparação adequada para o julgamento.

4. O Juízo de Julgamento em Primeira Instância poderá, se mostrar necessário para o seu funcionamento eficaz e imparcial, remeter questões preliminares ao Juízo de Instrução ou, se necessário, a um outro juiz disponível da Seção de Instrução.

5. Mediante notificação às partes, o Juízo de Julgamento em Primeira Instância poderá, conforme se lhe afigure mais adequado, ordenar que as acusações contra mais de um acusado sejam deduzidas conjunta ou separadamente.

6. No desempenho das suas funções, antes ou no decurso de um julgamento, o Juízo de Julgamento em Primeira Instância poderá, se necessário:

a) Exercer qualquer uma das funções do Juízo de Instrução consignadas no parágrafo 11 do artigo 61;

b) Ordenar a comparência e a audição de testemunhas e a apresentação de documentos e outras provas, obtendo para tal, se necessário, o auxílio de outros Estados, conforme previsto no presente Estatuto;

c) Adotar medidas para a proteção da informação confidencial;

d) Ordenar a apresentação de provas adicionais às reunidas antes do julgamento ou às apresentadas no decurso do julgamento pelas partes;

e) Adotar medidas para a proteção do acusado, testemunhas e vítimas; e

f) Decidir sobre qualquer outra questão pertinente.

7. A audiência de julgamento será pública. No entanto, o Juízo de Julgamento em Primeira Instância poderá decidir que determinadas diligências se

efetuem à porta fechada, em conformidade com os objetivos enunciados no artigo 68 ou com vista a proteger informação de caráter confidencial ou restrita que venha a ser apresentada como prova.

8. *a)* No início da audiência de julgamento, o Juízo de Julgamento em Primeira Instância ordenará a leitura ao acusado, dos fatos constantes da acusação previamente confirmados pelo Juízo de Instrução. O Juízo de Julgamento em Primeira Instância deverá certificar-se de que o acusado compreende a natureza dos fatos que lhe são imputados e dar-lhe a oportunidade de os confessar, de acordo com o disposto no artigo 65, ou de se declarar inocente;

b) Durante o julgamento, o juiz presidente poderá dar instruções sobre a condução da audiência, nomeadamente para assegurar que esta se desenrole de maneira equitativa e imparcial. Salvo qualquer orientação do juiz presidente, as partes poderão apresentar provas em conformidade com as disposições do presente Estatuto.

9. O Juízo de Julgamento em Primeira Instância poderá, inclusive, de ofício ou a pedido de uma das partes, a saber:

a) Decidir sobre a admissibilidade ou pertinência das provas; e

b) Tomar todas as medidas necessárias para manter a ordem na audiência.

10. O Juízo de Julgamento em Primeira Instância providenciará para que o Secretário proceda a um registro completo da audiência de julgamento onde sejam fielmente relatadas todas as diligências efetuadas, registro que deverá manter e preservar.

Artigo 65
Procedimento em caso de confissão

1. Se o acusado confessar nos termos do parágrafo 8°, alínea *a*, do artigo 64, o Juízo de Julgamento em Primeira Instância apurará:

a) Se o acusado compreende a natureza e as consequências da sua confissão;

b) Se essa confissão foi feita livremente, após devida consulta ao seu advogado de defesa; e

c) Se a confissão é corroborada pelos fatos que resultam:

i) Da acusação deduzida pelo Procurador e aceita pelo acusado;

ii) De quaisquer meios de prova que confirmam os fatos constantes da acusação deduzida pelo Procurador e aceita pelo acusado; e

iii) De quaisquer outros meios de prova, tais como depoimentos de testemunhas, apresentados pelo Procurador ou pelo acusado.

2. Se o Juízo de Julgamento em Primeira Instância estimar que estão reunidas as condições referidas no parágrafo 1°, considerará que a confissão, juntamente com quaisquer provas adicionais produzidas, constitui um reconhecimento de todos os elementos essenciais constitutivos do crime pelo qual o acusado se declarou culpado e poderá condená-lo por esse crime.

3. Se o Juízo de Julgamento em Primeira Instância estimar que não estão reunidas as condições referidas no parágrafo 1°, considerará a confissão como não tendo tido lugar e, nesse caso, ordenará que o julgamento prossiga de acordo com o procedimento comum estipulado no presente Estatuto, podendo transmitir o processo a outro Juízo de Julgamento em Primeira Instância.

4. Se o Juízo de Julgamento em Primeira Instância considerar necessária, no interesse da justiça, e em particular no interesse das vítimas, uma explanação mais detalhada dos fatos integrantes do caso, poderá:

a) Solicitar ao Procurador que apresente provas adicionais, incluindo depoimentos de testemunhas; ou

b) Ordenar que o processo prossiga de acordo com o procedimento comum estipulado no presente Estatuto, caso em que considerará a confissão como não tendo tido lugar e poderá transmitir o processo a outro Juízo de Julgamento em Primeira Instância.

5. Quaisquer consultas entre o Procurador e a defesa, no que diz respeito à alteração dos fatos constantes da acusação, à confissão ou à pena a ser imposta, não vincularão o Tribunal.

Artigo 66
Presunção de inocência

1. Toda a pessoa se presume inocente até prova da sua culpa perante o Tribunal, de acordo com o direito aplicável.

2. Incumbe ao Procurador o ônus da prova da culpa do acusado.

3. Para proferir sentença condenatória, o Tribunal deve estar convencido de que o acusado é culpado, além de qualquer dúvida razoável.

Artigo 67
Direitos do acusado

1. Durante a apreciação de quaisquer fatos constantes da acusação, o acusado tem direito a ser ouvido em audiência pública, levando em conta o disposto no presente Estatuto, a uma audiência conduzida de forma equitativa e imparcial e às seguintes garantias mínimas, em situação de plena igualdade:

a) A ser informado, sem demora e de forma detalhada, numa língua que compreenda e fale fluentemente, da natureza, motivo e conteúdo dos fatos que lhe são imputados;

b) A dispor de tempo e de meios adequados para a preparação da sua defesa e a comunicar-se livre e confidencialmente com um defensor da sua escolha;

c) A ser julgado sem atrasos indevidos;

d) Salvo o disposto no parágrafo 2° do artigo 63, o acusado terá direito a estar presente na audiência de julgamento e a defender-se a si próprio ou a ser assistido por um defensor da sua escolha; se não o tiver, a ser informado do direito de o tribunal lhe nomear um defensor sempre que o interesse da justiça o exija, sendo tal assistência gratuita se o acusado carecer de meios suficientes para remunerar o defensor assim nomeado;

e) A inquirir ou a fazer inquirir as testemunhas de acusação e a obter o comparecimento das testemunhas de defesa e a inquirição destas nas mesmas condições que as testemunhas de acusação. O acusado terá também direito a apresentar defesa e a oferecer qualquer outra prova admissível, de acordo com o presente Estatuto;

f) A ser assistido gratuitamente por um intérprete competente e a serem-lhe facultadas as traduções necessárias que a equidade exija, se não compreender perfeitamente ou não falar a língua utilizada em qualquer ato processual ou documento produzido em tribunal;

g) A não ser obrigado a depor contra si próprio, nem a declarar-se culpado, e a guardar silêncio, sem que este seja levado em conta na determinação da sua culpa ou inocência;

h) A prestar declarações não ajuramentadas, oralmente ou por escrito, em sua defesa; e

i) A que não lhe seja imposta quer a inversão do ônus da prova, quer a impugnação.

2. Além de qualquer outra revelação de informação prevista no presente Estatuto, o Procurador comunicará à defesa, logo que possível, as provas que tenha em seu poder ou sob o seu controle e que, no seu entender, revelem ou tendam a revelar a inocência do acusado, ou a atenuar a sua culpa, ou que possam afetar a credibilidade das provas de acusação. Em caso de dúvida relativamente à aplicação do presente número, cabe ao Tribunal decidir.

Artigo 68
Proteção das vítimas e das testemunhas e sua participação no processo

1. O Tribunal adotará as medidas adequadas para garantir a segurança, o bem-estar físico e psicológico, a dignidade e a vida privada das vítimas e testemunhas. Para tal, o Tribunal levará em conta todos os fatores pertinentes, incluindo a idade, o gênero tal como definido no parágrafo 3º do artigo 7º, e o estado de saúde, assim como a natureza do crime, em particular, mas não apenas quando este envolva elementos de agressão sexual, de violência relacionada com a pertença a um determinado gênero ou de violência contra crianças. O Procurador adotará estas medidas, nomeadamente durante o inquérito e o procedimento criminal. Tais medidas não poderão prejudicar nem ser incompatíveis com os direitos do acusado ou com a realização de um julgamento equitativo e imparcial.

2. Enquanto excepção ao princípio do caráter público das audiências estabelecido no artigo 67, qualquer um dos Juízes que compõem o Tribunal poderá, a fim de proteger as vítimas e as testemunhas ou o acusado, decretar que um ato processual se realize, no todo ou em parte, à porta fechada ou permitir a produção de prova por meios eletrônicos ou outros meios especiais. Estas medidas aplicar-se-ão, nomeadamente, no caso de uma vítima de violência sexual ou de um menor que seja vítima ou testemunha, salvo decisão em contrário adotada pelo Tribunal, ponderadas todas as circunstâncias, particularmente a opinião da vítima ou da testemunha.

3. Se os interesses pessoais das vítimas forem afetados, o Tribunal permitir-lhes-á que expressem as suas opiniões e preocupações em fase processual que entenda apropriada e por forma a não prejudicar os direitos do acusado nem a ser incompatível com estes ou com a realização de um julgamento equitativo e imparcial. Os representantes legais das vítimas poderão apresentar as referidas opiniões e preocupações quando o Tribunal o considerar oportuno e em conformidade com o Regulamento Processual.

4. A Unidade de Apoio às Vítimas e Testemunhas poderá aconselhar o Procurador e o Tribunal relativamente a medidas adequadas de proteção, mecanismos de segurança, assessoria e assistência a que se faz referência no parágrafo 6º do artigo 43.

5. Quando a divulgação de provas ou de informação, de acordo com o presente Estatuto, representar um grave perigo para a segurança de uma testemunha ou da sua família, o Procurador poderá, para efeitos de qualquer diligência anterior ao julgamento, não apresentar as referidas provas ou informação, mas antes um resumo das mesmas. As medidas desta natureza deverão ser postas em prática de uma forma que não seja prejudicial aos direitos do acusado ou incompatível com estes e com a realização de um julgamento equitativo e imparcial.

6. Qualquer Estado poderá solicitar que sejam tomadas as medidas necessárias para assegurar a proteção dos seus funcionários ou agentes, bem como a proteção de toda a informação de caráter confidencial ou restrito.

Artigo 69
Prova

1. Em conformidade com o Regulamento Processual e antes de depor, qualquer testemunha se comprometerá a fazer o seu depoimento com verdade.

2. A prova testemunhal deverá ser prestada pela própria pessoa no decurso do julgamento, salvo quando se apliquem as medidas estabelecidas no artigo 68 ou no Regulamento Processual. De igual modo, o Tribunal poderá permitir que uma testemunha preste declarações oralmente ou por meio de gravação em vídeo ou áudio, ou que sejam apresentados documentos ou transcrições escritas, nos termos do presente Estatuto e de acordo com o Regulamento Processual. Estas medidas não poderão prejudicar os direitos do acusado, nem ser incompatíveis com eles.

3. As partes poderão apresentar provas que interessem ao caso, nos termos do artigo 64. O Tribunal será competente para solicitar de ofício a produção de todas as provas que entender necessárias para determinar a veracidade dos fatos.

4. O Tribunal poderá decidir sobre a relevância ou admissibilidade de qualquer prova, tendo em conta, entre outras coisas, o seu valor probatório e qualquer prejuízo que possa acarretar para a realização

de um julgamento equitativo ou para a avaliação equitativa dos depoimentos de uma testemunha, em conformidade com o Regulamento Processual.

5. O Tribunal respeitará e atenderá aos privilégios de confidencialidade estabelecidos no Regulamento Processual.

6. O Tribunal não exigirá prova dos fatos do domínio público, mas poderá fazê-los constar dos autos.

7. Não serão admissíveis as provas obtidas com violação do presente Estatuto ou das normas de direitos humanos internacionalmente reconhecidas quando:

a) Essa violação suscite sérias dúvidas sobre a fiabilidade das provas; ou

b) A sua admissão atente contra a integridade do processo ou resulte em grave prejuízo deste.

8. O Tribunal, ao decidir sobre a relevância ou admissibilidade das provas apresentadas por um Estado, não poderá pronunciar-se sobre a aplicação do direito interno desse Estado.

Artigo 70
Infrações contra
a administração da justiça

1. O Tribunal terá competência para conhecer das seguintes infrações contra a sua administração da justiça, quando cometidas intencionalmente:

a) Prestação de falso testemunho, quando há a obrigação de dizer a verdade, de acordo com o parágrafo 1º do artigo 69;

b) Apresentação de provas, tendo a parte conhecimento de que são falsas ou que foram falsificadas;

c) Suborno de uma testemunha, impedimento ou interferência no seu comparecimento ou depoimento, represálias contra uma testemunha por esta ter prestado depoimento, destruição ou alteração de provas ou interferência nas diligências de obtenção de prova;

d) Entrave, intimidação ou corrupção de um funcionário do Tribunal, com a finalidade de o obrigar ou o induzir a não cumprir as suas funções ou a fazê-lo de maneira indevida;

e) Represálias contra um funcionário do Tribunal, em virtude das funções que ele ou outro funcionário tenham desempenhado; e

f) Solicitação ou aceitação de suborno na qualidade de funcionário do Tribunal, e em relação com o desempenho das respectivas funções oficiais.

2. O Regulamento Processual estabelecerá os princípios e procedimentos que regularão o exercício da competência do Tribunal relativamente às infrações a que se faz referência no presente artigo. As condições de cooperação internacional com o Tribunal, relativamente ao procedimento que adote de acordo com o presente artigo, reger-se-ão pelo direito interno do Estado requerido.

3. Em caso de decisão condenatória, o Tribunal poderá impor uma pena de prisão não superior a 5 (cinco) anos, ou de multa, de acordo com o Regulamento Processual, ou ambas.

4. a) Cada Estado-Parte tornará extensivas as normas penais de direito interno que punem as infrações contra a realização da justiça às infrações contra a administração da justiça a que se faz referência no presente artigo, e que sejam cometidas no seu território ou por um dos seus nacionais;

b) A pedido do Tribunal, qualquer Estado-Parte submeterá, sempre que o entender necessário, o caso à apreciação das suas autoridades competentes para fins de procedimento criminal. Essas autoridades conhecerão do caso com diligência e acionarão os meios necessários para a sua eficaz condução.

Artigo 71
Sanções por desrespeito ao Tribunal

1. Em caso de atitudes de desrespeito ao Tribunal, tal como perturbar a audiência ou recusar-se deliberadamente a cumprir as suas instruções, o Tribunal poderá impor sanções administrativas que não impliquem privação de liberdade, como, por exemplo, a expulsão temporária ou permanente da sala de audiências, a multa ou outra medida similar prevista no Regulamento Processual.

2. O processo de imposição das medidas a que se refere o número anterior reger-se-á pelo Regulamento Processual.

Artigo 72
Proteção de informação relativa
à segurança nacional

1. O presente artigo aplicar-se-á a todos os casos em que a divulgação de informação ou de documentos de um Estado possa, no entender deste, afetar os interesses da sua segurança nacional. Tais casos incluem os abrangidos pelas disposições constantes dos parágrafos 2º e 3º do artigo 56, parágrafo 3º do artigo 61, parágrafo 3º do artigo 64, parágrafo 2º do artigo 67, parágrafo 6º do artigo 68, parágrafo 6º do artigo 87 e do artigo 93, assim como os que se apresentem em qualquer outra fase do processo em que uma tal divulgação possa estar em causa.

2. O presente artigo aplicar-se-á igualmente aos casos em que uma pessoa a quem tenha sido solicitada a prestação de informação ou provas, tenha recusado a apresentá-las ou tenha entregue a questão ao Estado, invocando que tal divulgação afetaria os interesses da segurança nacional do Estado, e o Estado em causa confirme que, no seu entender, essa divulgação afetaria os interesses da sua segurança nacional.

3. Nada no presente artigo afetará os requisitos de confidencialidade a que se referem as alíneas e e f do parágrafo 3º do artigo 54, nem a aplicação do artigo 73.

4. Se um Estado tiver conhecimento de que informações ou documentos do Estado estão a ser, ou poderão vir a ser, divulgados em qualquer fase do processo, e considerar que essa divulgação afetaria os seus interesses de segurança nacional, tal Estado terá o direito de intervir com vista a ver alcançada a resolução desta questão em conformidade com o presente artigo.

5. O Estado que considere que a divulgação de determinada informação poderá afetar os seus interesses de segurança nacional adotará, em conjunto com o Procurador, a defesa, o Juízo de Instrução ou o Juízo de Julgamento em Primeira Instância, conforme o caso, todas as medidas razoavelmente possíveis para encontrar uma solução através da concertação. Estas medidas poderão incluir:
a) A alteração ou o esclarecimento dos motivos do pedido;
b) Uma decisão do Tribunal relativa à relevância das informações ou dos elementos de prova solicitados, ou uma decisão sobre se as provas, ainda que relevantes, não poderiam ser ou ter sido obtidas junto de fonte distinta do Estado requerido;
c) A obtenção da informação ou de provas de fonte distinta ou em uma forma diferente; ou
d) Um acordo sobre as condições em que a assistência poderá ser prestada, incluindo, entre outras, a disponibilização de resumos ou exposições, restrições à divulgação, recurso ao procedimento à porta fechada ou à revelia de uma das partes, ou aplicação de outras medidas de proteção permitidas pelo Estatuto ou pelas Regulamento Processual.
6. Realizadas todas as diligências razoavelmente possíveis com vista a resolver a questão por meio de concertação, e se o Estado considerar não haver meios nem condições para que as informações ou os documentos possam ser fornecidos ou revelados sem prejuízo dos seus interesses de segurança nacional, notificará o Procurador ou o Tribunal nesse sentido, indicando as razões precisas que fundamentaram a sua decisão, a menos que a descrição específica dessas razões prejudique, necessariamente, os interesses de segurança nacional do Estado.
7. Posteriormente, se decidir que a prova é relevante e necessária para a determinação da culpa ou inocência do acusado, o Tribunal poderá adotar as seguintes medidas:
a) Quando a divulgação da informação ou do documento for solicitada no âmbito de um pedido de cooperação, nos termos da Parte IX do presente Estatuto ou nas circunstâncias a que se refere o parágrafo 2º do presente artigo, e o Estado invocar o motivo de recusa estatuído no parágrafo 4º do artigo 93:
i) O Tribunal poderá, antes de chegar a qualquer uma das conclusões a que se refere o ponto ii) da alínea *a* do parágrafo 7º, solicitar consultas suplementares com o fim de ouvir o Estado, incluindo, se for caso disso, a sua realização à porta fechada ou à revelia de uma das partes;
ii) Se o Tribunal concluir que, ao invocar o motivo de recusa estatuído no parágrafo 4º do artigo 93, dadas as circunstâncias do caso, o Estado requerido não está a atuar de harmonia com as obrigações impostas pelo presente Estatuto, poderá remeter a questão nos termos do parágrafo 7º do artigo 87, especificando as razões da sua conclusão; e
iii) O Tribunal poderá tirar as conclusões, que entender apropriadas, em razão das circunstâncias, ao julgar o acusado, quanto à existência ou inexistência de um fato; ou
b) Em todas as restantes circunstâncias:
i) Ordenar a revelação; ou
ii) Se não ordenar a revelação, inferir, no julgamento do acusado, quanto à existência ou inexistência de um fato, conforme se mostrar apropriado.

Artigo 73
Informação ou documentos disponibilizados por terceiros

Se um Estado-Parte receber um pedido do Tribunal para que lhe forneça uma informação ou um documento que esteja sob sua custódia, posse ou controle, e que lhe tenha sido comunicado a título confidencial por um Estado, uma organização intergovernamental ou uma organização internacional, tal Estado-Parte deverá obter o consentimento do seu autor para a divulgação dessa informação ou documento. Se o autor for um Estado-Parte, este poderá consentir em divulgar a referida informação ou documento ou comprometer-se a resolver a questão com o Tribunal, salvaguardando-se o disposto no artigo 72. Se o autor não for um Estado-Parte e não consentir em divulgar a informação ou o documento, o Estado requerido comunicará ao Tribunal que não lhe será possível fornecer a informação ou o documento em causa, devido à obrigação previamente assumida com o respectivo autor de preservar o seu caráter confidencial.

Artigo 74
Requisitos para a decisão

1. Todos os juízes do Juízo de Julgamento em Primeira Instância estarão presentes em cada uma das fases do julgamento e nas deliberações. A Presidência poderá designar, conforme o caso, um ou vários juízes substitutos, em função das disponibilidades, para estarem presentes em todas as fases do julgamento, bem como para substituírem qualquer membro do Juízo de Julgamento em Primeira Instância que se encontre impossibilitado de continuar a participar no julgamento.
2. O Juízo de Julgamento em Primeira Instância fundamentará a sua decisão com base na apreciação das provas e do processo no seu conjunto. A decisão não exorbitará dos fatos e circunstâncias descritos na acusação ou nas alterações que lhe tenham sido feitas. O Tribunal fundamentará a sua decisão exclusivamente nas provas produzidas ou examinadas em audiência de julgamento.
3. Os juízes procurarão tomar uma decisão por unanimidade e, não sendo possível, por maioria.
4. As deliberações do Juízo de Julgamento em Primeira Instância serão e permanecerão secretas.
5. A decisão será proferida por escrito e conterá uma exposição completa e fundamentada da apreciação das provas e as conclusões do Juízo de Julgamento em Primeira Instância. Será proferida uma só decisão pelo Juízo de Julgamento em Primeira Instância. Se não houver unanimidade, a decisão do Juízo de Julgamento em Primeira Instância conterá

Artigo 75
Reparação em favor das vítimas

1. O Tribunal estabelecerá princípios aplicáveis às formas de reparação, tais como a restituição, a indenização ou a reabilitação, que hajam de ser atribuídas às vítimas ou aos titulares desse direito. Nesta base, o Tribunal poderá, de ofício ou por requerimento, em circunstâncias excepcionais, determinar a extensão e o nível dos danos, da perda ou do prejuízo causados às vítimas ou aos titulares do direito à reparação, com a indicação dos princípios nos quais fundamentou a sua decisão.

2. O Tribunal poderá lavrar despacho contra a pessoa condenada, no qual determinará a reparação adequada a ser atribuída às vítimas ou aos titulares de tal direito. Esta reparação poderá, nomeadamente, assumir a forma de restituição, indenização ou reabilitação. Se for caso disso, o Tribunal poderá ordenar que a indenização atribuída a título de reparação seja paga por intermédio do Fundo previsto no artigo 79.

3. Antes de lavrar qualquer despacho ao abrigo do presente artigo, o Tribunal poderá solicitar e levar em consideração as pretensões formuladas pela pessoa condenada, pelas vítimas, por outras pessoas interessadas ou por outros Estados interessados, bem como as observações formuladas em nome dessas pessoas ou desses Estados.

4. Ao exercer os poderes conferidos pelo presente artigo, o Tribunal poderá, após a condenação por crime que seja da sua competência, determinar se, para fins de aplicação dos despachos que lavrar ao abrigo do presente artigo, será necessário tomar quaisquer medidas em conformidade com o parágrafo 1º do artigo 93.

5. Os Estados-Partes observarão as decisões proferidas nos termos deste artigo como se as disposições do artigo 109 se aplicassem ao presente artigo.

6. Nada no presente artigo será interpretado como prejudicando os direitos reconhecidos às vítimas pelo direito interno ou internacional.

Artigo 76
Aplicação da pena

1. Em caso de condenação, o Juízo de Julgamento em Primeira Instância determinará a pena a aplicar tendo em conta os elementos de prova e as exposições relevantes produzidos no decurso do julgamento.

2. Salvo nos casos em que seja aplicado o artigo 65 e antes de concluído o julgamento, o Juízo de Julgamento em Primeira Instância poderá, oficiosamente, e deverá, a requerimento do Procurador ou do acusado, convocar uma audiência suplementar, a fim de conhecer de quaisquer novos elementos de prova ou exposições relevantes para a determinação da pena, de harmonia com o Regulamento Processual.

3. Sempre que o parágrafo 2º for aplicável, as pretensões previstas no artigo 75 serão ouvidas pelo Juízo de Julgamento em Primeira Instância no decorrer da audiência referida no parágrafo 2º e, se necessário, no decorrer de qualquer nova audiência.

4. A sentença será proferida em audiência pública e, sempre que possível, na presença do acusado.

CAPÍTULO VII
AS PENAS

Artigo 77
Penas aplicáveis

1. Sem prejuízo do disposto no artigo 110, o Tribunal pode impor à pessoa condenada por um dos crimes previstos no artigo 5º do presente Estatuto uma das seguintes penas:

a) Pena de prisão por um número determinado de anos, até ao limite máximo de 30 (trinta) anos; ou

b) Pena de prisão perpétua, se o elevado grau de ilicitude do fato e as condições pessoais do condenado o justificarem.

2. Além da pena de prisão, o Tribunal poderá aplicar:

a) Uma multa, de acordo com os critérios previstos no Regulamento Processual;

b) A perda de produtos, bens e haveres provenientes, direta ou indiretamente, do crime, sem prejuízo dos direitos de terceiros que tenham agido de boa-fé.

Artigo 78
Determinação da pena

1. Na determinação da pena, o Tribunal atenderá, em harmonia com o Regulamento Processual, a fatores tais como a gravidade do crime e as condições pessoais do condenado.

2. O Tribunal descontará, na pena de prisão que vier a aplicar, o período durante o qual o acusado esteve sob detenção por ordem daquele. O Tribunal poderá ainda descontar qualquer outro período de detenção que tenha sido cumprido em razão de uma conduta constitutiva do crime.

3. Se uma pessoa for condenada pela prática de vários crimes, o Tribunal aplicará penas de prisão parcelares relativamente a cada um dos crimes e uma pena única, na qual será especificada a duração total da pena de prisão. Esta duração não poderá ser inferior à da pena parcelar mais elevada e não poderá ser superior a 30 (trinta) anos de prisão ou ir além da pena de prisão perpétua prevista no artigo 77, parágrafo 1º, alínea *b*.

Artigo 79
Fundo em favor das vítimas

1. Por decisão da Assembleia dos Estados-Partes, será criado um Fundo a favor das vítimas de crimes da competência do Tribunal, bem como das respectivas famílias.

2. O Tribunal poderá ordenar que o produto das multas e quaisquer outros bens declarados perdidos revertam para o Fundo.

3. O Fundo será gerido em harmonia com os critérios a serem adotados pela Assembleia dos Estados-Partes.

Artigo 80
Não interferência no regime de aplicação de penas nacionais e nos direitos internos

Nada no presente Capítulo prejudicará a aplicação, pelos Estados, das penas previstas nos respectivos direitos internos, ou a aplicação da legislação de Estados que não preveja as penas referidas neste capítulo.

CAPÍTULO VIII
RECURSO E REVISÃO

Artigo 81
Recurso da sentença condenatória ou absolutória ou da pena

1. A sentença proferida nos termos do artigo 74 é recorrível em conformidade com o disposto no Regulamento Processual nos seguintes termos:
a) O Procurador poderá interpor recurso com base num dos seguintes fundamentos:
i) Vício processual;
ii) Erro de fato; ou
iii) Erro de direito;
b) O condenado ou o Procurador, no interesse daquele; poderá interpor recurso com base num dos seguintes fundamentos:
i) Vício processual;
ii) Erro de fato;
iii) Erro de direito; ou
iv) Qualquer outro motivo suscetível de afetar a equidade ou a regularidade do processo ou da sentença.
2. *a)* O Procurador ou o condenado poderá, em conformidade com o Regulamento Processual, interpor recurso da pena decretada invocando desproporção entre esta e o crime;
b) Se, ao conhecer de recurso interposto da pena decretada, o Tribunal considerar que há fundamentos suscetíveis de justificar a anulação, no todo ou em parte, da sentença condenatória, poderá convidar o Procurador e o condenado a motivarem a sua posição nos termos da alínea *a* ou *b* do parágrafo 1º do artigo 81, após o que poderá pronunciar-se sobre a sentença condenatória nos termos do artigo 83;
c) O mesmo procedimento será aplicado sempre que o Tribunal, ao conhecer de recurso interposto unicamente da sentença condenatória, considerar haver fundamentos comprovativos de uma redução da pena nos termos da alínea *a* do parágrafo 2º.
3. *a)* Salvo decisão em contrário do Juízo de Julgamento em Primeira Instância, o condenado permanecerá sob prisão preventiva durante a tramitação do recurso;
b) Se o período de prisão preventiva ultrapassar a duração da pena decretada, o condenado será posto em liberdade; todavia, se o Procurador também interpuser recurso, a libertação ficará sujeita às condições enunciadas na alínea *c infra*;

c) Em caso de absolvição, o acusado será imediatamente posto em liberdade, sem prejuízo das seguintes condições:
i) Em circunstâncias excepcionais e tendo em conta, nomeadamente, o risco de fuga, a gravidade da infração e as probabilidades de o recurso ser julgado procedente, o Juízo de Julgamento em Primeira Instância poderá, a requerimento do Procurador, ordenar que o acusado seja mantido em regime de prisão preventiva durante a tramitação do recurso;
ii) A decisão proferida pelo juízo de julgamento em primeira instância nos termos da subalínea i), será recorrível em harmonia com as Regulamento Processual.
4. Sem prejuízo do disposto nas alíneas *a* e *b* do parágrafo 3º, a execução da sentença condenatória ou da pena ficará suspensa pelo período fixado para a interposição do recurso, bem como durante a fase de tramitação do recurso.

Artigo 82
Recurso de outras decisões

1. Em conformidade com o Regulamento Processual, qualquer uma das Partes poderá recorrer das seguintes decisões:
a) Decisão sobre a competência ou a admissibilidade do caso;
b) Decisão que autorize ou recuse a libertação da pessoa objeto de inquérito ou de procedimento criminal;
c) Decisão do Juízo de Instrução de agir por iniciativa própria, nos termos do parágrafo 3º do artigo 56;
d) Decisão relativa a uma questão suscetível de afetar significativamente a tramitação equitativa e célere do processo ou o resultado do julgamento, e cuja resolução imediata pelo Juízo de Recursos poderia, no entender do Juízo de Instrução ou do Juízo de Julgamento em Primeira Instância, acelerar a marcha do processo.
2. Quer o Estado interessado quer o Procurador poderão recorrer da decisão proferida pelo Juízo de Instrução, mediante autorização deste, nos termos do artigo 57, parágrafo 3º, alínea *d*. Este recurso adotará uma forma sumária.
3. O recurso só terá efeito suspensivo se o Juízo de Recursos assim o ordenar, mediante requerimento, em conformidade com o Regulamento Processual.
4. O representante legal das vítimas, o condenado ou o proprietário de boa-fé de bens que hajam sido afetados por um despacho proferido ao abrigo do artigo 75 poderá recorrer de tal despacho, em conformidade com o Regulamento Processual.

Artigo 83
Processo sujeito a recurso

1. Para os fins do procedimento referido no artigo 81 e no presente artigo, o Juízo de Recursos terá todos os poderes conferidos ao Juízo de Julgamento em Primeira Instância.
2. Se o Juízo de Recursos concluir que o processo sujeito a recurso padece de vícios tais que afetem a regularidade da decisão ou da sentença, ou que

a decisão ou a sentença recorridas estão materialmente afetadas por erros de fato ou de direito, ou vício processual, ela poderá:
a) Anular ou modificar a decisão ou a pena; ou
b) Ordenar um novo julgamento perante um outro Juízo de Julgamento em Primeira Instância.

Para os fins mencionados, poderá o Juízo de Recursos reenviar uma questão de fato para o Juízo de Julgamento em Primeira Instância à qual foi submetida originariamente, a fim de que esta decida a questão e lhe apresente um relatório, ou pedir, ela própria, elementos de prova para decidir. Tendo o recurso da decisão ou da pena sido interposto somente pelo condenado, ou pelo Procurador no interesse daquele, não poderão aquelas ser modificadas em prejuízo do condenado.

3. Se, ao conhecer do recurso de uma pena, o Juízo de Recursos considerar que a pena é desproporcionada relativamente ao crime, poderá modificá-la nos termos do Capítulo VII.

4. O acórdão do Juízo de Recursos será tirado por maioria dos juízes e proferido em audiência pública. O acórdão será sempre fundamentado. Não havendo unanimidade, deverá conter as opiniões da parte maioria e da minoria de juízes; contudo, qualquer juiz poderá exprimir uma opinião separada ou discordante sobre uma questão de direito.

5. O Juízo de Recursos poderá emitir o seu acórdão na ausência da pessoa absolvida ou condenada.

Artigo 84
Revisão da sentença condenatória ou da pena

1. O condenado ou, se este tiver falecido, o cônjuge sobrevivo, os filhos, os pais ou qualquer pessoa que, em vida do condenado, dele tenha recebido incumbência expressa, por escrito, nesse sentido, ou o Procurador no seu interesse, poderá submeter ao Juízo de Recursos um requerimento solicitando a revisão da sentença condenatória ou da pena pelos seguintes motivos:
a) A descoberta de novos elementos de prova:
i) De que não dispunha ao tempo do julgamento, sem que essa circunstância pudesse ser imputada, no todo ou em parte, ao requerente; e
ii) De tal forma importantes que, se tivessem ficado provados no julgamento, teriam provavelmente conduzido a um veredicto diferente;
b) A descoberta de que elementos de prova, apreciados no julgamento e decisivos para a determinação da culpa, eram falsos ou tinham sido objeto de contrafação ou falsificação;
c) Um ou vários dos juízes que intervieram na sentença condenatória ou confirmaram a acusação hajam praticado atos de conduta reprovável ou de incumprimento dos respectivos deveres de tal forma graves que justifiquem a sua cessação de funções nos termos do artigo 46.

2. O Juízo de Recursos rejeitará o pedido se o considerar manifestamente infundado. Caso contrário, poderá o Juízo, se julgar oportuno:
a) Convocar de novo o Juízo de Julgamento em Primeira Instância que proferiu a sentença inicial;
b) Constituir um novo Juízo de Julgamento em Primeira Instância; ou
c) Manter a sua competência para conhecer da causa, a fim de determinar se, após a audição das partes nos termos do Regulamento Processual, haverá lugar à revisão da sentença.

Artigo 85
Indenização do detido ou condenado

1. Quem tiver sido objeto de detenção ou prisão ilegal terá direito a reparação.

2. Sempre que uma decisão final seja posteriormente anulada em razão de fatos novos ou recentemente descobertos que apontem inequivocamente para um erro judiciário, a pessoa que tiver cumprido pena em resultado de tal sentença condenatória será indenizada, em conformidade com a lei, a menos que fique provado que a não revelação, em tempo útil, do fato desconhecido lhe seja imputável, no todo ou em parte.

3. Em circunstâncias excepcionais e em face de fatos que conclusivamente demonstrem a existência de erro judiciário grave e manifesto, o Tribunal poderá, no uso do seu poder discricionário, atribuir uma indenização, de acordo com os critérios enunciados no Regulamento Processual, à pessoa que, em virtude de sentença absolutória ou de extinção da instância por tal motivo, haja sido posta em liberdade.

CAPÍTULO IX
COOPERAÇÃO INTERNACIONAL E AUXÍLIO JUDICIÁRIO

Artigo 86
Obrigação geral de cooperar

Os Estados-Partes deverão, em conformidade com o disposto no presente Estatuto, cooperar plenamente com o Tribunal no inquérito e no procedimento contra crimes da competência deste.

Artigo 87
Pedidos de cooperação: disposições gerais

1. a) O Tribunal estará habilitado a dirigir pedidos de cooperação aos Estados-Partes. Estes pedidos serão transmitidos pela via diplomática ou por qualquer outra via apropriada escolhida pelo Estado-Parte no momento de ratificação, aceitação, aprovação ou adesão ao presente Estatuto.

Qualquer Estado-Parte poderá alterar posteriormente a escolha feita nos termos do Regulamento Processual;
b) Se for caso disso, e sem prejuízo do disposto na alínea a, os pedidos poderão ser igualmente transmitidos pela Organização Internacional de Polícia Criminal (Interpol) ou por qualquer outra organização regional competente.

2. Os pedidos de cooperação e os documentos comprovativos que os instruam serão redigidos na língua oficial do Estado requerido ou acompanhados de uma tradução nessa língua, ou numa das línguas de trabalho do Tribunal ou acompanhados de uma tradução numa dessas línguas, de acordo com a

escolha feita pelo Estado requerido no momento da ratificação, aceitação, aprovação ou adesão ao presente Estatuto.

Qualquer alteração posterior será feita de harmonia com o Regulamento Processual.

3. O Estado requerido manterá a confidencialidade dos pedidos de cooperação e dos documentos comprovativos que os instruam, salvo quando a sua revelação for necessária para a execução do pedido.

4. Relativamente aos pedidos de auxílio formulados ao abrigo do presente Capítulo, o Tribunal poderá, nomeadamente em matéria de proteção da informação, tomar as medidas necessárias à garantia da segurança e do bem-estar físico ou psicológico das vítimas, das potenciais testemunhas e dos seus familiares. O Tribunal poderá solicitar que as informações fornecidas ao abrigo do presente Capítulo sejam comunicadas e tratadas por forma a que a segurança e o bem-estar físico ou psicológico das vítimas, das potenciais testemunhas e dos seus familiares sejam devidamente preservados.

5. *a)* O Tribunal poderá convidar qualquer Estado que não seja Parte no presente Estatuto a prestar auxílio ao abrigo do presente Capítulo com base num convênio *ad hoc*, num acordo celebrado com esse Estado ou por qualquer outro modo apropriado.

b) Se, após a celebração de um convênio *ad hoc* ou de um acordo com o Tribunal, um Estado que não seja Parte no presente Estatuto se recusar a cooperar nos termos de tal convênio ou acordo, o Tribunal dará conhecimento desse fato à Assembleia dos Estados-Partes ou ao Conselho de Segurança, quando tiver sido este a referenciar o fato ao Tribunal.

6. O Tribunal poderá solicitar informações ou documentos a qualquer organização intergovernamental. Poderá igualmente requerer outras formas de cooperação e auxílio a serem acordadas com tal organização e que estejam em conformidade com a sua competência ou o seu mandato.

7. Se, contrariamente ao disposto no presente Estatuto, um Estado-Parte recusar um pedido de cooperação formulado pelo Tribunal, impedindo-o assim de exercer os seus poderes e funções nos termos do presente Estatuto, o Tribunal poderá elaborar um relatório e remeter a questão à Assembleia dos Estados-Partes ou ao Conselho de Segurança, quando tiver sido este a submeter o fato ao Tribunal.

Artigo 88
Procedimentos previstos no direito interno

Os Estados-Partes deverão assegurar-se de que o seu direito interno prevê procedimentos que permitam responder a todas as formas de cooperação especificadas neste Capítulo.

Artigo 89
Entrega de pessoas ao Tribunal

1. O Tribunal poderá dirigir um pedido de detenção e entrega de uma pessoa, instruído com os documentos comprovativos referidos no artigo 91, a qualquer Estado em cujo território essa pessoa se possa encontrar, e solicitar a cooperação desse Estado na detenção e entrega da pessoa em causa. Os Estados-Partes darão satisfação aos pedidos de detenção e de entrega em conformidade com o presente Capítulo e com os procedimentos previstos nos respectivos direitos internos.

2. Sempre que a pessoa cuja entrega é solicitada impugnar a sua entrega perante um tribunal nacional com base no princípio *ne bis in idem* previsto no artigo 20, o Estado requerido consultará, de imediato, o Tribunal para determinar se houve uma decisão relevante sobre a admissibilidade. Se o caso for considerado admissível, o Estado requerido dará seguimento ao pedido. Se estiver pendente decisão sobre a admissibilidade, o Estado requerido poderá diferir a execução do pedido até que o Tribunal se pronuncie.

3. *a)* Os Estados-Partes autorizarão, de acordo com os procedimentos previstos na respectiva legislação nacional, o trânsito, pelo seu território, de uma pessoa entregue ao Tribunal por um outro Estado, salvo quando o trânsito por esse Estado impedir ou retardar a entrega;

b) Um pedido de trânsito formulado pelo Tribunal será transmitido em conformidade com o artigo 87. Do pedido de trânsito constarão:

i) A identificação da pessoa transportada;

ii) Um resumo dos fatos e da respectiva qualificação jurídica;

iii) O mandado de detenção e entrega;

c) A pessoa transportada será mantida sob custódia no decurso do trânsito;

d) Nenhuma autorização será necessária se a pessoa for transportada por via aérea e não esteja prevista qualquer aterrissagem no território do Estado de trânsito;

e) Se ocorrer, uma aterrissagem imprevista no território do Estado de trânsito, poderá este exigir ao Tribunal a apresentação de um pedido de trânsito nos termos previstos na alínea *b*. O Estado de trânsito manterá a pessoa sob detenção até a recepção do pedido de trânsito e a efetivação do trânsito. Todavia, a detenção ao abrigo da presente alínea não poderá prolongar-se para além das 96 (noventa e seis) horas subsequentes à aterrissagem imprevista se o pedido não for recebido dentro desse prazo.

4. Se a pessoa reclamada for objeto de procedimento criminal ou estiver cumprindo uma pena no Estado requerido por crime diverso do que motivou o pedido de entrega ao Tribunal, este Estado consultará o Tribunal após ter decidido anuir ao pedido.

Artigo 90
Pedidos concorrentes

1. Um Estado-Parte que, nos termos do artigo 89, receba um pedido de entrega de uma pessoa formulado pelo Tribunal, e receba igualmente, de qualquer outro Estado, um pedido de extradição relativo à mesma pessoa, pelos mesmos fatos que motivaram o pedido de entrega por parte do

Tribunal, deverá notificar o Tribunal e o Estado requerente de tal fato.

2. Se o Estado requerente for um Estado-Parte, o Estado requerido dará prioridade ao pedido do Tribunal:

a) Se o Tribunal tiver decidido, nos termos do artigo 18 ou 19, da admissibilidade do caso a que respeita o pedido de entrega, e tal determinação tiver levado em conta o inquérito ou o procedimento criminal conduzido pelo Estado requerente relativamente ao pedido de extradição por este formulado; ou

b) Se o Tribunal tiver tomado a decisão referida na alínea a em conformidade com a notificação feita pelo Estado requerido, em aplicação do parágrafo 1°.

3. Se o Tribunal não tiver tomado uma decisão nos termos da alínea a do parágrafo 2°, o Estado requerido poderá, se assim o entender, estando pendente a determinação do Tribunal nos termos da alínea b do parágrafo 2°, dar seguimento ao pedido de extradição formulado pelo Estado requerente sem, contudo, extraditar a pessoa até que o Tribunal decida sobre a admissibilidade do caso. A decisão do Tribunal seguirá a forma sumária.

4. Se o Estado requerente não for Parte no presente Estatuto, o Estado requerido, desde que não esteja obrigado por uma norma internacional a extraditar o acusado para o Estado requerente, dará prioridade ao pedido de entrega formulado pelo Tribunal, no caso de este se ter decidido pela admissibilidade do caso.

5. Quando um caso previsto no parágrafo 4° não tiver sido declarado admissível pelo Tribunal, o Estado requerido poderá, se assim o entender, dar seguimento ao pedido de extradição formulado pelo Estado requerente.

6. Relativamente aos casos em que o disposto no parágrafo 4° seja aplicável, mas o Estado requerido se veja obrigado, por força de uma norma internacional, a extraditar a pessoa para o Estado requerente que não seja Parte no presente Estatuto, o Estado requerido decidirá se procederá à entrega da pessoa em causa ao Tribunal ou se a extraditará para o Estado requerente. Na sua decisão, o Estado requerido terá em conta todos os fatores relevantes, incluindo, entre outros:

a) A ordem cronológica dos pedidos;

b) Os interesses do Estado requerente, incluindo, se relevante, se o crime foi cometido no seu território bem como a nacionalidade das vítimas e da pessoa reclamada; e

c) A possibilidade de o Estado requerente vir a proceder posteriormente à entrega da pessoa ao Tribunal.

7. Se um Estado-Parte receber um pedido de entrega de uma pessoa formulado pelo Tribunal e um pedido de extradição formulado por um outro Estado-Parte relativamente à mesma pessoa, por fatos diferentes dos que constituem o crime objeto do pedido de entrega:

a) O Estado requerido dará prioridade ao pedido do Tribunal, se não estiver obrigado por uma norma internacional a extraditar a pessoa para o Estado requerente;

b) O Estado requerido terá de decidir se entrega a pessoa ao Tribunal ou a extradita para o Estado requerente, se estiver obrigado por uma norma internacional a extraditar a pessoa para o Estado requerente. Na sua decisão, o Estado requerido considerará todos os fatores relevantes, incluindo, entre outros, os constantes do parágrafo 6°; todavia, deverá dar especial atenção à natureza e à gravidade dos fatos em causa.

8. Se, em conformidade com a notificação prevista no presente artigo, o Tribunal se tiver pronunciado pela inadmissibilidade do caso e, posteriormente, a extradição para o Estado requerente for recusada, o Estado requerido notificará o Tribunal dessa decisão.

Artigo 91
Conteúdo do pedido de detenção e de entrega

1. O pedido de detenção e de entrega será formulado por escrito. Em caso de urgência, o pedido poderá ser feito através de qualquer outro meio de que fique registro escrito, devendo, no entanto, ser confirmado através dos canais previstos na alínea a do parágrafo 1° do artigo 87.

2. O pedido de detenção e entrega de uma pessoa relativamente à qual o Juízo de Instrução tiver emitido um mandado de detenção ao abrigo do artigo 58 deverá conter ou ser acompanhado dos seguintes documentos:

a) Uma descrição da pessoa procurada, contendo informação suficiente que permita a sua identificação, bem como informação sobre a sua provável localização;

b) Uma cópia do mandado de detenção; e

c) Os documentos, declarações e informações necessários para satisfazer os requisitos do processo de entrega pelo Estado requerido; contudo, tais requisitos não deverão ser mais rigorosos dos que os que devem ser observados em caso de um pedido de extradição em conformidade com tratados ou convênios celebrados entre o Estado requerido e outros Estados, devendo, se possível, ser menos rigorosos face à natureza específica de que se reveste o Tribunal.

3. Se o pedido respeitar à detenção e à entrega de uma pessoa já condenada, deverá conter ou ser acompanhado dos seguintes documentos:

a) Uma cópia do mandado de detenção dessa pessoa;

b) Uma cópia da sentença condenatória;

c) Elementos que demonstrem que a pessoa procurada é a mesma a que se refere a sentença condenatória; e

d) Se a pessoa já tiver sido condenada, uma cópia da sentença e, em caso de pena de prisão, a indicação do período que já tiver cumprido, bem como o período que ainda lhe falte cumprir.

4. Mediante requerimento do Tribunal, um Estado--Parte manterá, no que respeite a questões gené-

ricas ou a uma questão específica, consultas com o Tribunal sobre quaisquer requisitos previstos no seu direito interno que possam ser aplicados nos termos da alínea c do parágrafo 2º. No decurso de tais consultas, o Estado-Parte informará o Tribunal dos requisitos específicos constantes do seu direito interno.

Artigo 92
Prisão preventiva

1. Em caso de urgência, o Tribunal poderá solicitar a prisão preventiva da pessoa procurada até a apresentação do pedido de entrega e os documentos de apoio referidos no artigo 91.

2. O pedido de prisão preventiva será transmitido por qualquer meio de que fique registro escrito e conterá:

a) Uma descrição da pessoa procurada, contendo informação suficiente que permita a sua identificação, bem como informação sobre a sua provável localização;

b) Uma exposição sucinta dos crimes pelos quais a pessoa é procurada, bem como dos fatos alegadamente constitutivos de tais crimes incluindo, se possível, a data e o local da sua prática;

c) Uma declaração que certifique a existência de um mandado de detenção ou de uma decisão condenatória contra a pessoa procurada; e

d) Uma declaração de que o pedido de entrega relativo à pessoa procurada será enviado posteriormente.

3. Qualquer pessoa mantida sob prisão preventiva poderá ser posta em liberdade se o Estado requerido não tiver recebido, em conformidade com o artigo 91, o pedido de entrega e os respectivos documentos no prazo fixado pelo Regulamento Processual. Todavia, essa pessoa poderá consentir na sua entrega antes do termo do período se a legislação do Estado requerido o permitir. Nesse caso, o Estado requerido procede à entrega da pessoa reclamada ao Tribunal, o mais rapidamente possível.

4. O fato de a pessoa reclamada ter sido posta em liberdade em conformidade com o parágrafo 3º não obstará a que seja de novo detida e entregue se o pedido de entrega e os documentos em apoio vierem a ser apresentados posteriormente.

Artigo 93
Outras formas de cooperação

1. Em conformidade com o disposto no presente Capítulo e nos termos dos procedimentos previstos nos respectivos direitos internos, os Estados-Partes darão seguimento aos pedidos formulados pelo Tribunal para concessão de auxílio, no âmbito de inquéritos ou procedimentos criminais, no que se refere a:

a) Identificar uma pessoa e o local onde se encontra, ou localizar objetos;

b) Reunir elementos de prova, incluindo os depoimentos prestados sob juramento, bem como produzir elementos de prova, incluindo perícias e relatórios de que o Tribunal necessita;

c) Interrogar qualquer pessoa que seja objeto de inquérito ou de procedimento criminal;

d) Notificar documentos, nomeadamente documentos judiciários;

e) Facilitar o comparecimento voluntário, perante o Tribunal, de pessoas que deponham na qualidade de testemunhas ou de peritos;

f) Proceder à transferência temporária de pessoas, em conformidade com o parágrafo 7º;

g) Realizar inspeções, nomeadamente a exumação e o exame de cadáveres enterrados em fossas comuns;

h) Realizar buscas e apreensões;

i) Transmitir registros e documentos, nomeadamente registros e documentos oficiais;

j) Proteger vítimas e testemunhas, bem como preservar elementos de prova;

k) Identificar, localizar e congelar ou apreender o produto de crimes, bens, haveres e instrumentos ligados aos crimes, com vista à sua eventual declaração de perda, sem prejuízo dos direitos de terceiros de boa-fé; e

l) Prestar qualquer outra forma de auxílio não proibida pela legislação do Estado requerido, destinada a facilitar o inquérito e o julgamento por crimes da competência do Tribunal.

2. O Tribunal tem poderes para garantir à testemunha ou ao perito que perante ele compareça de que não serão perseguidos, detidos ou sujeitos a qualquer outra restrição da sua liberdade pessoal, por fato ou omissão anteriores à sua saída do território do Estado requerido.

3. Se a execução de uma determinada medida de auxílio constante de um pedido apresentado ao abrigo do parágrafo 1º não for permitida no Estado requerido em virtude de um princípio jurídico fundamental de aplicação geral, o Estado em causa iniciará sem demora consultas com o Tribunal com vista à solução dessa questão. No decurso das consultas, serão consideradas outras formas de auxílio, bem como as condições da sua realização. Se, concluídas as consultas, a questão não estiver resolvida, o Tribunal alterará o conteúdo do pedido conforme se mostrar necessário.

4. Nos termos do disposto no artigo 72, um Estado-Parte só poderá recusar, no todo ou em parte, um pedido de auxílio formulado pelo Tribunal se tal pedido se reportar unicamente à produção de documentos ou à divulgação de elementos de prova que atentem contra a sua segurança nacional.

5. Antes de denegar o pedido de auxílio previsto na alínea l do parágrafo 1º, o Estado requerido considerará se o auxílio poderá ser concedido sob determinadas condições ou se poderá sê-lo em data ulterior ou sob uma outra forma, com a ressalva de que, se o Tribunal ou o Procurador aceitarem tais condições, deverão observá-las.

6. O Estado requerido que recusar um pedido de auxílio comunicará, sem demora, os motivos ao Tribunal ou ao Procurador.

7. a) O Tribunal poderá pedir a transferência temporária de uma pessoa detida para fins de identificação ou para obter um depoimento ou outras forma de auxílio. A transferência realizar-se-á sempre que:
i) A pessoa der o seu consentimento, livremente e com conhecimento de causa; e
ii) O Estado requerido concordar com a transferência, sem prejuízo das condições que esse Estado e o Tribunal possam acordar;
b) A pessoa transferida permanecerá detida. Esgotado o fim que determinou a transferência, o Tribunal reenviá-la-á imediatamente para o Estado requerido.

8. a) O Tribunal garantirá a confidencialidade dos documentos e das informações recolhidas, exceto se necessários para o inquérito e os procedimentos descritos no pedido;
b) O Estado requerido poderá, se necessário, comunicar os documentos ou as informações ao Procurador a título confidencial. O Procurador só poderá utilizá-los para recolher novos elementos de prova;
c) O Estado requerido poderá, de ofício ou a pedido do Procurador, autorizar a divulgação posterior de tais documentos ou informações; os quais poderão ser utilizados como meios de prova, nos termos do disposto nos Capítulos V e VI e no Regulamento Processual.

9. a) i) Se um Estado-Parte receber pedidos concorrentes formulados pelo Tribunal e por um outro Estado, no âmbito de uma obrigação internacional, e cujo objeto não seja nem a entrega nem a extradição, esforçar-se-á, mediante consultas com o Tribunal e esse outro Estado, por dar satisfação a ambos os pedidos adiando ou estabelecendo determinadas condições a um ou outro pedido, se necessário;
ii) Não sendo possível, os pedidos concorrentes observarão os princípios fixados no artigo 90;
b) Todavia, sempre que o pedido formulado pelo Tribunal respeitar a informações, bens ou pessoas que estejam sob o controle de um Estado terceiro ou de uma organização internacional ao abrigo de um acordo internacional, os Estados requeridos informarão o Tribunal em conformidade, este dirigirá o seu pedido ao Estado terceiro ou à organização internacional.

10. a) Mediante pedido, o Tribunal cooperará com um Estado-Parte e prestar-lhe-á auxílio na condução de um inquérito ou julgamento relacionado com fatos que constituam um crime da jurisdição do Tribunal ou que constituam um crime grave à luz do direito interno do Estado requerente;
b) i) O auxílio previsto na alínea a deve compreender, a saber:
a. A transmissão de depoimentos, documentos e outros elementos de prova recolhidos no decurso do inquérito ou do julgamento conduzidos pelo Tribunal; e
b. O interrogatório de qualquer pessoa detida por ordem do Tribunal;
ii) No caso previsto na alínea b, i), a:

a. A transmissão dos documentos e de outros elementos de prova obtidos com o auxílio de um Estado necessita do consentimento desse Estado;
b. A transmissão de depoimentos, documentos e outros elementos de prova fornecidos quer por uma testemunha, quer por um perito, será feita em conformidade com o disposto no artigo 68;
c) O Tribunal poderá, em conformidade com as condições enunciadas neste número, deferir um pedido de auxílio formulado por um Estado que não seja parte no presente Estatuto.

Artigo 94
Suspensão da execução de um pedido relativamente a um inquérito ou a procedimento criminal em curso

1. Se a imediata execução de um pedido prejudicar o desenrolar de um inquérito ou de um procedimento criminal relativos a um caso diferente daquele a que se reporta o pedido, o Estado requerido poderá suspender a execução do pedido por tempo determinado, acordado com o Tribunal. Contudo, a suspensão não deve prolongar-se além do necessário para que o inquérito ou o procedimento criminal em causa sejam efetuados no Estado requerido. Este, antes de decidir suspender a execução do pedido, verificará se o auxílio não poderá ser concedido de imediato sob determinadas condições.

2. Se for decidida a suspensão de execução do pedido em conformidade com o parágrafo 1°, o Procurador poderá, no entanto, solicitar que sejam adotadas medidas para preservar os elementos de prova, nos termos da alínea j do parágrafo 1° do artigo 93.

Artigo 95
Suspensão da execução de um pedido por impugnação de admissibilidade

Se o Tribunal estiver apreciando uma impugnação de admissibilidade, de acordo com os artigos 18 ou 19, o Estado requerido poderá suspender a execução de um pedido formulado ao abrigo do presente Capítulo enquanto aguarda que o Tribunal se pronuncie, a menos que o Tribunal tenha especificamente ordenado que o Procurador continue a reunir elementos de prova, nos termos dos artigos 18 ou 19.

Artigo 96
Conteúdo do pedido sob outras formas de cooperação previstas no artigo 93

1. Todo o pedido relativo a outras formas de cooperação previstas no artigo 93 será formulado por escrito. Em caso de urgência, o pedido poderá ser feito por qualquer meio que permita manter um registro escrito, desde que seja confirmado através dos canais indicados na alínea a do parágrafo 1° do artigo 87.

2. O pedido deverá conter, ou ser instruído com, os seguintes documentos:

a) Um resumo do objeto do pedido, bem como da natureza do auxílio solicitado, incluindo os fundamentos jurídicos e os motivos do pedido;
b) Informações tão completas quanto possível sobre a pessoa ou o lugar a identificar ou a localizar, por forma a que o auxílio solicitado possa ser prestado;
c) Uma exposição sucinta dos fatos essenciais que fundamentam o pedido;
d) A exposição dos motivos e a explicação pormenorizada dos procedimentos ou das condições a respeitar;
e) Toda a informação que o Estado requerido possa exigir de acordo com o seu direito interno para dar seguimento ao pedido; e
f) Toda a informação útil para que o auxílio possa ser concedido.
3. A requerimento do Tribunal, um Estado-Parte manterá, no que respeita a questões genéricas ou a uma questão específica, consultas com o Tribunal sobre as disposições aplicáveis do seu direito interno, susceptíveis de serem aplicadas em conformidade com a alínea *e* do parágrafo 2°. No decurso de tais consultas, o Estado-Parte informará o Tribunal das disposições específicas constantes do seu direito interno.
4. O presente artigo aplicar-se-á, se for caso disso, a qualquer pedido de auxílio dirigido ao Tribunal.

Artigo 97
Consultas

Sempre que, ao abrigo do presente Capítulo, um Estado-Parte receba um pedido e verifique que este suscita dificuldades que possam obviar à sua execução ou impedi-la, o Estado em causa iniciará, sem demora, as consultas com o Tribunal com vista à solução desta questão. Tais dificuldades podem revestir as seguintes formas:
a) Informações insuficientes para dar seguimento ao pedido;
b) No caso de um pedido de entrega, o paradeiro da pessoa reclamada continuar desconhecido a despeito de todos os esforços ou a investigação realizada permitiu determinar que a pessoa que se encontra no Estado Requerido não é manifestamente a pessoa identificada no mandado; ou
c) O Estado requerido ver-se-ia compelido, para cumprimento do pedido na sua forma atual, a violar uma obrigação constante de um tratado anteriormente celebrado com outro Estado.

Artigo 98
Cooperação relativa à renúncia, à imunidade e ao consentimento na entrega

1. O Tribunal pode não dar seguimento a um pedido de entrega ou de auxílio por força do qual o Estado requerido devesse atuar de forma incompatível com as obrigações que lhe incumbem à luz do direito internacional em matéria de imunidade dos Estados ou de imunidade diplomática de pessoa ou de bens de um Estado terceiro, a menos que obtenha previamente a cooperação desse Estado terceiro com vista ao levantamento da imunidade.
2. O Tribunal pode não dar seguimento à execução de um pedido de entrega por força do qual o Estado requerido devesse atuar de forma incompatível com as obrigações que lhe incumbem em virtude de acordos internacionais à luz dos quais o consentimento do Estado de envio é necessário para que uma pessoa pertencente a esse Estado seja entregue ao Tribunal, a menos que o Tribunal consiga, previamente, obter a cooperação do Estado de envio para consentir na entrega.

Artigo 99
Execução dos pedidos apresentados ao abrigo dos artigos 93 e 96

1. Os pedidos de auxílio serão executados de harmonia com os procedimentos previstos na legislação interna do Estado requerido e, a menos que o seu direito interno o proíba, na forma especificada no pedido, aplicando qualquer procedimento nele indicado ou autorizando as pessoas nele indicadas a estarem presentes e a participarem na execução do pedido.
2. Em caso de pedido urgente, os documentos e os elementos de prova produzidos na resposta serão, a requerimento do Tribunal, enviados com urgência.
3. As respostas do Estado requerido serão transmitidas na sua língua e forma originais.
4. Sem prejuízo dos demais artigos do presente Capítulo, sempre que for necessário para a execução com sucesso de um pedido, e não haja que recorrer a medidas coercitivas, nomeadamente quando se trate de ouvir ou levar uma pessoa a depor de sua livre vontade, mesmo sem a presença das autoridades do Estado-Parte requerido se tal for determinante para a execução do pedido, ou quando se trate de examinar, sem proceder a alterações, um lugar público ou um outro local público, o Procurador poderá dar cumprimento ao pedido diretamente no território de um Estado, de acordo com as seguintes modalidades:
a) Quando o Estado requerido for o Estado em cujo território haja indícios de ter sido cometido o crime e existir uma decisão sobre a admissibilidade tal como previsto nos artigos 18 e 19, o Procurador poderá executar diretamente o pedido, depois de ter levado a cabo consultas tão amplas quanto possível com o Estado requerido;
b) Em outros casos, o Procurador poderá executar o pedido após consultas com o Estado-Parte requerido e tendo em conta as condições ou as preocupações razoáveis que esse Estado tenha eventualmente argumentado. Sempre que o Estado requerido verificar que a execução de um pedido nos termos da presente alínea suscita dificuldades, consultará de imediato o Tribunal para resolver a questão.
5. As disposições que autorizam a pessoa ouvida ou interrogada pelo Tribunal ao abrigo do artigo 72, a invocar as restrições previstas para impedir a divulgação de informações confidenciais relacionadas com a segurança nacional, aplicar-se-ão de igual

modo à execução dos pedidos de auxílio referidos no presente artigo.

Artigo 100
Despesas

1. As despesas ordinárias decorrentes da execução dos pedidos no território do Estado requerido serão por este suportadas, com exceção das seguintes, que correrão a cargo do Tribunal:
a) As despesas relacionadas com as viagens e a proteção das testemunhas e dos peritos ou com a transferência de detidos ao abrigo do artigo 93;
b) As despesas de tradução, de interpretação e de transcrição;
c) As despesas de deslocação e de estada dos juízes, do Procurador, dos Procuradores-Adjuntos, do Secretário, do Secretário-Adjunto e dos membros do pessoal de todos os órgãos do Tribunal;
d) Os custos das perícias ou dos relatórios periciais solicitados pelo Tribunal;
e) As despesas decorrentes do transporte das pessoas entregues ao Tribunal pelo Estado de detenção; e
f) Após consulta, quaisquer despesas extraordinárias decorrentes da execução de um pedido.
2. O disposto no parágrafo 1º aplicar-se-á, sempre que necessário, aos pedidos dirigidos pelos Estados-Partes ao Tribunal. Neste caso, o Tribunal tomará a seu cargo as despesas ordinárias decorrentes da execução.

Artigo 101
Regra da especialidade

1. Nenhuma pessoa entregue ao Tribunal nos termos do presente Estatuto poderá ser perseguida, condenada ou detida por condutas anteriores à sua entrega, salvo quando estas constituam crimes que tenham fundamentado a sua entrega.
2. O Tribunal poderá solicitar uma derrogação dos requisitos estabelecidos no parágrafo 1º ao Estado que lhe tenha entregue uma pessoa e, se necessário, facultar-lhe-á, em conformidade com o artigo 91, informações complementares. Os Estados-Partes estarão habilitados a conceder uma derrogação ao Tribunal e deverão envidar esforços nesse sentido.

Artigo 102
Termos usados

Para os fins do presente Estatuto:
a) Por "entrega", entende-se a entrega de uma pessoa por um Estado ao Tribunal nos termos do presente Estatuto;
b) Por "extradição", entende-se a entrega de uma pessoa por um Estado a outro Estado conforme previsto em um tratado, em uma convenção ou no direito interno.

CAPÍTULO X
EXECUÇÃO DA PENA
Artigo 103
Função dos Estados na execução das penas privativas de liberdade

1. *a)* As penas privativas de liberdade serão cumpridas num Estado indicado pelo Tribunal a partir de uma lista de Estados que lhe tenham manifestado a sua disponibilidade para receber pessoas condenadas;
b) Ao declarar a sua disponibilidade para receber pessoas condenadas, um Estado poderá formular condições acordadas com o Tribunal e em conformidade com o presente Capítulo;
c) O Estado indicado no âmbito de um determinado caso dará prontamente a conhecer se aceita ou não a indicação do Tribunal.
2. *a)* O Estado da execução informará o Tribunal de qualquer circunstância, incluindo o cumprimento de quaisquer condições acordadas nos termos do parágrafo 1º, que possam afetar materialmente as condições ou a duração da detenção. O Tribunal será informado com, pelo menos, 45 (quarenta e cinco) dias de antecedência sobre qualquer circunstância dessa natureza, conhecida ou previsível. Durante este período, o Estado da execução não tomará qualquer medida que possa ser contrária às suas obrigações ao abrigo do artigo 110;
b) Se o Tribunal não puder aceitar as circunstâncias referidas na alínea *a*, deverá informar o Estado da execução e proceder em harmonia com o parágrafo 1º do artigo 104.
3. Sempre que exercer o seu poder de indicação em conformidade com o parágrafo 1º, o Tribunal levará em consideração:
a) O princípio segundo o qual os Estados-Partes devem partilhar da responsabilidade na execução das penas privativas de liberdade, em conformidade com os princípios de distribuição equitativa estabelecidos no Regulamento Processual;
b) A aplicação de normas convencionais do direito internacional amplamente aceitas, que regulam o tratamento dos reclusos;
c) A opinião da pessoa condenada; e
d) A nacionalidade da pessoa condenada;
e) Outros fatores relativos às circunstâncias do crime, às condições pessoais da pessoa condenada ou à execução efetiva da pena, adequadas à indicação do Estado da execução.
4. Se nenhum Estado for designado nos termos do parágrafo 1º, a pena privativa de liberdade será cumprida num estabelecimento prisional designado pelo Estado anfitrião, em conformidade com as condições estipuladas no acordo que determinou o local da sede previsto no parágrafo 2º do artigo 3º. Neste caso, as despesas relacionadas com a execução da pena ficarão a cargo do Tribunal.

Artigo 104
Alteração da indicação do Estado da execução

1. O Tribunal poderá, a qualquer momento, decidir transferir um condenado para uma prisão de um outro Estado.

2. A pessoa condenada pelo Tribunal poderá, a qualquer momento, solicitar-lhe que a transfira do Estado encarregado da execução.

Artigo 105
Execução da pena

1. Sem prejuízo das condições que um Estado haja estabelecido nos termos do artigo 103, parágrafo 1º, alínea b, a pena privativa de liberdade é vinculativa para os Estados-Partes, não podendo estes modificá-la em caso algum.

2. Será da exclusiva competência do Tribunal pronunciar-se sobre qualquer pedido de revisão ou recurso. O Estado da execução não obstará a que o condenado apresente um tal pedido.

Artigo 106
Controle da execução da pena
e das condições de detenção

1. A execução de uma pena privativa de liberdade será submetida ao controle do Tribunal e observará as regras convencionais internacionais amplamente aceitas em matéria de tratamento dos reclusos.

2. As condições de detenção serão reguladas pela legislação do Estado da execução e observarão as regras convencionais internacionais amplamente aceitas em matéria de tratamento dos reclusos. Em caso algum devem ser menos ou mais favoráveis do que as aplicáveis aos reclusos condenados no Estado da execução por infrações análogas.

3. As comunicações entre o condenado e o Tribunal serão livres e terão caráter confidencial.

Artigo 107
Transferência do condenado
depois de cumprida a pena

1. Cumprida a pena, a pessoa que não seja nacional do Estado da execução poderá, de acordo com a legislação desse mesmo Estado, ser transferida para um outro Estado obrigado a aceitá-la ou ainda para um outro Estado que aceite acolhê-la tendo em conta a vontade expressa pela pessoa em ser transferida para esse Estado, a menos que o Estado da execução autorize essa pessoa a permanecer no seu território.

2. As despesas relativas à transferência do condenado para um outro Estado nos termos do parágrafo 1º serão suportadas pelo Tribunal se nenhum Estado as tomar a seu cargo.

3. Sem prejuízo do disposto no artigo 108, o Estado da execução poderá igualmente, em harmonia com o seu direito interno, extraditar ou entregar por qualquer outro modo a pessoa a um Estado que tenha solicitado a sua extradição ou a sua entrega para fins de julgamento ou de cumprimento de uma pena.

Artigo 108
Restrições ao procedimento criminal
ou à condenação por outras infrações

1. A pessoa condenada que esteja detida no Estado da execução não poderá ser objeto de procedimento criminal, condenação ou extradição para um Estado terceiro em virtude de uma conduta anterior à sua transferência para o Estado da execução, a menos que a Tribunal tenha dado a sua aprovação a tal procedimento, condenação ou extradição, a pedido do Estado da execução.

2. Ouvido o condenado, o Tribunal pronunciar-se-á sobre a questão.

3. O parágrafo 1º deixará de ser aplicável se o condenado permanecer voluntariamente no território do Estado da execução por um período superior a 30 dias após o cumprimento integral da pena proferida pelo Tribunal, ou se regressar ao território desse Estado após dele ter saído.

Artigo 109
Execução das penas de multa
e das medidas de perda

1. Os Estados-Partes aplicarão as penas de multa, bem como as medidas de perda ordenadas pelo Tribunal ao abrigo do Capítulo VII, sem prejuízo dos direitos de terceiros de boa-fé e em conformidade com os procedimentos previstos no respectivo direito interno.

2. Sempre que um Estado-Parte não possa tornar efetiva a declaração de perda, deverá tomar medidas para recuperar o valor do produto, dos bens ou dos haveres cuja perda tenha sido declarada pelo Tribunal, sem prejuízo dos direitos de terceiros de boa-fé.

3. Os bens, ou o produto da venda de bens imóveis ou, se for caso disso, da venda de outros bens, obtidos por um Estado-Parte por força da execução de uma decisão do Tribunal, serão transferidos para o Tribunal.

Artigo 110
Reexame pelo Tribunal
da questão de redução de pena

1. O Estado da execução não poderá libertar o recluso antes de cumprida a totalidade da pena proferida pelo Tribunal.

2. Somente o Tribunal terá a faculdade de decidir sobre qualquer redução da pena e, ouvido o condenado, pronunciar-se-á a tal respeito.

3. Quando a pessoa já tiver cumprido dois terços da pena, ou 25 (vinte e cinco) anos de prisão em caso de pena de prisão perpétua, o Tribunal reexaminará a pena para determinar se haverá lugar a sua redução. Tal reexame só será efetuado transcorrido o período acima referido.

4. No reexame a que se refere o parágrafo 3º, o Tribunal poderá reduzir a pena se constatar que se verificam uma ou várias das condições seguintes:

a) A pessoa tiver manifestado, desde o início e de forma contínua, a sua vontade em cooperar com o Tribunal no inquérito e no procedimento;

b) A pessoa tiver, voluntariamente, facilitado a execução das decisões e despachos do Tribunal em outros casos, nomeadamente ajudando-o a localizar bens sobre os quais recaíam decisões de perda, de multa ou de reparação que poderão ser usados em benefício das vítimas; ou

c) Outros fatores que conduzam a uma clara e significativa alteração das circunstâncias suficiente para justificar a redução da pena, conforme previsto no Regulamento Processual;

5. Se, no reexame inicial a que se refere o parágrafo 3º, o Tribunal considerar não haver motivo para redução da pena, ele reexaminará subsequentemente a questão da redução da pena com a periodicidade e nos termos previstos no Regulamento Processual.

Artigo 111
Evasão

Se um condenado se evadir do seu local de detenção e fugir do território do Estado da execução, este poderá, depois de ter consultado o Tribunal, pedir ao Estado no qual se encontra localizado o condenado que o entregue em conformidade com os acordos bilaterais ou multilaterais em vigor, ou requerer ao Tribunal que solicite a entrega dessa pessoa ao abrigo do Capítulo IX. O Tribunal poderá, ao solicitar a entrega da pessoa, determinar que esta seja entregue ao Estado no qual se encontrava a cumprir a sua pena, ou a outro Estado por ele indicado.

CAPÍTULO XI
ASSEMBLEIA DOS ESTADOS-PARTES

Artigo 112
Assembleia dos Estados-Partes

1. É constituída, pelo presente instrumento, uma Assembleia dos Estados-Partes. Cada um dos Estados-Partes nela disporá de um representante, que poderá ser coadjuvado por substitutos e assessores. Outros Estados signatários do Estatuto ou da Ata Final poderão participar nos trabalhos da Assembleia na qualidade de observadores.

2. A Assembleia:

a) Examinará e adotará, se adequado, as recomendações da Comissão Preparatória;

b) Promoverá junto à Presidência, ao Procurador e ao Secretário as linhas orientadoras gerais no que toca à administração do Tribunal;

c) Examinará os relatórios e as atividades da Mesa estabelecidos nos termos do parágrafo 3º e tomará as medidas apropriadas;

d) Examinará e aprovará o orçamento do Tribunal;

e) Decidirá, se for caso disso, alterar o número de juízes nos termos do artigo 36;

f) Examinará, em harmonia com os parágrafos 5º e 7º do artigo 87, qualquer questão relativa à não cooperação dos Estados;

g) Desempenhará qualquer outra função compatível com as disposições do presente Estatuto ou do Regulamento Processual.

3. *a)* A Assembleia será dotada de uma Mesa composta por um presidente, dois vice-presidentes e 18 membros por ela eleitos por períodos de três anos;

b) A Mesa terá um caráter representativo, atendendo nomeadamente ao princípio da distribuição geográfica equitativa e à necessidade de assegurar uma representação adequada dos principais sistemas jurídicos do mundo;

c) A Mesa reunir-se-á as vezes que forem necessárias, mas, pelo menos, uma vez por ano. Assistirá a Assembleia no desempenho das suas funções.

4. A Assembleia poderá criar outros órgãos subsidiários que julgue necessários, nomeadamente um mecanismo de controle independente que proceda a inspeções, avaliações e inquéritos em ordem a melhorar a eficiência e economia da administração do Tribunal.

5. O Presidente do Tribunal, o Procurador e o Secretário ou os respectivos representantes poderão participar, sempre que julguem oportuno, nas reuniões da Assembleia e da Mesa.

6. A Assembleia reunir-se-á na sede do Tribunal ou na sede da Organização das Nações Unidas uma vez por ano e, sempre que as circunstâncias assim o exigirem, reunir-se-á em sessão extraordinária. A menos que o presente Estatuto estabeleça em contrário, as sessões extraordinárias são convocadas pela Mesa, de ofício ou a pedido de um terço dos Estados-Partes.

7. Cada um dos Estados-Partes disporá de um voto. Todos os esforços deverão ser envidados para que as decisões da Assembleia e da Mesa sejam adotadas por consenso. Se tal não for possível, e a menos que o Estatuto estabeleça em contrário:

a) As decisões sobre as questões de fundo serão tomadas por maioria de dois terços dos membros presentes e votantes, sob a condição que a maioria absoluta dos Estados-Partes constitua *quorum* para o escrutínio;

b) As decisões sobre as questões de procedimento serão tomadas por maioria simples dos Estados-Partes presentes e votantes.

8. O Estado-Parte em atraso no pagamento da sua contribuição financeira para as despesas do Tribunal não poderá votar nem na Assembleia nem na Mesa se o total das suas contribuições em atraso igualar ou exceder a soma das contribuições correspondentes aos 2 (dois) anos anteriores completos por ele devidos. A Assembleia Geral poderá, no entanto, autorizar o Estado em causa a votar na Assembleia ou na Mesa se ficar provado que a falta de pagamento é devida a circunstâncias alheias ao controle do Estado-Parte.

9. A Assembleia adotará o seu próprio Regimento.

10. As línguas oficiais e de trabalho da Assembleia dos Estados-Partes serão as línguas oficiais e de trabalho da Assembleia Geral da Organização das Nações Unidas.

CAPÍTULO XII
FINANCIAMENTO

Artigo 113
Regulamento financeiro

Salvo disposição expressa em contrário, todas as questões financeiras atinentes ao Tribunal e às reuniões da Assembleia dos Estados-Partes, incluindo a sua Mesa e os seus órgãos subsidiários, serão reguladas pelo presente Estatuto, pelo Regulamento Financeiro e pelas normas de gestão financeira adotados pela Assembleia dos Estados-Partes.

Artigo 114
Pagamento de despesas

As despesas do Tribunal e da Assembleia dos Estados-Partes, incluindo a sua Mesa e os seus órgãos subsidiários, serão pagas pelos fundos do Tribunal.

Artigo 115
Fundos do Tribunal e da Assembleia dos Estados-Partes

As despesas do Tribunal e da Assembleia dos Estados-Partes, incluindo a sua Mesa e os seus órgãos subsidiários, inscritas no orçamento aprovado pela Assembleia dos Estados-Partes, serão financiadas:
a) Pelas quotas dos Estados-Partes;
b) Pelos fundos provenientes da Organização das Nações Unidas, sujeitos à aprovação da Assembleia Geral, nomeadamente no que diz respeito às despesas relativas a questões remetidas para o Tribunal pelo Conselho de Segurança.

Artigo 116
Contribuições voluntárias

Sem prejuízo do artigo 115, o Tribunal poderá receber e utilizar, a título de fundos adicionais, as contribuições voluntárias dos Governos, das organizações internacionais, dos particulares, das empresas e demais entidades, de acordo com os critérios estabelecidos pela Assembleia dos Estados-Partes nesta matéria.

Artigo 117
Cálculo das quotas

As quotas dos Estados-Partes serão calculadas em conformidade com uma tabela de quotas que tenha sido acordada, com base na tabela adotada pela Organização das Nações Unidas para o seu orçamento ordinário, e adaptada de harmonia com os princípios nos quais se baseia tal tabela.

Artigo 118
Verificação anual de contas

Os relatórios, livros e contas do Tribunal, incluindo os balanços financeiros anuais, serão verificados anualmente por um revisor de contas independente.

CAPÍTULO XIII
CLÁUSULAS FINAIS
Artigo 119
Resolução de diferendos

1. Qualquer diferendo relativo às funções judiciais do Tribunal será resolvido por decisão do Tribunal.
2. Quaisquer diferendos entre dois ou mais Estados-Partes relativos à interpretação ou à aplicação do presente Estatuto, que não forem resolvidos pela via negocial num período de três meses após o seu início, serão submetidos à Assembleia dos Estados-Partes. A Assembleia poderá procurar resolver o diferendo ou fazer recomendações relativas a outros métodos de resolução, incluindo a submissão do diferendo à Corte Internacional de Justiça, em conformidade com o Estatuto dessa Corte.

Artigo 120
Reservas

Não são admitidas reservas a este Estatuto.

Artigo 121
Alterações

1. Expirado o período de sete anos após a entrada em vigor do presente Estatuto, qualquer Estado-Parte poderá propor alterações ao Estatuto. O texto das propostas de alterações será submetido ao Secretário-Geral da Organização das Nações Unidas, que o comunicará sem demora a todos os Estados-Partes.
2. Decorridos pelo menos 3 (três) meses após a data desta notificação, a Assembleia dos Estados-Partes decidirá na reunião seguinte, por maioria dos seus membros presentes e votantes, se deverá examinar a proposta. A Assembleia poderá tratar desta proposta, ou convocar uma Conferência de Revisão se a questão suscitada o justificar.
3. A adoção de uma alteração numa reunião da Assembleia dos Estados-Partes ou numa Conferência de Revisão exigirá a maioria de 2/3 dos Estados-Partes, quando não for possível chegar a um consenso.
4. Sem prejuízo do disposto no parágrafo 5º, qualquer alteração entrará em vigor, para todos os Estados-Partes, 1 (um) ano depois que sete oitavos de entre eles tenham depositado os respectivos instrumentos de ratificação ou de aceitação junto do Secretário-Geral da Organização das Nações Unidas.
5. Qualquer alteração aos artigos 5º, 6º, 7º e 8º do presente Estatuto entrará em vigor, para todos os Estados-Partes que a tenham aceitado, 1 (um) ano após o depósito dos seus instrumentos de ratificação ou de aceitação. O Tribunal não exercerá a sua competência relativamente a um crime abrangido pela alteração sempre que este tiver sido cometido por nacionais de um Estado-Parte que não tenha aceitado a alteração, ou no território desse Estado-Parte.
6. Se uma alteração tiver sido aceita por sete oitavos dos Estados-Partes nos termos do parágrafo 4º, qualquer Estado-Parte que não a tenha aceito poderá retirar-se do Estatuto com efeito imediato, não obstante o disposto no parágrafo 1º do artigo 127, mas sem prejuízo do disposto no parágrafo 2º do artigo 127, mediante notificação da sua retirada o mais tardar 1 (um) ano após a entrada em vigor desta alteração.
7. O Secretário-Geral da Organização das Nações Unidas comunicará a todos os Estados-Partes quaisquer alterações que tenham sido adotadas em reunião da Assembleia dos Estados-Partes ou numa Conferência de Revisão.

Artigo 122
Alteração de disposições de caráter institucional

1. Não obstante o artigo 121, parágrafo 1º, qualquer Estado-Parte poderá, em qualquer momento, propor alterações às disposições do Estatuto, de caráter exclusivamente institucional, a saber, artigos 35, 36, parágrafos 8º e 9º, artigos 37, 38, 39, parágrafos 1º (as primeiras duas frases), 2º e 4º, artigo 42, parágrafos 4º a 9º, artigo 43, parágrafos 2º e 3º e artigos 44, 46, 47 e 49. O texto de qualquer proposta será

submetido ao Secretário-Geral da Organização das Nações Unidas ou a qualquer outra pessoa designada pela Assembleia dos Estados-Partes, que o comunicará sem demora a todos os Estados-Partes e aos outros participantes na Assembleia.

2. As alterações apresentadas nos termos deste artigo, sobre as quais não seja possível chegar a um consenso, serão adotadas pela Assembleia dos Estados-Partes ou por uma Conferência de Revisão, por uma maioria de dois terços dos Estados-Partes. Tais alterações entrarão em vigor, para todos os Estados-Partes, 6 (seis) meses após a sua adoção pela Assembleia ou, conforme o caso, pela Conferência de Revisão.

Artigo 123
Revisão do Estatuto

1. Sete anos após a entrada em vigor do presente Estatuto, o Secretário-Geral da Organização das Nações Unidas convocará uma Conferência de Revisão para examinar qualquer alteração ao presente Estatuto. A revisão poderá incidir nomeadamente, mas não exclusivamente, sobre a lista de crimes que figura no artigo 5°. A Conferência estará aberta aos participantes na Assembleia dos Estados-Partes, nas mesmas condições.

2. A todo o momento ulterior, a requerimento de um Estado-Parte e para os fins enunciados no parágrafo 1°, o Secretário-Geral da Organização das Nações Unidas, mediante aprovação da maioria dos Estados-Partes, convocará uma Conferência de Revisão.

3. A adoção e a entrada em vigor de qualquer alteração ao Estatuto examinada numa Conferência de Revisão serão reguladas pelas disposições do artigo 121, parágrafos 3° a 7°.

Artigo 124
Disposição transitória

Não obstante o disposto nos parágrafos 1° e 2° do artigo 12, um Estado que se torne Parte no presente Estatuto poderá declarar que, durante um período de sete anos a contar da data da entrada em vigor do Estatuto no seu território, não aceitará a competência do Tribunal relativamente à categoria de crimes referidos no artigo 8°, quando haja indícios de que um crime tenha sido praticado por nacionais seus ou no seu território. A declaração formulada ao abrigo deste artigo poderá ser retirada a qualquer momento. O disposto neste artigo será reexaminado na Conferência de Revisão a convocar em conformidade com o parágrafo 1° do artigo 123.

Artigo 125
Assinatura, ratificação, aceitação, aprovação ou adesão

1. O presente Estatuto estará aberto à assinatura de todos os Estados na sede da Organização das Nações Unidas para a Alimentação e a Agricultura, em Roma, a 17 de julho de 1998, continuando aberto à assinatura no Ministério dos Negócios Estrangeiros de Itália, em Roma, até 17 de outubro de 1998. Após esta data, o Estatuto continuará aberto na sede da Organização das Nações Unidas, em Nova Iorque, até 31 de dezembro de 2000.

2. O presente Estatuto ficará sujeito a ratificação, aceitação ou aprovação dos Estados signatários. Os instrumentos de ratificação, aceitação ou aprovação serão depositados junto do Secretário-Geral da Organização das Nações Unidas.

3. O presente Estatuto ficará aberto à adesão de qualquer Estado. Os instrumentos de adesão serão depositados junto do Secretário-Geral da Organização das Nações Unidas.

Artigo 126
Entrada em vigor

1. O presente Estatuto entrará em vigor no primeiro dia do mês seguinte ao termo de um período de 60 dias após a data do depósito do sexagésimo instrumento de ratificação, de aceitação, de aprovação ou de adesão junto do Secretário-Geral da Organização das Nações Unidas.

2. Em relação ao Estado que ratifique, aceite ou aprove o Estatuto, ou a ele adira após o depósito do sexagésimo instrumento de ratificação, de aceitação, de aprovação ou adesão, o Estatuto entrará em vigor no primeiro dia do mês seguinte ao termo de um período de 60 dias após a data do depósito do respectivo instrumento de ratificação, de aceitação, de aprovação ou de adesão.

Artigo 127
Retirada

1. Qualquer Estado-Parte poderá, mediante notificação escrita e dirigida ao Secretário-Geral da Organização das Nações Unidas, retirar-se do presente Estatuto. A retirada produzirá efeitos 1 (um) ano após a data de recepção da notificação, salvo se esta indicar uma data ulterior.

2. A retirada não isentará o Estado das obrigações que lhe incumbem em virtude do presente Estatuto enquanto Parte do mesmo, incluindo as obrigações financeiras que tiver assumido, não afetando também a cooperação com o Tribunal no âmbito de inquéritos e de procedimentos criminais relativamente aos quais o Estado tinha o dever de cooperar e que se iniciaram antes da data em que a retirada começou a produzir efeitos; a retirada em nada afetará a prossecução da apreciação das causas que o Tribunal já tivesse começado a apreciar antes da data em que a retirada começou a produzir efeitos.

Artigo 128
Textos autênticos

O original do presente Estatuto, cujos textos em árabe, chinês, espanhol, francês, inglês e russo fazem igualmente fé, será depositado junto do Secretário-Geral das Nações Unidas, que enviará cópia autenticada a todos os Estados.

Em fé do que, os abaixo assinados, devidamente autorizados pelos respectivos Governos, assinaram o presente Estatuto.

Feito em Roma, aos dezessete dias do mês de julho de mil novecentos e noventa e oito.

CONVENÇÃO INTERAMERICANA SOBRE ASSISTÊNCIA MÚTUA EM MATÉRIA PENAL (1992) E SEU PROTOCOLO FACULTATIVO (1993)

> Aprovada no Brasil, juntamente com o seu Protocolo Facultativo, pelo Decreto Legislativo 272, de 04.10.2007, ratificada pelo governo brasileiro em 12.11.2007, e promulgada, juntamente com o seu Protocolo Facultativo, pelo Decreto 6.340, de 03.01.2008.

Os Estados-Membros da Organização dos Estados Americanos,

Considerando:

Que a Carta da Organização dos Estados Americanos, em seu artigo 2, alínea e, estabelece como propósito essencial dos Estados americanos "procurar a solução dos problemas políticos, jurídicos e econômicos que surgirem entre os Estados-Membros"; e

Que a adoção de regras comuns no campo da assistência mútua em matéria penal contribuirá para esse propósito,

Adotam a seguinte Convenção Interamericana sobre Assistência Mútua em Matéria Penal:

CAPÍTULO I
DISPOSIÇÕES GERAIS

Artigo 1º
Objeto da Convenção

Os Estados-Partes comprometem-se a prestar-se assistência mútua em matéria penal, de acordo com as disposições desta Convenção.

Artigo 2º
Aplicação e Alcance da Convenção

Os Estados-Partes prestar-se-ão assistência mútua nas investigações, processos e procedimentos em matéria penal referentes a delitos cujo conhecimento seja da competência do Estado requerente no momento em que se solicitar a assistência.

Esta Convenção não faculta um Estado-Parte a empreender, no território de outro Estado-Parte, o exercício da jurisdição nem o desempenho de funções reservadas exclusivamente às autoridades da outra Parte por sua legislação interna.

Esta Convenção aplica-se unicamente à prestação de assistência mútua entre os Estados-Partes; suas disposições não autorizam os particulares a obter ou excluir provas nem a impedir o cumprimento de qualquer pedido de assistência.

Artigo 3º
Autoridade Central

Cada Estado designará uma Autoridade Central, no momento da assinatura ou ratificação desta Convenção, ou da adesão à mesma. As Autoridades Centrais serão responsáveis pelo envio e recebimento dos pedidos de assistência.

As Autoridades Centrais comunicar-se-ão diretamente entre si para todos os efeitos desta Convenção.

Artigo 4º

A assistência a que se refere a presente Convenção, levando em conta a diversidade dos sistemas jurídicos dos Estados-Partes, basear-se-á em pedidos de cooperação das autoridades encarregadas da investigação ou do julgamento de delitos no Estado requerente.

Artigo 5º
Dupla Incriminação

A assistência será prestada, embora o fato que der origem a esta não seja punível segundo a legislação do Estado requerido.

Quando o pedido de assistência referir-se às seguintes medidas:

a) embargo e sequestro de bens;

b) inspeções e confiscos, incluindo buscas domiciliares, o Estado requerido poderá não prestar a assistência se o fato que der origem ao pedido não for punível de conformidade com sua legislação.

Artigo 6º

Para os efeitos desta Convenção, o fato que der origem ao pedido deve ser punível com pena de 1 (um) ano ou mais de prisão no Estado requerente.

Artigo 7º
Âmbito de Aplicação

A assistência prevista nesta Convenção compreenderá, entre outros, os seguintes atos:

a) notificação de decisões judiciais e sentenças;

b) recebimento de prova testemunhal e declarações de pessoas;

c) citação de testemunhas e peritos a fim de prestar depoimento;

d) execução de embargos e sequestros de bens, congelamento de ativos e assistência em procedimentos relativos ao confisco;

e) realização de inspeções ou confiscos;

f) exame de objetos e locais;

g) exibição de documentos judiciais;

h) remessa de documentos, relatórios, informação e elementos de prova;

i) transferência de pessoas detidas, para os efeitos desta Convenção; e

j) qualquer outro ato, desde que haja acordo entre o Estado requerente e o Estado requerido.

Artigo 8º
Delitos Militares

Esta Convenção não se aplicará aos delitos sujeitos exclusivamente à legislação militar.

Artigo 9º
Recusa de Assistência

O Estado requerido poderá recusar a assistência quando, em sua opinião:

a) o pedido de assistência for usado com o objetivo de julgar uma pessoa por um delito pelo qual essa pessoa já tiver sido previamente condenada ou absolvida num processo no Estado requerente ou requerido;

b) a investigação for iniciada com o objetivo de processar, punir ou discriminar de alguma maneira uma pessoa ou grupo de pessoas, por motivo de sexo, raça, condição social, nacionalidade, religião ou ideologia;

c) o pedido se referir a delito político ou relacionado com delito político, ou a delito comum que estiver sendo processado por motivos políticos;

d) se tratar de pedido de assistência emanado de um tribunal de exceção ou de um tribunal *ad hoc*;

e) for afetada a ordem pública, soberania, segurança ou interesses públicos fundamentais; e

f) o pedido se referir a um delito fiscal. Não obstante, prestar-se-á a assistência se o delito for cometido por uma declaração intencionalmente falsa feita verbalmente ou por escrito, ou por uma omissão intencional de declaração, com o objetivo de ocultar receitas provenientes de qualquer outro delito previsto nesta Convenção.

CAPÍTULO II
PEDIDO, TRÂMITE E EXECUÇÃO DA ASSISTÊNCIA

Artigo 10
Pedidos de Assistência: Regulamentação

Os pedidos de assistência expedidos pela Parte requerente serão feitos por escrito e serão cumpridos de conformidade com o direito interno do Estado requerido.

Na medida em que a legislação do Estado requerido não dispuser nada em contrário, serão cumpridos os trâmites mencionados no pedido de assistência na forma expressa pelo Estado requerente.

Artigo 11

A parte requerida poderá, com explicação de causa, adiar a execução de qualquer pedido que lhe tenha sido feito, se for necessário continuar uma investigação ou procedimento no Estado requerido.

Artigo 12

Os documentos e objetos enviados em cumprimento de um pedido de assistência serão devolvidos ao Estado requerido dentro do menor prazo possível, a menos que este decida de outra maneira.

Artigo 13
Busca, Embargo, Sequestro e Entrega de Objetos

O Estado requerido cumprirá o pedido relativo à busca, embargo, sequestro e entrega de qualquer item compreendidos, entre outros, documentos, antecedentes ou objetos, se a autoridade competente determinar que o pedido contenha a informação que justifique a medida proposta. Essa medida será submetida à lei processual e substantiva do Estado requerido.

Conforme previsto nesta Convenção, o Estado requerido determinará segundo sua legislação, qualquer requisito necessário para proteger os interesses de terceiros com relação aos objetos que devam ser transferidos.

Artigo 14
Medidas Cautelares de Bens

A Autoridade Central de qualquer das Partes poderá comunicar à Autoridade Central da outra a informação que possuir sobre a existência no território desta última das receitas, produtos ou instrumentos de um delito.

Artigo 15

As partes prestar-se-ão assistência mútua, na medida permitida por suas leis, para promover os procedimentos cautelares e as medidas de acautelamento das receitas, produtos ou instrumentos do delito.

Artigo 16
Data, Sede e Modalidade do Cumprimento do Pedido de Assistência

O Estado requerido fixará a data e sede do cumprimento do pedido de assistência e deverá comunicá-las ao Estado requerente.

As autoridades e as partes interessadas, ou seus representantes, do Estado requerente, poderão, após conhecimento da Autoridade Central do Estado requerido, estar presentes e participar no cumprimento do pedido de assistência na medida em que não o proíba a legislação do Estado requerido e houver expresso consentimento de suas autoridades a esse respeito.

CAPÍTULO III
NOTIFICAÇÕES DE DECISÕES, RESOLUÇÕES E DE SENTENÇAS E COMPARECIMENTO DE TESTEMUNHAS E PERITOS

Artigo 17

A pedido do Estado requerente, o Estado requerido fará a notificação das decisões ou sentenças ou de outros documentos provenientes das autoridades competentes do Estado requerente.

Artigo 18
Testemunho no Estado Requerido

A pedido do Estado requerente, qualquer pessoa que se encontrar no Estado requerido poderá ser citada a comparecer, de conformidade com a legislação do Estado requerido, perante uma autoridade competente para prestar depoimento ou apresentar documentos, antecedentes ou elementos de prova.

Artigo 19
Testemunho no Estado Requerente

Quando o Estado requerente solicitar o comparecimento de uma pessoa em seu território para prestar testemunho ou apresentar relatório, o Estado requerido convidará a testemunha ou perito a comparecer, perante a autoridade competente do Estado requerente, voluntariamente e sem utilizar medidas cominatórias nem coercitivas. Se for considerado necessário, a Autoridade Central do Estado requerido poderá registrar por escrito o consentimento da pessoa em comparecer no Estado requerente. A Autoridade Central do Estado requerido informará imediatamente a Autoridade Central do Estado requerente dessa resposta.

Artigo 20
Transferência de Detidos

A pessoa sujeita a um procedimento penal no Estado requerido, cujo comparecimento no Estado requerente for necessário em virtude da assistência prevista nesta Convenção, será transferida provisoriamente com esse fim ao Estado requerente, desde que essa pessoa e o Estado requerido consintam nessa transferência.

A pessoa sujeita a um procedimento penal no Estado requerente, cujo comparecimento no Estado requerido for necessário em virtude da assistência prevista nesta Convenção, será transferida provisoriamente ao Estado requerido, desde que essa pessoa consinta e que os dois Estados estejam de acordo.

O estabelecido anteriormente poderá ser negado nos seguintes casos, entre outros:

a) se a pessoa detida ou que estiver cumprindo pena negar seu consentimento para a transferência;

b) enquanto a presença dessa pessoa for necessária para investigação ou para processo penal pendente na jurisdição a que se encontra sujeita a pessoa;

c) se existirem outras considerações de ordem jurídica ou de outra natureza, determinadas pela autoridade competente do Estado requerido ou requerente.

Para os efeitos deste artigo:

a) o Estado receptor terá a faculdade e a obrigação de manter sob custódia física a pessoa transferida, a menos que o Estado remetente indique o contrário;

b) o Estado receptor devolverá a pessoa transferida ao Estado remetente assim que as circunstâncias o permitam, ou sujeito ao acordado entre as Autoridades Centrais de ambos os Estados;

c) no que se refere à devolução da pessoa transferida, não será necessário que o Estado remetente promova um procedimento de extradição;

d) o tempo transcorrido no Estado receptor será computado, para os efeitos do cumprimento da sentença que lhe tiver sido imposta no Estado remetente; e

e) a permanência dessa pessoa no Estado receptor não poderá, em caso algum, exceder o período que falta para o cumprimento da pena ou 60 (sessenta) dias, conforme o prazo que expirar primeiro, a menos que a pessoa e ambos os Estados consintam em prorrogá-lo.

Artigo 21
Trânsito

Os Estados-Partes prestarão sua colaboração, na medida do possível, para o trânsito, por seu território, das pessoas mencionadas no artigo anterior, desde que a Autoridade Central respectiva tenha sido avisada com a devida antecedência e que essas pessoas viagem sob a custódia de agentes do Estado requerente.

Esse aviso prévio não será necessário quando se fizer uso dos meios de transporte aéreo e não se tiver previsto nenhuma aterrissagem regular no território do Estado ou Estados-Partes a serem sobrevoados.

Artigo 22
Salvo-conduto

O comparecimento ou transferência da pessoa que consinta em fazer declaração ou prestar depoimento conforme disposto nesta Convenção estará condicionado, se a pessoa ou o Estado remetente o solicitarem com antecedência a esse comparecimento ou transferência, a que o Estado requerido conceda um salvo-conduto segundo o qual, enquanto se encontrar nesse Estado, essa pessoa não poderá:

a) ser detida ou processada por delitos anteriores a sua saída do território do Estado remetente;

b) ser citada para fazer declaração ou prestar depoimento em procedimentos não especificados no pedido; ou

c) ser detida ou processada com base na declaração que prestar, salvo em caso de desacato ou de falso testemunho.

O salvo-conduto previsto no parágrafo anterior cessará quando a pessoa prolongar voluntariamente sua estada no território do Estado receptor por mais de 10 (dez) dias a partir do momento em que sua presença já não for necessária nesse Estado, conforme comunicado ao Estado remetente.

Artigo 23

No caso de testemunhas ou peritos, serão anexados, na medida necessária e do possível, os expedientes de perguntas, interrogatórios ou questionários correspondentes.

CAPÍTULO IV
REMESSA DE INFORMAÇÕES E ANTECEDENTES

Artigo 24

Nos casos em que a assistência proceder segundo esta Convenção, após a formulação do pedido e de acordo com seu procedimento interno, o Estado requerido fornecerá ao Estado requerente cópia dos documentos, antecedentes ou informações de caráter público que existam nos organismos ou repartições governamentais do Estado requerido.

O Estado requerido poderá fornecer cópias de qualquer documento, antecedente ou informação que existam num organismo ou repartição governamental desse Estado, mas que não sejam de caráter público, na mesma medida e sujeito às mesmas condições que seriam proporcionados a suas próprias autoridades judiciárias ou outras encarregadas da aplicação da lei. O Estado requerido poderá, a sua discrição, recusar total ou parcialmente um pedido formulado com base neste parágrafo.

Artigo 25
Limitação do Uso da Informação ou Provas

O Estado requerente não poderá divulgar nem utilizar nenhuma informação ou prova obtida em aplicação desta Convenção para propósitos diferentes dos indicados no pedido de assistência, sem prévio consentimento da Autoridade Central do Estado requerido.

Em casos excepcionais, se o Estado requerente precisar de divulgar e utilizar, total ou parcialmente, a informação ou prova para propósitos diferentes dos indicados, solicitará a autorização correspondente ao Estado requerido, o qual, a sua discrição, poderá aceder ao pedido, ou negar, total ou parcialmente, o solicitado.

A informação ou prova que deva ser divulgada e utilizada, na medida necessária para o cumprimento apropriado do procedimento ou das diligências indicadas no pedido, não estará sujeita ao requerimento de autorização a que se refere este artigo.

Quando for necessário, o Estado requerido poderá solicitar que a informação ou as provas proporcionadas sejam mantidas em caráter confidencial, de conformidade com as condições especificadas pela Autoridade Central. Se a parte requerente não puder cumprir esse pedido, as Autoridades Centrais se consultarão para determinar as condições de confidencialidade que forem mutuamente convenientes.

CAPÍTULO V
PROCEDIMENTO

Artigo 26

Os pedidos de assistência deverão conter a seguinte informação:

a) delito a que se refere o procedimento e breve exposição dos fatos constitutivos do mesmo, investigação ou processo penal de que se trate e descrição dos fatos a que se refere o pedido;

b) ato que motivou o pedido de assistência com descrição precisa deste;

c) quando for pertinente, a descrição de qualquer procedimento ou outros requisitos especiais do Estado requerente;

d) descrição precisa da assistência solicitada e qualquer informação necessária para o cumprimento do pedido.

Quando um pedido de assistência não puder ser atendido pelo Estado requerido, este o devolverá ao Estado requerente com explicação da causa.

O Estado requerido poderá pedir informação adicional quando for necessária para dar cumprimento ao pedido, de conformidade com seu direito interno ou para facilitar esse cumprimento.

Quando for necessário, o Estado requerente procederá de conformidade com o previsto no último parágrafo do Artigo 24 desta Convenção.

Artigo 27

Os documentos que forem tramitados de acordo com esta Convenção por intermédio das Autoridades Centrais estarão isentos de legalização ou autenticação.

Artigo 28

Os pedidos de assistência e a documentação anexa deverão estar traduzidos a um idioma oficial do Estado requerido.

Artigo 29

O Estado requerido custeará todas as despesas ordinárias de cumprimento de um pedido dentro de seu território, com exceção das seguintes, que serão custeadas pelo Estado requerente:

a) honorários de peritos; e

b) despesas de viagem e despesas afins provenientes do transporte de pessoas do território de um Estado para o outro.

Se parecer que a tramitação do pedido ocasionará despesas extraordinárias, as Partes se consultarão para determinar os termos e condições sob os quais a assistência poderá ser prestada.

Artigo 30

Na medida em que o julgarem útil e necessário para o melhor cumprimento desta Convenção, os Estados-Partes poderão trocar informações sobre assuntos relacionados com a aplicação da mesma.

Artigo 31
Responsabilidade

A lei interna de cada Parte regulamentará a responsabilidade por prejuízos que possam surgir das ações de suas autoridades no cumprimento desta Convenção.

Nenhuma das Partes será responsável pelos prejuízos que possam surgir de ações das autoridades da outra Parte na formulação ou cumprimento de um pedido nos termos desta Convenção.

CAPÍTULO VI
CLÁUSULAS FINAIS

Artigo 32

Esta Convenção estará aberta à assinatura dos Estados-Membros da Organização dos Estados Americanos.

Artigo 33

Esta Convenção estará sujeita a ratificação. Os instrumentos de ratificação serão depositados na Secretaria-Geral da Organização dos Estados Americanos.

Artigo 34

Esta Convenção estará aberta à adesão de qualquer Estado americano. Os instrumentos de adesão serão depositados na Secretaria-Geral da Organização dos Estados Americanos.

Artigo 35

Qualquer Estado poderá formular reservas a esta Convenção ao assiná-la, aprová-la, ratificá-la ou a ela aderir, desde que as reservas se refiram a uma ou mais disposições específicas e não sejam incompatíveis com o objeto e fim da Convenção.

Artigo 36
Esta Convenção não será interpretada no sentido de afetar ou restringir as obrigações vigentes, segundo o disposto em qualquer outra convenção internacional, bilateral ou multilateral, que contenha ou possa conter cláusulas que rejam, de forma parcial ou total, aspectos específicos de assistência mútua em matéria penal, nem as praxes mais favoráveis que esses Estados possam observar na matéria.

Artigo 37
Esta Convenção entrará em vigor no trigésimo dia contado a partir da data em que tiver sido depositado o segundo instrumento de ratificação.

Para o Estado que ratificar a Convenção ou a ela aderir depois de haver sido depositado o segundo instrumento de ratificação, a Convenção entrará em vigor no trigésimo dia contado a partir da data em que houver depositado seu instrumento de ratificação.

Artigo 38
Os Estados-Partes que possuírem duas ou mais unidades territoriais em que vigorem sistemas jurídicos diferentes com relação a questões de que trata esta Convenção deverão declarar, no momento da assinatura, ratificação ou adesão, que a Convenção se aplicará a todas as unidades territoriais ou somente a uma ou mais dessas unidades.

Tais declarações poderão ser notificadas mediante declarações ulteriores, que especificarão expressamente a unidade ou as unidades territoriais a que se aplicará esta Convenção. As declarações ulteriores serão transmitidas à Secretaria-Geral da Organização dos Estados Americanos e surtirão efeito 30 (trinta) dias depois de recebidas.

Artigo 39
Esta Convenção vigorará por prazo indefinido, mas qualquer dos Estados-Partes poderá denunciá-la. O instrumento de denúncia será depositado na Secretaria-Geral da Organização dos Estados Americanos. Transcorrido 1 (um) ano, contado a partir da data do depósito do instrumento de denúncia, cessarão os efeitos da Convenção para o Estado denunciante, continuando ela subsistente para os demais Estados-Partes.

Artigo 40
O instrumento original desta Convenção, cujos textos em espanhol, francês, inglês e português são igualmente autênticos, será depositado na Secretaria-Geral da Organização dos Estados Americanos, que enviará cópia autenticada do seu texto para o respectivo registro e publicação ao Secretariado das Nações Unidas, de conformidade com o artigo 102 de sua Carta constitutiva. A Secretaria-Geral da Organização dos Estados Americanos notificará aos Estados-Membros da referida Organização e aos Estados que houverem aderido à Convenção, as assinaturas e os depósitos de instrumentos de ratificação, de adesão e de denúncia, bem como as reservas que houver.

Também lhes transmitirá as declarações previstas no artigo 38.

Expedida em Nassau, Bahamas, aos 23 (vinte e três) dias do mês de maio de mil novecentos e noventa e dois.

PROTOCOLO FACULTATIVO RELATIVO À CONVENÇÃO INTERAMERICANA SOBRE ASSISTÊNCIA MÚTUA EM MATÉRIA PENAL (1993)

Os Estados-Membros da Organização dos Estados Americanos,

Levando em conta a Convenção Interamericana sobre Assistência Mútua em Matéria Penal, aprovada em Nassau, em 23 de maio de 1992 (doravante denominada "Convenção"),

Acordaram em aprovar o seguinte Protocolo Facultativo Relativo à Convenção Interamericana sobre Assistência Mútua em Matéria Penal:

Artigo 1º
Quando o pedido for feito por um Estado-Parte neste Protocolo, os outros Estados-Partes não exercerão o direito de recusar pedidos de assistência, previsto na alínea f, do artigo 9 da Convenção, baseando a recusa unicamente no caráter fiscal do delito.

Artigo 2º
O Estado-Parte neste Protocolo, quando atuar como Estado requerido nos termos da Convenção, não recusará a prestação da assistência que requeira a aplicação das medidas mencionadas no artigo 5 da Convenção se, de acordo com suas leis, o ato especificado no pedido corresponder a um delito fiscal da mesma natureza.

Cláusulas finais

Artigo 3º
1. Este Protocolo estará aberto à assinatura pelos Estados-Membros da OEA na Secretaria-Geral da OEA, a partir de 1º de janeiro de 1994, e sujeito a ratificação ou adesão somente por parte dos Estados-Partes na Convenção.

2. Este Protocolo permanecerá aberto à adesão de qualquer outro Estado que adira ou tenha aderido à Convenção em conformidade com as condições estipuladas neste artigo.

3. Os instrumentos de ratificação e adesão serão depositados na Secretaria-Geral da Organização dos Estados Americanos.

4. Qualquer Estado poderá formular reservas a este Protocolo ao assiná-lo, ratificá-lo ou ao mesmo aderir, desde que a reserva não seja incompatível com o objeto e a finalidade do Protocolo.

5. Este Protocolo não será interpretado no sentido de afetar ou restringir, no todo ou em parte, as obrigações vigentes no contexto de outras convenções internacionais, bilaterais ou multilaterais que rejam qualquer aspecto específico da assistência

internacional em matéria penal, nem as praxes mais favoráveis que esses Estados possam observar em relação a esta matéria.

6. Este Protocolo entrará em vigor no trigésimo dia a partir da data em que dois Estados-Partes tiverem depositado seus instrumentos de ratificação ou adesão, desde que a Convenção tenha entrado em vigor.

7. Para cada Estado que ratificar o Protocolo ou a ele aderir depois de haver sido depositado o segundo instrumento de ratificação ou adesão, a vigência do mesmo começará no trigésimo dia contado a partir da data em que houver depositado o instrumento de ratificação ou adesão, desde que esse Estado seja Parte na Convenção.

8. O Estado-Parte que possuir duas ou mais unidades territoriais em que vigorem diferentes sistemas jurídicos relativos a assuntos abrangidos por este Protocolo deverá declarar, no momento da assinatura, ratificação ou adesão, se este Protocolo será aplicável a todas as suas unidades territoriais ou somente a uma ou mais dessas unidades.

9. As declarações a que se refere o parágrafo 8 deste artigo poderão ser emendadas mediante declarações posteriores que indiquem expressamente os territórios em que este Protocolo será aplicável. Essas declarações ulteriores serão transmitidas à Secretaria-Geral da Organização dos Estados Americanos e entrarão em vigor 30 (trinta) dias após a data do seu recebimento.

Artigo 4º

Este Protocolo vigorará enquanto a Convenção estiver em vigor, mas qualquer Estado-Parte poderá denunciá-lo. Os instrumentos de denúncia serão depositados na Secretaria-Geral da Organização dos Estados Americanos. Transcorrido 1 (um) ano, contado a partir da data do depósito do instrumento de denúncia, cessarão os efeitos deste Protocolo para o Estado denunciante, continuando este a vigorar para os demais Estados-Partes.

Artigo 5º

O instrumento original deste Protocolo, cujos textos em espanhol, francês, inglês e português são igualmente autênticos, será depositado na Secretaria-Geral da Organização dos Estados Americanos, que enviará cópias autenticadas do seu texto para o respectivo registro ao Secretariado das Nações Unidas.

A Secretaria-Geral da Organização dos Estados Americanos notificará aos Estados-Membros dessa Organização e aos Estados que houverem aderido à Convenção e ao Protocolo as assinaturas e os depósitos de instrumentos de ratificação, adesão ou denúncia, bem como as reservas, se as houver. Além disso, transmitirá aos mesmos as declarações mencionadas no artigo 3 deste Protocolo.

Expedido na cidade de Manágua, Nicarágua, no dia onze de junho de mil novecentos e noventa e três.

CONVENÇÃO INTERAMERICANA SOBRE O CUMPRIMENTO DE SENTENÇAS PENAIS NO EXTERIOR (1993)

- Concluída em Manágua aos 09.06.1993.
- Aprovada no Brasil, com reserva à primeira parte do parágrafo 2º do artigo VII (relativa à redução dos períodos de prisão ou de cumprimento alternativo da pena), pelo Decreto Legislativo 293, de 12.07.2006, e promulgada pelo Decreto 5.919, de 03.10.2006.
- Entrou em vigor internacional em 12.04.1996.

Os Estados-Membros da Organização dos Estados Americanos,

Considerando que um dos propósitos essenciais da Organização dos Estados Americanos é, de conformidade com o artigo 2, alínea e, da Carta da OEA, "procurar a solução dos problemas políticos, jurídicos e econômicos que surgirem entre os Estados-Membros";

Animados do desejo de cooperar a fim de assegurar melhor administração da justiça mediante a reabilitação social da pessoa sentenciada;

Persuadidos de que, para o cumprimento desses objetivos, é conveniente que se possa conceder à pessoa sentenciada a oportunidade de cumprir a sua pena no país do qual é nacional; e

Convencidos de que a melhor maneira de obter esses resultados é mediante a transferência da pessoa sentenciada, Resolvem aprovar a seguinte Convenção Interamericana sobre o Cumprimento de Sentenças Penais no Exterior:

Artigo I
Definições

Para os efeitos desta Convenção, entender-se-á por:

1. Estado sentenciador: o Estado-Parte do qual a pessoa sentenciada tenha de ser transferida.

2. Estado receptor: o Estado-Parte para o qual a pessoa sentenciada tenha de ser transferida.

3. Sentença: a decisão judicial definitiva mediante a qual se imponha a uma pessoa, como pena pela prática de um delito, a privação da liberdade ou a restrição da mesma, em regime de liberdade vigiada, pena de execução condicional ou outras formas de supervisão sem detenção. Entende-se que uma sentença é definitiva se não estiver pendente apelação ordinária contra a condenação ou sentença no Estado Sentenciador, e se o prazo previsto para a apelação estiver expirado.

4. Pessoa sentenciada: a pessoa que, no território de um dos Estados-Partes, venha a cumprir ou esteja cumprindo uma sentença.

Artigo II
Princípios Gerais

De conformidade com as disposições desta Convenção:

a) as sentenças impostas em um dos Estados-Partes a nacionais de outro Estado-Parte poderão ser cumpridas pela pessoa sentenciada no Estado do qual seja nacional; e

b) os Estados-Partes comprometem-se a prestar a mais ampla cooperação no tocante à transferência de pessoas sentenciadas.

Artigo III
Condições para a Aplicação da Convenção

Esta Convenção aplicar-se-á unicamente nas seguintes condições:

1. Que exista sentença firme e definitiva na forma como foi definida no artigo I, parágrafo 3 desta Convenção.

2. Que a pessoa sentenciada concorde expressamente com a transferência, tendo sido previamente informada a respeito das consequências jurídicas da mesma.

3. Que o ato pelo qual a pessoa tenha sido condenada configure delito também no Estado receptor. Para esse efeito, não se levarão em conta as diferenças de denominação ou as que não afetem a natureza do delito.

4. Que a pessoa sentenciada seja nacional do Estado receptor.

5. Que a pena a ser cumprida não seja pena de morte.

6. Que a duração da pena ainda a ser cumprida seja, no momento da solicitação, de pelo menos 6 (seis) meses.

7. Que a aplicação da sentença não seja contraditória com o ordenamento jurídico interno do Estado receptor.

Artigo IV
Prestação de Informação

1. Cada Estado-Parte informará a respeito do conteúdo desta Convenção qualquer pessoa sentenciada que esteja compreendida nas disposições da mesma.

2. Os Estados-Partes manterão informada a pessoa sentenciada a respeito do trâmite de sua transferência.

Artigo V
Procedimento para a Transferência

A transferência da pessoa sentenciada de um Estado para outro estará sujeita ao seguinte procedimento:

1. O trâmite poderá ser promovido pelo Estado sentenciador ou pelo Estado receptor. Em ambos os casos, requer-se que a pessoa sentenciada haja expressado seu consentimento ou, quando cabível, formulado a solicitação.

2. A solicitação de transferência será tramitada por intermédio das autoridades centrais indicadas conforme o artigo XI desta Convenção ou, na falta desta pela via diplomática ou consular. De conformidade com seu direito interno, cada Estado-Parte informará as autoridades que considerar necessária a respeito do conteúdo desta Convenção. Além disso, procurará criar mecanismos de cooperação entre a autoridade central e as demais autoridades que devam intervir na transferência da pessoa sentenciada.

3. Se a sentença tiver sido proferida por um Estado ou província com jurisdição penal independente do Governo Federal, requerer-se-á para a aplicação deste procedimento de transferência a aprovação do respectivo Estado ou província.

4. Na solicitação de transferência, deverá ser proporcionada a informação que acredite o cumprimento das condições dispostas no artigo III.

5. Antes de efetuar-se a transferência, o Estado sentenciador permitirá ao Estado receptor verificar, se assim o desejar e por meio de um funcionário por este designado, se a pessoa sentenciada deu seu consentimento com pleno conhecimento das consequências jurídicas da mesma.

6. Ao decidir quanto à transferência de uma pessoa sentenciada, os Estados-Partes poderão considerar, entre outros fatores, a possibilidade de contribuir para a sua reabilitação social; a gravidade do delito; conforme o caso, os antecedentes penais da pessoa sentenciada; seu estado de saúde; e os vínculos familiares, sociais ou de outra natureza com o Estado sentenciador e o Estado receptor.

7. O Estado sentenciador proporcionará ao Estado receptor cópia certificada da sentença, inclusive informação sobre o tempo já cumprido pela pessoa sentenciada e o que lhe deva ser creditado por motivos tais como trabalho, boa conduta ou prisão preventiva. O Estado receptor poderá solicitar qualquer informação adicional que considerar pertinente.

8. A entrega da pessoa sentenciada pelo Estado sentenciador ao Estado receptor será efetuada em local acordado pelas autoridades centrais. O Estado receptor será responsável pela custódia da pessoa sentenciada desde o momento em que esta lhe for entregue.

9. Todas as despesas relacionadas com a transferência da pessoa sentenciada até a entrega para sua custódia ao Estado receptor correrão por conta do Estado sentenciador.

10. O Estado receptor será responsável por todas as despesas em que se incorra na transferência da pessoa sentenciada desde o momento em que esta ficar sob sua custódia.

Artigo VI
Denegação de Transferência

Quando um Estado não aprovar a transferência de uma pessoa sentenciada, comunicará imediatamente sua decisão ao Estado solicitante e explicará o motivo de sua denegação, quando isto for possível e conveniente.

Artigo VII
Direito da Pessoa Sentenciada Transferida e Forma de Cumprimento da Sentença

1. A pessoa sentenciada que for transferida conforme previsto nesta Convenção não poderá ser detida, processada ou condenada novamente no

Estado receptor pelo mesmo delito que motivou a sentença imposta pelo Estado sentenciador.

2. Salvo o disposto no artigo VIII desta Convenção, a pena de uma pessoa sentenciada transferida será cumprida de acordo com as leis e procedimentos do Estado receptor, inclusive a aplicação de quaisquer disposições relativas à redução de períodos de prisão ou do cumprimento alternativo da pena. Nenhum sentença será executada pelo Estado receptor de modo a prolongar a duração da pena para além da data em que expiraria, de acordo com os termos da sentença do tribunal do Estado sentenciador.

3. As autoridades do Estado Sentenciador poderão solicitar, por meio das autoridades centrais, informações sobre a situação corrente do cumprimento da pena de qualquer pessoa sentenciada transferida ao Estado receptor, de acordo com esta Convenção.

Artigo VIII
Revisão de Sentença e Efeitos no Estado Receptor

O Estado sentenciador conservará sua plena jurisdição para a revisão das sentenças proferidas por seus tribunais. Além disso, conservará a faculdade de conceder indulto, anistia ou perdão à pessoa sentenciada. O Estado receptor, ao receber notificação de qualquer decisão a respeito, deverá adotar imediatamente as medidas pertinentes.

Artigo IX
Aplicação da Convenção em Casos Especiais

Esta Convenção também poderá ser aplicada a pessoas sujeitas à vigilância ou a outras medidas de acordo com as leis de um Estado-Parte relacionadas com infratores menores de idade. Para a transferência, obter-se-á consentimento de um representante legalmente autorizado.

Se o acordarem as Partes e para efeitos de seu tratamento no Estado receptor, poderá aplicar-se esta Convenção a pessoas que a autoridade competente houver declarado inimputáveis. As partes acordarão, de conformidade com o seu direito interno, o tipo de tratamento a ser dispensado às pessoas transferidas. Para a transferência deverá obter-se o consentimento de quem estiver legalmente facultado a concedê-lo.

Artigo X
Trânsito

Se a pessoa sentenciada, ao ser transferida, tiver que atravessar o território de um terceiro Estado-Parte nesta Convenção, este deverá ser notificado, mediante o envio da decisão que concedeu a transferência pelo Estado sob cuja custódia se efetuará a citada transferência. Em tais casos, o Estado-Parte de trânsito poderá ou não consentir no trânsito da pessoa sentenciada por seu território.

A mencionada notificação não será necessária quando se utilizarem os meios de transporte aéreo e não estiver prevista qualquer aterrissagem de escala no território do Estado-Parte a ser sobrevoado.

Artigo XI
Autoridade Central

Os Estados-Partes, ao assinar ou ratificar esta Convenção ou ao aderir a ela, notificarão à Secretaria-Geral da Organização dos Estados Americanos a designação da autoridade central encarregada de exercer as funções previstas nesta Convenção. A Secretaria-Geral distribuirá aos Estados-Partes nesta Convenção uma lista das designações que tiver recebido.

Artigo XII
Alcance da Convenção

Nada do previsto nesta Convenção será interpretado no sentido de restringir outros tratados bilaterais ou multilaterais ou outros acordos assinados entre as Partes.

Artigo XIII
Cláusulas Finais

Esta Convenção estará aberta à assinatura dos Estados-Membros da Organização dos Estados Americanos.

Artigo XIV

Esta Convenção estará sujeita a ratificação. Os instrumentos de ratificação serão depositados na Secretaria-Geral da Organização dos Estados Americanos.

Artigo XV

Esta Convenção permanecerá aberta à adesão de qualquer outro Estado. Os instrumentos de adesão serão depositados na Secretaria-Geral da Organização dos Estados Americanos.

Artigo XVI

Os Estados-Partes poderão formular reservas a esta Convenção ao aprová-la, assiná-la, ratificá-la ou a ela aderir, desde que não sejam incompatíveis com o objetivo e propósito da Convenção e se refiram a uma ou mais disposições específicas.

Artigo XVII

Esta Convenção entrará em vigor para os Estados ratificantes no trigésimo dia contado a partir da data em que tiver sido depositado o segundo instrumento de ratificação.

Para o Estado que ratificar a Convenção ou a ela aderir depois de haver sido depositado o segundo instrumento de ratificação, a Convenção entrará em vigor no trigésimo dia contado a partir da data em que houver o Estado depositado seu instrumento de ratificação ou adesão.

Artigo XVIII

Esta Convenção vigerá indefinidamente, mas qualquer dos Estados-Partes poderá denunciá-lo em qualquer momento. A denúncia será comunicada à Secretaria-Geral da Organização dos Estados Americanos. Transcorrido um ano a partir da data da denúncia, a convenção cessará em seus efeitos para o Estado denunciante.

Não obstante, suas disposições permanecerão em vigor para o Estado denunciante em relação às pessoas condenadas que, ao amparo das mesmas, houverem sido transferidas, até o término das respectiva penas.

Os pedidos de traslado que se encontrem em trâmite no momento da denúncia desta Convenção serão complementados até sua completa execução, a menos que as Partes decidam o contrário.

Artigo XIX

O instrumento original desta Convenção, cujos textos em espanhol, francês, inglês e português são igualmente autênticos, será depositado na Secretaria-Geral da Organização dos Estados Americanos, que enviará cópia autenticada do seu texto, para o respectivo registro e publicação, ao Secretariado das Nações Unidas, de conformidade com o artigo 102 da Carta das Nações Unidas. A Secretaria-Geral da Organização dos Estados Americanos notificará aos Estados-Membros da referida Organização e aos Estados que houverem aderido à Convenção as assinaturas e os depósitos de instrumento de ratificação, de adesão e de denúncia, bem como as reservas que houver.

Em fé do que, os plenipotenciários abaixo assinados, devidamente autorizados por seus respectivos governos, assinam esta Convenção, que se denominará "Convenção Interamericana sobre o Cumprimento de Sentenças Penais no Exterior".

Feito na cidade de Manágua, Nicarágua, em nove de junho de mil novecentos e noventa e três.

Nacionalidade e Cidadania

CONVENÇÃO PARA A REDUÇÃO DOS CASOS DE APATRIDIA (1961)

▶ Concluída em Nova York em 30.08.1961; Aprovada no Brasil pelo Decreto Legislativo 274, de 04.10.2007, ratificada em 25.10.2007 (conservando o direito previsto no Artigo 8, parágrafo 3, alínea *a*, item ii) e promulgada pelo Decreto 8.501, de 18.08.2015.

Os Estados Contratantes,
Agindo em conformidade com a Resolução 896 (IX), adotada pela Assembleia Geral das Nações Unidas em 4 de dezembro de 1954,
Considerando conveniente reduzir os casos de apatridia por meio de um acordo internacional,
Convêm no seguinte:

Artigo 1º

1. Todo Estado Contratante concederá sua nacionalidade a uma pessoa nascida em seu território e que de outro modo seria apátrida. A nacionalidade será concedida:
(a) de pleno direito, no momento do nascimento; ou
(b) mediante requerimento apresentado à autoridade competente pelo interessado ou em seu nome, conforme prescrito pela legislação do Estado em questão. Nos termos do disposto no parágrafo 2 deste Artigo, nenhum requerimento poderá ser indeferido.
Todo Estado Contratante cuja legislação preveja a concessão de sua nacionalidade mediante requerimento, segundo a alínea (b) deste parágrafo, poderá também conceder sua nacionalidade de pleno direito na idade e sob as condições prescritas em sua legislação nacional.

2. Todo Estado Contratante poderá subordinar a concessão de sua nacionalidade segundo a alínea (b) do parágrafo 1 deste Artigo a uma ou mais das seguintes condições:
(a) que o requerimento seja apresentado dentro de um período fixado pelo Estado Contratante, que deverá começar não depois da idade de dezoito anos e terminar não antes da idade de vinte e um anos, de modo que o interessado disponha de um ano, no mínimo, durante o qual possa apresentar o requerimento sem ter de obter autorização judicial para fazê-lo;
(b) que o interessado tenha residido habitualmente no território do Estado Contratante por período, fixado por este Estado, não superior a cinco anos imediatamente anteriores à apresentação do requerimento nem a dez anos ao todo;
(c) que o interessado não tenha sido condenado por crime contra a segurança nacional nem tenha sido condenado, em virtude de processo criminal, a cinco anos ou mais de prisão;
(d) que o interessado sempre tenha sido apátrida.

3. Não obstante o disposto nos parágrafos 1 (b) e 2 do presente Artigo, todo filho legítimo nascido no território de um Estado Contratante e cuja mãe seja nacional daquele Estado, adquirirá essa nacionalidade no momento do nascimento se, do contrário, viesse a ser apátrida.

4. Todo Estado Contratante concederá sua nacionalidade a qualquer pessoa que do contrário seja apátrida e que não pôde adquirir a nacionalidade do Estado Contratante em cujo território tiver nascido por ter passado da idade estabelecida para a apresentação de seu requerimento ou por não preencher os requisitos de residência exigidos se no momento do nascimento do interessado um de seus pais possuía a nacionalidade do Estado Contratante inicialmente mencionado. Se seus pais não possuíam a mesma nacionalidade no momento de seu nascimento, a legislação do Estado Contratante cuja nacionalidade estiver sendo solicitada determinará se prevalecerá a condição do pai ou da mãe. Caso seja necessário requerimento para tal nacionalidade, tal requerimento deverá ser apresentado à autoridade competente pelo interessado ou em seu nome, conforme prescrito pela legislação do Estado Contratante. Nos termos do disposto no parágrafo 5 do presente Artigo, nenhum requerimento poderá ser indeferido.

5. Todo Estado Contratante poderá subordinar a concessão de sua nacionalidade, segundo o parágrafo 4 do presente Artigo, a uma ou mais das seguintes condições:
(a) que o requerimento seja apresentado antes de o interessado atingir a idade determinada pelo Estado Contratante, a qual não poderá ser inferior a 23 anos;
(b) que o interessado tenha residido habitualmente no território do Estado Contratante por período, fixado por este Estado, não superior a três anos;
(c) que o interessado sempre tenha sido apátrida.

Artigo 2º

Salvo prova em contrário, presume-se que um menor abandonado que tenha sido encontrado no território de um Estado Contratante tenha nascido nesse território, de pais que possuem a nacionalidade daquele Estado.

Artigo 3º

Para o fim de se determinarem as obrigações dos Estados Contratantes nos termos da presente Convenção, o nascimento a bordo de um navio ou uma aeronave será considerado como ocorrido no território do Estado de cuja bandeira for o navio ou no território do Estado em que a aeronave estiver matriculada, conforme o caso.

Artigo 4º

1. Todo Estado Contratante concederá sua nacionalidade a qualquer pessoa que não tenha nascido no território de um Estado Contratante e que do contrário seria apátrida se no momento de seu nascimento um de seus pais possuía a nacionalidade do primeiro destes Estados. Se seus pais não possuíam a mesma nacionalidade no momento de seu nascimento, a legislação daquele Estado Contratante determinará se prevalecerá a condição do pai ou da mãe. A nacionalidade a que se refere este Artigo será concedida:

(a) de pleno direito, no momento do nascimento; ou
(b) mediante requerimento apresentado à autoridade competente pelo interessado ou em seu nome, conforme prescrito pela legislação do Estado em questão. Nos termos do disposto do parágrafo 2 deste Artigo, nenhum requerimento poderá se indeferido.

2. Todo Estado Contratante poderá subordinar a concessão de sua nacionalidade, segundo o parágrafo 4 do presente Artigo, a uma ou mais das seguintes condições:

(a) que o requerimento seja apresentado antes de o interessado atingir a idade determinada pelo Estado Contratante, a qual não poderá ser inferior a 23 anos;
(b) que o interessado tenha residido habitualmente no território do Estado Contratante por período, fixado por este Estado, não superior a três anos;
(c) que o interessado não tenha sido condenado por crime contra a segurança nacional;
(d) que o interessado sempre tenha sido apátrida.

Artigo 5º

1. Caso a legislação de um Estado Contratante imponha a perda de nacionalidade em decorrência da mudança do estado civil de uma pessoa, tal como casamento, dissolução da sociedade conjugal, legitimação, reconhecimento ou adoção, tal perda será condicionada à titularidade ou aquisição de outra nacionalidade.

2. Se, de acordo com a legislação de um Estado Contratante, um filho natural perder a nacionalidade daquele Estado como conseqüência de um reconhecimento de filiação, ser-lhe-á oferecida a oportunidade de recuperá-la mediante requerimento apresentado perante a autoridade competente, requerimento este que não poderá ser objeto de condições mais rigorosas do que aquelas determinadas no parágrafo 2 do Artigo 1 da presente Convenção.

Artigo 6º

A mudança ou a perda da nacionalidade de um dos cônjuges, do pai ou da mãe não acarretará perda da nacionalidade do outro cônjuge nem a dos filhos, a menos que já possuam ou tenha adquirido outra nacionalidade.

Artigo 7º

1. (a) Se a legislação de um Estado Contratante permitir a renúncia à nacionalidade, tal renúncia só será válida se o interessado tiver ou adquirir outra nacionalidade.

(b) A disposição da alínea (a) deste parágrafo não prevalecerá quando sua aplicação for incompatível com os princípios enunciados nos Artigos 13 e 14 da Declaração Universal dos Direitos Humanos, aprovada em 10 de dezembro de 1948 pela Assembléia Geral das Nações Unidas.

2. A pessoa que solicitar a naturalização em um país estrangeiro, ou tenha obtido uma permissão de expatriação com esse fim, só perderá sua nacionalidade se adquirir a nacionalidade desse país estrangeiro.

3. Salvo o disposto nos parágrafos 4 e 5 deste Artigo, o nacional de um Estado Contratante não poderá perder sua nacionalidade pelo fato de abandonar o país, residir no exterior ou deixar de inscrever-se no registro correspondente, ou por qualquer outra razão semelhante, se tal perda implicar sua apatridia.

4. Os naturalizados podem perder sua nacionalidade pelo fato de residirem em seu país de origem por um período que exceda o autorizado pela legislação do Estado Contratante, que não poderá ser inferior a sete anos consecutivos, se não declararem perante as autoridades competentes sua intenção de conservar sua nacionalidade.

5. Em caso de nacionais de um Estado Contratante nascidos fora de seu território, a legislação desse Estado poderá subordinar a conservação da nacionalidade, a partir do ano seguinte à data em que o interessado alcançar a maioridade, ao cumprimento do requisito de residência, naquele momento, no território do Estado ou de inscrição no registro correspondente.

6. Salvo nos casos aos quais se refere esse Artigo, uma pessoa não perderá a nacionalidade de um Estado Contratante se tal perda puder convertê-la em apátrida, ainda que tal perda não esteja expressamente proibida por nenhuma das outras disposições da presente Convenção.

Artigo 8º

1. Os Estados Contratantes não privarão uma pessoa de sua nacionalidade se essa privação vier a convertê-la em apátrida.

2. Não obstante o disposto no parágrafo 1 deste Artigo, uma pessoa poderá ser privada da nacionalidade de um Estado Contratante:

(a) nos casos em que, de acordo com os parágrafos 4 e 5 do Artigo 7, uma pessoa seja passível de perder sua nacionalidade;
(b) nos casos em que a nacionalidade tenha sido obtida por declaração falsa ou fraude.

3. Não obstante o disposto no parágrafo 1 deste Artigo, os Estados Contratantes poderão conservar o direito de privar uma pessoa de sua nacionalida-

de se, no momento da assinatura, ratificação ou adesão, especificarem que se reservam tal direito por um ou mais dos seguintes motivos, sempre que estes estejam previstos em sua legislação nacional naquele momento:
a) quando, em condições incompatíveis com o dever de lealdade ao Estado Contratante, a pessoa:
i) apesar de proibição expressa do Estado Contratante, tiver prestado ou continuar prestando serviços a outro Estado, tiver recebido ou continuar recebendo dinheiro de outro Estado; ou
ii) tiver se conduzido de maneira gravemente prejudicial aos interesses vitais do Estado;
b) quando a pessoa tiver prestado juramento de lealdade ou tiver feito uma declaração formal de lealdade a outro Estado, ou dado provas decisivas de sua determinação de repudiar a lealdade que deve ao Estado Contratante.
4. Os Estados Contratantes só exercerão o direito de privar uma pessoa de sua nacionalidade, nas condições definidas nos parágrafos 2 ou 3 do presente Artigo, de acordo com a lei, que assegurará ao interessado o direito à ampla defesa perante um tribunal ou outro órgão independente.

Artigo 9º
Os Estados Contratantes não poderão privar qualquer pessoa ou grupo de pessoas de sua nacionalidade por motivos raciais, étnicos, religiosos ou políticos.

Artigo 10
1. Todo tratado entre os Estados Contratantes que dispuser sobre a transferência de território deverá incluir disposições para assegurar que os habitantes do referido território não se converterão em apátridas como resultado de tal transferência. Os Estados Contratantes se empenharão em assegurar que tais disposições figurem em todo tratado desse gênero realizado com um Estado que não seja Parte na presente Convenção.
2. Na ausência de tais disposições, o Estado Contratante ao qual tenha sido cedido um território ou que de outro modo haja adquirido um território atribuirá sua nacionalidade aos habitantes do referido território que de outro modo se tornariam apátridas como resultado da transferência ou aquisição de tal território.

Artigo 11
Os Estados Contratantes comprometem-se a criar, dentro da estrutura das Nações Unidas, tão logo possível, depois do depósito do sexto instrumento de ratificação ou de adesão, um órgão ao qual uma pessoa que reivindique o benefício da presente Convenção possa solicitar o exame de sua reivindicação, bem como assistência em sua apresentação à autoridade competente.

Artigo 12
1. O Estado Contratante que não conceda sua nacionalidade de pleno direito, no momento do nascimento da pessoa, nos termos do parágrafo 1 do Artigo 1 ou do Artigo 4 da presente Convenção, deverá aplicar uma ou outra dessas disposições, segundo o caso, as pessoas nascidas tanto antes como depois da data de entrada em vigor da presente Convenção.
2. O disposto no parágrafo 4 do Artigo 1 da presente Convenção aplicar-se-á tanto às pessoas nascidas antes quanto às pessoas nascidas depois da entrada em vigor da presente Convenção.
3. O disposto no Artigo 2 da presente Convenção aplicar-se-á somente aos menores abandonados encontrados no território de um Estado Contratante depois da data da entrada em vigor da presente Convenção para aquele Estado.

Artigo 13
Nenhuma disposição da presente Convenção será interpretada de modo a restringir a aplicação de disposições mais favoráveis relativas à redução da apatridia por ventura existentes na legislação nacional que esteja em vigor ou que entre em vigor em qualquer Estado Contratante, ou que constem de qualquer outra convenção, tratado ou acordo que esteja em vigor ou que entre em vigor entre dois ou mais Estados Contratantes.

Artigo 14
Toda controvérsia que surja entre Estados Contratantes referente à interpretação ou à aplicação da presente Convenção que não possa ser solucionada por outros meios poderá ser submetida à Corte Internacional de Justiça por iniciativa de qualquer das partes da controvérsia.

Artigo 15
1. A presente Convenção se aplicará a todos os territórios não autônomos, sob tutela, coloniais e outros territórios não metropolitanos cujas relações internacionais estejam a cargo de qualquer Estado Contratante; o Estado Contratante em questão deverá, sem prejuízo das disposições do parágrafo 2 deste Artigo, declarar, no momento da assinatura, ratificação ou adesão, a qual território ou territórios não metropolitanos a presente Convenção se aplicará *ipso facto*, como resultado de tal assinatura, ratificação ou adesão.
2. Nos casos em que, para efeitos de nacionalidade, um território não metropolitano não seja considerado parte integrante do território metropolitano, ou nos casos que requeiram o consentimento prévio de um território não metropolitano, em virtude das leis ou práticas constitucionais do Estado Contratante ou do território não metropolitano, para que a presente Convenção se aplique a tal território, o Estado Contratante envidará esforços para obter o consentimento necessário do território não metropolitano dentro do prazo de 12 meses a partir da data da assinatura da presente Convenção por aquele Estado Contratante. Quando tiver obtido tal consentimento, o Estado Contratante notificará o Secretário-Geral das Nações Unidas. A presente Convenção se aplicará ao território ou territórios

mencionados em tal notificação a partir da data em que seja recebida pelo Secretário-Geral.

3. Decorrido o prazo de 12 meses mencionado no parágrafo 2 desse Artigo, os Estados Contratantes interessados informarão ao Secretário-Geral os resultados das gestões junto àqueles territórios não metropolitanos cujas relações internacionais estiverem a seu cargo e cujo consentimento para a aplicação da presente Convenção tenha ficado pendente.

Artigo 16

1. A presente Convenção ficará aberta à assinatura na Sede das Nações Unidas de 30 de agosto de 1961 a 31 de maio de 1962.

2. A presente Convenção ficará aberta à assinatura:

(a) de todos os Estados-membros das Nações Unidas;

(b) de qualquer outro Estado convidado para a Conferência das Nações Unidas sobre a Eliminação ou Redução da Apatrídia Futura;

(c) de todo Estado ao qual a Assembleia Geral das Nações Unidas possa vir a dirigir convite para assinatura ou adesão.

3. A presente Convenção será ratificada e os instrumentos de ratificação serão depositados junto ao Secretário-Geral das Nações Unidas.

4. Os Estados aos quais se refere o parágrafo 2 deste Artigo poderão aderir à presente Convenção. A adesão se efetuará mediante o depósito de instrumento de adesão junto ao Secretário-Geral das Nações Unidas.

Artigo 17

1. No momento da assinatura, ratificação ou adesão, todo Estado pode formular reservas aos Artigos 11, 14 e 15.

2. Nenhuma outra reserva poderá ser feita à presente Convenção.

Artigo 18

1. A presente Convenção entrará em vigor dois anos após a data do depósito do sexto instrumento de ratificação ou de adesão.

2. Para todo Estado que ratificar ou aderir à presente Convenção após o depósito do sexto instrumento de ratificação ou de adesão, a presente Convenção entrará em vigor no nonagésimo dia após a data do depósito por aquele Estado de seu instrumento de ratificação ou de adesão ou na data de entrada em vigor da presente Convenção nos termos do parágrafo 1 deste Artigo, se esta última data for posterior.

Artigo 19

1. Todo Estado Contratante poderá denunciar a presente Convenção em qualquer momento, mediante notificação por escrito dirigida ao Secretário-Geral das Nações Unidas. A denúncia terá efeito para o Estado em questão um ano após a data de seu recebimento pelo Secretário-Geral.

2. Nos casos em que, de acordo com o disposto no Artigo 15, a presente Convenção se tenha tornado aplicável a um território não metropolitano de um Estado Contratante, aquele Estado poderá, a partir daquele momento, com o consentimento do território em questão, notificar o Secretário-Geral das Nações Unidas que denuncia a presente Convenção no tocante àquele território. A denúncia terá efeito um ano após a data do recebimento da notificação pelo Secretário-Geral, que informará os demais Estados Contratantes sobre tal notificação e a data de seu recebimento.

Artigo 20

1. O Secretário-Geral das Nações Unidas notificará todos os Estados-membros das Nações Unidas e os Estados não membros mencionados no Artigo 16 sobre:

(a) assinaturas, ratificações e adesões previstas no Artigo 16;

(b) reservas amparadas pelo Artigo 17;

(c) a data em que a presente Convenção entrará em vigor nos termos do Artigo 18;

(d) denúncias amparadas pelo Artigo 19.

2. O Secretário-Geral das Nações Unidas levará à atenção da Assembleia Geral, no mais tardar após o depósito do sexto instrumento de ratificação ou de adesão, a questão da criação do organismo mencionado no Artigo 11.

Artigo 21

A presente Convenção será registrada pelo Secretário-Geral das Nações Unidas na data de sua entrada em vigor.

Em testemunho do que os Plenipotenciários abaixo assinados firmam a presente Convenção.

Feita em Nova York, no dia trinta de agosto de mil novecentos e sessenta e um, em exemplar único, cujos textos em chinês, espanhol, francês, inglês e russo são igualmente autênticos, que será depositado nos arquivos das Nações Unidas e do qual o Secretário-Geral das Nações Unidas entregará cópias devidamente autenticadas a todos os Estados-membros das Nações Unidas e a todos os Estados não membros referidos no Artigo 16 da presente Convenção.

DECLARAÇÃO CONSTITUTIVA DA COMUNIDADE DOS PAÍSES DE LÍNGUA PORTUGUESA (1996)

Os Chefes de Estado e de Governo de Angola, Brasil, Cabo Verde, Guiné-Bissau, Moçambique, Portugal e São Tomé e Príncipe, reunidos em Lisboa, no dia 17 de Julho de 1996;

Imbuídos dos valores perenes da Paz, da Democracia e do Estado de Direito, dos Direitos Humanos, do Desenvolvimento e da Justiça Social;

Tendo em mente o respeito pela integridade territorial e a não ingerência nos assuntos internos de cada Estado, bem como o direito de cada um estabelecer as formas do seu próprio desenvolvimento político, econômico e social e adotar soberanamente as respectivas políticas e mecanismos nesses domínios;

Conscientes da oportunidade histórica que a presente Conferência de Chefes de Estado e de Governo oferece para responder às aspirações e aos apelos provenientes dos povos dos sete países e tendo presente os resultados auspiciosos das reuniões de Ministros dos Negócios Estrangeiros e das Relações Exteriores dos Países de Língua Portuguesa, realizadas em Brasília, em 9 de fevereiro de 1994, em Lisboa, em 19 de julho de 1995, e em Maputo, em 18 de abril de 1996, bem como dos seus encontros à margem das 48ª, 49ª e 50ª Sessões da Assembleia Geral das Nações Unidas;

Consideram imperativo:

– Consolidar a realidade cultural nacional e plurinacional que confere identidade própria aos Países de Língua Portuguesa, refletindo o relacionamento especial existente entre eles e a experiência acumulada em anos de profícua concertação e cooperação;

– Encarecer a progressiva afirmação internacional do conjunto dos Países de Língua Portuguesa que constituem um espaço geograficamente descontínuo mas identificado pelo idioma comum;

– Reiterar, nesta ocasião de tão alto significado para o futuro coletivo dos seus -Países, o compromisso de reforçar os laços de solidariedade e de cooperação que os unem, conjugando iniciativas para a promoção do desenvolvimento econômico e social dos seus Povos e para a afirmação e divulgação cada vez maiores da Língua Portuguesa.

Reafirmam que a Língua Portuguesa:

– Constitui, entre os respectivos Povos, um vínculo histórico e um patrimônio comum resultantes de uma convivência multissecular que deve ser valorizada;

– É um meio privilegiado de difusão da criação cultural entre os povos que falam português e de projeção internacional dos seus valores culturais, numa perspectiva aberta e universalista;

– É igualmente, no plano mundial, fundamento de uma atuação conjunta cada vez mais significativa e influente;

– Tende a ser, pela sua expansão, um instrumento de comunicação e de trabalho nas organizações internacionais e permite a cada um dos Países, no contexto regional próprio, ser o intérprete de interesses e aspirações que a todos são comuns.

Assim, animados de firme confiança no futuro, e com o propósito de prosseguir os objetivos seguintes:

– Contribuir para o reforço dos laços humanos, a solidariedade e a fraternidade entre todos os Povos que têm a Língua Portuguesa como um dos fundamentos da sua identidade específica, e, nesse sentido, promover medidas que facilitem a circulação dos cidadãos dos Países Membros no espaço da CPLP;

– Incentivar a difusão e enriquecimento da Língua Portuguesa, potenciando as instituições já criadas ou a criar com esse propósito, nomeadamente o Instituto Internacional da Língua Portuguesa (IILP);

– Incrementar o intercâmbio cultural e a difusão da criação intelectual e artística no espaço da Língua Portuguesa, utilizando todos os meios de comunicação e os mecanismos internacionais de cooperação;

– Envidar esforços no sentido do estabelecimento em alguns Países Membros de formas concretas de cooperação entre a Língua Portuguesa e outras línguas nacionais nos domínios da investigação e da sua valorização;

– Alargar a cooperação entre os seus Países na área da concertação político-diplomática, particularmente no âmbito das organizações internacionais, por forma a dar expressão crescente aos interesses e necessidades comuns no seio da comunidade internacional;

– Estimular o desenvolvimento de ações de cooperação interparlamentar;

– Desenvolver a cooperação econômica e empresarial entre si e valorizar as potencialidades existentes, através da definição e concretização de projetos de interesse comum, explorando nesse sentido as várias formas de cooperação, bilateral, trilateral e multilateral;

– Dinamizar e aprofundar a cooperação no domínio universitário, no da formação profissional e nos diversos setores da investigação científica e tecnológica com vista a uma crescente valorização dos seus recursos humanos e naturais, bem como promover e reforçar as políticas de formação de quadros;

– Mobilizar interna e externamente esforços e recursos em apoio solidário aos programas de reconstrução e reabilitação e ações de ajuda humanitária e de emergência para os seus Países;

– Promover a coordenação das atividades das diversas instituições públicas e entidades privadas, associações de natureza econômica e organizações não governamentais empenhadas no desenvolvimento da cooperação entre os seus Países;

– Promover, sem prejuízo dos compromissos internacionais assumidos pelos Países-Membros, medidas visando a resolução dos problemas enfrentados pelas comunidades imigradas nos Países-Membros, bem como a coordenação e o reforço da cooperação no domínio das políticas de imigração;

– Incentivar a cooperação bilateral e multilateral para a proteção e preservação do meio ambiente nos Países Membros, com vista à promoção do desenvolvimento sustentável;

– Promover ações de cooperação entre si e de coordenação no âmbito multilateral para assegurar o respeito pelos Direitos Humanos nos respectivos Países e em todo o mundo;

– Promover medidas, particularmente no domínio pedagógico e judicial visando a total erradicação do racismo, da discriminação racial e da xenofobia;

– Promover e incentivar medidas que visem a melhoria efetiva das condições de vida da criança e o seu desenvolvimento harmonioso, à luz dos princípios consignados na Convenção das Nações Unidas sobre os Direitos da Criança;
– Promover a implementação de projetos de cooperação específicos com vista a reforçar a condição social da mulher, em reconhecimento do seu papel imprescindível para o bem-estar e desenvolvimento das sociedades;
– Incentivar e promover o intercâmbio de jovens, com o objetivo de formação e troca de experiências através da implementação de programas específicos, particularmente no âmbito do ensino, da cultura e do desporto;
Decidem, num ato de fidelidade à vocação e à vontade dos seus Povos, e no respeito pela igualdade soberana dos Estados, constituir, a partir de hoje, a Comunidade dos Países de Língua Portuguesa.
Feita em Lisboa, a 17 de julho de 1996.

ESTATUTOS DA COMUNIDADE DOS PAÍSES DE LÍNGUA PORTUGUESA (COM REVISÕES DE SÃO TOMÉ/2001, BRASÍLIA/2002, LUANDA/2005, BISSAU/2006 E LISBOA/2007)

- Aprovados no Brasil pelo Decreto Legislativo 216, de 07.04.2010, e promulgados pelo Decreto 8.339 de 13.11.2014.
- Entraram em vigor internacional, e para o Brasil, em 17.04.2000.

Artigo 1°
Denominação

A Comunidade dos Países de Língua Portuguesa, doravante designada por CPLP, é o foro multilateral privilegiado para o aprofundamento da amizade mútua, da concertação político-diplomática e da cooperação entre os seus membros.

Artigo 2°
Estatuto Jurídico

A CPLP goza de personalidade jurídica e é dotada de autonomia administrativa e financeira.

Artigo 3°
Objetivos

São objetivos gerais da CPLP:
a) A concertação político-diplomática entre os seus membros em matéria de relações internacionais, nomeadamente para o reforço da sua presença nos fora internacionais;
b) A cooperação em todos os domínios, inclusive os da educação, saúde, ciência e tecnologia, defesa, agricultura, administração pública, comunicações, justiça, segurança pública, cultura, desporto e comunicação social;
c) A materialização de projetos de promoção e difusão da Língua Portuguesa, designadamente através do Instituto Internacional de Língua Portuguesa.

Artigo 4°
Sede

A Sede da CPLP é, na sua fase inicial, em Lisboa, a capital da República Portuguesa.

Artigo 5°
Princípios Orientadores

1. A CPLP é regida pelos seguintes princípios:
a) Igualdade soberana dos Estados membros;
b) Não ingerência nos assuntos internos de cada Estado;
c) Respeito pela sua identidade nacional;
d) Reciprocidade de tratamento;
e) Primado da Paz, da Democracia, do Estado de Direito, dos Direitos Humanos e da Justiça Social;
f) Respeito pela sua integridade territorial;
g) Promoção do Desenvolvimento;
h) Promoção da cooperação mutuamente vantajosa.
2. A CPLP estimulará a cooperação entre os seus membros com o objetivo de promover as práticas democráticas, a boa governação e o respeito pelos Direitos Humanos.

Artigo 6°
Membros

1. Para além dos membros fundadores, qualquer Estado, desde que use o Português como língua oficial, poderá tornar-se membro da CPLP, mediante a adesão sem reservas aos presentes Estatutos.
2. A admissão na CPLP de um novo Estado é feita através de uma decisão unânime da Conferência de Chefes de Estado e de Governo, e tem efeito imediato.
3. O pedido formal de adesão deverá ser depositado no Secretariado Executivo da CPLP.

Artigo 7°
Observadores

A Comunidade dos Países de Língua Portuguesa poderá admitir Observadores com categoria de Associados ou com categoria de Consultivos.
Poderá ser atribuída a categoria de Observador Associado:
1. Aos Estados que, embora não reunindo as condições necessárias para ser membros de pleno direito da CPLP, partilhem os respectivos princípios orientadores, designadamente no que se refere à promoção das práticas democráticas, à boa governação e ao respeito dos direitos humanos, e prossigam através dos seus programas de governo objetivos idênticos aos da Organização;
2. Às organizações internacionais, universais ou regionais, aos organismos intergovernamentais e às entidades territoriais dotadas de órgãos de administração autônomos que partilhem os princípios orientadores e os objetivos da CPLP nos termos referidos na alínea anterior;
3. Os Estados, as Organizações Internacionais Universais ou Regionais, os organismos intergovernamentais e as entidades territoriais dotadas de ór-

gãos de administração autónomos, a que se refere o número anterior, beneficiarão dessa qualidade a título permanente e poderão participar, sem direito a voto, nas Conferências de Chefes de Estado e de Governo, bem como no Conselho de Ministros, sendo-lhes facultado o acesso à correspondente documentação não confidencial, podendo ainda apresentar comunicações desde que devidamente autorizados. Poderão ser convidados para Reuniões de caráter técnico;

4. Poderá ser atribuída a categoria de Observador Consultivo às organizações da sociedade civil interessadas nos objetivos prosseguidos pela CPLP, designadamente através do respectivo envolvimento em iniciativas relacionadas com ações específicas no âmbito da Organização;

5. A categoria de Observador Consultivo permitirá às entidades a quem for atribuída assistir a reuniões de caráter técnico e o acesso às decisões tomadas nas Conferências de chefes de Estado e de Governo, bem como pelo Conselho de Ministros;

6. As candidaturas à categoria de Observador Associado deverão ser devidamente fundamentadas de modo a demonstrar um interesse real pelos princípios e objetivos da CPLP. Serão apresentadas ao Secretariado Executivo que, após apreciação pelo Comitê de Concertação Permanente, as encaminhará para o Conselho de Ministros, o qual recomendará a decisão final a ser tomada pela Conferência de Chefes de Estado e de Governo;

7. As candidaturas à categoria de Observador Consultivo, devidamente fundamentadas, serão dirigidas ao Secretariado Executivo que, após apreciação pelo Comitê de Concertação Permanente, as encaminhará para o Conselho de Ministros para decisão;

8. A qualidade de Observador Associado ou Consultivo poderá ser retirada, temporária ou definitivamente, sempre que se verifiquem alterações das condições que recomendaram a sua concessão.

A decisão final caberá ao órgão que decidiu a respectiva admissão, com base em proposta do Secretariado Executivo e após apreciação pelo Comitê de Concertação Permanente;

9. Qualquer Estado Membro poderá, caso o julgue oportuno, solicitar que uma Reunião tenha lugar sem a participação de Observadores.

Artigo 8º
Órgãos

1. São Órgãos de Direção e Executivos da CPLP:
a) A Conferência de Chefes de Estado e de Governo;
b) O Conselho de Ministros;
c) O Comitê de Concertação Permanente;
d) O Secretariado Executivo.

2. A Assembleia Parlamentar da CPLP é o órgão que reúne os Parlamentos nacionais dos Estados membros.

3. Além dos referidos nos números anteriores, também são órgãos da CPLP a Reunião dos Pontos Focais de Cooperação e as Reuniões Ministeriais.

4. Na materialização dos seus objetivos, a CPLP apoia-se também nos mecanismos de concertação político-diplomática e de cooperação já existentes ou a criar entre os Estados membros da CPLP.

Artigo 9º
Instituto Internacional de Língua Portuguesa

O Instituto Internacional de Língua Portuguesa (IILP) é a Instituição da CPLP que tem como objetivos a planificação e execução de programas de promoção, defesa, enriquecimento e difusão da Língua Portuguesa como veículo de cultura, educação, informação e acesso ao conhecimento científico, tecnológico e de utilização em fora internacionais.

Artigo 10º
Conferência de Chefes de Estado e de Governo

1. A Conferência é constituída pelos Chefes de Estado e/ou de Governo de todos os Estados membros e é o órgão máximo da CPLP.

2. São competências da Conferência:
a) Definir e orientar a política geral e as estratégias da CPLP;
b) Adotar instrumentos jurídicos necessários para a implementação dos presentes Estatutos podendo, no entanto, delegar estes poderes no Conselho de Ministros;
c) Criar instituições necessárias ao bom funcionamento da CPLP;
d) Eleger de entre os seus membros um Presidente de forma rotativa e por um mandato de dois anos;
e) Eleger o Secretário Executivo da CPLP.

3. A Conferência reúne-se, ordinariamente, de dois em dois anos e, extraordinariamente, quando solicitada por dois terços dos Estados membros.

4. As decisões da Conferência são tomadas por consenso e são vinculativas para todos os Estados membros.

Artigo 11º
Competências do Presidente da Conferência de Chefes de Estado e de Governo

São competências do Presidente da Conferência dos Chefes de Estado e de Governo:
a) Presidir às reuniões da Conferência;
b) Acompanhar a implementação das decisões da Conferência e ação dos demais órgãos da CPLP;
c) Representar a CPLP;
d) Convocar e transmitir orientações ao Presidente do Conselho de Ministros e ao Secretário Executivo sempre que achar necessário para o cumprimento das decisões da Conferência e das iniciativas que se mostrem pertinentes e adequadas ao bom desempenho da Organização em matéria de política geral, estratégias e funcionamento harmonioso da organização;
e) O mais que lhe for incumbido pela Conferência.

Artigo 12°
Conselho de Ministros

1. O Conselho de Ministros é constituído pelos Ministros dos Negócios Estrangeiros e das Relações Exteriores de todos os Estados membros.
2. São competências do Conselho de Ministros:
a) Coordenar as atividades da CPLP;
b) Supervisionar o funcionamento e desenvolvimento da CPLP;
c) Definir, adotar e implementar as políticas e os programas de ação da CPLP;
d) Aprovar o orçamento da CPLP e do IILP;
e) Formular recomendações à Conferência em assuntos de política geral, bem como do funcionamento e desenvolvimento eficiente e harmonioso da CPLP;
f) Recomendar à Conferência os candidatos para os cargos de Secretário Executivo;
g) Eleger o Diretor Executivo do IILP;
h) Convocar conferências e outras reuniões com vista à promoção dos objetivos e programas da CPLP;
i) Realizar outras tarefas que lhe forem incumbidas pela Conferência.
3. O Conselho de Ministros elege de entre os seus membros um Presidente de forma rotativa e por um mandato de dois anos.
4. O Conselho de Ministros reúne-se, ordinariamente, uma vez por ano e, extraordinariamente, quando solicitado por dois terços dos Estados membros.
5. O Conselho de Ministros responde perante a Conferência, à qual deverá apresentar os respectivos relatórios.
6. As decisões do Conselho de Ministros são tomadas por consenso.

Artigo 13°
Competências do Presidente do Conselho de Ministros

São competências do Presidente do Conselho de Ministros:
a) Presidir às reuniões do Conselho;
b) Acompanhar a ação dos demais órgãos da CPLP e a implementação das decisões da Conferência e do Conselho;
c) Representar a CPLP;
d) Convocar e transmitir orientações ao Coordenador do Comitê de Concertação Permanente e ao Secretário Executivo sempre que achar necessário para o cumprimento das decisões da Conferência e do Conselho e das iniciativas que se mostrem pertinentes e adequadas ao bom desempenho da Organização em matéria de política geral, estratégicas e funcionamento harmonioso da Organização;
e) O mais que lhe for incumbido pela Conferência e pelo Conselho.

Artigo 14°
Comitê de Concertação Permanente

1. O Comitê de Concertação Permanente é constituído por um representante de cada um dos Estados membros da CPLP.
2. Compete ao Comitê de Concertação Permanente acompanhar o cumprimento pelo Secretariado Executivo das decisões e recomendações emanadas dos outros órgãos da CPLP.
3. Compete ainda ao Comitê de Concertação Permanente acompanhar as ações levadas a cabo pelo IILP, assegurando a sua concordância com a orientação política geral da CPLP.
4. O Comitê de Concertação Permanente reúne-se ordinariamente uma vez por mês e extraordinariamente sempre que necessário.
5. O Comitê de Concertação Permanente é coordenado pelo representante do País que detém a Presidência do Conselho de Ministros.
6. As decisões do Comitê de Concertação Permanente são tomadas por consenso.
7. O Comitê de Concertação Permanente pode constituir grupos de trabalho para apoiá-lo nas suas tarefas.
8. O Comitê de Concertação Permanente poderá tomar decisões sobre os assuntos mencionados nas alíneas *a*, *b*, *c* e *d* do artigo 12°, *ad referendum* do Conselho de Ministros.

Artigo 15°
Assembleia Parlamentar da CPLP

1. A Assembleia Parlamentar é o órgão da CPLP que reúne representações de todos os Parlamentos da Comunidade, constituídas na base dos resultados eleitorais das eleições legislativas dos respectivos países.
2. Os Parlamentos Nacionais têm igual voto na Assembleia.
3. Compete à Assembleia Parlamentar:
a) Apreciar todas as matérias relacionadas com a finalidade estatutária e a atividade da CPLP, dos seus órgãos e organismos;
b) Emitir parecer sobre as orientações, a política geral e as estratégias da CPLP;
c) Reunir-se, a fim de analisar e debater as respectivas atividades e programas, com o Presidente do Conselho de Ministros, o Secretário Executivo e o Diretor Executivo do Instituto Internacional da Língua Portuguesa - IILP e bem assim com os responsáveis por outros organismos equiparáveis que venham a ser criados no âmbito da Organização;
d) Adotar, no âmbito das suas competências e por deliberação que reuna a maioria expressa do conjunto das suas delegações, votos, relatórios, pareceres, propostas ou recomendações.
4. A Assembléia Parlamentar tem direito a receber e a obter a informação e a documentação oficial dos órgãos da CPLP.
5. A Assembléia Parlamentar pode constituir grupos de trabalho e missões de observação internacional, nomeadamente missões eleitorais, bem como designar enviados especiais para relatar sobre assuntos específicos no âmbito da Comunidade.
6. O Presidente da Assembléia Parlamentar, eleito por um período de dois anos não renovável, tem

assento nas Conferências de Chefes de Estado e de Governo da CPLP.
7. Os Estatutos e o Regimento da Assembléia Parlamentar são adotados mediante deliberação aprovada por consenso das delegações nacionais ou, na falta deste, por maioria qualificada.

Artigo 16º
Competências do Instituto Internacional de Língua Portuguesa

1. Na prossecução dos seus objetivos, quer entre Estados membros, quer no plano internacional, o Instituto Internacional de Língua Portuguesa (IILP) tomará em consideração a orientação geral da Comunidade dos Países de Língua Portuguesa, bem como a diversidade cultural dos países que a constituem.
2. O IILP gozará de autonomia científica e administrativa, recebendo orientação quanto aos objetivos a prosseguir dos seus órgãos próprios nomeadamente do Conselho Científico.
3. O IILP é chefiado por um Diretor Executivo que é uma Alta Personalidade dos Estados membros, preferencialmente com experiência em políticas de Língua Portuguesa, e que será eleito pelo Conselho de Ministros para um mandato de dois anos, renovável uma única vez.
4. A ação do Diretor Executivo será apoiada pelo Conselho Científico composto por representantes de todos os Estados membros e que se reunirá, no mínimo, anualmente. O Secretariado Executivo far-se-á representar na reunião do Conselho Científico pelo Assessor para matérias da Língua e Cultura.

Artigo 17º
Secretariado Executivo

1. O Secretariado Executivo é o principal órgão executivo da CPLP e tem as seguintes competências:
a) Implementar as decisões da Conferência, do Conselho de Ministros e do Comitê de Concertação Permanente;
b) Planificar e assegurar a execução dos programas da CPLP;
c) Organizar e participar nas reuniões dos vários órgãos da CPLP;
d) Acompanhar a execução das decisões das Reuniões Ministeriais e demais iniciativas no âmbito da CPLP.
2. O Secretariado Executivo é dirigido pelo Secretário Executivo.

Artigo 18º
Secretário Executivo

1. O Secretário Executivo é uma alta personalidade de um dos Estados membros da CPLP, eleito para um mandato de dois anos, mediante candidatura apresentada rotativamente pelos Estados membros por ordem alfabética crescente.
2. No final do mandato, é facultado ao Estado membro cujo nacional ocupa o cargo de Secretário Executivo apresentar candidatura, por mais um mandato de dois anos, para o cargo de Secretário Executivo.

3. São principais competências do Secretário Executivo:
a) Empreender, sob orientação da Conferência ou do Conselho de Ministros ou por sua própria iniciativa, medidas destinadas a promover os objetivos da CPLP e a reforçar o seu funcionamento;
b) Apresentar propostas ao Conselho de Ministros e às Reuniões Ministeriais, após consulta ao Comitê de Concertação Permanente;
c) Nomear o pessoal a integrar o Secretariado Executivo após consulta ao Comitê de Concertação Permanente;
d) Realizar consultas e articular-se com os Governos dos Estados membros e outras instituições da CPLP;
e) Propor a convocação de reuniões extraordinárias sempre que a situação o justifique;
f) Responder pelas finanças, pela administração geral e pelo patrimônio da CPLP;
g) Representar a CPLP nos fora internacionais;
h) Celebrar acordos com outras organizações e agências internacionais, após aprovação pelo Comitê de Concertação Permanente;
i) Exercer quaisquer outras funções que lhe forem incumbidas pela Conferência, pelo Conselho de Ministros e pelo Comitê de Concertação Permanente;
j) O Secretário Executivo poderá delegar no Diretor Geral parte das suas funções incluindo, com caráter excepcional e informados os Estados membros, a sua representação no exterior.

Artigo 19º
Diretor Geral

1. O Diretor Geral é recrutado entre os cidadãos nacionais dos Estados membros, mediante concurso público, pelo prazo de 3 anos, renovável por igual período;
2. O Diretor Geral é responsável, sob a orientação do Secretário Executivo, pela gestão corrente do Secretariado, planeamento e execução financeira, preparação, coordenação e orientação das reuniões e projetos levados a cabo pelo Secretariado.

Artigo 20º
Reunião dos Pontos Focais de Cooperação

1. A Reunião dos Pontos Focais de Cooperação congrega as unidades responsáveis, nos Estados membros, pela coordenação da cooperação no âmbito da CPLP.
2. A Reunião dos Pontos Focais de Cooperação é coordenada pelo representante do Estado membro que detém a Presidência.
3. Compete à Reunião dos Pontos Focais de Cooperação assessorar os demais órgãos da CPLP em todos os assuntos relativos à cooperação para o desenvolvimento no âmbito da Comunidade, devendo o seu coordenador apresentar ao Comitê de Concertação Permanente um ponto de situação sobre a execução dos programas apresentados no início de cada semestre.
4. Os Pontos Focais de Cooperação reúnem-se, ordinariamente, duas vezes por ano e, extraordinariamente, quando solicitado por dois terços dos Estados membros.

Artigo 21º
Reuniões Ministeriais

1. As Reuniões Ministeriais são constituídas pelos Ministros e Secretários de Estado dos diferentes setores governamentais de todos os Estados membros.
2. Compete às Reuniões Ministeriais coordenar, em nível ministerial ou equivalente, as ações de concertação e cooperação nos respectivos setores governamentais.
3. O Estado membro anfitrião promoverá o depósito, junto do Secretariado Executivo, dos documentos aprovados nas Reuniões Ministeriais, que deles dará conhecimento ao Comitê de Concertação Permanente.
4. As ações aprovadas no âmbito das Reuniões Ministeriais serão financiadas por fontes a serem identificadas por esses órgãos. As ações a serem financiadas pelo Fundo Especial da CPLP deverão submeter-se às normas e procedimentos previstos no Regimento do Fundo Especial.

Artigo 22º
Quórum

O Quórum para a realização de todas as reuniões da CPLP e das suas instituições é de pelo menos seis Estados membros.

Artigo 23º
Decisões

As decisões dos órgãos da CPLP e das suas instituições são tomadas por consenso de todos os Estados membros.

Artigo 24º
Regimento Interno

Os órgãos e instituições da CPLP definirão o seu próprio regimento interno.

Artigo 25º
Proveniência dos Fundos

1. Os fundos da CPLP são provenientes das contribuições dos Estados membros, mediante quotas a serem fixadas pelo Conselho de Ministros.
2. A CPLP conta com um Fundo Especial, dedicado exclusivamente ao apoio financeiro das Ações Concretas levadas a cabo no quadro da CPLP, constituído por contribuições voluntárias, públicas ou privadas, e regido por Regimento próprio, aprovado pelo Conselho de Ministros.

Artigo 26º
Orçamento

1. O orçamento de funcionamento da CPLP estende-se de 1 de janeiro a 31 de dezembro do mesmo ano.
2. A proposta orçamental é preparada pelo Secretariado Executivo e, depois de apreciada pelo Comitê de Concertação Permanente, submetida à decisão dos Estados membros, pelo menos três meses antes do início do novo exercício orçamental.
3. O Diretor Executivo do IILP apresentará, anualmente, ao Comitê de Concertação Permanente, um Projeto de Orçamento de Funcionamento acompanhado das necessárias notas explicativas. No início de cada ano, o Diretor Executivo do IILP apresentará um relatório detalhado da execução orçamental, por forma a que este seja apresentado às Auditorias que inspecionam as contas da CPLP.
4. O orçamento de funcionamento do IILP será aprovado, anualmente, pelo Comitê de Concertação Permanente *ad referendum* do Conselho de Ministros, devendo seguir procedimentos similares aos do orçamento de funcionamento da CPLP.

Artigo 27º
Patrimônio

O patrimônio da CPLP é constituído por todos os bens, móveis ou imóveis, adquiridos, atribuídos ou doados por quaisquer pessoas e instituições públicas ou privadas.

Artigo 28º
Emenda

1. O Estado ou Estados membros interessados em eventuais alterações aos presentes Estatutos enviarão por escrito ao Secretário Executivo uma notificação contendo as propostas de emenda.
2. O Secretário Executivo comunicará ao Comitê de Concertação Permanente as propostas de emenda referidas no n° 1 do presente Artigo, que as submeterá à aprovação do Conselho de Ministros.

Artigo 29º
Entrada em Vigor

1. Os presentes Estatutos entrarão em vigor, provisoriamente, na data da sua assinatura e, definitivamente, após a conclusão das formalidades constitucionais por todos os Estados membros.
2. Os presentes Estatutos serão adotados por todos os Estados membros em conformidade com as suas formalidades constitucionais.

Artigo 30º
Depositário

Os textos originais da Declaração Constitutiva da CPLP e dos presentes Estatutos serão depositados na Sede da CPLP, junto do seu Secretariado Executivo, que enviará cópias autenticadas dos mesmos a todos os Estados membros.

TRATADO DE AMIZADE, COOPERAÇÃO E CONSULTA ENTRE A REPÚBLICA FEDERATIVA DO BRASIL E A REPÚBLICA PORTUGUESA (2000)

- Celebrado em Porto Seguro, Brasil, em 22.04.2000, aprovado pelo Decreto Legislativo 165, de 30.05.2001, e promulgado pelo Decreto 3.927, de 19.09.2001.
- Este Tratado revogou ou ab-rogou os instrumentos constantes do seu art. 78, entre eles, a Convenção sobre Igualdade de Direitos e Deveres entre Brasileiros e Portugueses, celebrada em Brasília, aos 07.09.1971.

O Governo da República Federativa do Brasil e o Governo da República Portuguesa (adiante denominados "Partes Contratantes"),

Representados pelo Ministro de Estado das Relações Exteriores do Brasil e pelo Ministro dos Negócios Estrangeiros de Portugal, reunidos em Porto Seguro, em 22 de abril de 2000;
Considerando que nesse dia se comemora o quinto centenário do fato histórico do descobrimento do Brasil;
Conscientes do amplo campo de convergência de objetivos e da necessidade de reafirmar, consolidar e desenvolver os particulares e fortes laços que unem os dois povos, fruto de uma história partilhada por mais de três séculos e que exprimem uma profunda comunidade de interesses morais, políticos, culturais, sociais e econômicos;
Reconhecendo a importância de instrumentos similares que precederam o presente Tratado,
Acordam o seguinte:

TÍTULO I
PRINCÍPIOS FUNDAMENTAIS

1. FUNDAMENTOS E OBJETIVOS DO TRATADO

Artigo 1º

As Partes Contratantes, tendo em mente a secular amizade que existe entre os dois países, concordam em que suas relações terão por base os seguintes princípios e objetivos:
1. o desenvolvimento econômico, social e cultural alicerçado no respeito os direitos e liberdades fundamentais, enunciados na Declaração Universal dos Direitos do Homem, no princípio da organização democrática da Sociedade e do Estado, e na busca de uma maior e mais ampla justiça social;
2. o estreitamento dos vínculos entre os dois povos com vistas à garantia da paz e do progresso nas relações internacionais, à luz dos objetivos e princípios consagrados na Carta das Nações Unidas;
3. a consolidação da Comunidade dos Países de Língua Portuguesa, em que Brasil e Portugal se integram, instrumento fundamental na prossecução de interesses comuns;
4. a participação do Brasil e de Portugal em processos de integração regional, como a União Europeia e o Mercosul, almejando permitir a aproximação entre a Europa e a América Latina para a intensificação das suas relações.

Artigo 2º

1. O presente Tratado de Amizade, Cooperação e Consulta define os princípios gerais que hão de reger as relações entre os dois países, à luz dos princípios e objetivos atrás enunciados.
2. No quadro por ele traçado, outros instrumentos jurídicos bilaterais, já concluídos ou a concluir, são ou poderão ser chamados a desenvolver ou regulamentar áreas setoriais determinadas.

2. COOPERAÇÃO POLÍTICA E ESTRUTURAS BÁSICAS DE CONSULTA E COOPERAÇÃO

Artigo 3º

Em ordem a consolidar os laços de amizade e de cooperação entre as Partes Contratantes, serão intensificadas a consulta e a cooperação política sobre questões bilaterais e multilaterais de interesse comum.

Artigo 4º

A consulta e a cooperação política entre as Partes Contratantes terão como instrumentos:
a) visitas regulares dos Presidentes dos dois países;
b) cimeiras anuais dos dois Governos, presididas pelos chefes dos respectivos Executivos;
c) reuniões dos responsáveis pela política externa de ambos os países, a realizar, em cada ano, alternadamente, no Brasil e em Portugal, bem como, sempre que recomendável, no quadro de organizações internacionais, de caráter universal ou regional, em que os dois Estados participem;
d) visitas recíprocas dos membros dos poderes constituídos de ambos os países, para além das referidas nas alíneas anteriores, com especial incidência naquelas que contribuam para o reforço da cooperação interparlamentar;
e) reuniões de consulta política entre altos funcionários do Ministério das Relações Exteriores do Brasil e do Ministério dos Negócios Estrangeiros de Portugal;
f) reuniões da Comissão Permanente criada por este Tratado ao abrigo do Artigo 69.

Artigo 5º

A consulta e a cooperação nos domínios cultural e científico, econômico e financeiro e em outros domínios específicos processar-se-ão através dos mecanismos para tanto previstos no presente Tratado e nos acordos setoriais relativos a essas áreas.

TÍTULO II
DOS BRASILEIROS EM PORTUGAL E DOS PORTUGUESES NO BRASIL

1. ENTRADA E PERMANÊNCIA DE BRASILEIROS EM PORTUGAL E DE PORTUGUESES NO BRASIL

Artigo 6º

Os titulares de passaportes diplomáticos, especiais, oficiais ou de serviço válidos do Brasil ou de Portugal poderão entrar no território da outra Parte Contratante ou dela sair sem necessidade de qualquer visto.

Artigo 7º

1. Os titulares de passaportes comuns válidos do Brasil ou de Portugal que desejem entrar no território da outra Parte Contratante para fins culturais, empresariais, jornalísticos ou turísticos por período de até 90 (noventa) dias são isentos de visto.
2. O prazo referido no parágrafo 1º poderá ser prorrogado segundo a legislação imigratória de cada um dos países, por um período máximo de 90 (noventa) dias.

Artigo 8º

A isenção de vistos estabelecida no Artigo anterior não exime os seus beneficiários da observância das leis e regulamentos em vigor, concernentes à entrada e permanência de estrangeiros no país de ingresso.

Artigo 9º
É vedado aos beneficiários do regime de isenção de vistos estabelecido no Artigo 6º o exercício de atividades profissionais cuja remuneração provenha de fonte pagadora situada no país de ingresso.

Artigo 10
As Partes Contratantes trocarão exemplares dos seus passaportes em caso de mudança dos referidos modelos.

Artigo 11
Em regime de reciprocidade, são isentos de toda e qualquer taxa de residência os nacionais de uma das Partes Contratantes residentes no território da outra Parte Contratante.

2. ESTATUTO DE IGUALDADE ENTRE BRASILEIROS E PORTUGUESES

Artigo 12
Os brasileiros em Portugal e os portugueses no Brasil, beneficiários do estatuto de igualdade, gozarão dos mesmos direitos e estarão sujeitos aos mesmos deveres dos nacionais desses Estados, nos termos e condições dos Artigos seguintes.

Artigo 13
1. A titularidade do estatuto de igualdade por brasileiros em Portugal e por portugueses no Brasil não implicará em perda das respectivas nacionalidades.
2. Com a ressalva do disposto no parágrafo 3º do Artigo 17, os brasileiros e portugueses referidos no parágrafo 1º continuarão no exercício de todos os direitos e deveres inerentes às respectivas nacionalidades, salvo aqueles que ofenderem a soberania nacional e a ordem pública do Estado de residência.

Artigo 14
Excetuam-se do regime de equiparação previsto no Artigo 12 os direitos expressamente reservados pela Constituição de cada uma das Partes Contratantes aos seus nacionais.

Artigo 15
O estatuto de igualdade será atribuído mediante decisão do Ministério da Justiça, no Brasil, e do Ministério da Administração Interna, em Portugal, aos brasileiros e portugueses que o requeiram, desde que civilmente capazes e com residência habitual no país em que ele é requerido.

Artigo 16
O estatuto de igualdade extinguir-se-á com a perda, pelo beneficiário, da sua nacionalidade ou com a cessação da autorização de permanência no território do Estado de residência.

Artigo 17
1. O gozo de direitos políticos por brasileiros em Portugal e por portugueses no Brasil só será reconhecido aos que tiverem três anos de residência habitual e depende de requerimento à autoridade competente.
2. A igualdade quanto aos direitos políticos não abrange as pessoas que, no Estado da nacionalidade, houverem sido privadas de direitos equivalentes.
3. O gozo de direitos políticos no Estado de residência importa na suspensão do exercício dos mesmos direitos no Estado da nacionalidade.

Artigo 18
Os brasileiros e portugueses beneficiários do estatuto de igualdade ficam submetidos à lei penal do Estado de residência nas mesmas condições em que os respectivos nacionais e não estão sujeitos à extradição, salvo se requerida pelo Governo do Estado da nacionalidade.

Artigo 19
Não poderão prestar serviço militar no Estado de residência os brasileiros e portugueses nas condições do artigo 12. A lei interna de cada Estado regulará, para esse efeito, a situação dos respectivos nacionais.

Artigo 20
O brasileiro ou português, beneficiário do estatuto de igualdade, que se ausentar do território do Estado de residência terá direito à proteção diplomática apenas do Estado da nacionalidade.

Artigo 21
Os Governos do Brasil e de Portugal comunicarão reciprocamente, por via diplomática, a aquisição e perda do estatuto de igualdade regulado no presente Tratado.

Artigo 22
Aos brasileiros em Portugal e aos portugueses no Brasil, beneficiários do estatuto de igualdade, serão fornecidos, para uso interno, documentos de identidade de modelos iguais aos dos respectivos nacionais, com a menção da nacionalidade do portador e referência ao presente Tratado.

TÍTULO III
COOPERAÇÃO CULTURAL, CIENTÍFICA E TECNOLÓGICA

1. PRINCÍPIOS GERAIS

Artigo 23
1. Cada Parte Contratante favorecerá a criação e a manutenção, em seu território, de centros e institutos destinados ao estudo, pesquisa e difusão da cultura literária, artística, científica e da tecnologia da outra Parte.
2. Os centros e institutos referidos compreenderão, designadamente, bibliotecas, núcleos de bibliografia e documentação, cinematecas, videotecas e outros meios de informação.

Artigo 24
1. Cada Parte Contratante esforçar-se-á por promover no território da outra Parte o conhecimento do seu patrimônio cultural, nomeadamente através

de livros, periódicos e outras publicações, meios audiovisuais e eletrônicos, conferências, concertos, exposições, exibições cinematográficas e teatrais e manifestações artísticas semelhantes, programas radiofônicos e de televisão.

2. À Parte promotora das atividades mencionadas no número ou parágrafo anterior caberá o encargo das despesas delas decorrentes, devendo a Parte em cujo território se rea-lizem as manifestações assegurar toda a assistência e a concessão das facilidades ao seu alcance.

3. A todo o material que fizer parte das referidas manifestações será concedida, para efeito de desembaraço alfandegário, isenção de direitos e demais imposições.

Artigo 25

Com o fim de promover a realização de conferências, estágios, cursos ou pesquisas no território da outra Parte, cada Parte Contratante favorecerá e estimulará o intercâmbio de professores, estudantes, escritores, artistas, cientistas, pesquisadores, técnicos e demais representantes de outras atividades culturais.

Artigo 26

1. Cada Parte Contratante atribuirá anualmente bolsas de estudo a nacionais da outra Parte possuidores de diploma universitário, profissionais liberais, técnicos, cientistas, pesquisadores, escritores e artistas, a fim de aperfeiçoarem seus conhecimentos ou realizarem pesquisas no campo de suas especialidades.

2. As bolsas de estudo deverão ser utilizadas no território da Parte que as tiver concedido.

Artigo 27

1. Cada Parte Contratante promoverá, através de instituições públicas ou privadas, especialmente institutos científicos, sociedades de escritores e artistas, câmaras e institutos de livros, o envio regular de suas publicações e demais meios de difusão cultural com destino às instituições referidas no parágrafo 2° do Artigo 23.

2. Cada Parte Contratante estimulará a edição, a coedição e a importação das obras literárias, artísticas, científicas e técnicas de autores nacionais da outra Parte.

3. As Partes Contratantes estimularão entendimentos entre as instituições representativas da indústria do livro, com vista à realização de acordos sobre a tradução de obras estrangeiras para a língua portuguesa e sua edição.

4. As Partes Contratantes organizarão, através de seus serviços competentes, a distribuição coordenada das reedições de obras clássicas e das edições de obras originais feitas em seu território, em número suficiente para a divulgação regular das respectivas culturas entre instituições e pessoas interessadas da outra Parte.

Artigo 28

1. As Partes Contratantes comprometem-se a estimular a cooperação nos campos da ciência e da tecnologia.

2. Essa cooperação poderá assumir, nomeadamente, a forma de intercâmbio de informações e de documentação científica, técnica e tecnológica; de intercâmbio de professores, estudantes, cientistas, pesquisadores, peritos e técnicos; de organização de visitas e viagens de estudo de delegações científicas e tecnológicas; de estudo, preparação e realização conjunta ou coordenada de programas ou projetos de pesquisa científica e de desenvolvimento tecnológico; de apoio à realização, no território de uma das Partes, de exposições de caráter científico, tecnológico e industrial, organizadas pela outra Parte Contratante.

Artigo 29

Os conhecimentos tecnológicos adquiridos em conjunto, em virtude da cooperação nos campos da ciência e da tecnologia, concretizados em produtos ou processos que representem invenções, serão considerados propriedade comum e poderão ser patenteados em qualquer das Partes Contratantes, conforme a legislação aplicável.

Artigo 30

As Partes Contratantes propõem-se levar a cabo a microfilmagem ou a inclusão em outros suportes eletrônicos de documentos de interesse para a memória nacional do Brasil e de Portugal existentes nos respectivos arquivos e examinarão em conjunto, quando solicitadas, a possibilidade de participação nesse projeto de países de tradição cultural comum.

Artigo 31

1. Cada Parte Contratante, com o objetivo de desenvolver o intercâmbio entre os dois países no domínio da cinematografia e outros meios audiovisuais, favorecerá a coprodução de filmes, vídeos e outros meios audiovisuais, nos termos dos parágrafos seguintes.

2. Os filmes cinematográficos de longa ou curta metragem realizados em regime de coprodução serão considerados nacionais pelas autoridades competentes dos dois países e gozarão dos benefícios e vantagens que a legislação de cada Parte Contratante assegurar às respectivas produções.

3. Serão definidas em acordo complementar as condições em que se considera coprodução, para os efeitos do parágrafo anterior, a produção conjunta de filmes cinematográficos, por organizações ou empresas dos dois países, bem como os procedimentos a observar na apresentação e realização dos respectivos projetos.

4. Outras coproduções audiovisuais poderão ser consideradas nacionais pelas autoridades competentes dos dois países e gozar dos benefícios e vantagens que a legislação de cada Parte Contratante assegurar às respectivas produções, em termos a definir em acordo complementar.

2. COOPERAÇÃO NO DOMÍNIO DA LÍNGUA PORTUGUESA

Artigo 32

As Partes Contratantes, reconhecendo o seu interesse comum na defesa, no enriquecimento e na difusão da língua portuguesa, promoverão, bilateral ou multilateralmente, em especial no quadro da Comunidade dos Países de Língua Portuguesa, a criação de centros conjuntos para a pesquisa da língua comum e colaborarão na sua divulgação internacional, e nesse sentido apoiarão as atividades do Instituto Internacional de Língua Portuguesa, bem como iniciativas privadas similares.

3. COOPERAÇÃO NO DOMÍNIO DO ENSINO E DA PESQUISA

Artigo 33

As Partes Contratantes favorecerão e estimularão a cooperação entre as respectivas Universidades, instituições de ensino superior, museus, bibliotecas, arquivos, cinematecas, instituições científicas e tecnológicas e demais entidades culturais.

Artigo 34

Cada Parte Contratante promoverá a criação, nas respectivas Universidades, de cátedras dedicadas ao estudo da história, literatura e demais áreas culturais da outra Parte.

Artigo 35

Cada Parte Contratante promoverá a inclusão nos seus programas nacionais, nos vários graus e ramos de ensino, do estudo da literatura, da história, da geografia e das demais áreas culturais da outra Parte.

Artigo 36

As Partes Contratantes procurarão coordenar as atividades dos leitorados do Brasil e de Portugal em outros países.

Artigo 37

Nos termos a definir por acordo complementar, poderão os estudantes brasileiros ou portugueses, inscritos em uma Universidade de uma das Partes Contratantes, ser admitidos a realizar uma parte do seu currículo acadêmico em uma Universidade da outra Parte Contratante.

Artigo 38

Também em acordo complementar será definido o regime de concessão de equivalência de estudos aos nacionais das Partes Contratantes que tenham tido aproveitamento escolar em estabelecimentos de um desses países, para o efeito de transferência e de prosseguimento de estudos nos estabelecimentos da outra Parte Contratante.

4. RECONHECIMENTO DE GRAUS E TÍTULOS ACADÊMICOS E DE TÍTULOS DE ESPECIALIZAÇÃO

Artigo 39

1. Os graus e títulos acadêmicos de ensino superior concedidos por estabelecimentos para tal habilitados por uma das Partes Contratantes em favor de nacionais de qualquer delas serão reconhecidos pela outra Parte Contratante, desde que certificados por documentos devidamente legalizados.
2. Para efeitos do disposto no Artigo anterior, consideram-se graus e títulos acadêmicos os que sancionam uma formação de nível pós-secundário com uma duração mínima de três anos.

Artigo 40

A competência para conceder o reconhecimento de um grau ou título acadêmico pertence, no Brasil às Universidades e em Portugal às Universidades e demais instituições de ensino superior, a quem couber atribuir o grau ou título acadêmico correspondente.

Artigo 41

O reconhecimento será sempre concedido, a menos que se demonstre, fundamentadamente, que há diferença substancial entre os conhecimentos e as aptidões atestados pelo grau ou título em questão, relativamente ao grau ou título correspondente no país em que o reconhecimento é requerido.

Artigo 42

1. Podem as Universidades no Brasil e as Universidades e demais instituições de ensino superior em Portugal celebrar convênios tendentes a assegurar o reconhecimento automático dos graus e títulos acadêmicos por elas emitidos em favor dos nacionais de uma e outra Parte Contratante, tendo em vista os currículos dos diferentes cursos por elas ministrados.
2. Tais convênios deverão ser homologados pelas autoridades competentes em cada uma das Partes Contratantes se a legislação local o exigir.

Artigo 43

Sem prejuízo do que se achar eventualmente disposto quanto a *numerus clausus*, o acesso a cursos de pós-graduação em Universidades no Brasil e em Universidades e demais instituições de ensino superior em Portugal é facultado aos nacionais da outra Parte Contratante em condições idênticas às exigidas aos nacionais do país da instituição em causa.

Artigo 44

Com as adaptações necessárias, aplica-se por analogia, ao reconhecimento de títulos de especialização, o disposto nos Artigos 39 a 41.

Artigo 45

1. As Universidades no Brasil e as Universidades e demais instituições de ensino superior em Portugal, associações profissionais para tal legalmente habilitadas ou suas federações, bem como as entidades públicas para tanto competentes, de cada uma das Partes Contratantes, poderão celebrar convênios que assegurem o reconhecimento de títulos de especialização por elas emitidos, em favor de nacionais de uma e outra Parte.
2. Tais convênios deverão ser homologados pelas autoridades competentes de ambas as Partes Contratantes, se não tiverem sido por elas subscritos.

5. ACESSO A PROFISSÕES E SEU EXERCÍCIO

Artigo 46

Os nacionais de uma das Partes Contratantes poderão aceder a uma profissão e exercê-la, no território da outra Parte Contratante, em condições idênticas às exigidas aos nacionais desta última.

Artigo 47
Se o acesso a uma profissão ou o seu exercício se acharem regulamentados no território de uma das Partes Contratantes por disposições decorrentes da participação desta em um processo de integração regional, poderão os nacionais da outra Parte Contratante aceder naquele território a essa profissão e exercê-la em condições idênticas às prescritas para os nacionais dos outros Estados participantes nesse processo de integração regional.

6. DIREITOS DE AUTOR E DIREITOS CONEXOS

Artigo 48
1. Cada Parte Contratante, em harmonia com os compromissos internacionais a que tenham aderido, reconhece e assegura a proteção, no seu território, dos direitos de autor e direitos conexos dos nacionais da outra Parte.
2. Nos mesmos termos e sempre que verificada a reciprocidade, serão reconhecidos e assegurados os direitos sobre bens informáticos.
3. Será estudada a melhor forma de conceder aos beneficiários do regime definido nos dois parágrafos ou números anteriores tratamento idêntico ao dos nacionais no que toca ao recebimento dos seus direitos.

TÍTULO IV
COOPERAÇÃO ECONÔMICA E FINANCEIRA

1. PRINCÍPIOS GERAIS

Artigo 49
As Partes Contratantes encorajarão e esforçar-se-ão por promover o desenvolvimento e a diversificação das suas relações econômicas e financeiras, mediante uma crescente cooperação, tendente a assegurar a dinamização e a modernização das respectivas economias, sem prejuízo dos compromissos internacionais por elas assumidos.

Artigo 50
Tendo em vista o disposto no Artigo anterior, as Partes Contratantes procurarão definir, relativamente aos diversos setores de atividade, regimes legais que permitam o acesso das pessoas físicas e jurídicas ou pessoas singulares e coletivas nacionais de cada uma delas a um tratamento tendencialmente unitário.

Artigo 51
Reconhecem as Partes que a realização dos objetivos referidos no Artigo 49 requer:
a) a difusão adequada, sistemática e atualizada de informações sobre a capacidade de oferta de bens e de serviços e de tecnologia, bem como de oportunidades de investimentos nos dois países;
b) o acréscimo de colaboração entre empresas brasileiras e portuguesas, através de acordos de cooperação, de associação e outros que concorram para o seu crescimento e progresso técnico e facilitem o aumento e a valorização do fluxo de trocas entre os dois países;
c) a promoção e realização de projetos comuns de investimentos, de coinvestimento e de transferência de tecnologia com vistas a desenvolver e modernizar as estruturas empresariais no Brasil e em Portugal e facilitar o acesso a novas atividades em termos competitivos no plano internacional.

Artigo 52
Para alcançar os objetivos assinalados nos Artigos anteriores propõem-se as Partes, designadamente:
a) estimular a troca de informações e de experiências bem como a realização de estudos e projetos conjuntos de pesquisa e de planejamento ou planejamento entre instituições, empresas e suas organizações, de cada um dos países, em ordem a permitir a elaboração de estratégias de desenvolvimento comum, nos diferentes ramos de atividade econômica, a médio ou a longo prazo;
b) promover ou desenvolver ações conjuntas no domínio da formação científica, profissional e técnica dos intervenientes em atividades econômicas e financeiras nos dois países;
c) fomentar a cooperação entre empresas brasileiras e portuguesas na realização de projetos comuns de investimento tanto no Brasil e em Portugal como em terceiros mercados, designadamente através da constituição de *joint ventures*, privilegiando as áreas de integração econômica em que os dois países se enquadram;
d) estabelecer o intercâmbio sistemático de informações sobre concursos públicos ou concorrências públicas nacionais e internacionais e facilitar o acesso dos agentes econômicos brasileiros e portugueses a essas informações;
e) concertar as suas posições em instituições internacionais nas áreas econômicas e financeiras, nomeadamente no que respeita à disciplina dos mercados de matérias primas e estabilização de preços.

Artigo 53
Entre os domínios abertos à cooperação entre as duas Partes, nos termos e com os objetivos fixados nos artigos 49 a 52, figuram designadamente, agricultura, as pescas, energia, indústria, transportes, comunicações e turismo, em conformidade com acordos setoriais complementares.

2. COOPERAÇÃO NO DOMÍNIO COMERCIAL

Artigo 54
As Partes Contratantes tomarão as medidas necessárias para promover o crescimento e a diversificação do intercâmbio comercial entre os dois países e, sem quebra dos compromissos internacionais a que ambas se encontram obrigadas, instituirão o melhor tratamento possível aos produtos comerciais com interesse no comércio luso-brasileiro.

Artigo 55
As Partes Contratantes concederão entre si todas as facilidades necessárias para a realização de

exposições, feiras ou certames semelhantes, comerciais, industriais, agrícolas e artesanais, nomeadamente o benefício de importação temporária, a dispensa do pagamento dos direitos de importação para mostruários e material de propaganda e, de um modo geral, a simplificação das formalidades aduaneiras, nos termos e condições previstos nas respectivas legislações internas.

3. COOPERAÇÃO NO DOMÍNIO DOS INVESTIMENTOS

Artigo 56

1. Cada Parte Contratante promoverá a realização no seu território de investimentos de pessoas físicas e jurídicas ou pessoas singulares e coletivas da outra Parte Contratante.
2. Os investimentos serão autorizados pelas Partes Contratantes de acordo com sua lei interna.

Artigo 57

1. Cada Parte Contratante garantirá, em seu território, tratamento não discriminatório, justo e equitativo aos investimentos realizados por pessoas físicas e jurídicas ou pessoas singulares e coletivas da outra Parte Contratante, bem como à livre transferência das importâncias com eles relacionadas.
2. O tratamento referido no parágrafo 1º deste Artigo não será menos favorável do que o outorgado por uma Parte Contratante aos investimentos realizados em seu território, em condições semelhantes, por investidores de um terceiro país, salvo aquele concedido em virtude de participação em processos de integração regional, de acordos para evitar a dupla tributação ou de qualquer outro ajuste em matéria tributária.
3. Cada Parte Contratante concederá aos investimentos de pessoas físicas e jurídicas ou pessoas singulares e coletivas da outra Parte tratamento não menos favorável que o dado aos investimentos de seus nacionais, exceto nos casos previstos pelas respectivas legislações nacionais.

4. COOPERAÇÃO NO DOMÍNIO FINANCEIRO E FISCAL

Artigo 58

As Partes Contratantes poderão estimular as instituições e organizações financeiras sediadas nos seus territórios a concluírem acordos interbancários e concederem créditos preferenciais, tendo em conta a legislação vigente nos dois Países e os respectivos compromissos internacionais, com vista a facilitar a implementação de projetos de cooperação econômica bilateral.

Artigo 59

1. Cada Parte Contratante atuará com base no princípio da não discriminação em matéria fiscal relativamente aos nacionais da outra Parte.
2. As Partes Contratantes desenvolverão laços de cooperação no domínio fiscal, designadamente através da adoção de instrumentos adequados para evitar a dupla tributação e a evasão fiscais.

5. PROPRIEDADE INDUSTRIAL E CONCORRÊNCIA DESLEAL

Artigo 60

Cada Parte Contratante, em harmonia com os compromissos internacionais a que tenha aderido, reconhece e assegura a proteção, no seu território, dos direitos de propriedade industrial dos nacionais da outra Parte, garantindo a estes os recursos aos meios de repressão da concorrência desleal.

TÍTULO V
COOPERAÇÃO EM OUTRAS ÁREAS

1. MEIO AMBIENTE E ORDENAMENTO DO TERRITÓRIO

Artigo 61

As Partes Contratantes comprometem-se a cooperar no tratamento adequado dos problemas relacionados com a defesa do meio ambiente, no quadro do desenvolvimento sustentável de ambos os países, designadamente quanto ao planejamento ou planeamento e gestão de reservas e parques nacionais, bem como quanto à formação em matéria ambiental.

2. SEGURIDADE SOCIAL OU SEGURANÇA SOCIAL

Artigo 62

As Partes Contratantes darão continuidade e desenvolverão a cooperação no domínio da seguridade social ou segurança social, a partir dos acordos setoriais vigentes.

3. SAÚDE

Artigo 63

As Partes Contratantes desenvolverão ações de cooperação, designadamente na organização dos cuidados de saúde primários e diferenciados e no controle de endemias e afirmam o seu interesse em uma crescente cooperação em organizações internacionais na área da saúde.

4. JUSTIÇA

Artigo 64

1. As Partes Contratantes comprometem-se a prestar auxílio mútuo em matéria penal e a combater a produção e o tráfico ilícito de drogas e substâncias psicotrópicas.
2. Propõem-se também desenvolver a cooperação em matéria de extradição e definir um quadro normativo adequado que permita a transferência de pessoas condenadas para cumprimento de pena no país de origem, bem como alargar ações conjuntas no campo da administração da justiça.

5. FORÇAS ARMADAS

Artigo 65

As Partes Contratantes desenvolverão a cooperação militar no domínio da defesa, designadamente através de troca de informações e experiências em temas de atualidade como, entre outros, as Operações de Paz das Nações Unidas.

6. ADMINISTRAÇÃO PÚBLICA
Artigo 66
Através dos organismos competentes e com recurso, se necessário, a instituições e técnicos especializados, as Partes Contratantes desenvolverão a cooperação no âmbito da reforma e modernização administrativa, em temas e áreas entre elas previamente definidos.

7. AÇÃO CONSULAR
Artigo 67
As Partes Contratantes favorecerão contatos ágeis e diretos entre as respectivas administrações na área consular.

Artigo 68
A partir dos acordos setoriais vigentes, as Partes Contratantes desenvolverão os mecanismos de cooperação baseados na complementaridade das redes consulares dos dois países, de modo a estender a proteção consular aos nacionais de cada uma delas, nos locais a serem previamente especificados entre ambas, onde não exista repartição consular brasileira ou posto consular português.

TÍTULO VI
EXECUÇÃO DO TRATADO
Artigo 69
Será criada uma Comissão Permanente luso-brasileira para acompanhar a execução do presente Tratado.

Artigo 70
A Comissão Permanente será composta por altos funcionários designados pelo Ministro de Estado das Relações Exteriores do Brasil e pelo Ministro dos Negócios Estrangeiros de Portugal, em número não superior a cinco por cada Parte Contratante.

Artigo 71
A presidência da Comissão Permanente será assumida, em cada ano, alternadamente, pelo chefe da delegação do Brasil e pelo chefe da delegação de Portugal.

Artigo 72
A Comissão Permanente reunir-se-á obrigatoriamente, uma vez por ano, no país do presidente em exercício e poderá ser convocada por iniciativa deste ou a pedido do chefe da delegação da outra Parte, sempre que as circunstâncias o aconselharem.

Artigo 73
Compete à Comissão Permanente acompanhar a execução do presente Tratado, analisar as dificuldades ou divergências surgidas na sua interpretação ou aplicação, propor as medidas adequadas para a solução dessas dificuldades, bem como sugerir as modificações tendentes a aperfeiçoar a realização dos objetivos deste instrumento.

Artigo 74
1. A Comissão Permanente poderá funcionar em pleno ou em subcomissões para a análise de questões relativas a áreas específicas.

2. As propostas das subcomissões serão submetidas ao plenário da Comissão Permanente.

Artigo 75
As dificuldades ou divergências surgidas na interpretação ou aplicação do Tratado serão resolvidas através de consultas, por negociação direta ou por qualquer outro meio diplomático acordado por ambas as Partes.

Artigo 76
A composição das delegações que participam nas reuniões da Comissão Permanente, ou das suas subcomissões, bem como a data, local e respectiva ordem de trabalhos serão estabelecidos por via diplomática.

TÍTULO VII
DISPOSIÇÕES FINAIS
Artigo 77
1. O presente Tratado entrará em vigor 30 (trinta) dias após a data da recepção da segunda das notas pelas quais as Partes comunicarem reciprocamente a aprovação do mesmo, em conformidade com os respectivos processos constitucionais.

2. O presente Tratado poderá, de comum acordo entre as Partes Contratantes, ser emendado. As emendas entrarão em vigor nos termos do parágrafo 1º.

3. Qualquer das Partes Contratantes poderá denunciar o presente Tratado, cessando os seus efeitos seis meses após o recebimento da notificação de denúncia.

Artigo 78
O presente Tratado revoga ou ab-roga os seguintes instrumentos jurídicos bilaterais:

a) Acordo entre os Estados Unidos do Brasil e Portugal para a Supressão de Vistos em Passaportes Diplomáticos e Especiais, celebrado em Lisboa, aos 15 dias do mês de outubro de 1951, por troca de Notas;

b) Tratado de Amizade e Consulta entre o Brasil e Portugal, celebrado no Rio de Janeiro, aos 16 dias do mês de novembro de 1953;

c) Acordo sobre Vistos em Passaportes Comuns entre o Brasil e Portugal, concluído em Lisboa, por troca de Notas, aos 9 dias do mês de agosto de 1960;

d) Acordo Cultural entre o Brasil e Portugal, celebrado em Lisboa, aos 7 dias do mês de setembro de 1966;

e) Protocolo Adicional ao Acordo Cultural de 7 de setembro de 1966, celebrado em Lisboa, aos 22 dias do mês de abril de 1971;

f) Convenção sobre Igualdade de Direitos e Deveres entre Brasileiros e Portugueses, celebrada em Brasília, aos 7 dias do mês de setembro de 1971;

g) Acordo, por troca de Notas, entre o Brasil e Portugal, para a abolição do pagamento da taxa de residência pelos nacionais de cada um dos países residentes no território do outro, celebrado em Brasília, aos 17 dias do mês de julho de 1979;

h) Acordo Quadro de Cooperação entre o Governo da República Federativa do Brasil e o Governo da República Portuguesa, celebrado em Brasília, aos 7 dias do mês de maio de 1991;

i) Acordo entre o Governo da República Federativa do Brasil e o Governo da República Portuguesa relativo à Isenção de Vistos, celebrado em Brasília, aos 15 dias do mês de abril de 1996.

Artigo 79

Os instrumentos jurídicos bilaterais não expressamente referidos no Artigo anterior permanecerão em vigor em tudo o que não for contrariado pelo presente Tratado.

Feito em Porto Seguro, aos 22 dias do mês de abril do ano 2000, em dois exemplares originais em língua portuguesa, sendo ambos igualmente autênticos.

LEI 11.961, DE 2 DE JULHO DE 2009

Dispõe sobre a residência provisória para o estrangeiro em situação irregular no território nacional e dá outras providências.
- DOU 03.07.2009
- Dec. 6.893/2009 (Regulamenta a Lei 11.961/2009).

O Presidente da República:

Faço saber que o Congresso Nacional decreta e eu sanciono a seguinte Lei:

Art. 1º Poderá requerer residência provisória o estrangeiro que, tendo ingressado no território nacional até 1º de fevereiro de 2009, nele permaneça em situação migratória irregular.

Art. 2º Considera-se em situação migratória irregular, para fins desta Lei, o estrangeiro que:

I – tenha ingressado clandestinamente no território nacional;

II – admitido regularmente no território nacional, encontre-se com prazo de estada vencido; ou

III – beneficiado pela Lei 9.675, de 29 de junho de 1998, não tenha completado os trâmites necessários à obtenção da condição de residente permanente.

Art. 3º Ao estrangeiro beneficiado por esta Lei são assegurados os direitos e deveres previstos na Constituição Federal, excetuando-se aqueles reservados exclusivamente aos brasileiros.

Art. 4º O requerimento de residência provisória deverá ser dirigido ao Ministério da Justiça até 180 (cento e oitenta) dias após a publicação desta Lei, obedecendo ao disposto em regulamento, e deverá ser instruído com:

I – comprovante original do pagamento da taxa de expedição de Carteira de Identidade de Estrangeiro – CIE, em valor correspondente a 25% (vinte e cinco por cento) do fixado para expedição de 1ª (primeira) via de Carteira de Identidade de Estrangeiro Permanente;

II – comprovante original do pagamento da taxa de registro;

III – declaração, sob as penas da lei, de que não responde a processo criminal ou foi condenado criminalmente, no Brasil e no exterior;

IV – comprovante de entrada no Brasil ou qualquer outro documento que permita à Administração atestar o ingresso do estrangeiro no território nacional até o prazo previsto no art. 1º desta Lei; e

V – demais documentos previstos em regulamento.

Art. 5º Os estrangeiros que requererem residência provisória estarão isentos do pagamento de multas ou de quaisquer outras taxas, além das previstas no art. 4º desta Lei.

Art. 6º Concedido o Registro Provisório, o Ministério da Justiça expedirá a Carteira de Identidade de Estrangeiro com validade de 2 (dois) anos.

Art. 7º No prazo de 90 (noventa) dias anteriores ao término da validade da CIE, o estrangeiro poderá requerer sua transformação em permanente, na forma do regulamento, devendo comprovar:

I – exercício de profissão ou emprego lícito ou a propriedade de bens suficientes à manutenção própria e da sua família;

II – inexistência de débitos fiscais e de antecedentes criminais no Brasil e no exterior; e

III – não ter se ausentado do território nacional por prazo superior a 90 (noventa) dias consecutivos durante o período de residência provisória.

Art. 8º A residência provisória ou permanente será declarada nula se, a qualquer tempo, se verificar a falsidade das informações prestadas pelo estrangeiro.

§ 1º O disposto no *caput* deste artigo, respeitados a ampla defesa e o contraditório, processar-se-á de ofício ou mediante representação fundamentada, na forma do regulamento, assegurado o prazo para recurso de 60 (sessenta) dias contado da notificação.

§ 2º Negada ou declarada nula a residência provisória ou a permanente, será cancelado o registro, e a CIE perderá seus efeitos.

Art. 9º O disposto nesta Lei não se aplica ao estrangeiro expulso ou àquele que, na forma da lei, ofereça indícios de periculosidade ou indesejabilidade.

Art. 10. Aplicam-se subsidiariamente as disposições contidas na Lei 6.815, de 19 de agosto de 1980, alterada pela Lei 6.964, de 9 de dezembro de 1981, aos estrangeiros beneficiados por esta Lei.

Art. 11. O estrangeiro com processo de regularização imigratória em tramitação poderá optar por ser beneficiado por esta Lei.

Art. 12. O Poder Executivo regulamentará o disposto nesta Lei.

Art. 13. Esta Lei entra em vigor na data de sua publicação.

Brasília, 2 de julho de 2009; 188º da Independência e 121º da República.

Luiz Inácio Lula da Silva

DECRETO 6.893, DE 2 DE JULHO DE 2009

Regulamenta a Lei 11.961, de 2 de julho de 2009, que dispõe sobre a residência provisória para o estrangeiro em situação irregular no território nacional, e dá outras providências.

▸ *DOU* 03.07.2009

O Presidente da República, no uso da atribuição que lhe confere o art. 84, inciso IV, da Constituição, e tendo em vista o disposto na Lei 11.961, de 2 de julho de 2009, decreta:

Art. 1º O estrangeiro em situação irregular, que pretenda obter concessão de residência provisória no País, deverá comparecer, pessoalmente, até cento e oitenta dias após a publicação da Lei 11.961, de 2 de julho de 2009, a uma unidade do Departamento de Polícia Federal onde preencherá o requerimento de registro provisório e instruirá seu pedido com:

I – comprovante original do pagamento:

a) da taxa de expedição de Carteira de Identidade de Estrangeiro – CIE, no valor de R$ 31,05 (trinta e um reais e cinco centavos); e

b) da taxa de registro, no valor de R$ 64,58 (sessenta e quatro reais e cinquenta e oito centavos);

II – declaração, sob as penas da Lei, de que não responde a processo criminal ou foi condenado criminalmente, no Brasil e no exterior;

III – comprovante de entrada no Brasil ou qualquer outro documento válido que permita à Administração atestar o ingresso do estrangeiro no território nacional até 1º de fevereiro de 2009;

IV – um dos documentos a seguir especificados:

a) cópia autenticada do passaporte ou documento de viagem equivalente;

b) certidão expedida no Brasil pela representação diplomática ou consular do país de que o estrangeiro seja nacional, atestando a sua qualificação e nacionalidade; ou

c) qualquer outro documento de identificação válido, que permita à Administração identificar o estrangeiro e conferir os seus dados de qualificação; e

V – duas fotos coloridas recentes, tamanho 3x4.

§ 1º Para os devidos efeitos legais, o nome e a nacionalidade do estrangeiro serão os constantes do passaporte ou do documento de viagem equivalente.

§ 2º A filiação que não constar dos documentos previstos no inciso IV deverá ser atestada pela representação diplomática do país de nacionalidade do estrangeiro ou por meio da respectiva certidão de nascimento, devidamente legalizada pela representação brasileira no exterior e traduzida por tradutor público.

Art. 2º Satisfeitas as condições previstas no art. 1º, o estrangeiro receberá protocolo que servirá como prova de estada regular até o recebimento da respectiva CIE.

Parágrafo único. O protocolo deverá ser devolvido por ocasião do recebimento da CIE.

Art. 3º A CIE é individual, independentemente da idade de seu titular, será confeccionada no modelo em vigor para as demais categorias de residentes no País e terá validade de dois anos a contar da data de apresentação do pedido.

Art. 4º No prazo de 90 (noventa) dias anteriores ao término da validade da CIE, o estrangeiro poderá comparecer pessoalmente na unidade do Departamento de Polícia Federal e requerer a transformação da residência provisória em permanente, devendo apresentar o original da CIE ou, na falta desta, o original do protocolo, além do seguinte:

I – documento hábil que comprove o exercício de profissão ou emprego lícito ou a propriedade de bens suficientes à manutenção própria e de sua família;

II – declaração, sob as penas da lei:

a) de que não possui débitos fiscais junto ao Instituto Nacional do Seguro Social;

b) quanto ao número de ausências do território nacional nos últimos dois anos, especificando as exatas datas de entrada e saída, local e justificativa, de forma que comprove não ter se ausentado do território nacional por prazo superior a 90 (noventa) dias consecutivos durante o período de residência provisória; e

c) de que não responde a processo criminal nem foi condenado criminalmente, no Brasil e no exterior;

III – atestado de antecedentes criminais, expedido por órgão da Secretaria de Segurança Pública do Estado de residência;

IV – Certidão Conjunta de Débitos relativos a Tributos Federais e à Dívida Ativa da União, que pode ser extraída do sítio eletrônico da Secretaria da Receita Federal do Brasil;

V – comprovante original do pagamento de taxa de R$ 31,05 (trinta e um reais e cinco centavos), relativa à expedição da correspondente CIE; e

VI – duas fotos coloridas recentes, tamanho 3x4.

Art. 5º Concedida a transformação da residência temporária em permanente será expedida, pelo Departamento de Polícia Federal, nova CIE cuja validade será fixada em conformidade com o art. 2º do Decreto-lei 2.236, de 23 de janeiro de 1985.

Art. 6º A residência provisória ou permanente será declarada nula se, a qualquer tempo, se verificar a falsidade das informações prestadas pelo estrangeiro, sem prejuízo das penalidades previstas em lei.

§ 1º O processo de apuração objeto do disposto no *caput* será instaurado administrativamente no Ministério da Justiça, de ofício ou mediante representação fundamentada, respeitados os princípios da ampla defesa e do contraditório.

§ 2º Fica assegurado o prazo de 60 (sessenta) dias para apresentação de recurso, sob pena de decadência, contados do recebimento da notificação pelo estrangeiro ou da publicação de edital na hipótese de sua não localização.

§ 3º O pedido a que se refere o § 2º deverá ser fundamentado e instruído com os documentos necessários à comprovação do alegado.

§ 4º Declarada nula a residência provisória ou permanente, a CIE deverá ser recolhida e o registro será cancelado.

Art. 7º Ficam impedidos de beneficiarem-se da residência provisória ou da transformação desta em permanente o estrangeiro expulso ou aquele em relação ao qual o interesse público assim o recomendar, mediante decisão devidamente fundamentada.

Art. 8º O pedido de residência provisória, formulado nos termos do art. 11 da Lei 11.961, de 2 de julho de 2009, deverá ser instruído com declaração de desistência do processo de regularização imigratória que será considerado automaticamente extinto pelo Ministério da Justiça.

Parágrafo único. Para fins de cumprimento do disposto no *caput* não serão considerados como processos de regularização imigratória os pedidos de prorrogação de prazo de estada de temporários.

Art. 9º Para o cumprimento da Lei 11.961, de 2 de julho de 2009, compete ao Ministério da Justiça:

I – decidir sobre os requerimentos de autorização de residência temporária e de sua transformação em permanente;

II – orientar e decidir os casos omissos e especiais; e

III – estabelecer os procedimentos necessários ao cumprimento deste Decreto.

Art. 10. Este Decreto entra em vigor na data de sua publicação.

Brasília, 2 de julho de 2009; 188º da Independência e 121º da República.

Luiz Inácio Lula da Silva

LEI 13.445, DE 24 DE MAIO DE 2017

Institui a Lei de Migração.

DOU 25.05.2017

O Presidente da República:
Faço saber que o Congresso Nacional decreta e eu sanciono a seguinte Lei:

CAPÍTULO I
DISPOSIÇÕES PRELIMINARES

Seção I
Disposições Gerais

Art. 1º Esta Lei dispõe sobre os direitos e os deveres do migrante e do visitante, regula a sua entrada e estada no País e estabelece princípios e diretrizes para as políticas públicas para o emigrante.

§ 1º Para os fins desta Lei, considera-se:

I – *Vetado*.

II – imigrante: pessoa nacional de outro país ou apátrida que trabalha ou reside e se estabelece temporária ou definitivamente no Brasil;

III – emigrante: brasileiro que se estabelece temporária ou definitivamente no exterior;

IV – residente fronteiriço: pessoa nacional de país limítrofe ou apátrida que conserva a sua residência habitual em município fronteiriço de país vizinho;

V – visitante: pessoa nacional de outro país ou apátrida que vem ao Brasil para estadas de curta duração, sem pretensão de se estabelecer temporária ou definitivamente no território nacional;

VI – apátrida: pessoa que não seja considerada como nacional por nenhum Estado, segundo a sua legislação, nos termos da Convenção sobre o Estatuto dos Apátridas, de 1954, promulgada pelo Decreto 4.246, de 22 de maio de 2002, ou assim reconhecida pelo Estado brasileiro.

§ 2º *Vetado*.

Art. 2º Esta Lei não prejudica a aplicação de normas internas e internacionais específicas sobre refugiados, asilados, agentes e pessoal diplomático ou consular, funcionários de organização internacional e seus familiares.

Seção II
Dos Princípios e das Garantias

Art. 3º A política migratória brasileira rege-se pelos seguintes princípios e diretrizes:

I – universalidade, indivisibilidade e interdependência dos direitos humanos;

II – repúdio e prevenção à xenofobia, ao racismo e a quaisquer formas de discriminação;

III – não criminalização da migração;

IV – não discriminação em razão dos critérios ou dos procedimentos pelos quais a pessoa foi admitida em território nacional;

V – promoção de entrada regular e de regularização documental;

VI – acolhida humanitária;

VII – desenvolvimento econômico, turístico, social, cultural, esportivo, científico e tecnológico do Brasil;

VIII – garantia do direito à reunião familiar;

IX – igualdade de tratamento e de oportunidade ao migrante e a seus familiares;

X – inclusão social, laboral e produtiva do migrante por meio de políticas públicas;

XI – acesso igualitário e livre do migrante a serviços, programas e benefícios sociais, bens públicos, educação, assistência jurídica integral pública, trabalho, moradia, serviço bancário e seguridade social;

XII – promoção e difusão de direitos, liberdades, garantias e obrigações do migrante;

XIII – diálogo social na formulação, na execução e na avaliação de políticas migratórias e promoção da participação cidadã do migrante;

XIV – fortalecimento da integração econômica, política, social e cultural dos povos da América Latina, mediante constituição de espaços de cidadania e de livre circulação de pessoas;

XV – cooperação internacional com Estados de origem, de trânsito e de destino de movimentos migratórios, a fim de garantir efetiva proteção aos direitos humanos do migrante;

XVI – integração e desenvolvimento das regiões de fronteira e articulação de políticas públicas regionais capazes de garantir efetividade aos direitos do residente fronteiriço;
XVII – proteção integral e atenção ao superior interesse da criança e do adolescente migrante;
XVIII – observância ao disposto em tratado;
XIX – proteção ao brasileiro no exterior;
XX – migração e desenvolvimento humano no local de origem, como direitos inalienáveis de todas as pessoas;
XXI – promoção do reconhecimento acadêmico e do exercício profissional no Brasil, nos termos da lei; e
XXII – repúdio a práticas de expulsão ou de deportação coletivas.

Art. 4º Ao migrante é garantida no território nacional, em condição de igualdade com os nacionais, a inviolabilidade do direito à vida, à liberdade, à igualdade, à segurança e à propriedade, bem como são assegurados:
I – direitos e liberdades civis, sociais, culturais e econômicos;
II – direito à liberdade de circulação em território nacional;
III – direito à reunião familiar do migrante com seu cônjuge ou companheiro e seus filhos, familiares e dependentes;
IV – medidas de proteção a vítimas e testemunhas de crimes e de violações de direitos;
V – direito de transferir recursos decorrentes de sua renda e economias pessoais a outro país, observada a legislação aplicável;
VI – direito de reunião para fins pacíficos;
VII – direito de associação, inclusive sindical, para fins lícitos;
VIII – acesso a serviços públicos de saúde e de assistência social e à previdência social, nos termos da lei, sem discriminação em razão da nacionalidade e da condição migratória;
IX – amplo acesso à justiça e à assistência jurídica integral gratuita aos que comprovarem insuficiência de recursos;
X – direito à educação pública, vedada a discriminação em razão da nacionalidade e da condição migratória;
XI – garantia de cumprimento de obrigações legais e contratuais trabalhistas e de aplicação das normas de proteção ao trabalhador, sem discriminação em razão da nacionalidade e da condição migratória;
XII – isenção das taxas de que trata esta Lei, mediante declaração de hipossuficiência econômica, na forma de regulamento;
XIII – direito de acesso à informação e garantia de confidencialidade quanto aos dados pessoais do migrante, nos termos da Lei 12.527, de 18 de novembro de 2011;
XIV – direito a abertura de conta bancária;
XV – direito de sair, de permanecer e de reingressar em território nacional, mesmo enquanto pendente pedido de autorização de residência, de prorrogação de estada ou de transformação de visto em autorização de residência; e
XVI – direito do imigrante de ser informado sobre as garantias que lhe são asseguradas para fins de regularização migratória.
§ 1º Os direitos e as garantias previstos nesta Lei serão exercidos em observância ao disposto na Constituição Federal, independentemente da situação migratória, observado o disposto no § 4º deste artigo, e não excluem outros decorrentes de tratado de que o Brasil seja parte.
§§ 2º a 4º *Vetados.*

CAPÍTULO II
DA SITUAÇÃO DOCUMENTAL DO MIGRANTE E DO VISITANTE

Seção I
Dos documentos de viagem

Art. 5º São documentos de viagem:
I – passaporte;
II – *laissez-passer*;
III – autorização de retorno;
IV – salvo-conduto;
V – carteira de identidade de marítimo;
VI – carteira de matrícula consular;
VII – documento de identidade civil ou documento estrangeiro equivalente, quando admitidos em tratado;
VIII – certificado de membro de tripulação de transporte aéreo; e
IX – outros que vierem a ser reconhecidos pelo Estado brasileiro em regulamento.
§ 1º Os documentos previstos nos incisos I, II, III, IV, V, VI e IX, quando emitidos pelo Estado brasileiro, são de propriedade da União, cabendo a seu titular a posse direta e o uso regular.
§ 2º As condições para a concessão dos documentos de que trata o § 1º serão previstas em regulamento.

Seção II
Dos vistos

Subseção I
Disposições Gerais

Art. 6º O visto é o documento que dá a seu titular expectativa de ingresso em território nacional.
Parágrafo único. *Vetado.*
Art. 7º O visto será concedido por embaixadas, consulados gerais, consulados, vice-consulados e, quando habilitados pelo órgão competente do Poder Executivo, por escritórios comerciais e de representação do Brasil no exterior.
Parágrafo único. Excepcionalmente, os vistos diplomático, oficial e de cortesia poderão ser concedidos no Brasil.
Art. 8º Poderão ser cobradas taxas e emolumentos consulares pelo processamento do visto.

Art. 9º Regulamento disporá sobre:
I – requisitos de concessão de visto, bem como de sua simplificação, inclusive por reciprocidade;
II – prazo de validade do visto e sua forma de contagem;
III – prazo máximo para a primeira entrada e para a estada do imigrante e do visitante no País;
IV – hipóteses e condições de dispensa recíproca ou unilateral de visto e de taxas e emolumentos consulares por seu processamento; e
V – solicitação e emissão de visto por meio eletrônico.
Parágrafo único. A simplificação e a dispensa recíproca de visto ou de cobrança de taxas e emolumentos consulares por seu processamento poderão ser definidas por comunicação diplomática.

Art. 10. Não se concederá visto:
I – a quem não preencher os requisitos para o tipo de visto pleiteado;
II – a quem comprovadamente ocultar condição impeditiva de concessão de visto ou de ingresso no País; ou
III – a menor de 18 (dezoito) anos desacompanhado ou sem autorização de viagem por escrito dos responsáveis legais ou de autoridade competente.

Art. 11. Poderá ser denegado visto a quem se enquadrar em pelo menos um dos casos de impedimento definidos nos incisos I, II, III, IV e IX do art. 45.
Parágrafo único. A pessoa que tiver visto brasileiro denegado será impedida de ingressar no País enquanto permanecerem as condições que ensejaram a denegação.

Subseção II
Dos tipos de visto

Art. 12. Ao solicitante que pretenda ingressar ou permanecer em território nacional poderá ser concedido visto:
I – de visita;
II – temporário;
III – diplomático;
IV – oficial;
V – de cortesia.

Subseção III
Do visto de visita

Art. 13. O visto de visita poderá ser concedido ao visitante que venha ao Brasil para estada de curta duração, sem intenção de estabelecer residência, nos seguintes casos:
I – turismo;
II – negócios;
III – trânsito;
IV – atividades artísticas ou desportivas; e
V – outras hipóteses definidas em regulamento.
§ 1º É vedado ao beneficiário de visto de visita exercer atividade remunerada no Brasil.
§ 2º O beneficiário de visto de visita poderá receber pagamento do governo, de empregador brasileiro ou de entidade privada a título de diária, ajuda de custo, cachê, pró-labore ou outras despesas com a viagem, bem como concorrer a prêmios, inclusive em dinheiro, em competições desportivas ou em concursos artísticos ou culturais.
§ 3º O visto de visita não será exigido em caso de escala ou conexão em território nacional, desde que o visitante não deixe a área de trânsito internacional.

Subseção IV
Do visto temporário

Art. 14. O visto temporário poderá ser concedido ao imigrante que venha ao Brasil com o intuito de estabelecer residência por tempo determinado e que se enquadre em pelo menos uma das seguintes hipóteses:
I – o visto temporário tenha como finalidade:
a) pesquisa, ensino ou extensão acadêmica;
b) tratamento de saúde;
c) acolhida humanitária;
d) estudo;
e) trabalho;
f) férias-trabalho;
g) prática de atividade religiosa ou serviço voluntário;
h) realização de investimento ou de atividade com relevância econômica, social, científica, tecnológica ou cultural;
i) reunião familiar;
j) atividades artísticas ou desportivas com contrato por prazo determinado;
II – o imigrante seja beneficiário de tratado em matéria de vistos;
III – outras hipóteses definidas em regulamento.
§ 1º O visto temporário para pesquisa, ensino ou extensão acadêmica poderá ser concedido ao imigrante com ou sem vínculo empregatício com a instituição de pesquisa ou de ensino brasileira, exigida, na hipótese de vínculo, a comprovação de formação superior compatível ou equivalente reconhecimento científico.
§ 2º O visto temporário para tratamento de saúde poderá ser concedido ao imigrante e a seu acompanhante, desde que o imigrante comprove possuir meios de subsistência suficientes.
§ 3º O visto temporário para acolhida humanitária poderá ser concedido ao apátrida ou ao nacional de qualquer país em situação de grave ou iminente instabilidade institucional, de conflito armado, de calamidade de grande proporção, de desastre ambiental ou de grave violação de direitos humanos ou de direito internacional humanitário, ou em outras hipóteses, na forma de regulamento.
§ 4º O visto temporário para estudo poderá ser concedido ao imigrante que pretenda vir ao Brasil para frequentar curso regular ou realizar estágio ou intercâmbio de estudo ou de pesquisa.
§ 5º Observadas as hipóteses previstas em regulamento, o visto temporário para trabalho poderá ser concedido ao imigrante que venha exercer atividade laboral, com ou sem vínculo empregatício no Brasil, desde que comprove oferta de traba-

lho formalizada por pessoa jurídica em atividade no País, dispensada esta exigência se o imigrante comprovar titulação em curso de ensino superior ou equivalente.

§ 6º O visto temporário para férias-trabalho poderá ser concedido ao imigrante maior de 16 (dezesseis) anos que seja nacional de país que conceda idêntico benefício ao nacional brasileiro, em termos definidos por comunicação diplomática.

§ 7º Não se exigirá do marítimo que ingressar no Brasil em viagem de longo curso ou em cruzeiros marítimos pela costa brasileira o visto temporário de que trata a alínea e do inciso I do *caput*, bastando a apresentação da carteira internacional de marítimo, nos termos de regulamento.

§ 8º É reconhecida ao imigrante a quem se tenha concedido visto temporário para trabalho a possibilidade de modificação do local de exercício de sua atividade laboral.

§ 9º O visto para realização de investimento poderá ser concedido ao imigrante que aporte recursos em projeto com potencial para geração de empregos ou de renda no País.

§ 10. *Vetado.*

Subseção V
Dos vistos diplomático, oficial e de cortesia

Art. 15. Os vistos diplomático, oficial e de cortesia serão concedidos, prorrogados ou dispensados na forma desta Lei e de regulamento.

Parágrafo único. Os vistos diplomático e oficial poderão ser transformados em autorização de residência, o que importará cessação de todas as prerrogativas, privilégios e imunidades decorrentes do respectivo visto.

Art. 16. Os vistos diplomático e oficial poderão ser concedidos a autoridades e funcionários estrangeiros que viajem ao Brasil em missão oficial de caráter transitório ou permanente, representando Estado estrangeiro ou organismo internacional reconhecido.

§ 1º Não se aplica ao titular dos vistos referidos no *caput* o disposto na legislação trabalhista brasileira.

§ 2º Os vistos diplomático e oficial poderão ser estendidos aos dependentes das autoridades referidas no *caput*.

Art. 17. O titular de visto diplomático ou oficial somente poderá ser remunerado por Estado estrangeiro ou organismo internacional, ressalvado o disposto em tratado que contenha cláusula específica sobre o assunto.

Parágrafo único. O dependente de titular de visto diplomático ou oficial poderá exercer atividade remunerada no Brasil, sob o amparo da legislação trabalhista brasileira, desde que seja nacional de país que assegure reciprocidade de tratamento ao nacional brasileiro, por comunicação diplomática.

Art. 18. O empregado particular titular de visto de cortesia somente poderá exercer atividade remunerada para o titular de visto diplomático, oficial ou de cortesia ao qual esteja vinculado, sob o amparo da legislação trabalhista brasileira.

Parágrafo único. O titular de visto diplomático, oficial ou de cortesia será responsável pela saída de seu empregado do território nacional.

Seção III
DO REGISTRO E DA IDENTIFICAÇÃO CIVIL DO IMIGRANTE E DOS DETENTORES DE VISTOS DIPLOMÁTICO, OFICIAL E DE CORTESIA

Art. 19. O registro consiste na identificação civil por dados biográficos e biométricos, e é obrigatório a todo imigrante detentor de visto temporário ou de autorização de residência.

§ 1º O registro gerará número único de identificação que garantirá o pleno exercício dos atos da vida civil.

§ 2º O documento de identidade do imigrante será expedido com base no número único de identificação.

§ 3º Enquanto não for expedida identificação civil, o documento comprobatório de que o imigrante a solicitou à autoridade competente garantirá ao titular o acesso aos direitos disciplinados nesta Lei.

Art. 20. A identificação civil de solicitante de refúgio, de asilo, de reconhecimento de apatridia e de acolhimento humanitário poderá ser realizada com a apresentação dos documentos de que o imigrante dispuser.

Art. 21. Os documentos de identidade emitidos até a data de publicação desta Lei continuarão válidos até sua total substituição.

Art. 22. A identificação civil, o documento de identidade e as formas de gestão da base cadastral dos detentores de vistos diplomático, oficial e de cortesia atenderão a disposições específicas previstas em regulamento.

CAPÍTULO III
DA CONDIÇÃO JURÍDICA DO MIGRANTE E DO VISITANTE

Seção I
Do residente fronteiriço

Art. 23. A fim de facilitar a sua livre circulação, poderá ser concedida ao residente fronteiriço, mediante requerimento, autorização para a realização de atos da vida civil.

Parágrafo único. Condições específicas poderão ser estabelecidas em regulamento ou tratado.

Art. 24. A autorização referida no *caput* do art. 23 indicará o Município fronteiriço no qual o residente estará autorizado a exercer os direitos a ele atribuídos por esta Lei.

§ 1º O residente fronteiriço detentor da autorização gozará das garantias e dos direitos assegurados pelo regime geral de migração desta Lei, conforme especificado em regulamento.

§ 2º O espaço geográfico de abrangência e de validade da autorização será especificado no documento de residente fronteiriço.

Art. 25. O documento de residente fronteiriço será cancelado, a qualquer tempo, se o titular:

I – tiver fraudado documento ou utilizado documento falso para obtê-lo;

II - obtiver outra condição migratória;
III - sofrer condenação penal; ou
IV - exercer direito fora dos limites previstos na autorização.

Seção II
Da proteção do apátrida e da redução da apatridia

Art. 26. Regulamento disporá sobre instituto protetivo especial do apátrida, consolidado em processo simplificado de naturalização.

§ 1º O processo de que trata o *caput* será iniciado tão logo seja reconhecida a situação de apatridia.

§ 2º Durante a tramitação do processo de reconhecimento da condição de apátrida, incidem todas as garantias e mecanismos protetivos e de facilitação da inclusão social relativos à Convenção sobre o Estatuto dos Apátridas de 1954, promulgada pelo Decreto 4.246, de 22 de maio de 2002, à Convenção relativa ao Estatuto dos Refugiados, promulgada pelo Decreto 50.215, de 28 de janeiro de 1961, e à Lei 9.474, de 22 de julho de 1997.

§ 3º Aplicam-se ao apátrida residente todos os direitos atribuídos ao migrante relacionados no art. 4º.

§ 4º O reconhecimento da condição de apátrida assegura os direitos e garantias previstos na Convenção sobre o Estatuto dos Apátridas, de 1954, promulgada pelo Decreto 4.246, de 22 de maio de 2002, bem como outros direitos e garantias reconhecidos pelo Brasil.

§ 5º O processo de reconhecimento da condição de apátrida tem como objetivo verificar se o solicitante é considerado nacional pela legislação de algum Estado e poderá considerar informações, documentos e declarações prestadas pelo próprio solicitante e por órgãos e organismos nacionais e internacionais.

§ 6º Reconhecida a condição de apátrida, nos termos do inciso VI do § 1º do art. 1º, o solicitante será consultado sobre o desejo de adquirir a nacionalidade brasileira.

§ 7º Caso o apátrida opte pela naturalização, a decisão sobre o reconhecimento será encaminhada ao órgão competente do Poder Executivo para publicação dos atos necessários à efetivação da naturalização no prazo de 30 (trinta) dias, observado o art. 65.

§ 8º O apátrida reconhecido que não opte pela naturalização imediata terá a autorização de residência outorgada em caráter definitivo.

§ 9º Caberá recurso contra decisão negativa de reconhecimento da condição de apátrida.

§ 10. Subsistindo a denegação do reconhecimento da condição de apátrida, é vedada a devolução do indivíduo para país onde sua vida, integridade pessoal ou liberdade estejam em risco.

§ 11. Será reconhecido o direito de reunião familiar a partir do reconhecimento da condição de apátrida.

§ 12. Implica perda da proteção conferida por esta Lei:

I - a renúncia;
II - a prova da falsidade dos fundamentos invocados para o reconhecimento da condição de apátrida; ou
III - a existência de fatos que, se fossem conhecidos por ocasião do reconhecimento, teriam ensejado decisão negativa.

Seção III
Do asilado

Art. 27. O asilo político, que constitui ato discricionário do Estado, poderá ser diplomático ou territorial e será outorgado como instrumento de proteção à pessoa.

Parágrafo único. Regulamento disporá sobre as condições para a concessão e a manutenção de asilo.

Art. 28. Não se concederá asilo a quem tenha cometido crime de genocídio, crime contra a humanidade, crime de guerra ou crime de agressão, nos termos do Estatuto de Roma do Tribunal Penal Internacional, de 1998, promulgado pelo Decreto 4.388, de 25 de setembro de 2002.

Art. 29. A saída do asilado do País sem prévia comunicação implica renúncia ao asilo.

Seção IV
Da autorização de residência

Art. 30. A residência poderá ser autorizada, mediante registro, ao imigrante, ao residente fronteiriço ou ao visitante que se enquadre em uma das seguintes hipóteses:

I - a residência tenha como finalidade:
a) pesquisa, ensino ou extensão acadêmica;
b) tratamento de saúde;
c) acolhida humanitária;
d) estudo;
e) trabalho;
f) férias-trabalho;
g) prática de atividade religiosa ou serviço voluntário;
h) realização de investimento ou de atividade com relevância econômica, social, científica, tecnológica ou cultural;
i) reunião familiar;

II - a pessoa:
a) seja beneficiária de tratado em matéria de residência e livre circulação;
b) seja detentora de oferta de trabalho;
c) já tenha possuído a nacionalidade brasileira e não deseje ou não reúna os requisitos para readquiri-la;
d) Vetado;
e) seja beneficiária de refúgio, de asilo ou de proteção ao apátrida;
f) seja menor nacional de outro país ou apátrida, desacompanhado ou abandonado, que se encontre nas fronteiras brasileiras ou em território nacional;
g) tenha sido vítima de tráfico de pessoas, de trabalho escravo ou de violação de direito agravada por sua condição migratória;

h) esteja em liberdade provisória ou em cumprimento de pena no Brasil;

III – outras hipóteses definidas em regulamento.

§ 1º Não se concederá a autorização de residência a pessoa condenada criminalmente no Brasil ou no exterior por sentença transitada em julgado, desde que a conduta esteja tipificada na legislação penal brasileira, ressalvados os casos em que:

I – a conduta caracterize infração de menor potencial ofensivo;

II – *Vetado*; ou

III – a pessoa se enquadre nas hipóteses previstas nas alíneas *b*, *c* e *i* do inciso I e na alínea *a* do inciso II do *caput* deste artigo.

§ 2º O disposto no § 1º não obsta progressão de regime de cumprimento de pena, nos termos da Lei 7.210, de 11 de julho de 1984, ficando a pessoa autorizada a trabalhar quando assim exigido pelo novo regime de cumprimento de pena.

§ 3º Nos procedimentos conducentes ao cancelamento de autorização de residência e no recurso contra a negativa de concessão de autorização de residência devem ser respeitados o contraditório e a ampla defesa.

Art. 31. Os prazos e o procedimento da autorização de residência de que trata o art. 30 serão dispostos em regulamento, observado o disposto nesta Lei.

§ 1º Será facilitada a autorização de residência nas hipóteses das alíneas *a* e *e* do inciso I do art. 30 desta Lei, devendo a deliberação sobre a autorização ocorrer em prazo não superior a 60 (sessenta) dias, a contar de sua solicitação.

§ 2º Nova autorização de residência poderá ser concedida, nos termos do art. 30, mediante requerimento.

§ 3º O requerimento de nova autorização de residência após o vencimento do prazo da autorização anterior implicará aplicação da sanção prevista no inciso II do art. 109.

§ 4º O solicitante de refúgio, de asilo ou de proteção ao apátrida fará jus à autorização provisória de residência até a obtenção de resposta ao seu pedido.

§ 5º Poderá ser concedida autorização de residência independentemente da situação migratória.

Art. 32. Poderão ser cobradas taxas pela autorização de residência.

Art. 33. Regulamento disporá sobre a perda e o cancelamento da autorização de residência em razão de fraude ou de ocultação de condição impeditiva de concessão de visto, de ingresso ou de permanência no País, observado procedimento administrativo que garanta o contraditório e a ampla defesa.

Art. 34. Poderá ser negada autorização de residência com fundamento nas hipóteses previstas nos incisos I, II, III, IV e IX do art. 45.

Art. 35. A posse ou a propriedade de bem no Brasil não confere o direito de obter visto ou autorização de residência em território nacional, sem prejuízo do disposto sobre visto para realização de investimento.

Art. 36. O visto de visita ou de cortesia poderá ser transformado em autorização de residência, mediante requerimento e registro, desde que satisfeitos os requisitos previstos em regulamento.

Seção V
Da reunião familiar

Art. 37. O visto ou a autorização de residência para fins de reunião familiar será concedido ao imigrante:

I – cônjuge ou companheiro, sem discriminação alguma;

II – filho de imigrante beneficiário de autorização de residência, ou que tenha filho brasileiro ou imigrante beneficiário de autorização de residência;

III – ascendente, descendente até o segundo grau ou irmão de brasileiro ou de imigrante beneficiário de autorização de residência; ou

IV – que tenha brasileiro sob sua tutela ou guarda.

Parágrafo único. *Vetado.*

CAPÍTULO IV
DA ENTRADA E DA SAÍDA DO TERRITÓRIO NACIONAL

Seção I
Da fiscalização marítima, aeroportuária e de fronteira

Art. 38. As funções de polícia marítima, aeroportuária e de fronteira serão realizadas pela Polícia Federal nos pontos de entrada e de saída do território nacional.

Parágrafo único. É dispensável a fiscalização de passageiro, tripulante e estafe de navio em passagem inocente, exceto quando houver necessidade de descida de pessoa a terra ou de subida a bordo do navio.

Art. 39. O viajante deverá permanecer em área de fiscalização até que seu documento de viagem tenha sido verificado, salvo os casos previstos em lei.

Art. 40. Poderá ser autorizada a admissão excepcional no País de pessoa que se encontre em uma das seguintes condições, desde que esteja de posse de documento de viagem válido:

I – não possua visto;

II – seja titular de visto emitido com erro ou omissão;

III – tenha perdido a condição de residente por ter permanecido ausente do País na forma especificada em regulamento e detenha as condições objetivas para a concessão de nova autorização de residência;

IV – *Vetado*; ou

V – seja criança ou adolescente desacompanhado de responsável legal e sem autorização expressa para viajar desacompanhado, independentemente do documento de viagem que portar, hipótese em que haverá imediato encaminhamento ao Conselho Tutelar ou, em caso de necessidade, a instituição indicada pela autoridade competente.

Parágrafo único. Regulamento poderá dispor sobre outras hipóteses excepcionais de admissão, observados os princípios e as diretrizes desta Lei.

Art. 41. A entrada condicional, em território nacional, de pessoa que não preencha os requisitos de admissão poderá ser autorizada mediante a assinatura, pelo transportador ou por seu agente, de termo de compromisso de custear as despesas com a permanência e com as providências para a repatriação do viajante.

Art. 42. O tripulante ou o passageiro que, por motivo de força maior, for obrigado a interromper a viagem em território nacional poderá ter seu desembarque permitido mediante termo de responsabilidade pelas despesas decorrentes do transbordo.

Art. 43. A autoridade responsável pela fiscalização contribuirá para a aplicação de medidas sanitárias em consonância com o Regulamento Sanitário Internacional e com outras disposições pertinentes.

Seção II
Do impedimento de ingresso

Art. 44. *Vetado.*

Art. 45. Poderá ser impedida de ingressar no País, após entrevista individual e mediante ato fundamentado, a pessoa:

I – anteriormente expulsa do País, enquanto os efeitos da expulsão vigorarem;

II – condenada ou respondendo a processo por ato de terrorismo ou por crime de genocídio, crime contra a humanidade, crime de guerra ou crime de agressão, nos termos definidos pelo Estatuto de Roma do Tribunal Penal Internacional, de 1998, promulgado pelo Decreto 4.388, de 25 de setembro de 2002;

III – condenada ou respondendo a processo em outro país por crime doloso passível de extradição segundo a lei brasileira;

IV – que tenha o nome incluído em lista de restrições por ordem judicial ou por compromisso assumido pelo Brasil perante organismo internacional;

V – que apresente documento de viagem que:
a) não seja válido para o Brasil;
b) esteja com o prazo de validade vencido; ou
c) esteja com rasura ou indício de falsificação;

VI – que não apresente documento de viagem ou documento de identidade, quando admitido;

VII – cuja razão da viagem não seja condizente com o visto ou com o motivo alegado para a isenção de visto;

VIII – que tenha, comprovadamente, fraudado documentação ou prestado informação falsa por ocasião da solicitação de visto; ou

IX – que tenha praticado ato contrário aos princípios e objetivos dispostos na Constituição Federal.

Parágrafo único. Ninguém será impedido de ingressar no País por motivo de raça, religião, nacionalidade, pertinência a grupo social ou opinião política.

CAPÍTULO V
DAS MEDIDAS DE RETIRADA COMPULSÓRIA

Seção I
Disposições Gerais

Art. 46. A aplicação deste Capítulo observará o disposto na Lei 9.474, de 22 de julho de 1997, e nas disposições legais, tratados, instrumentos e mecanismos que tratem da proteção aos apátridas ou de outras situações humanitárias.

Art. 47. A repatriação, a deportação e a expulsão serão feitas para o país de nacionalidade ou de procedência do migrante ou do visitante, ou para outro que o aceite, em observância aos tratados dos quais o Brasil seja parte.

Art. 48. Nos casos de deportação ou expulsão, o chefe da unidade da Polícia Federal poderá representar perante o juízo federal, respeitados, nos procedimentos judiciais, os direitos à ampla defesa e ao devido processo legal.

Seção II
Da repatriação

Art. 49. A repatriação consiste em medida administrativa de devolução de pessoa em situação de impedimento ao país de procedência ou de nacionalidade.

§ 1º Será feita imediata comunicação do ato fundamentado de repatriação à empresa transportadora e à autoridade consular do país de procedência ou de nacionalidade do migrante ou do visitante, ou a quem o representa.

§ 2º A Defensoria Pública da União será notificada, preferencialmente por via eletrônica, no caso do § 4º deste artigo ou quando a repatriação imediata não seja possível.

§ 3º Condições específicas de repatriação podem ser definidas por regulamento ou tratado, observados os princípios e as garantias previstos nesta Lei.

§ 4º Não será aplicada medida de repatriação à pessoa em situação de refúgio ou de apatridia, de fato ou de direito, ao menor de 18 (dezoito) anos desacompanhado ou separado de sua família, exceto nos casos em que se demonstrar favorável para a garantia de seus direitos ou para a reintegração a sua família de origem, ou a quem necessite de acolhimento humanitário, nem, em qualquer caso, medida de devolução para país ou região que possa apresentar risco à vida, à integridade pessoal ou à liberdade da pessoa.

§ 5º *Vetado.*

Seção III
Da deportação

Art. 50. A deportação é medida decorrente de procedimento administrativo que consiste na retirada compulsória de pessoa que se encontre em situação migratória irregular em território nacional.

§ 1º A deportação será precedida de notificação pessoal ao deportando, da qual constem, expressamente, as irregularidades verificadas e prazo para a regularização não inferior a 60 (sessenta) dias, podendo ser prorrogado, por igual período, por despacho fundamentado e mediante compromisso de a pessoa manter atualizadas suas informações domiciliares.

§ 2º A notificação prevista no § 1º não impede a livre circulação em território nacional, devendo o deportando informar seu domicílio e suas atividades.

§ 3º Vencido o prazo do § 1º sem que se regularize a situação migratória, a deportação poderá ser executada.

§ 4º A deportação não exclui eventuais direitos adquiridos em relações contratuais ou decorrentes da lei brasileira.

§ 5º A saída voluntária de pessoa notificada para deixar o País equivale ao cumprimento da notificação de deportação para todos os fins.

§ 6º O prazo previsto no § 1º poderá ser reduzido nos casos que se enquadrem no inciso IX do art. 45.

Art. 51. Os procedimentos conducentes à deportação devem respeitar o contraditório e a ampla defesa e a garantia de recurso com efeito suspensivo.

§ 1º A Defensoria Pública da União deverá ser notificada, preferencialmente por meio eletrônico, para prestação de assistência ao deportado em todos os procedimentos administrativos de deportação.

§ 2º A ausência de manifestação da Defensoria Pública da União, desde que prévia e devidamente notificada, não impedirá a efetivação da medida de deportação.

Art. 52. Em se tratando de apátrida, o procedimento de deportação dependerá de prévia autorização da autoridade competente.

Art. 53. Não se procederá à deportação se a medida configurar extradição não admitida pela legislação brasileira.

Seção IV
Da expulsão

Art. 54. A expulsão consiste em medida administrativa de retirada compulsória de migrante ou visitante do território nacional, conjugada com o impedimento de reingresso por prazo determinado.

§ 1º Poderá dar causa à expulsão a condenação com sentença transitada em julgado relativa à prática de:

I – crime de genocídio, crime contra a humanidade, crime de guerra ou crime de agressão, nos termos definidos pelo Estatuto de Roma do Tribunal Penal Internacional, de 1998, promulgado pelo Decreto 4.388, de 25 de setembro de 2002; ou

II – crime comum doloso passível de pena privativa de liberdade, consideradas a gravidade e as possibilidades de ressocialização em território nacional.

§ 2º Caberá à autoridade competente resolver sobre a expulsão, a duração do impedimento de reingresso e a suspensão ou a revogação dos efeitos da expulsão, observado o disposto nesta Lei.

§ 3º O processamento da expulsão em caso de crime comum não prejudicará a progressão de regime, o cumprimento da pena, a suspensão condicional do processo, a comutação da pena ou a concessão de pena alternativa, de indulto coletivo ou individual, de anistia ou de quaisquer benefícios concedidos em igualdade de condições ao nacional brasileiro.

§ 4º O prazo de vigência da medida de impedimento vinculada aos efeitos da expulsão será proporcional ao prazo total da pena aplicada e nunca será superior ao dobro de seu tempo.

Art. 55. Não se procederá à expulsão quando:

I – a medida configurar extradição inadmitida pela legislação brasileira;

II – o expulsando:

a) tiver filho brasileiro que esteja sob sua guarda ou dependência econômica ou socioafetiva ou tiver pessoa brasileira sob sua tutela;

b) tiver cônjuge ou companheiro residente no Brasil, sem discriminação alguma, reconhecido judicial ou legalmente;

c) tiver ingressado no Brasil até os 12 (doze) anos de idade, residindo desde então no País;

d) for pessoa com mais de 70 (setenta) anos que resida no País há mais de 10 (dez) anos, consideradas a gravidade e o fundamento da expulsão; ou

e) Vetado.

Art. 56. Regulamento definirá procedimentos para apresentação e processamento de pedidos de suspensão e de revogação dos efeitos das medidas de expulsão e de impedimento de ingresso e permanência em território nacional.

Art. 57. Regulamento disporá sobre condições especiais de autorização de residência para viabilizar medidas de ressocialização a migrante e a visitante em cumprimento de penas aplicadas ou executadas em território nacional.

Art. 58. No processo de expulsão serão garantidos o contraditório e a ampla defesa.

§ 1º A Defensoria Pública da União será notificada da instauração de processo de expulsão, se não houver defensor constituído.

§ 2º Caberá pedido de reconsideração da decisão sobre a expulsão no prazo de 10 (dez) dias, a contar da notificação pessoal do expulsando.

Art. 59. Será considerada regular a situação migratória do expulsando cujo processo esteja pendente de decisão, nas condições previstas no art. 55.

Art. 60. A existência de processo de expulsão não impede a saída voluntária do expulsando do País.

Seção V
Das vedações

Art. 61. Não se procederá à repatriação, à deportação ou à expulsão coletivas.

Parágrafo único. Entende-se por repatriação, deportação ou expulsão coletiva aquela que não individualiza a situação migratória irregular de cada pessoa.

Art. 62. Não se procederá à repatriação, à deportação ou à expulsão de nenhum indivíduo quando subsistirem razões para acreditar que a medida poderá colocar em risco a vida ou a integridade pessoal.

CAPÍTULO VI
DA OPÇÃO DE NACIONALIDADE E DA NATURALIZAÇÃO

Seção I
Da opção de nacionalidade

Art. 63. O filho de pai ou de mãe brasileiro nascido no exterior e que não tenha sido registrado em repartição consular poderá, a qualquer tempo, promover ação de opção de nacionalidade.

Parágrafo único. O órgão de registro deve informar periodicamente à autoridade competente os dados relativos à opção de nacionalidade, conforme regulamento.

Seção II
Das condições da naturalização

Art. 64. A naturalização pode ser:
I – ordinária;
II – extraordinária;
III – especial; ou
IV – provisória.

Art. 65. Será concedida a naturalização ordinária àquele que preencher as seguintes condições:
I – ter capacidade civil, segundo a lei brasileira;
II – ter residência em território nacional, pelo prazo mínimo de 4 (quatro) anos;
III – comunicar-se em língua portuguesa, consideradas as condições do naturalizando; e
IV – não possuir condenação penal ou estiver reabilitado, nos termos da lei.

Art. 66. O prazo de residência fixado no inciso II do *caput* do art. 65 será reduzido para, no mínimo, 1 (um) ano se o naturalizando preencher quaisquer das seguintes condições:
I – *Vetado*;
II – ter filho brasileiro;
III – ter cônjuge ou companheiro brasileiro e não estar dele separado legalmente ou de fato no momento de concessão da naturalização;
IV – *Vetado*;
V – haver prestado ou poder prestar serviço relevante ao Brasil; ou
VI – recomendar-se por sua capacidade profissional, científica ou artística.

Parágrafo único. O preenchimento das condições previstas nos incisos V e VI do *caput* será avaliado na forma disposta em regulamento.

Art. 67. A naturalização extraordinária será concedida a pessoa de qualquer nacionalidade fixada no Brasil há mais de 15 (quinze) anos ininterruptos e sem condenação penal, desde que requeira a nacionalidade brasileira.

Art. 68. A naturalização especial poderá ser concedida ao estrangeiro que se encontre em uma das seguintes situações:
I – seja cônjuge ou companheiro, há mais de 5 (cinco) anos, de integrante do Serviço Exterior Brasileiro em atividade ou de pessoa a serviço do Estado brasileiro no exterior; ou
II – seja ou tenha sido empregado em missão diplomática ou em repartição consular do Brasil por mais de 10 (dez) anos ininterruptos.

Art. 69. São requisitos para a concessão da naturalização especial:
I – ter capacidade civil, segundo a lei brasileira;
II – comunicar-se em língua portuguesa, consideradas as condições do naturalizando; e
III – não possuir condenação penal ou estiver reabilitado, nos termos da lei.

Art. 70. A naturalização provisória poderá ser concedida ao migrante criança ou adolescente que tenha fixado residência em território nacional antes de completar 10 (dez) anos de idade e deverá ser requerida por intermédio de seu representante legal.

Parágrafo único. A naturalização prevista no *caput* será convertida em definitiva se o naturalizando expressamente assim o requerer no prazo de 2 (dois) anos após atingir a maioridade.

Art. 71. O pedido de naturalização será apresentado e processado na forma prevista pelo órgão competente do Poder Executivo, sendo cabível recurso em caso de denegação.

§ 1º No curso do processo de naturalização, o naturalizando poderá requerer a tradução ou a adaptação de seu nome à língua portuguesa.

§ 2º Será mantido cadastro com o nome traduzido ou adaptado associado ao nome anterior.

Art. 72. No prazo de até 1 (um) ano após a concessão da naturalização, deverá o naturalizado comparecer perante a Justiça Eleitoral para o devido cadastramento.

Seção III
Dos efeitos da naturalização

Art. 73. A naturalização produz efeitos após a publicação no Diário Oficial do ato de naturalização.

Art. 74. *Vetado*.

Seção IV
Da perda da nacionalidade

Art. 75. O naturalizado perderá a nacionalidade em razão de condenação transitada em julgado por atividade nociva ao interesse nacional, nos termos do inciso I do § 4º do art. 12 da Constituição Federal.

Parágrafo único. O risco de geração de situação de apatridia será levado em consideração antes da efetivação da perda da nacionalidade.

Seção V
Da reaquisição da nacionalidade

Art. 76. O brasileiro que, em razão do previsto no inciso II do § 4º do art. 12 da Constituição Federal, houver perdido a nacionalidade, uma vez cessada a causa, poderá readquiri-la ou ter o ato que declarou a perda revogado, na forma definida pelo órgão competente do Poder Executivo.

CAPÍTULO VII
DO EMIGRANTE

Seção I
Das políticas públicas para os emigrantes

Art. 77. As políticas públicas para os emigrantes observarão os seguintes princípios e diretrizes:
I – proteção e prestação de assistência consular por meio das representações do Brasil no exterior;
II – promoção de condições de vida digna, por meio, entre outros, da facilitação do registro consular e da prestação de serviços consulares relativos às

áreas de educação, saúde, trabalho, previdência social e cultura;

III – promoção de estudos e pesquisas sobre os emigrantes e as comunidades de brasileiros no exterior, a fim de subsidiar a formulação de políticas públicas;

IV – atuação diplomática, nos âmbitos bilateral, regional e multilateral, em defesa dos direitos do emigrante brasileiro, conforme o direito internacional;

V – ação governamental integrada, com a participação de órgãos do governo com atuação nas áreas temáticas mencionadas nos incisos I, II, III e IV, visando a assistir as comunidades brasileiras no exterior; e

VI – esforço permanente de desburocratização, atualização e modernização do sistema de atendimento, com o objetivo de aprimorar a assistência ao emigrante.

Seção II
Dos direitos do emigrante

Art. 78. Todo emigrante que decida retornar ao Brasil com ânimo de residência poderá introduzir no País, com isenção de direitos de importação e de taxas aduaneiras, os bens novos ou usados que um viajante, em compatibilidade com as circunstâncias de sua viagem, puder destinar para seu uso ou consumo pessoal e profissional, sempre que, por sua quantidade, natureza ou variedade, não permitam presumir importação ou exportação com fins comerciais ou industriais.

Art. 79. Em caso de ameaça à paz social e à ordem pública por grave ou iminente instabilidade institucional ou de calamidade de grande proporção na natureza, deverá ser prestada especial assistência ao emigrante pelas representações brasileiras no exterior.

Art. 80. O tripulante brasileiro contratado por embarcação ou armadora estrangeira, de cabotagem ou a longo curso e com sede ou filial no Brasil, que explore economicamente o mar territorial e a costa brasileira terá direito a seguro a cargo do contratante, válido para todo o período da contratação, conforme o disposto no Registro de Embarcações Brasileiras (REB), contra acidente de trabalho, invalidez total ou parcial e morte, sem prejuízo de benefícios de apólice mais favorável vigente no exterior.

CAPÍTULO VIII
DAS MEDIDAS DE COOPERAÇÃO

Seção I
Da extradição

Art. 81. A extradição é a medida de cooperação internacional entre o Estado brasileiro e outro Estado pela qual se concede ou solicita a entrega de pessoa sobre quem recaia condenação criminal definitiva ou para fins de instrução de processo penal em curso.

§ 1º A extradição será requerida por via diplomática ou pelas autoridades centrais designadas para esse fim.

§ 2º A extradição e sua rotina de comunicação serão realizadas pelo órgão competente do Poder Executivo em coordenação com as autoridades judiciárias e policiais competentes.

Art. 82. Não se concederá a extradição quando:

I – o indivíduo cuja extradição é solicitada ao Brasil for brasileiro nato;

II – o fato que motivar o pedido não for considerado crime no Brasil ou no Estado requerente;

III – o Brasil for competente, segundo suas leis, para julgar o crime imputado ao extraditando;

IV – a lei brasileira impuser ao crime pena de prisão inferior a 2 (dois) anos;

V – o extraditando estiver respondendo a processo ou já houver sido condenado ou absolvido no Brasil pelo mesmo fato em que se fundar o pedido;

VI – a punibilidade estiver extinta pela prescrição, segundo a lei brasileira ou a do Estado requerente;

VII – o fato constituir crime político ou de opinião;

VIII – o extraditando tiver de responder, no Estado requerente, perante tribunal ou juízo de exceção; ou

IX – o extraditando for beneficiário de refúgio, nos termos da Lei 9.474, de 22 de julho de 1997, ou de asilo territorial.

§ 1º A previsão constante do inciso VII do *caput* não impedirá a extradição quando o fato constituir, principalmente, infração à lei penal comum ou quando o crime comum, conexo ao delito político, constituir o fato principal.

§ 2º Caberá à autoridade judiciária competente a apreciação do caráter da infração.

§ 3º Para determinação da incidência do disposto no inciso I, será observada, nos casos de aquisição de outra nacionalidade por naturalização, a anterioridade do fato gerador da extradição.

§ 4º O Supremo Tribunal Federal poderá deixar de considerar crime político o atentado contra chefe de Estado ou quaisquer autoridades, bem como crime contra a humanidade, crime de guerra, crime de genocídio e terrorismo.

§ 5º Admite-se a extradição de brasileiro naturalizado, nas hipóteses previstas na Constituição Federal.

Art. 83. São condições para concessão da extradição:

I – ter sido o crime cometido no território do Estado requerente ou serem aplicáveis ao extraditando as leis penais desse Estado; e

II – estar o extraditando respondendo a processo investigatório ou a processo penal ou ter sido condenado pelas autoridades judiciárias do Estado requerente a pena privativa de liberdade.

Art. 84. Em caso de urgência, o Estado interessado na extradição poderá, previamente ou conjuntamente com a formalização do pedido extradicional, requerer, por via diplomática ou por meio de autoridade central do Poder Executivo, prisão cautelar com o objetivo de assegurar a executoriedade da medida de extradição que, após exame da presença dos pressupostos formais de admissibilidade exigidos nesta Lei ou em tratado, deverá representar à autoridade judicial competente, ouvido previamente o Ministério Público Federal.

§ 1º O pedido de prisão cautelar deverá conter informação sobre o crime cometido e deverá ser fundamentado, podendo ser apresentado por correio, fax, mensagem eletrônica ou qualquer outro meio que assegure a comunicação por escrito.

§ 2º O pedido de prisão cautelar poderá ser transmitido à autoridade competente para extradição no Brasil por meio de canal estabelecido com o ponto focal da Organização Internacional de Polícia Criminal (Interpol) no País, devidamente instruído com a documentação comprobatória da existência de ordem de prisão proferida por Estado estrangeiro, e, em caso de ausência de tratado, com a promessa de reciprocidade recebida por via diplomática.

§ 3º Efetivada a prisão do extraditando, o pedido de extradição será encaminhado à autoridade judiciária competente.

§ 4º Na ausência de disposição específica em tratado, o Estado estrangeiro deverá formalizar o pedido de extradição no prazo de 60 (sessenta) dias, contado da data em que tiver sido cientificado da prisão do extraditando.

§ 5º Caso o pedido de extradição não seja apresentado no prazo previsto no § 4º, o extraditando deverá ser posto em liberdade, não se admitindo novo pedido de prisão cautelar pelo mesmo fato sem que a extradição tenha sido devidamente requerida.

§ 6º A prisão cautelar poderá ser prorrogada até o julgamento final da autoridade judiciária competente quanto à legalidade do pedido de extradição.

Art. 85. Quando mais de um Estado requerer a extradição da mesma pessoa, pelo mesmo fato, terá preferência o pedido daquele em cujo território a infração foi cometida.

§ 1º Em caso de crimes diversos, terá preferência, sucessivamente:

I – o Estado requerente em cujo território tenha sido cometido o crime mais grave, segundo a lei brasileira;

II – o Estado que em primeiro lugar tenha pedido a entrega do extraditando, se a gravidade dos crimes for idêntica;

III – o Estado de origem, ou, em sua falta, o domiciliar do extraditando, se os pedidos forem simultâneos.

§ 2º Nos casos não previstos nesta Lei, o órgão competente do Poder Executivo decidirá sobre a preferência do pedido, priorizando o Estado requerente que mantiver tratado de extradição com o Brasil.

§ 3º Havendo tratado com algum dos Estados requerentes, prevalecerão suas normas no que diz respeito à preferência de que trata este artigo.

Art. 86. O Supremo Tribunal Federal, ouvido o Ministério Público, poderá autorizar prisão albergue ou domiciliar ou determinar que o extraditando responda ao processo de extradição em liberdade, com retenção do documento de viagem ou outras medidas cautelares necessárias, até o julgamento da extradição ou a entrega do extraditando, se pertinente, considerando a situação administrativa migratória, os antecedentes do extraditando e as circunstâncias do caso.

Art. 87. O extraditando poderá entregar-se voluntariamente ao Estado requerente, desde que o declare expressamente, esteja assistido por advogado e seja advertido de que tem direito ao processo judicial de extradição e à proteção que tal direito encerra, caso em que o pedido será decidido pelo Supremo Tribunal Federal.

Art. 88. Todo pedido que possa originar processo de extradição em face de Estado estrangeiro deverá ser encaminhado ao órgão competente do Poder Executivo diretamente pelo órgão do Poder Judiciário responsável pela decisão ou pelo processo penal que a fundamenta.

§ 1º Compete a órgão do Poder Executivo o papel de orientação, de informação e de avaliação dos elementos formais de admissibilidade dos processos preparatórios para encaminhamento ao Estado requerido.

§ 2º Compete aos órgãos do sistema de Justiça vinculados ao processo penal gerador de pedido de extradição a apresentação de todos os documentos, manifestações e demais elementos necessários para o processamento do pedido, inclusive suas traduções oficiais.

§ 3º O pedido deverá ser instruído com cópia autêntica ou com o original da sentença condenatória ou da decisão penal proferida, conterá indicações precisas sobre o local, a data, a natureza e as circunstâncias do fato criminoso e a identidade do extraditando e será acompanhado de cópia dos textos legais sobre o crime, a competência, a pena e a prescrição.

§ 4º O encaminhamento do pedido de extradição ao órgão competente do Poder Executivo confere autenticidade aos documentos.

Art. 89. O pedido de extradição originado de Estado estrangeiro será recebido pelo órgão competente do Poder Executivo e, após exame da presença dos pressupostos formais de admissibilidade exigidos nesta Lei ou em tratado, encaminhado à autoridade judiciária competente.

Parágrafo único. Não preenchidos os pressupostos referidos no *caput*, o pedido será arquivado mediante decisão fundamentada, sem prejuízo da possibilidade de renovação do pedido, devidamente instruído, uma vez superado o óbice apontado.

Art. 90. Nenhuma extradição será concedida sem prévio pronunciamento do Supremo Tribunal Federal sobre sua legalidade e procedência, não cabendo recurso da decisão.

Art. 91. Ao receber o pedido, o relator designará dia e hora para o interrogatório do extraditando e, conforme o caso, nomear-lhe-á curador ou advogado, se não o tiver.

§ 1º A defesa, a ser apresentada no prazo de 10 (dez) dias contado da data do interrogatório, versará sobre a identidade da pessoa reclamada, defeito de forma de documento apresentado ou ilegalidade da extradição.

§ 2º Não estando o processo devidamente instruído, o Tribunal, a requerimento do órgão do Ministério Público Federal correspondente, poderá converter o julgamento em diligência para suprir a falta.

§ 3º Para suprir a falta referida no § 2º, o Ministério Público Federal terá prazo improrrogável de 60 (sessenta) dias, após o qual o pedido será julgado independentemente da diligência.

§ 4º O prazo referido no § 3º será contado da data de notificação à missão diplomática do Estado requerente.

Art. 92. Julgada procedente a extradição e autorizada a entrega pelo órgão competente do Poder Executivo, será o ato comunicado por via diplomática ao Estado requerente, que, no prazo de 60 (sessenta) dias da comunicação, deverá retirar o extraditando do território nacional.

Art. 93. Se o Estado requerente não retirar o extraditando do território nacional no prazo previsto no art. 92, será ele posto em liberdade, sem prejuízo de outras medidas aplicáveis.

Art. 94. Negada a extradição em fase judicial, não se admitirá novo pedido baseado no mesmo fato.

Art. 95. Quando o extraditando estiver sendo processado ou tiver sido condenado, no Brasil, por crime punível com pena privativa de liberdade, a extradição será executada somente depois da conclusão do processo ou do cumprimento da pena, ressalvadas as hipóteses de liberação antecipada pelo Poder Judiciário e de determinação da transferência da pessoa condenada.

§ 1º A entrega do extraditando será igualmente adiada se a efetivação da medida puser em risco sua vida em virtude de enfermidade grave comprovada por laudo médico oficial.

§ 2º Quando o extraditando estiver sendo processado ou tiver sido condenado, no Brasil, por infração de menor potencial ofensivo, a entrega poderá ser imediatamente efetivada.

Art. 96. Não será efetivada a entrega do extraditando sem que o Estado requerente assuma o compromisso de:

I – não submeter o extraditando a prisão ou processo por fato anterior ao pedido de extradição;

II – computar o tempo da prisão que, no Brasil, foi imposta por força da extradição;

III – comutar a pena corporal, perpétua ou de morte em pena privativa de liberdade, respeitado o limite máximo de cumprimento de 30 (trinta) anos;

IV – não entregar o extraditando, sem consentimento do Brasil, a outro Estado que o reclame;

V – não considerar qualquer motivo político para agravar a pena; e

VI – não submeter o extraditando a tortura ou a outros tratamentos ou penas cruéis, desumanos ou degradantes.

Art. 97. A entrega do extraditando, de acordo com as leis brasileiras e respeitado o direito de terceiro, será feita com os objetos e instrumentos do crime encontrados em seu poder.

Parágrafo único. Os objetos e instrumentos referidos neste artigo poderão ser entregues independentemente da entrega do extraditando.

Art. 98. O extraditando que, depois de entregue ao Estado requerente, escapar à ação da Justiça e homiziar-se no Brasil, ou por ele transitar, será detido mediante pedido feito diretamente por via diplomática ou pela Interpol e novamente entregue, sem outras formalidades.

Art. 99. Salvo motivo de ordem pública, poderá ser permitido, pelo órgão competente do Poder Executivo, o trânsito no território nacional de pessoa extraditada por Estado estrangeiro, bem como o da respectiva guarda, mediante apresentação de documento comprobatório de concessão da medida.

Seção II
Da transferência de execução da pena

Art. 100. Nas hipóteses em que couber solicitação de extradição executória, a autoridade competente poderá solicitar ou autorizar a transferência de execução da pena, desde que observado o princípio do *non bis in idem*.

Parágrafo único. Sem prejuízo do disposto no Decreto-Lei 2.848, de 7 de dezembro de 1940 (Código Penal), a transferência de execução da pena será possível quando preenchidos os seguintes requisitos:

I – o condenado em território estrangeiro for nacional ou tiver residência habitual ou vínculo pessoal no Brasil;

II – a sentença tiver transitado em julgado;

III – a duração da condenação a cumprir ou que restar para cumprir for de, pelo menos, 1 (um) ano, na data de apresentação do pedido ao Estado da condenação;

IV – o fato que originou a condenação constituir infração penal perante a lei de ambas as partes; e

V – houver tratado ou promessa de reciprocidade.

Art. 101. O pedido de transferência de execução da pena de Estado estrangeiro será requerido por via diplomática ou por via de autoridades centrais.

§ 1º O pedido será recebido pelo órgão competente do Poder Executivo e, após exame da presença dos pressupostos formais de admissibilidade exigidos nesta Lei ou em tratado, encaminhado ao Superior Tribunal de Justiça para decisão quanto à homologação.

§ 2º Não preenchidos os pressupostos referidos no § 1º, o pedido será arquivado mediante decisão fundamentada, sem prejuízo da possibilidade de renovação do pedido, devidamente instruído, uma vez superado o óbice apontado.

Art. 102. A forma do pedido de transferência de execução da pena e seu processamento serão definidos em regulamento.

Parágrafo único. Nos casos previstos nesta Seção, a execução penal será de competência da Justiça Federal.

Seção III
Da transferência de pessoa condenada

Art. 103. A transferência de pessoa condenada poderá ser concedida quando o pedido se fundamentar em tratado ou houver promessa de reciprocidade.

§ 1º O condenado no território nacional poderá ser transferido para seu país de nacionalidade ou país em que tiver residência habitual ou vínculo pessoal, desde que expresse interesse nesse sentido, a fim de cumprir pena a ele imposta pelo Estado brasileiro por sentença transitada em julgado.

§ 2º A transferência de pessoa condenada no Brasil pode ser concedida juntamente com a aplicação de medida de impedimento de reingresso em território nacional, na forma de regulamento.

Art. 104. A transferência de pessoa condenada será possível quando preenchidos os seguintes requisitos:

I – o condenado no território de uma das partes for nacional ou tiver residência habitual ou vínculo pessoal no território da outra parte que justifique a transferência;

II – a sentença tiver transitado em julgado;

III – a duração da condenação a cumprir ou que restar para cumprir for de, pelo menos, 1 (um) ano, na data de apresentação do pedido ao Estado da condenação;

IV – o fato que originou a condenação constituir infração penal perante a lei de ambos os Estados;

V – houver manifestação de vontade do condenado ou, quando for o caso, de seu representante; e

VI – houver concordância de ambos os Estados.

Art. 105. A forma do pedido de transferência de pessoa condenada e seu processamento serão definidos em regulamento.

§ 1º Nos casos previstos nesta Seção, a execução penal será de competência da Justiça Federal.

§ 2º Não se procederá à transferência quando inadmitida a extradição.

§ 3º *Vetado.*

CAPÍTULO IX
DAS INFRAÇÕES E DAS PENALIDADES ADMINISTRATIVAS

Art. 106. Regulamento disporá sobre o procedimento de apuração das infrações administrativas e seu processamento e sobre a fixação e a atualização das multas, em observância ao disposto nesta Lei.

Art. 107. As infrações administrativas previstas neste Capítulo serão apuradas em processo administrativo próprio, assegurados o contraditório e a ampla defesa e observadas as disposições desta Lei.

§ 1º O cometimento simultâneo de duas ou mais infrações importará cumulação das sanções cabíveis, respeitados os limites estabelecidos nos incisos V e VI do art. 108.

§ 2º A multa atribuída por dia de atraso ou por excesso de permanência poderá ser convertida em redução equivalente do período de autorização de estada para o visto de visita, em caso de nova entrada no País.

Art. 108. O valor das multas tratadas neste Capítulo considerará:

I – as hipóteses individualizadas nesta Lei;

II – a condição econômica do infrator, a reincidência e a gravidade da infração;

III – a atualização periódica conforme estabelecido em regulamento;

IV – o valor mínimo individualizável de R$ 100,00 (cem reais);

V – o valor mínimo de R$ 100,00 (cem reais) e o máximo de R$ 10.000,00 (dez mil reais) para infrações cometidas por pessoa física;

VI – o valor mínimo de R$ 1.000,00 (mil reais) e o máximo de R$ 1.000.000,00 (um milhão de reais) para infrações cometidas por pessoa jurídica, por ato infracional.

Art. 109. Constitui infração, sujeitando o infrator às seguintes sanções:

I – entrar em território nacional sem estar autorizado:

Sanção: deportação, caso não saia do País ou não regularize a situação migratória no prazo fixado;

II – permanecer em território nacional depois de esgotado o prazo legal da documentação migratória:

Sanção: multa por dia de excesso e deportação, caso não saia do País ou não regularize a situação migratória no prazo fixado;

III – deixar de se registrar, dentro do prazo de 90 (noventa) dias do ingresso no País, quando for obrigatória a identificação civil:

Sanção: multa;

IV – deixar o imigrante de se registrar, para efeito de autorização de residência, dentro do prazo de 30 (trinta) dias, quando orientado a fazê-lo pelo órgão competente:

Sanção: multa por dia de atraso;

V – transportar para o Brasil pessoa que esteja sem documentação migratória regular:

Sanção: multa por pessoa transportada;

VI – deixar a empresa transportadora de atender a compromisso de manutenção da estada ou de promoção da saída do território nacional de quem tenha sido autorizado ao ingresso condicional no Brasil por não possuir a devida documentação migratória:

Sanção: multa;

VII – furtar-se ao controle migratório, na entrada ou saída do território nacional:

Sanção: multa.

Art. 110. As penalidades aplicadas serão objeto de pedido de reconsideração e de recurso, nos termos de regulamento.

Parágrafo único. Serão respeitados o contraditório, a ampla defesa e a garantia de recurso, assim como a situação de hipossuficiência do migrante ou do visitante.

CAPÍTULO X
DISPOSIÇÕES FINAIS E TRANSITÓRIAS

Art. 111. Esta Lei não prejudica direitos e obrigações estabelecidos por tratados vigentes no Brasil e que sejam mais benéficos ao migrante e ao visitante, em particular os tratados firmados no âmbito do Mercosul.

Art. 112. As autoridades brasileiras serão tolerantes quanto ao uso do idioma do residente fronteiriço e do imigrante quando eles se dirigirem a órgãos ou repartições públicas para reclamar ou reivindicar os direitos decorrentes desta Lei.

Art. 113. As taxas e emolumentos consulares são fixados em conformidade com a tabela anexa a esta Lei.

§ 1º Os valores das taxas e emolumentos consulares poderão ser ajustados pelo órgão competente da administração pública federal, de forma a preservar o interesse nacional ou a assegurar a reciprocidade de tratamento.

§ 2º Não serão cobrados emolumentos consulares pela concessão de:
I – vistos diplomáticos, oficiais e de cortesia; e
II – vistos em passaportes diplomáticos, oficiais ou de serviço, ou equivalentes, mediante reciprocidade de tratamento a titulares de documento de viagem similar brasileiro.

§ 3º Não serão cobradas taxas e emolumentos consulares pela concessão de vistos ou para a obtenção de documentos para regularização migratória aos integrantes de grupos vulneráveis e indivíduos em condição de hipossuficiência econômica.

§ 4º *Vetado.*

Art. 114. Regulamento poderá estabelecer competência para órgãos do Poder Executivo disciplinarem aspectos específicos desta Lei.

Art. 115. O Decreto-Lei 2.848, de 7 de dezembro de 1940 (Código Penal), passa a vigorar acrescido do seguinte art. 232-A:
▶ Alterações incorporadas no texto do referido Decreto-Lei.

Art. 116. *Vetado.*

Art. 117. O documento conhecido por Registro Nacional de Estrangeiro passa a ser denominado Registro Nacional Migratório.

Art. 118. *Vetado.*

Art. 119. O visto emitido até a data de entrada em vigor desta Lei poderá ser utilizado até a data prevista de expiração de sua validade, podendo ser transformado ou ter seu prazo de estada prorrogado, nos termos de regulamento.

Art. 120. A Política Nacional de Migrações, Refúgio e Apatridia terá a finalidade de coordenar e articular ações setoriais implementadas pelo Poder Executivo federal em regime de cooperação com os Estados, o Distrito Federal e os Municípios, com participação de organizações da sociedade civil, organismos internacionais e entidades privadas, conforme regulamento.

§ 1º Ato normativo do Poder Executivo federal poderá definir os objetivos, a organização e a estratégia de coordenação da Política Nacional de Migrações, Refúgio e Apatridia.

§ 2º Ato normativo do Poder Executivo federal poderá estabelecer planos nacionais e outros instrumentos para a efetivação dos objetivos desta Lei e a coordenação entre órgãos e colegiados setoriais.

§ 3º Com vistas à formulação de políticas públicas, deverá ser produzida informação quantitativa e qualitativa, de forma sistemática, sobre os migrantes, com a criação de banco de dados.

Art. 121. Na aplicação desta Lei, devem ser observadas as disposições da Lei 9.474, de 22 de julho de 1997, nas situações que envolvam refugiados e solicitantes de refúgio.

Art. 122. A aplicação desta Lei não impede o tratamento mais favorável assegurado por tratado em que a República Federativa do Brasil seja parte.

Art. 123. Ninguém será privado de sua liberdade por razões migratórias, exceto nos casos previstos nesta Lei.

Art. 124. Revogam-se:
I – a Lei 818, de 18 de setembro de 1949; e
II – a Lei 6.815, de 19 de agosto de 1980 (Estatuto do Estrangeiro).

Art. 125. Esta Lei entra em vigor após decorridos 180 (cento e oitenta) dias de sua publicação oficial.
Brasília, 24 de maio de 2017; 196º da Independência e 129º da República.

▶ Deixamos de publicar o Anexo constante desta norma.

Michel Temer

DECRETO 9.199, DE 20 DE NOVEMBRO DE 2017

Regulamenta a Lei 13.445, de 24 de maio de 2017, que institui a Lei de Migração.

DOU 21.11.2017

O Presidente da República, no uso da atribuição que lhe confere o art. 84, *caput*, inciso IV, da Constituição, e tendo em vista o disposto na Lei 13.445, de 24 de maio de 2017, decreta:

CAPÍTULO I
DISPOSIÇÕES PRELIMINARES

Art. 1º Este Decreto regulamenta a Lei de Migração, instituída pela Lei 13.445, de 24 de maio de 2017.

Parágrafo único. Para fins do disposto na Lei 13.445, de 2017, consideram-se:
I – migrante – pessoa que se desloque de país ou região geográfica ao território de outro país ou região geográfica, em que estão incluídos o imigrante, o emigrante e o apátrida;
II – imigrante – pessoa nacional de outro país ou apátrida que trabalhe ou resida e se estabeleça temporária ou definitivamente na República Federativa do Brasil;
III – emigrante – brasileiro que se estabeleça temporária ou definitivamente no exterior;

IV – residente fronteiriço - pessoa nacional de país limítrofe ou apátrida que conserve a sua residência habitual em Município fronteiriço de país vizinho;

V – visitante – pessoa nacional de outro país ou apátrida que venha à República Federativa do Brasil para estadas de curta duração, sem pretensão de se estabelecer temporária ou definitivamente no território nacional;

VI – apátrida – pessoa que não seja considerada como nacional por nenhum Estado, conforme a sua legislação, nos termos da Convenção sobre o Estatuto dos Apátridas, de 1954, promulgada pelo Decreto 4.246, de 22 de maio de 2002, ou assim reconhecida pelo Estado brasileiro;

VII – refugiado – pessoa que tenha recebido proteção especial do Estado brasileiro, conforme previsto na Lei 9.474, de 22 de julho de 1997; e

VIII – ano migratório – período de doze meses, contado da data da primeira entrada do visitante no território nacional, conforme disciplinado em ato do dirigente máximo da Polícia Federal.

Art. 2º Ao imigrante são garantidos os direitos previstos em lei, vedada a exigência de prova documental impossível ou descabida que dificulte ou impeça o exercício de seus direitos.

Parágrafo único. Os órgãos da administração pública federal revisarão procedimentos e normativos internos com vistas à observância ao disposto no caput.

Art. 3º É vedado denegar visto ou residência ou impedir o ingresso no País por motivo de etnia, religião, nacionalidade, pertinência a grupo social ou opinião política.

CAPÍTULO II
DOS VISTOS

Seção I
DISPOSIÇÕES GERAIS

Art. 4º O visto é o documento que dá a seu portador expectativa de ingresso no território nacional.

§ 1º O visto poderá ser aposto a qualquer documento de viagem válido emitido nos padrões estabelecidos pela Organização da Aviação Civil Internacional, o que não implica o reconhecimento de Estado, Governo ou Regime.

§ 2º Para fins de aposição de visto, considera-se documento de viagem válido, expedido por governo estrangeiro ou organismo internacional reconhecido pelo Governo brasileiro:

I – passaporte;
II – laissez-passer; ou
III – documento equivalente àqueles referidos nos incisos I e II.

§ 3º Excepcionalmente, quando o solicitante não puder apresentar documento de viagem válido expedido nos termos previstos no § 2º o visto poderá ser aposto em laissez-passer brasileiro.

Art. 5º Ao solicitante que pretenda ingressar ou permanecer no território nacional poderá ser concedido visto:

I – de visita;
II – temporário;
III – diplomático;
IV – oficial; e
V – de cortesia.

Art. 6º O solicitante poderá possuir mais de um visto válido, desde que os vistos sejam de tipos diferentes.

§ 1º A autoridade consular, ao conceder o visto, consignará, no documento de viagem do interessado, o tipo e o prazo de validade, e, quando couber, a hipótese de enquadramento do visto.

§ 2º No momento da entrada do portador do visto no território nacional, a Polícia Federal definirá a situação migratória aplicável, de acordo com os objetivos da viagem declarados pelo portador do visto.

Art. 7º O visto será concedido por embaixadas, consulados gerais, consulados, vice-consulados e, quando habilitados pelo Ministério das Relações Exteriores, por escritórios comerciais e de representação do País no exterior.

§ 1º Excepcionalmente, os vistos diplomático, oficial e de cortesia poderão ser concedidos no País pelo Ministério das Relações Exteriores.

§ 2º Na hipótese de suspensão de relações diplomáticas e consulares, os vistos de entrada no País poderão ser concedidos por missão diplomática ou repartição consular do país encarregado dos interesses brasileiros.

Art. 8º O visto é individual.

Parágrafo único. Na hipótese de haver mais de uma pessoa registrada no mesmo documento de viagem, o visto poderá ser concedido ao titular e aos dependentes incluídos no documento de viagem que pretendam vir à República Federativa do Brasil.

Art. 9º O portador de documento de viagem expirado em que conste visto brasileiro válido poderá ingressar no território nacional se apresentar o visto acompanhado de documento de viagem válido.

Parágrafo único. O disposto no caput não se aplica aos titulares de visto solicitado e emitido por meio eletrônico.

Art. 10. Para solicitar o visto, os seguintes documentos deverão ser apresentados à autoridade consular:

I – documento de viagem válido, nos termos estabelecidos no art. 4º;

II – certificado internacional de imunização, quando exigido pela Agência Nacional de Vigilância Sanitária - Anvisa;

III – comprovante de pagamento de emolumentos consulares, quando aplicável;

IV – formulário de solicitação de visto preenchido em sistema eletrônico disponibilizado pelo Ministério das Relações Exteriores; e

V – demais documentos específicos para cada tipo de visto, observado o disposto neste Decreto e em regulamentos específicos, quando cabível.

§ 1º A autoridade consular poderá, a seu critério, solicitar o comparecimento pessoal do solicitante a um dos locais mencionados no caput do art. 7º para realização de entrevista.

§ 2º Do formulário referido no inciso IV do caput constará declaração, sob as penas da lei, de que o requerente não se enquadra em nenhuma hipótese de denegação de visto ou impedimento de ingresso.

Art. 11. A posse ou a propriedade de bem no País não conferirá o direito de obter visto, sem prejuízo do disposto sobre visto temporário para realização de investimento.

Art. 12. Os Ministérios da Justiça e Segurança Pública, das Relações Exteriores e do Trabalho integrarão eletronicamente as suas bases de dados relacionadas com o processamento das solicitações de vistos, o controle migratório, o registro e a autorização de residência.

Subseção I
Das taxas e dos emolumentos

Art. 13. Taxas e emolumentos consulares serão cobrados pelo processamento do visto, em conformidade com o disposto no Anexo à Lei 13.445, de 2017, respeitadas as hipóteses de isenção.

§ 1º Os valores das taxas e dos emolumentos consulares poderão ser ajustados pelo Ministério das Relações Exteriores, de forma a preservar o interesse nacional ou a assegurar a reciprocidade de tratamento.

§ 2º Emolumentos consulares não serão cobrados pela concessão de:

I - vistos diplomáticos, oficiais e de cortesia; e

II - vistos em passaportes diplomáticos, oficiais ou de serviço, ou documentos equivalentes, observada a reciprocidade de tratamento a titulares de documento de viagem similar ao brasileiro.

§ 3º A isenção da cobrança de taxas a que se refere o § 2º será implementada pelo Ministério das Relações Exteriores, por meio de comunicação diplomática.

Subseção II
Dos prazos de validade

Art. 14. O prazo de validade do visto é aquele ao longo do qual o visto poderá ser utilizado para entrada no País.

§ 1º O prazo de validade estará indicado nos vistos e começará a ser contado a partir da data de emissão do visto.

§ 2º O visto não poderá mais ser utilizado para entrada no País quando o seu prazo de validade expirar.

Art. 15. O prazo de validade do visto de visita será de um ano, e, exceto se houver determinação em contrário do Ministério das Relações Exteriores, permitirá múltiplas entradas no País enquanto o visto estiver válido.

§ 1º O prazo de validade do visto de visita poderá ser reduzido, a critério do Ministério das Relações Exteriores.

§ 2º Nas hipóteses em que houver reciprocidade de tratamento, em termos definidos por comunicação diplomática, o visto de visita poderá ter prazo de validade de até dez anos.

§ 3º O prazo de validade do visto de visita, quando solicitado e emitido por meio eletrônico, nos termos estabelecidos no art. 26, poderá ser superior a um ano, a critério do Ministério das Relações Exteriores.

Art. 16. O visto temporário poderá ser concedido com prazo de validade de até um ano, e, exceto se houver determinação em contrário do Ministério das Relações Exteriores, permitirá múltiplas entradas no País enquanto o visto estiver válido.

Parágrafo único. O prazo de validade do visto temporário não se confunde com o prazo da autorização de residência.

Art. 17. O prazo máximo de validade do visto solicitado e emitido por meio eletrônico será definido em ato do Ministro de Estado das Relações Exteriores e poderá ser condicionado à data de expiração do documento de viagem apresentado pelo solicitante.

Art. 18. Os vistos diplomático, oficial e de cortesia terão prazo de validade de até três anos, e permitirão múltiplas entradas no território nacional, desde que os seus portadores cumpram os requisitos de registro estabelecidos pelo Ministério das Relações Exteriores.

Art. 19. O prazo de estada do visto de visita é aquele durante o qual o seu portador poderá permanecer no território nacional e começa a ser contado a partir da data da primeira entrada no País.

Art. 20. O visto de visita terá prazo de estada de até noventa dias, prorrogáveis pela Polícia Federal por até noventa dias, desde que o prazo de estada máxima no País não ultrapasse cento e oitenta dias a cada ano migratório, ressalvado o disposto no § 7º do art. 29.

§ 1º A contagem do prazo de estada do visto de visita começará a partir da data da primeira entrada no território nacional e será suspensa sempre que o visitante deixar o território nacional.

§ 2º A prorrogação do prazo de estada do visto de visita somente poderá ser feita na hipótese de nacionais de países que assegurem reciprocidade de tratamento aos nacionais brasileiros.

§ 3º A Polícia Federal poderá, excepcionalmente, conceder prazo de estada inferior ao previsto no caput ou, a qualquer tempo, reduzir o prazo previsto de estada do visitante no País.

§ 4º A solicitação de renovação do prazo do visto de visita deverá ser realizada antes de expirado o prazo de estada original, hipótese em que deverão ser apresentados os seguintes documentos:

I - documento de viagem válido;

II - comprovante de recolhimento da taxa; e

III - formulário de solicitação de renovação do prazo disponibilizado pela Polícia Federal.

Art. 21. Ato do Ministro de Estado da Justiça e Segurança Pública disciplinará os procedimentos para a renovação do prazo de estada do visitante.

Art. 22. O prazo inicial de estada dos portadores de vistos temporários, diplomáticos, oficiais e de cortesia será igual ao seu prazo de validade.

Parágrafo único. O prazo inicial de estada do visto temporário não se confunde com o prazo da autorização de residência.

Art. 23. O disposto no art. 20 poderá ser aplicado aos nacionais de países isentos de vistos para visitar o País.

Parágrafo único. Prazos de estada e de contagem distintos daqueles previstos no art. 20 poderão ser estabelecidos, observada a reciprocidade de tratamento a nacionais brasileiros.

Subseção III
Da simplificação de procedimentos e da dispensa de vistos

Art. 24. O Ministério das Relações Exteriores poderá editar normas sobre a simplificação de procedimentos para concessão de visto, por reciprocidade de tratamento ou por outros motivos que julgar pertinentes.

Art. 25. A simplificação e a dispensa recíproca de visto ou de cobrança de taxas e emolumentos consulares por seu processamento poderá ser definidas por meio de comunicação diplomática.

§ 1º A dispensa de vistos a que se refere o caput será concedida, a critério do Ministério das Relações Exteriores, aos nacionais de país que assegure a reciprocidade de tratamento aos nacionais brasileiros, enquanto durar essa reciprocidade, e os requisitos da dispensa recíproca serão definidos por meio de comunicação diplomática.

§ 2º Ato conjunto dos Ministros de Estado da Justiça e Segurança Pública e das Relações Exteriores poderá, excepcionalmente, dispensar a exigência do visto de visita, por prazo e nacionalidades determinados, observado o interesse nacional.

§ 3º O Ministério das Relações Exteriores informará à Polícia Federal e às demais autoridades competentes sobre os países aos quais se aplica a isenção de vistos e sobre as condições relacionadas a essa isenção.

Art. 26. O visto poderá ser solicitado e emitido por meio eletrônico, dispensada a aposição da etiqueta consular correspondente no documento de viagem do requerente, conforme definido em ato do Ministro de Estado das Relações Exteriores, do qual constarão as nacionalidades, os prazos e as condições aplicáveis para a sua concessão.

§ 1º As solicitações do visto de que trata o caput serão processadas pelo Ministério das Relações Exteriores, o qual se baseará na capacidade tecnológica disponível e nas garantias de segurança que o procedimento ofereça em relação aos nacionais do país a que se aplique.

§ 2º Para a obtenção de visto por meio eletrônico, o solicitante deverá:

I – preencher e enviar formulário disponível em sítio eletrônico indicado pelo Ministério das Relações Exteriores;

II – apresentar, por meio eletrônico, os documentos requeridos em ato do Ministro de Estado das Relações Exteriores; e

III – pagar os emolumentos e as taxas cobradas para o processamento do pedido de visto.

§ 3º A autoridade consular brasileira poderá solicitar a apresentação dos originais dos documentos requeridos para dirimir dúvidas e solicitar documentos adicionais para a instrução do pedido feito por meio eletrônico.

§ 4º A autoridade consular poderá, a seu critério, requerer o comparecimento pessoal do solicitante a um dos locais mencionados no caput do art. 7º para realização de entrevista.

Subseção IV
Da negativa de concessão e da denegação de vistos

Art. 27. O visto não será concedido:

I – a quem não preencher os requisitos para o tipo de visto pleiteado, definidos em regulamentos específicos, quando cabível;

II – a quem comprovadamente ocultar condição impeditiva de concessão de visto ou de ingresso no País;

III – a menor de dezoito anos desacompanhado ou sem autorização de viagem por escrito dos responsáveis legais ou de autoridade competente; e

IV – a quem, no momento de solicitação do visto, comportar-se de forma agressiva, insultuosa ou desrespeitosa para com os agentes do serviço consular brasileiro.

Parágrafo único. A não concessão de visto não impede a apresentação de nova solicitação, desde que cumpridos os requisitos para o tipo de visto pleiteado.

Art. 28. O visto poderá ser denegado à pessoa:

I – anteriormente expulsa do País, enquanto os efeitos da expulsão vigorarem;

II – nos termos definidos pelo Estatuto de Roma do Tribunal Penal Internacional, de 1998, promulgado pelo Decreto 4.388, de 25 de setembro de 2002, condenada ou respondendo a processo por:

a) ato de terrorismo ou crime de genocídio;

b) crime contra a humanidade;

c) crime de guerra; ou

d) crime de agressão;

III – condenada ou respondendo a processo em outro país por crime doloso passível de extradição segundo a lei brasileira;

IV – que tenha o nome incluído em lista de restrições por ordem judicial ou por compromisso assumido pelo País perante organismo internacional; e

V – que tenha praticado ato contrário aos princípios e aos objetivos dispostos na Constituição.

Parágrafo único. A pessoa que tiver visto brasileiro denegado será impedida de ingressar no País enquanto as condições que ensejaram a denegação perdurarem.

Seção II
Do visto de visita

Art. 29. O visto de visita poderá ser concedido ao visitante que venha ao País para estada de curta duração, sem intenção de estabelecer residência, para fins de turismo, negócios, trânsito, realização de atividades artísticas ou desportivas ou em situações excepcionais, por interesse nacional.

§ 1º É vedado ao beneficiário de visto de visita exercer atividade remunerada no País.

§ 2º Para os fins do disposto neste artigo, as atividades relativas a turismo compreendem a realização de atividades de caráter turístico, informativo, cultural, educacional ou recreativo, além de visitas familiares, participação em conferências, seminários, congressos ou reuniões, realização de serviço voluntário ou de atividade de pesquisa, ensino ou extensão acadêmica, desde que observado o disposto no § 1º e que a atividade realizada não tenha prazo superior àquele previsto no art. 20.

§ 3º Para os fins do disposto neste artigo, as atividades relativas a negócios compreendem a participação em reuniões, feiras e eventos empresariais, a cobertura jornalística ou a realização de filmagem e reportagem, a prospecção de oportunidades comerciais, a assinatura de contratos, a realização de auditoria ou consultoria, e a atuação como tripulante de aeronave ou embarcação, desde que observado o disposto no § 1º e que a atividade realizada não tenha prazo superior àquele previsto no art. 20.

§ 4º O visto de visita emitido para atividades artísticas e desportivas incluirá, também, os técnicos em espetáculos de diversões e os demais profissionais que, em caráter auxiliar, participem da atividade do artista ou do desportista.

§ 5º O visto de visita emitido para atividades artísticas e desportivas não dispensará o seu portador da obtenção de autorização e do registro junto ao Ministério do Trabalho para realização de atividades artísticas.

§ 6º O Ministério das Relações Exteriores comunicará o Ministério do Trabalho sobre os vistos de visita emitidos para realização de atividades artísticas ou desportivas, para realização de auditoria e consultoria, ou para atuação como marítimo, e informará os subsídios financeiros a serem recebidos pelo visitante.

§ 7º O visto de visita emitido para realização de atividades artísticas ou desportivas, para realização de auditoria e de consultoria, ou para atuação como marítimo nas embarcações não mencionadas no inciso I e no inciso II, alíneas a e b, terá prazo de estada de até noventa dias, improrrogável a cada ano migratório, observado o seguinte:

▶ *Caput* do § 7º com redação pelo Decreto 9.500/2018.

I – na hipótese de o marítimo ingressar no País em viagem de longo curso ou em cruzeiros marítimos ou fluviais pela costa brasileira, para estadas de até cento e oitenta dias a cada ano migratório, estará isento de visto, desde que apresente carteira internacional de marítimo emitida nos termos da Convenção da Organização Internacional do Trabalho; e

▶ • Inciso I com redação pelo Decreto 9.500/2018.

II – na hipótese de o marítimo, ao ingressar no País, não se enquadrar no disposto no inciso I, deverá solicitar o visto temporário a que se refere o art. 38, se estiver a bordo de:

▶ Inciso II com redação pelo Decreto 9.500/2018.

a) embarcação de bandeira brasileira, independentemente do prazo;

▶ Alínea a acrescida pelo Decreto 9.500/2018.

b) embarcação estrangeira de cruzeiros marítimos ou fluviais e a permanência for por prazo superior a cento e oitenta dias a cada ano migratório; e

▶ Alínea b acrescida pelo Decreto 9.500/2018.

c) outras embarcações ou plataformas não mencionadas nas alíneas a e b e a permanência for por prazo superior a noventa dias a cada ano migratório.

▶ Alínea c acrescida pelo Decreto 9.500/2018.

§ 8º As situações excepcionais de concessão de visto de visita, de acordo com o interesse nacional, serão definidas:

I – em ato do Ministro de Estado das Relações Exteriores; ou

II – em ato conjunto dos Ministros das Relações Exteriores e do Trabalho, quando se tratar de questões laborais.

§ 9º O beneficiário de visto de visita poderá receber pagamento do governo, de empregador brasileiro ou de entidade privada a título de diária, ajuda de custo, cachê, pró-labore ou outras despesas com a viagem, além de poder concorrer a prêmios, inclusive em dinheiro, em competições desportivas ou em concursos artísticos ou culturais.

§ 10. O visto de visita não será exigido na hipótese de escala ou conexão no território nacional, desde que o visitante não deixe a área de trânsito internacional.

§ 11. Além dos documentos a que se refere o art. 10, caput, incisos I, II, III e IV, poderão ser exigidos:

I – comprovante de meio de transporte de entrada e saída do território nacional;

II – prova de meios de subsistência compatíveis com o prazo e com o objetivo da viagem pretendida; e

III – documentação que ateste a natureza das atividades que serão desenvolvidas no País.

§ 12. Documentos adicionais e entrevista presencial dos visitantes poderão ser solicitados para a confirmação do objetivo da viagem.

Art. 30. O visto de visita poderá ser transformado em autorização de residência ou em visto diplomático, oficial ou de cortesia, no território nacional, desde que o visitante preencha os requisitos estabelecidos neste Decreto.

Art. 31. Ato do Ministro de Estado das Relações Exteriores estabelecerá os procedimentos para a concessão do visto de visita.

Art. 32. Caberá ao Ministério das Relações Exteriores divulgar e manter em sítio eletrônico a relação atualizada dos países cujos nacionais gozam de isenção do visto de visita.

Seção III
Dos vistos temporários

Art. 33. O visto temporário poderá ser concedido ao imigrante que venha ao País com o intuito de estabelecer residência por tempo determinado e que se enquadre em, no mínimo, uma das seguintes hipóteses:

I – o visto temporário tenha como finalidade:
a) pesquisa, ensino ou extensão acadêmica;
b) tratamento de saúde;
c) acolhida humanitária;
d) estudo;
e) trabalho;
f) férias-trabalho;
g) prática de atividade religiosa;
h) serviço voluntário;
i) realização de investimento;
j) atividades com relevância econômica, social, científica, tecnológica ou cultural;
k) reunião familiar; ou
l) atividades artísticas ou desportivas com contrato por prazo determinado;
II – o imigrante seja beneficiário de tratado em matéria de vistos; ou
III – o atendimento de interesses da política migratória nacional.

Art. 34. O visto temporário para pesquisa, ensino ou extensão acadêmica poderá ser concedido ao imigrante com ou sem vínculo empregatício com a instituição de pesquisa ou de ensino brasileira, exigida, na hipótese de vínculo, a comprovação de formação superior compatível ou equivalente reconhecimento científico.

§ 1º O visto temporário para pesquisa, ensino ou extensão acadêmica com vínculo empregatício no País será concedido ao imigrante que comprovar oferta de trabalho, caracterizada por meio de contrato de trabalho ou de prestação de serviços celebrado com instituição de pesquisa ou de ensino brasileira.

§ 2º O visto temporário para pesquisa, ensino ou extensão acadêmica sem vínculo empregatício no País será concedido ao imigrante detentor de bolsa ou auxílio em uma das modalidades previstas no caput, quando o prazo de vigência da bolsa for superior a noventa dias.

§ 3º Enquadra-se na hipótese prevista no § 2º o imigrante que possuir vínculo institucional exclusivamente no exterior e pretenda realizar atividade de pesquisa, ensino ou de extensão acadêmica subsidiada por instituição de pesquisa ou de ensino estrangeira, desde que em parceria com instituição brasileira.

§ 4º O imigrante que se encontre no País sob o amparo do visto temporário de pesquisa, de ensino ou de extensão acadêmica, sem vínculo empregatício no País, por prazo superior a noventa dias, poderá exercer atividade remunerada no País, desde que relacionada à área de pesquisa, de ensino ou de extensão acadêmica.

§ 5º A concessão do visto temporário de que trata caput observará os requisitos, as condições, os prazos e os procedimentos estabelecidos em resolução do Conselho Nacional de Imigração.

§ 6º Para fins da concessão do visto de que trata o caput, será solicitada, junto ao Ministério do Trabalho, autorização de residência prévia à emissão do visto, ressalvadas as hipóteses definidas em resolução do Conselho Nacional de Imigração.

§ 7º A concessão da autorização de residência de que trata o § 6º não implicará a emissão automática do visto temporário de que trata o caput.

Art. 35. O visto temporário para tratamento de saúde poderá ser concedido ao imigrante e ao seu acompanhante, desde que o imigrante comprove possuir meios de subsistência suficientes.

§ 1º A concessão do visto temporário para tratamento de saúde, sem prejuízo do direito à saúde dos imigrantes estabelecidos no País, estará condicionada à comprovação de meios de subsistência suficientes para custear o seu tratamento e a sua manutenção durante o período em que o tratamento for realizado, por recurso próprio, seguro de saúde válido no território nacional ou certificado de prestação de serviço de saúde previsto em tratado de que o País seja parte.

§ 2º Excepcionalmente, poderá ser concedido visto temporário a mais de um acompanhante, ainda que sejam não cumpridos os requisitos de reunião familiar, desde que comprovada a necessidade médica.

§ 3º Os titulares do visto temporário de que trata o caput não terão direito de exercer atividade remunerada no País.

§ 4º Ato conjunto dos Ministros de Estado da Justiça e Segurança Pública e das Relações Exteriores disciplinará a concessão do visto temporário de que trata o caput.

Art. 36. O visto temporário para acolhida humanitária poderá ser concedido ao apátrida ou ao nacional de qualquer país em situação de grave ou iminente instabilidade institucional, de conflito armado, de calamidade de grande proporção, de desastre ambiental ou de grave violação de direitos humanos ou de direito internacional humanitário.

§ 1º Ato conjunto dos Ministros de Estado da Justiça e Segurança Pública, das Relações Exteriores e do Trabalho definirá as condições, os prazos e os requisitos para a emissão do visto mencionado no caput para os nacionais ou os residentes de países ou regiões nele especificados.

§ 2º Ato conjunto dos Ministros de Estado da Justiça e Segurança Pública, das Relações Exteriores e do Trabalho poderá estabelecer instruções específicas para a realização de viagem ao exterior do portador do visto de que trata o caput.

§ 3º A possibilidade de livre exercício de atividade laboral será reconhecida ao imigrante a quem tenha sido concedido o visto temporário de que trata o caput, nos termos da legislação vigente.

Art. 37. O visto temporário para estudo poderá ser concedido ao imigrante que pretenda vir ao País para frequentar curso regular ou realizar estágio ou intercâmbio de estudo ou de pesquisa.

§ 1º O visto temporário para estudo autoriza o imigrante a realizar as atividades previstas no caput vinculadas a instituição de ensino definida.

§ 2º O exercício de atividade remunerada compatível com a carga horária do estudo será permitido ao titular do visto mencionado no caput, nos termos da legislação vigente.

§ 3º Ato conjunto dos Ministros de Estado da Justiça e Segurança Pública e das Relações Exteriores estabelecerá as condições e os procedimentos para a concessão do visto mencionado no caput.

Art. 38. O visto temporário para trabalho poderá ser concedido ao imigrante que venha exercer atividade laboral com ou sem vínculo empregatício no País.

§ 1º O visto temporário para trabalho com vínculo empregatício será concedido por meio da comprovação de oferta de trabalho no País, observado o seguinte:

I – a oferta de trabalho é caracterizada por meio de contrato individual de trabalho ou de contrato de prestação de serviços; e

II – os marítimos imigrantes a bordo de embarcação de bandeira brasileira deverão possuir contrato individual de trabalho no País.

§ 2º O visto temporário para trabalho sem vínculo empregatício será concedido por meio da comprovação de oferta de trabalho no País, quando se tratar das seguintes atividades:

I – prestação de serviço ou auxílio técnico ao Governo brasileiro;

II – prestação de serviço em razão de acordo de cooperação internacional;

III – prestação de serviço de assistência técnica ou transferência de tecnologia;

IV – representação, no País, de instituição financeira ou assemelhada sediada no exterior;

V – representação de pessoa jurídica de direito privado, sem fins lucrativos;

VI – recebimento de treinamento profissional junto a subsidiária, filial ou matriz brasileira;

VII – atuação como marítimo:
> Inciso VII com redação pelo Decreto 9.500/2018.

a) a bordo de embarcação estrangeira em viagem de longo curso ou em cruzeiros marítimos ou fluviais pela costa brasileira e a permanência for por prazo superior a cento e oitenta dias a cada ano migratório; e
> Alínea a acrescida pelo Decreto 9.500/2018.

b) a bordo de outras embarcações ou plataformas não mencionadas na alínea a e a permanência for por prazo superior a noventa dias a cada ano migratório;
> Alínea b acrescida pelo Decreto 9.500/2018.

VIII – realização de estágio profissional ou intercâmbio profissional;

IX – exercício de cargo, função ou atribuição que exija, em razão da legislação brasileira, a residência por prazo indeterminado;

X – realização de atividade como correspondente de jornal, revista, rádio, televisão ou agência noticiosa estrangeira; ou

XI – realização de auditoria ou consultoria com prazo de estada superior a noventa dias.

§ 3º O visto temporário de que trata o caput não será exigido do marítimo que ingressar no País em viagem de longo curso ou em cruzeiros marítimos pela costa brasileira, desde que apresente carteira internacional de marítimo emitida nos termos de Convenção da Organização Internacional do Trabalho.

§ 4º Para a aplicação do disposto no inciso VII do § 2º, consideram-se embarcações ou plataformas estrangeiras, entre outras, aquelas utilizadas em navegação de apoio marítimo, de exploração ou prospecção, navegação de cabotagem, levantamento geofísico, dragas e embarcações de pesca.

§ 5º Será dispensada a oferta de trabalho de que trata o caput e considerada a comprovação de titulação em curso de ensino superior ou equivalente, na hipótese de capacidades profissionais estratégicas para o País, conforme disposto em ato conjunto dos Ministros de Estado da Justiça e Segurança Pública, das Relações Exteriores e do Trabalho, consultado o Conselho Nacional de Imigração.

§ 6º Para fins de atração de mão de obra em áreas estratégicas para o desenvolvimento nacional ou com déficit de competências profissionais para o País, ato conjunto dos Ministros de Estado da Justiça e Segurança Pública, das Relações Exteriores e do Trabalho, consultado o Conselho Nacional de Imigração, estabelecerá condições simplificadas para a concessão de visto temporário para fins de trabalho.

§ 7º A possibilidade de modificação do local de exercício de atividade laboral, na mesma empresa ou no mesmo grupo econômico, será reconhecida ao imigrante a quem tenha sido concedido o visto temporário para trabalho, por meio de comunicação ao Ministério do Trabalho.

§ 8º A concessão do visto temporário para a finalidade de trabalho observará os requisitos, as condições, os prazos e os procedimentos estabelecidos em resolução do Conselho Nacional de Imigração.

§ 9º Para fins da concessão do visto de que trata o caput, será solicitada, junto ao Ministério do Trabalho, autorização de residência prévia à emissão do visto, ressalvadas as hipóteses definidas em resolução do Conselho Nacional de Imigração.

§ 10. A concessão da autorização de residência de que trata o § 9º não implicará a emissão automática do visto temporário de que trata o caput.

Art. 39. O visto temporário para férias-trabalho poderá ser concedido ao imigrante maior de dezesseis anos que seja nacional de país que conceda benefício idêntico ao nacional brasileiro, em termos definidos pelo Ministério das Relações Exteriores por meio de comunicação diplomática.

§ 1º O titular do visto mencionado no caput poderá permanecer no País para fins primordialmente de turismo, permitida a realização de atividade remunerada, em conformidade com o ordenamento jurídico brasileiro, a título de complementação de renda.

§ 2º O prazo de validade do visto mencionado no caput e o número de imigrantes que poderá pleitear esse visto serão definidos por meio de comunicação diplomática e observarão a reciprocidade de tratamento.

§ 3º A transformação do visto temporário para férias-trabalho observará a reciprocidade de tratamento estabelecida por meio de comunicação diplomática.

Art. 40. O visto temporário para prática de atividades religiosas poderá ser concedido a:

I - ministro de confissão religiosa;

II - membro de instituto de vida consagrada ou confessional; ou

III - membro de ordem religiosa.

Parágrafo único. A concessão do visto temporário para prática de atividades religiosas observará os requisitos, as condições, os prazo e os procedimentos estabelecidos em resolução do Conselho Nacional de Imigração.

Art. 41. O visto temporário para prestação de serviço voluntário junto a entidade de direito público ou privado sem fins lucrativos, ou a organização vinculada a governo estrangeiro, poderá ser concedido desde que não haja vínculo empregatício nem remuneração de qualquer espécie.

Parágrafo único. A concessão do visto temporário para prática de serviço voluntário observará os requisitos, as condições, os prazos e os procedimentos estabelecidos em resolução do Conselho Nacional de Imigração.

Art. 42. O visto temporário poderá ser concedido ao imigrante pessoa física que pretenda, com recursos próprios de origem externa, realizar investimento em pessoa jurídica no País, em projeto com potencial para geração de empregos ou de renda no País.

§ 1º Entende-se por investimento em pessoa jurídica no País:

I - investimento de origem externa em empresa brasileira, conforme regulamentação do Banco Central do Brasil;

II - constituição de sociedade simples ou empresária; e

III - outras hipóteses previstas nas políticas de atração de investimentos externos.

§ 2º A concessão do visto temporário de que trata este artigo observará os requisitos, as condições, os prazos e os procedimentos estabelecidos em resolução do Conselho Nacional de Imigração.

§ 3º Para fins da concessão do visto de que trata o caput, será solicitada, junto ao Ministério do Trabalho, autorização de residência prévia à emissão do visto, ressalvadas as hipóteses definidas em resolução do Conselho Nacional de Imigração.

§ 4º A concessão da autorização de residência de que trata o § 3º não implicará a emissão automática do visto temporário de que trata o caput.

Art. 43. O visto temporário poderá ser concedido ao imigrante administrador, gerente, diretor ou executivo com poderes de gestão, que venha ao País para representar sociedade civil ou comercial, grupo ou conglomerado econômico que realize investimento externo em empresa estabelecida no País, com potencial para geração de empregos ou de renda no País.

§ 1º A concessão do visto temporário de que trata o caput ao imigrante ficará condicionada ao exercício da função que lhe for designada em contrato ou em ata devidamente registrada no órgão competente.

§ 2º A concessão do visto temporário de que trata este artigo observará os requisitos, as condições, os prazos e os procedimentos estabelecidos em resolução do Conselho Nacional de Imigração. § 3º Para fins da concessão do visto de que trata o caput, será solicitada, junto ao Ministério do Trabalho, autorização de residência prévia à emissão do visto, ressalvadas as hipóteses definidas em resolução do Conselho Nacional de Imigração.

§ 4º A concessão da autorização de residência de que trata o § 3º não implicará a emissão automática do visto temporário de que trata o caput.

Art. 44. O visto temporário para a realização de atividade com relevância econômica, social, científica, tecnológica ou cultural poderá ser concedido nas hipóteses e nas condições definidas em ato conjunto dos Ministros de Estado da Justiça e Segurança Pública, das Relações Exteriores e do Trabalho, consultado o Conselho Nacional de Imigração.

Art. 45. O visto temporário para fins de reunião familiar será concedido ao imigrante:

I - cônjuge ou companheiro, sem discriminação alguma, nos termos do ordenamento jurídico brasileiro;

II - filho de brasileiro ou de imigrante beneficiário de autorização de residência;

III - que tenha filho brasileiro;

IV - que tenha filho imigrante beneficiário de autorização de residência;

V - ascendente até o segundo grau de brasileiro ou de imigrante beneficiário de autorização de residência;

VI - descendente até o segundo grau de brasileiro ou de imigrante beneficiário de autorização de residência;

VII - irmão de brasileiro ou de imigrante beneficiário de autorização de residência; ou

VIII - que tenha brasileiro sob a sua tutela, curatela ou guarda.

§ 1º Ato do Ministro de Estado das Relações Exteriores poderá dispor sobre a necessidade de entrevista presencial e de apresentação de documentação adicional para comprovação, quando necessário, do vínculo familiar.

§ 2º Ato conjunto dos Ministros de Estado da Justiça e Segurança Pública e das Relações Exteriores estabelecerá outras hipóteses de parentesco para fins de concessão do visto de que trata o caput, além dos requisitos, dos prazos, das condições e dos procedimentos.

§ 3º O titular do visto mencionado no caput poderá exercer qualquer atividade no País, inclusive remunerada, em igualdade de condições com o nacional brasileiro, nos termos da lei.

§ 4º A solicitação de visto temporário para fins de reunião familiar poderá ocorrer concomitantemente à solicitação do visto temporário do familiar chamante.

§ 5º O visto mencionado no caput não poderá ser concedido quando o chamante for beneficiário de visto ou autorização de residência por reunião familiar ou de autorização provisória de residência.

Art. 46. O visto temporário para atividades artísticas ou desportivas poderá ser concedido ao imigrante que venha ao País para participar de exposições, espetáculos, apresentações artísticas, encontros de artistas, competições desportivas e outras atividades congêneres, com intenção de permanecer no País por período superior a noventa dias, com contrato por prazo determinado, sem vínculo empregatício com pessoa física ou jurídica sediada no País.

§ 1º O visto temporário concedido para atividades artísticas e desportivas abrange, também, os técnicos em espetáculos de diversões e demais profissionais que, em caráter auxiliar, participem da atividade do artista ou desportista.

§ 2º A concessão do visto temporário para atividades artísticas ou desportivas para maiores de quatorze anos e menores de dezoito anos que vierem ao País para realizar treinamento em centro cultural ou entidade desportiva será definida em resolução do Conselho Nacional de Imigração, hipótese em que a renovação do visto ficará condicionada à comprovação de matrícula e ao aproveitamento escolar.

§ 3º O imigrante que se encontre no País sob o amparo do visto temporário de que trata o caput somente poderá exercer atividades remuneradas no País de caráter artístico ou desportivo.

§ 4º A concessão do visto temporário para atividades artísticas ou desportivas observará os requisitos, as condições, os prazo e os procedimentos estabelecidos em resolução do Conselho Nacional de Imigração.

§ 5º Para fins da concessão do visto de que trata o *caput*, será solicitada, junto ao Ministério do Trabalho, autorização de residência prévia à emissão do visto, ressalvadas as hipóteses definidas em resolução do Conselho Nacional de Imigração.

§ 6º A concessão da autorização de residência de que trata o § 5º não implicará a emissão automática do visto temporário de que trata o caput.

Art. 47. O visto temporário poderá ser concedido ao imigrante beneficiário de tratado em matéria de vistos.

Parágrafo único. Para a concessão do visto mencionado no caput, será observado o disposto no tratado bilateral ou multilateral que regulamente o assunto e, subsidiariamente, o disposto neste Decreto, no que couber.

Art. 48. O visto temporário poderá ser concedido, para atender a interesses da política migratória nacional, em outras hipóteses definidas em ato conjunto dos Ministros de Estado da Justiça e Segurança Pública, das Relações Exteriores e do Trabalho.

Art. 49. Além dos documentos a que se refere o art. 10, caput, incisos I, II, III e IV, poderão ser exigidos para a concessão de vistos temporários:

I – comprovante de meio de transporte de entrada no território nacional;

II – comprovante de meio de transporte de saída do território nacional, quando cabível;

III – comprovação de meios de subsistência compatíveis com o prazo e com o objetivo da viagem pretendida;

IV – documentação que ateste a natureza das atividades que serão desenvolvidas no País, de acordo com o tipo de visto, conforme definido em atos específicos;

V – atestado de antecedentes criminais expedido pelo país de origem, ou, a critério da autoridade consular, atendidas às peculiaridades do país onde o visto foi solicitado, documento equivalente.

Parágrafo único. Para confirmação do objetivo da viagem, documentos adicionais e entrevista presencial dos imigrantes poderão ser requeridos.

Art. 50. Os vistos temporários poderão ser transformados em autorização de residência ou em visto diplomático, oficial ou de cortesia, no território nacional, desde que o imigrante preencha os requisitos estabelecidos neste Decreto.

Seção IV
Dos vistos diplomático, oficial e de cortesia

Art. 51. Os vistos diplomático, oficial e de cortesia serão concedidos, prorrogados ou dispensados em ato do Ministro de Estado das Relações Exteriores.

Parágrafo único. O ato de que trata o caput definirá as regras de concessão, prorrogação e dispensa, observados os tratados de que o País seja parte.

Art. 52. Os vistos diplomático e oficial poderão ser transformados em autorização de residência, desde que atendidos os requisitos para a obtenção da autorização de residência e importará cessação de todas as prerrogativas, os privilégios e as imunidades decorrentes do visto.

Parágrafo único. Excepcionalmente, nas hipóteses previstas no caput, o cumprimento dos requisitos para a obtenção da autorização de residência poderá ser dispensado, mediante recomendação do Ministério das Relações Exteriores, observadas as hipóteses de denegação de autorização de residência com fundamento nos incisos I, II, III, IV e IX do *caput* do art. 171.

Art. 53. Os vistos diplomático e oficial poderão ser concedidos a autoridades e funcionários estrangeiros que viajem ao País em missão oficial de caráter transitório ou permanente e representem

Estado estrangeiro ou organismo internacional reconhecido.

§ 1º O disposto na legislação trabalhista brasileira não se aplica ao titulares dos vistos de que trata o *caput*.

§ 2º Os vistos diplomático e oficial poderão ser estendidos aos dependentes das autoridades mencionadas no *caput*, conforme o disposto em ato do Ministro de Estado das Relações Exteriores.

Art. 54. O titular de visto diplomático ou oficial somente poderá ser remunerado por Estado estrangeiro ou organismo internacional, ressalvado o disposto no art. 55 ou em tratado que contenha cláusula específica sobre o assunto.

Parágrafo único. Na hipótese de tratado com cláusula específica, os termos do referido tratado prevalecerão sobre o disposto no art. 55.

Art. 55. O dependente de titular de visto diplomático ou oficial poderá exercer atividade remunerada no País, observada a legislação trabalhista brasileira, desde que haja reciprocidade de tratamento em relação ao nacional brasileiro.

§ 1º O dependente de funcionário estrangeiro acreditado no País, observado o tratado de dispensa de visto, receberá o mesmo tratamento conferido ao dependente de titular de visto diplomático ou oficial.

§ 2º Na hipótese de o titular de visto diplomático estar em missão oficial a serviço de Estado estrangeiro, a reciprocidade de tratamento ao nacional brasileiro em situação análoga naquele Estado deverá ser assegurada por meio de comunicação diplomática.

§ 3º Na hipótese de o titular de visto diplomático ser funcionário de organização internacional, a exigência de reciprocidade de tratamento será considerada atendida se houver tratamento equivalente para o nacional brasileiro no país em que a referida organização estiver sediada.

§ 4º Se houver a necessidade em assegurar reciprocidade de tratamento junto a Estado estrangeiro, a critério do Ministério das Relações Exteriores, a comunicação diplomática poderá ser efetuada por meio de troca de notas que permita o exercício de atividade remunerada de dependentes estrangeiros no País e de dependentes brasileiros no exterior, desde que observados o disposto na Lei 13.445, de 2017, e neste Decreto.

Art. 56. A autorização para exercício de atividade remunerada no País será concedida por meio de solicitação específica, que será encaminhada por via diplomática ao Ministério das Relações Exteriores, e dependerá da aprovação do Ministério do Trabalho, observado o seguinte:

I – o dependente autorizado a exercer atividade remunerada iniciadas não gozará de imunidade de jurisdição civil ou administrativa por atos diretamente relacionados com o desempenho da atividade, o dependente não gozará de imunidade de jurisdição civil ou administrativa no território nacional;

II – a autorização para exercer atividade remunerada terminará quando o beneficiário deixar de atender a condição de dependente ou na data da partida definitiva do titular do território nacional, após o término de suas funções;

III – a legislação nacional será observada quanto aos cargos ou às funções privativas de nacionais brasileiros;

IV – o reconhecimento de diplomas e títulos obtidos no exterior, quando necessário ao exercício do cargo ou da função, dependerá da observância das normas e dos procedimentos aplicáveis a nacionais brasileiros ou estrangeiros residentes;

V – na hipótese de profissões regulamentadas, serão atendidas as mesmas exigências aplicáveis a nacionais brasileiros ou estrangeiros residentes; e

VI – os dependentes estarão sujeitos à legislação trabalhista, previdenciária e tributária brasileira em relação à atividade exercida e recolherão os tributos e os encargos decorrentes do exercício dessa atividade.

Art. 57. O visto de cortesia poderá ser concedido:

I – às personalidades e às autoridades estrangeiras em viagem não oficial ao País;

II – aos companheiros, aos dependentes e aos familiares em linha direta que não sejam beneficiários do visto de que trata o § 2º do art. 53;

III – aos empregados particulares de beneficiário de visto diplomático, oficial ou de cortesia;

IV – aos trabalhadores domésticos de missão estrangeira sediada no País;

V – aos artistas e aos desportistas estrangeiros que venham ao País para evento gratuito, de caráter eminentemente cultural, sem percepção de honorários no território brasileiro, sob requisição formal de missão diplomática estrangeira ou de organização internacional de que o País seja parte;

VI – excepcionalmente, a critério do Ministério das Relações Exteriores, a outras pessoas não elencadas nas demais hipóteses previstas neste artigo.

§ 1º O empregado particular ou o trabalhador doméstico titular de visto de cortesia somente poderá exercer atividade remunerada para o empregador a que esteja vinculado, sob o amparo da legislação trabalhista brasileira, nos termos estabelecidos em ato do Ministro de Estado das Relações Exteriores.

§ 2º O empregador de portador de visto de cortesia será responsável pela saída de seu empregado particular ou de seu trabalhador doméstico do território nacional, no prazo de trinta dias, contado da data em que o vínculo empregatício cessar.

CAPÍTULO III
DO REGISTRO E DA IDENTIFICAÇÃO CIVIL DO IMIGRANTE E DOS DETENTORES DE VISTOS DIPLOMÁTICO, OFICIAL E DE CORTESIA

Seção I
Disposições gerais

Art. 58. Compete à Polícia Federal:

I – organizar, manter e gerir os processos de identificação civil do imigrante;

II - produzir a Carteira de Registro Nacional Migratório; e
III - administrar a base de dados relativa ao Registro Nacional Migratório.

Art. 59. Compete ao Ministério das Relações Exteriores:
I - organizar, manter e gerir os processos de identificação civil dos detentores de vistos diplomático, oficial e de cortesia;
II - produzir o documento de identidade dos detentores de vistos diplomático, oficial e de cortesia; e
III - administrar a base cadastral dos detentores de vistos diplomático, oficial e de cortesia.

Art. 60. O Ministério das Relações Exteriores e a Polícia Federal integrarão, em meio eletrônico, as suas bases de dados relacionadas ao registro de estrangeiros.

Art. 61. O pedido de registro é individual.

Parágrafo único. Na hipótese de pessoa incapaz, o pedido será feito por representante ou assistente legal.

Seção II
Do registro e da identificação civil do imigrante detentor de visto temporário ou de autorização de residência

Art. 62. O registro consiste na inserção de dados em sistema próprio da Polícia Federal, mediante a identificação civil por dados biográficos e biométricos.

§ 1º O registro de que trata o caput será obrigatório a todo imigrante detentor de visto temporário ou de autorização de residência.

§ 2º A inserção de que trata o caput gerará número único de Registro Nacional Migratório, que garantirá ao imigrante o pleno exercício dos atos da vida civil.

Art. 63. A Carteira de Registro Nacional Migratório será fornecida ao imigrante registrado, da qual constará o número único de Registro Nacional Migratório.

§ 1º Não expedida a Carteira de Registro Nacional Migratório, o imigrante registrado apresentará o protocolo recebido, quando de sua solicitação, acompanhado do documento de viagem ou de outro documento de identificação estabelecido em ato do Ministro de Estado do Ministério da Justiça e Segurança Pública, e terá garantido os direitos previstos na Lei 13.445, de 2017, pelo prazo de até cento e oitenta dias, prorrogável pela Polícia Federal, sem ônus para o solicitante.

§ 2º A Carteira de Registro Nacional Migratório poderá ser expedida em meio eletrônico, nos termos estabelecidos em ato da Polícia Federal, sem prejuízo da emissão do documento em suporte físico.

Art. 64. O imigrante de visto temporário que tenha ingressado no País deverá proceder à solicitação de registro no prazo de noventa dias, contado da data de ingresso no País, sob pena de aplicação da sanção prevista no inciso III do caput do art. 307.

§ 1º Na hipótese de empregado doméstico, o registro deverá ocorrer no prazo de trinta dias, contado da data de ingresso no País, com a comprovação da anotação na Carteira de Trabalho e Previdência Social e do registro na Escrituração Digital das Obrigações Fiscais, Previdenciárias e Trabalhistas - e-Social.

§ 2º Na hipótese de não comprovação da anotação na Carteira de Trabalho e Previdência Social e do registro no e-Social no prazo de que trata o § 1º, a Polícia Federal realizará o registro do imigrante e comunicará o Ministério do Trabalho.

Art. 65. O documento de viagem do imigrante com visto temporário válido é apto para comprovar a sua identidade e demonstrar a regularidade de sua estada no País enquanto não houver expirado o prazo para o registro, independentemente da expedição da Carteira de Registro Nacional Migratório.

Art. 66. O imigrante a quem tenha sido deferido, no País, o pedido de autorização de residência deverá proceder à solicitação de registro no prazo de trinta dias, contado da data da publicação do deferimento do referido pedido, sob pena de aplicação da sanção prevista no inciso IV do caput do art. 307.

Parágrafo único. A publicação a que se refere o caput será feita preferencialmente por meio eletrônico.

Art. 67. O registro deverá ser solicitado:
I - em qualquer unidade da Polícia Federal em que haja atendimento a imigrantes, para detentor de visto temporário ou com autorização de residência deferida na condição de marítimo;
II - na unidade da Polícia Federal em que haja atendimento a imigrantes da circunscrição onde esteja domiciliado o requerente com autorização de residência deferida no País com fundamento em outra hipótese que não a de trabalho como marítimo; ou
III - na unidade da Polícia Federal em que haja atendimento a imigrantes do Município onde o residente fronteiriço pretenda exercer os direitos a ele atribuídos pela Lei 13.445, de 2017.

§ 1º Observado o disposto na Lei 10.048, de 8 de novembro de 2000, poderão solicitar registro na unidade da Polícia Federal mais próxima ao seu domicílio:
I - as pessoas com deficiência;
II - os idosos com idade igual ou superior a sessenta anos;
III - as gestantes;
IV - as lactantes;
V - as pessoas com criança de colo; e
VI - os obesos.

§ 2º A Polícia Federal poderá, por meio de requerimento e decisão fundamentada, em casos excepcionais, permitir o registro do imigrante em unidades diferentes daquelas estabelecidas no caput.

Art. 68. O registro de dados biográficos do imigrante ocorrerá por meio da apresentação do documento de viagem ou de outro documento de identificação aceito nos termos estabelecidos em ato do Ministro de Estado da Justiça e Segurança Pública.

§ 1º Na hipótese de a documentação apresentar contradições ou não conter dados de filiação, o imigrante deverá apresentar:
I – certidão de nascimento;
II – certidão de casamento;
III – certidão consular do país de nacionalidade; ou
IV – justificação judicial.

§ 2º O registro e a identificação civil das pessoas que tiveram a condição de refugiado ou de apátrida reconhecida, daquelas a quem foi concedido asilo ou daquelas beneficiadas com acolhida humanitária poderão ser realizados com a apresentação dos documentos de que o imigrante dispuser.

§ 3º A apresentação da documentação mencionada nos § 1º e § 2º deverá respeitar as regras de legalização e tradução, inclusive aquelas constantes de tratados de que o País seja parte.

§ 4º Ato do Ministro de Estado da Justiça e Segurança Pública poderá estabelecer os requisitos necessários ao registro referido no § 2º e à dispensa de legalização e tradução, nos termos da lei e dos tratados firmados pelo País.

Art. 69. Para fins de registro, o nome e a nacionalidade do imigrante serão aqueles constantes da documentação apresentada, preferencialmente, o documento de viagem.

§ 1º Se o documento de identificação apresentado consignar o nome de forma abreviada, o imigrante deverá comprovar a sua grafia por extenso com outro documento hábil.

§ 2º Se a nacionalidade houver sido consignada por organismo internacional ou por autoridade de terceiro país, somente será anotada no registro se confirmada por meio da apresentação de documento hábil ou por autoridade diplomática ou consular competente.

§ 3º Se a documentação apresentada omitir a nacionalidade do titular, o imigrante será registrado:
I – como apátrida, em caso de ausência de nacionalidade; ou
II – como de nacionalidade indefinida, caso ela não possa ser comprovada na forma estabelecida no § 2º.

§ 4º O imigrante poderá requerer, a qualquer tempo, a inclusão de seu nome social em seus documentos oficiais.
• § 4º com redação pelo Dec. 9.631/2018.

§ 5º Os bancos de dados da administração pública conterão um campo destacado para "nome social", que será acompanhado do nome civil do imigrante e este será utilizado apenas para fins administrativos internos.
• § 5º acrescido pelo Dec. 9.631/2018.

Art. 70. No ato de registro, o imigrante deverá fornecer os seus dados relativos ao seu endereço físico e, se possuir, ao seu endereço de correio eletrônico.

Parágrafo único. Caberá ao imigrante manter os dados a que se refere o caput atualizados.

Art. 71. Ressalvados o nome, a nacionalidade, a filiação e a data de nascimento, os demais dados biográficos não constantes dos documentos apresentados serão atestados por meio de declaração do próprio imigrante, que, na hipótese de declaração falsa, ficará sujeito às sanções administrativas, civis e penais aplicáveis.

Art. 72. O imigrante terá o ônus de instruir adequadamente o pedido de registro e de prestar eventuais informações complementares que lhe forem solicitadas por meio de notificação.

§ 1º A notificação de que trata o caput será feita, preferencialmente, por meio eletrônico.

§ 2º Caberá ao imigrante, durante a tramitação do seu pedido de registro, acompanhar o envio de notificações ao seu endereço eletrônico.

§ 3º A notificação realizada por meio eletrônico será simultaneamente publicada pela Polícia Federal em seu sítio eletrônico.

§ 4º Na ausência de resposta do imigrante no prazo de trinta dias, contado da data da publicação de que trata o § 3º, o processo de avaliação de seu pedido será extinto, sem prejuízo da utilização, em novo processo, dos documentos que foram apresentados e ainda permaneçam válidos.

Art. 73. Da Carteira de Registro Nacional Migratório constará o prazo de residência do imigrante, conforme estabelecido na autorização de residência obtida.

§ 1º A data de início da contagem do prazo de residência do imigrante que tenha ingressado sob o amparo de visto temporário será a da primeira entrada no País após a sua concessão.

§ 2º A data de início da contagem do prazo de residência do imigrante que tenha obtido autorização de residência no País será a de requerimento do registro.

§ 3º Na hipótese de o imigrante que tenha obtido autorização de residência no Brasil não solicitar o registro no prazo previsto no inciso IV do caput do art. 307, a data de início da contagem do prazo de residência se dará após transcorrido o prazo de trinta dias, contado da data da publicação da decisão que deferiu o requerimento de autorização de residência.

§ 4º Na hipótese de residência temporária, o prazo de vencimento da Carteira de Registro Nacional Migratório coincidirá com o término do prazo da autorização de residência.

Art. 74. A Carteira de Registro Nacional Migratório terá a validade de nove anos, contados a partir da data do registro, quando se tratar de residência por prazo indeterminado.

Parágrafo único. Na hipótese de que trata o caput, a validade da Carteira de Registro Nacional Migratório será indeterminada quando o titular:
I – houver completado sessenta anos de idade até a data do vencimento do documento; ou
II – for pessoa com deficiência.

Art. 75. Caberá alteração do Registro Nacional Migratório, por meio de requerimento do imigrante

endereçado à Polícia Federal, devidamente instruído com as provas documentais necessárias, nas seguintes hipóteses:
I – casamento;
II – união estável;
III – anulação e nulidade de casamento, divórcio, separação judicial e dissolução de união estável;
IV – aquisição de nacionalidade diversa daquela constante do registro; e
V – perda da nacionalidade constante do registro.
§ 1º Se a hipótese houver ocorrido em território estrangeiro, a documentação que a comprove deverá respeitar as regras de legalização e tradução, em conformidade com os tratados de que o País seja parte.
§ 2º Na hipótese de pessoa registrada como refugiada ou beneficiário de proteção ao apátrida, as alterações referentes à nacionalidade serão comunicadas, preferencialmente por meio eletrônico, ao Comitê Nacional para Refugiados e ao Ministério das Relações Exteriores.
Art. 76. Ressalvadas as hipóteses previstas no art. 75, as alterações no registro que comportem modificações do nome do imigrante serão feitas somente após decisão judicial.
Art. 77. Os erros materiais identificados no processamento do registro e na emissão da Carteira de Registro Nacional Migratório serão retificados, de ofício, pela Polícia Federal.
Art. 78. Ato do dirigente máximo da Polícia Federal disporá sobre os procedimentos de registro do detentor de visto temporário ou de autorização de residência e do residente fronteiriço e sobre a sua alteração.
Art. 79. Ato do Ministro de Estado da Justiça e Segurança Pública disporá sobre o processamento concomitante dos requerimentos de registro e de autorização de residência, nos casos de sua competência.
Art. 80. Ato da Polícia Federal disporá sobre a expedição da Carteira de Registro Nacional Migratório.
Parágrafo único. O ato a que se refere o caput definirá o modelo a ser adotado para a Carteira de Registro Nacional Migratório.
Art. 81. Os Cartórios de Registro Civil remeterão mensalmente à Polícia Federal, preferencialmente por meio eletrônico, informações acerca dos registros e do óbito de imigrantes.

Seção III
Do registro e da identificação civil dos detentores de vistos diplomático, oficial e de cortesia

Art. 82. O Ministério das Relações Exteriores realizará o registro e expedirá o documento de identidade civil:
I – aos detentores de vistos diplomático, oficial e de cortesia; e
II – aos portadores de passaporte diplomático, oficial ou de serviço que tenham ingressado no País sob o amparo de acordo de dispensa de visto.
§ 1º O registro a que se refere o caput será obrigatório quando a estada do estrangeiro no País for superior ao prazo de noventa dias e deverá ser solicitado nesse mesmo prazo, contado a partir da data de ingresso no País.
§ 2º O Ministério das Relações Exteriores poderá expedir documento de identidade civil aos estrangeiros que, por reunião familiar, sejam portadores de passaporte diplomático ou oficial brasileiro.
§ 3º O documento emitido nos termos estabelecidos neste artigo terá validade no território nacional e os seus portadores estarão dispensados da realização de registro junto à Polícia Federal.
§ 4º Na hipótese de agentes ou funcionários de Estado estrangeiro ou de organismo internacional, o documento emitido nos termos dos incisos I e II do caput atestará a sua condição de representante estrangeiro ou funcionário internacional.
§ 5º O documento emitido nos termos do caput conterá informações acerca de eventuais privilégios e imunidades aos quais seus portadores façam jus, nos termos de tratados de que o País seja parte.
Art. 83. Excepcionalmente, o Ministério das Relações Exteriores poderá conceder ao nacional brasileiro, ou ao imigrante residente no País, documento de identificação que ateste a sua condição de agente ou funcionário de Estado estrangeiro ou organismo internacional e eventuais privilégios e imunidades dos quais seja detentor.
Art. 84. Caberá ao Ministério das Relações Exteriores manter registro das datas de início e término dos privilégios e das imunidades aos quais façam jus as pessoas referidas nos art. 82 e art. 83 e de eventuais renúncias apresentadas pelas partes autorizadas a fazê-lo.
Art. 85. Ato do Ministro de Estado das Relações Exteriores disporá sobre os procedimentos de registro dos portadores de vistos diplomático, oficial e de cortesia.

CAPÍTULO IV
DO RESIDENTE FRONTEIRIÇO

Art. 86. Ao residente fronteiriço poderá ser permitida a entrada em Município fronteiriço brasileiro por meio da apresentação do documento de viagem válido ou da carteira de identidade expedida por órgão oficial de identificação do país de sua nacionalidade.
Art. 87. Para facilitar a sua livre circulação, a autorização para a realização de atos da vida civil poderá ser concedida ao residente fronteiriço, por meio de requerimento dirigido à Polícia Federal.
Parágrafo único. O residente fronteiriço poderá optar por regime mais benéfico previsto em tratado de que o País seja parte.
Art. 88. A autorização referida no caput do art. 87 indicará o Município fronteiriço no qual o residente estará autorizado a exercer os direitos a ele atribuídos pela Lei 13.445, de 2017.
§ 1º O residente fronteiriço detentor da autorização de que trata o caput gozará das garantias e dos direitos assegurados pelo regime geral de migração da Lei 13.445, de 2017, observado o disposto neste Decreto.

§ 2º O espaço geográfico de abrangência e de validade da autorização será especificado na Carteira de Registro Nacional Migratório.

Art. 89. O residente fronteiriço que pretenda realizar atos da vida civil em Município fronteiriço, inclusive atividade laboral e estudo, será registrado pela Polícia Federal e receberá a Carteira de Registro Nacional Migratório, que o identificará e caracterizará a sua condição.

Parágrafo único. O registro será feito por meio de requerimento instruído com:

I – documento de viagem ou carteira de identidade expedida por órgão oficial de identificação do país de nacionalidade do imigrante;

II – prova de residência habitual em Município fronteiriço de país vizinho;

III – certidões de antecedentes criminais ou documento equivalente emitido pela autoridade judicial competente de onde tenha residido nos últimos cinco anos;

IV – declaração, sob as penas da lei, de ausência de antecedentes criminais em qualquer país nos últimos cinco anos; e

V – recolhimento da taxa de expedição de carteira de estrangeiro fronteiriço, de que trata o inciso V do caput do art. 2º da Lei Complementar 89, de 18 de fevereiro de 1997.

Art. 90. A autorização para a realização de atos da vida civil ao residente fronteiriço poderá ser concedida pelo prazo de cinco anos, prorrogável por igual período, por meio de requerimento, ao final do qual a autorização por tempo indeterminado poderá ser concedida.

Art. 91. A autorização para a realização de atos da vida civil ao residente fronteiriço não será concedida nas hipóteses previstas no art. 132 ou quando se enquadrar em, no mínimo, uma das hipóteses de impedimento de ingresso definidos no art. 171.

Art. 92. O documento de residente fronteiriço será cancelado, a qualquer tempo, se o titular:

I – houver fraudado documento ou utilizado documento falso para obtê-lo;

II – obtiver outra condição migratória;

III – sofrer condenação penal transitada em julgado, no País ou no exterior, desde que a conduta esteja tipificada na legislação penal brasileira, excetuadas as infrações de menor potencial ofensivo; ou

IV – exercer direito fora dos limites previstos na autorização a ele concedida.

Art. 93. O residente fronteiriço poderá requerer a expedição de Carteira de Trabalho e Previdência Social e a inscrição no Cadastro de Pessoas Físicas.

Parágrafo único. O Ministério do Trabalho, ao fornecer a Carteira de Trabalho e Previdência Social ao residente fronteiriço, registrará nela a restrição de sua validade ao Município para o qual o imigrante tenha sido autorizado pela Polícia Federal a exercer os direitos a ele atribuídos pela Lei 13.445, de 2017.

Art. 94. A autorização de que trata o art. 87 e a Carteira de Registro Nacional Migratório não conferem ao residente fronteiriço o direito de residência no País, observado o disposto no Capítulo VIII, nem autorizam o afastamento do limite territorial do Município objeto da autorização.

CAPÍTULO V
DA PROTEÇÃO DO APÁTRIDA E DA REDUÇÃO DA APATRIDIA

Art. 95. A apatridia será reconhecida à pessoa que não seja considerada como nacional por nenhum Estado, segundo a sua legislação, nos termos da Convenção sobre o Estatuto dos Apátridas, de 1954, promulgada pelo Decreto 4.246, de 2002.

Art. 96. O processo de reconhecimento da condição de apátrida tem como objetivo verificar se o solicitante é considerado nacional pela legislação de algum Estado e poderá considerar informações, documentos e declarações prestadas pelo próprio solicitante e por órgãos e organismos nacionais e internacionais.

§ 1º Durante a tramitação do processo de reconhecimento da condição de apátrida, incidirão as garantias e os mecanismos protetivos e de facilitação da inclusão social relativos à:

I – Convenção sobre o Estatuto dos Apátridas, de 1954, promulgada pelo Decreto 4.246, de 2002;

II – Convenção Relativa ao Estatuto dos Refugiados, promulgada pelo Decreto 50.215, de 28 de janeiro de 1961; e

III – Lei 9.474, de 1997.

§ 2º O processo de reconhecimento da condição de apátrida será iniciado por meio da solicitação do interessado apresentada ao Ministério da Justiça e Segurança Pública ou às unidades da Polícia Federal.

§ 3º A solicitação de reconhecimento da condição de apátrida será instruída com cópias dos documentos de que o solicitante dispuser, sem prejuízo de diligências realizadas perante órgãos e instituições nacionais ou internacionais a fim de comprovar as alegações.

§ 4º O solicitante de reconhecimento da condição de apátrida fará jus à autorização provisória de residência, demonstrada por meio de protocolo, até a obtenção de resposta ao seu pedido.

§ 5º O protocolo de que trata o § 4º permitirá o gozo de direitos no País, dentre os quais:

I – a expedição de carteira de trabalho provisória;

II – a inclusão no Cadastro de Pessoa Física; e

III – a abertura de conta bancária em instituição financeira supervisionada pelo Banco Central do Brasil.

§ 6º Na hipótese de verificação de incidência de uma ou mais circunstâncias denegatórias do reconhecimento da condição de apátrida, o Comitê Nacional para Refugiados deverá se manifestar.

§ 7º Após manifestação pelo Comitê Nacional para Refugiados, caberá ao Ministro de Estado da Justiça e Segurança Pública, em decisão fundamentada, o reconhecimento ou não da condição de apátrida, a qual será publicada no Diário Oficial da União e comunicada ao solicitante, preferencialmente por meio eletrônico.

§ 8º O procedimento de reconhecimento de apatridia será estabelecido em ato do Ministro de Estado da Justiça e Segurança Pública, consultado o Comitê Nacional para Refugiados.

Art. 97. O ingresso irregular no território nacional não constitui impedimento para a solicitação de reconhecimento da condição de apátrida e para a aplicação dos mecanismos de proteção da pessoa apátrida e de redução da apatridia, hipótese em que não incidirá o disposto no art. 307, desde que, ao final do procedimento, a condição de apátrida seja reconhecida.

Art. 98. O solicitante poderá, no próprio pedido, manifestar o seu interesse em obter a nacionalidade brasileira, caso a sua condição de apátrida seja reconhecida.

Parágrafo único. Se o solicitante não houver manifestado interesse conforme previsto no caput, caso a sua condição de apátrida seja reconhecida, o Ministério da Justiça e Segurança Pública fará consulta sobre o seu desejo de adquirir a nacionalidade brasileira por meio da naturalização.

Art. 99. Reconhecida a condição de apátrida, na hipótese de o beneficiário optar pela naturalização, o Ministério da Justiça e Segurança Pública publicará, no prazo de trinta dias, ato de instauração de processo simplificado de naturalização com os atos necessários à sua efetivação.

Parágrafo único. O solicitante de naturalização deverá comprovar residência no território nacional pelo prazo mínimo de dois anos, observadas as demais condições previstas no art. 65 da Lei 13.445, de 2017.

Art. 100. O apátrida reconhecido que não opte imediatamente pela naturalização terá a autorização de residência concedida por prazo indeterminado.

Parágrafo único. Na hipótese prevista no caput, reconhecida a condição de apátrida, o solicitante deverá comparecer a unidade da Polícia Federal para fins de registro.

Art. 101. Caberá recurso da decisão negativa de reconhecimento da condição de apátrida, no prazo de dez dias, contado da data da notificação pessoal do solicitante, preferencialmente, por meio eletrônico.

§ 1º Durante a tramitação do recurso, a estada no território nacional será permitida ao solicitante.

§ 2º A pessoa cujo reconhecimento da condição de apátrida tenha sido denegado não será devolvida a país onde sua vida, sua integridade pessoal ou sua liberdade estejam em risco.

Art. 102. Os direitos atribuídos ao migrante relacionados no art. 4º da Lei 13.445, de 2017, aplicam-se ao apátrida residente.

Art. 103. O reconhecimento da condição de apátrida assegurará os direitos e as garantias previstos na Convenção sobre o Estatuto dos Apátridas, de 1954, promulgada pelo Decreto 4.246, de 2002, além de outros direitos e garantias reconhecidos pelo País.

Art. 104. O direito de reunião familiar será reconhecido a partir do reconhecimento da condição de apátrida.

Parágrafo único. A autorização provisória de residência concedida ao solicitante de reconhecimento da condição de apátrida será estendida aos familiares a que se refere o art. 153, desde que se encontrem no território nacional.

Art. 105. No exercício de seus direitos e deveres, a condição atípica do apátrida será considerada pelos órgãos da administração pública federal quando da necessidade de apresentação de documentos emitidos por seu país de origem ou por sua representação diplomática ou consular.

Art. 106. As seguintes hipóteses implicam perda da proteção do apátrida conferida pela Lei 13.445, de 2017:

I – a renúncia à proteção conferida pelo País;

II – a prova da falsidade dos fundamentos invocados para o reconhecimento da condição de apátrida; ou

III – a existência de fatos que, se fossem conhecidos por ocasião do reconhecimento, teriam ensejado decisão negativa.

Parágrafo único. A perda da proteção do apátrida prevista no *caput* será declarada pelo Ministério da Justiça e Segurança Pública, após manifestação do Comitê Nacional para Refugiados, e publicada no Diário Oficial da União.

Art. 107. A condição de apátrida será cessada com:

I – a naturalização no País do beneficiário da proteção;

II – o reconhecimento como nacional por outro Estado; ou

III – a aquisição de nacionalidade diversa da brasileira.

§ 1º A cessação da condição de apátrida implicará perda da proteção conferida pela Lei 13.445, de 2017.

§ 2º A autorização de residência concedida anteriormente ao solicitante ou ao beneficiário de proteção ao apátrida que se enquadre nas hipóteses de cessação da condição de apátrida previstas nos incisos II e III do *caput* permanecerá válida pelo prazo de noventa dias.

§ 3º A cessação da condição de apátrida nas hipóteses previstas nos incisos II e III do caput não impedirá a solicitação de nova autorização de residência, observado o disposto no Capítulo VIII.

CAPÍTULO VI
DO ASILO POLÍTICO

Art. 108. O asilo político, que constitui ato discricionário do Estado, poderá ser diplomático ou territorial e será concedido como instrumento de proteção à pessoa que se encontre perseguida em um Estado por suas crenças, opiniões e filiação política ou por atos que possam ser considerados delitos políticos.

Parágrafo único. Nos termos do Estatuto de Roma do Tribunal Penal Internacional, de 1998, promulgado pelo Decreto 4.388, de 2002, não será concedido asilo a quem tenha cometido:

I – crime de genocídio;
II – crime contra a humanidade;
III – crime de guerra; ou
IV – crime de agressão.

Art. 109. O asilo político poderá ser:

I – diplomático, quando solicitado no exterior em legações, navios de guerra e acampamentos ou aeronaves militares brasileiros; ou
II – territorial, quando solicitado em qualquer ponto do território nacional, perante unidade da Polícia Federal ou representação regional do Ministério das Relações Exteriores.

§ 1º Considera-se legação a sede de toda missão diplomática ordinária e, quando o número de solicitantes de asilo exceder a capacidade normal dos edifícios, a residência dos chefes de missão e os locais por eles destinados para esse fim.

§ 2º O pedido de asilo territorial recebido pelas unidades da Polícia Federal será encaminhado ao Ministério das Relações Exteriores.

§ 3º O ingresso irregular no território nacional não constituirá impedimento para a solicitação de asilo e para a aplicação dos mecanismos de proteção, hipótese em que não incidirá o disposto no art. 307, desde que, ao final do procedimento, a condição de asilado seja reconhecida.

Art. 110. O asilo diplomático consiste na proteção ofertada pelo Estado brasileiro e na condução do asilado estritamente até o território nacional, em consonância com o disposto na Convenção Internacional sobre Asilo Diplomático, promulgada pelo Decreto 42.628, de 13 de novembro de 1957.

§ 1º Compete à autoridade máxima presente no local de solicitação de asilo diplomático zelar pela integridade do solicitante de asilo e estabelecer, em conjunto com a Secretaria de Estado das Relações Exteriores, as condições e as regras para a sua permanência no local de solicitação e os canais de comunicação com o Estado territorial, a fim de solicitar salvo-conduto que permita ao solicitante de asilo acessar o território nacional.

§ 2º Considera-se Estado territorial aquele em cujo território esteja situado o local de solicitação de asilo diplomático.

§ 3º A saída não autorizada do local designado pela autoridade de que trata o caput implicará a renúncia ao asilo diplomático.

§ 4º Após a chegada ao território nacional, o beneficiário de asilo diplomático será imediatamente informado sobre a necessidade de registro da sua condição.

Art. 111. O asilo territorial é ato discricionário e observará o disposto na Convenção Internacional sobre Asilo Territorial promulgada pelo Decreto 55.929, de 19 de abril de 1965, e os elementos impeditivos constantes da legislação migratória.

Art. 112. Compete ao Presidente da República decidir sobre o pedido de asilo político e sobre a revogação de sua concessão, consultado o Ministro de Estado das Relações Exteriores.

Art. 113. Em nenhuma hipótese, a retirada compulsória decorrente de decisão denegatória de solicitação de asilo político ou revogatória da sua concessão será executada para território onde a vida e a integridade do imigrante possam ser ameaçadas.

Art. 114. O ato de concessão do asilo político disporá sobre as condições e os deveres a serem observados pelo asilado.

Art. 115. O asilado deverá se apresentar à Polícia Federal para fins de registro de sua condição migratória no prazo de trinta dias, contado da data da publicação do ato de concessão do asilo político.

Art. 116. O solicitante de asilo político fará jus à autorização provisória de residência, demonstrada por meio de protocolo, até a obtenção de resposta do seu pedido.

Parágrafo único. O protocolo previsto no *caput* permitirá o gozo de direitos no País, dentre os quais:

I – a expedição de carteira de trabalho provisória;
II – a inclusão no Cadastro de Pessoa Física; e
III – a abertura de conta bancária em instituição financeira supervisionada pelo Banco Central do Brasil.

Art. 117. O direito de reunião familiar será reconhecido a partir da concessão do asilo político.

Parágrafo único. A autorização provisória de residência concedida ao solicitante de asilo político será estendida aos familiares a que se refere o art. 153, desde que se encontrem no território nacional.

Art. 118. A saída do País sem prévia comunicação ao Ministério das Relações Exteriores implicará renúncia ao asilo político.

Parágrafo único. O solicitante de asilo político deverá solicitar autorização prévia ao Ministro das Relações Exteriores para saída do País, sob pena de arquivamento de sua solicitação.

CAPÍTULO VII
DO REFÚGIO

Art. 119. O reconhecimento da condição de refugiado seguirá os critérios estabelecidos na Lei 9.474, de 1997.

§ 1º Durante a tramitação do processo de reconhecimento da condição de refugiado incidirão as garantias e os mecanismos protetivos e de facilitação da inclusão social decorrentes da Convenção relativa ao Estatuto dos Refugiados, de 1951, promulgada pelo Decreto 50.215, de 1961, e da Lei 13.445, de 2017.

§ 2º O solicitante de reconhecimento da condição de refugiado receberá o Documento Provisório de Registro Nacional Migratório, nos termos do disposto no Decreto 9.277, de 5 de fevereiro de 2018.

▶ § 2º com redação pelo Decreto 9.277/2018.

§ 3º O protocolo de que trata § 2º permitirá o gozo de direitos no País, dentre os quais:
I – a expedição de carteira de trabalho provisória;
II – a inclusão no Cadastro de Pessoa Física; e
III – a abertura de conta bancária em instituição financeira supervisionada pelo Banco Central do Brasil.
§ 4º O reconhecimento de certificados e diplomas, os requisitos para a obtenção da condição de residente e o ingresso em instituições acadêmicas de todos os níveis deverão ser facilitados, considerada a situação desfavorável vivenciada pelos refugiados.

Art. 120. O ingresso irregular no território nacional não constituirá impedimento para a solicitação de reconhecimento da condição de refugiado e para a aplicação dos mecanismos de proteção da pessoa refugiada, hipótese em que não incidirá o disposto no art. 307, desde que, ao final do procedimento, a condição de refugiado seja reconhecida.

Art. 121. No exercício de seus direitos e deveres, a condição atípica do refugiado será considerada pelos órgãos da administração pública federal quando da necessidade de apresentação de documentos emitidos por seu país de origem ou por sua representação diplomática ou consular.

Art. 122. As solicitações de refúgio terão prioridade de avaliação e decisão na hipótese de existir contra o solicitante procedimento do qual possa resultar a aplicação de medida de retirada compulsória.

CAPÍTULO VIII
DA AUTORIZAÇÃO DE RESIDÊNCIA

Seção I
Disposições gerais

Art. 123. O imigrante, o residente fronteiriço e o visitante, por meio de requerimento, poderão solicitar autorização de residência no território nacional.
§ 1º A autorização de residência poderá ser concedida independentemente da situação migratória, desde que cumpridos os requisitos da modalidade pretendida.
§ 2º A posse ou a propriedade de bem no País não conferirá o direito de obter autorização de residência no território nacional, sem prejuízo do disposto sobre a autorização de residência para realização de investimento.

Art. 124. O visto de visita ou de cortesia poderá ser transformado em autorização de residência por meio de requerimento.
§ 1º O requerente comprovará a condição migratória de visitante ou de titular de visto de cortesia e o atendimento aos requisitos exigidos para a concessão de autorização de residência.
§ 2º A decisão de transformação caberá à autoridade competente para avaliar a hipótese de autorização de residência pretendida.

Art. 125. O visto diplomático ou oficial poderá ser transformado em autorização de residência por meio de requerimento.
§ 1º O requerente comprovará que a sua condição migratória fundamenta-se na concessão de visto diplomático ou oficial e o atendimento aos requisitos exigidos para a concessão de autorização de residência.
§ 2º A decisão de transformação caberá à autoridade competente para avaliar a hipótese de autorização de residência pretendida, consultado o Ministério das Relações Exteriores.
§ 3º A transformação de que trata este artigo importará a cessação das prerrogativas, dos privilégios e das imunidades decorrentes dos vistos anteriores.
§ 4º Excepcionalmente, nas hipóteses de transformação previstas neste artigo, o cumprimento dos requisitos para a obtenção da autorização de residência poderá ser dispensado, mediante recomendação do Ministério das Relações Exteriores, observadas as hipóteses de denegação de autorização de residência com fundamento nos incisos I, II, III, IV e IX do caput do art. 171.

Art. 126. As hipóteses de negativa de concessão e de denegação de autorização de residência aplicam-se ao procedimento de transformação de vistos em autorização de residência.

Art. 127. Os pedidos de autorização de residência serão endereçados ao Ministério da Justiça e Segurança Pública, ressalvadas as hipóteses previstas no § 1º.
§ 1º Observado o disposto no art. 142, os pedidos de autorização de residência serão endereçados ao Ministério do Trabalho quando fundamentados nas seguintes hipóteses:
I – em pesquisa, ensino ou extensão acadêmica;
II – em trabalho ou oferta de trabalho;
III – na realização de investimento;
IV – na realização de atividade de relevância econômica, social, científica, tecnológica ou cultural;
V – na prática de atividade religiosa; e
VI – no serviço voluntário.
§ 2º Os pedidos de autorização de residência serão apresentados, preferencialmente, por meio eletrônico.

Art. 128. O pedido de autorização de residência é individual.
Parágrafo único. Na hipótese de pessoa incapaz, o pedido será feito por representante ou assistente legal.

Art. 129. Para instruir o pedido de autorização de residência, o imigrante deverá apresentar, sem prejuízo de outros documentos requeridos em ato do Ministro de Estado competente pelo recebimento da solicitação:
I – requerimento de que conste a identificação, a filiação, a data e o local de nascimento e a indicação de endereço e demais meios de contato;
II – documento de viagem válido ou outro documento que comprove a sua identidade e a sua

nacionalidade, nos termos dos tratados de que o País seja parte;

III - documento que comprove a sua filiação, devidamente legalizado e traduzido por tradutor público juramentado, exceto se a informação já constar do documento a que se refere o inciso II;

IV - comprovante de recolhimento das taxas migratórias, quando aplicável;

V - certidões de antecedentes criminais ou documento equivalente emitido pela autoridade judicial competente de onde tenha residido nos últimos cinco anos; e

VI - declaração, sob as penas da lei, de ausência de antecedentes criminais em qualquer país, nos cinco anos anteriores à data da solicitação de autorização de residência.

§ 1º Para fins de instrução de pedido de nova autorização de residência ou de renovação de prazo de autorização de residência, poderá ser apresentado o documento a que se refere o inciso II do caput ou documento emitido por órgão público brasileiro que comprove a identidade do imigrante, mesmo que este tenha data de validade expirada.

§ 2º A legalização e a tradução de que tratam o inciso III do caput poderão ser dispensadas se assim disposto em tratados de que o País seja parte.

§ 3º A tramitação de pedido de autorização de residência ficará condicionada ao pagamento das multas aplicadas com fundamento no disposto neste Decreto.

Art. 130. Nova autorização de residência temporária poderá ser concedida por meio de requerimento.

§ 1º O pedido de nova autorização de residência com amparo legal diverso da autorização de residência anterior implicará a renúncia à condição migratória pretérita.

§ 2º O requerimento de nova autorização de residência, após o vencimento do prazo da autorização anterior, implicará a aplicação da sanção prevista no inciso II do caput do art. 307.

Subseção I
Das taxas

Art. 131. As seguintes taxas serão cobradas, em conformidade com a tabela que consta do Anexo:

I - pelo processamento e pela avaliação de pedidos de autorização de residência;

II - pela emissão de cédula de identidade de imigrante de que constarão o prazo de autorização de residência e o número do Registro Nacional Migratório; e

III - pela transformação de vistos de visita, diplomático, oficial e de cortesia em autorização de residência.

§ 1º A cobrança das taxas previstas neste artigo observará o disposto nos acordos internacionais de que o País seja parte.

§ 2º A taxa prevista no inciso I do caput não será cobrada do imigrante portador de visto temporário, desde que a sua residência tenha a mesma finalidade do visto já concedido.

§ 3º A renovação dos prazos de autorização de residência não ensejará a cobrança da taxa prevista no inciso I do caput.

§ 4º Os valores das taxas de que trata o caput poderão ser ajustados pelo órgão competente da administração pública federal, de forma a preservar o interesse nacional ou a assegurar a reciprocidade de tratamento.

Subseção II
Da negativa de concessão, da denegação, da perda e do cancelamento da autorização de residência

Art. 132. A autorização de residência não será concedida à pessoa condenada criminalmente no País ou no exterior por sentença transitada em julgado, desde que a conduta esteja tipificada na legislação penal brasileira, ressalvados as hipóteses em que:

I - a conduta caracterize infração de menor potencial ofensivo;

II - o prazo de cinco anos, após a extinção da pena, tenha transcorrido;

III - o crime a que o imigrante tenha sido condenado no exterior não seja passível de extradição ou a punibilidade segundo a lei brasileira esteja extinta; ou

IV - o pedido de autorização de residência se fundamente em:

a) tratamento de saúde;

b) acolhida humanitária;

c) reunião familiar;

d) tratado em matéria de residência e livre circulação; ou

e) cumprimento de pena no País.

Parágrafo único. O disposto no *caput* não impedirá a progressão de regime de cumprimento de pena, nos termos estabelecidos na Lei 7.210, de 11 de julho de 1984 - Lei de Execução Penal, hipótese em que a pessoa ficará autorizada a trabalhar quando assim exigido pelo novo regime de cumprimento de pena.

Art. 133. A autorização de residência poderá ser negada à pessoa:

I - anteriormente expulsa do País, enquanto os efeitos da expulsão vigorarem;

II - nos termos definidos pelo Estatuto de Roma do Tribunal Penal Internacional, de 1998, promulgado pelo Decreto 4.388, de 2002, condenada ou respondendo a processo por:

a) crime de genocídio;

b) crime contra a humanidade;

c) crime de guerra; ou

d) crime de agressão;

III - condenada ou respondendo a processo em outro país por crime doloso passível de extradição segundo a lei brasileira;

IV - que tenha nome incluído em lista de restrições por ordem judicial ou por compromisso assumido pelo País perante organismo internacional; e

V - que tenha praticado ato contrário aos princípios ou aos objetivos dispostos na Constituição.

Art. 134. Caberá recurso da decisão que negar a autorização de residência, no prazo de dez dias, contados da data da ciência do imigrante, assegurados os princípios do contraditório e da ampla defesa e aplicadas, subsidiariamente, as disposições da Lei 9.784, de 29 de janeiro de 1999.

Art. 135. A perda da autorização de residência será decretada nas seguintes hipóteses:
I - cessação do fundamento que embasou a autorização de residência;
II - obtenção de autorização de residência com fundamento em outra hipótese; e
III - ausência do País por período superior a dois anos sem apresentação de justificativa.

§ 1º O imigrante deverá comunicar à Polícia Federal sempre que deixar de possuir as condições que embasaram a concessão de sua autorização de residência durante a sua vigência.

§ 2º O disposto no inciso I do *caput* não impede o imigrante de solicitar autorização de residência com fundamento em outra hipótese.

Art. 136. A autorização de residência será cancelada, a qualquer tempo, nas seguintes hipóteses:
I - fraude;
II - ocultação de condição impeditiva de concessão de visto, ingresso ou autorização de residência no País;
III - quando a informação acerca da condenação prevista nos incisos II e III do *caput* do art. 133 seja conhecida após a concessão da autorização de residência; ou
IV - se constatado que o nome do requerente encontrava-se em lista a que se refere o inciso IV do *caput* do art. 133 na data da autorização de residência.

Art. 137. A decretação da perda e o cancelamento da autorização de residência serão precedidos de procedimento administrativo no qual serão observados os princípios do contraditório e da ampla defesa.

Art. 138. Os procedimentos de decretação da perda e do cancelamento da autorização de residência serão instaurados em ato do Ministro de Estado da Justiça e Segurança Pública ou do Trabalho, conforme o caso, e instruídos, de imediato, com o termo de notificação do imigrante.

§ 1º O ato a que se refere o *caput* conterá relato do fato motivador da decretação da perda ou do cancelamento da autorização de residência e a sua fundamentação legal, e determinará que o imigrante seja notificado de imediato e, preferencialmente, por meio eletrônico.

§ 2º Nas hipóteses de perda ou cancelamento da autorização de residência para fins de trabalho, o empregador poderá ser notificado, observado o disposto no § 1º.

§ 3º Na hipótese de o imigrante não ser encontrado, a administração pública federal dará publicidade à instauração do procedimento administrativo de decretação da perda ou do cancelamento da autorização de residência em sítio eletrônico e tal publicação será considerada como notificação para todos os atos do referido procedimento.

§ 4º O imigrante terá o prazo de dez dias para apresentação de defesa no procedimento administrativo.

§ 5º O imigrante que, regularmente notificado, não apresentar defesa no prazo a que se refere o § 4º será considerado revel.

§ 6º O imigrante poderá, por meios próprios ou por meio de defensor constituído, apresentar defesa no prazo estabelecido no § 4º e fazer uso dos meios e dos recursos admitidos em direito, inclusive tradutor ou intérprete.

Art. 139. A decisão quanto à decretação da perda ou ao cancelamento da autorização de residência caberá ao órgão que a houver concedido.

§ 1º O imigrante terá o prazo de dez dias para interpor recurso contra a decisão de que trata o *caput*.

§ 2º Encerrado o procedimento administrativo e decretada a perda ou o cancelamento definitivo da autorização de residência, o imigrante será notificado nos termos estabelecidos no art. 176.

Art. 140. No procedimento administrativo de que trata o art. 177, os documentos e as provas constantes de procedimentos de decretação da perda ou do cancelamento da autorização de residência poderão ser utilizados.

Art. 141. Ato conjunto dos Ministros de Estado da Justiça e Segurança Pública e do Trabalho disporão sobre os procedimentos administrativos referentes ao cancelamento e à perda de autorização de residência e ao recurso contra a negativa de concessão de autorização de residência.

Seção II
Das hipóteses de
autorização de residência

Art. 142. O requerimento de autorização de residência poderá ter como fundamento as seguintes hipóteses:
I - a residência tenha como finalidade:
a) pesquisa, ensino ou extensão acadêmica;
b) tratamento de saúde;
c) acolhida humanitária;
d) estudo;
e) trabalho;
f) férias-trabalho;
g) prática de atividade religiosa;
h) serviço voluntário;
i) realização de investimento;
j) realização de atividade com relevância econômica, social, científica, tecnológica ou cultural; ou
k) reunião familiar;
II - a pessoa:
a) seja beneficiária de tratado em matéria de residência e livre circulação;
b) possua oferta de trabalho comprovada;
c) já tenha possuído a nacionalidade brasileira e não deseje ou não reúna os requisitos para readquiri-la;

d) seja beneficiária de refúgio, asilo ou proteção ao apátrida;
e) que não tenha atingido a maioridade civil, nacional de outro país ou apátrida, desacompanhado ou abandonado, que se encontre nas fronteiras brasileiras ou no território nacional;
f) tenha sido vítima de tráfico de pessoas, trabalho escravo ou violação de direito agravada por sua condição migratória;
g) esteja em liberdade provisória ou em cumprimento de pena no País; ou
h) seja anteriormente beneficiada com autorização de residência, observado o disposto no art. 160; ou
III – o imigrante atenda a interesses da política migratória nacional.
§ 1º A autorização de residência ao imigrante poderá ser concedida com fundamento em apenas uma das hipóteses previstas no caput.
§ 2º A autorização de residência com fundamento nas hipóteses elencadas nas alíneas a, c, e, g, h e j do inciso I do caput e na alínea b do inciso II do caput poderá ser concedida inicialmente pelo prazo de até dois anos.
§ 3º Decorrido o prazo de residência previsto no § 1º, o órgão que concedeu a autorização de residência inicial poderá, por meio de requerimento do imigrante, promover a renovação do prazo inicial de residência pelo período de até dois anos ou a alteração do prazo de residência para prazo indeterminado.
§ 4º Quando o contrato do imigrante junto a instituição de pesquisa, ensino ou extensão acadêmica for por prazo indeterminado, a autorização de residência por prazo indeterminado poderá ser, excepcionalmente, concedida.
§ 5º A autorização de residência para exercer cargo, função ou atribuição será concedida por prazo indeterminado quando a legislação brasileira assim exigir.

Art. 143. A autorização de residência para fins de pesquisa, ensino ou extensão acadêmica poderá ser concedida ao imigrante com ou sem vínculo empregatício com instituição de pesquisa ou de ensino brasileira, exigida, na hipótese de vínculo, a comprovação de formação superior compatível ou reconhecimento científico equivalente.
§ 1º A autorização de residência para pesquisa, ensino ou extensão acadêmica com vínculo empregatício no País será concedida ao imigrante que comprovar oferta de trabalho, caracterizada por meio de contrato de trabalho ou de prestação de serviços celebrado com instituição de pesquisa ou de ensino brasileira.
§ 2º A autorização de residência para pesquisa, ensino ou extensão acadêmica sem vínculo empregatício no País será concedida ao imigrante detentor de bolsa ou auxílio em uma das modalidades previstas no caput, quando o prazo de vigência da bolsa for superior a noventa dias.
§ 3º O imigrante que possua vínculo institucional exclusivamente no exterior e pretenda realizar atividade de pesquisa, ensino ou de extensão acadêmica subsidiada por instituição de pesquisa ou de ensino estrangeira enquadra-se na hipótese prevista no § 2º, desde que em parceria com instituição brasileira.
§ 4º O imigrante que se encontre no País sob o amparo da autorização de residência de que trata o caput, sem vínculo empregatício no País, por prazo superior a noventa dias, poderá exercer atividade remunerada no País, desde que relacionada à área de pesquisa, de ensino ou de extensão acadêmica.
§ 5º O requerimento de autorização de residência com fundamento em pesquisa, ensino ou extensão acadêmica deverá respeitar os requisitos, as condições, os prazos e os procedimentos previstos em resolução do Conselho Nacional de Imigração.

Art. 144. A autorização de residência para fins de tratamento de saúde poderá ser concedida ao imigrante e ao seu acompanhante, desde que o imigrante comprove possuir meios de subsistência suficientes.
§ 1º Excepcionalmente, a autorização de residência poderá ser concedida a mais de um acompanhante, ainda que não cumpridos os requisitos de reunião familiar, desde que comprovada a necessidade médica.
§ 2º A autorização de residência com fundamento na hipótese elencada neste artigo poderá ser concedida inicialmente pelo prazo de até um ano.
§ 3º O imigrante poderá requerer a renovação do prazo da autorização de residência até que o tratamento de saúde seja concluído.
§ 4º A autorização de residência para fins de tratamento de saúde, sem prejuízo do direito à saúde dos imigrantes estabelecidos no País, estará condicionada à comprovação de meios de subsistência suficientes para custear o seu tratamento e a manutenção do imigrante e do seu acompanhante durante o período em que o tratamento for realizado, por recurso próprio, seguro de saúde válido no território nacional ou certificado de prestação de serviço de saúde previsto em tratado de que o País seja parte.
§ 5º Os titulares da autorização de residência de que trata o caput não terão direito de exercer atividade remunerada no País.
§ 6º O requerimento de autorização de residência para fins de tratamento de saúde deverá respeitar os requisitos estabelecidos em ato conjunto do Ministro de Estado da Justiça e Segurança Pública e das Relações Exteriores.

Art. 145. A autorização de residência para fins de acolhida humanitária poderá ser concedida ao apátrida ou ao nacional de qualquer país em situação de:
I – instabilidade institucional grave ou iminente;
II – conflito armado;
III – calamidade de grande proporção;
IV – desastre ambiental; ou
V – violação grave aos direitos humanos ou ao direito internacional humanitário.

§ 1º Ato conjunto dos Ministros de Estado da Justiça e Segurança Pública, das Relações Exteriores e do Trabalho estabelecerá os requisitos para a concessão de autorização de residência com fundamento em acolhida humanitária, a renovação do prazo da residência e a sua alteração para prazo indeterminado.

§ 2º A possibilidade de livre exercício de atividade laboral será reconhecida ao imigrante a quem se tenha sido concedida a autorização de residência de que trata o caput, nos termos da legislação vigente.

Art. 146. A autorização de residência para fins de estudo poderá ser concedida ao imigrante que pretenda frequentar curso regular ou realizar estágio ou intercâmbio de estudo ou de pesquisa.

§ 1º A autorização de residência para fins de estudo habilitará o imigrante a realizar as atividades previstas no caput vinculadas a instituição de ensino definida.

§ 2º A autorização de residência com fundamento na hipótese elencada neste artigo poderá ser concedida inicialmente pelo prazo de até um ano.

§ 3º Na hipótese prevista neste artigo, o imigrante poderá requerer a renovação até que o curso seja concluído, desde que apresente comprovante de matrícula e aproveitamento escolar, além de meios de subsistência, sem prejuízo de outros documentos exigidos pelo Ministério da Justiça e Segurança Pública.

§ 4º A mudança de curso e estabelecimento de ensino será autorizada, desde que a Polícia Federal seja comunicada para fins de atualização cadastral.

§ 5º A instituição de ensino da qual o imigrante tenha se desligado deverá comunicar o fato à Polícia Federal no prazo de trinta dias, contado da data do desligamento.

§ 6º O exercício de atividade remunerada será permitido ao imigrante a quem se tenha sido concedida a autorização de residência de que trata o caput, desde que compatível com a carga horária do estudo, nos termos da legislação vigente.

§ 7º O requerimento de autorização de residência para fins de estudo deverá respeitar os requisitos estabelecidos em ato conjunto dos Ministros de Estado da Justiça e Segurança Pública e das Relações Exteriores.

Art. 147. A autorização de residência para fins de trabalho poderá ser concedida ao imigrante que exerça atividade laboral, com ou sem vínculo empregatício no País.

§ 1º A autorização de residência para trabalho com vínculo empregatício será concedida por meio da comprovação de oferta de trabalho no País, observado o seguinte:

I – a oferta de trabalho é caracterizada por meio de contrato individual de trabalho ou de contrato de prestação de serviços; e

II – os marítimos imigrantes a bordo de embarcação de bandeira brasileira deverão possuir contrato individual de trabalho no País.

§ 2º A autorização de residência para trabalho sem vínculo empregatício será concedida por meio da comprovação de oferta de trabalho no País, quando se tratar das seguintes atividades:

I – prestação de serviço ou auxílio técnico ao Governo brasileiro;

II – prestação de serviço em razão de acordo de cooperação internacional;

III – prestação de serviço de assistência técnica ou transferência de tecnologia;

IV – representação, no País, de instituição financeira ou assemelhada sediada no exterior;

V – representação de pessoa jurídica de direito privado, sem fins lucrativos;

VI – recebimento de treinamento profissional junto a subsidiária, filial ou matriz brasileira;

VII – atuação como marítimo:
▸ Inciso VII com redação pelo Decreto 9.500/2018.

a) a bordo de embarcação estrangeira em viagem de longo curso ou em cruzeiros marítimos ou fluviais pela costa brasileira e a permanência for por prazo superior a cento e oitenta dias a cada ano migratório; e
▸ Alínea a acrescida pelo Decreto 9.500/2018.

b) a bordo de outras embarcações ou plataformas não mencionadas na alínea a e a permanência for por prazo superior a noventa dias a cada ano migratório;
▸ Alínea b acrescida pelo Decreto 9.500/2018.

VIII – realização de estágio profissional ou intercâmbio profissional;

IX – exercício de cargo, função ou atribuição que exija, em razão da legislação brasileira, a residência por prazo indeterminado;

X – realização de atividade como correspondente de jornal, revista, rádio, televisão ou agência noticiosa estrangeira; e

XI – realização de auditoria ou consultoria com prazo de estada superior a noventa dias.

§ 3º Para a aplicação do inciso VII do § 2º, consideram-se embarcações ou plataformas estrangeiras, entre outras, aquelas utilizadas em navegação de apoio marítimo, de exploração ou prospecção, navegação de cabotagem, levantamento geofísico, dragas e embarcações de pesca.

§ 4º Será dispensada a oferta de trabalho de que trata o caput e considerada a comprovação de titulação em curso de ensino superior ou equivalente, na hipótese de capacidades profissionais estratégicas para o País, conforme disposto em ato conjunto dos Ministros de Estado da Justiça e Segurança Pública, Relações Exteriores e do Trabalho, consultado o Conselho Nacional de Imigração.

§ 5º Para fins de atração de mão de obra em áreas estratégicas para o desenvolvimento nacional ou com déficit de competências profissionais para o País, ato conjunto dos Ministros de Estado da Justiça e Segurança Pública, Relações Exteriores e do Trabalho, consultado o Conselho Nacional de Imigração, estabelecerá condições simplificadas para a autorização de residência para fins de trabalho.

§ 6º A possibilidade de modificação do local de exercício de sua atividade laboral, na mesma empresa ou no mesmo grupo econômico, será reconhecida ao imigrante a quem tenha sido concedida a autorização de residência para fins de trabalho, por meio de comunicação ao Ministério do Trabalho.

§ 7º O imigrante deverá requerer autorização ao Ministério do Trabalho se pretender exercer atividade junto a empregador diverso daquele que o contratou inicialmente, durante a residência por tempo determinado, por meio de pedido fundamentado e instruído com o novo contrato de trabalho firmado.

§ 8º Após decisão quanto à mudança de empregador de que trata o § 7º, o Ministério do Trabalho comunicará a Polícia Federal para fins de atualização de registro.

§ 9º O requerimento de autorização de residência com fundamento em trabalho deverá respeitar os requisitos, as condições, os prazos e os procedimentos estabelecidos em resolução do Conselho Nacional de Imigração.

Art. 148. A autorização de residência para fins de férias-trabalho poderá ser concedida ao imigrante maior de dezesseis anos que seja nacional de país que conceda benefício idêntico ao nacional brasileiro, em termos definidos pelo Ministério das Relações Exteriores por meio de comunicação diplomática.

Parágrafo único. A autorização de residência com fundamento no disposto neste artigo somente poderá ser concedida ao portador de visto temporário de férias-trabalho.

Art. 149. A autorização de residência para prática de atividades religiosas poderá ser concedida a:

I – ministro de confissão religiosa;

II – membro de instituto de vida consagrada ou confessional; ou

III – membro de ordem religiosa.

§ 1º O requerimento de autorização de residência para prática de atividades religiosas deverá respeitar os requisitos, as condições, os prazos e os procedimentos estabelecidos em resolução do Conselho Nacional de Imigração.

§ 2º O pedido de renovação do prazo de residência ou a sua alteração para prazo indeterminado, observadas as condições estabelecidas neste artigo, será instruído com a comprovação das práticas de atividades religiosas por aqueles a que refere o caput.

Art. 150. A autorização de residência para prestação de serviço voluntário junto a entidade de direito público ou privado sem fins lucrativos, ou a organização vinculada a governo estrangeiro, poderá ser concedida desde que não haja vínculo empregatício e nem remuneração de qualquer espécie.

§ 1º O requerimento de autorização de residência para prestação de serviço voluntário deverá respeitar os requisitos, as condições, os prazos e os procedimentos estabelecidos em resolução do Conselho Nacional de Imigração.

§ 2º O pedido de renovação do prazo de residência ou a sua alteração para prazo indeterminado com fundamento na hipótese prevista neste artigo deverá ser instruído com a prova da continuidade da prestação de serviço voluntário.

Art. 151. A autorização de residência para fins de realização de investimento poderá ser concedida ao imigrante pessoa física que pretenda realizar ou já realize, com recursos próprios de origem externa, investimento em pessoa jurídica no País, em projeto com potencial para geração de empregos ou de renda no País.

§ 1º Entende-se por investimento em pessoa jurídica no País:

I – investimento de origem externa em empresa brasileira, conforme regulamentação do Banco Central do Brasil;

II – constituição de sociedade simples ou empresária; e

III – outras hipóteses previstas nas políticas de atração de investimentos externos.

§ 2º A autorização prevista no caput poderá ser concedida ao imigrante administrador, gerente, diretor ou executivo com poderes de gestão, que venha ou esteja no País para representar sociedade civil ou comercial, grupo ou conglomerado econômico que realize investimento externo em empresa estabelecida no território nacional, com potencial para geração de empregos ou de renda no País.

§ 3º A concessão de que trata o § 2º ficará condicionada ao exercício da função que lhe for designada em contrato ou em ata devidamente registrada no órgão competente.

§ 4º O requerimento de autorização de residência para fins de realização de investimento deverá respeitar os requisitos previstos em resolução do Conselho Nacional de Imigração.

§ 5º A autorização de residência com fundamento nas hipóteses elencadas neste artigo poderá ser concedida por prazo indeterminado.

§ 6º Na hipótese prevista no caput, a perda da autorização de residência poderá ser decretada em observância ao disposto no inciso I do caput do art. 135, caso o imigrante não tenha executado o plano de investimento que fundamentou a sua autorização.

Art. 152. A autorização de residência para fins de realização de atividade com relevância econômica, social, científica, tecnológica ou cultural deverá respeitar os requisitos, as condições, os prazos e os procedimentos estabelecidos em ato conjunto dos Ministros de Estado da Justiça e Segurança Pública, das Relações Exteriores e do Trabalho, consultado o Conselho Nacional de Imigração.

Art. 153. A autorização de residência para fins de reunião familiar será concedida ao imigrante:

I – cônjuge ou companheiro, sem discriminação alguma, nos termos do ordenamento jurídico brasileiro;

II – filho de brasileiro ou de imigrante beneficiário de autorização de residência;

III - que tenha filho brasileiro;
IV - que tenha filho imigrante beneficiário de autorização de residência;
V - ascendente até o segundo grau de brasileiro ou de imigrante beneficiário de autorização de residência;
VI - descendente até o segundo grau de brasileiro ou de imigrante beneficiário de autorização de residência;
VII - irmão de brasileiro ou de imigrante beneficiário de autorização de residência; ou
VIII - que tenha brasileiro sob a sua tutela, curatela ou guarda.

§ 1º O requerimento de autorização de residência para fins de reunião familiar deverá respeitar os requisitos previstos em ato conjunto dos Ministros de Estado da Justiça e Segurança Pública e das Relações Exteriores.

§ 2º A autorização de residência por reunião familiar não será concedida na hipótese de o chamante ser beneficiário de autorização de residência por reunião familiar ou de autorização provisória de residência.

§ 3º Na hipótese prevista no inciso VII do caput, a autorização de residência ao irmão maior de dezoito anos ficará condicionada à comprovação de sua dependência econômica em relação ao familiar chamante.

§ 4º Quando a autorização de residência do familiar chamante tiver sido concedida por prazo indeterminado, a autorização de residência do familiar chamado será também concedida por prazo indeterminado.

§ 5º Quando o requerimento for fundamentado em reunião com imigrante beneficiado com residência por prazo determinado, a data de vencimento da autorização de residência do familiar chamado coincidirá com a data de vencimento da autorização de residência do familiar chamante.

§ 6º Ato do Ministro de Estado da Justiça e Segurança Pública poderá dispor sobre a necessidade de entrevista presencial e de apresentação de documentação adicional para comprovação, quando necessário, do vínculo familiar.

§ 7º Ato conjunto dos Ministros de Estado da Justiça e Segurança Pública e das Relações Exteriores poderá estabelecer outras hipóteses de parentesco para fins de concessão da autorização de residência de que trata o caput.

§ 8º A solicitação de autorização de residência para fins de reunião familiar poderá ocorrer concomitantemente à solicitação de autorização de residência do familiar chamante.

§ 9º A concessão da autorização de residência para fins de reunião familiar ficará condicionada à concessão prévia de autorização de residência ao familiar chamante.

§ 10. O beneficiário da autorização de residência para fins de reunião familiar poderá exercer qualquer atividade no País, inclusive remunerada, em igualdade de condições com o nacional brasileiro, nos termos da legislação vigente.

Art. 154. A autorização de residência poderá ser concedida à pessoa beneficiada por tratado em matéria de residência e livre circulação.

Parágrafo único. Na concessão de autorização de residência mencionada no caput, será observado o disposto no tratado bilateral ou multilateral que regulamente o assunto e, subsidiariamente, o disposto neste Decreto, no que couber.

Art. 155. A autorização de residência poderá ser concedida à pessoa que já tenha possuído a nacionalidade brasileira e não deseje ou não reúna os requisitos para readquiri-la.

§ 1º O requerimento de autorização de residência com fundamento no disposto neste artigo deverá respeitar os requisitos previstos em ato do Ministro de Estado da Justiça e Segurança Pública.

§ 2º A autorização de residência com fundamento no disposto neste artigo poderá ser concedida por prazo indeterminado.

Art. 156. A autorização de residência poderá ser concedida à pessoa beneficiária de:
I - proteção ao apátrida;
II - asilo político; ou
III - refúgio.

§ 1º A autorização de residência do refugiado observará o disposto no art. 28 da Lei 9.474, de 1997.

§ 2º A autorização de residência do refugiado, do asilado político e do apátrida será concedida por prazo indeterminado.

§ 3º O solicitante de refúgio, asilo político ou proteção ao apátrida fará jus à autorização provisória de residência até decisão final quanto ao seu pedido.

§ 4º A autorização provisória de residência prevista no § 3º será demonstrada por meio de protocolo de solicitação de reconhecimento da condição de refugiado, asilado político ou apátrida.

§ 5º O beneficiário da autorização de residência do refugiado, do asilado político e do apátrida ou da autorização de residência provisória a que se refere o § 3º poderá exercer qualquer atividade no País, inclusive remunerada, em igualdade de condições com o nacional brasileiro, nos termos da legislação vigente.

§ 6º A autorização de residência concedida àquele cuja condição de refugiado, asilado ou apátrida tiver cessado permanecerá válida pelo prazo de noventa dias.

§ 7º O disposto no § 6º não se aplica às seguintes hipóteses:
I - perda da proteção ao apátrida;
II - revogação do asilo político; e
III - perda da condição de refugiado.

§ 8º A cessação da proteção ao apátrida ou da condição de refugiado ou asilado político não impedirá a solicitação de nova autorização de residência, observado o disposto no art. 142.

§ 9º O requerimento de autorização de residência com fundamento no disposto neste artigo deverá respeitar os requisitos previstos em ato do Ministro de Estado da Justiça e Segurança Pública, consultados os demais Ministérios interessados.

Art. 157. A autorização de residência poderá ser concedida à criança ou ao adolescente nacional de outro país ou apátrida, desacompanhado ou abandonado, que se encontre em ponto de controle migratório nas fronteiras brasileiras ou no território nacional.

§ 1º A avaliação da solicitação de autorização de residência com fundamento no disposto no caput e da possibilidade de retorno à convivência familiar deverá considerar o interesse superior da criança ou do adolescente na tomada de decisão.

§ 2º O requerimento da autorização de residência prevista neste artigo poderá ser feito pela Defensoria Pública da União.

§ 3º O prazo da autorização de residência vigorará até que o imigrante atinja a maioridade, alcançada aos dezoito anos completos, em observância ao disposto no art. 5º da Lei 10.406, de 10 de janeiro de 2002 - Código Civil.

§ 4º Na hipótese de o imigrante atingir a maioridade e tiver interesse em permanecer no País, ele deverá comparecer a unidade da Polícia Federal no prazo de cento e oitenta dias para formalizar o pedido de alteração do prazo de residência para indeterminado.

§ 5º O requerimento de autorização de residência com fundamento no disposto neste artigo deverá respeitar os requisitos previstos em ato do Ministro de Estado da Justiça e Segurança Pública, consultados os demais Ministérios interessados.

Art. 158. A autorização de residência poderá ser concedida à vítima de:

I - tráfico de pessoas;
II - trabalho escravo; ou
III - violação de direito agravada por sua condição migratória.

§ 1º A autorização de residência com fundamento no disposto neste artigo será concedida por prazo indeterminado.

§ 2º O requerimento previsto neste artigo poderá ser encaminhado diretamente ao Ministério da Justiça e Segurança Pública pelo Ministério Público, pela Defensoria Pública ou pela Auditoria Fiscal do Trabalho, na forma estabelecida em ato conjunto dos Ministros de Estado da Justiça e Segurança Pública e do Trabalho, consultados os demais Ministérios interessados, o qual disporá sobre outras autoridades públicas que poderão reconhecer a situação do imigrante como vítima, nos termos estabelecidos no caput.

§ 3º A autoridade pública que representar pela regularização migratória das vítimas a que se refere o caput deverá instruir a representação com documentação que permita identificar e localizar o imigrante.

§ 4º O beneficiário da autorização de residência concedida a vítima a que se refere o caput deverá apresentar anuência ao requerimento ofertado pela autoridade pública.

Art. 159. A autorização de residência poderá ser concedida à pessoa que esteja em liberdade provisória ou em cumprimento de pena no País.

§ 1º O prazo de residência para o imigrante em liberdade provisória será de até um ano, renovável por meio da apresentação de certidão expedida pelo Poder Judiciário que disponha sobre o andamento do processo.

§ 2º Na hipótese de imigrante sentenciado, o prazo de residência estará vinculado ao período da pena a ser cumprido, informado pelo juízo responsável pela execução criminal.

§ 3º Na instrução do requerimento de autorização de residência com fundamento no disposto neste artigo, deverá ser apresentada, além dos documentos a que se refere o art. 129, decisão judicial da concessão da liberdade provisória ou certidão emitida pelo juízo responsável pela execução criminal do qual conste o período de pena a ser cumprida, conforme o caso.

§ 4º Na ausência da apresentação do documento a que se refere o inciso II do caput do art. 129, deverá ser apresentado ofício emitido pelo juízo responsável do qual conste a qualificação completa do imigrante.

Art. 160. A concessão de nova autorização de residência para imigrante poderá ser fornecida, atendido o disposto na alínea h do inciso II do caput do art. 142 a imigrante que tenha sido anteriormente beneficiado com autorização de residência, fundamentado em reunião familiar, satisfeitos os seguintes requisitos:

I - ter residido no País por, no mínimo, quatro anos;
II - comprovar meios de subsistência; e
III - apresentar certidão negativa de antecedentes criminais.

§ 1º A nova autorização de residência com fundamento no disposto neste artigo será concedida por prazo indeterminado.

§ 2º O disposto neste artigo não se aplica às hipóteses em que o requisito para o reconhecimento da condição anterior tenha deixado de ser atendido em razão de fraude.

Art. 161. A autorização de residência poderá ser concedida para fins de atendimento ao interesse da política migratória nacional.

Parágrafo único. Ato conjunto dos Ministros de Estado da Justiça e Segurança Pública, das Relações Exteriores e do Trabalho disporá sobre as hipóteses, os requisitos e os prazos da autorização de residência para fins de atendimento ao interesse da política migratória nacional.

Art. 162. O Conselho Nacional de Imigração disciplinará os casos especiais de concessão de autorização de residência associada às questões laborais.

Art. 163. *Revogado pelo Dec. 9.873/2019.*

CAPÍTULO IX
DA ENTRADA E DA SAÍDA DO TERRITÓRIO NACIONAL

Seção I
Da fiscalização marítima, aeroportuária e de fronteira

Art. 164. A entrada no País poderá ser permitida ao imigrante identificado por documento de via-

gem válido que não se enquadre em nenhuma das hipóteses de impedimento de ingresso previstas neste Decreto e que seja:
I - titular de visto válido;
II - titular de autorização de residência; ou
III - de nacionalidade beneficiária de tratado ou comunicação diplomática que enseje a dispensa de visto.
§ 1º Ato do Ministro de Estado da Saúde disporá sobre as medidas sanitárias necessárias para entrada no País, quando couber.
§ 2º As autoridades responsáveis pela fiscalização contribuirão para a aplicação de medidas sanitárias em consonância com o Regulamento Sanitário Internacional e com outras disposições pertinentes.
Art. 165. As funções de polícia marítima aeroportuária e de fronteira serão realizadas pela Polícia Federal nos pontos de entrada e saída do território nacional, sem prejuízo de outras fiscalizações, nos limites de suas atribuições, realizadas pela Secretaria da Receita Federal do Brasil do Ministério da Fazenda e, quando for o caso, pelo Ministério da Saúde.
Parágrafo único. O imigrante deverá permanecer em área de fiscalização até que o seu documento de viagem tenha sido verificado, exceto nos casos previstos em lei.
Art. 166. Quando a entrada no território nacional ocorrer por via aérea, a fiscalização será realizada no aeroporto do local de destino de passageiros e tripulantes ou, caso ocorra a transformação do voo internacional em doméstico, no lugar onde ela ocorrer.
Parágrafo único. Quando a saída do território nacional ocorrer por via aérea, a fiscalização será realizada no aeroporto internacional do local de embarque ou, caso ocorra a transformação do voo doméstico em internacional, no lugar onde ela ocorrer.
Art. 167. Na hipótese de entrada ou saída por via terrestre, a fiscalização ocorrerá no local designado para esse fim.
Art. 168. Nos pontos de fiscalização migratória marítima, fluvial e lacustre, o controle migratório será realizado a bordo:
I - no porto de entrada da embarcação no território nacional; e
II - no porto de saída da embarcação do território nacional.
§ 1º O controle migratório previsto no caput poderá ser realizado em terminal portuário sempre que essa estrutura se mostrar mais adequada.
§ 2º O controle migratório de navios de turismo poderá ser feito em águas territoriais nacionais, conforme estabelecido pela Polícia Federal.
Art. 169. O direito de passagem inocente no mar territorial brasileiro será reconhecido aos navios de todas as nacionalidades, observado o disposto no art. 3º da Lei 8.617, de 4 de janeiro de 1993.
§ 1º A passagem será considerada inocente desde que não seja prejudicial à paz, à boa ordem ou à segurança do País, e deverá ser contínua e rápida.

§ 2º A passagem inocente poderá compreender o parar e o fundear, desde que tais procedimentos constituam incidentes comuns de navegação, sejam impostos por motivos de força maior ou por dificuldade grave, ou tenham por fim prestar auxílio a pessoas ou a navios em perigo ou em dificuldade grave.
§ 3º A fiscalização de passageiros, tripulantes e estafes de navios em passagem inocente não será realizada, exceto nas hipóteses previstas no § 2º, quando houver necessidade de descida de pessoas à terra ou subida a bordo do navio.
Art. 170. Na fiscalização de entrada, poderão ser exigidos:
I - comprovante de meio de transporte de saída do território nacional;
II - comprovante de meios de subsistência compatíveis com o prazo e com o objetivo da viagem pretendida; e
III - documentação que ateste a natureza das atividades que serão desenvolvidas no País, conforme definido em atos específicos.
Parágrafo único. Para confirmação do objetivo da viagem, documentos adicionais poderão ser requeridos.

Seção II
Do impedimento de ingresso

Art. 171. Após entrevista individual e mediante ato fundamentado, o ingresso no País poderá ser impedido à pessoa:
I - anteriormente expulsa do país, enquanto os efeitos da expulsão vigorarem;
II - nos termos definidos pelo Estatuto de Roma do Tribunal Penal Internacional, de 1998, promulgado pelo Decreto 4.388, de 2002, condenada ou respondendo a processo por:
a) ato de terrorismo ou crime de genocídio;
b) crime contra a humanidade;
c) crime de guerra; ou
d) crime de agressão;
III - condenada ou respondendo a processo em outro país por crime doloso passível de extradição segundo a lei brasileira;
IV - que tenha o nome incluído em lista de restrições por ordem judicial ou por compromisso assumido pelo País perante organismo internacional;
V - que apresente documento de viagem que:
a) não seja válido no território nacional;
b) esteja com o prazo de validade vencido; ou
c) esteja com rasura ou indício de falsificação;
VI - que não apresente documento de viagem ou, quando admitido, documento de identidade;
VII - cuja razão da viagem não seja condizente com o visto ou com o motivo alegado para a isenção de visto ou que não possua visto válido, quando exigível;
VIII - que tenha comprovadamente fraudado documentação ou prestado informação falsa por ocasião da solicitação de visto;

IX - que tenha praticado ato contrário aos princípios e aos objetivos dispostos na Constituição;
X - a quem tenha sido denegado visto, enquanto permanecerem as condições que ensejaram a denegação;
XI - que não tenha prazo de estada disponível no ano migratório vigente, na qualidade de visitante;
XII - que tenha sido beneficiada com medida de transferência de pessoa condenada aplicada conjuntamente com impedimento de reingresso no território nacional, observado o disposto no § 2º do art. 103 da Lei 13.445, de 2017, desde que ainda esteja no cumprimento de sua pena;
XIII - que não atenda às recomendações temporárias ou permanentes de emergências em saúde pública internacional definidas pelo Regulamento Sanitário Internacional; ou
XIV - que não atenda às recomendações temporárias ou permanentes de emergências em saúde pública de importância nacional definidas pelo Ministério da Saúde.

§ 1º O procedimento de efetivação do impedimento de ingresso será disciplinado em ato do dirigente máximo da Polícia Federal.

§ 2º Nas hipóteses previstas nos incisos XIII e XIV do *caput*, o fundamento para o impedimento de ingresso será comunicado à Polícia Federal pelo Ministério da Saúde.

Art. 172. A entrada condicional no território nacional de pessoa que não preencha os requisitos de admissão poderá, na impossibilidade de retorno imediato do imigrante impedido ou clandestino, ser autorizada pela Polícia Federal, por meio da assinatura de termo de compromisso, pelo transportador ou por seu agente, que assegure o custeio das despesas com a permanência e com as providências necessárias para a repatriação do imigrante.

Parágrafo único. Na hipótese de entrada condicional prevista no *caput*, a Polícia Federal fixará o prazo de estada, as condições a serem observadas e o local em que o imigrante impedido ou clandestino permanecerá.

Art. 173. O desembarque de marítimo embarcado em navio em viagem de longo curso portador de carteira de marítimo expedida por país não signatário de Convenção da Organização Internacional do Trabalho sobre a matéria não será permitido, hipótese em que ele deverá permanecer a bordo.

Art. 174. A admissão excepcional no País poderá ser autorizada à pessoa que se enquadre em uma das seguintes hipóteses, desde que esteja de posse de documento de viagem válido:
I - não possua visto ou seja titular de visto cujo prazo de validade tenha expirado;
II - seja titular de visto emitido com erro ou omissão;
III - tenha perdido a condição de residente por ter permanecido ausente do País por período superior a dois anos e detenha condições objetivas para a concessão de nova autorização de residência;
IV - seja criança ou adolescente desacompanhado do responsável legal e sem autorização expressa para viajar desacompanhado, independentemente do documento de viagem que portar, hipótese em que haverá encaminhamento ao Conselho Tutelar ou, se necessário, a instituição indicada pela autoridade competente;
V - outras situações emergenciais, caso fortuito ou força maior.

§ 1º Nas hipóteses previstas nos incisos I, II e V do *caput*, o prazo da admissão excepcional será de até oito dias.

§ 2º Nas hipóteses previstas nos incisos III e IV do *caput*, o prazo da admissão excepcional será de até trinta dias.

§ 3º A admissão excepcional poderá ser solicitada pelo Ministério das Relações Exteriores, por representação diplomática do país de nacionalidade da pessoa ou por órgão da administração pública, por meio de requerimento dirigido ao chefe da unidade da fiscalização migratória, conforme disposto em ato do dirigente máximo da Polícia Federal.

Art. 175. O tripulante ou o passageiro que, por motivo de força maior, seja obrigado a interromper a viagem no território nacional poderá ter o seu desembarque permitido por meio de termo de responsabilidade pelas despesas decorrentes do transbordo.

CAPÍTULO X
DA REGULARIZAÇÃO DA SITUAÇÃO MIGRATÓRIA

Art. 176. O imigrante que estiver em situação migratória irregular será pessoalmente notificado para que, no prazo de sessenta dias, contado da data da notificação, regularize a sua situação migratória ou deixe o País voluntariamente.

§ 1º A irregularidade migratória poderá ocorrer em razão de:
I - entrada irregular;
II - estada irregular; ou
III - cancelamento da autorização de residência.

§ 2º Ato do dirigente máximo da Polícia Federal disporá sobre a notificação pessoal por meio eletrônico, a publicação por edital em seu sítio eletrônico e os demais procedimentos de que trata este Capítulo.

§ 3º As irregularidades verificadas na situação migratória constarão, expressamente, da notificação de que trata o *caput*.

§ 4º O prazo estabelecido no *caput* será prorrogável por até sessenta dias, desde que o imigrante notificado compareça a unidade da Polícia Federal para justificar a necessidade da prorrogação e assinar termo de compromisso de que manterá as suas informações pessoais e relativas ao seu endereço atualizadas.

§ 5º A notificação a que se refere o *caput* não impedirá a livre circulação no território nacional, hipótese em que o imigrante deverá informar à Polícia Federal o seu local de domicílio e as atividades por ele exercidas no País e no exterior.

§ 6º Na hipótese de o imigrante notificado nos termos estabelecidos neste artigo não regularizar a sua situação migratória e comparecer a ponto de fiscalização para deixar o País após encerrado o prazo estabelecido no *caput*, será lavrado termo e registrada a saída do território nacional como deportação.

§ 7º A notificação será dispensada quando a irregularidade for constatada no momento da saída do imigrante do território nacional, e será lavrado termo e registrada a saída do território nacional como deportação, sem prejuízo da aplicação de multa, nos termos estabelecidos no inciso II do *caput* do art. 307.

§ 8º O prazo para regularização migratória de que trata o *caput* será deduzido do prazo de estada do visto de visita estabelecido no art. 20.

Art. 177. O procedimento administrativo de regularização da situação migratória será instruído com:

I - a comprovação da notificação do imigrante para regularizar a sua condição migratória ou deixar voluntariamente o País; e

II - a manifestação do interessado, quando apresentada.

CAPÍTULO XI
DAS MEDIDAS DE RETIRADA COMPULSÓRIA

Seção I
Disposições gerais

Art. 178. São medidas de retirada compulsória:

I - a repatriação;

II - a deportação; e

III - a expulsão.

Art. 179. A repatriação, a deportação e a expulsão serão feitas para o país de nacionalidade ou de procedência do migrante ou do visitante, ou para outro país que o aceite, em observância aos tratados de que o País seja parte.

Art. 180. Não se procederá à repatriação, à deportação ou à expulsão de nenhum indivíduo quando subsistirem razões para acreditar que a medida poderá colocar em risco sua vida, sua integridade pessoal ou sua liberdade seja ameaçada por motivo de etnia, religião, nacionalidade, pertinência a grupo social ou opinião política.

Art. 181. O beneficiário de proteção ao apátrida, refúgio ou asilo político não será repatriado, deportado ou expulso enquanto houver processo de reconhecimento de sua condição pendente no País.

Parágrafo único. Na hipótese de deportação de apátrida, a medida de retirada compulsória somente poderá ser aplicada após autorização do Ministério da Justiça e Segurança Pública.

Art. 182. O procedimento de deportação dependerá de autorização prévia do Poder Judiciário no caso de migrante em cumprimento de pena ou que responda criminalmente em liberdade.

Art. 183. As medidas de retirada compulsória não serão feitas de forma coletiva.

§ 1º Entende-se por repatriação, deportação ou expulsão coletiva aquela que não individualiza a situação migratória irregular de cada migrante.

§ 2º A individualização das medidas de repatriação ocorrerá por meio de termo do qual constarão:

I - os dados pessoais do repatriando;

II - as razões do impedimento que deu causa à medida; e

III - a participação de intérprete, quando necessária.

§ 3º A individualização das medidas de deportação e expulsão ocorrerá por meio de procedimento administrativo instaurado nos termos estabelecidos nos art. 188 e art. 195.

Art. 184. O imigrante ou o visitante que não tenha atingido a maioridade civil, desacompanhado ou separado de sua família, não será repatriado ou deportado, exceto se a medida de retirada compulsória for comprovadamente mais favorável para a garantia de seus direitos ou para a reintegração a sua família ou a sua comunidade de origem.

Seção II
Da repatriação

Art. 185. A repatriação consiste em medida administrativa da devolução ao país de procedência ou de nacionalidade da pessoa em situação de impedimento de ingresso, identificada no momento da entrada no território nacional.

§ 1º Caso a repatriação imediata não seja possível, a entrada do imigrante poderá ser permitida, desde que atenda ao disposto no § 2º.

§ 2º Na hipótese prevista no § 1º, o transportador ou o seu agente deverá assinar termo de compromisso que assegure o custeio das despesas com a permanência e com as providências para a repatriação do imigrante, do qual constarão o seu prazo de estada, as condições e o local em que o imigrante.

§ 3º A Defensoria Pública da União será notificada, preferencialmente por meio eletrônico, quando o imigrante que não tenha atingido a maioridade civil estiver desacompanhado ou separado de sua família e quando a sua repatriação imediata não for possível.

§ 4º A ausência de manifestação da Defensoria Pública da União, desde que prévia e devidamente notificada, não impedirá a efetivação da medida de repatriação.

Art. 186. Ato do dirigente máximo da Polícia Federal estabelecerá os procedimentos administrativos necessários para a repatriação, conforme os tratados de que o País seja parte.

Seção III
Da deportação

Art. 187. A deportação consiste em medida decorrente de procedimento administrativo da qual resulta a retirada compulsória da pessoa que se encontre em situação migratória irregular no território nacional.

Parágrafo único. Os procedimentos concernentes à deportação observarão os princípios do contraditório, da ampla defesa e da garantia de recurso com efeito suspensivo.

Art. 188. O procedimento que poderá levar à deportação será instaurado pela Polícia Federal.

§ 1º O ato de que trata o *caput* conterá relato do fato motivador da medida e a sua fundamentação legal, e determinará:

I – a juntada do comprovante da notificação pessoal do deportando prevista no art. 176;

II – notificação, preferencialmente por meio eletrônico:

a) da repartição consular do país de origem do imigrante;

b) do defensor constituído do deportando, quando houver, para apresentação de defesa técnica no prazo de dez dias; e

c) da Defensoria Pública da União, na ausência de defensor constituído, para apresentação de defesa técnica no prazo de vinte dias.

§ 2º As irregularidades verificadas no procedimento administrativo da deportação constarão, expressamente, das notificações de que trata o § 1º.

§ 3º A assistência jurídica providenciará defesa técnica no prazo a que se refere o § 1º, e, se entender necessário:

I – tradutor ou intérprete; e

II – exames ou estudos.

§ 4º A ausência de manifestação da Defensoria Pública da União, desde que prévia e devidamente notificada, não impedirá a efetivação da medida de deportação.

Art. 189. Caberá recurso com efeito suspensivo da decisão sobre deportação no prazo de dez dias, contado da data da notificação do deportando.

Art. 190. Não se procederá à deportação se a medida configurar extradição não admitida pela legislação brasileira.

Art. 191. Ato do dirigente máximo da Polícia Federal disporá sobre os procedimentos administrativos necessários para a deportação.

Parágrafo único. Ato do Ministro de Estado da Justiça e Segurança Pública definirá as hipóteses de redução do prazo de que trata o § 6º do art. 50 da Lei 13.445, de 2017.

Seção IV
Da expulsão

Art. 192. A expulsão consiste em medida administrativa da retirada compulsória do território nacional instaurada por meio de Inquérito Policial de Expulsão, conjugada com impedimento de reingresso por prazo determinado do imigrante ou do visitante com sentença condenatória transitada em julgado pela prática de:

I – nos termos definidos pelo Estatuto de Roma do Tribunal Penal Internacional, de 1998, promulgado pelo Decreto 4.388, de 2002:

a) crime de genocídio;

b) crime contra a humanidade;

c) crime de guerra; ou

d) crime de agressão; ou

II – crime comum doloso passível de pena privativa de liberdade, consideradas a gravidade e as possibilidades de ressocialização no território nacional.

Art. 193. O Ministério da Justiça e Segurança Pública não procederá à expulsão daqueles a que se refere o art. 192 quando:

I – a medida configurar extradição não admitida pela lei brasileira;

II – o expulsando:

a) tiver filho brasileiro que esteja sob a sua guarda ou dependência econômica ou socioafetiva ou tiver pessoa brasileira sob a sua tutela;

b) tiver cônjuge ou companheiro residente no País, sem discriminação alguma, reconhecido judicial ou legalmente;

c) tiver ingressado no País antes de completar os doze anos de idade, desde que resida, desde então, no País; ou

d) seja pessoa com mais de setenta anos que resida no País há mais de dez anos, considerados a gravidade e o fundamento da expulsão.

Art. 194. Enquanto o procedimento de expulsão estiver pendente, o expulsando permanecerá aguardando a sua decisão, sem alteração de sua condição migratória.

Art. 195. O procedimento de expulsão será iniciado por meio de Inquérito Policial de Expulsão.

§ 1º O Inquérito Policial de Expulsão será instaurado pela Polícia Federal, de ofício ou por determinação do Ministro de Estado da Justiça e Segurança Pública, de requisição ou de requerimento fundamentado em sentença, e terá como objetivo produzir relatório final sobre a pertinência ou não da medida de expulsão, com o levantamento de subsídios para a decisão, realizada pelo Ministro de Estado da Justiça e Segurança Pública, acerca:

I – da existência de condição de inexpulsabilidade;

II – da existência de medidas de ressocialização, se houver execução de pena; e

III – da gravidade do ilícito penal cometido.

§ 2º A instauração do Inquérito Policial de Expulsão será motivada:

I – na hipótese prevista no inciso I do *caput* do art. 192, pelo recebimento, a qualquer tempo, por via diplomática, de sentença definitiva expedida pelo Tribunal Penal Internacional; ou

II – na hipótese prevista no inciso II do *caput* do art. 192, pela existência de sentença.

§ 3º Os procedimentos concernentes à expulsão observarão os princípios do contraditório e da ampla defesa.

§ 4º O ato de que trata o *caput* conterá relato do fato motivador da expulsão e a sua fundamentação legal, e determinará que seja realizada, de imediato, a notificação, preferencialmente por meio eletrônico:

I – do expulsando;

II - da repartição consular do país de origem do imigrante;
III - do defensor constituído do expulsando, quando houver; e
IV - da Defensoria Pública da União.
§ 5º A assistência jurídica providenciará defesa técnica no prazo a que se refere o art. 196, e, se entender necessário, tradutor ou intérprete.
§ 6º A expulsão somente ocorrerá após o trânsito em julgado da ação que julgar o processo de expulsão.
Art. 196. O defensor constituído terá o prazo de dez dias para apresentação de defesa técnica no procedimento administrativo de expulsão e dez dias para interposição de pedido de reconsideração, quando for o caso.
Parágrafo único. Os prazos estabelecidos no *caput* serão contados em dobro em relação à Defensoria Pública da União.
Art. 197. Iniciado o processo de expulsão, o expulsando será notificado da sua instauração, além da data e do horário fixados para o seu interrogatório.
Parágrafo único. Se o expulsando não for encontrado, a Polícia Federal dará publicidade à instauração do Inquérito Policial de Expulsão em seu sítio eletrônico e tal publicação será considerada como notificação para todos os atos do referido procedimento.
Art. 198. Na hipótese de expulsando preso fora das dependências da Polícia Federal, a sua presença na repartição policial será solicitada ao juízo de execuções penais, sem prejuízo da autorização para realização de qualificação e interrogatório no estabelecimento penitenciário.
Art. 199. O expulsando que, regularmente notificado, não se apresentar ao interrogatório será considerado revel e a sua defesa caberá à Defensoria Pública da União ou, em sua ausência, a defensor dativo.
Parágrafo único. Na hipótese de revelia e de o expulsando se encontrar em lugar incerto e não sabido, a Polícia Federal providenciará a qualificação indireta do expulsando.
Art. 200. O Inquérito Policial de Expulsão será instruído com os seguintes documentos:
I - o ato a que se refere o art. 195, § 1º, e a documentação que fundamentou a sua edição;
II - a cópia da sentença penal condenatória e a certidão de trânsito em julgado, se disponíveis;
III - o documento do juízo de execução penal que ateste se o expulsando é beneficiário de medidas de ressocialização em cumprimento de penas cominadas ou executadas no território nacional, se já houver execução;
IV - o termo de notificação pessoal do expulsando ou a cópia da notificação publicada no sítio eletrônico da Polícia Federal;
V - os termos de notificação:
a) do representante consular do país de nacionalidade do expulsando; e

b) do defensor constituído do expulsando ou, em sua ausência, da Defensoria Pública da União ou de defensor dativo;
VI - o auto de qualificação e interrogatório;
VII - a defesa técnica apresentada:
a) pelo defensor constituído do expulsando, quando houver; ou
b) pela Defensoria Pública da União ou por defensor dativo;
VIII - o termo das diligências realizadas; e
IX - o relatório final.
§ 1º O Inquérito Policial de Expulsão poderá ser instruído com outros documentos, a critério da autoridade que o presidir.
§ 2º O documento a que se refere o inciso VII do *caput* será dispensado quando não for apresentado pela defesa do expulsando, desde que os termos de notificação tenham sido devidamente apresentados.
§ 3º O termo de compromisso assinado pelo expulsando constará do auto de qualificação e interrogatório, no qual assegurará que manterá as suas informações pessoais e relativas ao local de domicílio atualizadas.
§ 4º Durante o inquérito, suscitada a hipótese de inexpulsabilidade, as diligências para a sua confirmação serão providenciadas.
§ 5º Na hipótese de indeferimento das diligências requeridas pela defesa do expulsando, a autoridade que presidir o Inquérito Policial de Expulsão deverá elaborar despacho fundamentado.
Art. 201. O direito à palavra deverá ser dado ao expulsando e ao seu defensor na oitiva de testemunhas e no interrogatório, anteriormente ao encerramento do Inquérito Policial de Expulsão.
Art. 202. O relatório final com a recomendação técnica pela efetivação da expulsão ou pelo reconhecimento de causa de impedimento da medida de retirada compulsória será encaminhado para apreciação e deliberação do Ministro de Estado da Justiça e Segurança Pública.
Art. 203. Publicado o ato do Ministro de Estado da Justiça e Segurança Pública que disponha sobre a expulsão e o prazo determinado de impedimento para reingresso no território nacional, o expulsando poderá interpor pedido de reconsideração no prazo de dez dias, contado da data da sua notificação pessoal.
Parágrafo único. Ato do dirigente máximo da Polícia Federal disporá sobre a notificação pessoal por meio eletrônico nas hipóteses de expulsão.
Art. 204. O prazo de vigência da medida de impedimento vinculada aos efeitos da expulsão será proporcional ao prazo total da pena aplicada e não será superior ao dobro de seu tempo.
§ 1º O prazo de vigência da medida de impedimento definido no ato a que se refere o art. 203 será contado da data da saída do imigrante expulso do País.
§ 2º O Ministério da Justiça e Segurança Pública registrará e informará à Polícia Federal sobre o

decurso do período de impedimento de retorno do imigrante expulso ao País.

§ 3º Encerrado o prazo para o pedido de reconsideração sem que haja formalização do pedido pelo expulsando ou no caso de seu indeferimento, a Polícia Federal ficará autorizada a efetivar o ato expulsório.

Art. 205. A existência de procedimento de expulsão não impedirá a saída do expulsando do País.

§ 1º A saída voluntária do expulsando do País não suspenderá o processo de expulsão.

§ 2º Quando verificado que o expulsando com expulsão já decretada tenha comparecido a ponto de fiscalização para deixar voluntariamente o País, será lavrado termo e registrada a saída do território nacional como expulsão.

Art. 206. O requerimento de suspensão dos efeitos e de revogação da medida de expulsão e de impedimento de ingresso e permanência no território nacional deverá ter por fundamento a ocorrência de causa de inexpulsabilidade prevista no art. 193, caput, inciso II, alíneas a a d, quando não observada ou não existente no decorrer do processo administrativo.

§ 1º O requerimento a que se refere o caput poderá ser apresentado em representação diplomática brasileira e será enviado ao Ministério da Justiça e Segurança Pública para avaliação.

§ 2º O efeito da medida impeditiva de reingresso não será automaticamente suspenso com a apresentação do requerimento a que se refere o caput, hipótese em que a suspensão ficará sujeita à decisão do Ministério da Justiça e Segurança Pública.

§ 3º O requerimento a que se refere o caput terá prioridade em sua instrução e sua decisão.

§ 4º Caberá ao Ministro de Estado da Justiça e Segurança Pública decidir sobre a revogação da medida de expulsão.

Seção V
Da efetivação e do custeio das medidas de retirada compulsória

Art. 207. Ato do Ministro de Estado da Justiça e Segurança Pública disporá sobre o regramento específico para efetivação em caráter excepcional da repatriação e da deportação de pessoa que tenha praticado ato contrário aos princípios e aos objetivos dispostos na Constituição, nos termos estabelecidos no art. 45, caput, inciso IX, da Lei 13.445, de 2017.

Art. 208. A efetivação da medida de retirada compulsória será feita por meio de termo da Polícia Federal, que também comunicará, por meio da Organização Internacional de Polícia Criminal - Interpol, as autoridades policiais e migratórias dos países de escala, conexões e destino.

Art. 209. As medidas de cooperação internacional poderão ser aplicadas conjuntamente com qualquer medida de retirada compulsória e, se for o caso, de impedimento de reingresso no território nacional.

Parágrafo único. A efetivação prévia de medida de cooperação internacional não prejudicará o processamento de medida de retirada compulsória.

Art. 210. A pessoa em situação de impedimento de ingresso, identificada no momento da entrada no território nacional, que não possa ser repatriada de imediato, será mantida em liberdade vigiada até a sua devolução ao país de procedência ou de nacionalidade, quando essa necessidade for identificada pela Polícia Federal.

Art. 211. O delegado da Polícia Federal poderá representar perante o juízo federal pela prisão ou por outra medida cautelar, observado o disposto no Título IX do Decreto-Lei 3.689, de 3 de outubro de 1941 – Código de Processo Penal.

§ 1º A medida cautelar aplicada vinculada à mobilidade do imigrante ou do visitante deverá ser comunicada ao juízo federal e à repartição consular do país de nacionalidade do preso e registrada em sistema próprio da Polícia Federal.

§ 2º Na hipótese de o imigrante sobre quem recai a medida estar preso por outro motivo, o fato deverá ser comunicado ao juízo de execuções penais competente, para determinar a apresentação do deportando ou do expulsando à Polícia Federal.

§ 3º O deportando ou o expulsando preso será informado de seus direitos, observado o disposto no inciso LXIII do caput do art. 5º da Constituição e, caso ele não informe o nome de seu defensor, a Defensoria Pública da União será notificada.

Art. 212. O custeio das despesas com a retirada compulsória correrá com recursos da União somente depois de esgotados todos os esforços para a sua efetivação com recursos da pessoa sobre quem recair a medida, do transportador ou de terceiros.

Parágrafo único. A retirada compulsória às expensas da União conterá, para efeito de programação financeira, o detalhamento prévio das despesas com a efetivação da medida.

CAPÍTULO XII
DA NACIONALIDADE E DA NATURALIZAÇÃO

Seção I
Da opção pela nacionalidade brasileira

Art. 213. A opção pela nacionalidade é o ato pelo qual o brasileiro nascido no exterior e que não tenha sido registrado em repartição consular confirma, perante a autoridade judiciária competente, a sua intenção de manter a nacionalidade brasileira.

§ 1º A opção de nacionalidade não importará a renúncia de outras nacionalidades.

§ 2º A opção de nacionalidade é ato personalíssimo e deverá ocorrer por meio de procedimento específico, de jurisdição voluntária, perante a Justiça Federal, a qualquer tempo, após atingida a maioridade civil.

§ 3º A União sempre será ouvida no processo de opção de nacionalidade por meio de citação dirigida à Advocacia-Geral da União, observado o disposto no art. 721 da Lei 13.105, de 16 de março de 2015 - Código de Processo Civil.

Art. 214. O filho de pai ou de mãe brasileira nascido no exterior e que não tenha sido registrado em repartição consular poderá, a qualquer tempo, desde que esteja residindo no País, promover ação de opção de nacionalidade.

Art. 215. O filho de pai ou mãe brasileira nascido no exterior e cujo registro estrangeiro de nascimento tenha sido transcrito diretamente em cartório competente no País terá a confirmação da nacionalidade vinculada à opção pela nacionalidade brasileira e pela residência no território nacional.

§ 1º Depois de atingida a maioridade e até que se faça a opção pela nacionalidade brasileira, a condição de brasileiro nato ficará suspensa para todos os efeitos.

§ 2º Feita a opção pela nacionalidade brasileira, os efeitos da condição de brasileiro nato retroagem à data de nascimento do interessado.

Art. 216. A comprovação da opção pela nacionalidade brasileira ocorrerá por meio do registro da sentença no Cartório de Registro Civil das Pessoas Naturais, observado o disposto no art. 29, caput, inciso VII, da Lei 6.015, de 31 de dezembro de 1973.

Parágrafo único. O órgão de registro deverá informar, periodicamente, os dados relativos à opção pela nacionalidade brasileira à Polícia Federal.

Art. 217. O registro consular de nascimento deverá ser trasladado em Cartório de Registro Civil das Pessoas Naturais para gerar efeitos plenos no território nacional, observado o disposto no art. 32 da Lei 6.015, de 1973.

Seção II
Das condições da naturalização

Art. 218. A naturalização, cuja concessão é de competência exclusiva do Ministério da Justiça e Segurança Pública, poderá ser:
I - ordinária;
II - extraordinária;
III - especial; ou
IV - provisória.

Art. 219. Ato do Ministro de Estado da Justiça e Segurança Pública disporá sobre os documentos e as diligências necessários à comprovação dos requisitos para a solicitação de cada tipo de naturalização.

Art. 220. Ato do Ministro de Estado da Justiça e Segurança Pública concederá a naturalização, desde que satisfeitas as condições objetivas necessárias à naturalização, consideradas requisito preliminar para o processamento do pedido.

Art. 221. Para fins de contagem dos prazos de residência mencionados nas exigências para obtenção da naturalização ordinária e extraordinária, serão considerados os períodos em que o imigrante tenha passado a residir no País por prazo indeterminado.

Parágrafo único. A residência será considerada fixa, para fins da naturalização provisória prevista no art. 244, a partir do momento em que o imigrante passar a residir no País por prazo indeterminado.

Art. 222. A avaliação da capacidade do naturalizando de se comunicar em língua portuguesa será regulamentada por ato do Ministro de Estado da Justiça e Segurança Pública.

Parágrafo único. Para fins do disposto no inciso III do caput do art. 233 e no inciso II do caput do art. 241, as condições do naturalizando quanto à capacidade de comunicação em língua portuguesa considerarão aquelas decorrentes de deficiência, nos termos da legislação vigente.

Art. 223. O naturalizando poderá requerer a tradução ou a adaptação de seu nome à língua portuguesa.

Art. 224. O interessado que desejar ingressar com pedido de naturalização ordinária, extraordinária, provisória ou de transformação da naturalização provisória em definitiva deverá apresentar requerimento em unidade da Polícia Federal, dirigido ao Ministério da Justiça e Segurança Pública.

Parágrafo único. Na hipótese de naturalização especial, a petição poderá ser apresentada a autoridade consular brasileira, que a remeterá ao Ministério da Justiça e Segurança Pública.

Art. 225. As notificações relacionadas com o processo de naturalização serão efetuadas preferencialmente por meio eletrônico.

Art. 226. Os Ministérios da Justiça e Segurança Pública e das Relações Exteriores tramitarão os pedidos de naturalização por meio de sistema eletrônico integrado.

Art. 227. A Polícia Federal, ao processar o pedido de naturalização:
I - coletará os dados biométricos do naturalizando;
II - juntará as informações sobre os antecedentes criminais do naturalizando; e
III - relatará o requerimento de naturalização; e
IV - poderá apresentar outras informações que instruam a decisão quanto ao pedido de naturalização.

Parágrafo único. Na hipótese de naturalização especial, a coleta dos dados biométricos prevista no inciso I do caput será realizada pelo Ministério das Relações Exteriores.

Art. 228. O procedimento de naturalização se encerrará no prazo de cento e oitenta dias, contado da data do recebimento do pedido.

§ 1º Na hipótese de naturalização especial, a contagem do prazo se iniciará a partir do recebimento do pedido pelo Ministério da Justiça e Segurança Pública.

§ 2º Caso sejam necessárias diligências para o procedimento de naturalização, o prazo previsto no caput poderá ser prorrogado por meio de ato do Ministro de Estado da Justiça e Segurança Pública que fundamente a prorrogação.

Art. 229. O brasileiro que tenha optado pela nacionalidade brasileira ou aquele naturalizado que tenha cumprido as suas obrigações militares no país de sua nacionalidade anterior fará jus ao Certificado de Dispensa de Incorporação.

Art. 230. A naturalização produz efeitos após a data da publicação no *Diário Oficial da União* do ato de naturalização.

§ 1º Publicado o ato de naturalização no Diário Oficial da União, o Ministério da Justiça e Segurança Pública comunicará as naturalizações concedidas, preferencialmente por meio eletrônico:

I – ao Ministério da Defesa;
II – ao Ministério das Relações Exteriores; e
III – à Polícia Federal.

§ 2º O registro do ato de concessão da naturalização será realizado, em sistema próprio do Ministério da Justiça e Segurança Pública, com o nome anterior e, caso exista, o traduzido ou o adaptado.

Art. 231. No prazo de até um ano após a concessão da naturalização, o naturalizado maior de dezoito anos e menor de setenta anos deverá comparecer perante a Justiça Eleitoral para o devido cadastramento.

Parágrafo único. A informação quanto à necessidade de comparecimento ou não perante a Justiça Eleitoral constará da decisão de naturalização publicada pelo Ministério da Justiça e Segurança Pública no *Diário Oficial da União*.

Art. 232. O prazo para apresentação de recurso na hipótese de indeferimento do pedido de naturalização será de dez dias, contado da data do recebimento da notificação.

§ 1º O recurso deverá ser julgado no prazo de sessenta dias, contado da data da sua interposição.

§ 2º A manutenção da decisão não impedirá a apresentação de novo pedido de naturalização, desde que satisfeitas as condições objetivas necessárias à naturalização.

§ 3º Na hipótese de naturalização especial, o prazo estabelecido no *caput* será contado da data da notificação do requerente pelo Ministério das Relações Exteriores.

Seção III
Da naturalização ordinária

Art. 233. No procedimento para a concessão de naturalização ordinária, deverão ser comprovados:

I – capacidade civil, segundo a lei brasileira;
II – residência no território nacional, pelo prazo mínimo de quatro anos;
III – capacidade de se comunicar em língua portuguesa, consideradas as condições do naturalizando; e
IV – inexistência de condenação penal ou comprovação de reabilitação, nos termos da legislação vigente.

§ 1º O prazo de residência no território nacional a que se refere o inciso II do *caput* deverá ser imediatamente anterior à apresentação do pedido.

§ 2º Na contagem do prazo previsto no inciso II do *caput*, as viagens esporádicas do naturalizando ao exterior cuja soma dos períodos de duração não ultrapassem o período de doze meses não impedirão o deferimento da naturalização ordinária.

§ 3º A posse ou a propriedade de bens no País não será prova suficiente do requisito estabelecido no inciso II do *caput*, hipótese em que deverá ser comprovada a residência efetiva no País.

§ 4º O Ministério da Justiça e Segurança Pública consultará bancos de dados oficiais para comprovar o prazo de residência de que trata o inciso II do *caput*.

Art. 234. O pedido de naturalização ordinária se efetivará por meio da:

I – apresentação da Carteira de Registro Nacional Migratório do naturalizando;
II – comprovação de residência no território nacional pelo prazo mínimo requerido;
III – demonstração do naturalizando de que se comunica em língua portuguesa, consideradas as suas condições;
IV – apresentação de certidões de antecedentes criminais expedidas pelos Estados onde tenha residido nos últimos quatro anos e, se for o caso, de certidão de reabilitação; e
V – apresentação de atestado de antecedentes criminais expedido pelo país de origem.

Art. 235. O prazo de residência mínimo estabelecido no inciso II do *caput* do art. 233 será reduzido para um ano se o naturalizando preencher um dos seguintes requisitos:

I – ter filho brasileiro nato ou naturalizado, ressalvada a naturalização provisória; ou
II – ter cônjuge ou companheiro brasileiro e não estar dele separado legalmente ou de fato no momento de concessão da naturalização.

Art. 236. O prazo de residência mínimo estabelecido no inciso II do *caput* do art. 233 será reduzido para dois anos se o naturalizando preencher um dos seguintes requisitos:

I – ter prestado ou poder prestar serviço relevante ao País; ou
II – ser recomendo por sua capacidade profissional, científica ou artística.

Parágrafo único. A avaliação sobre a relevância do serviço prestado ou a ser prestado ao País e sobre a capacidade profissional, científica ou artística será realizada pelo Ministério da Justiça e Segurança Pública, que poderá consultar outros órgãos da administração pública.

Art. 237. Observado o disposto no art. 12, *caput*, inciso II, alínea *a*, da Constituição, para os imigrantes originários de países de língua portuguesa serão exigidas:

I – residência no País por um ano ininterrupto; e
II – idoneidade moral.

Seção IV
Da naturalização extraordinária

Art. 238. A naturalização extraordinária será concedida a pessoa de qualquer nacionalidade que tenha fixado residência no território nacional há mais de quinze anos ininterruptos e sem condenação penal, ou já reabilitada na forma da legislação vigente, desde que requeira a nacionalidade brasileira.

§ 1º O prazo de residência no território nacional a que se refere o *caput* deverá ser imediatamente anterior à apresentação do pedido.

§ 2º Na contagem do prazo previsto no *caput*, as viagens esporádicas do naturalizando ao exterior não impedirão o deferimento da naturalização extraordinária.

§ 3º A posse ou a propriedade de bens no País não será prova suficiente do requisito estabelecido no *caput*, hipótese em que deverá ser comprovada a residência efetiva no País.

§ 4º O Ministério da Justiça e Segurança Pública poderá consultar bancos de dados oficiais para comprovar o prazo de residência no País previsto no *caput*.

Art. 239. O pedido de naturalização extraordinária se efetivará por meio da apresentação:
I - da Carteira de Registro Nacional Migratório do naturalizando;
II - de certidões de antecedentes criminais expedidas pelos Estados onde tenha residido nos últimos quatro anos e, se for o caso, de certidão de reabilitação; e
III - de atestado de antecedentes criminais expedido pelo país de origem.

Seção V
Da naturalização especial

Art. 240. A naturalização especial poderá ser concedida ao estrangeiro que se enquadre em uma das seguintes hipóteses:
I - ser cônjuge ou companheiro, há mais de cinco anos, de integrante do Serviço Exterior Brasileiro em atividade ou de pessoa a serviço do Estado brasileiro no exterior; ou
II - ser ou ter sido empregado em missão diplomática ou em repartição consular do País por mais de dez anos ininterruptos.

§ 1º Para fins do disposto no inciso I do *caput*, considera-se pessoa a serviço do Estado brasileiro aquela cujo ato de designação ou nomeação tenha sido feito por autoridade competente e publicado no *Diário Oficial da União*.

§ 2º Serão computados na contagem do prazo estabelecido no inciso II do *caput* os afastamentos do empregado por motivo de:
I - férias;
II - licença-maternidade ou licença-paternidade;
III - saúde; ou
IV - licença, nos termos da legislação trabalhista do país em que esteja instalada a missão diplomática ou repartição consular, cujo prazo de duração seja inferior a seis meses.

Art. 241. No procedimento para a concessão da naturalização especial deverão ser comprovados:
I - capacidade civil, segundo a lei brasileira;
II - capacidade de se comunicar em língua portuguesa, consideradas as condições do naturalizando; e
III - inexistência de condenação penal ou comprovação de reabilitação, nos termos da legislação vigente.

Art. 242. O pedido de naturalização especial se efetivará por meio da:
I - apresentação de documento de identidade civil válido do naturalizando;
II - demonstração do naturalizando de que se comunica em língua portuguesa, consideradas as suas condições;
III - apresentação de atestado de antecedentes criminais expedido pelo país de origem e, se residir em país diferente, também pelo país de residência.

Art. 243. Ato conjunto dos Ministros de Estado da Justiça e Segurança Pública e das Relações Exteriores disporá sobre os documentos necessários para a comprovação dos requisitos estabelecidos para a solicitação de naturalização especial.

Seção VI
Da naturalização provisória

Art. 244. A naturalização provisória poderá ser concedida ao migrante criança ou adolescente que tenha fixado residência no território nacional antes de completar dez anos de idade e deverá ser requerida por intermédio de seu representante legal.

Art. 245. O pedido de naturalização provisória se efetivará por meio da apresentação:
I - da Carteira de Registro Nacional Migratório do naturalizando; e
II - de documento de identificação civil do representante ou do assistente legal da criança ou do adolescente.

Art. 246. A naturalização provisória será convertida em definitiva se o naturalizando expressamente assim o requerer ao Ministério da Justiça e Segurança Pública no prazo de dois anos após atingir a maioridade civil.

§ 1º Na avaliação do pedido de conversão de que trata o *caput*, será exigida a apresentação de certidões de antecedentes criminais expedidas pelos Estados onde o naturalizando tenha residido após completar a maioridade civil e, se for o caso, de certidão de reabilitação.

§ 2º O Ministério da Justiça e Segurança Pública consultará bancos de dados oficiais para comprovar a residência do naturalizando no País.

Seção VII
Da igualdade de direitos entre portugueses e brasileiros

Art. 247. O procedimento para solicitação de igualdade de direitos entre portugueses e brasileiros a que se referem a Convenção de Reciprocidade de Tratamento entre Brasileiros e Portugueses, promulgada pelo Decreto 70.391, de 12 de abril de 1972, e o Tratado de Amizade, Cooperação e Consulta entre a República Federativa do Brasil e a República Portuguesa, promulgado pelo Decreto 3.927, de 19 de setembro de 2001, será previsto em ato do Ministro de Estado da Justiça e Segurança Pública.

Seção VIII
Da perda da nacionalidade

Art. 248. O naturalizado perderá a nacionalidade em razão de sentença transitada em julgado por atividade nociva ao interesse nacional, nos termos estabelecidos no art. 12, § 4º, inciso I, da Constituição.

Parágrafo único. A sentença judicial que cancelar a naturalização por atividade nociva ao interesse nacional produzirá efeitos após o trânsito em julgado.

Art. 249. A perda da nacionalidade será declarada ao brasileiro que adquirir outra nacionalidade, exceto nas seguintes hipóteses:

I – de reconhecimento de nacionalidade originária pela lei estrangeira; e

II – de imposição de naturalização, pela norma estrangeira, ao brasileiro residente em estado estrangeiro, como condição para permanência em seu território ou para o exercício de direitos civis.

Art. 250. A declaração da perda de nacionalidade brasileira se efetivará por ato do Ministro de Estado da Justiça e Segurança Pública, após procedimento administrativo, no qual serão garantidos os princípios do contraditório e da ampla defesa.

Art. 251. Na hipótese de procedimento de perda de nacionalidade instaurado a pedido do interessado, a solicitação deverá conter, no mínimo:

I – a identificação do interessado, com a devida documentação;

II – o relato do fato motivador e a sua fundamentação legal;

III – a documentação que comprove a incidência de hipótese de perda de nacionalidade, devidamente traduzida, se for o caso;

IV – endereço de correio eletrônico do interessado, se o possuir.

§ 1º O Ministério da Justiça e Segurança Pública dará publicidade da decisão quanto à perda de nacionalidade em seu sítio eletrônico, inclusive quando houver interposição de recurso.

§ 2º Caberá recurso da decisão a que se refere o § 1º à instância imediatamente superior, no prazo de dez dias, contado da data da publicação no sítio eletrônico do Ministério da Justiça e Segurança Pública.

Art. 252. O Ministério da Justiça e Segurança Pública dará ciência da perda da nacionalidade:

I – ao Ministério das Relações Exteriores;

II – ao Conselho Nacional de Justiça; e

III – à Polícia Federal.

Art. 253. O risco de geração de situação de apatridia será considerado previamente à declaração da perda da nacionalidade.

Seção IX
Da reaquisição da nacionalidade

Art. 254. O brasileiro que houver perdido a nacionalidade, em razão do disposto no inciso II do § 4º do art. 12 da Constituição, poderá, se cessada a causa, readquiri-la ou ter revogado o ato que declarou a sua perda.

§ 1º Cessada a causa da perda de nacionalidade, o interessado, por meio de requerimento endereçado ao Ministro da Justiça e Segurança Pública, poderá pleitear a sua reaquisição.

§ 2º A reaquisição da nacionalidade brasileira ficará condicionada à:

I – comprovação de que possuía a nacionalidade brasileira; e

II – comprovação de que a causa que deu razão à perda da nacionalidade brasileira cessou.

§ 3º A cessação da causa da perda da nacionalidade brasileira poderá ser demonstrada por meio de ato do interessado que represente pedido de renúncia da nacionalidade então adquirida.

§ 4º O ato que declarou a perda da nacionalidade poderá ser revogado por decisão do Ministro de Estado da Justiça e Segurança Pública caso seja constatado que estava presente uma das exceções previstas nas alíneas a e b do inciso II do § 4º do art. 12 da Constituição.

§ 5º A decisão de revogação será fundamentada por meio da comprovação de reconhecimento de nacionalidade originária pela lei estrangeira ou de imposição de naturalização, o que poderá ser realizado por qualquer meio permitido na legislação brasileira.

§ 6º Os efeitos decorrentes da perda da nacionalidade constarão da decisão de revogação.

§ 7º O deferimento do requerimento de reaquisição ou a revogação da perda importará no restabelecimento da nacionalidade originária brasileira.

CAPÍTULO XIII
DO EMIGRANTE

Art. 255. O recrutamento, no território nacional, de brasileiro para trabalhar no exterior em empresa estrangeira cujo capital social tenha participação de empresa brasileira será regulamentado em ato do Ministro de Estado do Trabalho.

Seção I
Das políticas públicas para os emigrantes

Art. 256. As políticas públicas para os emigrantes observarão os seguintes princípios e diretrizes:

I – proteção e prestação de assistência consular por meio das representações do País no exterior, a fim de proteger os interesses dos nacionais brasileiros;

II – promoção de condições de vida digna, por meio, entre outros, da facilitação do registro consular e da prestação de serviços consulares relativos às áreas de educação, saúde, trabalho, previdência social e cultura;

III – promoção de estudos e pesquisas sobre os emigrantes e as comunidades de brasileiros no exterior, a fim de subsidiar a formulação de políticas públicas;

IV – atuação diplomática, nos âmbitos bilateral, regional e multilateral, em defesa dos direitos do emigrante brasileiro, conforme o direito internacional;

V – ação governamental integrada, sob a coordenação do Ministério das Relações Exteriores, com a participação de órgãos da administração pública com atuação nas áreas temáticas mencionadas nos incisos I, II, III e IV, com vistas a assistir as comunidades brasileiras no exterior; e

VI – esforço permanente de desburocratização, atualização e modernização do sistema de atendimento, com o objetivo de aprimorar a assistência ao emigrante.

Art. 257. A assistência consular compreende:
I – o acompanhamento de casos de acidentes, hospitalização, falecimento e prisão no exterior;
II – a localização e a repatriação de nacionais brasileiros; e
III – o apoio em casos de conflitos armados e catástrofes naturais.

§ 1º A assistência consular não compreende o custeio de despesas com sepultamento e traslado de corpos de nacionais que tenham falecido do exterior, nem despesas com hospitalização, excetuados os itens médicos e o atendimento emergencial em situações de caráter humanitário.

§ 2º A assistência consular observará as disposições do direito internacional e das leis locais do país em que a representação do País no exterior estiver sediada.

Art. 258. Caberá aos Ministérios das Relações Exteriores e da Fazenda buscar garantir a isonomia de tratamento aos brasileiros que, residentes no exterior, recebam suas aposentadorias e suas pensões no âmbito de tratado sobre previdência social de que o País seja parte.

Seção II
Dos direitos do emigrante

Art. 259. O emigrante que decidir retornar ao País com ânimo de residência poderá introduzir no País, com isenção de direitos de importação e de taxas aduaneiras, os bens novos ou usados que o viajante, em compatibilidade com as circunstâncias de sua viagem, puder destinar para o uso ou o consumo pessoal e profissional, sempre que, por sua quantidade, natureza ou variedade, não permitam presumir importação ou exportação com fins comerciais ou industriais.

Art. 260. Na hipótese de ameaça à paz social e à ordem pública por instabilidade institucional grave ou iminente ou de calamidade de grande proporção na natureza, deverá ser prestada assistência especial ao emigrante pelas representações brasileiras no exterior.

Parágrafo único. Em situação de instabilidade política ou catástrofe natural, caberá ao Ministério das Relações Exteriores avaliar a efetiva ameaça à integridade física dos brasileiros afetados por desastres naturais, ameaças e conturbações diversas e avaliar as ações de apoio que se mostrem efetivamente necessárias.

Art. 261. O tripulante brasileiro contratado por embarcação ou armadora estrangeira, de cabotagem ou a longo curso e com sede ou filial no País que explore economicamente o mar territorial e a costa brasileira terá direito a seguro a cargo do contratante, válido para todo o período da contratação, conforme disposto no Registro de Embarcações Brasileiras, contra acidente de trabalho, invalidez total ou parcial e morte, sem prejuízo de benefícios de apólice mais favorável vigente no exterior.

CAPÍTULO XIV
DAS MEDIDAS DE COOPERAÇÃO VINCULADAS À MOBILIDADE

Seção I
Da extradição

Art. 262. A extradição é a medida de cooperação internacional entre o Estado brasileiro e outro Estado pela qual será concedida ou solicitada a entrega de pessoa sobre quem recaia condenação criminal definitiva ou para fins de instrução de processo penal em curso.

§ 1º A tramitação do pedido será feita por via diplomática ou pelas autoridades centrais designadas para esse fim.

§ 2º A extradição e a sua rotina de comunicação serão realizadas pelo Ministério da Justiça e Segurança Pública em coordenação com o Ministério das Relações Exteriores e com as autoridades judiciárias e policiais competentes.

Art. 263. São condições para concessão da extradição:
I – o crime ter sido cometido no território do Estado requerente ou serem aplicáveis ao extraditando as leis penais desse Estado; e
II – o extraditando estar respondendo a processo investigatório ou a processo penal ou ter sido condenado pelas autoridades judiciárias do Estado requerente à pena privativa de liberdade superior a dois anos.

Art. 264. Compete ao Ministério da Justiça e Segurança Pública a autorização de trânsito de pessoas extraditadas por pedido de outros Estados estrangeiros pelo território nacional, observado o disposto na Lei 13.445, de 2017.

Art. 265. Ato do Ministro de Estado da Justiça e Segurança Pública disporá sobre os procedimentos necessários para efetivar as extradições em que o Estado brasileiro figure no polo ativo ou passivo.

Subseção I
Da extradição passiva

Art. 266. A extradição passiva ocorre quando o Estado estrangeiro solicita ao Estado brasileiro a entrega de pessoa que se encontre no território nacional sobre quem recaia condenação criminal definitiva ou para fins de instrução de processo penal em curso.

Parágrafo único. O disposto no *caput* não impedirá a transferência temporária de pessoas sob custódia para fins de auxílio jurídico mútuo, nos termos de tratado ou de promessa de reciprocidade de tratamento.

Art. 267. A extradição não será concedida quando:
I – o indivíduo cuja extradição seja solicitada ao País for brasileiro nato;
II – o fato que motivar o pedido não for considerado crime no País ou no Estado requerente;
III – o País for competente, segundo as suas leis, para julgar o crime imputado ao extraditando;

IV – a lei brasileira impuser ao crime pena de prisão inferior a dois anos;
V – o extraditando estiver respondendo a processo ou já houver sido condenado ou absolvido no País pelo mesmo fato em que se fundar o pedido;
VI – a punibilidade estiver extinta pela prescrição, segundo a lei brasileira ou a do Estado requerente;
VII – o fato constituir crime político ou de opinião;
VIII – o extraditando tiver de responder, no Estado requerente, perante tribunal ou juízo de exceção; ou
IX – o extraditando for beneficiário de refúgio, nos termos da Lei 9.474, de 1997, ou de asilo territorial.
§ 1º A hipótese prevista no inciso VII do *caput* não impedirá a extradição quando o fato constituir, principalmente, infração à lei penal comum ou quando o crime comum, conexo ao delito político, constituir o fato principal.
§ 2º A apreciação do caráter da infração caberá ao Supremo Tribunal Federal.
§ 3º Para determinar a incidência da hipótese prevista no inciso I do *caput*, a anterioridade do fato gerador da extradição será observada nos casos de aquisição de outra nacionalidade por naturalização.
§ 4º O Supremo Tribunal Federal poderá deixar de considerar crime político:
I – atentado contra chefe de Estado ou outras autoridades;
II – crime contra a humanidade;
III – crime de guerra;
IV – crime de genocídio; e
V – ato de terrorismo.
§ 5º A extradição de brasileiro naturalizado pela prática de crime comum antes da naturalização ou o envolvimento em tráfico ilícito de entorpecentes e drogas afins independerá da perda da nacionalidade.
Art. 268. O extraditando poderá entregar-se voluntariamente ao Estado requerente, desde que o declare expressamente, esteja assistido por advogado e seja advertido de que tem direito ao processo judicial de extradição e à proteção que tal direito encerra, hipótese em que o pedido será decidido pelo Supremo Tribunal Federal.
Art. 269. O pedido de extradição originário de Estado estrangeiro será recebido pelo Ministério da Justiça e Segurança Pública e, após o exame da presença dos pressupostos formais de admissibilidade exigidos na Lei 13.445, de 2017, ou em tratado de que o País seja parte, será encaminhado ao Supremo Tribunal Federal.
§ 1º Os compromissos de que trata o art. 274 deverão ser apresentados no ato de formalização do pedido pelo Estado requerente.
§ 2º Não preenchidos os pressupostos de que trata este artigo, o pedido será arquivado mediante decisão fundamentada, sem prejuízo da possibilidade de renovação do pedido, devidamente instruído, uma vez superado o óbice apontado.

Art. 270. Nenhuma extradição será concedida sem prévio pronunciamento do Supremo Tribunal Federal sobre sua legalidade e sua procedência.
Parágrafo único. Não caberá recurso da decisão proferida pelo Supremo Tribunal Federal.
Art. 271. Julgada procedente a extradição pelo Supremo Tribunal Federal, o Ministério da Justiça e Segurança Pública avaliará se o estrangeiro cumpre os requisitos para ser extraditado.
Parágrafo único. Em caso positivo, o cumprimento dos requisitos será comunicado por via diplomática ou pelas autoridades centrais ao Estado requerente, que, no prazo de sessenta dias, contado da data da ciência da comunicação, deverá retirar o extraditando do território nacional.
Art. 272. Se o extraditando estiver respondendo a processo ou tiver sido condenado no País por crime punível com pena privativa de liberdade, a extradição apenas será executada após a conclusão do processo ou o cumprimento total da pena, exceto nas seguintes hipóteses:
I – liberação antecipada do extraditando pelo Poder Judiciário; ou
II – solicitação do extraditando para ser transferido para cumprir o restante da pena em seu país de origem ou no país onde possuía residência habitual ou possua vínculo pessoal.
Art. 273. Se o Estado requerente não retirar o extraditando do território nacional no prazo estabelecido no art. 272, ele será posto em liberdade, sem prejuízo de outras medidas aplicáveis.
Art. 274. A entrega do extraditando não será efetivada sem que o Estado requerente assuma o compromisso de:
I – não submeter o extraditando a prisão ou a processo por fato anterior ao pedido de extradição;
II – computar o tempo de prisão que, no País, tenha sido imposta por força da extradição;
III – comutar a pena corporal, perpétua ou de morte em pena privativa de liberdade, respeitado o limite máximo de cumprimento de trinta anos;
IV – não entregar o extraditando, sem consentimento do País, a outro Estado que o reclame;
V – não considerar qualquer motivo político para agravar a pena; e
VI – não submeter o extraditando a tortura ou a outros tratamentos ou penas cruéis, desumanos ou degradantes.
Art. 275. Em caso de urgência, o Estado interessado na extradição poderá, prévia ou conjuntamente com a formalização do pedido de extradição, requerer, por via diplomática ou por meio de autoridade central, no âmbito do Ministério da Justiça e Segurança Pública, prisão cautelar com o objetivo de assegurar a executoriedade da medida de extradição, hipótese em que caberá à autoridade central, após o exame da presença dos pressupostos formais de admissibilidade exigidos na Lei 13.445, de 2017, ou em tratado de que o País seja parte, representar ao Supremo Tribunal Federal, que ouvirá previamente o Ministério Público Federal.

§ 1º O pedido de prisão cautelar deverá conter informação sobre o crime cometido e deverá ser fundamentado, o qual poderá ser apresentado por correio, fax, mensagem eletrônica ou qualquer outro meio que assegure a comunicação por escrito.

§ 2º Na ausência de tratado, o Ministério das Relações Exteriores será provocado pelo Ministério da Justiça e Segurança Pública para obtenção, junto ao país requerente, da promessa de reciprocidade de tratamento necessária à instrução do pedido de prisão.

§ 3º O pedido de prisão cautelar poderá ser transmitido ao Supremo Tribunal Federal para extradição no País por meio de canal estabelecido com o ponto focal da Interpol no País, devidamente instruído com a documentação comprobatória da existência de ordem de prisão proferida por Estado estrangeiro, e, na ausência de tratado, com a promessa de reciprocidade de tratamento recebida por via diplomática.

§ 4º Efetivada a prisão do extraditando, o pedido de extradição será encaminhado ao Supremo Tribunal Federal.

§ 5º Na ausência de disposição específica em convenção ou tratado internacional, o Estado estrangeiro deverá formalizar o pedido de extradição no prazo de sessenta dias, contado da data em que tiver sido cientificado da prisão do extraditando.

§ 6º A prisão cautelar poderá ser prorrogada até o julgamento final da autoridade judiciária competente quanto à legalidade do pedido de extradição, resguardada a manutenção da prisão até a entrega efetiva do extraditando ao Estado estrangeiro, observado o disposto nos art. 92 e art. 93 da Lei 13.445, de 2017.

Art. 276. Ao ser comunicado pelo Supremo Tribunal Federal a respeito da decisão sobre a concessão de prisão cautelar, o Ministério da Justiça e Segurança Pública deverá:

I - se deferida a prisão, dar cumprimento à ordem e comunicar o Estado requerente, sem prejuízo das comunicações entre as congêneres da Interpol, realizadas por seu canal oficial; ou

II - se denegada a prisão, comunicar prontamente o Estado requerente.

Art. 277. Efetivada a prisão, o Ministério da Justiça e Segurança Pública deverá informar ao Supremo Tribunal Federal a data do cumprimento da medida e o local onde o extraditando ficará custodiado no País, hipótese em que o preso ficará à disposição daquele Tribunal.

Subseção II
Da extradição ativa

Art. 278. A extradição ativa ocorre quando o Estado brasileiro requer a Estado Estrangeiro a entrega de pessoa sobre quem recaia condenação criminal definitiva ou para fins de instrução de processo penal em curso.

Parágrafo único. O disposto no *caput* não impedirá a transferência temporária de pessoas sob custódia para fins de auxílio jurídico mútuo, nos termos de tratado ou de promessa de reciprocidade de tratamento.

Art. 279. O pedido que possa originar processo de extradição perante Estado estrangeiro deverá ser encaminhado ao Ministério da Justiça e Segurança Pública diretamente pelo órgão do Poder Judiciário responsável pela decisão ou pelo processo penal que a fundamenta.

§ 1º Compete ao Ministério da Justiça e Segurança Pública o papel de orientação, de informação e de avaliação dos elementos formais de admissibilidade dos processos preparatórios para encaminhamento ao Estado requerido, por via diplomática ou por via de autoridades centrais.

§ 2º Compete exclusivamente ao órgão do Poder Judiciário responsável pelo processo penal o encaminhamento do pedido de extradição ativa para o Ministério da Justiça e Segurança Pública devidamente instruído, acompanhado da tradução juramentada.

§ 3º Caso o pedido de extradição ativa seja encaminhado diretamente ao Ministério das Relações Exteriores, este deverá necessariamente retransmiti-lo ao Ministério da Justiça e Segurança Pública, a fim de ser realizado o juízo prévio de admissibilidade.

§ 4º O Ministério da Justiça e Segurança Pública poderá notificar os órgãos do sistema de Justiça vinculados ao processo gerador do pedido de extradição, a fim de que tais órgãos viabilizem a apresentação ao juízo competente dos documentos, das manifestações e dos demais elementos necessários para o processamento do pedido, acompanhado das traduções oficiais.

§ 5º O encaminhamento do pedido de extradição pelo órgão do Poder Judiciário responsável pelo processo penal ao Ministério da Justiça e Segurança Pública confere autenticidade aos documentos.

Art. 280. O Ministério da Justiça e Segurança Pública realizará o exame da presença dos pressupostos formais de admissibilidade exigidos em lei ou em tratado e, caso atendidos, providenciará o encaminhamento imediato do pedido de prisão ou de extradição ao Estado requerido, por via diplomática ou por via de autoridades centrais.

Seção II
Da transferência de execução da pena

Art. 281. Nas hipóteses em que couber solicitação de extradição executória, o Ministério da Justiça e Segurança Pública exercerá a função de autoridade central e realizará o exame da presença dos pressupostos formais de admissibilidade exigidos na legislação brasileira ou em tratado de que o País faça parte, a fim de que o pedido de transferência de execução da pena possa ser processado perante as autoridades brasileiras competentes, desde que observado o princípio do *non bis in idem*.

Art. 282. São requisitos para a transferência de execução de pena:

I - o condenado em território estrangeiro ser nacional ou ter residência habitual ou vínculo pessoal no País;

II – a sentença ter transitado em julgado;
III – a duração da condenação a cumprir ou que restar para cumprir ser de, no mínimo, um ano na data da apresentação do pedido ao Estado da condenação;
IV – o fato que originou a condenação constituir infração penal perante a lei de ambas as partes; e
V – a transferência ser baseada em tratado ou promessa de reciprocidade de tratamento.

Art. 283. O pedido será recebido pelo Ministério da Justiça e Segurança Pública, que, após o exame da presença dos pressupostos formais de admissibilidade exigidos na legislação brasileira ou em tratado de que o País faça parte, encaminhará a solicitação ao Superior Tribunal de Justiça para decisão quanto à homologação da sentença estrangeira.

Art. 284. Ato do Ministro de Estado da Justiça e Segurança Pública definirá os procedimentos necessários para efetuar as transferências de execução de pena, sejam aquelas solicitadas, sejam aquelas autorizadas pelo Estado brasileiro.

Seção III
Da transferência de pessoa condenada

Art. 285. A transferência da pessoa condenada, mecanismo de cooperação jurídica internacional de natureza humanitária que visa a contribuir para a reintegração social do beneficiado, poderá ser concedida quando o pedido for fundamentado em tratado de que o País faça parte ou houver promessa de reciprocidade de tratamento.

§ 1º O condenado no território nacional poderá ser transferido para o seu país de nacionalidade ou para o país em que tiver residência habitual ou vínculo pessoal, desde que expresse interesse nesse sentido, a fim de cumprir a pena a ele imposta pelo Estado brasileiro por sentença transitada em julgado.

§ 2º A transferência da pessoa condenada no País poderá ser concedida juntamente com a aplicação de medida de impedimento de reingresso no território nacional.

§ 3º Compete ao Ministério da Justiça e Segurança Pública o processamento e a autorização das transferências de pessoas condenadas, além da análise técnica dos processos de negociação e ampliação da rede de tratados internacionais sobre a matéria, em coordenação com o Ministério das Relações Exteriores.

§ 4º Nas hipóteses de transferência, a Polícia Federal providenciará o registro de dados biográficos e biométricos do condenado, do qual constarão a coleta de impressões digitais e fotografia.

Art. 286. A responsabilidade pela aplicação e pela administração continuada da pena deverá passar do Estado remetente para o Estado recebedor assim que a pessoa condenada for formalmente entregue à custódia das autoridades do Estado recebedor.

§ 1º Quando a pessoa condenada for entregue à custódia das autoridades do Estado recebedor, a aplicação da sentença pelo Estado remetente cessará.

§ 2º Na hipótese de pessoa condenada transferida que retorne ao Estado remetente depois do término do cumprimento da sentença no Estado recebedor, o Estado remetente não deverá aplicar novamente a sentença original.

Art. 287. O Ministério da Justiça e Segurança Pública manterá contato com o juízo competente no território nacional ou com a autoridade central do Estado recebedor, conforme o caso, para monitorar a aplicação continuada da sentença depois da transferência.

Art. 288. A aplicação da pena será regida pela lei do Estado recebedor, inclusive quanto às formas de extinção da punibilidade, exceto se previsto de maneira diversa em tratado de que o País seja parte.

Art. 289. Nenhuma pessoa condenada será transferida, a menos que a sentença seja de duração e natureza exequíveis ou que tenha sido adaptada a duração exequível no Estado recebedor por suas autoridades competentes, nos termos da legislação interna.

Parágrafo único. O Ministério da Justiça e Segurança Pública, no acompanhamento da aplicação da pena, atentará para que o Estado recebedor não agrave, de qualquer modo, a pena imposta no Estado remetente, observada a legislação do Estado remetente.

Art. 290. Ato do Ministro de Estado da Justiça e Segurança Pública disporá sobre os procedimentos necessários para efetivar a transferência de pessoas condenadas.

Subseção I
Da transferência passiva

Art. 291. A transferência passiva ocorre quando a pessoa condenada pela Justiça brasileira solicitar ou concordar com a transferência para o seu país de nacionalidade ou para o país em que tiver residência habitual ou vínculo pessoal para cumprir o restante da pena.

Art. 292. O processo de transferência passiva de pessoa condenada somente será iniciado por meio de solicitação ao Ministério da Justiça e Segurança Pública feita:
I – pela pessoa condenada; ou
II – por qualquer pessoa ou autoridade, brasileira ou estrangeira, que tenha conhecimento do interesse da pessoa condenada em ser transferida.

Art. 293. Apresentado o pedido de transferência de pessoa condenada, o Ministério da Justiça e Segurança Pública verificará o preenchimento dos seguintes requisitos:
I – o condenado no território de uma das partes ser nacional ou ter residência habitual ou vínculo pessoal no território da outra parte que justifique a transferência;
II – a sentença ter transitado em julgado;
III – a duração da condenação a cumprir ou que restar para cumprir ser de, no mínimo, um ano

na data da apresentação do pedido ao Estado da condenação;
IV - o fato que originou a condenação constituir infração penal perante a lei de ambos os Estados;
V - haver manifestação de vontade do condenado ou, quando for o caso, de seu representante; e
VI - haver concordância de ambos os Estados.
§ 1º O Ministério da Justiça e Segurança Pública poderá atuar junto ao Poder Judiciário, aos estabelecimentos penitenciários, às repartições diplomáticas ou consulares ao Estado recebedor, por via diplomática ou por via de autoridades centrais, e a outros órgãos envolvidos, a fim de obter informações quanto ao atendimento aos requisitos estabelecidos no caput.
§ 2º Na hipótese de não haver sentença transitada em julgado, o processo será sobrestado até a sentença condenatória definitiva.
§ 3º Caso os demais requisitos estabelecidos no caput além daquele a que se refere o § 2º não sejam atendidos, o processo será arquivado e o interessado será comunicado imediatamente, sem prejuízo de nova solicitação de transferência.
Art. 294. O pedido de transferência será fundamentado em tratado de que o País seja parte ou, na sua ausência, em promessa de reciprocidade de tratamento.
Parágrafo único. A promessa de reciprocidade de tratamento será solicitada, por via diplomática, ao Estado recebedor pelo Ministério das Relações Exteriores.
Art. 295. Ato do Ministro de Estado da Justiça e Segurança Pública disporá sobre a documentação necessária à instrução dos processos, considerados os tratados e os compromissos assumidos por reciprocidade de tratamento.

Subseção II
Da transferência ativa

Art. 296. A transferência ativa ocorre quando a pessoa condenada pela Justiça do Estado estrangeiro solicitar ou concordar com a transferência para o País, por possuir nacionalidade brasileira ou residência habitual ou vínculo pessoal no território nacional, para cumprir o restante da pena.
Art. 297. O processo de transferência ativa de pessoa condenada somente será iniciado por meio de solicitação ao Ministério da Justiça e Segurança Pública feita:
I - pela pessoa condenada; ou
II - por qualquer pessoa ou autoridade, brasileira ou estrangeira, que tenha conhecimento do interesse da pessoa condenada em ser transferida.
Art. 298. Apresentado o pedido de transferência de pessoa condenada, o Ministério da Justiça e Segurança Pública verificará o preenchimento dos seguintes requisitos:
I - o condenado no território de uma das partes ser nacional ou ter residência habitual ou vínculo pessoal no território da outra parte que justifique a transferência;

II - a sentença ter transitado em julgado;
III - a duração da condenação a cumprir ou que restar para cumprir ser de, no mínimo, um ano na data da apresentação do pedido ao Estado da condenação;
IV - o fato que originou a condenação constituir infração penal perante a lei de ambos os Estados;
V - haver manifestação de vontade do condenado ou, quando for o caso, de seu representante; e
VI - haver concordância de ambos os Estados.
§ 1º O Ministério da Justiça e Segurança Pública informará ao juízo competente da Justiça Federal sobre o pedido de transferência recebido, para que a vaga em estabelecimento prisional onde a pessoa condenada cumprirá o restante da pena no território nacional seja providenciada.
§ 2º O Ministério da Justiça e Segurança Pública poderá atuar junto ao Poder Judiciário, aos estabelecimentos penitenciários, às repartições diplomáticas ou consulares, às Secretarias Estaduais de Segurança Pública, ao Estado remetente, por via diplomática ou por via de autoridades centrais, e aos demais órgãos envolvidos, a fim de obter informações quanto ao atendimento aos requisitos estabelecidos no caput.
§ 3º Na hipótese de não haver sentença transitada em julgado, o processo será sobrestado até a sentença condenatória definitiva.
§ 4º Caso os demais requisitos estabelecidos no caput além daquele a que se refere o § 3º não sejam atendidos, o processo será arquivado e o interessado será comunicado imediatamente, sem prejuízo de nova solicitação de transferência.
Art. 299. O Ministério da Justiça e Segurança Pública definirá a documentação necessária à instrução dos processos, considerados os tratados e os compromissos assumidos por reciprocidade.

CAPÍTULO XV
DAS INFRAÇÕES E DAS PENALIDADES ADMINISTRATIVAS

Art. 300. As infrações administrativas previstas neste Capítulo serão apuradas em procedimento administrativo próprio, assegurados os princípios do contraditório e da ampla defesa e observadas as disposições da Lei 13.445, de 2017, deste regulamento, e subsidiariamente, da Lei 9.784, de 1999.
§ 1º O cometimento simultâneo de duas ou mais infrações importará a cumulação das sanções cabíveis, respeitados os limites estabelecidos nos incisos V e VI do caput do art. 301.
§ 2º A multa atribuída por dia de atraso ou por excesso de permanência poderá ser convertida em redução equivalente do prazo de estada do visto de visita, na hipótese de nova entrada no País, conforme disposto em ato do dirigente máximo da Polícia Federal.
§ 3º O pagamento da multa não obstará o impedimento de ingresso no País se o visitante já houver excedido o prazo de estada disponível no ano migratório, observado o disposto no inciso XI do caput do art. 171.

Art. 301. Para a definição do valor da multa aplicada, a Polícia Federal considerará:
I – as hipóteses individualizadas na Lei 13.445, de 2017;
II – a condição econômica do infrator, a reincidência e a gravidade da infração;
III – a atualização periódica conforme estabelecido em ato do Ministro de Estado da Justiça e Segurança Pública;
IV – o valor mínimo individualizável de R$ 100,00 (cem reais);
V – o valor mínimo de R$ 100,00 (cem reais) e o valor máximo de R$ 10.000,00 (dez mil reais) para infrações cometidas por pessoa física; e
VI – o valor mínimo de R$ 1.000,00 (mil reais) e o valor máximo de R$ 1.000.000,00 (um milhão de reais) para infrações cometidas por pessoa jurídica, por ato infracional.

Art. 302. A pessoa física ou jurídica que voltar a cometer infração disciplinada no art. 307, no prazo de doze meses, será considerada reincidente em qualquer parte do território nacional.

Art. 303. A fixação do valor mínimo individualizável das multas na hipótese de reincidência obedecerá aos seguintes critérios:
I – na primeira reincidência, o valor será dobrado;
II – na segunda reincidência, o valor será triplicado;
III – na terceira reincidência, o valor será quadruplicado; e
IV – da quarta reincidência em diante, o valor será quintuplicado.
§ 1º O critério utilizado para a pessoa jurídica na aferição da reincidência será a repetição da conduta e não o número de estrangeiros autuados.
§ 2º A autuação ocorrida após transcorrido um ano, contado da data da autuação anterior, será desconsiderada para efeitos de reincidência.

Art. 304. A multa decorrente de infração disciplinada no art. 307 prescreverá no prazo de cinco anos, contado da data da prática do ato, ou, na hipótese de infração permanente ou continuada, contado da data em que houver cessado.

Art. 305. A fixação da pena de multa considerará a situação econômica do autuado, observada as hipóteses previstas para pessoa física e jurídica.
Parágrafo único. O valor da multa poderá ser aumentado até o máximo previsto em lei se a autoridade autuadora considerar que, em decorrência da situação econômica do autuado, a aplicação do valor mínimo individualizável será considerada ineficaz.

Art. 306. Poderão ser considerados como gravidade para a fixação da multa:
I – os fatos e as circunstâncias diretamente relacionadas ao cometimento da infração;
II – a infração tenha sido cometida após o recebimento de esclarecimentos ou comando direto prestados previamente pela autoridade migratória; e
III – a destruição de barreira ou do obstáculo diretamente relacionado com o cometimento da infração.

Art. 307. Constitui infração e sujeita o infrator às seguintes sanções:
I – entrar no território nacional sem estar autorizado:
Sanção: deportação, caso não saia do País ou não regularize a situação migratória no prazo estabelecido;
II – permanecer no território nacional depois de encerrado o prazo da documentação migratória:
Sanção: multa por dia de excesso e deportação, caso não saia do País ou não regularize a situação migratória no prazo estabelecido;
III – deixar de se registrar, no prazo de noventa dias, contado da data do ingresso no País, quando a identificação civil for obrigatória:
Sanção: multa;
IV – deixar o imigrante de se registrar, para efeito de autorização de residência, no prazo de trinta dias, quando orientado pelo órgão competente a fazê-lo:
Sanção: multa por dia de atraso;
V – transportar para o País pessoa que esteja sem documentação migratória regular:
Sanção: multa por pessoa transportada;
VI – deixar o transportador de atender a compromisso de manutenção da estada ou de promoção da saída do território nacional de quem tenha sido autorizado a ingresso condicional no País por não possuir a documentação migratória devida:
Sanção: multa; e
VII – furtar-se ao controle migratório, na entrada ou na saída do território nacional:
Sanção: multa.

Art. 308. As penalidades aplicadas serão objeto de pedido de reconsideração e de recurso, nos termos deste regulamento e de ato do dirigente máximo da Polícia Federal.
Parágrafo único. Serão respeitados o contraditório, a ampla defesa e a garantia de recurso, assim como a situação de hipossuficiência do migrante ou do visitante.

Art. 309. As infrações administrativas com sanção de multa previstas neste Capítulo serão apuradas em processo administrativo, o qual terá como fundamento o auto de infração lavrado pela Polícia Federal.
§ 1º O auto de infração deverá relatar, de forma circunstanciada, a infração e a sua fundamentação legal.
§ 2º O auto de infração será submetido à assinatura do autuado ou do seu representante legal após a assinatura pela autoridade responsável pela autuação.
§ 3º Caso o autuado ou o seu representante legal não possa ou se recuse a assinar o auto de infração, esse fato deverá ser registrado no referido auto.
§ 4º Lavrado o auto de infração, o infrator será considerado notificado para apresentar defesa no prazo de dez dias.
§ 5º O infrator que, regularmente notificado, não apresentar defesa será considerado revel.

§ 6º O infrator poderá, por meios próprios ou por meio de defensor constituído, apresentar defesa no prazo estabelecido no § 4º, e fazer uso dos meios e dos recursos admitidos em direito, inclusive tradutor ou intérprete.

§ 7º Encerrado o prazo estabelecido no § 4º, o processo será julgado e a Polícia Federal dará publicidade da decisão proferida em seu sítio eletrônico.

§ 8º Caberá recurso da decisão de que trata o § 7º à instância imediatamente superior, no prazo de dez dias, contado da data da publicação no sítio eletrônico da Polícia Federal.

§ 9º Na hipótese de decisão final com sanção de multa, a Polícia Federal dará publicidade da decisão em seu sítio eletrônico.

§ 10. O infrator deverá realizar o pagamento da multa no prazo de trinta dias, contado data da publicação a que se refere o § 9º.

§ 11. O processo será encaminhado à Procuradoria-Geral da Fazenda Nacional para a apuração do débito e a inscrição em dívida ativa se o pagamento da multa a que se refere o § 10 não for efetuado.

Art. 310. As infrações administrativas com sanção de deportação previstas neste Capítulo serão apuradas conforme o processo administrativo a que se refere o art. 176.

Art. 311. A saída do território nacional da pessoa sobre a qual tenha sido aberto processo para apuração de infração administrativa não interromperá o curso do referido processo.

CAPÍTULO XVI
DISPOSIÇÕES FINAIS E TRANSITÓRIAS

Art. 312. Taxas e emolumentos consulares não serão cobrados pela concessão de vistos ou para a obtenção de documentos para regularização migratória aos integrantes de grupos vulneráveis e aos indivíduos em condição de hipossuficiência econômica.

§ 1º A condição de hipossuficiência econômica será declarada pelo solicitante, ou por seu representante legal, e avaliada pela autoridade competente.

§ 2º Na hipótese de dúvida quanto à condição de hipossuficiência, a autoridade competente poderá solicitar documentação complementar para fins de comprovação dessa condição.

§ 3º Na hipótese de falsidade da declaração de que trata o § 1º, o solicitante ficará sujeito ao pagamento de taxa ou emolumento consular correspondente e às sanções administrativas, civis e penais aplicáveis.

§ 4º Para fins de isenção de taxas e emolumentos consulares para concessão de visto, as pessoas para as quais o visto temporário para acolhida humanitária seja concedido serão consideradas pertencentes a grupos vulneráveis, nos termos estabelecidos em ato conjunto dos Ministros de Estado da Justiça e Segurança Pública, das Relações Exteriores e do Trabalho.

§ 5º Para fins de isenção de taxas para obtenção de documentos de regularização migratória, os menores desacompanhados, as vítimas de tráfico de pessoas e de trabalho escravo e as pessoas beneficiadas por autorização de residência por acolhida humanitária serão consideradas pertencentes a grupos vulneráveis.

§ 6º A avaliação da condição de hipossuficiência para fins de processamento do pedido de visto será disciplinada pelo Ministério das Relações Exteriores, consideradas, em especial, as peculiaridades do local onde o visto for solicitado.

§ 7º A avaliação da condição de hipossuficiência econômica para fins de isenção de taxas e para pedido de obtenção de documentos de regularização migratória será disciplinada pelo Ministério da Justiça e Segurança Pública.

§ 8º O disposto no caput também se aplica às multas previstas no Capítulo XV.

Art. 313. Ato do Ministro de Estado da Justiça e Segurança Pública disporá sobre a notificação eletrônica a que se referem a Lei 13.445, de 2017, e este Decreto.

Art. 314. O Anexo ao Decreto 9.150, de 4 de setembro de 2017, passa a vigorar com as seguintes alterações:

"Art. 13 (...)

(...)

VIII - instruir processos e opinar em tema de reconhecimento, cassação e perda da condição de refugiado, autorizar a saída e o reingresso no País e expedir o documento de viagem;

(...)"

Art. 315. O visto emitido até a data de entrada em vigor da Lei 13.445, de 2017, poderá ser utilizado até a data prevista para a expiração de sua validade e poderá ser transformado ou ter o seu prazo de estada prorrogado.

§ 1º Excepcionalmente, na hipótese de vistos que dependam de autorização prévia do Ministério do Trabalho, a base legal para a sua emissão será aquela em vigor na data de início da tramitação do processo junto ao Ministério do Trabalho, para fins de definição, dentre outros, de tipologia e de prazos do visto, observado o seguinte:

I - a emissão de vistos com fundamento na Lei 6.815, de 19 de agosto de 1980, será realizada apenas nas hipóteses em que o pedido de visto seja apresentado a embaixada ou consulado no prazo de noventa dias, contado da data da publicação da autorização emitida pelo Ministério do Trabalho no Diário Oficial da União;

II - o pedido de visto apresentado após o prazo estabelecido no inciso I terá fundamento na Lei 13.445, de 2017, para fins de definição, dentre outros, de tipologia e de prazos do visto; e

III - nas hipóteses previstas no inciso II, o visto será concedido com fundamento na Lei 13.445, de 2017, e deverá corresponder ao objetivo da viagem, conforme emitida pelo Ministério do Trabalho.

§ 2º O pedido de visto apresentado a embaixada ou consulado até a data de entrada em vigor da Lei 13.445, de 2017, será processado com fundamento na tipologia de vistos prevista na Lei 6.815, de 1980, independentemente de sua data de emissão.

§ 3º Os vistos a que se referem o art. 4º, caput, inciso II, e o art. 13, caput, inciso II, da Lei 6.815, de 1980, independentemente de sua data de emissão, permitirão a realização das demais atividades previstas no visto de visita, nos termos estabelecidos na Lei 13.445, de 2017, e neste Decreto, enquanto estiverem válidos.

§ 4º Os vistos emitidos com fundamento na Lei 6.815, de 1980, poderão ser transformados em autorização de residência ou em visto diplomático, oficial ou de cortesia, quando for o caso, no território nacional, desde que cumpridos os requisitos estabelecidos neste Decreto.

Art. 316. O disposto no art. 315 se aplica, no que couber, aos procedimentos de controle migratório, renovação de prazo de estada e registro realizados pela Polícia Federal.

Parágrafo único. As residências temporárias e as permanências requeridas até a data de entrada em vigor da Lei 13.445, de 2017, poderão ser consideradas como autorizações de residência previstas neste Decreto, desde que preenchidos os requisitos da modalidade de residência requerida, nos termos da referida Lei e deste regulamento.

Art. 317. Os órgãos responsáveis pela implementação das disposições deste Decreto disporão do prazo de doze meses, contado da data de sua publicação, para a adaptação de procedimentos e sistemas.

Art. 318. Ato conjunto dos Ministros de Estado das Relações Exteriores e do Trabalho disporá sobre o funcionamento do sistema eletrônico integrado para processamento dos pedidos de visto e autorização de residência de que tratam os art. 34, § 6º, art. 38, § 9º, art. 42, § 3º, art. 43, § 3º, e art. 46, § 5º.

Art. 319. Este Decreto entra em vigor na data de sua publicação.

▶ Deixamos de publicar o anexo constante desta norma.

Brasília, 20 de novembro de 2017; 196º da Independência e 129º da República.

Michel Temer

Mercado Comum do Sul – Mercosul

TRATADO PARA A CONSTITUIÇÃO DE UM MERCADO COMUM ENTRE A REPÚBLICA ARGENTINA, A REPÚBLICA FEDERATIVA DO BRASIL, A REPÚBLICA DO PARAGUAI E A REPÚBLICA ORIENTAL DO URUGUAI (1991)

Tratado de Assunção
- Adotado em Assunção, Paraguai, em 26.03.1991;
- Aprovado no Brasil pelo Decreto Legislativo 197, de 25.09.1991, e promulgado pelo Decreto 350, de 21.11.1991. Entrou em vigor em 29.11.1991.

A República Argentina, a República Federativa do Brasil, a República do Paraguai e a República Oriental do Uruguai, doravante denominados "Estados-Partes";

Considerando que a ampliação das atuais dimensões de seus mercados nacionais, através da integração, constitui condição fundamental para acelerar seus processos de desenvolvimento econômico com justiça social;

Entendendo que esse objetivo deve ser alcançado mediante o aproveitamento mais eficaz dos recursos disponíveis, a preservação do meio ambiente, o melhoramento das interconexões físicas, a coordenação de políticas macroeconômicas e a complementação dos diferentes setores da economia, com base nos princípios de gradualidade, flexibilidade e equilíbrio;

Tendo em conta a evolução dos acontecimentos internacionais, em especial a consolidação de grandes espaços econômicos, e a importância de lograr uma adequada inserção internacional para seus-países;

Expressando que este processo de integração constitui uma resposta adequada a tais acontecimentos;

Conscientes de que o presente Tratado deve ser considerado como um novo avanço no esforço tendente ao desenvolvimento progressivo da integração da América Latina, conforme o objetivo do Tratado de Montevidéu de 1980.

Convencidos da necessidade de promover o desenvolvimento científico e tecnológico dos Estados-Partes e de modernizar suas economias para ampliar a oferta e a qualidade dos bens de serviço disponíveis, a fim de melhorar as condições de vida de seus habitantes;

Reafirmando sua vontade política de deixar estabelecidas as bases para uma união cada vez mais estreita entre seus povos, com a finalidade de alcançar os objetivos supramencionados

Acordam:

CAPÍTULO I
PROPÓSITOS, PRINCÍPIOS E INSTRUMENTOS

Artigo 1º
Os Estados-Partes decidem constituir um Mercado Comum, que deverá estar estabelecido a 31 de dezembro de 1994, e que se denominará "Mercado Comum do Sul" (Mercosul).

Este Mercado comum implica:
A livre circulação de bens, serviços e fatores produtivos entre os países, através, entre outros, da eliminação dos direitos alfandegários e restrições não tarifárias à circulação de mercadorias e de qualquer outra medida de efeito equivalente;

O estabelecimento de uma tarifa externa comum e a adoção de uma política comercial comum em relação a terceiros Estados ou agrupamentos de Estados e a coordenação de posições em foros econômico-comerciais regionais e internacionais;

A coordenação de políticas macroeconômicas e setoriais entre os Estados-Partes – de comércio exterior, agrícola, industrial, fiscal, monetária, cambial e de capitais, de outras que se acordem –, a fim de assegurar condições adequadas de concorrência entre os Estados-Partes, e

O compromisso dos Estados-Partes de harmonizar suas legislações, nas áreas pertinentes, para lograr o fortalecimento do processo de integração.

Artigo 2º
O Mercado comum estará fundado na reciprocidade de direitos e obrigações entre os Estados-Partes.

Artigo 3º
Durante o período de transição, que se estenderá desde a entrada em vigor do presente Tratado até 31 de dezembro de 1994, e a fim de facilitar a constituição do Mercado Comum, os Estados-Partes adotam um Regime Geral de Origem, um Sistema de Solução de Controvérsias e Cláusulas de Salvaguarda, que contam com Anexos II, III e IV ao presente Tratado.

Artigo 4º
Nas relações com terceiros países, os Estados-Partes assegurarão condições equitativas de comércio. Para tal fim, aplicarão suas legislações nacionais para inibir importações cujos preços estejam influenciados por subsídios, *dumping* ou qualquer outra prática desleal. Paralelamente, os Estados-Partes coordenarão suas respectivas políticas nacionais com o objetivo de elaborar normas comuns sobre concorrência comercial.

Artigo 5º

Durante o período de transição, os principais instrumentos para a constituição do Mercado Comum são:

a) Um Programa de Libertação Comercial, que consistirá em reduções tarifárias progressivas, lineares e automáticas, acompanhadas da eliminação de restrições não tarifárias ou medidas de efeito equivalente, assim como de outras restrições ao comércio entre os Estados-Partes, para chegar a 31 de dezembro de 1994 com tarifa zero, sem barreiras não tarifárias sobre a totalidade do universo tarifário (Anexo I);

b) A coordenação de políticas macroeconômicas que se realizará gradualmente e de forma convergente com os programas de desgravação tarifária e eliminação de restrições não tarifárias, indicados na letra anterior;

c) Uma tarifa externa comum, que incentive a competitividade externa dos Estados-Partes;

d) A adoção de acordos setoriais, com o fim de otimizar a utilização e mobilidade dos fatores de produção e alcançar escalas operativas eficientes.

Artigo 6º

Os Estados-Partes reconhecem diferenças pontuais de ritmo para a República do Paraguai e para a República Oriental do Uruguai, que constam no Programa de Liberação Comercial (Anexo I).

Artigo 7º

Em matéria de impostos, taxas e outros gravames internos, os produtos originários do território de um Estado-Parte gozarão, nos outros Estados-Partes, do mesmo tratamento que se aplique ao produto nacional.

Artigo 8º

Os Estados-Partes se comprometem a preservar os compromissos assumidos até a data de celebração do presente Tratado, inclusive os Acordos firmados no âmbito da Associação Latino-Americana de Integração, e a coordenar suas posições nas negociações comerciais externas que empreendam durante o período de transição. Para tanto:

a) Evitarão afetar os interesses dos Estados-Partes nas negociações comerciais que realizem entre si até 31 de dezembro de 1994;

b) Evitarão afetar os interesses dos demais Estados-Partes ou os objetivos do Mercado Comum nos acordos que celebrarem com outros países-membros da Associação Latino-Americana de Integração durante o período e transição;

c) Realizarão consultas entre si sempre que negociarem esquemas amplos de desgravação tarifária, tendentes à formação de zonas de livre comércio com os demais países-membros da Associação Latino-Americana de Integração;

d) Estenderão automaticamente aos demais Estados-Partes qualquer vantagem, favor, franquia, imunidade ou privilégio que concedam a um produto originário de ou destinado a terceiros países não membros da Associação Latino-Americana de Integração.

CAPÍTULO II
ESTRUTURA ORGÂNICA

Artigo 9º

A administração e execução do presente Tratado e dos Acordos específicos e decisões que se adotem no quadro jurídico que o mesmo estabelece durante o período de transição estarão a cargo dos seguintes órgãos:

a) Conselho do Mercado Comum;

b) Grupo Mercado Comum.

Artigo 10

O Conselho é o órgão superior do Mercado Comum, correspondendo-lhe a condução política do mesmo e a tomada de decisões para assegurar o cumprimento dos objetivos e prazos estabelecidos para a constituição definitiva do Mercado Comum.

Artigo 11

O Conselho estará integrado pelos Ministros de Relações Exteriores e os Ministro de Economia dos Estados-Partes.

Reunir-se-á quantas vezes estime oportuno, e, pelo menos uma vez ao ano, o fará com a participação dos Presidentes dos Estados-Partes.

Artigo 12

A Presidência do Conselho se exercerá por rotação dos Estados-Partes e em ordem alfabética, por períodos de seis meses.

As reuniões do Conselho serão coordenadas pelos Ministros de Relações Exteriores e poderão ser convidados a delas participar outros Ministro ou autoridades de nível ministerial.

Artigo 13

O Grupo Mercado Comum é o órgão executivo do Mercado Comum e será coordenado pelos Ministérios das Relações Exteriores.

O Grupo Mercado Comum terá faculdade de iniciativa. Suas funções serão as seguintes:

- velar pelo cumprimento do Tratado;
- tomar as providencias necessárias ao cumprimento das decisões adotadas pelo Conselho;
- propor medidas concretas tendentes à aplicação do Programa de Liberação Comercial, à coordenação de políticas macroeconômicas e à negociação de Acordos frente a terceiros;
- fixar programas de trabalho que assegurem avanços para o estabelecimento do Mercado Comum.

O Grupo Mercado Comum poderá constituir os Subgrupos de trabalho que forem necessários para o cumprimento de seus objetivos. Contará inicialmente com os Subgrupos mencionados no Anexo V.

O Grupo Mercado Comum estabelecerá seu regime interno no prazo de 60 dias a partir de sua instalação.

Artigo 14

O Grupo Mercado Comum estará integrado por quatro membros titulares e quatro membros alternos por país, que representem os seguintes órgãos públicos:

- Ministério das Relações Exteriores;

- Ministério da Economia ou seus equivalentes (áreas de indústria, comércio exterior e/ou coordenação econômica);
- Banco Central.

Ao elaborar e propor medidas concretas no desenvolvimento de seus trabalhos, até 31 de dezembro de 1994, o Grupo Mercado Comum poderá convocar, quando julgar conveniente, representantes de outros órgãos de Administração Pública e do setor privado.

Artigo 15
O Grupo Mercado Comum contará com uma Secretaria Administrativa cujas principais funções consistirão na guarda de documentos e comunicações de atividades do mesmo. Terá sua sede na cidade de Montevidéu.

Artigo 16
Durante o período de transição, as decisões do Conselho do Mercado Comum e do Grupo Mercado Comum serão tomadas por consenso e com a presença de todos os Estados-Partes.

Artigo 17
Os idiomas oficiais do Mercado Comum serão o português e o espanhol e a versão oficial dos documentos de trabalho será a do idioma do país sede de cada reunião.

Artigo 18
Antes do estabelecimento do Mercado Comum, a 31 de dezembro de 1994, os Estados-Partes convocarão uma reunião extraordinária com o objetivo de determinar a estrutura institucional definitiva dos órgãos de administração do Mercado comum, assim como as atribuições específicas de cada um deles e seu sistema de tomada de decisões.

CAPÍTULO III
VIGÊNCIA

Artigo 19
O presente Tratado terá duração indefinida e entrará em vigor 30 dias após a data do depósito do terceiro instrumento de ratificação. Os instrumentos de ratificação serão depositados ante o Governo da República do Paraguai, que comunicará a data do depósito aos Governos dos demais Estados-Partes.

O Governo da República do Paraguai notificará ao Governo de cada um dos demais Estados-Partes a data de entrada em vigor do presente Tratado.

CAPÍTULO IV
ADESÃO

Artigo 20
O presente Tratado estará aberto à adesão, mediante negociação, dos demais países-membros da Associação Latino-Americana de Integração, cujas solicitações poderão ser examinadas pelos Estados-Partes depois de cinco anos de vigência deste Tratado.

Não obstante, poderão ser consideradas antes do referido prazo as solicitações apresentadas por países-membros da Associação Latino-Americana de Integração que não façam parte de esquemas de integração sub-regional ou de uma associação extrarregional.

A aprovação das solicitações será objeto de decisão unânime dos Estados-Partes.

CAPÍTULO V
DENÚNCIA

Artigo 21
O Estado-Parte que desejar desvincular-se do presente Tratado deverá comunicar essa intenção aos demais Estados-Partes de maneira expressa e formal, efetuando no prazo de 60 (sessenta) dias a entrega do documento de denúncia ao Ministério das Relações Exteriores da República do Paraguai, que o distribuirá aos demais Estados-Partes.

Artigo 22
Formalizada a denúncia, cessarão para o Estado denunciante os direitos e obrigações que correspondam a sua condição de Estado-Parte, mantendo-se os referentes ao programa de liberação do presente Tratado e outros aspectos que os Estados-Partes, juntos com o Estado denunciante, acordem no prazo de 60 (sessenta) dias após a formalização da denúncia. Esses direitos e obrigações do Estado denunciante continuarão em vigor por um período de 2 (dois) anos a partir da data da mencionada formalização.

CAPÍTULO VI
DISPOSIÇÕES GERAIS

Artigo 23
O presente Tratado se chamará "Tratado de Assunção".

Artigo 24
Com o objetivo de facilitar a implementação do Mercado Comum, estabelecer-se-á uma Comissão Parlamentar Conjunta do Mercosul. Os Poderes Executivos dos Estados-Partes manterão seus respectivos Poderes Legislativos informados sobre a evolução do Mercado Comum objeto do presente Tratado.

Feito na cidade de Assunção, aos 26 dias do mês de março de mil novecentos e noventa e um, em um original, nos idiomas português e espanhol, sendo ambos os textos igualmente autênticos. O governo da República do Paraguai será o depositário do presente Tratado e enviará cópia devidamente autenticada do mesmo aos Governos dos demais Estados-Partes signatários e aderentes.

Pelo Governo da República Argentina:
Carlos Saul Menem
Guido Di Tella

Pelo Governo da República Federativa do Brasil:
Fernando Collor
Francisco Rezek

Pelo Governo da República do Paraguai:
Andres Rodrigues
Alexis Frutos Vaesken

Pelo Governo da República Oriental do Uruguai:
Luis Alberto Lacalle Herrera
Hector Gros Espiell

ANEXO I
Artigo 1º
Programa de Liberação Comercial

Os Estados-Partes acordam eliminar, o mais tardar a 31 de dezembro de 1994, os gravames e demais restrições aplicadas ao seu comércio recíproco.

No que se refere às Listas de Exceções apresentadas pela República do Paraguai e pela República Oriental do Uruguai, o prazo para sua eliminação se estenderá até 31 de dezembro de 1995, nos termos do Artigo Sétimo do presente Anexo.

Artigo 2º

Para efeito do disposto no Artigo anterior, se entenderá:

a) por "gravames", os direitos aduaneiros e quaisquer outras medidas de efeito equivalente, sejam de caráter fiscal, monetário, cambial ou de qualquer natureza, que incidam sobre o comércio exterior. Não estão compreendidas neste conceito taxas e medidas análogas quando respondam ao custo aproximado dos serviços prestados; e

b) por "restrições", qualquer medida de caráter administrativo, financeiro, cambial ou de qualquer natureza, mediante a qual um Estado-Parte impeça ou dificulte, por decisão unilateral, o comércio recíproco. Não estão compreendidas no mencionado conceito as medidas adotadas em virtude das situações previstas no Artigo 50 do Tratado de Montevidéu de 1980.

Artigo 3º

A partir da data de entrada em vigor do Tratado, os Estados-Partes iniciarão um programa de desgravação progressivo, linear e automático, que beneficiará os produtos compreendidos no universo tarifário, classificados em conformidade com a nomenclatura tarifária utilizada pela Associação Latino-Americana de Integração, de acordo com o cronograma que se estabelece a seguir:

DATA/PERCENTUAL DE DESGRAVAÇÃO

30/VI/91	31/XII/91	30/VI/92	31/XII/92
47	54	61	68
30/VI/93	31/XII/93	30/VI/94	31/XII/94
75	82	89	100

As preferências serão aplicadas sobre a tarifa vigente no momento de sua aplicação e consistem em uma redução percentual dos gravames mais favoráveis aplicados à importação dos produtos procedentes de terceiros países não membros da Associação Latino-Americana de Integração.

No caso de algum dos Estados-Partes elevar essa tarifa para a importação de terceiros países, o cronograma estabelecido continuará a ser aplicado sobre o nível tarifário vigente em 1º de janeiro de 1991.

Se se reduzirem as tarifas, a preferência correspondente será aplicada automaticamente sobre a nova tarifa na data de entrada em vigência da mesma.

Para tal efeito, os Estados-Partes intercambiarão entre si e remeterão à Associação Latino-Americana de Integração, dentro de trinta dias a partir da entrada em vigor do Tratado, cópia atualizada de suas tarifas aduaneiras, assim como das vigentes em 1º de janeiro de 1991.

Artigo 4º

As preferências negociadas nos acordos de Alcance Parcial, celebrados no marco da Associação Latino-Americana de Integração pelos Estados-Partes entre si, serão aprofundadas dentro do presente Programa de Desgravação de acordo com o seguinte cronograma:

31/XII/90	30/VI/91	30/XII/91	31/VI/92	31/XII/92
00 a 40	47	54	61	68
41 a 45	52	59	66	73
46 a 50	57	64	71	78
51 a 55	61	67	73	79
56 a 60	67	74	81	88
61 a 65	71	77	83	89
66 a 70	75	80	85	90
71 a 75	80	85	90	95
76 a 80	85	90	95	100
81 a 85	89	93	97	100
86 a 90	95	100		
91 a 95	100			
96 a 100				

30/VI/93	31/XII/93	30/VI/94	31/XII/94
75	82	89	100
80	87	94	100
85	92	100	
86	93	100	
95	100		
96	100		
95	100		
100			

Estas desgravações se aplicarão exclusivamente no âmbito dos respectivos Acordos de Alcance Parcial, não beneficiando os demais integrantes do Mercado Comum, e não alcançarão os produtos incluídos nas respectivas Listas de Exceções.

Artigo 5º

Sem prejuízo do mecanismo descrito nos Artigos Terceiro e Quarto, os Estados-Partes poderão aprofundar adicionalmente as preferências, mediante negociações a efetuarem-se no âmbito dos Acordos previstos no Tratado de Montevidéu 1980.

Artigo 6º

Estarão excluídos do cronograma de desgravação a que se referem os Artigos Terceiro e Quarto do presente Anexo os produtos compreendidos nas listas de Exceções apresentadas por cada um dos Estados-Partes com as seguintes quantidades de itens Naladi:

República Argentina 394
República Federativa do Brasil 324
República do Paraguai 439
República do Uruguai 960

Artigo 7º

As Listas de Exceções serão reduzidas no vencimento de cada ano-calendário de acordo com o cronograma que se detalha a seguir:

a) Para a República Argentina e a República Federativa do Brasil na razão de 20% (vinte por cento) anuais dos itens que a compõem, redução que se aplica desde 31 de dezembro de 1990;

b) Para a República do Paraguai e para a República Oriental do Uruguai, a redução se fará na razão de:

10% na data de entrada em vigor do Tratado,
10% em 31 de dezembro de 1991,
20% em 31 de dezembro de 1992,
20% em 31 de dezembro de 1993,
20% em 31 de dezembro de 1994,
20% em 31 de dezembro de 1995.

Artigo 8º

As Listas de Exceções incorporadas nos Apêndices I, II, III e IV incluem a primeira redução contemplada no Artigo anterior.

Artigo 9º

Os produtos que forem retirados das Listas de Exceções nos termos previstos no Artigo Sétimo se beneficiarão automaticamente das preferências que resultem do Programa de Desgravação estabelecido no Artigo Terceiro do presente Anexo com, pelo menos, o percentual de desgravação mínimo previsto na data em que se opere sua retirada dessas Listas.

Artigo 10

Os Estados-Partes somente poderão aplicar até em 31 de dezembro de 1994, aos produtos compreendidos no programa de desgravação, as restrições não tarifárias expressamente declaradas nas Notas Complementares ao Acordo de Complementação que os Estados-Partes celebrem no marco do Tratado de Montevidéu 1980.

A em 31 de dezembro de 1994 e no âmbito do Mercado Comum, ficarão eliminadas todas as restrições não tarifárias.

Artigo 11

A fim de assegurar o cumprimento do cronograma de desgravação estabelecido nos Artigos Terceiro e Quarto, assim como o Estabelecimento do Mercado Comum, os Estados-Partes coordenarão as políticas macroeconômicas e as setoriais que se acordem, a que se refere o Tratado para a Constituição do Mercado Comum, começando por aquelas relacionadas aos fluxos de comércio e à configuração dos setores produtivos dos Estados-Partes.

Artigo 12

As normas contidas no presente Anexo não se aplicarão aos Acordos de Alcance Parcial, de Complementação Econômica Números 1, 2, 13 e 14, nem aos comerciais e agropecuários, subscritos no âmbito do Tratado de Montevidéu 1980, os quais se regerão exclusivamente pelas disposições neles estabelecidas.

ANEXO II
REGIME GERAL DE ORIGEM

CAPÍTULO I
REGIME GERAL DE QUALIFICAÇÃO DE ORIGEM

Artigo 1º

Serão considerados originários dos Estados-Partes:

a) Os produtos elaborados integralmente no território de qualquer um deles, quando em sua elaboração forem utilizados exclusivamente materiais originários dos Estados-Partes;

b) Os produtos compreendidos nos capítulos ou posições da Nomenclatura Tarifária da Associação Latino-Americana de Integração que se identificam no Anexo 1 da Resolução 78 do Comitê de Representantes da citada Associação, pelo simples fato de serem produzidos em seus respectivos territórios.

Considerar-se-ão produzidos no território de um Estado-Parte:

i. Os produtos dos reinos mineral, vegetal ou animal, incluindo os da caça e da pesca, extraídos, colhidos ou apanhados, nascidos e criados em seu território ou em suas Águas Territoriais ou Zona Econômica Exclusiva;

ii. Os produtos do mar extraídos fora de suas Águas Territoriais e zona econômica exclusiva por barcos de sua bandeira ou arrendados por empresas estabelecidas em seu território; e

iii. Os produtos que resultem de operações ou processos efetuados em seu território pelos quais adquiram a forma final em que serão comercializados, exceto quando esses processos ou operações consistam somente em simples montagens ou ensamblagens, embalagem, fracionamento em lotes ou volumes, seleção e classificação, marcação, composição de sortimentos de mercadorias ou outras operações ou processos equivalentes;

c) Os produtos em cuja elaboração se utilizem materiais não originários dos Estados-Partes, quando resultem de um processo de transformação, realizado no território de algum deles, que lhes confira uma nova individualidade, caracterizada pelo fato de estarem classificados na Nomenclatura Aduaneira da Associação Latino-Americana de Integração em posição diferente à dos mencionados materiais, exceto nos casos em que os Estados-Partes determinem que, ademais, se cumpra com o requisito previsto no Artigo Segundo do presente Anexo.

Não obstante, não serão considerados originários os produtos resultantes de operações ou processos efetuados no território de um Estado-Parte pelos quais adquiram a forma final em que serão comercializados, quando nessas operações ou processos forem utilizados exclusivamente materiais ou insumos não originários de seus respectivos países e consistam apenas em montagens ou ensamblagens, fracionamento em lotes ou volumes, seleção, classificação, marcação, composição de sortimentos de mercadorias ou outras operações ou processos semelhantes;

d) Até 31 de dezembro de 1994, os produtos resultantes de operações de ensamblagem e montagem realizadas no território de um Estado-Parte utilizando materiais originários dos Estados-Partes e de terceiros países, quando o valor dos materiais originários não for inferior a 40% do valor FOB de exportação do produto final, e

e) Os produtos que, além de serem produzidos em seu território, cumpram com os requisitos específicos estabelecidos no Anexo 2 da Resolução 78 do Comitê de Representantes da Associação Latino-Americana de Integração.

Artigo 2º

Nos casos em que o requisito estabelecido na letra *c)* do Artigo Primeiro não possa ser cumprido porque o processo de transformação operado não implica mudança de posição na nomenclatura, bastará que o valor CIF porto de destino ou CIF porto marítimo dos materiais de terceiros países não exceda a 50 (cinquenta) por cento do valor FOB de exportação das mercadorias de que se trata.

Na ponderação dos materiais originários de terceiros países para os Estados-Partes sem litoral marítimo, ter-se-ão em conta, como porto de destino, os depósitos e zonas francas concedidos pelos demais Estados-Partes, quando os materiais chegarem por via marítima.

Artigo 3º

Os Estados-Partes poderão estabelecer, de comum acordo, requisitos específicos de origem, que prevalecerão sobre os critérios gerais de qualificação.

Artigo 4º

Na determinação dos requisitos específicos de origem a que se refere o Artigo Terceiro, assim como na revisão dos que tiverem sido estabelecidos, os Estados-Partes tomarão como base, individual ou conjuntamente, os seguintes elementos:

I – Materiais e outros insumos empregados na produção:

a) Matérias primas:

i. Matéria prima preponderante ou que confira ao produto sua característica essencial; e

ii. Matérias primas principais.

b) Partes ou peças:

i. Parte ou peça que confira ao produto sua característica essencial

ii. Partes ou peças principais; e

iii. Percentual das partes ou peças em relação ao peso total.

c) Outros insumos.

II – Processo de transformação ou elaboração utilizado.

III – Proporção máxima do valor dos materiais importados de terceiros países em relação ao valor total do produto, que resulte do procedimento de valorização acordado em cada caso.

Artigo 5º

Em casos excepcionais, quando os requisitos específicos não puderem ser cumpridos porque ocorrem problemas circunstanciais de abastecimento: disponibilidade, especificações técnicas, prazo de entrega e preço, tendo em conta o disposto no Artigo 4 do Tratado, poderão ser utilizados materiais não originários dos Estados-Partes.

Dada a situação prevista no parágrafo anterior, o país exportador emitirá o certificado correspondente informando ao Estado-Parte importador e ao Grupo Mercado Comum, acompanhando os antecedentes e constâncias que justifiquem a expedição do referido documento.

Caso se produza uma contínua reiteração desses casos, o Estado-Parte exportador ou o Estado-Parte importador comunicará esta situação ao Grupo Mercado Comum, para fins de revisão do requisito específico.

Este Artigo não compreende os produtos que resultem de operações de ensamblagem ou montagem, e será aplicável até a entrada em vigor da Tarifa Externa Comum para os produtos objeto de requisitos específicos de origem e seus materiais ou insumos.

Artigo 6º

Qualquer dos Estados-Partes poderá solicitar a revisão dos requisitos de origem estabelecidos de conformidade com o Artigo Primeiro. Em sua solicitação, deverá propor e fundamentar os requisitos aplicáveis ao produto ou produtos de que se trate.

Artigo 7º

Para fins do cumprimento dos requisitos de origem, os materiais e outros insumos, originários do território de qualquer dos Estados-Partes, incorporados por um Estado-Parte na elaboração de determinado produto, serão considerados originários do território deste último.

Artigo 8º

O critério de máxima utilização de materiais ou outros insumos originários dos Estados-Partes não poderá ser considerado para fixar requisitos que impliquem a imposição de materiais ou outros insumos dos referidos Estados-Partes, quando, a juízo dos mesmos, estes não cumpram condições adequadas de abastecimento, qualidade e preço, ou que não se adaptem aos processos industriais ou tecnologias aplicadas.

Artigo 9º

Para que as mercadorias originárias se beneficiem dos tratamentos preferenciais, as mesmas deverão ter sido expedidas diretamente do país exportador ao país importador. Para tal fim, se considera expedição direta:

a) As mercadorias transportadas sem passar pelo território de algum país não participante do Tratado.

b) As mercadorias transportadas em trânsito por um ou mais países não participantes, com ou sem transtorno ou armazenamento temporário, sob a vigilância de autoridade alfandegária competente em tais países, sempre que:

i. o trânsito estiver justificado por razões geográficas ou por considerações relativas a requerimentos do transporte;

ii. não estiverem destinadas ao comércio, uso ou emprego no país de trânsito, e

iii. não sofram, durante o transporte e depósito, nenhuma operação distinta às de carga e descarga ou manuseio para mantê-las em boas condições ou assegurar sua conservação.

Artigo 10
Para os efeitos do presente Regime Geral se entenderá:

a) que os produtos procedentes das zonas francas situadas nos limites geográficos de qualquer dos Estados-Partes deverão cumprir os requisitos previstos no presente Regime Geral;

b) que a expressão "materiais" compreende as matérias-primas, os produtos intermediários e as partes e peças utilizadas na elaboração das mercadorias.

CAPÍTULO II
DECLARAÇÃO, CERTIFICAÇÃO E COMPROVAÇÃO

Artigo 11
Para que a importação dos produtos originários dos Estados-Partes possa beneficiar-se das reduções de gravames e restrições outorgadas entre si, na documentação correspondente às exportações de tais produtos deverá constar uma declaração que certifique o cumprimento dos requisitos de origem estabelecidos de acordo com o disposto no Capítulo anterior.

Artigo 12
A declaração a que se refere o Artigo precedente será expedida pelo produtor final ou pelo exportador da mercadoria, e certificado por uma repartição oficial ou entidade de classe com personalidade jurídica, credenciada pelo Governo do Estado-Parte exportador.

Ao credenciar entidades de classe, os Estados-Partes velarão para que se trate de organizações que atuem com jurisdição nacional, podendo delegar atribuições a entidades regionais ou locais, conservando sempre a responsabilidade direta pela veracidade das certificações que forem expedidas.

Os Estados-Partes se comprometem, no prazo de 90 dias a partir da entrada em vigor do Tratado, a estabelecer um regime harmonizado de sanções administrativas para casos de falsidade nos certificados, sem prejuízo das ações penais correspondentes.

Artigo 13
Os certificados de origem emitidos para os fins do presente Tratado terão prazo de validade de 180 dias, a contar da data de sua expedição.

Artigo 14
Em todos os casos, se utilizará o formulário padrão que figura anexo ao Acordo 25 do Comitê de Representantes da Associação Latino-Americana de Integração, enquanto não entrar em vigor outro formulário aprovado pelos Estados-Partes.

Artigo 15
Os Estados-Partes comunicarão à Associação Latino-Americana de Integração a relação das repartições oficiais e entidades de classe credenciadas a expedir a certificação a que se refere o Artigo anterior, com o registro de *fac-simile* das assinaturas autorizadas.

Artigo 16
Sempre que um Estado-Parte considerar que os certificados emitidos por uma repartição oficial ou entidade de classe credenciada de outro Estado-Parte não se ajustam às disposições contidas no presente Regime Geral, comunicará o fato ao outro Estado-Parte para que este adote as medidas que estime necessárias para solucionar os problemas apresentados.

Em nenhum caso o país importador deterá o trâmite de importação dos produtos amparados nos certificados a que se refere o parágrafo anterior, mas poderá, além de solicitar as informações adicionais que correspondam às autoridades governamentais do país exportador, adotar as medidas que considere necessárias para resguardar o interesse fiscal.

Artigo 17
Para fins de um controle posterior, as cópias dos certificados e os documentos respectivos deverão ser conservados durante dois anos a partir de sua emissão.

Artigo 18
As disposições do presente Regime Geral e as modificações que lhe forem introduzidas não afetarão as mercadorias embarcadas na data de sua adoção.

Artigo 19
As normas contidas no presente Anexo não se aplicam aos Acordos de Alcance Parcial, de Complementação Econômica n. 1, 2, 13 e 14 nem aos comerciais e agropecuários subscritos no âmbito do Tratado de Montevidéu 1980, os quais se regerão exclusivamente pelas disposições neles estabelecidas.

ANEXO III
SOLUÇÃO DE CONTROVÉRSIAS

1. As Controvérsias que possam surgir entre os Estados-Partes como consequência da aplicação do Tratado serão resolvidas mediante negociações diretas.

No caso de não lograrem uma solução, os Estados-Partes submeterão a controvérsia à consideração do Grupo Mercado Comum que, após avaliar a situação, formulará no lapso de 60 (sessenta) dias as recomendações pertinentes às Partes para a solução do diferendo. Para tal fim, o Grupo Mercado Comum poderá estabelecer ou convocar painéis de especialistas ou grupos de peritos com o objetivo de contar com assessoramento técnico.

Se no âmbito do Grupo Mercado Comum tampouco for alcançada uma solução, a controvérsia será elevada ao Conselho do Mercado Comum para que este adote as recomendações pertinentes.

2. Dentro de 120 (cento e vinte) dias a partir da entrada em vigor do Tratado, o Grupo Mercado Comum elevará aos Governos dos Estados-Partes

uma proposta de Sistema de Solução de Controvérsias, que vigerá durante o período de transição.

3. Até em 31 de dezembro de 1994, os Estados-Partes adotarão um Sistema Permanente de Solução de controvérsias para o Mercado comum.

ANEXO IV
CLÁUSULAS DE SALVAGUARDA

Artigo 1º

Cada Estados-Partes poderá aplicar, até em 31 de dezembro de 1994, cláusulas de salvaguarda à importação dos produtos que se beneficiem do Programa de Liberação Comercial estabelecido no âmbito do Tratado.

Os Estados-Partes acordam que somente deverão recorrer ao presente Regime em casos excepcionais.

Artigo 2º

Se as importações de determinado produto causarem dano ou ameaça de dano grave a seu mercado, como consequência de um sensível aumento, em um curto período, das importações desse produto provenientes dos outros Estados-Partes, o país importador solicitará ao Grupo Mercado Comum a realização de consultas com vistas a eliminar essa situação.

O pedido do país importador estará acompanhado de uma declaração pormenorizada dos fatos, razões e justificativas do mesmo.

O Grupo Mercado Comum deverá iniciar as consultas no prazo máximo de 10 (dez) dias corridos a partir da apresentação do pedido do país importador e deverá concluí-las, havendo tomado uma decisão a respeito, dentro de 20 (vinte) dias corridos após seu início.

Artigo 3º

A determinação do dano ou ameaça de dano grave no sentido do presente Regime será analisada por cada país, levando em conta a evolução, entre outros, dos seguintes aspectos relacionados com o produto em questão:

a) Nível de produção e capacidade utilizada;
b) Nível de emprego;
c) Participação no mercado;
d) Nível de comércio entre as Partes envolvidas ou participantes de consulta;
e) Desempenho das importações e exportações com relação a terceiros países.

Nenhum dos fatores acima mencionados constitui, por si só, um critério decisivo para a determinação do dano ou ameaça de dano grave.

Não serão considerados, na determinação do dano ou ameaça de dano grave, fatores tais como as mudanças tecnológicas ou mudanças nas preferências dos consumidores em favor de produtos similares e/ou diretamente competitivos dentro do mesmo setor.

A aplicação da cláusula de salvaguarda dependerá, em cada país, da aprovação final da seção nacional do Grupo Mercado Comum.

Artigo 4º

Com o objetivo de não interromper as correntes de comércio que tiverem sido geradas, o país importador negociará uma quota para a importação do produto objeto de salvaguarda, que se regerá pelas mesmas preferências e demais condições estabelecidas no Programa de Liberação Comercial.

A mencionada quota será negociada com o Estado--Parte de onde se originam as importações, durante o período de consulta a que se refere o Artigo 2. Vencido o prazo da consulta e não havendo acordo, o país importador que se considerar afetado poderá fixar uma quota, que será mantida pelo prazo de um ano.

Em nenhum caso a quota fixada unilateralmente pelo país importador será menor que a média dos volumes físicos importados nos últimos três anos calendário.

Artigo 5º

As cláusulas de salvaguarda terão um ano de duração e poderão ser prorrogadas por um novo período anual e consecutivo, aplicando-se-lhes os termos e condições estabelecidas no presente Anexo. Estas medidas apenas poderão ser adotadas uma vez para cada produto.

Em nenhum caso a aplicação de cláusulas de salvaguarda poderá estender-se além de em 31 de dezembro de 1994.

Artigo 6º

A aplicação das cláusulas de salvaguarda não afetará as mercadorias embarcadas na data de sua adoção, as quais serão computadas na quota prevista no Artigo 4.

Artigo 7º

Durante o período de transição, no caso de algum Estado-Parte se considerar afetado por graves dificuldade em suas atividades econômicas, solicitará ao Grupo Mercado Comum a realização de consultas, a fim de que se tomem as medidas corretivas que forem necessárias.

O Grupo Mercado Comum, dentro dos prazos estabelecidos no Artigo 2 do presente Anexo, avaliará a situação e se pronunciará sobre as medidas a serem adotadas, em função das circunstâncias.

ANEXO V
SUBGRUPOS DE TRABALHO
DO GRUPO MERCADO COMUM

O Grupo Mercado Comum, para fins de coordenação das políticas macroeconômicas e setoriais, constituirá, no prazo de 30 dias após sua instalação de Trabalho:

Subgrupo 1: Assuntos Comerciais
Subgrupo 2: Assuntos Aduaneiros
Subgrupo 3: Normas Técnicas
Subgrupo 4: Política Fiscal e Monetária Relacionadas com o Comércio
Subgrupo 5: Transporte Terrestre
Subgrupo 6: Transporte Marítimo
Subgrupo 7: Política Industrial e Tecnológica

Subgrupo 8: Política Agrícola
Subgrupo 9: Política Energética
Subgrupo 10: Coordenação de Políticas Macroeconômicas

BRASIL
Lista de exceções

03.01.1.01	29.04.1.01	73.40.1.99	84.45.6.02
03.01.1.02	29.04.2.05	73.40.2.01	84.45.6.99
03.01.1.99	29.14.1.01	73.40.2.99	84.45.7.02
03.01.2.01	38.08.1.01	73.40.3.01	84.45.7.99
03.01.2.02	39.07.0.01	73.40.3.99	84.45.9.09
03.01.3.01	39.07.0.03	73.40.9.01	84.45.9.11
03.01.4.01	39.07.0.04	73.40.9.99	84.45.9.21
04.04.1.01	39.07.0.05	84.06.1.01	84.45.9.29
04.04.1.99	39.07.0.06	84.06.2.01	84.45.9.91
04.04.2.99	39.07.0.07	84.06.3.01	84.45.9.92
04.04.3.01	39.07.0.08	84.06.3.99	84.45.9.93
04.04.3.99	39.07.0.99	84.06.4.99	84.45.9.94
04.04.4.02	40.08.0.01	84.06.5.01	84.45.9.95
04.04.9.01	40.08.0.99	84.06.5.99	84.45.9.99
04.04.9.99	40.09.0.01	84.06.8.01	84.47.1.01
07.01.0.04	53.11.0.01	84.06.8.11	84.47.1.02
07.01.0.05	53.11.0.02	84.34.1.01	84.47.1.03
07.01.0.07	53.11.0.03	84.45.1.99	84.47.1.04
08.07.0.04	53.11.0.04	84.45.2.01	84.46.1.99
16.04.0.01	53.11.0.99	84.45.2.99	84.47.2.01
20.06.1.05	70.04.1.02	84.45.3.01	84.47.2.02
20.06.2.05	70.04.9.02	84.45.3.02	84.47.2.99
22.05.1.01	70.05.1.01	84.45.3.99	84.47.3.01
22.05.1.02	70.05.1.02	84.45.4.01	84.47.3.02
22.05.1.11	70.05.9.02	84.45.4.02	84.47.3.03
22.05.1.19	70.06.1.01	84.45.4.03	84.47.3.99
24.02.1.01	70.06.1.02	84.45.4.04	84.47.4.01
24.02.1.03	70.06.9.01	84.45.4.99	84.47.4.99
24.02.1.04	70.06.9.02	84.45.5.01	84.47.5.01
24.02.1.99	70.18.0.99	84.45.5.02	84.47.5.99
24.02.2.01	70.19.0.01	84.45.5.03	84.47.6.01
28.03.0.01	70.19.0.99	84.45.5.99	84.47.6.02
28.40.1.02	73.40.1.01	84.45.6.01	84.47.6.99
84.47.9.01	84.59.7.01	87.02.1.99	90.28.1.01
84.47.9.02	84.59.7.02	87.02.2.01	90.28.1.09
84.47.9.99	84.59.7.03	87.02.2.99	90.28.1.99
84.48.1.01	84.59.7.04	87.02.3.01	90.28.2.01
84.48.1.02	84.59.7.99	87.02.3.99	90.28.2.99
84.48.1.03	84.59.8.01	87.02.9.01	90.28.3.01
84.48.1.99	84.59.8.99	87.02.9.99	90.28.3.09
84.48.2.01	84.59.9.01	87.03.0.01	90.28.3.99
84.48.3.01	84.59.9.02	87.03.0.99	90.28.4.01
84.48.3.02	84.59.9.99	87.04.1.01	90.28.4.99
84.51.2.01	84.61.1.01	87.04.1.99	90.28.5.01
84.52.1.03	84.61.1.99	87.04.9.01	90.28.5.09
84.52.3.99	84.61.8.01	87.04.9.99	90.28.5.99
84.53.0.01	84.61.9.01	87.05.0.01	90.28.6.01
84.53.0.02	84.61.9.02	87.05.0.03	90.28.6.09
84.53.0.03	84.61.9.03	87.06.0.01	90.28.6.99
84.53.0.04	84.61.9.99	87.06.0.03	90.28.7.01
84.53.0.05	85.05.0.01	90.07.1.02	90.28.7.09
84.53.0.99	85.13.1.03	90.07.1.03	90.28.7.99
84.59.1.01	85.13.1.99	90.07.1.04	90.28.8.01
84.59.2.01	85.13.2.03	90.07.1.05	90.28.8.99
84.59.2.02	85.15.1.09	90.07.2.01	90.28.9.02
84.59.2.03	85.15.1.19	90.07.2.99	90.28.9.03
84.59.2.99	85.15.1.29	90.07.8.01	90.28.9.04
84.59.3.01	85.19.3.99	90.17.1.01	90.28.9.05
84.59.3.02	85.19.4.01	90.17.1.99	90.28.9.09
84.59.3.03	85.19.4.99	90.17.2.01	90.28.9.91
84.59.3.99	85.21.2.01	90.17.2.02	90.28.9.92
84.59.4.01	85.21.4.99	90.17.2.99	90.28.9.93
84.59.5.01	85.21.5.01	90.17.9.02	90.28.9.99
84.59.5.99	85.21.6.01	90.17.9.99	92.12.0.06
84.59.6.01	87.02.1.01	90.20.1.01	

PROTOCOLO DE COOPERAÇÃO E ASSISTÊNCIA JURISDICIONAL EM MATÉRIA CIVIL, COMERCIAL, TRABALHISTA E ADMINISTRATIVA (1992)

Protocolo de Las Leñas

- Celebrado no Vale de Las Leñas, Departamento de Malargue, Província de Mendoza, República Argentina, aos 27.06.1992. Aprovado no Brasil pelo Decreto Legislativo 55, de 19.04.1995, e promulgado pelo Decreto 2.067, de 12.11.1996.
- Foi ratificado pelo governo brasileiro em 16.02.1996, passando a vigorar para o Brasil em 17.03.1996, nos termos do seu art. 33.
- Entrou em vigor internacional em 17.03.1996.

Os Governos da República Argentina, da República Federativa do Brasil, da República do Paraguai e da República Original do Uruguai,

Considerando que o Mercado Comum do Sul (Mercosul), previsto no Tratado de Assunção, assinado em 26 de março de 1991, implica o compromisso dos Estados Partes de harmonizar suas legislações nas matérias pertinentes para obter o fortalecimento do processo de integração;

Desejosos de promover e intensificar a cooperação jurisdicional em matéria civil, comercial, trabalhista e administrativa, a fim de assim contribuir para o desenvolvimento de suas relações de integração com base nos princípios do respeito à soberania nacional e à igualdade de direitos e interesses recíprocos;

Convencidos de que este Protocolo contribuirá para o tratamento equitativo dos cidadãos e resistentes permanentes dos Estados Partes do Tratado de Assunção e lhes facilitará o livre acesso à jurisdição nos referidos Estados para a defesa de seus direitos e interesses;

Conscientes da importância de que se reveste, para o processo de integração dos Estados Partes, a adoção de instrumentos comuns que consolidem a segurança jurídica e tenham como finalidade atingir os objetos do Tratado de Assunção,

Acordam:

CAPÍTULO I
COOPERAÇÃO E ASSISTÊNCIA JURISDICIONAL
Artigo 1°
Os Estados Partes comprometem-se a prestar assistência mútua e ampla cooperação jurisdicional em matéria civil, comercial, trabalhista e administrativa. A assistência jurisdicional se estenderá aos procedimentos administrativos em que se admitam recursos perante os tribunais.

CAPÍTULO II
AUTORIDADES CENTRAIS
Artigo 2°
Para os efeitos do presente protocolo, cada Estado Parte indicará uma Autoridade Central encarregada de receber e dar andamento às petições de assistência jurisdicional em matéria civil, comercial, trabalhista e administrativa. Para tanto, as Autoridades Centrais se comunicarão diretamente entre si, permitindo a intervenção de outras autoridades respectivamente competentes, sempre que seja necessário.

Os Estados Partes, ao depositarem os instrumentos de ratificação do presente Protocolo, comunicarão essa providência ao Governo depositário, o qual dela dará conhecimento aos demais Estados Partes.

A Autoridade Central poderá ser substituída em qualquer momento, devendo o Estado Parte comunicar o fato, no mais breve prazo possível, ao Govemo depositário do presente Protocolo, para que dê conhecimento aos demais Estados Partes da substituição efetuada.

CAPÍTULO III
IGUALDADE NO TRATAMENTO PROCESSUAL
Artigo 3°
Os cidadãos e os resistentes permanentes de um Estado Partes gozarão, nas mesmas condições dos cidadãos e residentes permanentes do outro Estado Parte, do livre acesso à jurisdição desse Estado para a defesa de seus direitos e interesses.

O Parágrafo anterior aplicar-se-á às pessoas jurídicas constituídas, autorizadas ou registradas conforme as leis de qualquer dos Estados Partes.

Artigo 4°
Nenhuma caução ou depósito, qualquer que seja sua denominação, poderá ser imposto em razão da qualidade de cidadão ou residente permanente de outro Estado Parte.

O parágrafo anterior aplicar-se-á às pessoas jurídicas constituídas, autorizadas ou registradas conforme as leis de qualquer dos Estados Partes.

CAPÍTULO IV
COOPERAÇÃO EM ATIVIDADES DE SIMPLES TRÂMITE E PROBATÓRIAS
Artigo 5°
Cada Estado parte deverá enviar às autoridades jurisdicionais do outro Estado, segundo o previsto no artigo 2°, cara rogatória em matéria civil, comercial trabalhista ou administrativa, quando tenha por objeto:

a) diligências de simples trâmite, tais como citações, intimações, citações como prazo definido, notificações ou outras semelhantes;
b) recebimento ou obtenção de provas.

Artigo 6°
As cartas rogatórias deverão conter:
a) denominação e domicílio do órgão jurisdicional requerente;
b) individualização do expediente, com especificação do objeto e natureza do juízo e do nome e domicílio das partes;
c) cópia da petição inicial e transcrição da decisão que ordena a expedição da carta rogatória;
d) nome e domicílio do procurador da parte solicitante no Estado requerido, se houver;
e) indicação do objeto da carta rogatória, com o nome e o domicílio do destinatário da medida;
f) informação sobre o prazo de que dispõe a pessoa afetada pela medida para cumpri-la;
g) descrição das formas ou procedimentos especiais com que haverá de cumprir-se a cooperação solicitada;
h) qualquer outra informação que facilite o cumprimento da carta rogatória.

Artigo 7°
No caso de ser solicitado o recebimento de provas, a cartas rogatória deverá também conter:
a) descrição do assunto que facilite a diligência probatória;
b) nome e domicílio de testemunhas ou outras pessoas ou instruções que devam intervir;
c) texto dos interrogatórios e documentos necessários.

Artigo 8°
A carta rogatória deverá ser cumprida de oficio pela autoridade jurisdicional competente do Estado requerido, e somente poderá denegar-se quando a medida solicitada, por sua natureza, atende contra os princípios de ordem pública do Estado requerido.

O referido cumprimento não implicará o reconhecimento da jurisdição internacional do juiz do qual emana.

Artigo 9°
A autoridade jurisdicional requerida terá competência para conhecer das questões que sejam sustadas do cumprimento da diligência solicitada.

Caso a autoridade jurisdicional requerida se declare incompetente para proceder à tramitação da carta rogatória, remeterá de ofício os documentos e os antecedentes do caso à autoridade jurisdicional competente do seu Estado.

Artigo 10
As cartas rogatórias e os documentos que as acompanham deverão redigir-se no idioma da autoridade requerente e são acompanhadas

de uma tradução para o idioma da autoridade requerida.

Artigo 11
A autoridade requerida poderá, atendendo a solicitação da autoridade requerente, informar o lugar e a data em que a medida solicitada será cumprida, a fim de permitir que a autoridade requerente, as partes interessadas ou seus respectivos representantes possam comparecer e exercer as faculdades autorizadas pela legislação da Parte requerida.

A requerida comunicação deverá efetuar-se, com a devida antecedência, por intermédio das Autoridades Centrais dos Estados Partes.

Artigo 12
A autoridade jurisdicional encarregada do cumprimento de uma carta rogatória aplicará sua lei interna no que se refere aos procedimentos.

Não obstante, a carta rogatória poderá ter, mediante pedido da autoridade requerente, tramitação especial, admitindo-se o cumprimento de formalidade adicionais na diligência da carta rogatória, sempre que isso não seja incompatível com a ordem pública do Estado requerido.

O cumprimento de carta rogatória deverá efetuar-se sem demora.

Artigo 13
Ao diligenciar a carta rogatória, a autoridade requerida aplicará os meios processuais coercitivos previstos na sua legislação interna, nos casos e na medida em que deva fazê-lo para cumprir uma carta precatória das autoridades de seu próprio Estado, ou um pedido apresentado com o mesmo fim por uma parte interessada.

Artigo 14
Os documentos que comprovem o cumprimento da carta rogatória serão transmitidos por intermédios das Autoridades Centrais.

Quando a carta rogatória não tiver sido cumprida integralmente ou em parte, este fato e as razões do não cumprimento deverão ser comunicados de imediato à autoridade requerente, utilizando-se o meio assinalado no parágrafo anterior.

Artigo 15
O cumprimento da carta rogatória acarretar reembolso de nenhum tipo de despesa, exceto quando sejam solicitados meios probatórios que ocasionem custos especiais, ou sejam designados peritos para intervir nas diligências. Em tais casos, deverão ser registrados no texto da carta rogatória os dados da pessoa que, no Estado requerido, procederá ao pagamento das despesas e honorários devidos.

Artigo 16
Quando os dados relativos ao domicílio da ação ou da pessoa citada forem incompletos ou inexatos, autoridade requerida deverá esgotar todos os meios para atender ao pedido. Para tanto, poderá também solicitar ao Estado requerente os dados complementares que permitam a identificação e a localização da referida pessoa.

Artigo 17
Os trâmites pertinentes para o cumprimento da carta rogatória não existirão necessariamente a intervenção da parte solicitante, devendo ser praticados de oficio pela autoridade jurisdicional competente do Estado requerido.

CAPÍTULO V
RECONHECIMENTO E EXECUÇÃO DE SENTENÇAS E DE LAUDOS ARBITRAIS

Artigo 18
As disposições do presente Capítulo serão aplicáveis ao reconhecimento e à execução das sentenças e dos laudos arbitrais pronunciados nas jurisdições dos Estados partes em matéria civil, comercial, trabalhista e administrativa, e serão igualmente aplicáveis às sentenças em matéria de reparação de danos e restituição de bens pronunciadas na esfera penal.

Artigo 19
O pedido de reconhecido e execução de sentença e de laudos arbitrais por parte das autoridades jurisdicional será tramitado por via de cartas rogatórias e por intermédios da Autoridade Central.

Artigo 20
As sentenças e os laudos arbitrais a que se refere o artigo anterior terão eficácia extraterritorial nos Estados Partes quando reunirem as seguintes condições:

a) que venham revestidas das formalidades externas necessárias que sejam considerados autênticos nos Estados de origem;

b) que estejam, assim como os documentos anexos necessários, devidamente traduzidos para o idioma oficial do Estado em que se solicita seu reconhecimento e execução;

c) que emanem de um órgão jurisdicional ou arbitral competente, segundo as normas do Estado requerido sobre jurisdição internacional;

d) que a parte contra a qual se pretende executar a decisão tenha sido devidamente citada e tenha garantido o exercício de seu direito de defesa;

e) que a decisão tenha força de coisa julgada e / ou executória no Estado em que foi ditada;

f) que claramente não contrariem os princípios de ordem pública do Estado em que se solicita seu reconhecimento e/ou execução.

Os requisitos das alíneas a, c, d, e e f devem estar contidos na cópia autêntica da sentença ou do laudo arbitral.

Artigo 21
A parte que, em juízo, invoque uma sentença ou um laudo arbitral de um dos Estados Partes deverá apresentar cópia autêntica da sentença ou do laudo arbitral com os requisitos do artigo precedente.

Artigo 22
Quando se tratar de uma sentença ou de um laudo arbitral entre as mesmas partes, fundamentado nos

mesmos fatos, e que tenha o mesmo objeto de outro processo judicial ou arbitral no Estado requerido, seu reconhecimento e sua executoriedade dependerão de que a decisão não seja incompatível com outro pronunciamento anterior ou simultâneo proferido no Estado Parte requerido.

Do mesmo modo não se reconhecerá nem se procederá à execução, quando se houver iniciado um procedimento entre as mesmas partes, fundamentado nos mesmos fatos e sobre o mesmo objeto, perante a autoridade jurisdicional que teria pronunciado a decisão da qual haja solicitação de reconhecimento.

Artigo 23
Se uma sentença ou um laudo arbitral não puder ter eficácia em sua totalidade, a autoridade jurisdicional compete do Estado requerido poderá emitir sua eficácia parcial mediante pedido da parte interessada.

Artigo 24
Os procedimentos, inclusive a competência dos respectivos órgãos jurisdicionais, para fins de reconhecimento e execução das sentenças ou dos laudos arbitrais, serão regidos pela lei do Estado requerido.

CAPÍTULO VI
DOS INSTRUMENTOS PÚBLICOS E OUTROS DOCUMENTOS

Artigo 25
Os instrumentos públicos emanados de uma Estado Parte terão no outro a mesma força probatória que seus próprios instrumentos públicos.

Artigo 26
Os documentos emanados de autoridades jurisdicionais ou outras autoridades de um dos Estados Partes, assim como as escrituras públicas e os documentos que certifiquem a validade, a data e a veracidade da assinatura ou a conformidade com o original, e que sejam tramitados por intermédio da Autoridade Central, ficam isentos de toda legalização análoga quando devam ser apresentados no território do outro Estado Parte.

Artigo 27
Cada Estado Parte remeterá, por intermédio da Autoridade Central, a pedido de outro Estado Parte e para fins exclusivamente públicos, os traslados ou certidões dos assentos dos registros de estado civil, sem nenhum custo.

CAPÍTULO VII
INFORMAÇÕES DO DIREITO ESTRANGEIRO

Artigo 28
As Autoridades Centrais dos Estados Partes fornecer-se-ão mutuamente, a título de cooperação judicial, e desde que não se oponham às disposições em matéria civil, comercial, trabalhista, administrativa e de direito internacional privado, sem despesa alguma.

Artigo 29
A informação a que se refere o artigo anterior poderá também ser prestada perante a jurisdição do outro Estado, por meio de documentos fornecidos pelas autoridades diplomáticas ou consulares do Estado Parte de cujo direito se trata.

Artigo 30
O Estado que fornecer as informações sobre o sentido do alcance legal de seu direito não será responsável pela opinião emitida, nem estará obrigado a aplicar seu direito, segundo a resposta fornecida.

O Estado que receber as citadas informações não estará obrigado a aplicar, ou fazer aplicar, o direito estrangeiro segundo o conteúdo da resposta recebida.

CAPÍTULO VIII
CONSULTAS E SOLUÇÕES DE CONTROVÉRSIAS

Artigo 31
As Autoridades Centrais dos Estados Partes realizarão consultas nas oportunidades que lhes sejam mutuamente convenientes com a finalidade de facilitar a aplicação do presente Protocolo.

Artigo 32
Os Estados Partes numa controvérsia sobre a interpretação, a aplicação ou não cumprimento das disposições deste Protocolo, procurarão resolvê-la mediante negociações diplomáticas diretas.

Se, mediante tais negociações, não se chegar a um acordo ou se tal controvérsia for solucionada apenas parcialmente, aplicar-se-ão os procedimentos previstos no Protocolo de Brasília para a solução de Controvérsias para o Mercado Comum do Sul.

CAPÍTULO IX
DISPOSIÇÕES FINAIS

Artigo 33
O presente Protocolo, parte integrante do Tratado de Assunção, entrará em vigor 30 (trinta) dias após a data de depósito do segundo instrumento de ratificação, e será aplicado provisoriamente a partir da data de sua assinatura.

Artigo 34
A adesão por parte de um Estado ao Tratado de Assunção implicará, a adesão ao presente Protocolo.

Artigo 35
O presente protocolo não restringirá as disposições das convenções que anteriormente tiverem sido assinada sobre a mesma matéria entre os Estados partes, desde que não o contradigam.

Artigo 36
O Governo da República do Paraguai será o depositário do presente Protocolo e dos instrumentos de ratificação, e enviará cópias devidamente autenticadas dos mesmos aos Governos dos demais Estados partes.

Da mesma maneira, o Governo da República do Paraguai notificará aos Governos dos outros Estados Partes a data da entrada em vigor deste protocolo e a data de depósito dos instrumentos de ratificação.

Feito no Vale de Las Leñas, Departamento de Malargue, Província de Mendoza, República Argentina, aos 27 dias do mês de junho de 1992, em um original, nos idiomas espanhol e português, sendo ambos os textos igualmente autênticos.

Pelo Governo da República Argentina
Pelo Governo da República do Paraguai
Pelo Governo da República Federativa do Brasil
Pelo Governo da República Oriental do Uruguai

PROTOCOLO ADICIONAL AO TRATADO DE ASSUNÇÃO SOBRE A ESTRUTURA INSTITUCIONAL DO MERCOSUL (1994)

Protocolo de Ouro Preto

- Assinado em Ouro Preto, em 17.12.1994.
- Aprovado no Brasil pelo Decreto Legislativo 188, de 18.12.1995, e promulgado pelo Decreto 1.901, de 09.05.1996.

A República Argentina, a República Federativa do Brasil, a República do Paraguai e a República Oriental do Uruguai, doravante denominadas "Estados-Partes";

Em cumprimento ao disposto no artigo 18 do Tratado de Assunção, de 26 de março de 1991;

Conscientes da importância dos avanços alcançados e da implementação da união aduaneira como etapa para a construção do mercado comum;

Reafirmando os princípios e objetivos do Tratado de Assunção e atentos para a necessidade de uma consideração especial para países e regiões menos desenvolvidos do Mercosul;

Atentos para a dinâmica implícita em todo processo de integração e para a consequente necessidade de adaptar a estrutura institucional do Mercosul às mudanças ocorridas;

Reconhecendo o destacado trabalho desenvolvido pelos órgãos existentes durante o período de transição;

Acordam:

CAPÍTULO I
ESTRUTURA DO MERCOSUL

Artigo 1°

A estrutura institucional do Mercosul contará com os seguintes órgãos:
I – O Conselho do Mercado Comum (CMC);
II – O Grupo Mercado Comum (GMC);
III – A Comissão de Comércio do Mercosul (CCM);
IV – A Comissão Parlamentar Conjunta (CPC);
V – O Foro Consultivo Econômico-Social (FCES);
VI – A Secretaria Administrativa do Mercosul (SAM).
Parágrafo único. Poderão ser criados, nos termos do presente Protocolo, os órgãos auxiliares que se fizerem necessários à consecução dos objetivos do processo de integração.

Artigo 2°

São órgãos com capacidade decisória, de natureza intergovernamental, o Conselho do Mercado Comum, o Grupo Mercado Comum e a Comissão de Comércio do Mercosul.

Seção I
Do Conselho do Mercado Comum

Artigo 3°

O Conselho do Mercado Comum é o órgão superior do Mercosul ao qual incumbe a condução política do processo de integração e a tomada de decisões para assegurar o cumprimento dos objetivos estabelecidos pelo Tratado de Assunção e para lograr a constituição final do mercado comum.

Artigo 4°

O Conselho do Mercado Comum será integrado pelos Ministros das Relações Exteriores e pelos Ministros da Economia, ou seus equivalentes, dos Estados-Partes.

Artigo 5°

A Presidência do Conselho do Mercado Comum será exercida por rotação dos Estados-Partes, em ordem alfabética, pelo período de seis meses.

Artigo 6°

O Conselho do Mercado Comum reunir-se-á quantas vezes estime oportuno, devendo fazê-lo pelo menos uma vez por semestre com a participação dos Presidentes dos Estados-Partes.

Artigo 7°

As reuniões do Conselho do Mercado Comum serão coordenadas pelos Ministérios das Relações Exteriores e poderão ser convidados a delas participar outros Ministros ou autoridades de nível ministerial.

Artigo 8°

São funções e atribuições do Conselho do Mercado Comum:
I – velar pelo cumprimento do Tratado de Assunção, de seus Protocolos e dos acordos firmados em seu âmbito;
II – formular políticas e promover as ações necessárias à conformação do mercado comum;
III – exercer a titularidade da personalidade jurídica do Mercosul;
IV – negociar e firmar acordos em nome do Mercosul com terceiros países, grupos de países e organizações internacionais. Estas funções podem ser delegadas ao Grupo Mercado Comum por mandato expresso, nas condições estipuladas no inciso VII do artigo 14;
V – manifestar-se sobre as propostas que lhe sejam elevadas pelo Grupo Mercado Comum;
VI – criar reuniões de ministros e pronunciar-se sobre os acordos que lhe sejam remetidos pelas mesmas;
VII – criar órgãos que estime pertinentes, assim como modificá-los ou extingui-los;
VIII – esclarecer, quando estime necessário, o conteúdo e o alcance de suas Decisões;
IX – designar o Diretor da Secretaria Administrativa do Mercosul;

X – adotar Decisões em matéria financeira e orçamentária;
XI – homologar o Regimento Interno do Grupo Mercado Comum.

Artigo 9º
O Conselho do Mercado Comum manifestar-se-á mediante Decisões, as quais serão obrigatórias para os Estados-Partes.

Seção II
Do Grupo Mercado Comum

Artigo 10
O Grupo Mercado Comum é o órgão executivo do Mercosul.

Artigo 11
O Grupo Mercado Comum será integrado por quatro membros titulares e quatro membros alternos por país, designados pelos respectivos Governos, dentre os quais devem constar necessariamente representantes dos Ministérios das Relações Exteriores, dos Ministérios da Economia (ou equivalentes) e dos Bancos Centrais. O Grupo Mercado comum será coordenado pelos Ministérios das Relações Exteriores.

Artigo 12
Ao elaborar e propor medidas concretas no desenvolvimento de seus trabalhos, o Grupo Mercado Comum poderá convocar, quando julgar conveniente, representantes de outros órgãos da Administração Pública ou da estrutura institucional do Mercosul.

Artigo 13
O Grupo Mercado Comum reunir-se-á de forma ordinária ou extraordinária, quantas vezes se fizerem necessárias, nas condições estipuladas por seu Regimento Interno.

Artigo 14
São funções e atribuições do Grupo Mercado Comum:
I – velar, nos limites de suas competências, pelo cumprimento do Tratado de Assunção, de seus Protocolos e dos Acordos firmados em seu âmbito;
II – propor projetos de Decisão ao Conselho do Mercado Comum;
III – tomar as medidas necessárias ao cumprimento das Decisões adotadas pelo Conselho do Mercado Comum;
IV – fixar programas de trabalho que assegurem avanços para o estabelecimento do mercado comum;
V – criar, modificar ou extinguir órgãos tais como subgrupos de trabalho e reuniões especializadas, para o cumprimento de seus objetivos;
VI – manifestar-se sobre as propostas ou recomendações que lhe forem submetidas pelos demais órgãos do Mercosul no âmbito de suas competências;
VII – negociar com a participação de representantes de todos os Estados-Partes, por delegação expressa do Conselho do Mercado Comum e dentro dos limites estabelecidos em mandatos específicos concedidos para este fim, acordos em nome do Mercosul com terceiros países, grupos de países e organismos internacionais. O Grupo Mercado Comum, quando dispuser de mandato para tal fim, procederá à assinatura dos mencionados acordos. O Grupo Mercado Comum, quando autorizado pelo Conselho do Mercado Comum, poderá delegar os referidos poderes à Comissão de Comércio do Mercosul;
VIII – aprovar o orçamento e a prestação de contas anual apresentada pela Secretaria Administrativa do Mercosul;
IX – adotar resoluções em matéria financeira e orçamentária, com base nas -orientações emanadas do Conselho do Mercado Comum;
X – submeter ao Conselho do Mercado Comum seu Regimento Interno;
XI – organizar as reuniões do Conselho do Mercado Comum e preparar os relatórios e estudos que este lhe solicitar;
XII – eleger o Diretor da Secretaria Administrativa do Mercosul;
XIII – supervisionar as atividades da Secretaria Administrativa do Mercosul;
XIV – homologar os Regimentos Internos da Comissão de Comércio e do Foro Consultivo Econômico-Social.

Artigo 15
O Grupo Mercado Comum manifestar-se-á mediante Resoluções, as quais serão obrigatórias para os Estados-Partes.

Seção III
Da Comissão de Comércio do Mercosul

Artigo 16
À Comissão de Comércio do Mercosul, órgão encarregado de assistir o Grupo Mercado Comum, compete velar pela aplicação dos instrumentos de política comercial comum acordados pelos Estados-Partes para o funcionamento da união aduaneira, bem como acompanhar e revisar os temas e matérias relacionados com as políticas comerciais comuns, com o comércio intraMercosul e com terceiros -países.

Artigo 17
A Comissão de Comércio do Mercosul será integrada por quatro membros titulares e quatro membros alternos por Estado-Parte e será coordenada pelos Ministérios das Relações Exteriores.

Artigo 18
A Comissão de Comércio do Mercosul reunir-se-á pelo menos uma vez por mês ou sempre que solicitado pelo Grupo Mercado Comum ou por qualquer dos Estados-Partes.

Artigo 19
São funções e atribuições da Comissão de Comércio do Mercosul:
I – velar pela aplicação dos instrumentos comuns de política comercial intraMercosul e com tercei-

ros países, organismos intencionais e acordos de comércio;

II – considerar e pronunciar-se sobre as solicitações apresentadas pelos Estados-Partes com respeito à aplicação e ao cumprimento da tarifa externa comum e dos demais instrumentos de política comercial comum;

III – acompanhar a aplicação dos instrumentos de política comercial comum nos Estados-Partes;

IV – analisar a evolução dos instrumentos de política comercial comum para o funcionamento da união aduaneira e formular propostas a respeito ao Grupo Mercado Comum;

V – tomar as decisões vinculadas à administração e à aplicação da tarifa externa comum e dos instrumentos de política comercial comum acordados pelos Estados-Partes;

VI – informar ao Grupo Mercado Comum sobre a evolução e a aplicação dos instrumentos de política comercial comum, sobre o trâmite das solicitações recebidas e sobre as decisões adotadas a respeito delas;

VII – propor ao Grupo Mercado Comum novas normas ou modificações às normas existentes referentes à matéria comercial e aduaneira do Mercosul;

VIII – propor a revisão das alíquotas tarifárias de itens específicos da tarifa externa comum, inclusive para contemplar casos referentes a novas atividades produtivas no âmbito do Mercosul;

IX – estabelecer os comitês técnicos necessários ao adequado cumprimento de suas funções, bem como dirigir e supervisionar as atividades dos mesmos;

X – desempenhar as tarefas vinculadas à política comercial comum que lhe solicite o Grupo Mercado Comum;

XI – adotar o Regimento Interno, que submeterá ao Grupo Mercado Comum para sua homologação.

Artigo 20

A Comissão de Comércio do Mercosul manifestar-se-á mediante Diretrizes ou Propostas. As Diretrizes serão obrigatórias para os Estados-Partes.

Artigo 21

Além das funções e atribuições estabelecidas nos artigos 16 e 19 do presente Protocolo, caberá à Comissão de comércio do Mercosul considerar reclamações apresentadas pelas Seções Nacionais da Comissão de Comércio do Mercosul, originadas pelos Estados-Partes ou demandas de particulares – pessoas físicas ou jurídicas –, relacionadas com as situações previstas nos artigos 1 ou 25 do Protocolo de Brasília, quando estiverem em sua área de competência.

Parágrafo primeiro. O exame das referidas reclamações no âmbito da Comissão de Comércio do Mercosul; não obstará a ação do Estado-Parte que efetuou a reclamação ao amparo do Protocolo de Brasília para Solução de Controvérsias.

Parágrafo segundo. As reclamações originadas nos casos estabelecidos no presente artigo obedecerão ao procedimento previsto no anexo deste Protocolo.

Seção IV
Da Comissão Parlamentar Conjunta

▶ Protocolo Constitutivo do Parlamento do Mercosul que substitui a Comissão Parlamentar Conjunta prevista nesta Seção.

Artigo 22

A Comissão Parlamentar Conjunta é o órgão representativo dos Parlamentos dos Estados-Partes no âmbito do Mercosul.

Artigo 23

A Comissão Parlamentar Conjunta será integrada por igual número de parlamentares representantes dos Estados-Partes.

Artigo 24

Os integrantes da Comissão Parlamentar Conjunta serão designados pelos respectivos Parlamentares nacionais, de acordo com seus procedimentos internos.

Artigo 25

A Comissão Parlamentar Conjunta procurará acelerar os procedimentos internos correspondentes nos Estados-Partes para a pronta entrada em vigor das normas emanadas dos órgãos do Mercosul previstos no Artigo 2 deste Protocolo. Da mesma forma, coadjuvará na harmonização de legislações, tal como requerido pelo avanço do processo de integração. Quando necessário, o Conselho do Mercado Comum solicitará à Comissão Parlamentar Conjunta o exame de temas prioritários.

Artigo 26

A Comissão Parlamentar Conjunta encaminhará, por intermédio do Grupo Mercado Comum, Recomendações ao Conselho do Mercado Comum.

Artigo 27

A Comissão Parlamentar Conjunta adotará o seu Regime Interno.

Seção V
Do Foro Consultivo Econômico-Social

Artigo 28

O Foro Consultivo Econômico-Social é o órgão de representação dos setores econômicos e sociais e será integrado por igual número de representantes da cada Estado-Parte.

Artigo 29

O Foro Consultivo Econômico-Social terá função consultiva e manifestar-se-á mediante Recomendações no Grupo Mercado Comum.

Artigo 30

O Foro Consultivo Econômico-Social submeterá seu Regimento Interno ao Grupo Mercado Comum, para homologação.

Seção VI
Da Secretaria Administrativa do Mercosul

Artigo 31
Mercosul contará com uma Secretaria Administrativa como órgão de apoio operacional. A Secretaria Administrativa do Mercosul será responsável pela prestação de serviço aos demais órgãos do Mercosul e terá sede permanente na cidade de Montevidéu.

Artigo 32
A Secretaria Administrativa do Mercosul desempenhará as seguintes atividades:

I – servir como arquivo oficial da documentação do Mercosul;

II – realizar a publicação e a difusão das decisões adotadas no âmbito do Mercosul. Nesse contexto, lhe corresponderá:

i) realizar, em coordenação com os Estados-Partes, as traduções autênticas para os idiomas espanhol e português de todas as decisões adotadas pelos órgãos da estrutura institucionais do Mercosul, conforme previsto no Artigo 39;

ii) editar o Boletim Oficial do Mercosul;

III – organizar os aspectos logísticos das reuniões do Conselho do Mercosul Comum, do Grupo Mercado Comum e da Comissão do Comércio do Mercosul e, dentro de suas possibilidades, dos demais órgãos do Mercosul, quando as mesmas forem realizadas em sua sede permanente. No que se refere às reuniões realizadas fora de sua sede permanente, a Secretaria Administrativa do Mercosul fornecerá apoio ao Estado que sediar o evento;

IV – informar regularmente os Estados-Partes sobre as medidas implementadas por cada país para incorporar em seu ordenamento jurídico as normas emanadas dos órgãos do Mercosul previstos no Artigo 2 deste Protocolo;

V – registrar as listas nacionais dos árbitros e especialistas, bem como desempenhar outras tarefas determinadas pelo Protocolo de Brasília, de 17 de dezembro de 1991;

VI – desempenhar as tarefas que lhe sejam solicitadas pelo Conselho do Mercado Comum, pelo Grupo Mercado Comum e pela Comissão do Comércio do Mercosul;

VII – elaborar seu projeto de orçamento e uma vez aprovado pelo Grupo Mercado Comum, praticar todos os atos necessários à sua correta execução;

VIII – apresentar anualmente ao Grupo Mercado Comum a sua prestação de contas, bem como relatório sobre suas atividades.

Artigo 33
A Secretaria Administrativa do Mercosul estará a cargo de um Diretor, o qual será nacional de um dos Estados-Partes. Será eleito pelo Grupo Mercado Comum, em bases rotativas prévia consulta aos Estados-Partes, e designado pelo Conselho do Mercado Comum. Terá mandato de dois anos, vedada a reeleição.

CAPÍTULO II
PERSONALIDADE JURÍDICA

Artigo 34
O Mercosul terá personalidade jurídica de Direito Internacional.

Artigo 35
O Mercosul poderá, no uso de suas atribuições, praticar todos os atos necessários à realização de seus objetivos, em especial contratar, adquirir ou alienar bens móveis e imóveis, comparecer em juízo, conservar fundos e fazer transferências.

Artigo 36
O Mercosul celebrará acordos de sede.

CAPÍTULO III
SISTEMA DE TOMADA DE DECISÕES

Artigo 37
As decisões dos órgãos do Mercosul serão tomadas por consenso e com a presença de todos os Estados-Partes.

CAPÍTULO IV
APLICAÇÃO INTERNA DAS NORMAS EMANADAS DOS ÓRGÃOS DO MERCOSUL

Artigo 38
Os Estados-Partes comprometem-se a adotar todas as medidas necessárias para assegurar, em seus respectivos territórios, o cumprimento das normas emanadas dos órgãos do Mercosul previstos no artigo 2 deste Protocolo.

Parágrafo único. Os Estados-Partes informarão à Secretaria Administrativa do Mercosul as medidas adotadas para esse fim.

Artigo 39
Serão publicados no Boletim Oficial do Mercosul, em sua íntegra, nos idiomas espanhol e português, o teor das Decisões do Conselho do Mercado Comum, das Resoluções do Grupo Mercado Comum, das Diretrizes da Comissão de Comércio do Mercosul e dos Laudos Arbitrais de solução de controvérsias, bem como de quaisquer atos aos quais o Conselho do Mercado Comum ou o Grupo Mercado Comum entendam necessário atribuir publicidade oficial.

Artigo 40
A fim de garantir a vigência simultânea nos Estados-Partes das normas emanadas dos órgãos do Mercosul previstos no Artigo 2 deste Protocolo, deverá ser observado o seguinte procedimento:

i) uma vez aprovada a norma, os Estados-Partes adotarão as medidas necessárias para a sua incorporação ao ordenamento jurídico nacional e comunicarão as mesmas à Secretaria Administrativa do Mercosul;

ii) quando todos os Estados-Partes tiverem informado sua incorporação aos respectivos ordenamentos jurídicos internos, a Secretaria Administrativa do Mercosul comunicará o fato a cada Estado-Parte;

iii) as normas entrarão em vigor simultaneamente nos Estados-Partes 30 dias após a data da comunicação efetuada pela Secretaria Administrativa do Mercosul, nos termos do item anterior. Com esse objetivo, os Estados-Partes, dentro do prazo acima, darão publicidade do início da vigência das referidas normas por intermédio de seus respectivos diários oficiais.

CAPÍTULO V
FONTES JURÍDICAS DO MERCOSUL
Artigo 41

As fontes jurídicas do Mercosul são:
I – o Tratado de Assunção, seus protocolos e os instrumentos adicionais ou complementares;
II – os acordos celebrados no âmbito do Tratado de Assunção e seus protocolos;
III – as Decisões do Conselho do Mercado Comum, as Resoluções do Grupo Mercado Comum e as Diretrizes da Comissão de Comércio do Mercosul, adotadas desde a entrada em vigor do Tratado de Assunção.

Artigo 42
As normas emanadas dos órgãos do Mercosul previstos no Artigo 2 deste Protocolo terão caráter obrigatório e deverão, quando necessário, ser incorporadas aos ordenamentos jurídicos nacionais mediante os procedimentos previstos pela legislação de cada país.

CAPÍTULO VI
SISTEMA DE SOLUÇÃO DE CONTROVÉRSIAS
Artigo 43
As controvérsias que surgirem entre os Estados-Partes sobre a interpretação, a aplicação ou o não cumprimento das disposições contidas no Tratado de Assunção, dos acordos celebrados no âmbito do mesmo, bem como das Decisões do Conselho do Mercado Comum, das Resoluções do Grupo Mercado Comum e das Diretrizes da Comissão de Comércio do Mercosul, serão submetidas aos procedimentos de solução estabelecidos no Protocolo de Brasília, de 17 de dezembro de 1991.

Parágrafo único. Ficam também incorporadas aos Artigos 19 e 25 do Protocolo de Brasília as Diretrizes da Comissão de Comércio do Mercosul.

Artigo 44
Antes de culminar o processo de convergência da tarifa externa comum, os Estados-Partes efetuarão uma revisão do atual sistema de solução de controvérsias do Mercosul, com vistas à adoção do sistema permanente a que se refere o item 3 do Anexo III do Tratado de Assunção e o artigo 34 do Protocolo de Brasília.

CAPÍTULO VII
ORÇAMENTO
Artigo 45
A Secretaria Administrativa do Mercosul contará com orçamento para cobrir seus gastos de funcionamento e aqueles que determine o Grupo Mercado Comum. Tal orçamento será financiado, em partes iguais, por contribuições dos Estados-Partes.

CAPÍTULO VIII
IDIOMAS
Artigo 46
Os idiomas oficiais do Mercosul são o espanhol e o português. A versão oficial dos documentos de trabalho será a do idioma do país sede de cada reunião.

CAPÍTULO IX
REVISÃO
Artigo 47
Os Estados-Partes convocarão, quando julgarem oportuno, conferência diplomática com o objetivo de revisar a estrutura institucional do Mercosul estabelecida pelo presente Protocolo, assim como as atribuições específicas de cada um de seus órgãos.

CAPÍTULO X
VIGÊNCIA
Artigo 48
O presente Protocolo, parte integrante do Tratado de Assunção, terá duração indefinida e entrará em vigor 30 dias após a data do depósito do terceiro instrumento de ratificação. O presente Protocolo e seus instrumentos de ratificação serão depositados ante o Governo da República do Paraguai.

Artigo 49
O Governo da República do Paraguai notificará aos Governos dos demais Estados-Partes a data do depósito dos instrumentos de ratificação e da entrada em vigor do presente Protocolo.

Artigo 50
Em matéria de adesão ou denúncia, regerão como um todo, para o presente Protocolo, as normas estabelecidas pelo Tratado de Assunção. A adesão ou denúncia ao Tratado de Assunção ou ao presente Protocolo significam, *ipso iure*, a adesão ou denúncia ao presente Protocolo e ao Tratado de Assunção.

CAPÍTULO XI
DISPOSIÇÃO TRANSITÓRIA
Artigo 51
A estrutura institucional prevista no Tratado de Assunção, de 26 de março de 1991, assim como seus órgãos, será mantida até a data de entrada em vigor do presente Protocolo.

CAPÍTULO XII
DISPOSIÇÕES GERAIS
Artigo 52
O presente Protocolo chamar-se-á "Protocolo de Ouro Preto".

Artigo 53
Ficam revogadas todas as disposições do Tratado de Assunção, de 26 de março de 1991, que conflitem com os termos do presente Protocolo e com o teor das Decisões aprovadas pelo Conselho do Mercado Comum, durante o período de transição.

Feito na cidade de Ouro Preto, República Federativa do Brasil, aos dezessete dias do mês de dezembro de mil novecentos e noventa e quatro, em um original, nos idiomas português e espanhol, sendo ambos os textos igualmente autênticos. O Governo da República do Paraguai enviará cópia devidamente autenticada do presente Protocolo aos Governos dos demais Estados-Partes.

Pela República Argentina:
Carlos Saúl Menem
Guido Di Tella
Pela República Federativa do Brasil:
Itamar Franco
Celso L. N. Amorim
Pela República do Paraguai:
Juan Carlos Wasmosy
Luiz Maria Ramirez Boettner
Pela República Oriental do Uruguai:
Luiz Alberto Lacalle Herrera
Sergio Abreu

ANEXO AO PROTOCOLO DE OURO PRETO PROCEDIMENTO GERAL PARA RECLAMAÇÕES PERANTE A COMISSÃO DE COMÉRCIO DO MERCOSUL

Artigo 1º
As reclamações apresentadas pelas Seções Nacionais da Comissão de Comércio do Mercosul, originadas pelos Estados-Partes ou em reclamações de particulares – pessoas físicas ou jurídicas – de acordo com o previsto no Artigo 21 do Protocolo de Ouro Preto, observarão o procedimento estabelecido no presente Anexo.

Artigo 2º
O Estado-Parte reclamante apresentará sua reclamação perante a Presidência *Pro Tempore* da Comissão de Comércio do Mercosul, a qual tomará as providências necessárias para a incorporação do tema na agenda da primeira reunião subsequente da Comissão de Comércio do Mercosul, respeitado o prazo mínimo de uma semana de antecedência. Se não for adotada decisão na referida reunião, a Comissão de Comércio do Mercosul remeterá os antecedentes, sem outro procedimento, a um Comitê Técnico.

Artigo 3º
O Comitê Técnico preparará e encaminhará à Comissão de Comércio do Mercosul, no prazo máximo de 30 dias corridos, um parecer conjunto sobre a matéria. Esse parecer, bem como as conclusões dos especialistas integrantes do Comitê Técnico, quando não for adotado parecer, serão levados em consideração pela Comissão de Comércio do Mercosul, quando esta decidir sobre a reclamação.

Artigo 4º
A Comissão de Comércio do Mercosul decidirá sobre a questão em sua primeira reunião ordinária posterior ao recebimento do parecer conjunto ou, na sua ausência, as conclusões dos especialistas, podendo também ser convocada uma reunião extraordinária com essa finalidade.

Artigo 5º
Se não for alcançado o consenso na primeira reunião mencionada no Artigo 4, a Comissão de Comércio do Mercosul encaminhará ao Grupo Mercado Comum as diferentes alternativas propostas, assim como o parecer conjunto ou as conclusões dos especialistas do Comitê Técnico, a fim de que seja tomada uma decisão sobre a matéria. O Grupo Mercado Comum pronunciar-se-á a respeito no prazo de 30 (trinta) dias corridos, contados do recebimento, pela Presidência *Pro Tempore*, das propostas encaminhadas pela Comissão de Comércio do Mercosul.

Artigo 6º
Se houver consenso quanto à procedência da reclamação, o Estado-Parte reclamado deverá tomar as medidas aprovadas na Comissão de Comércio do Mercosul ou no Grupo Mercado Comum. Em cada caso, a Comissão de Comércio do Mercosul ou, posteriormente, o Grupo Mercado Comum determinarão prazo razoável para a implementação dessas medidas. Decorrido tal prazo sem que o Estado reclamado tenha observado o disposto na decisão alcançada, seja na Comissão de Comércio do Mercosul ou no Grupo Mercado Comum, o Estado reclamante poderá recorrer diretamente ao procedimento previsto no Capítulo IV do Protocolo de Brasília.

Artigo 7º
Se não for alcançado consenso na Comissão de Comércio do Mercosul e, posteriormente, no Grupo Mercado Comum, ou se o Estado reclamado não observar, no prazo previsto no Artigo 6, o disposto na decisão alcançada, o Estado reclamante poderá recorrer diretamente ao procedimento previsto no Capítulo IV do Protocolo de Brasília, fato que será comunicado à Secretaria Administrativa do Mercosul.

O Tribunal Arbitral, antes da emissão de seu Laudo, deverá, se assim solicitar o Estado reclamante, manifestar-se, no prazo de até 15 (quinze) dias após sua constituição, sobre as medidas provisórias que considere apropriadas, nas condições estipuladas pelo Artigo 18 do Protocolo de Brasília.

PROTOCOLO DE ASSUNÇÃO SOBRE COMPROMISSO COM A PROMOÇÃO E PROTEÇÃO DOS DIREITOS HUMANOS DO MERCOSUL (2005)

▶ Assinado em Assunção, Paraguai, em 20.06.2005.
▶ Aprovado no Brasil pelo Decreto Legislativo 592, de 27.08.2009, e promulgado pelo Decreto 7.225, de 01.07.2010.

Tendo em vista:
O Tratado de Assunção, o Protocolo de Ouro Preto e as Decisões 40/04 do Conselho do Mercado Comum.

Considerando:
Que é fundamental assegurar a proteção, promoção e garantia dos Direitos Humanos e as liberdades fundamentais de todas as pessoas.
Que o gozo efetivo dos direitos fundamentais é condição indispensável para a consolidação do processo de integração.
O Conselho do Mercado Comum decide:
Art. 1° Aprovar a assinatura do Protocolo de Assunção sobre Compromisso com a Promoção e Proteção dos Direitos Humanos do Mercosul, que consta como Anexo da presente Decisão.
Art. 2° Esta Decisão não necessita ser incorporada ao ordenamento jurídico dos Estados-Partes, por regulamentar aspectos da organização ou do funcionamento do Mercosul.

XXVIII CMC – Assunção, 19/VI/05
PROTOCOLO DE ASSUNÇÃO SOBRE COMPROMISSO COM A PROMOÇÃO E PROTEÇÃO DOS DIREITOS HUMANOS DO MERCOSUL

A República Argentina, a República Federativa do Brasil, a República do Paraguai e a República Oriental do Uruguai, Estados-Partes do Mercosul, doravante as Partes,
Reafirmando os princípios e objetivos do Tratado de Assunção e do Protocolo de Ouro Preto;
Tendo presente a Decisão CMC 40/04 que cria a Reunião de Altas Autoridades sobre Direitos Humanos do Mercosul;
Reiterando o expressado na Declaração Presidencial de Las Leñas de 27 de junho de 1992 no sentido de que a plena vigência das instituições democráticas é condição indispensável para a existência e o desenvolvimento do Mercosul;
Reafirmando o expressado na Declaração Presidencial sobre Compromisso Democrático no Mercosul;
Ratificando a plena vigência do Protocolo de Ushuaia sobre Compromisso Democrático no Mercosul a República da Bolívia e a República do Chile;
Reafirmando os princípios e normas contidos na Declaração Americana de Direitos e deveres do Homem, na Convenção Americana sobre Direitos Humanos e outros instrumentos regionais de direitos humanos, assim como na Carta Democrática Interamericana;
Ressaltando o expressado na Declaração e no Programa de Ação da Conferência Mundial de Direitos Humanos de 1993, que a democracia, o desenvolvimento e o respeito aos direitos humanos e liberdades fundamentais são conceitos interdependentes que se reforçam mutuamente;
Sublinhando o expressado em distintas resoluções da Assembleia Geral e da Comissão de Direitos Humanos das Nações Unidas, que o respeito aos direitos humanos e das liberdades fundamentais são elementos essenciais da democracia;
Reconhecendo a universalidade, a indivisibilidade, a interdependência e inter-relação de todos os direitos humanos, sejam direitos econômicos, sociais, culturais, civis ou políticos;
Reiterando a Declaração Presidencial de Porto Iguaçu de 8 de julho de 2004 na qual os Presidentes dos Estados-Partes do Mercosul destacaram a alta prioridade atribuída à proteção, promoção e garantia dos direitos humanos e as liberdades fundamentais de todas as pessoas que habitam o Mercosul;
Reafirmando que a vigência da ordem democrática constitui uma garantia indispensável para o exercício efetivo dos direitos humanos e liberdades fundamentais, e que toda ruptura ou ameaça ao normal desenvolvimento do processo democrático em uma das Partes põe em risco o gozo efetivo dos direitos humanos;
Acordam o seguinte:

Artigo 1°
A plena vigência das instituições democráticas e o respeito dos direitos humanos e das liberdades fundamentais são condições essenciais para a vigência e evolução do processo de integração entre as Partes.

Artigo 2°
As Partes cooperarão mutuamente para a promoção e proteção efetiva dos direitos humanos e liberdades fundamentais através dos mecanismos institucionais estabelecidos no Mercosul.

Artigo 3°
O presente Protocolo se aplicará em caso de que se registrem graves e sistemáticas violações dos direitos humanos e liberdades fundamentais em uma das Partes em situações de crise institucional ou durante a vigência de estados de exceção previstos nos ordenamentos constitucionais respectivos.
A tal efeito, as demais Partes promoverão as consultas pertinentes entre si e com a Parte afetada.

Artigo 4°
Quando as consultas mencionadas no artigo anterior resultarem ineficazes, as demais Partes considerarão a natureza e o alcance das medidas a aplicar, tendo em vista a gravidade da situação existente.
Tais medidas abarcarão desde a suspensão do direito a participar deste processo de integração até a suspensão dos direitos e obrigações emergentes do mesmo.

Artigo 5°
As medidas previstas no artigo 4 serão adotadas por consenso pelas Partes e comunicadas à Parte afetada, a qual não participará do processo decisório pertinente. Essas medidas entrarão em vigência na data em que se realize a comunicação respectiva à Parte afetada.

Artigo 6°
As medidas a que se refere o artigo 4 aplicadas à Parte afetada, cessarão a partir da data da comunicação à dita Parte de que as causas que as motivaram foram sanadas. Tal comunicação será transmitida pelas Partes que adotaram tais medidas.

Artigo 7º
O presente Protocolo se encontra aberto à adesão dos Estados Associados ao Mercosul.

Artigo 8º
O presente Protocolo entrará em vigor trinta (30) dias depois do depósito do instrumento de ratificação pelo quarto Estado-Parte do Mercosul.

Artigo 9º
A República do Paraguai será depositária do presente Protocolo e dos respectivos instrumentos de ratificação, devendo notificar às Partes a data dos depósitos desses instrumentos e da entrada em vigor do Protocolo, assim como enviar-lhes cópia devidamente autenticada do mesmo.

Feito na cidade de Assunção, República do Paraguai, aos dezenove dias do mês de junho de dois mil e cinco, em um original, nos idiomas espanhol e português, sendo ambos os textos igualmente autênticos.

Rafael Bielsa
Pela República Argentina
Celso Luiz Nunes Amorim
Pela República Federativa do Brasil
Leila Rachid
Pela República do Paraguai
Reinaldo Gargano
Pela República Oriental do Uruguai

PROTOCOLO DE BUENOS AIRES SOBRE JURISDIÇÃO INTERNACIONAL EM MATÉRIA CONTRATUAL (1994)

- Adotado em Buenos Aires, Argentina, em 05.08.1994.
- Aprovado no Brasil pelo Decreto Legislativo 129, de 05.10.1995, e promulgado pelo Decreto 2.095, de 17.12.1996.

Os Governos da República Argentina, da República Federativa do Brasil, da República do Paraguai e da República Oriental do Uruguai,

Considerando que o Tratado de Assunção, firmado em 26 de março de 1991, estabeleceu compromisso dos Estados-Partes de harmonizar suas legislações nas áreas pertinentes,

Reafirmando a vontade dos Estados-Partes de acordar soluções jurídicas comuns para o fortalecimento do processo de integração;

Destacando a necessidade de proporcionar ao setor privado dos Estados-Partes um quadro de segurança jurídica que garanta justas soluções e a harmonia internacional das decisões judiciais e arbitrais vinculadas à contratação no âmbito do Tratado de Assunção;

Convencidos da importância de adotar regras comuns sobre jurisdição internacional em matéria contratual, com o objetivo de promover o desenvolvimento das relações econômicas entre o setor privado dos Estados-Partes;

Conscientes de que, em matéria de negócios internacionais, a contratação é a expressão jurídica do comércio que tem lugar em decorrência do processo de integração, acordam:

TÍTULO I
ÂMBITO DE APLICAÇÃO

Artigo 1º
O presente Protocolo será aplicado à jurisdição contenciosa internacional relativa aos contratos internacionais de natureza civil ou comercial celebrados entre particulares – pessoas físicas ou jurídicas:

a) com domicílio ou sede social em diferentes Estados-Partes do Tratado de Assunção;

b) quando pelo menos uma das partes do contrato tenha seu domicílio ou sede social em um Estado-Parte do Tratado de Assunção e além disso, tenha sido feito um acordo de eleição de foro em favor de um Juiz de um Estado-Parte e exista uma conexão razoável segundo as normas de jurisdição deste Protocolo.

Artigo 2º
O âmbito de aplicação do presente Protocolo exclui:
1 – as relações jurídicas entre os falidos e seus credores e demais procedimentos análogos, especialmente as concordatas;
2 – a matéria tratada em acordos no âmbito do direito de família e das sucessões;
3 – os contratos de seguridade social;
4 – os contratos administrativos;
5 – os contratos de trabalho;
6 – os contratos de venda ao consumidor;
7 – os contratos de transporte;
8 – os contratos de seguro;
9 – os direitos reais.

TÍTULO II
JURISDIÇÃO INTERNACIONAL

Artigo 3º
O requisito processual da jurisdição internacional em matéria de contratos será considerado satisfeito quando o órgão jurisdicional de um Estado-Parte assuma jurisdição de conformidade com o estabelecido no presente Protocolo.

CAPÍTULO I
ELEIÇÃO DE JURISDIÇÃO

Artigo 4º
1. Nos conflitos que decorram dos contratos internacionais em matéria civil ou comercial serão competentes os tribunais do Estado-Parte em cuja jurisdição os contratantes tenham acordado submeter-se por escrito, sempre que tal ajuste não tenha sido obtido de forma abusiva.
2. Pode-se acordar, igualmente, a eleição de tribunais arbitrais.

Artigo 5º
1. O acordo de eleição de jurisdição pode realizar-se no momento da celebração do contrato, durante sua vigência ou uma vez suscitado o litígio.
2. A validade e os efeitos de eleição de foro serão regidos pelo direito dos Estados-Partes que teriam

jurisdição de conformidade com o estabelecido no presente Protocolo.

3. Em todo caso, será aplicado o direito mais favorável de validade do acordo.

Artigo 6°

Eleita ou não a jurisdição, considerar-se-á esta prorrogada em favor do Estado-Parte onde seja proposta a ação quando o demandado, depois de interposta esta, a admita voluntariamente, de forma positiva e não ficta.

CAPÍTULO II
JURISDIÇÃO SUBSIDIÁRIA

Artigo 7°

Na ausência de acordo, têm jurisdição à escolha do autor:

a) o juízo do lugar de cumprimento do contrato;
b) o juízo do domicílio do demandado;
c) o juízo de seu domicílio ou sede social, quando demonstrar que cumpriu sua prestação.

Artigo 8°

1. Para os fins do Artigo 7, alínea a, será considerado lugar do cumprimento do contrato o Estado-Parte onde tenha sido ou deva ser cumprida a obrigação que sirva de fundamento de demanda.

2. O cumprimento da obrigação reclamada será:

a) nos contratos sobre coisas certas e individualizadas, o lugar onde elas existiam ao tempo de sua celebração;
b) nos contratos sobre coisas determinadas por seu gênero, o lugar do domicílio do devedor ao tempo em que foram celebrados;
c) nos contratos sobre coisas fungíveis, o lugar do domicílio do devedor ao tempo de sua celebração;
d) nos contratos que versem sobre prestação de serviços:

1. se recaírem sobre coisas, o lugar onde elas existiam ao tempo de sua celebração;
2. se sua eficácia se relacionar com algum lugar especial, daquele onde houverem de produzir seus efeitos;
3. fora destes casos, o lugar do domicílio do devedor ao tempo da celebração do contrato.

Artigo 9°

1. Para os fins do Artigo 7 alínea b, considerar-se-á domicílio do demandado:

a) quando se tratar de pessoas físicas:
1. sua residência habitual;
2. subsidiariamente, o centro principal de seus negócios; e
3. na ausência destas circunstâncias, o lugar onde se encontrar – a simples residência.

b) quando se tratar de pessoa jurídica, a sede principal da administração.

2. Se a pessoa jurídica tiver sucursais, estabelecimentos, agências ou qualquer outra espécie de representação, será considerada domiciliada no lugar onde funcionem, sujeita à jurisdição das autoridades locais, no que concerne às operações que ali pratiquem. Esta qualificação não obsta o direito do autor de interpor a ação junto ao tribunal da sede principal da administração.

Artigo 10

São competentes para conhecer dos litígios que surjam entre os sócios sobre questões societárias, os juízes da sede principal da administração.

Artigo 11

As pessoas jurídicas com sede em um Estado-Parte, que celebrem contratos em outro Estado-Parte, podem ser demandadas perante os juízes deste último.

Artigo 12

1. Se vários forem os demandados, terá jurisdição o Estado-Parte do domicílio de qualquer deles.

2. As demandas sobre obrigações de garantia de caráter pessoal ou para a intervenção de terceiros podem ser propostas perante o tribunal que estiver conhecendo a demanda principal.

CAPÍTULO III
RECONVENÇÃO

Artigo 13

Se a reconvenção se fundamentar em ato ou em fato que serviu de base para a demanda principal, terão jurisdição para conhecê-la os juízes que intervierem na demanda principal.

TÍTULO III
A JURISDIÇÃO COMO REQUISITO PARA O RECONHECIMENTO E EXECUÇÃO DE SENTENÇAS E LAUDOS ARBITRAIS

Artigo 14

A jurisdição internacional regulada pelo Artigo 20, alínea c, do Protocolo de Las Leñas sobre Cooperação e Assistência Jurisdicional em Matéria Civil, Comercial, Trabalhista e Administrativa ficará submetida ao disposto no presente Protocolo.

TÍTULO IV
CONSULTA E SOLUÇÃO DE CONTROVÉRSIAS

Artigo 15

1. As controvérsias que surgirem entre os Estados-Partes em decorrência da aplicação, interpretação ou descumprimento das disposições contidas no presente Protocolo serão resolvidas mediante negociações diplomáticas diretas.

2. Se, mediante tais negociações, não se alcançar um acordo ou se a controvérsia só for solucionada parcialmente, aplicar-se-ão os procedimentos previstos no Sistema de Solução de Controvérsias vigentes entre os Estados-Partes do Tratado de Assunção.

TÍTULO V
DISPOSIÇÕES FINAIS

Artigo 16

1. O presente Protocolo, parte integrante do Tratado de Assunção, entrará em vigor 30 (trinta) dias

depois do depósito do segundo instrumento de ratificação com relação aos dois primeiros Estados--Partes que o ratifiquem.
2. Para os demais signatários, entrará em vigor no trigésimo dia posterior ao depósito do respectivo instrumento de ratificação e na ordem em que forem depositadas as ratificações.

Artigo 17
A adesão por parte de um Estado ao Tratado de Assunção implicará, *ipso jure*, na adesão ao presente Protocolo.

Artigo 18
1. O Governo da República do Paraguai será o depositário do presente Protocolo e dos instrumentos de ratificação e enviará cópia devidamente autenticada dos mesmos aos Governos dos demais Estados-Partes.
2. O Governo da República do Paraguai notificará, aos Governos dos demais Estados-Partes, a data de entrada em vigor do presente Protocolo e a data de depósito dos instrumentos de ratificação.

PROTOCOLO DE DEFESA DA CONCORRÊNCIA NO MERCOSUL (1996)

Protocolo de Fortaleza

- Adotado em Fortaleza, aos 17.12.1996.
- Aprovado no Brasil pelo Decreto Legislativo 6, de 15.02.2000, e promulgado pelo Decreto 3.602, de 18.09.2000, passando a vigorar internacionalmente e para o Brasil em 08.09.2000, nos termos do seu art. 33.

A República Argentina, a República Federativa do Brasil, a República do Paraguai e a República Oriental do Uruguai, doravante denominados Estados--Partes,
Considerando:
Que a livre circulação de bens e serviços entre os Estados-Partes torna imprescindível assegurar condições adequadas de concorrência, capazes de contribuir para a consolidação da União Aduaneira;
Que os Estados-Partes devem assegurar ao exercício das atividades econômicas em seus territórios iguais condições de livre concorrência;
Que o crescimento equilibrado e harmônico das relações comerciais intrazonais, assim como o aumento da competitividade das empresas estabelecidas nos Estados-Partes, dependerão em grande medida da consolidação de um ambiente concorrencial no espaço integrado do Mercosul;
A necessidade urgente de se estabelecerem as diretrizes que orientarão os Estados-Partes e as empresas neles sediadas na defesa da concorrência no Mercosul como instrumento capaz de assegurar o livre acesso ao mercado e a distribuição equilibrada dos benefícios do processo de integração econômica,
Acordam

CAPÍTULO I
DO OBJETO E DO ÂMBITO DE APLICAÇÃO

Artigo 1º
O presente Protocolo tem por objeto a defesa da concorrência no âmbito do Mercosul.

Artigo 2º
As regras deste Protocolo aplicam-se aos atos praticados por pessoas físicas ou jurídicas de direito público ou privado ou outras entidades que tenham por objeto produzir ou que produzam efeitos sobre a concorrência no âmbito do Mercosul e que afetem o comércio entre os Estados-Partes.
Parágrafo único. Incluem-se entre as pessoas jurídicas a que se refere o *caput* deste artigo as empresas que exerçam monopólio estatal, na medida em que as regras deste Protocolo não impeçam o desempenho regular de atribuição legal.

Artigo 3º
É da competência exclusiva de cada Estado-Parte a regulamentação dos atos praticados no respectivo território por pessoa física ou jurídica de direito público ou privado ou outra entidade nele domiciliada e cujos efeitos sobre a concorrência a ele se restrinjam.

CAPÍTULO II
DAS CONDUTAS E PRÁTICAS RESTRITIVAS DA CONCORRÊNCIA

Artigo 4º
Constituem infração às normas do presente Protocolo, independentemente de culpa, os atos, individuais ou concertados, sob qualquer forma manifestados, que tenham por objeto ou efeito limitar, restringir, falsear ou distorcer a concorrência ou o acesso ao mercado ou que constituam abuso de posição dominante no mercado relevante de bens ou serviços no âmbito do Mercosul e que afetem o comércio entre os Estados-Partes.

Artigo 5º
A simples conquista de mercado resultante de processo natural fundado na maior eficiência de agente econômico em relação a seus competidores não caracteriza ofensa à concorrência.

Artigo 6º
As seguintes condutas, além de outras, na medida que configurem as hipóteses do art. 4º, caracterizam práticas restritivas da concorrência:
I – fixar, impor ou praticar, direta ou indiretamente, em acordo com concorrente ou isoladamente, sob qualquer forma, preços e condições de compra ou de venda de bens, de prestação de serviços ou de produção;
II – obter ou influenciar a adoção de conduta comercial uniforme ou concertada entre concorrentes;
III – regular mercados de bens ou serviços, estabelecendo acordos para limitar ou controlar a pesquisa e o desenvolvimento tecnológico, a produção de bens ou prestação de serviços, ou para dificultar

investimentos destinados à produção de bens ou serviços ou à sua distribuição;

IV – dividir os mercados de serviços ou produtos, acabados ou semiacabados, ou as fontes de abastecimento de matérias-primas ou produtos intermediários;

V – limitar ou impedir o acesso de novas empresas ao mercado;

VI – ajustar preços ou vantagens que possam afetar a concorrência em licitações públicas;

VII – adotar, em relação a terceiros contratantes, condições desiguais, no caso de prestações equivalentes, colocando-os em desvantagem na concorrência;

VIII – subordinar a venda de um bem à aquisição de outro ou à utilização de um serviço, ou subordinar a prestação de um serviço à utilização de outro ou à aquisição de um bem;

IX – impedir o acesso do concorrente às fontes de insumos, matérias-primas, equipamentos ou tecnologias, bem como aos canais de distribuição;

X – exigir ou conceder exclusividade para divulgação de publicidade nos meios de comunicação de massa;

XI – realizar compra ou venda sujeita à condição de não usar ou adquirir, vender ou fornecer bens ou serviços produzidos, processados, distribuídos ou comercializados por um terceiro;

XII – vender, por razões não justificadas nas práticas comerciais, mercadoria abaixo do preço de custo;

XIII – recusar injustificadamente a venda de bens ou a prestação de serviços;

XIV – interromper ou reduzir em grande escala a produção, sem causa justificada;

XV – destruir, inutilizar ou açambarcar matérias-primas, produtos intermediários ou acabados, assim como destruir, inutilizar ou dificultar a operação de equipamentos destinados a produzi-los, distribuí-los ou transportá-los;

XVI – abandonar, fazer abandonar ou destruir lavouras ou plantações, sem justa causa;

XVII – manipular mercado para impor preços.

CAPÍTULO III
DO CONTROLE DE ATOS E CONTRATOS

Artigo 7º
Os Estados-Partes adotarão, para fins de incorporação à normativa do Mercosul e dentro do prazo de 2 anos, normas comuns para o controle dos atos e contratos, sob qualquer forma manifestados, que possam limitar ou de qualquer forma prejudicar a livre concorrência ou resultar na dominação de mercado regional relevante de bens e serviços, inclusive aqueles que resultem em concentração econômica, com vistas a prevenir os seus possíveis efeitos anticompetitivos no âmbito do Mercosul.

CAPÍTULO IV
DOS ÓRGÃOS DE APLICAÇÃO

Artigo 8º
Compete à Comissão de Comércio do Mercosul, nos termos do artigo 19 do Protocolo de Ouro Preto, e ao Comitê de Defesa da Concorrência aplicar o presente Protocolo.

Parágrafo único. O Comitê de Defesa da Concorrência, órgão de natureza intergovernamental, será integrado pelos órgãos nacionais de aplicação do presente Protocolo em cada Estado-Parte.

Artigo 9º
O Comitê de Defesa da Concorrência submeterá à aprovação da Comissão de Comércio do Mercosul a regulamentação do presente Protocolo.

CAPÍTULO V
DO PROCEDIMENTO DE APLICAÇÃO

Artigo 10
Os órgãos nacionais de aplicação iniciarão o procedimento previsto no presente Protocolo de ofício ou mediante representação fundamentada de parte legitimamente interessada, que deverá ser encaminhada ao Comitê de Defesa da Concorrência, juntamente com avaliação técnica preliminar.

Artigo 11
O Comitê de Defesa da Concorrência, após análise técnica preliminar, procederá à instauração da investigação ou, *ad referendum* da Comissão de Comércio do Mercosul, ao arquivamento do processo.

Artigo 12
O Comitê de Defesa da Concorrência encaminhará regularmente à Comissão de Comércio do Mercosul relatórios sobre o Estado de tramitação dos casos em estudo.

Artigo 13
Em caso de urgência ou ameaça de dano irreparável à concorrência, o Comitê de Defesa da Concorrência definirá, *ad referendum* da Comissão de Comércio do Mercosul, a aplicação de medidas preventivas, inclusive a imediata cessação da prática sob investigação, a reversão à situação anterior ou outras que considere necessárias.

§ 1º Em caso de inobservância à medida preventiva, o Comitê de Defesa da Concorrência poderá definir, *ad referendum* da Comissão de Comércio do Mercosul, a aplicação de multa à parte infratora.

§ 2º A aplicação de medida preventiva ou de multa será executada pelo órgão nacional de aplicação do Estado-Parte em cujo território estiver domiciliado o representado.

Artigo 14
O Comitê de Defesa da Concorrência estabelecerá, em cada caso investigado, pautas que definirão, entre outros aspectos, a estrutura do mercado relevante, os meios de prova das condutas e os critérios de análise dos efeitos econômicos da prática sob investigação.

Artigo 15
O órgão nacional de aplicação do Estado-Parte em cujo território estiver domiciliado o representado realizará a investigação da prática restritiva da concorrência, levando em conta as pautas definidas no artigo 14.

§ 1º O órgão nacional de aplicação que estiver procedendo a investigação divulgará relatórios periódicos sobre as suas atividades.

§ 2º Será assegurado ao representado o exercício do direito de defesa.

Artigo 16

Aos órgãos nacionais de aplicação dos demais Estados-Partes compete auxiliar o órgão nacional responsável pela investigação mediante o fornecimento de informações, documentos e outros meios considerados essenciais para a correta execução do procedimento investigatório.

Artigo 17

Na hipótese de ocorrência de divergências a respeito da aplicação dos procedimentos previstos neste Protocolo, o Comitê de Defesa da Concorrência poderá solicitar à Comissão de Comércio do Mercosul pronunciamento sobre a matéria.

Artigo 18

Uma vez concluído o processo investigatório, o órgão nacional responsável pela investigação apresentará ao Comitê de Defesa da Concorrência parecer conclusivo sobre a matéria.

Artigo 19

O Comitê de Defesa da Concorrência examinará o parecer emitido pelo órgão nacional de aplicação e, *ad referendum* da Comissão de Comércio do Mercosul, definirá as práticas infrativas e estabelecerá as sanções a serem impostas ou as demais medidas cabíveis ao caso.

Parágrafo único. Se o Comitê de Defesa da Concorrência não alcançar o consenso, encaminhará suas conclusões à Comissão de Comércio do Mercosul, consignando as divergências existentes.

Artigo 20

A Comissão de Comércio do Mercosul, levando em consideração o parecer ou as conclusões do Comitê de Defesa da Concorrência, se pronunciará mediante a adoção de Diretiva, definindo as sanções a serem aplicadas à parte infratora ou as medidas cabíveis ao caso.

§ 1º As sanções serão aplicadas pelo órgão nacional de aplicação do Estado-Parte em cujo território estiver domiciliada a parte infratora.

§ 2º Se não for alcançado o consenso, a Comissão de Comércio do Mercosul encaminhará as diferentes alternativas propostas ao Grupo Mercado Comum.

Artigo 21

O Grupo Mercado Comum se pronunciará sobre a matéria mediante a adoção de Resolução.

Parágrafo único. Se o Grupo Mercado Comum não alcançar o consenso, o Estado-Parte interessado poderá recorrer diretamente ao procedimento previsto no Capítulo IV do Protocolo de Brasília para a Solução de Controvérsias.

CAPÍTULO VI
DO COMPROMISSO DE CESSAÇÃO

Artigo 22

Em qualquer fase do procedimento o Comitê de Defesa da Concorrência poderá homologar, *ad referendum* da Comissão de Comércio do Mercosul, Compromisso de Cessação da prática sob investigação, o qual não importará confissão quanto à matéria de fato, nem reconhecimento de ilicitude da conduta analisada.

Artigo 23

O Compromisso de Cessação conterá, necessariamente, as seguintes cláusulas:

a) obrigações do representado, no sentido de cessar a prática investigada no prazo estabelecido;

b) valor de multa diária a ser imposta no caso de descumprimento do Compromisso de Cessação;

c) obrigação do representado de apresentar relatórios periódicos sobre a sua atuação no mercado, mantendo o órgão nacional de aplicação informado sobre eventuais mudanças em sua estrutura societária, controle, atividades e localização.

Artigo 24

O processo ficará suspenso enquanto estiver sendo cumprido o Compromisso de Cessação e será arquivado ao término do prazo fixado, se atendidas todas as condições estabelecidas no Compromisso.

Artigo 25

O Comitê de Defesa da Concorrência, *ad referendum* da Comissão de Comércio do Mercosul, poderá homologar alterações no Compromisso de Cessação, se comprovada sua excessiva onerosidade para o representado e desde que não acarrete prejuízo para terceiros ou para a coletividade, e a nova situação não configure infração à concorrência.

Artigo 26

O Compromisso de Cessação, as alterações do Compromisso e a sanção a que se refere o presente Capítulo serão levadas a efeito pelo órgão nacional de aplicação do Estado-Parte em cujo território estiver domiciliado o representado.

CAPÍTULO VII
DAS SANÇÕES

Artigo 27

O Comitê de Defesa da Concorrência, *ad referendum* da Comissão de Comércio do Mercosul, determinará a cessação definitiva da prática infrativa dentro de prazo a ser especificado.

§ 1º Em caso de descumprimento da ordem de cessação, será aplicada multa diária a ser definida pelo Comitê de Defesa da Concorrência, *ad referendum* da Comissão de Comércio do Mercosul;

§ 2º A determinação de cessação, bem como a aplicação de multa, serão levadas a efeito pelo órgão nacional de aplicação do Estado-Parte em cujo território estiver domiciliada a parte infratora.

Artigo 28

Em caso de violação às normas do presente Protocolo, aplicar-se-ão as seguintes sanções, cumulada ou alternativamente:

I – multa, baseada nos lucros obtidos com a prática infrativa, no faturamento bruto ou nos ativos envolvidos, a qual reverterá a favor do órgão nacional de aplicação do Estado-Parte em cujo território estiver domiciliada a parte infratora;

II – proibição de participar de regimes de compras públicas em quaisquer dos Estados-Partes, pelo prazo que determinar;

III – proibição de contratar com instituições financeiras públicas de quaisquer dos Estados-Partes, pelo prazo que determinar;

§ 1º O Comitê de Defesa da Concorrência, ad referendum da Comissão de Comércio do Mercosul, poderá ainda recomendar às autoridades competentes dos Estados-Partes que não concedam ao infrator incentivos de qualquer natureza ou facilidades de pagamento de suas obrigações de natureza tributária.

§ 2º As penalidades previstas neste artigo serão levadas a efeito pelo órgão nacional de aplicação do Estado-Parte em cujo território estiver domiciliada a parte infratora.

Artigo 29

Para a gradação das sanções estabelecidas no presente Protocolo, considerar-se-ão a gravidade dos fatos e o nível dos danos causados à concorrência no âmbito do Mercosul.

CAPÍTULO VIII
DA COOPERAÇÃO

Artigo 30

Para assegurar a implementação do presente Protocolo, os Estados-Partes, por meio dos respectivos órgãos nacionais de aplicação, adotarão mecanismos de cooperação e consultas no plano técnico no sentido de:

a) sistematizar e intensificar a cooperação entre os órgãos e autoridades nacionais responsáveis com vistas ao aperfeiçoamento dos sistemas nacionais e dos instrumentos comuns de defesa da concorrência, mediante um programa de intercâmbio de informações e experiências, de treinamento de técnicos e de compilação da jurisprudência relativa à defesa da concorrência, bem como da investigação conjunta das práticas lesivas à concorrência no Mercosul;

b) identificar e mobilizar, inclusive por meio de acordos de cooperação técnica em matéria de defesa da concorrência celebrados com outros Estados ou agrupamentos regionais, os recursos necessários à implementação do programa de cooperação a que se refere a alínea anterior.

CAPÍTULO IX
DA SOLUÇÃO DE CONTROVÉRSIAS

Artigo 31

Aplica-se o disposto no Protocolo de Brasília e no Procedimento Geral para Reclamações Perante a Comissão de Comércio do Mercosul previsto no Anexo ao Protocolo de Ouro Preto às divergências relativas à aplicação, interpretação ou descumprimento das disposições contidas no presente Protocolo.

CAPÍTULO X
DAS DISPOSIÇÕES FINAIS E TRANSITÓRIAS

Artigo 32

Os Estados-Partes comprometem-se, dentro do prazo de dois anos a contar da entrada em vigência do presente Protocolo, e para fins de incorporação a este instrumento, a elaborar normas e mecanismos comuns que disciplinem as ajudas de Estado que possam limitar, restringir, falsear ou distorcer a concorrência e sejam suscetíveis de afetar o comércio entre os Estados-Partes.

Para este fim, serão levados em consideração os avanços relativos ao tema das políticas públicas que distorcem a concorrência e as normas pertinentes da OMC.

Artigo 33

O presente Protocolo, parte integrante do Tratado de Assunção, entrará em vigor trinta dias após o depósito do segundo instrumento de ratificação, com relação aos dois primeiros Estados-Partes que o ratifiquem e, no caso dos demais signatários, no trigésimo dia após o depósito do respectivo instrumento de ratificação.

Artigo 34

Nenhuma disposição do presente Protocolo se aplicará a qualquer prática restritiva da concorrência cujo exame tenha sido iniciado por autoridade competente de um Estado-Parte antes da entrada em vigor prevista no artigo 33.

Artigo 35

O presente Protocolo poderá ser revisto de comum acordo, por proposta de um dos Estados-Partes.

Artigo 36

A adesão por parte de um Estado ao Tratado de Assunção implicará, ipso iure, a adesão ao presente Protocolo.

Artigo 37

O Governo da República do Paraguai será o depositário do presente Protocolo e dos instrumentos de ratificação, e enviará cópias devidamente autenticadas dos mesmos aos Governos dos demais Estados-Partes.

Da mesma forma, o Governo da República do Paraguai notificará os Governos dos demais Estados-Partes a data de entrada em vigor do presente Protocolo, bem como a data de depósito dos instrumentos de ratificação.

Feito na cidade de Fortaleza, aos dezessete dias do mês de dezembro de 1996, em um original nos idiomas espanhol e português, sendo ambos os textos igualmente autênticos.

ANEXO AO PROTOCOLO DE DEFESA DA CONCORRÊNCIA DO MERCOSUL

A República Argentina, a República Federativa do Brasil, a República do Paraguai e a República Oriental do Uruguai;

Considerando:
Que em 17 de dezembro de 1996 foi assinado o Protocolo de Defesa da Concorrência do Mercosul entre a República Argentina, a República Federativa do Brasil, a República do Paraguai e a República Oriental do Uruguai;
Que a importância de estabelecer os critérios de quantificação do valor das multas previstas no referido Protocolo torna necessário aprovar o seguinte Anexo ao Protocolo de Defesa da Concorrência do Mercosul.

Acordam:

Artigo 1º
As multas previstas no presente Protocolo serão equivalentes a até 150% dos lucros auferidos com a prática infrativa; até 100% do valor dos ativos envolvidos; ou até 30% do valor do faturamento bruto da empresa em seu último exercício, excluídos os impostos. Tais multas não poderão ser inferiores à vantagem auferida, quando esta for quantificável.

Artigo 2º
Nos casos específicos previstos nos Artigos 13 § 1º, 23 b e 27 § 1º do presente Protocolo, se estabelecerá uma multa diária de até 1% do faturamento bruto da empresa no último exercício.

Artigo 3º
O Presente Anexo é parte integrante do Protocolo de Defesa da Concorrência do Mercosul, sendo-lhe aplicáveis as disposições neste previstas.

Artigo 4º
A República do Paraguai será depositária do presente instrumento nos termos previstos no artigo 37 do Protocolo de Defesa da Concorrência do Mercosul.
Feito na cidade do Rio de Janeiro, em 10 de dezembro de 1998, em um original, nos idiomas português e espanhol, sendo ambos os textos autênticos.

PROTOCOLO DE MONTEVIDÉU SOBRE O COMÉRCIO DE SERVIÇOS DO MERCOSUL (1997)

▶ Aprovado no Brasil pelo Decreto Legislativo 335, de 24.07.2003, acompanhado pelos seus quatro Anexos Setoriais, adotados pela Decisão 9/98 do Conselho Mercado Comum, em 23.07.1998.
▶ O texto da "Lista de Compromissos Específicos Iniciais" do Brasil, aprovada pela Decisão 9/98 do Conselho Mercado Comum, em 23.07.1998, foi aprovado pelo Congresso Nacional pelo Decreto Legislativo 926, de 15.09.2005. O Protocolo e a "Lista de Compromissos Específicos Iniciais" foram promulgados pelo Decreto presidencial 6.480, de 11.06.2008.

Preâmbulo
A República Argentina, a República Federativa do Brasil, a República do Paraguai e a República Oriental do Uruguai, Estados-Partes do Mercado Comum do Sul – Mercosul;
Reafirmando que de acordo com o Tratado de Assunção o Mercado Comum implica, dentre outros compromissos, a livre circulação de serviços no mercado ampliado;
Reconhecendo a importância da liberalização do comércio de serviços para o desenvolvimento das economias dos Estados-Partes do Mercosul, para o aprofundamento da União Aduaneira e a progressiva conformação do Mercado Comum;
Considerando a necessidade de que os países e regiões menos desenvolvidos do Mercosul tenham uma participação crescente no mercado de serviços e de promover o comércio de serviços na base da reciprocidade de direitos e obrigações;
Desejando consagrar em um instrumento comum as normas e princípios para o comércio de serviços entre os Estados-Partes do Mercosul, com vistas à expansão do comércio em condições de transparência, equilíbrio e liberalização progressiva;
Tendo em conta o Acordo Geral sobre Comércio de Serviços (AGCS) da Organização Mundial do Comércio (OMC), em particular seu Artigo V, e os compromissos assumidos pelos Estados-Partes no AGCS;

Acordam o seguinte:

PARTE I
OBJETO E ÂMBITO DE APLICAÇÃO

Artigo I
Objetivo

1. O presente Protocolo tem por objetivo promover o livre comércio de serviços no Mercosul.

Artigo II
Âmbito de aplicação

1. O presente Protocolo aplica-se às medidas adotadas pelos Estados-Partes que afetem o comércio de serviços no Mercosul, incluídas as relativas a:
i) prestação de um serviço;
ii) compra, pagamento ou utilização de um serviço;
iii) acesso e utilização, por ocasião da prestação de um serviço, de serviços que o Estado-Parte exija sejam oferecidos ao público em geral;
iv) presença, inclusive a presença comercial, de pessoas de um Estado-Parte no território de outro Estado-Parte para a prestação de um serviço.

2. Para fins do presente Protocolo, o comércio de serviços é definido como a prestação de um serviço:
a) do território de um Estado-Parte ao território de qualquer outro Estado-Parte;
b) no território de um Estado-Parte a um consumidor de serviços de qualquer outro Estado-Parte;
c) por um prestador de serviços de um Estado-Parte mediante presença comercial no território de qualquer outro Estado-Parte;
d) por um prestador de serviços de um Estado-Parte mediante presença de pessoas físicas de um Estado-Parte no território de qualquer outro Estado-Parte.

3. Para fins do presente Protocolo:
a) Entender-se-á por "medidas adotadas pelos Estados-Partes" as medidas adotadas por:

i. governos e autoridades centrais, estatais, provinciais, departamentais, municipais ou locais;
ii. instituições não governamentais no exercício de poderes a eles delegados pelos governos ou autoridades mencionadas em "i".

No cumprimento de suas obrigações e compromissos no âmbito do presente Protocolo, cada Estado-Parte tomará as medidas necessárias que estejam a seu alcance para assegurar sua observância pelos governos e autoridades estatais, provinciais, departamentais, municipais ou locais e pelas instituições não governamentais existentes em seu território;
b) o termo "serviços" inclui qualquer serviço em qualquer setor, exceto os serviços prestados no exercício da autoridade governamental;
c) um "serviço prestado no exercício da autoridade governamental" significa qualquer serviço que não seja prestado em condições comerciais, nem em concorrência com um ou vários prestadores de serviços.

PARTE II
OBRIGAÇÕES E DISCIPLINAS GERAIS

Artigo III
Tratamento da nação mais favorecida

1. Com respeito às medidas compreendidas pelo presente Protocolo, cada Estado-Parte outorgará imediata e incondicionalmente aos serviços e aos prestadores de serviços de qualquer outro Estado-Parte um tratamento não menos favorável do que aquele que conceda aos serviços similares e aos prestadores de serviços similares de qualquer outro Estado-Parte ou de terceiros países.
2. As disposições do presente Protocolo não serão interpretadas de forma a impedir que um Estado-Parte outorgue ou conceda vantagens a países limítrofes, sejam ou não Estados-Partes, com o fim de facilitar intercâmbios limitados às zonas fronteiriças contíguas, de serviços que sejam produzidos e consumidos localmente.

Artigo IV
Acesso aos mercados

1. No que respeita ao acesso aos mercados através dos modos de prestação identificados no Artigo II, cada Estado-Parte outorgará aos serviços e aos prestadores de serviços dos demais Estados-Partes um tratamento não menos favorável que o previsto de conformidade com o especificado em sua Lista de compromissos específicos. Os Estados-Partes se comprometem a permitir o movimento transfronteiriço de capitais que constitua parte essencial de um compromisso de acesso aos mercados contido em sua lista de compromissos específicos com respeito ao comércio transfronteiriço, assim como as transferências de capital ao seu território quando se tratar de compromissos de acesso aos mercados assumidos com respeito à presença comercial.
2. Os Estados-Partes não poderão manter nem adotar, seja no âmbito de uma subdivisão regional ou da totalidade de seu território, medidas com respeito:

a) ao número de prestadores de serviços, seja na forma de contingentes numéricos, monopólios ou prestadores exclusivos de serviços ou mediante a exigência de uma prova de necessidades econômicas;
b) ao valor total dos ativos ou transações de serviços em forma de contingentes numéricos ou mediante a exigência de uma prova de necessidades econômicas;
c) ao número total de operações de serviços ou à quantia total da produção de serviços, expressadas em unidades numéricas designadas, em forma de contingentes ou mediante a exigência de uma prova de necessidades econômicas, excluídas as medidas que limitam os insumos destinados à prestação de serviços;
d) ao número total de pessoas físicas que possam ser empregadas em um determinado setor de serviços ou que um prestador de serviços possa empregar e que sejam necessárias para a prestação de um serviço específico e estejam diretamente relacionadas com o mesmo, em forma de contingentes numéricos ou mediante a exigência de uma prova de necessidades econômicas;
e) aos tipos específicos de pessoa jurídica ou de empresa conjunta por meio dos quais um prestador de serviços possa prestar um serviço; e
f) à participação de capital estrangeiro expressadas como limite percentual máximo à detenção de ações por estrangeiros ou como valor total dos investimentos estrangeiros individuais ou agregados.

Artigo V
Tratamento nacional

1. Cada Estado-Parte outorgará aos serviços e aos prestadores de serviços de qualquer outro Estado-Parte, com respeito a todas as medidas que afetem a prestação de serviços, um tratamento não menos favorável do que aquele que outorga a seus próprios serviços similares ou prestadores de serviços similares.
2. Os compromissos específicos assumidos em virtude do presente Artigo não obrigam os Estados-Partes a compensar desvantagens competitivas intrínsecas que resultem do caráter estrangeiro dos serviços ou prestadores de serviços pertinentes.
3. Todo Estado-Parte poderá cumprir o disposto no parágrafo I outorgando aos serviços e prestadores de serviços dos demais Estados-Partes um tratamento formalmente idêntico ou formalmente diferente ao que outorga aos seus próprios serviços similares e prestadores de serviços similares.
4. Considerar-se-á que um tratamento formalmente idêntico ou formalmente diferente é menos favorável se ele modifica as condições de concorrência em favor dos serviços ou prestadores de serviços do Estado-Parte em comparação com os serviços similares ou os prestadores de serviços similares de outro Estado-Parte.

Artigo VI
Compromissos adicionais

Os Estados-Partes poderão negociar compromissos referentes a medidas que afetem o comércio de serviços, mas que não estejam sujeitas a consignação em listas, em virtude dos Artigos IV e V, inclusive as que se refiram a títulos de qualificação, normas ou questões relacionadas com as licenças. Esses compromissos serão consignados na lista de compromissos específicos de cada Estado-Parte.

Artigo VII
Lista de Compromissos Específicos

1. Cada Estado-Parte especificará numa lista de compromissos específicos os setores, subsetores e atividades com respeito aos quais assumirá compromissos e, para cada modo de prestação correspondente, indicará os termos, limitações e condições em matéria de acesso aos mercados e tratamento nacional. Cada Estado-Parte poderá também especificar compromissos adicionais de conformidade com o Artigo VI. Quando for pertinente, cada Estado-Parte especificará prazos para implementação de compromissos assim como a data de entrada em vigor desses compromissos.

2. Os Artigos IV e V não serão aplicados:

a) aos setores, subsetores, atividades, ou medidas que não estejam especificadas na Lista de compromissos específicos;

b) às medidas especificadas na sua Lista de compromissos específicos que sejam incompatíveis com o Artigo IV ou com o Artigo V.

3. As medidas que sejam incompatíveis ao mesmo tempo com o Artigo IV e com o Artigo V devem ser listadas na coluna relativa ao Artigo IV. Neste caso, a inscrição será considerada como uma condição ou restrição também ao Artigo V.

4. As Listas de compromissos específicos serão anexadas ao presente Protocolo e serão parte integrante do mesmo.

Artigo VIII
Transparência

1. Cada Estado-Parte publicará prontamente, antes da data de sua entrada em vigor, salvo situações de força maior, todas as medidas pertinentes de aplicação geral que se refiram ao presente Protocolo ou afetem sua operação. Outrossim, cada Estado-Parte publicará os acordos internacionais que subscrever com qualquer país e que se refiram, ou afetem, ao comércio de serviços.

2. Quando não for possível a publicação da informação a que se refere o parágrafo anterior, a mesma estará à disposição do público de outra maneira.

3. Cada Estado-Parte informará prontamente, e no mínimo uma vez por ano, à Comissão de Comércio do Mercosul, do estabelecimento de novas leis, regulamentos ou diretrizes administrativas ou da introdução de modificações às já existentes que considere que afetem significativamente o comércio de serviços.

4. Cada Estado-Parte responderá prontamente a todos os pedidos de informação específica que lhe formulem os demais Estados-Partes sobre quaisquer de suas medidas de aplicação geral ou acordos internacionais a que se refere o parágrafo 1. Outrossim, cada Estado-Parte fornecerá informação específica aos Estados-Partes que o solicitarem, através do serviço ou serviços estabelecidos, de acordo com o parágrafo 4 do Artigo III do AGCS, sobre todas essas questões ou sobre as que estejam sujeitas a notificação segundo o parágrafo 3.

5. Cada Estado-Parte poderá notificar à Comissão de Comércio do Mercosul qualquer medida adotada por outro Estado-Parte que, a seu juízo, afete o funcionamento do presente Protocolo.

Artigo IX
Divulgação da informação confidencial

Nenhuma disposição do presente Protocolo imporá a Estado-Parte algum a obrigação de fornecer informação confidencial cuja divulgação possa constituir um impedimento para o cumprimento das leis ou ser de outra maneira contrária ao interesse público, ou possa lesar os interesses comerciais legítimos de empresas públicas ou privadas.

Artigo X
Regulamentação nacional

1. Cada Estado-Parte velará para que todas as medidas de aplicação geral que afetem o comércio de serviços sejam administradas de maneira razoável, objetiva e imparcial.

2. Cada Estado-Parte manterá ou estabelecerá tribunais ou procedimentos judiciais, arbitrais ou administrativos que permitam, a pedido de um prestador de serviços afetado, a pronta revisão das decisões administrativas que afetem o comércio de serviços e, quando for justificado, a aplicação de soluções apropriadas. Quando tais procedimentos não forem independentes do órgão encarregado da decisão administrativa de que se tratar, o Estado-Parte velará para que permitam de fato uma revisão objetiva e imparcial.

As disposições desse item não serão interpretadas no sentido de impor a qualquer Estado-Parte a obrigação de estabelecer esses tribunais ou procedimentos quando isso for incompatível com a sua estrutura constitucional ou com a natureza do seu sistema jurídico.

3. Quando se exigir licença, matrícula, certificado ou outro tipo de autorização para a prestação de um serviço, as autoridades competentes do Estado-Parte de que se tratar, num prazo prudencial a partir da apresentação de uma petição:

i) Quando a petição estiver completa, deliberarão sobre a mesma informando o interessado; ou

ii) Quando a petição não estiver completa, informarão o interessado sem atrasos desnecessários sobre o estado da petição, assim como sobre informações adicionais que forem exigidas de acordo com a lei do Estado-Parte.

4. Com o objetivo de assegurar que as medidas relativas às normas técnicas, requisitos e procedimentos em matéria de títulos de aptidão e os requisitos em matéria de licenças não constituam obstáculos desnecessários ao comércio de serviços, os Estados-Partes velarão para que estes requisitos e procedimentos, dentre outras coisas:

i) estejam baseados em critérios objetivos e transparentes, tais como a competência e a capacidade para prestar o serviço;
ii) não sejam mais onerosos do que o necessário para assegurar a qualidade do serviço; e
iii) no caso de procedimentos em matéria de licenças, não constituam em si mesmos uma restrição à prestação do serviço.

5. Cada Estado-Parte poderá estabelecer os procedimentos adequados para verificar a competência dos profissionais dos outros Estados-Partes.

Artigo XI
Reconhecimento

1. Quando um Estado-Parte reconhecer, de forma unilateral ou através de um acordo, a educação, a experiência, as licenças, as matrículas ou os certificados obtidos no território de outro Estado-Parte ou de qualquer país que não integre o Mercosul:

a) nada do disposto no presente Protocolo será interpretado no sentido de exigir a esse Estado-Parte que reconheça a educação, a experiência, as licenças, as matrículas ou os certificados obtidos no território de outro Estado-Parte; e

b) o Estado-Parte concederá a qualquer outro Estado-Parte oportunidade adequada para (i) demonstrar que a educação, a experiência, as licenças, as matrículas e os certificados obtidos em seu território também devam ser reconhecidos; ou, (ii) que possa celebrar um acordo ou convênio de efeito equivalente.

2. Cada Estado-Parte se compromete a alentar às entidades competentes em seus respectivos territórios, entre outras, às de natureza governamental, assim como associações e colégios profissionais, em cooperação com entidades competentes dos outros Estados-Partes, a desenvolver normas e critérios mutuamente aceitáveis para o exercício das atividades e profissões pertinentes na esfera dos serviços, através do outorgamento de licenças, matrículas e certificados aos prestadores de serviços e a propor recomendações ao Grupo Mercado Comum sobre reconhecimento mútuo.

3. As normas e os critérios referidos no parágrafo 2 poderão ser desenvolvidos, entre outros, com base nos seguintes elementos: educação, exames, experiência, conduta e ética, desenvolvimento profissional e renovação da certificação, âmbito de ação, conhecimento local, proteção ao consumidor e requisitos de nacionalidade, residência ou domicílio.

4. Uma vez recebida a recomendação referida no parágrafo 2, o Grupo Mercado Comum a examinará dentro de um prazo razoável para determinar a sua consistência com este Protocolo. Baseando-se neste exame, cada Estado-Parte se compromete a encarregar a suas respectivas autoridades competentes, quando assim for necessário, a implementação do decidido pelas instâncias competentes do Mercosul, dentro de um período mutuamente acordado.

5. O Grupo Mercado Comum examinará periodicamente e, no mínimo uma vez a cada 3 (três) anos, a implementação deste Artigo.

Artigo XII
Defesa da concorrência

Com relação aos atos praticados na prestação de serviços por prestadores de serviços de direito público ou privado ou outras entidades que tenham por objetivo produzir ou que produzam efeitos sobre a concorrência no âmbito do Mercosul e que afetem o comércio de serviços entre os Estados-Partes, serão aplicadas as disposições do Protocolo de Defesa da Concorrência do Mercosul.

Artigo XIII
Exceções gerais

Sob reserva de que as medidas que são relacionadas a seguir não sejam aplicadas de forma a constituir um meio de discriminação arbitrário ou injustificável quando prevaleçam entre os países condições similares, ou uma restrição encoberta ao comércio de serviços, nenhuma disposição do presente Protocolo será interpretada no sentido de impedir que um Estado-Parte adote ou aplique medidas:

a) necessárias para proteger a moral ou manter a ordem pública, podendo apenas invocar-se a exceção de ordem pública quando se configure uma ameaça iminente e suficientemente grave para um dos interesses fundamentais da sociedade;

b) necessárias para proteger a vida e a saúde das pessoas e dos animais ou para preservar os vegetais;

c) necessárias para lograr a observância das leis e dos regulamentos que não sejam incompatíveis com as disposições do presente Protocolo, incluindo os relativos a:

i) a prevenção de práticas que induzam a erros e práticas fraudulentas, ou os meios de lidar com os efeitos do descumprimento dos contratos de serviços;

ii) a proteção da privacidade dos indivíduos com relação ao tratamento e à disseminação de dados pessoais e a proteção do caráter confidencial dos registros e contas individuais;

iii) a segurança;

d) incompatíveis com o Artigo V, como está expressado no presente Protocolo, sempre que a diferença de tratamento tenha por objetivo garantir a tributação ou a arrecadação equitativa e efetiva de impostos diretos referentes aos serviços ou aos prestadores de serviços dos demais Estados-Partes, compreendendo as medidas adotadas por um Estado-Parte em virtude de seu regime fiscal, de acordo com o estipulado no Artigo XIV letra d) do AGCS;

e) incompatíveis com o Artigo III, como está expressado neste Protocolo, sempre que a diferença de tratamento resulte de um acordo destinado a evitar a dupla tributação ou das disposições destinadas a evitar a dupla tributação contidas em qualquer outro acordo ou convênio internacional que seja vinculatório para o Estado-Parte que aplica a medida.

Artigo XIV
Exceções relativas à segurança

1. Nenhuma disposição do presente Protocolo será interpretada no sentido de:
a) impor a um Estado-Parte a obrigação de fornecer informações cuja divulgação este considere ser contrária aos interesses essenciais de sua segurança; ou
b) impedir a um Estado-Parte a adoção de medidas que este estima necessárias para a proteção dos interesses essenciais de sua segurança:
i) relativas à prestação de serviços destinados direta ou indiretamente a assegurar o abastecimento das forças armadas;
ii) relativas às matérias fissionáveis ou fusionáveis ou aquelas que sirvam para sua fabricação;
iii) aplicadas em tempos de guerra ou em caso de grave tensão internacional; ou
c) impedir a um Estado-Parte a adoção de medidas no cumprimento das obrigações por ele assumidas em virtude da Carta das Nações Unidas para a manutenção da paz e da segurança internacionais.
2. A Comissão de Comércio do Mercosul será informada das medidas adotadas em virtude das letras b) e c) do parágrafo 1, assim como de sua eliminação.

Artigo XV
Contratação pública

1. Os Artigos III, IV e V não serão aplicáveis às leis, regulamentos ou prescrições que regem a contratação por órgãos governamentais de serviços destinados a fins oficiais e não à revenda comercial ou à sua utilização de serviços para a venda comercial.
2. Sem prejuízo do estabelecido no parágrafo 1 e, reconhecendo que tais leis, regulamentos ou prescrições podem ter efeitos de distorção no comércio de serviços, os Estados-Partes acordam que serão aplicadas as disciplinas comuns que em matéria de compras governamentais em geral serão estabelecidas no Mercosul.

Artigo XVI
Subsídios

1. Os Estados-Partes reconhecem que em determinadas circunstâncias, os subsídios podem ter feitos de distorção no comércio de serviços. Os Estados-Partes acordam que serão estabelecidas no Mercosul.
2. Será de aplicação o mecanismo previsto no parágrafo 2 do Artigo XV do GATS.

Artigo XVII
Denegação de Benefícios

Um Estado-Parte poderá denegar os benefícios derivados deste Protocolo a um prestador de serviços de outro Estado-Parte, sujeito à notificação e realização de consultas, quando aquele Estado-Parte demonstre que o serviço está sendo prestado por uma pessoa de um país que não é Estado-Parte do Mercosul.

Artigo XVIII
Definições

1. Para fins do presente Protocolo:
a) "medida" significa qualquer medida adotada por um Estado-Parte, seja em forma de lei, regulamento, regra, procedimento, decisão ou disposição administrativa, ou em qualquer outra forma;
b) "prestação de um serviço" inclui a produção, distribuição, comercialização, venda e entrega de um serviço;
c) "presença comercial", significa todo tipo de estabelecimento comercial ou profissional, através, dentre outros meios, da constituição, aquisição ou manutenção de uma pessoa jurídica, assim como de sucursais e escritórios de representação localizadas no território de um Estado-Parte com o fim de prestar um serviço.
d) "setor" de um serviço significa:
i) com referência a um compromisso específico, um ou vários subsetores desse serviço, ou a totalidade deles, conforme especificado na Lista de compromissos específicos de um Estado-Parte;
ii) em outros casos, a totalidade desse setor de serviços, incluídos todos os subsetores.
e) "serviço de outro Estado-Parte" significa um serviço prestado:
i) a partir ou dentro do território desse outro Estado-Parte;
ii) no caso de prestação de um serviço mediante presença comercial ou mediante a presença de pessoas físicas, por um prestador de serviços desse outro Estado-Parte;
f) "prestador de serviços" significa toda pessoa que preste um serviço. Quando o serviço não for prestado por uma pessoa jurídica diretamente, mas sim por intermédio de outras formas de presença comercial, por exemplo, uma sucursal ou um escritório de representação, outorgar-se-á, não obstante, ao prestador de serviços (isto é, à pessoa jurídica), através dessa presença, o tratamento outorgado aos prestadores de serviços em virtude do Protocolo. Esse tratamento será outorgado à presença por meio da qual se presta o serviço, sem que seja necessário outorgá-lo a nenhuma outra parte do prestador situada fora do território em que se presta o serviço;
g) "consumidor de serviços" significa toda pessoa que receba ou utilize um serviço;
h) "pessoa" significa uma pessoa física ou uma pessoa jurídica;
i) "pessoa física de outro Estado-Parte" significa uma pessoa física que resida no território desse outro Estado-Parte ou de qualquer outro Estado-Parte e que, de acordo com a legislação desse outro Estado-Parte, seja nacional desse outro Estado-Parte ou tenha o direito de residência permanente nesse outro Estado-Parte;
j) "pessoa jurídica" significa toda entidade jurídica devidamente constituída ou organizada de acordo

com a legislação que lhe seja aplicável, tenha ou não fins de lucro, seja de propriedade pública, privada ou mista e esteja organizada sob qualquer tipo societário ou de associação;

k) "pessoa jurídica de outro Estado-Parte" significa uma pessoa jurídica que esteja constituída ou organizada de acordo com a legislação desse outro Estado-Parte, que tenha nele a sua sede e desenvolva ou programe desenvolver operações comerciais substantivas no território desse Estado-Parte ou de qualquer outro Estado-Parte.

PARTE III
PROGRAMA DE LIBERALIZAÇÃO

Artigo XIX
Negociação de Compromissos Específicos

1. No cumprimento dos objetivos do presente Protocolo, os Estados-Partes manterão sucessivas rodadas de negociações com vistas a completar em um prazo máximo de dez anos, contados a partir da data de entrada em vigor do presente Protocolo, o Programa de Liberalização do comércio de serviços do Mercosul. As rodadas de negociações terão lugar anualmente e terão como objetivo principal a incorporação progressiva de setores, subsetores, atividades e modos de prestação de serviços ao Programa de Liberalização do presente Protocolo, assim como a redução ou eliminação dos efeitos desfavoráveis das medidas sobre o comércio de serviços, como meio de assegurar o acesso efetivo aos mercados. Este processo terá por finalidade promover os interesses de todos os participantes, sobre a base de vantagens mútuas, e conseguir um equilíbrio global de direitos e obrigações.

2. O processo de liberalização progressiva será encaminhado em cada rodada por meio de negociações orientadas para o aumento do nível de compromissos específicos assumidos pelos Estados-Partes em suas Listas de compromissos específicos.

3. No desenvolvimento do Programa de Liberalização admitir-se-ão diferenças no nível de compromissos assumidos atendendo às especificidades dos distintos setores e respeitando os objetivos assinalados no parágrafo seguinte.

4. O processo de liberalização respeitará o direito de cada Estado-Parte de regulamentar e de introduzir novos regulamentos dentro de seus territórios para alcançar os objetivos de políticas nacionais relativas ao setor de serviços. Tais regulamentações poderão regular, entre outros, o tratamento nacional e o acesso a mercados, toda vez que não anulem ou prejudiquem as obrigações emergentes deste Protocolo e dos compromissos específicos.

Artigo XX
Modificação ou Retirada de Compromissos

1. Cada Estado-Parte poderá, durante a implementação do Programa de Liberalização a que se refere a Parte III do presente Protocolo, modificar ou retirar compromissos específicos incluídos em sua Lista de Compromissos Específicos.

Esta modificação ou retirada só poderá ser aplicada a partir da data em que seja estabelecida e respeitando o princípio de não retroatividade para preservar os direitos adquiridos.

2. Cada Estado-Parte utilizará o presente regime somente em casos excepcionais e desde que, quando o faça, notifique o Grupo Mercado Comum e exponha perante o mesmo os fatos, as razões e as justificativas para tal modificação ou retirada de compromissos. Em tais casos, o Estado-Parte em questão solicitará consultas ao Grupo Mercado Comum ou aos Estados-Partes que se considerem afetados, para alcançar um consenso sobre a medida específica a ser aplicada e o prazo de sua vigência.

PARTE IV
DISPOSIÇÕES INSTITUCIONAIS

Artigo XXI
Conselho do Mercado Comum

O Conselho do Mercado Comum aprovará os resultados das negociações em matéria de compromissos específicos, assim como qualquer modificação e/ou retirada dos mesmos.

Artigo XXII
Grupo Mercado Comum

1. A negociação em matéria de serviços no Mercosul é competência do Grupo Mercado Comum. Com relação ao presente Protocolo, o Grupo Mercado Comum terá as seguintes funções:

a) convocar e supervisionar as negociações previstas no Artigo XIX do presente Protocolo. A esses efeitos, o Grupo Mercado Comum estabelecerá o âmbito, critérios e instrumentos para a celebração das negociações em matéria de compromissos específicos;

b) receber as notificações e os resultados das consultas relativas à modificação e/ou retirada de compromissos específicos segundo disposto no Artigo XX;

c) dar cumprimento às funções encomendadas no Artigo XI;

d) avaliar periodicamente a evolução do comércio de serviços no Mercosul; e

e) desempenhar as demais tarefas que lhe sejam encomendadas pelo Conselho do Mercado Comum em matéria de comércio de serviços.

2. Aos efeitos das funções previstas acima, o Grupo Mercado Comum constituirá um órgão auxiliar e regulamentará a sua composição e modalidades de funcionamento.

Artigo XXIII
Comissão de Comércio do MERCOSUL

1. Sem prejuízo das funções a que se referem os artigos anteriores, a aplicação do presente Protocolo estará a cargo da Comissão de Comércio do Mercosul, que terá as seguintes funções:

a) receber informações que, de conformidade com o Artigo VIII deste Protocolo, lhe sejam notificadas pelos Estados-Partes;

b) receber informações dos Estados-Partes com respeito às exceções previstas no Artigo XIV;
c) receber informação dos Estados-Partes com relação a ações que possam se configurar em abusos de posição dominante ou práticas que distorçam a concorrência e dar conhecimento aos órgãos nacionais de aplicação do Protocolo de Defesa da Concorrência;
d) dar tratamento as consultas e reclamações apresentadas pelos Estados-Partes com relação à aplicação, interpretação ou o não cumprimento do presente Protocolo e aos compromissos que assumam nas Listas de compromissos específicos, aplicando os mecanismos e procedimentos vigentes no Mercosul; e
e) desempenhar as demais tarefas que sejam encomendadas pelo Grupo Mercado Comum, em matéria de serviços.

Artigo XXIV
Solução de controvérsias

As controvérsias que possam surgir entre os Estados-Partes em relação à aplicação, interpretação ou não cumprimento dos compromissos estabelecidos no presente Protocolo, serão resolvidas em conformidade com os procedimentos e mecanismos de solução vigentes no Mercosul.

PARTE V
DISPOSIÇÕES FINAIS

Artigo XXV
Anexos

Os Anexos do presente Protocolo formam parte integrante do mesmo.

Artigo XXVI
Revisão

1. Com a finalidade de atingir o objetivo e fim do presente Protocolo, este poderá ser revisado, considerando a evolução e regulamentação do comércio de serviços no Mercosul, assim como os avanços logrados em matéria de serviços na Organização Mundial do Comércio e outros foros especializados.
2. Em particular, com base na evolução do funcionamento das disposições institucionais do presente Protocolo e da estrutura institucional do Mercosul, a Parte IV poderá ser modificada com vistas ao seu aperfeiçoamento.

Artigo XXVII
Vigência

1. O presente Protocolo, parte integrante do Tratado de Assunção, terá duração indefinida e entrará em vigor 30 (trinta) dias depois da data do depósito do terceiro instrumento de ratificação.
2. O presente Protocolo e seus instrumentos de ratificação serão depositados ante o Governo da República do Paraguai, e que enviará cópia autenticada do presente Protocolo aos Governos dos demais Estados-Partes.

3. As Listas de compromissos específicos incorporar-se-ão aos ordenamentos jurídicos nacionais de conformidade com os procedimentos previstos em cada Estado-Parte.

Artigo XXVIII
Notificações

O Governo da República do Paraguai notificará aos governos dos demais Estados-Partes a data do depósito dos instrumentos de ratificação e da entrada em vigor do presente Protocolo.

Artigo XXIX
Adesão ou denúncia

Em matéria de adesão ou denúncia, regirão como um todo, para o presente Protocolo, as normas estabelecidas pelo Tratado de Assunção. A adesão ou a denúncia ao Tratado de Assunção ou ao presente Protocolo, significam, *ipso jure*, a adesão ou denúncia ao presente Protocolo e ao Tratado de Assunção.

Artigo XXX
Denominação

O presente Protocolo denominar-se-á Protocolo de Montevidéu sobre o Comércio de Serviços do Mercado Comum do Sul.

Feito na cidade de Montevidéu, República Oriental do Uruguai, aos quinze dias do mês de dezembro do ano de mil novecentos e noventa e sete, em um original nos idiomas espanhol e português, sendo ambos os textos igualmente autênticos.

A presente versão em português foi feita em Buenos Aires, República Argentina, aos vinte e três dias do mês de julho de mil novecentos e noventa e oito.

Pelo Governo da República Argentina
Guido Di Tella
Ministro das Relações Exteriores, Comércio Exterior e Culto
Pelo Governo da República Federativa do Brasil
Luiz Felipe Lampreia
Ministro das Relações Exteriores
Pelo Governo da República do Paraguai
Ruben Melgarejo
Ministro das Relações Exteriores
Pelo Governo da República Oriental do Uruguai
Didier Opertti
Ministro das Relações Exteriores.

MERCOSUL/CMC/DEC 9/1998

PROTOCOLO DE MONTEVIDÉU SOBRE O COMÉRCIO DE SERVIÇOS DO MERCOSUL – ANEXOS COM DISPOSIÇÕES ESPECÍFICAS SETORIAIS E LISTAS DE COMPROMISSOS ESPECÍFICOS INICIAIS

Tendo em vista: O Tratado de Assunção, o Protocolo de Ouro Preto, a Decisão 13/1997 do Conselho do Mercado Comum e as Resoluções 67/1997 e 32/1998 do Grupo Mercado Comum.

Considerando:

Que a Dec. CMC 13/1997 dispõe que os Anexos ao Protocolo de Montevidéu com disposições específicas setoriais sejam aprovados pelo Conselho do Mercado Comum.

Que a Dec. CMC 13/1997 e o Protocolo ele Montevidéu preveem a aprovação pelo Conselho das Listas de Compromissos Específicos Iniciais dos Estados-Partes.

O Conselho do Mercado Comum decide:

Art. 1º Aprovar os seguintes Anexos ao Protocolo de Montevidéu sobre o Comércio de Serviços do Mercosul, que estabelecem disposições específicas setoriais:

– Movimento de Pessoas Físicas Prestadoras de Serviços
– Serviços Financeiros
– Serviços de Transportes Terrestre e Aquático
– Serviços de Transporte Aéreo

Art. 2º Aprovar as Listas de Compromissos Específicos Iniciais dos Estados-Partes.

Art. 3º Os Anexos ao Protocolo de Montevidéu mencionados no art. 1 constam como Apêndice 1 e fazem parte da presente Decisão. As Listas de Compromissos Específicos Iniciais dos Estados-Partes mencionadas no art. 2 constam como Apêndice II e fazem parte da presente Decisão.

Art. 4º A partir da data da aprovação da presente Decisão, serão iniciados nos Estados-Partes os procedimentos internos necessários para aprovação legislativa e ratificação do Protocolo de Montevidéu sobre o Comércio de Serviços do Mercosul.

XIV CMC – Buenos Aires, 23/VII/1998.

ANEXO SOBRE O MOVIMENTO DE PESSOAS FÍSICAS PRESTADORAS DE SERVIÇOS

1. O presente Anexo se aplica às medidas que afetem a pessoas físicas que sejam prestadoras de serviços de um Estado-Parte, e a pessoas físicas de um Estado-Parte que estejam empregadas por um prestador de serviços de um Estado-Parte, com relação à prestação de um serviço.

2. O Protocolo não se aplicará às medidas que afetem a pessoas físicas que buscam acesso ao mercado de trabalho de um Estado-Parte nem às medidas em matéria de cidadania, residência ou emprego com caráter permanente.

3. Em conformidade com as Partes II e III do Protocolo, os Estados-Partes poderão negociar compromissos específicos aplicáveis ao movimento de todas as categorias de pessoas físicas prestadoras de serviços sob o Protocolo. Permitir-se-á que as pessoas físicas cobertas por um compromisso específico prestem o serviço de que trate em conformidade com os termos desse compromisso.

4. O Protocolo não impedirá que um Estado-Parte aplique medidas para regular a entrada ou a estadia temporária de pessoas físicas em seu território, inclusive as medidas necessárias para proteger a integridade de suas fronteiras e garantir o movimento ordeiro de pessoas físicas através das mesmas, sempre que essas medidas não se apliquem de maneira a anular ou reduzir as vantagens resultantes para um Estado-Parte dos termos de um compromisso específico.

5. Para regular uma determinada situação de índole trabalhista que afete a pessoas físicas que sejam prestadoras de serviços de um Estado-Parte ou pessoas físicas de um Estado-Parte que estejam empregadas por um prestador de serviços de um Estado-Parte, será aplicável o direito do lugar de execução do contrato de serviço.

ANEXO SOBRE SERVIÇOS FINANCEIROS

1. Alcance ou Âmbito de Aplicação

a) O presente Anexo se aplica a todas as medidas de um Estado-Parte que afetem a prestação de serviços financeiros. Referências neste Anexo à prestação de um serviço financeiro significam a prestação de um serviço financeiro segundo a definição que figura no parágrafo 2 do artigo II do Protocolo.

b) Para efeito da alínea *b)* do parágrafo 3 do artigo II do Protocolo, entender-se-á por "serviços prestados no exercício das autoridades governamentais dos Estados-Partes" as seguintes atividades:

i) as atividades realizadas por um banco central ou uma autoridade monetária ou por qualquer outra entidade pública dos Estados-Partes na aplicação de políticas monetária ou cambial;

ii) as atividades que formem parte de um sistema legal de seguro social ou de planos públicos de aposentadoria;

iii) outras atividades realizadas por uma entidade pública por conta ou com garantia dos Estados-Partes ou com utilização de recursos financeiros deste último.

c) Para fins da alínea *b)* do parágrafo 3 do artigo II do Protocolo, se um Estado-Parte autorizar a seus prestadores de serviços financeiros a desenvolver qualquer das atividades mencionadas nos incisos ii) e iii) da alínea *b)* do presente parágrafo em competição com uma entidade pública ou com um prestador de serviços financeiros, o termo "serviços" compreenderá essas atividades.

d) A definição da alínea *c)* do parágrafo 3 do artigo II do Protocolo não se aplicará aos serviços cobertos pelo presente Anexo.

2. Transparência e Divulgação de Informação Confidencial

Para efeito dos artigos VIII e IX do Protocolo e para uma maior clareza, entende-se que nenhuma disposição do Protocolo será interpretada no sentido de obrigar um Estado-Parte a revelar informação relativa aos negócios e à contabilidade de clientes particulares nem nenhuma informação confidencial ou de domínio privado em poder de entidades públicas.

3. Medidas Prudenciais

a) Nenhuma disposição deste Protocolo será interpretada como um impedimento para que os Estados-Partes possam adotar ou manter medidas razoáveis por motivos prudenciais, para:

i) proteger os investidores, depositantes, participantes no mercado financeiro, titulares de apólices ou pessoas com as quais um prestador de serviços financeiros tenha contraído uma obrigação fiduciária;

ii) garantir a solvência e liquidez do sistema financeiro.

Quando essas medidas não estejam em conformidade com as disposições do Protocolo, não deverão ser utilizadas para fugir aos compromissos e obrigações contraídas pelos Estados-Partes sob o marco do Protocolo.

b) Ao aplicar suas próprias medidas relativas aos serviços financeiros, um Estado-Parte poderá reconhecer as medidas prudenciais de outro Estado-Parte. Tal reconhecimento poderá ser:

i) outorgado unilateralmente;

ii) poderá ser efetuado mediante harmonização ou de outro modo;

iii) ou poderá ser baseado em um acordo ou convênio com o Estado-Parte em questão.

c) O Estado-Parte que outorgue a outro Estado-Parte reconhecimento de medidas prudenciais em conformidade com a alínea *b)* concederá oportunidades adequadas aos demais Estados-Partes para que possam demonstrar a existência de equivalência nas regulamentações, na supervisão e na aplicação de ditas regulamentações, e se for o caso, nos procedimentos para o intercâmbio de informação entre as partes.

d) Quando um Estado-Parte outorgue a outro Estado-Parte reconhecimento às medidas prudenciais conforme a alínea *b)* iii e as condições estipuladas na alínea *c)* existam, este concederá oportunidades adequadas aos demais Estados-Partes interessados para que negociem sua adesão a tais acordos ou convênios, ou para que negociem com ele outros acordos ou convênios similares.

e) Os acordos ou convênios baseados no princípio de reconhecimento serão informados prontamente e, ao menos anualmente, ao Grupo Mercado Comum e à Comissão de Comércio do Mercosul a fim de cumprir com as disposições do Protocolo (Art. VIII e Art. XXII).

4. Compromisso de Harmonização

Os Estados-Partes comprometem-se a continuar avançando no processo de harmonização, conforme as pautas aprovadas e a serem aprovadas pelo Grupo Mercado Comum, nas regulamentações prudenciais, nos regimes de supervisão consolidada e no intercâmbio de informação em matéria de serviços financeiros.

5. Definições

Para fins do presente Anexo:

a) Por serviço financeiro entende-se todo o serviço de caráter financeiro oferecido por um prestador de serviços financeiros de um Estado-Parte. Os serviços financeiros compreendem todos os serviços de seguros e relacionados com seguros e todos os serviços bancários e demais serviços financeiros.

Não obstante, os Estados-Partes comprometem-se em harmonizar as definições das atividades dos diversos serviços financeiros, tendo como base o parágrafo 5 do Anexo sobre Serviços Financeiros do Acordo Geral sobre o Comércio de Serviços (GATS) da Organização Mundial do Comércio (OMC).

b) Um prestador de serviços financeiros significa qualquer pessoa física ou jurídica de um Estado-Parte que preste ou deseje prestar um serviço financeiro, mas a expressão "prestador de serviços financeiros" não inclui uma entidade pública.

c) Por "entidade pública" se entende:

i) um governo, um banco central ou uma autoridade monetária de um Estado-Parte, ou uma entidade de propriedade ou controlada por um Estado-Parte, que se dedique principalmente a desempenhar funções governamentais ou a realizar atividades para fins governamentais, excluindo-se as entidades dedicadas principalmente à prestação de serviços financeiros em condições comerciais; ou

ii) uma entidade privada que desempenhe as funções normalmente desempenhadas por um banco central ou uma autoridade monetária, enquanto exerça essas funções.

ANEXO SOBRE SERVIÇOS DE TRANSPORTE TERRESTRE E POR ÁGUA

1. O presente Anexo se aplica às medidas que afetem o comércio de serviços de transporte terrestre (rodoviário e ferroviário) e por água.

2. A aplicação do presente Protocolo não afetará inicialmente os direitos e obrigações decorrentes da aplicação dos acordos multilaterais firmados entre os Estados-Partes do Mercosul antes da entrada em vigor deste Protocolo, na medida em que tais acordos visem a harmonização e o controle das condições de concorrência entre as empresas de transporte, observando como prioridade básica a liberalização intraMercosul do setor.

3. As disposições do presente Protocolo não se aplicarão temporariamente a cada um dos acordos bilaterais sobre transporte em vigor ou firmados antes da entrada em vigor deste Protocolo.

4. Cada um dos acordos bilaterais e multilaterais mencionados nos parágrafos 2 e 3 manterão sua vigência e serão complementados pelos correspondentes compromissos específicos emergentes do Programa de Liberalização.

5. O Grupo Mercado Comum durante o terceiro ano depois da entrada em vigor do presente Protocolo e uma vez por ano desde então, examinará e considerará os avanços que se alcancem como resultado da compatibilização dos instrumentos referidos anteriormente com os objetivos e princípios deste Protocolo.

ANEXO SOBRE SERVIÇOS DE TRANSPORTE AÉREO

1. O presente Anexo se aplica às medidas que afetem o comércio de serviços de transportes aéreos, sejam regulares ou não regulares.

Da mesma forma, e de aplicação aos serviços auxiliares ao transporte aéreo, entendendo-se por tais aqueles incluídos no Acordo Geral sobre o Comércio de Serviços (A.G.C.S.) e os que oportunamente possam resultar das revisões deste Anexo.

2. A aplicação do presente Protocolo não afetará os direitos e obrigações decorrentes da aplicação

de acordos bilaterais, plurilaterais ou multilaterais firmados pelos Estados-Partes do Mercosul, vigentes no momento de entrada em vigor do Protocolo de Montevidéu.

3. O Protocolo não será aplicável a medidas que afetam os direitos relativos ao tráfego aerocomercial estabelecidos para rotas acordadas nos termos dos Acordos sobre Serviços Aéreos bilaterais assinados entre os Estados-Partes, mantendo-se a exclusão do trafego de cabotagem.

4. Com relação aos serviços aéreos sub-regionais regulares e exploratórios em rotas diferentes das rotas regionais efetivamente operadas nos termos dos Acordos sobre Serviços Aéreos bilaterais firmados pelos Estados-Partes, aplicar-se-ão as disposições do Acordo sobre Serviços Aéreos Sub--Regionais firmado em Fortaleza, Brasil, em 17 de dezembro de 1996 e complementariamente as listas de compromissos emergentes do Programa de Liberalização.

5. Os procedimentos e mecanismos de solução de controvérsias vigentes no Mercosul poderão ser invocados quando não for contemplado outro mecanismo de solução específico entre os Estados--Partes envolvidos.

6. O Grupo Mercado Comum, dentro dos primeiros 3 (três) anos da entrada em vigor deste Protocolo, revisará o presente Anexo com base nas propostas que efetuem os técnicos especialistas no transporte aéreo representantes dos quatro Estados-Partes, com o objetivo de decidir sobre as modificações que se façam necessárias, incluindo os aspectos relativos ao âmbito de aplicação, em consonância com os princípios e objetivos deste Protocolo.

7. Caso uma Convenção Multilateral inclua em suas disposições o tratamento do transporte aéreo, as Autoridades Aeronáuticas dos Estados-Partes realizarão consultas com o objetivo de determinar o grau em que este Protocolo poderá ser afetado pelas disposições da Convenção e decidir sobre as modificações que se façam necessárias neste Anexo.

▶ Deixamos de publicar a Lista dos Compromissos Específicos da República Federativa do Brasil.

ACORDO DE EXTRADIÇÃO ENTRE OS ESTADOS-PARTES DO MERCOSUL (1998)

▶ Concluído no Rio de Janeiro, em 10.12.1998.
▶ Foi promulgado no Brasil por meio do Decreto Legislativo 605, de 11.09.2003, tendo sido ratificado em 02.12.2003, entrando em vigor internacional, e para o Brasil, em 1º.01.2004. Foi promulgado pelo Decreto 4.975, de 30.01.2004.

A República Argentina, a República Federativa do Brasil, a República do Paraguai e a República Oriental do Uruguai, doravante denominados "Estados--Partes";

Considerando o Tratado de Assunção, assinado em 26 de março de 1991 entre a República Argentina, a República Federativa do Brasil, a República do Paraguai e a República Oriental do Uruguai e o Protocolo de Ouro Preto, sobre a estrutura institucional do Mercosul, assinado em 17 de dezembro de 1994 por esses mesmos Estados-Partes;

Recordando que os instrumentos fundacionais do Mercosul estabelecem o compromisso pelos Estados-Partes de harmonizarem suas legislações;

Reafirmando o desejo dos Estados-Partes do Mercosul de acordar soluções jurídicas comuns com vistas ao fortalecimento do processo de integração;

Destacando a importância de contemplar tais soluções em instrumentos jurídicos de cooperação em áreas de interesse comum como a cooperação jurídica e a extradição;

Convencidos da necessidade de simplificar e agilizar a cooperação internacional para possibilitar a harmonização e a compatibilização das normas que regulam o exercício da função jurisdicional dos Estados-Partes;

Tendo em conta a evolução dos Estados democráticos, tendente à eliminação gradual dos delitos de natureza política como exceção à extradição;

Resolvem celebrar um Acordo de Extradição nos termos que se seguem:

CAPÍTULO I
PRINCÍPIOS GERAIS

Artigo 1º
Da obrigação de conceder a extradição

Os Estados-Partes obrigam-se a entregar, reciprocamente, segundo as regras e as condições estabelecidas no presente Acordo, as pessoas que se encontrem em seus respectivos territórios e que sejam procuradas pelas autoridades competentes de outro Estado-Parte, para serem processadas pela prática presumida de algum delito, que respondam a processo já em curso ou para a execução de uma pena privativa de liberdade.

Artigo 2º
Delitos que dão causa à extradição

1. Darão causa à extradição os atos tipificados como delito segundo as leis do Estado-Parte requerente e do Estado-Parte requerido, independentemente da denominação dada ao crime, os quais sejam puníveis em ambos os Estados com pena privativa de liberdade de duração máxima não inferior a 2 (dois) anos.

2. Se a extradição for requerida para a execução de uma sentença exige-se, ademais, que a parte da pena ainda por cumprir não seja inferior a 6 (seis) meses.

3. Se a extradição requerida por um dos Estados--Partes referir-se a delitos diversos e conexos, respeitado o princípio da dupla incriminação para cada um deles, bastará que apenas um satisfaça às exigências previstas no presente Artigo para que a extradição possa ser concedida, inclusive com respeito aos demais delitos.

4. Procederá igualmente à extradição com base nos delitos previstos em acordos multilaterais vigentes entre o Estado-Parte requerente e o Estado-Parte requerido.
5. Qualquer delito que não esteja expressamente previsto nas exceções do Capítulo III do presente Acordo, ensejará a extradição sempre que cumpra os requisitos estabelecidos no Artigo 3.

CAPÍTULO II
DA PROCEDÊNCIA DA EXTRADIÇÃO
Artigo 3º
Da jurisdição, dupla incriminação e apenamento

Para que a extradição seja julgada procedente é necessário:

a) que o Estado-Parte requerente tenha jurisdição para conhecer dos atos que fundamentam o pedido, salvo quando o Estado-Parte requerido tenha jurisdição para conhecer da causa; e
b) que, no momento em que se solicita a extradição, os atos que fundamentam o pedido satisfaçam às exigências do Artigo 2 do presente Acordo.

CAPÍTULO III
DA IMPROCEDÊNCIA DA EXTRADIÇÃO
Artigo 4º
Modificação da qualificação do delito

Se a qualificação do fato constitutivo do delito que motivou a extradição for posteriormente modificada no curso do processo no Estado-Parte requerente, a ação não poderá prosseguir, a não ser que a nova qualificação permita a extradição.

Artigo 5º
Dos delitos políticos

1. Não se concederá a extradição por delitos que o Estado-Parte requerido considere serem políticos ou relacionados a outros delitos de natureza política. A mera alegação de um fim ou motivo político não implicará que o delito deva necessariamente ser qualificado como tal.
2. Para os fins do presente Acordo, não serão considerados delitos políticos, em nenhuma circunstância:
a) atentar contra a vida ou causar a morte de um Chefe de Estado ou de Governo ou de outras autoridades nacionais ou locais ou de seus familiares;
b) genocídio, crimes de guerra ou delitos contra a humanidade, em violação às normas do Direito Internacional;
c) atos de natureza terrorista que, a título exemplificativo, impliquem algumas das seguintes condutas:
i) atentado contra a vida, a integridade física ou a liberdade de pessoas que tenham direito à proteção internacional, aí incluídos os agentes diplomáticos;
ii) tomada de reféns ou sequestro de pessoas;
iii) atentado contra pessoas ou bens envolvendo o uso de bombas, granadas, rojões, minas, armas de fogo, cartas ou pacotes contendo explosivos ou outros dispositivos capazes de causar perigo comum ou comoção pública;
iv) atos de captura ilícita de embarcações ou aeronaves;
v) em geral, qualquer ato não compreendido nos itens anteriores, cometido com o propósito de atemorizar uma população, classes ou setores da mesma, de atentar contra a economia de um país, seu patrimônio cultural ou ecológico, ou de realizar represálias de caráter político, racial ou religioso;
vi) a tentativa de qualquer dos delitos previstos neste Artigo.

Artigo 6º
Dos delitos militares

Não se concederá a extradição por delitos de natureza exclusivamente militar.

Artigo 7º
Da coisa julgada, indulto, anistia e graça

Não se concederá a extradição de pessoa reclamada caso já tenha sido julgada, indultada, beneficiada por anistia ou obtido graça pelo Estado-Parte requerido com respeito ao ato ou aos atos que fundamentam o pedido de extradição.

Artigo 8º
Dos tribunais de exceção ou *ad hoc*

Não se concederá a extradição da pessoa reclamada caso esta tenha sido condenada ou deva ser julgada no Estado-Parte requerente por um Tribunal de Exceção ou *ad hoc*.

Artigo 9º
Da prescrição

Não se concederá a extradição quando a ação ou a pena estiverem prescritas conforme a legislação do Estado-Parte requerente ou do Estado-Parte requerido.

Artigo 10
Dos menores

1. Não se concederá a extradição quando a pessoa reclamada for menor de 18 (dezoito) anos na época da prática do fato ou dos fatos pelos quais a pessoa é reclamada.
2. Nesse caso, o Estado-Parte requerido tomará as medidas corretivas que, de acordo com o seu ordenamento jurídico, seriam aplicáveis caso os fatos houvessem sido praticados em seu território por um menor inimputável.

CAPÍTULO IV
DENEGAÇÃO FACULTATIVA DA EXTRADIÇÃO
Artigo 11
Da nacionalidade

1. A nacionalidade da pessoa reclamada não poderá ser invocada para denegar a extradição, salvo disposição constitucional em contrário.
2. Os Estados-Partes que não contemplem disposição de natureza igual à prevista no parágrafo anterior poderão denegar-lhe a extradição de seus nacionais.

3. Nas hipóteses dos parágrafos anteriores, o Estado-Parte que denegar a extradição deverá promover o julgamento do indivíduo, mantendo o outro Estado-Parte informado do andamento do processo, devendo ainda remeter, finalizado o juízo, cópia da sentença.

4. Para os efeitos deste Artigo, a condição de nacional será determinada pela legislação do Estado-Parte requerido, apreciada quando do momento da apresentação do pedido de extradição, e sempre que a nacionalidade não tenha sido adquirida com o propósito fraudulento de impedi-la.

Artigo 12
Das ações em curso pelos mesmos delitos

Poder-se-á denegar a extradição caso a pessoa reclamada esteja sendo julgada no território do Estado-Parte requerido em função do fato ou dos fatos que fundamentam o pedido.

CAPÍTULO V
DOS LIMITES À EXTRADIÇÃO

Artigo 13
Da pena de morte ou pena perpétua privativa de liberdade

1. O Estado-Parte requerente não aplicará ao extraditado, em nenhum caso, a pena de morte ou de pena perpétua privativa de liberdade.

2. Quando os fatos que fundamentam o pedido de extradição forem passíveis de punição, no Estado-Parte requerente, com a pena de morte ou pena perpétua privativa de liberdade, a extradição somente será admitida se a pena a ser aplicada não for superior à pena máxima admitida na lei penal do Estado-Parte requerido.

Artigo 14
Do princípio da especialidade

1. A pessoa entregue não será detida, julgada nem condenada, no território do Estado-Parte requerente, por outros delitos cometidos previamente à data de solicitação da extradição, e não contidos nesta, salvo nos seguintes casos:

a) quando a pessoa extraditada, podendo abandonar o território do Estado-Parte ao qual foi entregue, nele permanecer voluntariamente por mais de 45 (quarenta e cinco) dias corridos após sua libertação definitiva ou a ele regressar depois de tê-lo abandonado;

b) quando as autoridades competentes do Estado-Parte requerido consentirem na extensão da extradição para fins de detenção, julgamento ou condenação da referida pessoa em função de qualquer outro delito.

2. Para tal efeito, o Estado-Parte requerente deverá encaminhar ao Estado-Parte requerido pedido formal de extensão da extradição, cabendo ao Estado-Parte requerido decidir se a concede. O referido pedido deverá ser acompanhado dos documentos previstos no parágrafo 4 do Artigo 18 deste Acordo e de declaração judicial sobre os fatos que motivaram o pedido de extensão, prestada pelo extraditado com a devida assistência jurídica.

Artigo 15
Da reextradição a um terceiro estado

A pessoa entregue somente poderá ser reextraditada a um terceiro Estado com o consentimento do Estado-Parte que tenha concedido a extradição, salvo o caso previsto na alínea a do Artigo 14 deste Acordo. O consentimento deverá ser solicitado por meio dos procedimentos estabelecidos na parte final do mencionado Artigo.

CAPÍTULO VI
DO DIREITO DE DEFESA E DA DETRAÇÃO

Artigo 16
Do direito de defesa

A pessoa reclamada gozará, no Estado-Parte requerido, de todos os direitos e garantias que conceda a legislação desse Estado. Deverá ser assistida por um defensor, e se necessário, por intérprete.

Artigo 17
Da detração

O período de detenção cumprido pela pessoa extraditada no Estado-Parte requerido, em virtude do processo de extradição, será computado na pena a ser cumprida no Estado-Parte requerente.

CAPÍTULO VII
DO PROCEDIMENTO

Artigo 18
Do pedido

1. O pedido de extradição será encaminhado por via diplomática. Seu diligenciamento será regulado pela legislação do Estado-Parte requerido.

2. Quando se tratar de indivíduo não condenado, o pedido de extradição deverá ser acompanhado de original ou cópia do mandado de prisão ou de ato de processo criminal equivalente, conforme a legislação do Estado-Parte requerido, emanado de autoridade competente.

3. Quando se tratar de indivíduo condenado, o pedido de extradição deverá ser acompanhado de original ou cópia da sentença condenatória e certidão de que a mesma não foi totalmente cumprida e do tempo que faltou para seu cumprimento.

4. Nas hipóteses referidas nos parágrafos 2 e 3, deverão, ainda, acompanhar o pedido:

i) descrição dos fatos pelos quais se requer a extradição, indicando-se o lugar e a data de sua ocorrência, sua qualificação legal e fazendo-se referência às disposições legais aplicáveis;

ii) todos os dados conhecidos quanto à identidade, nacionalidade, domicílio ou residência da pessoa reclamada e, se possível, fotografia, impressões digitais e outros meios que permitam sua identificação; e,

iii) cópia ou transcrição autêntica dos textos legais que tipificam e sancionam o delito, identificando a pena aplicável, os textos que estabelecem a jurisdição do Estado-Parte requerente para deles tomar conhecimento, assim como uma declaração de que a ação e a pena não estejam prescritas de acordo com sua legislação.

5. No caso previsto no Artigo 13, incluir-se-á declaração pela qual o Estado-Parte requerente assumirá o compromisso de não aplicar a pena de morte ou a pena perpétua privativa de liberdade, obrigando-se, ademais, a aplicar, como pena máxima, a maior pena admitida pela legislação penal do Estado-Parte requerido.

Artigo 19
Da dispensa de legalização

O pedido de extradição, assim como os documentos que o acompanhem por força da aplicação dos dispositivos do presente Acordo, estarão isentos de legalização ou formalidade semelhante. Caso apresentem-se cópias de documentos, estas deverão estar autenticadas por autoridade competente.

Artigo 20
Do idioma

O pedido de extradição e os documentos que o acompanham serão acompanhados de tradução na língua do Estado-Parte requerido.

Artigo 21
Da informação complementar

1. Se os dados ou documentos enviados juntamente ao pedido de extradição forem insuficientes ou defeituosos, o Estado-Parte requerido comunicará esse fato sem demora, por via diplomática, ao Estado-Parte requerente, que terá o prazo de 45 (quarenta e cinco) dias corridos, contados da data do recebimento da comunicação, para corrigir tais defeitos ou omissões.

2. Se por circunstâncias especiais devidamente fundamentadas, o Estado-Parte requerente não puder cumprir com o disposto no parágrafo anterior dentro do prazo consignado, poderá solicitar ao Estado-Parte requerido a prorrogação do referido prazo por mais 20 (vinte) dias corridos.

3. O descumprimento do disposto nos parágrafos anteriores será considerado como desistência do pedido de extradição.

Artigo 22
Decisão e entrega

1. O Estado-Parte requerido comunicará, sem demora, ao Estado-Parte requerente, por via diplomática, sua decisão com respeito à extradição.

2. Qualquer decisão denegatória, total ou parcial, com respeito ao pedido de extradição, deverá ser fundamentada.

3. Quando a extradição for concedida, o Estado-Parte requerente será informado do lugar e da data de entrega, bem como da duração da detenção cumprida pela pessoa reclamada para efeito de extradição.

4. Se no prazo de 30 (trinta) dias corridos, contados a partir da data de notificação, o Estado-Parte requerente não retirar a pessoa reclamada, esta será posta em liberdade, podendo o Estado-Parte requerido denegar posteriormente a extradição pelos mesmos fatos.

5. Em caso de força maior ou de enfermidade grave, devidamente comprovada, que impeça ou seja obstáculo à entrega ou à recepção da pessoa reclamada, tal circunstância será informada ao outro Estado-Parte, antes do vencimento do prazo previsto no parágrafo anterior, podendo-se acordar uma nova data para a entrega e recepção.

6. Quando da entrega da pessoa reclamada, ou tão logo isso seja possível, entregar-se-á ao Estado-Parte requerente a documentação, os bens e os demais pertences que, igualmente, lhe devam ser colocados à disposição, conforme o previsto no presente Acordo.

7. O Estado-Parte requerente poderá enviar ao Estado-Parte requerido, com a anuência deste último, agentes devidamente autorizados que auxiliarão no reconhecimento do extraditado e na condução deste ao território do Estado-Parte requerente os quais, em sua atividade estarão subordinados às autoridades do Estado-Parte requerido.

Artigo 23
Do diferimento

1. Quando a pessoa cuja extradição se requer estiver sujeita a processo ou cumprindo sentença no Estado-Parte requerido por delito distinto daquele que motiva a extradição, caberá a este igualmente resolver sobre o pedido de extradição e notificar o Estado-Parte requerente quanto à sua decisão.

2. Se a decisão for favorável, o Estado-Parte requerido poderá diferir o prazo de entrega respeitando a conclusão do processo penal, ou até que se tenha cumprido a pena. Não obstante, se o Estado-Parte requerido sancionar o delito que fundamenta o diferimento com uma pena cuja duração seja inferior àquela estabelecida no parágrafo 1 do Artigo 2 deste Acordo, proceder-se-á à entrega sem demora.

3. As responsabilidades civis derivadas do delito ou qualquer processo civil a que esteja sujeita a pessoa reclamada não poderão impedir ou retardar a entrega.

4. O adiamento da entrega suspenderá o cômputo do prazo de prescrição das ações judiciais que tiverem lugar no Estado-Parte requerente pelos fatos que motivam o pedido de extradição.

Artigo 24
Da entrega dos bens

1. Caso se conceda a extradição, os bens que se encontrem no Estado-Parte requerido e que sejam produto do delito ou que possam servir de prova serão entregues ao Estado-Parte requerente, se este o solicitar. A entrega dos referidos bens estará subordinada a lei do Estado-Parte requerido e aos direitos de terceiras partes porventura afetadas.

2. Sem prejuízo do disposto no parágrafo 1 deste Artigo, tais bens serão entregues ao Estado-Parte requerente, se este o solicitar, mesmo em caso de

não se poder levar a efeito a extradição em consequência de morte ou fuga da pessoa reclamada.
3. Quando tais bens forem suscetíveis de embargo ou confisco no território do Estado-Parte requerido, este poderá, por efeito de um processo penal em curso, conservá-los temporariamente ou entregá-los sob condição de sua restituição futura.
4. Quando a lei do Estado-Parte requerido ou o direito de terceiras partes afetadas assim o exigirem, os bens serão devolvidos sem qualquer ônus, ao Estado-Parte requerido.

Artigo 25
Dos pedidos concorrentes

1. No caso de pedidos de extradição concorrentes, referentes a uma mesma pessoa, o Estado-Parte requerido determinará a qual dos referidos Estados se haverá de conceder a extradição, e notificará de sua decisão aos Estados-Partes requerentes.
2. Quando os pedidos referirem-se a um mesmo delito, o Estado-Parte requerido deverá dar preferência na seguinte ordem:
a) ao Estado em cujo território se houver cometido o delito;
b) ao Estado em cujo território tenha residência habitual a pessoa reclamada;
c) ao Estado que primeiro apresentou o pedido.
3. Quando os pedidos se referirem a delitos distintos, o Estado-Parte requerido, segundo sua legislação, dará preferência ao Estado que tenha jurisdição relativamente ao delito mais grave. Havendo igual gravidade, dar-se-á preferência ao Estado que primeiro apresentou o pedido.

Artigo 26
Trânsito da pessoa extraditada

1. Os Estados-Partes cooperarão entre si visando facilitar o trânsito por seu território de pessoas extraditadas. Para este fim, o trânsito pelo território de um dos Estados-Partes exigirá – sempre que não se oponham motivos de ordem pública – a apresentação prévia de uma solicitação por via diplomática acompanhada de cópias do pedido original de extradição e da comunicação que a autoriza.
2. Caberá às autoridades do Estado-Parte de trânsito a custódia do reclamado. O Estado-Parte requerente reembolsará o Estado-Parte de trânsito os gastos contraídos no cumprimento de tal obrigação.
3. Não será necessário solicitar a extradição em trânsito quando forem utilizados meios de transporte aéreo sem previsão de aterrissagem no território do Estado-Parte de trânsito.

Artigo 27
Da extradição simplificada ou voluntária

O Estado-Parte requerido poderá conceder a extradição se a pessoa reclamada, com a devida assistência jurídica e perante a autoridade judicial do Estado-Parte requerido, declarar sua expressa anuência em se entregar ao Estado-Parte requerente, depois de haver sido informada de seu direito a um procedimento formal de extradição e da proteção que tal direito encerra.

Artigo 28
Das despesas

1. O Estado-Parte requerido arcará com o custeio das despesas ocasionadas em seu território em consequência da detenção da pessoa cuja extradição se pede. Despesas contraídas no traslado e no trânsito da pessoa reclamada para fora do território do Estado-Parte requerido estarão a cargo do Estado-Parte requerente.
2. O Estado-Parte requerente arcará com as despesas de transporte ao Estado-Parte requerido da pessoa extraditada que tenha sido absolvida ou considerada inocente.

CAPÍTULO VIII
DA PRISÃO PREVENTIVA PARA FINS DE EXTRADIÇÃO

Artigo 29
Da prisão preventiva

1. As autoridades competentes do Estado-Parte requerente poderão solicitar a prisão preventiva para assegurar o procedimento de extradição da pessoa reclamada, a qual será cumprida com a máxima urgência pelo Estado-Parte requerido de acordo com a sua legislação.
2. O pedido de prisão preventiva deverá indicar que tal pessoa responde a um processo ou é sujeito de uma sentença condenatória ou ordem de detenção judicial, e deverá consignar a data e os atos que motivem o pedido, bem como o tempo e o local de sua ocorrência, além de dados de filiação e outros que permitam a identificação da pessoa cuja prisão se requer. Também deverá constar do pedido a intenção de se proceder a um pedido formal de extradição.
3. O pedido de prisão preventiva poderá ser apresentado pelas autoridades competentes do Estado-Parte requerente por via diplomática ou pela Organização Internacional de Polícia Criminal (INTERPOL), devendo ser transmitido por correio, fax ou qualquer outro meio que permita a comunicação por escrito.
4. A pessoa presa em virtude do referido pedido de prisão preventiva será imediatamente posta em liberdade se ao cabo de 40 (quarenta) dias corridos, a contar da data de notificação de sua prisão ao Estado-Parte requerente, este não houver formalizado um pedido de extradição perante o Ministério das Relações Exteriores do Estado-Parte requerido.
5. Se a pessoa reclamada vier a ser posta em liberdade em virtude do disposto no parágrafo anterior, o Estado-Parte requerente somente poderá solicitar nova prisão da pessoa reclamada mediante pedido formal de extradição.

CAPÍTULO IX
DA SEGURANÇA, ORDEM PÚBLICA E OUTROS INTERESSES ESSENCIAIS

Artigo 30
Da segurança, ordem pública e outros interesses essenciais

Excepcionalmente, e com a devida fundamentação, o Estado-Parte requerido poderá denegar o pedido de extradição quando o seu cumprimento for contrário à segurança, à ordem pública ou a outros interesses essenciais do Estado-Parte requerido.

CAPÍTULO X
DAS DISPOSIÇÕES FINAIS

Artigo 31

1. O presente Acordo entrará em vigor, com relação aos dois primeiros Estados-Partes que o ratifiquem, no prazo de 30 (trinta) dias a contar da data em que o segundo país deposite seus instrumentos de ratificação. Para os demais Estados-Partes que o ratificarem, entrará em vigor no trigésimo dia a contar do depósito de seu respectivo instrumento de ratificação.

2. A República do Paraguai será depositária do Presente Acordo e dos instrumentos de ratificação, e enviará cópias devidamente autenticadas aos demais Estados-Partes.

3. A República do Paraguai notificará os demais Estados-Partes da data de entrada em vigor do presente Acordo e da data de depósito dos instrumentos de ratificação.

Firmado no Rio de Janeiro, aos dez dias do mês de dezembro de 1998, em 2 (dois) exemplares originais, nos idiomas português e espanhol, sendo ambos textos igualmente autênticos.

Pela República Argentina
Guido di Tella
Pela República Federativa do Brasil
Luiz Felipe Lampreia
Pela República do Paraguai
Dido Florentin Bogado
Pela República Oriental do Uruguai
Didier Opertti

ACORDO SOBRE ARBITRAGEM COMERCIAL INTERNACIONAL DO MERCOSUL (1998)

▶ Aprovado no Brasil pelo Decreto Legislativo 265, de 29.12.2000 e promulgado pelo Decreto 4.719, de 04.06.2003, tendo entrado em vigor em 09.10.2002.

A República Argentina, a República Federativa do Brasil, a República do Paraguai e a República Oriental do Uruguai, doravante denominados "Estados-Partes";

Considerando o Tratado de Assunção, subscrito em 26 de março de 1991, entre a República Argentina, a República Federativa do Brasil, a República do Paraguai e a República Oriental do Uruguai, e o Protocolo de Ouro Preto, subscrito em 17 de dezembro de 1994, entre os mesmos Estados;

Recordando que os instrumentos básicos do Mercosul estabelecem o compromisso dos Estados-Partes de harmonizar suas legislações nas áreas pertinentes;

Reafirmando a vontade dos Estados-Partes do Mercosul de pactuar soluções jurídicas comuns para o fortalecimento do processo de integração do Mercosul;

Destacando a necessidade de proporcionar ao setor privado dos Estados-Partes do Mercosul métodos alternativos para a solução de controvérsias surgidas de contratos comer-ciais internacionais concluídos entre pessoas físicas ou jurídicas de direito privado;

Convencidos da necessidade de uniformizar a organização e o funcionamento da arbitragem internacional nos Estados-Partes para contribuir para a expansão do comércio regional e internacional;

Desejosos de promover e incentivar a solução extrajudicial de controvérsias privadas por meio da arbitragem no Mercosul, prática conforme com as peculiaridades das transações internacionais;

Considerando que foram aprovados no Mercosul protocolos que preveem a eleição do foro arbitral e o reconhecimento e a execução de laudos ou sentenças arbitrais estrangeiras;

Tendo em conta a Convenção Interamericana sobre Arbitragem Comercial Internacional, de 30 de janeiro de 1975, concluída a cidade do Panamá, a Convenção Interamericana sobre Eficácia Extraterritorial das Sentenças e Laudos Arbitrais Estrangeiros, de 8 de maio de 1979, concluída em Montevidéu e a Lei Modelo sobre Arbitragem Comercial Internacional da Comissão das Nações Unidas para o Direito Mercantil Internacional, de 21 de junho de 1985; acordam:

Artigo 1º
Objetivo

O presente Acordo tem por objetivo regular a arbitragem como meio alternativo privado de solução de controvérsias surgidas de contratos comerciais internacionais entre pessoas físicas ou jurídicas de direito privado.

Artigo 2º
Definições

Para fins de aplicação do presente Acordo, entender-se-á por:

a) "arbitragem": meio privado – institucional ou *ad hoc* – para a solução de controvérsias;

b) "arbitragem internacional": meio privado para a solução de controvérsias relativas a contratos comerciais internacionais entre particulares, pessoas físicas ou jurídicas;

c) "autoridade judicial": órgão do sistema judiciário estatal;

d) "contrato base": acordo que dá origem às controvérsias submetidas a arbitragem;

e) "convenção arbitral": acordo pelo qual as partes decidem submeter à arbitragem todas ou algumas controvérsias que tenham surgido ou possam surgir entre elas com respeito a relações contratuais. Poderá adotar a forma de uma cláusula compromissória incluída em um contrato ou a de um acordo independente;

f) "domicílio das pessoas físicas": sua residência habitual e, subsidiariamente, o centro principal de seus negócios;
g) "domicílio das pessoas jurídicas ou sede social": o lugar principal da administração ou a sede de sucursais, estabelecimentos ou agências;
h) "laudo ou sentença arbitral estrangeira": resolução definitiva da controvérsia pelo tribunal arbitral com sede no estrangeiro;
i) "sede do Tribunal Arbitral": Estado-Parte eleito pelos contratantes ou, na sua falta, pelos árbitros, para os fins dos arts. 3, 7, 13, 15, 19 e 22 deste Acordo, sem prejuízo do lugar da atuação do Tribunal;
j) "tribunal arbitral": órgão constituído por um ou vários árbitros.

Artigo 3º
Âmbito material e espacial de aplicação

O presente Acordo se aplicará à arbitragem, sua organização e procedimentos e às sentenças ou laudos arbitrais, se ocorrer alguma das seguintes circunstâncias:

a) a convenção arbitral for celebrada entre pessoas físicas ou jurídicas que, no momento de sua celebração, tenham sua residência habitual ou o centro principal dos negócios, ou a sede, ou sucursais, ou estabelecimentos ou agências, em mais de um Estado-Parte do Mercosul;
b) o contrato base tiver algum contato objetivo – jurídico ou econômico – com mais de um Estado-Parte do Mercosul;
c) as partes não expressarem sua vontade em contrário e o contrato base tiver algum contato objetivo – jurídico ou econômico – com um Estado-Parte, sempre que o tribunal tenha a sua sede em um dos Estados-Partes do Mercosul;
d) o contrato base tiver algum contato objetivo – jurídico ou econômico – com um Estado-Parte e o tribunal arbitral não tiver sua sede em nenhum Estado-Parte do Mercosul, sempre que as partes declararem expressamente sua intenção de submeter-se ao presente Acordo;
e) o contrato base não tiver nenhum contato objetivo – jurídico ou econômico – com um Estado-Parte e as partes tenham elegido um tribunal arbitral com sede em um Estado-Parte do Mercosul, sempre que as partes declararem expressamente sua intenção de submeter-se ao presente Acordo.

Artigo 4º
Tratamento equitativo e de boa-fé

1. A convenção arbitral dará um tratamento equitativo e não abusivo aos contratantes, em especial nos contratos de adesão, e será pactuada de boa-fé.
2. A convenção arbitral inserida em um contrato deverá ser claramente legível e estar localizada em lugar razoavelmente destacado.

Artigo 5º
Autonomia da convenção arbitral

A convenção arbitral é autônoma com relação ao contrato base. Sua inexistência ou invalidade não implica a nulidade da convenção arbitral.

Artigo 6º
Forma e direito aplicável à validade formal da convenção arbitral

1. A convenção arbitral deverá ser escrita.
2. A validade formal da convenção arbitral se regerá pelo direito do lugar de celebração.
3. A convenção arbitral celebrada entre ausentes poderá concretizar-se pela troca de cartas ou telegramas com recebimento comprovado. As comunicações feitas por fax, correio eletrônico ou meio equivalente deverão ser confirmadas por documento original, sem prejuízo do estabelecido no número 5.
4. A convenção arbitral celebrada entre ausentes se aperfeiçoa no momento e no Estado em que se recebe a aceitação pelo meio escolhido e confirmado pelo documento original.
5. Se não se houverem cumprido os requisitos de validade formal exigidos pelo direito do lugar de celebração, a convenção será considerada válida se cumprir com os requisitos formais do direito de algum dos Estados com o qual o contrato base tem contatos objetivos, de acordo com o estabelecido no art. 3, alínea b.

Artigo 7º
Direito aplicável à valida de intrínseca da convenção arbitral

1. A capacidade das partes da convenção arbitral se regerá pelo direito de seus respectivos domicílios.
2. A validade da convenção arbitral, com respeito ao consentimento, objeto e causa, será regida pelo direito do Estado-Parte, sede do tribunal arbitral.

Artigo 8º
Competência para conhecer da existência e validade da convenção arbitral

As questões relativas à existência e validade da convenção arbitral serão resolvidas pelo tribunal arbitral, de ofício ou por solicitação das partes.

Artigo 9º
Arbitragem de direito ou de equidade

Por disposição das partes, a arbitragem poderá ser de direito ou de equidade. Na ausência de disposição, será de direito.

Artigo 10
Direito aplicável à controvérsia pelo tribunal arbitral

As partes poderão eleger o direito que se aplicará para solucionar a controvérsia com base no direito internacional privado e seus princípios, assim como no direito de comércio internacional. Se as partes nada dispuserem sobre esta matéria, os árbitros decidirão conforme as mesmas fontes.

Artigo 11
Tipos de arbitragem

As partes poderão livremente submeter-se à arbitragem institucional ou *ad hoc*.
No procedimento arbitral, serão sempre respeitados os princípios do contraditório, da igualdade

das partes, da imparcialidade do árbitro e de seu livre convencimento.

Artigo 12
Normas gerais de procedimento

1. Na arbitragem institucional:
a) o procedimento perante as instituições arbitrais se regerá por seu próprio regimento;
b) sem prejuízo do disposto na alínea anterior, os Estados incentivarão as entidades arbitrais sediadas em seus territórios para que adotem um regulamento comum;
c) as instituições poderão publicar para seu conhecimento e difusão, as listas públicas de árbitros, denominação e composição dos tribunais e regimentos internos.
2. Na arbitragem *ad hoc*:
a) as partes poderão estabelecer o procedimento arbitral. No momento de celebrar a convenção arbitral as Partes, preferencialmente, poderão acordar sobre a designação dos árbitros e, quando for o caso, os árbitros substitutos, ou estabelecer a modalidade pela qual serão designados;
b) se as partes do presente Acordo nada tiverem previsto, aplicar-se-ão as normas de procedimento da Comissão Interamericana de Arbitragem Comercial (CIAC) – conforme o estabelecido no art. 3 da Convenção Interamericana sobre Arbitragem Comercial Internacional do Panamá, de 1975 – vigentes no momento da celebração da convenção arbitral;
c) tudo o que não foi previsto pelas partes, pelo Acordo e pelas normas de procedimento da CIAC, será resolvido pelo tribunal arbitral atendendo aos princípios estabelecidos no art. 11.

Artigo 13
Sede e idioma

1. As partes poderão designar um Estado-Parte como sede do tribunal arbitral. Caso não o façam, o tribunal arbitral determinará o lugar da arbitragem em algum desses Estados, levadas em conta as circunstâncias do caso e a conveniência das partes.
2. Na falta de estipulação expressa das partes, o idioma será o da sede do tribunal arbitral.

Artigo 14
Comunicações e notificações

1. As comunicações e notificações efetuadas para dar cumprimento às normas do presente Acordo serão consideradas devidamente realizadas, salvo disposição em contrário das partes:
a) quando tenham sido entregues pessoalmente ao destinatário, ou tenham sido recebidas por carta certificada, telegrama registrado ou meio equivalente dirigidos ao seu domicílio declarado;
b) se as partes não houverem estabelecido um domicílio especial e se não se conhecer o domicílio após pesquisa razoável, considerar-se-á recebida toda comunicação e notificação escrita que tenha sido remetida à última residência habitual ou ao último domicílio conhecido de seus negócios.

2. A comunicação e a notificação serão consideradas recebidas no dia em que se tenha realizado a entrega, segundo o estabelecido na alínea *a* do número anterior.
3. Na convenção arbitral poderá ser estabelecido um domicílio especial diferente do domicílio das pessoas físicas ou jurídicas, para o fim de recebimento das comunicações e notificações. Também poderá ser designada uma pessoa para esse fim.

Artigo 15
Início do procedimento arbitral

1. Na arbitragem institucional o procedimento se iniciará conforme o que disponha o regulamento ao qual as partes se tenham submetido. Na arbitragem *ad hoc* a parte que pretenda iniciar o procedimento arbitral intimará a outra na forma estabelecida na convenção arbitral.
2. Na intimação constarão necessariamente:
a) o nome e o domicílio das partes;
b) a referência ao contrato base e à convenção arbitral;
c) a decisão de submeter o assunto à arbitragem e de designar os árbitros;
d) o objeto da controvérsia e a indicação do montante, valor ou quantia comprometida.
3. À falta de estipulação expressa quanto à forma da intimação, será ela efetuada conforme o estabelecido no art. 14.
4. A intimação para iniciar uma arbitragem *ad hoc* ou o ato processual equivalente na arbitragem institucional será válido, inclusive para fins de reconhecimento ou execução dos laudos ou sentenças arbitrais estrangeiras, quando tenham sido realizados de acordo com o estabelecido na convenção arbitral, nas disposições deste Acordo ou, quando for o caso, no direito do Estado sede do tribunal arbitral. Em qualquer caso, se assegurará à parte intimada um prazo razoável para exercer o direito de defesa.
5. Realizada a intimação na arbitragem *ad hoc*, ou o ato processual equivalente na arbitragem institucional, segundo o disposto no presente artigo, não poderá ser invocada uma violação à ordem pública para questionar sua validade, seja na arbitragem institucional ou na *ad hoc*.

Artigo 16
Árbitros

1. Poderá ser árbitro qualquer pessoa legalmente capaz e que goze da confiança das partes.
2. A capacidade para ser árbitro se rege pelo direito de seu domicílio.
3. No desempenho de sua função, o árbitro deverá proceder com probidade, imparcialidade, independência, competência, diligência e discrição.
4. A nacionalidade de uma pessoa não será impedimento para que atue como árbitro, salvo acordo em contrário das partes. Ter-se-á em conta a conveniência de designar pessoas de nacionalidade distinta das partes no conflito. Na arbitragem *ad*

hoc com mais de um árbitro, o Tribunal não poderá estar composto unicamente por árbitros da nacionalidade de uma das partes, salvo acordo expresso destas, no qual se manifestem as razões desta seleção, que poderá constar na convenção arbitral ou em outro documento.

Artigo 17
Nomeação, recusa e substituição dos árbitros

Na arbitragem *ad hoc*, na falta de previsão das partes, as normas de procedimentos da Comissão Interamericana de Arbitragem Comercial – CIAC, vigentes no momento da designação dos árbitros, regerão sua nomeação, recusa e substituição.

Artigo 18
Competência do tribunal arbitral

1. O tribunal arbitral terá a faculdade de decidir acerca da sua própria competência e, conforme estabelece o art. 8, das exceções relativas à existência, validade e eficácia da convenção arbitral.
2. A exceção de incompetência do Tribunal fundada na inexistência de matéria arbitrável ou na inexistência, nulidade ou caducidade da convenção arbitral nas instituições arbitrais, se rege por seu próprio regulamento.
3. Na arbitragem *ad hoc*, a exceção de incompetência pelas causas anteriores deverá ser interposta até o momento da apresentação da contestação à demanda ou, em caso de reconvenção, até a réplica à mesma. As partes não estão impedidas de opor essa exceção pelo fato de que hajam designado um árbitro ou participado da sua designação.
4. O tribunal arbitral poderá decidir as exceções relativas a sua competência como questão prévia; porém, poderá também continuar com suas atividades e reservar a decisão sobre as exceções para o laudo ou sentença final.

Artigo 19
Medidas cautelares

As medidas cautelares poderão ser ditadas pelo tribunal arbitral ou pela autoridade judicial competente. A solicitação dirigida por qualquer das partes a uma autoridade judicial não se considerará incompatível com a convenção arbitral, nem implicará renúncia à arbitragem.
1. A qualquer momento do processo, por petição da parte, o tribunal arbitral poderá dispor, por conta própria, as medidas cautelares que estime pertinentes, resolvendo, se for o caso, sobre a contracautela.
2. Estas medidas, quando forem ditadas pelo tribunal arbitral, serão instrumentalizadas por meio de um laudo provisional ou interlocutório.
3. O tribunal arbitral poderá solicitar, de ofício ou por petição da parte, à autoridade judicial competente, a adoção de uma medida cautelar.
4. As solicitações de cooperação cautelar internacional editadas pelo tribunal arbitral de um Estado-Parte serão remetidas ao juiz do Estado da sede do tribunal arbitral para que este juiz a transmita para seu diligenciamento ao juiz competente do Estado requerido, pelas vias previstas no Protocolo de Medidas Cautelares do Mercosul, aprovado pela Decisão Conselho do Mercado Comum 27/94. Neste caso, os Estados poderão declarar no momento de ratificar este Acordo, ou posteriormente, que, quando seja necessária a execução dessas medidas em outro Estado, o tribunal arbitral poderá solicitar o auxílio da autoridade judicial competente do Estado em que se deva executar a medida, por intermédio das respectivas autoridades centrais ou, se for o caso, das autoridades encarregadas do diligenciamento da cooperação jurisdicional internacional.

Artigo 20
Laudo ou sentença arbitral

1. O laudo ou sentença arbitral será escrito, fundamentado e decidirá completamente o litígio. O laudo ou sentença será definitivo e obrigatório para as partes e não admitirá recursos, exceto os estabelecidos nos arts. 21 e 22.
2. Quando houver diversos árbitros, a decisão será tomada por maioria. Caso não se obtenha maioria, a questão será decidida pelo voto do presidente.
3. O árbitro que discorde da maioria poderá declarar e fundamentar seu voto em separado.
4. O laudo ou sentença será assinado pelos árbitros e conterá:
a) a data e lugar em que foi proferido;
b) os fundamentos em que se baseia, ainda que seja por equidade;
c) a decisão acerca da totalidade das questões submetidas à arbitragem;
d) as despesas da arbitragem.
5. Caso um dos árbitros não assine o laudo ou sentença, será informado o motivo pelo qual não tenha sido assinado, devendo o presidente do tribunal arbitral certificar tal fato.
6. O laudo ou sentença será devidamente notificado às partes pelo tribunal arbitral.
7. Se, no curso da arbitragem, as partes chegarem a um acordo quanto ao litígio, o tribunal arbitral, a pedido das partes, homologará tal fato mediante um laudo ou sentença arbitral que contenha os requisitos do número 4 do presente artigo.

Artigo 21
Solicitação de retificação e ampliação

1. Dentro dos 30 (trinta) dias seguintes à notificação do laudo ou sentença arbitral, e a não ser que as partes tenham acordado outro prazo, qualquer delas poderá solicitar ao tribunal que:
a) retifique qualquer erro material;
b) precise a abrangência de um ou vários pontos específicos;
c) se pronuncie sobre alguma das questões objeto da controvérsia que não tenha sido resolvida.
2. A solicitação de retificação será devidamente notificada à outra parte pelo tribunal arbitral.

3. Salvo acordo entre as partes, o tribunal arbitral decidirá sobre a solicitação em um prazo de 20 (vinte) dias e as notificará de sua resolução.

Artigo 22
Petição de nulidade do laudo ou sentença arbitral

1. O laudo ou sentença arbitral só poderá ser impugnado perante a autoridade judicial do Estado sede do tribunal arbitral mediante uma petição de nulidade.

2. O laudo poderá ser impugnado por nulidade quando:
a) a convenção arbitral seja nula;
b) o tribunal tenha sido constituído de modo irregular;
c) o procedimento arbitral não esteja em conformidade com as normas deste Acordo, com o regulamento da instituição arbitral ou com a convenção arbitral, conforme o caso;
d) não tenham sido respeitados os princípios do devido processo legal;
e) tenha sido ditado por pessoa incapaz para ser árbitro;
f) refira-se a uma controvérsia não prevista na convenção arbitral;
g) contenha decisões que excedam os termos da convenção arbitral.

3. Nos casos previstos nas alíneas a, b, d, e e do número 2, a sentença judicial declarará a nulidade absoluta do laudo ou sentença arbitral. Nos casos previstos nas alíneas c, f, e g, a sentença judicial determinará a nulidade relativa do laudo ou sentença arbitral. No caso previsto na alínea c, a sentença judicial poderá declarar a validade e determinar a continuação do procedimento na parte não viciada e estabelecerá que o tribunal arbitral dite laudo ou sentença complementar. Nos casos das alíneas f e g novo laudo ou sentença arbitral deverá ser ditado.

4. A petição, devidamente fundamentada, deverá ser formulada no prazo de 90 (noventa) dias corridos a partir da notificação do laudo ou sentença arbitral ou, se for o caso, a partir da notificação da decisão a que se refere o art. 21.

5. A parte que invoque a nulidade deverá comprovar os fatos em que se baseia a petição.

Artigo 23
Execução do laudo ou sentença arbitral estrangeiro

Para a execução do laudo ou sentença arbitral estrangeiro se aplicarão, no que for pertinente, as disposições da Convenção Interamericana sobre Arbitragem Comercial Internacional do Panamá de 1975; o Protocolo de Cooperação e Assistência Jurisdicional em Matéria Civil, Comercial, Trabalhista e Administrativa do Mercosul, aprovado por decisão do Conselho do Mercado Comum 5/92, e a Convenção Interamericana sobre a Eficácia Extraterritorial das Sentenças e Laudos Arbitrais Estrangeiros de Montevidéu de 1979.

Artigo 24
Encerramento da arbitragem

A arbitragem terminará quando for ditada a sentença ou laudo definitivo, ou quando seja determinado o encerramento da arbitragem pelo tribunal arbitral caso:
a) as partes estejam de acordo em terminar a arbitragem;
b) o tribunal arbitral constate que o procedimento arbitral se tornou, por qualquer razão, desnecessário ou impossível.

Artigo 25
Disposições gerais

1. A aplicação das normas de procedimento da Comissão Interamericana de Arbitragem Comercial (CIAC) para a arbitragem ad hoc, conforme o previsto no art. 12, número 2, alínea b, não implicará que a arbitragem seja considerada institucional.

2. Salvo disposição em contrário, das partes ou do tribunal arbitral, as despesas resultantes da arbitragem serão divididas igualmente entre as partes.

3. Para as situações não previstas pelas partes, pelo presente Acordo, pelas regras de procedimento da Comissão Interamericana de Arbitragem Comercial Internacional, nem pelas convenções e normas a que este Acordo se refere, aplicar-se-ão os princípios e regras da Lei Modelo sobre Arbitragem Comercial Internacional da Comissão das Nações Unidas para o Direito Mercantil Internacional de 21 de junho de 1985.

Artigo 26
Disposições finais

1. O presente Acordo entrará em vigor, com relação aos dois primeiros Estados-Partes que o ratifiquem, 30 (trinta) dias depois que o segundo país proceda ao depósito de seu instrumento de ratificação. Para os demais Estados ratificantes, entrará em vigor no trigésimo dia posterior ao depósito de seu respectivo instrumento de ratificação.

2. O presente Acordo não restringirá as disposições das convenções vigentes sobre a mesma matéria entre os Estados-Partes, desde que não o contradigam.

3. A República do Paraguai será depositária do presente Acordo e dos instrumentos de ratificação e enviará cópias devidamente autenticadas aos demais Estados-Partes.

4. Da mesma forma, a República do Paraguai notificará os demais Estados-Partes da data de entrada em vigor do presente Acordo e da data de depósito dos instrumentos de ratificação.

Feito em Buenos Aires, República Argentina, aos 23 dias do mês de julho de 1998, em um original nos idiomas português e espanhol, sendo ambos os textos igualmente autênticos.

ACORDO DE ADMISSÃO DE TÍTULOS E GRAUS UNIVERSITÁRIOS PARA O EXERCÍCIO DE ATIVIDADES ACADÊMICAS NOS ESTADOS-PARTES DO MERCOSUL (1999)

- Celebrado em Assunção, Paraguai, em 14.06.1999.
- Aprovado no Brasil pelo Decreto Legislativo 800, de 23.10.2003, ratificado em 21.05.2004, e promulgado pelo Decreto 5.518, de 23.08.2005.
- Entrou em vigor internacional, e para o Brasil, em 20.06.2004.

Os Governos da República da Argentina, da República Federativa do Brasil, da República do Paraguai e da República Oriental do Uruguai, a seguir denominados "Estados-Partes", em virtude dos princípios, fins e objetivos do Tratado de Assunção, assinado em março de 1991,

Considerando:

Que a educação tem papel central para que o processo de integração regional se consolide;

Que a promoção do desenvolvimento harmônico da Região, nos campos científico e tecnológico, é fundamental para responder aos desafios impostos pela nova realidade socioeconômica do continente;

Que o intercâmbio de acadêmicos entre as instituições de ensino superior da Região apresenta-se como mecanismo eficaz para a melhoria da formação e da capacitação científica, tecnológica e cultural e para a modernização dos Estados-Partes;

Que da ata da X Reunião de Ministros da Educação dos Países Signatários do Tratado do Mercado Comum do Sul, realizada em Buenos Aires, Argentina, no dia vinte de junho de mil novecentos e noventa e seis, constou a recomendação de que se preparasse um Protocolo sobre a admissão de títulos e graus universitários para o exercício de atividades acadêmicas nas instituições universitárias da Região;

Que a conformação de propostas regionais nessa área deve ser pautada pela preocupação constante em salvaguardar os padrões de qualidade vigentes em cada País e pela busca de mecanismos capazes de assimilar a dinâmica que caracteriza os sistemas educacionais dos Países da Região, que correspondem ao seu contínuo aperfeiçoamento,

Acordam:

Artigo 1º

Os Estados-Partes, por meio de seus organismos competentes, admitirão, unicamente para o exercício de atividades de docência e pesquisa nas instituições de ensino superior no Brasil, nas universidades e institutos superiores no Paraguai, nas instituições universitárias na Argentina e no Uruguai, os títulos de graduação e de pós-graduação reconhecidos e credenciados nos Estados-Partes, segundo procedimentos e critérios a serem estabelecidos para a implementação deste Acordo.

Artigo 2º

Para os fins previstos no presente Acordo, consideram-se títulos de graduação aqueles obtidos em cursos com duração mínima de 4 (quatro) anos e 2.700 (duas mil e setecentas) horas cursadas, e títulos de pós-graduação tanto os cursos de especialização com carga horária presencial não inferior a 360 (trezentas e sessenta) horas, quanto os graus acadêmicos de mestrado e doutorado.

Artigo 3º

Os títulos de graduação e pós-graduação referidos no artigo anterior deverão estar devidamente validados pela legislação vigente nos Estados-Partes.

Artigo 4º

Para os fins previstos no Artigo Primeiro, os postulantes dos Estados-Partes do Mercosul deverão submeter-se às mesmas exigências previstas para os nacionais do Estado-Parte em que pretendem exercer atividades acadêmicas.

Artigo 5º

A admissão outorgada em virtude do estabelecido no Artigo Primeiro deste Acordo somente conferirá direito ao exercício das atividades de docência e pesquisa nas instituições nele referidas, devendo o reconhecimento de títulos para qualquer outro efeito que não o ali estabelecido, reger-se pelas normas específicas dos Estados-Partes.

Artigo 6º

O interessado em solicitar a admissão nos termos previstos no Artigo Primeiro deve apresentar toda a documentação que comprove as condições exigidas no Presente Acordo. Para identificar, no país que concede a admissão, a que título ou grau corresponde a denominação que consta no diploma, poder-se-á requerer a apresentação de documentação complementar devidamente legalizada nos termos da regulamentação a que se refere o Artigo Primeiro.

Artigo 7º

Cada Estado-Parte se compromete a manter informados os demais sobre quais são as instituições com seus respectivos cursos reconhecidos e credenciados. O Sistema de Informação e Comunicação do Mercosul proporcionará informação sobre as agências credenciadoras dos Países, os critérios de avaliação e os cursos credenciados.

Artigo 8º

Em caso de existência, entre os Estados-Partes, de acordos ou convênios bilaterais com disposições mais favoráveis sobre a matéria, estes poderão invocar a aplicação daqueles dispositivos que considerarem mais vantajosos.

Artigo 9º

O presente Acordo, celebrado sob o marco do Tratado de Assunção, entrará em vigor, para os dois primeiros Estados que o ratifiquem 30 (trinta) dias após o depósito do segundo instrumento de ratificação. Para os demais signatários, aos trinta dias do depósito respectivo e na ordem em que forem depositadas as ratificações.

Artigo 10

O presente Acordo poderá ser revisto de comum acordo, por proposta de um dos Estados-Partes.

Artigo 11
O Governo da República do Paraguai será o depositário do presente Acordo, bem como dos instrumentos de ratificação e enviará cópias devidamente autenticadas dos mesmos aos Governos dos demais Estados-Partes. Da mesma forma, notificará a estes a data de depósito dos instrumentos de ratificação e a entrada em vigor do presente Acordo.

Artigo 12
A reunião de Ministros de Educação emitirá recomendações gerais para a implementação deste Acordo.

Artigo 13
O presente Acordo substitui o Protocolo de Admissão de Títulos e Graus Universitários para o Exercício de Atividades Acadêmicas nos Estados-Partes do Mercosul, assinado em 11 de junho de 1997, em Assunção, e seu Anexo firmado em 15 de dezembro de 1997, em Montevidéu.

Feito na cidade de Assunção, capital da República do Paraguai, aos quatorze dias do mês de junho do ano de mil novecentos e noventa e nove, em três originais no idioma espanhol e um no idioma português, sendo os textos igualmente autênticos.

ACORDO QUADRO SOBRE MEIO AMBIENTE DO MERCOSUL (2001)

- Celebrado em Assunção, Paraguai, em 22.06.2001.
- Aprovado no Brasil pelo Decreto Legislativo 333, de 24.07.2003, ratificado em 09.10.2003, e promulgado por meio do Decreto 5.208, de 17.09.2004.
- Entrou em vigor internacional, e para o Brasil, em 23.06.2004.

Preâmbulo
A República Argentina, a República Federativa do Brasil, a República do Paraguai e a República Oriental do Uruguai, doravante denominadas Estados-Partes:

Ressaltando a necessidade de cooperar para a proteção do meio ambiente e para a utilização sustentável dos recursos naturais, com vistas a alcançar a melhoria da qualidade de vida e o desenvolvimento econômico, social e ambiental sustentável;

Convencidos dos benefícios da participação da sociedade civil na proteção do meio ambiente e na utilização sustentável dos recursos naturais;

Reconhecendo a importância da cooperação entre os Estados-Partes com o objetivo de apoiar e promover a implementação em matéria ambiental, observando a legislação e as políticas nacionais vigentes;

Reafirmando os preceitos do desenvolvimento sustentável preconizados na Agenda 21, adotada na Conferência das Nações Unidas sobre Meio Ambiente e Desenvolvimento, em 1992;

Considerando que as políticas comerciais e ambientais devem complementar-se para assegurar o desenvolvimento sustentável no âmbito do Mercosul;

Convencidos da importância de um marco jurídico que facilite a efetiva proteção do meio ambiente e o uso sustentável dos recursos naturais dos Estados-Partes.

Acordam:

CAPÍTULO I
PRINCÍPIOS

Artigo 1º
Os Estados-Partes reafirmam seu compromisso com os princípios enunciados na Declaração do Rio de Janeiro sobre Meio Ambiente e Desenvolvimento, de 1992.

Artigo 2º
Os Estados-Partes analisarão a possibilidade de instrumentalizar a aplicação dos princípios da Declaração do Rio de Janeiro sobre Meio Ambiente e Desenvolvimento, de 1992, que não tenham sido objeto de tratados internacionais.

Artigo 3º
Em suas ações para alcançar o objetivo deste Acordo e implementar suas disposições, os Estados-Partes deverão orientar-se, *inter alia*, pelo seguinte:
a) promoção da proteção do meio ambiente e aproveitamento mais eficaz dos recursos disponíveis mediante a coordenação de políticas setoriais, com base nos princípios de gradualidade, flexibilidade e equilíbrio;
b) incorporação da componente ambiental nas políticas setoriais e inclusão das considerações ambientais na tomada de decisões que se adotem no âmbito do Mercosul, para fortalecimento da integração;
c) promoção do desenvolvimento sustentável por meio do apoio recíproco entre os setores ambientais e econômicos, evitando a adoção de medidas que restrinjam ou distorçam de maneira arbitrária ou injustificável a livre circulação de bens e serviços no âmbito do Mercosul;
d) tratamento prioritário e integral às causas e fontes dos problemas ambientais;
e) promoção da efetiva participação da sociedade civil no tratamento das questões ambientais; e
f) fomento à internalização dos custos ambientais por meio do uso de instrumentos econômicos e regulatórios de gestão.

CAPÍTULO II
OBJETIVO

Artigo 4º
O presente Acordo tem como objetivo o desenvolvimento sustentável e a proteção do meio ambiente mediante a articulação entre as dimensões econômica, social e ambiental, contribuindo para uma melhor qualidade do meio ambiente e de vida das populações.

CAPÍTULO III
COOPERAÇÃO EM MATÉRIA AMBIENTAL

Artigo 5º
Os Estados-Partes cooperarão no cumprimento dos acordos internacionais que contemplem ma-

téria ambiental dos quais sejam parte. Esta cooperação poderá incluir, quando se julgar conveniente, a adoção de políticas comuns para a proteção do meio ambiente, a conservação dos recursos naturais, a promoção do desenvolvimento sustentável, a apresentação de comunicações conjuntas sobre temas de interesse comum e o intercâmbio de informações sobre posições nacionais em foros ambientais internacionais.

Artigo 6º

Os Estados-Partes aprofundarão a análise dos problemas ambientais da sub-região, com a participação dos organismos nacionais competentes e das organizações da sociedade civil, devendo implementar, entre outras, as seguintes ações:

a) incrementar o intercâmbio de informação sobre leis, regulamentos, procedimentos, políticas e práticas ambientais, assim como seus aspectos sociais, culturais, econômicos e de saúde, em particular aqueles que possam afetar o comércio ou as condições de competitividade no âmbito do Mercosul;

b) incentivar políticas e instrumentos nacionais em matéria ambiental, buscando otimizar a gestão do meio ambiente;

c) buscar a harmonização das legislações ambientais, levando em consideração as diferentes realidades ambientais, sociais e econômicas dos países do Mercosul;

d) identificar fontes de financiamento para o desenvolvimento das capacidades dos Estados-Partes, visando a contribuir com a implementação do presente Acordo;

e) contribuir para a promoção de condições de trabalho ambientalmente saudáveis e seguras para, no marco de um desenvolvimento sustentável, possibilitar a melhoria da qualidade de vida, o bem-estar social e a geração de emprego;

f) contribuir para que os demais foros e instâncias do Mercosul considerem adequada e oportunamente os aspectos ambientais pertinentes;

g) promover a adoção de políticas, processos produtivos e serviços não degradantes do meio ambiente;

h) incentivar a pesquisa científica e o desenvolvimento de tecnologias limpas;

i) promover o uso de instrumentos econômicos de apoio à execução das políticas para a promoção do desenvolvimento sustentável e a proteção do meio ambiente;

j) estimular a harmonização das diretrizes legais e institucionais com o objetivo de prevenir, controlar e mitigar os impactos ambientais nos Estados-Partes, com especial atenção às áreas fronteiriças;

k) prestar, de forma oportuna, informações sobre desastres e emergências ambientais que possam afetar os demais Estados-Partes e, quando possível, apoio técnico e operacional;

l) promover a educação ambiental formal e não formal e fomentar conhecimentos, hábitos de conduta e a integração de valores orientados às transformações necessárias ao alcance do desenvolvimento sustentável no âmbito do Mercosul;

m) considerar os aspectos culturais, quando pertinente, nos processos de tomada de decisão em matéria ambiental; e

n) desenvolver acordos setoriais, em temas específicos, conforme seja necessário para a consecução do objetivo deste Acordo.

Artigo 7º

Os Estados-Partes acordarão pautas de trabalho que contemplem as áreas temáticas previstas como Anexo do presente instrumento, as quais são de caráter enunciativo e serão desenvolvidas em consonância com a agenda de trabalho ambiental do Mercosul.

CAPÍTULO IV
DISPOSIÇÕES GERAIS

Artigo 8º

As controvérsias que surgirem entre os Estados-Partes com relação à aplicação, interpretação ou descumprimento das disposições contempladas no presente Acordo serão resolvidas por meio do sistema de solução de controvérsias vigente no Mercosul.

Artigo 9º

O presente Acordo terá vigência indefinida e entrará em vigor num prazo de 30 (trinta) dias depois do depósito do quarto instrumento de ratificação.

Artigo 10

A República do Paraguai será a depositária do presente Acordo e demais instrumentos de ratificação.

Artigo 11

A República do Paraguai notificará aos Governos dos demais Estados-Partes a data do depósito dos instrumentos de ratificação e a data de entrada em vigor do presente Acordo.

Feito na cidade de Assunção, em 22 de junho de 2001, em um original, nos idiomas português e espanhol, sendo ambos os textos igualmente autênticos.

ANEXO
ÁREAS TEMÁTICAS

1. Gestão sustentável dos recursos naturais:
1.a. fauna e flora silvestres
1.b. florestas
1.c. áreas protegidas
1.d. diversidade biológica
1.e. biossegurança
1.f. recursos hídricos
1.g. recursos ictícolas e aquícolas
1.h. conservação do solo
2. Qualidade de vida e planejamento ambiental:
2.a. saneamento básico e água potável
2.b. resíduos urbanos e industriais
2.c. resíduos perigosos
2.d. substâncias e produtos perigosos
2.e. proteção da atmosfera/qualidade do ar
2.f. planejamento do uso do solo

2.g. transporte urbano
2.h. fontes renováveis e/ou alternativas de energia
3. Instrumentos de política ambiental:
3.a. legislação ambiental
3.b. instrumentos econômicos
3.c. educação, informação e comunicação ambiental
3.d. instrumentos de controle ambiental
3.e. avaliação de impacto ambiental
3.f. contabilidade ambiental
3.g. gerenciamento ambiental de empresas
3.h. tecnologias ambientais
3.i. sistemas de informação
3.j. emergências ambientais
3.k. valoração de produtos e serviços ambientais
4. Atividades produtivas ambientalmente sustentáveis:
4.a. ecoturismo
4.b. agropecuária sustentável
4.c. gestão ambiental empresarial
4.d. manejo florestal sustentável
4.e. pesca sustentável

PROTOCOLO DE OLIVOS PARA A SOLUÇÃO DE CONTROVÉRSIAS NO MERCOSUL (2002)

- Concluído em Olivos, Argentina, em 18.02.2002.
- Aprovado no Brasil pelo Decreto Legislativo 712, de 14.10.2003. Depósito da Carta de Ratificação brasileira em 02.12.2003. Promulgado pelo Decreto 4.982, de 09.02.2004.
- Este Protocolo substitui integralmente o Protocolo de Brasília para a Solução de Controvérsias, adotado em 17.12.1991 e o Regulamento do Protocolo de Brasília, aprovado pela Decisão CMC 17/1998.

A República Argentina, a República Federativa do Brasil, a República do Paraguai e a República Oriental do Uruguai, doravante denominados "Estados-Partes";
Tendo em conta
O Tratado de Assunção, o Protocolo de Brasília e o Protocolo de Ouro Preto;
Reconhecendo
Que a evolução do processo de integração no âmbito do Mercosul requer o aperfeiçoamento do sistema de solução de controvérsias;
Considerando
A necessidade de garantir a correta interpretação, aplicação e cumprimento dos instrumentos fundamentais do processo de integração e do conjunto normativo do Mercosul, de forma consistente e sistemática;
Convencidos
Da conveniência de efetuar modificações específicas no sistema de solução de controvérsias de maneira a consolidar a segurança jurídica no âmbito do Mercosul;
Acordaram o seguinte:

CAPÍTULO I
Controvérsias Entre Estados-Partes

Artigo 1º
Âmbito de aplicação

1. As controvérsias que surjam entre os Estados-Partes sobre a interpretação, a aplicação ou o não cumprimento do Tratado de Assunção, do Protocolo de Ouro Preto, dos protocolos e acordos celebrados no marco do Tratado de Assunção, das Decisões do Conselho do Mercado Comum, das Resoluções do Grupo Mercado Comum e das Diretrizes da Comissão de Comércio do Mercosul serão submetidas aos procedimentos estabelecidos no presente Protocolo.

2. As controvérsias compreendidas no âmbito de aplicação do presente Protocolo que possam também ser submetidas ao sistema de solução de controvérsias da Organização Mundial do Comércio ou de outros esquemas preferenciais de comércio de que sejam parte individualmente os Estados-Partes do Mercosul poderão submeter-se a um ou outro foro, à escolha da parte demandante. Sem prejuízo disso, as partes na controvérsia poderão, de comum acordo, definir o foro.

Uma vez iniciado um procedimento de solução de controvérsias de acordo com o parágrafo anterior, nenhuma das partes poderá recorrer a mecanismos de solução de controvérsias estabelecidos nos outros foros com relação a um mesmo objeto, definido nos termos do artigo 14 deste Protocolo.

Não obstante, no marco do estabelecido neste numeral, o Conselho do Mercado Comum regulamentará os aspectos relativos à opção de foro.

CAPÍTULO II
MECANISMOS RELATIVOS A ASPECTOS TÉCNICOS

Artigo 2º
Estabelecimento dos mecanismos

1. Quando se considere necessário, poderão ser estabelecidos mecanismos expeditos para resolver divergências entre Estados-Partes sobre aspectos técnicos regulados em instrumentos de políticas comerciais comuns.

2. As regras de funcionamento, o alcance desses mecanismos e a natureza dos pronunciamentos a serem emitidos nos mesmos serão definidos e aprovados por Decisão do Conselho do Mercado Comum.

CAPÍTULO III
OPINIÕES CONSULTIVAS

Artigo 3º
Regime de solicitação

O Conselho do Mercado Comum poderá estabelecer mecanismos relativos à solicitação de opiniões consultivas ao Tribunal Permanente de Revisão definindo seu alcance e seus procedimentos.

CAPÍTULO IV
NEGOCIAÇÕES DIRETAS
Artigo 4º
Negociações

Os Estados-Partes numa controvérsia procurarão resolvê-la, antes de tudo, mediante negociações diretas.

Artigo 5º
Procedimento e prazo

1. As negociações diretas não poderão, salvo acordo entre as partes na controvérsia, exceder um prazo de 15 (quinze) dias a partir da data em que uma delas comunicou à outra a decisão de iniciar a controvérsia.

2. Os Estados-Partes em uma controvérsia informarão ao Grupo Mercado Comum, por intermédio da Secretaria Administrativa do Mercosul, sobre as gestões que se realizarem durante as negociações e os resultados das mesmas.

CAPÍTULO V
INTERVENÇÃO DO GRUPO MERCADO COMUM
Artigo 6º
Procedimento opcional ante o GMC

1. Se mediante as negociações diretas não se alcançar um acordo ou se a controvérsia for solucionada apenas parcialmente, qualquer dos Estados-Partes na controvérsia poderá iniciar diretamente o procedimento arbitral previsto no Capítulo VI.

2. Sem prejuízo do estabelecido no numeral anterior, os Estados-Partes na controvérsia poderão, de comum acordo, submetê-la à consideração do Grupo Mercado Comum.

i) Nesse caso, o Grupo Mercado Comum avaliará a situação, dando oportunidade às partes na controvérsia para que exponham suas respectivas posições, requerendo, quando considere necessário, o assessoramento de especialistas selecionados da lista referida no artigo 43 do presente Protocolo.

ii) Os gastos relativos a esse assessoramento serão custeados em montantes iguais pelos Estados-Partes na controvérsia ou na proporção que determine o Grupo Mercado Comum.

3. A controvérsia também poderá ser levada à consideração do Grupo Mercado Comum se outro Estado, que não seja parte na controvérsia, solicitar, justificadamente, tal procedimento ao término das negociações diretas. Nesse caso, o procedimento arbitral iniciado pelo Estado-Parte demandante não será interrompido, salvo acordo entre os Estados-Partes na controvérsia.

Artigo 7º
Atribuições do GMC

1. Se a controvérsia for submetida ao Grupo Mercado Comum pelos Estados-Partes na controvérsia, este formulará recomendações que, se possível, deverão ser expressas e detalhadas, visando à solução da divergência.

2. Se a controvérsia for levada à consideração do Grupo Mercado Comum a pedido de um Estado que dela não é parte, o Grupo Mercado Comum poderá formular comentários ou recomendações a respeito.

Artigo 8º
Prazo para intervenção e pronunciamento do GMC

O procedimento descrito no presente Capítulo não poderá estender-se por um prazo superior a 30 (trinta) dias, a partir da data da reunião em que a controvérsia foi submetida à consideração do Grupo Mercado Comum.

CAPÍTULO VI
PROCEDIMENTO ARBITRAL AD HOC
Artigo 9º
Início da etapa arbitral

1. Quando não tiver sido possível solucionar a controvérsia mediante a aplicação dos procedimentos referidos nos Capítulos IV e V, qualquer dos Estados-Partes na controvérsia poderá comunicar à Secretaria Administrativa do Mercosul sua decisão de recorrer ao procedimento arbitral estabelecido no presente Capítulo.

2. A Secretaria Administrativa do Mercosul notificará, de imediato, a comunicação ao outro ou aos outros Estados envolvidos na controvérsia e ao Grupo Mercado Comum.

3. A Secretaria Administrativa do Mercosul se encarregará das gestões administrativas que lhe sejam requeridas para a tramitação dos procedimentos.

Artigo 10
Composição do Tribunal Arbitral Ad Hoc

1. O procedimento arbitral tramitará ante um Tribunal *Ad Hoc* composto de três árbitros.

2. Os árbitros serão designados da seguinte maneira:

i) Cada Estado-Parte na controvérsia designará um árbitro titular da lista prevista no artigo 11.1, no prazo de 15 (quinze) dias, contado a partir da data em que a Secretaria Administrativa do Mercosul tenha comunicado aos Estados-Partes na controvérsia a decisão de um deles de recorrer à arbitragem.

Simultaneamente, designará da mesma lista, um árbitro suplente para substituir o árbitro titular em caso de incapacidade ou excusa deste em qualquer etapa do procedimento arbitral.

ii) Se um dos Estados-Partes na controvérsia não tiver nomeado seus árbitros no prazo indicado no numeral 2 (i), eles serão designados por sorteio pela Secretaria Administrativa do Mercosul em um prazo de 2 (dois) dias, contado a partir do vencimento daquele prazo, dentre os árbitros desse Estado da lista prevista no artigo 11.1.

3. O árbitro Presidente será designado da seguinte forma:

i) Os Estados-Partes na controvérsia designarão, de comum acordo, o terceiro árbitro, que presidirá o Tribunal Arbitral *Ad Hoc*, da lista prevista no artigo 11.2 (iii), em um prazo de 15 (quinze) dias, contado a partir da data em que a Secretaria Administrativa do Mercosul tenha comunicado aos Estados-Partes na controvérsia a decisão de um deles de recorrer à arbitragem.

Simultaneamente, designarão da mesma lista, um árbitro suplente para substituir o árbitro titular em caso de incapacidade ou excusa deste em qualquer etapa do procedimento arbitral.

O Presidente e seu suplente não poderão ser nacionais dos Estados-Partes na controvérsia.

ii) Se não houver acordo entre os Estados-Partes na controvérsia para escolher o terceiro árbitro dentro do prazo indicado, a Secretaria Administrativa do Mercosul, a pedido de qualquer um deles, procederá a sua designação por sorteio da lista do artigo 11.2 (iii), excluindo do mesmo os nacionais dos Estados-Partes na controvérsia.

iii) Os designados para atuar como terceiros árbitros deverão responder, em um prazo máximo de 3 (três) dias, contado a partir da notificação de sua designação, sobre sua aceitação para atuar em uma controvérsia.

4. A Secretaria Administrativa do Mercosul notificará os árbitros de sua designação.

Artigo 11
Listas de árbitros

1. Cada Estado-Parte designará doze árbitros, que integrarão uma lista que ficará registrada na Secretaria Administrativa do Mercosul. A designação dos árbitros, juntamente com o *curriculum vitae* detalhado de cada um deles, será notificada simultaneamente aos demais Estados-Partes e à Secretaria Administrativa do Mercosul.

i) Cada Estado-Parte poderá solicitar esclarecimentos sobre as pessoas designadas pelos outros Estados-Partes para integrar a lista referida no parágrafo anterior, dentro do prazo de 30 (trinta) dias, contado a partir de tal notificação.

ii) A Secretaria Administrativa do Mercosul notificará aos Estados-Partes a lista consolidada de árbitros do Mercosul, bem como suas sucessivas modificações.

2. Cada Estado-Parte proporá, ademais, quatro candidatos para integrar a lista de terceiros árbitros. Pelo menos um dos árbitros indicados por cada Estado-Parte para esta lista não será nacional de nenhum dos Estados-Partes do Mercosul.

i) A lista deverá ser notificada aos demais Estados-Partes, por intermédio da Presidência *Pro Tempore*, acompanhada pelo *curriculum vitae* de cada um dos candidatos propostos.

ii) Cada Estado-Parte poderá solicitar esclarecimentos sobre as pessoas propostas pelos demais Estados-Partes ou apresentar objeções justificadas aos candidatos indicados, conforme os critérios estabelecidos no artigo 35, dentro do prazo de 30 (trinta) dias, contado a partir da notificação dessas propostas.

As objeções deverão ser comunicadas por intermédio da Presidência *Pro Tempore* ao Estado-Parte proponente. Se, em um prazo que não poderá exceder a 30 (trinta) dias contado da notificação, não se chegar a uma solução, prevalecerá a objeção.

iii) A lista consolidada de terceiros árbitros, bem como suas sucessivas modificações, acompanhadas do *curriculum vitae* dos árbitros, será comunicada pela Presidência *Pro Tempore* à Secretaria Administrativa do Mercosul, que a registrará e notificará aos Estados-Partes.

Artigo 12
Representantes e assessores

Os Estados-Partes na controvérsia designarão seus representantes ante o Tribunal Arbitral *Ad Hoc* e poderão ainda designar assessores para a defesa de seus direitos.

Artigo 13
Unificação de representação

Se dois ou mais Estados-Partes sustentarem a mesma posição na controvérsia, poderão unificar sua representação ante o Tribunal Arbitral e designarão um árbitro de comum acordo, no prazo estabelecido no artigo 10.2(i).

Artigo 14
Objeto da controvérsia

1. O objeto das controvérsias ficará determinado pelos textos de apresentação e de resposta apresentados ante o Tribunal Arbitral *Ad Hoc*, não podendo ser ampliado posteriormente.

2. As alegações que as partes apresentem nos textos mencionados no numeral anterior se basearão nas questões que foram consideradas nas etapas prévias, contempladas no presente Protocolo e no Anexo ao Protocolo de Ouro Preto.

3. Os Estados-Partes na controvérsia informarão ao Tribunal Arbitral *Ad Hoc*, nos textos mencionados no numeral 1 do presente artigo, sobre as instâncias cumpridas com anterioridade ao procedimento arbitral e farão uma exposição dos fundamentos de fato e de direito de suas respectivas posições.

Artigo 15
Medidas provisórias

1. O Tribunal Arbitral *Ad Hoc* poderá, por solicitação da parte interessada, e na medida em que existam presunções fundamentadas de que a manutenção da situação poderá ocasionar danos graves e irreparáveis a uma das partes na controvérsia, ditar as medidas provisórias que considere apropriadas para prevenir tais danos.

2. O Tribunal poderá, a qualquer momento, tornar sem efeito tais medidas.

3. Caso o laudo seja objeto de recurso de revisão, as medidas provisórias que não tenham sido deixadas sem efeito antes da emissão do mesmo se manterão até o tratamento do tema na primeira reunião do Tribunal Permanente de Revisão, que deverá resolver sobre sua manutenção ou extinção.

Artigo 16
Laudo arbitral

O Tribunal Arbitral *Ad Hoc* emitirá o laudo num prazo de 60 (sessenta) dias, prorrogáveis por decisão do Tribunal por um prazo máximo de 30 (trinta) dias, contado a partir da comunicação efetuada pela Secretaria Administrativa do Mercosul às partes e aos demais árbitros, informando a aceitação pelo árbitro Presidente de sua designação.

CAPÍTULO VII
PROCEDIMENTO DE REVISÃO

Artigo 17
Recurso de revisão

1. Qualquer das partes na controvérsia poderá apresenta um recurso de revisão do laudo do Tribunal Arbitral *Ad Hoc* ao Tribunal Permanente de Revisão, em prazo não superior a 15 (quinze) dias a partir da notificação do mesmo.
2. O recurso estará limitado a questões de direito tratadas na controvérsia e às interpretações jurídicas desenvolvidas no laudo do Tribunal Arbitral *Ad Hoc*.
3. Os laudos dos Tribunais *Ad Hoc* emitidos com base nos princípios *ex aequo et bono* não serão suscetíveis de recurso de revisão.
4. A Secretaria Administrativa do Mercosul estará encarregada das gestões administrativas que lhe sejam encomendadas para o trâmite dos procedimentos e manterá informados os Estados-Partes na controvérsia e o Grupo Mercado Comum.

Artigo 18
Composição do Tribunal Permanente de Revisão

1. O Tribunal Permanente de Revisão será integrado por um (1) árbitro titular designado por cada Estado Parte do MERCOSUL.
2. Cada Estado Parte designará um (1) árbitro titular e seu suplente por um período de dois (2) anos, renovável por no máximo dois períodos consecutivos.
3. Na eventualidade de que o Tribunal Permanente de Revisão passe a estar integrado por um número par de árbitros titulares, de acordo com o disposto no parágrafo 1º deste artigo, serão designados (1) um árbitro titular adicional e seu suplente, que terão a nacionalidade de algum dos Estados Partes do MERCOSUL, sem prejuízo do disposto no parágrafo 4º deste artigo. O árbitro adicional titular e seu suplente serão escolhidos por unanimidade dos Estados Partes, de uma lista a ser conformada por dois (2) nomes indicados por cada Estado Parte, no prazo de trinta (30) dias a partir da entrada em vigor do Protocolo de Olivos para o novo membro ou a partir do desligamento de um Estado Parte, de acordo com o disposto no artigo 49 do Protocolo de Olivos.
Não havendo unanimidade, a designação se fará por sorteio que realizará o Secretario da Secretaria do Tribunal Permanente de Revisão, dentre os integrantes dessa lista, dentro dos dois (2) dias seguintes ao vencimento do prazo mencionado no parágrafo anterior.

O árbitro titular adicional e seu suplente serão designados por um período de dois (2) anos, renovável por no máximo 2 (dois) períodos consecutivos, à exceção do primeiro período, cuja duração será igual à duração restante do período dos demais árbitros que integram o Tribunal.

Quando o Tribunal Permanente de Revisão contar com a participação de um árbitro adicional e houver a adesão de um novo Estado Parte ao MERCOSUL ou a denúncia de um Estado Parte, o árbitro adicional e seu suplente, sem prejuízo do disposto no parágrafo 6º deste artigo, exercerão seus mandatos até que seja designado o árbitro do novo Estado Parte ou até que seja formalizada a denúncia do Estado Parte que se retira, de acordo com o disposto no Capítulo V do Tratado de Assunção.

4. Os Estados Partes, de comum acordo, poderão definir outros critérios para a designação do árbitro adicional e de seu suplente.
5. Pelo menos três (3) meses antes do término do mandato dos árbitros, os Estados Partes deverão manifestar-se a respeito de sua renovação ou propor novos candidatos.
6. Caso expire o período de atuação de um árbitro que esteja atuando em uma controvérsia, este deverá permanecer em função até sua conclusão.
7. Aplica-se, no que couber, aos procedimentos descritos neste artigo o disposto no artigo 11.2.

  ▶ Redação conforme o Protocolo Modificativo do Protocolo de Olivos para a Solução de Controvérsias no Mercosul, firmado no Rio de Janeiro em 19.01.2007, aprovado no Brasil pelo Decreto Legislativo 589, de 27.08.2009, e promulgado pelo Decreto 10.215, de 30.01.2020.

Artigo 19
Disponibilidade permanente

Os integrantes do Tribunal Permanente de Revisão, uma vez que aceitem sua designação, deverão estar disponíveis permanentemente para atuar quando convocados.

Artigo 20
Funcionamento do Tribunal

1. Quando a controvérsia envolver dois (2) Estados Partes, o Tribunal estará integrado por três (3) árbitros. Dois (2) árbitros serão nacionais de cada Estado parte na controvérsia e o terceiro, que exercerá a Presidência, será designado mediante sorteio a ser realizado pelo Secretário da Secretaria do Tribunal Permanente de Revisão, entre os árbitros restantes que não sejam nacionais dos Estados Partes na controvérsia, ou o árbitro adicional eventualmente em exercício. A designação do Presidente dar-se-á no dia seguinte à interposição do recurso de revisão, data a partir da qual estará constituído o Tribunal para todos os efeitos.
2. Quando a controvérsia envolver mais de dois (2) Estados Partes, o Tribunal Permanente de Revisão estará constituído por todos os seus árbitros, nos termos do artigo 18.

3. Os Estados Partes, de comum acordo, poderão definir outros critérios para o funcionamento do Tribunal estabelecido neste artigo.

> Redação conforme o Protocolo Modificativo do Protocolo de Olivos para a Solução de Controvérsias no Mercosul, firmado no Rio de Janeiro em 19.01.2007, aprovado no Brasil pelo Decreto Legislativo 589, de 27.08.2009, e promulgado pelo Decreto 10.215, de 30.01.2020.

Artigo 21
Contestação do recurso de revisão e prazo para o laudo

1. A outra parte na controvérsia terá direito a contestar o recurso de revisão interposto, dentro do prazo de 15 (quinze) dias de notificada a apresentação de tal recurso.

2. O Tribunal Permanente de Revisão pronunciar-se-á sobre o recurso em um prazo máximo de 30 (trinta) dias, contado a partir da apresentação da contestação a que faz referência o numeral anterior ou do vencimento do prazo para a referida apresentação, conforme o caso. Por decisão do Tribunal, o prazo de 30 (trinta) dias poderá ser prorrogado por mais 15 (quinze) dias.

Artigo 22
Alcance do pronunciamento

1. O Tribunal Permanente de Revisão poderá confirmar, modificar ou revogar a fundamentação jurídica e as decisões do Tribunal Arbitral *Ad Hoc*.

2. O laudo do Tribunal Permanente de Revisão será definitivo e prevalecerá sobre o laudo do Tribunal Arbitral *Ad Hoc*.

Artigo 23
Acesso direto ao Tribunal Permanente de Revisão

1. As partes na controvérsia, culminado o procedimento estabelecido nos artigos 4 e 5 deste Protocolo, poderão acordar expressamente submeter-se diretamente e em única instância ao Tribunal Permanente de Revisão, caso em que este terá as mesmas competências que um Tribunal Arbitral *Ad Hoc*, aplicando-se, no que corresponda, os Artigos 9, 12, 13, 14, 15 e 16 do presente Protocolo.

2. Nessas condições, os laudos do Tribunal Permanente de Revisão serão obrigatórios para os Estados-Partes na controvérsia a partir do recebimento da respectiva notificação, não estarão sujeitos a recursos de revisão e terão, com relação às partes, força de coisa julgada.

Artigo 24
Medidas excepcionais e de urgência

O Conselho do Mercado Comum poderá estabelecer procedimentos especiais para atender casos excepcionais de urgência que possam ocasionar danos irreparáveis às Partes.

CAPÍTULO VIII
LAUDOS ARBITRAIS

Artigo 25
Adoção dos laudos

Os laudos do Tribunal Arbitral *Ad Hoc* e os do Tribunal Permanente de Revisão serão adotados por maioria, serão fundamentados e assinados pelo Presidente e pelos demais árbitros. Os árbitros não poderão fundamentar votos em dissidência e deverão manter a confidencialidade da votação. As deliberações também serão confidenciais e assim permanecerão em todo o momento.

Artigo 26
Obrigatoriedade dos laudos

1. Os laudos dos Tribunais Arbitrais *Ad Hoc* são obrigatórios para os Estados-Partes na controvérsia a partir de sua notificação e terão, em relação a eles, força de coisa julgada se, transcorrido o prazo previsto no artigo 17.1 para interpor recurso de revisão, este não tenha sido interposto.

2. Os laudos do Tribunal Permanente de Revisão são inapeláveis, obrigatórios para os Estados-Partes na controvérsia a partir de sua notificação e terão, com relação a eles, força de coisa julgada.

Artigo 27
Obrigatoriedade do cumprimento dos laudos

Os laudos deverão ser cumpridos na forma e com o alcance com que foram emitidos. A adoção de medidas compensatórias nos termos deste Protocolo não exime o Estado-Parte de sua obrigação de cumprir o laudo.

Artigo 28
Recurso de esclarecimento

1. Qualquer dos Estados-Partes na controvérsia poderá solicitar um esclarecimento do laudo do Tribunal Arbitral *Ad Hoc* ou do Tribunal Permanente de Revisão e sobre a forma com que deverá cumprir-se o laudo, dentro de 15 (quinze) dias subsequentes à sua notificação.

2. O Tribunal respectivo se expedirá sobre o recurso nos 15 (quinze) dias subsequentes à apresentação da referida solicitação e poderá outorgar um prazo adicional para o cumprimento do laudo.

Artigo 29
Prazo e modalidade de cumprimento

1. Os laudos do Tribunal *Ad Hoc* ou do Tribunal Permanente de Revisão, conforme o caso, deverão ser cumpridos no prazo que os respectivos Tribunais estabelecerem. Se não for estabelecido um prazo, os laudos deverão ser cumpridos no prazo de 30 (trinta) dias seguintes à data de sua notificação.

2. Caso um Estado-Parte interponha recurso de revisão, o cumprimento do laudo do Tribunal Arbitral *Ad Hoc* será suspenso durante o trâmite do mesmo.

3. O Estado-Parte obrigado a cumprir o laudo informará à outra parte na controvérsia, assim como ao Grupo Mercado Comum, por intermédio da Secretaria Administrativa do Mercosul, sobre as medidas que adotará para cumprir o laudo, dentro dos 15 (quinze) dias contados desde sua notificação.

Artigo 30
Divergências sobre
o cumprimento do laudo

1. Caso o Estado beneficiado pelo laudo entenda que as medidas adotadas não dão cumprimento ao mesmo, terá um prazo de 30 (trinta) dias, a partir da adoção das mesmas, para levar a situação à consideração do Tribunal Arbitral *Ad Hoc* ou do Tribunal Permanente de Revisão, conforme o caso.

2. O Tribunal respectivo terá um prazo de 30 (trinta) dias a partir da data que tomou conhecimento da situação para dirimir as questões referidas no numeral anterior.

3. Caso não seja possível a convocação do Tribunal Arbitral *Ad Hoc* que conheceu do caso, outro será conformado com o ou os suplentes necessários mencionados nos artigos 10.2 e 10.3.

CAPÍTULO IX
MEDIDAS COMPENSATÓRIAS

Artigo 31
Faculdade de aplicar
medidas compensatórias

1. Se um Estado-Parte na controvérsia não cumprir total ou parcialmente o laudo do Tribunal Arbitral, a outra parte na controvérsia terá a faculdade, dentro do prazo de 1 (um) ano, contado a partir do dia seguinte ao término do prazo referido no artigo 29.1, e independentemente de recorrer aos procedimentos do artigo 30, de iniciar a aplicação de medidas compensatórias temporárias, tais como a suspensão de concessões ou outras obrigações equivalentes, com vistas a obter o cumprimento do laudo.

2. O Estado-Parte beneficiado pelo laudo procurará, em primeiro lugar, suspender as concessões ou obrigações equivalentes no mesmo setor ou setores afetados. Caso considere impraticável ou ineficaz a suspensão no mesmo setor, poderá suspender concessões ou obrigações em outro setor, devendo indicar as razões que fundamentam essa decisão.

3. As medidas compensatórias a serem tomadas deverão ser informadas formalmente pelo Estado-Parte que as aplicará, com uma antecedência mínima de 15 (quinze) dias, ao Estado-Parte que deve cumprir o laudo.

Artigo 32
Faculdade de questionar medidas
compensatórias

1. Caso o Estado-Parte beneficiado pelo laudo aplique medidas compensatórias por considerar insuficiente o cumprimento do mesmo, mas o Estado-Parte obrigado a cumprir o laudo considerar que as medidas adotadas são satisfatórias, este último terá um prazo de 15 (quinze) dias, contado a partir da notificação prevista no artigo 31.3, para levar esta situação à consideração do Tribunal Arbitral *Ad Hoc* ou do Tribunal Permanente de Revisão, conforme o caso, o qual terá um prazo de 30 (trinta) dias desde a sua constituição para se pronunciar sobre o assunto.

2. Caso o Estado-Parte obrigado a cumprir o laudo considere excessivas as medidas compensatórias aplicadas, poderá solicitar, até 15 (quinze) dias depois da aplicação dessas medidas, que o Tribunal *Ad Hoc* ou o Tribunal Permanente de Revisão, conforme corresponda, se pronuncie a respeito, em um prazo não superior a 30 (trinta) dias, contado a partir da sua constituição.

i) O Tribunal pronunciar-se-á sobre as medidas compensatórias adotadas. Avaliará, conforme o caso, a fundamentação apresentada para aplicá-las em um setor distinto daquele afetado, assim como sua proporcionalidade com relação às consequências derivadas do não cumprimento do laudo.

ii) Ao analisar a proporcionalidade, o Tribunal deverá levar em consideração, entre outros elementos, o volume e/ou o valor de comércio no setor afetado, bem como qualquer outro prejuízo ou fator que tenha incidido na determinação do nível ou montante das medidas compensatórias.

3. O Estado-Parte que aplicou as medidas deverá adequá-las à decisão do Tribunal em um prazo máximo de 10 (dez) dias, salvo se o Tribunal estabelecer outro prazo.

CAPÍTULO X
DISPOSIÇÕES COMUNS
AOS CAPÍTULOS VI E VII
Artigo 33
Jurisdição dos tribunais

Os Estados-Partes declaram reconhecer como obrigatória, *ipso facto* e sem necessidade de acordo especial, a jurisdição dos Tribunais Arbitrais *Ad Hoc* que em cada caso se constituam para conhecer e resolver as controvérsias a que se refere o presente Protocolo, bem como a jurisdição do Tribunal Permanente de Revisão para conhecer e resolver as controvérsias conforme as competências que lhe confere o presente Protocolo.

Artigo 34
Direito aplicável

1. Os Tribunais Arbitrais *Ad Hoc* e o Tribunal Permanente de Revisão decidirão a controvérsia com base no Tratado de Assunção, no Protocolo de Ouro Preto, nos protocolos e acordos celebrados no marco do Tratado de Assunção, nas Decisões do Conselho do Mercado Comum, nas Resoluções do Grupo Mercado Comum e nas Diretrizes da Comissão de Comércio do Mercosul, bem como nos princípios e disposições de Direito Internacional aplicáveis à matéria.

2. A presente disposição não restringe a faculdade dos Tribunais Arbitrais *Ad Hoc* ou a do Tribunal Permanente de Revisão, quando atue como instância direta e única conforme o disposto no artigo 23, de decidir a controvérsia *ex aequo et bono*, se as partes assim acordarem.

Artigo 35
Qualificação dos árbitros

1. Os árbitros dos Tribunais Arbitrais *Ad Hoc* e os do Tribunal Permanente de Revisão deverão ser

juristas de reconhecida competência nas matérias que possam ser objeto das controvérsias e ter conhecimento do conjunto normativo do Mercosul.

2. Os árbitros deverão observar a necessária imparcialidade e independência funcional da Administração Pública Central ou direta dos Estados-Partes e não ter interesses de índole alguma na controvérsia. Serão designados em função de sua objetividade, confiabilidade e bom senso.

Artigo 36
Custos

1. Os gastos e honorários ocasionados pela atividade dos árbitros serão custeados pelo país que os designe e os gastos e honorários do Presidente do Tribunal Arbitral *Ad Hoc* serão custeados em partes iguais pelos Estados-Partes na controvérsia, a menos que o Tribunal decida distribuí-los em proporção distinta.

2. Os gastos e honorários ocasionados pela atividade dos árbitros do Tribunal Permanente de Revisão serão custeados em partes iguais pelos Estados-Partes na controvérsia, a menos que o Tribunal decida distribuí-los em proporção distinta.

3. Os gastos a que se referem os incisos anteriores poderão ser pagos por intermédio da Secretaria Administrativa do Mercosul. Os pagamentos poderão ser realizados por intermédio de um Fundo Especial que poderá ser criado pelos Estados-Partes ao depositar as contribuições relativas ao orçamento da Secretaria Administrativa do Mercosul, conforme o artigo 45 do Protocolo de Ouro Preto, ou no momento de iniciar os procedimentos previstos nos Capítulos VI ou VII do presente Protocolo. O Fundo será administrado pela Secretaria Administrativa do Mercosul, a qual deverá anualmente prestar contas aos Estados-Partes sobre sua utilização.

Artigo 37
Honorários e demais gastos

Os honorários, gastos de transporte, hospedagem, diárias e outros gastos dos árbitros serão determinados pelo Grupo Mercado Comum.

Artigo 38
Sede

A sede do Tribunal Arbitral Permanente de Revisão será a cidade de Assunção. Não obstante, por razões fundamentadas, o Tribunal poderá reunir-se, excepcionalmente, em outras cidades do Mercosul. Os Tribunais Arbitrais *Ad Hoc* poderão reunir-se em qualquer cidade dos Estados-Partes do Mercosul.

CAPÍTULO XI
RECLAMAÇÕES DE PARTICULARES

Artigo 39
Âmbito de aplicação

O procedimento estabelecido no presente Capítulo aplicar-se-á às reclamações efetuadas por particulares (pessoas físicas ou jurídicas) em razão da sanção ou aplicação, por qualquer dos Estados-Partes, de medidas legais ou administrativas de efeito restritivo, discriminatórias ou de concorrência desleal, em violação do Tratado de Assunção, do Protocolo de Ouro Preto, dos protocolos e acordos celebrados no marco do Tratado de Assunção, das Decisões do Conselho do Mercado Comum, das Resoluções do Grupo Mercado Comum e das Diretrizes da Comissão de Comércio do Mercosul.

Artigo 40
Início do trâmite

1. Os particulares afetados formalizarão as reclamações ante a Seção Nacional do Grupo Mercado Comum do Estado-Parte onde tenham sua residência habitual ou a sede de seus negócios.

2. Os particulares deverão fornecer elementos que permitam determinar a veracidade da violação e a existência ou ameaça de um prejuízo, para que a reclamação seja admitida pela Seção Nacional e para que seja avaliada pelo Grupo Mercado Comum e pelo grupo de especialistas, se for convocado.

Artigo 41
Procedimento

1. A menos que a reclamação se refira a uma questão que tenha motivado o início de um procedimento de Solução de Controvérsias de acordo com os Capítulos IV a VII deste Protocolo, a Seção Nacional do Grupo Mercado Comum que tenha admitido a reclamação conforme o artigo 40 do presente Capítulo deverá entabular consultas com a Seção Nacional do Grupo Mercado Comum do Estado-Parte a que se atribui a violação, a fim de buscar, mediante as consultas, uma solução imediata à questão levantada. Tais consultas se darão por concluídas automaticamente e sem mais trâmites se a questão não tiver sido resolvida em um prazo de 15 (quinze) dias contado a partir da comunicação da reclamação ao Estado-Parte a que se atribui a violação, salvo se as partes decidirem outro prazo.

2. Finalizadas as consultas, sem que se tenha alcançado uma solução, a Seção Nacional do Grupo Mercado Comum elevará a reclamação sem mais trâmite ao Grupo Mercado Comum.

Artigo 42
Intervenção do Grupo Mercado Comum

1. Recebida a reclamação, o Grupo Mercado Comum avaliará os requisitos estabelecidos no artigo 40.2, sobre os quais se baseou sua admissão pela Seção Nacional, na primeira reunião subsequente ao seu recebimento. Se concluir que não estão reunidos os requisitos necessários para dar-lhe curso, rejeitará a reclamação sem mais trâmite, devendo pronunciar-se por consenso.

2. Se o Grupo Mercado Comum não rejeitar a reclamação, esta considerar-se-á admitida. Neste caso, o Grupo Mercado Comum procederá de imediato à convocação de um grupo de especialistas que deverá emitir um parecer sobre sua procedência, no prazo improrrogável de 30 (trinta) dias contado a partir da sua designação.

3. Nesse prazo, o grupo de especialistas dará oportunidade ao particular reclamante e aos Estados envolvidos na reclamação de serem ouvidos e de apresentarem seus argumentos, em audiência conjunta.

Artigo 43
Grupo de especialistas

1. O grupo de especialistas a que faz referência o artigo 42.2 será composto de três (3) membros designados pelo Grupo Mercado Comum ou, na falta de acordo sobre um ou mais especialistas, estes serão escolhidos por votação que os Estados Partes realizarão dentre os integrantes da lista de especialistas a que se refere o numeral 2º deste artigo. A Secretaria Administrativa do MERCOSUL comunicará ao Grupo Mercado Comum o nome do especialista ou dos especialistas que tiverem recebido o maior número de votos. Neste último caso, e salvo se o Grupo Mercado Comum decidir de outra maneira, um (1) dos especialistas designados não poderá ser nacional do Estado contra o qual foi formulada a reclamação, nem do Estado no qual o particular formalizou sua reclamação, nos termos do artigo 40.

2. Com o fim de constituir a lista dos especialistas, cada um dos Estados Partes designará seis (6) pessoas de reconhecida competência nas questões que possam ser objeto de reclamação. Esta lista ficará registrada na Secretaria Administrativa do MERCOSUL.

3. Os gastos derivados da atuação do grupo de especialistas serão custeados na proporção que determinar o Grupo Mercado Comum ou, na falta de acordo, em montantes iguais pelas partes diretamente envolvidas na reclamação.

> ▶ Redação conforme o Protocolo Modificativo do Protocolo de Olivos para a Solução de Controvérsias no Mercosul, firmado no Rio de Janeiro em 19.01.2007, aprovado no Brasil pelo Decreto Legislativo 589, de 27.08.2009, e promulgado pelo Decreto 10.215, de 30.01.2020.

Artigo 44
Parecer do grupo de especialistas

1. O grupo de especialistas elevará seu parecer ao Grupo Mercado Comum.

i) Se, em parecer unânime, se verificar a procedência da reclamação formulada contra um Estado-Parte, qualquer outro Estado-Parte poderá requerer-lhe a adoção de medidas corretivas ou a anulação das medidas questionadas. Se o requerimento não prosperar num prazo de 15 (quinze) dias, o Estado-Parte que o efetuou poderá recorrer diretamente ao procedimento arbitral, nas condições estabelecidas no Capítulo VI do presente Protocolo.

ii) Recebido um parecer que considere improcedente a reclamação por unanimidade, o Grupo Mercado Comum imediatamente dará por concluída a mesma no âmbito do presente Capítulo.

iii) Caso o grupo de especialistas não alcance unanimidade para emitir um parecer, elevará suas distintas conclusões ao Grupo Mercado Comum que, imediatamente, dará por concluída a reclamação no âmbito do presente Capítulo.

2. A conclusão da reclamação por parte do Grupo Mercado Comum, nos termos das alíneas (ii) e (iii) do numeral anterior, não impedirá que o Estado-Parte reclamante dê início aos procedimentos previstos nos Capítulos IV a VI do presente Protocolo.

CAPÍTULO XII
DISPOSIÇÕES GERAIS

Artigo 45
Acordo ou desistência

Em qualquer fase dos procedimentos, a parte que apresentou a controvérsia ou a reclamação poderá desistir das mesmas, ou as partes envolvidas no caso poderão chegar a um acordo dando-se por concluída a controvérsia ou a reclamação, em ambos os casos. As desistências e acordos deverão ser comunicados por intermédio da Secretaria Administrativa do Mercosul ao Grupo Mercado Comum, ou ao Tribunal que corresponda, conforme o caso.

Artigo 46
Confidencialidade

1. Todos os documentos apresentados no âmbito dos procedimentos previstos neste Protocolo são de caráter reservado às partes na controvérsia, à exceção dos laudos arbitrais.

2. A critério da Seção Nacional do Grupo Mercado Comum de cada Estado-Parte e quando isso seja necessário para a elaboração das posições a serem apresentadas ante o Tribunal, esses documentos poderão ser dados a conhecer, exclusivamente, aos setores com interesse na questão.

3. Não obstante o estabelecido no numeral 1, o Conselho do Mercado Comum regulamentará a modalidade de divulgação dos textos e apresentações relativos a controvérsias já concluídas.

Artigo 47
Regulamentação

O Conselho do Mercado Comum aprovará a regulamentação do presente Protocolo no prazo de 60 (sessenta) dias a partir de sua entrada em vigência.

Artigo 48
Prazos

1. Todos os prazos estabelecidos no presente Protocolo são peremptórios e serão contados por dias corridos a partir do dia seguinte ao ato ou fato a que se referem. Não obstante, se o vencimento do prazo para apresentar um texto ou cumprir uma diligência não ocorrer em dia útil na sede da Secretaria Administrativa do Mercosul, a apresentação do texto ou cumprimento da diligência poderão ser feitos no primeiro dia útil imediatamente posterior a essa data.

2. Não obstante o estabelecido no numeral anterior, todos os prazos previstos no presente Protocolo poderão ser modificados de comum acordo pelas partes na controvérsia. Os prazos previstos para os procedimentos tramitados ante os Tribunais Arbitrais *Ad Hoc* e ante o Tribunal Permanente de Revisão poderão ser modificados quando as

partes na controvérsia o solicitem ao respectivo Tribunal e este o conceda.

Artigo 48bis
Secretaria do Tribunal Permanente de Revisão

3. O TPR contará com uma secretaria, denominada Secretaria do Tribunal Permanente de Revisão (ST), que estará a cargo de um Secretário, que deverá ser nacional de qualquer dos Estados Partes do MERCOSUL.

As funções da ST serão regulamentadas pelo Conselho do Mercado Comum.

> Redação conforme o Protocolo Modificativo do Protocolo de Olivos para a Solução de Controvérsias no Mercosul, firmado no Rio de Janeiro em 19.01.2007, aprovado no Brasil pelo Decreto Legislativo 589, de 27.08.2009, e promulgado pelo Decreto 10.215, de 30.01.2020.

CAPÍTULO XIII
DISPOSIÇÕES TRANSITÓRIAS
Artigo 49
Notificações iniciais

Os Estados-Partes realizarão as primeiras designações e notificações previstas nos artigos 11, 18 e 43.2 em um prazo de 30 (trinta) dias, contado a partir da entrada em vigor do presente Protocolo.

Artigo 50
Controvérsias em trâmite

As controvérsias em trâmite iniciadas de acordo com o regime do Protocolo de Brasília continuarão a ser regidas exclusivamente pelo mesmo até sua total conclusão.

Artigo 51
Regras de procedimento

1. O Tribunal Permanente de Revisão adotará suas próprias regras de procedimento no prazo de 30 (trinta) dias, contado a partir de sua constituição, as quais deverão ser aprovadas pelo Conselho do Mercado Comum.

2. Os Tribunais Arbitrais *Ad Hoc* adotarão suas próprias regras de procedimento, tomando como referência as Regras Modelos a serem aprovadas pelo Conselho do Mercado Comum.

3. As regras mencionadas nos numerais precedentes deste artigo garantirão que cada uma das partes na controvérsia tenha plena oportunidade de ser ouvida e de apresentar seus argumentos e assegurarão que os processos se realizem de forma expedita.

CAPÍTULO XIV
DISPOSIÇÕES FINAIS
Artigo 52
Vigência e depósito

1. O presente Protocolo, parte integrante do Tratado de Assunção, entrará em vigor no trigésimo dia a partir da data em que tenha sido depositado o quarto instrumento de ratificação.

2. A República do Paraguai será depositária do presente Protocolo e dos instrumentos de ratificação e notificará aos demais Estados-Partes a data de depósito desses instrumentos, enviando cópia devidamente autenticada deste Protocolo ao demais Estados-Partes.

Artigo 53
Revisão do sistema

Antes de culminar o processo de convergência da tarifa externa comum, os Estados-Partes efetuarão uma revisão do atual sistema de solução de controvérsias, com vistas à adoção do Sistema Permanente de Solução de Controvérsias para o Mercado Comum a que se refere o numeral 3 do Anexo III do Tratado de Assunção.

Artigo 54
Adesão ou denúncia *ipso jure*

A adesão ao Tratado de Assunção significará *ipso jure* a adesão ao presente Protocolo.

A denúncia do presente Protocolo significará *ipso jure* a denúncia do Tratado de Assunção.

Artigo 55
Derrogação

1. O presente Protocolo derroga, a partir de sua entrada em vigência, o Protocolo de Brasília para a Solução de Controvérsias, adotado em 17 de dezembro de 1991 e o Regulamento do Protocolo de Brasília, aprovado pela Decisão CMC 17/98.

2. Não obstante, enquanto as controvérsias iniciadas sob o regime do Protocolo de Brasília não estejam concluídas totalmente e até se completarem os procedimentos previstos no artigo 49, continuará sendo aplicado, no que corresponda, o Protocolo de Brasília e seu Regulamento.

3. As referências ao Protocolo de Brasília que figuram no Protocolo de Ouro Preto e seu Anexo, entendem-se remetidas, no que corresponda, ao presente Protocolo.

Artigo 56
Idiomas

Serão idiomas oficiais em todos os procedimentos previstos no presente Protocolo o português e o espanhol.

Feito na cidade de Olivos, Província de Buenos Aires, República Argentina aos dezoito dias do mês de fevereiro de dois mil e dois, em um original, nos idiomas português e espanhol, sendo ambos os textos igualmente autênticos.

Pela República Argentina
Eduardo Duhalde
Carlos Ruckauf
Pela República Federativa do Brasil
Fernando Henrique Cardoso
Celso Lafer
Pela República do Paraguai
Luiz Gonzales Macchi
José Antônio Moreno Ruffinelli
Pela República Oriental do Uruguai
Jorge Battle Ibañez
Didier Opertti

ACORDO DE COOPERAÇÃO E ASSISTÊNCIA JURISDICIONAL EM MATÉRIA CIVIL, COMERCIAL, TRABALHISTA E ADMINISTRATIVA ENTRE OS ESTADOS-PARTES DO MERCOSUL E A REPÚBLICA DA BOLÍVIA E A REPÚBLICA DO CHILE (2002)

- Concluído em Buenos Aires em 05.07.2002.
- Aprovado no Brasil pelo Decreto Legislativo 1.021, de 24.11.2005, ratificado em 28.03.2006 e promulgado pelo Decreto 6.891, de 02.07.2009.
- Entrou em vigor para o Brasil, no plano jurídico externo, em 08.02.2009.

A República Argentina, a República Federativa do Brasil, a República do Paraguai, a República Oriental do Uruguai, Estados-partes do Mercado Comum do Sul (Mercosul), e a República da Bolívia e a República do Chile, todas doravante denominadas "Estados-partes", para efeito do presente Acordo;

Considerando o Protocolo de Cooperação e Assistência Jurisdicional em Matéria Civil, Comercial, Trabalhista e Administrativa, aprovado no Valle de Las Leñas, República Argentina, pela Decisão 5/92 do Conselho do Mercado Comum, vigente nos quatro Estados-partes do Mercosul;

Tendo em conta o Acordo de Complementação Econômica 36 assinado entre o Mercosul e a República da Bolívia; o Acordo de Complementação Econômica 35 assinado entre o Mercosul e a República do Chile e as Decisões do Conselho do Mercado Comum (CMC) 14/96 "Participação de terceiros países associados em Reuniões do Mercosul" e 12/97 "Participação do Chile em Reuniões do Mercosul";

Reafirmando a vontade de acordar soluções jurídicas comuns com o objetivo de fortalecer o processo de integração;

Desejosos de promover e intensificar a cooperação jurisdicional em matéria civil, comercial, trabalhista e administrativa, a fim de assim contribuir para o desenvolvimento de suas relações de integração sobre a base dos princípios do respeito à soberania nacional e à igualdade de direitos e interesses recíprocos;

Convencidos de que este Acordo contribuirá para o tratamento equitativo dos nacionais, cidadãos e residentes permanentes ou habituais dos Estados-partes do Mercosul e da República da Bolívia e da República do Chile, e lhes facilitará o livre acesso à jurisdição nos citados Estados para a defesa de seus direitos e interesses;

Conscientes da importância que tem para o processo de integração a adoção de instrumentos comuns que consolidem a segurança jurídica, acordam:

CAPÍTULO I
COOPERAÇÃO E ASSISTÊNCIA JURISDICIONAL

Artigo 1º

Os Estados-partes comprometem-se a prestar assistência mútua e ampla cooperação jurisdicional em matéria civil, comercial, trabalhista e administrativa. A assistência jurisdicional em matéria administrativa compreenderá, em conformidade com o direito interno de cada Estado, os procedimentos contenciosos administrativos em que se admitam recursos perante os tribunais.

CAPÍTULO II
AUTORIDADES CENTRAIS

Artigo 2º

Para efeitos do presente Acordo, os Estados-partes indicarão uma Autoridade Central encarregada de receber e dar andamento a pedidos de assistência jurisdicional em matéria civil, comercial, trabalhista e administrativa. Para tanto, as Autoridades Centrais comunicar-se-ão diretamente entre si, permitindo a intervenção das respectivas autoridades competentes, sempre que necessário.

Os Estados-partes, ao depositarem os instrumentos de ratificação do presente Acordo, comunicarão essa providência ao Governo depositário, o qual dela dará conhecimento aos demais Estados.

A Autoridade Central poderá ser substituída em qualquer momento, devendo o Estado respectivo comunicar o fato, no mais breve prazo possível, ao Governo depositário do presente Acordo, para que dê conhecimento aos demais Estados-partes da substituição efetuada.

CAPÍTULO III
IGUALDADE DO TRATAMENTO PROCESSUAL

Artigo 3º

Os nacionais, os cidadãos e os residentes permanentes ou habituais de um dos Estados-partes gozarão, nas mesmas condições dos nacionais, cidadãos e residentes permanentes ou habituais de outro Estado-parte, do livre acesso à jurisdição desse Estado para a defesa de seus direitos e interesses.

O parágrafo anterior aplicar-se-á às pessoas jurídicas constituídas, autorizadas ou registradas de acordo com as leis de qualquer dos Estados-partes.

Artigo 4º

Nenhuma caução ou depósito, qualquer que seja sua denominação, poderá ser imposta em razão da qualidade de nacional, cidadão ou residente permanente ou habitual de outro Estado-parte.

O parágrafo precedente aplicar-se-á às pessoas jurídicas constituídas, autorizadas ou registradas conforme as leis de qualquer dos Estados-partes.

CAPÍTULO IV
COOPERAÇÃO EM ATIVIDADE DE SIMPLES TRÂMITE E PROBATÓRIAS

Artigo 5º

Cada Estado-parte deverá enviar às autoridades jurisdicionais do outro Estado-parte, segundo o previsto nos artigos 2 e 10, carta rogatória em matéria civil, comercial, trabalhista ou administrativa, quando tenha por objeto:

a) diligências de simples trâmite, tais como citações, intimações, citações com prazo definido, notificações ou outras semelhantes;
b) recebimento ou obtenção de provas.

Artigo 6º
As cartas rogatórias devem conter:
a) denominação e domicílio do órgão jurisdicional requerente;
b) individualização do expediente, com especificação do objeto e natureza do juízo e do nome e domicílio das partes;
c) cópia da petição inicial e transcrição da decisão que determina a expedição da carta rogatória;
d) nome e domicílio do procurador da parte solicitante no Estado requerido, se houver;
e) indicação do objeto da carta rogatória, com o nome e o domicílio do destinatário da medida;
f) informação sobre o prazo de que dispõe a pessoa afetada pela medida para cumpri-la;
g) descrição das formas ou procedimentos especiais com que haverá de cumprir-se a cooperação solicitada;
h) qualquer outra informação que facilite o cumprimento da carta rogatória.

Artigo 7º
No caso de ser solicitado o recebimento de provas, a carta rogatória deve também conter:
a) descrição do assunto que facilite a diligência probatória;
b) nome e domicílio de testemunhas ou outras pessoas ou instituições que devam intervir;
c) textos dos interrogatórios e documentos necessários.

Artigo 8º
A carta rogatória deverá ser cumprida de ofício pela autoridade jurisdicional competente do Estado requerido, e somente poderá denegar-se quando a medida solicitada, por sua natureza, atente contra os princípios de ordem pública do Estado requerido.
O referido cumprimento não implicará reconhecimento da jurisdição internacional do juiz do qual emana.

Artigo 9º
A autoridade jurisdicional requerida terá competência para conhecer das questões que sejam suscitadas quando do cumprimento da diligência solicitada.
Caso a autoridade jurisdicional requerida se declare incompetente para receber a tramitação da carta rogatória, remeterá de ofício os documentos e os antecedentes do caso à autoridade jurisdicional competente do seu Estado.

Artigo 10
As cartas rogatórias poderão ser transmitidas por via diplomática ou consular, por intermédio da respectiva Autoridade Central ou pelas partes interessadas, em conformidade com o direito interno.
Caso a transmissão da carta rogatória seja efetuada por intermédio das Autoridades Centrais ou por via diplomática ou consular, não se exigirá o requisito da legalização.
Caso seja transmitida por intermédio da parte interessada, deverá ser legalizada pelos agentes diplomáticos ou consulares do Estado requerido, salvo se entre o Estado requerente e o requerido tiver sido suprimido o requisito da legalização ou substituído por outra formalidade.
As cartas rogatórias e os documentos que as acompanham deverão redigir-se no idioma da autoridade requerente e serão acompanhadas de uma tradução para o idioma da autoridade requerida.

Artigo 11
A autoridade requerente poderá solicitar da autoridade requerida informação quanto ao lugar e à data em que a medida solicitada será cumprida, a fim de permitir que a autoridade requerente, as partes interessadas ou seus respectivos representantes possam comparecer e exercer as faculdades autorizadas pela legislação da Parte requerida.
A referida comunicação deverá efetuar-se, com a devida antecedência, por intermédio das Autoridades Centrais dos Estados-partes.

Artigo 12
A autoridade jurisdicional encarregada do cumprimento de uma carta rogatória aplicará sua lei interna no que se refere aos procedimentos.
Não obstante, a carta rogatória poderá ter, mediante pedido da autoridade requerente, tramitação especial, admitindo-se o cumprimento de formalidades adicionais na diligência da carta rogatória, sempre que isso não seja incompatível com a ordem pública do Estado requerido.
O cumprimento da carta rogatória deverá efetuar-se sem demora.

Artigo 13
Ao diligenciar a carta rogatória, a autoridade requerida aplicará os meios processuais coercitivos previstos na sua legislação interna, nos casos e na medida em que deva fazê-lo para cumprir uma carta precatória das autoridades de seu próprio Estado, ou um pedido apresentado com o mesmo fim por uma parte interessada.

Artigo 14
Os documentos que comprovam o cumprimento da carta rogatória serão devolvidos pelos meios e na forma prevista no artigo 10.
Quando a carta rogatória não tiver sido cumprida integralmente ou em parte, este fato e as razões do não cumprimento deverão ser comunicados de imediato à autoridade requerente, utilizando-se os meios previstos no parágrafo anterior.

Artigo 15
O cumprimento da carta rogatória não poderá acarretar reembolso de nenhum tipo de despesa, exceto quando sejam solicitados meios probatórios que ocasionem custos especiais, ou sejam designados peritos para intervir na diligência.
Em tais casos, deverão ser registrados no texto da carta rogatória os dados da pessoa que, no Estado

requerido, procederá ao pagamento das despesas e honorários devidos.

Artigo 16
Quando os dados relativos ao domicílio do destinatário da ação ou da pessoa citada forem incompletos ou inexatos, a autoridade requerida deverá esgotar todos os meios para atender ao pedido. Para tanto, poderá também solicitar ao Estado requerente os dados complementares que permitam a identificação e a localização da referida pessoa.

Artigo 17
Os trâmites pertinentes para o cumprimento da carta rogatória não exigirão necessariamente a intervenção da parte solicitante, devendo ser praticados de ofício pela autoridade jurisdicional competente do Estado requerido.

CAPÍTULO V
RECONHECIMENTO E EXECUÇÃO DE SENTENÇAS E DE LAUDOS ARBITRAIS

Artigo 18
As disposições do presente Capítulo serão aplicáveis ao reconhecimento e à execução das sentenças e dos laudos arbitrais pronunciados nas jurisdições dos Estados-partes em matéria civil, comercial, trabalhista e administrativa, e serão igualmente aplicáveis às sentenças em matéria de reparação de danos e restituição de bens pronunciadas em jurisdição penal.

Artigo 19
O reconhecimento e execução de sentenças e de laudos arbitrais solicitado pelas autoridades jurisdicionais poderá tramitar-se por via de cartas rogatórias e transmitir-se por intermédio da Autoridade Central, ou por via diplomática ou consular, em conformidade com o direito interno.
Não obstante o assinalado no parágrafo anterior, a parte interessada poderá tramitar diretamente o pedido de reconhecimento ou execução de sentença. Em tal caso, a sentença deverá estar devidamente legalizada de acordo com a legislação do Estado em que se pretenda sua eficácia, salvo se entre o Estado de origem da sentença e o Estado onde é invocado, se houver suprimido o requisito da legalização ou substituído por outra formalidade.

Artigo 20
As sentenças e os laudos arbitrais a que se referem o artigo anterior terão eficácia extraterritorial nos Estados-partes quando reunirem as seguintes condições:
a) que venham revestidas das formalidades externas necessárias para que sejam consideradas autênticas nos Estados de origem.
b) que estejam, assim como os documentos anexos necessários, devidamente traduzidos para o idioma oficial do Estado em que se solicita seu reconhecimento e execução;
c) que emanem de um órgão jurisdicional ou arbitral competente, segundo as normas do Estado requerido sobre jurisdição internacional;

d) que a parte contra a qual se pretende executar a decisão tenha sido devidamente citada e tenha garantido o exercício de seu direito de defesa;
e) que a decisão tenha força de coisa julgada e/ou executória no Estado em que foi ditada;
f) que claramente não contrariem os princípios de ordem pública do Estado em que se solicita seu reconhecimento e/ou execução.
Os requisitos das alíneas (a), (c), (d), (e) e (f) devem estar contidos na cópia autêntica da sentença ou do laudo arbitral.

Artigo 21
A parte que, em juízo, invoque uma sentença ou um laudo arbitral de um dos Estados-partes deverá apresentar cópia autêntica da sentença ou do laudo arbitral com os requisitos do artigo precedente.

Artigo 22
Quando se tratar de uma sentença ou de um laudo arbitral entre as mesmas partes, fundamentados nos mesmos fatos, e que tenha o mesmo objeto de outro processo judirisdicional ou arbitral no Estado requerido, seu reconhecimento e sua executoriedade dependerão de que a decisão não seja incompatível com outro pronunciamento anterior ou simultâneo proferido nesse processo no Estado requerido.
Do mesmo modo não se reconhecerá nem se procederá à execução, quando se houver iniciado um procedimento entre as mesmas partes, fundamentado nos mesmos fatos e sobre o mesmo objeto, perante qualquer autoridade jurisdicional do Estado requerido, anteriormente à apresentação da demanda perante a autoridade jurisdicional que tiver pronunciado a decisão da qual haja solicitação de reconhecimento.

Artigo 23
Se uma sentença ou um laudo arbitral não puder ter eficácia em sua totalidade, a autoridade jurisdicional competente do Estado requerido poderá admitir sua eficácia parcial mediante pedido da parte interessada.

Artigo 24
Os procedimentos, inclusive a competência dos respectivos órgãos jurisdicionais, para fins de reconhecimento e execução das sentenças ou dos laudos arbitrais, serão regidos pela lei do Estado requerido.

CAPÍTULO VI
DOS INSTRUMENTOS PÚBLICOS E OUTROS DOCUMENTOS

Artigo 25
Os instrumentos públicos emanados de um Estado-parte terão nos outros a mesma força probatória que seus próprios instrumentos públicos.

Artigo 26
Os documentos emanados de autoridades jurisdicionais ou outras autoridades de um dos Estados-partes, assim como as escrituras públicas e os documentos que certifiquem a validade, a data e a veracidade da assinatura ou a conformidade com o

original, e que sejam transmitidos por intermédio da Autoridade Central, ficam isentos de toda legalização, certificação ou formalidade análoga quando devam ser apresentados no território do outro Estado-parte.

Artigo 27
Cada Estado-parte remeterá, por intermédio da Autoridade Central, a pedido de outro Estado e para fins exclusivamente públicos, os traslados ou certidões dos assentos dos registros de estado civil, sem nenhum custo.

CAPÍTULO VII
INFORMAÇÃO DO DIREITO ESTRANGEIRO
Artigo 28
As Autoridades Centrais dos Estados-partes fornecer-se-ão mutuamente, a título de cooperação judicial, e desde que não se oponham às disposições de sua ordem pública, informações em matéria civil, comercial, trabalhista, administrativa e de direito internacional privado, sem despesa alguma.

Artigo 29
A informação a que se refere o artigo anterior poderá também ser prestada por meio de informes fornecidos pelas autoridades diplomáticas ou consulares do Estado-parte de cujo direito se trata.

Artigo 30
O Estado-parte que fornecer as informações sobre o sentido e alcance legal de seu direito não será responsável pela opinião emitida, nem estará obrigado a aplicar seu direito, segundo a resposta fornecida.

O Estado-parte que receber as citadas informações não estará obrigado a aplicar, ou fazer aplicar, o direito estrangeiro segundo o conteúdo da resposta recebida.

CAPÍTULO VIII
CONSULTAS E SOLUÇÕES DE CONTROVÉRSIAS
Artigo 31
As Autoridades Centrais dos Estados-partes realizarão consultas nas oportunidades que lhes sejam mutuamente convenientes com a finalidade de facilitar a aplicação do presente Acordo.

Artigo 32
Os Estados-partes, em caso de controvérsia sobre a interpretação, a aplicação ou o não cumprimento das disposições deste Acordo, procurarão resolvê-la mediante negociações diplomáticas diretas.

CAPÍTULO IX
DISPOSIÇÕES FINAIS
Artigo 33
O presente Acordo não restringirá as disposições das Convenções que, sobre a mesma matéria, tiverem sido assinadas anteriormente entre os Estados-partes, desde que sejam mais benéficas para a cooperação.

Artigo 34
O presente Acordo entrará em vigor 30 (trinta) dias após ter sido depositados os instrumentos de ratificação por dois Estados-partes do Mercosul e a República da Bolívia ou a República do Chile.

Para os demais signatários, entrará em vigor no trigésimo dia posterior ao depósito de seu respectivo instrumento de ratificação.

Artigo 35
O Governo da República do Paraguai será o depositário do presente Acordo e dos instrumentos de ratificação, e enviará cópias devidamente autenticadas dos mesmos aos Governos dos demais Estados-partes.

O Governo da República do Paraguai notificará aos Governos dos demais Estados-partes a data da entrada em vigor deste Acordo e a data de depósito dos instrumentos de ratificação.

Feito na cidade de Buenos Aires, República Argentina, aos cinco dias do mês de julho de 2002, em um exemplar original, nos idiomas português e espanhol, sendo ambos os textos igualmente autênticos.

Pela República da Argentina
Carlos Ruckauf
Pela República Federativa do Brasil
Celso Lafer
Pela República do Paraguai
José Antonio Moreno Ruffinelli
Pela República Oriental do Uruguai
Didier Opertti
Pela República da Bolívia
Gustavo Fernández Saavedra
Pela República do Chile
María Soledad Alvear Valenzuela

PROTOCOLO CONSTITUTIVO DO PARLAMENTO DO MERCOSUL (2005)

▸ Aprovado no Brasil pelo Decreto Legislativo 408, de 12.09.2006, ratificado em 23 de novembro do mesmo ano, e promulgado pelo Decreto 6.105, de 30.04.2007.
▸ Entrou em vigor internacional em 24.02.2007.

A República Argentina, a República Federativa do Brasil, a República do Paraguai e a República Oriental do Uruguai, doravante Estados-Partes;

Tendo em vista o Tratado de Assunção, de 26 de março de 1991 e o Protocolo de Ouro Preto, de 17 de dezembro de 1994 que estabeleceram a Comissão Parlamentar Conjunta, e a Decisão CMC 49/2004, "Parlamento do Mercosul".

Recordando o Acordo Interinstitucional entre o Conselho do Mercado Comum e a Comissão Parlamentar Conjunta, assinado em 6 de outubro de 2003.

Considerando sua firme vontade política de fortalecer e aprofundar o processo de integração do Mercosul, contemplando os interesses de todos os Estados-Partes e contribuindo, dessa forma, ao desenvolvimento simultâneo da integração do espaço sul-americano.

Convencidos de que o alcance dos objetivos comuns que foram definidos pelos Estados-Partes, requer um âmbito institucional equilibrado e eficaz, que permita criar normas que sejam efetivas e que garantam um ambiente de segurança jurídica e de previsibilidade no desenvolvimento do processo de integração, a fim de promover a transformação produtiva, a equidade social, o desenvolvimento científico e tecnológico, os investimentos e a criação de emprego, em todos os Estados-Partes em benefício de seus cidadãos.

Conscientes de que a instalação do Parlamento do Mercosul, com uma adequada representação dos interesses dos cidadãos dos Estados-Partes, significará uma contribuição à qualidade e equilíbrio institucional do Mercosul, criando um espaço comum que reflita o pluralismo e as diversidades da região, e que contribua para a democracia, a participação, a representatividade, a transparência e a legitimidade social no desenvolvimento do processo de integração e de suas normas.

Atentos à importância de fortalecer o âmbito institucional de cooperação interparlamentar, para avançar nos objetivos previstos de harmonização das legislações nacionais nas áreas pertinentes e agilizar a incorporação aos respectivos ordenamentos jurídicos internos da normativa do Mercosul, que requeira aprovação legislativa.

Reconhecendo a valiosa experiência acumulada pela Comissão Parlamentar Conjunta desde sua criação.

Reafirmando os princípios e objetivos do Protocolo de Ushuaia sobre Compromisso Democrático no Mercosul, a República da Bolívia e a República do Chile, de 24 de julho de 1998 e a Declaração Presidencial sobre Compromisso Democrático no Mercosul, de 25 de junho de 1996.

Acordam:

Artigo 1º
Constituição

Constituir o Parlamento do Mercosul, doravante o Parlamento, como órgão de representação de seus povos, independente e autônomo, que integrará a estrutura institucional do Mercosul.

O Parlamento substituirá à Comissão Parlamentar Conjunta.

O Parlamento estará integrado por representantes eleitos por sufrágio universal, direto e secreto, conforme a legislação interna de cada Estado-Parte e as disposições do presente Protocolo.

O Parlamento será um órgão unicameral e seus princípios, competências e integração se regem de acordo com o disposto neste Protocolo.

A efetiva instalação do Parlamento realizar-se-á até 31 de dezembro de 2006.

A constituição do Parlamento realizar-se-á através das etapas previstas nas Disposições Transitórias do presente Protocolo.

Artigo 2º
Propósitos

São propósitos do Parlamento:
1. Representar os povos do Mercosul, respeitando sua pluralidade ideológica e política.
2. Assumir a promoção e defesa permanente da democracia, da liberdade e da paz.
3. Promover o desenvolvimento sustentável da região com justiça social e respeito à diversidade cultural de suas populações.
4. Garantir a participação dos atores da sociedade civil no processo de integração.
5. Estimular a formação de uma consciência coletiva de valores cidadãos e comunitários para a integração.
6. Contribuir para consolidar a integração latino-americana mediante o aprofundamento e ampliação do Mercosul.
7. Promover a solidariedade e a cooperação regional e internacional.

Artigo 3º
Princípios

São princípios do Parlamento:
1. O pluralismo e a tolerância como garantias da diversidade de expressões políticas, sociais e culturais dos povos da região.
2. A transparência da informação e das decisões para criar confiança e facilitar a participação dos cidadãos.
3. A cooperação com os demais órgãos do Mercosul e com os âmbitos regionais de representação cidadã.
4. O respeito aos direitos humanos em todas as suas expressões.
5. O repúdio a todas as formas de discriminação, especialmente às relativas a gênero, cor, etnia, religião, nacionalidade, idade e condição socioeconômica.
6. A promoção do patrimônio cultural, institucional e de cooperação latino-americana nos processos de integração.
7. A promoção do desenvolvimento sustentável no Mercosul e o trato especial e diferenciado para os países de economias menores e para as regiões com menor grau de desenvolvimento.
8. A equidade e a justiça nos assuntos regionais e internacionais, e a solução pacífica das controvérsias.

Artigo 4º
Competências

O Parlamento terá as seguintes competências:
1. Velar, no âmbito de sua competência, pela observância das normas do Mercosul.
2. Velar pela preservação do regime democrático nos Estados-Partes, de acordo com as normas do Mercosul, e em particular com o Protocolo de Ushuaia sobre Compromisso Democrático no Mercosul, na República da Bolívia e República do Chile.
3. Elaborar e publicar anualmente um relatório sobre a situação dos direitos humanos nos Estados-Partes, levando em conta os princípios e as normas do Mercosul.
4. Efetuar pedidos de informações ou opiniões por escrito aos órgãos decisórios e consultivos do Mercosul estabelecidos no Protocolo de Ouro Preto sobre questões vinculadas ao desenvolvimento do

processo de integração. Os pedidos de informações deverão ser respondidos no prazo máximo de 180 (cento e oitenta) dias.

5. Convidar, por intermédio da Presidência *pro tempore* do CMC, representantes dos órgãos do Mercosul, para informar e/ou avaliar o desenvolvimento do processo de integração, intercambiar opiniões e tratar aspectos relacionados com as atividades em curso ou assuntos em consideração.

6. Receber, ao final de cada semestre a Presidência *pro tempore* do Mercosul, para que apresente um relatório sobre as atividades realizadas durante dito período.

7. Receber, ao início de cada semestre, a Presidência *pro tempore* do Mercosul, para que apresente o programa de trabalho acordado, com os objetivos e prioridades previstos para o semestre.

8. Realizar reuniões semestrais com o Foro Consultivo Econômico-Social a fim de intercambiar informações e opiniões sobre o desenvolvimento do Mercosul.

9. Organizar reuniões públicas, sobre questões vinculadas ao desenvolvimento do processo de integração, com entidades da sociedade civil e os setores produtivos.

10. Receber, examinar e se for o caso encaminhar aos órgãos decisórios petições de qualquer particular, sejam pessoas físicas ou jurídicas, dos Estados--Partes, relacionadas com atos ou omissões dos órgãos do Mercosul.

11. Emitir declarações, recomendações e relatórios sobre questões vinculadas ao desenvolvimento do processo de integração, por iniciativa própria ou por solicitação de outros órgãos do Mercosul.

12. Com o objetivo de acelerar os correspondentes procedimentos internos para a entrada em vigor das normas nos Estados-Partes, o Parlamento elaborará pareceres sobre todos os projetos de normas do Mercosul que requeiram aprovação legislativa em um ou vários Estados-Partes, em um prazo de 90 (noventa) dias a contar da data da consulta. Tais projetos deverão ser encaminhados ao Parlamento pelo órgão decisório do Mercosul, antes de sua aprovação.

Se o projeto de norma do Mercosul for aprovado pelo órgão decisório, de acordo com os termos do parecer do Parlamento, a norma deverá ser enviada pelo Poder Executivo nacional ao seu respectivo Parlamento, dentro do prazo de 45 (quarenta e cinco) dias, contados a partir da sua aprovação.

Nos casos em que a norma aprovada não estiver em de acordo com o parecer do Parlamento, ou se este não tiver se manifestado no prazo mencionado no primeiro parágrafo do presente inciso a mesma seguirá o trâmite ordinário de incorporação.

Os Parlamentos nacionais, segundo os procedimentos internos correspondentes, deverão adotar as medidas necessárias para a instrumentalização ou criação de um procedimento preferencial para a consideração das normas do Mercosul que tenham sido adotadas de acordo com os termos do parecer do Parlamento mencionado no parágrafo anterior.

O prazo máximo de duração do procedimento previsto no parágrafo precedente, não excederá 180 (cento oitenta) dias corridos, contados a partir do ingresso da norma no respectivo Parlamento nacional.

Se dentro do prazo desse procedimento preferencial o Parlamento do Estado-Parte não aprovar a norma, esta deverá ser reenviada ao Poder Executivo para que a encaminhe à reconsideração do órgão correspondente do Mercosul.

13. Propor projetos de normas do Mercosul para consideração pelo Conselho do Mercado Comum, que deverá informar semestralmente sobre seu tratamento.

14. Elaborar estudos e anteprojetos de normas nacionais, orientados à harmonização das legislações nacionais dos Estados-Partes, os quais serão comunicados aos Parlamentos nacionais com vistas a sua eventual consideração.

15. Desenvolver ações e trabalhos conjuntos com os Parlamentos nacionais, a fim de assegurar o cumprimento dos objetivos do Mercosul, em particular aqueles relacionados com a atividade legislativa.

16. Manter relações institucionais com os Parlamentos de terceiros Estados e outras instituições legislativas.

17. Celebrar, no âmbito de suas atribuições, com o assessoramento do órgão competente do Mercosul, convênios de cooperação ou de assistência técnica com organismos públicos e privados, de caráter nacional ou internacional.

18. Fomentar o desenvolvimento de instrumentos de democracia representativa e participativa no Mercosul.

19. Receber dentro do primeiro semestre de cada ano um relatório sobre a execução do orçamento da Secretaria do Mercosul do ano anterior.

20. Elaborar e aprovar seu orçamento e informar sobre sua execução ao Conselho do Mercado Comum no primeiro semestre do ano, posterior ao exercício.

21. Aprovar e modificar seu Regimento interno.

22. Realizar todas as ações pertinentes ao exercício de suas competências.

Artigo 5º
Integração

1. O Parlamento integrar-se-á de acordo com o critério de representação cidadã.

2. Os integrantes do Parlamento, doravante denominados Parlamentares, terão a qualidade de Parlamentares do Mercosul.

Artigo 6º
Eleição

1. Os Parlamentares serão eleitos pelos cidadãos dos respectivos Estados-Partes, por meio de sufrágio direto, universal e secreto.

2. O mecanismo de eleição dos Parlamentares e seus suplentes reger-se-á pelo previsto na legislação de cada Estado-Parte, e que procurará assegurar uma adequada representação por gênero, etnias e regiões conforme as realidades de cada Estado.

3. Os Parlamentares serão eleitos conjuntamente com seus suplentes, que os substituirão, de acordo com a legislação eleitoral do Estado-Parte respectivo, nos casos de ausência definitiva ou transitória. Os suplentes serão eleitos na mesma data e forma que os Parlamentares titulares, para idênticos períodos.

4. Por proposta do Parlamento, o Conselho do Mercado Comum estabelecerá o "Dia do Mercosul Cidadão", para a eleição dos parlamentares, de forma simultânea em todos os Estados-Partes, por meio de sufrágio direto, universal e secreto dos cidadãos.

Artigo 7º
Participação dos Estados Associados

O Parlamento poderá convidar os Estados Associados do Mercosul a participar de suas sessões públicas, através de membros de seus Parlamentos nacionais, os que participarão com direito a voz e sem direito a voto.

Artigo 8º
Incorporação de novos membros

1. O Parlamento nos termos do artigo 4, literal 12, pronunciar-se-á sobre a adesão de novos Estados-Partes ao Mercosul.

2. O instrumento jurídico que formalize a adesão determinará as condições da incorporação dos Parlamentares do Estado aderente ao Parlamento.

Artigo 9º
Independência

Os membros do Parlamento não estarão sujeitos a mandato imperativo e atuarão com independência no exercício de suas funções.

Artigo 10
Mandato

Os Parlamentares terão um mandato comum de 4 (quatro) anos, contados a partir da data de assunção no cargo, e poderão ser reeleitos.

Artigo 11
Requisitos e incompatibilidades

1. Os candidatos a Parlamentares deverão cumprir com os requisitos exigidos para ser deputado nacional, pelo direito do respectivo Estado-Parte.

2. O exercício do cargo de Parlamentar é incompatível com o desempenho de mandato ou cargo legislativo ou executivo nos Estados-Partes, assim como com o desempenho de cargos nos demais órgãos do Mercosul.

3. Serão aplicadas, além disso, as demais incompatibilidades para ser legislador, estabelecidas na legislação nacional do Estado-Parte correspondente.

Artigo 12
Prerrogativas e imunidades

1. O regime de prerrogativas e imunidades reger-se-á pelo estabelecido no Acordo Sede mencionado no artigo 21.

2. Os Parlamentares não poderão ser processados civil ou penalmente, em nenhum momento, pelas opiniões e votos emitidos no exercício de suas funções durante ou depois de seu mandato.

3. Os deslocamentos dos membros do Parlamento, para comparecer ao local de reunião e depois de regressar, não serão limitados por restrições legais nem administrativas.

Artigo 13
Opiniões consultivas

O Parlamento poderá solicitar opiniões consultivas ao Tribunal Permanente de Revisão.

Artigo 14
Aprovação do Regimento Interno

O Parlamento aprovará e modificará seu Regulamento Interno por maioria qualificada.

Artigo 15
Sistema de adoção de decisões

1. O Parlamento adotará suas decisões e atos por maioria simples, absoluta, especial ou qualificada.

2. Para a maioria simples requerer-se-á o voto de mais da metade dos Parlamentares presentes.

3. Para a maioria absoluta requerer-se-á o voto de mais da metade do total dos membros do Parlamento.

4. Para a maioria especial requerer-se-á o voto de 2/3 (dois terços) do total dos membros do Parlamento, que inclua também a Parlamentares de todos os Estados-Partes.

5. Para a maioria qualificada requerer-se-á o voto afirmativo da maioria absoluta de integrantes da representação parlamentar de cada Estado-Parte.

6. O Parlamento estabelecerá no seu Regimento Interno as maiorias requeridas para a aprovação dos distintos assuntos.

Artigo 16
Organização

1. O Parlamento contará com uma Mesa Diretora, que se encarregará da condução dos trabalhos legislativos e dos serviços administrativos.

Será composta por um Presidente, e um Vice-presidente de cada um dos demais Estados-Partes, de acordo ao estabelecido pelo Regimento Interno.

Será assistida por um Secretário Parlamentar e um Secretário Administrativo.

2. O mandato dos membros da Mesa Diretora será de 2 (dois) anos, podendo seus membros ser reeleitos por uma só vez.

3. No caso de ausência ou impedimento temporário, o Presidente será substituído por um dos Vice-presidentes, de acordo com o estabelecido no Regimento Interno.

4. O Parlamento contará com uma Secretaria Parlamentar e uma Secretaria Administrativa, que funcionarão em caráter permanente na sede do Parlamento.

5. O Parlamento constituirá comissões, permanentes e temporárias, que contemplem a representação dos Estados-Partes, cuja organização e funcionamento serão estabelecidos no Regimento Interno.

6. O pessoal técnico e administrativo do Parlamento será integrado por cidadãos dos Estados-Partes. Será designado por concurso público internacional e terá estatuto próprio, com um regime jurídico equivalente ao do pessoal da Secretaria do Mercosul.

7. Os conflitos em matéria laboral que surjam entre o Parlamento e seus funcionários serão resolvidos pelo Tribunal Administrativo Trabalhista do Mercosul.

Artigo 17
Reuniões

1. O Parlamento reunir-se-á em sessão ordinária ao menos uma vez por mês.
A pedido do Conselho do Mercado Comum ou por requerimento de Parlamentares, poderá ser convocado para sessões extraordinárias de acordo com o estabelecido no Regimento Interno.

2. Todas as reuniões do Parlamento e de suas Comissões serão públicas, salvo aquelas que sejam declaradas de caráter reservado.

Artigo 18
Deliberações

1. As reuniões do Parlamento e de suas Comissões poderão iniciar-se com a presença de pelo menos um terço de seus membros, sendo que, todos os Estados-Partes devem estar representados.

2. Cada Parlamentar terá direito a um voto.

3. O Regimento Interno estabelecerá a possibilidade de que o Parlamento, em circunstâncias excepcionais, possa realizar sessão e adotar suas decisões e atos através de meios tecnológicos que permitam reuniões à distância.

Artigo 19
Atos do Parlamento

São atos do Parlamento:
1. Pareceres;
2. Projetos de normas;
3. Anteprojetos de normas;
4. Declarações;
5. Recomendações;
6. Relatórios; e
7. Disposições.

Artigo 20
Orçamento

1. O Parlamento elaborará e aprovará seu orçamento, que será financiado por contribuições dos Estados-Partes, em função do Produto Bruto Interno e do orçamento nacional de cada Estado-Parte.

2. Os critérios de contribuição mencionados no inciso anterior, serão estabelecidos por Decisão do Conselho do Mercado Comum, considerando proposta do Parlamento.

Artigo 21
Sede

1. A sede do Parlamento será a cidade de Montevidéu, República Oriental do Uruguai.

2. O Mercosul celebrará com a República Oriental do Uruguai um Acordo Sede que definirá as normas relativas aos privilégios, às imunidades e às isenções do Parlamento, dos parlamentares e demais funcionários, de acordo com as normas de direito internacional vigentes.

Artigo 22
Adesão e denúncia

1. Em matéria de adesão ou denúncia, reger-se-ão como um todo, para o presente Protocolo, as normas estabelecidas no Tratado de Assunção.

2. A adesão ou denúncia ao Tratado de Assunção significa, *ipso jure*, a adesão ou denúncia ao presente Protocolo. A denúncia ao presente Protocolo significa *ipso jure* a denúncia ao Tratado de Assunção.

Artigo 23
Vigência e depósito

1. O presente Protocolo, parte integrante do Tratado de Assunção, entrará em vigor no trigésimo dia contado a partir da data em que o quarto Estado-Parte tenha depositado seu instrumento de ratificação.

2. A República do Paraguai será depositária do presente Protocolo e dos instrumentos de ratificação e notificará aos demais Estados-Partes a data dos depósitos desses instrumentos, enviando cópia devidamente autenticada deste Protocolo aos demais Estados-Partes.

Artigo 24
Cláusula revogatória

Ficam revogadas todas as disposições de caráter institucional do Protocolo de Ouro Preto relacionadas com a Constituição e funcionamento do Parlamento que resultem incompatíveis com os termos do presente Protocolo, com expressa exceção do sistema de tomada de decisão dos demais órgãos do Mercosul estabelecido no art.37 do Protocolo de Ouro Preto.

DISPOSIÇÕES TRANSITÓRIAS
Primeira
Etapas

Para os fins do previsto no artigo 1º do presente Protocolo, entender-se-á por:
– "primeira etapa da transição": o período compreendido entre 31 de dezembro de 2006 e 31 de dezembro de 2010.
– "segunda etapa da transição": o período compreendido entre 1º de janeiro de 2011 e 31 de dezembro de 2014.

Segunda
Integração

Na primeira etapa da transição, o Parlamento será integrado por 18 (dezoito) Parlamentares por cada Estado-Parte.

O previsto no artigo 5, inciso 1, relativo à integração do Parlamento de acordo o critério de representação cidadã aplicável a partir da segunda etapa da transição, será estabelecido por Decisão do Conselho do Mercado Comum, por proposta do Parlamento adotada por maioria qualificada. Tal Decisão deverá ser aprovada até 31 de dezembro de 2007.

Terceira
Eleição

Para a primeira etapa da transição, os Parlamentos nacionais estabelecerão as modalidades de designação de seus respectivos parlamentares, entre os legisladores dos Parlamentos nacionais de cada Estado-Parte, designando os titulares e igual número de suplentes.

Para fins de realizar a eleição direta dos Parlamentares, mencionada no artigo 6, inciso 1, os Estados-Partes, antes da conclusão da primeira etapa da transição, deverão efetuar eleições por sufrágio direto, universal e secreto de Parlamentares, cuja realização dar-se-á de acordo com a agenda eleitoral nacional de cada Estado-Parte.

A primeira eleição prevista no artigo 6, inciso 4, realizar-se-á durante o ano 2014.

A partir da segunda etapa da transição, todos os Parlamentares deverão ter sido eleitos de acordo com o artigo 6, inciso 1.

Quarta
Dia do Mercosul Cidadão

O "Dia do Mercosul Cidadão", previsto no artigo 6, inciso 4, será estabelecido pelo Conselho do Mercado Comum, por proposta do Parlamento, antes do final do ano 2012.

Quinta
Mandato e incompatibilidades

Na primeira etapa da transição, os Parlamentares designados de forma indireta, cessarão em suas funções: por caducidade ou perda de seu mandato nacional; ao assumir seus sucessores eleitos diretamente ou, no mais tardar, até finalizar essa primeira etapa.

Todos os Parlamentares em exercício de funções no Parlamento durante a segunda etapa da transição, deverão ser eleitos diretamente antes do início da mesma, podendo seus mandatos ter uma duração diferente à estabelecida no artigo 10, por uma única vez.

O previsto no artigo 11, incisos 2 e 3, é aplicável a partir da segunda etapa da transição.

Sexta
Sistema de adoção de decisões

Durante a primeira etapa da transição, as decisões do Parlamento, nos casos mencionados no artigo 4, inciso 12, serão adotadas por maioria especial.

Sétima
Orçamento

Durante a primeira etapa de transição, o orçamento do Parlamento será financiado pelos Estados-Partes mediantes contribuições iguais.

Feito na cidade de Montevidéu, aos nove dias do mês de dezembro do ano dois mil e cinco, em um original nos idiomas espanhol e português, sendo ambos os textos igualmente autênticos.

Pelo Governo da República Argentina
Néstor Kirchner – Jorge Taiana
Pelo Governo da República Federativa do Brasil
Luiz Inácio Lula da Silva – Celso Luiz Nunes Amorim
Pelo Governo da República do Paraguai
Nicanor Duarte Frutos – Leila Rachid
Pelo Governo da República Oriental do Uruguai
Tabaré Vázquez – Reinaldo Gargano

PROTOCOLO DE ADESÃO DO ESTADO PLURINACIONAL DA BOLÍVIA AO MERCOSUL (2015)

▶ Aprovado no Brasil pelo Decreto Legislativo 141, de 29.11.2023, ratificado na mesma data pela Presidência e promulgado pelo Decreto 11.817, de 08.12.2023.

A República Argentina, a República Federativa do Brasil, a República do Paraguai, a República Oriental do Uruguai, a República Bolivariana da Venezuela e o Estado Plurinacional da Bolívia, doravante as Partes:

REAFIRMANDO os princípios e objetivos do Tratado de Montevidéu de 1980 e do Tratado de Assunção de 1991;

REAFIRMANDO a importância da adesão do Estado Plurinacional da Bolívia ao MERCOSUL para a consolidação do processo de integração da América do Sul, com base no reforço mútuo e convergência dos diferentes esforços e mecanismos sub-regionais de integração;

CONSIDERANDO que o processo de integração deve ser um instrumento para promover o desenvolvimento integral, enfrentar a pobreza e a exclusão social, baseado na complementação, na solidariedade, na cooperação e na busca de mitigação de assimetrias;

RECORDANDO que, em carta do Presidente Evo Morales à Presidência Pro Tempore do MERCOSUL de 21 de dezembro de 2006, o Governo do Estado Plurinacional da Bolívia manifestou sua disposição de iniciar os trabalhos que permitam sua incorporação como Estado Parte do MERCOSUL;

DESTACANDO que o MERCOSUL acolheu favoravelmente a disposição do Estado Plurinacional da Bolívia de iniciar os trabalhos com vistas à sua plena incorporação ao MERCOSUL e que, por ocasião da XXXII Cúpula de Presidentes do MERCOSUL, foi adotada a Decisão CMC Nº 01/07, de 18/1/07, pela qual se criou o Grupo de Trabalho Ad Hoc para a Incorporação da Bolívia ao MERCOSUL;

ASSINALANDO que, ao amparo desse processo, foram realizadas em 2007 duas reuniões do referido GT Ad Hoc, com vistas à plena incorporação do Estado Plurinacional da Bolívia ao MERCOSUL;

RESSALTANDO que, por ocasião da XLI Reunião Ordinária do CMC, os Estados Partes do MERCOSUL

reiteraram o convite ao Estado Plurinacional da Bolívia para aprofundar sua relação com o MERCOSUL;
TENDO EM VISTA que o Estado Plurinacional da Bolívia desenvolverá sua integração no MERCOSUL conforme os compromissos emanados deste Protocolo, sob os princípios da gradualidade, flexibilidade e equilíbrio, o reconhecimento das assimetrias e do tratamento diferenciado, assim como dos princípios de segurança alimentar, meios de subsistência e desenvolvimento rural integral.
ACORDAM:

Artigo 1º
O Estado Plurinacional da Bolívia adere ao Tratado de Assunção, ao Protocolo de Ouro Preto, ao Protocolo de Olivos para a Solução de Controvérsias no MERCOSUL, ao Protocolo Modificativo ao Protocolo de Olivos para a Solução de Controvérsias no MERCOSUL, ao Protocolo de Assunção sobre Compromisso com a Promoção e Proteção dos Direitos Humanos do MERCOSUL, e ao Protocolo Constitutivo do Parlamento do MERCOSUL, que constam como anexos I, II, III, IV, V e VI, respectivamente, nos termos estabelecidos no Artigo 20 do Tratado de Assunção.

As Partes se comprometem a realizar as modificações na normativa MERCOSUL necessárias para a aplicação do presente Protocolo.

Artigo 2º
O mecanismo de solução de controvérsias estabelecido no Protocolo de Olivos e em seu Protocolo Modificativo se aplicará às controvérsias nas quais o Estado Plurinacional da Bolívia esteja envolvido, relativas às normas que referida Parte haja incorporado a seu ordenamento jurídico interno.

Artigo 3º
O Estado Plurinacional da Bolívia adotará, gradualmente, o acervo normativo vigente do MERCOSUL, no mais tardar em quatro (4) anos contados a partir da data de entrada em vigência do presente instrumento. Para tanto, o Grupo de Trabalho criado no Artigo 12 deste Protocolo estabelecerá o cronograma de adoção da referida normativa.

As normas MERCOSUL que, na data da entrada em vigor do presente instrumento, estiverem em trâmite de incorporação, entrarão em vigência com a incorporação ao ordenamento jurídico interno dos demais Estados Partes do MERCOSUL. A incorporação pelo Estado Plurinacional da Bolívia de tais normas realizar-se-á nos termos do parágrafo anterior.

Artigo 4º
No mais tardar em quatro (4) anos, contados a partir da data da entrada em vigência do presente instrumento, o Estado Plurinacional da Bolívia adotará a Nomenclatura Comum do MERCOSUL (NCM), a Tarifa Externa Comum (TEC) e o Regime de Origem do MERCOSUL. Para esse fim, tendo em conta o Artigo 5°, o Grupo de Trabalho criado no Artigo 12 deste Protocolo estabelecerá o cronograma de adoção da TEC, contemplando as exceções de acordo com as normas vigentes do MERCOSUL, buscando preservar e aumentar a produtividade de seus setores produtivos.

Artigo 5º
No processo de incorporação do Estado Plurinacional da Bolívia ao MERCOSUL, será levada em consideração a necessidade de estabelecer instrumentos que promovam a mitigação de assimetrias entre os Estados Partes, de forma a favorecer um desenvolvimento econômico relativo equilibrado no MERCOSUL e assegurar um tratamento não menos favorável que o vigente entre as Partes.

Artigo 6º
As Partes acordam alcançar o livre comércio recíproco a partir da data de entrada em vigência do presente Protocolo, considerando o disposto no Artigo 7°.

Artigo 7º
No mais tardar em quatro (4) anos, contados a partir da data de entrada em vigência deste Protocolo, ficarão sem efeito entre as Partes o disposto no Acordo de Complementação Econômica N° 36 e no Acordo de Comércio e Complementaridade Econômica entre a República Bolivariana da Venezuela e o Estado Plurinacional da Bolívia.

Artigo 8º
O Grupo de Trabalho criado no Artigo 12 deste Protocolo definirá as condições a serem negociadas com terceiros países ou grupos de países para a adesão do Estado Plurinacional da Bolívia aos instrumentos internacionais e acordos celebrados pelos demais Estados Partes com aqueles, no âmbito do Tratado de Assunção.

Artigo 9º
As Partes acordam que, a partir da assinatura do presente Protocolo, e até a data de sua entrada em vigor, o Estado Plurinacional da Bolívia integrará a Delegação do MERCOSUL nas negociações com terceiros.

Artigo 10
Com vistas ao aprofundamento do MERCOSUL, as Partes reafirmam seu compromisso de trabalhar conjuntamente para identificar e aplicar medidas destinadas a impulsionar a inclusão social e assegurar condições de vida digna para seus povos.

Artigo 11
A partir da data da entrada em vigência do presente Protocolo, o Estado Plurinacional da Bolívia adquirirá a condição de Estado Parte e participará com todos os direitos e obrigações do MERCOSUL, de acordo com o Artigo 2° do Tratado de Assunção e nos termos do presente Protocolo.

Artigo 12
A fim de desenvolver as tarefas previstas no presente Protocolo, cria-se um Grupo de Trabalho integrado por representantes das Partes. O Grupo

de Trabalho deverá concluir tais tarefas no mais tardar em um prazo de cento e oitenta (180) dias a partir da data de sua primeira reunião.

Artigo 13

O presente Protocolo entrará em vigência no trigésimo dia contado a partir da data de depósito do último instrumento de ratificação incluindo as ratificações a respeito do instrumento subscrito com anterioridade que estabelece obrigações e direitos idênticos aos previstos no presente Protocolo que estejam de posse de seu depositário.

A República do Paraguai será o depositário do presente Acordo e de seus instrumentos de ratificação.

O depositário deverá notificar às Partes a data dos depósitos dos instrumentos de ratificação.

O depositário notificará a entrada em vigor do Protocolo e enviará cópia devidamente autenticada do mesmo.

FEITO na cidade de Brasília, República Federativa do Brasil, aos 17 dias do mês de julho de dois mil e quinze, em um original, nos idiomas português e espanhol, sendo ambos os textos igualmente autênticos.

Pela República Federativa do Brasil
Mauro Vieira
Pela República da Argentina
Héctor Timerman
Pela República do Paraguai
Eladio Loizaga
Pela República Oriental do Uruguai
Rodolfo Nin Novoa
Pela República Bolivariana da Venezuela
Delcy Rodríguez
Pelo Estado Plurinacional da Bolívia
David Choquehuanca

União de Nações Sul-Americanas – UNASUL

TRATADO CONSTITUTIVO DA UNIÃO DE NAÇÕES SUL-AMERICANAS (2008)

▸ Firmado em Brasília, em 23.5.2008, entrou em vigor internacional em 11.03.2011, e para o Brasil, em 14.08.2011, nos termos do art. 26, § 3º. No Brasil, foi aprovado pelo Decreto Legislativo 159, de 13.07.2011, ratificado em 15 de julho do mesmo ano, e promulgado pelo Decreto 7.667, de 11.01.2012, que fora revogado pelo Decreto 10.086, de 05.11.2019 e, novamente, promulgado pelo Decreto 11.475, de 06.04.2023.

A República Argentina, a República da Bolívia, a República Federativa do Brasil, a República do Chile, a República da Colômbia, a República do Equador, a República Cooperativista da Guiana, a República do Paraguai, a República do Peru, a República do Suriname, a República Oriental do Uruguai e a República Bolivariana da Venezuela,

Preâmbulo

APOIADAS na história compartilhada e solidária de nossas nações, multiétnicas, plurilíngues e multiculturais, que lutaram pela emancipação e unidade sul-americanas, honrando o pensamento daqueles que forjaram nossa independência e liberdade em favor dessa união e da construção de um futuro comum;

INSPIRADAS nas Declarações de Cusco (8 de dezembro de 2004), Brasília (30 de setembro de 2005) e Cochabamba (9 de dezembro de 2006);

AFIRMANDO sua determinação de construir uma identidade e cidadania sul-americanas e desenvolver um espaço regional integrado no âmbito político, econômico, social, cultural, ambiental, energético e de infraestrutura, para contribuir para o fortalecimento da unidade da América Latina e Caribe;

CONVENCIDAS de que a integração e a união sul-americanas são necessárias para avançar rumo ao desenvolvimento sustentável e o bem-estar de nossos povos, assim como para contribuir para resolver os problemas que ainda afetam a região, como a pobreza, a exclusão e a desigualdade social persistentes;

SEGURAS de que a integração é um passo decisivo rumo ao fortalecimento do multilateralismo e à vigência do direito nas relações internacionais para alcançar um mundo multipolar, equilibrado e justo no qual prevaleça a igualdade soberana dos Estados e uma cultura de paz em um mundo livre de armas nucleares e de destruição em massa;

RATIFICANDO que tanto a integração quanto a união sul-americanas fundam-se nos princípios basilares de: irrestrito respeito à soberania, integridade e inviolabilidade territorial dos Estados; autodeterminação dos povos; solidariedade; cooperação; paz; democracia, participação cidadã e pluralismo; direitos humanos universais, indivisíveis e interdependentes; redução das assimetrias e harmonia com a natureza para um desenvolvimento sustentável;

ENTENDENDO que a integração sul-americana deve ser alcançada através de um processo inovador, que inclua todas as conquistas e avanços obtidos pelo MERCOSUL e pela CAN, assim como a experiência de Chile, Guiana e Suriname, indo além da convergência desses processos;

CONSCIENTES de que esse processo de construção da integração e da união sul-americanas é ambicioso em seus objetivos estratégicos, que deverá ser flexível e gradual em sua implementação, assegurando que cada Estado assuma os compromissos segundo sua realidade;

RATIFICANDO que a plena vigência das instituições democráticas e o respeito irrestrito aos direitos humanos são condições essenciais para a construção de um futuro comum de paz e prosperidade econômica e social e o desenvolvimento dos processos de integração entre os Estados Membros

Acordam:

Artigo 1º
Constituição da Unasul

Os Estados Partes do presente Tratado decidem constituir a União de Nações Sul-americanas (UNASUL) como uma organização dotada de personalidade jurídica internacional.

Artigo 2º
Objetivo

A União de Nações Sul-americanas tem como objetivo construir, de maneira participativa e consensuada, um espaço de integração e união no âmbito cultural, social, econômico e político entre seus povos, priorizando o diálogo político, as políticas sociais, a educação, a energia, a infraestrutura, o financiamento e o meio ambiente, entre outros, com vistas a eliminar a desigualdade socioeconômica, alcançar a inclusão social e a participação cidadã, fortalecer a democracia e reduzir as assimetrias no marco do fortalecimento da soberania e independência dos Estados.

Artigo 3º
Objetivos Específicos

A União de Nações Sul-americanas tem como objetivos específicos:

a) o fortalecimento do diálogo político entre os Estados Membros que assegure um espaço de concertação para reforçar a integração sul-americana e a participação da UNASUL no cenário internacional;

b) o desenvolvimento social e humano com equidade e inclusão para erradicar a pobreza e superar as desigualdades na região;

c) a erradicação do analfabetismo, o acesso universal a uma educação de qualidade e o reconhecimento regional de estudos e títulos;

d) a integração energética para o aproveitamento integral, sustentável e solidário dos recursos da região;

e) o desenvolvimento de uma infraestrutura para a interconexão da região e de nossos povos de acordo com critérios de desenvolvimento social e econômico sustentáveis;

f) a integração financeira mediante a adoção de mecanismos compatíveis com as políticas econômicas e fiscais dos Estados Membros;

g) a proteção da biodiversidade, dos recursos hídricos e dos ecossistemas, assim como a cooperação na prevenção das catástrofes e na luta contra as causas e os efeitos da mudança climática;

h) o desenvolvimento de mecanismos concretos e efetivos para a superação das assimetrias, alcançando assim uma integração equitativa;

i) a consolidação de uma identidade sul-americana através do reconhecimento progressivo de direitos a nacionais de um Estado Membro residentes em qualquer outro Estado Membro, com o objetivo de alcançar uma cidadania sul-americana;

j) o acesso universal à seguridade social e aos serviços de saúde;

k) a cooperação em matéria de migração, com enfoque integral e baseada no respeito irrestrito aos direitos humanos e trabalhistas para a regularização migratória e a harmonização de políticas;

l) a cooperação econômica e comercial para avançar e consolidar um processo inovador, dinâmico, transparente, equitativo e equilibrado que contemple um acesso efetivo, promovendo o crescimento e o desenvolvimento econômico que supere as assimetrias mediante a complementação das economias dos países da América do Sul, assim como a promoção do bem-estar de todos os setores da população e a redução da pobreza;

m) a integração industrial e produtiva, com especial atenção às pequenas e médias empresas, cooperativas, redes e outras formas de organização produtiva;

n) a definição e implementação de políticas e projetos comuns ou complementares de pesquisa, inovação, transferência e produção tecnológica, com vistas a incrementar a capacidade, a sustentabilidade e o desenvolvimento científico e tecnológico próprios;

o) a promoção da diversidade cultural e das expressões da memória e dos conhecimentos e saberes dos povos da região, para o fortalecimento de suas identidades;

p) a participação cidadã, por meio de mecanismos de interação e diálogo entre a UNASUL e os diversos atores sociais na formulação de políticas de integração sul-americana;

q) a coordenação entre os organismos especializados dos Estados Membros, levando em conta as normas internacionais, para fortalecer a luta contra o terrorismo, a corrupção, o problema mundial das drogas, o tráfico de pessoas, o tráfico de armas pequenas e leves, o crime organizado transnacional e outras ameaças, assim como para promover o desarmamento, a não proliferação de armas nucleares e de destruição em massa e a deminagem;

r) a promoção da cooperação entre as autoridades judiciais dos Estados Membros da UNASUL;

s) o intercâmbio de informação e de experiências em matéria de defesa;

t) a cooperação para o fortalecimento da segurança cidadã, e

u) a cooperação setorial como um mecanismo de aprofundamento da integração sul-americana, mediante o intercâmbio de informação, experiências e capacitação.

Artigo 4º
Órgãos

Os órgãos da UNASUL são:

1. O Conselho de Chefas e Chefes de Estado e de Governo;
2. O Conselho de Ministras e Ministros das Relações Exteriores;
3. O Conselho de Delegadas e Delegados;
4. A Secretaria Geral.

Artigo 5º
Desenvolvimento da Institucionalidade

Poderão ser convocadas e conformadas Reuniões Ministeriais Setoriais, Conselhos de nível Ministerial, Grupos de Trabalho e outras instâncias institucionais que sejam requeridas, de natureza permanente ou temporária, para dar cumprimento aos mandatos e recomendações dos órgãos competentes. Essas instâncias prestarão conta do desempenho de seus atos por meio do Conselho de Delegadas e Delegados, que o elevará ao Conselho de Chefas e Chefes de Estado e de Governo ou ao Conselho de Ministras e Ministros das Relações Exteriores, conforme o caso.

Os acordos adotados pelas Reuniões Ministeriais Setoriais, Conselhos de nível Ministerial, Grupos de Trabalho e outras instâncias institucionais serão submetidos à consideração do órgão competente que os tenha criado ou convocado.

O Conselho Energético Sul-americano, criado na Declaração de Margarita (17 de abril de 2007), é parte da UNASUL.

Artigo 6º
O Conselho de Chefas e Chefes de Estado e de Governo

O Conselho de Chefas e Chefes de Estado e de Governo é o órgão máximo da UNASUL.

Suas atribuições são:

a) estabelecer as diretrizes políticas, os planos de ação, os programas e os projetos do processo de integração sul-americana e decidir as prioridades para sua implementação;

b) convocar Reuniões Ministeriais Setoriais e criar Conselhos de nível Ministerial;

c) decidir sobre as propostas apresentadas pelo Conselho de Ministras e Ministros das Relações Exteriores;

d) adotar as diretrizes políticas para as relações com terceiros;

As reuniões ordinárias do Conselho de Chefas e Chefes de Estado e de Governo terão periodicidade anual. A pedido de um Estado Membro poderão ser convocadas reuniões extraordinárias, através da Presidência Pro Tempore, com o consenso de todos os Estados Membros da UNASUL.

Artigo 7º
A Presidência *Pro Tempore*

A Presidência Pro Tempore da UNASUL será exercida sucessivamente por cada um dos Estados Membros, em ordem alfabética, por períodos anuais.

Suas atribuições são:

a) preparar, convocar e presidir as reuniões dos órgãos da UNASUL;

b) apresentar para consideração do Conselho de Ministras e Ministros das Relações Exteriores e do Conselho de Delegadas e Delegados o Programa anual de atividades da UNASUL, com datas, sedes e agenda das reuniões de seus órgãos, em coordenação com a Secretaria Geral;

c) representar a UNASUL em eventos internacionais, devendo a delegação ser previamente aprovada pelos Estados Membros;

d) assumir compromissos e firmar Declarações com terceiros, com prévio consentimento dos órgãos correspondentes da UNASUL.

Artigo 8º
O Conselho de Ministras e Ministros das Relações Exteriores

O Conselho de Ministras e Ministros das Relações Exteriores tem as seguintes atribuições:

a) adotar Resoluções para implementar as Decisões do Conselho de Chefas e Chefes de Estado e de Governo;

b) propor projetos de Decisões e preparar as reuniões do Conselho de Chefas e Chefes de Estado e de Governo;

c) coordenar posicionamentos em temas centrais da integração sul-americana;

d) desenvolver e promover o diálogo político e a concertação sobre temas de interesse regional e internacional;

e) realizar o seguimento e a avaliação do processo de integração em seu conjunto;

f) aprovar o Programa anual de atividades e o orçamento anual de funcionamento da UNASUL;

g) aprovar o financiamento das iniciativas comuns da UNASUL;

h) implementar as diretrizes políticas nas relações com terceiros;

i) aprovar resoluções e regulamentos de caráter institucional ou sobre outros temas que sejam de sua competência;

j) criar Grupos de Trabalho no marco das prioridades fixadas pelo Conselho de Chefas e Chefes de Estado e de Governo.

As reuniões ordinárias do Conselho de Ministras e Ministros das Relações Exteriores terão periodicidade semestral, podendo a Presidência Pro Tempore convocar reuniões extraordinárias a pedido de metade dos Estados Membros.

Artigo 9º
O Conselho de Delegadas e Delegados

O Conselho de Delegadas e Delegados tem as seguintes atribuições:

a) implementar, mediante a adoção das Disposições pertinentes, as Decisões do Conselho de Chefas e Chefes de Estado e de Governo e as Resoluções do Conselho de Ministras e Ministros das Relações Exteriores, com o apoio da Presidência Pro Tempore e da Secretaria Geral;

b) preparar as reuniões do Conselho de Ministras e Ministros das Relações Exteriores;

c) elaborar projetos de Decisões, Resoluções e Regulamentos para a consideração do Conselho de Ministras e Ministros das Relações Exteriores;

d) compatibilizar e coordenar as iniciativas da UNASUL com outros processos de integração regional e sub-regional vigentes, com a finalidade de promover a complementaridade de esforços;

e) conformar, coordenar e dar seguimento aos Grupos de Trabalho;

f) dar seguimento ao diálogo político e à concertação sobre temas de interesse regional e internacional;

g) promover os espaços de diálogo que favoreçam a participação cidadã no processo de integração sul-americana;

h) propor ao Conselho de Ministras e Ministros das Relações Exteriores o projeto de orçamento ordinário anual de funcionamento para sua consideração e aprovação.

O Conselho de Delegadas e Delegados é formado por uma ou um representante acreditado(a) por cada Estado Membro. Reúne-se com periodicidade preferencialmente bimestral, no território do Estado que exerce a Presidência Pro Tempore ou outro lugar que se acorde.

Artigo 10
A Secretaria Geral

A Secretaria Geral é o órgão que, sob a condução do Secretário Geral, executa os mandatos que lhe conferem os órgãos da UNASUL e exerce sua representação por delegação expressa dos mesmos. Tem sua sede em Quito, Equador.

Suas atribuições são:

a) apoiar o Conselho de Chefas e Chefes de Estado e de Governo, o Conselho de Ministras e Ministros das Relações Exteriores, o Conselho de Delegadas e Delegados e a Presidência Pro Tempore no cumprimento de suas funções;

b) propor iniciativas e efetuar o seguimento das diretrizes dos órgãos da UNASUL;

c) participar com direito a voz e exercer a função de secretaria nas reuniões dos órgãos da UNASUL;

d) preparar e apresentar a Memória Anual e os informes respectivos aos órgãos correspondentes da UNASUL;

e) servir como depositário dos Acordos no âmbito da UNASUL e disponibilizar sua publicação correspondente;

f) preparar o projeto de orçamento anual para a consideração do Conselho de Delegadas e Delegados e adotar as medidas necessárias para sua boa gestão e execução;

g) preparar os projetos de Regulamento para o funcionamento da Secretaria Geral e submetê-los à consideração e aprovação dos órgãos correspondentes;

h) coordenar-se com outras entidades de integração e cooperação latino-americanas e caribenhas para o desenvolvimento das atividades que lhe encomendem os órgãos da UNASUL;

i) celebrar, de acordo com os regulamentos, todos os atos jurídicos necessários para a boa administração e gestão da Secretaria Geral.

O Secretário Geral será designado pelo Conselho de Chefas e Chefes de Estado e de Governo com base em proposta do Conselho de Ministras e Ministros das Relações Exteriores, por um período de dois anos, renovável apenas uma vez. O Secretário Geral não poderá ser sucedido por uma pessoa da mesma nacionalidade.

Durante o exercício de suas funções, o Secretário Geral e os funcionários da Secretaria terão dedicação exclusiva, não solicitarão nem receberão instruções de nenhum Governo, nem de entidade alheia à UNASUL, e se absterão de atuar de forma incompatível com sua condição de funcionários internacionais responsáveis unicamente perante esta organização internacional.

O Secretário Geral exerce a representação legal da Secretaria Geral.

Na seleção dos funcionários da Secretaria Geral será garantida uma representação equitativa entre os Estados Membros, levando-se em conta, na medida do possível, critérios de gênero, de idiomas, étnicos e outros.

Artigo 11
Fontes Jurídicas

As fontes jurídicas da UNASUL são as seguintes:

1. O Tratado Constitutivo da UNASUL e os demais instrumentos adicionais;

2. Os Acordos que celebrem os Estados Membros da UNASUL com base nos instrumentos mencionados no parágrafo precedente;

3. As Decisões do Conselho de Chefas e Chefes de Estado e de Governo;

4. As Resoluções do Conselho de Ministras e Ministros das Relações Exteriores; e

5. As Disposições do Conselho de Delegadas e Delegados.

Artigo 12
Aprovação da Normativa

Toda a normativa da UNASUL será adotada por consenso.

As Decisões do Conselho de Chefas e Chefes de Estado e de Governo, as Resoluções do Conselho de Ministras e Ministros das Relações Exteriores e as Disposições do Conselho de Delegadas e Delegados poderão ser adotadas estando presentes ao menos três quartos (3/4) dos Estados Membros.

As Decisões do Conselho de Chefas e Chefes de Estado e de Governo e as Resoluções do Conselho de Ministras e Ministros das Relações Exteriores acordadas sem a presença de todos os Estados Membros deverão ser objeto de consultas do Secretário Geral dirigidas aos Estados ausentes, que deverão pronunciar-se em um prazo máximo de trinta (30) dias corridos, a contar do recebimento do documento no idioma correspondente. No caso do Conselho de Delegadas e Delegados, esse prazo será de quinze (15) dias.

Os Grupos de Trabalho poderão realizar sessão e apresentar propostas sempre que o quórum das reuniões seja de metade mais um dos Estados Membros.

Os atos normativos emanados dos órgãos da UNASUL serão obrigatórios para os Estados Membros uma vez que tenham sido incorporados no ordenamento jurídico de cada um deles, de acordo com seus respectivos procedimentos internos.

Artigo 13
Adoção de Políticas e Criação de Instituições, Organizações e Programas

Um ou mais Estados Membros poderão submeter à consideração do Conselho de Delegadas e Delegados propostas de adoção de políticas e de criação de instituições, organizações ou programas comuns para serem adotados por consenso, com base em critérios flexíveis e graduais de implementação, segundo os objetivos da UNASUL e o disposto nos Artigos 5 e 12 do presente Tratado.

No caso de programas, instituições ou organizações em que participem Estados Membros antes da entrada em vigor deste Tratado, poderão ser considerados como programas, instituições ou organizações da UNASUL de acordo com os procedimentos assinalados neste Artigo e em consonância com os objetivos deste Tratado.

As propostas serão apresentadas ao Conselho de Delegadas e Delegados. Uma vez aprovadas por consenso, serão remetidas ao Conselho de Ministras e Ministros das Relações Exteriores e, subsequentemente, ao Conselho de Chefas e Chefes de Estado e de Governo, para aprovação por consenso. Quando uma proposta não for objeto de consenso, a mesma só poderá ser novamente submetida ao Conselho de Delegadas e Delegados seis meses após sua última inclusão na agenda.

Aprovada uma proposta pela instância máxima da UNASUL, três ou mais Estados Membros poderão iniciar seu desenvolvimento, sempre e quando se assegurem tanto a possibilidade de incorporação de outros Estados Membros, quanto a informação periódica sobre seus avanços ao Conselho de Delegadas e Delegados.

Qualquer Estado Membro poderá eximir-se de aplicar total ou parcialmente uma política aprovada, seja por tempo definido ou indefinido, sem que isso impeça sua posterior incorporação total ou parcial àquela política. No caso das instituições, organizações ou programas que sejam criados, qualquer dos Estados Membros poderá participar como observador ou eximir-se total ou parcialmente de participar por tempo definido ou indefinido.

A adoção de políticas e a criação de instituições, organizações e programas será regulamentada pelo Conselho de Ministras e Ministros das Relações Exteriores, com base em proposta do Conselho de Delegadas e Delegados.

Artigo 14
Diálogo Político

A concertação política entre os Estados Membros da UNASUL será um fator de harmonia e respeito mútuo que afiance a estabilidade regional e sustente a preservação dos valores democráticos e a promoção dos direitos humanos.

Os Estados Membros reforçarão a prática de construção de consensos no que se refere aos temas centrais da agenda internacional e promoverão iniciativas que afirmem a identidade da região como um fator dinâmico nas relações internacionais.

Artigo 15
Relações com Terceiros

A UNASUL promoverá iniciativas de diálogo sobre temas de interesse regional ou internacional e buscará consolidar mecanismos de cooperação com outros grupos regionais, Estados e outras entidades com personalidade jurídica internacional, priorizando projetos nas áreas de energia, financiamento, infraestrutura, políticas sociais, educação e outras a serem definidas.

O Conselho de Delegadas e Delegados é o responsável por dar seguimento às atividades de implementação com o apoio da Presidência Pro Tempore e da Secretaria Geral. Com o propósito de assegurar adequada coordenação, o Conselho de Delegadas e Delegados deverá conhecer e considerar expressamente as posições que sustentará a UNASUL em seu relacionamento com terceiros.

Artigo 16
Financiamento

O Conselho de Delegadas e Delegados proporá ao Conselho de Ministras e Ministros das Relações Exteriores, para consideração e aprovação, o Projeto de Orçamento ordinário anual de funcionamento da Secretaria Geral.

O financiamento do orçamento ordinário de funcionamento da Secretaria Geral será realizado com base em cotas diferenciadas dos Estados Membros a serem determinadas por Resolução do Conselho de Ministras e Ministros das Relações Exteriores, por proposta do Conselho de Delegadas e Delegados, levando em conta a capacidade econômica dos Estados Membros, a responsabilidade comum e o princípio da equidade.

Artigo 17
Parlamento

A formação de um Parlamento Sul-americano com sede na cidade de Cochabamba, Bolívia, será matéria de um Protocolo Adicional ao presente Tratado.

Artigo 18
Participação Cidadã

Será promovida a participação plena da cidadania no processo de integração e união sul-americanas, por meio do diálogo e da interação ampla, democrática, transparente, pluralista, diversa e independente com os diversos atores sociais, estabelecendo canais efetivos de informação, consulta e seguimento nas diferentes instâncias da UNASUL.

Os Estados Membros e os órgãos da UNASUL gerarão mecanismos e espaços inovadores que incentivem a discussão dos diferentes temas, garantindo que as propostas que tenham sido apresentadas pela cidadania recebam adequada consideração e resposta.

Artigo 19
Estados Associados

Os demais Estados da América Latina e do Caribe que solicitem sua participação como Estados Associados da UNASUL poderão ser admitidos com a aprovação do Conselho de Chefas e Chefes de Estado e de Governo.

Os direitos e obrigações dos Estados Associados serão objeto de regulamentação por parte do Conselho de Ministras e Ministros das Relações Exteriores.

Artigo 20
Adesão de Novos Membros

A partir do quinto ano da entrada em vigor do presente Tratado e levando em conta o propósito de fortalecer a unidade da América Latina e do Caribe, o Conselho de Chefas e Chefes de Estado e de Governo poderá examinar solicitações de adesão como Estados Membros por parte de Estados Associados que tenham esse status por quatro (4) anos, mediante recomendação por consenso do Conselho de Ministras e Ministros das Relações Exteriores. Os respectivos Protocolos de Adesão entrarão em vigor aos 30 dias da data em que se complete seu processo de ratificação por todos os Estados Membros e o Estado Aderente

Artigo 21
Solução de Controvérsias

As controvérsias que puderem surgir entre Estados Partes a respeito da interpretação ou aplicação das disposições do presente Tratado Constitutivo serão resolvidas mediante negociações diretas.

Em caso de não se alcançar uma solução mediante a negociação direta, os referidos Estados Membros submeterão a controvérsia à consideração do Conselho de Delegadas e Delegados, o qual, dentro de 60 dias de seu recebimento, formulará as recomendações pertinentes para sua solução.

No caso de não se alcançar uma solução, essa instância elevará a controvérsia ao Conselho de Ministras e Ministros das Relações Exteriores, para consideração em sua próxima reunião.

Artigo 22
Imunidades e Privilégios

A UNASUL gozará, no território de cada um dos Estados Membros, dos privilégios e imunidades necessários para a realização de seus propósitos.

Os representantes dos Estados Membros e os funcionários internacionais da UNASUL igualmente gozarão dos privilégios e imunidades necessários para desempenhar com independência suas funções relacionadas a este Tratado.

A UNASUL celebrará com a República do Equador o correspondente Acordo de Sede, que estabelecerá os privilégios e imunidades específicos.

Artigo 23
Idiomas

Os idiomas oficiais da União de Nações Sul-americanas serão o português, o castelhano, o inglês e o neerlandês.

Artigo 24
Duração e Denúncia

O presente Tratado Constitutivo terá duração indefinida. Poderá ser denunciado por qualquer dos Estados Membros mediante notificação escrita ao Depositário, que comunicará a denúncia aos demais Estados Membros.

A denúncia surtirá efeito uma vez transcorrido o prazo de seis (6) meses da data em que a notificação tenha sido recebida pelo Depositário.

A notificação de denúncia não eximirá o Estado Membro da obrigação de pagar as contribuições ordinárias que estiveram pendentes.

Artigo 25
Emendas

Qualquer Estado Membro poderá propor emendas ao presente Tratado Constitutivo. As propostas de emenda serão comunicadas à Secretaria Peral, que as notificará aos Estados Membros para sua consideração pelos órgãos da UNASUL.

As emendas aprovadas pelo Conselho de Chefas e Chefes de Estado e de Governo seguirão o procedimento estabelecido no Artigo 26 para sua posterior entrada em vigor.

Artigo 26
Entrada em Vigor

O presente Tratado Constitutivo da União de Nações Sul-americanas entrará em vigor trinta dias após a data de recepção do nono (9º) instrumento de ratificação.

Os instrumentos de ratificação serão depositados perante o Governo da República do Equador, que comunicará a data de depósito aos demais Estados Membros, assim como a data de entrada em vigor do presente Tratado Constitutivo.

Para o Estado Membro que ratifique o Tratado Constitutivo após haver sido depositado o nono instrumento de ratificação, o mesmo entrará em vigor trinta dias após a data em que esse Estado Membro tenha depositado seu instrumento de ratificação.

Artigo 27
Registro

O presente Tratado Constitutivo e suas emendas serão registrados perante a Secretaria da Organização das Nações Unidas.

Artigo Transitório

As Partes acordam designar uma Comissão Especial, que será coordenada pelo Conselho de Delegadas e Delegados e será integrada por representantes dos Parlamentos Nacionais, Sub-regionais e Regionais com o objetivo de elaborar um Projeto de Protocolo Adicional que será considerado na IV Cúpula de Chefas e Chefes de Estado e de Governo. Essa Comissão se reunirá na cidade de Cochabamba. Esse Protocolo Adicional estabelecerá a composição, as atribuições e o funcionamento do Parlamento Sul-americano.

Feito em Brasília, República Federativa do Brasil, no dia 23 de maio de 2008, em originais nos idiomas português, castelhano, inglês e neerlandês, sendo os quatro textos igualmente autênticos.

Pela República da Argentina
Pela República da Bolívia
Pela República Federativa do Brasil
Pela República do Chile
Pela República da Colômbia
Pela República do Equador
Pela República Cooperativista da guiana
Pela República do Paraguai
Pela República do Peru
Pela República do Suriname
Pela República Oriental do Uruguai
Pela República Bolivariana da Venezuela

Direito Internacional do Trabalho

CONSTITUIÇÃO DA ORGANIZAÇÃO INTERNACIONAL DO TRABALHO (OIT) E SEU ANEXO (1946)

- Texto em vigor da Constituição da Organização Internacional do Trabalho, aprovado na 29ª reunião da Conferência Internacional do Trabalho, em Montreal em 1946. Esta Convenção substituiu a adotada em 1919 e que fora emendada em 1922, 1934 e 1945. A versão atual da Convenção tem como Anexo a Declaração Referente aos Fins e Objetivos da Organização, aprovada na 26ª reunião da Conferência, na Filadélfia, em 1944. O texto reproduzido nesta coletânea corresponde à revisão de 1946, com as emendas de 1953, 1962 e 1972, todas em vigor no âmbito internacional e ratificadas pelo Brasil.
- O Brasil ratificou o instrumento de emenda da Constituição da OIT em 13.04.1948, por meio do Decreto 25.696, de 20.10.1948.
- Decreto 10.088, de 05.11.2019, Consolida atos normativos editados pelo Poder Executivo Federal que dispõem sobre a promulgação de convenções e recomendações da Organização Internacional do Trabalho - OIT ratificadas pela República Federativa do Brasil.

INSTRUMENTO PARA A EMENDA DA CONSTITUIÇÃO DA ORGANIZAÇÃO INTERNACIONAL DO TRABALHO

A Conferência Geral da Organização Internacional do Trabalho,
Convocada pelo Conselho de Administração da Repartição Internacional do Trabalho e reunida em Montreal a 19 de setembro de 1946, em sua vigésima nona sessão,
Após haver decidido adotar determinadas propostas para a emenda da Constituição da Organização Internacional do Trabalho, questão compreendida no segundo item da ordem do dia da sessão,
Adota, aos nove de outubro de mil novecentos a quarenta e seis, o instrumento seguinte para a emenda da Constituição da Organização Internacional do Trabalho, instrumento que será denominado: Instrumento para a Emenda da Constituição da Organização Internacional do Trabalho, 1946.

Artigo 1º
A partir da data da entrada em vigor do presente instrumento, a Constituição da Organização Internacional do Trabalho, cujo texto se encontra reproduzido na primeira coluna do anexo ao citado instrumento, vigorará na forma emendada que consta da segunda coluna.

Artigo 2º
Dois exemplares autênticos do presente instrumento serão assinados pelo Presidente da Conferência a pelo Diretor-Geral da Repartição Internacional do Trabalho. Um destes exemplares será depositado no arquivo da Repartição Internacional do Trabalho e o outro será entregue ao Secretário-Geral das Nações Unidas para fins de registro, de acordo com o art. 102 da Carta das Nações Unidas. O Diretor-Geral transmitirá uma cópia, devidamente autenticada, desse instrumento a cada um dos Estados-membros da Organização Internacional do Trabalho.

Artigo 3º
1. As ratificações ou aceitações formais do presente instrumento serão comunicadas ao Diretor-Geral da Repartição Internacional do Trabalho, que dará das mesmas conhecimento aos Estados-membros da Organização.
2. O presente instrumento entrará em vigor nas condições previstas pelo art. 36 da Constituição da Organização Internacional do Trabalho.
3. Assim que o presente instrumento entrar em vigor, tal fato será comunicado, pelo Diretor-Geral da Repartição Internacional do Trabalho, a todos os Estados-membros da referida Organização, ao Secretário-Geral das Nações Unidas e a todos os Estados signatários da Carta das Nações Unidas.

CONSTITUIÇÃO DA ORGANIZAÇÃO INTERNACIONAL DO TRABALHO

Preâmbulo

Considerando que a paz, para ser universal e duradoura, deve assentar sobre a justiça social;
Considerando que existem condições de trabalho que implicam, para grande número de indivíduos, miséria e privações, e que o descontentamento que daí decorre põe em perigo a paz e a harmonia universais, e considerando que é urgente melhorar essas condições no que se refere, por exemplo, à regulamentação das horas de trabalho, à fixação de uma duração máxima do dia e da semana de trabalho, ao recrutamento da mão de obra, à luta contra o desemprego, à garantia de um salário que assegure condições de existência convenientes, à proteção dos trabalhadores contra as moléstias graves ou profissionais e os acidentes do trabalho, à proteção das crianças, dos adolescentes e das mulheres, às pensões de velhice e de invalidez, à defesa dos interesses dos trabalhadores empregados no estrangeiro, à afirmação do princípio "para igual trabalho, mesmo salário", à afirmação do princípio de liberdade sindical, à organização do ensino profissional a técnico, e outras medidas análogas;
Considerando que a não adoção por qualquer nação de um regime de trabalho realmente humano cria obstáculos aos esforços das outras nações

desejosas de melhorar a sorte dos trabalhadores nos seus próprios territórios.

As altas partes contratantes, movidas por sentimentos de justiça a humanidade e pelo desejo de assegurar uma paz mundial duradoura, visando os fins enunciados neste preâmbulo, aprovam a presente Constituição da Organização Internacional do Trabalho:

CAPÍTULO I
ORGANIZAÇÃO

Artigo 1º

1. É criada uma Organização permanente, encarregada de promover a realização do programa exposto no preâmbulo da presente Constituição e na Declaração referente aos fins e objetivos da Organização Internacional do Trabalho, adotada em Filadélfia a 10 de maio de 1944 a cujo texto figura em anexo à presente Constituição.

2. Serão Membros da Organização Internacional do Trabalho os Estados que já o eram a 1º de novembro de 1945, assim como quaisquer outros que o venham a ser, de acordo com os dispositivos dos parágrafos 3º a 4º do presente artigo.

3. Todo Estado-membro das Nações Unidas, desde a criação desta instituição e todo Estado que for a ela admitido, na qualidade de Membro, de acordo com as disposições da Carta, por decisão da Assembleia Geral, podem tornar-se Membros da Organização Internacional do Trabalho, comunicando ao Diretor-Geral da Repartição Internacional do Trabalho que aceitou, integralmente as obrigações decorrentes da Constituição da Organização Internacional do Trabalho.

4. A Conferência Geral da Organização Internacional do Trabalho tem igualmente poderes para conferir a qualidade de Membro da Organização, por maioria de dois terços do conjunto dos votos presentes, se a mesma maioria prevalecer entre os votos dos delegados governamentais. A admissão do novo Estado-membro tornar-se-á efetiva quando ele houver comunicado ao Diretor-Geral da Repartição Internacional do Trabalho que aceita integralmente as obrigações decorrentes da Constituição da Organização.

5. Nenhum Estado-membro da Organização Internacional do Trabalho poderá dela retirar-se sem aviso prévio ao Diretor-Geral da Repartição Internacional do Trabalho. A retirada tornar-se-á efetiva dois anos depois que este aviso prévio houver sido recebido pelo Diretor-Geral, sob condição de que o Estado-membro haja, nesta data, preenchido todas as obrigações financeiras que decorrem da qualidade de Membro. Esta retirada não afetará, para o Estado-membro que houver ratificado uma convenção, a validez das obrigações desta decorrentes, ou a ela relativas, durante o pedido previsto pela mesma convenção.

6. Quando um Estado houver deixado de ser Membro da Organização, sua readmissão nesta qualidade, far-se-á de acordo com os dispositivos dos parágrafos 3º a 4º do presente artigo.

Artigo 2º

A Organização permanente compreenderá:
a) uma Conferência geral constituída pelos Representantes dos Estados-membros;
b) um Conselho de Administração composto como indicado no art. 7º;
c) uma Repartição Internacional do Trabalho sob a direção de um Conselho de Administração.

Artigo 3º

1. A Conferência geral dos representantes dos Estados-membros realizará sessões sempre que for necessário, e, pelo menos, uma vez por ano. Será composta de quatro representantes de cada um dos Membros, dos quais dois serão Delegados do Governo e os outros dois representarão, respectivamente, os empregados e empregadores.

2. Cada Delegado poderá ser acompanhado por consultores técnicos, cujo número será de dois no máximo, para cada uma das matérias inscritas na ordem do dia da sessão. Quando a Conferência discutir questões que interessem particularmente às mulheres, uma ao menos das pessoas designadas como consultores técnicos deverá ser mulher.

3. Todo Estado-membro responsável pelas relações internacionais de territórios não metropolitanos poderá designar, a mais, como consultores técnicos suplementares de cada um de seus delegados:
a) pessoas, por ele escolhidas, como representantes do território, em relação às matérias que entram na competência das autoridades do mesmo território;
b) pessoas por ele escolhidas como assistentes de seus delegados em relação às questões de interesse dos territórios que não se governam a si mesmos.

4. Tratando-se de um território colocado sob a autoridade conjunta de dois ou mais Estados-membros, poder-se-á nomear assistentes para os delegados dos referidos Membros.

5. Os Estados-membros comprometem-se a designar os delegados e consultores técnicos não governamentais de acordo com as organizações profissionais mais representativas, tanto dos empregadores como dos empregados, se essas organizações existirem.

6. Os consultores técnicos não serão autorizados a tomar a palavra senão por pedido feito pelo delegado a que são adidos e com a autorização especial do Presidente da Conferência. Não poderão votar.

7. Qualquer delegado poderá, por nota escrita dirigida ao Presidente, designar um de seus consultores técnicos como seu substituto, a este, nesta qualidade, poderá tomar parte nas deliberações e votar.

8. Os nomes dos delegados e de seus consultores técnicos serão comunicados à Repartição Internacional do Trabalho pelo Governo de cada Estado-membro.

9. Os poderes dos delegados e de seus consultores técnicos serão submetidos à verificação da Conferência, que poderá, por dois terços, ou mais, dos votos presentes, recusar admitir qualquer delegado

ou consultor técnico que julgue não ter sido designado conforme os termos deste artigo.

Artigo 4º

1. Cada delegado terá o direito de votar individualmente em todas as questões submetidas às deliberações da Conferência.

2. No caso em que um dos Estados-membros não haja designado um dos delegados não governamentais a que tiver direito, cabe ao outro delegado não governamental o direito de tomar parte nas discussões da Conferência, mas não o de votar.

3. Caso a Conferência, em virtude dos poderes que lhe confere o art. 3º, recuse admitir um dos delegados de um dos Estados-membros, as estipulações deste artigo serão aplicadas como se o dito delegado não tivesse sido designado.

Artigo 5º

As sessões da Conferência realizar-se-ão no lugar determinado pelo Conselho de Administração, respeitadas quaisquer decisões que possam haver sido tomadas pela Conferência no decurso de uma sessão anterior.

Artigo 6º

Qualquer mudança da sede da Repartição Internacional do Trabalho será decidida pela Conferência por uma maioria de dois terços dos sufrágios dos delegados presentes.

Artigo 7º

1. O Conselho de Administração será composto de 56 pessoas:

28 representantes dos Governos,

14 representantes dos empregadores e

14 representantes dos empregados.

2. Dos vinte e oito representantes dos Governos, dez serão nomeados pelos Estados-membros de maior importância industrial e dezoito serão nomeados pelos Estados-membros designados para esse fim pelos delegados governamentais da Conferência, excluídos os delegados dos dez Membros acima mencionados.

3. O Conselho de Administração indicará, sempre que julgar oportuno, quais os Estados-membros de maior importância industrial, e, antes de tal indicação, estabelecerá regras para garantir o exame, por uma comissão imparcial, de todas as questões relativas à referida indicação. Qualquer apelo formulado por um Estado-membro contra a resolução do Conselho de Administração quanto aos Membros de maior importância industrial, será julgado pela Conferência, sem contudo suspender os efeitos desta resolução, enquanto a Conferência não se houver pronunciado.

4. Os representantes dos empregadores e os dos empregados serão, respectivamente, eleitos pelos delegados dos empregadores e pelos delegados dos trabalhadores à Conferência.

5. O Conselho será renovado de três em três anos. Se, por qualquer motivo, as eleições para o Conselho de Administração não se realizarem ao expirar este prazo, será mantido o mesmo Conselho de Administração até que se realizem tais eleições.

6. O processo de preencher as vagas, de designar os suplentes, e outras questões da mesma natureza, poderão ser resolvidas pelo Conselho de Administração, sob ressalva da aprovação da Conferência.

7. O Conselho de Administração elegerá entre os seus membros um presidente e dois vice-presidentes. Dentre os três eleitos, um representará um Governo e os dois outros, empregadores e empregados, respectivamente.

8. O Conselho de Administração estabelecerá o seu próprio regulamento e reunir-se-á nas épocas que determinar. Deverá realizar uma sessão especial, sempre que dezesseis dos seus Membros, pelo menos, formularem pedido por escrito para esse fim.

Artigo 8º

1. A Repartição Internacional do Trabalho terá um Diretor-Geral, designado pelo Conselho de Administração, responsável, perante este, pelo bom funcionamento da Repartição e pela realização de todos os trabalhos que lhe forem confiados.

2. O Diretor-Geral ou o seu suplente assistirão a todas as sessões do Conselho de Administração.

Artigo 9º

1. O pessoal da Repartição Internacional do Trabalho será escolhido pelo Diretor-Geral de acordo com as regras aprovadas pelo Conselho de Administração.

2. A escolha deverá ser feita, pelo Diretor-Geral, sempre que possível, entre pessoas de nacionalidades diversas, visando a maior eficiência no trabalho da Repartição.

3. Dentre essas pessoas deverá existir um certo número de mulheres.

4. O Diretor-Geral e o pessoal, no exercício de suas funções, não solicitarão nem aceitarão instruções de qualquer Governo ou autoridade estranha à Organização. Abster-se-ão de qualquer ato incompatível com sua situação de funcionários internacionais, responsáveis unicamente perante a Organização.

5. Os Estados-membros da Organização comprometem-se a respeitar o caráter exclusivamente internacional das funções do Diretor-Geral e do pessoal e a não procurar influenciá-los quanto ao modo de exercê-las.

Artigo 10

1. A Repartição Internacional do Trabalho terá por funções a centralização e a distribuição de todas as informações referentes à regulamentação internacional da condição dos trabalhadores e do regime do trabalho e, em particular, o estudo das questões que lhe compete submeter às discussões da Conferência para conclusão das convenções internacionais assim como a realização de todos os inquéritos especiais prescritos pela Conferência, ou pelo Conselho de Administração.

2. A Repartição, de acordo com as diretrizes que possa receber do Conselho de Administração:

a) preparará a documentação sobre os diversos assuntos inscritos na ordem do dia das sessões da Conferência;
b) fornecerá, na medida de seus recursos, aos Governos que o pedirem, todo o auxílio adequado à elaboração de leis, consoante as decisões da Conferência, e, também, ao aperfeiçoamento da prática administrativa e dos sistemas de inspeção;
c) cumprirá, de acordo com o prescrito na presente Constituição, os deveres que lhe incumbem no que diz respeito à fiel observância das convenções;
d) redigirá e trará a lume, nas línguas que o Conselho de Administração julgar conveniente, publicações de interesse internacional sobre assuntos relativos à indústria e ao trabalho.
3. De um modo geral, terá quaisquer outros poderes e funções que a Conferência ou o Conselho de Administração julgarem acertado atribuir-lhe.

Artigo 11

Os Ministérios dos Estados-membros, encarregados de questões relativas aos trabalhadores, poderão comunicar-se com o Diretor-Geral por intermédio do representante do seu Governo no Conselho de Administração da Repartição Internacional do Trabalho, ou, na falta desse representante, por intermédio de qualquer outro funcionário devidamente qualificado e designado para esse fim pelo Governo interessado.

Artigo 12

1. A Organização Internacional do Trabalho cooperará, dentro da presente Constituição, com qualquer organização internacional de caráter geral encarregada de coordenar as atividades de organizações de direito internacional público de funções especializadas, e também, com aquelas dentre estas últimas organizações, cujas funções se relacionem com as suas próprias.
2. A Organização Internacional do Trabalho poderá tomar as medidas que se impuserem para que os representantes das organizações de direito internacional público participem, sem direito de voto, de suas próprias deliberações.
3. A Organização Internacional do Trabalho poderá tomar todas as medidas necessárias para consultar, a seu alvitre, organizações Internacionais não governamentais reconhecidas, inclusive organizações internacionais de empregadores, empregados, agricultores e cooperativistas.

Artigo 13

1. A Organização Internacional do Trabalho poderá concluir com as Nações Unidas quaisquer acordos financeiros e orçamentários que pareçam convenientes.
2. Antes da conclusão de tais acordos, ou, se, em dado momento, não os houver em vigor:
a) cada Membro pagará as despesas de viagem e de estada dos seus delegados, consultores técnicos ou representantes, que tomarem parte, seja nas sessões da Conferência, seja nas do Conselho de Administração;

b) quaisquer outras despesas da Repartição Internacional do Trabalho, ou provenientes das sessões da Conferência ou do Conselho de Administração, serão debitadas pelo Diretor-Geral da Repartição Internacional do Trabalho no orçamento da Organização Internacional do Trabalho;
c) as regras relativas à aprovação do orçamento da Organização Internacional do Trabalho, à distribuição das contribuições entre os Estados-membros, assim como à arrecadação destas, serão estabelecidas pela Conferência por uma maioria de dois terços dos votos presentes. Tais regras estipularão que o orçamento e os acordos relativos à distribuição das despesas entre os Membros da Organização deverão ser aprovados por uma comissão constituída por representantes governamentais.
3. As despesas da Organização Internacional do Trabalho serão custeadas pelos Estados-membros, segundo os acordos vigentes em virtude do parágrafo 1 ou do parágrafo 2 letra c do presente artigo.
4. Qualquer Estado-membro da Organização, cuja dívida em relação a esta seja, em qualquer ocasião, igual ou superior ao total da contribuição que deveria ter pago nos dois anos completos anteriores, não poderá tomar parte nas votações da Conferência, do Conselho de Administração ou de qualquer comissão, ou nas eleições para o Conselho de Administração. A Conferência pode, entretanto, por maioria dos dois terços dos votos presentes, autorizar o Estado em questão a tomar parte na votação, ao verificar que o atraso é devido a motivo de força maior.
5. O Diretor-Geral da Repartição Internacional do Trabalho será responsável perante o Conselho de Administração pelo emprego dos fundos da Organização Internacional do Trabalho.

CAPÍTULO II
FUNCIONAMENTO

Artigo 14

1. O Conselho de Administração elaborará a ordem do dia das sessões da Conferência, depois de ter examinado todas as propostas feitas pelos Governos de quaisquer dos Membros, por qualquer organização representativa indicada no artigo 3º, ou por qualquer organização de direito internacional público, sobre as matérias a incluir nessa ordem do dia.
2. O Conselho de Administração elaborará diretrizes para que a adoção pela Conferência de uma convenção ou de uma recomendação seja, por meio de uma conferência técnica preparatória ou por qualquer outro meio, precedida de um aprofundado preparo técnico a de uma consulta adequada dos Membros principalmente interessados.

Artigo 15

1. O Diretor-Geral exercerá as funções de Secretário-Geral da Conferência e deverá fazer com que cada Estado-membro receba a ordem do dia, quatro meses antes da abertura da sessão. Deverá, também, por intermédio dos referidos Estados-

-membros, enviá-la, com essa antecedência, aos delegados não governamentais já nomeados e, ainda, àqueles que o forem dentro desse prazo.

2. Os relatórios sobre cada assunto inscrito na ordem do dia deverão ser comunicados aos Membros de modo a dar-lhes tempo de estudá-los convenientemente, antes da reunião da Conferência. O Conselho de Administração formulará diretrizes para execução deste dispositivo.

Artigo 16

1. Cada Estado-membro terá o direito de impugnar a inscrição, na ordem do dia da sessão, de um, ou diversos dos assuntos previstos. Os motivos justificativos dessa oposição deverão ser expostos numa memória dirigida ao Diretor-Geral, que deverá comunicá-la aos Estados-membros da Organização.

2. Os assuntos impugnados ficarão, não obstante, incluídos na ordem do dia, se assim a Conferência o decidir por dois terços dos votos presentes.

3. Toda questão, que a Conferência decidir, pelos mesmos dois terços, seja examinada (diversamente do previsto no parágrafo precedente), será incluída na ordem do dia da sessão seguinte.

Artigo 17

1. A Conferência elegerá um presidente a três vice-presidentes. Os três vice-presidentes serão, respectivamente, um delegado governamental, um delegado dos empregadores a um delegado dos trabalhadores. A Conferência formulará as regras do seu funcionamento; poderá instituir comissões encarregadas de dar parecer sobre todas as questões que ela julgar conveniente sejam estudadas.

2. As decisões serão tomadas por simples maioria dos votos presentes, exceto nos casos em que outra fórmula não for prescrita pela presente Constituição, por qualquer convenção ou instrumento que confira poderes à Conferência, ou, ainda, pelos acordos financeiros e orçamentários adotados em virtude do artigo 13.

3. Nenhuma votação será válida, se o número dos votos reunidos for inferior à metade do dos delegados presentes à sessão.

Artigo 18

A Conferência poderá adir às suas comissões consultores técnicos, sem direito de voto.

Artigo 19

1. Se a Conferência pronunciar-se pela aceitação de propostas relativas a um assunto na sua ordem do dia, deverá decidir se essas propostas tomarão a forma: *a)* de uma convenção internacional; *b)* de uma recomendação, quando o assunto tratado, ou um de seus aspectos não permitir a adoção imediata de uma convenção.

2. Em ambos os casos, para que uma convenção ou uma recomendação seja aceita em votação final pela Conferência, são necessários dois terços dos votos presentes.

3. A Conferência deverá, ao elaborar uma convenção ou uma recomendação de aplicação geral, levar em conta os países que se distinguem pelo clima, pelo desenvolvimento incompleto da organização industrial ou por outras circunstâncias especiais relativas à indústria, e deverá sugerir as modificações que correspondem, a seu ver, às condições particulares desses países.

4. Dois exemplares da convenção ou da recomendação serão assinados pelo Presidente da Conferência e pelo Diretor-Geral. Um destes exemplares será depositado nos arquivos da Repartição Internacional do Trabalho e o outro entregue ao Secretário-Geral das Nações Unidas. O Diretor-Geral remeterá a cada um dos Estados-membros uma cópia autêntica da convenção ou da recomendação.

5. Tratando-se de uma convenção:

a) será dado a todos os Estados-membros conhecimento da convenção para fins de ratificação;

b) cada um dos Estados-membros compromete-se a submeter, dentro do prazo de um ano, a partir do encerramento da sessão da Conferência (ou, quando, em razão de circunstâncias excepcionais, tal não for possível, logo que o seja, sem nunca exceder o prazo de 18 meses após o referido encerramento), a convenção à autoridade ou autoridades em cuja competência entre a matéria, a fim de que estas a transformem em lei ou tomem medidas de outra natureza;

c) os Estados-membros darão conhecimento ao Diretor-Geral da Repartição Internacional do Trabalho das medidas tomadas, em virtude do presente artigo, para submeter a convenção à autoridade ou autoridades competentes, comunicando-lhe, também, todas as informações sobre as mesmas autoridades e sobre as decisões que estas houverem tomado;

d) o Estado-membro que tiver obtido o consentimento da autoridade, ou autoridades competentes, comunicará ao Diretor-Geral a ratificação formal da convenção e tomará as medidas necessárias para efetivar as disposições da dita convenção;

e) quando a autoridade competente não der seu assentimento a uma convenção, nenhuma obrigação terá o Estado-membro a não ser a de informar o Diretor-Geral da Repartição Internacional do Trabalho – nas épocas que o Conselho de Administração julgar convenientes – sobre a sua legislação e prática observada relativamente ao assunto de que trata a convenção. Deverá, também, precisar nestas informações até que ponto aplicou, ou pretende aplicar, dispositivos da convenção, por intermédio de leis, por meios administrativos, por força de contratos coletivos, ou, ainda, por qualquer outro processo, expondo, outrossim, as dificuldades que impedem ou retardam a ratificação da convenção.

6. Em se tratando de uma recomendação:

a) será dado conhecimento da recomendação a todos os Estados-membros, a fim de que estes a considerem, atendendo à sua efetivação por meio de lei nacional ou por outra qualquer forma;

b) cada um dos Estados-membros compromete-se a submeter, dentro do prazo de um ano a partir do encerramento da sessão da Conferência (ou, quando, em razão de circunstâncias excepcionais, tal não for possível, logo que o seja, sem nunca exceder o prazo de 18 meses após o referido encerramento), a recomendação à autoridade ou autoridades em cuja competência entre a matéria, a fim de que estas a transformem em lei ou tomem medidas de outra natureza;

c) os Estados-membros darão conhecimento ao Diretor-Geral da Repartição Internacional do Trabalho das medidas tomadas, em virtude do presente artigo, para submeter a recomendação à autoridade ou autoridades competentes, comunicando-lhe, também as decisões que estas houverem tomado;

d) além da obrigação de submeter a recomendação à autoridade ou autoridades competentes, o Membro só terá a de informar o Diretor-Geral da Repartição Internacional do Trabalho – nas épocas que o Conselho de Administração julgar convenientes – sobre a sua legislação e prática observada relativamente ao assunto de que trata a recomendação. Deverá também precisar nestas informações até que ponto aplicou ou pretende aplicar dispositivos da recomendação, e indicar as modificações destes dispositivos que sejam ou venham a ser necessárias para adotá-los ou aplicá-los.

7. No caso de um Estado federado serão aplicados os dispositivos seguintes:

a) as obrigações do Estado federado serão as mesmas que as dos Membros que o não forem, no tocante às convenções a às recomendações para as quais o Governo Federal considere que, de acordo com o seu sistema constitucional, é adequada uma ação federal;

b) no que disser respeito às convenções e recomendações para as quais o Governo Federal considere que, de acordo com o seu sistema constitucional, uma ação da parte dos Estados, das províncias ou dos cantões que o compõem, é – relativamente a alguns ou a todos os pontos – mais adequada do que uma ação federal, o referido Governo deverá:

I) concluir, segundo a sua própria constituição e as dos Estados componentes, províncias ou cantões interessados, acordos efetivos para que tais convenções ou recomendações sejam, no prazo máximo de 18 meses após o encerramento da sessão da Conferência, submetidas às devidas autoridades federais ou às dos Estados competentes, províncias ou cantões, para fins de uma ação legislativa ou outra de qualquer natureza;

II) tomar as necessárias medidas – sob reserva do consentimento dos Governos dos Estados componentes, províncias ou cantões interessados – para que, periodicamente, as autoridades federais, de um lado e de outro, a dos Estados componentes, províncias ou cantões, se consultem reciprocamente, a fim de empreenderem uma ação coordenada no sentido de tornarem efetivos, em todo o país, os dispositivos destas convenções e recomendações;

III) informar o Diretor-Geral da Repartição Internacional do Trabalho das medidas tomadas, em virtude do presente artigo, para submeter tais convenções e recomendações às devidas autoridades federais, às dos Estados componentes, províncias ou cantões, comunicando-lhe todas as informações sobre as autoridades consideradas como legítimas a sobre as decisões que estas houverem tomado;

IV) relativamente a uma convenção não ratificada, informar o Diretor-Geral da Repartição Internacional do Trabalho, nas épocas que o Conselho de Administração julgar convenientes, sobre a legislação da federação, dos Estados constituintes, das províncias ou dos cantões, e sobre a prática, por umas e outros observada, relativamente ao assunto de que trata essa convenção. Deverá, também precisar até que ponto deu-se ou se pretende dar aplicação a dispositivos da mesma convenção, por intermédio de leis, por meios administrativos, por força de contratos coletivos, ou, ainda por qualquer outro processo;

V) relativamente a uma recomendação, informar o Diretor-Geral da Repartição Internacional do Trabalho, nas épocas que o Conselho de Administração julgar convenientes, sobre a legislação da federação, dos Estados constituintes, das províncias ou dos cantões, e sobre a prática, por umas e outros, observada relativamente ao assunto de que trata essa recomendação. Deverá, também, precisar, nestas informações, até que ponto deu-se ou se pretende dar aplicação a dispositivos da recomendação, indicando as modificações destes dispositivos que sejam ou venham a ser necessárias para adotá-los ou aplicá-los.

8. Em caso algum, a adoção, pela Conferência, de uma convenção ou recomendação, ou a ratificação, por um Estado-membro, de uma convenção, deverão ser consideradas como afetando qualquer lei, sentença, costumes ou acordos que assegurem aos trabalhadores interessados condições mais favoráveis que as previstas pela convenção ou recomendação.

Artigo 20

Qualquer convenção assim ratificada será comunicada pelo Diretor-Geral da Repartição Internacional do Trabalho ao Secretário-Geral das Nações Unidas, para fins de registro, de acordo com o art. 102 da Carta das Nações Unidas, obrigando apenas os Estados-membros que a tiverem ratificado.

Artigo 21

1. Todo projeto que, no escrutínio final, não obtiver dois terços dos votos presentes, poderá ser objeto de uma convenção particular entre os Membros da Organização que o desejarem.

2. Toda convenção, assim concluída, será comunicada pelos Governos interessados ao Diretor-Geral da Repartição Internacional do Trabalho e ao Secretário-Geral das Nações Unidas para fins de registro, de acordo com os termos do art. 102 da Carta das Nações Unidas.

Artigo 22

Os Estados-membros comprometem-se a apresentar à Repartição Internacional do Trabalho um relatório anual sobre as medidas por eles tomadas para execução das convenções a que aderiram. Esses relatórios serão redigidos na forma indicada pelo Conselho de Administração e deverão conter as informações pedidas por este Conselho.

Artigo 23

1. O Diretor-Geral apresentará à Conferência, na sessão seguinte, um resumo das informações a dos relatórios que, de acordo com os artigos 19 e 22, lhe houverem sido transmitidos.

2. Os Estados-membros remeterão às organizações representativas, reconhecidas como tais, para os fins mencionados no art. 3º, cópia das informações e dos relatórios transmitidos ao Diretor-Geral, de acordo com os arts. 19 a 22.

Artigo 24

Toda reclamação, dirigida à Repartição Internacional do Trabalho, por uma organização profissional de empregados ou de empregadores, e segundo a qual um dos Estados-membros não tenha assegurado satisfatoriamente a execução de uma convenção a que o dito Estado haja aderido, poderá ser transmitida pelo Conselho de Administração ao Governo em questão e este poderá ser convidado a fazer, sobre a matéria, a declaração que julgar conveniente.

Artigo 25

Se nenhuma declaração for enviada pelo Governo em questão, num prazo razoável, ou se a declaração recebida não parecer satisfatória ao Conselho de Administração, este último terá o direito de tornar pública a referida reclamação e, segundo o caso, a resposta dada.

Artigo 26

1. Cada Estado-membro poderá enviar uma queixa à Repartição Internacional do Trabalho contra outro Estado-membro que, na sua opinião, não houver assegurado satisfatoriamente a execução de uma convenção que um e outro tiverem ratificado em virtude dos artigos precedentes.

2. O Conselho de Administração, poderá, se achar conveniente, antes de enviar a questão a uma comissão de inquérito, segundo o processo indicado adiante, pôr-se em comunicação com o Governo visado pela queixa, do modo indicado no art. 24.

3. Se o Conselho de Administração não julgar necessário comunicar a queixa ao Governo em questão, ou, se essa comunicação, havendo sido feita, nenhuma resposta que satisfaça o referido Conselho, tiver sido recebida dentro de um prazo razoável, o Conselho poderá constituir uma comissão de inquérito que terá a missão de estudar a reclamação e apresentar parecer a respeito.

4. O Conselho também poderá tomar as medidas supramencionadas, quer *ex officio*, quer baseado na queixa de um delegado à Conferência.

5. Quando uma questão suscitada nos termos dos arts. 25 ou 26, for levada ao Conselho de Administração, o Governo em causa, se não tiver representante junto àquele, terá o direito de designar um delegado para tomar parte nas deliberações do mesmo, relativas ao caso. A data de tais deliberações será comunicada em tempo oportuno ao Governo em questão.

Artigo 27

No caso de ser enviada uma queixa em virtude do art. 26, a uma Comissão de Inquérito, todo Estado-membro, nela diretamente interessado ou não, comprometer-se-á a pôr à disposição da Comissão todas as informações que se acharem em seu poder relativas ao objeto da queixa.

Artigo 28

A Comissão de Inquérito, após exame aprofundado da queixa, redigirá um relatório do qual constarão não só suas verificações sobre todos os pontos que permitam bem medir o valor da contestação, como, também, as medidas que recomenda para dar satisfação ao Governo queixoso e os prazos, dentro dos quais, as mesmas medidas devam ser postas em execução.

Artigo 29

1. O Diretor-Geral da Repartição Internacional do Trabalho transmitirá o relatório da Comissão de Inquérito ao Conselho de Administração e a cada Governo interessado no litígio, assegurando a sua publicação.

2. Cada Governo interessado deverá comunicar ao Diretor-Geral da Repartição Internacional do Trabalho, dentro do prazo de três meses, se aceita ou não as recomendações contidas no relatório da Comissão, e, em caso contrário, se deseja que a divergência seja submetida à Corte Internacional de Justiça.

Artigo 30

Caso um dos Estados-membros não tome, relativamente a uma convenção ou a uma recomendação, as medidas prescritas nos parágrafos 5b, 6b, ou 7b, 1 do art. 19, qualquer outro Estado-membro terá o direito de levar a questão ao Conselho de Administração. O Conselho de Administração submeterá o assunto à Conferência, na hipótese de julgar que o Membro não tomou as medidas prescritas.

Artigo 31

Será inapelável a decisão da Corte Internacional de Justiça sobre uma queixa ou questão que lhe tenha sido submetida, conforme o art. 29.

Artigo 32

As conclusões ou recomendações eventuais da Comissão de Inquérito poderão ser confirmadas, alteradas ou anuladas pela Corte Internacional de Justiça.

Artigo 33

Se um Estado-membro não se conformar, no prazo prescrito, com as recomendações eventualmente contidas no relatório da Comissão de Inquérito, ou na decisão da Corte Internacional de Justiça, o Conselho de Administração poderá recomendar à

Conferência a adoção de qualquer medida que lhe pareça conveniente para assegurar a execução das mesmas recomendações.

Artigo 34

O Governo culpado poderá, em qualquer ocasião, informar o Conselho de Administração que tomou as medidas necessárias a fim de se conformar com as recomendações da Comissão de Inquérito ou com as da decisão da Corte Internacional de Justiça. Poderá, também, pedir ao Conselho que nomeie uma Comissão de Inquérito para verificar suas afirmações. Neste caso, aplicar-se-ão as estipulações dos arts. 27, 28, 29, 31 e 32, e, se o relatório da Comissão de Inquérito ou a decisão da Corte Internacional de Justiça, for favorável ao referido Governo, o Conselho de Administração deverá imediatamente recomendar que as medidas tomadas de acordo com o art. 33 sejam revogadas.

CAPÍTULO III
DISPOSIÇÕES GERAIS

Artigo 35

1. Excetuados os casos em que os assuntos tratados na convenção não se enquadrem na competência das autoridades do território e aqueles em que a convenção for aplicável, dadas as condições locais, os Estados-membros comprometem-se a aplicar as convenções que – de acordo com os dispositivos da presente Constituição – houverem ratificado aos territórios não metropolitanos, por cujas relações internacionais forem responsáveis, inclusive aos territórios sob tutela cuja administração lhes competir, admitindo-se reserva quanto às modificações necessárias para se adaptarem tais convenções às condições locais.
2. Todo Estado-membro deve, no mais breve prazo, após haver ratificado uma convenção, declarar ao Diretor-Geral da Repartição Internacional do Trabalho até que ponto se compromete a aplicá-la aos territórios não visados pelos parágrafos 4 e 5 abaixo, a fornecer-lhe, também, todas as informações que possam ser prescritas pela mesma convenção.
3. Todo Estado-membro, que tiver formulado uma declaração como previsto no parágrafo precedente, poderá, de acordo com os artigos da convenção, fazer, periodicamente, nova declaração que modifique os termos mencionados no parágrafo precedente.
4. Quando os assuntos tratados na convenção forem da competência das autoridades de um território não metropolitano, o Estado-membro responsável pelas relações internacionais deste território deverá, no mais breve prazo possível, comunicar a convenção ao Governo do mesmo, para que este Governo promulgue leis ou tome outras medidas. Em seguida poderá o Estado-membro, de acordo com o mencionado Governo, declarar ao Diretor-Geral da Repartição Internacional do Trabalho que aceita as obrigações da convenção em nome do território.

5. Uma declaração de aceitação das obrigações de uma convenção poderá ser comunicada ao Diretor-Geral da Repartição Internacional do Trabalho:
a) por dois ou mais Estados-membros da Organização, em se tratando de um território sob sua autoridade conjunta;
b) por qualquer autoridade internacional responsável pela administração de um território por força dos dispositivos da Carta das Nações Unidas, ou de qualquer outro dispositivo em vigor que se aplique ao mesmo território.
6. A aceitação das obrigações de uma convenção, segundo os parágrafos 4 e 5, acarretará a aceitação, em nome do território interessado, das obrigações que resultam dos termos da convenção, e, também, daquelas que, de acordo com a Constituição da Organização, decorrem da ratificação. Qualquer declaração de aceitação pode especificar as modificações dos dispositivos da convenção que seriam necessárias para adaptá-las às condições locais.
7. Todo Estado-membro ou autoridade internacional, que houver feito uma declaração na forma prevista pelos parágrafos 4 e 5 do presente artigo, poderá, de acordo com os artigos da convenção, formular periodicamente nova declaração que modifique os termos de qualquer das anteriores ou que torne sem efeito a aceitação da convenção em nome do território interessado.
8. Se as obrigações decorrentes de uma convenção não forem aceitas quanto a um dos territórios visados pelos parágrafos 4 ou 5 do presente artigo, o Membro, os Membros, ou a autoridade internacional transmitirão ao Diretor-Geral da Repartição Internacional do Trabalho, um relatório sobre a legislação do mesmo território e sobre a prática nele observada, relativamente ao assunto de que trata a convenção. O relatório indicará até que ponto se aplicaram ou se pretendem aplicar dispositivos da convenção, por intermédio de leis, por meios administrativos, por força de contratos coletivos, ou por qualquer outro processo, expondo, outrossim, as dificuldades que impedem ou retardam a ratificação da dita convenção.

Artigo 36

As emendas à presente Constituição, aceitas pela Conferência por dois terços dos votos presentes, entrarão em vigor quando forem ratificadas por dois terços dos Estados-membros da Organização, incluindo cinco dentre os dez representantes no Conselho de Administração como sendo os de maior importância industrial, de acordo com o disposto no artigo 7, parágrafo 3, da presente Constituição.

Artigo 37

1. Quaisquer questões ou dificuldades relativas à interpretação da presente Constituição a das convenções ulteriores concluídas pelos Estados-membros, em virtude da mesma, serão submetidas à apreciação da Corte Internacional de Justiça.
2. O Conselho de Administração poderá, não obstante o disposto no parágrafo 1 do presente artigo,

formular e submeter à aprovação da Conferência, regras destinadas a instituir um tribunal para resolver com presteza qualquer questão ou dificuldade relativa à interpretação de uma convenção que a ele seja levada pelo Conselho de Administração, ou, segundo o prescrito na referida convenção. O Tribunal instituído, em virtude do presente parágrafo, regulará seus atos pelas decisões ou pareceres da Corte Internacional de Justiça. Qualquer sentença pronunciada pelo referido tribunal será comunicada aos Estados-membros da Organização, cujas observações, a ela relativas, serão transmitidas à Conferência.

Artigo 38

1. A Organização Internacional do Trabalho poderá convocar conferências regionais e criar instituições do mesmo caráter, quando julgar que umas e outras serão úteis aos seus fins a objetivos.
2. Os poderes, as funções e o regulamento das conferências regionais obedecerão às normas formuladas pelo Conselho de Administração e por ele apresentadas à Conferência Geral para fins de confirmação.

CAPÍTULO IV
DISPOSIÇÕES DIVERSAS

Artigo 39

A Organização Internacional do Trabalho deve ter personalidade jurídica, e, precipuamente, capacidade para:
a) adquirir bens, móveis e imóveis, e dispor dos mesmos;
b) contratar;
c) intentar ações.

Artigo 40

1. A Organização Internacional do Trabalho gozará, nos territórios de seus Membros, dos privilégios e das imunidades necessárias a consecução dos seus fins.
2. Os delegados à Conferência, os membros do Conselho de Administração, bem como o Diretor-Geral e os funcionários da Repartição, gozarão, igualmente, dos privilégios e imunidades necessárias para exercerem, com inteira independência, as funções que lhes competem, relativamente à Organização.
3. Tais privilégios serão especificados por um acordo em separado, que será elaborado pela Organização para fins de aceitação pelos Estados-membros.

ANEXO
DECLARAÇÃO REFERENTE AOS FINS E OBJETIVOS DA ORGANIZAÇÃO INTERNACIONAL DO TRABALHO

DECLARAÇÃO DE FILADÉLFIA

A Conferência Geral da Organização Internacional do Trabalho, reunida em Filadélfia em sua vigésima sexta sessão, adota, aos dez de maio de mil novecentos e quarenta e quatro, a presente Declaração, quanto aos itens e objetivos da Organização Internacional do Trabalho e aos princípios que devem inspirar a política dos seus Membros.

I

A Conferência reafirma os princípios fundamentais sobre os quais repousam a Organização, principalmente os seguintes:
a) o trabalho não é uma mercadoria;
b) a liberdade de expressão e de associação é uma condição indispensável a um progresso ininterrupto;
c) a penúria, seja onde for, constitui um perigo para a prosperidade geral;
d) a luta contra a carência, em qualquer nação, deve ser conduzida com infatigável energia, a por um esforço internacional contínuo e conjugado, no qual os representantes dos empregadores e dos empregados discutam, em igualdade, com os dos Governos, e tomem com eles decisões de caráter democrático, visando o bem comum.

II

A Conferência, convencida de ter a experiência plenamente demonstrado a verdade da declaração contida na Constituição da Organização Internacional do Trabalho, que a paz, para ser duradoura, deve assentar sobre a justiça social, afirma que:
a) todos os seres humanos de qualquer raça, crença ou sexo, têm o direito de assegurar o bem-estar material e o desenvolvimento espiritual dentro da liberdade e da dignidade, da tranquilidade econômica e com as mesmas possibilidades;
b) a realização de condições que permitam o exercício de tal direito deve constituir o principal objetivo de qualquer política nacional ou internacional;
c) quaisquer planos ou medidas, no terreno nacional ou internacional, máxime os de caráter econômico e financeiro, devem ser considerados sob esse ponto de vista e somente aceitos, quando favorecerem, e não entravarem, a realização desse objetivo principal;
d) compete à Organização Internacional do Trabalho apreciar, no domínio internacional, tendo em vista tal objetivo, todos os programas de ação e medidas de caráter econômico e financeiro;
e) no desempenho das funções que lhe são confiadas, a Organização Internacional do Trabalho tem capacidade para incluir em suas decisões e recomendações quaisquer disposições que julgar convenientes, após levar em conta todos os fatores econômicos a financeiros de interesse.

III

A Conferência proclama solenemente que a Organização Internacional do Trabalho tem a obrigação de auxiliar as Nações do Mundo na execução de programas que visem:
a) proporcionar emprego integral para todos e elevar os níveis de vida;
b) dar a cada trabalhador uma ocupação na qual ele tenha a satisfação de utilizar, plenamente, sua

habilidade e seus conhecimentos e de contribuir para o bem geral;

c) favorecer, para atingir o fim mencionado no parágrafo precedente, as possibilidades de formação profissional e facilitar as transferências e migrações de trabalhadores e de colonos, dando as devidas garantias a todos os interessados;

d) adotar normas referentes aos salários e às remunerações, ao horário e às outras condições de trabalho, a fim de permitir que todos usufruam do progresso e, também, que todos os assalariados, que ainda não o tenham, percebam, no mínimo, um salário vital;

e) assegurar o direito de ajustes coletivos, incentivar a cooperação entre empregadores e trabalhadores para melhoria contínua da organização da produção e a colaboração de uns e outros na elaboração e na aplicação da política social e econômica;

f) ampliar as medidas de segurança social, a fim de assegurar tanto uma renda mínima e essencial a todos a quem tal proteção é necessária, como assistência médica completa;

g) assegurar uma proteção adequada da vida e da saúde dos trabalhadores em todas as ocupações;

h) garantir a proteção da infância e da maternidade;

i) obter um nível adequado de alimentação, de alojamento, de recreação e de cultura;

j) assegurar as mesmas oportunidades para todos em matéria educativa e profissional.

IV

A Conferência – convencida de que uma utilização mais ampla e completa dos recursos da terra é necessária para a realização dos objetivos enumerados na presente Declaração, e pode ser assegurada por uma ação eficaz nos domínios internacional e nacional, em particular mediante medidas tendentes a promover a expansão da produção e do consumo, a evitar flutuações econômicas graves, a realizar o progresso econômico e social das regiões menos desenvolvidas, a obter maior estabilidade nos preços mundiais de matérias-primas e de produtos, e a favorecer um comércio internacional de volume elevado e constante – promete a inteira colaboração da Organização Internacional do Trabalho a todos os organismos internacionais aos quais possa ser atribuída uma parcela de responsabilidade nesta grande missão, como na melhoria da saúde, no aperfeiçoamento da educação e do bem-estar de todos os povos.

V

A Conferência afirma que os princípios contidos na presente Declaração convêm integralmente a todos os povos e que sua aplicação progressiva, tanto àqueles que são ainda dependentes como aos que já se podem governar a si próprios, interessa o conjunto do mundo civilizado, embora deva-se levar em conta, nas variedades dessa aplicação, o grau de desenvolvimento econômico e social atingido por cada um.

CONVENÇÃO 29 DA OIT (1930)

▶ Aprovada no Brasil pelo Decreto Legislativo 24, de 29.05.1956, e promulgada pelo Decreto 41.721, de 25.06.1957.

▶ Decreto 10.088, de 05.11.2019, Consolida atos normativos editados pelo Poder Executivo Federal que dispõem sobre a promulgação de convenções e recomendações da Organização Internacional do Trabalho - OIT ratificadas pela República Federativa do Brasil.

CONVENÇÃO CONCERNENTE A TRABALHO FORÇADO OU OBRIGATÓRIO, ADOTADA PELA CONFERÊNCIA EM SUA DÉCIMA QUARTA SESSÃO

Genebra, 28 de junho de 1930 (com as modificações da Convenção de revisão dos artigos finais, de 1946).

TEXTO AUTÊNTICO

A Conferência geral da Organização Internacional do Trabalho,

Convocada em Genebra pelo Conselho de Administração da Repartição Internacional do Trabalho e aí se tendo reunido em 10 de junho de 1930 em sua décima Quarta sessão.

Depois de haver decidido adotar diversas proposições relativas ao trabalho forçado ou obrigatório, questão compreendida no primeiro ponto da ordem do dia da sessão, e

Depois de haver decidido que essas proposições tomariam a forma de convenção internacional, adota, neste vigésimo oitavo dia de junho de mil novecentos e trinta, a convenção presente, que será denominada Convenção sobre o Trabalho Forçado, de 1930, a ser ratificada pelos Membros da Organização Internacional do Trabalho conforme as disposições da Constituição da Organização Internacional do Trabalho:

Artigo 1º

1. Todos os Membros da Organização Internacional do Trabalho que ratificam a presente convenção se obrigam a suprimir o emprego do trabalho forçado ou obrigatório sob todas as suas formas no mais curto prazo possível.

2. Com o fim de alcançar-se essa supressão total, o trabalho forçado ou obrigatório poderá ser empregado, durante o período transitório, unicamente para fins públicos e a título excepcional, nas condições e com as garantias estipuladas nos artigos que seguem.

3. À expiração de um prazo de 5 (cinco) anos a partir da entrada em vigor da presente convenção e por ocasião do relatório previsto no artigo 31 abaixo, o Conselho de Administração da Repartição Internacional do trabalho examinará a possibilidade de suprimir sem nova delonga o trabalho forçado ou obrigatório sob todas as suas formas e decidirá da oportunidade de inscrever essa questão na ordem do dia da Conferência.

Artigo 2º

1. Para os fins da presente convenção, a expressão "trabalho forçado ou obrigatório" designará todo

trabalho ou serviço exigido de um indivíduo sob ameaça de qualquer penalidade e para o qual ele não se ofereceu de espontânea vontade.

2. Entretanto, a expressão "trabalho forçado ou obrigatório" não compreenderá, para os fins da presente convenção:

a) qualquer trabalho ou serviço exigido em virtude das leis sobre o serviço militar obrigatório e que só compreenda trabalhos de caráter puramente militar;

b) qualquer trabalho ou serviço que faça parte das obrigações cívicas normais dos cidadãos de um país plenamente autônomo;

c) qualquer trabalho ou serviço exigido de um indivíduo como consequência de condenação pronunciada por decisão judiciária, contanto que esse trabalho ou serviço seja executado sob a fiscalização e o controle das autoridades públicas e que o dito indivíduo não seja posto à disposição de particulares, companhias ou pessoas morais privadas;

d) qualquer trabalho ou serviço exigido nos casos de força maior, quer dizer, em caso de guerra, de sinistro ou ameaças de sinistro, tais como incêndios, inundações, fome, tremores de terra, epidemias, e epizootias, invasões de animais, de insetos ou de parasitas vegetais daninhos, e em geral todas as circunstâncias que ponham em perigo a vida ou as condições normais de existência, de toda ou de parte da população;

e) pequenos trabalhos de uma comunidade, isto é, trabalhos executados no interesse direto da coletividade pelos membros desta, trabalhos que, como tais, podem ser considerados obrigações cívicas normais dos membros da coletividade, contanto que a própria população ou seus representantes diretos tenham o direito de se pronunciar sobre a necessidade desse trabalho.

Artigo 3º
Para os fins da presente convenção, o termo "autoridades competentes" designará as autoridades metropolitanas ou as autoridades centrais superiores do território interessado.

Artigo 4º
1. As autoridades competentes não deverão impor ou deixar impor o trabalho forçado ou obrigatório em proveito de particulares, de companhias, ou de pessoas jurídicas de direito privado.

2. Se tal forma de trabalho forçado ou obrigatório em proveito de particulares, de companhias ou de pessoas jurídicas de direito privado, existir na data em que a ratificação da presente convenção por um Membro for registrada pelo Diretor-Geral da Repartição Internacional do Trabalho, este Membro deverá suprimir completamente o dito trabalho forçado ou obrigatório, na data da entrada em vigor da presente convenção para esse Membro.

Artigo 5º
1. Nenhuma concessão feita a particulares, companhias ou pessoas jurídicas de direito privado deverá ter como consequência a imposição de qualquer forma de trabalho forçado ou obrigatório com o fim de produzir ou recolher os produtos que esses particulares, companhias ou pessoas jurídicas de direito privado utilizam ou negociam.

2. Se concessões existentes contêm disposições que tenham como consequência a imposição de trabalho forçado ou obrigatório, essas disposições deverão ser canceladas logo que possível, a fim de satisfazer as prescrições do artigo primeiro da presente convenção.

Artigo 6º
Os funcionários da Administração, mesmo quando tenham que incentivar as populações sob seus cuidados a se ocupar com qualquer forma de trabalho, não deverão exercer sobre essas populações pressão coletiva ou individual, visando a fazê-los trabalhar para particulares, companhias ou pessoas jurídicas de direito privado.

Artigo 7º
1. Os chefes que não exercem funções administrativas não deverão recorrer a trabalhos forçados ou obrigatórios.

2. Os chefes que exercem funções administrativas poderão, com a autorização expressa das autoridades competentes, recorrer ao trabalho forçado ou obrigatório nas condições expressas no artigo 10 da presente convenção.

3. Os chefes legalmente reconhecidos e que não recebem renumeração adequada sob outras formas, poderão beneficiar-se dos serviços pessoais devidamente regulamentados, devendo ser tomadas todas as medidas necessárias para prevenir abusos.

Artigo 8º
1. A responsabilidade de qualquer decisão de recorrer ao trabalho forçado ou obrigatório caberá às autoridades civis superiores do território interessado.

2. Entretanto, essas autoridades poderão delegar às autoridades locais superiores o poder de impor trabalho forçado ou obrigatório nos casos em que esse trabalho não tenha por efeito afastar o trabalhador de sua residência habitual. Essas autoridades poderão igualmente delegar às autoridades locais superiores, pelo período e nas condições que serão estipuladas pela regulamentação prevista no artigo 23 da presente convenção, o poder de impor trabalho forçado ou obrigatório para cuja execução os trabalhadores deverão se afastar de sua residência habitual, quando se tratar de facilitar o deslocamento de funcionários da administração no exercício de suas funções e o transporte do material da administração.

Artigo 9º
Salvo disposições contrárias estipuladas no artigo 10 da presente convenção, toda autoridade que tiver o direito de impor o trabalho forçado ou obrigatório não deverá permitir recurso a essa forma de trabalho, a não ser que tenha sido assegurado o seguinte:

a) que o serviço ou trabalho a executar é de interesse direto e importante para a coletividade chamada a executá-lo;
b) que esse serviço ou trabalho é de necessidade atual e premente;
c) que foi impossível encontrar mão de obra voluntária para a execução desse serviço ou trabalho, apesar do oferecimento de salários e condições de trabalho ao menos iguais aos que são usuais no território interessado para trabalhos ou serviços análogos, e
d) que não resultará do trabalho ou serviço ônus muito grande para a população atual, considerando-se a mão de obra disponível e sua aptidão para o desempenho do trabalho.

Artigo 10

1. O trabalho forçado ou obrigatório exigido a título de imposto e o trabalho forçado ou obrigatório exigido, para os trabalhos de interesse público, por chefes que exerçam funções administrativas, deverão ser progressivamente abolidos.
2. Enquanto não o forem quando o trabalho forçado ou obrigatório for a título de imposto ou exigido por chefes que exerçam funções administrativas, para a execução de trabalhos de interesse público, as autoridade interessadas deverão primeiro assegurar:
a) que o serviço ou trabalho a executar é de interesse direto e importante para a coletividade chamada a executá-los;
b) que este serviço ou trabalho é de necessidade atual ou premente;
c) que não resultará do trabalho ou serviço ônus muito grande para a população atual, considerando-se a mão de obra disponível e sua aptidão para o desempenho do trabalho;
d) que a execução desse trabalho ou serviço não obrigará os trabalhadores a se afastarem do lugar de sua residência habitual;
e) que a execução desse trabalho ou serviço será orientado conforme as exigências da religião, da vida social ou da agricultura.

Artigo 11

1. Somente os adultos válidos do sexo masculino cuja idade presumível não seja inferior a 18 anos nem superior a 45, poderão estar sujeitos a trabalhos forçados ou obrigatórios. Salvo para as categorias de trabalho estabelecidas no artigo 10 da presente convenção, os limites e condições seguintes deverão ser observados:
a) conhecimento prévio, em todos os casos em que for possível, por médico designado pela administração, da ausência de qualquer moléstia contagiosa e da aptidão física dos interessados para suportar o trabalho imposto e as condições em que será executado;
b) isenção do pessoal das escolas, alunos e professores, assim como do pessoal administrativo em geral;
c) manutenção, em cada coletividade, de um número de homens adultos e válidos indispensáveis à vida familiar e social;

d) respeito aos vínculos conjugais e familiares.
2. Para os fins indicados na alínea *c)* acima, a regulamentação prevista no artigo 23 da presente convenção fixará a proporção de indivíduos da população permanente masculina e válida que poderá ser convocada a qualquer tempo, sem, entretanto, que essa proporção possa, em caso algum, ultrapassar 25% (vinte e cinco por cento) dessa população. Fixando essa proporção, as autoridades competentes deverão ter em conta a densidade da população, o desenvolvimento social e físico dessa população, a época do ano e os trabalhos que devem ser executados pelos interessados no lugar e por sua própria conta; de um modo geral, elas deverão respeitar as necessidades econômicas e sociais da vida normal da coletividade interessada.

Artigo 12

1. O período máximo durante o qual um indivíduo qualquer poderá ser submetido a trabalho forçado ou obrigatório sob suas diversas formas, não deverá ultrapassar 60 (sessenta) dias por período de 12 (doze) meses, compreendidos nesse período os dias de viagem necessários para ir ao lugar de trabalho e voltar.
2. Cada trabalhador submetido ao trabalho forçado ou obrigatório deverá estar munido de certificado que indique os períodos de trabalho forçado e obrigatório que tiver executado.

Artigo 13

1. O número de horas normais de trabalho de toda pessoa submetida a trabalho forçado ou obrigatório deverá ser o mesmo adotado para o trabalho livre, e as horas de trabalho executado além do período normal deverão ser remuneradas nas mesmas bases usuais para as horas suplementares dos trabalhadores livres.
2. Um dia de repouso semanal deverá ser concedido a todas as pessoas submetidas a qualquer forma de trabalho forçado ou obrigatório, e esse dia deverá coincidir, tanto quanto possível, com o dia consagrado pela tradição ou pelos costumes do país ou região.

Artigo 14

1. Com exceção do trabalho previsto no artigo 10 da presente convenção, o trabalho forçado ou obrigatório sob todas as formas, deverá ser remunerado em espécie e em bases que, pelo mesmo gênero de trabalho, não deverão ser inferiores aos em vigor na região onde os trabalhadores estão empregados, nem aos que vigorarem no lugar onde foram recrutados.
2. No caso do trabalho imposto por chefes no exercício de suas funções administrativas, o pagamento de salários nas condições previstas no parágrafo precedente deverá ser introduzido o mais breve possível.
3. Os salários deverão ser entregues a cada trabalhador individualmente, e não a seu chefe de grupo ou a qualquer outra autoridade.

4. Os dias de viagem para ir ao trabalho e voltar deverão ser contados no pagamento dos salários como dias de trabalho.

5. O presente artigo não terá por efeito impedir o fornecimento aos trabalhadores de rações alimentares habituais como parte do salário, devendo essas rações ser ao menos equivalentes à soma de dinheiro que se supõe representarem; mas nenhuma dedução deverá ser feita no salário, nem para pagamento de impostos, nem para alimentação, vestuário ou alojamento especiais, que serão fornecidos aos trabalhadores para mantê-los em situação de continuar seu trabalho, considerando-se as condições especiais de seu emprego, nem pelo fornecimento de utensílios.

Artigo 15

1. Toda legislação concernente à indenização por acidentes ou moléstias resultantes de trabalho e toda legislação que prevê indenizações de pessoas dependentes de trabalhadores mortos ou inválidos, que estejam ou estiverem em vigor no território interessado, deverão se aplicar às pessoas submetidas ao trabalho forçado ou obrigatório nas mesmas condições dos trabalhadores livres.

2. De qualquer modo, toda autoridade que empregar trabalhador em trabalho forçado ou obrigatório, deverá ter a obrigação de assegurar a subsistência do dito trabalhador se um acidente ou uma moléstia resultante de seu trabalho tiver o efeito de torná-lo total ou parcialmente incapaz de prover às suas necessidades. Esta autoridade deverá igualmente ter a obrigação de tomar medidas para assegurar a manutenção de toda pessoa efetivamente dependente do dito trabalhador em caso de incapacidade ou morte resultante do trabalho.

Artigo 16

1. As pessoas submetidas a trabalho forçado ou obrigatório não deverão, salvo em caso de necessidade excepcional, ser transferidas para regiões onde as condições de alimentação e de clima sejam de tal maneira diferentes das que estão acostumadas que poderiam oferecer perigo para sua saúde.

2. Em caso algum, será autorizada tal transferência de trabalhadores sem que todas as medidas de higiene e de "habitat" que se impõe para sua instalação e para a proteção de sua saúde tenham sido estritamente aplicadas.

3. Quando tal transferência não puder ser evitada, deverão ser adotadas medidas que assegurem adaptação progressiva dos trabalhadores às novas condições de alimentação e de clima, depois de ouvido o serviço médico competente.

4. Nos casos em que os trabalhadores forem chamados a executar um trabalho regular ao qual não estão acostumados, deverão tomar-se medidas para assegurar a sua adaptação a esse gênero de trabalho, a disposição de repousos intercalados e a melhoria e aumento de rações alimentares necessárias.

Artigo 17

Antes de autorizar qualquer recurso ao trabalho forçado ou obrigatório para trabalhos de construção ou de manutenção que obriguem os trabalhadores a permanecerem nos locais de trabalho durante um período prolongado, as autoridades competentes deverão assegurar:

1) que todas as medidas necessárias foram tomadas para assegurar a higiene dos trabalhadores e garantir-lhes os cuidados médicos indispensáveis, e que, em particular;

a) esses trabalhadores passam por um exame médico antes de começar os trabalhos e se submetem a novos exames em intervalos determinados durante o período de emprego;

b) foi previsto um pessoal médico suficiente, assim como dispensários, enfermarias, hospitais e material necessários para fazer face a todas as necessidades, e

c) a boa higiene dos lugares de trabalho, o abastecimento de víveres, água, combustíveis e material de cozinha foram assegurados aos trabalhadores de maneira satisfatória, e roupas e alojamentos necessários foram previstos;

2) que foram tomadas medidas apropriadas para assegurar a subsistência da família do trabalhador, especialmente facilitando a entrega de parte do salário a ela, por um processo seguro, com o consentimento ou pedido do trabalhador;

3) que as viagens de ida e volta dos trabalhadores ao lugar do trabalho serão asseguradas pela administração sob sua responsabilidade e à sua custa, e que a administração facilitará essas viagens, utilizando, na medida do possível, todos os meios de transportes disponíveis;

4) que, em caso de enfermidade ou acidente do trabalhador que acarrete incapacidade de trabalho durante certo tempo, o repatriamento do trabalhador será assegurado às expensas da administração;

5) que todo trabalhador que desejar ficar no local como trabalhador livre, no fim do período de trabalho forçado ou obrigatório, terá permissão para fazê-lo, sem perder, durante um período de 2 (dois) anos, o direito de repatriamento gratuito.

Artigo 18

1. O trabalho forçado ou obrigatório para o transporte de pessoas ou mercadorias, tais como o trabalho de carregadores ou barqueiros, deverá ser suprimido o mais brevemente possível e, esperando essa providência, as autoridades competentes deverão baixar regulamentos fixando, especialmente:

a) a obrigação de não utilizar esse trabalho a não ser para facilitar o transporte de funcionários da administração no exercício de suas funções ou o transporte do material da administração, ou, em caso de necessidade absolutamente urgente, o transporte de outras pessoas que não sejam funcionários;

b) a obrigação de não empregar em tais transportes senão homens reconhecidos fisicamente aptos para esse trabalho em exame médico anterior, nos casos em que isso for possível; quando não o for, a pessoa que empregar essa mão de obra deverá assegurar, sob sua responsabilidade, que os trabalhadores empregados possuem a aptidão física necessária e não sofram moléstias contagiosas;

c) a carga mínima a ser levada por esses trabalhadores;

d) o percurso máximo que poderá ser imposto a esses trabalhadores, do local de sua residência;

e) o número máximo de dias por mês ou por qualquer outro período durante o qual esses trabalhadores poderão ser requisitados, incluídos nesse número os dias da viagem de volta;

f) as pessoas autorizadas a recorrer a essa forma de trabalho forçado ou obrigatório, assim como até que ponto elas têm direito de recorrer a esse trabalho.

2. Fixando os máximos mencionados nas alíneas c), d) e e) do parágrafo precedente, as autoridades competentes deverão ter em conta os diversos elementos a considerar, notadamente a aptidão física da população que deverá atender à requisição, a natureza do itinerário a ser percorrido, assim como as condições climáticas.

3. As autoridades competentes deverão, outrossim, tomar medidas para que o trajeto diário normal dos carregadores não ultrapasse distância correspondente à duração média de um dia de trabalho de 8 (oito) horas, ficando entendido que, para determiná-la, dever-se-á levar em conta, não somente a carga a ser percorrida, mas ainda, o estado da estrada, a época do ano e todos os outros elementos a considerar; se for necessário impor horas de marcha suplementares aos carregadores, estas deverão ser remuneradas em bases mais elevadas do que as normais.

Artigo 19

1. As autoridades competentes não deverão autorizar o recurso às culturas obrigatórias a não ser com o fim de prevenir fome ou a falta de produtos alimentares e sempre com a reserva de que as mercadorias assim obtidas constituirão propriedade dos indivíduos ou da coletividade que os tiverem produzido.

2. O presente artigo não deverá tornar sem efeito a obrigação dos membros da coletividade de se desobrigarem do trabalho imposto, quando a produção se achar organizada segundo a lei e o costume, sobre base comunal, e quando os produtos ou benefícios provenientes da venda ficarem como propriedade da coletividade.

Artigo 20

As legislações que preveem repressão coletiva aplicável a uma coletividade inteira por delitos cometidos por alguns dos membros, não deverão estabelecer trabalho forçado ou obrigatório para uma coletividade como um dos métodos de repressão.

Artigo 21

Não se aplicará o trabalho forçado ou obrigatório para trabalhos subterrâneos em minas.

Artigo 22

Os relatórios anuais que os Membros que ratificam a presente convenção, se comprometem a apresentar à Repartição Internacional do Trabalho, conforme as disposições do artigo 22, da Constituição da Organização Internacional do trabalho, sobre as medidas por eles tomadas para pôr em vigor as disposições da presente convenção, deverão conter as informações mais completas possíveis, para cada território interessado, sobre o limite da aplicação do trabalho forçado ou obrigatório nesse território, assim como os pontos seguintes: para que fins foi executado esse trabalho; porcentagem de enfermidades e de mortalidade; horas de trabalho; métodos de pagamento dos salários e totais destes; assim como quaisquer outras informações a isso pertinentes.

Artigo 23

1. Para pôr em vigor a presente convenção, as autoridades competentes deverão promulgar uma regulamentação completa e precisa sobre o emprego do trabalho forçado ou obrigatório.

2. Esta regulamentação deverá conter, notadamente, normas que permitam a cada pessoa submetida a trabalho forçado ou obrigatório apresentar às autoridades todas as reclamações relativas às condições de trabalho e lhes deem garantias de que essas reclamações serão examinadas e tomadas em consideração.

Artigo 24

Medidas apropriadas deverão ser tomadas em todos os casos para assegurar a estreita aplicação dos regulamentos concernentes ao emprego do trabalho forçado ou obrigatório, seja pela extensão ao trabalho forçado ou obrigatório das atribuições de todo organismo de inspeção já criado para a fiscalização do trabalho livre, seja por qualquer outro sistema conveniente. Deverão ser igualmente tomadas medidas no sentido de que esses regulamentos sejam levados ao conhecimento das pessoas submetidas ao trabalho forçado ou obrigatório.

Artigo 25

O fato de exigir ilegalmente o trabalho forçado ou obrigatório será passível de sanções penais, e todo Membro que ratificar a presente convenção terá a obrigação de assegurar que as sanções impostas pela lei são realmente eficazes e estritamente aplicadas.

Artigo 26

1. Todo Membro da Organização Internacional do Trabalho que ratifica a presente convenção, compromete-se a aplicá-la aos territórios submetidos à sua soberania, jurisdição, proteção, suserania, tutela ou autoridade, na medida em que ele tem o direito de subscrever obrigações referentes a questões de jurisdição interior. Entretanto, se o Membro quer se prevalecer das disposições do artigo 35 da Constituição da Organização Internacional do Trabalho, deverá acompanhar sua ratificação de declaração estabelecendo:

1) os territórios nos quais pretende aplicar integralmente as disposições da presente convenção;

2) os territórios nos quais pretende aplicar as disposições da presente convenção com modificações e em que consistem as ditas modificações;
3) os territórios para os quais reserva sua decisão.
2. A declaração acima mencionada será reputada parte integrante da ratificação e terá idênticos efeitos. Todo Membro que formular tal declaração terá a faculdade de renunciar, em nova declaração, no todo ou em parte, às reservas feitas, em virtude das alíneas 2 e 3 acima, na sua declaração anterior.

Artigo 27
As ratificações oficiais da presente convenção nas condições estabelecidas pela Constituição da Organização Internacional do Trabalho serão comunicadas ao Diretor-Geral da Repartição Internacional do Trabalho e por ele registradas.

Artigo 28
1. A presente convenção não obrigará senão os Membros da Organização Internacional do Trabalho cuja ratificação tiver sido registrada na Repartição Internacional do Trabalho.
2. Ela entrará em vigor 12 (doze) meses depois que as ratificações de dois Membros tiverem sido registradas pelo Diretor-Geral.
3. Em seguida, esta convenção entrará em vigor para cada Membro 12 (doze) meses depois da data em que sua ratificação tiver sido registrada.

Artigo 29
Logo que as ratificações de dois Membros da Organização Internacional do Trabalho tiverem sido registradas na repartição Internacional do Trabalho, o Diretor-Geral da Repartição notificará o fato a todos os Membros da Organização Internacional do Trabalho. Será também notificado o registro das ratificações que lhe forem ulteriormente comunicadas por todos os outros Membros da Organização.

Artigo 30
1. Todo Membro que tiver ratificado a presente convenção pode denunciá-la no fim de um período de 10 (dez) anos depois da data da entrada em vigor inicial da convenção, por ato comunicado, ao Diretor-Geral da Repartição Internacional do Trabalho e por ele registrado. Essa denúncia não se tornará efetiva senão 1 (um) ano depois de registrada na Repartição Internacional do Trabalho.
2. Todo Membro que, tendo ratificado a presente convenção, no prazo de 1 (um) ano, depois da expiração do período de 10 (dez) anos mencionado no parágrafo precedente, não fizer uso da faculdade de denúncia prevista no presente artigo, está comprometido por um novo período de 5 (cinco) anos, e em seguida poderá denunciar a presente convenção no fim de cada período de 5 (cinco) anos nas condições previstas no presente artigo.

Artigo 31
No fim de cada período de 5 (cinco) anos a contar da entrada em vigor da presente convenção, o Conselho de Administração da Repartição Internacional do Trabalho deverá apresentar à Conferência Geral relatório sobre a aplicação da presente convenção e decidirá da oportunidade de inscrever na ordem do dia da Conferência a questão da sua revisão total ou parcial.

Artigo 32
1. No caso de a Conferência geral adotar nova convenção de revisão total ou parcial da presente convenção, a ratificação por um membro da nova convenção de revisão acarretará de pleno direito denúncia da presente convenção, sem condições de prazo, não obstante o artigo 30 acima, contanto que nova convenção de revisão tenha entrado em vigor.
2. A partir da data da entrada em vigor da nova convenção de revisão, a presente convenção cessará de estar aberta à ratificação dos Membros.
3. A presente convenção ficará, entretanto, em vigor na sua forma e teor para os Membros que a tiverem ratificado e não ratificarem a nova convenção de revisão.

Artigo 33
Os textos francês e inglês da presente convenção farão fé.

O texto precedente é o texto autêntico da Convenção sobre trabalho forçado, de 1930, tal qual foi modificada pela Convenção de revisão dos artigos finais, de 1946.

O texto original da convenção foi autenticado em 25 de julho, 1930, pelas assinaturas de M. E. Mahnaim, Presidente da Conferência, e de M. Albert Thomas, Diretor da Repartição Internacional do Trabalho.

A Convenção entrou em vigor inicialmente em 1º de maio de 1932.

Em fé do que autentiquei, com minha assinatura, de acordo com as disposições do artigo 6º da Convenção de revisão dos artigos finais, de 1946, neste trigésimo primeiro dia de agosto de 1948, dois exemplares originais do texto da convenção tal qual foi modificada. – Edward Phelan – Diretor-Geral da Repartição Internacional do Trabalho.

O texto da Convenção presente é cópia exata do texto autenticado pela assinatura do Diretor-Geral da Repartição Internacional do Trabalho.

Cópia certificada para o Diretor-Geral da Repartição Internacional do Trabalho – C. W. Jenks – Consultor Jurídico da Repartição Internacional do Trabalho.

CONVENÇÃO 98 DA OIT (1949)

- Aprovada no Brasil pelo Decreto Legislativo 49, de 27.08.1952, tendo sido o instrumento de ratificação brasileiro depositado na sede da OIT, a 18.11.1952, e promulgada internamente pelo Decreto 33.196, de 29.06.1953.
- Decreto 10.088, de 05.11.2019, Consolida atos normativos editados pelo Poder Executivo Federal que dispõem sobre a promulgação de convenções e recomendações da Organização Internacional do Trabalho - OIT ratificadas pela República Federativa do Brasil.

RELATIVA À APLICAÇÃO DOS PRINCÍPIOS DO DIREITO DE ORGANIZAÇÃO E DE NEGOCIAÇÃO COLETIVA

A Conferência Geral da Organização Internacional do Trabalho,

Convocada em Genebra pelo Conselho de Administração da Repartição Internacional do Trabalho e tendo-se reunido a 8 de junho de 1949, em sua Trigésima Segunda Sessão,

Após ter decidido adotar diversas proposições relativas à aplicação dos princípios do direito de organização e de negociação coletiva, questão que constitui o quarto ponto na ordem do dia da sessão,

Após ter decidido que essas proposições tomariam a forma de uma convenção internacional, adota, a primeiro de julho de mil novecentos e quarenta e nove, a Convenção seguinte, que será denominada Convenção relativa ao Direito de Organização e de Negociação Coletiva, 1949:

Artigo 1º

1. Os trabalhadores deverão gozar de proteção adequada contra quaisquer atos atentatórios à liberdade sindical em matéria de emprego.

2. Tal proteção deverá, particularmente, aplicar-se a atos destinados a:

a) subordinar o emprego de um trabalhador à condição de não se filiar a um sindicato ou de deixar de fazer parte de um sindicato;

b) dispensar um trabalhador ou prejudicá-lo, por qualquer modo, em virtude de sua filiação a um sindicato ou de sua participação em atividades sindicais, fora das horas de trabalho ou, com o consentimento do empregador, durante as mesmas horas.

Artigo 2º

1. As organizações de trabalhadores e de empregadores deverão gozar de proteção adequada contra quaisquer atos de ingerência de umas em outras, quer diretamente, quer por meio de seus agentes ou membros, em sua formação, funcionante e administração.

2. Serão particularmente identificados a atos de ingerência, nos termos do presente Artigo, medidas destinadas a provocar a criação de organizações de trabalhadores dominadas por um empregador ou uma organização de empregadores, ou a manter organizações de trabalhadores por meios financeiros ou outros, com o fim de colocar essas organizações sob o controle de um empregador ou de uma organização de empregadores.

Artigo 3º

Organismos apropriados às condições nacionais deverão, se necessário, ser estabelecidos para assegurar o respeito do direito de organização definido nos artigos precedentes.

Artigo 4º

Deverão ser tomadas, se necessário for, medidas apropriadas às condições nacionais para fomentar e promover o pleno desenvolvimento e utilização de meios de negociação voluntária entre empregadores ou organizações de empregadores e organizações de trabalhadores, com o objetivo de regular, por meio de convenções coletivas, os termos e condições de emprego.

Artigo 5º

1. A medida segundo a qual as garantias previstas pela presente Convenção se aplicarão às forças armadas e à polícia será determinada pela legislação nacional.

2. De acordo com os princípios estabelecidos no parágrafo 8º do Artigo 19 da Constituição da Organização Internacional do Trabalho, a ratificação desta Convenção, por parte de um Membro, não deverá ser considerada como devendo afetar qualquer lei, sentença, costume ou acordo já existentes, que concedam aos membros das forças armadas e da polícia garantias previstas pela presente Convenção.

Artigo 6º

A presente Convenção não trata da situação dos servidores públicos e não poderá ser interpretada como devendo prejudicar seus direitos ou seu estatuto.

Artigo 7º

As ratificações formais da presente Convenção serão transmitidas ao Diretor-Geral da Repartição Internacional do Trabalho e por ele registradas.

Artigo 8º

1. A presente Convenção obrigará somente os Membros da Organização Internacional do Trabalho cujas ratificações tenham sido registradas pelo Diretor-Geral.

2. Entrará em vigor 12 (doze) meses após serem registradas, pelo Diretor-Geral, as ratificações por parte de dois Membros.

3. Posteriormente, esta Convenção entrará em vigor, para cada Membro, 12 (doze) meses após a data de registro de sua ratificação.

Artigo 9º

1. As declarações transmitidas ao Diretor-Geral da Repartição Internacional do Trabalho, de acordo com o parágrafo 2º do Artigo 35 da Constituição da Organização Internacional do Trabalho, deverão estabelecer:

a) os territórios aos quais se compromete a aplicar as disposições da Convenção sem modificação;

b) os territórios aos quais se compromete a aplicar as disposições da Convenção com modificações, e em que consistem tais modificações;

c) os territórios aos quais a Convenção é inaplicável e, nesse caso, as razões pelas quais é ela inaplicável;

d) os territórios para os quais reserva sua decisão, à espera de exame mais profundo da situação com respeito aos mencionados territórios.

2. Os compromissos mencionados nas alíneas a) e b) do parágrafo primeiro do presente artigo serão considerados partes integrantes da ratificação e produzirão idênticos efeitos.

3. Qualquer Membro poderá, por nova declaração, retirar, no todo ou em parte, as reservas contidas na

sua declaração anterior em virtude das alíneas b), c) e d) do parágrafo 1º do presente artigo.

4. Qualquer Membro poderá, nos períodos durante os quais a presente Convenção pode ser denunciada de acordo com as disposições do Artigo 11, transmitir ao Diretor-Geral uma nova declaração que modifique em qualquer outro sentido os termos de qualquer declaração anterior e estabeleça a situação relativamente a determinados territórios.

Artigo 10

1. As declarações transmitidas ao Diretor-Geral da Repartição Internacional do Trabalho de acordo com os parágrafos 4º e 5º do Artigo 35 da Constituição da Organização Internacional do Trabalho deverão indicar se as disposições da Convenção serão aplicadas no território, com ou sem modificações; quando a declaração indicar que as disposições da Convenção se aplicam sob reserva de modificações, ela deverá especificar em que consistem tais modificações.

2. O Membro ou os Membros ou a autoridade internacional interessados poderão, por uma declaração posterior, renunciar inteira ou parcialmente ao direito de invocar uma modificação indicada numa declaração anterior.

3. O Membro ou os Membros ou a autoridade internacional interessados poderão, nos períodos durante os quais a presente Convenção pode ser denunciada de acordo com as disposições do Artigo 11, transmitir ao Diretor-Geral da Repartição Internacional do Trabalho uma nova declaração que modifique em qualquer outro sentido os termos de qualquer declaração anterior e estabeleça a situação no que se refere à aplicação desta Convenção.

Artigo 11

1. Todo Membro que tenha ratificado a presente Convenção poderá denunciá-la ao expirar o prazo de 10 (dez) anos, contado da data inicial da vigência da Convenção, por meio de um ato transmitido ao Diretor-Geral da Repartição Internacional do Trabalho e por ele registrado. A denúncia somente se tornará efetiva 1 (um) ano após haver sido registrada.

2. Todo Membro que tenha ratificado a presente Convenção e que, no prazo de 1 (um) ano após o termo do período de 10 (dez) anos, mencionado no parágrafo precedente, não houver feito uso da faculdade de denúncia prevista pelo presente Artigo, ficará ligado por um novo período de 10 (dez) anos, e, posteriormente, poderá denunciar a presente Convenção ao termo de cada período de 10 (dez) anos, nas condições previstas no presente artigo.

Artigo 12

1. O Diretor-Geral da Repartição Internacional do Trabalho notificará a todos os Membros da Organização Internacional do Trabalho o registro de todas as ratificações, declarações e denúncias que lhe forem transmitidas pelos Membros da Organização.

2. Ao notificar aos Membros da Organização o registro da segunda ratificação que lhe tenha sido transmitida, o Diretor-Geral chamará a atenção dos Membros da Organização para a data na qual a presente Convenção entrará em vigor.

Artigo 13

O Diretor-Geral da Repartição Internacional do Trabalho transmitirá ao Secretário-Geral das Nações Unidas, para fins de registro, de acordo com o Artigo 102 da Carta das Nações Unidas, informações completas a respeito de todas as ratificações, declarações e atos de denúncia que tenha registrado de acordo com os Artigos precedentes.

Artigo 14

Ao termo de cada período de 10 (dez) anos, contados da entrada em vigor da presente Convenção, o Conselho de Administração da Repartição Internacional do Trabalho deverá apresentar à Conferência-Geral um relatório sobre a aplicação da presente Convenção e decidirá da conveniência de ser inscrita na ordem do dia da Conferência a questão de sua revisão total ou parcial.

Artigo 15

1. Caso a Conferência adotar uma nova Convenção que implique revisão total ou parcial da presente Convenção e a menos que a nova Convenção não disponha de outro modo:

a) a ratificação, por parte de um Membro, da nova Convenção revista acarretará do pleno direito, não obstante o Artigo 11 acima, denúncia imediata da presente Convenção, desde que a nova Convenção revista tenha entrado em vigor;

b) a partir da data da entrada em vigor da nova Convenção revista, a presente Convenção cessará de estar aberta à ratificação por parte dos Membros.

2. A presente Convenção permanecerá, entretanto, em vigor na sua forma e teor para os Membros que a houverem ratificado e que não ratificarem a Convenção revista.

Artigo 16

As versões francesa e inglesa do texto da presente Convenção são igualmente autênticas.

O Texto que precede é o texto autêntico da Convenção devidamente adotada pela Conferência Geral da Organização Internacional do Trabalho em sua trigésima segunda Sessão realizada em Genebra e declarada a 2 de julho de 1949.

Em fé do que apuseram suas assinaturas, a dezoito de agosto de 1949.

O Presidente da Conferência
Guildhaume Myrdd-Evans

O Diretor-Geral da Repartição Internacional do Trabalho
David A. Morse.

A presente é a tradução oficial, em idioma português, do texto original e autêntico da Convenção (n. 98) relativa à aplicação dos princípios do direito de organização e de negociação coletiva, adotada por ocasião da 32ª Sessão da Conferência Geral da Organização Internacional do Trabalho, realizado em Genebra, em 1949.

Secretaria de Estado das Relações Exteriores, Rio de Janeiro, DF, em 14 de maio de 1953. – L. De Vincenzi, chefe da Divisão de Atos, Congresso e Conferências Internacionais.

CONVENÇÃO 103 DA OIT (1952)

- Aprovada no Brasil pelo Decreto Legislativo 20, de 1965, e promulgada internamente pelo Decreto 58.820, de 14.07.1966.
- Entrou em vigor para o Brasil, em 18.06.1966.
- Decreto 10.088, de 05.11.2019, Consolida atos normativos editados pelo Poder Executivo Federal que dispõem sobre a promulgação de convenções e recomendações da Organização Internacional do Trabalho - OIT ratificadas pela República Federativa do Brasil.

CONVENÇÃO RELATIVA AO AMPARO À MATERNIDADE

(Revista em 1952)

A Conferência Geral da Organização Internacional do Trabalho,

Convocada em Genebra pelo Conselho de Administração da Repartição Internacional do Trabalho, e aí se tendo reunido em 4 de junho de 1952 em sua trigésima quinta sessão,

Depois de haver decidido adotar diversas proposições relativas ao amparo à maternidade, questão que constitui o sétimo ponto da ordem do dia da sessão.

Depois de haver decidido que essas proposições tomariam a forma de uma convenção internacional, adota, neste vigésimo oitavo dia de junho de mil novecentos e cinquenta e dois, a convenção presente, que será denominada Convenção sobre o amparo à maternidade (revista), 1952.

Artigo I

1. A presente convenção aplica-se às mulheres empregadas em empresas industriais bem como às mulheres empregadas em trabalhos não industriais e agrícolas, inclusive às mulheres assalariadas que trabalham em domicílio.

2. Para os fins da presente convenção, o termo "empresas industriais" aplica-se às empresas públicas ou privadas bem como a seus ramos (filiais) e compreende especialmente:

a) as minas, pedreiras e indústrias extrativas de todo gênero;

b) as empresas nas quais produtos são manufaturados, modificados, beneficiados, consertados, decorados, terminados, preparados para a venda, destruídos ou demolidos, ou nas quais matérias sofrem qualquer transformação, inclusive as empresas de construção naval, de produção, transformação e transmissão de eletricidade e de força motriz em geral;

c) as empresas de edificação e de engenharia civil, inclusive os trabalhos de construção, de reparação, de manutenção, de transformação e de demolição;

d) as empresas de transporte de pessoas ou de mercadorias por estrada de rodagem, estrada de ferro, via marítima ou fluvial, via aérea, inclusive a conservação das mercadorias em docas, armazéns, trapiches, entrepostos ou aeroportos.

3. Para os fins da presente convenção o termo "trabalhos não industriais" aplica-se a todos os trabalhos realizados nas empresas e serviços públicos ou privados seguintes, ou em relação com seu funcionamento:

a) os estabelecimentos comerciais;

b) os correios e os serviços de telecomunicações;

c) os estabelecimentos ou repartições cujo pessoal está empregado sobretudo em trabalhos de escritórios;

d) tipografias e jornais;

e) os hotéis, pensões, restaurantes, clubes, cafés (salões de chá) e outros estabelecimentos onde se servem bebidas, etc.;

f) os estabelecimentos destinados ao tratamento ou à hospitalização de doentes, enfermos, indigentes e órfãos;

g) as empresas de espetáculos e diversões públicos;

h) o trabalho doméstico assalariado efetuado em casas particulares bem como a todos os outros trabalhos não industriais aos quais a autoridade competente decidir aplicar os dispositivos da convenção.

4. Para os fins da presente convenção, o termo "trabalhos agrícolas" aplica-se a todos os trabalhos executados nas empresas agrícolas, inclusive as plantações (fazendas) e nas grandes empresas agrícolas industrializadas.

5. Em todos os casos onde não parece claro se a presente convenção se aplica ou não a uma empresa, a uma filial (ramo) ou a um trabalho determinados, a questão deve ser decidida pela autoridade competente após consulta às organizações representativas de empregadores e empregados interessadas, se existirem.

6. A legislação nacional pode isentar da aplicação da presente convenção as empresas onde os únicos empregados são os membros da família do empregador de acordo com a referida legislação.

Artigo II

Para os fins da presente convenção o termo "mulher" designa toda pessoa do sexo feminino, qualquer que seja sua idade ou nacionalidade, raça ou crenças religiosas, casada ou não, e o termo "filho" designa toda criança nascida de matrimônio ou não.

Artigo III

1. Toda mulher a qual se aplica a presente convenção tem o direito, mediante exibição de um atestado médico que indica a data provável de seu parto, a uma licença de maternidade.

2. A duração dessa licença será de 12 (doze) semanas, no mínimo; uma parte dessa licença será tirada, obrigatoriamente depois do parto.

3. A duração da licença tirada obrigatoriamente depois do parto será estipulada pela legislação

nacional; não será, porém nunca inferior a 6 (seis) semanas; o restante da licença total poderá ser tirado, segundo o que decidir a legislação nacional, seja antes da data provável do parto, seja após a data da expiração da licença obrigatória ou seja ainda uma parte antes da primeira destas datas e uma parte depois da segunda.

4. Quando o parto se dá depois da data presumida, a licença tirada anteriormente se acha automaticamente prorrogada até a data efetiva do parto e a duração da licença obrigatória depois do parto não deverá ser diminuída por esse motivo.

5. Em caso de doença confirmada por atestado médico como resultante da gravidez, a legislação nacional deve prever uma licença pré-natal suplementar cuja duração máxima pode ser estipulada pela autoridade competente.

6. Em caso de doença confirmada por atestado médico como corolário de parto, a mulher tem direito a uma prorrogação da licença após o parto cuja duração máxima pode ser estipulada pela autoridade competente.

Artigo IV

1. Quando uma mulher se ausentar de seu trabalho em virtude dos dispositivos do artigo três acima, ela tem direito a prestações em espécie e a assistência médica.

2. A percentagem das prestações em espécie será estipulada pela legislação nacional de maneira a serem suficientes para assegurar plenamente a subsistência da mulher e de seu filho em boas condições de higiene e segundo um padrão de vida apropriada.

3. A assistência médica abrangerá assistência pré-natal, assistência durante o parto e assistência após o parto, prestado por parteira diplomada ou por médico, e bem assim a hospitalização quando for necessária; a livre escolha do médico e livre escolha entre um estabelecimento público ou privado serão respeitadas.

4. As prestações em espécie e a assistência médica serão concedidas quer nos moldes de um sistema de seguro obrigatório quer mediante pagamento efetuados por fundos públicos; em ambos os casos serão concedidos de pleno direito a todas as mulheres que preencham as condições estipuladas.

5. As mulheres que não podem pretender, de direito, a quaisquer prestações, receberão apropriadas prestações pagas dos fundos de assistência pública, sob ressalva das condições relativas aos meios de existência prescritos pela referida assistência.

6. Quando as prestações em espécie fornecidas nos moldes de um sistema de seguro social obrigatório são estipuladas com base nos proventos anteriores, elas não poderão ser inferiores a 2/3 (dois terços) dos proventos anteriores tomadas em consideração.

7. Toda contribuição devida nos moldes de um sistema de seguro social obrigatório que prevê a assistência à maternidade e toda taxa calculada na base dos salários pagos, que seria cobrada tendo em vista fornecer tais prestações, devem ser pagas de acordo com o número de homens e mulheres empregados nas empresas em apreço, sem distinção de sexo, sejam pagas pelos empregadores ou, conjuntamente, pelos empregadores e empregados.

8. Em hipótese alguma, deve o empregador ser tido como pessoalmente responsável pelo custo das prestações devidas às mulheres que ele emprega.

Artigo V

1. Se a mulher amamentar seu filho, será autorizada a interromper seu trabalho com esta finalidade durante um ou vários períodos cuja duração será fixada pela legislação nacional.

2. As interrupções do trabalho para fins de aleitamento, devem ser computadas na duração do trabalho e remuneradas como tais nos casos em que a questão seja regulamentada pela legislação nacional ou de acordo com estes, nos casos em que a questão seja regulamentada por convenções coletivas, as condições serão estipuladas de acordo com a convenção coletiva pertinente.

Artigo VI

Quando uma mulher se ausentar de seu trabalho em virtude dos dispositivos do art. 3º da presente convenção, é ilegal para seu empregador despedi-la durante a referida ausência ou em data tal que o prazo do aviso-prévio termine enquanto durar a ausência acima mencionada.

Artigo VII

1. Todo membro da Organização Internacional do Trabalho que ratifica a presente convenção pode, por meio de uma declaração que acompanha sua ratificação, prever derrogações no que diz respeito:

a) a certas categorias de trabalhos não industriais;

b) a trabalhos executados em empresas agrícolas outras que não plantações;

c) ao trabalho doméstico assalariado efetuado em casas particulares;

d) às mulheres assalariadas trabalhando em domicílio;

e) às empresas de transporte marítimo de pessoas ou mercadorias.

2. As categorias de trabalhos ou de empresas para as quais tenham aplicação os dispositivos do parágrafo primeiro do presente artigo deverão ser designadas na declaração que acompanha a ratificação da convenção.

3. Todo membro que fez tal declaração pode, a qualquer tempo anulá-la em todo ou em parte, por uma declaração ulterior.

4. Todo membro, com relação ao qual está em vigor uma declaração feita nos termos do parágrafo primeiro do presente artigo, indicará todos os anos no seu relatório anual sobre a aplicação da presente convenção, a situação de sua legislação e de suas práticas quanto aos trabalhos e empresas aos quais se aplica o referido parágrafo primeiro em virtude daquela declaração precisando até que ponto deu

execução ou se propõe a dar execução à no que diz respeito aos trabalhos e empresas em apreço.

5. Ao término de um período de 5 (cinco) anos após a entrada em vigor da presente convenção, o Conselho Administrativo do Bureau Internacional do Trabalho submeterá à Conferência um relatório especial com relação à aplicação dessas derrogações e contendo as propostas que julgará oportunas em vista das medidas a serem tomadas a este respeito.

Artigo VIII

As retificações formais da presente convenção serão comunicadas ao Diretor-Geral da Repartição Internacional do Trabalho e por ele registradas.

Artigo IX

1. A presente convenção será obrigatória somente para os Membros da Organização Internacional do Trabalho, cuja ratificação tiver sido registrada pelo Diretor-Geral.

2. Esta convenção entrará em vigor 12 (doze) meses após terem sido registradas pelo Diretor-Geral as ratificações de dois Membros.

3. Em seguida a convenção entrará em vigor para cada Membro 12 (doze) meses após a data em que sua ratificação tiver sido registrada.

Artigo X

1. As declarações comunicadas ao Diretor-Geral da Repartição Internacional do Trabalho, nos termos do parágrafo 2º do artigo 35 da Constituição da Organização Internacional do Trabalho, deverão indicar:

a) os territórios para os quais o Membro interessado se compromete a que as disposições da convenção ou alguns de seus capítulos sejam aplicados sem modificação;

b) os territórios para os quais ele se compromete a que as disposições da convenção ou alguns de seus capítulos sejam aplicados com modificações e em que consistem tais modificações;

c) os territórios onde a convenção não poderá ser aplicada e, nesses casos, as razões por que não pode ser aplicada;

d) os territórios para os quais reserva sua decisão na pendência de um exame mais pormenorizado da situação dos referidos territórios.

2. Os compromissos mencionados nas alíneas a e b do primeiro parágrafo do presente artigo serão partes integrantes da ratificação e produzirão efeitos idênticos.

3. Qualquer Membro poderá renunciar, mediante nova declaração, a todas ou a parte das restrições contidas em sua declaração anterior, em virtude das alíneas b, c e d do parágrafo primeiro do presente artigo.

4. Qualquer Membro poderá, no decorrer dos períodos em que a presente convenção possa ser denunciada de acordo com o disposto no artigo 12, comunicar ao Diretor-Geral uma nova declaração modificando em qualquer sentido os termos de declarações anteriores e indicando a situação em territórios determinados.

Artigo XI

1. As declarações comunicadas ao Diretor-Geral da Repartição Internacional do Trabalho, nos termos dos parágrafos 4º e 5º do artigo 35 da Constituição da Organização Internacional do Trabalho, devem indicar se as disposições da convenção serão aplicadas no território com ou sem modificações; sempre que a declaração indicar que as disposições da Convenção sejam aplicadas com a ressalva de modificações, deve especificar em que consistem as referidas modificações.

2. O Membro ou os Membros ou autoridade internacional interessados poderão renunciar total ou parcialmente, mediante declaração ulterior, ao direito de invocar uma modificação indicada em declaração anterior.

3. O Membro ou os Membros ou a autoridade internacional interessados poderão, no decorrer dos períodos em que a convenção possa ser denunciada, de acordo com o disposto no artigo 12, comunicar ao Diretor-Geral uma nova declaração que modifique em qualquer sentido os termos de uma declaração anterior e indicando a situação no que concerne à aplicação desta convenção.

Artigo XII

1. Qualquer Membro que houver ratificado a presente convenção poderá denunciá-la ao término de um período de 10 (dez) anos após a data da sua vigência inicial, mediante comunicação ao Diretor-Geral da Repartição Internacional do Trabalho e por ele registrada. A denúncia surtirá efeito somente 1 (um) ano após ter sido registrada.

2. Qualquer membro que houver ratificado a presente convenção e no prazo de 1 (um) ano após o término do período de 10 (dez) anos mencionado no parágrafo precedente não fizer uso da faculdade de denúncia prevista no presente artigo, estará vinculado por um novo período de 10 (dez) anos e, em seguida, poderá denunciar a convenção ao término de cada período de 10 (dez) anos nas condições previstas no presente artigo.

Artigo XIII

1. O Diretor-Geral da Repartição Internacional do Trabalho notificará todos os Membros da Organização Internacional do Trabalho do registro de todas as ratificações, declarações e denúncias que lhe forem comunicadas pelos Membros da Organização.

2. Ao notificar os Membros da Organização do registro da segunda ratificação que lhe tiver sido comunicado, o Diretor-Geral chamará a sua atenção para a data em que a presente convenção entrará em vigor.

Artigo XIV

O Diretor-Geral da Repartição Internacional do Trabalho comunicará ao Secretário-Geral das Nações Unidas, para efeito de registro nos termos do art. 102 da Carta das Nações Unidas, os dados completos com respeito a todas as ratificações, declarações e atos de denúncia que houver registrado de acordo com os artigos precedentes.

Artigo XV
Sempre que julgar necessário, o Conselho de Administração da Repartição Internacional do Trabalho apresentará à Conferência Geral um relatório sobre a aplicação da presente convenção e examinará a conveniência de inscrever na ordem do dia da Conferência a questão da sua revisão, total ou parcial.

Artigo XVI
1. Caso a Conferência adote uma nova convenção que importe na revisão total ou parcial da presente, e a menos que a nova convenção disponha de outra forma:

a) a ratificação, por um Membro, da nova convenção que fizer a revisão, acarretará, de pleno direito, não obstante o art. 12 acima, denúncia imediata da presente, desde que a nova convenção tenha entrado em vigor;

b) a partir da data da entrada em vigor da convenção que fizer a revisão, a presente deixará de estar aberta à ratificação pelos Membros.

2. A presente convenção continuará em vigor, todavia, em sua forma e conteúdo, para os Membros que a tiverem ratificado e que não ratifiquem a que fizer a revisão.

Artigo XVII
As versões francesa e inglesa do texto da presente convenção fazem igualmente fé.

O texto acima é o texto autêntico da convenção devidamente adotada na Conferência Geral da Organização Internacional do Trabalho na sua trigésima quinta sessão, que teve lugar em Genebra e que foi concluída a 28 de junho de 1952.

Em fé do que apuseram suas assinaturas, neste quarto dia do mês de junho de 1952:

O Presidente da Conferência
José de Segadas Viana
O Diretor-Geral da Repartição Internacional do Trabalho
David A. Morse

CONVENÇÃO 105 DA OIT (1957)

- Aprovada no Brasil pelo Decreto Legislativo 20, de 1965, e promulgada pelo Decreto 58.822, de 14.07.1966.
- Entrou em vigor para o Brasil em 18.06.1966.
- Decreto 10.088, de 05.11.2019, Consolida atos normativos editados pelo Poder Executivo Federal que dispõem sobre a promulgação de convenções e recomendações da Organização Internacional do Trabalho - OIT ratificadas pela República Federativa do Brasil.

CONVENÇÃO CONCERNENTE À ABOLIÇÃO DO TRABALHO FORÇADO

A Conferência Geral da Organização Internacional do Trabalho, convocada em Genebra, pelo Conselho de Administração da Repartição Internacional do Trabalho, e tendo-se reunido a 5 de junho de 1957, em sua quadragésima sessão;

Após ter examinado a questão do trabalho forçado, que constitui o quarto ponto da ordem do dia da sessão;

Após ter tomado conhecimento das disposições da convenção sobre o trabalho forçado, 1930;

Após ter verificado que a convenção de 1926, relativa à escravidão, prevê que medidas úteis devem ser tomadas para evitar que o trabalho forçado ou obrigatório produza condições análogas a escravidão, e que a convenção suplementar de 1956 relativa a abolição da escravidão, do tráfego de escravos e de Instituições e práticas análogas à escravidão visa a obter a abolição completa da escravidão por dívidas e da servidão;

Após ter verificado que convenção sobre a proteção do salário, 1940, declara que o salário será pago em intervalos regulares e condena os modos de pagamento que privam o trabalhador de toda possibilidade real de deixar seu emprego;

Após ter decidido adotar outras proposições relativas à abolição de certas formas de trabalho forçado ou obrigatório que constituem uma violação dos direitos do homem, da forma em que foram previstos pela Carta das Nações Unidas e enunciados na declaração universal dos direitos do homem;

Após ter decidido que estas proposições tomariam a forma de uma convenção internacional, adota, neste vigésimo quinto dia de junho de mil novecentos e cinquenta e sete, a convenção que se segue, a qual será denominada Convenção sobre a abolição do trabalho forçado, 1957,

Artigo 1º
Qualquer Membro da Organização Internacional do Trabalho que ratifique a presente convenção se compromete a suprimir o trabalho forçado ou obrigatório, e a não recorrer ao mesmo sob forma alguma;

a) como medida de coerção, ou de educação política ou como sanção dirigida a pessoas que tenham ou exprimam certas opiniões políticas, ou manifestem sua oposição ideológica, à ordem política, social ou econômica estabelecida;

b) como método de mobilização e de utilização da mão de obra para fins de desenvolvimento econômico;

c) como medida de disciplina de trabalho;

d) como punição por participação em greves;

e) como medida de discriminação racial, social, nacional ou religiosa.

Artigo 2º
Qualquer Membro da Organização Internacional do Trabalho que ratifique a presente convenção se compromete a adotar medidas eficazes, no sentido da abolição imediata e completa do trabalho forçado ou obrigatório, tal como descrito no artigo 1º da presente convenção.

Artigo 3º
As ratificações formais da presente convenção serão comunicadas ao Diretor-Geral da Repartição Internacional do Trabalho e por ele registradas.

Artigo 4°

1. A presente convenção apenas vinculará os Membros da Organização Internacional do Trabalho cuja ratificação haja sido registrada pelo Diretor-Geral.
2. Esta convenção entrará em vigor 12 (doze) meses após terem sido registradas pelo Diretor-Geral as ratificações de dois membros.
3. Em seguida, a convenção entrará em vigor para cada Membro, 12 (doze) meses após a data em que a sua ratificação tiver sido registrada.

Artigo 5°

1. Qualquer Membro, que houver ratificado a presente convenção, poderá denunciá-la ao término de um período de 10 (dez) anos após a data da sua vigência inicial, mediante comunicação ao Diretor-Geral da Repartição Internacional do Trabalho, e por ele registrada. A denúncia surtirá efeito somente 1 (um) ano após ter sido registrada.
2. Qualquer Membro que houver ratificado a presente convenção, e no prazo de 1 (um) ano após o término do período de 10 (dez) anos mencionado no parágrafo precedente não tiver feito uso da faculdade de denúncia, prevista no presente artigo, estará vinculando por um novo período de 10 (dez) anos e, em seguida, poderá denunciar a presente convenção no término de cada período de 10 (dez) anos, nas condições previstas no presente artigo.

Artigo 6°

1. O Diretor-Geral da Repartição Internacional do Trabalho notificará a todos os membros da Organização Internacional do Trabalho do registro de todas as ratificações e denúncias que lhe forem comunicadas pelos membros da Organização.
2. Ao notificar os Membros da Organização do registro da segunda ratificação que lhe tiver sido comunicada, o Diretor-Geral chamará sua atenção para a data em que a presente convenção entrará em vigor.

Artigo 7°

O Diretor-Geral da Repartição Internacional do Trabalho comunicará ao Secretário-Geral das Nações Unidas, para efeito de registro, nos termos do artigo 102, da Carta das Nações Unidas, os dados completos a respeito de todas as ratificações e atos de denúncia que houver registrado de acordo com os artigos precedentes.

Artigo 8°

Sempre que julgar necessário, o Conselho de Administração da Repartição Internacional do Trabalho apresentará à conferência Geral um relatório sobre a aplicação da presente convenção, e examinará a conveniência de inscrever na ordem do dia da Conferência a questão de sua revisão total ou parcial.

Artigo 9°

1. Caso a Conferência adote uma convenção que importe na revisão total ou parcial da presente, e a menos que a nova convenção disponha de outra forma:

a) a ratificação, por um membro da nova convenção que fizer a revisão, acarretará, de pleno direito, não obstante o artigo 5° acima, denúncia imediata da presente desde que a nova convenção tenha entrado em vigor;

b) a partir da data da entrada em vigor da nova convenção que fizer a revisão, a presente deixará de estar aberta à ratificação pelos Membros.

2. A presente convenção permanente em vigor, todavia, sua forma e conteúdo, para os Membros que a tiverem ratificado e que não ratifiquem a que fizer a revisão.

Artigo 10

As versões francesa e inglesa do texto da presente convenção farão igualmente fé.

O texto que precede é o texto autêntico da convenção devidamente adotada pela Conferência Geral da Organização Internacional do Trabalho, em sua quadragésima sessão, que se reuniu em Genebra e que foi encerrada a 27 de junho de 1957.

Em fé dos que assinaram a 4 de julho de 1957.

O Presidente da Conferência
Harold Holt

O Diretor-Geral da Repartição Internacional do Trabalho
David A. Morse

CONVENÇÃO 111 DA OIT (1958)

- Aprovada no Brasil pelo Decreto Legislativo 104, de 1964, e promulgada pelo Decreto 62.150, de 19.01.1968.
- Entrou em vigor para o Brasil em 26.11.1966.
- Decreto 10.088, de 05.11.2019, Consolida atos normativos editados pelo Poder Executivo Federal que dispõem sobre a promulgação de convenções e recomendações da Organização Internacional do Trabalho - OIT ratificadas pela República Federativa do Brasil.

CONVENÇÃO CONCERNENTE À DISCRIMINAÇÃO EM MATÉRIA DE EMPREGO E PROFISSÃO

A Conferência Geral da Organização Internacional do Trabalho,

Convocada em Genebra pelo Conselho de Administração da Repartição Internacional do Trabalho e reunida a 4 de junho de 1958, em sua quadragésima segunda sessão;

Após ter decidido adotar diversas disposições relativas à discriminação em matéria de emprego e profissão, assunto que constitui o quarto ponto da ordem do dia da sessão;

Após ter decidido que essas disposições tomariam a forma de uma convenção internacional;

Considerando que a declaração de Filadélfia afirma que todos os seres humanos, seja qual for a raça, credo ou sexo têm direito ao progresso material e desenvolvimento espiritual em liberdade e dignidade, em segurança econômica e com oportunidades iguais;

Considerando, por outro lado, que a discriminação constitui uma violação dos direitos enunciados na Declaração Universal dos Direitos do Homem, adota neste vigésimo quinto dia de junho de mil novecentos e cinquenta e oito, a convenção abaixo transcrita que será denominada Convenção sobre a discriminação (emprego e profissão), 1958.

Artigo 1º

1. Para fins da presente convenção, o termo "discriminação" compreende:

a) toda distinção, exclusão ou preferência fundada na raça, cor, sexo, religião, opinião política, ascendência nacional ou origem social, que tenha por efeito destruir ou alterar a igualdade de oportunidades ou de tratamento em matéria de emprego ou profissão;

b) qualquer outra distinção, exclusão ou preferência que tenha por efeito destruir ou alterar a igualdade de oportunidades ou tratamento em matéria de emprego ou profissão, que poderá ser especificada pelo Membro Interessado depois de consultadas as organizações representativas de empregadores e trabalhadores, quando estas existam, e outros organismos adequados.

2. As distinções, exclusões ou preferências fundadas em qualificações exigidas para um determinado emprego não são consideradas como discriminação.

3. Para os fins da presente convenção as palavras "emprego" e "profissão" incluem o acesso à formação profissional, ao emprego e às diferentes profissões, bem como as condições de emprego.

Artigo 2º

Qualquer Membro para o qual a presente convenção se encontre em vigor compromete-se a formular e aplicar uma política nacional que tenha por fim promover, por métodos adequados às circunstâncias e aos usos nacionais, a igualdade de oportunidade e de tratamento em matéria de emprego e profissão, com objetivo de eliminar toda discriminação nessa matéria.

Artigo 3º

Qualquer Membro para o qual a presente convenção se encontre em vigor deve, por métodos adequados às circunstâncias e os usos nacionais:

a) esforçar-se por obter a colaboração da organização de empregadores e trabalhadores e de outros organismos apropriados, com o fim de favorecer a aceitação e aplicação desta política;

b) promulgar leis e encorajar os programas de educação próprios a assegurar esta aceitação e esta aplicação;

c) revogar todas as disposições legislativas e modificar todas as disposições ou práticas, administrativas que sejam incompatíveis com a referida política;

d) seguir a referida política no que diz respeito a empregos dependentes do controle direto de uma autoridade nacional;

e) assegurar a aplicação da referida política nas atividades dos serviços de orientação profissional, formação profissional e colocação dependentes do controle de uma autoridade nacional;

f) indicar, nos seus relatórios anuais sobre a aplicação da convenção, as medidas tomadas em conformidade com esta política e os resultados obtidos.

Artigo 4º

Não são consideradas como discriminação quaisquer medidas tomadas em relação a uma pessoa que, individualmente, seja objeto de uma suspeita legítima de se entregar a uma atividade prejudicial à segurança do Estado ou cuja atividade se encontre realmente comprovada, desde que a referida pessoa tenha o direito de recorrer a uma instância competente, estabelecida de acordo com a prática nacional.

Artigo 5º

1. As medidas especiais de proteção ou de assistência previstas em outras convenções ou recomendações adotadas pela Conferência Internacional do Trabalho não são consideradas como discriminação.

2. Qualquer Membro pode, depois de consultadas às organizações representativas de empregadores e trabalhadores, quando estas existam, definir como não discriminatórias quaisquer outras medidas especiais que tenham por fim salvaguardar as necessidades particulares de pessoas em relação às quais a atribuição de uma proteção ou assistência especial seja de uma maneira geral, reconhecida como necessária, por razões tais como o sexo, a invalidez, os encargos de família ou o nível social ou cultural.

Artigo 6º

Qualquer membro que ratificar a presente convenção compromete-se a aplicá-la aos territórios não metropolitanos, de acordo com as disposições da Constituição da Organização Internacional do Trabalho.

Artigo 7º

As ratificações formais da presente convenção serão comunicadas ao Diretor-Geral da Repartição Internacional do Trabalho e por ele registradas.

Artigo 8º

1. A presente convenção somente vinculará Membros da Organização Internacional do Trabalho cuja ratificação tiver sido registrada pelo Diretor-Geral.

2. A convenção entrará em vigor 12 (doze) meses após registradas pelo Diretor-Geral as ratificações de dois dos Membros.

3. Em seguida, esta convenção entrará em vigor, para cada Membro, 12 (doze) meses após a data do registro da respectiva ratificação.

Artigo 9º

1. Qualquer Membro que tiver ratificado a presente convenção pode denunciá-la no término de um período de 10 (dez) anos após a data da entrada em vigor inicial da convenção por ato comunicado ao Diretor-Geral da Repartição Internacional do Trabalho e por ele registrado.

A denúncia só produzirá efeito 1 (um) ano após ter sido registrada.

2. Qualquer Membro que tiver ratificado a presente convenção que, no prazo de 1 (um) ano, depois de expirado o período de 10 (dez) anos mencionados no parágrafo anterior, e que não fizer uso da faculdade de denúncia prevista no presente artigo, ficará vinculado por um novo período de 10 (dez) anos, e, em seguida, poderá denunciar a presente convenção no término de cada período de 10 (dez) anos, observadas as condições estabelecidas no presente artigo.

Artigo 10

O Diretor-Geral da Repartição Internacional do Trabalho notificará a todos os Membros da Organização Internacional do Trabalho o registro de todas as ratificações e denúncias que lhe forem comunicadas pelos Membros da Organização.

2. Ao notificar aos Membros da Organização o registro da segunda ratificação que lhe tiver sido comunicada o Diretor-Geral chamará a atenção para a data em que a presente convenção entrará em vigor.

Artigo 11

O Diretor-Geral da Repartição Internacional do Trabalho comunicará ao Secretário-Geral das Nações Unidas para efeitos de registro de acordo com o artigo 102 da Carta das Nações Unidas, informações completas a respeito de todas as ratificações e todos os atos de denúncia, que tiver registrado, nos termos dos artigos precedentes.

Artigo 12

Sempre que o julgar necessário, o Conselho de Administração da Repartição Internacional do Trabalho apresentará a Conferência Geral um relatório sobre a aplicação da presente convenção e decidirá da oportunidade de inscrever na ordem do dia da Conferência a questão da sua revisão total ou parcial.

Artigo 13

No caso de a Conferência adotar uma nova convenção que implique em revisão total ou parcial da presente convenção e salvo disposição em contrário da nova convenção:

A ratificação da nova convenção de revisão por um Membro implicará *ipso jure* a denúncia imediata da presente convenção, não obstante o disposto no artigo 9º, e sob reserva de que a nova convenção de revisão tenha entrada em vigor;

A partir da data da entrada em vigor da nova convenção, a presente convenção deixa de estar aberta à ratificação dos Membros.

A presente convenção continuará, todavia, em vigor na sua forma e conteúdo para os Membros que a tiverem ratificado, e que não ratificarem a convenção de revisão.

Artigo 14

As versões francesa e inglesa do texto da presente convenção fazem igualmente fé.

O texto que precede é o texto autêntico da convenção devidamente adotada pela Conferência Geral da Organização Internacional do Trabalho, em sua quadragésima segunda sessão, que se reuniu em Genebra e que foi encerrada a 26 de junho de 1958.

Em fé do que, assinaram a 5 de julho de 1958:

O Presidente da Conferência
B. K. Das

O Diretor-Geral da Repartição Internacional do Trabalho
David A. Morse

CONVENÇÃO 132 DA OIT (1970)

- Aprovada no Brasil pelo Decreto Legislativo 47, de 23.09.1981, e promulgada pelo Decreto 3.197, de 05.10.1999.
- Decreto 10.088, de 05.11.2019, Consolida atos normativos editados pelo Poder Executivo Federal que dispõem sobre a promulgação de convenções e recomendações da Organização Internacional do Trabalho - OIT ratificadas pela República Federativa do Brasil.

CONVENÇÃO SOBRE FÉRIAS ANUAIS REMUNERADAS

(Revista em 1970)

A Conferência Geral da Organização Internacional do Trabalho,

Convocada em Genebra pela Administração da Repartição Internacional do Trabalho, e tendo-se reunido em sua Quinquagésima – Quarta Sessão em 3 de junho de 1970, e

Tendo decidido adotar diversas propostas relativas a férias remuneradas, assunto que constitui o quarto item da agenda da sessão, e

Tendo determinado que estas propostas tomarão a forma de uma Convenção Internacional, adota, em 24 de junho de 1970, a seguinte Convenção que será denominada Convenção sobre Férias Remuneradas (revista), 1970:

Artigo 1º

As disposições da presente Convenção, caso não sejam postas em execução por meio de acordos coletivos, sentenças arbitrais ou decisões judiciais, seja por organismos oficiais de fixação de salários, seja por qualquer outra maneira conforme a prática nacional e considerada apropriada, levando-se em conta as condições próprias de cada país, deverão ser aplicadas através de legislação nacional.

Artigo 2º

1. A presente Convenção aplicar-se-á a todas as pessoas empregadas, à exceção dos marítimos.

2. Quando necessário, a autoridade competente ou qualquer órgão apropriado de cada país poderá, após consulta às organizações de empregadores e de trabalhadores interessadas, onde existirem, proceder à exclusão do âmbito da Convenção de categorias determinadas de pessoas empregadas, desde que sua aplicação cause problemas particulares de execução ou de natureza constitucional ou legislativa de certa importância.

3. Todo Membro que ratifique a Convenção deverá, no primeiro relatório sobre sua aplicação, o qual ele é obrigado a apresentar em virtude do Artigo 22 da Constituição da Organização Internacional do Trabalho, indicar, com base em motivos expostos, as categorias que tenham sido objeto de exclusão em decorrência do parágrafo 2 deste Artigo, e expor nos relatórios ulteriores o estado de sua legislação e de sua prática quanto às mencionadas categorias, precisando em que medida a Convenção foi executada ou ele se propõe a executar em relação às categorias em questão.

Artigo 3º

1. Toda pessoa a quem se aplique a presente Convenção terá direito a férias anuais remuneradas de duração mínima determinada.

2. Todo Membro que ratifique a Convenção deverá especificar a duração das férias em uma declaração apensa à sua ratificação.

3. A duração das férias não deverá em caso algum ser inferior a 3 (três) semanas de trabalho, por 1 (um) ano de serviço.

4. Todo Membro que tiver ratificado a Convenção poderá informar ao Diretor-Geral da Repartição Internacional do Trabalho, por uma declaração ulterior, que ele aumenta a duração do período de férias especificado no momento de sua ratificação.

Artigo 4º

1. Toda pessoa que tenha completado, no curso de 1 (um) ano determinado, um período de serviço de duração inferior ao período necessário à obtenção de direito à totalidade das férias prescritas no Artigo terceiro acima terá direito, nesse ano, a férias de duração proporcionalmente reduzidas.

2. Para os fins deste Artigo o termo "ano" significa ano civil ou qualquer outro período de igual duração fixado pela autoridade ou órgão apropriado do país interessado.

Artigo 5º

1. Um período mínimo de serviço poderá ser exigido para a obtenção de direito a um período de férias remuneradas anuais.

2. Cabe à autoridade competente e ao órgão apropriado do país interessado fixar a duração mínima de tal período de serviço, que não poderá em caso algum ultrapassar 6 (seis) meses.

3. O modo de calcular o período de serviço para determinar o direito a férias será fixado pela autoridade competente ou pelo órgão apropriado de cada país.

4. Nas condições a serem determinadas pela autoridade competente ou pelo órgão apropriado de cada país, as faltas ao trabalho por motivos independentes da vontade individual da pessoa empregada interessada tais como faltas devidas a doenças, a acidente, ou a licença para gestantes, não poderão ser computadas como parte das férias remuneradas anuais mínimas previstas no parágrafo 3 do Artigo 3 da presente Convenção.

Artigo 6º

1. Os dias feriados oficiais ou costumeiros, quer se situem ou não dentro do período de férias anuais, não serão computados como parte do período de férias anuais remuneradas previsto no parágrafo 3 do Artigo 3 acima.

2. Em condições a serem determinadas pela autoridade competente ou pelo órgão apropriado de cada país, os períodos de incapacidade para o trabalho resultantes de doença ou de acidentes não poderão ser computados como parte do período mínimo de férias anuais previsto no parágrafo 3, do Artigo 3 da presente Convenção.

Artigo 7º

1. Qualquer pessoa que entre em gozo de período de férias previsto na presente Convenção deverá receber, em relação ao período global, pelo menos a sua remuneração média ou normal (incluindo-se a quantia equivalente a qualquer parte dessa remuneração em espécie, e que não seja de natureza permanente, ou seja concedida quer o indivíduo esteja em gozo de férias ou não), calculada de acordo com a forma a ser determinada pela autoridade competente ou órgão responsável de cada país.

2. As quantias devidas em decorrência do parágrafo 1 acima deverão ser pagas à pessoa em questão antes do período de férias, salvo estipulação em contrário contida em acordo que vincule a referida pessoa e seu empregador.

Artigo 8º

1. O fracionamento do período de férias anuais remuneradas pode ser autorizado pela autoridade competente ou pelo órgão apropriado de cada país.

2. Salvo estipulação em contrário contida em acordo que vincule o empregador e a pessoa empregada em questão, e desde que a duração do serviço desta pessoa lhe dê direito a tal período de férias, numa das frações do referido período deverá corresponder pelo menos a duas semanas de trabalho ininterruptos.

Artigo 9º

1. A parte ininterrupta do período de férias anuais remuneradas mencionada no parágrafo 2 do Artigo 8 da presente Convenção deverá ser outorgada e gozada dentro de no máximo 1 (um) ano, e o resto do período de férias anuais remuneradas dentro dos próximos 18 (dezoito) meses, no máximo, a contar do término do ano em que foi adquirido o direito de gozo de férias.

2. Qualquer parte do período de férias anuais que exceder o mínimo previsto poderá ser postergada com o consentimento da pessoa empregada em questão, por um período limitado além daquele fixado no parágrafo 1 deste Artigo.

3. O período mínimo de férias e o limite de tempo referidos no parágrafo 2 deste Artigo serão determinados pela autoridade competente após consulta às organizações de empregadores e trabalhadores interessadas, ou através de negociação coletiva ou por qualquer outro modo conforme à prática

nacional, sendo levadas em conta as condições próprias de cada país.

Artigo 10

1. A ocasião em que as férias serão gozadas será determinada pelo empregador, após consulta à pessoa empregada interessada em questão ou seus representantes, a menos que seja fixada por regulamento, acordo coletivo, sentença arbitral ou qualquer outra maneira conforme à prática nacional.

2. Para fixar a ocasião do período de gozo das férias serão levadas em conta as necessidades do trabalho e as possibilidades de repouso e diversão ao alcance da pessoa empregada.

Artigo 11

Toda pessoa empregada que tenha completado o período mínimo de serviço que pode ser exigido de acordo com o parágrafo 1 do Artigo 5 da presente Convenção deverá ter direito em caso de cessação da relação empregatícia, ou a um período de férias remuneradas proporcional à duração do período de serviço pelo qual ela não gozou ainda tais férias, ou a uma indenização compensatória, ou a um crédito de férias equivalente.

Artigo 12

Todo acordo relativo ao abandono do direito ao período mínimo de férias anuais remuneradas previsto no parágrafo 3 do Artigo 3 da presente Convenção ou relativo à renúncia ao gozo das férias mediante indenização ou de qualquer outra forma, será, dependendo das condições nacionais, nulo de pleno direito ou proibido.

Artigo 13

A autoridade competente ou órgão apropriado de cada país poderá adotar regras particulares em relação aos casos em que uma pessoa empregada exerça, durante suas férias, atividades remuneradas incompatíveis com o objetivo dessas férias.

Artigo 14

Medidas efetivas apropriadas aos meios pelos quais se dará efeito às disposições da presente Convenção devem ser tomadas através de uma inspeção adequada ou de qualquer outra forma, a fim de assegurar a boa aplicação e o respeito às regras ou disposições relativas às férias remuneradas.

Artigo 15

1. Todo Membro pode depositar as obrigações da presente Convenção separadamente:
a) em relação às pessoas empregadas em setores econômicos diverso da agricultura;
b) em relação às pessoas empregadas na agricultura.

2. Todo membro precisará, em sua ratificação, se aceita as obrigações da Convenção em relação às pessoas indicadas na alínea *a* do parágrafo 1 acima ou em relação às pessoas mencionadas na alínea *b* do referido parágrafo, ou em relação a ambas categorias.

3. Todo membro que na ocasião da sua ratificação não tiver aceitado as obrigações da presente Convenção senão em relação às pessoas mencionadas na alínea *a* ou senão em relação às pessoas mencionadas na alínea *b* do parágrafo 1 acima, poderá, ulteriormente, notificar ao Diretor-Geral da Repartição Internacional do Trabalho que aceita as obrigações da Convenção em relação a todas as pessoas a que se aplica a presente Convenção.

Artigo 16

A presente Convenção contém revisão da Convenção sobre Férias Remuneradas, 1936, e a Convenção sobre Férias Remuneradas (Agricultura), 1952, nos seguintes termos:
a) a aceitação das obrigações da presente Convenção em relação às pessoas empregadas nos setores econômicos diversos da Agricultura, por um Membro que é parte da Convenção sobre Férias Remuneradas, 1936, acarreta, de pleno direito, a denúncia imediata desta última Convenção;
b) a aceitação das obrigações da presente Convenção sobre Férias Remuneradas (Agricultura), 1952, acarreta, de pleno direito, a denúncia imediata desta última Convenção;
c) a entrada em vigor da presente Convenção não coloca obstáculo à ratificação da Convenção sobre Férias Remuneradas (Agricultura), 1952.

Artigo 17

As ratificações formais da presente Convenção serão comunicadas ao Diretor-Geral da Repartição Internacional do Trabalho, para fins de registro.

Artigo 18

1. A presente Convenção não vincula senão os Membros da Organização Internacional do Trabalho cuja ratificação tenha sido registrada pelo Diretor-Geral.

2. Ela entrará em vigor 12 (doze) meses após o registro pelo Diretor-Geral, das ratificações de dois Membros.

3. Subsequentes a presente Convenção entrará em vigor para cada Membro 12 (doze) meses após a data do registro de sua ratificação.

Artigo 19

1. Todo Membro que tiver ratificado a presente Convenção poderá denunciá-lo ao término de um período de 10 (dez) anos contados da data da entrada em vigor inicial da Convenção por um ato comunicado ao Diretor-Geral da Repartição Internacional do Trabalho e por ele registrado. A denúncia só terá efeito 1 (um) ano após ter sido registrada.

2. Todo membro que tenha ratificado a presente Convenção e que, dentro de 1 (um) ano após o término do período de 10 (dez) anos mencionado no parágrafo precedente, não tenha feito uso do seu direito de denúncia previsto por este Artigo, estará vinculado por um novo período de 10 (dez) anos e, subsequentemente, poderá denunciar a presente Convenção ao término de cada período de 10 (dez) anos nas condições revistas neste Artigo.

Artigo 20

1. O Diretor-Geral da Repartição Internacional do Trabalho notificará a todos os Membros da Organização Internacional do Trabalho do registro de todas as ratificações e denúncias que lhe forem comunicadas pelos membros da Organização.

2. Quando notificar os Membros da Organização sobre o registro da segunda ratificação a ele comunicada, o Diretor-Geral deverá chamar a atenção dos Membros da Organização para a data da entrada em vigor da presente Convenção.

Artigo 21

O Diretor-Geral da Repartição Internacional do Trabalho comunicará ao Secretário-Geral da Organização das Nações Unidas, para fins de registro, de acordo com o Artigo 102 da Carta das Nações Unidas, informações completas sobre todas as ratificações e atos de denúncias registrados por ele de acordo com as disposições dos Artigos precedentes.

Artigo 22

Quando julgar necessário, o Corpo Dirigente da Repartição Internacional do Trabalho apresentará à Conferência Geral um relatório sobre a aplicação da presente Convenção e examinará a conveniência de colocar na agenda da Conferência a questão de sua revisão total ou parcial.

Artigo 23

1. No caso de a Conferência adotar uma nova Convenção que revise a presente Convenção, e a menos que a nova Convenção disponha em contrário:

a) a ratificação por um membro da nova Convenção contendo a revisão acarreta a denúncia imediata da presente Convenção, não obstante as disposições do Artigo 19 acima, se e quando a nova Convenção entrar em vigor;

b) a partir da data da entrada em vigor da nova Convenção que contém a revisão, será vedada a ratificação da presente Convenção pelos Membros.

2. A presente Convenção, em todo caso, será mantida em vigor, quanto a sua forma e conteúdo em relação aos Membros que a houverem ratificado mas não houverem ratificado a Convenção revisora.

Os textos em francês e em inglês do texto da presente Convenção fazem igualmente fé.

O Texto que precede é o texto autêntico da Convenção devidamente adotada na Conferência Geral da Organização do Trabalho, em sua quinquagésima quarta sessão, realizada em Genebra e declara encerrada a vinte e cinco de junho de 1970.

Em fé do que apuseram suas assinaturas, no dia vinte e cinco de junho de 1970.

O Presidente da Conferência
V. Manickavasagam

O Diretor-Geral da Repartição Internacional do Trabalho
Wilfred Jenks

CONVENÇÃO 135 DA OIT (1971)

▶ Aprovada no Brasil pelo Decreto Legislativo 86, de 14.12.1989, e promulgada pelo Decreto 131, de 22.05.1991.
▶ Decreto 10.088, de 05.11.2019, Consolida atos normativos editados pelo Poder Executivo Federal que dispõem sobre a promulgação de convenções e recomendações da Organização Internacional do Trabalho - OIT ratificadas pela República Federativa do Brasil.

CONVENÇÃO RELATIVA À PROTEÇÃO DOS REPRESENTANTES DOS TRABALHADORES

A Conferência Geral da Organização Internacional do Trabalho,

Convocada em Genebra pelo Conselho de Administração da Repartição Internacional do Trabalho, e tendo-se reunido, naquela cidade em 2 de junho de 1971, em sua Quinquagésima Sexta Sessão;

Registrando as disposições da Convenção sobre o Direito de Organização e Negociação Coletiva, 1949, que protege os Trabalhadores contra quaisquer atos de discriminação que tendam a atingir a liberdade sindical em matéria de emprego;

Considerando que é desejável que sejam adotadas disposições complementares no que se refere aos representantes dos trabalhadores;

Após ter resolvido adotar diversas propostas relativas à proteção dos representantes dos trabalhadores na empresa e às facilidades a lhes serem concedidas, questão essa que constitui o quinto ponto da ordem do dia da Sessão:

Após haver resolvido que essas propostas tomariam a forma de Convenção Internacional, adota, neste vigésimo terceiro dia do mês de junho do ano de mil novecentos e setenta e um, a Convenção abaixo que será denominada Convenção Relativa aos Representantes dos Trabalhadores, 1971:

Artigo 1º

Os representantes dos trabalhadores na empresa devem ser beneficiados com uma proteção eficiente contra quaisquer medidas que poderiam vir a prejudicá-los, inclusive o licenciamento, e que seriam motivadas por sua qualidade ou suas atividades como representantes dos trabalhadores, sua filiação sindical, ou participação em atividades sindicais, conquanto ajam de acordo com as leis, convenções coletivas ou outros arranjos convencionais vigorando.

Artigo 2º

1. Facilidades devem ser concedidas, na empresa, aos representantes dos trabalhadores, de modo a possibilitar-lhes o cumprimento rápido e eficiente de suas funções.

2. Em relação a esse ponto, devem ser levadas em consideração as características do sistema de relações profissionais que prevalecem no país bem como das necessidades, importância e possibilidades da empresa interessada.

3. A concessão dessas facilidades não deve entravar o funcionamento eficiente da empresa interessada.

Organização Internacional do Trabalho em sua quinquagésima sexta sessão que se realizou em Genebra e foi declarada encerrada em 23 de junho de 1971.

Em fé de que apuseram suas assinaturas, neste trigésimo dia do mês de junho de 1971:
O Presidente da Conferência
Pierre Waline
O Diretor-Geral da Repartição Internacional do Trabalho
Wilfred Jenks

Artigo 21
Efeito da Revisão da Convenção

1. Caso a Conferência adote uma nova Convenção com revisão total ou parcial da presente Convenção, e a menos que a nova Convenção não disponha de forma diferente:
a) a ratificação por um Membro da nova convenção com revisão acarretaria de pleno direito, não obstante o Artigo 3º acima, a denúncia imediata da presente Convenção, sob reserva de que a nova Convenção com revisão tenha entrado em vigor;
b) a partir da data de entrada em vigor da nova Convenção com revisão a presente Convenção deixará de estar aberta à ratificação dos Membros.
2. Em todo caso, a presente Convenção permaneceria em vigor, na sua forma e conteúdo, para os Membros que a tivessem ratificado e que não ratificassem a Convenção com revisão.

Artigo 22
Textos que fazem fé
As versões francesa e inglesa do texto da presente Convenção fazem igualmente fé.

CONVENÇÃO 138 DA OIT (1973)

- Aprovada no Brasil pelo Decreto Legislativo 179, de 14.12.1999, e promulgada pelo Decreto 4.134, de 15.02.2002. Nos termos do art. 2º deste último Decreto: "Para os efeitos do art. 2º, item 1, da Convenção, fica estabelecido que a idade mínima para admissão a emprego ou trabalho é de dezesseis anos". E nos termos do seu art. 3º.
- "Em virtude do permissivo contido no art. 5º, itens 1 e 3, da Convenção, o âmbito de aplicação deste restringe-se inicialmente a minas e pedreiras, indústrias manufatureiras, construção, serviços de eletricidade, gás e água, saneamento, transporte e armazenamento, comunicações e plantações e outros empreendimentos agrícolas que produzam principalmente para o comércio, excluídas as empresas familiares ou de pequeno porte que trabalhem para o mercado local e que não empreguem regularmente trabalhadores assalariados".
- Decreto 10.088, de 05.11.2019, Consolida atos normativos editados pelo Poder Executivo Federal que dispõem sobre a promulgação de convenções e recomendações da Organização Internacional do Trabalho - OIT ratificados pela República Federativa do Brasil.

CONVENÇÃO SOBRE IDADE MÍNIMA DE ADMISSÃO AO EMPREGO

A Conferência Geral da Organização Internacional do Trabalho:
Convocada em Genebra pelo Conselho de Administração da Repartição Internacional do Trabalho e reunida em 6 de junho de 1973, em sua quinquagésima oitava reunião;
Tendo decidido adotar diversas propostas relativas à idade mínima para admissão a emprego, tema que constitui o quarto ponto da agenda da reunião;
Considerando os dispositivos das seguintes Convenções:
Convenção sobre a idade mínima (indústria), de 1919;
Convenção sobre a idade mínima (trabalho marítimo), de 1920;
Convenção sobre a idade mínima (agricultura), de 1921;
Convenção sobre a idade mínima (estivadores e foguistas), de 1921;
Convenção sobre a idade mínima (emprego não industrial), de 1932;
Convenção (revista) sobre a idade mínima (trabalho marítimo), de 1936;
Convenção (revista) sobre a idade mínima (indústria), de 1937;
Convenção (revista) sobre a idade mínima (emprego não industrial), de 1937;
Convenção sobre a idade mínima (pescadores), de 1959, e a
Convenção sobre a idade mínima (trabalho subterrâneo), de 1965;
Considerando ter chegado o momento de adotar um instrumento geral sobre a matéria, que substitua gradualmente os atuais instrumentos, aplicáveis a limitados setores econômicos, com vistas à total abolição do trabalho infantil;
Tendo determinado que essas propostas tomem a forma de uma convenção internacional, adota, no dia vinte e seis de junho de mil novecentos e setenta e três, a seguinte Convenção, que pode ser citada como a Convenção sobre a Idade Mínima, de 1973:

Artigo 1º
Todo País-Membro em que vigore esta Convenção, compromete-se a seguir uma política nacional que assegure a efetiva abolição do trabalho infantil e eleve progressivamente, a idade mínima de admissão a emprego ou a trabalho a um nível adequado ao pleno desenvolvimento físico e mental do adolescente.

Artigo 2º
1. Todo Membro que ratificar esta Convenção especificará, em declaração anexa à ratificação, uma idade mínima para admissão a emprego ou trabalho em seu território e nos meios de transporte registrados em seu território; ressalvado o disposto nos Artigos 4º e 8º desta Convenção, nenhuma pessoa com idade inferior a essa idade será admitida a emprego ou trabalho em qualquer ocupação.
2. Todo País-membro que ratificar esta Convenção poderá notificar ao Diretor-Geral da Repartição Internacional do Trabalho, por declarações subsequentes, que estabelece uma idade mínima superior à anteriormente definida.

Artigo 3º

Para os fins da presente Convenção, os termos "representantes dos trabalhadores" designam pessoas reconhecidas como tais pela legislação ou a prática nacionais, quer sejam:

a) representantes sindicais, a saber representantes nomeados ou eleitos por sindicatos ou pelos membros de sindicatos;

b) ou representantes eleitos, a saber representantes livremente eleitos pelos trabalhadores da empresa, conforme as disposições da legislação nacional ou de convenções coletivas, e cujas funções não se estendam a atividades que sejam reconhecidas, nos países interessados, como dependendo das prerrogativas exclusivas dos sindicatos.

Artigo 4º

A legislação nacional, as convenções coletivas, as sentenças arbitrais ou as decisões judiciárias poderão determinar o tipo ou os tipos de representantes dos trabalhadores que devam ter direito à proteção ou às facilidades visadas pela presente Convenção.

Artigo 5º

Quando uma empresa contar ao mesmo tempo com representes sindicais e representantes eleitos, medidas adequadas deverão ser tomadas, cada vez que for necessário, para garantir que a presença de representantes eleitos não venha a ser utilizada para o enfraquecimento da situação dos sindicatos interessados ou de seus representantes e para incentivar a cooperação, relativa a todas as questões pertinentes, entre os representantes eleitos, por uma Parte, e os sindicatos interessados e seus representantes, por outra Parte.

Artigo 6º

A aplicação das disposições da Convenção poderá se assegurada mediante a legislação nacional, convenções coletivas e todo outro modo que seria conforme à prática nacional.

Artigo 7º

As ratificações formais da presente Convenção serão comunicadas ao Diretor-Geral da Repartição Internacional do Trabalho e por esse registradas.

Artigo 8º

1. Serão vinculados por esta Convenção apenas os Membros da Organização Internacional do Trabalho cuja ratificação tiver sido registrada pelo Diretor-Geral.

2. Vigorará 12 (doze) meses após os registros, pelo Diretor-Geral, das ratificações de dois Membros.

3. Posteriormente, esta Convenção entrará em vigor para cada Membro, 12 (doze) meses após a data em que tiver sido registrada sua ratificação.

Artigo 9º

1. Todo Membro que tenha ratificado a presente Convenção pode denunciá-la no término de um período de 10 (dez) anos após a data da entrada em vigor inicial da Convenção, mediante um ato comunicado ao Diretor-Geral da Repartição Internacional do Trabalho e por ele registrado. A denúncia tomará efeito somente 1 (um) ano após ter sido registrada.

2. Todo Membro que tenha ratificado a presente Convenção e que, no prazo de 1 (um) ano após o término do período de 10 (dez) anos mencionado no parágrafo anterior, não fizer uso da faculdade de denúncia prevista pelo presente Artigo, ficará vinculado por novo período de 10 (dez) anos e, posteriormente, poderá denunciar a presente Convenção no término de cada período de 10 (dez) anos nas condições previstas no presente Artigo.

Artigo 10

1. O Diretor-Geral da Repartição Internacional do Trabalho notificará a todos os Membros da Organização Internacional do Trabalho o registro de todas as ratificações e denúncias que lhe serão comunicadas pelos Membros da Organização.

2. Ao notificar aos Membros da Organização o registro da segunda ratificação que lhe tiver sido comunicada, o Diretor-Geral chamará a atenção dos Membros da Organização para a data em que a presente Convenção entrará em vigor.

Artigo 11

O Diretor-Geral da Repartição Internacional do Trabalho comunicará ao Secretário-Geral das Nações Unidas, para fins de registro, de acordo com o Artigo 102 da Carta das Nações Unidas, informações completas relativas a todas as ratificações e ato de denúncia que tiverem sido registrados nos termos dos Artigos anteriores.

Artigo 12

Cada vez que o julgar necessário, o Conselho de Administração da Repartição Internacional do Trabalho apresentará à Conferência Geral um relatório sobre a aplicação da presente Convenção e examinará se é caso para que se inclua, na agenda da Conferência, a questão de sua revisão total ou parcial.

Artigo 13

1. No caso em que a Conferência adotasse nova Convenção sobre a revisão total ou parcial da presente Convenção, e a menos que a nova Convenção disponha de outra maneira:

a) a ratificação por um Membro da nova convenção sobre a revisão, acarretaria, de pleno direito, não obstante o Artigo 9º acima, denúncia imediata da presente Convenção, ressalvando-se que a nova convenção sobre a revisão tenha entrado em vigor;

b) a partir da data de entrada em vigor da nova convenção sobre a revisão, a presente Convenção deixaria de ser aberta à ratificação dos Membros.

2. A presente Convenção permaneceria, em todo caso, em vigor em sua forma e teor para os Membros que a tivessem ratificado e não ratificassem a convenção sobre a revisão.

Artigo 14

As versões francesa e inglesa do texto da presente Convenção fazem igualmente fé.

O texto que precede é o texto autêntico da Convenção devidamente adotada pela Conferência Geral da

3. A idade mínima fixada nos termos do parágrafo 1º deste Artigo não será inferior à idade de conclusão da escolaridade obrigatória ou, em qualquer hipótese, não inferior a quinze anos.
4. Não obstante o disposto no Parágrafo 3º deste Artigo, o País-membro, cuja economia e condições do ensino não estiverem suficientemente desenvolvidas, poderá, após consulta às organizações de empregadores e de trabalhadores concernentes, se as houver, definir, inicialmente, uma idade mínima de quatorze anos.
5. Todo País-membro que definir uma idade mínima de quatorze anos, de conformidade com o disposto no parágrafo anterior, incluirá em seus relatórios a serem apresentados sobre a aplicação desta Convenção, nos termos do Artigo 22 da Constituição da Organização Internacional do Trabalho, declaração:
a) de que subsistem os motivos dessa providência ou
b) de que renuncia ao direito de se valer da disposição em questão a partir de uma determinada data.

Artigo 3º

1. Não será inferior a dezoito anos a idade mínima para a admissão a qualquer tipo de emprego ou trabalho que, por sua natureza ou circunstâncias em que for executado, possa prejudicar a saúde, a segurança e a moral do adolescente.
2. Serão definidos por lei ou regulamentos nacionais ou pela autoridade competente, após consulta às organizações de empregadores e de trabalhadores concernentes, se as houver, as categorias de emprego ou trabalho às quais se aplica o parágrafo 1 deste Artigo.
3. Não obstante o disposto no parágrafo 1 deste Artigo, a lei ou regulamentos nacionais ou a autoridade competente poderá, após consultar as organizações de empregadores e de trabalhadores concernentes, se as houver, autorizar emprego ou trabalho a partir da idade de dezesseis anos, desde que estejam plenamente protegidas a saúde, a segurança e a moral dos adolescentes envolvidos e lhes seja proporcionada instrução ou treinamento adequado e específico no setor da atividade pertinente.

Artigo 4º

1. A autoridade competente, após consulta às organizações de empregadores e de trabalhadores concernentes, se as houver, poderá, na medida do necessário, excluir da aplicação desta Convenção um limitado número de categorias de emprego ou trabalho a respeito das quais se levantarem reais e especiais problemas de aplicação.
2. Todo País-membro que ratificar esta Convenção arrolará em seu primeiro relatório sobre sua aplicação, a ser submetido nos termos do Artigo 22 da Constituição da Organização Internacional do Trabalho, todas as categorias que possam ter sido excluídas de conformidade com o parágrafo 1 deste Artigo, dando as razões dessa exclusão, e indicará, nos relatórios subsequentes, a situação de sua lei e prática com referência às categorias excluídas e a medida em que foi dado ou se pretende dar efeito à Convenção com relação a essas categorias.
3. Não será excluído do alcance da Convenção, de conformidade com este Artigo, emprego ou trabalho protegido pelo Artigo 3 desta Convenção.

Artigo 5º

1. O País-membro, cuja economia e condições administrativas não estiverem suficientemente desenvolvidas, poderá, após consulta às organizações de empregadores e de trabalhadores, se as houver, limitar inicialmente o alcance de aplicação desta Convenção.
2. Todo País-membro que se servir do disposto no parágrafo 1 deste Artigo especificará, em declaração anexa à sua ratificação, os setores de atividade econômica ou tipos de empreendimentos aos quais aplicará os dispositivos da Convenção.
3. Os dispositivos desta Convenção serão aplicáveis, no mínimo, a: mineração e pedreira; indústria manufatureira; construção; eletricidade, água e gás; serviços sanitários; transporte, armazenamento e comunicações; plantações e outros empreendimentos agrícolas de fins comerciais, excluindo, porém, propriedades familiares e de pequeno porte que produzam para o consumo local e não empreguem regularmente mão de obra remunerada.
4. Todo País-membro que tiver limitado o alcance de aplicação desta Convenção, nos termos deste Artigo:
a) indicará em seus relatórios, nos termos do Artigo 22 da Constituição da Organização Internacional do Trabalho, a situação geral com relação ao emprego ou trabalho de adolescentes e crianças nos setores de atividade excluídos do alcance de aplicação desta Convenção e todo progresso que tenha sido feito no sentido de uma aplicação mais ampla de seus dispositivos;
b) poderá, em qualquer tempo, estender formalmente o alcance de aplicação com uma declaração encaminhada ao Diretor-Geral da Repartição Internacional do Trabalho.

Artigo 6º

Esta Convenção não se aplicará a trabalho feito por crianças e adolescentes em escolas de educação vocacional ou técnica ou em outras instituições de treinamento em geral ou a trabalho feito por pessoas de no mínimo quatorze anos de idade em empresas em que esse trabalho for executado dentro das condições prescritas pela autoridade competente, após consulta com as organizações de empregadores e de trabalhadores concernentes, onde as houver, e constituir parte integrante de:
a) curso de educação ou treinamento pelo qual é principal responsável uma escola ou instituição de treinamento;
b) programa de treinamento principalmente ou inteiramente executado em uma empresa, que tenha sido aprovado pela autoridade competente, ou
c) programa de orientação vocacional para facilitar a escolha de uma profissão ou de um tipo de treinamento.

Artigo 7º

1. As leis ou regulamentos nacionais poderão permitir o emprego ou trabalho a pessoas entre treze e quinze anos em serviços leves que:
a) não prejudiquem sua saúde ou desenvolvimento, e
b) não prejudiquem sua frequência escolar, sua participação em programas de orientação vocacional ou de treinamento aprovados pela autoridade competente ou sua capacidade de se beneficiar da instrução recebida.
2. As leis ou regulamentos nacionais poderão também permitir o emprego ou trabalho a pessoas com, no mínimo, quinze anos de idade e que não tenham ainda concluído a escolarização obrigatória em trabalho que preencher os requisitos estabelecidos nas alíneas *a)* e *b)* do parágrafo 1º deste Artigo.
3. A autoridade competente definirá as atividades em que o emprego ou trabalho poderá ser permitido nos termos dos parágrafos 1º e 2º deste Artigo e estabelecerá o número de horas e as condições em que esse emprego ou trabalho pode ser desempenhado.
4. Não obstante o disposto nos parágrafos 1º e 2º deste Artigo, o País-membro que se tiver servido das disposições do parágrafo 4º do Artigo 2º poderá, enquanto continuar assim procedendo, substituir as idades de treze e quinze anos pelas idades de doze e quatorze anos e a idade de quinze anos pela idade de quatorze anos dos respectivos Parágrafos 1º e 2º deste Artigo.

Artigo 8º

1. A autoridade competente, após consulta às organizações de empregadores e de trabalhadores concernentes, se as houver, poderá, mediante licenças concedidas em casos individuais, permitir exceções para a proibição de emprego ou trabalho provida no Artigo 2º desta Convenção, para finalidades como a participação em representações artísticas.
2. Licenças dessa natureza limitarão o número de horas de duração do emprego ou trabalho e estabelecerão as condições em que é permitido.

Artigo 9º

1. A autoridade competente tomará todas as medidas necessárias, inclusive a instituição de sanções apropriadas, para garantir a efetiva vigência dos dispositivos desta Convenção.
2. As leis ou regulamentos nacionais ou a autoridade competente designarão as pessoas responsáveis pelo cumprimento dos dispositivos que colocam em vigor a Convenção.
3. As leis ou regulamentos nacionais ou a autoridade competente prescreverão os registros ou outros documentos que devem ser mantidos e postos à disposição pelo empregador; esses registros ou documentos conterão nome, idade ou data de nascimento, devidamente autenticados sempre que possível, das pessoas que emprega ou que trabalham para ele e tenham menos de dezoito anos de idade.

Artigo 10

1. Esta Convenção revê, nos termos estabelecidos neste Artigo, a Convenção sobre a Idade Mínima (Indústria), de 1919; a Convenção sobre a Idade Mínima (Marítimos), de 1920; a Convenção sobre a Idade Mínima (Agricultura), de 1921; a Convenção sobre a Idade Mínima (Estivadores e Foguistas), de 1921; a Convenção sobre a Idade Mínima (Emprego não Industrial), de 1932; a Convenção (revista) sobre a Idade Mínima (Marítimos), de 1936; a Convenção (revista) sobre a Idade Mínima (Indústria), de 1937; a Convenção (revista) sobre a Idade Mínima (Emprego não Industrial), de 1937; a Convenção sobre a Idade Mínima (Pescadores), de 1959 e a Convenção sobre a Idade Mínima (Trabalho Subterrâneo), de 1965.
2. A entrada em vigor desta Convenção não priva de ratificações ulteriores as seguintes convenções: Convenção (revista) sobre a Idade Mínima (Marítimos), de 1936; a Convenção (revista) sobre a Idade Mínima (Indústria) de 1937; a Convenção (revista) sobre a Idade Mínima (Emprego não Industrial), de 1937; a Convenção sobre a Idade Mínima (Pescadores), de 1959 e a Convenção sobre a Idade Mínima (Trabalho Subterrâneo), de 1965.
3. A Convenção sobre a Idade Mínima (Indústria), de 1919; a Convenção (revista), sobre a Idade Mínima (Marítimos), de 1920; a Convenção sobre a Idade Mínima, (Agricultura), de 1921 e a Convenção sobre a Idade Mínima (Estivadores e Foguistas), de 1921, não estarão mais sujeitas a ratificações ulteriores quando todos seus participantes assim estiverem de acordo pela ratificação desta Convenção ou por declaração enviada ao Diretor-Geral da Repartição Internacional do Trabalho.
4. Quando as obrigações desta Convenção forem aceitas
a) por um País-membro que faça parte da Convenção (revista) sobre a Idade Mínima (Indústria), de 1937, e que tenha fixado uma idade mínima de admissão ao emprego não inferior a quinze anos, nos termos do Artigo 2º desta Convenção, isso implicará *ipso jure* a denúncia imediata daquela Convenção;
b) com referência ao emprego não industrial, conforme definido na Convenção sobre Idade Mínima (Emprego não Industrial), de 1932, por um País-membro que faça parte dessa Convenção, isso implicará *ipso jure* a denúncia imediata da referida Convenção;
c) com referência ao emprego não industrial, conforme definido na Convenção (revista) sobre a Idade Mínima (Emprego não Industrial), de 1937, por um País-membro que faça parte dessa Convenção e for fixada uma idade mínima de não menos de quinze anos nos termos do Artigo 2º desta Convenção, isso implicará *ipso jure* a denúncia imediata daquela Convenção;
d) com referência ao emprego marítimo, por um País-membro que faça parte da Convenção (revista) sobre a Idade Mínima (Marítimos), de 1936, e for fixada uma idade mínima de não menos de quinze anos, nos termos do Artigo 2º desta Convenção, ou

País-membro definir que o Artigo 3º desta Convenção aplica-se ao emprego marítimo, isso implicará *ipso jure* a denúncia imediata daquela Convenção;
e) com referência ao emprego em pesca marítima, por um País-membro que faça parte da Convenção sobre a Idade Mínima (Pescadores), de 1959 e for especificada uma idade mínima de não menos de quinze anos, nos termos do Artigo 2º desta Convenção, ou o País-membro especificar que o Artigo 3º desta Convenção aplica-se ao emprego em pesca marítima, isso implicará *ipso jure* a denúncia imediata daquela Convenção;
f) por um País-membro que for parte da Convenção sobre a Idade Mínima (Trabalho Subterrâneo), de 1965 e for especificada uma idade mínima de não menos de quinze anos, nos termos do Artigo 2º desta Convenção, ou o País-membro estabelecer que essa idade aplica-se a emprego subterrâneo em minas, por força do Artigo 3º desta Convenção, isso implicará *ipso jure* a denúncia imediata daquela Convenção, a partir do momento em que esta Convenção entrar em vigor.
5. A aceitação das obrigações desta Convenção
a) implicará a denúncia da Convenção sobre a Idade Mínima (Indústria), de 1919, de conformidade com seu Artigo 12;
b) com referência à agricultura, implicará a denúncia da Convenção sobre a Idade Mínima (Indústria), de 1919, de conformidade com seu Artigo 12;
c) com referência ao emprego marítimo, implicará a denúncia da Convenção sobre a Idade Mínima (Marítimos), de 1920, de conformidade com seu Artigo 10, e da Convenção sobre a Idade Mínima (Estivadores e Foguistas), de 1921, de conformidade com seu Artigo 12, a partir do momento em que esta Convenção entrar em vigor.

Artigo 11

As ratificações formais desta Convenção serão comunicadas, para registro, ao Diretor-Geral da Repartição Internacional do Trabalho.

Artigo 12

1. Esta Convenção obrigará unicamente os Países-membros da Organização Internacional do Trabalho cujas ratificações tiverem sido registradas pelo Diretor-Geral.
2. Esta Convenção entrará em vigor doze meses após a data de registro, pelo Diretor-Geral, das ratificações de dois Países-membros.
3. A partir de então, esta Convenção entrará em vigor, para todo País-membro, 12 (doze) meses depois do registro de sua ratificação.

Artigo 13

1. O País-membro que ratificar esta Convenção poderá denunciá-la ao final de um período de 10 (dez) anos, a contar da data de sua entrada em vigor, mediante comunicação ao Diretor-Geral da Repartição Internacional do Trabalho, para registro. A denúncia não terá efeito antes de se completar um ano a contar da data de seu registro.

2. Todo País-membro que ratificar esta Convenção e que, no prazo de um ano após expirado o período de 10 (dez) anos referido no parágrafo anterior, não tiver exercido o direito de denúncia previsto neste Artigo, ficará obrigado a um novo período de 10 (dez) anos e, daí por diante, poderá denunciar esta Convenção ao final de cada período de 10 (dez) anos, nos termos deste Artigo.

Artigo 14

1. O Diretor-Geral da Repartição Internacional do Trabalho dará ciência a todos os Países-membros da Organização do registro de todas as ratificações e denúncias que lhe forem comunicadas pelos Países-membros da Organização.
2. Ao notificar os Países-membros da Organização sobre o registro da segunda ratificação que lhe tiver sido comunicada, o Diretor-Geral lhes chamará a atenção para a data em que a Convenção entrará em vigor.

Artigo 15

O Diretor-Geral da Repartição Internacional do Trabalho comunicará ao Secretário-Geral das Nações Unidas, para registro, nos termos do Artigo 102 da Carta das Nações Unidas, informações pormenorizadas sobre todas as ratificações e atos de denúncia por ele registrado, conforme o disposto nos artigos anteriores.

Artigo 16

O Conselho de Administração da Repartição do Trabalho apresentará à Conferência Geral, quando considerar necessário, relatório sobre o desempenho desta Convenção e examinará a conveniência de incluir na pauta da Conferência a questão de sua revisão total ou parcial.

Artigo 17

1. No caso de adotar a Conferência uma nova convenção que reveja total ou parcialmente esta Convenção, a menos que a nova convenção disponha de outro modo,
a) A ratificação, por um País-membro, da nova convenção revisora implicará, *ipso jure*, a partir do momento em que entrar em vigor a convenção revisora, a denúncia imediata desta Convenção, não obstante os dispositivos do Artigo 13;
b) Esta Convenção deixará de estar sujeita à ratificação pelos Países-membros a partir da data de entrada em vigor da convenção revisora;
c) Esta Convenção continuará a vigorar, na sua forma e conteúdo, nos Países-membros que a ratificaram, mas não ratificarem a convenção revisora.

Artigo 18

As versões em inglês e francês do texto desta Convenção são igualmente autênticas.

RECOMENDAÇÃO 146
RECOMENDAÇÃO 146 SOBRE IDADE MÍNIMA DE ADMISSÃO AO EMPREGO

A Conferência Geral da Organização Internacional do Trabalho:

Convocada em Genebra pelo Conselho de Administração da Repartição Internacional do Trabalho e reunida em 6 de junho de 1973, em sua quinquagésima oitava reunião;

Ciente de que a efetiva eliminação do trabalho infantil e a progressiva elevação da idade mínima para admissão a emprego constituem apenas um aspecto da proteção e do progresso de crianças e adolescentes;

Considerando o interesse de todo o sistema das Nações Unidas por essa proteção e esse progresso;

Tendo adotado a Convenção sobre a Idade Mínima, de 1973;

Desejosa de melhor definir alguns elementos de políticas do interesse da Organização Internacional do Trabalho;

Tendo decidido adotar algumas propostas relativas à idade mínima para admissão a emprego, tema que constitui o quarto ponto da agenda da reunião;

Tendo decidido que essas propostas tomem a forma de uma recomendação suplementar à Convenção sobre a Idade Mínima, de 1973, adota, no vigésimo sexto dia de junho de mil novecentos e setenta e três, a seguinte Recomendação, que pode ser citada como a Recomendação sobre a Idade Mínima, de 1973:

I. Política Nacional

1. Para assegurar o sucesso da política nacional definida no Artigo 1° da Convenção sobre a Idade Mínima, de 1973, alta prioridade deveria ser conferida à identificação e atendimento das necessidades de crianças e adolescentes em políticas e em programas nacionais de desenvolvimento, e à progressiva extensão de medidas coordenadas necessárias para criar as melhores condições possíveis para o desenvolvimento físico e mental de crianças e adolescentes.

2. Nesse contexto, especial atenção deveria ser dispensada às seguintes áreas de planejamento e de políticas:

a) O firme compromisso nacional com o pleno emprego, nos termos da Convenção e da Recomendação sobre a Política de Emprego, de 1964, e a tomada de medidas destinadas a promover o desenvolvimento voltado para o emprego, tanto nas zonas rurais como nas urbanas;

b) A progressiva extensão de outras medidas econômicas e sociais destinadas a atenuar a pobreza onde quer que exista e a assegurar às famílias padrões de vida e de renda tais que tornem desnecessário o recurso à atividade econômica de crianças;

c) O desenvolvimento e a progressiva extensão, sem qualquer discriminação, de medidas de segurança social e de bem-estar familiar destinadas a garantir a manutenção da criança, inclusive de salários-família;

d) O desenvolvimento e a progressiva extensão de meios adequados de ensino, e de orientação vocacional e treinamento apropriados, em sua forma e conteúdo, para as necessidades das crianças e adolescentes concernentes;

e) O desenvolvimento e a progressiva extensão de meios apropriados à proteção e ao bem-estar de crianças e adolescentes, inclusive de adolescentes empregados, e à promoção de seu desenvolvimento.

3. Deveriam ser objeto de especial atenção as necessidades de crianças e adolescentes sem família, ou que não vivam com suas próprias famílias, e de crianças e adolescentes migrantes que vivem e viajam com suas famílias. As medidas tomadas nesse sentido deveriam incluir a concessão de bolsas de estudo e treinamento.

4. Deveria ser obrigatória e efetivamente assegurada a frequência escolar integral ou a participação em programas aprovados de orientação profissional ou de treinamento, pelo menos até a idade mínima especificada para admissão a emprego, conforme disposto no Artigo 2 da Convenção sobre a Idade Mínima, de 1973.

5. (1) Atenção deveria ser dispensada a medidas tais como treinamento preparatório, isento de riscos, para tipos de emprego ou trabalho nos quais a idade mínima prescrita, nos termos do Artigo 3 da Convenção sobre a Idade Mínima, de 1973, seja superior à idade em que cessa a escolarização obrigatória integral.

(2) Medidas análogas deveriam ser consideradas quando as exigências profissionais de uma determinada ocupação incluem uma idade mínima para admissão superior à idade em que termina a escolarização obrigatória integral.

II. Idade Mínima

6. A idade mínima definida deveria ser igual para todos os setores de uma atividade econômica.

7. (1) Os Países-membros deveriam ter como objetivo a elevação progressiva, para dezesseis anos, da idade mínima, para admissão a emprego ou trabalho, especificada em cumprimento do Artigo 2° da Convenção sobre a Idade Mínima, de 1973.

(2) Onde a idade mínima para emprego ou trabalho coberto pelo Artigo 2° da Convenção sobre a Idade Mínima, de 1973, estiver abaixo de 15 anos, urgentes providências deveriam ser tomadas para elevá-las a esse nível.

8. Onde não for imediatamente viável definir uma idade mínima para todo emprego na agricultura e em atividades correlatas nas áreas rurais, uma idade mínima deveria ser definida no mínimo para emprego em plantações e em outros empreendimentos agrícolas referidos no Artigo 5°, parágrafo 3°, da Convenção sobre a Idade Mínima, de 1973.

III. Emprego ou trabalho perigoso

9. Onde a idade mínima para admissão a tipos de emprego ou de trabalho que possam comprometer a saúde, a segurança e a moral de adolescentes estiver ainda abaixo de dezoito anos, providências imediatas deveriam ser tomadas para elevá-la a esse nível.

10. (1) Na definição dos tipos de emprego ou de trabalho a que se refere o Artigo 3° da Convenção

sobre a Idade Mínima, de 1973, deveriam ser levadas em conta as pertinentes normas internacionais de trabalho, como as que dizem respeito a substâncias, agentes ou processos perigosos (inclusive radiações ionizantes), levantamento de cargas pesadas e trabalho subterrâneo.

(2) Deveria ser reexaminada periodicamente, em particular à luz dos progressos científicos e tecnológicos, e revista, se necessário, a lista dos tipos de emprego ou de trabalho em questão.

11. Onde não foi imediatamente definida, nos termos do Artigo 5º da Convenção sobre a Idade Mínima, de 1973, uma idade mínima para certos setores da atividade econômica ou para certos tipos de empreendimentos, dispositivos adequados sobre a idade mínima deveriam ser aplicáveis, nesse particular, a tipos de emprego ou trabalho que ofereçam riscos para adolescentes.

IV. Condições de emprego

12. (1) Medidas deveriam ser tomadas para assegurar que as condições em que estão empregados ou trabalham crianças e adolescentes com menos de dezoito anos de idade alcancem padrões satisfatórios e neles sejam mantidas. Essas condições deveriam estar sob rigoroso controle.

(2) Medidas também deveriam ser tomadas para proteger e fiscalizar as condições em que crianças e adolescentes recebem orientação profissional ou treinamento dentro de empresas, instituições de treinamento e escolas de ensino profissional ou técnico, e para estabelecer padrões para sua proteção e desenvolvimento.

13. (1) Com relação à aplicação do parágrafo anterior e em cumprimento do Artigo 7º, parágrafo 3º, da Convenção sobre a Idade Mínima, de 1973, especial atenção deveria ser dispensada:

a) ao provimento de uma justa remuneração, e sua proteção, tendo em vista o princípio de salário igual para trabalho igual;

b) à rigorosa limitação das horas diárias e semanais de trabalho, e à proibição de horas extras, de modo a deixar tempo suficiente para a educação e treinamento (inclusive o tempo necessário para os deveres de casa), para o repouso durante o dia e para atividades de lazer;

c) à concessão, em possibilidade de exceção, salvo em situação de real emergência, de um período consecutivo mínimo de 12 (doze) horas de repouso noturno, e de costumeiros dias de repouso semanal;

d) à concessão de férias anuais remuneradas de pelo menos 4 (quatro) semanas e, em qualquer hipótese, não mais curtas do que as concedidas a adultos;

e) à proteção por regimes de seguridade social, inclusive regimes de prestação em caso de acidentes de trabalho e de doenças de trabalho, assistência médica e prestação de auxílio-doença, quaisquer que sejam as condições de emprego ou de trabalho;

f) à manutenção de padrões satisfatórios de segurança e de saúde e instrução e supervisão apropriadas.

(2) O inciso (1) deste parágrafo aplica-se a marinheiros adolescentes na medida em que não se encontram protegidos em relação a questões tratadas pelas convenções ou recomendações internacionais do trabalho concernentes especificamente ao emprego marítimo.

V. Aplicação

14. (1) As medidas para garantir a efetiva aplicação da Convenção sobre a Idade Mínima, de 1973, e desta Recomendação deveriam incluir:

a) o fortalecimento, na medida em que for necessário, da fiscalização do trabalho e de serviços correlatos, como, por exemplo, o treinamento especial de fiscais para detectar e corrigir abusos no emprego ou trabalho de crianças e adolescentes;

b) o fortalecimento de serviços destinados à melhoria e a fiscalização do treinamento dentro das empresas.

(2) Deveria ser ressaltado o papel que pode ser desempenhado por fiscais no suprimento de informações e assessoramento sobre os meios eficazes de aplicar dispositivos pertinentes, bem como na efetiva execução de tais dispositivos.

(3) A fiscalização do trabalho e a fiscalização do treinamento em empresas deveriam ser estreitamente coordenadas com vistas a assegurar a maior eficiência econômica e, de um modo geral, os serviços de administração do trabalho deveriam funcionar em estreita colaboração com os serviços responsáveis pela educação, treinamento, bem-estar e orientação de crianças e adolescentes.

15. Atenção especial deveria ser dispensada:

a) à aplicação dos dispositivos relativos aos tipos perigosos de emprego ou trabalho, e

b) à prevenção do emprego ou trabalho de crianças e adolescentes durante as horas de aula, enquanto for obrigatório a educação ou o treinamento.

16. Deveriam ser tomadas as seguintes medidas para facilitar a verificação de idades:

a) As autoridades públicas deveriam manter um eficiente sistema de registros de nascimento, que inclua a emissão de certidões de nascimento;

b) Os empregadores deveriam ser obrigados a manter, e pôr à disposição da autoridade competente, registros ou outros documentos indicando os nomes e idades ou datas de nascimento, devidamente autenticados se possível, não só de crianças e adolescentes por eles empregados, mas também daqueles que recebem orientação ou treinamento em suas empresas;

c) Crianças e adolescentes que trabalhem nas ruas, em estabelecimentos ao ar livre, em lugares públicos, ou exerçam ocupações ambulantes ou em outras circunstâncias que tornem impraticável a verificação de registros de empregadores, deveriam portar licenças ou outros documentos que atestem que eles preenchem as condições necessárias para o trabalho em questão.

CONVENÇÃO 151 DA OIT (1978)

- Aprovadas no Brasil pelo Decreto Legislativo 206, de 07.04.2010, ratificadas junto ao Diretor-Geral da OIT em 15.06.2010, e promulgadas pelo Decreto 7.944, de 06.03.2013.
- No ato de ratificação, o Governo brasileiro apresentou as seguintes declarações interpretativas: "I – a expressão 'pessoas empregadas pelas autoridades públicas', constante do item 1 do Artigo 1 da Convenção 151, abrange tanto os empregados públicos, ingressos na Administração Pública mediante concurso público, regidos pela Consolidação das Leis do Trabalho – CLT, aprovada pelo Decreto-lei 5.452, de 1º de maio de 1943, quanto os servidores públicos no plano federal, regidos pela Lei 8.112, de 11 de dezembro de 1990, e os servidores públicos nos âmbitos estadual e municipal, regidos pela legislação específica de cada um desses entes federativos; e II – consideram-se 'organizações de trabalhadores' abrangidas pela Convenção apenas as organizações constituídas nos termos do art. 8º da Constituição".
- Decreto 10.088, de 05.11.2019, Consolida atos normativos editados pelo Poder Executivo Federal que dispõem sobre a promulgação de convenções e recomendações da Organização Internacional do Trabalho - OIT ratificadas pela República Federativa do Brasil.

CONVENÇÃO SOBRE AS RELAÇÕES DE TRABALHO NA ADMINISTRAÇÃO PÚBLICA

A Conferência Geral da Organização Internacional do Trabalho,

Convocada em Genebra pelo Conselho de Administração da Repartição Internacional do Trabalho, reunida em 7 de junho de 1978, na sua 64ª sessão;

Considerando as disposições da Convenção Relativa à Liberdade Sindical e à Proteção do Direito de Sindicalização, 1948, da Convenção Relativa ao Direito de Organização e Negociação Coletiva, 1949, e da Convenção e da Recomendação Relativas aos Representantes

dos Trabalhadores, 1971;

Recordando que a Convenção Relativa ao Direito de Organização e Negociação Coletiva, 1949, não abrange determinadas categorias de trabalhadores da Administração Pública e que a Convenção e a Recomendação sobre os Representantes dos Trabalhadores, 1971, se aplicam aos representantes dos trabalhadores no ambiente de trabalho;

Considerando a notável expansão das atividades da Administração Pública em muitos países e a necessidade de relações de trabalho harmoniosas entre as autoridades públicas e as organizações de trabalhadores da Administração Pública;

Verificando a grande diversidade dos sistemas políticos, sociais e econômicos dos Estados-Membros, assim como a das respectivas práticas (por exemplo, no que se refere às funções respectivas dos governos centrais e locais, às das autoridades federais, estaduais e provinciais, bem como às das empresas que são propriedade pública e dos diversos tipos de organismos públicos autônomos ou semi-autônomos, ou ainda no que diz respeito à natureza das relações de trabalho);

Considerando os problemas específicos levantados pela delimitação da esfera de aplicação de um instrumento internacional e pela adoção de definições para efeitos deste instrumento, em virtude das diferenças existentes em numerosos países entre o trabalho no setor público e no setor privado, assim como as dificuldades de interpretação que surgiram a respeito da aplicação aos funcionários públicos das pertinentes disposições da Convenção Relativa ao Direito de Organização e Negociação Coletiva, 1949, e as observações através das quais os órgãos de controle da OIT chamaram repetidas vezes a atenção para o fato de certos Governos aplicarem essas disposições de modo a excluir grandes grupos de trabalhadores da Administração Pública da esfera de aplicação daquela Convenção;

Após ter decidido adotar diversas propostas relativas à liberdade sindical e aos processos de fixação das condições de trabalho na Administração Pública, questão que constitui o quinto ponto da ordem do dia da sessão;

Após ter decidido que essas propostas tomariam a forma de uma convenção internacional;

Adota, no dia 27 de junho de 1978, a seguinte Convenção, que será denominada Convenção sobre as Relações de Trabalho na Administração Pública, 1978:

PARTE I
ÂMBITO DE APLICAÇÃO E DEFINIÇÕES

Artigo 1º

1. A presente Convenção aplica-se a todas as pessoas empregadas pelas autoridades públicas, na medida em que não lhes sejam aplicáveis disposições mais favoráveis de outras convenções internacionais do trabalho.

2. A legislação nacional determinará o modo pelo qual as garantias previstas pela presente Convenção se aplicarão aos trabalhadores da Administração Pública de alto nível, cujas funções são normalmente consideradas de formulação de políticas ou de direção ou aos trabalhadores da Administração Pública cujas responsabilidades tenham um caráter altamente confidencial.

3. A legislação nacional determinará o modo pelo qual as garantias previstas pela presente Convenção se aplicarão às forças armadas e à polícia.

Artigo 2º

Para os efeitos da presente Convenção, a expressão "trabalhadores da Administração Pública" designa toda e qualquer pessoa a que se aplique esta Convenção, nos termos do seu Artigo 1.

Artigo 3º

Para os efeitos da presente Convenção, a expressão "organização de trabalhadores da Administração Pública" designa toda a organização, qualquer que seja a sua composição, que tenha por fim promover e defender os interesses dos trabalhadores da Administração Pública.

PARTE II
PROTEÇÃO DO DIREITO DE ORGANIZAÇÃO

Artigo 4°

1. Os trabalhadores da Administração Pública devem usufruir de uma proteção adequada contra todos os atos de discriminação que acarretem a violação da liberdade sindical em matéria de trabalho.

2. Essa proteção deve aplicar-se, particularmente, em relação aos atos que tenham por fim:

a) Subordinar o emprego de um trabalhador da Administração Pública à condição de este não se filiar a uma organização de trabalhadores da Administração Pública ou deixar de fazer parte dessa organização;

b) Demitir um trabalhador da Administração Pública ou prejudicá-lo por quaisquer outros meios, devido à sua filiação a uma organização de trabalhadores da Administração Pública ou à sua participação nas atividades normais dessa organização.

Artigo 5°

1. As organizações de trabalhadores da Administração Pública devem usufruir de completa independência das autoridades públicas.

2. As organizações de trabalhadores da Administração Pública devem usufruir de uma proteção adequada contra todos os atos de ingerência das autoridades públicas em sua formação, funcionamento e administração.

3. São particularmente considerados atos de ingerência, no sentido do presente Artigo, todas as medidas tendentes a promover a criação de organizações de trabalhadores da Administração Pública dominadas por uma autoridade pública ou a apoiar organizações de trabalhadores da Administração Pública por meios financeiros ou quaisquer outros, com o objetivo de submeter essas organizações ao
controle de uma autoridade pública.

PARTE III
GARANTIAS A SEREM CONCEDIDAS ÀS ORGANIZAÇÕES DE TRABALHADORES DA ADMINISTRAÇÃO PÚBLICA

Artigo 6°

1. Devem ser concedidas garantias aos representantes das organizações reconhecidas de trabalhadores da Administração Pública, de modo a permitir-lhes cumprir rápida e eficientemente as suas funções, quer durante as suas horas de trabalho, quer fora delas.

2. A concessão dessas garantias não deve prejudicar o funcionamento eficiente da Administração ou do serviço interessado.

3. A natureza e a amplitude dessas garantias devem ser fixadas de acordo com os métodos mencionados no Artigo 7 da presente Convenção ou por quaisquer outros meios adequados.

PARTE IV
PROCEDIMENTOS PARA FIXAÇÃO DAS CONDIÇÕES DE TRABALHO

Artigo 7°

Devem ser tomadas, quando necessário, medidas adequadas às condições nacionais para encorajar e promover o desenvolvimento e utilização plenos de mecanismos que permitam a negociação das condições de trabalho entre as autoridades públicas interessadas e as organizações de trabalhadores da Administração Pública ou de qualquer outro meio que permita aos representantes dos trabalhadores da Administração Pública participarem na fixação das referidas condições.

PARTE V
SOLUÇÃO DE CONFLITOS

Artigo 8°

A solução de conflitos surgidos em razão da fixação das condições de trabalho será buscada de maneira adequada às condições nacionais, por meio da negociação entre as partes interessadas ou por mecanismos que dêem garantias de independência e imparcialidade, tais como a mediação, a conciliação ou a arbitragem, instituídos de modo que inspirem confiança às partes interessadas.

PARTE VI
DIREITOS CIVIS E POLÍTICOS

Artigo 9°

Os trabalhadores da Administração Pública devem usufruir, como os outros trabalhadores, dos direitos civis e políticos que são essenciais ao exercício normal da liberdade sindical, com a única reserva das obrigações referentes ao seu estatuto e à natureza das funções que exercem.

PARTE VII
DISPOSIÇÕES FINAIS

Artigo 10

As ratificações formais da presente Convenção serão comunicadas ao Diretor-Geral da Repartição Internacional do Trabalho para registro.

Artigo 11

1. A presente Convenção obriga apenas os membros da Organização Internacional do Trabalho cuja ratificação tiver sido registrada junto ao Diretor-Geral.

2. A Convenção entrará em vigor doze meses após a data em que as ratificações de dois membros forem registradas junto ao Diretor-Geral.

3. Em seguida, esta Convenção entrará em vigor para cada membro doze meses após a data em que a sua ratificação tiver sido registrada.

Artigo 12

1. Qualquer membro que tiver ratificado a presente Convenção pode denunciá-la, decorrido um perí-

odo de dez anos após a data inicial de entrada em vigor da Convenção, por comunicação, para seu registro, ao Diretor-Geral da Repartição Internacional do Trabalho. A denúncia apenas produzirá efeito um ano depois de ter sido registrada.

2. Qualquer membro que tiver ratificado a presente Convenção e que, no prazo de um ano após ter expirado o período de dez anos mencionado no Parágrafo anterior, não fizer uso da faculdade de denúncia prevista pelo presente Artigo ficará obrigado por um novo período de dez anos e, posteriormente, poderá denunciar a presente Convenção ao final de cada período de dez anos, nas condições previstas no presente Artigo.

Artigo 13

1. O Diretor-Geral da Repartição Internacional do Trabalho notificará todos os membros da Organização Internacional do Trabalho do registro de todas as ratificações e denúncias que lhe forem comunicadas pelos membros da Organização.

2. Ao notificar os membros da Organização do registro da segunda ratificação que lhe tiver sido comunicada, o Diretor-Geral chamará a atenção dos membros da Organização para a data em que a presente Convenção entrará em vigor.

Artigo 14

O Diretor-Geral da Repartição Internacional do Trabalho comunicará ao Secretário-Geral das Nações Unidas, para efeitos de registro, de acordo com o Artigo 102 da Carta das Nações Unidas, informações completas sobre todas as ratificações e atos de denúncia que tiver registrado de acordo com os Artigos anteriores.

Artigo 15

Sempre que o considere necessário, o Conselho de Administração da Repartição Internacional do Trabalho apresentará à Conferência Geral um relatório sobre a aplicação da presente Convenção e examinará a oportunidade de inscrever na ordem do dia da Conferência a questão da sua revisão total ou parcial.

Artigo 16

1. No caso de a Conferência adotar uma nova convenção que reveja total ou parcialmente a presente Convenção, e salvo disposição em contrário da nova Convenção:

a) A ratificação, por um membro, da nova Convenção revista acarretará, de pleno direito, não obstante o disposto no Artigo 12, a denúncia imediata da presente Convenção, desde que a nova convenção revista tenha entrado em vigor;

b) A partir da data da entrada em vigor da nova convenção revista a presente Convenção deixará de estar aberta à ratificação dos Membros.

2. A presente Convenção permanecerá em todo o caso em vigor, na sua forma e conteúdo, para os membros que a tiverem ratificado e que não ratificarem a Convenção revista.

Artigo 17

As versões francesa e inglesa do texto da presente Convenção são igualmente autênticas.

RECOMENDAÇÃO 159
SOBRE AS RELAÇÕES DE TRABALHO NA ADMINISTRAÇÃO PÚBLICA, 1978

A Conferência Geral da Organização Internacional do Trabalho,

Convocada em Genebra pelo Conselho de Administração da Repartição Internacional do Trabalho, reunida naquela cidade em 7 de junho de 1978 em sua sexagésima quarta reunião;

Após ter decidido adotar diversas proposições relativas à liberdade sindical e procedimentos para determinar a liberdade sindical e procedimentos para determinar as condições de emprego na Administração Pública, questão que constitui o quinto ponto da ordem do dia da reunião, e

Após ter decidido que tais proposições se revistam da forma de uma recomendação que complete a Convenção sobre as relações de trabalho na administração pública, 1978, adota, com data vinte e sete de junho de mil e novecentos e setenta e oito, a presente Recomendação, que poderá ser citada como a Recomendação sobre as Relações de Trabalho na Administração Pública, 1978:

1.

1) Nos países em que existam procedimentos para o reconhecimento das organizações de trabalhadores da Administração Pública com vistas a determinar as organizações às quais são atribuídos direitos preferenciais ou exclusivos aos efeitos previstos nas Partes III, IV e V da Convenção sobre as Relações de Trabalho na Administração Pública, 1978, tal determinação deveria basear-se em critérios objetivos e preestabelecidos respeito do caráter representativo dessas organizações.

2) Os procedimentos referidos na alínea 1) do presente Parágrafo deveriam ser de tal natureza que não estimulem a proliferação de organizações que cubram as mesmas categorias de trabalhadores da Administração Pública.

2.

1) Em caso de negociação das condições de trabalho de conformidade com a Parte IV da Convenção sobre as Relações de Trabalho na Administração Pública, 1978, os indivíduos ou órgãos competentes para negociar em nome da autoridade pública, e os procedimentos para pôr em prática as condições de trabalho estabelecidas, deveriam ser previstos pela legislação nacional ou por outros meios apropriados.

2) No caso em que outros mecanismos que não a negociação forem utilizados para permitir aos representantes dos trabalhadores da Administração Pública participar na fixação das condições de trabalho, o procedimento para assegurar essa participação e para determinar de maneira definitiva tais condições deveria ser previsto pela legislação nacional ou por outros meios apropriados.

3. Ao se concluir um acordo entre a autoridade pública e uma organização de trabalhadores da Administração Pública, em conformidade com o Parágrafo 2, alínea 1), da presente Recomendação, seu período de vigência e/ou seu procedimento de término, renovação ou revisão deve ser especificado.

4. Ao determinar a natureza e alcance das garantias que deveriam ser concedidas aos representantes das organizações de trabalhadores da Administração Pública, em conformidade com o Artigo 6, Parágrafo 3, da Convenção sobre as Relações de Trabalho na Administração Pública, 1978, deveria considerar-se a Recomendação sobre os Representantes dos Trabalhadores, 1971.

CONVENÇÃO 155 DA OIT (1981)

- Aprovada no Brasil pelo Decreto Legislativo 2, de 17.03.1992, ratificada em 18.05.1992 (passando a vigorar para o Brasil em 18.05.1993, na forma de seu art. 24) e promulgada pelo Decreto 1.254, de 29.09.1994.
- Decreto 10.088, de 05.11.2019, Consolida atos normativos editados pelo Poder Executivo Federal que dispõem sobre a promulgação de convenções e recomendações da Organização Internacional do Trabalho - OIT ratificadas pela República Federativa do Brasil.

CONVENÇÃO SOBRE SEGURANÇA E SAÚDE DOS TRABALHADORES E O MEIO AMBIENTE DE TRABALHO

A Conferência Geral da Organização Internacional do Trabalho, convocada em Genebra pelo Conselho de Administração da Repartição Internacional do Trabalho, e reunida nessa cidade em 3 de junho de 1981, na sua Sexagésima-Sétima Sessão;

Após ter decidido adotar diversas proposições relativas à segurança, à higiene e ao meio ambiente de trabalho, questão que constitui o sexto item da agenda da reunião, e

Após ter decidido que tais proposições tomariam a forma de uma Convenção Internacional, adota, na data de 22 de junho de 1981, a presente Convenção, que poderá ser citada como a Convenção sobre Segurança e Saúde dos Trabalhadores, 1981:

PARTE I
ÁREA DE APLICAÇÃO E DEFINIÇÕES

Artigo 1º

1. A presente Convenção aplica-se a todas as áreas de atividade econômica.

2. Todo Membro que ratificar a presente Convenção poderá mediante consulta previa, tão cedo quanto possível, às organizações representativas de empregadores e de trabalhadores interessados, excluir total ou parcialmente da sua aplicação determinadas áreas de atividades econômicas, tais como o transporte marítimo ou a pesca, nas quais essa aplicação apresentar problemas especiais de uma certa importância.

3. Todo Membro que ratificar a presente Convenção deverá enumerar, no primeiro relatório sobre a aplicação da Convenção que submeter, em virtude do artigo 22 da Constituição da Organização Internacional do Trabalho, as áreas de atividade econômica que tiverem sido excluídas em virtude do parágrafo 2 deste artigo, explicando os motivos dessa exclusão e descrevendo as medidas adotadas para assegurar a proteção suficiente dos trabalhadores nas áreas excluídas, e deverá indicar nos relatórios subsequentes todo progresso que for realizado no sentido de uma aplicação mais abrangente.

Artigo 2º

1. A presente Convenção aplica-se a todos os trabalhadores das áreas de atividades econômica abrangidas.

2. Todo o Membro que ratificar a presente Convenção poderá, mediante consulta prévia, tão cedo quanto possível, às organizações representativas de empregadores e de trabalhadores interessadas, excluir parcial ou totalmente da sua aplicação categorias limitadas de trabalhadores que apresentariam problemas particulares para sua aplicação.

3. Todo Membro que ratificar a presente Convenção deverá enumerar, no primeiro relatório sobre a aplicação que submeter, em virtude do artigo 22 da Constituição da Organização Internacional do Trabalho, as categorias limitadas de trabalhadores que tiverem sido excluídas em virtude do parágrafo 2 deste artigo, explicando os motivos dessa exclusão, e deverá indicar nos relatórios subsequentes todos os progressos realizados no sentido de uma aplicação mais abrangente.

Artigo 3º

Para os fins da presente Convenção:

a) a expressão "áreas de atividade econômica" abrange todas as áreas em que existam trabalhadores empregados, inclusive a administração pública;

b) o termo "trabalhadores" abrange todas as pessoas empregadas, incluindo os funcionários públicos;

c) a expressão "local de trabalho" abrange todos os lugares onde os trabalhadores devem permanecer ou onde têm que comparecer, e que estejam sob o controle, direto ou indireto, do empregador;

d) o termo "regulamentos" abrange todas as disposições às quais a autoridade ou as autoridades competentes tiverem dado força de lei;

e) o termo "saúde", com relação ao trabalho, abrange não só a ausência de afecção ou de doenças, mas também os elementos físicos e mentais que afetam a saúde e estão diretamente relacionados com a segurança e a higiene no trabalho.

PARTE II
PRINCÍPIOS DE UMA POLÍTICA NACIONAL

Artigo 4º

1. Todo Membro deverá, em consulta às organizações mais representativas de empregadores e de trabalhadores, e levando em conta as condições e a prática nacionais, formular, por em prática e reexaminar periodicamente uma política nacional coerente em matéria de segurança e saúde dos trabalhadores e o meio ambiente de trabalho.

2. Essa política terá como objetivo prevenir os acidentes e os danos à saúde que forem consequência do trabalho, tenham relação com a atividade de trabalho, ou se apresentarem durante o trabalho, reduzindo ao mínimo, na medida que for razoável e possível, as causas dos riscos inerentes ao meio ambiente de trabalho.

Artigo 5°
A política à qual se faz referencia no artigo 4 da presente Convenção deverá levar em consideração as grandes esferas de ação que se seguem, na medida em que possam afetar a segurança e a saúde dos trabalhadores e o meio ambiente de trabalho:
a) projeto, teste, escolha, substituição, instalação, arranjo, utilização e manutenção dos componentes materiais do trabalho (locais de trabalho, meio ambiente de trabalho, ferramentas, maquinário e equipamento; substâncias e agentes químicos, biológicos e físicos; operações e processos);
b) relações existentes entre os componentes materiais do trabalho e as pessoas que o executam ou supervisionam, e adaptação do maquinário, dos equipamentos, do tempo de trabalho, da organização do trabalho e das operações e processos às capacidades físicas e mentais dos trabalhadores;
c) treinamento, incluindo o treinamento complementar necessário, qualificações e motivação das pessoas que intervenham, de uma ou de outra maneira, para que sejam atingidos os níveis adequados de segurança e higiene;
d) comunicação e cooperação em níveis de grupo de trabalho e de empresa e em todos os níveis apropriados, inclusive até no nível nacional;
e) a proteção dos trabalhadores e de seus representantes contra toda medida disciplinar por eles justificadamente empreendida de acordo com a política referida no artigo 4 da presente Convenção.

Artigo 6°
A formulação da política referida no artigo 4 da presente Convenção deverá determinar as respectivas funções e responsabilidades, em matéria de segurança e saúde dos trabalhadores e meio ambiente de trabalho, das autoridades públicas, dos empregadores, dos trabalhadores e de outras pessoas interessadas, levando em conta o caráter complementar dessas responsabilidades, assim como as condições e a prática nacionais.

Artigo 7°
A situação em matéria de segurança e saúde dos trabalhadores e meio ambiente de trabalho deverá ser examinada, em intervalos adequados, globalmente ou com relação a setores determinados, com a finalização de se identificar os principais problemas, elaborar meios eficazes para resolvê-los, definir a ordem de prioridade das medidas que for necessário adotar, e avaliar os resultados.

PARTE III
AÇÃO EM NÍVEL NACIONAL
Artigo 8°
Todo Membro deverá adotar, por via legislativa ou regulamentar ou por qualquer outro método de acordo com as condições e a prática nacionais, e em consulta às organizações representativas e empregadores e de trabalhadores interessadas, as medidas necessárias para tornar efeito o artigo 4 da presente Convenção.

Artigo 9°
O controle da aplicação das leis e dos regulamentos relativos à segurança, à higiene e ao meio ambiente de trabalho deverá estar assegurado por um sistema de inspeção das leis ou dos regulamentos.

Artigo 10
Deverão ser adotadas medidas para orientar os empregadores e os trabalhadores com o objetivo de ajudá-los a cumprirem com suas obrigações legais.

Artigo 11
Com a finalidade de tornar efetiva a política referida no artigo 4 da presente Convenção, a autoridade ou as autoridades competentes deverão garantir a realização das seguintes tarefas:
a) a determinação, quando a natureza e o grau de risco assim o requererem, das condições que regem a concepção, a construção e o acondicionamento das empresas, sua colocação em funcionamento, as transformações mais importantes que forem necessárias e toda modificação dos seus fins iniciais, assim como a segurança do equipamento técnico utilizado no trabalho e a aplicação de procedimentos definidos pelas autoridades competentes;
b) a determinação das operações e processos que serão proibidos, limitados ou sujeitos à autorização ou ao controle da autoridade ou autoridades competentes, assim como a determinação das substâncias e agentes aos quais estará proibida a exposição no trabalho, ou bem limitada ou sujeita à autorização ou ao controle da autoridade ou autoridades competentes; deverão ser levados em consideração os riscos para a saúde decorrentes da exposição simultâneas a diversas substâncias ou agentes;
c) o estabelecimento e a aplicação de procedimentos para a declaração de acidentes de trabalho e doenças profissionais por parte dos empregadores e, quando for pertinente, das instituições seguradoras ou outros organismos ou pessoas diretamente interessadas, e a elaboração de estatísticas anuais sobre acidentes de trabalho e doenças profissionais;
d) realização de sindicâncias cada vez que um acidente de trabalho, um caso de doença profissional ou qualquer outro dano à saúde ocorrido durante o trabalho ou com relação ao mesmo possa indicar uma situação grave;
e) a publicação anual de informações sobre as medidas adotadas para a aplicação da política referida no artigo 4 da presente Convenção e sobre os acidentes de trabalho, os casos de doenças profissionais ou outros danos à saúde ocorridos durante o trabalho ou com relação ao mesmo;
f) levando em consideração as condições e possibilidades nacionais, a introdução ou o desen-

volvimento de sistemas de pesquisa dos agentes químicos, físicos ou biológicos no que diz respeito aos riscos que eles representaram para a saúde dos trabalhadores.

Artigo 12

Deverão ser adotadas medidas de conformidade com a legislação e a prática nacionais a fim de assegurar que aquelas pessoas que projetam, fabricam, importam, fornecem ou cedem, sob qualquer título, maquinário, equipamentos ou substâncias para uso profissional:

a) tenham certeza, na medida do razoável e possível, de que o maquinário, os equipamentos ou as substâncias em questão não implicará perigo algum para a segurança e a saúde das pessoas que fizerem uso correto dos mesmos;

b) facilitem informações sobre a instalação e utilização corretas do maquinário e dos equipamentos e sobre o uso correto de substâncias, sobre os riscos apresentados pelas máquinas e os materiais, e sobre as características perigosas das substâncias químicas, dos agentes ou dos produtos físicos ou biológicos, assim como instruções sobre a forma de prevenir os riscos conhecidos;

c) façam estudos e pesquisas, ou se mantenham a par de qualquer outra forma, da evolução dos conhecimentos científicos e técnicos necessários para cumprir com as obrigações expostas nos itens a) e b) do presente artigo.

Artigo 13

De conformidade com a prática e as condições nacionais, deverá ser protegido, de consequências injustificadas, todo trabalhador que julgar necessário interromper uma situação de trabalho por considerar, por motivos razoáveis, que ela envolve um perigo iminente e grave para sua vida ou sua saúde.

Artigo 14

Medidas deverão ser adotadas no sentido de promover, de maneira conforme à pratica e às condições nacionais, a inclusão das questões de segurança, higiene e meio ambiente de trabalho em todos os níveis de ensino e de treinamento, incluídos aqueles do ensino superior técnico, médico e profissional, com o objetivo de satisfazer as necessidades de treinamento de todos os trabalhadores.

Artigo 15

1. A fim de se assegurar a coerência da política referida no artigo 4 da presente Convenção e das medidas adotadas para aplicá-la, todo Membro deverá implementar, mediante consulta prévia, tão cedo quanto possível, com as organizações mais representativas de empregadores e de trabalhadores e, quando for apropriado, com outros organismos, disposições de acordo com a prática e as condições nacionais a fim de conseguir a necessária coordenação entre as diversas autoridades e os diversos organismos encarregados de tornar efetivas as Partes II e III da presente Convenção.

2. Quando as circunstâncias requererem e a prática e as condições nacionais permitirem, essas disposições deverão incluir o estabelecimento de um organismo central.

PARTE IV
AÇÃO EM NÍVEL DE EMPRESA

Artigo 16

1. Deverá ser exigido dos empregadores que, na medida que for razoável e possível, garantam que os locais de trabalho, o maquinário, os equipamentos e as operações e processos que estiverem sob seu controle são seguros e não envolvem risco algum para a segurança e a saúde dos trabalhadores.

2. Deverá ser exigido dos empregadores que, na medida que for razoável e possível, garantam que os agentes e as substâncias químicas, físicas e biológicas que estiverem sob seu controle não envolvem riscos para a saúde quando são tomadas medidas de proteção adequadas.

3. Quando for necessário, os empregadores deverão fornecer roupas e equipamentos de proteção adequados a fim de prevenir, na medida que for razoável e possível, os riscos de acidentes ou de efeitos prejudiciais para a saúde.

Artigo 17

Sempre que duas ou mais empresas desenvolverem simultaneamente atividades num mesmo local de trabalho, as mesmas terão o dever de colaborar na aplicação das medidas previstas na presente Convenção.

Artigo 18

Os empregadores deverão prever, quando for necessário, medidas para lidar com situações de urgência e com acidentes, incluindo meios adequados para a administração de primeiros socorros.

Artigo 19

Deverão ser adotadas disposições, em nível de empresa, em virtude das quais:

a) os trabalhadores, ao executarem seu trabalho, cooperem com o cumprimento das obrigações que correspondem ao empregador;

b) os representantes dos trabalhadores na empresa cooperem com o empregador no âmbito da segurança e higiene do trabalho;

c) os representantes dos trabalhadores na empresa recebam informação adequada acerca das medidas tomadas pelo empregador para garantir a segurança e a saúde, e possam consultar as suas organizações representativas sobre essa informação, sob condição de não divulgarem segredos comerciais;

d) os trabalhadores e seus representantes na empresa recebam treinamento apropriado no âmbito da segurança e da higiene do trabalho;

e) os trabalhadores ou seus representantes e, quando for o caso, suas organizações representativas na empresa estejam habilitados, de conformidade com a legislação e a prática nacionais, para examinarem todos os aspectos da segurança e da saúde relacionados com seu trabalho, e sejam consultados nesse sentido pelo empregador. Com essa finalidade, e em comum acordo, poder-se-á recorrer a conselheiros técnicos alheios à empresa;

f) o trabalhador informará imediatamente o seu superior hierárquico direto sobre qualquer situação de trabalho que, a seu ver e por motivos razoáveis, envolva um perigo iminente e grave para sua vida ou sua saúde. Enquanto o empregador não tiver tomado medidas corretivas, se forem necessárias, não poderá exigir dos trabalhadores a sua volta a uma situação de trabalho onde exista, em caráter contínuo, um perigo grave ou iminente para sua vida ou sua saúde.

Artigo 20
A cooperação entre os empregadores e os trabalhadores ou seus representantes na empresa deverá ser um elemento essencial das medidas em matéria de organização, e de outro tipo, que forem adotadas para a aplicação dos artigos 16 a 19 da presente Convenção.

Artigo 21
As medidas de segurança e higiene do trabalho não deverão implicar nenhum ônus financeiro para os trabalhadores.

PARTE V
DISPOSIÇÕES FINAIS

Artigo 22
A presente Convenção não revisa nenhuma das Convenções ou recomendações internacionais do trabalho existentes.

Artigo 23
As ratificações formais da presente Convenção serão comunicadas, para seu registro, ao Diretor-Geral da Repartição Internacional do trabalho.

Artigo 24
1. Esta Convenção obrigará exclusivamente àqueles Membros da Organização Internacional do trabalho cujas ratificações tiverem sido registradas pelo Diretor-Geral.
2. Entrará em vigor 12 (doze) meses após a data em que as ratificações de dois membros tiverem sido registrados pelo Diretor-Geral.
3. A partir desse momento, a Convenção entrará em vigor, para cada Membro, 12 (doze) meses após a data na qual a sua ratificação tiver sido registrada.

Artigo 25
1. Todo Membro que tiver ratificado esta Convenção poderá denunciá-la ao fim do período de 10 (dez) anos, a contar da data em que tiver entrado inicialmente em vigor, através de um ato comunicado ao Diretor-Geral da Repartição Internacional do Trabalho e por ele registrado. A denuncia não terá efeito se não 1 (um) ano depois da data em que tiver sido registrada.

2. Todo Membro que, tendo ratificado esta Convenção e que no prazo de 1 (um) ano após a expiração do período de 10 (dez) anos mencionado no parágrafo precedente, não fizer uso da faculdade de denúncia prevista no presente artigo, permanecerá obrigado durante um novo período de 10 (dez) anos e, sucessivamente, poderá denunciar esta Convenção no fim de cada período de 10 (dez) anos, nas condições previstas neste artigo.

Artigo 26
1. O Diretor-Geral da Repartição Internacional do Trabalho notificará a todos os membros da Organização Internacional do Trabalho o registro de todas as ratificações, declarações e denúncias a ele comunicadas pelos Membros da Organização.
2. Ao notificar aos Membros da Organização o registro da segunda ratificação que lhe tiver sido comunicada, o Diretor-Geral fará notar aos Membros da Organização a data em que a presente Convenção entrará em vigor.

Artigo 27
O Diretor-Geral de Repartição Internacional do Trabalho comunicará ao Secretário-Geral das Nações Unidas, para efeitos do registro da segunda ratificação e de conformidade com o artigo 102 da Carta das Nações Unidas, um relatório completo sobre todas as ratificações, declarações e atos de denúncia que ele tiver registrado, de acordo com os artigos precedentes.

Artigo 28
Sempre que o considerar necessário, o Conselho de Administração da Repartição Internacional do Trabalho apresentará à Conferência um relatório sobre a aplicação da Convenção e considerará a conveniência de incluir na agenda da Conferência a questão de sua total ou parcial revisão.

Artigo 29
1. No caso da Conferência adotar uma nova Convenção que implique a revisão total ou parcial da presente, e a não ser que a nova Convenção contenha disposições em contrário:

a) a ratificação, por um Membro, da nova Convenção revisora implicará, *ipso jure*, a denúncia imediata da presente Convenção, não obstante as disposições contidas no artigo 25, sempre que a nova Convenção revista tiver entrado em vigor;

b) a partir da data de entrada em vigor da nova Convenção revisora, a presente Convenção deixará de estar aberta para ratificação por parte dos Membros.

2. A presente Convenção permanecerá em vigor em todos os casos, em sua forma e conteúdo atuais, para aqueles Membros que a tiverem ratificado e que não ratificarem a Convenção revisora.

Artigo 30
As versões inglesa e francesa do texto desta Convenção são igualmente autênticas.

CONVENÇÃO 156 DA OIT (1981)

▶ Aprovada em 1981, entrou em vigor em 11 de agosto de 1983, tendo sido ratificada por 45 Estados-membros da OIT, ainda não fora ratificada pelo Brasil, mas encontra-se em processo de aprovação.

CONVENÇÃO SOBRE A IGUALDADE DE OPORTUNIDADES E DE TRATAMENTO PARA HOMENS E MULHERES TRABALHADORES: TRABALHADORES COM ENCARGOS DE FAMÍLIA

A Conferência Geral da Organização Internacional do Trabalho.

Convocada em Genebra pelo Conselho de Administração do Secretariado da Organização Internacional do Trabalho e reunida em sua Sexagésima Sétima Reunião, em 3 de junho de 1981;

Considerando que a declaração de Filadélfia, relativa ás metas e aos objetivos da Organização Internacional do Trabalho, reconhece que " todos os seres humanos, independentemente de raça, credo ou sexo, têm o direito de buscar o seu bem-estar material e seu desenvolvimento espiritual em condições de liberdade e dignidade, de segurança econômica e de igual oportunidade";

Considerando os termos da Declaração sobre a Igualdade de Oportunidade e de Tratamento para mulheres trabalhadoras e da resolução referente a um plano de ação com vista à promoção da igualdade de oportunidades e de tratamento para mulheres trabalhadoras, adotados pela Conferência Internacional do Trabalho, em 1975;

Considerando as disposições de convenções e recomendações internacionais do trabalho com o objetivo de assegurar a igualdade de oportunidades e de tratamento para homens e mulheres trabalhadores, notadamente a Convenção e a Recomendação sobre a Discriminação (Emprego e Profissão), de 1958, e a Parte VIII da Recomendação sobre o Desenvolvimento de Recursos Humanos, de 1975;

Considerando que a Convenção sobre a Discriminação (Emprego e Profissão), de 1958, não cobre expressamente distinções feitas na base de encargos de família e considerando que normas suplementares se fazem necessárias nesse sentido;

Considerando os termos da Recomendação sobre Emprego (Mulheres com Encargos de Família), de 1965, e considerando as mudanças ocorridas desde a sua adoção;

Considerando que instrumentos sobre a igualdade de oportunidades e de tratamento para homens e mulheres foram também adotados pelas Nações Unidas e outros organismos especializados, e tendo em vista, principalmente, o Parágrafo 14 do Preâmbulo da Convenção das Nações Unidas, de 1979, sobre a Eliminação de Todas as Formas de Discriminação da Mulher, segundo o qual os Estados-membros devem "conscientizar-se da necessidade de mudança no papel tradicional tanto do homem como da mulher na sociedade e na família, para se chegar à plena igualdade entre homens e mulheres";

Reconhecendo que os problemas de trabalhadores com encargos de família são aspectos de problemas mais amplos concernentes á família e á sociedade, que devem ser levados em consideração nas políticas nacionais;

Reconhecendo a necessidade de se estabelecer uma efetiva igualdade de oportunidades e de tratamento entre homens e mulheres trabalhadores com encargos de família e entre estes e outros trabalhadores;

Considerando que muitos dos problemas enfrentados por todos os trabalhadores se agravam no caso de trabalhadores com encargos de família e reconhecendo a necessidade de melhorar as condições destes, quer com medidas que atendam ás suas necessidades específicas, quer com medidas destinadas a melhorar as condições dos trabalhadores em geral;

Tendo decidido adotar proposições relativas á igualdade de oportunidades e de tratamento para homens e mulheres trabalhadores: trabalhadores com encargos de família, o que constitui a quinta questão da ordem do dia da reunião;

Tendo determinado que essas proposições se revistam da forma de uma convenção internacional, adota, neste dia vinte e três de junho do ano de mil novecentos e oitenta e um, a seguinte Convenção que pode ser citada como a Convenção sobre os Trabalhadores com Encargos de Família, de 1981:

Artigo 1º

1. Esta Convenção aplica-se a homens e mulheres com responsabilidades com relação a seus filhos dependentes, quando estas responsabilidades restringem a possibilidade de se prepararem para uma atividade econômica e nela ingressar, participar ou progredir.

2. As disposições desta Convenção aplicar-se-ão também a homens e mulheres com responsabilidades com relação a outros membros de sua família imediata que manifestamente precisam de seus cuidados ou apoio, quando essas responsabilidades restringem a possibilidade de se prepararem para uma atividade econômica e de nela ingressar, participar ou progredir.

3. Para fins desta Convenção, os termos "filho dependente" e "outro membro da família imediata que manifestamente precisa de cuidado e apoio" significam pessoas como tais definidas, em cada país, por um dos meios referidos no Artigo 9º desta Convenção.

4. Os trabalhadores cobertos pelos Parágrafos 1 e 2 deste Artigo são doravante referidos como "trabalhadores com encargos de família".

Artigo 2º

Esta Convenção aplica-se a todos os setores de atividade econômica e a todas as categorias de trabalhadores.

Artigo 3º

1. Com vista ao estabelecimento de uma efetiva igualdade de oportunidade e de tratamento para homens e mulheres trabalhadores, todo País-membro incluirá, entre os objetivos de sua política nacional, dar condições a pessoas com encargos de família, que estão empregadas ou queiram empregar-se, de exercer o direito de fazê-lo sem estar sujeitas a discriminação e, na medida do possível, sem conflito entre seu emprego e seus encargos de família.

2. Para fins do Parágrafo 1 deste Artigo, o termo "discriminação" significa discriminação no emprego ou profissão, conforme definido pelos Artigos 1° e 5° da Convenção sobre a Discriminação (Emprego e Profissão), de 1958.

Artigo 4°

Com vista ao estabelecimento de uma efetiva igualdade de oportunidades e de tratamento para homens e mulheres trabalhadores, serão tomadas todas as medidas compatíveis com as condições e as responsabilidades nacionais para:

a) dar condições a trabalhadores com encargos de família de exercer seu direito à livre escolha de emprego e

b) levar em consideração suas necessidades nos termos e condições de emprego e de seguridade social.

Artigo 5°

Serão tomadas ainda todas as medidas compatíveis com as possibilidades nacionais para:

a) levar em consideração, no planejamento comunitário, as necessidades de trabalhadores com encargos de família e

b) desenvolver ou promover serviços comunitários, públicos ou privados, como serviços e meios de assistência à infância e família.

Artigo 6°

Em todo país, autoridades e órgãos competentes tomarão medidas adequadas para promover a informação e a educação que gerem uma compreensão pública mais ampla do princípio da igualdade de oportunidades e de tratamento para homens e mulheres trabalhadores e dos problemas de encargos de família bem como o clima de opinião que conduza à superação desses problemas.

Artigo 7°

Serão tomadas todas as medidas compatíveis com as condições e as possibilidades nacionais, inclusive medidas no campo da orientação e de treinamento profissionais, para dar condições aos trabalhadores com encargos de família de se integrarem e permanecerem integrados na força de trabalho, assim como nela reingressar após ausência imposta por esses encargos.

Artigo 8°

Os encargos de família não constituirão, como tais, razão válida para o término de uma relação de emprego.

Artigo 9°

As disposições desta Convenção podem ser aplicadas por leis ou regulamentos, contratos coletivos, normas trabalhistas, laudos arbitrais, decisões judiciais ou por combinação destes instrumentos ou por qualquer outro modo adequado e compatível com a prática e as condições nacionais.

Artigo 10°

1. As disposições desta Convenção, se necessário, podem ser aplicadas por etapas, tendo em vista as condições nacionais, desde que essas medidas de implementação se apliquem, em qualquer hipótese, a todos os trabalhadores cobertos pelo Artigo 1°, Parágrafo 1.

2. Todo País-membro que ratificar esta Convenção comunicará, no primeiro relatório sobre sua aplicação, a ser enviado nos termos do Artigo 22 da Constituição da Organização Internacional do Trabalho, em que medida, se for o caso, pretende fazer uso da faculdade outorgada pelo Parágrafo 1 deste Artigo e, em relatórios subseqüentes, declarará até que ponto tem vigorado ou pretende fazer vigorar a Convenção nesse sentido.

Artigo 11

Organizações de empregadores e trabalhadores terão o direito de participar, de uma maneira apropriada às condições e à prática nacionais, da concepção e aplicação de medidas destinadas a fazer vigorar as disposições desta Convenção.

Artigo 12

As ratificações formais desta Convenção serão comunicadas, para registro, ao Diretor Geral do Secretariado da Organização Internacional do Trabalho.

Artigo 13

1. Esta Convenção obrigará unicamente os Países-membros da Organização Internacional do Trabalho cujas ratificações tiverem sido registradas pelo Diretor Geral.

2. Esta Convenção entrará em vigor doze meses após a data de registro, pelo Diretor Geral, das ratificações de dois Países-membros.

3. A partir de então, esta Convenção entrará em vigor, para todo País-membro, doze meses após a data do registro de sua ratificação.

Artigo 14

1. O País-membro que ratificar esta Convenção, poderá denunciá-la ao final de um período de dez anos, a contar da data de sua entrada em vigor, mediante comunicação ao Diretor Geral do Secretariado da Organização Internacional do Trabalho, para registro. A denúncia não terá efeito antes de se completar um ano a contar da data de seu registro.

2. Todo País-membro que ratificar esta Convenção e que, no prazo de um ano após expirado o período de dez anos referido no parágrafo anterior, não tiver exercido o direito de denúncia provido neste Artigo, ficará obrigado a um novo período de dez anos e, daí por diante, poderá denunciar esta Convenção ao final de cada dez anos, nos termos deste Artigo.

Artigo 15

1. O Diretor Geral do Secretariado da Organização Internacional do Trabalho dará ciência, a todos os

Países-membros da Organização, do registro de todas as ratificações, declarações e denúncias que lhe forem comunicadas pelos Países-membros da Organização.

2. Ao notificar os países-membros da Organização sobre o registro da segunda ratificação que lhe tiver sido comunicada, o Diretor Geral lhes chamará a atenção para a data em que a Convenção entrará em vigor.

Artigo 16

O Diretor Geral do Secretariado da Organização Internacional do Trabalho comunicará ao Secretário Geral das Nações Unidas, para registro, nos termos do Artigo 102 da Carta das Nações Unidas, informações circunstanciadas sobre todas as ratificações, declarações e atos de denúncia por ele registrados, conforme o disposto nos artigos anteriores.

Artigo 17

O Conselho de Administração do Secretariado da Organização Internacional do Trabalho apresentará á Conferência Geral, quando considerar necessário, relatório sobre o desempenho desta Convenção e examinará a conveniência de incluir na pauta da Conferência a questão de sua revisão total ou parcial.

Artigo 18

1. No caso de adotar a Conferência uma nova convenção, que reveja total ou parcialmente esta Convenção, a menos que a nova convenção disponha de outro modo,

a) a ratificação, por um País-membro, da nova convenção revista implicará, ipso jure, a partir do momento em que entrarem vigor a convenção revista, a denúncia imediata desta Convenção, não obstante as disposições do Artigo 14 desta Convenção.

b) Esta Convenção deixará de estar sujeita a ratificação pelos Países-membros a partir da data de entrada em vigor da convenção revista.

2. Esta Convenção continuará a vigorar, na sua forma e conteúdo atuais, nos Países-membros que a ratificaram, mas não ratificarem a convenção revista.

Artigo 19

As versões em inglês e francês do texto desta Convenção são igualmente oficiais.

CONVENÇÃO 168 DA OIT (1988)

- Aprovada no Brasil pelo Decreto Legislativo 89, de 10.12.1992, ratificada em 24.03.1993 (passando a vigorar para o Brasil em 23.03.1994) e promulgada pelo Decreto 2.682, de 21.07.1998.
- Decreto 10.088, de 05.11.2019, Consolida atos normativos editados pelo Poder Executivo Federal que dispõem sobre a promulgação de convenções e recomendações da Organização Internacional do Trabalho - OIT ratificadas pela República Federativa do Brasil.

CONVENÇÃO RELATIVA À PROMOÇÃO DO EMPREGO E À PROTEÇÃO CONTRA O DESEMPREGO

A Conferência Geral da Organização Internacional do Trabalho,

Convocada em Genebra pelo Conselho Administrativo da Repartição Internacional do Trabalho, e tendo ali se reunido a 1º de junho de 1988 na sua Septuagésima Quinta Reunião;

Sublinhando a importância do trabalho e do emprego produtivo em toda sociedade, em razão não só dos recursos que criam para a comunidade, mas também da renda que proporcionam aos trabalhadores, do papel social que lhes outorgam e do sentimento de satisfação pessoal que lhes infundem;

Observando as normas internacionais existentes na área do emprego e da proteção contra o desemprego (Convenção e Recomendação sobre o Desemprego, 1934; Recomendação sobre o Desemprego (menores), 1935; Recomendação sobre a Segurança dos Meios de Vida, 1944; Convenção sobre a Seguridade Social (Norma Mínima), 1952; Convenção e Recomendação sobre a Política de Emprego, 1964; Convenção e Recomendação sobre o Desenvolvimento dos Recursos Humanos, 1975; Convenção e Recomendação sobre a Administração do Trabalho, 1978; e Recomendação sobre a Política do Emprego (Disposições Complementares), 1984);

Considerando a amplitude do desemprego e do subemprego, que afetam diversos países do mundo em todos os níveis de desenvolvimento, e, particularmente, os problemas dos jovens, grande parte dos quais procura um primeiro emprego;

Considerando que, desde a adoção dos instrumentos internacionais relativos à proteção contra o desemprego, acima citados, produziram-se, na legislação e na prática de numerosos Membros, importantes mudanças que tornam necessária a revisão das normas existentes, particularmente a Convenção sobre o Desemprego, 1934, e a adoção de novas normas internacionais sobre à promoção do pleno emprego, produtivo e livremente escolhido, por todos os meios apropriados, inclusive a seguridade social;

Observando que as disposições relativas aos benefícios por desemprego da Convenção sobre a Seguridade Social (Norma Mínima), 1952, fixam nível de proteção superado atualmente pela maior parte dos regimes de indenização existentes nos países industrializados e que ainda não foram complementados por normas mais elevadas, diferentemente das relativas a outros benefícios, mas que os princípios em que está baseada esta Convenção continuam válidos e que suas normas ainda podem constituir um objetivo que deve ser atingido por certos países em desenvolvimento em condições de instituir um regime de indenização de desemprego;

Reconhecendo que as políticas que fomentam o crescimento estável sustentado e no inflacionário, uma resposta flexível à mudança e a criação e promoção de todas as formas de emprego produtivo e livremente escolhido, incluindo as pequenas empresas, as cooperativas, o trabalho autônomo e as iniciativas locais em prol do emprego – inclusive mediante a redistribuição dos recursos atualmente consagrados ao financiamento de atividades puramente assistenciais, em benefícios de atividades suscetíveis de promoverem o emprego, principalmente a orientação, a formação e a readaptação profissionais – oferecem a melhor proteção contra os efeitos nefastos do desemprego involuntário; que, não obstante, o desemprego involuntário existe, sendo portanto importante que os sistemas de seguridade social proporcionem uma ajuda ao emprego e um apoio econômico às pessoas desempregadas por razões involuntárias.

Após ter decidido adotar diversas propostas relativas ao fomento do emprego e à seguridade social, questão que constitui o quinto item da agenda da sessão, visando em particular, a revisão da Convenção sobre o Desemprego, 1934, e

Após ter decidido que essas propostas deveriam tomar a forma de uma Convenção Internacional, adota, neste 21 de junho de 1988, a seguinte Convenção que será denominada Convenção Relativa à Promoção do Emprego e à Proteção contra o Desemprego, 1988.

I. DISPOSIÇÕES GERAIS

Artigo 1º

Para os fins da presente Convenção:

a) o termo "Legislação" abrange as leis e regulamentos, bem como as disposições estatutárias em matéria de seguridade social;

b) o termo "prescrito" significa determinado pela legislação nacional ou em virtude dela.

Artigo 2º

Todo Membro deverá adotar medidas apropriadas para coordenar o seu regime de proteção contra o desemprego e a sua política de emprego. Para esse fim, deverá providenciar que o seu sistema de proteção contra o desemprego e, em particular, as modalidades de indenização do desemprego, contribuam para a promoção do pleno emprego produtivo, livremente escolhido, e que não tenham como resultado dissuadir os empregadores de oferecerem emprego produtivo, nem os trabalhadores de procurá-lo.

Artigo 3º

As disposições da presente Convenção serão aplicadas em consulta e colaboração com as organizações patronais e de trabalhadores, em conformidade com a prática nacional.

Artigo 4º

1. Todo Membro que ratificar a presente Convenção poderá, mediante uma notificação que acompanhe a sua ratificação, excluir das obrigações resultantes desta ratificação as disposições da Parte VII.

2. Todo Membro que tiver formulado uma declaração dessa índole poderá anulá-la em qualquer momento mediante uma declaração posterior.

Artigo 5º

1. Todo Membro poder-se-á amparar no máximo, mediante declaração explicativa anexa à sua ratificação, em duas da execuções temporárias previstas no parágrafo 4º do art. 10, no parágrafo 3º do art. 11, no parágrafo 2º do art. 15, no parágrafo 2º do art. 18, no parágrafo 4º do art. 19, no parágrafo 2º do art. 23, no parágrafo 2º do art. 24 e no parágrafo 2º do art. 25. Essa declaração deverá enunciar as razões que justifiquem essas exceções.

2. Não obstante as disposições do parágrafo 1º, um Membro cujo sistema de seguridade social, em razão do seu alcance limitado, assim justificar, poder-se-á amparar, mediante uma declaração que acompanhe a sua ratificação, nas exceções temporárias previstas no parágrafo 4º do art. 10, no parágrafo 3º do art. 11, no parágrafo 2º do art. 15, no parágrafo 2º do art. 18, no parágrafo 4º do art. 19, no parágrafo 2º do art. 23, no parágrafo 2º do art. 24 e no parágrafo 2º do art. 25. Essa declaração deverá enunciar as razões que justifiquem essas exceções.

3. Todo Membro que tiver formulado uma declaração em aplicação do parágrafo 2º, nos relatórios sobre a aplicação desta Convenção que terá que apresentar em virtude do art. 22 da Constituição da Organização Internacional do Trabalho, deverá indicar, com relação a cada uma das exceções em que se tiver amparado:

a) que subsistem as razões pelas quais se amparou nessa exceção;

b) que renuncia, a partir de uma data determinada, a se amparar na exceção mencionada.

4. Todo Membro que tiver formulado uma declaração desta índole em aplicação do parágrafo 1º ou do parágrafo 2º deverá, de acordo com o objetivo de sua declaração e quando as circunstâncias permitirem:

a) cobrir a contingência de desemprego parcial;

b) aumentar o número de pessoas protegidas;

c) incrementar o valor das indenizações;

d) reduzir a duração do prazo de espera;

e) ampliar a duração do pagamento das indenizações;

f) adaptar os regimes legais de seguridade social às condições da atividade profissional dos trabalhadores em tempo parcial;

g) se esforçar para garantir a assistência médica aos beneficiários das indenizações de desemprego e a seus dependentes, e

h) tentar garantir que sejam levados em conta os períodos durante os quais são pagas essas indenizações para a aquisição do direito aos benefícios da seguridade social e, conforme o caso, para o cálculo dos benefícios de invalidez, de idade avançada e de sobreviventes.

Artigo 6º

1. Todo Membro deverá garantir a igualdade de tratamento para todas as pessoas protegidas, sem discriminação alguma por motivo de raça, cor, sexo, religião, opinião pública, ascendência nacional, nacionalidade, origem étnica ou social, invalidez ou idade.

2. As disposições do parágrafo 1º não constituirão empecilho para a adoção de medidas especiais que estejam justificadas pela situação de grupos determinados, dentro do marco dos regimes obje-

tos do parágrafo 2º do art. 12, ou que estejam destinadas a satisfazer as necessidades específicas de categorias de pessoas que encontram problemas particulares no mercado de trabalho, em particular, de grupos desfavorecidos, nem para a conclusão entre Estados de acordos bilaterais ou multilaterais relativos a benefícios de desemprego, com caráter de reciprocidade.

II. PROMOÇÃO DE EMPREGO PRODUTIVO

Artigo 7º

Todo Membro deverá formular, como objetivo prioritário, uma política destinada a promover pleno emprego, produtivo e livremente escolhido, por todos os meios adequados, inclusive a seguridade social. Esses meios deverão incluir, entre outros, os serviços de emprego e a formação e a orientação profissionais.

Artigo 8º

1. Todo Membro deverá se esforçar para adotar, com reserva da legislação e da prática nacionais, medidas especiais para fomentar possibilidades suplementares de emprego e a ajuda ao emprego bem como para facilitar o emprego produtivo e livremente escolhido de determinadas categorias de pessoas desfavorecidas que tenham ou possam ter dificuldades para encontrar emprego duradouro, como as mulheres, os trabalhos jovens, os deficientes físicos, os trabalhadores de idade avançada, os desempregados durante um período longo, os trabalhadores migrantes em situação regular e os trabalhadores afetados por reestruturações.
2. Todo Membro deverá especificar, nos relatórios que terá de apresentar em virtude do art. 22 da Constituição da Organização Internacional do Trabalho, as categorias de pessoas em cujo favor se compromete a fomentar medidas de emprego.
3. Todo Membro deverá procurar estender progressivamente a promoção do emprego produtivo a um número maior de categorias que àquele inicialmente coberto.

Artigo 9º

As medidas referidas nesta Parte deverão estar inspiradas na Convenção e na Recomendação sobre Desenvolvimento de Recursos Humanos, 1975, e na Recomendação sobre a Política do Emprego (disposições Complementares) 1984.

III. CONTINGÊNCIAS COBERTAS

Artigo 10

1. As contingências cobertas deverão abranger, nas condições prescritas, o desemprego total, definido como a perda de rendimentos devido à impossibilidade de obter um emprego conveniente, levando na devida conta as disposições do parágrafo 2º do art. 21, para uma pessoa apta para trabalhar, disponível para o trabalho e efetivamente a procura de emprego.
2. Além disso, todo Membro deverá tentar estender a proteção da Convenção, nas condições prescritas, às seguintes contingências:

a) a perda de rendimentos devido ao desemprego parcial, definido como uma redução temporária da duração normal ou legal do trabalho;
b) a suspensão ou a redução de rendimentos como consequência de uma suspensão temporária do trabalho, sem término da relação de trabalho, particularmente por motivos econômicos, tecnológicos, estruturais ou análogos.
3. Todo Membro deverá tentar prever o pagamento de indenizações àqueles trabalhadores em tempo parcial que estejam efetivamente a procura de emprego em regime de tempo integral. O total de indenizações e dos rendimentos procedentes do seu emprego em tempo parcial poderá ser tal que os encoraje a aceitarem um emprego em regime de tempo integral.
4. Quando estiver em vigor uma declaração formulada em virtude do art. 5º, poderá ser diferida a aplicação dos parágrafos 2º e 3º.

IV. PESSOAS PROTEGIDAS

Artigo 11

1. As pessoas protegidas deverão abranger categorias prescritas de assalariados que representem, em total, pelo menos 85% (oitenta e cinco por cento) do conjunto de assalariados, incluindo os funcionários públicos e os aprendizes.
2. Não obstante as disposições do parágrafo 1º, poderão ser excluídos da proteção os funcionários públicos cujo emprego esteja garantido pela legislação nacional até a idade normal de aposentadoria.
3. Quando estiver em vigor uma declaração formulada em virtude do art. 5º, as pessoas protegidas deverão abranger:

a) categoria prescritas de assalariados; ou então
b) se o nível de desenvolvimento o justificar especialmente, categorias prescritas de assalariados que constituam 50% (cinquenta por cento), pelo menos, do conjunto de assalariados que trabalham em empresas industriais que empreguem pelo menos vinte pessoas.

V. MÉTODOS DE PROTEÇÃO

Artigo 12

1. Todo Membro poderá determinar o método ou os métodos de proteção mediante os quais se propõe a levar a efeito as disposições da Convenção, se tratando de regimes contributivos ou não contributivos, a não ser que seja disposto de outra maneira na presente Convenção.
2. Contudo, se a legislação de um Membro der proteção a todos os residentes cujos recursos durante a contingência não ultrapassarem os limites prescritos, a proteção outorgada poder-se-á limitar em função dos recursos do beneficiário de sua família, em conformidade com as disposições do art. 16.

VI. INDENIZAÇÕES QUE DEVEM SER ATRIBUÍDAS

Artigo 13

Os beneficiários abonados aos desempregados na forma de pagamentos periódicos poderão ser subordinados aos métodos de proteção.

Artigo 14

Em caso de desemprego total, deverão ser abonadas indenizações na forma de pagamentos periódicos calculados de maneira a facilitar ao beneficiário uma indenização parcial e transitória por sua perda de rendimentos e, ao mesmo tempo, evitar efeitos dissuasivos para o trabalho e a geração de empregos.

Artigo 15

1. Em caso de desemprego total e de suspensão de rendimentos como consequência de uma suspensão temporária do trabalho, sem término da relação de trabalho, se esta última contingência estiver coberta, deverão ser abonadas indenizações na forma de pagamentos periódicos calculados da seguinte forma:

a) quando essas indenizações sejam calculadas na base de contribuições pagas pela pessoa protegida ou no seu nome, ou em função de seus rendimentos anteriores, elas serão fixadas em pelo menos 50% (cinquenta por cento) dos rendimentos anteriores dentro do limite eventual de tetos de indenização ou de rendimentos referidos, por exemplo, ao salário de um operário qualificado ou ao salário médio dos trabalhadores na região em questão;

b) quando essas indenizações sejam calculadas independentemente das contribuições ou dos rendimentos anteriores, elas serão fixadas em 50% (cinquenta por cento), pelo menos, do salário mínimo legal ou do salário de um trabalhador ordinário, ou na quantia mínima indispensável para cobrir as despesas essenciais, adotando-se o valor mais elevado.

2. Quando tiver sido formulada uma declaração em virtude do art. 5°, o montante das indenizações deverá ser pelo menos igual a:

a) 45% (quarenta e cinco por cento) dos rendimentos anteriores; ou então

b) 45% (quarenta e cinco por cento) do salário mínimo legal ou do salário de um trabalhador ordinário, sendo que essa porcentagem no poderá ser inferior à quantia mínima indispensável para cobrir as despesas essenciais.

3. Quando for apropriado, as porcentagens especificadas nos parágrafos 1° e 2° poderão ser atingidas comparando-se os pagamentos periódicos líquidos de impostos e de contribuições com os rendimentos líquidos e impostos e de contribuições.

Artigo 16

Não obstante as disposições do art. 15, as indenizações pagas após o período inicial especificado no item *a* do parágrafo 2° do art. 19 e as indenizações pagas por um Membro cuja legislação satisfaça as condições do parágrafo do art. 12 poderão ser fixadas levando em conta outros recursos dos quais o beneficiário e sua família possam dispor além de um limite fixado, de acordo com uma escala prescrita. Em qualquer caso, essas indenizações, em conjunto com quaisquer outros benefícios a que possam ter direito, deverão garantir para eles condições de vida saudável e dignas, de acordo com as normas nacionais.

Artigo 17

1. Se a legislação de um Membro subordinar o direito a indenização de desemprego ao cumprimento de um período de qualificação, esse período não poderá ter duração superior àquela que se julgar necessária para se evitar abusos.

2. Todo Membro deverá procurar adaptar esse período de qualificação às condições da atividade profissional dos trabalhadores em regime de temporada.

Artigo 18

1. Se a legislação de um Membro prever que em caso de desemprego total as indenizações só começarão a ser abonadas após a expiração de um prazo de espera, a duração desse prazo não deverá ser superior a 7 (sete) dias.

2. Quando estiver em vigor uma declaração formulada em virtude do art. 5°, a duração do prazo de espera deverá ser superior a 10 (dez) dias.

3. Quando se tratar de trabalhadores por temporada, o prazo de espera previsto no parágrafo 1° poderá ser adaptado às condições da sua atividade profissional.

Artigo 19

1. As indenizações atribuídas em caso de desemprego completo e de suspensão de rendimentos como consequência de uma suspensão temporária de trabalho, sem término da relação de trabalho, deverão ser abonadas enquanto durarem essas contingências.

2. Não obstante, em caso de desemprego total:

a) a duração inicial do pagamento das indenizações previstas no art. 15 poderá ficar limitada a 26 (vinte de seis) semanas por cada caso de desemprego ou a 39 (trinta e nove) semanas no transcurso de qualquer período de 24 (vinte e quatro) meses;

b) se o desemprego continuar após a expiração desse período inicial de indenização, a duração do pagamento das indenizações, calculadas, se for apropriado, em função dos recursos de beneficiário e da sua família, em conformidade com as disposições do art. 16, poderá ficar limitada a um período prescrito.

3. Se a legislação de um Membro prever que a duração inicial do pagamento das indenizações previstas no art. 15 seja escalonada segundo a duração do período de qualificação, a média dos períodos previstos para o pagamento das indenizações deverá chegar a, pelo menos, 26 (vinte e seis) semanas.

4. Quando estiver em vigor uma declaração formulada em virtude do art. 5, a duração do pagamento das indenizações poderá ficar limitada a 13 (treze) semanas durante um período de 12 (doze) meses ou a uma média de 13 (treze) semanas se a legislação prever que a duração inicial do pagamento

seja escalonada segundo a duração do período de qualificação.

5. No caso previsto no item *b* do parágrafo 2°, todo membro deverá procurar conceder aos interessados uma ajuda complementar apropriada a fim de lhes permitir encontrarem novamente um emprego produtivo e livremente escolhido, recorrendo, em particular, às medidas especificadas na Parte II.

6. A duração do pagamento das indenizações abonadas aos trabalhadores de temporada poderá ser adaptada às condições de sua atividade profissional, sem prejuízo das disposições do item *b* do parágrafo 2°.

Artigo 20

As indenizações a que tiver direito uma pessoa protegida nas contingências de desemprego total ou parcial ou de suspensão de rendimentos como consequência de uma suspensão temporária de trabalho, sem término da relação de trabalho, poderão ser denegadas, suprimidas, suspensas ou reduzidas, em medida prescrita:

a) enquanto o interessado não se encontrar no território do Membro;

b) quando, de acordo com o julgamento da autoridade competente, o interessado tiver contribuído deliberadamente para ser despedido;

c) quando, segundo o julgamento da autoridade competente, o interessado tiver abandonado voluntariamente seu emprego, sem motivo legítimo;

d) durante um conflito trabalhista, quando o interessado tenha interrompido seu trabalho para participar dele ou quando for impedido de trabalhar como consequência direta de uma suspensão do trabalho devido a esse conflito;

e) quando o interessado tenha intentado conseguir ou tiver conseguido fraudulentamente as indenizações;

f) quando o interessado tenha desconsiderado, sem motivo legítimo, os serviços disponíveis em matéria de colocação, orientação, formação e reciclagem ou reinserção profissionais em um emprego conveniente;

g) enquanto o interessado estiver cobrando algum outro benefício de manutenção dos rendimentos previstos pela legislação do membro em questão, com exceção de um benefício familiar, sob a condição de que a parte da indenização que for suspensa não ultrapasse o outro benefício.

Artigo 21

1. As indenizações a que tiver direito uma pessoa protegida em caso de desemprego total ou parcial poderão ser denegadas, suprimidas, suspensas ou reduzidas, na medida prescrita, quando o interessado se negar a aceitar um emprego conveniente.

2. No julgamento do caráter conveniente de um emprego será levado em conta, especialmente, em condições prescritas e na medida apropriada, a idade do desempregado, a antiguidade na sua profissão anterior, a experiência adquirida, a duração do desemprego, a situação do mercado de emprego, as repercussões desse desemprego sobre a situação pessoal e familiar do interessado e o fato do emprego estar disponível como consequência direta de uma suspensão do trabalho devido a um conflito trabalhista em andamento.

Artigo 22

Quando uma pessoa protegida tiver recebido diretamente do seu empregador ou de qualquer outra fonte, em virtude da legislação ou de um convênio coletivo, unia indenização de demissão cujo principal objetivo seja contribuir para compensar a perda de rendimentos sofrida no caso de desemprego total:

a) as indenizações de desemprego a que tiver direito o interessado poderão ser suspendas por um período equivalente àquele durante o qual a indenização por demissão permita compensar a perda de rendimentos sofrida; ou então;

b) a indenização de demissão poderá ser reduzida em quantia equivalente ao valor convertido em um pagamento único das indenizações de desemprego a que o interessado teria direito durante um período equivalente àquele durante o qual a indenização de demissão permite compensar a perda de rendimento sofrida.

Conforme cada Membro escolher.

Artigo 23

1. Todo Membro cuja legislação prever o direito à assistência médica e o subordinar, direta ou indiretamente, a uma condição de atividade profissional, deverá se esforçar para garantir, em condições prescritas, a assistência médica aos beneficiários de indenização de desemprego e aos seus dependentes.

2. Quando estiver em vigor uma declaração feita em virtude do art. 5°, poderá ser diferida a aplicação do parágrafo 1°.

Artigo 24

1. Todo Membro deverá procurar, em condições prescritas, garantir aos beneficiários de indenizações de desemprego que sejam levados em consideração os períodos em que essas indenizações são abonadas:

a) para aquisição do direito e, segundo o caso, o cálculo dos benefícios de invalidez, idade avançada e de sobreviventes;

b) para a aquisição do direito à assistência médica, aos auxílios de doença e de maternidade, bem como aos benefícios familiares, uma vez que o desemprego terminar, quando a legislação do membro preveja esses benefícios e subordine, direta ou indiretamente o direito às mesmas a uma condição ou atividade profissional.

2. Quando estiver em vigor uma declaração formulada em virtude do art. 5°, poderá ser diferida a aplicação do parágrafo 1°.

Artigo 25

1. Todo Membro deverá assegurar a adaptação dos regimes legais de seguridade social relacionados

com o exercício de uma atividade profissional às condições da atividade profissional dos trabalhadores em regime de tempo parcial cujo período de trabalho ou cujos rendimentos, em condições prescritas, não possam ser considerados insignificantes.

2. Quando estiver em vigor uma declaração formulada em virtude do art. 5º, poderá ser diferida a aplicação do parágrafo 1º.

VII. DISPOSIÇÕES PARTICULARES PARA OS NOVOS SOLICITANTES DE EMPREGO

Artigo 26

1. Os Membros deverão ter em mente que existem diversas categorias de pessoas que procuram emprego as quais nunca foram reconhecidas como desempregadas ou tenham deixado de sê-lo, ou que nunca tenham pertencido a regimes de indenização de desemprego ou deixado de pertencer aos mesmos. Portanto, pelo menos três das dez categorias de pessoas a procura de emprego, mostradas a seguir, deverão desfrutar de benefícios sociais, nas condições prescritas e de acordo com as mesmas:

a) os jovens que concluíram sua formação profissional;

b) os jovens que concluíram seus estudos;

c) os jovens que concluíram seu serviço militar obrigatório;

d) toda pessoa ao término de um período de dedicação à educação de um filho ou ao cuidado de um doente, um inválido ou um ancião;

e) as pessoas cujo cônjuge tiver falecido, quando tiverem direito a um benefício de sobrevivente;

f) as pessoas divorciadas ou separadas;

g) os ex-doentes;

h) os adultos, inclusive os inválidos, que tenham concluído um período de formação;

i) os trabalhadores migrantes ao voltarem a seu país de origem, com reserva dos direitos que tiverem adquirido em virtude da legislação do último país onde trabalharam;

j) as pessoas que anteriormente tenham trabalhado como autônomos.

2. Todo Membro deverá especificar, nos relatórios que terá de apresentar em virtude do art. 22 da Constituição da Organização Internacional do Trabalho, as categorias de pessoas relacionadas no parágrafo 1º que está se comprometendo a proteger.

3. Todo Membro deverá procurar estender progressivamente a proteção a um número de categorias de pessoas superior àquele que aceitou inicialmente.

VIII. GARANTIAS JURÍDICAS ADMINISTRATIVAS E FINANCEIRAS

Artigo 27

1. Todo solicitante terá direito a apresentar uma reclamação perante o organismo que administra o regime de benefícios e a interpor posteriormente um recurso perante um órgão independente em caso de denegação, supressão, suspensão ou redução das indenizações ou de desacordo com relação ao seu valor. Dever-se-á informar por escrito ao solicitante sobre os procedimentos aplicáveis, que deverão ser simples e rápidos.

2. O procedimento de recurso deverá permitir ao solicitante, em conformidade com a legislação e a prática nacionais, ser representado ou assessorado por uma pessoa qualificada, escolhida por ele mesmo, um delegado de uma organização representativa dos trabalhadores ou um delegado de uma organização representativa das pessoas protegidas.

Artigo 28

Todo Membro assumirá uma responsabilidade geral pela boa administração das instituições e serviços encarregados da aplicação da Convenção.

Artigo 29

1. Quando a administração for confiada a um departamento governamental responsável perante o poder legislativo, os representantes das pessoas protegidas e dos empregadores participarão da administração, em condições prescritas, com caráter consultivo.

2. Quando a administração não tiver sido confiada a um departamento governamental responsável perante o poder legislativo:

a) os representantes das pessoas protegidas participarão da administração, ou estarão associadas a ela com caráter consultivo, nas condições prescritas:

b) a legislação nacional poderá, também, prever a participação de representantes dos empregadores;

c) a legislação poderá, também, prever a participação de representantes das autoridades públicas.

Artigo 30

Quando o Estado e o sistema de seguridade social conceder subvenções com a finalidade de salvaguardar empregos, os Membros deverão adotar as medidas necessárias para garantir que essas subvenções sejam destinadas exclusivamente ao fim previsto, e prevenir toda fraude ou abuso por parte dos beneficiários.

Artigo 31

A presente Convenção revisa a Convenção sobre o Desemprego, 1934.

Artigo 32

As ratificações formais da presente Convenção serão transmitidas ao Diretor-Geral da Repartição Internacional do Trabalho e por ele registradas.

Artigo 33

1. A presente Convenção somente vinculará os Membros da Organização Internacional do Trabalho cujas ratificações tenham sido registradas pelo Diretor-Geral.

2. Esta Convenção entrará em vigor 12 (doze) meses após o registro das ratificações de dois Membros por parte do Diretor-Geral.

3. Posteriormente, esta Convenção entrará em vigor, para cada Membro, 12 (doze) meses após o registro da sua ratificação.

Artigo 34

1. Todo Membro que tenha ratificado a presente Convenção poderá denunciá-la após a expiração de um período de 10 (dez) anos contados da entrada em vigor mediante ato comunicado ao Diretor-Geral da Repartição Internacional do Trabalho e por ele registrado. A denúncia só surtirá efeito 1 (um) ano após o registro.

2. Todo Membro que tenha ratificado a presente Convenção e não fizer uso da faculdade de denúncia prevista pelo presente artigo dentro do prazo de 1 (um) ano após a expiração do período de 10 (dez) anos previsto no parágrafo precedente, ficará obrigado por novo período de 10 (dez) anos e, posteriormente, poderá denunciar a presente Convenção ao expirar cada período de 10 (dez) anos, nas condições previstas no presente artigo.

Artigo 35

1. O Diretor-Geral da Repartição Internacional do Trabalho notificará a todos os Membros da Organização Internacional do Trabalho o registro de todas as ratificações, declarações e denúncias que lhe sejam comunicadas pelos Membros da Organização.

2. Ao notificar aos Membros da Organização o registro da segunda ratificação que lhe tenha sido comunicada, o Diretor-Geral chamará a atenção dos Membros para a data de entrada em vigor da presente Convenção.

Artigo 36

O Diretor-Geral da Repartição Internacional do Trabalho comunicará ao Secretário-Geral das Nações Unidas, para fins de registro, conforme o art. 102 da Carta das Nações Unidas, as informações completas referentes a quaisquer ratificações, declarações ou atos de denúncia que tenha registrado de acordo com os artigos anteriores.

Artigo 37

Sempre que julgar necessário, o Conselho de Administração da Repartição Internacional do Trabalho apresentará à Conferência Geral um relatório sobre a aplicação da presente Convenção e decidirá sobre a oportunidade de inscrever na agenda da Conferência a questão da sua revisão total ou parcial.

Artigo 38

1. Se a Conferência adotar uma nova Convenção que revise total ou parcialmente a presente Convenção, e a menos que a nova Convenção disponha contrariamente:

a) a ratificação, por um Membro, da nova Convenção revista, implicará, de pleno direito, não obstante o disposto pelo art. 34, supra, a denúncia imediata da presente Convenção, desde que a nova Convenção revista tenha entrado em vigor;

b) a partir da entrada em vigor da nova Convenção revista, a presente Convenção deixará de estar aberta à ratificação dos Membros.

2. A presente Convenção continuará em vigor, em qualquer caso, em sua forma e teor atuais, para os Membros que a tiverem ratificado e que não ratificarem a Convenção revista.

Artigo 39

As versões inglesa e francesa do texto da presente Convenção são igualmente autênticas.

CONVENÇÃO 169 DA OIT (1989)

▶ Aprovada no Brasil pelo Decreto Legislativo 143, de 20.06.2002, ratificada em 25.07.2002 (tendo entrado em vigor para o Brasil em 25.07.2003, nos termos do seu art. 38) e promulgada pelo Decreto 5.051, de 19.04.2004.

CONVENÇÃO SOBRE POVOS INDÍGENAS E TRIBAIS

A Conferência Geral da Organização Internacional do Trabalho,

Convocada em Genebra pelo Conselho Administrativo da Repartição Internacional do Trabalho e tendo ali se reunido a 7 de junho de 1989, em sua septuagésima sexta sessão;

Observando as normas internacionais enunciadas na Convenção e na Recomendação sobre populações indígenas e tribais, 1957;

Lembrando os termos da Declaração Universal dos Direitos Humanos, do Pacto Internacional dos Direitos Econômicos, Sociais e Culturais, do Pacto Internacional dos Direitos Civis e Políticos e dos numerosos instrumentos internacionais sobre a prevenção da discriminação;

Considerando que a evolução do direito internacional desde 1957 e as mudanças sobrevindas na situação dos povos indígenas e tribais em todas as regiões do mundo fazem com que seja aconselhável adotar novas normas internacionais nesse assunto, a fim de se eliminar a orientação para a assimilação das normas anteriores;

Reconhecendo as aspirações desses povos a assumir o controle de suas próprias instituições e formas de vida e seu desenvolvimento econômico, e manter e fortalecer suas identidades, línguas e religiões, dentro do âmbito dos Estados onde moram;

Observando que em diversas partes do mundo esses povos não podem gozar dos direitos humanos fundamentais no mesmo grau que o restante da população dos Estados onde moram e que suas leis, valores, costumes e perspectivas têm sofrido erosão frequentemente;

Lembrando a particular contribuição dos povos indígenas e tribais à diversidade cultural, à harmonia social e ecológica da humanidade e à cooperação e compreensão internacionais;

Observando que as disposições a seguir foram estabelecidas com a colaboração das Nações Unidas, da Organização das Nações Unidas para a Agricultura e a Alimentação, da Organização das Nações Unidas para a Educação, a Ciência e a Cultura e da Organização Mundial da Saúde, bem como do

Instituto Indigenista Interamericano, nos níveis apropriados e nas suas respectivas esferas, e que existe o propósito de continuar essa colaboração a fim de promover e assegurar a aplicação destas disposições;

Após ter decidido adotar diversas propostas sobre a revisão parcial da Convenção sobre populações Indígenas e Tribais, 1957 (n. 107), o assunto que constitui o quarto item da agenda da sessão, e

Após ter decidido que essas propostas deveriam tomar a forma de uma Convenção Internacional que revise a Convenção Sobre Populações Indígenas e Tribais, 1957, adota, neste vigésimo sétimo dia de junho de mil novecentos e oitenta e nove, a seguinte Convenção, que será denominada Convenção Sobre os Povos Indígenas e Tribais, 1989:

PARTE I
POLÍTICA GERAL

Artigo 1º

1. A presente convenção aplica-se:

a) aos povos tribais em países independentes, cujas condições sociais, culturais e econômicas os distingam de outros setores da coletividade nacional, e que estejam regidos, total ou parcialmente, por seus próprios costumes ou tradições ou por legislação especial;

b) aos povos em países independentes, considerados indígenas pelo fato de descenderem de populações que habitavam o país ou uma região geográfica pertencente ao país na época da conquista ou da colonização ou do estabelecimento das atuais fronteiras estatais e que, seja qual for sua situação jurídica, conservam todas as suas próprias instituições sociais, econômicas, culturais e políticas, ou parte delas.

2. A consciência de sua identidade indígena ou tribal deverá ser considerada como critério fundamental para determinar os grupos aos que se aplicam as disposições da presente Convenção.

3. A utilização do termo "povos" na presente Convenção não deverá ser interpretada no sentido de ter implicação alguma no que se refere aos direitos que possam ser conferidos a esse termo no direito internacional.

Artigo 2º

1. Os governos deverão assumir a responsabilidade de desenvolver, com a participação dos povos interessados, uma ação coordenada e sistemática com vistas a proteger os direitos desses povos e a garantir o respeito pela sua integridade.

2. Essa ação deverá incluir medidas:

a) que assegurem aos membros desses povos o gozo, em condições de igualdade, dos direitos e oportunidades que a legislação nacional outorga aos demais membros da população;

b) que promovam a plena efetividade dos direitos sociais, econômicos e culturais desses povos, respeitando a sua identidade social e cultural, os seus costumes e tradições, e as suas instituições;

c) que ajudem os membros dos povos interessados a eliminar as diferenças sócio – econômicas que possam existir entre os membros indígenas e os demais membros da comunidade nacional, de maneira compatível com suas aspirações e formas de vida.

Artigo 3º

1. Os povos indígenas e tribais deverão gozar plenamente dos direitos humanos e liberdades fundamentais, sem obstáculos nem discriminação. As disposições desta Convenção serão aplicadas sem discriminação aos homens e mulheres desses povos.

2. Não deverá ser empregada nenhuma forma de força ou de coerção que viole os direitos humanos e as liberdades fundamentais dos povos interessados, inclusive os direitos contidos na presente Convenção.

Artigo 4º

1. Deverão ser adotadas as medidas especiais que sejam necessárias para salvaguardar as pessoas, as instituições, os bens, as culturas e o meio ambiente dos povos interessados.

2. Tais medidas especiais não deverão ser contrárias aos desejos expressos livremente pelos povos interessados.

3. O gozo sem discriminação dos direitos gerais da cidadania não deverá sofrer nenhuma deterioração como consequência dessas medidas especiais.

Artigo 5º

Ao se aplicar as disposições da presente Convenção:

a) deverão ser reconhecidos e protegidos os valores e práticas sociais, culturais religiosos e espirituais próprios dos povos mencionados e dever-se-á levar na devida consideração a natureza dos problemas que lhes sejam apresentados, tanto coletiva como individualmente;

b) deverá ser respeitada a integridade dos valores, práticas e instituições desses povos;

c) deverão ser adotadas, com a participação e cooperação dos povos interessados, medidas voltadas a aliviar as dificuldades que esses povos experimentam ao enfrentarem novas condições de vida e de trabalho.

Artigo 6º

1. Ao aplicar as disposições da presente Convenção, os governos deverão:

a) consultar os povos interessados, mediante procedimentos apropriados e, particularmente, através de suas instituições representativas, cada vez que sejam previstas medidas legislativas ou administrativas suscetíveis de afetá-los diretamente;

b) estabelecer os meios através dos quais os povos interessados possam participar livremente, pelo menos na mesma medida que outros setores da população e em todos os níveis, na adoção de decisões em instituições efetivas ou organismos administrativos e de outra natureza responsáveis pelas políticas e programas que lhes sejam concernentes;

c) estabelecer os meios para o pleno desenvolvimento das instituições e iniciativas dos povos e, nos casos apropriados, fornecer os recursos necessários para esse fim.
2. As consultas realizadas na aplicação desta Convenção deverão ser efetuadas com boa fé e de maneira apropriada às circunstâncias, com o objetivo de se chegar a um acordo e conseguir o consentimento acerca das medidas propostas.

Artigo 7°
1. Os povos interessados deverão ter o direito de escolher suas, próprias prioridades no que diz respeito ao processo de desenvolvimento, na medida em que ele afete as suas vidas, crenças, instituições e bem-estar espiritual, bem como as terras que ocupam ou utilizam de alguma forma, e de controlar, na medida do possível, o seu próprio desenvolvimento econômico, social e cultural. Além disso, esses povos deverão participar da formulação, aplicação e avaliação dos planos e programas de desenvolvimento nacional e regional suscetíveis de afetá-los diretamente.
2. A melhoria das condições de vida e de trabalho e do nível de saúde e educação dos povos interessados, com a sua participação e cooperação, deverá ser prioritária nos planos de desenvolvimento econômico global das regiões onde eles moram. Os projetos especiais de desenvolvimento para essas regiões também deverão ser elaborados de forma a promoverem essa melhoria.
3. Os governos deverão zelar para que, sempre que for possíve1, sejam efetuados estudos junto aos povos interessados com o objetivo de se avaliar a incidência social, espiritual e cultural e sobre o meio ambiente que as atividades de desenvolvimento, previstas, possam ter sobre esses povos. Os resultados desses estudos deverão ser considerados como critérios fundamentais para a execução das atividades mencionadas.
4. Os governos deverão adotar medidas em cooperação com os povos interessados para proteger e preservar o meio ambiente dos territórios que eles habitam.

Artigo 8°
1. Ao aplicar a legislação nacional aos povos interessados deverão ser levados na devida consideração seus costumes ou seu direito consuetudinário.
2. Esses povos deverão ter o direito de conservar seus costumes e instituições próprias, desde que eles não sejam incompatíveis com os direitos fundamentais definidos pelo sistema jurídico nacional nem com os direitos humanos internacionalmente reconhecidos. Sempre que for necessário, deverão ser estabelecidos procedimentos para se solucionar os conflitos que possam surgir na aplicação deste princípio.
3. A aplicação dos parágrafos 1 e 2 deste Artigo não deverá impedir que os membros desses povos exerçam os direitos reconhecidos para todos os cidadãos do país e assumam as obrigações correspondentes.

Artigo 9°
1. Na medida em que isso for compatível com o sistema jurídico nacional e com os direitos humanos internacionalmente reconhecidos, deverão ser respeitados os métodos aos quais os povos interessados recorrem tradicionalmente para a repressão dos delitos cometidos pelos seus membros.
2. As autoridades e os tribunais solicitados para se pronunciarem sobre questões penais deverão levar em conta os costumes dos povos mencionados a respeito do assunto.

Artigo 10
1. Quando sanções penais sejam impostas pela legislação geral a membros dos povos mencionados, deverão ser levadas em conta as suas características econômicas, sociais e culturais.
2. Dever-se-á dar preferência a tipos de punição outros que o encarceramento.

Artigo 11
A lei deverá proibir a imposição, a membros dos povo interessados, de serviços pessoais obrigatórios de qualquer natureza, remunerados ou não, exceto nos casos previstos pela lei para todos os cidadãos.

Artigo 12
Os povos interessados deverão ter proteção contra a violação de seus direitos, e poder iniciar procedimentos legais, seja pessoalmente, seja mediante os seus organismos representativos, para assegurar o respeito efetivo desses direitos. Deverão ser adotadas medidas para garantir que os membros desses povos possam compreender e se fazer com--preender em procedimentos legais, facilitando para eles, se for necessário, intérpretes ou outros meios eficazes.

PARTE II
TERRAS

Artigo 13
1. Ao aplicarem as disposições desta parte da Convenção, os governos deverão respeitar a importância especial que para as culturas e valores espirituais dos povos interessados possui a sua relação com as terras ou territórios, ou com ambos, segundo os casos, que eles ocupam ou utilizam de alguma maneira e, particularmente, os aspectos coletivos dessa relação.
2. A utilização do termo "terras" nos Artigos 15 e 16 deverá incluir o conceito de territórios, o que abrange a totalidade do habitat das regiões que os povos interessados ocupam ou utilizam de alguma outra forma.

Artigo 14
1. Dever-se-á reconhecer aos povos interessados os direitos de propriedade e de posse sobre as terras que tradicionalmente ocupam. Além disso, nos casos apropriados, deverão ser adotadas medidas para salvaguardar o direito dos povos interessados de utilizar terras que não estejam exclusivamente

ocupadas por eles, mas às quais, tradicionalmente, tenham tido acesso para suas atividades tradicionais e de subsistência. Nesse particular, deverá ser dada especial atenção à situação dos povos nômades e dos agricultores itinerantes.

2. Os governos deverão adotar as medidas que sejam necessárias para determinar as terras que os povos interessados ocupam tradicionalmente e garantir a proteção efetiva dos seus direitos de propriedade e posse.

3. Deverão ser instituídos procedimentos adequados no âmbito do sistema jurídico nacional para solucionar as reivindicações de terras formuladas pelos povos interessados.

Artigo 15

1. Os direitos dos povos interessados aos recursos naturais existentes nas suas terras deverão ser especialmente protegidos. Esses direitos abrangem o direito desses povos a participarem da utilização, administração e conservação dos recursos mencionados.

2. Em caso de pertencer ao Estado a propriedade dos minérios ou dos recursos do subsolo, ou de ter direitos sobre outros recursos, existentes nas terras, os governos deverão estabelecer ou manter procedimentos com vistas a consultar os povos interessados, a fim de se determinar se os interesses desses povos seriam prejudicados, e em que medida, antes de se empreender ou autorizar qualquer programa de prospecção ou exploração dos recursos existentes nas suas terras. Os povos interessados deverão participar sempre que for possível dos benefícios que essas atividades produzam, e receber indenização equitativa por qualquer dano que possam sofrer como resultado dessas atividades.

Artigo 16

1. Com reserva do disposto nos parágrafos a seguir do presente Artigo, os povos interessados não deverão ser transladados das terras que ocupam.

2. Quando, excepcionalmente, o translado e o reassentamento desses povos sejam considerados necessários, só poderão ser efetuados com o consentimento dos mesmos, concedido livremente e com pleno conhecimento de causa. Quando não for possível obter o seu consentimento, o translado e o reassentamento só poderão ser realizados após a conclusão de procedimentos adequados estabelecidos pela legislação nacional, inclusive enquetes públicas, quando for apropriado, nas quais os povos interessados tenham a possibilidade de estar efetivamente representados.

3. Sempre que for possível, esses povos deverão ter o direito de voltar a suas terras tradicionais assim que deixarem de existir as causas que motivaram seu translado e reassentamento.

4. Quando o retorno não for possível, conforme for determinado por acordo ou, na ausência de tais acordos, mediante procedimento adequado, esses povos deverão receber, em todos os casos em que for possível, terras cuja qualidade e cujo estatuto jurídico sejam pelo menos iguais aqueles das terras que ocupavam anteriormente, e que lhes permitam cobrir suas necessidades e garantir seu desenvolvimento futuro. Quando os povos interessados prefiram receber indenização em dinheiro ou em bens, essa indenização deverá ser concedida com as garantias apropriadas.

5. Deverão ser indenizadas plenamente as pessoas transladadas e reassentadas por qualquer perda ou dano que tenham sofrido como consequência do seu deslocamento.

Artigo 17

1. Deverão ser respeitadas as modalidades de transmissão dos direitos sobre a terra entre os membros dos povos interessados estabelecidas por esses povos.

2. Os povos interessados deverão ser consultados sempre que for considerada sua capacidade para alienarem suas terras ou transmitirem de outra forma os seus direitos sobre essas terras para fora de sua comunidade.

3. Dever-se-á impedir que pessoas alheias a esses povos possam se aproveitar dos costumes dos mesmos ou do desconhecimento das leis por parte dos seus membros para se arrogarem a propriedade, a posse ou o uso das terras a eles pertencentes.

Artigo 18

A lei deverá prever sanções apropriadas contra toda intrusão não autorizada nas terras dos povos interessados ou contra todo uso não autorizado das mesmas por pessoas alheias a eles, e os governos deverão adotar medidas para impedirem tais infrações.

Artigo 19

Os programas agrários nacionais deverão garantir aos povos interessados condições equivalentes às desfrutadas por outros setores da população, para fins de:

a) a alocação de terras para esses povos quando as terras das que dispunham sejam insuficientes para lhes garantir os elementos de uma existência normal ou para enfrentarem o seu possível crescimento numérico;

b) a concessão dos meios necessários para o desenvolvimento das terras que esses povos já possuam.

PARTE III
CONTRATAÇÃO E CONDIÇÕES DE EMPREGO

Artigo 20

1. Os governos deverão adotar, no âmbito da legislação nacional e em cooperação com os povos interessados, medidas especiais para garantir aos trabalhadores pertencentes a esses povos uma proteção eficaz em matéria de contratação e condições de emprego, na medida em que não estejam protegidas eficazmente pela legislação aplicável aos trabalhadores em geral.

2. Os governos deverão fazer o que estiver ao seu alcance para evitar qualquer discriminação entre

os trabalhadores pertencentes ao povos interessados e os demais trabalhadores, especialmente quanto a:

a) acesso ao emprego, inclusive aos empregos qualificados e às medidas de promoção e ascensão;

b) remuneração igual por trabalho de igual valor;

c) assistência médica e social, segurança e higiene no trabalho, todos os benefícios da seguridade social e demais benefícios derivados do emprego, bem como a habitação;

d) direito de associação, direito a se dedicar livremente a todas as atividades sindicais para fins lícitos, e direito a celebrar convênios coletivos com empregadores ou com organizações patronais.

3. As medidas adotadas deverão garantir, particularmente, que:

a) os trabalhadores pertencentes aos povos interessados, inclusive os trabalhadores sazonais, eventuais e migrantes empregados na agricultura ou em outras atividades, bem como os empregados por empreiteiros de mão de obra, gozem da proteção conferida pela legislação e a prática nacionais a outros trabalhadores dessas categorias nos mesmos setores, e sejam plenamente informados dos seus direitos de acordo com a legislação trabalhista e dos recursos de que dispõem;

b) os trabalhadores pertencentes a esses povos não estejam submetidos a condições de trabalho perigosas para sua saúde, em particular como consequência de sua exposição a pesticidas ou a outras substâncias tóxicas;

c) os trabalhadores pertencentes a esses povos não sejam submetidos a sistemas de contratação coercitivos, incluindo-se todas as formas de servidão por dívidas;

d) os trabalhadores pertencentes a esses povos gozem da igualdade de oportunidade e de tratamento para homens e mulheres no emprego e de proteção contra o acossamento sexual.

4. Dever-se-á dar especial atenção à criação de serviços adequados de inspeção do trabalho nas regiões donde trabalhadores pertencentes aos povos interessados exerçam atividades assalariadas, a fim de garantir o cumprimento das disposições desta parte da presente Convenção.

PARTE IV
INDÚSTRIAS RURAIS

Artigo 21

Os membros dos povos interessados deverão poder dispor de meios de formação profissional pelo menos iguais àqueles dos demais cidadãos.

Artigo 22

1. Deverão ser adotadas medidas para promover a participação voluntária de membros dos povos interessados em programas de formação profissional de aplicação geral.

2. Quando os programas de formação profissional de aplicação geral existentes não atendam as necessidades especiais dos povos interessados, os governos deverão assegurar, com a participação desses povos, que sejam colocados à disposição dos mesmos programas e meios especiais de formação.

3. Esses programas especiais de formação deverão estar baseado no entorno econômico, nas condições sociais e culturais e nas necessidades concretas dos povos interessados. Todo levantamento neste particular deverá ser realizado em cooperação com esses povos, os quais deverão ser consultados sobre a organização e o funcionamento de tais programas. Quando for possível, esses povos deverão assumir progressivamente a responsabilidade pela organização e o funcionamento de tais programas especiais de formação, se assim decidirem.

Artigo 23

1. O artesanato, as indústrias rurais e comunitárias e as atividades tradicionais e relacionadas com a economia de subsistência dos povos interessados, tais como a caça, a pesca com armadilhas e a colheita, deverão ser reconhecidas como fatores importantes da manutenção de sua cultura e da sua autossuficiência e desenvolvimento econômico. Com a participação desses povos, e sempre que for adequado, os governos deverão zelar para que sejam fortalecidas e fomentadas essas atividades.

2. A pedido dos povos interessados, deverá facilitar-se aos mesmos, quando for possível, assistência técnica e financeira apropriada que leve em conta as técnicas tradicionais e as características culturais desses povos e a importância do desenvolvimento sustentado e equitativo.

PARTE V
SEGURIDADE SOCIAL E SAÚDE

Artigo 24

Os regimes de seguridade social deverão ser estendidos progressivamente aos povos interessados e aplicados aos mesmos sem discriminação alguma.

Artigo 25

1. Os governos deverão zelar para que sejam colocados à disposição dos povos interessados serviços de saúde adequados ou proporcionar a esses povos os meios que lhes permitam organizar e prestar tais serviços sob a sua própria responsabilidade e controle, a fim de que possam gozar do nível máximo possível de saúde física e mental.

2. Os serviços de saúde deverão ser organizados, na medida do possível, em nível comunitário. Esses serviços deverão ser planejados e administrados em cooperação com os povos interessados e levar em conta as suas condições econômicas, geográficas, sociais e culturais, bem como os seus métodos de prevenção, práticas curativas e medicamentos tradicionais.

3. O sistema de assistência sanitária deverá dar preferência à formação e ao emprego de pessoal sanitário da comunidade local e se centrar no atendimento primário à saúde, mantendo ao mesmo

tempo estreitos vínculos com os demais níveis de assistência sanitária.

4. A prestação desses serviços de saúde deverá ser coordenada com as demais medidas econômicas e culturais que sejam adotadas no país.

PARTE VI
EDUCAÇÃO E MEIOS DE COMUNICAÇÃO

Artigo 26

Deverão ser adotadas medidas para garantir aos membros dos povos interessados a possibilidade de adquirirem educação em todos o níveis, pelo menos em condições de igualdade com o restante da comunidade nacional.

Artigo 27

1. Os programas e os serviços de educação destinados aos povos interessados deverão ser desenvolvidos e aplicados em cooperação com eles a fim de responder às suas necessidades particulares, e deverão abranger a sua história, seus conhecimentos e técnicas, seus sistemas de valores e todas suas demais aspirações sociais, econômicas e culturais.
2. A autoridade competente deverá assegurar a formação de membros destes povos e a sua participação na formulação e execução de programas de educação, com vistas a transferir progressivamente para esses povos a responsabilidade de realização desses programas, quando for adequado.
3. Além disso, os governos deverão reconhecer o direito desses povos de criarem suas próprias instituições e meios de educação, desde que tais instituições satisfaçam as normas mínimas estabelecidas pela autoridade competente em consulta com esses povos. Deverão ser facilitados para eles recursos apropriados para essa finalidade.

Artigo 28

1. Sempre que for viável, dever-se-á ensinar às crianças dos povos interessados a ler e escrever na sua própria língua indígena ou na língua mais comumente falada no grupo a que pertençam. Quando isso não for viável, as autoridades competentes deverão efetuar consultas com esses povos com vistas a se adotar medidas que permitam atingir esse objetivo.
2. Deverão ser adotadas medidas adequadas para assegurar que esses povos tenham a oportunidade de chegarem a dominar a língua nacional ou uma das línguas oficiais do país.
3. Deverão ser adotadas disposições para se preservar as línguas indígenas dos povos interessados e promover o desenvolvimento e prática das mesmas.

Artigo 29

Um objetivo da educação das crianças dos povos interessados deverá ser o de lhes ministrar conhecimentos gerais e aptidões que lhes permitam participar plenamente e em condições de igualdade na vida de sua própria comunidade e na da comunidade nacional.

Artigo 30

1. Os governos deverão adotar medidas de acordo com as tradições e culturas dos povos interessados, a fim de lhes dar a conhecer seus direitos e obrigações especialmente no referente ao trabalho e às possibilidades econômicas, às questões de educação e saúde, aos serviços sociais e aos direitos derivados da presente Convenção.
2. Para esse fim, dever-se-á recorrer, se for necessário, a traduções escritas e à utilização dos meios de comunicação de massa nas línguas desses povos.

Artigo 31

Deverão ser adotadas medidas de caráter educativo em todos os setores da comunidade nacional, e especialmente naqueles que estejam em contato mais direto com os povos interessados, com o objetivo de se eliminar os preconceitos que poderiam ter com relação a esses povos. Para esse fim, deverão ser realizados esforços para assegurar que os livros de História e demais materiais didáticos ofereçam uma descrição equitativa, exata e instrutiva das sociedades e culturas dos povos interessados.

PARTE VII
CONTATOS E COOPERAÇÃO ATRAVÉS DAS FRONTEIRAS

Artigo 32

Os governos deverão adotar medidas apropriadas, inclusive mediante acordos internacionais, para facilitar os contatos e a cooperação entre povos indígenas e tribais através das fronteiras, inclusive as atividades nas áreas econômica, social, cultural, espiritual e do meio ambiente.

PARTE VIII
ADMINISTRAÇÃO

Artigo 33

1. A autoridade governamental responsável pelas questões que a presente Convenção abrange deverá se assegurar de que existem instituições ou outros mecanismos apropriados para administrar os programas que afetam os povos interessados, e de que tais instituições ou mecanismos dispõem dos meios necessários para o pleno desempenho de suas funções.
2. Tais programas deverão incluir:

a) o planejamento, coordenação, execução e avaliação, em cooperação com os povos interessados, das medidas previstas na presente Convenção;

b) a proposta de medidas legislativas e de outra natureza às autoridades competentes e o controle da aplicação das medidas adotadas em cooperação com os povos interessados.

PARTE IX
DISPOSIÇÕES GERAIS

Artigo 34

A natureza e o alcance das medidas que sejam adotadas para por em efeito a presente Convenção deverão ser determinadas com flexibilidade, levando em conta as condições próprias de cada país.

Artigo 35
A aplicação das disposições da presente Convenção não deverá prejudicar os direitos e as vantagens garantidos aos povos interessados em virtude de outras convenções e recomendações, instrumentos internacionais, tratados, ou leis, laudos, costumes ou acordos nacionais.

PARTE X
DISPOSIÇÕES FINAIS

Artigo 36
Esta Convenção revisa a Convenção Sobre Populações Indígenas e Tribais, 1957.

Artigo 37
As ratificações formais da presente Convenção serão transmitidas ao Diretor-Geral da Repartição Internacional do Trabalho e por ele registradas.

Artigo 38
1. A presente Convenção somente vinculará os Membros da Organização Internacional do Trabalho cujas ratificações tenham sido registradas pelo Diretor-Geral.
2. Esta Convenção entrará em vigor 12 (doze) meses após o registro das ratificações de dois Membros por parte do Diretor-Geral.
3. Posteriormente, esta Convenção entrará em vigor, para cada Membro, 12 (doze) meses após o registro da sua ratificação.

Artigo 39
1. Todo Membro que tenha ratificado a presente Convenção poderá denunciá-la após a expiração de um período de 10 (dez) anos contados da entrada em vigor mediante ato comunicado ao Diretor-Geral da Repartição Internacional do Trabalho e por ele registrado. A denúncia só surtirá efeito 1 (um) ano após o registro.
2. Todo Membro que tenha ratificado a presente Convenção e não fizer uso da faculdade de denúncia prevista pelo parágrafo precedente dentro do prazo de 1 (um) ano após a expiração do período de 10 (dez) anos previsto pelo presente Artigo, ficará obrigado por um novo período de 10 (dez) anos e, posteriormente, poderá denunciar a presente Convenção ao expirar cada período de 10 (dez) anos, nas condições previstas no presente Artigo.

Artigo 40
1. O Diretor-Geral da Repartição Internacional do Trabalho notificará a todos os Membros da Organização Internacional do Trabalho o registro de todas as ratificações, declarações e denúncias que lhe sejam comunicadas pelos Membros da Organização.
2. Ao notificar aos Membros da Organização o registro da segundo ratificação que lhe tenha sido comunicada, o Diretor-Geral chamará atenção dos Membros da Organização para a data de entrada em vigor da presente Convenção.

Artigo 41
O Diretor-Geral da Repartição Internacional do Trabalho comunicará ao Secretário-Geral das Nações Unidas, para fins de registro, conforme o Artigo 102 da Carta das Nações Unidas, as informações completas referentes a quaisquer ratificações, declarações e atos de denúncia que tenha registrado de acordo com os Artigos anteriores.

Artigo 42
Sempre que julgar necessário, o Conselho de Administração da Repartição Internacional do Trabalho deverá apresentar à Conferência Geral um relatório sobre a aplicação da presente Convenção e decidirá sobre a oportunidade de inscrever na agenda da Conferência a questão de sua revisão total ou parcial.

Artigo 43
1. Se a Conferência adotar uma nova Convenção que revise total ou parcialmente a presente Convenção, e a menos que a nova Convenção disponha contrariamente:
a) a ratificação, por um Membro, da nova Convenção revista implicará de pleno direito, não obstante o disposto pelo Artigo 39, supra, a denúncia imediata da presente Convenção, desde que a nova Convenção revista tenha entrado em vigor;
b) a partir da entrada em vigor da Convenção revista, a presente Convenção deixará de estar aberta à ratificação dos Membros.
2. A presente Convenção continuará em vigor, em qualquer caso em sua forma e teor atuais, para os Membros que a tiverem ratificado e que não ratificarem a Convenção revista.

Artigo 44
As versões inglesa e francesa do texto da presente Convenção são igualmente autênticas.

CONVENÇÃO 171 DA OIT (1990)

▶ Aprovada no Brasil pelo Decreto Legislativo 270, de 13.11.2002, ratificada em 18.12.2002 (tendo entrado em vigor para o Brasil em 18.12.2003) e promulgada pelo Decreto 5.005, de 8.03.2004.
▶ Decreto 10.088, de 05.11.2019, Consolida atos normativos editados pelo Poder Executivo Federal que dispõem sobre a promulgação de convenções e recomendações da Organização Internacional do Trabalho - OIT ratificadas pela República Federativa do Brasil.

CONVENÇÃO RELATIVA
AO TRABALHO NOTURNO

A Conferência Geral da Organização Internacional do Trabalho:
Convocada em Genebra pelo Conselho Administrativo da Repartição Internacional do Trabalho e tendo ali se reunido a 6 de junho de 1990, em sua septuagésima sétima sessão;
Tomando nota das disposições das Convenções e Recomendações internacionais do trabalho sobre o trabalho noturno dos menores e, em particular,

das disposições da Convenção e da Recomendação sobre o trabalho noturno dos menores (trabalhos não industriais), 1964; da Convenção (revista) sobre o trabalho noturno dos menores (indústrias), 1984, e da Recomendação sobre o trabalho noturno dos menores (agricultura), 1921;

Tomando nota das disposições das Convenções internacionais do trabalho sobre o trabalho noturno da mulher e, em particular, aquelas da Convenção (revista) sobre o trabalho noturno (mulheres), 1948, e de seu Protocolo de 1990; da Recomendação sobre o trabalho noturno das mulheres (agricultura), 1921, e do parágrafo 5 da Recomendação sobre a proteção da maternidade, 1952;

Tomando nota das disposições da Convenção sobre a discriminação (emprego e ocupação), 1958;

Tomando nota das disposições da Convenção sobre a proteção da maternidade (revista), 1952;

Após ter decidido adotar diversas propostas sobre o trabalho noturno, questão que constitui o quarto item da agenda da sessão; e

Após ter decidido que essas propostas deveriam tomar a forma de uma Convenção internacional, adota, nesse vigésimo sexto dia do mês de junho de mil novecentos e noventa, a seguinte Convenção, que será denominada Convenção sobre o Trabalho Noturno, 1990:

Artigo 1º

Para os fins da presente Convenção:

a) a expressão "trabalho noturno" designa todo trabalho que seja realizado durante um período de pelo menos sete horas consecutivas, que abranja o intervalo compreendido entre a meia noite e as cinco horas da manhã, e que será determinado pela autoridade competente mediante consulta prévia com as organizações mais representativas dos empregadores e de trabalhadores ou através de convênios coletivos;

b) a expressão "trabalhador noturno" designa todo trabalhador assalariado cujo trabalho exija a realização de horas de trabalho noturno em número substancial, superior a um limite determinado. Esse número será fixado pela autoridade competente mediante consulta prévia com as organizações mais representativas de empregadores e de trabalhadores, ou através de convênios coletivos.

Artigo 2º

1. Esta Convenção aplica-se a todos os trabalhadores assalariados, com exceção daqueles que trabalham na agricultura, a pecuária, a pesca, os transportes marítimos e a navegação interior.

2. Todo Membro que ratificar a presente Convenção poderá excluir total ou parcialmente da sua área de aplicação, com consulta prévia junto às organizações representativas dos empregadores e dos trabalhadores interessados, categorias limitadas de trabalhadores, quando essa aplicação apresentar, no caso das categorias citadas, problemas particulares e importantes.

3. Todo Membro que fizer uso da possibilidade prevista no parágrafo 2 deste Artigo deverá indicar as categorias particulares de trabalhadores assim excluídas, e as razões da sua exclusão, nos relatórios relativos à aplicação da Convenção que apresentar em virtude do Artigo 22 da Constituição da OIT. Também deverá indicar todas as medidas que tiver adotado a fim de estender progressivamente as disposições da Convenção a esses trabalhadores.

Artigo 3º

1. Deverão ser adotadas, em benefício dos trabalhadores noturnos, as medidas específicas exigidas pela natureza do trabalho noturno, que abrangerão, no mínimo, aquelas mencionadas nos Artigos 4 a 10, a fim de proteger a sua saúde, ajudá-los a cumprirem com suas responsabilidades familiares e sociais, proporcionar aos mesmos possibilidades de melhoria na sua carreira e compensá-los de forma adequada. Essas medidas deverão também ser adotadas no âmbito da segurança e da proteção da maternidade, a favor de todos os trabalhadores que realizam trabalho noturno.

2. As medidas a que se refere o parágrafo anterior poderão ser aplicadas de forma progressiva.

Artigo 4º

1. Se os trabalhadores solicitarem, eles poderão ter direito a que seja realizada uma avaliação do seu estado de saúde gratuitamente e a serem assessorados sobre a maneira de atenuarem ou evitarem problemas de saúde relacionados com seu trabalho:

a) antes de sua colocação em trabalho noturno;
b) em intervalos regulares durante essa colocação;
c) no caso de padecerem durante essa colocação problemas de saúde que não sejam devidos a fatores alheios ao trabalho noturno.

2. Salvo declaração de não serem aptos para o trabalho noturno, o teor dessas avaliações não será comunicado a terceiros sem o seu consentimento, nem utilizado em seu prejuízo.

Artigo 5º

Deverão ser colocados à disposição dos trabalhadores que efetuam trabalho noturno serviços adequados de primeiros socorros, inclusive disposições práticas que permitam que esses trabalhadores, em caso necessário, sejam transladados rapidamente até um local onde possam receber tratamento adequado.

Artigo 6º

1. Os trabalhadores noturnos que, por razões de saúde, sejam declarados não aptos para o trabalho noturno serão colocados, quando for viável, em função similar para a qual estejam aptos.

2. Se a colocação nessa função não for viável, serão concedidos a esses trabalhadores os mesmos benefícios que a outros trabalhadores não aptos para o trabalho ou que não podem conseguir emprego.

3. Um trabalhador noturno declarado temporariamente não apto para o trabalhado noturno gozará

da mesma proteção contra a demissão ou a notificação de demissão que os outros trabalhadores que não possam trabalhar por razões de saúde.

Artigo 7º

1. Deverão ser adotadas medidas para assegurar que existe uma alternativa do trabalho noturno para as trabalhadoras que, a falta dessa alternativa, teriam que realizar esse trabalho:

a) antes e depois do parto, durante o período de, pelo menos, 16 semanas, das quais oito, pelo menos, deverão ser tomadas antes da data estimada para o parto;

b) com prévia apresentação de certificado médico indicando que isso é necessário para a saúde da mãe ou do filho, por outros períodos compreendidos;

i) durante a gravidez;

ii) durante um lapso determinado além do período posterior ao parto estabelecido em conformidade com o item a) do presente parágrafo, cuja duração será determinada pela autoridade competente e prévia consulta junto às organizações mais representativas dos empregadores e de trabalhadores.

2. As medidas referidas no parágrafo 1 do presente Artigo poderão consistir da colocação em trabalho diurno quando for viável, a concessão dos benefícios de seguridade social ou a prorrogação da licença maternidade.

3. Durante os períodos referidos no parágrafo 1 do presente Artigo:

a) não deverá ser demitida, nem receber comunicação de demissão, a trabalhadora em questão, salvo por causas justificadas não vinculadas à gravidez ou ao parto;

b) os rendimentos da trabalhadora deverão ser mantidos em nível suficiente para garantir o sustento da mulher e do seu filho em condições de vida adequadas. A manutenção desses rendimentos poderá ser assegurada mediante qualquer uma das medidas indicadas no parágrafo 2 deste Artigo, por qualquer outra medida apropriada, ou bem por meio de uma combinação dessas medidas;

c) a trabalhadora não perderá benefícios relativos a grau, antiguidade e possibilidades de promoção que estejam vinculados ao cargo de trabalho noturno que desempenha regularmente.

4. As disposições do presente Artigo não deverão ter como efeito a redução da proteção e os benefícios relativos à licença maternidade.

Artigo 8º

A compensação aos trabalhadores noturnos em termos de duração do trabalho, remuneração ou benefícios similares deverá reconhecer a natureza do trabalho noturno.

Artigo 9º

Deverão ser previstos serviços sociais apropriados para os trabalhadores noturnos e, quando for preciso, para aqueles trabalhadores que realizarem um trabalho noturno.

Artigo 10

1. Antes de se introduzir horários de trabalho que exijam os serviços de trabalhadores noturnos, o empregador deverá consultar os representantes dos trabalhadores interessados acerca dos detalhes desses horários e sobre as formas de organização do trabalho noturno que melhor se adaptem ao estabelecimento e ao seu pessoal, bem como sobre as medidas de saúde no trabalho e os serviços sociais que seriam necessários. Nos estabelecimentos que empregam trabalhadores noturnos, essas consultas deverão ser realizadas regularmente.

2. Para os fins deste Artigo, a expressão "representantes dos trabalhadores" designa as pessoas reconhecidas como tais pela legislação ou a prática nacionais, de acordo com a Convenção sobre os representantes dos Trabalhadores, 1971.

Artigo 11

1. As disposições da presente Convenção poderão ser aplicadas mediante a legislação nacional, convênios coletivos, laudos arbitrais ou sentenças judiciais, através de uma combinação desses meios ou de qualquer outra forma conforme as condições e a prática nacionais. Deverão ser aplicadas por meio da legislação na medida em que não sejam aplicadas por outros meios.

2. Quando as disposições desta Convenção forem aplicadas por meio da legislação, deverão ser previamente consultadas as organizações mais representativas de empregadores e de trabalhadores.

Artigo 12

As ratificações formais da presente Convenção serão transmitidas ao Diretor-Geral da Repartição Internacional do Trabalho e por ele registradas.

Artigo 13

1. A presente Convenção somente vinculará os Membros da Organização Internacional do Trabalho cujas ratificações tenham sido registradas pelo Diretor-Geral.

2. Esta Convenção entrará em vigor em 12 (doze) meses após o registro das ratificações de dois Membros por parte do Diretor-Geral.

3. Posteriormente, esta Convenção entrará em vigor, para cada Membro, 12 (doze) meses após o registro da sua ratificação.

Artigo 14

1. Todo Membro que tenha ratificado a presente Convenção poderá denunciá-la após a expiração de um período de 10 (dez) anos contado da entrada em vigor mediante ato comunicado ao Diretor-Geral da Repartição Internacional do Trabalho e por ele registrado. A denúncia só surtirá efeito 1 (um) ano após o registro.

2. Todo Membro que tenha ratificado a presente Convenção e não fizer uso da faculdade de denúncia prevista pelo presente Artigo dentro do prazo de 1 (um) ano após a expiração do período de 10 (dez) anos previstos no parágrafo anterior, ficará obrigado por novo período de 10 (dez) anos e, pos-

teriormente, poderá denunciar a presente Convenção ao expirar cada período de 10 (dez) anos, nas condições previstas no presente Artigo.

Artigo 15

1. O Diretor-Geral da Repartição Internacional do Trabalho notificará a todos os Membros da Organização Internacional do Trabalho o registro de todas as ratificações, declarações e denúncias que lhe sejam comunicadas pelos Membros da Organização.

2. Ao notificar aos Membros da Organização o registro da segunda ratificação que lhe tenha sido comunicada, o Diretor-Geral chamará a atenção dos Membros para a data de entrada em vigor da presente Convenção.

Artigo 16

O Diretor-Geral da Repartição Internacional do Trabalho comunicará ao Secretário-Geral das Nações Unidas, para fins de registro, conforme o Artigo 102 da Carta das Nações Unidas, as informações completas referentes a quaisquer ratificações, declarações e atos de denúncia que tenha registrado de acordo com os Artigos anteriores.

Artigo 17

Sempre que julgar necessário, o Conselho de Administração da Repartição Internacional do Trabalho deverá apresentar à Conferência um relatório sobre a aplicação da presente Convenção e decidirá sobre a oportunidade de inscrever na agenda da Conferência a questão da sua revisão total ou parcial.

Artigo 18

1. Se a Conferência adotar uma nova Convenção que revise total ou parcialmente a presente Convenção e a menos que a nova Convenção disponha contrariamente:

a) a ratificação, por um Membro, da nova Convenção revista, implicará, de pleno direito, não obstante o disposto pelo Artigo 22, a denúncia imediata da presente Convenção, desde que a nova Convenção revista tenha entrado em vigor.

b) a partir da entrada em vigor da Convenção revista, a presente Convenção deixará de estar aberta à ratificação dos Membros.

2. A presente Convenção continuará em vigor, em qualquer caso, em sua forma e teor atuais, para os Membros que a tiverem ratificado e que não ratificaram a Convenção revista.

Artigo 19

As versões inglesa e francesa do texto da presente convenção são igualmente autênticas.

CONVENÇÃO 182 DA OIT (1999)

- Aprovada no Brasil pelo Decreto Legislativo 178, de 14.12.1999, e promulgada pelo Decreto 3.597, de 12.09.2000.
- Decreto 10.088, de 05.11.2019, Consolida atos normativos editados pelo Poder Executivo Federal que dispõem sobre a promulgação de convenções e recomendações da Organização Internacional do Trabalho - OIT ratificadas pela República Federativa do Brasil.

CONVENÇÃO SOBRE A PROIBIÇÃO DAS PIORES FORMAS DE TRABALHO INFANTIL E A AÇÃO IMEDIATA PARA A SUA ELIMINAÇÃO

A Conferência Geral da Organização Internacional do Trabalho:

Convocada em Genebra pelo Conselho de Administração da Repartição Internacional do Trabalho e reunida naquela cidade em 1º de junho de 1999 em sua octogésima sétima reunião;

Considerando a necessidade de adotar novos instrumentos para a proibição e eliminação das piores formas de trabalho infantil, principal prioridade da ação nacional e internacional, incluídas a cooperação e a assistência internacionais, como complemento da Convenção e Recomendação sobre a idade mínima de admissão ao emprego 1973, que continuam sendo instrumentos fundamentais sobre o trabalho infantil;

Considerando que a eliminação efetiva das piores formas de trabalho infantil requer uma ação imediata e abrangente que leve em conta importância da educação básica gratuita e a necessidade de liberar de todas essas formas de trabalho as crianças afetadas e assegurar a sua reabilitação e sua inserção social ao mesmo tempo em que são atendidas as necessidades de suas famílias;

Recordando a Resolução sobre a eliminação do trabalho infantil, adotada pela Conferência Internacional do Trabalho em sua 83ª reunião, celebrada em 1996;

Reconhecendo que o trabalho infantil é em grande parte causado pela pobreza e que a solução no longo prazo está no crescimento econômico sustentado conducente ao progresso social, em particular à mitigação da pobreza e à educação universal;

Recordando a Convenção sobre Direitos da Criança adotada pela Assembleia Geral das Nações Unidas em 20 de novembro de 1989;

Recordando a Declaração da OIT relativa aos princípios e direitos fundamentais no trabalho e seu seguimento, adotada pela Conferência Internacional do Trabalho em sua 86ª reunião, celebrada em 1998;

Recordando que algumas das piores formas de trabalho infantil são objeto de outros instrumentos internacionais, em particular a Convenção sobre o trabalho forçado, 1930, e a Convenção suplementar das Nações Unidas sobre a abolição da escravidão, o tráfico de escravos e as instituições e práticas análogas à escravidão, 1956;

Tendo decidido adotar diversas propostas relativas ao trabalho infantil, questão que constitui o quarto ponto da agenda da reunião, e

Tendo determinado que essas propostas tornem a forma de uma convenção internacional, adota, com data de dezessete de junho de mil novecentos e noventa e nove, a seguinte Convenção, que poderá ser citada com Convenção sobre as piores formas de trabalho infantil, 1999:

Artigo 1º

Todo Membro que ratifica a presente Convenção deverá adotar medidas imediatas e eficazes para assegurar a proibição e eliminação das piores formas de trabalho infantil, em caráter de urgência.

Artigo 2º

Para efeitos da presente Convenção, o termo "criança" designa toda pessoa menor de 18 anos.

Artigo 3º

Para efeitos da presente Convenção, a expressão "as piores formas de trabalho infantil" abrange:

a) todas as formas de escravidão ou práticas análogas à escravidão, tais como a venda e tráfico de crianças, a servidão por dívidas e a condição de servo, e o trabalho forçado ou obrigatório, inclusive o recrutamento forçado ou obrigatório de crianças para serem utilizadas em conflitos armados;

b) a utilização, o recrutamento ou a oferta de crianças para a prostituição, a produção de pornografia ou atuações pornográficas;

c) a utilização, recrutamento ou a oferta de crianças para a realização de atividades ilícitas, em particular a produção e o tráfico de entorpecentes, tais com definidos nos tratados internacionais pertinentes; e,

d) o trabalho que, por sua natureza ou pelas condições em que é realizado, é suscetível de prejudicar a saúde, a segurança ou a moral das crianças.

> ► Dec. 6.481/2008 (Regulamenta os artigos 3º, alínea d, e 4º da Convenção 182 da Organização Internacional do Trabalho – OIT).

Artigo 4º

1. Os tipos de trabalhos a que se refere o Artigo 3, *d)*, deverão ser determinados pela legislação nacional ou pela autoridade competente, após consulta às organizações de empregadores e de trabalhadores interessadas e levando em consideração as normas internacionais na matéria, em particular os parágrafos 3º e 4º da Recomendação sobre as piores formas de trabalho infantil, 1999.

2. A autoridade competente, após consulta às organizações de empregados e de trabalhadores interessadas, deverá localizar os tipos de trabalho determinados conforme o parágrafo 1º deste Artigo.

3. A lista dos tipos de trabalho determinados conforme o parágrafo 1º deste Artigo deverá ser examinada periodicamente e, caso necessário, revista, em consulta com às organizações de empregados e de trabalhadores interessadas.

> ► Dec. 6.481/2008 (Regulamenta os artigos 3º, alínea d, e 4º da Convenção 182 da Organização Internacional do Trabalho – OIT).

Artigo 5º

1. Todo Membro, após consulta às organizações de empregadores e de trabalhadores, deverá estabelecer ou designar mecanismos apropriados para monitorar a aplicação dos dispositivos que colocam em vigor a presente Convenção.

Artigo 6º

1. Todo membro deverá elaborar e implementar programas de ação para eliminar, como medida prioritária, as piores formas de trabalho infantil.

2. Esses programas de ação deverão ser elaborados e implementados em consulta com instituições governamentais competentes e organizações de empregadores e de trabalhadores, levando em consideração as opiniões de outros grupos interessados, caso apropriado.

Artigo 7º

1. Todo Membro deverá adotar todas as medidas necessárias para garantir a aplicação efetiva e o cumprimento dos dispositivos que colocam em vigor a presente Convenção, inclusive o estabelecimento e a aplicação de sanções penais ou outras sanções, conforme o caso.

2. Todo Membro deverá adotar, levando em consideração a importância para a eliminação de trabalho infantil, medidas eficazes e em prazo determinado, com o fim de:

a) impedir a ocupação de crianças nas piores formas de trabalho infantil;

b) prestar a assistência direta necessária e adequada para retirar as crianças das piores formas de trabalho infantil e assegurar sua reabilitação e inserção social;

c) assegurar o acesso ao ensino básico gratuito e, quando for possível e adequado, à formação profissional a todas as crianças que tenham sido retiradas das piores formas de trabalho infantil;

d) identificar as crianças que estejam particularmente expostas a riscos e entrar em contato direto com elas; e,

e) levar em consideração a situação particular das meninas.

3. Todo Membro deverá designar a autoridade competente encarregada da aplicação dos dispositivos que colocam em vigor a presente Convenção.

Artigo 8º

Os Membros deverão tomar medidas apropriadas para apoiar-se reciprocamente na aplicação dos dispositivos da presente Convenção por meio de uma cooperação e/ou assistência internacionais intensificadas, as quais venham a incluir o apoio ao desenvolvimento social e econômico, aos programas de erradicação da pobreza e à educação universal.

Artigo 9º

As ratificações formais da presente Convenção serão comunicadas, para registro, ao Diretor-Geral da Repartição Internacional do Trabalho.

Artigo 10

1. Esta Convenção obrigará unicamente aqueles Membros da Organização Internacional do Trabalho cujas ratificações tenham sido registradas pelo Diretor-Geral da Repartição Internacional do Trabalho.

2. Entrará em vigor 12 (doze) meses depois da data em que as ratificações de 2 (dois) dos Membros tenham sido registradas pelo Diretor-Geral.

3. A partir desse momento, esta Convenção entrará em vigor, para cada Membro, 12 (doze) meses após a data em que tenha sido registrada sua ratificação.

Artigo 11

1. Todo Membro que tenha ratificado esta Convenção poderá denunciá-la ao expirar um período de 10 (dez) anos, a partir da data em que tenha entrado em vigor, mediante ata comunicada, para registro, ao Diretor-Geral da Repartição Internacional do Trabalho. A denúncia não surtirá efeito até 1 (um) ano após a data em que tenha sido registrada.

2. Todo Membro que tenha ratificado esta Convenção e que, no prazo de 1 (um) ano após a expiração do período de 10 (dez) anos mencionados no parágrafo precedente, não faça uso do direito de denúncia previsto neste Artigo ficará obrigado durante um novo período de 10 (dez anos), podendo, sucessivamente, denunciar esta Convenção ao expirar cada período de 10 (dez) anos, nas condições previstas neste Artigo.

Artigo 12

1. O Diretor-Geral da Repartição Internacional do Trabalho notificará todos os membros da Organização Internacional do Trabalho do registro de todas as ratificações e atas de denúncia que lhe forem comunicadas pelos Membros da Organização.

2. Ao notificar os Membros da Organização do registro da segunda ratificação que lhe tenha sido comunicada, o Diretor-Geral informará os Membros da Organização sobre a data de entrada em vigor da presente Convenção.

Artigo 13

O Diretor-Geral da Repartição Internacional do Trabalho apresentará ao Secretário-Geral das Nações Unidas, para efeitos de registro e em conformidade com o Artigo 102 da Carta das Nações Unidas, informação completa sobre todas as ratificações e atas de denúncia que tenha registrado de acordo com os Artigos precedentes.

Artigo 14

Sempre que julgar necessário, o Conselho de Administração da Repartição Internacional do Trabalho apresentará à Conferência Geral um relatório sobre a aplicação da Convenção e examinará a conveniência de incluir na agenda da Conferência a questão de sua revisão total ou parcial.

Artigo 15

1. Caso a Conferência adote uma nova Convenção que revise, total ou parcialmente, a presente, e a menos que a nova Convenção contenha dispositivos em contrário:

a) a ratificação, por um Membro, da nova Convenção revisora implicará *ipso jure* a denúncia imediata desta Convenção, não obstante os dispositivos contidos no Artigo 11, desde que a nova Convenção revisora tenha entrado em vigor;

b) a partir da data em que entrar em vigor a nova Convenção revigora, a presente Convenção cessará de estar à ratificação pelos Membros.

2. Esta Convenção continuará em vigor em qualquer hipótese, em sua forma e conteúdo atuais, para os Membros que a tenham ratificado, mas não tenham ratificado a Convenção revisora.

Artigo 16

As versões inglesa e francesa do texto desta Convenção são igualmente autênticas.

RECOMENDAÇÃO 190
RECOMENDAÇÃO SOBRE A PROIBIÇÃO DAS PIORES FORMAS DE TRABALHO INFANTIL E A AÇÃO IMEDIATA PARA A SUA ELIMINAÇÃO

A Conferência Geral da Organização Internacional do Trabalho:

Convocada em Genebra pelo Conselho de Administração da Repartição Internacional do Trabalho e reunida naquela cidade em 1º de junho de 1999, em sua octogésima sétima reunião;

Tendo adotado a Convenção sobre as piores formas de trabalho infantil, 1999;

Tendo decidido adotar diversas propostas relativas ao trabalho infantil, questão que constitui o quarto ponto da agenda da reunião, e

Tendo determinado que essas propostas tomem a forma de uma recomendação que complemente a Convenção sobre as piores formas de trabalho infantil, 1999,

Adota, nesta data de dezessete de junho de mil novecentos e noventa e nove, a seguinte Recomendação, que poderá ser citada como a Recomendação sobre as Piores Formas de Trabalho Infantil, 1999.

1. Os dispositivos da presente Recomendação complementam os da Convenção sobre as piores formas de trabalho infantil, 1999 (doravante denominada "a Convenção"), e deveriam ser aplicados em conjunto com os mesmos.

I. Programas de Ação

1. Os programas de ação mencionados no artigo 6 da Convenção deveriam ser elaborados e implementados em caráter de urgência, em consulta com as instituições governamentais competentes e as organizações de empregadores e de trabalhadores, levando em consideração as opiniões das crianças diretamente afetadas pelas piores formas de trabalho infantil, de suas famílias e, caso apropriado, de outros grupos interessados comprometidos com os objetivos da Convenção e da presente Recomendação. Os objetivos de tais programas deveriam ser, entre outros:

a) identificar e denunciar as piores formas de trabalho infantil;

b) impedir a ocupação de crianças nas piores formas de trabalho infantil ou retirá-las dessas formas de

trabalho, protegê-las de represálias e garantir sua reabilitação e inserção social através de medidas que atendam a suas necessidades educacionais, físicas e psicólogas;
c) dispensar especial atenção;
I) às crianças mais jovens;
II) às meninas;
III) ao problema do trabalho oculto, no qual as meninas estão particularmente expostas a riscos; e,
IV) a outros grupos de crianças que sejam especialmente vulneráveis ou tenham necessidades particulares;
d) identificar as comunidades nas quais as crianças estejam especialmente expostas a riscos, entrar em contato direto e trabalhar com elas, e
e) informar, sensibilizar e mobilizar a opinião pública e os grupos interessados, inclusive as crianças e suas famílias.

II. Trabalho perigoso

1. Ao determinar e localizar onde se praticam os tipos de trabalho a que se refere o artigo 3, d) da Convenção, deveriam ser levadas em consideração, entre outras coisas:
a) os trabalhos em que a criança ficar exposta a abusos de ordem física, psicológica ou sexual;
b) os trabalhos subterrâneos, debaixo d'água, em alturas perigosas ou em locais confinados;
c) os trabalhos que se realizam com máquinas, equipamentos e ferramentas perigosos, ou que impliquem a manipulação ou transporte manual de cargas pesadas;
d) os trabalhos realizados em um meio insalubre, no qual as crianças estiverem expostas, por exemplo, a substâncias, agentes ou processos perigosos ou a temperaturas, níveis de ruído ou de vibrações prejudiciais à saúde, e
e) os trabalhos que sejam executados em condições especialmente difíceis, como os horários prolongados ou noturnos, ou trabalhos que retenham injustificadamente a criança em locais do empregador.
2. No que concerne os tipos de trabalho a que se faz referência no Artigo 3, d) da Convenção e no parágrafo 3 da presente Recomendação, a legislação nacional ou a autoridade competente, após consulta às organizações de empregadores e de trabalhadores interessadas, poderá autorizar o emprego ou trabalho a partir da idade de 16 anos, desde que fiquem plenamente garantidas a saúde, a segurança e a moral dessas crianças e que tenham recebido instruções ou formação profissional adequada e específica na área da atividade correspondente.

III. Aplicação

5.1) Deveriam ser compilados e mantidos atualizados dados estatísticos e informações pormenorizadas sobre a natureza e a extensão do trabalho infantil, de modo a servir de base para o estabelecimento das prioridades da ação nacional dirigida à eliminação do trabalho infantil, em particular à proibição e à eliminação de suas piores formas, em caráter de urgência.
2) Na medida do possível, essas informações e esses dados estatísticos deveriam incluir dados desagregados por sexo, faixa etária, ocupação, setor de atividade econômica, situação no emprego, frequência escolar e localização geográfica. Deveria ser levada em consideração a importância de um sistema eficaz de registros de nascimentos, que compreenda a expedição de certidões de nascimento.
3) Deveriam ser compilados e mantidos atualizados os dados pertinentes em matéria de violação das normas jurídicas nacionais sobre a proibição e a eliminação das piores formas de trabalho infantil.
6. A compilação e o processamento das informações e dos dados a que se refere o parágrafo 5 anterior deveriam ser realizados com o devido respeito ao direito à privacidade.
7. As informações compiladas conforme o disposto no parágrafo 5 anterior deveriam ser comunicadas periodicamente à Repartição Internacional do Trabalho.
8. Os Membros, após consulta às organizações de empregadores e de trabalhadores, deveriam estabelecer ou designar mecanismos nacionais apropriados para monitorar a aplicação das normas jurídicas nacionais sobre a proibição e a eliminação das piores formas de trabalho infantil.
9. Os Membros deveriam assegurar que as autoridades competentes incumbidas da aplicação das normas jurídicas nacionais sobre a proibição e eliminação das piores formas de trabalho infantil colaborem entre si e coordenem suas atividades.
10. A legislação nacional ou autoridade competente deveria determinar a quem será atribuída a responsabilidade em caso de descumprimento das normas jurídicas nacionais sobre a proibição e eliminação das piores formas de trabalho infantil.
11. Os Membros deveriam colaborar, na medida em que for compatível com a legislação nacional, com os esforços internacionais tendentes à proibição e eliminação das piores formas de trabalho infantil, em caráter de urgência, mediante:
a) a complicação e o intercâmbio de informações relativas a atos delituosos, incluídos aqueles que envolvam redes internacionais;
b) a investigação e a instauração de inquérito contra aqueles que estiverem envolvidos na venda e tráfico de crianças ou na utilização, recrutamento ou oferta de crianças para a realização de atividades ilícitas, prostituição, produção de pornografia ou atuações pornográficas; e,
c) o registro dos autores de tais delitos.
12. Os Membros deveriam adotar dispositivos com o fim de considerar atos delituosos as piores formas de trabalho infantil que são indicadas a seguir:
a) todas as formas de escravidão ou as práticas análogas à escravidão, como a venda e o tráfico de crianças, a servidão por dívidas e a condição de servo, e o trabalho forçado ou obrigatório, inclusive

o recrutamento forçado ou obrigatório de crianças para serem utilizadas em conflitos armados;

b) a utilização, recrutamento ou oferta de crianças para a prostituição, a produção de pornografia ou atuações pornográficas; e,

c) a utilização, recrutamento ou oferta de criança para a realização de atividades ilícitas, em particular para a produção e tráfico de entorpecentes, tais como definidos nos tratados internacionais pertinentes, ou para a realização de atividades que impliquem o porte ou o uso ilegais de armas de fogo ou outras armas.

13. Os Membros deveriam assegurar que sejam impostas sanções, inclusive de caráter penal, quando proceda, em caso de violação das normas jurídicas nacionais sobre a proibição e a eliminação de qualquer dos tipos de trabalho a que se refere o artigo 3, *d)* da Convenção.

14. Quando apropriado, os Membros também deveriam estabelecer em caráter de urgência outras medidas penais, civis ou administrativas para garantir a aplicação efetiva das normas jurídicas nacionais sobre a proibição e eliminação das piores formas de trabalho infantil, tais como a supervisão especial das empresas que tiverem utilizado as piores formas de trabalho infantil e, nos casos de violação reiterada, a revogação temporária ou permanente das licenças para operar.

15. Dentre outras medidas voltadas para a proibição e eliminação das piores formas de trabalho infantil, poderiam ser incluídas as seguintes:

a) informar, sensibilizar e mobilizar o público em geral e, em particular, os dirigentes políticos nacionais e locais, os parlamentares e as autoridades judiciárias;

b) tornar partícipes e treinar as organizações de empregadores e trabalhadores e as organizações da sociedade civil;

c) dar formação adequada aos funcionários públicos competentes, em particular aos fiscais e aos funcionários encarregados do cumprimento da lei, bem como a outros profissionais pertinentes;

d) permitir a todo membro que processe em seu território seus nacionais por infringir sua legislação nacional sobre a proibição e eliminação imediata das piores formas de trabalho infantil, ainda que estas infrações tenham sido cometidas fora de seu território;

e) simplificar os procedimentos judiciais e administrativos e assegurar que sejam adequados e rápidos;

f) estimular o desenvolvimento de políticas empresariais que visem à promoção dos fins da Convenção;

g) registrar e difundir as melhores práticas em matéria de eliminação do trabalho infantil;

h) difundir, nos idiomas e dialetos correspondentes, as normas jurídicas ou de outro tipo sobre o trabalho infantil;

i) prever procedimentos especiais para queixas, adotar medidas para proteger da discriminação e de represálias aqueles que denunciem legitimamente toda violação dos dispositivos da Convenção, criar serviços telefônicos de assistência e estabelecer centros de contato ou designar mediadores;

j) adotar medidas apropriadas para melhorar a infraestrutura educativa e a capacitação de professores que atendam às necessidades dos meninos e das meninas, e

k) na medida do possível, levar em conta, nos programas de ação nacionais, a necessidade de:

i) promover o emprego e a capacitação profissional dos pais e adultos das famílias das crianças que trabalham nas condições referidas na Convenção, e

ii) sensibilizar os pais sobre o problema das crianças que trabalham nessas condições.

16. Uma cooperação e/ou assistência internacional maior entre os Membros destinada a proibir e eliminar efetivamente as piores formas de trabalho infantil deveria complementar os esforços nacionais e poderia, segundo proceda, desenvolver-se e implementar-se em consulta com as organizações de empregadores e de trabalhadores. Essa cooperação e/ou assistência internacional deveria incluir:

a) a mobilização de recursos para os programas nacionais ou internacionais;

b) a assistência jurídica mútua;

c) a assistência técnica, inclusive o intercâmbio de informações, e

d) o apoio ao desenvolvimento econômico e social, aos programas de erradicação da pobreza e à educação universal.

CONVENÇÃO 189 DA OIT (2011)

▶ Aprovada no Brasil pelo Decreto Legislativo n. 172, de 04.12.2017, tendo o governo brasileiro depositado o instrumento de ratificação na OIT em 31.01.2018, e promulgadas internamente pelo Decreto n. 12.009, de 01.05.2024.

Convenção sobre o Trabalho Decente para as Trabalhadoras e os Trabalhadores Domésticos

A Conferência Geral da Organização Internacional do Trabalho,

Convocada em Genebra pelo Conselho de Administração da Organização Internacional do Trabalho, reunida nesta cidade no dia 1º de junho de 2011 em sua 100ª Reunião;

Consciente do comprometimento da Organização Internacional do Trabalho de promover o trabalho decente para todos por meio do alcance dos objetivos da Declaração da OIT sobre os Princípios e Direitos Fundamentais no Trabalho e da Declaração da OIT sobre Justiça Social para uma Globalização Equitativa;

Reconhecendo a contribuição significativa dos trabalhadores domésticos para a economia global, que inclui o aumento das possibilidades de trabalho remunerado para as trabalhadoras e trabalhadores com responsabilidades familiares, o aumento da capacidade de cuidado das pessoas de idade avançada, das crianças e das pessoas com deficiência, e um aporte substancial das transferências de renda em cada país e entre os países;

Considerando que o trabalho doméstico continua sendo subvalorizado e invisível e é executado principalmente por mulheres e meninas, muitas das quais são migrantes ou membros de comunidades desfavorecidas e, portanto, particularmente vulneráveis à discriminação em relação às condições de emprego e trabalho, bem como outros abusos de direitos humanos;

Considerando também que, em países em desenvolvimento, que historicamente têm escassas oportunidades de emprego formal, os trabalhadores domésticos constituem uma proporção significativa da força de trabalho nacional e permanecem entre os mais marginalizados; e

Recordando que convenções e recomendações internacionais do trabalho se aplicam a todos os trabalhadores, inclusive trabalhadores domésticos, a não ser que se disponha o contrário;

Observando a particular relevância, para os trabalhadores domésticos, da Convenção sobre Trabalhadores Migrantes (Revisada), 1949 (n° 97), a Convenção sobre Trabalhadores Migrantes (Disposições Complementares), 1975 (n° 143), a Convenção sobre Trabalhadores e Trabalhadoras com Responsabilidades Familiares, 1981 (n° 156), a Convenção sobre Agências Privadas de Emprego, 1997 (n° 181), e a Recomendação sobre Relacionamento Empregatício, 2006 (n° 198), bem como o Marco Multilateral da OIT para as Migrações Laborais: Princípios e diretrizes não vinculantes para uma abordagem baseada em direitos para a migração laboral (2006);

Reconhecendo as condições específicas sob as quais o trabalho doméstico é executado e que fazem com que seja desejável complementar as normas de âmbito geral com normas específicas para os trabalhadores domésticos para que possam exercer plenamente seus direitos;

Recordando outros instrumentos internacionais relevantes, como a Declaração Universal dos Direitos Humanos, o Pacto Internacional dos Direitos Civis e Políticos, o Pacto Internacional de Direitos Econômicos, Sociais e Culturais, a Convenção Internacional sobre a Eliminação de Todas as Formas de Discriminação Racial, a Convenção sobre a Eliminação de Todas as Formas de Discriminação contra a Mulher, a Convenção das Nações Unidas Contra o Crime Transnacional Organizado e, em particular, seu Protocolo para Prevenir, Suprimir e Punir o Tráfico de Pessoas, especialmente Mulheres e Crianças, assim como o Protocolo contra o Contrabando de Imigrantes por Terra, Mar e Ar, a Convenção sobre os Direitos da Criança, a Convenção Internacional sobre a Proteção dos Direitos de Todos os Trabalhadores Migrantes e seus Familiares;

Tendo decidido adotar diversas proposições relativas ao trabalho decente para os trabalhadores domésticos, questão que constitui o quarto ponto da ordem do dia da reunião; e

Tendo decidido que estas propostas devem tomar a forma de uma Convenção Internacional;

Adota, neste dia, 16 de junho do ano de dois mil e onze, a seguinte Convenção, que pode ser citada como a Convenção sobre as Trabalhadoras e os Trabalhadores Domésticos, 2011.

Artigo 1

Para o propósito desta Convenção:

(a) o termo "trabalho doméstico" designa o trabalho executado em ou para um domicílio ou domicílios;

(b) o termo "trabalhadores domésticos" designa toda pessoa, do sexo feminino ou masculino, que realiza um trabalho doméstico no marco de uma relação de trabalho;

(c) uma pessoa que executa o trabalho doméstico apenas ocasionalmente ou esporadicamente, sem que este trabalho seja uma ocupação profissional, não é considerada trabalhador doméstico.

Artigo 2

1. A presente Convenção se aplica a todos os trabalhadores domésticos.

2. Todo Membro que ratifique esta Convenção poderá, após consultar as organizações mais representativas de empregadores e trabalhadores, assim como as organizações que representem trabalhadores domésticos e organizações que representem os empregadores dos trabalhadores domésticos, quando tais organizações existam, excluir integralmente ou parcialmente do seu âmbito de aplicação:

(a) categorias de trabalhadores para as quais esteja previsto outro tipo de proteção no mínimo equivalente;

(b) categorias limitadas de trabalhadores em razão de problemas especiais de natureza substantiva que possam surgir.

3. Todo Membro que se beneficiar da possibilidade prevista no parágrafo anterior deverá, em seu primeiro relatório sobre a aplicação da Convenção de acordo com o artigo 22 da Constituição da Organização Internacional do Trabalho, indicar toda categoria particular de trabalhadores que tenha sido excluída em virtude do parágrafo anterior, assim como as razões para tal exclusão; e, em relatórios subsequentes, deverão especificar qualquer medida tomada visando à extensão da aplicação da Convenção aos trabalhadores em questão.

Artigo 3

1. Todo Membro deverá adotar medidas para assegurar a promoção e a proteção efetivas dos direitos humanos de todos trabalhadores domésticos, em conformidade com as disposições da presente Convenção.

2. Todo Membro deverá, no que diz respeito aos trabalhadores domésticos, adotar medidas previstas na presente Convenção para respeitar, promover e

tornar realidade os princípios e direitos fundamentais no trabalho, a saber:
(a) a liberdade de associação e a liberdade sindical e o reconhecimento efetivo do direito à negociação coletiva;
(b) a eliminação de todas as formas de trabalho forçado ou obrigatório;
(c) a erradicação efetiva do trabalho infantil; e
(d) a eliminação da discriminação em matéria de emprego e ocupação.
3. Ao adotar medidas para assegurar que os trabalhadores domésticos e os empregadores dos trabalhadores domésticos usufruam da liberdade sindical, da liberdade de associação e do reconhecimento efetivo do direito à negociação coletiva, os Membros deverão proteger o direito dos trabalhadores domésticos e dos empregadores dos trabalhadores domésticos de constituir organizações, federações e confederações, que julguem pertinentes, e, a partir da condição de observar os estatutos destas organizações, afiliar-se às mesmas.

Artigo 4

1. Todo Membro deverá estabelecer uma idade mínima para os trabalhadores domésticos, em consonância com as disposições da Convenção sobre a Idade Mínima, 1973 (n° 138), e a Convenção sobre as Piores Formas de Trabalho Infantil, 1999 (n° 182), idade que não poderá ser inferior à idade mínima estabelecida na legislação nacional para os trabalhadores em geral.
2. Todo Membro deverá adotar medidas para assegurar que o trabalho realizado por trabalhadores domésticos menores de 18 anos e com idade superior à idade mínima para emprego não os impeça ou interfira em sua educação obrigatória, nem comprometa suas oportunidades para acessar o ensino superior ou uma formação profissional.

Artigo 5

Todo Membro deverá adotar medidas para assegurar que os trabalhadores domésticos gozem de uma proteção efetiva contra todas as formas de abuso, assédio e violência.

Artigo 6

Todo Membro deverá adotar medidas para assegurar que trabalhadores domésticos, como os trabalhadores em geral, usufruam de condições equitativas de emprego e condições de trabalho decente, assim como, se residem no domicílio onde trabalham, assegurar condições de vida decentes que respeitem sua privacidade.

Artigo 7

Todo Membro deverá adotar medidas para assegurar que os trabalhadores domésticos sejam informados sobre suas condições de emprego de maneira apropriada, verificável e de fácil compreensão e, preferivelmente, quando possível, por meio de contratos escritos de acordo com a legislação nacional ou acordos coletivos que incluam em particular:

(a) o nome e sobrenome do empregador e do trabalhador e os respectivos endereços;
(b) o endereço do domicílio ou domicílios de trabalho habituais;
(c) a data de início e, quando o contrato é válido por um período determinado de tempo, sua duração;
(d) o tipo de trabalho a ser executado;
(e) a remuneração, método de cálculo e periodicidade de pagamentos;
(f) as horas regulares de trabalho;
(g) as férias anuais remuneradas e os períodos de descanso diários e semanais;
(h) a provisão de alimentação e acomodação, quando for o caso;
(i) o período de experiência, quando for o caso;
(j) as condições de repatriação, quando for o caso; e
(k) as condições que regerão o término da relação de trabalho, incluindo todo o prazo de aviso prévio comunicado pelo trabalhador doméstico ou pelo empregador.

Artigo 8

1. Na legislação nacional, se deverá dispor que trabalhadores domésticos migrantes, que são contratados em um país para prestar serviços domésticos em outro país, recebam uma oferta de emprego por escrito ou contrato de trabalho, que seja válido no país onde os trabalhadores prestarão serviços, que inclua as condições de emprego assinaladas no Artigo 7, antes de cruzar as fronteiras nacionais para assumir o emprego sobre o qual a oferta ou o contrato dizem respeito.
2. A disposição do parágrafo anterior não se aplica aos trabalhadores que possuem liberdade de movimento em virtude de emprego sob acordos regionais, bilaterais ou multilaterais ou no marco de organizações de integração econômica regional.
3. Os Membros deverão adotar medidas para cooperar entre si no sentido de assegurar a aplicação efetiva das disposições da presente Convenção para trabalhadores domésticos migrantes.
4. Todo Membro deverá especificar, por meio da legislação ou outras medidas, as condições segundo as quais os trabalhadores domésticos migrantes terão direito à repatriação por expiração ou término do contrato de trabalho em virtude do qual foram empregados.

Artigo 9

1. Cada Membro deverá tomar medidas para assegurar que os trabalhadores domésticos:
(a) possam alcançar livremente com o empregador ou potencial empregador um acordo sobre se residirão ou não no domicílio onde trabalham;
(b) que residem no domicílio no qual trabalham não sejam obrigados a permanecer no domicílio ou acompanhar os membros do domicílio durante períodos de descanso diários ou semanais ou durante as férias anuais; e
(c) tenham o direito de manter em sua posse seus documentos de viagem e de identidade.

Artigo 10

1. Todo Membro deverá adotar medidas para garantir a igualdade de tratamento entre os trabalhadores domésticos e os trabalhadores em geral com relação às horas normais de trabalho, à compensação de horas extras, aos períodos de descanso diários e semanais e férias anuais remuneradas, em conformidade com a legislação nacional e com acordos coletivos, considerando as características específicas do trabalho doméstico.

2. O período de descanso semanal deverá ser de pelo menos 24 horas consecutivas.

3. Períodos nos quais os trabalhadores domésticos não dispõem livremente de seu tempo e permanecem à disposição do domicílio onde trabalham de maneira a atender a possíveis demandas de serviços devem ser consideradas como horas de trabalho, na medida em que se determine na legislação nacional, acordos coletivos ou qualquer outro mecanismo em conformidade com a prática nacional.

Artigo 11

Todo Membro deverá adotar medidas para assegurar que trabalhadores domésticos se beneficiem de um regime de salário mínimo, onde tal regime exista, e que a remuneração seja estabelecida sem discriminação por sexo.

Artigo 12

1. Os salários dos trabalhadores domésticos deverão ser pagos diretamente em dinheiro, em intervalos regulares, não menos que uma vez por mês. A menos que a modalidade de pagamento esteja prevista na legislação nacional ou em acordos coletivos, o pagamento poderá ser realizado por transferência bancária, cheque bancário, cheque postal ou ordem de pagamento ou por outro meio de pagamento monetário legal, com o consentimento do trabalhador interessado.

2. O pagamento de uma proporção limitada da remuneração dos trabalhadores domésticos na forma de parcelas in natura poderá ser determinada na legislação nacional, em acordos coletivos ou em decisão arbitral, em condições não menos favoráveis que aquelas geralmente aplicáveis a outras categorias de trabalhadores, sempre e quando se adotem as medidas necessárias para assegurar que as prestações in natura sejam feitas com o acordo do trabalhador e sejam apropriadas para seu uso e benefício pessoal, e que o valor atribuído às mesmas seja justo e razoável.

Artigo 13

1. Todo trabalhador doméstico tem direito a um ambiente de trabalho seguro e saudável. Todo Membro, em conformidade com a legislação e a prática nacionais, deverá adotar medidas eficazes, com devida atenção às características específicas do trabalho doméstico, a fim de assegurar a segurança e saúde no trabalho dos trabalhadores domésticos.

2. As medidas referidas no parágrafo anterior poderão ser aplicadas progressivamente, em consulta com as organizações mais representativas de empregadores e trabalhadores, assim como com as organizações representativas dos trabalhadores domésticos e com as organizações representativas dos empregadores dos trabalhadores domésticos, quando tais organizações existam.

Artigo 14

1. Todo Membro deverá adotar as medidas apropriadas, com a devida atenção às características específicas do trabalho doméstico e atuando em conformidade com a legislação e a prática nacionais, para assegurar que os trabalhadores domésticos se beneficiem de condições não menos favoráveis que aquelas aplicadas aos trabalhadores em geral, com relação à proteção da seguridade social, inclusive no que diz respeito à maternidade.

2. As medidas referidas no parágrafo anterior poderão ser aplicadas progressivamente, em consulta com as organizações mais representativas de empregadores e trabalhadores, assim como com as organizações representativas dos trabalhadores domésticos e com as organizações representativas dos empregadores dos trabalhadores domésticos, quando tais organizações existam.

Artigo 15

1. Para proteger efetivamente os trabalhadores domésticos contra práticas abusivas que tenham sido contratados ou colocados no emprego por agências privadas de emprego, inclusive os migrantes, todo Membro deverá:

(a) determinar as condições que regerão o funcionamento das agências privadas de emprego que contratam ou colocam no emprego trabalhadores domésticos, em conformidade com a legislação e prática nacionais;

(b) assegurar a existência de mecanismos e procedimentos adequados para a investigação de queixas, abusos presumidos e práticas fraudulentas em decorrência das atividades das agências privadas de emprego em relação aos trabalhadores domésticos;

(c) adotar todas as medidas necessárias e apropriadas, tanto em sua jurisdição como, quando proceda, em colaboração com outros Membros, para proporcionar uma proteção adequada e prevenir os abusos contra os trabalhadores domésticos contratados ou colocados em seu território por agências privadas de emprego. Serão incluídas as leis ou regulamentos que especifiquem as obrigações respectivas da agência privada de emprego e do domicílio para com os trabalhadores domésticos e serão previstas sanções, incluída a proibição das agências privadas de emprego que incorram em práticas fraudulentas e abusos;

(d) considerar, quando se contratar os trabalhadores domésticos de um país para prestar serviços em outro país, a celebração de acordos bilaterais, regionais ou multilaterais, com a finalidade de prevenir abusos e práticas fraudulentas na contratação, colocação e no emprego; e

(e) adotar medidas para assegurar que as taxas cobradas pelas agências privadas de emprego não sejam deduzidas da remuneração dos trabalhadores domésticos.

2. Ao colocar em prática cada uma das disposições deste artigo, todo Membro deverá realizar consultas com as organizações mais representativas dos empregadores e dos trabalhadores, assim como com as organizações representativas dos trabalhadores domésticos e com as organizações representativas dos empregadores dos trabalhadores domésticos, quando tais organizações existam.

Artigo 16

Todo Membro deverá adotar, em conformidade com a legislação e prática nacionais, medidas para assegurar que todos os trabalhadores domésticos, seja em pessoa ou por meio de representantes, tenham acesso efetivo aos tribunais ou outros mecanismos de resolução de conflitos, em condições não menos favoráveis que aquelas previstas para os demais trabalhadores.

Artigo 17

1. Todo Membro deverá estabelecer mecanismos de queixa e meios eficazes e acessíveis para assegurar o cumprimento da legislação nacional relativa à proteção dos trabalhadores domésticos.

2. Todo Membro deverá formular e colocar em prática medidas relativas à inspeção do trabalho, à aplicação de normas e sanções, com a devida atenção às características específicas do trabalho doméstico, em conformidade com a legislação nacional.

3. À medida que seja compatível com a legislação nacional, tais medidas deverão especificar as condições sob as quais se poderá autorizar o acesso ao domicílio, com o devido respeito à privacidade.

Artigo 18

Todo Membro, em consulta com organizações mais representativas de empregadores e trabalhadores, deverá colocar em prática as disposições desta Convenção por meio da legislação, acordos coletivos ou outras medidas adicionais de acordo com a prática nacional, estendendo ou adaptando medidas existentes para aplicá-las também aos trabalhadores domésticos ou elaborando medidas específicas para o setor, quando apropriado.

Artigo 19

Esta Convenção não afetará disposições mais favoráveis aplicáveis a trabalhadores domésticos em virtude de outras convenções internacionais do trabalho.

Artigo 20

As ratificações formais desta Convenção serão comunicadas, para registro, ao Diretor-Geral da Organização Internacional do Trabalho.

Artigo 21

1. Esta Convenção obrigará unicamente os Membros da Organização Internacional do Trabalho cujas ratificações tiverem sido registradas pelo Diretor-Geral.

2. Esta Convenção entrará em vigor doze meses após a data de registro em que as ratificações de dois Membros tenham sido registradas pelo Diretor-Geral.

3. A partir deste momento, esta Convenção entrará em vigor para todos os Membros, doze meses após a data do registro de sua ratificação.

Artigo 22

1. Todo Membro que tenha ratificado esta Convenção poderá denunciá-la ao final de um período de dez anos, a contar da data de sua entrada em vigor, mediante comunicação ao Diretor-Geral da Organização Internacional do Trabalho, para registro. A denúncia não terá efeito antes de se completar um ano a contar da data de seu registro.

2. Todo Membro que tenha ratificado esta Convenção e que, no prazo de um ano depois de expirado o período de dez anos referido no parágrafo anterior, não tiver exercido o direito de denúncia disposto neste artigo, ficará obrigado a um novo período de dez anos e, daí em diante, poderá denunciar esta Convenção ao final de cada período de dez anos, nos termos deste artigo.

Artigo 23

1. O Diretor-Geral da Organização Internacional do Trabalho notificará todos os Membros da Organização Internacional do Trabalho sobre o registro de todas as ratificações e denúncias que lhe forem comunicadas pelos Membros da Organização.

2. Ao notificar os Membros da Organização sobre o registro da segunda ratificação que lhe tiver sido comunicada, o Diretor-Geral lhes chamará a atenção para a data na qual entrará em vigor esta Convenção.

Artigo 24

O Diretor-Geral da Organização Internacional do Trabalho comunicará ao Secretário Geral das Nações Unidas, para registro, em conformidade com o artigo 102 da Carta das Nações Unidas, informações completas sobre ratificações e atos de denúncia por ele registrados.

Artigo 25

O Conselho de Administração da Organização Internacional do Trabalho apresentará à Conferência Geral, quando considerar necessário, relatório sobre a aplicação desta Convenção e examinará a conveniência de incluir na ordem do dia da Conferência a questão de sua revisão total ou parcial.

Artigo 26

1. No caso de a Conferência adotar uma nova convenção que reveja total ou parcialmente esta Convenção, a menos que a nova Convenção contenha disposições em contrário:

a) a ratificação por um Membro da nova Convenção revisada implicará, ipso jure, a denúncia imediata desta Convenção, a partir do momento em que a nova Convenção revisada entrar em vigor, não obstante as disposições do Artigo 22 supra;

b) a partir da data de entrada em vigor da convenção revisada, esta Convenção deixará de estar sujeita a ratificação pelos Membros.

2. A presente Convenção continuará, em todo o caso, em vigor, na sua forma e conteúdo atuais, para os Membros que a ratificaram, mas não ratificarem a convenção revisada.

Artigo 27

As versões em inglês e francês do texto desta Convenção são igualmente autênticas.

RECOMENDAÇÃO 201
RECOMENDAÇÃO SOBRE O TRABALHO DOMÉSTICO DECENTE PARA AS TRABALHADORAS E OS TRABALHADORES DOMÉSTICOS

A Conferência Geral da Organização Internacional do Trabalho,

Convocada em Genebra pelo Conselho de Administração da Organização Internacional do Trabalho, reunida nesta cidade em 1º de Junho de 2011 em sua 100ª sessão;

Depois de ter adotado a Convenção sobre as Trabalhadoras e os Trabalhadores Domésticos, 2011;

Depois de ter decidido adotar diversas proposições relativas ao trabalho decente para os trabalhadores domésticos, questão que constitui o quarto ponto da ordem do dia; e

Depois de ter decidido que tais proposições devem tomar a forma de uma recomendação que complemente a Convenção sobre as Trabalhadoras e Trabalhadores Domésticos, 2011;

Adota, neste dia, 16 de junho do ano de dois mil e onze, a presente Recomendação, que pode ser citada como a Recomendação sobre as Trabalhadoras e os Trabalhadores Domésticos, 2011.

1. As disposições desta recomendação complementam aquelas da Convenção sobre as Trabalhadoras e os Trabalhadores Domésticos, 2011 ("a Convenção") e devem ser consideradas conjuntamente com as da Convenção.

2. Ao adotar medidas para assegurar que os trabalhadores domésticos usufruam da liberdade de associação e do reconhecimento efetivo do direito à negociação coletiva, os Membros devem:

(a) identificar e eliminar restrições legislativas ou administrativas ou outros obstáculos ao exercício do direito dos trabalhadores domésticos de constituir suas próprias organizações ou afiliar-se às organizações de trabalhadores que julguem convenientes e ao direito das organizações de trabalhadores domésticos de se afiliarem a organizações, federações e confederações de trabalhadores;

(b) contemplar a possibilidade de adotar ou apoiar medidas para fortalecer a capacidade das organizações de trabalhadores e empregadores, as organizações que representem os trabalhadores domésticos e as organizações que representem os empregadores dos trabalhadores domésticos, com a finalidade de promover, de forma efetiva, os interesses de seus membros, com a condição de que se proteja, em todo o momento, o direito à independência e autonomia de tais organizações, em conformidade com a legislação.

3. Ao adotar medidas para a eliminação da discriminação em matéria de emprego e ocupação, os Membros, em conformidade com as normas internacionais do trabalho, devem, entre outras coisas:

(a) assegurar-se de que os sistemas de exames médicos relacionados ao trabalho respeitem o princípio da confidencialidade de dados pessoais e a privacidade dos trabalhadores domésticos e estejam em consonância com o repertório de recomendações práticas da OIT, intitulado "Proteção de dados pessoais dos trabalhadores" (1997) e com outras normas internacionais pertinentes sobre proteção de dados pessoais;

(b) prevenir qualquer discriminação em relação a tais exames; e

(c) garantir que não se exija que os trabalhadores domésticos se submetam a exames de diagnóstico de HIV ou gravidez, ou que revelem seu estado quanto ao HIV ou gravidez.

4. Os Membros, ao avaliar a questão dos exames médicos dos trabalhadores domésticos, devem considerar:

(a) colocar à disposição dos membros dos domicílios e dos trabalhadores domésticos informações disponíveis sobre saúde pública com respeito aos principais problemas de saúde e enfermidades que podem suscitar a necessidade de se submeter a exames médicos em cada contexto nacional;

(b) colocar à disposição dos membros dos domicílios e dos trabalhadores domésticos informações sobre exames médicos voluntários, tratamentos médicos e boas práticas de saúde e higiene, em consonância com as iniciativas de saúde pública destinadas à comunidade em geral;

(c) difundir informações sobre as melhores práticas em matéria de exames médicos relativos ao trabalho, com as adaptações pertinentes para ter em conta o caráter específico do trabalho doméstico.

5. (1) Os Membros devem, levando em consideração as disposições da Convenção nº 182 e a Recomendação nº 190 sobre as Piores Formas de Trabalho Infantil, de 1999, identificar as modalidades de trabalho doméstico que, por sua natureza ou pelas circunstâncias nas quais são executados, poderiam prejudicar a saúde, segurança ou moral de crianças e proibir e eliminar estas formas de trabalho infantil.

(2) Ao regulamentar as condições de trabalho e de vida dos trabalhadores domésticos, os Membros devem dar especial atenção às necessidades dos trabalhadores domésticos menores de 18 anos e com idade superior à idade mínima de emprego definida pela legislação nacional e adotar medidas para protegê-los, inclusive:

(a) limitando estritamente suas horas de trabalho para assegurar que disponham de tempo adequado para descanso, educação ou formação profissional, atividades de lazer e de contato com familiares;
(b) proibindo o trabalho noturno;
(c) restringindo o trabalho excessivamente demandante, tanto física como psicologicamente;
(d) estabelecendo ou fortalecendo mecanismos de vigilância de suas condições de trabalho e vida.
6. (1) Os Membros devem prestar assistência apropriada, quando necessário, para assegurar-se de que os trabalhadores domésticos compreendam suas condições de emprego.
(2) Além dos elementos enumerados no Artigo 7 da Convenção, as condições de emprego devem incluir os seguintes dados:
(a) uma descrição do posto de trabalho;
(b) licença por enfermidade e, quando proceda, qualquer outro tipo de licença pessoal;
(c) a taxa de remuneração ou compensação das horas extras e das horas de disponibilidade imediata para o trabalho, em consonância com o parágrafo 3 do artigo 10 da Convenção;
(d) todo outro pagamento ao qual o trabalhador doméstico tenha direito;
(e) todo pagamento in natura e seu valor monetário;
(f) detalhes sobre o tipo de alojamento provido; e
(g) todo desconto autorizado da remuneração do trabalhador.
(3) Os Membros deverão considerar o estabelecimento de um contrato de trabalho padrão para o trabalho doméstico, em consulta com as organizações mais representativas de empregadores e dos trabalhadores, assim como com as organizações de representação dos trabalhadores domésticos e com as organizações de representação de empregadores dos trabalhadores domésticos, quando tais organizações existam.
(4) O contrato padrão deverá estar permanentemente à disposição, de forma gratuita, para os trabalhadores domésticos, empregadores domésticos, organizações de representação e público em geral.
7. Os Membros deverão considerar o estabelecimento de mecanismos para proteger os trabalhadores domésticos do abuso, assédio e violência, por exemplo:
(a) criando mecanismos de queixa acessíveis, com a finalidade de que os trabalhadores domésticos possam informar os casos de abuso, assédio ou violência;
(b) assegurando-se de que todas as queixas de abuso, assédio ou violência sejam investigadas e sejam objeto de ações judiciais, segundo proceda; e
(c) estabelecendo programas de reinserção e readaptação dos trabalhadores domésticos vítimas de abuso, assédio e violência, inclusive proporcionando a eles alojamento temporário e atenção à saúde.
8. (1) As horas de trabalho, inclusive as horas extras e os períodos de disponibilidade imediata para o trabalho devem ser registradas com exatidão, em conformidade com o parágrafo 3 do artigo 10 da Convenção, e o trabalhador doméstico deverá ter fácil acesso a esta informação;
(2) Os Membros devem considerar a possibilidade de elaborar orientações práticas a este respeito, em consulta com as organizações mais representativas de empregadores e trabalhadores, assim como com as organizações de representação dos trabalhadores domésticos e com organizações de representação de empregadores de trabalhadores domésticos, quando elas existam.
9. (1) Com respeito aos períodos nos quais os trabalhadores domésticos não dispõem livremente de seu tempo e permanecem à disposição dos membros do domicílio para atender a possíveis demandas por seus serviços (períodos de disponibilidade imediata para o trabalho), os Membros, na medida em que a legislação nacional ou acordos coletivos determinem, deverão regulamentar:
(a) o número máximo de horas por semana, mês ou ano que pode ser solicitado ao trabalhador doméstico que permaneça em disponibilidade imediata para o trabalho e a forma com que se pode medir estas horas;
(b) o período de descanso compensatório ao qual o trabalhador doméstico tem direito, caso o período normal de descanso seja interrompido pela obrigação de permanecer em disponibilidade imediata para o trabalho; e
(c) a taxa segundo qual o período de disponibilidade imediata para o trabalho deve ser remunerado.
(2) Para os trabalhadores domésticos cujas tarefas habituais sejam realizadas à noite, levando em consideração as dificuldades do trabalho noturno, os Membros deverão considerar a adoção de medidas comparáveis às que se refere o subparágrafo 9.1.
10. Os Membros devem tomar medidas para garantir que trabalhadores domésticos tenham direito a períodos adequados de descanso durante a jornada de trabalho que permitam a realização de refeições e pausas.
11. (1) O dia de descanso semanal deve ser de ao menos 24 horas consecutivas.
(2) O dia fixo de descanso semanal deverá ser determinado em comum acordo entre as partes, em conformidade com a legislação nacional ou acordos coletivos, atendendo às demandas do trabalho e às necessidades culturais, religiosas e sociais do trabalhador doméstico.
(3) Quando a legislação nacional ou acordos coletivos prevejam que o descanso semanal poderá ser acumulado em um período de mais de sete dias para os trabalhadores em geral, tal período não deverá exceder 14 dias para o trabalhador doméstico.
12. A legislação nacional e os acordos coletivos devem definir as razões pelas quais se poderia exigir dos trabalhadores domésticos que prestem serviço em seu período de descanso diário ou semanal, e se deveria prever um período de descanso compensa-

tório apropriado, independente de compensação financeira.

13. O tempo dispendido pelo trabalhador doméstico no acompanhamento de membros do domicílio durante as férias não deveria ser contado como parte de suas férias anuais remuneradas.

14. Quando se estabeleça que o pagamento de uma determinada proporção da remuneração será feita em parcelas in natura, os Membros devem contemplar a possibilidade de:
(a) estabelecer um limite máximo para a proporção da remuneração que poderá ser paga in natura, de forma a não diminuir indevidamente a remuneração necessária para a manutenção dos trabalhadores domésticos e suas famílias;
(b) calcular o valor monetário dos pagamentos in natura, tomando por referência critérios objetivos, como o valor de mercado de tais prestações, seu preço de custo ou o preço fixado por autoridades públicas, segundo proceda;
(c) limitar os pagamentos in natura ao que é claramente apropriado para o uso e benefício pessoal do trabalhador doméstico, como alimentação e acomodação;
(d) assegurar, quando se exige a um trabalhador doméstico que resida no domicílio do empregador, que não se aplique nenhum desconto na remuneração com respeito ao alojamento, a menos que o trabalhador doméstico aceite o desconto; e
(e) assegurar que os artigos diretamente relacionados ao desempenho das tarefas dos trabalhadores domésticos, como uniformes, ferramentas e material de proteção, assim como sua limpeza e manutenção, não sejam considerados como pagamentos in natura, e que seu custo não seja descontado da remuneração dos trabalhadores domésticos.

15. (1) os trabalhadores domésticos devem receber, no momento de cada pagamento, uma relação escrita de fácil compreensão, na qual figurem a remuneração total que será paga e a quantidade específica e a finalidade de qualquer dedução que tenha sido feita.
(2) Mediante o término da relação de trabalho, qualquer valor pendente deve ser pago imediatamente.

16. Os Membros devem adotar medidas para assegurar que os trabalhadores domésticos usufruam de condições não menos favoráveis que aquelas aplicadas aos trabalhadores em geral no que diz respeito à proteção dos créditos salariais no caso de insolvência ou falecimento do empregador.

17. Quando a acomodação e alimentação são fornecidas, deve se prever, levando-se em consideração as condições nacionais, as seguintes condições:
(a) um quarto separado e privado que seja adequadamente mobiliado e ventilado, equipado com uma maçaneta com chave, que deve ser entregue ao trabalhador doméstico;
(b) acesso a instalações sanitárias em boas condições, compartilhada ou privadas;

(c) iluminação suficiente e, na medida em que seja necessário, calefação ou ar-condicionado, em função das condições prevalecentes do domicílio; e
(d) refeições de boa qualidade e em quantidade suficiente, adaptadas, quando proceda e de maneira razoável, às necessidades culturais e religiosas particulares dos trabalhadores domésticos a que se referem.

18. No caso do término da relação de trabalho por iniciativa do empregador, por outros motivos que não faltas graves, aos trabalhadores domésticos que moram no domicílio no qual trabalham, deveria ser concedido um período razoável de aviso prévio e tempo livre suficiente durante este período para buscar um novo emprego e alojamento.

19. Os Membros, em consulta com as organizações mais representativas de empregadores e de trabalhadores, assim como com organizações de representação dos trabalhadores domésticos e com organizações de representação dos empregadores dos trabalhadores domésticos, quando tais organizações existam, devem adotar medidas com a finalidade de, por exemplo:
(a) proteger os trabalhadores domésticos, eliminando ou reduzindo ao mínimo, na medida do que é razoavelmente factível, os perigos e riscos relacionados com o trabalho, com vistas a prevenir acidentes, enfermidades e mortes e promover a segurança e saúde no trabalho nos domicílios que constituam locais de trabalho;
(b) estabelecer um sistema de inspeção suficiente e apropriado, em conformidade com o disposto no artigo 17 da Convenção, e sanções adequadas em caso de infração da legislação do trabalho em matéria de segurança e saúde no trabalho;
(c) instaurar procedimentos para a coleta e publicação de estatísticas sobre enfermidades e acidentes profissionais relativos ao trabalho doméstico, assim como outras estatísticas que se considerem úteis para a prevenção dos riscos e acidentes no contexto da segurança e saúde no trabalho;
(d) prestar assistência em matéria de segurança e saúde no trabalho, inclusive sobre aspectos ergonômicos e sobre equipamentos de proteção; e
(e) desenvolver programas de formação e difundir orientações sobre os requisitos em matéria de segurança e saúde no trabalho que sejam específicas para o trabalho doméstico.

20. (1) Os Membros devem considerar, em conformidade com a legislação nacional, meios para facilitar o pagamento das contribuições à previdência social, inclusive com respeito aos trabalhadores domésticos que prestam serviços para múltiplos empregadores, por exemplo mediante um sistema de pagamento simplificado.
(2) Os Membros devem considerar a celebração de acordos bilaterais, regionais ou multilaterais para assegurar que os trabalhadores domésticos migrantes, cobertos por tais acordos, gozem da igualdade de tratamento com respeito à seguridade social, assim como do acesso aos direitos de

seguridade social e à manutenção da transferência de tais direitos.

(3) O valor monetário dos pagamentos in natura deve ser devidamente considerado para fins de previdência social, inclusive com respeito à contribuição dos empregadores e dos direitos e benefícios dos trabalhadores domésticos.

21. (1) Os Membros devem considerar a adoção de medidas adicionais para assegurar a proteção efetiva dos trabalhadores domésticos e, em particular, dos trabalhadores domésticos migrantes, como por exemplo:

(a) estabelecer uma linha telefônica nacional de assistência, com serviços de tradução para os trabalhadores domésticos que precisem de apoio;

(b) em consonância com o artigo 17 da Convenção, prover um sistema de visitas, antes da colocação, a domicílios que empregarão trabalhadores domésticos migrantes;

(c) criar uma rede de alojamento de emergência;

(d) sensibilizar empregadores quanto às suas obrigações, proporcionado a eles informações sobre as boas práticas relativas ao emprego dos trabalhadores domésticos, sobre as obrigações legais em matéria de emprego e migração em relação aos trabalhadores domésticos migrantes, sobre suas medidas de execução e as sanções em caso de infração, e sobre os serviços de assistência à disposição dos trabalhadores domésticos e seus empregadores;

(e) assegurar que trabalhadores domésticos possam recorrer a mecanismos de queixa e tenham a capacidade para apresentar recursos legais, tanto civis quanto penais, durante o emprego e depois de terminada a relação de trabalho, independentemente de ter deixado o país de emprego; e

(f) estabelecer um serviço público de comunicação que informe aos trabalhadores domésticos, em idiomas que eles compreendam, seus direitos, legislação relevante, mecanismos de queixa disponíveis e recursos disponíveis, a legislação em matéria de emprego e a legislação sobre migração, assim como acerca da proteção jurídica contra delitos como atos de violência, tráfico de pessoas e privação de liberdade, e lhes proporcione outros dados que possam necessitar.

(2) Os Membros que são países de origem de trabalhadores domésticos migrantes devem contribuir para a proteção efetiva dos direitos desses trabalhadores, informando-lhes seus direitos antes de sua partida de seu país, estabelecendo fundos de assistência legal, serviços consulares especializados e adotando qualquer outra medida que seja apropriada.

22. Os Membros, em consulta com as organizações mais representativas de empregadores e de trabalhadores, assim como com organizações de representação dos trabalhadores domésticos e com organizações de representação dos empregadores dos trabalhadores domésticos, quando tais organizações existam, devem considerar a possibilidade de especificar, por meio de legislação nacional ou outras medidas, as condições sob as quais os trabalhadores domésticos migrantes teriam direito à repatriação sem custos para eles, após o término do contato de trabalho em virtude do qual foram empregados.

23. Os Membros devem promover boas práticas das agências privadas de emprego com relação aos trabalhadores domésticos, inclusive trabalhadores domésticos migrantes, tendo em conta os princípios e enfoques contemplados na Convenção sobre Agências Privadas de Emprego, 1997 (n° 181) e na Recomendação sobre Agências Privadas de Emprego, 1997 (n° 188).

24. Na medida em que seja compatível com a legislação e a prática nacionais relativas ao respeito à privacidade, os Membros poderão considerar as condições sob as quais os inspetores do trabalho ou outros funcionários encarregados de velar pelo cumprimento das disposições aplicáveis ao trabalho doméstico devem ser autorizados a ter acesso aos locais em que se realiza o trabalho.

25. (1) Os Membros, em consulta com as organizações mais representativas de empregadores e de trabalhadores, assim como com organizações de representação dos trabalhadores domésticos e com organizações de representação dos empregadores dos trabalhadores domésticos, quando tais organizações existam, devem estabelecer políticas e programas, com o objetivo de:

(a) fomentar o desenvolvimento contínuo de competências e qualificações dos trabalhadores domésticos, inclusive, se for o caso, a alfabetização, de forma a melhorar suas possibilidades de desenvolvimento profissional e de emprego;

(b) atender às necessidades dos trabalhadores domésticos quanto ao alcance do equilíbrio entre trabalho e vida familiar; e

(c) assegurar que as preocupações e os direitos dos trabalhadores domésticos sejam levados em consideração no contexto de esforços mais gerais de conciliação entre responsabilidades do trabalho e familiares.

(2) Os Membros, em consulta com as organizações mais representativas de empregadores e de trabalhadores, assim como com organizações de representação dos trabalhadores domésticos e com organizações de representação dos empregadores dos trabalhadores domésticos, quando tais organizações existam, devem elaborar indicadores e sistemas de medição apropriados de maneira a fortalecer a capacidade dos órgãos nacionais de estatística com o objetivo de coletar, de maneira efetiva, dados necessários para facilitar a formulação eficaz de políticas em matéria de trabalho doméstico.

26. (1) Os Membros devem considerar a cooperação entre si para assegurar que a Convenção sobre as Trabalhadoras e os Trabalhadores Domésticos, 2011, e a presente Recomendação sejam aplicadas de forma efetiva aos trabalhadores domésticos migrantes.

(2) Os Membros devem cooperar nos níveis bilateral, regional e global com o propósito de melhorar a proteção de trabalhadores domésticos, especialmente no que diz respeito à prevenção do trabalho forçado e tráfico de pessoas, ao acesso à seguridade social, ao monitoramento de agências privadas de emprego que contratam pessoas para desempenharem trabalho doméstico em outro país, à disseminação de boas práticas e à compilação de estatísticas sobre trabalho doméstico.

(3) Os Membros devem tomar as medidas apropriadas para assistir uns aos outros e dar efeito às disposições da Convenção por meio da cooperação ou assistência internacionais reforçadas, ou ambas, que inclua apoio ao desenvolvimento econômico e social e desenvolvimento de programas de erradicação da pobreza e de ensino universal.

(4) No contexto da imunidade diplomática, os Membros devem considerar:

a) a adoção de políticas e códigos de conduta para o pessoal diplomático destinados a prevenir a violação dos direitos dos trabalhadores domésticos; e

b) a cooperação entre si em nível bilateral, regional e multilateral com a finalidade de enfrentar as práticas abusivas contra os trabalhadores domésticos e preveni-las

II. DIREITO INTERNACIONAL PRIVADO

Lei de Introdução às Normas do Direito Brasileiro

DECRETO-LEI 4.657, DE 4 DE SETEMBRO DE 1942

Lei de Introdução às normas do Direito Brasileiro.
- Ementa com redação pela Lei 12.376/2010.
- DOU 09.09.1942; Retificado no DOU de 08.10.1942 e no DOU de 17.06.1943.

O Presidente da República, usando da atribuição que lhe confere o artigo 180 da Constituição, decreta:

Art. 1º Salvo disposição contrária, a lei começa a vigorar em todo o País quarenta e cinco dias depois de oficialmente publicada.
- Art. 62, §§ 3º, 4º, 6º e 7º da CF.
- Arts. 101 a 104 do CTN.
- Art. 8º da LC 95/1998 (Elaboração, a redação, a alteração e a consolidação das leis).

§ 1º Nos Estados estrangeiros, a obrigatoriedade da lei brasileira, quando admitida, se inicia três meses depois de oficialmente publicada.
- Art. 16 da Lei 2.145/1953 (Carteira de Comércio Exterior).

§ 2º Revogado pela Lei 12.036/2009.

§ 3º Se, antes de entrar a lei em vigor, ocorrer nova publicação de seu texto, destinada a correção, o prazo deste artigo e dos parágrafos anteriores começará a correr da nova publicação.

§ 4º As correções a texto de lei já em vigor consideram-se lei nova.

Art. 2º Não se destinando à vigência temporária, a lei terá vigor até que outra a modifique ou revogue.
- LC 95/1998 (Elaboração, a redação, a alteração e a consolidação das leis).

§ 1º A lei posterior revoga a anterior quando expressamente o declare, quando seja com ela incompatível ou quando regule inteiramente a matéria de que tratava a lei anterior.

§ 2º A lei nova, que estabeleça disposições gerais ou especiais a par das já existentes, não revoga nem modifica a lei anterior.

§ 3º Salvo disposição em contrário, a lei revogada não se restaura por ter a lei revogadora perdido a vigência.

Art. 3º Ninguém se escusa de cumprir a lei, alegando que não a conhece.

Art. 4º Quando a lei for omissa, o juiz decidirá o caso de acordo com a analogia, os costumes e os princípios gerais de direito.
- Arts. 140 e par. ún., 375 e 723, do CPC.
- Arts. 100, 101 e 107 a 111 do CTN.
- Art. 8º da CLT.
- Art. 2º da Lei 9.307/1996 (Arbitragem).

Art. 5º Na aplicação da lei, o juiz atenderá aos fins sociais a que ela se dirige e às exigências do bem comum.
- Art. 5º, LIV, da CF.
- Arts. 107 a 111 do CTN.
- Art. 6º da Lei 9.099/1995 (Juizados Especiais).

Art. 6º A Lei em vigor terá efeito imediato e geral, respeitados o ato jurídico perfeito, o direito adquirido e a coisa julgada.
- Artigo com redação pela Lei 3.238/1957.
- Art. 5º, XXXVI, da CF.
- Arts. 1.577 e 1.787 do CC.
- Súmula Vinculante 1 do STF.

§ 1º Reputa-se ato jurídico perfeito o já consumado segundo a lei vigente ao tempo em que se efetuou.

§ 2º Consideram-se adquiridos assim os direitos que o seu titular, ou alguém por ele, possa exercer, como aqueles cujo começo do exercício tenha termo prefixo, ou condição preestabelecida inalterável, a arbítrio de outrem.
- Arts. 121, 126, 130, 131 e 135 do CC.

§ 3º Chama-se coisa julgada ou caso julgado a decisão judicial de que já não caiba recurso.
- Art. 5º, XXXVI, da CF.
- Arts. 121, 126 a 128, 131 e 135 do CC.
- Arts. 105 e 106 do CTN.
- Arts. 337, § 1º, e 502, CPC.

Art. 7º A lei do país em que for domiciliada a pessoa determina as regras sobre o começo e o fim da personalidade, o nome, a capacidade e os direitos de família.
- Arts. 1º a 10, 22 a 39, 70 a 78 e 1.511 a 1.783 do CC.
- Dec. 66.605/1970 (Convenção sobre Consentimento para Casamento).
- Arts. 55 a 58 da Lei 6.015/1973 (Registros Públicos).
- Arts. 31, 42 e ss. da Lei 6.815/1980 (Estatuto do Estrangeiro).

§ 1º Realizando-se o casamento no Brasil, será aplicada a lei brasileira quanto aos impedimentos dirimentes e às formalidades da celebração.
- Arts. 1.511 e ss., 1.517, 1.521, 1.523 e 1.533 a 1542 do CC.
- Arts. 8º e 9º, da Lei 1.110/1950 (Reconhecimento dos efeitos civis do casamento religioso).
- Lei 6.015/1973 (Registros Públicos).

§ 2º O casamento de estrangeiros poderá celebrar-se perante autoridades diplomáticas ou consulares do país de ambos os nubentes.
- § 2º com redação pela Lei 3.238/1957.
- Art. 1.544 do CC.

§ 3º Tendo os nubentes domicílio diverso, regerá os casos de invalidade do matrimônio a lei do primeiro domicílio conjugal.
- Arts. 1.548 a 1.564 do CC.

§ 4º O regime de bens, legal ou convencional, obedece à lei do país em que tiverem os nubentes domicílio, e, se este for diverso, à do primeiro domicílio conjugal.
- Arts. 1.639 a 1.666 do CC.

§ 5º O estrangeiro casado, que se naturalizar brasileiro, pode, mediante expressa anuência de seu cônjuge, requerer ao juiz, no ato de entrega do decreto de naturalização, se apostile ao mesmo a adoção do regime de comunhão parcial de bens, respeitados os direitos de terceiros e dada esta adoção ao competente registro.
- § 5º com redação pela Lei 6.515/1977 (Divórcio).
- Arts. 1.658 a 1.666 do CC.

§ 6º O divórcio realizado no estrangeiro, se um ou ambos os cônjuges forem brasileiros, só será reconhecido no Brasil depois de 1 (um) ano da data da sentença, salvo se houver sido antecedida de separação judicial por igual prazo, caso em que a homologação produzirá efeito imediato, obedecidas as condições estabelecidas para a eficácia das sentenças estrangeiras no país. O Superior Tribunal de Justiça, na forma de seu regimento interno, poderá reexaminar, a requerimento do interessado, decisões já proferidas em pedidos de homologação de sentenças estrangeiras de divórcio de brasileiros, a fim de que passem a produzir todos os efeitos legais.
- § 6º com redação pela Lei 12.036/2009.
- Art. 15 desta Lei.
- Arts. 105, I, *i*, 226, § 6º, e 227, § 6º, da CF.
- Art. 1.571 do CC.
- Art. 961, CPC.

§ 7º Salvo o caso de abandono, o domicílio do chefe da família estende-se ao outro cônjuge e aos filhos não emancipados, e o do tutor ou curador aos incapazes sob sua guarda.
- Arts. 226, § 5º, e 227, § 6º, da CF.
- Arts. 3º, 4º e 76, par. ún., do CC.

§ 8º Quando a pessoa não tiver domicílio, considerar-se-á domiciliada no lugar de sua residência ou naquele em que se encontre.
- Arts. 70, 71 e 73 do CC.
- Art. 46, § 3º, do CPC.

Art. 8º Para qualificar os bens e regular as relações a eles concernentes, aplicar-se-á a lei do país em que estiverem situados.
- Lei 8.617/1993 (Mar territorial).

§ 1º Aplicar-se-á a lei do país em que for domiciliado o proprietário, quanto aos bens móveis que ele trouxer ou se destinarem a transporte para outros lugares.

§ 2º O penhor regula-se pela lei do domicílio que tiver a pessoa, em cuja posse se encontre a coisa apenhada.
- Arts. 1.431 a 1.435, 1.438 a 1.440, 1.442, 1.445, 1.446, 1.451 a 1.460 e 1.467 a 1.471 do CC.

Art. 9º Para qualificar e reger as obrigações, aplicar-se-á a lei do país em que se constituírem.

§ 1º Destinando-se a obrigação a ser executada no Brasil e dependendo de forma essencial, será esta observada, admitidas as peculiaridades da lei estrangeira quanto aos requisitos extrínsecos do ato.

§ 2º A obrigação resultante do contrato reputa-se constituída no lugar em que residir o proponente.
- Art. 435 do CC.

Art. 10. A sucessão por morte ou por ausência obedece à lei do país em que era domiciliado o defunto ou o desaparecido, qualquer que seja a natureza e a situação dos bens.
- Arts. 26 a 39, 1.784 do CC.

§ 1º A sucessão de bens de estrangeiros, situados no País, será regulada pela lei brasileira em benefício do cônjuge ou dos filhos brasileiros, ou de quem os represente, sempre que não lhes seja mais favorável a lei pessoal do *de cujus*.
- § 1º com redação dada Lei 9.047/1995.
- Art. 5º, XXXI, da CF.
- Arts. 1.851 a 1.856 do CC.

§ 2º A lei do domicílio do herdeiro ou legatário regula a capacidade para suceder.
- Art. 5º, XXX e XXXI, CF.
- Arts. 1.787 e 1.798 a 1.803 do CC.
- Arts. 23, II, 48, 610, do CPC.

Art. 11. As organizações destinadas a fins de interesse coletivo, como as sociedades e as fundações, obedecem à lei do Estado em que se constituírem.
- Arts. 40 a 69, 681 e ss., e 981 a 1.141 do CC.
- Art. 75, § 3º, do CPC.

§ 1º Não poderão, entretanto, ter no Brasil filiais, agências ou estabelecimentos antes de serem os atos constitutivos aprovados pelo Governo brasileiro, ficando sujeitas à lei brasileira.
- Art. 170, par. ún., da CF.
- Arts. 1.134 a 1.141 e 1.150 a 1.154 do CC.
- Arts. 75, IX, § 3º, 21, par. un., do CPC.
- Dec. 24.643/1934 (Código de Águas).
- Dec.-lei 2.980/1941 (Loterias).
- Art. 74 do Dec.-lei 73/1966 (Sistema Nacional de Seguros Privados).
- Dec.-lei 227/1967 (Código de Mineração).
- Art. 32, II, da Lei 8.934/1994 (Registro público de empresas).

§ 2º Os Governos estrangeiros, bem como as organizações de qualquer natureza, que eles tenham constituído, dirijam ou hajam investido de funções públicas, não poderão adquirir no Brasil bens imóveis ou suscetíveis de desapropriação.

§ 3º Os Governos estrangeiros podem adquirir a propriedade dos prédios necessários à sede dos representantes diplomáticos ou dos agentes consulares.

Art. 12. É competente a autoridade judiciária brasileira, quando for o réu domiciliado no Brasil ou aqui tiver de ser cumprida a obrigação.
- Arts. 21, 23 e 24, do CPC.

§ 1º Só à autoridade judiciária brasileira compete conhecer das ações relativas a imóveis situados no Brasil.
- Art. 23, I, do CPC.

§ 2º A autoridade judiciária brasileira cumprirá, concedido o *exequatur* e segundo a forma estabelecida pela lei brasileira, as diligências deprecadas por autoridade estrangeira competente, observando a lei desta, quanto ao objeto das diligências.

- Art. 105, I, *i*, da CF, com redação pela EC 45/2004, determina que a concessão de *exequatur* às cartas rogatórias passou a ser da competência do STJ.
- Art. 109, X, da CF.
- Arts. 21, 23, 46, § 3º, 47, § 1º, 36, 268, 256, § 1º, e 377, do CPC.

Art. 13. A prova dos fatos ocorridos em país estrangeiro rege-se pela lei que nele vigorar, quanto ao ônus e aos meios de produzir-se, não admitindo os tribunais brasileiros provas que a lei brasileira desconheça.
- Arts. 109 e 212 a 232 do CC.
- Arts. 369, 373, 374 e 376, do CPC.
- Art. 32, *caput*, da Lei 6.015/1973 (Registros Públicos).

Art. 14. Não conhecendo a lei estrangeira, poderá o juiz exigir de quem a invoca prova do texto e da vigência.
- Art. 376, do CPC.
- Art. 116 do RISTF.

Art. 15. Será executada no Brasil a sentença proferida no estrangeiro, que reúna os seguintes requisitos:
- Art. 12, § 2º desta Dec.-lei.
- Arts. 36, 268, 961, 960, § 2º, e 965, do CPC.
- Arts. 6º, I, *i*, 13, IX, 52, III, 215 a 347, I, e 367 do RISTF.

a) haver sido proferida por juiz competente;
- Súmula 381 do STF.

b) terem sido as partes citadas ou haver-se legalmente verificado à revelia;
- Súmula 420 do STF.

c) ter passado em julgado e estar revestida das formalidades necessárias para a execução no lugar em que foi proferida;

d) estar traduzida por intérprete autorizado;

e) ter sido homologada pelo Supremo Tribunal Federal.
- Art. 105, I, *i*, da CF, com redação pela EC 45/2004, determina que a concessão de *exequatur* às cartas rogatórias passou a ser da competência do STJ.
- Arts. 961 e 960, § 2º, do CPC.
- Art. 9º do CP.
- Arts. 787 a 790 do CPP.
- Art. 35 da Lei 9.307/1996 (Arbitragem).

Parágrafo único. *Revogado pela Lei 12.036/2009.*

Art. 16. Quando, nos termos dos artigos precedentes, se houver de aplicar a lei estrangeira, ter-se-á em vista a disposição desta, sem considerar-se qualquer remissão por ela feita a outra lei.

Art. 17. As leis, atos e sentenças de outro país, bem como quaisquer declarações de vontade, não terão eficácia no Brasil, quando ofenderem a soberania nacional, a ordem pública e os bons costumes.
- Art. 781 do CPP.

Art. 18. Tratando-se de brasileiros, são competentes as autoridades consulares brasileiras para lhes celebrar o casamento e os mais atos de registro civil e de tabelionato, inclusive o registro de nascimento e de óbito dos filhos de brasileiro ou brasileira nascidos no país da sede do consulado.
- *Caput* com redação pela Lei 3.238/1957.
- Art. 19 deste Dec.-lei.
- Art. 12, I, *c*, da CF.
- Dec. 360/1935 (Funções consulares).
- Art. 32, § 3º, da Lei 6.015/1973 (Registros Públicos).
- Dec. 84.451/1980 (Atos notariais e de registro civil).

§ 1º As autoridades consulares brasileiras também poderão celebrar a separação consensual e o divórcio consensual de brasileiros, não havendo filhos menores ou incapazes do casal e observados os requisitos legais quanto aos prazos, devendo constar da respectiva escritura pública as disposições relativas à descrição e à partilha dos bens comuns e à pensão alimentícia e, ainda, ao acordo quanto à retomada pelo cônjuge de seu nome de solteiro ou à manutenção do nome adotado quando se deu o casamento.
- § 1º com redação pela Lei 12.874/2013.

§ 2º É indispensável a assistência de advogado, devidamente constituído, que se dará mediante a subscrição de petição, juntamente com ambas as partes, ou com apenas uma delas, caso a outra constitua advogado próprio, não se fazendo necessário que a assinatura do advogado conste da escritura pública.
- § 2º com redação pela Lei 12.874/2013.

Art. 19. Reputam-se válidos todos os atos indicados no artigo anterior e celebrados pelos cônsules brasileiros na vigência do Decreto-Lei 4.657, de 4 de setembro de 1942, desde que satisfaçam todos os requisitos legais.
- Artigo acrescido pela Lei 3.238/1957.

Parágrafo único. No caso em que a celebração desses atos tiver sido recusada pelas autoridades consulares, com fundamento no artigo 18 do mesmo Decreto-Lei, ao interessado é facultado renovar o pedido dentro de noventa dias contados da data da publicação desta Lei.

Art. 20. Nas esferas administrativa, controladora e judicial, não se decidirá com base em valores jurídicos abstratos sem que sejam consideradas as consequências práticas da decisão.
- Artigo acrescido pela Lei 13.655/2018.

Parágrafo único. A motivação demonstrará a necessidade e a adequação da medida imposta ou da invalidação de ato, contrato, ajuste, processo ou norma administrativa, inclusive em face das possíveis alternativas.

Art. 21. A decisão que, nas esferas administrativa, controladora ou judicial, decretar a invalidação de ato, contrato, ajuste, processo ou norma administrativa deverá indicar de modo expresso suas consequências jurídicas e administrativas.
- Artigo acrescido pela Lei 13.655/2018.

Parágrafo único. A decisão a que se refere o *caput* deste artigo deverá, quando for o caso, indicar as condições para que a regularização ocorra de modo proporcional e equânime e sem prejuízo aos interesses gerais, não se podendo impor aos sujeitos atingidos ônus ou perdas que, em função das peculiaridades do caso, sejam anormais ou excessivos.

Art. 22. Na interpretação de normas sobre gestão pública, serão considerados os obstáculos e as dificuldades reais do gestor e as exigências das políticas públicas a seu cargo, sem prejuízo dos direitos dos administrados.
- Artigo acrescido pela Lei 13.655/2018.

§ 1º Em decisão sobre regularidade de conduta ou validade de ato, contrato, ajuste, processo ou norma administrativa, serão consideradas as circunstâncias práticas que houverem imposto, limitado ou condicionado a ação do agente.

§ 2º Na aplicação de sanções, serão consideradas a natureza e a gravidade da infração cometida, os danos que dela provierem para a administração pública, as circunstâncias agravantes ou atenuantes e os antecedentes do agente.

§ 3º As sanções aplicadas ao agente serão levadas em conta na dosimetria das demais sanções de mesma natureza e relativas ao mesmo fato.

Art. 23. A decisão administrativa, controladora ou judicial que estabelecer interpretação ou orientação nova sobre norma de conteúdo indeterminado, impondo novo dever ou novo condicionamento de direito, deverá prever regime de transição quando indispensável para que o novo dever ou condicionamento de direito seja cumprido de modo proporcional, equânime e eficiente e sem prejuízo aos interesses gerais.

> Artigo acrescido pela Lei 13.655/2018.

Parágrafo único. Vetado.

Art. 24. A revisão, nas esferas administrativa, controladora ou judicial, quanto à validade de ato, contrato, ajuste, processo ou norma administrativa cuja produção já se houver completado levará em conta as orientações gerais da época, sendo vedado que, com base em mudança posterior de orientação geral, se declarem inválidas situações plenamente constituídas.

> Artigo acrescido pela Lei 13.655/2018.

Parágrafo único. Consideram-se orientações gerais as interpretações e especificações contidas em atos públicos de caráter geral ou em jurisprudência judicial ou administrativa majoritária, e ainda as adotadas por prática administrativa reiterada e de amplo conhecimento público.

Art. 25. Vetado.

> Artigo acrescido pela Lei 13.655/2018.

Art. 26. Para eliminar irregularidade, incerteza jurídica ou situação contenciosa na aplicação do direito público, inclusive no caso de expedição de licença, a autoridade administrativa poderá, após oitiva do órgão jurídico e, quando for o caso, após realização de consulta pública, e presentes razões de relevante interesse geral, celebrar compromisso com os interessados, observada a legislação aplicável, o qual só produzirá efeitos a partir de sua publicação oficial.

> Artigo acrescido pela Lei 13.655/2018.

§ 1º O compromisso referido no *caput* deste artigo:
I – buscará solução jurídica proporcional, equânime, eficiente e compatível com os interesses gerais;
II – Vetado;
III – não poderá conferir desoneração permanente de dever ou condicionamento de direito reconhecidos por orientação geral;
IV – deverá prever com clareza as obrigações das partes, o prazo para seu cumprimento e as sanções aplicáveis em caso de descumprimento.

§ 2º Vetado.

Art. 27. A decisão do processo, nas esferas administrativa, controladora ou judicial, poderá impor compensação por benefícios indevidos ou prejuízos anormais ou injustos resultantes do processo ou da conduta dos envolvidos.

> Artigo acrescido pela Lei 13.655/2018.

§ 1º A decisão sobre a compensação será motivada, ouvidas previamente as partes sobre seu cabimento, sua forma e, se for o caso, seu valor.

§ 2º Para prevenir ou regular a compensação, poderá ser celebrado compromisso processual entre os envolvidos.

Art. 28. O agente público responderá pessoalmente por suas decisões ou opiniões técnicas em caso de dolo ou erro grosseiro.

> Artigo acrescido pela Lei 13.655/2018.

§§ 1º a 3º Vetados.

Art. 29. Em qualquer órgão ou Poder, a edição de atos normativos por autoridade administrativa, salvo os de mera organização interna, poderá ser precedida de consulta pública para manifestação de interessados, preferencialmente por meio eletrônico, a qual será considerada na decisão.

> Artigo acrescido pela Lei 13.655/2018, em vigor após decorridos 180 (cento e oitenta dias) de sua publicação oficial (DOU 26.04.2018).

§ 1º A convocação conterá a minuta do ato normativo e fixará o prazo e demais condições da consulta pública, observadas as normas legais e regulamentares específicas, se houver.

§ 2º Vetado.

Art. 30. As autoridades públicas devem atuar para aumentar a segurança jurídica na aplicação das normas, inclusive por meio de regulamentos, súmulas administrativas e respostas a consultas.

> Artigo acrescido pela Lei 13.655/2018.

Parágrafo único. Os instrumentos previstos no *caput* deste artigo terão caráter vinculante em relação ao órgão ou entidade a que se destinam, até ulterior revisão.

Rio de Janeiro, 4 de setembro de 1942; 121º da Independência e 54º da República.

Getulio Vargas

LEI 12.376, DE 30 DE DEZEMBRO DE 2010

Altera a ementa do Decreto-lei 4.657, de 4 de setembro de 1942.

DOU 31.12.2010

O Presidente da República.
Faço saber que o Congresso Nacional decreta e eu sanciono a seguinte Lei:

Art. 1º Esta Lei altera a ementa do Decreto-lei 4.657, de 4 de setembro de 1942, ampliando o seu campo de aplicação.

Art. 2º A ementa do Decreto-lei 4.657, de 4 de setembro de 1942, passa a vigorar com a seguinte redação:

"Lei de Introdução às normas do Direito Brasileiro."
Art. 3º Esta Lei entra em vigor na data de sua publicação.

Brasília, 30 de dezembro de 2010; 189º da Independência e 122º da República.

Luiz Inácio Lula da Silva

LEI 12.874, DE 29 DE OUTUBRO DE 2013

Altera o art. 18 do Decreto-lei 4.657, de 4 de setembro de 1942, para possibilitar às autoridades consulares brasileiras celebrarem a separação e o divórcio consensuais de brasileiros no exterior.

DOU 30.10.2013

A Presidenta da República:
Faço saber que o Congresso Nacional decreta e eu sanciono a seguinte Lei:

Art. 1º Esta Lei dispõe sobre a possibilidade de as autoridades consulares brasileiras celebrarem a separação consensual e o divórcio consensual de brasileiros no exterior, nas hipóteses que especifica.

Art. 2º O art. 18 do Decreto-lei 4.657, de 4 de setembro de 1942, passa a vigorar acrescido dos seguintes §§ 1º e 2º:
> ► Alterações incorporadas ao texto do referido Dec.-lei.

Art. 3º Esta Lei entra em vigor após decorridos 120 (cento e vinte) dias de sua publicação oficial.

Brasília, 29 de outubro de 2013; 192º da Independência e 125º da República.

Dilma Rousseff

Sistema Global

ESTATUTO ORGÂNICO DO INSTITUTO INTERNACIONAL PARA A UNIFICAÇÃO DO DIREITO PRIVADO (UNIDROIT) (1940)

- Adotado pela Assembleia Geral dos Estados-Membros do Instituto Internacional para a Unificação do Direito Privado (Unidroit), em Roma, em 15.03.1940.
- Aprovado no Brasil por meio do Decreto Legislativo 71, de 16.10.1992, e promulgado pelo Decreto 884, de 02.08.1993. O texto promulgado incorpora as Emendas adotadas pela Assembleia Geral, que entraram em vigor em junho de 1957, julho de 1958 e dezembro de 1963, respectivamente.

Artigo I

O Instituto Internacional para a Unificação do Direito Privado tem como objetivo estudar as formas de harmonizar e de coordenar o direito privado entre Estados ou grupos de Estados e preparar gradualmente a adoção, pelos diversos Estados, de uma legislação de direito privado uniforme.

Para este fim o Instituto:

a) prepara projetos de leis ou de convenções visando a estabelecer um direito interno uniforme;
b) prepara projetos de acordos com vistas a facilitar as relações internacionais em matéria de direito privado;
c) empreende estudos de direito comparado nas matérias de direito privado;
d) interessa-se pelas iniciativas já adotadas em todas estas áreas por outras instituições, com as quais ele pode, se necessário, manter contato;
e) organiza conferências e publica estudos que considere dignos de ter ampla difusão.

Artigo II

1. O Instituto Internacional para a Unificação do Direito Privado é uma instituição internacional responsável perante os Governos participantes.
2. Os Governos participantes são aqueles que tenham aderido ao presente Estatuto de conformidade com o artigo 20.
3. O Instituto gozará, no território de cada Governo participante, da capacidade jurídica necessária para exercer sua atividade e para atingir seus fins.
4. Os privilégios e as imunidades de que gozarão o Instituto, seus agentes e seus funcionários serão definidos em acordos a serem concluídos entre os Governos participantes.

Artigo III

O Instituto Internacional para a Unificação do Direito Privado tem sede em Roma.

Artigo IV

Os órgãos do Instituto são:
1) a Assembleia Geral;
2) o Presidente;
3) o Conselho Diretor;
4) o Comitê Permanente;
5) o Tribunal Administrativo;
6) a Secretaria.

Artigo V

1. A Assembleia Geral compõe-se de um representante de cada Governo participante. Os Governos, com exceção do Governo italiano, serão nela representados por seus agentes diplomáticos acreditados junto ao Governo italiano, ou seus delegados.
2. A Assembleia se reúne em Roma, em sessão ordinária, pelo menos uma vez por ano, por convocação do Presidente, para aprovar as contas anuais de receitas e de despesas e o orçamento.
3. A cada três anos, ela aprova o programa de trabalho do Instituto, por proposta do Conselho Diretor e, de acordo com o parágrafo 4 do artigo XVI, reavalia, por maioria de dois terços dos membros presentes e votantes, se for o caso, as resoluções adotadas em virtude do parágrafo 3 do citado artigo XVI.

Artigo VI

1. O Conselho Diretor será composto por um Presidente e por dezesseis a vinte e um membros.
2. O Presidente é nomeado pelo Governo italiano.
3. Os membros são nomeados pela Assembleia Geral. A Assembleia pode nomear um membro além daqueles indicados no parágrafo primeiro, escolhendo-o entre os juízes em função na Corte Internacional de Justiça.
4. O mandato do Presidente e dos membros do Conselho Diretor tem a duração de cinco anos, passível de renovação.
5. O membro do Conselho Diretor, nomeado para substituir um membro cujo mandato não tenha expirado, completa o mandato de seu predecessor.
6. Cada Membro, com o consentimento do Presidente, pode fazer-se representar por uma pessoa de sua escolha.
7. O Conselho Diretor pode convidar para participar de suas sessões, a título consultivo, representantes de instituições ou de organizações internacionais, quando o trabalho do Instituto trate de assuntos relacionados a estas instituições ou organizações.

8. O Conselho Diretor é convocado pelo Presidente, sempre que o julgar conveniente ou pelo menos uma vez por ano.

Artigo VII

1. O Comitê Permanente compõe-se do Presidente e de cinco membros nomeados pelo Conselho Diretor dentre os seus membros.
2. Os membros do Comitê Permanente ficarão em exercício durante cinco anos e serão reelegíveis.
3. O Comitê Permanente é convocado pelo Presidente, cada vez que o julgar útil, em todo caso ao menos uma vez por ano.

Artigo VII-a

1. O Tribunal Administrativo será competente para decidir sobre os litígios entre o Instituto e seus funcionários ou empregados, ou seus representantes, no que se refere especialmente à interpretação ou à aplicação do Regulamento do pessoal. Os litígios que resultem das relações contratuais entre o Instituto e terceiros serão submetidos a este Tribunal desde que esta competência seja expressamente reconhecida pelas partes do contrato que der lugar ao litígio.
2. O Tribunal é composto de três membros titulares e de um membro suplente, escolhidos fora do Instituto e pertencentes, de preferência, a nacionalidades diferentes. Eles serão eleitos pela Assembleia Geral pelo prazo de cinco anos. Em caso de vaga o Tribunal se completa por cooptação.
3. O Tribunal julgará, em primeira e última instâncias, aplicando as disposições do Estatuto e do Regulamento, bem como os princípios gerais do direito. Poderá também decidir *ex aequo et bono* quando tal faculdade lhe tiver sido atribuída mediante acordo entre as partes.
4. Se o Presidente do Tribunal considerar que um litígio entre o Instituto e um de seus funcionários ou empregados é de importância muito limitada, pode decidir ele mesmo ou confiar a decisão a um só dos juízes do Tribunal.
5. O Tribunal adotará seu próprio regimento.

Artigo VII-b

Os membros do Conselho Diretor, ou do Tribunal Administrativo, cujos mandatos expirem por vencimento de prazo, permanecem na função até a posse dos novos eleitos.

Artigo VIII

1. A Secretaria compõe-se de um Secretário-Geral nomeado pelo Conselho Diretor por proposta do Presidente, de dois Secretários-Gerais adjuntos pertencentes a nacionalidades diferentes, também nomeados pelo Conselho Diretor, e dos funcionários e empregados que serão indicados pelas regras relativas à administração do Instituto e ao seu funcionamento interno, citados no artigo XVII.

2. O Secretário-Geral e os adjuntos são nomeados para um período que não tenha duração superior a cinco anos. São reelegíveis.
3. O Secretário-Geral do Instituto é de direito o Secretário da Assembleia Geral.

Artigo IX

O Instituto possui uma biblioteca sob a direção do Secretário-Geral.

Artigo X

Os idiomas oficiais do Instituto são o italiano, o alemão, o inglês, o espanhol e o francês.

Artigo XI

1. O Conselho Diretor provê os meios de realizar as tarefas enunciadas no artigo I.
2. Prepara o programa de trabalho do Instituto.
3. Aprova o relatório anual sobre a atividade do Instituto.
4. Prepara o projeto de orçamento e submete-o à Assembleia Geral para aprovação.

Artigo XII

1. Todo Governo participante, assim como toda instituição internacional de caráter oficial, pode fazer ao Conselho Diretor propostas para o estudo de questões pertinentes à unificação, à harmonização ou à coordenação do direito privado.
2. Toda instituição ou associação internacional, que tenha por objetivo o estudo de questões jurídicas, pode apresentar ao Conselho Diretor sugestões sobre os estudos a serem feitos.
3. O Conselho Diretor decide sobre as medidas a serem tornadas com relação às propostas e sugestões assim formuladas.

Artigo XII-a

O Conselho Diretor pode estabelecer com outras organizações intergovernamentais, bem corno com os Governos não participantes, relações que garantam urna cooperação consoante com seus respectivos fins.

Artigo XIII

1. O Conselho Diretor pode delegar o exame de questões especiais a comissões de jurisconsultos particularmente versados no estudo destas questões.
2. As Comissões serão presididas, tanto quanto possível, por membros do Conselho Diretor.

Artigo XIV

1. Após o estudo das questões que reservou corno objeto de seu trabalho, o Conselho Diretor aprova, se for o caso, anteprojetos a serem submetidos aos Governos.
2. Ele os transmite, seja aos Governos participantes, seja às instituições ou associações que lhe apresentaram propostas ou sugestões, solicitando sua opinião sobre a pertinência e a substância das disposições elaboradas.
3. Com base nas respostas recebidas, o Conselho Diretor aprova, se for o caso, os projetos definitivos.

4. Ele os transmite aos Governos e às instituições ou associações que lhe apresentaram propostas ou sugestões.

5. O Conselho Diretor provê em seguida os meios para garantir a convocação de urna Conferência diplomática convocada para examinar os projetos.

Artigo XV

1. O Presidente representa o Instituto.

2. O poder executivo será exercido pelo Conselho Diretor.

Artigo XVI

1. As despesas anuais relativas ao funcionamento e à manutenção do Instituto serão cobertas pelas receitas previstas no orçamento do Instituto, que compreenderão notadamente a contribuição ordinária básica do Governo italiano, promotor do Instituto, tal corno aprovada pelo Parlamento italiano, e que o dito Governo declara fixar, a partir de 1985, em 300 milhões de liras italianas, quantia que poderá ser revista no final de cada período trienal pela lei de aprovação do orçamento do Estado Italiano, assim corno pelas contribuições ordinárias anuais dos outros Governos participantes.

2. Para os fins do rateio da quota-parte das despesas anuais não cobertas pela contribuição ordinária do Governo italiano ou por receitas provenientes de outras fontes, entre os outros Governos participantes, estes últimos serão divididos em categorias. A cada categoria corresponderá certo número de unidades.

3. O número de categorias, o número de unidades correspondente a cada categoria, o montante de cada unidade, bem corno a classificação de cada Governo dentro de uma categoria, serão fixados por urna resolução da Assembleia Geral adotada por maioria de dois terços dos membros presentes e votantes, sob proposta de uma Comissão nomeada pela Assembleia. Nessa classificação, a Assembleia levará em conta, entre outras considerações, a renda nacional do país representado.

4. As decisões tomadas pela Assembleia Geral de acordo com o parágrafo 3 do presente artigo poderão ser revistas a cada três anos por uma nova resolução da Assembleia Geral, adotada pela mesma maioria de dois terços dos membros presentes e votantes, por ocasião de sua decisão mencionada no parágrafo 3 do artigo V.

5. As resoluções da Assembleia Geral adotadas de acordo com os parágrafos 3 e 4 do presente artigo serão notificadas pelo Governo italiano a cada Governo participante.

6. Dentro do prazo de um ano a contar da comunicação mencionada no parágrafo 5 do presente artigo, cada Governo participante poderá manifestar suas objeções às resoluções relativas a sua classificação na sessão seguinte da Assembleia Geral. Esta deverá se pronunciar através de uma resolução adotada pela maioria de dois terços dos membros presentes e votantes, que será notificada pelo Governo italiano ao Governo participante interessado. Este mesmo Governo terá porém a opção de denunciar sua adesão ao Instituto, de acordo com o procedimento previsto no parágrafo 3 do artigo XIX.

7. Os Governos participantes, com atraso de mais de dois anos no pagamento de sua contribuição, perdem o direito de voto na Assembleia Geral até a regularização de sua situação. Além disso, estes Governos não serão considerados para a formação da maioria requerida pelo artigo XIX do presente Estatuto.

8. Os locais necessários ao funcionamento dos serviços do Instituto serão colocados à sua disposição pelo Governo italiano.

9. Será criado um Fundo circulante do Instituto tendo como objetivo fazer face às despesas correntes, enquanto se aguarda o recebimento das contribuições devidas pelos Governos participantes, assim como às despesas imprevistas.

10. As regras relativas ao Fundo circulante farão parte do Regulamento do Instituto. Elas serão adotadas e modificadas pela Assembleia Geral por maioria de dois terços dos membros presentes e votantes.

Artigo XVII

1. As normas relativas à administração do Instituto, a seu funcionamento interno e ao estatuto do pessoal serão estabelecidas pelo Conselho Diretor e deverão ser aprovadas pela Assembleia Geral e comunicadas ao Governo italiano.

2. As despesas com viagens e estada dos membros do Conselho Diretor e das comissões de estudos, assim como os salários do pessoal da Secretaria e qualquer outra despesa administrativa, serão por conta do orçamento do Instituto.

3. A Assembleia Geral nomeará, por proposta do Presidente, um ou dois auditores de contas encarregados do controle financeiro do Instituto. A duração de suas funções é de cinco anos. No caso de serem nomeados dois auditores de contas, deverão pertencer a nacionalidades diferentes.

4. O Governo italiano não incorrerá em nenhuma responsabilidade, financeira ou de outro gênero, decorrente da administração do Instituto, nem em nenhuma responsabilidade civil decorrente do funcionamento de seus serviços e especialmente em relação ao pessoal do Instituto.

Artigo XVIII

1. O compromisso do Governo italiano no que se refere à subvenção anual e aos locais do Instituto, de que trata o artigo XVI, é estipulado para um período de seis anos. Ele continuará em vigor por um novo período de seis anos se o Governo italiano não tiver notificado aos outros Governos participantes sua intenção de fazer cessar seus efeitos pelo menos

dois anos antes do final do período em curso. Neste caso, a Assembleia Geral será convocada pelo Presidente, se necessário em sessão extraordinária.

2. Caberá à Assembleia Geral, caso ela decida suprimir o Instituto, sem prejuízo das disposições do Estatuto e do Regulamento relativos ao Fundo circulante, tomar as medidas necessárias no que refere às propriedades adquiridas pelo Instituto durante seu funcionamento e especialmente os arquivos e coleções de documentos e livros ou periódicos.

3. Fica entendido, entretanto, que neste caso os terrenos, edifícios e objetos móveis colocados à disposição do Instituto pelo Governo italiano voltarão a este último.

Artigo XIX

1. As emendas ao presente Estatuto, que forem adotadas pela Assembleia Geral, entrarão em vigor quando aprovadas pela maioria de dois terços dos Governos participantes.

2. Cada Governo comunicará sua aprovação por escrito ao Governo italiano, que dela dará conhecimento aos outros Governos participantes, assim como ao Presidente do Instituto.

3. Todo Governo que não tenha aprovado uma emenda ao presente Estatuto terá o direito de denunciar sua adesão no prazo de seis meses a partir da entrada em vigor da emenda. A denúncia terá efeito desde a data de sua notificação ao Governo italiano, que dela dará conhecimento aos outros Governos participantes, assim como ao Presidente do Instituto.

Artigo XX

1. Todo Governo que pretenda aderir ao presente Estatuto notificará sua adesão por escrito ao Governo italiano.

2. A adesão será feita pelo prazo de seis anos; será tacitamente renovada de seis em seis anos, salvo denúncia por escrito um ano antes da expiração de cada período.

3. As adesões e denúncias serão notificadas aos Governos participantes pelo Governo italiano.

Artigo XXI

O presente Estatuto entrará em vigor desde que no mínimo seis Governos tenham notificado sua adesão ao Governo italiano.

Artigo XXII

O presente Estatuto, datado de 15 de março de 1940, ficará depositado nos arquivos do Governo italiano. Cópia certificada conforme do texto será enviada, pelo Governo italiano, a cada um dos Governos participantes.

INTERPRETAÇÃO DO ARTIGO VII-A DO ESTATUTO ORGÂNICO, APROVADA NA XI SESSÃO DA ASSEMBLEIA GERAL (1953)

A Assembleia Geral,

Tendo em vista a Resolução que emendou o Estatuto Orgânico do Instituto, adotada pela Assembleia em 18 de janeiro de 1952; considerando que nos termos da segunda frase do primeiro parágrafo do artigo VII-a do Estatuto, relativo à competência do Tribunal Administrativo, "os litígios que resultem das relações contratuais entre o Instituto e terceiros serão submetidos a este Tribunal desde que esta competência seja expressamente reconhecida pelas partes no contrato em causa"; considerando a conveniência de precisar o alcance da competência que pode ser atribuída ao Tribunal Administrativo em virtude da dita disposição, declara

1. Que a expressão "os litígios que resultem de relações contratuais entre o instituto e terceiros" que poderão ser submetidos ao Tribunal Administrativo do Instituto nas condições previstas no artigo VII-a do Estatuto Orgânico, visa exclusivamente aos litígios relativos às obrigações surgidas de contratos concluídos entre o Instituto e terceiros.

2. Que a competência do Tribunal Administrativo em relação aos litígios surgidos de relações contratuais entre o Instituto e terceiros não poderá ser considerada com "expressamente reconhecida" senão na medida em que este reconhecimento resulte de um ato escrito.

ESTATUTO DA CONFERÊNCIA DA HAIA DE DIREITO INTERNACIONAL PRIVADO[1](1) (1951)

▶ Adotado na VII Conferência da Haia de Direito Internacional Privado, de 09 a 31.10.1951.

▶ Entrou em vigor em 15.07.1955. Estatuto Emendado da Conferência da Haia aprovado no Brasil pelo Decreto Legislativo 595, de 28.08.2009 e promulgado pelo Decreto 7.156, de 09.04.2010.

Os Governos dos Estados a seguir enumerados,

---

[1] O Estatuto foi adotado durante a Sétima Sessão da Conferência da Haia de Direito Internacional Privado, em 31 de outubro de 1951, e entrou em vigor em 15 de julho de 1955. As emendas foram adotadas durante a 20ª Sessão, em 30 de junho de 2005 (Ata Final, C), aprovadas pelos Membros em 30 de setembro de 2006 e entraram em vigor em 1º de janeiro de 2007.

(1) Em 30 de junho de 2005, além dos Estados-Membros fundadores mencionados no Preâmbulo, haviam aceitado o Estatuto os seguintes Estados: África do Sul, Albânia, Argentina, Austrália, Belarus, Bósnia-Herzegovina, Brasil, Bulgária, Canadá, Chile, República Popular da China, Chipre, República da Coreia, Croácia, Egito, Eslovênia, Estados Unidos da América, Estônia, Ex--República Iugoslava da Macedônia, Geórgia, Grécia, Hungria, Irlanda, Islândia, Israel, Jordânia, Letônia, Lituânia, Malásia, Malta, Marrocos, México, Mônaco, Nova Zelândia, Panamá, Paraguai, Peru, Polônia, República Eslovaca, República Tcheca, Romênia, Federação da Rússia, Sérvia e Montenegro, Sri Lanka, Suriname, Turquia, Ucrânia, Uruguai e Venezuela.

República Federal da Alemanha, Áustria, Bélgica, Dinamarca, Espanha, Finlândia, França, Itália, Japão, Luxemburgo, Noruega, Países Baixos, Portugal, Reino Unido da Grã-Bretanha e Irlanda do Norte, Suécia e Suíça;

Considerando o caráter permanente da Conferência da Haia de Direito Internacional Privado;

Desejando acentuar esse caráter;

Tendo, para esse fim, julgado desejável dotar a Conferência de um Estatuto;

Convieram nas seguintes disposições:

Artigo 1º

A Conferência da Haia tem como objetivo trabalhar para a unificação progressiva das regras de direito internacional privado.

Artigo 2º

1. São Membros da Conferência da Haia de Direito Internacional Privado os Estados que participaram de uma ou várias das sessões da Conferência e que aceitem o presente Estatuto.

2. Poderão tornar-se Membros quaisquer outros Estados cuja participação tenha importância jurídica para os trabalhos da Conferência. A admissão de novos Estados-Membros será decidida pelos Governos dos Estados participantes, por propostas de um ou vários dentre eles, por maioria dos votos expressos, num prazo de 6 (seis) meses contados da data em que essa proposta for submetida aos Governos.

3. A admissão se efetivará por meio da aceitação do presente Estatuto pelo Estado interessado.

Artigo 3º

1. Os Estados-Membros da Conferência poderão, numa reunião relativa a assuntos gerais e política na qual esteja presente a maioria dos Estados-Membros, por maioria de votos expressos, decidir admitir também como Membro qualquer Organização Regional de Integração Econômica que haja apresentado ao Secretário-Geral solicitação para tornar-se Membro. As referências aos Membros de acordo com este Estatuto incluirão essas Organizações Membros, exceto quando expressamente disposto de forma diversa. A admissão se efetivará por meio da aceitação do Estatuto pela Organização Regional de Integração Econômica interessada.

2. A fim de estar habilitada a fazer a solicitação para tornar-se Membro da Conferência, a Organização Regional de Integração Econômica deve ser constituída unicamente por Estados soberanos, à qual seus Estados-Membros tenham transferido a competência sobre uma gama de assuntos dentro do campo de ação da Conferência, inclusive a autoridade para tomar decisões vinculantes para seus Estados-Membros com relação àqueles assuntos.

3. Cada Organização Regional de Integração Econômica que fizer a solicitação para tornar-se Membro deverá submeter, por ocasião da solicitação, uma declaração de competência que especifique os assuntos cuja competência lhe tenha sido transferida por seus Estados-Membros.

4. Cada Organização Membro e seus Estados-Membros zelarão para que qualquer mudança relativa à competência da Organização ou em sua composição seja notificada ao Secretário-Geral, que circulará essa informação aos demais Membros da Conferência.

5. Presumir-se-á que os Estados-Membros da Organização Membro conservam a competência sobre todos os assuntos a respeito dos quais não tenham sido especificamente declaradas ou notificadas transferências de competência.

6. Qualquer Membro da Conferência poderá requerer à Organização Membro e a seus Estados-Membros que informem se a Organização Membro tem competência em relação a qualquer questão específica submetida à Conferência. A Organização Membro e seus Estados-Membros assegurarão o fornecimento dessa informação quando requerida.

7. A Organização Membro exercerá seus direitos de Membro alternativamente com seus Estados-Membros que sejam Membros da Conferência, nos campos de suas respectivas competências.

8. A Organização Membro poderá dispor, nos assuntos de sua competência, em quaisquer reuniões da Conferência em que tenha direito a participar, de um número de votos igual ao número de seus Estados-Membros que lhe tenham transferido competência em relação ao assunto em questão, e que tenham direito a votar e tenham se registrado para tais reuniões. Sempre que a Organização Membro exercer seu direito de voto, seus Estados-Membros não exercerão os seus, e vice-versa.

9. "Organização Regional de Integração Econômica" significa uma organização internacional que seja constituída unicamente de Estados soberanos e à qual seus Estados-Membros tenham transferido competência sobre uma gama de assuntos, inclusive autoridade para tomar decisões vinculantes para seus Estados-Membros em relação àqueles assuntos.

Artigo 4º

1. O Conselho de Assuntos Gerais e Política, (doravante "o Conselho") composto por todos os Membros, fica encarregado do funcionamento da Conferência. As reuniões do Conselho serão, em princípio, realizadas anualmente.

2. O Conselho assegurará esse funcionamento por meio de uma Secretaria Permanente, cujas atividades dirigirá.

3. O Conselho examinará todas as propostas sugeridas para inscrição na Agenda da Conferência. Terá liberdade para determinar as medidas a serem tomadas em relação a essas propostas.

4. A Comissão de Estado dos Países Baixos, instituída pelo Decreto Real de 20 de fevereiro de 1897 com a finalidade de promover a codificação do direito internacional privado, determinará, após consulta

aos Membros da Conferência, a data das Sessões Diplomáticas.
5. A Comissão de Estado se dirigirá ao Governo dos Países Baixos para a convocação dos Membros. O Presidente da Comissão de Estado presidirá as Sessões da Conferência.
6. As Sessões Ordinárias da Conferência serão realizadas, em princípio, a cada 4 (quatro) anos.
7. Caso necessário, o Conselho poderá, após consulta à Comissão de Estado, solicitar ao Governo dos Países Baixos a convocação de Sessão Extraordinária da Conferência.
8. O Conselho poderá consultar a Comissão de Estado sobre qualquer outro tema relevante para a Conferência.

Artigo 5º
1. A Secretaria Permanente terá sua sede na Haia. Será composta por um Secretário-Geral e quatro Secretários, que serão nomeados pelo Governo dos Países Baixos mediante proposta da Comissão de Estado.
2. O Secretário-Geral e os Secretários devem obrigatoriamente possuir conhecimento jurídico e experiência prática apropriados. Para sua nomeação também serão levadas em consideração a diversidade de representação geográfica e a experiência jurídica.
3. O número de Secretários poderá ser aumentado após consulta ao Conselho e em conformidade com o Artigo 10.

Artigo 6º
Sob a direção do Conselho, a Secretaria Permanente ficará encarregada:
a) da preparação e organização das Sessões da Conferência da Haia e das reuniões do Conselho e as de quaisquer Comissões Especiais;
b) do trabalho do Secretariado das Sessões e reuniões acima previstas;
c) de todas as tarefas pertinentes às atividades de um secretariado.

Artigo 7º
1. A fim de facilitar a comunicação entre os Membros da Conferência e a Secretaria Permanente, o Governo de cada Estado-Membro designará um órgão nacional e cada Organização Membro um órgão de contato.
2. A Secretaria Permanente poderá corresponder-se com todos os órgãos assim designados e com as organizações internacionais competentes.

Artigo 8º
1. As Sessões e, no intervalo entre as Sessões, o Conselho, poderão criar Comissões Especiais a fim de elaborar projetos de convenções ou estudar quaisquer questões de direito internacional privado incluídas nos objetivos da Conferência.
2. As Sessões, o Conselho e as Comissões Especiais funcionarão, tanto quanto possível, na base de consenso.

Artigo 9º
1. Os custos da Conferência incluídos no orçamento serão rateados entre os Estados-Membros.
2. Uma Organização Membro não terá obrigação de contribuir adicionalmente a seus Estados-Membros para o orçamento anual da Conferência, mas pagará uma importância a ser determinada pela Conferência, em consulta à Organização Membro, para cobrir despesas administrativas adicionais decorrentes de sua atuação como Membro.
3. Em qualquer caso, as despesas de viagem e permanência dos delegados ao Conselho e às Comissões Especiais serão custeadas pelos Membros representados.

Artigo 10
1. O orçamento da Conferência será submetido a cada ano à aprovação do Conselho de Representantes Diplomáticos dos Estados-Membros na Haia.
2. Esses Representantes deverão igualmente ratear entre os Estados-Membros as despesas a estes atribuídas pelo orçamento.
3. Os Representantes Diplomáticos reunir-se-ão, para tal finalidade, sob a presidência do Ministro dos Negócios Estrangeiros do Reino dos Países Baixos.

Artigo 11
1. As despesas decorrentes das Sessões Ordinárias e Extraordinárias da Conferência serão custeadas pelo Governo dos Países Baixos.
2. Em todos os casos as despesas de viagem e de permanência dos delegados serão custeadas pelos respectivos Membros.

Artigo 12
As práticas adotadas pela Conferência continuarão a ser mantidas em relação a tudo que não for contrário ao presente Estatuto ou aos Regulamentos.

Artigo 13
1. As emendas ao Estatuto deverão ser adotadas por consenso dos Estados-Membros presentes a uma reunião sobre assuntos gerais e política.
2. Tais emendas entrarão em vigor, para todos os Membros, 3 (três) meses depois de serem aprovadas por 2/3 (dois terços) dos Estados-Membros, em conformidade com seus respectivos procedimentos internos, porém não antes de 9 (nove) meses a contar da data de sua adoção.
3. A reunião referida no parágrafo 1º poderá modificar, por consenso, os períodos de tempo mencionados no parágrafo 2º.

Artigo 14
A fim de assegurar sua execução, as disposições do presente Estatuto serão complementadas por Regulamentos. Os Regulamentos serão adotados pela Secretaria Permanente e submetidos a uma Sessão Diplomática, ao Conselho de Representantes Diplomáticos ou ao Conselho de Assuntos Gerais e Política para aprovação.

Artigo 15

1. O presente Estatuto será submetido à aceitação dos Governos dos Estados que tiverem participado de uma ou mais Sessões da Conferência. Entrará em vigor quando tiver sido aceito pela maioria dos Estados representados na Sétima Sessão.

2. A declaração de aceitação será depositada junto ao Governo dos Países Baixos, que a informará aos Governos mencionados no primeiro parágrafo deste Artigo.

3. Em caso de admissão de novo Membro, o Governo dos Países Baixos informará todos os Membros da declaração de aceitação desse novo Membro.

Artigo 16

1. Cada Membro poderá denunciar o presente Estatuto após um período de 5 (cinco) anos contados da data de sua entrada em vigor, nos termos do Artigo 15, parágrafo 1.

2. A notificação da denúncia deverá ser apresentada ao Ministério dos Negócios Estrangeiros do Reino dos Países Baixos pelo menos 6 (seis) meses antes do término do ano orçamentário da Conferência, e passará a vigorar ao término do referido ano orçamentário, mas somente em relação ao Membro que houver apresentado a mencionada notificação.

Os textos em francês e inglês deste Estatuto, tal como emendados em 1° de janeiro de 2007, são igualmente autênticos.

CONVENÇÃO SOBRE A PRESTAÇÃO DE ALIMENTOS NO ESTRANGEIRO (1956)

- Assinada pelo Brasil a 31.12.1956, aprovada pelo Decreto Legislativo 10, de 1958, tendo entrado em vigor para o Brasil em 14.12.1960, trinta dias após o depósito do instrumento brasileiro de ratificação junto ao Secretário-Geral das Nações Unidas, realizado a 14.11.1960. Foi promulgada pelo Decreto 56.826, de 02.09.1965.

Preâmbulo

Considerando a urgência de uma solução para o problema humanitário surgido pela situação das pessoas sem recursos que dependem, para o seu sustento, de pessoas no estrangeiro,

Considerando que, no estrangeiro, a execução de ações sobre prestação de alimentos ou o cumprimento de decisões relativas ao assunto suscita sérias dificuldades legais e práticas, dispostas a prover os meios que permitam resolver estes problemas e vencer estas dificuldades, as Partes Contratantes convieram nas seguintes disposições:

Artigo I
Objeto de Convenção

1. A presente Convenção tem como objeto facilitar a uma pessoa, doravante designada como demandante, que se encontra no território de uma das Partes Contratantes, a obtenção de alimentos aos quais pretende ter direito por parte de outra pessoa, doravante designada como demandado, que se encontra sob jurisdição de outra Parte Contratante. Os organismos utilizados para este fim serão doravante designados como Autoridades Remetentes e Instituições Intermediárias.

2. Os meios jurídicos previstos na presente Convenção completarão, sem os substituir, quaisquer outros meios jurídicos existentes em direito interno ou internacional.

Artigo II
Designação das Instituições

1. Cada Parte Contratante designará, no momento do depósito do instrumento de ratificação ou de adesão, uma ou mais autoridades administrativas ou judiciárias que exercerão em seu território as funções de Autoridades Remetentes.

2. Cada Parte Contratante designará, no momento do depósito do instrumento de ratificação ou adesão, um organismo público ou particular que exercerá em seu território as funções de Instituição Intermediária.

3. Cada Parte Contratante comunicará, sem demora, ao Secretário-Geral das Nações Unidas, as designações feitas de acordo com as disposições dos parágrafos 1 e 2, bem como qualquer modificação a respeito.

4. As Autoridades Remetentes e as Instituições Intermediárias poderão entrar em contato direto com as Autoridades Remetentes e as Instituições Intermediárias das outras Partes Contratantes.

Artigo III
Apresentação do Pedido à Autoridade Remetente

1. Se o demandante se encontrar no território de uma Parte Contratante, doravante designada como o Estado do demandante, e o demandante se encontrar sob a jurisdição de outra Parte Contratante, doravante designada como o Estado do demandado, o primeiro poderá encaminhar um pedido a uma Autoridade Remetente do Estado onde se encontrar para obter alimentos da parte do demandado.

2. Cada Parte Contratante informará o Secretário-Geral dos elementos de prova normalmente exigidos pela lei do Estado da Instituição Intermediária para justificar os pedidos de prestação de alimentos, assim como das condições em que estes elementos devem ser apresentados para serem admissíveis e das outras condições estabelecidas por lei.

3. O pedido deverá ser acompanhado de todos os documentos pertinentes, inclusive, se necessário for, de uma procuração que autorize a Instituição Intermediária a agir em nome do demandante ou a designar uma pessoa habilitada para o fazer; deverá ser igualmente, acompanhado de uma fotografia do demandante e, se possível, de uma fotografia do demandado.

4. A Autoridade Remetente tomará todas as medidas que estiverem ao seu alcance para assegurar o cumprimento dos requisitos exigidos pela lei do Estado da Instituição Intermediária; ressalvadas as disposições desta lei, o pedido incluirá as seguintes informações:

a) Nome e prenomes, endereços, data de nascimento, nacionalidade e profissão do demandante, bem como, se necessário for, nome e endereço de seu representante legal;

b) Nome e prenomes do demandado e, na medida em que o demandante deles tiver conhecimento, os seus endereços sucessivos durante os cinco últimos anos, sua data de nascimento, sua nacionalidade e sua profissão;

c) Uma exposição pormenorizada dos motivos nos quais for baseado o pedido, o objeto deste e quaisquer outras informações pertinentes, inclusive as relativas à situação econômica e familiar do demandante e do demandado.

Artigo IV
Transmissão de documentos

1. A Autoridade Remetente transmitirá os documentos à Instituição Intermediária designada pelo Estado do demandado, a menos que considere que o pedido não foi formulado de boa-fé.

2. Antes de transmitir os documentos a Autoridade Remetente certificar-se-á de que estes últimos se encontram, pela lei do Estado do demandante, em boa e devida forma.

3. A Autoridade Remetente poderá manifestar a Instituição Intermediária sua opinião sobre o mérito do pedido e recomendar que se conceda ao demandante assistência judiciária gratuita e isenção de custos.

Artigo V
Transmissão de Sentenças
e outros Atos Judiciários

1. A Autoridade Remetente transmitirá, a pedido do demandante e em conformidade com as disposições com o artigo IV, qualquer decisão, em matéria de alimento, provisória ou definitiva ou qualquer outro ato judiciário emanado, em favor do demandante, de tribunal competente de uma das Partes Contratantes, e, se necessário e possível, o relatório dos debates durante os quais esta decisão tenha sido tomada.

2. As decisões e atos judiciários referidos no parágrafo precedente poderão substituir ou completar os documentos mencionados no artigo III.

3. O procedimento previsto no artigo VI poderá incluir, conforme a lei do Estado do demandado, o *exequatur* ou o registro, ou ainda uma nova ação, baseada na decisão transmitida em virtude das disposições do parágrafo 1.

Artigo VI
Funções da Instituição Intermediária

1. A Instituição Intermediária, atuando dentro dos limites dos poderes conferidos pelo demandante, tomará, em nome deste, quaisquer medidas apropriadas para assegurar a prestação dos alimentos. Ela poderá, igualmente, transigir e, quando necessário, iniciar e prosseguir uma ação alimentar e fazer executar qualquer sentença, decisão ou outro ato judiciário.

2. A Instituição Intermediária manterá a Autoridade Remetente informada e, se não puder atuar, a notificará das razões e lhe devolverá a documentação.

3. Não obstante qualquer disposição da presente Convenção, a lei que regerá as ações mencionadas e qualquer questão conexa será a do Estado do demandado, inclusive em matéria de direito internacional privado.

Artigo VII
Cartas Rogatórias

Se a lei das duas Partes Contratantes interessadas admitir cartas rogatórias serão aplicáveis as seguintes disposições:

a) O tribunal ao qual tiver sido submetida a ação alimentar poderá, para obter documentos ou outras provas, pedir a execução de uma carta rogatória, seja ao tribunal competente da outra Parte Contratante em cujo território a carta deverá ser executada.

b) A fim de que as Partes possam assistir a este procedimento ou nele se fazer representar, a autoridade referida deverá informar a Autoridade Remetente e a Instituição Intermediária interessadas, bem como o demandado, da data e do lugar em que se procederá à medida solicitada.

c) A carta rogatória deverá ser executada com toda a diligência desejada; se não houver sido executada dentro de um período de quatro meses a partir da data do recebimento da carta pela autoridade requerida, a autoridade requerente deverá ser informada das razões da não execução ou do atraso.

d) A execução da carta rogatória não poderá dar lugar ao reembolso de taxas ou de despesas de qualquer natureza.

e) Só poderá negar se a execução da carta rogatória:
1) Se a autenticidade do documento não tiver sido provada.
2) Se a Parte Contratante em cujo território a carta rogatória deverá ser executada, julgar que esta última comprometeria a sua soberania ou a sua segurança.

Artigo VIII
Modificação das Decisões Judiciárias

As disposições da presente Convenção serão igualmente aplicáveis aos pedidos de modificação das decisões judiciárias sobre prestação de alimentos.

Artigo IX
Isenções e Facilidades

1. Nos procedimentos previstos na presente Convenção, os demandantes gozarão do tratamento e

das isenções de custos e de despesas concedidas aos demandantes residentes no Estado em cujo território for proposta a ação.

2. Dos demandantes estrangeiros ou não residentes não poderá ser exigida uma caução *judicatum solvi*, ou qualquer outro pagamento ou depósito para garantir a cobertura das despesas.

3. As autoridades remetentes e as Instituições intermediárias não poderão perceber remuneração alguma pelos serviços que prestarem em conformidade com as disposições da presente Convenção.

Artigo X
Transferência de Fundos

As Partes Contratantes cuja lei imponha restrições à transferência de fundos para o estrangeiro, concederão a máxima prioridade à transferência de fundos destinados ao pagamento de alimentos ou à cobertura das despesas ocasionadas por qualquer procedimento judicial previsto na presente Convenção.

Artigo XI
Cláusula Federal

No caso de um Estado Federal ou não unitário, serão aplicadas as seguintes disposições:

a) No que concerne aos artigos da presente Convenção cuja execução dependa da ação legislativa do poder legislativo federal, as obrigações do Governo Federal serão, nesta medida, as mesmas que as das Partes que não são Estados federais;

b) No que concerne aos artigos da presente Convenção cuja a aplicação dependa da ação legislativa de cada um dos Estados, províncias ou cantões constitutivos e que não estejam, em virtude do sistema constitucional da Federação, obrigados a tomar medidas legislativas, o Governo Federal levará, no mais breve possível e com parecer favorável, os artigos mencionados ao conhecimento das autoridades competentes dos Estados províncias ou cantões;

c) Todo Estado federal que seja Parte na Presente Convenção fornecerá, a pedido de qualquer outra Parte Contratante lhe tenha sido transmitido pelo Secretário-Geral, um relato da legislação e das práticas em vigor na Federação e nas suas unidades constitutivas, no que concerne a determinada disposição da Convenção, indicando a medida em que, por uma ação legislativa ou outra, tal disposição tenha sido aplicada.

Artigo XII
Aplicação Territorial

As disposições da presente Convenção serão aplicadas, nas mesmas condições, aos territórios não autônomos, sob tutela e a qualquer território representado, no plano internacional, por uma Parte Contratante a menos que esta última, ao ratificar a presente Convenção ou a ela aderir, declare que esta não se aplicará a determinado território ou territórios que estejam nestas condições. Qualquer Parte Contratante que tenha feito esta declaração poderá ulteriormente, a qualquer momento, por notificação ao Secretário-Geral, estender a aplicação da Convenção aos territórios assim excluídos ou a qualquer um dentre eles.

Artigo XIII
Assinatura, Ratificação e Adesão

1. A presente Convenção ficará aberta, até 31 de dezembro de 1956, à assinatura de qualquer Estado-Membro da Organização das Nações Unidas, de qualquer Estado não membro que seja Parte no Estatuto da Corte Internacional de Justiça ou membro de uma agência especializada assim de como qualquer outro Estado não membro convidado, pelo Conselho Econômico e Social, a se tornar parte na Convenção.

2. A presente Convenção será ratificada. Os instrumentos de ratificação serão depositados em poder do Secretário-Geral.

3. Qualquer um dos Estados mencionados no parágrafo 1 do presente artigo poderá, a qualquer momento, aderir à presente Convenção. Os instrumentos de adesão serão depositados em poder do Secretário-Geral.

Artigo XIV
Entrada em Vigor

1. A presente Convenção entrará em vigor no trigésimo dia seguinte à data do depósito do terceiro instrumento de ratificação ou de adesão, efetuado em conformidade com as disposições do art. XIII.

2. Para cada um dos Estados que ratificarem ou que a ela aderirem depois do depósito do terceiro instrumento de ratificação ou de adesão, a Convenção entrará em vigor no trigésimo dia seguinte à data do depósito, por este Estado, do seu instrumento de ratificação ou de adesão.

Artigo XV
Denúncia

1. Qualquer Parte Contratante poderá denunciar a presente Convenção, por notificação dirigida ao Secretário-Geral. A denúncia poderá igualmente se aplicar a todos ou a um dos territórios mencionados no art. XII.

2. A denúncia entrará em vigor um ano após a data em que o Secretário-Geral tiver recebido a notificação, com exceção das questões que estiverem sendo tratadas no momento em que ela se tornar efetiva.

Artigo XVI
Solução de Controvérsias

Se surgir entre quaisquer das Partes Contratantes uma controvérsia relativa a interpretação ou à aplicação da presente Convenção, e se esta controvérsia não tiver sido resolvida por outros meios, será submetida à Corte Internacional da Justiça, seja por notificação de um acordo especial, seja a pedido de uma das partes na controvérsia.

Artigo XVII
Reservas

1. Se, no momento da assinatura, da ratificação ou da adesão, um Estado fizer uma reserva a um dos artigos da presente Convenção, o Secretário-Geral comunicará o texto da reserva às demais Partes Contratantes e aos outros Estados referidos no art. XIII; Qualquer Parte Contratante que não aceitar a reserva mencionada poderá, num prazo de noventa dias a contar da data desta comunicação, notificar ao Secretário-Geral que não aceita a reserva e neste caso, a convenção não entrará em vigor entre o Estado que apresentar a objeção e o Estado autor da reserva. Qualquer Estado que posteriormente, aderir à Convenção poderá, no momento do depósito do instrumento de adesão, efetuar uma notificação deste gênero.

2. Uma Parte Contratante poderá, a qualquer momento, retirar uma reserva que tenha formulado anteriormente, e deverá notificar esta decisão ao Secretário-Geral.

Artigo XVIII
Reciprocidade

Uma Parte Contratante poderá invocar as disposições da presente Convenção contra outras Partes Contratantes somente na medida em que ela mesma estiver obrigada pela Convenção.

Artigo XIX
Notificações do Secretário-Geral

O Secretário-Geral notificará a todos os Estados-Membros das Nações Unidas e aos Estados não membros referidos no art. XIII:

a) As comunicações previstas no § 3° do art. II;
b) As informações recebidas em conformidade com as disposições do § 2° do art. III;
c) As declarações e notificações feitas em conformidade com as disposições do art. XII;
d) As assinaturas, ratificações e adesões feitas em conformidade com as disposições do art. XIII;
e) A data na qual a Convenção entrou em vigor, em conformidade com o § 1° do art. XIV;
f) As denúncias feitas em conformidade com as disposições do § 1° do art. XV;
g) As reservas e notificações feitas em conformidade com as disposições do art. XVII.

2. O Secretário-Geral notificará a todas as partes Contratantes os pedidos de revisão, bem como as respostas aos mesmos, enviadas em virtude do art. XX.

Artigo XX

1. Qualquer Parte Contratante poderá pedir a qualquer momento por notificação dirigida ao Secretário-Geral, a revisão da presente Convenção.

2. O Secretário-Geral transmitirá esta notificação a cada uma das Partes Contratantes, pedindo-lhes que lhe comuniquem, dentro de um prazo de quatro meses, se desejam a reunião de uma conferência para examinar a revisão proposta. Se a maioria da Partes Contratantes responder afirmativamente, o Secretário-Geral convocará esta conferência.

Artigo XXI
Depósito da Convenção e Línguas

O original da presente Convenção, cujos textos nas línguas inglesa, chinesa, espanhola, francesa e russa fazem igualmente fé, será depositado em poder do Secretário-Geral que enviará cópias autenticadas a todos os Estados referidos no art. XIII.

CONVENÇÃO SOBRE O RECONHECIMENTO E A EXECUÇÃO DE SENTENÇAS ARBITRAIS ESTRANGEIRAS (1958)

▶ Feita em Nova York, em 10.06.1958. Promulgada pelo Decreto 4.311, de 23.07.2002.

Artigo I

1. A presente Convenção aplicar-se-á ao reconhecimento e à execução de sentenças arbitrais estrangeiras proferidas no território de um Estado que não o Estado em que se tencione o reconhecimento e a execução de tais sentenças, oriundas de divergências entre pessoas, sejam elas físicas ou jurídicas. A Convenção aplicar-se-á igualmente a sentenças arbitrais não consideradas como sentenças domésticas no Estado onde se tencione o seu reconhecimento e a sua execução.

2. Entender-se-á por "sentenças arbitrais" não só as sentenças proferidas por árbitros nomeados para cada caso mas também aquelas emitidas por órgãos arbitrais permanentes aos quais as partes se submetam.

3. Quando da assinatura, ratificação ou adesão à presente Convenção, ou da notificação de extensão nos termos do Artigo X, qualquer Estado poderá, com base em reciprocidade, declarar que aplicará a Convenção ao reconhecimento e à execução de sentenças proferidas unicamente no território de outro Estado signatário. Poderá igualmente declarar que aplicará a Convenção somente a divergências oriundas de relacionamentos jurídicos, sejam eles contratuais ou não, que sejam considerados como comerciais nos termos da lei nacional do Estado que fizer tal declaração.

Artigo II

1. Cada Estado signatário deverá reconhecer o acordo escrito pelo qual as partes se comprometem a submeter à arbitragem todas as divergências que tenham surgido ou que possam vir a surgir

entre si no que diz respeito a um relacionamento jurídico definido, seja ele contratual ou não, com relação a uma matéria passível de solução mediante arbitragem.

2. Entender-se-á por "acordo escrito" uma cláusula arbitral inserida em contrato ou acordo de arbitragem, firmado pelas partes ou contido em troca de cartas ou telegramas.

3. O tribunal de um Estado signatário, quando de posse de ação sobre matéria com relação à qual as partes tenham estabelecido acordo nos termos do presente artigo, a pedido de uma delas, encaminhará as partes à arbitragem, a menos que constate que tal acordo é nulo e sem efeitos, inoperante ou inexequível.

Artigo III

Cada Estado signatário reconhecerá as sentenças como obrigatórias e as executará em conformidade com as regras de procedimento do território no qual a sentença é invocada, de acordo com as condições estabelecidas nos artigos que se seguem. Para fins de reconhecimento ou de execução das sentenças arbitrais às quais a presente Convenção se aplica, não serão impostas condições substancialmente mais onerosas ou taxas ou cobranças mais altas do que as impostas para o reconhecimento ou a execução de sentenças arbitrais domésticas.

Artigo IV

1. A fim de obter o reconhecimento e a execução mencionados no artigo precedente, a parte que solicitar o reconhecimento e a execução fornecerá, quando da solicitação:

a) a sentença original devidamente autenticada ou uma cópia da mesma devidamente certificada;

b) o acordo original a que se refere o Artigo II ou uma cópia do mesmo devidamente autenticada.

2. Caso tal sentença ou tal acordo não for feito em um idioma oficial do país no qual a sentença é invocada, a parte que solicitar o reconhecimento e a execução da sentença produzirá uma tradução desses documentos para tal idioma. A tradução será certificada por um tradutor oficial ou juramentado ou por um agente diplomático ou consular.

Artigo V

1. O reconhecimento e a execução de uma sentença poderão ser indeferidos, a pedido da parte contra a qual ela é invocada, unicamente se esta parte fornecer, à autoridade competente onde se tenciona o reconhecimento e a execução, prova de que:

a) as partes do acordo a que se refere o Artigo II estavam, em conformidade com a lei a elas aplicável, de algum modo incapacitadas, ou que tal acordo não é válido nos termos da lei à qual as partes o submeteram, ou, na ausência de indicação sobre a matéria, nos termos da lei do país onde a sentença foi proferida; ou

b) a parte contra a qual a sentença é invocada não recebeu notificação apropriada acerca da designação do árbitro ou do processo de arbitragem, ou lhe foi impossível, por outras razões, apresentar seus argumentos; ou

c) a sentença se refere a uma divergência que não está prevista ou que não se enquadra nos termos da cláusula de submissão à arbitragem, ou contém decisões acerca de matérias que transcendem o alcance da cláusula de submissão, contanto que, se as decisões sobre as matérias suscetíveis de arbitragem puderem ser separadas daquelas não suscetíveis, a parte da sentença que contém decisões sobre matérias suscetíveis de arbitragem possa ser reconhecida e executada; ou

d) a composição da autoridade arbitral ou o procedimento arbitral não se deu em conformidade com o acordado pelas partes, ou, na ausência de tal acordo, não se deu em conformidade com a lei do país em que a arbitragem ocorreu; ou

e) a sentença ainda não se tornou obrigatória para as partes ou foi anulada ou suspensa por autoridade competente do país em que, ou conforme a lei do qual, a sentença tenha sido proferida.

2. O reconhecimento e a execução de uma sentença arbitral também poderão ser recusados caso a autoridade competente do país em que se tenciona o reconhecimento e a execução constatar que:

a) segundo a lei daquele país, o objeto da divergência não é passível de solução mediante arbitragem; ou

b) o reconhecimento ou a execução da sentença seria contrário à ordem pública daquele país.

Artigo VI

Caso a anulação ou a suspensão da sentença tenha sido solicitada à autoridade competente mencionada no Artigo V, 1. *(e)*, a autoridade perante a qual a sentença está sendo invocada poderá, se assim julgar cabível, adiar a decisão quanto a execução da sentença e poderá, igualmente, a pedido da parte que reivindica a execução da sentença, ordenar que a outra parte forneça garantias apropriadas.

Artigo VII

1. As disposições da presente Convenção não afetarão a validade de acordos multilaterais ou bilaterais relativos ao reconhecimento e à execução de sentenças arbitrais celebrados pelos Estados signatários nem privarão qualquer parte interessada de qualquer direito que ela possa ter de valer-se de uma sentença arbitral da maneira e na medida permitidas pela lei ou pelos tratados do país em que a sentença é invocada.

2. O Protocolo de Genebra sobre Cláusulas de Arbitragem de 1923 e a Convenção de Genebra sobre a Execução de Sentenças Arbitrais Estrangeiras de

1927 deixarão de ter efeito entre os Estados signatários quando, e na medida em que, eles se tornem obrigados pela presente Convenção.

Artigo VIII
1. A presente Convenção estará aberta, até 31 de dezembro de 1958, à assinatura de qualquer Membro das Nações Unidas e também de qualquer outro Estado que seja ou que doravante se torne membro de qualquer órgão especializado das Nações Unidas, ou que seja ou que doravante se torne parte do Estatuto da Corte Internacional de Justiça, ou qualquer outro Estado convidado pela Assembleia Geral das Nações Unidas.
2. A presente Convenção deverá ser ratificada e o instrumento de ratificação será depositado junto ao Secretário-Geral das Nações Unidas.

Artigo IX
1. A presente Convenção estará aberta para adesão a todos os Estados mencionados no Artigo VIII.
2. A adesão será efetuada mediante o depósito de instrumento de adesão junto ao Secretário-Geral das Nações Unidas.

Artigo X
1. Qualquer Estado poderá, quando da assinatura, ratificação ou adesão, declarar que a presente Convenção se estenderá a todos ou a qualquer dos territórios por cujas relações internacionais ele é responsável. Tal declaração passará a ter efeito quando a Convenção entrar em vigor para tal Estado.
2. A qualquer tempo a partir dessa data, qualquer extensão será feita mediante notificação dirigida ao Secretário-Geral das Nações Unidas e terá efeito a partir do nonagésimo dia a contar do recebimento pelo Secretário-Geral das Nações Unidas de tal notificação, ou a partir da data de entrada em vigor da Convenção para tal Estado, considerada sempre a última data.
3. Com respeito àqueles territórios aos quais a presente Convenção não for estendida quando da assinatura, ratificação ou adesão, cada Estado interessado examinará a possibilidade de tomar as medidas necessárias a fim de estender a aplicação da presente Convenção a tais territórios, respeitando-se a necessidade, quando assim exigido por razões constitucionais, do consentimento dos Governos de tais territórios.

Artigo XI
No caso de um Estado federativo ou não unitário, aplicar-se-ão as seguintes disposições:
a) com relação aos artigos da presente Convenção que se enquadrem na jurisdição legislativa da autoridade federal, as obrigações do Governo federal serão as mesmas que aquelas dos Estados signatários que não são Estados federativos;
b) com relação àqueles artigos da presente Convenção que se enquadrem na jurisdição legisla-

tiva dos estados e das províncias constituintes que, em virtude do sistema constitucional da confederação, não são obrigados a adotar medidas legislativas, o Governo federal, o mais cedo possível, levará tais artigos, com recomendação favorável, ao conhecimento das autoridades competentes dos estados e das províncias constituintes;
c) um Estado federativo Parte da presente Convenção fornecerá, atendendo a pedido de qualquer outro Estado signatário que lhe tenha sido transmitido por meio do Secretário-Geral das Nações Unidas, uma declaração da lei e da prática na confederação e em suas unidades constituintes com relação a qualquer disposição em particular da presente Convenção, indicando até que ponto se tornou efetiva aquela disposição mediante ação legislativa ou outra.

Artigo XII
1. A presente Convenção entrará em vigor no nonagésimo dia após a data de depósito do terceiro instrumento de ratificação ou adesão.
2. Para cada Estado que ratificar ou aderir à presente Convenção após o depósito do terceiro instrumento de ratificação ou adesão, a presente Convenção entrará em vigor no nonagésimo dia após o depósito por tal Estado de seu instrumento de ratificação ou adesão.

Artigo XIII
1. Qualquer Estado signatário poderá denunciar a presente Convenção mediante notificação por escrito dirigida ao Secretário-Geral das Nações Unidas. A denúncia terá efeito um ano após a data de recebimento da notificação pelo Secretário-Geral.
2. Qualquer Estado que tenha feito uma declaração ou notificação nos termos do Artigo X poderá, a qualquer tempo a partir dessa data, mediante notificação ao Secretário-Geral das Nações Unidas, declarar que a presente Convenção deixará de aplicar-se ao território em questão um ano após a data de recebimento da notificação pelo Secretário-Geral.
3. A presente Convenção continuará sendo aplicável a sentenças arbitrais com relação às quais tenham sido instituídos processos de reconhecimento ou de execução antes de a denúncia surtir efeito.

Artigo XIV
Um Estado signatário não poderá valer-se da presente Convenção contra outros Estados signatários, salvo na medida em que ele mesmo esteja obrigado a aplicar a Convenção.

Artigo XV
O Secretário-Geral das Nações Unidas notificará os Estados previstos no Artigo VIII acerca de:
a) assinaturas e ratificações em conformidade com o Artigo VIII;
b) adesões em conformidade com o Artigo IX;

c) declarações e notificações nos termos dos Artigos I, X e XI;
d) data em que a presente Convenção entrar em vigor em conformidade com o Artigo XII;
e) denúncias e notificações em conformidade com o Artigo XIII.

Artigo XVI

1. A presente Convenção, da qual os textos em chinês, inglês, francês, russo e espanhol são igualmente autênticos, será depositada nos arquivos das Nações Unidas.
2. O Secretário-Geral das Nações Unidas transmitirá uma cópia autenticada da presente Convenção aos Estados contemplados no Artigo VIII.

CONVENÇÃO RELATIVA À CITAÇÃO, INTIMAÇÃO E NOTIFICAÇÃO NO ESTRANGEIRO DE DOCUMENTOS JUDICIAIS E EXTRAJUDICIAIS EM MATÉRIA CIVIL E COMERCIAL (1965)

- Assinada em Haia, em 15.11.1965.
- Aprovada no Brasil pelo Decreto Legislativo 153, de 19.12.2016, adesão pelo governo brasileiro em 29.11.2018, com reserva dos arts. 8º e 10, e promulgada pelo Decreto 9.734, de 20.03.2019.
- Entrou em vigor internacional em 10.02.1969, e para o Brasil, em 01.06.2019.

Os Estados Signatários da presente Convenção,
Desejosos de criar meios adequados para que os documentos judiciais e extrajudiciais que devam ser objetos de citação, intimação ou notificação no estrangeiro sejam levados ao conhecimento do destinatário em tempo hábil,
Desejosos de melhorar a organização do auxílio jurídico mútuo com a finalidade de simplificar e agilizar o procedimento,
Decidiram firmar Convenção nesse sentido e concordaram com as seguintes disposições:

Artigo 1º

A presente Convenção aplicar-se-á, em matéria civil ou comercial, em todos os casos em que um documento judicial ou extrajudicial deva ser transmitido ao exterior para ser objeto de citação, intimação ou notificação.
Esta Convenção não se aplicará quando o endereço do destinatário da citação, intimação ou notificação for desconhecido.

CAPÍTULO I
DOCUMENTOS JUDICIAIS

Artigo 2º

Cada Estado Contratante designará uma Autoridade Central que assumirá o encargo de receber as solicitações de citação, intimação ou notificação provenientes de outros Estados Contratantes e proceder de acordo com o disposto nos artigos 3º a 6º.
Cada Estado organizará sua Autoridade Central nos termos de sua própria legislação.

Artigo 3º

A autoridade ou agente judiciário competente, de acordo com a legislação do Estado de origem dos documentos, encaminhará à Autoridade Central do Estado requerido uma solicitação de acordo com o modelo anexo à presente Convenção, sem a necessidade de qualquer legalização dos documentos ou de outra formalidade equivalente.
O documento objeto da citação, intimação ou notificação, ou a sua cópia, deverá ser anexado à solicitação. A solicitação, assim como tal documento, deverá ser fornecida em duplicata.

Artigo 4º

Se a Autoridade Central julgar que a solicitação não atende às disposições da presente Convenção, informará prontamente o requerente, expondo os motivos de sua objeção à solicitação.

Artigo 5º

A Autoridade Central do Estado requerido procederá ou providenciará para que um órgão adequado proceda à citação, intimação ou notificação:
a) segundo a forma prescrita pela legislação do Estado requerido para citações, intimações ou notificações em procedimentos domésticos dirigidas a pessoas que se encontrem em seu território; ou
b) segundo a forma específica solicitada pelo requerente, a menos que tal forma seja incompatível com a lei do Estado requerido.
Salvo o caso previsto na alínea "b" deste artigo, o documento sempre poderá ser entregue ao destinatário que voluntariamente o aceitar.
Se o documento se destinar a citação, intimação ou notificação nos termos do disposto no primeiro parágrafo deste artigo, a Autoridade Central poderá exigir que o documento seja redigido ou traduzido no idioma oficial ou em um dos idiomas oficiais do Estado requerido.
A parte da solicitação, feita de acordo com o formulário anexo à presente Convenção, a qual contém um resumo do documento a ser objeto de citação, intimação ou intimação, deverá ser entregue ao destinatário, junto àquele documento.

Artigo 6º

A Autoridade Central do Estado requerido ou qualquer autoridade por ela designada para este fim preencherá um certificado segundo o modelo anexo à presente Convenção.
O certificado deverá informar que a solicitação foi cumprida; consignará a forma, o lugar e a data do cumprimento, assim como a pessoa a quem o documento foi entregue. Se o documento não tiver sido entregue, o certificado indicará as razões que impediram o cumprimento.

Caso o certificado não tenha sido preenchido pela Autoridade Central ou por autoridade judicial, o requerente poderá solicitar que uma dessas autoridades assine adicionalmente o certificado. O certificado será remetido diretamente ao requerente.

Artigo 7º

Os termos padrão contidos no modelo anexo à presente Convenção serão redigidos em francês ou em inglês, em todos os casos. Podem ser redigidos também no idioma oficial ou em um dos idiomas oficiais do Estado de origem dos documentos.

Os espaços em branco serão preenchidos no idioma do Estado requerido ou em francês ou em inglês.

Artigo 8º

Cada Estado Contratante terá autonomia para mandar proceder no estrangeiro às citações, intimações ou notificações de documentos judiciais, diretamente por meio de seus representantes diplomáticos ou consulares, sem qualquer tipo de coação.

Cada Estado pode declarar opor-se a tais citações, intimações ou notificações de documentos judiciais em seu território, exceto se destinadas a cidadão do Estado de origem dos documentos.

Artigo 9º

Cada Estado Contratante tem, ademais, autonomia para utilizar a via consular para transmitir documentos judiciais para citação, intimação ou notificação às autoridades de outro Estado Contratante designadas por este para tal fim.

Caso circunstâncias excepcionais o exigirem, cada Estado Contratante poderá utilizar a via diplomática para o mesmo fim.

Artigo 10

Se o Estado destinatário não se opuser, a presente Convenção não se interporá à:

a) autonomia de remeter documentos judiciais, por via postal, diretamente a pessoas que se encontrem no estrangeiro;

b) autonomia de os agentes do judiciário, autoridades ou outras pessoas competentes do Estado de origem promoverem as citações, intimações ou notificações de documentos judiciais diretamente por meio de agente do judiciário, autoridades ou outras pessoas competentes do Estado de destino; e

c) autonomia de qualquer pessoa interessada em um processo promover as citações, intimações ou notificações de documentos judiciais diretamente por meio de agentes do judiciário, autoridades ou outras pessoas competentes do Estado de destino.

Artigo 11

A presente Convenção não impedirá que dois ou mais Estados Contratantes acordem admitir, para fins de citação, intimação ou notificação de documentos judiciais, outras vias de transmissão além das previstas nos artigos precedentes e especialmente a comunicação direta entre suas respectivas autoridades.

Artigo 12

As citações, intimações ou notificações de documentos judiciais oriundas de um Estado Contratante não poderão dar origem a qualquer pagamento ou reembolso de taxas ou custas pelos serviços prestados pelo Estado requerido.

O requerente deverá pagar ou reembolsar as custas ocasionadas por:

a) intervenção de agente do judiciário ou de pessoa competente segundo a lei do Estado destinatário; e

b) uso de uma forma específica de citação, intimação ou notificação de documentos judiciais.

Artigo 13

Quando uma solicitação de citação, de intimação ou de notificação for feita em conformidade com as disposições da presente Convenção, o Estado requerido só poderá negar-se a cumpri-la se julgar que tal cumprimento violaria sua soberania ou sua segurança.

O cumprimento não poderá ser recusado por meio da alegação de que a legislação interna reivindica jurisdição exclusiva sobre a matéria objeto da solicitação ou que a legislação interna não permite a ação em que se baseia a solicitação.

Em caso de recusa, a Autoridade Central informará prontamente ao requerente e indicará as respectivas razões.

Artigo 14

As dificuldades que possam ocorrer com relação à transmissão de documentos judiciais destinados a citação, intimação ou notificação serão resolvidas pela via diplomática.

Artigo 15

Quando um mandado judicial de convocação ou um documento equivalente tenha tido que ser transmitido para o estrangeiro para citação, intimação ou notificação, de acordo com as disposições da presente Convenção, e o destinatário não tenha comparecido, uma decisão não será proferida enquanto não for determinado que:

a) o documento foi objeto de citação, intimação ou notificação segundo forma prevista pela legislação do Estado requerido para a citação, intimação ou notificação de documentos em procedimentos domésticos a pessoas que se encontrem em seu território; ou

b) o documento foi efetivamente entregue ao destinatário ou em sua residência segundo outra forma prevista pela presente Convenção, e que, em qualquer desses casos, quer a citação, intimação ou notificação, quer a entrega, tenha sido feita em tempo hábil para que o destinatário tenha podido se defender.

Cada Estado Contratante terá autonomia para declarar que o juiz, não obstante as disposições do parágrafo primeiro deste artigo, pode proferir decisão, mesmo que não tenha sido recebido qualquer certificado da citação, intimação ou notificação, ou da entrega, se todas as seguintes condições forem atendidas:
a) o documento tiver sido transmitido segundo uma das formas previstas pela presente Convenção;
b) tiver transcorrido, desde a data da remessa do documento, prazo não inferior a seis meses, considerado adequado pelo juiz da causa específica; e
c) nenhum certificado de qualquer natureza tiver sido recebido, não obstante tenham sido tomadas todas as providências plausíveis junto às autoridades competentes do Estado requerido.
O presente artigo não impede que, em caso de urgência, o juiz ordene quaisquer medidas provisórias ou de salvaguarda.

Artigo 16

Quando um mandado judicial de convocação ou documento equivalente tenha tido que ser transmitido para o estrangeiro para citação, intimação ou notificação, de acordo com as disposições da presente Convenção, e uma decisão tenha sido proferida contra um destinatário que não tenha comparecido, o juiz terá autoridade para desobrigar o destinatário dos efeitos da expiração do prazo para recurso da decisão, se as seguintes condições forem atendidas:
a) o destinatário, sem qualquer responsabilidade de sua parte, não tomou conhecimento em tempo hábil do documento para se defender e da decisão para recorrer; e
b) o destinatário apresentou defesa fundamentada concernente ao mérito do procedimento.
O pleito para o deferimento de tal desobrigação somente poderá ser formulado dentro de prazo razoável, a contar do momento em que o destinatário tomou conhecimento da decisão.

Cada Estado Contratante pode declarar que tal pleito não será atendido se for formulado após a expiração de um prazo que indicará em sua declaração, contanto que este prazo não seja inferior a um ano contado a partir da data da decisão.
O presente artigo não se aplicará às decisões relativas ao estado ou capacidade das pessoas.

CAPÍTULO II
DOCUMENTOS EXTRAJUDICIAIS

Artigo 17

Os documentos extrajudiciais provenientes das autoridades e oficiais de justiça de um Estado Contratante podem ser transmitidos para citação, intimação ou notificação em um outro Estado Contratante, de acordo com as formas e nas condições previstas pela presente Convenção.

CAPÍTULO III
DISPOSIÇÕES GERAIS

Artigo 18

Cada Estado Contratante pode designar, além da Autoridade Central, outras autoridades, devendo determinar o alcance da sua competência.

Entretanto, o requerente terá sempre o direito de dirigir uma solicitação diretamente à Autoridade Central.

Os Estados Federais terão autonomia para designar mais de uma Autoridade Central.

Artigo 19

Caso a legislação interna de um Estado Contratante permita outras formas de transmissão não previstas nos artigos precedentes para citação, intimação ou notificação, em seu território, dos documentos provenientes do estrangeiro, a presente Convenção não modificará tais disposições.

Artigo 20

A presente Convenção não impedirá que dois ou mais Estados Contratantes concordem em deixar de aplicar entre si:
a) o segundo parágrafo do artigo 3°, no que diz respeito à exigência da transmissão dos documentos em duplicata;
b) o artigo 7° e o terceiro parágrafo do artigo 5°, no que diz respeito ao uso de idiomas;
c) o quarto parágrafo do artigo 5°; e
d) o segundo parágrafo do artigo 12.

Artigo 21

Cada Estado Contratante notificará o Ministério dos Negócios Estrangeiros dos Países Baixos do seguinte, quer no momento do depósito de seu instrumento de ratificação ou adesão, quer posteriormente:
a) a designação de autoridades, nos termos dos artigos 2° e 18;
b) a designação da autoridade competente para preencher o certificado previsto no artigo 6°; e
c) a designação da autoridade competente para receber os documentos transmitidos pela via consular, nos termos do artigo 9°.

Cada Estado Contratante notificará ao Ministério, da mesma forma, quando cabível:
a) sua oposição ao uso das formas de transmissão previstas nos artigos 8° e 10;
b) declarações previstas no segundo parágrafo do artigo 15 e no terceiro parágrafo do artigo 16; e
c) todas as modificações das designações, oposições e declarações acima mencionadas.

Artigo 22

Nos casos em que Partes da presente Convenção também sejam partes de uma ou ambas das Convenções relativas ao Processo Civil, assinadas na Haia em 17 de julho de 1905 e em 10 de março de 1954, esta Convenção substituirá, nas relações entre estas Partes, os artigos 1º a 7º daquelas Convenções.

Artigo 23

A presente Convenção não prejudicará a aplicação do artigo 23 da Convenção Relativa ao Processo Civil, assinada na Haia em 17 de julho de 1905, nem do artigo 24 da Convenção Relativa ao Processo Civil, assinada na Haia em 1º de março de 1954.

Esses artigos, entretanto, só serão aplicáveis se forem usadas formas de comunicação idênticas às previstas pelas referidas Convenções.

Artigo 24

Os acordos complementares entre as Partes das Convenções de 1905 e 1954 serão considerados igualmente aplicáveis à presente Convenção, a menos que as Partes tenham acordado diversamente.

Artigo 25

Sem prejuízo do previsto nos artigos 22 e 24, a presente Convenção não derrogará as Convenções das quais os Estados contratantes são ou venham a ser Partes e que contenham disposições sobre as matérias regidas pela presente Convenção.

Artigo 26

A presente Convenção ficará aberta à assinatura dos Estados representados na 10ª Sessão da Conferência da Haia de Direito Internacional Privado.

Será ratificada e os instrumentos de ratificação serão depositados no Ministério dos Negócios Estrangeiros dos Países Baixos.

Artigo 27

A presente Convenção entrará em vigor no sexagésimo dia após o depósito do terceiro instrumento de ratificação previsto no segundo parágrafo do artigo 26.

A Convenção entrará em vigor, para cada Estado Signatário que a tenha ratificado posteriormente, no sexagésimo dia após o depósito do respectivo instrumento de ratificação.

Artigo 28

Todo Estado não representado na 10ª Sessão da Conferência da Haia de Direito Internacional Privado poderá aderir à presente Convenção após sua entrada em vigor nos termos do primeiro parágrafo do artigo 27. O instrumento de adesão será depositado no Ministério dos Negócios Estrangeiros dos Países Baixos.

A Convenção entrará em vigor para tal Estado na ausência de qualquer objeção da parte de um Estado que tenha ratificado a Convenção antes de tal depósito, notificada ao Ministério dos Negócios Estrangeiros dos Países Baixos em um prazo de seis meses a contar da data em que dito Ministério o tiver notificado da referida adesão.

Na ausência de qualquer objeção nos termos do parágrafo precedente, a Convenção entrará em vigor para o Estado aderente no primeiro dia do mês seguinte ao decurso do último dos prazos mencionados no parágrafo anterior.

Artigo 29

Qualquer Estado, no momento da assinatura, da ratificação ou da adesão, poderá estender a aplicação da presente Convenção a todos os territórios pelos quais é responsável pelas relações internacionais, ou a um ou mais deles. Essa declaração terá efeito a partir da data da entrada em vigor da Convenção para o Estado em questão.

Em qualquer momento posterior, tais extensões serão notificadas ao Ministério dos Negócios Estrangeiros dos Países Baixos.

A Convenção entrará em vigor, para os territórios abrangidos por tal extensão, no sexagésimo dia após a notificação mencionada no parágrafo precedente.

Artigo 30

A presente Convenção ficará em vigor por cinco anos a contar da data de sua entrada em vigor nos termos do primeiro parágrafo do artigo 27, mesmo para os Estados que a tenham ratificado ou que a ela tenham aderido posteriormente.

Se não houver denúncia, a Convenção será renovada tacitamente a cada cinco anos.

Qualquer denúncia será notificada ao Ministério dos Negócios Estrangeiros dos Países Baixos pelo menos seis meses antes do final do período de cinco anos.

A denúncia poderá limitar-se a alguns dos territórios aos quais a Convenção se aplica.

A denúncia só produzirá efeitos relativamente ao Estado que a tiver notificado. A Convenção continuará em vigor para os outros Estados Contratantes.

Artigo 31

O Ministério dos Negócios Estrangeiros dos Países Baixos notificará os Estados abrangidos pelo artigo 26, assim como os Estados que tiverem aderido nos termos do artigo 28, do seguinte:

a) as assinaturas e ratificações previstas no artigo 26;

b) a data na qual a presente Convenção entrará em vigor, conforme o disposto no primeiro parágrafo do artigo 27;

c) as adesões previstas no artigo 28 e as datas a partir das quais produzirão seus efeitos;

d) as extensões previstas no artigo 29 e as datas a partir das quais produzirão seus efeitos;

e) as designações, oposições e declarações referidas no artigo 21; e

f) as denúncias previstas no terceiro parágrafo do artigo 30.

Em fé do que, os abaixo assinados, devidamente autorizados para tanto, firmaram a presente Convenção.

Concluída na Haia, em 15 de novembro de 1965, em inglês e francês, tendo os dois textos igual fé, em um único exemplar, que será depositado nos arquivos do Governo dos Países Baixos e do qual uma cópia certificada será remetida, por via diplomática, a cada um dos Estados representados na I0ª Sessão da Conferência da Haia de Direito Internacional Privado.

Observação: Em 25 de outubro de 1980, a 14ª Sessão adotou uma Recomendação sobre informações para acompanhar documentos judiciais e extrajudiciais que devam ser remetidos, citados, intimados ou notificados no estrangeiro, em matéria civil ou comercial (Actes et documents de la Quatorzième session (1980), Tomo I, Matières diverses, p. I-67; idem, Tomo IV, Entraide judiciaire, p. 339; Manual Prático sobre o Funcionamento da Convenção da Haia de 15 de novembro de 1965 Relativa à Citação, Intimação e Notificação no Estrangeiro de Documentos Judiciais e Extrajudiciais em Matéria Civil e Comercial).

▸ Deixamos de publicar o Anexo a esta Convenção.

CONVENÇÃO SOBRE A OBTENÇÃO DE PROVAS NO ESTRANGEIRO EM MATÉRIA CIVIL OU COMERCIAL (1970)

▸ Firmada em 18 de março de 1970.
▸ Em vigor desde 7 de outubro de 1972.
▸ Aprovada no Brasil pelo Decreto Legislativo 137, de 19 de fevereiro de 2013, ratificada em 18.03.1970 e promulgada pelo Decreto 9.039, de 27.04.2017. Entrou em vigor para o Brasil em 08.06.2014.

Os Estados Signatários da presente Convenção, Desejando facilitar a transmissão e o cumprimento de Cartas Rogatórias e promover a harmonização dos diversos métodos por eles utilizados para tais fins;
Desejando tornar mais eficiente a cooperação judiciária mútua em matéria civil ou comercial;
Decidiram firmar uma Convenção e concordaram com as seguintes disposições:

CAPÍTULO I
CARTAS ROGATÓRIAS

Artigo 1º

Em matéria civil ou comercial, uma autoridade judiciária de um Estado Contratante pode, de acordo com as disposições de sua legislação, requerer por Carta Rogatória à autoridade competente de um outro Estado Contratante a obtenção de provas ou a prática de qualquer outro ato judicial.

Cartas Rogatórias não serão utilizadas para obter meios de prova que não sejam destinados a ser utilizados em processo judicial já iniciado ou que se pretenda iniciar.

A expressão "outro ato judicial" não diz respeito à citação, intimação ou notificação de documentos judiciais nem à entrega de processos pelos quais são executadas decisões ou determinações judiciais, nem às medidas provisórias ou de salvaguarda.

Artigo 2º

Cada Estado Contratante designará uma Autoridade Central que se encarregará de receber as Cartas Rogatórias procedentes de uma autoridade judiciária de outro Estado Contratante e de transmiti-las à autoridade competente para cumprimento. A Autoridade Central é organizada de acordo com a legislação prevista por cada Estado.

As Cartas Rogatórias serão remetidas à Autoridade Central do Estado requerido, sem intervenção de qualquer outra autoridade deste Estado.

Artigo 3º

A Carta Rogatória especificará:
a) a autoridade requerente e, se for do conhecimento da autoridade requerente, a autoridade requerida;
b) o nome e o endereço das partes e de seus representantes, se houver algum;
c) a natureza do processo para o qual as provas são requeridas, fornecendo todas as informações necessárias para esse fim;
d) as provas a serem obtidas ou outros documentos judiciais a serem cumpridos.

Quando apropriado, a Carta Rogatória conterá, inter alia:
e) o nome e o endereço das pessoas a serem ouvidas;
f) as perguntas a serem feitas às pessoas a serem ouvidas ou os fatos sobre os quais elas devem ser ouvidas;
g) os documentos ou outros bens, móveis e imóveis, a serem examinados;
h) o pedido de receber o depoimento sob juramento ou compromisso e qualquer formalidade especial a ser utilizada;
i) as formalidades especiais a serem seguidas, conforme previsto no artigo 9º.

A Carta Rogatória fornecerá também as informações necessárias à aplicação do artigo 11.

Não poderá ser exigida a legalização da Carta Rogatória ou qualquer outra formalidade análoga.

Artigo 4º

A Carta Rogatória será redigida no idioma da autoridade requerida ou acompanhada de uma tradução para esse idioma.

Entretanto, os Estados Contratantes aceitarão as Cartas Rogatórias redigidas em inglês ou francês, ou traduzidas para um desses idiomas, a não ser que tenham feito a ressalva permitida pelo artigo 33.

Os Estados Contratantes que tenham mais de um idioma oficial e não possam, segundo sua legislação interna, aceitar Cartas Rogatórias em um desses idiomas para a totalidade de seu território, especificarão, por meio de uma declaração, o idioma no qual as cartas ou as suas traduções serão redigidas para execução em determinadas partes de seu território. Em caso de inobservância, sem motivos justificáveis, da obrigação decorrente daquela declaração, os custos da tradução para o idioma exigido ficarão a cargo do Estado de origem.

Os Estados Contratantes poderão, por meio de declaração, especificar outro idioma ou outros idiomas, diferentes dos previstos nos parágrafos precedentes, nos quais as Cartas Rogatórias possam ser dirigidas à sua Autoridade Central.

As traduções anexas às Cartas Rogatórias serão reconhecidas como corretas nos dois Estados, quer por representante diplomático ou consular, quer por tradutor juramentado ou por pessoa com autorização para tal.

Artigo 5º

Caso a Autoridade Central considere que as disposições da presente Convenção não foram respeitadas, informará imediatamente à autoridade do Estado requerente que transmitiu a Carta Rogatória, expondo os motivos de sua objeção à Carta.

Artigo 6º

Se a Carta Rogatória tiver sido transmitida a uma autoridade que não possua competência para cumpri-la, esta deverá enviá-la imediatamente à autoridade judiciária competente do mesmo Estado para que seja cumprida de acordo com sua legislação.

Artigo 7º

A autoridade requerente será informada, se assim o desejar, da data e do local em que ocorrerão os procedimentos, para que as partes interessadas e seus representantes, se houver, possam estar presentes. Essa informação será enviada diretamente às partes ou a seus representantes, se a autoridade do Estado requerente assim o solicitar.

Artigo 8º

Qualquer Estado Contratante poderá declarar que autoridades judiciárias da autoridade requerente de um outro Estado Contratante poderão assistir ao cumprimento de uma Carta Rogatória. Poderá ser exigida autorização prévia da autoridade competente designada pelo Estado declarante.

Artigo 9º

A autoridade judiciária que cumprirá a Carta Rogatória aplicará a legislação de seu país no que diz respeito às formalidades a serem seguidas.

Entretanto, essa autoridade atenderá ao pedido da autoridade requerente de que se proceda de forma especial, a não ser que tal procedimento seja incompatível com a legislação do Estado requerido ou que sua execução não seja possível, quer em virtude da prática judiciária seguida, quer em virtude de dificuldades de ordem prática.

As Cartas Rogatórias serão cumpridas prontamente.

Artigo 10

No cumprimento de uma Carta Rogatória, a autoridade requerida utilizará os meios de coação apropriados e previstos por sua legislação para a execução de decisões proferidas por suas próprias autoridades ou de pedidos formulados por uma parte em processo interno.

Artigo 11

A Carta Rogatória não será cumprida caso a pessoa em causa invoque uma prerrogativa para que não deponha ou um impedimento legal que a impeça de depor, estabelecida de acordo com:

a) a lei do Estado requerido; ou

b) a lei do Estado requerente, quando a prerrogativa ou o impedimento tenham sido especificados na Carta Rogatória ou, a pedido da autoridade requerida, tenham sido, de outra forma, confirmados pela autoridade requerente.

Os Estados Contratantes poderão ainda declarar que reconhecem as prerrogativas e os impedimentos legais previstos na legislação de outros Estados, diferentes do Estado requerente e do Estado requerido, nos termos especificados em tal declaração.

Artigo 12

O cumprimento da Carta Rogatória só poderá ser recusado quando:

a) no Estado requerido o cumprimento não estiver no âmbito das atribuições do poder judiciário; ou

b) o Estado requerido considerá-lo prejudicial à sua soberania ou segurança.

O cumprimento não pode ser recusado pela única razão de a legislação do Estado requerido reivindicar uma competência judiciária exclusiva sobre o objeto do pedido ou não reconhecer o direito em que se baseia o pedido.

Artigo 13

Os documentos que indicam o cumprimento da Carta Rogatória serão transmitidos pela autoridade requerida à autoridade requerente pela mesma via utilizada por esta.

Quando a Carta Rogatória não for cumprida, no todo ou em parte, a autoridade requerente será imediatamente informada pela mesma via e ser-lhe-ão comunicadas as razões do não cumprimento.

Artigo 14

O cumprimento das Cartas Rogatórias não poderá dar lugar ao reembolso de taxas ou custas de qualquer natureza. Entretanto, o Estado requerido tem o direito de exigir que o Estado requerente o reembolse dos honorários pagos a peritos e intérpretes e das custas ocasionadas pela aplicação de um procedimento especial solicitado pelo Estado requerente, conforme previsto no artigo 9º, parágrafo 2º.

A autoridade requerida, cuja lei obriga as próprias partes a recolher as provas e que não é capaz, por si só, de cumprir as Cartas Rogatórias, poderá designar uma pessoa habilitada para o cumprimento, após obter o consentimento da autoridade requerente. Ao procurar obter esse consentimento, a autoridade requerida indicará os custos aproximados que resultariam desse procedimento. Caso a autoridade requerente consinta, deverá reembolsar as despesas daí decorrentes. Na falta de consentimento, a autoridade requerente não será responsável pelos custos.

CAPÍTULO II
OBTENÇÃO DE PROVAS POR REPRESENTANTES DIPLOMÁTICOS, AGENTES CONSULARES OU COMISSÁRIOS

Artigo 15

Em matéria civil ou comercial, os representantes diplomáticos ou agentes consulares de um Estado Contratante poderão, sem coação, no território de um outro Estado Contratante e na área em que exercem suas funções, obter qualquer prova de cidadãos de um Estado que eles representam para auxiliar em processos instaurados neste Estado.

Os Estados Contratantes poderão declarar que tais provas poderão ser obtidas por um representante diplomático ou agente consular somente mediante autorização concedida pela autoridade competente designada pelo Estado declarante.

Artigo 16

Os representantes diplomáticos ou agentes consulares de um Estado Contratante poderão ainda obter, sem coação, no território de um outro Estado Contratante e na área em que exercem suas funções, qualquer prova de cidadãos do Estado em que exercem suas funções ou de um terceiro Estado, para auxiliar em processos instaurados no Estado que representam, se:

a) uma autoridade competente designada pelo Estado no qual exerce suas funções conceder sua autorização de forma geral ou em caso específico;
b) forem respeitadas as condições que a autoridade competente fixar na autorização.

Os Estados Contratantes poderão declarar que as provas previstas neste artigo poderão ser obtidas sem autorização prévia.

Artigo 17

Em matéria civil ou comercial, uma pessoa devidamente designada como comissário poderá obter, sem coação, no território de um Estado Contratante, provas para auxiliar um processo instaurado em outro Estado Contratante, se:

a) uma autoridade competente designada pelo Estado onde tem lugar a obtenção das provas conceder sua autorização de forma geral ou em caso específico; e
b) o comissário respeitar as condições que a referida autoridade designada estabelecer na autorização.

Os Estados Contratantes poderão declarar que as provas previstas neste artigo poderão ser obtidas sem autorização prévia.

Artigo 18

Os Estados Contratantes poderão declarar que os representantes diplomáticos, agentes consulares ou comissários autorizados a recolher provas, de acordo com os artigos 15, 16 ou 17, têm autonomia para se dirigir às autoridades competentes por eles designadas para obter a assistência necessária ao recolhimento, com coação, de tais provas. As declarações poderão impor as condições que os Estados declarantes julguem convenientes.

Se a autoridade competente deferir o pedido, utilizará as medidas de coação apropriadas e previstas por sua legislação para procedimentos internos.

Artigo 19

A autoridade competente, ao conceder a autorização prevista nos artigos 15, 16 ou 17 ou ao deferir o requerimento mencionado no artigo 18, poderá indicar as condições que julgar adequadas, como no que diz respeito à data, hora e lugar da obtenção de provas. Do mesmo modo, poderá exigir que lhe sejam previamente notificados, com razoável antecedência, a data, a hora e o lugar acima referidos. Em tal caso, um representante da autoridade ficará autorizado a estar presente na obtenção das provas.

Artigo 20

Quando da obtenção das provas conforme previsto nos artigos deste Capítulo, as pessoas interessadas poderão ser representadas legalmente.

Artigo 21

Quando um representante diplomático, agente consular ou comissário for autorizado a obter provas, conforme previsto nos artigos 15, 16 ou 17:

a) poderá recolher qualquer tipo de prova que não for incompatível com a legislação do Estado onde as provas são recolhidas ou que não contrariar a autorização concedida nos termos dos artigos supracitados e obter, nas mesmas condições, um depoimento sob juramento ou simples compromisso;

b) salvo se a pessoa convocada a comparecer ou fornecer provas for cidadã do Estado onde o processo aguarda julgamento, a convocação para comparecer ou fornecer provas será redigida no idioma do lugar em que a prova deva ser recolhida ou será acompanhada de uma tradução para esse idioma;

c) a convocação indicará que a pessoa em questão poderá ser representada de acordo com a lei e, nos Estados que não tenham apresentado a declaração prevista no artigo 18, que não é obrigada a comparecer nem a apresentar provas;

d) as provas poderão ser recolhidas da forma prevista pela legislação do Estado no qual corre o processo desde que elas não sejam proibidas pela legislação do Estado onde são recolhidas;

e) a pessoa convocada a fornecer provas poderá invocar as prerrogativas e os impedimentos legais previstos no artigo 11.

Artigo 22

Caso o recolhimento de provas não seja realizado conforme previsto no presente Capítulo, em virtude de uma pessoa se recusar a fornecê-las, será possível remeter posteriormente uma Carta Rogatória para o mesmo fim, de acordo com as disposições do Capítulo I.

CAPÍTULO III
DISPOSIÇÕES GERAIS

Artigo 23

Os Estados Contratantes podem, no momento da assinatura, ratificação ou adesão, declarar que não cumprirão as Cartas Rogatórias que tenham sido emitidas com o propósito de obter o que é conhecido, nos países de *Common Law*, pela designação de *"pretrial discovery of documents"*.

Artigo 24

Um Estado Contratante pode designar, além da Autoridade Central, outras autoridades cuja competência determinará. Entretanto, as Cartas Rogatórias poderão ser sempre transmitidas à Autoridade Central.

Os Estados Federais poderão designar mais de uma Autoridade Central.

Artigo 25

Os Estados Contratantes nos quais mais de um sistema jurídico esteja em vigor poderão designar as autoridades de um desses sistemas, que terão competência exclusiva para o cumprimento das Cartas Rogatórias, conforme disposto na presente Convenção.

Artigo 26

Qualquer Estado Contratante, se obrigado por razões de limitações de ordem constitucional, poderá solicitar ao Estado requerente que o reembolse das despesas resultantes do cumprimento de Cartas Rogatórias quando se referirem à citação, intimação ou notificação para comparecimento de pessoa para a obtenção de provas, à ajuda de custo devida à pessoa que prestar depoimento e aos custos relativos à transcrição de tais provas.

Quando um Estado recorrer às disposições do parágrafo precedente, qualquer outro Estado poderá solicitar-lhe o reembolso de despesas semelhantes.

Artigo 27

As disposições da presente Convenção não impedirão que um Estado Contratante:

a) declare que possam ser transmitidas Cartas Rogatórias às suas autoridades judiciárias por outras vias que não sejam as previstas no artigo 2º;

b) permita, nos termos de sua legislação ou práticas internas, que quaisquer atos decorrentes da aplicação da presente Convenção sejam realizados em condições menos restritivas;

c) permita, nos termos de sua legislação ou práticas internas, métodos de obtenção de provas diferentes dos previstos na presente Convenção.

Artigo 28

A presente Convenção não impedirá que dois ou mais Estados Contratantes convenham em derrogar:

a) as disposições do artigo 2º, no que diz respeito aos métodos de transmissão das Cartas Rogatórias;

b) as disposições do artigo 4º, no que diz respeito ao emprego dos idiomas;

c) as disposições do artigo 8º, no que diz respeito à presença de autoridades judiciárias no cumprimento das Cartas Rogatórias;

d) as disposições do artigo 11, no que diz respeito às prerrogativas para não depor e aos impedimentos para depor;

e) as disposições do artigo 13, no que diz respeito aos métodos de devolução das Cartas Rogatórias cumpridas à autoridade requerente;

f) as disposições do artigo 14, no que diz respeito ao pagamento de custos;

g) as disposições do Capítulo II.

Artigo 29

A presente Convenção substituirá, nas relações entre os Estados que a tenham ratificado, os artigos 8º a 16, das Convenções relativas ao Processo Civil, assinadas na Haia, respectivamente em 17 de julho de 1905 e em 1º de março de 1954, caso os referidos Estados sejam partes de uma ou de ambas as Convenções.

Artigo 30

A presente Convenção em nada afetará a aplicação do artigo 23 da Convenção de 1905 ou do artigo 24 da Convenção de 1954.

Artigo 31

Os acordos adicionais às Convenções de 1905 e 1954, firmados pelos Estados Contratantes, serão considerados igualmente aplicáveis à presente Convenção, a menos que os Estados interessados convenham de outro modo.

Artigo 32

Sem prejuízo da aplicação dos artigos 29 e 31, a presente Convenção não derroga as convenções de que os Estados Contratantes sejam ou venham a ser partes e que contenham disposições sobre as matérias regidas pela presente Convenção.

Artigo 33

Os Estados Contratantes, no momento da assinatura da ratificação ou da adesão, têm autonomia para excluir, no todo ou em parte, a aplicação das disposições do parágrafo 2º do artigo 4º, bem como do Capítulo II. Nenhuma outra reserva será permitida.

Os Estados Contratantes poderão, a qualquer momento, retirar uma reserva que tenham feito.
O efeito da reserva cessará sessenta dias após a notificação de sua retirada.
Quando um Estado tenha feito uma reserva, qualquer outro Estado afetado por ela poderá aplicar a mesma regra em relação ao Estado que a adotou.

Artigo 34
Os Estados poderão, a qualquer momento, retirar ou modificar uma declaração.

Artigo 35
Os Estados Contratantes indicarão ao Ministério dos Negócios Estrangeiros dos Países Baixos, quer no momento do depósito de seu instrumento de ratificação ou adesão, quer posteriormente, as autoridades previstas nos artigos 2º, 8º, 24 e 25.
Os Estados Contratantes deverão, do mesmo modo, caso necessário, informar o Ministério sobre:
a) a designação das autoridades às quais os representantes diplomáticos ou agentes consulares deverão dirigir-se para prestar informação, solicitar permissão ou obtenção de provas, nos termos do disposto nos artigos 15, 16 e 18, respectivamente;
b) a designação das autoridades que poderão conceder aos comissários a autorização para a obtenção de provas, nos termos do disposto no artigo 17 ou a assistência prevista no artigo 18;
c) as declarações mencionadas nos artigos 4º, 8º, 11, 15, 16, 17, 18, 23 e 27;
d) a retirada ou a modificação das designações e declarações acima mencionadas;
e) a retirada das reservas.

Artigo 36
As dificuldades que possam surgir entre os Estados Contratantes por motivo da aplicação da presente Convenção serão solucionadas pela via diplomática.

Artigo 37
A presente Convenção fica aberta à assinatura dos Estados representados na 11ª Sessão da Conferência da Haia de Direito Internacional Privado.
Será ratificada e os instrumentos de ratificação serão depositados no Ministério dos Negócios Estrangeiros dos Países Baixos.

Artigo 38
A presente Convenção entrará em vigor no sexagésimo dia após o depósito do terceiro instrumento de ratificação previsto no artigo 37, parágrafo 2º.
A Convenção entrará em vigor, para cada Estado signatário que a tenha ratificado posteriormente, no sexagésimo dia após o depósito do respectivo instrumento de ratificação.

Artigo 39
Os Estados não representados na 11ª Sessão da Conferência da Haia de Direito Internacional Privado que sejam membros da Conferência ou da Organização das Nações Unidas ou de um órgão especial desta, ou que sejam parte do Estatuto do Tribunal Internacional de Justiça poderão aderir à presente Convenção após sua entrada em vigor, nos termos do artigo 38, parágrafo 1º.
O instrumento de adesão será depositado no Ministério dos Negócios Estrangeiros dos Países Baixos.
A Convenção entrará em vigor, para o Estado aderente, sessenta dias após o depósito de seu instrumento de adesão.
A adesão só produzirá efeitos nas relações entre o Estado aderente e os Estados Contratantes que declararem aceitar essa adesão.
A declaração será depositada no Ministério dos Negócios Estrangeiros dos Países Baixos, que enviará, pela via diplomática, uma cópia certificada a cada um dos Estados Contratantes.
A Convenção entrará em vigor entre o Estado aderente e o Estado que declarar aceitar essa adesão sessenta dias após o depósito da declaração de aceitação.

Artigo 40
Qualquer Estado, no momento da assinatura, da ratificação ou da adesão, poderá declarar que a presente Convenção se aplicará ao conjunto dos territórios por si representados no plano internacional, ou a um ou mais deles. Essa declaração terá efeito a partir do momento da entrada em vigor da Convenção para o Estado em questão.
Posteriormente, a qualquer momento, as extensões dessa natureza serão notificadas ao Ministério dos Negócios Estrangeiros dos Países Baixos.
A Convenção entrará em vigor, nos territórios abrangidos por tal extensão, no sexagésimo dia após a notificação mencionada no parágrafo precedente.

Artigo 41
A presente Convenção terá a duração de cinco anos a contar da data de sua entrada em vigor nos termos do artigo 38, parágrafo 1º, mesmo para os Estados que tiverem ratificado ou que a ela tiverem aderido posteriormente.
A Convenção será tacitamente renovada de cinco em cinco anos, salvo denúncia.
A denúncia será notificada ao Ministério dos Negócios Estrangeiros dos Países Baixos, pelo menos seis meses antes do final do período de cinco anos.
A denúncia poderá limitar-se a alguns dos territórios aos quais a Convenção se aplica.
A denúncia só produzirá efeito relativamente ao Estado que a tiver notificado. A Convenção continuará em vigor para os demais Estados contratantes.

Artigo 42
O Ministério dos Negócios Estrangeiros dos Países Baixos notificará, aos Estados referidos no artigo 37, bem como aos Estados que tiverem aderido nos termos do artigo 39, sobre:

a) as assinaturas e ratificações mencionadas no artigo 37;
b) a data na qual a presente Convenção entrará em vigor, conforme o disposto no artigo 38, parágrafo 1º;
c) as adesões previstas no artigo 39 e as datas a partir das quais produzirão seus efeitos;
d) as extensões previstas no artigo 40 e as datas a partir das quais produzirão seus efeitos;
e) as designações, reservas e declarações mencionadas nos artigos 33 e 35;
f) as denúncias previstas no artigo 41, parágrafo 3º.

Em fé do que, os abaixo assinados, devidamente autorizados, firmaram a presente Convenção.

Concluída na Haia, em 18 de março de 1970, em inglês e francês, tendo os dois textos igual fé, em um único exemplar, que será depositado nos arquivos do Governo dos Países Baixos e do qual será remetida, por via diplomática, uma cópia certificada a cada um dos Estados representados na 11ª Sessão da Conferência da Haia de Direito Internacional Privado.

CONVENÇÃO SOBRE OS ASPECTOS CIVIS DO SEQUESTRO INTERNACIONAL DE CRIANÇAS (1980)

- Concluída na Haia em 25.10.1980.
- Aprovada no Brasil pelo Decreto Legislativo 79, de 15.09.1999, ratificada em 19.10.1999 e promulgada pelo Decreto 3.413, de 14.04.2000. Entrou em vigor para o Brasil em 01.01.2000.

Os Estados signatários da presente Convenção,
Firmemente convictos de que os interesses da criança são de primordial importância em todas as questões relativas à sua guarda;
Desejando proteger a criança, no plano internacional, dos efeitos prejudiciais resultantes de mudança de domicílio ou de retenção ilícitas e estabelecer procedimentos que garantam o retorno imediato da criança ao Estado de sua residência habitual, bem como assegurar a proteção do direito de visita;
Decidiram concluir uma Convenção para esse efeito e acordaram nas seguintes disposições:

CAPÍTULO I
ÂMBITO DA CONVENÇÃO

Artigo 1º
A presente Convenção tem por objetivo:
a) assegurar o retorno imediato de crianças ilicitamente transferidas para qualquer Estado Contratante ou nele retidas indevidamente;
b) fazer respeitar de maneira efetiva nos outros Estados Contratantes os direitos de guarda e de visita existentes num Estado Contratante.

Artigo 2º
Os Estados Contratantes deverão tomar todas as medidas apropriadas que visem assegurar, nos respectivos territórios, a concretização dos objetivos da Convenção. Para tal, deverão recorrer a procedimentos de urgência.

Artigo 3º
A transferência ou a retenção de uma criança é considerada ilícita quando:
a) tenha havido violação a direito de guarda atribuído a pessoa ou a instituição ou a qualquer outro organismo, individual ou conjuntamente, pela lei do Estado onde a criança tivesse sua residência habitual imediatamente antes de sua transferência ou da sua retenção; e
b) esse direito estivesse sendo exercido de maneira efetiva, individual ou conjuntamente, no momento da transferência ou da retenção, ou devesse está-lo sendo se tais acontecimentos não tivessem ocorrido.

O direito de guarda referido na alínea a) pode resultar de uma atribuição de pleno direito, de uma decisão judicial ou administrativa ou de um acordo vigente segundo o direito desse Estado.

Artigo 4º
A Convenção aplica-se a qualquer criança que tenha residência habitual num Estado Contratante, imediatamente antes da violação do direito de guarda ou de visita. A aplicação da Convenção cessa quando a criança atingir a idade de dezesseis anos.

Artigo 5º
Nos termos da presente Convenção:
a) o "direito de guarda" compreenderá os direitos relativos aos cuidados com a pessoa da criança, e, em particular, o direito de decidir sobre o lugar da sua residência;
b) o "direito de visita" compreenderá o direito de levar uma criança, por um período limitado de tempo, para um lugar diferente daquele onde ela habitualmente reside.

CAPÍTULO II
AUTORIDADES CENTRAIS

Artigo 6º
Cada Estado Contratante designará uma Autoridade Central encarregada de dar cumprimento às obrigações que lhe são impostas pela presente Convenção.
Estados federais, Estados em que vigorem vários sistemas legais ou Estados em que existam organizações territoriais autônomas terão a liberdade de designar mais de uma Autoridade Central e de especificar a extensão territorial dos poderes de cada uma delas. O Estado que utilize esta faculdade deverá designar a Autoridade Central à qual os pedidos poderão ser dirigidos para o efeito de virem a ser transmitidos à Autoridade Central internamente competente nesse Estado.

Artigo 7º
As autoridades centrais devem cooperar entre si e promover a colaboração entre as autoridades competentes dos seus respectivos Estados, de forma a

assegurar o retorno imediato das crianças e a realizar os demais objetivos da presente Convenção.
Em particular, deverão tomar, quer diretamente, quer através de um intermediário, todas as medidas apropriadas para:
a) localizar uma criança transferida ou retida ilicitamente;
b) evitar novos danos à criança, ou prejuízos às partes interessadas, tomando ou fazendo tomar medidas preventivas;
c) assegurar a entrega voluntária da criança ou facilitar uma solução amigável;
d) proceder, quando desejável, à troca de informações relativas à situação social da criança;
e) fornecer informações de caráter geral sobre a legislação de seu Estado relativa à aplicação da Convenção;
f) dar início ou favorecer a abertura de processo judicial ou administrativo que vise o retorno da criança ou, quando for o caso, que permita a organização ou o exercício efetivo do direito de visita;
g) acordar ou facilitar, conforme as circunstâncias, a obtenção de assistência judiciária e jurídica, incluindo a participação de um advogado;
h) assegurar no plano administrativo, quando necessário e oportuno, o retorno sem perigo da criança;
i) manterem-se mutuamente informados sobre o funcionamento da Convenção e, tanto quanto possível, eliminarem os obstáculos que eventualmente se oponham à aplicação desta.

CAPÍTULO III
RETORNO DA CRIANÇA

Artigo 8º
Qualquer pessoa, instituição ou organismo que julgue que uma criança tenha sido transferida ou retirada em violação a um direito de guarda pode participar o fato à Autoridade Central do Estado de residência habitual da criança ou à Autoridade Central de qualquer outro Estado Contratante, para que lhe seja prestada assistência para assegurar o retorno da criança.
O pedido deve conter:
a) informação sobre a identidade do requerente, da criança e da pessoa a quem se atribui a transferência ou a retenção da criança;
b) caso possível, a data de nascimento da criança;
c) os motivos em que o requerente se baseia para exigir o retorno da criança;
d) todas as informações disponíveis relativas à localização da criança e à identidade da pessoa com a qual presumivelmente se encontra a criança.
O pedido pode ser acompanhado ou complementado por:
e) cópia autenticada de qualquer decisão ou acordo considerado relevante;
f) atestado ou declaração emitidos pela Autoridade Central, ou por qualquer outra entidade competente do Estado de residência habitual, ou por uma pessoa qualificada, relativa à legislação desse Estado na matéria;
g) qualquer outro documento considerado relevante.

Artigo 9º
Quando a Autoridade Central que recebeu o pedido mencionado no Artigo 8 tiver razões para acreditar que a criança se encontra em outro Estado Contratante, deverá transmitir o pedido, diretamente e sem demora, à Autoridade Central desse Estado Contratante e disso informará a Autoridade Central requerente ou, se for caso, o próprio requerente.

Artigo 10
A Autoridade Central do Estado onde a criança se encontrar deverá tomar ou fazer com que se tomem todas as medidas apropriadas para assegurar a entrega voluntária da mesma.

Artigo 11
As autoridades judiciais ou administrativas dos Estados Contratantes deverão adotar medidas de urgência com vistas ao retorno da criança.
Se a respectiva autoridade judicial ou administrativa não tiver tomado uma decisão no prazo de 6 (seis) semanas a contar da data em que o pedido lhe foi apresentado, o requerente ou a Autoridade Central do Estado requerido, por sua própria iniciativa ou a pedido da Autoridade Central do Estado requerente, poderá solicitar uma declaração sobre as razões da demora. Se for a Autoridade Central do Estado requerido a receber a resposta, esta autoridade deverá transmiti-la à Autoridade Central do Estado requerente ou, se for o caso, ao próprio requerente.

Artigo 12
Quando uma criança tiver sido ilicitamente transferida ou retida nos termos do Artigo 3 e tenha decorrido um período de menos de 1 (um) ano entre a data da transferência ou da retenção indevidas e a data do início do processo perante a autoridade judicial ou administrativa do Estado Contratante onde a criança se encontrar, a autoridade respectiva deverá ordenar o retorno imediato da criança.
A autoridade judicial ou administrativa respectiva, mesmo após expirado o período de 1 (um) ano referido no parágrafo anterior, deverá ordenar o retomo da criança, salvo quando for provado que a criança já se encontra integrada no seu novo meio.
Quando a autoridade judicial ou administrativa do Estado requerido tiver razões para crer que a criança tenha sido levada para outro Estado, poderá suspender o processo ou rejeitar o pedido para o retorno da criança.

Artigo 13
Sem prejuízo das disposições contidas no Artigo anterior, a autoridade judicial ou administrativa do Estado requerido não é obrigada a ordenar

o retorno da criança se a pessoa, instituição ou organismo que se oponha a seu retorno provar:
a) que a pessoa, instituição ou organismo que tinha a seu cuidado a pessoa da criança não exercia efetivamente o direito de guarda na época da transferência ou da retenção, ou que havia consentido ou concordado posteriormente com esta transferência ou retenção; ou
b) que existe um risco grave de a criança, no seu retorno, ficar sujeita a perigos de ordem física ou psíquica, ou, de qualquer outro modo, ficar numa situação intolerável.

A autoridade judicial ou administrativa pode também se recusar a ordenar o retorno da criança se verificar que esta se opõe a ele e que a criança atingiu já idade e grau de maturidade tais que seja apropriado levar em consideração as suas opiniões sobre o assunto.

Ao apreciar as circunstâncias referidas neste Artigo, as autoridades judiciais ou administrativas deverão tomar em consideração as informações relativas à situação social da criança fornecidas pela Autoridade Central ou por qualquer outra autoridade competente do Estado de residência habitual da criança.

Artigo 14

Para determinar a ocorrência de uma transferência ou retenção ilícitas nos termos do Artigo 3 as autoridades judiciais ou administrativas do Estado requerido poderão tomar ciência diretamente do direito e das decisões judiciais ou administrativas, formalmente reconhecidas ou não, no Estado de residência habitual da criança sem ter de recorrer a procedimentos específicos para a comprovação dessa legislação ou para o reconhecimento de decisões estrangeiras que seriam de outra forma aplicáveis.

Artigo 15

As autoridades judiciais ou administrativas de um Estado Contratante podem, antes de ordenar o retorno da criança, solicitar a produção pelo requerente de decisão ou de atestado passado pelas autoridades do Estado de residência habitual da criança comprovando que a transferência ou retenção deu-se de forma ilícita nos termos do Artigo 3 da Convenção, desde que essa decisão ou atestado possam ser obtidas no referido Estado. As autoridades centrais dos Estados Contratantes deverão, na medida do possível, auxiliar os requerentes a obter tal decisão ou atestado.

Artigo 16

Depois de terem sido informadas da transferência ou retenção ilícitas de uma criança nos termos do Artigo 3, as autoridades judiciais ou administrativas do Estado Contratante para onde a criança tenha sido levada ou onde esteja retida não poderão tomar decisões sobre o fundo do direito de guarda sem que fique determinado não estarem reunidas as condições previstas na presente Convenção

para o retorno da criança ou sem que haja transcorrido um período razoável de tempo sem que seja apresentado pedido de aplicação da presente Convenção.

Artigo 17

O simples fato de que uma decisão relativa à guarda tenha sido tomada ou seja passível de reconhecimento no Estado requerido não poderá servir de base para justificar a recusa de fazer retornar a criança nos termos desta Convenção, mas as autoridades judiciais ou administrativas do Estado requerido poderão levar em consideração os motivos dessa decisão na aplicação da presente Convenção.

Artigo 18

As disposições deste Capítulo não limitam o poder das autoridades judiciais ou administrativas para ordenar o retorno da criança a qualquer momento.

Artigo 19

Qualquer decisão sobre o retorno da criança, tomada nos termos da presente Convenção, não afeta os fundamentos do direito de guarda.

Artigo 20

O retorno da criança de acordo com as disposições contidas no Artigo 12 poderá ser recusado quando não for compatível com os princípios fundamentais do Estado requerido com relação à proteção dos direitos humanos e das liberdades fundamentais.

CAPÍTULO IV
DIREITO DE VISITA

Artigo 21

O pedido que tenha por objetivo a organização ou a proteção do efetivo exercício do direito de visita poderá ser dirigido à Autoridade Central de um Estado Contratante nas mesmas condições do pedido que vise o retorno da criança.

Às Autoridades Centrais, incumbe, de acordo com os deveres de cooperação previstos no Artigo 7, promover o exercício pacífico do direito de visita, bem como o preenchimento de todas as condições indispensáveis ao exercício deste direito. As autoridades centrais deverão tomar providências no sentido de remover, tanto quanto possível, todos os obstáculos ao exercício desse mesmo direito.

As Autoridades Centrais podem, diretamente ou por meio de intermediários, iniciar ou favorecer o procedimento legal com o intuito de organizar ou proteger o direito de visita e assegurar a observância das condições a que o exercício deste direito esteja sujeito.

CAPÍTULO V
DISPOSIÇÕES GERAIS

Artigo 22

Nenhuma caução ou depósito, qualquer que seja a sua denominação, poderá ser imposta para garantir o pagamento de custos e despesas relativas aos processos judiciais ou administrativos previstos na presente Convenção.

Artigo 23

Nenhuma legalização ou formalidade similar serão exigíveis no contexto da presente Convenção.

Artigo 24

Os pedidos, comunicações e outros documentos serão enviados na língua original à Autoridade Central do Estado requerido e acompanhados de uma tradução na língua oficial, ou numa das línguas oficiais, desse Estado, ou, quando tal tradução for dificilmente realizável, de uma tradução em francês ou inglês.

No entanto, um Estado Contratante poderá, fazendo a reserva prevista no Artigo 42, opor-se à utilização seja do francês, seja do inglês, mas não de ambos, em todo pedido, comunicação ou outro documento enviado à respectiva Autoridade Central.

Artigo 25

Os nacionais de um Estado Contratante e as pessoas que habitualmente residam nesse Estado terão direito, em tudo o que esteja relacionado à aplicação da presente Convenção, à assistência judiciária e jurídica em qualquer outro Estado Contratante, nas mesmas condições dos nacionais desse outro Estado e das pessoas que nele habitualmente residam.

Artigo 26

Cada Autoridade Central deverá arcar com os custos resultantes da aplicação da Convenção.

A Autoridade Central e os outros serviços públicos dos Estados Contratantes não deverão exigir o pagamento de custas pela apresentação de pedidos feitos nos termos da presente Convenção. Não poderão, em especial, exigir do requerente o pagamento de custos e despesas relacionadas ao processo ou, eventualmente, decorrentes da participação de advogado ou de consultor jurídico. No entanto, poderão exigir o pagamento das despesas ocasionadas pelo retorno da criança.

Todavia, qualquer Estado Contratante poderá, ao fazer a reserva prevista no Artigo 42, declarar que não se obriga ao pagamento dos encargos previstos no parágrafo anterior, referentes à participação de advogado ou de consultor jurídico ou ao pagamento dos custos judiciais, exceto se esses encargos puderem ser cobertos pelo seu sistema de assistência judiciária e jurídica.

Ao ordenar o retorno da criança ou ao regular o direito de visita no quadro da presente Convenção, as autoridades judiciais ou administrativas podem, caso necessário, impor à pessoa que transferiu, que reteve a criança ou que tenha impedido o exercício do direito de visita o pagamento de todas as despesas necessárias efetuadas pelo requerente ou em seu nome; inclusive as despesas de viagem, as despesas efetuadas com a representação judiciária do requerente e as despesas com o retorno da criança, bem como todos os custos e despesas incorridos na localização da criança.

Artigo 27

Quando for constatado que as condições exigidas pela presente Convenção não se encontram preenchidas ou que o pedido não tem fundamento, a Autoridade Central não será obrigada a recebê-lo. Nesse caso, a Autoridade Central informará de imediato o requerente ou, se for o caso, a Autoridade Central que haja remetido o pedido das suas razões.

Artigo 28

A Autoridade Central poderá exigir que o pedido seja acompanhado de uma autorização escrita dando-lhe poderes para agir em nome do requerente ou para nomear um representante habilitado a agir em seu nome.

Artigo 29

A Convenção não impedirá qualquer pessoa, instituição ou organismo que julgue ter havido violação do direito de guarda ou de visita, nos termos dos Artigos 3 ou 21, de dirigir-se diretamente às autoridades judiciais ou administrativas de qualquer dos Estados Contratantes, ao abrigo ou não das disposições da presente Convenção.

Artigo 30

Todo o pedido apresentado às autoridades centrais ou diretamente às autoridades judiciais ou administrativas de um Estado Contratante nos termos da presente Convenção, bem como qualquer documento ou informação a ele anexado ou fornecido por uma Autoridade Central, deverá ser admissível para os tribunais ou para as autoridades administrativas dos Estados Contratantes.

Artigo 31

Com relação a um Estado que, em matéria de guarda de criança, possua dois ou mais sistemas de direito aplicáveis em diferentes unidades territoriais:
a) qualquer referência à residência habitual nesse Estado significa residência habitual numa unidade territorial desse Estado;
b) qualquer referência à lei do Estado de residência habitual corresponde à lei da unidade territorial onde a criança tenha a sua residência habitual.

Artigo 32

Com relação a um Estado que, em matéria de guarda de criança, possua dois ou vários sistemas de direito aplicáveis a diferentes categorias de pessoas, qualquer referência à lei desse Estado corresponderá a referência ao sistema legal definido pelo direito deste Estado.

Artigo 33

Um Estado no qual diferentes unidades territoriais tenham as suas próprias regras de direito em

Art. 3º Entende-se como organismos estrangei[ros] associações estrangeiras sem fins lucrativos [que] atuem em adoção internacional de criança[s] e adolescentes brasileiros, no Estado brasileiro.

Art. 4º Os organismos nacionais e estrangeiro[s] que atuam em adoção internacional deverão:

I - estar devidamente credenciado pela Autorida[de] Central Administrativa Federal, se organism[o] nacional;

II - estar devidamente credenciado pela Autori[da]dade Central de seu país de origem e ter solicita[do] à Coordenação Geral de Justiça, Classificação[,] Títulos e Qualificação, da Secretaria Nacional d[e] Justiça do Ministério da Justiça, autorização pa[ra] funcionamento no Brasil, para fins de reconhec[i]mento da personalidade jurídica às organizaçõe[s] estrangeiras, na forma do Decreto-lei 4.657, de [4] de setembro de 1942, se organismo estrangeiro[;]

III - estar de posse do registro assecuratório, obt[ido] do junto ao Departamento de Polícia Federal, n[os] termos da Portaria 815/1999 – DG/DPF, de 28 d[e] julho de 1999;

IV - perseguir unicamente fins não lucrativos, n[as] condições e dentro dos limites fixados pela Aut[o]ridade Central Administrativa Federal; e

V - ser dirigido e administrado por pessoas qualif[i]cadas por sua integridade moral e por sua form[a]ção ou experiência para atuar na área de adoçã[o] internacional, cadastradas pelo Departamento [de] Polícia Federal e aprovadas pela Autoridade Ce[n]tral Administrativa Federal, mediante publicaç[ão] de portaria do titular da Secretaria Especial d[e] Direitos Humanos da Presidência da República[.]

Art. 5º O organismo nacional ou estrangeiro cr[e]denciado deverá:

I - prestar, a qualquer tempo, todas as informaçõ[es] que lhe forem solicitadas pela Autoridade Centr[al] Administrativa Federal;

II - apresentar, a cada ano, contado da data [de] publicação da portaria de credenciamento, à Auto[ri]dade Central Administrativa Federal relatório ge[ral] das atividades desenvolvidas, bem como relató[rio] de acompanhamento das adoções internaciona[is] efetuadas no período, cuja cópia será encaminh[ada] ao Departamento de Polícia Federal; e

III - requerer renovação do credenciamento a ca[da] 2 (dois) anos de funcionamento, no período de [30] (trinta) dias que antecede o vencimento do pra[zo,] de acordo com a data de publicação da portaria [de] credenciamento.

§ 1º A não prestação de informações solicitadas p[ela] Autoridade Central Administrativa Federal pode[rá] acarretar a suspensão do credenciamento do or[ga]nismo pelo prazo de até 6 (seis) meses.

§ 2º A não apresentação do relatório anual p[elo] organismo credenciado poderá acarretar a s[us]pensão de seu credenciamento pelo prazo de [um] um ano.

matéria de guarda de crianças não será obrigado a aplicar a presente Convenção nos casos em que outro Estado com um sistema de direito unificado não esteja obrigado a aplicá-la.

Artigo 34

Nas matérias às quais se aplique a presente Convenção, esta prevalecerá sobre a Convenção de 5 de outubro de 1961 relativa à Competência das Autoridades e à Lei Aplicável em Matéria de Proteção de Menores, no caso dos Estados-partes a ambas Convenções. Por outro lado, a presente Convenção não impedirá que outro instrumento internacional em vigor entre o Estado de origem e o Estado requerido ou que o direito não convencional do Estado requerido sejam invocados para obter o retorno de uma criança que tenha sido ilicitamente transferida ou retida, ou para organizar o direito de visita.

Artigo 35

Nos Estados Contratantes, a presente Convenção aplica-se apenas às transferências ou às retenções ilícitas ocorridas após sua entrada em vigor nesses Estados.

Caso tenham sido feitas as declarações previstas nos Artigos 39 ou 40, a referência a um Estado Contratante feita no parágrafo anterior corresponderá a referência à unidade ou às unidades territoriais às quais a Convenção se aplica.

Artigo 36

Nenhuma disposição da presente Convenção impedirá que dois ou mais Estados Contratantes, com o objetivo de reduzir as restrições a que poderia estar sujeito o retorno da criança, estabeleçam entre si um acordo para derrogar as disposições que possam implicar tais restrições.

CAPÍTULO VI
CLÁUSULAS FINAIS

Artigo 37

A Convenção é aberta a assinatura dos Estados que eram membros da Conferência da Haia de Direito Internacional Privado quando de sua 14ª sessão.

A Convenção será ratificada, aceita ou aprovada e os instrumentos de ratificação, de aceitação ou de aprovação serão depositados junto ao Ministério dos Negócios Estrangeiros do Reino dos Países Baixos.

Artigo 38

Qualquer outro Estado poderá aderir à Convenção.

O instrumento de adesão será depositado junto ao Ministério dos Negócios Estrangeiros do Reino dos Países Baixos.

A Convenção entrará em vigor, para o Estado aderente, no primeiro dia do terceiro mês após o depósito de seu instrumento de adesão.

A adesão apenas produzirá efeito nas relações entre o Estado aderente e os Estados Contratantes que tenham declarado aceitar essa adesão. Esta declaração deverá ser igualmente feita por qualquer Estado-membro que ratifique, aceite ou aprove a Convenção após tal adesão. Esta declaração será depositada junto ao Ministério dos Negócios Estrangeiros do Reino dos Países Baixos, que, por via diplomática, enviará uma cópia autenticada a cada um dos Estados Contratantes.

A Convenção entrará em vigor entre o Estado aderente e o Estado que tenha declarado aceitar essa adesão no primeiro dia do terceiro mês após o depósito da declaração de aceitação.

Artigo 39

Qualquer Estado poderá, no momento da assinatura, da ratificação, da aceitação, da aprovação ou da adesão, declarar que a Convenção será aplicável ao conjunto dos territórios que internacionalmente representa ou apenas a um ou mais deles. Essa declaração produzirá efeito no momento em que a Convenção entrar em vigor para esse Estado. Tal declaração, bem como qualquer extensão posterior, será notificada ao Ministério dos Negócios Estrangeiros do Reino dos Países Baixos.

Artigo 40

O Estado Contratante que compreenda duas ou mais unidades territoriais nas quais sejam aplicáveis diferentes sistemas de direito em relação às matérias reguladas pela presente Convenção poderá declarar, no momento da assinatura, da ratificação, da aceitação, da aprovação ou da adesão, que a presente Convenção deverá aplicar-se a todas as suas unidades territoriais ou somente a uma ou mais delas, e poderá, a qualquer momento, modificar essa declaração apresentando outra em substituição.

Tais declarações serão notificadas ao Ministério dos Negócios Estrangeiros do Reino dos Países Baixos, e mencionarão expressamente as unidades territoriais às quais a Convenção será aplicável.

Artigo 41

Quando o Estado Contratante possua um sistema de Governo em virtude do qual os poderes executivo, judiciário e legislativo sejam partilhados entre autoridades centrais e outras autoridades desse Estado, a assinatura, ratificação, aceitação ou aprovação da Convenção, ou adesão a esta, ou a declaração feita nos termos do Artigo 40, não trarão qualquer consequência quanto à partilha interna de poderes nesse Estado.

Artigo 42

Todo Estado Contratante poderá, até o momento da ratificação, aceitação, aprovação ou adesão, ou quando de uma declaração feita nos termos dos Artigos 39 ou 40, fazer uma ou ambas reservas previstas nos Artigos 24 e 26, terceiro parágrafo. Nenhuma outra reserva será admitida.

Qualquer Estado poderá, a qualquer momento, retirar uma reserva que haja feito. A retirada deverá ser notificada ao Ministério dos Negócios Estrangeiros do Reino dos Países Baixos.

O efeito da reserva cessará no primeiro dia do terceiro mês após a notificação mencionada no parágrafo anterior.

Artigo 43

A Convenção entrará em vigor no primeiro dia do terceiro mês após o depósito do terceiro instrumento de ratificação, aceitação, aprovação ou adesão previsto nos Artigos 37 e 38.

Em seguida, a Convenção entrará em vigor:

1) para cada Estado que a ratifique, aceite, aprove ou a ela adira posteriormente, no primeiro dia do terceiro mês após o depósito do respectivo instrumento de ratificação, aceitação, aprovação ou adesão.

2) Para os territórios ou unidades territoriais onde a Convenção tenha sido tornada extensiva nos termos dos Artigos 39 ou 40, no primeiro dia do terceiro mês após a notificação prevista nesses Artigos.

Artigo 44

A Convenção terá uma duração de 5 (cinco) anos a partir da data da sua entrada em vigor, em conformidade com o primeiro parágrafo do Artigo 43, mesmo para os Estados que a tenham ratificado, aceito, aprovado ou a ela aderido posteriormente.

A Convenção será tacitamente renovada de cinco em cinco anos, salvo denúncia.

A denúncia deverá ser notificada ao Ministério dos Negócios Estrangeiros do Reino dos Países Baixos pelo menos 6 (seis) meses antes de expirar-se o período de cinco anos. A denúncia poderá limitar-se a certos territórios ou unidades territoriais onde a Convenção vigore.

A denúncia só produzira efeito em relação ao Estado que a tenha notificado. A Convenção permanecerá em vigor para os outros Estados Contratantes.

Artigo 45

O Ministério dos Negócios Estrangeiros do Reino dos Países Baixos notificará os membros da Conferência, bem como os Estados que a ela tenham aderido em conformidade com as disposições contidas no Artigo 38:

1) das assinaturas, ratificações, aceitações e aprovações referidas no Artigo 37;

2) das adesões referidas no Artigo 38;

3) da data em que a Convenção entrará em vigor, de acordo com o Artigo 43;

4) das extensões referidas no Artigo 39;

5) das declarações mencionadas nos Artigos 38 e 40;

6) das reservas previstas nos Artigos 24 e 26, terceiro parágrafo, e das retiradas de reservas previstas no Artigo 42;

Art. 16. O certificado de cadastramento expedido pela Coordenação-Geral do Departamento de Polícia Federal não autoriza qualquer organismo nacional a atuar em adoção internacional em outros países, sendo necessário o credenciamento junto à Autoridade Central Administrativa Federal.

CAPÍTULO III
DOS ORGANISMOS ESTRANGEIROS QUE ATUAM EM ADOÇÃO INTERNACIONAL NO ESTADO BRASILEIRO

Art. 17. O organismo estrangeiro credenciado terá como obrigações:

I – comunicar à Autoridade Central Administrativa Federal em quais Estados da Federação estão atuando os seus representantes, assim como qualquer alteração de estatuto ou composição de seus dirigentes e representantes;

II – tomar as medidas necessárias para garantir que a criança ou adolescente brasileiro saia do País com o passaporte brasileiro devidamente expedido e com visto de adoção emitido pelo consulado do país de acolhida;

III – tomar as medidas necessárias para garantir que os adotantes encaminhem cópia à Autoridade Central Administrativa Federal da certidão de registro de nascimento estrangeira e do certificado de nacionalidade tão logo lhes sejam concedidos;

IV – apresentar relatórios semestrais à Autoridade Central Administrativa Federal de acompanhamento do adotado, até que se conceda a nacionalidade no país de residência dos adotantes;

▶ Inciso IV com redação pelo Dec. 5.947/2006.

V – apresentar relatórios semestrais de acompanhamento do adotado às Comissões Estaduais Judiciárias de Adoção Internacional – Cejais pelo período mínimo de 2 (dois) anos, independentemente da concessão da nacionalidade do adotado no país de residência dos adotantes.

▶ Inciso V acrescido pelo Dec. 5.947/2006.

Art. 18. O credenciamento dos organismos estrangeiros que atuam na cooperação em adoção internacional será expedido por meio de portaria do titular da Secretaria Especial dos Direitos Humanos, após observados os pareceres da Coordenação Geral de Justiça, Classificação, Títulos e Qualificação, da Secretaria Nacional de Justiça do Ministério da Justiça; da Divisão de Assistência Consular, do Ministério das Relações Exteriores e da Coordenação-Geral do Departamento de Polícia Federal.

Art. 19. O certificado de cadastramento expedido pela Coordenação-Geral do Departamento de Polícia Federal, por si só, não autoriza qualquer organização estrangeira a atuar em adoção internacional no Estado brasileiro, sendo necessário o credenciamento junto à Autoridade Central Administrativa Federal.

Art. 20. Somente será permitido o credenciamento de organismos estrangeiros de adoção internacional oriundos de países que ratificaram a Convenção de Haia e estejam devidamente credenciados pela Autoridade Central do país de origem para atuar em adoção internacional no Brasil.

CAPÍTULO IV
DAS DISPOSIÇÕES FINAIS

Art. 21. O descumprimento do disposto neste Decreto implicará o descredenciamento do organismo nacional ou estrangeiro que atua em adoção internacional no Estado brasileiro.

§ 1º Após o descredenciamento, respeitada a ampla defesa e o contraditório, o organismo nacional ou estrangeiro não poderá voltar a atuar em adoção internacional no Estado brasileiro pelo prazo de até 10 (dez) anos, contados a partir da data da publicação da portaria de descredenciamento.

§ 2º O descredenciamento será comunicado ao Departamento de Polícia Federal pela Autoridade Central Administrativa Federal.

Art. 22. Qualquer irregularidade detectada pelas Autoridades Centrais dos Estados Federados e do Distrito Federal deverá ser comunicada à Autoridade Central Administrativa Federal.

Art. 23. Fica a Autoridade Central Administrativa Federal encarregada de comunicar às Autoridades Centrais dos Estados Federados e do Distrito Federal e ao Bureau Permanente da Conferência de Haia de Direito Internacional Privado os nomes e endereços dos organismos nacionais e estrangeiros credenciados.

Art. 24. Este Decreto entra em vigor na data de sua publicação.

Brasília, 18 de julho de 2005; 184º da Independência e 117º da República.

Luiz Inácio Lula da Silva

Sistema Regional Interamericano

A) INSTRUMENTOS GERAIS

CONVENÇÃO DE DIREITO INTERNACIONAL PRIVADO (1928)

Código Bustamante
- Assinada em Havana, Cuba, na Sexta Conferência Internacional Americana, em 20.02.1928.
- Aprovada no Brasil pelo Decreto 5.647, de 08.01.1929, e promulgada pelo Decreto 18.871, de 13.08.1929.
- Mantivemos a grafia original desta Convenção.

Os Presidentes das Republicas do Perú, Uruguay, Panamá, Equador, Mexico, Salvador, Guatemala, Nicaragua, Bolivia, Venezuela, Colombia, Honduras, Costa Rica, Chile, Brasil, Argentina, Paraguay, Haiti, Republica Dominicana, Estados Unidos da America e Cuba,

Desejando que os respectivos Paizes se representassem na Sexta Conferencia Internacional Americana, A ella enviaram, devidamente autorizados, para approvar as recomendações, resoluções, convenções e tratados que julgassem uteis aos interesses da America, os seguintes senhores delegados:

Perú:
Jesús Melquiades Salazar, Victor Maúrtua, Enrique Castro Oyanguren, Luis Ernesto Denegri.
Uruguay:
Jacobo Varela Acevedo, Juan José Amézaga, Leenel Aguirre, Pedro Erasmo Callorda.
Panamá:
Ricardo J. Alfaro, Eduardo Chiari.
Equador:
Gonzalo Zaldumbique, Victor Zevalos, Colón Eloy Alfaro.
Mexico:
Julio Garcia, Fernando González Roa, Salvador Urbina, Aquiles Elorduy.
Salvador:
Gustavo Guerrero, Héctor David Castro, Eduardo Alvarez.
Guatemala:
Carlos Salazar, Bernardo Alvarado -Tello, Luis Beltranema, José Azurdia.
Nicaragua:
Carlos Cuadra Pazos, Joaquín Gómez, Máximo H. Zepeda.
Bolivia:
José Antezana, Adolfo Costa Du Rels.
Venezuela:
Santiago Key Ayala, Francisco Geraldo Yanes, Rafael Angel Arraiz.
Colombia:
Enrique Olaya Herrera, Jesús M. Yepes, Roberto Urdaneta Arbeláez, Ricardo -Gutiéirrez Lee.
Honduras:
Fausto Dávila, Mariano Vásquez.
Costa Rica:
Ricardo Castro Beeche, J. Rafael Oreamuno, Arturo Tinoco.
Chile:
Alejandro Lira, Alejandro Alvarez, Carlos Silva Vidósola, Manuel Bianchi.
Brasil:
Raul Fernandes, Lindolfo Collor, Alarico da Silveira, Sampaio Corrêa, Eduardo Espinola.
Argentina:
Honorio Pueyrredón, Laurentino Olascoaga, Felipe A. Espil.
Paraguay:
Lisandro Diaz León.
Haiti:
Fernando Dennis, Charles Riboul.
Republica Dominicana:
Francisco J. Peynado, Gustavo A Diaz, Elias Brache, Angel Morales, Tulio M. Cesteros, Ricardo Pérez Alfonseca, Jacinto R. de Castro, Federico C. Alvarez.
Estados Unidos da America:
Charles Evans Hughes, Noble Brandon Judah, Henry P. Flecther, Oscar W. Underwood, Morgan J. O'Brien, Dwight W. Morrow, James Brown Scott, Ray Lyman Wilbur, Leo S. Rowe.
Cuba:
Antonio S. de Bustamante, Orestes Ferrara, Enrique Hernández Cartaya, José Manuel Cortina, Aristides Agüero, José B. Alemán, Manuel Márquez Sterling, Fernando Ortiz, Néstor Carbonell, Jesús Maria Barraqué.

Os quaes, depois de se haverem communicado os seus plenos poderes, achados em boa e devida forma, convieram no seguinte:

Artigo 1º

As Republicas, contractantes acceitam e põem em vigor o Codigo de Direito Internacional Privado, annexo á presente convenção.
- Art. 1º do Título Preliminar.

Artigo 2º

As disposições desse Codigo não serão applicaveis senão ás Republicas contractantes e aos demais

Estados que a elle adherirem, na forma que mais adiante se consigna.

Artigo 3º

Cada uma das Republicas contractantes, ao ratificar a presente convenção, poderá declarar que faz reserva quanto á acceitação de um ou varios artigos do Codigo annexo e que não a obrigarão as disposições a que a reserva se referir.

Artigo 4º

O Codigo entrará em vigor, para as Republicas que o ratifiquem, trinta dias depois do deposito da respectiva ratificação e desde que tenha sido ratificado, pelo menos, por dois paizes.

Artigo 5º

As ratificações serão depositadas na Secretaria da União Panamericana, que transmittirá cópia dellas a cada uma das Republicas contractantes.

Artigo 6º

Os Estados ou pessoas juridicas internacionaes não contractantes, que desejam adherir a esta convenção e, no todo ou em parte, ao Codigo annexo, notificarão isso á Secretaria da União Panamericana, que, por sua vez, o communicará a todos os Estados até então contractantes ou adherentes. Passados seis mezes desde essa communicação, o Estado ou pessoa juridica internacional interessado poderá depositar, na Secretaria da União Panamericana, o instrumento de adhesão e ficará ligado por esta convenção com caracter reciproco, trinta dias depois da adhesão, em relação a todos os regidos pela mesma e que não tiverem feito reserva alguma total ou parcial quanto á adhesão solicitada.

Artigo 7º

Qualquer Republica americana ligada a esta convenção e que desejar modificar, no todo ou em parte, o Codigo annexo, apresentará a proposta correspondente á Conferencia Internacional Americana seguinte, para a resolução que fôr procedente.

Artigo 8º

Se alguma das pessoas juridicas internacionaes contractantes ou adherentes quizer denunciar a presente Convenção, notificará a denuncia, por escripto, á União Panamericana, a qual transmittirá immediatamente ás demais uma cópia literal authentica da notificação, dando-lhes a conhecer a data em que a tiver recebido.

A denuncia não produzirá effeito senão no que respeita ao contractante que a tiver notificado e depois de um anno de recebida na Secretaria da União Panamericana.

Artigo 9º

A Secretaria da União Panamericana manterá um registro das datas de deposito das ratificações e recebimento de adhesões e denuncias, e expedirá cópias authenticadas do dito registro a todo contractante que o solicitar.

Em fé do que, os plenipotenciarios assignam a presente convenção e põem nella o sello da Sexta Conferencia Internacional Americana.

Dado na cidade de Havana, no dia vinte de Fevereiro de mil novecentos e vinte e oito, em quatro exemplares, escriptos respectivamente em espanhol, francez, inglez e portuguez e que se depositarão na Secretaria da União Panamericana, com o fim de serem enviadas cópias authenticadas de todos a cada uma das Republicas signatárias.

CÓDIGO DE DIREITO INTERNACIONAL PRIVADO

TITULO PRELIMINAR

REGRAS GERAES

Artigo 1º

Os estrangeiros que pertençam a qualquer dos Estados contractantes gozam, no territorio dos demais, dos mesmos direitos civis que se concedam aos nacionaes.

▶ Art. 1º da Lei 6.815/1980 (Estatuto do Estrangeiro).

Cada Estado contractante pode, por motivo de ordem publica, recusar ou sujeitar a condições especiaes o exercicio de determinados direitos civis aos nacionaes dos outros, e qualquer desses Estados pode, em casos identicos, recusar ou sujeitar a condições especiaes o mesmo exercicio aos nacionaes do primeiro.

Artigo 2º

Os estrangeiros que pertençam a qualquer dos Estados contractantes gozarão tambem, no territorio dos demais de garantias individuaes identicas ás dos nacionaes, salvo as restricções que em cada um estabeleçam a Constituição e as leis.

As garantias individuaes identicas não se estendem ao desempenho de funcções publicas, ao direito de suffragio e a outros direitos politicos, salvo disposição especial da legislação interna.

Artigo 3º

Para o exercicio dos direitos civis e para o gozo das garantias individuaes identicas, as leis e regras vigentes em cada Estado contractante consideram-se divididas nas tres categoria seguintes:

I. As que se applicam á pessoas em virtude do seu domicilio ou da sua nacionalidade e as seguem, ainda que se mudem para outro -paiz, – denominadas pessoas ou de ordem publica interna;

II. As que obrigam por igual a todos os que residem no territorio, sejam ou não nacionaes, – denominadas territoriaes, locaes ou de ordem publica internacional;

III. As que se applicam somente mediante a expressão, a interpretação ou a presumpção da vontade das partes ou de alguma dellas, – denominadas voluntarias, suppletorias ou de ordem privada.

Artigo 4º

Os preceitos constitucionaes são de ordem publica internacional.

Artigo 5º
Todas as regras de protecção individual e collectiva, estabelecida pelo direito politico e pelo administrativo, são tambem de ordem publica internacional, salvo o caso de que nellas expressamente se disponha o contrario.

Artigo 6º
Em todos os casos não previstos por este Codigo, cada um dos Estados contractantes applicará a sua propria definição ás instituições ou relações juridicas que tiverem de corresponder aos grupos de leis mencionadas no art. 3º.

Artigo 7º
Cada Estado contractante applicará como leis pessoaes as do domicilio, as da nacionalidade ou as que tenha adoptado ou adopte no futuro a sua legislação interna.

Artigo 8º
Os direitos adquiridos segundo as regras deste Codigo têm plena efficacia extraterritorial nos Estados contractantes, salvo se se oppuzer a algum dos seus effeitos ou consequencias uma regra de ordem publica internacional.

Livro Primeiro
DIREITO CIVIL INTERNACIONAL

TITULO PRIMEIRO
DAS PESSOAS

CAPITULO I
DA NACIONALIDADE E NATURALIZAÇÃO

Artigo 9º
Cada Estado contractante applicará o seu direito proprio á determinação da nacionalidade de origem de toda pessoa individual ou juridica e á sua acquisição, perde ou recuperação posterior, realizadas dentro ou fora do seu territorio, quando uma das nacionalidades sujeitas á controversia seja a do dito Estado. Os demais casos serão regidos pelas disposições que se acham estabelecidas nos restantes artigos deste capitulo.

Artigo 10
Ás questões sobre nacionalidade de origem em que não esteja interessado o Estado em que ellas se debatem, apllicar-se-á a lei daquella das nacionalidades discutidas em que tiver domicilio a pessoa de que se trate.

Artigo 11
Na falta desse domicilio, applicar-se-ão ao caso previsto no artigo anterior os principios acceitos pela lei do julgador.

Artigo 12
As questões sobre acquisição individual de uma nova nacionalidade serão resolvidas de accôrdo com a lei da nacionalidade que se suppuzer adquirida.

Artigo 13
Ás naturalizações collectivas, no caso de independencia de um Estado, applicar-se-á a lei do Estado novo, se tiver sido reconhecido pelo Estado julgador, e, na sua falta, a do antigo, tudo sem prejuizo das estipulações contractuaes entre os dois Estados interessados, as quaes terão sempre preferencia.

Artigo 14
Á perda de nacionalidade deve applicar-se a lei da nacionalidade perdida.

Artigo 15
A recuperação da nacionalidade submette-se á lei da nacionalidade que se readquire.

Artigo 16
A nacionalidade de origem das corporações e das fundações será determinada pela lei do Estado que as autorize ou as approve.

Artigo 17
A nacionalidade de origem das associações será a do paiz em que se constituam, e nelle devem ser registradas ou inscriptas, se a legislação local exigir esse requisito.

Artigo 18
As sociedades civis, mercantis ou industriaes, que não sejam anonymas, terão a nacionalidade estipulada na escriptura social e, em sua falta, a do lugar onde tenha séde habitualmente a sua gerencia ou direcção principal.

Artigo 19
A nacionalidade das sociedades anonymas será determinada pelo contracto social e, eventualmente, pela lei do lugar em que normalmente se reuna a junta geral de accionistas ou, em sua falta, pela do lugar onde funccione o seu principal Conselho administrativo ou Junta directiva.

Artigo 20
A mudança de nacionalidade das corporações, fundações, associações e sociedades, salvo casos de variação da soberania territorial, terá que se sujeitar ás condições exigidas pela sua lei antiga e pela nova.
Se se mudar a soberania territorial, no caso de independencia, applicar-se-á a regra estabelecida no art. 13 para as naturalizações collectivas.

Artigo 21
As disposições do art. 9º, no que se referem a pessoas juridicas, e as dos arts. 16 a 20 não serão applicadas nos Estados contractantes, que não attribuam nacionalidade as ditas pesssoas juridicas.

CAPITULO II
DO DOMICILIO

Artigo 22
O conceito, acquisição, perda e reacquisição do domicilio geral e especial das pessoas naturaes ou juridicas reger-se-ão pela lei territorial.

Artigo 23
O domicilio dos funccionarios diplomaticos e o dos individuos que residam temporariamente no estrangeiro, por emprego ou commissão de seu governo ou para estudos scientifico ou artisticos, será o ultimo que hajam tido em territorio nacional.

Artigo 24
O domicilio legal do chefe da familia estende-se á mulher e aos filhos, não emancipados, e o do tutor ou curador, aos menores ou incapazes sob a sua guarda, se não se achar disposto o contrario na legislação pessoal daquelles a quem se attribue o domicilio de outrem.

Artigo 25
As questões sobre a mudança de domicilio das pessoas naturaes ou juridicas serão resolvidas de accôrdo com a lei do tribunal, se este fôr de uma dos Estados interessados e, se não, pela do lugar em que se pretenda te adquirido o ultimo domicilio.

Artigo 26
Para as pessoas que não tenham domicilio, entender-se-á como tal o lugar de sua residencia, ou aquelle em que se encontrem.

CAPITULO III
NASCIMENTO, EXTINCÇÃO E CONSEQUENCIAS DA PERSONALIDADE CIVIL

Secção I
Das Pessoas Individuaes

Artigo 27
A capacidade das pessoas individuaes rege-se pela sua lei pessoal, salvo as restricções fixadas para seu exercicio, por este Codigo ou pelo direito local.

Artigo 28
Applicar-se-á a lei pessoal para decidir se o nascimento determina a personalidade e se o nascituro se tem por nascido, para tudo o que lhe seja favoravel, assim como para a viabilidade e os effeitos da prioridade do nascimento, no caso de partos duplos ou multiplos.

Artigo 29
As presumpções de sobrevivencia ou de morte simultanea, na falta de prova, serão reguladas pela lei pessoal de cada um dos fallecidos em relação á sua respectiva successão.

Artigo 30
Cada Estado applica a sua propria legislação, para declarar extincta a personalidade civil pela morte natural das pessoas individuaes e o desapparecimento ou dissolução official das pessoas juridicas, assim como para decidir de a menoridade, a demencia ou imbecilidade, a surdo-mudez, a prodigalidade e a interdição civil são unicamente restricções da personalidade, que permittem direitos e tambem certas obrigações.

Secção II
Das Pessoas Juridicas

Artigo 31
Cada Estado contractante, no seu caracter de pessoa juridica, tem capacidade para adquirir e exercer direitos civis e contrahir obrigações da mesma natureza no territorio dos demais, sem outras restricções, senão as estabelecidas expressamente pelo direito local.

Artigo 32
O conceito e reconhecimento das pessoas juridicas serão regidos pela lei territorial.

Artigo 33
Salvo as restricções estabelecidas nos dois artigos precedentes, a capacidade civil das corporações é regida pela lei que as tiver criado ou reconhecido; a das fundações, pelas regras da sua instituição, approvadas pela autoridade correspondente, se o exigir o seu direito nacional; e a das associações, pelos seus estatutos, em iguaes condições.

Artigo 34
Com as mesmas restricções, a capacidade civil das sociedades civis, commerciaes ou industriaes é regida pelas disposições relativas ao contracto de sociedade.

Artigo 35
A lei local applicar-se-á aos bens das pessoas juridicas que deixem de existir, a menos que o caso esteja previsto de outro modo, nos seus estatutos, nas suas clausulas basicas ou no direito em vigor referente ás sociedades.

CAPITULO IV
DO MATRIMONIO E DO DIVORCIO

Secção I
Condições Juridicas que Deve Preceder a Celebração do Matrimonio

Artigo 36
Os nubentes estarão sujeitos á sua lei pessoal, em tudo quanto se refira á capacidade para celebrar o matrimonio, ao consentimento ou conselhos paternos, aos impedimentos e á sua dispensa.

Artigo 37
Os estrangeiros devem provar, antes de casar, que preencheram as condições exigidas pelas suas leis pessoaes, no que se refere ao artigo precedente. Podem fazê-lo mediante certidão dos respectivos funccionarios diplomaticos ou agentes consulares ou por outros meios julgados sufficientes pela autoridade local, que terá em todo caso completa liberdade de apreciação.

Artigo 38
A legislação local é applicavel aos estrangeiros, quanto aos impedimentos que, por sua parte, estabelecer e que não sejam dispensaveis, á forma

Art. 3º Entende-se como organismos estrangeiros associações estrangeiras sem fins lucrativos, que atuem em adoção internacional de crianças e adolescentes brasileiros, no Estado brasileiro.

Art. 4º Os organismos nacionais e estrangeiros que atuam em adoção internacional deverão:
I – estar devidamente credenciado pela Autoridade Central Administrativa Federal, se organismo nacional;
II – estar devidamente credenciado pela Autoridade Central de seu país de origem e ter solicitado à Coordenação Geral de Justiça, Classificação, Títulos e Qualificação, da Secretaria Nacional de Justiça do Ministério da Justiça, autorização para funcionamento no Brasil, para fins de reconhecimento da personalidade jurídica às organizações estrangeiras, na forma do Decreto-lei 4.657, de 4 de setembro de 1942, se organismo estrangeiro;
III – estar de posse do registro assecuratório, obtido junto ao Departamento de Polícia Federal, nos termos da Portaria 815/1999 – DG/DPF, de 28 de julho de 1999;
IV – perseguir unicamente fins não lucrativos, nas condições e dentro dos limites fixados pela Autoridade Central Administrativa Federal; e
V – ser dirigido e administrado por pessoas qualificadas por sua integridade moral e por sua formação ou experiência para atuar na área de adoção internacional, cadastradas pelo Departamento de Polícia Federal e aprovadas pela Autoridade Central Administrativa Federal, mediante publicação de portaria do titular da Secretaria Especial dos Direitos Humanos da Presidência da República.

Art. 5º O organismo nacional ou estrangeiro credenciado deverá:
I – prestar, a qualquer tempo, todas as informações que lhe forem solicitadas pela Autoridade Central Administrativa Federal;
II – apresentar, a cada ano, contado da data de publicação da portaria de credenciamento, à Autoridade Central Administrativa Federal relatório geral das atividades desenvolvidas, bem como relatório de acompanhamento das adoções internacionais efetuadas no período, cuja cópia será encaminhada ao Departamento de Polícia Federal; e
III – requerer renovação do credenciamento a cada 2 (dois) anos de funcionamento, no período de 30 (trinta) dias que antecede o vencimento do prazo, de acordo com a data de publicação da portaria de credenciamento.

§ 1º A não prestação de informações solicitadas pela Autoridade Central Administrativa Federal poderá acarretar a suspensão do credenciamento do organismo pelo prazo de até 6 (seis) meses.

§ 2º A não apresentação do relatório anual pelo organismo credenciado poderá acarretar a suspensão de seu credenciamento pelo prazo de até um ano.

Art. 6º O organismo nacional e o organismo estrangeiro credenciados estarão submetidos à supervisão da Autoridade Central Administrativa Federal e demais órgãos competentes, no que tange à sua composição, funcionamento, situação financeira e cumprimento das obrigações estipuladas no art. 5º deste Decreto.

Art. 7º A Autoridade Central Administrativa Federal poderá, a qualquer momento que julgue conveniente, solicitar informes sobre a situação das crianças e adolescentes adotados.

Art. 8º Na hipótese de o representante cadastrado substabelecer os poderes recebidos do organismo nacional ou estrangeiro representado, com ou sem reservas, o substabelecido somente poderá atuar nos procedimentos após efetuar o seu cadastro junto ao Departamento de Polícia Federal, que dará ciência à Autoridade Central Administrativa Federal.

▸ Artigo com redação pelo Dec. 5.947/2006.

Art. 9º A cobrança de valores por parte dos organismos credenciados, que sejam considerados abusivos pela Autoridade Central Administrativa Federal e que não estejam devidamente comprovados, poderá acarretar o descredenciamento do organismo.

Art. 10. É proibida a representação de mais de uma entidade credenciada para atuar na cooperação em adoção internacional por uma mesma pessoa ou seu cônjuge, sócio, parente em linha reta, colateral até quarto grau ou por afinidade.

Art. 11. É proibido o contato direto de representantes de organismos de adoção, nacionais ou estrangeiros, com dirigentes de abrigos, ou crianças em situação de adotabilidade, sem a devida autorização judicial.

Art. 12. A Autoridade Central Administrativa Federal poderá limitar ou suspender a concessão de novos credenciamentos sempre que julgar necessário, mediante ato administrativo fundamentado.

CAPÍTULO II

DOS ORGANISMOS NACIONAIS QUE ATUAM EM ADOÇÃO INTERNACIONAL EM OUTROS PAÍSES

Art. 13. O organismo nacional credenciado deverá comunicar à Autoridade Central Administrativa Federal em quais países estão atuando os seus representantes, assim como qualquer alteração de estatuto ou composição de seus dirigentes e representantes.

Art. 14. O requerimento de credenciamento dos organismos nacionais que atuam na cooperação em adoção internacional deverá ser dirigido ao titular da Secretaria Especial dos Direitos Humanos.

Art. 15. O credenciamento dos organismos nacionais que atuam em adoção internacional em outros países será expedido em portaria do titular da Secretaria Especial dos Direitos Humanos, após observado parecer da Coordenação-Geral do Departamento de Polícia Federal.

Art. 16. O certificado de cadastramento expedido pela Coordenação-Geral do Departamento de Polícia Federal não autoriza qualquer organismo nacional a atuar em adoção internacional em outros países, sendo necessário o credenciamento junto à Autoridade Central Administrativa Federal.

CAPÍTULO III
DOS ORGANISMOS ESTRANGEIROS QUE ATUAM EM ADOÇÃO INTERNACIONAL NO ESTADO BRASILEIRO

Art. 17. O organismo estrangeiro credenciado terá como obrigações:

I – comunicar à Autoridade Central Administrativa Federal em quais Estados da Federação estão atuando os seus representantes, assim como qualquer alteração de estatuto ou composição de seus dirigentes e representantes;

II – tomar as medidas necessárias para garantir que a criança ou adolescente brasileiro saia do País com o passaporte brasileiro devidamente expedido e com visto de adoção emitido pelo consulado do país de acolhida;

III – tomar as medidas necessárias para garantir que os adotantes encaminhem cópia à Autoridade Central Administrativa Federal da certidão de registro de nascimento estrangeira e do certificado de nacionalidade tão logo lhes sejam concedidos;

IV – apresentar relatórios semestrais à Autoridade Central Administrativa Federal de acompanhamento do adotado, até que se conceda a nacionalidade no país de residência dos adotantes;
▸ Inciso IV com redação pelo Dec. 5.947/2006.

V – apresentar relatórios semestrais de acompanhamento do adotado às Comissões Estaduais Judiciárias de Adoção Internacional – Cejais pelo período mínimo de 2 (dois) anos, independentemente da concessão da nacionalidade do adotado no país de residência dos adotantes.
▸ Inciso V acrescido pelo Dec. 5.947/2006.

Art. 18. O credenciamento dos organismos estrangeiros que atuam na cooperação em adoção internacional será expedido por meio de portaria do titular da Secretaria Especial dos Direitos Humanos, após observados os pareceres da Coordenação Geral de Justiça, Classificação, Títulos e Qualificação, da Secretaria Nacional de Justiça do Ministério da Justiça; da Divisão de Assistência Consular, do Ministério das Relações Exteriores e da Coordenação-Geral do Departamento de Polícia Federal.

Art. 19. O certificado de cadastramento expedido pela Coordenação-Geral do Departamento de Polícia Federal, por si só, não autoriza qualquer organização estrangeira a atuar em adoção internacional no Estado brasileiro, sendo necessário o credenciamento junto à Autoridade Central Administrativa Federal.

Art. 20. Somente será permitido o credenciamento de organismos estrangeiros de adoção internacional oriundos de países que ratificaram a Convenção de Haia e estejam devidamente credenciados pela Autoridade Central do país de origem para atuar em adoção internacional no Brasil.

CAPÍTULO IV
DAS DISPOSIÇÕES FINAIS

Art. 21. O descumprimento do disposto neste Decreto implicará o descredenciamento do organismo nacional ou estrangeiro que atua em adoção internacional no Estado brasileiro.

§ 1º Após o descredenciamento, respeitada a ampla defesa e o contraditório, o organismo nacional ou estrangeiro não poderá voltar a atuar em adoção internacional no Estado brasileiro pelo prazo de até 10 (dez) anos, contados a partir da data da publicação da portaria de descredenciamento.

§ 2º O descredenciamento será comunicado ao Departamento de Polícia Federal pela Autoridade Central Administrativa Federal.

Art. 22. Qualquer irregularidade detectada pelas Autoridades Centrais dos Estados Federados e do Distrito Federal deverá ser comunicada à Autoridade Central Administrativa Federal.

Art. 23. Fica a Autoridade Central Administrativa Federal encarregada de comunicar às Autoridades Centrais dos Estados Federados e do Distrito Federal e ao Bureau Permanente da Conferência de Haia de Direito Internacional Privado os nomes e endereços dos organismos nacionais e estrangeiros credenciados.

Art. 24. Este Decreto entra em vigor na data de sua publicação.

Brasília, 18 de julho de 2005; 184º da Independência e 117º da República.

Luiz Inácio Lula da Silva

Sistema Regional Interamericano

A) Instrumentos Gerais

CONVENÇÃO DE DIREITO INTERNACIONAL PRIVADO (1928)

Código Bustamante
- Assinada em Havana, Cuba, na Sexta Conferência Internacional Americana, em 20.02.1928.
- Aprovada no Brasil pelo Decreto 5.647, de 08.01.1929, e promulgada pelo Decreto 18.871, de 13.08.1929.
- Mantivemos a grafia original desta Convenção.

Os Presidentes das Republicas do Perú, Uruguay, Panamá, Equador, Mexico, Salvador, Guatemala, Nicaragua, Bolivia, Venezuela, Colombia, Honduras, Costa Rica, Chile, Brasil, Argentina, Paraguay, Haiti, Republica Dominicana, Estados Unidos da America e Cuba,

Desejando que os respectivos Paizes se representassem na Sexta Conferencia Internacional Americana, A ella enviaram, devidamente autorizados, para approvar as recomendações, resoluções, convenções e tratados que julgassem uteis aos interesses da America, os seguintes senhores delegados:

Perú:
Jesús Melquiades Salazar, Victor Maúrtua, Enrique Castro Oyanguren, Luis Ernesto Denegri.
Uruguay:
Jacobo Varela Acevedo, Juan José Amézaga, Leenel Aguirre, Pedro Erasmo Callorda.
Panamá:
Ricardo J. Alfaro, Eduardo Chiari.
Equador:
Gonzalo Zaldumbique, Victor Zevalos, Colón Eloy Alfaro.
Mexico:
Julio Garcia, Fernando González Roa, Salvador Urbina, Aquiles Elorduy.
Salvador:
Gustavo Guerrero, Héctor David Castro, Eduardo Alvarez.
Guatemala:
Carlos Salazar, Bernardo Alvarado -Tello, Luis Beltranema, José Azurdia.
Nicaragua:
Carlos Cuadra Pazos, Joaquín Gómez, Máximo H. Zepeda.
Bolivia:
José Antezana, Adolfo Costa Du Rels.
Venezuela:
Santiago Key Ayala, Francisco Geraldo Yanes, Rafael Angel Arraiz.
Colombia:
Enrique Olaya Herrera, Jesús M. Yepes, Roberto Urdaneta Arbeláez, Ricardo -Gutiéirrez Lee.
Honduras:
Fausto Dávila, Mariano Vásquez.
Costa Rica:
Ricardo Castro Beeche, J. Rafael Oreamuno, Arturo Tinoco.
Chile:
Alejandro Lira, Alejandro Alvarez, Carlos Silva Vidósola, Manuel Bianchi.
Brasil:
Raul Fernandes, Lindolfo Collor, Alarico da Silveira, Sampaio Corrêa, Eduardo Espinola.
Argentina:
Honorio Pueyrredón, Laurentino Olascoaga, Felipe A. Espil.
Paraguay:
Lisandro Diaz León.
Haiti:
Fernando Dennis, Charles Riboul.
Republica Dominicana:
Francisco J. Peynado, Gustavo A Diaz, Elias Brache, Angel Morales, Tulio M. Cesteros, Ricardo Pérez Alfonseca, Jacinto R. de Castro, Federico C. Alvarez.
Estados Unidos da America:
Charles Evans Hughes, Noble Brandon Judah, Henry P. Flecther, Oscar W. Underwood, Morgan J. O'Brien, Dwight W. Morrow, James Brown Scott, Ray Lyman Wilbur, Leo S. Rowe.
Cuba:
Antonio S. de Bustamante, Orestes Ferrara, Enrique Hernández Cartaya, José Manuel Cortina, Aristides Agüero, José B. Alemán, Manuel Márquez Sterling, Fernando Ortiz, Néstor Carbonell, Jesús Maria Barraqué.

Os quaes, depois de se haverem communicado os seus plenos poderes, achados em boa e devida forma, convieram no seguinte:

Artigo 1º

As Republicas, contractantes acceitam e põem em vigor o Codigo de Direito Internacional Privado, annexo á presente convenção.
- Art. 1º do Título Preliminar.

Artigo 2º

As disposições desse Codigo não serão applicaveis senão ás Republicas contractantes e aos demais

Estados que a elle adherirem, na forma que mais adiante se consigna.

Artigo 3º
Cada uma das Republicas contractantes, ao ratificar a presente convenção, poderá declarar que faz reserva quanto á acceitação de um ou varios artigos do Codigo annexo e que não a obrigarão as disposições a que a reserva se referir.

Artigo 4º
O Codigo entrará em vigor, para as Republicas que o ratifiquem, trinta dias depois do deposito da respectiva ratificação e desde que tenha sido ratificado, pelo menos, por dois paizes.

Artigo 5º
As ratificações serão depositadas na Secretaria da União Panamericana, que transmittirá cópia dellas a cada uma das Republicas contractantes.

Artigo 6º
Os Estados ou pessoas juridicas internacionaes não contractantes, que desejam adherir a esta convenção e, no todo ou em parte, ao Codigo annexo, notificarão isso á Secretaria da União Panamericana, que, por sua vez, o communicará a todos os Estados até então contractantes ou adherentes. Passados seis mezes desde essa communicação, o Estado ou pessoa juridica internacional interessado poderá depositar, na Secretaria da União Panamericana, o instrumento de adhesão e ficará ligado por esta convenção com caracter reciproco, trinta dias depois da adhesão, em relação a todos os regidos pela mesma e que não tiverem feito reserva alguma total ou parcial quanto á adhesão solicitada.

Artigo 7º
Qualquer Republica americana ligada a esta convenção e que desejar modificar, no todo ou em parte, o Codigo annexo, apresentará a proposta correspondente á Conferencia Internacional Americana seguinte, para a resolução que fôr procedente.

Artigo 8º
Se alguma das pessoas juridicas internacionaes contractantes ou adherentes quizer denunciar a presente Convenção, notificará a denuncia, por escripto, á União Panamericana, a qual transmittirá immediatamente ás demais uma cópia literal authentica da notificação, dando-lhes a conhecer a data em que a tiver recebido.

A denuncia não produzirá effeito senão no que respeita ao contractante que a tiver notificado e depois de um anno de recebida na Secretaria da União Panamericana.

Artigo 9º
A Secretaria da União Panamericana manterá um registro das datas de deposito das ratificações e recebimento de adhesões e denuncias, e expedirá cópias authenticadas do dito registro a todo contractante que o solicitar.

Em fé do que, os plenipotenciarios assignam a presente convenção e põem nella o sello da Sexta Conferencia Internacional Americana.

Dado na cidade de Havana, no dia vinte de Fevereiro de mil novecentos e vinte e oito, em quatro exemplares, escriptos respectivamente em espanhol, francez, inglez e portuguez e que se depositarão na Secretaria da União Panamericana, com o fim de serem enviadas cópias authenticadas de todos a cada uma das Republicas signatárias.

CÓDIGO DE DIREITO INTERNACIONAL PRIVADO

TITULO PRELIMINAR
REGRAS GERAES

Artigo 1º
Os estrangeiros que pertençam a qualquer dos Estados contractantes gozam, no territorio dos demais, dos mesmos direitos civis que se concedam aos nacionaes.

▸ Art. 1º da Lei 6,815/1980 (Estatuto do Estrangeiro).

Cada Estado contractante pode, por motivo de ordem publica, recusar ou sujeitar a condições especiaes o exercicio de determinados direitos civis aos nacionaes dos outros, e qualquer desses Estados pode, em casos identicos, recusar ou sujeitar a condições especiais o mesmo exercicio aos nacionaes do primeiro.

Artigo 2º
Os estrangeiros que pertençam a qualquer dos Estados contractantes gozarão tambem, no territorio dos demais de garantias individuaes identicas ás dos nacionaes, salvo as restricções que em cada um estabeleçam a Constituição e as leis.

As garantias individuaes identicas não se estendem ao desempenho de funcções publicas, ao direito de suffragio e a outros direitos politicos, salvo disposição especial da legislação interna.

Artigo 3º
Para o exercicio dos direitos civis e para o gozo das garantias individuaes identicas, as leis e regras vigentes em cada Estado contractante consideram-se divididas nas tres categoria seguintes:

I. As que se applicam á pessoas em virtude do seu domicilio ou da sua nacionalidade e as seguem, ainda que se mudem para outro -paiz, – denominadas pessoas ou de ordem publica interna;

II. As que obrigam por igual a todos os que residem no territorio, sejam ou não nacionaes, – denominadas territoriaes, locaes ou de ordem publica internacional;

III. As que se applicam somente mediante a expressão, a interpretação ou a presumpção da vontade das partes ou de alguma dellas, – denominadas voluntarias, suppletorias ou de ordem privada.

Artigo 4º
Os preceitos constitucionaes são de ordem publica internacional.

Artigo 5º
Todas as regras de protecção individual e collectiva, estabelecida pelo direito politico e pelo administrativo, são tambem de ordem publica internacional, salvo o caso de que nellas expressamente se disponha o contrario.

Artigo 6º
Em todos os casos não previstos por este Codigo, cada um dos Estados contractantes applicará a sua propria definição ás instituições ou relações juridicas que tiverem de corresponder aos grupos de leis mencionadas no art. 3º.

Artigo 7º
Cada Estado contractante applicará como leis pessoaes as do domicilio, as da nacionalidade ou as que tenha adoptado ou adopte no futuro a sua legislação interna.

Artigo 8º
Os direitos adquiridos segundo as regras deste Codigo têm plena efficacia extraterritorial nos Estados contractantes, salvo se se oppuzer a algum dos seus effeitos ou consequencias uma regra de ordem publica internacional.

Livro Primeiro
DIREITO CIVIL INTERNACIONAL

TITULO PRIMEIRO
DAS PESSOAS

CAPITULO I
DA NACIONALIDADE E NATURALIZAÇÃO

Artigo 9º
Cada Estado contractante applicará o seu direito proprio á determinação da nacionalidade de origem de toda pessoa individual ou juridica e á sua acquisição, perde ou recuperação posterior, realizadas dentro ou fora do seu territorio, quando uma das nacionalidades sujeitas á controversia seja a do dito Estado. Os demais casos serão regidos pelas disposições que se acham estabelecidas nos restantes artigos deste capitulo.

Artigo 10
Ás questões sobre nacionalidade de origem em que não esteja interessado o Estado em que ellas se debatem, apllicar-se-á a lei daquella das nacionalidades discutidas em que tiver domicilio a pessoa de que se trate.

Artigo 11
Na falta desse domicilio, applicar-se-ão ao caso previsto no artigo anterior os principios acceitos pela lei do julgador.

Artigo 12
As questões sobre acquisição individual de uma nova nacionalidade serão resolvidas de accôrdo com a lei da nacionalidade que se suppuzer adquirida.

Artigo 13
Ás naturalizações collectivas, no caso de independencia de um Estado, applicar-se-á a lei do Estado novo, se tiver sido reconhecido pelo Estado julgador, e, na sua falta, a do antigo, tudo sem prejuizo das estipulações contractuaes entre os dois Estados interessados, as quaes terão sempre preferencia.

Artigo 14
Á perda de nacionalidade deve applicar-se a lei da nacionalidade perdida.

Artigo 15
A recuperação da nacionalidade submette-se á lei da nacionalidade que se readquire.

Artigo 16
A nacionalidade de origem das corporações e das fundações será determinada pela lei do Estado que as autorize ou as approve.

Artigo 17
A nacionalidade de origem das associações será a do paiz em que se constituam, e nelle devem ser registradas ou inscriptas, se a legislação local exigir esse requisito.

Artigo 18
As sociedades civis, mercantis ou industriaes, que não sejam anonymas, terão a nacionalidade estipulada na escriptura social e, em sua falta, a do lugar onde tenha séde habitualmente a sua gerencia ou direcção principal.

Artigo 19
A nacionalidade das sociedades anonymas será determinada pelo contracto social e, eventualmente, pela lei do lugar em que normalmente se reuna a junta geral de accionistas ou, em sua falta, pela do lugar onde funccione o seu principal Conselho administrativo ou Junta directiva.

Artigo 20
A mudança de nacionalidade das corporações, fundações, associações e sociedades, salvo casos de variação da soberania territorial, terá que se sujeitar ás condições exigidas pela sua lei antiga e pela nova.
Se se mudar a soberania territorial, no caso de independencia, applicar-se-á a regra estabelecida no art. 13 para as naturalizações collectivas.

Artigo 21
As disposições do art. 9º, no que se referem a pessoas juridicas, e as dos arts. 16 a 20 não serão applicadas nos Estados contractantes, que não attribuam nacionalidade as ditas pesssoas juridicas.

CAPITULO II
DO DOMICILIO

Artigo 22
O conceito, acquisição, perda e reacquisição do domicilio geral e especial das pessoas naturaes ou juridicas reger-se-ão pela lei territorial.

Artigo 23
O domicilio dos funccionarios diplomaticos e o dos individuos que residam temporariamente no estrangeiro, por emprego ou commissão de seu governo ou para estudos scientifico ou artisticos, será o ultimo que hajam tido em territorio nacional.

Artigo 24
O domicilio legal do chefe da familia estende-se á mulher e aos filhos, não emancipados, e o do tutor ou curador, aos menores ou incapazes sob a sua guarda, se não se achar disposto o contrario na legislação pessoal daquelles a quem se attribue o domicilio de outrem.

Artigo 25
As questões sobre a mudança de domicilio das pessoas naturaes ou juridicas serão resolvidas de accôrdo com a lei do tribunal, se este fôr de uma dos Estados interessados e, se não, pela do lugar em que se pretenda te adquirido o ultimo domicilio.

Artigo 26
Para as pessoas que não tenham domicilio, entender-se-á como tal o lugar de sua residencia, ou aquelle em que se encontrem.

CAPITULO III
NASCIMENTO, EXTINCÇÃO E CONSEQUENCIAS DA PERSONALIDADE CIVIL

Secção I
Das Pessoas Individuaes

Artigo 27
A capacidade das pessoas individuaes rege-se pela sua lei pessoal, salvo as restricções fixadas para seu exercicio, por este Codigo ou pelo direito local.

Artigo 28
Applicar-se-á a lei pessoal para decidir se o nascimento determina a personalidade e se o nascituro se tem por nascido, para tudo o que lhe seja favoravel, assim como para a viabilidade e os effeitos da prioridade do nascimento, no caso de partos duplos ou multiplos.

Artigo 29
As presumpções de sobrevivencia ou de morte simultanea, na falta de prova, serão reguladas pela lei pessoal de cada um dos fallecidos em relação á sua respectiva successão.

Artigo 30
Cada Estado applica a sua propria legislação, para declarar extincta a personalidade civil pela morte natural das pessoas individuaes e o desapparecimento ou dissolução official das pessoas juridicas, assim como para decidir de a menoridade, a demencia ou imbecilidade, a surdo-mudez, a prodigalidade e a interdição civil são unicamente restricções da personalidade, que permittem direitos e tambem certas obrigações.

Secção II
Das Pessoas Juridicas

Artigo 31
Cada Estado contractante, no seu caracter de pessoa juridica, tem capacidade para adquirir e exercer direitos civis e contrahir obrigações da mesma natureza no territorio dos demais, sem outras restricções, senão as estabelecidas expressamente pelo direito local.

Artigo 32
O conceito e reconhecimento das pessoas juridicas serão regidos pela lei territorial.

Artigo 33
Salvo as restricções estabelecidas nos dois artigos precedentes, a capacidade civil das corporações é regida pela lei que as tiver criado ou reconhecido; a das fundações, pelas regras da sua instituição, approvadas pela autoridade correspondente, se o exigir o seu direito nacional; e a das associações, pelos seus estatutos, em iguaes condições.

Artigo 34
Com as mesmas restricções, a capacidade civil das sociedades civis, commerciaes ou industriaes é regida pelas disposições relativas ao contracto de sociedade.

Artigo 35
A lei local applicar-se-á aos bens das pessoas juridicas que deixem de existir, a menos que o caso esteja previsto de outro modo, nos seus estatutos, nas suas clausulas basicas ou no direito em vigor referente ás sociedades.

CAPITULO IV
DO MATRIMONIO E DO DIVORCIO

Secção I
Condições Juridicas que Deve Preceder a Celebração do Matrimonio

Artigo 36
Os nubentes estarão sujeitos á sua lei pessoal, em tudo quanto se refira á capacidade para celebrar o matrimonio, ao consentimento ou conselhos paternos, aos impedimentos e á sua dispensa.

Artigo 37
Os estrangeiros devem provar, antes de casar, que preencheram as condições exigidas pelas suas leis pessoaes, no que se refere ao artigo precedente. Podem fazê-lo mediante certidão dos respectivos funccionarios diplomaticos ou agentes consulares ou por outros meios julgados sufficientes pela autoridade local, que terá em todo caso completa liberdade de apreciação.

Artigo 38
A legislação local é applicavel aos estrangeiros, quanto aos impedimentos que, por sua parte, estabelecer e que não sejam dispensaveis, á forma

do consentimento, á, força obrigatoria ou não dos esponsaes, á opposição ao matrimonio ou obrigação de denunciar os impedimentos e ás consequencias civis da denuncia falsa, á forma das diligencias preliminares e á autoridade competente para celebrá-lo.

Artigo 39
Rege-se pela lei pessoal commum das partes e, na sua falta, pelo direito local, a obrigação, ou não, de indemnização em consequencia de promessa de casamento não executada ou de publicação de proclamas, em igual caso.

Artigo 40
Os Estados contractantes não são obrigados a reconhecer o casamento celebrado em qualquer delles, pelos seus nacionaes ou por estrangeiros, que infrinjam as suas disposições relativas á necessidade da dissolução dum casamento anterior, aos graus de consanguinidade ou affinidade em relação aos quaes exista estorvo absoluto, á prohibição de se casar estabelecida em relação aos culpados de adulterio que tenha sido motivo de dissolução do casamento de um delles e á propria prohibição, referente ao responsavel de -attentado contra a vida de um dos conjuges, para se casar com o sobrevivente, ou a qualquer outra causa de nullidade que se não possa remediar.

Secção II
Da Forma do Matrimonio

Artigo 41
Ter-se-á em toda parte como valido, quanto á forma, o matrimonio celebrado na que estabeleçam como efficaz as leis do paiz em que se effectue. Comtudo, os Estados, cuja legislação exigir uma ceremonia religiosa, poderão negar validade aos matrimonios contrahidos por seus nacionaes no estrangeiro sem a observancia dessa formalidade.

Artigo 42
Nos paizes em que as leis o permittam, os casamentos contrahidos ante os funccionarios diplomaticos ou consulares dos dois contrahentes ajustar-se-ão á sua lei pessoal, sem prejuizo de que lhes sejam applicaveis as disposições do art. 40.

Secção III
Dos Effeitos do Matrimonio quanto ás Pessoas dos Conjuges

Artigo 43
Applicar-se-á o direito pessoal de ambos os conjuges, e, se fôr diverso, o do marido, no que toque aos deveres respectivos de protecção e de obediencia, á obrigação ou não da mulher de seguir o marido quando mudar de residencia, á disposição e administração dos bens communs e aos demais effeitos espe-ciaes do matrimonio.

Artigo 44
A lei pessoal da mulher regerá a disposição e administração de seus bens proprios e seu comparecimento em juízo.

Artigo 45
Fica sujeita ao direito territorial a obrigação dos conjuges de viver juntos, guardar fidelidade e soccorrer-se mutuamente.

Artigo 46
Tambem se applica imperativamente o direito local que prive de effeitos civis o matrimonio do bigamo.

Secção IV
Da Nullidade do Matrimonio e seus Effeitos

Artigo 47
A nullidade do matrimonio deve regular-se pela mesma lei a que estiver submettida a condição intrinseca ou extrinseca que a tiver motivado.

Artigo 48
A coacção, o medo e o rapto, como causas de nullidade do matrimonio, são regulados pela lei do lugar da celebração.

Artigo 49
Applicar-se-á a lei pessoal de ambos os conjuges, se, fôr commum; na sua falta, a do conjuge que tiver procedido de boa-fé, e, na falta de ambas, a do varão, ás regras sobre o cuidado dos filhos de matrimonios nullos, nos casos em que os paes não possam ou não queiram estipular nada sobre o assumpto.

Artigo 50
Essa mesma lei pessoal deve applicar-se aos demais effeitos civis do matrimonio nullo, excepto os que se referem aos bens dos conjuges, que seguirão a lei do regimen economico matrimonial.

Artigo 51
São de ordem publica internacional as regras que estabelecem os effeitos judiciaes do pedido de nullidade.

Secção V
Da separação de corpos e do divorcio

Artigo 52
O direito á separação de corpos e ao divorcio regula-se pela lei do domicilio conjugal, mas não se pode fundar em causas anteriores á acquisição do dito domicilio, se as não autorizar, com iguaes effeitos, a lei pessoal de ambos os conjuges.

Artigo 53
Cada Estado contractante tem o direito do permittir ou reconhecer, ou não, o divorcio ou o novo casamento de pessoas divorciadas no estrangeiro, em casos, com effeitos ou por causas que não admitta o seu direito pessoal.

Artigo 54
As causas do divorcio e da separação de corpos submeter-se-ão á lei do lugar em que forem so-

licitados, desde que nelle estejam domiciliados os conjuges.

Artigo 55
A lei do juiz perante quem se litiga determina as consequencias judiciaes da demanda e as disposições da sentença a respeito dos conjuges e dos filhos.

Artigo 56
A separação de corpos e o divorcio, obtidos conforme os artigos que precedem, produzem effeitos civis, de accôrdo com a legislação do tribunal que os outorga, nos demais Estados contractantes, salvo o disposto no art. 53.

CAPITULO V
DA PATERNIDADE E FILLAÇÃO

Artigo 57
São regras de ordem publica interna, devendo applicar-se a lei pessoal do filho, se fôr distincta da do pae, as referentes á presumpção de legitimidade e suas condições, as que conferem o direito ao appellido e as que determinam as provas de filiação e regulam a successão do filho.

Artigo 58
Têm o mesmo caracter, mas se lhes applica a lei pessoal do pae, as regras que outorguem aos filhos legitimados direitos de successão.

Artigo 59
É de ordem publica internacional a regra que da ao filho o direito a alimentos.

Artigo 60
A capacidade para legitimar rege-se pela lei pessoal do pae e a capacidade para ser legitimado pela lei pessoal do filho, requerendo a legitimação a concorrencia das condições exigidas em ambas.

Artigo 61
A prohibição de legitimar filhos não simplesmente naturaes é de ordem publica internacional.

Artigo 62
As consequencias da legitimação e a acção para a impugnar submettem-se á lei pessoal do filho.

Artigo 63
A investigação da paternidade e da maternidade e a sua prohibição regulam-se pelo direito territorial.

Artigo 64
Dependem da lei pessoal do filho as regras que indicam as condições do reconhecimento, obrigam a fazê-lo em certos casos, estabelecem as acções para esse effeito, concedem ou negam o nome e indicam as causas de nullidade.

Artigo 65
Subordinam-se a lei pessoal do pae os direitos de successão dos filhos illegitimos e á pessoal do filho os dos paes illegitimos.

Artigo 66
A forma e circumstancias do reconhecimento dos filhos illegitimos subordinam-se, ao direito territorial.

CAPITULO VI
DOS ALIMENTOS ENTRE PARENTES

Artigo 67
Sujeitar-se-ão á lei pessoal do alimento o conceito legal dos alimentos, a ordem da sua prestação, a maneira de os subministrar e a extensão e a extensão desse direito.

Artigo 68
São de ordem publica internacional as disposições que estabelecem o dever de prestar alimentos, seu montante, reducção e augmento, a opportunidade em que são devidos e a forma do seu pagamento, assim como as que prohibem renunciar e ceder esse direito.

CAPITULO VII
DO PATRIO PODER

Artigo 69
Estão submetidas á lei pessoal do filho a existencia e o alcance geral do patrio poder a respeito da pessoa e bens, assim como as causas da sua extinção e recuperação, e a limitação, por motivo de novas nupcias, do direito de castigar.

Artigo 70
A existencia do direito de usufructo e as demais regras applicaveis ás-differentes classes de peculio submettam-se tambem á lei pessoal do filho, seja qual fôr a natureza dos bens e o lugar em que se encontrem.

Artigo 71
O disposto no artigo anterior é applicavel em territorio estrangeiro, sem prejuizo dos direitos de terceiro que a lei local outorgue e das disposições locaes sobre publicidade e especialização de garantias hypothecarias.

Artigo 72
São de ordem publica internacional as disposições que determinem a natureza e os limites da faculdade do pae de corrigir e castigar e o seu recurso ás autoridades, assim como os que o privam do patrio poder por incapacidade, ausencia ou sentença.

CAPITULO VIII
DA ADOPÇÃO

Artigo 73
A capacidade para adoptar e ser adoptado e as condições e limitações para adoptar ficam sujeitas á lei pessoal de cada um dos interessados.

Artigo 74
Pela lei pessoal do adoptante, regulam-se seus effeitos, no que se refere á successão deste; e, pela lei pessoal do adoptado, tudo quanto se refira ao nome, direitos e deveres que conserve em relação á sua familia natural, assim como á sua successão com respeito ao adoptante.

Artigo 75
Cada um dos interessados poderá impugnar a adopção, de accôrdo com as prescripções da sua lei pessoal.

Artigo 76
São de ordem publica internacional as disposições que, nesta materia, regulam o direito a alimentos e as que estabelecem para a adopção formas solennes.

Artigo 77
As disposições dos quatro artigos precedentes não se applicarão aos Estados cujas legislações não reconheçam a adopção.

CAPITULO IX
DA AUSENCIA

Artigo 78
As medidas provisorias em caso de ausencia são de ordem publica internacional.

Artigo 79
Não obstante o disposto no artigo anterior, designar-se-á a representação do presumido ausente de accôrdo com a sua lei pessoal.

Artigo 80
A lei pessoal do ausente determina a quem compete o direito de pedir a declaração da ausencia e rege a curadoria respectiva.

Artigo 81
Compete ao direito local decidir quando se faz e surte effeito a declaração de ausencia e quando e como deve cessar a administração dos bens do ausente, assim como a obrigação e forma de prestar contas.

Artigo 82
Tudo o que se refira á presumpção de morte do ausente e a seus direitos eventuaes será regulado pela sua lei pessoal.

Artigo 83
A declaração de ausencia ou de sua presumpção, assim como a sua terminação, e a de presumpção da morte de ausente têm efficacia extraterritorial, inclusive no que se refere á nomeação e faculdades dos administradores.

CAPITULO X
DA TUTELA

Artigo 84
Applicar-se-á a lei pessoal do menor ou incapaz no que se refere no objecto da tutela ou curatela, sua organização e suas especies.

Artigo 85
Deve observar-se a mesma lei quanto á instituição do protutor.

Artigo 86
As incapacidades e excusas para a tutela, curatela e protutela devem applicar-se, simultaneamente, as leis pessoaes do tutor ou curador e as do menor ou incapaz.

Artigo 87
A fiança da tutela ou curatela e as regras para o seu exercicio ficam submettidas á lei pessoal do menor ou incapaz. Se a fiança fôr hypothecaria ou pignoraticia, deverá constituir-se na forma prevista pela lei local.

Artigo 88
Regem-se tambem pela lei pessoal do menor ou incapaz as obrigações relativas ás contas, salvo as responsabilidades de ordem penal, que são territoriaes.

Artigo 89
Quanto no registro de tutelas, applicar-se-ão simultaneamente a lei local e as pessoaes do tutor ou curador e do menor ou incapaz.

Artigo 90
São de ordem publica internacional os preceitos que obrigam o ministerio publico ou qualquer funccionario local a solicitar a declaração de incapacidade de dementes e surdos mudos e os que fixam os tramites dessa declaração.

Artigo 91
São tambem de ordem publica internacional as regras que estabelecem as consequencias da interdicção.

Artigo 92
A declaração de incapacidade e a interdicção civil produzem effeitos extraterritoriaes.

Artigo 93
Applicar-se-á a lei local á obrigação do tutor ou curador alimentar o menor ou incapaz e a faculdade de os corrigir só moderadamente.

Artigo 94
A capacidade para ser membro de um conselho de família regula-se pela lei pessoal do interessado.

Artigo 95
As incapacidades especiaes e a organização, funccionamento, direitos e deveres do conselho de familia submettem-se á lei pessoal do tutelado.

Artigo 96
Em todo caso, as actas e deliberações do conselho de família deverão ajustar-se ás formas e solennidades prescriptas pela lei do lugar em que se reunir.

Artigo 97
Os Estados contractantes que tenham por lei pessoal a do domicilio poderão exigir, no caso de mudança do domicilio dos incapazes de um paiz para outro, que se ratifique a tutela ou curatela ou se outorgue outra.

CAPITULO XI
DA PRODIGALIDADE

Artigo 98
A declaração de prodigalidade e seus effeitos subordinam-se á lei pessoal do prodigo.

Artigo 99
Apesar do disposto no artigo anterior, a lei do domicilio pessoal não terá applicação á decla-

ração de prodigalidade das pessoas cujo direito pessoal desconheça esta instituição.

Artigo 100
A declaração de prodigalidade, feita num dos Estados contractantes, tem efficacia extraterritorial em relação aos demais, sempre que o permita o direito local.

CAPITULO XII
DA EMANCIPAÇÃO E MAIORIDADE

Artigo 101
As regras applicaveis á emancipação e á maioridade são as estabelecidas pela legislação pessoal do interessado.

Artigo 102
Comtudo, a, legislação local pode ser declarada applicavel á maioridade como requisito para se optar pela nacionalidade da dita legislação.

CAPITULO XIII
DO REGISTRO CIVIL

Artigo 103
As disposições relativas ao registro civil são territoriaes, salvo no que se refere ao registro mantido pelos agentes consulares ou funccionarios diplomaticos.
Essa prescripção não prejudica os direitos de outro Estado, quanto ás relações juridicas submettidas ao direito internacional publico.

Artigo 104
De toda inscripção relativa a um nacional de qualquer dos Estados contractantes, que se fizer no registro civil de outro, deve enviar-se, gratuitamente, por via diplomatica, certidão literal e official, ao paiz do interessado.

TITULO SEGUNDO
DOS BENS

CAPITULO I
DA CLASSIFICAÇÃO DOS BENS

Artigo 105
Os bens, seja qual fôr a sua classe, ficam submettidos á lei do lugar.

Artigo 106
Para os effeitos do artigo anterior, ter-se-á em conta, quanto aos bens moveis corporeos e titulos representativos de creditos de qualquer classe, o lugar da sua situação ordinaria ou normal.

Artigo 107
A situação dos creditos determina-se pelo lugar onde se devem tornar effectivos, e, no caso de não estar fixado, pelo domicilio do devedor.

Artigo 108
A propriedade industrial e intellectual e os demais direitos analogos, de natureza economica, que autorizam o exercicio de certas actividades concedidas pela lei, consideram-se situados onde se tiverem registrado officialmente.

Artigo 109
As concessões reputam-se situadas onde houverem sido legalmente obtidas.

Artigo 110
Em falta de toda e qualquer outra regra e, além disto, para os casos não previstos neste Codigo, entender-se-á que os bens moveis do toda classe estão situados no domicilio do seu proprietario, ou, na falta deste, no do possuidor.

Artigo 111
Exceptuam-se do disposto no artigo anterior as cousas dadas em penhor, que se consideram situadas no domicilio da pessoa em cuja posse tenham sido collocadas.

Artigo 112
Applicar-se-á sempre a lei territorial para se distinguir entre os bens moveis e immoveis, sem prejuizo dos direitos adquiridos por terceiros.

Artigo 113
Á mesma lei territorial, sujeitam-se as demais classificações e qualificações juridicas dos bens.

CAPITULO II
DA PROPRIEDADE

Artigo 114
O bem de familia, inalienavel e isento de gravames e embargos, regula-se pela lei da situação.
Comtudo, os nacionaes de um Estado contractante em que se não admitta ou regule essa especie de propriedade, não a poderão ter ou constituir em outro, a não ser que, com isso, não prejudiquem seus herdeiros forçados.

Artigo 115
A propriedade intellectual e a industrial regular-se-ão pelo estabelecido nos convenios internacionaes espe-ciaes, ora existentes, ou que no futuro se venham a celebrar.
Na falta delles, sua obtenção, registro e gozo ficarão submettidos ao direito local que as outorgue.

Artigo 116
Cada Estado contractante tem a faculdade de submetter a regras especiaes, em relação aos estrangeiros, a propriedade mineira, a dos navios de pesca e de cabotagem, as industrias no mar territorial e na zona maritima a obtenção e gozo de concessões e obras de utilidade publica e de serviço publico.

Artigo 117
As regras geraes sobre propriedade e o modo de a adquirir ou alienar entre vivos, inclusive as applicaveis a thesouro occulto, assim como as que regem as aguas do dominio publico e privado e seu aproveitamento, são de ordem publica internacional.

CAPITULO III
DA COMMUNHÃO DE BENS

Artigo 118
A communhão de bens rege-se, em geral, pelo accôrdo ou vontade das partes e, na sua falta, pela lei do lugar. Ter-se-á, este ultimo como domicílio da communhão, na falta do accôrdo em contrario.

Artigo 119
Applicar-se-á sempre a lei local, com caracter exclusivo, ao direito de pedir a divisão do objecto commum e ás formas e condições do seu exercicio.

Artigo 120
São de ordem publica internacional as disposições sobre demarcação e balisamento, sobre o direito de fechar as propriedades rusticas e as relativas a edificios em ruina e arvores que ameacem cair.

CAPITULO IV
DA POSSE

Artigo 121
A posse e os seus effeitos regulam-se pela lei local.

Artigo 122
Os modos de adquirir a posse regulam-se pela lei applicavel a cada um delles, segundo a sua natureza.

Artigo 123
Determinam-se pela lei do tribunal os meios e os tramites utilizaveis para se manter a posse do possuidor inquietado, perturbado ou despojado, em virtude de medidas ou decisões judiciaes ou em consequencia dellas.

CAPITULO V
DO USUFRUCTO, DO USO E DA HABITAÇÃO

Artigo 124
Quando o usufructo se constituir por determinação da lei de um Estado contractante, a dita lei regulá-lo-á obrigatoriamente.

Artigo 125
Se o usufructo se houver constituido pela vontade dos particulares, manifestada em actos entre vivos ou mortis causa, applicar-se-á, respectivamente, a lei do acto ou a da successão.

Artigo 126
Se o usufructo surgir por prescripção, sujeitar-se-á lei local que a tiver estabelecido.

Artigo 127
Depende da lei pessoal do filho o preceito que dispensa, ou não, da fiança o pae usufructuario.

Artigo 128
Subordinam-se á lei da successão a necessidade de prestar fiança o conjuge sobrevivente, pelo usufructo hereditario, e a obrigação do usufructuario de pagar certos legados ou dividas hereditarias.

Artigo 129
São de ordem publica internacional as regras que definem o usufructo e as formas da sua constituição, as que fixam as causas legaes, pelas quaes elle se extingue, e as que o limitam a certo numero de annos para as communidades, corporações ou sociedades.

Artigo 130
O uso e a habitação regem-se pela vontade da parte ou das partes que os estabelecerem.

CAPITULO VI
DAS SERVIDÕES

Artigo 131
Applicar-se-á o direito local ao conceito e classificação das servidões, aos modos não convencionaes de as adquirir e de se extinguirem e aos direitos e obrigações, neste caso, dos proprietarios dos predios dominante e serviente.

Artigo 132
As servidões de origem contractual ou voluntaria submettem-se à lei do acto relação juridica que as origina.

Artigo 133
Exceptuam-se do que se dispõe no artigo anterior e estão sujeitos á lei territorial a communidade de pastos em terrenos publicos e o resgate do aproveitamento de lenhas e demais productos dos montes de propriedade particular.

Artigo 134
São de ordem privada as regras applicaveis ás servidões legaes que se impõem no interesse ou por utilidade particular.

Artigo 135
Deve applicar-se o direito territorial ao conceito e enumeração das servidões legaes, bem como á regulamentação não convencional das aguas, passagens, meações, luz e vista, escoamento de aguas de edificios e distancias e obras intermedias para construcções e plantações.

CAPITULO VII
DOS REGISTROS DA PROPRIEDADE

Artigo 136
São de ordem publica internacional as disposições que estabelecem e regulam os registros da propriedade e impõem a sua necessidade em relação a terceiros.

Artigo 137
Inscrever-se-ão nos registros de propriedade de cada um dos Estados contractantes os documentos ou titulos, susceptiveis de inscripção, outorgados em outro, que tenham força no primeiro, de accôrdo com este Codigo, e os julgamentos executorios a que, de accôrdo com o mesmo, se dê cumprimento no Estado a que o registro corresponder ou tenha nelle força de cousa julgada.

Artigo 138

As disposições sobre hypotheca legal, a favor do Estado, das provincias ou dos municipios, são de ordem publica internacional.

Artigo 139

A hypotheca legal que algumas leis concedem em beneficio de certas pessoas individuaes somente será exigivel quando a lei pessoal concorde com a lei do lugar em que estejam situados os bens attingidos por ella.

TITULO TERCEIRO
DE VARIOS MODOS DE ADQUIRIR

CAPITULO I
REGRA GERAL

Artigo 140

Applica-se o direito local aos modos de adquirir em relação aos quaes não haja neste Codigo disposições em contrario.

CAPITULO II
DAS DOAÇÕES

Artigo 141

As doações, quando forem de origem contractual, ficarão submettidas, para sua perfeição e effeitos, entre vivos, ás regras geraes dos contractos.

Artigo 142

Sujeitar-se-á ás leis pessoaes respectivas, do doador e do donatario, a capacidade de cada um delles.

Artigo 143

As doações que devam produzir effeito por morte do doador participarão da natureza das disposições de ultima vontade e se regerão pelas regras internacionaes estabelecidas, neste Codigo, para a successão testamentaria.

CAPITULO III
DAS SUCCESSÕES EM GERAL

Artigo 144

As successões legitimas e as testamentarias, inclusive a ordem de successão, a quota dos direitos successorios e a validade intrinseca das disposições, reger-se-ão, salvo as excepções adiante estabelecidas, pela lei pessoal do *de cujus*, qualquer que seja a natureza dos bens e o lugar em que se encontrem.

Artigo 145

É de ordem publica internacional o preceito em virtude do qual os direitos á successão de uma pessoa transmittem no momento da sua morte.

CAPITULO IV
DOS TESTAMENTOS

Artigo 146

A capacidade para dispor por testamento regula-se pela lei pessoal do testador.

Artigo 147

Applicar-se-á a lei territorial ás regras estabelecidas por cada Estado para prova de que o testador demente está em intervallo lucido.

Artigo 148

São de ordem publica internacional as disposições que não admittem o testamento mancommunado, o olographo ou o verbal, e as que o declarem acto personalissimo.

Artigo 149

Tambem são de ordem publica internacional as regras sobre a forma de papeis privados relativos ao testamento e sobre nullidade do testamento outorgado com violencia, dolo ou fraude.

Artigo 150

Os preceitos sobre a forma dos testamentos são de ordem publica internacional, com excepção dos relativos ao testamento outorgado no estrangeiro e ao militar e ao maritimo, nos casos em que se outorguem fora do paiz.

Artigo 151

Subordinam-se á lei pessoal do testador a procedencia, condições e effeitos da revogação de um testamento, mas a presumpção de o haver revogado é determinada pela lei local.

CAPITULO V
DA HERANÇA

Artigo 152

A capacidade para succeder por testamento ou sem elle regula-se pela lei pessoal do herdeiro ou legatario.

Artigo 153

Não obstante o disposto no artigo precedente, são de ordem publica internacional as incapacidades para succeder que os Estados contractantes considerem como taes.

Artigo 154

A instituição e a substituição de herdeiros ajustar-se-ão á lei pessoal do testador.

Artigo 155

Applicar-se-á, todavia, o direito local á prohibição de substituições fideicommissarias que passem do segundo grau ou que se façam a favor de pessoas que não vivam por occasião do fallecimento do testador e as que envolvam prohibição perpetua de alienar.

Artigo 156

A nomeação e as faculdades dos testamenteiros ou executores testamentarios dependem da lei pessoal do defunto e devem ser reconhecidas em cada um dos Estados contractantes, de accôrdo com essa lei.

Artigo 157

Na successão intestada, quando a lei chamar o Estado a titulo de herdeiro, na falta de outros,

eficacia de determinados convenios e á de os fazer constar por escripto.

Artigo 181
A rescisão dos contractos, por incapacidade ou ausencia, determina-se pela lei pessoal do ausente ou incapaz.

Artigo 182
As demais causas de rescisão e sua forma e effeitos subordinam-se á lei territorial.

Artigo 183
As disposições sobre nullidade dos contractos são submettidas á lei de que dependa a causa da nullidade.

Artigo 184
A interpretação dos contractos deve effectuar-se, como regra geral, de accôrdo com a lei que os rege. Comtudo, quando essa lei fôr discutida e deva resultar da vontade tacita das partes, applicar-se-á, por presumpção, a legislação que para esse caso se determina nos arts. 185 e 186, ainda que isso leve a applicar ao contracto uma lei distincta, como resultado da interpretação da vontade.

Artigo 185
Fora das regras já estabelecidas e das que no futuro se consignem para os casos especiaes, nos contractos de adhesão presume-se acceita, na falta de vontade expressa ou tacita, a lei de quem os offerece ou prepara.

Artigo 186
Nos demais contractos, e para o caso previsto no artigo anterior, applicar-se-á em primeiro lugar a lei pessoal commum aos contractantes e, na sua falta, a do lugar da celebração.

CAPITULO III
DOS CONTRACTOS MATRIMONIAES EM RELAÇÃO AOS BENS

Artigo 187
Os contractos matrimoniaes regem-se pela lei pessoal commum aos contractantes e, na sua falta, pela do primeiro domicilio matrimonial.

Essas mesmas leis determinam, nessa ordem, o regimen legal suppletivo, na falta de estipulação.

Artigo 188
É de ordem publica internacional o preceito que veda celebrar ou modificar contractos nupciaes na constancia do matrimonio, ou que se altere o regimen de bens por mudanças de nacionalidade ou de domicilio posteriores ao mesmo.

Artigo 189
Têm igual caracter os preceitos que se referem á rigorosa applicação das leis e dos bons costumes, aos effeitos dos contractos nupciaes em relação a terceiros e á sua forma solenne.

Artigo 190
A vontade das partes regula o direito applicavel ás doações por motivo de matrimonio, excepto no que se refere á capacidade dos contractantes, á salvaguarda de direitos dos herdeiros legitimos e á sua nullidade, emquanto o matrimonio subsistir, subordinando-se tudo á lei geral que o regular e desde que a ordem publica internacional não seja attingida.

Artigo 191
As disposições relativas ao dote e aos bens paraphernaes dependem da lei pessoal da mulher.

Artigo 192
É de ordem publica internacional o preceito que repudia a inalienabilidade do dote.

Artigo 193
É de ordem publica internacional a prohibição de renunciar á communhão de bens adquiridos durante o matrimonio.

CAPITULO IV
DA COMPRA E VENDA, CESSÃO DE CREDITO E PERMUTA

Artigo 194
São de ordem publica internacional as disposições relativas á alienação forçada por utilidade publica.

Artigo 195
O mesmo succede com as disposições que fixam os effeitos da posse e do registro entre varios adquirentes e as referentes á remissão legal.

CAPITULO V
DO ARRENDAMENTO

Artigo 196
No arrendamento de cousas, deve applicar-se a lei territorial ás medidas para salvaguarda do interesse de terceiros e aos direitos e deveres do comprador de immovel arrendado.

Artigo 197
É de ordem publica internacional, na locação de serviços, a regra que impede contractá-los por toda a vida ou por mais de certo tempo.

Artigo 198
Tambem é territorial a legislação sobre accidentes do trabalho e protecção social do trabalhador.

Artigo 199
São territoriaes, quanto aos transportes por agua, terra e ar, as leis e regulamentos locaes e especiaes.

CAPITULO VI
DOS FOROS

Artigo 200
Applica-se a lei territorial á determinação do conceito e categorias dos foros, seu caracter remissivel, sua prescripção e á acção real que delles deriva.

Artigo 201
Para o fôro emphyteutico, são igualmente territoriaes as disposições que fixam as duas condições e formalidades, que lhe impõem um reconhecimen-

applicar-se-á a lei pessoal do *de cujus*, mas se o chamar como occupante de res nullius applicar-se-á o direito local.

Artigo 158
As precauções que se devem adoptar quando a viuva estiver gravida ajustar-se-ão ao disposto na legislação do lugar em que ella se encontrar.

Artigo 159
As formalidades requeridas para aceitação da herança a beneficio de inventario, ou para se fazer uso do direito de deliberar, são as estabelecidas na lei do lugar em que a successão fôr aberta, bastando isso para os seus effeitos extraterritoriaes.

Artigo 160
O preceito que se refira á proindivisão illimitada da herança ou estabeleça a partilha provisoria é de ordem publica internacional.

Artigo 161
A capacidade para pedir e levar a cabo a divisão subordina-se á lei pessoal do herdeiro.

Artigo 162
A nomeação e as faculdades do contador ou perito partidor dependem da lei pessoal do *de cujus*.

Artigo 163
Subordina-se a essa mesma lei o pagamento das dividas hereditarias. Comtudo, os credores que tiverem garantia de caracter real poderão torná-la effectiva, de accôrdo com a lei que reja essa garantia.

TITULO QUARTO
DAS OBRIGAÇÕES E CONTRACTOS

CAPITULO I
DAS OBRIGAÇÕES EM GERAL

Artigo 164
O conceito e a classificação das obrigações subordinam-se á lei territorial.

Artigo 165
As obrigações derivadas da lei regem-se pelo direito que as tiver estabelecido.

Artigo 166
As obrigações que nascem dos contractos têm força da lei entre as partes contractantes e devem cumprir-se segundo o teor dos mesmos, salvo as limitações estabelecidas neste Codigo.

Artigo 167
As obrigações originadas por delictos ou faltas estão sujeitas ao mesmo direito que o delicto ou falta de que procedem.

Artigo 168
As obrigações que derivem de actos ou omissões, em que intervenha culpa ou negligencia não punida pela lei, reger-se-ão pelo direito do lugar em que tiver occorrido a negligencia ou culpa que as origine.

Artigo 169
A natureza e os effeitos das diversas categorias de obrigações, assim como a sua extincção, regem-se pela lei da obrigação de que se trate.

Artigo 170
Não obstante o disposto no artigo anterior, a lei local regula as condições do pagamento e a moeda em que se deve fazer.

Artigo 171
Tambem se submette á lei do lugar a determinação de quem deve satisfazer ás despesas judiciaes que o pagamento originar, assim como a sua regulamentação.

Artigo 172
A prova das obrigações subordina-se, quanto á sua admissão e efficacia, á lei que reger a mesma obrigação.

Artigo 173
A impugnação da certeza do lugar da outorga de um documento particular, se influir na sua efficacia, poderá ser feita sempre pelo terceiro a quem prejudicar, e a prova ficará a cargo de quem a apresentar.

Artigo 174
A presumpção de cousa julgada por sentença estrangeira será admissivel, sempre que a sentença reunir as condições necessarias para a sua execução no territorio, conforme o presente Codigo.

CAPITULO II
DOS CONTRACTOS EM GERAL

Artigo 175
São regras de ordem publica internacional as que vedam o estabelecimento de pactos, clausulas e condições contrarias ás leis, á moral e á ordem publica e as que prohibem o juramento e o consideram sem valor.

Artigo 176
Dependem da lei pessoal de cada contractante as regras que determinam a capacidade ou a incapacidade para prestar o consentimento.

Artigo 177
Applicar-se-á a lei territorial ao êrro, á violencia, á intimidação e ao dolo, em relação ao consentimento.

Artigo 178
É tambem territorial toda regra que prohibe sejam objecto de contracto serviços contrarios ás leis e nos bons costumes e cousas que estejam fora do commercio.

Artigo 179
São de ordem publica internacional as disposições que se referem á causa illicita nos contractos.

Artigo 180
Applicar-se-ão simultaneamente a lei do lugar do contracto e a da sua execução, á necessidade de outorgar escriptura ou documento publico para a

to ao fim de certo numero de annos e que prohibem a sub-emphyteuse.

Artigo 202
No fôro consignativo, é de ordem publica internacional a regra que prohibe que o pagamento em fructos possa consistir em uma parte aliquota do que produza a propriedade aforada.

Artigo 203
Tem o mesmo caracter, no fôro reservativo, a exigencia de que se valorize a propriedade aforada.

CAPITULO VII
DA SOCIEDADE

Artigo 204
São leis territoriaes as que exigem, na sociedade um objecto licito, formas solennes, e inventarios, quando haja immoveis.

CAPITULO VIII
DO EMPRESTIMO

Artigo 205
Applica-se a lei local á necessidade do pacto expresso de juros e sua taxa:

CAPITULO IX
DO DEPOSITO

Artigo 206
São territoriaes as disposições referentes ao deposito necessario e ao sequestro.

CAPITULO X
DOS CONTRACTOS ALEATORIOS

Artigo 207
Os effeitos das capacidades, em acções nascidas do contracto de jogo, determinam-se pela lei pessoal do interessado.

Artigo 208
A lei local define os contractos dependentes de sorte e determina o jogo e a aposta permittidos ou prohibidos.

Artigo 209
É territorial a disposição que declara nulla a renda vitalicia sobre a vida de uma pessoa, morta na data da outorga, ou dentro de certo prazo, se estiver padecendo de doença incuravel.

CAPITULO XI
DAS TRANSACÇÕES E COMPROMISSOS

Artigo 210
São territoriaes as disposições que prohibem transigir ou sujeitar a compromissos determinadas materias.

Artigo 211
A extensão e effeitos do compromisso e a autoridade de cousa julgada da transação dependem tambem da lei territorial.

CAPITULO XII
DA FIANÇA

Artigo 212
É de ordem publica internacional a regra que prohibe ao fiador obrigar-se por mais do que o devedor principal.

Artigo 213
Correspondem á mesma categoria as disposições relativas á fiança legal ou judicial.

CAPITULO XIII
DO PENHOR, DA HYPOTHECA E DA ANTICHRESE

Artigo 214
É territorial a disposição que prohibe ao credor appropriar-se das cousas recebidas como penhor ou hypotheca.

Artigo 215
Tambem o são os preceitos que determinam os requisitos essenciaes do contracto de penhor, e elles devem vigorar quando o objecto penhorado se transfira a outro lugar onde as regras sejam diferentes das exigidas ao celebrar-se o contracto.

Artigo 216
São igualmente territoriaes as prescripções em virtude das quaes o penhor deva ficar em poder do credor ou de um terceiro, as que exijam, para valer contra terceiros, que conste, por instrumento publico, a data certa e as que fixem o processo para a sua alienação.

Artigo 217
Os regulamentos especiaes de montes de soccorro e estabelecimentos publicos analogos são obrigatorios territorialmente para todas as operações que com elles se realizem.

Artigo 218
São territoriaes as disposições que fixam o objecto, as condições, os requisitos, o alcance e a inscripção do contracto de hypotheca.

Artigo 219
É igualmente territorial a prohibição de que o credor adquira a propriedade do immovel em antichrese, por falta do pagamento da divida.

CAPITULO XIV
DOS QUASI CONTRACTOS

Artigo 220
A gestão de negocios alheios é regulada pela lei do lugar em que se effectuar.

Artigo 221
A cobrança do indebito submette-se á lei pessoal commum das partes e, na sua falta, á do lugar em que se fizer o pagamento.

Artigo 222
Os demais quasi contractos subordinam-se á lei que regule a instituição juridica que os origine.

CAPITULO XV
DO CONCURSO E PREFERENCIA DE CREDITOS

Artigo 223

Se as obrigações concorrentes não têm caracter real e estão submettidas a uma lei commum, a dita lei regulará tambem a sua preferencia.

Artigo 224

As obrigações garantidas com acção real, applicar-se-á a lei da situação da garantia.

Artigo 225

Fora dos casos previstos nos artigos anteriores, deve applicar-se á preferencia de creditos a lei do tribunal que tiver que a decidir.

Artigo 226

Se a questão fôr apresentada, simultaneamente em mais de um tribunal de Estados diversos, resolver-se-á de accôrdo com a lei daquelle que tiver realmente sob a sua jurisdicção os bens ou numerario em que se deva fazer effectiva a preferencia.

CAPITULO XVI
DA PRESCRIPÇÃO

Artigo 227

A prescripção acquisitiva de bens moveis ou immoveis é regulada pela lei do lugar em que estiverem situados.

Artigo 228

Se as cousas moveis mudarem de situação, estando a caminho de prescrever, será regulada a prescripção pela lei do lugar em que se encontrarem ao completar-se o tempo requerido.

Artigo 229

A prescripção extinctiva de acções pessoaes é regulada pela lei a que estiver sujeita a obrigação que se vai extinguir.

Artigo 230

A prescripção extinctiva de acções reaes é regulada pela lei do lugar em que esteja situada a cousa a que se refira.

Artigo 231

Se, no caso previsto no artigo anterior, se tratar de cousas moveis que tiverem mudado de lugar durante o prazo da prescripção, applicar-se-á a lei do lugar em que se encontrarem ao completar-se o periodo ali marcado para a prescripção.

Livro Segundo
DIREITO COMMERCIAL INTERNACIONAL

TITULO PRIMEIRO
DOS COMMERCIANTES E DO COMMERCIO EM GERAL

CAPITULO I
DOS COMMERCIANTES

Artigo 232

A capacidade para exercer o commercio e para intervir em actos e contractos commerciaes é regulada pela lei pessoal de cada interessado.

Artigo 233

A essa mesma lei pessoal se subordinam as incapacidades e a sua habilitação.

Artigo 234

A lei do lugar em que o commercio se exerce deve applicar-se ás medidas de publicidade necessarias para que se possam dedicar a elle, por meio de seus representantes, os incapazes, ou, por si mesmas, as mulheres casadas.

Artigo 235

A lei local deve applicar-se á incompatibilidade para o exercicio do commercio pelos empregados publicos e pelos agentes de commercio e correctores.

Artigo 236

Toda incompatibilidade para o commercio, que resultar de leis ou disposições especiaes em determinado territorio, será regida pelo direito desse territorio.

Artigo 237

A dita incompatibilidade, quanto a funccionarios diplomaticos e agentes consulares, será regulada pela lei do Estado que os nomear. O paiz onde residirem tem igualmente o direito de lhes prohibir o exercicio do commercio.

Artigo 238

O contracto social ou a lei a que o mesmo fique sujeito applica-se á prohibição de que os socios collectivos ou commanditarios realizem, por conta propria ou alheia, operações mercantis ou determinada classe destas.

CAPITULO II
DA QUALIDADE DE COMMERCIANTE E DOS ACTOS DE COMMERCIO

Artigo 239

Para todos os effeitos de caracter publico, a qualidade do commerciante é determinada pela lei do lugar em que se tenha realizado o acto ou exercido a industria de que se trate.

Artigo 240

A forma dos contractos e actos commerciaes é subordinada á lei territorial.

CAPITULO III
DO REGISTRO MERCANTIL

Artigo 241

São territoriaes as disposições relativas á inscripção, no registro mercantil, dos commerciantes e sociedades estrangeiras.

Artigo 242

Têm o mesmo caracter as regras que estabelecem o effeito da inscripção, no dito registro, de creditos ou direitos de terceiros.

CAPITULO IV
DOS LUGARES E CASAS DE BOLSA E COTAÇÃO OFFICIAL DE TITULOS PUBLICOS E DOCUMENTOS DE CREDITO AO PORTADOR

Artigo 243

As disposições relativas aos lugares e casas de bolsa e cotação official de titulos publicos e documentos de credito ao portador são de ordem publica internacional.

CAPITULO V
DISPOSIÇÕES GERAES SOBRE OS CONTRACTOS DE COMMERCIO

Artigo 244
Applicar-se-ão aos contractos de commercio as regras geraes estabelecidas para os contractos civis no capitulo segundo, titulo quarto, livro primeiro deste Codigo.

Artigo 245
Os contractos por correspondencia só ficarão perfeitos mediante o cumprimento das condições que para esse effeito indicar a legislação de todos os contractantes.

Artigo 246
São de ordem publica internacional as disposições relativas a contractos illicitos e a prazos de graça, cortesia e outros analogos.

TITULO SEGUNDO
DOS CONTRACTOS ESPECIAES DE COMMERCIO

CAPITULO I
DAS COMPANHIAS COMMERCIAES

Artigo 247
O caracter commercial de uma sociedade collectiva ou commanditaria determina-se pela lei a que estiver submettido o contracto social, e, na sua falta, pela do lugar em que tiver o seu domicilio commercial.
Se essas leis não distinguirem entre sociedades commerciaes e civis, applicar-se-á o direito do paiz em que a questão fôr submettida a juizo.

Artigo 248
O caracter mercantil duma sociedade anonyma depende da lei do contracto social; na falta deste, da do lugar em que se effectuem as assembléas geraes de accionistas, e em sua falta da do em que normalmente resida o seu Conselho ou Junta directiva.
Se essas leis não distinguirem entre sociedades commerciaes e civis, terá um ou outro caracter, conforme esteja ou não inscripta no registro commercial do paiz onde a questão deva ser julgada. Em falta de registro mercantil, applicar-se-á o direito local deste ultimo paiz.

Artigo 249
Tudo quanto se relacione com a constituição e maneira de funccionar das sociedades mercantis e com a responsabilidade dos seus órgãos está sujeito ao contracto social, e, eventualmente, á lei que o reja.

Artigo 250
A emissão de acções e obrigações em um Estado contractante, as formas e garantias de publicidade e a responsabilidade dos gerentes de agencias e succursaes, a respeito de terceiros, submettem-se á lei territorial.

Artigo 251
São tambem territoriaes as leis que subordinam a sociedade a um regimen especial, em vista das suas operações.

Artigo 252
As sociedades mercantis, devidamente constituidas em um Estado contractante, gozarão da mesma personalidade juridica nos demais, salvas as limitações do direito territorial.

Artigo 253
São territoriaes as disposições que se referem á criação, funccionamento e privilegios dos bancos de emissão e desconto, companhias de armazens geraes de depositos, e outras analogas.

CAPITULO II
DA COMMISSÃO MERCANTIL

Artigo 254
São de ordem publica internacional as prescripções relativas á forma da venda urgente pelo commissario, para salvar, na medida do possivel, o valor das cousas em que a commissão consista.

Artigo 255
As obrigações do preposto estão sujeitas á lei do domicilio mercantil do mandante.

CAPITULO III
DO DEPOSITO E EMPRESTIMO MERCANTIS

Artigo 256
As responsabilidades não civis do depositario, regem-se pela lei do lugar do deposito.

Artigo 257
A taxa legal e a liberdade dos juros mercantis são de ordem publica internacional.

Artigo 258
São territoriaes as disposições referentes ao emprestimo com garantia de titulos cotizaveis, negociado em bolsa, com intervenção de agente competente ou funccionario official.

CAPITULO IV
DO TRANSPORTE TERRESTRE

Artigo 259
Nos casos de transporte internacional, ha somente um contracto, regido pela lei que lhe corresponda, segundo a sua natureza.

Artigo 260
Os prazos e formalidades para o exercicio de acções surgidas desse contracto, e não previstas no mesmo, regem-se pela lei do lugar em que se produzam os factos que as originem.

CAPITULO V
DOS CONTRACTOS DE SEGURO

Artigo 261
O contracto de seguro contra incendios rege-se pela lei do lugar onde, ao ser effectuado, se ache a cousa segurada.

Artigo 262
Os demais contractos de seguros seguem a regra geral, regulando-se pela lei pessoal commum das partes ou, na sua falta, pela do lugar da celebração; mas, as formalidades externas para comprovação de factos ou omissões, necessarias ao exercicio ou conservação de acções ou direitos, ficam sujeitas á lei do lugar em que se produzir o facto ou omissão que as originar.

CAPITULO VI
DO CONTRACTO E LETRA DE CAMBIO E EFFEITOS MERCANTIS ANALOGOS

Artigo 263
A forma do saque, endosso, fiança, intervenção acceite e protesto de uma letra de cambio submette-se á lei do lugar em que cada um dos ditos actos se realizar.

Artigo 264
Na falta de convenio expresso ou tacito, as relações juridicas entre o sacador e o tomador serão reguladas pela lei do lugar em que a letra se saca.

Artigo 265
Em igual caso, as obrigações e direitos entre o acceitante e o portador regulam-se pela lei do lugar em que se tiver effectuado o acceite.

Artigo 266
Na mesma hypothese, os effeitos juridicos que o endosso produz, entre o endossante e o endossado, dependem da lei do lugar em que a letra fôr endossada.

Artigo 267
A maior ou menor extensão das obrigações de cada endossante não altera os direitos e deveres originarios do sacador e do tomador.

Artigo 268
O aval, nas mesmas condições, é regulado pela lei do lugar em que se presta.

Artigo 269
Os effeitos juridicos da aceitação por intervenção regulam-se, em falta de convenção, pela lei do lugar em que o terceiro intervier.

Artigo 270
Os prazos e formalidades para o acceite, pagamento e protesto submettem-se á lei local.

Artigo 271
As regras deste capitulo são applicaveis ás notas promissorias, vales e cheques.

CAPITULO VII
DA FALSIFICAÇÃO, ROUBO, FURTO OU EXTRAVIO DE DOCUMENTOS DE CREDITO E TITULOS AO PORTADOR

Artigo 272
As disposições relativas á falsificação, roubo, furto ou extravio de documentos de credito e titulos ao portador são de ordem publica internacional.

Artigo 273
A adopção das medidas que estabeleça a lei do lugar em que o acto se produz não dispensa os interessados de tomar quaesquer outras determinadas pela lei do lugar em que esses documentos e effeitos tenham cotação e pela do lugar do seu pagamento.

TITULO TERCEIRO
DO COMMERCIO MARITIMO E AEREO

CAPITULO I
DOS NAVIOS E AERONAVES

Artigo 274
A nacionalidade dos navios prova-se pela patente de navegação e a certidão do registro, e tem a bandeira como signal distinctivo apparente.

Artigo 275
A lei do pavilhão regula as formas de publicidade requeridas para a transmissão da propriedade de um navio.

Artigo 276
Á lei da situação deve submetter-se a faculdade de embargar e vender judicialmente um navio, esteja ou não carregado e despachado.

Artigo 277
Regulam-se pela lei do pavilhão os direitos dos credores, depois da venda do navio, e a extinção dos mesmos.

Artigo 278
A hypotheca maritima e os privilegios e garantias de caracter real, constituidos de accôrdo com a lei do pavilhão, têm offeitos extraterritoriaes, até nos paizes cuja legislação não conheça ou não regule essa hypotheca ou esses privilegios.

Artigo 279
Sujeitam-se tambem á lei do pavilhão os poderes e obrigações do capitão e a responsabilidade dos proprietarios e armadores pelos seus actos.

Artigo 280
O reconhecimento do navio, o pedido de pratico e a policia sanitaria dependem da lei territorial.

Artigo 281
As obrigações dos officiaes e gente do mar e a ordem interna do navio subordinam-se á lei do pavilhão.

Artigo 282
As precedentes disposições deste capitulo applicam-se tambem ás aeronaves.

Artigo 283
São de ordem publica internacional as regras sobre a nacionalidade dos proprietarios de navios e aeronaves e dos armadores, assim como dos officiaes e da tripulação.

Artigo 284

Tambem são de ordem publica internacional as disposições sobre nacionalidade de navios e aeronaves para o commercio fluvial, lacustre e de cabotagem e entre determinados lugares do territorio dos Estados contractantes, assim como para a pesca e outras industrias submarinas no mar territorial.

CAPITULO II
DOS CONTRACTOS ESPECIAES DE COMMERCIO MARITIMO E AEREO

Artigo 285

O fretamento, caso não seja um contracto de adhesão, reger-se-á pela lei do lugar de saída das mercadorias.

Os actos de execução do contracto ajustar-se-ão á lei do lugar em que se effectuarem.

Artigo 286

As faculdades do capitão para o emprestimo de risco maritimo determinam-se pela lei do pavilhão.

Artigo 287

O contracto de emprestimo de risco maritimo, salvo convenção em contrario, subordina-se á lei do lugar em que o emprestimo se effectue.

Artigo 288

Para determinar se a avaria é simples ou grossa e a proporção em que devem contribuir para a supportar o navio e a carga, applica-se a lei do pavilhão.

Artigo 289

O abalroamento fortuito, em aguas territoriaes ou no espaço aereo nacional, submette-se á lei do pavilhão, se este fôr commum.

Artigo 290

No mesmo caso, se os pavilhões differem, applica-se a lei do lugar.

Artigo 291

Applica-se essa mesma lei local a todo caso de abalroamento culpavel, em aguas territoriaes ou no espaço aereo nacional.

Artigo 292

A lei do pavilhão applicar-se-á nos casos de abalroamento fortuito ou culpavel, em alto mar ou no livre espaço, se os navios ou aeronaves tiverem o mesmo pavilhão.

Artigo 293

Em caso contrario, regular-se-á pelo pavilhão do navio ou aeronave abalroado, se o abalroamento fôr culpavel.

Artigo 294

Nos casos de abalroamento fortuito, no alto mar ou no espaço aereo livre, entre navios ou aeronaves de differentes pavilhões, cada um supportará a metade da somma total do damno, dividido segundo a lei de um delles, e a metade restante dividida segundo a lei do outro.

TITULO QUARTO
DA PRESCRIPÇÃO

Artigo 295

A prescripção das acções originadas em contractos e actos commerciaes ajustar-se-á ás regras estabelecidas neste Codigo, a respeito das acções civeis.

LIVRO TERCEIRO
DIREITO PENAL INTERNACIONAL

CAPITULO I
DAS LEIS PENAES

Artigo 296

As leis penaes obrigam a todos os que residem no territorio, sem mais excepções do que as estabelecidas neste capitulo.

Artigo 297

Estão isentos das leis penaes de cada Estado contractante os chefes de outros Estados que se encontrem no seu territorio.

Artigo 298

Gozam de igual isenção os representantes diplomaticos dos Estados contractantes, em cada um dos demais, assim como os seus empregados estrangeiros, e as pessoas da familia dos primeiros, que vivam em sua companhia.

Artigo 299

As leis penaes dum Estado não são, tão pouco, applicaveis aos delictos commettidos no perimetro das operações militares, quando esse Estado haja autorizado a passagem, pelo seu territorio, dum exercito de outro Estado contractante, comtanto que taes delictos não tenham relação legal com o dito exercito.

Artigo 300

Applica-se a mesma isenção aos delictos commettidos em aguas territoriaes ou no espaço aereo nacional, a bordo de navios ou aeronaves estrangeiros de guerra.

Artigo 301

O mesmo succede com os delictos commettidos em aguas territoriaes ou espaço aereo nacional, em navios ou aeronaves mercantes estrangeiros, se não têm relação alguma com o paiz e seus habitantes, nem perturbam a sua tranquillidade.

Artigo 302

Quando os actos de que se componha um delicto se realizem em Estados contractantes diversos, cada Estado pode castigar o acto realizado em seu paiz, se elle constitue, por si só, um facto punivel. Em caso contrario, dar-se-á preferencia ao direito da soberania local em que o delicto se tiver consummado.

Artigo 303

Se se trata de delictos connexos em territorios de mais de um Estado contractante, só ficará subordinado á lei penal de cada um o que fôr commettido no seu territorio.

Artigo 304
Nenhum Estado contractante applicará em seu territorio as leis penaes dos outros.

CAPITULO II
DOS DELICTOS COMMETTIDOS EM UM ESTADO ESTRANGEIRO CONTRACTANTE

Artigo 305
Estão sujeitos, no estrangeiro, ás leis penaes de cada Estado contractante, os que commetterem um delicto contra a segurança interna ou externa do mesmo Estado ou contra o seu credito publico, seja qual fôr a nacionalidade ou o domicilio do delinquente.

Artigo 306
Todo nacional de um Estado contractante ou todo estrangeiro nelle domiciliado, que commetta em paiz estrangeiro um delicto contra a independencia desse Estado, fica sujeito ás suas leis penaes.

Artigo 307
Também estarão sujeitos ás leis penaes do Estado estrangeiro em que possam ser detidos e julgados aquelles que commettam fora do territorio um delicto, como o tráfico de mulheres brancas, que esse Estado contractante se tenha obrigado a reprimir por accôrdo internacional.

CAPITULO III
DOS DELICTOS COMMETTIDOS FORA DO TERRITORIO NACIONAL

Artigo 308
A pirataria, o tráfico de negros e o commercio de escravos, o tráfico de mulheres brancas, a destruição ou deterioração de cabos submarinos e os demais delictos da mesma indole, contra o direito internacional, commettidos no alto mar, no ar livre e em territorios não organizados ainda em Estado, serão punidos pelo captor, de accôrdo com as suas leis penaes.

Artigo 309
Nos casos de abalroamento culpavel, no alto mar ou no espaço aereo, entre navios ou aeronaves de pavilhões diversos, applicar-se-á a lei penal da victima.

CAPITULO IV
QUESTÕES VARIAS

Artigo 310
Para o conceito legal da reiteração ou da reincidencia, será levada em conta a sentença pronunciada num Estado estrangeiro contractante, salvo os casos em que a isso se oppuzer a legislação local.

Artigo 311
A pena de interdicção civil terá effeito nos outros Estados, mediante o prévio cumprimento das formalidades de registro ou publicação que a legislação de cada um delles exija.

Artigo 312
A prescripção do delicto subordina-se á lei do Estado a que corresponda o seu conhecimento.

Artigo 313
A prescripção da pena regula-se pela lei do Estado que a tenha imposto.

LIVRO QUARTO
DIREITO PROCESSUAL INTERNACIONAL

TITULO PRIMEIRO
PRINCIPIOS GERAES

Artigo 314
A lei de cada Estado contractante determina a competencia dos tribunaes, assim como a sua organização, as formas de processo e a execução das sentenças e os recursos contra suas decisões.

Artigo 315
Nenhum Estado contractante organizará ou manterá no seu territorio tribunaes especiaes para os membros dos demais Estados contractantes.

Artigo 316
A competencia *ratione loci* subordina-se, na ordem das relações internacionais, á lei do Estado contractante que a estabelece.

Artigo 317
A competencia *ratione materiæ ratione personæ*, na ordem das relações internacionaes, não se deve basear, por parte dos Estados contractantes, na condição de nacionaes ou estrangeiros das pessoas interessadas, em prejuizo destas.

TITULO SEGUNDO
DA COMPETENCIA

CAPITULO I
DAS REGRAS GERAES DE COMPETENCIA NO CIVEL E NO COMMERCIAL

Artigo 318
O juiz competente, em primeira instancia, para conhecer dos pleitos a que dê origem o exercicio das acções civeis e mercantis de qualquer especie, será aquelle a quem os litigantes se submettam expressa ou tacitamente, sempre que um delles, pelo menos, seja nacional do Estado contractante a que o juiz pertença ou tenha nelle o seu domicilio e salvo o direito local, em contrario.

A submissão não será possivel para as acções reaes ou mixtas sobre bens immoveis, se a prohibir a lei da sua situação.

Artigo 319
A submissão só se poderá fazer ao juiz que exerça jurisdicção ordinaria e que a tenha para conhecer de igual classe de negocios e no mesmo grau.

Artigo 320
Em caso algum poderão as partes recorrer, expressa ou tacitamente, para juiz ou tribunal diferente

que devam ser executadas no interior das legações ou consulados ou em seus archivos, nem a respeito da correspondencia diplomatica ou consular, sem o consentimento dos respectivos funccionarios diplomaticos ou consulares.

CAPITULO III
REGRAS GERAES DE COMPETENCIA EM MATERIA PENAL

Artigo 340
Para conhecer dos delictos e faltas e os julgar são competentes os juizes e tribunaes do Estado contractante em que tenham sido commettidos.

Artigo 341
A competencia estende-se a todos os demais delictos e faltas a que se deva applicar a lei penal do Estado, conforme as disposições deste Codigo.

Artigo 342
Comprehende, além disso, os delictos ou faltas commettidos no estrangeiro por funccionarios nacionaes que gozem do beneficio da immunidade.

CAPITULO IV
DAS EXCEPÇÕES ÁS REGRAS GERAES DE COMPETENCIA EM MATERIA PENAL

Artigo 343
Não estão sujeitos, em materia penal, á competencia de juizes e tribunaes dos Estados contractantes, as pes-soaes e os delictos ou infracções que não são attingidos pela lei penal do respectivo Estado.

TITULO TERCEIRO
DA EXTRADIÇÃO

Artigo 344
Para se tornar effectiva a competencia judicial internacional em materia penal, cada um dos Estados contractantes accederá ao pedido de qualquer dos outros, para a entrega de individuos condemnados ou processados por delictos que se ajustem ás disposições deste titulo, sem prejuizo das disposições dos tratados ou convenções internacionaes que contenham listas de infracções penaes que autorizem a extradição.

Artigo 345
Os Estados contractantes não estão obrigados a entregar os seus nacionaes. A nação que se negue a entregar um de seus cidadãos fica obrigada a julgá-lo.

Artigo 346
Quando, anteriormente ao recebimento do pedido, um individuo processado ou condemnado tiver delinquido no paiz a que se pede a sua entrega, pode adiar-se essa entrega até que seja elle julgado e cumprida a pena.

Artigo 347
Se varios Estados contractantes solicitam a extradição de um delinquente pelo mesmo delicto, deve ser elle entregue áquelle Estado em cujo territorio o delicto se tenha commettido.

Artigo 348
Caso a extradição se solicite por actos diversos, terá preferencia o Estado contractante em cujo territorio se tenha commettido o delicto mais grave segundo a legislação do Estado requerido.

Artigo 349
Se todos os actos imputados tiverem igual gravidade será preferido o Estado contractante que primeiro houver apresentado o pedido de extradição. Sendo simultanea a apresentação, o Estado requerido decidirá, mas deve conceder preferencia ao Estado de origem ou, na sua falta, ao do domicilio do delinquente, se fôr um dos solicitantes.

Artigo 350
As regras anteriores sobre preferencia não serão applicaveis, se o Estado contractante estiver obrigado para com um terceiro, em virtude de tratados vigentes, anteriores a este Codigo, a estabelecê-la de modo differente.

Artigo 351
Para conceder a extradição, é necessario que o delicto tenha sido commettido no territorio do Estado que a peça ou que lhe sejam applicaveis suas leis penaes, de accôrdo com o livro terceiro deste Codigo.

Artigo 352
A extradição alcança os processados ou condemnados como autores, cumplices ou encobridores do delicto.

Artigo 353
Para que a extradição possa ser pedida, é necessario que o facto que a motive tenha caracter de delicto, na legislação do Estado requerente e na do requerido.

Artigo 354
Será igualmente exigido que a pena estabelecida para os factos incriminados, conforme a sua qualificação provisoria ou definitiva, pelo juiz ou tribunal competente do Estado que solicita a extradição, não seja menor de um anno de privação de liberdade e que esteja autorizada ou decidida a prisão ou detenção preventiva do accusado, se não houver ainda sentença final. Esta deve ser de privação de liberdade.

Artigo 355
Estão excluidos da extradição os delictos politicos e os com elles relacionados, segundo a definição do Estado requerido.

Artigo 356
A extradição tambem não será concedida, se se provar que a petição de entrega foi formulada, de facto, com o fim de se julgar e castigar o accusado por um delicto de caracter politico, segundo a mesma, definição.

Artigo 357
Não será reputado delicto politico, nem facto connexo, o homicidio ou assassinio do chefe de um

daquelle ao qual, segundo as lei locaes, estiver subordinado o que tiver conhecido do caso, na primeira instancia.

Artigo 321
Entender-se-á por submissão expressa a que fôr feita pelos interessados com renuncia clara e terminante do seu fôro proprio e a designação precisa do juiz a quem se submettem.

Artigo 322
Entender-se-á que existe a submissão tacita do autor quando este comparece em juizo para propor a demanda, e a do réu quando este pratica, depois de chamado a juizo, qualquer acto que não seja a apresentação formal de declinatoria. Não se entenderá que ha submissão tacita se o processo correr á revelia.

Artigo 323
Fora dos casos de submissão expressa ou tacita, e salvo o direito local, em contrario, será juiz competente, para o exercicio de acções pessoaes, o do lugar do cumprimento da obrigação, e, na sua falta, o do domicilio dos réus ou, subsidiariamente, o da sua residencia.

Artigo 324
Para o exercicio de acções reaes sobre bens moveis, será competente o juiz da situação, e, se esta não fôr conhecida do autor, o do domicilio, e, na sua falta, o da residencia do réu.

Artigo 325
Para o exercicio de acções reaes sobre bens immoveis e para o das acções mixtas de limites e divisão de bens communs, será juiz competente o da situação dos bens.

Artigo 326
Se, nos casos a que se referem os dois artigos anteriores, houver bens situados em mais de um Estado contractante, poderá recorrer-se aos juizes de qualquer delles, salvo se a lei da situação, no referente a immoveis, o prohibir.

Artigo 327
Nos juizos de testamentos ou *ab intestato*, será juiz competente o do lugar em que o finado tiver tido o seu ultimo domicilio.

Artigo 328
Nos concursos de credores e no de fallencia, quando fôr voluntaria a confissão desse estado pelo devedor, será juiz competente o do seu domicilio.

Artigo 329
Nas concordatas ou fallencias promovidas pelos credores, será juiz competente o de qualquer dos lugares que conheça da reclamação que as motiva, preferindo-se, caso esteja entre elles, o do domicilio do devedor, se este ou a maioria dos credores o reclamarem.

Artigo 330
Para os actos de jurisdicção voluntaria, salvo tambem o caso de submissão e respeitado o direito local, será competente o juiz do lugar em que a pessoa que os motivar tenha ou haja tido o seu domicilio, ou, na falta deste, a residencia.

Artigo 331
Nos actor de jurisdicção voluntaria em materia de commercio, fora do caso de submissão, e salvo o direito local, será competente o juiz do lugar em que a obrigação se deva cumprir ou, na sua falta, o do lugar do facto que os origine.

Artigo 332
Dentro de cada Estado contractante, a competencia preferente dos diversos juizes será regulada pelo seu direito nacional.

CAPITULO II
DAS EXCEPÇÕES ÁS REGRAS GERAES DE COMPETENCIA NO CIVEL E NO COMMERCIAL

Artigo 333
Os juizes e tribunaes de cada Estado contractante serão incompetentes para conhecer dos assumptos civeis ou commerciaes em que sejam parte demandada os demais Estados contractantes ou seus chefes, se se trata de uma acção pessoal, salvo o caso de submissão expressa ou de pedido de reconvenção.

Artigo 334
Em caso identico e com a mesma excepção, elles serão incompetentes quando se exercitem acções reaes, se o Estado contractante ou o seu chefe têm actuado no assumpto como taes e no seu caracter publico, devendo applicar-se, nessa hypothese, o disposto na ultima alinea do art. 318.

Artigo 335
Se o Estado estrangeiro contractante ou o seu chefe tiverem actuado como particulares ou como pessoas privadas, serão competentes os juizes ou tribunaes para conhecer dos assumptos em que se exercitem acções reaes ou mixtas, se essa competencia lhes corresponder em relação a individuos estrangeiros, de accôrdo com este Codigo.

Artigo 336
A regra do artigo anterior será applicavel aos juizos universaes, seja qual fôr o caracter com que nelles actue o Estado estrangeiro contractante ou o seu chefe.

Artigo 337
As disposições estabelecidas nos artigos anteriores applicar-se-ão aos funccionarios diplomaticos estrangeiros e aos commandantes de navios ou aeronaves de guerra.

Artigo 338
Os consules estrangeiros não estarão isentos da competencia dos juizes e tribunaes civis do paiz em que funccionem, excepto quanto aos seus actos offi-ciaes.

Artigo 339
Em nenhum caso poderão os juizes ou tribunaes ordenar medidas coercitivas ou de outra natureza

Estado contractante, ou de qualquer pessoa que nelle exerça autoridade.

Artigo 358

Não será concedida a extradição, se a pessoa reclamada já tiver sido julgada e posta em liberdade ou cumprido a pena ou estiver submettida a processo no territorio do Estado requerido, pelo mesmo delicto que motiva o pedido.

Artigo 359

Não se deve, tão pouco, acceder ao pedido de extradição, se estiver prescripto o delicto ou a pena, segundo as leis do Estado requerente ou as do requerido.

Artigo 360

A legislação do Estado requerido posterior ao delicto não poderá impedir a extradição.

Artigo 361

Os consules geraes, consules, vice-consules ou agentes consulares podem pedir que se prendam e entreguem, a bordo de um navio ou aeronave de seu paiz, officiaes, marinheiros ou tripulantes de seus navios ou aeronaves de guerra ou mercantes, que tiverem desertado de uns ou de outras.

Artigo 362

Para os effeitos do artigo anterior, elles apresentarão á autoridade local correspondente, deixando-lhe, além disso, cópia authentica, os registros do navio ou aeronave, ról da tripulação ou qualquer outro documento offi-cial em que o pedido se basear.

Artigo 363

Nos paizes limitrophes, poderão estabelecer-se regras especiais para a extradição, nas regiões ou localidades da fronteira.

Artigo 364

O pedido de extradição deve fazer-se por intermedio dos funccionarios devidamente autorizados para esse fim, pelas leis do Estado requerente.

Artigo 365

Com o pedido definitivo de extradição, devem apresentar-se:

1. Uma sentença condemnatoria ou um mandado ou auto de captura ou um documento de igual força, ou que obrigue o interessado a comparecer periodicamente ante a jurisdicção repressiva, acompanhado das peças do processo que subnistrem provas ou, pelo menos, indicios razoaveis da culpabilidade da pessoa de que se trate;
2. A filiação do individuo reclamado ou os signaes ou circumstancias que possam servir para o identificar;
3. A cópia authentica das disposições que estabeleçam a qualificação legal do facto que motiva o pedido de entrega, definam a participação nelle attribuida ao culpado e precisem a pena applicavel.

Artigo 366

A extradição pode solicitar-se telegraphicamente e, nesse caso, os documentos mencionados no artigo anterior serão apresentados ao paiz requerido ou á sua legação ou consulado geral no paiz requerente, dentro nos dois mezes seguintes á detenção do indigitado. Na sua falta, este será posto em liberdade.

Artigo 367

Se o Estado requerente não dispõe da pessoa reclamada dentro nos tres mezes seguintes ao momento em que foi collocada á sua disposição, ella será posta, igualmente, em liberdade.

Artigo 368

O detido poderá usar, no Estado ao qual se fizer o pedido de extradição, de todos os meios legaes concedidos aos nacionaes para recuperar a liberdade, baseando-se para isto nas disposições deste Codigo.

Artigo 369

O detido poderá igualmente, depois disso, utilizar os recursos legaes que procedam, no Estado que pedir a extradição, contra as qualificações e resoluções em que esta se funda.

Artigo 370

A entrega deve ser feita com todos os objectos que se encontrarem em poder da pessoa reclamada, quer sejam producto do delicto imputado, quer peças que possam servir para a prova do mesmo, tanto quanto fôr praticavel, de accôrdo com as leis do Estado que a effectue e respeitando-se devidamente os direitos de terceiros.

Artigo 371

A entrega dos objectos, a que se refere o artigo anterior, poderá ser feita, se a pedir o Estado requerente da extradição, ainda que o detido morra ou se evada antes de effectuada esta.

Artigo 372

As despesas com a detenção ou entrega serão por conta do Estado requerente, mas este não terá que despender importancia alguma com os serviços que prestarem os empregados publicos pagos pelo Governo ao qual se peça a extradição.

Artigo 373

A importancia dos serviços prestados por empregados publicos ou outros serventuarios, que só recebam direitos ou emolumentos, não excederá aquella que habitualmente percebam por essas diligencias ou serviços, segundo as leis do paiz em que residam.

Artigo 374

A responsabilidade, que se possa originar do facto da detenção provisoria, caberá ao Estado que a solicitar.

Artigo 375

O transito da pessoa extraditada e de seus guardas pelo territorio dum terceiro Estado contractante será permittido mediante apresentação do exemplar original ou de uma cópia authentica do documento que conceda a extradição.

Artigo 376

O Estado que obtiver a extradição de um accusado que fôr logo absolvido ficará obrigado a communicar ao que a concedeu uma cópia authentica da sentença.

Artigo 377
A pessoa entregue não poderá ser detida em prisão, nem julgada pelo Estado contractante a que seja entregue, por um delicto differente daquelle que houver motivado a extradição e commetido antes desta, salvo se nisso consentir o Estado requerido, ou se o extraditado permanecer em liberdade no primeiro, tres mezes depois de ter sido julgado e absolvido pelo delicto que foi origem da extradição, ou de haver cumprido a pena de privação de liberdade que lhe tenha sido imposta.

Artigo 378
Em caso algum se imporá ou se executará a pena de morte, por delicto que tiver sido causa da extradição.

Artigo 379
Sempre que se deva levar em conta o tempo da prisão preventiva, contar-se-á como tal o tempo decorrido desde a detenção do extraditado, no Estado ao qual tenha sido pedida.

Artigo 380
O detido será posto em liberdade, se o Estado requerente não apresentar o pedido de extradição em prazo razoavel e no menor espaço de tempo possivel, depois da prisão provisoria, levando-se em conta a distancia e as facilidades de communicações postaes entre os dois paizes.

Artigo 381
Negada a extradição de uma pessoa, não se pode voltar a pedí-la pelo mesmo delicto.

TITULO QUARTO
DO DIREITO DE COMPARECER EM JUIZO E SUAS MODALIDADES

Artigo 382
Os nacionaes de cada Estado contractante gozarão, em cada um dos outros, do beneficio da assistencia judiciaria, nas mesmas condições dos naturaes.

Artigo 383
Não se fará distincção entre nacionaes e estrangeiros, nos Estados contractantes, quanto á prestação de fiança para o comparecimento em juizo.

Artigo 384
Os estrangeiros pertencentes a um Estado contractante poderão solicitar, nos demais, a acção publica em materia penal, nas mesmas condições que os nacionaes.

Artigo 385
Não se exigirá tão pouco a esses estrangeiros que prestem fiança para o exercicio de acção privada, nos casos em que se não faça tal exigencia aos nacionaes.

Artigo 386
Nenhum dos Estados contractantes imporá aos nacionaes de outro a caução *judicio sisti* ou o *onus probandi*, nos casos em que não exija um ou outro aos proprios na-cionaes.

Artigo 387
Não se autorizarão embargos preventivos, nem fianças, nem outras medidas processuaes de indole analoga, a respeito de nacionaes dos Estados contractantes, só pelo facto da sua condição de estrangeiros.

TITULO QUINTO
CARTAS ROGATORIAS E COMMISSÕES ROGATORIAS

Artigo 388
Toda diligencia judicial que um Estado contractante necessite praticar em outro será effectuada mediante carta rogatoria ou commissão rogatoria, transmittida por via diplomatica. Comtudo, os Estados contractantes poderão convencionar ou acceitar entre si, em materia civel ou commercial, qualquer outra forma de transmissão.

Artigo 389
Cabe ao juiz deprecante decidir a respeito da sua competencia e da legalidade e opportunidade do acto ou prova, sem prejuizo da jurisdicção do juiz deprecado.

Artigo 390
O juiz deprecado resolverá sobre a sua propria competencia *ratione materix*, para o acto que lhe é commettido.

Artigo 391
Aquelle que recebe a carta ou commissão rogatoria se deve sujeitar, quanto ao seu objecto, á lei do deprecante e, quanto á forma de a cumprir, á sua propria lei.

Artigo 392
A rogatoria será redigida na lingua do Estado deprecante e acompanhada de uma traducção na lingua do Estado deprecado, devidamente certificada por interprete juramentado.

Artigo 393
Os interessados no cumprimento das cartas rogatorias de natureza privada deverão constituir procuradores, correndo por sua conta as despesas que esses procuradores e as diligencias occasionem.

TITULO SEXTO
EXCEPÇÕES QUE TÊM CARACTER INTERNACIONAL

Artigo 394
A litispendencia, por motivo de pleito em outro Estado contractante poderá ser allegada em materia civel, quando a sentença, proferida em um delles, deva produzir no outro os effeitos de cousa julgada.

Artigo 395
Em materia penal, não se poderá allegar a excepção de litispendencia por causa pendente em outro Estado contractante.

Artigo 396
A excepção de cousa julgada, que se fundar em sentença de outro Estado contractante, só poderá ser allegada quando a sentença tiver sido pronunciada com o comparecimento das partes ou de seus representantes legitimos, sem que se haja suscitado questão de competencia do tribunal estrangeiro baseada em disposições deste Codigo.

Artigo 397
Em todos os casos de relações juridicas submetidas a este Codigo, poderão suscitar-se questões de competencia por declinatoria fundada em seus preceitos.

TITULO SETIMO
DA PROVA

CAPITULO I
DISPOSIÇÕES GERAES SOBRE A PROVA

Artigo 398
A lei que rege o delicto ou a relação de direito, objecto de acção civel ou commercial, determina a quem incumbe a prova.

Artigo 399
Para decidir os meios de prova que se podem utilizar em cada caso, é competente a lei do lugar em que se realizar o acto ou facto que se trate de provas, exceptuando-se os não autorizados pela lei do lugar em que corra a acção.

Artigo 400
A forma por que se ha de produzir qualquer prova regula-se pela lei vigente no lugar em que fôr feita.

Artigo 401
A apreciação da prova depende da lei do julgador.

Artigo 402
Os documentos lavrados em cada um dos Estados contractantes terão nos outros o mesmo valor em juizo que os lavrados nelles proprios, se reunirem os requisitos seguintes:
1. Que o assumpto ou materia do acto ou contracto seja feito e permittido pelas leis do paiz onde foi lavrado e daquelle em que o documento deve produzir effeitos;
2. Que os litigantes tenham aptidão e capacidade legal para se obrigar conforme sua lei pessoal;
3. Que ao se lavrar o documento se observem as formas e solennidades estabelecidas no paiz onde se tenham verificado os actos ou contractos;
4. Que o documento esteja legalizado e preencha os demais requisitos necessarios para a sua authenticidade no lugar onde delle se faça uso.

Artigo 403
A força executoria de um documento subordina-se ao direito local.

Artigo 404
A capacidade das testemunhas e a sua recusa dependem da lei a que se submetta a relação de direito, objecto da acção.

Artigo 405
A forma de juramento ajustar-se-á á lei do juiz ou tribunal perante o qual se preste e a sua efficacia á que regula o facto sobre o qual se jura.

Artigo 406
As presumpções derivadas de um facto subordinam-se á lei do lugar em que se realiza o facto de que nascem.

Artigo 407
A prova indiciaria depende da lei do juiz ou tribunal.

CAPITULO II
REGRAS ESPECIAES SOBRE A PROVA DE LEIS ESTRANGEIRAS

Artigo 408
Os juizes e tribunaes de cada Estado contractante applicarão de officio, quando fôr o caso, as leis dos demais, sem prejuizo dos meios probatorios a que este capitulo se refere.

Artigo 409
A parte que invoque a applicação do direito de qualquer Estado contractante em um dos outros, ou della divirja, poderá justificar o texto legal, sua vigencia e sentido mediante certidão, devidamente legalizada, de dois advogados em exercicio no paiz de cuja legislação se trate.

Artigo 410
Na falta de prova ou se, por qualquer motivo, o juiz ou o tribunal a julgar insufficiente, um ou outro poderá solicitar de officio pela via diplomatica, antes de decidir, que o Estado, de cuja legislação se trate, forneça um relatorio sobre o texto, vigencia e sentido do direito applicavel.

Artigo 411
Cada Estado contractante se obriga a ministrar aos outros, no mais breve prazo possivel, a informação a que o artigo anterior se refere e que deverá proceder de seu mais alto tribunal, ou de qualquer de suas camaras ou secções, ou da procuradoria geral ou da Secretaria ou Ministerio da justiça.

TITULO OITAVO
DO RECURSO DE CASSAÇÃO

Artigo 412
Em todo Estado contractante onde existir o recurso de cassação, ou instituição correspondente, poderá elle interpôr-se, por infracção, interpretação erronea ou applicação indevida de uma lei de outro Estado contractante, nas mesmas condições e casos em que o possa quanto ao direito nacional.

Artigo 413
Serão applicaveis ao recurso de cassação as regras estabelecidas no capitulo segundo do titulo anterior, ainda que o juiz ou tribunal inferior já tenha feito uso dellas.

TITULO NONO
DA FALLENCIA OU CONCORDATA

CAPITULO I
DA UNIDADE DA FALLENCIA OU CONCORDATA

Artigo 414
Se o devedor concordatario ou fallido tem apenas um domicilio civil ou mercantil, não pode haver mais do que um juizo de processos preventivos, de concordata ou fallencia, ou uma suspensão de pagamentos, ou quitação e moratoria para todos os seus bens e obrigações nos Estados contractantes.

Artigo 415
Se uma mesma pessoa ou sociedade tiver em mais de um Estado contractante varios estabelecimentos mercantis, inteiramente separados economicamente, pode haver tantos juizos de processos preventivos e fallencia quantos estabelecimentos mercantis.

CAPITULO II
DA UNIVERSALIDADE DA FALLENCIA OU CONCORDATA E DOS SEUS EFFEITOS

Artigo 416
A declaração de incapacidade do fallido ou concordatario tem effeitos extraterritoriaes nos Estados contractantes, mediante prévio cumprimento das formalidades de registro ou publicação, que a legislação de cada um delles exija.

Artigo 417
A sentença declaratoria da fallencia ou concordata, proferida em um dos Estados contractantes, executar-se-á nos outros Estados, nos casos e forma estabelecidos neste Codigo para as resoluções judiciaes; mas, produzirá, desde que seja definitiva e para as pessoas a respeito das quaes o seja, os effeitos de cousa julgada.

Artigo 418
As faculdades e funcções dos syndicos, nomeados em um dos Estados contractantes, de accôrdo com as disposições deste Codigo, terão effeito extraterritorial nos demais, sem necessidade de tramite algum local.

Artigo 419
O effeito retroactivo da declaração de fallencia ou concordata e a annullação de certos actos, em consequencia dessas decisões, determinar-se-ão pela lei dos mesmos e serão applicaveis ao territorio dos demais Estados contractantes.

Artigo 420
As acções reaes e os direitos da mesma indole continuarão subordinados, não obstante a declaração de fallencia ou concordata, á lei da situação das cousas por elles attingidas e á competencia dos juizes no lugar em que estas se encontrarem.

CAPITULO III
DA CONCORDATA E DA REHABILITAÇÃO

Artigo 421
A concordata entre os credores e o fallido terá effeitos estraterritoriaes nos demais Estados contractantes, salvo o direito dos credores por acção real que a não houverem aceitado.

Artigo 422
A rehabilitação do fallido tem tambem efficacia extraterritorial nos demais Estados contractantes, desde que se torne definitiva a resolução judicial que a determina e de accôrdo com os seus termos.

TITULO DECIMO
DA EXECUÇÃO DE SENTENÇAS PROFERIDAS POR TRIBUNAES ESTRANGEIROS

CAPITULO I
MATERIA CIVEL

Artigo 423
Toda sentença civil ou contencioso-administrativa, proferida em um dos Estados contractantes, terá força e poderá executar-se nos demais, se reunir as seguintes condições:
▶ Art. 105, I, *i*, da CF.
▶ Art. 961, do CPC.
▶ Arts. 15 e 17 do Dec.-lei 4.657/1942 (Lei de Introdução às Normas do Direito Brasileiro).
1. Que o juiz ou tribunal que a tiver pronunciado tenha competencia para conhecer do assumpto e julgá-lo, de accôrdo com as regras deste Codigo;
2. Que as partes tenham sido citadas pessoalmente ou por seu representante legal, para a acção;
3. Que a sentença não offenda a ordem publica ou o direito publico do paiz onde deva ser executada;
4. Que seja executoria no Estado em que tiver sido proferida;
5. Que seja traduzida autorizadamente por um funccionario ou interprete official do Estado em que se ha de executar, se ahi fôr differente o idioma em empregado;
6. Que o documento que a contém reuna os requisitos para ser considerado como authentico no Estado de que proceda, e os exigidos, para que faça fé, pela legislação do Estado onde se pretende que a sentença seja cumprida.

Artigo 424
A execução da sentença deverá ser solicitada ao juiz do tribunal competente para levar a effeito, depois de satisfeitas as formalidades requeridas pela legislação interna.

Artigo 425
Contra a resolução judicial, no caso a que o artigo anterior se refere, serão admittidos todos os recursos que as leis do Estado concedam a respeito das sentenças definitivas proferidas em acção declaratoria de maior quantia.

Artigo 426
O juiz ou tribunal, ao qual se peça a execução, ouvirá, antes de a decretar ou denegar, e dentro no prazo de vinte dias, a parte contra quem ella seja solicitada e o procurador ou ministerio publico.

Artigo 427
A citação da parte, que deve ser ouvida, será feita por meio de carta ou commissão rogatoria, segundo o disposto neste Codigo, se tiver o seu domicilio no estrangeiro e não tiver, no paiz, procurador bastante, ou, na forma estabelecida pelo direito local, se tiver domicilio no Estado deprecado.

Artigo 428
Passado o prazo que o juiz ou tribunal indicar para o comparecimento, proseguirá o feito, haja ou não comparecido o citado.

Artigo 429
Se o cumprimento é denegado, a carta de sentença será devolvida a quem a tiver apresentado.

Artigo 430
Quando se accordo cumprir a sentença, a sua execução será submettida aos tramites determinados pela lei do juiz ou tribunal para as suas proprias sentenças.

Artigo 431
As sentenças definitivas, proferidas por um Estado contractante, e cujas disposições não sejam exequiveis, produzirão, nos demais, os effeitos de cousa julgada, caso reunam as condições que para esse fim determina este Codigo, salvo as relativas á sua execução.

Artigo 432
O processo e os effeitos regulados nos artigos anteriores serão applicados nos Estados contractantes ás sentenças proferidas em qualquer delles por arbitros ou compositores amigaveis, sempre que o assumpto que as motiva possa ser objecto de compromisso, nos termos da legislação do paiz em que a execução ser solicite.

Artigo 433
Applicar-se-á tambem esse mesmo processo ás sentenças civeis, pronunciadas em qualquer dos Estados contractantes, por um tribunal internacional, e que se refiram a pessoas ou interesses privados.

CAPITULO II
DOS ACTOS DE JURISDICÇÃO VOLUNTARIA

Artigo 434
As disposições adoptadas em actos de jurisdicção voluntaria, em materia de commercio, por juizes ou tribunaes de um Estado contractante, ou por seus agentes consulares, serão executadas nos demais Estados segundo os tramites e na forma indicados no capitulo anterior.

Artigo 435
As resoluções em actos de jurisdicção voluntaria, em materia civel, procedentes de um Estado contractante, serão acceitas pelos demais, se reunirem as condições exigidas por este Codigo, para as efficacia dos documentos outorgados em paiz estrangeiro, e procederem de juiz ou tribunal competente, e terão por conseguinte efficacia extraterritorial.

CAPITULO III
MATERIAL PENAL

Artigo 436
Nenhum Estado contractante executará as sentenças proferidas em qualquer dos outros em materia penal, relativamente ás sancções dessa natureza que ellas imponham.

Artigo 437
Poderão, entretanto, executar-se as ditas sentenças, no que toca á responsabilidade civil e a seus effeitos sobre os bens do condemnado, se forem proferidas pelo juiz ou tribunal competente, segundo este Codigo, e com audiencia do interessado e se se cumprirem as demais condições formaes e processuaes que o capitulo primeiro deste titulo estabelece.

DECLARAÇÕES E RESERVAS
Reservas da Delegação Argentina

A Delegação argentina faz constar as seguintes reservas, que formula ao Projecto de Convenção de Direito Internacional Privado, submettido ao estudo da Sexta Conferencia Internacional Americana:

1. Entende que a codificação do Direito Internacional Privado deve ser "gradual e progressiva", especialmente no que se refere a instituições que, nos Estados americanos, apresentam identidade ou analogia de caracteres fundamentaes.

2. Mantém em vigor os Tratados de Direito Civil Internacional, Direito Penal Internacional, Direito Commercial Internacional e Direito Processual Internacional, adoptados em Montevidéo no anno de 1889, com os seus Convenios e Protocollos respectivos.

3. Não acceita principios que modifiquem o systema da "lei do domicilio", especialmente em tudo o que se opponha ao texto e espirito da legislação civil argentina.

4. Não approva disposições que attinjam, directa ou indirectamente, o principio sustentado pelas legislações civil e commercial da Republica Argentina, de que "as pessoas juridicas devem exclusivamente a sua existencia á lei do Estado que as autorize e por consequencia não são nacionaes nem estrangeiras; suas funcções se determinam pela dita lei, de conformidade com os preceitos derivados do domicilio que ella lhes reconhece".

5. Não acceita principios que admittam ou tendam a sanccionar o divorcio *ad vinculum*.

6. Acceita o systema da "unidade das successões", com a limitação derivada da *lex rei sitx*, em materia de bens immoveis.

7. Admitte todo principio que tenda a reconhecer, em favor da mulher, os mesmos direitos civis conferidos ao homem de maior idade.
8. Não approva os principio que modifiquem o systema do *jus soli*, como meio de adquirir ao nacionalidade.
9. Não admite preceitos que resolvam conflitos relativos á "dupla nacionalidade" com prejuizo da applicação exclusiva do *jus soli*.
10. Não acceita normas que permittam a intervenção de agentes diplomaticos e consulares, nos juizos e successão que interessem a estrangeiros, salvo os preceitos já estabelecidos nas Republica Argentina e que regulam essa intervenção.
11. No regimen da Letra de Cambio e Cheques em geral, não admitte disposições que modifiquem criterios aceitos nas conferencias universaes, como as da Haya de 1910 e 1912.
12. Faz reserva expressa da applicação da "lei do pavilhão" nas questões relativas ao Direito Maritimo, especialmente no que se refere ao contracto de fretamento e suas consequencias juridicas, por considerar que se devem submetter á lei e jurisdicção do paiz do porto de destino.
Este principio foi sustentado com exito pela secção argentina de International Law Association, na 31ª sessão desta e actualmente é uma das chamadas "regras de -Buenos Aires".
13. Reaffirma o conceito de que todos os delictos commettidos em aeronaves, dentro do espaço aereo nacional ou em navios mercantes estrangeiros, se deverão julgar e punir pelas autoridades e leis do Estado em que se encontrem.
14. Ratifica a these approvada pelo Instituto Americano de Direito Internacional, na sua sessão de Montevidéo de 1927, cujo conteúdo é o seguinte: "A nacionalidade do réu não poderá ser invocada como causa para se denegar a sua extradição".
15. Não admite principios que regulamentem as questões internacionaes do trabalho e situação juridica dos operarios, pelas razões expostas, quando se discutiu o artigo 198 do Projecto de Convenção de Direito Civil Internacional, na Junta Internacional de Jurisconsultos do Rio de Janeiro, em 1927.
A Delegação argentina lembra que, como já o manifestou na illustre Commissão numero 3, ratifica, na Sexta Conferencia Internacional Americana, os votos emittidos e a attitude assumida pela Delegação argentina na reunião da Junta Internacional de Jurisconsultos, celebrada na cidade do Rio de Janeiro, nos mezes de Abril e Maio de 1927.

Declaração da Delegação dos Estados Unidos da America

Sente muito não poder dar a sua approvação, deste agora, ao Codigo Bustamante, por isto que, em face da Constituição dos Estados Unidos da America, das relações entre os Estados-membros da União Federal e das attribuições e poderes do Governo Federal, acha muito difficil fazê-lo. O Governo dos Estados Unidos da America mantém firme o proposito de não se desligar da America Latina, e, por isto, de accôrdo com o artigo 6º da Convenção, que permitte a cada Governo a ella adherir mais tarde, fará uso do privilegio desse artigo 6º, afim de que, depois de examinar cuidadosamente o Codigo em todas as suas clausulas, possa adherir pelo menos a uma grande parte do mesmo. Por estas razões, a Delegação dos Estados Unidos da America reserva o seu voto, na esperança de poder adherir, scomo disse, a uma parte ou a consideravel numero de disposições do Codigo.

Declaração da Delegação do Uruguay

A Delegação do Uruguay faz reservas tendentes a que o criterio dessa Delegação seja coherente com o que sustentou na Junta de Jurisconsultos do Rio de Janeiro o Dr. Pedro Varela, cathedratico da Faculdade de Direito do seu paiz. Mantém taes reservas, declarando que o Uruguay dá a sua approvação ao Codigo em geral.

Reservas da Delegação do Paraguay

1. Declara que o Paraguay mantém a sua adhesão ao Tratados de Direito Civil Internacional, Direito Commercial Internacional, Direito Penal Internacional e Direito Processual Internacional, que foram adoptados em Montevidéo, em 1888 e 1889, com os Convenios e Protocollos que os acompanham.

2. Não está de accôrdo em que se modifique o systema da "lei do domicilio", consagrado pela legislação civil da Republica.

3. Mantém a sua adhesão ao principio da sua legislação de que as pessoas juridicas devem exclusivamente sua existencia á lei do Estado que as autoriza e que, por consequencia, não são nacionaes, nem estrangeiras; as suas funcções estão assignaladas pela lei especial, de accôrdo com os principios derivados do domicilio.

4. Admitte o systema da unidade das successões, com a limitação derivada da *lex rei sitx*, em materia de bens immoveis.

5. Está de accôrdo com todo principio que tende a reconhecer em favor da mulher os mesmos direitos civis concedidos ao homem de maior idade.

6. Não acceita os principios que modifiquem o systema do *jus soli* como meio de adquirir a nacionalidade.

7. Não está de accôrdo com os preceitos que resolvem o problema da "dupla nacionalidade" com prejuizo da applicação exclusiva do *jus soli*.

8. Adhere ao criterio acceito nas conferencias universaes sobre o regimen da Letra de Cambio e Cheque.

9. Faz reserva da applicação da "lei do pavilhão", em questões relativas ao Direito Maritimo.

10. Está de accôrdo em que os delictos commettidos em aeronaves dentro do espaço aereo nacional, ou em navios mercantes, estrangeiros, devem ser julgados pelos tribunaes do Estado em que se encontrem.

Reserva da Delegação do Brasil

Impugnada a emenda substitutiva que propoz para o artigo 53, a Delegação do Brasil nega a sua approvação ao artigo 52, que estabelece a competencia da lei do domicilio conjugal para regular a separação de corpos e o divorcio, assim com tambem ao artigo 54.

Declarações que fazem as Delegações da Colombia e Costa Rica

As Delegações da Colombia e Costa Rica subscrevem o Codigo de Direito Internacional Privado em conjunto, com a reserva expressa de tudo quanto possa estar em contradicção com a legislação colombiana e a costarriquense.

No tocante a pessoas juridicas, a nossa opinião é que ellas devem estar submetidas á lei local para tudo o que se refira ao "seu conceito e reconhecimento", como sabiamente dispões o artigo 32 do Codigo, em contradicção (pelo menos apparente) com as outras disposições do mesmo, como os artigos 16 e 21. Para as legislações das duas delegações, as pessoas juridicas não podem ter nacionalidade, nem de accôrdo com os principios scientificos, nem em relação com as mais altas e permanentes conveniencias da America. Teria sido preferivel que, no Codigo, que vamos approvar, se tivesse omittido tudo quanto possa servir pra affirmar que as pessoas juridicas, particularmente as sociedades de capitaes, têm nacionalidade.

As delegações abaixo-assignadas, ao aceitarem o compromisso consignado no artigo 7° entre as doutrinas européas da personalidade do direito e genuinamente americana do domicilio para reger o estado civil e a capacidade das pessoas em direito internacional privado, declaram que aceitam esse compromisso para não retardar a approvação do Codigo, que todas as nações da America esperam hoje, como uma das obras mais transcendentaes desta Conferencia, mas affirmam, emphaticamente, que esse compromisso deve ser transitorio, porque a unidade juridica do Continente se há de verificar em torno da lei do domicilio, única que salvaguarda efficazmente a soberania e independencia dos povos da America. Povos immigração, como são ou deverão ser todas estas republicas, não podem elles ver, sem grande inquietação, que os immigrante europeus tragam a pretensão de invocar na America as suas proprias leis de origem, afim de, com ellas, determinarem, aqui o seu estado civil de capacidade para contractar. Admittir esta possibilidade (que consagra o principio de lei nacional, reconhecido parcialmente pelo Codigo) é criar na America um Estado dentro de Estado e pôr-nos quasi sob o regimen das capitulações, que a Europa impoz durante seculos ás nações de Asia, por ella consideradas como inferiores nas suas relações internacionaes. As Delegações abaixo-assignadas fazem votos por que muito breve desappareçam de todas as legislações americanas todos os vestigios das theorias (mais politicas do que juridicas) preconizadas pela Europa para conservar aqui a jurisdicção sobre os seus nacionaes estabelecidos nas terras livres da America e esperam que a legislação do Contintente se unifique de accôrdo com os principios que submettem o estrangeiro immigrante ao imperio, sem restricções, das leis locaes. Com a esperança, pois, de que, em, breve a lei do domicilio seja a que reja na America o estado civil e a capacidade das pessoas e na certeza de que ella será um dos aspectos mais caracteristicos de panamericanismo juridico que todos aspiramos a criar, as delegações signatarias votam o Codigo de Direito Internacional Privado e aceitam o compromisso doutrinario em que o mesmo se inspira.

Referindo-se ás disposições sobre o divorcio, a delegação colombiana formula a sua reserva absoluta, relativamente a ser o divorcio regulado pela lei do domicilio conjugal, porque considera que para taes effeitos, e dado o caracter excepcionalmente transcendental o sagrado do matrimonio (base da sociedade e até do Estado), a Colombia não pode acceitar, dentro do seu territorio, a applicação de legislações estranhas.

As Delegações desejam, além disso, manifestar a sua admiração enthusiastica pela obra fecunda do Dr. Sánchez de Bustamante, consubstanciadas neste Codigo, nos seus 500 artigos formulados em clausulas lapidares, que bem poderiam servir como exemplo para os legisladores de todos os povos. Doravante, o Dr, Sánchez de Bustamante será, não somente um dos filhos mais esclarecidos de Cuba, senão tambem um dos mais eximios cidadãos da grande patria americana, que pode, com justiça, ufanar-se de produzir homens de sciencia e estadistas tão egregios, como o autor do Codigo do Direito Internacional Privado, que estudamos o que a Sexta Conferencia Internacional Americana vai adoptar em nome de toda a America.

Reservas da Delegação de Salvador

Reserva primeira: especialmente applicavel aos artigos 44, 146, 176, 232 e 233:

No que se refere ás incapacidades que, segundo a sua lei pessoal, podem ter os estrangeiros, para testar, contractar, comparecer em juizo, exercer o commercio ou intervir em actos ou contractos mercantis, faz a reserva de que, no Salvador, taes incapacidades não serão reconhecidas nos casos em que os actos ou contractos tenham celebrados no Salvador, sem infracção da lei salvadorense e para terem effeitos no seu territorio nacional.

Reserva segunda: applicavel ao artigo 187, paragrapho ultimo:

No caso de communidade de bens imposta aos casados como lei pessoal por um Estado estrangeiro, ella só será reconhecida no Salvador, se se confirmar por contracto entre as partes interessadas, cumprindo-se todos os requisitos que a lei salvadorense determina, ou venha a determinar no futuro, relativamente a bens situados no Salvador.

Reserva terceira: especialmente applicavel nos artigos 327, 328 e 329:

Faz-se a reserva de que não será admissivel, relativamente ao Salvador, a jurisdicção de juizes ou tribunaes estrangeiros nos juizos o diligencias de successões e nas concordatas e fallencias, sempre que attinjam bens immoveis, situados no Salvador.

Reservas da Delegação da Republica Dominicana

1. A Delegação da Republica Dominicana deseja manter o predominio da lei nacional, nas questões que se referem ao estado e capacidade dos Dominicanos, onde quer que estes se encontrem. Por este motivo, não pode acceitar, senão com reservas, as disposições do Projecto de Codificação em que se dá preeminencia á lei "do domicilio", ou á lei local; tudo isto, não obstante o principio conciliador enunciado no artigo 7º do Projecto, do qual é uma applicação o artigo 53 do mesmo.

2. No que se refere á nacionalidade, titulo 1º, livro 1º, artigo 9º e seguintes, estabelecemos uma reserva, relativamente, primeiro, á nacionalidade das sociedades, e segundo, muito especialmente, ao principio geral da nossa Constituição politica, pela qual a nenhum Dominicano se reconhecerá outra nacionalidade que não seja a dominicana, emquanto resida em territorio da Republica.

3. Quanto ao domicilio das sociedades estrangeiras, quaesquer que sejam os estatutos e o lugar no qual o tenham fixado, ou em que tenham o seu principal estabelecimento, etc., reservamos este principio de ordem publica na Republica Dominicana: qualquer pessoa que, physica ou moralmente, exerça actos da vida juridica no seu territorio, terá por domicilio o lugar onde possua um estabelecimento, uma agencia ou um representante qualquer. Esse domicilio é attributivo de jurisdicção para os tribunaes nacionaes nas relações juridicas que se referem a actos occorridos no paiz, qualquer que seja a natureza dos mesmos.

Declaração da Delegação do Equador

A Delegação do Equador tem a honra de subscrever, na integra, a Convenção do Codigo de Direito Internacional Privado, em homenagem ao Dr. Bustamante. Não crê necessario particularizar reserva alguma, exceptuando, somente, a faculdade geral contida na mesma Convenção, que deixa aos Governos a liberdade de a ratificar.

Declaração da Delegação da Nicaragua

Nicaragua, em assumptos que agora ou no futuro considere de algum modo sujeitos ao Direito Canonico, não poderá applicar as disposições do Codigo de Direito Internacional Privado, que estejam em conflicto com aquelle direito.

Declara que, como manifestou verbalmente em varios casos, durante a discussão, algumas das disposições do Codigo approvado estão em desaccôrdo com disposições expressas da legislação de Nicaragua ou com principios que são basicos nessa legislação; mas, como uma homenagem á obra insigne do illustre autor daquelle Codigo, prefere, em vez de discriminar reservas, fazer esta declaração e deixar que os poderes publicos de Nicaragua formulem taes reservas ou reformem, até onde seja possivel, a legislação nacional, nos casos de incompatibilidade.

Declaração da Delegação do Chile

A Delegação do Chile compraz-se em apresentar as suas mais calorosas felicitações ao eminente sabio jurisconsulto americano, Sr. Antonio Sánchez de Bustamante, pela magna obra que realizou, redigindo um projecto de Codigo de Direito Internacional Privado, destinado a reger as relações entre os Estados de America. Esse trabalho é uma contribuição poderosa para o desenvolvimento do panamericanismo juridico, que todos os paizes do Novo Mundo desejam ver fortalecido e desenvolvido. Ainda que esta grandiosa obra de codificação não se possa realizar em breve espaço de tempo, porque precisa da madureza e da reflexão dos Estados que na mesma devem participar, a Delegação de Chile não será um obstaculo para que esta Conferencia Panamericana approve um Codigo de Direito Internacional Privado; mas resalvará o seu voto nas materias e nos pontos que julgue conveniente, em especial, nos pontos referentes á sua politica tradicional ou á sua legislação nacional.

Declaração da Delegação do Panamá

Ao emittir o seu voto a favor do projecto de Codigo de Direito Internacional Privado, na sessão celebrada por esta Commissão, no dia 27 de Janeiro ultimo, a Delegação da Republica do Panamá declarou que, opportunamente, apresentaria as reservas que julgasse necessarias, se esse fôsse o caso. Essa attitude da Delegação do Panamá obedeceu a certas duvidas que tinha sobre o alcance e extensão de algumas disposições contidas no Projecto, especialmente no que se refere á applicação da lei nacional do estrangeiro residente no paiz, o que teria dado lugar a um verdadeiro conflicto, visto que, na Republica do Panamá, impera o systema da lei territorial, desde o momento preciso em que se constituiu como Estado independente. Apesar disto, a Delegação panamense crê que todas as difficuldades que se pudessem apresentar nesta delicada materia foram previstas e ficaram sabiamente resolvidas por meio do artigo setimo do Projecto, segundo o qual "cada Estado contractante applicará como leis pessoaes as do domicilio ou as da nacionalidade, segundo o systema que tenha adoptado ou no futuro adopte a legislação interna". Como todos os outros Estados que subscrevam e ratifiquem a Convenção respectiva, o Panamá ficará, pois, com plena liberdade de applicar a sua propria lei, que é a territorial.

Entendidas, assim, as cousas, á Delegação do Panamá é grão declarar, como realmente o faz, que á a sua approvação, sem a menor reserva, no Projecto de Codigo do Direito Internacional Privado, ou Codigo Bustamante, que é como se deveria chamar, em homenagem ao seu autor.

Declaração da Delegação da Guatemala

Guatemala adoptou na sua legislação a civil o systema do domicilio, mas, ainda que assim não fôsse, os artigos conciliato-rios do Codigo fazem harmonizar perfeitamente qualquer conflicto que se possa suscitar entre os differentes Estados, segundo as escolas diversas a que tenha sido filiados.

Por consequencia, a Delegação de Guatemala está de perfeito accôrdo com o methodo que, com tanta illustração, prudencia, genialidade e criterio scientifico, se ostenta no Projecto de Codigo do Direito Internacioral Privado e deseja deixar expressa a sua acceitação absoluta e sem reservas de especie alguma.

Em 13 de fevereiro de 1928.

CÓDIGO DE PROCESSO CIVIL
(EXCERTOS DE DIREITO INTERNACIONAL PRIVADO)

LEI 13.105, DE 16 DE MARÇO DE 2015

Código de Processo Civil.

DOU 17.03.2015

A Presidenta da República:
Faço saber que o Congresso Nacional decreta e eu sanciono a seguinte Lei:
[...]

Livro II
DA FUNÇÃO JURISDICIONAL

[...]

TÍTULO II
DOS LIMITES DA JURISDIÇÃO NACIONAL E DA COOPERAÇÃO INTERNACIONAL

CAPÍTULO I
DOS LIMITES DA JURISDIÇÃO NACIONAL

Art. 21. Compete à autoridade judiciária brasileira processar e julgar as ações em que:
- Art. 5º, LIII da CF.

I – o réu, qualquer que seja a sua nacionalidade, estiver domiciliado no Brasil;
- Art. 12 do Dec.-Lei 4.657/1942 (Lei de Introdução às normas do Direito Brasileiro – LINDB).

II – no Brasil tiver de ser cumprida a obrigação;
III – o fundamento seja fato ocorrido ou ato praticado no Brasil.
Parágrafo único. Para o fim do disposto no inciso I, considera-se domiciliada no Brasil a pessoa jurídica estrangeira que nele tiver agência, filial ou sucursal.
Art. 22. Compete, ainda, à autoridade judiciária brasileira processar e julgar as ações:
I – de alimentos, quando:
- Lei 5.748/1968 (Ação de Alimentos).

a) o credor tiver domicílio ou residência no Brasil;
b) o réu mantiver vínculos no Brasil, tais como posse ou propriedade de bens, recebimento de renda ou obtenção de benefícios econômicos;

II – decorrentes de relações de consumo, quando o consumidor tiver domicílio ou residência no Brasil;
III – em que as partes, expressa ou tacitamente, se submeterem à jurisdição nacional.
Art. 23. Compete à autoridade judiciária brasileira, com exclusão de qualquer outra:
I – conhecer de ações relativas a imóveis situados no Brasil;
- Arts. 8º, 10 e 12, § 1º, do Dec.-lei 4.657/1942 (Lei de Introdução às normas do Direito Brasileiro – LINDB).

II – em matéria de sucessão hereditária, proceder à confirmação de testamento particular e ao inventário e à partilha de bens situados no Brasil, ainda que o autor da herança seja de nacionalidade estrangeira ou tenha domicílio fora do território nacional;
- Arts. 7º, 10, 14 e 18 do Dec.-lei 4.657/1942 (Lei de Introdução às normas do Direito Brasileiro – LINDB).

III – em divórcio, separação judicial ou dissolução de união estável, proceder à partilha de bens situados no Brasil, ainda que o titular seja de nacionalidade estrangeira ou tenha domicílio fora do território nacional.
- Arts. 7º e 8º do Dec.-lei 4.657/1942 (Lei de Introdução às normas do Direito Brasileiro – LINDB).

Art. 24. A ação proposta perante tribunal estrangeiro não induz litispendência e não obsta a que a autoridade judiciária brasileira conheça da mesma causa e das que lhe são conexas, ressalvadas as disposições em contrário de tratados internacionais e acordos bilaterais em vigor no Brasil.
- Art. 102, I, *e*, da CF.

Parágrafo único. A pendência de causa perante a jurisdição brasileira não impede a homologação de sentença judicial estrangeira quando exigida para produzir efeitos no Brasil.
Art. 25. Não compete à autoridade judiciária brasileira o processamento e o julgamento da ação quando houver cláusula de eleição de foro exclusivo estrangeiro em contrato internacional, arguida pelo réu na contestação.
§ 1º Não se aplica o disposto no *caput* às hipóteses de competência internacional exclusiva previstas neste Capítulo.
§ 2º Aplica-se à hipótese do *caput* o art. 63, §§ 1º a 4º.

CAPÍTULO II
DA COOPERAÇÃO INTERNACIONAL

Seção I
Disposições Gerais

Art. 26. A cooperação jurídica internacional será regida por tratado de que o Brasil faz parte e observará:
- Art. 4º, IX da CF.
- Art. 17 do Dec.-lei 4.657/1942 (Lei de Introdução às normas do Direito Brasileiro – LINDB).
- Dec. 1.925/1996 (Convenção Interamericana sobre Prova de Informação acerca do Direito Estrangeiro).
- Acordo de Cooperação e Assistência Jurisdicional em Matéria Civil, Comercial, Trabalhista e Administrativa entre os Estados Partes do Mercosul, a República da Bolívia e a República do Chile (Dec. 6.891/2009)
- Dec. 6.679/2008 (Promulga o Acordo sobre o Benefício da Justiça Gratuita e a Assistência Jurídica Gratuita entre os Estados Partes do MERCOSUL, a República da Bolívia e a República do Chile).

- Convenção Interamericana sobre Cartas Rogatórias (Dec. 1.899/1996)
- Protocolo adicional à Convenção Interamericana sobre Cartas Rogatórias (Dec. 2.022/1996)
- Art. 1º, XIV do Anexo I do Dec. 6.061/2007 (Estrutura Regimental do Ministério da Justiça).
- Arts. 216-O, § 2º e 216-Q, § 1º do RISTJ.

I – o respeito às garantias do devido processo legal no Estado requerente;
- Dec. 1.925/1996 (Convenção Interamericana sobre Prova de Informação acerca do Direito Estrangeiro).
- Art. 5º, LIV da CF.

II – a igualdade de tratamento entre nacionais e estrangeiros, residentes ou não no Brasil, em relação ao acesso à justiça e à tramitação dos processos, assegurando-se assistência judiciária aos necessitados;
- Art. 4º, V e 5º *caput* da CF.
- Dec. 6.679/2008 (Promulga o Acordo sobre o Benefício da Justiça Gratuita e a Assistência Jurídica Gratuita entre os Estados Partes do MERCOSUL, a República da Bolívia e a República do Chile).
- Artigo 2º da Lei 1.060/1950.

III – a publicidade processual, exceto nas hipóteses de sigilo previstas na legislação brasileira ou na do Estado requerente;
- Art. 93, IX da CF.

IV – a existência de autoridade central para recepção e transmissão dos pedidos de cooperação;
- Artigo 6 e 9 da Convenção Interamericana sobre Prova de Informação acerca do Direito Estrangeiro (Dec. 1.925/1996).

V – a espontaneidade na transmissão de informações a autoridades estrangeiras.
- Artigo 10 da Convenção Interamericana sobre Prova de Informação acerca do Direito Estrangeiro (Dec. 1.925/1996).

§ 1º Na ausência de tratado, a cooperação jurídica internacional poderá realizar-se com base em reciprocidade, manifestada por via diplomática.

§ 2º Não se exigirá a reciprocidade referida no § 1º para homologação de sentença estrangeira.

§ 3º Na cooperação jurídica internacional não será admitida a prática de atos que contrariem ou que produzam resultados incompatíveis com as normas fundamentais que regem o Estado brasileiro.
- Arts. 1º, I e 4º, IV da CF.
- Artigo 10 da Convenção Interamericana sobre Prova de Informação acerca do Direito Estrangeiro (Dec. 1.925/1996).

§ 4º O Ministério da Justiça exercerá as funções de autoridade central na ausência de designação específica.
- Art. 6º e 9º da Convenção Interamericana sobre prova de informação acerca do direito estrangeiro (Dec. 1.925/1996).
- Art. 11, IV do Anexo I do Dec. 6.061/2007 (Estrutura Regimental do Ministério da Justiça).

Art. 27. A cooperação jurídica internacional terá por objeto:

I – citação, intimação e notificação judicial e extrajudicial;
- Artigo 2, *a*, da Convenção Interamericana sobre Cartas Rogatórias (Dec. 1.899/1996)

II – colheita de provas e obtenção de informações;
- Convenção Interamericana sobre prova de informação acerca do direito estrangeiro (Dec. 1.925/1996).

III – homologação e cumprimento de decisão;
- Art. 216-A a 216-X do RISTJ.

IV – concessão de medida judicial de urgência;
- Art. 216-G do RISTJ.

V – assistência jurídica internacional;

VI – qualquer outra medida judicial ou extrajudicial não proibida pela lei brasileira.

Seção II
Do Auxílio Direto

Art. 28. Cabe auxílio direto quando a medida não decorrer diretamente de decisão de autoridade jurisdicional estrangeira a ser submetida a juízo de delibação no Brasil.

Art. 29. A solicitação de auxílio direto será encaminhada pelo órgão estrangeiro interessado à autoridade central, cabendo ao Estado requerente assegurar a autenticidade e a clareza do pedido.
- Artigo 5, *c* da Convenção Interamericana sobre prova de informação acerca do direito estrangeiro (Dec. 1.925/1996).

Art. 30. Além dos casos previstos em tratados de que o Brasil faz parte, o auxílio direto terá os seguintes objetos:

I – obtenção e prestação de informações sobre o ordenamento jurídico e sobre processos administrativos ou jurisdicionais findos ou em curso;
- Artigo 2 da Convenção Interamericana sobre prova de informação acerca do direito estrangeiro (Dec. 1.925/1996).

II – colheita de provas, salvo se a medida for adotada em processo, em curso no estrangeiro, de competência exclusiva de autoridade judiciária brasileira;
- Artigo 2 da Convenção Interamericana sobre prova de informação acerca do direito estrangeiro (Dec. 1.925/1996).

III – qualquer outra medida judicial ou extrajudicial não proibida pela lei brasileira.

Art. 31. A autoridade central brasileira comunicar-se-á diretamente com suas congêneres e, se necessário, com outros órgãos estrangeiros responsáveis pela tramitação e pela execução de pedidos de cooperação enviados e recebidos pelo Estado brasileiro, respeitadas disposições específicas constantes de tratado.

Art. 32. No caso de auxílio direto para a prática de atos que, segundo a lei brasileira, não necessitem de prestação jurisdicional, a autoridade central adotará as providências necessárias para seu cumprimento.

Art. 33. Recebido o pedido de auxílio direto passivo, a autoridade central o encaminhará à Advocacia-Geral da União, que requererá em juízo a medida solicitada.

Parágrafo único. O Ministério Público requererá em juízo a medida solicitada quando for autoridade central.

Art. 34. Compete ao juízo federal do lugar em que deva ser executada a medida apreciar pedido de

auxílio direto passivo que demande prestação de atividade jurisdicional.
> Art. 109, I da CF.

Seção III
Da Carta Rogatória

> Decreto 1.899/1996 (Convenção Interamericana sobre Cartas Rogatórias).
> Decreto 2.022/1996 (Protocolo adicional à Convenção Interamericana sobre Cartas Rogatórias).

Art. 35. *Vetado.*

Art. 36. O procedimento da carta rogatória perante o Superior Tribunal de Justiça é de jurisdição contenciosa e deve assegurar às partes as garantias do devido processo legal.
> Arts. 105, I, *i* e 109, X, da CF.
> Arts. 216-O a 216-X do RISTJ.

§ 1º A defesa restringir-se-á à discussão quanto ao atendimento dos requisitos para que o pronunciamento judicial estrangeiro produza efeitos no Brasil.
> Art. 216-Q do RISTJ.

§ 2º Em qualquer hipótese, é vedada a revisão do mérito do pronunciamento judicial estrangeiro pela autoridade judiciária brasileira.

Seção IV
Disposições Comuns às Seções Anteriores

Art. 37. O pedido de cooperação jurídica internacional oriundo de autoridade brasileira competente será encaminhado à autoridade central para posterior envio ao Estado requerido para lhe dar andamento.

Art. 38. O pedido de cooperação oriundo de autoridade brasileira competente e os documentos anexos que o instruem serão encaminhados à autoridade central, acompanhados de tradução para a língua oficial do Estado requerido.
> Artigo 5, *c* da Convenção Interamericana sobre prova de informação acerca do direito estrangeiro (Dec. 1.925/1996).

Art. 39. O pedido passivo de cooperação jurídica internacional será recusado se configurar manifesta ofensa à ordem pública.
> Artigo 10 da Convenção Interamericana sobre prova de informação acerca do direito estrangeiro (Dec. 1.925/1996).

Art. 40. A cooperação jurídica internacional para execução de decisão estrangeira dar-se-á por meio de carta rogatória ou de ação de homologação de sentença estrangeira, de acordo com o art. 960.

Art. 41. Considera-se autêntico o documento que instruir pedido de cooperação jurídica internacional, inclusive tradução para a língua portuguesa, quando encaminhado ao Estado brasileiro por meio de autoridade central ou por via diplomática, dispensando-se ajuramentação, autenticação ou qualquer procedimento de legalização.
> Art. 224 do CC.

Parágrafo único. O disposto no *caput* não impede, quando necessária, a aplicação pelo Estado brasileiro do princípio da reciprocidade de tratamento.

TÍTULO III
DA COMPETÊNCIA INTERNA

CAPÍTULO I
DA COMPETÊNCIA

Seção I
Disposições Gerais

Art. 42. As causas cíveis serão processadas e decididas pelo juiz nos limites de sua competência, ressalvado às partes o direito de instituir juízo arbitral, na forma da lei.
> Art. 5º, XXXV e LIII da CF.

Art. 43. Determina-se a competência no momento do registro ou da distribuição da petição inicial, sendo irrelevantes as modificações do estado de fato ou de direito ocorridas posteriormente, salvo quando suprimirem órgão judiciário ou alterarem a competência absoluta.

[...]

CAPÍTULO I
DA COMPETÊNCIA

Seção I
Disposições Gerais

[...]

Art. 46. A ação fundada em direito pessoal ou em direito real sobre bens móveis será proposta, em regra, no foro de domicílio do réu.

§ 1º Tendo mais de um domicílio, o réu será demandado no foro de qualquer deles.

§ 2º Sendo incerto ou desconhecido o domicílio do réu, ele poderá ser demandado onde for encontrado ou no foro de domicílio do autor.

§ 3º Quando o réu não tiver domicílio ou residência no Brasil, a ação será proposta no foro de domicílio do autor, e, se este também residir fora do Brasil, a ação será proposta em qualquer foro.

[...]

Art. 47. Para as ações fundadas em direito real sobre imóveis é competente o foro de situação da coisa.

§ 1º O autor pode optar pelo foro de domicílio do réu ou pelo foro de eleição se o litígio não recair sobre direito de propriedade, vizinhança, servidão, divisão e demarcação de terras e de nunciação de obra nova.

[...]

Art. 48. O foro de domicílio do autor da herança, no Brasil, é o competente para o inventário, a partilha, a arrecadação, o cumprimento de disposições de última vontade, a impugnação ou anulação de partilha extrajudicial e para todas as ações em que o espólio for réu, ainda que o óbito tenha ocorrido no estrangeiro.

Parágrafo único. Se o autor da herança não possuía domicílio certo, é competente:

I – o foro de situação dos bens imóveis;

II – havendo bens imóveis em foros diferentes, qualquer destes;

III – não havendo bens imóveis, o foro do local de qualquer dos bens do espólio.
[...]

Seção II
Da Modificação da Competência

[...]

Art. 63. As partes podem modificar a competência em razão do valor e do território, elegendo foro onde será proposta ação oriunda de direitos e obrigações.

§ 1º A eleição de foro só produz efeito quando constar de instrumento escrito e aludir expressamente a determinado negócio jurídico.

§ 2º O foro contratual obriga os herdeiros e sucessores das partes.

§ 3º Antes da citação, a cláusula de eleição de foro, se abusiva, pode ser reputada ineficaz de ofício pelo juiz, que determinará a remessa dos autos ao juízo do foro de domicílio do réu.

§ 4º Citado, incumbe ao réu alegar a abusividade da cláusula de eleição de foro na contestação, sob pena de preclusão.
[...]

Livro III
DOS SUJEITOS DO PROCESSO

TÍTULO I
DAS PARTES E DOS PROCURADORES

CAPÍTULO I
DA CAPACIDADE PROCESSUAL

[...]

Art. 75. Serão representados em juízo, ativa e passivamente:
[...]
VIII – a pessoa jurídica, por quem os respectivos atos constitutivos designarem ou, não havendo essa designação, por seus diretores;
[...]
X – a pessoa jurídica estrangeira, pelo gerente, representante ou administrador de sua filial, agência ou sucursal aberta ou instalada no Brasil;
[...]
§ 3º O gerente de filial ou agência presume-se autorizado pela pessoa jurídica estrangeira a receber citação para qualquer processo.
[...]

CAPÍTULO II
DOS DEVERES DAS PARTES E DE SEUS PROCURADORES

[...]

Seção III
Das Despesas, dos Honorários Advocatícios e das Multas

[...]

Art. 83. O autor, brasileiro ou estrangeiro, que residir fora do Brasil ou deixar de residir no país ao longo da tramitação de processo prestará caução suficiente ao pagamento das custas e dos honorários de advogado da parte contrária nas ações que propuser, se não tiver no Brasil bens imóveis que lhes assegurem o pagamento.
▶ Art. 97, § 2º da Lei 11.101/2005 (Recuperação de Empresas e Falência).

§ 1º Não se exigirá a caução de que trata o *caput*:
I – quando houver dispensa prevista em acordo ou tratado internacional de que o Brasil faz parte;
II – na execução fundada em título extrajudicial e no cumprimento de sentença;
III – na reconvenção.

§ 2º Verificando-se no trâmite do processo que se desfalcou a garantia, poderá o interessado exigir reforço da caução, justificando seu pedido com a indicação da depreciação do bem dado em garantia e a importância do reforço que pretende obter.
[...]

TÍTULO IV
DO JUIZ E DOS AUXILIARES DA JUSTIÇA

CAPÍTULO III
DOS AUXILIARES DA JUSTIÇA

[...]

Seção IV
Do Intérprete e do Tradutor

Art. 162. O juiz nomeará intérprete ou tradutor quando necessário para:
I – traduzir documento redigido em língua estrangeira;
II – verter para o português as declarações das partes e das testemunhas que não conhecerem o idioma nacional;
▶ Art. 13 da CF.

III – realizar a interpretação simultânea dos depoimentos das partes e testemunhas com deficiência auditiva que se comuniquem por meio da Língua Brasileira de Sinais, ou equivalente, quando assim for solicitado.

Art. 163. Não pode ser intérprete ou tradutor quem:
I – não tiver a livre administração de seus bens;
II – for arrolado como testemunha ou atuar como perito no processo;
III – estiver inabilitado para o exercício da profissão por sentença penal condenatória, enquanto durarem seus efeitos.

Art. 164. O intérprete ou tradutor, oficial ou não, é obrigado a desempenhar seu ofício, aplicando-se-lhe o disposto nos arts. 157 e 158.
[...]

Livro IV
DOS ATOS PROCESSUAIS

TÍTULO I
DA FORMA, DO TEMPO E DO LUGAR DOS ATOS PROCESSUAIS

CAPÍTULO I
DA FORMA DOS ATOS PROCESSUAIS

Seção I
Dos Atos em Geral

Art. 188. Os atos e os termos processuais independem de forma determinada, salvo quando a lei

expressamente a exigir, considerando-se válidos os que, realizados de outro modo, lhe preencham a finalidade essencial.
[...]
Art. 192. Em todos os atos e termos do processo é obrigatório o uso da língua portuguesa.
> Art. 13 da CF.

Parágrafo único. O documento redigido em língua estrangeira somente poderá ser juntado aos autos quando acompanhado de versão para a língua portuguesa tramitada por via diplomática ou pela autoridade central, ou firmada por tradutor juramentado.
> Súmula 259 do STF

[...]

CAPÍTULO III
DOS PRAZOS

Seção I
Disposições Gerais

[...]
Art. 231. Salvo disposição em sentido diverso, considera-se dia do começo do prazo:
I – a data de juntada aos autos do aviso de recebimento, quando a citação ou a intimação for pelo correio;
> Súmula 429 do STJ.

II – a data de juntada aos autos do mandado cumprido, quando a citação ou a intimação for por oficial de justiça;
[...]
IV – o dia útil seguinte ao fim da dilação assinada pelo juiz, quando a citação ou a intimação for por edital;
[...]
VI – a data de juntada do comunicado de que trata o art. 232 ou, não havendo esse, a data de juntada da carta aos autos de origem devidamente cumprida, quando a citação ou a intimação se realizar em cumprimento de carta;
[...]
IX – o quinto dia útil seguinte à confirmação, na forma prevista na mensagem de citação, do recebimento da citação realizada por meio eletrônico.
> Inciso IX acrescido pela Lei 14.195/2021.

[...]
§ 1º Quando houver mais de um réu, o dia do começo do prazo para contestar corresponderá à última das datas a que se referem os incisos I a VI do *caput*.
[...]

TÍTULO II
DA COMUNICAÇÃO DOS ATOS PROCESSUAIS

CAPÍTULO I
DISPOSIÇÕES GERAIS

Art. 236. Os atos processuais serão cumpridos por ordem judicial.
§ 1º Será expedida carta para a prática de atos fora dos limites territoriais do tribunal, da comarca, da seção ou da subseção judiciárias, ressalvadas as hipóteses previstas em lei.
§ 2º O tribunal poderá expedir carta para juízo a ele vinculado, se o ato houver de se realizar fora dos limites territoriais do local de sua sede.
§ 3º Admite-se a prática de atos processuais por meio de videoconferência ou outro recurso tecnológico de transmissão de sons e imagens em tempo real.

Art. 237. Será expedida carta:
I – de ordem, pelo tribunal, na hipótese do § 2º do art. 236;
II – rogatória, para que órgão jurisdicional estrangeiro pratique ato de cooperação jurídica internacional, relativo a processo em curso perante órgão jurisdicional brasileiro;
> Art. 105, I, *i*, da CF, com redação pela EC 45/2004, que determina que a concessão de exequatur às cartas rogatórias passou a ser da competência do STJ.

III – precatória, para que órgão jurisdicional brasileiro pratique ou determine o cumprimento, na área de sua competência territorial, de ato relativo a pedido de cooperação judiciária formulado por órgão jurisdicional de competência territorial diversa;
[...]

CAPÍTULO II
DA CITAÇÃO

Art. 256. A citação por edital será feita:
I – quando desconhecido ou incerto o citando;
II – quando ignorado, incerto ou inacessível o lugar em que se encontrar o citando;
III – nos casos expressos em lei.
§ 1º Considera-se inacessível, para efeito de citação por edital, o país que recusar o cumprimento de carta rogatória.
[...]

CAPÍTULO III
DAS CARTAS

Art. 260. São requisitos das cartas de ordem, precatória e rogatória:
I – a indicação dos juízes de origem e de cumprimento do ato;
II – o inteiro teor da petição, do despacho judicial e do instrumento do mandato conferido ao advogado;
III – a menção do ato processual que lhe constitui o objeto;
IV – o encerramento com a assinatura do juiz.
§ 1º O juiz mandará trasladar para a carta quaisquer outras peças, bem como instruí-la com mapa, desenho ou gráfico, sempre que esses documentos devam ser examinados, na diligência, pelas partes, pelos peritos ou pelas testemunhas.
§ 2º Quando o objeto da carta for exame pericial sobre documento, este será remetido em original, ficando nos autos reprodução fotográfica.
[...]

Art. 261. Em todas as cartas o juiz fixará o prazo para cumprimento, atendendo à facilidade das comunicações e à natureza da diligência.
[...]

Art. 262. A carta tem caráter itinerante, podendo, antes ou depois de lhe ser ordenado o cumprimento, ser encaminhada a juízo diverso do que dela consta, a fim de se praticar o ato.
[...]
Art. 263. As cartas deverão, preferencialmente, ser expedidas por meio eletrônico, caso em que a assinatura do juiz deverá ser eletrônica, na forma da lei.
[...]
Art. 268. Cumprida a carta, será devolvida ao juízo de origem no prazo de 10 (dez) dias, independentemente de traslado, pagas as custas pela parte.
[...]

PARTE ESPECIAL
Livro I
DO PROCESSO DE CONHECIMENTO E DO CUMPRIMENTO DE SENTENÇA

TÍTULO I
DO PROCEDIMENTO COMUM
[...]

CAPÍTULO XII
DAS PROVAS

Seção I
Disposições Gerais

Art. 369. As partes têm o direito de empregar todos os meios legais, bem como os moralmente legítimos, ainda que não especificados neste Código, para provar a verdade dos fatos em que se funda o pedido ou a defesa e influir eficazmente na convicção do juiz.
[...]
Art. 375. O juiz aplicará as regras de experiência comum subministradas pela observação do que ordinariamente acontece e, ainda, as regras de experiência técnica, ressalvado, quanto a estas, o exame pericial.
Art. 376. A parte que alegar direito municipal, estadual, estrangeiro ou consuetudinário provar--lhe-á o teor e a vigência, se assim o juiz determinar.
> Art. 14 do Dec.-lei 4.657/1942 (Lei de Introdução às Normas do Direito Brasileiro – LINDB).

Art. 377. A carta precatória, a carta rogatória e o auxílio direto suspenderão o julgamento da causa no caso previsto no art. 313, inciso V, alínea "b", quando, tendo sido requeridos antes da decisão de saneamento, a prova neles solicitada for imprescindível.
Parágrafo único. A carta precatória e a carta rogatória não devolvidas no prazo ou concedidas sem efeito suspensivo poderão ser juntadas aos autos a qualquer momento.
[...]

Livro II
DO PROCESSO DE EXECUÇÃO

TÍTULO I
DA EXECUÇÃO EM GERAL
[...]

CAPÍTULO IV
DOS REQUISITOS NECESSÁRIOS PARA REALIZAR QUALQUER EXECUÇÃO

Seção I
Do Título Executivo
[...]
Art. 784. São títulos executivos extrajudiciais:
[...]
XII – todos os demais títulos aos quais, por disposição expressa, a lei atribuir força executiva.
[...]
§ 2º Os títulos executivos extrajudiciais oriundos de país estrangeiro não dependem de homologação para serem executados.
> Art. 13 do Dec.-lei 4.657/1942 (Lei de Introdução às Normas do Direito Brasileiro – LINDB).

§ 3º O título estrangeiro só terá eficácia executiva quando satisfeitos os requisitos de formação exigidos pela lei do lugar de sua celebração e quando o Brasil for indicado como o lugar de cumprimento da obrigação.
[...]

Livro III
DOS PROCESSOS NOS TRIBUNAIS E DOS MEIOS DE IMPUGNAÇÃO DAS DECISÕES JUDICIAIS

TÍTULO I
DA ORDEM DOS PROCESSOS E DOS PROCESSOS DE COMPETÊNCIA ORIGINÁRIA DOS TRIBUNAIS
[...]

CAPÍTULO VI
DA HOMOLOGAÇÃO DE DECISÃO ESTRANGEIRA E DA CONCESSÃO DO EXEQUATUR À CARTA ROGATÓRIA

Art. 960. A homologação de decisão estrangeira será requerida por ação de homologação de decisão estrangeira, salvo disposição especial em sentido contrário prevista em tratado.
§ 1º A decisão interlocutória estrangeira poderá ser executada no Brasil por meio de carta rogatória.
§ 2º A homologação obedecerá ao que dispuserem os tratados em vigor no Brasil e o Regimento Interno do Superior Tribunal de Justiça.
> Arts. 105, I, *i*, e 109, X, da CF.
> Arts. 36 e 37 da Lei 9.307/1996 (Arbitragem).

§ 3º A homologação de decisão arbitral estrangeira obedecerá ao disposto em tratado e em lei,

aplicando-se, subsidiariamente, as disposições deste Capítulo.
- Arts. 34 a 40 da Lei 9.307/1996 (Lei de Arbitragem).

Art. 961. A decisão estrangeira somente terá eficácia no Brasil após a homologação de sentença estrangeira ou a concessão do exequatur às cartas rogatórias, salvo disposição em sentido contrário de lei ou tratado.
- Súmula 420 do STF.

§ 1º É passível de homologação a decisão judicial definitiva, bem como a decisão não judicial que, pela lei brasileira, teria natureza jurisdicional.

§ 2º A decisão estrangeira poderá ser homologada parcialmente.

§ 3º A autoridade judiciária brasileira poderá deferir pedidos de urgência e realizar atos de execução provisória no processo de homologação de decisão estrangeira.

§ 4º Haverá homologação de decisão estrangeira para fins de execução fiscal quando prevista em tratado ou em promessa de reciprocidade apresentada à autoridade brasileira.

§ 5º A sentença estrangeira de divórcio consensual produz efeitos no Brasil, independentemente de homologação pelo Superior Tribunal de Justiça.

§ 6º Na hipótese do § 5º, competirá a qualquer juiz examinar a validade da decisão, em caráter principal ou incidental, quando essa questão for suscitada em processo de sua competência.

Art. 962. É passível de execução a decisão estrangeira concessiva de medida de urgência.

§ 1º A execução no Brasil de decisão interlocutória estrangeira concessiva de medida de urgência dar-se-á por carta rogatória.

§ 2º A medida de urgência concedida sem audiência do réu poderá ser executada, desde que garantido o contraditório em momento posterior.

§ 3º O juízo sobre a urgência da medida compete exclusivamente à autoridade jurisdicional prolatora da decisão estrangeira.

§ 4º Quando dispensada a homologação para que a sentença estrangeira produza efeitos no Brasil, a decisão concessiva de medida de urgência dependerá, para produzir efeitos, de ter sua validade expressamente reconhecida pelo juiz competente para dar-lhe cumprimento, dispensada a homologação pelo Superior Tribunal de Justiça.

Art. 963. Constituem requisitos indispensáveis à homologação da decisão:
- Art. 15 da LINDB.

I – ser proferida por autoridade competente;
- Art. 15, *a*, da LINDB.

II – ser precedida de citação regular, ainda que verificada a revelia;
- Art. 15, *b*, da LINDB.

III – ser eficaz no país em que foi proferida;
- Art. 15, *c*, da LINDB.

IV – não ofender a coisa julgada brasileira;

V – estar acompanhada de tradução oficial, salvo disposição que a dispense prevista em tratado;
- Art. 15, *d*, da LINDB.

VI – não conter manifesta ofensa à ordem pública.
- Art. 17 da LINDB.

Parágrafo único. Para a concessão do exequatur às cartas rogatórias, observar-se-ão os pressupostos previstos no *caput* deste artigo e no art. 962, § 2º.

Art. 964. Não será homologada a decisão estrangeira na hipótese de competência exclusiva da autoridade judiciária brasileira.

Parágrafo único. O dispositivo também se aplica à concessão do exequatur à carta rogatória.

Art. 965. O cumprimento de decisão estrangeira far-se-á perante o juízo federal competente, a requerimento da parte, conforme as normas estabelecidas para o cumprimento de decisão nacional.
- Art. 109, X, da CF.
- Art. 36 da Lei 9.307/1996 (Arbitragem).

Parágrafo único. O pedido de execução deverá ser instruído com cópia autenticada da decisão homologatória ou do exequatur, conforme o caso.
[...]

TÍTULO II
DOS RECURSOS

[...]

CAPÍTULO VI
DOS RECURSOS PARA O SUPREMO TRIBUNAL FEDERAL E PARA O SUPERIOR TRIBUNAL DE JUSTIÇA

Seção I
Do Recurso Ordinário

Art. 1.027. Serão julgados em recurso ordinário:

II – pelo Superior Tribunal de Justiça:
[...]
b) os processos em que forem partes, de um lado, Estado estrangeiro ou organismo internacional e, de outro, Município ou pessoa residente ou domiciliada no País.
[...]

§ 1º Nos processos referidos no inciso II, alínea *b*, contra as decisões interlocutórias caberá agravo de instrumento dirigido ao Superior Tribunal de Justiça, nas hipóteses do art. 1.015.
[...]

LIVRO COMPLEMENTAR
DISPOSIÇÕES FINAIS E TRANSITÓRIAS

Art. 1.045. Este Código entra em vigor após decorrido 1 (um) ano da data de sua publicação oficial.
[...]

Brasília, 16 de março de 2015; 194º da Independência e 127º da República.
Dilma Rousseff

LEI 9.307, DE 23 DE SETEMBRO DE 1996

Dispõe sobre a arbitragem.

DOU 24.09.1996.
- Arts. 851 a 853 do CC.
- Súmula 485 do STJ.

O Presidente da República:
Faço saber que o Congresso Nacional decreta e eu sanciono a seguinte Lei:

CAPÍTULO I
DISPOSIÇÕES GERAIS

Art. 1º As pessoas capazes de contratar poderão valer-se da arbitragem para dirimir litígios relativos a direitos patrimoniais disponíveis.
- Arts. 5º, 851 e 852 do CC.

§ 1º A administração pública direta e indireta poderá utilizar-se da arbitragem para dirimir conflitos relativos a direitos patrimoniais disponíveis.
- § 1º acrescido pela Lei 13.129/2015.

§ 2º A autoridade ou o órgão competente da administração pública direta para a celebração de convenção de arbitragem é a mesma para a realização de acordos ou transações.
- § 2º acrescido pela Lei 13.129/2015.

Art. 2º A arbitragem poderá ser de direito ou de equidade, a critério das partes.

§ 1º Poderão as partes escolher, livremente, as regras de direito que serão aplicadas na arbitragem, desde que não haja violação aos bons costumes e à ordem pública.

§ 2º Poderão, também, as partes convencionar que a arbitragem se realize com base nos princípios gerais de direito, nos usos e costumes e nas regras internacionais de comércio.
- Arts. 4º e 5º do Dec.-lei 4.657/1942 (Lei de Introdução às normas do Direito Brasileiro – LINDB).

§ 3º A arbitragem que envolva a administração pública será sempre de direito e respeitará o princípio da publicidade.
- § 3º acrescido pela Lei 13.129/2015.

CAPÍTULO II
DA CONVENÇÃO DE ARBITRAGEM E SEUS EFEITOS

Art. 3º As partes interessadas podem submeter a solução de seus litígios ao juízo arbitral mediante convenção de arbitragem, assim entendida a cláusula compromissória e o compromisso arbitral.
- Art. 853 do CC.

Art. 4º A cláusula compromissória é a convenção através da qual as partes em um contrato comprometem-se a submeter à arbitragem os litígios que possam vir a surgir, relativamente a tal contrato.
- Art. 853 do CC.

§ 1º A cláusula compromissória deve ser estipulada por escrito, podendo estar inserta no próprio contrato ou em documento apartado que a ele se refira.

§ 2º Nos contratos de adesão, a cláusula compromissória só terá eficácia se o aderente tomar a iniciativa de instituir a arbitragem ou concordar, expressamente, com a sua instituição, desde que por escrito em documento anexo ou em negrito, com a assinatura ou visto especialmente para essa cláusula.

§ 3º *Vetado*

§ 4º *Vetado*

Art. 5º Reportando-se as partes, na cláusula compromissória, às regras de algum órgão arbitral institucional ou entidade especializada, a arbitragem será instituída e processada de acordo com tais regras, podendo, igualmente, as partes estabelecer na própria cláusula, ou em outro documento, a forma convencionada para a instituição da arbitragem.

Art. 6º Não havendo acordo prévio sobre a forma de instituir a arbitragem, a parte interessada manifestará à outra parte sua intenção de dar início à arbitragem, por via postal ou por outro meio qualquer de comunicação, mediante comprovação de recebimento, convocando-a para, em dia, hora e local certos, firmar o compromisso arbitral.

Parágrafo único. Não comparecendo a parte convocada ou, comparecendo, recusar-se a firmar o compromisso arbitral, poderá a outra parte propor a demanda de que trata o artigo 7º desta Lei, perante o órgão do Poder Judiciário a que, originariamente, tocaria o julgamento da causa.

Art. 7º Existindo cláusula compromissória e havendo resistência quanto à instituição da arbitragem, poderá a parte interessada requerer a citação da outra parte para comparecer em juízo a fim de lavrar-se o compromisso, designando o juiz audiência especial para tal fim.
- Arts. 13, § 2º, e 16, § 2º, desta Lei.

§ 1º O autor indicará, com precisão, o objeto da arbitragem, instruindo o pedido com o documento que contiver a cláusula compromissória.

§ 2º Comparecendo as partes à audiência, o juiz tentará, previamente, a conciliação acerca do litígio. Não obtendo sucesso, tentará o juiz conduzir as partes à celebração, de comum acordo, do compromisso arbitral.

§ 3º Não concordando as partes sobre os termos do compromisso, decidirá o juiz, após ouvir o réu, sobre seu conteúdo, na própria audiência ou no prazo de dez dias, respeitadas as disposições da cláusula compromissória e atendendo ao disposto nos artigos 10 e 21, § 2º, desta Lei.

§ 4º Se a cláusula compromissória nada dispuser sobre a nomeação de árbitros, caberá ao juiz, ouvidas as partes, estatuir a respeito, podendo nomear árbitro único para a solução do litígio.

§ 5º A ausência do autor, sem justo motivo, à audiência designada para a lavratura do compromisso arbitral, importará a extinção do processo sem julgamento de mérito.

§ 6º Não comparecendo o réu à audiência, caberá ao juiz, ouvido o autor, estatuir a respeito do conteúdo do compromisso, nomeando árbitro único.

§ 7º A sentença que julgar procedente o pedido valerá como compromisso arbitral.

Art. 8º A cláusula compromissória é autônoma em relação ao contrato em que estiver inserta, de tal sorte que a nulidade deste não implica, necessariamente, a nulidade da cláusula compromissória.

Parágrafo único. Caberá ao árbitro decidir de ofício, ou por provocação das partes, as questões acerca da existência, validade e eficácia da convenção de arbitragem e do contrato que contenha a cláusula compromissória.

Art. 9º O compromisso arbitral é a convenção através da qual as partes submetem um litígio à arbitragem de uma ou mais pessoas, podendo ser judicial ou extrajudicial.
▸ Art. 851 do CC.

§ 1º O compromisso arbitral judicial celebrar-se-á por termo nos autos, perante o juízo ou tribunal, onde tem curso a demanda.

§ 2º O compromisso arbitral extrajudicial será celebrado por escrito particular, assinado por duas testemunhas, ou por instrumento público.

Art. 10. Constará, obrigatoriamente, do compromisso arbitral:
▸ Art. 7º, § 3º, desta Lei.

I - o nome, profissão, estado civil e domicílio das partes;
II - o nome, profissão e domicílio do árbitro, ou dos árbitros, ou, se for o caso, a identificação da entidade à qual as partes delegarem a indicação de árbitros;
III - a matéria que será objeto da arbitragem; e
IV - o lugar em que será proferida a sentença arbitral.

Art. 11. Poderá, ainda, o compromisso arbitral conter:
I - local, ou locais, onde se desenvolverá a arbitragem;
II - a autorização para que o árbitro ou os árbitros julguem por equidade, se assim for convencionado pelas partes;
III - o prazo para apresentação da sentença arbitral;
▸ Art. 12 desta Lei.

IV - a indicação da lei nacional ou das regras corporativas aplicáveis à arbitragem, quando assim convencionarem as partes;
V - a declaração da responsabilidade pelo pagamento dos honorários e das despesas com a arbitragem; e
VI - a fixação dos honorários do árbitro, ou dos árbitros.

Parágrafo único. Fixando as partes os honorários do árbitro, ou dos árbitros, no compromisso arbitral, este constituirá título executivo extrajudicial; não havendo tal estipulação, o árbitro requererá ao órgão do Poder Judiciário que seria competente para julgar, originariamente, a causa que o fixe por sentença.

Art. 12. Extingue-se o compromisso arbitral:

I - escusando-se qualquer dos árbitros, antes de aceitar a nomeação, desde que as partes tenham declarado, expressamente, não aceitar substituto;
II - falecendo ou ficando impossibilitado de dar seu voto algum dos árbitros, desde que as partes declarem, expressamente, não aceitar substituto; e
III - tendo expirado o prazo a que se refere o artigo 11, inciso III, desde que a parte interessada tenha notificado o árbitro, ou o presidente do tribunal arbitral, concedendo-lhe o prazo de dez dias para a prolação e apresentação da sentença arbitral.
▸ Art. 32, VII, desta Lei.

CAPÍTULO III
DOS ÁRBITROS

Art. 13. Pode ser árbitro qualquer pessoa capaz e que tenha a confiança das partes.
▸ Art. 5º do CC.

§ 1º As partes nomearão um ou mais árbitros, sempre em número ímpar, podendo nomear, também, os respectivos suplentes.

§ 2º Quando as partes nomearem árbitros em número par, estes estão autorizados, desde logo, a nomear mais um árbitro. Não havendo acordo, requererão as partes ao órgão do Poder Judiciário a que tocaria, originariamente, o julgamento da causa a nomeação do árbitro, aplicável, no que couber, o procedimento previsto no artigo 7º desta Lei.

§ 3º As partes poderão, de comum acordo, estabelecer o processo de escolha dos árbitros ou adotar as regras de um órgão arbitral institucional ou entidade especializada.

§ 4º As partes, de comum acordo, poderão afastar a aplicação de dispositivo do regulamento do órgão arbitral institucional ou entidade especializada que limite a escolha do árbitro único, coárbitro ou presidente do tribunal à respectiva lista de árbitros, autorizado o controle da escolha pelos órgãos competentes da instituição, sendo que, nos casos de impasse e arbitragem multiparte, deverá ser observado o que dispuser o regulamento aplicável.
▸ § 4º com redação pela Lei 13.129/2015.

§ 5º O árbitro ou o presidente do tribunal designará, se julgar conveniente, um secretário, que poderá ser um dos árbitros.

§ 6º No desempenho de sua função, o árbitro deverá proceder com imparcialidade, independência, competência, diligência e discrição.

§ 7º Poderá o árbitro ou o tribunal arbitral determinar às partes o adiantamento de verbas para despesas e diligências que julgar necessárias.

Art. 14. Estão impedidos de funcionar como árbitros as pessoas que tenham, com as partes ou com o litígio que lhes for submetido, algumas das relações que caracterizam os casos de impedimento ou suspeição de juízes, aplicando-se-lhes, no que couber, os mesmos deveres e responsabilidades, conforme previsto no Código de Processo Civil.

§ 1º As pessoas indicadas para funcionar como árbitro têm o dever de revelar, antes da aceitação da função, qualquer fato que denote dúvida justificada quanto à sua imparcialidade e independência.

§ 2º O árbitro somente poderá ser recusado por motivo ocorrido após sua nomeação. Poderá, entretanto, ser recusado por motivo anterior à sua nomeação, quando:
a) não for nomeado, diretamente, pela parte; ou
b) o motivo para a recusa do árbitro for conhecido posteriormente à sua nomeação.

Art. 15. A parte interessada em arguir a recusa do árbitro apresentará, nos termos do artigo 20, a respectiva exceção, diretamente ao árbitro ou ao presidente do tribunal arbitral, deduzindo suas razões e apresentando as provas pertinentes.

Parágrafo único. Acolhida a exceção, será afastado o árbitro suspeito ou impedido, que será substituído, na forma do artigo 16 desta Lei.

Art. 16. Se o árbitro escusar-se antes da aceitação da nomeação, ou, após a aceitação, vier a falecer, tornar-se impossibilitado para o exercício da função, ou for recusado, assumirá seu lugar o substituto indicado no compromisso, se houver.
▸ Arts. 15, par. ún. e 20, § 1º, desta Lei.

§ 1º Não havendo substituto indicado para o árbitro, aplicar-se-ão as regras do órgão arbitral institucional ou entidade especializada, se as partes as tiverem invocado na convenção de arbitragem.

§ 2º Nada dispondo a convenção de arbitragem e não chegando as partes a um acordo sobre a nomeação do árbitro a ser substituído, procederá a parte interessada da forma prevista no artigo 7º desta Lei, a menos que as partes tenham declarado, expressamente, na convenção de arbitragem, não aceitar substituto.

Art. 17. Os árbitros, quando no exercício de suas funções ou em razão delas, ficam equiparados aos funcionários públicos, para os efeitos da legislação penal.

Art. 18. O árbitro é juiz de fato e de direito, e a sentença que proferir não fica sujeita a recurso ou a homologação pelo Poder Judiciário.

CAPÍTULO IV
DO PROCEDIMENTO ARBITRAL

Art. 19. Considera-se instituída a arbitragem quando aceita a nomeação pelo árbitro, se for único, ou por todos, se forem vários.

§ 1º Instituída a arbitragem e entendendo o árbitro ou o tribunal arbitral que há necessidade de explicitar questão disposta na convenção de arbitragem, será elaborado, juntamente com as partes, adendo firmado por todos, que passará a fazer parte integrante da convenção de arbitragem.
▸ Parágrafo único renumerado e com redação pela Lei 13.129/2015.

§ 2º A instituição da arbitragem interrompe a prescrição, retroagindo à data do requerimento de sua instauração, ainda que extinta a arbitragem por ausência de jurisdição.
▸ § 2º acrescido pela Lei 13.129/2015.

Art. 20. A parte que pretender arguir questões relativas à competência, suspeição ou impedimento do árbitro ou dos árbitros, bem como nulidade, invalidade ou ineficácia da convenção de arbitragem, deverá fazê-lo na primeira oportunidade que tiver de se manifestar, após a instituição da arbitragem.
▸ Art. 15 desta Lei.

§ 1º Acolhida a arguição de suspeição ou impedimento, será o árbitro substituído nos termos do artigo 16 desta Lei, reconhecida a incompetência do árbitro ou do tribunal arbitral, bem como a nulidade, invalidade ou ineficácia da convenção de arbitragem, serão as partes remetidas ao órgão do Poder Judiciário competente para julgar a causa.

§ 2º Não sendo acolhida a arguição, terá normal prosseguimento a arbitragem, sem prejuízo de vir a ser examinada a decisão pelo órgão do Poder Judiciário competente, quando da eventual propositura da demanda de que trata o artigo 33 desta Lei.

Art. 21. A arbitragem obedecerá ao procedimento estabelecido pelas partes na convenção de arbitragem, que poderá reportar-se às regras de um órgão arbitral institucional ou entidade especializada, facultando-se, ainda, às partes delegar ao próprio árbitro, ou ao tribunal arbitral, regular o procedimento.

§ 1º Não havendo estipulação acerca do procedimento, caberá ao árbitro ou ao tribunal arbitral disciplina-lo.

§ 2º Serão, sempre, respeitados no procedimento arbitral os princípios do contraditório, da igualdade das partes, da imparcialidade do árbitro e de seu livre convencimento.
▸ Arts. 7º, § 3º, e 32, VIII, desta Lei.

§ 3º As partes poderão postular por intermédio de advogado, respeitada, sempre, a faculdade de designar quem as represente ou assista no procedimento arbitral.

§ 4º Competirá ao árbitro ou ao tribunal arbitral, no início do procedimento, tentar a conciliação das partes, aplicando-se, no que couber, o artigo 28 desta Lei.

Art. 22. Poderá o árbitro ou o tribunal arbitral tomar o depoimento das partes, ouvir testemunhas e determinar a realização de perícias ou outras provas que julgar necessárias, mediante requerimento das partes ou de ofício.

§ 1º O depoimento das partes e das testemunhas será tomado em local, dia e hora previamente comunicados, por escrito, e reduzido a termo, assinado pelo depoente, ou a seu rogo, e pelos árbitros.

§ 2º Em caso de desatendimento, sem justa causa, da convocação para prestar depoimento pessoal, o árbitro ou o tribunal arbitral levará em consideração o comportamento da parte faltosa, ao proferir sua sentença; se a ausência for de testemunha, nas mesmas circunstâncias, poderá o árbitro ou o presidente do tribunal arbitral requerer à autoridade judiciária que conduza a testemunha renitente, comprovando existência da convenção de arbitragem.

§ 3º A revelia da parte não impedirá que seja proferida a sentença arbitral.

- Art. 515, VII, CPC.

Art. 32. É nula a sentença arbitral se:
- Art. 33, § 2º, I, desta Lei.

I – for nula a convenção de arbitragem;
- Inciso I com redação pela Lei 13.129/2015.

II – emanou de quem não podia ser árbitro;
III – não contiver os requisitos do artigo 26 desta Lei;
IV – for proferida fora dos limites da convenção de arbitragem;
V – *Revogado pela Lei 13.129/2015.*
VI – comprovado que foi proferida por prevaricação, concussão ou corrupção passiva;
VII – proferida fora do prazo, respeitado o disposto no artigo 12, inciso III, desta Lei; e
VIII – forem desrespeitados os princípios de que trata o artigo 21, § 2º, desta Lei.

Art. 33. A parte interessada poderá pleitear ao órgão do Poder Judiciário competente a declaração de nulidade da sentença arbitral, nos casos previstos nesta Lei.
- *Caput* com redação pela Lei 13.129/2015.
- Art. 20, § 2º, desta Lei.

§ 1º A demanda para a declaração de nulidade da sentença arbitral, parcial ou final, seguirá as regras do procedimento comum, previstas na Lei 5.869, de 11 de janeiro de 1973 (Código de Processo Civil), e deverá ser proposta no prazo de até 90 (noventa) dias após o recebimento da notificação da respectiva sentença, parcial ou final, ou da decisão do pedido de esclarecimentos.
- § 1º com redação pela Lei 13.129/2015.

§ 2º A sentença que julgar procedente o pedido declarará a nulidade da sentença arbitral, nos casos do art. 32, e determinará, se for o caso, que o árbitro ou o tribunal profira nova sentença arbitral.
- § 2º com redação pela Lei 13.129/2015.

§ 3º A decretação da nulidade da sentença arbitral também poderá ser requerida na impugnação ao cumprimento da sentença, nos termos dos arts. 525 e seguintes do Código de Processo Civil, se houver execução judicial.
- §3º com redação pela Lei 13.105/2015.

§ 4º A parte interessada poderá ingressar em juízo para requerer a prolação de sentença arbitral complementar, se o árbitro não decidir todos os pedidos submetidos à arbitragem.
- § 4º acrescido pela Lei 13.129/2015.

CAPÍTULO VI
DO RECONHECIMENTO E EXECUÇÃO DE SENTENÇAS ARBITRAIS ESTRANGEIRAS

- Dec. 4.311/2002 (Convenção sobre o Reconhecimento e a Execução de Sentenças Arbitrais Estrangeiras).

Art. 34. A sentença arbitral estrangeira será reconhecida ou executada no Brasil de conformidade com os tratados internacionais com eficácia no ordenamento interno e, na sua ausência, estritamente de acordo com os termos desta Lei.

Parágrafo único. Considera-se sentença arbitral estrangeira a que tenha sido proferida fora do Território Nacional.

Art. 35. Para ser reconhecida ou executada no Brasil, a sentença arbitral estrangeira está sujeita, unicamente, à homologação do Superior Tribunal de Justiça.
- *Caput* com redação pela Lei 13.129/2015.
- Art. 105, I, *i*, da CF, com redação pela EC 45/2004, que passou ao STJ a competência para a homologação de sentença estrangeira.
- Art. 109, X, da CF.

Art. 36. Aplica-se à homologação para reconhecimento ou execução de sentença arbitral estrangeira, no que couber, o disposto nos artigos 483 e 484 do Código de Processo Civil.

Art. 37. A homologação de sentença arbitral estrangeira será requerida pela parte interessada, devendo a petição inicial conter as indicações da lei processual, conforme o artigo 282 do Código de Processo Civil, e ser instruída, necessariamente, com:
I – o original da sentença arbitral ou uma cópia devidamente certificada, autenticada pelo consulado brasileiro e acompanhada de tradução oficial;
II – o original da convenção de arbitragem ou cópia devidamente certificada, acompanhada de tradução oficial.

Art. 38. Somente poderá ser negada a homologação para o reconhecimento ou execução de sentença arbitral estrangeira, quando o réu demonstrar que:
I – as partes na convenção de arbitragem eram incapazes;
II – a convenção de arbitragem não era válida segundo a lei à qual as partes a submeteram, ou, na falta de indicação, em virtude da lei do país onde a sentença arbitral foi proferida;
III – não foi notificado da designação do árbitro ou do procedimento de arbitragem, ou tenha sido violado o princípio do contraditório, impossibilitando a ampla defesa;
IV – a sentença arbitral foi proferida fora dos limites da convenção de arbitragem, e não foi possível separar a parte excedente daquela submetida à arbitragem;
V – a instituição da arbitragem não está de acordo com o compromisso arbitral ou cláusula compromissória;
VI – a sentença arbitral não se tenha, ainda, tornado obrigatória para as partes, tenha sido anulada, ou, ainda, tenha sido suspensa por órgão judicial do país onde a sentença arbitral for prolatada.

Art. 39. A homologação para o reconhecimento ou a execução da sentença arbitral estrangeira também será denegada se o Superior Tribunal de Justiça constatar que:
- *Caput* com redação pela Lei 13.129/2015.
- Art. 105, I, *i*, da CF, com redação pela EC 45/2004, que passou ao STJ a competência para a homologação de sentença estrangeira.

I – segundo a lei brasileira, o objeto do litígio não é suscetível de ser resolvido por arbitragem;
II – a decisão ofende a ordem pública nacional.

Parágrafo único. Não será considerada ofensa à ordem pública nacional a efetivação da citação da parte residente ou domiciliada no Brasil, nos

§ 4º *Revogado pela Lei 13.129/2015.*

§ 5º Se, durante o procedimento arbitral, um árbitro vier a ser substituído fica a critério do substituto repetir as provas já produzidas.

CAPÍTULO IV-A
DAS TUTELAS CAUTELARES E DE URGÊNCIA
▶ Capítulo IV-A acrescido pela Lei 13.129/2015.

Art. 22-A. Antes de instituída a arbitragem, as partes poderão recorrer ao Poder Judiciário para a concessão de medida cautelar ou de urgência.

Parágrafo único. Cessa a eficácia da medida cautelar ou de urgência se a parte interessada não requerer a instituição da arbitragem no prazo de 30 (trinta) dias, contado da data de efetivação da respectiva decisão.
▶ Artigo acrescido pela Lei 13.129/2015.

Art. 22-B. Instituída a arbitragem, caberá aos árbitros manter, modificar ou revogar a medida cautelar ou de urgência concedida pelo Poder Judiciário.

Parágrafo único. Estando já instituída a arbitragem, a medida cautelar ou de urgência será requerida diretamente aos árbitros.
▶ Artigo acrescido pela Lei 13.129/2015.

CAPÍTULO IV-B
DA CARTA ARBITRAL
▶ Capítulo IV-B acrescido pela Lei 13.129/2015.

Art. 22-C. O árbitro ou o tribunal arbitral poderá expedir carta arbitral para que o órgão jurisdicional nacional pratique ou determine o cumprimento, na área de sua competência territorial, de ato solicitado pelo árbitro.

Parágrafo único. No cumprimento da carta arbitral será observado o segredo de justiça, desde que comprovada a confidencialidade estipulada na arbitragem.
▶ Artigo acrescido pela Lei 13.129/2015.

CAPÍTULO V
DA SENTENÇA ARBITRAL

Art. 23. A sentença arbitral será proferida no prazo estipulado pelas partes. Nada tendo sido convencionado, o prazo para a apresentação da sentença é de seis meses, contado da instituição da arbitragem ou da substituição do árbitro.

§ 1º Os árbitros poderão proferir sentenças parciais.
▶ § 1º acrescido pela Lei 13.129/2015.

§ 2º As partes e os árbitros, de comum acordo, poderão prorrogar o prazo para proferir a sentença final.
▶ Primitivo parágrafo único renumerado e com redação pela Lei 13.129/2015.

Art. 24. A decisão do árbitro ou dos árbitros será expressa em documento escrito.

§ 1º Quando forem vários os árbitros, a decisão será tomada por maioria. Se não houver acordo majoritário, prevalecerá o voto do presidente do tribunal arbitral.

§ 2º O árbitro que divergir da maioria poderá, querendo, declarar seu voto em separado.

Art. 25. *Revogado pela Lei 13.129/2015.*

Art. 26. São requisitos obrigatórios da sentença arbitral:
▶ Arts. 28 e 32, III, desta Lei.

I – o relatório, que conterá os nomes das partes e um resumo do litígio;

II – os fundamentos da decisão, onde serão analisadas as questões de fato e de direito, mencionando-se, expressamente, se os árbitros julgaram por equidade;

III – o dispositivo, em que os árbitros resolverão as questões que lhes forem submetidas e estabelecerão o prazo para o cumprimento da decisão, se for o caso; e

IV – a data e o lugar em que foi proferida.

Parágrafo único. A sentença arbitral será assinada pelo árbitro ou por todos os árbitros. Caberá ao presidente do tribunal arbitral, na hipótese de um ou alguns dos árbitros não poder ou não querer assinar a sentença, certificar tal fato.

Art. 27. A sentença arbitral decidirá sobre a responsabilidade das partes acerca das custas e despesas com a arbitragem, bem como sobre verba decorrente de litigância de má-fé, se for o caso, respeitadas as disposições da convenção de arbitragem, se houver.
▶ Arts. 79 a 81, do CPC.

Art. 28. Se, no decurso da arbitragem, as partes chegarem a acordo quanto ao litígio, o árbitro ou o tribunal arbitral poderá, a pedido das partes, declarar tal fato mediante sentença arbitral, que conterá os requisitos do artigo 26 desta Lei.
▶ Art. 21, § 4º, desta Lei.

Art. 29. Proferida a sentença arbitral, dá-se por finda a arbitragem, devendo o árbitro, ou o presidente do tribunal arbitral, enviar cópia da decisão às partes, por via postal ou por outro meio qualquer de comunicação, mediante comprovação de recebimento, ou, ainda, entregando-a diretamente às partes, mediante recibo.
▶ Art. 30, par. ún., desta Lei.

Art. 30. No prazo de 5 (cinco) dias, a contar do recebimento da notificação ou da ciência pessoal da sentença arbitral, salvo se outro prazo for acordado entre as partes, a parte interessada, mediante comunicação à outra parte, poderá solicitar ao árbitro ou ao tribunal arbitral que:
▶ *Caput* com redação pela Lei 13.129/2015.

I – corrija qualquer erro material da sentença arbitral;

II – esclareça alguma obscuridade, dúvida ou contradição da sentença arbitral, ou se pronuncie sobre ponto omitido a respeito do qual devia manifestar-se a decisão.

Parágrafo único. O árbitro ou o tribunal arbitral decidirá no prazo de 10 (dez) dias ou em prazo acordado com as partes, aditará a sentença arbitral e notificará as partes na forma do art. 29.
▶ Parágrafo único com redação pela Lei 13.129/2015.

Art. 31. A sentença arbitral produz, entre as partes, e seus sucessores, os mesmos efeitos da sentença proferida pelos órgãos do Poder Judiciário e, sendo condenatória, constitui título executivo.

moldes da convenção de arbitragem ou da lei processual do país onde se realizou a arbitragem, admitindo-se, inclusive, a citação postal com prova inequívoca de recebimento, desde que assegure à parte brasileira tempo hábil para o exercício do direito de defesa.
> Súmula 429 do STJ.

Art. 40. A denegação da homologação para reconhecimento ou execução de sentença arbitral estrangeira por vícios formais, não obsta que a parte interessada renove o pedido, uma vez sanados os vícios apresentados.

CAPÍTULO VII
DISPOSIÇÕES FINAIS

Art. 41. Os arts. 267, inciso VII; 301, inciso IX; e 584, inciso III, do Código de Processo Civil passam a ter a seguinte redação:
> Alteração referente ao CPC/1973.

Art. 42. O art. 520 do Código de Processo Civil passa a ter mais um inciso, com a seguinte redação:
> Alteração referente ao CPC/1973.

Art. 43. Esta Lei entrará em vigor 60 (sessenta) dias após a data de sua publicação.

Art. 44. Ficam revogados os artigos 1.037 a 1.048 da Lei 3.071, de 1º de janeiro de 1916, Código Civil Brasileiro; os artigos 101 e 1.072 a 1.102 da Lei 5.869, de 11 de janeiro de 1973, Código de Processo Civil; e demais disposições em contrário.
> A Lei 3.071/1916 foi revogada pela Lei 10.406/2002 (Código Civil).

Brasília, 23 de setembro de 1996; 175º da Independência e 108º da República.

Fernando Henrique Cardoso

REGIMENTO INTERNO DO SUPREMO TRIBUNAL FEDERAL (1980)

DOU 27.10.1980

Disposição inicial

Art. 1º Este Regimento estabelece a composição e a competência dos órgãos do Supremo Tribunal Federal, regula o processo e o julgamento dos feitos que lhe são atribuídos pela Constituição da República e a disciplina dos seus serviços.
> Arts. 96, I, e 102 da CF.

[...]

PARTE II
DO PROCESSO

[...]

TÍTULO VIII
DOS PROCESSOS ORIUNDOS DE ESTADOS ESTRANGEIROS

[...]

CAPÍTULO II
DA HOMOLOGAÇÃO DE SENTENÇA ESTRANGEIRA
> Art. 105, I, i, da CF.

Art. 215. A sentença estrangeira não terá eficácia no Brasil sem a prévia homologação pelo Supremo Tribunal Federal, ou por seu Presidente.

Artigo com redação pela E. R. 1/1981.
> Arts. 961, 965 e 784, §§ 2º e 3º, do CPC.

Art. 216. Não será homologada sentença que ofenda a soberania nacional, a ordem pública e os bons costumes.
> Art. 93, IX, da CF
> Art. 17 do Dec.-lei 4.657/1942 (Lei de Introdução às normas do Direito Brasileiro).

Art. 217. Constituem requisitos indispensáveis à homologação da sentença estrangeira:
> Art. 15 do Dec.-lei 4.657/1942 (Lei de Introdução às normas do Direito Brasileiro).

I – haver sido proferida por juiz competente;

II – terem sido as partes citadas ou haver-se legalmente verificado a revelia;

III – ter passado em julgado e estar revestida das formalidades necessárias à execução no lugar em que foi proferida;

IV – estar autenticada pelo cônsul brasileiro e acompanhada de tradução oficial.

Art. 218. A homologação será requerida pela parte interessada, devendo a petição inicial conter as indicações constantes da lei processual, e ser instruída com a certidão ou cópia autêntica do texto integral da sentença estrangeira e com outros documentos indispensáveis, devidamente traduzidos e autenticados.

Parágrafo único. *(Suprimido pela E. R. 1/1981.)*

Art. 219. Se a petição inicial não preencher os requisitos exigidos no artigo anterior ou apresentar defeitos ou irregularidades que dificultem o julgamento, o Presidente mandará que o requerente a emende ou complete, no prazo de 10 (dez) dias, sob pena de indeferimento.

Parágrafo único. Se o requerente não promover, no prazo marcado, mediante intimação ao advogado, ato ou diligência que lhe for determinado no curso do processo, será este julgado extinto pelo Presidente ou pelo Plenário, conforme o caso.
> Parágrafo único com redação pela E. R. 1/1981.

Art. 220. Autuados a petição e os documentos, o Presidente mandará citar o requerido para, em 15 (quinze) dias, contestar o pedido.

§ 1º O requerido será citado por oficial de justiça, se domiciliado no Brasil, expedindo-se, para isso, carta de ordem; se domiciliado no estrangeiro, pela forma estabelecida na lei do País, expedindo-se carta rogatória.

§ 2º Certificado pelo oficial de justiça ou afirmado, em qualquer caso, pelo requerente, que o citando se encontra em lugar ignorado, incerto ou inacessível, a citação far-se-á mediante edital.

Art. 221. A contestação somente poderá versar sobre a autenticidade dos documentos, a inteligência da sentença e a observância dos requisitos indicados nos arts. 217 e 218.

§ 1º Revel ou incapaz o requerido, dar-se-lhe-á curador especial que será pessoalmente notificado.

§ 2º Apresentada a contestação, será admitida réplica em 5 (cinco) dias.

§ 3º Transcorrido o prazo da contestação ou da réplica, oficiará o Procurador-Geral no prazo de 10 (dez) dias.

Art. 222. Se o requerido, o curador especial ou o Procurador-Geral não impugnarem o pedido de homologação, sobre ele decidirá o Presidente.

Artigo com redação pela E. R. 1/1981.

Parágrafo único. Da decisão do Presidente que negar a homologação cabe agravo regimental.

Art. 223. Havendo impugnação à homologação, o processo será distribuído para julgamento pelo Plenário.

Artigo com redação pela E. R. 1/1981.

Parágrafo único. Caberão ao Relator os demais atos relativos ao andamento e à instrução do processo e o pedido de dia para julgamento.

Art. 224. A execução far-se-á por carta de sentença, no juízo competente, observadas as regras estabelecidas para a execução de julgado nacional da mesma natureza.

▶ Art. 109, X, da CF.
▶ Art. 965, do CPC.

CAPÍTULO III
DA CARTA ROGATÓRIA

▶ Art. 105, I, i, da CF.

Art. 225. Compete ao Presidente do Tribunal conceder *exequatur* a cartas rogatórias de Juízos ou Tribunais estrangeiros.

▶ Arts. 36 e 268, CPC.

Art. 226. Recebida a rogatória, o interessado residente no país será intimado, podendo, no prazo de 5 (cinco) dias, impugná-la.

Artigo com redação pela E. R. 2/1985.

§ 1º Findo esse prazo, abrir-se-á vista ao Procurador-Geral, que também poderá impugnar o cumprimento da rogatória.

§ 2º A impugnação só será admitida se a rogatória atentar contra a soberania nacional ou a ordem pública, ou se lhe faltar autenticidade.

Art. 227. Concedido o *exequatur*, seguir-se-á a remessa da rogatória ao Juízo no qual deva ser cumprida.

▶ Art. 109, X da CF.

Parágrafo único. Da concessão ou denegação do *exequatur* cabe agravo regimental.

Art. 228. No cumprimento da carta rogatória cabem embargos relativos a quaisquer atos que lhe sejam referentes, opostos no prazo de 10 (dez) dias, por qualquer interessado ou pelo Ministério Público local, julgando-os o Presidente, após audiência do Procurador-Geral.

Artigo com redação pela E. R. 2/1985.

Parágrafo único. Da decisão que julgar os embargos cabe agravo regimental.

Art. 229. Cumprida a rogatória, será devolvida ao Supremo Tribunal Federal, no prazo de 10 (dez) dias, e por este remetida, em igual prazo, por via diplomática, ao Juízo ou Tribunal de origem.

[...]

PARTE IV
DISPOSIÇÕES FINAIS

TÍTULO ÚNICO
DAS EMENDAS REGIMENTAIS E DEMAIS ATOS NORMATIVOS OU INDIVIDUAIS, E DISPOSIÇÕES GERAIS E TRANSITÓRIAS

▶ Rubrica do Título com redação pela E. R. 1/1981.

[...]

CAPÍTULO II
DISPOSIÇÕES GERAIS E TRANSITÓRIAS

[...]

Art. 368. Este Regimento entrará em vigor em 1º de dezembro de 1980.

Parágrafo único. As decisões proferidas até 30 de novembro de 1980 continuará aplicável o art. 308 do Regimento Interno aprovado a 18 de junho de 1970, com as modificações introduzidas pelas Emendas Regimentais posteriores.

Art. 369. Revogam-se o Regimento Interno aprovado a 18 de junho de 1970, as Emendas Regimentais que lhe alteraram a redação, e as Emendas Regimentais 6, de 9 de março de 1978, 7, de 23 de agosto de 1978, e 8, de 7 de junho de 1979, bem assim as demais disposições em contrário.

Sala das Sessões, em 15 de outubro de 1980.

Antônio Neder
Presidente

Xavier de Albuquerque
Vice-Presidente

Djaci Falcão
Thompson Flores
Leitão de Abreu
Cordeiro Guerra
Moreira Alves
Cunha Peixoto
Soares Muñoz
Decio Miranda
Rafael Mayer

B) Convenções Interamericanas de Direito Internacional Privado (CIDIPs)

CONVENÇÃO INTERAMERICANA SOBRE CARTAS ROGATÓRIAS (1975)

▶ Promulgada no Brasil por meio do Decreto 1.899, de 09.05.1996.

Os Governos dos Estados-Membros da Organização dos Estados Americanos desejosos de concluir uma convenção sobre cartas rogatórias, convieram no seguinte:

I. EMPREGO DE EXPRESSÕES
Artigo 1º
Para os efeitos desta Convenção as expressões "exhortos" ou "cartas rogatorias" são empregadas como sinônimos no texto em espanhol. As expressões "cartas rogatórias", "commissions rogatoires" e "letters rogatory", empregadas nos textos em português, francês e inglês, respectivamente, compreendem tanto os "exhortos" como as "cartas rogatórias".

II. ALCANCE DA CONVENÇÃO
Artigo 2º
Esta Convenção aplicar-se-á às cartas rogatórias expedidas em processos relativos a matéria civil ou comercial pelas autoridades judiciárias de um dos Estados-Partes nesta Convenção e que tenham por objeto:
a) a realização de atos processuais de mera tramitação, tais como notificações, citações ou emprazamentos no exterior;
b) o recebimento e obtenção de provas e informações no exterior, salvo reserva expressa a tal respeito.

Artigo 3º
Esta Convenção não se aplicará a nenhuma carta rogatória relativa a atos processuais outros que não os mencionados no artigo anterior; em especial, não se aplicará àqueles que impliquem execução coativa.

III. TRANSMISSÃO DE CARTAS ROGATÓRIAS
Artigo 4º
As cartas rogatórias poderão ser transmitidas às autoridades requeridas pelas próprias partes interessadas, por via judicial, por intermédio dos funcionários consulares ou agentes diplomáticos ou pela autoridade central do Estado requerente ou requerido, conforme o caso.
Cada Estado-Parte informará a Secretaria-Geral da Organização dos Estados Americanos sobre qual é a autoridade central competente para receber e distribuir cartas rogatórias.

IV. REQUISITOS PARA O CUMPRIMENTO
Artigo 5º
As cartas rogatórias serão cumpridas nos Estados-Partes desde que reúnam os seguintes requisitos:

a) que a carta rogatória esteja legalizada, salvo o disposto nos artigos 6 e 7 desta Convenção. Presumir-se-á que a carta rogatória está devidamente legalizada no Estado requerente quando o houver sido por funcionário consular ou agente diplomático competente;
b) que a carta rogatória e a documentação anexa estejam devidamente traduzidas para o idioma oficial do Estado requerido.

Artigo 6º
Quando as cartas rogatórias forem transmitidas por via consular ou diplomática, ou por intermédio da autoridade central, será desnecessário o requisito da legalização.

Artigo 7º
As autoridades judiciárias das zonas fronteiriças dos Estados-Partes poderão dar cumprimento, de forma direta, sem necessidade de legalização, às cartas rogatórias previstas nesta Convenção.

Artigo 8º
As cartas rogatórias deverão ser acompanhadas dos documentos a serem entregues ao citado, notificado ou emprazado e que serão:
a) cópia autenticada da petição inicial e seus anexos e dos documentos ou decisões que sirvam de fundamento à diligencia solicitada;
b) informação escrita sobre qual é a autoridade judiciária requerente, os prazos de que dispõe para agir a pessoa afetada e as advertências que lhe faça a referida autoridade sobre as consequências que adviriam de sua inércia;
c) quando for o caso, informação sobre a existência e domicílio de defensor de ofício ou de sociedade de assistência jurídica competente no Estado requerente.

Artigo 9º
O cumprimento de cartas rogatórias não implicará em caráter definitivo o reconhecimento da competência da autoridade judiciária requerente nem o compromisso de reconhecer a validade ou de proceder à execução da sentença que por ela venha a ser proferida.

V. TRAMITAÇÃO
Artigo 10
A tramitação das cartas rogatórias far-se-á de acordo com as leis e normas processuais do Estado requerido.
A pedido da autoridade judiciária requerente poder-se-á dar a carta rogatória tramitação especial, ou aceitar a observância de formalidades adicionais no cumprimento da diligencia solicitada, desde que aquela tramitação especial ou estas formalidades adicionais não sejam contrárias à legislação do Estado requerido.

Artigo 11
A autoridade judiciária requerida terá competência para conhecer das questões que forem suscitadas por motivo do cumprimento da diligencia solicitada.

Caso a autoridade judiciária requerida se declare incompetente para proceder a tramitação da carta rogatória, transmitirá de ofício os documentos e antecedentes do caso à autoridade judiciária competente do seu Estado.

Artigo 12
Na tramitação e cumprimento de cartas rogatórias, as custas e demais despesas correrão por conta dos interessados.

Será facultativo para o Estado requerido dar tramitação a carta rogatória que careça de indicação do interessado que seja responsável pelas despesas e custas que houver. Nas cartas rogatórias, ou por ocasião de sua tramitação, poder-se-á indicar a identidade do procurador do interessado para os fins legais.

O benefício de justiça gratuita será regulado pela lei do Estado requerido.

Artigo 13
Os funcionários consulares ou agentes diplomáticos dos Estados-Partes nesta Convenção poderão praticar os atos a que se refere o artigo 2, no Estado em que se achem acreditados, desde que tal prática não seja contrária às leis do mesmo. Na prática dos referidos atos não poderão empregar meios que impliquem coerção.

VI. DISPOSIÇÕES GERAIS
Artigo 14
Os Estados-Partes que pertençam a sistemas de integração econômica poderão acordar diretamente entre si processos e trâmites particulares mais expeditos do que os previstos nesta Convenção. Esses acordos poderão ser estendidos a terceiros Estados na forma em que as partes decidirem.

Artigo 15
Esta Convenção não restringirá as disposições de convenções que em matéria de cartas rogatórias tenham sido subscritas ou que venham a ser subscritas no futuro em caráter bilateral ou multilateral pêlos Estados-Partes, nem as práticas mais favoráveis que os referidos Estados possam observar na matéria.

Artigo 16
Os Estados-Partes nesta Convenção poderão declarar que estendem as normas da mesma à tramitação de cartas rogatórias que se refiram a matéria criminal, trabalhista, contencioso-administrativa, juízos arbitrais ou outras matérias objeto de jurisdição especial. Tais declarações serão comunicadas à Secretaria-Geral da Organização dos Estados Americanos.

Artigo 17
O Estado requerido poderá recusar o cumprimento de uma carta rogatória quando ele for manifestamente contrário à sua ordem pública.

Artigo 18
Os Estados-Partes informarão a Secretaria-Geral da Organização dos Estados Americanos sobre os requisitos exigidos por suas leis para a legalização e para a tradução de cartas rogatórias.

VII. DISPOSIÇÕES FINAIS
Artigo 19
Esta Convenção ficará aberta à assinatura dos Estados-Membros da Organização dos Estados Americanos.

Artigo 20
Esta Convenção está sujeita a ratificação. Os instrumentos de ratificação serão depositados na Secretaria-Geral da Organização dos Estados Americanos.

Artigo 21
Esta Convenção ficará aberta à adesão de qualquer outro Estado. Os instrumentos de adesão serão depositados na Secretaria-Geral da Organização dos Estados Americanos.

Artigo 22
Esta Convenção entrará em vigor no trigésimo dia a partir da data em que haja sido depositado o segundo instrumento de ratificação.

Para cada Estado que ratificar a Convenção ou a ela aderir depois de haver sido depositado o segundo instrumento de ratificação, a Convenção entrará em vigor no trigésimo dia a partir da data em que tal Estado haja depositado seu instrumento de ratificação ou de adesão.

Artigo 23
Os Estados-Partes que tenham duas ou mais unidades territoriais em que vigorem sistemas jurídicos diferentes com relação a questões de que trata esta Convenção poderão declarar, no momento da assinatura, ratificação ou adesão, que a Convenção se aplicará a todas as suas unidades territoriais ou somente a uma ou mais delas.

Tais declarações poderão ser modificadas mediante declarações ulteriores, que especificarão expressamente a ou as unidades territoriais a que se aplicará esta Convenção. Tais declarações ulteriores serão transmitidas à Secretaria-Geral da Organização dos Estados Americanos e surtirão efeito trinta dias depois de recebidas.

Artigo 24
Esta Convenção vigorará por prazo indefinido, mas qualquer dos Estados-Partes poderá denunciá-la. O instrumento de denúncia será depositado na Secretaria-Geral da Organização dos Estados Americanos. Transcorrido um ano, contado a partir da data do depósito do instrumento de denúncia, cessarão os efeitos da Convenção para o Estado

denunciante, continuando ela subsistente para os demais Estados-Partes.

Artigo 25

O instrumento original desta Convenção, cujos textos em português, espanhol francês e inglês são igualmente autênticos, será depositado na Secretaria-Geral da Organização dos Estados Americanos. A referida Secretaria notificará aos Estados-Membros da Organização dos Estados Americanos, e aos Estados que houverem aderido à Convenção, as assinaturas e os depósitos de instrumentos de ratificação, de adesão e de denúncia, bem como as reservas que houver. Outrossim, transmitirá aos mesmos a informação a que se referem o segundo parágrafo do artigo 4 e o artigo 18, bem como as declarações previstas nos artigos 16 e 23 desta Convenção.

Em fé do que, os plenipotenciários infra-assinados, devidamente autorizados por seus respectivos Governos, firmam esta Convenção.

Feita na Cidade do Panamá, República do Panamá, no dia trinta de janeiro de mil novecentos e setenta e cinco.

PROTOCOLO ADICIONAL À CONVENÇÃO INTERAMERICANA SOBRE CARTAS ROGATÓRIAS (1979)

▸ Aprovado no Brasil por meio do Decreto Legislativo 61, de 19.04.1995, e promulgado pelo Decreto 2.022, de 07.10.1996.

Os Governos dos Estados-Membros da Organização dos Estados Americanos, desejosos de fortalecer e facilitar a cooperação internacional em matéria de procedimentos judiciais de acordo com o disposto na Convenção Interamericana sobre Cartas Rogatórias assinada no Panamá em 30 de janeiro de 1975, convieram no seguinte:

Artigo 1º
Alcance do Protocolo

Este Protocolo aplicar-se-á exclusivamente aos procedimentos previstos no artigo 2, *a*, da Convenção Interamericana sobre Cartas Rogatórias, doravante denominada "a Convenção", os quais serão entendidos, para os fins deste Protocolo, como a comunicação de atos ou fatos de natureza processual ou pedidos de informação por órgãos jurisdicionais de um Estado-Parte ao de outro, quando tais procedimentos forem objeto de carta rogatória transmitida pela autoridade central do Estado requerente a autoridade central do Estado requerido.

Artigo 2º
Autoridade Central

Cada Estado-Parte designará a autoridade central que devera exercer as funções que lhe são atribuídas na Convenção e neste Protocolo. Os Estados-Partes, ao depositarem seu instrumento de ratificação deste Protocolo ou de adesão a ele, comunicarão a designação a Secretaria-Geral da Organização dos Estados Americanos, a qual distribuirá aos Estados-Partes na Convenção uma lista de que constem as designações que houver recebido. A autoridade central designada por cada Estado-Parte de acordo com o disposto no artigo 4 da Convenção poderá ser mudada a qualquer momento, devendo o Estado-Parte comunicar a mudança a referida Secretaria no prazo mais breve possível.

Artigo 3º
Elaboração das Cartas Rogatórias

As cartas rogatórias serão elaboradas em formulários impressos nos quatro idiomas oficiais da Organização dos Estados Americanos ou nos idiomas dos Estados requerente e requerido, de acordo com o Modelo A do Anexo deste Protocolo.

As cartas rogatórias deverão ser acompanhadas de:

a) cópia da petição com que se tiver iniciado o procedimento no qual se expede a carta rogatória, bem como sua tradução para o idioma do Estado-Parte requerido;

b) cópia, sem tradução, dos documentos que se tiverem juntado a petição;

c) cópia, sem tradução, das decisões jurisdicionais que tenham determinado a expedição da carta rogatória;

d) formulário elaborado de acordo com o Modelo B do Anexo deste Protocolo e do qual conste a informação essencial para a pessoa ou autoridade a quem devam ser entregues ou transmitidos os documentos, e

e) formulário elaborado de acordo com o Modelo C do Anexo deste Protocolo e no qual a autoridade central devera certificar se foi cumprida ou não a carta rogatória.

As cópias serão consideradas autenticadas, para os fins do artigo 8, *a*, da Convenção, quando tiverem o selo do órgão jurisdicional que expedir a carta rogatória.

Uma cópia da carta rogatória, acompanhada do Modelo B bem como das cópias de que tratam as alíneas *a*, *b*, e *c* desde artigo, será entregue a pessoa notificada ou transmitida a autoridade a qual for dirigida a solicitação. Uma das cópias da carta rogatória, com os seus anexos, ficara em poder do Estado requerido, e o original, sem tradução, bem como o certificado de cumprimento, com seus respectivos anexos, serão devolvidos, pêlos canais adequados, a autoridade central requerente.

Se um Estado-Parte tiver mais de um idioma oficial, devera declarar, no momento da assinatura ou ratificação do Protocolo ou da adesão a ele, qual ou quais idiomas considera oficiais para os fins da Convenção e deste Protocolo. Se um Estado-Parte compreender unidades territoriais com idiomas diferentes, devera declarar, no momento da assinatura ou ratificação do Protocolo ou da adesão a ele, qual ou quais idiomas deverão ser considerados oficiais em cada unidade territorial para os fins da

Convenção e deste Protocolo. A Secretaria-Geral da Organização dos Estados Americanos distribuirá aos Estados-Partes neste Protocolo a informação constante de tais declarações.

Artigo 4°
Transmissão e Diligenciamento da Carta Rogatória

Quando a autoridade central de um Estado-Parte receber da autoridade central de outro Estado-Parte uma carta rogatória, transmiti-la-á ao órgão jurisdicional competente, para seu diligenciamento de acordo com a lei interna que for aplicável.

Uma vez cumprida a carta rogatória, o órgão ou os órgãos jurisdicionais que houverem levado a efeito seu diligenciamento deixarão consignado seu cumprimento do modo previsto em sua lei interna e a remeterão a sua autoridade central com os documentos pertinentes. A autoridade central do Estado-Parte requerido certificara o cumprimento da carta rogatória a autoridade central do Estado-Parte requerente de acordo com o Modelo C do Anexo, o qual não necessitara de legalização. Além disso, a autoridade central requerida enviara a documentação respectiva a requerente para que esta a remeta, juntamente com a carta rogatória, ao órgão jurisdicional que houver expedido esta última.

Artigo 5°
Custas e Despesas

O diligenciamento da carta rogatória pela autoridade central e pêlos órgãos jurisdicionais do Estado-Parte requerido será gratuito. O referido Estado, não obstante, poderá exigir dos interessados o pagamento daquelas atuações que, de conformidade com a sua lei interna, devam ser custeadas diretamente pêlos interessados.

O interessado no cumprimento de uma carta rogatória devera, conforme o preferir, indicar nela a pessoa que será responsável pelas despesas correspondentes as referidas atuações no Estado-Parte requerido, ou então juntar a carta rogatória um cheque da quantia fixada, de acordo com o disposto no artigo 6 deste Protocolo para sua tramitação pelo Estado-Parte requerido, a fim de cobrir o custo de tais atuações, ou documento que comprove que, por qualquer outro meio, a referida importância já tenha sido posta a disposição da autoridade central desse Estado.

A circunstancia de que finalmente o custo das atuações exceda a quantia fixada não atrasará nem obstará o diligenciamento ou cumprimento da carta rogatória pela autoridade central e pelos órgãos jurisdicionais do Estado-Parte requerido. No caso de tal custo exceder essa quantia, a autoridade central do referido Estado, ao devolver a carta rogatória diligenciada, poderá solicitar que o interessado complete o pagamento.

Artigo 6°

No momento do depósito, na Secretaria-Geral da Organização dos Estados Americanos, do instrumento de ratificação deste Protocolo ou de adesão a ele, cada Estado-Parte apresentará um relatório sobre quais são as atuações que, de acordo com sua lei interna, devam ser custeadas diretamente pêlos interessados, especificando as custas e despesas respectivas. Além disso, cada Estado-Parte deverá indicar no mencionado relatório a quantia única que a seu juízo cubra razoavelmente o custo das referidas atuações, qualquer que seja o seu número ou natureza. A referida quantia será aplicada quando o interessado não designar pessoa responsável para fazer o pagamento das mencionadas atuações no Estado requerido e sim optar por pagá-lo diretamente na forma estabelecida no artigo 5 deste Protocolo.

A Secretaria-Geral da Organização dos Estados Americanos distribuirá aos Estados-Partes neste Protocolo a informação recebida. Os Estados-Partes poderão, a qualquer momento, comunicar a Secretaria-Geral da Organização dos Estados Americanos as modificações dos mencionados relatórios, devendo aquela levar tais modificações ao conhecimento dos demais Estados-Partes neste Protocolo.

Artigo 7°

No relatório mencionado no artigo anterior os Estados-Partes poderão declarar que, desde que se aceite a reciprocidade, não cobrarão aos interessados as custas e despesas das diligências necessárias para o cumprimento das cartas rogatórias, ou que aceitarão como pagamento total de tais diligências a quantia única de que trata o artigo 6 ou outra quantia determinada.

Artigo 8°

Este Protocolo ficará aberto a assinatura e sujeito a ratificação ou a adesão dos Estados-membros da Organização dos Estados Americanos que tenham assinado a Convenção Interamericana sobre Cartas Rogatórias firmada no Panamá em 30 de janeiro de 1975, ou que a ratificarem ou a ela aderirem.

Este Protocolo ficará aberto a adesão de qualquer outro Estado que haja aderido ou adira a Convenção Interamericana sobre Cartas Rogatórias, nas condições indicadas neste artigo.

Os instrumentos de ratificação e adesão serão depositados na Secretaria-Geral da Organização dos Estados Americanos.

Artigo 9°

Este Protocolo entrará em vigor no trigésimo dia a partir da data em que dois Estados-Partes na Convenção hajam depositado seus instrumentos de ratificação do Protocolo ou de adesão a ele.

Para cada Estado que ratificar o Protocolo ou a ele aderir depois da sua entrada em vigência, o Protocolo entrara em vigor no trigésimo dia a partir da data em que tal Estado haja depositado seu instrumento de ratificação ou de adesão, desde que esse Estado seja Parte na Convenção.

Artigo 10

Os Estados-Partes que tenham duas ou mais unidades territoriais em que vigorem sistemas jurídicos diferentes com relação a questões de que trata este Protocolo poderão declarar, no momento da assinatura, ratificação ou adesão, que o Protocolo se aplicará a todas as suas unidades territoriais ou somente a uma ou mais delas.

Tais declarações poderão ser modificadas mediante declarações ulteriores, que especificarão expressamente a ou as unidades territoriais a que se aplicara este Protocolo. Tais declarações ulteriores serão transmitidas a Secretaria-Geral da Organização dos Estados Americanos e surtirão efeito trinta dias depois de recebidas.

Artigo 11

Este Protocolo vigorara por prazo indefinido, mas qualquer dos Estados-Partes poderá denunciá-lo. O instrumento de denúncia será depositado na Secretaria-Geral da Organização dos Estados Americanos. Transcorrido um ano, contado a partir da data do depósito do instrumento de denúncia, cessarão os efeitos do Protocolo para o Estado denunciante, continuando ele subsistente para os demais Estados-Partes.

Artigo 12

O instrumento original deste Protocolo e de seu Anexo (Modelos A, B e C), cujos textos em português, espanhol, francês e inglês são igualmente autênticos, será depositado na Secretaria-Geral da Organização dos Estados Americanos, que enviará cópia autenticada do seu texto, para o respectivo registro e publicação, a Secretaria das Nações Unidas, de conformidade com o artigo 102 da sua Carta constitutiva. A Secretaria-Geral da Organização dos Estados Americanos notificara aos Estados-Membros da referida Organização, e aos Estados que tenham aderido ao Protocolo, as assinaturas o os depósitos de instrumentos de ratificação, de adesão e de denúncia, bem como as reservas que houver. Outrossim, transmitira aos mesmos as informações a que se referem o artigo 2, o último parágrafo do artigo 3 e o artigo 6, bem como as declarações previstas no artigo 10 deste Protocolo.

Em fé do que, os plenipotenciários infra-assinados, devidamente autorizados por seus respectivos Governos, firmam este Protocolo.

Feito na Cidade de Montevidéu, República Oriental do Uruguai, no dia oito de maio de mil novecentos e setenta e nove.

CONVENÇÃO INTERAMERICANA SOBRE ARBITRAGEM COMERCIAL INTERNACIONAL (1975)

▶ Promulgada no Brasil pelo Decreto 1.902, de 09.05.1996.

Os Governos dos Estados-Membros da Organização dos Estados Americanos, desejosos de concluir uma Convenção sobre Arbitragem Comercial Internacional, convieram no seguinte:

Artigo 1º

É válido o acordo das partes em virtude do qual se obrigam a submeter a decisão arbitral as divergências que possam surgir ou que hajam surgido entre elas com relação a um negócio de natureza mercantil. O respectivo acordo constará do documento assinado pelas partes, ou de troca de cartas, telegramas ou comunicações por telex.

Artigo 2º

A nomeação dos árbitros será feita na forma em que convierem as partes. Sua designação poderá ser delegada a um terceiro, seja esta pessoa física ou jurídica.

Os árbitros poderão ser nacionais ou estrangeiros.

Artigo 3º

Na falta de acordo expresso entre as Partes, a arbitragem será efetuada de acordo com as normas de procedimento da Comissão Internacional de Arbitragem Comercial.

Artigo 4º

As sentenças ou laudos arbitrais não impugnáveis segundo a lei ou as normas processuais aplicáveis terão força de sentença judicial definitiva. Sua execução ou reconhecimento poderá ser exigido da mesma maneira que a das sentenças proferidas por tribunais ordinários nacionais ou estrangeiros, segundo as leis processuais do país onde forem executadas e o que for estabelecido a tal respeito por tratados internacionais.

Artigo 5º

1. Somente poderão ser denegados o reconhecimento e a execução da sentença por solicitação da parte contra a qual for invocada, se esta provar perante a autoridade competente do Estado em que forem pedidos o reconhecimento e a execução:

a) que as partes no acordo estavam sujeitas a alguma incapacidade em virtude da lei que lhes é aplicável, ou que tal acordo não é válido perante a lei a que as partes o tenham submetido, ou se nada tiver sido indicado a esse respeito, em virtude da lei do país em que tenha sido proferida a sentença; ou

b) que a parte contra a qual se invocar a sentença arbitral não foi devidamente notificada da designação do árbitro ou do processo de arbitragem ou não pôde, por qualquer outra razão, fazer valer seus meios de defesa; ou

c) que a sentença se refere a uma divergência não prevista no acordo das partes de submissão ao processo arbitral; não obstante, se as disposições da sentença que se referem às questões submetidas à arbitragem puderem ser isoladas das que não foram submetidas à arbitragem, poder-se-á dar reconhecimento e execução às primeiras; ou

d) que a constituição do tribunal arbitral ou o processo arbitral não se ajustaram ao acordo celebrado entre as partes ou, na falta de tal acordo, que a constituição do tribunal arbitral ou o processo arbitral não se ajustaram à lei do Estado onde se efetuou a arbitragem; ou

e) que a sentença não é ainda obrigatória para as partes ou foi anulada ou suspensa por uma autoridade competente do Estado em que, ou de conformidade com cuja lei, foi proferida essa sentença.

2. Poder-se-á também denegar o reconhecimento e a execução de uma sentença arbitral, se a autoridade competente do Estado em que se pedir o reconhecimento e a execução comprovar:

a) que, segundo a lei desse Estado, o objeto da divergência não é suscetível de solução por meio de arbitragem; ou

b) que o reconhecimento ou a execução da sentença seriam contrárias à ordem pública do mesmo Estado.

Artigo 6º

Se se houver pedido à autoridade competente mencionada no Artigo V, parágrafo 1, e, a anulação ou a suspensão da sentença, a autoridade perante a qual se invocar a referida sentença poderá, se o considerar procedente, adiar a decisão sobre a execução da sentença e, a instância da parte que pedir a execução, poderá também ordenar à outra parte que dê garantias apropriadas.

Artigo 7º

Esta Convenção ficará aberta à assinatura dos Estados-Membros da Organização dos Estados Americanos.

Artigo 8º

Esta Convenção está sujeita à ratificação. Os instrumentos de ratificação serão depositados na Secretaria-Geral da Organização dos Estados Americanos.

Artigo 9º

Esta Convenção ficará aberta à adesão de qualquer outro Estado. Os instrumentos de adesão serão depositados na Secretaria-Geral da Organização dos Estados Americanos.

Artigo 10

1. Esta convenção entrará em vigor no trigésimo dia a partir da data em que haja sido depositado o segundo instrumento de ratificação.

2. Para cada Estado que ratificar a Convenção ou a ela aderir depois de haver sido depositado o segundo instrumento de ratificação, a Convenção entrará em vigor no trigésimo dia a partir da data em que tal Estado haja depositado seu instrumento de ratificação ou de adesão.

Artigo 11

1. Os Estados-Partes que tenham duas ou mais unidades territoriais em que vigorem sistemas jurídicos diferentes com relação a questões de que trata esta Convenção poderão declarar, no momento da assinatura, ratificação ou adesão, que a Convenção se aplicará a todas as suas unidades territoriais ou somente a uma ou mais delas.

2. Tais declarações poderão ser modificadas mediante declarações ulteriores, que especificarão expressamente a ou as unidades territoriais a que se aplicará esta Convenção. Tais declarações ulteriores serão transmitidas à Secretaria-Geral da Organização dos Estados Americanos e surtirão efeito 30 (trinta) dias depois de recebidas.

Artigo 12

Esta Convenção vigorará por prazo indefinido, mas qualquer dos Estados-Partes poderá denunciá-la. O instrumento de denúncia será depositado na Secretaria-Geral da Organização dos Estados Americanos. Transcorrido um ano, contado a partir da data do depósito do instrumento de denúncia, cessarão os efeitos da Convenção para o Estado denunciante, continuando ela subsistente para os demais Estados-Partes.

Artigo 13

O instrumento original desta Convenção, cujos textos em português, espanhol, francês e inglês são igualmente autênticos, será depositado na Secretaria-Geral da Organização dos Estados Americanos. A referida Secretaria notificará aos Estados-Membros da Organização dos Estados Americanos, e aos estados que houverem aderido à Convenção, as assinaturas e os depósitos de instrumentos de ratificação, de adesão e de denúncia, bem como as reservas que houver. Outrossim, transmitirá aos mesmos as declarações previstas no Artigo 11 desta Convenção.

Em fé do que, os plenipotenciários infra-assinados, devidamente autorizados por seus respectivos Governos, firmam esta Convenção.

Feita na Cidade do Panamá, República do Panamá, no dia trinta de janeiro de mil novecentos e setenta e cinco.

CONVENÇÃO INTERAMERICANA SOBRE NORMAS GERAIS DE DIREITO INTERNACIONAL PRIVADO (1979)

▶ Concluída em Montevidéu, Uruguai, em 08.05.1979, aprovada no Brasil pelo Decreto Legislativo 36, de 04.04.1995, e promulgada pelo Decreto 1.979, de 09.08.1996.
▶ Entrou em vigor internacional em 10.06.1981. O governo brasileiro depositou a respectiva carta de ratificação em 27.11.1995, passando a mesma a vigorar, para o Brasil, em 27 de dezembro de 1995, na forma de seu art. 14.

Os Governos dos Estados-Membros de Organização dos Estados Americanos, desejosos de concluir uma convenção sobre normas gerais de Direito Internacional Privado, convieram no seguinte:

Artigo 1º

A determinação da norma jurídica aplicável para reger situações vinculadas com o direito estrangeiro ficará sujeita ao disposto nesta Convenção e nas demais convenções internacionais assinaladas, ou que venham a ser assinadas no futuro, em caráter bilateral ou multinacional, pelos Estados-Partes.

Na falta de norma internacional, os Estados-Partes aplicarão as regras de conflito do seu direito interno.

Artigo 2º

Os juízes e as autoridades dos Estados-Partes ficarão obrigados a aplicar o direito estrangeiro tal como o fariam os juízes do Estado cujo direito seja aplicável, sem prejuízo de que as partes possam alegar e provar a existência e o conteúdo da lei estrangeira invocada.

Artigo 3º

Quando a lei de um Estado-Parte previr instituições ou procedimentos essenciais para a sua aplicação adequada e que não sejam previstos na legislação de outro Estado-Parte, este poderá negar-se a aplicar a referida lei, desde que tenha instituições ou procedimentos análogos.

Artigo 4º

Todos os recursos previstos na lei processual do lugar do processo serão igualmente admitidos para os casos de aplicação da lei de qualquer dos outros Estados-Partes que seja aplicável.

Artigo 5º

A lei declarada aplicável por uma convenção de Direito Internacional Privado poderá não ser aplicada no território do Estado-Parte que a considerar manifestante contraria aos princípios da sua ordem pública.

Artigo 6º

Não se aplica como direito estrangeiro o direito de um Estado-Parte quando artificiosamente se tenham burlado os princípios fundamentais da lei do outro Estado-Parte.

Ficará a juízo das autoridades competentes do Estado receptor determinar a intenção fraudulenta das partes interessadas.

Artigo 7º

As situações jurídicas validamente constituídas em um Estado-Parte, e acordo com todas as leis com as quais tenham conexão no momento de sua constituição, serão reconhecidas nos Estados-Partes, desde que não contrarias aos princípios da sua ordem pública.

Artigo 8º

As questões prévias, preliminares ou incidentes que surjam em decorrência de uma questão principal não devem necessariamente ser resolvidas de acordo com a lei que regula esta última.

Artigo 9º

As diversas leis que podem ser competentes para regular os diferentes aspectos de uma mesma relação jurídica serão aplicadas de maneira harmônica, procurando-se realizar os fins colimados por cada uma das referidas legislações. As dificuldades que forem causadas por sua aplicação simultânea serão resolvidas levando-se em conta as exigências impostas pela equidade no caso concreto.

Artigo 10

Esta Convenção ficará aberta à assinatura dos Estados-Membros da Organização dos Estados Americanos.

Artigo 11

Esta Convenção está sujeita a ratificação. Os instrumentos de ratificação serão depositados na Secretaria-Geral da Organização dos Estados Americanos.

Artigo 12

Esta Convenção ficará aberta a adesão de qualquer outro Estado. Os instrumentos de adesão serão depositados na Secretaria-Geral da Organização dos Estados Americanos.

Artigo 13

Cada Estado poderá formular reservas a esta Convenção no momento de assiná-la, ratificá-la ou a ela aderir, desde que a reserva verse sobre uma ou mais disposições específicas e que não seja incompatível com o objetivo e fim da Convenção.

Artigo 14

Esta Convenção entrará em vigor no trigésimo dia a partir da data em que haja sido depositado o segundo instrumento de ratificação. Para cada Estado que ratificar a Convenção ou ela aderir depois de haver sido depositado o segundo instrumento de ratificação, a Convenção entrará em vigor no trigésimo dias a partir da data em que tal Estado haja depositado seu instrumento de ratificação ou adesão.

Artigo 15

Os Estados-Partes que tenham duas ou mais unidades territoriais em que vigorem sistemas jurídicos diferentes com relação a questões de que trata esta Convenção poderão declarar, no momento da assinatura, ratificação ou adesão, que a Convenção se aplicará a todas as suas unidades territoriais ou somente a uma ou mais delas.

Tais declarações poderão ser modificadas mediante declarações ulteriores, que especificarão expressamente a ou as unidades territoriais a que se aplicará esta Convenção. Tais declarações ulteriores serão transmitidas a Secretaria-Geral da Organização dos Estados Americanos e surtirão efeito trinta dias depois de recebidas.

Artigo 16

Esta Convenção vigorará por prazo indefinido, mas qualquer dos Estados-Partes poderá denunciá-la. O instrumento de denuncia será depositado na Secretaria-Geral da Organização dos Estados Americanos. Transcorrido um ano, contato a partir da data do depósito do instrumento de denuncia, cessarão os efeitos da Convenção para o Estado denunciante, continuando ela subsistente para os demais Estados-Partes.

Artigo 17

O Instrumento original desta Convenção, cujos textos em português, espanhol, francês e inglês são igualmente autênticos, será depositado na Secretaria-Geral da Organização dos Estados Americanos, que enviará cópia autenticada do seu texto para o respectivo registro e publicação à Secretaria das Nações Unidas, de conformidade com o artigo 102 da sua Carta constitutiva. A Secretaria-Geral da Organização dos Estados Americanos notificará aos Estados-membros da referida Organização, e os Estados que houverem, aderido à Convenção, as assinaturas e os depósitos de instrumentos de ratificação, de adesão e de denúncia, bem como as reservas que houver. Outrossim, transmitirá aos mesmos as declarações previstas no artigo 15 desta Convenção.

Em fé do que, os plenipotenciários infra-assinados, devidamente autorizados por seus respectivos Governos, firmam esta Convenção.

Feita na cidade de Montevidéu, República Oriental do Uruguai, no dia oito de maio de mil novecentos e setenta e nove.

CONVENÇÃO INTERAMERICANA SOBRE PROVA E INFORMAÇÃO ACERCA DO DIREITO ESTRANGEIRO (1979)

- Concluída em Montevidéu, Uruguai, em 08.05.1979.
- Aprovada no Brasil pelo Decreto Legislativo 46, de 10.04.1995, e promulgada pelo Decreto 1.925, de 10.06.1996. O Governo brasileiro depositou a carta de ratificação do instrumento respectivo em 27.11.1995, passando o mesmo a vigorar, para o Brasil, em 26 de dezembro de 1995, na forma de seu art. 15.

Os Governos dos Estados-Membros da Organização dos Estados Americanos, desejosos de concluir uma Convenção sobre Prova e Informação Acerca do Direito Estrangeiro, convieram no seguinte:

Artigo 1º

Esta Convenção tem por objeto estabelecer normas sobre a cooperação internacional entre os Estados-Partes para a obtenção de elementos de prova e informação a respeito do direito de cada um deles.

Artigo 2º

De acordo com as disposições desta Convenção, as autoridades de cada um dos Estados-Partes proporcionarão às autoridades dos demais Estados que o solicitarem os elementos de prova ou informação sobre o texto, vigência, sentido e alcance legal do seu direito.

Artigo 3º

A cooperação internacional na matéria de que trata esta Convenção será prestada por qualquer dos meios de prova idôneos previstos tanto na lei do Estado requerente como na do Estado requerido.

Serão considerados meios idôneos para os efeitos desta Convenção, entre outros, os seguintes:

a) a prova documental, consistente em cópias autenticadas de textos legais com indicação de sua vigência, ou precedentes judiciais;

b) a prova pericial, consistente em pareceres de advogados ou de técnicos na matéria;

c) as informações do Estado requerido sobre o texto, vigência, sentido e alcance legal do seu direito acerca de aspectos determinados.

Artigo 4º

As autoridades jurisdicionais dos Estados-Partes nesta Convenção poderão solicitar as informações a que se refere a alínea *c* do Artigo 3.

Os Estados-Partes poderão estender a aplicação desta Convenção aos pedidos de informações de outras autoridades.

Sem prejuízo do acima estipulado, poder-se-á atender às solicitações de outras autoridades que se refiram aos elementos de prova indicados nas alíneas *a* e *b* do Artigo 3.

Artigo 5º

Das solicitações a que se refere esta Convenção deverá constar o seguinte:

a) autoridade da qual provêm e a natureza do assunto;

b) indicação precisa dos elementos de prova que são solicitados;

c) determinação de cada um dos pontos a que se referir a consulta, com indicação do seu sentido e do seu alcance, acompanhada de uma exposição dos fatos pertinentes para sua devida compreensão.

A autoridade requerida deverá responder a cada um dos pontos que forem objeto da consulta, de conformidade com o que for solicitado e na forma mais completa possível.

As solicitações serão redigidas no idioma oficial do Estado requerido ou serão acompanhadas de tradução para o referido idioma. A resposta será redigida no idioma do Estado requerido.

Artigo 6º

Cada Estado-Parte ficará obrigado a responder às consultas dos demais Estados-Partes de acordo com esta Convenção, por intermédio de sua Autoridade Central, a qual poderá transmitir as referidas consultas a outros órgãos do mesmo Estado.

O Estado que prestar as informações a que se refere o Artigo 3 *c* não será responsável pelas opiniões emitidas nem ficará obrigado a aplicar ou fazer aplicar o direito segundo o conteúdo da resposta dada.

O Estado que receber as informações a que se refere o Artigo 3 *c* não ficará obrigado a aplicar ou fazer aplicar o direito segundo o conteúdo da resposta recebida.

Artigo 7º

As solicitações a que se refere esta Convenção poderão ser dirigidas diretamente pelas autoridades jurisdicionais ou por intermédio da Autoridade Central do Estado requerente à correspondente Autoridade Central do Estado requerido, sem necessidade de legalização.

A Autoridade Central de cada Estado-Parte receberá as consultas formuladas pelas autoridades do seu Estado e as transmitirá à autoridade central do Estado requerido.

Artigo 8º

Esta Convenção não restringirá as disposições de convenções que nesta matéria tenham sido subscritas ou que venham a ser subscritas no futuro em caráter bilateral ou multilateral pelos Estados-Partes, nem as práticas mais favoráveis que os referidos Estados possam observar.

Artigo 9º

Para os fins desta Convenção, cada Estado-Parte designará uma Autoridade Central.

A designação deverá ser comunicada à Secretaria-Geral da Organização dos Estados Americanos no momento do depósito do instrumento de ratificação ou de adesão para que seja comunicado aos demais Estados-Partes.

Os Estados-Partes poderão modificar a qualquer momento a designação de sua autoridade central.

Artigo 10

Os Estados-Partes não ficarão obrigados a responder às consultas de outro Estado-Parte quando os interesses dos referidos Estados estiverem afetados pela questão que der origem ao pedido de informação ou quando a resposta puder afetar a sua segurança ou soberania.

Artigo 11

Esta Convenção ficará aberta à assinatura dos Estados-Membros da Organização dos Estados Americanos.

Artigo 12

Esta Convenção está sujeita a ratificação. Os instrumentos de ratificação serão depositados na Secretaria-Geral da Organização dos Estados Americanos.

Artigo 13

Esta Convenção ficará aberta à adesão de qualquer outro Estado. Os instrumentos de adesão serão depositados na Secretaria-Geral da Organização dos Estados Americanos.

Artigo 14

Cada Estado poderá formular reservas a esta Convenção no momento de assiná-la, ratificá-la ou a ela aderir, desde que reserva verse sobre uma ou mais disposições específicas e que não seja incompatível com o objeto e fim da Convenção.

Artigo 15

Esta Convenção entrará em vigor no trigésimo dia a partir da data em que haja sido depositado o segundo instrumento de ratificação.

Para cada Estado que ratificar a Convenção ou a ela aderir depois de haver sido depositado o segundo instrumento de ratificação, a Convenção entrará em vigor no trigésimo dia a partir da data em que tal Estado haja depositado seu instrumento de ratificação ou adesão.

Artigo 16

Os Estados-Partes que tenham duas ou mais unidades territoriais em que vigorem sistemas jurídicos diferentes com relação a questões de que trata esta Convenção poderão declarar, no momento da assinatura, ratificação ou adesão, que a Convenção se aplicará a todas as suas unidades territoriais ou somente a uma ou mais delas.

Tais declarações poderão ser modificadas mediante declarações ulteriores que especificarão expressamente à ou às unidades territoriais a que se aplicará esta Convenção. Tais declarações ulteriores serão transmitidas à Secretaria-Geral da Organização dos Estados Americanos e surtirão efeito 30 (trinta) dias depois de recebidas.

Artigo 17

Esta Convenção vigorará por prazo indefinido, mas qualquer dos Estados-Partes poderá denunciá-la. O instrumento de denúncia será depositado na Secretaria-Geral da Organização dos Estados Americanos.

Transcorrido 1 (um) ano, contado a partir da data do depósito do instrumento de denúncia, cessarão os efeitos da Convenção para o Estado denunciante, continuando ela subsistente para os demais Estados-Partes.

Artigo 18

O instrumento original desta Convenção, cujos textos em português, espanhol, francês e inglês são igualmente autênticos, será depositado na Secretaria-Geral da Organização dos Estados Americanos, que enviará cópia autenticada do seu texto para o respectivo registro e publicação à Secretaria das Nações Unidas, de conformidade com o Artigo 102 da sua Carta constitutiva. À Secretaria-Geral da Organização, e aos Estados que houverem aderido à Convenção, as assinaturas e os depósitos de instrumentos de ratificação, de adesão e de denúncia, bem como as reservas que houver. Outrossim, transmitirá aos mesmos a informação a que se refere o Artigo 9 e as declarações previstas no Artigo 16 desta Convenção.

Em fé do que os plenipotenciários infra-assinados, devidamente autorizados por seus respectivos Governos, firmam esta Convenção.

Feita na Cidade de Montevidéu, República Oriental do Uruguai, no dia oito de maio de mil novecentos e setenta e nove.

CONVENÇÃO INTERAMERICANA SOBRE OBRIGAÇÃO ALIMENTAR (1989)

▶ Adotada no Plenário da Quarta Conferência Especializada Interamericana sobre Direito Internacional Privado – IV CIDIP. Foi promulgada no Brasil pelo Decreto 2.428, de 17.12.1997.

Âmbito de Aplicação

Artigo 1º

Esta Convenção tem como objeto a determinação do direito aplicável à obrigação alimentar, bem como à competência e à cooperação processual internacional, quando o credor de alimentos tiver seu domicílio ou residência habitual num Estado-Parte e o devedor de alimentos tiver seu domicílio ou residência habitual, bens ou renda em outro Estado-Parte.

Esta Convenção aplicar-se-á às obrigações alimentares para menores considerados como tal e às obrigações derivadas das relações matrimoniais entre cônjuges ou ex-cônjuges.

Os Estados poderão declarar, ao assinar ou ratificar esta Convenção, ou a ela aderir, que a mesma limita-se à obrigação alimentar para menores.

Artigo 2º

Para os efeitos desta Convenção, serão consideradas menores as pessoas que não tiverem completado a idade de dezoito anos. Sem prejuízo do antes exposto, os benefícios desta Convenção serão estendidos aos que, havendo completado essa idade continuem a ser credores de prestação de alimentos, de conformidade com a legislação aplicável prevista nos artigos 6 e 7.

Artigo 3º

Os Estados, ao assinar ou ratificar esta Convenção, ou a ela aderir, bem como depois de a mesma entrar em vigor, poderão declarar que a Convenção aplicar-se-á a obrigações alimentares em favor de outros credores. Poderão declarar também o grau de parentesco ou outros vínculos legais que determinam a qualidade do credor e do devedor de alimentos, em suas respectivas legislações.

Artigo 4º

Toda pessoa tem direito a receber alimentos sem distinção de nacionalidade, raça, sexo, religião, filiação, origem, situação migratória ou qualquer outro tipo de discriminação.

Artigo 5º

As decisões adotadas na aplicação desta Convenção não prejulgam as relações de filiação e de família entre o credor e o devedor de alimentos. No entanto, essas decisões poderão servir de elemento probatório, quando for pertinente.

Direito Aplicável

Artigo 6º

A obrigação alimentar, bem como as qualidades de credor e de devedor de alimentos, serão reguladas pela ordem jurídica que, a critério da autoridade competente, for mais favorável ao credor, dentre as seguintes:

a) ordenamento jurídico do Estado de domicílio ou residência habitual do credor;
b) ordenamento jurídico do Estado de domicílio ou residência habitual do devedor.

Artigo 7º

Serão regidas pelo direito aplicável, de conformidade com o artigo 6, as seguintes matérias:

a) a importância do crédito de alimentos e os prazos e condições para torná-lo efetivo;
b) a determinação daqueles que podem promover a ação de alimentos em favor do credor; e
c) as demais condições necessárias para o exercício do direito a alimentos.

Competência na Esfera Internacional

Artigo 8º

Têm competência, na esfera internacional, para conhecer das reclamações de alimentos, a critério do credor:

a) o juiz ou autoridade do Estado de domicílio ou residência habitual do credor;
b) o juiz ou autoridade do Estado de domicílio ou residência habitual do devedor;
c) o juiz ou autoridade do Estado com o qual o devedor mantiver vínculos pessoais, tais como posse de bens, recebimento de renda ou obtenção de benefícios econômicos.

Sem prejuízo do disposto neste artigo, serão consideradas igualmente competentes as autoridades judiciárias ou administrativas de outros Estados, desde que o demandado no processo tenha comparecido sem objetar a competência.

Artigo 9º

Tem competência, para conhecer da ação de aumento de alimentos, qualquer uma das autoridades mencionadas no artigo 8. Têm competência para conhecer da ação de cessação ou redução da pensão alimentícia, as autoridades que tiverem conhecido da fixação dessa pensão.

Artigo 10

Os alimentos devem ser proporcionais tanto à necessidade do alimentário, como à capacidade financeira do alimentante.

Se o juiz ou a autoridade responsável pela garantia ou pela execução da sentença adotar medidas cautelares ou dispuser a execução num montante inferior ao solicitado, ficarão a salvo os direitos do credor.

Cooperação Processual Internacional

Artigo 11

As sentenças estrangeiras sobre obrigação alimentar terão eficácia extraterritorial nos Estados-Partes, se preencherem os seguintes requisitos:

a) que o juiz ou autoridade que proferiu a sentença tenha tido competência na esfera internacional, de conformidade com os artigos 8 e 9 desta Convenção, para conhecer do assunto e julgá-lo;
b) que a sentença e os documentos anexos, que forem necessários de acordo com esta Convenção, estejam devidamente traduzidos para o idioma oficial do Estado onde devam surtir efeito;
c) que a sentença e os documentos anexos sejam apresentados devidamente legalizados, de acordo com a lei do Estado onde devam surtir efeito, quando for necessário;
d) que a sentença e os documentos anexos sejam revestidos das formalidades externas necessárias para serem considerados autênticos no Estado de onde provenham;
e) que o demandado tenha sido notificado ou citado na devida forma legal, de maneira substancialmente equivalente àquela admitida pela lei do Estado onde a sentença deva surtir efeito;
f) que se tenha assegurado a defesa das partes;
g) que as sentenças tenham caráter executório no Estado em que forem proferidas. Quando existir apelação da sentença, esta não terá efeito suspensivo.

Artigo 12
Os documentos de comprovação indispensáveis para solicitar o cumprimento das sentenças são os seguintes:
a) cópia autenticada da sentença;
b) cópia autenticada das peças necessárias para comprovar que foram cumpridas as alíneas e e f do artigo 11; e
c) cópia autenticada do auto que declarar que a sentença tem caráter executório ou que foi apelada.

Artigo 13
A verificação dos requisitos acima indicados caberá diretamente ao juiz a quem corresponda conhecer da execução, o qual atuará de forma sumária, com audiência da parte obrigada, mediante citação pessoal e com vista do Ministério Público, sem examinar o fundo da questão. Quando a decisão for apelável, o recurso não suspenderá as medidas cautelares, nem a cobrança e execução que estiverem em vigor.

Artigo 14
Do credor de alimentos não poderá ser exigido nenhum tipo de caução por ser de nacionalidade estrangeira ou ter seu domicílio ou residência habitual em outro Estado.
O benefício de justiça gratuita, declarado em favor do credor de alimentos no Estado-Parte onde tiver feito sua reclamação será reconhecido no Estado-Parte onde for efetuado o reconhecimento ou a execução. Os Estados-Partes comprometem-se a prestar assistência judiciária às pessoas que gozam do benefício de justiça gratuita.

Artigo 15
As autoridades jurisdicionais dos Estados-Partes nesta Convenção ordenarão e executarão, mediante pedido fundamentado de uma das Partes ou através do agente diplomático ou consular correspondente, as medidas cautelares ou de urgência que tenham caráter territorial e cuja finalidade seja assegurar o resultado de uma reclamação de alimentos pendente ou por ser instaurada.
Isso aplicar-se-á a qualquer que seja a jurisdição internacionalmente competente, desde que o bem ou a renda objeto da medida encontrem-se no território onde ela for promovida.

Artigo 16
O cumprimento de medidas cautelares não implicará o reconhecimento da competência na esfera internacional do órgão jurisdicional requerente, nem o compromisso de reconhecer a validez ou de proceder à execução da sentença que for proferida.

Artigo 17
As decisões interlocutórias e as medidas cautelares proferidas com relação a alimentos, inclusive as proferidas pelos juízes que começam dos processos de anulação, divórcio ou separação de corpos, ou outros de natureza semelhante, serão executadas pela autoridade competente, embora essas decisões ou medidas cautelares estejam sujeitas a recursos de apelação no Estado onde foram proferidas.

Artigo 18
Os Estados poderão declarar, ao assinar ou ratificar esta Convenção, ou a ela aderir, que será seu direito processual que regerá a competência dos tribunais e o processo de reconhecimento da sentença estrangeira.

Disposições Gerais

Artigo 19
Na medida de suas possibilidades, os Estados-Partes procurarão prestar assistência alimentar provisória aos menores de outro Estado que se encontrarem abandonados em seu território.

Artigo 20
Os Estados-Partes comprometem-se a facilitar a transferência dos recursos devidos pela aplicação desta Convenção.

Artigo 21
As disposições desta Convenção não poderão ser interpretadas de modo a restringir os direitos que o credor de alimentos tiver de conformidade com a lei do -foro.

Artigo 22
Poderá recusar-se o cumprimento de sentenças estrangeiras ou a aplicação do direito estrangeiro previstos nesta Convenção quando o Estado-Parte do cumprimento ou da aplicação o considerar manifestamente contrário aos princípios fundamentais de sua ordem pública.

Disposições Finais

Artigo 23
Esta Convenção ficará aberta à assinatura dos Estados-Membros da Organização dos Estados Americanos.

Artigo 24
Esta Convenção está sujeita à ratificação. Os instrumentos de ratificação serão depositados na Secretaria-Geral da Organização dos Estados Americanos.

Artigo 25
Esta Convenção ficará aberta à adesão de qualquer outro Estado. Os instrumentos de adesão serão depositados na Secretaria-Geral da Organização dos Estados Americanos.

Artigo 26
Cada Estado poderá formular reservas a esta Convenção no momento de assiná-la, de ratificá-la ou de a ela aderir, contanto que a reserva verse sobre uma ou mais disposições específicas e não seja incompatível com o objeto e com os fins fundamentais da Convenção.

Artigo 27
Os Estados-Partes que tiverem duas ou mais unidades territoriais em que vigorem sistemas jurídicos diferentes com relação a questões de que trata esta Convenção poderão declarar, no momento da assinatura, ratificação ou adesão,

que a Convenção aplicar-se-á a todas as suas unidades territoriais ou somente a uma ou mais delas.

Tais declarações poderão ser modificadas mediante declarações ulteriores, que especificarão expressamente a unidade ou as unidades territoriais a que se aplicará esta Convenção. Tais declarações ulteriores serão transmitidas à Secretaria-Geral da Organização dos Estados Americanos e surtirão efeito trinta dias depois de recebidas.

Artigo 28

No que se refere a um Estado que, em matéria de obrigação alimentar para menores, tiver dois ou mais sistemas de direito, aplicáveis em unidades territoriais diferentes:

a) qualquer referência à residência habitual nesse Estado diz respeito à residência habitual em uma unidade territorial desse Estado;

b) qualquer referência à lei do Estado da residência habitual diz respeito à lei da unidade territorial na qual o mesmo tem sua residência habitual.

Artigo 29

Esta Convenção regerá os Estados-Membros da Organização dos Estados Americanos que forem Partes nesta Convenção e nos convênios da Haia, de 2 de outubro de 1973, sobre Reconhecimento e Eficácia de Sentenças Relacionadas com Obrigação Alimentar para Menores e sobre a Lei Aplicável à Obrigação Alimentar.

Entretanto, os Estados-Partes poderão convir entre si, de forma bilateral, a aplicação prioritária dos Convênios da Haia de 2 de outubro de 1973.

Artigo 30

Esta Convenção não restringirá as disposições de convenções que sobre esta mesma matéria tiverem sido assinadas ou que venham a ser assinadas de forma bilateral ou multilateral pelos Estados-Partes, nem as práticas mais favoráveis que esses Estados observarem sobre a matéria.

Artigo 31

Esta Convenção entrará em vigor no trigésimo dia a partir da data em que houver sido depositado o segundo instrumento de ratificação.

Para cada Estado que ratificar a Convenção ou a ela aderir depois de haver sido depositado o segundo instrumento de ratificação, a Convenção entrará em vigor no trigésimo dia a partir da data em que esse Estado houver depositado o seu instrumento de ratificação ou adesão.

Artigo 32

Esta Convenção vigorará por prazo indefinido, mas qualquer dos Estados-Partes poderá denunciá-la. O instrumento de denúncia será depositado na Secretaria-Geral da Organização dos Estados Americanos. Transcorrido um ano, contado a partir da data do depósito do instrumento de denúncia, cessarão os efeitos da Convenção para o Estado denunciante, continuando ela subsistente para os demais Estados-Partes.

Artigo 33

O instrumento original desta Convenção, cujos textos em espanhol, francês, inglês e português são igualmente autênticos, será depositado na Secretaria-Geral da Organização dos Estados Americanos, que enviará cópia autenticada do seu texto, para registro e publicação, à Secretaria das Nações Unidas, de conformidade com o artigo 102 de sua Carta constitutiva. A Secretaria-Geral da Organização dos Estados Americanos notificará os Estados-Membros desta Organização e os Estados que houverem aderido à Convenção, as assinaturas, depósitos de instrumentos de ratificação, de adesão e de denúncia, bem como as reservas que houver. Também lhes transmitirá as declarações que estiverem previstas nesta Convenção.

Em fé do que, os plenipotenciários abaixo-assinados, devidamente autorizados por seus respectivos Governos, assinam esta Convenção.

Feita na Cidade de Montevidéu, República Oriental do Uruguai, no dia 15 de julho de mil novecentos e oitenta e nove.

Índice Alfabético-Remissivo da Constituição Federal e do ADCT

A

ABUSO DE PODER
- *habeas corpus;* concessão; violência ou coação à liberdade de locomoção: art. 5º, LXVIII
- mandado de segurança; concessão: art. 5º, LXIX
- no exercício de função, cargo ou emprego público; inelegibilidade: art. 14, § 9º

ABUSO DE PODER ECONÔMICO
- repressão: art. 173, § 4º

AÇÃO CIVIL PÚBLICA
- promoção pelo Ministério Público: art. 129, III

AÇÃO DECLARATÓRIA DE CONSTITUCIONALIDADE
- decisões definitivas de mérito; eficácia e efeito: art. 102, § 2º
- de lei ou ato normativo federal; processo e julgamento; STF: art. 102, I, *a*
- legitimidade: art. 103, *caput*

AÇÃO DIRETA DE INCONSTITUCIONALIDADE
- Advogado-Geral da União; citação: art. 103, § 3º
- decisões definitivas de mérito; eficácia e efeito: art. 102, § 2º
- de lei ou ato normativo federal ou estadual; processo e julgamento; STF: art. 102, I, *a*
- legitimidade: art. 103, *caput*
- Procurador-Geral da República; oitiva: art. 103, § 1º
- cf. também INCONSTITUCIONALIDADE

AÇÃO PENAL PÚBLICA
- admissão de ação privada: art. 5º, LIX
- iniciativa pelo Ministério Público: art. 129, I

AÇÃO POPULAR
- propositura: art. 5º, LXXIII

AÇÃO POSSESSÓRIA
- competência; justiça do trabalho; direito de greve: art. 114, II

AÇÃO RESCISÓRIA
- processo e julgamento; competência: arts. 102, I, *j*; 105, I; 108, I, *b*; ADCT, art. 27, § 10

AÇÃO TRABALHISTA
- prescrição; prazo: art. 7º, XXIX

ACORDOS INTERNACIONAIS
- competência do Congresso Nacional: art. 49, I

AGÊNCIAS FINANCEIRAS
- oficiais de fomento; política de aplicação: art. 165, § 2º

APOSENTADORIA
- aposentados e pensionistas; gratificação natalina: art. 201, § 6º
- concessão; requisitos e critérios diferenciados: art. 201, § 1º
- contagem de tempo; mandato gratuito: ADCT, art. 8º, § 4º
- ex-combatente; proventos integrais: ADCT, art. 53, V
- invalidez permanente; servidor público: art. 40, § 1º, I
- juízes togados; normas: ADCT, art. 21, par. ún.
- magistrados: art. 93, VI e VIII
- professores; tempo de serviço: arts. 40, § 5º; 201, § 8º
- proventos; limites: ADCT, art. 17, *caput*
- servidor público: art. 40
- servidor público; requisitos e critérios diferenciados; ressalvas: art. 40, § 4º
- trabalhadores de baixa renda e sem renda própria; serviço doméstico: art. 201, § 12
- trabalhadores urbanos e rurais: arts. 7º, XXIV; 201
- vedação; percepção simultânea de proventos: art. 37, § 10
- voluntária; servidor público; permanência em atividade; abono: art. 40, § 19

ARTES
- *v.* CULTURA e OBRAS

ASILO POLÍTICO
- concessão: art. 4º, X

ASSEMBLEIA LEGISLATIVA
- ação declaratória de constitucionalidade; legitimidade: art. 103, IV
- ação direta de inconstitucionalidade; legitimidade: art. 103, IV
- cargos; provimento: art. 27, § 3º
- competência: art. 27, § 3º
- composição: art. 27, *caput*
- composição; criação de Estado: art. 235, I
- Constituição Estadual; elaboração: ADCT, art. 11, *caput*
- emendas à Constituição Federal: art. 60, III
- Estado; desmembramento, incorporação e subdivisão: art. 48, VI
- intervenção estadual; apreciação: art. 36, §§ 1º a 3º
- polícia: art. 27, § 3º
- processo legislativo; iniciativa popular: art. 27, § 4º
- provimento de cargos: art. 27, § 3º
- Regimento Interno: art. 27, § 3º
- serviços administrativos: art. 27, § 3º

ASSISTÊNCIA JURÍDICA
- gratuita e integral: dever do Estado: art. 5º, LXXIV
- guarda do menor: art. 227, § 3º, VI
- *habeas corpus* e *habeas data;* gratuidade: art. 5º, LXXVII
- legislação concorrente: art. 24, XIII

ASSISTÊNCIA PÚBLICA
- competência comum: art. 23, II
- herdeiros e dependentes de pessoas vítimas de crime doloso: art. 245

ASSISTÊNCIA RELIGIOSA
- crença religiosa; obrigação legal; recusa: art. 5º, VII

ASSISTÊNCIA SOCIAL
- adolescência; direitos: art. 227, § 4º
- contribuições sociais; competência para a instituição: art. 149
- infância; direitos: art. 227, § 7º
- instituições sem fins lucrativos; limitações ao poder de tributar: art. 150, VI, c, § 4º
- Município; contribuição: art. 149, §§ 1º a 4º
- objetivos; prestação: art. 203
- recursos, organização, diretrizes: art. 204

ASSOCIAÇÃO
- atividade garimpeira: arts. 21, XXV; 174, § 3º
- colônias de pescadores: art. 8º, par. ún.
- criação: art. 5º, XVIII
- desportiva; autonomia: art. 217, I
- dissolução compulsória ou suspensão das atividades: art. 5º, XIX
- funcionamento; interferência governamental: art. 5º, XVIII
- lei; apoio e estímulo: art. 174, § 2º
- liberdade: art. 5º, XVII e XX
- mandado de segurança coletivo: art. 5º, LXX, *b*
- representação: art. 5º, XXI
- representação; obras; aproveitamento econômico; fiscalização: art. 5º, XXVIII, *b*
- sindical; servidor público: art. 37, VI

ATO ADMINISTRATIVO
- Estado do Tocantins; convalidação de: ADCT, art. 18-A

AUXÍLIO EMERGENCIAL
- residual; suspensão de condicionalidades para concessão de: EC 109/2021

AVISO PRÉVIO
- direito; trabalhadores: art. 7º, XXI

BANCO CENTRAL DO BRASIL
- compra e venda de títulos do Tesouro Nacional: art. 164, § 2º
- depósito de disponibilidade de caixa da União: art. 164, § 3º
- emissão de moeda; competência da União: art. 164, *caput*
- empréstimos a instituição financeira ou ao Tesouro; vedação: art. 164, § 1º
- presidente e diretores; aprovação e nomeação: arts. 52, III, *d;* 84, XIV

BANIMENTO
- *v.* PENA

BENS
- confisco; tráfico de drogas: art. 243, par. ún.
- da União: arts. 20, *caput;* 176, *caput*
- da União; faixa de fronteira: art. 20, § 2º
- Distrito Federal: ADCT, art. 16, § 3º
- do Estado-Membro: art. 26
- domínio da União; disposição; competência do Congresso Nacional: art. 48, V
- estrangeiros situados no Brasil; sucessão: art. 5º, XXXI
- imóveis; imposto sobre transmissão *inter vivos*: art. 156, II, § 2º; ADCT, art. 34, § 6º
- impostos sobre transmissão *causa mortis* e doação: art. 155, I e § 1º; ADCT, art. 34, § 6º
- indisponibilidade; improbidade administrativa: art. 37, § 4º
- ocupações e uso temporário; calamidade pública: art. 136, § 1º, II
- perdimento: art. 5º, XLV e XLVI
- privação: art. 5º, LIV
- requisição; estado de sítio: art. 139, VII
- tráfego; limitação por meio de tributos: art. 150, V; ADCT, art. 34, § 1º
- valor artístico, cultural e histórico; proteção: art. 23, III e IV

BRASILEIRO
- adoção por estrangeiros: art. 227, § 5º
- cargos, empregos e funções públicos; acesso: art. 37, I, II e IV
- Conselho da República; participação: art. 89, VII
- direito à vida, à liberdade, à segurança e à propriedade: art. 5º, *caput*
- distinção; vedação: art. 19, III
- empresas jornalísticas e de radiodifusão; propriedade privativa: art. 222, *caput*
- energia hidráulica; aproveitamento dos potenciais: art. 176, § 1º
- extradição: art. 5º, LI
- nascido no estrangeiro; registro; repartição diplomática ou consular brasileira: ADCT, art. 95

CALAMIDADE
- defesa permanente; planejamento; competência da União: art. 21, XVIII
- despesas extraordinárias; empréstimo compulsório: art. 148, I; ADCT, art. 34, § 1º

CÂMBIO
- administração e fiscalização; competência da União: art. 21, VIII
- disposições; competência do Congresso Nacional: art. 48, XIII
- operações; disposições: art. 163, VI
- política; legislação; competência privativa da União: art. 22, VII

CAPITAL ESTRANGEIRO
- investimentos; reinvestimento; lucros: art. 172
- participação; assistência à saúde; vedação: art. 199, § 3º
- participação; empresa jornalística e de radiodifusão; percentual: art. 222, §§ 1º e 4º

CARGOS PÚBLICOS
- acesso e investidura: art. 37, I, II e IV, § 2º
- acumulação: arts. 37, XVI e XVII; ADCT, art. 17, §§ 1º e 2º
- acumulação; remuneração; subsídios: art. 37, XVI
- cargos em comissão e funções de confiança: art. 37, V; ADCT, art. 19, § 2º
- contratação por tempo determinado: art. 37, IX
- criação e remuneração; lei; iniciativa: art. 61, § 1º, II, *a*
- criação; transformação e extinção; remuneração: arts. 48, X; 96, II, *b*

ÍNDICE ALFABÉTICO-REMISSIVO DA CONSTITUIÇÃO FEDERAL E DO ADCT

– deficiente; reserva: art. 37, VIII
– estabilidade; perda; reintegração; disponibilidade; extinção; avaliação de desempenho: art. 41
– Estado; criação; provimento: art. 235
– nulidade dos atos de nomeação: art. 37, § 2º
– perda; critérios e garantias especiais: art. 247, *caput*
– perda; insuficiência de desempenho: art. 247, par. ún.
– Poder Judiciário; provimento: art. 96, I, *c* e *e*
– provimento e extinção; competência: art. 84, XXV
– remuneração; revisão; fixação; subsídios: art. 37, X e XI

CARTA ROGATÓRIA
– concessão e execução: arts. 105, I, *i;* 109, X

CARTEL
– vedação: art. 173, § 4º

CASA LOTÉRICA
– prorrogação de contratos: ADCT, art. 123

COISA JULGADA
– proteção: art. 5º, XXXVI

COMANDANTE DA MARINHA, EXÉRCITO E AERONÁUTICA
– crimes conexos; julgamento pelo Senado Federal: art. 52, I
– crimes de responsabilidade; processo e julgamento pelo STF: art. 102, I, *c*
– mandado de segurança, *habeas corpus* e *habeas data;* julgamento pelo STJ: art. 105, I, *b* e *c*
– membros natos do Conselho de Defesa Nacional: art. 91, VIII

COMBUSTÍVEIS
– biocombustíveis; consumo final; regime fiscal favorecido: art. 225, § 1º, VIII
– elevação de preço; estado de emergência; ano 2022; medidas de enfrentamento: ADCT, art. 120
– líquidos e gasosos; impostos; instituição e normas: art. 155, II e §§ 3º e 4º; ADCT, art. 34, §§ 1º, 6º e 7º
– venda e revenda; regulamentação: art. 238

COMÉRCIO
– exterior e interestadual; legislação; competência privativa da União: art. 22, VIII
– exterior; fiscalização e controle; fiscalização e controle pelo Ministério da Fazenda: art. 237
– importação e exportação; petróleo e gás natural; monopólio da União: art. 177, III e § 4º
– importação e exportação; Zona Franca de Manaus: ADCT, art. 40
– minérios e minerais nucleares; monopólio da União: art. 177, V
– órgãos humanos; sangue e derivados; proibição: art. 199, § 4º
– política agrícola; preços e garantia de comercialização: art. 187, II

COMISSÃO
– estudos territoriais; criação; composição e finalidade: ADCT, art. 12

COMISSÃO PARLAMENTAR DE INQUÉRITO (CPI)
– criação e competência: art. 58, § 3º
– inspeções e auditorias; Tribunal de Contas da União: art. 58, § 4º

COMPETÊNCIA
– documento histórico: proteção: art. 23, III
– geografia e geologia; organização e manutenção de serviços oficiais: art. 21, XV
– juizados especiais federais; ações de natureza previdenciária e assistencial; art. 109, § 3º, da CF
– organização e manutenção de serviços de estatística: art. 21, XV
– requisição de documento comercial; autoridade estrangeira; autorização: art. 181
– União; classificação indicativa de diversões públicas: art. 21, XVI

COMPETÊNCIA LEGISLATIVA
– comum; abastecimento alimentar: art. 23, VIII
– concorrente; caça: art. 24, VI
– concorrente; direito econômico: art. 24, I
– concorrente; direito financeiro: art. 24, I
– concorrente; direito penitenciário: art. 24, I
– concorrente; direito tributário: art. 24, I
– concorrente; direito urbanístico: art. 24, I
– direito aeronáutico: art. 22, I
– direito agrário: art. 22, I
– direito civil: art. 22, I
– direito comercial; eleitoral; espacial: art. 22, I
– direito do trabalho: art. 22, I
– direito marítimo: art. 22, I
– direito penal: art. 22, I
– direito processual: art. 22, I
– geologia; sistema nacional; União: art. 22, VIII
– informática; União: art. 22, IV
– juizado de pequenas causas; legislação concorrente: art. 24, X
– radiodifusão; União: art. 22, IV
– sistema de consórcios: art. 22, XX
– sistema de medidas: art. 22, VI
– sistema estatístico nacional: art. 22, XVIII
– sistema monetário: art. 22, VI
– sorteios; União: art. 22, XX

COMUNICAÇÃO SOCIAL
– censura; vedação: art. 220, § 2º
– diversões e espetáculos públicos; regulação: art. 220, § 3º, I
– eletrônica; empresa jornalística e de radiodifusão: art. 222, § 3º
– empresa jornalística e de radiodifusão; alterações de controle societário: art. 222, § 5º
– empresa jornalística e de radiodifusão sonora e de sons e imagens; propriedade: art. 222
– informação jornalística; liberdade: art. 220, § 1º
– informação jornalística; vedação legal a restrições: art. 220, §§ 1º e 2º
– liberdade: art. 220, *caput*
– manifestação do pensamento, da criação e expressão; sem restrição: art. 220, *caput* e §§ 1º e 2º
– meio de comunicação social; monopólio e oligopólio; proibição: art. 220, § 5º
– monopólio ou oligopólio; vedação: art. 220, § 5º
– programa comercial; restrições legais; regulamentação: art. 220, § 4º; ADCT, art. 65
– propaganda comercial; restrições legais: art. 220, § 4º; ADCT, art. 65
– publicação impressa; autorização: art. 220, § 6º

– serviços de radiodifusão sonora e de sons e imagens; concessão, permissão e autorização: art. 223

CONCURSO PÚBLICO
– cargo público; acesso e investidura: art. 37, II, III, IV e § 2º
– cargo público; justiça; provimento: art. 96, I, *e*
– ingresso; redes públicas; profissionais da educação escolar: art. 206, V
– juiz togado; estabilidade: ADCT, art. 21, *caput*
– serviço notarial e de registro; ingresso: art. 236, § 3º

CONFEDERAÇÃO SINDICAL
– ações declaratória de constitucionalidade e direta de inconstitucionalidade: art. 103, IX

CONGRESSO NACIONAL
– *v.* PODER LEGISLATIVO
– comissão mista; atuação: ADCT, art. 26
– comissão mista; despesas não autorizadas: art. 72
– comissão mista; terras públicas: ADCT, art. 51
– fundos; ratificação; prazo: ADCT, art. 36
– recesso; prazos; exceção: art. 64, § 4º

CONSELHO DA JUSTIÇA FEDERAL
– supervisão administrativa e orçamentária da Justiça Federal: art. 105, § 1º, II

CONSELHO DA REPÚBLICA
– cargo privativo de brasileiro nato: art. 89, VII
– competência: art. 90, *caput*
– convocação e presidência; competência: art. 84, XVIII
– estado de defesa: arts. 90, I; 136, *caput*
– estado de sítio: arts. 90, I; 137, *caput*
– instituições democráticas; estabilidade: art. 90, II
– intervenção federal: art. 90, I
– membro; eleição pela Câmara dos Deputados: art. 51, V
– membros: art. 89
– Ministros de Estado; convocação pelo Presidente da República: art. 90, § 1º
– organização: art. 89, *caput*

CONSELHO DE COMUNICAÇÃO SOCIAL
– Congresso Nacional; órgão auxiliar: art. 224

CONSELHO DE CONTAS DO MUNICÍPIO
– organização, composição e fiscalização: art. 75, *caput*

CONSELHO DE DEFESA NACIONAL
– competência: art. 91, § 1º
– convocação e presidência; competência: art. 84, XVIII
– estado de sítio: art. 137, *caput*
– membros: art. 91
– organização e funcionamento: art. 91, § 2º
– órgão de consulta do Presidente da República: art. 91, *caput*

CONSELHO FEDERAL DA ORDEM DOS ADVOGADOS DO BRASIL
– ações declaratória de constitucionalidade e direta de inconstitucionalidade; legitimidade: art. 103, VII

CONSELHO NACIONAL DE JUSTIÇA
– ações contra o órgão; competência; STF: art. 102, I, *r*
– competência: art. 103-B, § 4º
– composição: art. 103-B
– corregedoria; exercício; Ministro do STJ: art. 103-B, § 5º
– membros; aprovação e nomeação: art. 103-B, § 2º

– membros; indicações não efetuadas no prazo legal; escolha pelo STF: art. 103-B, § 3º
– órgão do Poder Judiciário: art. 92, I-A
– ouvidoria de justiça; criação; competência da União: art. 103-B, § 7º
– presidência; Presidente do STF: art. 103-B, § 1º
– sede; Capital Federal: art. 92, § 1º

CONSELHO NACIONAL DO MINISTÉRIO PÚBLICO
– ações contra o órgão; competência; STF: art. 102, I, *r*
– competência: art. 130-A, § 2º
– composição: art. 130-A
– corregedor nacional; escolha; competência: art. 130-A, § 3º
– ouvidorias; criação; competência da União e dos Estados: art. 130-A, § 5º

CONSELHO SUPERIOR DA JUSTIÇA DO TRABALHO
– competência e funcionamento: art. 111-A, § 2º, II

CONSÓRCIO(S)
– públicos; gestão associada; transferência de encargos; serviços: art. 241

CONSTITUCIONALIDADE
– ação declaratória: art. 102, I, *a*

CONSTITUIÇÃO ESTADUAL
– Assembleia Legislativa; elaboração; prazo: ADCT, art. 11
– disposição sobre os Tribunais de Contas Estaduais: art. 75, par. ún.
– provimento de cargos; nomeação; criação de Estado: art. 235, X

CONSTITUIÇÃO FEDERAL
– decisão judicial que contraria dispositivo constitucional; julgamento: art. 102, III, *a*
– decretos-leis em tramitação e editados na promulgação: ADCT, art. 25, §§ 1º e 2º
– edição popular do texto: ADCT, art. 64
– emendas: art. 60
– Estados; organização e administração; observação dos princípios: art. 25
– guarda; competência comum da União; Estados, Distrito Federal e Municípios: art. 23, I
– guarda; STF: art. 102
– manutenção, defesa e cumprimento: ADCT, art. 1º
– revisão: ADCT, art. 3º
– revogação de dispositivos legais: ADCT, art. 25, *caput*

CONSUMIDOR
– Código de Defesa; elaboração: ADCT, art. 48
– dano; competência legislativa concorrente: art. 24, VIII
– defesa: arts. 5º, XXXII; 170, V
– mercadorias e serviços; incidência de impostos: art. 150, § 5º

CONTRABANDO
– prevenção e repressão: art. 144, § 1º, II

CONTRIBUIÇÃO
– *v.* TRIBUTOS
– compulsória destinada às entidades de serviço social: art. 240
– custeio do serviço de iluminação pública; cobrança na fatura de consumo de energia elétrica; competência dos Municípios e Distrito Federal: art. 149-A

- de intervenção sobre o domínio econômico: art. 177, § 4º
- de melhoria; competência tributária: art. 145, *caput*, III
- previdência social: art. 201
- previdência social; beneficiário portador de doença incapacitante: art. 40, § 21
- social: arts. 149; 195; ADCT, art. 34, § 1º
- social; alíquotas ou bases de cálculo diferenciadas: art. 195, § 9º
- social; competência da Justiça do Trabalho; execução: art. 114, § 3º

CONTRIBUIÇÃO PREVIDENCIÁRIA
- previdência social; organização: art. 201
- previdência social; beneficiário portador de doença incapacitante: art. 40, § 21

CONTRIBUIÇÃO PROVISÓRIA SOBRE MOVIMENTAÇÃO FINANCEIRA (CPMF)
- alíquota: ADCT, art. 84, § 3º
- não incidência: ADCT, art. 85, *caput* e §§ 2º e 3º
- produto da arrecadação; destinação: ADCT, art. 84, § 2º
- prorrogação da cobrança: ADCT, arts. 75; 84, *caput* e § 1º
- regulamentação pelo Poder Executivo; prazo: ADCT, art. 85, § 1º

CONTRIBUINTE
- definição para o ICMS: art. 155, § 2º, XII, *a*
- impostos; características: art. 145, § 1º
- Municípios; contas; exame e apreciação: art. 31, § 3º
- taxas; utilização de serviços públicos: art. 145, II
- tratamento desigual; proibição: art. 150, II; ADCT, art. 34, § 1º

CONTROLE EXTERNO
- apoio: art. 74, IV
- Congresso Nacional; competência: art. 71
- fiscalização; Município: art. 31

CONTROLE INTERNO
- exercício integrado; Poderes Legislativo, Executivo e Judiciário; finalidade: art. 74
- fiscalização; Município: art. 31
- irregularidade ou ilegalidade; ciência ou denúncia ao Tribunal de Contas da União: art. 74, §§ 1º e 2º

CONVENÇÃO E ACORDO COLETIVO DE TRABALHO
- salário; redução: art. 7º, VI

CONVENÇÕES INTERNACIONAIS
- celebração e referendo: art. 84, VIII
- crimes; processo e julgamento: art. 109, V
- direitos humanos; aprovação pelo Congresso como emenda constitucional: art. 5º, § 3º

CONVÊNIOS DE COOPERAÇÃO ENTRE ENTES FEDERADOS
- gestão associada de serviços públicos; transferência de encargos; serviços, pessoal e bens; continuidade dos serviços transferidos: art. 241

COOPERATIVISMO
- apoio e estímulo: art. 174, § 2º
- atividade garimpeira: arts. 21, XXV; 174, §§ 3º e 4º

- cooperativa; criação e funcionamento: art. 5º, XVIII
- política agrícola: art. 187, VI

CORPO DE BOMBEIROS
- competência: art. 144, § 5º
- competência legislativa da União: art. 22, XXI
- Distrito Federal; organização e manutenção; assistência financeira: art. 21, XIV
- órgãos: art. 144, V

CORREÇÃO MONETÁRIA
- casos de incidência: ADCT, art. 46
- empresários e produtores rurais; isenção; condições: ADCT, art. 47

CORREIO AÉREO NACIONAL
- manutenção; competência da União: art. 21, X

CORRESPONDÊNCIA
- inviolabilidade; restrições; estado de sítio e de defesa: arts. 139, III; 136, § 1º, I, *b*
- sigilo; inviolabilidade e exceções: art. 5º, XII

CRÉDITOS
- adicionais; projetos de lei; apreciação: art. 166, *caput*
- cooperativas; sistema financeiro nacional: art. 192
- entidade de regime de intervenção ou liquidação extrajudicial; correção monetária: ADCT, art. 46
- especiais; abertura e vigência: art. 167, V e § 2º
- especiais; utilização e transposição: arts. 166, § 8º; 168
- externo e interno; disposição; competência privativa do Senado Federal: art. 52, VII e VIII
- extraordinário; abertura e vigência: art. 167, §§ 2º e 3º
- fiscalização de operações; competência da União: art. 21, VIII
- ilimitados; proibição: art. 167, VII
- instituições oficiais da União, disposições: art. 163, VII
- instrumentos creditícios e fiscais; política agrícola: art. 187, I
- operações; contratação; critérios: arts. 165, § 8º; 167, IV
- operações; despesas de capital excedentes: art. 167, III; ADCT, art. 37
- operações; sistema de controle interno; finalidade: art. 74, III
- política; legislação; competência privativa da União: art. 22, VII
- rural; mini, pequenos e médios produtores rurais; débitos; isenção da correção monetária: ADCT, art. 47
- rural; produtores rurais; classificação: ADCT, art. 47, § 2º
- suplementar; abertura critérios: arts. 165, § 8º; 167, V
- suplementar; utilização e transposição: arts. 166, § 8º; 168

CRIANÇA E ADOLESCENTE
- abuso, violência e exploração sexuais: art. 227, § 4º
- amparo: art. 203, II
- assistência social: arts. 203, I e II; 227, § 7º
- autores de infrações penais; aplicação de medida privativa de liberdade: art. 227, § 3º, V
- autores de infrações penais; garantias: art. 227, § 3º, IV
- dependentes de droga; prevenção e atendimento: art. 227, § 3º, VII
- direito à proteção especial: art. 227, § 3º
- direito à saúde: art. 227, § 1º
- direitos: art. 227, *caput*
- direitos sociais: art. 6º
- estatuto da juventude: art. 227, § 8º, I
- menor; imputabilidade penal: art. 228

- órfãos e abandonados; estímulo à guarda pelo Poder Público: art. 227, § 3º, VI
- plano nacional de juventude: art. 227, § 8º, II
- proteção: art. 203, I
- proteção; competência legislativa concorrente: art. 24, XV
- restrições: art. 227, *caput*

CRIME(S)
- a bordo de navio ou aeronave; processo e julgamento: art. 109, IX
- ação pública; admissão de ação privada: art. 5º, LIX
- "colarinho-branco"; processo e julgamento: art. 109, VI
- comum; Deputado Federal; processo e julgamento: art. 53, § 3º
- comum; Governadores; processo e julgamento: art. 105, I, *a*
- comum; membros do Ministério Público da União; processo e julgamento: art. 108, I, *a*
- comum; Presidente da República: art. 86
- comum; Presidente da República; suspensão de funções: art. 86, § 1º, I
- comum; Senador; processo e julgamento: art. 53, § 4º
- contra a ordem constitucional e o Estado Democrático; inafiançável e imprescritível: art. 5º, XLIV
- contra a organização do trabalho e a ordem econômico-financeira: art. 5º, XLIV
- contra o Estado; vigência; estado de defesa: art. 136, § 3º, I
- contra o sistema financeiro e a ordem econômico-financeira; processo e julgamento: art. 109, VI
- de responsabilidade; Advogado-Geral da União: art. 52, II
- de responsabilidade; comandante da Marinha, do Exército e da Aeronáutica: art. 52, I
- de responsabilidade; desembargadores; membros dos Tribunais de Contas, dos Tribunais Regionais Federais, Eleitorais e do Trabalho, dos Conselhos ou Tribunais de Contas dos Municípios; processo e julgamento: art. 105, I, *a*
- de responsabilidade; Juízes Federais; processo e julgamento: art. 108, I, *a*
- de responsabilidade; membro do Ministério Público da União; processo e julgamento: arts. 105, I, *a*; 108, I, *a*
- de responsabilidade; Ministro de Estado: art. 50, § 2º
- de responsabilidade; Ministro de Estado; processo e julgamento: art. 52, I
- de responsabilidade; Ministro do STF; processo e julgamento: art. 52, II
- de responsabilidade; Presidente da República: art. 85, *caput*
- de responsabilidade; Presidente da República; processo e julgamento: arts. 52, I; 86
- de responsabilidade; Presidente da República; suspensão de funções: art. 86, § 1º, II
- de responsabilidade; Presidente da República; tipicidade: art. 85, par. ún.
- de responsabilidade; Presidente do Tribunal; retardar ou frustrar liquidação de precatório: art. 100, § 7º
- de responsabilidade; Procurador-Geral da República; processo e julgamento: art. 52, II
- doloso contra a vida: art. 5º, XLIII
- ingresso ou permanência irregular de estrangeiro; processo e julgamento: art. 109, X
- militar; prisão: art. 5º, LXI
- militar; processo e julgamento: arts. 124; 125, § 4º
- organizado; inafiançável e imprescritível: art. 5º, XLIV
- político; estrangeiro; extradição: art. 5º, LII
- político; processo e julgamento: art. 109, IV

- político; recurso ordinário: art. 102, II, *b*
- racismo; inafiançável e imprescritível: art. 5º, XLII
- retenção dolosa de salário: art. 7º, X
- revisão criminal e ação rescisória; processo e julgamento; competência: arts. 102, I, *j*; 105, I, *e*; 108, I, *b*
- usura; taxa de juros: art. 192

CRIMES CONTRA A ORGANIZAÇÃO DO TRABALHO
- competência; Justiça Federal: art. 109, VI

CULTO RELIGIOSO
- interferência governamental: art. 19, I
- liberdade de exercício: art. 5º, VI
- templos, proibição de impostos: art. 150, VI, *b* e § 4º; ADCT, art. 34, § 1º

CULTURA
- acesso: art. 23, V
- bens e valores culturais; incentivos: art. 216, § 3º
- cavidades naturais e sítios arqueológicos: art. 20, X
- datas comemorativas; fixação: art. 215, § 2º
- direitos culturais; exercício: art. 215, *caput*
- legislação: art. 24, IX
- manifestação das culturas populares, indígenas e afro-brasileiras: art. 215, § 1º
- patrimônio cultural; ato lesivo; ação popular: art. 5º, LXXIII
- patrimônio cultural; danos e ameaças; punição: art. 216, § 4º
- patrimônio cultural; promoção e proteção pelo Poder Público: art. 216, § 1º
- patrimônio cultural; proteção; competência: art. 23, III e IV
- patrimônio cultural; proteção ou responsabilidade por dano: art. 24, VII, VIII e IX
- patrimônio cultural; quilombos; tombamento: art. 216, § 5º
- patrimônio histórico-cultural; proteção pelo Município: art. 30, IX
- patrimônio nacional; encargos ou compromissos gravosos; competência: art. 49, I
- patrimônio nacional; mercado interno; desenvolvimento cultural e socioeconômico: art. 219
- patrimônio nacional natural: art. 225, § 4º
- patrimônio público; conservação; competência: art. 23, I
- patrimônio público e social; instauração de inquérito: art. 129, III
- Plano Nacional; duração; objetivos: art. 215, § 3º
- Sistema Nacional de: art. 216-A

CUSTAS
- ação popular; isenção: art. 5º, LXXIII
- destinação: art. 98, § 2º
- juízes; recebimento; proibição: art. 95, par. ún.
- serviços forenses: art. 24, IV

DANO
- ao meio ambiente; reparação: art. 225, § 3º
- material, moral ou à imagem; indenização: art. 5º, V e X
- nucleares; responsabilidade civil: art. 21, XXIII, *d*
- patrimônio cultural; punição: art. 216, § 4º
- reparação: art. 5º, XLV

– reparação econômica; cidadãos atingidos pelas Portarias Reservadas do Ministério da Aeronáutica: ADCT, art. 8°, § 3°
– responsabilidade; pessoas jurídicas de direito público e privado: art. 37, § 6°

DANO MATERIAL E DANO MORAL
– direito a indenização; previsão: art. 5°, X
– material, moral ou à imagem; indenização: art. 5°, V e X
– reparação: art. 5°, XLV
– responsabilidade; pessoas jurídicas de direito público e privado: art. 37, § 6°

DECISÃO JUDICIAL
– culpa; sentença penal condenatória: art. 5°, LXII

DECORO PARLAMENTAR
– perda do mandato; abuso das prerrogativas; percepção de vantagens indevidas: art. 55, II, § 1°

DECRETO
– competência do Presidente da República; extinção de funções ou cargos públicos: art. 84, VI, b
– competência do Presidente da República; organização e funcionamento da administração federal: art. 84, VI, a
– estado de defesa: art. 136, § 1°
– estado de sítio: art. 138, caput
– expedição: art. 84, IV

DECRETO LEGISLATIVO
– processo e elaboração: art. 59, VI

DECRETO-LEI
– apreciação; rejeição; prazo: ADCT, art. 25, §§ 1° e 2°

DEFENSORIA PÚBLICA
– competência legislativa concorrente: art. 24, XIII
– definição, atribuição e organização: art. 134
– dotação orçamentária: art. 168
– Estados; autonomia funcional e administrativa: art. 134, § 2°
– Estados; organização: arts. 61, § 1°, II, d; 134, § 1°
– isonomia salarial: art. 135
– legislação concorrente; competência: art. 24, XIII
– número de defensores; unidade jurisdicional: ADCT, art. 98
– opção pela carreira: art. 135; ADCT, art. 22
– organização administrativa e judiciária; competência: art. 48, IX
– princípios institucionais: art. 134, § 4°
– remuneração: art. 135
– Territórios; organização: arts. 21, XIII; 22, XVII; 48, IX; 61, § 1°, II, d; 134, § 1°
– União; organização: arts. 48, IX; 61, § 1°, II, d; 134, § 1°
– vantagens: art. 135

DEFESA
– aeroespacial, civil, territorial e marítima; legislação; competência: art. 22, XXVIII
– ampla; litigantes e acusados: art. 5°, LV
– civil; competência dos corpos de bombeiros: art. 144, § 5°
– direitos; instrumentos: art. 5°, LXVIII a LXXIII
– direitos; petição e obtenção de certidões: art. 5°, XXXIV
– Ministro de Estado da Defesa; cargo: art. 12, VII
– nacional: art. 21, III
– pátria; competência das Forças Armadas: art. 142, caput

DEFICIENTE
– v. PORTADOR DE NECESSIDADES ESPECIAIS

DELEGAÇÃO LEGISLATIVA
– leis delegadas; elaboração pelo Presidente da República; solicitação ao Congresso Nacional; forma: art. 68, caput e § 2°
– Poder Executivo; revogação: ADCT, art. 25
– vedação; matérias: art. 68, § 1°

DEPOSITÁRIO
– infiel; prisão civil; inadimplência: art. 5°, LXVII

DEPUTADO DISTRITAL
– elegibilidade; idade mínima: art. 14, § 3°, VI, c
– eleição: art. 32, § 2°
– mandato eletivo; duração: art. 32, § 2°
– número: art. 32, § 3°

DEPUTADO ESTADUAL
– estado de sítio; difusão de pronunciamento: art. 139, par. ún.
– Estado de Tocantins; eleição e mandato: ADCT, art. 13, §§ 3° e 4°
– idade mínima: art. 14, § 3°, VI, c
– legislatura; duração: art. 44, par. ún.
– mandato eletivo; regras aplicáveis: art. 27, § 1°
– número: art. 27, caput
– Prefeito; exercício das funções: ADCT, art. 50, § 3°
– remuneração; subsídios: art. 27, §§ 1° e 2°
– servidor público civil: art. 38, I

DEPUTADO FEDERAL
– crimes inafiançáveis: art. 53, § 2°
– decoro parlamentar: art. 55, II e § 1°
– estado de sítio; difusão de pronunciamento: art. 139, par. ún.
– estado de sítio; suspensão da imunidade parlamentar: art. 53, § 8°
– exercício de funções executivas: art. 56, I e § 3°
– flagrante de crime inafiançável: art. 53, § 2°
– habeas corpus; paciente: art. 102, I, d
– idade mínima: art. 14, § 3°, VI, c
– impedimentos: art. 54
– imunidades: art. 53
– imunidades; estado de sítio: art. 53, § 8°
– incorporação às Forças Armadas: art. 53, § 7°
– infrações penais comuns; processo e julgamento: art. 102, I, b
– inviolabilidade: art. 53, caput
– legislatura; duração: art. 44, par. ún.
– licença: art. 56, II
– mandato; perda: arts. 55; 56
– mandato; perda; condenação criminal: art. 55, VI
– mandato; perda por maioria absoluta: art. 55, § 2°
– mandato; perda; processo e julgamento: art. 55, §§ 2° e 3°
– Prefeito; exercício da função: ADCT, art. 5°, § 3°
– remuneração: art. 49, VII
– servidor público civil: art. 38, I
– sessão legislativa; ausência: art. 55, III
– sistema eleitoral: art. 45, caput
– subsídios: art. 49, VII
– suplência: art. 56, § 1°
– testemunho: art. 53, § 6°
– Tocantins; eleição e mandato: ADCT, art. 13, §§ 3° e 4°
– vacância: art. 56, § 2°

DESAPROPRIAÇÃO
- competência legislativa; União: art. 22, II
- culturas ilegais de plantas psicotrópicas; exploração de trabalho escravo: art. 243
- imóvel rural; reforma agrária: art. 184
- imóvel urbano; indenização; pagamento em dinheiro: art. 182, § 3º
- imóvel urbano; indenização; pagamento em títulos da dívida pública: art. 182, § 4º, III
- utilidade pública ou interesse social; procedimento: art. 5º, XXIV

DESENVOLVIMENTO CIENTÍFICO E TECNOLÓGICO
- empresas; concessão de incentivos: art. 218, § 4º
- Estado: art. 218, *caput*
- mercado interno: art. 219
- recursos humanos; condições especiais de trabalho: art. 218, § 3º
- recursos humanos; formação, aperfeiçoamento e remuneração: art. 218, § 4º
- recursos humanos; formação pelo Estado: art. 218, § 3º

DESENVOLVIMENTO URBANO
- diretrizes; competência: art. 21, XX

DESPESAS PÚBLICAS
- aumento; projeto de lei, inadmissibilidade: art. 63
- autorização; comissão mista permanente; procedimentos: art. 72
- concessão de empréstimos; pagamento de pessoal: art. 167, X
- criação de cargos; concessão de vantagens: art. 169, § 1º
- extraordinárias; empréstimo compulsório: art. 148, I; ADCT, art. 34, § 1º
- ilegalidade; procedimentos do Tribunal de Contas da União: art. 71, VIII a XI e §§ 1º a 3º
- pessoal: art. 169; ADCT, art. 38
- Poder Legislativo Municipal: art. 29-A
- previsão de fonte orçamentária necessária à realização: art. 167, § 7º
- redução das despesas com pessoal; cargos em comissão; exoneração: art. 169, § 3º
- repasse de verbas; suspensão; entes federais: art. 169, § 2º
- transferência voluntária de recursos; pagamento de despesas com pessoal: art. 167, X

DESPORTO
- art. 217
- competições desportivas; ações; julgamento: art. 217, § 1º
- legislação: art. 24, IX
- reprodução da imagem e voz humanas: art. 5º, XXVIII, *a*

DIPLOMATA
- cargo privativo de brasileiro nato: art. 12, § 3º, V
- chefe de missão diplomática; aprovação prévia; competência: art. 52, IV
- infração penal comum e crime de responsabilidade; processo e julgamento: art. 102, I, *c*

DIREITO(S)
- acesso às informações pessoais e coletivas: art. 5º, XXXIII
- adquirido: art. 5º, XXXVI
- autoral: art. 5º, XVII, XVIII, XXVII, XXVIII e XXIX
- certidões nas repartições públicas: art. 5º, XXXIV
- de resposta: art. 5º, V
- de reunião: art. 5º, XVI
- de reunião e associação; assegurado: arts. 5º, XVI, XVII, XVIII, XIX, XX e XXI; 136, § 1º, I, *a*
- do empregador; participação nos colegiados de órgãos públicos; interesses profissionais e previdenciários: art. 10
- do trabalhador; participação nos colegiados de órgãos públicos; interesses profissionais e previdenciários: art. 10
- do trabalhador; representante dos empregados junto às empresas: art. 11
- do trabalho; competência legislativa: art. 22, I
- financeiro; competência legislativa concorrente: art. 24, I
- herança: art. 5º, XXX
- honra pessoal: art. 5º, X
- imagem pessoal: art. 5º, X
- impenhorabilidade da pequena propriedade rural: art. 5º, XXVI
- individual; dignidade da pessoa humana: art. 1º, III
- individual; lesão ou ameaça: art. 5º, XXXV
- individual; tráfego; limitação por meio de tributos: art. 150, V; ADCT, art. 34, § 1º
- intimidade: art. 5º, X
- liberdade: art. 5º, *caput*
- marítimo; competência legislativa: art. 22, I
- petição: art. 5º, XXXIV
- penal; competência legislativa: art. 22, I
- penitenciário; competência legislativa concorrente: art. 24, I
- prática de culto religioso: art. 5º, VI
- presidiários: art. 5º, L
- presos: art. 5º, XLVIII, XLIX, LXIII e LXIV
- processual; União; competência legislativa: art. 22, I
- propriedade: art. 5º, *caput* e XXII
- segurança: art. 5º, *caput*
- suspensão ou interdição: art. 5º, XLVI, *e*
- tributário; competência legislativa concorrente: art. 24, I
- urbanístico; competência legislativa concorrente: art. 24, I
- vida: art. 5º, *caput*
- vida privada: art. 5º, X

DIREITO ADQUIRIDO
- sem prejuízo ao: art. 5º, XXXVI

DIREITO AUTORAL
- direito exclusivo; utilização; publicação; reprodução: art. 5º, XXVII
- garantias: art. 5º, XXVIII

DIREITO DE RESPOSTA
- proporcional ao agravo; indenização: art. 5º, V

DIREITOS E DEVERES INDIVIDUAIS E COLETIVOS
- ação de grupos armados; crime inafiançável e imprescritível: art. 5º, XLIV
- ação de inconstitucionalidade: art. 103
- ação penal; pública e privada: art. 5º, LIX
- ação popular: art. 5º, LXXIII
- acesso à informação: art. 5º, XIV
- ameaça; apreciação do Poder Judiciário: art. 5º, XXXV
- anterioridade da lei: art. 5º, XL
- aplicação imediata: art. 5º, § 1º
- assistência judiciária: art. 5º, LXXIV
- assistência religiosa: art. 5º, VII

- Câmara Legislativa; exercício de competência antes de sua instalação: ADCT, art. 16, § 1°
- causas e conflitos com a União, os Estados e respectivas entidades da administração indireta; processo e julgamento: art. 102, I, *f*
- competência legislativa: art. 32, § 1°
- competência tributária: arts. 145, *caput;* 155, *caput*
- competência tributária; vedação ao limite de tráfego: art. 150, V
- consultoria jurídica: art. 132
- Corpo de Bombeiros Militar; utilização: art. 32, § 4°
- crédito externo e interno: art. 52, VII
- diferença de bens e serviços; limitações ao poder de tributar: art. 152
- disponibilidades de caixa depósito em instituições financeiras oficiais: art. 164, § 3°
- dívida mobiliária; fixação de limites globais pelo Senado Federal: art. 52, IX
- divisão em Municípios; vedação: art. 32, *caput*
- edição de leis para aplicação do Sistema Tributário Federal: ADCT, art. 34, § 3°
- empresa de pequeno porte; tratamento jurídico diferenciado: art. 179
- ensino; aplicação de receita de impostos: art. 212
- ensino; aplicação de receita de impostos; descumprimento; impossibilidade de responsabilização; covid-19: ADCT, art. 119
- ensino; destinação de receita orçamentária: art. 218, § 5°
- Fazenda Pública; precatório: art. 100, *caput;* ADCT, art. 97
- fiscalização financeira, orçamentária, operacional e patrimonial: art. 75, *caput;* ADCT, art. 16, § 2°
- fundo de participação; determinação: ADCT, art. 34, § 2°
- Governador e Vice-Governador; eleição: art. 32, § 2°
- Governador; indicação e aprovação: ADCT, art. 16
- impostos da União; arrecadação: arts. 153, § 5°, I; 157; 159, I a II, §§ 1° e 2°; 161; ADCT, art. 34, § 2°
- impostos; instituição e normas: art. 155
- impostos municipais: art. 147
- impostos; vedada a retenção: art. 160
- incentivos fiscais; reavaliação: ADCT, art. 41
- instituições de assistência social e de educação sem fins lucrativos; limitações ao poder de tributar: art. 150, VI, *c*, § 4°
- intervenção da União: art. 34
- Lei Orgânica: art. 32
- litígio com Estado estrangeiro ou Organismo Internacional; processo e julgamento: art. 102, I, *e*
- mar territorial; direito de participação e compensação financeira por sua exploração: art. 20, § 1°
- microempresa; tratamento jurídico diferenciado: art. 179
- Ministério Público; organização e legislação: arts. 22, XVII; 48, IX
- orçamento; recursos para a assistência social: art. 204, *caput*
- partidos políticos; limitações ao poder de tributar: art. 150, VI, *c*, § 4°
- patrimônio, renda ou serviços de entes públicos; limitações ao poder de tributar: art. 150, VI, *a*
- pesquisa científica e tecnológica; destinação de receita orçamentária: art. 218, § 5°
- pessoal; despesa: art. 169; ADCT, art. 38
- plataforma continental; direito e compensação financeira por sua exploração: art. 20, § 1°

- polícia civil; competência legislativa concorrente da União, Estados e Distrito Federal: art. 24, XVI
- polícia civil e militar; utilização: art. 32, § 4°
- previdência social; contribuição para o custeio do sistema: art. 149, §§ 2° a 4°
- Procurador-Geral; nomeação e destituição: art. 128, §§ 3° e 4°
- quadro de pessoal; compatibilização: ADCT, art. 24
- receitas tributárias da União; repartição: arts. 153, § 5°, I; 157; 159, I a II, §§ 1° e 2°; 161; ADCT, art. 34, § 2°
- receita tributária; repartição: arts. 157; 162
- recursos hídricos; direito de participação financeira na exploração: art. 20, § 1°
- recursos minerais; direito de participação e compensação financeira por sua exploração: art. 20, § 1°
- reforma administrativa: ADCT, art. 24
- repartição das receitas tributárias; vedação à retenção ou restrição: art. 160
- representação judicial: art. 132
- símbolos: art. 13, § 2°
- sindicatos; limitações ao poder de tributar: art. 150, VI, *c*, § 4°
- sistema de ensino: art. 211, *caput*
- sistema único de saúde; financiamento: art. 198, § 1°
- templos de qualquer culto; limitações ao poder de tributar: art. 150, VI, *b*, § 4°
- tributação; limites: art. 150
- turismo; promoção e incentivo: art. 180
- vedações: art. 19
- Vice-Governador; indicação e aprovação: ADCT, art. 16

DÍVIDA PÚBLICA

- agentes públicos; remuneração e proventos; tributação: art. 151, II
- agrária; imóvel rural; indenização: art. 184, *caput* e § 4°
- consolidada; fixação; competência: art. 52, VI
- disposição; competência: art. 48, II
- Estados, Distrito Federal e Municípios; renda; tributação; limites: art. 151, II
- Estados, Distrito Federal e Municípios; suspensão do pagamento; intervenção: arts. 34, V, *a*; 35, I
- externa brasileira; Congresso Nacional; Comissão Mista: ADCT, art. 26
- externa e interna: art. 234; ADCT, art. 13, § 6°
- externa e interna; disposição: art. 163, II
- mobiliária federal, do Distrito Federal, estadual e municipal; Senado Federal; fixação de limites globais: art. 52, IX
- títulos; emissão e resgate; disposição: art. 163, IV

DIVÓRCIO

- dissolução do casamento: art. 226, § 6°

DOMICÍLIO

- busca e apreensão; estado de sítio: art. 139, V
- casa; asilo inviolável do indivíduo: art. 5°, XI
- eleitoral: art. 14, § 3°, IV; ADCT, art. 5°, § 1°

E

ECONOMIA POPULAR

- responsabilidade; atos contrários: art. 173, § 5°

EDUCAÇÃO

- acesso; competência: art. 23, V
- alimentação; programa; educando: art. 212, § 4°

- ato jurídico perfeito: art. 5º, XXXVI
- atos processuais; publicidade: art. 5º, LX
- banimento: art. 5º, XLVII, *d*
- bens de estrangeiros; sucessão: art. 5º, XXXI
- cidadania; gratuidade dos atos aos pobres: art. 5º, LXXVI
- coisa julgada: art. 5º, XXXVI
- crimes hediondos: art. 5º, XLIII
- defesa do consumidor: art. 5º, XXXII
- delegação legislativa; vedação: art. 68, § 1º, II
- desapropriação: art. 5º, XXIV
- discriminação atentatória: art. 5º, XLI
- erro judiciário: art. 5º, LXXV
- extradição de brasileiro: art. 5º, LI
- extradição de estrangeiro: art. 5º, LII
- função social da propriedade: art. 5º, XXIII
- garantias: art. 5º
- *habeas corpus*: art. 5º, LXVIII e LXXVII
- *habeas data*: art. 5º, LXXII e LXXVII
- identificação criminal: art. 5º, LVIII
- igualdade entre homens e mulheres: art. 5º, I
- igualdade perante a lei: art. 5º, *caput*
- inviolabilidade; comunicações telefônicas, telegráficas e de dados: arts. 5º, XII; 136, § 1º, I, *c*
- inviolabilidade do domicílio: art. 5º, XI
- inviolabilidade do sigilo de correspondência: arts. 5º, XII; 136, § 1º, I, *b*
- irretroatividade da lei penal: art. 5º, XL
- juízo ou tribunal de exceção: art. 5º, XXXVII
- júri: art. 5º, XXXVIII
- lesão; apreciação do Poder Judiciário: art. 5º, XXXV
- liberdade de associação: art. 5º, XVIII, XIX e XX
- liberdade de comunicação: art. 5º, IX
- liberdade de consciência e de crença: art. 5º, VI
- liberdade de expressão artística: art. 5º, IX
- liberdade de expressão científica e intelectual: art. 5º, IX
- liberdade de locomoção: art. 5º, XV
- liberdade de manifestação de convicções filosóficas e crença: art. 5º, VIII
- liberdade de manifestação de pensamento: art. 5º, IV
- liberdade de manifestação e convicções políticas: art. 5º, VIII
- liberdade de reunião: art. 5º, XVI
- liberdade de trabalho, ofício e profissão: art. 5º, XIII
- liberdade provisória: art. 5º, LXVI
- mandado de injunção: art. 5º, LXXI
- mandado de segurança: art. 5º, LXIX
- mandado de segurança coletivo: art. 5º, LXX
- marcas e patentes: art. 5º, XXIX
- ocupação temporária da propriedade: art. 5º, XXV
- pena; cumprimento em excesso: art. 5º, LXXV
- pena; individualização: art. 5º, XLVI
- pena; multa: art. 5º, XLVI, *c*
- pena; perda de bens: art. 5º, XLVI, *b*
- pena; prestação social alternativa: art. 5º, XLVI, *d*
- pena; privação de liberdade: art. 5º, XLVI, *a*
- pena; restrição à pessoa do condenado: art. 5º, XLV
- pena; suspensão ou interdição de direitos: art. 5º XLVI, *e*
- pena de morte: art. 5º, XLVII, *a*
- penas cruéis: art. 5º, XLVII, *e*
- presunção de inocência: art. 5º, LVII
- prisão: art. 5º, LXI e LXVI
- prisão; comunicação: art. 5º, LXII
- prisão civil por dívida: art. 5º, LXVII
- prisão ilegal: art. 5º, LXV

- prisão perpétua: art. 5º, XLVII, *b*
- processo administrativo: art. 5º, LV
- processo; autoridade competente: art. 5º, LIII
- processo judicial civil e penal; contraditório: art. 5º, LV
- processo legal; perdimento de bens; privação da liberdade: art. 5º, LIV
- processo; prova: art. 5º, LVI
- proteção de dados pessoais: art. 5º, LXXIX
- racismo; crime inafiançável: art. 5º, XLII
- reserva legal: art. 5º, II e XXXIX
- sentença; autoridade competente: art. 5º, LIII
- terrorismo: art. 5º, XLIII
- tortura; vedação: art. 5º, III
- trabalhos forçados: art. 5º, XLVII, *c*
- tráfico de drogas: art. 5º, XLIII e LI
- tratados internacionais: art. 5º, § 2º
- tratamento desumano ou degradante; vedação: art. 5º, III

DIREITOS E GARANTIAS FUNDAMENTAIS
- aplicação imediata das normas: art. 5º, § 1º
- direitos e deveres individuais e coletivos: art. 5º
- direitos políticos: arts. 14 a 16
- direitos sociais: arts. 6º a 11
- nacionalidade: arts. 12 e 13
- partidos políticos: art. 17

DIREITOS HUMANOS
- causas relativas à matéria; competência: art. 109, V-A
- grave violação: art. 109, § 5º
- prevalência: art. 4º, II
- tratados e convenções internacionais; equivalência à emenda constitucional: art. 5º, § 3º
- Tribunal Internacional: ADCT, art. 7º

DIREITOS POLÍTICOS
- *v.* INELEGIBILIDADE
- cassação; perda ou suspensão: art. 15
- delegação legislativa; vedação: art. 68, § 1º, II
- restabelecimento: ADCT, art. 9º
- soberania popular; exercício: art. 14, *caput*
- suspensão; improbidade: art. 37, § 4º

DIREITOS SOCIAIS
- direitos dos trabalhadores: art. 7º
- educação, saúde, alimentação, trabalho, moradia, lazer, segurança, previdência social, proteção à maternidade e à infância, assistência aos desamparados: art. 6º

DISCRIMINAÇÃO
- objetivo fundamental; sem preconceito; e qualquer outra forma de: art. 3º, IV

DISTRITO FEDERAL
- administração pública; princípios: art. 37, *caput*
- assistência social; contribuição para o custeio do sistema: art. 149, §§ 1º a 4º
- autarquias e fundações instituídas e mantidas pelo Poder Público; limitações ao poder de tributar: art. 150, §§ 2º e 3º
- autonomia administrativa, financeira, legislativa e política: arts. 18, *caput*; 32, *caput*
- bens: ADCT, art. 16, § 3º
- Câmara dos Deputados; irredutibilidade de sua representação: ADCT, art. 4º, § 2º
- Câmara Legislativa: art. 32, *caput*, § 3º

– ambiental: art. 225, § 1º, VI
– analfabetismo; eliminação: art. 214, I
– básica; financiamento; melhoria da qualidade de ensino: ADCT, art. 60, § 1º
– básica; obrigatória e gratuita; programas suplementares: art. 208, I e VII
– básica; profissionais; fixação de prazo para elaboração ou adequação de planos de carreira: art. 206, par. ún.
– básica pública; ensino regular: art. 211, § 5º
– básica pública; fonte adicional de financiamento; salário--educação: art. 212, § 5º
– deficiente; atendimento especializado: art. 208, III
– dever do Estado e da família: arts. 205; 208
– direito: art. 205
– direito social: art. 6º
– diretrizes e bases; legislação: art. 22, XXIV
– escolas comunitárias, confessionais ou filantrópicas: art. 213, I, II; ADCT, art. 61
– escolas públicas: art. 213, caput
– ex-combatentes; gratuidade: ADCT, art. 53, IV
– garantia; educação infantil em creche e pré-escola: art. 208, IV
– garantias: art. 208
– infantil e ensino fundamental; programas: art. 30, VI
– instituições oficiais; recursos: art. 242
– instituições sem fins lucrativos; limitações ao poder de tributar: art. 150, VI, c, § 4º
– legislação: art. 24, IX
– objetivos: art. 205
– plano nacional: art. 212, § 3º
– princípios: art. 206
– profissionais da educação escolar pública; piso salarial profissional nacional: art. 206, VIII
– recursos públicos; destinação: arts. 212; 213; ADCT, arts. 60; 61
– salário-educação: art. 212, §§ 5º e 6º
– Serviço Nacional de Aprendizagem Rural; criação: ADCT, art. 62
– sistema de ensino; organização: art. 211, caput e § 1º
– trabalhador adolescente e jovem; acesso: art. 227, § 3º, III
– universidade; autonomia: art. 207, caput

ELEIÇÃO
– abuso do exercício de função, cargo ou emprego público: art. 14, § 9º
– alistabilidade; condições: art. 14, § 2º
– alistamento eleitoral; obrigatório e facultativo: art. 14, § 1º
– câmara territorial; territórios com mais de cem mil habitantes: art. 33, § 3º
– Deputado Distrital: art. 32, § 2º
– Deputado Federal: art. 45
– elegibilidade; condições: art. 14, §§ 3º a 8º; ADCT, art. 5º, § 5º
– Governador e Vice-Governador do Distrito Federal: art. 32, § 2º
– Governador; Vice-Governador, Senadores, Deputados Federais, Deputados Estaduais: ADCT, art. 13, § 3º
– inalistabilidade: art. 14, §§ 2º e 4º
– normas específicas; 15 de novembro: ADCT, art. 5º
– poder econômico; influência: art. 14, § 9º
– Prefeito e Vice-Prefeito: art. 29, I e II
– Presidente e Vice-Presidente da República; normas: art. 77; ADCT, art. 4º, § 1º

– processo; alteração: art. 16
– Senador: art. 46
– Vereador: art. 29, I

ELEITOR
– alistamento eleitoral: art. 14, § 1º
– inalistáveis: art. 14, § 2º
– militar; elegibilidade: art. 14, § 8º

EMENDAS À CONSTITUIÇÃO
– aprovação: art. 60, § 2º
– direitos e garantias individuais: art. 60, § 4º, IV
– elaboração; possibilidade: arts. 59, I; 60, caput
– estado de defesa e de sítio; vedação: art. 60, § 1º
– federação: art. 60, § 4º, I
– intervenção federal; vedação: art. 60, § 1º
– promulgação: art. 60, § 3º
– proposição: art. 60, caput
– rejeição: art. 60, § 5º
– separação dos Poderes: art. 60, § 4º, III
– sistema eleitoral: art. 60, § 4º, II
– vedação: art. 60, § 4º

EMIGRAÇÃO
– competência privativa da União: art. 22, XV

EMPREGO
– gestante: art. 7º, XVIII; ADCT, art. 10, II, b
– plano de acesso; princípio da ordem econômica: art. 170, VIII
– proteção; lei complementar: art. 7º; ADCT, art. 10
– público; acesso e investidura: art. 37, I, II e IV e § 2º
– público; acumulação: art. 37, XVII; ADCT, art. 17, §§ 1º e 2º
– público; criação e remuneração; iniciativa da lei: art. 61, § 1º, II, a
– sistema nacional; organização; competência: art. 22, XVI

EMPRESA
– brasileira de capital nacional; energia hidráulica; jazidas: art. 176, § 1º
– brasileira; exploração de recursos minerais e de energia hidráulica; requisitos; prazo: ADCT, art. 44
– concessionária e permissionária de serviços públicos: arts. 21, XI e XII; 175
– controle pelo Poder Público; disponibilidade de caixa; depósito em instituições financeiras oficiais: art. 164, § 3º
– estatal; anistia: ADCT, art. 8º, § 5º
– estatal; licitação e contratação; competência: art. 22, XXVII
– estatal; orçamento: arts. 165, §§ 5º e 7º; ADCT, art. 35, § 1º
– estatal; serviço de gás canalizado; exploração: art. 25, § 2º
– investimento em pesquisa e tecnologia: art. 218, § 4º
– jornalística; propriedade: art. 222
– lucros e gestão; participação do trabalhador: art. 7º, XI
– micro e pequena; débitos; isenção de correção monetária: ADCT, art. 47
– micro e pequena; definição: ADCT, art. 47
– micro e pequena; tratamento diferenciado: arts. 170, IX; 179
– pequeno porte; favorecimento: art. 170, IX
– PIS/PASEP; contribuições: art. 239
– pública; acumulação de empregos e funções: art. 27, XVII; ADCT, art. 17, §§ 1º e 2º
– pública; apuração de infrações, bens, serviços e interesses: art. 144, § 1º, I

- pública; causas; juízes federais; processo e julgamento: art. 109, I
- pública; criação e autorização: art. 37, XIX
- pública; despesa com pessoal: art. 169, par. ún., II; ADCT, art. 38
- pública; exploração de atividade econômica: art. 173
- pública; servidor público ou empregado; anistia: ADCT, art. 8º, § 5º
- pública; subsidiárias; autorização legislativa: art. 37, XX
- radiodifusão sonora e de sons e imagens; propriedade: art. 222
- representação de empregados: art. 11
- sindicato; serviços social e formação de profissional; contribuições compulsórias: art. 240
- supranacional; fiscalização das contas nacionais; competência: art. 71, V

EMPRÉSTIMO COMPULSÓRIO
- aplicação dos recursos: art. 148, par. ún.

ENERGIA
- atividades nucleares; legislação; competência: art. 22, XXVI
- elétrica; exploração, autorização, concessão e permissão: art. 21, XII, b
- elétrica; imposto sobre circulação de mercadorias; responsabilidade pelo pagamento: ADCT, art. 34, § 9º
- elétrica; incidência de tributo: art. 155, § 3º
- elétrica; participação assegurada do Estados, Distrito Federal e Municípios: art. 20, § 1º
- hidráulica; autorização, concessão e exploração; brasileiro e empresa brasileira de capital nacional: art. 176, § 1º
- hidráulica; empresas brasileiras exploradoras: ADCT, art. 44
- hidráulica; exploração ou aproveitamento industrial: art. 176, caput
- nuclear; iniciativas do Poder Executivo; aprovação; competência: art. 49, XIV
- potenciais energéticos; terras indígenas; exploração; autorização: art. 231, § 3º
- União; competência para legislar: art. 22, IV
- usina nuclear; localização: art. 225, § 6º

ENFITEUSE
- ADCT, art. 49

ENSINO
- acesso: arts. 206, I; 208, V e § 1º
- aplicação de recursos: art. 212
- atividades universitárias de pesquisa e extensão; apoio financeiro do Poder Público: art. 213, § 2º
- bolsas de estudo: art. 213, § 1º
- comunidades indígenas: art. 210, § 2º
- conteúdo mínimo: art. 210, caput
- direitos e deveres: art. 205
- Distrito Federal e Estados; destinação de receitas orçamentárias: art. 218, § 5º
- fomento: art. 218, § 5º
- fundamental: art. 208, §§ 2º e 3º
- fundamental; alimentação e assistência à saúde; financiamento: art. 212, § 4º
- fundamental; programas: art. 30, VI
- fundamental; valor por aluno: ADCT, art. 60, §§ 2º e 3º
- história do Brasil: art. 242, § 1º
- legislação: art. 24, IX
- médio; gratuidade: art. 208, II
- noturno regular: art. 208, VI
- obrigatório; não oferecimento: art. 208, § 2º
- português: art. 210, § 2º
- princípios: art. 206
- privado; condições: art. 209
- público; gratuidade; exclusão: art. 242
- qualidade: arts. 206, V; 214, III
- regular; atendimento prioritário: art. 211, § 5º
- religioso; escolas públicas: art. 210, § 1º
- religioso; matrícula facultativa: art. 210, § 1º
- sistema: art. 211, caput

ENTORPECENTES E DROGAS AFINS
- confisco de bens e rendimentos provenientes de tráfico ilícito: art. 243, par. ún.
- dependentes; criança, adolescente e jovem: art. 227, § 3º, VII
- plantas psicotrópicas; cultura; expropriação das terras; exploração de trabalho escravo: art. 243
- prevenção e repressão ao tráfico: art. 144, § 1º, II
- tráfico ilícito; crime inafiançável; extradição: art. 5º, XLIII e LI

ERRO
- judiciário; indenização: art. 5º, LXXV

ESPAÇO AÉREO E MARÍTIMO
- limites: art. 48, V

ESTADO
- Acre; limites; homologação: ADCT, art. 12, § 5º
- administração pública; princípios: art. 37, caput
- Advogado-Geral; nomeação e destituição: art. 235, VIII
- agente normativo e regulador da atividade econômica; funções: art. 174, caput
- Amapá; transformação: ADCT, art. 14
- anexação: art. 18, § 3º
- áreas; incorporação; subdivisão e desmembramento: art. 18, § 3º
- áreas ecológicas; definição e proteção: art. 225, § 1º, III
- autarquia e fundação instituída e mantida pelo Poder Público; limitações ao poder de tributar: art. 150, §§ 2º e 3º
- autonomia: art. 18, caput
- bens: art. 26
- Câmara dos Deputados; irredutibilidade de sua representação: ADCT, art. 4º, § 2º
- causas e conflitos com a União, o Distrito Federal e respectivas entidades da administração indireta; processo e julgamento: art. 102, I, f
- competência: arts. 25, § 1º; 98
- competência; criação da Justiça de Paz: art. 98, II
- competência; criação de Juizados Especiais: art. 98, I
- competência legislativa supletiva: art. 24, § 2º
- competência supletiva: art. 22, par. ún.
- competência tributária: arts. 145; 155
- competência tributária; imposto sobre a prestação de serviços de transporte interestadual e intermunicipal: art. 155, II e § 3º
- competência tributária; imposto sobre a venda de combustíveis líquidos e gasosos: art. 155, II e § 3º
- competência tributária; imposto sobre serviços de telecomunicações: art. 155, II e § 3º
- competência tributária; limitação do tráfego de bens e pessoas; vedação: art. 150, V
- consultoria jurídica: art. 132; ADCT, art. 69

ÍNDICE ALFABÉTICO-REMISSIVO DA CONSTITUIÇÃO FEDERAL E DO ADCT   1293

- contribuições previdenciárias; débitos: ADCT, art. 57
- crédito externo e interno; disposições sobre limites globais pelo Senado Federal: art. 52, VII
- criação: arts. 18, § 3º; 234; 235
- desmembramento: arts. 18, § 3º; 48, VI
- diferença entre bens e serviços; limitações ao poder de tributar: art. 152
- disponibilidades de caixa-depósito em instituições financeiras oficiais: art. 164, § 3º
- dívida mobiliária; fixação de limites globais pelo Senado Federal: art. 52, IX
- dívida pública; fixação de limites globais pelo Senado Federal: art. 52, VI
- documentos públicos; vedação de recusa de fé: art. 19, II
- edição de leis para aplicação do Sistema Tributário Nacional: ADCT, art. 34, § 3º
- empresa de pequeno porte; tratamento jurídico diferenciado: art. 179
- ensino; aplicação de receita de impostos: art. 212
- ensino; destinação de receita orçamentária: art. 218, § 5º
- exploração direta de atividade econômica: art. 173
- Fazenda Pública; precatório: art. 100, caput; ADCT, art. 97
- fiscalização financeira, orçamentária, operacional e patrimonial: art. 75, caput
- fundo de participação; determinação: ADCT, art. 34, § 2º
- gás canalizado; serviços públicos locais: art. 25, § 2º
- impostos; arrecadação; distribuição aos Municípios: arts. 158; III e IV e par. ún.; 159, § 3º; 160
- impostos; instituição e normas: art. 155
- impostos; vedada a retenção: art. 160
- impostos da União; arrecadação: arts. 153, § 5º; I; 157; 159; I a II, §§ 1º e 2º; 161; ADCT, art. 34, § 2º
- incentivos fiscais; reavaliação: ADCT, art. 41
- incorporação: arts. 18, § 3º; 48, VI
- instituição de aglomerações urbanas; de microrregiões; de Regiões Metropolitanas: art. 25, § 3º
- instituições de assistência social e educação sem fins lucrativos; limitações ao poder de tributar: art. 150, VI, c, e § 4º
- intervenção nos Municípios; exceções: art. 35
- litígio com Estado estrangeiro ou organismo internacional; processo e julgamento: art. 102, I, e
- mar territorial; direito de participação e compensação financeira por sua exploração: art. 2º, § 1º
- microempresa; tratamento jurídico diferenciado: art. 179
- Municípios; demarcação das terras em litígio: ADCT, art. 12, § 2º
- objetivos fundamentais: arts. 2º; 3º
- orçamento; recursos para a assistência social: art. 204, caput
- organização: art. 25, caput
- partidos políticos; limitações ao poder de tributar: art. 150, VI, c, e § 4º
- patrimônios, renda ou serviços de entes
- pesquisa científica e tecnológica; destinação de receita orçamentária: art. 218, § 5º
- pessoal; despesa: art. 169; ADCT, art. 38
- plataforma continental; direito de participação e compensação financeira por sua exploração: art. 20, § 1º
- polícia civil; competência legislativa concorrente da União, Estados e Distrito Federal: art. 24, XVI
- previdência social; contribuição para o custeio do sistema: art. 149, § 1º
- processo legislativo; iniciativa popular: art. 27, § 4º

- Procurador-Geral do Estado; nomeação e destituição: arts. 128, §§ 3º e 4º; 235, VIII
- públicos; limitações ao poder de tributar: art. 150, VI, a
- quadro de pessoal; compatibilização: ADCT, art. 24
- receita tributária; repartição: arts. 157; 162
- recursos hídricos e minerais; exploração: art. 20, § 1º
- reforma administrativa: ADCT, art. 24
- reintegração de Território: art. 18, § 2º
- religião; vedações: art. 19, I
- repartição das receitas tributárias; vedação a retenção ou restrição: art. 160
- representação judicial: art. 132
- Roraima; transformação: ADCT, art. 14
- símbolos: art. 13, § 2º
- sistema de ensino: art. 211, caput
- sistema único de saúde; financiamento: art. 198, § 1º
- sociedade de economia mista; autorização legislativa para criação de subsidiária: art. 37, XX
- subdivisão: arts. 18, § 3º; 48, VI
- superveniência da Lei Federal; suspensão da Lei Estadual: art. 24, § 4º
- Tocantins; criação e procedimentos: ADCT, art. 13
- tributação; limites: art. 150
- turismo; promoção e incentivo: art. 180
- vedações: art. 19

ESTADO DE DEFESA

- apreciação; competência: arts. 136, §§ 4º e 6º; 141, par. ún.
- aprovação; competência: art. 49, IV
- áreas; especificação: art. 136, § 1º
- calamidade pública; restrições: art. 136, § 1º, II
- cessação: art. 141, caput
- cessação; relato pelo Presidente da República ao Congresso: art. 141, par. ún.
- comunicação telegráfica e telefônica; restrições: art. 136, § 1º, I, c
- Conselho da República: arts. 90, I; 136, caput
- Conselho de Defesa Nacional: arts. 91, § 1º, II; 136, caput
- decretação: arts. 21, V; 84, IX; 136, caput e § 4º
- decretação ou prorrogação; prazo de envio para o Congresso Nacional: art. 136, § 4º
- decretação ou prorrogação; Presidente da República: arts. 84, IX; 136, caput e §§ 2º e 4º
- decreto: art. 136, § 1º
- designação de Comissão: art. 140
- direito de reunião e associação; restrições: art. 136, § 1º, I, a
- duração: art. 136, §§ 1º e 2º
- emendas à Constituição; vedação: art. 60, § 1º
- estado de sítio: arts. 137, I; 139
- executor: arts. 136, § 3º; 141, caput
- finalidade: art. 136, caput
- fundamentos: art. 136
- medidas coercitivas: arts. 136, §§ 1º e 3º; 140
- ocupação e uso temporário de bens e serviços públicos e privados; restrições: art. 136, § 1º, II
- prisão: art. 136, § 3º
- prorrogação: art. 136, §§ 2º e 4º
- recesso: art. 136, § 5º
- rejeição: art. 136, § 7º
- responsabilidade da União: art. 136, § 1º, II
- responsabilidade dos executores ou agentes: art. 141, caput
- sigilo de correspondência; restrições: art. 136, § 1º, I, b
- suspensão: art. 49, IV

ESTADO DE EMERGÊNCIA
– v. ESTADO DE DEFESA

ESTADO DE SÍTIO
– agressão estrangeira: art. 137, II
– cessação: art. 141
– comoção grave: arts. 137, I; 139, *caput*
– Congresso Nacional; apreciação: arts. 137, par. ún.; 138, § 2º; 141, par. ún.
– Congresso Nacional; aprovação: art. 49, IV
– Congresso Nacional; designação de Comissão: art. 140
– Congresso Nacional; funcionamento: art. 138, § 3º
– Congresso Nacional; recesso: art. 138, § 2º
– Congresso Nacional; suspensão: arts. 49, IV; 59
– Conselho da República: arts. 90, I; 137, *caput*
– Conselho de Defesa Nacional: arts. 91, § 1º, II; 137, *caput*
– decretação: arts. 21, V; 84, IX; 137, *caput;* 138, § 2º
– decretação ou prorrogação; Presidente da República: arts. 84, IX; 137, *caput* e par. ún.
– decreto: art. 138, *caput*
– duração: art. 138, *caput* e § 1º
– emendas à Constituição; vedação: art. 60, § 1º
– estado de defesa: arts. 137, I; 139
– executor: art. 138, *caput*
– fundamentos: art. 137
– garantias constitucionais; suspensão: art. 138, *caput*
– guerra: art. 137, II
– medidas coercitivas: arts. 139; 140
– parlamentares; difusão de pronunciamentos: art. 139, par. ún.
– parlamentares; inviolabilidade: art. 139, par. ún.
– parlamentares; suspensão de imunidade: art. 53, § 8º
– prorrogação: art. 137, par. ún., e § 1º

ESTADO DEMOCRÁTICO DE DIREITO
– união indissolúvel; Estados; Municípios; Distrito Federal: art. 1º, *caput*

ESTADO ESTRANGEIRO
– cartas rogatórias; processo e julgamento: art. 105, I, *i*
– causas com a União; processo e julgamento: art. 109, III
– causas com Município ou pessoa residente no País; julgamento: arts. 105, III, *c;* 109, II
– extradição; processo e julgamento: art. 102, I, *g*
– litígio; processo e julgamento: art. 102, I, *e*
– relações e participação de organizações internacionais; competência da União: art. 21, I
– relações; manutenção; competência privativa do Presidente da República: art. 84, VII

ESTATUTO DA JUVENTUDE
– art. 227, § 8º, I

ESTRANGEIRO
– adoção de brasileiros: art. 227, § 5º
– bens; sucessão: art. 5º, XXXI
– emigração, imigração, entrada e expulsão; legislação e competência: art. 22, XV
– extradição; crime político ou de opinião: art. 5º, LII
– filhos de pai brasileiro ou mãe brasileira; registro; repartição diplomática ou consular brasileira: ADCT, art. 95
– inalistável: art. 14, § 2º
– ingresso ou permanência irregular; processo e julgamento: art. 109, X

– nacionalidade e naturalização; processo e julgamento: art. 109, X
– naturalização: arts. 12, II, *b;* 22, XIII
– pessoa física; aquisição ou arrendamento de propriedade rural: art. 190
– pessoa jurídica; aquisição ou arrendamento de propriedade rural: art. 190
– propriedade rural; autorização para aquisição ou arrendamento: art. 190
– residente no País; direito à vida, à liberdade, à segurança e à propriedade: art. 5º, *caput*

EXPORTAÇÃO
– imposto; instituição: art. 153, II

EXPORTADOR

EXTRADIÇÃO
– brasileiro: art. 5º, LI
– estrangeiro: art. 5º, LII
– requisitada por Estado estrangeiro; processo e julgamento: art. 102, I, *g*

F

FAMÍLIA
– v. CASAMENTO
– assistência social: art. 203, I
– entidade familiar: art. 226, §§ 3º e 4º
– Estado; proteção: art. 226, *caput* e § 3º
– filhos maiores; amparo: art. 229
– filhos menores; assistência: art. 229
– filiação; direitos: art. 227, § 6º
– planejamento familiar: art. 226, § 7º
– proteção do Estado: art. 226, *caput* e § 8º
– violência; vedação: art. 226, § 8º

FAZENDA NACIONAL
– débitos; oriundos de sentenças transitadas em julgado; pagamento; condições: ADCT, art. 86
– débitos; pagamento; ordem cronológica: ADCT, art. 86, §§ 1º a 3º
– precatórios judiciais pendentes; pagamento: art. 100; ADCT, arts. 33 e 97

FÉRIAS FORENSES
– atividade jurisdicional; vedação: art. 93, XII

FINANÇAS PÚBLICAS
– gestão: art. 165, § 9º, II; ADCT, art. 35, § 2º
– normas gerais: arts. 163; 164
– vedações: art. 167

FORÇAS ARMADAS
– comando superior: arts. 84, XIII; 142, *caput*
– composição e destinação: art. 142
– Deputado Federal; incorporação: arts. 27; 53, § 7º
– efetivo; fixação e modificação: art. 48
– efetivo; legislação: art. 61, § 1º, I
– emprego: art. 142, § 1º
– funções: art. 142, *caput*
– *habeas corpus;* punições disciplinares militares: art. 142, § 2º
– Oficiais; cargo privativo de brasileiro nato: art. 12, § 3º, VI
– organização: art. 142, § 1º

– preparo: art. 142, § 1º
– Presidente da República; nomeação dos Comandantes da Marinha, do Exército e da Aeronáutica: art. 84, XIII
– princípios: art. 142, *caput*
– Senador; incorporação: art. 53, § 7º

FORÇAS ESTRANGEIRAS
– trânsito e permanência temporária no território nacional: arts. 21, IV; 49, II; 84, XXII

FORO JUDICIAL
– serventias; estatização: ADCT, art. 31

FRONTEIRAS
– nacionais; serviços de transporte; exploração; competência da União: art. 21, XII, *d*
– ocupação e utilização: arts. 20, § 2º; 91, § 1º
– pesquisa; lavra e aproveitamento de energia hidráulica: art. 176, § 1º

FUNÇÃO SOCIAL
– imóvel rural; desapropriação: art. 184, § 1º
– política urbana: art. 182
– propriedade; atendimento: art. 5º, XXIII
– propriedade produtiva; normas: art. 185, par. ún.
– propriedade urbana; cumprimento: art. 182, § 2º

FUNCIONÁRIO PÚBLICO
– v. SERVIDOR PÚBLICO

FUNDAÇÃO
– contas; atos de admissão de pessoal, inspeções e auditorias: art. 7º, II, III e IV
– criação; autorização: art. 37, XIX
– criação de subsidiária; autorização legislativa: art. 37, XX
– despesa com pessoal: art. 169, § 1º; ADCT, art. 38
– dívida pública interna e externa; disposição: art. 163, II
– impostos sobre patrimônio, renda ou serviço; proibição: art. 150, § 2º
– licitação e contratação; legislação; competência: art. 22, XXVII
– servidor; anistia: ADCT, art. 8º, § 5º
– servidor; estabilidade: ADCT, arts. 18; 19
– subsidiárias: art. 37, XX

FUNDO DE COMBATE E ERRADICAÇÃO DA POBREZA
– instituição: ADCT, arts. 79 a 83

FUNDO DE COMÉRCIO
– trabalhadores: art. 7º, III

FUNDO DE PARTICIPAÇÃO DOS ESTADOS, DO DISTRITO FEDERAL, DOS TERRITÓRIOS E DOS MUNICÍPIOS
– arts. 159, I, *a* e *b*; 161, II, III e par. ún.
– ADCT, arts. 34, § 2º; 39

FUNDO SOCIAL DE EMERGÊNCIA
– ADCT, arts. 72 a 73

GARIMPO
– *v.* RECURSOS MINERAIS
– autorização e concessão para pesquisa e lavra: art. 174, §§ 3º e 4º
– garimpeiro; promoção econômico-social: art. 174, §§ 3º e 4º
– organização em cooperativas: art. 174, §§ 3º e 4º

GÁS
– natural; importação e exportação; monopólio da União: art. 177, I, III e IV
– natural; transporte por meio de condutos; monopólio da União: art. 177, IV

GESTANTE
– *v.* MATERNIDADE

GOVERNADOR
– ações declaratória de constitucionalidade e direta de inconstitucionalidade; legitimidade: art. 103, V
– Amapá e Roraima; eleição e posse: ADCT, art. 14, §§ 1º e 3º
– condições de elegibilidade: art. 14, §§ 5º a 8º
– crimes comuns; processo e julgamento: art. 105, I, *a*
– Distrito Federal; eleição: art. 32, § 2º
– Distrito Federal; eleição; mandato e posse: ADCT, art. 13, §§ 3º, 4º e 5º
– Distrito Federal; indicação e aprovação: ADCT, art. 16
– elegibilidade; idade mínima: art. 14, § 3º, VI, *b*
– Estado do Tocantins; eleição; mandato e posse: ADCT, art. 13, §§ 3º, 4º e 5º
– Estados; eleição e posse: art. 28
– *habeas corpus*; processo e julgamento: art. 105, I, *c*
– idade mínima: art. 14, § 3º, VI, *b*
– inelegibilidade do cônjuge: art. 14, § 7º; ADCT, art. 5º, § 5º
– inelegibilidade de parentes até segundo grau: arts. 14, § 7º; 24; ADCT, art. 5º, § 5º
– mandato eletivo; duração: art. 28
– mandato eletivo; servidor público: arts. 28, § 1º; 38, I, IV e V
– nomeação pelo Presidente da República: art. 84, XIV
– perda de mandato: art. 28, § 1º
– posse: art. 28
– reeleição; vedação: arts. 14, § 5º; 24
– Senado Federal; aprovação: arts. 52, III, *c*; 84, XIV
– servidor público civil: art. 38, I
– sufrágio universal: art. 28
– Território; nomeação; competência privativa do Presidente da República: art. 84, XIV
– Tocantins; eleições; mandato e posse: ADCT, art. 13, §§ 3º, 4º e 5º
– voto secreto: art. 28

GREVE
– abuso: art. 9º, § 2º
– ações relativas a esse direito; competência: art. 114, II
– atividade essencial; lesão a interesse público; dissídio coletivo; competência: art. 114, § 3º
– garantia: art. 9º, *caput*
– serviços essenciais à comunidade: art. 9º, § 1º
– serviços públicos civis: arts. 9º, *caput*; 37, VII

GUERRA
– autorização; Congresso Nacional: art. 49, II
– declaração; competência: art. 21, II
– declaração; Conselho de Defesa Nacional: art. 91, § 1º
– estado de sítio: art. 137, II
– impostos extraordinários; competência tributária da União: art. 154, II
– pena de morte: art. 5º, XLVII, *a*
– requisições civis e militares; legislação; competência privativa da União: art. 22, III

H

HABEAS CORPUS
– concessão: art. 5º, LXVIII
– gratuidade: art. 5º, LXXVII
– julgamento em recurso ordinário; competência do Supremo Tribunal Federal: art. 102, II, *a*
– mandado de segurança; direito não amparado: art. 5º, LXIX
– processo e julgamento; competência da Justiça do Trabalho: art. 114, IV
– processo e julgamento; competência do STF: art. 102, I, *d* e *i*
– processo e julgamento; competência do STJ: art. 105, I, *c*
– processo e julgamento; competência dos TRFs e seus juízes: arts. 108, I, *d*; 109, VII
– punição disciplinar militar; não cabimento: art. 142, § 2º

HABEAS DATA
– concessão: art. 5º, LXXII
– gratuidade: art. 5º, LXXVIII
– julgamento em recurso ordinário; competência do Supremo Tribunal Federal: art. 102, II, *a*
– mandado de segurança; direito não amparado: art. 5º, LXIX
– processo e julgamento; competência da Justiça do Trabalho: art. 114, IV
– processo e julgamento; competência do STF: art. 102, I, *d*
– processo e julgamento; competência do STJ: art. 105, I, *b*
– processo e julgamento; competência dos TRFs e seus juízes: arts. 108, I, *c*; 109, VII

HABITAÇÃO
– *v.* DOMICÍLIO
– diretrizes; competência da União: art. 21, XX
– ex-combatente; aquisição: ADCT, art. 53, VI
– programas; competência: art. 23, IX
– trabalhador rural: art. 187, VII

HERANÇA
– bens de estrangeiros situados no Brasil: art. 5º, XXXI
– direito: art. 5º, XXVII e XXX

HIGIENE E SEGURANÇA DO TRABALHO
– direito do trabalhador: art. 7º, XXII

HORAS EXTRAS
– previsão constitucional: art. 7º, XIII e XVI
– turno de revezamento: art. 7º, XIV

I

IDENTIFICAÇÃO CRIMINAL
– hipóteses legais: art. 5º, LVIII

IDOSO
– alistamento eleitoral e voto facultativo: art. 14, § 1º, *b*
– amparo; programas: art. 230, § 1º
– assistência: arts. 203, I; 229; 230
– assistência social: art. 203, V
– garantia; transporte urbano gratuito: art. 230, § 2º
– proteção: art. 203, I

IGUALDADE
– direitos e obrigações; homens e mulheres: art. 5º, I
– direitos; trabalhadores: art. 7º, XXX, XXXI, XXXII e XXXIV
– regional e social: arts. 3º, III; 43; 170, VII

ILUMINAÇÃO PÚBLICA
– contribuição; Municípios e Distrito Federal; cobrança na fatura de consumo de energia elétrica: art. 149-A

IMIGRAÇÃO
– legislação; competência privativa da União: art. 22, XV

IMÓVEL
– *v.* PROPRIEDADE

IMPORTAÇÃO
– produtos estrangeiros; imposto: arts. 150, § 1º; 153, I

IMPOSTO DE EXPORTAÇÃO
– alíquotas; alteração: art. 153, § 1º
– instituição e cobrança: arts. 150, § 1º; 153, II

IMPOSTO DE IMPORTAÇÃO
– alíquotas; alteração: art. 153, § 1º
– instituição e cobrança: arts. 150, § 1º; 153, I

IMPOSTO DE TRANSMISSÃO *CAUSA MORTIS*
– alíquotas; fixação: art. 155, § 1º, IV
– competência para sua instituição: art. 155, § 1º
– instituição e normas: art. 155, I, *a* e § 1º; ADCT, art. 34, § 6º

IMPOSTO DE TRANSMISSÃO *INTER VIVOS*
– instituição e normas: art. 156, II e § 2º; ADCT, art. 34, § 6º

IMPOSTO SOBRE A RENDA E PROVENTOS DE QUALQUER NATUREZA
– distribuição pela União: art. 159, I e § 1º
– favorecidos: arts. 157, I; 158, I

IMPOSTO SOBRE CIRCULAÇÃO DE MERCADORIAS E SERVIÇOS
– condições: art. 155, § 2º
– energia elétrica, telecomunicações, derivados de petróleo: art. 155, § 2º, XII, *h*, e §§ 3º a 5º
– entrada de bem ou mercadorias importadas: art. 155, § 2º, IX, *a*, e XII, *i*
– instituição: art. 155, II
– instituição e normas: art. 155, I e § 2º; ADCT, art. 34, §§ 6º, 8º e 9º
– operações que destinam mercadorias para o exterior; não incidência: art. 155, § 2º, X, *a*
– ouro, como ativo financeiro ou instrumento cambial; normas: art. 155, § 2º, X, *e*
– prestação de serviço de comunicação; radiodifusão sonora e de sons e imagens; recepção livre e gratuita; não incidência: art. 155, § 2º, X, *d*
– serviços prestados a destinatários no exterior; não incidência: art. 155, § 2º, X, *a*
– valor adicionado; definição: art. 161, I

IMPOSTO SOBRE COMBUSTÍVEIS LÍQUIDOS E GASOSOS
– incidência; limite: art. 155, § 3º

IMPOSTO SOBRE GRANDES FORTUNAS
– instituição: art. 153, *caput*, e VII

IMPOSTO SOBRE MINERAIS
– incidência de imposto; limite: art. 155, § 3º

IMPOSTO SOBRE OPERAÇÕES DE CRÉDITO, CÂMBIO E SEGURO, OU RELATIVAS A TÍTULOS OU VALORES MOBILIÁRIOS
– alíquotas; alteração: art. 153, § 1º

– instituição, cobrança e repartição: arts. 150, § 1º; 153, V e § 5º; ADCT, art. 34, § 1º
– ouro, como ativo financeiro ou instrumento cambial; normas: art. 153, § 5º

IMPOSTO SOBRE PRESTAÇÃO DE SERVIÇOS
– instituição: art. 155, II

IMPOSTO SOBRE PRODUTOS INDUSTRIALIZADOS
– alíquotas; alteração: art. 153, § 1º
– distribuição pela União: art. 159, I e II, e §§ 1º a 3º
– instituição e normas: arts. 150, § 1º; 153, caput, IV, e § 3º; ADCT, art. 34, §§ 1º e 2º, I
– redução de seu impacto sobre a aquisição de bens de capital: art. 153, § 3º, IV

IMPOSTO SOBRE PROPRIEDADE DE VEÍCULOS AUTOMOTORES
– alíquotas; fixação pelo Senado Federal: art. 155, § 6º, I
– alíquotas diferenciadas: art. 155, § 6º, II
– instituição: art. 155, III

IMPOSTO SOBRE PROPRIEDADE PREDIAL E TERRITORIAL URBANA
– instituição pelo Município: art. 156, I e § 1º
– progressividade: art. 182, § 4º
– templo religioso; não incidência: art. 156, § 1º-A

IMPOSTO SOBRE PROPRIEDADE TERRITORIAL RURAL
– fiscalização e cobrança: art. 153, § 4º, III
– não incidência: art. 153, § 4º, II
– progressividade: art. 153, § 4º, I

IMPOSTO SOBRE SERVIÇOS DE QUALQUER NATUREZA
– instituição; competência: art. 156, III

IMPOSTOS DA UNIÃO
– rol de: arts. 153; 154

IMPOSTOS DOS ESTADOS E DISTRITO FEDERAL
– rol de: art. 155, §§ 1º a 3º

IMPOSTOS DOS MUNICÍPIOS
– rol de: art. 156

IMPOSTOS ESTADUAIS
– art. 155
– Território Federal; competência: art. 147

IMPOSTOS EXTRAORDINÁRIOS
– instituição: art. 154, II

IMUNIDADE PARLAMENTAR
– deputados e Senadores; inviolabilidade; opiniões; palavras; votos: art. 53

IMUNIDADE TRIBUTÁRIA
– ente federativo: art. 150, VI, a
– fonogramas e videofonogramas musicais produzidos no Brasil: art. 150, VI, e
– fundações e entidades sindicais: art. 150, VI, c
– instituição de assistência social sem fins lucrativos: art. 150, VI, c
– instituição de ensino sem fins lucrativos: art. 150, VI, c
– livros, jornais e periódicos; papel: art. 150, VI, d
– partidos políticos; patrimônio ou renda: art. 150, VI, c
– templos de qualquer culto: art. 150, VI, b

INCENTIVOS FISCAIS
– convênio entre Estados; reavaliação e reconfirmação: ADCT, art. 41, § 3º

– desenvolvimento socioeconômico regional: art. 151, I
– revogação sem prejuízo dos direitos adquiridos: ADCT, art. 41, §§ 1º e 2º
– setoriais; reavaliação: ADCT, art. 41, caput
– Zona Franca de Manaus: ADCT, art. 40

INCENTIVOS REGIONAIS
– atividades prioritárias; juros favorecidos: art. 43, § 2º, II
– tarifas, fretes, seguros; igualdade: art. 43, § 2º, I
– tributos federais; isenções, reduções ou diferimento temporário: art. 43, § 2º, III

INCONSTITUCIONALIDADE
– ação direta; legitimidade: arts. 103; 129, IV
– julgamento; recurso extraordinário: art. 102, III
– lei ou ato normativo; declaração pelos Tribunais: art. 97
– lei ou ato normativo; processo e julgamento: art. 102, I, a
– lei; suspensão da execução; competência privativa do Senado Federal: art. 52, X
– representação; leis ou atos normativos estaduais ou municipais; competência dos Estados: art. 125, § 2º

INDENIZAÇÃO
– acidente de trabalho: art. 7º, XXVIII
– dano material, moral ou à imagem: art. 5º, V e X
– desapropriação rural; pagamento em dinheiro; benfeitorias: art. 184, § 1º
– despedida arbitrária ou sem justa causa: art. 7º, I
– erro judiciário: art. 5º, LXXV
– imóvel urbano; desapropriação, pagamento em dinheiro: art. 182, § 3º
– propriedade particular; uso por autoridade; danos: art. 5º, XXV
– título da dívida agrária; imóvel rural: art. 184, caput
– título da dívida pública; imóvel urbano; desapropriação: art. 182, § 4º, III

ÍNDIOS
– bens: art. 231, caput
– bens da União; terras ocupadas: art. 20, XI
– capacidade processual: art. 232
– costumes, língua, crenças, organização social e tradições: art. 231
– direito de participação no resultado da lavra: art. 231, § 3º
– direitos originários: art. 231, caput
– direitos; processo e julgamento: art. 109, XI
– ensino: art. 210, § 2º
– exploração das riquezas naturais do solo; nulidade e extinção de atos: art. 231, § 6º
– exploração dos recursos hídricos; potenciais energéticos e riquezas minerais; autorização do Congresso Nacional; manifestação das comunidades: art. 231, § 3º
– garimpagem em terra indígena: art. 231, § 7º
– Ministério Público; defesa das populações indígenas: art. 129, V
– Ministério Público; intervenção em processo: art. 232
– nulidade e extinção de atos de ocupação, domínio e posse de terra; efeitos: art. 231, § 6º
– ocupação, domínio e posse de terra indígena; exceção, nulidade e extinção de atos: art. 231, § 6º
– remoção das terras tradicionalmente ocupadas; vedação; exceções; deliberação do Congresso Nacional: art. 231, § 5º
– terras; demarcação e proteção: art. 231, caput
– terras tradicionalmente ocupadas; conceito: art. 231, § 1º
– terras tradicionalmente ocupadas; inalienabilidade, indisponibilidade e imprescritibilidade: art. 231, § 4º

– terras tradicionalmente ocupadas; usufruto das riquezas do solo, fluviais e lacustres: art. 231, § 2°

INDULTO
– concessão; competência privativa do Presidente da República: art. 84, XII
– audiência de Conselho Penal: art. 645

INELEGIBILIDADE
– v. ELEIÇÃO

INQUÉRITO
– civil e ação civil pública: art. 129, III
– policial; instauração: art. 129, VIII

INSTITUIÇÃO FINANCEIRA
– agências financeiras oficiais; lei de diretrizes orçamentárias; política de aplicação: art. 165, § 2°
– aumento do percentual de participação das pessoas físicas ou jurídicas residentes no exterior; proibição: ADCT, art. 52, II
– débito; liquidação; empréstimos; concessão: ADCT, art. 47
– disposição; competência do Congresso Nacional: art. 48, XIII
– domiciliada no exterior; instalação no País; proibição: ADCT, art. 52, I e par. ún.
– empréstimos concedidos; liquidação dos débitos: ADCT, art. 47
– fiscalização; disposições: art. 163, V
– oficial; disponibilidade de caixa; agente depositário: art. 164, § 3°
– organização; funcionamento e atribuições: art. 192

INTEGRAÇÃO SOCIAL
– setores desfavorecidos; competência comum: art. 23, X

INTERVENÇÃO ESTADUAL
– nos Municípios; causas: art. 35

INTERVENÇÃO FEDERAL
– apreciação do decreto: art. 36, §§ 1° a 3°
– aprovação ou suspensão pelo Congresso Nacional: art. 49, IV
– cessação: art. 36, § 4°
– Conselho da República: art. 90, I
– Conselho de Defesa Nacional: art. 91, § 1°, II
– decretação: arts. 21, V; 36; 84, X
– emendas à Constituição; vedação: art. 60, § 1°
– Estados e Distrito Federal; vedação; exceções: art. 34
– nos Municípios localizados em território federal; causas: art. 35
– suspensão pelo Congresso Nacional: art. 49, IV

INTERVENÇÃO INTERNACIONAL
– vedação: art. 4°, IV

INVENTÁRIO
– prazo para requerimento e conclusão: art. 611; Súm. 542/STF

INVIOLABILIDADE
– advogados: art. 133
– Deputados e Senadores: art. 53, caput
– direitos à vida, à honra e à imagem: art. 5°, X
– domicílio: art. 5°, XI
– sigilo de correspondência, comunicações telefônicas, telegráficas e de dados: arts. 5°, XII; 136, § 1°, I, b e c; 139, III
– vereadores: art. 29, VIII

J

JAZIDAS
– autorização, concessão e exploração à data da promulgação da Constituição: ADCT, art. 43
– autorização, concessão e exploração; brasileiro e empresa brasileira de capital nacional: art. 176, § 1°
– contribuição sobre o domínio econômico: art. 177, § 4°
– direito à propriedade do produto da lavra pelo concessionário: art. 176, caput
– direito de participação do proprietário do solo: art. 176, § 2°
– exploração ou aproveitamento: art. 176, caput
– exploração por empresas brasileiras: ADCT, art. 44
– petróleo; monopólio da União: art. 177, I

JUIZ
– ação de interesse dos membros da magistratura; processo e julgamento; competência do STF: art. 102, I, n
– aposentadoria: art. 93, VI e VIII
– carreira; provimento de cargo: art. 96, I, e
– concurso público; OAB; participação: art. 93, I
– crimes comuns e de responsabilidade; julgamento; competência: art. 96, III
– cursos oficiais de preparação e aperfeiçoamento: art. 93, IV
– do trabalho; constituição; investidura; jurisdição; competência; garantias; condições de exercício: art. 113
– do trabalho; instituição: art. 112
– estatuto da magistratura; lei complementar; STF; princípios: art. 93
– federal; processo e julgamento; competência: art. 109, caput
– federal; TRF; composição: art. 107; ADCT, art. 27, §§ 7° e 9°
– federal; TRF; nomeação; remoção ou permuta: art. 107, § 1°
– garantias: art. 95, caput
– inamovibilidade: arts. 93, VIII e VIII-A; 95, II
– ingresso na carreira: art. 93, I
– magistrado; escolha; aprovação prévia; competência privativa do Senado Federal: art. 52, III, a
– magistrado; nomeação; competência privativa do Presidente da República: art. 84, XVI
– órgão da Justiça do Trabalho: art. 111, III
– órgão do Poder Judiciário: art. 92, IV
– proibições: art. 95, par. ún.
– promoções: art. 93, II
– remoção: art. 93, VIII e VIII-A
– subsídios: arts. 93, V; 95, III
– substituto; titularidade de varas: ADCT, art. 28
– Territórios Federais; jurisdição e atribuições: art. 110, par. ún.
– titular; residência: art. 93, VII
– togado; estabilidade; aposentadoria; quadro em extinção: ADCT, art. 21
– varas do trabalho; composição por juiz singular: art. 116
– vitaliciedade: art. 95, I

JUIZADOS ESPECIAIS
– criação: art. 98, I
– federais: art. 98, § 1°

JUÍZO DE EXCEÇÃO
– art. 5°, XXXVII

JUNTAS COMERCIAIS
– legislação concorrente: art. 24, III

JÚRI
– instituição; reconhecimento: art. 5º, XXXVIII

JUROS
– desenvolvimento regional; atividades prioritárias; financiamento: art. 43, § 2º, II
– taxa; controle: art. 164, § 2º

JUSTIÇA DE PAZ
– criação e competência: art. 98, II
– juízes de paz; direitos e atribuições: ADCT, art. 30
– juízes de paz; elegibilidade; idade mínima: art. 14, § 3º, VI, c

JUSTIÇA DESPORTIVA
– v. DESPORTO

JUSTIÇA DO TRABALHO
– competência; greve; atividade essencial; lesão a interesse público; dissídio coletivo: art. 114, § 3º
– competência; relações de trabalho: art. 114, caput
– Conselho Superior: art. 111-A, § 2º, II
– dissídios coletivos: art. 114, § 2º
– juízes togados de estabilidade limitada no tempo; estabilidade e aposentadoria: ADCT, art. 21
– órgãos: art. 111, caput
– órgãos; constituição, investidura, jurisdição, competência, garantias, exercício: art. 113
– varas; criação: art. 112
– cf. também TRIBUNAL REGIONAL DO TRABALHO e TRIBUNAL SUPERIOR DO TRABALHO

JUSTIÇA ELEITORAL
– causas entre organismo internacional e residente ou domiciliado no País; processo e julgamento: art. 109, II
– competência e organização: art. 121, caput
– crimes comuns e de responsabilidade; julgamento: art. 96, III
– juiz da Junta Eleitoral: art. 121, § 1º
– juiz do TRE; crimes comuns e de responsabilidade: art. 105, I, a
– juiz do TRE; eleição, escolha, nomeação: art. 120, § 1º
– juiz do Tribunal Eleitoral; mandato, garantias, inamovibilidade: art. 121, §§ 1º e 2º
– juiz do TSE; eleição, nomeação: art. 119
– juiz substituto do Tribunal Eleitoral: art. 121, § 2º
– ministro do TSE: art. 102, I, c
– órgãos: art. 118
– remuneração; subsídios: art. 93, V
– Tribunal Eleitoral; órgão do Poder Judiciário: art. 92, V
– cf. também TRIBUNAL REGIONAL ELEITORAL e TRIBUNAL SUPERIOR ELEITORAL

JUSTIÇA ESTADUAL
– causas em que a União for autora; processo e julgamento: art. 109, § 1º
– causas em que for parte instituição de previdência social e segurado; processo e julgamento: art. 109, § 3º
– competência dos tribunais: art. 125, § 1º
– desembargador; crimes comuns e de responsabilidade: art. 105, I, a
– inconstitucionalidade de leis ou atos normativos estaduais ou municipais; representação: art. 125, § 2º
– juizado de pequenas causas: art. 98, I
– juizado de pequenas causas; competência legislativa concorrente: art. 24, X
– juizado especial: art. 98, I

– juiz de direito: art. 92, VII
– juiz de direito; atribuição de jurisdição; varas do trabalho: art. 112
– juiz de direito; crimes comuns e de responsabilidade: art. 96, III
– justiça de paz: art. 98, II
– justiça de paz; situação dos juízes: ADCT, art. 30
– justiça militar estadual; proposta, criação, constituição, competência: art. 125, §§ 3º a 5º
– lei de organização judiciária; iniciativa: art. 125, § 1º
– magistrados; acesso aos tribunais de segundo grau: art. 93, III
– organização: art. 125, caput
– questões agrárias; varas especializadas: art. 126
– Seção Judiciária; constituição: art. 110, caput
– varas; localização: art. 110, caput
– cf. também TRIBUNAL DE JUSTIÇA

JUSTIÇA FEDERAL
– competência: art. 109, caput
– competência; ações propostas até a promulgação da Constituição: ADCT, art. 27, § 10
– Juizados Especiais: art. 98, § 1º
– juiz federal: art. 106, II
– juiz federal; competência: art. 109, caput
– juiz federal; órgão do Poder Judiciário: art. 92, III
– juiz federal; promoção: ADCT, art. 27, § 9º
– juiz federal; titularidade: ADCT, art. 28
– órgãos: art. 106
– territórios; jurisdição e atribuições dos juízes federais: art. 110, par. ún.
– TFR; ministros: ADCT, art. 27
– TRF; competência: art. 108
– Tribunal Federal; nomeação dos juízes: art. 84, XVI
– cf. também TRIBUNAL REGIONAL FEDERAL

JUSTIÇA GRATUITA
– Estado; prestação integral; insuficiência de recursos: art. 5º, LXXIV

JUSTIÇA ITINERANTE
– TRF; instalação: art. 107, § 2º
– Tribunal de Justiça; instalação: art. 125, § 7º
– TRT; instalação: art. 115, § 1º

JUSTIÇA MILITAR
– competência: art. 124
– juiz militar: art. 122, II
– juiz militar; órgão do Poder Judiciário: art. 92, VI
– justiça militar estadual: art. 125, §§ 3º a 5º
– Ministro do Superior Tribunal Militar; crimes comuns e de responsabilidade: art. 102, I, c
– Ministro do Superior Tribunal Militar; habeas corpus: art. 102, I, d
– Ministros civis do Superior Tribunal Militar: art. 123, par. ún.
– órgãos: art. 122
– Superior Tribunal Militar; composição, nomeação: art. 123, caput
– cf. também SUPERIOR TRIBUNAL MILITAR e TRIBUNAL MILITAR

JUVENTUDE
– estatuto da: art. 227, § 8º, I
– plano nacional de: art. 227, § 8º, II

L

LAZER
– direitos sociais: arts. 6º; 7º, IV
– incentivo pelo Poder Público: art. 217, § 3º

LEI(S)
– elaboração, redação, alteração e consolidação: art. 59, par. ún.
– guarda: art. 23, I
– promulgação: arts. 66, § 5º; 84, IV
– promulgação das leis pelo Presidente do Senado Federal: art. 66, § 7º
– publicação: art. 84, IV
– sanção: art. 84, IV

LEI COMPLEMENTAR
– delegação legislativa; vedação: art. 68, § 1º
– iniciativa: art. 61, caput
– processo legislativo: art. 59, II
– quorum: art. 69

LEI DELEGADA
– processo de elaboração: art. 68
– processo legislativo; elaboração: art. 59, IV

LEI ORDINÁRIA
– art. 59, III
– iniciativa: art. 61, caput

LEI ORGÂNICA DO DISTRITO FEDERAL
– aprovação: art. 32, caput

LEI ORGÂNICA DOS MUNICÍPIOS
– aprovação: art. 29, caput
– elaboração e votação: ADCT, art. 11, par. ún.

LEI PENAL
– anterioridade: art. 5º, XXXIX
– irretroatividade: art. 5º, XL

LIBERDADE
– ação: art. 5º, II
– acesso à informação: art. 5º, XIV
– associação: art. 5º, XVII e XX
– consciência de crença e de culto religioso: art. 5º, VI
– discriminação aos direitos e liberdades fundamentais; punição: art. 5º, XLI
– expressão da atividade intelectual, artística, científica e de comunicação: arts. 5º, IX; 206, II
– imprensa; radiodifusão e televisão: art. 139, III
– iniciativa: art. 1º, IV
– locomoção; restrições: arts. 5º, XV e LXVIII; 139, I
– manifestação do pensamento: arts. 5º, IV; 206, II
– privação: art. 5º, XLVI, a, e LIV
– provisória; admissão: art. 5º, LXVI
– reunião; suspensão e restrições: arts. 5º, XVI; 136, § 1º, I, a; 139, IV
– sindical; condições: art. 8º
– trabalho, ofício ou profissão; exercício: art. 5º, XIII

LIBERDADE DE CRENÇA E RELIGIOSA
– convicção filosófica ou política; vedação de privação de direitos; exceção: art. 5º, VIII
– inviolabilidade; cultos religiosos: art. 5º, VI

– serviço militar obrigatório; serviço alternativo: art. 143, § 1º

LICENÇA
– gestante: arts. 7º, XVIII; 39, § 3º
– paternidade: arts. 7º, XIX; 39, § 3º

LICITAÇÃO
– arts. 37, XXI; 175, caput
– obras, serviços, compras e alienações públicas: art. 37, XXI
– princípio da administração pública: art. 173, § 1º, III

LIMITES TERRITORIAIS
– demarcações; linhas divisórias litigiosas; impugnação; Estados e Municípios: ADCT, art. 12, § 2º
– Estado do Acre: ADCT, art. 12, § 5º
– Estado do Tocantins: ADCT, art. 13, § 1º
– ilhas fluviais e lacustres; bens da União: art. 20, IV
– lagos e rios; bens da União: art. 20, III
– território nacional; competência do Congresso Nacional: art. 48, V

LÍNGUA NACIONAL
– art. 13, caput

M

MAGISTRATURA
– aposentadoria: arts. 40; 93, VI e VIII
– aprovação da escolha de Magistrados: art. 52, III, a
– atividade jurisdicional; férias forenses; vedação: art. 93, XII
– disponibilidade: art. 93, VIII
– Estatuto; iniciativa do STF: art. 93, caput
– Estatuto; princípios; lei complementar; STF: art. 93, caput
– garantias: art. 95
– ingresso: art. 93, I
– juízes; quantidade por unidade jurisdicional: art. 93, XIII
– juiz titular; residência: art. 93, VII
– preparação e aperfeiçoamento: art. 93, IV
– promoção; entrância para entrância: art. 93, II
– promoção; tribunais de segundo grau: art. 93, III
– remoção: art. 93, VIII e VIII-A
– Tribunais; acesso: art. 93, III
– Tribunal Pleno; atribuições administrativas e jurisdicionais; órgão especial: art. 93, XI
– vedação: art. 95, par. ún.
– vencimentos; subsídios: art. 93, V
– cf. também JUIZ

MANDADO DE INJUNÇÃO
– autoridade federal; norma regulamentadora; atribuição: art. 105, I, h
– concessão: art. 5º, LXXI
– norma regulamentadora de atribuição específica: art. 102, I, q
– STF; julgamento em recurso ordinário: art. 102, II, a
– STF; processo e julgamento: art. 102, I, q
– STJ; processo e julgamento: art. 105, I, h
– ter; recurso de suas decisões: art. 121, § 4º, V

MANDADO DE SEGURANÇA
– ato de autoridade federal: art. 109, VIII
– ato de Ministro de Estado, dos Comandantes da Marinha, Exército e Aeronáutica e do STJ: art. 105, I, b

– licença-gestante: arts. 7°, XVIII; 39, § 3°
– plano de previdência social: art. 201, II
– proteção: art. 203, I

MEDICAMENTO
– produção: art. 200, I

MEDIDAS PROVISÓRIAS
– apreciação; prazo: art. 62, § 6°
– aprovação de projeto de lei de conversão: art. 62, § 12
– Câmara dos Deputados; iniciativa: art. 62, § 8°
– Congresso Nacional; apreciação: arts. 57, §§ 7° e 8°; 62, §§ 7° a 9°
– conversão em lei; eficácia; prazo: art. 62, §§ 3° e 4°
– decretos-leis; edição entre 03.09.1988 e a promulgação da Constituição: ADCT, art. 25, § 2°
– eficácia: art. 62, § 3°
– impostos: art. 62, § 2°
– matérias vedadas: arts. 62, § 1°; 246
– mérito: art. 62, § 5°
– prazos: art. 62, §§ 3°, 4°, 6°, 7° e 11
– Presidente da República; edição: arts. 62, *caput*; 84, XXVI
– reedição: art. 62, § 10

MEIO AMBIENTE
– caça; competência legislativa concorrente: art. 24, VI
– dano; competência legislativa concorrente: art. 24, VIII
– defesa: art. 170, VI
– defesa e preservação; dever da coletividade e do Poder Público: art. 225, *caput*
– deveres do Poder Público: art. 225, § 1°
– equilíbrio ecológico; direito de todos: art. 225, *caput*
– fauna; competência legislativa concorrente: art. 24, VI
– fauna; preservação pela União: art. 23, VII
– flora; preservação pela União: art. 23, VII
– Floresta Amazônica: art. 225, § 4°
– floresta; competência legislativa concorrente: art. 24, VI
– floresta; preservação pela União: art. 23, VII
– Mata Atlântica: art. 225, § 4°
– natureza; competência legislativa concorrente: art. 24, VI
– Pantanal Mato-Grossense: art. 225, § 4°
– pesca; competência legislativa concorrente: art. 24, VI
– propaganda comercial nociva; vedação: art. 220, § 3°, II
– proteção: art. 23, VI
– proteção; competência legislativa concorrente: art. 24, VI
– qualidade de vida; melhoria: art. 225, *caput*
– recursos minerais: art. 225, § 2°
– recursos naturais; competência legislativa concorrente: art. 24, VI
– reparação do dano: art. 225, § 3°
– sanções penais e administrativas: art. 225, § 3°
– Serra do Mar: art. 225, § 4°
– solo; competência legislativa concorrente: art. 24, VI
– terras devolutas: art. 225, § 5°
– usinas nucleares; localização: art. 225, § 6°
– zona costeira: art. 225, § 4°

MENOR
– *v.* CRIANÇA E ADOLESCENTE

MICROEMPRESA E EMPRESA DE PEQUENO PORTE
– definição: ADCT, art. 47, § 1°
– instituição: art. 25, § 3°

– tratamento jurídico diferenciado: art. 179

MILITAR
– aposentadorias; pensões e proventos: arts. 40, §§ 7º e 8º; 42, § 2º
– condenação por Tribunal Militar: art. 142, § 3º, VI
– condições de elegibilidade: art. 14, § 8º
– filiação a partidos políticos: art. 142, § 3º, V
– garantias: arts. 42, § 1º; 142, § 3º, I
– greve; sindicalização; proibição: art. 142, § 3º, IV
– hierarquia; disciplina: art. 42, *caput*
– integrantes da carreira policial; ex-Território Federal de Rondônia: ADCT, art. 89
– julgado indigno: art. 142, § 3º, III
– patentes: arts. 42, § 1º; 142, § 3º, I
– patentes; perda: art. 142, § 3º, VI
– postos; perda: art. 142, § 3º, VI
– regime jurídico; iniciativa das leis: art. 61, § 1º, II, *f*
– remuneração; subsídio: arts. 39, § 4º; 144, § 9º
– reserva: art. 142, § 3º, II

MINISTÉRIO DE ESTADO DA DEFESA
– cargo privativo de brasileiro nato: art. 12, § 3º, VII
– composição do Conselho de Defesa Nacional: art. 91, V

MINISTÉRIO PÚBLICO
– ação civil; legitimação: art. 129, § 1º
– ação civil; promoção: art. 129, III
– ação de inconstitucionalidade; promoção: art. 129, IV
– ação penal; promoção: art. 129, I
– acesso à carreira; requisitos: art. 129, § 3º
– atividade policial; controle: art. 129, VII
– autonomia administrativa: art. 127, § 2º
– autonomia funcional: art. 127, § 2º
– comissões parlamentares de inquérito: art. 58, § 3º
– Conselho Nacional: art. 130-A
– crimes comuns e de responsabilidade; processo e julgamento: art. 96, III
– delegação legislativa; vedação: art. 68, § 1º, I
– despesa pública; projeto sobre serviços administrativos: art. 63, II
– dotação orçamentária: art. 168
– efetivo respeito dos direitos constitucionais: art. 129, II
– efetivo respeito dos Poderes Públicos e dos serviços sociais: art. 129, II
– exercício de suas funções: art. 129
– finalidade: art. 127, *caput*
– funcionamento: art. 127, § 2º
– funções: art. 129, IX
– funções; exercício: art. 129, § 2º
– funções institucionais: art. 129
– inamovibilidade: art. 128, § 5º, I, *b*
– índio; intervenção no processo: art. 232
– ingresso na carreira: art. 129, § 3º
– inquérito civil; promoção: art. 129, III
– interesses difusos e coletivos; proteção: art. 129, III
– lei complementar: ADCT, art. 29
– membro; opção pelo regime anterior: ADCT, art. 29, § 3º
– organização: art. 127, § 2º
– órgãos: art. 128
– ouvidoria; criação; competência da União e dos Estados: 130-A, § 5º
– populações indígenas; defesa: art. 129, V
– princípios institucionais: art. 127, § 1º
– procedimentos administrativos; expedição de noti art. 129, VI
– processo; distribuição: art. 129, § 5º
– propostas orçamentárias: art. 127, §§ 3º a 6º
– provimento de cargos; concurso público: art. 12
– representação para intervenção dos Estados no cípios: art. 129, IV
– representação para intervenção federal nos Esta 129, IV
– residência: art. 129, § 2º
– serviços auxiliares; provimento por concurso púb 127, § 2º
– Superior Tribunal de Justiça; composição: art. 104, p
– TRF; composição: arts. 94; 107, I
– Tribunal de Justiça; composição: art. 94
– vedação à participação em sociedade comercial: a § 5º, II, *c*
– vedação à representação judicial e à consultoria de entidades públicas: art. 129, IX, 2a parte
– vedação ao exercício da advocacia: arts. 95, par e 128, § 5º, II, *b*
– vedação ao exercício de atividade político-partidá 128, § 5º, II, *e*
– vedação ao exercício de outra função pública: a § 5º, II, *d*
– vedação ao recebimento de honorários, percentag custas processuais: art. 128, § 5º, II, *a*
– vencimentos; subsídios; irredutibilidade: art. 128, §
– vitaliciedade: art. 128, § 5º, I, *a*

MINISTÉRIO PÚBLICO DA UNIÃO
– crimes comuns e de responsabilidade de membros c ciem perante Tribunais; processo e julgamento: art. 1
– crimes comuns; processo e julgamento: art. 108,
– crimes de responsabilidade; processo e julgamen 108, I, *a*
– *habeas corpus*; processo e julgamento: art. 105, I
– organização: arts. 48, IX; 61, § 1º, II, *d*
– órgão do Ministério Público: art. 128, I
– Procurador-Geral da República; aprovação prévia c meação pelo Senado Federal: art. 128, § 1º
– Procurador-Geral da República; nomeação pelo Pres da República: art. 128, § 1º

MINISTÉRIO PÚBLICO DO DISTRITO FEDERAL
– atribuições e Estatuto: art. 128, § 5º
– organização: arts. 48, IX; 61, § 1º, II, *d*
– organização e manutenção: art. 21, XIII
– organização; legislação: art. 22, XVII
– órgão do Ministério Público da União: art. 128, I, c
– Procurador-Geral; escolha, nomeação, destituição 128, §§ 3º e 4º

MINISTÉRIO PÚBLICO DO TRABALHO
– atribuições e Estatuto: art. 128, § 5º
– membro; estabilidade: ADCT, art. 29, § 4º
– órgão do Ministério Público da União: art. 128, I, *b*
– TRT; composição: art. 115, par. ún., II
– TST; composição: art. 111-A, II

MINISTÉRIO PÚBLICO DOS ESTADOS
– atribuições e Estatuto: art. 128, § 5º
– organização: art. 61, § 1º, II, *d*

- órgão do Ministério Público: art. 128, II
- Procurador-Geral do Estado; escolha, nomeação e destituição: art. 128, §§ 3° e 4°
- Tribunal de Contas dos Estados; atuação: art. 130

MINISTÉRIO PÚBLICO DOS TERRITÓRIOS
- atribuições e Estatuto: art. 128, § 5°
- organização: arts. 48, IX; 61, § 1°, II, *d*
- organização; legislação: art. 22, XVII
- organização e manutenção: art. 21, XIII
- órgãos do Ministério Público da União: art. 128, I, *d*
- Procurador-Geral: art. 128, § 3°
- Procurador-Geral; destituição: art. 128, § 4°

MINISTÉRIO PÚBLICO FEDERAL
- atribuições e Estatuto: art. 128, § 5°
- órgão do Ministério Público da União: art. 128, I, *a*
- Procurador da República; opção de carreira: ADCT, art. 29, § 2°
- Tribunal de Contas da União; atuação: art. 130

MINISTÉRIO PÚBLICO MILITAR
- atribuições e Estatuto: art. 128, § 5°
- Membro; estabilidade: ADCT, art. 29, § 4°

MINISTRO DA JUSTIÇA
- Conselho da República; membro: art. 89, VI

MINISTRO DE ESTADO
- auxílio ao Presidente da República no exercício do Poder Executivo: art. 84, II
- Câmara dos Deputados; comparecimento: art. 50, *caput*, § 1°
- competência: art. 87, par. ún.
- Conselho da República; convocação pelo Presidente da República: art. 90, § 1°
- crimes de responsabilidade: art. 87, par. ún., II
- crimes de responsabilidade conexos com os do Presidente e Vice-Presidente da República; julgamento: art. 52, I
- crimes de responsabilidade; processo e julgamento: art. 102, I, *c*
- decretos; execução: art. 87, par. ún., II
- entidades da administração federal; orientação, coordenação e supervisão: art. 87, par. ún., I
- escolha: art. 87, *caput*
- *habeas corpus*; processo e julgamento: art. 102, I, *d*
- *habeas data*; processo e julgamento: art. 105, I, *b*
- infrações penais comuns; processo e julgamento: art. 102, I, *b*
- leis; execução: art. 87, par. ún., II
- mandado de injunção; processo e julgamento: art. 105, I, *h*
- mandado de segurança; processo e julgamento: art. 105, I, *b*
- nomeação e exoneração: art. 84, I
- pedidos de informação; Câmara dos Deputados e Senado Federal: art. 50
- Poder Executivo; auxílio ao Presidente da República: art. 76
- Presidente da República; delegação de atribuições: art. 84, par. ún.
- Presidente da República; referendo de atos e decretos: art. 87, par. ún., I
- Presidente da República; relatório anual: art. 87, par. ún., III
- processo; instauração: art. 51, I
- regulamentos; execução: art. 87, par. ún., II
- remuneração; subsídios: art. 49, VIII

MISSÃO DIPLOMÁTICA PERMANENTE
- chefes; aprovação pelo Senado Federal: art. 52, IV
- chefes; crimes comuns e de responsabilidade: art. 102, I, *c*

MOEDA
- emissão: art. 48, XIV
- emissão; competência da União: art. 164

MONOPÓLIO
- vedação: art. 173, § 4°

MULHER
- licença remunerada à gestante: art. 7°, XVIII

MUNICÍPIO
- Administração Pública; princípios: art. 37, *caput*
- assistência social; custeio: art. 149, §§ 1° a 4°
- autarquias e fundações e mantidas pelo Poder Público; limitações ao poder de tributar: art. 150, §§ 2° e 3°
- autonomia: art. 18, *caput*
- Câmara Municipal; competência: art. 29, V
- Câmara Municipal; composição: art. 29, IV
- Câmara Municipal; fiscalização financeira e orçamentária pelos Municípios: art. 31, *caput*
- Câmara Municipal; fiscalização financeira e orçamentária pelo Tribunal de Contas dos Estados ou Municípios: art. 31, § 1°
- Câmara Municipal; funções legislativas e fiscalizadoras: art. 29, IX
- competência: art. 30
- competência tributária: arts. 30, III; 145, *caput;* 156
- competência tributária; ICMS; lei complementar; fixação de alíquotas máximas e mínimas: art. 156, § 3°, I; ADCT, art. 88
- competência tributária; imposto sobre transmissão *inter vivos:* art. 156, II e § 2°
- competência tributária; IPTU: art. 156, I
- competência tributária; ISS; lei complementar; isenções, incentivos e benefícios fiscais: art. 156, § 3°, III; ADCT, art. 88
- competência tributária; vedação ao limite de tráfego: art. 150, V
- Conselho de Contas; vedação de criação: art. 31, § 4°
- contribuições previdenciárias; débitos: ADCT, art. 57
- crédito externo e interno; disposições sobre limites globais pelo Senado Federal: art. 52, VII
- criação: art. 18, § 4°
- criação, fusão, incorporação e desmembramento; convalidação: ADCT, art. 96
- desmembramento: art. 18, § 4°
- diferença de bens; limitações ao poder de tributar: art. 152
- disponibilidade de caixa; depósito em instituições financeiras oficiais: art. 164, § 3°
- distinção entre brasileiros; vedação: art. 19, III
- distrito; criação, organização e supressão: art. 30, IV
- Distrito Federal; vedação de divisão: art. 32, *caput*
- dívida mobiliária; fixação de limites globais pelo Senado Federal: art. 52, IX
- dívida pública; fixação de limites globais pelo Senado Federal: art. 52, VI
- documento público; vedação de recusa de fé: art. 19, II
- educação infantil; programas: art. 30, VI
- empresa de pequeno porte; tratamento jurídico diferenciado: art. 179
- ensino; aplicação de receita de impostos: art. 212
- ensino fundamental; programas: art. 30, VI

- Estado-membro; demarcação das terras em litígio: ADCT, art. 12, § 2º
- Fazenda Pública; precatório; sentença judiciária: art. 100, caput; ADCT, art. 97
- fiscalização contábil, financeira e orçamentária: art. 75, caput
- fiscalização contábil, financeira e orçamentária; exibição das contas aos contribuintes: art. 31, § 3º
- fiscalização financeira: art. 31, caput
- fiscalização orçamentária: art. 31, caput
- fusão: art. 18, § 4º
- guardas municipais: art. 144, § 8º
- imposto sobre transmissão inter vivos; isenção: art. 156, § 2º, I
- incentivos fiscais; reavaliação: ADCT, art. 41
- incorporação: art. 18, § 4º
- iniciativa das leis; população: art. 29, XI
- instituições de assistência social sem fins lucrativos; limitações ao poder de tributar: art. 150, VI, c e § 4º
- instituições de educação sem fins lucrativos; limitações ao poder de tributar: art. 150, VI, c e § 4º
- interesse local; legislação: art. 30, I
- IPTU; função social da propriedade: art. 156, § 1º
- legislação federal; suplementação: art. 30, II
- Lei Orgânica: art. 29, caput; ADCT, art. 11, par. ún.
- livros, jornais e periódicos; limitações ao poder de tributar: art. 150, VI, d
- mar territorial; exploração: art. 20, § 1º
- microempresa; tratamento jurídico diferenciado: art. 179
- orçamento; recursos para a assistência social: art. 204, caput
- órgãos de Contas; vedação de criação: art. 31, § 4º
- participação das receitas tributárias; vedação à retenção ou restrição: art. 160
- partidos políticos; limitações ao poder de tributar: art. 150, VI, c e § 4º
- patrimônio histórico-cultural; proteção: art. 30, IX
- patrimônio, renda ou serviços de entes públicos; limitações ao poder de tributar: art. 150, VI, a
- pessoal; despesa: art. 169; ADCT, art. 38
- planejamento; cooperação das associações representativas de bairro: art. 29, X
- plataforma continental; direito de participação e compensação financeira por sua exploração: art. 20, § 1º
- prestação de contas: art. 30, III
- previdência social; contribuição para o custeio do sistema: art. 149, §§ 1º a 4º
- quadro de pessoal; compatibilização: ADCT, art. 24
- receita tributária; repartição: arts. 158; 162
- recursos hídricos e minerais; participação e exploração: art. 20, § 1º
- reforma administrativa: ADCT, art. 24
- religião; vedações: art. 19, I
- saúde; serviços de atendimento: art. 30, VII
- serviço público de interesse local; organização e prestação: art. 30, V
- símbolos: art. 13, § 2º
- sindicatos; limitações ao poder de tributar: art. 150, VI, c e § 4º
- sistema de ensino: art. 211, caput e § 2º
- Sistema Tributário Nacional; aplicação: ADCT, art. 34, § 3º
- Sistema Único de Saúde; financiamento: art. 198, § 1º
- solo urbano; controle, ocupação, parcelamento e planejamento: art. 30, VIII
- suplementação da legislação federal e estadual: art. 30, II
- templos de qualquer culto; limitações ao poder de tributar: art. 150, VI, b e § 4º
- transporte coletivo; caráter essencial: art. 30, V
- Tribunais de Contas; vedação de criação: art. 31, § 4º
- tributação; limites: art. 150
- tributos; instituição e arrecadação: art. 30, III
- turismo; promoção e incentivo: art. 180
- vedações: art. 19

NACIONALIDADE

- delegação legislativa; vedação: art. 68, § 1º, II
- foro competente: art. 109, X
- opção: art. 12, I, c
- perda: art. 12, § 4º

NASCIMENTO

- licença-maternidade: art. 7º, XVIII
- licença-paternidade: art. 7º, XIX da CF e art. 10, § 1º do ADCT
- registro civil; gratuidade: art. 5º, LXXVI, a
- salário-família: art. 7º, XII

NATURALIZAÇÃO

- cancelamento; efeito: art. 12, § 4º, I
- foro competente: art. 109, X
- legislação: art. 22, XIII

NAVEGAÇÃO

- cabotagem; embarcações nacionais: art. 178

NOTÁRIOS

- concurso público: art. 236, § 3º
- Poder Judiciário; fiscalização de seus atos: art. 236, § 1º
- responsabilidade civil e criminal: art. 236, § 1º

ÓBITO

- certidão; gratuidade: art. 5º, LXXVI, b

OBRAS

- coletivas; participação individual: art. 5º, XXVII
- criadores e intérpretes; aproveitamento econômico; fiscalização: art. 5º, XXVIII
- direitos do autor e herdeiros: art. 5º, XXVII
- meio ambiente; degradação; estudo prévio: art. 225, § 1º, IV
- patrimônio cultural brasileiro: art. 216, IV
- valor histórico, artístico e cultural; proteção: art. 23, III e IV

OBRAS PÚBLICAS

- licitação: art. 37, XXI

OFICIAIS DE REGISTRO

- concurso público: art. 236, § 3º
- Poder Judiciário; fiscalização dos atos: art. 236, § 1º
- responsabilidade civil e criminal: art. 236, § 1º
- vedação: art. 173, § 4

ÍNDICE ALFABÉTICO-REMISSIVO DA CONSTITUIÇÃO FEDERAL E DO ADCT   1305

OPERAÇÕES DE CRÉDITO
– Congresso Nacional: art. 48, II

ORÇAMENTO PÚBLICO
– anual; fundos: art. 165, § 5°, I e III
– Congresso Nacional: art. 48, II
– créditos especiais e extraordinários: art. 167, § 2°
– créditos extraordinários: art. 167, § 3°
– delegação legislativa; vedação: art. 68, § 1°, III
– diretrizes orçamentárias; projeto de lei; Presidente da República; envio: art. 84, XXIII
– fundos; instituição e funcionamento: arts. 165, § 9°; 167, IX; ADCT, art. 35, § 2°
– lei anual: ADCT, art. 35, *caput*
– plano plurianual; adequação: art. 165, § 4°
– plano plurianual; Congresso Nacional: art. 48, II
– plano plurianual; crimes de responsabilidade: art. 167, § 1°
– plano plurianual; delegação legislativa; vedação: art. 68, § 1°, III
– plano plurianual; lei: art. 165, § 1°
– plano plurianual; Presidente da República; envio ao Congresso Nacional: art. 84, XXIII
– plano plurianual; projeto de lei; apreciação de emendas pelo Congresso Nacional: art. 166, § 2°
– plano plurianual; projeto de lei; apreciação pela Comissão Mista Permanente de Senadores e Deputados: art. 166, § 1°
– plano plurianual; projeto de lei; apreciação pelo Congresso Nacional: art. 166, *caput*
– plano plurianual; projeto de lei; apresentação de emendas: art. 166, § 2°
– plano plurianual; projeto de lei; emendas individuais; limite: art. 166, § 9°
– plano plurianual; projeto de lei; modificação: art. 166, § 5°
– plano plurianual; projeto de lei; processo legislativo: art. 166, § 7°
– plano plurianual; regulamentação: art. 165, § 9°
– Poder Executivo: art. 165, III
– proposta; Presidente da República; envio: art. 84, XXIII
– seguridade social; proposta; elaboração: art. 195, § 2°
– títulos da dívida agrária: art. 184, § 4°
– vedações: art. 167; ADCT, art. 37

ORDEM DOS ADVOGADOS DO BRASIL – OAB
– Conselho Federal; controle de constitucionalidade; legitimidade: art. 103, VII

ORDEM ECONÔMICA
– direito ao exercício de todas as atividades econômicas: art. 170, par. ún.
– documento ou informação de natureza comercial; requisição por autoridade estrangeira: art. 181
– empresa de pequeno porte; tratamento jurídico diferenciado: art. 179
– empresas nacionais de pequeno porte: art. 170, IX
– fundamentos: art. 170, *caput*
– livre concorrência: art. 170, IV
– microempresa; tratamento jurídico diferenciado: art. 179
– pleno emprego: art. 170, VIII
– princípios: art. 170
– relação da empresa pública com o Estado e a sociedade; regulamentação: art. 173, § 3°
– responsabilidade individual e da pessoa jurídica: art. 173, § 5°

ORDEM SOCIAL
– fundamentos: art. 193
– objetivo: art. 193

ORGANIZAÇÃO DO TRABALHO
– empregador; participação nos colegiados de órgãos públicos; interesses profissionais e previdenciários: art. 10
– trabalhador; participação nos colegiados de órgãos públicos; interesses profissionais e previdenciários: art. 10
– trabalhador; representante dos empregados junto às empresas: art. 11

ORGANIZAÇÃO JUDICIÁRIA
– União; competência legislativa: art. 22, XVII

ÓRGÃOS PÚBLICOS
– atos, programas, obras, serviços e campanhas; caráter educativo: art. 37, § 1°
– disponibilidade de caixa; depósito em instituições financeiras oficiais: art. 164, § 3°
– inspeção e auditoria: art. 71, IV

OURO
– ativo financeiro ou instrumento cambial; impostos; normas: art. 153, § 5°

PARTIDO POLÍTICO
– acesso gratuito ao rádio e à televisão: art. 17, § 3° e art. 3°, par. un., da EC 97/2017
– ações declaratória de constitucionalidade e direta de inconstitucionalidade: art. 103, VIII
– autonomia: art. 17, § 1°
– candidato eleito; filiação a outro partido: art. 17, § 5°
– candidaturas femininas; Fundo Especial de Financiamento de Campanha: art. 17, § 8 e EC 117/2022
– caráter nacional: art. 17, I
– coligações; eleições proporcionais; vedação: art. 17, § 1°
– criação: art. 17, *caput*; ADCT, art. 6°
– direitos fundamentais da pessoa humana: art. 17, *caput*
– eleições proporcionais; coligações; vedação: art. 17, § 1°
– estatuto: art. 17, § 10; ADCT, art. 6°
– extinção; incorporação: art. 17, *caput*
– filiação a outro partido; candidato eleito: art. 17, § 5°
– funcionamento parlamentar: art. 17, IV
– fundo partidário; direito; recursos: art. 17, § 3°
– fusão: art. 17, *caput*
– incorporação: art. 17, *caput*
– limitações ao poder de tributar: art. 150, VI, c, § 4°
– manifesto: ADCT, art. 6°
– mulheres; participação política; programas de promoção e difusão: art. 17, § 7°
– organização e funcionamento: art. 17, § 1°
– personalidade jurídica: art. 17, § 2°
– pluripartidarismo: art. 17, *caput*
– programa: ADCT, art. 6°
– recursos: art. 17, § 3°
– recursos; fundo partidário; direito: art. 17, § 3° e art. 3°, par. un., da EC 97/2017
– regime democrático: art. 17, *caput*
– registro provisório; concessão pelo TSE: ADCT, art. 6°, § 1°
– registro provisório; perda: ADCT, art. 6°, § 2°

– registro: art. 17, § 2º; ADCT, art. 6º
– requisitos: art. 17, *caput*
– soberania nacional: art. 17, *caput*
– TSE: ADCT, art. 6º, *caput*
– vedação de subordinação à entidade ou governo também no estrangeiro: art. 17, II
– vedação de utilização de organização paramilitar: art. 17, § 4º

PATERNIDADE
– licença-paternidade: art. 7º, XIX; ADCT, art. 10, § 1º

PATRIMÔNIO
– cultural; ato lesivo; ação popular: art. 5º, LXXIII
– nacional; atos gravosos: art. 49, I
– nacional; Floresta Amazônica, Mata Atlântica, Serra do Mar, Pantanal Mato-Grossense, Zona Costeira: art. 225, § 4º
– nacional; mercado interno; desenvolvimento cultural e socioeconômico: art. 219

PENA
– comutação; competência: art. 84, XII
– cumprimento; estabelecimento: art. 5º, XLVIII
– individualização; regulamentação: art. 5º, XLVI e XLVII
– morte: art. 5º, XLVII, *a*
– reclusão; prática do racismo: art. 5º, XLII
– suspensão ou interdição de direitos: art. 5º, XLVI, *e*
– tipos: art. 5º, XLVI

PENSÃO POR MORTE
– segurados; pensão por morte ao cônjuge ou companheiro: art. 201, V

PETRÓLEO
– elevação do preço; estado de emergência; ano 2022; medidas de enfrentamento: ADCT, art. 120
– importação e exportação; monopólio da União: art. 177, III
– jazidas; monopólio: art. 177, I
– monopólio; exclusão: ADCT, art. 45
– refinação; monopólio da União: art. 177, II
– transporte marítimo ou por meio de conduto; monopólio da União: art. 177, IV

PIS/PASEP
– abono: art. 239, § 3º
– seguro-desemprego; financiamento: art. 239

PLANEJAMENTO FAMILIAR
– art. 226, § 7º

PLANO NACIONAL DE DESENVOLVIMENTO
– atribuições do Congresso Nacional: art. 48, IV

PLANO NACIONAL DE DESENVOLVIMENTO ECONÔMICO E SOCIAL
– composição dos organismos regionais: art. 43, § 1º, II

PLANO NACIONAL DE EDUCAÇÃO
– arts. 205, *caput*; 212, § 3º
– duração decenal: art. 214
– objetivos: art. 214

PLEBISCITO
– autorização: art. 49, XV
– exercício da soberania: art. 14, I
– revisão constitucional; prazo: ADCT, art. 2º

PLURALISMO POLÍTICO
– princípio fundamental: art. 1º, V

POBREZA
– combate às causas: art. 23, X
– erradicação: art. 3º, III
– Fundo de Combate e Erradicação da Pobreza: ADCT, arts. 79 a 83

PODER EXECUTIVO
– arts. 2º e 76 a 91
– alteração de alíquotas; competência tributária: art. 153, § 1º
– atividades nucleares; iniciativa: art. 49, XIV
– atos; fiscalização e controle: art. 49, X
– atos normativos; sustação pelo Congresso Nacional: art. 49, V
– delegação legislativa; revogação: ADCT, art. 25
– fiscalização contábil, financeira e orçamentária da União; exercício; prestação de contas: art. 70
– fiscalização contábil, financeira e orçamentária da União; finalidade: art. 74
– membros; vencimentos: arts. 37, XII; 39, § 1º
– Presidente da República; auxílio dos Ministros de Estado: art. 76
– radiodifusão sonora e de sons e imagens; outorga, concessão, permissão e autorização: art. 223, *caput*

PODER JUDICIÁRIO
– arts. 2º e 92 a 126
– ações relativas à disciplina e às competições desportivas: art. 217, § 1º
– autonomia administrativa e financeira: art. 99, *caput*
– delegação legislativa; vedação: art. 68, § 1º
– direito individual; lesão ou ameaça: art. 5º, XXXV
– dotação orçamentária: art. 168
– fiscalização contábil, financeira e orçamentária da União; exercício; prestação de contas: art. 70
– fiscalização contábil, financeira e orçamentária da União; finalidade: art. 74, *caput*
– fiscalização dos atos notariais: art. 236, § 1º
– membros; vencimentos: arts. 37, XII; 39, § 1º
– órgãos: art. 92
– órgãos; dotação orçamentária: art. 169
– órgãos, sessões e julgamentos; publicidade: art. 93, IX
– radiodifusão sonora e de sons e imagens; cancelamento de concessão e de permissão: art. 223, § 4º

PODER LEGISLATIVO
– arts. 2º e 44 a 75
– administração pública; criação, estruturação e atribuições de órgãos: art. 48, XI
– administração pública; fiscalização e controle dos atos: art. 49, X
– Advocacia-Geral da União; apreciação: ADCT, art. 29, § 1º
– anistia; concessão: art. 48, VIII
– apreciação dos estudos da Comissão de Estudos Territoriais: ADCT, art. 12, § 1º
– atividades nucleares; aprovação de iniciativas do Poder Executivo: art. 49, XIV
– atos, convenções e tratados internacionais; referendo: arts. 49, I; 84, VIII
– atos normativos; sustação: art. 49, V
– atribuições: art. 48
– bens da União; limites: art. 48, V

- comissão de estudos territoriais; apreciação: ADCT, art. 12, § 1º
- comissão mista; dívida externa brasileira: ADCT, art. 26
- comissão permanente e temporária: art. 58, *caput*
- comissão representativa: art. 58, § 4º
- comissões; atribuições: art. 58, § 2º
- comissões; representação proporcional dos partidos: art. 58, § 1º
- competência exclusiva: art. 49, *caput*
- competência exclusiva; vedação de delegação: art. 68, § 1º
- competência legislativa: art. 49, XI
- competência tributária residual da União: art. 154, I
- composição: art. 44, *caput*
- concessão e renovação de emissoras de rádio e televisão; art. 49, XII
- conselho de comunicação social: art. 224
- convocação extraordinária: arts. 57, § 6º; 58, § 4º; 62, *caput*; 136, § 5º
- decreto-lei; promulgação da Constituição: ADCT, art. 25, § 1º
- defensoria pública da união e dos territórios; organização: art. 48, IX
- delegação legislativa; dispositivos legais à época da promulgação da Constituição: ADCT, art. 25
- delegação legislativa; resoluções: art. 68, § 2º
- deputado federal; fixação de remuneração; subsídios: art. 49, VII
- diretrizes orçamentárias; apreciação: art. 166, *caput*
- diretrizes orçamentárias; apreciação de emendas ao projeto de lei: art. 166, § 2º
- diretrizes orçamentárias; apreciação pela comissão mista permanente de Senadores e Deputados: art. 166, § 1º
- dívida externa brasileira; exame: ADCT, art. 26
- dívida mobiliária federal: art. 48, XIV
- dívida pública: art. 48, II
- dotação orçamentária: art. 168
- emissão de curso forçado: art. 48, II
- espaço aéreo; limites: art. 48, V
- espaço marítimo: art. 48, V
- estado de defesa; apreciação: arts. 136, §§ 4º e 6º; 141, par. ún.
- estado de defesa; aprovação: art. 49, IV
- estado de defesa; comissão: art. 140
- estado de defesa; convocação extraordinária: art. 136, § 5º
- estado de defesa; prazo para envio da decretação ou prorrogação: art. 136, § 4º
- estado de defesa; rejeição: art. 136, § 7º
- estado de sítio; apreciação: arts. 137, par. ún.; 138, § 2º; 141, par. ún.
- estado de sítio; aprovação: art. 49, IV
- estado de sítio; comissão: art. 140
- estado de sítio; convocação extraordinária pelo Presidente do Senado: art. 138, § 2º
- estado de sítio; funcionamento: art. 138, § 3º
- estado-membro; aprovação de incorporação, subdivisão ou desmembramento de áreas: art. 48, VI
- estrangeiro; autorização para aquisição ou arrendamento de propriedade rural: art. 190
- exercício pelo Congresso Nacional: art. 44, *caput*
- fiscalização contábil, financeira e orçamentária da União: art. 70, *caput*
- fiscalização contábil, financeira e orçamentária da União; finalidade: art. 74, *caput*

- fiscalização financeira, orçamentária, operacional e patrimonial da União; comissão mista permanente de Senadores e Deputados: art. 72
- fiscalização financeira, orçamentária, operacional e patrimonial da União; prestação de contas: arts. 70; 71, *caput*
- forças armadas; fixação e modificação do efetivo: art. 48, III
- funcionamento: art. 57, *caput*
- fundos públicos; ratificação: ADCT, art. 36
- governo federal; transferência temporária da sede: art. 48, VII
- intervenção federal; aprovação: art. 49, IV
- Juizado de Pequenas Causas; criação: art. 98, I
- leis delegadas: art. 68
- medidas provisórias; apreciação: arts. 57, §§ 7º e 8º; 62, *caput*
- membros; vencimentos: arts. 37, XII; 39, § 8º
- mesa: art. 57, § 5º
- mesa; representação proporcional dos partidos: art. 58, § 1º
- Ministério Público da União; organização: art. 48, IX
- Ministério Público do Distrito Federal; organização: art. 48, IX
- Ministério Público dos Territórios; organização: art. 48, IX
- ministérios; criação, estruturação e atribuições: art. 48, XI
- Ministro de Estado; fixação de remuneração; subsídios: art. 49, VIII
- mobilização nacional; autorização e referendo: art. 84, XIX
- operações de crédito: art. 48, II
- orçamento anual: art. 48, II
- orçamento anual; acompanhamento e fiscalização pela comissão mista permanente de Senadores e Deputados: art. 166, § 1º, II
- orçamento anual; apreciação: art. 166, *caput*
- orçamento anual; apreciação de emendas ao projeto de lei: art. 166, § 2º
- orçamento anual; apreciação de projeto de lei pela Comissão mista permanente: art. 166, § 1º
- orçamento anual; envio de projeto de lei: art. 166, § 6º
- órgãos; dotação orçamentária: art. 169
- plano nacional de desenvolvimento: art. 48, IV
- plano plurianual: art. 48, II
- plano plurianual; apreciação: art. 166, *caput*
- plano plurianual; apreciação de emendas ao projeto de lei: art. 166, § 2º
- plano plurianual; apreciação de projeto de lei pela Comissão mista permanente de Senadores e Deputados: art. 166, § 1º
- planos e programas nacionais, regionais e setoriais previstos na Constituição; apreciação: art. 165, § 4º
- plebiscito; autorização: art. 49, XV
- poder executivo; fiscalização e controle dos atos: arts. 49, X; 59
- poder executivo; sustação dos atos normativos: art. 49, V
- programa nacional, regional e setorial de desenvolvimento: art. 48, IV
- propriedade rural; autorização para aquisição ou arrendamento por estrangeiro: art. 190
- radiodifusão sonora e de sons e imagens; apreciação dos atos do Poder Executivo: art. 223, § 1º
- radiodifusão sonora e de sons e imagens; renovação da concessão e da permissão: art. 223, §§ 2º e 3º
- recesso: art. 58, § 4º
- referendo; autorização: art. 49, XV
- Regimento Interno: art. 57, § 3º, II

- remoção de índios das terras tradicionalmente ocupadas; deliberação: art. 231, § 5°
- rendas; arrecadação e distribuição: art. 48, I
- revisão constitucional: ADCT, art. 3°
- sede; transferência temporária: art. 49, VI
- seguridade social; aprovação de planos: ADCT, art. 5°
- Senadores; fixação de remuneração; subsídios: art. 49, VII
- serviços e instalações nucleares; aprovação: art. 21, XXIII, a
- sessão extraordinária; matéria: art. 57, §§ 7° e 8°
- sessão legislativa; interrupção: art. 57, § 2°
- sistema tributário; atribuições: art. 48, I
- telecomunicações: art. 48, XII
- terras indígenas; exploração de recursos hídricos, potenciais energéticos e riquezas minerais; autorização: art. 231, § 3°
- terras indígenas; exploração de riquezas minerais e aproveitamento de recursos hídricos; autorização: art. 49, XVI
- terras públicas; alienação ou concessão; aprovação prévia: arts. 49, XVII; 188, § 1°
- terras públicas; revisão de doações, vendas e concessões: ADCT, art. 51
- território nacional; limites: art. 48, V
- territórios; aprovação de incorporação, subdivisão ou desmembramento de áreas: art. 48, VI
- territórios; prestação de contas: art. 33, § 2°
- tribunais superiores; discussão e votação de projeto de lei de sua iniciativa: art. 64, caput
- Tribunal de Contas da União; escolha de Ministros: art. 73, § 2°
- Tribunal de Contas da União; escolha dos Membros: art. 49, XIII
- Tribunal de Contas da União; prestação de informações: art. 71, VII
- Vice-Presidente da República; autorização para se ausentar do País: arts. 49, III; 83
- Vice-Presidente da República; fixação de remuneração; subsídios: art. 49, VIII

POLÍCIA CIVIL

- competência: art. 144, § 4°
- competência legislativa da União, Estados e Distrito Federal: art. 24, XVI
- Distrito Federal; organização e manutenção: art. 21, XIV
- órgãos: art. 144, IV

POLÍCIA FEDERAL

- art. 144, I
- competência: art. 144, § 1°
- competência legislativa: art. 22, XII
- organização e manutenção: art. 21, XIV

POLÍCIA FERROVIÁRIA FEDERAL

- patrulhamento ostensivo das ferrovias federais: art. 144, § 3°

POLÍCIA MARÍTIMA

- competência da União: arts. 21, XXII
- polícia federal; atribuição: 144, § 1°, III

POLÍCIA MILITAR

- competência: art. 144, § 5°
- competência legislativa da União: art. 22, XXI
- Distrito Federal; organização e manutenção: art. 21, XIV
- integrantes da carreira; ex-Território Federal de Rondônia: ADCT, art. 89

- órgãos: art. 144, V

POLÍCIA RODOVIÁRIA FEDERAL

- art. 144, II
- competência: art. 144, § 2°
- competência legislativa da União: art. 22, XXII

POLÍTICA AGRÍCOLA

- assistência técnica e extensão rural: art. 187, IV
- atividades agroindustriais, agropecuárias, pesqueira e florestais: art. 187, § 1°
- compatibilização com a reforma agrária: art. 187, § 2°
- irrigação: art. 187, VII
- irrigação; aplicação de recursos; distribuição: ADCT, art. 42
- objetivos e instrumentos: ADCT, art. 50
- ocupação produtiva de imóvel rural: art. 191
- planejamento; atividades incluídas: art. 187, § 1°
- planejamento e execução: art. 187
- produção agropecuária; abastecimento alimentar; competência: art. 23, VIII
- reforma agrária; compatibilização: art. 187, § 2°
- reforma agrária; desapropriação: arts. 184; 185; 186
- reforma agrária; distribuição de imóveis rurais: art. 189
- regulamentação legal: ADCT, art. 50
- terras públicas e devolutas; destinação: art. 188

POLÍTICA DE DESENVOLVIMENTO URBANO

- desapropriações: art. 182, § 3°
- execução, diretrizes, objetivos; Município: art. 182
- exigência de aproveitamento do solo não edificado; penalidades: art. 182, § 4°
- função social da propriedade; exigências do plano diretor: art. 182, § 2°
- plano diretor; aprovação; obrigatoriedade; instrumento básico: art. 182, § 1°

POLUIÇÃO

- combate: art. 23, VI
- controle; competência legislativa concorrente: art. 24, VI
- cf. também MEIO AMBIENTE

PORTADOR DE NECESSIDADES ESPECIAIS

- adaptação dos logradouros e edifícios de uso público: art. 244
- assistência social: art. 203, IV e V
- ensino especializado: art. 208, III
- igualdade de direitos no trabalho: art. 7°, XXXI
- locomoção e acesso; facilidades; normas: arts. 227, § 2°; 244
- prevenção, atendimento especializado e integração: art. 227, § 1°, II
- proteção: art. 23, II
- proteção e integração social: art. 24, XIV
- servidor público: art. 37, VIII

PORTUGUESES

- direitos: art. 12, § 1°

POUPANÇA

- captação e garantia: art. 22, XIX
- União; competência legislativa: art. 22, XIX

PRECATÓRIOS

- art. 100; ADCT, art. 97
- alimentos: art. 100, §§ 1° e 2°

- estado de sítio; executor: art. 138, *caput*
- Forças Armadas; comando supremo: art. 84, XIII
- Forças Armadas; nomeação dos comandantes da Marinha, do Exército e da Aeronáutica: art. 84, XIII
- forças estrangeiras; trânsito e permanência temporária no território nacional: art. 84, XXII
- governador de território; nomeação: art. 84, XIV
- guerra; declaração: art. 84, XIX
- *habeas corpus;* processo e julgamento: art. 102, I, *d*
- idade mínima: art. 14, § 3°, VI, *a*
- impedimento; exercício da Presidência: art. 80
- impedimento; substituição pelo Vice-Presidente da República: art. 79, *caput*
- impedimentos; sucessão: art. 80
- indulto; concessão: art. 84, XII
- inelegibilidade: art. 14, § 7°
- infrações penais comuns; admissibilidade da acusação: art. 86
- infrações penais comuns; julgamento: art. 86
- infrações penais comuns; processo e julgamento: art. 102, I, *b*
- infrações penais comuns; suspensão de funções: art. 86, § 1°, I
- iniciativa das leis; discussão e votação: art. 64, *caput*
- instauração de processo contra; autorização; competência: art. 51, I
- intervenção federal; decretação: art. 84, X
- Juízes dos Tribunais Federais; nomeação: art. 84, XVI
- leis complementares e ordinárias; iniciativa: art. 61, *caput*
- leis; diretrizes orçamentárias; iniciativa privativa: art. 165
- leis; diretrizes orçamentárias; modificação do projeto: art. 166, § 5°
- leis; iniciativa: art. 84, III
- leis; iniciativa privativa: arts. 61, § 1°, II; 84, III
- leis; sanção, promulgação e expedição: art. 84, IV
- mandado de injunção; processo e julgamento de seus atos: art. 102, I, *q*
- mandado de segurança; processo e julgamento de seus atos: art. 102, I, *d*
- mandato eletivo; início e duração: art. 82
- medidas provisórias; adoção: art. 62, *caput*
- medidas provisórias; edição: art. 84, XXVI
- mobilização nacional; decretação: art. 84, XIX
- oficiais-generais das três armas; promoção: art. 84, XIII
- paz; celebração: art. 84, XX
- pena; comutação: art. 84, XII
- plano de governo; envio: art. 84, XI
- plano plurianual; envio: art. 84, XXIII
- plano plurianual; modificação do projeto de lei: art. 166, § 5°
- Poder Executivo; exercício: art. 76
- posse: art. 78, *caput*
- posse; compromisso: arts. 57, § 3°, III, § 6°; 78
- prestação de contas: arts. 51, II; 71, I
- prestação de contas ao Congresso Nacional: art. 84, XXIV
- prestação de contas; apreciação pela comissão mista permanente de senadores e deputados: art. 166, § 1°, I
- prestação de contas; julgamento: art. 49, IX
- prisão: art. 86, § 3°
- processo; instauração: art. 51, I
- projeto de lei: art. 66, § 1°
- projeto de lei de diretrizes orçamentárias; envio: art. 84, XXIII

- projeto de lei; solicitação de urgência: art. 64, § 1°
- projeto de lei; veto parcial ou total: art. 84, V
- promulgação da lei: art. 66, §§ 5° e 7°
- propostas de orçamento; envio ao Congresso Nacional: art. 84, XXIII
- reeleição: arts. 14, § 5°; 82
- regulamento; expedição: art. 84, IV
- relações internacionais; manutenção: art. 84, VII
- remuneração; subsídios; fixação; competência: art. 49, VIII
- representante diplomático estrangeiro; credenciamento: art. 84, VII
- sanção: arts. 48, *caput*; 66, *caput*
- sanção tácita: art. 66, § 3°
- servidor público; aumento da remuneração: art. 61, § 1°, II, *a*
- servidor público civil: art. 38, I
- servidor público; criação de cargo, emprego ou função: art. 61, § 1°, II, *a*
- servidor público da União; legislação: art. 61, § 1°, II, *c*
- servidor público dos Territórios; legislação: art. 61, § 1°, II, *c*
- STF; nomeação dos Ministros: art. 101, par. ún.
- Superior Tribunal Militar; aprovação de Ministros: art. 123, *caput*
- Superior Tribunal Militar; escolha dos Ministros Civis: art. 123, par. ún.
- suspensão de funções: art. 86, § 1°
- término do mandato: ADCT, art. 4°, *caput*
- Territórios; organização: art. 61, § 1°, II, *b*
- TRE; nomeação de Juízes: arts. 107, *caput;* 120, III
- TRT; nomeação de Juízes: art. 115, *caput*
- vacância do cargo: art. 78, par. ún.
- vacância do cargo; eleições: art. 81
- vacância dos respectivos cargos; exercício da Presidência: art. 80
- veto; apreciação; prazo: art. 66, § 4°
- veto parcial: art. 66, § 2°
- veto; rejeição por maioria absoluta: art. 66, § 4°
- Vice-Presidente da República; convocação para missões especiais: art. 79, par. ún.
- Vice-Presidente da República; eleição e registro conjunto: art. 77, § 1°

PREVIDÊNCIA PRIVADA
- complementar; regime facultativo: art. 202

PREVIDÊNCIA SOCIAL
- arts. 201; 202
- anistia: arts. 150, § 6°; 195, § 11
- aposentadoria: art. 201
- benefícios: arts. 201; 248 a 250
- benefícios; reavaliação: ADCT, art. 58
- cobertura: art. 201, I
- competência legislativa concorrente: art. 24, XII
- contribuição: art. 201, *caput*
- contribuição; ganhos habituais do empregado: art. 201, § 11
- direitos sociais: art. 6°
- Distrito Federal; contribuição: art. 149, § 1°
- estado-membro; débito das contribuições previdenciárias: ADCT, art. 57
- Estados; contribuição: art. 149, §§ 1° a 4°
- gestante: art. 201, II
- maternidade: art. 201, II
- Município; contribuição: art. 149, §§ 1° a 4°

- atualização; valores de requisitórios: art. 100, § 12
- cessão: art. 100, §§ 13 e 14
- compensação; credores: ADCT, art. 105
- complementar ou suplementar; vedação: art. 100, § 8º
- de valor superior ao montante apresentado: art. 100, § 20
- débitos de natureza alimentícia; preferência, hipóteses: art. 100, § 2º
- entes; aferição mensal: art. 100, § 17
- expedição; compensação: art. 100, § 9º
- Fazenda Federal, Estadual, Distrital ou Municipal; ordem de pagamento: ADCT, art. 86, §§ 1º a 3º
- Fazenda Federal, Estadual, Distrital ou Municipal; oriundos de sentenças; pagamento; condições: ADCT, art. 86
- financiamento; parcela que exceder o percentual: art. 100, § 19
- liquidação pelo seu valor real; ações iniciais ajuizadas até 31.12.1999: ADCT, art. 78
- novo regime especial; pagamento; ordem cronológica de apresentação: ADCT, art. 102
- pagamento; limites: art. 107-A, ADCT
- pagamento; parcelas e prazos: EC 114/2021
- pagamento de obrigações de pequeno valor: art. 100, § 3º; ADCT, art. 87
- parcela mensal devida; proibição de sequestro de valores durante pagamento: ADCT, art. 103
- receita corrente líquida, definição: art. 100, § 18, ADCT, 101, § 1º
- recursos não liberados tempestivamente; sanções: ADCT, art. 104
- União; débitos oriundos de precatórios; refinanciamento: art. 100, § 16

PRECONCEITO
- v. DISCRIMINAÇÃO

PREFEITO
- condições de elegibilidade: art. 14, §§ 5º e 6º
- cônjuge e parentes; elegibilidade: ADCT, art. 5º, § 5º
- Deputado Estadual; exercício da função: ADCT, art. 5º, § 3º
- Deputado Federal; exercício da função: ADCT, art. 5º, § 3º
- elegibilidade; idade mínima: art. 14, § 3º, VI, c
- eleição: art. 29, II e III
- eleição direta: art. 29, I, II e III
- eleição no 2º turno; desistência: art. 29, II e III
- eleito em 15.11.1984; término do mandato: ADCT, art. 4º, § 4º
- idade mínima: art. 14, § 3º, VI, c
- imposto: art. 29, V
- inelegibilidade de cônjuge: art. 14, § 7º
- inelegibilidade de parentes até o segundo grau: art. 14, § 7º
- julgamento: art. 29, X
- mandato: ADCT, art. 4º, § 4º
- mandato eletivo; duração: art. 29, II e III
- mandato eletivo; servidor público: arts. 28; 38
- perda de mandato: 28, § 1º
- posse: art. 29, II e III
- reeleição: art. 14, § 5º
- remuneração; subsídios: art. 29, V
- sufrágio universal: art. 29, II e III
- voto: art. 29, II e III

PRESIDENTE DA REPÚBLICA
- ação direta de inconstitucionalidade: art. 103, I
- administração federal; direção: art. 84, II
- administração federal; organização e funcionamento; mediante decreto: art. 84, VI, a e b
- Advocacia-Geral da união; organização e funcionamento: ADCT, art. 29, § 1º
- Advogado-Geral da União; nomeação: art. 131, § 1º
- afastamento; cessação: art. 86, § 2º
- atos, convenções e tratados internacionais; celebração: art. 84, VIII
- atos estranhos a suas funções; responsabilidade: art. 86, § 4º
- atribuições: art. 84, XXVII
- ausência do País; autorização: art. 49, III
- ausência do País; exercício do cargo: art. 83
- ausência do país; licença do Congresso Nacional: art. 83
- Banco Central do Brasil; nomeação de presidente e diretores: art. 84, XIV
- cargo; perda: art. 83
- cargo; vacância: arts. 78, par. ún.; 80; 81
- cargo privativo; brasileiro nato: art. 12, § 3º, I
- cargos públicos federais; preenchimento e extinção: art. 84, XXV
- par. ún., competências: art. 84, caput
- condecoração e distinções honoríficas; concessão: art. 84, XXI
- condições de elegibilidade: art. 14, §§ 5º e 6º
- congresso nacional; convocação extraordinária: art. 57, § 6º, I e II
- cônjuge e parentes; elegibilidade: ADCT, art. 5º, § 5º
- conselho da república; composição: art. 89
- conselho da república e conselho de defesa; convocação: art. 84, XVIII
- conselho de defesa nacional; órgão de consulta: art. 91, caput
- conselho nacional de justiça; nomeação de seus membros: art. 103-B, § 2º
- constituição; compromisso de defender e cumprir: ADCT, art. 1º
- crimes de responsabilidade: arts. 52, I; 85
- crimes de responsabilidade; admissibilidade da acusação; julgamento: art. 86
- crimes de responsabilidade; processo e julgamento pelo Presidente do STF: art. 52, par. ún.
- crimes de responsabilidade; pena: art. 52, par. ún.
- crimes de responsabilidade; suspensão de funções: art. 86, § 1º, II
- crimes de responsabilidade; tipicidade: art. 85, par. ún.
- decretos; expedição: art. 84, IV
- defensoria pública; legislação: art. 61, § 1º, II, d
- delegação legislativa; resolução do Congresso Nacional: art. 68, § 2º
- despesa pública; projeto de iniciativa exclusiva: art. 63, § 1º
- efetivo das Forças Armadas; legislação: art. 61, § 1º, I
- elegibilidade; idade mínima: art. 14, § 3º, VI, a
- eleição: art. 77
- emendas à Constituição: art. 60, II
- estado de defesa; cessação; relato das medidas ao Congresso Nacional: art. 141, par. ún.
- estado de defesa; decretação: arts. 136, caput; 84, IX
- estado de defesa; decretação ou prorrogação: art. 136, § 4º
- estado de sítio; cessação; relato ao congresso nacional: art. 141, par. ún.
- estado de sítio; decretação: arts. 84, IX; 137, caput
- estado de sítio; decretação ou prorrogação: art. 137, par. ún.

- Município; débitos das contribuições previdenciárias: ADCT, art. 57
- pensão; gratificação natalina: art. 201, § 6º
- pescador artesanal: art. 195, § 8º
- produtor rural: art. 195, § 8º
- recursos: arts. 248 a 250
- segurados de baixa renda; manutenção de dependentes: art. 201, IV
- segurados de baixa renda; sistema especial de inclusão previdenciária: art. 201, § 12
- segurados; pensão por morte ao cônjuge ou companheiro: art. 201, V
- sistema especial de inclusão previdenciária; alíquotas e carência inferiores às vigentes: art. 201, § 13
- trabalhador; proteção ao desemprego involuntário: art. 201, III

PRINCÍPIO(S)
- contraditório e ampla defesa: art. 5º, LV
- devido processo legal: art. 5º, LIII e LIV
- dignidade da pessoa humana: art. 1º, III
- igualdade: art. 5º, I

PRISÃO CIVIL
- falta de pagamento de pensão alimentícia: art. 5º, LXVII

PROCESSO
- celeridade na tramitação: art. 5º, LXXVIII
- distribuição: art. 93, XV

PROCESSO ELEITORAL
- lei; vigência: art. 16

PROCESSO LEGISLATIVO
- elaboração: art. 59
- iniciativa do Presidente da República: art. 84, III

PROCURADOR-GERAL DA FAZENDA NACIONAL
- execução da dívida ativa; representação: art. 131, § 3º
- União; representação judicial na área fiscal: ADCT, art. 29, § 5º

PROCURADOR-GERAL DA REPÚBLICA
- ação de inconstitucionalidade: art. 103, § 1º
- ações declaratória de constitucionalidade e direta de inconstitucionalidade; legitimidade: art. 103, VI
- aprovação: art. 52, III, *e*
- aprovação pelo Senado Federal: art. 84, XIV
- crimes de responsabilidade; julgamento pelo Presidente do STF: art. 52
- destinação: art. 128, § 2º
- direitos humanos; grave violação; deslocamento de competência: art. 109, § 5º
- exoneração de ofício: art. 52, XI
- *habeas corpus* e *habeas data*; processo e julgamento: art. 102, I, *d*
- infrações penais comuns; processo e julgamento: art. 102, I, *b*
- mandado de segurança; processo e julgamento de seus atos: art. 102, I, *d*
- mandato e nomeação; aprovação prévia pelo Senado Federal: art. 128, § 1º
- nomeação e destituição; Presidente da República: arts. 84, XIV; 128, §§ 1º e 2º

- opção de carreira: ADCT, art. 29, § 2º
- Presidente da República; delegação de atribuições: art. 84, par. ún.
- recondução: art. 128, § 1º

PROCURADOR-GERAL DO DISTRITO FEDERAL E DOS ESTADOS
- destituição: art. 128, § 4º
- estabilidade; avaliação de desempenho: art. 132, par. ún.
- organização em carreira: art. 132, *caput*

PROFESSOR(ES)
- aposentadoria: art. 201, § 8º
- regime previdenciário; servidor: art. 40, § 5º

PROGRAMA DE FORMAÇÃO DO PATRIMÔNIO DO SERVIDOR PÚBLICO
- abono: art. 239, § 3º
- seguro-desemprego; financiamento: art. 239

PROJETO DE LEI
- disposição: art. 65, *caput*
- emendas: art. 65, par. ún.
- rejeição; novo projeto: art. 67
- sanção: arts. 65, *caput*; 66, *caput*
- sanção tácita: art. 66, § 3º
- veto: arts. 66; 84, V
- votação: arts. 65, *caput*; 66, *caput*, §§ 4º e 6º

PROPRIEDADE
- comunidades remanescentes dos quilombos; concessão definitiva: ADCT, art. 68
- função social: art. 170, III
- ocupação temporária: art. 5º, XXV

PROPRIEDADE PRIVADA
- princípio da atividade econômica: art. 170, II

PROPRIEDADE RURAL
- desapropriação; reforma agrária; exclusões: art. 185, I e II
- desapropriação; reforma agrária; procedimento, rito e processo: art. 184, § 3º
- estrangeiro; aquisição ou arrendamento: art. 190
- função social: arts. 184; 186
- interesse social; declaração: art. 184, § 2º
- penhora; vedação: art. 5º, XX
- usucapião: art. 191

PROPRIEDADE URBANA
- aproveitamento; exigência do Poder Público Municipal: art. 182, § 4º
- concessão de uso: art. 183, § 1º
- desapropriação; pagamento da indenização em títulos da dívida pública: art. 182, § 4º, III
- edificação compulsória: art. 182, § 4º, I
- função social: art. 182, § 2º
- imposto progressivo: art. 182, § 4º, II
- parcelamento compulsório: art. 182, § 4º, I
- título de domínio: art. 183, § 1º
- usucapião: art. 183

PROTEÇÃO DE DADOS PESSOAIS
- competência da União: art. 21, XXVI; e art. 22, XXX
- direito: art. 5º, LXXIX

R

RAÇA
– discriminação; condenação: art. 3º, IV

RACISMO
– crime inafiançável e imprescritível: art. 5º, XLII
– repúdio: art. 4º, VIII

RADIODIFUSÃO SONORA E DE SONS E IMAGENS
– concessão; apreciação pelo Congresso Nacional: art. 49, XII
– concessão e permissão; cancelamento; decisão judicial: art. 223, § 4º
– concessão e permissão; prazo: art. 223, § 5º
– Congresso Nacional; apreciação dos atos do Poder Executivo: art. 223, § 1º
– empresa; propriedade: art. 222
– empresa; propriedade; pessoa jurídica: art. 222, *caput*
– outorga, concessão, permissão e autorização; Poder Executivo: art. 223, *caput*
– produção e programação; princípios e finalidades: art. 221
– renovação da concessão e permissão; Congresso Nacional: art. 223, §§ 2º e 3º

RADIOISÓTOPOS
– produção, a comercialização e utilização; pesquisa e uso médico, agrícolas e industriais: art. 21, XXIII, *b* e *c*

RECEITAS TRIBUTÁRIAS
– repartição; divulgação: art. 162
– repartição; entrega pela União: art. 159; ADCT, art. 34, § 1º
– repartição; Estado e Distrito Federal: art. 157
– repartição; Município: art. 158
– repartição; regulamentação: art. 161, I
– cf. também TRIBUTOS

RECURSOS HÍDRICOS
– *v.* ÁGUAS

RECURSOS MINERAIS
– defesa; competência legislativa concorrente: art. 24, VI
– exploração de aproveitamento industrial: art. 176, *caput*
– meio ambiente: art. 225, § 2º

REDUÇÃO SALARIAL
– garantia constitucional: art. 7º, VI

REFERENDO
– autorização: art. 49, XV
– soberania: art. 14, II

REFORMA ADMINISTRATIVA
– disposição: ADCT, art. 24

REFORMA AGRÁRIA
– beneficiários: art. 189
– compatibilização com a política agrícola: art. 187, § 2º
– conflitos fundiários; varas especializadas; criação: art. 126
– desapropriação; exclusões: art. 185, I e II
– desapropriação; procedimento, rito e processo: art. 184, § 3º
– imóveis desapropriados; isenção tributária: art. 184, § 5º
– imóvel rural; declaração de interesse social; ação; propositura; decreto: art. 184, § 2º
– imóvel rural; indenização; títulos da dívida agrária: art. 184
– imóvel rural pequeno e médio ou produtivo; desapropriação; vedação: art. 185
– imóvel rural; processo: art. 184, § 3º
– orçamento público; títulos da dívida agrária: art. 184, § 4º
– pequenos e médios imóveis rurais; vedação: art. 185, I
– propriedade produtiva; vedação: art. 185, II
– terras públicas: art. 188, § 1º
– terras públicas; alienação e concessão: art. 188, § 2º
– títulos da dívida agrária: art. 184, § 4º

REGIME FISCAL
– abertura de crédito suplementar; vedação: ADCT, art. 107, §§ 4º e 5º
– aplicação mínima; serviços de saúde e desenvolvimento do ensino: ADCT, art. 110
– biocombustíveis; consumo final; regime fiscal favorecido: art. 225, § 1º, VIII
– exceções; da base de calculo e limites: ADCT, art. 107, § 6º
– limites estabelecidos; exercícios: ADCT, art. 107, §§ 1º e 2º
– limites para despesas primárias; órgãos: ADCT, art. 107
– proposição legislativa; alterar; despesa nova: ADCT, art. 113

REGIÕES
– metropolitanas; instituição: art. 25, § 3º

RENDA BÁSICA FAMILIAR
– art. 6º, par. único

REPÚBLICA FEDERATIVA DO BRASIL
– art. 1º, *caput*
– objetivos fundamentais: art. 3º
– organização político-administrativa: art. 18, *caput*
– relações internacionais; princípios: art. 4º, *caput*

REVISÃO CONSTITUCIONAL
– Congresso Nacional: ADCT, art. 3º
– plebiscito; prazo: ADCT, art. 2º
– Tribunal Superior Eleitoral; normas: ADCT, art. 2º, § 2º

S

SALÁRIO(S)
– décimo terceiro: art. 7º, VIII
– redutibilidade: art. 7º, VI
– mínimo: art. 7º, IV
– piso salarial: art. 7º, V
– redução; convenção coletiva: art. 7º, VI
– variável; garantia: salário mínimo: art. 7º, VII e 39, § 3º

SALÁRIO-EDUCAÇÃO
– cotas estaduais e municipais da arrecadação; distribuição: art. 212, § 6º
– fonte adicional de financiamento; educação básica pública: art. 212, § 5º

SALÁRIO-FAMÍLIA
– art. 7º, XII

SANGUE
– comércio; vedação: art. 199, § 4º

SAÚDE PÚBLICA
– alimentos; bebidas e águas; fiscalização: art. 200, VI
– aplicação de impostos e receita municipal: arts. 34, VII; 35, III; ADCT, art. 77
– assistência; liberdade à iniciativa privada: art. 199, *caput*
– dever do Estado: art. 196
– direito da criança e do adolescente: art. 227, § 1º
– direito de todos: art. 196

– direitos sociais: art. 6º
– instituições privadas com fins lucrativos; vedação de recursos públicos: art. 199, § 2º
– instituições privadas; participação no Sistema Único de Saúde: art. 199, § 1º
– liberdade à iniciativa privada: art. 199, *caput*
– orçamento: ADCT, art. 55
– órgãos humanos; comércio: art. 199, § 4º
– pessoa física ou jurídica de direito privado; execução: art. 197
– poder público; regulamentação, fiscalização, controle e execução: art. 197
– propaganda comercial nociva; vedação: art. 220, § 3º, II
– proteção e defesa; concorrente: art. 24, XII
– regulamentação, fiscalização e controle: art. 197
– sangue; coleta, processamento e transfusão: art. 199, § 4º
– sangue; comércio: art. 199, § 4º
– serviços de atendimento municipais: art. 30, VII
– transplante de órgãos, tecidos e substâncias humanas: art. 199, § 4º
– União; competência: art. 23, II
– vedação da exploração direta ou indireta da assistência por empresas ou capitais estrangeiros: art. 99, § 3º
– cf. também SISTEMA ÚNICO DE SAÚDE

SEGURANÇA PÚBLICA
– atribuições: art. 144, I a V, §§ 1º ao 5º
– direito social: art. 6º
– finalidade: art. 144, *caput*
– forças auxiliares e reserva do Exército; Governador de Estado, Distrito Federal e Território: art. 144, § 6º
– guardas municipais: art. 144, § 8º
– organização e funcionamento: art. 144, § 7º
– órgãos; organização e funcionamento: art. 144, § 7º
– segurança viária: art. 144, § 10

SEGURIDADE SOCIAL
– arts. 194 a 204
– arrecadação: ADCT, art. 56
– benefícios às populações urbanas e rurais; uniformidade e equivalência: art. 194, par. ún., II
– benefícios; fontes de custeio: art. 195, § 5º
– benefícios; irredutibilidade do valor: art. 194, par. ún., IV
– benefícios; seletividade e distributividade: art. 194, par. ún., III
– Congresso Nacional; aprovação de planos: ADCT, art. 59
– contribuição social: importador de bens ou serviços do exterior: art. 195, IV
– contribuições: art. 195, § 6º
– contribuições; alíquotas diferenciadas em razão da atividade econômica: art. 195, § 9º
– custeio: art. 194, par. ún., V
– débito; pessoa jurídica; consequência: art. 195, § 4º
– definição e finalidade: art. 194, *caput*
– financiamento: art. 194, par. ún., VI
– financiamento; contribuições sociais: art. 195, I, II e III
– financiamento; outras fontes: art. 195, § 4º
– financiamento; receitas dos Estados, Distrito Federal e Municípios: art. 195, § 1º
– financiamento; recursos da União, dos Estados, do Distrito Federal e dos Municípios: art. 195
– financiamento; ressalva: art. 240

– gestão administrativa e quadripartite; participação: art. 194, par. ún., VII
– isenção de contribuição: art. 195, § 7º
– legislação: art. 22, XXIII
– limites; benefícios: art. 248
– objetivos: art. 194, par. ún.
– orçamento: art. 195, § 2º
– orçamento; recursos para a assistência social: art. 204, *caput*
– organização: art. 194, par. ún.
– organização; regulamentação legal: ADCT, art. 59
– pessoa jurídica em débito; consequência: art. 195, § 3º
– planos de custeio e benefício; regulamentação legal: ADCT, art. 59
– recursos: arts. 249; 250
– serviços às populações urbanas e rurais; uniformidade e equivalência: art. 194, par. ún., II
– serviços; fontes de custeio: art. 195, § 5º
– serviços; seletividade e distributividade: art. 194, par. ún., III
– transferência de recursos: art. 195, § 10
– universalidade da cobertura e do atendimento: art. 194, par. ún., I
– vedação da utilização dos recursos provenientes para despesas distintas; pagamento de benefícios: art. 167, XI
– vedação de concessão de remissão ou anistia: art. 195, § 11

SENADO FEDERAL
– Banco Central do Brasil; aprovação de Presidente e Diretores: arts. 52, III, d; 84, XIV
– cargos; criação, transformação, extinção e remuneração: art. 52, XIII
– comissão permanente e temporária: art. 58, *caput*
– comissões; atribuições: art. 58, § 2º
– comissões parlamentares de inquérito: art. 58, § 3º
– comissões; representação proporcional dos partidos: art. 58, § 1º
– competência privativa: art. 52
– competência privativa; vedação de delegação: art. 68, § 1º
– composição: art. 46, *caput*
– Congresso Nacional; convocação extraordinária: art. 57, § 6º, I e II
– Conselho da República; líderes: art. 89, V
– Conselho Nacional de Justiça; aprovação de seus membros: art. 103-B, § 2º
– crédito externo e interno; disposições sobre limites globais: art. 52, VII
– crédito externo e interno federal; concessão de garantia e fixação de limites e condições: art. 52, VIII
– crimes de responsabilidade; julgamento: art. 86
– deliberações; *quorum*: art. 47
– despesa pública; projeto sobre serviços administrativos: art. 63, II
– dívida mobiliária do Distrito Federal, estadual e municipal; fixação de limites globais: art. 52, IX
– dívida pública; fixação de limites globais: art. 52, VI
– emendas à Constituição: art. 60, I
– emendas; apreciação pela Câmara dos Deputados: art. 64, § 3º
– emprego; criação, transformação, extinção e remuneração: art. 52, XIII
– estado de sítio; convocação extraordinária do Congresso Nacional pelo Presidente: art. 138, § 2º

- estado de sítio; suspensão da imunidade parlamentar: art. 53, § 8°
- Governador de Território; aprovação: arts. 52, III, c; 84, XIV
- impostos; alíquotas; fixação: art. 155, § 1°, IV e § 2°, V
- inconstitucionalidade de lei; suspensão de execução: arts. 52, X; 103, § 3°
- legislatura; duração: art. 44, par. ún.
- leis complementares e ordinárias; iniciativa: art. 61, caput
- magistrados; aprovação: art. 52, III, a
- Mesa; ação declaratória de constitucionalidade: art. 103, II
- Mesa; ação direta de inconstitucionalidade: art. 103, II
- Mesa; habeas data: art. 102, I, d
- Mesa; mandado de injunção: art. 102, I, g
- Mesa; mandado de segurança: art. 102, I, d
- Mesa; pedidos de informação a Ministro de Estado: art. 50, § 2°
- Mesa; representação proporcional dos partidos: art. 58, § 1°
- Ministro de Estado; comparecimento: art. 50, § 2°
- Ministro de Estado; convocação: art. 50, caput
- Ministro de Estado; informação: art. 50, § 2°
- missão diplomática de caráter permanente; aprovação dos chefes: art. 52, IV
- operações externas de natureza financeira; autorização: art. 52, V
- organização: art. 52, XIII
- órgão do Congresso Nacional: art. 44, caput
- Presidente; cargo privativo de brasileiro nato: art. 12, § 3°
- Presidente; exercício da Presidência da República: art. 80
- Presidente; membro do Conselho da República: art. 89, III
- Presidente; membro nato do Conselho de Defesa Nacional: art. 91, III
- Presidente; promulgação das leis: art. 66, § 7°
- projetos de lei; prazo de apreciação de solicitação de urgência: art. 64, §§ 2° e 4°
- Regimento Interno: art. 52, XII
- sessão conjunta: art. 57, § 3°
- sistema eleitoral: art. 46, caput

SENADOR

- decoro parlamentar: art. 55, II, § 1°
- estado de sítio; difusão de pronunciamento: art. 139, par. ún.
- estado de sítio; suspensão da imunidade parlamentar: art. 53, § 8°
- Estado de Tocantins; eleição: ADCT, art. 13, § 3°
- exercício de funções executivas: art. 56, I, § 3°
- flagrante de crime inafiançável: art. 53, § 2°
- habeas corpus; processo e julgamento: art. 102, I, d
- idade mínima: art. 14, § 3°, VI, a
- impedimentos: art. 54
- impostos: art. 49, VII
- imunidades: art. 53
- imunidades; estado de sítio: art. 53, § 8°
- incorporação às Forças Armadas: art. 53, § 8°
- infrações penais comuns; processo e julgamento: art. 102, I, b
- inviolabilidade: art. 53, caput
- legislatura; duração: art. 44, par. ún.
- licença: art. 56, II
- mandato eletivo; alternância na renovação: art. 46, § 2°
- mandato eletivo; duração: art. 46, § 1°
- perda de mandato: arts. 55, IV; 56
- remuneração; subsídios: art. 49, VII
- sessão legislativa; ausência: art. 55, III
- sistema eleitoral: art. 46, caput
- suplência: arts. 46, § 3°; 56, § 1°
- testemunho: art. 53, § 6°
- vacância: art. 56, § 2°

SENTENÇA

- autoridade competente: art. 5°, LIII
- estrangeira; homologação; processo e julgamento: art. 105, I, i
- execução; processo e julgamento: art. 102, I, m
- judicial; servidor público civil; perda e reintegração no cargo: art. 41, §§ 1° e 2°
- penal condenatória: art. 5°, LVII

SEPARAÇÃO DOS PODERES

- emendas à Constituição: art. 60, § 4°, III

SERINGUEIROS

- indenização: ADCT, art. 54-A
- pensão mensal vitalícia: ADCT, art. 54

SERVIÇO MILITAR

- direito de eximir-se; imperativo de consciência: art. 143, § 1°
- disposições gerais: art. 143
- eclesiásticos: art. 143, § 2°
- isentos: art. 143, § 2°
- mulheres: art. 143, § 2°
- tempo de paz: art. 143, § 1°

SERVIÇO MILITAR OBRIGATÓRIO

- condições: art. 143
- direito de eximir-se; imperativo de consciência: art. 143, § 1°
- eclesiásticos: art. 143, § 2°
- isenção: art. 143, § 2°
- mulheres: art. 143, § 2°
- tempo de paz: art. 143, § 1°

SERVIÇO NACIONAL DE APRENDIZAGEM RURAL

- criação: ADCT, art. 62

SERVIÇO POSTAL

- competência; União: art. 21, X

SERVIÇOS DE TELECOMUNICAÇÕES

- exploração, autorização, concessão e permissão: art. 21, XII, a
- exploração direta ou concessão: art. 21, XI

SERVIÇOS NOTARIAIS E DE REGISTRO

- concurso público; ingresso: art. 236, § 3°
- emolumentos; fixação: art. 236, § 2°
- notariais; responsabilidade civil e criminal: art. 236, § 1°
- oficializados pelo Poder Público; não aplicação das normas: ADCT, art. 32

SERVIÇOS PÚBLICOS

- de interesse local; exploração direta ou concessão: art. 21, XI
- direitos dos usuários: art. 175, par. ún., II
- empresas concessionárias e permissionárias; regime: art. 175, par. ún., I
- gestão; entes públicos; convênios de cooperação: art. 241
- licitação: art. 37, XXI
- manutenção: art. 175, par. ún., IV

- ordenação legal: art. 175, par. ún.
- organização: art. 30, V
- política tarifária: art. 175, par. ún., III
- prestação, concessão e permissão: art. 175, *caput*
- prestação de serviços: art. 30, V
- prestação; reclamações: art. 37, § 3º

SERVIDOR PÚBLICO
- acesso: art. 37, I
- acréscimos pecuniários: art. 37, XIV
- acumulação remunerada de cargos; vedação: art. 37, XVI e XVII
- adicionais percebidos em desacordo com a Constituição; redução: ADCT, art. 17
- administração fazendária; precedência sobre os demais setores administrativos: art. 37, XVIII
- admissão: art. 71, III
- anistia: ADCT, art. 8º, § 5º
- aposentadoria: art. 40
- aposentadoria; atualização de proventos: ADCT, art. 20
- aposentadoria; cálculo dos proventos: art. 40, § 3º
- aposentadoria; contribuição sobre os proventos; incidência: art. 40, § 18
- aposentadoria; invalidez permanente: art. 40, § 1º, I
- aposentadoria; redução de proventos percebidos em desacordo com a Constituição: ADCT, art. 17
- aposentadoria voluntária; permanência em atividade; abono: art. 40, § 19
- ato ilícito; prescrição: art. 37, § 5º
- atos de improbidade administrativa: art. 37, § 4º
- aumento de remuneração: art. 61, § 1º, II, *a*
- autarquias; vedação de acumulação remunerada: art. 37, XVI e XVII
- avaliação especial de desempenho: art. 41, § 4º
- cargo em comissão: art. 37, II
- cargo em comissão; preenchimento: art. 37, V
- cargos, empregos, funções; criação; competência: arts. 48, X; 61, § 1º, II, *a*
- cargos, empregos, funções; transformação; competência: art. 48, X
- cargo temporário; aposentadoria: art. 40, § 13
- concurso público: art. 37, II
- concurso público; prioridade na contratação: art. 37, IV
- concurso público; validade: art. 37, III
- convocação: art. 37, IV
- décimo terceiro salário: art. 39, § 3º
- deficiente: art. 37, VIII
- desnecessidade de cargo: art. 41, § 3º
- direito à livre associação sindical: arts. 8º; 37, VI
- direito de greve: art. 9º, *caput*
- direitos: art. 39, § 3º
- disponibilidade com remuneração proporcional: art. 41, § 3º
- emprego público; vedação de acumulação remunerada: art. 37, XVI e XVII
- empregos temporários; aposentadoria: art. 40, § 13
- equiparações e vinculações; vedação: art. 37, XIII
- escolas de governo; aperfeiçoamento: art. 39, § 2º
- estabilidade: art. 41, *caput*; ADCT, art. 19
- estabilidade; perda de cargo: art. 41, § 1º
- estabilidade; vedação para admissões sem concurso: ADCT, art. 18
- ex-Território Federal de Rondônia: ADCT, art. 89
- extinção: art. 48, X

- extinção de cargo: art. 41, § 3º
- férias: art. 39, § 3º
- função de confiança; preenchimento: art. 37, V
- função pública; vedação de acumulação remunerada: art. 37, XVI e XVII
- funções equivalentes às de agente comunitário de saúde; descumprimento de requisitos fixados em lei: art. 198, § 6º
- investidura: art. 37, II
- jornada de trabalho: art. 32, § 2º
- mandato eletivo: art. 38
- médico; exercício cumulativo de cargo ou função: art. 37, XVI; ADCT, art. 17, § 1º
- nomeação sem concurso público; efeitos: art. 37, § 2º
- padrão de vencimentos: arts. 37, XII; 39, § 1º
- pensão; contribuição sobre proventos; incidência: art. 40, § 18
- pensão por morte: art. 40, § 7º
- pensionistas; atualização de pensões: ADCT, art. 20
- profissionais de saúde; exercício cumulativo de cargo ou função: ADCT, art. 17, § 2º
- programas de qualidade: art. 39, § 7º
- proventos da inatividade; revisão: art. 40, § 8º
- quadro de pessoal; compatibilização: ADCT, art. 24
- reajustamento de benefícios; preservação do valor real: art. 40, § 8º
- regime de previdência: art. 40
- regime de previdência complementar: art. 40, § 15
- regime previdenciário; contribuição instituída pelos Estados, Distrito Federal e Municípios: art. 149, § 1º
- regime próprio de previdência social; multiplicidade; vedação: art. 40, § 20
- reintegração: art. 41, § 2º
- remuneração percebida em desacordo com a Constituição; redução: ADCT, art. 17
- remuneração; publicação: art. 39, § 6º
- remuneração; subsídios; limites máximos e mínimos: arts. 37, XI; 39, § 4º
- remuneração; subsídios; revisão: art. 37, X
- remuneração; subsídios; vencimentos; irredutibilidade: arts. 37, XV; 39, § 4º
- repouso semanal remunerado: art. 39, § 3º
- responsabilidade civil: art. 37, § 6º
- riscos do trabalho; redução: art. 39, § 3º
- salário do trabalho noturno: art. 39, § 3º
- salário-família: art. 39, § 3º
- salário fixo: art. 39, § 3º
- salário mínimo: art. 39, § 3º
- seguro-desemprego: art. 239
- serviço extraordinário: art. 39, § 3º
- sociedade de economia mista; vedação de acumulação remunerada: art. 37, XVI e XVII
- vantagens e vencimentos percebidos em desacordo com a Constituição; redução: ADCT, art. 17
- vedação à diferenciação: art. 39, § 3º
- vedação de acumulação remunerada: art. 37, XVI e XVII

SIGILO
- comunicação telegráfica, telefônica, de dados e correspondência; sigilo; inviolabilidade e restrições: arts. 5º, XII; 136, § 1º, I, *b* e *c*
- correspondência; inviolabilidade: arts. 5º, XII; 136, § 1º, I, *b*
- imprensa; radiodifusão e televisão; liberdade; restrições: art. 139, III

- informações; direitos: art. 5º, XIV e XXVIII
- informações; fonte: art. 5º, XIV
- restrições: art. 139, III

SÍMBOLOS NACIONAIS
- bandeira, hino, armas; selo nacionais: art. 13, § 1º

SINDICATO
- aposentado: art. 8º, VII
- categoria econômica: art. 5º, II
- categoria profissional: art. 8º, II
- contribuição sindical: art. 8º, IV
- direção ou representação sindical; garantias: art. 8º, VIII
- direitos e interesses da categoria: art. 5º, III
- filiação: art. 8º, V
- fundação; autorização legal: art. 8º, I
- interferência ou intervenção: art. 5º, I
- limitações ao poder de tributar: art. 150, VI, c, e § 4º
- negociação coletiva: art. 8º, VI
- rural; aplicação de princípios do sindicato urbano: art. 8º
- rural; contribuições: ADCT, art. 10, § 2º

SISTEMA FINANCEIRO NACIONAL
- art. 192
- instituições financeiras; aumento de participação de capital estrangeiro; vedação: ADCT, art. 52, II
- instituições financeiras; instalação de novas agências; vedação: ADCT, art. 52, I

SISTEMA NACIONAL DE VIAÇÃO
- competência da União: art. 21, XXI

SISTEMA TRIBUTÁRIO NACIONAL
- administração tributária; compartilhamento de cadastros e informações: art. 37, XXII
- avaliação periódica: art. 52, XV
- vigência: ADCT, art. 34
- cf. também TRIBUTOS

SISTEMA ÚNICO DE SAÚDE (SUS)
- admissão de agentes comunitários de saúde: art. 198, § 4º
- agentes comunitários de saúde; regulamentação; Lei Federal: art. 198, § 5º
- agentes comunitários de saúde e agentes de combate às endemias; vencimentos; valorização do trabalho: art. 198, §§ 7º a 11
- atividades preventivas: art. 198, II
- atribuições: art. 200
- controle e fiscalização de procedimentos, produtos e substâncias: art. 200, I
- direção única em cada nível de governo: art. 198, I
- diretrizes: art. 198
- entidades filantrópicas e sem fins lucrativos: art. 199, § 1º
- financiamento: art. 198, § 1º
- fiscalização e inspeção de alimentos: art. 200, VI
- formação de recursos humanos: art. 200, III
- incremento do desenvolvimento científico e tecnológico: art. 200, V
- orçamento: art. 198, § 1º
- participação da comunidade: art. 198, III
- participação supletiva da iniciativa privada: art. 199, § 1º
- produtos psicoativos, tóxicos e radioativos; participação; fiscalização; controle: art. 200, VII
- profissionais da enfermagem; piso salarial: art. 198, §§ 12 e 13
- profissionais da enfermagem; assistência financeira para cumprimento do piso salarial: art. 198, §§ 14 e 15
- proteção ao meio ambiente: art. 200, VIII
- proteção ao trabalho: art. 200, VIII
- saneamento básico: art. 200, IV
- vigilância sanitária, epidemiológica e de saúde do trabalhador: art. 200, II

SOBERANIA
- art. 1º, I
- nacional: art. 170, I
- popular; exercício: art. 14, caput

SOCIEDADE DE ECONOMIA MISTA
- criação: art. 37, XIX
- criação de subsidiária; autorização legislativa: art. 37, XX
- exploração de atividade econômica; estatuto jurídico: art. 173, § 1º
- privilégios fiscais: art. 173, § 2º

SOLO
- defesa; competência legislativa concorrente: art. 24, VI
- urbano; controle, ocupação, parcelamento e planejamento: art. 30, VIII

SUBSÍDIOS
- Deputado Estadual: art. 27, § 2º
- Governador: art. 28, § 2º
- Ministro de Estado: art. 39, § 4º
- Ministro do STF: art. 48, XV
- Ministros dos Tribunais Superiores: art. 93, V
- Prefeito: art. 29, V
- Secretário de Estado: art. 28, § 2º
- Secretário Municipal: art. 29, V
- Vereadores: art. 29, VI
- Vice-Governador: art. 28, § 2º
- Vice-Prefeito: art. 29, V

SUFRÁGIO UNIVERSAL
- direitos políticos: art. 14, caput

SUJEITO PASSIVO DA OBRIGAÇÃO TRIBUTÁRIA
- aplicação indevida ou contrariedade à sua aplicação: art. 103-A, § 3º
- edição; provocação; legitimados a propor ação direta de inconstitucionalidade: art. 103-A, § 2º
- edição; STF; requisitos: art. 103-A
- finalidade: art. 103-A, § 1º

SUPERIOR TRIBUNAL DE JUSTIÇA
- ação rescisória; foro competente: art. 105, I, e
- carta rogatória; exequatur: art. 105, I, i
- competência: art. 105
- competência anterior à sua instalação: ADCT, art. 27, § 1º
- competência originária: art. 105, I
- competência privativa: art. 96, I
- competência privativa de propostas ao Legislativo: art. 96, II
- composição: art. 104
- conflito de atribuições; autoridades administrativas de um Estado e autoridades judiciárias do Distrito Federal: art. 105, I, g
- conflito de atribuições; autoridades administrativas do Distrito Federal e autoridades administrativas da União: art. 105, I, g

- conflito de atribuições; autoridades administrativas e judiciárias da União; processo e julgamento: art. 105, I, g
- conflito de atribuições; autoridades judiciárias de um Estado e autoridades administrativas de outro; processo e julgamento: art. 105, I, g
- conflito de atribuições; autoridades judiciárias de um Estado e autoridades administrativas do Distrito Federal; processo e julgamento: art. 105, I, g
- conflito de jurisdição entre Tribunais; processo e julgamento: art. 105, I, d
- Conselho da Justiça Federal: art. 105, § 1º, II
- crimes comuns; conselheiros dos Tribunais de Contas, desembargadores, Governadores, juízes, membros do Ministério Público; processo e julgamento: art. 105, I, a
- crimes de responsabilidade; juízes, conselheiros dos Tribunais de Contas, desembargadores, membros do Ministério Público; processo e julgamento: art. 105, I, a
- despesa pública nos projetos sobre serviços administrativos: art. 63, II
- discussão e votação da iniciativa das leis: art. 64, caput
- dissídio jurisprudencial; processo e julgamento: art. 105, III, c
- elaboração do Regimento Interno: art. 96, I, a
- eleição de órgãos diretivos: art. 96, I, a
- Escola Nacional de Formação e Aperfeiçoamento de Magistrados: art. 105, § 1º, I
- habeas corpus; processo e julgamento: art. 105, I, c, e II, a
- habeas data; processo e julgamento: arts. 102, I, d; 105, I, b
- instalação: ADCT, art. 27, § 1º
- jurisdição: art. 92, par. ún.
- lei federal; processo e julgamento de recursos de decisão que contrarie ou negue vigência: art. 105, III, a
- lei ou ato de governo local contestado em face de lei federal; processo e julgamento de recurso: art. 105, III, b
- leis complementares e ordinárias; iniciativa: art. 61, caput
- licença, férias e afastamento: art. 96, I, f
- mandado de injunção; processo e julgamento: art. 105, I, h
- mandado de segurança; processo e julgamento: arts. 102, I, d; 105, I, b e II, a
- Ministro: art. 119, par. ún.; ADCT, art. 27, § 2º
- Ministro; aposentadoria: ADCT, art. 27, § 4º
- Ministro; aprovação de nomeação pelo Senado Federal: arts. 84, XIV; 104, par. ún.
- Ministro; crimes de responsabilidade: art. 102, I, c
- Ministro; habeas corpus: art. 102, I, d
- Ministro; indicação: ADCT, art. 27, § 5º
- Ministro; infrações penais comuns: art. 102, I, c
- Ministro; infrações penais de responsabilidade: art. 102, I, c
- Ministro; nomeação pelo Presidente da República: arts. 84, XIV; 104, par. ún.
- Ministro; requisitos: art. 104, par. ún.
- Ministro; terço de desembargadores do Tribunal de Justiça: art. 104, par. ún.
- Ministro; TFR: ADCT, art. 27, § 2º
- motivação das decisões administrativas: art. 93, X
- organização da secretaria e dos serviços auxiliares: art. 96, I, b
- órgão do Poder Judiciário: art. 92, II
- órgãos diretivos; eleição: art. 96, I, a
- órgãos jurisdicionais e administrativos: art. 96, I, a
- processo e julgamento; causa: art. 105, II, c
- propostas orçamentárias: art. 99, §§ 1º e 2º

- provimento de cargos necessários à administração da Justiça: art. 96, I, e
- reclamação para garantia da autoridade de suas decisões e preservação de sua competência; processo e julgamento: art. 105, I, f
- recurso especial; ato de governo local; contestação em face de lei federal; validade: art. 105, III, b
- recurso especial; hipóteses de relevância: art. 105, § 3º
- recurso especial; lei federal; divergência de interpretação: art. 105, III, c
- recurso especial; relevância das questões; admissibilidade: art. 105, § 2º
- recurso especial; tratado ou lei federal; contrariedade ou negativa de vigência: art. 105, III, a
- recurso ordinário; processo e julgamento: art. 105, II
- revisão criminal de seus julgados; processo e julgamento: art. 105, I, e
- sede: art. 92, par. ún.
- sentença estrangeira; homologação: art. 105, I, i
- TFR; Ministros: ADCT, art. 27, § 2º
- tratado ou lei federal; processo e julgamento de recurso de decisão que contrarie ou negue vigência: art. 105, III, a

SUPERIOR TRIBUNAL MILITAR
- art. 122, I
- competência: art. 124
- competência privativa: art. 96, I
- competência privativa de propostas ao Legislativo: art. 96, II
- composição: art. 123, caput
- despesa pública nos projetos sobre serviços administrativos: art. 63, II
- discussão e votação da iniciativa de leis: art. 64, caput
- funcionamento: art. 24, par. ún.
- jurisdição: art. 92, par. ún.
- leis complementares e ordinárias; iniciativa: art. 61, caput
- licença, férias e afastamento: art. 96, I, f
- Ministro: art. 123, caput
- Ministro; aprovação pelo Senado Federal: arts. 84, XIV; 123, caput
- motivação das decisões administrativas: art. 93, X
- nomeação de Ministro pelo Presidente da República: art. 84, XIV
- organização: art. 124, par. ún.
- organização da secretaria e serviços auxiliares: art. 96, I, b
- órgão diretivo; eleição: art. 96, I, a
- órgãos jurisdicionais e administrativos: art. 96, I, a
- propostas orçamentárias: art. 99
- provimento de cargos necessários à administração da Justiça: art. 96, I, e
- Regimento Interno; elaboração: art. 96, I, a
- sede: art. 92, par. ún.

SUPREMO TRIBUNAL FEDERAL
- ação direta de inconstitucionalidade; medida cautelar: art. 102, I, q
- ação originária: art. 102, I
- ação rescisória de seus julgados; processo e julgamento: art. 102, I, j
- ações declaratórias de constitucionalidade e direta de inconstitucionalidade; decisão definitiva de mérito; efeito vinculante: art. 102, § 2º
- anistia: ADCT, art. 9º

- arguição de descumprimento de preceito constitucional: art. 102, par. ún.
- ato de governo que contrarie a Constituição; julgamento de recurso extraordinário: art. 102, III, c
- causas e conflitos entre a União, os Estados, o Distrito Federal e respectivas entidades da administração indireta; processo e julgamento: art. 102, I, f
- competência: art. 102
- competência; ações contra o Conselho Nacional de Justiça e o Conselho Nacional do Ministério Público: art. 102, I, r
- competência originária; execução de sentença: art. 102, I, m
- competência privativa: art. 96
- competência privativa de propostas ao Legislativo: art. 96, II
- composição: art. 101, caput
- conflitos de jurisdição; processo e julgamento: art. 102, I, o
- Conselho Nacional de Justiça; presidência: art. 103-B, § 1º
- Constituição; julgamento de recurso extraordinário de disposição contrária: art. 102, III, a
- crimes comuns; processo e julgamento de Ministros do Tribunal Superior do Trabalho: art. 102, I, c
- crimes de responsabilidade de seus Ministros; julgamento pelo Presidente; pena: art. 52, par. ún.
- crimes de responsabilidade; processo e julgamento: art. 102, I, c
- crimes políticos; julgamento de recurso ordinário: art. 102, II, b
- decisões administrativas; motivação: art. 93, X
- despesa pública; projetos sobre serviços administrativos: art. 63, II
- Estatuto da Magistratura; iniciativa: art. 93, caput
- extradição requisitada por Estado estrangeiro; processo e julgamento: art. 102, I, g
- habeas corpus; chefes de missão diplomática de caráter permanente: art. 102, I, d
- habeas corpus; Deputado Federal: art. 102, I, d
- habeas corpus; julgamento de recurso ordinário do ato denegado em única instância pelos Tribunais Superiores: art. 102, II, a
- habeas corpus; Ministros e Presidente da República: art. 102, I, d
- habeas corpus; processo e julgamento de Tribunal Superior, autoridade ou funcionário sob sua jurisdição: art. 102, I, i
- habeas corpus; Procurador-Geral da República: art. 102, I, d
- habeas corpus; Senador: art. 102, I, d
- habeas data: art. 102, I, d
- habeas data; julgamento de recurso ordinário do ato denegado em única instância pelos Tribunais Superiores: art. 102, II, a
- habeas data; processo e julgamento de seus atos: art. 102, I, d
- impedimento ou interesse; membros do Tribunal de origem; processo e julgamento: art. 102, I, n
- inconstitucionalidade de ato normativo estadual e federal; processo e julgamento: art. 102, I, a
- inconstitucionalidade de lei estadual; processo e julgamento: art. 102, I, a
- inconstitucionalidade de lei federal; julgamento de recurso extraordinário: art. 102, III, b
- inconstitucionalidade do tratado ou lei federal; julgamento de recurso extraordinário: art. 102, III, b
- inconstitucionalidade em tese: art. 103, § 3º
- inconstitucionalidade por omissão de medida para tornar efetiva norma constitucional: art. 103, § 2º

- infrações penais comuns; processo e julgamento de chefes de missão diplomática de caráter permanente: art. 102, I, c
- infrações penais comuns; processo e julgamento de Deputados Federais: art. 102, I, b
- infrações penais comuns; processo e julgamento de Ministro de Estado: art. 102, I, c
- infrações penais comuns; processo e julgamento de Ministros do STF, Senadores, Procuradores-Gerais da República: art. 102, I, b
- infrações penais comuns; processo e julgamento dos membros dos Tribunais Superiores: art. 102, I, c
- infrações penais comuns; processo e julgamento dos Ministros do Superior Tribunal Militar, Ministros dos Tribunais de Contas da União: art. 102, I, c
- intervenção; provimento; requisitos: art. 36
- jurisdição: art. 92, § 2º
- lei local; julgamento de recurso extraordinário: art. 102, III, c
- leis complementares e ordinárias; iniciativa: art. 61, caput
- leis; discussão e votação: art. 64, caput
- licença, férias e afastamentos; concessão: art. 96, I, f
- litígio entre Estado estrangeiro ou organismo internacional e a União, o Estado, o Distrito Federal ou o Território; processo e julgamento: art. 102, I, e
- mandado de injunção: art. 102, I, q
- mandado de injunção; julgamento de recurso ordinário do ato denegado em única instância pelos Tribunais Superiores: art. 102, II, a
- mandado de segurança: art. 102, I, d
- mandado de segurança; julgamento de recurso ordinário do ato denegado em única instância pelos Tribunais Superiores: art. 102, II, a
- membros da magistratura; processo e julgamento: art. 102, I, n
- Ministro; cargo privativo de brasileiro nato: art. 12, § 3º, IV
- Ministro; crimes de responsabilidade: art. 52, II
- Ministro; nomeação: art. 101, par. ún.
- Ministro; nomeação pelo Presidente da República: art. 84, XIV
- Ministro; requisitos: art. 101, caput
- Ministro; Senado Federal; aprovação: arts. 84, XIV; 101, par. ún.
- órgão do Poder Judiciário: art. 92, I
- órgãos diretivos; eleição: art. 96, I, a
- órgãos jurisdicionais e administrativos; funcionamento: art. 96, I, a
- Presidente; compromisso de manter, defender e cumprir a Constituição: ADCT, art. 1º
- Presidente; exercício da Presidência da República: art. 80
- propostas orçamentárias: art. 99, §§ 1º e 2º
- provimento de cargos necessários à administração da Justiça: art. 96, I, e
- reclamações; garantia de autoridade de suas decisões; preservação da sua competência; processo e julgamento: art. 102, I, l
- recurso extraordinário: art. 102, III
- recurso extraordinário; admissibilidade; pressupostos: art. 102, § 3º
- recurso ordinário: art. 102, II
- Regimento Interno; elaboração: art. 96, I, a
- revisão criminal de seus julgados; processo e julgamento: art. 102, I, j
- secretarias e serviços auxiliares; organização: art. 96, I, b
- sede: art. 92, § 1º

- súmula vinculante: art. 103-A
- STJ; exercício da competência: art. 27, § 1º
- STJ; instalação: art. 27, caput
- Tribunal Superior, autoridade ou funcionário cujos atos estejam sob sua jurisdição direta; processo e julgamento: art. 102, I, i

TAXAS
- art. 145, II
- base de cálculo: art. 145, § 2º
- cf. também TRIBUTOS

TELECOMUNICAÇÕES
- concessão: ADCT, art. 66
- disposição; competência do Congresso Nacional: art. 48, XII
- legislação; competência privativa da União: art. 22, IV
- liberdade: art. 139, III
- programas de rádio e televisão; classificação; competência: art. 21, XVI
- rádio e televisão; concessão e renovação: arts. 49, XII; 223, § 5º
- rádio e televisão; produção e programação; princípios: arts. 220, § 3º, II; 221
- serviços; exploração; competência da União: art. 21, XI e XII, a

TELEVISÃO
- v. RADIODIFUSÃO SONORA E DE IMAGENS

TERRAS DEVOLUTAS
- art. 20, II
- destinação; compatibilização com a política agrícola e com a reforma agrária: art. 188
- meio ambiente: art. 225, § 5º

TERRAS INDÍGENAS
- demarcação: ADCT, art. 67
- riquezas minerais; autorização para exploração: art. 49, XVI

TERRAS PÚBLICAS
- alienação; aprovação prévia do Congresso Nacional: arts. 49, XVII; 188, § 1º
- concessão; aprovação prévia do Congresso Nacional: arts. 49, XVII; 188, § 1º
- destinação; compatibilização com a política agrícola e com a reforma agrária: art. 182
- devolutas; bens da União e dos Estados: arts. 20, II; 26, IV
- devolutas; destinação: art. 188
- devolutas; proteção dos ecossistemas naturais: art. 225, § 5º
- doação, venda e concessão; revisão pelo Congresso Nacional: ADCT, art. 51
- ocupação pelos quilombos: ADCT, art. 68
- reforma agrária; concessão: art. 188, §§ 1º e 2º
- reversão ao patrimônio da União, Estados, Distrito Federal ou Municípios: ADCT, art. 51, § 3º
- venda, doação e concessão; revisão pelo Congresso Nacional: ADCT, art. 51

TERRITÓRIO
- Amapá; recursos antes da transformação em Estado: ADCT, art. 14, § 4º

- Amapá; transformação em Estado: ADCT, art. 14
- competência tributária; ICMS incidente sobre energia elétrica: ADCT, art. 34, § 9º
- criação: art. 18, §§ 2º e 3º
- defensoria pública: art. 33, § 3º
- desmembramento: art. 48, VI
- divisão em Municípios: art. 33, § 1º
- eleição de Deputados: art. 45, § 2º
- Fernando de Noronha; reincorporação ao Estado de Pernambuco: ADCT, art. 15
- Governador: art. 33, § 3º
- impostos estaduais e municipais: art. 147
- incorporação: art. 48, VI
- litígio com Estado estrangeiro ou organismo internacional; processo e julgamento: art. 102, I, e
- matéria tributária e orçamentária: art. 61, § 1º, II, b
- Ministério Público: art. 33, § 3º
- orçamento; recursos para a assistência social: art. 204, caput
- organização administrativa: arts. 33, caput; 61, § 1º, II, b
- organização judiciária: art. 33
- pessoal administrativo: art. 61, § 1º, II, b
- prestação de contas: art. 33, § 2º
- reintegração ao Estado de origem: art. 18, § 2º
- Roraima; recursos antes da transformação em Estado: ADCT, art. 14, § 4º
- Roraima; transformação em Estado: ADCT, art. 14
- serviços públicos: art. 61, § 1º, II, b
- servidor público: art. 61, § 1º, II, c
- símbolos: art. 13, § 2º
- sistema de ensino: art. 211, § 1º
- Sistema Único de Saúde; financiamento: art. 198, § 1º
- subdivisão: art. 48, VI
- transformação em Estado: art. 18, § 2º

TERRITÓRIO NACIONAL
- comissão de estudos territoriais: ADCT, art. 12
- limites: art. 48, VI

TERRORISMO
- direitos e deveres individuais e coletivos: art. 5º, XLIII
- repúdio: art. 4º, VIII

TESOURO NACIONAL
- emissão de títulos; compra e venda pelo Banco Central do Brasil: art. 164, § 2º
- empréstimos do Banco Central do Brasil; vedação: art. 164, § 1º

TÍTULO DE DOMÍNIO
- área urbana; posse: art. 183, caput e § 1º
- imóvel rural: art. 189

TÍTULOS DA DÍVIDA AGRÁRIA
- emissão: art. 184
- orçamento público: art. 184, § 4º
- resgate: art. 184

TÍTULOS DA DÍVIDA PÚBLICA
- propriedade urbana; desapropriação: art. 182, § 4º, III

TORTURA
- direitos e deveres individuais e coletivos: art. 5º, III

TRABALHADOR DOMÉSTICO
– direitos: art. 7°, par. ún.

TRABALHADOR RURAL
– acordos coletivos de trabalho: art. 7°, XXVI
– adicional de remuneração: art. 7°, XXIII
– admissão; proibição de diferença de critério: art. 7°, XXX
– aposentadoria: art. 7°, XXIV
– assistência gratuita aos filhos e dependentes: art. 7°, XXV
– automação; proteção: art. 7°, XXVII
– aviso prévio: art. 7°, XXI
– condição social: art. 7°, caput
– contrato de trabalho; prescrição: art. 7°, XXIX
– convenções coletivas de trabalho: art. 7°, XXVI
– décimo terceiro salário: art. 7°, VIII
– deficiente físico: art. 7°, XXXI
– direitos: art. 7°
– empregador; cumprimento das obrigações trabalhistas: ADCT, art. 1°, § 3°
– férias: art. 7°, XVII
– Fundo de Garantia do Tempo de Serviço: art. 7°, III
– garantia de salário: art. 7°, VII
– irredutibilidade de salário ou vencimento: art. 7°, VI
– jornada de trabalho: art. 7°, XIII
– jornada máxima de trabalho: art. 7°, XIV
– licença-paternidade: art. 7°, XIX; ADCT, art. 10, § 1°
– licença remunerada à gestante: art. 7°, XVIII
– menor; aprendiz: art. 7°, XXXIII
– menor; trabalho insalubre: art. 7°, XXXIII
– menor; trabalho noturno: art. 7°, XXXIII
– menor; trabalho perigoso: art. 7°, XXXIII
– mulher; proteção do mercado de trabalho: art. 7°, XX
– participação nos lucros: art. 7°, XI
– piso salarial: art. 7°, V
– relação de emprego; proteção: art. 7°, I; ADCT, art. 10
– repouso semanal remunerado: art. 7°, XV
– riscos do trabalho; redução: art. 7°, XXII
– salário-família: art. 7°, XII
– salário mínimo: art. 7°, IV
– salário; proibição de diferença: art. 7°, XXX
– salário; proteção: art. 7°, X
– seguro contra acidentes do trabalho: art. 7°, XXVIII
– seguro-desemprego: art. 7°, II
– serviço extraordinário: art. 7°, XVI
– trabalhador com vínculo permanente; igualdade com trabalhador avulso: art. 7°, XXXIV
– trabalho manual, técnico e intelectual; proibição de distinção: art. 7°, XXXII
– trabalho noturno; remuneração: art. 7°, IX

TRABALHADOR URBANO
– acordos coletivos de trabalho: art. 7°, XXVI
– adicional de remuneração: art. 7°, XXIII
– admissão; proibição de diferença de critério: art. 7°, XXX
– aposentadoria: art. 7°, XXIV
– assistência gratuita aos filhos e dependentes: art. 7°, XXV
– associação profissional ou sindical: art. 8°
– automação; proteção: art. 7°, XXVII
– aviso prévio: art. 7°, XXI
– condição social: art. 7°, caput
– contrato de trabalho; prescrição: art. 7°, XXIX
– convenções coletivas de trabalho: art. 7°, XXVI
– décimo terceiro salário: art. 7°, VIII
– deficiente físico: art. 7°, XXXI
– direitos: art. 7°
– entendimento direto com o empregador: art. 11
– férias: art. 7°, XVII
– Fundo de Garantia do Tempo de Serviço: art. 7°, III
– garantia de salário: art. 7°, VII
– irredutibilidade de salário ou vencimento: art. 7°, VI
– jornada de trabalho: art. 7°, XIII
– jornada máxima de trabalho: art. 7°, XIV
– licença-paternidade: art. 7°, XIX; ADCT, art. 10, § 1°
– licença remunerada à gestante: art. 7°, XVIII
– menor; aprendiz: art. 7°, XXXIII
– menor; trabalho insalubre, noturno, perigoso: art. 7°, XXXIII
– mulher; proteção do mercado de trabalho: art. 7°, XX
– participação nos colegiados de órgãos públicos: art. 10
– participação nos lucros: art. 7°, XI
– piso salarial: art. 7°, V
– relação de emprego; proteção: art. 7°, I; ADCT, art. 10
– remuneração do trabalho noturno: art. 7°, IX
– repouso semanal remunerado: art. 7°, XV
– riscos do trabalho; redução: art. 7°, XXII
– salário-família: art. 7°, XII
– salário mínimo: art. 7°, IV
– salário; proibição de diferença: art. 7°, XXX
– salário; proteção: art. 7°, X
– seguro contra acidentes do trabalho: art. 7°, XXVIII
– seguro-desemprego: art. 7°, II
– serviço extraordinário: art. 7°, XVI
– trabalho manual, técnico e intelectual; proibição de distinção: art. 7°, XXXII
– vínculo permanente; igualdade com trabalhador avulso: art. 7°, XXXIV

TRABALHO
– direitos sociais: art. 6°
– inspeção; organização, manutenção e execução: art. 21, XXIV
– valores sociais: art. 1°, IV

TRABALHOS FORÇADOS
– direitos e deveres individuais e coletivos: art. 5°, XLVII, c

TRÁFICO DE DROGAS
– crime inafiançável: art. 5°, XLIII

TRANSPORTE
– aéreo; ordenação legal: art. 178
– aquaviário e ferroviário; serviços; exploração; competência: art. 21, XI, d
– coletivo; deficiente; acesso adequado: arts. 227, § 2°; 244
– coletivo; serviço público de caráter essencial: art. 30, V
– coletivo urbano; concessão e permissão: art. 30, V
– direito social: art. 6°
– embarcações estrangeiras: art. 178, par. ún.
– interestadual e intermunicipal; impostos; instituição e normas: art. 155, II, § 2°; ADCT, art. 34, §§ 6° e 8°
– internacional; ordenação: art. 178, caput
– legislação; competência privativa da União: art. 22, XI
– marítimo; ordenação legal: art. 178
– petróleo e gás natural; monopólio da União: art. 177, IV
– política nacional; diretrizes; legislação; competência: art. 22, IX
– rodoviário de passageiros; exploração; competência: art. 21, XII, e

- sistema nacional de viação; princípios e diretrizes; competência: art. 21, XXI
- terrestre; ordenação legal: art. 178
- urbano; diretrizes; competência: art. 21, XX
- urbano; gratuidade; idosos: art. 230, § 2°

TRATADOS INTERNACIONAIS
- Congresso Nacional; referendo: art. 49, I
- crimes; processo e julgamento: art. 109, V
- direitos e garantias; inclusão na Constituição Federal: art. 5°, § 2°
- direitos humanos; aprovação pelo Congresso: art. 5°, § 3°
- Presidente da República; celebração: art. 84, VIII

TRIBUNAIS
- competência privativa: art. 96, I
- conflitos de competência: arts. 102, I; 105, I, d
- decisões administrativas; motivação: art. 93, X
- declaração de inconstitucionalidade de lei ou ato normativo: art. 97
- órgão especial: art. 93, XI
- segundo grau; acesso: art. 93, III

TRIBUNAIS SUPERIORES
- competência privativa: art. 96, II
- conflitos de competência: arts. 102, I; 105, I, d
- habeas corpus: art. 102, I, d e I, e II, a
- habeas data: art. 102, II, a
- jurisdição: art. 92, § 2°
- mandado de injunção: art. 102, I, q
- mandado de segurança: art. 102, II, a
- membros; crimes de responsabilidade e infrações penais comuns: art. 102, I, c
- órgão especial: art. 93, XI
- propostas orçamentárias: art. 99, §§ 1° e 2°
- sede: art. 92, § 1°

TRIBUNAL DE CONTAS DA UNIÃO
- administrador público; prestação de contas: art. 71, II
- auditores: art. 73, § 4°
- competência: arts. 71; 73, caput; 96
- composição: art. 73, caput
- convênio federal: art. 71, VI
- crimes de responsabilidade de Ministro e de Comandantes da Marinha, do Exército e da Aeronáutica; foro competente: art. 102, I, c
- decisões; título executivo: art. 71, § 3°
- fiscalização contábil, financeira e orçamentária: art. 71
- fixação de prazo para doação de providências ao exato cumprimento da lei: art. 71, IX
- habeas data; processo e julgamento: art. 102, I, d
- jurisdição: art. 73, caput
- mandado de injunção; processo e julgamento: art. 102, I, q
- mandado de segurança; processo e julgamento: art. 102, I, d
- membros; escolha: art. 49, XII
- Ministério Público; atuação: art. 130
- Ministro; aposentadoria: art. 73, § 3°
- Ministro; aprovação: arts. 52, III, b; 73, § 2°, I; 84, XV
- Ministro; escolha: art. 73, §§ 2° e 3°
- Ministro; habeas corpus: art. 102, I, d
- Ministro; impedimentos: art. 73, § 3°
- Ministro; indicação do Presidente da República: arts. 52, III, b; 73, § 2°, I
- Ministro; infrações penais comuns: art. 102, I, d

- Ministro; nomeação pelo Presidente da República: arts. 73, § 1°, e 84, XV
- Ministro; prerrogativas e garantias: art. 73, § 3°
- Ministro; requisitos: art. 73, § 2°
- Ministro; vencimentos: art. 73, § 3°
- prestação de contas dos Territórios: art. 33, § 2°
- prestação de informações: arts. 71, VII; 77
- relatório de atividades: art. 71, § 4°
- representação: art. 71, XI
- sanção: art. 71, VIII
- sede: art. 73, caput
- sustação de contrato: art. 71, §§ 1° e 2°
- sustação de execução de ato impugnado: art. 71, X

TRIBUNAL DE CONTAS DO DISTRITO FEDERAL E DOS ESTADOS
- crimes comuns e responsabilidade; foro competente: art. 105, I, a
- organização e fiscalização: art. 75, caput

TRIBUNAL DE CONTAS DO MUNICÍPIO
- organização e fiscalização: art. 75, caput

TRIBUNAL DE EXCEÇÃO
- art. 5°, XXXVII

TRIBUNAL DE JUSTIÇA
- art. 92, VII
- competência: art. 125, § 1°; ADCT, art. 70
- competência privativa de propostas ao Legislativo: art. 96, II
- conflitos fundiários; vara especializada; criação: art. 126
- descentralização: art. 125, § 6°
- designação de juízes de entrância especial para questões agrárias: art. 126, caput
- elaboração do Regimento Interno: art. 96, I, a
- eleição dos órgãos diretivos: art. 96, I, a
- julgamento de juiz estadual: art. 96, III
- julgamento de membro do Ministério Público: art. 96, III
- justiça itinerante; instalação: art. 125, § 7°
- lei de criação da Justiça Militar Estadual; iniciativa: art. 125, § 3°
- lei de organização judiciária; iniciativa: art. 125, § 1°
- licença, férias e afastamento: art. 96, I, f
- motivação das decisões administrativas: art. 93, X
- organização de secretaria e serviços auxiliares: art. 96, I, b
- órgãos jurisdicionais e administrativos: art. 96, I, a
- propostas orçamentárias: art. 99, §§ 1° e 2°
- provimento de cargos necessários à administração da Justiça: art. 96, I, e
- quinto de advogados: art. 94
- quinto do Ministério Público: art. 94
- cf. também JUSTIÇA ESTADUAL

TRIBUNAL MILITAR
- art. 122, II
- competência: art. 96, I
- elaboração do Regimento Interno: art. 96, I, a
- eleição dos órgãos diretivos: art. 96, I, a
- licença, férias e afastamento: art. 96, I, f
- motivação das decisões administrativas: art. 93, X
- organização de secretaria e órgãos auxiliares: art. 96, I, b
- órgão do Poder Judiciário: art. 92, VI
- órgãos jurisdicionais e administrativos: art. 96, I, a
- propostas orçamentárias: art. 99

- provimento de cargos necessários à administração da Justiça: art. 96, I, *e*
- cf. também JUSTIÇA MILITAR

TRIBUNAL PENAL INTERNACIONAL
- jurisdição; submissão do Brasil: art. 5°, § 4°

TRIBUNAL REGIONAL DO TRABALHO
- art. 111, II
- competência: art. 113
- competência privativa: art. 96, I
- composição; requisitos: art. 115, *caput*
- constituição: art. 113
- descentralização: art. 115, § 2°
- despesa pública nos projetos sobre serviços administrativos: art. 63, II
- elaboração do Regimento Interno: art. 96, I, *a*
- eleição dos órgãos: art. 96, I, *a*
- garantias e condições de exercício: art. 113
- investidura: art. 113
- juiz; crime comum e de responsabilidade: art. 105, I, *a*
- jurisdição: art. 113
- justiça itinerante; instalação: art. 115, § 1°
- licença, férias e afastamento: art. 96, I, *c*
- magistrados: art. 115, par. ún.
- motivação das decisões administrativas: art. 93, X
- organização da secretaria e órgãos auxiliares: art. 96, I, *b*
- órgão do Poder Judiciário: art. 92, IV
- órgãos jurisdicionais e administrativos: art. 96, I, *a*
- proporcionalidade: art. 115, *caput*
- propostas orçamentárias: art. 99, §§ 1° e 2°
- provimento de cargos necessários à administração da Justiça: art. 96, I, *e*
- cf. também JUSTIÇA DO TRABALHO

TRIBUNAL REGIONAL ELEITORAL
- arts. 118, II; 120
- anulação de diplomas: art. 121, § 4°, IV
- competência privativa: art. 96, I
- composição: art. 120, *caput*
- decisões contrárias à lei: art. 121, § 4°, I
- despesa pública nos projetos sobre serviços administrativos: art. 63, II
- dissídio jurisprudencial: art. 121, § 4°, II
- elaboração do Regimento Interno: art. 96, I, *a*
- eleição do Presidente e Vice-Presidente: art. 120, § 2°
- eleição dos órgãos diretivos: art. 96, I, *a*
- expedição de diplomas: art. 121, § 4°, III
- fixação do número de vereadores: ADCT, art. 5°, § 4°
- *habeas corpus*: arts. 121, § 4°, V; 112
- *habeas data*: art. 121, § 4°, V
- inelegibilidade: art. 121, § 4°, III
- licença, férias e afastamento: art. 96, I, *f*
- localização: art. 120, *caput*
- mandado de injunção: arts. 121; 185, § 4°, V
- mandado de segurança: art. 126, § 4°, V
- motivação das decisões administrativas: art. 93, X
- organização da secretaria e órgãos auxiliares: art. 96, I, *b*
- órgãos jurisdicionais e administrativos: arts. 94; 96, I, *a*
- perda de mandato: art. 121, § 4°, IV
- propostas orçamentárias: art. 99, §§ 1° e 2°
- provimento de cargos necessários à administração da Justiça: art. 96, I, *e*
- recursos: art. 121, § 4°

- recursos de decisões contrárias à Constituição: art. 121, § 4°, I
- cf. também JUSTIÇA ELEITORAL

TRIBUNAL REGIONAL FEDERAL
- art. 106, I
- competência: art. 108
- competência anterior à sua instalação: ADCT, art. 27, § 7°
- competência originária: art. 108, I
- competência privativa: art. 96, I
- composição: art. 107
- criação: ADCT, art. 27, §§ 6° e 11
- descentralização: art. 107, § 3°
- despesa pública nos projetos sobre serviços administrativos: art. 63, II
- elaboração do Regimento Interno: art. 96, I, *a*
- eleição dos órgãos diretivos: art. 96, I, *a*
- escolha de juiz do TRE: art. 120, II
- instalação: ADCT, art. 27, § 6°
- justiça itinerante; instalação: art. 107, § 2°
- licença, férias e afastamento: art. 96, I, *f*
- motivação das decisões administrativas: art. 93, X
- nomeação de juízes: art. 107, *caput*
- organização da secretaria e órgãos auxiliares: art. 96, I, *b*
- órgão do Poder Judiciário: art. 92, III
- órgãos jurisdicionais e administrativos: art. 96, I, *a*
- permuta de juízes: art. 107, § 1°
- propostas orçamentárias: art. 99
- provimento de cargos necessários à administração da Justiça: art. 96, I, *e*
- quinto de advogados: arts. 94; 107, I
- recursos: art. 108, II
- remoção de juízes: art. 107, § 1°
- sede: ADCT, art. 27, § 6°
- cf. também JUSTIÇA FEDERAL

TRIBUNAL SUPERIOR DO TRABALHO
- advogado: art. 111, I
- aprovação pelo Senado Federal de Ministro: art. 84, XIV
- competência: arts. 111-A; 113
- competência privativa: art. 96, I
- competência privativa de propostas ao Legislativo: art. 96, II
- composição: art. 111-A
- Conselho Superior da Justiça do Trabalho: art. 111-A, § 2°, II
- constituição: art. 113
- despesa pública nos projetos sobre serviços administrativos: art. 63, II
- discussão e votação da iniciativa de leis: art. 64, *caput*
- elaboração do Regimento Interno: art. 96, I, *a*
- eleição dos órgãos: art. 96, I, *a*
- Escola Nacional de Formação e Aperfeiçoamento de Magistrados do Trabalho: art. 111-A, § 2°
- garantias e condições de exercício: art. 113
- iniciativa das leis complementares e ordinárias: art. 61, *caput*
- investidura: art. 113
- jurisdição: arts. 92, par. ún.; 113
- licença, férias e afastamento: art. 96, I, *f*
- membro do Ministério Público: art. 111-A, I
- motivação das decisões administrativas: art. 93, X
- nomeação pelo Presidente da República de Ministro: art. 84, XIV
- nomeação, registros, aprovação: art. 111-A

- órgão do Poder Judiciário: art. 92, IV
- órgãos jurisdicionais e administrativos: art. 96, I, *a*
- propostas orçamentárias: art. 99, §§ 1° e 2°
- provimento de cargos necessários à administração da Justiça: art. 96, I, *e*
- secretaria e órgãos auxiliares; organização: art. 96, I, *b*
- sede: art. 92, par. ún.
- cf. também JUSTIÇA DO TRABALHO

TRIBUNAL SUPERIOR ELEITORAL
- art. 118, I
- aprovação pelo Senado Federal de Ministro: art. 84, XIV
- competência privativa: art. 96, I
- competência privativa de propostas ao Legislativo: art. 96, II
- composição: art. 119
- Corregedor Eleitoral: art. 119, par. ún.
- decisões: art. 121, § 3°
- decisões administrativas; motivação: art. 93, X
- despesa pública nos projetos sobre serviços administrativos: art. 63, II
- discussão e votação de projetos de lei de sua iniciativa: art. 64, *caput*
- elaboração; Regimento Interno: art. 96, I, *a*
- eleição dos órgãos diretivos: art. 96, I, *a*
- *habeas corpus*: art. 121, § 3°
- jurisdição: art. 92, par. ún.
- leis complementares e ordinárias; iniciativa: art. 61, *caput*
- licença, férias e afastamento: art. 96, I, *f*
- mandado de segurança: art. 121, § 3°
- nomeação pelo Presidente da República de Ministro: art. 84, XIV
- organização da secretaria e órgãos auxiliares: art. 96, I, *b*
- órgãos jurisdicionais e administrativos: art. 96, I, *a*
- partidos políticos: ADCT, art. 6°, *caput*
- partidos políticos; concessão de registro: ADCT, art. 6°, § 1°
- Presidente: art. 119, par. ún.
- propostas orçamentárias: art. 99, §§ 1° e 2°
- provimento de cargos necessários à administração da Justiça: art. 96, I, *e*
- revisão constitucional: ADCT, art. 2°, § 2°
- sede: art. 92, par. ún.
- Vice-Presidente: art. 119, par. ún.
- cf. também JUSTIÇA ELEITORAL

TRIBUTOS
- anistia: art. 150, § 6°
- aplicação de receita de impostos no ensino: art. 212
- aplicação de recursos; condições: ADCT, art. 34, § 10
- arrecadação e distribuição aos Municípios: arts. 158, III, IV e par. ún.; 159, § 3°; 161, I
- capacidade econômica do contribuinte: art. 145, § 1°
- características: art. 145, § 1°
- combustíveis líquidos e gasosos: art. 155, § 3°
- competência; instituição: art. 145, *caput*
- competência tributária da União: arts. 153; 154
- competência tributária dos Estados e do Distrito Federal: art. 155
- competência tributária dos Municípios: art. 156
- confisco: art. 150, IV
- CIDE; destinação aos Municípios: art. 159, § 4°
- CIDE; repartição do produto da arrecadação entre Estados e Distrito Federal: art. 159, III

- contribuições sociais e de intervenção sobre o domínio econômico: art. 149, § 2°, II
- critérios especiais de tributação: art. 146-A
- desvinculação da arrecadação; DRU: ADCT, art. 76
- diferença de bens; vedação: art. 152
- Distrito Federal; competência; cobrança de impostos municipais: art. 147
- empresa de pequeno porte; regime diferenciado: art. 146, III, *d*
- empréstimo compulsório; Eletrobras: ADCT, art. 34, § 12
- energia elétrica: art. 155, § 3°
- estaduais e municipais dos Territórios; competência da União: art. 147
- extraordinários; instituições: art. 154, II
- fato gerador: art. 150, III, *a*
- garantias do contribuinte: art. 150
- instituição: art. 145
- lei complementar: art. 146
- limitação ao poder de tributar: art. 150
- limitações: art. 150
- limite de tráfego; vedação: art. 150, V
- lubrificantes: art. 155, § 3°
- mercadorias e serviços; incidência; consumidor; defesa: art. 150, § 5°
- microempresa; regime diferenciado: art. 146, III, *d*
- minerais: art. 155, § 3°x
- Municípios; instituição e normas: art. 156; ADCT, art. 34, § 6°
- patrimônio, renda ou serviços; proibição e exceções: art. 150, VI, *a* e *e*, e §§ 2°, 3° e 4°; ADCT, art. 34, § 1°
- princípio da anualidade: art. 150, III, *b*; ADCT, art. 34, § 6°
- princípio da igualdade: art. 150, II
- princípio da legalidade: art. 150, I
- princípio da uniformidade: art. 151, I
- receita tributária; repartição; Municípios: art. 158
- recursos; desenvolvimento regional; condições: ADCT, art. 34, § 10
- reforma agrária; isenção: art. 184, § 5°
- regime único de arrecadação de impostos: art. 146, par. ún.
- responsabilidade pelo pagamento: ADCT, art. 34, § 9°
- cf. também SISTEMA TRIBUTÁRIO NACIONAL

TURISMO
- incentivo: art. 180

UNIÃO
- arts. 20 a 24
- administração pública; princípios: art. 37, *caput*
- agentes públicos estaduais, do Distrito Federal e dos Municípios em níveis superiores aos agentes federais; limitações ao poder de tributar: art. 151, II
- águas; competência legislativa: art. 22, IV
- anistia; concessão: art. 21, XVII
- anistia fiscal: art. 150, § 6°
- anistia previdenciária: art. 150, § 6°
- aproveitamento energético dos cursos de água; exploração, autorização, concessão e permissão: art. 21, XII, *b*
- assessoramento jurídico: art. 131, *caput*
- atividades nucleares; competência legislativa: art. 22, XXVI
- autarquias e fundações instituídas e mantidas pelo Poder Público; limitações ao poder de tributar: art. 150, §§ 2° e 3°

- autonomia: art. 18, *caput* bens: art. 20
- brasileiro; vedação de distinção: art. 19, III
- calamidade pública; defesa permanente: art. 21, XVIII
- câmbio; competência legislativa: art. 22, VII
- câmbio; fiscalização: art. 21, VIII
- capitalização; fiscalização: art. 21, VIII
- causas e conflitos com os Estados, o Distrito Federal e respectivas entidades da administração indireta; processo e julgamento: art. 102, I, *f*
- causas fundadas em tratado ou contrato com Estado estrangeiro ou organismo internacional; processo e julgamento: art. 109, III
- cidadania; competência legislativa: art. 22, XIII
- classificação das diversões públicas: art. 21, XVI
- classificação dos programas de rádio e televisão: art. 21, XVI
- comércio exterior e interestadual; competência legislativa: arts. 22, VIII; 33
- competência: arts. 21, *caput;* 22, *caput*
- competência; criação de Juizados Especiais no Distrito Federal e nos Territórios: art. 98, I
- competência; criação de Justiça de Paz no Distrito Federal e nos Territórios: art. 98, II
- competência legislativa; direito aeronáutico: art. 22, I
- competência legislativa; direito agrário: art. 22, I
- competência legislativa; direito civil: art. 22, I
- competência legislativa; direito comercial: art. 22, I
- competência legislativa; direito do trabalho: art. 22, I
- competência legislativa; direito eleitoral: art. 22, I
- competência legislativa; direito espacial: art. 22, I
- competência legislativa; direito marítimo: art. 22, I
- competência legislativa; direito penal: art. 22, I
- competência legislativa; direito processual: art. 22, I
- competência legislativa privativa: art. 22
- competência legislativa supletiva dos Estados: art. 24, § 2º
- competência para emissão da moeda; Banco Central do Brasil: art. 164
- competência tributária: arts. 145; 153
- competência tributária residual: art. 154
- competência tributária residual; cumulatividade: art. 154, I
- competência tributária; vedação ao limite de tráfego: art. 150, V
- consórcios; competência legislativa: art. 22, XX
- consultoria jurídica: art. 131, *caput*
- contrato administrativo; competência legislativa: art. 22, XXVII
- contribuição social: art. 149, §§ 1º a 4º
- corpo de bombeiros militar; competência legislativa: art. 22, XXI
- corpo de bombeiros militar do Distrito Federal; organização e manutenção: art. 21, XIV
- corpo de bombeiros militar dos Territórios; organização e manutenção: art. 21, XIX
- Correio Aéreo Nacional: art. 21, X
- crédito externo e interno; concessão de garantia e fixação: art. 52, VII
- crédito externo e interno; fixação de limites pelo Senado Federal: art. 52, VII
- crédito; fiscalização: art. 21, VIII
- danos nucleares; responsabilidade civil: art. 21, XXIII, *d*
- débitos oriundos de precatórios; refinanciamento: art. 100, § 16
- Defensoria Pública do Distrito Federal; competência legislativa sobre sua organização: art. 22, XVI

- Defensoria Pública dos Territórios; competência legislativa sobre sua organização: art. 22, XVII
- Defensoria Pública do Território: art. 21, XIII
- defesa aeroespacial; competência legislativa: art. 22, XXVIII
- defesa civil; competência legislativa: art. 22, XXVIII
- defesa marítima; competência legislativa: art. 22, XXVIII
- defesa nacional: art. 21, III
- defesa territorial; competência legislativa: art. 22, XXVIII
- desapropriação; competência legislativa: art. 22, II
- desenvolvimento urbano; habitação, saneamento básico e transportes urbanos: art. 21, XX
- disponibilidades de caixa; depósito no Banco Central do Brasil: art. 164, § 3º
- Distrito Federal; competência legislativa sobre organização administrativa: art. 22, XVII
- dívida pública dos Estados, do Distrito Federal e dos Municípios; limitações ao poder de tributar: art. 151, II
- dívida pública; fixação de limites globais pelo Senado Federal: art. 52, VI
- documento público; vedação de recusa de fé: art. 19, II
- edição de leis para aplicação do sistema tributário nacional: ADCT, art. 34, § 3º
- educação; competência legislativa; diretrizes e bases: art. 22, XXIV
- emigração; competência legislativa: art. 22, XV
- empresa de pequeno porte; tratamento jurídico diferenciado: art. 179
- empréstimo compulsório: art. 148
- energia; competência legislativa: art. 22, IV
- energia elétrica; exploração, autorização, concessão e permissão: art. 21, XII, *b*
- ensino; aplicação de receita de impostos: art. 212
- estado de defesa; decretação: art. 21, V
- estado de sítio; decretação: art. 21, V
- Estado-membro; criação; vedação de encargos: art. 234
- estrangeiro; competência legislativa: art. 22, XV
- Estado-membro; demarcação das terras em litígio com os Municípios: ADCT, art. 12, §§ 3º e 4º
- execução da dívida ativa tributária; representação pela Procuradoria-Geral da Fazenda Nacional: art. 131, § 3º
- Fazenda Pública; precatório; sentença judiciária: art. 100, *caput;* ADCT, art. 97
- fiscalização contábil, financeira e orçamentária: arts. 70 a 74
- forças estrangeiras; permissão de trânsito e permanência: art. 21, IV
- garimpagem: art. 21, XXV
- gás natural; monopólio: art. 177, I, III e IV
- guerra; declaração: art. 21, II
- hidrocarbonetos fluidos; monopólio: art. 177, I e III
- imigração; competência legislativa: art. 22, XV
- imposto estadual; Territórios: art. 147
- imposto extraordinário em caso de guerra; competência tributária: art. 154, II
- impostos arrecadados; distribuição: arts. 153, § 5º; 157; 158, I e II; 159
- impostos; estaduais e municipais; competência: art. 147
- impostos; instituição: art. 153
- incentivos fiscais; reavaliação: ADCT, art. 41
- informática; competência legislativa: art. 22, IV
- infrações penais praticadas em detrimento de seus bens, serviços ou interesses; processo e julgamento: art. 109, IV
- infraestrutura aeroportuária; exploração, autorização, concessão e permissão: art. 21, XII, *c*

- instituições de assistência social sem fins lucrativos; limitações ao poder de tributar: art. 150, VI, § 4°
- instituições de educação sem fins lucrativos; limitações ao poder de tributar: art. 150, VI, § 4°
- intervenção federal; decretação: art. 21, V
- intervenção nos Estados e Distrito Federal: arts. 34; 36
- isenção de tributos estaduais, do Distrito Federal e municipais; limitações ao poder de tributar: art. 151, III
- jazidas; competência tributária: art. 22, XII
- jazidas de petróleo; monopólio: art. 177, I
- lavra; autorização e concessão para pesquisa por prazo determinado: art. 176, § 3°
- lavra; transferência de pesquisa: art. 176, § 3°
- lei estadual; superveniência de lei federal: art. 24, § 4°
- licitação; competência legislativa art. 22, XXVII
- litígio com Estado estrangeiro ou organismo internacional; processo e julgamento: art. 102, I, e
- livros, jornais, periódicos e o papel destinado à sua impressão; limitações ao poder de tributar: art. 150, VI, d
- massas de água; represadas ou represáveis; aproveitamento econômico e social: art. 43, § 2°, IV
- material bélico; autorização e fiscalização para produção e comércio: art. 21, VI
- metais; títulos e garantias: art. 22, VI
- metalurgia; competência legislativa: art. 22, XII
- microempresa; tratamento jurídico diferenciado: art. 179
- minas; competência legislativa: art. 22, XII
- minérios nucleares e seus derivados; monopólio estatal: art. 21, caput e XXIII
- Ministério Público do Distrito Federal; competência legislativa sobre sua organização: art. 22, XVII
- Ministério Público do Distrito Federal; organização e manutenção: art. 21, XIII
- Ministério Público dos Territórios; competência legislativa sobre sua organização: art. 22, VII
- Ministério Público dos Territórios; organização e manutenção: art. 21, XIII
- mobilização nacional; competência legislativa: art. 22, XXVIII
- moeda; emissão: art. 21, VII
- monopólio: art. 177
- monopólio da pesquisa, lavra, enriquecimento, reprocessamento, industrialização e comércio de minérios e minerais nucleares e derivados: art. 177, V
- monopólio; vedações: art. 177, § 1°
- Município; demarcação das terras em litígio com os Estados-membros: ADCT, art. 12, §§ 3° e 4°
- nacionalidade; competência legislativa: art. 22, XIII
- navegação aérea; competência legislativa art. 22, X
- navegação aeroespacial; competência legislativa: art. 22, X
- navegação aeroespacial; exploração, autorização, concessão e permissão: art. 21, XII, c
- navegação fluvial, lacustre e marítima; competência legislativa: art. 22, X
- orçamento; recursos para a assistência social: art. 204, caput
- organização judiciária; competência legislativa: art. 22, XVII
- organizações internacionais; participação: art. 21, I
- partidos políticos; limitações ao poder de tributar: art. 150, VI, c, e § 4°
- patrimônio, renda ou serviços de entes públicos; limitações ao poder de tributar: art. 150, VI, a
- paz; celebração: art. 21, II

- pessoal; despesa: art. 169; ADCT, art. 38
- petróleo; monopólio da importação e exportação: art. 177, II
- petróleo; monopólio da refinação: art. 177, II
- petróleo; monopólio do transporte marítimo: art. 177, IV
- petróleo; monopólio do transporte por meio do conduto: art. 177, IV
- plano nacional e regional de desenvolvimento econômico e social: art. 21, IX
- Poderes: art. 2°
- Poder Judiciário; organização e manutenção: arts. 21, XIII; 22, XVII
- política de crédito; competência legislativa: art. 22, VII
- populações indígenas; competência legislativa: art. 22, XIV
- portos; competência legislativa: art. 22, X
- portos fluviais, lacustres e marítimos; exploração, autorização, concessão e permissão: art. 21, XII, f
- poupança; competência legislativa: art. 22, XIV
- previdência privada; fiscalização: art. 21,VIII
- princípio da uniformidade tributária: art. 150, I
- Procuradoria-Geral da Fazenda Nacional; representação judicial na área fiscal: ADCT, art. 29, § 5°
- profissões; competência legislativa: art. 22, XVI
- proteção de dados pessoais: art. 21, XXVI; e art. 22, XXX
- proteção dos bens dos índios: art. 231, caput
- quadro de pessoal; compatibilização: ADCT, art. 24
- radiodifusão; competência legislativa: art. 22, IV
- receita tributária; repartição: art. 159
- recursos minerais; competência legislativa: art. 22, XII
- registro público; competência legislativa: art. 22, XXV
- relações com Estados estrangeiros: art. 21, I
- religião; vedações: art. 19, I
- repartição das receitas tributárias; vedação à retenção ou restrição: art. 160
- representações judiciais e extrajudicial: art. 131, caput
- requisições civis e militares; competência legislativa: art. 22, III
- reservas cambiais; administração: art. 21, VIII
- rios; aproveitamento econômico e social: art. 43, § 2°, IV
- seguridade social; competência legislativa: art. 22, XXIII
- seguros; competência legislativa; fiscalização: art. 22, VII e VIII
- serviço postal: art. 21, X
- serviço postal; competência legislativa: art. 22, V
- serviços de radiodifusão sonora e de sons e imagens; exploração, autorização, concessão e permissão: art. 21, XII, a
- serviços de telecomunicações; exploração, autorização, concessão e permissão: art. 21, XII, a
- serviços de telecomunicações; exploração direta de concessão: art. 21, XI
- serviços de transmissão de dados; exploração direta de concessão: art. 21, XI
- serviços e instalações nucleares; exploração: art. 21, XXIII
- serviços e instalações nucleares; fins pacíficos: art. 21, XXIII, a
- serviços e instalações nucleares; utilização de radioisótopos: art. 21, XXIII, b e c
- serviços oficiais de estatística, geografia, geologia e cartografia; organização e manutenção: art. 21, XV
- serviços telefônicos e telegráficos; exploração direta ou concessão: art. 21, XI
- servidor público: art. 61, § 1°, II, c
- sindicatos; limitações ao poder de tributar: art. 150, VI, § 4°

- sistema cartográfico e geologia nacional; competência legislativa: art. 22, XVIII
- sistema de ensino: art. 211, *caput*
- sistema estatístico nacional; competência legislativa: art. 22, XVIII
- sistema nacional de emprego; organização: art. 22, XVI
- sistema nacional de recursos hídricos; instituição e outorga: art. 21, XIX
- sistema nacional de transporte e viação: art. 21, XXI
- sistemas de medidas e monetário; competência legislativa: art. 22, VI
- sorteios; competência legislativa: art. 22, XX
- telecomunicações; competência legislativa: art. 22, IV
- templos de qualquer culto; limitações ao poder de tributar: art. 150, VI, *b*, e § 4º
- terra indígena; demarcação: art. 231, *caput*
- território: art. 18, § 2º
- trabalho; organização, manutenção e execução da inspeção: art. 21, XXIX
- trânsito e transporte; competência legislativa: art. 22, XI
- transporte aquaviário, ferroviário, rodoviário; exploração, autorização, concessão e permissão: art. 21, XII, *d* e *e*
- tributação; limites: arts. 150; 151
- turismo; promoção e incentivo: art. 180
- valores; competência legislativa: art. 22, VII
- vedações: art. 19

USINA NUCLEAR
- localização; definição legal: art. 225, § 6º

USUCAPIÃO
- *v.* PROPRIEDADE RURAL e PROPRIEDADE URBANA

VARAS JUDICIÁRIAS
- criação: art. 96, I, *d*

VEREADOR
- ato institucional: ADCT, art. 8º, § 4º

- estado de sítio; difusão de pronunciamento: art. 139, par. ún.
- idade mínima: art. 14, § 3º, VI, *c*
- impedimentos: art. 29, IX
- imposto: art. 29, V
- incompatibilidades: art. 29, IX
- inviolabilidade: art. 29, VIII
- mandato eletivo; duração: art. 29, I
- remuneração; subsídios: art. 29, VI e VII
- servidor público civil: art. 38, III

VETO
- deliberação; Congresso Nacional: art. 57, § 3º, IV
- projetos de lei; competência privativa do Presidente da República: art. 84, V

VICE-GOVERNADOR
- *v.* GOVERNADOR

VICE-PREFEITO
- *v.* PREFEITO
- parlamentar; nomeação para o exercício da função de Prefeito: ADCT, art. 5º, § 3º

VICE-PRESIDENTE DA REPÚBLICA
- atribuições: art. 79, par. ún.
- substituição ou sucessão do Presidente da República: art. 79, *caput*
- cf. também PRESIDENTE DA REPÚBLICA

VOTO
- direto e secreto: art. 14, I a III
- facultativo: art. 14, § 1º, II
- obrigatório: art. 14, § 1º, I
- soberania popular; manifestação: art. 14, I a III

Z

ZONA FRANCA DE MANAUS
- critérios disciplinadores; modificação: ADCT, art. 40, par. ún.
- manutenção; prazo: ADCT, art. 40, *caput*

Índice de Assuntos

ALIMENTOS
- Convenção sobre a Prestação de Alimentos no Estrangeiro (1956), 1204
- Convenção Interamericana sobre Obrigação Alimentar (1989), 1277

AMAZÔNIA
- Tratado de Cooperação Amazônica (1978), 173

ANTÁRTIDA
- Tratado da Antártida (1959), 475
- Protocolo ao Tratado da Antártida sobre Proteção ao Meio Ambiente (1991), 478
- Convenção sobre a Conservação dos Recursos Vivos Marinhos Antárticos (1980), 498

ARBITRAGEM
- Convenção sobre o Reconhecimento e a Execução de Sentenças Arbitrais Estrangeiras (1958), 1207
- Convenção Interamericana sobre Arbitragem Comercial Internacional (1975), 1273
- Acordo sobre Arbitragem Comercial Internacional do Mercosul (1998), 1084
- Lei 9.307, de 23 de setembro de 1996, 1262

ARMAS
- Tratado sobre o Comércio de Armas (2013), 277

ARMAS NUCLEARES
- v. também Testes Nucleares
- Tratado de Proscrição das Experiências com Armas Nucleares na Atmosfera, no Espaço Cósmico e sob a Água (1963), 187
- Tratado para a Proscrição de Armas Nucleares na América Latina e no Caribe (1967) – *Tratado de Tratelolco*, 188
- Tratado sobre a Não Proliferação de Armas Nucleares (1968), 195

ASILO DIPLOMÁTICO
- Convenção sobre Asilo Diplomático (1954), 305

ASILO TERRITORIAL
- Convenção sobre Asilo Territorial (1954), 304

ASSISTÊNCIA RECÍPROCA
- Tratado Interamericano de Assistência Recíproca (1947) – *Pacto do Rio*, 184

CARTAS ROGATÓRIAS
- Regimento Interno do Supremo Tribunal Federal (1980), 1267
- Convenção Interamericana sobre Cartas Rogatórias (1975), 1269
- Protocolo Adicional à Convenção Interamericana sobre Cartas Rogatórias (1979), 1271

COMÉRCIO INTERNACIONAL
- Acordo Constitutivo da Organização Mundial de Comércio (1994), 804
- Convenção das Nações Unidas sobre Contratos de Compra e Venda Internacional de Mercadorias (2014), 851

CONCORRÊNCIA
- Protocolo de Defesa da Concorrência no Mercosul (1996) – *Protocolo de Fortaleza*, 1066

CORRUPÇÃO
- Convenção das Nações Unidas Contra a Corrupção (2003) – *Convenção de Mérida*, 695
- Convenção Interamericana contra a Corrupção (1996), 779

CORTE INTERNACIONAL DE JUSTIÇA
- Estatuto da Corte Internacional da Justiça (1945), 151

CRIANÇA
- v. Direitos da Criança

CRIME CIBERNÉTICO
- Convenção sobre o Crime Cibernético (2001), 260

CRIME ORGANIZADO
- Convenção das Nações Unidas contra o Crime Organizado Transnacional (2000), 233
- Protocolo Adicional à Convenção das Nações Unidas contra o Crime Organizado Transnacional, Relativo ao Combate ao Tráfico de Migrantes por Via Terrestre, Marítima e Aérea (2000), 249
- Protocolo Adicional à Convenção das Nações Unidas contra o Crime Organizado Transnacional Relativo à Prevenção, Repressão e Punição do Tráfico de Pessoas, em Especial Mulheres e Crianças (2000), 255

DECLARAÇÕES DE DIREITOS HUMANOS
- Declaração Universal dos Direitos Humanos (1948), 570
- Declaração sobre o Direito ao Desenvolvimento (1986), 572
- Declaração e Programa de Ação de Viena (1993), 574
- Declaração de Pequim Adotada pela Quarta Conferência Mundial sobre as Mulheres: Ação para Igualdade, Desenvolvimento e Paz (1995), 590
- Declaração Americana dos Direitos e Deveres do Homem (1948), 592

DESAPARECIMENTO FORÇADO
- Convenção Internacional para a Proteção de Todas as Pessoas contra o Desaparecimento Forçado (2006), 718

DESENVOLVIMENTO SUSTENTÁVEL
– Agenda 2030 (2015), 180

DIREITO DO MAR
– Convenção das Nações Unidas sobre o Direito do Mar (1982) – *Convenção de Montego Bay*, 352
– Acordo Relativo à Implementação da Parte XI da Convenção das Nações Unidas sobre o Direito do Mar (1994), 445
– Lei 8.617, de 4 de janeiro de 1993 – Dispõe sobre o mar territorial a zona contígua, a zona econômica exclusiva e a plataforma continental brasileiros, 443

DIREITO DOS TRATADOS
– Convenção de Havana sobre Tratados (1928), 308
– Convenção de Viena sobre o Direito dos Tratados (1969), 310
– Convenção de Viena sobre Sucessão de Estados em Matéria de Tratados (1978), 323
– Convenção de Viena sobre o Direito dos Tratados entre Estados e Organizações Internacionais ou entre Organizações Internacionais (1986), 334

DIREITO INTERNACIONAL PRIVADO (NORMAS GERAIS)
– Convenção de Direito Internacional Privado (1928) – *Código Bustamante*, 1227
– Estatuto da Conferência da Haia de Direito Internacional Privado (1951), 1201
– Estatuto Orgânico do Instituto Internacional para a Unificação do Direito Privado (UNIDROIT) (1940), 1198
– Convenção Relativa à Citação, Intimação e Notificação no Estrangeiro de Documentos Judiciais e Extrajudiciais em Matéria Civil e Comercial (1965), 1210
– Convenção Interamericana sobre Normas Gerais de Direito Internacional Privado (1979), 1274
– Decreto-Lei 4.657, de 4 de setembro de 1942 – Lei de Introdução às Normas do Direito Brasileiro, 1193
– Decreto 5.491, de 18 de Julho de 2005 – Regulamenta a atuação de organismos estrangeiros e nacionais de adoção internacional, 1224

DIREITO INTERNACIONAL SANITÁRIO
– Constituição da Organização Mundial de Saúde (1946), 541
– Regulamento Sanitário Internacional (2005), 548

DIREITO PENAL
– Convenção Interamericana sobre Assistência Mútua em Matéria Penal (1992) e seu Protocolo Facultativo (1993), 962
– Convenção Interamericana sobre o Cumprimento de Sentenças Penais no Exterior (1993), 967
– Estatuto de Roma do Tribunal Penal Internacional (1998), 925
– Protocolo Facultativo Relativo à Convenção Interamericana sobre Assistência Mútua em Matéria Penal (1993), 966

DIREITOS CIVIS E POLÍTICOS
– Pacto Internacional sobre Direitos Civis e Políticos (1966), 624
– Protocolo Facultativo Relativo ao Pacto Internacional sobre Direitos Civis e Políticos (1966), 632
– Convenção Americana sobre Direitos Humanos (1969) – *Pacto de San Jose da Costa Rica*, 748
– Estatuto da Corte Interamericana de Direitos Humanos (1979), 759

DIREITOS DA CRIANÇA
– Convenção sobre os Direitos da Criança (1989), 661
– Protocolo Facultativo à Convenção sobre os Direitos da Criança Referente à Venda de Criança, à Prostituição Infantil e à Pornografia Infantil (2000), 688
– Protocolo Facultativo à Convenção sobre os Direitos da Criança Relativo ao Envolvimento de Crianças em Conflitos Armados (2000), 692
– Convenção Interamericana sobre Tráfico Internacional de Menores (1994), 775
– Protocolo Adicional à Convenção das Nações Unidas contra o Crime Organizado Transnacional Relativo à Prevenção, Repressão e Punição do Tráfico de Pessoas, em Especial Mulheres e Crianças (2000), 255
– Convenção sobre os Aspectos Civis do Sequestro Internacional de Crianças (1980), 1219

DIREITOS ECONÔMICOS, SOCIAIS E CULTURAIS
– Pacto Internacional dos Direitos Econômicos, Sociais e Culturais (1966), 635
– Protocolo Adicional à Convenção Americana sobre Direitos Humanos em Matéria de Direitos Econômicos, Sociais e Culturais (1988) – *Protocolo de San Salvador*, 763

DISCRIMINAÇÃO CONTRA A MULHER
– Convenção sobre a Eliminação de Todas as Formas de Discriminação contra a Mulher (1979), 640
– Protocolo Facultativo à Convenção sobre a Eliminação de Todas as Formas de Discriminação contra a Mulher (1999), 646
– Convenção Interamericana para Prevenir, Punir e Erradicar a Violência contra a Mulher (1994) – *Convenção de Belém do Pará*, 771
– Protocolo Adicional à Convenção das Nações Unidas contra o Crime Organizado Transnacional Relativo à Prevenção, Repressão e Punição do Tráfico de Pessoas, em Especial Mulheres e Crianças (2000), 255

DISCRIMINAÇÃO RACIAL
– Convenção Internacional sobre a Eliminação de Todas as Formas de Discriminação Racial (1965), 618
– Convenção Interamericana contra o Racismo, a Discriminação Racial e Formas Correlatas de Intolerância (2013), 786

ESPAÇO AÉREO E CÓSMICO
– Tratado sobre Princípios Reguladores das Atividades dos Estados na Exploração e Uso do Espaço Cósmico, Inclusive a Lua e Demais Corpos Celestes (1967), 458
– Convenção Relativa a Infrações e a Certos Outros Atos Praticados a Bordo de Aeronave (1963), 455
– Convenção sobre Responsabilidade Internacional por Danos Causados por Objetos Espaciais (1972), 461
– Convenção para a Unificação de Certas Regras relativas ao Transporte Aéreo Internacional (1999), 465

ESPAÇOS MARÍTIMOS
– v. Direito do Mar

ESTRANGEIRO
– v. Situação Jurídica do Estrangeiro

EXECUÇÃO DE SENTENÇAS ARBITRAIS
– Convenção sobre o Reconhecimento e a Execução de Sentenças Arbitrais Estrangeiras (1958), 1207

EXTRADIÇÃO
– Lei 13.445, de 24 de maio de 2017 (Lei de Migração), 990
– Decreto 9.199, de 20 de novembro de 2017 (Regulamenta a Lei 13.445/2017 – Lei de Migração), 1003

FUNDO MONETÁRIO INTERNACIONAL (FMI)
– Convênio Constitutivo do Fundo Monetário Internacional (1944), 506

GENOCÍDIO
– Convenção para a Prevenção e a Repressão do Crime de Genocídio (1948), 604
– Estatuto de Roma do Tribunal Penal Internacional (1998), 925

GUERRA
– Protocolo de Genebra (1925), 183
– Tratado de Renúncia à Guerra (1928) – *Pacto de Paris ou Briand-Kellog*, 183

HOMOLOGAÇÃO DE SENTENÇA ESTRANGEIRA
– Lei 13.105, de 16 de março de 2015 – Código de Processo Civil, 1255
– Regimento Interno do Supremo Tribunal Federal (1980), 1267

IGUALDADE DE GÊNERO
– Princípios de Yogyakarta (2006), 176
– Convenção 156 da OIT (1981), 1159

LEI DE INTRODUÇÃO ÀS NORMAS DO DIREITO BRASILEIRO
– Decreto-Lei 4.657, de 4 de setembro de 1942, 1193
– Lei 12.376, de 30 de dezembro de 2010, 1196
– Lei 12.874, de 29 de outubro de 2013, 1197

LIGA DAS NAÇÕES
– v. Sociedade das Nações

MAR
– v. Direito do Mar

MEIO AMBIENTE
– Declaração de Estocolmo sobre o Meio Ambiente Humano (1972), 864
– Declaração do Rio de Janeiro sobre Meio Ambiente e Desenvolvimento (1992), 866
– Convenção Quadro das Nações Unidas sobre Mudança do Clima (1992), 880
– Protocolo de Quioto à Convenção Quadro das Nações Unidas sobre Mudança do Clima (1997), 890
– Convenção sobre Diversidade Biológica (1992), 868
– Protocolo de Cartagena sobre Biossegurança da Convenção sobre Diversidade Biológica (2000), 901
– Acordo Quadro sobre Meio Ambiente do Mercosul (2001), 1090

MENORES
– v. Direitos da Criança

MERCOSUL
– Tratado para a Constituição de um Mercado entre a República Argentina, a República Federal Brasil, a República do Paraguai e a República O. do Uruguai (1991) – *Tratado de Assunção*, 1045
– Protocolo de Cooperação e Assistência Jurisdicional Matéria Civil, Comercial, Trabalhista e Administra. (1992) – *Protocolo de Las Leñas*, 1053
– Protocolo Adicional ao Tratado de Assunção sobre Estrutura Institucional do Mercosul (1994) – *Protoco de Ouro Preto*, 1057
– Protocolo de Assunção sobre Compromisso com a Promoção e Proteção dos Direitos Humanos do Mercosul (2005), 1062
– Protocolo de Buenos Aires sobre Jurisdição Internacional em Matéria Contratual (1994), 1064
– Protocolo de Defesa da Concorrência no Mercosul (1996) – *Protocolo de Fortaleza*, 1066
– Protocolo de Montevidéu sobre o Comércio de Serviços do Mercosul (1997), 1070
– Acordo sobre Arbitragem Comercial Internacional do Mercosul (1998), 1084
– Acordo de Extradição entre os Estados-Partes do Mercosul (1998), 1079
– Acordo de Admissão de Títulos e Graus Universitários para o Exercício de Atividades Acadêmicas nos Estados-Partes do Mercosul (1999), 1089
– Protocolo de Olivos para a Solução de Controvérsias no Mercosul (2002), 1092
– Acordo Quadro sobre Meio Ambiente do Mercosul (2001), 1090
– Acordo de Cooperação e Assistência Jurisdicional em Matéria Civil, Comercial, Trabalhista e Administrativa entre os Estados-Partes do Mercosul, a República da Bolívia e a República do Chile (2002), 1101
– Protocolo Constitutivo do Parlamento do Mercosul (2005), 1104

NACIONALIDADE E CIDADANIA
– Convenção para a Redução dos Casos de Apatridia (1961), 971
– Tratado de Amizade, Cooperação e Consulta entre a República Federativa do Brasil e a República Portuguesa (2000), 980
– Declaração Constitutiva da Comunidade dos Países de Língua Portuguesa (1996), 974
– Estatutos da Comunidade dos Países de Língua Portuguesa (com revisões de São Tomé/2001, Brasília/2002, Luanda/2005, Bissau/2006 e Lisboa/2007), 976
– Lei 13.445, de 24 de maio de 2017 (Lei de Migração), 990
– Decreto 9.199, de 20 de novembro de 2017 (Regulamento da Lei de Migração), 1003

ORGANIZAÇÃO DAS NAÇÕES UNIDAS (ONU)
– Carta das Nações Unidas (1945), 140
– Estatuto da Corte Internacional da Justiça (1945), 151

ORGANIZAÇÃO DOS ESTADOS AMERICANOS (OEA)
– Carta da Organização dos Estados Americanos (1948), 158

...ERNACIONAL DO...
...anização Internacional do Trabalho
...946) - *Declaração de Filadélfia*, 1118
... – Trabalho Forçado ou Obrigatório
... – Aplicação dos Princípios do Direito de
... e de Negociação Coletiva (1949), 1132
... 103 – Amparo à Maternidade (1952), 1135
... 105 – Abolição do Trabalho Forçado (1957),
...ção 111 – Discriminação em Matéria de Emprego ...fissão (1958), 1139
...venção 132 – Férias Anuais Remuneradas (1970), ...41
...onvenção 135 – Proteção dos Representantes dos Trabalhadores (1971), 1144
– Convenção 138 – Idade Mínima de Admissão ao Emprego (1973), 1146
– Convenção 151 – Relações de Trabalho na Administração Pública (1978), 1152
– Convenção 155 – Segurança e Saúde dos Trabalhadores e o Meio Ambiente de Trabalho (1981), 1155
– Convenção 168 – Promoção do Emprego e Proteção contra o Desemprego (1988), 1161
– Convenção 169 – Povos Indígenas e Tribais (1989), 1167
– Convenção 171 – Trabalho Noturno (1990), 1173
– Convenção 182 – Proibição das Piores Formas de Trabalho Infantil e a Ação Imediata para a sua Eliminação (1999), 1176

PENA DE MORTE
– Protocolo à Convenção Americana sobre Direitos Humanos Referente à Abolição da Pena de Morte (1990), 768

PESSOAS COM DEFICIÊNCIA
– Convenção Interamericana para a Eliminação de Todas as Formas de Discriminação contra as Pessoas Portadoras de Deficiência (1999), 783
– Convenção sobre os Direitos das Pessoas com Deficiência e seu Protocolo Facultativo (2007), 727
– Tratado de Marraqueche para Facilitar o Acesso a Obras Publicadas às Pessoas Cegas, com Deficiência Visual ou com outras Dificuldades para Ter Acesso ao Texto Impresso (2013), 742

POVOS INDÍGENAS
– Convenção 169 da OIT – Convenção sobre Povos Indígenas e Tribais (1989), 1167
– Declaração Americana sobre os Direitos dos Povos Indígenas (2016), 595

PROVA E INFORMAÇÃO DO DIREITO ESTRANGEIRO
– Convenção Interamericana sobre Prova e Informação acerca do Direito Estrangeiro (1979), 1276

RACISMO
– Convenção Internacional sobre a Eliminação de Todas as Formas de Discriminação Racial (1965), 618
– Convenção Interamericana contra o Racismo, a Discriminação Racial e Formas Correlatas de Intolerância (2013), 786

REFUGIADOS
– Convenção Relativa ao Estatuto dos Refugiados (1951), 605
– Protocolo sobre o Estatuto dos Refugiados (1966), 613
– Lei 9.474, de 22 de julho de 1997, 614

RELAÇÕES CONSULARES
– Convenção de Viena sobre Relações Consulares (1963), 290

RELAÇÕES DIPLOMÁTICAS
– Convenção de Viena sobre Relações Diplomáticas (1961), 284

SAÚDE
– Constituição da Organização Mundial de Saúde (1946), 541
– Regulamento Sanitário Internacional (2005), 548

SENTENÇAS PENAIS (CUMPRIMENTO NO EXTERIOR)
– Convenção Interamericana sobre o Cumprimento de Sentenças Penais no Exterior (1993), 967

SITUAÇÃO JURÍDICA DO ESTRANGEIRO
– Lei 13.445, de 24 de maio de 2017 (Lei de Migração), 990
– Decreto 9.199, de 20 de novembro de 2017 (Regulamento da Lei de Migração), 1003
– Lei 11.961, de 2 de Julho de 2009, 988
– Decreto 6.893, de 2 de Julho de 2009, 989

SOCIEDADE DAS NAÇÕES
– Pacto da Sociedade das Nações (1919), 135

SOLUÇÃO DE CONTROVÉRSIAS
– Protocolo de Olivos para a Solução de Controvérsias no Mercosul (2002), 1092

TERRORISMO
– Convenção para Prevenir e Punir os Atos de Terrorismo Configurados em Delitos contra as Pessoas e a Extorsão Conexa, Quando Tiverem Eles Transcendência Internacional (1971), 198
– Convenção Internacional sobre a Supressão de Atentados Terroristas com Bombas (1998), 228
– Convenção Interamericana contra o Terrorismo (2002), 273

TESTES NUCLEARES
– v. também Armas Nucleares
– Tratado de Proibição Completa dos Testes Nucleares (1996), 200
– Protocolo ao Tratado de Proibição Completa dos Testes Nucleares (1996), 215

TITULOS E GRAUS UNIVERSITÁRIOS
– Acordo de Admissão de Títulos e Graus Universitários para o Exercício de Atividades Acadêmicas nos Estados-Partes do Mercosul (1999), 1089

TORTURA
– Convenção contra a Tortura e Outros Tratamentos ou Penas Cruéis, Desumanos ou Degradantes (1984), 649
– Convenção Interamericana para Prevenir e Punir Tortura (1985), 769

- Protocolo Facultativo à Convenção contra a Tortura e Outros Tratamentos ou Penas Cruéis, Desumanos ou Degradantes (2002), 655

TRABALHADORES MIGRANTES
- Convenção Internacional sobre a Proteção dos Direitos de Todos os Trabalhadores Migrantes e dos Membros das suas Famílias (1990), 670

TRABALHO DOMÉSTICO DECENTE
- Convenção sobre o Trabalho Decente para as Trabalhadoras e os Trabalhadores Domésticos (2011), 1180
- Recomendação 201 sobre o Trabalho Doméstico Decente para as Trabalhadoras e os Trabalhadores Domésticos, 1185

TRANSPORTE AÉREO INTERNACIONAL
- v. Espaço Aéreo e Cósmico, 455

TRATADOS INTERNACIONAIS
- v. Direitos dos Tratados

TRIBUNAL PENAL INTERNACIONAL
- Estatuto de Roma do Tribunal Penal Internacional (1998), 925

UNASUL
- Tratado Constitutivo da União de Nações Sul-Americanas (2008), 1112

UNIDROIT
- Estatuto Orgânico do Instituto Internacional para a Unificação do Direito Privado (UNIDROIT) (1940), 1198

ZONAS POLARES
- v. Antártida, 475